LOIS, DÉCRETS,

ORDONNANCES, RÉGLEMENS

ET

AVIS DU CONSEIL D'ÉTAT.

TOME QUARANTE-UNIÈME.

IMPRIMERIE DE POMMERET ET GUÉNOT, RUE MIGNON, 2.

COLLECTION COMPLÈTE

DES

LOIS, DÉCRETS,

ORDONNANCES, RÉGLEMENS

ET

AVIS DU CONSEIL D'ÉTAT,

(De 1788 à 1830 inclusivement, par ordre chronologique),

PUBLIÉE SUR LES ÉDITIONS OFFICIELLES,

Continuée depuis 1830, et formant un volume chaque année;

Contenant: *les actes insérés au Bulletin des Lois*; l'Analyse des *Débats parlementaires* sur chaque Loi, des Notes indiquant les *Lois analogues*; les *Instructions ministérielles*; les *Rapports au Roi*, et divers *Documens* inédits;

PAR J. B. DUVERGIER,

AVOCAT À LA COUR ROYALE DE PARIS, CONTINUATEUR DE TOULLIER.

TOME QUARANTE-UNIÈME.

DEUXIÈME ÉDITION.

PARIS.
S'ADRESSER AU DIRECTEUR DE L'ADMINISTRATION,
RUE DE SEINE, N° 56.

1841.

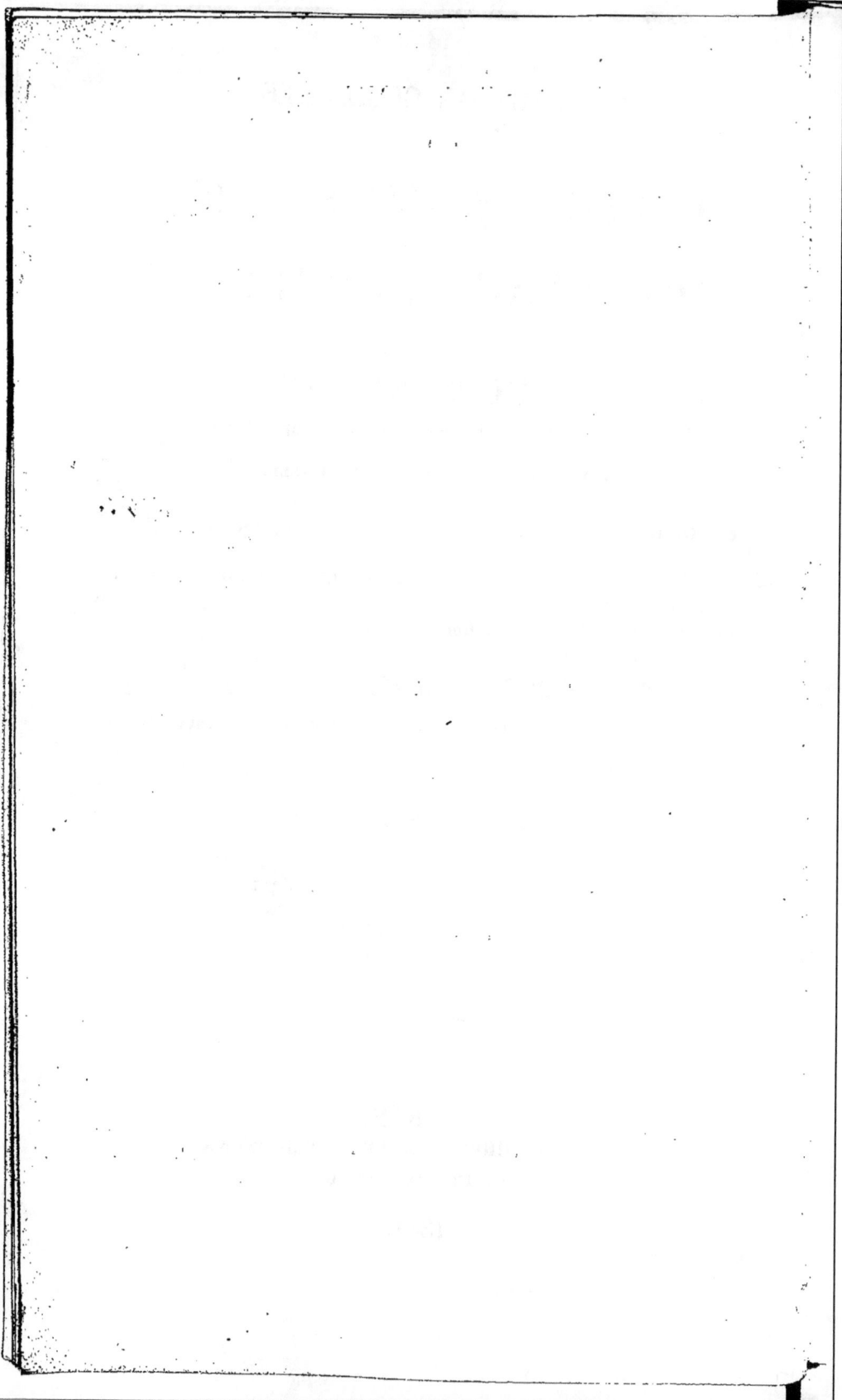

Le succès de ce Recueil, dont je suis loin de tirer vanité, parce que j'en connais fort bien les causes, est dû à la nature même des éléments qui le composent.

Je n'ai fait que mettre un peu d'ordre dans ce qui en manquait, que présenter les actes de la législation, non suivant un arrangement méthodique impossible, mais en laissant chacun à sa place, c'est-à-dire à l'époque où il a été fait.

J'ai pensé aussi qu'il était utile d'ajouter des notes pour indiquer les rapports des différentes dispositions entre elles et pour faire connaître l'interprétation donnée par la jurisprudence, aux textes incomplets ou obscurs. Enfin, parvenu à l'époque où les lois ont été élaborées publiquement et dans de libres discussions, j'ai analysé ces débats, y cherchant l'explication *à priori* des documents que je publiais.

Tout cela a été approuvé; ces idées ont paru bonnes; j'en ai deux fois la preuve, dans le favorable accueil qu'ont reçu mes travaux, et dans les imitations plus ou moins habiles qui les ont suivis.

Je pourrais me plaindre de cette dernière espèce d'approbation; je pourrais contester le droit de ceux qui me l'ont accordée; mais les nuances entre la contrefaçon, le plagiat et l'imitation sont délicates. Quoique rien ne soit plus légitime que de défendre le fruit de son travail, les discussions de cette espèce sont toujours fâcheuses : on vous accuse de vouloir arrêter les progrès de la science, d'attacher trop de prix à votre œuvre, de faire une espèce d'arche sainte d'idées qui appartiennent à tous.

Je me contente donc provisoirement de cette inoffensive protestation. Ce n'est pas être bien exigeant de demander la faculté de dire à celui qui vous dépouille qu'on s'en aperçoit.

J'aurais peut-être même gardé un silence complet, si je n'avais eu l'intention d'introduire quelques améliorations dans mon Recueil. Dans cette pensée, j'ai cru convenable de réclamer pour l'avenir un peu plus de ménagement qu'on n'en a eu jusqu'ici.

On n'attend pas de moi, sans doute, une magnifique exposition des efforts que j'ai en vue et des effets qu'ils doivent produire. Les magistrats, les jurisconsultes et les administrateurs apprécieront si véritablement il y a désormais quelque chose de plus que par le passé dans ma publication. Je demande seulement la permission de dire en très-peu de mots ce que je me propose.

Je continuerai à rapprocher les lois nouvelles de celles qui existent déjà, à

41.   1

extraire des débats parlementaires tout ce qu'ils ont d'instructif, à recueillir es arrêts qui peuvent jeter quelque lumière sur les textes.

Puis, sortant de ce cercle hors duquel je ne me suis permis jusqu'ici que de ares et courtes excursions, je présenterai un commentaire développé de toutes es lois et des ordonnances importantes. Les doctrines des anciens jurisconsultes, les œuvres des contemporains seront mises à profit; les principes de la science économique auront l'espace et l'influence qu'il convient de leur accorder dans un ouvrage destiné spécialement à des légistes. Je mettrai enfin un soin particulier à établir la comparaison entre notre législation et les législations étrangères.

Ce sont là les éléments dont je ferai usage avec la plus consciencieuse application. Le reste ne dépend pas de moi.

COLLECTION COMPLÈTE

LOIS, DÉCRETS,

ORDONNANCES, RÈGLEMENTS

ET

AVIS DU CONSEIL D'ÉTAT.

1841.

PREMIÈRE PARTIE.

MONARCHIE CONSTITUTIONNELLE.— LOUIS-PHILIPPE.

17 = 20 JANVIER 1841. — Loi qui ouvre un crédit supplémentaire pour secours aux étrangers réfugiés en France (1). (Bull. DCCLXXXIII, n. 9114.)

Art. 1er. Il est ouvert au ministre de l'intérieur un crédit de sept cent mille francs (700,000 fr.), comme supplément à la somme de deux millions trois cent cinquante mille francs (2,350,000 fr.) portée au chapitre 27 du budget du ministère de l'intérieur, exercice 1840, pour secours aux étrangers réfugiés en France par suite d'évènements politiques.

2. Il sera pourvu aux dépenses autorisées par la présente loi, au moyen des ressources accordées par la loi de finances du 10 août 1839 pour les besoins de l'exercice 1840.

5 = 20 JANVIER 1841. — Ordonnance du roi qui fixe, pour l'exercice 1841, le budget des dépenses administratives des caisses d'amortissement et des dépôts et consignations. (IX, Bull. DCCLXXXIII, n. 9112.)

Louis-Philippe, etc., vu l'état détaillé des dépenses administratives de la caisse d'amortissement et de celle des dépôts et consignations, présenté et certifié par le directeur général conformément à l'art. 57 de l'ordonnance du 22 mai 1816; vu l'avis motivé, ci-annexé, de la commission de surveillance instituée près de ces établissements; sur le rapport de notre ministre secrétaire d'Etat des finances, etc.

Art. 1er. Le budget des dépenses administratives de la caisse d'amortissement et de celle des dépôts et consignations est fixé, pour l'exercice 1841, à la somme de quatre cent trente-sept mille quatre cent cinquante francs (437,450 fr.).

(1) Présentation à la Chambre des Députés le 23 novembre (Mon. du 24); rapport par M. Duprat le 7 décembre (Mon. du 8); discussion et adoption le 9 (Mon. du 10), à la majorité de 227 voix contre 18.

Présentation à la Chambre des Pairs le 23 décembre (Mon. du 24); rapport par M. Camille Périer le 31 (Mon. du 1er janvier 1841); discussion le 4 (Mon. du 5), et adoption le 5 (Mon. du 6), à la majorité de 102 voix contre 3.

2. Notre ministre des finances (M. Humann) est chargé, etc.

(*Suit le tableau.*)

---

8 = 20 JANVIER 1841. — Ordonnance du roi relative à l'organisation de l'administration des contributions directes. (IX, Bull. DCCLXXXIII, n. 9113.)

Louis-Philippe, etc., vu notre ordonnance du 17 novembre dernier, qui a nommé M. Legrand directeur général de l'administration des contributions directes; sur le rapport de notre ministre secrétaire d'Etat des finances, etc.

Art. 1er L'administration des contributions directes est dirigée par un directeur général, assisté de trois sous-directeurs formant avec lui le conseil d'administration, qu'il présidera.

2. Le traitement du directeur général et celui des sous-directeurs demeurent fixés aux taux réglés par nos ordonnances du 5 janvier 1831, portant organisation des administrations de finances, etc.

3. Notre ministre des finances (M. Humann) est chargé, etc.

---

2 NOVEMBRE 1840 = 20 JANVIER 1841. — Ordonnance du roi qui modifie le tarif des droits de navigation établis sur le canal de Luçon. (IX, Bull. DCCLXXXIII, n. 9115.)

Louis-Philippe, etc., sur le rapport de notre ministre secrétaire d'Etat des travaux publics; vu le tarif annexé au cahier des charges de l'entreprise des travaux de reconstruction de l'écluse du canal de Luçon; ensemble l'ordonnance royale du 19 mai 1824 (1) portant approbation de l'adjudication de ladite entreprise, faite au sieur Daviau, moyennant la jouissance, durant quarante-quatre ans, du droit de péage réglé par le tarif; vu la demande, en date du 3 avril 1840, présentée par le sieur Daviau, à l'effet d'obtenir l'interprétation dudit tarif; vu les rapports et avis des ingénieurs des 12 et 18 mai suivant; ensemble l'avis du préfet, en date du 20 du même mois; vu l'avis du conseil des ponts et chaussées, du 16 juin suivant; notre conseil d'Etat entendu, etc.

Art. 1er. Le droit à percevoir sur les marchandises transportées par le canal de Luçon s'appliquera au tonnage réel desdites marchandises et non au tonnage accusé par la patente de jauge.

2. Le tonnage accusé par ladite patente ne servira de règle à la perception que pour les bâtiments sur lest. Les bâtiments à charge incomplète, c'est-à-dire dont le chargement effectif serait inférieur à la patente de jauge, devront payer le droit de un franc cinquante centimes sur le tonnage réel des marchandises transportées, et le droit de soixante et quinze centimes sur le tonnage complémentaire accusé par ladite patente.

3. Notre ministre des travaux publics (M. Teste) est chargé, etc.

---

19 MAI 1824 = 20 JANVIER 1841.—Ordonnance relative à la reconstruction du canal de Luçon (2). (IX, Bull. DCCLXXXIII, n. 9116.)

Louis, etc., sur le rapport de notre ministre secrétaire d'Etat au département de l'intérieur; vu le procès-verbal du 15 mars 1824, constatant les opérations faites à la préfecture du département de la Vendée pour parvenir à l'adjudication de la concession ayant pour objet la reconstruction de l'écluse du canal de Luçon et l'exécution des autres travaux accessoires; vu l'art. 3 de la loi des finances du 10 mai 1823; notre conseil d'Etat entendu, etc.

Art. 1er. L'adjudication de la concession ayant pour objet la reconstruction de l'écluse du canal de Luçon et l'exécution d'autres travaux accessoires, faite et passée, le 15 mars 1824, par le préfet du département de la Vendée au sieur Daviau, est approuvée. Toutes les clauses et conditions contenues au cahier de charges relaté dans le procès-verbal d'adjudication recevront leur pleine et entière exécution.

2. Le cahier des charges et le procès-verbal d'adjudication, ainsi que les pièces y relatées, demeureront annexés à la présente ordonnance.

3. Notre ministre de l'intérieur (M. Corbière) est chargé, etc.

---

27 DÉCEMBRE 1840 = 20 JANVIER 1841. — Ordonnance du roi concernant les marins et ouvriers non incorporés employés dans l'établissement de la marine à Indret. (IX, Bull. DCCLXXXIII, n. 9117.)

Louis-Philippe, etc., sur le rapport de notre ministre secrétaire d'Etat au département de la marine et des colonies, etc.

Art. 1er. Les dispositions de l'ordonnance royale du 8 décembre 1830, portant création de bataillons et de compagnies d'ouvriers militaires dans les ports, sont applicables aux marins et ouvriers non in-

---

(1) Voir ci-après.
(2) Cette ordonnance, citée dans la précédente, n'avait pas été insérée au Bulletin des lois.

corporés employés dans l'établissement de la marine à Indret.

2. Il sera formé dans cet établissement un huitième bataillon, qui sera soumis pour son organisation et son service aux règles tracées dans l'ordonnance ci-dessus citée.

3. Notre ministre de la marine et des colonies (M. Duperré) est chargé, etc.

30 DÉCEMBRE 1840 = 20 JANVIER 1841. — Ordonnance du roi qui divise la légion étrangère en deux régiments. (IX, Bull. DCCLXXXIII, n. 9118.)

Louis-Philippe, etc., vu la loi du 9 mars 1831; vu nos ordonnances des 10 mars 1831, 16 décembre 1835, 1er octobre 1839 et 28 août 1840, sur le rapport de notre ministre secrétaire d'Etat de la guerre, etc.

Art. 1er. La légion étrangère sera divisée en deux régiments, qui prendront la dénomination de 1er et de 2e *régiment de la légion étrangère.*

2. Chacun de ces régiments sera composé d'un état-major, d'une compagnie hors rang et de trois bataillons, conformément au tableau ci-après, savoir:

			Nombre	Sous-total	Total
Officiers	de l'état-major	Colonel	1		
		Lieutenant-colonel	1		
		Chefs de bataillon	3		
		Major	1		
		Adjudants-majors	3		
		Trésorier	1	16	
		Officier d'habillement	1		
		Adjoint au trésorier	1		
		Porte-drapeau	1		
		Chirurgien-major	1		
		Chirurgiens aides-majors	2		88
	des compagnies	Capitaines	24		
		Lieutenants	24	72	
		Sous-lieutenants	24		
Sous-officiers, caporaux et soldats	du petit état-major	Adjudants sous-officiers	3		
		Tambour-major	1		
		Caporaux-tambours	3	47	
		Caporal-sapeur et sapeurs	13		
		Musiciens, dont un chef	27		
	de la compagnie hors rang	Sergent-major vaguemestre	1		
		Sergents — premier secrétaire trésorier	1		
		Sergents — garde-magasin d'habillement	1		
		Sergents — maître d'escrime	1		
		Sergents — maître armurier	1		
		Sergents — maître tailleur	1		
		Sergents — maître cordonnier	1		
		Fourrier	1		
		Caporaux — second secrétaire du trésorier	1	105	
		Caporaux — secrétaire de l'officier d'armem.	1		
		Caporaux — premier ouvrier armurier	1		
		Caporaux — premiers ouvriers tailleurs	2		2,912
		Caporaux — premiers ouvriers cordonniers	2		
		Caporaux — d'infirmerie	1		
		Soldats — ouvriers armuriers	3		
		Soldats — ouvriers tailleurs	43		
		Soldats — ouvriers cordonniers	38		
		Soldats — secrétaires du col., du major, etc.	4		
		Enfant de troupe	1		
	des compagnies d'élite	Sergents-majors	6		
		Sergents	24		
		Fourriers	6		
		Caporaux	48	672	
		Grenadiers et voltigeurs (95 par compagnie)	570		
		Tambours	12		
		Enfants de troupe	6		
	des compagnies du centre	Sergents-majors	18		
		Sergents	72		
		Fourriers	18		
		Caporaux	144	2,088	
		Fusiliers (99 par compagnie)	1,782		
		Tambours	36		
		Enfants de troupe	18		

TOTAL des officiers, sous-officiers, caporaux et soldats..... 3,000

La force de chaque bataillon sera, par conséquent, de :

État-major et petit état-major...	Chef de bataillon..........................	1	}	5
	Adjudant-major............................	1		
	Chirurgien-major ou aide-major...........	1		
	Adjudant sous-officier....................	1		
	Caporal-tambour...........................	1		
Huit compagnies. Officierss....	Capitaines................................	8	}	24
	Lieutenants...............................	8		
	Sous-lieutenants..........................	8		
Troupe....	Sergents-majors...........................	8	}	920
	Sergents..................................	32		
	Fourriers.................................	8		
	Caporaux..................................	64		
	Grenadiers et voltigeurs (95 par compagnie).	190		
	Fusiliers (99 par compagnie)..............	594		
	Tambours et clairons......................	16		
	Enfants de troupe.........................	8		

TOTAL pour un bataillon................ 949

Et la force de chaque compagnie sera, savoir :

	Compagnie d'élite.	Compagnie du centre.
Capitaine....................	1	1
Lieutenant...................	1	1
Sous-lieutenant..............	1	1
Sergent-major................	1	1
Sergents.....................	4	4
Fourrier.....................	1	1
Caporaux.....................	8	8
Soldats......................	95	99
Tambours ou clairons.........	2	2
Enfant de troupe.............	1	1

115 hommes { officiers compris.   119 hommes { officiers compris.

3. Les étrangers ne seront admis dans les régiments de la légion étrangère qu'en contractant un engagement de cinq ans.

4. Toutes les dispositions contraires à la présente ordonnance sont et demeurent abrogées.

5. Notre ministre de la guerre (duc de Dalmatie) est chargé, etc.

9 = 22 JANVIER 1841. — Ordonnance du roi concernant la contribution spéciale à percevoir, en 1841, pour les dépenses des chambres et bourses de commerce. (IX, Bull. DCCLXXXIV, n. 9129.)

Louis-Philippe, etc., sur le rapport de notre ministre secrétaire d'État de l'agriculture et du commerce; vu la loi du 23 juillet 1820; vu l'art. 4 de la loi du 14 juillet 1838, et la loi de finances du 16 juillet 1840, etc.

Art. 1er. Une contribution spéciale, de la somme de cent vingt-sept mille quatre cent trente-sept francs, nécessaire au paiement des dépenses des chambres et des bourses de commerce, suivant les budgets approuvés, d'après leur proposition, par notre ministre secrétaire d'État de l'agriculture et du commerce, plus cinq centimes par franc pour couvrir les non-valeurs, et trois centimes par franc pour subvenir aux frais de perception, sera répartie, en 1841, conformément au tableau annexé à la présente ordonnance, sur les patentés désignés en l'art. 12 de la loi du 23 juillet 1820.

2. Le produit de ladite contribution sera mis, sur les mandats des préfets, à la disposition des chambres de commerce, qui en rendront compte à notre ministre secrétaire d'État de l'agriculture et du commerce.

3. Nos ministres de l'agriculture et du commerce, et des finances (MM. Cunin-Gridaine et Humann) sont chargés, etc.

NOMS DES VILLES et DES DÉPARTEMENTS	CHAMBRES et Bourses	SOMMES à imposer.	DÉSIGNATION des PATENTÉS IMPOSABLES.
		fr.	
Amiens (Somme)...............	Chambre.	3,185	Patentés de tout le département.
Arras (Pas-de-Calais)...........	Idem....	1,400	Patentés du département compris dans la circonscription de ladite chambre.
	Bourse...	455	Patentés de la ville d'Arras seulement.
Avignon (Vaucluse).............	Chambre.	1,754	Patentés de tout le département.
Bayonne (Basses-Pyrénées).......	Idem....	3,819	Patentés du département des B.-Pyrénées et de la ville de Saint-Esprit (Landes).
Besançon (Doubs)............	Idem....	1,750	Patentés de tout le département.
Boulogne (Pas-de-Calais)........	Idem....	2,300	Patentés du département compris dans la circonscription de ladite chambre.
Caen (Calvados)...............	Idem....	2,021	Patentés de tout le département.
Calais (Pas-de-Calais)...........	Idem....	1,400	Patentés du département compris dans la circonscription de ladite chambre.
Carcassonne (Aude)...........	Idem....	1,619	Patentés de tout le département.
Cherbourg (Manche)...........	Idem....	696	Patentés du département compris dans la circonscription de ladite chambre.
Clermont-Ferrand (Puy-de-Dôme).	Idem....	900	Patentés de tout le département.
Dieppe (Seine-Inférieure)........	Idem....	4,552	Patentés du département compris dans la circonscription de ladite chambre.
	Bourse...	165	Patentés de la ville de Dieppe seulement.
Dunkerque (Nord)..............	Chambre.	4,155	Patentés du département compris dans la circonscription de ladite chambre.
Granville (Manche).............	Idem....	1,200	Idem.
Le Havre (Seine-Inférieure)......	Idem....	9,550	Idem.
	Bourse...	2,800	Patentés de la ville du Havre seulement.
Lille (Nord)...................	Chambre.	3,400	Patentés du département compris dans la circonscription de ladite chambre.
	Bourse...	2,116	Patentés de la ville de Lille seulement.
Lorient (Morbihan)............	Chambre.	135	Patentés de tout le département.
	Bourse...	300	Patentés de la ville de Lorient seulement.
Lyon (Rhône).................	Chambre.	5,486	Patentés de tout le département.
	Bourse...	1,414	Patentés de la ville de Lyon seulement.
Metz (Moselle)...............	Chambre.	1,280	Patentés de tout le département.
Montpellier (Hérault)...........	Idem....	3,689	Idem.
	Bourse...	600	Patentés de la ville de Montpellier seulem.
Morlaix (Finistère).............	Chambre.	1,900	Patentés de tout le département.
Mulhausen (Haut-Rhin).........	Idem....	2,615	Idem.
	Bourse...	1,620	Patentés de la ville de Mulhausen seulem.
Nantes (Loire-Inférieure)........	Chambre.	4,700	Patentés de tout le département.
	Bourse...	1,300	Patentés de la ville de Nantes seulement.
Nîmes (Gard).................	Chambre.	905	Patentés de tout le département.
Orléans (Loiret)..............	Idem....	1,800	Idem.
	Bourse...	1,600	Patentés de la ville d'Orléans seulement.
Paris (Seine).................	Chambre.	9,023	Patentés de tout le département.
	Bourse...	11,751	Patentés de la ville de Paris.
Reims (Marne)...............	Chambre.	1,700	Patentés de tout le département.
La Rochelle (Charente-Inférieure).	Idem....	3,497	Idem.
	Bourse...	146	Patentés de la ville de La Rochelle seulem.
Rouen (Seine-Inférieure)........	Chambre.	5,800	Patentés du département compris dans la circonscription de ladite chambre.
	Bourse...	3,400	Patentés de la ville de Rouen seulement.
Saint-Brieuc (Côtes-du-Nord).....	Chambre.	1,000	Patentés de tout le département.
Saint-Malo (Ille-et-Vilaine).	Idem....	1,228	Idem.
	Bourse...	272	Patentés de la ville de Saint-Malo seulem.
Toulon (Var).................	Chambre.	3,200	Patentés de tout le département.
Toulouse (Haute-Garonne).......	Idem....	2,972	Idem.
Tours (Indre-et-Loire)..........	Idem....	1,668	Idem.
Troyes (Aube).	Idem....	788	Idem.
Valenciennes (Nord)...........	Idem....	2,411	Patentés du département compris dans la circonscription de ladite chambre.
TOTAL.......	....	127,437	

10 = 25 janvier 1841. — Ordonnance du roi qui rejette le pourvoi formé par le conseil municipal de Blaye contre un arrêt du préfet de la Gironde. (IX, Bull. DCCLXXXV, n. 9131.)

Louis-Philippe, etc., sur le rapport de notre ministre secrétaire d'Etat au département de l'intérieur; vu les lois des 21 mars 1831 et 18 juillet 1837; la délibération, en date du 10 août dernier, par laquelle le conseil municipal de Blaye (Gironde), sur la proposition qui lui était faite par une commission spéciale de refuser tout concours au maire actuel, a décidé qu'il ne s'occuperait ni du budget supplémentaire de 1840, ni du budget de 1841, ni des autres affaires que ladite commission s'était abstenue d'examiner, nonobstant le renvoi qui lui en avait été fait; — l'arrêté du préfet de la Gironde, pris en conseil de préfecture le 9 septembre, et prononçant, par application de l'art. 28 de la loi du 21 mars 1831, la nullité de la délibération susvisée; — les délibérations des 19 et 22 septembre, par lesquelles le conseil municipal s'est pourvu contre ledit arrêté, et le mémoire fourni à l'appui de ces délibérations. Considérant que le conseil municipal était appelé, aux termes des lois, à émettre un vote motivé sur les propositions du maire; qu'il était libre de les rejeter ou de les motiver (1) après examen, mais qu'il n'avait reçu d'aucune loi le pouvoir de les repousser sans les examiner; que le conseil municipal a admis le système d'un refus sans examen, comme découlant naturellement des conclusions qui lui étaient présentées par la commission; que ces conclusions, qu'il s'est par là appropriées aussi bien que leurs motifs, tendaient à un refus de tout concours jusqu'à la nomination d'un nouveau maire investi des sympathies et de la confiance du conseil municipal; qu'en procédant ainsi le conseil municipal a évidemment excédé les limites de ses attributions; le comité de l'intérieur de notre conseil d'Etat entendu, etc.

Art. 1er. Le pourvoi formé par le conseil municipal de Blaye contre l'arrêté du préfet de la Gironde, en date du 9 septembre 1840, qui a prononcé la nullité de la délibération prise par ce conseil le 10 août précédent, est rejeté.

2. Notre ministre de l'intérieur (M. Duchâtel) est chargé, etc.

18 = 25 janvier 1841. — Ordonnance du roi portant convocation du conseil général du département de Seine-et-Marne. (IX, Bull. DCCLXXXV, n. 9132.)

Louis-Philippe, etc., sur le rapport de notre ministre secrétaire d'Etat au département de l'intérieur; vu l'art. 12 de la loi du 22 juin 1833, etc.

Art. 1er. Le conseil général du département de Seine-et-Marne est convoqué pour le 1er février prochain, à l'effet de délibérer sur le classement de plusieurs routes départementales dont il s'est déjà occupé dans sa dernière session ordinaire, ainsi que sur les autres objets urgents que le préfet croira devoir lui soumettre. Cette session extraordinaire ne pourra durer plus de trois jours.

2. Notre ministre de l'intérieur (M. Duchâtel) est chargé, etc.

20 janvier = 1er février 1841. — Ordonnance du roi qui maintient M. le lieutenant-général comte Bailly de Monthion dans la première section du cadre de l'état-major général. (IX, Bull. DCCLXXXVI, n. 9141.)

Louis-Philippe, etc., vu la loi du 4 août 1839; vu le rapport de notre ministre secrétaire d'Etat de la guerre, et de l'avis de notre conseil des ministres, etc.

Art. 1er. M. le lieutenant général comte Bailly de Monthion (François-Gédéon) est maintenu dans la première section du cadre de l'état-major général.

2. Notre ministre de la guerre (duc de Dalmatie) est chargé, etc.

20 janvier = 1er février 1841. — Ordonnance du roi concernant les sous-officiers, caporaux et brigadiers des corps de l'armée, qui ont été ou qui seront admis dans la gendarmerie, soit comme brigadiers, soit comme gendarmes. (IX, Bull. DCCLXXXVI, n. 9142.)

Louis-Philippe, etc., vu les lois du 28 germinal an 6, du 11 avril 1831 et du 14 avril 1832, ainsi que les art. 364 et 368 de notre ordonnance du 16 mars 1838 (2); sur le rapport du président de notre conseil, ministre secrétaire d'Etat au département de la guerre, etc.

Art. 1er. Les sous-officiers, caporaux et brigadiers des corps de l'armée qui ont été ou qui seront admis dans la gendarmerie, soit comme brigadiers, soit comme gendarmes, seront considérés, à l'avenir, pour la retraite, comme étant restés titulaires de leur ancien grade, jusqu'à promotion à un grade supérieur à celui-ci dans la gendarmerie. Ils compteront comme activité dans leur ancien grade, pour le bénéfice de l'art. 11 de la loi du 11 avril 1831, le temps de service pendant lequel ils en se-

_____

(1) Il faut lire sans doute : *modifier*.

(2) Voy. tome 38, p. 213.

ront restés titulaires, en vertu de la disposition ci-dessus.

2. Il sera fait application des dispositions de l'article qui précède aux sous-officiers, caporaux et brigadiers admis dans la gendarmerie après une interruption de service.

3. Le grade dont ces militaires sont pourvus, indépendamment de l'emploi qu'ils occupent dans la gendarmerie, se perd, 1º par démission ou congé du service de la gendarmerie; 2º par rétrogradation ou cassation; 3º par réforme pour inconduite ou pour inaptitude au service de l'arme.

4. Notre ministre de la guerre (duc de Dalmatie) est chargé, etc.

---

22 JANVIER = 1er FÉVRIER 1841. — Ordonnance du roi portant répartition du produit du centime de non valeurs attribué au ministère des finances par la loi du 16 juillet 1840. (IX, Bull. DCCLXXXVI, n. 9143.)

Louis-Philippe, etc., vu l'état annexé à la loi de finances du 16 juillet 1840, duquel il résulte qu'il est imposé, additionnellement au principal des contributions foncière, personnelle et mobilière de 1841, deux centimes, dont l'un, à la disposition de notre ministre de l'agriculture et du commerce, pour secours effectifs en raison de grêle, incendies, etc. et l'autre, à la disposition de notre ministre des finances, pour couvrir les remises, modérations et non-valeurs sur lesdites contributions; voulant déterminer la portion dont les préfets des départements pourront disposer sur le centime affecté aux dégrèvements; sur le rapport de notre ministre secrétaire d'État au département des finances, etc.

Art. 1er. Le produit du centime de non-valeurs attribué au ministère des finances sera réparti de la manière suivante : un tiers de ce centime, résultant des sommes imposées aux rôles dans chaque département, est mis à la disposition des préfets; les deux autres tiers, composant le fonds commun, resteront à la disposition de notre ministre des finances, pour être par lui distribués ultérieurement entre les divers départements en raison de leurs pertes et de leurs besoins.

2. Ce centime sera exclusivement employé à couvrir les remises et modérations à accorder sur les contributions foncière,

personnelle et mobilière, et les non-valeurs qui existeront sur ces contributions.

3. Seront imputés sur ce fonds les mandats délivrés sur le fonds de non-valeur de 1840, et qui n'auraient pas été acquittés faute de présentation aux caisses du trésor avant l'expiration du délai fixé pour le paiement des dépenses de ce dernier exercice.

4. Notre ministre des finances (M. Humann) est chargé, etc.

---

15 JANVIER = 3 FÉVRIER 1841. — Loi portant règlement définitif du budget de l'exercice 1838 (1). (Bull. DCCLXXXVII, n. 9145.)

TITRE Ier. — *Règlement du budget de l'exercice 1838.*

§ Ier. — Fixation des dépenses.

Art. 1er. Les dépenses ordinaires et extraordinaires de l'exercice 1838, constatées dans les comptes rendus par les ministres, sont arrêtées, conformément au tableau A ci-annexé, à la somme de un milliard cent trente-huit millions quarante-deux mille trois cent quarante-six francs dix-huit centimes (1,138,042,346 fr. 18 c.).

Les paiements effectués sur le même exercice, jusqu'à l'époque de sa clôture, sont fixés à un milliard cent trente-cinq millions cent quatre-vingt-quatre mille huit cent vingt francs quarante-deux centimes (1,135,184,820 fr. 42 c.).

Et les dépenses restant à payer, à deux millions huit cent cinquante-sept mille cinq cent vingt-cinq francs soixante et seize centimes (2,857,525 fr. 76 c.).

Les paiements à effectuer pour solder les dépenses de l'exercice 1838 seront ordonnancés sur les fonds de l'exercice courant, selon les règles prescrites par les art. 8, 9 et 10 de la loi du 23 mai 1834.

§ II. — Fixation des crédits.

2. Il est accordé aux ministres, sur l'exercice 1838, pour couvrir les dépenses effectuées au-delà des crédits ouverts par la loi de finances du 20 juillet 1837, et par diverses lois spéciales, des crédits complémentaires jusqu'à concurrence de la somme de deux millions trois cent quarante-cinq mille deux cent soixante et un francs quatre centimes (2,345,261 fr. 4 c.). Ces crédits demeurent répartis, par ministère et par

---

(1) Présentation à la Chambre des Députés le 11 mars 1840 (Mon. du 12); rapport par M. Auguis le 19 juin (Mon. du 11 juillet); discussion et adoption le 17 décembre (Mon. du 18), à la majorité de 221 voix contre 19.

Présentation à la Chambre des Pairs le 23 décembre (Mon. du 24); rapport par M. le comte de Ham le 12 janvier 1841 (Mon. du 14); discussion et adoption le 15 (Mon. du 16), à la majorité de 96 voix contre 7.

service, conformément au tableau A ci-annexé.

3. Les crédits montant à un milliard cent soixante et un millions trois cent quatre-vingt-dix-sept mille vingt-trois francs quatre-vingt-cinq centimes, ouverts aux ministres conformément aux tableaux A et B ci-annexés, pour les services ordinaires et extraordinaires de l'exercice 1838, sont réduits,

1° D'une somme de quinze millions neuf cent vingt-trois mille trois cent trente-deux francs quatre-vingt-dix centimes, non consommée par les dépenses constatées à la charge de l'exercice 1838, et qui est annulée définitivement (15,923,332 fr. 90 c.);

2° De celle de deux millions huit cent cinquante-sept mille cinq cent vingt-cinq francs soixante et seize centimes, représentant les dépenses non payées de l'exercice 1838, que, conformément à l'art. 1ᵉʳ ci-dessus, les ministres sont autorisés à ordonnancer sur les budgets des exercices courants (2,857,525 fr. 44 c.);

3° De celle de cinq cent cinquante-quatre mille six cent huit francs quarante-quatre centimes, pour la portion, non employée en 1838, des crédits affectés à des dépenses spéciales par les lois des 2 juin 1834 et 27 mai 1838, et dont il sera disposé sur l'exercice 1839 (554,608 fr. 44 c.);

4° Et, enfin, de celle de neuf millions deux cent vingt-un mille neuf cent quatre-vingt-dix-sept francs trente-sept centimes, non employée à l'époque de la clôture de l'exercice 1838, sur les produits affectés tant aux dépenses des ponts et chaussées sur produits de droits de péage spécialisés qu'au service des départements pour les dépenses variables, les secours en cas de grêle, incendie, etc., les dépenses cadastrales et les non-valeurs sur contributions foncière, personnelle et mobilière; laquelle somme est transportée aux budgets des exercices 1839 et 1840, pour y recevoir la destination qui lui a été donnée par la loi de finances du 20 juillet 1837, et par les lois de réglement des exercices 1836 et 1837, savoir : à l'exercice 1839, 416,378 fr. 79 c.; à l'exercice 1840, 8,805,618 fr. 58 c. Total, 9,221,997 fr. 37 c.

Ces annulations et transports de crédits, montant ensemble à vingt-huit millions cinq cent cinquante-sept mille quatre cent soixante-quatre francs quarante-sept centimes, sont et demeurent divisés, par ministère et par chapitre, conformément au tableau A ci-annexé (28,557,464 fr. 47 c.).

4. Au moyen des dispositions contenues dans les deux articles précédents, les crédits du budget de l'exercice 1838 sont définitivement fixés à un milliard cent trente-

cinq millions cent quatre-vingt-quatre mille huit cent vingt francs quarante-deux centimes (1,135,184,820 fr. 42 c.), et répartis conformément au même tableau A.

§ III. — Fixation des recettes.

5. Les droits et produits constatés au profit de l'État, sur l'exercice 1838, sont arrêtés, conformément au tableau C ci-annexé, à la somme de un milliard cent dix-sept millions soixante-huit mille cent trente-cinq francs soixante-deux centimes (1,117,068,135 fr. 62 c.).

Les recettes effectuées sur le même exercice, jusqu'à l'époque de sa clôture, sont fixées à un milliard cent onze millions trois cent soixante-seize mille huit cent quatre-vingt-six francs dix-neuf centimes (1,111,376,886 fr. 19 c.).

Et les droits et produits restant à recouvrer, à cinq millions six cent quatre-vingt-onze mille deux cent quarante-neuf francs quarante-trois centimes (5,691,249 fr. 43 c.).

Les sommes qui pourraient être ultérieurement réalisées sur les ressources affectées à l'exercice 1838 seront portées en recette au compte de l'exercice courant, au moment où les recouvrements auront lieu.

6. Sur les recettes de l'exercice 1838, arrêtées à la somme de 1,111,376,886 fr. 19 c. et augmentées, en exécution des lois de réglement des budgets de 1836 et 1837,

1° Des fonds non employés à l'époque de la clôture des exercices 1836 et 1837, sur les crédits affectés aux dépenses départementales (8,496,970 fr. 32 c.);

2° Des fonds transportés de l'exercice 1837, pour couvrir des dépenses spéciales réimputées en somme égale sur 1838 (2,454,197 fr. 19 c.);

3° Des excédants disponibles de recettes transportés de l'exercice 1836, pour 26,048,663 fr. 77 c.; de l'exercice 1837, pour 10,458,212 fr. 53 c., ensemble, 1,158,834,930 fr., il est prélevé et transporté aux exercices 1839 et 1840, en conformité de l'art. 3 de la présente loi, une somme de neuf millions deux cent vingt et un mille neuf cent quatre-vingt-dix-sept francs trente-sept centimes, pour servir à payer les dépenses départementales restant à solder à l'époque de la clôture de l'exercice 1838, savoir : à l'exercice 1839, 416,378 fr. 79 c.; à l'exercice 1840, 8,805,618 fr. 58 c. Total, 9,221,997 fr. 37 c.

Les ressources applicables à l'exercice 1838 demeurent, en conséquence, fixées à la somme de un milliard cent quarante-neuf millions six cent douze mille neuf cent trente-deux francs soixante-trois centimes (1,149,612,932 fr. 63 c.).

§ IV. — *Fixation du résultat général du budget.*

7. L'excédant des recettes de l'exercice 1838, arrêtées par l'article précédent à 1,149,612,932 fr. 63 c. sur les paiements, fixés par l'art. 1er à 1,135,184,820 fr. 42 c. est réglé, conformément au tableau D ci-annexé, à la somme de quatorze millions quatre cent vingt-huit mille cent douze francs vingt et un centimes (14,428,112 fr. 21 c.).

Cet excédant de recette est transporté et affecté au budget de l'exercice 1839, savoir :

Pour couvrir le montant des dépenses spéciales de 1838, réimputées en somme égale sur cet exercice, 554,604 fr. 44 c., et pour accroître les ressources de ce budget, 15,873,503 fr. 77 c. Total, 14,428,112 fr. 21 c.

TITRE II. — *Règlement des budgets spéciaux annexés au budget général de l'État.*

8. Les recettes et les dépenses des services spéciaux, rattachés pour ordre au budget général de l'exercice 1838, demeurent définitivement arrêtées et réglées à la somme de vingt-trois millions neuf cent deux mille neuf cent trente-six francs dix-sept centimes, conformément au résultat général du tableau E ci-annexé, savoir :

Légion-d'Honneur, 8,906,480 fr. 55 c.; imprimerie royale, 2,511,639 fr. 32 c.; poudres et salpêtres, 2,755,246 fr. 81 c.; caisse des invalides de la marine, 8,308,172 fr. 68 c.; service de la fabrication des monnaies et médailles, 1,441,396 fr. 81 c. Total, 23,902,936 fr. 17 c.

9. Les dépenses payées pendant l'exercice 1838, sur les crédits spéciaux pour travaux publics extraordinaires, accordés au ministre de l'intérieur et à celui des travaux publics par l'art. 9 de la loi de règlement de l'exercice 1837, lesquels crédits montaient à 1,462,500 fr. 74 c., sont arrêtées, conformément au tableau F ci-annexé, à la somme d'un million quatre mille trente francs quatre-vingt-six centimes (1,004,030 fr. 86 c.).

Et la portion de ces crédits restant à employer à l'époque de la clôture de l'exercice 1838, montant à quatre cent cinquante-huit mille quatre cent soixante-neuf francs quatre-vingt-huit centimes, conformément au même tableau, est transportée à l'exercice 1839, pour y recevoir la destination qui lui a été donnée par la loi précitée (458,469 fr. 88.).

10. Les recettes et les dépenses du service spécial des chancelleries consulaires sont arrêtées, conformément au tableau G ci-annexé, pour l'exercice 1837, à la somme de trois cent cinquante-deux mille deux cent vingt-six francs soixante et dix centimes (332,226 fr. 70 c.).

TITRE III. — *Disposition particulière.*

11. Les crédits d'inscription accordés sur l'exercice 1838, par les lois des 20 juillet 1837 et 27 avril 1838, pour les pensions militaires, sont définitivement arrêtés, conformément au tableau H ci-annexé, à la somme de un million neuf cent cinquante mille francs (1,950,000 fr.), pour laquelle ils ont été employés.

(*Suivent les tableaux.*)

31 JANVIER = 3 FÉVRIER 1840. — Loi qui ouvre au ministre des travaux publics deux crédits sur l'exercice 1841, pour la réparation des dommages causés par les inondations (1). (IX, Bull. DCCLXXXVII, n. 9146.)

Art. 1er. Il est ouvert au ministre des

(1) Présentation à la Chambre des Députés le 9 décembre (Mon. du 10) ; rapport par M. Vatout le 23 (Mon. des 26 et 27) ; discussion le 30 (Mon. du 31) ; adoption le 31 (Mon. du 1er janvier), à la majorité de 214 voix contre 17.

Présentation à la Chambre des Pairs le 5 janvier (Mon. du 6) ; rapport par M. le comte de Gasparin le 19 (Mon. du 20) ; discussion et adoption le 22 (Mon. du 23), à la majorité de 96 voix contre 3.

Le rapport de M. le comte Gasparin fait parfaitement saisir l'idée qui a présidé à la rédaction de la loi.

« . . . . . Le gouvernement a compris les devoirs qu'il avait à remplir. Les secours qu'il a proposés ont été votés unanimement dans les deux Chambres. . . . Ces ressources ont pourvu aux premiers besoins. Mais l'avenir s'avançait, apportant avec lui de nouvelles misères. Il fallait rendre aux populations les communications interrompues; il

fallait faire rentrer dans son lit le fleuve débordé, l'empêcher de s'établir dans de nouveaux bras qui, en détruisant la propriété, aurait rendu la navigation impossible; il fallait lui arracher un immense territoire, la source du bien-être des habitants, mais aussi celle des revenus du trésor. La loi dont nous allons vous entretenir a été proposée. Cette loi, qui paraît au premier abord si complexe, qui traite des routes royales, propriété de l'État, des routes départementales, à la charge des départements, des digues construites par des syndicats ou des particuliers, de ponts appartenant à des associations, se résout pourtant, malgré cette diversité, en une grande et incontestable unité, quand on considère son but, qui est de rendre au pays sa forme première, ses relations nécessaires, sous peine d'être obligé plus tard à de plus grandes dépenses; ou si l'on s'attache aux moyens qu'elle réclame, qui fait l'application de subvention du trésor à des travaux qui y ont droit, soit

travaux publics, sur l'exercice 1841, un crédit de trois millions de francs, qui seront employés à la réparation des dommages causés par les inondations extraordinaires aux routes royales et départementales, aux voies navigables, ainsi qu'aux digues et levées qui bordent les rivières.

Toutefois les subventions pour les travaux relatifs aux routes départementales et aux digues et levées qui n'appartiennent pas à l'Etat ne pourront excéder les deux tiers de la dépense (1).

2. Il est également ouvert, sur l'exercice 1841, un crédit de six cent mille francs, qui formera un chapitre spécial pour subventions aux compagnies concessionnaires des ponts suspendus qui ont été emportés ou endommagés par les eaux, à la charge par ces compagnies de leur donner l'élévation réclamée par les nouveaux besoins de la navigation (2).

3. Les fonds non consommés sur un exercice pourront être reportés, par ordonnance royale, sur l'exercice suivant.

4. Les crédits ouverts par la présente loi seront réalisés au moyen des ressources ordinaires de l'exercice 1841.

5. Il sera rendu un compte spécial des fonds alloués par la présente loi.

1er JANVIER = 8 FÉVRIER 1841. — Ordonnance du roi portant autorisation de la société d'assurances mutuelles mobilières contre l'incendie, établie à Valence pour les départements de la Drôme, de l'Isère, de l'Ardèche, de Vaucluse et du Gard. (IX, Bull. supp. DXXI, n. 15275.)

Louis-Philippe, etc., sur le rapport de notre ministre secrétaire d'Etat de l'agriculture et du commerce; notre conseil d'Etat entendu, etc.

Art. 1er. La société d'assurances mutuelles mobilières contre l'incendie, établie à Valence pour les départements de la Drôme, de l'Isère, de l'Ardèche, de Vaucluse et du Gard, est autorisée. Sont approuvés les statuts de ladite société, tels qu'ils sont contenus dans l'acte passé, le

5 octobre 1840, par-devant Me Rolland et son collègue, notaires à Valence (Drôme), lequel acte restera annexé à la présente ordonnance.

2. Nous nous réservons de révoquer notre autorisation en cas de violation ou de non exécution des statuts approuvés, sans préjudice des droits des tiers.

3. La société sera tenue de remettre, dans le premier trimestre de chaque année, au ministère de l'agriculture et du commerce, et au préfet du département de la Drôme, un extrait de son état de situation arrêté au 31 décembre de l'année précédente.

4. Notre ministre de l'agriculture et du commerce (M. Cunin-Gridaine) est chargé, etc.

CHAPITRE Ier. — Fondation.

Art. 1er. Il y a société d'assurance mutuelle contre l'incendie, et contre l'explosion de la foudre, lors même qu'elle ne causerait point d'incendie, entre les soussignés et ceux qui adhéreront aux présents statuts.

2. Cette société a pour but d'assurer, dans les départements de la Drôme, de l'Isère, de l'Ardèche, de Vaucluse et du Gard, tous les objets mobiliers, marchandises, bestiaux, ustensiles aratoires, et récoltes quelles que soient leur nature et destination, sous les modifications ci-après : les mobiliers de salles de spectacles, les poudres à tirer et fulminantes, les mobiliers des bâtiments où elles se fabriquent, l'or et l'argent en lingots et monnaie, les bijoux, pierreries, perles fines, médailles, billets et titres de toute nature, les tableaux, gravures, sculptures et statues de prix hors du commerce, sont formellement exclus de la présente association. Il n'y a lieu à aucun paiement de dommage pour tout incendie provenant, soit d'invasion ou d'émente, soit de force militaire ou d'état de guerre quelconque, soit de l'explosion de moulins ou de magasins à poudre, soit enfin du fait volontaire de l'assuré.

3. Aucune assurance d'objets mobiliers ou de marchandises ne pourra excéder cent mille francs, tant que la masse des valeurs assurées ne dépassera pas dix millions. Ce maximum, pour un seul risque, s'accroîtra avec le montant des valeurs assurées dans la proportion d'un demi pour cent, jusqu'à concurrence d'un plein de cinq cent mille francs, qui ne pourra jamais être dépassé. Tou-

par leur nature, soit par les conséquences de leur dégradation. Il y aurait donc eu de l'inconvénient à scinder des mesures soumises à la direction du même ministre, subventionées par les mêmes fonds, tendant à remplir un but commun, se défendant par un seul et même ordre de considérations générales, et qui, dans leur détail, ne présentent d'autres différences que celles que nous sommes accoutumés à trouver dans toutes les lois bien faites de travaux publics. »
(1) Et non pas du crédit total.
(2) Il résulte de la discussion qui a eu lieu à la Chambre des Députés et de la déclaration du ministre des travaux publics que la subvention sera exclusivement accordée à ceux des ponts dont les

tabliers seront élevés à la hauteur réclamée par la navigation. Dès-lors, ceux qui ont déjà une hauteur convenable ne pourront y prendre part.
Cependant on lit dans le rapport de M. de Gasparin : « Si, dans les cas où cette condition (celle d'élever le tablier des ponts endommagés) ne doit pas être exigée, le gouvernement croyait devoir venir au secours d'une entreprise d'une grande utilité, et qui aurait souffert de grands dommages, votre commission ne pense pas que cette faculté pût lui être interdite. » Cela se concilie difficilement avec le sens restrictif que la Chambre des Députés a cru devoir donner à la disposition finale de l'article.

tefois, le plein sur les mobiliers de filature de lin, de coton et de laine ; fabriques de garance, raffineries de sucre ; sur toutes marchandises et objets jugés dangereux, est fixé à deux et demi pour mille du montant des sommes assurées par la société au moment de l'adhésion, et ne pourra, dans aucun cas, dépasser la somme totale de cent mille francs. Le conseil d'administration aura le droit de réduire ce plein, en respectant les contrats existants.

4. La société ne sera constituée définitivement qu'après l'autorisation et l'approbation du roi, et du jour où, par l'adhésion aux présents statuts, il y aura une valeur de six millions de francs soumise à l'assurance. Un arrêté du conseil d'administration, dont il sera donné connaissance à chaque sociétaire par le directeur, déterminera le jour de sa mise en activité.

5. La durée de la société, dont le siége est établi à Valence, est fixée à trente années à dater du jour de l'ordonnance royale d'autorisation, pourvu qu'au renouvellement de chaque période de cinq ans il se trouve pour vingt-cinq millions d'objets engagés à l'assurance.

6. Cette société exclut toute solidarité entre les sociétaires et, dans aucun cas, un sociétaire ne peut être engagé au-delà du montant de sa part contributive, telle qu'elle est fixée par le tableau de classification des risques annexés aux présents statuts.

7. La société est administrée par un conseil général, un conseil d'administration et un directeur.

CHAPITRE II. — *De ceux qui peuvent être sociétaires et des formalités pour le devenir.*

8. Peuvent être membres de la société non-seulement les propriétaires, mais encore toute personne qui voudra faire assurer les objets appartenant à autrui, en se soumettant aux conditions de l'assurance, et après avoir toutefois justifié d'un intérêt réel à la conservation des objets à assurer, et du consentement du propriétaire. Les objets mobiliers ou marchandises qui auront été engagés à l'assurance par plusieurs personnes séparément ne donneront lieu, en cas de sinistre, qu'à une seule indemnité, laquelle sera payée à qui de droit. Il ne pourra être exigé des personnes qui auront fait assurer partiellement au-delà de la garantie et des frais, proportionnellement à leur part dans l'assurance. Il est bien entendu que toutes assurances partielles du même objet réunies ne pourront dépasser la valeur totale de l'objet assuré.

9. L'estimation des objets à assurer est faite immédiatement après l'adhésion, par un agent de la société. Procès-verbal en est dressé et rapporté au conseil d'administration, qui admet ou rejette l'assurance.

10. L'engagement, dans tous les cas, résulte d'un acte d'adhésion aux présents statuts, conforme au modèle adopté par le conseil d'administration, auquel sera joint un état estimatif et détaillé des objets à assurer.

11. Chaque sociétaire est assureur et assuré pour cinq ans consécutifs, qui commenceront à courir le lendemain de la date de la police, à midi. La police ne sera délivrée qu'après l'admission inscrite sur les registres de la société; elle fixera la valeur assurée, sans préjudice de l'art. 31. Elle sera signée du directeur et d'un membre du conseil d'administration.

12. A défaut de déclaration formelle faite à la direction, au moins trois mois avant l'expiration des cinq années, l'engagement se continue de droit pour une année pendant laquelle l'assuré est tenu de faire connaître son intention ; à défaut de déclaration, l'assurance cesse de droit. A chaque période, toutes les conditions d'une nouvelle assurance sont exigibles, sauf cependant les frais de plaque et de police ; ces derniers ne devant se renouveler que lorsqu'il s'est opéré des changements dans la chose assurée. Le présent article sera inséré dans les polices.

13. Le conseil d'administration pourra, toutes les fois qu'il le jugera convenable, faire réviser ou recenser les procès-verbaux d'estimation, aux frais de la société.

CHAPITRE III. — *Garantie et classification.* — *Dépôt.* — *Changement de risques.*

14. Chaque assuré est garant des incendies que peuvent éprouver ses cosociétaires, mais seulement jusqu'à concurrence d'une quotité fixe par mille francs de la valeur des objets qu'il a fait assurer lui-même. Le montant de cette garantie est déterminé par les risques plus ou moins dangereux des objets assurés, suivant le tableau de classification et de garantie annexé aux présents statuts, et le maximum n'en pourra être dépassé.

15. Cependant, le conseil d'administration pourra, d'après l'expérience, modifier cette classification des risques, ainsi que le tableau de la garantie, sauf l'approbation du conseil général. Ces modifications devront être soumises à l'autorisation du gouvernement ; elles ne pourront, dans aucun cas, porter préjudice aux contrats existants.

16. Le conseil d'administration arrêtera tous les mois l'état de situation de garantie.

17. Le cinquième de la garantie voulue par l'art. 14 sera versé en numéraire par chaque sociétaire, au moment de la délivrance de la police d'assurance. La portion de ce versement qui ne sera pas employée à couvrir les charges sociales de l'année, sera reportée immédiatement sur l'exercice suivant, pour en diminuer les charges d'autant. Ce versement pourra être réduit, lorsque le conseil d'administration le jugera supérieur aux besoins de la société.

18. Le conseil d'administration veillera au placement des fonds provenant de ce versement, en achat de rentes sur l'État, ou autres effets publics français, lorsque ces fonds ne seront pas susceptibles d'un emploi immédiat. Les intérêts de ces fonds serviront à augmenter le capital de la garantie.

19. Si des objets assurés sont transférés dans un autre lieu que celui désigné dans la police ; s'il est fait, dans les bâtiments renfermant des objets assurés, des changements ou des constructions qui augmentent ou multiplient les chances d'incendie ; s'il y est établi une fabrique, une usine, une manipulation ou une profession d'une classe plus dangereuse que celle qui est indiquée dans la police ; s'il y est introduit des matières, des denrées, des marchandises, des objets, quels qu'ils soient, susceptibles par leur nature de multiplier ou d'aggraver les risques, l'assuré est tenu de le déclarer immédiatement à la direction, de le faire mentionner sur sa police, et de payer, s'il y a lieu, une augmentation de garantie, qui sera déterminée conformément au tableau de classification. A défaut de déclaration, avant l'incendie, du déplace-

ment ou du changement des objets engagés, l'assuré perd tout droit à l'indemnité.

20. Si l'assuré, avant ou après la signature de sa police, a fait couvrir les objets sur lesquels porte l'assurance par d'autres assureurs, pour quelque cause et pour quelque somme que ce soit, il est tenu de le déclarer immédiatement, et de le faire mentionner sur la police. Faute de cette déclaration, l'assuré et ses ayants-droit ne pourront, en cas d'incendie, prétendre à aucune indemnité.

21. Lors des déclarations prescrites par les art. 19 et 20, la société aura le droit de maintenir l'assurance et d'en poursuivre l'exécution, ou de la résilier par une simple notification. Dans ce dernier cas, les frais et charges d'assurances lui seront acquis jusqu'à l'époque de la résiliation.

22. Dans le cas où les objets seraient assurés par plusieurs compagnies, et que l'assurance serait autorisée conformément aux art. 19 et 20 ci-dessus, la société ne concourra à la perte que proportionnellement et au centime le franc.

23. La société se réserve le droit, lorsque l'assurance porte sur des marchandises, mobiliers industriels, produits de récolte, et autres objets sujets à varier, de réduire en tout temps le montant de l'assurance. Si l'assuré ne consent point immédiatement aux réductions voulues par la société, l'assurance est résiliée de plein droit par une simple notification.

24. Le conseil d'administration pourra, s'il le juge convenable, suivant les circonstances, admettre le propriétaire de mobilier et de marchandises, et les autres personnes ayant un intérêt réel à la conservation de ces objets, à devenir assureurs et assurés pour une période de temps moindre que celle indiquée par l'art. 11.

CHAPITRE IV.—*Déclaration.*—*Estimation.* —*Paiement de sinistres.* — *Recours de la société.* — *De ceux qui peuvent s'en affranchir.*

25. Tout fait d'incendie dans la ville de Valence, et sa banlieue doit être dénoncé immédiatement, ou au plus tard dans les vingt-quatre heures, par l'assuré ou en son nom, à la direction, qui le fait vérifier et constater aussitôt. Pour les autres communes comprises dans le rayon de l'assurance, le délai sera augmenté d'un jour par deux myriamètres. Indépendamment de la déclaration du fait d'incendie à la direction, l'assuré devra, dans le délai des trois jours qui suivent l'incendie, faire la même déclaration à l'agent de la société du lieu de sa résidence ou à l'agent le plus voisin. Cette déclaration doit énoncer le moment et la durée de l'incendie, la dénonciation qui en a été faite à l'autorité locale, sa cause connue ou présumée, et ses circonstances, les secours qui ont été apportés, la nature et la valeur approximative des objets incendiés, les recours et actions que la société peut être appelée à exercer, et enfin le cas où le sociétaire aurait fait assurer ailleurs tout ou partie de ses objets mobiliers composant son engagement mutuel, l'assureur avec lequel le second contrat aurait été passé, et la date de celui-ci. Il est sur-le-champ donné acte et délivré copie de cette déclaration.

26. Faute par l'assuré d'avoir fait l'une ou l'autre de ces déclarations dans le délai prescrit, il subira une réduction du dixième de l'indemnité à laquelle il aurait droit; après le délai de huit jours, la réduction sera d'un quart; après le délai de quinze jours, l'assuré sera déchu de son droit à l'indemnité.

27. En cas d'empêchement dûment constaté, le conseil d'administration pourra affranchir le sociétaire de l'application des deux articles qui précèdent. Mais aucune demande en règlement ne pourra être admise six mois après le sinistre.

28. Aussitôt après l'événement déclaré, un agent de la société, sur l'ordre du directeur, procède à l'estimation du dommage causé par le sinistre aux objets assurés. S'il arrivait qu'il ne pût se mettre d'accord avec le propriétaire incendié sur cette estimation, elle sera faite par des experts, conformément aux art. 302 et suivants du Code de procédure civile. La mission des experts consistera à constater : 1° la quantité des objets mobiliers et marchandises assurés qui aura été consumée ou avariée, sans distinction; 2° à estimer l'indemnité due, qui ne pourra jamais dépasser le chiffre de l'assurance porté dans la police; et si, au moment de l'incendie, la quantité et la valeur des objets assurés sont reconnus excéder le montant de l'assurance, l'assuré supportera, pour raison de cet excédant, sa part du dommage au centime le franc : l'estimation aura toujours lieu d'après la valeur vénale de chaque objet au moment de l'incendie, soit qu'il ait été consumé, soit qu'il ait été seulement avarié; 3° enfin d'apprécier la valeur vénale des débris et des objets avariés, lesquels devront être repris par le sociétaire pour la valeur qui leur aura été ainsi donnée, en déduction de l'indemnité à lui due.

29. L'expertise faite par la société sera gratuite; les frais occasionnés par l'adjonction d'un tiers expert, dans les deux cas ci-dessus prévus, seront supportés moitié par la société et moitié par le sociétaire incendié.

30. L'assuré doit employer tous les moyens en son pouvoir pour arrêter les progrès du feu et pour sauver et conserver les objets assurés; la société lui tiendra compte des frais dûment constatés.

31. L'assurance ne pouvant jamais être une cause de bénéfices, l'assuré sera tenu de justifier, par tous les moyens en son pouvoir, après le sinistre, de l'existence et de la valeur des objets assurés au moment de l'incendie, et du montant du dommage.

32. Tout sociétaire qui, par réticence ou soustraction d'objets assurés, aurait fait une fausse déclaration sur la valeur du dommage, sera déchu de l'indemnité à laquelle il aurait eu droit, et ne pourra réclamer aucune des sommes payées par lui pour frais d'assurance.

33. L'indemnité réglée par l'expertise sera payée à l'assuré dans les quinze jours qui suivront la remise du procès-verbal à la direction, jusqu'à concurrence de l'à-compte réglé par le conseil d'administration; le surplus sera payé conformément à ce qui sera déterminé par l'art. 35 ci-après.

34. Tout paiement sera fait à la charge de subroger la société, jusqu'à concurrence de l'indemnité par elle payée, aux droits et actions du propriétaire incendié contre les personnes qui pourraient être responsables de l'incendie. Néanmoins les locataires, fermiers et usufruitiers qui auront à leur charge des objets mobiliers assurés, pourront s'affranchir envers la société du recours qu'elle serait en droit d'exercer contre eux en cas d'incendie, s'ils justifient, par une déclaration antérieure du propriétaire, enregistrée à la direction, qu'ils concourent avec lui aux obligations de l'assurance.

35. De nouveaux à-comptes pourront être ac

cordés par le conseil d'admistration jusqu'à la liquidation générale qui aura lieu à la fin de chaque année, lorsqu'on dressera l'état général des sinistres qui auront eu lieu pendant son cours; et si la portion de garantie restée disponible n'était plus suffisante pour les couvrir, la distribution de la garantie serait faite au centime le franc à chaque incendie.

36. Le conseil d'administration vérifiera ces états et arrêtera la répartition; le directeur sera chargé d'en poursuivre le recouvrement. Chaque sociétaire sera tenu de payer, entre les mains du trésorier de la société ou de l'agent à ce délégué, qui lui en donnera un reçu. Ce reçu devra être revêtu du visa du directeur, à peine de nullité, sauf le cas où il délivrerait lui-même le reçu ou la quittance.

37. A défaut de paiement de la portion contributive dont chaque sociétaire est tenu, soit pour réparer un sinistre, soit pour acquitter les frais d'administration, le directeur devra, quinze jours après un avis donné au retardataire, le faire poursuivre par toutes les voies de droit, sauf le cas où il serait reconnu insolvable au conseil d'administration. Le sociétaire en retard qui n'aura pas payé sa contribution dans deux mois, à compter de la sommation qui lui en sera faite par le directeur, perdra tous ses droits à l'indemnité en cas de sinistre. La police d'assurance ne reprendra sa force qu'à partir du jour du paiement, auquel il pourra toujours être contraint.

CHAPITRE V. — Des cas où l'assurance peut cesser. — Formalités à remplir à cet égard. — Prescription des dommages.

38. L'assurance cesse : 1° à la fin de chaque période de cinq ans, sauf ce qui est énoncé en l'article 12; 2° par la résiliation dont la société s'est réservé la faculté, dans les cas prévus à l'art. 23; 3° par vente et donation, ou tout autre acte qui fait passer en d'autres mains la propriété des objets assurés, les faits journaliers du commerce exceptés; 4° par la faillite de l'assuré, à moins qu'il ne soit donné caution, suivant la disposition de l'art. 546 du Code de commerce; 5° par la destruction des objets assurés, soit par incendie, soit par toute autre cause; 6° par décès du propriétaire. Néanmoins les héritiers profitent de l'assurance jusqu'à la fin de l'année sociale, si les objets assurés restent dans les mêmes conditions. Dans les cas prévus aux quatre derniers paragraphes, les frais de l'assurance demeurent acquis à la société jusqu'à la fin de l'année courante.

39. Toute action en paiement de pertes et dommages provenant de sinistres est prescrite par un an, à compter du jour de l'expertise ou du dernier acte de poursuite, sans préjudice aux dispositions relatives aux divers cas de déchéance énoncés aux présents statuts.

CHAPITRE VI. — Conseil général.

40. Le conseil général sera composé des soixante plus forts assurés, pris en nombre égal dans chacun des cinq départements qui forment la présente association. La moitié de ce conseil sera prise parmi les propriétaires de marchandises, l'autre moitié parmi les propriétaires de mobiliers. Le président et le secrétaire seront nommés à la majorité des membres présents, pourvu que leur nombre soit au moins du tiers plus un. Tout sociétaire assuré

à la fois pour son mobilier et pour ses marchandises sera classé dans la catégorie des propriétaires de mobiliers, ou bien dans celle des négociants et commerçants, suivant que la valeur de son mobilier l'emporte sur celle de ses marchandises, ou que cette dernière l'emporte sur celle de son mobilier.

41. Tout membre convoqué, et qui ne pourra assister à la réunion du conseil, devra, aussitôt qu'il aura connaissance de son empêchement, en prévenir le directeur, qui convoquera son remplaçant dans l'ordre du tableau.

42. Le conseil général se réunira nécessairement une fois par an, sur la convocation faite par le directeur quinze jours à l'avance, d'après la liste arrêtée par le conseil d'administration. La convocation du conseil général pourra aussi avoir lieu extraordinairement, sur la demande du conseil d'administration. La première réunion du conseil général aura lieu un mois au moins avant l'expiration de l'année de la mise en activité de la société. Il ne pourra délibérer valablement, si le tiers plus un de ses membres n'est présent à l'assemblée. Ses décisions seront prises à la majorité absolue des suffrages; et, dans le cas où il n'y aurait pas de délibération, faute d'un nombre suffisant de membres, une nouvelle convocation sera faite pour dix jours plus tard, et la délibération sera valable, quel que soit le nombre des membres présents, mais seulement sur les objets portés à l'ordre du jour de la première convocation.

43. Le conseil général nomme et révoque les membres du conseil d'administration. Les membres du conseil d'administration peuvent assister, avec voix consultative seulement, aux réunions du conseil général.

44. Le conseil général arrêtera définitivement les comptes qui auront été présentés préalablement par le directeur au conseil d'administration. Le conseil général statuera sur les rapports et sur les propositions qui pourront lui être faits, ainsi que sur les autres objets qui seront soumis à son examen. Il aura, en outre, l'initiative des mesures qui lui paraîtront importer au bon ordre et à la conservation des intérêts de la société, sans pouvoir toutefois s'écarter de l'acte constitutif, ni changer ou aggraver la condition des sociétaires. Le conseil général nomme et révoque le directeur; il peut nommer un directeur adjoint, sur la présentation du directeur et sous la responsabilité de ce dernier.

CHAPITRE VII.— Conseil d'administration.

45. Le conseil d'administration est composé de quinze membres pris parmi les sociétaires ayant au moins pour quatre mille francs d'objets mobiliers ou marchandises engagés à l'assurance. Il nommera président et un vice-président pour deux ans. En cas d'absence ou d'empêchement, la présidence sera dévolue au plus âgé des membres présents. Le conseil d'administration se réunira une fois par mois. En cas d'urgence, il pourra être convoqué extraordinairement par le directeur. La présence du tiers au moins des membres sera nécessaire pour la validité des délibérations du conseil d'administration. S'il y a partage d'opinions, la voix du président sera prépondérante.

46. Le conseil d'administration sera renouvelé par cinquième tous les deux ans. Le sort désignera les premiers sortants; ils pourront être réélus.

47. Le conseil d'administration délibérera sur

toutes les affaires de la société. Ses décisions seront rédigées sous les formes d'arrêtés, et consignées sur les registres tenus à cet effet. Il fera tous les règlements de détail qu'il jugera nécessaires au bien du service et de la société, et les modifiera à son gré, pourvu toutefois que ces arrêtés et règlements ne s'écartent point des présents statuts, ne tendent point à changer le sort des sociétaires ou à les grever de charges nouvelles. Le conseil d'administration transige, compromet, intente et soutient toutes actions judiciaires au nom de la société.

48. Le conseil d'administration, de concert avec le directeur, arrêtera les états de répartition des sinistres. Il dressera, au 1er janvier de chaque année, l'état nominatif des soixante plus forts sociétaires qui devront former le conseil général; il vérifiera et arrêtera provisoirement les comptes de gestion du directeur. Les décisions de ce conseil seront prises à la majorité.

49. Les membres du conseil d'administration ne sont responsables que de l'exécution de leur mandat; ils ne contracteront, à raison de leurs fonctions, aucune obligation personnelle ni solidaire.

Chapitre VIII. — Direction. — Comptabilité.

50. Le directeur, sous l'autorité du conseil d'administration, exécute toutes les opérations de la société. Il est chargé des rapports avec les autorités, de la correspondance, de la tenue de toutes les écritures, de tous les détails administratifs, de la délivrance des polices, de la poursuite et de l'exécution de tous les actes qui concernent la société. Il donne aux membres des deux conseils de la société, ainsi qu'aux sociétaires, tous les renseignements qui lui sont demandés. Il convoque les assemblées du conseil général, en exécution des arrêtés du conseil d'administration; il convoque également, lorsqu'il le croit nécessaire, les assemblées extraordinaires du conseil d'administration. Il met sous les yeux du conseil général, lors de sa session annuelle, l'état de situation de la société, le nombre et l'importance des sinistres, et les comptes des recettes et dépenses de l'année, qui seront soumis à l'approbation définitive dudit conseil.

51. Le directeur est en même temps trésorier de la société et chargé de la comptabilité; il fait tous les recouvrements, donne toutes les quittances, et délivre toutes les sommes dont le conseil d'administration a ordonné le paiement.

52. Pour sûreté des fonds provenant des recettes, il sera établi une caisse à trois clefs, dans laquelle le directeur déposera, le dernier jour de chaque semaine, le montant des fonds qui auront été versés entre ses mains pendant cet espace de temps, pour n'en être retirés qu'au fur et à mesure des besoins de la société. Les entrées et les sorties seront constatées suivant le mode réglé par le conseil d'administration. De ces trois clefs, une sera dans les mains du président du conseil d'administration, une dans celles du membre que désignera le conseil, et la troisième en celles du directeur.

53. Le directeur sera tenu de fournir un cautionnement qui ne pourra être moindre de dix mille francs, et qui pourra s'élever en raison de l'importance des opérations de la société, et d'après une décision du conseil général. Ce cautionnement sera fourni en effets publics français; il sera consenti par un acte public, et devra être ac-

cepté par le conseil d'administration. Les titres .n seront déposés entre les mains de la personne que désignera le conseil d'administration. Ce dépôt sera constaté par un acte authentique. Les frais relatifs à ce cautionnement seront supportés par le directeur.

54. Le directeur ne contracte, à raison de ses fonctions, aucune obligation personnelle relativement aux engagements de la société; il n'est responsable que de l'exécution de son mandat. Il nomme et révoque tous les agents et employés de la société.

55. Le directeur peut être révoqué; sa révocation est proposée par le conseil d'administration et prononcée par le général. En cas de révocation, le traité à forfait est résilié de plein droit.

Chapitre IX. — Dispositions générales.

56. Tous les engagements qu'il sera nécessaire de souscrire, soit envers les tiers, soit envers les associés, seront souscrits et passés au nom de la société.

57. Tous les frais de loyer, frais de bureau, de correspondance, tous traitements d'employés, enfin toutes dépenses de gestion, seront et demeureront à la charge de la direction.

58. Les dépenses suivantes restent à la charge de la société, savoir: le remboursement ou la réparation des sinistres, les frais de premier établissement dûment justifiés, ceux des actes publics de toute espèce concernant la société, ceux résultant du sauvetage des objets incendiés, les frais d'expertise après sinistre, et ceux prévus par l'art. 13 qui précède.

59. Pour faire face aux dépenses de gestion indiquées dans l'art. 58, chaque sociétaire paiera annuellement trente centimes par mille francs de la valeur estimative des objets par lui soumis à l'assurance, qui seront exigibles chaque année et d'avance. Ce droit sera réduit à vingt-cinq centimes lorsque les valeurs soumises à l'assurance s'élèveront à deux cent millions; enfin, lorsqu'elles seront parvenues à trois cent millions et au-dessus, ce droit ne sera plus que de vingt centimes.

60. Les frais de la police d'assurance sont fixés à un franc; ceux de la fourniture et de l'apposition de la plaque sont également fixés, savoir: ceux de la plaque dorée, à un franc cinquante centimes, et ceux de la plaque commune à un franc.

61. Les dépenses énoncées en l'art. 57 forment entre la société et le directeur un traité à forfait dont la durée est fixée à cinq années, à l'expiration desquelles le traité pourra être révisé et renouvelé, s'il y a lieu.

62. Le conseil général, réuni au nombre des deux tiers des membres qui le composent, et à la majorité des trois quarts des présents, pourra modifier les présents statuts, sauf l'approbation du gouvernement. Les modifications proposées ne seront exécutoires qu'après cette approbation.

63. Toutes contestations entre la société et les sociétaires seront jugées par trois arbitres nommés par le président du tribunal civil de l'arrondissement du domicile de l'assuré, à la requête de la partie la plus diligente. La décision arbitrale sera sans appel ni recours en cassation.

Chapitre X. — Dispositions transitoires.

64. Sont membres du conseil d'administration provisoire, jusqu'à la première réunion du conseil général, qui nommera définitivement:

(Suivent les noms.)

65. M. Revol, directeur de la société d'assurance mutuelle immobilière fondée à Valence, est nommé directeur provisoire de la présente société.

———

5 = 19 FÉVRIER 1841. — Ordonnance du roi relative aux aides-de-camp des maréchaux de France sans commandement. (IX, Bull. DCCLXXXIX, n. 9148.)

Louis-Philippe, etc., sur le rapport de notre ministre secrétaire d'Etat de la guerre, etc.

Art. 1er. Chaque maréchal de France sans commandement peut avoir deux aides-de-camp pris parmi les officiers supérieurs et les capitaines du corps royal d'état-major ; toutefois, il ne devra jamais être attaché à sa personne deux officiers du grade de colonel ou de celui de lieutenant-colonel.

2. L'art. 27 de l'ordonnance du 6 mai 1818 est et demeure abrogé.

3. Notre ministre de la guerre (duc de Dalmatie) est chargé, etc.

———

17 = 19 FÉVRIER 1841. — Ordonnance du roi portant que les navires venant des ports de l'Algérie avec patente nette seront admis immédiatement à libre pratique dans les ports du royaume. (IX, Bull. DCCLXXXIX, n. 9149.)

Louis-Philippe, etc., vu l'art. 2 de la loi du 3 mars 1822, sur la police sanitaire ; vu l'art. 8 de l'ordonnance du 7 août 1822 ; considérant que les provenances des ports de l'Algérie ont déjà été placées sous le régime de la patente nette par l'ordonnance du 5 juillet 1834 ; considérant que l'état et l'organisation sanitaires de l'Algérie présentent actuellement toutes les garanties désirables ; sur le rapport de notre ministre secrétaire d'Etat de l'agriculture et du commerce ; de l'avis du conseil supérieur de santé, etc.

Art. 1er. A dater de la publication de la présente ordonnance, les navires venant des ports de l'Algérie avec patente nette seront admis immédiatement à libre pratique dans les ports du royaume, après la reconnaissance et les vérifications prescrites par les règlements.

2. Il n'est pas dérogé néanmoins, jusqu'à nouvel ordre, aux dispositions de l'ordonnance du 20 juillet 1835, qui prohibe dans tous les ports du royaume l'entrée des drilles ou chiffons venant des Echelles du Levant et des côtes septentrionales de l'Afrique.

3. Notre ministre de l'agriculture et du commerce (M. Cunin-Gridaine) est chargé, etc.

———

28 JANVIER = 20 FÉVRIER 1841. — Ordonnance du roi relative à la clôture du service des ponts, canaux et autres travaux exécutés sur le produit d'emprunts spéciaux. (IX, Bull. DCCLXL, n. 9156.)

Louis-Philippe, etc., vu la loi du 6 juin 1840, portant, art. 17, que le service spécial des ponts, canaux et autres travaux exécutés, en dehors du budget de l'Etat, sur le produit d'emprunts spéciaux autorisés par diverses lois particulières, sera soldé à l'expiration de l'exercice 1839, et que les recettes et les dépenses de ce service spécial qui resteraient encore à effectuer après la clôture dudit exercice seront rattachées distinctement au budget de l'Etat ; vu la situation de ce service spécial arrêtée à la clôture de l'exercice 1839 ; sur le rapport de notre ministre secrétaire d'Etat des finances, et de l'avis de notre conseil des ministres, etc.

Art. 1er. La somme de cent cinquante mille cent quatre-vingt-huit francs vingt-huit centimes (150,188 fr. 28 c.), restée sans emploi, à l'expiration de l'exercice 1839, sur le produit des emprunts spéciaux effectués pour les ponts, canaux et travaux divers, conformément à l'état ci-annexé, sera appliquée en recette au budget de l'exercice 1840, où elle formera un article spécial du chapitre des produits divers, sous la désignation de *Fonds libres provenant des emprunts pour ponts, canaux et travaux divers* (art. 17 de la loi du 6 juin 1840).

2. Il est ouvert, sur l'exercice 1840, à notre ministre secrétaire d'Etat des travaux publics, un crédit de la même somme de cent cinquante mille cent quatre-vingt-huit francs vingt-huit centimes (150,188 fr. 28 c.). Ce crédit formera un chapitre spécial au budget ordinaire du ministère des travaux publics, sous le titre de *Travaux du port du Havre* (fonds libres provenant d'emprunts spéciaux).

3. Les dispositions qui précèdent seront soumises à la sanction des Chambres dans la loi de règlement du budget de l'exercice 1839, et les résultats définitifs du service spécial des ponts, canaux et travaux divers, seront publiés dans le compte général de l'administration des finances pour l'année 1840.

4. Nos ministres des finances et des travaux publics (MM. Humann et Teste) sont chargés, etc.

Situation, à l'époque de la clôture de l'exercice 1839, du service spécial des ponts, canaux et travaux divers exécutés avec le produit d'emprunts spéciaux.

DÉSIGNATION DES TRAVAUX OU ENTREPRISES.	EMPRUNTS RÉALISÉS.	DÉPENSES PAYÉES jusqu'à la clôture de l'exercice 1839.	FONDS disponibles à transporter au budget de l'exercice 1840.
	fr.	fr. c.	fr. c.
PONTS.			
Pont de Bordeaux (Gironde)...............	2,000,000	2,000,000 00	»
Pont de Libourne (idem).................	1,500,000	1,500,000 00	»
Pont du Petit-Vey (Calvados).............	300,000	300,000 00	»
Pont de la Roche de Glun (Drôme).........	800,000	800,000 00	»
Pont de Montrejean (Haute-Garonne).......	200,000	200,000 00	»
Pont de Souillac (Lot)..................	500,000	500,000 00	»
Pont de Pensaguel (Haute-Garonne)........	150,000	150,000 00	»
Pont de Bergerac (Dordogne).............	600,000	600,000 00	»
Pont d'Aiguillon (Lot-et-Garonne)........	480,000	480,000 00	»
Pont d'Agen (Lot-et-Garonne)............	1,000,000	1,000,000 00	»
Pont de Coëmont (Sarthe)................	320,000	320,000 00	»
Pont de Moissac (Tarn-et-Garonne)........	500,000	500,000 00	»
Pont de Laval (Mayenne)................	200,000	200,000 00	»
CANAUX.			
Canal des Ardennes.....................	8,000,000	8,000,000 00	»
Canal de la Somme.....................	6,600,000	6,600,000 00	»
Canal du Rhône au Rhin.................	10,000,000	10,000,000 00	»
Canal de Bretagne.....................	36,000,000	36,000,000 00	»
Canal du Cher........................	12,000,000	12,000,000 00	»
Canal latéral à la Loire.................	12,000,000	12,000,000 00	»
Canal du Nivernais....................	8,000,000	8,000,000 00	»
Canal de Bourgogne....................	25,000,000	25,000,000 00	»
Canal d'Arles à Bouc...................	5,500,000	5,500,000 00	»
PORTS.			
Travaux du port de Dunkerque...........	1,940,000	1,940,000 00	»
Travaux du port du Havre...............	2,800,000	2,649,811 72	150,188 28
Travaux du port de Boulogne............	1,650,000	1,650,000 00	»
Travaux du port de Granville............	600,000	600,000 00	»
Travaux des quais et port de Rouen.......	840,000	840,000 00	»
TRAVAUX DE NAVIGATION.			
Navigation du Tarn entre Albi et Gaillac....	800,000	800,000 00	»
Navigation de l'Oise....................	3,000,000	3,000,000 00	»
Navigation de l'Isle....................	2,500,000	2,500,000 00	»
	145,780,000	145,629,811 72	150,188 28

28 JANVIER = 20 FÉVRIER 1841. — Ordonnance du roi relative à la clôture du budget spécial créé pour divers travaux publics par la loi du 27 juin 1833. (IX, Bull. DCLXL, n. 9157.)

Louis-Philippe, etc., vu les lois des 27 juin 1833 et 5 juin 1834, qui ont ouvert, pour divers travaux publics, des crédits spéciaux s'élevant ensemble à quatre-vingt-treize millions neuf cent cinquante-cinq mille francs ; vu la loi du 6 juin 1840, portant, art. 16, que ce budget spécial sera soldé à l'expiration de l'exercice 1839, et que la portion sans emploi des ressources qui lui avaient été affectées sera réuni aux fonds généraux du budget de l'exercice 1840 ; vu l'état des paiements effectués pour le service spécial des travaux publics jusqu'à la clôture dudit exercice 1839, montant à la somme totale de quatre-vingt-treize millions huit cent cinquante-deux mille cent soixante-trois francs vingt-sept centimes, et présentant sur le crédit de quatre vingt-treize millions neuf cent cinquante-cinq mille francs un reste disponible de cent deux mille huit cent trente-six francs soixante et treize centimes ; sur le rapport de notre ministre secrétaire d'Etat des finances, et de l'avis de notre conseil des ministres, etc.

Art. 1er. Les crédits ouverts à notre ministre secrétaire d'Etat des travaux publics sur l'exercice 1839, pour le service spécial des travaux publics autorisés par les lois des 27 juin 1833 et 3 juin 1834, sont réduits d'une somme de cent deux mille huit cent trente-six francs soixante et treize centimes (102,836 fr. 73 c.), conformément à l'état ci-annexe.

2. Il est ouvert à notre ministre secrétaire d'Etat des travaux publics, sur l'exercice 1840, un crédit de la somme de quatre-vingt-dix-sept mille quatre-vingt-neuf fr. vingt-sept centimes (97,089 fr. 27 c.), pour la portion des crédits annulés ci-dessus qui n'a pas été employée en 1839, et qui continuera de recevoir, pendant l'exercice 1840, la destination déterminée par la loi du 27 juin 1833. Ce crédit formera un chapitre spécial au budget ordinaire du ministère des travaux publics, sous le titre de *Achè-vement des phares et fanaux* (fonds provenant du budget annexe).

3. Les dépenses restées à payer à la clôture de l'exerce 1859, et montant à la somme de cinq mille sept cent quarante-sept francs quarante-six centimes (5,747 fr. 46 c.), seront ordonnancées sur les budgets des exercices courants en vertu de crédits spéciaux.

4. Il sera fait application, au budget des recettes de l'exercice 1840, de la somme de cent deux mille huit cent trente-six francs soixante et treize centimes (102,836 fr. 73 c.), restée libre, à la clôture de l'exercice 1859, sur les fonds affectés au service spécial des travaux publics par les lois des 27 juin 1833 et 3 juin 1834. Cette recette formera un article spécial du chapitre des produits divers, sous la désignation de *Fonds libres provenant du service spécial des travaux publics* (art. 16 de la loi du 6 juin 1840).

5. Les dispositions qui précèdent seront soumises à la sanction des Chambres dans la loi de règlement du budget de l'exercice 1839, et les résultats définitifs du service spécial des travaux publics seront insérés dans le compte général de l'administration des finances pour l'année 1840.

6. Nos ministres des finances et des travaux publics (MM. Humann et Teste) sont chargés, etc.

Situation définitive du budget annexe du ministère des travaux publics, à l'époque de la clôture de l'exercice 1839.

NATURE DES TRAVAUX.	CRÉDITS accordés par les lois des 27 juin 1833 et 3 juin 1834.	MONTANT DES PAIEMENTS EFFECTUÉS			CRÉDITS à annuler définitivement.	CRÉDITS à transporter au budget ordinaire de l'exercice 1840.
		sur les exercices 1835 et antérieurs.	sur l'exercice 1839.	TOTAL.		
	fr.	fr. c.	fr. c.	fr. c.	fr. c.	fr. c.
Achèvement des monuments de la capitale.	17,240,000	17,191,611 91	48,016 00	17,239,627 91	372 09	»
Travaux de canalisation.	44,000,000	43,994,823 77	650 91	43,995,474 68	4,525 32	»
Achèvement des lacunes des routes royales.	15,000,000	14,999,619 59	»	14,999,619 59	380 41	»
Entretien des routes royales.	2,000,000	2,000,000 00	»	2,000,000 00	»	»
Exécution des routes stratég. de l'Ouest.	12 000,000	11,985,756 04	13,774 32	11,999,530 36	469 64	»
Achèvem. des phares et fanaux.......	2,500,000	2,137,633 72	265,277 01	2,402,910 73	»	97,089 27
Etudes des chemins de fer.	500,000	500,000 00	»	500,000 00	»	»
Construct. d'un pont sur la Vilaine à la Roche-Bernard. ...	715,000	687,085 09	27,914 91	715,000 00	»	»
	93,955,000	93,496,530 12	355,633 15	93,852,463 27	5,747 46	97,089 27
					102,836 fr. 73 c.	

31 janvier = 20 février 1841. — Ordonnance qui supprime la commission sanitaire de Bonifacio (Corse). (Bull. DCCLXL , n. 9158.)

Louis-Philippe, etc., vu l'art. 1ᵉʳ de la loi du 3 mars 1822; vu l'ordonnance du 7 juillet 1824 et celle du 9 octobre 1825; vu l'avis de l'intendance sanitaire d'Ajaccio, du 18 octobre 1840; vu la lettre du préfet de la Corse, du 23 du même mois; vu les dispositions du titre 5, et particulièrement des art. 59, 61, 62; 65 et 68 de l'ordonnance royale du 7 août 1822; sur le rapport de notre ministre secrétaire d'Etat de l'agriculture et du commerce, etc.

Art. 1ᵉʳ. La commission sanitaire de Bonifacio, département de la Corse, est supprimée, et son ressort est réuni à celui de l'intendance sanitaire d'Ajaccio.

2. Les droits attribués par l'art. 61 de l'ordonnance royale du 7 août 1822 aux présidents semainiers des administrations sanitaires, pour la reconnaissance des navires et leur admission à la libre entrée, sont conférés exceptionnellement à un agent sanitaire, qui sera placé à Bonifacio.

3. L'agent sanitaire du port de Bonifacio pourra, en outre, dans les limites de l'art. 33 de l'ordonnance du 7 août 1822, fixer la durée de la quarantaine d'observation dont tout bâtiment en état de patente nette serait reconnu passible à son arrivée dans ce port : il rendra compte immédiatement de ses décisions à l'intendance sanitaire d'Ajaccio, qui les réformera au besoin.

4. Aucun bâtiment arrivant en état de patente suspecte ou brute ne sera reçu dans le port de Bonifacio, mais il sera renvoyé, sans aucun retard, dans un port à lazaret.

5. Notre ministre de l'agriculture et du commerce (M. Cunin-Gridaine) est chargé, etc.

1ᵉʳ = 20 février 1841. — Ordonnance du roi qui crée une compagnie d'ouvriers du génie pour l'Algérie, et augmente le nombre des officiers des compagnies de sapeurs-conducteurs sur le pied de guerre. (Bull. DCCLXL , n. 9159.)

Louis-Philippe, etc., vu l'ordonnance royale du 13 décembre 1829 et celle du 28 juin 1832; sur le rapport de notre ministre secrétaire d'Etat de la guerre, etc.

Art. 1ᵉʳ. Il sera créé une compagnie d'ouvriers du génie pour l'Algérie, laquelle sera composée ainsi qu'il suit, savoir : capitaine en premier, 1: capitaine en second, 1; lieutenant en premier, 1; lieutenant en second, 1. Total, 4 officiers.

Sergent-major, 1 ; sergents, 10 ; sergent-fourrier, 1 ; caporaux, 16 ; maîtres ouvriers, 10 ; soldats de première classe, 80 : soldats de deuxième classe, 80 ; tambours , 2. Total, 200 sous-officiers et soldats. — Enfants de troupe , 2.

2. Cette compagnie sera traitée pour l'avancement , la solde, l'habillement et les différentes prestations en argent et en nature, etc., sur le même pied que la compagnie déjà existante à l'arsenal du génie, à Metz.

3. Les hommes destinés à la compagnie à créer devront être forts, bien constitués, et avoir au moins la taille de un mètre six cent quatre-vingts millimètres ; ils seront pris, 4/8ᵉˢ parmi les ouvriers en fer, 2/8ᵉˢ parmi les ouvriers en bois, 1/8ᵉ parmi les maçons et ouvriers en pierre, 1/8ᵉ parmi les ouvriers de diverses professions de bâtiments.

4. La compagnie d'ouvriers existant à Metz prendra le n. 1, celle à créer le n. 2.

5. Les cadres en officiers des compagnies de sapeurs-conducteurs, sur le pied de guerre, seront composés ainsi qu'il suit : capitaine en premier, 1 ; capitaine en second, 1 ; lieutenant en premier, 1 ; lieutenant en second, 1. Total, 4 officiers.

6. Notre ministre de la guerre (M. le duc de Dalmatie) est chargé, etc.

---

7 = 20 février 1841. — Ordonnance du roi qui autorise le ministre de la guerre à régler, par des arrêtés spéciaux, les rapports de son département avec le gouverneur général de l'Algérie et les chefs de service placés sous ses ordres, et supprime la sous-direction de l'intérieur de la province d'Alger. (IX, Bull. DCCLXL, n. 9160.)

Louis-Philippe, etc., vu nos ordonnances des 22 juillet 1834 (1), 31 octobre (2) et 3 décembre 1838 (3), sur l'organisation administrative de l'Algérie; sur le rapport de notre ministre secrétaire d'Etat au département de la guerre, etc.

Art. 1ᵉʳ. Notre ministre secrétaire d'Etat de la guerre règle, par des arrêtés spéciaux, les rapports de son département avec le gouverneur général de l'Algérie et les chefs de service placés sous ses ordres. Toutes dispositions contraires sont abrogées.

2. L'ordonnance du 3 décembre 1838, portant création d'une sous-direction de l'intérieur pour la province d'Alger, est rapportée.

3. Notre ministre de la guerre (M. le duc de Dalmatie) est chargé, etc.

---

(1) Voy. tome 34, p. 264.

(2 et 3) Voy. tome 38, p. 693 et 736.

24 janvier = 1er mars 1841. — Ordonnance du roi qui autorise la publication des bulles d'institution canonique de MM. Rossat et George-Massonnais pour les évêchés de Gap et de Périgueux, et de M. Rœss pour la coadjutorerie de Strasbourg. (IX, Bull. DCCLXLI, n. 9162.)

Louis-Philippe, etc., sur le rapport de notre garde des sceaux, ministre secrétaire d'Etat au département de la justice et des cultes; vu les art. 1er et 18 de la loi du 8 avril 1802 (18 germinal an 10); vu le tableau de la circonscription des métropoles et diocèses du royaume annexé à l'ordonnance royale du 31 octobre 1822; vu notre ordonnance du 25 juin 1840, qui nomme l'abbé Rossat, curé de Saint-Jean de Lyon, à l'évêché de Gap; vu nos diverses ordonnances du 5 août 1840, qui nomment: 1° l'abbé George-Massonnais, chanoine de l'église métropolitaine de Bordeaux, à l'évêché de Périgueux; 2° l'abbé Rœss, chanoine de l'église épiscopale de Strasbourg, coadjuteur, avec future succession, de M. Lepappe de Trévern, évêque de Strasbourg; vu les bulles d'institution canonique accordées par sa sainteté Grégoire XVI auxdits évêques et coadjuteur nommés; notre conseil d'Etat entendu, etc.

Art. 1er. 1° La bulle donnée à Rome, près Saint-Pierre, le 19e jour des calendes de janvier de l'année de l'incarnation 1840 (14 décembre 1840), portant institution canonique de l'abbé Rossat (Louis) pour l'évêché de Gap; 2° la bulle donnée à Rome, près Saint-Pierre, le 19e jour des calendes de janvier de l'année de l'incarnation 1840 (14 décembre 1840), portant institution canonique de l'abbé George-Massonnais (Jean-Baptiste-Amédée), pour l'évêché de Périgueux; 3° la bulle donnée à Rome, près Saint-Pierre, le 19e jour des calendes de janvier de l'année de l'incarnation 1840 (14 décembre 1840), portant institution canonique de l'abbé Rœss (André) comme coadjuteur, avec future succession, de M. Lepappe de Trévern, évêque de Strasbourg, avec le titre d'évêque de Rhiodopolis *in partibus infidelium*, sont reçues et seront publiées dans le royaume en la forme ordinaire.

2. Lesdites bulles d'institution canonique sont reçues sans approbation des clauses, formules ou expressions qu'elles renferment, et qui sont ou pourraient être contraires à la Charte constitutionnelle, aux lois du royaume, aux franchises, libertés et maximes de l'église gallicane.

3. Lesdites bulles seront transcrites en latin et en français sur les registres de notre conseil d'Etat; mention de ladite transcription sera faite sur l'original par le secrétaire général du conseil.

4. Notre ministre de la justice et des cultes (M. Martin du Nord), est chargé, etc.

---

31 janvier = 3 mars 1841. — Ordonnance du roi qui approuve les nouveaux statuts de la compagnie du chemin de fer de Paris à Orléans. (IX, Bull. supp. DXXIII, n. 15318.)

Louis-Philippe, etc., sur le rapport de notre ministre secrétaire d'Etat au département de l'agriculture et du commerce; vu l'ordonnance royale du 13 août 1838 (1), portant autorisation de la société anonyme formée à Paris pour l'établissement du chemin de fer de Paris à Orléans; les délibérations de l'assemblée générale des actionnaires de ladite société, des 22 mars et 8 août 1840, et celles du conseil d'administration, en date des 20 novembre et 18 décembre derniers; les lois des 7 juillet 1838, 1er août 1839 et 15 juillet 1840; notre conseil d'Etat entendu, etc.

Art. 1er. Les nouveaux statuts de la compagnie du chemin de fer de Paris à Orléans sont approuvés tels qu'ils sont contenus dans l'acte passé, le 14 janvier 1841, devant Me Foucher et son collègue, notaires à Paris, lequel acte restera annexé à la présente ordonnance.

2. Ladite société sera soumise à toutes les obligations qui dérivent, tant de la loi du 7 juillet 1838 que de celle du 15 juillet 1840, et du règlement d'administration publique prescrit par l'art. 4 de ladite loi.

3. La société continuera de remettre, tous les six mois, un extrait d'un état de situation au ministère de l'agriculture et du commerce, aux préfectures des départements de la Seine, de Seine-et-Oise et du Loiret, aux greffes des tribunaux de commerce de Paris, Versailles et Orléans, et aux chambres de commerce de Paris et d'Orléans. Elle sera, en outre, tenue de remettre, chaque année, au ministère de l'agriculture et du commerce, une copie de l'inventaire général de son actif et de son passif.

4. Notre ministre de l'agriculture et du commerce (M. Cunin-Gridaine) est chargé, etc.

Acte modificatif des statuts du chemin de fer de Paris à Orléans.

Par-devant, etc., a comparu M. Casimir-François-Joseph Leconte directeur général de la compagnie du chemin de fer de Paris à Orléans, demeurant à Paris, rue de la Tour-des-Dames, n. 9, agissant au nom du comité de direction, en vertu

---

(1) Voy. tome 38, p. 633.

de l'autorisation donnée à ce comité par l'art. 63 des statuts de ladite compagnie, arrêtés par acte passé devant Mᵉ Foucher, l'un des notaires soussignés, qui en a la minute, et son collègue, le 11 août 1838, enregistré et approuvé par ordonnance royale du 13 août suivant, lequel article est ainsi conçu :

« Art. 63. Si l'expérience faisait reconnaître la convenance d'apporter quelques modifications ou additions aux présents statuts, l'assemblée générale est autorisée à y pourvoir dans la forme déterminée par les art. 49 et 50 qui précèdent. Les délibérations qui seraient prises en conséquence ne seront exécutoires qu'après avoir été approuvées par le gouvernement. Tous pouvoirs sont donnés d'avance au conseil d'administration, délibérant à la majorité absolue des voix, à l'effet de consentir les changements que le gouvernement jugerait nécessaire d'apporter aux modifications votées par l'assemblée générale : le comité de direction est autorisé à passer tous actes en conséquence ; » lequel a dit que depuis l'ordonnance royale du 13 août 1838, par laquelle a été autorisée la société anonyme formée, conformément à la loi du 7 juillet 1838, pour l'établissement et l'exploitation du chemin de fer de Paris à Orléans, les lois du 1ᵉʳ août 1839 et 15 juillet 1840 ont apporté, dans les conditions de l'existence de la société, des modifications qui rendent indispensable une refonte de ses statuts ; que, par délibérations de l'assemblée générale, prises les 22 mars et 8 août 1840, conformément aux articles 49 et 50 des statuts annexés à l'ordonnance du 13 août 1838, et par délibérations du conseil d'administration en date des 20 novembre et 18 décembre 1840, dont les extraits, délivrés par M. Casimir Leconte, l'un des directeurs de la compagnie, sont demeurés ci-annexés après avoir été de M. Casimir Leconte certifiés véritables, et enregistrés à Paris le même jour 14 janvier présent mois, folio 125 recto, cases 6, 7, 8 et 9, par Leverdier, qui a reçu pour chacun d'eux un franc dix centimes, lesdits statuts sont modifiés ainsi qu'il suit, sauf l'approbation du gouvernement :

TITRE Iᵉʳ. — *Constitution de la société, objet, dénomination, domicile, durée.*

Art. 1ᵉʳ. La société anonyme formée, avec l'autorisation du gouvernement, sous la dénomination de *compagnie du chemin de fer de Paris à Orléans,* pour l'exécution et l'exploitation du chemin de fer de Paris à Orléans, de son embranchement sur Corbeil et dépendances, et des prolongements et embranchements qui pourront être ultérieurement concédés à la compagnie, a son siége et son domicile attributif de juridiction à Paris.

2. La société finira avec la concession.

TITRE II. — *Mise en société de la concession.*

3. MM. Casimir Leconte et compagnie ayant apporté et mis en société la concession du chemin de fer de Paris à Orléans, telle qu'elle résulte de la loi du 7 juillet 1838 et du cahier de charges et de la convocation additionnelle annexés à ladite loi, sans aucune réserve ni restriction, la compagnie se trouve entièrement aux lieu et place des concessionnaires, à la charge par elle de satisfaire à toutes les clauses et obligations qui résultent pour lesdits concessionnaires, tant des lois des 7 juillet 1838, 1ᵉʳ août 1839 et 15 juill. 1840,

que du cahier de charges annexé à cette dernière loi.

TITRE III. — *Fonds social, actions.*

4. Le fonds social est fixé à quarante millions de francs. Dans le cas d'obtention de prolongements ou d'embranchements prévu par l'art. 1ᵉʳ, il y sera pourvu, s'il y a lieu, par une augmentation du fonds social, votée en assemblée générale avec l'approbation du gouvernement. Cette augmentation aura lieu par la création de nouvelles actions, qui ne pourront être émises au-dessous du pair.

5. Le fonds social complétement souscrit est divisé en quatre-vingt mille actions de cinq cents francs chacune.

6. Les actions sont au porteur. Dans l'année qui suivra l'achèvement des travaux et la mise en exploitation du chemin de fer dans toute son étendue, les titres de ces actions seront retirés des mains des porteurs, qui recevront en échange des titres définitifs indiquant les principales dispositions des présents statuts.

7. Les actions sont revêtues de la signature d'un administrateur et d'un directeur, et frappées du timbre sec de la compagnie.

8. La cession des actions s'opère par la tradition du titre.

9. Chaque action est indivisible, et la société ne reconnaît qu'un seul propriétaire pour chaque action.

10. Chaque action donne droit à un quatre-vingt millième dans la propriété de l'actif social et dans les bénéfices de l'entreprise.

11. Les droits et obligations attachés à l'action suivent le titre, dans quelques mains qu'il passe.

12. Le montant de chaque action, déduction faite des versements effectués, est payable à la caisse de la société, aux époques qui seront déterminées par le conseil d'administration. Aucun appel de fonds ne pourra excéder dix pour cent du montant de l'action, soit cinquante francs, sauf le dernier versement, qui pourra être de quinze pour cent. Tout appel de fonds devra être annoncé un mois au moins avant l'époque fixée pour le versement, dans deux journaux d'annonces légales du département de la Seine désignés par le président du tribunal de commerce, conformément à la loi du 31 mars 1833. Le conseil d'administration pourra autoriser la libération anticipée des actions.

13. A défaut de versement aux époques déterminées, l'intérêt sera dû, pour chaque jour de retard, à raison de cinq pour cent par an. Les numéros des actions en retard seront publiés dans la forme indiquée à l'art. 12 ci-dessus ; quinze jours après cet avis, et sans autre acte de mise en demeure, lesdites actions seront vendues sur duplicata à la bourse de Paris, par le ministère d'un agent de change, pour compte et au risque des porteurs en retard. Les titres primitifs des actions ainsi vendues seront nuls de plein droit ; en conséquence, toute action qui ne portera pas la mention régulière du paiement des versements qui auront dû être opérés cessera d'être admissible à la négociation.

14. Les actionnaires ne sont engagés que jusqu'à concurrence du capital de leurs actions : tout autre appel de fonds est interdit.

15. Les facilités accordées pour le dépôt et la conservation des titres dans la caisse sociale sont maintenues. Les décisions du conseil d'administra-

tion déterminent la forme des certificats de dépôts, le mode de leur délivrance et les garanties dont l'exécution de cette mesure doit être entourée dans l'intérêt de la société et des actionnaires.

TITRE IV. — Conseil d'administration, comité de direction, assemblée générale des actionnaires.

16. La compagnie est administrée par un conseil d'administration et par un comité de direction et des travaux.

Conseil d'administration.

17. Le conseil d'administration est composé de douze membres nommés par l'assemblée générale. Chaque administrateur doit être propriétaire de soixante actions, qui sont inaliénables pendant la durée de ses fonctions. Les titres de ces actions sont déposés dans la caisse de la société.

18. Les fonctions des administrateurs sont gratuites ; ils reçoivent des jetons de présence.

19. La durée des fonctions des administrateurs est de trois années ; ils sont renouvelés par tiers d'année en année. Les membres sortant les deux premières années sont désignés par la voie du sort, et ensuite par l'ancienneté. Les membres sortant peuvent être indéfiniment réélus.

20. Le conseil d'administration nomme, chaque année, un président et un vice-président. En cas d'absence du président et du vice-président, le conseil désigne celui de ses membres qui doit le remplacer pendant son absence. Le président et le vice président peuvent être indéfiniment réélus.

21. Le conseil d'administration se réunit aussi souvent que l'intérêt de la société l'exige, et au moins deux fois par mois. La présence de quatre administrateurs est nécessaire pour valider les délibérations. Les décisions sont prises à la majorité des membres présents ; en cas de partage, la voix du président est prépondérante. Lorsque quatre membres seulement sont présents, les décisions doivent être prises à l'unanimité.

22. Les délibérations du conseil d'administration sont constatées par des procès-verbaux signés par le président et deux des membres qui ont pris part à la délibération.

23. En cas de décès, retraite ou empêchement permanent d'un ou de plusieurs administrateurs, le conseil d'administration pourvoit provisoirement à leur remplacement, jusqu'à la première assemblée générale. Toutefois, si, par l'effet d'une cause quelconque, le nombre des administrateurs nommés par l'assemblée générale était réduit à moins de sept, l'assemblée générale serait immédiatement convoquée à l'effet de compléter le conseil. Les membres ainsi nommés ne demeurent en fonctions que le temps restant à courir sur l'exercice de leur prédécesseur.

24. Le conseil d'administration propose la nomination ou la révocation des directeurs, lorsqu'il y a lieu. Il nomme et révoque tous autres agents employés, et fixe leur traitement. Il détermine les attributions. Il fixe les dépenses générales de l'administration et les frais des voyages ordonnés dans l'intérêt de la société. Il autorise les marchés. Il autorise toutes ventes et achats d'objets mobiliers. Il autorise tous traités, transactions et compromis. Il autorise toutes actions judiciaires. Il autorise, avec l'approbation de l'assemblée générale, tous emprunts, avec ou sans affectations hypothécaires, toutes acquisitions et aliénations

d'immeubles, et toutes conventions avec d'autres entreprises de chemin de fer. Il détermine le placement des fonds disponibles, et autorise tous retraits de fonds et tous transferts de rentes et aliénations de valeurs appartenant à la compagnie. Il fixe ou modifie les tarifs du chemin de fer et des établissements qui en dépendent, dans les limites déterminées par le cahier des charges de la concession. Il approuve les règlements relatifs à l'organisation du service, à la police et à l'exploitation du chemin de fer et de ses dépendances, dans les limites déterminées par le cahier des charges. Il statue sur tous les objets relatifs à l'administration de la société.

25. Le conseil d'administration peut, dans les circonstances où il le juge utile, déléguer tout ou partie de ses pouvoirs par un mandat spécial, et pour une ou plusieurs affaires déterminées.

26. Conformément à l'art. 32 du Code de commerce, les membres du conseil d'administration ne contractent, à raison de leur gestion, aucune obligation personnelle ni solidaire, relativement aux engagements de la compagnie. Ils ne répondent que de l'exécution de leur mandat.

Comité de direction et des travaux.

27. Le comité de direction et des travaux se compose de trois directeurs, de l'ingénieur en chef chargé de l'exécution des travaux, et de l'ingénieur du matériel.

28. Les directeurs sont nommés et peuvent être révoqués par l'assemblée générale, sur la proposition de la majorité absolue des membres du conseil d'administration. Tout directeur dont la révocation doit être ainsi proposée cesse ses fonctions immédiatement après la communication qui lui est donnée de la décision du conseil prise à cet effet, et demeure suspendu jusqu'au vote de la première assemblée générale, qui, en aucun cas, ne pourra être retardée au-delà d'une année.

29. Le comité nomme, à la majorité des voix, son président, qui est pris parmi ses membres, et dont le choix est soumis à l'approbation du conseil d'administration. Un des directeurs, désigné par le conseil d'administration, prend le titre de directeur secrétaire général, et remplit les fonctions qui lui sont ci-après attribuées : en cas d'absence, il est suppléé dans ses fonctions par un autre directeur.

30. Chacun des directeurs doit être propriétaire de cent actions. Ces actions demeureront déposées dans la caisse de la société, comme garantie de la gestion des directeurs, et seront inaliénables pendant la durée de leurs fonctions.

31. L'assemblée générale détermine, sur la proposition du conseil d'administration, le traitement et les avantages attribués aux directeurs.

32. Le comité est chargé, sous l'autorité du conseil d'administration, conformément aux dispositions de l'art. 25 qui précède, et suivant les décisions dudit conseil, de la direction de l'entreprise et de la gestion des affaires de la société. Il propose la nomination et la révocation de tous agents et employés, et la fixation de leurs attributions et de leur traitement. Il règle et acquitte les dépenses. Il passe les marchés. Il opère les acquisitions et aliénations d'immeubles ; il effectue les ventes et achats d'objets mobiliers. Il fait les traités, et opère les transactions et compromis. Il suit les actions judiciaires. Il opère les placements et retraits de fonds. Il propose la fixation et la modification des tarifs. Il propose les règlements relatifs à l'organisation du

service, à la police et à l'exploitation du chemin, et à ses dépendances. Il dirige le travail des bureaux, signe la correspondance, établit les comptes. Il fait tous actes conservatoires.

33. Le directeur secrétaire général reçoit les notifications ou les significations que le gouvernement est dans le cas d'adresser à la compagnie, conformément à l'art. 52 du cahier des charges de la concession. Il certifie les extraits des procès-verbaux de l'assemblée générale et du conseil d'administration à produire en justice ou ailleurs.

34. Les transferts de rentes et aliénations de valeurs, ainsi que les acceptations et les mandats sur la banque, sur les receveurs généraux et sur tous autres dépositaires des fonds de la société, devront être signés par un administrateur et un directeur.

35. Les membres du comité de direction et des travaux assistent aux délibérations du conseil d'administration avec voix consultative. Ils votent à l'assemblée générale lorsqu'ils sont actionnaires.

36. En cas de vacance de l'un des emplois de directeur, par suite de décès, démission ou toute autre cause, le conseil d'administration pourvoit provisoirement à son remplacement, jusqu'à la première assemblée générale, qui procède à la nomination définitive.

37. Les dispositions ci-dessus, relatives à l'organisation du comité de direction et des travaux, seront revisées, s'il y a lieu, dans l'année qui suivra l'achèvement des travaux de construction du chemin de fer de Paris à Orléans.

Assemblée générale des actionnaires.

38. L'assemblée générale, régulièrement constituée, représente l'universalité des actionnaires.

39. L'assemblée générale se compose de tous les actionnaires porteurs de vingt actions ou plus. Elle est régulièrement constituée, lorsque les actionnaires présents sont au nombre de trente ou plus, et représentent au moins le dixième du fonds social.

40. Dans le cas où, sur une première convocation, les actionnaires présents ne remplissent pas les conditions ci-dessus imposées pour constituer l'assemblée générale, il est procédé à une seconde convocation à vingt jours d'intervalle. Les délibérations prises par l'assemblée générale, dans cette seconde réunion, sont valables, quel que soit le nombre des actionnaires présents ou la quantité d'actions représentées ; mais elles ne peuvent porter que sur les objets à l'ordre du jour de la première réunion, et ne peuvent, en aucun cas, s'étendre aux objets spéciaux sont régis par les dispositions particulières de l'art. 49.

41. L'assemblée générale se réunit de droit, chaque année, au siège de la société, dans le courant du mois de mars. Elle se réunit, en outre, extraordinairement toutes les fois que le conseil d'administration en reconnaît l'utilité.

42. Les convocations ordinaires et extraordinaires sont faites par un avis inséré, vingt jours au moins avant l'époque de la réunion, dans deux journaux d'annonces légales du département de la Seine, désignés comme il est dit en l'art. 12 qui précède. Dans le cas de seconde convocation prévu par l'art. 40, le délai pour l'insertion dans les journaux est réduit à quinze jours.

43. Les actionnaires porteurs de vingt actions ou plus doivent, pour avoir droit d'assister à l'assemblée générale, déposer leurs titres au siège de la société huit jours au moins avant celui de la réu-

nion, et il est remis à chacun d'eux une carte d'admission à l'assemblée. Cette carte, qui est nominative et personnelle, indique le nombre des actions déposées ; elle est valable pour la seconde réunion de l'assemblée générale, dans le cas de deuxième convocation. Les certificats de dépôt mentionnés en l'art. 15 donnent droit, pour les dépôts de vingt actions ou plus, à la remise de cartes d'admission à l'assemblée générale, lorsqu'elles seront demandées dans le délai fixé.

44. L'assemblée générale est présidée par le président ou vice président du conseil d'administration, et, à son défaut, par l'administrateur qui le remplace : les deux plus forts actionnaires présents remplissent les fonctions de scrutateurs. Le bureau désigne le secrétaire.

45. Les délibérations de l'assemblée générale sont prises à la majorité des voix des membres présents.

46. Vingt actions donnent droit à une voix : le même actionnaire ne peut réunir plus de cinq voix. En cas de partage, la voix du président est prépondérante.

47. Le nombre d'actions de chaque actionnaire est constaté par sa carte d'admission.

48. L'assemblée générale entend et approuve les comptes. Elle statue sur toutes propositions d'emprunts et d'acquisitions et aliénations d'immeubles qui lui sont soumises par le conseil d'administration. Elle délibère sur les propositions de prolongements ou embranchements, d'augmentation du fonds social, de modifications et additions aux statuts, qui lui sont faites par le conseil d'administration. Elle nomme et révoque les directeurs sur la proposition du conseil d'administration, et détermine, sur la proposition du même conseil, le traitement et les avantages à leur attribuer. Elle nomme les administrateurs en remplacement de ceux dont les fonctions sont expirées ou qu'il y a lieu de remplacer par suite de décès, de démission ou autre cause. Elle prononce, sur la proposition du conseil d'administration, et en se renfermant dans les limites des statuts, sur tous les intérêts de la société.

49. Les délibérations relatives à la modification éventuelle des statuts, aux demandes d'embranchements ou prolongements du chemin, à l'augmentation du fonds social, ne peuvent être prises que dans une assemblée générale réunissant le cinquième au moins du fonds social, et à la majorité des deux tiers des voix des membres présents au nombre de trente au moins.

50. Les délibérations de l'assemblée générale, prises conformément aux statuts, obligent tous les actionnaires. Elles sont constatées par des procès-verbaux signés par les membres du bureau.

51. Les réunions annuelles et périodiques de l'assemblée générale ne commenceront à avoir lieu qu'après l'achèvement des travaux, à moins de circonstances particulières qui motivent sa réunion avant cette époque.

TITRE V. — Comptes annuels, intérêt, dividendes, amortissement.

52. Pendant l'exécution des travaux, et à partir du 1er janvier 1841 jusqu'au jour où le chemin de fer sera terminé et livré à la circulation dans toute son étendue, chaque action aura droit à un intérêt annuel de quatre pour cent sur le montant des versements effectués.

53. Après l'époque où le chemin de fer aura été terminé et livré à la circulation, il sera

dressé, chaque année, un inventaire général du passif et de l'actif de la société ; cet inventaire sera soumis à l'assemblée générale des actionnaires dans sa réunion du mois de mars.

54. Les produits de l'entreprise serviront d'abord à acquitter les dépenses d'entretien et d'exploitation du chemin, les frais d'administration, l'intérêt et l'amortissement des emprunts qui auront pu être contractés, et généralement toutes les charges sociales.

55. Sur l'excédent des produits, après le paiement des charges détaillées en l'article précédent, il sera prélevé, chaque année, 1° un pour cent du capital social, qui sera employé, conformément à l'art. 1er de la loi du 15 juillet 1840, à l'amortissement des actions par voie de remboursement de leur capital nominal ; 2° trois pour cent du capital social, qui seront employés à servir, pour les actions amorties ou non amorties, un intérêt annuel de trois pour cent, la portion d'intérêt afférente aux actions amorties devant être versée au fonds d'amortissement, afin de compléter l'annuité nécessaire pour amortir la totalité du capital en quarante-six ans et trois cent vingt-quatre jours. Le surplus des produits sera réparti à titre de dividende entre toutes les actions indistinctement, et à raison de un quatre-vingt millième par chaque action.

56. S'il arrivait que, dans le cours d'une ou de plusieurs années, les produits nets de l'entreprise fussent insuffisants pour opérer les prélèvements mentionnés sous les n. 1 et 2 de l'article précédent, il y serait pourvu au moyen de la garantie accordée par l'Etat à la société en exécution de la loi du 15 juillet 1840 déjà énoncée.

57. Si, enfin, les produits bruts d'une année venaient à être insuffisants pour couvrir les charges sociales énoncées en l'art. 54 ci-dessus, les sommes versées par l'Etat en exécution de sa garantie seront employées à couvrir le déficit, et l'excédent seul sera affecté, 1° à servir l'amortissement à raison de un pour cent du capital social ; 2° à servir, au centime le franc, l'intérêt dû aux actions.

58. Lorsque l'Etat aura, à titre de garant, payé tout ou partie de l'annuité du million six cent mille francs garantie, les produits nets de l'entreprise excédant quatre pour cent seront, les années suivantes, exclusivement employés au remboursement des sommes versées par l'Etat, conformément à l'art. 3 de la loi du 15 juillet 1840.

59. Lorsque l'Etat aura été ainsi remboursé des sommes qu'il aura pu payer en exécution de la garantie ci-dessus exprimée, s'il était arrivé que, dans le cours d'une ou de plusieurs années, les actions n'eussent pas reçu l'intérêt de trois pour cent qui leur est dû, ou que le service de l'amortissement eût éprouvé quelque altération, les produits libres destinés à être répartis à titre de dividende seraient employés, jusqu'à due concurrence et avant toute répartition du dividende, à compléter, 1° à l'amortissement, son annuité de un pour cent ; 2° à toutes les actions, l'intérêt de trois pour cent pour les années où ces annuités et ces intérêts n'auraient été servis qu'incomplètement.

60. Après l'achèvement complet de l'amortissement des actions et l'acquittement des sommes qui pourraient rester dues, soit à l'Etat, pour remboursement des versements qu'il aurait faits comme garant, soit aux actionnaires, pour complément de leur intérêt de trois pour cent, les pro-duits nets de l'entreprise seront, chaque année, jusqu'à l'expiration de la concession, intégralement distribués, à titre de dividende, entre les actionnaires, à raison de un quatre-vingt millième par action.

61. Le paiement des intérêts et dividendes se fait au siége de la société. Tous intérêts et dividendes qui n'ont pas été touchés à l'expiration de cinq années après l'époque de leur paiement dûment annoncée dans les deux journaux d'annonces légales du département de la Seine désignés comme il a été dit ci-dessus art. 12, sont acquis à la société conformément à l'art. 2277 du Code civil.

62. Le fonds d'amortissement se compose, 1° du prélèvement annuel de un pour cent du capital stipulé en l'art. 55 qui précède ; 2° des intérêts afférents aux actions amorties ; 3° de l'intérêt des sommes non encore employées en rachat d'actions, ce fonds est employé, chaque année, au remboursement d'un nombre d'actions déterminé par le tableau annexé aux présents statuts.

63. La désignation des actions à amortir aura lieu au moyen d'un tirage au sort, qui se fera publiquement, chaque année, à Paris, aux époques fixées par le tableau d'amortissement à publier dans l'année qui suivra l'achèvement des travaux, et suivant la forme arrêtée par le conseil d'administration.

64. Les numéros des actions désignées par le sort pour être remboursées seront publiés comme il est dit en l'art. 12 ci-dessus.

TITRE VI. — *Dispositions générales, modifications, liquidation.*

65. Si l'expérience faisait reconnaître la convenance d'apporter quelques modifications ou additions aux présents statuts, l'assemblée générale est autorisée à y pourvoir dans la forme déterminée par les art. 48 et 49 qui précèdent. Les délibérations qui seraient prises en conséquence ne seront exécutoires qu'après avoir été approuvées par le gouvernement. Tous pouvoirs sont donnés d'avance au conseil d'administration, délibérant à la majorité absolue des voix, à l'effet de consentir les changements que le gouvernement jugerait nécessaire d'apporter aux modifications votées par l'assemblée générale : le comité de direction est autorisé à passer tous actes en conséquence.

66. Lors de la dissolution de la société, l'assemblée générale, sur la proposition du conseil d'administration, déterminera le mode de liquidation à suivre.

67. A l'expiration de la succession, les sommes existant dans la caisse de la société et les valeurs provenant de la liquidation serviront, avant toute répartition aux actionnaires, à mettre le chemin en état d'être livré au gouvernement dans les conditions déterminées par le cahier de charges de la concession, sans préjudice de l'exécution du quatrième paragraphe de l'art. 45 dudit cahier de charges.

TITRE VII. — *Contestations.*

68. Toutes contestations qui pourront s'élever entre les sociétaires, à raison des affaires sociales, seront jugées par des arbitres. Le tribunal arbitral est composé de trois arbitres, sur le choix desquels les parties sont tenues de s'entendre dans un délai de huitaine ; à défaut de quoi, la nomination de trois arbitres est faite par le président du tribunal de commerce du département de la

Seine, à la requête de la partie la plus diligente. Les arbitres décident comme amiables compositeurs et en dernier ressort, sans être tenus de s'astreindre aux formes et délais de la procédure. Leur décision ne peut être attaquée par voie d'appel, requête civile ni recours en cassation. En quelque nombre que soient les actionnaires dans une contestation, ils seront tenus, lorsqu'ils auront un seul et même intérêt, de se faire représenter par un commissaire ayant qualité pour faire et recevoir en leur nom tous actes judiciaires, soit en demandant, soit en défendant.

69. A défaut d'élection de domicile à Paris, le domicile de d. oit de chaque actionnaire, pour tous actes de procédure, en cas de contestation, est au siége de la société.

Titre VIII. — *Dispositions transitoires, mandat spécial.*

70. Conformément aux dispositions de l'art. 3 de la loi de concession, M. Casimir Leconte et ceux des membres du conseil d'administration nommés par l'art. 30 des statuts approuvés par l'ordonnance royale du 13 août 1838, qui étaient désignés avec lui, en l'art. 3 de la loi du 7 juillet 1838, sous l'expression collective de Casimir Leconte et compagnie, seront tenus de conserver, pendant toute la durée des travaux, une quantité d'actions représentant au moins un million en valeurs nominales, lesquelles seront inaliénables pendant ce temps.

71. Indépendamment des attributions déterminées par l'art. 24 ci-dessus, le premier conseil d'administration, nommé pour toute la durée des travaux, est chargé particulièrement de pourvoir à l'exécution du chemin de fer et de ses dépendances; à cet effet, il pourra choisir le mode qui lui paraîtra le plus favorable tant pour l'acquisition des terrains que pour l'achat des matières, la conduite des travaux et la fourniture du matériel nécessaire à l'exploitation de l'entreprise; il autorisera les acquisitions et ventes de tous biens meubles et immeubles, la mise en adjudication de tout ou partie des travaux, et les traités à forfait pour tout ou partie de l'entreprise; il sera investi des mêmes pouvoirs pour l'exécution des prolongements ou embranchements qui pourront être ultérieurement concédés à la compagnie.

72. Par dérogation à l'art. 17, le même conseil d'administration, actuellement composé de neuf membres, est autorisé à se compléter ultérieurement par la désignation de trois nouveaux administrateurs, dont la nomination devra être sanctionnée par l'assemblée générale dans sa plus prochaine réunion.

73 *et dernier.* Tous pouvoirs sont donnés au porteur d'une expédition des présentes pour les faire publier partout où besoin sera.

31 janvier = 3 mars 1841. — Ordonnance du roi qui approuve des modifications aux statuts de la caisse d'épargne de Langres. (Bull. supp. DXXIII, n. 15319.)

Louis-Philippe, etc., sur le rapport de notre ministre secrétaire d'Etat de l'agriculture et du commerce; vu l'ordonnance royale du 17 mars 1835, qui autorise la caisse d'épargne et de prévoyance établie à Langres (Haute-Marne), et qui en approuve les statuts; vu les modifications proposées auxdits statuts; vu les lois des 5 juin 1835 et 31 mars 1837, relatives aux caisses d'épargne; notre conseil d'Etat entendu, etc.

Art. 1er. Les modifications à l'art. 12 des statuts de la caisse d'épargne de Langres (Haute-Marne), proposées par la délibération du conseil des directeurs, en date du 31 janvier 1839, sont approuvées telles qu'elles sont contenues dans l'acte passé, le 1er août 1840, par-devant Me Maladière-Montécot et son collègue, notaires à Langres, lequel acte restera déposé aux archives du ministère de l'agriculture et du commerce.

2. Notre ministre de l'agriculture et du commerce (M. Cunin-Gridaine) est chargé, etc.

---

17 janvier = 4 mars 1841. — Ordonnance du roi qui reporte sur l'exercice 1841 la portion non employée, au 31 décembre 1840, des crédits alloués pour le rétablissement des communications interrompues par la crue et le débordement des eaux. (IX, DCCLXLII, n. 9163.)

Louis-Philippe, etc., vu les art. 1 et 2 de la loi du 23 novembre 1840, qui ouvrent au ministre des travaux publics, sur l'exercice 1840, 1° un crédit d'un million de francs, à l'effet de pourvoir au rétablissement des communications interrompues sur les routes royales et sur les voies navigables par la crue et le débordement des eaux; 2° un crédit de cinq cent mille francs, pour être appliqué, à titre de secours extraordinaires dans les départements qui ont souffert de la crue et du débordement des eaux, au rétablissement des communications interrompues sur les routes départementales; vu l'art. 3 de la même loi, portant que les fonds non consommés sur un exercice pourront être reportés par ordonnance royale sur l'exercice suivant; vu la situation provisoire des crédits dont il s'agit au 31 décembre 1840; sur le rapport de notre ministre secrétaire d'Etat des travaux publics et de l'avis de notre conseil des ministres, etc.

Art. 1er. Il est ouvert à notre ministre des travaux publics, sur l'exercice 1841, un crédit extraordinaire de cinq cent mille francs (500,000 fr.), représentant la portion non employée, au 31 décembre 1840, du crédit d'un million de francs affecté au rétablissement des communications interrompues sur les routes royales et sur les voies navigables par la crue et le débordement des eaux. Pareille somme de cinq cent mille francs (500,000 fr.) est annulée sur le crédit de un million de francs attribué par la loi à l'exercice 1840.

2. Il est également ouvert à notre ministre des travaux publics, sur l'exercice

1841, un crédit extraordinaire de deux cent cinquante mille francs (250,000 fr.), représentant la portion non employée, au 31 décembre 1840, du crédit de cinq cent mille francs alloué pour être appliqué, à titre de secours extraordinaires dans les départements qui ont souffert de la crue et du débordement des eaux, au rétablissement des communications sur les routes départementales. Pareille somme de deux cent cinquante mille francs (250,000 fr.) est annulée sur le crédit de cinq cent mille francs attribué par la loi à l'exercice 1840.

3. La régularisation de la présente ordonnance sera proposée aux Chambres dans la session de 1842.

4. Nos ministres des travaux publics et des finances (M. Teste et Humann) sont chargés, etc.

———————

21 JANVIER = 4 MARS 1841. — Ordonnance du roi relative aux travaux de restauration de la cathédrale de Chartres. (IX, Bull. DCCLXLII, n. 9164.)

Louis-Philippe, etc., sur le rapport de notre garde des sceaux, ministre secrétaire d'Etat au département de la justice et des cultes; vu la loi du 10 août 1839, dont l'art. 2 contient les dispositions suivantes : « La valeur des matériaux provenant des « démolitions de la cathédrale de Chartres « est attribuée aux travaux de restauration. « Ceux qui n'auront pas été réemployés en « nature seront vendus par les préposés des « domaines, et le produit en sera versé au « trésor public. Il est ouvert au ministre « des cultes un crédit égal à la recette qui « aura été encaissée par le trésor; » attendu que cette vente a été effectuée le 10 novembre 1840, et que, dès le 27 du même mois, le receveur des domaines de Chartres avait encaissé sur son produit la somme de cinquante-cinq mille six cent quarante-cinq francs quatre centimes; considérant que les travaux de restauration de la cathédrale de Chartres, imputables sur l'exercice 1840, ne s'élèveront pas au-delà de quarante-cinq mille francs, et qu'il est dès lors inutile d'allouer au ministre des cultes un crédit supérieur à cette somme, etc.

Art. 1er. Le crédit ouvert par la loi du 10 août 1839 pour les travaux de restauration de la cathédrale de Chartres, dont le montant, imputable sur le produit des matériaux provenant des démolitions et non réemployés en nature, n'a pu être alors déterminé, est fixé à la somme de quarante-cinq mille francs, applicable aux dépenses de l'exercice 1840.

2. Nos ministres de la justice et des cultes et des finances (MM. Martin du Nord et Humann) est chargé, etc.

———————

31 JANVIER = 4 MARS 1841. — Ordonnance du roi portant prorogation du délai fixé par l'art. 4 de l'ordonnance du 15 février 1837, relative au poids des voitures de roulage et des voitures publiques. (IX, Bull. DCCLXLII, n. 9165.)

Louis-Philippe, etc., sur le rapport de notre ministre secrétaire d'Etat des travaux publics; vu notre ordonnance du 15 février 1837 (1), déterminant le tarif du poids des voitures de roulage et des voitures publiques, et spécialement l'art. 4, ainsi conçu : « Les poids déterminés par l'art. 1er ne se- « ront obligatoires que deux ans après la « promulgation de la présente ordonnance, « pour les voitures à quatre roues de plus « de dix-sept centimètres de largeur de « jantes et au-dessus; » vu également nos ordonnances des 21 décembre 1838 (2) et 5 février 1840 (3), qui ont prorogé successivement jusqu'au 15 février 1841 le délai fixé par l'article ci-dessus rappelé.

Art. 1er. Le délai fixé par l'art. 4 de notre ordonnance du 15 février 1837 est prorogé jusqu'au 15 février 1842.

2. Notre ministre des travaux publics (M. Teste) est chargé, etc.

———————

31 JANVIER = 4 MARS 1841. — Ordonnance du roi qui autorise la compagnie des mines d'Anzin à prolonger jusqu'à Anzin le chemin de fer de Saint-Waast-le-Haut à Denain. (IX, Bull. DCCLXLII, n. 9166.)

Louis-Philippe, etc., sur le rapport de notre ministre secrétaire d'Etat au département des travaux publics; vu la demande présentée par la compagnie des mines de houille d'Anzin, tendant à obtenir l'autorisation de prolonger jusqu'à Anzin le chemin de fer de Denain à Saint-Waast, autorisé par notre ordonnance du 24 février 1855 (4); le mémoire descriptif des travaux à exécuter et les plans à l'appui; les registres d'enquête ouverts les 10 et 15 juillet dernier à la préfecture du Nord et à la sous-préfecture de Valenciennes, lesquels ne contiennent aucune réclamation ni opposition; la délibération de la chambre de commerce de Valenciennes, du 24 juillet dernier; le procès-verbal de la délibération de la commission d'enquête, du 12 août 1840; les rapports et avis des ingénieurs des ponts et chaussées, des 28 octobre et 1er novembre 1839; les lettres du préfet du Nord, des 7 novembre 1839 et 29 août

———————

(1) Voy. tome 37, p. 8.
(2) Voy. tome 38, p. 743.

(3) Voy. tome 40, p. 26.
(4) Voy. tome 35, p. 393.

1840; l'avis du conseil général des ponts et chaussées, du 30 octobre dernier ; vu notre ordonnance susénoncée du 24 octobre 1835, qui a autorisé l'établissement d'un chemin de fer de Saint-Waast à Denain, et le cahier de charges annexé à cette ordonnance; notre conseil d'Etat entendu, etc.

Art. 1er. La compagnie des mines d'Anzin est autorisée à prolonger jusqu'à Anzin le chemin de fer de Saint-Waast-le-Haut à Denain, autorisé par notre ordonnance du 24 octobre 1835. Ce prolongement s'exécutera conformément au tracé marqué par une teinte rose sur le plan joint à la présente ordonnance.

2. La compagnie sera d'ailleurs soumise, par le susdit prolongement, aux dispositions du cahier de charges annexé à l'ordonnance ci-dessus rappelée du 24 octobre 1835.

3. Conformément à l'engagement pris par la compagnie dans sa demande du 2 juillet 1840, il ne sera perçu aucun prix pour le transport, sur le prolongement de Saint-Waast à Anzin, des voyageurs ou des marchandises qui auraient parcouru tout ou partie du chemin de fer de Saint-Waast à Denain.

4. Notre ministre des travaux publics (M. Teste) est chargé, etc.

3 FÉVRIER = 4 MARS 1841. — Ordonnance du roi qui crée sept nouveaux emplois de sous-inspecteur de l'instruction primaire. (IX, Bull. DCCLXLII, n. 9167.)

Louis-Philippe, etc., vu la loi du 28 juin 1833 sur l'instruction primaire; vu nos ordonnances du 16 juillet de la même année, du 26 février 1835, du 13 novembre 1837 et du 17 décembre 1839; vu les lois de finances des 23 mai 1834, 20 juillet 1837, 10 août 1839 et 16 juillet 1840; vu l'avis du conseil royal de l'instruction pu-

blique ; sur le rapport de notre ministre secrétaire d'Etat au département de l'instruction publique, etc.

Art. 1er. Il est créé un emploi de sous-inspecteur de l'instruction primaire dans chacun des départements de la Seine, de l'Allier, du Cher, de l'Indre, d'Indre-et-Loire, de Loir-et-Cher, de la Loire.

2. Notre ministre de l'instruction publique (M. Villemain) est chargé, etc.

10 FÉVRIER = 4 MARS 1841. — Ordonnance du roi qui supprime le marché au bois à brûler établi dans l'île Louviers, à Paris. (IX, Bull. DCCLXLII, n. 9168.)

Louis-Philippe, etc., sur le rapport de notre ministre secrétaire d'Etat au département de l'agriculture et du commerce; vu les décrets des 7 avril 1806 et 21 septembre 1807 ; les délibérations du conseil municipal de Paris, des 23 mars 1838 et 28 juin 1839; les avis du préfet de police, des 14 janvier, 31 mai et 24 juin 1839 ; les avis du préfet du département de la Seine, des 26 février, 23 avril et 17 juillet 1839; notre conseil d'Etat entendu, etc.

Art. 1er. Le marché au bois à brûler constitué par le décret du 7 avril 1806 dans l'île Louviers, à Paris, département de la Seine, est supprimé.

2. Un délai de deux ans, à partir de la date de la présente ordonnance, est accordé aux marchands de bois actuellement établis dans la même île, pour l'évacuation complète des terrains par eux occupés.

3. Nos ministres de l'agriculture et du commerce, et de l'intérieur (MM. Cunin-Gridaine et Duchâtel) sont chargés, etc.

14 FÉVRIER = 13 MARS 1841. — Ordonnance du roi qui établit une école préparatoire de médecine et de pharmacie dans la ville d'Amiens (1). (IX, Bull. DCCLXLIII, n. 9174.)

Louis-Philippe, etc., sur le rapport de

(1)   RAPPORT AU ROI.

Sire, les écoles secondaires de médecine, réunies en 1820 aux établissements universitaires, reçurent, depuis cette époque, et notamment en 1837, des réformes et des développements utiles. Plus récemment, une ordonnance de votre majesté, en date du 13 octobre 1840, a prescrit à quelles conditions, facultatives pour les communes, ces écoles pourraient être réorganisées, sous le titre d'*écoles préparatoires de médecine et de pharmacie*, et jouir, dans ce cas, de divers avantages. En fixant, d'une manière uniforme, les objets d'enseignement obligatoires dans chacune des nouvelles écoles, et en déclarant les inscriptions qu'elles sont appelées à conférer, équivalentes à celles des facultés, pour les deux premières années d'études, l'ordonnance du 13 oc-

tobre détermine un minimum d'allocation, qui garantit, dans des proportions convenables, les traitements des professeurs et les autres dépenses annuelles.

Plusieurs des villes où il existe aujourd'hui des écoles secondaires de médecine viennent de voter les sommes que j'ai demandées à cet effet. Les sacrifices qu'elles se sont imposés seront graduellement diminués par le produit des inscriptions des élèves, qui sera versé dans la caisse municipale. Cette ressource doit s'accroître avec la prospérité des écoles ; et il peut arriver qu'elle devienne assez considérable pour couvrir, en grande partie, la dépense. Par ce motif même, j'ai pu exiger que rien, dès à présent, ne fût omis pour l'entretien et l'augmentation du mobilier scientifique des établissements réorganisés.

Les délibérations complètes et régulièrement

notre ministre secrétaire d'État de l'instruction publique, grand-maître de l'université ; vu l'ordonnance du 18 mai 1820, concernant les écoles secondaires de médecine ; vu notre ordonnance du 13 octobre 1840 (1), relatives aux écoles préparatoires de médecine et de pharmacie ; vu la délibération du 28 novembre 1840, par laquelle le conseil municipal de la ville d'Amiens a voté les fonds nécessaires pour l'entretien annuel d'une école préparatoire de médecine et de pharmacie, conformément aux dispositions de l'ordonnance précitée ; vu l'approbation donnée à ladite délibération par notre ministre secrétaire d'État de l'intérieur ; vu l'avis du conseil royal de l'instruction publique, etc.

Art. 1er. Une école préparatoire de médecine et de pharmacie est établie dans la ville d'Amiens.

2. Sont maintenues provisoirement dans ladite école, en dehors du cadre d'enseignement fixé par l'ordonnance du 13 octobre 1840, trois places de professeurs adjoints non rétribuées.

3. Pour la première organisation de l'école, la nomination des professeurs titulaires et adjoints sera faite directement par notre ministre secrétaire d'État de l'instruction publique.

4. Notre ministre de l'instruction publique (**M. Villemain**) est chargé, etc.

14 FÉVRIER = 13 MARS 1841. — Ordonnance du

roi qui établit une école préparatoire de médecine et de pharmacie dans la ville de Caen. (IX, Bull. DCCLXLIII, n. 9175.)

Louis-Philippe, etc., sur le rapport de notre ministre secrétaire d'État au département de l'instruction publique. grand-maître de l'université ; vu l'ordonnance royale du 18 mai 1820, concernant les écoles secondaires de médecine ; vu notre ordonnance du 13 octobre 1840 (2), relative aux écoles préparatoires de médecine et de pharmacie ; vu la délibération du 22 décembre 1840, par laquelle le conseil municipal de la ville de Caen a voté les fonds nécessaires pour l'entretien annuel d'une école préparatoire de médecine et de pharmacie, conformément aux dispositions de l'ordonnance précitée ; vu l'approbation donnée à ladite délibération par notre ministre secrétaire d'État de l'intérieur ; vu l'avis du conseil royal de l'instruction publique, etc.

Art. 1er. Une école préparatoire de médecine et de pharmacie est établie dans la ville de Caen.

2. Les cours de pathologie interne et de pathologie externe, qui aux termes de notre ordonnance du 13 octobre 1840, sont annexés aux cours de clinique interne et clinique externe, demeureront provisoirement confiés, dans ladite école, à deux professeurs titulaires. Il est également maintenu dans ladite école, en dehors du cadre déterminé par l'ordonnance précitée,

approuvées qui me sont parvenues jusqu'à ce jour permettent de constituer immédiatement, d'après l'avis du conseil royal de l'instruction publique, une école préparatoire de médecine et de pharmacie dans chacune des villes d'Amiens, Caen, Poitiers, Rennes et Rouen.

Le conseil municipal de Rouen a exprimé le désir que tous les professeurs actuellement attachés à l'école secondaire médicale de cette ville fussent conservés dans la nouvelle école préparatoire de médecine et de pharmacie, avec le traitement intégral fixé par l'ordonnance ; et il a voté, dans cette intention, un supplément de crédit pour deux chaires de professeurs titulaires, en dehors du cadre déterminé. J'ai l'honneur de proposer à votre majesté d'accéder à ce vœu, en décidant qu'il sera maintenu, dans l'école préparatoire de médecine et de pharmacie de Rouen, un professeur titulaire spécialement chargé de l'enseignement de la pathologie générale, et que le cours de pathologie interne, réuni par l'ordonnance du 13 octobre au cours de clinique, sera également confié, quant à présent, à un professeur titulaire. L'un des deux adjoints, auxquels, dans le cadre normal, le cours de pathologie interne eût été attribué, sera chargé provisoirement de l'enseignement de l'anatomie. Ainsi, l'école de Rouen comprendra huit chaires de titulaires au lieu de six ; et elle aura, comme toutes les autres écoles, deux professeurs adjoints. En cas de vacance, le conseil municipal serait appelé à délibérer sur le maintien de l'allocation applicable aux deux chaires supplémentaires.

Les quatre autres villes se sont renfermées dans le minimum de l'allocation demandée, et n'ont voté aucun traitement supplémentaire. Mais toutes les mesures sont prises, sire, pour que, dans l'organisation nouvelle, nul préjudice ne soit porté aux positions régulièrement acquises des fonctionnaires en activité. Tous les professeurs compris dans le cadre de l'ordonnance sont mis immédiatement en possession du traitement intégral affecté à leur titre. Quelques professeurs provisoires ou adjoints, qui ne recevaient jusqu'ici aucun traitement, restent seuls en dehors du cadre ; mais leur titre est maintenu, et ils ont de plus une expective certaine, dans la réduction ultérieure du personnel de chaque école aux limites fixées par les besoins de l'enseignement.

J'ai l'honneur de prier votre majesté de vouloir bien approuver les projets d'ordonnance ci-joints, qui assurent dans cinq villes importantes du royaume l'amélioration et la stabilité d'établissements précieux pour la science, et réclamés par le besoin public.

Je suis avec le plus profond respect, sire, de votre majesté, le très-humble, très-obéissant et fidèle serviteur,

Le ministre secrétaire d'État au département de l'instruction publique, grand-maître de l'université,
VILLEMAIN.

(1, 2) Voy. tome 40, p. 448.

une place de professeur provisoire et une place de professeur adjoint, auxquelles il n'est point affecté de traitement.

3. Pour la première organisation de l'école, la nomination des professeurs titulaires et adjoints sera faite directement par notre ministre secrétaire d'Etat de l'instruction publique.

4. Notre ministre de l'instruction publique (M. Villemain) est chargé, etc.

14 FÉVRIER = 13 MARS 1841. — Ordonnance du roi qui établit une école préparatoire de médecine et de pharmacie dans la ville de Poitiers. (IX, Bull. DCCLXLIII, n. 9176.)

Louis-Philippe, etc., sur le rapport de notre ministre secrétaire d'Etat au département de l'instruction publique, grand-maître de l'université ; vu l'ordonnance royale du 18 mai 1820, concernant les écoles secondaires de médecine ; vu notre ordonnance du 13 octobre 1840 (1), relative aux écoles préparatoires de médecine et de pharmacie ; vu la délibération du 30 octobre 1840, par laquelle le conseil municipal de la ville de Poitiers a voté les fonds nécessaires pour l'entretien annuel d'une école préparatoire de médecine et de pharmacie, conformément aux dispositions de l'ordonnance précitée ; vu l'approbation donnée à ladite délibération par notre ministre secrétaire d'Etat de l'intérieur ; vu l'avis du conseil royal de l'instruction publique, etc.

Art. 1er. Une école préparatoire de médecine et de pharmacie est établie dans la ville de Poitiers.

2. Les cours de pathologie interne et de pathologie externe, qui, aux termes de notre ordonnance du 13 octobre 1840, sont annexés aux cours de clinique interne et de clinique externe, demeureront provisoirement confiés, dans ladite école, à deux professeurs titulaires. Il est également maintenu dans ladite école, en dehors du cadre déterminé par l'ordonnance précitée, une place de professeur provisoire, à laquelle aucun traitement spécial n'est affecté.

3. Pour la première organisation de l'école, la nomination des professeurs titulaires et adjoints sera faite directement par notre ministre secrétaire d'Etat de l'instruction publique.

4. Notre ministre de l'instruction publique (M. Villemain) est chargé, etc.

14 FÉVRIER = 13 MARS 1841. — Ordonnance du

roi qui établit une école préparatoire de médecine et de pharmacie dans la ville de Rennes. (IX, Bull. DCCLXLIII, n. 9177.)

Louis-Philippe, etc., sur le rapport de notre ministre secrétaire d'Etat au département de l'instruction publique, grand-maître de l'université ; vu l'ordonnance royale du 18 mai 1820, concernant les écoles secondaires de médecine ; vu notre ordonnance du 13 octobre 1840 (2), relative aux écoles préparatoires de médecine et de pharmacie ; vu la délibération du 18 novembre 1840, par laquelle le conseil municipal de la ville de Rennes a voté les fonds nécessaires pour l'entretien annuel d'une école préparatoire de médecine et de pharmacie, conformément aux dispositions de l'ordonnance précitée ; vu l'approbation donnée à ladite délibération par notre ministre secrétaire d'Etat de l'intérieur ; vu l'avis du conseil royal de l'instruction publique, etc.

Art. 1er. Une école préparatoire de médecine et de pharmacie est établie dans la ville de Rennes.

2. Pour la première organisation de l'école, la nomination des professeurs titulaires et adjoints sera faite directement par notre ministre secrétaire d'Etat de l'instruction publique.

3. Notre ministre de l'instruction publique (M. Villemain) est chargé, etc.

14 FÉVRIER = 13 MARS 1841. — Ordonnance du roi qui établit une école préparatoire de médecine et de pharmacie dans la ville de Rouen. (IX, Bull. DCCLXLIII, n. 9179.)

Louis-Philippe, etc., sur le rapport de notre ministre secrétaire d'Etat au département de l'instruction publique, grand-maître de l'université ; vu l'ordonnance royale du 18 mai 1820, concernant les écoles secondaires de médecine ; vu notre ordonnance du 13 octobre 1840 (3), relative aux écoles préparatoires de médecine et de pharmacie ; vu la délibération du 25 novembre 1840, par laquelle le conseil municipal de la ville de Rouen a voté les fonds nécessaires pour l'entretien annuel d'une école préparatoire de médecine et de pharmacie, conformément aux dispositions de l'ordonnance du 13 octobre 1840, pour l'entretien de deux chaires de professeurs titulaires au-delà du nombre fixé par cette ordonnance ; vu l'approbation donnée à ladite délibération par notre ministre secrétaire d'Etat de l'intérieur ; vu l'avis du conseil royal de l'instruction publique, etc.

(1, 2, 3) Voy. tome 40, p. 448.

Art. 1er. Une école préparatoire de médecine et de pharmacie est établie dans la ville de Rouen.

2. Il est maintenu, quant à présent, dans ladite école, en dehors du cadre d'enseignement fixé par notre ordonnance du 13 octobre 1840, une chaire de pathologie générale, confiée à un professeur titulaire. Le cours de pathologie interne, annexé par ladite ordonnance au cours de clinique interne, demeure également confié, quant à présent, à un professeur titulaire. Il est également maintenu, en dehors du cadre déterminé, une troisième place d'adjoint non rétribuée.

5. Pour la première organisation de l'école, la nomination des professeurs titulaires et adjoints sera faite directement par notre ministre secrétaire d'Etat de l'instruction publique.

4. Notre ministre de l'instruction publique (M. Villemain) est chargé, etc.

———

3 = 13 MARS 1841. — Ordonnance du roi portant fixation de la solde des élèves de la marine. (IX, Bull. DCCCXLIII, n. 9180.)

Louis-Philippe, sur le rapport de notre ministre secrétaire d'Etat au département de la marine et des colonies, etc.

Art. 1er. La solde des élèves de la marine, employés, soit à la mer, soit à terre, est fixée ainsi qu'il suit, à partir du 1er janvier 1841, savoir : élève de 1re classe, 1,000 fr. ; élève de 2e classe, 600 fr.

2. Notre ministre de la marine et des colonies (M. Duperré) est chargé, etc.

———

4 = 13 MARS 1841. — Ordonnance du roi qui maintient M. le lieutenant-général baron Wolff dans la première section du cadre de l'état-major général. (IX, Bull. DCCCXLIII, n. 9181.)

Louis-Philippe, etc., vu la loi du 4 août 1839 ; sur le rapport de notre ministre secrétaire d'Etat de la guerre, et de l'avis de notre conseil des ministres, etc.

Art. 1er. M. le lieutenant-général baron Wolff (Marc-François-Jérôme) est maintenu dans la première section du cadre de l'état-major général.

2. Notre ministre de la guerre (duc de Dalmatie) est chargé, etc.

———

6 = 19 MARS 1841. — Loi qui autorise la ville de Saint-Etienne à contracter un emprunt (1). (IX, Bull. DCCCXLIV, n. 9194.)

Article unique. La ville de Saint-Etienne (Loire) est autorisée à emprunter, soit avec publicité et concurrence, soit directement de la caisse des dépôts et consignations, à un intérêt qui ne pourra excéder quatre et demi pour cent par an, une somme de quatre-vingt mille francs, pour subvenir aux frais d'acquisition du mobilier de son collège, érigé en collège royal.

Ledit emprunt sera remboursé en quatre ans, à partir du 30 juin 1842, sur les revenus ordinaires de la ville.

———

5 = 19 MARS 1841. — Ordonnance du roi portant prorogation du tarif fixé par les ordonnances des 19 décembre 1838 et 3 mai 1839 pour la perception des droits de navigation établis sur les canaux de Bretagne. (IX, Bull. DCCCXLIV, n. 9195.)

Louis-Philippe, vu la loi du 14 août 1822, relative à l'achèvement des canaux de Bretagne ; vu l'ordonnance du 19 décembre 1838 (2), portant établissement de la perception et réduction provisoire des droits sur lesdits canaux ; vu l'ordonnance du 3 mai 1839 (3), contenant une nouvelle réduction sur les houilles ; vu la lettre, en date du 26 janvier 1841, par laquelle la compagnie des Quatre-Canaux consent, pour une année, à une prorogation du tarif actuel ; sur le rapport de notre ministre secrétaire d'Etat au département des finances, etc.

Art. 1er. Les droits de navigation établis sur les canaux d'Ille-et-Rance, du Blavet, et sur la partie du canal de Nantes à Brest comprise entre la Loire et la Vilaine, continueront d'être perçus conformément au tarif fixé par les ordonnances des 19 décembre 1838 et 3 mai 1839.

2. Ce tarif n'aura d'effet que jusqu'au 1er avril 1842.

3. Notre ministre des finances (M. Humann) est chargé, etc.

———

5 = 19 MARS 1841. — Ordonnance du roi portant que les droits de navigation perçus sur le canal latéral à la Loire, de Digoin à Briare, continueront d'être provisoirement réduits à moitié du tarif fixé par la loi du 14 août 1822. (IX, Bull. DCCCXLIV, n. 9196.)

Louis-Philippe, etc., vu la loi du 14 août 1822, relative à la construction du canal

———

(1) Présentation à la Chambre des Députés le 17 décembre 1840 (Mon. du 19) ; rapport par M. Ladoucette le 30 (Mon. du 5 janvier 1841) ; adoption le 9 janvier (Mon. du 10).
Présentation à la Chambre des Pairs le 4 février

(Mon. du 5) ; rapport par M. de Gasparin le 15 (Mon. du 16), et adoption le 1er mars (Mon. du 2), à la majorité de 100 voix contre 5.
(2) Voy. tome 38, p. 735.
(3) Voy. tome 39, p. 98.

latéral à la Loire, de Digoin à Briare ; vu l'ordonnance du 10 février 1840 (1), portant établissement de la perception et réduction des droits sur ledit canal ; vu la lettre, en date du 26 janvier 1841, par laquelle la compagnie des Quatre-Canaux consent, pour une année, à une prorogation du tarif modifié ; sur le rapport de notre ministre secrétaire d'État au département des finances, etc.

Art. 1er. Les droits de navigation perçus sur le canal latéral à la Loire, de Digoin à Briare, continueront d'être réduits à moitié du tarif fixé par la loi du 14 août 1822.

2. Cette réduction n'aura d'effet que jusqu'au 1er avril 1842.

3. Notre ministre des finances (M. Humann) est chargé, etc.

---

5 = 19 MARS 1841. — Ordonnance du roi qui approuve un nouveau tarif pour la perception des droits de navigation établis sur le canal de la Somme. (IX, Bull. DCCLXLIV, n. 9197.)

Louis-Philippe, etc., vu la loi du 5 août 1821, relative à l'achèvement du canal de la Somme ; vu le tarif des droits de navigation et la convention passée avec M. Urbain Sartoris, annexée à ladite loi ; vu l'ordonnance du 12 septembre 1821, contenant des réductions audit tarif ; vu la délibération de la compagnie des Trois-Canaux, en date du 14 mars 1840 ; vu la lettre du 12 janvier 1841, par laquelle la compagnie consent à de nouvelles modifications du tarif pendant un temps déterminé ; sur le rapport de notre ministre secrétaire d'Etat au département des finances, etc.

Art. 1er. A partir du 1er avril 1841, les droits actuellement établis sur le canal de 'a Somme seront perçus conformément au tarif annexé à la présente ordonnance.

2. La quotité des taxes portées audit tarif sera réduite à moitié, conformément à l'art. 2 de l'ordonnance du 12 septembre 1821, pour toute la navigation à suivre depuis Amiens jusqu'à Saint-Valery et depuis Saint-Valery jusqu'à Amiens.

3. Ce tarif n'aura d'effet que jusqu'au 1er juillet 1842.

4. Notre ministre des finances (M. Humann) est chargé, etc.

Tarif des droits de navigation à percevoir sur le canal de la Somme par distance d'un myriamètre.

Art. 1er. — *Marchandises transportées en bateaux.*

(Par tonneau de 1,000 kilog.)

1re *classe.* Vins, eaux-de-vie, vinaigres et li-

queurs, cristaux et porcelaines, sucre, café, huile, savon, coton ouvré et non ouvré, chanvre et lin ouvrés, tabac, bois de teinture et autres objets de ce genre, quarante-huit centimes.

2e *classe.* Chanvre et lin non ouvrés, quarante-deux centimes.

3e *classe.* Froment, soit en grains, soit en farines ; sel marin et autres substances de ce genre, fer et fonte ouvrés ou non ouvrés et autres métaux, faïence, verres à vitres, verres blancs et bouteilles, trente-six centimes.

4e *classe.* Orge, seigle, blé de Turquie et autres menus grains, soit en farines, trente centimes.

5e *classe.* Cidre, bière, poiré, scories des métaux, foin, paille et autres fourrages, charbon de terre, bois d'équarrissage, de sciage et autres de ce genre ; poinçons et tonneaux vides, vingt-quatre centimes.

6e *classe.* Mine et minerai, chaux et plâtre, dix-huit centimes.

7e *classe.* Marbre, pierres de taille, tuiles, briques, ardoises, bois à brûler, fagots et charbonnettes, douze centimes.

8e *classe.* Tourbe, fumier, cendres fossiles, pierre mureuse, marne, argile, sable et gravier, six centimes.

Art. 2. — *Bateaux vides.*

Par chaque tonneau du plus fort chargement possible, deux centimes.

Sans toutefois que le droit *par bateau* vide puisse jamais excéder *quatre-vingts centimes.*

Tout bateau dont le chargement ne donnerait pas lieu à la perception d'une taxe au moins égale à celle qui serait due à vide sera imposé comme bateau vide.

Art. 3. — *Trains et radeaux.*

(Par mètre cube de leur volume dans le canal.)
Bois de charpente, vingt-quatre centimes.
Bois à brûler, douze centimes.
Les marchandises quelconques, autres que les bois, qui seraient transportées en trains ou sur des radeaux, paieront les mêmes droits que si elles étaient chargées sur des bateaux.

Art. 4. — *Bascules à poisson.*

Par mètre carré de tillac et chaque centimètre d'enfoncement, déduction faite de six centimètres pour le tirant d'eau, deux dixièmes de centime.
Présenté par le conseiller d'Etat directeur de l'administration des contributions indirectes. Paris, le 3 février 1841.

---

5 = 19 MARS 1841. — Ordonnance du roi portant prorogation du tarif fixé par l'ordonnance du 21 mai 1839 pour la perception des droits de navigation établis sur le canal des Ardennes. (IX, Bull. DCCLXLIV, n. 9198.)

Louis-Philippe, etc., vu la loi du 5 août 1821, relative à la construction du canal des Ardennes ; vu l'ordonnance du 21 mai 1839 (2), portant réduction des droits sur ledit canal jusqu'au 1er avril 1841 ; vu la lettre, en date du 12 janvier 1840, par laquelle la compagnie des Trois-Canaux

---

(1) Voy. tome 40, p. 7.

(2) Voy. tome 39, p. 103.

consent, pour une année, à une prorogation du tarif modifié; sur le rapport de notre ministre secrétaire d'Etat au département des finances, etc.

Art. 1er. Les droits de navigation établis sur le canal des Ardennes continueront d'être perçus conformément au tarif fixé par l'ordonnance du 21 mai 1839.

2. Ce tarif n'aura d'effet que jusqu'au 1er avril 1842.

3. Notre ministre des finances (M. Humann) est chargé, etc.

---

22 = 24 MARS 1841. — Loi relative au travail des enfants employés dans les manufactures, usines ou ateliers (1). (IX, Bull. DCCLXLV, n. 9203.)

(1) Présentation à la Chambre des Pairs le 11 janvier 1840 (Mon. du 12 et du 15); rapport par M. le baron Charles Dupin le 22 février (Mon. du 23); discussion les 4, 5, 6, 7, 9 mars (Mon. des 5, 6, 7, 8, 10), et adoption le 10 (Mon. du 11), à la majorité de 91 voix contre 35.

Présentation à la Chambre des Députés le 11 avril (Mon. du 14); rapport par M. Renouard le 25 mai (Mon. du 5 juin).

Reprise le 16 novembre (Mon. du 17); rapport supplémentaire par M. Renouard le 12 décembre (Mon. du 17); discussion les 21, 22, 23, 24, 26, 28 (Mon. des 22, 23, 24, 25, 26, 27, 29), et adoption le 29 (Mon. du 30), à la majorité de 185 voix contre 50.

Deuxième présentation à la Chambre des Pairs le 12 janvier 1841 (Mon. du 13); rapport par M. le baron Dupin le 15 février (Mon. du 16); discussion le 22 (Mon. du 23), et adoption le 23 (Mon. du 24), à la majorité de 104 voix contre 2.

Deuxième présentation à la Chambre des Députés le 3 mars (Mon. du 4); rapport par M. Renouard le 6 (Mon. du 12); discussion et adoption le 11 (Mon. du 12), à la majorité de 218 voix contre 17.

Veiller sur le sort des enfants, sur leur santé et leur bien-être, autant du moins que cela est possible, en conservant à l'autorité paternelle sa légitime part d'influence; satisfaire à ce que demande le juste soin de leur éducation religieuse, morale et intellectuelle, tel est le but important que cette loi est destinée à atteindre.

Le problème que le législateur avait à résoudre est un des plus graves et des plus compliqués qui puissent être soumis aux méditations des hommes d'Etat et des amis de l'humanité. Il touche à la fois aux principes les plus élevés du droit civil, de la morale, de la politique et de l'économie sociale.

En effet, le législateur avait à édifier un système qui protégeât l'enfance sans méconnaître les droits sacrés de la puissance paternelle et le principe de la liberté du travail. Avant d'entrer dans l'examen des difficultés d'exécution, il lui fallait donc déterminer la limite de ces deux principes.

Il voulait corriger et prévenir des abus; mais il ne pouvait, pour y parvenir, imposer à notre industrie des conditions qui la missent dans une position défavorable, ou des restrictions qui, par la gêne qu'elles entraîneraient dans les ateliers, pussent porter les chefs d'industrie à remplacer les enfants par des adultes ou à rechercher d'autres moyens de se passer de leur travail.

« Nous sommes toujours entre deux terribles écueils dans cette question, disait M. Rossi; l'un de permettre qu'on impose aux enfants un travail meurtrier, l'autre de leur arracher le morceau de pain qui les nourrit. Nous sommes toujours entre deux écueils dont le résultat cependant est le même, d'abréger le cours de leur vie, déjà si fra

gile, ou par les excès du travail ou par les souffrances non moins douloureuses de la faim. »

Nous verrons bientôt quelles sont les mesures que le législateur a cru devoir adopter. Mais, pour qu'on puisse en apprécier l'efficacité et la sagesse, il convient de retracer les faits qui ont provoqué son intervention, c'est-à-dire de signaler les causes et l'intensité des maux qui se sont produits, soit en France, soit à l'étranger, d'indiquer en même temps les travaux scientifiques ou législatifs dont cette question a été l'objet, les généreuses tentatives qui ont déjà été faites, et enfin les résultats qu'ont produits les règlements en vigueur chez nos voisins, et principalement en Angleterre.

M. le baron *Charles Dupin*, rapporteur de la commission de la Chambre des Pairs, en a présenté un exposé complet. Voici comment il s'est exprimé:

« La concurrence excessive des individus qui, dans chaque pays, exercent la même industrie, la concurrence non moins redoutable des nations qui luttent ensemble, afin d'obtenir l'avantage en fabriquant un même genre de produits, telles sont les causes les plus générales de la funeste tendance d'accroître au-delà de toutes bornes la durée du travail journalier.

« Cette extension acquiert de nouveaux motifs; elle devient plus dangereuse dans les établissements où la force productive est fournie par des moteurs à la fois inépuisables et infatigables, tels que les moteurs mécaniques de l'eau, du feu, de la vapeur.

« Ainsi, dans l'industrie, les progrès qu'on admire le plus à raison du génie de l'inventeur, peuvent conduire à des conséquences fatales à la santé, à la vie même des hommes : les travailleurs deviennent en quelque sorte des accessoires plus ou moins sacrifiés aux grandes forces impulsives qu'on emprunte à la nature inanimée.

« Si la soif immodérée du lucre conduit certains chefs d'établissements industriels à dépasser de justes limites, celles où la nature suffit à réparer les forces perdues par le travail de l'homme fait et robuste, qu'on juge du dépérissement où doivent tomber des adolescents et surtout des enfants, lorsqu'ils sont assujettis à la même longueur démesurée du travail journalier!

« Quelles peuvent être les conséquences de semblables excès? Un rapide affaiblissement de la santé, des maladies professionnelles, variées et fréquentes (*), des infirmités précoces et graves;

(*) Lorsque le gouvernement britannique voulut tarir ces maux dans leur source, il fit examiner par un comité médical l'état sanitaire des districts manufacturiers de l'Angleterre. Ce comité constata cinquante espèces morbides, propres aux diverses espèces d'industries et qu'on ne trouve pas chez la population qui ne pratique pas ces industries.

On lit, dans une enquête ordonnée il y a quel

enfin ceux des jeunes travailleurs qui ne périssent pas victimes d'un tel excès de barbarie, n'atteignent la virilité qu'avec un tempérament délabré, des forces énervées et des maux la plupart incurables.

ques années par la Chambre des Communes, le passage suivant qui révèle les tortures exercées sur les enfants et qui prouve en même temps que les divers bills qui avaient été rendus jusqu'à cette époque n'avaient reçu que peu ou point d'exécution.

« Ces pauvres enfants, dit l'enquête, sont soumis à un travail de huit à dix heures de suite, qui reprend après un repos de deux ou trois heures et se continue ainsi pendant toute la semaine. L'insuffisance du temps accordé au repos fait du sommeil un besoin tellement impérieux, qu'il surprend les malheureux enfants au milieu de leurs occupations. Pour les tenir éveillés on les frappe avec des cordes, avec des fouets, souvent avec des bâtons, sur le dos, sur la tête même. Plusieurs ont été amenés devant les commissaires de l'enquête, avec des yeux crevés, des membres brisés par les mauvais traitements qui leur avaient été infligés. D'autres se sont montrés mutilés par le jeu des machines près desquelles ils étaient employés. Tous ont déposé qu'outre ces accidents, des difformités presque certaines résultaient pour ceux de la position habituelle nécessitée par un travail qui ne variait pas. Tous ont déposé que les accidents dont ils subissaient les fatales conséquences n'avaient donné lieu à aucune indemnité de la part de leurs maîtres, qui avaient même refusé à leurs parents les secours momentanés que réclamait leur guérison. La plupart étaient demeurés estropiés faute de moyens pour se faire guérir. »

Les commissaires ont également constaté que le régime des manufactures exerce sur les individus qu'elles renferment la plus pernicieuse influence ; que la mort en moissonne un grand nombre avant qu'ils ne parviennent à l'adolescence ; que ceux qu'elle épargne dans cette première période de la vie portent, dans leurs traits livides et amaigris, les symptômes d'une fin prématurée, et que les formes grêles et la constitution maladive de tous dépendent du genre de travaux qui leur sont imposés. L'excès de la fatigue rend-elle indispensable une suspension de travail ? La paroisse refuse aux parents les légers secours qui seraient nécessaires pour la subsistance des enfants ; et ce n'est qu'en retranchant aux autres membres de la famille une portion de la nourriture déjà insuffisante qui les soutient, que le père peut procurer à ses enfants malades les moyens de recouvrer quelques forces.

« Les sexes confondus entre eux sont entraînés à une corruption précoce, et rien n'est tenté pour en prévenir ou en retarder les effets. L'éducation morale et religieuse se réduit à quelques instructions données le dimanche, pendant des heures enlevées au besoin de repos et de récréation qu'éprouvent de misérables créatures hébétées par un inconcevable excès de travail, et réduites, à la sensation près des douleurs qui leur révèlent l'existence, à l'état des machines dont elles ne sont que les accessoires obligés.

Il paraîtrait que depuis le dernier bill ce déplorable état de choses tend chaque jour à diminuer.

« En présence des progrès modernes de l'industrie obtenus dans les grandes manufactures avec des moteurs inanimés, progrès admirables sous le point de vue de la puissance, mais déplorables dans les excès qui détruisent la force et la santé des hommes

Des témoignages authentiques attestent que la loi actuelle est exécutée. On peut citer notamment les rapports de M. l'inspecteur Horner et une lettre d'un des membres du cabinet, M. Labouchère, adressée, le 25 avril 1840, à M. le baron Charles Dupin, et où on lit : « Vous me demandez s'il est vrai que la loi par laquelle le travail des enfants est réglé en Angleterre est si habituellement violée qu'elle doit être considérée sous beaucoup de rapports comme inefficace. Je puis, sans aucun scrupule, vous assurer du contraire ; et que, malgré les infractions dont nous avons occasionnellement à nous plaindre, et qui sont très-difficiles à éviter, la loi est habituellement observée et les infractions sont à fait exceptionnelles. J'ai tâché de suivre les progrès de l'opinion à cet égard et la marche de notre loi de 1833, et j'ai une entière conviction des effets salutaires qui en sont résultés, quant à la condition de notre population industrielle. Il semble aussi que les sentiments hostiles qui s'étaient d'abord manifestés au sujet de cette loi réglementaire, parmi les chefs d'ateliers, s'affaiblissent d'année en année. »

Ce bill s'applique à toutes les manufactures de coton, de laine, de lin, de chanvre et de soie qu'une chute d'eau ou une pompe à feu met en mouvement. En voici les dispositions principales :

« Aucun enfant ne peut être employé avant l'âge de neuf ans.

« Aucun enfant de neuf à treize ans ne doit travailler plus de quarante-huit heures par semaine, ni plus de neuf heures le même jour. Le bill n'a ordonné cette disposition que graduellement, pour les enfants âgés de moins de treize ans. D'abord restreinte à ceux de neuf à onze ans, ce n'est que depuis 1835 ou 1836 qu'elle a dû s'étendre à ceux de douze ans accomplis.

« Pour les ouvriers âgés de treize à dix-huit ans, le travail ne doit pas dépasser soixante-neuf heures par semaine, ni douze heures pendant le même jour. Toutefois, si, par un accident imprévu arrivé au moteur, la manufacture a été arrêtée, on peut le prolonger de trois heures par semaine, jusqu'à ce que le temps perdu ait été regagné.

« Aucun ouvrier au-dessous de dix-huit ans ne peut travailler entre huit heures et demie du soir et cinq heures et demie du matin.

« Il est accordé chaque jour au moins une heure et demie pour les repas, mais ce temps n'est pas compris dans les neuf ou douze heures de travail.

« Tout enfant de neuf à treize ans, admis dans les manufactures, doit passer au moins douze heures à l'école chaque semaine, ou deux heures par jour.

« Le reste de la loi prescrit les mesures qui doivent assurer l'exécution de ces dispositions, et la pénalité attachée à leur infraction. »

Depuis 1833, une sorte de réaction s'est opérée, une nouvelle enquête a eu lieu, et il paraît résulter de celle-ci que le tableau de la souffrance des enfants dans les manufactures avait été exagéré.

Toutefois, en admettant comme vraie cette exagération, beaucoup trop de faits signalés d'abord restent constants. » (Extrait du rapport de M. Villermé, p. 68, note.)

et des enfants, un noble sentiment de pitié protectrice s'est élevé ; il s'est produit avec le plus d'énergie chez les nations les plus industrielles, chez celles qui présentaient au plus haut degré ce grand et triste contraste.

« Dès la fin du dernier siècle en Angleterre, de généreux citoyens élevaient la voix en faveur de l'enfance ; ils signalaient au législateur les mesures de prudence qu'il devenait urgent d'adopter en faveur des jeunes gens des deux sexes exploités jusqu'à la barbarie par les possesseurs de grandes fabriques hydrauliques.

« Le premier acte du parlement qui mit un terme aux cruels abus de ce genre remonte au mois de juin 1802 (*). Cette date est très-remarquable ; elle appartient à l'époque où la paix générale allait mettre la Grande-Bretagne en concurrence avec toutes les nations industrieuses. Voilà le moment que choisit cette puissance pour mettre un terme au travail excessif des enfants, et cela dans les deux genres les plus riches de ses produits manufacturés, les laines et les cotons, qui, dès cette époque, offraient les exportations les plus considérables.

« L'expérience a prouvé qu'en se montrant supérieure aux craintes, aux menaces, aux sophismes d'une basse cupidité, pour obéir aux préceptes de l'humanité, l'Angleterre n'avait nullement sacrifié l'avenir des industries ainsi limitées.

« C'est ce que démontrent avec évidence les rapprochements qui suivent, conclus des comptes officiels publiés annuellement par le gouvernement britannique.

VALEUR réelle ou déclarée des produits britanniques vendus à l'étranger.	En 1800, avant la loi protectrice du travail des enfants.	En 1838, après 36 ans d'action de la loi protectrice du travail des enfants.
Cotons et lainages manufacturés dans la Grde.-Bretagne. .	fr. 297,010,625	fr. 757,973,400
Autres produits de toute espèce. . . .	432,619,200	483,049,000

D'après ce tableau, voici quel est l'accroissement des exportations de produits manufacturés dans la Grande-Bretagne de 1800 à 1839.

Cotons et lainages, malgré l'effet de la loi protectrice des enfants. . . . . 155 p. 100.

Autres produits de toute espèce. 11 2/3 p. 100.

« Cette énorme disproportion sourit à l'espoir des protecteurs de l'enfance ; elle répond aux objections fondées sur de vagues et dures théories, plutôt que sur la connaissance des faits et des hommes ; elle prouve qu'on peut se confier avec courage aux prescriptions que dictent les sentiments généreux et l'amour de nos semblables, sans craindre que la richesse publique et l'aisance des citoyens laborieux qui la produisent soient détruites ou diminuées par les effets de cette bienfaisance. A mesure que le système des grands établissements d'industrie, conduits avec le secours de moteurs inanimés, a fait des progrès en Angleterre, on a senti le besoin d'étendre à toutes les manufactures de cet ordre les mesures protectrices reconnues nécessaires à la santé des enfants et des adolescents, qui succomberaient sous un travail trop prolongé.

(*) 42e, Georgii III, cap. 73.

« Nous allons maintenant offrir le tableau comparé de tous les produits auxquels s'appliquent les restrictions protectrices du travail des enfants, restrictions qui n'existaient pas en 1800.

VALEUR réelle ou déclarée des produits de l'industrie britannique exportés.	En 1800, avant les lois protectrices du travail des enfants.	En 1838, après la mise en exécution des lois protectrices du travail des enfants.
Produits des manufactures auxquelles s'est appliquée, à quelque époque que ce soit, la législation protectrice du travail des enfants. .	fr. 425,884,700	fr. 861,733,400
Total des autres produits pour lesquels n'a jamais agi la législation protectrice des enfants.	303,745,125	379,289,000

Présentons, d'après ce tableau, l'accroissement des exportations annuelles depuis le commencement du siècle jusqu'à l'année finissant le 5 janvier 1839.

« *Produits auxquels s'est appliquée successivement la législation protectrice des enfants*, plus de 102 p. 100.

« *Produits auxquels ne s'est jamais appliquée la législation protectrice des enfants*, moins de 25 p. 100.

« Ces rapprochements nouveaux confirment la même vérité morale que ceux dont nous avons, il n'y a qu'un moment, présenté le tableau. La nation britannique, en prenant l'initiative des mesures restrictives favorables à l'enfance ainsi qu'à l'adolescence et en agissant de la sorte sans attendre que les nations rivales recourussent aux mêmes limitations, la nation britannique, loin d'avoir vu ralentir les progrès des branches d'industrie soumises graduellement à ces restrictions, les a vues au contraire prospérer et s'accroître avec une rapidité plus que quadruple du progrès obtenu pour l'ensemble des autres industries (**).

« Dans ces derniers temps, des mesures analogues ont été prises par deux des principales puissances du continent européen, par la Prusse et la Russie. Enfin, l'Autriche a fixé la limite du plus jeune âge où l'on puisse admettre les enfants au travail des manufactures.

« En présence de quatre grandes nations qui prenaient sur nous l'avance, dans l'intention généreuse de venir au secours de l'adolescence et de l'enfance, nous ne pouvions pas, sans déshonneur, rester sourds à des réclamations du même ordre en faveur des jeunes ouvriers employés dans nos manufactures.

« Dès 1820, dans les cours ouverts pour perfectionner les applications de la science à notre industrie nationale, ce sujet était signalé comme méritant d'attirer au plus haut degré l'attention et

(**) Je ferai observer que les faits constatés dans l'enquête faite d'après les ordres du parlement en 1833 tendent singulièrement à affaiblir le mérite des chiffres statistiques présentés par l'honorable rapporteur de la Chambre des Pairs.

la sollicitude des amis et des protecteurs de cette industrie.

« Il faut, disait celui qui prononçait, en 1820, le discours d'inauguration du cours du Conservatoire des arts et métiers, il faut inspirer, dès l'enfance, aux jeunes ouvriers, l'amour de la raison, de l'ordre et de l'activité; il faut les façonner de bonne heure aux dures habitudes du travail. Mais gardons-nous d'imiter certains manufacturiers d'une contrée voisine, qui, pour assouvir leur avarice, ont fait travailler quatorze heures par jour de malheureux enfants de huit à dix ans; abus cruel, prolongé jusqu'au moment où la législature indignée créa des comités d'enquête afin de connaître à quel point l'avarice des fabricants abusait de l'indigence des parents, et ruinait ainsi, dans sa source, l'espoir des pauvres familles.

« Ces préceptes n'ont pas été perdus; ils ont excité les chefs d'industrie à se tenir en des limites que pût avouer l'humanité. Malheureusement, ces résolutions salutaires n'ont pas été générales et ne pouvaient pas l'être. C'est ce dont il est facile de s'assurer, d'abord en consultant le beau traité de la bienfaisance publique publié par un noble pair, président de votre commission (*), puis en recourant aux faits consignés dans l'ouvrage rédigé sur la demande de l'académie des sciences morales et politiques, pour constater *l'état physique et moral des ouvriers français*, par un statisticien (**) qui n'a rien écrit qu'après avoir visité les villes, les campagnes et les établissements d'industrie où l'on met en œuvre le coton, le lin, la laine et la soie.

« D'une telle différence, trop bien constatée, entre le sort des ouvriers comparé souvent dans les localités les plus voisines, que pouvait-il résulter? Les industriels les plus généreux et les plus protecteurs des enfants se sont trouvés sous le coup d'une concurrence immédiate et désastreuse, faite par des rivaux, des voisins, qui se procuraient un indigne avantage en dépassant toutes les bornes dans le travail qu'ils exigeaient des jeunes travailleurs.

« C'est ici qu'il faut citer avec un vif sentiment de reconnaissance les efforts éclairés et généreux des citoyens de Mulhausen, de cette ville qui s'est créée d'elle-même presque de nos jours, et que le génie de ses habitants a fait grandir avec une admirable rapidité; de cette ville où les jeunes filles des manufacturiers les plus riches placent au rang de leurs devoirs, et surtout de leurs plaisirs, le temps qu'elles consacrent à l'instruction primaire des filles des ouvriers, pour compléter et féconder leur propre instruction : admirable enseignement mutuel entre l'opulence et l'indigence (***). »

(*) M. le baron de Gérando.
(**) M. le docteur Villermé.
(***) On me permettra d'intercaler un passage non moins touchant que j'extrais du travail si remarquable de M. le docteur Villermé. « Il y a en France des manufactures où une providence toute paternelle a pris soin de veiller au sort des familles des travailleurs.

« Là, toutes les précautions sont réunies pour garantir la santé, les mœurs, l'instruction et l'avenir des ouvriers. Les sexes sont rigoureusement séparés. L'on a soin de renvoyer chaque jour les femmes plus tôt que les hommes, et, dans chaque atelier, des surveillants tiennent constamment les yeux ouverts à tout ce qui intéresse les mœurs, et

« La société industrielle de Mulhausen s'est occupée avec la plus louable persévérance des mesures qu'il importerait d'obtenir de l'autorité pour renfermer dans des bornes raisonnables le travail journalier des enfants et des adolescents employés dans les genres de fabrication qui constituent la richesse de cette ville.

« Des réclamations réitérées, des prix proposés, des pétitions adressées aux Chambres ont obtenu le succès qu'on en devait espérer. Dans la session dernière (1838=1839), deux rapports remarquables, présentés, à la Chambre des Pairs par M. le comte Tascher, à la Chambre des Députés par M. Billaudel sur des pétitions dirigées vers le même but, ont donné naissance à des discussions pleines d'intérêt, auxquelles ont pris la part la plus honorable MM. le marquis de Laplace, le vicomte Dubouchage, François Delessert, etc. (Voir Mon. des 1ᵉʳ et 16 juin 1839.) Alors la volonté des deux Chambres s'est hautement manifestée pour que le pouvoir législatif accordât sa protection tutélaire aux enfants employés dans les manufactures. Le gouvernement a fait connaître que cette protection était depuis plusieurs années le sujet de son attention et de ses études; il avait déjà consulté sur cette matière les chambres de commerce, les chambres consultatives des manufactures et les conseils spéciaux des prud'hommes; ensuite les conseils généraux de l'agriculture, du commerce et des manufactures. Enfin il a promis de présenter prochainement aux Chambres des mesures efficaces. Le projet de loi que vous avez à discuter est la conséquence de cette promesse solennelle (****). »

Il faut le reconnaître, la France n'offre pas, à

rien n'est souffert qui leur soit contraire. L'ivresse est impitoyablement proscrite. Des écoles reçoivent successivement chaque soir tous les enfants : on engage les ouvriers à faire des dépôts à la caisse d'épargne. Les maîtres s'informent de leur sort, les font soigner quand ils sont malades, conservent à chacun d'eux leur métier ou leur emploi pour le leur rendre quand ils le recouvrent la santé. Ils s'imposent même des sacrifices pour prévenir tout chômage, et tâchent, dans toutes les occasions, de leur venir en aide. En un mot, ils sont les protecteurs vigilants et charitables de la population qu'ils emploient. »

(****) Ce n'est pas tout : « Une enquête a été faite par le gouvernement dans l'intervalle des deux sessions, non seulement en France, mais à l'étranger; les conseils généraux des départements, les préfets, les chambres de commerce et des manufactures, les conseils de prud'hommes ont été consultés sur le projet de loi qui déjà avait subi l'examen de la Chambre des Pairs et de la commission de la Chambre des Députés; un député (M. Carnot) a bien voulu se charger d'aller étudier en Allemagne le régime légal et la condition des enfants employés dans les manufactures. C'est en présence des résultats de cette double enquête, disait M. *le ministre du commerce* en présentant le projet pour la seconde fois à la Chambre des Pairs, c'est pour ainsi dire sur le témoignage des hommes compétents dans la matière que la loi a été approfondie et qu'elle vient d'être discutée et votée. En telle sorte que ce qui, l'année dernière, n'était peut-être que le fruit de vos inspirations généreuses, peut et doit être désormais pour vous l'œuvre d'une intime et profonde conviction. (*Note du rapporteur.*)

beaucoup près, sous ce rapport, une situation aussi cruelle que celle qui a été signalée en Angleterre par une des dernières enquêtes du parlement. Cependant le mal était déjà grave et profond. Il était urgent d'opposer une barrière à ses ravages. Voici les détails affligeants qui ont été portés à la tribune des deux Chambres.

« Dans le plus grand nombre des manufactures, disait M. *Alban de Villeneuve*, une partie des ouvriers, exténués par un travail excessif qui leur procure à peine une nourriture suffisante, n'ayant pas un moment à consacrer à une instruction morale dont ils ne comprennent pas même l'avantage, sont réduits toute la semaine à l'état de machine, et les jours de repos, ils se livrent à une débauche brutale, comme pour échapper au sentiment de leur fatale destinée. Personne, ce n'est la charité chrétienne, toujours vigilante, ne soulage leur misère. Mais la charité n'a pas des ressources ouvrables, et quand la maladie et la vieillesse viennent à atteindre ces êtres délaissés, ils n'ont d'autres recours que les hospices, heureux quand ils y trouvent une place toujours enviée et disputée ; et c'est ainsi que, dans l'impuissance de subvenir aux besoins de leurs familles, sans épargnes, sans prévoyance, sans espérance, même religieuse ; dépouillés peu à peu, par l'excès de la misère des sentiments les plus doux et les plus énergiques de l'âme, ils se sont trouvés portés à abuser des forces de leurs enfants pour procurer à tous un chétif accroissement de salaire, ou même de quoi entretenir leur déplorable abrutissement. C'est ainsi que dans les manufactures qui réclament principalement l'emploi des enfants dont les mouvements ont plus de souplesse et de délicatesse, on voit des petits enfants de six à huit ans (qui peut-être même sans cela eussent été délaissés et livrés au vagabondage) venir passer chaque jour seize à dix-sept heures dans des ateliers, où pendant treize heures au moins ils sont enfermés dans la même pièce, sans changer de place ni d'attitude et au milieu d'une température souvent très-élevée. Ces pauvres créatures, mal vêtues, mal nourries, habitant de sombres et froides demeures, sont obligées quelquefois de parcourir, dès cinq heures du matin, la longue distance qui les sépare des ateliers et qui achève le soir d'épuiser ce qui leur reste de forces. Comment ces infortunés, qui peuvent à peine goûter quelques heures de sommeil, résisteraient-ils à cette espèce de torture ? Aussi ce long supplice de tous les jours ruine leur constitution déjà chétive par hérédité, et prépare à ceux qui survivent une existence pleine de douleur et de misère.

« Et ce n'est peut-être pas dans les ateliers nombreux que l'excès du travail des enfants est devenu le plus funeste. Au sein des grandes cités industrielles, il existe, on l'a dit déjà, un grand nombre d'ateliers isolés qui occupent de pauvres familles. Là, la durée du labeur dépasse toute mesure ; l'ouvrier et les enfants qu'il emploie se livrent habituellement à des travaux qui durent quelquefois dix-sept à dix-huit heures sur vingt-quatre. Le travail se prolonge davantage à proportion de l'abaissement du salaire ; il a lieu, non dans des locaux vastes et bien aérés (comme le sont la plupart des ateliers des grands établissements), mais dans des chambres étroites, basses, mal éclairées, souvent humides, au milieu d'émanations malsaines, en un mot, sous l'influence des conditions les plus défavorables à la santé et au développement physique des enfants.

« Je ne veux pas ajouter à ces images déjà si pénibles d'autres faits qui révolteraient la morale publique et feraient frémir l'humanité. »

En décembre 1837, le bureau des manufactures au ministère du commerce présenta au ministre du commerce un rapport imprimé et distribué aux trois conseils généraux de l'agriculture, des manufactures et du commerce.

Ce rapport signale les faits les plus déplorables. « Dans quelques départements, y est-il dit, on reçoit, même à six ans, les enfants employés au travail des manufactures ; dans l'Ain, dans l'Aisne, la Marne, l'Isère, Maine-et-Loire et les Vosges, on les reçoit à sept ans. On semble croire à Elbeuf, que l'état de désordre dans lequel vivent quelques pères les oblige de livrer leurs jeunes enfants à un travail prématuré. Si cette opinion était vraie, le travail de très-jeunes enfants servirait donc le plus souvent à payer l'inconduite des pères. Quel est l'état de moralité des jeunes enfants employés dans les fabriques ?... Nul, laissant partout à désirer ; mais un fait curieux à signaler, c'est que l'immoralité semble être plus grande précisément là où ils sont reçus très-jeunes dans les fabriques. C'est, en effet, dans les départements de l'Aisne, de l'Isère, de Maine-et-Loire, du Nord, du Bas-Rhin, de la Seine-Inférieure et des Vosges que les plaintes sont vives et unanimes (exception pour le Haut-Rhin). Dans ces départements, on déclare (dans l'Isère par exemple) que l'immoralité est à son comble ; dans l'Aisne, que les enfants sortis des ateliers ont perdu toute retenue ; dans le Nord, on cite des faits dont on ne peut malheureusement pas suspecter la véracité, etc.

« Si nous prenons, disait M. le rapporteur de la commission de la Chambre des Pairs, d'une part neuf départements très-industrieux des anciennes provinces de l'Alsace, de la Picardie, de la Flandre française et surtout de la Normandie, de l'autre le reste des départements, Paris mis à part comme une exception unique, nous trouvons que pour dix mille enfants légitimes, il naît, dans les neuf départements très-industrieux, neuf cent quarante-neuf bâtards ; dans les autres départements, trois cent quatre-vingt-trois. Voilà le premier symptôme qui constate l'état comparé des mœurs.

« Dans un discours sur les rapports de la morale, de l'enseignement et de l'industrie, on a mis en parallèle dix-neuf départements des plus riches et des plus industrieux avec les soixante-sept autres départements.

« Les dix-neuf premiers comptent un si grand nombre de personnes adonnées aux manufactures aux ateliers ainsi qu'au commerce, qu'ils paient 17 millions de francs pour contribution de patentes industrielles, lorsque les soixante-sept autres ne paient que 13 millions.

« Eh bien ! dans les dix-neuf départements les plus industrieux, on est obligé de poursuivre en cour d'assises, 1° pour crimes contre les personnes, 1 accusé pour 10,805 habitants, tandis que dans les soixante-sept autres départements on ne trouve à poursuivre qu'un accusé sur 15,137 habitants ; 2° pour crimes contre les propriétés, dans les dix-neuf départements les plus industrieux, 1 accusé sur 4,792 habitants, tandis que dans les soixante-sept autres départements, on ne trouve à poursuivre qu'un accusé sur 8,608 habitants.

« Maintenant si on envisage la question sous le point de vue militaire, la statistique révèle les faits suivants conclus des opérations les plus récentes des conseils de révision dans le travail de recrutement. Nous comparerons, comme nous venons de le faire, les départements industrieux aux départements agricoles.

« Pour 10,000 jeunes gens capables de supporter les fatigues du service militaire, dix départements très-agricoles ne présentent que 4,029 infirmes ou difformes et réformés comme tels, tandis que les dix départements très-manufacturiers présentent 9,930 infirmes ou difformes et réformés comme tels.

« Dans les limites extrêmes de cette affligeante disproportion on trouve pour 10,000 jeunes gens en état de supporter les fatigues militaires : dans la Marne, 10,309 infirmes ou difformes; dans la Seine-Inférieure, 11,990 infirmes ou difformes; dans l'Eure, 14,451 infirmes ou difformes.

« D'aussi grandes inégalités, ajoute M. *le baron Dupin*, ne peuvent laisser le législateur indifférent; elles attestent des plaies profondes et douloureuses; elles révèlent des souffrances individuelles intolérables; elles rendent la patrie plus faible sous le point de vue des travaux militaires et plus pauvre sous celui des travaux pacifiques. Nous rougirions de l'agriculture, si, pour ses travaux, elle n'amenait à l'âge du labeur qu'une aussi faible proportion de bœufs ou de chevaux en état de travailler, contre un aussi grand nombre d'animaux infirmes ou difformes. »

Sans doute ce n'est point uniquement à l'abus du travail qu'il faut attribuer ces résultats; mais cet abus y a sa part et y apporte sa fâcheuse influence. Modérer le travail des enfants, ce ne sera pas guérir tout le mal, mais ce sera l'attaquer dans une de ses sources.

Mais le législateur a-t-il le droit d'entreprendre une pareille tâche?

« On conteste ce droit, a dit M. *Renouard*, au nom de deux grands principes, celui de l'autorité paternelle, celui de la liberté d'industrie.

« Ce serait un malheur public que d'ébranler l'autorité paternelle : le père doit pouvoir diriger l'éducation de ses enfants, choisir leurs travaux, préparer leur carrière. Mais toutes les fois que nos lois reconnaissent un droit, elles en répriment les abus. La loi, dans sa respectueuse confiance envers l'autorité paternelle, n'oublie pas cependant qu'il existe pour les enfants, comme pour tous les autres membres de la société, des droits individuels sur lesquels la protection publique doit s'étendre. Ce n'est pas infirmer l'autorité du père que de protéger contre les délits du père l'existence et la santé des enfants. Le droit de la société est que le corps des enfants se développe librement tant qu'il n'a pas acquis la plénitude de ses forces physiques; que leur âme et leur intelligence soient conduites vers le bien, tant que la faiblesse de l'âge laisse leur activité intellectuelle et morale encore impuissante pour se diriger elle-même. La puissance paternelle, c'est le droit du bienfait et non le droit de l'abus.

« Si l'on interroge les faits, ne disent-ils pas que trop de pères, dans la vue d'accroître le salaire que gagnent leurs enfants, consentent à les épuiser par des travaux qui dépassent les forces de leur âge; les témoins les plus respectables n'affirment-ils pas que des pères ont la lâcheté de dépenser au cabaret cet excédant de salaire prélevé sur la vie de leurs enfants? Ce sont là des excès dont la loi doit prévenir le retour.

« Ce qui vient d'être dit du droit sacré de l'autorité paternelle peut s'appliquer à la liberté de l'industrie. Ce n'est pas l'enchaîner que de punir ses fautes. La liberté et l'impunité ne vont pas ensemble. La liberté, qui est le choix entre le bien et le mal, est intéressée à ce que le choix du mal soit sévèrement réprimé. La liberté morale, origine et type de toutes les autres formes de la liberté, trouve dans les tourments de la conscience le châtiment dû à ses écarts; la liberté légale doit trouver dans la loi la répression de ses délits. Ce n'est donc ni à des dénégations de la liberté d'industrie, ni à des considérations tirées des inconvénients de la concurrence, c'est au principe même de la liberté qu'on peut s'adresser pour légitimer la punition des atteintes portées à la santé, à l'intelligence, à la moralité des enfants, par des faits qui sont un usage coupable de cette liberté, et auxquels la loi attachera sa réprobation lorsqu'elle les aura frappés d'une sanction pénale. »

« On parle beaucoup de liberté d'industrie à propos de cette question du travail des enfants, disait M. *Corne* à la tribune de la Chambre des Députés. J'avoue, Messieurs, que quand j'ai vu tant de fois l'industrie supplier la puissance sociale d'intervenir pour la défendre contre les théories absolues de la liberté, j'avoue que je ne m'attendais pas qu'au nom de l'industrie on viendrait contester à cette même puissance le droit de stipuler les garanties qu'elle doit à tous les grands intérêts nationaux.

« L'industrie est une des formes de l'activité humaine, une source précieuse de travail et de richesse; mais ce n'est pas à dire qu'elle doive être sans frein et sans bornes. Il n'est pas dans notre organisation civile d'intérêt si secondaire qui n'ait le droit de se défendre contre elle; elle-même ne se reconnaît pas libre d'incommoder les citoyens par les exhalaisons de certaines de ses fabriques, ni de les troubler par le bruit de ses machines; elle ne pense pas à réclamer, au nom du droit public, contre ces entraves qui lui sont données pour le repos de nos villes; et, au nom du droit public, elle pourrait demander qu'on lui livrât à discrétion l'enfance, l'avenir des générations! »

Après avoir reconnu que le principe de la loi pouvait se concilier avec les droits de l'autorité paternelle et le principe de la liberté du travail, il fallait en faire l'application. On doit le reconnaître, la tâche présentait de graves difficultés.

Deux systèmes se sont produits. D'après le premier, qui était celui du projet du gouvernement, la loi se serait bornée à prononcer des peines contre tout emploi des forces des enfants au-dessous de seize ans, de nature à nuire à leur développement physique, intellectuel et moral; des règlements généraux ou locaux auraient déterminé les cas et les conditions de l'application.

La Chambre des Pairs, au contraire, a voulu que la loi elle-même posât des règles précises sur quelques points fondamentaux : ainsi elle a fixé le minimum de l'âge d'admission des enfants, déterminé la durée du travail, imposé l'obligation des livrets; puis elle a délégué au pouvoir réglementaire le droit d'étendre et d'élever, dans des cas qu'elle a fixés, les prohibitions de la loi. Voici les raisons qui ont été déduites en faveur de chacun de ces systèmes.

On a dit, en faveur du premier, qu'il faut se garder de soumettre à des lois uniformes des faits nécessairement dissemblables; que la nature, diffé-

Art. 1er (1). Les enfants ne pourront être employés que sous les conditions déterminées par la présente loi,

rente des industries, ne permet pas de régler de la même manière l'emploi qu'elles font de la force des enfants ; que, pour telle fabrication, des enfants sont trop jeunes à dix ans, tandis que, dans telle autre, on peut sans nul danger les employer au-dessous de sept ans ; qu'il faut avoir égard à la diversité des climats, et que les facultés physiques sont au midi de la France développées plus tôt que dans les départements du Nord ; que la même différence existe pour l'appréciation de la durée du travail ; qu'il faut se défendre de tout réglementer par la loi ; qu'une juste confiance est due aux autorités locales, plus voisines des faits, plus compétentes pour les réglementer.

On ajoutait que dans une matière aussi nouvelle, il convenait de procéder par voie d'expérimentation, et qu'avant de faire entendre le langage solennel de la loi, il fallait attendre que le pouvoir réglementaire eût exploré le terrain, reconnu les difficultés et recueilli les enseignements d'une épreuve administrative.

On a dit, pour le système contraire, que sans doute la loi ne doit pas descendre dans des détails trop minutieux, mais qu'elle ne doit pas s'en tenir à des déclarations théoriques ; que le pouvoir réglementaire devrait, sur plusieurs points, s'élever à des dispositions d'une application générale, et que ces points, puisqu'ils offrent ce caractère de généralité, appartiennent au domaine de la loi, et doivent recevoir de son autorité la stabilité et la garantie qu'elle seule peut donner ; que les ordonnances royales devront être restreintes aux applications secondaires, aux mesures d'exécution et à la détermination de cas exceptionnels sur lesquels la loi leur aura délégué le soin de prononcer ; que le pouvoir réglementaire, s'il est laissé aux autorités locales, ne pourra parler ni d'assez haut, ni d'une voix assez ferme pour être obéi ; que ces autorités se trouveront aux prises avec des influences puissantes, et seront placées dans l'alternative ou de subir ces influences, ou de s'attirer de redoutables inimitiés ; que la diversité des dispositions créera de fâcheuses inégalités ; que si des industries de même nature sont exposées à être régies par des dispositions, dissemblables parce qu'elles appartiennent à des départements distincts, il y en aura qui ne pourront pas soutenir la concurrence, et qui, par conséquent, réclameront avec vivacité contre les règlements plus humains que ceux établis dans les localités voisines. Ainsi Louviers et Elbeuf appartiennent à deux départements limitrophes : toutes les deux s'occupent de la fabrication des draps ; celle qui élèverait le plus la durée du travail, qui abaisserait le plus la limite de l'âge d'admission, qui se montrerait moins sévère sur les conditions d'instruction, ferait la loi à l'autre. Cet exemple est saillant, parce qu'il s'agit de deux villes très-voisines, et produisant les mêmes objets ; mais la même démonstration est applicable à des fabriques plus éloignées les unes des autres et dont les produits ne seraient pas entièrement les mêmes. Elle est applicable à l'industrie de toute la France. Des règles uniformes peuvent seules prévenir ces injustices, et empêcher la population ouvrière d'affluer de préférence vers les lieux où l'on mettrait le plus de mollesse dans les règlements.

C'est ce système en faveur duquel s'était prononcé l'opinion générale qui a été adopté. (Voir le rapport supplémentaire de M. Renouard.)

(1) Cet article indique les établissements auxquels la loi sera appliquée.

Le projet présenté d'abord par le gouvernement déclarait, par son article premier, que la généralité des manufactures, usines et ateliers, pouvait recevoir l'application de la loi ; mais l'article second disait que la loi ne serait appliquée qu'aux manufactures, usines et ateliers dont des règlements spéciaux contiendraient la nomenclature.

Un autre projet fut proposé dans le sein de la commission de la Chambre des Députés. On demanda que la loi fût appliquée à toutes celles des manufactures et usines et à tous ceux des ateliers qui ne seraient point l'objet d'exceptions formelles.

« Ce système, disait le rapporteur, est séduisant par sa généralité même. C'est proclamer un grand principe de morale publique ; c'est fermer la porte aux inégalités d'application ; c'est empêcher que sur cet immense marché de l'industrie, où les intérêts privés se portent les uns aux autres de si rudes coups par la concurrence, les conditions de la lutte soient désavantageuses aux établissements compris dans la loi. À l'inconvénient d'atteindre les ateliers de famille et les travaux placés sous l'abri du toit domestique, on répond par la possibilité de les placer dans les catégories d'exception.

« Votre commission s'est longtemps arrêtée à l'examen de ce système. Elle l'aurait adopté unanimement, si elle avait cru à sa possibilité. Mais la majorité a craint d'énerver la loi en la généralisant outre mesure. La limitation législative du travail des enfants est une entreprise difficile et nouvelle : l'étendre tout à la fois à tout le travail de la France, n'est-ce pas trop présumer de nos forces ? Si l'expérience enseigne que notre loi a été trop timide, il sera facile de l'étendre plus tard ; et c'est ainsi qu'a procédé sur ce sujet l'esprit pratique de l'Angleterre (*), qui, encore aujourd'hui, inédite et prépare un bill nouveau. Si, dès sa naissance, notre loi périt par défaut d'exécution, et à cause de sa généralité même, nous sera-t-il aussi facile de revenir sur nos pas et de restreindre après coup notre tentative ? Une déclaration d'impuissance est fatale à toutes les causes, et surtout au succès des grandes questions d'humanité, qui, en face d'elles, rencontrent pour adversaires des intérêts vivaces et des préjugés en honneur. On se défie beaucoup en ce pays de deux beaux et nobles mots, desquels on a assez abusé pour les jeter en discrédit et pour expliquer le sourire de dédain avec lequel les accueillent ceux qui ne veulent pas ou ne peuvent pas les comprendre. Bien des personnes croient avoir tout dit contre une pensée

(*) Le parlement anglais est revenu, en quarante années, huit fois sur ce sujet :
Année 42e du règne de Georges III. C. 73 ; 1802.
— 59e — Georges III. C. 66 ; 1819.
— 60e — Georges IV. C. 5 ; 1820.
— 6e — Georges IV. C. 63 ; 1825.
— 10e — Georges IV. C. 5 ; 1830.
— 10e — Georges IV. C. 63 ; 1830.
— 1re et 2e — Guillaume IV. C. 39 ; 1831.
— 3e et 4e — Guillaume IV. C. 103 ; 1833.

1° Dans les manufactures, usines et ateliers(1) à moteur mécanique ou à feu continu (2),

noble et généreuse lorsqu'ils l'ont appelée une utopie philanthropique. Ne laissons pas traiter ainsi la cause des enfants qui a fait assez de progrès pour entrer dans les réalités avec lesquelles il faut que l'on compte. Soyons pratiques pour être utiles ; n'exigeons pas trop de peur de tout ajourner.

« La majorité de votre commission a reconnu que cette loi, déjà si difficile à faire, alors même qu'on en restreint l'étendue, risquerait de devenir impossible si elle devait atteindre de prime abord tout le travail de la France. Les objections contre la gêne apportée à l'industrie, contre la limitation de l'autorité paternelle, contre l'inégalité des règles trop uniformes, auraient ainsi une bien autre force. Une des conditions vitales de la loi est l'organisation d'une inspection efficace. Avec quelles formes, avec quelles personnes organiserait-on l'inspection de l'universalité du travail ?

La lutte entre ces deux systèmes se reproduisit devant la Chambre des Députés. Ceux qui voulaient soumettre toute l'industrie, les ateliers de famille exceptés, au régime que la loi allait établir, ajoutaient aux raisons qu'ils avaient déjà fait valoir devant la commission, « que c'était surtout dans les petits ateliers que se révélaient les abus et les excès dont on voulait prévenir le retour. Dans les grands, en effet, disaient-ils, les enfants sont protégés par la situation même de celui qui dirige l'atelier, par la publicité qui empêche les abus de s'y commettre ; en n'atteignant que ces établissements la loi ne protège que ceux qui n'ont pas besoin de sa protection ; elle impose des gênes, des restrictions sans compensation effective.

« Ce n'est pas tout : elle est contraire aux notions les plus élémentaires de l'économie publique ; car elle exonère l'industrie qui s'exerce sur une petite échelle de charges, de restrictions, qui pèseront sur les grands établissements, les seuls qui puissent nous mettre à même de soutenir la concurrence étrangère, et que, par conséquent, la loi devrait traiter d'une manière plus favorable.

« Ces raisons n'étaient pas sans force. Cependant elles n'ont pas été accueillies par la Chambre. On a répondu à ceux qui les invoquaient « que, pour les petits ateliers, dans la plupart desquels le travail a lieu sous l'influence de l'esprit de famille, le remède est souvent à côté du mal et que les sentiments d'affection naturelle tempèrent les exigences de la misère.

« Sans doute, ajoutait-on, nous ne nions pas les maux, les inconvénients qui existent, mais vouloir les empêcher d'une manière trop générale, par une prescription trop absolue, ce serait atteindre quelquefois aussi des sentiments qu'il faut respecter et qui se défendent eux-mêmes.

« La loi, d'ailleurs, s'adresse surtout aux grands établissements d'industrie, par une raison qui leur est particulière. Lorsque, dans un grand pays, l'on commence par les parties les plus puissantes de l'industrie et qu'on s'adresse aux grands ateliers, lorsqu'on veut que de là l'exemple descende sur tout le travail du pays, il n'y a pas à se plaindre si ceux-là qui recueillent les plus grands bénéfices, qui se trouvent établis sur une plus large échelle, sont les premiers obligés à donner l'exemple du respect des droits de l'humanité ; il en sera dans l'industrie comme ailleurs, les exemples partiront d'en haut ; c'est par l'étendue et la perpétuité de l'exemple que descendent ensuite les leçons dans tout le reste de la population.

Enfin on faisait observer que les énumerations de l'art. 1er, fussent-elles incomplètes, l'inconvénient ne serait pas grave, puisque l'art. 7 permet au gouvernement d'étendre successivement l'empire de la loi à d'autres industries au moyen de règlements d'administration publique, lorsque l'expérience lui en aura démontré la nécessité.

Le système de la commission a donc été adopté.

Les mêmes motifs ont fait écarter un amendement de M. *Darblay*, qui proposait de comprendre dans l'article « les ateliers composés de plus de douze ouvriers, dont un tiers âgé de moins de seize ans. »

On a cru devoir déterminer d'abord certains établissements, sauf à déléguer (art. 7, 1°) à l'administration le pouvoir de déclarer la loi applicable à d'autres genres de manufactures, d'usines ou d'ateliers..

(1) Le mot *ateliers* qui avait été omis dans le projet adopté par la Chambre des Pairs a été rétabli par la commission de la Chambre des Députés. Cela était nécessaire. Nulle part, il est vrai, la loi n'établit d'une manière précise la différence qui existe entre une manufacture, une usine et un atelier. Cependant, dans l'usage, le mot atelier s'applique spécialement à certains genres d'industrie, quel que soit le nombre des ouvriers employés ; et en outre à tout établissement, quelle que soit sa nature, qui n'occupe qu'un petit nombre d'ouvriers. Pour éviter toute difficulté, il fallait que la généralité des expressions ne laissât aucun doute sur l'intention d'embrasser tous les établissements de travail où l'action productive est donnée par un moteur mécanique, par l'eau, la vapeur ou le feu. Il fallait aussi que dans l'exercice de la délégation du pouvoir qui a été donnée à l'administration (art. 7), aucun doute ne pût s'élever sur le droit d'atteindre même ceux des établissements que la dénomination d'ateliers semble désigner comme moins importants que ceux qui sont appelés manufactures.

(2) « La force impulsive donnée par le moteur, a dit M. le rapporteur de la commission de la Chambre des Députés, épargne beaucoup de fatigues à la force humaine qu'elle remplace par une action incomparablement plus puissante ; et, sous ce rapport, il y a pour les enfants comme pour l'universalité des ouvriers, une bien moindre dépense de force musculaire. Mais l'eau, la vapeur, le feu, ou tout autre moteur naturel ou mécanique sont aveugles dans leur action, qui peut se produire sans trève ni relâche. Il y a là des occasions plus faciles, des tentations plus fructueuses pour un travail continu. Cette force, qui n'attend point et qui ne se fatigue jamais, peut à tous les instants et sans discontinuation, employer les enfants et les hommes. La loi qui veut limiter le travail des enfants, pour ménager leurs forces et pour réserver du temps aux autres parties de leur éducation, devait placer sa prohibition là où existent les probabilités les plus grandes d'un travail trop prolongé.

« Il y a un fait bien constant, c'est qu'à mesure que les machines remplacent les forces de l'homme, on peut, dans les ateliers, employer des êtres plus faibles ; c'est parce que la force musculaire d'un homme fait n'est pas nécessaire, que l'on peut

et dans leurs dépendances (1) ;

2° Dans toute fabrique (2) occupant plus de vingt ouvriers réunis en ate-

employer des femmes et des enfants, et c'est le grand nombre de femmes et d'enfants dans les ateliers qui déclasse la véritable nature des choses, qui donne aux êtres les plus faibles le travail le plus long, qui empêche la vie de famille, qui tire trop de femmes du foyer domestique pour les porter dans les ateliers au préjudice de la morale publique et de la vie de famille. »

L'article du projet amendé par la Chambre des Pairs désignait spécialement les fabriques affectées à la filature, à la fabrication et à l'impression des tissus. La commission de la Chambre des Députés proposa de supprimer cette mention, afin de ne pas signaler entre tous à la défiance publique, en même temps qu'aux rigueurs de la loi un genre particulier d'industrie. Il n'y a dans ces établissements, disait son rapporteur, ni plus d'abus, ni plus de dangers que dans tels autres que ce puisse être. Si la loi s'appliquait à tous les travaux, aucune réclamation ne serait faite par ce genre d'industrie particulier ; mais pourquoi le mentionner spécialement, si une loi générale n'est pas reconnue possible ?

A ces raisons on ajoutait que la mention atteignait jusqu'aux petits ateliers domestiques que le législateur ne voulait pas cependant et ne pouvait pas atteindre.

La seconde commission de la Chambre des Pairs a fait remarquer que, lors de la première discussion, aucun orateur ni de la Chambre, ni du gouvernement, n'avait eu la pensée de contester qu'au premier rang des établissements pour lesquels on avait voté des lois ou décrets analogues, en Angleterre, en Prusse, en Suisse, il fallait placer les filatures, les ateliers de tissage, et, par une extension trop bien motivée, les ateliers d'impression sur tissus.

Elle a ajouté qu'en France c'est du sein même des villes enrichies, ou plutôt créées par la nouvelle industrie des filatures, du tissage et des impressions que s'est élevée avec un désintéressement si national et si noble la demande d'une loi pour protéger l'enfance, non pas en des ateliers quelconques, en des fabriques sans nom et dans des industries sans désignation, mais dans des industries mêmes qui avaient été saisies et dénommées, non pas aussi pour leur infliger un titre à la défiance, mais pour leur assigner un titre à la confiance, à la gratitude que méritent Mulhausen et l'Alsace tout entière.

Toutefois, la commission s'est bornée à ces observations ; elle n'a point proposé le rétablissement de la partie de l'article supprimée par la Chambre des Députés. Au reste, si cette lacune est aussi regrettable qu'elle le suppose, le gouvernement pourra la combler successivement au moyen de règlements d'administration publique. (Art. 7, 1°.)

(1) Tous les travaux *dépendant d'une manufacture*, a dit M. Renouard dans son rapport, ne se font pas dans son local principal. On a voulu empêcher qu'on n'éludât la loi en transportant dans d'autres lieux les opérations accessoires.

(2) L'article contenait une disposition qui étendait l'application de la loi aux fabriques dangereuses ou insalubres *à déterminer par des ordonnances royales*. M. *le ministre du commerce*, en présentant le projet à la Chambre des Députés, a expliqué pourquoi cette disposition avait été retranchée.

« On a fait remarquer dans le sein de la Cham-

bre des Pairs, a-t-il dit, que l'art. 7 donnant, en général, le droit d'étendre, par voie de règlement d'administration publique, l'application de la loi à toutes manufactures, usines ou ateliers autres que ceux qui sont mentionnés dans l'art. 1er, le droit particulier conféré au gouvernement de comprendre les fabriques dangereuses ou insalubres qui seraient déterminées par ordonnance royale, était une sorte de superfétation, et que, quant aux motifs qui pouvaient faire préférer le mode de l'ordonnance royale à celui du règlement d'administration publique, ils ne paraissaient pas suffisants pour l'emporter sur l'inconvénient d'introduire une exception dans les dispositions générales de la loi, et de se priver de la solennité et des garanties que présente, par la nécessité de la délibération en conseil d'État, la forme du règlement d'administration publique.

« Ces observations m'ont paru fondées, et je les ai adoptées.

« Une autre considération vient à l'appui de ces raisons..... Quatorze ordonnances, depuis le décret du 15 octobre 1810, ont successivement étendu ou modifié le tableau général des établissements dangereux, insalubres ou incommodes qui ne peuvent être ouverts sans la permission de l'autorité ; dans cette longue nomenclature, qui comprend un si grand nombre d'industries diverses, quelques-unes seulement peuvent employer des enfants, et presque toutes, à l'exception de certaines fabrications métalliques, ne sont dangereuses, insalubres ou incommodes, que pour le voisinage, à cause des odeurs désagréables et de la fumée qu'elles répandent, et sont sans inconvénients pour la santé des ouvriers. Il n'y avait donc aucun motif particulier pour soumettre ces établissements en masse à l'action spéciale de la présente loi.

« D'un autre côté, la disposition ne désignait que les établissements dangereux ou insalubres. Or, trois chefs d'inconvénients font classer les manufactures : le danger du feu, l'insalubrité, l'incommodité ; et, suivant l'intensité de chacun de ces inconvénients, les établissements sont indistinctement rangés dans la première, la deuxième ou la troisième classe. Ainsi le seul motif de l'incommodité fait placer dans la première classe les fabriques de colle-forte, de cordes de musique, d'huiles de pied de bœuf, d'orseille, de poudrette, de tabac, etc., tandis que les règlements rangent dans la troisième classe les préparations saturnines, la dorure sur métaux, l'étamage des glaces si nuisibles pour la santé des ouvriers. L'énonciation d'établissements dangereux ou insalubres formait donc pas une acception légale complète, et pouvait, dans l'application, susciter quelques difficultés. »

Le mot fabrique est pris ici par la loi dans une acception générique. Il s'applique d'abord sans difficulté aux manufactures et aux usines. Il comprend aussi les ateliers. Si le législateur n'a pas répété ce dernier mot, c'est parce qu'il se trouve à la fin de la phrase. M. *Dietrich* avait proposé une rédaction dans laquelle il avait trouvé place ; elle n'a point été admise par différents motifs ; mais il a été reconnu que la disposition qu'on a préférée s'applique aux ateliers comme aux fabriques, ou plutôt qu'on n'attache pas réellement un sens différent à ces deux expressions.

lier (1).

(1) Ce paragraphe a été proposé par M. *Legentil*. Pour le justifier, il s'est exprimé en ces termes :

« L'opinion de la commission et de tous ceux qui s'étaient occupés de la matière était de commencer l'expérimentation par les grands ateliers. Or, que devait-on entendre par grands ateliers? Étaient-ce seulement ceux qui se trouvaient désignés dans le premier paragraphe? Mais si l'on consulte la statistique, on s'aperçoit qu'en France, il y a seulement cinq cent cinquante-cinq machines qui soient occupées à faire mouvoir des filatures, et c'est certainement le genre d'industrie qui emploie le plus de mécaniques. Dès lors considérer ainsi la question, ce n'est pas l'embrasser sous son point de vue le plus général, mais sous un point de vue trop mesquin.

« En effet, on laisse en dehors les fabriques d'impression, les grandes usines d'apprêt de blanchisserie, où on occupe tant d'enfants et souvent dans des étuves chauffées à 38 et 40 degrés de chaleur, les teintureries, les tanneries, les chapelleries, les fabriques de papier peint, en un mot, une foule d'industries considérables; l'article consacrerait donc une inégalité flagrante.

« Mais quelle base adopter? En Angleterre et dans tous les pays où l'on s'est occupé de cette matière, c'est dans le nombre des ouvriers que l'on a cherché une base pour faire une classification. On est parti de cette idée que l'on a d'ouvriers, plus, en général, il y a d'enfants; et, dès lors, là où il y a plus d'ouvriers, là il faut réglementer le travail des enfants. Le chiffre que je propose, poursuivait-il, atteint tous les ateliers qui peuvent faire concurrence à ceux qui sont indiqués dans le paragraphe précédent. Sans doute il est plus ou moins arbitraire. Mais tous les chiffres le sont, et il est indispensable de fixer une limite.

« En effet, qu'arriverait-il dans un canton manufacturier, dans une commune où il y aurait des fabriques soumises à la loi et d'autres qui lui échapperaient? C'est que la grande fabrique verrait tous ses ateliers désertés par les enfants. Les enfants iraient travailler ailleurs. Il y a là une nécessité industrielle de rendre la loi aussi générale que possible.

« Il est vrai que le gouvernement peut recourir à la faculté que lui donne l'art. 7. Mais il ne faut pas alarmer toutes les industries : la loi sera exécutée longtemps avant que l'on ait fait tous les règlements généraux qui doivent en compléter le système. Enfin on sauve à l'administration un arbitraire toujours fâcheux; car si elle n'use pas de la disposition de l'art. 7, elle encourra le reproche de tous les amis de l'humanité qui s'occupent du sort des enfants; si elle en use, elle rencontrera devant elle tous ces obstacles, toutes ces résistances individuelles et de localité qui ont fait repousser le premier projet du gouvernement. Il y a donc intérêt à élargir la base de la loi.

La Chambre a même trouvé trop élevé le chiffre quarante, proposé par M. Legentil. Il laissait en dehors presque toute la fabrication. On voulut d'ailleurs atteindre, jusqu'à un certain point, les ateliers de moindre importance, ceux où se commettent les abus et les excès les plus graves. Le chiffre vingt a été adopté.

Cette modification a été l'objet de vives critiques.

« Les personnes qui la repoussent, disait M. Dupin dans son second rapport à la Chambre des Pairs, objectent que l'on introduit dans le projet un principe nouveau sans base justifiable; qu'au lieu d'appliquer la législation aux industries qui la réclameraient le plus impérieusement, on embrasse à la fois toutes les industries, plus ou moins accablantes pour l'enfance, et même celles qui n'emploient aucun enfant. Enfin, l'on s'effraie du nombre prodigieux de manufactures et d'ateliers qu'il va devenir indispensable d'inspecter, et l'on représente toute inspection comme inefficace ou ruineuse pour l'État, dès qu'elle devra s'exercer sur cette infinité d'établissements de tous genres. »

Dans la discussion, on a ajouté que le chiffre n'avait rien de caractéristique relativement au genre de travail; qu'il n'atteignait nullement les petits ateliers que l'on avait voulu saisir, et qu'enfin cette disposition rendait la précédente parfaitement inutile.

Mais, du moment que l'on voulait réglementer, sous le rapport du travail des enfants, toute la grande industrie, il fallait nécessairement que la loi s'appliquât de prime abord non seulement aux ateliers désignés dans le paragraphe premier, mais encore à tous les autres grands ateliers. Cela une fois admis, on ne pouvait procéder, pour les désigner, que de deux manières; ou par voie d'énumération, ou par la fixation du nombre d'ouvriers. La première n'était pas praticable; et, d'ailleurs, elle exigeait aussi la fixation d'un chiffre, autrement on fût arrivé jusqu'à l'atelier du père de famille. Il fallait donc recourir à la seconde, car il était nécessaire de caractériser la grande industrie. On s'est récrié sur le nombre prodigieux d'établissements qu'il sera indispensable d'inspecter ! Mais interrogeons les faits. Si l'on consulte la statistique, on trouve que dans Paris, qui compte cinquante mille patentés, il y a seulement trois cent quatre-vingt-treize ateliers ou fabriques employant sous le même toit plus de vingt ouvriers, et, dans ce nombre, se trouvent compris plus de deux cents établissements qui possèdent des machines à vapeur et bon nombre de fabriques à feu continu qui sont toutes saisies par le premier paragraphe.

Dans un grand nombre de chefs-lieux de départements, à peine trouvera-t-on deux ou trois fabriques qui, sous le même toit, occupent plus de vingt ouvriers; on n'en trouvera point dans le plus grand nombre des chefs-lieux d'arrondissement : partout ailleurs dans de pareils établissements sont une exception isolée et rare. C'est par erreur qu'on les a regardés comme d'une faible importance. De plus, si l'on veut faire attention que les industries qui n'emploient pas d'enfants restent en dehors, on se convaincra aisément que toutes les craintes que l'on a manifestées à cet égard sont chimériques.

La loi comprend, a-t-on dit, dans sa généralité, quelques industries dans lesquelles les abus que l'on veut réprimer ne sont pas possibles? Mais, d'une part, le nombre en est fort restreint, ensuite, en fait, on les laissera en dehors : l'inconvénient n'est donc pas sérieux. Enfin, on a reproché à ce paragraphe de rendre le paragraphe précédent sans utilité. C'est une erreur, car il existe plusieurs établissements à moteur mécanique ou à feu continu qui emploient moins de vingt ouvriers.

M. *Dietrich* avait proposé un amendement ainsi conçu :

« Dans toute fabrique ou atelier occupant plus de quarante ouvriers réunis en un ou plusieurs at-

Art. 2. (1) Les enfants devront, pour être admis, avoir au moins huit

liers sous le même toit ou sous le même maître et qui ne seraient pas compris dans l'une des catégories précédentes. »

On fait observer que c'était la même chose que la rédaction de la commission. M. *Dietrich*, sans insister sur la sienne, l'a expliquée en disant :

« Je pense que le règlement pourra obvier aux inconvénients que pourrait présenter la rédaction de la commission. J'ai seulement voulu appeler l'attention de la Chambre sur les difficultés qui pourraient résulter de l'énonciation de la commission. Ainsi des fabricants qui n'ont pas les moyens de construire un atelier considérable, qui n'ont pas assez de fortune ou assez de crédit pour construire des bâtiments d'une grande dimension pourraient trouver à louer quelques bâtiments existant déjà et dans lesquels ils établiraient des ateliers séparés qui, chacun séparément, échapperaient aux prescriptions de la loi. Il faut remarquer que ce sont précisément les fabricants qui n'ont pas des établissements considérables qui très-souvent abusent le plus du travail des enfants. Eh bien ! je voudrais empêcher que des ateliers divisés ainsi, mais appartenant au même maître, pussent se soustraire à l'application de la loi. »

M. *Dietrich* n'avait donc pas la pensée de substituer à l'idée exprimée par le paragraphe une idée différente ; il voulait seulement, en mettant plus de précision et de clarté dans les termes, ôter d'avance à la mauvaise foi tout moyen d'éluder la disposition ; mais M. *le rapporteur* a formellement déclaré que le projet de la commission avait le même sens ; et c'est par cette unique raison que l'amendement de M. *Dietrich* n'a pas été accueilli. Il reste donc bien constant qu'il ne suffirait pas de diviser en deux ou plusieurs ateliers, de placer dans deux ou plusieurs bâtiments les ouvriers d'un même maître, et faisant le travail d'une seule fabrique ou manufacture, pour pouvoir dire qu'ils ne sont pas réunis en un seul atelier, et que, par conséquent, le paragraphe n'atteint pas la fabrique.

M. *Ressigeac* avait proposé la disposition additionnelle suivante : « Dans toutes les espèces de mines comme dans les minières et carrières exploitées par galeries souterraines. »

On a d'abord soutenu que les mines et les carrières étaient comprises sous la dénomination générale d'*usines* ou de *fabriques*. M. *Ressigeac* a combattu cette opinion ; il a dit avec raison, ce me semble, qu'on ne trouvera pas un tribunal qui applique aux mines une disposition faite pour les usines.

« En français, a-t-il ajouté, le mot *mine* n'est pas compris dans ceux d'*usines*, ateliers, manufactures, jamais on ne l'a entendu dans ce sens. »

On a ensuite fait remarquer que le décret du 3 janvier 1813, relatif à la police des mines, contient précisément la disposition que M. *Ressigeac* voulait placer dans la loi. L'art. 29 est en effet ainsi conçu : « Il est défendu de laisser descendre ou travailler dans les mines, minières, les enfants au-dessous de dix ans, etc. »

M. *Ressigeac* a insisté, en disant que cette disposition indique bien l'âge d'admission ; mais que nulle part, ni dans la loi du 21 avril 1810, ni dans le décret du 3 janvier 1813, on ne trouve de règles sur la durée du travail.

M. *le ministre des travaux publics* a répondu « que tous les exploitants des mines, minières ou carrières sont soumis à la surveillance de l'autorité

publique ; que ce principe est posé par la loi de 1810 ; que le décret de 1813 en est une application ; qu'il est dans la puissance du gouvernement de faire des règlements additionnels ; que si la nécessité s'en faisait sentir, le gouvernement, sans être provoqué par des amendements, userait de cette puissance, et que si le décret de 1813 ne suffisait pas, ses dispositions seraient complétées par de nouvelles dispositions. »

(1) L'art. 2 statue sur l'âge d'admission des enfants et sur la durée de leur travail.

Ces deux questions se lient, car la durée du travail dépend du degré de force physique auquel l'enfant est parvenu.

En l'absence de toute disposition législative, le manufacturier a quelquefois peine à se défendre de recevoir dans ses ateliers des enfants que lui-même reconnaît être trop jeunes pour travailler utilement. On lui dit que leur modique salaire viendra au secours de leur famille, qu'ils seront gardés et surveillés au lieu de vaguer dans les rues ou d'être abandonnés seuls dans le domicile paternel ; et souvent ce n'est pas vaincu par les prières d'une famille que le maître consent à recevoir de très-jeunes enfants ou qu'il permet au chef ouvrier de les introduire dans l'atelier sous sa responsabilité et sous sa garde. »

Ce sera désormais la loi qui prononcera sur l'admission.

On pourrait objecter que si tel est un des effets de la loi, c'est contre la charité qu'elle est faite ; car les refus qu'on se félicite d'épargner au manufacturier, parce qu'ils paraîtraient trop durs dans sa bouche, ne cesseront pas de l'être parce que la loi se chargera de les prononcer en masse.

A cette objection il y a une réponse victorieuse.

La charité qui consiste à secourir une famille par l'emploi prématuré des enfants procure des avantages bien faibles dans le présent, en imposant des maux bien grands dans l'avenir.

D'abord il faut reconnaître que la masse totale de la population ouvrière ne gagne rien à l'admission dans les fabriques des enfants. Si ceux-ci ne participaient point au travail d'un atelier, ils y seraient remplacés par d'autres travailleurs ; tant que la somme générale du travail restera la même, le salaire que les uns ne gagneront pas sera gagné par d'autres.

Mais, à ne voir que la personne de l'enfant, c'est un grand mal pour son avenir que les entraves apportées à son développement physique ; que l'habitude de l'ignorance ; que l'apathique indifférence pour tout enseignement religieux ; que le contact précoce des grandes réunions d'ouvriers des deux sexes. Ce n'est pas là seulement un mal individuel, c'est aussi une blessure profonde faite au pays, qui a besoin d'hommes vigoureux pour ses travaux et ses armées, d'hommes intelligents pour le développement de son activité nationale, d'hommes probes et consciencieux pour le développement de l'ordre général et de la paix publique, et surtout pour l'accomplissement de la première de toutes les obligations de la société, celle qui consiste à assurer au plus grand nombre possible de ses membres les moyens d'assurer leur existence morale. Par quels avantages ces maux sont-ils compensés ?

Il résulte d'un rapport fait à M. le ministre du commerce, et contenant l'analyse des réponses à

ans (1).

une circulaire du 31 juillet 1837, que le salaire des enfants de six à sept ans n'est guère que de 25 à 30 c. Escompter leur avenir en les condamnant à un travail si peu productif, ce n'est pas de la charité, c'est de la barbarie. Le même rapport constate, de plus, que le travail de très-jeunes enfants sert le plus souvent à entretenir l'inconduite des pères.

La prévoyance de la loi doit donc empêcher de pareils abus.

Mais la loi peut-elle fixer un minimum d'âge? C'est un point qui a été sérieusement débattu et qui, comme on le voit, a été décidé affirmativement.

Après cette solution il restait à fixer l'âge.

Presque personne n'a pensé que l'on dût descendre au-dessous de huit ans; on a insisté, au contraire, pour que le minimum fût élevé à neuf ou même à dix ans.

La plupart de ceux qui ont proposé de fixer à dix ans l'âge d'admission, ont pensé en même temps qu'il fallait assigner, pour tous les enfants au-dessous de seize ans, une durée uniforme de travail (12 heures).

Ils ont dit que l'économie du travail, dans les fabriques, s'opposait, d'une manière absolue, à ce que la durée de la journée de l'enfant fût moindre que celle de l'adulte; que, dans les filatures, l'ouvrier ne pouvait se passer de son rattacheur, de même que, dans les fabriques d'impression, l'imprimeur ne peut agir sans son tireur; en un mot que, partout où l'adulte et l'enfant sont réunis, l'un ne peut travailler sans l'autre.

Ils ont fait remarquer qu'avant dix ans, la faiblesse des enfants les rend incapables de supporter un travail continu; que deux ans de plus développeront leurs forces et leur permettront de suivre les écoles, avant d'entrer dans la fabrique.

En divisant les enfants et les adolescents en relais qui se succèdent, on n'abuse point de leur force; le travail des adultes n'est point interrompu. Ce système, adopté avec succès en Angleterre, répond victorieusement à l'objection. Trois brigades d'enfants travaillant huit heures par jour, et réunies à deux brigades d'adultes, donneront deux journées complètes de travail effectif, et n'exigeront que moitié en sus du nombre d'enfants actuellement employés. Or, dans l'état actuel, la quantité d'enfants de moins de dix ans admis dans les manufactures est peu considérable, précisément parce que la durée du travail étant de douze, treize, quatorze et quinze heures, leurs forces ne peuvent y suffire, et la réduction uniforme de la durée du travail à huit heures aura pour résultat de faire employer des enfants de huit, neuf, dix et onze ans, qui ne sont pas occupés aujourd'hui.

Il faut surtout ne pas perdre de vue que l'admission des enfants dans les fabriques dès l'âge de huit ans est pour les parents un moyen de surveillance, pour l'enfant un commencement d'apprentissage, pour la famille une ressource. A cet âge, une occupation régulière et modérée favorise le développement des forces; et lorsque cette occupation se concilie avec les heures nécessaires au repos et à l'instruction, on peut dire que la plus grande difficulté est vaincue. D'un autre côté, l'habitude de l'ordre, de la discipline et du travail doit s'acquérir de bonne heure, et la plupart des mains-d'œuvre industrielles exigent une dextérité et une prestesse qui ne s'obtiennent que par une pratique assez longue et qui ne peut être commencée trop tôt.

« A ceux qui veulent retarder de deux ans l'âge d'admission des enfants dans les fabriques, nous demanderons, disait M. le ministre du commerce dans son deuxième exposé des motifs à la Chambre des Pairs, qui garantit que ces deux années laissées à l'enfant hors de la surveillance de ses parents ou vriers, profiteront à son instruction primaire et religieuse. Qui ne voit là, au contraire, une occasion de démoralisation et de vagabondage, un apprentissage du vice? L'école de la rue est la pire de toutes; elle enseigne la paresse et le désordre; ce n'est pas elle qui prépare les bons ouvriers. L'enfant, entré à huit ans dans l'atelier, façonné au travail, ayant acquis l'habitude de l'obéissance, possédant les premiers éléments de l'instruction primaire, arrivera à dix ans plus capable de supporter la fatigue et plus instruit qu'un enfant du même âge, élevé jusque-là dans l'oisiveté et prenant pour la première fois le tablier du travail.

« Sans doute, on ne peut pas nier, disait M. Renouard dans son rapport, qu'une durée uniforme de douze heures assignée aux travaux de tous les enfants au-dessous de seize ans serait plus commode pour l'organisation intérieure des ateliers; mais votre commission n'a pu perdre de vue que son premier devoir était de se préoccuper avant tout de cette question fondamentale : Est-il humain, est-il juste d'assujettir à un travail de douze heures par jour les enfants âgés de moins de douze ans? Votre commission ne l'a pas pensé.

« Quels que puissent être les inconvénients des deux catégories de durée, il faut maintenir la distinction, si ces inconvénients ne vont pas jusqu'à une impossibilité d'exécution, et si l'on ne veut ni priver de tout travail les enfants de la première catégorie, ni condamner ceux qui n'auront pas encore atteint la seconde à un travail de douze heures, qui excéderait évidemment leurs forces. Non seulement la santé des enfants souffrirait d'un si long travail, mais aussi le temps manquerait pour leur instruction. On verra que la commission propose d'obliger les enfants de la première catégorie à suivre les écoles, ce qui ne serait plus possible, s'ils travaillaient douze heures. »

(1) « On a objecté, disait M. Renouard, que même dans l'hypothèse d'une différence de travail pour les deux catégories d'âge, huit ans est un âge trop tendre; que la loi anglaise et la loi prussienne fixent toutes deux un minimum de neuf ans; qu'il faudrait, en France, retarder l'admission jusqu'à la même époque de la vie. Votre commission a pensé que la loi doit, autant qu'elle le peut, s'accommoder à l'état des faits existants; que l'admission à huit ans est en usage dans beaucoup de parties du royaume (dans les fabriques de lainage, telles que celles d'Elbeuf, de Louviers, de Reims et de Sedan); que l'on compense ainsi la réduction que l'on fait subir au travail des enfants de neuf à douze ans; que ce n'est là, d'ailleurs, qu'un minimum au-dessus duquel on pourra s'élever, soit dans la pratique, soit même en vertu de dispositions formelles, lorsque des règlements d'administration publique, dont le droit est réservé au gouvernement par l'art. 7, en reconnaîtront la nécessité. » Voy. la note précédente.

Il est évident, d'ailleurs, qu'il s'agit de huit ans

De huit à douze ans, ils ne pourront être employés au travail effectif plus de huit heures sur vingt-quatre, divisées par un repos (1).

De douze à seize ans, ils ne pourront être employés au travail effectif plus de douze heures (2) sur vingt-quatre, divisées par des repos.

Ce travail ne pourra avoir lieu que de cinq heures du matin à neuf heures du soir (3).

L'âge des enfants sera constaté par un

accompli. Ce mot avait été inséré par la commission de la Chambre des Députés, sur la demande du conseil général du département de l'Oise, quoique, comme l'observa son rapporteur, toute équivoque fût impossible sur un point aussi clair. Lors de la discussion il n'a pas été question de cet amendement, sans doute parce qu'on a eu égard à l'observation présentée par le rapporteur.

(1) L'époque et la durée des repos ne peuvent être réglées par la loi : ce serait entrer dans des détails trop minutieux qui appartiennent soit aux règlements intérieurs de chaque atelier, soit aux règlements d'administration publique, si l'expérience démontre la nécessité d'une intervention.

(2) On a prétendu qu'en France la durée moyenne de la journée de travail est de plus de douze heures, et l'on a demandé que le travail au-dessus de douze ans fût porté à treize heures. Les fabricants ne sont pas d'accord sur ce point. Il en est qui, loin de s'opposer à la limite de douze heures pour le travail des enfants, souhaiteraient que les travaux ne durassent généralement que douze heures dans tous les ateliers, même pour les adultes.

La Chambre des Pairs paraît avoir voulu réaliser cette pensée. On lit, en effet, le passage suivant dans le second rapport de M. le baron *Dupin* :

« En accordant douze heures de travail aux adolescents de douze à seize ans, et huit heures seulement aux enfants de huit à douze ans, le premier objet que nous ayons eu en vue est d'amener naturellement l'industrie manufacturière à se contenter, pour ses travaux ordinaires, d'un travail de douze heures, non compris le temps des repas et celui des repos. Cette durée de travail, déjà les plus habiles manufacturiers du pays le plus manufacturier de l'univers, la regardent comme pleinement suffisante à leurs besoins. Ils expriment le vœu d'une limite uniforme généralement établie, afin qu'aucun individu ne puisse, en abusant des forces humaines, se procurer un avantage déplorable autant qu'injuste sur ses concurrents plus modérés et plus humains. Cette pensée salutaire est du petit nombre de celles que le temps doit fortifier et qu'il finira par réaliser.

« Pour mettre en harmonie l'emploi des adolescents et des enfants avec les adultes, d'après les durées de travail que nous avons fixées, voici comment s'établiront les relations de travail.

Combinaison du travail des adultes, des adolescents et des enfants.

Au-dessus de 16 ans.	1er adulte, 12 h. de travail.	2e adulte, 12 h. de travail.	
De 12 à 16 ans.	1er adolescent, 12 h. de travail.	2e adolescent, 12 h. de travail.	
De 8 à 12 ans.	1er enfant, 8 h.	2e enfant, 4 h.	3e enfant, 8 h.

« Tel est le système des relais qui s'est établi dans les manufactures britanniques, en exécution d'une fixation exactement comparable des jeunes travail-

leurs, les uns à douze heures, les autres à huit heures par jour. »

(3) Dans la première rédaction, la Chambre des Pairs avait arrêté à huit heures du soir la limite du travail du jour. La commission de la Chambre des Députés a porté la limite à neuf heures. Son intention a été de donner au fabricant plus de latitude, en lui permettant de faire commencer la journée plus tard en hiver, et d'allonger la veillée. Cette combinaison, réclamée par l'industrie, se prête mieux à l'économie du travail et n'offre pas d'inconvénients, puisque les enfants ne travailleront que pendant le temps qui leur est imparti par les paragraphes précédents.

La deuxième commission de la Chambre des Pairs a proposé de nouveau de fixer à quinze heures le travail de jour (de cinq heures du matin à huit heures du soir). « Les enfants, disait-elle, n'ont de repos complétement assuré que dans l'intervalle de temps compris entre la fin du travail du soir et la reprise du travail le lendemain matin. Or, si vous diminuez cet intervalle d'une heure, en accordant à l'industrie seize heures facultatives (de cinq heures du matin à neuf heures du soir) pour les douze heures de travail, au lieu de quinze, c'est évidemment une heure que vous enlevez au repos effectif des enfants. »

On a répondu que la limite proposée n'avait point l'effet qu'on lui attribuait. Que peu importait que les enfants prissent leur sommeil le matin ou le soir ; que si l'on adopte le projet du gouvernement, c'est une heure de moins le matin ; si l'on adopte l'article de la commission, c'est une heure de moins le soir. L'amendement a été repoussé.

La commission de la Chambre des Députés avait proposé un paragraphe additionnel ainsi conçu : « Des arrêtés spéciaux et motivés du préfet ou du sous-préfet pourront autoriser une autre répartition des heures quotidiennes de travail pour les enfants de huit à douze ans accomplis, pourvu toutefois que le même enfant ne soit employé qu'à quarante-huit heures de travail par semaine, dans quelque atelier que ce soit, et à la charge de ne jamais dépasser neuf heures de travail dans une même journée.

« Votre commission, disait M. *Renouard* dans son rapport supplémentaire, a eu à cœur de diminuer, autant que la loi peut le faire, la gêne imposée à l'industrie. Elle a compris que les huit heures de travail quotidien pouvaient, dans les habitudes de certaines manufactures, gêner la distribution générale des travaux.

« Elle persiste à croire qu'un travail de plus de quarante-huit heures par semaine ne peut pas être imposé à un enfant qui n'a pas accompli sa douzième année, sans péril pour sa santé et pour son instruction. Mais elle a pensé que, dans des cas spéciaux et à raison de besoins exceptionnels de certaines localités ou de certaines industries, un degré modéré de latitude pouvait être laissé.

« . . . . . Une mesure semblable n'est pas proposée pour la seconde catégorie, parce qu'un travail de douze heures par jour est une limite que l'on ne doit pas excéder. »

certificat (1) délivré, sur papier non timbré et sans frais, par l'officier de l'état civil (2).

3. Tout travail entre neuf heures du soir et cinq heures du matin est considéré comme travail de nuit (3).

Tout travail de nuit est interdit pour les enfants au-dessous de treize ans.

Si la conséquence du chômage d'un moteur hydraulique ou des réparations urgentes l'exigent, les enfants au-dessus de treize ans pourront travailler la nuit, en comptant deux heures pour trois, entre neuf heures du soir et cinq heures du matin (4).

Cette disposition, qui, de l'aveu même du rapporteur, n'était pas indispensable, a été rejetée. Mais il m'a paru important de rappeler cette circonstance, afin qu'on ne crût pas possible d'excéder les limites qui sont indiquées pour le travail de chaque jour, sous prétexte d'une compensation qu'on ferait dans les jours suivants. Ainsi, il ne sera pas permis de faire travailler un enfant de huit à douze ans pendant dix heures le lundi, à la charge de n'exiger qu'un travail de six heures le mardi. Egalement la loi serait violée, si un enfant de douze à seize ans travaillait quatorze heures un jour et dix heures seulement le lendemain.

(1) Il serait plus simple, a dit M. *le ministre des travaux publics*, d'autoriser la délivrance de l'acte de naissance sur papier non timbré et sans frais.

Plusieurs membres ont répondu avec raison : « Non, l'acte de naissance pourrait servir à autre chose. »

De là, résultent deux conséquences assez importantes. D'abord toutes les énonciations de l'acte de naissance n'ont pas besoin d'être reproduites par le certificat ; il suffit que celui-ci indique l'âge. Il vaut mieux que l'officier de l'état civil donne cette indication en précisant la date de la naissance ; mais il pourrait, à la rigueur, se borner à attester que tel enfant a tel âge, dix ans, douze ans accomplis tel jour. En second lieu, le certificat, quelle que soit sa forme, ne pourrait remplacer un acte de naissance, s'il s'agissait d'autre chose que d'admission dans une manufacture.

(2) Cette disposition ne fait pas un double emploi avec le premier paragraphe de l'art. 6. Le domicile actuel de l'enfant peut être différent du lieu de sa naissance. « Je suppose, a dit M. *le rapporteur de la Chambre des Pairs*, qu'un enfant soit né dans les Hautes ou Bas es-Alpes et qu'il travaille à Lyon. Il faudrait 1° qu'il apportât un certificat constatant son âge, délivré par l'officier de l'état civil du lieu de sa naissance ; 2° qu'il le remît au maire de Lyon, pour que celui-ci lui délivre son livret. Ce sont deux choses distinctes. »

(3) Le sommeil est un besoin naturel comme la faim et la soif. Les hommes robustes peuvent à peine y résister, et ce n'est que pour peu de temps. Le sommeil est plus impérieux, plus long, plus profond chez les enfants que chez les adultes. Les veillées seraient meurtrières pour eux. Les faire travailler pendant la nuit, ce serait les tuer sans profit pour personne ; car l'expérience prouve que la nuit on fait peu de chose, on fait mal, et le lendemain on ne peut plus rien faire. — Le rapport officiel déjà cité ajoute que « les veillées, dans l'opinion de tous, sont une occasion ou plutôt une cause de grande démoralisation.»

La nécessité d'interdire en principe le travail de nuit a été admise par tout le monde ; mais les opinions ont varié sur la question de l'âge auquel l'interdiction devait cesser. La Chambre des Pairs l'avait fixé à douze ans. L'Angleterre a adopté treize ans, la Prusse seize. Les chambres de commerce et

des manufactures se sont diversement prononcées. La chambre de commerce de Mulhausen a proposé douze ans ; celles de Morlaix, Strasbourg, Troyes demandaient treize ans ; Lyon préférerait quinze ans ; enfin Amiens, Reims et Boulogne étendaient la prohibition jusqu'à seize ans.

L'âge de treize ans est, entre ces diverses propositions, une sorte de transaction qui paraît concilier autant que possible les différents intérêts.

(4) On avait d'abord adopté une disposition portant que la nature de l'industrie, le chômage d'un moteur ou des réparations urgentes, pouvaient rendre nécessaire le travail de nuit, et que ce travail devait être permis aux enfants au-dessus de treize ans.

La première commission de la Chambre des Députés s'était déterminée par le motif que le travail de nuit est habituellement nécessaire dans quelques établissements, par exemple, dans les usines à feu continu, et notamment dans les verreries. Généralisant les dispositions déjà votées par la Chambre des Pairs, elle avait donc admis le travail de nuit des enfants, lorsque la nature de l'industrie ou des circonstances accidentelles ne permettraient pas de se passer de ce travail. Il était bien entendu, d'ailleurs, que le gouvernement, chargé par l'art. 8 de prendre toutes les mesures nécessaires pour l'exécution de la loi, était appelé à déterminer par les règlements les industries auxquelles cette exception serait applicable.

On a craint, à la Chambre des Pairs, que ces mots : *la nature de l'industrie*, n'ouvrissent la porte à des abus ; que chaque manufacturier ne prétendît avoir le droit d'invoquer le bénéfice de l'exception, et que l'exception ne finît par devenir la règle. On a même proposé de décider que les usines à feu continu seraient seules exemptées de l'interdiction générale.

Mais il a été reconnu qu'indépendamment des usines à feu continu, de nombreuses industries, telles que les distilleries, les calcinations, les savonneries, les teintureries, etc., ne peuvent suspendre leur travail à volonté, et sont obligées de conduire à fin, sans interruption, les opérations commencées.

La disposition votée par la Chambre des Députés était trop générale, celle qu'on y a substituée atteint également le but. Elle a été adoptée avec cette explication que les travaux à feu continu doivent s'entendre de toutes les opérations qui exigent un feu continu de vingt-quatre heures consécutives et dont la marche ne peut pas être suspendue.

En tous cas, il ne faut pas perdre de vue que les paragraphes 3 et 4, consacrant des dérogations au principe général posé dans le paragraphe 2, doivent, dans l'application, être interprétés d'une manière limitative.

Spécialement les mots *réparations urgentes* doivent s'entendre que de réparations qui nécessitent une suspension du travail, soit de toute la fabrique, soit de la partie de la fabrique dans

Un travail de nuit des enfants ayant plus de treize ans, pareillement supputé, sera toléré, s'il est reconnu indispensable, dans les établissements à feu continu dont la marche ne peut pas être suspendue pendant le cours des vingt-quatre heures.

4. Les enfants au-dessous de seize ans ne pourront être employés les dimanches et jours de fêtes reconnus par la loi (1).

---

quelle l'enfant est employé. Il faut, en un mot, que les réparations produisent le même effet que le chômage du moteur.

M. *Barbet* avait proposé de dire : Si le *chômage général* oblige d'employer la nuit, etc. M. *le rapporteur* à la Chambre des Députés a fait remarquer que ce serait aller trop loin dans certains cas. Si, a-t-il dit, le chômage existe seulement dans la partie de la fabrique où l'enfant est employé, si, par exemple, une machine a cessé son travail dans un atelier qui emploie plusieurs machines; comme il est clair que dans cette partie de l'atelier où le travail de l'enfant aura été nécessaire pendant le jour, il y aura eu impossibilité de travailler, il faut que le travail puisse se compenser par un travail de nuit. Il ne peut pas y avoir d'abus, puisque le temps y est compté pour un tiers de moins.

Ainsi, pour autoriser le travail de nuit, il faut qu'il y ait chômage, peu importe qu'il provienne de la nécessité des réparations ou d'une autre cause, peu importe qu'il soit total ou partiel. Mais on comprend que, dans ce dernier cas, il n'y aura que les enfants dont le travail aura été interrompu qui pourront travailler la nuit; pour les autres, il n'y aura aucune raison de faire fléchir la règle générale.

Au surplus, jamais le travail des enfants ne pourra être, dans une période de vingt-quatre heures, prolongé au-delà du temps déterminé par l'art. 2; et, lorsqu'on calculera la durée totale du travail, on comptera chaque heure de nuit pour une heure et demie. Ainsi un enfant de treize à seize ans aura travaillé dans le jour douze heures; il sera impossible d'exiger de lui, dans aucun cas et sous prétexte de chômage ou de réparations, un seul instant de travail de nuit. S'il n'a travaillé que neuf heures dans le jour, il pourra travailler la nuit, mais deux heures qui en vaudront trois, et qui compléteront les douze heures, maximum qu'aucune considération ne peut permettre d'excéder.

Pour éviter qu'on ne fît travailler les enfants pendant la nuit, même dans les limites qui viennent d'être indiquées, la Chambre des Pairs avait adopté une disposition qui permettait aux fabricants d'ajouter une heure au travail du jour, en disant toutefois qu'ils ne pourraient jamais dépasser le nombre d'heures perdues dans le mois précédent, par chômage et accidents. La commission de la Chambre des Députés ne l'a pas maintenue, sans doute afin d'éviter les fraudes auxquelles elle aurait pu donner lieu. Il était à craindre, en effet, qu'on ne s'en servît pour faire travailler les enfants au-delà des limites fixées par l'art. 2. Même, en supposant qu'aucune fraude ne fût pratiquée, on a reconnu qu'il ne fallait point prolonger le travail déjà si long des enfants de la seconde catégorie.

L'organisation du travail de nuit, les usines dans lesquelles il sera toléré, la durée et la place des repos, etc., sera déterminé par un règlement d'administration publique. (Voir art. 7, § 6.)

(1) « La loi serait incomplète, disait l'organe de la commission de la Chambre des Députés, si elle se bornait à assurer le repos de chaque journée. Il fallait aussi qu'elle garantît le repos hebdoma-

daire; il fallait même que sans se contenter de dire qu'il y aura pour les enfants un jour de repos par semaine, elle spécifiât ce jour.

« Deux ordres d'idées différents se sont, dans la législation de tous les peuples, prêté constamment appui pour faire désigner certains jours de repos. De ces deux intérêts, l'un est purement matériel : il est fondé sur la nécessité de ménager les forces humaines qui se briseraient si elles étaient tendues sans relâche. L'autre intérêt appartient à l'ordre moral : il consiste à réserver plus spécialement certains jours à l'accomplissement des pratiques et des instructions religieuses.

« Dans l'un comme dans l'autre de ces deux ordres d'idées, aucune hésitation n'est possible sur le choix du jour de repos.

« Alors même qu'on se dirigerait, ce que votre commission n'a pas fait, par des considérations tirées exclusivement de l'intérêt matériel et hygiénique, et du meilleur ordre à observer pour la plus facile exécution des lois de police, il faudrait faire coïncider le jour du repos des enfants avec le jour qui est, en France, celui du repos général de la population; il faudrait choisir le dimanche.

« Mais l'autre intérêt ne pouvait pas être relégué au second rang. Préoccupés avant tout de l'avenir des enfants et de la volonté de leur assurer les bienfaits de l'instruction religieuse, nous devions choisir comme jour de repos celui que le christianisme consacre plus particulièrement à la pratique des devoirs religieux. C'était là un second motif plus puissant que le premier pour faire ce même choix du dimanche.

« L'existence de la loi du 18 novembre 1814 rend-elle cette disposition superflue?

« Évidemment non. Cette loi ordonne que les travaux ordinaires seront interrompus les dimanches et jours de fêtes reconnus par la loi de l'Etat; elle prohibe en conséquence, sous des peines de police et moyennant certaines exceptions, tout acte extérieur de commerce et de travail. Cette loi, qui n'atteint que les actes extérieurs, ne suffirait pas pour empêcher le travail dans l'intérieur des ateliers.

« Nous avons donc, en reproduisant les termes mêmes de la loi de 1814, dit que les personnes dont la loi en discussion règle le travail, c'est-à-dire les enfants au-dessous de seize ans, ne pourront pas être employés les dimanches ni les jours de fêtes.

« L'observation du dimanche ne gêne la conscience de personne. Elle conseille les pratiques religieuses; elle ne les commande pas. »

La question de savoir si la loi du 18 novembre 1814 a été abrogée virtuellement par la charte de 1830 a été décidée *in terminis*, pour la négative, par un arrêt de la Cour de cassation du 23 juin 1838. Sirey-Devilleneuve, 38. 1. 502, et Dalloz, 38. 1. 267. Voy. aussi un arrêt de la même Cour du 1ᵉʳ juin 1839. Sirey-Devilleneuve, 39. 1. 637, et Dalloz, 39. 1. 362.

Au reste, de tous les articles du projet aucun

5. (1) Nul enfant âgé de moins de douze ans ne pourra être admis qu'autant que ses parents ou tuteur justifieront qu'il fréquente actuellement une des écoles publi-

---

n'a obtenu une approbation aussi générale et aussi énergique que celui-ci.

L'opinion de la Chambre de commerce d'Amiens présente avec autant de concision que de netteté le sentiment exprimé par presque toutes les autorités qui ont été consultées. « Nous approuvons cet article, y est-il dit ; et si la gêne qui en résultera rendait le travail du dimanche moins commun dans les ateliers pour les ouvriers de tout âge, ce serait pour nous une raison de plus d'y tenir. »

A la Chambre des Députés, M. *Laneau* a proposé de substituer cette rédaction : « Les enfants au-dessous de seize ans ne pourront être employés plus de six jours par semaine. » C'était afin de se prêter aux convenances de ceux qui professent le culte israélite, dont les jours fériés ne coïncident point avec ceux des cultes chrétiens.

Un député, M. *Fould*, appartenant à la religion hébraïque, a répondu :

« . . . . . , il serait souverainement injuste, parce qu'une minorité de 300,000 individus ne professe pas la religion de 33 millions d'hommes, de gêner la conscience de ces 33 millions d'hommes. On précise des circonstances en faveur de cette minorité ; on dit qu'elle s'abstient de travail le samedi. Nous habitons un pays où le dimanche est fêté, c'est à nous de suivre les usages ; nous nous y soumettons sans inconvénient aucun. Le dimanche est fêté, pour la plupart, par la plus nombreuse partie de mes coreligionnaires ; tous ceux qui ont reçu quelque éducation religieuse ou morale comprennent que fêter la Divinité le samedi ou le dimanche est indifférent pour leur conscience ; du moment que leur intention est de reconnaître le bienfait qu'ils ont reçu de la Providence, il leur est égal de fêter le dimanche ou le samedi. Maintenant, s'ils ont quelque devoir religieux à remplir le samedi, ils prendront une heure ou deux par jour sur leur travail ; ils pourront aller à leur temple le samedi, aucune fabrique ne leur refusera le temps de remplir leur devoir religieux. Dans la nouvelle loi que vous discutez, vous avez prescrit qu'il y aurait deux heures de repos. Ce repos suffira pour remplir les devoirs religieux ; ils peuvent fêter le samedi, s'ils le veulent : on ne le leur interdit pas ; ils peuvent le fêter, mais alors ils auront deux jours de repos.

« On a dit qu'ils n'auraient pas de quoi vivre s'ils restaient deux jours sans travailler ; je crois que c'est une erreur ; je crois que si on faisait moins travailler les enfants, ils se fortifieraient davantage ; il y aurait certainement compensation dans l'accroissement de leurs forces.

« Je me résume en remerciant les honorables auteurs de l'amendement ; mais, quant à moi, quant au culte que je professe, il n'en a pas besoin, il me laisse à la protection qu'il trouve dans la loi générale et ne demande pas davantage. »

Certains travaux indispensables pourront être tolérés les dimanches et fêtes dans les usines à feu continu. Voyez art. 7, § 5.

(1) « Votre commission, disait M. *Renouard* dans son rapport à la Chambre des Députés, a été vivement préoccupée d'assurer aux enfants le bienfait de l'instruction. Le travail des manufactures est un apprentissage utile, mais il ne donne aucune instruction religieuse ; il n'apprend point à lire, à écrire, à compter. Si la journée des enfants est absorbée tout entière par le travail industriel, aucun temps ne leur restera pour acquérir ces éléments indispensables de toutes connaissances. Ainsi, tandis que la législation générale propage l'enseignement primaire avec une si constante sollicitude, tandis que les fonds des communes, des départements, du trésor, y appliquent des sommes considérables ; la population ouvrière, restant en arrière de la généralité des citoyens, se maintiendrait dans un état d'ignorance que les progrès des autres classes rendraient chaque jour plus préjudiciable pour celle qui, immobile au milieu du mouvement universel, serait ainsi condamnée à une infériorité relative toujours croissante. L'avenir de notre industrie est intéressé à ce qu'un tel mal soit prévenu.

« C'est faire beaucoup pour l'instruction des jeunes ouvriers que de limiter la durée quotidienne de leur travail, de manière à leur permettre la fréquentation des écoles, mais ce n'est point faire assez.

« Votre commission a pensé, à l'unanimité, qu'il est indispensable de dire que, jusqu'à douze ans, la fréquentation d'une des écoles existantes dans la localité sera obligatoire. Chaque jour multiplie en France le nombre des écoles, et ce progrès toujours croissant rendra de plus en plus facile la complète exécution de cette mesure de tutelle sociale. L'art. 8 laisse à l'administration la prévision des détails réglementaires. Une des améliorations les plus utiles à la population ouvrière serait l'extension donnée aux écoles du dimanche : que l'on ne saurait trop encourager.

« Votre commission a voulu respecter scrupuleusement le principe de la liberté de l'enseignement ; elle a reconnu, en conséquence, comme un droit des parents le libre choix des écoles publiques ou privées que les enfants auront à suivre.

« Plusieurs membres de la commission auraient voulu aller plus loin. Ils auraient souhaité, comme la commission de la Chambre des Pairs, que nul enfant ne pût être admis s'il n'avait auparavant fréquenté les écoles pendant un temps déterminé.

« La majorité de votre commission a pensé que cette mesure pourrait, en certain cas, devenir trop sévère, et punir les enfants de l'incurie de leurs parents. Ses souvenirs se sont reportés sur ce dialogue qu'un savant Pair, M. *Rossi*, a introduit dans son opinion : « Donnez-moi du travail. — Non, vous n'aurez pas de travail, vous n'avez pas été à l'école. — Mais mon père aussi a perdu son salaire. — Peu nous importe, vous n'avez pas été à l'école. — Mais je mourrai de faim. — Encore une fois, non ; c'est la loi ; vous n'avez pas été à l'école. » La disposition que votre commission vous propose ne laisse plus de prétexte à un tel dialogue. Il ne sera pas nécessaire d'avoir été à l'école, mais il sera nécessaire d'y aller actuellement. On pourra gagner le pain du corps, à la seule et prévoyante condition de s'approvisionner aussi du pain de l'intelligence et de l'âme.

« Mais, dit-on, c'est là un système de coaction. Nous ne le pensons pas. Il y aura beaucoup de choses à dire le jour où l'on entrera dans la discussion de l'immense question de savoir si la société n'a pas le droit de forcer les familles à donner de

ques ou privées existant dans la localité. Tout enfant admis devra, jusqu'à l'âge de douze ans, suivre une école.

Les enfants âgés de plus de douze ans seront dispensés de suivre une école, lorsqu'un certificat, donné par le maire de leur résidence, attestera qu'ils ont reçu l'instruction primaire élémentaire (1).

6. Les maires seront tenus de délivrer au père, à la mère ou au tuteur, un livret sur lequel seront portés l'âge, le nom, les prénoms, le lieu de naissance et le domicile de l'enfant, et le temps pendant lequel il aurait suivi l'enseignement primaire (2).

Les chefs d'établissement inscriront,

1° Sur le livret de chaque enfant, la date de son entrée dans l'établissement et de sa sortie ;

l'instruction aux enfants ; si, obligée de succéder au devoir des parents, lorsque ceux-ci négligent de le remplir, obligée de veiller sur les membres du corps social délaissés sans nourriture intellectuelle, elle ne puise pas dans cette obligation même le droit de prendre les mesures propres à diminuer le nombre de ces enfants trouvés qu'il lui faudrait recueillir. Cette grave discussion serait ici hors de place. Il ne s'agit point d'imposer une contrainte quelconque aux familles qui, au lieu de choisir librement l'enseignement de leur gré, n'auront choisi que l'ignorance ; il s'agit seulement de fixer des conditions à l'admission des enfants au travail industriel. Ces conditions, chacun est libre de les refuser, mais à la charge de refuser en même temps le travail industriel lui-même. L'apathie des pères, leur mépris pour une instruction qu'eux-mêmes ne possèdent pas, seront combattus par leur intérêt, lorsque l'instruction des enfants sera une condition de leur salaire ; aujourd'hui c'est par cupidité que des pères refusent l'instruction à leur enfant, et qu'ils l'épuisent par des travaux au-dessus de son âge, afin d'accroître le chétif salaire qu'il gagne et qu'eux ils dépensent. Désormais la cupidité du père ne pourra atteindre le salaire des enfants qu'à la faveur de la bienfaisante compensation d'un enseignement qui améliorera leur avenir.

« Lorsqu'on a dit que l'effet d'une disposition de ce genre serait d'aborder, par un détour et par un petit côté, la grande question d'un système d'enseignement obligatoire, on ne s'est pas seulement mépris, en ce sens que ce système ne s'y trouve point engagé, on s'est mépris aussi sur l'objet de la loi que nous discutons. Il est permis de dire qu'elle ne touche qu'un des côtés de l'enseignement général ; mais si l'on considère que nous faisons, non pas une loi d'enseignement, mais une loi de règlement du travail, on ne peut se refuser à reconnaître que la loi que nous avons aujourd'hui mission de faire ne sera complète que si, obligée de s'expliquer sur toutes les conditions du travail, elle s'explique, par conséquent, sur celles des conditions d'enseignement qu'elle juge nécessaire de comprendre parmi les conditions de travail.

« Et pourquoi s'en tairait-elle ? Au nom de quel droit, au nom de quel intérêt réclamerait-on pour les enfants les bienfaits de l'ignorance ? Quelle occasion plus favorable et plus juste rencontrera-t-on de démontrer que nos lois n'ont pas écrit une lettre morte, lorsqu'elles ont ordonné que toutes les communes de France seront tenues d'entretenir au moins une école primaire élémentaire ?

« Poursuivons avec courage et persévérance l'œuvre humaine et politique dans laquelle la loi du 28 juin 1833 nous a fait faire un si grand pas. Le principal honneur de cette loi est d'avoir remplacé par des dispositions pratiques et vivantes les généreuses déclarations des lois précédentes qui étaient trop habituellement restées à l'état de théories. L'occasion d'un nouveau progrès pratique nous

41.

est offerte ; entrés dans la bonne voie, ne reculons point lorsqu'il est si facile d'avancer.

« Votre commission, qui a été unanime pour proposer jusqu'à douze ans la fréquentation obligatoire des écoles, a coordonné ce chiffre avec la première catégorie de durée du travail, qui, bornée à huit heures par jour, laisse à l'enseignement un temps suffisant. Elle a reconnu, également à l'unanimité, qu'après douze ans les enfants qui auraient reçu l'instruction élémentaire seraient dispensés de l'obligation de suivre une école. »

(1) M. *Barbet* a proposé l'addition suivante : « Nul enfant, âgé de moins de douze ans, ne pourra être admis dans les fabriques qu'autant que ses parents justifieront qu'il a été vacciné. »

Il a retiré sa proposition sur l'observation qu'a faite M. le ministre du commerce que la disposition sera mieux placée dans les règlements d'administration publique qu seront faits en vertu de l'art. 7, et, par suite, de l'engagement qu'il a pris de mettre cette condition d'admission dans les règlements.

Au surplus, la disposition ne sera nécessaire que pour les enfants fréquentant les écoles privées ; car tous ceux qui sont admis dans les écoles publiques doivent être vaccinés. Si l'on parcourt les art. 7 et 8 qui déterminent les matières sur lesquelles doivent porter les règlements d'administration publique, il semble, au premier aperçu, qu'aucun de leurs paragraphes ne donne au gouvernement la faculté d'exiger que les enfans soient vaccinés ; mais l'art. 8 disant que les règlements devront pourvoir aux mesures nécessaires à l'exécution de la loi, et assurer les conditions de salubrité et de sûreté nécessaires à la vie et à la santé des enfants, et l'intention du législateur étant manifestée si clairement par la discussion, on ne pourrait sérieusement considérer comme illégal un règlement imposant la condition aux enfants d'être vaccinés.

(2) Ce paragraphe ne diffère de celui qui avait été adopté dans le principe par la Chambre des Pairs qu'en ce que l'obligation de délivrer les livrets était imposée aux chefs d'établissement. Le visa seul du maire était requis.

La commission de la Chambre des Députés avait proposé de dire d'une manière plus générale : « Les enfants ouvriers sont assujettis à la législation des livrets. »

Mais on a fait observer avec raison que la législation sur les livrets renferme des dispositions qui seraient inapplicables aux enfants au-dessous de seize ans, et, de plus, qu'elle ne prescrit pas toutes les énonciations que l'on voulait voir porter sur les livrets qui seront délivrés aux enfants ; entre autres celle du temps pendant lequel ils auront suivi l'enseignement primaire.

La modification qu'a subie le projet adopté par la Chambre des Pairs a été proposée par M. *Grandin*. « L'article que vous discutez, a-t-il dit, est très-

4

2º Sur un registre spécial, toutes les indications mentionnées au présent article (1).

7. (2) Des règlements d'administration publique pourront,

1º Étendre à des manufactures, usines ou ateliers, autres que ceux qui sont mentionnés dans l'art. 1ᵉʳ, l'application des dispositions de la présente loi;

2º Elever le minimum de l'âge et réduire la durée du travail déterminés dans les articles deuxième et troisième, à l'égard des genres d'industrie où le labeur des enfants excéderait leurs forces et compromettrait leur santé;

3º Déterminer les fabriques où, pour cause de danger ou d'insalubrité, les enfants au-dessous de seize ans ne pourront point être employés (3);

4º (4) Interdire aux enfants, dans les ateliers où ils sont admis, certains genres de travaux dangereux ou nuisibles (4);

---

important; car il contient une garantie contre les abus qui existent en Angleterre. Au moyen de la législation sur les livrets, un manufacturier ne peut employer un ouvrier qu'autant qu'il a un livret.

« Maintenant si c'est le manufacturier qui donne le livret, deux manufacturiers pourraient le donner, et l'enfant pourrait aller dans deux manufactures.

« Quant à moi, si, au lieu de ces mots : « Les « chefs d'établissement délivreront un livret, » vous voulez mettre que ce seront les maîtres, alors j'adopterai pour le surplus la rédaction de la Chambre des Pairs; mais dire que ce seront les chefs d'établissement, ce serait détruire la seule garantie qui existe dans la loi contre l'abus que je viens de signaler. »

Il restera au gouvernement à déterminer la forme de ces livrets et les règles à suivre pour leur délivrance, leur tenue et leur renouvellement.

(1) « Ce registre, a dit M. *Renouard*, aura l'avantage de rendre l'exécution de la loi plus certaine et les inspections plus faciles. Il serait même à désirer que de pareils registres existassent pour tous les ouvriers; ce serait un moyen de prévenir les inconvénients qu'entraînent les pertes de livrets et d'obvier aux abus que l'expérience signale dans la délivrance des livrets renouvelés. »

(2) On a reproché à cet article d'être en contradiction avec le système d'uniformité et de généralité de règles adoptées dans le reste de la loi. Ce reproche ne me semble pas fondé.

La loi désigne certains établissements comme nécessairement soumis à la loi. Il n'y a nulle contradiction à déléguer aux règlements le pouvoir de faire après la désignation légale des désignations additionnelles.

La loi fixe un minimum d'âge d'admission. Elle détruirait elle-même son ouvrage si elle autorisait des règlements à descendre au-dessous de ce minimum. Mais elle peut, sans porter atteinte à ce qu'elle a décidé, prévoir qu'il se présentera des cas où le minimum sera trop faible et où l'admission ne devra être permise qu'à un âge plus avancé.

La loi détermine un maximum de durée de travail pour les établissements auxquels elle s'applique; mais elle prévoit que ce maximum pourra être trop élevé dans certains cas; elle délègue à des règlements le pouvoir de l'abaisser. C'est là un supplément de garantie pour les enfants. Ce n'est pas une contradiction.

La loi présume que le danger ou l'insalubrité de certaines fabriques pourra commander de n'y admettre aucun enfant âgé de moins de seize ans. Elle aurait le droit de dire quelles sont ces fabriques; au lieu d'user elle-même de ce droit, elle en délègue l'exercice au pouvoir réglementaire. Cette délégation est parfaitement régulière.

Des motifs analogues justifient les trois autres paragraphes.

On n'aurait pu rejeter cet article que par deux motifs; si l'on avait nié le droit de délégation, ou si l'on avait prouvé que, dans aucun cas, aucun des établissements qui ne sont pas spécialement désignés par la loi actuelle ne sera de nature à être soumis à ses dispositions; qu'un travail de huit ans sera toujours une protection suffisante pour les enfants; qu'un travail de huit heures et de douze heures ne sera jamais un travail excessif, dans quelque genre de fabrication que ce puisse être, etc., etc. Or, il était impossible de présenter ni l'une ni l'autre objection. L'article accorde aux ordonnances royales préalablement discutées au conseil d'État une confiance qui leur est due; il prévoit certains cas pour lesquels il dispense à l'avance de recourir à l'intervention de la législature. L'ensemble de nos lois présente une multitude d'exemples de pareilles délégations et de prévisions semblables.

L'article est conçu en termes facultatifs, par opposition avec l'article suivant qui fait un devoir impératif à l'administration de réglementer certaines matières qu'il détermine. Toutefois, qu'on n'attache pas à cette distinction trop d'importance. Les deux articles ne diffèrent qu'en ceci : le premier s'occupe de cas qui pourront se présenter, mais qui peut-être ne se présenteront pas; il ne devait point parler comme d'une nécessité de règlements qu'il pourra être inutile de faire. Mais, le cas échéant de pourvoir à des besoins qui surgiraient, on comprend qu'alors ce serait un devoir pour l'administration d'user de la faculté qui lui est donnée.

(3) Voir les notes de l'art. 1ᵉʳ.

(4) Ce paragraphe a été proposé par M. *Legentil*. « Il y a beaucoup de fabriques, a-t-il dit, où vous pouvez admettre, sans inconvénients les jeunes ouvriers, mais où cependant vous ne devez pas permettre qu'ils soient appliqués à certains genres de travaux.

« Je m'explique.

« Je prends l'industrie du coton pour exemple. La filature du coton est évidemment celle qui emploie le plus de jeunes ouvriers, de jeunes enfants : vous pouvez très-bien livrer aux enfants le travail qui consiste à rattacher le coton, à balayer l'atelier, etc. Mais pouvez-vous admettre les enfants dans les ateliers où on bat et où on carde le coton? Ces ateliers sont pleins d'une poussière irritante, d'un duvet tenu et impalpable qui s'attache à la poitrine, et cela est tellement vrai, que les hommes, même les plus forts, sont obligés de se relayer pour opérer ce travail. Vous ne pouvez

3° Statuer sur les travaux indispensables à tolérer de la part des enfants, les dimanches et fêtes, dans les usines à feu continu ;

6° Statuer sur les cas de travail de nuit prévus par l'article troisième (1).

8. Des règlements d'administration publique devront (2) :

1° Pourvoir aux mesures nécessaires à l'exécution de la présente loi ;

2° Assurer le maintien des bonnes mœurs et de la décence publique dans les ateliers, usines et manufactures ;

3° Assurer l'instruction primaire et l'enseignement religieux des enfants (3) ;

4° Empêcher, à l'égard des enfants, tout mauvais traitement et tout châtiment abusif ;

---

donc pas admettre les jeunes enfants à ce travail-là, et cependant vous le voulez, et vous avez raison, les manufactures de coton.

« Il y a aussi des usines dans lesquelles on apprête, soit les étoffes de laine, soit les étoffes de coton ; dans ces usines, il y a des étuves où la chaleur est excessive, où elle s'élève jusqu'à 38 et 40 degrés centigrades. Eh bien ! vous ne pouvez pas autoriser l'admission de jeunes enfants dans ces étuves, où la chaleur énerve leurs forces prématurément ;... et cependant vous ne pouvez pas interdire aux enfants l'entrée de ces usines.

« Je pourrais citer beaucoup d'autres exemples. Il y a donc nécessité de dire que dans les fabriques où les enfants seront admis, le règlement leur interdira certains genres de travaux dangereux et nuisibles. »

M. Parès avait proposé un amendement qui donnait au gouvernement le pouvoir d'abaisser l'âge d'admission et d'augmenter la durée du travail, lorsque les circonstances prouveraient que ces modifications pouvaient être faites sans inconvénients. Il a été rejeté comme subversif du système de la loi, ou du moins comme accordant au gouvernement le pouvoir de renverser l'œuvre du législateur.

(1) La commission de la Chambre des Députés avait proposé de terminer l'article par un paragraphe ainsi conçu : « Autoriser dans les établissements où des garanties spéciales seront assurées, tant pour l'instruction religieuse et primaire des enfants que pour leur nourriture et leur entretien, une extension d'une heure à la durée du travail des enfants. » Cette disposition s'explique d'elle-même. Elle avait pour but d'accorder une sorte de prime aux manufacturiers qui, inspirés par des sentiments généreux, offriraient aux enfants employés dans leurs ateliers, des ressources, sous le rapport de l'instruction et du bien-être physique.

M. François Delessert a sous-amendé cette proposition ; il voulait qu'elle se terminât ainsi : ..... « Une extension dans la durée du travail des enfants de dix à douze ans. »

L'amendement et le sous-amendement ont été rejetés, 1° parce que l'avantage accordé aux enfants de huit à douze ans ne devait pas avoir pour résultat de faire travailler une heure de plus ceux de douze à seize ans ; que c'était aller contre le but indirect de la loi, qui était de réduire le travail général des fabriques à douze heures ; 2° parce que permettre d'élever le minimum du travail des enfants de dix à douze ans seulement, sans augmenter le travail de la catégorie des adolescents, ce serait complétement inutile, ce serait un embarras de plus pour combiner ce travail avec celui des adultes ; et qu'enfin autoriser, moyennant ces avantages, à surcharger l'enfant de travail, c'était, en réalité, annihiler le bienfait dont on voulait le faire profiter.

(2) L'art. 8 n'imposait point d'abord au gouvernement l'obligation de faire des règlements pour assurer l'exécution des diverses mesures qu'il mentionnait. Il était, comme l'article précédent, rédigé en termes facultatifs. (Voy. notes sur l'art. 7.) Le changement qu'il a subi a été proposé par M. Legentil. « Les mesures qui sont confiées aux règlements d'administration publique, a-t-il dit, sont de deux sortes : les uns concernent à la fois tout ce qui a trait à la vie physique et intellectuelle des jeunes ouvriers ; les autres, au contraire, ne concernent que les cas accidentels ou fortuits qui peuvent se présenter dans les fabriques. Je divise donc ces deux natures de règlements. Il me semble que la logique et la raison indiquent qu'il doit y avoir dans ces règlements une partie qui soit obligatoire et une partie qui soit facultative. On ne peut pas dire que le gouvernement aura seulement la faculté de faire des règlements pour empêcher que les jeunes ouvriers soient soumis à des traitements barbares, et que les enfants ne soient pas admis dans les fabriques qui compromettraient leur santé. Il y a là un devoir pour le gouvernement, une nécessité, c'est la partie obligatoire ; et la partie facultative se rapporte aux circonstances qui pourraient se présenter dans l'exploitation des diverses industries. C'est ainsi que j'ai pensé qu'il fallait formuler la classification en adoptant même les paragraphes de la commission, sans en changer les termes. »

M. de Lagrange voulait que le paragraphe indiquât, comme mesure propre à assurer les bonnes mœurs, la séparation des sexes, sans cependant en faire une condition absolue. Son amendement a été rejeté ; mais il est certain que le gouvernement prescrira cette mesure toutes les fois que cela sera possible. M. le docteur Villermé fait remarquer que ce n'est pas seulement dans les ateliers que la séparation doit avoir lieu, et qu'il faut aussi fixer des heures de sortie différentes pour les hommes et pour les femmes. L'administration, à qui toutes ces observations sont connues, ne manquera pas de les mettre à profit.

(3) La Chambre des Députés avait supprimé la mention spéciale de l'enseignement religieux, sur l'observation que l'instruction primaire comprenait nécessairement l'instruction morale et religieuse. (Art. 1er, loi du 28 juin 1833.) Cette mention a été rétablie par la deuxième commission de la Chambre des Pairs. « Nous demandons, a dit le rapporteur, qu'on rétablisse l'expression relative à l'enseignement religieux, supprimée sans explication et pour ainsi dire comme superflue, au sujet de l'instruction des enfants. Sans doute, l'instruction primaire ne reste pas dépourvue de notions religieuses plus ou moins insuffisantes ; mais l'enseignement religieux spécial en est distinct pour tous les cultes : il faut qu'on le rende toujours possible, il faut qu'on le facilite avec plus de zèle encore que l'instruction primaire proprement dite. »

5° Assurer les conditions de salubrité et de sûreté nécessaires à la vie et à la santé des enfants (1).

9. (2) Les chefs des établissements devront faire afficher dans chaque atelier, avec la présente loi et les règlements d'adminis-

tration publique qui y sont relatifs, les règlements intérieurs qu'ils seront tenus de faire pour en assurer l'exécution (3).

10. Le gouvernement établira des inspections pour surveiller et assurer l'exécution de la présente loi (4). Les inspecteurs

---

(1) Dans le projet de la Chambre des Pairs on ne parlait que des conditions de salubrité. La commission de la Chambre des Députés a pensé que la loi devait étendre sa prévision sur les précautions de sûreté que le danger des machines peut rendre indispensables.

(2) La loi impose aux chefs d'établissements, à l'égard des enfants employés dans leurs manufactures, des obligations spéciales relativement à l'âge d'admission et à la durée du travail, à l'observation des dimanches et jours de fête, à la fréquentation des écoles, à la tenue des livrets, etc. Les règlements d'administration publique ajouteront sans doute d'autres prescriptions. Il est donc nécessaire que des règlements intérieurs assurent, dans chaque fabrique, l'accomplissement exact de ces obligations.

L'art. 9, qui statue sur la publication de ces règlements, faisait partie de l'art. 8 du projet primitif adopté par la Chambre des Pairs. Il était rédigé comme il suit : « Dans chaque département, les règlements intérieurs des établissements spécifiés art. 1er, établissant les heures de travail et de repos, ainsi que les cas de travail nocturne, et mentionnant les mesures disciplinaires applicables aux enfants, devront être approuvés par le préfet, pour s'assurer qu'elles sont conformes à la présente loi et aux ordonnances qu'elle autorise.

« Ces règlements, avec le visa du préfet, seront affichés en regard de la présente loi, dans l'intérieur de chaque atelier où sont employés les enfants. »

L'approbation par les préfets, exigée par cette rédaction, a été retranchée par la commission de la Chambre des Députés. « Le droit de faire des règlements intérieurs pour les ateliers, a dit *son rapporteur*, appartient essentiellement aux chefs d'établissements. Votre commission n'a pas cru possible de soumettre à l'approbation du préfet, ainsi que le propose la Chambre des Pairs, des actes qui ne peuvent émaner que de la libre stipulation des maîtres et forment un véritable contrat entre ceux-ci et les ouvriers qui acceptent l'obligation de se soumettre à ces règlements.

« En se renfermant dans l'objet spécial de la loi actuelle, il suffira de dire que, dans les établissements qui y sont soumis, des règlements écrits devront être faits, en ce qui concerne le travail des enfants. L'autorité publique peut examiner si les règlements sont conformes à la loi ; mais l'investir du droit de les approuver, ce serait aller trop loin et s'immiscer dans des détails de régime intérieur dont les maîtres ne doivent compte qu'à la loi. »

« L'opinion des conseils de prud'hommes et des chambres consultatives, disait M. *le ministre du commerce* en présentant pour la seconde fois le projet à la Chambre des Pairs, est à peu près unanime à cet égard. . . . . Il faut prendre garde, d'ailleurs, qu'un excès de protection, en suscitant à l'industrie trop de gêne et d'entraves, ne devienne pour l'économie du travail une source d'embarras et ne dépasse le but qu'on veut atteindre.

« Au surplus, les règlements intérieurs étant affichés, chacun sera mis à même de les contrôler

en les comparant avec la loi. Cette garantie ne portera aucune atteinte à la liberté des chefs d'industrie. »

(3) La seconde commission de la Chambre des Pairs avait proposé une disposition additionnelle ainsi conçue : « La copie des règlements intérieurs, signée par le chef de l'usine, atelier ou manufacture, sera déposée aux archives de la sous-préfecture de l'arrondissement dans lequel est situé l'établissement. » Elle voulait par là empêcher qu'au moment de l'inspection on ne pût substituer un règlement à un autre.

On a fait remarquer que c'était inscrire dans la loi une prescription purement réglementaire dont l'utilité était d'ailleurs fort contestable, et que l'art. 8 armait le gouvernement de tous les moyens possibles pour assurer l'exécution de la loi. L'article additionnel a été rejeté.

(4) Sans un système d'inspection convenablement organisé, la loi, compromise dans son exécution, serait exposée à manquer d'efficacité. Mais cette partie si essentielle de la loi est aussi une de ses parties les plus difficiles.

En Angleterre on a créé, pour ce service spécial, quatre inspecteurs généraux dont chacun a sous ses ordres quatre sous-inspecteurs. Il paraît que l'on se propose de modifier cet état de choses, en centralisant le pouvoir supérieur dans les mains d'un seul inspecteur général. Les inspecteurs généraux consignent, dans des rapports faits périodiquement deux fois par an, le résultat de leurs observations sur l'exécution de la loi et sur les améliorations à y introduire. Ces rapports, dont plusieurs ont été mis sous les yeux des commissions, sont pleins de faits instructifs, et suffiraient, à eux seuls, pour démontrer en quelle sérieuse considération toute cette législation est prise en Angleterre.

Dans l'intervalle des sessions, cette question si grave a été soumise aux organes spéciaux du commerce et de l'industrie.

Les conseils généraux, les conseils de prud'hommes, les chambres de commerce et les chambres consultatives ont répondu à l'appel qui leur était fait par le gouvernement ; mais la diversité des réponses, leurs contradictions même suffiraient pour révéler la difficulté de la question, si cette difficulté avait pu échapper à l'étude approfondie dont cette loi a été l'objet.

La commission de la Chambre des Députés avait examiné successivement la convenance de confier l'inspection à des commissaires spéciaux, aux préfets, aux sous-préfets et maires, aux procureurs du roi, à leurs substituts, aux juges de paix et aux commissaires de police, enfin aux inspecteurs de l'instruction primaire.

L'établissement des inspecteurs spéciaux n'a point été admis. Il a paru qu'avant de recourir ainsi à une création de nouveaux emplois, il fallait qu'une expérience préalable en eût démontré la nécessité. Les préfets et sous-préfets, préoccupés de tous les devoirs que leur impose l'administration générale, ne pourraient donner à leurs inspections la fréquence et l'assiduité nécessaires à l'exécution de la loi : ce serait d'ailleurs altérer le caractère essen-

pourront, dans chaque établissement, se faire représenter les registres relatifs à l'exécution de la présente loi (1), les réglements intérieurs, les livrets des enfants et les enfants eux-mêmes : ils pourront se faire accompagner par un médecin commis par le préfet ou le sous-préfet (2).

11. En cas de contravention, les inspecteurs dresseront des procès-verbaux, qui feront foi jusqu'à preuve contraire (3).

---

tiel de leurs fonctions, en attachant une idée de contrôle et de surveillance aux visites, en quelque sorte honorifiques, par lesquelles ces fonctionnaires sont appelés à donner au travail industriel des témoignages de considération et d'intérêt.

Des motifs analogues ont été présentés à l'égard des officiers du ministère public, que des services journaliers et impérieux absorbent tout entiers.

Des considérations spéciales s'attachent à la position particulière des maires : magistrats d'élection, souvent manufacturiers, parfois même dans une certaine dépendance d'affaires des manufacturiers d'un ordre plus élevé, ils rencontreraient, dans l'accomplissement de leur mission, des obstacles de délicatesse ou de rivalité qui pourraient rendre leur mission illusoire ou impossible, et tendraient à augmenter encore le dévouement nécessaire pour l'exercice de cette magistrature modeste, mais honorable, si importante dans l'action générale du gouvernement.

Un examen attentif a fait écarter également les juges de paix, juges ordinaires des contraventions, et les commissaires de police dont la présence fréquente dans les établissements semblerait placer les fabricants en état permanent de suspicion et blesserait leur juste susceptibilité.

L'intervention des inspecteurs auxquels la surveillance de l'instruction primaire est habituellement confiée, avait paru un moment pouvoir être adoptée en principe. « Elle aurait eu l'avantage, disait la commission de la Chambre des Députés, de faire mieux comprendre aux familles le caractère paternel et tutélaire de la loi, l'inspecteur aurait retrouvé dans les ateliers les enfants qu'il aurait vus dans les écoles. » Mais il a été bientôt reconnu que cette double fonction ne pouvait être confiée au même individu ; que l'exercice de l'une contrarierait l'accomplissement de l'autre ; que la simultanéité et souvent la contrariété des ordres reçus de deux administrations différentes apporteraient le trouble dans l'exercice de leurs devoirs, et que l'une ou l'autre des deux inspections, sinon toutes deux, se trouveraient négligées. Enfin, on a fait remarquer, avec raison, qu'il est difficile de choisir de bons inspecteurs d'écoles ; qu'il sera difficile de rencontrer de bons inspecteurs des manufactures, et que si désormais il faut réunir les qualités nécessaires aux deux fonctions, le nombre des candidats admissibles deviendra insuffisant pour les besoins des deux services.

Les mêmes arguments se sont reproduits avec force dans les réponses des conseils et des chambres de commerce et des manufactures ; ils ont confirmé le gouvernement dans la conviction que l'expérience seule peut lui apprendre le meilleur mode d'inspection. Probablement ce mode variera suivant la nature des industries, la proximité ou l'éloignement des établissements, et suivant les besoins et les usages divers des localités. La loi, par conséquent, ne peut poser que le principe en laissant à l'administration le soin de l'application. Tel était le système du projet primitif.

La force des choses a ramené la Chambre des Députés à ce système, et il a été adopté après une discussion qui a exploré successivement toutes les faces de la question.

« Quant à l'application, disait M. *le ministre du commerce* dans son second exposé des motifs à la Chambre des Pairs, le gouvernement examinera de nouveau tous les modes qui ont été proposés ; il approfondira toutes les indications qui ont été jetées dans la délibération ; mais ne croyez pas, Messieurs, que, pour être nombreuses, les difficultés soient de nature à arrêter l'exécution de la loi. Je ne veux, je ne puis ici formuler d'avance un système complet d'inspection. Ce que le gouvernement veut, ce que je veux avec lui et avec les deux Chambres, c'est d'assurer l'exécution entière de la loi, et, pour moi, le meilleur système sera celui qui conduira le mieux à ce résultat.

« Il est cependant un point sur lequel notre opinion s'est arrêtée. Une inspection, pour être efficace, pour être digne du but de la loi, et convenable pour notre industrie, doit être entourée de considération et placée haut dans l'estime des populations ouvrières ; nous en chercherons donc les éléments parmi les notabilités honorables que la voix publique signale à la confiance du gouvernement, dans les conseils généraux des départements et des arrondissements, dans les conseils des manufactures et du commerce, en un mot, dans toutes les positions qui sont la récompense des services rendus au pays et la marque d'une probité bien établie, unie à la capacité dans les affaires et au dévouement pour le bien public. Ces éléments, nous en avons la conviction, ne feront défaut nulle part à la noble mission qui les attend, et ce n'est pas dans ce pays qu'une grande réforme, complément nécessaire du bienfait de l'instruction primaire, aura manqué par le refus de concours des gens de bien et des hommes éclairés. »

(1) Ces mots, « relatifs à l'exécution de la présente loi, » ont été ajoutés par la commission de la Chambre des Députés. L'article portait seulement : « Les inspecteurs pourront se faire représenter les registres. » « On a exprimé la crainte, disait M. *Renouard* dans son rapport supplémentaire, que, par une extension abusive de cette expression générale, on ne portât dans les affaires privées des manufacturiers une investigation qui blesserait leurs intérêts. Afin de prévenir toute équivoque, votre commission propose de dire : « les registres relatifs à l'exécution de la présente loi. » Ces termes indiqueront explicitement le sens véritable que votre commission attachait déjà aux expressions du projet.

(2) Pour juger de la salubrité des établissements et de l'état sanitaire des enfants.

(3) Lors de la discussion à la Chambre des Députés, on avait proposé un amendement qui tendait à leur donner foi *jusqu'à inscription de faux.* » On voulait, par ce moyen, éviter que le chef d'atelier pris en contravention n'usât de son influence sur les enfants et les ouvriers pour leur faire contredire à l'audience les assertions du procès-verbal ; empêcher les collisions qui pourraient s'élever entre les ouvriers qui auraient cédé à l'autorité du maître et ceux qui auraient refusé de rendre témoignage en sa faveur ; assurer le respect dont les inspecteurs

12. En cas de contravention à la présente loi ou aux règlements d'administration

doivent être environnés, et ne pas décourager leur zèle en ne les exposant pas à être démentis à chaque instant par des simples assertions que les tribunaux de police pourraient préférer à leur témoignage.

On a répondu qu'il ne fallait point agir avec les fabricants d'une manière aussi rigoureuse, et qu'en pareille matière, la voie de la conciliation serait plus efficace que celle de la répression. D'ailleurs, a-t-on ajouté, la foi accordée jusqu'à inscription de faux ne doit être admise que dans des circonstances graves, extraordinaires, en quelque sorte exceptionnelles, car elle porte atteinte au droit sacré de la défense. Ce genre de preuve n'est établi par la loi que contre une classe de délinquants suspecte par elle-même et par ses habitudes, les contrebandiers, les auteurs de délits forestiers. On ne doit point assimiler les fabricants à des fraudeurs de profession.

L'amendement a été rejeté.

Les inspecteurs pourront à toute heure pénétrer dans les ateliers, car ils sont spécialement chargés d'assurer l'exécution de la loi. En cas de contravention, ils sont investis, comme on vient de le voir, du droit de dresser des procès-verbaux qui feront foi jusqu'à preuve contraire ; mais ils se bornent à leurs attributions comme officiers de police judiciaire.

Si le législateur s'en remet surtout aux inspecteurs pour constater les contraventions de cette nature, leur compétence n'est point exclusive. Il est certain, au contraire, que les magistrats chargés de droit commun de la recherche des contraventions et des délits ne sont point destitués par l'art. 11 de toute action dans les investigations de police dont s'agit. Seulement, à la différence des inspecteurs, ils ne pourront pénétrer dans l'atelier, que tout le monde s'est accordé à regarder comme faisant partie du domicile, que dans les cas où la loi les autorise à pénétrer dans le domicile. C'est un point sur lequel la discussion qui a eu lieu à la Chambre des Députés ne permet pas le moindre doute.

« Une question se présente, a dit M. *le garde des sceaux*, c'est celle de savoir si le droit commun aura toute sa force relativement aux contraventions dont il s'agit, ou si quelques officiers de police judiciaire (*), compétents dans les matières ordinaires, seront dépouillés d'une partie de leurs droits relativement à la constatation des contraventions commises dans les ateliers.

« Eh bien ! permettez-moi de le dire, il y a eu tout à l'heure à ce sujet un débat qui me paraît oiseux. J'ai entendu des magistrats très-habiles, très-instruits, discuter sur la question de savoir si dans telle ou telle circonstance, tel ou tel officier de police judiciaire pouvait toujours s'introduire dans le domicile d'un citoyen pour constater une contravention.

« C'est là une question sur laquelle il est diffi-

cile que la Chambre se prononce d'une manière positive. Il faut en laisser la solution à l'autorité compétente, aux tribunaux. Quand on prétend qu'un officier de police judiciaire a excédé ses pouvoirs, les tribunaux prononcent et forcent l'officier de police judiciaire à se renfermer dans la limite de ses pouvoirs. C'est ce qui arrivera à propos de la loi en question, sans que vous ayez besoin d'y inscrire une disposition spéciale. Le droit commun dans lequel vous resterez, en n'y dérogeant pas, laissera aux tribunaux le soin d'apprécier les cas où certains officiers de police judiciaire auront excédé leurs pouvoirs.

« En un mot, il s'agit du droit commun ; vous voulez le maintenir. Dès lors vous n'avez pas besoin d'en faire l'objet d'une disposition expresse, et c'est en ce sens que je dis que le plus sage parti est de revenir à la première disposition de la commission, qui se bornait à fixer le droit des inspecteurs créés par la loi. »

M. *de Beaumont*. « Je dirai en réponse à M. le garde des sceaux que se taire sur la question, c'est la résoudre ; car si vous ne dites pas positivement que les fonctionnaires de l'ordre judiciaire dénommés dans le Code d'instruction criminelle ne sont pas exclus de toute action dans les investigations de police dont il s'agit, vous déclarez implicitement et nécessairement que leur droit est maintenu. » — Sans doute, » a-t-on répondu.

M. *le garde des sceaux* a continué : « Chaque fois que vous faites une loi, vous n'avez pas besoin de dire que les magistrats chargés de l'exécution des lois et des poursuites des délits et contraventions pourront exercer leurs droits. Vous êtes dans le droit commun dès que vous n'y dérogez pas. Or, vous voulez ici rester dans le droit commun ; ce que nous vous demandons, c'est d'adopter une disposition qui maintienne le droit commun par cela même qu'elle n'y déroge pas. »

M. *le rapporteur* a ajouté : « C'est un devoir pour votre commission d'expliquer comment s'est élevé et où est arrivé le débat. Lorsque, dans la séance d'hier, nous avions l'honneur de proposer de se borner à dire qu'en cas de contravention les inspecteurs dresseront des procès-verbaux qui feront foi jusqu'à preuve contraire, une question a été soulevée. On a demandé si, en s'en référant ainsi au droit commun, les officiers de police judiciaire autres que les inspecteurs auraient ou n'auraient pas le droit de pénétrer dans les ateliers.

« Sur cette question, hier on ne s'est pas entendu. On a soutenu qu'en vertu du droit commun, les officiers de police judiciaire, et notamment les commissaires de police, avaient le droit à toute heure et quand bon leur semblerait de pénétrer dans l'intérieur du domicile, c'est-à-dire dans l'atelier qui fait partie du domicile. Contre cette interprétation, des objections se sont élevées. On a pensé que la question était douteuse, et ce qui l'a fait penser, c'est que des personnes les plus familiarisées avec les matières judiciaires ont émis, à cette tribune, des opinions différentes sur ce point. On a donc été dans cette situation, et on a dit : Si le droit commun ne laisse pas aux commissaires de police (je spécialise pour abréger) le droit de pénétrer à toute réquisition dans l'atelier, il n'y a pas d'inconvénient à ne rien dire et à s'en référer au droit commun ; si, au contraire, il résulte du droit commun que le commissaire de police peut, à tout instant, pénétrer dans les ateliers,

(*) La commission avait proposé de rédiger dans les termes suivants l'art. 11 qui lui avait été renvoyé : « Le droit de dresser des procès-verbaux pour constater les contraventions n'appartiendra qu'aux inspecteurs, aux préfets, sous-préfets, sans préjudice de l'action directe du ministère public.

« Les procès-verbaux feront foi jusqu'à preuve contraire. »

publique rendus pour son exécution, les propriétaires ou exploitants (1) des établis-

alors il faut indiquer dans la loi qu'il ne le pourra pas.

« ..... L'intention de votre commission n'a été, sur ce point ni sur d'autres, d'énerver la loi générale..... Nous avons pensé que, nous occupant de délits spéciaux, du régime spécial des ateliers, il nous était permis de faire en cette matière ce qui s'est fait dans d'autres, de désigner dans la loi quelles seraient les personnes, les agents qui seraient chargés particulièrement de constater les contraventions et de dresser des procès-verbaux.

« Maintenant expliquons-nous sur la question de savoir si le commissaire de police peut pénétrer dans l'intérieur de l'atelier. Hier, nous disions que ce serait dans les cas ordinaires, c'est-à-dire dans le cas où une contravention serait flagrante, et non pas dans tous les cas d'inspection, dans le cas seulement où il y aurait contravention dénoncée, une plainte à constater, un fait à vérifier. Lorsque nous avons, M. le ministre de l'instruction publique et moi, énoncé cette pensée, de très-nombreuses contradictions se sont élevées. Nous nous sommes réunis ce matin dans la commission, M. le garde des sceaux a bien voulu s'y rendre, et c'est avec lui qu'a été concerté l'article que votre commission vient d'avoir l'honneur de vous proposer.

« ..... La Chambre, hier, a paru croire que le deuxième paragraphe de l'art. 10 (l'art. 11 actuel) n'était pas assez clair ; elle s'est inquiétée de ce qu'on pourrait quelquefois pénétrer dans l'intérieur de l'atelier. Nous avons dit que telle n'était pas la pensée de l'article. Il est évident qu'on ne peut pénétrer dans l'atelier, qui fait partie du domicile, que dans les mêmes cas dans lesquels on peut pénétrer dans le domicile (*).

« Il faut se rappeler quelle était hier la disposition de la Chambre. Est-ce qu'à la fin de la séance d'hier, il ne s'était pas formé une opinion qui paraissait partagée par toute la Chambre ?

« Il y avait hier dans la Chambre une préoccupation contre la crainte qu'à la faveur du droit commun on pût pénétrer dans l'intérieur de l'atelier, et que l'atelier ne fût pas respecté comme le domicile.

« Si dès hier, comme aujourd'hui, on avait prétendu qu'il ne fallait pas se préoccuper de cette crainte, que le droit commun suffisait, eh bien ! alors les explications que j'ai données auraient été suffisantes, et l'article aurait pu être voté.

« Si maintenant la Chambre comprend l'article comme je le comprenais hier, si elle trouve l'intérieur du domicile suffisamment protégé par le droit commun, l'amour-propre de la commission ne peut l'empêcher de s'en référer à la rédaction d'hier comme à celle d'aujourd'hui, qui toutes deux au même but.

« Mais comme comme une objection a été faite hier, comme une crainte a été exprimée que l'atelier ne fût pas suffisamment protégé, qu'avons-nous fait ? Nous avons séparé la constatation de la contravention de la poursuite ; nous avons dit : Quant à la constatation, nous ne la *donnerons à toute réquisition* qu'à certaines personnes déterminées ; nous n'autoriserons pas, parce que cela n'est pas dans notre pensée, nous n'autoriserons pas qu'on puisse péné-

trer à tout moment, à toute heure, sous tout prétexte, dans l'intérieur du domicile qui doit être sacré. On peut très-bien permettre aux officiers de police, dans certains cas déterminés, d'entrer dans le domicile du citoyen ; mais le domicile du citoyen ne peut pas être ouvert à tout instant à toute autorité, parce que s'il faut, d'une part, maintenir la stricte exécution de la loi, rechercher les contraventions aux termes du Code d'instruction criminelle, il ne faut pas, d'un autre côté, troubler incessamment la liberté du citoyen ; il ne faut pas que des fonctionnaires puissent à toute minute, sous prétexte de contraventions qui n'existeraient pas, venir troubler le citoyen dans l'exercice de son industrie.

« ..... Je ne demande pas mieux que de reprendre l'article d'hier, qui, suivant moi, va au même but que l'article plus explicatif que nous proposons aujourd'hui..... La Chambre fera là-dessus ce qu'elle jugera le plus convenable ; si elle croit que l'article primitif soit assez explicatif, nous nous en *référerons* à cet article..... L'esprit de ces deux articles est le même..... »

(1) La commission de la Chambre des Députés avait proposé de dire : *les directeurs*. « Les propriétaires d'établissements, disait M. *Renouard*, peuvent, dans un grand nombre de cas, être parfaitement étrangers à ce qui se passe dans le régime intérieur de leurs ateliers. Prenez pour exemple les nombreux fabricants qui ont l'honneur de siéger dans cette Chambre. Eh bien ! penserez-vous qu'alors qu'ils seront occupés à partager nos travaux législatifs, si, dans leurs établissements, qui seront fort loin de leur résidence actuelle, la personne chargée par eux de les diriger admet un enfant à un âge prohibé, penserez-vous qu'il faudra traduire devant le tribunal de simple police ceux de nos collègues siégeant à cette Chambre qui seront dans ce cas ? Et si je prends cet exemple, c'est qu'il est le plus saillant pour nous tous ; mais il en sera de même pour le propriétaire qui sera en voyage, ou qui sera absent pour toute autre cause. En disant *directeurs*, nous attaquons précisément celui qui est réellement chargé de savoir si, dans l'établissement, tout est conforme aux prescriptions de la loi.

« En droit civil, remarquez que le propriétaire de l'établissement est responsable des condamnations prononcées contre celui qui a été chargé de gérer pour lui ; mais il y aura cette différence, c'est qu'il n'y aura pas tache contre lui. »

M. *Lherbette* a répondu que d'après le droit commun tout individu est responsable des dommages causés par le fait des personnes dont il répond, les maîtres et les commettants, des dommages causés par des préposés. « De deux choses l'une, a-t-il dit, ou le maître a été consentant de la violation de la loi et le préposé n'a été alors qu'un instrument : il est de toute justice que l'action soit dirigée contre l'auteur principal de la contravention plutôt que contre son agent. Ou le maître a ignoré le délit ; et alors c'est le cas de l'application du droit commun qui le rend responsable du fait de son gérant. Il est certains cas où l'on ne pourrait actionner le maître, par exemple, dans les sociétés anonymes, dans quelques sociétés par actions, comme il est aussi des cas où le maître pourra prouver qu'on a agi contre ses ordres, et où alors il sera juste que le gérant soit directement condamné et le maître ci-

(*) Cela ne s'applique pas évidemment aux inspecteurs.

sements seront traduits devant le juge de paix du canton (1) et punis d'une amende de simple police qui ne pourra excéder quinze francs (2).

Les contraventions qui résulteront, soit de l'admission d'enfants au-dessous de l'âge, soit de l'excès de travail, donneront lieu à autant d'amendes qu'il y aura d'enfants indûment admis ou employés, sans que ces amendes réunies puissent s'élever au-dessus de deux cents francs.

S'il y a récidive, les propriétaires ou ex-ploitants des établissements seront traduits devant le tribunal de police correctionnelle et condamnés à une amende de seize à cent francs. Dans les cas prévus par le paragraphe second du présent article, les amendes réunies ne pourront jamais excéder cinq cents francs.

Il y aura récidive, lorsqu'il aura été rendu contre le contrevenant, dans les douze mois précédents, un premier jugement pour contravention à la présente loi ou aux règlements d'administration publique qu'elle autorise (3).

---

vilement responsable ; mais alors les expressions *maîtres ou exploitants* laissent une latitude suffisante au pouvoir discrétionnaire du juge.

« L'action intentée contre le gérant ne pourrait produire le même résultat que contre le maître ; les peines de la loi sont très-légères, l'effet en sera surtout moral : c'est donc contre le maître et non contre le préposé que l'on doit chercher à le faire agir. Qu'on ne dise pas que le gérant sera désintéressé, qu'il pourra, dans l'ignorance du maître, abuser de ses fonctions. Le maître n'aura-t-il pas toujours le moyen de le maintenir ? Le gérant condamné directement à l'amende dans le projet de la commission craindrait bien moins cette peine de quelques francs, qu'il ne craindrait le mécontentement du maître qu'il aurait fait entacher par une condamnation. »

M. *Dubois* (de la Loire-Inférieure) a ajouté : « Il y a une très-simple réflexion à opposer à l'amendement de la commission, c'est que c'est l'institution des éditeurs responsables appliquée aux manufacturiers, et remarquez que vous ôtez à la loi toute sa moralité. (*Approbation.*) Ce qu'il importe, c'est qu'un nom devenu célèbre en industrie, si l'homme qui le porte a souffert, par négligence ou par complicité, qu'un délit caractérisé par la loi se commit dans son établissement, c'est que ce nom en porte la peine. (*Très bien !*) C'est par de tels exemples que vous agirez et non pas en frappant un nom inconnu. »

Sous le rapport du droit civil, la question ne fait pas de difficulté. L'art. 1384 du Code civil dispose que « les maîtres et les commettants sont responsables du dommage causé par leurs domestiques et préposés dans les fonctions auxquelles ils les ont employés. » A plus forte raison sont-ils responsables quand ils sont eux-mêmes les auteurs des dommages. Alors s'appliquent les art. 1382 et 1383 du même Code.

« Sous le rapport criminel, il faut distinguer si la faute est imputable directement au maître ou à l'exploitant, alors il est punissable. Mais si, au contraire, il a ignoré la contravention, si, par exemple, elle a été commise en son absence, il est évident que, d'après les termes du droit commun, il ne peut être poursuivi criminellement, car la loi pénale ne doit atteindre que l'auteur de l'infraction, c'est-à-dire, dans cette hypothèse, le gérant. C'est ainsi que l'article doit être entendu, bien que les explications données par M. Lherbette pussent faire croire le contraire. Il résulte, en effet, de la discussion que l'on a voulu se conformer au droit commun.

(1) On avait proposé de dire devant le tribunal de simple police, afin de ne point déroger au droit commun établi par l'art. 138 du Code d'instruction criminelle.

Cet amendement a été rejeté. Il valait mieux, a-t-on dit, concentrer dans la main du juge de paix, de l'autorité judiciaire, le jugement de cette sorte de contraventions. Le déplacement sera peu considérable, et il y aura plus d'unité dans la manière de procéder.

D'ailleurs, la juridiction des maires, en matière de simple police, est purement fictive. De fait, elle est supprimée. Enfin, la disposition proposée est conforme aux art. 139 et 166 du Code d'instruction criminelle. L'art. 166, en effet, dispose que, dans certains cas particuliers, les maires auront une juridiction comme juges de police. Il n'y a pas lieu de se placer dans les conditions exceptionnelles de l'art. 166, mais bien dans les conditions générales de l'art. 139. Loin de s'écarter du droit commun, la disposition s'y conforme donc parfaitement.

(2) L'art. 7 du projet de la Chambre des Pairs prononçait une amende de 16 fr. à 100 fr., qui devait être double en cas de récidive. Il en résultait implicitement que la compétence était attribuée aux tribunaux de police correctionnelle. Cette pénalité a été modifiée par la commission de la Chambre des Députés. — « Elle a pensé, a dit *le rapporteur*, qu'il était bien sévère de traduire le manufacturier en police correctionnelle pour une première contravention qui peut n'être que le résultat d'une simple négligence. Il n'est pas dans nos mœurs de considérer avec indifférence la comparution devant les tribunaux correctionnels ; et la répugnance à subir cette épreuve repose sur un sentiment de délicatesse et d'honneur qu'il est très-bon de ménager. Le seul fait d'une telle poursuite pourrait paraître une blessure à l'autorité du maître sur ses ouvriers. Elle entraînerait d'ailleurs des déplacements et des pertes de temps préjudiciables à un chef d'industrie.

« La certitude des peines est un meilleur élément de loi pénale que la sévérité. Il a paru à votre commission qu'une amende de simple police prononcée contre le manufacturier serait une répression suffisante pour une première contravention. »

En cas de récidive, la peine peut et doit être plus forte. Les tribunaux de simple police deviennent incompétents pour prononcer une amende supérieure à 15 fr. La faute étant plus grave, les mêmes scrupules ne doivent plus empêcher l'action correctionnelle. Voy. les §§ 3 et 4.

(3) Cet article contenait un paragraphe qui prononçait des peines de simple police contre les pères, mères ou tuteurs qui auraient contrevenu à la loi ou aux règlements d'administration publique ren-

13. La présente loi ne sera obligatoire que six mois après sa promulgation (1).

24 = 27 MARS 1841. — Loi qui ouvre un crédit extraordinaire pour la construction d'un édifice à affecter à l'école normale (2). (IX, Bull. DCCLXLVI, n. 9206.)

Art. 1er. Il est ouvert au ministre des travaux publics un crédit extraordinaire de dix-neuf cent soixante et dix-huit mille francs (1,978,000), pour être appliqué aux dépenses que nécessitera la construction d'un édifice à affecter à l'école normale.

2. Le ministre des finances est autorisé

---

dus pour son exécution. Cette disposition a soulevé, au sein des conseils généraux, des chambres de commerce et des conseils de prud'hommes, de graves objections.

« La loi fixant des peines contre les chefs d'établissements, a-t-on dit, cette garantie paraît suffisante, et il semble dès lors inutile d'en prononcer contre les parents. Il ne faudrait pas, d'ailleurs, malgré leurs torts, risquer de leur faire perdre ainsi le respect et l'affection de leurs enfants; car si leur culpabilité est quelquefois le résultat de la cupidité, elle est le plus souvent celui de la misère. »

« L'emprisonnement du père ou de la mère, faisait observer le conseil général de l'Oise, a pour effet de priver la famille du produit de son travail. »

« Nous désirons, disait le conseil général de la Meurthe, qu'on ne rende responsables des contraventions que les chefs d'ateliers, sauf le cas de faux dans les pièces produites. Nous craindrions que les pères et mères ne fussent blessés de se voir soumis à des amendes et à des emprisonnements pour raison de leurs enfants, auxquels cependant ils ne voulaient pu procurer du pain, et que ceux-là même que la loi voudrait entourer de sa protection ne subissent de mauvais traitements par suite de cette irritation. »

Les prud'hommes de Lille, Amiens, Lyon, ont exprimé vivement cette opinion.

« La pénalité contre les pères et mères doit être supprimée, écrivaient les prud'hommes de Lyon, de peur de jeter dans les familles des ferments de haine qui pourraient retomber sur les enfants. »

« L'ouvrier ne pourra jamais payer l'amende, disaient les prud'hommes d'Amiens; le condamner à la prison, ce serait porter le trouble dans une famille misérable et la priver de sa seule ressource. »

La Chambre des Députés a pris ces observations en considération. « Il faut prendre garde, disait M. de Lamartine, de faire d'une mesure de bienfaisance et d'humanité une mesure de sévérité et de rigueur; il faut prendre garde surtout d'introduire la loi dans la famille sans nécessité. Il y a des sentiments naturels au-dessus de toutes les lois, plus puissants que toutes les pénalités. Eh bien! gardez-vous de froisser ces sentiments naturels par une disposition nouvelle et dangereuse de la loi. »

Cette disposition, repoussée par la Chambre des Députés, a été reproduite par la seconde commission de la Chambre des Pairs. La commission paraissait surtout préoccupée de la crainte que les enfants ne fussent envoyés par les parents dans deux usines le même jour, et qu'ainsi un travail excessif leur fût imposé sans tort réel de la part du manufacturier.

On a répondu que la loi soumettant les enfants à l'obligation d'avoir un livret délivré par le maître, l'infraction que l'on redoutait n'était guère possible.

« D'ailleurs, a ajouté M. le ministre de l'instruction publique, les mesures autorisées par la loi pour l'emploi du temps des enfants, la disposition qui prescrit de leur assurer l'instruction primaire et les rè-

glements d'administration publique qui doivent intervenir à cet effet, rendent bien peu probable le triste calcul que redoute l'honorable rapporteur.

« J'ai peine à croire que des enfants auxquels on aura pris huit heures de travail au moins par jour, qui, de plus, auront d'autres heures de la journée occupées par l'enseignement primaire et par les diverses précautions légales et morales que vous avez fixées, aient un reste de temps que leur père puisse vendre au détriment de leur santé et de leur vie. Le travail même des usines ne se prêterait pas à cet odieux arrangement. Le délit ne me paraît pas punissable, parce que je ne le crois pas possible. »

L'article de la commission a été rejeté; mais il est certain que si le fait se présentait, les deux chefs d'établissements qui auraient reçu l'enfant, sachant par quelle combinaison la loi était éludée, seraient punissables l'un et l'autre; car l'un et l'autre auraient concouru à faire travailler l'enfant au-delà des bornes légales.

(1) Afin de laisser à l'administration le temps nécessaire pour préparer les mesures propres à assurer l'exécution uniforme de la loi et de donner aux maîtres et aux ouvriers plus de facilité pour se conformer à ses dispositions.

(2) Présentation à la Chambre des Députés le 26 décembre 1840 (Mon. des 26 et 27); rapport par Duprat le 18 janvier 1841 (Mon. du 24); discussion et adoption le 4 février (Mon. du 5), à la majorité de 176 voix contre 71.

Présentation à la Chambre des Pairs le 11 février (Mon. du 12); rapport par M. Cousin le 5 mars (Mon. du 6); adoption le 9 (Mon. du 10), à la majorité de 92 voix contre 7.

« Messieurs, a dit M. Cousin dans son rapport à la Chambre des Pairs, la haute utilité de l'école normale ne peut être contestée. Il n'y a pas de profession qui n'ait besoin d'un sérieux apprentissage; toutes les congrégations enseignantes ont eu leur noviciat; l'enseignement national doit avoir le sien.

« C'est le sentiment de cette vérité qui, dans l'enfance héroïque de notre société nouvelle, inspira le plan gigantesque d'une école normale de 1,500 élèves, appelés de toutes les parties de la France pour apprendre, sous les professeurs les plus habiles dans tous les genres l'art d'enseigner (décret de la Convention, du 9 brumaire an 3, art. 1 et 2). Ce que la révolution avait conçu, l'empire le réalisa; et, le même jour et dans le même décret de 1808, où il fonda l'Université, Napoléon établit une école (décret du 17 mars 1808, tit. 14, art. 110) destinée à recruter et à renouveler le corps enseignant. Chose admirable! l'héritier d'une révolution qui avait abattu toutes les corporations, quand il en vint à penser sérieusement à l'éducation de la jeunesse, entreprit de faire un corps pour ce grand objet. « Je veux, disait-il, un corps « qui soit à l'abri des petites fièvres de la mode, « qui marche toujours quand le gouvernement « sommeille et dont l'administration et les statuts « deviennent tellement nationaux qu'on ne puisse

à annuler, au profit de l'Etat, des rentes cinq pour cinq cent, montant à soixante mille sept cent dix-huit francs, acquises par l'Université et réunies à sa dotation postérieurement au 1er janvier 1835.

3. Sur le crédit ouvert par l'art. 1er, il

« jamais se déterminer légèrement à y porter la « main. » Ainsi parlait Napoléon dans les instructions qu'il adressait au grand maître de l'Université impériale ; et ce qui d'abord n'avait semblé qu'un rêve du nouveau Charlemagne, est devenu une institution puissante qui a survécu à son fondateur, résisté à toutes les épreuves, surmonté les inimitiés les plus redoutables et pris définitivement son rang parmi les institutions nationales. De toutes les causes qui concoururent à ce succès inouï d'un corps enseignant au dix-neuvième siècle, nulle n'a été plus efficace que l'établissement de l'école normale. Des examens publics bien organisés peuvent suffire au premier coup d'œil pour constater la capacité d'enseigner ; mais il y a quelque chose qui échappe à tous les examens, quelque chose qui n'importe pas moins que les connaissances et le talent lui-même, à savoir, l'esprit même de l'enseignement et la direction qu'on lui imprime. Voilà ce que nul examen ne peut donner, ce qu'il est impossible de laisser au hasard, ce qui ne peut être assuré qu'à l'aide d'une école, et, pour parler comme le décret de 1808, à l'aide d'un *pensionnat normal*, où, loin du bruit du monde, sous des maîtres éprouvés et sous une discipline à la fois sévère et libérale, des jeunes gens bien choisis se forment par la théorie et par la pratique à l'exercice de leur profession future, et même temps se pénètrent peu à peu de l'esprit du corps dans lequel ils entrent. Un pensionnat pouvait seul procurer un pareil résultat, et ce résultat a été obtenu.

« Ouverte en 1810, en quelques années, l'école normale a élevé plusieurs générations de professeurs, profondément imbus de l'esprit universitaire, et qui, le portant partout avec elles, le communiquant et le répandant, sont venues plus tard au secours de l'université menacée et lui ont fait un rempart de leur talent et de leur renommée. L'école normale est le fondement de l'université ; les amis et les ennemis de l'université le savent bien. Quand on voulut la détruire, en 1822, à qui s'en prit-on d'abord ? A l'école normale (ord. de suppression de l'école normale, 6 sept. 1822). Et quand, en 1828, sous une administration à laquelle le respect public demeurera toujours attaché, l'université retrouva de meilleurs jours, que fit alors M. de Vatisménil, dont je me plais à rappeler ici le nom ? Il releva l'école normale (école préparatoire. Cette école est de 1826, et elle ne devait servir qu'à l'Académie de Paris. C'est M. de Vatisménil qui la développa et lui donna une entière impulsion), la laissant, il est vrai, déguisée sous un nom qui n'était pas le sien, mais qui la dérobait à l'œil jaloux de ses puissants adversaires, en attendant la révolution de 1830, qui lui restitua son nom véritable (arrêté du lieutenant-général du royaume, du 6 août 1830), et qui successivement l'a portée à ce haut point de prospérité où elle est aujourd'hui parvenue. (Voy. l'ouvrage intitulé *Ecole normale. Règlements, Programmes et Rapports*, 1837.)

« Un établissement de cet ordre, Messieurs, demande un bâtiment qui réponde à son objet et à ses besoins. Aussi le décret du 21 mars 1812 prescrivait d'ériger sur la rive gauche de la Seine un vaste édifice pour le service de l'école normale. Provisoirement, après avoir reçu quelques années l'hos-

pitalité dans une aile du collège Louis-le-Grand, elle avait été transférée rue des Postes, dans l'ancien séminaire du Saint-Esprit, qui lui convenait admirablement par l'étendue et la disposition du local et aussi par le voisinage du Muséum d'histoire naturelle, du collège de France et des facultés des sciences et des lettres. Aujourd'hui, après trente années d'existence et de bons services, elle se retrouve, comme au premier jour, dans un bâtiment du collège Louis-le-Grand. Y fût-elle bien, nous n'hésiterions pas à dire encore qu'un tel état de choses n'est pas convenable. Tant que l'école normale n'a point de bâtiment qui lui appartienne, son avenir n'est pas point assuré, et son avenir c'est celui de l'université elle-même. Mais il y a plus, cet asile qui lui est prêté est indigne d'elle sous tous les rapports.

« Dans la rue Saint-Jacques, entre le collège Louis-le-Grand et le nouveau et magnifique collège de France, est un vieux bâtiment délabré et qui menace ruine. Plus d'une fois le commissaire voyer du quartier est venu commander d'office et d'urgence des réparations que l'on a faites à la hâte, et que, quelques mois après, il fallait elles-mêmes réparer. Cette masure humide, crevassée de toutes parts, et dont il n'y a pas une seule pièce qui ne soit étayée : voilà l'école normale ; voilà l'école qui fournit des maîtres à tous les collèges, d'un bout de la France à l'autre, et qui a produit les trois quarts peut-être du corps enseignant.

« On a demandé s'il ne serait pas possible, en réparant le bâtiment actuel, d'éviter la dépense plus considérable d'une construction nouvelle.

« Nous répondrons qu'en principe, il faut un bâtiment spécial pour l'école normale, et qu'en fait le bâtiment actuel réparé ne conviendra jamais à sa destination. L'agrandir, vous ne le pouvez, car le terrain manque. Vous êtes donc condamnés à vous renfermer dans les limites du bâtiment actuel. Or, ce bâtiment, qui aujourd'hui tombe en ruines, fût-il construit d'hier, ne suffirait pas à la moitié des besoins de l'école. Les laboratoires et les cabinets de physique, de chimie et d'histoire naturelle sont insuffisants pour le nombre actuel des élèves, et ce nombre doit être considérablement augmenté. L'arrêté du 2 octobre 1840, qui divise l'agrégation des sciences en deux ordres distincts, l'agrégation pour les sciences mathématiques et l'agrégation pour les sciences physiques et naturelles, établit à l'école normale, dans la division des sciences, deux sections correspondantes aux deux ordres d'agrégation, et l'on a reconnu que l'établissement d'une section spéciale pour les sciences physiques et naturelles à l'école normale devait avoir la plus haute influence sur l'enseignement scientifique des collèges et des facultés. Mais il faut reconnaître aussi que, dans le bâtiment actuel, la nouvelle section des physiciens et des naturalistes sera privée de tous les secours qui lui sont indispensables. Je ne voudrais pas, sous prétexte d'éclairer la religion de la Chambre, la fatiguer de détails dans lesquels votre commission a dû s'engager ; mais il est une considération dont l'importance ne peut manquer de frapper la Chambre.

« La liberté de l'enseignement promise par la Charte sera bientôt réalisée. Cette liberté multipliera le nombre des établissements particuliers de

est inscrit au budget de 1841 du ministère des travaux publics une allocation de huit cent mille francs, qui formera un chapitre spécial.

4. Il sera pourvu aux dépenses autorisées par la présente loi, au moyen des ressources accordées par la loi de finances pour les besoins de l'exercice 1841.

5. Les plans et devis produits à l'appui

de la présente loi seront déposés aux archives des deux Chambres.

24 = 27 mars 1841. — Loi qui ouvre un crédit pour travaux à faire à la bibliothèque de l'Arsenal (1). (IX, Bull. DCCLXLXVI, n. 9207.)

Art. 1er. Il est ouvert au ministre des travaux publics, sur l'exercice 1841, un

---

toute espèce, laïques et ecclésiastiques. Pour soutenir cette concurrence, l'Université a besoin de fortifier ses collèges, et elle ne peut les fortifier qu'en y introduisant un plus grand nombre de jeunes maîtres sortis de l'école normale. Il faut donc qu'elle augmente le nombre des élèves de cette école. Mais cette augmentation d'élèves est absolument impossible dans le local actuel. Par conséquent, il est nécessaire de construire sur un autre terrain un bâtiment nouveau qui soit approprié aux besoins de l'école et qui lui permette de remplir sa mission dans toute son étendue.

« C'est là, Messieurs, le motif qui a porté votre commission à ne point ajourner la dépense qu'entraînera la construction nouvelle. Mais votre commission a ordonné à son rapporteur de déclarer qu'il ne lui a pas fallu moins qu'un motif aussi urgent, aussi péremptoire, pour la décider à augmenter de deux millions les dépenses publiques, quand des charges si lourdes pèsent déjà sur nos finances dans le présent et dans un assez long avenir.

« Reste à savoir si l'emplacement sur lequel on veut bâtir la nouvelle école normale est convenable, et si les plans présentés sont satisfaisants. L'emplacement qu'il s'agit d'acquérir est situé rue d'Ulm. La nouvelle école serait donc aussi rapprochée de la Sorbonne, du collège de France et du Muséum d'histoire naturelle, que l'était l'ancienne école de l'empire, placée au bout de la rue des Postes. Le terrain a plus de 12 mille mètres d'étendue. Ainsi, on pourra facilement isoler le nouveau bâtiment en l'entourant de jardins qui à la fois assureront sa salubrité et le défendront contre tout voisinage.

« Votre commission a pris une connaissance approfondie des plans qui lui ont été soumis. Ces plans sont l'ouvrage de l'ancien directeur de l'école normale qui a déterminé lui-même les arrangements réclamés par les besoins reconnus du service, à l'aide d'un habile architecte qui est aujourd'hui celui de la Chambre des Pairs. Ils ont reçu l'approbation du conseil royal de l'instruction publique, puis enfin du conseil des bâtiments civils. Le bâtiment se composera d'un rez-de-chaussée, d'un premier et d'un deuxième étage. Rien n'a été donné à l'agrément et au luxe, tout à l'utilité. Ainsi établie, la nouvelle école recevra immédiatement 120 élèves. Elle pourrait au besoin en contenir 150, ce qui est un chiffre très-élevé; car, pour augmenter le nombre des élèves, il ne faut pas diminuer la rigueur salutaire des examens d'admission; il y a ici une juste mesure que la sagesse de l'administration universitaire saura garder. Cinquante nouveaux élèves répartis dans les diverses conférences accroîtront l'émulation, répandront du mouvement et de la vie dans l'école sans exiger l'établissement de chaires nouvelles, ni l'augmentation du nombre des maîtres. Tout changement au système actuel des études, toute introduction de cours nouveaux serait un mal. Il est de la plus haute importance

de ne pas surcharger les élèves d'un trop grand nombre de leçons; il faut favoriser le travail personnel sous l'habile direction d'un certain nombre de maîtres choisis. C'est le travail personnel auquel était pour ainsi dire condamné chaque élève de l'ancienne école normale, avec le petit nombre de maîtres, éminents il est vrai, qu'elle possédait, qui a tiré de chacun de ces élèves tout ce que comportait sa nature, et qui a produit les premières générations de l'école normale.

« . . . . . Nous avons la ferme confiance, Messieurs, que l'école normale, reconnaissante des sacrifices que l'État fait pour elle dans un moment où des intérêts sacrés réclament toutes ses ressources et le forcent d'ajourner tant de dépenses utiles, redoublera de zèle pour remplir dignement l'importante mission qui lui est confiée. Permettez-moi de lui adresser, du haut de cette tribune, les deux questions que Napoléon, en 1813, adressait au premier directeur de l'école normale. Le conseil de l'Université lui ayant été présenté, quand vint le tour du conseiller directeur de l'école (car, par une sage disposition du décret de 1808, il faut être conseiller de l'Université pour être à la tête d'école), Napoléon lui fit ces deux questions : « L'esprit de travail est-il dans l'école normale ? » Et, sur la réponse satisfaisante du chef de l'école, qui lui exposa le plan de nos études, l'empereur lui adressa cette autre question ou plutôt cette leçon : « Monsieur, ne faites pas de beaux esprits et des académiciens, faites des régents et des professeurs. » Tel est, en effet, l'objet spécial de l'école normale. A l'Institut est confié l'avancement et le progrès de toutes les connaissances humaines ; à l'Université, la propagation de celles qui sont arrivées à ce degré de certitude et d'utilité pratique qui permet de les enseigner au nom de l'État. L'Institut et l'Université sont deux grandes institutions qui se soutiennent l'une l'autre, mais qui diffèrent et qui doivent différer dans l'intérêt général. L'Institut travaille pour la gloire de l'esprit humain, l'Université travaille pour la jeunesse. Les membres de l'Université sont de vrais magistrats préposés à l'éducation des esprits et des âmes, chargés de former des esprits sains et des âmes honnêtes, sensibles à tout ce qui est beau, comme à tout ce qui est bien. Il faut que l'école normale imprime de bonne heure ces maximes dans l'esprit des jeunes maîtres ; il faut qu'elle leur apprenne que l'Université participe à la fois de la magistrature et du sacerdoce ; que la science ne lui suffit pas ; qu'un peu de vertu est nécessaire, et qu'un grand corps ne peut vivre et prospérer que par l'amour et le dévouement de tous les siens. »

(1) Présentation à la Chambre des Députés le 26 décembre 1840 (Mon. des 26 et 27) ; rapport par M. Beudin le 18 janvier 1841 (Mon. du 21) ; discussion le 2 février (Mon. du 3), et adoption le 4 (Mon. du 5), à la majorité de 186 voix contre 47.
Présentation à la Chambre des Pairs le 11 février

crédit de soixante mille francs, pour être appliqué aux dépenses des travaux à faire à la bibliothèque de l'Arsenal, à l'effet de transférer au rez-de-chaussée de la galerie de Sully les livres et autres objets actuellement renfermés dans la galerie des Célestins.

2. Il sera pourvu aux dépenses autorisées par la présente loi, au moyen des ressources accordées par la loi de finances du 16 juillet 1840 pour les besoins de l'exercice 1841.

---

10 février = 27 mars 1841.—Ordonnance du roi relative au comblement du bras de la Seine dit *le Bras du Mail*, à Paris, et à l'établissement d'un quai et d'un bas port le long de l'île Louviers. (IX, Bull. DCCLXLXVI, n. 9208.)

Louis-Philippe, etc., sur le rapport de notre ministre secrétaire d'Etat au département des travaux publics ; vu le projet sommaire dressé pour le comblement du bras de la Seine dit *le bras du Mail*, à Paris, et pour l'établissement d'un quai et d'un bas port le long de l'île Louviers ; la délibération du conseil municipal de la ville de Paris du 23 mars 1838 ; l'avis du conseil général des ponts et chaussées du 29 juin suivant ; l'avis inséré dans la feuille du *Moniteur* du 11 janvier 1839, annonçant l'ouverture des enquêtes ; le registre ouvert pour recevoir les observations des parties intéressées ; les trois réclamations particulières sur le projet par les sieurs Rabusson et Salaun, ainsi que par les habitants de la commune d'Ivry ; vu le procès-verbal de la commission d'enquête ; vu l'avis de la chambre de commerce de Paris, en date du 5 avril 1839 ; notre conseil d'Etat entendu, etc.

Art. 1er. Les travaux nécessaires pour le comblement du bras de la Seine dit *le bras du Mail*, et pour l'établissement d'un quai et d'un bas port le long de l'île Louviers, sont déclarés d'utilité publique.

2. Notre ministre des travaux publics (M. Cunin-Gridaine) est chargé, etc.

---

13 = 27 mars 1841. — Ordonnance du roi relative aux dépôts de recrutement et de réserve. (IX, Bull. DCCLXLXVI, n. 9209.)

Louis-Philippe, etc., vu la loi du 21 mars 1832 sur le recrutement de l'armée ; vu les lois des 14 avril 1832 sur l'avancement de l'armée, et du 19 mai 1834 sur l'état des officiers ; vu les ordonnances de 1er janvier 1836 (1) et 15 novembre 1839 (2), relatives aux dépôts de recrutement ; vu notre ordonnance du 16 mars 1838 (3) sur l'avancement dans l'armée ; vu notre ordonnance du 23 décembre 1837 (4) sur le service de la solde et de revues ; sur le rapport de notre président du conseil, ministre secrétaire d'Etat de la guerre, etc.

Art. 1er. Il y a dans chaque département un dépôt de recrutement et de réserve. Ces dépôts sont de première ou de deuxième classe, selon l'importance et les besoins du service. Notre ministre de la guerre détermine le classement. Le personnel de chacun de ces dépôts est fixé ainsi qu'il suit, savoir :

Dépôt de première classe. 1 chef de bataillon, 1 capitaine, 1 lieutenant, 1 sous-lieutenant, 2 sous-officiers.

Dépôt de deuxième classe. 1 capitaine, 1 lieutenant, 1 sous-lieutenant, 2 sous-officiers.

2. Les commandants des dépôts de recrutement et de réserve ont dans leurs attributions spéciales, 1° de suivre les conseils de révision dans leur tournée ; 2° de tenir les registres matricules relatifs aux contingents annuels, aux engagés volontaires, ainsi que ceux de tous les militaires qui font partie de la réserve de l'armée ; 3° de concourir à la mise en route des jeunes soldats et des militaires de la réserve appelés à l'activité ; 4° de porter plainte contre les insoumis et de les faire poursuivre ; 5° de constater l'existence et la position de tous les militaires faisant partie de la réserve, et d'en passer la revue. Enfin, ils sont généralement chargés de toutes les écritures qui ont pour objet de régler la position des hommes qui se trouvent dans leurs foyers en attendant leur libération. Les autres officiers, ainsi que les sous-officiers attachés aux dépôts, pourront être employés à la conduite des détachements de jeunes soldats et des militaires de la réserve appelés sous les drapeaux.

3. Les commandants des dépôts de recrutement et de réserve sont directement sous les ordres des commandants des divisions et subdivisions militaires.

4. Dans aucun cas, et sous aucun prétexte, les officiers et sous-officiers employés au recrutement ne peuvent être distraits de ce service.

5. En cas d'insuffisance momentanée du

(Mon. du 12) ; rapport par M. Etienne le 5 mars (Mon. du 6) ; adoption le 9 (Mon. du 10), à la majorité de 93 voix contre 3.
(1) Voy. tome 36, p. 5.
(2) Voy. tome 39, p. 378.
(3) Voy. tome 38, p. 213.
(4) Voy. tome 38, p. 34.

personnel affecté à chacun des dépôts de recrutement, soit pour les écritures, soit pour la conduite des recrues ou pour les revues des hommes composant la réserve, il y est pourvu par des lieutenants ou sous-lieutenants, ainsi que par des sous-officiers et caporaux, qui sont pris dans les corps à proximité. Pendant la durée de leur service, ces auxiliaires reçoivent, chacun suivant son grade, le supplément de solde déterminé par l'art. 146 de l'ordonnance du 23 décembre 1837 sur le service de la solde.

6. Notre ministre de la guerre détermine les conditions auxquelles les officiers et les sous-officiers doivent satisfaire pour être admis dans le service du recrutement.

7. Aucun officier ne peut être employé comme commandant un dépôt de recrutement et de réserve dans le département où il est né, ni dans celui où il est propriétaire et où il exerce ses droits politiques.

8. Les chefs de bataillon et les capitaines employés au service du recrutement sont choisis, par notre ministre de la guerre, parmi les officiers de même grade des corps d'infanterie, proposés chaque année par les inspecteurs généraux. Les officiers employés au recrutement ne cessent pas de compter à leur corps; ils en sont simplement détachés, et ils concourent avec les autres officiers de leur grade pour l'avancement et les autres récompenses.

9. Dans chaque division militaire, le choix des lieutenants et sous-lieutenants, et des sous-officiers à employer dans les dépôts de recrutement, est fait, d'après les ordres du ministre de la guerre, par le général commandant la division; ces militaires sont pris dans les régiments les plus à proximité; ils ne cessent pas de compter à leur corps, d'où ils sont détachés et où ils concourent pour l'avancement et les autres récompenses avec les officiers et sous-officiers de leur grade. Ces officiers et ces sous-officiers sont sous les ordres directs des commandants des dépôts de recrutement et de réserve. Lorsque le corps auquel ils appartiennent change de garnison, ces militaires doivent le suivre; mais ils ne quittent le dépôt de recrutement qu'après l'arrivée de leur remplaçant, dont la désignation n'a lieu qu'en vertu des ordres du ministre de la guerre.

10. Les capitaines et les lieutenants employés au recrutement qui obtiennent de l'avancement doivent rejoindre leur corps, et ne sont susceptibles d'être employés de nouveau dans ce service que lorsqu'ils ont été proposés à l'inspection générale.

11. Les officiers des dépôts de recrutement et de réserve conservent l'uniforme du corps auquel ils appartiennent.

12. La solde des officiers des dépôts de recrutement et de réserve est celle attribuée à leur grade, avec le supplément d'un cinquième. Les sous-officiers attachés à ces dépôts reçoivent également la solde attribuée aux militaires de leur grade; mais cette solde s'accroît, pour chaque journée de présence, d'un supplément de quarante centimes. Les officiers ont droit, en outre, à l'indemnité de logement. Les commandants des dépôts de recrutement et de réserve reçoivent également une indemnité de frais de bureaux, fixée annuellement par notre ministre de la guerre selon le classement des dépôts.

Dispositions transitoires.

13. Les officiers supérieurs et les capitaines actuellement employés dans les dépôts de recrutement, et provenant de l'arme de l'infanterie, seront mis successivement en possession d'emplois vacants de leur grade dans les régiments de cette arme. Ceux du corps royal d'état-major et de l'artillerie seront également replacés dans le cadre de l'arme à laquelle ils appartiennent. Les officiers désignés dans les deux paragraphes ci-dessus continueront leur service dans le recrutement, à moins d'ordre contraire de notre ministre de la guerre.

14. Les officiers supérieurs et les capitaines qui sortent de la cavalerie compteront dans cette arme comme officiers en mission; ils concourront pour l'avancement et les autres récompenses avec les officiers de leur grade de la même arme. Ces officiers seront maintenus dans le service du recrutement jusqu'à ce qu'ils soient pourvus d'emplois vacants de leur grade dans les régiments de cavalerie, qu'ils obtiennent de l'avancement ou cessent d'appartenir à l'activité conformément à la loi sur l'état des officiers.

15 Nos ordonnances du 1er janvier 1836 et du 15 novembre 1839, ainsi que toutes les dispositions contraires à la présente, sont et demeurent abrogées.

16. Notre ministre de la guerre (M. le duc de Dalmatie) est chargé, etc.

———

5 FÉVRIER = 29 MARS 1841. — Ordonnance du roi qui autorise la cession, à la ville de Paris, de la caserne des Célestins, d'un bâtiment voisin, servant actuellement de dépôt de livres, et d'une maison domaniale contiguë à ce bâtiment. (IX, Bull. supp. DXXV, n. 15348.)

Louis-Philippe, etc., vu la délibération, en date du 16 août 1839, par laquelle le conseil municipal de la ville de Paris, dans la vue d'assurer le casernement de la garde municipale, a demandé, entre autres objets, la cession, sur estimation contradictoire, de la caserne dite *des Célestins*, ainsi que du bâtiment voisin qui est occupé par un dépôt de livres dépendant de la bibliothèque de l'Arsenal; vu la lettre de notre ministre secrétaire d'Etat au département de la guerre, du 26 octobre même année, en exécution de laquelle la caserne dont il s'agit, à l'exception de petites constructions, avec cour intermédiaire, qui font enclave dans les terrains affectés au service de l'administration des poudres et salpêtres, et qui sont réservées pour être réunies à cet établissement, a été remise à l'administration des domaines, qui, elle-même, à raison de l'urgence, en a mis provisoirement la ville de Paris en possession le 2 novembre suivant, sous la réserve indiquée ci-dessus, et avec la condition que cette entrée en possession, de la part de la ville, aurait, quant aux intérêts du prix de la cession à réaliser ultérieurement, le même effet que si l'acte de cession eût été passé ce jour-là; vu notre ordonnance du 10 décembre 1840, rendue sur le rapport de notre ministre secrétaire d'Etat au département de l'instruction publique, et portant : « 1° Le « rez-de-chaussée de la bibliothèque de « l'Arsenal sera mis à la disposition du « ministre de l'instruction publique, pour le « service de cette bibliothèque; 2° le bâti- « ment qui sert aujourd'hui d'annexe à la « bibliothèque ne sera remis au domaine « qu'après que le nouveau local au rez-de- « chaussée, entièrement et convenablement « approprié à sa destination, aura reçu le « dépôt de livres; » vu le plan des lieux ainsi que le procès-verbal d'expertise, commencé le 19 septembre 1839 et clos le 7 novembre suivant, d'après lequel ont été estimés, savoir :

Par l'expert de l'Etat : 1° la caserne des Célestins, non compris la portion réservée pour être réunie à la propriété affectée à l'administration des poudres et salpêtres, y compris divers objets de casernement fixes, 2,026,815 fr. 96 c.; 2° la portion réservée, 4,480 fr. 80 c.; 3° le bâtiment servant de dépôt de livres, 106,387 fr. 80 c.; 4° et la maison domaniale, rue de Sully, n. 6, contiguë à ce dernier bâtiment, dont elle formerait un accessoire, 17,228 fr. 80 c.; total, 2,154,913 fr. 36 c.

Par l'expert de la ville : 1° la caserne, non compris la portion réservée, mais y compris les objets de casernement fixes, 1,091,000 fr.; 2° la portion réservée, 3,579

fr. 80 c.; 3° le bâtiment servant de dépôt de livres, 64,606 fr. 15 c.; 4° la maison contiguë, 15,074 fr. 40 c.; total, 1,174,26? fr. 35 c.; vu le procès-verbal de tierce-expertise, commencé le 7 février et clos le 15 mai 1840, d'après lequel sont estimés, savoir : 1° la caserne, déduction faite de la portion réservée, et y compris les objets de casernement, 1,277,381 fr. 14 c.; 2° la portion réservée, 4,377 fr. 80 c.; 3° le bâtiment servant de dépôt de livres, 74,479 fr. 95 c.; 4° la maison domaniale rue de Sully, n. 6, 15,774 fr. 50 c.; total, 1,372,013 fr. 39 c.; vu la délibération du conseil municipal, du 31 juillet 1840, contenant adhésion à l'estimation faite par le tiers-expert, et autorisation au préfet de la Seine d'acquérir, au nom de la ville, 1° la caserne des Célestins, à l'exception du terrain formant enclave dans l'établissement de raffinerie des poudres et salpêtres; 2° le bâtiment servant de dépôt de livres; 3° la maison domaniale contiguë à ce dernier bâtiment; vu l'avis de notre ministre secrétaire d'Etat au département de l'intérieur; vu le décret du 24 février 180? considérant que la demande de la ville de Paris repose sur des motifs d'utilité publique incontestables; mais considérant aussi les besoins du service de la bibliothèque de l'Arsenal; sur le rapport de notre ministre secrétaire d'Etat au département des finances, etc

Art. 1ᵉʳ. Notre ministre secrétaire d'Etat au département des finances est autorisé à céder à la ville de Paris, représentée par le préfet de la Seine, 1° la caserne des Célestins et dépendances, à l'exception de la portion réservée pour le service des poudres et salpêtres; 2° le bâtiment voisin servant actuellement de dépôt de livres; 3° la maison domaniale contiguë à ce bâtiment, tel, au surplus, que le tout est désigné dans les procès-verbaux d'expertise et tierce-expertise susvisés, et au plan qui est annexé au premier de ces procès-verbaux, lesquels plans et procès-verbaux resteront annexés à la minute de l'acte de cession. Toutefois, la tradition définitive et complète au profit de la ville, tant du bâtiment servant aujourd'hui d'annexe à la bibliothèque de l'Arsenal, que de la maison domaniale contiguë, formant un accessoire indispensable de ce bâtiment, n'aura lieu qu'après que le nouveau local mis à la disposition de notre ministre secrétaire d'Etat au département de l'instruction publique, entièrement et convenablement approprié à sa destination, aura reçu le dépôt de livres.

2. Cette concession sera faite à la charge par la ville, 1° de payer dans les caisses

du domaine, avec les intérêts et dans les délais fixés par les lois des 15 et 16 floréal an 10 et 5 ventôse an 12, sauf l'explication donnée par l'art. 3 de la présente ordonnance, savoir : pour le prix de la caserne des Célestins, la somme de douze cent soixante et dix-sept mille trois cent quatre-vingt-cinq francs trente-quatre centimes, montant (rectification faite d'une erreur matérielle, en moins, de quatre francs vingt centimes) de l'estimation donnée à cette caserne par la tierce-expertise, 1,277,385 fr. 34 c. Pour le prix du bâtiment servant de dépôt de livres, la somme de soixante et quatorze mille quatre cent quatre-vingts francs quatre-vingt-quinze centimes, résultant également (rectification faite d'une erreur matérielle, en moins, de un franc) de la tierce-expertise, 74,480 fr. 95 c. Et pour le prix de la maison contiguë à ce dernier bâtiment, la somme de quinze mille sept cent soixante et quatorze francs cinquante centimes, résultant de la même opération, 15,774 fr. 50 c. 2° D'acquitter tous les frais auxquels cette cession a pu ou pourra donner lieu, y compris ceux d'expertise et de tierce-expertise.

3. La ville étant entrée en jouissance de la caserne des Célestins le 2 novembre 1839, les intérêts et les délais fixés par les lois précitées des 15 et 16 floréal an 10 et 5 ventôse an 12 seront supputés, en ce qui concerne le prix du million deux cent soixante et dix-sept mille trois cent quatre-vingt-cinq francs trente-quatre centimes afférent à cette caserne, comme si l'acte de cession avait été passé ledit jour 2 novembre 1839. Il sera stipulé, au contraire, en ce qui concerne le bâtiment servant actuellement d'annexe à la bibliothèque de l'Arsenal et la maison contiguë à ce dernier bâtiment, en possession desquels la ville ne devra être mise qu'après l'entière appropriation du nouveau local affecté au service de la bibliothèque, que les intérêts et les délais de paiement ne courront que comme si l'acte de cession était réalisé le jour même de la prise de possession par la ville, laquelle prise de possession sera, au surplus, constatée par un procès-verbal contradictoire entre elle et le domaine.

4. Le projet de tracé de la rue de Sully, d'après lequel les experts ont fixé à sept cent six mètres cinquante centimètres la portion de terrain en avant du bâtiment servant d'annexe à la bibliothèque de l'Arsenal, et à quatre-vingt-dix-neuf mètres soixante et quatorze centimètres celle en avant de la maison domaniale contiguë à ce bâtiment, n'étant pas définitif, si ce tracé éprouvait des modifications par suite desquelles ces portions de terrain se

trouveraient plus ou moins considérables, les prix ci-dessus de soixante et quatorze mille quatre cent quatre-vingts francs quatre-vingt-quinze centimes et de quinze mille sept cent soixante et quatorze francs cinquante centimes devraient être augmentés ou diminués, à raison de vingt-cinq francs le mètre, base adoptée par le tiers-expert pour l'évaluation de ces terrains.

5. Nos ministres des finances et de l'intérieur (MM. Humann et Duchâtel) sont chargés, etc.

13 FÉVRIER = 29 MARS 1841. — Ordonnance du roi qui autorise la cession d'un terrain domanial à la ville de Poligny (Jura). (IX, Bull. supp. DXXV, n. 15349.)

Louis-Philippe, etc., vu la délibération du 30 septembre dernier, par laquelle le conseil municipal de la ville de Poligny a demandé, pour établir une fontaine publique, la cession d'un terrain de vingt et un mètres quatre-vingt-treize centimètres carrés, provenant d'une maison acquise par l'Etat du sieur Jourdhui, et resté en dehors de l'alignement de la route royale n. 5, de Paris à Genève, à l'entrée de la ville de Poligny ; vu le procès-verbal d'expertise de ce terrain, en date du 10 novembre 1840 ; le plan des lieux joint à ce procès-verbal, et la délibération du même jour 10 novembre, par laquelle le conseil municipal a adhéré à l'estimation réglée par les experts à la somme de quarante-trois francs quatre-vingt-six centimes ; vu l'arrêté du 3 décembre 1840, par lequel le préfet du département du Jura, séant en conseil de préfecture, a autorisé la ville de Poligny à faire cette acquisition ; vu le décret du 21 février 1808 ; considérant que la demande de la ville de Poligny est fondée sur un véritable motif d'utilité publique communale ; sur le rapport de notre ministre secrétaire d'Etat au département des finances, etc.

Art. 1er. Le préfet du département du Jura est autorisé à passer, au maire de la ville de Poligny, pour le compte de cette ville, contrat de vente d'un terrain de vingt et un mètres quatre-vingt-treize centimètres carrés, désigné au plan ci-joint, lequel devra, ainsi que le procès-verbal d'estimation de ce terrain, demeurer annexé à la minute de l'acte de cession.

2. Cette vente sera faite à la charge par la ville de verser aux caisses du domaine, dans les délais et avec les intérêts fixés par les lois des 15 floréal an 10 et 5 ventôse an 12, la somme de quarante-trois francs quatre-vingt-six centimes, montant du prix déterminé par les experts, et de payer,

en outre, tous les frais auxquels la cession a pu ou pourra donner lieu, y compris ceux de l'expertise.

3. Notre ministre des finances (M. Humann) est chargé, etc.

---

28 FÉVRIER = 29 MARS 1841. — Ordonnance du roi portant autorisation de la caisse d'épargne établie au Blanc (Indre). (IX, Bull. supp. DXXV, n. 15351.)

Louis-Philippe, etc., sur le rapport de notre ministre secrétaire d'État de l'agriculture et du commerce; vu les délibérations du conseil municipal du Blanc, en date des 7 mai et 27 octobre 1840; vu les lois des 5 juin 1835 et 31 mars 1837, relatives aux caisses d'épargne; le comité des travaux publics, de l'agriculture et du commerce de notre conseil d'État entendu, etc.

Art. 1er. La caisse d'épargne et de prévoyance établie au Blanc (Indre) est autorisée. Sont approuvés les statuts de ladite caisse, tels qu'ils sont contenus dans la délibération du conseil municipal du Blanc, en date du 27 octobre 1840, dont une expédition conforme restera déposée aux archives du ministère de l'agriculture et du commerce.

2. Nous nous réservons de révoquer notre autorisation en cas de violation ou de non exécution des statuts approuvés, sans préjudice des droits des tiers.

3. La caisse sera tenue de remettre, au commencement de chaque année, au ministère de l'agriculture et du commerce, et au préfet du département de l'Indre, un extrait de son état de situation arrêté au 31 décembre précédent.

4. Notre ministre de l'agriculture et du commerce (M. Cunin-Gridaine) est chargé, etc.

---

26 = 30 MARS 1841. — Loi portant qu'il sera fait

un appel de quatre-vingt mille hommes sur la classe de 1840 (1). (IX, Bull. DCCLXLXVII, n. 9215.)

Art. 1er. Il sera fait un appel de quatre-vingt mille hommes sur la classe de 1840, pour le recrutement des troupes de terre et de mer.

2. La répartition de ces quatre-vingt mille hommes entre les départements du royaume sera faite par une ordonnance royale, proportionnellement au nombre des jeunes gens inscrits sur les listes de tirage de la classe appelée.

Si, par suite de circonstances extraordinaires, le nombre des jeunes gens inscrits sur les listes de tirage de quelques cantons ou départements ne peut être connu dans le délai qui aura été déterminé par une ordonnance royale, ce nombre sera remplacé, pour les cantons ou départements en retard, par la moyenne des jeunes gens inscrits sur les listes de tirage des dix classes précédentes.

Le tableau général de la répartition sera inséré au Bulletin des lois et communiqué aux Chambres.

3. La sous-répartition du contingent assigné à chaque département aura lieu entre les cantons, proportionnellement au nombre des jeunes gens inscrits sur les listes de tirage de chaque canton.

Elle sera faite par le préfet en conseil de préfecture, et rendue publique par voie d'affiches, avant l'ouverture des opérations des conseils de révision.

Dans le cas où les listes de tirage de quelques cantons ne seraient pas parvenues en temps utile au préfet, il sera procédé, pour la sous-répartition, à l'égard des cantons en retard, de la manière indiquée au deuxième paragraphe de l'art. 2 ci-dessus (2).

4. Pour la classe de 1841, toutes les opérations du recrutement qui se rapportent aux tableaux de recensement et au tirage

---

(1) Présentation à la Chambre des Députés le 21 janvier (Mon. du 22); rapport par M. Croissant; discussion et adoption le 22 février (Mon. du 23), à la majorité de 220 voix contre 15.

Présentation à la Chambre des Pairs le 1er mars (Mon. du 2); rapport par M. le marquis de Laplace le 17 mars (Mon. du 18); discussion et adoption le 20 (Mon. du 21), à la majorité de 135 voix contre 3.

(2) « Jusqu'à présent, disait M. le ministre de la guerre en présentant le projet de loi à la Chambre des Pairs, les lois annuelles du contingent ont rappelé les prescriptions de l'art. 29 de la loi du 21 mars 1832 qui exigent que le contingent soit divisé en deux classes composées, la première, des jeunes soldats qui devront être mis immédiatement en activité, la deuxième, de ceux qui seront laissés

dans leurs foyers, et ne pourront être mis en activité qu'en vertu d'une ordonnance royale.

« Nous n'avons pas cru devoir reproduire ces prescriptions dans la loi qui vous est soumise aujourd'hui. La nécessité de combler les pertes qu'éprouvera l'effectif de l'armée exigerait seule l'incorporation simultanée de la totalité du contingent demandé pour la classe de 1840; mais une considération non moins grave vient encore motiver cette incorporation. Depuis longtemps les vœux parlementaires appellent la création d'une réserve composée d'hommes ayant passé sous les drapeaux un temps suffisant pour donner à l'État la garantie d'un bon service. Le seul moyen d'arriver à ce but est d'incorporer chaque année la totalité du contingent et de renvoyer en même temps dans les foyers, pour former la réserve, un autre contin-

au sort prescrit par la loi du 21 mars 1832 pourront avoir lieu au commencement de l'année 1842, et avant le vote de la loi annuelle du contingent.

Une ordonnance royale fixera les époques auxquelles ces opérations devront s'effectuer.

17 = 30 MARS 1841. — Ordonnance du roi qui autorise la chambre de commerce de Bayonne à percevoir des droits de remorquage sur tous les navires qui entreront dans le port de cette ville ou qui en sortiront. (Bull. DCCCLXLVII, n. 9216.)

Louis-Philippe, etc., sur le rapport de notre ministre secrétaire d'Etat de l'agriculture et du commerce ; vu l'art. 3 de la loi du 21 juin 1838, relative à l'amélioration de plusieurs ports ; vu la lettre de la chambre de commerce de Bayonne, en date du 14 octobre 1840 ; vu l'art. 14 de notre ordonnance du 16 juin 1832 (1) ; notre conseil d'Etat entendu, etc.

Art. 1er. Conformément à l'art. 3 de la loi du 21 juin 1838, la chambre de commerce de Bayonne est autorisée à percevoir, sur tous les navires qui entreront dans le port de cette ville ou qui en sortiront, des droits de remorquage dont le produit sera exclusivement affecté aux dépenses d'entretien et de service du bateau remorqueur.

2. Ces droits seront fixés ainsi qu'il suit : Navires entrant dans le port ou en sortant chargés, 75 c. par tonneau de jauge ; sur lest, 25 c., idem.

Indépendamment de ce droit, applicable à tous les navires, il sera perçu, pour les navires faisant usage du remorqueur, savoir : pour un navire remorqué seul, 1 fr. par tonneau de jauge ; pour deux navires remorqués ensemble, 80 c., idem ; pour trois navires et plus remorqués ensemble, 60 c., idem., sans que, dans aucun cas, le droit perçu puisse être au-dessous de 60 fr. pour un navire remorqué seul ; de 80 fr. pour deux navires remorqués ensemble ;

de 90 fr. pour trois navires et plus remorqués ensemble.

3. Il sera perçu, en outre, moitié du droit ci-dessus fixé pour le remorquage en rivière faisant suite à l'entrée ou étant suivi de la sortie. Ce droit sera perçu en entier pour tout remorquage en rivière qui exigerait un chauffage spécial.

4. Dans le cas où le produit des droits ci-dessus fixés excéderait les besoins du service, ils pourront être réduits par notre ministre de l'agriculture et du commerce.

5. Conformément à l'art. 3 de la loi du 21 juin 1838, la chambre de commerce de Bayonne, à la fin de chaque exercice, remettra les comptes annuels de recettes et dépenses au préfet des Basses-Pyrénées, qui les soumettra à l'approbation de notre ministre de l'agriculture et du commerce.

6. Notre ministre de l'agriculture et du commerce (M. Cunin-Gridaine) est chargé, etc.

19 MARS = 1er AVRIL 1841. — Lois relatives à des changements de circonscriptions territoriales. (IX, Bull. DCCLXLVIII, n. 9218.)

PREMIÈRE LOI. —Ardennes.

Art. 1er. Les sections de Rouilly, Taillette et Chaudière sont distraites de la commune de Rocroy, canton et arrondissement de Rocroy, département des Ardennes, et érigées en une commune distincte, qui prendra le nom de Taillette, et dont le chef-lieu sera fixé dans cette localité.

2. La limite entre les communes de Taillette et de Rocroy est fixée dans la direction indiquée sur le plan annexé à la présente loi par un double liséré rouge et jaune, marqué des lettres A, B, C, D, E, F, G, H, I, J, K et L.

3. Les dispositions qui précèdent auront lieu sans préjudice des droits d'usage ou autres qui seraient respectivement acquis.

Les autres conditions des distractions prononcées seront, s'il y a lieu, ultérieurement déterminées par une ordonnance du roi.

gent de militaires exercés et ayant déjà passé sous les drapeaux le temps requis pour achever leur instruction.

« Ce principe, le gouvernement est prêt à le mettre à exécution. C'est dans ce but que nous avons proposé d'importantes modifications à la loi organique du recrutement. D'un autre côté, les crédits supplémentaires pour 1841 et le budget de 1842 comprennent les dépenses nécessaires à l'incorporation successive de la totalité des contingents des classes de 1840 et de 1841.

« Dans cet état de choses, il était tout à fait inutile de reproduire les dispositions de l'art. 29 de la loi du 21 mars 1832 dans la loi annuelle. Cette

reproduction mettrait en effet le ministre de la guerre dans la nécessité de présenter au roi, en même temps que la loi annuelle, une ordonnance pour appeler simultanément la totalité du contingent. On n'aurait pas cet inconvénient, si la loi annuelle était adoptée telle que nous la présentons ; car l'art. 29 de la loi du 21 mars 1832 n'exige la division du contingent en deux classes, que d'après les proportions déterminées par les Chambres. Or, les Chambres reconnaissant qu'il y a lieu d'incorporer la totalité du contingent, il en résultera naturellement que cet article ne devra pas recevoir d'application. »

(1) Voy. tome 32, p. 350.

41.

5

DEUXIÈME LOI. — Corrèze.

Art. 1er. Les villages de Parrédon, La Forse-Haute et La Forse-Basse sont distraits de la commune de Saint-Exupéry, canton et arrondissement d'Ussel, département de la Corrèze, et réunis à la commune de Mestes, même canton. En conséquence, la limite entre les communes de Saint-Exupéry et de Mestes est fixée d'après le cours de la Diége, suivant le liséré vermillon au plan annexé à la présente loi.

2. Les dispositions qui précèdent auront lieu sans préjudice des droits d'usage ou autres qui seraient réciproquement acquis.

Les autres conditions des distractions prononcées seront, s'il y a lieu, ultérieurement déterminées par une ordonnance du roi.

TROISIÈME LOI. — Côtes-du-Nord.

Art. 1er. La limite entre la commune de Plancoët et les communes de Pluduno, Saint-Lormel et Corseul, canton de Plancoët, arrondissement de Dinan, département des Côtes-du-Nord, est fixée suivant le liséré noir tracé sur le plan annexé à la présente loi. En conséquence, les portions de territoire A et B de Saint-Lormel et de Pluduno, et les sections A, B, C, L, de Corseul, composant la succursale de Nazareth, sont distraites de ces communes et réunies à celle de Plancoët.

2. Les dispositions qui précèdent auront lieu sans préjudice des droits d'usage ou autres qui seraient réciproquement acquis.

Les autres conditions des distractions prononcées seront, s'il y a lieu, ultérieurement déterminées par une ordonnance du roi.

QUATRIÈME LOI. — Dordogne.

Art. 1er. Les hameaux de Trompette, Belair, Maison-Neuve, Nicauland et Legendre sont distraits de la commune de Minzac, canton de Villefranche-de-Longchapt, arrondissement de Bergerac, département de la Dordogne, et réunis à la commune de Montpeyroux, même canton. En conséquence, la limite entre les deux communes est fixée dans la direction indiquée par le chemin de Saint-Félix à Villefranche-de-Longchapt, sur le plan annexé à la présente loi.

2. Les dispositions qui précèdent auront lieu sans préjudice des droits d'usage ou autres qui seraient respectivement acquis.

Les autres conditions des distractions prononcées seront, s'il y a lieu, ultérieurement déterminées par une ordonnance du roi.

CINQUIÈME LOI. — Meuse.

Art. 1er. La limite entre les communes de Mondrecourt, canton de Triaucourt, arrondissement de Bar-le-Duc, et de Heippes, canton de Neuilly, arrondissement de Verdun, département de la Meuse, est fixée selon la direction indiquée par le liséré rouge A, B, C, D, E, F, G, H, I, J, K, L, M, sur le plan annexé à la présente loi. En conséquence, le bois de Dahaie, compris entre ce liséré et l'ancienne limite, est distrait de la commune de Mondrecourt et réuni à celle de Heippes, et les portions de terrain de la Côte-Supplie, de la Horgne et du Beuvret, passent de la commune de Heippes dans celle de Mondrecourt.

2. Les dispositions qui précèdent auront lieu sans préjudice des droits d'usage ou autres qui seraient respectivement acquis.

Les autres conditions des distractions prononcées seront, s'il y a lieu, ultérieurement déterminées par une ordonnance du roi

SIXIÈME LOI. — Morbihan.

Art. 1er. La limite entre les communes de Plouhinec et de Sainte-Hélène, canton de Port-Louis, arrondissement de Lorient, département du Morbihan, est fixée conformément au tracé de la ligne violette sur le plan annexé à la présente loi. En conséquence, les villages de Kerfresec, Magouerec, Kergouria, Lezardenne, Keraudren et Kergoff, et leurs territoires, compris entre ladite ligne et l'ancienne limite, sont distraits de la commune de Plouhinec et réunis à la commune de Sainte-Hélène.

2. Les dispositions qui précèdent auront lieu sans préjudice des droits d'usage ou autres qui seraient réciproquement acquis.

Les autres conditions des distractions prononcées seront, s'il y a lieu, ultérieurement déterminées par une ordonnance du roi.

SEPTIÈME LOI. — Oise

Art. 1er. La section de Bois-Moreil, cotée E sur le plan annexé à la présente loi, est distraite de la commune d'Ully-Saint-Georges, canton de Neuilly, arrondissement de Senlis, département de l'Oise, et réunie à la commune de la Chapelle-Saint-Pierre, canton de Noailles, arrondissement de Beauvais, même département. En conséquence, la limite entre les communes d'Ully-Saint-Georges et de la Chapelle-Saint-Pierre est fixée dans la direction indiquée audit plan par la ligne A, B, C.

2. Les dispositions qui précèdent auront lieu sans préjudice des droits d'usage ou autres qui seraient respectivement acquis.

Les autres conditions de la distraction prononcée seront, s'il y a lieu, ultérieurement déterminées par une ordonnance du roi.

HUITIÈME LOI. — Basses-Pyrénées.

Art. 1er. Les communes de Licharre et de Mauléon, canton et arrondissement de ce nom, département des Basses-Pyrénées, sont réunies en une seule, dont le chef-lieu est fixé à Mauléon.

2. Ces communes continueront à jouir séparément, comme section de commune, des droits d'usage ou autres qui pourraient leur appartenir, sans pouvoir se dispenser de contribuer en commun aux charges municipales.

Les autres conditions de la réunion prononcée seront, s'il y a lieu, ultérieurement déterminées par une ordonnance du roi.

NEUVIÈME LOI. — Seine Inférieure.

Art. 1er. La limite entre les communes de Fécamp et de Tourville, canton de Fécamp, arrondissement du Havre, département de la Seine-Inférieure, est fixée suivant la direction indiquée par la ligne A, C, B, D, sur le plan ci-annexé. En conséquence, le territoire du hameau de Miautrie, compris entre cette ligne et l'ancienne limite, est distrait de la commune de Fécamp et réuni à celle de Tourville.

2. Les dispositions qui précèdent auront lieu sans préjudice des droits d'usage ou autres qui seraient respectivement acquis.

Les autres conditions de la distraction prononcée seront, s'il y a lieu, ultérieurement déterminées par une ordonnance du roi.

DIXIÈME LOI. — Seine-et-Oise.

Art. 1er. La limite entre les communes de Sonchamp et de Clairefontaine, canton de Dourdan (Nord), arrondissement de Rambouillet, département de Seine-et-Oise, est fixée dans la direction du liséré orange A, B, C, D, sur le plan annexé à la présente loi. En conséquence, le territoire teinté en jaune, et compris entre ce liséré et l'ancienne limite, est distrait de la commune de Sonchamp et réuni à celle de Clairefontaine.

2. Les dispositions qui précèdent auront lieu sans préjudice des droits d'usage ou autres qui seraient réciproquement acquis.

Les autres conditions de la distraction prononcée seront, s'il y a lieu, ultérieurement déterminées par une ordonnance du roi.

ONZIÈME LOI. — Vienne.

Art. 1er. La limite entre les communes de Nintré, canton et arrondissement de Châtellerault, département de la Vienne, et de Cenon, canton de Vouneil-sur-Vienne, même arrondissement, est fixée suivant la direction des lignes BC, CD, DA, du plan annexé à la présente loi. En conséquence, le polygone A, B, C, D, compris entre ces lignes, est distrait de la commune de Nintré et réuni à celle de Cenon.

2. Les dispositions qui précèdent auront lieu sans préjudice des droits d'usage ou autres qui seraient respectivement acquis.

Les autres conditions de la distraction prononcée seront, s'il y a lieu, ultérieurement déterminées par une ordonnance du roi.

---

3 = 5 AVRIL 1841. — Loi qui affecte une somme de cent quarante millions aux travaux de fortifications de Paris (1). (IX, Bull. DCCLXLIX, n. 9222.)

Art. 1er. Une somme de cent quarante millions (140,000,000 fr.) est spécialement affectée aux travaux de fortifications de Paris.

2. Ces travaux comprendront,

1° Une enceinte continue, embrassant les deux rives de la Seine, bastionnée et terrassée, avec dix mètres d'escarpe revêtue;

2° Des ouvrages extérieurs casematés (2).

---

(1) Présentation à la Chambre des Députés le 12 décembre 1840 (Mon. du 13); rapport par M. Thiers le 13 janvier 1841 (Mon. du 14); discussion les 21, 22, 23, 25, 26, 27, 28, 29, 30 (Mon. des 22, 23, 24, 26, 27, 28, 29, 30, 31), et adoption le 1er février (Mon. du 2), à la majorité de 237 voix contre 162.

Présentation à la Chambre des Pairs le 11 février (Mon. du 12); rapport par M. le baron Mounier le 16 mars (Mon. du 17); discussion les 23, 24, 25, 26, 27, 29, 30, 31 (Mon. des 24, 25, 26, 27, 28,

30, 31 mars et 1er avril), et adoption le 1er avril (Mon. du 2), à la majorité de 147 voix contre 85.

(2) « La commission, a dit M. *Thiers* dans son rapport, après avoir proposé une rédaction qui consacrait les conditions techniques de l'enceinte continue, demandait en outre une désignation sommaire, par le lieu de leur emplacement, des principaux ouvrages extérieurs. Le gouvernement a consenti à la rédaction proposée relativement à l'enceinte continue, mais il a refusé celle qui concernait les ouvrages extérieurs, et il a réclamé, à

cet égard, la liberté due à l'autorité exécutive relativement à des travaux de défense. La commission a pensé que la déclaration faite par MM. les ministres qu'aucun des ouvrages extérieurs ne serait plus rapproché de l'enceinte que le fort de Vincennes, suffisait, et que, d'ailleurs, en voulant enchaîner trop strictement le gouvernement à tel emplacement désigné, on s'exposerait à des inconvénients d'exécution et même à des objections de principes. »

Cette déclaration relative au minimum de la distance des ouvrages extérieurs a été renouvelée par M. le président du conseil sur l'invitation de M. *Guyet-Desfontaines*, et reproduite dans l'exposé des motifs du projet de loi, lors de sa présentation à la Chambre des Pairs.

Je n'ai point à m'occuper de cette loi au point de vue stratégique; je rappellerai seulement que M. le président du conseil a fait une distinction qui a pu être saisie par les plus ignorants dans l'art des fortifications. Après avoir déclaré que comme militaire, il ne croyait pas l'enceinte continue nécessaire pour la défense de Paris, il a ajouté que ce surcroît de moyens était accepté volontiers par lui; qu'il ne devait pas refuser cette proposition avantageuse, puisqu'il se trouvait à peu près dans la situation de celui à qui, dans un mariage, on offrirait de doubler la dot.

La politique a jugé cette mesure; mais ce recueil n'est pas fait pour enregistrer ses décisions. Toutefois, il ne remplirait pas entièrement sa destination s'il n'offrait pas aux magistrats et aux jurisconsultes quelques renseignements et quelques réflexions sur l'esprit et les vues générales de toutes les lois quel qu'en soit l'objet, notamment de celle-ci.

Je ne chercherai donc pas à décider si M. Thiers a bien jugé la situation de la France, si les efforts qu'il a faits ont eu une raison suffisante et un but utile, si ses successeurs, en repoussant son système et en continuant seulement l'exécution d'une partie de ses projets, ont bien mérité du pays. Mais je dois faire remarquer que la surexcitation de l'esprit militaire a été produite avec intention par l'administration dont M. Thiers était le chef. Les circonstances dans lesquelles se trouvait l'Europe justifiaient-elles cette direction? C'est encore une fois ce que je n'examine point, je me borne à indiquer le fait. La loi qui veut que Paris soit fortifié est une des conséquences les plus directes et les plus importantes de l'impulsion que je viens de signaler. Puisque le ministère du 29 octobre a maintenu la résolution précédemment prise et a soutenu la loi devant les Chambres, il a adopté, jusqu'à un certain point, la pensée que la France avait des dangers à craindre, et que contre ces dangers il n'y avait pas de préservatif meilleur que des bastions et des murailles. Ainsi, en modérant l'élan qui avait été imprimé aux esprits, on n'a pas cru devoir l'abandonner. On dirait vainement que Paris fortifié, en donnant une puissance nouvelle à la France, écartera les chances de guerre; j'admets que cela soit vrai; je suppose que cet accroissement de forces ne fera jamais naître la tentation de s'en servir, toujours est-il que c'est par d'énormes dépenses consacrées à des travaux militaires, que les hommes d'état qui nous gouvernent cherchent à donner à notre pays un rang convenable, ou plutôt à le mettre en sûreté. Suivant la vieille maxime, on prépare la guerre pour maintenir la paix. Malheureusement l'axiome a reçu bien des démentis : rarement une nation après avoir aiguisé ses armes, les a longtemps gardées dans le fourreau.

Mais si les intérêts de notre pays sont lésés, si son honneur est blessé, s'il a encore à craindre les efforts d'une coalition européenne, il faut bien se mettre en mesure de faire respecter nos légitimes prétentions, de repousser des injures, de défendre notre indépendance; or c'est par la force qu'il faut repousser la force.

J'avoue tout cela; mais je crains que dans l'examen des faits sur lesquels on se fonde, on n'ait mis bien de la légèreté et bien de l'emportement.

Nous avons intérêt à conserver dans le monde des relations étendues, des marchés pour nos denrées, des voies assurées pour conduire aux lieux de consommation les fruits de notre sol et les produits de notre industrie.

Mais les circonstances qui ont fait courir aux armes étaient-elles assez graves, assez impérieuses, pour qu'il fallût, au prix du sang et des trésors du pays, combattre les envahissements de nos rivaux en industrie? Calcul fait, et comme il ne s'agit encore ici que d'intérêts matériels, il doit être permis de calculer; calcul fait, dis-je, la guerre générale était-elle indispensable pour nous assurer certains avantages commerciaux qu'on voulait nous ravir?

Qu'on me permette de ne pas discuter la question. Il me semble trop évident qu'elle doit recevoir une solution négative.

L'honneur national exigeait-il une réparation?

Ici la difficulté se complique. Chacun l'appréciera d'une manière différente, suivant son humeur et son état; j'entends très-bien que de jeunes officiers, que des hommes d'un caractère querelleur, que des gens qui sont toujours disposés à donner ou à recevoir un coup d'épée, que des aventuriers qui espèrent, dans l'agitation et le désordre que cause la guerre, trouver quelques bonnes occasions, considèrent comme une offense grave la moindre impolitesse d'un ambassadeur étranger, le plus léger dissentiment entre notre gouvernement et les gouvernements voisins. Je conviens aussi qu'il y a beaucoup d'esprits éclairés et de bonne foi qui se laissent entraîner facilement par quiconque parle d'honneur national outragé, de gloire oubliée, de lauriers flétris. Les plus sages subissent encore l'influence d'idées qui si longtemps dominèrent dans notre pays. On craindrait, en laissant voir qu'on doute d'une insulte que d'autres ressentent si vivement, de paraître moins bon citoyen qu'eux, moins susceptible à l'endroit de l'honneur, animé d'un patriotisme moins vif et moins pur; moitié imitation, moitié faiblesse, on s'écrie comme les autres : que la France a reçu un affront, qu'il faut le laver dans le sang! Ceux qui examinent avec plus de sang-froid et d'indépendance les événements et les actes politiques pensent que les discussions qui s'élèvent entre les peuples ont d'autres règles et doivent avoir d'autres suites que des querelles entre ferrailleurs; ils sont convaincus que c'est la raison la plus froide, et non la vanité blessée, l'entêtement ou le dépit, qui doit décider s'il faut recourir à ces affreuses déterminations qui font couler le sang par torrents et qui consomment en dépenses improductives d'immenses richesses.

En un mot, il y a des gens qui aiment la guerre. Longtemps ils furent les plus nombreux; ils sont aujourd'hui encore, et c'est tout naturel, les plus

3. Les fonds affectés à ces travaux seront employés simultanément (1) à l'exécution de l'enceinte et des ouvrages extérieurs, et répartis entre divers exercices, dans les proportions ci-après déterminées.

4. La somme de cent quarante millions (140,000,000 fr.), allouée en vertu de l'art. 1er de la présente loi, comprend celle de treize millions (13,000,000 fr.), formant le montant des crédits déjà ouverts sur le budget de 1840, aux ministères de la guerre et des travaux publics, par les ordonnances royales des 10 septembre, 4 et 25 octobre derniers.

Sur la somme de cent vingt-sept millions (127,000,000 fr.) restant à allouer, il est affecté la somme de

Trente-cinq millions (35,000,000 fr.) pour les travaux à exécuter en 1841 ;

Vingt millions (20,000,000 fr.) pour les travaux à exécuter en 1842.

La portion de ces crédits qui n'aurait pu être employée pendant l'exercice auquel elle est affectée sera reportée sur l'exercice suivant.

5. Il sera pourvu à ces divers crédits au moyen des ressources ordinaires et extraordinaires des exercices 1840, 1841 et 1842.

6. Les dépenses opérées par le département des travaux publics, en vertu des

---

bruyants et les plus emportés ; d'autres aiment la paix, et chaque jour leur nombre augmente et beaucoup plus qu'on ne croit, parce que, à raison de la tendance même de leurs opinions, ils font moins de fracas que les autres. Lors donc que cette grave question s'élève : faut-il, sous peine de déshonneur, tirer l'épée ; qu'on se défie, si l'on veut, des partisans de la paix ; mais que ceux pour qui la guerre a tant de charmes ne soient pas non plus crus sur parole. Que, lorsque ces derniers crient à la lâcheté, on veuille bien croire que tout le courage du monde n'est pas retiré chez ceux qui, par tempérament, aiment les batailles. Plus d'un exemple pourrait être cité pour prouver que les sentiments d'humanité et le désir de voir la paix régner sur le monde peuvent s'allier dans un cœur avec le mépris des dangers.

Reste la troisième cause assignée aux préparatifs de guerre, la nécessité de résister à l'Europe coalisée.

Il faut reconnaître qu'en effet chez les souverains étrangers, si ce n'est chez les peuples, il n'y a pas pour notre nation de bien vives sympathies ; et à coup sûr, plus d'une fois depuis dix ans, on nous a manifesté de mauvaises dispositions. Mais soyons justes envers nous-mêmes : nos succès militaires, à des époques déjà éloignées, nos triomphes sous la république et sous l'empire, nos troubles intérieurs, sont-ils de nature à nous attirer l'affection et la confiance ? Ne nous aveuglons point. Si la liberté qui nous est acquise peut être désirée par nos voisins, croit-on qu'ils soient bien jaloux de l'agitation dans laquelle nous vivons ? Pense-t-on qu'ils se résignent à la subir, par cette raison qu'on donne quelquefois très-sérieusement que c'est là une des conditions de la forme de notre gouvernement, de la nature de nos institutions ? Par ce langage on calomnie la liberté ; il tend à la faire considérer comme incompatible avec l'ordre, et je ne serais point surpris que plus d'un peuple, placé sous un pouvoir absolu et bienveillant, ne fût pas disposé à échanger son repos contre notre incessante mobilité. Tant que nous ne chercherons à résister aux dispositions hostiles qui nous environnent qu'en hérissant de canons nos frontières et notre capitale, nous n'aurons guère avancé la solution des difficultés ; nos doctrines et nos institutions n'auront pas acquis beaucoup de crédit dans l'esprit des hommes ; leur destin dépendra toujours du sort des batailles. Il me semble qu'il y a des moyens plus sûrs de faire cesser l'état d'antagonisme dans lequel nous sommes. Je crois que les efforts et l'argent que nous consacrons à des travaux agressifs ou défensifs seraient plus utiles dans une autre direction. Supposons que les millions qui vont être convertis en bastions et en forteresses soient employés en encouragements pour l'industrie, en récompenses pour les bonnes actions ; que la misère qui donne tant de mauvais conseils soit non pas soulagée seulement par des charités, mais rendue impossible par une répartition intelligente de capitaux ; que nos mœurs s'adoucissent ; que l'on cesse de nous voir tour à tour prêts à envahir le monde, ou à combattre les uns contre les autres, et certainement nos progrès dans cette voie pacifique deviendront pour nous un boulevart plus sûr que les plus puissantes citadelles. Je ne me fais pas illusion ; bien peu de personnes voudront s'arrêter aux idées que j'exprime, bien peu comprendront qu'un peu de sagesse et d'humanité soit un moyen de résistance aussi efficace que des soldats et des rangées de canons ; beaucoup d'esprits qui se disent progressifs, qui ont un mépris parfait pour le passé, croient cependant que les guerres seront toujours une nécessité, par cette unique raison qu'il y a toujours eu des guerres. Mais il y a aussi des hommes qui ont de meilleurs sentiments et des convictions plus logiques, qui croient fermement, qui espèrent et désirent qu'un jour viendra où l'on ne s'entr'égorgera plus par suite de quelque emportement, ou uniquement pour acquérir de la gloire. En tous cas, si ce sont des illusions, on avouera qu'elles ont quelque avantage sur d'autres chimères qui ont causé tant de maux à l'humanité.

(1) L'art. 3 prescrit que les fonds affectés aux travaux soient employés simultanément à l'exécution de l'enceinte et des forts. M. le ministre de la guerre, en présentant le projet à la Chambre des Pairs, s'est exprimé en ces termes : « On a reconnu, dans les explications qui ont été données dans l'autre Chambre, ce que l'urgence de quelques parties du système pourrait, en certains cas, imposer de devoirs à la responsabilité du gouvernement, qui doit chercher à obtenir une succession de résultats utiles, au lieu d'embrasser à la fois toutes les parties d'un système qui n'offrirait d'avantages qu'après son achèvement complet. Ainsi, comme je l'ai bien établi, on exécutera simultanément les travaux de l'enceinte et des ouvrages avancés sur les points que le gouvernement jugera les plus convenables, et de telle sorte qu'il n'y ait pour aucune des deux parties du système de préférence marquée. Cette interprétation et ces réserves ont été bien expliquées, bien entendues entre le gouvernement et la Chambre des Députés. »

ordonnances des 10, 19, 29 septembre, 4, 8 et 19 octobre 1840, seront liquidées par le ministre de ce département, et soldées sur le crédit de sept millions qui lui est resté ouvert, jusqu'à concurrence du montant de ce crédit.

L'excédant, s'il y en a, sera, après la liquidation, acquitté sur les ordonnances du ministre de la guerre et sur les crédits ouverts par la présente loi.

7. La ville de Paris ne pourra être classée parmi les places de guerre du royaume qu'en vertu d'une loi spéciale (1).

8. La première zone des servitudes militaires, telle qu'elle est réglée par la loi du 17 juillet 1819, sera seule appliquée à

---

(1) « L'art. 7, a dit M. le baron *Mounier*, dans son rapport à la Chambre des Pairs, touche à une question de la plus haute importance. Pour que vous puissiez l'apprécier, il est nécessaire d'entrer dans quelques explications.

« Vous n'avez point oublié la discussion qui, en 1833, s'éleva dans cette assemblée, à l'occasion de la présentation d'un projet de loi relatif à l'état de siège. Vous savez les effets qui s'attachent à la déclaration de l'état de siège. Tous les pouvoirs passent immédiatement entre les mains du commandant militaire; les autorités civiles, judiciaires même, n'agissent plus qu'en vertu de sa délégation. La loi du 10 juillet 1791 a fixé les cas où les places de guerre sont en état de siège. Cet état résulte de circonstances déterminées, l'attaque ou l'investissement par l'ennemi.

« La loi du 19 fructidor an 5, au nombre des moyens dont elle arma le directoire, vainqueur dans le coup d'état de la veille, lui conféra le droit de déclarer les communes de l'intérieur en état de siège, droit qui lui avait été expressément retiré par une loi rendue dix jours auparavant (10 fructidor an 5).

« On pourrait croire que le droit de déclarer les communes en état de siège avait été annulé par la disposition de la constitution de l'an 8, d'après laquelle l'autorité de la loi était nécessaire pour suspendre dans un département ou dans une commune l'action des lois constitutionnelles (art. 92). Depuis lors, un seul acte est intervenu, le décret impérial du 24 décembre 1811, qui a réglé tout le régime des places de guerre. D'après ce décret (art. 53), une place peut être déclarée en état de siège par le fait d'une sédition intérieure. Il ne concerne nullement les villes ouvertes. Cependant tels ont été les malheurs des temps, que nous avons vu deux fois Paris déclaré en état de siège. La seconde fois, en 1832, la Cour de cassation eut à prononcer sur la légalité des jugements rendus par les conseils de guerre institués sous l'autorité de cette déclaration. La Cour décida que la Charte interdisait de distraire les citoyens de leurs juges naturels (arrêt du 29 juin 1832, Sirey-Devilleneuve, 32. 1. 400; Dalloz, 32. 1. 265). A la suite de ce grave incident, on a paru s'accorder à reconnaître que le décret de 1811 ne pouvait pas être appliqué aux villes qui n'étaient pas places de guerre; mais il garde sa force, au moins pour toutes les autres dispositions, relativement à celles-ci.

Quelles sont les villes légalement désignées comme places de guerre? Vous sentez l'importance de la solution de cette question. La loi de 1791 contient le tableau des places qu'elle qualifie ainsi, et elle déclare qu'une autre ville ne peut y être ajoutée que par l'autorité législative; mais la loi du 17 juillet 1819 admet, au contraire, que, par une ordonnance du roi, toute ville peut être classée parmi les places de guerre. On a prétendu, il est vrai, que la nécessité de demander l'assentiment des Chambres pour obtenir les fonds qu'exi-

geraient les ouvrages de fortifications formait une garantie qui remplacerait, jusqu'à un certain point, l'intervention de l'autorité législative stipulée en 1791.

« Toutefois, sans nous arrêter à discuter ce fait ou cette opinion, nous dirons que relativement à la ville de Paris, la question avait été tranchée. Paris aurait été fortifié au moyen des fonds votés par les Chambres, et par conséquent, rien ne se serait opposé à ce que le roi ne rendît une ordonnance qui le classerait au nombre des places de guerre du royaume; et, dès lors, la capitale, non seulement aurait pu être déclarée en état de siège; mais même, légalement, elle aurait été soumise à cette condition dès qu'une sédition aurait éclaté dans son sein.

« C'est contre une pareille conséquence que la Chambre des Députés a voulu se prémunir. Pour l'écarter, elle a introduit un amendement auquel, nous devons le dire, le gouvernement s'est empressé d'acquiescer. Cet amendement porte que « Paris ne pourra être classé parmi les places de « guerre qu'en vertu d'une loi spéciale. »

« Il suit de cet amendement ce fait important, que le système qui tendait à investir le gouvernement du droit de déclarer la capitale en état de siège est absolument abandonné; que ce droit ne pourrait s'exercer que si Paris était classé parmi les places de guerre, et qu'il ne pourra l'être que par une décision expresse et formelle de la législature. Les graves questions que font naître l'application de la *prépotence* absolue de l'autorité militaire dans la ville qui réunit les pouvoirs parlementaires et toutes les autorités civiles supérieures du royaume, se trouvent par conséquent ajournées jusqu'à l'époque où la loi, déclarée nécessaire, serait délibérée.

« Tel est le sens de l'art. 7 du projet de loi. »

Cette partie du rapport fait peut-être dire à l'article et à l'arrêt de la Cour de cassation plus qu'ils ne disent.

Deux questions se présentent : 1° Lorsque Paris sera fortifié, lorsqu'il sera réellement une place de guerre, pourra-t-on lui appliquer toutes les dispositions auxquelles les places de guerre sont soumises? 2° En admettant la négative, en décidant, comme le fait l'article, que Paris ne pourra être classé parmi les places de guerre et assujetti à leur régime que par une loi spéciale, sera-t-il impossible de le déclarer en état de siège par une simple ordonnance?

Le législateur, on le voit, a tranché la première question, et tout prouve qu'il l'a résolue surtout pour que la seconde fût décidée en ce sens que l'état de siège ne peut être appliqué à Paris sans une loi expresse.

A-t-il réellement atteint son but? Cela ne serait pas douteux, si l'on posait en principe que l'on ne peut déclarer en état de siège qu'une place de guerre. Mais est-ce bien là, comme on le pense en général, ce qu'a décidé la Cour de cassation, par

l'enceinte continue et aux forts extérieurs. Cette zone unique, de deux cent cinquante mètres, sera mesurée sur les capitales des bastions, et à partir de la crête de leurs glacis (1).

9. Les limites actuelles de l'octroi de la

---

son célèbre arrêt du 29 juin 1832? J'ai déjà répondu à cette question dans mes notes sur les ordonnances des 1ᵉʳ et 6 juin 1832 qui déclaraient en état de siège plusieurs communes des départements de l'ouest et la ville de Paris. Voyez tome 32, p. 310 et suiv.

(1) Les lois militaires imposent trois zones de servitudes militaires autour des places de premier ordre. Dans la première zone, qui a 250 mètres de rayon en partant de l'escarpe, on ne peut point bâtir. Dans la seconde, qui s'étend à 487 mètres, à partir du même point, on peut bâtir en terre ou en bois, à la condition de démolir à la première réquisition. Dans la troisième zone, qui comprend 974 mètres de rayon, on ne peut ni creuser des fossés, ni faire des levées sans autorisation de l'administration de la guerre.

Les hommes de l'art ont démontré qu'on pouvait, sans danger pour la défense de Paris, réduire toutes les zones de servitudes à la première, qui n'est que de 250 mètres.

« Toutefois, a dit M. *Mounier* dans son rapport à la Chambre des Pairs, l'établissement de cette zone unique fait naître une question grave.

« Les propriétés qu'elle renferme subiront une sensible dépréciation. Les propriétaires ont réclamé une indemnité proportionnée.

« Les lois du 10 juillet 1791 et du 17 juillet 1819, qui font la base et la règle des servitudes défensives, s'expliquent clairement sur les conditions imposées aux propriétés qui se trouvent comprises dans certains rayons des forteresses ; elles ne s'expliquent pas de même sur les droits respectifs de l'État et des particuliers, au moment où, par l'érection d'une ville en place de guerre, les servitudes atteignent des propriétés qui, jusque-là, en avaient été exemptes. Cependant, d'après l'application qui a été faite depuis vingt ans de la dernière de ces lois, l'établissement des servitudes qui résultent de la construction de nouveaux ouvrages de fortification n'est pas envisagé comme constituant une privation de la propriété ; elle n'est considérée que comme une diminution de valeur qui doit être supportée en considération de l'avantage général de la défense publique, auquel le propriétaire participe ; mais Paris est placé dans des circonstances toutes particulières, et on ne pouvait refuser une sérieuse attention aux réclamations des citoyens qui verraient tout à coup leurs habitations condamnées à la dégradation et à la destruction, à un terme plus ou moins éloigné.

« On a donc voulu chercher à tempérer l'effet de ces dispositions, et la commission de la Chambre des Députés a inséré dans son rapport qu'on n'indemniserait personne, mais *qu'on achèterait les terrains qui seraient jugés utiles.*

« Il y a plus, dans les documents annexés au rapport, nous lisons : « La commission a décidé que cette zone ne serait point acquise par l'État, et qu'aucune indemnité ne serait allouée aux propriétaires dont leurs terrains se trouveraient affectés, par suite de la défense d'élever des constructions neuves et de réparer celles qui existent. Néanmoins, pour atténuer autant que possible les effets de cette servitude qui pèseraient principalement sur les constructions déjà existantes la commission a décidé que l'État ferait immédiatement l'acquisition de celles-ci.

« Il a été également décidé, toujours dans la vue de rendre les servitudes moins onéreuses à la propriété, qu'on acquerrait une bande de terrain de 100 mètres de large à droite et à gauche des 35 principales avenues de la capitale. »

« Il nous a semblé qu'il s'était glissé dans ce document une erreur de rédaction. Ce n'est point à une commission qu'il appartiendrait de décider des mesures d'administration. Elle ne peut que les indiquer, les conseiller, les recommander au gouvernement du roi.

« Nous nous sommes informés de ses intentions. Les ministres nous ont répondu qu'en effet elles étaient telles que le document annexé au rapport les annonçait. Le gouvernement se propose d'acquérir les propriétés bâties qui subiraient évidemment la plus fâcheuse dépréciation ; il se propose également d'acquérir les terrains situés à droite et à gauche des avenues principales de la capitale, sur une largeur de 100 mètres des deux côtés. C'est le long de ces avenues que l'on bâtit généralement ; d'ailleurs, comme l'apprend l'exposé des motifs, les terrains serviraient pour établir, en cas de guerre, des ouvrages qui couvriraient les abords des entrées de la capitale.

« D'après ce plan, les conséquences de l'établissement de la zone de la servitude seraient fort adoucies ; cependant de nouvelles réclamations ont été présentées à votre commission par les maires de plusieurs communes de la banlieue.

« Il a paru à quatre de vos commissaires qu'il conviendrait de faire davantage.

« Ils n'aperçoivent pas sur quel principe on se fonderait pour refuser à un particulier, dont la propriété ne serait pas précisément comprise dans les limites de faveur des 100 mètres, de l'acheter, lorsqu'il dirait à l'administration : j'éprouve un notable dommage, et j'ai le même droit d'en être préservé que mon voisin dont vous venez d'acheter le terrain.

« La majorité croit donc que, pour éviter des comparaisons fâcheuses, il serait préférable de rendre la mesure générale et d'acquérir tous les terrains situés dans la zone militaire ; mais devrait-on reculer devant l'importance de la dépense ? mais devrait-on reculer devant une mesure d'équité dans la crainte de la dépense qu'elle entraînerait? Celle-ci serait, du reste, moins considérable qu'on pourrait le supposer. La totalité des terrains compris dans la zone a été évaluée à 18 millions, et comme l'administration revendrait aussitôt, en les grevant de l'interdiction d'y construire, toutes les parties du terrain qu'il ne serait pas nécessaire de conserver pour les ouvrages projetés, l'État n'aurait à supporter que la différence de la valeur entre le prix d'achat et le prix de revente.

« Nous devons encore faire observer que les mesures qui seraient adoptées relativement à la zone de l'enceinte de Paris devraient s'étendre aux zones des forts et autres ouvrages. Il n'y aurait aucun motif pour traiter les propriétaires des unes moins favorablement que les propriétaires de l'autre.

« Mais les réclamations ont été poussées plus

loin : on a allégué qu'indépendamment de la zone légale, il se formerait une zone militaire de fait, où les propriétés éprouveraient pareillement une certaine dépréciation. Cette zone est déterminée par la portée de l'artillerie. Personne, a-t-on prétendu, ne sera disposé à faire l'acquisition d'une habitation qui, lorsque la guerre étendrait ses fureurs jusqu'autour de Paris, serait exposée à être traversée par les boulets lancés des remparts, comme par les boulets lancés par les batteries ennemies. Du moins, en stipulant le prix d'une propriété placée dans une pareille condition, on tiendra compte des chances fâcheuses qu'elle aurait à courir, et naturellement ce prix tomberait plus bas que celui des propriétés qui en seraient à l'abri.

« Il s'ensuit que les citoyens, qui possèdent dans un rayon de quatre mille mètres et même plus tout autour de Paris et des forts et ouvrages détachés, éprouveront une diminution de leur fortune. C'est d'après la prévision de la lésion des intérêts de ces propriétaires que la demande d'une indemnité a été formée en leur faveur.

« Sans doute, la dépréciation sur laquelle on la fonde ne peut guère être niée d'une manière absolue ; mais il est impossible de calculer quelle sera son étendue ; elle dépendra des occurrences qu'il est impossible de prévoir. A l'aspect d'un horizon politique chargé de nuages, toutes les maisons situées dans la zone de l'artillerie baisseraient rapidement de prix, tandis qu'elles reprendraient leur valeur à mesure que les chances de péril paraîtraient s'éloigner. Il faut en conclure qu'il n'y aurait aucun moyen de fixer une indemnité sur des bases raisonnables et équitables ; l'État ne saurait prendre l'obligation d'indemniser les propriétaires de dommages qui pourraient n'être que momentanés et que le cours de quelques mois atténuerait considérablement, s'ils ne les faisait pas entièrement disparaître.

« On avait indiqué comme moyen de dédommager les particuliers de la diminution de la valeur de leurs propriétés l'exemption de la contribution foncière. Ce moyen ne serait pas admissible. Toutes les propriétés doivent acquitter l'impôt en proportion de leur produit. Celles-ci ne cesseront pas de donner un produit ; l'impôt continuera nécessairement à les atteindre ; mais il sera juste que cet impôt se modère, si les causes que nous avons indiquées venaient à réduire sensiblement les revenus des propriétaires. Les dispositions des lois règlent le mode des réclamations et fixent la manière de prononcer. Il ne semble pas qu'aucune précaution particulière soit nécessaire, d'autant que la sollicitude de l'administration publique veillera sans doute sur les intérêts des citoyens qui auraient été froissés par suite des mesures que commandait l'intérêt général du pays. »

Des explications consignées dans ce rapport il résulte que la question de savoir si une indemnité est due aux propriétaires dont les fonds se trouvent frappés par les servitudes militaires, ne peut pas s'élever pour les propriétés bâties, puisque ces propriétés seront achetées ; mais la difficulté reste entière pour les propriétés non bâties.

En équité, l'indemnité ne paraît pas pouvoir être refusée, quoique la dépossession ne soit pas complète ; car il y a certainement diminution des droits du propriétaire, diminution dont il semble juste de le dédommager. Examinons si la législation et les principes généraux du droit s'accordent avec les inspirations de l'équité. La majorité de la commission de la Chambre des Pairs s'est prononcée en faveur des propriétaires dans la discussion de la présente loi. Mais aucune proposition n'ayant été faite, la question n'a pas reçu de solution.

Précédemment des intentions favorables avaient également été manifestées ; mais jamais elles n'ont été traduites en dispositions expresses.

Lors de la discussion de la loi du 17 juillet 1819, le droit à l'indemnité fut reconnu à la tribune des deux Chambres par plusieurs orateurs, et, entre autres, par M. le comte de *Marescot*, rapporteur de la commission de la Chambre des Pairs. « La commission, disait-il, observe qu'une extension quelconque (des zones) ne pourrait avoir lieu sans grever de servitude, et, par conséquent, sans déprécier les terrains libres jusqu'ici et sans qu'on dût accorder aux propriétaires lésés des indemnités égales à la dépréciation. »

Dans la discussion sur la loi du 30 mars 1831, on proposa à la Chambre des Députés d'accorder des indemnités à tous les propriétaires de terrains situés dans les zones militaires des places et postes de guerre non compris dans le tableau annexé à la loi du 10 juillet 1791. Cet amendement fut repoussé, non par des moyens tirés du fond, mais par la raison qu'il ne se rattachait pas à la loi en discussion et qu'il formait une proposition à part qui ne devait être soumise à la Chambre que dans les formes voulues par son règlement.

En 1819, le gouvernement avait songé à élaborer un projet sur cette matière importante. Le travail avait été confié à M. Allent. Le projet qu'il rédigea fut renvoyé à plus mûr examen. Il n'a pas eu de suite. Voici, du reste, sur ce sujet quelques indications qui ont été fournies par M. Allent lui-même. « On n'avait jamais pensé à accorder une indemnité proprement dite pour l'établissement des servitudes défensives ; mais comme, en certain cas, l'existence de ces servitudes diminue la valeur vénale ou locative des bâtiments, on avait trouvé juste d'accorder au propriétaire un dégrèvement de la contribution foncière. L'État prélève, par la contribution foncière, une portion du revenu présumé de tous les immeubles ; il aurait fait le sacrifice d'une quotité quelconque de cette contribution en faveur du propriétaire qui aurait trouvé, jusqu'à un certain point, dans ce dégrèvement une compensation du préjudice que l'établissement de la servitude peut lui occasionner. Or, dans cette limite même, le projet fut encore jugé inexécutable. » — Voir *Traité des servitudes légales établies pour la défense des places de guerre et de la zone des frontières*, par M. Delalleau, n. 673.

Ainsi la législation est muette : le principe général déposé dans le Code civil, art. 545 et dans la Charte, art. 9, n'a reçu aucune organisation relativement à l'objet spécial dont il est ici question.

Dans l'application, si l'on en croit M. *Mounier*, aucune indemnité n'est allouée. Il en était ainsi dans notre ancienne législation. Il est du moins certain que ni l'ordonnance de 1713 ni celles qui l'ont suivie n'ont parlé des indemnités auxquelles l'établissement des servitudes aurait pu donner droit. (Voir Delalleau, n. 660.)

Il y a plus, on doit ajouter que l'art. 15 de la loi du 17 juillet 1819 et l'ordonnance du 1er août 1821, art. 45 et suiv., ne comprennent pas les propriétaires de terrains soumis aux servitudes militaires au nombre de ceux qui ont le droit de réclamer une indemnité.

M. Delalleau pense donc que le droit à l'indemnité n'existe pas. « Il n'est écrit, dit-il, dans aucune loi. Il y a plus, la législation spéciale à cette matière le refuse implicitement, car il n'est point indiqué au nombre des circonstances qui donnent lieu à cette indemnité. D'ailleurs, le principe existât-il, nulle part la loi n'indique quelles formes l'on devra suivre, à quelle autorité il faudra s'adresser. Enfin, il est presque impossible de déterminer d'après quelles bases l'indemnité sera calculée. »

Il repousse l'objection grave tirée de l'art. 9 de la Charte, en disant que ce principe se trouvait dans les constitutions précédentes, et que jamais il n'avait été appliqué qu'à l'expropriation pour cause d'utilité publique.

Aux raisons présentées par M. Delalleau, on peut ajouter celle que faisait valoir M. le vicomte de Caux qui avait été chargé par le gouvernement de soutenir la discussion du projet de loi de 1819, et qui consiste à dire que ce principe imposerait à l'état des sacrifices exorbitants.

M. Delalleau prétend que M. de Gérando a une opinion contraire à la sienne, et il cite le tome 4, p. 359, de son *Cours de droit administratif*. Dans ce passage, M. de Gérando ne s'occupe pas de la question, il énumère seulement les cas où il y a *privation momentanée* de la propriété, ce qui est évidemment autre chose que la *dépréciation perpétuelle* que cause l'établissement des servitudes militaires; et, pour celles-ci, il renvoie aux art. 1382 à 1400 de son Cours, t. 2, p. 37, CCCLXIII, où il s'exprime ainsi : « Les privations imposées à la jouissance de la propriété donnent lieu, en certains cas, à des indemnités. » Il indique enfin quels sont ces cas, p. 45, CCCLXIX. « Il y a, dit-il, deux sortes d'indemnités : 1° celle pour expropriation ; 2° celle pour démolition ou destruction dans les cas prévus déterminés. » Ce sont ceux indiqués par les lois de 1791, 1819, et l'ordonnance de 1821.

M. Foucard, *Leçons de droit administratif*, t. 1, p. 242, après avoir établi qu'en équité l'indemnité est due, et fait observer que la législation semble méconnaître les droits des propriétaires, ajoute : « Dans le silence de la loi, on peut s'appuyer sur les principes généraux et sur un arrêt du conseil d'État du 25 décembre 1825 (affaire Delaitre, S., 25. 2. 261, et S., 26. 2. 349) qui décide que le ministre de la guerre est investi du droit de statuer en première instance et sauf recours au conseil d'État sur les demandes en indemnité pour les cas non prévus par la loi. » Voir également arrêt du conseil du 15 juin 1832 ; Mac., 14, p. 311, et arrêt du 7 avril 1835, Mac., t. 17, p. 277.)

M. Laferrière, dans son *Cours de droit administratif*, 2ᵉ édition, p. 359, émet une opinion différente, fondée sur ce que l'ordonnance du 1ᵉʳ août 1821 ne désigne pas l'établissement des servitudes militaires comme une cause d'indemnité, et sur ce que, d'ailleurs, imposer une servitude, ce n'est pas exproprier.

MM. Caudaveine et Thery pensent, au contraire, que l'indemnité est due. Voy. *Traité de l'expropriation pour cause d'utilité publique*, p. 299 et 300.

M. Sirey, dans une consultation qui se trouve au t. 26. 2. 261 de son recueil, a cherché à établir le droit à l'indemnité. Dans l'espèce, il s'agissait de la réclamation qui était faite par le sieur Delaitre, au sujet de la translation de la poudrerie d'Essonne au domaine du Bouchet (Seine-et-Oise).

Le sieur Delaitre s'opposait à la translation de cet établissement. Son opposition était fondée sur le danger que présentait le voisinage de la poudrerie et sur la dépréciation considérable qui devait en résulter pour sa filature de coton.

Il s'était adressé au ministre de la guerre pour obtenir une indemnité. Le ministre l'ayant refusée, il porta son action au tribunal de première instance. Le conflit fut élevé aussitôt. M. Delaitre se pourvut d'ailleurs devant le conseil d'État en appel de la décision ministérielle. C'est sur cet appel qu'est intervenu l'arrêt dont parle M. Foucart.

Pour justifier le droit à l'indemnité, M. Sirey a cherché à établir les deux propositions suivantes, savoir : 1° « qu'entre particuliers, une indemnité est due au propriétaire dont la propriété (non asservie) est endommagée ou dépréciée par le nouvel établissement d'un voisin ; 2° que l'administration est tenue, comme les particuliers, à indemniser les voisins dont elle endommage ou déprécie les propriétés par quelque établissement nouveau.

A l'appui de sa doctrine, il invoque l'équité, la loi 61 ff. *de reg. Jur.*, l'art. 1382 C. civ., la loi 8, § 5, ff. *Si serv. vind.*, et enfin deux arrêts de la Cour de Metz des 10 nov. 1808 et 16 août 1820 (S., 21. 2. 154 et 155).

Je ferai seulement observer que l'art. 1382 ne me paraît pas heureusement choisi pour justifier le droit à l'indemnité. Cet article, en effet, est placé au chapitre des délits et des quasi-délits. Il suppose la perpétration d'un fait illicite. Or, il est impossible de soutenir que l'État commet un quasi-délit ou une faute quand il agit dans un intérêt de bonne administration. Quant aux deux arrêts de la Cour de Metz, ils ne visent aucune loi, ils ne statuent que sur les contestations entre voisins et à raison des dommages causés par l'un d'eux.

En outre, M. Sirey, après avoir rappelé la loi du 8 mars 1810 et l'art. 10 de l'ancienne Charte, rapporte plusieurs ordonnances du conseil d'État. Les unes n'ont pas un rapport bien direct à la question débattue ; les autres, qui se réfèrent soit à la loi du 16 septembre 1807, soit à celle du 8 mars 1810, ont pour objet d'établir ou dans la fixation de l'indemnité à laquelle a droit le propriétaire dépossédé ou seulement troublé dans sa jouissance par des travaux d'utilité publique, on doit avoir égard non seulement à la portion de terrain qui lui est enlevée, mais encore à la moins value que les travaux ont occasionnée à la propriété. On ne peut conclure de là que le sieur Delaitre avait droit à une indemnité parce que l'État avait établi une poudrerie dans son voisinage. D'ailleurs, l'examen des lois de 1807 et de 1810 suffit pour démontrer que leurs dispositions étaient étrangères à la contestation. Il faut également reconnaître qu'on ne pouvait guère lui appliquer l'art. 10 de la Charte de 1814 et l'art. 545 du Code civil.

Une espèce analogue s'est présentée le 18 février 1836 devant le conseil d'État, et la requête à fin d'indemnité a été repoussée, par le motif que la réclamation ne reposait que sur la crainte d'un danger, et que l'exposant ne justifiait d'aucun dommage réellement éprouvé par lui. — Aff. de Narbonne-Lara. (Voir Mac., t. 18, p. 90.)

Telles sont les opinions et les précédents qu'on peut citer.

A mon avis, pour résoudre la question, il suffit de se reporter à quelques principes incontestables.

Le respect dû à la propriété est un des plus solides fondements de la société civile, il a inspiré la disposition transmise de constitution en constitution et écrite aujourd'hui dans l'art. 9 de la Charte, qui accorde une juste et préalable indemnité à quiconque est dépouillé de sa propriété dans l'intérêt public.

Les jurisconsultes et les publicistes reconnaissent que cette règle tutélaire est applicable à l'expropriation partielle comme à l'expropriation totale. Si, pour l'exécution de travaux publics, on prend la moitié d'un champ ou d'un édifice, on donne une indemnité proportionnée ; jamais on n'aurait osé prétendre qu'il fallait que tout le champ fût pris, que l'édifice entier fût détruit pour que le propriétaire pût demander une indemnité. La législation a, je le répète, reconnu le droit à l'indemnité, au cas d'expropriation partielle ; elle a été plus loin, elle a décidé que le propriétaire peut se refuser au morcellement et contraindre l'administration à acheter le fonds ou l'édifice entier. (Loi du 16 septembre 1807, art. 51 ; loi du 7 juillet 1833, art. 50.)

Mais, par cela même, la question que j'examine n'est-elle pas tranchée ? Il y a deux manières de morceler un immeuble ; l'une consiste à en retrancher matériellement une partie ; l'autre à enlever, sans division matérielle, un des éléments qui constituent le droit de propriété. En d'autres termes, on peut diviser en fragments les choses sur lesquelles porte ce droit, et décomposer le droit lui-même ; puis, distraire un des fragments de la chose, ou l'un des démembrements du droit. Chacune de ces opérations cause un préjudice également certain, également appréciable. On ne voit pas pourquoi le mal qui suite de l'une recevrait une réparation, et pourquoi le dommage dont l'autre est la cause resterait sans indemnité. Il y a expropriation dans la véritable acception du mot, soit qu'on ôte une portion du champ, soit qu'on enlève au propriétaire une partie de ses droits sur le champ laissé entier. C'est ainsi que, dans le Traité de la vente, après avoir défini l'éviction, la privation qu'éprouve l'acheteur de tout ou partie du droit de propriété que la vente a dû lui transmettre, j'ai pu ajouter avec Domat : « la privation partielle a lieu de deux manières : ou l'acheteur est évincé de toute espèce de droit sur une portion de la chose vendue, comme lorsque, ayant acheté cinquante hectares, un tiers en revendique vingt-cinq ; ou bien, en restant propriétaire de la totalité de la chose, son droit de propriété subit une modification, éprouve un démembrement par l'exercice d'une servitude, d'un usufruit, d'une charge réelle. » (Continuation de Toullier, t. 1ᵉʳ, n. 309 et 310.)

Je demande pardon d'avoir cité ce passage ; mais ce qui y est dit de l'éviction est si bien applicable à l'expropriation, que j'ai cru ne pouvoir mieux faire pour rendre ma pensée que de le reproduire. Si donc l'intérêt public exige qu'il y ait démembrement du droit de propriété, notamment

que l'usufruit soit détaché de la nue-propriété, qu'un droit d'usage soit imposé, ou qu'une servitude soit créée, l'administration doit une juste indemnité.

Ce système, on le voit, n'a rien de vague ; il n'est point fondé sur de simples considérations, sur ce qu'on appelle l'équité ; il est bien tranché et bien clair ; il est déduit des règles les plus constantes du droit ; il repose sur l'interprétation parfaitement juridique, si je ne me trompe, du mot *expropriation*.

Il me semble qu'il a d'ailleurs l'avantage de fournir de faciles réponses aux raisonnements, à l'aide desquels on a voulu établir que les propriétés grevées de servitudes militaires sont sans droit à une indemnité.

N'est-il pas évident, en effet, que si l'imposition d'une servitude est, légalement parlant, une expropriation partielle, les constitutions successives, la Charte, le Code civil, l'esprit de toute notre législation proclament que l'indemnité est due ; et que dès lors le silence des lois de 1791, de 1819, de 1831, et une pratique plus ou moins constante, sont de bien faibles arguments. Un grand principe constitutionnel ne peut être méconnu, parce que des lois d'exécution ne l'ont pas développé, ou parce que ceux qu'il protège ont négligé plus ou moins longtemps d'en réclamer l'application, ou que, par erreur, on a refusé de la leur faire.

On a donc cherché des règles et des dispositions expresses pour soutenir l'opinion que je combats ; et l'on a cité les art. 544 et 650 du Code civil. Le premier, a-t-on dit, définit la propriété, le droit de jouir et disposer des choses de la manière la plus absolue, pourvu qu'on n'en fasse pas un usage prohibé par les lois et les règlements. Il suffit donc que les lois relatives aux places fortes défendent aux propriétaires situés à une certaine distance de faire de leur fonds l'usage ordinaire, d'y creuser des fossés, d'y élever des édifices, etc., pour qu'ils soient obligés de subir cette règle. Le second article dit que tout ce qui est relatif aux servitudes légales est soumis à des lois et règlements particuliers ; il suppose donc aussi une modification du droit de propriété, sans indemnité pour ceux qui pèsent les servitudes.

Si l'art. 544 était entendu dans le sens général qu'on lui donne, il ne contiendrait pas la définition, mais la négation du droit de propriété. Aussi jamais n'a-t-on pensé que les restrictions apportées à la faculté absolue de disposition et de jouissance de chaque propriétaire sur sa chose pussent s'étendre jusqu'à le priver de cette chose en tout ou en partie. Ce serait admettre le droit de confiscation comme correctif du droit de propriété. Quant à l'art. 650, il parle de certaines servitudes spéciales, il ne faut pas l'étendre à des cas qu'il ne prévoit point. Si d'ailleurs l'on compare les circonstances dans lesquelles il impose des restrictions à la propriété privée et l'étendue même de ces restrictions avec les servitudes dont on voudrait grever les propriétés limitrophes des places de guerre, on s'aperçoit qu'il n'y a aucune analogie véritable. Les charges qui résultent du voisinage d'un fleuve ou d'un chemin ne surgissent pas ordinairement d'une manière imprévue ; la plupart du temps, cette situation est ancienne et connue ; la propriété n'est pas grevée par un fait inattendu ; il s'agit bien moins d'imposer des obligations nouvelles que de régulariser celles qui existent déjà. D'un autre côté, ces charges sont en général peu

ville de Paris ne pourront être changées qu'en vertu d'une loi spéciale (1).

10. Il sera, tous les ans, rendu compte aux Chambres de l'exécution des travaux ordonnés par la présente loi.

4 MARS — 5 AVRIL 1841. — Ordonnance du roi portant que les compagnies de voltigeurs des gardes nationales du département de la Seine pourront adopter le shako en remplacement du bonnet à poil. (IX, Bull. DCCLXLIX, n. 9223.)

Louis-Philippe, etc., vu l'art. 68 de la loi du 22 mars 1831 et l'art. 19 de la loi du 14 juillet 1837; vu notre ordonnance du 29 septembre 1831 (2), sur l'uniforme des gardes nationales du département de la Seine; sur le rapport de notre ministre secrétaire d'Etat au département de l'intérieur, etc.

Art. 1er. Les compagnies de voltigeurs des gardes nationales du département de la Seine pourront, sur l'autorisation du commandant supérieur desdites gardes nationales, adopter le shako en remplacement du bonnet à poil, lorsque le commandant supérieur jugera que cette modification à la coiffure déterminée par l'ordonnance du 29 septembre 1831 réunit l'adhésion d'une majorité suffisante des citoyens de tous grades inscrits au contrôle de la compagnie qui aura fait la demande. Cette demande devra être adressée au commandant supérieur par le colonel, qui y joindra l'avis des officiers supérieurs de la légion.

---

onéreuses et sont largement compensées par les avantages que procurent les voies de communication dans l'intérêt desquelles on a voulu qu'elles fussent établies. On voit donc combien il serait déraisonnable d'appliquer aux servitudes qu'entraîne la construction d'une place forte, les règles qui conviennent aux servitudes que le cours d'un fleuve ou l'établissement d'un chemin peut faire naître.

Je ne m'arrête pas longtemps à ces deux considérations que l'indemnité n'est pas due, parce que chacun doit concourir à la défense générale du pays; que chacun est payé des sacrifices qu'il fait dans cet intérêt par le contingent de sécurité que lui procurent les travaux militaires; qu'enfin le trésor public ne pourrait suffire au paiement des indemnités.

Sur la première, il suffit de dire que c'est également que chacun doit contribuer aux charges de l'Etat; qu'il serait inique que les propriétaires des terrains situés dans les différentes zones des places fortes supportassent seuls l'effet des travaux exécutés dans l'intérêt du pays tout entier; sur la seconde, je n'ai qu'à faire remarquer que l'état du trésor n'est pas un argument sérieux contre le droit d'indemnité. Si la pénurie des caisses publiques pouvait, dans l'espèce, justifier un refus de paiement, elle devrait avoir le même effet dans le cas d'expropriation du fonds. Un débiteur peut bien dire : je dois et je ne peux pas payer; mais il serait absurde qu'il ajoutât : comme je ne peux payer, je ne dois pas.

Le droit à l'indemnité une fois reconnu, il faut voir comment il doit s'exercer. Sur ce point, il me semble qu'on doit suivre l'opinion de MM. Caudaveine et Théry : « Nous croyons, disent-ils, que lors de l'établissement d'une place de guerre, tous ceux dont les terrains se trouvent compris dans les zones de servitudes doivent se présenter devant la juridiction appelée à régler les dédommagements et réclamer leur admission au nombre des indemnitaires. » Il est évident en effet qui si l'indemnité leur est due, ils ont droit de la réclamer par la voie ordinaire; je ne vois pas pourquoi ils seraient obligés de s'adresser au ministre de la guerre et de suivre une forme autre que celle indiquée dans la loi de 1831.

(1) « Les communes qui seront renfermées dans la nouvelle enceinte ont fait observer, disait l'organe de la commission de la Chambre des Pairs,

que de nombreux établissements d'industrie s'étaient formés sur leur territoire, parce qu'ils y trouvaient l'avantage de profiter des ressources de la capitale, sans ressentir le fâcheux effet du renchérissement des prix qui résulte de la perception des droits atteignant presque tous les objets nécessaires à la vie. D'un autre côté, un très grand nombre de personnes employées dans la capitale, à différents titres, se sont logées dans les communes attenantes, afin de profiter du bas prix des denrées. En assujettissant ces communes à l'octroi, ce serait attaquer les établissements d'industrie qui les vivifient; ce serait aussi leur enlever l'avantage qui leur assure, auprès d'une partie de la population, la préférence sur l'intérieur de Paris. Mais on a répondu que la question de savoir s'il conviendrait d'étendre les limites de l'octroi de Paris au-delà de la limite actuelle, était prématurée; que, pour le moment, la chose n'était point proposée, et que, si elle venait à l'être, tous les intérêts seraient entendus et débattus, puisque l'on ne pourrait se passer de la sanction de l'autorité législative. Il est de principe qu'un octroi établi en faveur d'une commune n'est perçu que dans la circonscription de cette commune. Pour que les droits imposés en vertu du tarif de l'octroi de Paris pussent être perçus à son profit, il faudrait donc, à moins d'une disposition législative expresse, que les communes ou portions de communes qu'il s'agirait d'y assujettir fussent englobées dans Paris et en devinssent partie, comme Chaillot et plusieurs autres villages qui ont été successivement englobés; mais, comme toutes ces communes dépendent des arrondissements de Saint-Denis et de Sceaux, une loi serait indispensable pour opérer la réunion. Telle est la disposition formelle de la loi qui règle l'administration municipale. (Loi du 18 juillet 1837, art. 4.) On a voulu toutefois rassurer la population des vingt communes qui verront leur territoire passer, en tout ou en partie, dans la nouvelle enceinte. A cet effet, la Chambre des Députés a inséré dans le projet de loi un article qui porte que les limites actuelles de l'octroi de Paris ne pourront être changées qu'en vertu d'une loi spéciale.

« Les questions difficiles et compliquées qui naîtraient des intérêts divers qu'il y aurait à protéger et à concilier sont conséquemment ajournées jusqu'à l'époque où cette loi spéciale serait réclamée. »

(2) Voy. tome 31, p. 405.

2. Notre ministre de l'intérieur (M. Duchâtel) est chargé, etc.

22 mars = 5 avril 1841. — Ordonnance du roi qui autorise le paiement d'un à-compte de cinquante pour cent sur les liquidations opérées en exécution de l'art. 1ᵉʳ de la convention conclue, le 9 mars 1839, entre la France et le Mexique. (IX, Bull. DCCLXLIX, n. 9224.)

Louis-Philippe, etc., sur le rapport de nos ministres secrétaires d'Etat aux départements des affaires étrangères et des finances; vu l'art. 8 de notre ordonnance royale du 30 novembre 1839 (1), relative au mode de liquidation des indemnités fondées sur l'art 1ᵉʳ de la convention conclue, le 9 mars 1839 (2), entre la France et le Mexique, etc.

Art. 1ᵉʳ. La caisse des dépôts et consignations est autorisée à payer un à-compte de cinquante pour cent sur toutes les liquidations opérées par la commission chargée de la répartition des indemnités mexicaines, et qui sont devenues définitives par l'expiration des délais fixés pour le pourvoi en révision ou par la renonciation à ce pourvoi, ainsi que sur toutes les liquidations qui pourront être opérées par la commission de révision.

2. Nos ministres des affaires étrangères et des finances (MM. Guizot et Humann) sont chargés, etc.

17 mars = 13 avril 1841. — Ordonnance du roi portant autorisation de la société anonyme du pont de Tonnay-Charente. (IX, Bull. supp. DXXVII, n. 15415.)

Louis-Philippe, etc., sur le rapport de notre ministre secrétaire d'Etat de l'agriculture et du commerce; vu notre ordonnance royale du 21 août 1838, qui autorise l'établissement d'un pont suspendu sur la Charente, à Tonnay-Charente (Charente-Inférieure), et celle du 5 septembre 1839, qui autorise une nouvelle mise en adjudication passée; vu l'adjudication passée, le 4 décembre 1839, au profit de M. Pierre Debans l'aîné, et approuvée par notre ministre des travaux publics le 24 du même mois; vu les art. 29 à 37, 40 et 45 du Code de commerce; notre conseil d'Etat entendu, etc.

Art. 1ᵉʳ. La société anonyme formée à Bordeaux (Gironde) sous la dénomination de Société anonyme du pont de Tonnay-Charente est autorisée. Sont approuvés les statuts de ladite société tels qu'ils sont contenus dans l'acte passé, le 9 février 1841,

par-devant Mᵉ Loste et son collègue, notaires à Bordeaux, lequel acte restera annexé à la présente ordonnance.

2. La compagnie est substituée à tous les droits comme à toutes les obligations qui dérivent pour le sieur Pierre Debans aîné de l'adjudication passée à son profit le 4 décembre 1839.

3. Nous nous réservons de révoquer notre autorisation en cas de violation ou de non exécution des statuts approuvés sans préjudice des droits des tiers.

4. La société sera tenue de remettre tous les six mois un extrait de son état de situation au ministère de l'agriculture et du commerce, aux préfets des départements de la Gironde et de la Charente-Inférieure, au greffe du tribunal de commerce et à la chambre de commerce de Bordeaux.

5. Notre ministre de l'agriculture et du commerce (M. Cunin-Gridaine) est chargé, etc.

Société, nature, objet, durée, dénomination, administration, siège.

Art. 1ᵉʳ. Il sera établi, avec l'autorisation du gouvernement, entre le comparant et les personnes ci-après nommée une société anonyme pour la construction du pont de Tonnay-Charente, et pour la perception du péage de ce pont pendant le temps déterminé par le procès-verbal de l'adjudication sus-énoncé, c'est-à-dire pendant soixante et dix-sept ans et six mois, à partir du 14 janvier 1840, jour où l'approbation de l'adjudication a été notifiée, suivant les termes du cahier des charges.

2. La société commencera le jour de l'ordonnance qui l'autorisera; elle durera jusqu'au 14 juillet 1917, terme de la concession ci-dessus rappelé.

3. Elle prendra le titre de *Société anonyme du pont de Tonnay-Charente.*

4. Elle sera régie par un conseil d'administration; un des administrateurs remplira les fonctions de trésorier.

5. Le siège de la société sera établi à Bordeaux.

Mise en société.

6. M. Debans l'aîné apporte à la société le droit qui lui appartient, aux termes du procès-verbal d'adjudication sus-énoncé, de construire ledit pont et de percevoir à son profit, pendant le temps déterminé par ledit procès-verbal, soit le péage du pont, soit le péage des bacs qui pourraient être momentanément établis en cas de suspension du passage. La société pourra, en conséquence, user et disposer de ces droits, les recevoir par ses préposés ou les donner à ferme, ainsi qu'elle le jugera convenable, à compter du jour où ledit pont sera livré au public. M. Debans l'aîné met à cet effet la société à sa place, sans aucune réserve ni garantie à la charge par elle de remplir, à la décharge de M. Debans, les obligations de construction, conservation, d'entretien et autres auxquels il est lui-même

(1 et 2) Voy. tome 39, p. 393 et 244.

tenu, aux termes du cahier des charges qui a précédé l'adjudication prononcée en sa faveur.

Fonds social, division, répartition des actions, versements, titres provisoires, titres définitifs.

7. Le fonds social se compose : 1° de la concession faite à M. Debans l'aîné ; 2° de la subvention de deux cent cinquante mille francs accordée par l'Etat ; 3° d'une somme de cinq cent soixante et quinze mille francs fournie par les actionnaires, à raison de mille francs par action ; le tout destiné à l'établissement complet du pont et de la partie des abords, mise à la charge du concessionnaire. Le fonds social sera représenté par cinq cent soixante-et-quinze actions ayant droit chacune à un cinq cent soixante et quinzième (1/575ᵉ) des produits de l'entreprise.

8. Les cinq cent soixante et quinze actions seront réparties ainsi qu'il suit, entre les associés.
(Suivent les noms.)

9. La somme de mille francs à fournir pour chaque action sera payée par chaque actionnaire, au fur et à mesure des besoins de la société. Les fonds seront versés à la caisse sociale, entre les mains du trésorier de la société, sur la demande que celui-ci en fera aux actionnaires, en vertu d'une délibération du conseil d'administration. Huit jours après la demande, l'actionnaire en retard sera mis en demeure par un simple acte extrajudiciaire ; dans la quinzaine de la signification de cet acte, les actions de l'actionnaire en retard seront vendues avec publicité et aux enchères, en vertu d'une délibération du conseil d'administration. Le nouvel actionnaire devra payer le montant des actions, à lui vendues et transférées, aux échéances et de la manière qu'aurait été tenu de le faire l'actionnaire remplacé, et à son domicile, à Bordeaux. Le résultat de la négociation sera notifié à l'actionnaire remplacé et au domicile élu par lui. Le reliquat, déduction faite de tous frais et intérêts payés à sa décharge, sera sa propriété, mais il sera tenu, par toutes les voies de droit, de payer à la société le déficit, s'il en existe.

10. Au fur et à mesure des versements effectués par les actionnaires, il leur sera remis, par le trésorier, des quittances qui seront échangées contre des titres définitifs immédiatement après le dernier versement.

11. Les actions, dont la forme sera déterminée par le conseil d'administration, seront nominatives, ou au porteur, au choix de l'actionnaire. Toutefois elles ne pourront être délivrées au porteur qu'après le versement intégral de chaque action. Les actions seront détachées d'un registre à talon et numérotées de un à cinq cent soixante et quinze ; elles seront signées par l'administrateur-trésorier et par deux autres membres du conseil d'administration. Les actions nominatives pourront être converties en actions au porteur et successivement. Aucune conversion ne pourra être opérée si ce n'est par la signature de trois administrateurs. Les actions ou titres convertis seront préalablement barrés par les administrateurs, et conservés jusqu'à la première assemblée générale pour y être représentés et détruits. Les frais occasionnés par la conversion seront supportés par l'actionnaire.

Transfert des actions. — Droits des cessionnaires.

12. Le transfert des actions nominatives s'opé-

rera par la déclaration du cédant, ou de son fondé de pouvoir spécial, signée par le cédant et acceptée par le cessionnaire sur un registre tenu exprès. Chaque transfert sera productif pour la société d'un droit fixe de deux francs par action, pour tous frais. La cession des actions au porteur résulte de la simple tradition du titre, ainsi que l'énonce leur qualification au porteur. Le transfert des actions, soit nominatives, soit au porteur, comprend toujours à l'égard de la cession des sommes revenant à ces actions sur les réserves qui pourraient avoir été faites et sur les dividendes acquis au temps du transfert. Le transfert entraîne toujours l'obligation d'effectuer les versements aux époques fixées par l'art. 9, de telle manière que l'actionnaire nouveau se trouve substitué aux droits et obligations des actionnaires primitifs pour le mode de versements jusqu'à la remise du titre définitif. Les actions ne pourront être négociées qu'à la charge, par le cédant, de rester garant de son cessionnaire, envers la société, pour ce qui resterait à payer sur le montant de l'action.

13. La société ne reconnaît point de fractions d'action. Si plusieurs ont droit à la propriété d'une ou plusieurs actions indivises entre eux, ils devront se faire représenter par une seule personne. Dans aucun cas, et sous aucun prétexte, il ne pourra être apposé de scellés à leur requête, ni être fait inventaire. Le porteur du titre d'action sera censé propriétaire du titre à l'égard de la société.

Prélèvements. — Répartition.

14. Sur le produit brut du péage, il sera prélevé, chaque semestre : 1° les sommes nécessaires aux frais de gestion et d'administration, ainsi qu'à l'entretien du pont ; 2° une somme destinée à former le fonds de réserve dont il sera parlé à l'article suivant ; 3° le montant des actions à amortir dans les limites et suivant le mode établi par le tableau joint aux présents statuts. L'excédant, déduction faite des charges et des sommes dont l'assemblée générale, sur la proposition du conseil d'administration, ordonnerait l'affectation spéciale, sera réparti, à titre de dividende, entre toutes les actions non amorties dans les premières quinzaines de janvier et de juillet de chaque année.

Réserve.

15. Il sera établi une réserve dont la quotité sera ultérieurement déterminée par l'assemblée générale, mais dont le minimum sera de cinquante mille francs. Cette réserve sera spécialement affectée aux frais de grosses réparations et à subvenir aux imprévus. Elle sera formée au moyen du prélèvement annuel prescrit par le n. 2 de l'article précédent. La quotité de ce prélèvement annuel sera fixée par l'assemblée générale ; toutefois elle ne pourra être moindre de mille francs par an. Les fonds de ce prélèvement seront employés, au fur et à mesure, en rentes sur l'Etat. Les intérêts provenant de ces placements successifs seront employés, au fur et à mesure, de la même manière. La quotité de la réserve une fois atteinte, le prélèvement annuel destiné à la former cessera, et les intérêts des valeurs formant la réserve seront réunis au produit du pont, et appliqués, soit à l'amortissement, s'il n'avait pas atteint ses limites, soit à accroître les dividendes, ainsi que l'assemblée le jugera convenable. Lorsque, par suite d'imputations faites sur la réserve, elle ne se trouvera plus au complet, le prélèvement annuel recommencera jusqu'à ce que le déficit ait été comblé. A la fin des soixante

et dix-sept ans six mois, époque à laquelle expirera la concession, la réserve en caisse appartiendra aux porteurs des dernières actions qui n'auront pas été amorties. Il est bien entendu qu'avant tout partage il sera prélevé sur la réserve les dépenses nécessaires pour remplir les obligations imposées par le cahier des charges, de remettre, à l'expiration de la concession, le pont en bon état.

Assemblées générales.

16. Il y aura, de plein droit, chaque année, tant que durera la société, deux assemblées générales. Elles se tiendront dans la première quinzaine de janvier et de juillet. Il pourra, en outre, être convoqué des assemblées générales toutes les fois que le bien de la société et les présents statuts pourront l'exiger.

17. La convocation des assemblées générales sera faite, au nom du conseil d'administration, par annonces insérées quinze jours au moins à l'avance dans un des journaux désignés chaque année par le tribunal de commerce de Bordeaux, conformément à la loi du 31 mars 1833. Ces annonces feront connaître l'objet de la réunion.

18. Tout porteur d'action de la société a le droit d'assister à l'assemblée générale. Les actionnaires dont les titres sont au porteur devront, deux jours au moins avant la tenue de l'assemblée générale, déposer leurs titres entre les mains de l'administrateur-trésorier, qui en fournira récépissé, et devra faire mention de ce dépôt sur un registre spécial.

19. Le bureau de l'assemblée sera composé du président du conseil d'administration, de deux scrutateurs et d'un secrétaire, qui seront désignés par les actionnaires présents.

20. L'assemblée générale ne pourra délibérer, si elle n'est composée d'un nombre d'actionnaires réunissant au moins le tiers des actions non amorties. Si l'assemblée générale ne satisfait pas à cette condition, il sera fait, dans la quinzaine, une nouvelle convocation dans les formes indiquées par l'art. 17 ci-dessus. Les actionnaires qui composeront cette seconde assemblée délibéreront valablement, quels que soient d'ailleurs leur nombre et la quantité d'actions qu'ils représenteront ; mais leur délibération ne pourra porter que sur les objets à l'ordre du jour de la première réunion. Les délibérations seront prises au scrutin secret, à la majorité des suffrages exprimés par les membres présents. Les voix seront comptées par tête, et non par action. Les actionnaires pourront se faire représenter par un fondé de pouvoir spécial, dont le mandat sera joint au procès-verbal de la séance. Ce fondé de pouvoir ne sera point un des actionnaires, et ne pourra en représenter plus d'un.

21. L'assemblée générale entend les comptes que rend le conseil d'administration, et les arrête ; elle s'occupe de tout ce qui peut intéresser la société ; elle procède à la nomination et au renouvellement des membres sortant du conseil d'administration ; enfin, elle fait opérer devant elle le tirage des actions à amortir.

22. L'assemblée générale représente tous les actionnaires ; ses décisions, prises dans les limites des statuts, sont souveraines et obligatoires pour tous, même pour ceux qui n'ont pas concouru à l'assemblée générale ou qui les ont rendues.

Conseil d'administration.

23. Le conseil d'administration de la société sera composé de cinq membres, l'un desquels remplira les fonctions de trésorier. Chaque administrateur devra posséder au moins quinze actions, dont il ne pourra disposer pendant la durée de ses fonctions, qui seront gratuites. Toutefois, ce nombre d'actions pourra être réduit par l'assemblée générale proportionnellement à la réduction qu'amènera l'amortissement dans le nombre d'actions émises.

24. Tous les ans, les membres du conseil d'administration nommeront entre eux le président et le trésorier. La durée des fonctions des membres du conseil d'administration sera de trois ans. Pendant les deux premières années, deux membres sortants seront désignés par le sort ; le cinquième sortira la troisième année ; puis on recommencera par rang d'ancienneté. Les membres sortants pourront être réélus.

25. En cas de vacance, par décès, démission ou toute autre cause, de l'un des membres du conseil d'administration, les membres restants pourvoiront à son remplacement par un autre actionnaire remplissant les conditions requises pour faire partie de ce conseil. Les fonctions de ce nouveau membre cesseront à la prochaine assemblée générale, à moins qu'il ne soit confirmé par elle.

26. Les fonctions du conseil d'administration embrassent tout ce qui est relatif à la construction et à l'entretien du pont, à la surveillance du service, au recouvrement et au contrôle des recettes ; à la passation, résiliation et renouvellement des baux ; aux différends avec des tiers ou avec les actionnaires ; aux traités et conventions à passer ; aux compromis, transactions et nominations d'arbitres ; aux remises de sommes à accorder, aux paiements à faire, aux recettes à opérer ; en un mot, à la gestion et à l'exploitation dans le sens le plus étendu de toutes les affaires de la société, ou qui en dépendent. Les titres et valeurs appartenant à la société, et ceux dont le dépôt est exigé par les présents statuts, seront placés dans une caisse à trois clefs, une de ces clefs sera remise au président du conseil d'administration, une autre au trésorier, et la troisième à l'un des trois autres administrateurs.

27. Le conseil d'administration sera composé, jusqu'à la première assemblée générale, de MM. J. A. Carles, B. Lopès-Dubec, Féger-Kerhuel, baron de Sulzer-Wart, Debans l'aîné. M. Debans remplira les fonctions de trésorier.

Modification des statuts.

28. Les statuts de la société anonyme du pont de Tonnay-Charente ne pourront être modifiés que par une assemblée générale extraordinaire, convoquée dans les formes ci-dessus prescrites, avec indication du motif de la réunion. Les délibérations arrêtées à cet égard ne seront valables qu'autant que l'assemblée aura réuni au moins les trois quarts des actions, et que la décision aura été prise à la majorité des trois quarts des porteurs présents. Les modifications, au surplus, n'auront d'effet qu'autant qu'elles auront été approuvées par ordonnance du roi.

Dissolution de la société.

29. Si, par une cause quelconque, la société était forcée de se dissoudre avant l'époque fixée par l'art. 3, la délibération qui ordonnera cette dissolution ne sera valable qu'autant que l'assemblée aura réuni les trois quarts des actions non encore amorties, et que la décision aura été prise à la majorité des trois quarts des membres présents. Le principe une fois adopté, le mode de liquidation sera arrêté par le même assemblée, mais à la simple majorité des actionnaires présents, comme il est dit à l'art. 20 ci-dessus.

Différends ; soumission à l'arbitrage.

30. En cas de contestations entre les actionnaires, ou entre les actionnaires et la société, elles seront réglées par deux arbitres qui seront désignés par les deux parties en opposition d'intérêts. Faute par les parties en discussion, ou l'une d'elles, de nommer son arbitre, il y sera pourvu, sur la requête de la partie la plus diligente, par le tribunal de commerce de Bordeaux. Les arbitres ne seront pas astreints aux formes de la procédure ; en cas de partage entre eux, ils sont autorisés à s'adjoindre un troisième arbitre, qui, à défaut, sera nommé par le même tribunal. Les trois arbitres ainsi nommés décideront à la majorité ; leurs décisions seront souveraines, et ne pourront être attaquées sous quelque prétexte et par quelque voie que ce puisse être.

Election de domicile.

31 *et dernier.* Les associés élisent domicile, pour l'exécution des présentes conventions, en l'étude de Me Loste, notaire, rue d'Orléans, n. 2, à Bordeaux ; laquelle élection de domicile vaudra, soit pour eux, soit pour les cessionnaires, jusqu'à ce qu'un autre domicile à Bordeaux ait été indiqué à la société.

---

17 MARS = 13 AVRIL 1841. — Ordonnance du roi portant autorisation de la société anonyme formée à Paris sous la dénomination de *Société de Sainte-Barbe.* (IX, Bull. supp. DXXVII, n. 15416.)

LOUIS-PHILIPPE, etc., sur le rapport de notre ministre secrétaire d'Etat de l'agriculture et du commerce ; vu les art. 29 à 37, 40 et 45 du Code de commerce ; notre conseil d'Etat entendu ; etc.

Art. 1er. La société anonyme formée à Paris sous la dénomination de *Société de Sainte-Barbe* est autorisée. Sont approuvés les statuts de ladite société, tels qu'ils sont contenus dans l'acte passé le 24 février 1841, par-devant Me Aubry et son collègue, notaires à Paris, lequel acte restera annexé à la présente ordonnance.

2. Nous nous réservons de révoquer notre autorisation, en cas de violation ou de non exécution des statuts approuvés, sans préjudice des droits des tiers.

3. La société sera tenue de remettre tous les six mois un extrait de son état de situation au ministère de l'agriculture et du commerce, au préfet du département de la Seine, à la chambre de commerce et au greffe du tribunal de commerce de Paris.

4. Notre ministre de l'agriculture et du commerce (M. Cunin Gridaine) est chargé, etc.

STATUTS.

CHAPITRE 1er. — *Etablissement de la société.*

Fondation.

Art. 1er. Il est fondé par les comparants, entre tous ceux qui seront propriétaires des actions ci-après créées sous l'art. 7, une société anonyme sous le titre de *Société de Sainte-Barbe.*

Objet de la société.

2. L'objet de la société est de conserver et de régir l'institution connue sous le nom de *Collège de Sainte-Barbe* (de Lanneau). Son but est de donner à cette institution, sous le rapport du bien-être des enfants, de la moralité, de l'éducation et de la supériorité des études, tous les développements dont elle peut encore être susceptible. Les opérations matérielles que la société aura à faire sont, entre autres : 1° l'acquisition, conformément à l'art. 6 ci-après, de l'établissement de Sainte-Barbe de Lanneau ; 2° l'acquisition des immeubles affectés actuellement à l'établissement, et de tous autres dont il pourrait par suite être utile d'assurer la propriété à l'association ; 3° les constructions nécessaires, tant pour remplacer les bâtiments, qui ne présentent plus, soit la solidité, soit les convenances suffisantes, que pour donner à l'établissement les divisions, les distributions, et tous les accessoires que peuvent réclamer les besoins d'un enseignement libéral et complet, en même temps que les exigences de l'hygiène et de la discipline.

Siège de la société.

3. Le siège de l'établissement est dans le local où Jean Hubert, en 1430, fonda le premier collège du nom de Sainte-Barbe, et où, le 4 décembre 1798, M. Victor de Lanneau vint créer, sous le même nom, l'institution qui y existe aujourd'hui, et dont ses anciens élèves veulent assurer et perpétuer la durée. Il ne pourra être changé que par délibération de l'assemblée générale. Le domicile de la société, attributif de juridiction, est fixé à Paris.

Durée de la société.

4. La durée de la société est de cinquante années, à partir de l'ordonnance d'autorisation. La société pourra être renouvelée à l'époque et dans les termes ci-après déterminés à l'art. 29, paragraphe 3.

CHAPITRE II. — *Capital social.*

5. Le capital de la société est fixé à cinq cent vingt mille francs, complétement souscrits par les personnes dénommées en fin des présentes. Ce capital pourra être, pendant le délai d'une année, à partir de l'ordonnance d'autorisation, porté à six cent mille francs, au moyen d'une création de nouvelles actions au pair, et ce, en vertu d'une décision du conseil d'administration, qui devra être publiée dans la forme déterminée par la loi du 31 mars 1833. La délibération prise à cet effet par le conseil d'administration sera soumise à l'approbation du gouvernement dans le délai d'un mois ; elle devra indiquer les noms des souscripteurs des nouvelles actions émises, et le nombre des actions souscrites par chacun d'eux. Toute augmentation qui devrait porter ce capital à une somme supérieure à six cent mille francs, ou qui serait proposée après l'expiration d'une année à partir de l'ordonnance d'autorisation, ne pourrait avoir lieu que dans les formes déterminées à l'art. 29, paragr. 3.

Emploi du capital de la société.

6. Sur ce capital, le conseil d'administration est autorisé à employer la somme nécessaire pour le paiement de l'établissement. Le reste servira au paiement des immeubles et à la construction des bâtiments nécessaires à l'établissement, ainsi qu'au fonds de roulement.

Actions.

§ 1ᵉʳ. *Division du fonds social en actions.*

7. Le fonds social est divisé en mille quarante actions de cinq cents francs.

§ 2. *Nature et forme des actions.*

Toutes les actions sont nominatives. Elles seront extraites des registres à souches et numérotées de 1 à 1040. Elles seront, tant sur la souche que sur le titre à délivrer, signées du président du conseil d'administration et du directeur, et visées par le trésorier de la société. Il sera fait par l'actionnaire une élection de domicile à Paris, élection attributive de juridiction, et qui servira de règle pour les avis et communications à envoyer à chaque associé; cette élection de domicile sera mentionnée sur la souche de chaque action. Tout actionnaire pourra changer son domicile élu, pourvu qu'il le remplace par un autre également à Paris, et qu'il signe ce changement sur la souche, ou le fasse signifier, par acte extrajudiciaire, au directeur, qui devra en faire faire mention à la souche. Les titres d'actions seront frappés d'un timbre sec, propre à la société. Ils porteront un extrait des présents statuts.

§ 3. *Souscription et paiement des actions.*

Les actions sont payables : un quart dans le mois qui suivra la date de l'ordonnance d'autorisation, les trois autres quarts, de quatre mois en quatre mois, à partir de la même date. La souscription d'une action s'effectue en signant quatre engagements aux époques concordantes avec les termes ci-dessus indiqués. Ces engagements ne seront pas négociables par voie d'endossement. Tout souscripteur pourra toujours valablement, soit payer de suite le montant de l'action, soit anticiper les termes de ses engagements. Lors du paiement pour solde d'une action, le titre définitif en sera remis à l'actionnaire; jusque-là il n'aura qu'un titre provisoire, nominatif, ou promesse d'action non négociable, qui lui sera délivrée au moment de la souscription. En cas de non paiement, l'action sera publiquement vendue par le ministère d'un notaire, aux risques et périls du retardataire, à moins que le conseil d'administration ne juge plus convenable de poursuivre le paiement des obligations.

§ 4. *Faculté d'achat par la société des actions tombées dans les mains de personnes étrangères à l'institution.*

Dans le but de conserver autant que possible à l'association l'esprit qui a présidé à sa formation, les personnes appartenant ou ayant appartenu à l'une des trois catégories ci-après indiquées ont été seules admises à souscrire les actions, savoir : élèves de Ste-Barbe; parents ou alliés d'élèves de Sainte-Barbe, en ligne directe ou collatérale, jusqu'au deuxième degré inclusivement; professeurs ou fonctionnaires de l'institution depuis six années au moins. Si, par suite de transmission quelconque, la propriété d'une action passe à des personnes n'appartenant à aucune de ces catégories, le conseil d'administration aura le droit de les acheter pour le compte de la société, en remboursant la valeur nominale ainsi que les dividendes restant à distribuer. Toutefois le conseil devra user de ce droit dans les deux mois du jour où, soit le transfert, soit la mutation, aura été inscrit sur le registre dont il va être parlé dans le paragraphe suivant. Si dans ce délai il n'a pas réalisé cet achat on fait des offres réelles à l'effet de le réaliser et d'en payer le prix, conformément à ce qui vient d'être dit, la société sera déchue dudit droit, le conseil d'administration ne pourra plus l'exercer, et le nouveau propriétaire restera valablement saisi de l'action. Les achats d'actions à opérer comme il vient d'être dit, pour le compte de la société, ne pourront avoir lieu que sur son fonds de réserve, et les actions ainsi achetées devront être conservées comme valeurs de la réserve.

§ 5. *Transferts et mutations d'actions.*

Les transferts s'opèrent et les mutations sont constatées par déclarations inscrites sur registres à ce destinés et signées des parties intéressées, du directeur et du président du conseil d'administration. Sur la souche du titre il est fait mention du transfert ou de la mutation. Le cessionnaire ou le successeur aura droit vis-à-vis de la société à tous revenus échus et non encore payés.

§ 6. *Indivisibilité des actions.*

Les actions sont indivisibles. La société ne reconnaîtra ni transfert partiel, ni copropriété d'action. Lorsqu'il se trouvera plusieurs ayants-droit à une action, ils devront s'entendre pour se faire représenter par un titulaire qui sera seul reconnu par la société.

§ 7. *Droits résultant des actions.*

Chaque action donne droit à une part proportionnelle dans toutes les valeurs composant l'actif social, et à un prélèvement sur les bénéfices, d'après les bases fixées dans l'art. 22. Les actions donnent droit en outre aux répartitions qui peuvent avoir lieu dans les termes de l'art. 22, paragraphe 3ᵉ, dernier alinéa.

§ 8. *Paiement et prescription des dividendes.*

Chaque paiement de dividende est constaté par une quittance délivrée par l'actionnaire ou par son fondé de pouvoirs. Les dividendes échus qui ne sont pas réclamés par les ayants-droit dans les cinq ans du jour de leur exigibilité, déterminée comme il sera dit ci-après au paragraphe 4ᵉ de l'art. 22, sont prescrits au profit de la société.

Obligations des actionnaires.

8. Les actionnaires devront se conformer aux présents statuts, qui seront obligatoires pour eux comme s'ils les avaient signés.

CHAPITRE III. — *Administration de la société.*

SECTION 1ʳᵉ. — CONSEIL D'ADMINISTRATION.

Composition du conseil.

9. La société est administrée par un conseil qui sera composé de quinze membres au moins, de vingt et un au plus, qui seront nommés par l'assemblée générale. Les membres du conseil d'administration doivent être anciens élèves de Sainte-Barbe; ils doivent aussi être et demeurer, pendant toute la durée de leurs fonctions, propriétaires de quatre actions au moins.

Fonctions et attributions du conseil.

10. Le conseil d'administration est investi de tous les pouvoirs nécessaires pour la gestion et l'administration des affaires de la société; il dirige l'administration matérielle de l'établissement et se concerte avec le directeur pour la direction des

études et l'administration morale de l'institution ; arrête le tarif des pensions et statue sur les exceptions qu'il peut être convenable d'y apporter ; délibère et statue sur les demandes ou propositions de bourses entières ou partielles en faveur d'enfants que recommanderaient à la société, soit la qualité de fils d'anciens barbistes tombés dans le malheur, soit toute autre puissante considération ; arrête, sur la proposition du directeur, le cadre du personnel de l'administration ; fixe les appointements, droits et avantages des fonctionnaires, professeurs et employés, fait tous traités à ce sujet ; nomme l'agent comptable, et règle ses attributions, appointements et avantages, le tout comme il sera dit ci-après à l'art. 19 ; règle les dépenses courantes et autorise les dépenses extraordinaires ; arrête et autorise les acquisitions et aliénations d'immeubles et de meubles, les locations et baux, même excédant neuf ans, les transactions, emprunts et affectations hypothécaires qu'il juge convenable de faire pour le compte de la société, mais cependant avec l'autorisation de l'assemblée générale pour les aliénations, acquisitions et affectations d'immeubles ; transige, compromet, attermoie, et fait toutes conventions pour les intérêts et les affaires de la société ; autorise toutes poursuites et toutes actions judiciaires ; reçoit les prix de ventes, donne toutes quittances, signe toutes mains-levées, même sans paiement, lorsqu'il le juge convenable ; arrête les plans, devis et marchés de constructions ; ordonnance les mémoires des travaux à payer, les prix de vente à acquitter ; achète les actions, comme il a été dit ci-dessus, au paragraphe 4 de l'art. 7 ; statue sur l'emploi des fonds, arrête les comptes de la société et les répartitions à faire, le tout conformément aux art. 20, 21 et 22, et sauf l'approbation de l'assemblée générale ; convoque les assemblées générales comme il est dit ci-après, art. 23. Le conseil d'administration, pour tous les traités généraux, pour tous contrats et actes d'acquisitions, d'aliénations, de ventes, de baux, de cessions de droits mobiliers ou immobiliers, de transferts de rentes ou autres valeurs, d'obligations, d'affectations hypothécaires, de quittances de prix de ventes, de mains-levées, de transactions et compromis, de placements et de retraits de fonds, nomme spécialement deux de ses membres pour, conjointement avec le directeur, signer au nom de l'association lesdits traités, contrats et actes.

Organisation et tenue du conseil.

11. Le conseil choisit dans son sein un président, un vice-président, un secrétaire et un trésorier. Ces nominations sont faites tous les ans, dans le mois qui suit l'assemblée générale annuelle. Les président, vice-président et secrétaire ne peuvent être réélus, si ce n'est après un an d'intervalle. Les décisions du conseil sont prises à la majorité des voix ; en cas de partage, la voix du président ou de celui qui le remplace est prépondérante. Hors les cas où il s'agit de questions qui lui sont personnelles, le directeur assiste avec voix délibérative aux séances du conseil d'administration. Le conseil peut délibérer valablement au nombre de sept membres. Les décisions du conseil d'administration doivent être consignées sur un registre spécial et signées des membres présents. Il en est valablement justifié aux tiers par un extrait signé du directeur et du secrétaire du conseil. Le conseil d'administration se réunit au moins une fois par mois. Il se réunit en outre toutes les fois qu'il est convoqué par son président ou par le directeur.

41.

Trésorier de l'association.

12. Le conseil d'administration nomme un de ses membres pour être trésorier ; ce trésorier reçoit les fonds des actions et en effectue ou fait effectuer l'emploi conformément aux décisions du conseil.

Nomination des membres du conseil d'administration.

§ 1er.

13. Les membres du conseil d'administration sont nommés par l'assemblée générale. Ce conseil est renouvelé tous les deux ans, par tiers. Les membres sortants peuvent être réélus. Les deux premières séries des membres sortants sont indiquées par le sort, la troisième par l'ancienneté. Ainsi, une fois fixé, l'ordre de sortie sera toujours suivi pour le renouvellement.

§ 2.

Sont nommés membres du conseil d'administration pour en exercer les fonctions jusqu'à la première assemblée générale. (*Suivent les noms.*)
La première assemblée générale arrêtera la composition définitive du conseil.

§ 3.

Lorsqu'une place vient à vaquer dans le conseil d'administration, ce conseil y pourvoit provisoirement jusqu'à la première assemblée générale, qui nomme définitivement. Le remplaçant ne reste en fonctions que jusqu'à l'époque à laquelle devaient expirer les fonctions de celui qu'il remplace.

§ 4.

M. Adolphe de Lanneau, ancien directeur de Sainte-Barbe, fils aîné du fondateur de l'établissement, est nommé président honoraire du conseil d'administration.

Caractères et conséquences des fonctions des membres du conseil.

14. Les fonctions des membres du conseil d'administration sont gratuites. Ils ne contractent aucune responsabilité personnelle à raison des affaires de la société. Ils ne répondent que de l'exécution de leur mandat.

SECTION 2e. — DIRECTION.

Directeur, ses fonctions et attributions.

15. Le directeur doit consacrer exclusivement son temps et ses soins à la direction de l'établissement, dans l'intérieur duquel il est tenu de demeurer. Il est chargé de la direction des études et de l'administration morale de l'institution, des rapports avec les familles, avec l'université et les collèges royaux. Il se concerte sur les points les plus importants de cette direction et de cette administration avec le conseil d'administration. Il est chargé, pour la gestion des affaires sociales, de tous les actes qui ne sont point réservés au conseil d'administration. Il exécute, en ce qui le concerne, les décisions du conseil. Il représente la société vis-à-vis des tiers, et exerce au nom de cette dernière toutes poursuites et actions autorisées par le conseil d'administration. Il signe tous les actes d'administration, soit seul, soit conjointement avec deux membres du conseil d'administration, dans les cas prévus par l'art. 10. Le directeur exerce dans l'intérieur de l'institution, et notamment sur les élèves comme sur tous les fonctionnaires et employés,

6

une autorité absolue et indépendante ; il peut admettre ou renvoyer les élèves comme il croit devoir le faire ; il nomme et révoque les professeurs, fonctionnaires et employés ; il propose au conseil toutes les mesures d'administration qui lui paraissent utiles ; il assiste à ce conseil avec voix délibérative, comme il est dit à l'art. 11 ; il surveille l'agent comptable et lui donne les instructions qu'il croit convenables.

Avantages attribués au directeur.

16. Le directeur jouit d'un traitement fixe de six mille francs par an, lequel lui est payé à raison de cinq cents francs par chaque mois. Il a droit, pour lui et son ménage, dans l'intérieur de l'établissement, aux logement, nourriture, chauffage, éclairage et blanchissage. En outre, il a droit aux avantages proportionnels qui seront ci-après stipulés en sa faveur sous l'art. 22, § 3.

Nomination du directeur.

17. Le directeur actuel est M. Pierre-Victor-Alexandre Labrouste, ancien élève de Sainte-Barbe, sauf exécution des lois et règlements sur l'Université.

Remplacement du directeur.

18. En cas de retraite, de décès ou de révocation du directeur, il sera pourvu au remplacement provisoire par le conseil d'administration, et à son remplacement définitif par l'assemblée générale, sur la proposition du conseil et sauf la réserve indiquée dans l'article précédent. Le traité à faire, dans ce cas, avec le nouveau directeur par le conseil d'administration, sauf ratification de l'assemblée générale, pourra modifier en tout ou en partie les attributions, droits et avantages présentement conférés au directeur actuel, sans qu'il soit nécessaire à cet effet de remplir les formalités prescrites par l'art. 29, paragraphe 3, pour la modification des statuts.

Agent comptable.

19. Le conseil d'administration nomme un agent comptable qui est placé, comme tous les fonctionnaires de l'établissement, sous l'autorité du directeur. Le conseil d'administration déterminera les attributions de l'agent comptable et les avantages qui lui seront concédés. L'agent comptable pourra toujours, lorsque le conseil d'administration le jugera convenable, être obligé de fournir un cautionnement dont le conseil déterminera la nature et l'importance. Son traitement peut être composé, partie d'une somme fixe annuelle, partie d'une remise proportionnelle sur les bénéfices Les traités à faire à cet égard sont dans les attributions du conseil d'administration.

CHAPITRE IV. — Composition, emploi et répartition des bénéfices.

Inventaires annuels.

20. Il est fait tous les ans, à la date du 30 septembre, un inventaire général de l'actif et du passif de la société. Dans cet inventaire, les immeubles faisant partie de l'actif social sont portés pour la valeur résultant des prix d'acquisition, de construction, y compris les frais ; le mobilier est porté pour la valeur résultant des prix d'acquisition, et des frais d'entretien annuel, déduction faite de dix pour cent par an pour dépréciation et amortissement, les sommes restant dues sur les prix des immeubles, sur les constructions et sur les prix de mobilier, sont portées au passif ; les créances non encore recouvrées sont reportées à compte nouveau et n'entrent pas dans l'évaluation des produits formant les éléments du bénéfice de l'année.

Comptes annuels.

21. Le compte annuel servant à établir le bénéfice de l'année sera composé, au chapitre de la dépense, des frais d'administration ; des traitements fixes du directeur, des professeurs, fonctionnaires et employés ; des intérêts des sommes qui resteraient dues sur les prix d'acquisition des immeubles ; du loyer des bâtiments qui seraient occupés par l'établissement, et qui ne seraient pas la propriété de la société ; des frais d'assurance ; des frais de réparations menues et grosses, et des frais d'entretien des immeubles ; des sommes appliquées chaque année à l'amortissement du mobilier, en exécution de l'art. 20 ; des frais de nourriture, chauffage, éclairage, et toutes autres dépenses concernant l'entretien des élèves, et, quand il y a lieu, des fonctionnaires et employés ; des droits universitaires et des impositions de toute espèce. Il sera composé, au chapitre de la recette, des sommes reçues pour prix de pensions et rétributions accessoires de toute nature ; du produit des ventes de résidus provenant de l'établissement ; du montant des loyers qui pourraient être dus par des tiers pour des bâtiments appartenant à la société ; du revenu des fonds placés pour le compte de la société.

Emploi et répartition des bénéfices.

§ Iᵉʳ. *Premier prélèvement sur les bénéfices annuels pour payer des rentes viagères à la famille de M. de Lanneau.*

22. Sur les bénéfices annuels, il sera prélevé avant toute autre affectation les sommes nécessaires pour, 1° payer à madame de Lanneau, veuve de M. Victor de Lanneau, fondateur de l'institution, une rente annuelle et viagère de trois mille francs, laquelle ne sera éteinte qu'au jour du décès de ladite dame ; 2° payer une rente annuelle et viagère de trois mille francs, sur la tête et au profit de M. Adolphe de Lanneau, mais réversible en entier sur la tête et au profit de madame Estelle-Émilie-Zima La Barrère, son épouse, si elle lui survit, et après décès du survivant d'eux, sur les têtes et au profit des enfants issus de leur mariage, chacun par égale portion. Cette rente, qui n'est pas réversible sur les têtes des petits-enfants de M. Adolphe de Lanneau, s'éteindra partiellement au fur et à mesure des décès de ses enfants, et sera entièrement amortie à la mort du survivant d'eux. Les anciens élèves de Sainte-Barbe déclarent faire donation desdites rentes, dans les termes ci-dessus, à la famille de M. de Lanneau, leur ancien maître, comme témoignage de leurs sentiments de reconnaissance et de vénération pour lui et madame de Lanneau, sa veuve, d'estime et d'attachement pour leur camarade Adolphe de Lanneau, qui a été directeur de l'institution après son père. Ces pensions, qui ne seront dues qu'en cas de bénéfice, sont, de condition expresse, constituées à titre de pensions alimentaires, incessibles et insaisissables. Elles seront acceptées par les donataires, s'ils le jugent convenable, et à leurs frais.

§ 2. *Second prélèvement pour paiement aux actionnaires d'un dividende de cinq pour cent.*

Après les sommes nécessaires pour le service des

rentes dont il vient d'être parlé, il sera prélevé chaque année la somme nécessaire pour répartir entre les actionnaires jusqu'à concurrence d'un premier dividende de cinq pour cent par an des capitaux fournis par eux.

§ 3. *Troisième prélèvement pour le fonds de réserve.*

Sur la portion des bénéfices qui sera disponible après les prélèvements ci-dessus, un dixième sera prélevé pour former le premier élément du fonds de réserve de la société, fonds qui se complétera au moyen des versements dont il sera parlé sous le paragraphe suivant, au quatrième alinéa. Ce fonds de réserve est destiné, 1° à suppléer, en cas de besoin, à l'insuffisance du fonds de roulement pour le paiement de toutes les dépenses; 2° à assurer, jusqu'à concurrence de la somme nécessaire, le paiement annuel des deux pensions viagères ci-dessus constituées au profit de madame veuve de Lanneau, de M. et madame Adolphe de Lanneau et leurs enfants, et celui du premier dividende de 5 pour 100 attribué aux actionnaires, comme il est dit ci-dessus; 3° à opérer, s'il y a lieu, l'achat des actions pour le compte de la société, dans le cas prévu à l'art. 7, paragraphe 4. Quand les fonds de réserve auront atteint une somme de cent mille francs au-delà des fonds nécessaires pour payer les acquisitions ou constructions qui ne seraient point encore soldées, l'assemblée générale décidera s'il y a lieu de supprimer ou de réduire le prélèvement stipulé sous le présent paragraphe. Il devra être opéré de nouveau dans son entier si le fonds de réserve tombe au-dessous de cent mille francs.

§ 4. *Emploi des bénéfices annuels, après les prélèvements ci-dessus opérés.*

Le surplus des bénéfices annuels sera employé comme il suit: Un cinquième sera attribué au directeur. Deux cinquièmes seront mis à la disposition du conseil d'administration, qui pourra, s'il le juge convenable et comme il l'entendra, les employer, soit dans l'intérêt de la famille de M. Adolphe de Lanneau, soit dans l'intérêt de l'institution elle-même, en améliorations intérieures, en encouragements et récompenses à des professeurs et fonctionnaires. Deux cinquièmes seront versés au fonds de réserve tant qu'il n'aura pas atteint la somme nécessaire pour assurer le paiement intégral du prix des acquisitions et de constructions qu'il serait reconnu utile de faire ultérieurement. Lorsque ce paiement aura été effectué ou sera assuré par le capital existant au fonds de réserve, les deux cinquièmes dont il s'agit seront répartis entre les actionnaires au prorata du montant des actions de chacun d'eux.

§ 5. *Époque de la distribution desdits prélèvements et répartitions.*

Ces prélèvements et répartitions seront arrêtés par le conseil d'administration et devront être approuvés par l'assemblée générale. Le montant en sera exigible, au profit de chaque ayant-droit, à partir du lendemain de leur approbation par l'assemblée générale.

CHAPITRE V. — *Assemblée générale.*

Convocation des assemblées générales.

23. Chaque année, dans la première quinzaine du mois de novembre, il y aura une assemblée générale au siége de la société. La première aura lieu du 1er au 15 novembre 1841; indépendamment de ces assemblées ordinaires annuelles, le président du conseil d'administration et le directeur auront chacun le droit d'en convoquer d'autres, toutes les fois qu'ils le croiront convenable, et notamment pour les motifs dont il sera ci-après parlé à l'art. 29, paragraphe 2. Les convocations seront faites au moins dix jours d'avance par lettres adressées aux actionnaires, aux domiciles élus par eux dans leurs actions, et par un avis inséré dans l'un des journaux désignés pour les annonces et publications légales. Ces convocations n'indiqueront l'objet de la réunion que pour les assemblées extraordinaires, c'est-à-dire pour celles autres que les assemblées annuelles.

Conditions d'admission aux assemblées générales.

24. Tous les actionnaires sont admis à assister et délibérer aux assemblées générales.

Constitution des assemblées.

25. Sauf les cas prévus à l'art. 29, paragraphe 3, l'assemblée générale est régulièrement constituée par la présence du cinquième des actionnaires, réunissant au moins le cinquième des actions. Si cette proportion n'est pas atteinte sur une première convocation, il en est fait une seconde à quinze jours au moins d'intervalle, et les membres présents à cette nouvelle réunion délibèrent valablement, quels que soient leur nombre et la quotité de leurs actions, mais seulement sur des objets autres que ceux désignés ci-après au paragraphe 3 de l'art. 29.

Modes et effets des délibérations des assemblées générales.

26. L'assemblée générale choisit elle-même son bureau, qui se compose d'un président, d'un secrétaire et de deux scrutateurs. Jusqu'à la constitution du bureau, l'assemblée générale est présidée par le président du conseil d'administration, qui désigne lui-même les secrétaires et scrutateurs provisoires. Les délibérations, dans toutes les circonstances où il ne s'agit pas de l'un des objets énoncés sous le paragraphe 3e de l'art. 29, sont prises à la majorité des voix des membres présents. En cas de partage, la voix du président l'emporte. Les délibérations de l'assemblée générale sont constatées par des procès-verbaux signés du président et du secrétaire de l'assemblée. Ces procès-verbaux sont consignés sur un registre spécial à ce destiné, qui reste au siège de la société. Les délibérations de l'assemblée générale, prises conformément aux statuts, obligent tous les actionnaires présents ou absents. Chaque procès-verbal signé, comme on vient de le dire, du président et du secrétaire de l'assemblée, est définitif et obligatoire, sans qu'il soit nécessaire que sa rédaction soit approuvée par une assemblée subséquente.

Droits des divers membres de l'assemblée générale.

27. Le directeur, s'il est actionnaire, fait partie de l'assemblée générale. Il y a, comme tout autre sociétaire, voix délibérative sur toutes matières autres que l'approbation des comptes et les questions qui le concernent personnellement. Il ne peut représenter aucun autre actionnaire. Une action donne droit à une voix. Dix actions donnent droit à deux voix. Vingt actions donnent droit à trois voix, et ainsi de suite, à raison d'une voix par dix

actions, jusqu'à un maximum de cinq voix, qui ne peut être dépassé, même par un actionnaire qui agirait pour lui et un ou plusieurs commettants.

Droit conféré aux actionnaires de se faire représenter aux assemblées générales.

28. Chaque actionnaire peut se faire représenter aux assemblées générales, mais seulement par un autre actionnaire, pourvu que ce mandataire ne soit pas le directeur.

Attributions des assemblées générales.

§ 1ᵉʳ. Assemblées annuelles.

29. Les assemblées annuelles ont pour objet : 1° d'entendre lecture d'un rapport du conseil d'administration sur les opérations et la situation de la société, et d'un rapport du directeur sur la marche de l'institution et les résultats de l'année scolaire écoulée ; 2° de recevoir et approuver, s'il y a lieu, les comptes annuels et les projets de répartition arrêtés par le conseil d'administration ; 3° de nommer, lorsqu'il y a lieu, les membres du conseil d'administration ; 4° de délibérer sur tous autres objets qui peuvent leur être soumis par le conseil d'administration.

§ 2. Assemblées extraordinaires.

Les assemblées extraordinaires peuvent, comme il a été dit ci-dessus à l'art. 23, être convoquées par le président du conseil d'administration ou par le directeur, soit pour prononcer sur les remplacements de membres du conseil d'administration ou du directeur, soit pour délibérer et statuer sur l'augmentation du fonds social, sur la dissolution anticipée ou le renouvellement de la société, sur des modifications à apporter aux statuts, le tout d'après la proposition du conseil d'administration, et comme il va être dit ci-après, soit enfin pour délibérer sur tous autres objets concernant la société.

§ 3. Augmentation du fonds social. — Dissolution anticipée. — Renouvellement de la société. — Modification aux statuts.

Les assemblées générales extraordinaires pourront, mais sur la proposition seulement du conseil d'administration, décider, soit une augmentation du fonds social, soit la dissolution de la société avant le terme fixé ci-dessus par l'art. 4, soit le renouvellement de la société après l'expiration de ce terme, soit enfin des modifications aux statuts ; mais à la condition : 1° que les convocations auront énoncé l'objet des assemblées. 2° Que ces assemblées ne pourront, sur une première convocation, délibérer, que si elles représentent la moitié au moins des actions ; étant arrêté que, dans le cas de non représentation de cette moitié des actions, une deuxième assemblée générale sera convoquée dans les délais et les formes déterminés par l'art. 23, et pourra valablement délibérer sur les objets de sa convocation, pourvu qu'elle réunisse au moins le quart desdites actions. 3° Que les délibérations seront prises à la majorité des deux tiers des voix des membres de l'assemblée (les voix toujours comptées d'après la règle ci-dessus établie à l'art. 27). En outre, s'il s'agit d'augmentation du fonds social, telle qu'elle est indiquée au dernier alinéa de l'art. 5, elle ne devra s'effectuer qu'au moyen d'une création de nouvelles actions, qui ne pourront être émises au-dessous du pair, et non au moyen d'un appel de fonds aux actions existantes. S'il s'agit de dissolution anticipée, elle ne pourra être proposée avant un délai expiré de trois années à partir de l'ordonnance d'autorisation, et que dans le cas où il résultera des comptes et inventaires sociaux une perte de plus du tiers des fonds fournis par les actionnaires. S'il s'agit du renouvellement prévu par l'art. 3, il ne pourra être mis en délibération que, au plus tôt, après la quarante-quatrième année révolue du jour de l'ordonnance d'autorisation des présentes, et, au plus tard, avant le premier mois de la dernière de ces cinquante années. En outre, ce renouvellement ne pourra être voté et avoir lieu qu'à la condition que la valeur des actions, telle qu'elle se trouvera déterminée par les résultats du dernier inventaire annuel, sera remboursée dans les six mois qui précéderont l'expiration desdites cinquante années, à ceux qui ne consentiront point au renouvellement, et que le capital des actions ainsi remboursées sera fourni par de nouvelles souscriptions, à moins de réduction du fonds social. Les actionnaires dissidents ne pourront, dans aucun cas, exiger la vente de l'établissement et la licitation des immeubles, et ils seront tenus de s'en rapporter aux résultats du dernier inventaire. Le procès-verbal de l'assemblée constatera ceux qui consentiront et ceux qui ne consentiront pas au renouvellement. Quant aux actionnaires non présents à l'assemblée, ils auront un mois, à partir du jour de la communication qui leur sera donnée dudit procès-verbal, pour déclarer qu'ils ne consentent point au renouvellement, et entendent être remboursés. Faute par eux d'avoir fait ladite déclaration dans ce délai, ils seront déchus du droit d'opter, et seront considérés comme renonçant au renouvellement et voulant être remboursés. Les augmentations de fonds social, dissolution anticipée et renouvellement de la société, ne pourront avoir lieu que sous l'approbation du gouvernement, conformément à la loi.

CHAPITRE VI. — Liquidation.

30. En cas de perte des deux tiers du fonds social, la dissolution aura lieu de plein droit. Lors de la dissolution de la société, de quelque manière qu'elle arrive, l'assemblée générale déterminera le mode le plus convenable de liquidation ; elle choisira et nommera les liquidateurs et fixera l'étendue de leurs pouvoirs et de leurs attributions. L'actif net, y compris le fonds de réserve, sera réparti entre tous les actionnaires.

CHAPITRE VII. — Dispositions générales

Prohibitions de scellés et inventaires.

31. Dans aucun cas les héritiers, représentants ou créanciers du directeur ou des actionnaires, ne pourront faire apposer aucuns scellés sur les livres, propriétés ou valeurs de la société, ni provoquer aucun inventaire. Ils devront s'en rapporter aux derniers comptes et inventaires arrêtés. Il ne pourra être apposé de scellés et fait d'inventaires que dans un intérêt social, et d'après une décision de l'assemblée générale.

Arbitrage.

32. Toutes les contestations qui pourraient s'élever sur l'exécution des présents statuts seront jugées, quels que soient le nombre et la qualité des parties intéressées, par trois arbitres, sur le choix desquels les parties devront s'entendre dans un délai de huitaine ; à défaut de quoi, ils seront nommés par le président du tribunal de commerce de

la Seine, à la requête de la partie la plus diligente. Les arbitres jugeront en commun, à la majorité des voix, comme amiables compositeurs, sans être soumis aux formes ni aux délais de la procédure. Leur décision ne pourra être attaquée par voie d'appel, recours en cassation, requête civile, ni autrement.

SOUSCRIPTIONS.

Les mille quarante actions de cinq cents francs chaque composant le fonds social fixé à cinq cent vingt mille francs, comme il est dit aux art. 5 et 7, ont été souscrites par les ci-après nommés, dans les proportions suivantes, savoir :

(*Suivent les noms.*)

17 MARS = 13 AVRIL 1841. — Ordonnance du roi qui approuve une modification aux statuts de la compagnie du Drot. (IX, Bull. supp. DXXVII, n. 15417.)

Louis-Philippe, etc., sur le rapport de notre ministre secrétaire d'Etat de l'agriculture et du commerce ; vu l'ordonnance royale du 29 juillet 1840, portant autorisation de la société anonyme formée à Bordeaux sous le titre de *Compagnie du Drot*, et approbation de ses statuts ; vu la délibération prise par l'unanimité des actionnaires de ladite compagnie, d'où il résulte que c'est par erreur qu'à l'art. 8 des statuts approuvés, on a fait mention d'un apport de terrains pour l'établissement du chemin de halage, et qu'il s'agit seulement de l'apport de droits de servitude sur les terrains où ce chemin doit être établi ; notre conseil d'Etat entendu, etc.

Art. 1er. La rédaction du premier paragraphe de l'art. 8 des statuts de la *Compagnie du Drot* est approuvée telle qu'elle est contenue dans l'acte passé, le 16 février 1841, par-devant Me Fremyn et son collègue, notaires à Paris, lequel restera annexé à la présente ordonnance.

2. L'art. 2 de l'ordonnance royale du 29 juillet 1840 est rapporté.

3. Notre ministre de l'agriculture et du commerce (M. Cunin-Gridaine), est chargé, etc.

Modification à l'acte de société de la navigation du Drot.

Par-devant, etc., a comparu, etc.

Lequel a exposé ce qui suit : Entre autres dispositions de l'acte constitutif de la société du Drot, du 20 juillet dernier susénoncé, se trouve au paragraphe premier de l'art. 8 la disposition suivante : « Ils apportent aussi dans la société tout le matériel de la navigation actuelle, les études et plans « qu'ils ont fait faire, les portions de terrain qu'ils « ont acquises, soit pour établir le chemin de halage, soit pour toute autre cause, le tout franc « et quitte de toute charge et hypothèque, ainsi « que le comparant le déclare au nom de ses mandants, et ainsi qu'il résulte du compte de la liquidation de la société anonyme de 1827, arrêté « par les actionnaires de la société le 28 mars

« 1840. » Considérant que cette énonciation est fautive, attendu que les portions de chemin de halage mises en société constituent non des propriétés immobilières mais de simples droits de servitude, qui ne sont pas susceptibles d'hypothèques, et qu'il ne dépend de ladite société aucun autre immeuble, et que, par suite de cette erreur, l'art. 2e de l'ordonnance royale du 29 juillet dernier est inapplicable, M. Bourdon, en vertu des pouvoirs spéciaux contenus en la procuration du 25 octobre dernier, laquelle est ci-annexée, a déclaré par ces présentes modifier ainsi qu'il suit les statuts de ladite compagnie :

Le premier paragraphe de l'art. 8e desdits statuts, commençant par ces mots : « La seconde série d'ac- « tions, etc., » et finissant par ceux-ci : « qui s'y « trouve annexé, » est remplacé par celui-ci : « La « seconde série d'actions, au nombre de mille, est « attribuée à MM. Hostains père, Hostains fils, de « Segur-Cabanac, Alexandre de Lur-Saluces, Nath. « Johnston et fils, Jacques Galos et fils, Sylvestre « Delbos, David Johnston, Pierre-François Gues- « tier junior, H. Cart-Mestrezat et compagnie, « L. Pereyra frères, L.-P.-H. Coquebert, Lestapis « et compagnie, Daniel Guestier, Nath. Barton, « Desmirails, Bruno Devès, Edouard Delpla, Gau- « tier et compagnie, Worms, Lousteau et compa- « gnie, Dupeyrat junior, Prunier, C.-M. Campan, « au nom qu'il agit ; Mergé, Bergès et Lacoste, « seuls propriétaires actuels de la navigation du « Drot, lesquels apportent dans la société la pro- « priété de la concession de cette navigation, qui « leur appartient, 1° comme étant aux droits des « anciens concessionnaires de l'ordonnance royale « du 11 avril 1821 ; 2° par suite de l'ordonnance « royale du 10 septembre 1839, ils apportent aussi « dans la société tout le matériel de la navigation « actuelle, les études et plans qu'ils ont fait faire, « et les droits de servitudes qui leur ont été con- « cédés pour établir le chemin de halage ; le tout « franc et quitte de toutes charges, ainsi que le « comparant le déclare au nom de ses mandants, « et ainsi qu'il résulte du compte de liquidation « de la société anonyme de 1827, arrêté par les « actionnaires de ladite société le 28 mars 1840 : « en conséquence, la société demeure substituée « aux susnommés dans tous les droits actifs résul- « tant de ladite concession et desdites ordonnances « royales, notamment dans le droit de recevoir la « subvention de quatre cent mille francs accordée « par l'Etat, à la charge par ladite société de sa- « tisfaire aux conditions, obligations et clauses de « l'ordonnance royale du 10 septembre 1839 et du « cahier des charges qui s'y trouve annexé. » Pour faire mentionner ces présentes partout où besoin sera, tous pouvoirs sont donnés au porteur d'une expédition ou d'un extrait.

17 MARS = 13 AVRIL 1841. — Ordonnance du roi portant autorisation de la caisse d'épargne établie à Lens (Pas-de-Calais). (IX, Bull. supp. DXXVII, n. 15418.)

Louis-Philippe, etc., sur le rapport de notre ministre secrétaire d'Etat de l'agriculture et du commerce ; vu les délibérations du conseil municipal de Lens, en date des 7 février et 13 novembre 1840 ; vu les lois du 15 juin 1835 et du 31 mars 1837, relatives aux caisses d'épargne ; le comité des travaux publics, de l'agriculture et du commerce de notre conseil d'Etat entendu , etc.

Art. 1er. La caisse d'épargne et de prévoyance établie à Lens (Pas-de-Calais) est autorisée. Sont approuvés les statuts de ladite caisse, tels qu'ils sont contenus dans la délibération du conseil municipal de Lens, en date du 13 novembre 1840, dont une expédition conforme restera déposée aux archives de l'agriculture et du commerce.

2. Nous nous réservons de révoquer notre autorisation en cas de violation ou de non exécution des statuts approuvés, sans préjudice des droits des tiers.

3. La caisse sera tenue de remettre, au commencement de chaque année, au ministère de l'agriculture et du commerce et au préfet du département du Pas-de-Calais, un extrait de son état de situation arrêté au 31 décembre précédent.

4. Notre ministre de l'agriculture et du commerce (M. Cunin-Gridaine) est chargé, etc.

---

17 MARS = 13 AVRIL 1841. — Ordonnance du roi qui modifie le premier paragraphe de l'art. 21 des statuts de la compagnie du chemin de fer de Paris à Rouen. (IX, Bull. supp. DXXVII, n. 15419.)

Louis-Philippe, etc., sur le rapport de notre ministre de l'agriculture et du commerce ; vu l'ordonnance royale du 28 juin 1840 (1), portant autorisation de la compagnie du chemin de fer de Paris à Rouen et approbation de ses statuts ; vu la délibération de l'assemblée générale des actionnaires de ladite compagnie, en date du 30 juillet 1840, et celle du conseil d'administration de la même compagnie, du 19 janvier 1841 ; notre conseil d'Etat entendu, etc.

Art. 1er. Le premier paragraphe de l'art. 21 des statuts de la compagnie du chemin de fer de Paris à Rouen est modifié ainsi qu'il suit : « Pendant la durée des « travaux, et jusqu'à l'exécution entière de « la ligne de Paris à Rouen, il sera payé « annuellement aux actionnaires quatre « pour cent des sommes versées ; il y sera « pourvu, soit par les intérêts des place-« ments de fonds, soit par les produits « des diverses parties de la ligne qui seront « successivement mises en exploitation, ou « par tous autres produits accessoires de « l'entreprise, soit, en cas d'insuffisance, « par un prélévement sur les cinq millions « compris dans le capital en excédant des « devis. »

---

2. Notre ministre de l'agriculture et du commerce (M. Cunin-Gridaine) est chargé, etc.

---

9 = 15 AVRIL 1841. — Lois relatives à des changements de circonscriptions territoriales. (IX , Bull. DCCC, n. 9226.)

PREMIÈRE LOI. — Lot-et-Garonne.

Art. 1er. La commune d'Heulies, canton de Bouglon, arrondissement de Marmande, département de Lot-et-Garonne, est réunie à la commune de Saint-Martin-Curton, canton de Casteljaloux, arrondissement de Nérac, même département. La nouvelle commune aura pour chef-lieu Saint-Martin-Curton, dont elle portera le nom.

2. Ces communes continueront à jouir séparément, comme section de commune, des droits d'usage et autres qui pourraient leur appartenir, sans pouvoir se dispenser de contribuer en commun aux charges municipales.

Les autres conditions de la réunion prononcée seront, s'il y a lieu, ultérieurement déterminées par une ordonnance du roi.

DEUXIÈME LOI. — Lot-et-Garonne.

Art. 1er. Les communes de Saint-Gervais et de Casteljaloux, canton de Casteljaloux, arrondissement de Nérac, département de Lot-et-Garonne, sont réunies en une seule, dont le chef-lieu est fixé à Casteljaloux, et qui conservera le nom de cette dernière commune.

2. Les communes réunies par l'article précédent continueront à jouir séparément, comme section de commune, des droits d'usage ou autres qui pourraient leur appartenir, sans pouvoir se dispenser de contribuer en commun aux charges municipales.

Les autres conditions de la réunion prononcée seront, s'il y a lieu, ultérieurement déterminées par une ordonnance du roi.

TROISIÈME LOI. — Lot-et-Garonne.

Art. 1er. Les communes d'Estussan et de Lavardac, canton de Lavardac, arrondissement de Nérac, département de Lot-et-Garonne, sont réunies en une seule, dont le chef-lieu est fixé à Lavardac.

2. Les communes réunies par l'article précédent continueront à jouir séparément, comme section de commune, des droits d'usage ou autres qui pourraient leur appartenir, sans pouvoir se dispenser de contribuer en commun aux charges municipales.

Les autres conditions de la réunion prononcée seront, s'il y a lieu, ultérieurement déterminées par une ordonnance du roi.

---

(1) Voy. tome 40, p. 324.

QUATRIÈME LOI. — Lot-et-Garonne.

Art. 1er. Les communes de Daubèze et de la Montjoie, canton de Francescas, arrondissement de Nérac, département de Lot-et-Garonne, sont réunies en une seule, dont le chef-lieu est fixée à la Montjoie.

2. Ces communes continueront à jouir séparément, comme section de commune, des droits d'usage ou autres qui pourraient leur appartenir, sans pouvoir se dispenser de contribuer en commun aux charges municipales.

Les autres conditions de la réunion prononcée seront, s'il y a lieu, ultérieurement déterminées par une ordonnance du roi.

CINQUIÈME LOI. — Lot-et-Garonne.

Art. 1er. Les communes de Saint-Sardos et de Saint-Amand, canton de Prayssas, arrondissement d'Agen, département de Lot-et-Garonne, sont réunies en une seule, dont le chef-lieu est établi à Saint-Sardos.

2. Ces communes continueront, s'il y a lieu, à jouir séparément, comme section de commmune, des droits d'usage et autres qui pourraient leur appartenir sans pouvoir se dispenser de contribuer en commun aux charges municipales.

Les autres conditions de la réunion prononcée seront, s'il y a lieu, ultérieurement déterminées par une ordonnance du roi.

SIXIÈME LOI. — Lot-et-Garonne.

Art. 1er. Les communes de Sainte-Colombe et de Baleyssagues, canton de Duras, arrondissement de Marmande, département de Lot-et-Garonne, sont réunies en une seule, dont le chef-lieu est établi à Baleyssagues.

2. Ces communes continueront à jouir séparément, comme section de commune, des droits d'usage ou autres qui pourraient leur appartenir, sans pouvoir se dispenser de contribuer en commun aux charges municipales.

Les autres conditions de la réunion prononcée seront, s'il y a lieu, ultérieurement déterminées par une ordonnance du roi.

SEPTIÈME LOI. — Lot-et-Garonne.

Art. 1er. Les communes de Marmande et de la Magdeleine, canton et arrondissement de Marmande, département de Lot-et-Garonne, sont réunies en une seule, dont le chef-lieu est fixé à Marmande.

2. Ces communes continueront à jouir séparément, comme section de commune, des droits d'usage ou autres qui pourraient leur appartenir, sans pouvoir se dispenser de contribuer en commun aux charges municipales.

Les autres conditions de la réunion pro-

noncée seront seront, s'il y a lieu, ultérieurement déterminées par une ordonnance du roi.

HUITIÈME LOI. — Lot-et-Garonne.

Art. 1er. La section de Lavedan est distraite de la commune de Madaillan, canton de Prayssas, arrondissement d'Agen, département de Lot-et-Garonne, et réunie à la commune de Laugnac, même canton.

La limite entre la commune de Madaillan et celle de Laugnac est fixée conformément au tracé de l'ancien chemin de Sainte-Livrade à Agen, indiqué par un liséré vert sur le plan annexé à la présente loi.

2. Les dispositions qui précèdent auront lieu sans préjudice des droits d'usage et autres qui seraient réciproquement acquis.

Les autres conditions de la distraction prononcée seront, s'il y a lieu, ultérieurement déterminées par une ordonnance du roi.

NEUVIÈME LOI. — Moselle.

Article unique. La commune d'Algrange est distraite du canton de Cattenom, arrondissement de Thionville, département de la Moselle, et réunie au canton de Thionville, même arrondissement.

DIXIÈME LOI. — Vienne.

Art. 1er. Les hameaux de la Brosse et de la Morinière sont distraits de la commune de Vaux, canton de Leigné-sur-Usseau, arrondissement de Châtellerault, département de la Vienne, et réunis à la commune d'Ingrandes, canton de Dangé, même arrondissement.

En conséquence, la limite entre les communes d'Ingrandes et de Vaux est fixée suivant le cours de la rivière de la Vienne, tel qu'il est indiqué sur le plan annexé à la présente loi.

2. Les dispositions qui précèdent auront lieu sans préjudice des droits d'usage et autres qui seraient respectivement acquis.

Les autres conditions des distractions prononcées seront, s'il y a lieu, ultérieurement déterminées par une ordonnance du roi.

<hr>

21 FÉVRIER = 15 AVRIL 1841. — Ordonnance du roi concernant les établissements généraux de bienfaisance et d'utilité publique. (IX, Bull. DCCC, n. 9227.)

Louis-Philippe, etc., sur le rapport de notre ministre secrétaire d'État au département de l'intérieur ; vu les lois des 28 octobre 1790, 21 juillet et 28 septembre 1791 ; les décrets des 16 nivôse et 10 thermidor an 3 ; la délibération des consuls du 14 nivôse an 9 ; les ordonnances royales des

8 février 1815 (1) et 31 août 1830 ; notre conseil d'Etat entendu , etc.

Art. 1er. Les établissements généraux de bienfaisance et d'utilité publique ci-après dénommés , savoir : l'hospice royal des Quinze-Vingts, la maison royale de Charenton , l'institution royale des sourds-muets de Paris, l'institution royale des jeunes aveugles , l'institution royale des sourds-muets de Bordeaux , et tous les établissements analogues qui pourraient être ultérieurement formés, seront administrés, sous l'autorité de notre ministre de l'intérieur et sous la surveillance d'un conseil supérieur, par des directeurs responsables assistés de commissions consultatives.

2. Le conseil supérieur sera composé de vingt-quatre membres, qui seront nommés par nous, et d'un secrétaire, qui sera nommé par notre ministre secrétaire d'Etat de l'intérieur. Il se réunira sur la convocation de notre ministre secrétaire d'Etat de l'intérieur et sous sa présidence.

3. Les membres du conseil supérieur seront renouvelés par sixième tous les deux ans, par ordre d'ancienneté. Les membres sortants seront désignés par la voie du tirage au sort, jusqu'à ce que l'ordre d'ancienneté se soit établi par les renouvellements successifs. Ils pourront être renommés.

4. Ils donneront leur avis sur les budgets et les comptes de chaque établissement , les rapports généraux des directeurs , les projets de constructions et de grosses réparations des bâtiments, les acceptations de legs et donations et les questions contentieuses, les règlements pour l'administration intérieure des établissements, et, en outre , sur toutes les questions à l'égard desquelles ils seront consultés par notre ministre de l'intérieur.

5. Le conseil supérieur sera chargé de présenter à notre ministre secrétaire d'Etat de l'intérieur ses vues sur toutes les améliorations dont l'administration , la direction morale et le régime intérieur de chaque établissement lui paraîtront susceptibles, et sur la fondation des nouveaux établissements qu'il pourrait y avoir à créer. A la fin de chaque année, il fera, à notre ministre secrétaire d'Etat de l'intérieur, un rapport sur la situation des établissements , et indiquera les mesures qu'il jugera nécessaires ou utiles.

6. Il sera créé près de chacun des établissements généraux de bienfaisance et d'utilité publique une commission consultative composée de quatre membres , qui seront nommés par notre ministre de l'intérieur. Ces commissions seront renouvelées tous les ans par quart, conformément aux règles suivies pour les commissions administratives des hospices. Le directeur assistera au conseil avec voix délibérative.

7. Notre ministre de l'intérieur statuera, par un arrêté spécial , sur les attributions des commissions consultatives.

8. Dans chacun des cinq établissements ci-dessus indiqués, le directeur, chargé de l'administration intérieure, exercera aussi la gestion des biens et revenus de l'établissement : il assurera l'exécution des lois et règlements , et correspondra directement avec notre ministre secrétaire d'Etat de l'intérieur. La comptabilité et le régime économique sont confiés à un agent comptable , qui fournira un cautionnement , conformément aux ordonnances des 6 juin 1830 et 29 novembre 1831.

Le nombre, les attributions et le traitement des divers fonctionnaires et employés dans chacun des établissements , ainsi que tout ce qui concerne l'administration intérieure , seront déterminés par un règlement spécial arrêté par notre ministre de l'intérieur, sur l'avis du conseil supérieur.

9. Les dispositions des ordonnances des 31 octobre 1821 et 29 novembre 1831 , sur la comptabilité des hospices, seront applicables aux établissements de bienfaisance et d'utilité publique ci-dessus dénommés.

10. Notre ministre de l'intérieur (M. Duchâtel) est chargé, etc.

---

8 février 1815 = 15 avril 1841. — Ordonnance concernant l'hôpital royal des Quinze-Vingts et l'Institution des jeunes aveugles (2). (IX, Bull. DCCC, n. 9228.)

Louis, etc., sur le rapport de notre ministre secrétaire d'Etat au département de l'intérieur, etc.

Art. 1er. L'hôpital royal des Quinze-Vingts est définitivement replacé sous l'autorité de notre grand aumônier. L'institution des jeunes aveugles , réunie en 1801 à l'hospice des Quinze-Vingts, sera séparée de cet établissement et restera dans les attributions spéciales de notre ministre secrétaire d'Etat de l'intérieur.

2. Les bâtiments de l'ancienne maison de Sainte-Catherine situés au coin des rues Saint-Denis et des Lombards, affectés en 1795 à l'institution des jeunes aveugles, et réunis avec cette institution à l'hospice des Quinze-Vingts, seront distraits des biens

---

(1) Voir ci-après.
(2) Cette ordonnance , citée dans la précédente, n'avait pas été insérée au Bulletin des lois.

de cet hospice pour le revenu en être spécialement affecté aux besoins de l'institution des jeunes aveugles.

3. Il sera, en outre, compris chaque année, à compter de 1845, dans le budget du ministère de l'intérieur, une somme de cinquante mille francs pour subvenir à l'entretien de l'institution des jeunes aveugles.

4. Notre ministre de l'intérieur fera faire la recherche d'un local où cette institution puisse être transférée sans délai, et il est autorisé à pourvoir à tous les règlements qu'il jugera convenables pour la consolider et l'améliorer.

5. Notre ministre de l'intérieur (M. Montesquiou) est chargé, etc.

7 MARS = 15 AVRIL 1841. — Ordonnance du roi portant règlement sur les concessions des mines de sel et de sources et puits d'eau salée, et sur les usines destinées à la fabrication du sel. (IX, Bull. DCCC, n. 9229.)

Louis-Philippe, etc., sur le rapport de notre ministre secrétaire d'Etat des travaux publics; vu la loi sur le sel, du 17 juin 1840 (1); vu notamment l'art. 1er, portant que nulle exploitation de mines de sel, de sources ou de puits d'eau salée naturellement ou artificiellement, ne peut avoir lieu qu'en vertu d'une concession consentie par ordonnance royale délibérée en conseil d'Etat; l'art. 2 qui dispose que les lois et règlements généraux sur les mines sont applicables aux exploitations de mines de sel; qu'un règlement d'administration publique déterminera, selon la nature de la concession, les conditions auxquelles l'exploitation sera soumise; que le même règlement déterminera aussi les formes des enquêtes qui devront précéder les concessions de sources ou de puits d'eau salée; notre conseil d'Etat entendu, etc.

TITRE Ier. — *Des mines de sel.*

Art. 1er. Il ne pourra être fait de concession de mines de sel, sans que l'existence du dépôt de sel ait été constatée par des puits, des galeries ou des trous de sonde.

2. Les demandes en concession seront instruites conformément aux dispositions de la loi du 21 avril 1810; elles contiendront les propositions du demandeur, dans le but de satisfaire aux droits attribués aux propriétaires de la surface par les art. 6 et 42 de la loi du 21 avril 1810.

3. L'exploitation d'une mine de sel, soit

à l'état solide, par puits ou galeries, soit par dissolution, au moyen de trous de sonde ou autrement, ne pourra être commencée qu'après que le projet des travaux aura été approuvé par l'administration. A cet effet, le concessionnaire soumettra au préfet un mémoire indiquant la manière dont il entend procéder à l'exploitation, la disposition générale des travaux qu'il se propose d'exécuter et la situation des puits, galeries et trous de sonde, par rapport aux habitations, routes et chemins. Il y joindra les plans et coupes nécessaires à l'intelligence de son projet. Lorsque le projet d'exploitation aura été approuvé, il ne pourra être changé sans une nouvelle autorisation. L'approbation de l'administration sera également nécessaire pour l'ouverture de tout nouveau champ d'exploitation. Les projets de travaux énoncés aux paragraphes précédents devront être, ainsi que les plans à l'appui, portés, avant toute décision, à la connaissance du public. A cet effet, des affiches seront apposées, pendant un mois, dans les communes comprises dans lesdits projets et une copie des plans sera déposée dans chaque mairie.

TITRE II. — *Des sources et puits d'eau salée.*

4. Les art. 10, 11 et 12 de la loi du 21 avril 1810, sont applicables aux recherches d'eau salée.

5. Tout demandeur en concession d'une source ou d'un puits d'eau salée devra justifier que la source ou le puits peut fournir des eaux salées en quantité suffisante pour une fabrication annuelle de 500,000 kilogrammes de sel au moins (2).

6. Il devra justifier des facultés nécessaires pour entreprendre et conduire les travaux et des moyens de satisfaire aux indemnités et charges qui seront imposées par l'acte de concession.

7. La demande en concession sera adressée au préfet et enregistrée, à sa date, sur un registre spécial, conformément à l'art. 22 de la loi du 21 avril 1810; le secrétaire général de la préfecture délivrera au requérant un extrait certifié de cet enregistrement. La demande contiendra l'indication exigée par l'art. 2 ci-dessus. Le pétitionnaire y joindra le plan, en quadruple expédition et à l'échelle de cinq millimètres pour dix mètres, des terrains désignés dans sa demande. Ce plan devra indiquer l'emplacement de la source ou du puits salé, et sa situation par rapport aux habitations,

_____

(1) Voy. tome 40, p. 111.
(2) C'est la règle générale; mais, par exception, la fabrication au-dessous du minimum de 500,000 kilogrammes peut être autorisée. Voy. art. 5 de la loi du 17 juin 1840 et les notes sur cet article.

routes et chemins. Il ne sera admis qu'après vérification par l'ingénieur des mines. Il sera visé par le préfet (1).

8. Les publications et affiches de la demande auront lieu à la diligence du préfet et conformément aux art. 23 et 24 de la loi du 21 avril 1810. Leur durée sera de deux mois à compter du jour de l'apposition des affiches dans chaque localité. La demande sera insérée dans l'un des journaux du département. Les frais d'affiches, publications et insertions dans les journaux seront à la charge du demandeur.

9. Les demandes en concurrence ne seront admises que jusqu'au dernier jour de la durée des affiches. Elles seront notifiées par actes extrajudiciaires au demandeur, ainsi qu'au préfet, qui les fera transcrire à leur date sur le registre mentionné en l'art. 7 ci-dessus. Il sera donné communication de ce registre à toutes les personnes qui voudront prendre connaissance desdites demandes.

10. Les oppositions à la demande en concession, les réclamations relatives à la quotité des offres faites aux propriétaires de la surface, les demandes en indemnité d'invention, seront notifiées au demandeur et au préfet par actes extrajudiciaires.

11. Jusqu'à ce qu'il ait été statué définitivement sur la demande en concession, les oppositions, réclamations et demandes mentionnées en l'art. 10 ci-dessus, seront admissibles devant notre ministre des travaux publics. Elles seront notifiées par leurs auteurs aux parties intéressées.

12. Le gouvernement jugera des motifs ou considérations d'après lesquels la préférence doit être accordée aux divers demandeurs en concession, qu'ils soient propriétaires de la surface, inventeurs ou autres, sans préjudice de la disposition transitoire de l'art. 3 de la loi du 17 juin 1840, relative aux propriétaires des établissements actuellement existants (2).

13. Il sera définitivement statué par une ordonnance royale, délibérée en conseil d'État. Cette ordonnance purgera, en faveur du concessionnaire, tous les droits des propriétaires de la surface et des inventeurs ou de leurs ayants-cause.

14. L'étendue de la concession sera déterminée par ladite ordonnance; elle sera limitée par des points fixes pris à la surface du sol.

15. Lorsque, dans l'étendue du périmètre qui lui est concédé, le concessionnaire voudra pratiquer, pour l'exploitation de l'eau salée, une ouverture autre que celle désignée par l'acte de concession, il adressera au préfet, avec un plan à l'appui, une demande qui sera affichée pendant un mois dans chacune des communes sur lesquelles s'étend la concession. Une copie de ce plan sera déposée dans chaque mairie. S'il ne s'élève aucune réclamation contre la demande, l'autorisation sera accordée par le préfet. Dans le cas contraire, il sera statué par notre ministre des travaux publics.

16. Toutes les questions d'indemnités à payer par le concessionnaire d'une source ou d'un puits d'eau salée, à raison des recherches ou travaux antérieurs à l'acte de concession, seront décidées conformément à l'art. 4 de la loi du 28 pluviôse an 8.

17. Les indemnités à payer par le concessionnaire aux propriétaires de la surface, à raison de l'occupation des terrains nécessaires à l'exploitation des eaux salées, seront réglées conformément aux art. 43 et 44 de la loi du 21 avril 1810.

18. Aucune concession de source ou de puits d'eau salée ne peut être vendue par lots ou partagée, sans une autorisation préalable du gouvernement, donnée dans les mêmes formes que la concession.

TITRE III. — *Dispositions communes aux concessions de mines de sel, et aux concessions de sources et de puits d'eau salée.*

19. Aucune recherche de mine de sel ou d'eau salée, soit par les propriétaires de la surface, soit par des tiers autorisés en vertu de l'art. 10 de la loi du 21 avril 1810, ne pourra être commencée qu'un mois après la déclaration faite à la préfecture. Le préfet en donnera avis immédiatement au directeur des contributions indirectes ou au directeur des douanes, suivant les cas.

20. Il ne pourra être fait, dans le même périmètre, à deux personnes différentes, une concession de mine de sel et une concession de source ou de puits d'eau salée. Mais tout concessionnaire de source ou de puits d'eau salée, qui aura justifié de l'existence d'un dépôt de sel dans le périmètre à lui concédé, pourra obtenir une nouvelle concession, conformément au titre Ier de la présente ordonnance. Jusque-là, tout puits, toute galerie, ou tout autre ouvrage d'exploitation de mine, est interdit au concessionnaire de la source ou du puits d'eau salée.

21. Dans tous les cas où l'exploitation, soit des mines de sel, soit des sources ou des puits d'eau salée, compromettrait la

---

(1) Voy. pour l'étendue de la concession, l'art. 4 de la loi du 17 juin 1840 et les notes sur cet article.

(2) Voy. les notes sur l'art. 3 de la loi du 17 juin 1840.

sûreté publique, la conservation des travaux, la sûreté des ouvriers ou des habitations de la surface, il y sera pourvu ainsi qu'il est dit en l'art. 50 de la loi du 21 avril 1810.

22. Tout puits, toute galerie, tout trou de sonde, ou tout autre ouvrage d'exploitation ouvert sans autorisation, seront interdits conformément aux dispositions de l'art. 8 de la loi du 27 avril 1838. Néanmoins, les exploitations en activité à l'époque de la promulgation de la loi du 17 juin 1840 sont provisoirement maintenues, à charge par les exploitants de former, dans un délai de trois mois, à compter de la promulgation de la présente ordonnance, des demandes en concession, conformément aux dispositions qu'elle prescrit. Si la concession n'est point accordée, l'exploitation cessera de plein droit, et, au besoin, elle sera interdite, conformément au premier paragraphe du présent article (1).

23. Les concessions pourront être révoquées dans les cas prévus par l'art. 49 de la loi du 21 avril 1810. Il sera alors procédé conformément aux règles établies par la loi du 27 avril 1838.

24. Le directeur des contributions indirectes ou des douanes, selon les cas, sera consulté par le préfet sur toute demande en concession de mine de sel, de source ou de puits d'eau salée. Le préfet consultera ensuite les ingénieurs des mines, et transmettra les pièces à notre ministre des travaux publics, avec leurs rapports et son avis. Les pièces relatives à chaque demande seront communiquées par notre ministre des travaux publics à notre ministre des finances.

Titre IV. — *Des permissions relatives à l'établissement des usines pour la fabrication du sel.*

25. Les usines destinées à l'élaboration du sel gemme, ou au traitement des eaux salées, ne pourront être établies, soit par les concessionnaires des mines de sel, de sources ou de puits d'eau salée, soit par tous autres, qu'en vertu d'une permission accordée par une ordonnance royale, après l'accomplissement des formalités prescrites par l'art. 74 de la loi du 21 avril 1810. Toutefois, le délai des affiches est réduit à un mois. Le demandeur devra justifier que l'usine pourra suffire à la fabrication annuelle d'au moins cinq cent mille kilogrammes de sel, sauf l'application de la faculté ouverte par le deuxième alinéa de l'art. 5 de la loi du 17 juin 1840. Seront d'ailleurs observées les dispositions des lois et règlements sur les établissements dangereux, incommodes ou insalubres.

26. La demande en permission devra être accompagnée d'un plan, en quadruple expédition, à l'échelle de deux millimètres par mètre, indiquant la situation et la consistance de l'usine. Ce plan sera vérifié et certifié par les ingénieurs des mines, et visé par le préfet. Les oppositions auxquelles la demande pourra donner lieu seront notifiées au demandeur et au préfet par actes extrajudiciaires.

27. Les dispositions de l'art. 24 ci-dessus, relatives aux demandes en concession de sel ou de sources et de puits d'eau salée, seront également observées à l'égard des demandes en permission d'usines.

28. Les permissions seront données à la charge d'en faire usage dans un délai déterminé. Elles auront une durée indéfinie, à moins que l'ordonnance d'autorisation n'en ait décidé autrement.

29. Elles pourront être révoquées pour cause d'inexécution des conditions auxquelles elles auront été accordées. La révocation sera prononcée par arrêté de notre ministre des travaux publics. Cet arrêté sera exécutoire par provision, nonobstant tout recours de droit.

30. Les fabriques légalement en activité à l'époque de la promulgation de la loi du 17 juin 1840 sont maintenues provisoirement, à charge par les propriétaires de former une demande en permission dans un délai de trois mois à partir de la promulgation de la présente ordonnance. Dans le cas où cette permission ne serait point accordée, les établissements seront interdits, dans les formes indiquées au second paragraphe de l'article précédent.

31. Nos ministres des travaux publics et des finances (MM. Teste et Humann) sont chargés, etc.

___

12 mars = 15 avril 1841. — Ordonnance du roi concernant les écoles préparatoires de médecine et de pharmacie. (IX, Bull. DCCC, n. 9230.)

Louis Philippe, etc., sur le rapport de notre ministre secrétaire d'Etat au département de l'instruction publique; vu notre ordonnance du 13 octobre 1840 (2), relative aux écoles préparatoires de médecine et de pharmacie; vu la délibération du conseil royal de l'instruction publique, en date du 2 mars 1841, etc.

___

(1) Voy. les notes sur l'art. 3 de la loi du 17 juin 1840.
(2) Voy. tome 40, p. 448.

Art. 1er. L'administration de chaque école préparatoire de médecine et de pharmacie est confiée à un directeur.

2. Le directeur, nommé par notre ministre de l'instruction publique, ne pourra être choisi que parmi les professeurs en exercice. La durée de ses fonctions, toujours révocables, est fixée à trois ans : il pourra être renommé.

3. Le chef des travaux anatomiques sera également nommé pour trois ans par notre ministre de l'instruction publique, sur une liste de deux candidats présentés par les professeurs de l'école : il ne pourra être renommé que pour une nouvelle période de trois ans.

4. Dans les écoles où, en dehors des chaires mentionnées par l'ordonnance du 13 octobre 1840, et constituant les cours obligatoires, il n'existera pas de professeurs adjoints ou provisoires en nombre suffisant pour assurer les suppléances desdites chaires en cas d'absence ou d'empêchement momentané des professeurs qui les occupent, il pourra, sur la présentation du directeur, après avis des professeurs de l'école, être nommé par notre ministre de l'instruction publique un ou plusieurs suppléants spéciaux, choisis parmi les docteurs en médecine. Les fonctions desdits suppléants cesseront de droit après trois années d'exercice, sauf à être renouvelées.

5. Les suppléants spéciaux, ainsi que les professeurs adjoints ou provisoires maintenus sans traitement en dehors du cadre de l'école, lorsqu'ils seront appelés à remplacer le professeur d'un des cours obligatoires, recevront, à titre d'indemnité, pendant la durée du remplacement, la moitié du traitement du professeur suppléé.

6. Notre ministre de l'instruction publique (M. Villemain) est chargé, etc.

---

8 = 15 AVRIL 1841. — Ordonnance du roi portant réduction du droit sur les houilles perçu sur le canal d'Arles à Bouc. (IX, Bull. DCCC, n. 9231.)

Louis-Philippe, etc., vu la loi du 14 août 1822, relative à l'achèvement du canal d'Arles à Bouc, ensemble le tarif et le cahier des charges annexés à ladite loi ; vu l'ordonnance du 31 juillet 1838 (1), portant réduction dudit tarif ; vu la lettre, en date du 18 mars 1841, par laquelle les administrateurs de la compagnie consentent, jusqu'au 31 décembre prochain, à un nouveau dégrèvement sur les houilles ; sur le rapport de notre ministre secrétaire d'Etat au département des finances, etc.

Art. 1er. Le droit sur les houilles actuellement perçu sur le canal d'Arles à Bouc sera réduit, à partir du 1er mai prochain, à seize centimes par tonneau de mille kilogrammes, et par distance d'un myriamètre.

2. Cette réduction n'aura d'effet que jusqu'au 1er janvier 1842.

3. Notre ministre des finances (M. Humann) est chargé, etc.

---

25 MARS = 17 AVRIL 1841. — Ordonnance du roi portant règlement sur les comptoirs d'escompte de la Banque de France. (IX, Bull. DCCC, n. 9234.)

Louis-Philippe, etc., vu l'art. 10 du décret du 16 janvier 1808, le décret du 18 mai de la même année, et la loi du 30 juin 1840 (2) ; vu les délibérations du conseil général de la banque de France, en date des 7 et 31 décembre 1840 ; sur le rapport de notre ministre secrétaire d'Etat des finances ; notre conseil d'Etat entendu, etc.

TITRE Ier. — *De la formation des comptoirs d'escompte.*

Art. 1er. Les comptoirs d'escompte de la banque de France sont sous sa direction immédiate.

2. Conformément à l'art. 6 de la loi du 30 juin 1840, les comptoirs de la banque de France ne peuvent être établis ou supprimés qu'en vertu d'une ordonnance royale, rendue sur la demande de son conseil général, dans la forme des règlements d'administration publique. Le fonds capital de chaque comptoir d'escompte est fixé par le conseil général.

3. Les comptes des comptoirs font partie de ceux qui doivent être rendus au gouvernement et aux actionnaires de la banque.

4. Le compte des profits et pertes est réglé tous les six mois dans chaque comptoir, et le solde est porté au compte de la banque.

5. Les dépenses annuelles de chaque comptoir d'escompte sont arrêtées par le conseil général de la banque.

TITRE II. — *Des opérations des comptoirs d'escompte.*

6. Les opérations des comptoirs d'escompte sont les mêmes que celles de la banque.

7. Le taux de l'escompte, dans les comptoirs, est fixé par le conseil général de la banque.

8. Conformément à l'art. 9 du décret

---

(1) Voy. tome 38, p. 618.　　(2) Voy. tome 40, p. 198.

impérial du 18 mai 1808, la banque de France a le privilége exclusif d'émettre des billets de banque dans les villes où elle a établi des comptoirs.

9. Les billets à émettre par les comptoirs sont fournis par la banque. Ils portent en titre le nom du comptoir où ils doivent être émis. Le conseil général de la banque détermine la forme des billets et les signatures dont ils doivent être revêtus. Les coupures de ces billets ne peuvent être moindres de deux cent cinquante francs.

10. Toute délibération du conseil général ayant pour objet la création ou l'émission des billets de banque d'un comptoir doit être approuvée par les censeurs de la banque.

11. Les billets émis par chaque comptoir d'escompte sont payables à la caisse de ce comptoir. Néanmoins les billets des comptoirs peuvent être remboursés à Paris par la banque de France, lorsque le conseil général le trouve convenable. Les billets de la banque de France peuvent également être remboursés par les comptoirs, avec l'autorisation du conseil général et aux conditions qu'il détermine.

TITRE III. — *De l'inscription des actions de la Banque dans les comptoirs d'escompte et des certificats de transfert d'offets publics.*

12. Les propriétaires d'actions de la banque résidant ou ayant élu domicile dans les villes où des comptoirs d'escompte sont établis peuvent y faire inscrire leurs actions sur des registres à ce destinés dans chaque comptoir.

13. Les actions de la banque dont l'inscription aura été demandée dans un comptoir d'escompte seront d'abord portées à un compte spécial, ouvert sur les registres de la banque au nom du comptoir. Ces actions seront ensuite inscrites sur les registres des comptoirs, au nom du propriétaire. Dans les comptoirs où elles auront été inscrites, ces actions seront transférables selon les formes voulues par les statuts de la banque.

14. L'inscription des actions de la banque, faite dans les comptoirs d'escompte, pourra être rétablie sur les registres de la banque, si elles ne sont engagées au comptoir, en garantie d'effets escomptés.

15. Les effets publics français, sur lesquels les comptoirs auront fait des avances, ou qu'ils auront admis à titre de garantie, seront transférés au nom de la banque de France.

16. Le dividende des actions de la banque, inscrites dans un comptoir d'escompte, et les arrérages des fonds publics français, transférés en exécution des articles précédents, seront payés aux caisses des comptoirs.

TITRE IV. — *De la composition des comptoirs d'escompte.*

17. L'administration de chaque comptoir d'escompte est composée : d'un directeur, de douze administrateurs au plus et de six au moins, suivant l'importance des comptoirs, et de trois censeurs. Ils doivent résider dans la ville où le comptoir est établi.

18. Les censeurs sont nommés par le conseil général de la banque.

19. Les administrateurs sont nommés par le gouverneur, sur une liste de candidats en nombre double à celui des membres à élire. Cette liste lui est présentée par le conseil général de la banque, à moins que le nombre d'actions inscrites dans le comptoir ne représente au moins la moitié du capital fixé pour ce comptoir, et que le nombre des titulaires ne soit de cinquante ou plus. Dans ce cas, la liste double pour le choix des administrateurs sera formée de la manière suivante : les cinquante plus forts actionnaires inscrits sur les listes du comptoir éliront un nombre de candidats égal à celui des membres à nommer : le conseil général de la banque formera une liste d'un même nombre de candidats. L'assemblée des actionnaires ayant droit de voter sera convoquée par le directeur du comptoir, aux époques fixées par le gouverneur. Elle sera présidée par le directeur. Elle procédera, pour les élections, dans les formes prescrites par les art. 25 et 26 des statuts de la banque.

20. La durée des fonctions des administrateurs et des censeurs est de trois ans. Ils sont renouvelés par tiers chaque année. Pendant les deux premières années, les administrateurs et les censeurs sortants sont désignés par le sort. Les administrateurs et les censeurs sont rééligibles.

21. Les fonctions des administrateurs et des censeurs sont gratuites, sauf les droits de présence.

22. Le directeur de chaque comptoir est nommé par ordonnance royale, sur le rapport de notre ministre des finances, et sur la présentation qui lui est faite de trois candidats par le gouverneur de la banque. Le gouverneur de la banque nomme, révoque et destitue les employés des comptoirs.

23. Avant d'entrer en fonctions, le directeur de chaque comptoir est tenu de justifier de la propriété de quinze actions de la banque, lesquelles sont affectées à la

garantie de sa gestion ; les administrateurs et les censeurs doivent justifier de la propriété de quatre actions , lesquelles sont inaliénables pendant toute la durée de leurs fonctions. En cas de mort , de maladie ou autre empêchement légitime du directeur d'un comptoir, le conseil d'administration nomme un de ses membres pour en remplir provisoirement les fonctions, jusqu'à ce qu'il ait été pourvu à l'intérim par le gouverneur de la banque.

TITRE V. — *De la direction et de l'administration des comptoirs d'escompte.*

24. Le directeur exécute les arrêtés du conseil général et se conforme aux instructions transmises par le gouverneur. Il signe la correspondance ainsi que les endossements et acquits des effets de commerce appartenant au comptoir. Il préside le conseil d'administration et tous les comités. Les actions judiciaires sont exercées au nom des régents de la banque, à la requête du gouverneur, poursuite et diligence du directeur.

25. Le directeur d'un comptoir ne peut présenter à l'escompte aucun effet revêtu de sa signature ou lui appartenant.

26. Le conseil d'administration de chaque comptoir est composé du directeur, des administrateurs et des censeurs. Il surveille toutes les parties de l'établissement. Il arrête ses règlements intérieurs, sauf les modifications qui peuvent y être apportées par le conseil général de la banque. Il fixe les sommes à employer aux escomptes. Il propose l'état annuel des dépenses du comptoir. Il veille à ce que le comptoir ne fasse d'autres opérations que celles qui sont permises par les statuts et qui sont autorisées par la banque.

27. Nul effet ne peut être escompté, dans un comptoir, que sur la proposition des administrateurs composant le comité des escomptes , et l'approbation du directeur.

28. Le conseil d'administration de chaque comptoir se réunit au moins deux fois chaque mois. Il lui est rendu compte de toutes les affaires du comptoir. Ses arrêtés se prennent à la majorité absolue des suffrages.

29. Le conseil d'administration ne peut délibérer qu'avec le concours des deux tiers du nombre des administrateurs et la présence d'un censeur.

30. Nul arrêté ne peut être exécuté s'il n'est revêtu de la signature du directeur.

31. Les censeurs des comptoirs adressent,

au moins une fois par mois, au conseil général de la banque, un rapport sur l'exercice de leur surveillance.

32. Les administrateurs de chaque comptoir sont répartis en trois comités : le comité des escomptes , le comité des livres et portefeuilles, le comité des caisses.

TITRE VI. — *Dispositions générales.*

33. Les comptoirs ne peuvent faire entre eux aucune opération sans une autorisation expresse du conseil général de la banque.

34. Les dispositions de la présente ordonnance sont applicables aux comptoirs existants.

35. Le décret du 18 mai 1808 est abrogé, sauf les art. 9, 42 et 43.

36. Notre ministre des finances (M. Humann) est chargé , etc.

———

12 = 17 AVRIL 1841. — Ordonnance du roi portant que l'importation des grandes peaux brutes sèches, d'origine européenne, est autorisée par le bureau d'Évrange (Moselle). (IX, Bull. DCCCI, n. 9235.)

Louis-Philippe, etc., vu la loi du 28 avril 1816 ; vu l'art. 4 de la loi du 5 juillet 1836, portant que des ordonnances royales pourront déterminer les bureaux de douanes ouverts au transit ou à l'importation et à l'exportation de certaines marchandises, sauf les restrictions d'entrée prononcées par l'art. 22 de la loi du 28 avril 1816 ; sur le rapport de nos ministres secrétaires d'Etat au département de l'agriculture et du commerce et au département des finances , etc.

Art. 1ᵉʳ. L'importation des grandes peaux brutes sèches, d'origine européenne, au droit de cinq francs établi par la loi du 5 juillet 1836, est autorisée par le bureau d'Évrange, département de la Moselle.

2. Nos ministres de l'agriculture et du commerce , et des finances (MM. Cunin-Gridaine et Humann) sont chargés , etc.

———

28 FÉVRIER = 23 AVRIL 1841. — Ordonnance du roi sur l'organisation de la justice en Algérie (1). (IX, DCCCII, n. 9242.)

Louis-Philippe , etc. , sur le rapport de notre ministre secrétaire d'Etat au département de la guerre, président du conseil, et de notre garde des sceaux , ministre secrétaire d'Etat au département de la justice et des cultes :

Notre ordonnance du 10 août 1834 (2), sur l'organisation de la justice en Algérie,

———

(1) Voy. ordonnance du 10 août 1834, t. 34, p. 264 ; ordonnances du 31 octobre 1838 , t. 38 , p. 693 , et, ci-après, ordonnance du 18 mai 1841.
(2) Voy. tome 34, p. 264.

est modifiée conformément au texte ci-après, qui sera le seul officiel, à partir de la publication de la présente.

TITRE Ier. — DE L'ADMINISTRATION DE LA JUSTICE.

Art. 1er. La justice en Algérie est administrée, au nom du roi, par des tribunaux français et par des tribunaux indigènes, suivant les distinctions établies par la présente ordonnance.

2. Les juges français sont nommés et institués par le roi. Ils ne peuvent entrer en fonctions qu'après avoir prêté serment. Leurs audiences sont publiques, au civil comme au criminel, excepté dans les affaires où la publicité est jugée dangereuse pour l'ordre et les mœurs. Leurs jugements sont toujours motivés (1).

SECTION Ire. — Des tribunaux français.

3. L'organisation judiciaire comprend : une cour royale séant à Alger (2) ; des tribunaux de première instance siégeant à Alger, Bône et Oran, et dans les autres lieux où il serait jugé nécessaire d'en établir ; des justices de paix (3) et des juridictions spéciales, dans les cas prévus par l'art. 10 de la présente ordonnance, et l'art. 3 de celle du 31 octobre 1838 (4) ; un tribunal de commerce à Alger ; des tribunaux musulmans en nombre indéterminé, dont le gouverneur général arrête l'établissement et nomme les membres.

4. Le ressort de la cour royale embrasse la totalité de l'Algérie, sauf la juridiction des conseils de guerre, réservée par l'art. 43. La juridiction des tribunaux de première instance s'étend sur tous les territoires occupés dans chaque province, jusques aux limites déterminées par des arrêtés spéciaux du gouverneur, soumis à l'approbation du ministre de la guerre.

5. La cour royale d'Alger se compose : d'un conseiller, président ; de quatre conseillers, et de deux conseillers adjoints, ayant voix délibérative ; d'un greffier et de deux commis-greffiers. Elle connaît de l'appel des jugements rendus en premier ressort par les tribunaux de première instance ou de commerce, et par les tribunaux musulmans. Elle ne peut juger qu'au nombre de trois conseillers au moins.

La cour royale, constituée en cour de justice criminelle, juge, 1° toutes les affaires de la compétence des cours d'assises, directement pour la province d'Alger, et sur appel des jugements rendus par les tribunaux d'Oran et de Bône, dans le cas prévu par le dernier paragraphe de l'art. 12 ci-après ; 2° les appels en matière correctionnelle, dans les cas où l'appel est autorisé ; 3° les délits et contraventions imputés aux agents de l'autorité, dans les cas où la connaissance en est déférée, par la loi française, aux cours royales. La cour criminelle siége au nombre de quatre conseillers ; trois voix sont requises pour qu'il y ait condamnation.

6. La cour royale ne peut exercer d'autres attributions que celles qui lui sont expressément conférées par la présente ordonnance. Le droit d'évocation, les injonctions au procureur général, lui sont nommément interdits. Elle ne peut se réunir en assemblée générale que sur la réquisition du procureur général, et seulement pour délibérer sur les objets qui lui sont communiqués par ce magistrat.

7. Le tribunal de première instance d'Alger se compose : de deux juges et de trois juges adjoints ; d'un greffier et de quatre commis-greffiers assermentés.

8. L'un des deux juges au tribunal de première instance d'Alger connaît de toutes les matières civiles. Il juge en dernier ressort les demandes qui n'excèdent pas mille francs de valeur déterminée, ou cent francs de revenu (5), et, à charge d'appel, toutes les autres actions. Le second juge connaît en dernier ressort de toutes les contraventions de police, et à la charge d'appel dans les limites ci-après, des autres contraventions et délits correctionnels. Il est aussi chargé de l'instruction des affaires criminelles. Il peut être appelé des jugements rendus en matière correctionnelle, dans tous les cas où la peine portée par la loi peut s'étendre jusqu'à deux années d'emprisonnement ou plus, quelle que soit, d'ailleurs, celle qui est appliquée par le juge (6).

9. Ces deux juges remplissent, chacun selon la nature de ses attributions, les diverses fonctions que les lois confèrent en France aux juges de paix.

---

(1) L'art. 2 de l'ordonnance de 1834 disait que les juges indigènes étaient institués par le roi. Désormais ils ne le sont que par le gouverneur. Voy. ci-après, art. 31.

(2) Précédemment, et aux termes de l'art. 3 de l'ordonnance de 1834, il n'y avait qu'un tribunal supérieur.

(3) Voy. ci-après, ordonnance du 18 mai 1841.

(4) Voy. tome 38, p. 693.

(5) L'intérêt légal, en Algérie, est de dix pour cent. (Ordonn. royale du 7 déc. 1835, t. 35, p. 63.)

(6) Puisqu'en France les tribunaux de première instance connaissent en dernier ressort, jusqu'à concurrence de 1,500 fr., on aurait dû porter au même chiffre la compétence des tribunaux de l'Algérie.

10. Des ordonnances royales pourront, 1º charger l'un des juges adjoints d'Alger, Bône et Oran, de juger toutes les affaires du ressort des justices de paix; 2ⁿ instituer, s'il y a lieu, des juges de paix dans les territoires érigés en commissariats civils, en exécution de l'art. 3 de notre ordonnance du 31 octobre 1838. Les juges de paix ainsi institués peuvent être investis des mêmes pouvoirs que notre ordonnance précitée permet de conférer, en matière judiciaire, aux commissaires civils. Les arrêtés du ministre de la guerre déterminent provisoirement, et modifient, s'il est besoin, les règles de procédure à observer devant les juges de paix ou commissaires civils, et pour l'exécution de leurs jugements.

11. Les deux juges du tribunal de première instance d'Alger se suppléent réciproquement dans toutes leurs fonctions. En cas d'empêchement des conseillers ou juges titulaires, les conseillers et juges adjoints attachés au même siége sont appelés à en remplir toutes les fonctions.

12. Les tribunaux de première instance de Bône et d'Oran sont composés chacun d'un juge, de deux juges adjoints, d'un greffier et d'un commis-greffier. Dans chacun de ces siéges, le juge réunit les attributions énumérées dans les art. 8 et 9 de la présente ordonnance. Il connaît, en outre, des affaires de commerce, à l'égard desquelles sa compétence en dernier ressort est la même qu'en matière civile. Le juge de première instance, à Bône et à Oran, connaît des crimes, à charge d'appel. La dernière disposition de l'art. 8 est applicable aux jugements rendus par les tribunaux de Bône et d'Oran. L'appel de ces jugements est néanmoins interdit, lorsque la poursuite a eu pour objet un délit contre la chose publique, prévu soit par le titre Iᵉʳ, livre III du Code pénal, soit par la législation spéciale de l'Algérie.

13. Le tribunal de commerce d'Alger se compose de notables négociants, nommés chaque année par le gouverneur, qui désigne en même temps le président. Ils sont indéfiniment rééligibles. Ils ne peuvent rendre de jugements qu'au nombre de trois. Un greffier et un commis-greffier sont attachés à ce tribunal, dont le président et les juges titulaires ou suppléants ne reçoivent ni traitement, ni indemnité.

14. Un procureur général, deux avocats généraux, un substitut du procureur général, deux procureurs du roi, remplissent, auprès des diverses juridictions, les fonctions du ministère public.

15. Chaque année, le procureur général, par un arrêté spécial, fait la distribution du service entre les avocats généraux, le substitut et les conseillers ou juges adjoints attachés au parquet d'Alger, en vertu de l'art. 16, et désigne le siége près duquel chacun d'eux doit exercer ses fonctions. Expédition de cet arrêté est immédiatement transmise au gouverneur. Le procureur général conserve toute l'année, et aux mêmes conditions, le droit de modifier, dans l'intérêt du service, l'arrêté pris en vertu du présent article. Les procureurs du roi sont attachés aux tribunaux d'Oran et de Bône.

16. L'un des deux conseillers adjoints à la cour royale, et l'un des juges adjoints aux tribunaux de première instance, sont, par arrêté du gouverneur, désignés pour le service du parquet. Les conseillers et juges adjoints ainsi désignés peuvent, en outre, siéger, s'il est besoin, comme juges, quand ils n'en sont pas légalement empêchés.

17. Le procureur général correspond directement avec le ministre de la guerre, pour tout ce qui concerne l'administration de la justice.

18. Le procureur général exerce directement, ou par ses substituts, auprès de toutes les juridictions, la généralité des attributions du ministère public en France. En cas d'absence ou d'empêchement, il est remplacé par un des avocats généraux qu'il désigne, et, à défaut de désignation, par le plus ancien d'entre eux. Les avocats généraux, le substitut, les procureurs du roi, et les autres membres de la magistrature adjoints au service du parquet, exercent, sous la direction immédiate du procureur général, toutes les attributions du ministère public près de la juridiction à laquelle ils sont attachés.

19. Dans les cas d'urgence, et pour éviter que le cours de la justice ne soit interrompu, le gouverneur, sur le rapport du procureur général, désigne, par un arrêté spécial, et parmi les magistrats de tous les siéges, ceux qui doivent temporairement faire partie de telle juridiction que l'arrêté détermine, ainsi que les fonctions qu'ils sont appelés à remplir. Cet arrêté est immédiatement publié.

20. Les greffiers sont suppléés par les commis greffier, et, au besoin, par des officiers publics ou ministériels assermentés, que le tribunal désigne.

21. Il est attaché aux tribunaux français, pour les assister et siéger avec eux, dans les cas déterminés au titre suivant, des assesseurs musulmans, au nombre de quatre pour Alger, et de deux pour chacune des villes de Bône et d'Oran. Ces assesseurs sont nommés par le gouverneur.

22. Des interprètes assermentés sont spécialement attachés au service des divers

tribunaux, et répartis selon les besoins, par arrêté du gouverneur.

23. Le procureur général, les avocats généraux, le substitut, les procureurs du roi, les conseillers et juges titulaires ou adjoints, et les juges de paix, doivent réunir toutes les conditions d'aptitude requises pour exercer les fonctions correspondantes dans la magistrature française (1).

24. Les ordonnances portant nomination des membres de la cour royale et des tribunaux seront rendues sur la proposition et sous le contre-seing de notre garde des sceaux, ministre secrétaire d'Etat de la justice, qui se concertera, à cet effet, avec notre ministre secrétaire d'Etat de la guerre.

25. Les magistrats nommés en conformité de l'article précédent seront considérés comme détachés, pour un service public, du département de la justice. Ils pourront demander à rentrer dans la magistrature métropolitaine après cinq années d'exercice des fonctions qui leur auront été conférées en Algérie.

26. Le procureur général, les avocats généraux et les substituts du procureur général, portent le costume attribué en France aux fonctions qu'ils remplissent; le conseiller président de la cour royale et les conseillers titulaires ou adjoints, celui des conseillers; les procureurs du roi, les juges titulaires et les juges adjoints, celui des membres des tribunaux de première instance.

27. Les traitements de tous les membres de la magistrature sont déterminés par une ordonnance spéciale. Ces traitements subissent les retenues établies en faveur de la caisse des retraites du ministère de la justice. Les services en Algérie sont comptés comme s'ils avaient été rendus en France.

28. Les greffiers et les commis-greffiers sont nommés par le ministre de la guerre, qui règle les traitements et indemnités à leur allouer. Moyennant ces allocations, le matériel des greffes et le personnel auxiliaire, quand il y a lieu, demeurent à la charge des greffiers. Les droits de greffe

et d'expédition sont perçus au profit du trésor.

29. Les juges français et leurs greffiers n'ont droit à aucune vacation pour les actes ou opérations auxquels ils procèdent dans l'ordre de leurs attributions. Il leur est seulement alloué, selon les cas, une indemnité de transport, réglée, par arrêté du ministre de la guerre, en raison des distances parcourues.

30. Le ministre de la guerre détermine également le mode de rémunération des assesseurs musulmans, à raison de leur participation aux jugements pour lesquels leur assistance est requise.

SECTION II. — *Des tribunaux indigènes.*

31. Les tribunaux musulmans sont maintenus, sauf la modification portée en l'art. 44. Les muphtis et cadis sont nommés et institués par le gouverneur: ils reçoivent un traitement dont la quotité est déterminée par le ministre de la guerre.

32. Les ministres du culte israélite institués à un titre quelconque par le gouverneur pour l'exercice ou la police de ce culte n'ont aucune juridiction sur leurs coreligionnaires, lesquels sont exclusivement justiciables des tribunaux français, sauf toutefois la disposition contenue en l'art. 50 ci-après.

TITRE II. — COMPÉTENCE DES TRIBUNAUX FRANÇAIS ET INDIGÈNES.

33. Les tribunaux français connaissent, entre toutes personnes, de toutes les affaires civiles et commerciales, à l'exception de celles dans lesquelles les musulmans sont seuls parties, et qui continueront d'être portées devant les cadis (2).

34. Les tribunaux français civils et de commerce, pour le jugement de tout procès dans lequel un musulman est intéressé, sont assistés d'un assesseur musulman, pris, à tour de rôle, parmi ceux nommés en exécution de l'art. 21 ci-dessus. Cet assesseur a voix consultative; son avis, sur le point de droit, est toujours mentionné dans le jugement.

35. La disposition qui précède est appli-

(1) L'ordonnance du 18 mai 1841, art. 8, exige que les candidats aux places de juges de paix soient *licenciés en droit.* Sur le territoire européen de la France, la même condition n'est pas imposée.

(2) L'art. 27 de l'ordonnance de 1834 exprimait avec plus de détails ce que celle-ci dit d'une manière plus laconique; mais l'ordonnance de 1834 attribuait compétence aux tribunaux français pour les contestations entre indigènes, lorsqu'ils consentaient à leur soumettre leurs contestations. L'ordonnance actuelle semble, au contraire, renvoyer

aux cadis toutes les contestations entre indigènes, ou, suivant l'expression qu'elle a substituée à celle-ci, entre musulmans. Faut-il conclure de là que si deux musulmans se présentaient devant les tribunaux français et demandaient justice, ils devraient être repoussés? Je ne le pense pas. D'abord cette mesure ne serait pas politique; d'ailleurs, l'article, en disant que les contestations entre musulmans continueront à être portées devant les cadis, dit clairement qu'il ne fait que maintenir l'état de choses antérieur.

41.

7

cable à la cour royale, statuant sur appel en matière civile ou commerciale.

36. La compétence du tribunal de commerce d'Alger, à raison de la matière, est la même que celle des tribunaux de commerce en France. Il juge en dernier ressort dans les limites établies pour les tribunaux civils par l'art. 8.

37. La loi française régit les conventions et contestations entre Français et étrangers. Les indigènes sont présumés avoir contracté entre eux selon la loi du pays, à moins qu'il n'y ait convention contraire. Les contestations entre indigènes, relatives à l'état civil, seront jugées conformément à la loi religieuse des parties. Dans les contestations entre Français ou étrangers et indigènes, la loi française ou celle du pays est appliquée, selon la nature de l'objet du litige, la teneur de la convention, et, à défaut de convention, selon les circonstances ou l'intention présumée des parties.

38. Les tribunaux français connaissent, sauf l'exception portée en l'art. 43, de tous crimes, délits ou contraventions, à quelque nation ou religion qu'appartienne l'inculpé.

39. Ils ne peuvent prononcer, même contre les indigènes, d'autres peines que celles établies par les lois pénales françaises.

40. En matière correctionnelle et criminelle, dans tous les cas où la législation française autorise à reconnaître des circonstances atténuantes, les tribunaux français appliquent l'art. 463 du Code pénal, à moins qu'il n'en soit autrement ordonné par la législation spéciale de l'Algérie.

41. Toutes les fois qu'un musulman est mis en jugement comme coupable ou complice d'un délit ou d'un crime, le juge français est assisté d'un assesseur musulman ayant voix consultative, comme il est prescrit en matière civile par l'art. 34 ci-dessus. Cette disposition est applicable aux jugements sur appel.

42. Quand la cour royale est constituée en cour criminelle et appelée à juger un musulman, elle s'adjoint deux assesseurs qui ont voix délibérative sur la déclaration de culpabilité, et voix consultative seulement sur l'application de la peine. Dans le premier cas, quatre voix sont nécessaires pour qu'il y ait condamnation; il en faut trois pour l'application de la peine, ainsi qu'il est dit en l'art. 5.

43. Demeure réservée aux conseils de guerre la connaissance des crimes et délits commis en dehors des limites telles qu'elles auront été déterminées en exécution de l'art. 4. Les jugements rendus par les conseils de guerre, en vertu du présent article, ne donnent lieu qu'au pourvoi en révision tel qu'il est réglé par les lois militaires. Néanmoins, lorsqu'un Français ou Européen, étranger à l'armée, a été traduit devant un conseil de guerre, le jugement peut être déféré à la cour de cassation, mais seulement pour incompétence ou excès de pouvoir.

44. Les cadis continueront de connaître, entre musulmans seulement, de toutes affaires civiles ou commerciales. Ils continueront également de constater et rédiger en forme authentique les conventions dans lesquelles des musulmans sont seuls intéressés. Toutefois, lorsqu'il n'existera point de notaires français en résidence dans un rayon de vingt kilomètres, le cadi pourra constater et rédiger toutes les conventions dans lesquelles un musulman sera partie.

45. Les cadis connaissent de toutes les infractions commises par les musulmans, punissables selon la loi du pays, lorsque, d'après la loi française, elles ne constituent ni crime, ni délit, ni contravention. Ils sont, s'il y a lieu, saisis de la connaissance de ces faits par l'autorité française, et tenus de statuer sur ces réquisitions. L'exécution des jugements des cadis a lieu, dans tous les cas, par des agents spéciaux de la force publique, institués ou agréés par le procureur général.

46. En dehors des limites fixées conformément à l'art. 4, les cadis musulmans, nommés et institués par le gouverneur général, conservent leurs anciennes attributions, sauf la juridiction des conseils de guerre et les autres exceptions déterminées par la législation locale.

47. Il est tenu des jugements rendus par le cadi, en toute matière, un registre qui doit être soumis tous les mois au visa du procureur général.

48. L'art. 40 de la présente ordonnance n'est point applicable aux crimes et délits commis par les indigènes, 1° contre la sûreté de l'État; 2° contre la chose publique; 3° contre la personne ou au préjudice d'un Français, d'un Européen, ou d'un indigène au service de la France.

49. Tout indigène condamné à une peine excédant six mois d'emprisonnement pourra être transféré en France pour y subir sa peine, et contraint d'y résider, après son expiration, pendant le temps qui sera déterminé par le gouvernement. Le retour en Algérie pourra de plus lui être interdit à temps ou à toujours.

50. Les rabbins désignés pour chaque localité par le gouverneur sont appelés à donner leur avis écrit sur les contestations relatives à l'état civil, aux mariages et ré-

pudiations entre israélites. Cet avis demeure annexé à la minute du jugement rendu par les tribunaux français. Ils prononcent sur les infractions à la loi religieuse, lorsque, d'après la loi française, elles ne constituent ni crime, ni délit, ni contravention. Toutes autres attributions leur sont interdites. La disposition finale de l'art. 45 et l'art. 47 sont applicables aux rabbins.

51. Tout jugement portant condamnation à la peine de mort, et prononcé soit par les tribunaux institués par la présente ordonnance, soit par les conseils de guerre, dans les cas prévus par l'art. 43, ne pourra être exécuté sans l'autorisation formelle et écrite du gouverneur.

52. Le gouverneur peut ordonner un sursis à l'exécution de toute condamnation quelconque ; il en rend compte sur-le-champ au ministre. Le droit de grâce n'appartient qu'au roi.

53. Le recours en cassation est ouvert aux parties, mais seulement en matière criminelle ou correctionnelle. Le pourvoi ne pourra être formé, et le greffier devra refuser d'en donner acte, si le condamné, même ayant obtenu sa liberté sous caution, conformément à l'art. 59, ne s'est préalablement constitué (1).

TITRE III. — DE LA PROCÉDURE DEVANT LES TRIBUNAUX FRANÇAIS ET INDIGÈNES.

54. Toutes les instances civiles sont dispensées du préliminaire de la conciliation. Les juges de première instance pourront néanmoins inviter les parties à comparaître en personne, sur simple avertissement et sans frais. Quand un musulman doit être mis en cause, l'invitation sans frais précède nécessairement l'assignation. L'accomplissement de ce préliminaire est constaté par le juge, en marge de l'original, qui est à cet effet soumis à son visa avant notification, à peine, contre l'huissier, de vingt francs d'amende pour chaque omission.

55. La forme de procéder en matière civile ou commerciale, devant les tribunaux français en Algérie, est celle qui est suivie en France devant les tribunaux de commerce. Les parties sont tenues de déposer à l'audience leurs conclusions écrites et motivées, signées d'elles ou de leurs défenseurs. Il peut être fait, par des arrêtés ministériels, aux règles sur l'exécution for-

cée des jugements et actes; les exceptions et modifications nécessitées par l'état du pays.

56. Le délai pour interjeter appel des jugements contradictoires en matière civile et commerciale est d'un mois, à partir de la signification soit à personne, soit au domicile réel ou d'élection. Ce délai est augmenté à raison des distances qui seront réglées par un arrêté du gouverneur. A l'égard des incapables, ce délai ne pourra courir que par la signification à personne ou au domicile de ceux qui sont chargés de leurs droits. Il peut être appelé de tous jugements rendus par les cadis, dans les limites, les délais et les formes prescrites à l'égard des jugements rendus par les tribunaux français. Dans aucun cas, l'appel ne sera reçu ni contre les jugements par défaut ni contre les jugements interlocutoires, avant le jugement définitif.

57. En matière correctionnelle ou de simple police, le tribunal est saisi par le ministère public, soit qu'il y ait eu ou non instruction préalable. S'il y a eu instruction, le juge remet les pièces au procureur général ou à son substitut, qui peut ne pas donner suite à l'affaire ou saisir le tribunal compétent.

58. La partie civile ne peut directement citer le prévenu à l'audience, si elle n'est préalablement autorisée par le ministère public, sans préjudice de l'action civile en réparation ou dommages-intérêts, qu'elle peut toujours intenter.

59. En toute matière, le procureur général peut autoriser la mise en liberté provisoire avec ou sans caution. Il peut admettre comme cautionnement suffisant, sans qu'il soit besoin de dépôt de deniers ou autres justifications et garanties, exigées par la loi française, la soumission écrite de toute tierce personne jugée solvable, portant engagement de représenter ou faire représenter le prévenu à toute réquisition de justice, ou, à défaut, de verser au trésor, à titre d'amende, une somme déterminée dans l'acte du cautionnement. Le prévenu, mis provisoirement en liberté, sera solidairement tenu au paiement de cette amende. Le recouvrement des sommes dues à ce titre sera poursuivi par voie de contrainte, comme en matière d'enregistrement.

60. Si, après l'envoi des pièces de l'instruction par le juge d'instruction au procureur général, celui-ci est d'avis qu'il y a

_____

(1) L'art. 46 de l'ordonnance du 10 août 1834 admettait le pourvoi en toute matière, du moins il ne restreignait pas expressément la faculté de se pourvoir, comme la présente ordonnance, aux matières correctionnelle et criminelle.

lieu de traduire l'accusé devant la cour royale constituée en cour criminelle, il dresse l'acte d'accusation et demande au président l'indication d'un jour pour l'ouverture des débats. L'ordonnance du juge et l'acte d'accusation sont signifiés à l'accusé, auquel toutes les pièces de la procédure sont communiquées sur sa demande. Le procureur général peut également, dans le cas de crime, saisir directement la cour royale sans instruction préalable.

61. En toute matière, et en tout état de l'instruction, le procureur général peut requérir à l'instant la remise des pièces, faire cesser la poursuite et mettre le prévenu en liberté.

62. La forme de procéder en matière criminelle, correctionnelle ou de police, ainsi que les formes de l'appel, dans le cas où il est autorisé, sont réglées par les dispositions du Code d'instruction criminelle relatives à la procédure devant les tribunaux de police correctionnelle. Toutefois les dépositions des témoins à l'audience seront constatées en la forme suivante : il sera donné lecture par le greffier des notes par lui tenues ; le juge les rectifiera et les complétera, s'il y a lieu. Le témoin sera invité à déclarer si l'analyse sommaire de sa déposition est fidèlement reproduite. Le témoin sera en outre requis de signer, ou mention sera faite de la cause qui l'en empêche. Les notes ainsi arrêtées seront signées du greffier, certifiées par le juge, et jointes, en cas d'appel, à l'expédition du jugement.

63. En matière criminelle, le conseiller président de la cour royale, et les juges, pourront faire application de l'art. 269 du Code d'instruction criminelle.

TITRE IV. — JURIDICTION ADMINISTRATIVE.

64. Le conseil d'administration établi près du gouverneur statue sur les matières contentieuses dont la connaissance lui est attribuée par la législation spéciale de l'Algérie. L'instruction a lieu dans les formes observées en France devant les conseils de préfecture. Dans tous les cas où il y a lieu à visite ou estimation par experts, leur rapport ne vaut devant le conseil que comme renseignement.

65. Les décisions du conseil d'administration, en matière contentieuse, sauf les exceptions prévues par les ordonnances et arrêtés ayant force de loi en Algérie, pour-

ront être déférées au conseil d'Etat ; mais elles seront, dans tous les cas, provisoirement exécutoires. Néanmoins, en ayant égard aux circonstances, le gouverneur pourra d'office, ou sur la demande des parties intéressées, suspendre l'exécution jusqu'à décision définitive.

66. Dans tous les cas où le gouverneur peut prononcer seul, ses arrêts ne donnent ouverture à aucun recours au contentieux, sauf aux intéressés à porter leurs réclamations devant le ministre de la guerre.

67. Lorsque l'autorité administrative élève le conflit d'attributions, le conseil, auquel est adjoint un nouveau membre de l'organisation judiciaire, se réunit sous la présidence du gouverneur et juge le conflit en dernier ressort.

TITRE V. — DISPOSITIONS PARTICULIÈRES.

68. Toute citation ou notification faite à un musulman, en matière civile ou criminelle, sera accompagnée d'une analyse sommaire en langue arabe, faite et certifiée par un interprète assermenté, le tout à peine, contre l'huissier, de vingt francs d'amende pour chaque omission, et sans préjudice de la nullité de l'acte, si le juge croit devoir la prononcer.

69. Nonobstant toutes dispositions des lois, les nullités des actes d'exploits et de procédure seront facultatives pour le juge, qui pourra, selon les circonstances, les accueillir ou les rejeter (1).

70. Les délais pour les ajournements à comparaître devant les tribunaux de l'Algérie, et pour la notification de tous actes, seront augmentés de trente jours à l'égard des personnes domiciliées en Algérie dans l'arrondissement d'un autre tribunal ; de quarante jours, à l'égard de celles qui sont domiciliées en France ; de soixante jours pour celles qui demeurent dans les états limitrophes de la France ou de l'Algérie. Les dispositions de l'art. 73 du Code de procédure seront exécutées, à l'égard de toutes les autres personnes, selon le lieu de leur résidence.

71. Seront valables, en ce qui concerne les droits et actions qui auront pris naissance en Algérie, les citations et notifications faites dans ce pays, 1o au domicile élu dans les conventions ; 2o à la dernière résidence connue de ceux qui possèdent ou ont possédé des immeubles dans le pays, y ont fondé un établissement ou exercé une

---

(1) Cet article, en laissant aux juges la faculté de prononcer la nullité, s'ils le jugent convenable, a consacré le système qu'avait adopté la Cour de cassation sous l'empire de l'ordonnance qui, dans son art. 58, prononçait la nullité d'une manière absolue.

industrie ; 3° au domicile et en la personne du mandataire général ou spécial de la personne à laquelle la notification est destinée. A défaut d'élection de domicile, de dernière résidence connue, ou de mandataire constitué, les citations et notifications seront valablement faites au parquet du procureur général, lequel en fera insérer l'extrait au Moniteur Algérien.

72. Tout jugement portant condamnation au paiement d'une somme d'argent, ou à la délivrance de valeurs ou objets mobiliers, pourra, lors de sa prononciation, être déclaré exécutoire par la voie de contrainte par corps. Toutefois cette contrainte, prononcée contre des militaires présents en Algérie et en activité sous le drapeau, ne sera mise à exécution qu'un mois après l'avis donné par la partie poursuivante au chef de l'état-major de la division, qui en fournira récépissé.

73. Les règlements concernant l'exercice des fonctions ou professions de notaires, défenseurs près les tribunaux, huissiers, commissaires-priseurs et courtiers de commerce, seront arrêtés par le ministre de la guerre. Les règlements pour le service intérieur et l'ordre des audiences des divers tribunaux ne seront exécutoires qu'après son approbation, et sous les modifications qu'il aura prescrites.

74. Les tribunaux de l'Algérie n'auront point de vacations ; ils seront toutefois autorisés à suspendre leurs audiences pendant dix jours consécutifs de chacun des mois de juin, juillet, août et septembre.

75. Toutes dispositions des ordonnances, arrêtés ou règlements antérieurs, sur l'organisation ou l'administration de la justice, cesseront d'avoir leur effet en ce qu'ils ont de contraire à la présente ordonnance.

76. Nos ministres de la guerre, et de la justice et des cultes (MM. le duc de Dalmatie et Martin du Nord) sont chargés, etc.

28 FÉVRIER = 23 AVRIL 1841. — Ordonnance du roi qui fixe les traitements des membres de la magistrature en Algérie. (IX, Bull. DCCCII, n. 9243.)

Louis-Philippe, etc., vu notre ordonnance de ce jour (art. 27) sur l'organisation de la justice en Algérie ; sur le rapport de notre ministre secrétaire d'Etat au département de la guerre, président du conseil, et de notre garde des sceaux, ministre secrétaire d'Etat de la justice et des cultes, etc.

Art. 1er. Les traitements des membres de la magistrature en Algérie sont fixés comme il suit : procureur général, y compris les frais de bureau et de représentation, quinze mille francs ; conseiller président de la cour royale, dix mille francs ; conseiller, six mille francs ; avocat général, six mille francs ; substitut du procureur général, cinq mille francs ; juge à Alger, Bône et Oran, cinq mille francs ; procureur du roi à Bône et Oran, cinq mille francs ; conseiller adjoint, trois mille six cents francs ; juge adjoint à Alger, Bône et Oran, trois mille francs.

2. L'intégralité de leurs traitements sera provisoirement conservée aux magistrats appelés, par ordonnance de ce jour, à remplir dans les tribunaux de l'Algérie des fonctions moins rétribuées que celles qu'ils y occupent actuellement.

3. Nos ministres de la guerre, et de la justice et des cultes (MM. le duc de Dalmatie et Martin du Nord) sont chargés, etc.

12 = 23 AVRIL 1841. — Ordonnance du roi portant que les sommes payées pour les dépenses particulières des conseils coloniaux pendant les exercices 1835, 1836, 1837 et 1838, seront allouées en dépenses sans production des pièces justificatives. (IX, Bull. DCCCII, n. 9244.)

Louis-Philippe, etc., vu la loi du 24 avril 1833, sur le régime législatif des colonies ; vu l'art. 10 de la loi du 3 août 1839, portant que « toutes les dépenses votées aux « budgets coloniaux et acquittées dans la « métropole sont, comme les autres dé- « penses des colonies, soumises, avec les « pièces justificatives, au contrôle de la « cour des comptes ; » vu le procès-verbal, en date du 18 novembre 1839, de la commission chargée, par décision ministérielle du 5 septembre précédent, de donner son avis sur les questions relatives aux dépenses particulières des conseils coloniaux qui, par suite des votes de ces conseils, ont été acquittées, de 1835 à 1838, par les délégués des colonies ou sur les lieux mêmes, et s'élèvent à la somme totale de cinq cent dix-huit mille deux cent sept francs vingt-trois centimes ; considérant que ces dépenses ont été effectuées jusqu'à concurrence de quatre cent soixante et onze mille neuf cent soixante et dix-huit francs trente-deux centimes, au moyen de remises de fonds faites par l'agent comptable des fonds coloniaux et les trésoriers des colonies sur les quittances des délégués ou des questeurs, et pour quarante-six mille deux cent vingt-huit francs quatre-vingt-onze centimes par suite d'avances faites personnellement par les délégués de Bourbon et de la Guyane française en 1836 et 1837 ; considérant que l'art. 10 précité de la loi du 3 août 1839 ne dispose que pour l'avenir, et que, quant au passé, les dépenses, soit qu'elles aient été acquittées avec des fonds versés par les trésoriers, soit que les délégués en aient fait l'avance de leurs deniers personnels, ont eu lieu en vertu des budgets coloniaux acceptés par les gouverneurs, en conformité des dispositions de la loi du 24 avril 1833, et avant que les justifications dont ces dépenses devaient être l'objet eussent été déterminées; considérant qu'il y a lieu de dégager la responsabilité des comptables à raison des paiements par eux faits au trésorier et de ceux qu'ils auront à faire ultérieurement pour le remboursement des sommes avancées par les délégués de Bourbon et de la Guyane française; sur le rapport de notre ministre secrétaire d'Etat au département de la marine et des colonies, etc.

Art. 1er. Les sommes qui ont été payées par l'agent comptable des fonds coloniaux et par les trésoriers de la Martinique, de la Guadeloupe, de Bourbon et de la Guyane française, sur les allocations votées par les conseils de ces colonies, pour leurs dépenses particulières, pendant les exercices 1835, 1836, 1837 et 1838, seront allouées en dépense dans les comptabilités desdits agent comptable et trésoriers, pour la somme de quatre cent soixante et onze mille neuf cent soixante et dix-huit francs trente-deux centimes (471,978 fr. 32 c.) qui en forme le montant, conformément au tableau ci-après, et sans qu'il y ait lieu de produire les pièces justificatives prescrites pour l'avenir par l'art. 10 de la loi du 3 août 1839, savoir :

	1835.	1836.	1837.	1838.	TOTAL.	
	fr.	fr.	fr. c.	fr. c.	fr. c.	
Martinique...	43,245	51,784	91,953 72	12,008 60	198,988 32	Paiements aux délégués.... 145,000 f. 00 c. Paiements aux questeurs... 53,988 32
Guadeloupe...	33,950	33,950	38,800 00	33,950 00	140,650 00	Paiements aux délégués.
Bourbon......	19,400	13,580	23,280 00	62,080 00	118,340 00	Paiements aux délégués.... 40,000 f. 00 c. Paiements aux questeurs... 73,340 00
Guyane française........	7,000	7,000	»	»	14,000 00	Paiements aux délégués.
TOTAUX....	103,595	106,311	154,033 72	108,038 60	471,978 32	

2. Seront également admises, sans être assujetties aux dispositions de la loi du 3 août 1839, les quittances des délégués qui auront pour objet le remboursement des dépenses acquittées par eux à titre d'avance sur les allocations spéciales votées dans les budgets coloniaux des exercices 1836 et 1837, savoir :

	1836.	1837.	TOTAL.
	f. c.	f. c.	f. c.
Bourbon (MM. Salby, Brunet et Conil, anciens délégués).......	35,000 00	4,878 91	39,878 91
Guyane française (M. Favard, délégué)....................	»	6,350 00	6,350 00
TOTAUX.................................	35,000 00	11,228 91	46,228 91

3. Notre ministre de la marine réglera, par un arrêté spécial, les dispositions complémentaires indiquées dans le procès-verbal de la commission consultative nommée par la décision précitée du 5 septembre 1839.

4. Nos ministres de la marine et des colonies, et des finances (MM. Duperré et Humann) sont chargés, etc.

13 = 28 AVRIL 1841. — Ordonnance du roi qui maintient définitivement M. le lieutenant-général comte d'Anthouard dans la première section du cadre de l'état-major général. (IX, Bull. DCCCII, n. 9245.)

Louis-Philippe, etc., vu le troisième paragraphe de l'art. 5 de la loi du 4 août 1839, portant : « Sont maintenus de droit, « sans limite d'âge, dans la première sec-« tion, les lieutenants-généraux ayant satis-« fait à l'une des conditions spécifiées dans

« le quatrième et le cinquième paragraphe « de l'art. 1er ; » sur le rapport de notre ministre secrétaire d'Etat de la guerre , et de l'avis de notre conseil des ministres, etc.

Art. 1er. M. le lieutenant-général comte d'Anthouard (Charles-Nicolas) , né le 7 avril 1773 , est maintenu définitivement dans la première section du cadre de l'état-major général.

2. Notre ministre de la guerre (duc de Dalmatie) est chargé , etc.

23 = 24 AVRIL 1841. — Loi sur l'organisation du tribunal de première instance de la Seine (1). (IX , Bull. DCCCIII, n. 9250.)

Art. 1er. Il est créé quatre nouvelles places de juges d'instruction et deux nouvelles places de substituts de procureur du roi près le tribunal de première instance de la Seine.

2. A chaque vacance qui aura lieu parmi les douze juges suppléants actuellement attachés au service des chambres du tribunal de première instance de la Seine, ou à l'instruction criminelle près le même tribunal, il sera nommé un juge titulaire.

A chaque vacance qui aura lieu parmi les quatre juges suppléants attachés au service du ministère public près le même tribunal, il sera nommé un substitut du procureur du roi (2).

3. Les juges suppléants qui seront nom-

---

(1) Présentation à la Chambre des Pairs le 28 janvier 1841 (Mon. du 31); rapport par M. le comte Portalis le 1er mars (Mon. du 2) ; discussion le 5 (Mon. du 6) , et adoption le 6 (Mon. du 7) , à la majorité de 95 voix contre 42.

Présentation à la Chambre des Députés le 13 mars (Mon. du 17) ; rapport par M. Debelleyme le 23 (Mon. du 24) ; discussion et adoption le 10 avril (Mon. du 11) , à la majorité de 197 voix contre 37.

(2) La Chambre des Pairs a opposé une vive résistance à la suppression de l'institution des juges suppléants , telle qu'elle existait auprès du tribunal de la Seine.

Dans la dernière session , elle avait rejeté les articles d'un projet de loi qui opéraient cette suppression.

Dans cette session , sa commission a également proposé de maintenir les juges suppléants , malgré la modification que le gouvernement avait fait subir au projet , et malgré l'engagement solennel qu'il avait pris de déférer aux vœux exprimés par la Chambre pour l'organisation d'un noviciat judiciaire. Mais les conclusions de la commission n'ont pas été suivies et le projet a été adopté.

Tout le monde était cependant à peu près d'accord sur les inconvénients qu'offrait , en principe , cette suppléance anormale.

La législation spéciale qui l'avait organisée se composait d'actes assez nombreux.

Jusqu'en 1811 , les fonctions des suppléants près le tribunal de la Seine furent les mêmes que celles des autres juges suppléants. La loi du 20 avril 1810 n'avait introduit aucune différence entre eux ; c'est le décret du 25 mars 1811, qui le premier conféra des attributions particulières aux suppléants du tribunal de la Seine ; il autorisa le président du tribunal à les charger, concurremment avec les juges , de la confection des ordres et des contributions , du rapport des contestations y relatives et de la taxe des frais ; et il leur accorda voix délibérative dans les affaires dont ils seraient rapporteurs.

Deux ordonnances royales, l'une du 19 juin 1820 , l'autre du 19 mai 1825 , établirent ensuite des juges suppléants pour remplir les fonctions de juges d'instruction et faire leurs rapports à celle des chambres à laquelle ils seraient attachés.

La loi du 10 décembre 1830 , qui a supprimé les juges auditeurs et ordonné l'extinction successive des conseillers auditeurs , porte qu'à Paris le quart des juges suppléants sera attaché au service du ministère public , sous les ordres du procureur du roi. Elle en élève le nombre à vingt et leur accorde un traitement de quinze cents francs.

Enfin , la loi du 23 mai 1837 a augmenté le tribunal d'une chambre et transformé quatre suppléants en juges titulaires. En conséquence , avant la loi actuelle , il n'y avait plus que seize suppléants , quatre remplissant les fonctions de juges d'instruction , quatre les fonctions du ministère public , et les huit autres attachés aux chambres civiles.

C'est cet état de choses qu'on a voulu modifier.

« Vous savez , disait M. le garde des sceaux en présentant le projet à la Chambre des Pairs, quel est aujourd'hui l'état des juges suppléants.

« Leur titre , leur traitement et leur position sont différents de ceux des autres membres du tribunal.

« Leurs fonctions sont les mêmes ; ils les exercent avec une puissance égale.

« Il y a quelque chose d'injuste dans cette inégalité de rémunération pour des travaux semblables en nature et en durée.

« Les justiciables ont aussi quelque raison de se plaindre. Une pareille organisation peut leur inspirer de légitimes inquiétudes.

« Si l'on considère les suppléants comme des magistrats qui n'ont pas acquis une complète expérience, dont l'éducation spéciale n'est pas terminée, les citoyens sur les intérêts desquels ils sont appelés à prononcer peuvent craindre de ne pas obtenir bonne justice.

« Si, malgré la qualification qui leur est donnée, les suppléants sont supposés avoir une instruction égale à celle des juges titulaires, n'est-il pas possible que des soupçons d'une autre nature naissent dans l'esprit des plaideurs ?

« Ces inconvénients sont incontestables.

« S'ils ne se sont pas révélés avec un caractère d'urgence qui appelât sur-le-champ la réforme , qui ne permît pas de la différer d'un jour , c'est uniquement , et nous sommes heureux d'avoir l'occasion de le dire , à la conduite digne et mesurée , au zèle laborieux des magistrats qui ont été appelés aux fonctions de suppléants à Paris.

« Mais à l'avenir les résultats seront-ils aussi heureux ? Personne ne peut l'affirmer ; et , certainement , il y aurait une extrême imprudence à laisser subsister les défauts d'une institution , dans l'espé-

més à l'avenir près le tribunal de première instance de la Seine, et dont le nombre est fixé à huit, auront les mêmes attributions et seront soumis aux mêmes règles que les juges suppléants près les autres tribunaux de première instance du royaume (1).

rance qu'ils ne produiront jamais leurs conséquences naturelles.

« Ce n'est pas devant vous, Messieurs, qu'il est nécessaire de rappeler que le devoir du législateur est d'accumuler les garanties pour assurer à ses œuvres les effets qu'il en attend.

« Un autre reproche a été adressé à l'institution des juges suppléants : peut-être a-t-il été présenté avec une certaine exagération ; mais il ne manque ni d'exactitude, ni de gravité.

« On a calculé le nombre des suppléants qui sont devenus juges titulaires ; chacune de ces nominations a été citée comme ayant enlevé aux magistrats du ressort une occasion d'avancement, et l'on a soutenu, non sans raison, que l'accès du tribunal de Paris deviendra plus facile, lorsque les suppléants n'en défendront plus les approches.

« Ce résultat nous semble recommander la mesure dont il est la conséquence.

« Il est utile que, dans toutes les branches du service public, le zèle des fonctionnaires soit stimulé par la perspective d'un avancement hiérarchique. D'ailleurs, la bonne administration de la justice exige qu'un tribunal saisi d'affaires si graves et si nombreuses soit composé d'hommes ayant donné dans la magistrature ou dans le barreau des preuves d'une haute capacité.

« Ainsi, la suppression des suppléants actuels, justifiée par les considérations que nous avons déjà exposées, aura en outre ce double avantage d'offrir plus d'occasions d'avancement pour les magistrats du ressort, et, par cela même, de rendre le tribunal de plus en plus digne, par sa composition, de la mission qui lui est confiée. »

Les adversaires de la proposition convenaient que l'institution des suppléants à Paris devait être modifiée ; mais ils ont soutenu qu'elle avait quelques-uns des caractères et des effets du noviciat judiciaire, et c'est par cette considération qu'ils voulaient le maintenir.

« Nous croyons, disait M. *le rapporteur* à la Chambre des Pairs, que s'il n'existe pas entre ces institutions un lien de droit, elles sont étroitement liées par le fait ; nous le croyons, et tout le monde le croit, et c'est parce qu'on le croit que quelques esprits attaquent si vivement la suppression actuelle ; nous croyons que les suppléants actuels, à tort ou à raison, font l'office de ce noviciat, que la loi a négligé d'organiser, et nous désirons qu'ils ne soient supprimés que lorsqu'un autre noviciat aura été proposé. Ce sont là nos motifs : nous n'hésitons pas à les avouer et nous les croyons légitimes. »

Ainsi, comme on le voit, ceux qui proposaient le maintien provisoire du dernier état de choses se fondaient précisément sur la confusion fâcheuse qui existait entre deux institutions essentiellement distinctes.

« Le principe du noviciat, disait M. *le garde des sceaux*, c'est que les novices ou les candidats se fassent juger eux-mêmes avant de juger les autres, suivant l'énergique expression du rapporteur.

« Dans son sens donc, une condition essentielle, c'est que les novices ou candidats ne soient jamais juges, parce qu'ils ne sont pas capables, parce qu'ils n'inspirent pas assez de confiance à ceux qu'ils doivent juger. Eh bien, la suppléance, quels que soient le développement, l'étendue ou la restric-

tion que vous lui donnerez, la suppléance emporte nécessairement le droit de juger ; et si, d'une part, le novice ne doit jamais juger, si, de l'autre, le suppléant doit nécessairement exercer les fonctions de juge, il est clair qu'il n'y a entre les deux questions aucun rapport direct ni indirect. Par conséquent, si, comme tout le monde le reconnaît, il y a dans l'institution des juges suppléants actuels des vices qui appellent une réformation, quel inconvénient y a-t-il à l'aborder immédiatement ?

« Vous avez jugé qu'il y avait une bonne chose à faire en détruisant un vice dont la suppléance est entachée, et une autre bonne chose à faire en établissant un noviciat. Ce qui concerne la suppléance est mûr, ce qui concerne le noviciat ne l'est pas, et ces deux institutions sont d'ailleurs indépendantes l'une de l'autre. Faites donc ce qui importe à la suppléance, le noviciat viendra en son temps. »

(1) Cet article n'existait pas dans le projet présenté à la session précédente.

« Le gouvernement a pensé, a dit M. *le garde des sceaux*, qu'il était nécessaire d'attacher au tribunal de la Seine des suppléants ayant seulement le caractère et la mission que cette dénomination désigne, des suppléants tels qu'il y en a près de tous les tribunaux du royaume, appelés à remplacer, en cas d'empêchement, les juges en plein exercice, n'exerçant que des fonctions temporaires et accidentelles, bien distincts, en un mot, des magistrats titulaires et de ceux qui aspirent à le devenir.

« L'opportunité de cette adjonction ne peut être contestée lorsqu'on connaît le véritable état des choses.

« Sans doute le personnel du tribunal de Paris est augmenté par le projet que nous présentons ; mais nous avons déjà fait remarquer que la progression des travaux est telle qu'ils tendent incessamment à dépasser les moyens qu'on prend pour y pourvoir.

« La création de quelques suppléants est donc une mesure que conseille la prudence.

« Nous devons reconnaître que, jusqu'à ce jour, rarement les différentes chambres ont été obligées d'appeler des avocats présents à l'audience.

« Mais souvent on ne parvient à compléter le nombre indispensable de juges qu'en faisant siéger ceux qui sont occupés à des actes d'instruction. Ainsi, pour que l'audience ne soit pas suspendue, il faut que d'autres opérations soient arrêtées.

« En choisissant des suppléants parmi les membres du barreau où sont réunis de si grands talents et de si honorables caractères, on pourvoira aux besoins inattendus du service, sans distraire des travaux en dehors de l'audience les magistrats qui y sont consacrés ; on établira de nouveaux liens entre la magistrature et le barreau ; on ne fera d'ailleurs qu'appliquer à Paris une règle déjà suivie dans toute la France et dont les bons effets ne sont contestés par personne. »

M. *Laplagne-Barris* avait proposé de remplacer cet article par une disposition ainsi conçue :

« Il ne sera fait aucune nomination de juge suppléant au tribunal de première instance de la Seine jusqu'à ce que le nombre de ces magistrats soit réduit à dix. »

31 MARS = 24 AVRIL 1841. — Ordonnance du roi qui établit une école préparatoire de médecine et de pharmacie dans la ville d'Angers. (IX, Bull. DCCCIII, n. 9251.)

Louis-Philippe, etc., sur le rapport de notre ministre secrétaire d'Etat de l'instruction publique, grand maître de l'université ; vu la délibération du 13 octobre 1840 et du 12 mars 1841 relatives aux écoles préparatoires de médecine et de pharmacie ; vu la délibération du 23 octobre 1840, par laquelle le conseil municipal de la ville d'Angers a voté les fonds nécessaires pour l'entretien annuel d'une école préparatoire de médecine et de pharmacie, conformément aux dispositions de l'ordonnance précitée du 13 octobre 1840 ; vu la délibération du 19 février 1841, par laquelle ledit conseil municipal a voté un supplément d'allocation pour une chaire de médecine légale et d'hygiène et pour trois places de professeurs adjoints en dehors du cadre déterminé par l'ordonnance du 13 octobre ; vu l'approbation donnée auxdites délibérations par notre ministre secrétaire d'Etat de l'intérieur ; vu l'avis du conseil royal de l'instruction publique, etc.

Art. 1ᵉʳ. Une école préparatoire de médecine et de pharmacie est établie dans la ville d'Angers.

2. Les cours de pathologie interne et de pathologie externe qui, aux termes de notre ordonnance du 13 octobre 1840 sont annexés aux cours de clinique interne et de clinique externe, demeureront provisoirement confiés dans ladite école à deux professeurs titulaires.

3. Il est maintenu, quant à présent, dans ladite école, en dehors du cadre d'enseignement déterminé par l'ordonnance précitée, une chaire de médecine légale et d'hygiène, confiée à un professeur titulaire, et trois places de professeur adjoint.

4. Pour la première organisation de l'école, la nomination des professeurs sera faite directement par notre ministre secrétaire d'Etat de l'instruction publique.

5. Notre ministre de l'instruction publique (M. Villemain) est chargé, etc.

31 MARS = 23 AVRIL 1841. — Ordonnance du roi qui établit une école préparatoire de médecine et de pharmacie dans la ville de Besançon. (IX, Bull. DCCCIII, n. 9252.)

Louis-Philippe, etc., sur le rapport de notre ministre secrétaire d'Etat de l'instruction publique, grand-maître de l'université ; vu nos ordonnances du 13 octobre 1840 et 12 mars 1841, relatives aux écoles préparatoires de médecine et de pharmacie ; vu la délibération du 10 novembre 1840, par laquelle le conseil municipal de la ville de Besançon a voté les fonds nécessaires pour l'entretien annuel d'une école préparatoire de médecine et de pharmacie, conformément aux dispositions de l'ordonnance précitée du 13 octobre 1840 ; vu l'approbation donnée à ladite délibération par notre ministre secrétaire d'Etat de l'intérieur ; vu l'avis du conseil royal de l'instruction publique, etc.

Art. 1ᵉʳ. Une école préparatoire de médecine et de pharmacie est établie dans la ville de Besançon.

2. Le cours de pathologie interne qui, aux termes de notre ordonnance du 13 octobre 1840, est annexé au cours de clinique, demeure provisoirement confié, dans ladite école, à un professeur titulaire.

3. Il est maintenu, dans ladite école, en dehors du cadre déterminé par l'ordonnance précitée, une place de professeur adjoint et deux places de professeur provisoire, auxquelles il n'est point affecté de traitement.

4. Pour la première organisation de l'école, la nomination des professeurs sera faite directement par notre ministre secrétaire d'Etat de l'instruction publique.

5. Notre ministre de l'instruction publique (M. Villemain) est chargé, etc.

31 MARS = 24 AVRIL 1841. — Ordonnance du roi qui établit une école préparatoire de médecine et de pharmacie dans la ville de Clermont (Puy-de-Dôme). (IX, Bull. DCCCIII, n. 9253.)

Louis-Philippe, etc., sur le rapport de notre ministre secrétaire d'Etat au département de l'instruction publique, grand-maître de l'université ; vu nos ordonnances du 13 octobre 1840 et du 12 mars 1841, relatives aux écoles préparatoires de médecine et de pharmacie ; vu la délibération du 23 janvier 1841, par laquelle le conseil municipal de la ville de Clermont (Puy-de-Dôme) a garanti les fonds nécessaires pour l'entretien annuel d'une école préparatoire de médecine et de pharmacie, conformément aux dispositions de l'ordonnance précitée du 13 octobre 1840 ; vu l'approbation

« Ceux qui seront nommés à l'avenir auront les mêmes attributions et seront soumis aux mêmes règles que les juges suppléants près les autres tribunaux de première instance du royaume. Toutefois ils seront tenus d'assister aux audiences et seront répartis entre les différentes chambres du tribunal de la Seine, suivant que les besoins du service l'exigeront. »

Cet amendement a été repoussé comme tendant à rétablir ce qui avait été supprimé par les deux articles précédents.

donnée à ladite délibération par notre ministre secrétaire d'Etat de l'intérieur ; vu l'avis du conseil royal de l'instruction publique , etc.

Art. 1er. Une école préparatoire de médecine et de pharmacie est établie dans la ville de Clermont.

2. Le cours de pathologie interne qui , aux termes de notre ordonnance du 13 octobre 1840, est annexé au cours de clinique interne, demeure provisoirement confié, dans ladite école, à un professeur titulaire.

3. Il est maintenu , dans ladite école, en dehors du cadre déterminé par l'ordonnance précitée, deux places de professeur adjoint et une place de professeur provisoire, auxquelles il n'est point affecté de traitement spécial.

4. Pour la première organisation de l'école, la nomination des professeurs sera faite directement par notre ministre secrétaire d'Etat de l'instruction publique.

5. Notre ministre de l'instruction publique (M. Villemain) est chargé, etc.

31 MARS == 24 AVRIL 1841. — Ordonnance du roi qui crée une école préparatoire de médecine et de pharmacie dans la ville de Limoges. (IX, Bull. DCCCIII , n. 9254.)

Louis-Philippe, etc., sur le rapport de notre ministre secrétaire d'Etat au département de l'instruction publique, grand-maître de l'université ; vu nos ordonnances du 13 octobre 1840 et du 12 mars 1841, relatives aux écoles préparatoires de médecine et de pharmacie ; vu les délibérations des 12 décembre 1840 et 2 février 1841, par lesquelles le conseil municipal de la ville de Limoges a voté les fonds nécessaires, tant pour les frais de premier établissement que pour l'entretien annuel d'une école préparatoire de médecine et de pharmacie, conformément aux dispositions de l'ordonnance précitée du 13 octobre 1840 ; vu l'approbation donnée auxdites délibérations par notre ministre secrétaire d'Etat de l'intérieur ; vu l'avis du conseil royal de l'instruction publique , etc.

Art. 1er. Une école préparatoire de médecine et de pharmacie est créée dans la ville de Limoges.

2. Pour la première organisation de cette école, la nomination des professeurs sera faite directement par notre ministre secrétaire d'Etat de l'instruction publique.

3. Notre ministre de l'instruction publique (M. Villemain) est chargé, etc.

31 MARS == 24 AVRIL 1841. — Ordonnance du roi qui établit une école préparatoire de médecine et de pharmacie dans la ville de Marseille. (IX, Bull. DCCCIII , n. 9255.)

Louis-Philippe , etc., sur le rapport de notre ministre secrétaire d'Etat de l'instruction publique, grand-maître de l'université ; vu nos ordonnances du 13 octobre 1840 et du 12 mars 1841, relatives aux écoles préparatoires de médecine et de pharmacie ; vu les délibérations des 7 et 10 décembre 1840, par lesquelles le conseil municipal de la ville de Marseille a voté les fonds nécessaires pour l'entretien annuel d'une école préparatoire de médecine et de pharmacie, conformément aux dispositions de l'ordonnance précitée du 13 octobre 1840 ; vu l'approbation donnée auxdites délibérations par notre ministre secrétaire d'Etat de l'intérieur ; vu l'avis du conseil royal de l'instruction publique, etc.

Art. 1er. Une école préparatoire de médecine et de pharmacie est établie dans la ville de Marseille.

2. Il est maintenu, dans ladite école, en dehors du cadre déterminé par l'ordonnance du 13 octobre 1840 , deux places de professeur titulaire et une place de professeur adjoint , auxquelles il n'est affecté, quant à présent, aucun traitement.

3. Pour la première organisation de l'école, la nomination des professeurs sera faite directement par notre ministre secrétaire d'Etat de l'instruction publique.

4. Notre ministre de l'instruction publique (M. Villemain) est chargé, etc.

31 MARS == 24 AVRIL 1841. — Ordonnance du roi qui établit une école préparatoire de médecine et de pharmacie dans la ville de Nantes. (IX, Bull. DCCCIII , n. 9256.)

Louis-Philippe , etc., sur le rapport de notre ministre secrétaire d'Etat de l'instruction publique, grand-maître de l'université ; vu nos ordonnances du 13 octobre 1840, et du 12 mars 1841, relatives aux écoles préparatoires de médecine et de pharmacie ; vu la délibération du 11 février 1841 , par laquelle le conseil municipal de la ville de Nantes a voté les fonds nécessaires pour l'entretien annuel d'une école préparatoire de médecine et de pharmacie, conformément aux dispositions de l'ordonnance précitée du 13 octobre 1840, et pour la création d'une place de professeur titulaire et d'une place de professeur adjoint, en dehors du cadre déterminé par cette ordonnance ; vu l'approbation donnée à ladite délibération par notre ministre secrétaire d'Etat de l'intérieur ; vu l'avis du conseil royal de l'instruction publique , etc.

Art. 1er. Une école préparatoire de médecine et de pharmacie est établie dans la ville de Nantes.

2. Il est maintenu dans ladite école, en dehors du cadre d'enseignement fixé par notre ordonnance du 13 octobre 1840, une chaire spéciale de matière médicale et thérapeutique, et une place de professeur adjoint pour l'enseignement spécial de la physiologie.

3. Le cours de pathologie interne qui, aux termes de l'ordonnance précitée, doit être annexé à la chaire de clinique interne, demeure provisoirement confié à un professeur titulaire.

4. Pour la première organisation de l'école, la nomination des professeurs sera faite directement par notre ministre secrétaire d'Etat de l'instruction publique.

5. Notre ministre de l'instruction publique (M. Villemain) est chargé, etc.

31 MARS — 24 AVRIL 1841. — Ordonnance du roi qui établit une école préparatoire de médecine et de pharmacie dans la ville de Toulouse. (IX, Bull. DCCCIII, n. 9257.)

Louis-Philippe, etc., sur le rapport de notre ministre secrétaire d'Etat de l'instruction publique, grand-maître de l'université; vu nos ordonnances du 13 octobre 1840 et du 12 mars 1841, relatives aux écoles préparatoires de médecine et de pharmacie; vu la délibération du 4 janvier 1841, par laquelle le conseil municipal de Toulouse a voté les fonds nécessaires pour l'entretien annuel d'une école préparatoire de médecine et de pharmacie, laquelle école serait composée de dix professeurs titulaires et de quatre professeurs adjoints, qui tous recevraient le traitement fixe déterminé par l'ordonnance du 13 octobre 1840; vu l'approbation donnée à ladite délibération par notre ministre secrétaire d'Etat de l'intérieur; vu l'avis du conseil royal de l'instruction publique, etc.

Art. 1er. Une école préparatoire de médecine et de pharmacie est établie dans la ville de Toulouse.

2. Il y aura dans cette école, en dehors du cadre déterminé par l'ordonnance royale du 13 octobre 1840, quatre chaires qui seront confiées à des professeurs titulaires, savoir : 1o une chaire de matière médicale et thérapeutique; 2o une chaire de pathologie interne; 3o une chaire de pathologie externe; 4o une chaire d'hygiène et de médecine légale.

3. Il est également établi dans ladite école, en dehors du cadre fixé par l'ordonnance du 13 octobre 1840, deux places de professeurs adjoints rétribuées.

4. Pour la première organisation de l'école, la nomination des professeurs sera faite directement par notre ministre secrétaire d'Etat au département de l'instruction publique, grand-maître de l'université.

5. Notre ministre de l'instruction publique (M. Villemain) est chargé, etc.

2 = 24 AVRIL 1841. — Ordonnance du roi qui classe les ouvrages du Mont-Saint-Michel, comme poste militaire, dans la deuxième série des places de guerre. (IX, Bull. DCCCIII, n. 9258.)

Louis-Philippe, etc., vu la loi du 17 juillet 1819, relative aux servitudes imposées à la propriété pour la défense de l'Etat; vu l'ordonnance réglementaire du 1er août 1821, rendue pour l'exécution de cette loi; vu la délibération du 12 mars 1841, dans laquelle le comité des fortifications a reconnu qu'il serait utile, pour la protection du littoral environnant, de classer le Mont-Saint-Michel au rang des postes militaires; considérant qu'une pareille mesure aura pour effet de mieux garantir les intérêts de l'Etat, sans porter en quoi que ce soit atteinte aux propriétés privées, puisqu'il n'en existe pas autour du Mont-Saint-Michel; attendu enfin qu'aux termes de l'art. 1er de la loi du 17 juillet 1819, comme aussi de l'art. 71 de l'ordonnance du 1er août 1821, le classement dont il s'agit ne peut s'opérer qu'en vertu d'une ordonnance spéciale publiée et affichée dans les communes intéressées; sur le rapport de notre président du conseil, ministre secrétaire d'Etat de la guerre, etc.

Art. 1er. Les ouvrages du Mont-Saint-Michel sont classés, comme poste militaire, dans la deuxième série des places de guerre.

2. Ce classement, bien qu'il ne grève en aucune manière les propriétés particulières, n'aura lieu toutefois qu'après que la présente ordonnance aura été publiée et affichée conformément aux prescriptions législatives.

3. Nos ministres de la guerre, de l'intérieur et de la justice (MM. le duc de Dalmatie, Duchâtel et Martin du Nord) sont chargés, etc.

18 = 24 AVRIL 1841. — Ordonnance du roi qui détermine les formes à suivre lorsque les cours ou tribunaux sont appelés à donner leur avis sur un projet de loi ou sur tout autre objet d'un intérêt public (1). (IX, Bull. DCCCIII, n. 9260.)

Louis-Philippe, etc., sur le rapport de notre garde des sceaux, ministre secrétaire

___

(1) RAPPORT AU ROI. (Paris, 18 avril 1841.)
Sire, l'usage s'est depuis longtemps établi de

demander aux corps judiciaires du royaume leur avis sur les projets de loi d'un intérêt général. Lors-

d'Etat au département de la justice et des cultes; notre conseil d'Etat entendu, etc.

Art. 1er. Lorsque la cour de cassation, les cours royales ou les tribunaux de première instance seront appelés par notre garde des sceaux à donner leur avis sur un projet de loi ou sur tout autre objet d'un intérêt public, le premier président de chaque cour et le président de chaque tribunal devra immédiatement convoquer l'assemblée générale des chambres, et lui faire connaître l'objet sur lequel elle est appelée à délibérer.

2. Tous les membres du parquet seront

---

de la confection de nos Codes, les cours furent appelées à faire connaître leur opinion ; et leurs observations, après avoir été pour ceux qui ont élevé ces grands monuments de législation des éléments précieux, sont encore aujourd'hui étudiées avec fruit par les jurisconsultes. Depuis cette époque, les cours ont été consultées toutes les fois qu'on s'est occupé d'introduire des modifications importantes dans nos lois. Cependant, les formes qui doivent être suivies, lorsqu'elles délibèrent sur les projets communiqués par le gouvernement, ne sont déterminées ni par le décret du 30 mars 1808, ni par celui du 6 juillet 1810, ni par les autres règlements relatifs à l'organisation judiciaire. Aussi n'y a-t-il point d'uniformité dans la manière de procéder. La majorité des cours pense que, lorsqu'un appel est fait à leur expérience, tous les membres doivent se réunir et délibérer en commun, que les magistrats qui composent le parquet n'étant plus dans l'exercice de leurs fonctions spéciales, n'ayant point à requérir l'application de la loi, ou à donner des conclusions sur un litige, il y a lieu de les admettre à voter dans l'assemblée générale. Quelques-unes, au contraire, appliquant à une position tout exceptionnelle les règles ordinaires, contestent aux procureurs généraux et à leurs substituts le droit de prendre part aux délibérations des chambres réunies. C'est évidemment confondre des choses distinctes ; c'est assimiler de simples avis donnés par des hommes de savoir et d'expérience à des décisions rendues par des fonctionnaires dépositaires de la puissance publique. Dans l'intérêt de leur propre dignité, les cours doivent désirer qu'une règle fixe intervienne, qui empêche des débats toujours fâcheux, quelles que soient la modération et l'estime réciproque de ceux entre qui ils s'élèvent. D'ailleurs, en excluant ainsi quelques-uns de leurs membres, elles ôtent à leurs délibérations une grande partie de leur autorité. Le gouvernement qui les consulte est lui-même trompé dans son attente. L'opinion qui lui est transmise n'est pas l'œuvre commune de toutes les intelligences dont il a espéré le concours. Cela est d'autant plus regrettable que les membres du parquet, placés à un point de vue spécial, peuvent recueillir des documents et saisir des rapports qui échappent aux autres magistrats. Je n'ai donc pas hésité à préférer celui de ces deux systèmes qui est déjà suivi dans le plus grand nombre des ressorts, et qui, par une saine appréciation des positions différentes et des règles qui leur sont applicables, admet les magistrats revêtus des fonctions du ministère public aux réunions où s'élaborent de simples avis, quoique ces mêmes magistrats ne puissent prendre part aux délibérations qui préparent les jugements. Le conseil d'Etat, que j'ai consulté, a adopté ces vues et a émis une opinion favorable au projet d'ordonnance que j'ai l'honneur de soumettre à l'approbation de Votre Majesté.

Je suis, avec le plus profond respect, Sire, de Votre Majesté, le très-humble, très-obéissant et très-fidèle serviteur, N. MARTIN (du Nord).

Dans ce rapport, M. le garde des sceaux fait remarquer avec raison qu'aucune disposition des règlements en vigueur n'avait prévu le cas dont s'occupe la présente ordonnance.

Le décret du 6 juillet 1810 dit, il est vrai, dans l'art. 62, que le premier président convoque l'assemblée des chambres quand il le juge convenable, soit pour délibérer *sur des objets d'un intérêt commun à toutes les chambres de la cour, soit pour s'occuper d'affaires d'ordre public dans le cercle des attributions de cours.*

Mais évidemment cette disposition n'est pas applicable dans les occasions où le gouvernement demande aux cours leur avis sur un projet de loi ou sur tout autre objet d'un intérêt général.

Comme le dit également M. le garde des sceaux, toutes les cours ne suivaient pas la même règle, les unes admettant tous les magistrats du parquet, les autres croyaient que le procureur général devait seul être appelé et assister à la réunion ; celles-ci se fondaient sans doute sur l'art. 66 du décret du 6 juillet 1810, ainsi conçu : « Lorsque l'assemblée générale sera formée, le procureur général y sera appelé et y assistera. »

Mais cette disposition se réfère seulement à l'art. 62, qui, ainsi qu'on vient de le voir, n'est point relatif aux assemblées appelées à donner leur avis sur des projets de loi.

Pourquoi, d'ailleurs, exclure les magistrats du ministère public des assemblées générales? On méconnaîtrait l'esprit de toutes les lois organiques de l'ordre judiciaire, en soutenant que les magistrats composant le parquet ne font pas partie du corps judiciaires auxquels ils sont attachés, puisque sans eux ces corps seraient incomplets et impuissants.

Ce serait enfin accorder à une ancienne formule, reproduite dans la législation moderne, une importance qu'elle ne peut avoir, que de faire remarquer que les procureurs généraux et leurs substituts exercent leurs fonctions *près des cours*, et de décider la question par la seule influence de ce mot.

Sans doute le ministère public tient de la loi une mission différente de celle qui est conférée aux présidents et aux conseillers ; et, lorsque chaque classe de magistrats exerce le pouvoir judiciaire dans sa sphère spéciale, il ne faut ni les mêler ni les confondre. Sans doute les réquisitions ou les conclusions qui précèdent et préparent le jugement sont des opérations très-distinctes du jugement lui-même, et l'on ne peut que rendre hommage à la sagesse des dispositions qui séparent ces actes, qui défendent aux magistrats du ministère public d'assister aux délibérations des juges, lorsqu'ils se retirent à la chambre du conseil *pour les jugements.*

Mais, lorsqu'il n'y a pas à *requérir*, à *conclure* et à *juger*, lorsque le gouvernement s'adresse à une compagnie qui peut donner de sages conseils, présenter d'utiles réflexions, alors évidemment toutes les distinctions entre les différents membres de cette compagnie doivent s'effacer et disparaître.

Dira-t-on que le procureur général représente seul le parquet?

admis à l'assemblée ; ils délibéreront et voteront comme les autres membres de la cour ou du tribunal.

3. Notre ministre de la justice et des cultes (M. Martin du Nord) est chargé, etc.

26 = 27 AVRIL 1841. — Loi qui ouvre un crédit extraordinaire de un million cinq cent quarante-neuf mille neuf cent trente-cinq francs pour les dépenses de la gendarmerie (1). (IX , Bull. DCCCIV, n. 9266.)

Art. 1er. Il est ouvert au ministre de la guerre, au titre de l'exercice 1841, un crédit extraordinaire de un million cinq cent

Cela est vrai, lorsqu'il agit comme exerçant les fonctions du ministère public. Alors il serait non-seulement illégal, mais impossible que tous les substituts exerçassent leurs fonctions avec un pouvoir égal au sien. Lorsqu'au contraire il ne faut que donner un avis, il est raisonnable que chaque membre du parquet vienne apporter le tribut de ses lumières, le fruit de ses méditations.

Reste la question de savoir si un règlement d'administration publique a pu imposer aux cours l'obligation de délibérer sur les projets de loi et autres objets d'intérêt général, et accorder aux magistrats du ministère public le droit d'assister à ces délibérations.

Elle doit être, à mon avis, résolue sans hésiter pour l'affirmative.

En effet, il ne s'agissait que d'ajouter une disposition aux dispositions du décret du 6 juillet 1810, que de statuer sur un cas non prévu par ce décret et parfaitement analogue à ceux dont il s'occupe ; or, un règlement d'administration publique peut bien achever et compléter ce qu'un autre règlement a commencé. Au surplus, sur ce point, la jurisprudence est constante. Une ordonnance du 11 octobre 1820 a réglé le mode de roulement dans les cours et tribunaux, une ordonnance du 24 septembre 1828 détermine le nombre de juges dont seront composées les chambres des appels de police correctionnelle et les charge de prononcer sur les causes civiles tant ordinaires que sommaires ; enfin, une ordonnance du 16 mai 1835 a décidé, contrairement à l'art. 22 du décret du 30 mars 1808, que les appels relatifs aux séparations de corps seraient portés en audience ordinaire. Toutes ces ordonnances ne se bornaient pas, comme celle dont il s'agit ici, à régler la discipline intérieure des cours, à indiquer des formes de procéder indifférentes aux justiciables. Elles avaient, au contraire, une grande influence sur les contestations des parties, puisqu'elles désignaient les juges chargés de statuer, et cependant plusieurs arrêts ont reconnu la légalité de leurs dispositions. Voir, sur l'ordonnance du 11 octobre 1820, arrêts de la Cour de Paris, du 17 décembre 1829 (Sirey, 30, 2, 55 ; Dalloz, 30, 2, 358 ; Journal du Palais, t. 46, p. 566) ; arrêts de la Cour de cassation, du 4 mars 1830 et du 12 janvier 1833 (Sirey, 30, 1, 283 ; Dalloz, 301, 158, et 33, 1, 71). Sur l'ordonnance du 24 septembre 1828, arrêts de la Cour de cassation, du 18 mai 1831 et du 20 mars 1832 (Sirey-Devilleneuve, 31, 1, 285, et 32, 1, 442 ; Dalloz, 31, 1, 177, et 32, 1, 135). Sur l'ordonnance du 16 mai 1835, arrêts de la Cour de cassation, du 11 janvier 1837 (Sirey-Devilleneuve, 37, 1, 641) ; 26 mars 1838 (Sirey-Devilleneuve, 38, 1, 545) ; arrêt du 2 avril 1838 (Dalloz, 38, 1, 158). — Voy., au surplus, les notes sur l'ordonnance du 16 mai 1835, t. 35, p. 112.

(1) Présentation à la Chambre des Députés le 21 janvier (Mon. du 22) ; rapport par M. Chégaray le 4 mars (Mon. du 6) ; discussion et adoption le 11 (Mon. du 12), à la majorité de 213 voix contre 18. Présentation à la Chambre des Pairs le 17 mars

(Mon. du 18) ; rapport par M. le vicomte de Borelli le 13 avril (Mon. du 14) ; discussion et adoption le 17 (Mon. du 18), à la majorité de 103 voix contre 2.

Exposé des motifs à la Chambre des Députés , par M. le ministre de la guerre.

« Messieurs , depuis longtemps il est devenu impossible d'entretenir au complet le corps de la gendarmerie.

« Les difficultés du recrutement se sont manifestées surtout depuis huit à neuf ans. Elles ont augmenté chaque année, bien que le département de la guerre, après avoir consulté, dès 1834, sur ce grave état de choses le comité des inspecteurs généraux, ait employé tous les moyens auxquels il était permis de recourir, sans s'écarter des dispositions légales qui régissent le corps, et sans déroger essentiellement aux conditions et aux garanties qu'il importe de trouver réunies chez des hommes qui ont tant d'obligations à remplir.

« Vous le savez , Messieurs , le service de la gendarmerie est de tous les instants , de jour comme de nuit ; ce service, elle s'en acquitte avec zèle, intelligence, modération, et au besoin avec fermeté, courage et dévouement. J'en atteste ces départements qui viennent d'être si cruellement ravagés par le fléau des inondations.

« Si les militaires de ce corps qui est disséminé sur toute la surface du royaume n'apportaient pas , dans les diverses parties du service qui lui est confié , une infatigable activité , comment leur serait-il possible d'obtenir les mêmes résultats ? Cependant nous ne devons pas le dissimuler, ces résultats ne sont pas dans certains départements ce qu'ils auraient pu être , parce qu'il existe dans les compagnies un incomplet tel, que des brigades qui devraient avoir les unes six hommes et les autres cinq , n'en ont que trois et même deux. Dès lors , quand on réfléchit aux exigences journalières du service de la gendarmerie, on se demande comment elle peut y satisfaire.

« L'incomplet qui existe dans la gendarmerie a vivement préoccupé vos commissions de finances , notamment les commissions des comptes des exercices 1837 et 1838 et celle du budget de 1841. Elles ont exprimé le regret de voir réaliser sur le chapitre V affecté aux dépenses de la gendarmerie *une économie qui provient de l'incomplet d'un corps aussi utile* , et témoigné en même temps le désir de voir assurer d'une manière convenable le recrutement de cette arme.

« Le ministre de la guerre s'est empressé , Messieurs , de faire connaître que cette diminution dans l'effectif de la gendarmerie n'a pas été calculée dans le but d'obtenir une atténuation de dépense ; mais elle provient uniquement de la difficulté du recrutement. La loi et les ordonnances exigent des militaires destinés à la gendarmerie diverses conditions desquelles on ne saurait se départir sans danger pour l'institution elle-même. Il faut que ces militaires soient âgés de

quarante-neuf mille neuf cent trente-cinq francs (1,549,935 fr.).

Ce crédit, spécialement affecté aux dépenses de la gendarmerie (chapitre V), est

vingt-cinq ans au moins ; qu'ils aient une taille élevée ; qu'ils comptent plus de trois années de présence sous les drapeaux ; qu'ils sachent lire et écrire correctement, et que leur conduite soit exempte de reproche.

« Les sujets capables de recevoir cette destination qu'ils sollicitaient naguère avec empressement, aiment mieux aujourd'hui rester dans la ligne ou prendre leur congé à l'époque des libérations.

« Quelle en est la cause, Messieurs ? La voici : La gendarmerie a perdu depuis 1830 des avantages particuliers de retraite et de rang supérieur, et n'a point participé d'ailleurs à des améliorations de solde et de position qui ont été accordées aux autres corps de l'armée.

« Les choses en sont venues à ce point que ce ne sont pas seulement les sous-officiers ou soldats qui manquent pour tenir les brigades au complet ; ce sont les officiers aussi qui refusent de venir occuper dans cette arme les lieutenances qui leur sont dévolues jusqu'à concurrence des deux tiers. Depuis plusieurs années, il a fallu conférer la majeure partie des emplois vacants aux sous-officiers de l'armée, en sus du tiers qui leur est attribué. Je le déclare, il y aurait grand préjudice pour cette arme si les officiers des corps de ligne renonçaient à y passer.

« Dans de semblables circonstances, Messieurs, nous avons regardé comme un devoir impérieux de ne pas différer plus longtemps de recourir au seul moyen qui nous paraît devoir remédier au mal que nous venons de vous signaler et qui est de nature assez grave pour nous inquiéter véritablement sur l'avenir d'une institution si précieuse aux intérêts du pays : nous venons avec confiance vous demander, comme augmentation annuelle de dépense pour la gendarmerie, à partir du présent exercice 1841, un crédit supplémentaire de 1,549,935 fr. qui nous permettra d'accorder à ce corps, sinon toutes les améliorations auxquelles il serait en droit de prétendre, du moins celles qu'il est indispensable de lui concéder pour ne point le laisser, comparativement aux autres corps de l'armée, dans une position d'infériorité et de malaise.

« ..... Après les considérations et observations générales que nous venons de vous soumettre sur la situation actuelle de la gendarmerie et sur les causes qui l'ont amenée, nous allons, Messieurs, vous donner les explications particulières qui justifient chacune de nos propositions.

« Et d'abord, les augmentations de solde pour les gendarmes, les brigadiers et les maréchaux-des-logis.

« La solde actuelle est celle qui a été déterminée par la loi du 28 germinal an 6. Depuis cette époque, des améliorations réelles ont été apportées dans les fixations de la solde et des prestations attribuées à tous les corps de l'armée. Or, à l'exception des lieutenants et sous-lieutenants qui ont profité de l'augmentation de solde accordée en 1839 aux officiers de ces grades, la gendarmerie n'a point participé à ces améliorations.

Cependant ce corps a subi, comme tous les autres, les conséquences du renchérissement de tout ce qui est nécessaire à la vie. Cela explique combien est devenue difficile la subsistance des militaires de la gendarmerie, qui étant pour la plupart mariés et pères de famille, vivent isolément et doivent avec leur modique solde, subvenir aux charges qui leur sont imposées pour leur habillement, leur équipement, l'achat du cheval, son entretien, son remplacement, etc.

« La preuve du malaise dont ils ont à souffrir résulte du grand nombre de démissions qui ont lieu maintenant et de l'empressement avec lequel beaucoup de ces militaires sollicitent leur retraite aussitôt qu'ils ont complété trente années de service, par l'espoir de trouver dans la vie civile un sort meilleur. La gendarmerie perd ainsi des hommes utiles par leur longue expérience des fonctions de l'arme, et leurs pensions augmentent d'autant les charges du trésor. Nous voyons là, Messieurs, la nécessité d'améliorer l'avenir de cette classe de militaires (*).

« En ce qui concerne les officiers, il est évident que l'allocation du supplément de 150 fr. qui a été faite aux lieutenants et aux sous-lieutenants de gendarmerie, comme aux officiers de ces grades dans les autres corps de l'armée, n'a pas été proportionnée au traitement dont ils jouissaient respectivement, ni en rapport suffisant avec les besoins réels qu'éprouvent les premiers, à raison des dépenses auxquelles ils sont assujettis.

« En effet, les officiers de gendarmerie quel que soit leur grade, loin de pouvoir vivre comme leurs camarades dans les corps de l'armée, doivent, au contraire, dans l'intérêt même du service dont ils sont chargés, former établissement dans leur résidence, ce qui leur occasione des frais d'ameublement et les astreint au paiement de l'impôt personnel et mobilier, aux prestations exigées des habitants, au logement des troupes, etc., et à beaucoup d'autres dépenses auxquelles les officiers du même grade dans les corps n'ont pas à pourvoir.

« Par ces motifs nous demandons :
« 1° Que la solde proprement dite des lieutenants soit élevée de 1,950 à 2,000 fr. ; dans l'artillerie elle est de 2,050 fr. ;
« 2° Que celle des capitaines, *commandants de compagnie*, soit portée de 2,700 à 3,000 fr. (solde des capitaines d'artillerie).

« La solde des capitaines commandants de compagnie n'est pas en rapport avec leur situation personnelle et l'importance de leur commandement. Ils sont placés aux chefs-lieux des départements pour y seconder les autorités civiles, judiciaires et militaires, et, conséquemment, se trouvent en contact permanent avec tous les fonctionnaires. Leur action s'étend sur le département entier, et par leur vigilance, ils doivent puissamment contribuer à y maintenir la sûreté des personnes et le respect des propriétés.

(*) Les gendarmes, brigadiers et maréchaux-des-logis à pied recevaient (entretien des masses compris) 550, 650 et 750 fr. Leur solde se trouve portée aujourd'hui pour les gendarmes à 600 fr. les brigadiers à 700, les maréchaux-des-logis à 800.

Les gendarmes à cheval recevaient (entretien des masses, nourriture du cheval et son renouvellement compris) 715 fr., leurs brigadiers, 935 ; leurs maréchaux-des-logis, 1035 ; aujourd'hui il leur est alloué 750, 1000 et 1100.

réparti ainsi qu'il suit entre les deux sections du budget de la guerre, savoir : *Première section.* Divisions territoriales de l'intérieur, 1,496,675 fr. *Deuxième section.* Algérie, 53,260 fr. Somme égale, 1,549,935 fr.

2. Il sera pourvu aux dépenses autorisées

« 3° Que celle des chefs d'escadron soit portée de 4,470 fr. à 4,500.

« Cette légère augmentation a pour but seulement d'accorder à ces officiers supérieurs un supplément qui leur est nécessaire pour les frais de bureau.

« 4° Enfin que celle des colonels soit élevée de 6,000 fr. à 6,500 ; 250 fr. de moins que les colonels d'artillerie.

« L'ordonnance du 16 mars 1838 ayant institué comme un grade effectif celui de lieutenant-colonel, qui, dans la gendarmerie, n'était précédemment que transitoire, pour ainsi dire, il devient nécessaire de différencier la solde de ce grade de celle qui est allouée au grade de colonel. Il y a équité, d'ailleurs, car les chefs de légion de gendarmerie sont quelquefois obligés, dans leurs tournées, à des frais de représentation pour lesquels il ne leur est alloué aucune indemnité.

« L'exclusion dont les sous-officiers, brigadiers et gendarmes avaient été frappés quant à l'augmentation de solde les a frappés aussi quant à l'allocation des hautes-payes dont jouissent les militaires des autres corps après sept, onze et quinze ans de service. Cependant aucun corps n'a autant intérêt que la gendarmerie à conserver d'anciens militaires, non seulement à raison de la sagesse d'esprit, du calme et de la modération que donne la maturité, mais encore à raison de l'expérience et des utiles traditions qu'ils possèdent, et qui souvent sont les premières lumières de la justice pour parvenir à la découverte des coupables.

« Nous vous demandons pour cette dépense, 670,000 fr. Elle est calculée d'après le tarif annexé à l'ordonnance du 25 juillet 1839, pour la cavalerie et les armes spéciales. Ce sera un moyen efficace d'attirer et de conserver dans le sein de la gendarmerie de bons et anciens serviteurs, puisqu'ils auront l'assurance de ne pas y perdre, et d'y acquérir même ces marques distinctives de l'ancienneté de service, qu'à juste titre ils tiennent à honneur de porter.

Messieurs, les demandes des lieutenants des corps de l'armée, pour passer dans la gendarmerie, diminuent chaque jour. La cause de l'éloignement pour ce service provient, en grande partie, de ce qu'il n'a pas été fait d'application à cette arme de l'ordonnance du 3 novembre 1837 et de la décision royale du 25 juillet 1839, qui ont donné un cheval de remonte aux lieutenants et aux capitaines des troupes à cheval.

« La commission du budget de 1841 avait témoigné le désir de savoir à combien s'élèverait la dépense pour la fourniture du cheval aux officiers des mêmes grades dans la gendarmerie.

« Nous vous proposons de faire jouir les officiers de gendarmerie du bénéfice de l'ordonnance de 1837 et de fixer le chiffre de la dépense à 85,000 fr. pour les lieutenants et sous-lieutenants seulement, les capitaines dans la gendarmerie n'étant pas dans l'obligation d'avoir un second cheval.

« Il est encore une allocation qui est de principe et de droit pour tous les officiers de l'armée. Lorsqu'ils sont logés sans meubles dans les bâtiments publics, ils reçoivent l'indemnité dite d'ameublement. Les officiers de gendarmerie seuls en sont exclus, et nous ne saurions trouver de motifs ni même de prétexte à cette exclusion. Dès lors, nous ne devons pas hésiter à vous demander le crédit qui nous paraît nécessaire pour faire allouer l'indemnité dont il s'agit à tout officier de gendarmerie logé sans meubles dans un bâtiment public, ainsi qu'elle est déterminée, suivant son grade, par l'ordonnance du 25 juillet 1839. Il ne serait pas juste, d'ailleurs, d'ajouter cette nouvelle charge à celle que les départements supportent dans un intérêt bien entendu de service, en procurant aux officiers le logement dans les casernes de la gendarmerie.

« Dans cette évaluation de dépense sont compris les seize officiers du bataillon des voltigeurs corses, auxiliaires de la gendarmerie, pour une somme de 2,400 fr.

« Nous vous demandons, enfin, Messieurs, une augmentation annuelle de 30,000 fr. pour différence de la solde,

« De vingt-huit emplois de lieutenant à celle de capitaine de deuxième classe, et de cinq emplois de capitaine commandant à celle de chef d'escadron.

« L'utilité de la création de vingt-huit emplois de capitaine, ou, pour mieux dire, de la conversion de vingt-huit emplois de lieutenant en autant d'emplois de capitaine, vous sera facilement démontrée. La lenteur de l'avancement à ce dernier grade est telle que la moyenne de l'âge des quarante candidats, qui sont présentés au choix, est de quarante-huit ans, ainsi que celle des quatre-vingts lieutenants qui seraient appelés à concourir à l'ancienneté. Il est à remarquer, en effet, que les promotions, en 1836, ont encore porté sur des lieutenants admis dans la gendarmerie depuis 1816, et comptant, par conséquent, vingt années de grade dans l'arme.

« Il y a dans la gendarmerie cinq lieutenants pour un capitaine, tandis que, dans toutes les autres armes, le nombre des capitaines est à peu près égal à celui des lieutenants.

« Pour faciliter l'avancement à ce grade, nous porterons à vingt-cinq le nombre des capitaines trésoriers qui n'est aujourd'hui que de neuf, afin de placer un de ces comptables au chef-lieu de chaque légion départementale.

« Il sera, en outre, affecté des capitaines aux lieutenances des chefs-lieux des compagnies, qui sont commandées par des chefs d'escadron, avec la restriction que s'il existe dans le département une cour royale qui ne siége pas au chef-lieu, le capitaine sera placé près de cette cour. Il y a lieu de créer aussi douze emplois de capitaines pour les compagnies de Seine-et-Oise, du Loiret, de la Somme, de Maine-et-Loire, du Cher, du Puy-de-Dôme, des Basses-Pyrénées, des Pyrénées-Orientales, de l'Hérault, du Bas-Rhin, de la Marne et du Nord.

« Quant aux cinq emplois de chef d'escadron, ils seront attribués aux commandants des compagnies de Lot-et-Garonne, du Haut-Rhin et de la Vienne, dont les chefs-lieux sont les siéges des cours d'Agen, de Colmar et de Poitiers, et aux commandants des compagnies de la Marne et du Puy-de-Dôme, dont les chefs-lieux (Châlons et Clermont) sont en même temps chefs-lieux de divisions militaires.

par la présente loi, au moyen des ressources ordinaires et extraordinaires accordées pour les besoins de l'exercice 1841.

26 = 27 AVRIL 1841. — Loi qui ouvre un crédit extraordinaire de neuf mille huit cent vingt-quatre francs pour les dépenses de la gendarmerie (1). (IX, Bull. DCCCIV, n. 9267.)

Art. 1er. Il sera ouvert au ministre de la guerre, au titre de l'exercice 1841, un crédit extraordinaire de neuf mille huit cent vingt-quatre francs (9,824 fr.).

Ce crédit, spécialement affecté aux dépenses de la gendarmerie, sera porté au chapitre V de la première section du budget de la guerre.

2. Il sera pourvu aux dépenses autorisées par la présente loi, au moyen des ressources ordinaires et extraordinaires accordées pour les besoins de l'exercice 1841.

14 = 27 AVRIL 1841. — Ordonnance du roi portant rejet du pourvoi formé par le conseil municipal d'Aire contre un arrêté du préfet des Landes, qui a prononcé la nullité de délibérations prises par ce conseil. (IX, Bull. DCCCIV, n. 9268.)

Louis-Philippe, etc., sur le rapport de notre ministre secrétaire d'Etat au département de l'intérieur; vu les lois des 21 mars 1831 et 18 juillet 1837; les délibérations, en date du 12 juillet dernier, dans

---

« Ces créations d'emploi sont conformes au principe consacré par les décisions royales des 7 novembre 1821, 20 février 1822 et 22 mai 1825, qui veut que la gendarmerie soit représentée par des officiers de grade plus élevé, partout où l'autorité, soit civile, soit militaire, appartient à un ordre supérieur. Or, si en l'absence du chef de légion, le chef d'escadron qui le supplée est remplacé par un capitaine dans le commandement de la compagnie du chef-lieu, il est également convenable que le chef d'escadron employé près d'une Cour royale, ou du lieutenant-général commandant une division militaire, ne soit pas remplacé, comme il arrive souvent par un simple lieutenant.

« Vous le remarquerez, les améliorations que le gouvernement croit juste et conséquemment nécessaire d'accorder au corps de la gendarmerie, c'est-à-dire à plus de 15,000 hommes (officiers compris) pour lui tenir compte, en quelque sorte, des avantages de tout genre qui ont été concédés aux autres corps de l'armée, ces avantages seront réalisés avec 1,500,000 fr. environ, puisqu'il y aura chaque année certaine atténuation de dépense, notamment sur le chiffre des indemnités d'ameublement.

« Aux causes que nous avons signalées et qui exercent sur le recrutement et la bonne composition de la gendarmerie une si fâcheuse influence, nous devons ajouter la disposition par suite de laquelle les militaires de ce corps ont été privés de la retraite du grade supérieur après dix ans de service dans le grade et dans l'arme.

« Il est résulté de l'application qui leur a été faite de l'art. 10 de la loi du 11 avril 1831 (cet article est ainsi conçu : « La retraite de tout militaire est liquidée d'après le grade dont il est titulaire »), que les sous-officiers, brigadiers et caporaux de la ligne, parmi lesquels, aux termes des ordonnances, sont choisis les gendarmes, éprouvaient un préjudice réel par leur nomination à ces derniers emplois, puisque, dans le cas d'admission à la retraite, ils perdaient tous les avantages du grade dont ils étaient pourvus.

« Nous avons dû prendre, à cet égard, les ordres du roi ; et, dans sa bienveillante sollicitude pour la gendarmerie, Sa Majesté a donné son approbation aux propositions que nous lui avons soumises. Nous pouvons vous l'annoncer, Messieurs, nous remédierons aux graves inconvénients qui existent aujourd'hui, sans être dans l'obliga-

tion de provoquer aucune modification aux tarifs de la loi du 11 avril 1831.

« Ainsi, les sous-officiers, brigadiers et caporaux de la ligne, admis à l'avenir dans la gendarmerie, seront considérés pour la retraite comme étant restés titulaires des grades qu'ils occupaient dans le corps où ils servaient précédemment, à moins qu'ils ne soient promus à un grade supérieur dans la gendarmerie. » — Voir ordonnance du 20 janvier 1841.

« L'ordonnance du 17 décembre 1840, qui réorganise les comités permanents de l'infanterie et de la cavalerie attachés au ministre de la guerre, dispose que sur les sept officiers généraux membres du comité de cavalerie, deux doivent avoir exercé les fonctions d'inspecteurs généraux de la gendarmerie. Cette arme importante obtient ainsi une représentation élevée, régulière, et pourra, avec convenance et autorité, faire parvenir au chef de l'armée la connaissance de ses besoins et de ses justes réclamations. » (Extrait du rapport de M. Chégaray.)

(1) Présentation à la Chambre des Députés le 13 février (Mon. du 14) ; rapport par M. Chégaray le 4 mars (Mon. du 6) ; discussion et adoption le 11 (Mon. du 12), à la majorité de 213 voix contre 18.

Présentation à la Chambre des Pairs le 17 mars (Mon. du 18) ; rapport par M. le vicomte de Borelli le 13 avril (Mon. du 14) ; adoption sans discussion le 17 (Mon. du 18), à la majorité de 97 voix contre 2.

Ce crédit a pour objet de permettre l'établissement d'une vingt-cinquième légion de gendarmerie, dont le chef-lieu serait placé à Strasbourg.

Strasbourg est déjà le siège d'une division militaire et d'une direction des douanes. Comme ville de guerre de premier ordre et grande cité industrielle placée à la frontière, la police militaire et la police ordinaire y présentent la plus haute importance et de grandes difficultés. Il importe donc d'y placer une légion de gendarmerie.

Le chef de cette légion s'y trouvera utilement placé en rapport direct avec le lieutenant-général commandant la division militaire, et à portée de l'importante ligne télégraphique qui aboutit à Strasbourg et met Paris en communication avec le Nord. La nouvelle légion aurait pour circonscription les deux départements du Haut et du Bas-Rhin qui forment déjà la 22e division militaire.

(Extrait du rapport de M. Chégaray.)

lesquelles le conseil municipal d'Aire (Landes) a déclaré que le maire de cette ville n'ayant pas sa confiance, toute proposition émanée de lui devait être repoussée, et a rejeté, en conséquence, sans examen, le projet du budget du collège communal et ceux relatifs au classement de deux chemins vicinaux comme chemins de grande communication ; l'arrêté du préfet pris en conseil de préfecture le 11 septembre 1840, et prononçant, par application de l'art. 28 de la loi du 21 mars 1831, la nullité de ces opérations ; la délibération du 1er novembre suivant, par laquelle le conseil municipal d'Aire s'est pourvu contre ledit arrêté ; considérant que le conseil municipal était appelé, aux termes des lois, à émettre un avis motivé sur les propositions du maire, à l'occasion desquelles il se trouvait extraordinairement convoqué le 12 juillet 1840 ; qu'il était libre de les rejeter ou de les modifier après examen, mais qu'il n'avait reçu d'aucune loi le pouvoir de les rejeter sans les examiner ; qu'en procédant ainsi et en élevant la prétention de refuser tout concours au maire, sous prétexte d'un défaut de confiance, le conseil municipal a évidemment excédé les limites de ses attributions ; le comité de l'intérieur de notre conseil d'Etat entendu, etc.

Art. 1er. Le pourvoi formé par le conseil municipal d'Aire (Landes) contre l'arrêté du préfet du même département, en date du 11 septembre 1840, qui a prononcé la nullité des délibérations prises par ce conseil le 12 juillet précédent, est rejeté.

2. Notre ministre de l'intérieur (M. Duchâtel) est chargé, etc.

———

23 = 27 AVRIL 1841. — Ordonnance du roi relative à la condition publique des soies de Lyon. (IX, Bull. DCCCIV, n. 9269.)

Louis-Philippe, etc., sur le rapport de notre ministre secrétaire d'Etat au département de l'agriculture et du commerce ; vu le décret du 25 germ. an 13, qui a institué à Lyon une condition unique et publique pour les soies, et déterminé le mode de conditionnement à suivre dans cet établissement ;

ensemble les décrets des 17 avril 1806, 2 février 1809, 5 août 1813, et les ordonnances royales des 17 mars 1819, 30 août 1820 et 26 juillet 1829, qui ont successivement apporté des modifications au régime fondé par le premier des décrets précités ; vu l'art. 14 de notre ordonnance du 16 juin 1832 (1), qui attribue aux chambres de commerce l'administration des établissements créés pour l'usage du commerce ; vu les avis du comité consultatif des arts et manufactures, des 5 février 1835 et 29 février 1840 ; vu les délibérations de la chambre du commerce de Lyon, en date des 17 octobre 1839 et 5 septembre 1840 ; notre conseil d'Etat entendu, etc.

Art. 1er. A l'avenir, le nouveau procédé de conditionnement des soies ayant pour base la dessication absolue de la soie, et adopté par la chambre de commerce de Lyon dans ses délibérations des 17 octobre 1839 et 5 septembre 1840, sera suivi dans la condition publique des soies de Lyon.

2. Le poids de la soie constaté par ce procédé, et augmenté de onze pour cent, constituera le poids marchand des ballots des soies soumises au conditionnement.

3. Provisoirement, les droits pour le prix de la dessication des soies soumises à la nouvelle condition seront perçus conformément au tarif actuellement en vigueur.

4. Un règlement, arrêté par notre ministre secrétaire d'Etat de l'agriculture et du commerce, sur la proposition de la chambre de commerce de Lyon, déterminera le régime intérieur de l'établissement.

5. Continueront de recevoir leur exécution les dispositions des décrets et ordonnances antérieurs non contraires à la présente ordonnance, qui ne sera exécutoire que six mois après sa promulgation.

6. Notre ministre de l'agriculture et du commerce (M. Cunin-Gridaine) est chargé, etc.

———

27 = 30 AVRIL 1841. — Loi qui ouvre un crédit extraordinaire pour complément des dépenses secrètes de l'exercice 1841 (2). (IX, Bull. DCCCV, n. 9273.)

Art. 1er. Il est ouvert au ministre de

———

(1) Voy. tome 32, p. 364.
(2) Présentation à la Chambre des Députés le 2 février (Mon. du 3) ; rapport par M. Jouffroy le 18 (Mon. du 19) ; discussion le 25 (Mon. du 26), le 26 (Mon. du 27), et adoption le 27 (Mon. du 28), à la majorité de 235 voix contre 145.
Présentation à la Chambre des Pairs le 6 mars (Mon. du 8) ; rapport par M. le comte de Mosbourg le 3 avril (Mon. du 4) ; discussion et adoption le 13 (Mon. du 14), à la majorité de 106 voix contre 8.
« Des diverses questions annuellement soulevées par cette demande, a dit M. le rapporteur de la commission de la Chambre des Députés, celle de principe est résolue par tous les bons esprits. Par de là l'opposition légitime, qui reconnaît la constitution et que la constitution reconnaît, il en est une autre que la constitution proscrit, parce qu'elle aspire à la renverser. Celle-là ne discute pas, elle conspire ; contre celle-là la police est nécessaire : à des trames qui s'ourdissent dans l'ombre, la société oppose une surveillance secrète. Le droit de légitime défense, qui justifie cette surveillance dans l'ordre civil, la justifie dans l'ordre

41.

8

l'intérieur un crédit extraordinaire d'un million de francs (1,000,000 fr.), pour complément des dépenses secrètes de l'exercice 1841 (1).

2. Il sera pourvu à la dépense autorisée par la présente loi, au moyen des ressources accordées par la loi du 16 juillet 1840 pour les besoins de l'exercice 1841.

27 = 30 AVRIL 1841. — Loi qui ouvre des crédits pour secours généraux (2). [IX, Bull. DCCCV, n. 9274.)

Art. 1er. Il est ouvert au ministre de l'intérieur, sur les fonds de l'exercice 1841,

1° Un crédit de trois cent mille francs, comme supplément à la somme de trois cent vingt mille francs, inscrite au chapitre 19, *Secours généraux aux hospices,*

bureaux de charité et institutions de bienfaisance;

2° Un crédit de cent mille francs, pour supplément à la somme de deux cent trente mille francs, inscrite au chapitre 20, *Secours éventuels à des personnes dans l'indigence, qui ont des droits à la bienveillance du gouvernement.*

2. Il sera pourvu aux dépenses autorisées par la présente loi, au moyen des ressources accordées par la loi de finances du 16 juillet 1840 pour les besoins de l'exercice 1841.

18 AVRIL = 1er MAI 1841. — Ordonnance du roi qui détermine la circonscription de chacune des facultés de médecine, en ce qui concerne l'exercice de leur droit de présentation aux chaires vacantes dans les écoles préparatoires de médecine et de pharmacie. (IX, Bull. DCCCVI, n. 9277.)

politique; le but que la société poursuit est, dans les deux cas, hautement avouable et hautement avoué, et, quant au moyen, elle ne choisit pas; il lui est indiqué par la nature de l'attaque, et la responsabilité en est aux assaillants. Ces principes ne sont plus aujourd'hui contestés; toutes les nuances de l'opposition constitutionnelle les reconnaissent : la commission ne les défend pas; elle les rappelle à la Chambre qui n'a jamais hésité à les consacrer par ses votes.

« Mais si le droit de la société est de se défendre par la police contre des complots que la police seule peut saisir, elle se doit à elle-même de n'employer cette arme que dans la mesure des dangers qui la menacent, et de ne la confier qu'à des mains sûres qui ne la détournent pas à d'autres usages. C'est pour se réserver chaque année cette double appréciation que la Chambre qui représente le pays ne consent point à inscrire d'avance au budget la totalité du crédit exigé pour les dépenses secrètes. Elle veut que, dans l'année même où ce crédit est consommé, le gouvernement soit obligé de venir, par une loi spéciale, lui en demander le complément. Le jour où cette loi lui est présentée, la Chambre se trouve donc saisie de deux questions capitales et qui résument en quelque sorte toute sa mission politique; elle est appelée à apprécier la situation de la société et à juger si le gouvernement du pays est en bonnes mains. Son vote peut formuler son opinion sur ces deux questions; elle peut refuser l'allocation si le ministère n'a pas sa confiance; elle peut la restreindre ou l'étendre si son jugement ne coïncide pas avec le sien sur la situation de la société; son droit, son pouvoir vont jusque-là.

« Mais vous le savez, messieurs, il est rare que la Chambre l'exerce dans toute son étendue, et, des deux questions dont la loi des fonds secrets la saisit, son vote n'en tranche habituellement qu'une, celle de confiance. La raison en est simple, c'est qu'elle est la seule que la Chambre soit en mesure de résoudre exactement. Ce qu'elle sait bien, ce que les boules du scrutin lui révéleraient au besoin, si elle l'ignorait, c'est sa propre pensée sur le cabinet qui administre les affaires. Ce qu'elle sait mal, ce qu'elle ne peut apprécier exactement, c'est la situation de la société, c'est l'étendue des

dangers qui la menacent et qui exigent le crédit demandé. A moins que les propositions d'un cabinet ne tombent dans une exagération évidente, il est difficile qu'une Chambre, qu'une commission lui contestent le chiffre qu'il déclare nécessaire à la protection politique de la société; le ministre qui tient en ses mains la police du royaume est mieux placé que nous pour en juger; et, comme il est dispensé par la nature même de ses devoirs de nous dire les motifs de son opinion, il est raisonnable que nous l'en croyions, si d'ailleurs il partage nos principes, c'est-à-dire s'il a notre confiance politique. Aussi l'usage, modifiant très-sagement en cela le droit absolu de la Chambre, a-t-il borné à la question de confiance la portée du vote des fonds secrets. La Chambre examine toutes les questions que ce fonds soulève, mais elle ne décide que celle-là par son vote, et elle le fait habituellement de la manière la plus douce. Elle réserve pour des cas extrêmes le rejet même de l'allocation; l'adoption ou la réduction du chiffre suffit à l'expression de son jugement qui n'en a que plus d'autorité pour être ainsi ramené à un pur arrêt politique. Tels sont les principes que la sagesse de la Chambre a consacrés dans la matière. »

(1) M. *Hortensius de Saint-Albin* avait proposé un amendement ainsi conçu :

« Lorsque le crédit des fonds secrets sera épuisé, et que les opérations qui auront motivé les dépenses seront consommées, le compte résultant des divers emplois de ce crédit sera présenté au conseil des ministres et annuellement remis à la commission du budget des deux Chambres.

Cet amendement, faiblement appuyé, a été rejeté.

(2) Présentation à la Chambre des Députés le 17 février (Mon. du 20); rapport par M. Delacroix le 10 mars (Mon. du 15); adoption sans discussion le 16 mars (Mon. du 17), à la majorité de 225 voix contre 6.

Présentation à la Chambre des Pairs le 20 mars (Mon. du 21); rapport par M. le marquis de Barthélemi le 1er avril (Mon. du 3); adoption sans discussion le 13 (Mon. du 14), à la majorité de 113 voix contre 2.

Louis-Philippe, etc., sur le rapport de notre ministre secrétaire d'État au département de l'instruction publique, grand-maître de l'université; vu l'art. 4 de notre ordonnance du 13 octobre 1840 (1); vu l'avis du conseil royal de l'instruction publique, etc.

Art. 1er. La circonscription de chacune des facultés de médecine du royaume, en ce qui concerne l'exercice de leur droit de présentation aux chaires qui viendraient à vaquer dans les écoles préparatoires de médecine et de pharmacie, est et demeure déterminée ainsi qu'il suit : la circonscription de la faculté de médecine de Paris comprend les départements de l'Aisne, du Calvados, du Cher, des Côtes-du-Nord, de l'Eure, d'Eure-et-Loir, du Finistère, d'Ille-et-Vilaine, de l'Indre, d'Indre-et-Loire, de la Loire-Inférieure, du Loiret, de Loir-et-Cher, de la Manche, de la Marne, de la Mayenne, de Maine-et-Loire, du Morbihan, de la Nièvre, du Nord, de l'Oise, de l'Orne, du Pas-de-Calais, de la Sarthe, de la Seine, de la Seine-Inférieure, de Seine-et-Marne, de Seine-et-Oise, de la Somme, de la Vienne et de l'Yonne. La circonscription de la faculté de médecine de Montpellier comprend les départements de l'Allier, des Alpes (Basses-), des Alpes (Hautes-), de l'Ardèche, de l'Ariége, de l'Aube, de l'Aveyron, des Bouches-du-Rhône, du Cantal, de la Charente, de la Charente-Inférieure, de la Corrèze, de la Corse, de la Creuse, de la Dordogne, de la Drôme, du Gard, de la Garonne (Haute), du Gers, de la Gironde, de l'Hérault, de l'Isère, des Landes, de la Loire (Haute-), du Lot, de Lot-et-Garonne, de la Lozère, du Puy-de-Dôme, des Pyrénées-Orientales, des Sèvres (Deux-), du Tarn, de Tarn-et-Garonne, du Var, de Vaucluse, de la Vendée, de la Vienne (Haute-), des Pyrénées (Basses-), des Pyrénées (Hautes-). La circonscription de la faculté de médecine de Strasbourg comprend les départements de l'Ain, des Ardennes, de l'Aube, de la Côte-d'Or, du Doubs, du Jura, de la Loire, de la Meurthe, de la Meuse, de la Moselle, de la Marne (Haute-), du Rhin (Bas-), du Rhin (Haut-), du Rhône, de la Saône (Haute-), de Saône-et-Loire et des Vosges.

2. Notre ministre de l'instruction publique (M. Villemain) est chargé, etc.

26 AVRIL = 5 MAI 1841. — Ordonnance du roi qui répartit entre les départements du royaume les quatre-vingt mille hommes appelés sur la classe de 1840. (IX, Bull. DCCCVII, n. 9279.)

Louis-Philippe, etc., vu la loi du 11 octobre 1830, relative au vote annuel du contingent de l'armée, et celle du 21 mars 1832, sur le recrutement ; vu l'ordonnance du 14 décembre 1840 (2), relative aux opérations préliminaires de l'appel de la classe de 1840; vu la loi du 26 mars 1841, qui a fixé à quatre-vingt mille hommes le contingent de cette classe, pour le recrutement des troupes de terre et de mer ; sur le rapport de notre ministre secrétaire d'État de la guerre, etc.

Art. 1er. Les quatre-vingt mille hommes appelés sur la classe de 1840 sont répartis entre les départements du royaume suivant le tableau ci-joint, dressé en exécution des dispositions de l'art. 2 de la loi du 26 mars 1841.

2. La sous-répartition du contingent assigné à chaque département aura lieu entre les cantons conformément à l'art. 3 de la même loi. Elle sera faite par le préfet en conseil de préfecture, et rendue publique par voie d'affiches avant l'ouverture des opérations du conseil de révision.

3. Les opérations du conseil de révision commenceront le 24 mai prochain, et la réunion des listes de contingent cantonal, pour former la liste du contingent départemental, sera effectuée le 7 juillet suivant.

4. Après cette dernière opération, et ainsi qu'il est prescrit par l'art. 29 de la loi du 21 mars 1832, les jeunes gens définitivement appelés ou ceux qui auront été admis à les remplacer seront inscrits sur les registres matricules des corps pour lesquels ils seront désignés.

5. Notre ministre de la guerre (M. le duc de Dalmatie) est chargé, etc.

Tableau annexé à l'ordonnance du 26 avril 1841, et présentant la répartition de quatre-vingt mille hommes appelés sur la classe de 1840, établie conformément à l'art. 2 de la loi du 26 mars 1841.

Ain, 3,206 (3) (851) ; Aisne, 5027 (1,334) ; Allier, 3,201 (849) ; Alpes (Basses-), 1,473 (391) ; Alpes (Hautes-), 1,299 (345) ; Ardèche, 3,429 (910) ; Ardennes, 2,743 (728) ; Ariége, 2,298 (610) ; Aube, 2,487 (660) ; Aude, 2,451 (a) (650) ; Aveyron, 3,379 (897) ; Bouches-du-Rhône, 3,179 (844) ; Calvados, 3,855 (1,023) ; Cantal, 2,413 (640) ; Charente, 3,109 (825) ; Charente-Inférieure, 3,974 (1,054) ; Cher, 2,723 (722) ; Corrèze, 3,131 (831) ; Corse, 1,857 (493) ; Côte-d'Or,

(1) V. tome 40, p. 448.   (2) V. tome 40, p. 497.
(3) Le premier chiffre indique le nombre des jeunes gens inscrits sur les listes de tirage de la classe de 1839 ; le deuxième chiffre le contingent de chaque département.
(a) Les résultats du tirage des six cantons de

3,543 (940); Côtes-du-Nord, 5,666 (1,503); Creuse, 2,645 (702); Dordogne, 4,081 (1,083); Doubs, 2,684 (712); Drôme, 2,966 (787); Eure, 3,561 (945); Eure-et-Loir, 2,574 (683); Finistère, 5,184 (1,376); Gard, 3,102 (823); Garonne (Haute-), 3,760 (998); Gers, 2,303 (611); Gironde, 4,743 (1,259); Hérault, 3,169 (841); Ille-et-Vilaine, 4,973 (1,320); Indre, 2,479 (658); Indre-et-Loire, 2,581 (685); Isère, 5,411 (1,436); Jura, 2,963 (786); Landes, 2,654 (704); Loir-et-Cher, 2,279 (605); Loire, 3,983 (1,057); Loire (Haute-), 2,911 (772); Loire-Inférieure, 4,395 (1,160); Loiret, 2,951 (783); Lot, 2,290 (608); Lot-et-Garonne, 2,521 (669); Lozère, 1,278 (339); Maine-et-Loire, 4,415 (1,171); Manche, 5,126 (1,360); Marne, 3,109 (825); Marne (Haute-) 2,279 (605); Mayenne, 3,241 (860); Meurthe, 4,153 (1,102); Meuse, 2,973 (789); Morbihan, 4,258 (1,130); Moselle, 4,229 (1,122); Nièvre, 3,203 (850); Nord, 9,254 (2,456); Oise, 3,390 (899); Orne, 3,924 (1,041); Pas-de-Calais, 6,066 (1,610); Puy-de-Dôme, 5,617 (1,490); Pyrénées (Basses-), 3,947 (1,047); Pyrénées (Hautes-), 2,246 (596); Pyrénées-Orientales, 1,470 (390); Rhin (Bas-), 5,520 (1,451); Rhin (Haut-), 4,645 (1,233); Rhône, 3,999 (1,061); Saône (Haute-), 3,491 (926); Saône-et-Loire, 5,177 (1,374); Sarthe, 4,279 (1,135); Seine, 6,606 (1,753); Seine-Inférieure, 5,978 (1,586); Seine-et-Marne, 3,214 (853); Seine-et-Oise, 3,690 (979); Sèvres (Deux-), 2,737 (726); Somme, 5,072 (1,346); Tarn, 2,910 (772); Tarn-et-Garonne, 1,742 (462); Var, 2,771 (735); Vaucluse, 2,215 (588); Vendée, 2,931 (778); Vienne, 2,629 (698); Vienne (Haute), 2,811 (746); Vosges, 3,938 (1,045); Yonne, 3,348 (888). Totaux : 301,487 (80,000) (1).

26 AVRIL = 4 MAI 1841. — Ordonnance du roi qui augmente l'effectif des batteries à pied destinées à faire, en Afrique, le service de l'artillerie dans les places et dans les camps. (IX, Bull. DCCCVII, n. 9280.)

Louis-Philippe, etc., vu l'ordonnance, en date du 22 novembre 1838 (2), portant organisation, dans chacun des six premiers régiments d'artillerie, d'une batterie à pied destinée à faire, en Afrique, le service de cette arme dans les places et dans les camps; vu l'insuffisance de l'effectif de ces batteries; sur le rapport de notre ministre secrétaire d'Etat de la guerre, etc.

Art. 1er. Chacune des batteries à pied organisées dans les six premiers régiments d'artillerie par l'ordonnance du 22 novembre 1838 sera portée à l'effectif de deux cents hommes, répartis ainsi qu'il suit : maréchal-des-logis chef, 1 ; maréchaux-des-

logis, 8 ; fourrier, 1 ; brigadiers, 12 ; artificiers, 6 ; canonniers servants de première classe, 66 ; canonniers de deuxième classe, 100 ; ouvriers en fer et en bois, 4 ; trompettes, 2. Total, 200.

2. Notre ministre de la guerre (M. le duc de Dalmatie) est chargé, etc.

18 AVRIL = 4 MAI 1841. — Ordonnance du roi qui fixe les retenues à exercer, pour le fonds de retraite, sur les traitements des professeurs des écoles préparatoires de médecine et de pharmacie. (Bull. DCCCVII, n. 9281.)

Louis-Philippe, etc., vu les art. 7, 10 et 11 de l'ordonnance du 13 octobre 1840, relative à l'organisation des écoles préparatoires de médecine et de pharmacie, vu l'ordonnance du 19 avril 1820, concernant les pensions de retraite des fonctionnaires de l'instruction publique ; vu la délibération de notre conseil royal de l'instruction publique, en date du 16 mars dernier, etc.

Art. 1er. Les retenues à exercer pour le fonds de retraite, sur les traitements des professeurs titulaires et adjoints des écoles préparatoires de médecine et de pharmacie, sont fixées, savoir : retenues de cinq pour cent sur le traitement fixe, idem du premier mois de traitement et du premier mois d'augmentation de traitement. Elles auront lieu à partir de l'organisation de chaque école.

2. Ces retenues seront versées, sous la responsabilité du directeur de l'école, dans la caisse du receveur des finances, au compte de la caisse de retraite établie par l'ordonnance du 23 juin 1823 pour les principaux et régents des colléges communaux.

3. Les pensions des professeurs titulaires et adjoints des écoles préparatoires de médecine et de pharmacie seront liquidées en raison du nombre d'années de service pendant lesquelles la retenue aura été exercée sur leurs traitements : on se conformera, pour les liquidations, aux art. 2, 3 et 4 de l'ordonnance du 19 avril 1820. Le minimum de trois cents francs, fixé par l'art. 6 de l'ordonnance du 23 juin 1823, ne sera pas applicable auxdites pensions.

4. Notre ministre de l'instruction publique (M. Villemain) est chargé, etc.

Lagrasse, Monthoumet, Fuchan, Belcaire, Quillan et Roquefort, n'ayant pas été connus dans le délai déterminé par l'ordonnance du 16 décembre 1840, ces résultats ont été remplacés par la moyenne des jeunes gens inscrits sur les listes de tirage des dix classes précédentes, conformément à l'art. 2 de la loi du 26 mars 1841.

Le nombre connu des inscrits, sur les listes de tirage de la classe de 1840, dans le départe-

ment, est de. 2,069
La moyenne, pour les six cantons ci-dessus, est de. . . , ... 382

Le total général des inscrits, qui a servi de base à la répartition du contingent, a dû être fixé à. 2,451

(1) La proportion entre le nombre des inscrits et le contingent est de 26,5351 sur cent.
(2) Voy. tome 38, p. 715.

12 AVRIL = 5 MAI 1841. — Ordonnance du roi portant autorisation de la société anonyme formée à Poitiers (Vienne) sous la dénomination de *Filature de Danlot*. (IX, Bull. supp. DXXXIII n. 15479.)

Louis-Philippe, etc., sur le rapport de notre ministre secrétaire d'Etat de l'agriculture et du commerce; vu les art. 29 à 37, 40 et 45 du Code de commerce; notre conseil d'Etat entendu, etc.

Art. 1er. La société anonyme formée à Poitiers (Vienne) sous la dénomination de *Filature de Danlot* est autorisée. Sont approuvés les statuts de ladite société, tels qu'ils sont contenus dans l'acte passé, les 18, 20 et 2 février 1841, par-devant Me Bert et son collègue, notaires à Poitiers, lequel acte restera annexé à la présente ordonnance.

2. Nous nous réservons de révoquer notre autorisation en cas de violation ou de non exécution des statuts approuvés, sans préjudice des droits des tiers.

3. La société sera tenue de remettre, tous les six mois, un extrait de son état de situation au ministère de l'agriculture et du commerce, au préfet du département de la Vienne, et au greffe du tribunal de commerce de Poitiers.

4. Notre ministre de l'agriculture et du commerce (M. Cunin-Gridaine) est chargé, etc.

Statuts de la société anonyme de la filature de Danlot.

TITRE Ier. — *Objet de la société. — Son siége, son établissement, sa durée.*

Art. 1er. Il est fondé à Poitiers, chef-lieu du département de la Vienne, une société anonyme sous la dénomination de *Filature de Danlot*. Elle aura pour objet le filage et le tissage à la mécanique ou de toute autre manière des chanvres et des lins de toute nature, l'achat des matières premières, le placement et la vente de ses produits, et généralement toutes les opérations dépendantes de ce genre d'industrie.

2. Le siége de la société sera à Poitiers, il ne pourra sous aucun prétexte être transféré en dehors de l'enceinte de la ville. Chaque actionnaire sera tenu d'élire, à Poitiers, un domicile qui sera mentionné sur le titre de son action et sur la promesse d'action, et sur la souche du registre. Faute d'avoir satisfait à cette obligation, son domicile sera censé élu au siége de la société. Toutes demandes, significations et convocations seront valablement faites à ce domicile élu, et produiront le même effet que si elles l'étaient au domicile réel. La filature, le tissage et le mécanisme seront établis dans les bâtiments et le moulin de Danlot, situé en la commune de Virone, que M. Jacquault s'est engagé à louer à la société, conformément aux dispositions de la promesse de bail annexée à la minute des présents statuts.

3. La durée de la société est fixée à vingt et un ans, à partir du jour de l'ordonnance du roi qui l'autorisera. Elle pourra cependant être prorogée au-delà de ce terme, avec l'autorisation du gouvernement, et pour un temps qui sera alors déterminé par la société, si la majorité des actionnaires le décide ainsi dans l'assemblée générale qui arrêtera le compte annuel de la dernière inventaire, et ils ne pourront provoquer aucune licitation.

TITRE II. — *Fonds social. — Son emploi.*

4. Le fonds social est fixé à la somme de trois cent quarante mille francs. Il sera représenté par dix-sept actions de vingt mille francs chacune, numérotées de une à dix-sept. Ces actions seront nominatives; elles seront détachées d'un registre à souche, frappées du timbre de la société et signées du directeur et des membres du conseil d'administration.

5. Le montant de chaque action sera versé à la caisse sociale au fur et à mesure des besoins de la société, sur la demande du directeur, en exécution des délibérations du conseil d'administration.

6. Les demandes de fonds devront être adressées aux actionnaires par le directeur, au moins quinze jours avant l'époque indiquée pour le versement. Ces demandes devront énoncer la délibération du conseil d'administration qui les aura autorisées.

7. Sur les dix-sept actions créées par l'art. 4 pour représenter le fonds social, ont souscrit, savoir : *(Suivent les noms.)*

8. Une partie du fonds social sera employée à acheter les métiers à filer et à tisser, avec tous leurs accessoires ; à faire toutes les dépenses nécessaires d'appropriation du moulin de Danlot et de premier établissement. L'autre partie composera un fonds de roulement destiné à acheter les matières premières et à payer les ouvriers. La division du fonds social entre ces deux destinations sera fixée et déterminée par le conseil d'administration.

9. Il sera ouvert un compte courant chez le banquier de la société, où seront déposés le fonds de roulement et toutes les valeurs en numéraire et en papier excédant l'encaisse du directeur. Cet encaisse et les conditions du compte courant chez le banquier seront déterminés par le conseil d'administration.

TITRE III. — *Des actionnaires.*

10. Jusqu'à ce que les actionnaires aient versé le montant intégral de leurs actions, il ne leur sera délivré que des promesses d'actions revêtues du timbre de la société et signées comme les actions elles-mêmes. Chaque versement sera constaté par une quittance placée au dos de cette promesse. Le paiement intégral du montant de chaque action effectué, il sera délivré aux actionnaires le titre de leurs actions, dans la forme ci-dessus prescrite en l'art. 4, qui leur vaudra quittance de toutes leurs obligations envers la société, conformément aux dispositions de l'art. 33 du Code de commerce.

11. Si l'assemblée générale jugeait qu'il fût nécessaire, en raison des augmentations du personnel et d'un plus grand développement à donner à l'établissement, de faire un appel de nouveaux fonds, il y serait pourvu, sous l'approbation du gouvernement, au moyen de la création de nouvelles actions, donnant ouverture aux mêmes droits que les anciennes. Ces nouvelles actions ne seraient

mises en adjudication que parmi les actionnaires seuls, et ne pourraient, dans aucun cas, être adjugées au-dessous du pair.

12. Tout actionnaire en retard de payer la somme qui lui aura été demandée sur le montant de son action, aux époques qui lui seront indiquées conformément aux art. 5 et 6, en devra de plein droit les intérêts à raison de cinq pour cent par an, à partir du jour indiqué pour le versement, jusqu'à ce qu'il soit effectué.

13. Faute par un souscripteur d'effectuer le versement demandé, lorsqu'il sera requis, et, après une seule sommation pour constater sa mise en demeure, faite au domicile ci-après indiqué, et restée sans effet pendant un mois, ses actions seront vendues publiquement pour son compte, à la requête du directeur, par le ministère d'un notaire, sans autre formalité qu'une seule apposition d'affiche et un avis inséré dans le journal de Poitiers, quinze jours avant la vente. Suivant le résultat de la vente, et après déduction de tous frais et intérêts, l'actionnaire profitera de l'excédant de prix, s'il y en a, de même qu'il sera tenu de payer le déficit.

14. La cession des actions s'opère par une déclaration de transfert inscrite sur les registres de la société, et signée par le cédant et le cessionnaire ou leurs fondés de pouvoirs. Il en est de même des promesses d'actions délivrées en vertu de l'art. 10 ; mais, dans ce cas, le cédant restera garant de son cessionnaire envers la société, jusqu'au paiement intégral de l'action transférée. Pour la validité du transfert à l'égard de la société, le cessionnaire devra être agréé par le comité de direction. En cas de refus, le comité ne sera pas tenu de faire connaître ses motifs.

15. Tout transfert régulièrement opéré conformément aux règles qui viennent d'être fixées, comprendra de droit les dividendes échus et non payés, les dividendes de l'année courante, la part de l'actionnaire dans le fonds de réserve, et généralement tous les droits attachés à l'action.

16. Les actions sont indivisibles. En cas de mort d'un actionnaire, ses héritiers ne pourront assister aux délibérations et jouir de tous les droits attachés aux actions de leur auteur, que par l'intermédiaire d'un seul fondé de pouvoirs, qui ne pourra jamais être choisi que parmi les héritiers eux-mêmes, ou leurs tuteurs, s'il y a des mineurs.

17. Les actions ne donneront droit à aucun intérêt, mais seulement au partage des bénéfices de la société, qui seront répartis annuellement, à titre de dividende, ainsi qu'il sera ci-après exprimé. Chaque action donnera en outre droit, à l'époque de la dissolution de la société, à une dix-septième partie des valeurs nettes qui composeront son avoir.

18. Le paiement des dividendes se fera tous les ans, au siège de la société, à l'époque qui sera indiquée par l'assemblée générale qui aura arrêté les comptes annuels, et dans les quinze jours qui suivront cette assemblée générale. Les paiements seront constatés par une estampille mise au dos de chaque titre d'action ou de promesse d'action, et *par la quittance des actionnaires.*

19. Chaque actionnaire ne pourra jouir au plus que de deux votes dans les assemblées générales, quel que soit le nombre des actions. Pour avoir droit à deux votes, il faudra justifier de la propriété régulière de trois actions au moins.

20. Les actionnaires pourront assister aux assemblées générales, soit en personne, soit par un fondé de pouvoirs. Ce fondé de pouvoirs ne pourra être pris que parmi les autres actionnaires en parmi les héritiers présomptifs ou alliés des héritiers présomptifs de l'actionnaire qui se fera représenter. Nul actionnaire ne pourra être fondé de pouvoirs de deux autres, et chaque mandat ne pourra donner lieu qu'à un vote, quel que soit le nombre d'actions possédées par le mandant. Ainsi tout actionnaire mandataire ne pourra réunir qu'un seul droit de vote à ceux auxquels il aura personnellement droit. Les actionnaires auront, en outre, le droit de prendre communication des livres de la société et de visiter l'établissement.

TITRE IV. — *De la direction de la société.*

21. La société sera administrée par un directeur, sous la surveillance d'un conseil d'administration.

22. Le directeur sera nommé par l'assemblée générale des actionnaires, sur la représentation du conseil d'administration. Il devra être pris, autant que possible, parmi les actionnaires ; la durée de ses fonctions sera déterminée par la décision qui l'aura nommé, mais il pourra toujours être réélu.

23. Le directeur pourra être révoqué par l'assemblée générale. La décision qui prononcera sa révocation ne pourra être prise qu'en assemblée générale, et à la majorité absolue des voix de tous les actionnaires.

24. En cas de décès ou de démission du directeur, il sera immédiatement convoqué une assemblée générale par le conseil d'administration, à l'effet de pourvoir à son remplacement.

25. Le directeur, s'il est sociétaire, devra déposer à la caisse de la société une action qui sera inaliénable pendant toute la durée de ses fonctions et servira de garantie à sa gestion. S'il est pris en dehors de la société, il devra fournir un cautionnement déterminé par l'assemblée générale qui l'aura nommé.

26. Le directeur recevra un traitement annuel composé d'appointements fixes et d'une part dans les bénéfices qui sera réglée par l'assemblée générale lors de sa nomination. Il assistera au conseil avec voix consultative ; il aura le droit de vote dans les assemblées générales, s'il est sociétaire, mais il ne votera pas dans les délibérations ayant pour objet le règlement de ses comptes ou la nomination des membres du conseil d'administration.

27. Il sera chargé de l'exécution des délibérations et arrêtés de l'assemblée générale et du conseil d'administration ; il tiendra la comptabilité de la société et ses écritures en partie double ; il conduira et dirigera le travail des bureaux ; il surveillera tous les employés quels qu'ils soient et leurs travaux ; il fixera et déterminera le nombre des ouvriers ; il réglera, augmentera ou diminuera leurs salaires ; il les admettra et changera à sa volonté ; il réglera la discipline intérieure de l'établissement ; il pourra provoquer le changement et le remplacement du contre-maître et du mécanicien, auxquels il ne pourra cependant être pourvu que par le conseil d'administration. Il passera tous marchés au sujet du matériel de l'usine, des réparations de toute nature, des achats et ventes de marchandises, et fera les approvisionnements pour les besoins de l'usine, mais il ne pourra les faire pour plus d'une année sans l'avis favorable du conseil d'administration ; il réglera et arrêtera les comptes courants avec les banquiers de la société ; il signera les engagements de la société et les négociations de ses valeurs ; il pourvoira aux frais d'administration ; il paiera et recevra ; il sera chargé de la correspondance ; il intentera et poursuivra les actions judiciaires au nom et en vertu des décisions du conseil d'administration ; il convoquera l'assemblée générale ; enfin il fera, comme chef d'administration, tout ce qui sera nécessaire et qu'il croira utile dans les intérêts de la société.

28. M. Berlin-Grilliet est nommé directeur, sauf confirmation par la première assemblée générale.

29. La signature sociale, qui engagera la société, sera celle du directeur, précédée de ces mots : *Le directeur de la filature de Danlot.*

TITRE V. — *Conseil d'administration.*

30. Il y aura un conseil d'administration, composé de trois membres élus parmi les sociétaires par la majorité des actionnaires réunis en assemblée générale.

31. Les fonctions des membres de ce conseil seront gratuites ; leur durée sera d'une année ; les membres pourront toujours être réélus. Les membres de ce conseil détermineront celui d'entre eux qui remplira les fonctions de président.

32. En cas de maladie ou d'absence constatée de l'un des membres du conseil, il sera pourvu à son intérim par les deux autres membres. Si une place d'administrateur vient à vaquer, le conseil pourvoira sur-le-champ à son remplacement provisoire, qui ne deviendra définitif que par la confirmation de la plus prochaine assemblée générale.

33. Le conseil d'administration se réunit de droit au moins une fois par mois ; la présence de tous ses membres est nécessaire pour la validité de ses décisions.

34. Le conseil d'administration délibère sur toutes les affaires de la société ; il les décide par des arrêtés consignés sur des registres destinés à cet effet. Il fait avec le directeur les règlements d'administration ; il pourvoit au choix des mécaniciens, contre-maîtres, commis-voyageurs, et fixe leurs appointements. Il prend toutes les mesures provisoires qu'il juge convenables dans l'intérêt de la société, sauf à les faire approuver, suivant la gravité des cas et conformément aux dispositions des présents statuts, par l'assemblée générale des actionnaires. Le conseil d'administration transige, compromet, intente et soutient toute action judiciaire au nom de la société.

35. Le conseil d'administration désignera à chaque réunion celui de ses membres qui sera spécialement chargé, jusqu'à la réunion suivante, de la surveillance des opérations de la société.

36. Sont nommés membres du conseil d'administration, MM. Jacquault, Belliard et de la Marque, sauf confirmation par la première assemblée générale.

TITRE VI. — *Des assemblées générales.*

37. L'assemblée générale représentera l'universalité des actionnaires ; ses décisions seront obligatoires pour tous, même pour les absents, et elles seront prises à la majorité des votes exprimés, sauf les cas déterminés aux présents statuts, et pour lesquels il est fixé une majorité spéciale.

38. L'assemblée générale ne pourra délibérer valablement qu'autant qu'elle sera composée des trois quarts au moins des actionnaires. Néanmoins, si, faute de ce nombre, l'assemblée n'avait pu délibérer, il sera fait une seconde convocation, et, dans cette réunion, qui ne pourra avoir lieu que cinq jours après la convocation nouvelle, la délibération sera valable, quel que soit le nombre des actionnaires présents, pourvu qu'elle ne porte que sur des objets mis à l'ordre du jour de la première assemblée, et sans que, dans aucun cas, il puisse être pris aucune des décisions qui, aux termes des statuts, ne peuvent être prononcées que par les deux tiers des voix des actionnaires.

39. Les assemblées générales auront lieu au siége de la société, sur la convocation qui en sera faite au domicile de chaque actionnaire, à Poitiers, par le directeur, et, à son défaut, par le président du conseil d'administration, quinze jours au moins avant l'époque fixée pour la réunion.

40. Il y aura, de droit, une assemblée générale tous les ans, à l'époque du 10 novembre. C'est dans cette assemblée que les comptes du directeur seront rendus. L'assemblée générale pourra nommer des commissaires pour vérifier ces comptes, et lui faire un rapport à ce sujet à une prochaine assemblée, dont elle fixera le jour, et dans laquelle il sera statué définitivement.

41. Outre cette assemblée annuelle fixe, il y aura, à une époque qui sera déterminée par le conseil d'administration, une autre assemblée générale, dans laquelle le directeur rendra un compte sommaire de la marche de l'établissement.

42. L'assemblée générale pourra, en outre, être convoquée extraordinairement toutes les fois que cela sera jugé nécessaire, soit sur la demande du directeur, soit sur celle du conseil d'administration, soit sur la demande de trois actionnaires. Le président du conseil d'administration présidera les assemblées générales, et, à son défaut, elles seront présidées par le plus âgé des membres du conseil. Le bureau sera composé du président et de deux autres membres du conseil, dont l'un remplira les fonctions de secrétaire. En cas d'absence d'un des trois membres du conseil, il sera pourvu à son remplacement au bureau par les deux autres.

43. Le bureau prononcera sur toutes les difficultés à la pluralité des voix. Le directeur sera entendu dans ses observations toutes les fois qu'il le demandera.

44. Les délibérations des assemblées générales seront constatées par des procès-verbaux consignés sur un registre tenu à cet effet, et elles seront signées séance tenante par tous les membres du bureau et par tout membre de l'assemblée qui le jugera convenable.

45. Les assemblées générales ordinaires auront pour objet principal d'entendre les rapports du directeur et du conseil d'administration ; de vérifier, contrôler, régler et arrêter définitivement les comptes du directeur ; de nommer les membres du conseil d'administration ; de statuer sur tous les points qui doivent être déférés à l'assemblée générale, et enfin de prescrire toutes les mesures que pourront réclamer les intérêts de la société.

46. Les assemblées extraordinaires auront spécialement pour objet de décider s'il y a lieu d'apporter des modifications aux présents statuts, et de prononcer sur toutes les réclamations et propositions du directeur, du conseil d'administration et des actionnaires, ainsi que sur tous les cas imprévus. Les assemblées générales ordinaires pourront prononcer sur les mêmes points, s'ils leur sont soumis ; mais les convocations devront faire mention expresse de cet objet.

TITRE VII. — *Comptes annuels.* — *Bénéfices.* — *Fonds de réserve.*

47. Les écritures du directeur seront arrêtées tous

les ans, à l'époque du 1ᵉʳ octobre, par le conseil d'administration.

48. Dans les vingt jours qui suivront, le directeur dressera, en présence d'un des membres de ce conseil, l'inventaire de l'actif et du passif, et il établira le bilan de la société pour être présenté à l'assemblée générale, qui doit examiner et régler son compte annuel. Copie de l'inventaire et du bilan sera remise, au moins huit jours avant cette assemblée générale, au conseil d'administration.

49. Pour fixer les bénéfices de la société et les dividendes à distribuer annuellement aux actionnaires, on prélèvera sur le net de la totalité des valeurs de la société : 1° le montant du capital des actions ou des portions de ce capital qui auront été demandées et versées à la caisse sociale ; 2° le fonds de réserve antérieurement encaissé ; 3° les appointements fixes du directeur, ceux du mécanicien, du contre-maître et du voyageur ; le salaire de tous les employés, et généralement toutes les dépenses approuvées ; 4° dix pour cent du prix des métiers et des frais de leur établissement, qui seront mis en réserve annuellement à l'effet de pourvoir au remplacement du matériel. Le reliquat formera les bénéfices ; sur ce reliquat, il sera distribué, s'il y a lieu, aux actionnaires, à titre de dividende, dix pour cent du capital de leurs actions ou de la part de ce capital versée à la caisse sociale. Sur l'excédant, s'il en existe, il sera prélevé les dividendes que la société aura décidé d'allouer au directeur et au contre-maître, et le surplus sera employé à former un fonds de réserve dont l'emploi sera ultérieurement déterminé, soit pour augmenter le fonds de roulement, soit pour augmenter le matériel de la société, soit pour solder le prix du domaine de Danlot, si la société en devient acquéreur. L'emploi de ce fonds de réserve sera, au surplus, déterminé par l'assemblée générale des actionnaires.

50. Lorsque le fonds de réserve sera jugé inutile ou trop considérable, l'assemblée générale pourra décider qu'il sera partagé entre tous les actionnaires, au centime le franc de leurs actions, sauf la réserve des dix pour cent du prix des métiers spécifiés en l'art. 49 ci-dessus.

51. Le fonds de réserve, en attendant son emploi, sera placé en acquisition de rentes cinq pour cent sur l'État au profit de la société. Ces rentes seront réalisées par le directeur, au fur et à mesure des besoins de la société, d'après les décisions du conseil d'administration, prises en exécution de celles de l'assemblée générale qui aura ordonné l'emploi.

TITRE VIII. — *Dissolution de la société. — Sa liquidation.*

52. La société sera dissoute de droit : 1° par l'ex-piration du terme fixé pour la durée de la société sauf le cas prévu par l'art. 3 des présents statuts ; 2° par la constatation, dans le compte annuel, d'une perte des deux tiers des capitaux engagés.

53. La dissolution pourra, en outre, être prononcée par une décision de l'assemblée générale, prise à la majorité des deux tiers des actionnaires spécialement convoqués à cet effet, si les bénéfices annuels de la société ne s'élevaient pas, pendant deux années de suite, à cinq pour cent des capitaux déboursés par les actionnaires.

54. Si, pour quelque cause que ce soit, la société vient à se dissoudre, la liquidation en sera faite par les soins d'un agent spécial, sous la surveillance de commissaires nommés à cet effet par l'assemblée générale.

TITRE IX. — *Des arbitrages.*

55. Le directeur et les membres du conseil d'administration n'agissent que comme mandataires de la société ; ils ne contractent, en raison de leur gestion, aucune obligation personnelle ni solidaire, et ils ne sont responsables que de l'exécution de leur mandat.

56. Toutes contestations entre la société et un ou plusieurs sociétaires seront jugées par trois arbitres nommés par les parties, ou, à leur défaut, par le président du tribunal de commerce de Poitiers, à la requête de la partie la plus diligente. Les arbitres ainsi nommés prononceront comme amiables compositeurs, et seront dispensés des formes et délais de la procédure. La décision arbitrale sera sans appel ni recours en cassation.

TITRE X. — *Dispositions générales.*

57. Tous changements ou modifications que l'expérience démontrerait devoir être apportés dans les présents statuts ne pourront y être introduits que par l'assemblée générale des actionnaires, composée des trois quarts au moins des actionnaires, et à la majorité des trois quarts des votes exprimés. Les modifications adoptées ne seront exécutoires qu'après l'autorisation du gouvernement.

---

3 = 6 MAI 1841. — Loi sur l'expropriation pour cause d'utilité publique (1). (IX, Bull. DCCCVIII, n. 9285.)

TITRE Iᵉʳ. — DISPOSITIONS PRÉLIMINAIRES.

Art. 1ᵉʳ. L'expropriation pour cause

---

(1) Présentation à la Chambre des Pairs le 19 février 1840 (Mon. des 20 et 22) ; rapport par M. le comte Daru le 6 avril (Mon. du 11) ; discussion les 4, 5, 6, 7, 8, 9, 11 (Mon. des 5, 6, 7, 8, 9, 10, 12), et adoption le 12 (Mon. du 13), à la majorité de 102 voix contre 2.

Présentation à la Chambre des Députés le 20 mai (Mon. du 21) ; rapport par M. Dufaure le 19 juin (Mon. du 10 janvier 1841).

Reprise le 4 janvier 1841 (Mon. du 5) ; discussion les 1, 2, 3, 4, 5 mars (Mon. des 2, 3, 4, 5, 6), et adoption le 9 (Mon. du 10), à la majorité de 221 voix contre 37.

Nouvelle présentation à la Chambre des Pairs le 26 mars (Mon. du 27) ; rapport par M. le comte Daru le 17 avril (Mon. du 20) ; discussion les 22, 23 (Mon. des 23, 24), et adoption le 24 (Mon. du 25), à la majorité de 95 voix contre 14.

Voy. loi du 7, 6-11 septembre 1790, art. 4 ; déclaration des droits de 1791, art. 17, et constitution du 3-14 septembre 1791, tit. 1ᵉʳ ; constitutions du 24 juin 1793 (déclaration des droits, art. 19), du 5 fructidor an 3, art. 358 ; Code civil, art. 545 ; avis du conseil d'État, du 18 août 1807 ; loi du 16 septembre 1807 ; avis du conseil d'État, du 21 février 1808, rapporté tom. 31, p. 83 ; loi du 8 mars 1810 ; décret du 18 août 1810 ; avis du conseil d'État, du 12 janvier 1811 ; Charte de 1814, art. 10 ; ordonnance du 30 avril 1816 ; loi du 17 juillet 1819 ; ordonnance du 10 mai 1829 ; Charte

d'utilité publique s'opère par autorité de justice (1).

2. Les tribunaux ne peuvent prononcer l'expropriation qu'autant que l'utilité en a

de 1830, art. 9; ordonnances des 2, 28 février 1831; loi du 30 mars 1831; loi du 7 juillet 1833; circulaire du 17 juillet 1833; ordonnance du 18 septembre 1833, concernant les frais; ordonnance du 18 février 1834, tom. 34, p. 30; ordonnance du 15 février 1835, tom. 35, p. 49; du 22 mars 1835, tom. 35, p. 75; du 23 août 1835, tom. 35, p. 251; loi du 21 mai 1836; circulaire du 21 mai 1836.

Après une existence de sept années, la loi du 7 juillet 1833, sur l'expropriation pour cause d'utilité publique, est entièrement refondue.

Elle avait amélioré la législation antérieure; mais, comme celle-ci, elle a fait naître de vives réclamations. Une application journalière, de la part de l'Etat et des compagnies, en a signalé les imperfections. En présence du développement qu'ont pris de nos jours les travaux publics et du redoublement d'activité qui se prépare, une révision a paru nécessaire.

Deux sortes de reproches ont été adressés à la loi de 1833. D'une part, on s'est plaint des lenteurs de la procédure; de l'autre, on a soutenu que le jury n'a pas compris sa mission; qu'il n'a pas été un appréciateur indépendant et éclairé des prétentions souvent exorbitantes de la propriété.

« Quant au jury, a dit M. *le ministre des travaux publics*, tout en reconnaissant ce qu'il y a eu de déplorable dans certains exemples heureusement assez rares, nous n'avons pas cru que l'ensemble des faits offrît un tel caractère de gravité, qu'il fallût, sur ce point, renoncer à l'exécution de la loi de 1833. L'institution du jury est entrée dans nos mœurs; elle est chère au pays, et désormais il faut plutôt songer à en perfectionner l'action, à l'acclimater de plus en plus parmi nous, qu'à restreindre les applications qu'on a commencé à en faire. C'est dans cette pensée que, nous abstenant de toute modification qui aurait porté atteinte à l'institution elle-même et en aurait altéré les éléments, nous nous sommes bornés à quelques dispositions de détail, qui assurent au jugement du jury toute sa sincérité, ou comblent des lacunes signalées par l'expérience. »

« On a essayé de tous les systèmes, observait avec raison M. *le comte Daru*, rapporteur à la Chambre des Pairs; on a eu recours à l'autorité administrative, à l'autorité judiciaire, enfin à la magistrature temporaire que vous venez de constituer pour ce règlement difficile des indemnités de dépossession. Désormais il est impossible de songer à des combinaisons nouvelles; il faudrait revenir à l'une de celles primitivement abandonnées, et l'on a réclamé contre toutes. C'est qu'il faut bien le reconnaître, chacune a ses inconvénients, et l'on est ici aux prises avec des intérêts actifs, remuants, qui savent élever la voix bien haut pour se plaindre, lorsqu'ils sont ou se croient lésés. Peut-être l'expérience amènera-t-elle à reconnaître un jour que les tribunaux administratifs ne méritent pas les préventions dont ils ont été et dont ils sont encore l'objet; mais cette expérience n'est pas faite aujourd'hui. Quelques abus partiels, quelques actes isolés ne suffisent pas pour justifier le changement d'une institution toute nouvelle et qui est à bon droit chère au pays. Cette institution n'est pas assez vieille pour s'être naturalisée parmi nous; elle n'est pas assez profondément entrée dans nos mœurs pour pouvoir être encore acceptée de tous. . . . .

. . . . . Sept années n'ont pu suffire à l'éducation de notre pays: espérons que les esprits se formeront, s'éclaireront peu à peu, et attendons, pour nous rononcer définitivement, que le temps nous en ait donné le droit. »

En ce qui touche la procédure, on a diminué quelques délais, simplifié certaines formes, facilité, dans plusieurs cas, les traités amiables, déterminé d'une manière plus précise le rôle de chacune des autorités administrative ou judiciaire successivement appelées à prendre part à l'exécution de la loi.

La principale innovation se trouve dans le chapitre 1er du titre 8, consacré à l'expropriation au cas d'urgence, sur laquelle la législation antérieure était muette.

Enfin, dans plusieurs dispositions, on s'est attaché à résoudre les questions que la jurisprudence laissait incertaines.

Il est à remarquer que le législateur ne s'est pas borné à modifier quelques articles de la loi de 1833, à introduire quelques articles nouveaux; il a craint sans doute que la combinaison des nouvelles dispositions avec la loi existante ne présentât des difficultés; il a préféré reproduire tous les articles, même ceux auxquels il ne faisait aucun changement.

M. *le ministre des travaux publics* a indiqué de la manière suivante le but que s'est proposé le gouvernement et les motifs qui l'ont déterminé.

« La forme que nous avons adoptée pour ce projet, destiné à remplacer la loi de 1833, nous était indiquée par plusieurs exemples précédents. Nous n'avons pas voulu remettre en discussion les dispositions dont l'expérience a démontré la sagesse; mais nous avons cru que, pour fondre avec plus d'ordre et d'harmonie dans l'ensemble de la loi les modifications partielles et les dispositions nouvelles que nous vous proposons, il convenait de les faire entrer dans une sorte de nouvelle édition de la loi du 7 juillet. C'est pour ce motif que notre projet reproduit tous les articles qui la composent. »

Cet expédient me semble heureux et devoir être suivi; il permet d'introduire des améliorations progressives, en conservant les avantages de la codification.

Au surplus, une discussion s'est élevée dans le sein de la Chambre des Députés, pour savoir si on voterait sur chacun des articles de la loi de 1833, ou si l'on se bornerait à voter sur les modifications introduites par le projet nouveau. Le premier système, proposé par M. *Renouard*, a été préféré: ce précédent parlementaire m'a paru devoir être recueilli. (Voy. Mon. du 2 mars 1841.)

(1) Dans mes notes sur l'art. 1er de la loi de 1833, j'ai fait remarquer que les formes qu'elle établit ne sont point applicables à l'expropriation qui a lieu par suite d'alignement; j'ai analysé la discussion qui s'est élevée sur la question de savoir si des propriétaires sont obligés de subir les conséquences de l'alignement et de laisser tomber leurs bâtiments de vétusté, alors même qu'il s'agit non d'une rue actuellement existante, mais d'une rue qui est seulement projetée; j'ai cité l'opinion de M. Legrand, commissaire du roi, qui a dit formellement qu'il ne suffit pas que le projet d'une communication nouvelle soit arrêté pour que les bâtiments et terrains qui se trouvent sur la ligne

été constatée et déclarée dans les formes prescrites par la présente loi.

soient à l'instant même frappés des servitudes essentiellement inhérentes aux bâtiments et terrains situés le long des routes déjà ouvertes ; que, quand il s'agit d'ouvrir des voies de communication pour la première fois, ce n'est pas par mesure d'alignement qu'on doit procéder, mais par voie d'expropriation ; qu'il faut, dans ce cas, acheter et payer dans leur entière valeur les terrains et bâtiments qui doivent servir d'emplacement aux travaux. J'ai ajouté que malheureusement cette doctrine si raisonnable n'était pas en harmonie avec la jurisprudence, et j'ai indiqué les arrêts qui l'avaient repoussée. Voy. tome 33, p. 278 et 279. Depuis cette époque, la Cour de cassation a de nouveau jugé que, dans tous les cas, soit qu'il s'agisse d'une voie de communication ouverte, soit qu'il s'agisse d'une voie seulement projetée, l'alignement frappait les propriétés qu'il atteignait de la même servitude. Voy. arrêts du 15 novembre 1833 (Sirey-Devilleneuve , 35. 1. 238 ; Dalloz , 34. 1 57 ; du 27 janvier 1837, Sirey-Devilleneuve, 37. 1. 173 ; Dalloz , 37. 1. 508 ; Ledru-Rollin, 37. 2. 134).

Mais la question s'étant présentée devant les chambres réunies de la Cour de cassation a reçu une solution conforme à l'opinion de M. Legrand. Il a été jugé que, pour que l'alignement donné impose aux propriétaires l'obligation de ne point réparer les bâtiments et de souffrir le reculement lorsqu'ils tombent de vétusté, il faut que ces bâtiments joignent des voies de communications actuellement ouvertes, ou que les terrains destinés à former ces voies soient actuellement achetés et payés ; qu'il ne suffit pas que les voies de communication soient projetées. (Arrêt du 24 novembre 1837, Sirey-Devilleneuve, 37. 1. 962; Dalloz, 37. 1. 507 ; Ledru-Rollin , 1837, tome 2 , p. 538.)

La chambre criminelle, qui jusqu'alors avait fait prévaloir la doctrine contraire , s'est rangée à la jurisprudence établie par les chambres réunies. Voy. arrêt du 17 mai 1838 (Sirey-Devilleneuve , 38. 1. 932).

La faculté de modifier le droit de propriété, par des règlements d'alignement, renfermée dans ces limites , n'offre plus les inconvénients qu'elle présentait dans le système qui a fini par succomber. Mais, sous d'autres rapports, elle reçoit encore une extension qui me paraît nuisible et illégale. Il est reconnu que lorsqu'un alignement est donné, qu'il est donné pour le redressement ou l'élargissement d'une voie actuellement existante , ou bien lorsque l'administration paie les terrains destinés à former une voie nouvelle , les fonds et bâtiments voisins sont frappés de certaines servitudes. Mais il est incontestable, d'un autre côté, que les propriétaires de ces fonds et de ces bâtiments sont libres de faire toutes les réparations et reconstructions qui ne sont point prohibées par l'effet légal et ordinaire de l'alignement. Cet état de choses, je l'avoue, n'est point immuable. Il est susceptible d'être modifié par un nouvel alignement. L'autorité, qui a pensé à une certaine époque qu'une largeur déterminée était suffisante pour une voie de communication, qui a donné un alignement en conséquence, qui a ainsi rendu licites des constructions sur la ligne qu'elle a tracée, peut , plus tard , changer d'avis, reconnaître la nécessité de rendre la voie plus large, de la diriger autrement ; elle peut en un mot donner un alignement nouveau qui affectera d'une servitude nouvelle les

constructions qui se sont élevées sur la foi du premier alignement. Certes , il est fâcheux pour les propriétaires d'avoir à supporter les conséquences de cette mutabilité dans les vues de l'administration ; mais il n'est pas plus possible de se soustraire aux effets d'un second alignement, qu'il n'était possible d'empêcher le premier d'avoir des suites fâcheuses. Telle est du moins mon opinion, et je crois qu'elle ne peut être accusée d'être trop favorable au droit de propriété. On serait peut-être disposé à lui adresser le reproche contraire. Par conséquent, on ne doit pas aller au-delà , et il serait souverainement injuste de faire produire au second alignement des résultats plus onéreux que ceux qui dérivent du premier. Or, lorsque celui-ci est donné , il n'oblige pas à démolir immédiatement les constructions existantes qu'il atteint ; il impose seulement une servitude qui consiste à ne pas réparer et à reculer lorsque les bâtiments tombent de vétusté. Si donc de nouvelles constructions sont élevées après que le premier alignement a été donné et sur la ligne qu'il a tracée, le nouvel alignement doit seulement forcer les propriétaires à s'abstenir de tous travaux reconfortatifs ; il ne peut les astreindre à détruire sur-le-champ ce qu'ils viennent d'édifier. C'est cependant cette doctrine que le conseil d'État semble avoir consacrée par une ordonnance en date du 14 juin 1836 (Macarel, tome 18, p. 297.) A la vérité , cette décision reconnaît que le propriétaire qui a commencé à construire après avoir obtenu un alignement et qui est obligé de suspendre ses travaux et de les détruire , parce que l'arrêté d'alignement est modifié par l'autorité supérieure, a droit à une indemnité ; mais elle veut que cette indemnité soit réglée conformément à la loi du 16 septembre 1807, et non d'après les dispositions de la loi du 7 juillet 1833. M. le ministre de l'intérieur avait pensé au contraire qu'il y avait lieu à l'application de cette dernière loi, et je crois que cette opinion aurait dû être suivie. Une fois l'alignement réglé , il y a eu, tant que cet alignement n'a pas été modifié, un droit incontestable de bâtir dans les limites indiquées. Les constructions ainsi élevées sont devenues une propriété aussi certaine , aussi absolue, aussi respectable que celle qui existait avant tout règlement relatif à l'alignement. Il n'est donc plus possible d'en dépouiller celui à qui elle appartient qu'en observant les formes que la loi du 7 juillet 1833 a établies. Ces principes sont implicitement consacrés par un arrêt de la Cour de cassation du 16 avril 1836 (Sirey-Devilleneuve, 36. 1. 656 ; Dalloz, 36. 1. 243).

Dans la discussion , M. le comte Daru a fait remarquer que la nature de certains objets repousse l'application des règles ordinaires en matière d'expropriation pour cause d'utilité publique ; il avait en vue les voies de circulation, notamment les canaux :

« On ne peut , a-t-il dit , appliquer la loi de 1833 à toutes les expropriations qu'exige ou peut exiger l'intérêt public. Ainsi qu'une route, un canal, une voie de circulation quelconque appartienne à une compagnie ou à des communes, et que le besoin se manifeste de faire rentrer cette propriété particulière dans le domaine public, les formes d'expropriation de la loi de 1833 ne seront évidemment pas applicables : la composition du jury, telle qu'elle y est stipulée, ne donnerait point les ga-

Ces formes consistent,

1° Dans la loi ou l'ordonnance royale (1) qui autorise l'exécution des travaux pour lesquels l'expropriation est requise (2) ;

2° Dans l'acte du préfet qui désigne les localités ou territoires sur lesquels les travaux doivent avoir lieu, lorsque cette désignation ne résulte pas de la loi ou de l'ordonnance royale (3) ;

3° Dans l'arrêté ultérieur par lequel le préfet détermine les propriétés particulières auxquelles l'expropriation est applicable.

Cette application ne peut être faite à aucune propriété particulière qu'après que les parties intéressées ont été mises en état d'y fournir leurs contredits, selon les règles exprimées au titre 2 (4).

3. Tous grands travaux publics, routes royales, canaux, chemins de fer, canalisation des rivières, bassins et docks, entrepris par l'État, les départements, les communes (5), ou par compagnies particulières, avec ou sans péage, avec ou sans subside du trésor, avec ou sans aliénation du do-

---

ranties suffisantes d'une bonne justice. L'appréciation de pareilles indemnités, la déclaration de l'utilité publique exigeraient, dans ce cas, des dispositions spéciales. C'est une lacune qu'il peut être utile de combler. »

A la séance du 4 mai 1840, M. le ministre des travaux publics annonça à la Chambre des Pairs qu'un projet de loi sur cette matière était depuis longtemps à l'étude, et il dit qu'il ne tarderait pas à être présenté. Cette promesse a été accomplie par son successeur. La présentation a eu lieu à la Chambre des Députés le 2 février 1841. (Voy. Mon. du 3.) Le rapport a été déposé le 27 avril suivant. Cependant jusqu'à ce que cette loi nouvelle soit votée, il faudrait bien, si la nécessité se présentait, recourir à la loi actuelle. Sans doute l'application offrirait des difficultés ; mais elles ne seraient pas insurmontables. Peut-être ferait-on dans un cas grave une loi spéciale.

(1) M. *de la Plesse* avait proposé d'ajouter « ou l'arrêté du préfet. » Cet amendement se liait à une disposition additionnelle qu'il avait proposée sur l'art. 3, et qui était ainsi conçue : « Les travaux intéressant une commune seront autorisés par arrêté du préfet en conseil de préfecture, lorsque la dépense n'excédera pas 30,000 fr. » Cet amendement se rattachait d'ailleurs à la disposition de l'art. 45 de la loi du 18 juillet 1837 sur l'organisation municipale, qui permet aux communes d'entreprendre des travaux dont la dépense n'excède pas 30,000 f., avec la seule approbation du préfet. Mais M. *Dufaure*, rapporteur, a facilement démontré que si l'approbation du préfet suffit pour autoriser une dépense peu considérable à la charge de la commune, elle ne présente point des garanties assez rassurantes pour les propriétaires expropriés.

« Si le préfet, a-t-il dit, est le tuteur des communes qui doivent faire la dépense, il n'est pas le tuteur des propriétaires dont on est obligé d'enlever les propriétés pour faire les travaux des communes ; et, du moment que le propriétaire apparaît, il est évident qu'il s'élève d'autres intérêts qui exigent d'autres garanties. Ces intérêts exigent des garanties plus complètes que celles que voudrait leur donner M. de la Plesse. Permettez-moi, a-t-il ajouté, de vous indiquer une vue générale qui nous a guidés dans l'examen de la loi de 1833. Quand nous avons été appelés à prononcer sur les formalités qui suivent l'expropriation, nous avons pu apporter quelques adoucissements à la loi de 1833 ; mais, avant d'arriver à l'expropriation, lorsque le droit des propriétaires est en présence des projets de l'administration, qu'il s'agit de le garantir, la commission s'est bien gardée de diminuer le moins du monde les garanties données à la propriété par la loi de 1833. »

(2) La loi ou l'ordonnance est nécessaire, même au cas où il s'agit de travaux nécessités par d'autres travaux précédemment déclarés d'utilité publique. Cela est vrai, surtout lorsque les travaux nouvellement jugés nécessaires n'avaient été prévus ni explicitement ni implicitement par la déclaration d'utilité publique relative aux travaux précédents qui sont terminés. (Arrêts de la Cour de cassation du 8 avril 1835, Sirey-Devilleneuve, 35. 1. 300 ; Dalloz, 35. 1. 216 ; du 21 novembre 1836, Sirey-Devilleneuve, 36. 1. 920 ; Dalloz, 37. 1. 52 ; Ledru-Rollin, 1837, t. 1, p. 118 ; du 11 juillet 1838, Sirey-Devilleneuve, 38. 1. 787 ; Dalloz, 38. 1. 327 ; Ledru-Rollin, 1838, t. 2, p. 441 ; 13 janvier 1840, Sirey-Devilleneuve, 40. 1. 157 ; Dalloz, 40. 1. 91 ; Ledru-Rollin, 1840, t. 1, p. 56.)

L'arrêté du préfet n'est pas nécessaire lorsque la désignation des localités et territoires se trouve dans l'ordonnance royale. (Arrêt du 3 juillet 1839, Sirey-Devilleneuve, 39. 1. 748 ; Dalloz, 39. 1. 267.)

(3) Il faut absolument, lorsque la loi de concession de travaux publics ne désigne pas dans son texte les localités ou territoires sur lesquels les travaux doivent avoir lieu, que la désignation en soit faite par arrêté du préfet ; l'arrêté ultérieur du préfet qui détermine les propriétés particulières sujettes à l'expropriation ne suffit pas. (Cass., 6 janvier 1836, Sirey-Devilleneuve, 36. 1. 5 ; Dalloz, 36. 1. 49.)

(4) L'arrêté déterminant les propriétés auxquelles s'applique l'expropriation, et le plan parcellaire ne sont pas nécessaires, lorsque, par la nature des travaux, leur point de départ et leur direction sont incertains. (3 juillet 1839, Sirey-Devilleneuve, 39. 1. 748 ; Dalloz, 39. 1. 267.)

(5) Ces mots « les départements, les communes » ont été ajoutés par la commission de la Chambre des Députés.

Sur cette addition, une explication a été demandée par M. *Legrand*, sous-secrétaire d'État au département des travaux publics et commissaire du roi.

« La commission, a-t-il dit, en introduisant les mots *les départements, les communes*, a voulu, sans doute, obtenir que l'utilité publique puisse être déclarée en faveur des départements et des communes. Or, en fait, jamais cette déclaration n'a été refusée.

« Ainsi, sous ce point de vue, l'amendement ne paraîtrait pas trop nécessaire. Mais il importe au moins de bien déclarer à cette tribune, et je présume que la commission est de cet avis, et M. le rapporteur vient tout à l'heure de le dire, que cette disposition n'infirme en rien l'art. 16 de la loi du 21 mai 1836 sur les chemins vicinaux, qui porte au paragraphe premier : « Les travaux d'ou-

maine public, ne pourront être exécutés qu'en vertu d'une loi, qui ne sera rendue qu'après une enquête administrative.

Une ordonnance royale suffira pour autoriser l'exécution des routes départemen-

tales, celle des canaux et chemins de fer d'embranchement de moins de vingt mille mètres de longueur, des ponts et de tous autres travaux de moindre importance (1).

Cette ordonnance devra également être

« verture et de redressement des chemins vicinaux « seront autorisés par les préfets. »

« Le but de cet article a été de donner, pour une certaine catégorie de communications aux arrêtés préfectoraux, le pouvoir et le caractère que l'art. 3 de la loi que nous discutons n'attribue qu'à la loi et à l'ordonnance royale.

« La loi actuelle va prendre date après celle du 21 mai 1836 ; elle est générale ; elle ne mentionne aucune exception. Il était donc nécessaire de faire une réserve pour que, plus tard, on ne vint point obliger l'administration à provoquer des ordonnances royales pour les cas spécifiés dans l'art. 16 de la loi du 21 mai 1836.

M. *le rapporteur* a répondu : « Le principe général, en matière de législation, est que la loi générale ne déroge pas à la loi spéciale.

« La loi spéciale des chemins vicinaux a indiqué de quelle manière seraient autorisés l'ouverture et le redressement des chemins. La loi générale sur l'expropriation, dans son esprit et dans son texte, n'apporte pas de dérogation à la loi spéciale.

« Quant aux mots des départements et des communes, M. le sous-secrétaire d'Etat les rejetterait, parce que, d'après lui, ils sont inutiles.

« Cependant un doute s'est élevé sur ce point : la Cour de cassation a décidé la question en ce sens, et nous avons voulu, pour éviter toute espèce de difficultés, insérer ces mots dans l'article. »

La seconde commission de la Chambre des Pairs en avait proposé le rejet dans un pur intérêt de rédaction et afin d'éviter une redondance qui résulte du rapprochement de cet article avec l'art. 63, lequel désigne tous les concessionnaires de travaux publics. Cet amendement n'a pas été adopté.

M. *le ministre des travaux publics*, tout en repoussant cet amendement, dont l'utilité ne lui paraissait pas assez grande pour qu'il dût faire différer l'adoption de la loi, reconnaissait cependant qu'on pourrait supprimer non seulement la désignation *des départements et des communes*, mais aussi celle *des compagnies particulières*, puisque l'art. 63 autorise d'une manière générale tous les concessionnaires à exercer les droits de l'Etat. Il ajoutait même qu'on n'aurait pas besoin de parler de l'Etat, car il était bien évident que c'était dans l'intérêt public, c'est-à-dire dans l'intérêt de l'Etat, que l'expropriation pouvait être provoquée. Voy. sur la combinaison de la loi de 1833, ou plutôt de la loi actuelle avec la loi du 21 mai 1836 sur les chemins vicinaux, l'art. 12 ci-après et les notes.

(1) J'ai, dans mes notes sur l'art. 3 de la loi du 7 juillet 1833, expliqué avec autant de clarté et de précision qu'il m'a été possible le sens de ce paragraphe, et j'ai essayé de bien distinguer les travaux qui pourront être autorisés par une ordonnance royale. Je dois renvoyer à ce que j'ai dit, en ajoutant qu'un canal ou un chemin de fer ne peut être autorisé par ordonnance qu'autant qu'il réunit les deux conditions d'être un canal ou un chemin *d'embranchement* et d'avoir *moins de vingt mille mètres de longueur* ; qu'une route royale, quelle que soit son étendue, doit toujours être autorisée par une loi ; qu'enfin, une route départementale,

eût-elle plus de 20,000 mètres, peut être autorisée par ordonnance. Ces solutions, dont quelques-unes se trouvent déjà indiquées dans mes notes sur la loi de 1833, sont clairement établies par les changements de rédaction de ce paragraphe et par la discussion à laquelle il a donné lieu.

D'abord, dans la loi de 1833, on lisait : « Une ordonnance royale suffira pour l'exécution des routes. » On a ajouté le mot *départementales*. Ainsi les routes royales restent toujours, quelle que soit leur longueur, soumises à la disposition du paragraphe 1er, et le second n'est relatif qu'aux routes départementales.

Ensuite la loi de 1833 disait : « Une ordonnance royale suffira pour l'exécution des routes, des canaux et chemins de fer d'embranchement de moins de 20,000 mètres.

Cette rédaction pouvait laisser du doute sur la question de savoir si les mots *d'embranchement et de moins de vingt mille mètres* s'appliquaient aux routes comme aux canaux et aux chemins de fer. Dans la pratique, on a constamment entendu qu'ils se rapportaient seulement aux canaux et aux chemins. Mais, pour rendre toute autre interprétation impossible, on a, sur la proposition de M. Renouard, rédigé de la manière suivante : « Une ordonnance royale suffira pour autoriser l'exécution des routes départementales *et celle* des canaux, etc. L'intercalation de ces deux mots *et celle* montre de la manière la plus évidente que l'exécution d'une route départementale est, dans tous les cas, suffisamment autorisée par une ordonnance, et que les canaux et les chemins de fer qui peuvent être autorisés par ordonnance sont seulement ceux qui s'embranchent et qui ont moins de 20,000 mètres.

Ces points ont d'ailleurs été expliqués à la Chambre des Pairs par M. *le ministre des travaux publics* et par M. *le comte d'Argout*, répondant à M. le marquis de Barthélemy et à M. le comte de Montalivet.

« Le deuxième paragraphe de l'art. 3, a dit *le ministre*, reçoit toute l'acception dont il est susceptible du mot *embranchement*. On entend par là ce qui se lie à une ligne principale. Ainsi, quelle que soit la longueur d'un chemin, si ce chemin est seul, il est dans le cas d'une loi ; si, au contraire, il a le caractère d'embranchement, s'il vient s'embrancher sur un chemin de fer, il ne donne lieu qu'à une ordonnance. . . . .

. . . . Je dois dire le motif qui a fait attacher le mot *embranchement*. Si on avait fait tout dépendre de la longueur, on se serait passé constamment du concours des Chambres. Pour éluder la loi, on aurait procédé, en coupant la ligne par petites portions. Mais il n'était digne ni de la loi ni du gouvernement de laisser ouverture à une telle manière d'entendre et d'exécuter la loi. C'est pourquoi il est bien entendu que ce n'est que lorsque les canaux et les chemins de fer ont le caractère *d'embranchement*, c'est-à-dire viennent se lier à une ligne générale, qu'ils tombent dans le domaine de l'ordonnance. » (Voy. Mon. du 23 avril 1841.)

Voici comment s'est exprimé M. le comte d'Argout : « On ne peut considérer comme travaux moins importants que ceux qui sont mentionnés

précédée d'une enquête (1).

dans le second paragraphe. 'Le paragraphe premier commence par ces mots : « Tous grands travaux publics, routes royales, etc. » Ainsi, pour l'établissement d'une route royale, quelle que soit son importance, fût-elle de moins de 20,000 mètres de longueur, il faut une loi, et l'ambiguïté dont a parlé M. de Montalivet, n'existe réellement pas maintenant ; il croit qu'il vaudrait mieux procéder différemment et dire : « Les routes royales, etc., et autres grands travaux publics. » Je pense que cela est parfaitement indifférent. Qu'on mette ces mots avant ou après, le sens est absolument le même. »

M. *le ministre des travaux publics* a ajouté : « Je voudrais rassurer pleinement l'honorable M. de Montalivet. La même expression, dans les mêmes termes, se rencontre dans la loi de 1833. Eh bien! dans une pratique de sept à huit ans, il ne s'est pas élevé un doute sur le sens de l'expression. — Quant au deuxième paragraphe, la manière dont il est rédigé est claire. On y parle des routes départementales d'abord ; ensuite, par une sorte de dérogation au premier paragraphe, on y parle des canaux et chemins de fer d'embranchement de moins de 20,000 mètres de longueur, et de tous autres travaux de moindre importance. Il n'entrera certainement dans la pensée de personne d'abuser de ces expressions pour se soustraire à l'obligation d'être autorisé par une loi. »

Toutefois, cette règle, que toute route royale, même de moins de 20,000 mètres, ne peut être autorisée que par une loi, ne doit pas s'entendre dans un sens trop absolu. « M. *Vuitry*, après avoir lui-même déclaré l'existence de la règle, a ajouté : « Mais je pense qu'on n'y déroge pas à ce qui se fait aujourd'hui, et lorsqu'il ne s'agira que d'un redressement ou d'un changement de direction pour une route royale, l'ordonnance suffira. Il est bon que M. le sous-secrétaire d'Etat veuille bien, sur ce point, donner un éclaircissement pour qu'aucune difficulté ne se présente à l'avenir. »

M. *Legrand*, sous-secrétaire d'Etat au département des travaux publics, a répondu : « L'intention du législateur, expliquée par la loi du 7 juillet 1833, et déjà manifestée dans la loi antérieure du 10 mai 1832 (*), est qu'aucune route nouvelle ne puisse être inscrite au tableau des routes royales sans l'intervention de la loi. Mais, une fois que la loi a autorisé l'existence de la route et son inscription au tableau, tout ce qui se rattache à son exécution ou à son perfectionnement, rentre évidemment dans le domaine du pouvoir exécutif.

« Ainsi, on veut redresser une route, on veut en adoucir la pente, une ordonnance du roi suffira. Le législateur n'a pas prescrit, pour ce cas, l'intervention de la loi. Une loi n'est nécessaire que quand il s'agit d'une route nouvelle et non d'une route dont l'existence est reconnue, dont l'exécution est ordonnée par une loi déjà rendue : il s'agit de pourvoir à l'accomplissement même de cette loi, et, dans ce cas, une ordonnance suffit pour autoriser les travaux, qui sont la conséquence et le vœu même de la loi rendue. »

Cette explication n'a pas paru suffisante à M. Gil-

lon et à M. *Vuitry*. Ils ont pensé que, dans le cas prévu par M. le sous-secrétaire d'Etat, il pourrait y avoir une solution différente, selon que le redressement, la rectification, la modification de la route royale aurait plus ou moins de 20,000 mètres de longueur, et ils ont posé ainsi la question : « Lorsqu'il s'agit de faire subir une modification de 20,000 mètres au moins d'étendue à une route royale déjà classée, ne suffit-il pas d'une ordonnance? »

La réponse ne pouvait être douteuse. Si on admet, et tout le monde a paru d'accord sur ce point, qu'une fois qu'une route royale est autorisée par une loi, les rectifications, modifications et redressements peuvent être autorisés par ordonnance, il est évident que la longueur de 20,000 mètres ou au-delà est indifférente et ne doit rien changer à la solution. En effet, la longueur, de même que l'embranchement, n'a quelque influence, ainsi que je l'ai déjà établi, qu'autant qu'il s'agit de canaux et de chemins de fer. Elle est tout à fait étrangère à la question de savoir quelle est la forme dans laquelle les routes peuvent être autorisées.

C'est aussi ce qu'a répondu M. *le sous-secrétaire d'Etat* : « Si M. Gillon veut, a-t-il dit, jeter les yeux sur le second paragraphe de l'art. 3 de la loi de 1833, il verra que les mots 20,000 mètres ne s'appliquent pas aux routes, mais aux canaux et aux chemins de fer d'embranchement. Il n'y a donc pas de difficulté. Lorsque nous avons eu à opérer des redressements de plus de 20,000 mètres sur des routes déjà autorisées, nous ne nous sommes jamais arrêtés à la considération de la longueur, et nous n'avons demandé nos pouvoirs qu'à l'ordonnance royale. »

M. *le président* a résumé très-clairement la discussion en ces termes : « Il résulte des explications données et de l'adhésion émanée de la part du gouvernement, à l'égard de la proposition de la commission, d'abord que l'ordonnance royale ne suffit jamais que pour autoriser l'exécution des routes départementales, mais que, pour aux routes royales, quand il s'agit d'autoriser leur exécution, dans le sens de la loi, il faut une loi. Quant au redressement, il résulte des explications que l'ancienne législation est purement et simplement maintenue.

« Ainsi, quant à la distinction du redressement de plus ou moins de 20,000 mètres, il n'en est pas question dans le projet ; car, pour les routes, il n'y a pas d'étendue indiquée, et, quand on parle de plus de 20,000 mètres, il ne s'agit que des canaux et des chemins de fer. »

(1) L'expropriation nécessitée par le *redressement* d'une route départementale, dont le classement a été fait par décret ou ordonnance, doit être précédée d'une enquête administrative et d'une nouvelle ordonnance autorisant le redressement. Vainement on dirait que l'ordonnance qui a autorisé et classé la route suffit. (Arrêt de la Cour de cassation du 11 juillet 1838, Sirey-Devilleneuve, 38. 1. 787, et la note ; Dalloz, 38. 1. 327 ; Ledru-Rollin, 1838, t. 2, p. 441.)

On ne peut être admis à s'inscrire en faux devant l'autorité judiciaire contre l'ordonnance royale qui, en déclarant certains travaux d'utilité publique, vise, dans son préambule, l'enquête administrative : les tribunaux ne peuvent, sans sortir du cercle de leurs attributions, examiner le

Ces enquêtes auront lieu dans les formes déterminées par un règlement d'administration publique (1).

TITRE II. — DES MESURES D'ADMINISTRATION RELATIVES A L'EXPROPRIATION.

4. Les ingénieurs ou autres gens de l'art chargés de l'exécution des travaux lèvent, pour la partie qui s'étend sur chaque commune, le plan parcellaire des terrains ou des édifices dont la cession leur paraît nécessaire.

5. Le plan desdites propriétés particulières, indicatif des noms de chaque propriétaire, tels qu'ils sont inscrits sur la matrice des rôles, reste déposé, pendant huit jours (2), à la mairie de la commune (3) où les propriétés sont situées, afin que chacun puisse en prendre connaissance.

6. Le délai fixé à l'article précédent ne court qu'à dater de l'avertissement, qu est donné collectivement aux parties intéressées (4), de prendre communication du plan déposé à la mairie.

Cet avertissement est publié à son de trompe ou de caisse dans la commune, et affiché tant à la principale porte de l'église du lieu qu'à celle de la maison commune.

Il est en outre inséré dans l'un des journaux publiés dans l'arrondissement, ou, s'il n'en existe aucun, dans l'un des journaux du département (5).

7. Le maire certifie ces publications et

---

mérite de cette ordonnance et en vérifier les énonciations. (Arrêt de la Cour de cassation du 22 août 1838, Sirey-Devilleneuve, 38. 1. 1002; Dalloz, 38. 1. 367.)

Cet arrêt est contraire à l'opinion de M. Delalleau. Ce jurisconsulte pense que les tribunaux ne peuvent vérifier la régularité de l'enquête administrative; mais qu'ils peuvent examiner si, en fait, elle a eu lieu. Sans cela, dit-il, la disposition de l'art. 3 de la loi du 7 juillet 1833 qui exige que l'enquête ait lieu n'a aucune sanction que la responsabilité du ministre qui contresigne l'ordonnance. (Traité de l'expropriation pour cause d'utilité publique, n. 306.)

Je ne peux adopter ce sentiment. Lorsque l'autorité administrative affirme qu'une enquête a été faite, je ne comprends pas que l'autorité judiciaire dise qu'elle n'a pas eu lieu; à moins que celle-ci n'ait le droit de contrôler les actes de la première, et qu'ainsi l'indépendance respective des deux autorités ne soit détruite. D'ailleurs, est-ce que le ministre qui contresigne l'ordonnance et sa responsabilité qu'il engage n'offrent pas des garanties égales à celle que présente un tribunal de trois juges?

(1) Voy. ordonnances du 18 février 1834, des 15 février et 23 août 1835.

(2) L'ancien article portait : « Huit jours au moins. » Les deux derniers mots ont été retranchés par la première commission de la Chambre des Pairs, parce qu'ils étaient une superfluité. Le délai de huit jours était d'ailleurs consacré par la pratique comme suffisant.

M. His a demandé, lors de la discussion à la Chambre des Députés, s'il s'agissait de huit jours francs, dans lesquels ne se trouveraient pas compris le jour où l'avertissement est donné et le jour de la réunion de la commission.

M. Gillon a répondu : « Il ne peut pas y avoir de difficulté. Il s'agit là de huit jours francs, suivant la règle invariable admise dans les affaires judiciaires, et que la Chambre me permettra de citer : « Le jour du terme n'est pas compris dans le terme. »

M. Legrand, commissaire du roi, a ajouté : « Je me bornerai à faire observer que la réponse à la question adressée au gouvernement par M. His se trouve précisément dans l'art. 6 qui suit et qui dit : « Le délai fixé à l'article précédent ne court qu'à dater de l'avertissement qui est donné collective-

ment aux parties intéressées, de prendre communication du plan déposé à la mairie. »

Évidemment, le jour où on donne l'avertissement ne compte pas dans la supputation du délai.

M. le garde des sceaux et M. le rapporteur ont parlé dans le même sens.

« La loi, a dit ce dernier, ordonne que les plans seront déposés à la mairie, pendant huit jours, et que, pendant huit jours, les propriétaires pourront en prendre communication.

« Je crois que, dans une loi administrative où il s'agit de donner des garanties à la propriété, on ne peut pas user du droit rigoureux que l'on rencontre dans quelques dispositions de nos lois de procédure, et que le délai de huit jours ne doit courir qu'à partir du lendemain du jour de l'avertissement; car, évidemment, ce n'est que le lendemain que le propriétaire peut prendre connaissance du plan. Je désire qu'il soit bien entendu que le délai de huit jours est franc, c'est-à-dire que le jour de l'avertissement n'y est pas compris. »

M. le rapporteur ne s'est pas expliqué à l'égard du jour de la réunion; mais il est évident, d'après la règle rappelée par M. Gillon, qu'il ne doit pas s'y trouver compris. Il résulte d'ailleurs suffisamment de ce qui précède qu'il s'agit de huit jours francs.

(3) S'il n'existe pas de mairie dans la commune, le dépôt peut être fait au domicile du secrétaire greffier, après avoir annoncé à son de caisse. Voy. arrêt de la Cour de cassation du 22 août 1838 (Sirey-Devilleneuve, 38. 1. 1002; Dalloz, 38. 1. 367.) Voy., au surplus, les notes sur l'art. 5 de la loi du 7 juillet 1833.

(4) Voy. les notes sur l'art. 21.

(5) Ce paragraphe, dans la loi du 7 juillet 1833, était ainsi conçu : « Il est, en outre, inséré dans l'un des journaux des chefs-lieux d'arrondissement et de département. »

« Cette rédaction, a dit M. le rapporteur de la Chambre des Pairs, présente quelque chose d'ambigu, et, si vous vous reportez à l'époque où elle fut discutée, vous verrez qu'elle fut introduite dans la loi, principalement sur cette observation que, dans plusieurs arrondissements, il ne se publie aucun journal, et non en vue d'une double publicité. La pensée alors, comme aujourd'hui, était qu'une seule insertion suffisait. Depuis, sur ce texte incertain, sujet à interprétation, les opinions se sont partagées.

affiches ; il mentionne sur un procès-verbal qu'il ouvre à cet effet, et que les parties qui comparaissent sont requises de signer, les déclarations et réclamations qui lui ont été faites verbalement, et y annexe celles qui lui sont transmises par écrit (1).

8. (2) A l'expiration du délai de huitaine prescrit par l'art. 5, une commission se réunit au chef-lieu de la sous-préfecture.

Cette commission, présidée par le sous-préfet de l'arrondissement, sera composée de quatre membres du conseil général du département ou du conseil de l'arrondissement désignés par le préfet, du maire de la commune où les propriétés sont situées, et de l'un des ingénieurs chargés de l'exécution des travaux (3).

La commission ne peut délibérer valablement qu'autant que cinq de ses membres au moins sont présents.

Dans le cas où le nombre des membres présents serait de six, et où il y aurait partage d'opinions, la voix du président sera prépondérante (4).

« D'accord avec M. le ministre des travaux publics, votre commission vous propose de lever ce doute ; elle vous propose de dire qu'une seule insertion sera faite, bien entendu que la publication aura lieu dans le journal de l'arrondissement, comme étant le plus à la portée des intéressés, quand il en existera un, et, quand il n'en existera pas, dans un des journaux du département. »

En conséquence, la première commission de la Chambre des Pairs avait proposé de dire : « Il est, en outre, inséré dans l'un des journaux publiés dans le département et destinés aux annonces judiciaires. » Cette rédaction, on le voit, faisait allusion à une disposition de la loi, du 2 juin 1841, sur les ventes judiciaires des biens immeubles, mais qui alors n'était pas encore votée.

M. *le garde des sceaux* et plusieurs Pairs firent observer qu'il n'y avait pas encore de journaux destinés aux annonces judiciaires ; qu'on ne pouvait se référer à une loi qui n'existait pas encore, qui était votée par une des deux Chambres seulement ; que, par conséquent, il y aurait quelque inconvénient à adopter une disposition pareille.

D'ailleurs cette rédaction ne rendait pas la pensée de la commission telle que l'avait exposée le rapporteur. On y substitua celle qui se trouve aujourd'hui dans la loi, et qui dit très-clairement, d'abord qu'il n'y aura qu'une insertion ; en second lieu, que cette insertion sera faite dans un des journaux de l'arrondissement, s'il y en a, et, s'il n'y en a pas, dans l'un des journaux du département. Elle fait disparaître toute mention des journaux destinés à recevoir les annonces judiciaires. A la vérité, et la Chambre des Pairs l'a formellement reconnu, c'est parce que, au moment de la discussion, la loi sur les ventes judiciaires d'immeubles n'était pas encore votée par les deux Chambres, et qu'ainsi il n'y avait pas de journaux destinés, par une voie régulière et légale, à recevoir les annonces judiciaires. Or, aujourd'hui la loi sur les ventes d'immeubles est votée et promulguée ; elle détermine l'autorité qui doit désigner les journaux où seront insérées les annonces judiciaires ; elle trace le mode à suivre pour cette désignation. On pourrait donc supposer que, du moment où elle a été en vigueur, elle s'est combinée avec la loi dont il est ici question, de manière que les annonces prescrites par l'art. 6 de celle-ci doivent être insérées dans les journaux désignés conformément à l'art. 696 de l'autre. Pour adopter cette solution, il faudrait admettre en principe que toutes les annonces faites en exécution d'une disposition légale devront désormais être placées dans les journaux que les Cours royales auront désigné, en exécution de la loi du 2 juin 1841. Si l'on s'en rapportait à un passage d'un discours de M. Persil, dans la discussion de cette dernière loi (Mon. du 25 avril 1840, p. 797), on devrait en effet le décider ainsi ; mais j'établirai, dans mes notes sur l'art. 696, que l'on ne doit pas adopter cette opinion, et que les annonces des ventes réglées par la loi du 2 juin sont les seules qui doivent être insérées dans les journaux désignés aux termes de cette loi. En conséquence, les annonces de l'avertissement dont il est ici question pourront être insérées dans tel ou tel journal de l'arrondissement, s'il y en a plusieurs, et non pas nécessairement dans celui qui aura été désigné par la Cour royale. Qu'on remarque, d'ailleurs, que les Cours royales ne sont pas obligées de désigner, pour chaque arrondissement, le journal qui s'y publie ; pourvu qu'elles choisissent un journal publié dans le département, le vœu de la loi est rempli. Si donc, usant de cette faculté, une Cour n'avait pas désigné le journal de l'arrondissement, on devrait faire les annonces dans le journal du département qu'elle aurait choisi, et, par conséquent, s'écarter du texte de l'art. 6 de la loi sur l'expropriation pour cause d'utilité publique, puisque cet article veut que l'insertion ait lieu dans l'un des journaux publiés dans l'arrondissement, et que ce n'est qu'autant *qu'il n'en existe aucun*, qu'elle autorise à placer les annonces dans l'un des journaux du département. Voudrait-on prétendre que, légalement, il n'existe pas de journaux dans l'arrondissement, lorsqu'il n'y en a aucun qui ait été désigné : ce serait évidemment donner une interprétation forcée à la disposition. Ainsi, sous tous les rapports, il ne faut pas considérer la désignation des journaux, faite par application de la loi du 2 juin 1841, comme devant servir à l'exécution de l'art. 6 de la présente loi.

(1) Il doit même les transmettre au sous-préfet. Voy. notes sur l'art. 7 de la loi du 7 juillet 1833.

(2) Les notes sur l'art. 8 de la loi du 7 juin 1833 indiquent les motifs qui ont inspiré cette disposition qui, au surplus, ne diffère de celle de 1833 que par les troisième et quatrième paragraphes introduits pour régler le mode de délibération de la commission.

(3) Quand des travaux d'utilité publique doivent s'étendre sur plusieurs communes, on doit former autant de commissions administratives (chargées de recevoir les réclamations des propriétaires) qu'il y a de communes, c'est-à-dire une par chaque commune, en y appelant son maire. Il n'est pas permis de ne former qu'une seule commission dans laquelle figureraient les maires des diverses communes intéressées. (Arrêt de la Cour de cassation du 6 janvier 1836, Sirey-Devilleneuve, 36. 1. 5 ; Dalloz, 36. 1. 49.)

(4) La loi de 1833 ne fixait aucun nombre obli-

Les propriétaires qu'il s'agit d'exproprier ne peuvent être appelés à faire partie de la commission (1).

gatoire pour la validité des opérations de la commission. La Cour de cassation, par arrêt du 3 juillet 1839 avait décidé que tous les commissaires devaient être présents. (Sirey-Devilleneuve, 39. 1. 748 ; Dalloz, 39. 1. 267.)

La pratique a démontré qu'il était difficile de réunir sept personnes à jour et heure fixes. Il convenait dès lors, dans une révision qui avait pour but principal de rendre l'exécution de la loi à la fois plus facile et plus rapide , de supprimer cette difficulté en n'exigeant pour les délibérations que la présence d'un certain nombre de membres.

Le projet du gouvernement avait proposé de fixer le minimum à quatre.

Ce nombre a été trouvé trop restreint. On a fait observer que le préfet et l'ingénieur faisant nécessairement partie des membres présents, l'intérêt local que la commission avait pour objet de constater ne serait point alors suffisamment représenté.

En conséquence, on a élevé le minimum à cinq, afin de donner, dans tous les cas, à la propriété trois représentants.

Une nouvelle difficulté pouvait se présenter.

L'art. 9 exige que la commission donne son avis. Or, cet avis , qui a des conséquences importantes (voir art. 10 et 11), n'est autre chose que l'expression de l'opinion de la majorité. En conséquence, il fallait établir une règle pour le cas de partage ; c'est ce qui a été fait en donnant, sur la proposition de M. le comte *Roy*, la prépondérance à la voix du président.

Avant de s'arrêter à cette opinion , la Chambre des Pairs a longtemps hésité, et une discussion intéressante s'est élevée sur le véritable caractère de la commission. Les uns ne la considérant que comme procédant à une sorte d'enquête, n'attachaient pas une grande importance à ce qu'une majorité se formât, et demandaient seulement que toutes les opinions fussent recueillies. D'autres, au contraire, sans attribuer à l'avis de la commission l'autorité d'une décision, pensaient qu'il avait des conséquences assez importantes pour qu'il fût formulé avec précision ; c'est ce dernier système, on le voit, qui l'a emporté. On a voulu une majorité, une majorité absolue, et on a pris des moyens pour qu'elle se manifestât. La prépondérance accordée à la voix du président conduira à ce résultat, lorsque deux opinions seront formées d'un nombre égal de voix ; mais si les voix se divisent davantage, si aucune opinion n'obtient la majorité absolue ; si, par exemple, trois avis s'élèvent dans le sein de la commission, ayant chacun deux voix, comment faudra-t-il procéder ? Devra-t-on se borner à dresser un procès-verbal constatant la dissidence et indiquant les diverses opinions, ou bien , et par application de l'art. 117 du Code de procédure, relatif aux jugements, les membres *plus faibles en nombre seront-ils tenus de se réunir à l'une des deux opinions qui ont été émises par le plus grand nombre ?*

Je crois que c'est là ce qui est préférable , ce qui est plus en harmonie avec l'esprit de la loi. Sans doute , l'avis de la commission n'est pas un jugement ; et M. Villemain, à qui M. le ministre des travaux publics reprochait de lui attribuer ce caractère , s'est défendu contre cette accusation et a bien reconnu que la commission ne décidait rien, qu'elle émettait seulement une opinion à laquelle l'administration n'était pas obligée de se soumettre.

Mais il est incontestable que, pour qu'on puisse dire qu'il y a un avis propre à la commission , il faut que les sentiments particuliers de chacun de ses membres se combinent , se modifient , si cela est nécessaire, et forment à la majorité une opinion. Autrement on n'aurait que les opinions , les avis isolés de chacun des membres de la commission , et le vœu de la loi ne serait pas rempli.

Il est vrai que M. le baron *de Daunant* ayant demandé qu'on ajoutât : *toutefois , l'avis de la minorité sera exprimé*, cette proposition a été repoussée comme exprimant *ce qui est de droit*. Je reconnais que , reproduite à la Chambre des Députés, elle a été écartée par le même motif. Ainsi , on devra faire mention de l'avis de la minorité ; mais cela n'implique point contradiction avec ce que j'ai établi sur la nécessité de former une majorité qui prononce au nom de la commission. Je le répète, sans majorité, sans majorité absolue, il n'y a point d'avis de la commission, et la loi veut qu'il y en ait un.

M. *Renouard* a proposé un amendement qui consistait à dire : « La commission peut déléguer un ou plusieurs de ses membres pour recevoir les observations écrites ou orales qui lui sont adressées; mais elle ne peut délibérer valablement qu'autant que cinq de ses membres au moins sont présents. « Il était difficile, a-t-il dit, que la commission restât assemblée tout le mois, suivant la prescription de la loi de 1833 ; cela sera encore difficile suivant celle de la loi que nous discutons dans ce moment. On ne peut exiger, en fait, que la commission reste en permanence pendant dix jours. Voy. art. 9, § 3.

« J'ai pensé (peut-être trouverez-vous cela utile, peut-être le trouverez-vous de plein droit, mais une explication catégorique sera bonne sur ce point), j'ai pensé, dis-je, qu'il serait bien d'exprimer que la commission peut déléguer un ou plusieurs membres pour recevoir les explications écrites ou orales des propriétaires...

M. *le rapporteur* a combattu cette proposition comme inutile.

« Le droit pour la commission de déléguer quelques-uns de ses membres nous paraît lui appartenir, a-t-il dit.

« Il y a un membre délégué naturellement pour recevoir toutes les observations, c'est le sous-préfet, qui est le président de la commission et qui est toujours présent dans le lieu où la commission tient ses séances. Il peut recevoir à tout moment toutes les observations qu'on peut lui adresser. »

M. *Renouard* a déclaré ne pas insister.

(1) M. *Caumartin* avait demandé la suppression de ce paragraphe, afin que, conformément au droit commun, non seulement les propriétaires, mais leurs parents au degré indiqué par les dispositions du Code de procédure, pour les récusations de juges, et toutes les parties intéressées fussent exclus de la commission.

M. *le rapporteur* a répondu : « L'observation de M. Caumartin, que d'autres intéressés pourront faire partie de la commission est fondée. Mais l'inconvénient est à peu près inévitable. Leur qualité n'est pas toujours connue comme celle du propriétaire, qui résulte de la matrice des rôles. C'est à l'administration à tâcher de connaître les intéressés autres que les propriétaires, et à ne pas les

9. La commission reçoit, pendant huit jours, les observations des propriétaires. Elle les appelle toutes les fois qu'elle le juge convenable. Elle donne son avis.

Ses opérations doivent être terminées dans le délai de dix jours ; après quoi le procès-verbal est adressé immédiatement par le sous-préfet au préfet (1).

---

nommer membres de la commission. Nous prions donc la Chambre de maintenir le paragraphe. »

Ainsi, un propriétaire intéressé ne peut être membre de la commission, et, autant que possible, on doit éviter que d'autres intéressés en fassent partie.

(1) L'art. 9 de la loi du 7 juillet 1833 a donné lieu à de sérieuses difficultés.

Cette loi disait que les opérations de la commission devaient être terminées dans le délai d'un mois. Un arrêt de la Cour de cassation, du 27 novembre 1838 (Sirey-Devilleneuve, 38. 1. 994 ; Dalloz, 38. 1. 407 ; Journ. du Palais, 1838, t. 2, p. 548), en a conclu que les propriétaires avaient, dans tous les cas, un mois entier pour produire leurs réclamations, et que le procès-verbal ne pouvait être clos avant le délai révolu. D'ailleurs, un pareil délai était souvent excessif. Dans le plus grand nombre de cas, un ou deux jours seulement sont employés à cette instruction préalable. Le gouvernement avait proposé de réduire le délai d'un mois à quinze jours. Les mots *au plus* qui se trouvaient dans la loi de 1833 étaient conservés.

La commission de la Chambre des Pairs a pensé qu'un délai indéterminé ne présentait aucune garantie. « Rien, disait-elle, n'empêche l'administration de réduire ce délai à vingt-quatre heures. Dès lors, l'examen auquel le législateur avait entendu soumettre le tracé des travaux dans la localité, examen qui n'est réellement sérieux qu'au sein de la commission, pourra devenir illusoire, puisque les propriétaires qui auraient des modifications à proposer seraient exposés à se voir forclos dès le second jour. « Un délai fixe de dix jours fut en conséquence proposé et adopté.

Cet article, ainsi amendé, a été critiqué par la Chambre des Députés sous un double rapport.

D'une part, on a dit que le délai de dix jours n'était pas suffisant pour que tous les intéressés pussent produire leurs réclamations.

D'un autre côté, on a fait observer que la loi n'accordait à la commission aucun délai pour délibérer sur les observations qui lui auraient été soumises et donner son avis ; et que, par conséquent, la nouvelle disposition présentait les mêmes inconvénients que la précédente. Voici comment s'est exprimé, sur ce point, M. *Renouard*.

« La loi, a-t-il dit, porte que la commission doit statuer dans le délai d'un mois ; si la commission est obligée de rester assemblée tout le mois et de ne décider que lorsque le mois est expiré, à quelle époque décidera-t-elle ? Il faudra donc qu'elle décide toujours le trentième jour, car elle doit décider dans le délai d'un mois, et cependant vous donnez un mois au propriétaire pour présenter ses observations.

« Cette difficulté a paru très-grave et a été l'occasion d'un long délibéré à la Cour de cassation.

« Un jugement d'expropriation a été cassé, par le motif que le droit de propriété se trouvait violé, si, au lieu de recevoir les observations pendant un mois, la commission terminait ses opérations avant que le délai fût expiré.

« Il y a, dans l'extrémité logique de chacun des deux systèmes, une difficulté de laquelle il est impossible de se tirer raisonnablement ; car, d'un

côté, en admettant le système de la Cour de cassation, que je crois consacré à bon droit, parce qu'on ne pouvait refuser au propriétaire une partie du délai qui lui est accordé dans l'intérêt de la garantie de son droit, il résulte que la commission opérera toujours mal et que ses opérations devront être cassées toutes les fois qu'elle statuera avant l'expiration du mois. Quand donc statuera-t-elle ? Faudra-t-il qu'à minuit, et avant l'expiration du délai d'un mois, elle statue sur les opérations ? Si elle statue auparavant, elle ferme ses opérations à l'époque où les propriétaires peuvent encore présenter leurs observations ; si elle statue après, elle excède les délais qui lui sont accordés, et elle ne statue pas dans les délais de la loi, elle les excède.

« La difficulté tient à un vice de rédaction de la loi de 1833. La loi de 1833 a eu tort, et, par-là, elle a induit les tribunaux dans des difficultés inextricables ; elle a eu tort de ne pas indiquer deux classes de délais : un délai dans lequel les propriétaires fourniraient leurs observations, puis un autre délai dans lequel la commission serait tenue d'émettre son avis. Par-là, vous avez des garanties pour tout le monde : garantie pour les propriétaires qui peuvent user de tout le temps qui leur est accordé par la loi pour leurs observations écrites ou orales ; et, de l'autre, vous avez la garantie que les délais ne seront pas excédés, et que la commission ne pourra pas éterniser ses opérations.

« La commission et le gouvernement proposent de réduire à dix jours le délai, et je trouve la proposition fort raisonnable. Je propose aussi de réduire le délai d'un mois à dix jours pour recevoir les observations ; mais je propose de rédiger l'article de manière que ces dix jours soient entièrement accordés aux propriétaires, et que la commission ne puisse statuer qu'après que toutes les observations des propriétaires auront été présentées. »

L'article serait ainsi rédigé : « La commission reçoit, pendant dix jours, les observations des intéressés et les appelle toutes les fois qu'elle le juge convenable. »

Ceci est tout à fait d'accord avec l'ancienne rédaction, excepté qu'il y avait deux fois *reçoit les observations*, je n'ai mis cela qu'une fois.

Vient maintenant le paragraphe essentiel : « A l'expiration du dixième jour, cette instruction est close de plein droit, et la commission donne son avis ; après quoi le procès-verbal est adressé immédiatement par le sous-préfet au préfet. »

« La commission, a répondu M. *Dufaure*, rapporteur, reconnaît qu'il y a une modification à apporter à la rédaction du gouvernement. Mais en même temps elle ne croit pas que la modification doive être celle proposée par M. Renouard. On peut pourvoir à l'inconvénient par une simple addition de quelques mots. On peut donner aux propriétaires un délai pour produire leurs observations et un autre délai à la commission pour prendre ses délibérations. Vous ajouterez au premier paragraphe *pendant huit jours*, et vous maintiendrez ensuite le paragraphe qui donne en tout dix jours pour le travail de la commission.

« D'un côté, vous aurez pourvu à l'accélération du travail de la commission, en maintenant le

Dans le cas où lesdites opérations n'auraient pas été mises à fin dans le délai ci-dessus, le sous-préfet devra, dans les trois jours, transmettre au préfet son (1) procès-verbal et les documents recueillis.

10. Si la commission propose quelque changement au tracé indiqué par les ingénieurs, le sous-préfet devra, dans la forme indiquée par l'art 6, en donner immédiatement avis aux propriétaires que ces chan-

gements pourront intéresser. Pendant huitaine, à dater de cet avertissement, le procès-verbal et les pièces resteront déposés à la sous-préfecture ; les parties intéressées pourront en prendre communication sans déplacement et sans frais, et fournir leurs observations écrites.

Dans les trois jours suivants, le sous-préfet transmettra toutes les pièces à la préfecture (2).

délai de dix jours ; et, de l'autre côté, vous aurez donné aux propriétaires huit jours pour produire leurs observations. Vous éviterez ainsi un autre inconvénient de l'amendement de M. Renouard. M. Renouard fait durer l'instruction jusqu'au moment où la commission devra donner son avis ; et, en lisant l'amendement, il paraîtrait que la commission n'a pas le temps de délibérer sur ces observations ; au contraire, d'après la proposition que nous faisons d'accorder huit jours pour les observations, la commission a encore deux jours pour délibérer. Ainsi nous proposons d'ajouter au premier paragraphe les mots « pendant huit jours. »

Cette proposition, vivement appuyée, a reçu l'approbation de M. le commissaire du roi, et M. Renouard, interpellé, a déclaré que son but était atteint. Voy. mes notes sur l'art. 9 de la loi du 7 juillet 1833.

(1) M. *Renouard* a demandé qu'on mît : « le procès-verbal. » « Je ne comprends pas, a-t-il dit, ce que c'est que le procès-verbal du sous-préfet. Je crois qu'on veut dire le procès-verbal de la commission. Eh bien ! voyez comment l'article est rédigé.

« Dans le cas où lesdites opérations n'auraient pas été mises à fin dans le délai ci-dessus, le sous-préfet devra, dans les trois jours, transmettre au préfet son procès-verbal et les documents recueillis.

« Pensez-vous que le sous-préfet puisse dresser un procès-verbal? Je crois qu'il s'agit du procès-verbal de la commission ; je propose donc de dire : « transmettre au préfet le procès-verbal et les documents recueillis. »

M. *le rapporteur* a répondu : « Cette disposition se trouve dans la loi de 1833, je la crois parfaitement exacte, et je ne pense pas qu'elle doive être modifiée.

« Il s'agit ici d'un cas particulier, c'est celui où la commission n'a pas terminé ses opérations dans le délai prescrit. Dans ce cas, le sous-préfet transmet au préfet son procès-verbal, c'est-à-dire le procès-verbal du sous-préfet dans lequel celui-ci doit constater que la commission, quoique composée, n'a pas terminé ses opérations. C'est là le procès-verbal qu'il transmet, il ne peut pas en transmettre d'autre : il n'y en a pas d'autre.

M. Renouard a reconnu la justesse de cette explication et a déclaré ne pas insister.

(2) L'art. 10 de la loi de 1833 était ainsi conçu :
« Le procès-verbal et les pièces transmis par le sous-préfet resteront déposés au secrétariat général de la préfecture pendant huitaine, à dater du jour du dépôt.

« Les parties intéressées pourront en prendre communication sans déplacement et sans frais. »

On voit que cette rédaction a subi de notables changements. Le projet du gouvernement se bornait à l'addition suivante : « Le dépôt n'aura pas

lieu si la commission n'a proposé aucun changement au tracé. »

La première commission de la Chambre des Pairs adopta cette proposition.

« L'art. 10, disait son *rapporteur*, ouvre une sorte de recours aux parties intéressées vis-à-vis du préfet avant la publication des arrêtés. Cet article, a été reconnu la formalité la plus insignifiante de toutes celles que la loi prescrit, car depuis sept ans que la loi est appliquée, je crois pouvoir dire qu'il n'y a pas d'exemple que les parties intéressées soient venues réclamer devant les préfets contre les décisions de la commission d'arrondissement. Il est facile d'expliquer ce fait : lorsque les propriétaires n'ont pas pu faire prévaloir leurs prétentions dans les commissions d'arrondissement, ils renoncent à pousser plus loin leurs exigences, car ils savent bien qu'ils ne peuvent avoir l'espoir de trouver dans le préfet un juge plus favorable à leur cause que les hommes mêmes de la localité. Ils s'abstiennent dès lors de déplacements inutiles qui entraînent toujours des frais, des pertes de temps, et qui seraient ici sans résultat probable.

« Nous avons donc pensé que le délai prescrit par l'art. 10 était à peu près superflu, et nous avons adopté l'amendement du gouvernement comme améliorant cet article.

« Cet amendement se justifie de lui-même. A quoi bon un troisième dépôt, lorsque nul changement n'est proposé, lorsqu'il n'y a pas de réclamation contre le projet de l'ingénieur? Cet appel aux intéressés est complètement inutile. Nous demandons en conséquence que si l'on ne supprime pas cet article, on adopte au moins le paragraphe additionnel proposé par le gouvernement. »

L'article ainsi complété fut voté avec un amendement qui consistait à ajouter après ces mots « sans déplacement et sans frais, » ceux-ci « et fournir leurs observations écrites.

Mais la commission de la Chambre des Députés crut devoir apporter une modification importante ; elle pensa que, si la commission proposait des changements qui dussent toucher des propriétés que le premier tracé n'atteignait pas, il était nécessaire de donner un avis aux propriétaires menacés par le nouveau tracé et de leur accorder un délai pour faire entendre leurs réclamations. En conséquence, elle présenta un article ainsi conçu :

« Si la commission propose quelque changement au tracé indiqué par les ingénieurs, le sous-préfet devra, dans les trois jours de l'envoi au préfet, en donner avis aux propriétaires nouveaux que ces changements pourront intéresser. Pendant huitaine, à dater de cet avertissement, le procès-verbal et les pièces transmis par le sous-préfet au préfet resteront déposés au secrétariat général de la préfecture ; les parties intéressées pourront en pren-

11. Sur le vu du procès-verbal et des documents y annexés, le préfet détermine, par un arrêté motivé, les propriétés qui doivent être cédées, et indique l'époque à laquelle il sera nécessaire d'en prendre possession. Toutefois, dans le cas où il résulterait de l'avis de la commission qu'il y aurait lieu de modifier le tracé des travaux ordonnés, le préfet surseoira jusqu'à ce qu'il ait été prononcé par l'administration supérieure (1).

L'administration supérieure pourra, suivant les circonstances, ou statuer définitivement, ou ordonner qu'il soit procédé de nouveau à tout ou partie des formalités prescrites par les articles précédents (2).

---

dre communication sans déplacement et sans frais et fournir leurs observations écrites.

« Le dépôt n'aura pas lieu si la commission n'a proposé aucun changement au tracé. »

Lors de la discussion, M. *de la Plesse* amenda le nouvel article, en ces termes : « Si la commission propose quelque changement au tracé indiqué par les ingénieurs, le sous-préfet devra en donner avis à chacun des propriétaires que ces changements pourront intéresser. Pendant la huitaine, à dater de cet avertissement, le procès-verbal et les pièces resteront déposés à la sous-préfecture, etc. »

On voit que la principale modification consiste en ce que les pièces, au lieu d'être déposées au secrétariat de la préfecture, le sont à la sous-préfecture, et, par conséquent, dans un lieu plus rapproché des propriétaires. Aussi M. *de la Plesse*, pour justifier son amendement, faisait remarquer qu'il rapprochait les distances et rendait les communications plus faciles aux propriétaires qui n'auraient pas besoin de se déplacer.

En outre, M. *Gillon* fit observer que l'article n'indiquait pas la forme dans laquelle l'avertissement devrait être donné aux nouveaux propriétaires, et il proposa d'adopter le mode d'avertissement collectif par affiches établi par l'art. 6. Enfin, on ajouta qu'il était nécessaire d'indiquer le délai dans lequel le sous-préfet devrait donner l'avertissement aux propriétaires.

Le renvoi à la commission fut ordonné, et M. *Dufaure*, rapporteur, a rendu compte en ces termes de l'examen fait par elle de ces diverses propositions :

« La première difficulté s'est élevée à l'occasion de l'avis individuel que l'amendement prescrivait pour chacun des propriétaires intéressés ; la seconde, à propos du délai dans lequel le sous-préfet devra donner son avis.

« Sur le premier point, votre commission a considéré que les objections élevées contre la nécessité d'un avis individuel étaient parfaitement fondées ; que, dans beaucoup de cas, le sous-préfet ne connaîtrait pas les propriétaires auxquels il serait obligé de donner cet avis.

« Votre commission a considéré, en outre, que la durée du dépôt des pièces à la sous-préfecture était de huitaine, qui devait commencer du jour de l'avertissement ; que si l'avertissement est donné individuellement, il peut être donné à différents jours pour différents propriétaires, et qu'il en résulterait que le délai de huitaine ne serait pas uniforme et le même pour tous les propriétaires qui auraient reçu un avertissement.

« Remarquez encore que dans l'art. 6, après le dépôt des plans, on se contente d'un avis collectif ; il n'y a aucun motif pour établir une différence entre les formes de l'avis donné par l'art. 6 et celles de l'avis donné d'après l'art. 10 ; nous avons, en conséquence, préféré un avis collectif à un avis individuel.

« Quant au délai, votre commission, après avoir adopté ce premier principe, a pensé que l'on pourrait établir un délai dans lequel le sous-préfet serait obligé de donner l'avis collectif, s'il ne se rencontrait pas cette circonstance particulière, que l'avis doit être inséré dans l'un des journaux de l'arrondissement où sont situés les biens. Or, dans plusieurs chefs-lieux de sous-préfectures, les journaux ne paraissent pas tous les jours. Il est des villes où les journaux ne paraissent que trois fois, deux fois, et même une seule fois par semaine.

« Il a paru à votre commission qu'il suffisait de prescrire au sous-préfet de donner l'avis *immédiatement*, en employant les termes de l'article qui précède, de l'art. 9 : l'administration saura qu'elle doit mettre toute la célérité possible à avertir les propriétaires intéressés, et on ne pouvait aller plus loin, parce que de deux choses l'une, ou l'on fixerait un délai trop long pour beaucoup de cas, ce qui ne ferait que prolonger les procédures administratives, ou on indiquerait un délai trop court qui ne permettrait pas, dans quelques localités, au sous-préfet d'accomplir les formalités.

« En conséquence, et par le double motif que je viens de vous exposer, la commission vous propose de rédiger ainsi l'art. 10 du projet. » (C'est la rédaction actuelle.)

Le dernier paragraphe de l'ancien article de la commission a été supprimé comme inutile.

M. *le rapporteur* s'en est expliqué formellement :

« Dans le projet de loi, a-t-il dit, se trouve un paragraphe ainsi conçu : « Le dépôt n'aura pas lieu si la commission n'a proposé aucun changement au tracé. » Comme le dépôt n'était prescrit que dans le cas où il y aurait des changements au tracé, nous avons cru que c'était un pléonasme de dire que le dépôt n'aurait pas lieu s'il n'y avait pas de changement au tracé.

« C'est donc comme inutile que nous avons proposé de supprimer ce paragraphe.

(1) Le premier paragraphe de cet article n'a éprouvé aucun changement. Dans le projet du gouvernement il se terminait ainsi : « Le préfet ne pourra prendre d'arrêté que pour les parties du tracé sur lesquelles il n'y a pas de modifications proposées, et surseoira pour les autres jusqu'à ce que l'autorité supérieure ait prononcé. »

La commission de la Chambre des Pairs a considéré que, dans l'état actuel des choses, le préfet étant toujours le maître d'ordonner l'exécution des travaux à l'égard desquels aucune contestation ne s'élevait, la nouvelle disposition n'ajoutait et ne retranchait rien à ses droits ; et, qu'en conséquence, il n'y avait aucun intérêt à l'introduire.

(2) Ce second paragraphe est différent de celui de la loi de 1833. Ce dernier disait expressément que la décision de l'administration supérieure était définitive et sans recours au conseil d'État. La nouvelle disposition n'est pas aussi explicite, mais elle a le même sens. L'intention du législateur n'a point été d'accorder le recours qui était précédemment refusé. « Il est bien évident, a dit *le rapporteur* de la

Chambre des Pairs, que ce n'est pas là une matière du contentieux administratif; car les intéressés sont consultés seulement à titre de renseignements; ils n'ont d'autres droits que le droit d'exprimer un avis. S'ils formaient un recours contre l'arrêté du préfet, leur requête serait nécessairement rejetée. Ce paragraphe est, par conséquent, inutile; et, d'un autre côté, il peut être dangereux; car il résulte de sa teneur que les décisions de l'administration seront définitives, ce qui la place dans l'impossibilité de s'amender elle-même, et d'améliorer ses premiers plans, si elle en reconnaissait plus tard la nécessité. Telle n'a pas été l'intention de la loi, et telle serait la portée de cette disposition que nous vous proposons d'effacer de l'art. 11. »

A la Chambre des Députés, M. *Vivien* a parlé dans le même sens : « L'art. 11 de la loi de 1833 avait, a-t-il dit, l'inconvénient de faire croire que la décision était de nature à être déférée au conseil d'Etat..... Comme, par sa nature, elle ne pouvait, dans aucun cas, être déférée au conseil d'État, on a supprimé cela. La décision reste dans le droit commun, la décision est administrative : elle n'a pas le caractère contentieux, elle ne peut pas être déférée au conseil d'État.

Il semblerait que ces observations n'ont pas produit tous les changements qu'elles provoquaient, puisque l'article dit encore que l'administration supérieure pourra statuer *définitivement*. Mais on voit que c'est seulement une faculté qui lui est donnée, et qu'elle a le choix entre une décision définitive et l'ordre de procéder de nouveau à tout ou partie des formalités prescrites par les articles précédents. Cependant, et malgré cette alternative, l'inconvénient qui avait été signalé de lier l'administration subsistait encore en partie. On pouvait, en effet, penser que, dans le cas où l'administration aurait définitivement prononcé, il ne lui serait plus possible de faire les modifications dont la nécessité lui serait démontrée. M. *Legrand*, commissaire du roi, a provoqué, sur ce point, une explication dans la Chambre des Députés.

Il a demandé si, par ces mots, la commission entendait contester à l'administration supérieure le droit d'améliorer le travail déjà arrêté.

« Si la commission, a-t-il dit, reconnaît ce droit, je n'ai pas d'autre explication à lui demander. Il va sans dire, d'ailleurs, qu'un nouveau tracé ne peut être substitué à celui qui a été arrêté une première fois sans qu'on recommence l'application des formalités du titre 2. Et ce n'est que sous la réserve formelle de cette application que j'entends que l'administration peut adopter et suivre une direction nouvelle. »

M. *Quinette* a répondu : « C'est par opposition entre deux partis que le mot *définitivement* a été employé. L'administration peut statuer *définitivement*, ou bien ordonner une nouvelle enquête. »

M. *le rapporteur* a ajouté : « C'est précisément dans le sens que vient d'indiquer l'honorable M. Quinette, que le mot *définitivement* doit être entendu.

« L'administration supérieure a ici deux droits à exercer : ou elle ordonne une nouvelle enquête, ou elle statue définitivement. »

Évidemment ces réponses ne devaient pas satisfaire M. le commissaire du roi; elles ne résolvaient pas la question qu'il avait soulevée. Que lui disait-on, que l'administration n'était pas obligée de prononcer définitivement; qu'elle pouvait décider définitivement, ou ordonner une nouvelle instruc-

tion. Mais il n'était pas bien nécessaire d'expliquer cela, car le texte l'expliquait lui-même très-clairement; et, certainement, M. le commissaire du roi n'aurait pas adressé une interpellation, s'il n'avait pas été préoccupé d'une autre difficulté. Voici celle sur laquelle il désirait obtenir un éclaircissement. Il se plaçait dans l'hypothèse où l'administration croyant convenable de prononcer, aurait prononcé en effet sans recourir à de nouvelles formalités, et il demandait si elle pourrait, plus tard et mieux éclairée, modifier sa décision, à la charge, bien entendu, de remplir de nouveau les formalités prescrites par le titre 2. « Je suppose, a dit M. *Legrand*, que l'administration n'ordonne pas une nouvelle enquête, qu'elle statue définitivement, et que, plus tard, elle reconnaisse une meilleure direction, le mot *définitivement* l'empêchera-t-il de changer le tracé ? »

M. *le président* a répondu : « La commission vient d'expliquer que cela ne porte aucun préjudice au droit de l'administration qui pourrait améliorer le tracé. »

M. *Barbet* a ajouté : « Si on fait un nouveau tracé, on recommencera les formalités. »

« Les explications ont été parfaitement satisfaisantes, a dit enfin M. *le Président*. »

J'ai dit, au contraire, qu'elles ne l'avoient pas été; que les réponses ne résolvaient pas la question posée par M. le commissaire du roi; mais, comme il l'a reproduite et que le président a, sans contradiction, exprimé cette pensée que ces explications signifiaient que l'administration pouvait modifier ce qu'elle aurait d'abord décidé, il faut bien reconnaître que la Chambre a entendu lui accorder ce droit.

D'après ce qui vient d'être dit, il semble incontestable que, lorsque les modifications apportées à une première décision auront pour résultat d'embrasser des propriétés que la première décision n'atteignait pas, on devra procéder, pour celles-ci, dans la forme prescrite par les articles précédents. M. le commissaire du roi et M. Barbet l'ont déclaré expressément.

Cependant, on voit que l'administration n'est pas obligée, lorsqu'elle rend sa première décision, d'accorder aux propriétés nouvellement atteintes les garanties que présentent les formalités énumérées dans les articles précédents. Elle peut ordonner que ces formalités soient remplies; mais elle peut, si elle le juge convenable, prononcer sans plus ample examen. Ainsi, ce qui n'est pour elle qu'une faculté dans un cas, est une obligation dans l'autre. Y a-t-il quelque motif qui explique cette différence ? Je pense qu'en effet il y a une raison à donner pour justifier la distinction. Pour la saisir, il faut se rendre un compte bien exact des dispositions.

Lorsque l'avis de la commission a indiqué un changement au tracé, le préfet ne peut prononcer; il doit surseoir. C'est l'administration supérieure qui est appelée à statuer; elle peut le faire de deux manières : ordonner définitivement l'exécution des travaux, ou prescrire que les formes protectrices de la propriété soient observées. Si elle prend le premier parti, elle décide du sort de propriétés qui d'abord n'étaient pas menacées, sans que l'enquête et les autres formalités aient eu lieu relativement à elles. La loi le déclare expressément. Mais si, après avoir ainsi statué, elle revient sur sa décision, et si la modification a pour résultat de toucher à des propriétés qui jusque-là n'avaient pas été atteintes, alors il est indispensable de procéder en

12. Les dispositions des art. 8, 9 et 10 ne sont point applicables au cas où l'expropriation serait demandée par une commune, et dans un intérêt purement communal, non plus qu'aux travaux d'ouverture ou de redressement des chemins vicinaux (1).

Dans ce cas, le procès-verbal prescrit

---

la forme prescrite par le chapitre 2, parce que la première décision avait réglé le sort de tous les intéressés. Ceux qui étaient restés en dehors des travaux avaient un droit acquis; il était jugé pour eux définitivement que l'expropriation ne devait pas le atteindre. Si l'on veut remettre en question ce qui pour eux est décidé, si, en d'autres termes, on veut les exproprier, il faut bien leur accorder les garanties que le droit commun établit.

Voy. aussi mes notes sur l'art. 11 de la loi du 7 juillet 1833.

(1) Ces mots « non plus qu'aux travaux d'ouverture ou de redressement des chemins vicinaux » ont été ajoutés sur la proposition de M. *Renouard*.

Voici comment il s'est exprimé pour justifier son amendement. « Il s'agit de combiner l'art. 12 actuellement en discussion avec la loi du 21 mai 1836 sur les chemins vicinaux. L'art. 16 de cette dernière loi a eu pour intention, lorsqu'il s'agit des travaux d'ouverture et de redressement des chemins vicinaux, d'abréger notablement les formes du règlement de l'indemnité, et d'établir une procédure spéciale qui se réfère sans doute à la procédure de la loi de 1833, mais qui l'abrège et la rend plus simple, et de diminuer le nombre des personnes appelées à statuer sur l'indemnité. La question s'est élevée de savoir si la commission instituée par la loi de 1833 et chargée d'examiner les difficultés qui pourraient s'élever sur le tracé des chemins vicinaux, si cette commission devait être convoquée lorsqu'il s'agit de l'application de l'article 16 de la loi de 1836.

« Sur ce point, Messieurs, la jurisprudence a beaucoup varié. La question s'est présentée à la Cour de cassation, le 25 avril 1838, et, par un arrêt de ce jour, la Cour de cassation, prenant en considération l'esprit de la loi de 1836 et l'utilité d'abréger les formes, a déclaré que la loi de 1833, en ce qui concerne la formation et l'avis de la commission, n'était pas applicable aux cas d'ouverture et de redressement des chemins vicinaux prévus par la loi postérieure de 1836. (Sirey-Devilleneuve, 38. 1. 458; Dalloz, 38. 1. 203.

« La question s'est présentée de nouveau, et il faut que la difficulté ait été grave, car la même Chambre, composée des mêmes juges, après un court intervalle de temps, par arrêt des 20 et 21 août 1838, examinant de nouveau la question, a rendu une décision contraire à celle qu'elle avait prononcée quelques mois auparavant. (Sirey-Devilleneuve, 38. 1. 754 et 975; Dalloz, 38. 1. 381.

« De ces hésitations de la jurisprudence dans des matières nouvelles et réglées, j'ose le dire, imparfaitement par la loi, vous devez tirer la conséquence qu'il y a dans la loi des obscurités, des difficultés d'interprétation.

« On a considéré dans les deux arrêts du mois d'août 1838, contrairement à ce qui avait été décidé au mois d'avril précédent, qu'il fallait n'appliquer l'art. 12 de la loi de 1833 que dans les points qui se trouvent spécialement rapportés par la loi de 1836; que la loi de 1836, par son art. 16, règle à la vérité une nouvelle forme pour instituer le jury, établit de nouvelles règles pour fixer l'in-

demnité; mais qu'elle ne rapporte pas ce qui est relatif aux art. 8, 9 et 10, c'est-à-dire ce qui est relatif à la formation de la commission.

« L'art. 12 de la loi de 1833 dit, en effet : « Les « dispositions des art. 8, 9 et 10 ne sont point ap- « plicables aux cas où l'expropriation serait de- « mandée par une commune et dans un intérêt « purement communal. »

« Or, on a considéré, et avec raison je crois, dans l'interprétation de la loi qu'un chemin de grande communication n'est pas demandé dans un intérêt purement communal; qu'il est demandé dans l'intérêt de plusieurs communes à la fois; qu'il touche à plusieurs intérêts communaux, et s'élève ainsi au-dessus d'un simple intérêt communal; et, dès lors, puisque aucune disposition ne se trouve dans la loi de 1836 pour affranchir de la formalité de la réunion de la commission, la commission doit être réunie.

« Lorsqu'on est en présence de textes de loi, on est enchaîné par leurs dispositions; mais lorsqu'on refait la loi, on prend alors plus fortement en considération ce qui, sans résulter explicitement d'un texte sur lequel nous sommes appelés aujourd'hui à délibérer de nouveau, peut résulter de l'esprit du législateur.

« Or, ce que vous avez à examiner, c'est de savoir ce que le législateur a voulu en 1836; s'il a voulu, lorsqu'il s'est occupé des chemins vicinaux, porter l'abréviation des formalités jusqu'au point de se passer de l'avis de la commission préalable. Est-elle d'ailleurs nécessaire ?

« La question est grave; car, d'un côté, je comprends très-bien qu'il y a l'intérêt de ceux qui sont des propriétaires qui se trouvent atteints par les travaux d'ouverture et de redressement des chemins vicinaux; mais, d'un autre côté, considérez que la loi de 1836 prend elle-même des précautions qui me paraissent, à moi, suffisantes. Vous jugerez si elles le sont.

« L'art. 7 de la loi de 1836 porte : « Les che- « mins vicinaux peuvent, selon leur importance, « être déclarés chemins vicinaux de grande com- « munication par le conseil général, sur l'avis des « conseils municipaux, des conseils d'arrondisse- « ment et sur la proposition du préfet.

« Sur les mêmes avis et proposition, le conseil « général détermine la direction de chaque che- « min vicinal de grande communication et dé- « signe les communes qui doivent contribuer à sa « construction ou à son entretien.

« Le préfet fixe la largeur et les limites du che- « min, et détermine annuellement la proportion « dans laquelle chaque commune doit concourir « à l'entretien de la ligne vicinale dont elle dé- « pend, etc. »

« Or, vous voyez que, d'après la loi de 1836, quand il s'agit de travaux d'ouverture et de redressement des chemins vicinaux, on se réfère nécessairement à une délibération préalable du conseil général qui a fixé la direction du chemin vicinal.

« Maintenant vous suffit-il des garanties données par la délibération du conseil général ? Voulez-vous y ajouter les garanties des contradictions qui peuvent résulter de l'instruction devant la commission ?

par l'art. 7 est transmis, avec l'avis du conseil municipal, par le maire au sous-préfet, qui l'adressera au préfet avec ses observations.

Le préfet, en conseil de préfecture (1), sur le vu de ce procès-verbal, et sauf l'approbation de l'administration supérieure (2), prononcera comme il est dit en l'article précédent.

« Je crois que cela n'est pas nécessaire, je crois que les intérêts de tous se trouveront suffisamment garantis par la délibération du conseil général ; je crois qu'il est utile d'abréger les délais, de faciliter la prompte et facile création du plus grand nombre possible de chemins vicinaux, et c'est dans cette intention, et sans me dissimuler, en aucune manière, la difficulté de la question et la gravité des objections que je crois rentrer tout à fait dans l'esprit de la loi de 1836, qui, en pareil cas, a apporté des abréviations bien autrement notables que la suppression de la commission ; que je crois, dis-je, rentrer dans l'esprit de la loi de 1836, en vous proposant mon amendement. »

M. *Dalloz*, au nom de la commission dont il faisait partie, a proposé d'excepter de l'amendement les chemins vicinaux de grande communication.

« Ces chemins, a-t-il observé, ne sont pas d'un intérêt purement communal, car ils ont pour objet non seulement l'utilité de la commune, mais encore l'utilité du département. La commune y contribue, cela est vrai, mais le département y contribue aussi.

« Ce sont donc des voies de communication qui appartiennent autant au département qu'à la commune. Or, si elles intéressent le département, elles ne rentrent plus dans l'esprit de la procédure abrégée de la loi de 1836. Il faut laisser à la propriété ces garanties tutélaires qu'elle tient de la sagesse de nos lois ; et celle que la commission réclame ici pour elle n'a rien qui puisse sérieusement retarder l'exécution des chemins de grande communication. Ces chemins tendent presque partout à remplacer les routes départementales, peut-être même les routes royales dans certaines localités. Ils ont souvent une étendue de plusieurs myriamètres et affectent dans leur parcours un nombre de communes et de propriétés. Comment serait-il possible de refuser aux nombreux propriétaires de ces communes le droit de faire entendre leurs représentations sur un tracé défectueux ? Cela serait excessif, et je pense que la Chambre ne voudra pas le consacrer par son vote. »

M. *Vuitry* a combattu la distinction proposée par M. Dalloz.

Il a fait observer que « tous les chemins vicinaux étaient régis par les mêmes règles. Il n'y a qu'un seul point, a-t-il dit, sur lequel les chemins de grande vicinalité diffèrent des autres, c'est qu'aux ressources accordées par la loi, aux subventions communales et aux prestations en nature, viennent s'ajouter, pour les chemins de grande communication, les subventions départementales. Si le conseil général intervient alors, c'est parce que le département fournit les fonds, et que, par conséquent, il faut bien qu'il en règle l'emploi.

« . . . . . Je ne vois pas la nécessité d'introduire dans la loi actuelle une distinction entre eux et de demander des formalités plus étendues pour les uns que pour les autres ; ils ont tous le même caractère : la propriété doit être aussi bien respectée pour les uns que pour les autres. Elle l'est suffisamment par les dispositions actuelles pour les chemins ordinaires ; elle le sera suffisamment pour les chemins de grande vicinalité. Autrement vous arriveriez à les confondre avec les routes départementales. . . . . Je demande, en conséquence, que la loi statue de la même manière sur tous, qu'ils soient de petite ou de grande vicinalité. »

La proposition de M. Dalloz a été écartée, et l'amendement de M. Renouard a été adopté.

La même question a été, au sein de la Chambre des Pairs, le sujet d'une longue discussion. La commission avait proposé la suppression totale de l'amendement. Plus tard, elle se rallia à un sous-amendement de M. *Laplagne-Barris*, qui n'était autre que celui de M. Dalloz. On a fait valoir, de part et d'autre, les motifs qui avaient été présentés devant la Chambre des Députés, dont la solution a été maintenue.

(1) Dans mes notes sur l'art. 12 de la loi du 7 juillet 1833, j'ai fait remarquer que cette expression *le préfet en conseil de préfecture* signifie le préfet décidant seul, après avoir pris l'avis des conseillers de préfecture. Tel est, en effet, le sens qu'il faut lui attribuer, ainsi que je l'ai fait remarquer dans mes observations sur différentes lois. M. Chauveau, dans ses *Principes de compétence et de juridiction administratives*, *Introduction*, page 128, prétend que je n'ai pas toujours exprimé la même opinion, et que, dans mes notes sur l'ordonnance du 18 mai 1828, j'ai dit qu'en général *le préfet en conseil de préfecture*, ou *le conseil de préfecture présidé par le préfet*, ou simplement *le conseil de préfecture*, sont des locutions ayant la même signification. M. Chauveau est dans l'erreur. J'ai cru, après avoir rappelé l'interprétation que j'avais constamment donnée aux mots *le préfet en conseil de préfecture*, devoir faire remarquer que, par exception dans l'ordonnance du 18 mai 1828, ces mots sont employés comme équivalents de ceux-ci : *le conseil de préfecture présidé par le préfet*, et j'en ai indiqué les raisons. Ensuite j'ai voulu faire sentir qu'il était fâcheux qu'on donnât ainsi un sens différent à la même expression, et, pour mieux montrer l'inconvénient de ce défaut d'exactitude dans le langage légal, j'ai dit qu'il aurait pu fournir un argument *pour établir que l'art. 5 de la loi du 5 février 1817 ne devait pas être pris à la lettre, et que le préfet en conseil de préfecture, ou le conseil de préfecture présidé par le préfet, sont des locutions employées indifféremment, l'une pour l'autre, dans nos lois*. Loin donc d'admettre cette interprétation comme vraie, j'ai blâmé une rédaction qui pouvait porter à l'adopter. Ceci n'a point pour but de me justifier du reproche qui m'a été adressé, je le sais, avec les plus bienveillantes intentions. J'ai seulement cherché à ne point laisser de doute sur mes opinions, en supposant qu'on veuille bien y attacher quelque importance.

(2) M. le comte *Daru* a fait remarquer à la Chambre des Pairs que, dans le cours de la discussion relative à l'addition des mots qui terminent le premier paragraphe de l'article (voy. la note précédente), on a reconnu que la loi de 1836 avait pour effet de décentraliser l'exécution des chemins vicinaux, de s'en remettre, sur ce point, entièrement à l'autorité locale, en dehors de l'action de

TITRE III. — DE L'EXPROPRIATION ET DE SES SUITES, QUANT AUX PRIVILÉGES, HYPOTHÈQUES ET AUTRES DROITS RÉELS.

15. (1) Si des biens de mineurs, d'inter-

dits, d'absents, ou autres incapables, sont compris dans les plans déposés en vertu de l'art. 5, ou dans les modifications admises par l'administration supérieure, aux termes de l'art. 11 de la présente loi, les tuteurs,

---

l'autorité supérieure, et que ce troisième paragraphe, exigeant l'autorisation de l'administration supérieure, est en contradiction avec l'esprit, le sens et la lettre de la loi de 1836.

« Il serait nécessaire, a-t-il ajouté, que M. le ministre des travaux publics voulût bien au moins nous donner quelques explications sur ce point, devenu, ce me semble, obscur depuis la disposition introduite par la Chambre des Députés. »

M. *le commissaire du roi* a répondu d'abord que le dernier paragraphe de l'art. 12 ne concerne pas spécialement les chemins vicinaux ; qu'il s'applique à tous les travaux d'un intérêt purement communal, que, parmi ces travaux, il en est un grand nombre qui exigent l'intervention de l'autorité supérieure ; qu'on devait rappeler, par conséquent, la nécessité de cette intervention.

« Quant aux chemins vicinaux, a-t-il ajouté, il existe une législation spéciale (la loi du 21 mai 1836), et il a été bien entendu, dans le cours de la discussion à la Chambre des Députés, qu'on n'entendait y déroger en aucune manière.

« L'art. 3 de la loi exige que les travaux soient autorisés par une loi ou par une ordonnance. J'ai fait observer que les travaux des chemins vicinaux, dans l'état de la législation, pouvaient être autorisés par un simple arrêté préfectoral. Il m'a été répondu, par l'honorable rapporteur de la commission, qu'il existait une loi spéciale pour les chemins vicinaux, et qu'il était de principe qu'une loi générale ne pouvait pas déroger à une loi spéciale. J'ai demandé à prendre acte de cette déclaration. » (Voir les notes de l'art. 3.)

« Dans le sein de la commission de la Chambre des Députés, j'ai fait une observation analogue, précisément à l'occasion du dernier paragraphe de l'art. 12, et la même réponse m'a été faite. On n'a nullement entendu déroger à la loi spéciale sur les chemins vicinaux, et les mots « sauf l'approbation de l'administration supérieure » ne peuvent s'entendre que de l'approbation de l'administration supérieure dans les cas prévus par les lois et règlements.

« J'ajouterai, au surplus, que ces mots se trouvent dans la loi de 1833, et que cependant jamais on n'a contesté au préfet le droit de décision définitive en matière de chemins vicinaux, là où la loi lui concède ce droit. »

M. *Laplagne-Barris* a fait observer que le texte de la loi est en opposition avec les explications données par M. le commissaire du roi ; que les mots « sauf l'approbation de l'administration supérieure » se rapportaient à l'article tout entier.

« Remarquez, a-t-il dit, qu'il ne faut pas beaucoup se préoccuper des opinions émises à la tribune sur le sens de tel article de la loi ; que ces opinions, quelque respectables qu'elles soient, cèdent devant le texte, lorsqu'un débat s'engage devant les tribunaux. »

M. *le ministre des travaux publics* s'est attaché à démontrer que la contradiction qu'on croyait apercevoir entre le premier et le dernier paragraphes de l'article existait dans la loi de 1833. « Tout le monde est tombé d'accord, a-t-il dit ; et la Cour

de cassation la première, qu'un chemin vicinal, qui ne sortait pas d'une commune, était d'un intérêt purement communal. Eh bien, évidemment, quant à ce chemin, le pouvoir absolu du préfet existait d'après la loi de 1836, et cependant l'article 12 se terminait, dans la loi de 1833, par des expressions identiques à celles qui se rencontrent dans la nouvelle rédaction. On disait que le préfet prononcerait, *sauf l'approbation de l'autorité supérieure*. Or, le chemin vicinal est compris dans l'article 12. La contradiction existait, et cependant cela n'a pas tiré à conséquence. »

Il faut convenir que ces explications sont un peu singulières. Elles établissent qu'il y a aujourd'hui comme autrefois contradiction entre les différents paragraphes d'un même article. Il semble, dès lors, qu'on devait s'attacher à la faire disparaître. Au contraire, le ministre conclut qu'il ne faut rien changer, par la raison que cette contradiction n'ayant pas produit de mal jusqu'alors, elle n'en produira pas à l'avenir. Certes, ce serait une déplorable manière de faire des lois, que de reconnaître qu'il y a entre deux dispositions une contradiction choquante, et de ne pas rétablir l'harmonie par une modification convenable. Mais, dans le cas particulier, la session approchait de son terme, et l'on n'a pas voulu rejeter à la session suivante l'adoption d'une loi utile, pour y opérer un perfectionnement partiel et peu important. Au demeurant, le texte est clair, et, comme l'a dit M. Laplagne-Barris, on devra, le cas échéant, l'appliquer tel qu'il est.

« Les explications données par M. le ministre, a dit *le rapporteur*, satisferont peut-être un jour les commentateurs ; mais elles sont en contradiction avec le texte de la loi. »

Pour mon compte, je crois que c'est ici une de ces occasions où toutes les explications doivent céder au texte, parce que le texte est formel. Les discussions dans les Chambres peuvent éclairer une disposition obscure, expliquer la valeur d'un mot douteux, donner l'interprétation d'un texte ambigu. Elles ne doivent jamais l'emporter sur le sens de termes à la fois clairs et précis.

(1) M. *Dufaure*, rapporteur, a indiqué le but que l'on s'est proposé en insérant cette disposition dans la loi. Il s'est exprimé en ces termes :

« Lorsque le plan des propriétés dont la cession est nécessaire a été définitivement arrêté, le pouvoir judiciaire est appelé à prononcer l'expropriation contre ceux des propriétaires avec lesquels il n'a pas été possible de traiter à l'amiable. C'est l'objet du titre 3. Mais une lacune existait dans la loi de 1833 ; elle n'avait pas prévu les formes suivant lesquelles il serait permis de traiter à l'amiable pour les biens des mineurs et autres incapables. Elle donnait à leurs représentants le droit de convenir du prix après l'expropriation prononcée ; elle ne leur permettait pas de consentir à l'expropriation. Pourquoi, dès que l'aliénation est forcée, ne pas leur permettre d'y souscrire par un acte volontaire, sauf les précautions propres à garantir les droits des incapables ? Tel est le but d'une série de dispositions que nous avons ajoutées à l'art. 15 ;

ceux qui ont été envoyés en possession provisoire, et tous représentants des inca-

pables, peuvent, après autorisation du tribunal donnée sur simple requête, en la

et qui déterminent dans quelles formes les biens de mineurs, d'interdits, d'absents ou autres incapables, les immeubles dotaux, les biens des départements, des communes ou établissements publics, ceux de l'État et ceux qui font partie de la dotation de la couronne, pourront devenir l'objet de traités amiables. Nous appliquons aussi à l'aliénation même de l'immeuble la disposition que la loi de 1833 n'appliquait qu'au règlement du prix. L'art. 25 du projet de loi nous proposait déjà cette innovation ; nous avons cru que sa place était en tête de l'art. 13. »

L'intention de la loi se trouve très-clairement exprimée par ce passage du rapport. Mais les termes mêmes de la disposition et la discussion dont ils ont été l'objet peuvent laisser beaucoup de doute sur l'étendue qu'il convient de leur accorder, et sur l'application qui peut en être faite à certaines personnes.

Les mots *ou autres incapables*, placés à la suite de ceux-ci *mineurs*, *interdits* ou *absents*, semblent destinés à embrasser sans distinction toutes les personnes dont la capacité n'est pas entière et complète ; mais, lorsqu'on étudie l'ensemble de la disposition, lorsqu'on s'attache à examiner la nature et l'étendue des pouvoirs de ceux qui sont chargés de représenter ou d'assister les diverses classes d'incapables, on s'aperçoit que l'article ne s'applique pas à toutes de la même manière.

L'article a pour but de permettre une aliénation *volontaire* de biens immeubles sans l'accomplissement de toutes les formalités qui sont ordinairement exigées pour les sortes d'actes, au cas d'incapacité des propriétaires ; il organise une procédure plus simple et d'une exécution plus facile. Il doit donc rester sans application lorsque l'aliénation, suivant le droit commun, pourra avoir lieu encore plus simplement. Cette première réflexion servira à la solution de beaucoup de difficultés. Au surplus, et pour procéder avec ordre, je vais d'abord examiner ce qui est relatif aux mineurs, aux interdits, aux absents, en un mot, à tous ceux qui sont formellement désignés, et je m'occuperai ensuite de ceux qui sont compris dans la locution complexe *ou autres incapables*.

Les mineurs, on le sait, ne peuvent exprimer un consentement valable, par conséquent il leur est impossible d'aliéner leurs biens meubles ou immeubles ; leurs tuteurs eux-mêmes ne peuvent procéder à l'aliénation des immeubles qu'en justice et en remplissant des formalités, nombreuses et compliquées. L'article leur offre donc une ressource précieuse, puisque, moyennant l'autorisation du tribunal, le consentement du tuteur suffira pour consommer l'aliénation.

Mais les mineurs émancipés sont soumis à des règles moins étroites ; ils ont, dans certains cas, une capacité personnelle semblable à celle des majeurs ; pour quelques actes, ils n'ont besoin que de l'assistance de leur curateur. Toutefois, ils ne peuvent ni vendre ni aliéner leurs immeubles, qu'en observant les formes prescrites au mineur non émancipé (Code civ., art. 484). Ils trouveront donc aussi dans l'application de la présente loi un avantage incontestable ; ils sont évidemment intéressés à substituer aux formes établies par le Code civil et le Code de procédure, pour les ventes de biens de

mineurs, la forme d'une autorisation à obtenir du tribunal.

Remarquons que ce sera le mineur lui-même, assisté de son curateur, qui devra présenter la requête et provoquer l'autorisation.

Je n'hésite pas à étendre aux mineurs émancipés la disposition faite pour les mineurs qui sont encore en tutelle, et il est clair qu'on ne saurait refuser aux premiers une faculté qui est accordée aux seconds.

Pendant le mariage, le père n'est qu'administrateur des biens personnels de ses enfants mineurs ; il ne peut donc les aliéner sans formalités. Il devra donc recourir à la disposition du présent article et demander l'autorisation du tribunal pour consentir à l'expropriation.

Les interdits sont désignés à la suite des mineurs ; ils leur sont assimilés par les principes du droit commun : par conséquent, il n'y a aucune difficulté relativement à eux.

L'article s'occupe ensuite des absents, qu'il classe aussi parmi les incapables. Je sais que quelques auteurs leur donnent cette qualification (Chrestomathie, p. 89) ; et il faut convenir que les absents ne peuvent exercer aucun droit, faire aucun acte, et qu'on donne à leurs biens des administrateurs ; mais il est certain que cet état de choses tient à un ordre d'idées différent de celui d'après lequel sont établies les incapacités.

La loi considère certaines personnes comme n'ayant pas le libre, plein et complet exercice de leurs facultés intellectuelles, ou comme devant, par des raisons d'ordre public, rester subordonnées à une volonté étrangère. Elle leur interdit certains actes, les place sous la protection d'autres personnes chargées de les représenter ou de les assister : ce sont là les *incapables* proprement dits. D'un autre côté, il arrive quelquefois que des biens sont pour ainsi dire abandonnés, soit que leurs propriétaires aient disparu, soit que ces biens fassent partie d'une succession que personne n'a acceptée ou qui n'a été acceptée qu'avec une réserve qui empêche l'héritier d'être la représentation complète du défunt ; dans ce cas, le législateur intervient, non pour interdire aux propriétaires des biens certains actes, non pour mesurer leur capacité sur leur intelligence, mais pour pourvoir à l'administration de choses qui sont pour le moment sans maître. Les représentants qui sont institués en pareil cas n'ont pas un pouvoir absolu sur les objets qui leur sont confiés. Et cela s'explique aisément : ils sont des administrateurs et non des propriétaires ; on ne peut pas les appeler des incapables.

Si cette qualification leur était appliquée, toutes les idées seraient bouleversées, et l'on arriverait à ce singulier résultat que les mineurs et les tuteurs seraient compris dans la même catégorie et réputés incapables les uns comme les autres. Celui qui est absent, dont l'existence n'est pas reconnue, ne peut ni administrer, ni aliéner ses biens ; celui qui est mort ne le peut pas non plus, et certainement personne ne s'avisera de dire sérieusement qu'un homme mort est un *incapable* dans le sens légal. Je dois cependant reconnaître que les rédacteurs du Code civil ont employé l'expression dans un sens analogue. On lit en effet dans l'art. 725 : « Pour succéder, il faut nécessai-

chambre du conseil, le ministère public entendu, consentir amiablement à l'aliénation desdits biens.

Le tribunal ordonne les mesures de conservation ou de remploi qu'il juge nécessaires.

---

rement exister à l'instant de l'ouverture de la succession. Ainsi sont *incapables* de succéder celui qui n'est pas encore conçu, etc. » Mais le mot incapable n'est pas pris ici dans le sens ordinaire, et l'on doit convenir d'ailleurs que le législateur aurait pu adopter une forme plus heureuse et un mot plus convenable pour dire que celui qui n'était pas conçu lors de l'ouverture d'une succession n'y a point de droit. J'ai cru ne pouvoir me dispenser de présenter ici ces observations ; car il importe de redresser, toutes les fois que l'occasion s'en présente, les inexactitudes qui se rencontrent dans la rédaction des lois. C'est en donnant à la langue du droit de la précision et de la clarté, qu'on peut espérer d'avoir des principes certains et des solutions sûres.

Quoi qu'il en soit, l'article classe donc les absents au rang des incapables, et il autorise les envoyés en possession provisoire à aliéner les biens à l'amiable avec l'autorisation du tribunal. La même faculté est nécessairement attribuée à l'époux commun en biens qui, en optant pour la continuation de la communauté, aura empêché l'envoi en possession provisoire. Enfin, toute autorisation cessera d'être utile, lorsque l'envoi en possession définitif aura été prononcé.

Voyons maintenant quels sont les autres incapables qui ne sont pas expressément désignés par l'article, et qui peuvent cependant invoquer les règles qu'il établit.

Dans ce nombre sont comprises les femmes mariées. Le texte de l'art. 1124 ne laisse aucun doute à cet égard ; mais la raison particulière de leur incapacité a fait admettre un mode spécial de protection. Elles sont sous la puissance de leurs maris ; mais leurs maris ne sont pas chargés précisément de les représenter ; ils ont, en général, l'administration et même la jouissance de leurs biens ; ils les assistent et les autorisent lorsqu'il s'agit d'actes qui excèdent les bornes d'une simple administration, notamment d'actes d'aliénation ; enfin, l'autorisation de la justice peut, dans certains cas, remplacer celle du mari.

Ces principes généraux sur la condition des femmes doivent être combinés avec la disposition de cet article, et cela me paraît ne présenter aucune difficulté sérieuse.

D'abord je ne m'occupe point des biens de la communauté ; le mari peut les vendre (C. civ., art. 1421.) Ainsi, il n'y a aucune nécessité de s'adresser aux tribunaux.

C'est des biens immeubles personnels à la femme qu'il doit être uniquement question.

D'après le droit commun, son consentement est nécessaire pour leur aliénation.

Le mari ne pourrait donc seul, en obtenant l'autorisation du tribunal, consentir amiablement à l'expropriation. L'autorisation du tribunal dispense les représentants des incapables d'accomplir les formalités que les lois générales prescrivent ; mais elle ne peut suppléer au consentement de celui qui, quoique incapable jusqu'à un certain point, est cependant habile à consentir, et dont les biens ne peuvent être aliénés qu'avec son consentement.

C'est, au contraire, la femme qui pourra seule opérer amiablement l'aliénation, en s'adressant aux tribunaux.

Cette faculté résulte pour elle de la combinaison du présent article avec l'art. 219 du Code civil.

En effet, d'après ce dernier article, si la femme veut aliéner et que son mari lui refuse son autorisation, elle peut le faire citer devant le tribunal de première instance qui, selon les circonstances, peut refuser l'autorisation d'aliéner, le mari entendu. La femme n'a donc pas besoin de la faveur que la loi actuelle accorde à certains incapables pour se faire relever de leur incapacité ; elle a dans le Code civil un moyen semblable et parfaitement suffisant.

Toutefois, cette proposition n'est pas absolue. Si le mari a la jouissance des biens de la femme, alors il ne dépend pas de celle-ci de consentir, même avec l'autorisation de la justice, à une aliénation par laquelle les droits du mari seraient modifiés. Le consentement du mari est absolument indispensable ; et, s'il le refuse, malgré l'acquiescement de la femme, il faudra remplir toutes les formalités prescrites pour les cas où un ayant-droit résiste à l'expropriation.

On comprend que si le mari et la femme sont d'accord, c'est-à-dire si, d'une part, le mari consent à l'aliénation en tant qu'ayant la jouissance, et que, de l'autre, il autorise la femme à aliéner ; qu'enfin, celle-ci adhère à l'aliénation, il n'y aura aucune formalité à remplir, aucune autorisation à demander.

Tout ce qui précède s'applique aux biens qui n'ont pas le caractère de biens dotaux. Pour ceux-ci le troisième alinéa de l'article dit expressément que les formalités qu'il prescrit sont applicables.

Cette disposition était nécessaire ; en effet, un double obstacle peut s'opposer à l'aliénation d'un bien dotal : l'incapacité de la femme et l'inaliénabilité des biens dotaux prononcée par le texte du Code civil (art. 1554).

Pour les lever l'un et l'autre, il faudra que le mari et la femme demandent au tribunal l'autorisation. Il ne suffirait pas que le mari seul la provoquât ; car si un propre de la femme sous le régime de la communauté ne peut être aliéné qu'avec le consentement de la femme, l'aliénation d'un immeuble dotal ne peut, à plus forte raison, avoir lieu sans que la femme y consente. L'autorisation donnée par le tribunal remplace les formalités à l'aide desquelles il est possible, selon les règles ordinaires, de parvenir à l'aliénation des biens dotaux ; elle ne peut suppléer au consentement de la femme ; mais cela n'est pas tout, le mari doit également consentir, car il a la jouissance des biens dotaux ; il ne peut en être privé que par l'effet de sa volonté.

Les personnes à qui un conseil judiciaire est donné sont placées au rang des incapables ; elles ne peuvent aliéner leurs biens immeubles sans l'assistance de leur conseil ; elles devront par conséquent, pour consentir à l'expropriation, se pourvoir de l'autorisation exigée par cet article. Le conseil seul n'aurait pas le droit de provoquer cette autorisation et de donner ensuite à l'aliénation son consentement, car il n'est pas le représentant, il n'est que l'assistant de celui qui est confié à sa surveillance. Ce dernier agit personnellement, seulement il a besoin du concours de

Ces dispositions sont applicables aux immeubles dotaux (1) et aux majorats (2).

Les préfets pourront, dans le même cas, aliéner les biens des départements, s'ils y

---

son conseil qui, en refusant son assistance, rendrait impossible l'aliénation amiable.

La loi du 30 juin 1838 a en quelque sorte créé une nouvelle classe d'incapables, ou du moins elle a organisé un mode nouveau de protection et de tutelle pour des personnes dont l'interdiction serait possible, mais n'est pas prononcée. Je crois que la présente loi est applicable aux aliénés dont s'occupe celle du 30 juin 1838, soit qu'ils aient pour administrateur provisoire de leurs biens la commission administrative de l'hospice dans lequel ils sont placés, soit qu'un administrateur spécial ait été nommé par le tribunal. Les pouvoirs de ces administrateurs ne sont pas, il est vrai, sous plusieurs rapports, aussi étendus que ceux des tuteurs. Cela résulte de différentes dispositions, notamment des art. 31, 33 et 36, ainsi que de la discussion ; mais on voit, dans l'art. 33, que le tribunal peut nommer, dans le cas d'urgence, un mandataire spécial à l'effet d'intenter une action *immobilière* au nom de l'aliéné. Ce pouvoir qu'il confère ainsi n'appartient au tuteur qu'avec l'autorisation du conseil de famille (art. 464). Il est donc évident que le législateur a voulu que les tribunaux pussent, dans les cas d'urgence, constituer pour ceux qui sont en état de démence des représentants capables de concourir à des actes d'aliénation de leurs immeubles sans les formes protectrices établies pour les mineurs. Par conséquent, c'est se conformer à ses vues que d'admettre l'administrateur pourvu d'une autorisation du tribunal à consentir à l'aliénation amiable. Dira-t-on que la disposition de la loi du 30 juin 1838 n'est relative qu'au cas d'urgence et exige, d'ailleurs, la nomination d'un mandataire spécial ? On répondrait, d'une part, que le cas que prévoit cette loi, celui d'un procès intenté à l'incapable, n'a pas plus le caractère d'urgence que le cas d'expropriation pour cause d'utilité publique ; en second lieu, la loi de 1838 permet de nommer l'administrateur provisoire mandataire spécial, et que le tribunal, donnant à l'administrateur le pouvoir de consentir à l'aliénation, fera l'équivalent de ce qu'il eût fait en le nommant mandataire spécial. En un mot, le texte de l'article dont il cherche à déterminer le sens et la portée est général ; il embrasse tous les incapables, et confère à leurs représentants les mêmes pouvoirs ; il est donc applicable aux aliénés et aux représentants spéciaux que leur a donné la loi du 30 juin 1838 ; la nature des fonctions de ces derniers n'ayant rien d'ailleurs qui répugne à ce qu'ils usent de la faculté qui est accordée à tous les autres.

Le curateur à une succession vacante et l'héritier bénéficiaire ne sont point des incapables ; ils sont des administrateurs, dont les pouvoirs ont, du moins en ce qui touche l'aliénation des immeubles, une grande analogie avec ceux des tuteurs. On sait, en effet, que la vente des immeubles provenant d'une succession bénéficiaire ou d'une succession vacante est soumise aux mêmes formalités que la vente de biens de mineurs. (C. proc., art. 986 et suiv., et 1001.) Ce rapprochement suffit pour démontrer que le curateur à la succession vacante ou l'héritier bénéficiaire pourra, avec l'autorisation du tribunal, consentir à l'expropriation. La même observation s'applique aux biens provenant d'un débiteur qui a fait cession, ou d'un failli

(C. proc., art. 904 ; C. comm., art. 572) ; elle conduit à la même conséquence.

Ces solutions sont puisées dans le texte de l'article combiné avec les principes généraux du droit. Je dois examiner si elles sont en harmonie avec la discussion qui a eu lieu dans les Chambres.

Sur ce premier paragraphe, aucune observation n'a été présentée qui soit de nature à modifier ou à confirmer ce qui a été dit précédemment. Je dois me borner à rappeler que M. *Couturier* a proposé d'exiger que les conseils de famille des mineurs ou des interdits fussent consultés ; mais on a pensé qu'en pareille matière, et lorsqu'il s'agissait d'aliénation forcée, l'intervention du tribunal donnait une garantie suffisante. Voyez, au surplus, les notes sur l'art. 25.

(1) L'autorisation du tribunal ne serait pas nécessaire, s'il s'agissait d'immeubles dotaux dont l'aliénation aurait été permise par contrat de mariage. (C. civ., art. 1557.) Voy. la note précédente.

(2) Les majorats ont été compris, sur la demande de M. le commissaire du roi, lors de la discussion à la Chambre des Députés.

Cette addition, proposée à la commission, avait été repoussée par elle. Voici les motifs qu'a donnés le *rapporteur :* « Votre commission a trouvé peu d'utilité à prévoir dans la loi le cas où l'on aurait besoin d'exproprier des immeubles dépendant de majorats pour permettre de les céder amiablement. Veuillez remarquer qu'aux termes de la loi de 1835, aucun majorat ne peut être institué pour l'avenir. Les majorats déjà institués sont réduits au deuxième degré, et enfin les fondeurs de majorats peuvent, à moins de certaines circonstances déterminées par la loi, révoquer la fondation qu'ils ont faite.

« Il est évident que, de ces trois circonstances, il résultera, dans un avenir peu éloigné, que les majorats seront éteints, et qu'il n'y aura plus en France d'immeubles frappés de cette sorte d'inaliénabilité. Ainsi, indépendamment de ce que, dans les circonstances actuelles, il y a très-peu de biens immeubles composant des majorats, dans un avenir peu éloigné il ne doit plus en exister.

« D'un autre côté, s'il arrivait néanmoins que, dans le temps qui s'écoulera jusqu'à ce qu'ils aient disparu, des majorats se trouvassent sur la ligne où des travaux devraient être entrepris, ces majorats n'ont certainement pas un privilége d'inaliénabilité pour cause d'utilité publique ; ils sont également frappés du droit d'expropriation.

« Il résulterait seulement du silence de la loi que, dans des circonstances exceptionnelles, on ne pourrait pas obtenir un contrat amiable, et qu'on serait obligé de demander un jugement d'expropriation.

« Remarquez que les majorats se trouvent dans une autre situation que les immeubles dotaux. A la vérité, ils sont inaliénables comme eux ; mais ils le sont pour d'autres motifs : les immeubles dotaux tout inaliénables qu'ils sont dans les circonstances ordinaires, n'en sont pas moins la propriété de la femme mariée sous le régime dotal. La femme, dans certains cas, aux termes mêmes de nos lois, est relevée de l'inaliénabilité de sa dot. Il est des cas prévus par le Code civil où la femme peut aliéner ses immeubles dotaux.

« Pour les majorats, au contraire, ce n'est pas

sont autorisés par délibération du conseil général ; les maires ou administrateurs pourront aliéner les biens des communes ou établissements publics, s'ils y sont autorisés par délibération du conseil municipal ou du conseil d'administration, approuvée par le préfet en conseil de préfecture (1).

---

pour le titulaire du majorat qu'est déclarée l'inaliénabilité, c'est encore pour ceux qui sont appelés après lui à profiter du majorat. Nous trouverions un très-grave inconvénient à permettre au grevé de consentir, même avec l'autorisation du tribunal, à l'aliénation de l'immeuble compris dans le majorat. Nous croyons que ce sont là des principes que nous pouvons nous dispenser de blesser dans notre loi. Si cela était nécessaire, si les majorats étaient multipliés, si les travaux publics pouvaient être souvent entravés par cet obstacle, nous croirions devoir ajouter cette exception à celle des immeubles dotaux ; mais, pour une circonstance aussi exceptionnelle, nous désirerions que la Chambre ne portât pas atteinte aux principes du droit commun ; eh bien ! c'est au principe reconnu en matière de majorat, que le grevé ne peut pas aliéner, et ce n'est pas seulement dans son intérêt, mais aussi dans l'intérêt de l'appelé. Et il faudrait établir des formes particulières pour la manière dont le consentement serait donné, et même dont il serait demandé au tribunal : il faudrait faire concourir à la fois le grevé et le représentant de l'appelé.

« Il vaut beaucoup mieux, pour un cas, je le répète, aussi exceptionnel, laisser les choses dans l'état où elles se trouvent, et, quand les biens constitués en majorat se trouveront sur la ligne des travaux, obliger à l'expropriation et ne pas permettre le contrat amiable. »

M. *le commissaire du roi* a répondu « que la loi de 1835 a maintenu l'institution des majorats jusqu'au deuxième degré, non compris le degré de l'institution ; qu'il existe encore des détenteurs de majorats au degré même de l'institution ; qu'il faudra attendre que cette génération s'éteigne et que deux autres lui succèdent.

« Qu'ainsi, pendant soixante, quatre-vingts ans et plus, on peut trouver cet obstacle sur la ligne des travaux.

« Qu'à la vérité, le grevé n'est pas seulement intéressé dans la question, son représentant l'est également. Mais le projet de loi même répond à l'objection : car le second paragraphe porte que le tribunal ordonne des mesures de conservation ou de remploi qu'il juge nécessaires.

« Par conséquent, les intérêts de l'appelé sont suffisamment sauvegardés par les mesures que le tribunal doit ordonner.

« ..... Je ne vois pas pourquoi, a ajouté M. *le commissaire du roi*, dans la vue d'abréger les formes d'expropriation, puisque nous faisons une loi nouvelle qui vous applique des formes plus expéditives aux biens des mineurs, des incapables, des absents et des femmes mariées sous le régime dotal, vous n'étendriez pas ces mêmes formes aux immeubles dépendants des majorats. »

Le législateur a donc voulu, dans l'intérêt de la prompte exécution des travaux, déroger aux formalités tracées par le titre 4 du décret du 1er mars 1808. En pareil cas, le tribunal de première instance remplira les fonctions attribuées au conseil du sceau des titres. C'est là une modification grave à la législation spéciale qui régit les majorats. Il est vrai qu'elle n'avait pas prévu le cas où cette

sorte de biens se trouverait soumise à l'expropriation pour cause d'utilité publique.

A l'égard des mesures de conservation ou de remploi, le tribunal devra se conformer, autant que possible, aux dispositions prescrites par le titre 4 du décret précité.

J'appliquerais cette disposition aux biens frappés de substitution, aux termes des art. 1048 et suivants du Code civil et de la loi du 17 mai 1826.

On ne saurait être plus exigeant que pour les ventes de biens de mineurs. (Voir Delvinc., t. 2, p. 107, n. 3 ; Grenier, *Traité des donations et testaments*, n. 392, et Duranton, t. 9, n. 590.) Seulement, en pareil cas, je crois qu'il serait convenable de faire intervenir le tuteur à la substitution ; d'ailleurs, le prix des biens devra être employé suivant les règles prescrites par les art. 1066 et suiv. du Code civil ; mais cette dernière observation ne s'applique pas seulement au cas où un consentement amiable aura été donné à l'aliénation. On comprend qu'une fois l'aliénation opérée, une fois le prix réalisé, la question d'emploi se présentera, soit que les formalités aient été accomplies à défaut de consentement, soit que le consentement ayant été donné, on ait été dispensé de suivre les formes à l'aide desquelles on met à fin l'expropriation.

(1) Dans le projet de la commission, on lisait : « Les préfets, maires ou administrateurs pourront, dans le même cas, aliéner les biens des départements, des communes ou établissements publics, s'ils y sont autorisés par délibération du conseil général du département, du conseil municipal ou du conseil d'administration, approuvée par le préfet en conseil de préfecture. » D'après cette rédaction, l'approbation du préfet était nécessaire aussi bien pour la délibération du conseil général, que pour celle du conseil municipal ou du conseil d'administration. On a fait remarquer qu'il y aurait de graves inconvénients à donner ainsi au préfet le pouvoir de juger un acte du conseil général, lorsque, de son côté, le conseil général a la mission d'apprécier certains actes du préfet. On a d'ailleurs rappelé que les délibérations des conseils généraux ne sont soumises qu'au ministre de l'intérieur.

La Chambre des Députés, touchée de ces observations, a modifié le paragraphe de manière à ne soumettre à l'approbation du préfet que les délibérations des conseils municipaux et des commissions. Elle a ensuite examiné s'il était convenable d'exiger en cette matière l'approbation du ministre de l'intérieur pour les délibérations émanées des conseils généraux de départements.

M. *le rapporteur de la commission* a pensé que cette approbation n'était pas nécessaire. « Si l'article que nous discutons, a-t-il dit, n'avait pas précisément pour but de diminuer les formalités avec lesquelles les biens peuvent être aliénés, il faudrait l'approbation du ministre de l'intérieur, et je ne crois pas qu'en aucun cas on pût y substituer celle du préfet en conseil de préfecture. Mais quel est le but de notre article ? De faciliter les aliénations amiables. Pour y arriver, on a diminué toutes les formalités d'autorisation qui sont habituellement exigées, et

Le ministre des finances peut consentir à l'aliénation des biens de l'Etat, ou de ceux qui font partie de la dotation de la couronne, sur la proposition de l'intendant de la liste civile.

A défaut de conventions amiables, soit avec les propriétaires des terrains ou bâtiments dont la cession est reconnue nécessaire, soit avec ceux qui les représentent, le préfet transmet au procureur du roi dans le ressort duquel les biens sont situés la loi ou l'ordonnance qui autorise l'exécution des travaux, et l'arrêté mentionné en l'article 11.

14. Dans les trois jours, et sur la production des pièces constatant que les formalités prescrites par l'art. 2 du titre 1er, et par le titre 2 de la présente loi, ont été remplies, le procureur du roi requiert et le tribunal prononce l'expropriation pour cause d'utilité publique des terrains ou bâtiments indiqués dans l'arrêté du préfet (1).

---

s'agit, lorsqu'il y a des travaux à faire, d'un côté, l'utilité publique réclame plus de célérité; et, d'un autre côté, il n'y a à craindre aucune connivence avec l'administration qui poursuit les travaux. On a diminué les formalités quant aux incapables, on les a diminuées quant aux biens de l'Etat; de même on les diminue quant aux biens des départements, et on se contente, de quoi? d'une délibération du conseil général, on n'exige plus l'approbation du ministre de l'intérieur, et encore moins celle du conseil de préfecture. »

Ces idées ont prévalu, et la nouvelle rédaction indique clairement que l'approbation du préfet n'est exigée que pour les délibérations des conseils municipaux et des commissions, et qu'il n'en faut aucune pour les délibérations des conseils généraux de départements.

(1) Dans ma note sur l'art. 14 de la loi du 7 juillet 1833, j'ai essayé d'indiquer avec exactitude la nature des attributions qui sont confiées au tribunal de première instance. J'ai dit que sa mission consistait à vérifier si les pièces produites *constatent* l'accomplissement de toutes les formalités prescrites par l'art. 2 du titre 1er et par le titre 2, et qu'il n'est point juge du fond, notamment de la question de savoir si tel propriétaire a dû être exproprié, si tel plan devait être préféré à tel autre, etc., etc.

M. le comte *Daru*, dans son rapport à la Chambre des Pairs, a exprimé les mêmes idées. « Les formes, a-t-il dit, ont-elles été observées, les garanties imposées par la loi respectées? C'est une question qui est évidemment du ressort des tribunaux, car c'est à la justice qu'il appartient de veiller à l'exécution des lois. Est-ce à dire que l'autorité judiciaire pourra empiéter sur l'autorité administrative, et que les pouvoirs publics seront confondus? Nullement. La vérification imposée aux tribunaux n'est pas une vérification de fond, mais de formes. Le juge ne peut pas changer, modifier les arrêtés du préfet; il peut dire seulement: Telle prescription légale n'a pas été observée. Son rôle est passif, il n'administre pas. Aussi, la loi veut-elle que le jugement d'expropriation soit prononcé par le tribunal, sans l'intervention des parties. Si les individus expropriés pensent que les formes à leur égard n'ont pas été suivies, ils ont recours en cassation. »

La Cour de cassation a eu à se prononcer, sous l'empire de la loi de 1833, sur la forme du jugement et sur les énonciations qu'il doit contenir. Cette jurisprudence doit encore aujourd'hui être consultée, puisqu'aucun changement n'a été fait à ce paragraphe. Un premier arrêt, rendu le 1er juillet 1833, a cassé un jugement du tribunal de Lyon, qui s'était borné à mentionner l'exposé du

on les a diminuées parce que, dans les cas dont il procureur et à déclarer que toutes les formalités voulues par la loi avaient été remplies. La Cour de cassation dit, dans ses considérants, qu'il est indispensable non seulement que le jugement déclare que les formalités ont été remplies, mais qu'il porte avec lui la preuve de l'exactitude de cette déclaration, et elle paraît exiger pour cette preuve que le tribunal constate la production des pièces en les visant ou en les désignant. (Voy. Sirey-Devilleneuve, 34. 1. 623; Dalloz, 34. 1. 295.) D'un second arrêt, en date du 11 mai 1835, il résulte aussi que le jugement doit mentionner la production des pièces; il y est dit qu'il serait à désirer que les tribunaux ne se bornassent pas à viser collectivement et en masse les pièces produites, et qu'ils fissent particulièrement mention du caractère de chacune d'elles; mais enfin il y est reconnu que cette énonciation détaillée n'est exigée par aucune disposition législative, et qu'elle n'est pas indispensable, puisque l'art. 20, en ordonnant l'envoi des pièces à la Cour de cassation, lui donne les moyens légaux de vérifier si la décision émane du tribunal a été conforme à la loi. (Sirey-Devilleneuve, 35. 1. 949.)

Ainsi, d'après cet arrêt, il suffit, pour la validité du jugement, qu'il contienne la mention que les pièces ont été produites; il n'exige pas, comme paraissait l'exiger le précédent, une mention détaillée de chacune des pièces. La Cour de cassation, appelée une troisième fois à prononcer sur la même question, a persisté à dire que le jugement doit porter avec lui la justification de sa légalité par le visa, ou du moins par l'énonciation des pièces constatant l'accomplissement des formalités prescrites. Mais il faut remarquer que, dans l'espèce, toutes les formalités n'avaient pas été remplies; il y avait donc une raison déterminante pour que la Cour cassât le jugement. (Arrêt du 2 février 1836, Sirey-Devilleneuve, 36. 1. 337; Dalloz, 36. 1. 85.)

Sans doute on doit conseiller aux juges de mentionner qu'ils ont prononcé sur le vu des pièces, et d'indiquer les pièces qui ont été produites; mais est-il vrai que tout jugement qui ne contient pas au moins la première de ces mentions, doit être cassé? Je conserve, je l'avoue, beaucoup de doute sur ce point. Si l'art. 14 veut que les pièces soient produites, il ne dit pas formellement que cette production doit être mentionnée. Ainsi, le tribunal qui déclare que toutes formalités ont été remplies, me semble s'être suffisamment conformé au texte et même à l'esprit de la loi. La Cour de cassation dit que le jugement doit porter avec lui la preuve de l'exactitude de ses assertions. Aucune disposition spéciale à la matière n'établit cette règle; c'est donc un principe général applicable à tous les jugements que la Cour a entendu poser. Je le

Si, dans l'année de l'arrêté du préfet, l'administration n'a pas poursuivi l'expro-

déjà dit, et je le répète, il est très-convenable que les décisions judiciaires portent avec elles la preuve qu'elles sont sur tous les points conformes à la loi ; il est même quelques formalités dont il faut qu'elles constatent l'accomplissement, à peine de nullité. Ainsi, un jugement doit contenir la mention expresse qu'il a été rendu *publiquement*, mais il ne suffit pas qu'une formalité soit prescrite pour qu'un jugement soit sujet à cassation s'il ne constate pas qu'elle a été observée, il faut ou que la loi prononce expressément la nullité, ou que la formalité soit tellement essentielle qu'évidemment sans elle on ne puisse dire qu'il y a jugement. Or, l'art. 14 parle, il est vrai, de la production des pièces devant le tribunal ; mais il ne déclare point le jugement nul au cas où la production n'aurait pas eu lieu, et il est évident que si elle est d'une incontestable utilité, elle n'est pas une condition substantielle, un élément indispensable du jugement. D'un autre côté, la Cour de cassation, comme le fait remarquer l'un de ses arrêts, a un moyen facile de vérifier si toutes les formalités ont été accomplies, la mention de la production des pièces n'apparaît donc point comme une impérieuse nécessité. Il faut bien songer aussi à l'esprit dans lequel est faite la loi dont il s'agit. Elle veut simplifier les formes, abréger la procédure et continuer le plus promptement possible à l'expropriation. N'est-ce pas véritablement s'écarter du but que de casser un jugement uniquement parce qu'il ne mentionne pas la production des pièces ; lorsque, d'ailleurs, il déclare que toutes les formalités ont été remplies, et lorsque la Cour de cassation a sous les yeux la preuve qu'elles l'ont été ; lorsque cette preuve résulte des pièces dont le tribunal a négligé de constater la production ?

M. *Renouard* avait proposé d'ajouter : « Sans qu'il soit nécessaire d'appeler en cause les propriétaires dont les biens sont sujets à expropriation. » Cet amendement se rattachait à un autre qu'il proposait sur le paragraphe 5, et qui consistait à substituer le mot *propriétaires* au mot *parties* qui se trouvait dans la première rédaction.

« Si, dans le cinquième paragraphe, a-t-il dit, on maintient ces mots : « dans le cas où les *parties* « seraient d'accord, » on implique par-là qu'il y a des parties en cause, c'est-à-dire on suppose qu'il y a devant le tribunal un débat contradictoire ; on suppose que, devant le tribunal, sont appelés, d'une part, l'administration, et, d'autre part, les propriétaires à exproprier.

« Or, Messieurs, cette question s'est présentée plusieurs fois ; trois arrêts de cassation ont été rendus, et, tous les trois, à des dates différentes, ont jugé qu'il n'était pas nécessaire de mettre en cause les propriétaires dont les biens se trouvent sujets à l'expropriation. (Arrêts du 9 juin 1834, Sirey-Devilleneuve, 34. 1. 711 ; Dalloz, 34. 1. 28 ; du 22 décembre 1834, Sirey-Devilleneuve, 35. 1. 171 ; du 6 janvier 1836, Sirey-Devilleneuve, 36. 1. 5 ; Dalloz, 36. 1. 49.) La raison en est simple : si vous voulez, à chaque jugement d'expropriation, mettre en cause tous les propriétaires à exproprier, au lieu des formes abrégées auxquelles vous désirez arriver, vous aurez des jugements très-dispendieux, des questions nombreuses, des requêtes, des mémoires, des procédures ; en un mot, à l'occasion de cette expropriation, toutes les parties en cause devront

comparaître, fournir des défenses et plaider ; vous aurez là un énorme procès. Telle n'est pas l'intention de la loi. C'est dans le sens véritable de la loi que la jurisprudence a décidé qu'il n'est pas nécessaire de mettre en cause les propriétaires dont les biens sont sujets à l'expropriation. Remarquez que, pour persister dans cette jurisprudence, pour interpréter, je crois, dans le véritable sens de la loi, la première partie de l'article, il ne faut pas que, par un paragraphe subséquent, vous fassiez préjuger ce que la saine interprétation du premier paragraphe repousse. »

La Chambre a adopté le second amendement, qui consistait à mettre le mot *propriétaires* au lieu du mot *parties*, afin que cette dernière expression ne pût faire supposer qu'il y avait instance liée, et, par conséquent, possibilité d'engager une procédure. Le premier a été retiré par son auteur, d'après les explications qui ont été données par la commission. « Nous repoussons cet amendement, a dit *le rapporteur*, non pas qu'il ne dise la vérité, mais comme complètement inutile.

« Cependant, a-t-il ajouté, la Cour de cassation, par ses arrêts (voy. les arrêts déjà cités), a reconnu que les parties expropriées pourraient avoir intérêt à fournir quelques éclaircissements au tribunal ; elle reconnaît qu'ils peuvent les fournir. Nous restons dans la même limite sans avoir besoin de le dire dans la loi. Nous ne voulons pas autoriser par la loi une intervention formelle, une véritable procédure. Mais, quant aux éclaircissements à donner par les parties au procureur du roi ou au tribunal, nous reconnaissons que cela est fort régulier et peut quelquefois être utile.

« Il résulte de là qu'il est complétement inutile d'admettre le premier amendement de M. Renouard. D'un autre côté, il est bon, il est utile d'admettre le second ; la commission déclare qu'elle l'accepte. »

Mais M. *Dalloz* a repris cet amendement, et il a proposé de le rédiger ainsi : « Sauf le droit d'intervenir par simple requête, sans procédure ni plaidoirie. » Même, pour éviter toute idée d'une procédure à instruire, il a consenti à mettre que les parties pourraient présenter un mémoire. Il voulait par-là consacrer le droit pour les propriétaires d'établir que les formalités n'avaient pas été observées, et imposer aux tribunaux l'obligation de recevoir les observations qui leur seraient présentées.

M. *Tesnières* a demandé, de plus, le renvoi à la commission, afin qu'elle rédigeât une disposition qui imposât l'obligation d'avertir les propriétaires dépossédés.

Ces deux amendements ont été combattus par M. *le garde des sceaux*.

« L'honorable M. Tesnières, a-t-il dit, va plus loin que l'honorable M. Dalloz ; il voudrait, lui, qu'avant que le tribunal prononçât l'expropriation, les parties fussent appelées devant le tribunal pour fournir leurs contredits. Eh bien ! j'avouerai que, si vous admettez l'amendement de M. Dalloz, il serait conséquent avec cette opinion de déclarer que les parties devraient être averties ou appelées devant le tribunal. Mais, est-ce que la chose est nécessaire ? Est-ce que les propriétaires ne sont pas suffisamment avertis d'exercer leurs droits ? Est-ce qu'en effet ils ne les exercent pas ? Est-ce que la ju-

priation, tout propriétaire dont les terrains (1) sont compris audit arrêté peut présenter requête au tribunal. Cette requête sera communiquée par le procureur du roi au préfet, qui devra, dans le plus bref délai, envoyer les pièces, et le tribunal statuera dans les trois jours (2).

Le même jugement commet un des mem-

risprudence de la Cour de cassation, rappelée par l'honorable rapporteur, ne justifie pas cette allégation et ne prouve pas que la loi doit être entendue ainsi ?

« On invoque la loi de 1810 ; mais, en 1833, on a fait une loi qui avait pour objet d'abréger les lenteurs de la loi de 1810. Il n'y a rien de plus péremptoire.....

« Voyons de quelle manière la loi a été appliquée. La loi donne, en effet, la faculté de fournir des documents. Cela suffit. N'allons pas en rendre l'exécution plus difficile en admettant soit l'amendement de M. Dalloz, soit l'amendement de M. Tesnières. »

M. Dalloz a déclaré que les explications données par M. le garde des sceaux le rassuraient complétement, parce qu'il en résultait le droit pour toutes les parties intéressées de fournir des observations et des documents sur les irrégularités et les vices de l'instruction administrative. « C'est, a-t-il dit, tout ce que je demande ; mais il importe que ce droit fût constaté. »

M. le président a résumé en ces termes la discussion : « La Chambre se souvient que, d'une part, M. Renouard a retiré son amendement portant : « Sans qu'il soit nécessaire d'appeler les parties « intéressées, » parce qu'il est reconnu par tout le monde que cette non nécessité est établie par le droit commun ; et que, d'un autre côté, M. Dalloz retire son amendement relatif au droit des parties de produire leurs observations, quoique personne ne conteste ce droit, à condition que ceux qui l'exercent ne soient pas parties. »

(1) M. Béchard avait proposé de dire : « De terrains et de bâtiments. »

M. le commissaire du roi a répondu que jamais la difficulté ne s'était élevée ; qu'on avait toujours entendu que le mot terrains comprenait aussi les bâtiments.

M. le président a ajouté : « C'est entendu : terrains bâtis ou non. »

(2) Ce paragraphe ne se trouve point dans la loi du 7 juillet 1833 ; il a été ajouté par la commission de la Chambre des Députés.

« Il peut arriver, a dit le rapporteur, que l'administration néglige de poursuivre l'expropriation. Il ne serait pas juste de prolonger ainsi l'interdit qui pèse sur ces propriétés ; d'après une disposition nouvelle, si dans les six mois de l'arrêté du préfet l'administration n'a pas poursuivi l'expropriation, le propriétaire pourra présenter requête au tribunal. Cette requête sera communiquée par le procureur du roi au préfet, qui devra, dans le plus bref délai, envoyer les pièces, et le tribunal statuera dans les trois jours. »

Cette disposition a été vivement combattue par M. le commissaire du roi. Il a fait observer qu'elle ne donnait en réalité aux propriétaires aucune garantie, puisque son application ne sera possible que lorsque l'arrêté du préfet aura été pris ; et que l'administration pourra suspendre indéfiniment cet arrêté.

« Voici maintenant, a-t-il ajouté, les inconvénients de l'amendement, et ils sont réels, puisqu'il s'agirait d'imposer à l'administration l'obligation d'acquérir des terrains dans un délai déterminé ; mais si vous créez pour l'administration une obligation financière, il faut lui assurer les moyens de la remplir ; or, si les crédits que vous aurez mis à sa disposition ne lui permettent pas d'acheter, quelle sera sa position ? Elle contractera un engagement qu'elle ne pourra pas remplir, ou bien il faudra que le trésor soit grevé d'une charge d'intérêts qu'il me paraît convenable au moins de lui épargner.

« Et qu'arrivera-t-il si, plus tard, l'arrêté du préfet est modifié, si l'administration juge à propos de suivre une autre ligne ? Il faudra donc acheter des terrains qui n'auront plus de destination publique.

« Plus j'y réfléchis, plus je crois devoir insister pour que la Chambre n'adopte pas la disposition proposée, ou pour que, tout au moins, si elle juge que le principe doive être adopté, elle veuille bien étendre à une année le délai de six mois.

« Au moyen de cette extension, la disposition embrassera généralement deux exercices financiers, et l'administration pourra alors combiner ses ressources de manière à satisfaire à la nouvelle obligation qu'on lui impose. »

On a répondu qu'il importait de faire cesser le plus promptement possible l'état précaire dans lequel se trouvaient les propriétaires de terrains, et surtout les propriétaires d'usines, qui étaient placés sous le coup de l'expropriation ; que les inconvénients financiers, signalés par M. le commissaire du roi, ne pouvaient jamais autoriser une injustice, et qu'il y avait iniquité à traiter d'une manière différente contre lesquels avait été rendu le jugement d'expropriation, et ceux que l'arrêté du préfet menaçait de l'expropriation. On a dit que, d'ailleurs, la disposition proposée était le complément nécessaire de l'art. 55 ; qu'aux termes de ce dernier article, les parties pouvaient exiger qu'il fût procédé à la fixation de l'indemnité, six mois après le jugement d'expropriation ; mais que cette faculté était inutile si l'administration pouvait, après l'arrêté du préfet, suspendre ses poursuites, et retarder à son gré le jugement d'expropriation, puisqu'elle empêcherait ainsi l'exercice du droit de faire fixer l'indemnité.

On a ajouté que le droit nouveau qui serait conféré aux propriétaires n'empêcherait en aucune manière l'administration de modifier ses plans, même après l'arrêté du préfet, que seulement elle serait tenue de se prononcer dans un délai fixé.

Toutefois, afin de lui accorder plus de facilité, soit pour désintéresser les propriétaires, soit pour la révision des plans, le délai a été porté de six mois à un an.

Mais on a laissé sans réponse l'observation de M. le commissaire du roi, que, puisque c'est l'arrêté du préfet qui doit faire courir le délai, en suspendant l'arrêté on empêchera le délai de courir. Aussi M. le comte Daru, dans son second rapport à la Chambre des Pairs, a-t-il dit :

« Le moyen qu'on vous indique n'aura peut-être pas, dans la pratique, toute l'efficacité que l'on en

bres du tribunal pour remplir les fonctions attribuées par le titre 4, chapitre 2, au magistrat directeur du jury chargé de fixer l'indemnité, et désigne un autre membre pour le remplacer au besoin (1).

En cas d'absence ou d'empêchement de ces deux magistrats, il sera pourvu à leur remplacement par une ordonnance sur requête du président du tribunal civil (2).

Dans le cas où les propriétaires à exproprier consentiraient à la cession, mais où il n'y aurait point accord sur le prix, le tribunal donnera acte du consentement, et désignera le magistrat directeur du jury, sans qu'il soit besoin de rendre le jugement d'expropriation, ni de s'assurer que les formalités prescrites par le titre 2 ont été remplies (3).

15. Le jugement (4) est publié et affiché, par extrait, dans la commune de la situation des biens, de la manière indiquée en l'art. 6. Il est en outre inséré dans l'un des journaux publiés dans l'arrondissement, ou, s'il n'en existe aucun, dans l'un de ceux du département (5).

Cet extrait, contenant les noms des propriétaires, les motifs et le dispositif du jugement, leur est notifié au domicile qu'ils auront élu dans l'arrondissement de la situation des biens, par une déclaration faite à la mairie de la commune où les biens sont situés ; et, dans le cas où cette élection de domicile n'aurait pas eu lieu, la notification de l'extrait sera faite en double copie au maire et au fermier, locataire, gardien ou régisseur de la propriété.

Toutes les autres notifications prescrites par la présente loi seront faites dans la forme ci-dessus indiquée (6).

16. Le jugement sera, immédiatement après l'accomplissement des formalités prescrites par l'art. 15 de la présente loi, transcrit au bureau de la conservation des hypothèques de l'arrondissement, conformément à l'art. 2181 du Code civil (7).

17. Dans la quinzaine de la transcrip-

---

espère ; nous proposons cependant de l'adopter comme amélioration à l'état présent des choses. »

(1 et 2). La loi de 1833 n'exigeait pas que le jugement désignât un autre membre du tribunal pour remplacer au besoin le directeur du jury ; elle n'indiquait pas non plus le moyen de remplacer ces deux magistrats, s'ils étaient absents ou empêchés : il est sage d'avoir pourvu à ces remplacements successifs, à défaut de disposition expresse, la procédure en expropriation pouvant se trouver arrêtée par un accident.

(3) Cette disposition nouvelle était nécessaire, car la jurisprudence contraire avait été adoptée par la Cour royale de Colmar et de Bordeaux, sous l'empire de la loi de 1833. On comprend combien il est inutile de faire procéder à l'expropriation d'une personne qui consent amiablement à la cession de ses biens.

(4) Le projet du gouvernement, amendé par la première commission de la Chambre des Pairs, portait : « Le jugement *qui prononce l'expropriation.* » Ces derniers mots ont été retranchés, car la disposition doit s'appliquer aussi bien au jugement qui, conformément au paragraphe dernier de l'article précédent, donne acte aux propriétaires de leur consentement, qu'au jugement qui prononce l'expropriation. Dans un cas comme dans l'autre, il faut que les parties intéressées connaissent le nom du magistrat directeur du jury auquel elles devront s'adresser.

(5) Voir la note de l'art. 6.

(6) Voy. les notes sur l'art. 15 de la loi du 7 juillet 1833.

(7) Cet article a été, dans la séance de la Chambre des Pairs du 6 mai 1840, l'objet de la plus obscure, de la plus inextricable discussion. A la fin de la séance, l'honorable M. *Mounier* a déclaré qu'après avoir écouté avec toute l'attention dont il est susceptible, il éprouvait un grand embarras pour connaître les intentions du gouvernement. Cependant M. le garde des sceaux et M. le ministre des travaux publics avaient parlé longuement, et M. le commissaire du roi avait pris la parole sept

ou huit fois. Les plus habiles jurisconsultes de la Chambre ont fini par ne plus s'entendre sur le sens des mots. Une controverse s'est élevée entre M. Persil et M. Laplagne-Barris sur ce qu'il faut entendre par la purge des hypothèques ; le premier soutenant que c'est le jugement d'expropriation, et non la transcription, qui purge ; le second affirmant, au contraire, que c'est la transcription, et non le jugement. Enfin, il semble que le Moniteur ait voulu, par la manière dont il rapporte les débats, ajouter encore à la confusion. Des fautes typographiques arrêtent à chaque instant. Le lecteur, qui n'a pas peu de peine à saisir et suivre la pensée des orateurs, est encore obligé de mettre à la place des expressions qu'il leur prête celles qu'ils ont employées. Ainsi, au lieu de jugement d'*expropriation*, on trouve jugement d'*exportation* ; au lieu de *conventions amiables*, *contraventions amiables* ; cette dernière observation pourra sembler un peu rigoureuse ; mais le sentiment qui l'a inspirée sera compris par ceux qui, comme moi, voudront bien prendre la peine de lire les dix-sept colonnes du Moniteur.

Je vais essayer de présenter avec ordre et clarté les résultats de ces débats.

D'abord, remarquons qu'ils n'ont point exclusivement porté sur l'art. 16 ; les art. 19, 21 et 23, et même les art. 14 et 15, quoique déjà votés, ont été l'objet de nombreuses observations. Cependant, à la fin de la séance, l'attention a été ramenée par M. le chancelier, M. le garde des sceaux et M. Tarbé de Vauclairs sur la disposition de l'art. 16.

C'est donc à celle-ci que je m'attacherai, sauf à faire remarquer en passant ce qui a été dit à l'occasion des autres articles, et à indiquer pourquoi ils ont été introduits dans la discussion.

Aux termes de l'art. 14, comme on l'a déjà vu, le tribunal prononce l'expropriation, et nomme le directeur du jury. J'ai signalé, dans mes notes sur cet article, les modifications qu'il a apportées à la loi du 7 juillet 1833. La plus importante de ces innovations est celle du dernier paragraphe, qui prévoit le cas où un propriétaire consent à l'expropriation, sans toutefois être d'accord avec l'administration sur le prix, et où le tribunal donne acte de ce consentement. De là il résulte que, sous la loi de 1833, il ne pouvait intervenir qu'un jugement, celui qui prononçait l'expropriation; du moins c'était ainsi que la jurisprudence le décidait. Maintenant, il peut y avoir un jugement qui, comme par le passé, prononce l'expropriation, et un autre qui constate le consentement du propriétaire à la cession. Il ne faut pas confondre ces deux jugements, et surtout il ne faut pas supposer que lorsque ce dernier est rendu, il y a *convention amiable*. Cette expression, qu'emploie l'art. 19, n'est applicable qu'au cas où le propriétaire et l'administration se sont entendus sur la cession du terrain et sur le prix de la cession. Ainsi, trois cas peuvent se présenter. Les parties résistent à l'expropriation, un jugement la prononce. Les parties consentent à la cession de leur terrain, sans être d'accord sur le prix, un jugement constate ce consentement. Enfin, les parties et l'administration font une convention qui fixe le prix du terrain abandonné; il y a alors *convention amiable*.

Dans les articles qui précèdent l'art. 16, il n'est question que des deux premières hypothèses; par conséquent, sa disposition n'est point applicable à la dernière, et c'est dans l'art. 19 qu'il faut aller chercher ce qui est relatif à celle-ci. Ceci expliqué, rendons compte de la discussion.

Dans la séance de la Chambre des Pairs du 6 mai 1840, on a d'abord lu l'art. 16 tel qu'il était présenté par le gouvernement. Il était rédigé dans les termes suivants : « Le jugement ou *la convention amiable* sera transcrit immédiatement après les formalités prescrites par l'art. 15 de la présente loi au bureau du conservateur des hypothèques où sont situés les immeubles à exproprier. » On voit tout de suite quel devait être l'effet des mots que j'ai soulignés; ils rendaient la transcription nécessaire au cas de convention amiable, comme elle peut l'être au cas de jugement. La Chambre des Pairs les a supprimés; et, sans suivre pas à pas la discussion qui a eu lieu à ce sujet, il est certain que l'article ne parlant plus de convention amiable, ne contenant plus que le mot *jugement*, la transcription n'est exigée que dans les deux cas prévus par l'art. 14, c'est-à-dire dans le cas où le jugement a prononcé l'expropriation et dans celui, où le jugement a donné acte du consentement du propriétaire, à la cession de son terrain. Nous verrons, dans l'art. 19, quelle est la règle applicable au cas de *conventions amiables*.

Il y a sur le mot *jugement* qui, je le répète, est maintenant employé seul dans la loi, une autre observation à faire. Après que la Chambre des Pairs eut arrêté qu'elle ne s'occuperait pas dans l'art. 16 des conventions amiables, M. *Tarbé de Vauxclairs* fit remarquer qu'elle s'écartait de cette résolution en parlant du jugement en termes généraux et absolus; car, par cette expression, on désignait non seulement le jugement d'expropriation, mais aussi le jugement qui donnait acte du consentement à la cession, et l'on rendait ainsi l'article applicable aux *conventions amiables*. Cette observation parut juste à la Chambre des Pairs qui décida que l'article commencerait ainsi : le *jugement d'expropriation*, etc. M. *le commissaire du roi* s'opposa à cette rédaction ; mais c'est en vain qu'il fit remarquer que lorsque le propriétaire consent à la cession du terrain, il y a encore discussion

sur le prix, et, par conséquent, point de *convention amiable*. Le *rapporteur* de la Chambre des Députés a compris qu'il ne fallait pas confondre le cas où un jugement donnait acte du consentement du propriétaire à la cession de son terrain, laissant la discussion entière sur le prix, et le cas où il y avait vente volontaire, c'est-à-dire consentement à l'abandon du terrain et détermination du prix; que c'était seulement cette dernière hypothèse qu'il fallait soustraire à la règle de l'art. 16. En conséquence, il a demandé qu'on mît seulement dans l'article, *le jugement*, sans ajouter *d'expropriation*, afin d'embrasser les deux jugements qui, aux termes de l'art. 14, peuvent intervenir. Cette proposition a été adoptée par la Chambre. Ces explications ne peuvent laisser aucun doute sur le véritable sens de la disposition.

Sur un autre point, la discussion à la Chambre des Pairs a été fort animée. La commission avait d'abord proposé de mettre au commencement de l'article : *en cas de purge des hypothèques*. Ces expressions indiquaient que la purge n'était pas nécessaire dans tous les cas. M. *le rapporteur* a expliqué en effet la commission avait l'intention de ne pas exiger la purge lorsqu'il y avait convention amiable, et que le prix ne s'élevait qu'à une certaine somme; qu'il était nécessaire d'exprimer cette intention lorsque l'article était rédigé de manière à embrasser les cas où intervenaient des jugements et ceux où il y avait convention amiable; mais que depuis qu'on avait supprimé tout ce qui se rapportait à ce dernier cas, la restriction n'était plus utile.

M. *le commissaire du roi* a, au contraire, vivement insisté pour qu'on conservât le membre de phrase duquel résultait que la purge était facultative. Il a cité des exemples nombreux pour établir que la formalité serait plus onéreuse que les pertes auxquelles son inaccomplissement exposerait l'administration. Il a soutenu, d'ailleurs, que, pour les particuliers, la purge est un moyen dont ils peuvent à leur gré faire ou ne pas faire usage; que l'administration doit être traitée de la même manière, et qu'on ne comprendrait pas pourquoi on lui imposerait, comme obligation absolue, ce qui n'est pour tout le monde qu'une faculté.

M. *Barthe* a répondu que, si l'opinion de M. le commissaire du roi était adoptée, toutes les règles d'ordre et de comptabilité disparaîtraient. « Quel est, a-t-il dit, le principe qui préside au paiement par l'État des dettes qu'il doit acquitter ? C'est que l'État doit se libérer en payant avec certitude. C'est le principe de cette libération avec certitude, avec les précautions nécessaires, qui est la base de tous les règlements de finance. L'ordonnance de 1822, qui a été un très-grand bienfait, le pose de la manière la plus formelle. En posant la règle, on a cependant admis une exception. Voici ce que dit cette ordonnance : « Le paiement d'une or-
« donnance ou d'un mandat ne pourrait être sus-
« pendu par un payeur, que pour le seul cas d'o-
« mission ou d'irrégularité matérielle dans les
« pièces justificatives qui seraient produites. Il serait
« tenu, dans ce cas, de remettre immédiatement
« la déclaration écrite et motivée de son refus au
« porteur de l'ordonnance ou du mandat, et il
« en adresserait copie, sous la même date, à
« notre ministre des finances. Si, malgré cette
« déclaration, le ministre ou l'ordonnateur se-
« condaire qui aurait délivré l'ordonnance ou le

tion, les priviléges et les hypothèques conventionnelles, judiciaires ou légales (1),

« mandat, requiert par écrit, et sous sa responsabilité, qu'il soit passé outre au paiement; le
payeur y procédera sans autre délai, et il an-
nexera à l'ordonnance ou mandat, avec une
copie de sa déclaration, l'original de l'acte de
réquisition qu'il aura reçu. Il sera tenu d'en
rendre compte immédiatement au ministre des
finances. » (Art. 15 de l'ordonnance du 14 septembre 1822.)

« Pour se fixer sur les conditions et la portée de
cet article, a poursuivi M. *Barthe*, j'ai besoin de
bien poser le principe. Quand l'Etat paie, il y a
un contrôle administratif qui est surtout confié
aux payeurs. Les payeurs examinent si la dette est
bien justifiée, et si en payant l'Etat est libéré.
Maintenant je fais l'application de ce principe,
qui est fondamental. . . . . . Je suppose que
la purge des hypothèques n'ait pas été faite, ce
que doit faire le payeur, ce que doit faire l'Etat,
ce que doit faire le trésor, c'est de dire : je ne suis
pas assuré de ma libération. Il faut que les formalités soient remplies. . . . .
Cependant ces principes paraissent trop rigoureux
dans certains cas, et voici le tempérament que
propose l'ordonnance de 1822. . . . . Il peut
arriver que, dans l'intérêt public, il soit nécessaire de passer outre, de ne pas exiger cette purge
d'hypothèque, de ne pas remplir telle ou telle
formalité qui serait onéreuse. Voici ce que dit
l'ordonnance. Dans ce cas, l'ordonnateur principal ou secondaire dit qu'il faut passer outre,
mais il prend ce cas sous sa responsabilité. . . . .
La règle est donc ceci : avant de payer, il faut
qu'il y ait certitude de libération ; lorsqu'on paie
sans cette certitude, après le contrôle administratif du payeur et sa résistance, vient une responsabilité particulière de l'ordonnateur qui dit de
passer outre. C'est l'exception. »

On a fait observer que les règles rappelées par
M. Barthe étaient sages ; mais qu'il s'agissait dans la loi
de tracer d'une manière spéciale les devoirs de l'administrateur en matière d'expropriation pour cause
d'utilité publique, et non d'établir les principes de
la comptabilité.

M. le commissaire du roi a paru surtout fort
préoccupé des lenteurs et des frais que causeraient
les transcriptions et les significations qui en sont la
conséquence. Plusieurs fois il est revenu sur ce
point, supposant que l'art. 15 exige des notifications
à tous les créanciers, que l'art. 16 rend ces notifications obligatoires dans tous les cas. Des voix
nombreuses ont protesté contre cette opinion, et,
en effet, il est clair que l'art. 15 n'exige des notifications qu'au propriétaire et, dans certains cas,
au fermier, gardien, ou régisseur de l'immeuble
exproprié.

Enfin, le résultat de la discussion a été de ne
point conserver les mots *en cas de purge des hypothèques*, comme le demandait M. le commissaire du
roi. C'est un premier motif pour penser que, dans
tous les cas, la purge est obligatoire. Cela ne serait
pas, toutefois, décisif ; mais la forme impérative de
l'article ne peut guère laisser de doute sur ce point.
Elle devient encore plus significative si on la compare à celle de l'art. 2181 du Code civil. Dans cette
dernière disposition, le législateur a eu, en effet, la
précaution d'indiquer que ce n'est qu'autant que les
nouveaux propriétaires le croiront convenable, qu'ils
auront à remplir les formalités de la purge.

« Les contrats translatifs de la propriété d'immeubles ou droits réels immobiliers, y est-il dit,
que les tiers-détenteurs *voudront purger*, etc., de priviléges et hypothèques seront transcrits, etc. »

On ne doit pas s'arrêter, d'ailleurs, à cette idée
que le droit commun considère, pour les particuliers, la purge comme facultative. M. Persil a fait
remarquer avec raison que les particuliers, maîtres
de leurs droits, peuvent en négliger la conservation, tandis que ceux qui administrent les biens de
l'Etat ne doivent point s'écarter des mesures de
précaution prescrites par les lois. Enfin, M. Persil a
rappelé que la question a été expressément résolue.

« L'administration, a-t-il dit, a voulu, comme tous
les citoyens, avoir le droit de payer sans purger, mais
le ministre des finances, défenseur de la caisse qui lui
est confiée, ne l'a pas voulu. On l'avait toléré pour
quelques sommes ; la Cour des comptes s'est trouvée
là, et la Cour des comptes, dans ses observations au
roi, a invoqué le principe que j'énonçais tout à
l'heure. On est allé plus loin : le ministre des finances, ne voulant pas prendre sur lui-même la responsabilité d'une pareille décision, en a référé au
conseil d'Etat, et le comité des finances, en 1837, a
décidé que la purge des hypothèques n'était pas
facultative, mais obligatoire. »

Il faut donc, en résumé, considérer la purge
comme impérieusement prescrite ; mais jusqu'ici il
n'est question que des cas où un jugement est intervenu, soit qu'il prononce l'expropriation, soit
qu'il donne acte du consentement du propriétaire à
la cession. L'article n'est point applicable aux conventions amiables, c'est dans l'art. 19 qu'est placée
la règle qui les concerne.

On doit ajouter cependant que l'on pourra user
de la faculté que donne le second alinéa de l'article 15 de l'ordonnance du 14 septembre 1822,
c'est-à-dire que l'ordonnateur pourra, après une
résistance du payeur, décider que l'indemnité sera
payée, quoique la purge des hypothèques n'ait
pas eu lieu, M. Barthe lui-même l'a reconnu.

Au demeurant, cette question ne peut avoir
d'intérêt que pour l'administration. Relativement
aux créanciers inscrits, il est bien entendu, et
personne n'a songé à le contester, que leurs droits
pourront être exercés, tant qu'ils n'auront pas été
éteints par l'effet de la purge légale.

M. le rapporteur de la commission de la Chambre
des Pairs a rappelé qu'une circulaire du 1er août
1837 décide « qu'en matière d'expropriation, les
conservateurs des hypothèques ne pourront, dans
tous les cas où le prix des immeubles sera payé
par le trésor, *réclamer aucun salaire*, soit pour le
dépôt ou la transcription des contrats ou des jugements, soit pour la délivrance des états d'inscription et certificats négatifs, de même que pour
toutes espèces de renseignements dans l'intérêt de
l'Etat. »

Plusieurs membres de la Chambre, voulant
prouver que les frais de transcription sont peu
considérables, ont dit qu'ils ne s'élevaient qu'à
1 fr. Aux termes du décret du 21 septembre 1810,
le coût de la transcription est d'un franc par chaque rôle de l'écriture du conservateur, contenant
vingt-cinq lignes à la page et dix-huit syllabes à la
ligne.

(1) L'ancien art. 17 ajoutait : « antérieures au
jugement. »

M. *Dussolier* a demandé la suppression de ces

seront inscrits.

A défaut d'inscription dans ce délai, l'immeuble exproprié sera affranchi de tous priviléges et hypothèques, de quelque nature qu'ils soient (1), sans préjudice des droits des femmes, mineurs et interdits, sur le montant de l'indemnité, tant qu'elle n'a pas été payée ou que l'ordre n'a pas été réglé définitivement entre les créanciers (2).

Les créanciers inscrits n'auront, dans aucun cas, la faculté de surenchérir, mais ils pourront exiger que l'indemnité soit fixée conformément au titre 4.

18. Les actions en résolution, en revendication, et toutes autres actions réelles, ne pourront arrêter l'expropriation ni en empêcher l'effet. Le droit des réclamants sera transporté sur le prix, et l'immeuble en demeurera affranchi (3).

19. Les règles posées dans le premier paragraphe de l'art. 15 et dans les art. 16, 17 et 18, sont applicables dans le cas de conventions amiables passées entre l'administration et les propriétaires (4).

Cependant l'administration peut, sauf les droits des tiers, et sans accomplir les

---

mots. « Il est de droit commun, a-t-il dit, que les priviléges et hypothèques n'existent qu'autant qu'ils sont antérieurs au jugement d'expropriation. Ces trois mots étant donc inutiles, j'en demande le retranchement. »

M. le rapporteur, au nom de la commission, a consenti à la suppression de ces mots comme inutiles.

(1) Dans la loi de 1833, ce paragraphe se terminait de cette manière : « Sans préjudice du recours contre les maris, tuteurs ou autres administrateurs qui auraient dû requérir les inscriptions. »

M. Lherbette a demandé le retranchement de ce membre de phrase. « Cela est de droit commun, a-t-il dit, le maintien en serait dangereux, parce que, dans l'article suivant, on ne répète pas ces mots : « sans préjudice du recours contre les maris, etc., » et cependant il est dans l'intention du législateur d'accorder ce recours dans un cas comme dans l'autre.

« . . . . . D'après le droit commun, il serait à craindre que l'inclusion d'un cas fût l'exclusion de l'autre ; je crois qu'il faut retrancher du deuxième paragraphe ce membre de phrase.

M. le rapporteur a reconnu, au nom de la commission, que cette disposition est de droit commun ; en conséquence, il a consenti au retranchement proposé par M. Lherbette.

(2) M. Persil a proposé d'ajouter la disposition finale à partir de ces mots sans préjudice. Voici comment il a justifié cette addition : « D'après le droit actuel, les femmes, les mineurs, tous ceux qui ont une hypothèque indépendante de l'inscription, ont deux mois, à partir de l'exposition du contrat, pour la rendre publique.

« Ce délai de deux mois, vous le réduisez à quinze jours, et vous le faites courir, non plus de l'exposition du contrat, mais bien de la transcription du jugement d'expropriation. Si donc les maris, tuteurs, chargés de prendre inscription pour l'hypothèque légale, ne l'ont pas fait dans la quinzaine, l'hypothèque est perdue sur l'immeuble. Mais on pourrait élever la question de savoir si l'effet de l'hypothèque sera également perdu sur le prix, en telle sorte que, tant que le prix est dû par l'administration, la femme, le mineur, ne puissent plus le demander au rang de leur hypothèque, par cela seul que leur hypothèque n'aurait pas été inscrite. C'est peut-être là la pensée de la Chambre ; je propose, afin d'éviter toute difficulté, de dire que, nonobstant le défaut d'inscription, les femmes, les mineurs, pourront faire valoir leur hypothèque sur le prix. »

Voy., d'ailleurs, les notes sur l'art. 17 de la loi du 7 juillet 1833.

(3) Voy. mes notes sur l'art. 18 de la loi du 7 juillet, où j'indique la difficulté qui se présenterait dans le cas où le privilége du vendeur serait éteint et où l'action résolutoire pourrait être exercée.

(4) J'ai, dans mes notes sur l'art. 17, établi la différence qui existe entre les conventions amiables et les jugements donnant acte du consentement des propriétaires à la cession. Dans le présent article, il ne s'agit que des conventions amiables.

L'art. 19 de la loi de 1833 avait soulevé dans la pratique d'assez graves difficultés ; il déclarait applicables aux contrats amiables les règles posées aux deux articles précédents, c'est-à-dire qu'il pouvait suffire, à quelque époque que les conventions eussent été passées, et sans leur donner aucune publicité, de les faire transcrire pour opérer la purge.

L'administration des finances n'admettait cette purge qu'à l'égard des traités intervenus après l'accomplissement de toutes les formalités prescrites par les deux premiers titres de la loi.

L'administration des travaux publics ne faisait point cette distinction, mais elle avait cherché à compléter l'art. 19 en publiant les traités amiables de la même manière que les jugements d'expropriation. C'est ce dernier usage que la loi actuelle a consacré.

Dans le projet présenté par le gouvernement, ce paragraphe était conçu en ces termes : « Les règles posées dans le premier paragraphe de l'art. 15 et dans les art. 16, 17 et 18 sont applicables, dans le cas de conventions amiables, à quelque époque que les contrats aient été passés entre l'administration et le propriétaire. » La première commission de la Chambre des Pairs trouva cette rédaction trop vague. Elle paraissait en effet s'appliquer non seulement aux contrats postérieurs à la déclaration d'utilité publique, mais encore à ceux qui auraient eu lieu auparavant. « Nous avons craint, a dit M. le comte Portalis, que ce ne fût une occasion de fraude. Les spéculateurs peuvent faire des acquisitions avant d'obtenir la concession des travaux ; après l'avoir obtenue, sous le prétexte qu'elles auraient été faites dans l'intérêt de ces travaux et parce qu'une partie pourrait y être applicable, ils pourraient réclamer les priviléges accordés aux acquisitions pour cause d'utilité publique. C'est ce qu'il faut éviter. On ne doit admettre au bénéfice de la loi que les contrats passés après la déclaration d'utilité publique, et l'application de cette déclaration qu'aux propriétés qui sont nécessaires pour les travaux ; car ces contrats peuvent avoir eu une toute autre cause, et il faut restreindre les exceptions au droit commun aux cas pour lesquels elles ont été introduites. » En conséquence, la

formalités ci-dessus tracées, payer le prix des acquisitions dont la valeur ne s'éleverait pas au-dessus de cinq cents francs (1).

Le défaut d'accomplissement des formalités de la purge des hypothèques n'empêche pas l'expropriation d'avoir son cours; sauf, pour les parties intéressées, à faire valoir leurs droits ultérieurement, dans les formes déterminées par le titre 4 de la présente loi (2).

---

commission proposa la rédaction suivante : « Les règles posées dans le premier paragraphe de l'article 15 et dans les art. 16, 17 et 18 sont applicables aux conventions amiables passées entre l'administration et le propriétaire, postérieurement au dépôt des plans prescrits par l'art. 5 de la présente loi. »

M. *Persil* demanda qu'on rappelât non seulement l'art. 5, mais encore l'art. 6, afin que, par ce surcroît de publicité, les créanciers à hypothèque légale, auxquels l'art. 17 enlève une partie des avantages que leur accorde le droit commun, fussent sûrement avertis.

Cet amendement a été rejeté après une double épreuve, et celui de la commission a été adopté.

La commission de la Chambre des Députés en a proposé l'adoption. « Ce mode particulier de purger les hypothèques, a dit M. *Dufaure*, ne s'appliquera aux contrats amiables que lorsqu'ils auront été passés postérieurement au dépôt des plans prescrit par l'art. 5. A cette époque, les enquêtes préalables à la déclaration d'utilité publique ont eu lieu, la loi ou l'ordonnance a été rendue, les plans parcellaires ont été publiés, l'attention générale est éveillée d'une manière suffisante ; il n'est plus à craindre que les droits des intéressés soient compromis. »

Lors de la discussion, M. *Legrand* a demandé la suppression de cet amendement. Voici comment il s'est exprimé : « La mesure n'a aucun inconvénient pour les grands travaux publics, pour les canaux et les chemins de fer ; mais, pour les routes royales, les routes départementales et les chemins de grande communication qui sont compris dans la loi, l'obligation de lever et déposer des plans parcellaires, imposerait à l'administration une perte inutile de temps et d'argent. Voici comment très-souvent on procède pour les routes, et je prie la Chambre de vouloir bien remarquer que ce sera surtout pour les routes de terre que la loi sera mise en application. Vous exécuterez certainement beaucoup de canaux et de chemins de fer, je l'espère du moins ; mais vous exécuterez encore beaucoup plus de routes de terre. Vous avez des milliers de lieues de routes à entreprendre et des milliers de parcelles à exproprier.

« Or, les conventions amiables sont beaucoup plus nombreuses que les jugements d'expropriation. Sur cent acquisitions, il y en a quatre-vingt-dix au moins qui se font amiablement et dix au plus par expropriation. Ce n'est donc, en quelque sorte, qu'exceptionnellement que pour les voies de terre on a recours à l'expropriation. Or, ce n'est guère que dans le cas de l'expropriation que, pour les routes, on fait dresser des plans parcellaires. Presque toujours, lorsque le tracé est approuvé, on le jalonne sur le terrain ; on marque à droite et à gauche la limite de la route. Un appréciateur se rend ensuite sur la ligne des travaux et traite avec les propriétaires. Si vous exigez la levée et le dépôt des plans parcellaires, il faudra que presque toutes les formalités du titre 2 soient remplies. Qu'est-ce en effet qu'un dépôt qui ne serait point annoncé par la voie des affiches et qui ne durerait pas pendant un temps déterminé? Sans ces conditions le dépôt serait illusoire. Cependant l'amendement ne règle rien à ce sujet. On déposera les plans ce soir, par exemple, et demain matin on pourra traiter amiablement. Pourquoi le dépôt? N'est-il pas inutile dans ce cas? Et a-t-il d'autre résultat que d'avoir obligé à la dépense inutile de la levée des plans? Quel est, d'ailleurs, le but de la nouvelle loi? D'abréger les formalités. L'amendement va directement au contraire de cette intention.

« D'après la loi de 1833, les art. 17 et 18 étaient seuls applicables aux contrats amiables. La transcription du contrat et l'expiration du délai de quinzaine suffisaient pour assurer la purge des hypothèques. L'administration avait cru comprendre que la seule application des art. 17 et 18 ne suffisait pas pour garantir les droits des tiers ; et, de son plein mouvement, et sans y être obligée par la loi, elle s'est imposé la formalité salutaire de la publication des contrats. Elle propose aujourd'hui d'introduire dans la loi elle-même l'obligation qu'elle s'était volontairement créée ; mais aller plus loin, exiger encore que, dans tous les cas, pour tous les travaux quelconques, même pour les simples travaux de routes et de chemins, elle soit obligée de lever et de déposer des plans parcellaires, c'est lui occasionner une grande perte de temps et pour le trésor une perte d'argent.

« Ma proposition consiste donc à demander la suppression des mots « postérieurement au dépôt des plans parcellaires prescrits par l'art. 5, » et à se contenter de la publication des contrats et de leur transcription après le délai de la publication. »

Le paragraphe ainsi modifié a été adopté.

Toutefois, il est bien entendu qu'il ne s'agit ici que des conventions amiables passées après la déclaration d'utilité publique. Cela a été formellement déclaré par M. le garde des sceaux, lors de la première discussion à la Chambre des Pairs. Il y a plus ; la seconde commission de la Chambre des Pairs a cru devoir le dire expressément ; mais cette disposition a été retranchée comme tout à fait superflue.

(1) « Dans le droit commun, chacun est libre de ne pas purger ; mais les règles de la comptabilité publique obligent l'administration à accomplir toutes les formalités sans lesquelles le paiement ne peut avoir lieu avec une entière sécurité. Cependant l'administration a demandé, et le projet lui accorde, la faculté de payer, sans purger, le prix des acquisitions dont la valeur n'excède pas 500 fr. Depuis longtemps l'administration est entrée dans cette voie, et l'expérience a prouvé l'économie qu'elle avait obtenue sur les frais de purge dépassait, dans une énorme proportion, le montant des sommes qu'elle a eu à payer deux fois. (Extrait du rapport de M. *Dufaure*.)

(2) M. *Persil* a provoqué une explication que je crois devoir reproduire pour bien faire saisir la portée de ce paragraphe « L'expropriation est déjà faite, a-t-il dit, elle résulte du jugement : ce qui suit n'est plus que l'exécution. Cela est tellement vrai que s'il s'agissait d'une maison, par exemple, et que la maison vînt à être incendiée,

20. Le jugement ne pourra être attaqué que par la voie du recours en cassation (1), et seulement pour incompétence, excès de pouvoir (2) ou vices de forme du jugement.

Le pourvoi aura lieu, au plus tard (3), dans les trois jours, à dater de la notification du jugement, par déclaration au greffe du tribunal (4). Il sera notifié dans la huitaine, soit à la partie, au domicile indiqué par l'art. 15, soit au préfet ou au maire, suivant la nature des travaux (5); le tout à peine de déchéance.

Dans la quinzaine de la notification du pourvoi, les pièces seront adressées à la chambre civile de la Cour de cassation, qui statuera dans le mois suivant (6).

---

elle périrait pour l'État ou la compagnie, parce qu'ils étaient propriétaires du jour de l'expropriation. Cela accordé, le jugement d'expropriation ayant fait passer la propriété entre les mains de l'État ou de la compagnie, je demande ce que signifie ce paragraphe : le défaut d'accomplissement de la purge des hypothèques n'empêche pas l'expropriation d'avoir son cours. »

M. *le commissaire du roi* a répondu : « Je ne sais si l'article rend suffisamment la pensée qui l'a dicté ; mais voici à quelle occasion le gouvernement l'a demandé. C'est par suite d'un arrêt de la Cour de Colmar, qui a refusé de désigner le jury dont la compagnie du chemin de fer de Bâle à Strasbourg réclamait la formation. Toutes les formalités du titre 2 avaient été accomplies. Le jugement d'expropriation était rendu. La Cour de Colmar voulait que la compagnie justifiât devant elle de toutes les formalités relatives à la purge des hypothèques. En vain la compagnie alléguait que la purge pouvait être faite plus tard ; que même, si elle voulait courir la chance de payer deux fois, elle pouvait se dispenser de la purge. La Cour de Colmar a refusé de désigner les jurés, et la procédure en expropriation, ou plutôt le règlement du prix a été suspendu. C'est pour prévenir de pareils arrêts que l'article a été proposé.

Au surplus, l'opinion émise en passant par M. Persil, que le jugement d'expropriation met la chose aux risques de l'administration, doit être remarquée. Elle est conforme aux principes. Le prix, il est vrai, n'est pas encore fixé, mais il est certain qu'il le sera plus tard par le jury, et cela suffit. (Argument de l'art. 1592 C. civ.)

On a demandé si les compagnies concessionnaires pourraient, comme l'État, se dispenser de purger. On a fait remarquer que le défaut de purge par l'État ne pouvait compromettre les droits des tiers, puisque l'État, qui est toujours solvable, reste obligé envers eux ; mais on a dit que les compagnies pouvaient devenir insolvables ; et que, dès lors, les créanciers pouvaient souffrir du défaut de purge. L'examen de la question a été renvoyé à l'art. 63. Cet article, ne contenant aucune distinction, il faut en conclure que les compagnies sont, relativement à la purge, assimilées à l'État.

(1) En matière d'expropriation pour cause d'utilité publique, l'amende à consigner par le demandeur en cassation n'est que de 75 fr. Les jugements d'expropriation étant rendus parties non appelées, on doit, à cet égard, les assimiler à des jugements par défaut ou par forclusion. (Règl. de 1738, 1re part., tit. 4, art. 5 et 25.)

Par suite, l'indemnité due par le demandeur au défendeur devant, dans l'esprit du règlement de 1738 (art. 35), être de la moitié de l'amende, se trouve réduite à 37 fr. 50 c. (Arrêts de la Cour de cassation du 9 janvier 1839, Sirey-Devilleneuve, 39. 1. 129; Dalloz, 39. 1. 68; du 22 juillet 1839, Sirey-Devilleneuve, 39. 1. 802.)

(2) Il y a excès de pouvoir, et, par suite, ouverture à cassation, lorsqu'en prononçant l'expropriation, le tribunal ordonne que l'administration sera mise immédiatement en possession du terrain exproprié, sauf indemnité ultérieure. Peu importe d'ailleurs, qu'un arrêté du préfet ait déclaré qu'il y avait nécessité de mettre l'administration immédiatement en possession. Un tel arrêté ne peut être entendu en un sens exclusif de l'indemnité préalable. (Arrêt de la Cour de cassation du 28 janvier 1834, Sirey-Devilleneuve, 34. 1. 200; Dalloz, 34. 1. 48.)

(3) La signification du jugement qui prononce l'expropriation pour cause d'utilité publique ne fait courir le délai du pourvoi en cassation qu'autant qu'il y a eu affiche, publication et insertion du jugement dans les journaux, conformément à la loi. La signification n'est complète que lorsque ces formalités ont été remplies. (Arrêt de la Cour de cassation du 1er juillet 1834, Sirey-Devilleneuve, 34. 1. 623; Dalloz, 34. 1. 295.)

(4) Il n'est pas nécessaire, en matière d'expropriation pour cause d'utilité publique, que la déclaration du pourvoi en cassation soit accompagnée de l'indication des moyens de cassation. Ainsi est valable la déclaration portant que le pourvoi est formé pour les motifs que la partie se réserve de faire valoir devant la Cour. (Arrêt de la Cour de cassation du 1er juillet 1834, Sirey-Devilleneuve, 34. 1. 623; Dalloz, 34. 1. 295.)

(5) Les mots : *au maire, suivant la nature des travaux*, ont été ajoutés sur la proposition de M. *de la Plesse*, afin que les notifications fussent faites au maire, quand il s'agira de travaux communaux.

(6) Les paragraphes 2 et 3 de l'art. 20 de la loi de 1833 étaient ainsi conçus : « Le pourvoi aura lieu dans les trois jours, à dater de celui de la notification du jugement, par déclaration au greffe du tribunal qui l'aura rendu.

« Ce pourvoi sera notifié dans la huitaine, soit au préfet, soit à la partie, au domicile indiqué par l'art. 15, et les pièces adressées dans la quinzaine à la chambre civile de la Cour de cassation, qui statuera dans le mois suivant. »

Les modifications que ces deux paragraphes ont subies ont été proposées par M. *Renouard.* Voici comment il les a justifiées : « Quatre difficultés principales se sont élevées sur cet article ; elles peuvent être facilement tranchées par de très-légers changements de rédaction.

« Ainsi, une première question s'est élevée : le pourvoi aura lieu dans les trois jours à dater de celui de la notification du jugement ; on a demandé ce qui arriverait si un pourvoi était formé avant la notification du jugement. Remarquez que, d'après les termes apparents de la loi, on pouvait dire : le pourvoi aura lieu dans les trois jours, à dater de la signification du jugement, et, par conséquent, le pourvoi est hâtif, et il n'est pas dans les délais de la loi si on le forme avant que le jugement ait été notifié.

L'arrêt, s'il est rendu par défaut, à l'expiration de ce délai, ne sera pas susceptible d'opposition.

TITRE IV. — DU RÈGLEMENT DES INDEMNITÉS.

CHAPITRE Ier. — *Mesures préparatoires.*

21. Dans la huitaine qui suit la notification prescrite par l'art. 15, le propriétaire est tenu d'appeler et de faire connaître à l'administration (1) les fermiers, locataires, ceux qui ont des droits d'usufruit, d'habitation ou d'usage, tels qu'ils sont réglés par le Code civil, et ceux qui peuvent réclamer des servitudes résultant des titres mêmes du propriétaire ou d'autres actes dans lesquels il serait intervenu ; sinon il restera seul chargé envers eux des indemnités que ces derniers pourront réclamer.

Les autres intéressés seront en demeure de faire valoir leurs droits par l'avertissement énoncé en l'art. 6, et tenus de se faire connaître à l'administration dans le même délai de huitaine, à défaut de quoi ils seront déchus de tous droits à l'indemnité.

22. Les dispositions de la présente loi relatives aux propriétaires et à leurs créanciers sont applicables à l'usufruitier et à ses créanciers (2).

23. L'administration notifie aux propriétaires et à tous autres intéressés qui auront été désignés ou qui seront intervenus dans le délai fixé par l'art. 21, les sommes qu'elle offre pour indemnités.

Ces offres sont, en outre, affichées et publiées conformément à l'art. 6 de la présente loi (3).

24. Dans la quinzaine suivante, les propriétaires et autres intéressés sont tenus

---

« Cette difficulté avait été écartée ; cependant elle avait, non pas une bonne raison, mais un prétexte dans la rédaction de la loi. Il est tout simple d'ajouter les mots *au plus tard*, qui feraient disparaître tout prétexte.

« Une autre difficulté a été soulevée sur la recevabilité du pourvoi ; on a dit : quand le pourvoi est formé après les trois jours y a-t-il déchéance ou nullité du pourvoi ? On ne trouvait dans la loi spéciale aucune déchéance prononcée ; mais une jurisprudence très-constante appliquait à cette matière ce qui est applicable à toutes les autres ; elle a reconnu que si le pourvoi était formé après les trois jours, il n'était plus recevable. Il est très-facile de le dire dans la loi et de couper court à cette difficulté.

« Des difficultés beaucoup plus sérieuses se sont élevées sur le troisième paragraphe.

« On s'est demandé si dans le cas où les pièces ne seraient pas adressées à la Cour de cassation, il y aurait déchéance du pourvoi.

« Il a été décidé que non, le pourvoi est formé, il y a une peine contre ceux qui n'avaient pas leurs pièces, puisque l'arrêt est rendu par défaut.

« Le dernier paragraphe dit : « L'arrêt, s'il est « rendu par défaut, à l'expiration de ce délai ne « sera pas susceptible d'opposition. »

« ..... On n'a pas admis qu'il y ait déchéance du pourvoi. Mais le paragraphe précédent est complexe, comme vous le voyez. Dans le même paragraphe on dit : « Ce pourvoi sera notifié dans la « huitaine et les pièces adressées dans la quin- « zaine. »

« Eh bien ! il s'est élevé la question de savoir s'il y avait déchéance du pourvoi dans le cas où il ne serait pas fait de notification dans la huitaine. On s'armait de la jurisprudence qui n'avait pas prononcé la déchéance faute d'envoi des pièces dans la quinzaine, et on disait : puisque, dans le même paragraphe, dans les mêmes expressions on dit : le pourvoi sera notifié dans la huitaine et les pièces envoyées dans la quinzaine ; puisqu'on a considéré que le défaut d'envoi de pièces dans la quinzaine n'était pas une cause de déchéance, on ne peut pas, dans le même paragraphe, faire une cause de déchéance de la non notification du pourvoi. »

« On s'appuyait en outre de la jurisprudence en matière criminelle, qui, par des motifs tirés du droit sacré de la défense, tirés des grands intérêts d'ordre public, admet des notifications même tardives.

« Mais on a considéré, lorsque cette question s'est présentée en matière d'expropriation, qu'il y aurait les abus les plus graves à permettre ainsi une notification tardive. Nous voulons des termes préfix dans toutes les phases de la procédure.

« Nous ne voulons pas que le délai puisse, au gré de telle partie, se trouver prolongé indéfiniment. Or, qu'arriverait-il si le pourvoi une fois formé on ne le notifiait pas ? On aurait le terme ordinaire de la prescription ; on pourrait dire, après vingt-cinq ou vingt-six ans, que le droit a été conservé ; que le défaut de notification ne rend pas le pourvoi irrecevable.

« Aussi la Cour de cassation a décidé que la loi ayant principalement en vue la détermination fixe et réglée de tous les délais de la procédure, de manière à ce qu'ils fussent obligatoires pour toutes les parties, il y avait lieu de déclarer la déchéance du pourvoi lorsqu'il n'avait pas été notifié dans les termes fixés par la loi.

« Vous voyez qu'il est nécessaire de faire le partage de celles des dispositions qui sont prescrites à peine de nullité et de celles, au contraire, qui sont facultatives. »

Voy. mes notes sur l'art. 20 de la loi du 7 juillet 1833.

(1) La loi de 1833 disait « au magistrat directeur du jury. » La modification a été proposée par M. *Renouard.* On a demandé si la disposition s'appliquait au cas où la concession serait faite à une compagnie. M. *Renouard* a répondu : « J'entends par l'administration la partie expropriante. Dans la loi on a toujours dit l'administration pour désigner la partie expropriante. L'art. 63 dispose que, dans le cas où des concessionnaires sont substitués à l'administration, ils exercent tous les droits conférés à l'administration. »

(2) Voy. mes notes sur l'art. 22 de la loi du 7 juillet 1833.

(3) Cette disposition contient une amélioration importante. Dans la loi de 1833, l'art. 23 por-

de déclarer leur acceptation, ou, s'ils n'acceptent pas les offres qui leur sont faites,

tait : « L'administration notifie aux propriétaires, aux créanciers inscrits et à tous autres intéressés qui auront été désignés ou qui seront intervenus en vertu des art. 21 et 22, les sommes qu'elle offre pour indemnité. » Cette obligation de faire des notifications individuelles à tous les créanciers inscrits pouvait souvent entraîner à de grandes dépenses et occasionner de longs retards. On sait à quel point la propriété est morcelée dans certaines parties de la France ; d'ailleurs, ce ne sont pas des propriétés entières qu'on est obligé d'acquérir pour les grands travaux publics, mais un nombre infini de parcelles de propriétés diverses : quelle est dès lors la complication de la procédure, si, à chacune de ces dépossessions partielles, on doit lever un état d'inscription et notifier à tous les créanciers inscrits? Est-ce cependant une formalité nécessaire à la garantie des créanciers?

Quelle fraude y avait-il à craindre de la part de l'État, après la publicité qui, à cette phase de la procédure, a déjà éveillé l'attention de tous ceux qui peuvent avoir un intérêt quelconque dans les travaux et les transactions qui en sont la suite?

Il y avait là une simplification importante à introduire. Comme tous les autres intéressés, les créanciers inscrits seront en demeure par l'avertissement collectif énoncé dans l'art. 15, d'intervenir, s'ils le jugent convenable, devant le magistrat directeur du jury. A ceux-là seulement qui seront intervenus, les offres seront notifiées individuellement; pour tous les autres, il suffira d'une notification collective, dans la forme de l'art. 6.

Le gouvernement avait proposé la rédaction suivante : « L'administration notifie aux propriétaires, aux créanciers et à tous autres intéressés qui seront intervenus, les sommes qu'elle offre pour indemnités.

« A défaut d'intervention, les créanciers et autres intéressés seront avertis des offres de l'administration par une notification collective, affichée et publiée conformément à l'art. 6 de la présente loi. »

La commission de la Chambre des Pairs l'amenda en ces termes: « L'administration notifie aux propriétaires et à tous autres intéressés qui seront intervenus dans le délai fixé par l'art. 21 les sommes qu'elle offre pour indemnités.

« Ces offres sont en outre affichées et publiées conformément à l'art. 6. » La commission de la Chambre des Députés a complété la disposition par l'addition de ces mots « qui auront été désignés » qui, sans doute, avaient été oubliés.

Il importe de signaler les conséquences de cette nouvelle disposition.

D'une part, les notifications individuelles à tous les créanciers inscrits exigées par l'art. 23 de la loi de 1833 ne seront faites, dans le nouveau système, qu'aux créanciers qui seront intervenus dans le délai de huitaine fixé par l'art. 21.

Il y a là à la fois économie de temps et économie de frais. Quant aux intéressés qui auraient négligé de se faire connaître, à défaut de notification particulière, ils seront avertis par une notification collective dans la forme tracée par l'art. 6.

Toutefois, il faut bien faire attention qu'il ne s'agit point ici, comme on a paru le croire, de la purge des hypothèques, mais uniquement de l'exercice du droit de faire fixer le montant de l'indemnité par le jury, ce qui est bien différent. Dans

tous les cas, soit que les offres de l'administration aient été acceptées, soit au contraire que le règlement ait eu lieu par le jury, les créanciers qui se sont inscrits en temps utile, c'est-à-dire jusqu'à l'expiration du délai de quinzaine à partir de la transcription, qu'ils aient ou non réclamé, pourront se faire colloquer et payer suivant l'ordre de leurs créances ou inscriptions.

M. Persil a très-bien établi ces différents points. « J'avais cru, a-t-il dit, et je vois que je m'étais trompé, que, dans l'art. 23, il s'agissait de purger l'hypothèque. Ainsi je disais : dans l'art. 19 nous avons posé le principe que l'administration ne peut pas payer sans avoir la libération des hypothèques. Dans le deuxième paragraphe de cet article, nous avons fait une exception pour tout ce qui serait au-dessous de 500 fr. Rentrant dans l'art. 23, sous l'empire de la règle générale, je disais : voilà l'administration qui, après avoir exproprié, veut purger l'immeuble dont elle devient propriétaire, et je ne concevais pas qu'on pût purger sans appeler individuellement chaque créancier inscrit.

« Mais dans le cours de la discussion, j'ai parfaitement compris, et je remercie M. le garde des sceaux de l'avoir si nettement établi, j'ai compris que ces notifications à faire aux parties intervenantes n'avaient pour objet ni de purger la propriété, ni d'effacer l'hypothèque. J'en prends acte, et je suis complètement rassuré dans l'intérêt des créanciers.

« Les créanciers auxquels on n'aura pas fait de notification resteront dans la même situation. Ils n'auront pas droit de surenchérir. La loi ne l'aurait pas dit que ce droit n'aurait pas pu exister; mais ils conservent le droit de faire fixer l'estimation par le jury. Je comprends que dès que l'art. 23 n'a pas pour objet de rendre irrévocable la fixation du prix, je n'ai pas besoin de me préoccuper des intérêts des créanciers, puisque la loi y a pourvu. »

Je crois devoir faire observer que les intéressés auxquels des notifications auront été faites et qui ne se seront pas conformés à l'art. 24 seront condamnés aux dépens, conformément au dernier paragraphe de l'art. 40.

La commission de la Chambre des Pairs avait proposé un dernier paragraphe ainsi conçu : « Les prix stipulés dans les contrats amiables sont notifiés aux créanciers inscrits et à tous autres intéressés qui seront intervenus.

Cette disposition avait pour effet de rendre la notification individuelle nécessaire, au cas de convention amiable. M. le commissaire du roi l'a vivement combattue; il a prétendu qu'elle n'était pas exigée par la loi de 1833; que cette loi regarde les conventions amiables comme définitives, et que lorsqu'elles sont intervenues, il n'y a plus que les formalités de la purge à remplir; qu'obliger l'administration à notifier à tous les intéressés les milliers de contrats amiables qu'elle fait tous les jours, c'est rendre impossible l'exécution de la loi et l'exécution des travaux.

Le paragraphe a été rejeté. Ainsi il est bien constant que lorsque le prix aura été fixé amiablement entre le propriétaire et l'administration il ne sera pas nécessaire de le notifier individuellement à tous les créanciers. M. le garde des sceaux a fait remarquer que les créanciers ne sont pas véritablement lésés. « Ils ne perdent qu'un droit

d'indiquer le montant de leurs prétentions (1).

25. Les femmes mariées sous le régime
dotal, assistées de leurs maris, les tuteurs,

a-t-il dit, celui de surenchérir. Mais, en pareille
matière, les prix sont toujours si largement, si
loyalement fixés que ce droit paraît sans objet. Je
ne parle en ce moment que de l'État et nullement
des compagnies. Pour les contrats passés avec l'administration aucune fraude n'est à craindre, aucun
concert n'est possible entre l'acheteur et le vendeur pour tromper les créanciers. Conséquemment
il n'y a pas à redouter que le prix soit établi de
manière à préjudicier aux droits des créanciers.
Quand nous discuterons les dispositions relatives
aux compagnies, nous prouverons que pour elles-
mêmes la fraude n'est pas possible, parce qu'il est
dans leur constitution des conditions qui empêchent qu'on puisse dissimuler le prix. En effet,
elles sont obligées de rendre compte; il faudrait
donc qu'elles fissent des paiements réguliers qui ne
pourraient pas être justifiés d'une façon probante,
et dont, par conséquent, elles ne pourraient se
faire rembourser. »

Il est, au surplus, hors de doute que si, par
impossible, une fraude était pratiquée entre le
propriétaire et une compagnie, les créanciers qui
en rapporteraient la preuve auraient le droit,
même après l'expiration de tous les délais, de
demander à la compagnie la réparation du dommage qu'elle leur aurait causé. La fraude fait exception à toutes les règles.

À la Chambre des Députés, M. *Clappier* a demandé que les notifications fussent faites à *personne ou à domicile*, contrairement à la règle établie
par le dernier paragraphe de l'art. **15**. Cette proposition a été rejetée.

Quelques expressions de M. le commissaire du
roi et de M. le garde des sceaux pourraient induire
en erreur sur un point important.

Il est bien entendu qu'au cas de conventions
amiables, il n'est pas nécessaire de faire de notifications aux créanciers inscrits; mais si ceux-ci,
avertis par la notoriété publique ou par les notifications collectives se croient lésés et pensent que
le prix convenu est trop bas, n'auront-ils pas le
droit de demander que le jury prononce? M. le
commissaire du roi semble se prononcer pour la
négative, puisqu'il a dit que sous l'empire de la
loi de 1833 les conventions amiables étaient définitives, et qu'il fallait conserver ce système. M. le
garde des sceaux a exprimé formellement la
même pensée; mais il paraît avoir entendu la loi
de cette manière, puisqu'il s'est efforcé, ainsi
qu'on l'a vu, de démontrer que la fixation amiable du prix entre le propriétaire et l'administration
ou les compagnies ne peut jamais nuire aux droits
des créanciers. M. Persil, dans le passage déjà cité,
n'a pas donné ce sens à la disposition, car il a dit
« les créanciers conservent le droit de faire fixer
l'estimation par le jury; et dès que l'art. 23 n'a
pas pour objet de rendre irrévocable la fixation
du prix, je n'ai pas besoin de me préoccuper des
intérêts des créanciers, puisque la loi y a pourvu. »

On comprend d'ailleurs que même sans fraude,
un propriétaire négligent ou peu éclairé pourrait accepter le prix que l'administration ou les
compagnies lui offriraient, quoiqu'il fût inférieur
à la valeur de l'immeuble, et que les créanciers
seraient dans une fâcheuse position, s'il ne leur
était pas permis de s'adresser au jury et d'obtenir

de lui une fixation convenable. Je suis donc convaincu que les arguments de M. le garde des sceaux
n'ont pas la portée qu'on pourrait être tenté de
leur attribuer. Il a fait valoir les chances qu'il y
a que le prix accepté volontairement soit le prix
véritable, non pour en conclure que les créanciers
n'auront jamais le droit de le critiquer, mais seulement pour établir que les créanciers ne sont pas
exposés à des dommages graves et fréquents, et
qu'ainsi il n'est pas indispensable de les avertir par
des notifications individuelles.

Au demeurant, la question me semble tranchée
par des textes formels. Le dernier paragraphe de
l'art. 17 dit expressément que les créanciers pourront exiger que l'indemnité soit fixée conformément au titre 4. Je sais bien que cet article n'est
relatif qu'au cas où il y a jugement d'expropriation, ou jugement qui donne acte du consentement à la cession, le prix restant à fixer; qu'ainsi
il ne s'applique pas au cas où il y a convention
amiable. Mais l'art. 19 dit précisément que les dispositions de l'art. 17 sont applicables dans le cas
de conventions amiables passées entre l'administration et les propriétaires, sauf la faculté de ne
pas purger selon l'importance des sommes. Donc,
dans cette hypothèse comme dans les autres, les
créanciers ont le droit de demander que le jury
prononce. — Voy. notes sur l'article suivant.

(1) Cet article a donné lieu à la Chambre des
Députés à une discussion qui pourrait induire en
erreur si elle n'était l'objet d'une observation.

M. *Clappier* avait proposé de terminer l'article par
ces mots : « ou de requérir que l'indemnité sera
fixée conformément aux dispositions du titre 4. »

« L'art. 17, a-t-il dit, porte que les créanciers
inscrits auront le droit d'exiger que l'indemnité
amiable sera soumise à une nouvelle fixation par
le jury.

« Pour mettre en harmonie la disposition de
cet art. 17 avec l'art. 24 actuellement soumis à
votre vote, il me semble qu'il faudrait ajouter la
disposition complémentaire que je viens de proposer. »

M. *le commissaire du roi* a répondu : « Le droit
est déjà conféré par l'article précédent. Ce serait
une superfétation. »

M. *Clappier* a ajouté : « Il faut bien fixer le délai.
Le laisserez-vous indéterminé ou le déterminerez-
vous? Ma rédaction n'a pour objet que de limiter
et de préciser. »

M. *le président* a fait remarquer que si l'acceptation n'est pas déclarée, la conséquence est que le
règlement sera fait dans les formes énoncées au
présent titre. D'après cela, a-t-il demandé, M. Clappier insiste-t-il ?

M. *Clappier* a répondu : « J'insiste pour une explication. Le propriétaire peut accepter et le créancier ne pas accepter l'offre. Que deviendra alors
le droit du créancier, le droit d'exiger une fixation
de l'indemnité par le jury ?

« Je suppose que le propriétaire soit satisfait de
l'offre, et que néanmoins il y ait un créancier
inscrit ayant intérêt à user de son droit de requérir
la fixation de l'indemnité par le jury, qu'arrivera-
t-il ? Si l'indemnité est réglée à l'insu du créancier,
entre l'administration et le propriétaire, l'exercice du droit réservé au créancier ne sera-t-il pas

ceux qui ont été envoyés en possession provisoire des biens d'un absent, et autres personnes qui représentent les incapables, peuvent valablement accepter les offres énoncées en l'art. 23, s'ils y sont autorisés dans les formes prescrites par l'art. 13 (1).

26. Le ministre des finances, les préfets, maires ou administrateurs, peuvent accepter les offres d'indemnité pour expropriation des biens appartenant à l'Etat, à la couronne, aux départements, communes ou établissements publics, dans les formes et avec les autorisations prescrites par l'article 13 (2).

27. Le délai de quinzaine, fixé par l'art. 24, sera d'un mois dans les cas prévus par les art. 25 et 26.

---

compromis? ou bien, le délai accordé au créancier pour soumettre au jury la question de l'indemnité sera-t-il illimité? Peut-être serait-il prudent de régler ce point. Je souhaite qu'on s'explique à cet égard. »

M. le commissaire du roi a dit : « La réponse à ce que vous demandez se trouve dans l'art. 28 de la loi. »

M. le président a ajouté : « La rédaction que propose M. Clappier ne remédierait même pas à l'inconvénient qu'il signalait. Insiste-t-il ?

M. Clappier a répondu : « Non, M. le président. » Mais M. Dessaigne a repris l'observation de M. Clappier. « L'art. 17, a-t-il dit, dans son dernier paragraphe, crée pour les créanciers un droit : « Les créanciers inscrits n'auront, dans aucun cas, la faculté de surenchérir ; mais ils pourront exiger que l'indemnité soit fixée conformément au titre 4. »

« Dans l'art. 24, la loi s'est occupée des créanciers et autres intéressés qui sont tenus de déclarer leur acceptation, ou s'ils n'acceptent pas, d'indiquer le montant de leurs prétentions ; ils peuvent seulement requérir que l'indemnité soit fixée conformément au titre 4.

« Il me semble qu'il y a quelque chose de juste dans les observations de M. Clappier. »

M. le rapporteur a terminé la discussion par ces mots : « Je crois que l'honorable préopinant est dans l'erreur. L'art. 24 ne parle pas des créanciers. »

M. Dessaigne a déclaré qu'il retirait ses observations.

M. le président a ajouté : « Je ferai remarquer qu'effectivement, dans l'art. 23, on a ôté les mots : « aux créanciers inscrits, » qui étaient dans la loi de 1833. »

Je pense qu'il y a eu méprise de la part de M. le rapporteur et de M. le président de la Chambre. Dans l'art. 23, on a supprimé les mots : « aux créanciers inscrits, » afin d'éviter à l'administration les frais et la perte de temps qu'auraient entraînés les notifications individuelles que la loi de 1833 rendaient nécessaires. Ces notifications ne leur seront faites, d'après la loi actuelle, qu'autant qu'ils seront intervenus dans le délai fixé par l'art. 21. A défaut d'intervention, ils seront avertis par une notification collective dans la forme indiquée par l'art. 6. Mais cela ne porte aucunement atteinte à leur droit de refuser les offres de l'administration. Voy. notes sur l'article précédent, in fine.

(1) Après les observations que j'ai faites sur l'article 13, je n'ai que bien peu de mots à dire sur celui-ci ; car il est évident que tout ce qui est vrai pour le consentement à la cession des biens l'est également pour la fixation du prix.

Il est cependant quelques réflexions qu'il est utile de présenter.

D'abord, lorsque l'article parle des biens dotaux, il est évident qu'il désigne les biens dotaux inaliénables ; que, pour ceux dont l'aliénation aurait été permise par le contrat de mariage, le consentement du mari et de la femme suffirait ; que l'autorisation du tribunal ne serait pas nécessaire.

« . . . . . On a voulu, a dit M. Dufaure, rapporteur, lever l'obstacle de l'inaliénabilité ; il a été levé, quant à la vente, par l'art. 13. Restait à prévoir le cas où l'expropriation ayant été prononcée par le tribunal, la femme mariée sous le régime dotal voudrait accepter à l'amiable les offres de l'administration. L'art. 25, fait pour ce cas, se réfère à l'art. 13, c'est-à-dire que, dans le cas d'immeubles dotaux inaliénables, pour accepter des offres même après l'expropriation, la femme assistée du mari aura beson de l'autorisation du tribunal. Cela ne se rapporte donc qu'à la femme mariée sous le régime dotal et qui a subi l'expropriation de ses immeubles dotaux.

. . . . . M. le président a ajouté : « Il est bien entendu que, quand il ne s'agit pas d'immeubles dotaux, c'est tout simplement l'application du droit commun, qu'il n'est pas besoin de mettre dans la loi.

Enfin, M. Gillon ayant demandé ce qui arriverait si le mari voulait et la femme ne voulait pas, M. le président a répondu : « La femme demandera l'autorisation aux juges. »

Il ne faut pas entendre toutefois que, dans les cas où il s'agit de biens non dotaux de la femme, elle puisse seule, avec l'autorisation de la justice, et contre le gré de son mari, accepter les offres qui lui sont faites. Lorsque le mari ou la communauté a la jouissance des biens propres de la femme, il est nécessaire que le mari consente ; car il a un droit dont on ne peut le dépouiller.

En second lieu, cet article ne parle point, comme l'art. 13, des détenteurs de biens majoratisés ; mais l'intention du législateur ne saurait être douteuse, s'il les autorise à traiter à l'amiable en remplissant certaines formalités ; à plus forte raison, il doit leur permettre d'accepter les offres après que l'expropriation a été prononcée.

D'ailleurs, la seconde commission de la Chambre des Pairs avait proposé une rédaction qui comblait cette lacune ; et, si elle a retiré son amendement, c'est évidemment afin de ne pas retarder le vote de la loi.

Dans une pareille situation, que devront décider les tribunaux? Je pense que, quoique l'article ne désigne pas expressément les détenteurs de majorats, la volonté de les comprendre dans la disposition est trop certaine pour qu'on puisse hésiter. Voy. mes notes sur l'art. 13.

(2) Voy. mes notes sur l'art. 26 de la loi du 7 juillet 1833.

28. Si les offres de l'administration ne sont pas acceptées dans les délais prescrits par les art. 24 et 27, l'administration citera devant le jury, qui sera convoqué à cet effet, les propriétaires et tous autres intéressés qui auront été désignés, ou qui seront intervenus, pour qu'il soit procédé au règlement des indemnités de la manière indiquée au chapitre suivant. La citation contiendra l'énonciation des offres qui auront été refusées (1).

CHAPITRE II. — *Du jury spécial chargé de régler les indemnités.*

29. Dans sa session annuelle, le conseil général du département désigne, pour chaque arrondissement de sous-préfecture, tant sur la liste des électeurs que sur la seconde partie de la liste du jury, trente-six personnes au moins, et soixante et douze au plus, qui ont leur domicile réel dans l'arrondissement, parmi lesquelles sont choisis, jusqu'à la session suivante ordinaire du conseil général, les membres du jury spécial appelé, le cas échéant, à régler les indemnités dues par suite d'expropriation pour cause d'utilité publique (2).

Le nombre des jurés désignés pour le département de la Seine sera de six cents.

30. Toutes les fois qu'il y a lieu de recourir à un jury spécial, la première chambre de la Cour royale (3), dans les départements qui sont le siège d'une cour royale, et, dans les autres départements, la première chambre du tribunal du chef-lieu judiciaire (4), choisit en la chambre du conseil, sur la liste dressée en vertu de l'article précédent pour l'arrondissement dans lequel ont lieu les expropriations, seize personnes qui formeront le jury spécial chargé

---

(1) La loi de 1833 disait : « Si les offres de l'administration ne sont pas acceptées, ou si, nonobstant l'acceptation du propriétaire, les créanciers inscrits ou autres intéressés déclarent, dans la quinzaine de la notification qui leur en est faite, qu'ils ne veulent pas se contenter de la somme convenue entre l'administration et le propriétaire, il sera procédé au règlement des indemnités de la manière indiquée au chapitre suivant. »

La nouvelle rédaction explique nettement qu'il n'y a qu'un seul et même délai de quinzaine accordé pour l'acceptation des offres, soit aux propriétaires, soit aux autres intéressés. Il ne faut pas notifier l'acceptation du propriétaire aux autres parties; elles doivent se décider spontanément à accepter ou à répudier.

Au reste, il est bien entendu que l'administration ne fera citer devant le jury que les refusants, c'est-à-dire ceux qui auront indiqué le montant de leurs prétentions, ceux qui se seront dispensés de les faire connaître. Voy. art. 40, *in fine*.

On doit observer que les mots « *et tous autres intéressés qui seront intervenus* » n'ont pas ici la même signification que dans les art. 23 et 24. D'abord, il est évident qu'ils ne s'appliquent pas à ceux qui ont accepté les offres de l'administration; et, en outre, ils comprennent ceux qui ont été avertis collectivement, et qui ont indiqué des prétentions supérieures aux offres qui auraient été faites par l'administration.

(2) C'est au jury qu'il appartient de prononcer sur l'indemnité due pour dommages *permanents* causés aux propriétés par des travaux d'utilité publique. L'autorité administrative n'a compétence pour connaître de l'indemnité pour dommages qu'autant qu'il s'agit de dommages *temporaires* et *variables* causés par la confection des travaux. Arrêts de la Cour de cassation du 23 novembre 1836 (Sirey-Devilleneuve, 36. 1. 890; Dalloz, 37. 1. 14); du 23 avril 1838 (Sirey-Devilleneuve, 38. 1. 454 et la note ; Dalloz, 38. 1. 596); du 30 avril 1838 (Sirey-Devilleneuve, 38. 1. 456; Dalloz, 38. 1. 203; Journal du Palais, 1838, t. 1, p. 60.]

Cette distinction était déjà établie par de nombreuses décisions de l'autorité judiciaire et de l'autorité administrative. Cependant celle-ci, tout en admettant la règle, est peu favorable dans l'application à la compétence des tribunaux.

On doit considérer comme dommage permanent, et non pas seulement temporaire, la diminution de la force motrice d'une usine (voy. l'arrêt précité du 23 novembre 1836)... Le dommage résultant de travaux d'utilité publique, toutes les fois que la propriété se trouve affectée d'une manière perpétuelle, bien que le dommage n'ait lieu que par intervalles plus ou moins rapprochés, selon la volonté de l'administration. Voy. arrêt précité du 23 avril 1838.

(3) La loi de 1833 voulait que ce choix eût lieu toutes les chambres réunies en la chambre du conseil ; il en résultait que, pendant les deux mois de vacances des cours et tribunaux, époque où les travaux ont le plus d'activité, on ne pouvait obtenir la désignation d'un jury d'expropriation. Le choix sera fait désormais par la première chambre de la Cour, et, pendant les vacances, par la chambre des vacations. « Il y a plus de garantie, selon nous, a dit M. le comte *Daru*, d'un bon choix ; plus de contrôle réel, lorsque cinq membres y concourent, que lorsque vingt personnes sont appelées à le faire. »

(4) Dans le projet du gouvernement, il y avait, après ces mots, le membre de phrase suivant : *sans avoir à vérifier la régularité des procédures.* La pensée d'introduire dans la loi une semblable déclaration était venue de ce qu'une Cour royale (celle de Colmar) s'était crue autorisée à s'emparer d'office du pouvoir de juger de la validité des formes. « La loi, a dit M. *le rapporteur de la commission* de la Chambre des Pairs, ne lui remettait certainement pas ce soin. C'est à l'administration de veiller à la régularité de ces procédures et aux parties de se pourvoir, si elles le jugent convenable. Les tribunaux ne sont là qu'un instrument chargé exclusivement de choisir quelques noms sur le tableau dressé par le conseil général du département. Ils administreraient, s'ils étendaient au-delà leurs attributions. Mais de ce qu'un fait pareil s'est présenté, doit-on en conclure, surtout lorsque la Cour de cassation est là pour établir au besoin et fixer la jurisprudence, qu'il faille réformer la législation? Nous ne le pensons pas, et nous proposons de laisser à cet égard la disposition telle qu'elle était

de fixer définitivement le montant de l'indemnité, et, en outre, quatre jurés supplémentaires; pendant les vacances, ce choix est déféré à la chambre de la Cour ou du tribunal chargé du service des vacations. En cas d'abstention ou de récusation des membres du tribunal, le choix du jury est déféré à la Cour royale (1).

Ne peuvent être choisis,

1° Les propriétaires, fermiers, locataires

des terrains et bâtiments désignés en l'arrêté du préfet pris en vertu de l'art. 11, et qui restent à acquérir (2);

2° Les créanciers ayant inscription sur lesdits immeubles;

3° Tous autres intéressés désignés ou intervenant en vertu des art. 21 et 22 (3).

Les septuagénaires seront dispensés, s'ils le requièrent, des fonctions de juré (4).

31. La liste des seize jurés et des quatre

---

formulée. » (V. arrêt de la Cour de cassation du 31 décembre 1839, Sirey-Devilleneuve, 40. 1. 158; Dalloz, 40. 1. 77.)

Un amendement dans le même sens, proposé par M. de *Golbéry*, a été rejeté par les mêmes motifs.

(1) En matière criminelle, la récusation ne peut être exercée contre les magistrats qui forment la liste du jury, parce que les jurés sont désignés successivement par la voie du sort. Ici, il en est autrement. On comprend donc que la loi ait permis aux juges de s'abstenir et aux parties de les récuser.

Au surplus, d'après les termes mêmes de cette nouvelle disposition, ce droit n'existe qu'autant que le choix du jury est déféré à un tribunal de première instance. Sans doute, le législateur n'a pas supposé que les magistrats de la cour pussent cesser d'être en nombre suffisant par suite d'abstention ou de récusation.

(2) Le projet du gouvernement ajoutait : « Soit de tous autres qui pourraient se trouver ultérieurement soumis à l'expropriation, en vertu du plan parcellaire, ou conformément à l'avis de la commission. » Cette disposition additionnelle a été retranchée, comme tendant à rendre encore plus difficile la formation du jury. On a fait observer, d'ailleurs, que les exclusions que la loi prononçait et le droit de récusation offraient des garanties suffisantes.

(3) M. *Clappier* avait proposé d'ajouter : « Et toute personne reprochable selon le Code de procédure. » Cet amendement n'a pas été appuyé. On a considéré qu'il rendrait sinon impossible, du moins très-difficile la composition du jury.

(4) M. *de Golbéry* a fait remarquer que, d'après la place qu'occupe cette disposition, le législateur paraissait avoir voulu que le septuagénaire fît valoir son excuse devant le tribunal ou la cour chargée de dresser la liste de session; mais que cela lui serait souvent impossible, parce que la liste générale n'étant pas partout publiée, il pourrait ignorer qu'il s'y trouve placé; qu'on devait donc lui permettre de se prévaloir de la cause d'exemption devant le magistrat directeur du jury, et que, dès lors, il fallait que ce paragraphe fût placé à l'art. 32, qui statue sur les exemptions.

M. *le rapporteur* a combattu cette proposition en ces termes : « Je crois que la question n'a pas un très-grand intérêt ; cependant, à mon avis, il y a un avantage pratique à soutenir l'article du gouvernement. Voici en quoi consiste cet avantage.

« Lorsque le jury est constitué par le magistrat directeur, les septuagénaires qui ont été portés sur la liste par la Cour royale ou le tribunal, ont le droit de se faire dispenser de remplir les fonctions de juré. Cela me paraît complétement juste, et la commission l'adopte. Si le paragraphe qui nous occupe ne le disait pas suffisamment, nous ne fe-

rions aucune objection à ce que l'honorable M. de Golbéry produisît cette disposition à l'art. 32.

« Voilà ce qui se passe au moment où le magistrat directeur constitue le jury.

« Mais au moment où la Cour royale ou le tribunal forme la liste des seize jurés qui doit être envoyée au magistrat directeur, n'est-il pas utile, comme le fait l'article en délibération, de donner aux septuagénaires la faculté de se faire dispenser d'être portés sur cette liste? A notre avis, cette faculté donnée aux septuagénaires du moment où l'on compose la liste des seize jurés a une utilité réelle, et la Chambre va le sentir.

« Si le septuagénaire ne peut empêcher que son nom y soit porté, il en résultera que le tribunal ou la Cour royale composeront une liste indistinctement de seize personnes ayant moins ou plus de soixante-dix ans.

« Maintenant, qu'arrivera-t-il lorsqu'on viendra devant le magistrat directeur ? Le septuagénaire dira : J'ai le droit de me faire dispenser des fonctions de juré. Et il sera rayé de la liste des seize que le tribunal ou la Cour royale aura envoyée au magistrat directeur.

« Eh bien, nous croyons qu'il vaut mieux prévenir cet inconvénient par une demande qui peut être adressée au tribunal ou à la Cour royale.

« On dit que le septuagénaire n'est pas toujours prévenu. C'est un malheur ; mais s'il n'a pas été prévenu, il sera toujours à même d'exercer son droit devant le magistrat directeur du jury.

« Par les motifs d'utilité que je viens de signaler, je vous prie de maintenir la rédaction du gouvernement. »

M. *le président* a ajouté : « D'après les explications qui viennent d'être données, il est bien entendu que la voie du paragraphe actuel, en donnant aux septuagénaires le droit de se faire exempter, ne lui en impose pas l'obligation. S'ils n'ont pas réclamé d'abord, ils pourront se présenter ensuite devant le magistrat directeur du jury, aux termes de l'art. 32. Voy. les notes sur le dernier alinéa de l'art. 32.

Dans mes notes sur l'art. 30 de la loi du 7 juillet 1833, j'ai établi que toutes les dispositions du Code d'instruction criminelle, relatives au jury chargé de prononcer sur les accusations de crimes, ne sont point applicables au jury en matière d'expropriation. Notamment il me paraît impossible d'étendre à celui-ci toutes les causes d'incompatibilité et d'exemption indiquées dans l'art. 383 du Code d'instruction criminelle. On voit figurer parmi ces dernières l'âge de soixante-dix ans ; la loi sur l'expropriation n'aurait pas formellement exprimé que cet âge pouvait être invoqué comme dispense, si toutes les autres causes lui avaient paru devoir produire le même résultat. D'ailleurs, il est évident que certaines fonctions qui peuvent être considérées

jurés supplémentaires est transmise par le préfet au sous-préfet, qui, après s'être concerté avec le magistrat directeur du jury, convoque (1) les jurés et les parties, en leur indiquant, au moins huit jours (2) à l'avance, le lieu et le jour de la réunion. La notification aux parties leur fait connaître les noms des jurés.

32. Tout juré qui, sans motifs légitimes, manque à l'une des séances ou refuse de prendre part à la délibération, encourt une amende de cent francs au moins et de trois cents francs au plus.

L'amende est prononcée par le magistrat directeur du jury.

Il statue en dernier ressort sur l'opposition qui serait formée par le juré condamné (3).

Il prononce également sur les causes d'empêchement que les jurés proposent, ainsi que sur les exclusions ou incompatibilités dont les causes ne seraient servenues ou n'auraient été connues que postérieurement à la désignation faite en vertu de l'art. 30 (4).

33. Ceux des jurés qui se trouvent rayés

---

comme incompatibles avec la qualité de juré en matière criminelle, sont parfaitement conciliables avec la mission qui est confiée aux jurés en matière d'expropriation forcée. La participation à la punition des crimes a dû être l'objet de précautions et de règles toutes différentes de celles qu'il convient d'établir, lorsqu'il s'agit seulement de concourir à l'évaluation d'immeubles expropriés.

(1) Les jurés et les parties peuvent être convoqués par lettre du préfet, remise par un agent de l'administration. (Arrêt de la Cour de cassation du 15 avril 1840, Sirey-Devilleneuve, 40. 1. 706 ; Dalloz, 40. 1. 185; J. du Palais, 1840, t. 2, p. 167.)

Si, dans la convocation adressée à l'un des jurés, on a, par erreur, indiqué un jour autre que celui où la réunion devait réellement avoir lieu, cette circonstance, qui a privé les parties d'un juré qui leur était acquis, rend nulle la décision du jury. Il en est de même, si la convocation du juré a été notifiée à un domicile autre que le sien, et que, par suite, le juré ne soit pas présenté. (Arrêts de la Cour de cassation des 23 juin et 20 juillet 1840, Sirey-Devilleneuve, 40.1. 705; Dalloz, 40.1. 267 ; Journal du Palais, 1840, t. 2, p. 470.)

(2) La partie qui comparaît au jour indiqué par la convocation devant le jury d'expropriation, et qui, sans faire ni protestations ni réserves, y discute l'indemnité offerte et demandée, n'est pas recevable à se faire un moyen de cassation contre la décision du jury, de ce que la liste du jury ne lui aurait pas été notifiée huit jours au moins avant la réunion. (Arrêt de la Cour de cassation du 13 janvier 1840, Sirey-Devilleneuve, 40. 1. 159 ; Dalloz, 40. 1. 91 ; J. du Palais, 1840, t. 1, p. 54.)

(3) Dans mes notes sur l'art. 32 de la loi du 7 juillet 1833, j'ai fait remarquer que, si le juré n'a pas présenté ses excuses pendant la session, il pourra encore les faire valoir, mais seulement devant le directeur du jury à la session suivante. Je persiste dans cette opinion ; car il est impossible d'admettre que la condamnation à l'amende ne soit susceptible d'aucun recours. Supposons qu'un juré n'ait pas reçu la convocation, ou que, par erreur, il ait été convoqué pour un jour autre que celui de la réunion du jury, qu'il ait été condamné à l'amende et que la session soit close avant qu'il ait pu former opposition, il faut bien qu'il y ait une voie pour se faire décharger d'une injuste condamnation. Or, comme je l'ai fait remarquer, il n'est plus susceptible de s'adresser au directeur du jury dont la mission est finie, dont les pouvoirs ont cessé ; il y a donc nécessité de se pourvoir devant le directeur d'une autre session.

(4) Dans mes notes sur l'article 32 de la loi du 7 juillet 1833, j'ai dit qu'aux termes de cet

article, les causes d'exclusion ou d'incompatibilité ne peuvent être proposées devant le directeur du jury, qu'autant qu'elles sont survenues postérieurement à la désignation faite en vertu de l'art. 30. J'ai montré que, d'après la discussion, il n'était pas possible de fonder sur les causes d'incompatibilité antérieures des récusations motivées, outre les récusations péremptoires autorisées par l'art. 34. Le législateur n'a pas cru devoir modifier cette disposition ; il a sans doute pensé que les incompatibilités qui n'auront pas été aperçues au moment de la désignation donneront lieu aux récusations péremptoires, et qu'ainsi le jury ne sera jamais composé de personnes n'offrant pas toutes les garanties exigées. Mais il résulte de là que le droit de récusation péremptoire accordé par l'art. 34, peut se trouver extrêmement limité et même anéanti. Si l'administration, par exemple, s'aperçoit que, parmi les jurés se trouvent deux créanciers inscrits sur les immeubles désignés dans l'arrêté du préfet et qui restent à acquérir, elle les récusera ; mais son droit sera épuisé, et elle ne pourra plus faire de récusation fondée sur les motifs non prévus par la loi et quelquefois cependant très-graves.

Il ne faut pas, au surplus, confondre la faculté qu'ont les jurés de présenter des causes d'empêchement avec le droit de l'administration ou des parties intéressées de faire valoir contre eux des causes d'exclusion ou d'incompatibilité. Il résulte de la discussion à laquelle a donné lieu l'art. 30 (voy. les notes sur cet article) que les jurés peuvent se faire excuser par le directeur du jury, quoique la cause sur laquelle ils se fondent existât déjà au moment de la désignation. Le présent article l'indique suffisamment. Il dit que le directeur du jury prononce sur les causes d'empêchement que les jurés proposent, sans distinguer entre les causes antérieures et les causes postérieures à la désignation, comme il le fait pour les exclusions et les incompatibilités.

L'article du projet contenait un dernier paragraphe qui était ainsi conçu : « Tout juré qui saura cause de récusation en sa personne est tenu de le déclarer au magistrat directeur du jury, qui décide s'il doit s'abstenir. »

La commission de la Chambre des Pairs l'avait amendé comme il suit : « Tout juré qui connaîtra en sa personne une des causes d'incompatibilité énoncées en l'art. 30 est tenu de le déclarer au magistrat directeur qui décide s'il doit s'abstenir. »

Enfin M. Persil avait proposé d'ajouter après ces mots « en l'art. 30, » ce membre de phrase « et de récusations établies par la loi. »

On aperçoit la différence qui résultait de cette

de la liste par suite des empêchements, exclusions ou incompatibilités prévus à l'article précédent, sont immédiatement remplacés par les jurés supplémentaires, que le magistrat directeur du jury (1) appelle dans l'ordre de leur inscription.

En cas d'insuffisance, la magistrat directeur du jury choisit, sur la liste dressée en vertu de l'art. 29, les personnes nécessaires pour compléter le nombre des seize jurés.

34. Le magistrat directeur du jury est assisté, auprès du jury spécial, du greffier ou commis-greffier du tribunal, qui appelle successivement les causes sur lesquelles le jury doit statuer, et tient procès-verbal des opérations.

Lors de l'appel, l'administration a le droit d'exercer deux récusations péremptoires; la partie adverse a le même droit.

Dans le cas où plusieurs intéressés figurent dans la même affaire, ils s'entendent pour l'exercice du droit de récusation, sinon le sort désigne ceux qui doivent en user.

Si le droit de récusation n'est point exercé, ou s'il ne l'est que partiellement, le magistrat directeur du jury procède à la réduction des jurés au nombre de douze, en retranchant les derniers noms inscrits sur la liste.

35. Le jury spécial n'est constitué que lorsque les douze jurés sont présents.

Les jurés ne peuvent délibérer valablement qu'au nombre de neuf au moins (2)

36. Lorsque le jury est constitué, chaque juré prête serment de remplir ses fonctions avec impartialité (3).

37. Le magistrat directeur met sous les yeux du jury,

1° Le tableau des offres et demandes notifiées en exécution des art. 23 et 24;

2° Les plans parcellaires et les titres ou autres documents produits par les parties à l'appui de leurs offres et demandes.

Les parties ou leurs fondés de pouvoir peuvent présenter sommairement leurs observations.

---

addition. Selon la commission, le juré devait seulement déclarer les causes d'incompatibilité, et selon M. Persil il devait faire connaître les causes de récusation. M. *le garde des sceaux* a parlé en faveur de ce dernier système qu'a combattu M. *Laplagne-Barris*. L'avantage qu'y trouvait M. le garde des sceaux était de ne pas conserver comme membres du jury des personnes intéressées à la décision. L'inconvénient qui, selon M. Laplagne-Barris, devait en résulter était qu'on multiplierait les difficultés de la composition du jury, et qu'on suggérerait à ceux qui voudraient se soustraire aux obligations de juré, des moyens de s'en exempter en déclarant à tort ou à raison qu'ils sont dans un cas de récusation; qu'enfin on ferait naître des procès, car révélées après la décision du jury, venait à découvrir une cause de récusation chez un de ses membres, elle ne manquerait pas de dire que le juré, en gardant le silence, avait violé la loi, et que la décision devait être annulée; que cela arriverait d'autant plus souvent que les causes de récusation énumérées dans l'art. 378 du Code de procédure sont très-nombreuses, et que presque tous les jurés, dans leur ignorance des dispositions légales, omettraient de se récuser.

M. *Persil* a répondu que les jurés ne pourront pas à leur gré se soustraire aux obligations qui leur sont imposées, en alléguant des causes de récusation; que le magistrat directeur du jury, à qui elles seront soumises, les rejettera si elles ne sont pas bien fondées, mais qu'il importait d'écarter ceux en qui véritablement se trouveraient des causes de récusation; car révélées après la décision du jury, elles en entraîneraient la cassation.

M. *Laplagne-Barris* a répliqué qu'en matière criminelle, lorsqu'il s'agissait de la condamnation d'un accusé, on avait présenté à la Cour de cassation le fait qu'un juré était très-proche parent de la partie civile, et que la Cour de cassation avait rejeté le pourvoi par le motif que la disposition relative à la récusation motivée n'était pas

applicable en matière criminelle; qu'ainsi, à plus forte raison, il n'y aurait pas ouverture à cassation en matière d'expropriation dans un cas où on alléguerait, après la décision du jury, qu'une cause de récusation existait contre un de ses membres, parce que la loi n'admet pas la récusation motivée, et qu'on ne peut casser que pour violation de la loi.

Après ces explications, tout le monde a paru consentir au rejet des différentes rédactions; elles ont été rejetées. Ainsi il est bien constant que les causes de récusation énumérées dans l'art. 378 du Code de procédure ne sont pas applicables en matière d'expropriation forcée. D'ailleurs, dans cette discussion, on paraît avoir perdu de vue la disposition de l'art. 42, qui détermine les cas où il y a ouverture à cassation.

(1) C'était le tribunal d'arrondissement qui, d'après la loi de 1833, complétait le nombre de seize jurés.

(2) Est nulle la délibération du jury à laquelle a pris part un individu qui n'en faisait pas partie, alors même qu'en retranchant cet individu du nombre des membres délibérants, il y ait encore un nombre suffisant pour rendre une décision. (Arrêt de la Cour de cassation du 6 décembre 1837, Sirey-Devilleneuve, 38. 1. 228; Dalloz, 1. 39; Journal du Palais, 1838, t. 1, p. 304.)

(3) Lorsqu'il a été constitué deux jurys distincts pour connaître séparément de deux séries d'affaires, ils doivent, quand bien même ils seraient composés en grande partie des mêmes jurés, procéder distinctement sur la série d'affaires dont chacun d'eux est saisi. (Arrêt de la Cour de cassation du 22 juin 1840, Sirey-Devilleneuve, 40. 1. 707; Dalloz, 40. 1. 281; Journal du Palais, 1840, t. 2, p. 468.)

Les jurés ne peuvent, à peine de nullité, procéder à l'examen des lieux avant d'avoir prêté serment. (Arrêt de la Cour de cassation du 26 septembre 1834, Sirey-Devilleneuve, 36. 1. 174; Dalloz, 35. 1. 112.)

Le jury pourra entendre toutes les personnes qu'il croira pouvoir l'éclairer.

Il pourra également se transporter sur les lieux, ou déléguer à cet effet un ou plusieurs de ses membres (1).

La discussion est publique ; elle peut être continuée à une autre séance (2).

38. (3) La clôture de l'instruction est prononcée par le magistrat directeur du jury (4).

---

(1) Voy. notes sur l'art. 36.

(2) Voy. mes notes sur l'art. 37 de la loi du 7 juillet 1833.

(3) Cet article est littéralement reproduit de la loi de 1833 ; mais les deux premiers paragraphes ont été l'objet de longs débats.

La première commission de la Chambre des Pairs avait proposé la rédaction suivante : « Le magistrat directeur du jury prononce la clôture de l'instruction et pose les questions. Les jurés devront y répondre. » Elle voulait même qu'on ajoutât : « Ils pourront également poser et résoudre toutes celles qu'ils jugeront résulter de l'instruction ou des débats. »

La Chambre des Pairs rejeta cette seconde partie de l'amendement ; de manière que le paragraphe adopté par elle se trouvait ainsi rédigé : « Le magistrat directeur du jury prononce la clôture de l'instruction et pose les questions. Les jurés devront y répondre. »

La commission de la Chambre des Députés présenta une nouvelle disposition ainsi conçue : « Le magistrat directeur du jury prononce la clôture du débat ; il indique sommairement et par écrit, et remet aux jurés les questions qui lui paraissent résulter de l'instruction. »

M. Dufaure, rapporteur, a dit, à l'appui de cette proposition : « Le jury est constitué ; il commence ses opérations, le procès s'instruit devant lui, le magistrat directeur prononce la clôture de l'instruction. Les abus qui ont eu lieu ont fait rechercher s'il n'y aurait pas quelque moyen, sans attenter à l'omnipotence du jury, de lui tracer des règles propres à éclairer sa religion. C'est dans ce but que le projet charge le magistrat directeur de poser les questions auxquelles les jurés devront répondre. Ce magistrat, qui a dirigé l'instruction, qui a l'expérience des affaires, est plus que personne à même de guider utilement le jury en lui présentant le résumé des débats et en dégageant les questions qui peuvent s'y trouver plus ou moins confondues. Toutefois, il importe de remarquer qu'il s'agit de donner un avis aux jurés et non de leur imposer une règle rigoureuse de délibération. Nous ne pouvons admettre que le magistrat directeur ait le pouvoir d'enfermer la délibération du jury dans le cercle des questions qu'il lui soumet. Il aurait, dans certains cas, une irrésistible influence sur le règlement de l'indemnité. Vous prépareriez ensuite d'inévitables difficultés par la rigueur des formes que vous introduiriez. Les jurés devraient répondre aux questions qui leur seraient posées. Toute omission de répondre, souvent une irrégularité dans la réponse, serait un moyen de cassation. Nous voulons éviter ces chances multipliées de procès et rendre au jury toute sa liberté, en obligeant le magistrat directeur à indiquer seulement, par écrit et d'une manière sommaire, les questions qui lui paraissent résulter de l'instruction ; le jury, éclairé par cette indication, restera maître de se poser et de résoudre toutes autres questions. »

MM. Pascalis et Dessaigne ont proposé d'amender ainsi les deux premiers paragraphes de l'article :

« Avant de prononcer la clôture du débat, le magistrat directeur du jury indique sommairement et par écrit les questions qui lui paraissent résulter de l'instruction.

« Les jurés se retirent immédiatement dans leur chambre pour y délibérer sans désemparer, sous la présidence du magistrat directeur du jury qui prend part à la délibération. »

Cet amendement a été repoussé. On l'a considéré comme portant atteinte à l'institution du jury, en ce qu'il ferait concourir le magistrat directeur à la délibération des jurés. Enfin, M. Lanjuinais a demandé le maintien de la loi de 1833. Cette proposition a été adoptée.

Toutefois, il résulte de la discussion à la Chambre des Députés qu'en revenant à la loi de 1833, le législateur n'a point entendu empêcher le magistrat directeur de poser aux jurés des questions lorsque cela sera nécessaire. Il a été reconnu, au contraire, que ce magistrat peut toujours intervenir d'une manière officieuse pour éclairer le jury, ainsi que cela a eu lieu jusqu'ici dans la pratique.

« Après avoir rappelé les raisons qui avaient fait écarter par la Chambre des Députés la disposition adoptée par la Chambre des Pairs, M. le comte Daru, dans son second rapport, a dit : « Il a paru plus sage de laisser au magistrat directeur le soin d'avoir des communications officieuses et non officielles avec le jury ; de poser ou de ne pas poser les questions, suivant le besoin des circonstances. L'influence qu'un magistrat choisi et délégué par sa compagnie ne peut manquer d'exercer sur les jurés par ses lumières, son caractère et sa considération personnelle, assurera à son intervention une autorité qui n'a pas besoin de revêtir le caractère d'une obligation légale pour être complètement et toujours acceptée. »

Au surplus, sous l'empire de la loi de 1833, la Cour de cassation a décidé que le jury doit, à peine de nullité, répondre à toutes les questions qui lui sont posées par le directeur du jury. (Voy. arrêt du 25 février 1840, Sirey-Devilleneuve, 40. 1. 274 ; Dalloz, 40. 1. 145 ; Journal du Palais, 1840, t. 1, p. 245.)

Cette jurisprudence doit être suivie aujourd'hui, puisqu'il n'y a aucune innovation introduite par la loi nouvelle. Il ne faut toutefois se méprendre sur le sens de la décision que je viens de rappeler. L'obligation pour les jurés de répondre aux questions ne naît pas précisément de ce qu'elles seraient posées par le directeur du jury, mais bien de ce que les questions résulteraient des débats. Dans l'espèce, la partie intéressée, après avoir réclamé une indemnité, avait ajouté qu'elle réduirait sa prétention, si l'administration exécutait certains travaux. L'arrêt dit que, dans une pareille position, le directeur avait pu soumettre au jury, outre la question principale, une question accessoire, et que le jury, en ne répondant pas à cette question, n'avait rendu qu'une décision incomplète.

(4) Les débats dont la clôture a été prononcée peuvent être rouverts du consentement des par-

Les jurés se retirent immédiatement dans leur chambre pour délibérer, sans désemparer, sous la présidence de l'un d'eux, qu'ils désignent à l'instant même (1).

La décision du jury fixe le montant de l'indemnité (2) ; elle est prise à la majorité des voix (3).

En cas de partage, la voix du président du jury est prépondérante.

39. Le jury prononce des indemnités distinctes en faveur des parties qui les réclament à des titres différents, comme propriétaires, fermiers, locataires, usagers et autres intéressés dont il est parlé à l'art. 21 (4).

Dans le cas d'usufruit, une seule indemnité est fixée par le jury, eu égard à la valeur totale de l'immeuble ; le nu-proprié-

---

ties. (Arrêt de la Cour de cassation du 7 février 1837, Sirey-Devilleneuve, 37. 1. 126 ; Dalloz, 37. 1. 178 ; Journal du Palais, 1837, t. 1, p. 94.

(1) La désignation du président des jurés peut être valablement faite par ceux-ci en audience publique, au lieu de l'être dans la chambre du conseil. (Arrêt de la Cour de cassation du 24 mars 1841, Sirey-Devilleneuve, 41. 1. 344.)

(2) Lorsque, par une déclaration nouvelle devant le jury, les concessionnaires, modifiant les plans sur lesquels a été rendu le jugement d'expropriation, changent la destination des terrains expropriés, le jury ne peut plus, en cet état, statuer sur l'indemnité due aux propriétaires, l'emploi qui doit en être fait ayant dû influer sur les offres et demandes d'indemnité, et sur les considérations d'utilité publique qui ont fait prononcer le jugement. (Arrêt de la Cour de cassation du 9 janvier 1839, Sirey-Devilleneuve, 39. 1. 129 ; Dalloz, 39. 1. 68.)

Le jury n'est pas tenu de spécifier chacun des éléments divers qui concourent à former l'indemnité qu'il est appelé à régler. (Arrêts de la Cour de cassation du 26 mai 1840, Sirey-Devilleneuve, 40. 1. 712, et 17 août 1840, Sirey-Devilleneuve, 40. 1. 714 ; Dalloz, 40. 1. 215, et 309 ; Journal du Palais, 1840, t. 2, p. 211.)

L'indemnité ne peut consister que dans une somme d'argent mise immédiatement à la disposition de l'exproprié, et dont l'importance doit être déterminée en raison de la valeur des objets expropriés et du préjudice que le propriétaire dépossédé peut éprouver ; en conséquence, le jury d'expropriation excède ses pouvoirs, lorsque, au lieu d'une indemnité totale en argent, il fait entrer, dans l'indemnité qu'il alloue, certains travaux à faire sur les terrains restant au propriétaire dépossédé, et charge la commune pour le compte de laquelle a lieu l'expropriation de les exécuter à ses frais. (Arrêt de la Cour de cassation du 31 décembre 1838, Sirey-Devilleneuve, 39. 1. 19.)

La décision du jury doit, à peine de nullité, déterminer le montant précis de l'indemnité ; elle ne peut se borner à en poser les bases. (Arrêt de la Cour de cassation du 3 août 1840, Sirey-Devilleneuve, 40. 1. 711 ; Dalloz, 40. 1. 288 ; Journal du Palais, 1840, t. 2, p. 476.)

(3) Il n'est pas nécessaire que la décision du jury fasse mention qu'elle a été prise à la majorité. (Arrêt de la Cour de cassation du 19 janvier 1835, Sirey-Devilleneuve, 36. 1. 172 ; Dalloz, 35. 1. 112.) — Voy. mes notes sur l'art. 38 de la loi du 7 juillet 1833.

(4) Dans la loi de 1833, ce paragraphe était ainsi conçu : « Le jury prononce des indemnités distinctes en faveur des parties qui les réclament à des titres différents, comme propriétaires, fermiers, locataires, usagers autres que ceux dont il est parlé au premier paragraphe de l'article 21, etc. »

Le changement qu'a subi ce paragraphe n'a provoqué aucune explication dans les deux Chambres ; les rapports ne contiennent, sur ce point, aucun éclaircissement. Cependant on ne peut le considérer comme une simple modification de rédaction : il faut, au contraire, reconnaître qu'il porte sur le fond de la disposition.

D'après le paragraphe de la loi de 1833, une indemnité séparée devait être donnée aux usagers autres que ceux désignés par le paragraphe 1er de l'art. 21, c'est-à-dire à ceux qui avaient des droits d'usage dans les forêts, dans les landes, marais, etc. Pour ceux qui se trouvaient désignés dans le paragraphe 1er de l'art. 21, c'est-à-dire qui avaient des droits d'usage et d'habitation réglés par le Code civil, on ne leur donnait point d'indemnité distincte ; on leur appliquait la règle faite pour les usufruitiers ; ils étaient appelés à exercer leurs droits sur l'indemnité, au lieu de les exercer sur la chose.

D'après la nouvelle rédaction, tous les intéressés désignés par l'art. 21 ont droit à une indemnité distincte. Il n'y a d'exception que pour les usufruitiers. Ainsi, les fermiers, les locataires, ceux à qui des servitudes sont acquises, les usagers, aussi bien ceux qui sont l'objet des dispositions du Code civil que ceux dont la position est réglée par des lois spéciales, recevront une indemnité séparée.

Prétendrait-on que les droits d'usage réglés par le Code civil ont une telle analogie avec le droit d'usufruit, que le système établi pour celui-ci doit nécessairement s'étendre aux autres ? L'analogie existe sans doute ; mais le texte est trop formel pour permettre une distinction ; il embrasse tous les intéressés dont parle l'art. 21. Or, si le premier paragraphe de cet article désigne seulement les usagers, selon le Code civil, le second comprend, par la généralité de ses termes, tous les autres. D'ailleurs, le législateur peut avoir eu l'intention de limiter au cas d'usufruit seulement l'affectation de l'indemnité à l'exercice de deux droits. Sans doute il a voulu faire, autant que possible, cesser des conflits d'intérêts ; et, pour arriver à ce résultat, il a décidé qu'une indemnité séparée serait donnée à l'usager. Il n'y a à cela qu'un inconvénient, c'est de confier au jury une mission assez délicate et des calculs souvent difficiles. La valeur d'un droit d'usufruit, et, à plus forte raison, celle d'un droit d'usage ou d'habitation n'est pas facile à déterminer.

Lorsqu'un terrain, dont l'expropriation a été prononcée, est revendiqué pour partie par un tiers, le jury doit fixer séparément l'indemnité afférente à la partie revendiquée et l'indemnité afférente à la partie non revendiquée. En déterminant une seule indemnité, sans expliquer si elle comprend ou si elle ne comprend pas la partie revendiquée, le jury commet un excès de pouvoir. (Arrêt de la Cour de cassation du 21 août 1838, Sirey-Deville-

laire et l'usufruitier exercent leurs droits sur le montant de l'indemnité au lieu de l'exercer sur la chose.

L'usufruitier sera tenu de donner caution; les père et mère ayant l'usufruit légal des biens de leurs enfants en seront seuls dispensés (1).

Lorsqu'il y a litige sur le fond du droit ou sur la qualité des réclamants, et toutes les fois qu'il s'élève des difficultés étrangères à la fixation du montant de l'indemnité, le jury règle l'indemnité indépendamment de ces litiges et difficultés, sur lesquels les parties sont renvoyées à se pourvoir devant qui de droit (2).

L'indemnité allouée par le jury ne peut,

---

neuve, 38. 1. 787; Dalloz, 38. 1. 366; Journal du Palais, 1840, t. 2, p. 203.) Voy. aussi les observations du Journal du Palais sur cet arrêt.

Lorsque le propriétaire d'un immeuble, dont on demande l'expropriation partielle, prétend avoir le droit d'exiger que l'expropriation comprenne l'immeuble tout entier, le jury doit fixer une indemnité pour le cas où l'expropriation serait totale, et une autre pour le cas où elle ne serait que partielle. (Arrêt de la Cour de cassation du 25 mars 1839, Sirey-Devilleneuve, 39. 1. 323; Dalloz, 39. 1. 140.)

Voir également un arrêt du 21 août 1838 (Sirey-Devilleneuve, 38. 1. 878).

Le jury d'expropriation excède ses pouvoirs lorsqu'au lieu de fixer l'indemnité du locataire à une somme une fois payée qui porterait intérêt six mois après le jugement d'expropriation, il accorde à ce locataire, pour ce qui reste à courir de son bail, une indemnité annuelle à partir du jour où les lieux qu'il occupe seront atteints par les travaux. (Arrêt de la Cour de cassation du 31 décembre 1838, Sirey-Devilleneuve, 39. 1. 19; Dalloz, 39. 1. 59.)

Au cas d'expropriation de partie seulement d'une maison louée, le jury peut déterminer deux indemnités alternatives dans l'intérêt du locataire: l'une pour le cas où il serait jugé que le retranchement de partie des lieux loués autorise le locataire à résilier son bail; l'autre pour le cas où ce locataire pourrait rester dans les lieux moyennant une diminution du prix du bail..... Et cela, encore bien qu'une seule indemnité ait été offerte au locataire et contestée par celui-ci sans distinction entre les deux cas. (Arrêt de la Cour de cassation du 3 avril 1839, Sirey-Devilleneuve, 39. 1. 398; Dalloz, 39. 1. 161.)

Trois arrêts de cassation du 5 février 1840 (Sirey-Devilleneuve, 40. 1. 162; Dalloz, 40. 1. 118; Journal du Palais, 1840, t. 1, p. 213 imposent, en pareil cas, au jury l'obligation de fixer une indemnité alternative.

Le jury qui, après avoir fixé l'indemnité totale due à raison de la dépossession d'une forêt soumise à un usufruitier, ajoute que cette indemnité sera applicable pour telle somme à la superficie et pour telle autre au sol n'est point en contravention avec la loi. Il suffit qu'on trouve dans sa décision la fixation d'une indemnité totale. (Arrêt de la Cour de cassation du 4 avril 1838, Sirey-Devilleneuve, 38. 1. 521; Dalloz, 38. 1. 173.)

(1) Dans mes notes sur l'art. 39 de la loi du 7 juillet 1833, j'ai fait remarquer qu'en obligeant l'usufruitier à donner caution, lorsque peut-être la convention l'en dispensait, on modifiait les droits et la volonté des parties avait constituées. Mais j'ai dit que cette modification était justifiée par la conversion de l'immeuble en une somme d'argent. J'ai enfin ajouté que si l'usufruitier ne trouvait pas une caution, la somme provenant de l'indemnité serait appliquée conformément à l'article 602 du Code civil.

(2 Ce paragraphe a subi deux légers changements qui n'ont fait qu'améliorer la rédaction.

M. *Renouard* avait proposé de le terminer ainsi : « Et, s'il y a lieu, il établit hypothétiquement des indemnités correspondantes à l'éventualité des décisions à intervenir sur les points contestés entre les parties. » Voici l'hypothèse à laquelle cet amendement faisait allusion : « Il est souvent arrivé, disait M. *Renouard*, qu'il existe entre les parties un litige qui peut modifier le chiffre de l'indemnité. Ainsi, une maison est sujette à l'expropriation; la loi donne le droit au propriétaire et au locataire de réclamer une indemnité. Le locataire la réclame et en même temps il plaide avec le propriétaire la question de savoir si, comme il se trouve exproprié d'une partie de sa location, il pourra ou ne pourra pas continuer son bail.

« Le locataire prétend que, quoique privé d'une partie des lieux, il peut néanmoins rester dans l'autre. Le propriétaire prétend que la résiliation du bail doit être la conséquence forcée de l'expropriation de l'immeuble loué. On arrive devant le jury. Que doit faire le jury? S'il prend sur lui d'apprécier la question, comme l'a fait un jury du département de la Seine, s'il décide que telle indemnité est due, parce que la continuation de la location n'est pas possible, qu'arrivera-t-il? C'est qu'on reviendra devant la Cour de cassation, et on dira que le jury a jugé une question qu'il ne lui appartenait pas de décider; le jury a décidé que la location devait être résiliée, un arrêt de la Cour a cassé dans cette circonstance.

« La même difficulté se présente s'il y a litige sur l'étendue d'une servitude. On a jugé que lorsqu'il y avait litige sur le fond du droit, le jury devait fixer une indemnité alternative pour les éventualités de telle ou telle solution.

M. *le rapporteur* a combattu en ces termes l'addition proposée :

« ..... L'article en discussion prescrit au jury, lorsqu'il s'élève une contestation sur le fond du droit, de régler néanmoins l'indemnité sans se prononcer sur le fond du droit.

« La Cour de cassation a décidé que le jury devait régler l'indemnité pour tous les cas qui pouvaient résulter de la décision au fond que les tribunaux rendraient. Nous croyons que cela est indispensable; nous croyons que le jury n'aurait pas rempli l'obligation que lui impose notre article, si, en réalité, il n'avait pas prévu toutes les décisions qui peuvent être rendues, et réglé pour chacun une indemnité.

« Il ne faut pas qu'en aucun cas, on soit obligé de revenir devant le jury; mais nous croyons que cela résulte suffisamment des termes généraux de l'article, et la jurisprudence l'a compris ainsi.

« Il n'est pas nécessaire de mettre dans la loi ce que la jurisprudence a reconnu.

« La commission partage donc complètement

en aucun cas, être inférieure aux offres de l'administration, ni supérieure à la demande de la partie intéressée (1).

40. Si l'indemnité réglée par le jury ne dépasse pas l'offre de l'administration, les parties qui l'auront refusée seront condamnées aux dépens.

Si l'indemnité est égale à la demande des parties, l'administration sera condamnée aux dépens (2).

Si l'indemnité est à la fois supérieure à l'offre de l'administration, et inférieure à la demande des parties, les dépens seront compensés de manière à être supportés par les parties et l'administration, dans les proportions de leur offre ou de leur demande avec la décision du jury (3).

Tout indemnitaire qui ne se trouvera pas dans le cas des art. 25 et 26 sera condamné aux dépens, quelle que soit l'estimation ultérieure du jury, s'il a omis de se conformer aux dispositions de l'art. 24.

41. La décision du jury, signée des membres qui y ont concouru, est remise par le président au magistrat directeur, qui la déclare exécutoire, statue sur les dépens, et envoie l'administration en possession de la propriété, à la charge par elle de se conformer aux dispositions des art. 53, 54 et suivants.

Ce magistrat taxe les dépens, dont le

---

les idées de M. Renouard; mais elle croit que son amendement qui, du reste, est un peu embarrassé dans la rédaction, ne doit pas être admis, uniquement parce qu'il est inutile et que la loi suffit. »

M. *Renouard* a retiré son amendement.

Lorsque le propriétaire d'un immeuble prétend avoir le droit d'exiger que l'expropriation comprenne l'immeuble tout entier, c'est là une question touchant le fond du droit, qui ne peut être jugée par le jury d'expropriation, ni, à plus forte raison, par le magistrat directeur seul; la connaissance en appartient aux tribunaux compétents. (Arrêt de la Cour de cassation du 21 août 1838, Sirey-Devillencuve, 38. 1. 878; Dalloz, 38. 1. 366.)

(1) Cette disposition n'existait pas dans la loi de 1833; elle a été rendue nécessaire par quelques décisions de jurys, qui ont alloué aux personnes expropriées plus qu'elles ne demandaient.

La première commission de la Chambre des Pairs en avait proposé la suppression, comme portant atteinte à l'indépendance du jury et comme pouvant être facilement éludée dans la pratique. Cette proposition a été repoussée.

« Le principe *non ultra petita*, a dit M. *Dufaure*, est un principe de droit commun, dont le jury, pas plus que toute autre juridiction, ne semblait pouvoir s'affranchir. Le contraire est cependant arrivé; de déplorables abus, qui auraient compromis l'institution du jury, si elle eût pu être compromise, ont été signalés à l'attention publique; ils ont forcé d'écrire le principe dans l'art. 39. L'indemnité ne peut être supérieure à la demande de la partie intéressée, ni inférieure aux offres de l'administration. La disposition dont il s'agit n'est pas, comme on a essayé de le prouver, une atteinte au pouvoir du jury. Les offres de l'administration, comme la demande du propriétaire, sont le commencement d'un contrat auquel il ne manque plus que l'adhésion de l'un des deux contractants, et que le jury vient sanctionner.

« L'administration doit prendre ses renseignements de manière à ne point faire d'offres trop élevées; le propriétaire connaît la valeur de sa propriété; il est parfaitement à même d'en demander le juste prix. Il n'est pas à craindre que, pour éluder la loi, l'administration abaisse ses offres et que le propriétaire exagère d'un autre côté sa demande. L'administration a intérêt à marcher vite, en traitant, autant que possible, à l'amiable; le propriétaire sera retenu par la crainte d'indisposer le jury par une demande entachée de mauvaise foi et d'encourir une condamnation aux dépens. »

On a à cette occasion invoqué le principe de l'omnipotence du jury. Ce principe, quelque étendue qu'on veuille lui donner, ne peut cependant autoriser le jury, soit en matière civile, soit en matière criminelle, à sortir des limites qui lui sont assignées par ses attributions, et à répondre, par exemple, sur des questions qui ne lui sont pas soumises. Si, dans un débat criminel, les jurés répondaient : Non, l'accusé n'est pas coupable, et *c'est un tel qui l'est*, dirait-on qu'il faut respecter cette dernière partie de sa décision, parce qu'il est omnipotent ? Non, sans doute. De même, en matière d'expropriation forcée, la mission des jurés n'est pas de déterminer en termes absolus la valeur de l'immeuble exproprié, mais bien de dire quelle est, entre l'offre de l'administration et la prétention du propriétaire, la somme qui doit être allouée. S'il sort de ces limites, il répond à ce qu'on ne lui demande pas; il dénature sa mission. Alors, loin d'être omnipotent, il n'a plus aucun pouvoir.

(2) Les modifications qu'ont subies les deux premiers paragraphes de cet article ont eu uniquement pour but de les mettre en harmonie avec la dernière disposition de l'article précédent.

(3) L'erreur de calcul commise par le magistrat directeur du jury, dans la répartition des dépens, ne constitue pas une ouverture à cassation... mais les parties peuvent demander au magistrat lui-même la rectification de son erreur. (Arrêt de la Cour de cassation du 17 janvier 1840, Sirey-Devilleneuve, 40. 1. 159; Dalloz, 40. 1. 91; Journal du Palais, 1840, t. 1, p. 54.)

M. Devilleneuve, en rapportant cet arrêt, ajoute la note suivante :

« L'erreur de calcul qu'aurait commise le magistrat directeur, a dit M. l'avocat général Tarbé, ne peut être un motif de cassation. Les parties doivent retourner devant lui, soit pour qu'il interprète sa décision, soit pour qu'il rectifie son erreur; et alors *erroris calculi retractatio admittitur* (L. 8 ff. de *Administ. rerum*). En effet, *si calculi error in sententia esse dicatur, appellare necesse non est* (L. 1, § 1, ff.; *quae sententiae sine appellatione rescindantur*. La Cour de cassation est juge du droit et non du fait, et le moyen est de fait et non de droit...

« Voici, au surplus, le moyen indiqué par M. l'avocat général pour arriver à une exacte application de la disposition de l'art. 40, qui, dans l'espèce, faisait l'objet de la difficulté.

tarif est déterminé par un règlement d'administration publique (1).

La taxe ne comprendra que les actes faits postérieurement à l'offre de l'administration ; les frais des actes antérieurs demeurent, dans tous les cas, à la charge de l'administration (2).

42. La décision du jury et l'ordonnance du magistrat directeur ne peuvent être attaquées que par la voie du recours en cassation, et seulement pour violation du premier paragraphe de l'art. 30, de l'art. 31, des deuxième et quatrième paragraphes de l'art. 34, et des art. 35, 36, 37, 38, 39 et 40 (3).

Le délai sera de quinze jours (4) pour ce recours, qui sera d'ailleurs formé, notifié et jugé comme il est dit en l'art. 20 ; il courra à partir du jour de la décision.

43. Lorsqu'une décision du jury aura été cassée, l'affaire sera renvoyée devant un nouveau jury, choisi dans le même arrondissement (5).

Néanmoins la Cour de cassation pourra, suivant les circonstances, renvoyer l'appréciation de l'indemnité à un jury choisi dans un des arrondissements voisins, quand même il appartiendrait à un autre département (6).

« Il faut d'abord trouver les rapports de la demande des parties et de l'offre de l'administration avec la somme allouée par le jury ; ensuite partager les dépens proportionnellement à ces rapports.

« Or, on obtient ces rapports au moyen des deux proportions suivantes (en remarquant toutefois que la somme allouée par le jury, étant inférieure à celle de la demande et supérieure à celle de l'offre, son rapport avec ces dernières sommes est en raison inverse pour l'une et en raison directe pour l'autre).

5,000 fr. (somme allouée) : 35,000 fr. (somme demandée) : : 1 : $x = 7$.

761 fr. 67 c. (somme offerte) : 5,000 fr. (somme allouée) : : : 1 : $y = 6,568$.

« Ces rapports étant connus, il ne s'agit plus que de diviser les frais, au moyen d'une règle de société, en considérant 34 fr. 55 c. (somme totale des dépens alloués dans l'espèce par le magistrat) comme une perte que chaque associé devrait supporter en raison des deux mises 7 et 6,568. Or, 7 + 6,561 = 13,568, et l'on sent que la mise totale est au bénéfice et à la perte totale comme la mise particulière de l'un des associés est à son bénéfice ou à sa perte particulière. On aura donc les deux proportions suivantes :

13,568 : 34,55 : : 7 : $x = 17,825$ (part de frais à supporter par l'exproprié).

13,568 : 34,55 : : 6,568 : $y = 16,725$ (part de frais à supporter par les concessionnaires).

Somme égale. . . 34,550.

Voilà donc les opérations qu'on doit faire ; il faut diviser la somme demandée par la somme allouée ; diviser aussi la somme allouée par la somme offerte, et additionner les deux quotients ; ensuite multiplier la somme totale des frais par le premier quotient, et diviser par la somme qu'a donnée l'addition des deux quotients. Le résultat fera connaître les frais à la charge de l'exproprié, et une soustraction fixera ce qui doit être supporté par l'administration.

(1) Le directeur du jury commet un excès de pouvoir, lorsqu'au lieu d'ordonner purement et simplement l'envoi en possession, il décide qu'il y a eu antérieurement prise de possession, et condamne l'administration à payer les intérêts du montant de l'indemnité à partir de cette prise de possession. (Arrêt de la Cour de cassation du 2 janvier 1837, Sirey-Devilleneuve, 37. 1. 20 ; Dalloz, 37. 1. 177 ; Journal du Palais, 1837, t. 1, p. 150.)

Dans l'art. 41 de la loi de 1833, ce paragraphe était ainsi conçu :

« Le magistrat taxe les dépens. Un règlement d'administration publique qui sera publié avant la mise à exécution de la présente loi déterminera le tarif des dépens. »

Le motif de l'amendement est facile à saisir. La loi de 1833 parlait d'un règlement à intervenir. Aujourd'hui ce règlement a été fait. Ce qui importait, c'était de laisser subsister dans la loi la condition que ces dépens seraient réglés ou taxés par un règlement d'administration publique. Voy. l'ordonnance du 18 septembre 1833.

Voy., au surplus, les notes sur l'art. 41 de la loi du 7 juillet 1833.

(3) Deux modifications ont été apportées à ce paragraphe sur la demande de M. Renouard. La première a consisté dans l'addition de ces mots : Et l'ordonnance du magistrat directeur du jury. « Le magistrat directeur du jury, a-t-il dit, doit pouvoir être indiqué comme la personnification du jury. Il y a des articles formels qui lui sont applicables.

« En second lieu, je propose d'ajouter aux articles dont la violation entraîne la cassation l'article 34. Lorsque nous avons discuté cette question avec la commission, nous avons reconnu qu'il n'était pas nécessaire de comprendre tout l'art. 34, mais qu'il fallait seulement comprendre le 2e et 4e paragraphes de cet article. Et voici pourquoi. Il s'agit du droit de récusation. Ce droit est tellement inhérent à la nature du jury, qu'on ne peut pas comprendre que la décision soit valable, si le droit de récusation n'a pas été exercé. »

L'article a été voté avec ce double changement, auquel le gouvernement et la commission ont adhéré.

(4) Dans ce délai, ne sont compris ni le jour de la décision, ni celui de l'échéance. Ainsi, est valable le pourvoi formé le 23 contre une décision rendue le 7. (Arrêt de la Cour de cassation du 11 janvier 1836, Sirey-Devilleneuve, 36. 1. 12 ; Dalloz, 36. 1. 51.)

(5) Les membres du jury qui aura rendu la décision annulée pourront-ils faire partie du nouveau jury ? L'affirmative résulte de la discussion de la loi du 7 juillet 1833. (Voy. mes notes sur l'art. 42 de cette loi.)

(6) Ce paragraphe a été ajouté. Le motif qui l'a dicté est facile à saisir. Il peut arriver que, dans

Il sera procédé, à cet effet, conformément à l'art. 30.

44. Le jury ne connait que des affaires dont il a été saisi au moment de sa convo-

---

certaines circonstances, le jury se trouve soumis à des influences locales qui ne permettent pas d'obtenir une bonne et loyale appréciation. La loi doit offrir le moyen de déjouer ces influences. Dans le projet du gouvernement, il était ainsi rédigé : « Cependant, sur la réquisition des parties, et pour cause de suspicion légitime, la Cour de cassation pourra, soit avant que la décision du jury ait été rendue, soit lorsque cette décision aura été cassée, renvoyer l'examen de l'affaire à un autre jury choisi dans l'un des arrondissements voisins, quand même il appartiendrait à un autre département. »

La première commission de la Chambre des Pairs, tout en admettant le principe, voulait que le renvoi avant la décision eût lieu avant la formation du jury, « afin, disait *le rapporteur*, que la suspicion ne puisse pas s'exercer sur des noms et en raison des hommes, mais sur des localités et en raison des faits. » La Chambre des Pairs adopta le projet ainsi amendé.

La commission de la Chambre des Députés pensa qu'il ne fallait point donner à la Cour de cassation le droit de prononcer le renvoi avant la décision du jury ; que ce pouvoir ne pouvait lui être conféré que dans le cas où il y aurait cassation ; et, afin de lui donner, dans cette seconde hypothèse, une plus grande latitude pour l'appréciation des causes qui peuvent motiver le renvoi devant le jury d'un autre arrondissement, elle remplaça les mots : « pour cause de suspicion légitime, » par ceux-ci : « suivant les circonstances. »

M. *Pascalis* reprit la rédaction adoptée par la Chambre des Pairs. Il soutint que le droit de demander le renvoi pour cause de suspicion légitime ne pouvait être subordonné à la cassation de la décision du jury pour un vice de forme ; qu'il n'y avait entre ces deux idées aucune corrélation ; qu'un tel droit devait avoir toute son étendue ou ne pas exister ; enfin, qu'il était d'autant plus nécessaire de le consacrer d'une manière absolue que le jury était en quelque sorte local.

« Dans les matières criminelles, disait-il, le jury est fourni par tout le département ; les causes de suspicion, en s'étendant davantage, doivent, par cela même, s'affaiblir. Au contraire, en matière d'expropriation pour cause d'utilité publique, le jury n'est pris que dans un arrondissement. Ces motifs de prévention, contraires à l'intérêt d'une bonne justice, peuvent y exercer une influence d'autant plus active que le cercle en est plus réduit et que cette influence est plus prochaine. De sorte que, si la Cour de cassation n'avait pas ici ce pouvoir qui lui appartient d'après le droit commun, elle en serait privée précisément dans les circonstances où l'absence de ce droit pourrait entraîner de plus graves inconvénients. »

L'amendement fut renvoyé à la commission, qui ne pensa pas qu'il dût être adopté.

« La commission, dit *le rapporteur*, après avoir examiné cet amendement et pris connaissance des développements qui lui ont été donnés, a pensé que le pouvoir donné à la Cour de cassation, dans ce cas, aurait beaucoup plus d'inconvénients que d'utilité.....

« Voici les inconvénients que nous trouvons à l'amendement de M. Pascalis.

« Il en résulterait que, dans toute procédure engagée pour l'expropriation et pour la fixation de l'indemnité qui en est la suite, toute partie pourrait se pourvoir devant la Cour de cassation et requérir le renvoi au jury d'un arrondissement voisin, et, par conséquent, suspendre toute la suite des procédures nécessaires pour arriver à la fixation de l'indemnité.

« Que la Chambre veuille bien remarquer que, dans toute procédure administrative ou judiciaire entamée pour arriver à une expropriation et la fixation d'une indemnité, il peut se trouver des parties très-nombreuses : d'abord les propriétaires, ensuite les locataires ou fermiers, ensuite les usufruitiers, ensuite quiconque a un droit de servitude ou d'usage, enfin tous les créanciers inscrits sur les immeubles dont l'expropriation a été prononcée.

« Il résulterait de l'amendement de M. Pascalis que, lorsque toutes ces parties sont en présence de l'administration qui exproprie, il suffirait de l'intérêt qu'une seule d'entre elles aurait à retarder indéfiniment la fixation des indemnités, la clôture de cette procédure en expropriation, pour que toutes les opérations fussent suspendues pendant un délai indéterminé. Toutes auraient le droit de présenter requête à la Cour de cassation, de lui demander le renvoi, suivant les circonstances, au jury d'un arrondissement voisin ; et, pendant la durée de cette demande en renvoi, le jury d'estimation ne pourrait être formé.

« Qu'arriverait-il si la Cour de cassation admettait la demande ? Il arriverait ceci : que, tandis que l'une des parties, pour la fixation d'une même indemnité, aurait demandé à la Cour de cassation le renvoi devant le jury d'un arrondissement voisin, les autres parties ne l'auraient pas demandé ; de manière que l'indemnité serait fixée, d'un côté, pour les créanciers, par exemple, par le jury d'un arrondissement ; et, de l'autre côté, pour le propriétaire, pour l'usufruitier ou pour ceux qui ont des droits de servitude, par le jury d'un autre arrondissement. Ce seraient des lenteurs infinies, des complications multipliées que vous introduiriez dans une loi qui ne peut être parfaitement utile qu'autant qu'elle sera simple et sans complication.

« C'est un des motifs pour lesquels votre commission n'a pas cru devoir adopter l'amendement de M. Pascalis.

« Il est un second motif sur lequel j'appelle l'attention de la Chambre.

« Si la décision d'un jury a été soumise à la Cour de cassation, cette Cour a pu prendre connaissance de toutes les circonstances de l'affaire ; et, lorsque M. Pascalis disait hier qu'il ne voyait pas comment, parce que la Cour de cassation aurait cassé, pour vice de forme, la décision d'un jury, elle serait plus éclairée pour renvoyer devant le jury d'un autre arrondissement ; il oubliait ce qui se passe tous les jours dans la pratique ; il oubliait que la Cour de cassation, qui casse pour un vice de forme, a entre les mains tous les documents qui ont été recueillis pour arriver à la fixation de l'indemnité.

cation, et statue successivement et sans interruption sur chacune de ces affaires. Il ne peut se séparer qu'après avoir réglé toutes les indemnités dont la fixation lui a été ainsi déférée.

45. Les opérations commencées par un jury, et qui ne sont pas encore terminées au moment du renouvellement annuel de la liste générale mentionnée en l'art. 29, sont continuées, jusqu'à conclusion définitive, par le même jury.

46. Après la clôture des opérations du jury, les minutes de ses décisions et les autres pièces qui se rattachent auxdites opérations sont déposées au greffe du tribunal civil de l'arrondissement.

47. Les noms des jurés qui auront fait le service d'une session ne pourront être portés sur le tableau dressé par le conseil général pour l'année suivante.

CHAPITRE III. — *Des règles à suivre pour la fixation des indemnités.*

48. Le jury est juge de la sincérité des titres et de l'effet des actes qui seraient de nature à modifier l'évaluation de l'indemnité (1).

49. Dans le cas où l'administration contesterait au détenteur exproprié le droit à une indemnité, le jury, sans s'arrêter à la contestation, dont il renvoie le jugement devant qui de droit, fixe l'indemnité comme si elle était due, et le magistrat directeur du jury en ordonne la consignation, pour, ladite indemnité, rester déposée jusqu'à ce que les parties se soient entendues ou que le litige soit vidé (2).

50. Les bâtiments (3) dont il est nécessaire d'acquérir une portion pour cause d'utilité publique seront achetés en entier, si les propriétaires le requièrent par une dé-

---

* Ainsi, dans une affaire qui a été célèbre, celle du jury de Schélestadt, la Cour de cassation avait entre les mains tous les documents qui constataient que l'estimation des immeubles avait été portée à un taux exagéré ; il y avait dans cette affaire des plaintes multipliées, des circonstances très-graves, et jusqu'à des inscriptions de faux dont étaient menacées différentes pièces de procédure administrative ou judiciaire. La Cour de cassation pouvait très-bien, à raison des circonstances qui lui étaient connues, juger opportun de renvoyer au jury d'un arrondissement voisin.

« Voilà comment la Cour, en cassant, est avertie des circonstances qui l'autorisent à renvoyer devant un autre jury.

« Mais lorsqu'une demande en renvoi est portée devant elle de prime abord, sans instruction antérieure, sans documents, lorsque ce sont des circonstances vagues, des calomnies de petite localité que l'on invoque pour demander le renvoi à un autre jury, il nous paraît que la Cour de cassation ne peut pas être mise en situation, à moins d'un arbitraire effrayant, de renvoyer devant un jury d'un arrondissement voisin ; que, par conséquent, ce droit ne doit pas lui être accordé.

« Nous pensons donc, par les divers motifs que je viens de vous exposer, qu'il n'y a pas lieu d'introduire dans la loi la disposition que veut y introduire M. Pascalis, et que la proposition de votre commission est suffisante. Seulement votre commission, pour éviter cette division d'intérêts et cette diversité de juridiction dont je vous parlais tout à l'heure, veut donner à la Cour de cassation le droit de renvoi pour tous, et dans une sorte d'intérêt public, elle croit devoir supprimer les mots : « *sur la requête des parties.* »

L'article de la commission a été adopté avec cette suppression.

(1) C'est à dessein qu'on a évité de déterminer les éléments de conviction des jurés sur le sens du mot indemnité. Voy. mes notes sur l'art. 48 de la loi du 7 juillet 1833.

(2) Voy. mes notes sur l'art. 49 de loi du 7 juillet 1833.

(3) L'article de la loi de 1833 disait : « Les maisons et bâtiments. »

M. *Galis* a fait observer que l'application de cette disposition ayant donné lieu à des difficultés, il était important de les prévenir. « Les propriétaires ont prétendu, a-t-il dit, que l'expression *maisons* dont se sert cet article, comprenait les bâtiments d'habitation, cours et toutes leurs autres dépendances ; d'autres ont pensé que, par bâtiments, il fallait entendre tous les bâtiments d'exploitation, de manière que l'expropriation d'un seul dût s'étendre nécessairement à la totalité des constructions. La jurisprudence n'a pas définitivement fixé le sens de cet article ; mais les tribunaux paraissent s'arrêter à l'idée de n'appliquer la première de ces expressions qu'aux bâtiments d'habitation, la seconde qu'aux seuls bâtiments d'exploitation atteints par l'expropriation. Il me paraît évident que l'emploi simultané de ces deux mots dans l'art. 50 donner lieu à des interprétations erronées ; car il est naturel de ne pas supposer l'expression de *maisons* synonyme de celle de *bâtiments*, et de lui attribuer le sens d'une collection d'objets composant l'ensemble de la propriété. Il conviendrait de rédiger ainsi l'article en discussion : « Chacun des bâtiments dont il est nécessaire d'acquérir une portion pour cause d'utilité publique sera acheté en entier, etc. »

M. *le rapporteur* a proposé de mettre tout simplement « les bâtiments..... »

M. *Galis* a consenti à cette modification.

M. *de Marmier* a ajouté : « Il y a tel bâtiment dont l'existence est tellement liée à celle d'un bâtiment qui n'est pas atteint, qu'en vérité il me semble qu'on ne peut les séparer dans l'expropriation. »

M. *Galis* a répondu : « La valeur de la portion expropriée sera fixée à raison du tort que l'expropriation d'une partie des dépendances aura pu causer à l'immeuble. Mais on ne peut exiger, dans les grandes villes surtout, où les bâtiments ont une grande importance, qu'on exproprie un immeuble entier pour une portion de cour ou pour un corps de bâtiment. »

M. *le rapporteur* a déclaré que l'amendement de M. Galis était accepté par la commission. « Elle croit, en effet, a-t-il dit, que le mot *maisons* est

claration formelle adressée au magistrat directeur du jury, dans les délais énoncés aux art. 24 et 27 (1).

Il en sera de même de toute parcelle de terrain qui, par suite du morcellement, se trouvera réduite au quart de la contenance totale, si toutefois le propriétaire ne possède aucun terrain immédiatement contigu,

et si la parcelle ainsi réduite est inférieure à dix ares (2).

51. Si l'exécution des travaux doit procurer une augmentation de valeur immédiate et spéciale au restant de la propriété, cette augmentation sera prise en considération dans l'évaluation du montant de l'indemnité (3).

---

complétement inutile dans l'article; qu'il pourrait donner lieu à quelques difficultés, tandis que, sur le principe de l'article, il ne saurait y en avoir. »

On doit conclure de ce qui précède que le propriétaire ne pourra se prévaloir de l'art. 50 qu'autant que les travaux exigeront la cession partielle d'un bâtiment et non pas seulement celle d'une partie ou de la totalité d'une cour ou d'un jardin.

Que l'administration ne sera obligée d'acquérir que le bâtiment qui se trouve sur la ligne des travaux, sauf à indemniser le propriétaire de la dépréciation qu'éprouvera le reste de la propriété. Voy. notes sur l'art. 50 de la loi du 7 juillet 1833.

(1) Lorsque le propriétaire d'un bâtiment dont partie est vouée à la démolition pour cause d'utilité publique, usant de la faculté que lui accorde la loi, a contraint l'État d'acquérir la totalité de l'immeuble, cette acquisition n'emporte pas nécessairement la résiliation des baux de la portion du bâtiment non nécessaire aux travaux publics : ces baux restent soumis aux règles ordinaires.

Par suite, le locataire peut, à son choix, opter pour la continuation du bail (pourvu toutefois que les travaux ou réparations à faire par l'État pour rendre les lieux habitables ne soient pas trop dispendieux..... auquel cas le prix du bail subira réduction proportionnelle), ou pour la résiliation du bail (s'il se trouve privé d'une partie des lieux loués).

Dans les deux hypothèses, indemnité est due au locataire à raison des dommages et pertes qu'il pourra éprouver. (Arrêt de la Cour de Paris du 12 février 1833, Sirey-Devilleneuve, 33. 2. 606; Dalloz, 33. 2. 192.)

Cet arrêt a été rendu sous l'empire de la loi du 16 septembre 1807; mais les solutions qu'il présente sont applicables aux expropriations qui auront lieu conformément à la présente loi, car l'art. 51 de la loi du 16 septembre 1807 était conforme à l'art. 50 de la présente loi.

J'ai eu occasion de citer cet arrêt dans le *Traité du louage* (continuation de Toullier), t. 18, n. 332. Voy. mes observations.

(2) La seconde commission de la Chambre des Pairs avait proposé un paragraphe additionnel ainsi conçu : « La disposition qui précède est applicable à chaque partie de la propriété que la prise aura divisée. »

Cette disposition a été rejetée comme surabondante. « On demande, a dit M. *le commissaire du roi*, si l'article s'applique également lorsque la propriété est scindée et qu'il y a des parties restantes à droite et à gauche de la route. Mais les mots « par suite du morcellement, » indiquent évidemment que la propriété est scindée, et qu'il peut y avoir des parcelles restantes à droite et à gauche de la route. Si chaque parcelle est inférieure à dix ares, et si les deux autres conditions de la loi sont remplies, la loi doit recevoir son application. »

(3) L'art. 54 de la loi du 16 septembre 1807 admettait, avec toutes ses conséquences, le principe de la compensation entre l'indemnité due au propriétaire exproprié et la plus-value de la portion d'immeuble qui lui était laissée; en telle sorte que si la plus-value excédait l'indemnité, le propriétaire devait payer la différence.

Lors de la discussion de la loi de 1833, il fut bien entendu que désormais le propriétaire ne pourrait jamais être contraint à payer une somme à l'administration, sous prétexte que la plus-value résultant des travaux excédait la valeur de la propriété dont il était dépouillé.

M. *Legrand*, commissaire du roi, s'exprima même de façon à faire penser que, dans l'intention du législateur, la plus-value des fonds restant entre les mains du propriétaire ne pouvait jamais compenser la valeur totale des fonds expropriés, et qu'ainsi une indemnité quelconque devait toujours être payée.

Cela semble, au premier aperçu, fort bizarre; en effet, on conçoit que les travaux peuvent donner à des immeubles une plus-value considérable, très-supérieure à la valeur d'une petite portion de terrain exproprié; et, dès lors, il paraît bien juste de ne rien payer au propriétaire, à qui, au contraire, on devrait rigoureusement demander une indemnité.

Pour justifier la transaction qui fut faite, on dit que, dans tous les cas et aux termes de la Charte, le propriétaire avait le droit d'exiger le prix de sa propriété, et que la plus-value résultant des travaux ne pouvait servir à compenser que la moins-value causée par le morcellement. Voy. mes notes sur l'art. 51 de la loi du 7 juillet 1833.

La Cour de cassation, par arrêt du 28 août 1839, a consacré ce système. (Voy. Sirey-Devilleneuve, 39. 1. 794; Dalloz, 39. 1. 357.)

Mais le gouvernement, dans l'intention de le repousser, avait rédigé la fin de l'article de la manière suivante : « Cette augmentation pourra être compensée *en tout ou en partie* avec le montant de l'indemnité. »

La commission de la Chambre des Pairs a combattu cette proposition. La discussion qui a eu lieu ne peut laisser de doute sur l'intention d'attribuer, dans tous les cas, une indemnité au propriétaire, quelle que soit d'ailleurs la plus-value dont il profite, alors même qu'évidemment cette plus-value est supérieure à la valeur de la partie de sa propriété dont il est dépouillé. Toutefois, la Chambre des Pairs a substitué le mot *sera* au mot *pourra*, afin de convertir en *obligation* pour le jury ce qui semblait n'être qu'une *faculté*, d'après la loi de 1833. Mais les jurés n'ayant point à rendre compte des motifs de leur décision, n'étant point tenus d'indiquer les éléments de l'indemnité qu'ils allouent, ce changement de rédaction n'a pas une grande importance.

Au surplus, voici comment M. *Dufaure*, dans son rapport à la Chambre des Députés, a donné

52. Les constructions, plantations et améliorations ne donneront lieu à aucune indemnité, lorsque, à raison de l'époque où elles auront été faites ou de toutes autres circonstances dont l'appréciation lui est abandonnée, le jury acquiert la conviction qu'elles ont été faites dans la vue d'obtenir une indemnité plus élevée.

TITRE V. — DU PAIEMENT DES INDEMNITÉS.

53. Les indemnités réglées par le jury seront, préalablement à la prise de possession (1), acquittées entre les mains des ayants-droit.

S'ils se refusent à les recevoir, la prise de possession aura lieu après offres réelles et consignation.

S'il s'agit de travaux exécutés par l'Etat ou les départements, les offres réelles pourront s'effectuer au moyen d'un mandat égal au montant de l'indemnité réglée par le jury : ce mandat, délivré par l'ordonateur compétent, visé par le payeur, sera payable sur la caisse publique qui s'y trouvera désignée.

Si les ayants-droit refusent de recevoir le mandat, la prise de possession aura lieu après consignation en espèces (2).

54. Il ne sera pas fait d'offres réelles toutes les fois qu'il existera des inscriptions sur l'immeuble exproprié ou d'autres obstacles au versement des deniers entre les mains des ayants-droit ; dans ce cas, il suffira que les sommes dues par l'administration soient consignées, pour être ultérieurement distribuées ou remises, selon les règles du droit commun (3).

55. Si, dans les six mois du jugement d'expropriation, l'administration ne poursuit pas la fixation de l'indemnité, les parties pourront exiger qu'il soit procédé à ladite fixation.

Quand l'indemnité aura été réglée, si elle n'est ni acquittée ni consignée dans les six

---

l'analyse et présente les résultats de la discussion à la Chambre des Pairs :

« Jusqu'à quel point, a-t-il dit, doit-on prendre en considération, dans l'évaluation de l'indemnité, l'augmentation de valeur procurée par les travaux au surplus de la propriété? Cette question a été l'objet de graves débats. L'art. 51 de la loi de 1833 semblait laisser au jury la faculté de compenser, même en totalité, l'augmentation de valeur avec l'indemnité. La Cour de cassation a interprété différemment cet article, et a jugé qu'il devait toujours y avoir une indemnité, quelque faible qu'elle fût. On avait songé, dès lors, à expliquer dans l'art. 51 que la compensation pouvait avoir lieu en tout ou en partie; mais la Chambre des Pairs a repoussé cette proposition. Tout en reconnaissant que, dans certains cas assez rares, la compensation intégrale serait conforme aux règles de l'équité, on a craint, si on l'autorisait, de déposer dans la loi le germe d'une faculté qui pourrait devenir dangereuse. Il devra donc toujours y avoir une indemnité que le jury, dans sa conscience, abaissera autant qu'il le jugera convenable. L'on s'est borné à modifier, dans un sens plus impératif, la rédaction de l'art. 51, en disant que l'augmentation de valeur devra être prise en considération dans l'évaluation de l'indemnité. L'article primitif (celui de la loi de 1833) disait seulement qu'elle pourrait être prise en considération. »

M. Couturier a proposé d'ajouter à l'art. 51 le paragraphe suivant : « Si, lors de la fixation de l'indemnité, le jury a pris en considération l'augmentation de valeur du restant de propriété, et qu'après cette fixation les travaux ne s'exécutent pas, ou soient ordonnés sur de nouveaux plans, dans ce cas, le propriétaire exproprié pourra demander que l'indemnité à laquelle il avait droit soit fixée par le jury, d'après les éléments qui résultent du nouvel état de choses. » Cet amendement, sous-amendé par M. Durand de Romorantin, qui voulait que le jury exprimât, dans la fixation de l'indemnité, la portion afférente à la plus-value, et que la demande fût portée devant les tribunaux

ordinaires, a été rejeté par la Chambre comme impraticable. On a trouvé que le bénéfice que l'art. 60 accordait aux propriétaires était suffisant.

(1) Le paiement de l'indemnité doit toujours être préalable à la dépossession ; il ne peut être subordonné à une éventualité, pour le cas, par exemple, où, après la dépossession, l'administration n'exécuterait pas certains travaux qui rendraient au propriétaire la chose ou la remplaceraient par un équivalent. (Arrêt de la Cour de cassation du 7 février 1837, Sirey-Devilleneuve, 37. 1. 126 ; Dalloz, 37. 1. 178 ; Journal du Palais, 1837, t. 1, p. 94.)

(2) Les deux derniers paragraphes ont été ajoutés par la première commission de la Chambre des Pairs. Voici comment le rapporteur a justifié cette addition. « La commission a cru devoir ajouter à cet article un paragraphe additionnel ayant pour but de pourvoir au cas où le gouvernement aurait à faire des offres réelles. Comme les règles de comptabilité ne permettent pas de laisser sortir l'argent du trésor sans une quittance, et, comme, le propriétaire refusant de recevoir les offres, cette quittance ne peut pas être délivrée, la commission a reconnu qu'il y avait lieu de faire les offres réelles au moyen de mandats. D'un autre côté, l'honorable M. Persil a fait remarquer avec raison que l'indemnité devait être délivrée au propriétaire en espèces. La commission a satisfait à cette observation, en ajoutant que la consignation devait s'effectuer en argent. »

La Chambre des Députés a apporté deux modifications à la disposition adoptée par la Chambre des Pairs. Elle en a étendu le bénéfice aux départements. Ensuite elle a substitué à ces mots « délivré par le préfet, » ceux-ci : « délivré par l'ordonnateur compétent, » parce que quelque autre fonctionnaire peut être appelé à délivrer le mandat.

On a proposé d'étendre la même faculté aux communes, mais cette proposition a été repoussée.

(3) Voy. mes notes sur l'art. 54 de la loi du 7 juillet 1833.

mois de la décision du jury (1), les intérêts courront de plein droit à l'expiration de ce délai (2).

TITRE VI. — DISPOSITIONS DIVERSES.

56. Les contrats de vente, quittances et autres actes relatifs à l'acquisition des terrains, peuvent être passés dans la forme des actes administratifs ; la minute restera déposée au secrétariat de la préfecture : expédition en sera transmise à l'administration des domaines (3).

57. (4) Les significations et notifications mentionnées en la présente loi sont faites à la diligence du préfet du département de la situation des biens.

Elles peuvent être faites tant par huissier que par tout agent de l'administration dont les procès-verbaux font foi en justice.

58. Les plans, procès-verbaux, certificats, significations, jugements, contrats, quittances et autres actes faits en vertu de la présente loi, seront visés pour timbre et enregistrés gratis, lorsqu'il y aura lieu à la formalité de l'enregistrement.

Il ne sera perçu aucuns droits pour la transcription des actes au bureau des hypothèques.

Les droits perçus sur les acquisitions amiables faites antérieurement aux arrêtés de préfet seront restitués, lorsque, dans le délai de deux ans, à partir de la perception, il sera justifié que les immeubles acquis sont compris dans ces arrêtés. La restitution des droits ne pourra s'appliquer qu'à la portion des immeubles qui aura été reconnue nécessaire à l'exécution des travaux (5).

---

(1) Ces mots « de la décision du jury » ont été ajoutés par la commission de la Chambre des Députés, afin de faire cesser l'équivoque que présentait l'article de la loi de 1833, sur le point de départ des six mois dont il est question dans ce paragraphe.

(2) L'ancien article se terminait par ces mots : « à titre de dédommagement. » M. *Dugabé* en a demandé la suppression. « Ils sont, a-t-il dit, une injustice ou une inutilité, et peut-être l'une et l'autre.

« En effet, il est inutile d'ajouter *à titre de dédommagement*, en les appliquant aux intérêts de la somme due, parce que cela est de droit, et que les intérêts doivent courir à partir du jour où l'on doit quelque chose.

« De plus, c'est une injustice, parce que, si vous introduisiez une disposition aussi extraordinaire, aussi exorbitante, vous sembleriez imposer aux tribunaux l'obligation de ne pas accorder de dommages, lorsque cependant, par un mépris évident des dispositions de la loi, le propriétaire dépossédé éprouve un grave dommage. Il faut garder les droits de tous ; et si, dans une grande pensée d'utilité publique, vous créez contre le propriétaire une procédure exceptionnelle, que ce soit à la condition de le dédommager, et dites bien qu'il n'a pas seulement le droit de toucher les intérêts des sommes dues, mais que, selon les circonstances, il peut encore demander et obtenir des dommages-intérêts. » (*Approbation.*)

M. *le rapporteur* a répondu : « La commission ne s'oppose pas à la suppression de ces mots « à titre de dédommagement. »

« L'article a été adopté avec cette suppression.

L'amendement de M. *Dugabé* modifie profondément l'art. 55, si l'on se réfère aux explications dont il l'a accompagné. En effet, dans l'esprit de la loi de 1833, les intérêts dus par l'administration étaient considérés comme un dédommagement à forfait du préjudice que le propriétaire pouvait éprouver par suite du retard dans le paiement de l'indemnité. C'était une application de l'art. 1153 du Code civil. M. Dugabé a voulu que le propriétaire pût réclamer, le cas échéant, d'autres dommages-intérêts, parce que l'expropriation le place dans une position exceptionnelle et qu'il n'a pas, comme en matière ordinaire, le droit de se faire rembour-

ser par les voies légales de ce qui lui est dû. Cela peut paraître équitable ; mais suffit-il du retranchement opéré sur la demande de M. Dugabé pour que la règle générale que, « dans les obligations qui se bornent au paiement d'une certaine somme, les dommages-intérêts résultant du retard dans l'exécution ne consistent *jamais* que dans la condamnation aux intérêts fixés par la loi » soit modifiée? J'ai beaucoup de peine à admettre cette dérogation implicite à un principe qui domine toutes les transactions civiles. L'article a dû ajouter que les intérêts courraient à partir de l'expiration des six mois, depuis la décision du jury, parce que les intérêts ne courent pas de plein droit. La loi de 1833 disait, en outre, que ces intérêts étaient le dédommagement de la perte causée par le retard du paiement. Cela était inutile, et beaucoup de membres de la Chambre ont pu se déterminer, par ce seul motif, à voter la suppression. Au surplus, ce sont les tribunaux ordinaires et non le jury qui devraient être saisis de la réclamation qui sera dirigée contre l'administration.

(3) Il a été reconnu, dans la discussion de la loi du 7 juillet 1833, qu'alors même qu'il s'agira d'actes entre les concessionnaires de travaux et les propriétaires, ils pourront être faits en la forme administrative.

(4) « L'art. 1033 du Code de procédure ne sera jamais applicable aux actes dont il est question dans cet article, » disait M. le rapporteur de la loi de 1833.

(5) Cet article, dont le paragraphe premier a été extrait textuellement de la loi de 1833, a été critiqué dans toutes ses dispositions par M. *le comte Roy*, comme présentant une contravention à la Charte, qui veut que tous les Français participent indistinctement aux charges de l'Etat (art. 2), et à la maxime fondamentale en matière d'enregistrement, d'après laquelle le droit régulièrement payé est acquis au trésor, et ne peut, dans aucun cas, être rendu au contribuable, pas même lorsque l'acte qui a donné lieu à la perception est annulé par les tribunaux.

« Voyez, d'ailleurs, a-t-il ajouté, à combien de difficultés et même de fraudes pourraient donner lieu la supposition que tel immeuble a été acquis, avant l'arrêté du préfet, dans la vue de l'entreprise, et les fixations et ventilations de la portion des im-

59. Lorsqu'un propriétaire aura accepté les offres de l'administration, le montant de l'indemnité devra, s'il l'exige et s'il n'y a pas eu contestation de la part des tiers dans les délais prescrits par les art. 24 et 27, être versé à la caisse des dépôts et con-signations, pour être remis ou distribué à qui de droit, selon les règles du droit commun.

60. Si les terrains acquis pour des travaux d'utilité publique (1) ne reçoivent pas cette destination, les anciens propriétaires

---

meubles qui serait reconnue nécessaire à l'exécution des travaux.

« Ces dérogations aux dispositions de la Charte en matière d'impôt et aux bases fondamentales de la loi d'enregistrement sont encore en opposition avec les principes de l'administration publique, d'après lesquels tous les produits et toutes les dépenses doivent être mis en évidence et ne peuvent s'effacer par des compensations obscures et toujours abusives. »

Enfin, il repoussait l'objection tirée de l'existence, dans la loi de 1833, du premier paragraphe de l'article, en disant qu'à l'époque où cette loi avait été rendue, l'Etat seul entreprenait les travaux publics.

On a répondu que l'exemption d'impôt que la loi accorde en pareil cas, loin de nuire au trésor, a, au contraire, pour résultat de lui procurer, sous une autre forme, des revenus plus considérables, et que, d'ailleurs, les acquisitions faites par les compagnies concessionnaires doivent être considérées comme faites par l'Etat lui-même, auquel, dans un avenir plus ou moins éloigné, les travaux doivent faire retour.

Aux raisons tirées de l'intérêt du fisc, M. le rapporteur a opposé une lettre de M. le directeur général de l'enregistrement ainsi conçue :

« Les dispositions de cet article s'appliquent à tous les actes faits en vertu de la présente loi. Par conséquent, les actes d'acquisitions consentis à l'amiable par les propriétaires au profit de l'Etat ou des compagnies concessionnaires, à quelque époque que ce soit de l'instruction ou de la procédure, sont exempts des droits de timbre et d'enregistrement. Cette interprétation, qui s'accorde avec la lettre de la loi, rentre parfaitement dans l'esprit du nouveau projet, qui est de favoriser autant que possible les conventions amiables, ainsi que le déclare M. le comte Daru dans son rapport à la Chambre des Pairs.

« Mais l'exemption s'étend-elle aux contrats d'acquisition passés avant que la déclaration d'utilité publique ait été prononcée dans la forme prescrite par l'art. 2 de la loi du 7 juillet 1833 ? Il résulte d'une décision ministérielle, du 17 août 1838, que le bénéfice de l'art. 58 ne peut être réclamé que pour les contrats postérieurs à l'arrêté du préfet qui détermine les propriétés qui doivent être cédées, et ayant pour objet des immeubles expressément désignés dans cet arrêté; que le droit proportionnel sur les contrats passés antérieurement à l'arrêté du préfet, ne peut, d'après la législation de l'enregistrement, être restitué, lorsque, plus tard, il est justifié de la désignation des immeubles acquis dans l'arrêté du préfet.

« Cependant il faut reconnaître que les acquisitions antérieures à la déclaration légale d'utilité publique ont droit aux mêmes faveurs, aux mêmes encouragements que celles qui ont lieu postérieurement; mieux que ces dernières encore, elles ont pour résultat d'accélérer ces travaux. Mais, d'un autre côté, si elles étaient immédiate-ment enregistrées gratis, il pourrait en résulter des fraudes et des abus avant la déclaration d'utilité publique. Rien n'atteste, en effet, et il n'y a pas moyen de vérifier, la destination donnée aux immeubles acquis dans les contrats de vente. On a pensé que, sans compromettre les intérêts du trésor, on pourrait faire jouir les acquisitions antérieures à la déclaration d'utilité publique de la faveur qu'il est dans l'esprit de la loi de leur accorder, en faisant fléchir la règle qui défend de restituer les droits d'enregistrement régulièrement perçus, quels que soient les événements ultérieurs, en ajoutant une nouvelle exception à celles qui sont déjà légalement consacrées. Ainsi, les acquisitions dont il s'agit seraient soumises, lors de l'enregistrement, au droit proportionnel; mais ce droit serait restitué si, dans les deux années de l'enregistrement, il était justifié que les immeubles acquis ont été expressément désignés dans les arrêtés du préfet déterminant les propriétés sujettes à l'expropriation.

« Vous le voyez, a dit en terminant M. le rapporteur, M. le directeur de l'enregistrement lui-même accepte les dispositions supplémentaires dont il s'agit. »

M. Vavin avait proposé de terminer le dernier paragraphe par ces mots : « La restitution des droits s'appliquera aussi à la portion des immeubles dont les propriétaires auraient eu le droit de requérir l'acquisition, aux termes de l'art. 50. » Cet amendement a été combattu par M. le rapporteur et par M. Calmon, directeur de l'enregistrement. « On demande, a dit celui-ci, que les droits perçus sur les acquisitions de portions de bâtiments ou de terrains qui ne seraient pas appliqués à la construction d'un chemin ou d'un canal soient restitués. Ce n'est pas possible. Ce serait sortir du principe consacré par la Chambre des Pairs, qu'il n'y a de restitution possible que celle des droits perçus sur les acquisitions des terrains destinés à la confection de la route ou du canal. En sortant de là , vous donnez une plus grande extension à l'amendement qui a été adopté par la Chambre des Pairs. Vous exposeriez le trésor non seulement à des pertes considérables, mais encore à des procès interminables, et qui sont également désagréables et pour l'administration et pour les compagnies. » — L'amendement n'a pas été appuyé.

(1) « Je pense, a dit M. Vavin, que, par l'expression générale de terrains acquis pour cause d'utilité publique, on a entendu non seulement les terrains expropriés ayant servi à l'exécution des travaux, mais encore les immeubles qu'on a été obligé d'acquérir par suite des prescriptions de l'art. 50; je le pense ainsi, mais je désirerais en recevoir l'assurance de M. le rapporteur et de M. le commissaire du roi. »

M. Dufaure a répondu : « L'observation de M. Vavin est parfaitement juste. On a entendu comprendre dans l'art. 60 toutes les propriétés qu'il vient d'indiquer. »

M. le commissaire du roi a ajouté : « Cela va sans dire. »

ou leurs ayants-droit peuvent en demander la remise (1).

Le prix des terrains rétrocédés est fixé à l'amiable, et, s'il n'y a pas accord, par le jury, dans les formes ci-dessus prescrites. La fixation par le jury ne peut, en aucun cas, excéder la somme moyennant laquelle les terrains ont été acquis (2).

61. Un avis, publié de la manière indiquée en l'art. 6, fait connaître les terrains que l'administration est dans le cas de revendre. Dans les trois mois de cette publication, les anciens propriétaires qui veulent réacquérir la propriété desdits terrains sont tenus de le déclarer; et, dans le mois de la fixation du prix, soit amiable, soit judiciaire, ils doivent passer le contrat de rachat et payer le prix : le tout à peine de déchéance du privilége que leur accorde l'article précédent (3).

62. Les dispositions des art. 60 et 61 ne sont pas applicables aux terrains qui auront été acquis sur la réquisition du propriétaire, en vertu de l'art. 50, et qui resteraient disponibles après l'exécution des travaux.

63. Les concessionnaires des travaux publics exerceront tous les droits conférés à l'administration, et seront soumis à toutes les obligations qui lui sont imposées par la présente loi.

64. Les contributions de la portion d'immeuble qu'un propriétaire aura cédée, ou dont il aura été exproprié pour cause d'utilité publique, continueront à lui être comptées pendant un an, à partir de la remise de la propriété, pour former son cens électoral (4).

---

(1) Voy. ordonnance du 22 mars 1835, t. 35, page 75.

(2) Dans la loi de 1833 cet article se terminait ainsi : La fixation par le jury ne peut, en aucun cas, excéder la somme moyennant laquelle l'Etat est devenu propriétaire desdits terrains. » M. *His* a demandé si cet article s'appliquait aux immeubles acquis par les communes et les départements, aussi bien qu'à ceux acquis par l'Etat. « Car il paraîtrait, a-t-il dit, d'après le deuxième paragraphe, que l'article ne concerne que les immeubles acquis par l'Etat pour cause d'utilité publique. »

M. *Vivien*, M. *le rapporteur*, M. *le commissaire du roi* et M. *le président* ont répondu que la disposition s'appliquait aux départements et aux communes. « Par l'Etat, a dit M. *Legrand*, commissaire du roi, il faut comprendre l'être collectif au nom duquel la déclaration d'utilité publique a été faite.»

« . . . . Quand on dit l'Etat, a ajouté M. *le président*, il est évident que ceux qui sont subrogés à l'Etat sont compris dans cette disposition. »

M. *His* a cru devoir développer cette pensée. « Le sens de l'observation de M. le président, a-t-il dit, est donc que le droit profite aux départements, aux communes, comme à l'Etat lui-même, et avec raison, car ces agglomérations administratives sont, dans leurs sphères d'action, des fractions de l'Etat qui peuvent revendiquer, pour leurs besoins, les mêmes priviléges que lui. Ainsi notre loi dominera celle du 21 mai 1836, sur les chemins vicinaux, en ce sens qu'elle remplacera toutes les dispositions que cette même loi empruntait à celle du 7 juillet 1833. Par exemple, les causes de pourvoi en cassation, réglées par notre loi nouvelle, passent dans la loi du 21 mai : cela est bien entendu. (*Oui! oui.*) De même, cette dernière loi s'améliore virtuellement, nécessairement de toutes les dispositions qui ne sont pas absolument inconciliables avec le caractère spécial et exceptionnel de cette loi. Voilà qui est important, et la Chambre voit que ce n'est pas sans profit que j'ai adressé l'interpellation qui a amené la réponse de M. le président. Cette réponse, je demande pardon de l'avoir développée, commentée ; mais les explications, en pareille matière, sont toujours utiles, car elles préviennent bien des hésitations et bien des procès. »

M. *Vivien*, pour lever toute difficulté, a proposé de ne pas mentionner l'Etat dans l'article, et de dire : « *la somme moyennant laquelle les terrains ont été acquis.* »

M. *le rapporteur* a déclaré que la commission adoptait les observations de M. His, ainsi que la rédaction de M. Vivien.

Au surplus, la disposition est applicable non seulement aux terrains qui ne sont pas employés, parce que l'opération est abandonnée, mais encore à ceux qui restent sans emploi après l'exécution des travaux. Voy. mes notes sur l'art. 60 de la loi du 7 juillet 1833.

Voy. la restriction exprimée dans l'art. 62.

(3) Les contrats de rachat faits en vertu de cet article ne sont pas exempts du droit de mutation. Voy. notes sur l'art. 61 de la loi du 7 juill. 1833.

(4) M. *Pérignon* avait proposé un article additionnel ainsi conçu : « Tout monument historique et d'antiquité nationale, dont la conservation péricliterait dans les mains des détenteurs, pourra être acquis par l'Etat pour cause d'utilité publique. »

La discussion qui a eu lieu sur cette proposition a été extrêmement confuse.

Tout le monde s'est plu à rendre hommage au motif qui l'avait dictée.

Mais les uns ont soutenu que le deuxième paragraphe de l'art. 3 suffisait ; les autres, au contraire, ont prétendu qu'il ne s'agissait dans la loi que de l'expropriation pour les travaux publics ; que les formalités prescrites pour l'expropriation et le règlement de l'indemnité n'étaient pas applicables en pareil cas ; que, sous ce rapport, le principe de l'art. 9 de la Charte demandait à être organisé.

L'amendement a été rejeté. Cependant il a été reconnu par M. *le garde des sceaux*, à la Chambre des Pairs, devant laquelle la proposition avait été reproduite par M. *de Montalembert*, « qu'il y avait quelques circonstances où l'acquisition d'un monument historique pouvait rentrer dans les termes de la loi de 1833 ; qu'alors le gouvernement userait de cette loi et se pourvoirait devant le conseil d'Etat pour faire examiner s'il y a utilité publique ; que la loi était suffisante pour ces circonstances particulières. »

M. *Vatout* a produit un autre amendement également relatif aux monuments historiques. En voici les termes : « Les constructions adhérentes

TITRE VII. — DISPOSITIONS EXCEPTIONNELLES (1).

CHAPITRE Ier.

65. Lorsqu'il y aura urgence de prendre

---

aux monuments historiques et d'art seront assujettis aux dispositions de la présente loi sur l'expropriation pour cause d'utilité publique. »

M. *Vuitry* en a demandé le rejet. « Il est évident, a-t-il dit, que lorsqu'un monument public est entouré de bâtiments particuliers qui peuvent nuire à son existence, la loi actuelle donne toujours au gouvernement le droit de soumettre la question au conseil d'Etat, pour obtenir une ordonnance déclarative d'utilité publique.

« Encore une fois, dans une loi qui n'est, en réalité, qu'une loi de procédure, qu'une loi qui règle les formes de l'expropriation pour cause d'utilité publique, n'allez pas chercher à introduire tous les cas dans lesquels il pourrait y avoir lieu de déclarer l'utilité publique. Ce serait tout à fait contraire au but que le gouvernement et la Chambre se proposent.

« Si le gouvernement, a dit M. *Vatout*, reconnaît l'exactitude des observations de M. Vuitry et adhère à son opinion, je retire mon amendement. »

M. *le garde des sceaux*, ainsi interpellé, a répondu : « Ce n'est pas une question. »

« C'est tellement une question, a dit à son tour M. *Vatout*, que voilà trois ans qu'on s'en occupe et qu'on n'a pas pu arriver au but que je me propose en ce moment. »

M. *Barbet* a déclaré que cette marche avait été suivie et qu'elle avait été autorisée par le conseil d'Etat pour des bâtiments adossés aux églises de Normandie.

M. *le président* a demandé à M. Vatout s'il retirait son amendement.

« D'après les explications qui ont été données, dit M. *Vatout*, je regarde la question comme décidée en faveur de mon amendement.

« J'ai rapporté cette discussion pour que le lecteur pût apprécier par lui-même les conséquences qui en dérivent. Pour moi, je n'y vois rien autre chose que des opinions émises par divers orateurs et par M. le garde des sceaux, et point de règle légale établie. Mais je n'avais pas besoin de ces opinions pour être convaincu que ce serait mal entendre ces mots *utilité publique* que de les considérer comme exprimant exclusivement l'idée d'un avantage corporel, d'un bénéfice positif, d'un profit matériel pour le public. Des monuments intéressants par les souvenirs qu'ils rappellent, remarquables par la forme, ou curieux par leur ancienneté, ont aussi leur utilité : cette utilité n'est pas de même nature que celle d'un canal, d'un chemin de fer ou d'une grande route ; mais certainement elle n'est souvent ni moins vraie, ni moins grande. « Je crois qu'il est difficile, a dit M. *le duc de Broglie* à la Chambre des Pairs, de tracer d'une manière absolue la limite entre le beau et l'utile. Très-souvent, dans les expropriations, on ne consulte pas seulement l'utilité réelle, on consulte encore l'agrément, la beauté d'une promenade, l'élargissement d'une rue ; ce sont là des questions à apprécier par l'administration. » — Le gouvernement appréciera donc dans quels cas il y a utilité publique, sans se croire obligé, par cette expression, à ne jamais déclarer utile ce qui est beau.

(1) L'objet principal du projet primitivement présenté par le gouvernement à la Chambre des Pairs, avait été d'ajouter à la loi de 1833 des dispositions nouvelles qui permissent, par exception et en cas d'urgence, d'occuper, avant l'estimation définitive du jury, les propriétés dont l'expropriation aurait été prononcée.

L'idée d'appliquer la déclaration d'urgence aux travaux civils existe depuis longtemps dans notre législation. Le germe s'en trouve dans l'art. 19 de la loi du 8 mars 1810, aux termes duquel, « avant l'évaluation des indemnités et lorsque le différend ne portait point sur le fonds même de l'expropriation, le tribunal pouvait, selon la nature et l'urgence des travaux, ordonner provisoirement la mise en possession de l'administration. » Son jugement était exécutoire, nonobstant opposition ou appel.

Cette disposition, qui n'exigeait aucune consignation préalable, donna lieu à des abus. Souvent les propriétaires dépossédés exerçaient pendant longtemps un recours inutile contre l'Etat et risquaient même de se trouver frappés de déchéance. La Charte fit cesser cet état de choses, contre lequel de nombreuses réclamations s'étaient élevées.

Toutefois, on a pensé que la Charte, comme les constitutions précédentes, en exigeant que l'indemnité fût préalable, n'avait point entendu que le paiement précédât toujours et nécessairement la prise de possession ; qu'elle voulait seulement que le paiement de l'indemnité fût à l'abri de tout péril. C'est par suite de cette interprétation que la loi du 30 mars 1831, relative aux travaux des fortifications, a consacré le droit pour le gouvernement de prendre possession des terrains moyennant une simple consignation du prix. L'urgence n'aurait pu motiver, aux yeux du gouvernement et des Chambres, une violation de la constitution. Egalement, la loi actuelle ordonne la consignation de l'indemnité, lorsqu'après sa fixation par le jury, les ayants-droit ne sont pas en mesure de la recevoir. Toujours donc il a paru qu'à défaut de paiement, la consignation était une garantie convenable, une exécution suffisante de l'article de la Charte.

Lorsque la loi du 30 mars 1831 fut apportée à la Chambre des Députés, M. *Humann* proposa un amendement qui avait pour objet d'appliquer la procédure d'urgence aux travaux civils. La Chambre considéra qu'elle faisait une loi spéciale ; qu'on ne pouvait pas y introduire un amendement qui y était étranger ; en conséquence, il ne fut pas adopté.

La commission de la Chambre des Pairs, par l'organe de son rapporteur, exprima le même vœu que M. Humann, sans que cette manifestation eut de suite. Enfin, lors de la discussion de la loi du 7 juillet 1833, M. le baron Mounier parut provoquer la présentation des dispositions autorisant l'occupation préalable.

Depuis cette époque, de graves abus, contre lesquels la loi de 1833 était impuissante, ont rendu nécessaire la réalisation de cette pensée. Des exemples, dont plusieurs sont récents, ont prouvé que la résistance d'un seul propriétaire pouvait paralyser l'exécution de travaux dont l'intérêt public réclamait la prompte exécution. Souvent des traités amiables ont été obtenus sur toute une ligne ; pour une seule parcelle de terrain sans valeur, il n'a pas été possible de traiter ; de là des retards qui ont fait perdre une campagne. Pour lever l'obstacle, il eût fallu se résigner à des sacrifices dont l'appât devenait un encouragement à de honteuses spéculations.

Mais des dispositions autorisant la dépossession préalable peuvent-elles se concilier avec le système général de la loi d'expropriation ?

Sur ce point, M. *Dufaure* s'est expliqué de manière à faire disparaître tous les doutes.

« Si l'on se rend un compte exact du système général de la loi d'expropriation, a-t-il dit, il est facile de reconnaître que cette mesure ne doit lui porter aucune atteinte. La procédure de la loi d'expropriation se divise en deux grandes périodes : la première a pour but l'expropriation proprement dite ; la seconde se rapporte à l'évaluation de l'indemnité. Quant aux garanties que la propriété trouve dans les formalités de la première période, rien n'est changé ; jusqu'au jugement d'expropriation inclusivement, toutes les dispositions sont maintenues. Il en est ainsi pour la seconde période : nous n'enlevons aucune des garanties que la loi de 1833 a données pour un juste, impartial et complet règlement de l'indemnité.

« Ainsi, remarquez-le bien, tout le monde est d'accord sur les garanties qui doivent être fournies au propriétaire pour ces deux grands intérêts : l'expropriation et la fixation de l'indemnité. Si on avait proposé de supprimer les formalités tutélaires qui précèdent l'expropriation ou l'intervention des tribunaux, nous nous y serions opposés ; si l'on avait proposé de retrancher les règles salutaires qui préparent la fixation de l'indemnité on l'intervention du jury, nous nous y serions opposés.

« Mais quel est l'effet du jugement d'expropriation ? Il dépouille le propriétaire de son droit de propriété. . . . . Ce n'est plus un immeuble qui lui appartient, c'est un droit à une indemnité, c'est une créance ; et, s'il retient encore la possession, c'est à titre de gage ; l'effet du jugement d'expropriation est de convertir la propriété en un gage dans les mains du propriétaire. C'est là le résultat de la première période de la procédure d'expropriation.

« Le but et le résultat de la seconde période sera le règlement de la créance par l'entremise du jury ; mais des incidents plus ou moins longs peuvent retarder ce règlement ; et, cependant, tandis que le propriétaire n'a plus qu'un intérêt de créancier gagiste à retenir son immeuble, l'Etat, qui est devenu le véritable propriétaire peut, au contraire, avoir un intérêt capital à prendre immédiatement possession et à disposer sans délai de la propriété qu'il a acquise au nom de l'utilité publique. La prise de possession préalable, moyennant consignation, concilie ce double intérêt du propriétaire et de l'Etat ; elle assure le droit de gage en substituant à l'immeuble une garantie équivalente. Sans léser le propriétaire, elle pourvoit à l'intérêt public, en faisant cesser l'espèce de main-morte qui frappait l'immeuble.

« Tel est, en substance, le système de la prise de possession préalable. Tels sont les motifs qui nous paraissent le justifier. »

L'organisation de ce système était difficile.

D'après le projet primitif du gouvernement, l'urgence était déclarée par arrêté du préfet. Le président du tribunal était tenu de fixer et l'administration de consigner la somme nécessaire pour garantir le paiement de l'indemnité. Cette somme devait contenir, outre le principal, les

fonds nécessaires pour assurer, pendant deux ans, le paiement des intérêts. Le président pouvait au besoin s'éclairer par des rapports d'experts. Sur le vu du procès-verbal de consignation, la mise en possession préalable était ordonnée ; l'intérêt d'urgence ainsi satisfait, la fixation de l'indemnité définitive se poursuivait ultérieurement dans les formes ordinaires.

Un amendement de M. *Persil*, auquel le gouvernement avait donné son adhésion, restreignait l'application de l'envoi préalable aux propriétés non bâties. De plus, afin d'éviter les expertises et les pertes de temps qu'elles entraînent, il voulait que la somme à consigner fût fixée par le propriétaire, et que, faute par celui-ci de s'expliquer, les offres de l'administration fussent déposées.

La Chambre des Pairs a rejeté le projet ainsi amendé.

Mais la commission de la Chambre des Députés a repris le projet primitif du gouvernement, en exceptant, toutefois, comme M. Persil, les propriétés bâties.

Cette proposition a rencontré, au sein de la Chambre des Députés, une vive opposition. On lui a reproché de violer l'art. 9 de la Charte, de dénaturer la mission du jury en en faisant un tribunal destiné à homologuer les évaluations faites par les experts, que le président du tribunal ne manquerait jamais de nommer afin d'atténuer sa responsabilité morale. On a soutenu qu'on retombait ainsi dans les inconvénients de la loi de 1810 ; qu'on exposait les préfets à des attaques et à des soupçons injurieux ; qu'on atténuait leur autorité morale déjà si affaiblie. On a dit que le projet avait le double défaut de n'être applicable que dans des cas fort rares, et de ne procurer à la partie expropriante qu'un bénéfice de quelques jours ; qu'il fournissait un moyen d'intimidation contre le droit de propriété, et qu'il rendait inutile une partie de la loi, parce que l'administration, pressée d'exécuter, ne manquerait jamais de prétextes pour rendre, soit à son profit, soit au profit des compagnies, des arrêtés d'urgence.

Plusieurs de ces observations ont été prises en considération. L'arrêté du préfet a été remplacé par une ordonnance royale comme dans la loi de 1831. Au président du tribunal statuant en référé on a substitué le tribunal tout entier. C'est au tribunal ou à un juge délégué que l'on a confié le soin de visiter au besoin les terrains, de recueillir tous les renseignements propres à déterminer la valeur de l'immeuble et d'en dresser un procès-verbal descriptif. De plus, aux termes de l'art. 72, les dépens de cette procédure devront, dans tous les cas, être supportés par l'administration.

La discussion a fait justice des autres objections.

Le reproche d'inconstitutionnalité a été surtout victorieusement combattu. Ce que j'ai dit précédemment suffit pour le repousser. Il résulte, en effet, de l'interprétation de l'art. 9 de la Charte donnée par le législateur lui-même, que le principe de l'indemnité juste et préalable est sauf, au moyen de la consignation d'une somme suffisante. Dans le cas où la somme serait insuffisante, ce qui arrivera rarement, surtout quand la fixation aura eu lieu contradictoirement, l'art. 74 donne au propriétaire un moyen parfaitement efficace pour se faire payer de la différence.

Aucune atteinte n'est portée à l'institution du jury. La détermination de la somme à consigner n'est qu'une mesure provisoire qui ne lie en rien

possession des terrains non bâtis (1) qui seront soumis à l'expropriation (2), l'urgence sera (3) spécialement déclarée par une ordonnance royale (4).

66. En ce cas, après le jugement d'expropriation, l'ordonnance qui déclare l'urgence et le jugement seront notifiés, conformément à l'art. 15, aux propriétaires et aux détenteurs (5), avec assignation devant le tribunal civil. L'assignation sera donnée à trois jours au moins ; elle énoncera la somme offerte par l'administration (6).

67. Au jour fixé, le propriétaire et les

---

le jury. Il conserve la plénitude de sa liberté d'appréciation. Il a tous les moyens de s'éclairer. S'il s'agit de terrains ordinaires, les parcelles qui resteront ou même les propriétés voisines, lui offriront des éléments d'évaluation. Si par hasard les terrains expropriés présentent quelque circonstance particulière, s'ils se trouvent couverts d'arbres qui aient une valeur importante, le procès-verbal du juge lui donnera tous les renseignements nécessaires. Dans tous les cas, on peut être certain que si, lors des opérations du jury, quelque doute existe sur le prix réel des propriétés qui auraient été détruites, le jury ne manquerait pas d'interpréter le doute en faveur de la propriété.

Quant à la supputation du temps que l'envoi en possession fait gagner à l'administration, les opinions ont varié depuis vingt jours jusqu'à deux mois. Il est inutile d'entrer dans tous les calculs de la tribune. Selon l'administration, dont l'expérience a une grande autorité, le délai ordinaire pour le règlement des indemnités est au minimum de soixante-quinze jours. Vingt jours suffiront pour la dépossession préalable. On comprend dès lors l'importance des dispositions qui permettent cette dépossession, puisqu'il est certain que d'une pareille économie de temps dépend souvent le succès de toute une campagne.

Aux raisons tirées de l'intimidation du droit de propriété, de la rareté d'application et de l'abus que l'administration pourrait faire de la déclaration d'urgence, on a répondu d'une part que ce reproche était injurieux pour l'administration, et que, d'ailleurs, fût-il fondé, la mesure n'atteindrait presque toujours que des spéculations scandaleuses ; de l'autre, qu'il ne s'agissait que de circonstances exceptionnelles ; en troisième lieu, qu'il était à présumer qu'un ministre n'engagerait pas sans de graves motifs sa responsabilité.

Enfin une objection a été faite contre le nouveau mode de déclaration d'urgence. Elle consistait à dire que l'ordonnance royale, qui ne peut être rendue qu'après le jugement d'expropriation, puisque c'est alors seulement que se manifestent les résistances individuelles, serait lente à se produire, et que, dès lors, l'économie de temps que l'on voulait réaliser devenait en quelque sorte illusoire.

Mais on a répondu que l'ordonnance ne serait pas toujours prise en vue d'une personne connue et désignée, qu'on pourrait la provoquer souvent à raison de la nature des travaux, d'après l'appréciation de leur nature et de leur degré d'urgence, et qu'alors elle pourrait être rendue avant le jugement d'expropriation. En supposant même, a-t-on ajouté, qu'elle fût nécessitée par le mauvais vouloir de quelques propriétaires, les délais pour l'obtenir seraient encore fort courts ; car, en pareil cas, l'ordonnance sera proposée aussitôt que l'urgence aura été signalée.

Il importe de remarquer que ce titre se divise en deux chapitres ; le premier comprend les règles nouvellement introduites pour le cas où il y a ur-

gence relativement à des travaux ordinaires ; le second est la reproduction des art. 65 et 66 de la loi du 7 juillet 1833 qui disposent, pour le cas où il s'agit de travaux militaires ou de travaux de la marine royale.

(1) Voir art. 13 de la loi du 30 mars 1831.

Une fois les bâtiments détruits, il eût été difficile, sinon impossible au jury, de se rendre compte de leur valeur. L'exception est restreinte à cette seule nature de propriétés. Ainsi tous les autres terrains clos ou non clos se trouvent pour cela même soumis à la prise de possession préalable.

(2) M. *Couturier* avait proposé un amendement qui consistait à ajouter après le mot *expropriation*, ceux-ci : *soit avant, soit après le jugement qui l'aura prononcé.*

M. le *rapporteur* l'a combattu en ces termes : « J'ai eu l'honneur de dire tout à l'heure à la Chambre que l'ordonnance qui déclarera l'urgence sera rendue en vue des travaux à faire, et qu'elle pourra être prise depuis le moment où l'utilité publique des travaux aura été déclarée jusqu'au moment où l'expropriation sera prononcée ou même après le jugement d'expropriation ; mais elle ne pourra être ramenée à exécution, comme la Chambre le voit dans l'art. 66, qu'après le jugement d'expropriation. »

L'amendement n'a pas été appuyé.

(3) La commission de la Chambre des Pairs avait proposé un amendement qui tendait à subordonner la déclaration d'urgence à certaines conditions et au prononcé du jugement d'expropriation. Il y était dit notamment : « L'ordonnance devra être motivée sur la nature des travaux, sur les obstacles imprévus qui s'opposent à leur exécution et sur la nécessité de les terminer sans délais. » Cette proposition a été rejetée.

(4) « Il est bien entendu, a dit M. *Dufaure*, rapporteur, qu'il s'agit d'une procédure tout à fait exceptionnelle ; que ce moyen de dépossession ne devra s'appliquer que dans certains cas particuliers et d'une urgence évidente. »

(5) Les usufruitiers, fermiers, locataires, gardiens, régisseurs ou occupants, à quelque titre que ce soit. (Art. 4 de la loi du 30 mars 1831.)

Aucun avertissement n'est donné aux autres intéressés, et notamment aux créanciers, mais cela n'a point d'inconvénient. Dans cette période de la procédure, il ne s'agit point de fixer l'indemnité, il n'est question que de faire consigner provisoirement la somme représentative de la valeur de l'immeuble, afin que la dépossession puisse avoir lieu. Une fois l'État saisi des terrains qui sont nécessaires à l'exécution des travaux, les choses reprennent leur cours ordinaire, on appelle les intéressés conformément à l'art. 21, et l'on suit toutes les autres règles établies pour que tous les ayants-droit à l'indemnité puissent présenter leurs observations et obtenir une juste indemnité. Voy. art. 73.

(6) On a voulu que l'assignation contint les offres de l'administration, afin que la partie pût

détenteurs seront tenus de déclarer la somme dont ils demandent la consignation avant l'envoi en possession.

Faute par eux de comparaître, il sera procédé en leur absence.

68. Le tribunal fixe le montant de la somme à consigner (1).

Le tribunal peut se transporter sur les lieux, ou commettre un juge (2) pour visiter les terrains, recueillir tous les renseignements propres à en déterminer la valeur, et en dresser, s'il y a lieu, un procès-verbal descriptif. Cette opération devra être terminée dans les cinq jours (3), à dater du jugement qui l'aura ordonnée.

Dans les trois jours de la remise de ce procès-verbal au greffe, le tribunal déterminera la somme à consigner.

69. La consignation doit comprendre, outre le principal, la somme nécessaire pour assurer, pendant deux ans, le paiement des intérêts à cinq pour cent.

70. Sur le vu du procès-verbal de consignation, et sur une nouvelle assignation à deux jours de délai au moins, le président ordonne la prise de possession.

71. Le jugement du tribunal et l'ordonnance du président sont exécutoires sur minute et ne peuvent être attaqués par opposition ni par appel (4).

72. Le président taxera les dépens, qui seront supportés par l'administration.

73. Après la prise de possession, il sera, à la poursuite de la partie la plus diligente, procédé à la fixation définitive de l'indemnité, en exécution du titre 4 de la présente loi.

74. Si cette fixation est supérieure à la somme qui a été déterminée par le tribunal, le supplément doit être consigné dans la quinzaine de la notification de la décision du jury, et, à défaut, le propriétaire peut s'opposer à la continuation des travaux (5).

CHAPITRE II.

75. Les formalités prescrites par les titres 1 et 2 de la présente loi ne sont applicables ni aux travaux militaires ni aux travaux de la marine royale.

Pour ces travaux, une ordonnance royale détermine les terrains qui sont soumis à l'expropriation (6).

76. L'expropriation ou l'occupation temporaire, en cas d'urgence, des propriétés privées qui seront jugées nécessaires pour des travaux de fortification, continueront d'avoir lieu conformément aux dispositions prescrites par la loi du 30 mars 1831.

Toutefois, lorsque les propriétaires ou autres intéressés n'auront pas accepté les offres de l'administration, le réglement définitif des indemnités aura lieu conformément aux dispositions du titre 4 ci-dessus.

Seront également applicables aux expropriations poursuivies en vertu de la loi

---

réfléchir, examiner et peut-être apporter son adhésion au jour de la comparution.

(1) Dans le système de l'amendement de M. *Persil* la somme à consigner était laissée à la discrétion du propriétaire. (Voy. la note sur l'intitulé du présent titre.) On avait aussi proposé d'adopter pour la consignation une base fixe qu'aurait fournie l'impôt. Ces deux systèmes ont été repoussés. D'une part, a-t-on dit, la base fournie par l'impôt manquerait souvent d'exactitude ; d'un autre côté, la somme réclamée par un propriétaire malveillant pourrait être tellement exagérée, qu'il serait impossible de consentir à en opérer la consignation ; et alors la faculté accordée par ce chapitre deviendrait illusoire, la loi serait à la merci des prétentions les plus blâmables.

(2) « La commission, a dit M. *Ternières*, entend bien que le tribunal pourra commettre un juge de paix, et voici pourquoi je fais cette observation : c'est que le tribunal pourra souvent être très-éloigné du lieu où l'examen devra être fait. En conséquence, il y aurait perte de temps pour le transport du juge à cette distance. Il me semble qu'il serait convenable que le tribunal pût commettre un juge de paix du lieu. »

M. *le président* a répondu : « Ce que l'honorable membre demande est déjà réglé par l'art. 1035 du Code de procédure. »

« Nous restons dans les termes du droit commun, a dit M. le rapporteur. »

(3) La loi ne prononçant pas la peine de nullité, on doit en conclure que cette opération ne serait pas moins valable si elle s'était prolongée plus longtemps. Evidemment, ce serait aller contre le but de la disposition que d'annuler, pour la recommencer, une opération qui aurait le défaut d'avoir été trop lente.

(4) L'article du projet de la commission ajoutait « ni pourvoi en cassation. » Ces mots ont été retranchés par la commission sur l'observation de M. *Renouard* : « Nous avons cru, a dit le rapporteur, qu'il serait trop grave d'autoriser même une ordonnance du président qui ne fût pas soumise au pourvoi en cassation ; et, comme le pourvoi n'est jamais suspensif, il n'y a aucun inconvénient à le permettre. »

(5) M. *Ternières* avait proposé une disposition additionnelle ainsi conçue : « Les dispositions ci-dessus seront applicables aux cas prévus par l'article 43, sans qu'il soit besoin de recourir à l'ordonnance royale : la prise de possession provisoire pourra être autorisée par le président du tribunal sur simple requête, au vu du procès-verbal de consignation du montant de l'indemnité fixée par le jury. »

L'article n'a pas été appuyé.

(6) Cet article est la reproduction littérale de l'art. 65 de la loi du 7 juillet 1833.

du 50 mars 1831, les art. 16, 17, 18, 19 (1) et 20, ainsi que le titre 6 de la présente loi.

TITRE VIII. — DISPOSITIONS FINALES.

77. Les lois des 8 mars 1810 et 7 juillet 1833 sont abrogées (2).

---

(1) Entre cet article et l'art. 66 de la loi du 7 juillet 1833, il y a cette seule différence que l'article de la loi de 1833 ne rappelait que les art. 16, 17, 18 et 20, et ne citait pas l'art. 19 qui se trouve énoncé dans le présent article. Il était résulté de cette omission une chose assez bizarre : c'est que lorsqu'il s'agissait des cas ordinaires d'expropriation pour cause d'utilité publique, on remplissait pour la purge des hypothèques les formalités rapides de la loi de 1833, tandis que lorsqu'il s'agissait d'acquisitions faites pour des travaux urgents, l'administration était forcée d'observer les longues et dispendieuses formalités du Code civil. Cet inconvénient a disparu par la mention de l'art. 19.

(2) L'art. 68 et dernier de la loi de 1833, qui fixait l'époque où cette loi serait obligatoire et qui contenait des dispositions transitoires, a été supprimé.

(3) Présentation à la Chambre des Députés le 23 mai 1840 (Mon. du 27) ; rapport par M. Martin (du Nord) le 15 juillet (Mon. du 15 août).

Reprise le 9 décembre (Mon. du 10) ; rapport supplémentaire par M. Gaulthier de Rumilly le 22 janvier 1841 (Mon. du 1er février) ; discussion les 4, 5, 8, 9, 10, 11, 12, 13, 15, 16, 17 février (Mon. des 5, 6, 9, 10, 11, 12, 13, 14, 16, 17, 18) ; adoption le 18 (Mon. du 19), à la majorité de 234 voix contre 11.

Présentation à la Chambre des Pairs le 1er mars (Mon. du 2 ; rapport par M. le baron Nau de Champlouis le 22 avril (Mon. du 23) ; discussion le 27 (Mon. du 28) ; adoption le 28 (Mon. du 29), à la majorité de 97 voix contre 3.

Voy. les diverses ordonnances citées dans les notes sur les articles, et, ci-après, trois ordonnances du 21 mai 1841.

La dernière loi sur les douanes est du 5 juillet 1836. Depuis cette époque, il n'a pas été possible aux Chambres de statuer sur les changements qu'il y a nécessité de faire subir périodiquement à un tarif dont le but est de satisfaire aux besoins si variables et presque toujours si impérieux de l'industrie et du commerce.

Le gouvernement a pourvu, par voie d'ordonnance, aux modifications urgentes ; mais il n'en est qu'une loi seule peut faire. Celle-ci a pour objet de sanctionner les unes et de réaliser les autres. Elle est le résumé des projets présentés le 3 juin 1837, le 23 mai 1838 et le 8 juillet 1839.

La loi présentée en 1836 était composée de deux séries de dispositions bien distinctes : dans l'une se trouvaient reproduites les modifications déjà opérées par des ordonnances ; l'autre contenait des articles qui exigeaient le concours du pouvoir législatif. Dans la loi actuelle, au contraire, ces règles, de nature différente, sont confondues. J'aurai soin de les distinguer par des notes.

La discussion a mis de nouveau en présence les partisans du système de protection et ceux du système de la liberté du commerce et de l'industrie. Mais la lutte de principes n'a pas été bien animée. Les débats de 1836 étaient encore présents à tous

---

6 = 7 MAI 1841. — Loi relative aux douanes (3).
(IX, Bull. DCCCIX, n. 9287.)

TITRE Ier. — TARIF. IMPORTATIONS.

Art. 1er. Les droits de douanes à l'importation seront, pour les objets ci-après

---

les esprits. On peut dire qu'on s'est borné de part et d'autre à des protestations.

Il serait oiseux de rappeler les raisons sur lesquelles se fondent les défenseurs de l'une et de l'autre opinion. Elles se trouvent dans tous les traités d'économie politique.

M. *Martin* (du Nord), rapporteur de la commission, a constaté les progrès qu'a faits le principe de la liberté, tout en reconnaissant qu'il ne peut être appliqué qu'avec de grands ménagements et qu'à l'aide de transactions sagement calculées.

« Le temps est passé, a-t-il dit, où il n'était possible d'entreprendre un rapport sur une semblable matière qu'après avoir reproduit, pour les approuver ou les combattre, les aphorismes de la science, dite de l'économie politique ; qu'après avoir mis en présence la doctrine de la liberté illimitée du commerce et celle de la protection qui doit garantir le travail des régnicoles au prix de quelques sacrifices.

« Pendant que les hommes de science et de théorie s'efforçaient de faire comprendre leurs vues sur les avantages du libre échange et sur les inconvénients des restrictions et des monopoles, les administrateurs réalisaient, au jour le jour, mais avec persévérance, tout ce qu'il y avait actuellement de possible et d'utile dans ce qu'on affectait d'appeler des utopies.

« On n'a point fait de concession de principes aux adversaires du régime de protection ; mais, en fait, ce régime s'est comme de lui-même ajusté aux nouvelles idées, aux nouvelles circonstances qui dominaient l'industrie et le commerce : toutes les prohibitions inutiles ont disparu. On a mis en question l'existence des autres, et les droits, qui, par leur quotité étaient, dans la réalité, des prohibitions, ont été réduits ; on a ouvert des négociations pour rendre plus favorables les changements qui pourraient encore survenir.

« Que l'on jette un regard en arrière, que l'on compare, en effet, le tarif que l'empire nous a légué à celui qui maintenant est en vigueur, et l'on jugera si notre législation commerciale est demeurée stationnaire. Nous ajouterons : que l'on compare ce qu'étaient, en France, le commerce et l'industrie au retour de la paix, et l'on jugera si, après tout, les règles que l'administration française a soutenues avec persévérance ont été destructives de notre prospérité. Ainsi, la conciliation s'est opérée d'elle-même ; à force de se répéter mutuellement qu'on ne voulait rien de radical, on a fini par s'entendre ; les théoriciens ont dit eux-mêmes qu'ils regardaient la liberté illimitée du commerce comme une chimère dangereuse, et qu'ils tenaient compte des difficultés que les administrateurs rencontrent dans la pratique ; ceux-ci, à leur tour, ont prouvé qu'ils n'admettaient les restrictions que comme des remèdes transitoires, mais inévitables, contre les derniers effets de la concurrence. Alors tout le monde a fini par se retrouver sur le terrain de l'utilité réelle et pratique, chacun a consenti à reconnaître ce que les faits accomplis ont de puissance. Enfin,

désignés, établis ou modifiés de la manière suivante (1) :

Chaux	Pierres	brutes	0 f. 05 c.
		calcinées	
		broyées	0 20
	éteinte		
Sucs tanins extraits	de la noix de galle et des avelanèdes	liquides	5 00
		concrets	7 00
	d'autres végétaux	liquides	0 50
		concrets	1 25 } les 100 kilogr.
Minerai d'antimoine, tel qu'il est extrait de la mine et avant toute préparation			1 00
Rotins de petit calibre entiers ou en éclisses	Par navires français	de l'Inde	15 00
		d'ailleurs	25 00
	Par navires étrangers		30 00
Baies de nerprun et orcanète	Par navires français		5 00
	Par navires étrangers		7 50
Cochenille	Par navires français	des pays hors d'Europe	0 75
		d'ailleurs	1 00 } le kilogramme.
	Par navires étrangers		1 50

Poils de blaireau, avec les mêmes distinctions que les poils de sanglier. } Le droit fixé pour les poils de sanglier par le tarif actuellement en vigueur, avec deux cinquièmes d'augmentation.

Duvet d'eider non épuré. } Le quart du droit fixé pour le duvet pur.

Pierres à aiguiser, brutes. } Les deux cinquièmes du droit fixé pour les pierres taillées.

Sable commun pour la bâtisse. } 1 c. les 100 kilogrammes.

Nacre de perle, sciée ou dépouillée de sa croûte. } Le double droit fixé pour la nacre franche brute.

la question des douanes s'est réduite à ces termes bien simples : faire pour chaque nature de produit ce que l'avantage du pays réclame actuellement, sans préoccupation de doctrines, en n'obéissant qu'à la force des choses et à l'intérêt bien entendu de la population ouvrière.

« C'est aussi dans cet esprit, et sans prétendre trancher aucune des questions théoriques qui sont le sujet de tant de stériles débats, que votre commission a examiné le projet de loi, etc. »

La pensée de la commission me semble fort clairement établie dans ce passage. Elle n'a point entendu dire, comme on pourrait le croire en isolant quelques-unes de ses expressions, que les principes n'ont aucune valeur; que les faits seuls doivent être consultés. Elle a, au contraire, bien expressément posé la liberté du commerce et de l'industrie comme règle générale, se réservant seulement d'admettre les exceptions transitoires commandées par les circonstances.

M. *Lherbette* a cru, au contraire, que la théorie était sacrifiée à la pratique dans le rapport de M. Martin (du Nord), et il a pris la défense des principes avec autant de vivacité que de talent.

« La science, a-t-il dit, est traitée par la commission d'absolutisme, de dogmatisme. Il faut s'expliquer un peu sur ce reproche d'absolutisme qu'on adresse si légèrement aux hommes qui veulent établir leurs décisions sur autre chose que sur la pratique, qui veulent l'établir sur le raisonnement éclairé par l'expérience.

« En application, il faut rarement de l'absolu; en ce sens que rarement les faits sont identiques; que les décisions, dès lors, sont rarement les corollaires d'un seul principe; qu'elles sont presque toujours des résultats de principes combinés. Mais, dans la théorie, la vérité est une, est absolue. Un principe est ou n'est pas. S'il est, il est absolu. Ne pas le rechercher, c'est renoncer à la vérité; c'est renoncer à une règle de conduite, c'est subordonner la décision à l'aveuglement du hasard ou à l'ignorance de la routine.

« D'ailleurs, les personnes qui, pour combattre la liberté du commerce, nient l'existence des principes en économie politique, ne font pas attention que le refus de la liberté est lui-même un principe. Il y a plus : nier les principes en économie politique, c'est, sans s'en douter, proclamer la liberté. Car il n'y a pas alors de raison pour se prononcer en faveur d'un système quelconque; c'est laisser chacun faire et chaque chose passer. Il me semble que c'est bien là la liberté; c'est même la liberté sans ménagements, sans transitions, c'est plus que ne demandent ses partisans les plus prononcés. Car tous sentent la nécessité de ménagements, je ne dirai pas pour des droits acquis, mais du moins pour des positions prises.

« Et qu'on ne dise pas que si, après avoir posé des principes absolus en théorie, on consent à ne les appliquer qu'avec des ménagements, c'est alors une pure discussion de mots. Non. Le but est marqué, du moins on y marche plus ou moins vite, mais toujours droit. On ne dévie pas; on ne va pas tantôt dans un sens, tantôt dans un autre, comme le fait la commission égarée, sans principes, sans boussole, sur l'océan des intérêts privés. »

Ces observations, je le répète, étaient moins provoquées que ne l'a pensé M. Lherbette; mais elles ont un mérite indépendant de l'occasion qui les a fait naître, et pour lequel elles méritaient d'être conservées.

(1) Toutes les dispositions comprises dans ce paragraphe ont été provisoirement mises en vigueur par des ordonnances royales. Voy. ordonnances des 31 octobre 1836, 4 décembre 1836, 25 juillet 1837, 23 juillet 1838, 2 septembre 1838.

Résine, dite gomme copale. . . . . { Le double du droit fixé pour la résine de laque naturelle, selon la provenance et le pavillon.

Ouvrages en caoutchouc { pur. . . { Instruments de chirurgie. . . . . Droits actuels.
{ Autres. . . . 20 fr. les 100 kilogrammes.
{ combiné avec d'autres matières (sauf les tissus en pièces). . . . . Comme mercerie fine.

Fils de laine longue peignée, écrue, retors à un ou plusieurs bouts, dégraissés et grillés. . . . . } 7 fr. le kilogramme.

Ces fils ne seront admis que par les seuls ports de Calais et de Boulogne, pour être dirigés, sous plomb et par acquit-à-caution, sur la douane de Paris, qui percevra le droit, après avoir vérifié l'existence de tous les caractéres susindiqués.

Les fils de laine importés en vertu de la présente disposition seront revêtus par la douane de Paris d'une marque distinctive dont des ordonnances royales détermineront le mode.

La recherche, dans l'intérieur, des fils de laine de toute espèce qui ne proviendront pas soit des fabriques françaises, soit de l'importation légale, aura lieu ainsi qu'il est réglé pour les fils de coton par le titre 6 de la loi du 28 avril 1816 et par les ordonnances qui en dérivent.

Huiles { fixes. { Autres que d'olive, de palme et de graines grasses. { de coco. . . . . Même droit que l'huile de palme.
{ autres. . . . { pures. . . . . . . 0 f. 25 c.
{ aromatisées. . . 1 00

{ volatiles ou essences. . . . { de roses et de bois de Rhodes. 40 00
{ de girofle, muscade, macis, cannelle, sassafras, fenouil, anis, carvi, cajeput, camomille, valériane, et amande amère. . } 5 00
{ d'oranges, de citrons, ou leurs variétés. . 4 00
{ toutes autres. . . . . . . 0 75 } le kilogramme.

Bitumes { houilles { crues { par mer { des Sables-d'Olonne exclusivement à Dunkerque inclusivement. . { par navires français. . 0 f. 50 c.
{ par navires étrangers. 1 00
{ par tous autres points. . . Droits actuels.
{ par terre { de la mer à Halluin exclusivement. 0 50
{ par la rivière de Meuse et par le département de la Moselle. 0 10
{ par tous les autres points. . . . . 0 15 } les 100 kilogrammes.

Toutefois, les houilles qui, d'Halluin à Baisieux exclusivement, entreront par la voie des canaux, seront soumises au droit de 50 centimes, à moins que la taxe d'entrée n'ait été acquittée d'avance au bureau de Condé.

{ carbonisées (coke). . . . . Le double des droits fixés pour la houille crue.

Goudron minéral provenant de la distillation de la houille, quel qu'en soit l'état, soit liquide, soit concret. . . . . 0 f. 10 c. les 100 kilogrammes.

{ autres. { solides. { jais. . . . . } droits actuels.
{ succin. . . . .
{ purs de Judée et autres bitumes purs de toutes espèces. . 2 f. 00 c. } les 100 kilogr.
{ mêlés de terre. . . { purs par navires français. . 0 10
{ idem étrangers et par terre. 0 20
{ fluides sans distinction de couleur (naphte, pétrole, malte, etc.) . droits actuels.

Pierres calcaires à cristallisation confuse, dites écossines désignées par la loi du 2 juillet 1836. { brutes ou simplement équarries autrement que par le sciage, par les bureaux que le gouvernement désignera. . } Droits actuels.
{ ailleurs elles paieront, suivant leur état, comme les marbres non dénommés.
{ ouvrées en pièces préparées pour la bâtisse et non polies, par les bureaux que le gouvernement désignera. . . . . } 15 pour 100 de la valeur.
{ ailleurs elles paieront, suivant leur état, comme les marbres non dénommés.
{ en carreaux de pavage. . . . { taillés dans des feuilles ou lames schisteuses d'extraction naturelle. . . . . } 15 pour 100 de la valeur.
{ sciés. . . . . le droit des marbres,
{ sculptées, moulées, polies ou entièrement ouvrées. . . . } selon leur état.

Moellons et déchets de pierres, y compris la castine. . . . Mêmes droits que pour les pierres à chaux brutes.

Marbre scié et simplement plané à la meule ou au sable. . . } Comme marbre scié sans autre main-d'œuvre.

Sulfate de baryte (spath pesant). . . . . 1 fr. les 100 kilogrammes.

Peaux de vigogne et de lama, revêtues de leurs laines. . . . Comme peaux de mouton, selon l'état.

Chapeaux de fibres de palmier. . . { fins. . . . . . 0 f. 75 c.
{ grossiers. . . . 0 25 } { La pièce, sous les conditions déterminées par la loi du 17 mai 1826, pour les chapeaux de paille, chaque croisure étant considérée comme une tresse.

Baumes non dénommés. . . . . Même droit que le baume de copahu.
Sulfate double de fer et de cuivre (vitriol d'Admonde et de Salzbourg). 18 f. 50 c.
Acides arsénieux. . . . . 8 00 } les 100 kilogr.
Vessies natatoires de poissons, brutes et simplement desséchées. . . . 30 00
Minerai d'étain. . . . . Même droit que le minerai de cuivre.
Semoules. { en pâte . . . . Comme pâte d'Italie.
{ en gruau (grosse farine). . . . . Comme farine ordinaire, selon l'espèce.
Le même tarif s'appliquera aux semoules importés en Corse.

Produits des contrées situées au-delà des passages de la Sonde.

La disposition de l'art. 1er de la loi du 2 juillet 1836, relative aux produits des îles de la Sonde, ne s'appliquera, à l'égard des navires expédiés à destination des mers des Indes postérieurement à l'ordonnance du 2 septembre 1838 (1), qu'aux produits naturels (le sucre excepté) des pays situés au-delà des passages et des îles de la Sonde, soit au nord du troisième degré de latitude septentrionale, soit à l'est du cent sixième degré de longitude est, et qui en seront rapportés en droiture (2).

§ 2. (3)

Fontes brutes en masse pesant chacune au moins 15 kilogr., importées.	de Blanc-Misseron à Mont-Genèvre exclusivement.	4 f. 00 c.	
	d'ailleurs.	7 00	les 100 kilog.
Nickel métallique.	de première fusion.	5 00	
	allié d'autres métaux (Argentan) { en masse.	30 00	
	{ laminé ou étiré. . .	100 00	

(1) Cette disposition a été l'objet d'une réclamation auprès de la commission de la Chambre des Députés. « Des armateurs ont pensé, a dit M. *Martin* (du Nord), que, sans égard à l'ordonnance de 1838 et postérieurement à sa promulgation, ils pouvaient encore envoyer des navires à Sumatra et à Java, et rapporter en France des produits naturels de ces deux îles, qui jouiraient de la réduction du cinquième des droits; ils ont déclaré qu'ils regardaient l'ordonnance de 1838 comme n'étant pas obligatoire, par le motif qu'elle excédait les pouvoirs attribués au gouvernement par la loi de 1814; et, pour obtenir qu'un vote de la Chambre sanctionnât leurs prétentions, ils ont demandé qu'à ces mots : « à l'égard des navires expédiés à la destination des mers des Indes, *postérieurement à l'ordonnance du 2 septembre* 1838 , » on substituât ceux-ci : « à l'égard des navires expédiés à destination des mers des Indes, *postérieurement à la promulgation de la présente loi*. » En un mot, on sollicite de vous que vous déclariez illégale et nulle l'ordonnance du 2 septembre 1838.

« Si votre commission avait à donner son avis sur la question, elle n'hésiterait pas à dire qu'à ses yeux, de la combinaison et du rapprochement des deux parties dont se compose le premier paragraphe de l'art. 34 de la loi du 17 décembre 1814, il résulte évidemment pour le gouvernement le droit de changer en divers sens, comme il l'a fait par les ordonnances du 8 juillet 1834 et du 2 septembre 1838, la taxe d'une denrée, telle que le café, qui n'appartient à aucune des deux séries d'objets que la loi de 1814 a soigneusement voulu réserver, à savoir : les matières premières nécessaires aux manufactures, dont on ne doit pas augmenter les droits, et les produits fabriqués, dont on ne doit ni lever la prohibition ni abaisser le tarif.

« Mais la commission n'entrera pas, à cet égard, dans d'autres détails. Si l'ordonnance de 1838 est attaquée, le recours aux tribunaux est la seule voie qui doive être employée; eux seuls peuvent être appelés à juger quel sera le sort, en ce qui concerne la quotité des droits, des expéditions parties des ports de France après l'ordonnance de 1838. La commission ne croit pas qu'il appartienne à la Chambre de trancher la question, et, pour éviter tout préjugé, elle vous propose de supprimer, dans le projet de loi, les mots : « à l'égard des navires expédiés à la destination des mers des Indes, postérieurement à l'ordonnance du 2 septembre 1838. » Par ce moyen, les droits respectifs seront réservés, et la Chambre aura prouvé avec quel scrupule elle désire les maintenir parfaitement intacts. »

Après un nouvel examen, la rédaction du projet de loi du gouvernement a été reprise par la commission.

M. *Mermilliod* a demandé si en rétablissant et en adoptant le texte du projet de loi, la commission n'avait pas modifié ses intentions.

M. *Gauthier de Rumilly*, rapporteur, a répondu : « ..... La commission me charge de déclarer qu'elle maintient le principe qu'elle a posé dans le rapport de M. Martin (du Nord), c'est-à-dire qu'elle n'entend nullement préjuger la question qui est soumise aux tribunaux.

« ..... J'ai cru devoir prendre la parole afin que l'intention de la commission, dans son rapport supplémentaire et dans la modification qu'elle propose, ne pût être douteuse, et qu'on ne crût pas devoir en tirer des inductions contraires ou favorables aux intérêts des tiers en instance devant les tribunaux. »

M. *le président* a ajouté : « Il est bien entendu qu'en revenant à la rédaction du gouvernement, la commission a entendu qu'il ne fût rien préjugé. »

La même déclaration se trouve dans le rapport de M. le baron *Nau de Champlouis* à la Chambre des Pairs.

(2) M. *Bignon* avait proposé une disposition additionnelle ainsi conçue : « Toutefois, les produits naturels des îles de la Sonde jouiront du bénéfice de la réduction du cinquième des droits, lorsqu'il aura été constaté que ces produits ont été embarqués auxdites îles à bord des navires français opérant leur retour des mers des Indes. » Cette disposition n'a pas été adoptée.

(3) Les dispositions comprises dans ce paragraphe sont celles qui n'ont pas encore été mises en vigueur par ordonnance.

Liége,............	brut et revêtu de sa croûte gercée, en planches ou fragments de toute dimension.........		6 00	les 100 kilog.
	râpé en planches ou fragments de toute dimension.........		9 00	
	ouvré (bouchons)...........		Droit actuel.	
Tourbe carbonisée.............			} 0 f. 05 c. par mètre cube.	
Charbon de bois..............				
Tiges ou filasses de bananier; fibres d'aloès, chanvre de Manille (abaca), phormium tenax et autres végétaux filamenteux non spécialement tarifés,..	Bruts ou simplement dépouillés de leur parenchyme....	des colonies françaises..	0 f. 10 c.	les 100 kilog.
		d'ailleurs....	0 40	
	Blanchis ou préparés pour pâte à papier........	des colonies françaises.....	1 00	
		d'ailleurs....	2 00	
Produits de la côte occidentale d'Afrique importés en droiture par navires français,.....	Riz..		0 50	les 100 kilog.
	Arachides et touloucouna (fruits oléagineux).................		1 00	
	Millet..................		2 50	
	Huile de palme, de coco et de touloucouna.		4 00	
	Bois de santal rouge.........		0 80	
	Dents d'éléphant en défenses entières ou en morceaux de plus de 1 kilogr. .		25 00	
	Café....	des établissements français sur la côte occidentale d'Afrique........	78 00	
		d'ailleurs.........	Droits actuels.	
Joncs et roseaux de la Guiane française (ways)...............			Mêmes droits que les joncs d'Eur. en tiges entières.	
Blanc de baleine et de cachalot.	de pêche française....		Droit actuel.	les 100 kilog.
	de pêche étrangère.	brut..	20 f. 00 c.	
		pressé....	30 00	
		raffiné......	75 00	
Outre-mer.			5 00 le kilog.	
Aiguilles à coudre,..........			8 00 le kilog.	
Hameçons...........			Le dr. de la mercer. fine.	
Cachou en masse............	par navires français.	de l'Inde....	15 f. 00 c.	les 100 kilog.
		d ailleurs, hors d'Europe....	22 00	
		des entrepôts....	36 00	
	par navires étrangers.		50 00	
Bois en billes ou scié à plus de 3 décimètres d'épaisseur..........			Moitié des droits actuels.	

Les machines à vapeur de fabrication étrangère, quelle qu'en soit la force, employées sur des navires français destinés à la navigation internationale maritime (1), seront exemptes de tous droits.

Les machines à vapeur de fabrication française, quelle qu'en soit la force, employées sur des navires destinés à la navigation internationale maritime, donneront droit à une prime de 33 pour 100 de la valeur en entrepôt des mêmes machines de construction étrangère; cette valeur sera déterminée par le comité consultatif des arts et manufactures.

Dans le cas où lesdites machines, soit étrangères, soit françaises, seraient, par une cause quelconque, affectées ultérieurement à une destination autre que la navigation internationale maritime, celles de construction étrangère seront assujetties au paiement du droit exigible d'après le tarif actuellement en vigueur, et celles de construction française au remboursement de la prime.

La disposition finale de l'art. 5 de la loi du 5 juillet 1836 est abrogée en ce qui concerne les machines qui jouiront de la prime déterminée au second paragraphe du présent article (2).

(1) On avait proposé d'étendre cette faveur aux machines employées sur les bateaux destinés à la navigation internationale fluviale. Cette proposition n'a pas été admise.

(2) Ce paragraphe a été ajouté sur la proposition de M. Lherbette. « La commission, a-t-il dit, accorde une prime aux constructions de machines françaises destinées à la navigation internationale, de quelque force qu'elles soient. Mais la loi de 1836 accorde un drawback sur les fontes étrangères qui auront servi à la construction de ces machines d'une force de cent chevaux et audessus. Ce drawback, qui n'était d'abord établi que sur les fontes, aurait été ensuite étendu à toutes les matières par l'article primitif du projet actuel que le gouvernement abandonne pour adopter la

pièces d'intérieur de métiers à tulle (chariots , guides , bobines, etc. . . . . . { comme outils , selon l'espèce.

Châles de cachemire fabriqués { Longs de toute dimension et carrés de 180 centi- } mètres et au-dessus. . . . . 100 f. 00 c. } la pièce.
aux fuseaux dans les pays hors { Carrés de moindre dimension. . . . . 50 00 }
d'Europe. . . . .

			Écrus.	Blanchis à quelque degré que ce soit.	Teints.
Fils de lin et de chanvre , sans distinction de ceux d'étoupes , fournissant au kilogramme. . . .	simples. .	1re classe. 6,000 mètres au moins.	16 f.	26 f.	36 f.
		2e ——— Plus de 6,000 mètres, et pas plus de 12,000. .	24	36	46
		3e ——— Plus de 12,000 mètres , et pas plus de 24,000.	40	56	66
		4e ——— Plus de 24,000 mètres.	70	95	105
	retors. . .	1re classe. 6,000 mètres ou moins.	22	38	48
		2e ——— Plus de 6,000 mètres, et pas plus de 12,000.	36	52	62
		3e ——— Plus de 12,000 mètres , et pas plus de 24,000.	64	84	94
		4e ——— Plus de 24,000 mètres.	112	140	150

les 100 kilogrammes.

Une ordonnance du roi réglera le mode d'application des droits sur les fils retors ; cette ordonnance sera soumise aux Chambres , pour être convertie en loi, dans les trois premiers mois de la session prochaine.

Armentières.   Baisieux.
Halluin.   Condé.
Lille.   Blanc-Misseron.

Ils seront présentés en paquets séparés ne contenant chacun que du fil passible du même droit. A défaut de cette séparation, la douane percevra le droit du fil du numéro le plus élevé contenu dans le paquet.

Pour faciliter l'application du tarif des fils tel qu'il est établi ci-dessus, il sera déposé, dans chaque bureau ouvert à leur importation, des écheveaux des numéros formant le point de partage entre chaque classe.

Ces écheveaux, qui seront placés sous le double cachet des départements du commerce et des finances, serviront de type

Toiles croisées ou coutils. . . { pour tenture ou literie. . . . . Droits actuels.
{ pour vêtements.. . . { écrues. . . . . Droits actuels.
{ autres. . . . . 300 fr. par 100 kilog.

Les toiles croisées grossières, dites treillis , paieront comme toiles unies de moins de huit fils.

Les fils de toute sorte ne pourront être importés que par les ports d'entrepôt réel ou par les bureaux de la frontière de terre ci-après :

Sierck.   Pont-de-Beauvoisin.
Forbach.   Entre-Deux-Guiers.
Strasbourg.   Saint-Laurent-du-Var.

pour la perception du droit , sauf le recours , en cas de contestation , aux experts institués par la loi du 27 juillet 1822.

A l'avenir, dans l'application du droit sur les toiles, tout fil qui apparaîtra plus ou moins découvert dans l'espace de cinq millimètres sera compté comme fil entier.

Le linge de table ouvragé dont la chaîne présentera , plus ou moins découvert dans l'espace de cinq millimètres , seize fils et plus , paiera le droit des toiles unies.

Le linge de table damassé de même finesse paiera le même droit augmenté de vingt pour cent.

Ne seront admis comme écrus que les toiles et le linge qui n'ont reçu aucun degré de blanchiment, soit avant , soit après

prime proposée par la commission. Mais , à défaut de disposition formellement dérogative , l'article de la loi de 1836 continuerait à subsister, même après l'adoption de l'article proposé par la commission ; et le constructeur aurait à la fois et le drawback d'après la loi de 1836, et une prime de 33 pour 100 d'après la loi nouvelle.

Plusieurs cris : Non, non, se sont fait entendre.

« Je présume bien comme vous, a repris M. Lherbette, que ce n'est pas là l'intention ; je crois bien que l'intention a été de déroger à la loi de 1836. Mais , comme les intentions ne sont rien , que les déclarations ne sont pas beaucoup plus , je demande que l'article de la commission et du gouvernement , en accordant la prime, dise qu'on déroge à la loi de 1836 ; que l'article de la loi de 1836 est abrogé. »

le tissage, et qui conservent la couleur prononcée de l'écru.

Seront passibles de la surtaxe applicable aux toiles teintes, les toiles écrues, blan-ches, mi-blanches ou imprimées, ayant dans la chaîne ou la trame un ou plusieurs fils de couleur (1).

Acide....	oléique.	....		Même droit que le suif brut.	
	stéarique.	en masse.		Même droit que la cire blanche non ouvrée.	
		ouvré.		Même droit que la cire blanche ouvrée.	
Acétate de fer.	....	liquide.		5 f. 00 c.	les 100 kilogr.
		concentré à un degré quelconque.	...	40 00	
Bois à brûler.	......	en bûches.		0 05	le stère.
		en fagots.		0 05	le 100 en nombre.
Bois odorants.	de sassafras.	par navires { des pays hors d'Europe.		5 00	les 100 kilogr.
		français. } d'ailleurs.		10 00	
		par navires étrangers.		15 00	
	autres..	par navires { des pays hors d'Europe.		25 00	
		français. } d'ailleurs.		30 00	
		par navires étrangers.		35 00	
Bois d'Angica.	....			Même droit que le bois de Gaïac.	
Boutons...	de passemen-terie.	en coton pur ou mélangé de matières autres que la laine ou la soie.	unis.	100 f. 00 c.	les 100 kilogr.
			façonnés.	200 00	
		autres.		comme passementerie selon l'espèce.	
	autres que de passementerie.	....	communs.	100 f. 00 c.	les 100 kilogr.
			fins.	200 00	

(1) Cette disposition a été proposée par M. Lacrosse : « Elle tend à conserver au travail français la fabrication des toiles nécessaires dans les grands services de l'État, et spécialement au service de la guerre et de la marine.

« Dans l'état actuel des choses, a dit l'auteur de l'amendement, les ministres de la guerre et de la marine ont l'intention parfaitement louable de n'acheter que des toiles françaises : cette intention ne se réalise que très-imparfaitement. Je prendrai la marine pour exemple, parce que ses commandes sont les plus larges, parce que c'est le département qui fait le plus appel à notre industrie toilière. J'entrerai dans quelques détails. Une adjudication se prépare, soit à Paris, soit dans les ports ; le cahier des charges porte la quantité de matière et la clause spéciale que les toiles seront de fabriques françaises. Par une précaution insuffisante jusqu'ici, on stipule qu'elles seront traversées ou bordées par certains fils de couleur déterminée.

« Le département de la marine, poussant plus loin ses précautions et sa sollicitude, exige que les toiles soient frappées d'une lettre initiale, d'une marque assignée à chaque manufacture, d'un numéro correspondant.

« On compare attentivement les livraisons aux échantillons types ; on se réfère à d'autres mesures de détails publiés en août 1838 ; enfin on a recours parfois à des certificats d'origine. Malheureusement, et pour des causes que la Chambre me dispensera d'énoncer, cette série de garanties échoue devant la cupidité, qui spécule sur des moyens de simuler tous ces cachets de nationalité, parvient à faire introduire en France des toiles étrangères ayant les lisérés, les marques et les fils de couleur exigés par les règlements ! Ces produits étrangers viennent faire aux toiles françaises une concurrence redoutable. Il est temps de les atteindre par une surtaxe, mesure préventive qui n'entrera ni ne retardera aucune des opérations de l'administration maritime. Ce qui s'applique aux toiles à voiles s'étendra aux fournitures pour l'habillement et le petit équipement à la guerre comme à la marine. Notre but avoué est de lutter contre cette concurrence qui, plus que jamais, sera funeste à l'avenir d'une industrie réduite à l'insuffisante protection des tarifs actuels..... »

Cette proposition a été appuyée par le rapporteur de la commission et par le gouvernement. Voici comment s'est exprimé M. *le ministre du commerce* : « M. le rapporteur, en déclarant à la Chambre que déjà le département de la guerre et celui de la marine donnent toute préférence dans les fournitures qui sont mises en adjudication aux toiles françaises, a rendu à ces deux départements la justice qui leur est due.

« Cette préférence sera continuée, et doit être à nos fabricants français. L'amendement que vous propose l'honorable M. Lacrosse n'a pas pour effet, dans des circonstances extraordinaires, d'enchaîner l'action du gouvernement et de lier sa liberté, mais de permettre de reconnaître à un signe certain les toiles françaises et à exclure les toiles étrangères lorsqu'il le jugera convenable.

« Cet amendement me paraît offrir aux fabricants français une aussi large protection que possible. »

M. *Lherbette* a dit que le gouvernement ne pouvait déclarer qu'il prendrait les produits français, alors que les produits étrangers seraient à meilleur marché, que ce serait un pas rétrograde vers le système protecteur.

M. *le ministre du commerce* a répondu : « Je regrette beaucoup que M. Lherbette ne m'ait pas entendu, parce qu'alors il aurait compris toute la portée de ma déclaration.

« J'ai dit que les fabricants français obtenaient une grande préférence ; que le gouvernement était toujours disposé à leur accorder sa protection ; mais en même temps que, tout en adoptant l'amendement de M. Lacrosse, il ne se privait pas, dans l'intérêt général du pays, et dans des circonstances données, du droit d'user de sa pleine et entière liberté.

« Ainsi l'amendement proposé n'a pas toute la portée que lui suppose M. Lherbette ; il n'est pas exclusif, et c'est pour cela que le gouvernement l'adopte. »

Sont considérés comme fins les boutons en acier, en ivoire, en nacre, en écaille, en verre ou cristal taillé, ainsi que les boutons dorés, argentés, plaqués, estampés, vernis, brunis ou bronzés, et généralement tous les boutons de luxe.

Carillons à musique, importés par les bureaux et sous les formalités voulues par la loi du 2 juillet 1836, pour l'importation de l'horlogerie. . . . . } 5 fr. le kil.

Graines oléagineuses.	de lin.	par mer.		Droits actuels.	les 100 kilog.
		par terre.	du cru des pays limitrophes. .	1 f. 50 c.	
			d'ailleurs.	2 00	
	de ricin.			Droits actuels.	
	autres, y compris la graine de sésame. .	par mer. .	par navires français.		
			par navires étrangers. . . .	3 f. 00 c.	
		par terre.	du cru des pays limitrophes.		
			d'ailleurs.	3 50	

Nattes ou tresses de bois blanc ou-vragées. . . . . { Mêmes droits que les tresses de bois blanc de sept millimètres ou moins de largeur.

Jarosse (graine de vesce). . . . . . Même droit que les fourrages.

Thés. . .	par navires français.	de l'Inde.		Droits actuels.	le kilogr.
		des ports de la Baltique et de la mer Noire, lorsqu'il sera dûment justifié qu'il s'agit de thés de caravane qui y auront été importés par terre.		2 f. 50 c.	
		d'ailleurs.		Droits actuels.	
	par navires étrangers.				

Tiges de millet propres à la confection des balais. . . . . 0 f. 10 c. } les 100 kilogr.
Toiles métalliques en fer. . . . . 100 00 }

Zinc de première fusion, en masses brutes, soit saumons, barres ou plaques. . . . . { par navires français. Droit actuel.
par navires étrangers, 1 f. 50 c. les 100 kilogr.

Outres en cuir, vides. . . . . 10 pour 100 de la valeur.

Almanachs imprimés en langue étrangère. { Même droit que les ouvrages en langue française imprimés à l'étranger.

Étiquettes imprimées, gravées ou coloriées. Même droit que les lithographies et gravures d'ornements.

Iris de Florence. . . . . . { en racines. . . . . les deux tiers du droit actuel.
travaillé en pois ou boules pour la pharmacie ou la passementerie. . . . . . . { le droit de la mercerie fine.

Ne seront admis comme *agneaux* et *chevreaux* que les jeunes sujets pesant moins de huit kilogrammes, et comme *cochons de lait* que les jeunes sujets pesant moins de quinze kilogrammes.

Exportations.

2. Les droits de douanes à l'exportation seront, pour les objets ci-après désignés, établis ou modifiés de la manière suivante :

§ 1er. (1)

Chiens de forte race. . . . . 5 fr. par tête.

Cette disposition ne sera applicable que sur la frontière de terre, de Dunkerque aux Rousses exclusivement. Seront considérés comme chiens de forte race ceux qui auront trois cent vingt-cinq millimètres et plus de hauteur au milieu de l'échine.

Chevaux entiers. . . . . 5 f. 00 c. par tête.
Pierres à chaux, brutes, entières ou broyées. . . . . 0 01 } les 100 kilog.
Plants d'arbres. . . . . 0 05 }
Coke. . . . .
Terres et roches bitumineuses. . . . . } Comme les houilles.
Bitumes solides de l'espèce du bitume de Judée. . . . .
Carton collé et complètement fabriqué à l'exclusion de la pâte de papier mise en rames ou en *feuilles*. . . . . 1 f. 00 c. } les 100 kilog.
Charbon de bois et de chènevottes. . . . . 0 f. 10 c. } les 100 kilog. par les points que le
Minerai de fer. . . . . 0 10 } gouvernement désignera.
Minerai de cuivre et autres non dénommés. . . 0 10   les 100 kilog.
Duvet de cachemire et poils actuellement prohibés. 0 50   le kilog.
Cocons de vers à soie. . . . . Même droit que la bourre en masse écrue.

(1) Toutes les dispositions comprises dans cette section ont été mises en vigueur provisoirement par des ordonnances. Voy. ordonnances du 25 juillet 1837, du 23 juillet 1838.

§ 2. (1)

Bois à construire..

de pin, de sapin et d'orme. . . . . Droits actuels.

de noyer. { sciés en planches ou plateaux, ayant vingt-sept millimètres ou plus d'épaisseur, sur un mètre quarante-six centimètres ou plus de longueur, y compris les bois de fusils terminés ou ébauchés. . . . . . } 30 fr. les 100 kilog.

autres.. { bruts, simplement équarris à la hache ou } par mer, 25 fr. le stère. sciés de toute dimension. . . . . . . } par terre, droits actuels.

Bouteilles pleines. . . . . Même droit que les bouteilles vides.

Fourrages : foin, paille, herbes de toute espèce, y compris les jarosses (graine de vesce). . . . . } 0 f. 10 c. } les 100 kilog.

Sable commun ou gravier. . . . . 0 01 }

3. Les dispositions du tarif de sortie actuellement en vigueur seront maintenues à l'égard des marchandises portées au tableau A ci-annexé, en tant qu'il n'est pas dérogé à l'article précédent.

Toutes autres marchandises paieront à la sortie, comme n'étant pas dénommées, les droits fixés par les art. 13 et 14 de la loi du 28 avril 1816.

TITRE II. — RESTITUTIONS DE DROITS A LA SORTIE.

4. Le remboursement du droit perçu à l'entrée sur les nitrates s'opérera, à l'exportation des acides qui en sont extraits, au taux suivant ;

Pour l'acide sulfurique. . . . . 0 f. 50 c. } les 100 kil. *net* d'acides.
Pour l'acide nitrique. . . . . 14 00 }

Auront seuls droit à ce remboursement les acides (2) dont la concentration sera amenée :

Celle de l'acide sulfurique, au moins à. . . . . 64° } de l'aréomètre de Baumé.
Celle de l'acide nitrique, au moins à. . . . . 34° }

Les acides devront être expédiés directement des fabriques françaises, accompagnés de certificats d'origine réguliers, sur un des bureaux autorisés à recevoir les déclarations de marchandises jouissant de primes.

TITRE III. — DISPOSITIONS RELATIVES A L'ÎLE DE CORSE.

§ 1ᵉʳ. *Police de circulation.*

5. Les dispositions de l'art. 22 de la loi du 17 mai 1826 s'appliqueront à tous les objets qui, d'après le tarif général des douanes, sont prohibés à l'entrée, et de plus aux céréales de toute espèce et aux marchandises désignées au tableau B ci-annexé (3).

§ 2. *Marchandises qui peuvent être expédiées en franchise pour le continent.*

6. Pourront être expédiées en franchise et par acquit-à-caution, des ports de la Corse sur les ports de Toulon, Marseille, Cannes, Cette, Agde, Bayonne, Bordeaux, Nantes, Saint-Malo, le Havre, Honfleur, Rouen et Dunkerque, les produits de l'île qui jouissent actuellement de cette franchise en vertu du premier para-

graphe de l'art. 10 de la loi du 21 avril 1818, et de l'art. 3 de la loi du 17 mai 1826.

Aucun de ces produits ne pourra être expédié que sur la présentation et le dépôt de certificats d'origine délivrés par les magistrats des lieux de récolte.

Pour les huiles et pour les céréales, ces certificats ne seront valables que revêtus du visa du préfet, accordé d'après l'avis du directeur des douanes (4).

7. Pourront également être expédiées en franchise et par acquit-à-caution, des ports de la Corse sur les ports désignés en l'article précédent, les marchandises dénommées au tableau C ci-annexé.

Lesdites marchandises n'obtiendront la franchise que sous les conditions suivantes :

1° Tout fabricant ou chef d'atelier fera, au bureau des douanes le plus voisin, la déclaration préalable de la situation de son établissement, de l'espèce et de la quantité présumée des marchandises qui seront produites annuellement, ainsi que de la nature et de l'origine des matières premières employées à leur fabrication ;

2° Les ateliers ainsi déclarés seront soumis aux visites, exercices et recensement des employés des douanes, qui pourront y

---

(1) Ce sont des dispositions nouvelles.
(2) Voy. ordonnances du 31 octobre 1836, du 4 décembre 1836, du 23 juillet 1838, art. 2.

(3, 4) Voy. ordonnances du 1ᵉʳ juillet 1835, du 26 février 1836, du 8 août 1836, du 7 juillet 1839, du 18 juillet 1840.

procéder sans le concours des autorités locales ;

3° L'administration des douanes pourra soumettre aux formalités du compte ouvert ceux desdits établissements pour lesquels, à raison de leur nature et de leur situation, cette formalité sera jugée nécessaire ;

4° Les marchandises désignées dans le précédent article ne seront expédiées que sur la présentation et le dépôt des certificats d'origine délivrés conformément à ce qui est réglé pour les huiles et les céréales par le troisième paragraphe de l'art. 6 de la présente loi (1).

TITRE IV. — DISPOSITIONS RÈGLE-MENTAIRES.

8. Les contrefaçons en librairie seront exclues du transit accordé aux marchandises prohibées par l'art. 3 de la loi du 9 février 1832.

Tous les livres en langue française dont la propriété est établie à l'étranger (2), ou qui sont une édition étrangère d'ouvrages français tombés dans le domaine public, continueront de jouir du transit, et seront reçus à l'importation en acquittant les droits établis, et sous la condition de produire un certificat d'origine relatant le titre de l'ouvrage, le lieu et la date de l'impression, le nombre des volumes, lesquels devront être brochés ou reliés, et ne pourront être présentés en feuilles.

Les livres venant de l'étranger, en quelque langue qu'ils soient, ne pourront être présentés à l'importation ou au transit que dans les bureaux de douanes qui seront désignés par une ordonnance du roi (3).

Dans le cas où des présomptions, soit de contrefaçon, soit de condamnations judiciaires, seront élevées sur les livres présentés, l'admission sera suspendue, les livres seront retenus à la douane, et il en sera référé au ministre de l'intérieur, qui devra prononcer dans un délai de quarante jours (4)

---

(1) Voy. la note précédente.

(2) M. *Lherbette* avait proposé de dire : *soit en France*, *soit à l'étranger*, afin de bien faire constater le droit qu'a un auteur, dont la propriété est établie en France, de faire imprimer son ouvrage à l'étranger et d'en importer en France les éditions.

M. *le rapporteur* a déclaré que la commission reconnaissait à l'auteur le droit de faire imprimer son ouvrage à l'étranger et d'en introduire l'édition en France, et M. le président a confirmé cette déclaration, en disant que le paragraphe interdit seulement, d'une manière absolue, le transit des contrefaçons, et pas autre chose.

L'addition proposée par M. Lherbette a été combattue comme inutile par M. le ministre de l'instruction publique. Voici comment il s'est exprimé : « L'intérêt (de l'auteur) que veut défendre M. Lherbette est défendu et assuré par la rédaction en discussion. C'est en vue de cet intérêt que la loi avertit l'auteur de la facilité et de l'avantage qu'il trouvera à établir la propriété de son ouvrage à l'étranger, ce qu'il peut toujours faire. Elle atteint deux résultats. Le premier, d'exclure et de prévenir la contrefaçon ; le second, de pouvoir introduire en France une partie même de l'édition qu'il a fait imprimer à l'étranger, pour y combattre une frauduleuse concurrence.

« Les deux objets que vous vous proposez, l'article de la commission les assure.

M. *Lherbette* a insisté en disant : « Mais il peut imprimer à l'étranger ? »

M. *le ministre de l'instruction publique* a répondu : « Certainement, en y établissant sa propriété. »

M. *le président* a fait remarquer qu'on ne contestait pas le droit de faire imprimer à l'étranger et de faire entrer l'édition en France, par le bénéfice du transit ou autrement ; mais que cette faculté était accordée sous la condition que la propriété aurait été établie à l'étranger.

M. *Lherbette* a dit qu'il demandait qu'on ajoutât *en France*, parce qu'il croyait qu'on pouvait tout aussi bien établir sa propriété en France qu'à l'étranger.

M. *le président* a répondu : « J'entends très-bien la demande de M. Lherbette, et je n'ai pas à la discuter ; j'ai seulement voulu faire observer le point sur lequel porte le débat. M. Lherbette propose d'ajouter au paragraphe ces mots : *soit en France* ; ensorte que le bénéfice de la loi appartiendrait aux livres dont la propriété a été établie en France, même lorsqu'elle ne l'aurait pas été à l'étranger. Sur cette proposition, je consulte la Chambre. »

L'amendement a été rejeté sur l'observation de M. Glais-Bizoin que l'article remplit les vues du gouvernement et celles de M. Lherbette. Ainsi, l'auteur français, qui a fait imprimer son ouvrage à l'étranger, peut profiter du bénéfice de cette disposition, mais à la condition que la propriété aura été établie, soit en France, soit à l'étranger.

(3) M. *Taillandier* a demandé si l'on étendrait l'application de cet article aux voyageurs.

« Je suppose, a-t-il dit, un Français qui voyage en pays étranger avec un petit nombre de volumes français ; eh bien ! est-ce qu'il sera obligé de passer nécessairement par le bureau des douanes qui est spécifié dans le tableau dont il est ici question ? Il me semble qu'on devrait lui laisser toute latitude pour rentrer en France avec les livres qu'il avait lorsqu'il a quitté son pays.

M. *Gréterin*, commissaire du roi, a répondu : « Les livres qui composent la bibliothèque qui suit un voyageur, sont toujours admis en franchise quand ces livres n'excèdent pas un exemplaire de chaque ouvrage et que cet exemplaire porte des traces évidentes d'usage. Il n'y a exception, a-t-il dit, que dans le cas où il y aurait des doutes sur la propriété ou la véritable destination des livres qu'un voyageur voudrait apporter en France. A cet égard, les livres sont traités comme toute autre chose. »

(4) On a demandé quel moyen coercitif il y aurait contre le ministre.

Les dispositions contenues en cet article sont applicables à tous les ouvrages dont la reproduction a lieu par les procédés de la typographie, de la lithographie ou de la gravure.

Nulle édition ou partie d'édition, imprimée en France, ne pourra être réimportée (1) qu'en vertu d'une autorisation expresse du ministre de l'intérieur, accordée sur la demande de l'éditeur, qui, pour l'obtenir, devra justifier du consentement donné à la réimportation par les ayants-droit.

9. Les harengs salés apportés dans les ports du royaume par les bateaux pêcheurs français, depuis le 15 janvier jusqu'au 1er août, seront réputés de pêche étrangère, et soumis au droit de quarante francs par cent kilogrammes.

La disposition qui précède sera appliquée aux harengs frais, lorsque le navire pêcheur qui les apportera aura été absent d'un port du royaume pendant plus de trois jours.

Une ordonnance royale déterminera le nombre d'hommes d'équipage dont les bâtiments pêcheurs devront être montés, proportionnellement à leur tonnage, ainsi

que les quantités d'avitaillements, la nature et le nombre des ustensiles de pêche dont ils devront être pourvus au départ, pour avoir droit à l'admission en franchise des harengs tant frais que salés par eux apportés.

Il est interdit à tout bâtiment pêcheur de relâcher dans un port étranger, à moins de force majeure, dont il devra être justifié dans la forme qui sera déterminée par une ordonnance royale.

Toute infraction à cette défense entraînera la perte de l'immunité des droits.

10. En matière de primes, toute déclaration tendant à obtenir (2) plus que la prime réellement due entraînera l'application de l'art. 1er, section 2, de la loi du 5 juillet 1836.

Le second paragraphe de l'art. 17 de la loi du 21 avril 1818, et l'art. 7 de la loi du 27 juillet 1822, sont abrogés.

11. La restriction de poids établie par la loi du 17 décembre 1814, pour les importations par mer des toiles, des instruments aratoires et des outils de toute sorte, est supprimée.

12. Il y aura entrepôt réel et général

M. *Vavin* a répondu : « Il ne peut y avoir de moyen coercitif contre le ministre. Mais la réponse devra être faite dans les quarante jours, autrement on se pourvoira par les voies de droit. »

M. *Lherbette* a demandé à partir de quelle époque devra compter le délai de quarante jours. M. *Vavin* a répondu : « C'est évidemment à partir de l'époque où les livres auront été présentés à la douane. »

(1) M. *Lherbette* a présenté un amendement qui avait pour but d'obliger le ministre d'accorder son autorisation toutes les fois que la demande en serait formée par les ayants-droit. Cette proposition n'a pas été adoptée. La rédaction, en termes facultatifs, a été conservée. Toutefois, il importe d'éclaircir ce vote au moyen des explications qui l'ont suivi.

« Je ne voudrais pas, a dit M. *Vivien*, qu'il fût admis qu'après avoir justifié du consentement des auteurs, le ministre puisse refuser la réimportation. Comme le droit du ministre résulte du doute qui peut s'élever sur la propriété, quand on aura justifié devant lui de la propriété, il devra accorder l'autorisation.

« Si c'est ainsi qu'on a entendu la proposition, je voterai pour..... Autrement, je crois qu'elle donne au gouvernement un pouvoir exorbitant qui pourrait, dans certains cas, l'embarrasser. »

« Il est évident, a répondu M. *Duchâtel*, ministre de l'intérieur, que le gouvernement ne peut pas favoriser les uns aux dépens des autres. Le gouvernement reste juge. Ainsi, on peut être certain que le vœu de la loi sera rempli. »

« Vous déclarez vous-même, a dit M. *Lherbette*, que le gouvernement ne pourra pas refuser aux uns ce qu'il accordera aux autres! Mais alors je vous demanderai par quelle raison vous avez voté

contre un amendement qui exprimait positivement cela ?

« Maintenant M. le ministre nous dit : « Le gouvernement sera juge. » Eh bien ! c'est une monstruosité en législation d'admettre qu'un ministre puisse être juge d'une question de propriété. C'est un droit qui n'appartient qu'aux tribunaux. »

M. *le président* a résumé ainsi la discussion : « Il n'y a plus à s'expliquer sur l'amendement de M. Lherbette. Il n'a pas été admis.

« M. *Vivien* a demandé des explications ; le gouvernement s'est positivement expliqué, et il est résulté de ces explications que le pouvoir du ministre se borne à apprécier la vérification qui est faite, mais que, cette vérification faite, l'autorisation doit être accordée. »

(2) MM. *Ressigeac, Reynard, de Surian* et *Pascalis* avaient proposé d'ajouter *par surprise*. Cet amendement s'explique de lui-même. L'intention de ses auteurs était de restreindre l'application de la disposition pénale aux seuls cas où la déclaration exagérée aurait été faite dans l'intention de dérober un surcroît de prime, ainsi que cela avait lieu d'après la loi du 21 avril 1818 (art. 17), et la loi du 27 juillet 1822 (art. 7). Cet amendement n'a pas été adopté. Au surplus, un arrêt de la Cour de cassation du 13 janvier 1841 Sirey-Devilleneuve, 41. 1. 157; Dalloz, 41. 1. 7; Journal du Palais, 1841, t, 1, p. 116) avait déjà jugé, sous l'empire de la loi du 5 juillet 1836, que la bonne foi du contrevenant ne pouvait être présentée comme excuse de la contravention.

M. *Reynard* avait proposé, par voie d'amendement subsidiaire, l'addition du paragraphe suivant : « Néanmoins aucune pénalité ne sera encourue, si la déclaration excède d'un huitième seulement la valeur déterminée. » Cet amendement n'a pas été appuyé.

des sels dans le port de Tréport (Seine-Inférieure) (1).

13. Les ports de Saint-Malo, de la Rochelle et de Cette, sont ajoutés à ceux où l'entrepôt des marchandises prohibées de toute espèce peut avoir lieu aux conditions de la loi du 9 février 1832 (2).

14. Un entrepôt réel de marchandises étrangères de toute espèce, sans exception de celles qui sont prohibées, est accordé à la ville de Saint-Servan, sous les conditions déterminées par l'art. 25 de la loi du 8 floréal an 11, et par l'art. 17 de la loi du 9 février 1832 (3).

15. Le port de Boulogne sera ouvert à l'importation des cotons filés, sous les conditions établies par la loi du 2 juillet 1836 (4).

16. Les vins d'Alicante et de Benicarlo, de la dernière récolte, importés directement ou réexpédiés par mer des ports de Marseille, Cette et Agde, pourront être admis à Nantes, aux conditions prescrites par l'art. 1ᵉʳ de la loi du 17 décembre 1814.

17. Les fers étirés au charbon de bois et au marteau pourront être admis par le port de Paimbœuf, aux conditions déterminées par la loi du 21 décembre 1814 (5).

18. Les bureaux de Rechesy et de Croix (Haut-Rhin) seront ouverts à l'importation du plâtre, au minimum du droit.

19. Des ordonnances du roi pourront modifier les tares légales accordées aux marchandises qui acquittent les droits sur le poids net, lorsque les déclarants n'ont pas usé de la faculté qui leur est réservée par la loi du 27 mars 1817 (art. 7, paragraphe 3).

20. L'exemption du droit de tonnage et d'expédition accordée par la loi du 27 vendémiaire an 2, aux bâtiments français qui viennent de la pêche, de la course ou d'un port étranger, sera étendue, 1° à ceux qui font le cabotage d'un port à l'autre du royaume; 2° à ceux qui arrivent des possessions françaises d'outre-mer.

Le droit de permis de cinquante centimes établi par l'art. 37 de la même loi est supprimé, à l'égard des cargaisons françaises autres que celles qui sont destinées pour l'étranger ou qui en arrivent.

La disposition de l'art. 5 de la loi du 27 vendémiaire an 2, qui fixe à une année la durée du congé des navires de moins de trente tonneaux, sera appliquée à tous les congés.

Ne sera plus perçu le droit de six francs établi par l'art. 17 de la loi du 27 vendémiaire an 2, pour l'inscription au dos de l'acte de francisation, des ventes de tout ou partie des navires.

21. Les navires, bateaux, barques, chaloupes, et généralement toutes embarcations de commerce employées à la navigation maritime, seront marqués à la poupe en lettres blanches, d'un décimètre de hauteur, sur un fond noir, des noms du bâtiment et du port auquel il appartient, sous peine d'une amende de cinq cents francs, solidairement encourue par les propriétaire, agent ou capitaine, et pour sûreté de laquelle le bâtiment pourra être retenu.

Défenses sont faites, sous la même peine, d'effacer, altérer, couvrir ou masquer lesdites marques.

Les art. 4 et 19 de la loi du 27 vendémiaire an 2 sont abrogés.

TABLEAU A.

Animaux vivants.
Peaux brutes (y compris celles de lièvre et de lapin).
Laines.
Soies.
Poils de lapin, de lièvre, de blaireau et de castor.
Œufs de volaille et autres.
Poissons.
Huîtres fraîches.
Os, cornes et sabots de bétail.
Grains et farines.
Amandes.
Bois à brûler, perches et écorces à tan.
Bois à construire, autres que ceux nommément taxés par la présente loi.
Merrains de chêne.
Bois feuillard.
Garance.
Écorces de pin moulues.
Chardons cardières.
Drilles et chiffons, orcillons et pâte à papier.
Tourbe.
Marc de raisin.
Pierres précieuses.
Marbre.
Meules à moudre et à aiguiser.
Matériaux à bâtir.
Ocres (argiles chargés d'oxydes).
Marne.
Houilles et cendres de houilles.
Or battu, étiré ou filé.
Mâchefer.
Sel marin.
Boissons fermentées et distillées.
Fil de mulquinerie.
Cartes à jouer.
Contrefaçons en librairie.
Monnaies d'or et d'argent.
Armes de guerre, projectiles, plomb en balles de calibre et poudre à tirer.
Embarcations.
Objets de l'industrie parisienne.

---

(1) Voy. ordonnance du 17 mars 1836.
(2) Voy. ordonnance du 23 juillet 1838, art. 6.
(3) Voy. ordonnance du 23 juillet 1838, art. 7.
(4) Voy. ordonnance du 23 juillet 1838, art. 1ᵉʳ.
(5) Voy. ordonnance du 23 juillet 1838, art. 3.

TABLEAU B.

Acier.
Cordages de chanvre.
Fers en barres.
Fers-blancs.
Fromages.
Huiles d'olive.
Laines.
Marbres ouvrés et sciés.
Liqueurs, rhum et eaux-de-vie de toute espèce.
Pâtes d'Italie.
Poisson salé.
Potasses.
Savon.
Toiles.
Viandes salées
Brai sec.
Goudron.
Chanvre et lin teillés et peignés.
Fonte.
Groisil.
Soude naturelle.
Tartre brut.

TABLEAU C.

Brai sec.
Chanvre et lin teillés et peignés.
Eaux-de-vie de baies d'arbousier.
Fers étirés en barres de toutes dimensions, lorsque l'origine en sera constatée, au vu des échantillons, par les commissaires experts du gouvernement.
Fontes en masse du poids déterminé pour celles qui proviennent de l'étranger.
Goudron.
Groisil.
Poisson de mer salé dans les ateliers situés à la résidence des receveurs des douanes.
Potasses.
Soies grèges.
Soudes naturelles.
Tartre brut.
Marbres sciés.

Vu les états pour être annexés à la loi de douanes du 9 mai 1841.

Le ministre de l'agriculture et du commerce,
Signé L. CUNIN-GRIDAINE.

---

29 AVRIL = 7 MAI 1841. — Lois relatives à des changements de circonscriptions territoriales. (IX, Bull. DCCCIX, n. 9288.)

PREMIÈRE LOI. — Aveyron.

Art. 1er. La commune de Montclarat, canton et arrondissement de Saint-Affrique, département de l'Aveyron, placée, par arrêté préfectoral de l'an 8, sous l'administration de la municipalité de Saint-Rome-de-Cernon, même canton, est définitivement réunie à cette commune.

2. La commune de Labastide-Pradines, même canton, placée, par le même arrêté, sous l'administration de Saint-Rome-de-Cernon, est distraite de cette municipalité et rétablie en commune distincte, telle qu'elle existait avant ledit arrêté.

3. Les dispositions qui précèdent auront

lieu sans préjudice des droits d'usage ou autres qui seraient respectivement acquis.

Les autres conditions des distraction et réunion prononcées seront, s'il y a lieu, ultérieurement déterminées par une ordonnance du roi.

DEUXIÈME LOI. — Lot-et-Garonne.

Art. 1er. Les communes de Limon et de Feugarolles, canton de Lavardac, arrondissement de Nérac, département de Lot-et-Garonne, sont réunies en une seule, dont le chef-lieu est fixé à Feugarolles.

2. Ces communes continueront à jouir séparément, comme section de commune, des droits d'usage ou autres qui pourraient leur appartenir, sans pouvoir se dispenser de contribuer en commun aux charges municipales.

Les autres conditions de la réunion prononcée seront, s'il y a lieu, ultérieurement déterminées par une ordonnance du roi.

TROISIÈME LOI. — Nièvre.

Art. 1er. La section de Sermages est distraite de la commune de Moulins-Engilbert, canton de ce nom, arrondissement de Château-Chinon, département de la Nièvre, et érigée en commune distincte, dont le chef-lieu est fixé à Sermages.

2. La limite entre les communes de Sermages et de Moulins-Engilbert est arrêtée suivant la direction du liséré jaune sur le plan annexé à la présente loi.

3. L'ancienne commune de Commagny est définitivement réunie à Moulins-Engilbert.

4. Les dispositions qui précèdent auront lieu sans préjudice des droits d'usage et autres qui seraient respectivement acquis.

QUATRIÈME LOI. — Sarthe.

Art. 1er. La limite entre les communes de Montabon et de Nogent-sur-Loir, canton de Château-du-Loir, arrondissement de Saint-Calais, département de la Sarthe, est fixée suivant le cours de la rivière du Loir. En conséquence, le hameau de la Recarlière et son territoire sont distraits de la commune de Montabon et réunis à celle de Nogent-sur-Loir.

2. Les dispositions qui précèdent auront lieu sans préjudice des droits d'usage ou autres qui pourraient être respectivement acquis.

Les autres conditions de la distraction prononcée seront, s'il y a lieu, ultérieurement déterminées par une ordonnance du roi.

28 AVRIL = 10 MAI 1841. — Ordonnance du roi portant autorisation de la société anonyme formée à Paris sous la dénomination de l'*Armorique, compagnie d'assurances maritimes*. (IX, Bull. supp. DXXXV, n. 1550.)

Louis-Philippe, etc., sur le rapport de notre ministre secrétaire d'Etat de l'agriculture et du commerce; vu les art. 29 à 37, 40 et 45 du Code de commerce; notre conseil d'Etat entendu, etc.

Art. 1er. La société anonyme formée à Paris sous la dénomination de l'*Armorique, compagnie d'assurances maritimes*, est autorisée. Sont approuvés les statuts de ladite société tels qu'ils sont contenus dans l'acte passé, le 26 avril 1841, par-devant Me Tabourier et son collègue, notaires à Paris, lequel acte restera annexé à la présente ordonnance.

2. Nous nous réservons de révoquer notre autorisation en cas de violation ou de non exécution des statuts approuvés, sans préjudice des droits des tiers.

3. La société sera tenue de remettre tous les six mois un extrait de son état de situation au ministère de l'agriculture et du commerce, au préfet du département de la Seine, à la chambre du commerce et au greffe du tribunal de commerce de Paris.

4. Notre ministre de l'agriculture et du commerce (M. Cunin-Gridaine) est chargé, etc.

STATUTS.

Art. 1er. Il est fondé par ces présentes, et sauf l'approbation du roi, une société anonyme entre tous les propriétaires des actions qui vont être créées ci-après.

2. L'objet de la société est d'assurer les risques de mer, de navigation intérieure et de guerre.

3. La durée de la société est fixée à vingt années, qui commenceront à courir du jour où l'ordonnance royale d'autorisation aura été obtenue.

4. La société prend la dénomination de l'*Armorique, compagnie d'assurances maritimes*.

5. Son siége sera à Paris.

Fonds social.

6. Le fonds social est d'un million, divisé en deux mille actions nominatives de cinq cents francs chacune, réparties comme suit.

(*Suivent les noms.*)

7. Chaque action donne droit à une part proportionnelle de propriété de toutes les valeurs sociales et des dividendes annuels.

8. Les trois premiers dixièmes du montant de chaque action sont exigibles en souscrivant. Les actionnaires signent en outre l'obligation de verser les sept autres dixièmes de leurs actions, suivant les besoins de la société, et par dixième, dans la quinzaine de la demande qui en sera faite par le conseil d'administration. L'obligation indique un domicile à Paris, dans un chef-lieu de département ou d'arrondissement.

9. Les actions sont détachées d'un registre à souche et à talon, qui reste déposé au siége de la société. La souche de l'action porte le nom du souscripteur, le numéro de l'action et celui de l'obligation. Le titre de l'action et la souche sont revêtus de la signature du directeur et de celle d'un administrateur.

10. Toutes les actions sont nominatives. La transmission de l'action s'opère au moyen d'un acte de transfert consigné sur un registre tenu à cet effet au domicile social. Ce transfert est signé du cédant, du cessionnaire ou de leur mandataire, ainsi que du directeur et d'un administrateur. La mutation est mentionnée au dos de l'action, par un visa signé du directeur. Le cessionnaire doit être agréé préalablement au transfert par le conseil d'administration. La nécessité de cet agrément ne doit, dans aucun cas, s'appliquer aux actions dont le titulaire cédant ou cessionnaire déposerait la valeur en rentes ou effets publics dans la caisse de la société.

11. Chaque action est indivisible. La transmission d'une action entraîne toujours, à l'égard de la société, la cession des dividendes afférents à cette action qui n'ont pas été touchés.

12. Les conditions des présents statuts obligent et suivent l'action, dans quelque main qu'elle passe.

13. A défaut de paiement du dixième appelé dans le délai fixé par le conseil d'administration, il fera vendre publiquement toutes les actions en souffrance, par le ministère d'un agent de change de la bourse de Paris, sans autre formalité qu'un simple acte de mise en demeure, et un avis inséré pendant une semaine, dans un des journaux d'annonces légales désignés par le tribunal de commerce de Paris, conformément à la loi du 31 mars 1833 : l'excédant, s'il y en a, sera remis à qui de droit ; en cas de déficit, des poursuites ultérieures seront exercées pour le complément.

14. Il ne sera délivré de titre d'action qu'après le paiement des trois premiers dixièmes du montant de l'action.

15. En cas de décès, faillite, incapacité civile d'un actionnaire, le conseil d'administration pourra, selon sa convenance, exiger de ses représentants le transfert, en faveur de la société, d'une rente sur l'Etat égale au montant de ce qui resterait dû sur le prix de l'action. Si les représentants de l'actionnaire décédé, failli ou déclaré incapable, se refusaient au transfert, les actions de l'actionnaire, dans le cas ci-dessus, seraient vendues pour son compte ou celui de ses représentants, par le ministère d'un agent de change. Il sera tenu compte à qui de droit de la plus-value des actions vendues : en cas de déficit, des poursuites ultérieures seraient exercées pour obtenir le complément de l'engagement.

Administration.

16. Les affaires générales de la société sont gérées par un conseil d'administration.

Du conseil d'administration.

17. Les attributions du conseil d'administration sont ainsi réglées : il représente la société vis-à-vis des tiers. Le transfert des rentes appartenant à la société est signé par deux membres du conseil et par le directeur. Il fixe le plein ou maximum sur chaque risque, lequel ne peut, toutefois, dépasser quatre pour cent du capital social. Il délibère et arrête les conditions générales des contrats. Il fait réassurer les risques dont il croit devoir décharger la société, et fixe le règlement des sinistres. Il au-

torise les dépenses. Il propose à l'assemblée générale la répartition des bénéfices ; il règle l'emploi des fonds. Il ordonne l'appel des dixièmes dus sur les actions, quand les besoins de la société l'exigent. Il nomme, chaque mois, un administrateur qui s'entend avec le directeur sur tous les faits importants qui peuvent survenir dans l'intervalle des réunions du conseil. Il a la surveillance des opérations du directeur, et règle provisoirement les comptes qui doivent être soumis à l'assemblée générale. Il peut transiger et compromettre, au nom de la société, sur toutes affaires litigieuses ou pouvant donner lieu à des contestations, et généralement faire tous actes dans l'intérêt de la compagnie. Il peut aussi déléguer ses pouvoirs ; toutefois, les pouvoirs délégués ne peuvent s'étendre qu'à une ou plusieurs affaires déterminées, et pour le cas où il s'agirait de transiger ou compromettre sur des contestations relatives au règlement des sinistres. Les pouvoirs délégués par le conseil sont signés par trois administrateurs.

18. Le conseil d'administration se compose de six membres. Chaque membre du conseil doit être propriétaire de douze actions au moins. Les fonctions des administrateurs sont gratuites, cependant il peut leur être alloué des jetons de présence dont la valeur est déterminée par l'assemblée générale.

19. Le conseil d'administration se renouvelle par tiers, d'année en année ; les membres sortants à la fin de la première et de la seconde année sont désignés par le sort. Les administrateurs qui sortent peuvent être réélus par l'assemblée générale.

20. Parmi les membres du conseil d'administration, il est nommé un président et un vice-président ; en cas d'absence de l'un et de l'autre, le plus âgé des membres du conseil en remplit les fonctions. La durée des fonctions du président et du vice-président est d'une année ; ils peuvent être réélus.

21. Le conseil d'administration s'assemble tous les mois, il peut être convoqué en séance extraordinaire par le président, ou, en son absence, par le vice-président, pour s'entendre avec le directeur sur les faits importants qui peuvent survenir dans l'intervalle des réunions du conseil. Pour la validité des délibérations du conseil, il faut que quatre membres soient présents. Les décisions sont prises à la majorité des membres présents ; en cas de partage, la voix du président ou de celui qui le remplace est prépondérante. Le nombre des membres présents est constaté par la signature de chacun d'eux sur le livre des délibérations.

22. En cas de démission ou décès d'un des administrateurs, le conseil le remplace provisoirement ; l'administrateur ainsi nommé reste en fonctions jusqu'à la première assemblée générale, qui pourvoit au remplacement définitif.

Du directeur.

23. Le directeur est chargé de la gestion de la société dans tous ses détails, en se conformant aux décisions du conseil d'administration. Il assiste au conseil et y a voix consultative. Il est chargé de l'exécution des décisions du conseil. Il nomme les employés et commis, fixe leurs traitements et leurs salaires, avec l'approbation du conseil. Il conduit le travail des bureaux. Il règle les conditions particulières des assurances, et signe les polices. Il règle les sinistres avec l'approbation du conseil. Toutes actions judiciaires sont dirigées en son nom. Il ordonnance les paiements autorisés par le conseil

d'administration ; néanmoins, les règlements de pertes devront porter, outre sa signature, celle du président ou du vice-président pour obliger la société. Il est chargé de la correspondance générale, et fait tenir les registres et écritures nécessaires. En cas de maladie, absence ou autre empêchement, ses fonctions sont momentanément exercées par un mandataire de son choix, dont il est responsable. Ce mandataire doit être agréé par le conseil d'administration : en cas de refus, le conseil désigne un ou deux de ses membres pour remplir provisoirement les fonctions de directeur.

24. Le directeur demeure au siége social. Il doit être propriétaire de vingt actions au moins, qui sont inaliénables pendant sa gestion. M. Legrand (Aristide-Laurent), capitaine de la marine du commerce, est nommé directeur de la société, sauf l'approbation de l'assemblée générale, lors de sa première réunion. Il recevra un traitement annuel, et il aura une part dans les bénéfices nets de la société ; l'un et l'autre seront fixés par l'assemblée générale. En cas de décès ou de démission du directeur, le président du conseil convoquera l'assemblée générale pour nommer son successeur. Le directeur peut être révoqué de ses fonctions par l'assemblée générale. Le conseil d'administration pourra suspendre le directeur et pourvoir à son remplacement provisoire. Dans ce cas, l'assemblée générale devra être convoquée, sous quinzaine, pour statuer sur la mesure prise par le conseil d'administration. L'assemblée générale ne pourra délibérer valablement sur la révocation du directeur, qu'autant qu'elle sera composée d'actionnaires représentant la moitié du fonds social, sauf le cas de seconde convocation prévu par l'art. 25 ci-après.

Assemblées générales.

25. L'assemblée générale représente l'universalité des actionnaires. Tout propriétaire d'une action a le droit d'y assister. L'assemblée n'est régulièrement constituée qu'autant que les membres présents forment le sixième du nombre des actionnaires, et, réunissent par leurs actions le tiers du fonds social. Si cette condition n'est pas remplie sur une première convocation, il en est fait une seconde à huit jours d'intervalle, et les membres présents à cette nouvelle réunion délibèrent valablement, quel que soit le nombre de leurs actions, mais seulement sur les objets à l'ordre du jour de la première réunion.

26. Nul ne peut se faire représenter à l'assemblée générale, si ce n'est par un mandataire ayant déjà lui-même le droit d'y assister. Chaque actionnaire mandataire aura autant de voix qu'il représentera d'actionnaires, sans pouvoir toutefois avoir plus de six voix, tant pour lui que pour ses commettants. Le pouvoir doit être donné par écrit ; il doit être déposé à l'administration deux jours avant celui fixé pour l'assemblée.

27. Le bureau se compose d'un président, d'un secrétaire et de deux scrutateurs. L'assemblée est présidée par le président du conseil d'administration, et, en cas d'absence, par celui des membres du conseil appelé à le remplacer. Les fonctions de secrétaire et celles de scrutateurs sont remplies par les plus forts actionnaires présents, et, en cas de refus, par ceux qui viennent après eux.

28. Les délibérations sont prises à la majorité des voix, sauf les cas exceptionnels prévus par les présents statuts : en cas de partage, la voix du pré-

sident est prépondérante. La propriété d'une action donne une voix; celle de quinze, deux voix; celle de trente ou plus, trois voix. Cette dernière proportion ne peut être dépassée, quel que soit le nombre d'actions que possède un actionnaire.

29. Les délibérations sont constatées par des procès-verbaux consignés sur des registres tenus à cet effet. Les procès-verbaux sont signés par le président de l'assemblée, par le secrétaire et par les scrutateurs ou l'un d'eux. Une feuille de présence destinée à constater le nombre des membres qui ont concouru à la réunion demeure annexée à la minute de la délibération.

30. Toute délibération prise dans les limites des présents statuts par l'assemblée régulièrement constituée est obligatoire pour les absents et les dissidents.

31. Il y a une assemblée générale tous les six mois, en janvier et en juillet de chaque année. L'assemblée générale est convoquée par lettres adressées, quinze jours au moins à l'avance, au domicile élu par chaque actionnaire, par la diligence du directeur. Un avis destiné à rappeler cette convocation est inséré, également quinze jours à l'avance, dans les journaux de Paris désignés pour la publication des actes de la société. Les réunions se tiennent à Paris, au siège de la société.

32. Les réunions ordinaires ont pour objet : 1° d'entendre le rapport des administrateurs sur l'état de l'entreprise et sur les comptes du directeur ; 2° de pourvoir au remplacement des administrateurs dont les fonctions ont cessé pour quelque cause que ce soit ; 3° d'arrêter définitivement les comptes du directeur ; 4° enfin de délibérer sur les diverses propositions qui peuvent être soumises à l'assemblée, soit par les membres du conseil d'administration, soit par tout autre actionnaire.

33. Indépendamment des assemblées semestrielles, le conseil d'administration peut en convoquer d'extraordinaires toutes les fois qu'il le juge nécessaire. Le conseil d'administration est en outre tenu de convoquer extraordinairement l'assemblée générale sur la demande de cinq actionnaires réunissant au moins le quart du fonds social.

34. Une première assemblée extraordinaire sera convoquée par les soins des commissaires provisoires, dans la quinzaine qui suivra l'ordonnance royale d'approbation. Le plus âgé des commissaires sera président ; il désignera les autres membres du bureau. Cette assemblée nommera les membres du conseil d'administration, et délibérera sur la nomination du directeur provisoirement désigné par les présents statuts.

Bénéfices et réserves.

35. Le point de départ de l'année sociale sera fixée par l'assemblée générale, lors de sa première réunion. A l'expiration de chaque semestre, le directeur est tenu de dresser un état de situation des affaires sociales. Cet état fera connaître le montant des pertes ou des bénéfices, et, s'il y a lieu, les dividendes à répartir. Il est accompagné d'une balance ainsi que de tous les comptes propres à justifier les résultats. Le conseil d'administration examine et règle provisoirement les comptes du directeur, et en fait son rapport à l'assemblée générale.

36. Après le prélèvement de toutes les charges de la société, les bénéfices nets seront répartis et employés de la manière suivante : 1° somme suffisante pour distribuer, s'il y a lieu, aux actionnaires, un premier dividende jusqu'à concurrence de cinq

pour cent par an des versements effectués sur chaque action ; 2° les allocations que l'assemblée générale pourrait attribuer au directeur. Le surplus est divisé en deux parties égales, dont l'une forme les dividendes à répartir entre les actionnaires, et l'autre est affectée à un fonds de réserve qui ne peut excéder le quart du capital social. Lorsque ce fonds de réserve a atteint cette proportion, le conseil d'administration fait cesser le prélèvement destiné à le composer. Mais s'il vient à être entamé, le prélèvement reprend son cours jusqu'à ce que le fonds de réserve soit rétabli. Si, à la fin d'un semestre, le bilan présente des pertes, le fonds de réserve est employé à y pourvoir. Les dividendes sont payés un mois après l'approbation des comptes de chaque semestre par l'assemblée générale, au siège de l'administration.

Dissolution anticipée.

37. En cas de pertes, la dissolution de la société aura lieu de plein droit après l'épuisement des trois premiers dixièmes sur chaque action, soit trois cent mille francs sur un million. Dans le cas prévu par le présent article, le conseil d'administration convoquera immédiatement l'assemblée générale, qui nommera, séance tenante, deux commissaires liquidateurs qui s'occuperont aussitôt, de concert avec le directeur, de faire réassurer les risques non éteints et de résilier les contrats subsistants. Ils régleront et effectueront le remboursement des sinistres à la charge de la compagnie, et pourront compromettre et transiger sur toutes contestations et demandes. A l'expiration de l'année qui suivra l'époque où la liquidation aura été prononcée, il sera fait un état estimatif des pertes et sinistres non réglés et des valeurs actives non réalisées. Les comptes seront rendus à l'assemblée générale, qui statuera sur le terme de la liquidation. Les actionnaires seront tenus, sur la demande de la commission de liquidation, d'effectuer jusqu'à concurrence du montant de leurs actions les versements nécessaires pour opérer la liquidation.

Dépôt et emploi des fonds.

38. Le montant des sommes versées par les actionnaires sera employé, au nom de la compagnie, en rentes sur l'État ou effets publics français, sauf la somme jugée nécessaire par le conseil d'administration pour le service courant de la compagnie.

Modifications.

39. Des modifications pourront être faites aux présents statuts, si l'expérience en démontre la nécessité. L'initiative, en pareille matière, appartient au conseil d'administration. L'assemblée générale, convoquée à cet effet, adopte ou rejette les modifications proposées. Pour que l'assemblée générale puisse délibérer verbalement sur les modifications à faire aux statuts, il faut que les membres présents à l'assemblée forment la moitié du nombre des actionnaires et réunissent dans leurs mains les trois quarts du capital social, et que la décision soit prise à la majorité des trois quarts des membres présents. Le texte authentique des modifications adoptées restera annexé en original à la minute de l'acte modificatif : les modifications adoptées ne seront exécutoires qu'après l'approbation du roi. Tout propriétaire d'action est réputé avoir consenti d'avance aux modifications réalisées conformément aux dispositions du présent article.

Arbitrage.

40. S'il s'élève des contestations relativement aux affaires de la société, soit entre les actionnaires et la société, soit entre les actionnaires entre eux, elles seront jugées à Paris par un tribunal arbitral composé de trois membres, sur le choix desquels les parties engagées dans la contestation devront s'entendre dans le délai de huitaine; à défaut de quoi la nomination en sera faite par le tribunal de commerce de la Seine, à la requête de la partie la plus diligente. Ces arbitres seront dispensés des formes et délais de la procédure; ils jugeront comme amiables compositeurs, et en dernier ressort. Leurs jugements ne pourront être attaqués par voie d'appel ni de recours en cassation.

Publication.

41. Pour déposer les présentes et les faire publier où besoin sera, tout pouvoir est donné au porteur d'une expédition.

(2) Présentation à la Chambre des Députés le 10 mars (Mon. du 11); rapport par M. le général Paixhans le 2 avril (Mon. du 4); adoption sans discussion le 26 (Mon. du 27), à la majorité de 225 voix contre 6.

Présentation à la Chambre des Pairs le 5 mai (Mon. du 6); rapport par M. le marquis de Laplace le 13 (Mon. du 14); discussion et adoption le 15 (Mon. du 16), à l'unanimité de 103 voix.

M. *le maréchal Soult*, ministre de la guerre, a exposé en ces termes, à la Chambre des Députés, les motifs de la loi:

« Messieurs, en soumettant à vos délibérations le projet de loi relatif à l'appel de 80,000 hommes sur la classe de 1840, nous avons annoncé que notre intention était de vous demander de fixer, dès cette année, le chiffre du contingent à appeler sur la classe de 1841.

« Nous nous sommes appuyés, à cet égard, sur ce que la législature déterminant, chaque année dans le budget, l'effectif auquel nos forces militaires doivent être maintenues pendant l'année suivante, et votant des fonds en conséquence, il est tout à fait rationnel qu'elle vote en même temps le nombre d'hommes nécessaire pour l'entretien de cet effectif.

« En effet, l'un ne peut évidemment aller sans l'autre, et il y a dans ces deux votes une si parfaite connexité, qu'il y aurait sage prévoyance de la part du législateur et utilité véritable pour l'administration à consacrer dès à présent, par la pratique, cette manière uniforme d'opérer.

« C'est dans ce but que, d'après les ordres du roi, nous venons vous soumettre un projet de loi qui fixe à 80,000 hommes le chiffre du contingent à appeler sur la classe de 1841.

« Il ne vous échappera pas, Messieurs, que, par ce vote anticipé, vous n'imposerez pas à la classe de 1841 une charge plus forte qu'à toutes celles qui l'ont précédée, puisque, conformément à l'art. 5 de la loi organique du 21 mars 1832, le contingent de cette classe ne pourra être fourni qu'à partir du 1ᵉʳ janvier 1842. Il ne s'agit, et il importe de bien le constater, que d'une simple mesure d'ordre, de concordance avec le budget, mesure qui, une fois adoptée et mise annuellement à exécution, présentera, entre autres avantages, celui de mettre le gouvernement à même de procéder toujours aux opérations de l'appel des

classes à partir du 1ᵉʳ janvier. Maintenant, le vote des lois du contingent se trouve retardé le plus souvent par des éventualités parlementaires, de telle sorte que les tournées des conseils de révision ne sont parfois terminées qu'en septembre. Ainsi, par exemple, le contingent de la classe de 1838 comptait près d'un an de service avant d'être mis à la disposition du gouvernement. Il résultera également de cette mesure une régularité constante dans la marche annuelle de la formation du contingent. Enfin, l'incorporation de ce contingent s'opérera chaque année beaucoup plus tôt.

« Ces divers avantages vous ont été déjà signalés par une de vos commissions. Cette commission vous disait, il y a peu de jours: « La fixation du chiffre des contingents à appeler, décidée d'avance pour l'année suivante, certaines opérations préliminaires faites aussi d'avance, nous paraissent devoir permettre de régler plus tôt le produit des classes, et d'en disposer aussi plus tôt qu'on n'a pu le faire jusqu'à présent. Cela n'imposera pas plus de service que celui fixé par la loi et qui ne peut commencer qu'à l'âge de vingt ans accomplis; mais les soldats donneront au moins tout le temps qu'ils doivent à l'armée, et qui a été presque toujours réduit d'une année par suite des retards obligés des mises en activité.

« Ainsi l'on pourra se contenter des huit années de service que la nouvelle loi organique veut imposer et qui seront suffisantes, parce qu'elles seront entières. L'on n'en pensera plus à les porter à un plus grand nombre quand il sera possible et facile de bien employer toutes celles destinées à l'armée, qui gagnera beaucoup à cette amélioration de son recrutement. » (Rapport de la commission chargée de l'examen du projet de loi relatif à l'appel de la classe de 1840.)

« Enfin, Messieurs, la proposition qui vous est soumise nous permettra surtout de pouvoir établir, dès à présent, avec succès, un mouvement régulier de rotation entre l'armée et la réserve, mouvement qui seul permettra d'organiser cette réserve d'après les bases depuis longtemps indiquées par les vœux parlementaires. »

A la Chambre des Pairs, M. le général d'*Ambrugeac* a demandé si, en votant la loi du contingent annuel à l'avance, plusieurs mois avant l'année où il sera levé, et s'il arrivait postérieurement à ce vote et avant la levée des événements qui force-

---

16 = 18 MAI 1841. — Loi portant qu'il sera fait, en 1842, un appel de quatre-vingt mille hommes sur la classe de 1841 (1). (IX, Bull. DCCCXI, n. 9290.)

Art. 1ᵉʳ. Il sera fait, en 1842, un appel de quatre-vingt mille hommes sur la classe de 1841, pour le recrutement des troupes de terre et de mer.

2. La répartition de ces quatre-vingt mille hommes entre les départements du royaume sera faite par une ordonnance royale, proportionnellement au nombre des jeunes gens inscrits sur les listes de tirage de la classe appelée.

Si, par suite de circonstances extraordinaires, le nombre des jeunes gens inscrits sur les listes de tirage de quelques cantons ou départements ne peut être connu dans le délai qui aura été déterminé par la même ordonnance royale, ce nombre sera remplacé, pour les cantons ou départements en retard, par la moyenne des jeunes gens inscrits sur les listes de tirage des dix classes précédentes.

Le tableau général de la répartition sera inséré au Bulletin des lois et communiqué aux Chambres.

3. La sous-répartition du contingent assigné à chaque département aura lieu entre les cantons, proportionnellement au nombre des jeunes gens inscrits sur les listes de tirage de chaque canton.

Elle sera faite par le préfet en conseil de préfecture, et rendue publique par la voie d'affiches, avant l'ouverture des opérations des conseils de révision.

Dans le cas où les listes de tirage de quelques cantons ne seraient pas parvenues en temps utile au préfet, il sera procédé, pour la sous-répartition, à l'égard des cantons en retard, de la manière indiquée au deuxième paragraphe de l'art. 2 ci-dessus.

———

16 — 18 MAI 1841. — Loi qui ouvre un crédit additionnel pour les pensions militaires à liquider en 1841 (1). (IX, Bull. DCCCXI, n. 9291.)

Art. 1ᵉʳ. Il est ouvert au ministre de la guerre un crédit de cinq cent mille francs (500,000 fr.), en addition au crédit éventuel porté au budget de l'exercice 1841, pour l'inscription au trésor public des pensions militaires à liquider dans le cours de ladite année.

2. Un crédit égal aux deux tiers de cette somme est ouvert au ministre des finances, pour servir, en 1841, au paiement des arrérages desdites pensions.

3. Il sera pourvu à la dépense autorisée

par la présente loi, au moyen des ressources accordées par la loi de finances du 16 juillet 1840.

———

16 — 28 MAI 1841. — Loi qui ouvre un crédit de deux millions cinq cent mille francs, destiné à compléter la remonte de la cavalerie (2). (IX, Bull. DCCCXI, n. 9292.)

Art. 1ᵉʳ. Il est ouvert au ministre secrétaire d'Etat de la guerre, sur l'exercice 1841, un crédit de deux millions cinq cent mille francs (2,500,000 fr.), spécialement destiné à compléter la remonte de la cavalerie (chapitre 13, 1ʳᵉ section, *Divisions territoriales de l'intérieur*).

2. Il sera pourvu aux dépenses autorisées par l'article précédent au moyen des ressources affectées aux besoins de l'exercice 1841.

———

30 AVRIL — 18 MAI 1841. — Ordonnance du roi portant création d'une nouvelle légion de gendarmerie, qui prend le n. 25, et dont le chef-lieu est fixé à Strasbourg. (IX, Bull. DCCCXI. n. 9293.)

Louis-Philippe, etc., vu la loi du 26 avril 1841, qui alloue au ministre de la guerre un crédit extraordinaire affecté aux dépenses de la gendarmerie pour l'exercice 1841; vu l'ordonnance du 29 octobre 1820, sur l'organisation et le service de la gendarmerie; vu notre ordonnance du 16 mars 1838 (3), pour l'exécution de la loi sur l'avancement; sur le rapport de notre président du conseil, ministre secrétaire d'Etat au département de la guerre, etc.

Art. 1ᵉʳ. Les compagnies de gendarmerie départementale du Bas-Rhin et du Haut-Rhin sont détachées de la vingt-deuxième légion de gendarmerie et forment une nou-

———

raient à augmenter la force du contingent, on pourrait le faire par la présentation d'une nouvelle loi?

M. *le ministre de la guerre* a répondu affirmativement.

M. le marquis *de La Place* a ajouté : « Je crois, et je suis en cela d'accord avec M. le ministre de la guerre, que rien ne s'oppose à la présentation de cette loi. La classe n'est pas levée; des jeunes gens de cette classe peuvent même n'avoir pas atteint encore leur vingtième année; il n'y a là aucune rétroactivité; il n'y a pas encore de droits acquis. L'on ne peut vouloir priver l'Etat d'une ressource qu'il est bon de laisser toujours à sa disposition, lorsque surtout elle reste soumise au vote des Chambres; il ne faut point se désarmer sans motif contre des éventualités. Le vœu de la Charte de 1830, qui exprime que les contingents de l'armée doivent être votés par les Chambres, est respecté; car la Charte ne dit pas qu'il sera voté en une ou deux fois. Il suffit, dans le sens raisonnable qu'on peut lui attribuer, qu'il soit voté à chaque fois par les Chambres. Je crois donc

pas les scrupules soulevés par mon honorable ami le général d'Ambrugeac fondés, et je dirai qu'ils doivent être levés pour la plus grande force de pays. »

(1) Présentation à la Chambre des Députés le 10 mars (Mon. du 11); rapport par M. Bignon le 10 avril (Mon. du 14); adoption sans discussion le 12 (Mon. du 24), à la majorité de 228 voix contre 12.

Présentation à la Chambre des Pairs le 24 avril (Mon. du 25); rapport par M. le comte de Flam le 5 mai (Mon. du 6); adoption le 8 (Mon. du 9), à la majorité de 96 voix contre 1.

(2) Présentation à la Chambre des Députés le 26 mars (Mon. du 28); rapport par M. Bignon le 7 avril (Mon. du 8); adoption sans discussion le 23 (Mon. du 24), à la majorité de 207 voix contre 29.

Présentation à la Chambre des Pairs le 24 avril (Mon. du 25); rapport par M. le comte de Sparre le 13 mai (Mon. du 14); discussion et adoption le 15 (Mon. du 16), à la majorité de 95 voix contre 4.

(3) Voy. tome 38, p. 213.

velle légion, qui prend le n. 25, et dont le chef-lieu est fixé à Strasbourg.

2. La compagnie de gendarmerie départementale de la Haute-Marne est distraite de la vingtième légion pour faire partie de la vingt-deuxième. Ces deux légions seront composées chacune de trois compagnies, savoir : 20e légion, compagnies de la Côte-d'Or, de l'Yonne, de l'Aube. 22e légion, compagnies de la Meurthe, des Vosges, de la Haute-Marne.

3. Par suite de la création de la vingt-cinquième légion, le nombre des emplois de chef de légion à occuper par les lieutenants-colonels, qui, d'après l'art. 380 de notre ordonnance du 16 mars 1838, devait être de six, sera porté à sept.

4. Notre ministre de la guerre (M. le duc de Dalmatie) est chargé, etc.

———

30 AVRIL = 18 MAI 1841. — Ordonnance du roi portant création d'emplois de chef d'escadron et de capitaine dans la gendarmerie. (IX, Bull. DCCCXI, n. 9294.)

Louis-Philippe, etc., vu la loi du 26 avril 1841, qui alloue au ministre de la guerre un crédit extraordinaire affecté aux dépenses de la gendarmerie pour l'exercice 1841 ; vu l'ordonnance du 29 octobre 1820, sur l'organisation et le service de la gendarmerie ; vu notre ordonnance du 16 mars 1838, pour l'exécution de la loi sur l'avancement, sur le rapport de notre président du conseil, ministre secrétaire d'Etat au département de la guerre, etc.

Art. 1er. Le commandement des compagnies de gendarmerie des départements de Lot-et-Garonne, de la Marne, du Puy-de-Dôme, du Haut-Rhin et de la Vienne, sera exercé désormais par des officiers du grade de chef d'escadron. Celui des lieutenances de Versailles, compagnie de Seine-et-Oise ; Orléans, compagnie du Loiret ; Amiens, compagnie de la Somme ; Angers, compagnie de Maine-et-Loire ; Poitiers, compagnie de la Vienne ; Bourges, compagnie du Cher ; Clermont-Ferrand, compagnie du Puy-de-Dôme ; Pau, compagnie des Basses-Pyrénées ; Agen, compagnie de Lot-et-Garonne ; Perpignan, compagnie des Pyrénées-Orientales ; Montpellier, compagnie de l'Hérault ; Strasbourg, compagnie du Bas-Rhin ; Colmar, compagnie du Haut-Rhin ; Châlons, compagnie de la Marne ; Douai, compagnie du Nord, sera exercé désormais par des officiers du grade de capitaine.

2. L'emploi de trésorier de gendarmerie, dans le chef-lieu de chaque légion, sera occupé désormais par un officier du grade de capitaine.

3. Il sera pourvu aux emplois de chef d'escadron et de capitaine qui sont créés par l'art. 1er de la présente ordonnance, conformément aux dispositions de l'art. 34 de notre ordonnance du 16 mars 1838.

4. Les capitaines trésoriers seront choisis, 1° parmi les capitaines employés dans la partie active du service, qui ont été précédemment trésoriers ou qui sont portés sur la liste d'aptitude à l'emploi ; 2° parmi les lieutenants proposés pour l'avancement. Ceux de ces derniers qui n'exercent pas ou n'ont pas exercé les fonctions de trésorier devront, en outre, être inscrits sur la liste d'aptitude à ces fonctions spéciales. Les lieutenants nommés aux emplois de trésoriers, dans les chefs-lieux de légion, seront immédiatement promus au grade de capitaine, au choix, en dehors des tours d'avancement, conformément aux dispositions de l'art. 49 de l'ordonnance du 16 mars 1838.

5. Notre ministre de la guerre (M. le duc de Dalmatie) est chargé, etc.

———

5 = 18 MAI 1841. — Ordonnance du roi portant qu'il sera créé dans le corps de l'artillerie, au moyen des ressources existantes, une demi-compagnie d'armuriers, qui sera affectée au service spécial de l'armée d'Afrique. (IX, Bull. DCCCXI, n. 9295.)

Louis-Philippe, etc., vu les ordonnances d'organisation du corps de l'artillerie, en date des 5 août 1829 et 18 septembre 1833 (1), qui ont prévu la formation d'une compagnie d'armuriers en temps de guerre ; vu le rapport du comité consultatif de l'arme, en date du 22 mars 1841, sur l'insuffisance des moyens actuels pour entretenir constamment en bon état les armes des troupes de l'armée d'Afrique, et voulant remédier à cet état de choses, qui pourrait compromettre le succès de nos soldats ; sur le rapport de notre président du conseil, maréchal, ministre de la guerre, etc.

Art. 1er. Il sera créé dans le corps de l'artillerie, au moyen des ressources existantes, une demi-compagnie d'armuriers.

2. Cette demi-compagnie sera affectée au service spécial de l'armée d'Afrique, et sera composée ainsi qu'il suit : Officiers. — Capitaine en second, commandant, 1 ; lieutenant en premier ou en second, 1. Total, 2.

Sous-officiers et armuriers. — Sergent-major, 1 ; sergents, 4 ; fourrier, 1 ; capo-

———

(1) Voy. tome 33, p. 433.

raux, 4; maîtres armuriers, 6; ouvriers armuriers de première classe, 12; de deuxième classe, 24; clairon, 1. Total, 53.

3. Le capitaine et le lieutenant seront choisis par notre ministre de la guerre dans le cadre actuel des officiers d'artillerie ayant des connaissances dans le service des manufactures d'armes et pouvant diriger un atelier de réparations.

4. Les vingt-cinq armuriers existant à Alger, incorporés à la troisième compagnie d'ouvriers d'artillerie, feront partie de la demi-compagnie d'armuriers. Les vingt-huit autres armuriers nécessaires a cette organisation seront pris parmi les ouvriers militaires détachés des corps pour travailler dans les manufactures d'armes.

5. Ces vingt-huit ouvriers armuriers seront rayés définitivement des contrôles de leurs régiments et n'y seront pas remplacés : à leur arrivée en Afrique, ils seront incorporés dans la demi-compagnie d'armuriers.

6. Un contrôleur et un réviseur d'armes, pris parmi ceux des manufactures, seront attachés à la demi-compagnie d'armuriers, pour surveiller et diriger, sous les ordres des officiers d'artillerie, tous les travaux relatifs à l'entretien et à la réparation des armes.

7. Notre ministre de la guerre (M. le duc de Dalmatie) est chargé, etc.

---

30 AVRIL = 20 MAI 1841. — Ordonnance du roi portant autorisation de la société d'assurances mutuelles formée à Paris, sous la dénomination de la Fraternelle. pour la garantie des risques locatifs et des recours des voisins contre l'incendie et l'explosion. (IX, Bull. supp. DXXXVI, n. 15513.)

Louis-Philippe, etc., sur le rapport de notre ministre secrétaire d'Etat de l'agriculture et du commerce; notre conseil d'Etat entendu, etc.

Art. 1ᵉʳ. La société d'assurances mutuelles formée à Paris, sous la dénomination de la Fraternelle, pour la garantie des risques locatifs et des recours des voisins contre l'incendie et l'explosion, est autorisée. Sont approuvés les statuts de ladite société, tels qu'ils sont contenus dans l'acte passé, le 14 avril 1841, par-devant Mᵉ Casimir Noël et son collègue, notaires à Paris, lequel acte restera annexé à la présente ordonnance.

2. Nous nous réservons de révoquer notre autorisation en cas de violation ou de non exécution des statuts approuvés, sans préjudice des droits des tiers.

3. La société sera tenue de remettre, dans le premier trimestre de chaque année, au ministère de l'agriculture et du commerce

et au préfet du département de la Seine un extrait de son état de situation arrêté au 31 décembre précédent.

4. Notre ministre de l'agriculture et du commerce (M. Cunin - Gridaine) est chargé, etc.

STATUTS.

TITRE Iᵉʳ. — CONSTITUTION DE LA SOCIÉTÉ.

Art. 1ᵉʳ. Il y a société d'assurance mutuelle entre les fondateurs soussignés, habitants de la ville de Paris, et tous ceux qui seront admis à adhérer aux présents statuts, pour la garantie, soit des risques locatifs ou recours des propriétaires, soit des risques de voisinage ou recours des voisins contre les dommages causés par l'incendie et par l'explosion du gaz à éclairer. Les risques locatifs sont les effets civils de toute action intentée par le propriétaire au locataire à raison d'incendie ou d'explosion du gaz à éclairer, tels qu'ils sont définis par les art. 1733 et 1734 du Code civil. Les risques de voisinage sont les effets civils de toute action intentée par les voisins pour dommages causés par communication d'incendie ou par explosion du gaz à éclairer, soit aux meubles, soit aux immeubles (art. 1382, 1383 et 1384 du Code civil).

2. Les assurances contre les risques locatifs et celles contre les recours des voisins concourent ensemble pour le paiement des dommages.

3. La société a pour dénomination la Fraternelle, société d'assurance mutuelle contre les risques locatifs et de voisinage; elle a son siège à Paris. La société n'étend pas ses opérations au-delà de l'enceinte formée par les murs de cette ville.

4. Elle est administrée par un conseil général des sociétaires, par un conseil d'administration et par un directeur.

5. La durée de la société est fixée à trente années, qui courront du jour de l'ordonnance royale d'autorisation. Cette durée pourra être prolongée avec l'approbation du gouvernement, par une délibération du conseil général des sociétaires. Si, à l'expiration de la cinquième année, depuis le jour de l'ordonnance royale d'autorisation, la société n'a pas réalisé trente millions d'assurances pour ces deux recours, ou si, après avoir dépassé ce chiffre, elle descend au-dessous, la dissolution sera immédiatement prononcée par le conseil d'administration.

6. La société sera définitivement constituée, lorsque les assurances provisoires sur risques locatifs et sur recours de voisins auront atteint une somme de dix millions.

TITRE II. — DE L'ASSURANCE.

CHAPITRE Iᵉʳ. — Risques admis à l'assurance.

7. L'assurance des risques locatifs s'applique aux biens qui sont immeubles, soit par nature, soit par destination. L'assurance des risques de voisinage s'applique aux biens meubles et aux biens qui sont immeubles, soit par nature, soit par destination.

8. La société garantit l'assuré, 1° contre les recours pour dommages causés par l'incendie ou l'explosion, quelle que soit la nature de ces dommages, c'est-à-dire, soit que les choses assurées aient été brûlées, soit qu'elles aient été brisées ou

détériorées par une des causes prévues; 2° contre les recours pour dommages résultant des mesures ordonnées par l'autorité en cas de sinistre; 3° contre les recours pour dommages et frais provenant du sauvetage des objets assurés.

CHAPITRE II. — Risques exclus de l'assurance.

9. La société exclut de sa garantie, 1° les recours pour dommages causés par l'incendie aux bâtiments qui renferment des salles de spectacle, aux objets mobiliers et immobiliers qui y sont contenus; 2° les recours pour dommages causés aux bâtiments qui renferment des filatures de coton, des fabriques de gaz, de poudre, d'artifices ou de produits chimiques dangereux, quand ils se trouvent en grande quantité, et aux objets mobiliers et immobiliers qui y sont contenus; 3° les recours pour destruction d'effets de commerce, billets de banque, contrats et titres de toute nature; des lingots et monnaies d'or et d'argent, des pierreries et perles fines non montées; des tableaux, dessins, gravures, statues et autres objets d'art, si le proposant leur attribue un grand prix; 4° les recours pour dommages causés par les incendies et explosions provenant de la volonté de l'assuré. Elle se réserve, de plus, le droit de ne point admettre à l'assurance tous les risques qui, pour une cause quelconque, paraîtraient au conseil d'administration devoir être refusés.

CHAPITRE III. — Estimation des risques soumis à l'assurance.

10. Les risques locatifs se règlent sur la déclaration du proposant, d'après la valeur donnée par lui, d'accord avec l'administration, au bâtiment occupé par lui, en tout ou en partie, et celle des immeubles par destination qui en dépendent. L'assurance contre les recours du propriétaire peut porter sur la totalité de l'immeuble. Néanmoins tout sociétaire peut n'assurer des risques locatifs que jusqu'à concurrence d'une somme moindre, mais toujours déterminée.

11. L'estimation du risque de voisinage est laissée à l'appréciation du proposant. Le risque de voisinage peut porter sur la totalité des objets mobiliers appartenant aux voisins. Néanmoins tout sociétaire peut n'assurer les risques de voisinage que jusqu'à concurrence d'une somme moindre, mais toujours déterminée. Le proposant est tenu de spécifier la partie de cette somme qu'il entend affecter au recours de tel ou tel voisin. L'assurance contre les risques de voisinage ne pourra s'étendre au-delà des maisons contiguës au local du proposant.

12. Pour l'un et l'autre risque, les charges sociales de l'assuré sont basées sur l'estimation des valeurs admises à l'assurance : cette estimation se fait par somme ronde de mille francs.

CHAPITRE IV. — Classification des risques soumis à l'assurance.

§ 1ᵉʳ. Classification des risques locatifs.

13. Les biens immeubles dont les locataires peuvent avoir à répondre envers les propriétaires sont rangés en diverses classes, suivant les dangers dont ils sont menacés, soit par la nature de la construction, soit par le contenu du local de l'assuré, soit par le contenu des locaux contigus et faisant

41.

partie de la même maison. De là trois sortes de risques, 1° risque par nature de construction; 2° risque par espèce d'objets contenus; 3° risque par contiguïté.

14. Par nature, les bâtiments et les immeubles par destination qui en dépendent présentent de un à cinq degrés de risque. 1° Donnent lieu à un degré de risque par nature, les bâtiments totalement construits en pierres, et dont les séparations intérieures sont généralement faites en briques ou moellons et en pans de bois, comme les hôtels et les maisons dites particulières. Ils prennent la dénomination de bâtiments de bonne construction, n. 1. 2° Donnent lieu à deux degrés de risque par nature, les bâtiments construits en pierres sur la façade et en pans de bois sur les cours, et dont les séparations intérieures sont faites en pans de bois et en plâtre, comme les maisons dites bourgeoises. Ils prennent la dénomination de bâtiments de bonne construction, n. 2. 3° Donnent lieu à trois degrés de risque par nature, les bâtiments construits en pierres, moellons ou briques et en pans de bois sur toutes les faces, et dont les séparations intérieures sont mal bâties, comme les maisons dites de location. Ils prennent la dénomination de bâtiments de construction mixte. 4° Donnent lieu à quatre degrés de risque par nature, les bâtiments dans la construction desquels les matériaux combustibles dominent tant à l'extérieur qu'à l'intérieur, comme certains passages, bazars, etc. Ils prennent la dénomination de bâtiments de mauvaise construction, n. 1. 5° Donnent lieu à cinq degrés de risque par nature, les bâtiments construits en pans de bois hourdés et enduits, quelle que soit d'ailleurs la nature des séparations intérieures, comme d'autres passages, certaines maisons garnies, etc. Ils prennent la dénomination de bâtiments de mauvaise construction, n. 2.

15. Par contenu, les bâtiments et les immeubles par destination qui en dépendent présentent de un à cinq degrés de risque, résultant de l'occupation du locataire. 1° Donnent lieu à un degré de risque par contenu, les bâtiments dans lesquels se fait, soit en gros, soit en détail, soit par l'assuré, soit en son nom, le commerce des matières qui, bien que combustibles, ne sont pas de nature à s'enflammer facilement, telles que draps, étoffes, épiceries, quincaillerie, etc. C'est ce qui sera désigné sous la dénomination de risque de contenu, n. 1. 2° Donnent lieu à deux degrés de risque par contenu, les bâtiments dans lesquels l'assuré exerce ou fait exercer des professions nécessitant l'emploi de foyers permanents, comme celles de pâtissiers, boulangers, rôtisseurs, aubergistes, armuriers, teinturiers, droguistes, etc. C'est ce qui sera désigné sous la dénomination de risque de contenu, n. 2. 3° Donnent lieu à trois degrés de risque par contenu, les bâtiments dans lesquels l'assuré tient, soit par lui-même, soit par autrui, un ou plusieurs ateliers où l'on travaille le bois, le papier ou autres matières très-combustibles, tels sont ceux des menuisiers, charrons, tourneurs, sabotiers, etc.; des relieurs et des imprimeurs, qui n'ont point de séchoirs. C'est ce qui sera désigné sous la dénomination de risque de contenu, n. 3. 4° Donnent lieu à quatre degrés de risque par contenu, les bâtiments dans lesquels l'assuré a renfermé de grands amas de matières facilement inflammables, telles que pailles, foins, laines, chiffons, etc.; ceux dans lesquels il tient dépôt ou magasin d'eaux-de-vie et esprits en grande quantité; ceux dans lesquels il exerce la profession de distillateur,

ou de brocheur, ou d'imprimeur, s'il a séchoir, et autres états semblables. C'est ce qui sera désigné sous la dénomination de risque de contenu, n. 4. 5° Donnent lieu à cinq degrés de risque par contenu, les bâtiments dans lesquels l'assuré entretient des fabriques ou usines dangereuses. C'est ce qui sera désigné sous la dénomination de risque de contenu, n. 5.

16. Par contiguïté, les risques locatifs peuvent être aggravés, lorsque les locaux occupés par l'assuré sont attenants à d'autres locaux faisant partie du même immeuble et exposés par leur contenu aux dangers en vue desquels ont été établies les cinq catégories de l'art. 15. 1° Lorsque le local occupé par l'assuré sera attenant immédiatement à un autre local placé, soit au-dessus, soit au-dessous, soit sur le même plan et dans le même immeuble, les risques locatifs de l'assuré prendront, à titre de contiguïté, un degré en sus de ceux qu'ils ont déjà, si le contenu de cet autre local contigu présente par lui-même trois degrés de risque au moins. 2° Lorsque le local occupé par l'assuré sera attenant de la même manière à deux ou plusieurs autres locaux, les risques locatifs de l'assuré prendront, à titre de contiguïté, deux degrés en sus de ceux qu'ils ont déjà, si le contenu de chacun de ces autres locaux contigus présente par lui-même trois degrés de risque au moins.

17. Si l'immeuble qui constitue le risque locatif est composé de plusieurs corps de logis, sans qu'il y ait entre eux solution de continuité, ils prennent tous le nombre de degrés du corps de logis qui en a le plus, à moins que le local occupé par le proposant ne se trouve entièrement compris dans ceux qui en ont le moins; auquel cas, chacun des corps de logis dans lesquels le local de l'assuré ne s'étend pas garde le nombre de degrés qui lui est propre, et les corps de logis dans lesquels ce local s'étend prennent le nombre de degrés propre à celui d'entre eux qui en a le plus.

18. Si les choses contenues dans le local de l'assuré présentent des degrés de risques différents, elles prennent toutes le degré propre à celle d'entre elles qui, suivant les règles de l'art. 15, en présente le plus.

19. En conséquence, il est formé douze classes, dans lesquelles sont rangés tous les risques locatifs admissibles à l'assurance. La classe à laquelle tels risques locatifs doivent appartenir est déterminée par le nombre de degrés de risque que les immeubles qui en sont l'objet doivent prendre, soit à raison de la nature de la construction, soit à raison du contenu du local de l'assuré, soit par l'effet de la contiguïté. La première classe s'applique aux immeubles de bonne construction, n. 1, lorsque le local de l'assuré, garni seulement de meubles meublants et de ce qui est nécessaire à la vie commune, ne présente, soit à raison du contenu, soit à raison de la contiguïté, aucune des circonstances dangereuses définies en l'art. 15 et en l'art. 16. La deuxième classe s'applique aux immeubles qui, soit à raison de la nature de la construction, soit à raison du contenu ou de la contiguïté, donnent lieu à deux degrés de risque. Et ainsi de suite jusqu'à la douzième classe, qui s'applique aux immeubles de mauvaise construction, n. 2, dans le cas où le local de l'assuré présente, par contenu, cinq degrés de risque, et par contiguïté, deux degrés de risque.

§ 2. Classification des recours des voisins.

20. On peut être exposé à des recours de voisins,

soit à raison d'immeubles contigus à celui qu'on occupe en totalité ou en partie, soit à raison d'objets mobiliers placés dans ces mêmes immeubles contigus, soit à raison d'objets mobiliers placés dans l'immeuble qu'on occupe et appartenant au propriétaire ou à des locataires. Tous ces recours sont susceptibles d'être admis à l'assurance, soit pour la totalité de la valeur des biens auxquels ils s'appliquent, lorsque cette valeur est appréciable, soit jusqu'à concurrence d'une somme déterminée.

21. Les risques du voisinage présentent plus ou moins de dangers, suivant la nature des bâtiments, suivant le contenu du local occupé, à quelque titre que ce soit d'ailleurs, par l'assuré, et suivant le contenu des locaux qui, contigus à celui de l'assuré, font partie du même bâtiment. De là encore trois sortes de risques, 1° risque de nature ou de construction; 2° risque de contenu; 3° risque de contiguïté.

22. Les risques de voisinage, sous le rapport de la construction, seront appréciés suivant les règles établis en l'art. 14. Pour faire cette appréciation, s'il s'agit d'immeubles contigus ou de meubles contenus dans lesdits immeubles, on cherchera à connaître, 1° le nombre de degrés de risque de voisinage que présente, sous le rapport de la construction, le plus dangereux des corps de logis composant l'immeuble où est situé le local du proposant, suivant la règle de l'art. 17; 2° le nombre de degrés de risque de voisinage que présente, sous le rapport de la construction, chacun des immeubles contigus sur lesquels le proposant veut faire porter l'assurance. Et l'on prendra le plus élevé de ces nombres; les autres ne compteront pas. S'il s'agit de meubles contenus dans l'immeuble dont fait partie le local de l'assuré, on prendra le nombre de degrés dudit immeuble, en observant la règle de l'art. 17.

23. L'appréciation des risques de voisinage provenant du contenu est soumise aux règles suivantes : 1° donne lieu à un degré de risque par contenu, le local dans lequel se rencontrent les conditions qui, aux termes de l'art. 15, constituent le risque de contenu n. 1; 2° donne lieu à deux degrés de risque par contenu, le local dans lequel se rencontrent les conditions qui, aux termes de l'art. 15, constituent le risque de contenu n. 2; 3° donne lieu à trois degrés de risque par contenu, le local dans lequel se rencontrent les conditions qui, aux termes de l'art. 15, constituent le risque de contenu n. 3; 4° donne lieu à quatre degrés de risque par contenu, le local dans lequel se rencontrent les conditions qui, aux termes de l'art. 15, constituent le risque de contenu n. 4; 5° donne lieu à cinq degrés de risque par contenu, le local dans lequel se rencontrent les conditions qui, aux termes de l'art. 15, constituent le risque de contenu n. 5.

24. Les recours des voisins sont susceptibles, dans certains cas, de recevoir un ou deux degrés de risque de contiguïté, lesquels s'appliquent suivant les règles établies en l'art. 16.

25. En conséquence, il est formé douze classes dans lesquelles sont rangés tous les risques de voisinage admissibles à l'assurance. La classe à laquelle tels risques de voisinage doivent appartenir est déterminée par le nombre de degrés de risque que les biens meubles ou immeubles qui en sont l'objet doivent prendre, soit à raison de la nature de la construction, soit à raison du contenu du local de l'assuré, soit à raison de la contiguïté. La première classe s'applique aux recours qu'un voisin peut

avoir à exercer au sujet d'un immeuble de bonne construction, n. 1, lorsque le local de l'assuré, garni seulement de meubles meublants et de choses en usage dans la vie commune, ne présente, soit à raison du contenu, soit à raison de la contiguité, aucune des circonstances dangereuses définies en l'art. 15 et en l'art. 16. Elle s'applique encore aux recours qu'un voisin peut avoir à exercer au sujet d'objets mobiliers, lorsque les bâtiments sont de bonne construction, n. 1, et lorsque le local de l'assuré ne présente, soit à raison du contenu, soit à raison de la contiguité, aucune des circonstances dangereuses définies en l'art. 15 et en l'art. 16. La deuxième classe s'applique aux recours de voisins qui peuvent être exercés au sujet d'immeubles ou de meubles, lorsque ces recours présenteront deux degrés de risque, soit à raison de la nature des bâtiments, suivant les règles établies en l'art. 14, soit à raison du contenu du local de l'assuré, suivant les règles établies en l'art. 15, soit à raison de la contiguité, suivant la règle de l'art. 16. Et ainsi de suite jusqu'à la douzième classe, qui s'applique, 1° aux recours qu'un voisin peut avoir à exercer à raison d'un immeuble, lorsque cet immeuble ou celui dont fait partie le local de l'assuré prend, par nature de construction, cinq degrés de risque; lorsqu'en outre le local de l'assuré présente cinq degrés de risque par contenu et prend deux degrés de risque par contiguité; 2° aux recours qu'un voisin peut avoir à exercer à raison de meubles, lorsque celui des immeubles dont, aux termes de l'art. 22, les degrés doivent entrer dans l'appréciation présente cinq degrés de risque par nature; lorsqu'en outre le local de l'assuré présente cinq degrés de risque par contenu et prend deux degrés de risque par contiguité.

TITRE III. — DE L'ENGAGEMENT SOCIAL.

CHAPITRE Ier. — Formation de l'engagement social.

26. La demande d'admission dans la société se fait au moyen d'un acte d'adhésion. Cet acte énonce les nom, prénoms, titres et profession du proposant; la qualité en laquelle il agit; le domicile élu par lui dans la ville de Paris; le genre des risques et recours proposés à l'assurance. Cet acte exprime aussi si l'assurance comprend tous les risques locatifs et tous les recours de voisins auxquels le proposant est exposé, ou seulement une partie de ces risques et recours; s'il existe des assurances antérieures sur ces mêmes risques.

27. Tout proposant qui agit à différents titres souscrit autant d'actes d'adhésion qu'il a de titres divers. Dans sa plus prochaine réunion, le conseil d'administration, sur le vu de l'acte d'adhésion, et après avoir entendu le directeur, décide si le proposant doit être admis : en cas de refus, il n'est pas tenu d'en déclarer les motifs. La décision du conseil d'administration est immédiatement portée à la connaissance du proposant.

28. Si le conseil d'administration admet l'assurance, l'acte d'adhésion est inscrit sur un journal à ce destiné, tenu sans rature, surcharge, interligne, coté et paraphé par le président du conseil d'administration.

29. Immédiatement après l'inscription au journal, le directeur délivre une police à l'adhérant : cette police constate l'adhésion du sociétaire, son inscription et son numéro d'ordre sur le journal;

elle contient, outre les conditions spéciales de l'assurance, le résumé des principales dispositions des statuts. Le coût de la police est fixé à un franc.

CHAPITRE II. — Durée de l'engagement social.

30. Tout sociétaire s'engage pour une, trois, six ou neuf années sociales, à sa volonté.

31. Aucune assurance ne produit d'effets actifs ou passifs qu'à dater du 1er du mois qui suit celui dans le courant duquel l'assurance a été admise par le conseil d'administration.

32. Chaque exercice social commence le 1er janvier et finit le 31 décembre suivant. Le temps qui s'écoulera entre l'époque de la mise en activité de la société et la fin de l'année courante composera le premier exercice social.

CHAPITRE III. — Cessation de l'engagement social.

33. L'engagement social cesse pour le sociétaire et pour la société, 1° par la destruction des choses qui donnaient lieu au risque, objet de l'assurance; 2° par l'exclusion du sociétaire, prononcée par le conseil d'administration pour cause de non paiement de la contribution sociale, de déconfiture ou de faillite, à moins que l'assuré ne donne caution; 3° par l'expiration du temps pour lequel il a été souscrit ou renouvelé, si toutefois, trois mois avant la fin de la période en cours, l'assuré a manifesté la volonté de ne plus faire partie de la société, soit par une déclaration consignée sur un registre ouvert à cet effet à la direction, soit par une notification faite au directeur. Sans l'accomplissement de cette formalité, l'assuré continue à faire partie de la société pendant une année, à partir de l'expiration de son engagement. L'engagement social s'éteint encore pour le sociétaire et pour la société, 4° par la mort du sociétaire, auquel cas les héritiers profitent de l'assurance jusqu'à la fin de l'année sociale, si les valeurs restent dans les mêmes conditions; par la cessation de l'intérêt en vue duquel l'assurance aurait été faite, et pour toute autre cause qui paraîtrait au conseil d'administration de nature à rendre, après l'expiration de la police, un nouvel engagement contraire à l'intérêt de l'association. Dans tous ces cas, l'assuré ou ses ayants-cause supportent les charges sociales de l'année courante.

34. Si, dans le cours de l'assurance, il survient des changements qui soient de nature à aggraver les risques assurés par la société ou à changer la classification de ces risques, le sociétaire devra en avoir fait la déclaration avant le sinistre, sous peine de perdre la moitié de l'indemnité qui est due dans ce cas.

TITRE IV. — DES SINISTRES.

CHAPITRE Ier. — Déclaration des recours.

35. Aussitôt qu'un recours est formé contre l'assuré, ce dernier doit en donner ou faire donner avis à la direction de la société. A cet effet, une déclaration, signée du sociétaire ou de son fondé de pouvoirs, doit être faite à la direction dans les cinq jours qui suivent la signification du recours exercé, soit par le propriétaire, soit par les voisins, à moins de circonstances de force majeure dûment constatées, sous peine de perdre tout droit au bénéfice de l'assurance. Cette déclaration, indiquant les nom, prénoms et qualités du sociétaire, son domicile et le lieu où l'incendie s'est manifesté,

doit faire connaître, aussi exactement que possible, l'instant auquel le sinistre s'est déclaré ; les causes présumées qui l'ont produit.

CHAPITRE II. — *Réglement de l'indemnité.*

36. Aussitôt après la reconnaissance du sinistre et la déclaration des recours exercés contre l'assuré, le directeur est substitué aux lieu et place de ce dernier. Il fait procéder à la reconnaissance des pertes survenues ou des dommages causés, contradictoirement avec les parties qui ont formé le recours.

CHAPITRE III. — *Paiement des indemnités.*

37. L'indemnité pour les sinistres, soit qu'elle ait été consentie amiablement par le conseil d'administration de la société, d'après les pertes constatées dans les procès-verbaux d'expertise, soit qu'elle ait été fixée par un jugement, est payée dans le mois qui suit celui du règlement ou du jugement, s'il y a lieu, jusqu'à concurrence de la somme qui sert de base à l'assurance, sauf le cas prévu par le dernier paragraphe de l'art. 39 ci-après. Il est établi un fonds de prévoyance au moyen du versement, effectué par chaque sociétaire lors de son entrée dans la société, d'une partie du maximum de la portion contributive dont il peut être passible. Le conseil d'administration détermine, d'après les besoins de la société, quelle doit être cette partie. Lorsque le fonds de prévoyance a atteint la somme de vingt-cinq mille francs, il est déposé dans une caisse publique désignée par le conseil d'administration. Tout sociétaire qui cessera de faire partie de la société après avoir rempli toutes ses obligations envers elle, recevra la portion du fonds de prévoyance qu'il aura versée.

TITRE V. — RÉPARTITION DES PORTIONS CONTRIBUTIVES.

38. Sont à la charge de la société, 1° les recours exercés contre l'assuré jusqu'à concurrence de la valeur assurée et de la somme à laquelle les risques locatifs et de voisinage ont été réglés, les sinistres, les frais de sauvetage et indemnités de toute nature relatives à l'incendie ; 2° les frais d'expertise et d'actions judiciaires, aussi bien que les non valeurs constatées ; 3° les dépenses imprévues qui ne rentreraient pas dans la classe de celles dont il est parlé en l'art. 57.

39. Toutes les charges sociales, après avoir été vérifiées par le conseil d'administration, sont acquittées au moyen des portions contributives réparties au prorata des valeurs assurées. Cette répartition se fait conformément aux règles de classification établies ci-dessus et dans les proportions suivantes :

Si la portion contributive de la 1re classe est de. . . . . 1 c.   } pour 1,000 f.
Celle de la 2e est de. 2   } de valeurs
Celle de la 3e est de. . . . 3   } assurées.

Et ainsi de suite jusqu'à la douzième classe, dont la portion contributive est alors de douze centimes. Quelles que soient les pertes éprouvées, les portions contributives des sociétaires ne peuvent, dans aucun cas, s'élever annuellement :

Pour les sociétaires de la 1re classe,   } pour 1,000 f.
au-delà de. . . . . 1 fr.   } de valeurs
Pour ceux de la 2e. 2   } assurées.
Pour ceux de la 3e. 3   }

Et ainsi de suite jusqu'à la douzième classe, dont le maximum de portions contributives annuelles est fixé à douze francs par mille. Ce maximum peut être réduit ou augmenté avec l'approbation du gouvernement. Si les pertes dépassent la somme produite par les portions contributives ainsi limitées, les sinistrés seront indemnisés au centime le franc des dommages éprouvés.

40. Après avoir vérifié les pièces sur lesquelles est basée la répartition présentée par le directeur, le conseil d'administration arrête définitivement cette répartition, la déclare exécutoire et charge le directeur d'en suivre le recouvrement par toutes les voies de droit.

TITRE VI. — ADMINISTRATION DE LA SOCIÉTÉ.

CHAPITRE Ier. — *Conseil général des sociétaires.*

41. Le conseil général des sociétaires se compose des cent assurés pour les plus fortes sommes au commencement de chaque exercice. Un tableau de ces cent sociétaires est dressé par le directeur, qui le soumet à l'approbation du conseil d'administration. Le conseil général nomme, à la majorité des voix, son président et son secrétaire. En cas de refus, de démission ou de décès de quelques-uns des cent sociétaires assurés pour les plus grosses sommes, ou, en cas de résidence habituelle hors de Paris, ils sont remplacés de plein droit par ceux qui les suivent immédiatement dans l'ordre des plus fortes assurances.

42. Le conseil général se réunit une fois par an, sauf les convocations extraordinaires qui sont jugées nécessaires par le conseil d'administration. Toute convocation se fait par lettres envoyées au domicile élu.

43. Le conseil général ne peut délibérer valablement s'il ne réunit le tiers au moins de ses membres. Lorsque, à une première convocation, ce nombre n'est pas atteint, il en est fait une nouvelle, et les membres présents peuvent délibérer valablement, quel que soit leur nombre, mais seulement sur les objets à l'ordre du jour de la première réunion. Les arrêtés du conseil général sont pris à la majorité absolue des voix ; en cas de partage, la voix du président est prépondérante.

44. Dans sa réunion annuelle, le conseil général prend connaissance de l'ensemble des opérations de la société, vérifie et arrête définitivement les comptes de la direction, et statue sur tous les intérêts sociaux.

CHAPITRE II. — *Conseil d'administration.*

45. Le conseil d'administration se compose de vingt-quatre membres nommés par l'assemblée générale. Nul ne peut être élu membre du conseil d'administration, 1° s'il n'est assuré pour une somme de dix mille francs au moins ; 2° s'il est administrateur ou agent d'une compagnie d'assurances à prime, quel que soit le montant de la somme pour laquelle il s'est engagé à la présente société.

46. Les membres du conseil d'administration seront renouvelés chaque année par huitième. Le sort désigne les premiers sortants ; ils peuvent être réélus. Le conseil d'administration, en cas de décès ou de démission d'un de ses membres, désigne un sociétaire pour le remplacer jusqu'à la première

réunion du conseil général, qui nomme définitivement.

47. Au renouvellement de chaque exercice social, le conseil d'administration choisit dans son sein, et à la majorité des suffrages, un président et deux vice-présidents, qui peuvent être réélus. En cas d'absence du président et des vice-présidents, le plus âgé des membres présents occupe le fauteuil.

48. Le conseil d'administration se réunit dans les derniers jours de chaque mois. Il peut s'assembler plus souvent si les besoins de la société l'exigent. Il prend ses arrêtés à la majorité des suffrages. En cas de partage, la voix du président est prépondérante.

49. A chaque réunion mensuelle, le conseil d'administration prend connaissance : de toutes les assurances proposées depuis la réunion précédente ; des variations survenues pendant le mois dans les assurances souscrites, soit par augmentation ou diminution de la valeur des objets assurés, soit par augmentation ou diminution de risques, soit par changement de domicile ; des sinistres tombés à la charge de la société, des expertises auxquelles ils ont donné lieu, et des contestations survenues entre les sociétaires et la société ; des assurances qui, pour une cause quelconque, sont dans le cas d'être annulées ; enfin de tout ce qui touche aux besoins, aux intérêts et à la prospérité de la société. Le directeur et tous les sociétaires sont tenus de se conformer à ses décisions.

50. Le conseil d'administration ne peut valablement délibérer si cinq de ses membres au moins ne sont présents.

51. Dans les trois premiers mois de chaque exercice, le conseil d'administration reçoit, vérifie et débat le compte que le directeur rend des recettes et des dépenses sociales de l'exercice précédent. Il en est fait rapport au conseil général, qui l'arrête et l'approuve, s'il y a lieu, dans sa plus prochaine réunion.

52. Le conseil d'administration fait, dans les limites des statuts, tous les règlements et prend tous les arrêtés qu'il juge utiles à la prompte et bonne administration des affaires de la société et à son développement. Les membres qui le composent ne sont responsables que de l'exécution de mandat qu'ils ont reçu. Ils ne contractent, à raison de leur gestion, aucune obligation personnelle ni solidaire relativement aux engagements de la société.

CHAPITRE III. — *Direction.*

53. Le directeur est chargé de l'exécution de tous les actes de la société et de toutes les décisions du conseil d'administration. Il nomme et révoque tous les agents dont il a besoin.

54. Le directeur convoque le conseil général, toutes les fois qu'il y. est autorisé par le conseil d'administration. Il assiste aux séances de ces deux conseils avec voix consultative.

55. Le directeur fournit aux membres de ces deux conseils les indications et tous les documents relatifs à sa gestion. Il est tenu de donner aux sociétaires les renseignements dont ils peuvent avoir besoin.

56. Le directeur, sous la surveillance du conseil d'administration, tient les écritures nécessaires à la comptabilité et aux opérations de la société. Il entretient les rapports avec les autorités et il signe la correspondance.

57. Le directeur est chargé à forfait, pendant dix ans, de tous les frais de bureaux, de loyer, d'éclairage, de chauffage, d'impression et du traitement des employés. A l'expiration de chaque période décennale, ce forfait pourra être modifié, s'il y a lieu, par l'assemblée générale.

58. Il lui est alloué à cet effet, par an et par mille francs de valeurs assurées, quinze centimes en risques locatifs, et dix centimes en risques de voisinage.

59. Pour sûreté de sa gestion, le directeur fournit un cautionnement de la valeur de cinquante mille francs. Ce cautionnement, qui consiste en rentes sur l'Etat, est accepté par le conseil d'administration. Le directeur ne peut rentrer en possession de la valeur de son cautionnement qu'après l'apurement définitif de ses comptes, arrêté par le conseil d'administration et par le conseil général.

60. Le directeur présente à l'approbation du conseil d'administration un directeur adjoint chargé de le remplacer dans toutes les opérations de la direction. Le directeur est responsable de tous les actes du directeur adjoint.

61. Le directeur est nommé par le conseil général des sociétaires, sur la proposition du conseil d'administration. Le directeur en fonctions peut être révoqué par décision de l'assemblée générale, prise à la majorité des membres composant cette assemblée, et sur la proposition du conseil d'administration, adoptée également à la majorité des membres composant ce conseil.

62. M. Prugneaux est nommé directeur de la société, sauf la confirmation du conseil général dans sa première réunion.

TITRE VII. — DISPOSITIONS GÉNÉRALES.

63. Les contestations qui s'élèveront entre la société et un ou plusieurs assurés seront jugées par trois arbitres nommés par le président du tribunal civil, à la requête de la partie la plus diligente. Si ces arbitres ne tombent pas d'accord, la difficulté sera résolue suivant les règles du droit commun.

64. Toutes les difficultés qui pourront s'élever relativement à l'interprétation des présents statuts seront, sur le rapport du directeur, décidées par le conseil d'administration, sans préjudice du droit des tiers.

65. Aucune action judiciaire, autre que celles qui sont indiquées dans l'art. 40, ne peut être exercée sans l'autorisation du conseil d'administration.

66. Tous changements ou modifications que l'expérience démontrera devoir être introduits dans les présents statuts, seront faits, sur les rapports du directeur et du conseil d'administration, par le conseil général. Chaque sociétaire, en adhérant aux présents statuts, donne au conseil général tous pouvoirs à cet effet. Les modifications adoptées ne seront exécutoires qu'après l'autorisation du gouvernement.

67. En cas de dissolution de la société, le conseil général statuera sur la marche à suivre, et arrêtera définitivement les comptes de l'administration. Les frais de liquidation sont à la charge de la société.

TITRE VIII. — DISPOSITIONS TRANSITOIRES.

68. Les frais de premier établissement seront remboursés au directeur, d'après le règlement qui en sera fait par le conseil d'administration et approuvé par le conseil général.

69. Le conseil d'administration de la société est provisoirement composé ainsi qu'il suit.

(*Suivent les noms.*)

Le conseil d'administration sera définitivement constitué au plus tard dans le courant du second exercice social. Le conseil général pourvoira à sa composition définitive.

70. Le conseil d'administration provisoire déclarera la mise en activité des opérations, aussitôt que les conditions fixées à l'art. 6 auront été remplies.

30 NOVEMBRE 1840 = 1ᵉʳ JUIN 1841. — Ordonnance du roi portant que le Mont-de-Piété qui existe à Limoges est reconnu et sera régi désormais conformément aux dispositions du règlement y annexé. (IX, Bull. supp. DXXXVI, n. 15515.)

Louis-Philippe, etc.; sur le rapport de notre ministre secrétaire d'Etat au département de l'intérieur; vu la loi du 16 pluviôse an 12 (6 février 1804); vu les délibérations de la commission administrative des hospices et du conseil municipal de Limoges; vu l'avis du préfet de la Haute-Vienne et toutes les pièces produites à l'appui; notre conseil d'Etat entendu, etc.

Art. Le mont-de-piété qui existe à Limoges (Haute-Vienne) est reconnu, et sera régi désormais sous la surveillance du préfet et l'autorité de notre ministre de l'intérieur, conformément aux dispositions du règlement annexé à la présente ordonnance.

2. Notre ministre de l'intérieur (M. Duchâtel), est chargé, etc.

TITRE Iᵉʳ — *De l'administration.*

Art. 1ᵉʳ. Le mont-de-piété de Limoges sera régi par une administration gratuite composée de six membres nommés par M. le ministre de l'intérieur, sur la présentation du préfet; deux de ces membres seront pris dans le sein du conseil municipal, et deux autres dans le sein de la commission administrative de l'hospice de Limoges.

2. Cette administration sera renouvelée par sixième, chaque année. Le sort désignera les cinq membres sortants pendant les cinq premières années; la sortie aura lieu, ensuite, d'après l'ancienneté. Les membres sortants ne pourront être réélus qu'après une année d'intervalle.

3. En cas de décès ou de démission d'un membre, il sera immédiatement pourvu à son remplacement, et il n'y aura pas de renouvellement à la fin de la même année. Dans le cas où plusieurs vacances auraient lieu en même temps, l'ordre de sortie des membres nommés pour les remplir sera réglé par le sort.

4. Le maire sera président né de l'administration du mont-de-piété, et lorsque, pour cause d'absence ou de maladie, un adjoint sera investi de la plénitude de ses fonctions, ce dernier pourra assister aux séances et les présider. Dans tous les autres cas, l'administration sera présidée par un vice-président choisi dans son sein, et qu'elle nommera chaque année.

5. L'administration fixera ses jours de réunions ordinaires. Le président né, ou, à son défaut, le vice-président, pourra en outre convoquer des assemblées extraordinaires toutes les fois que le besoin du service l'exigera. Il sera tenu procès verbal des séances et délibérations.

6. L'administration choisira, chaque mois dans son sein, un administrateur surveillant, qui sera chargé d'inspecter l'établissement, de coter et parapher les registres, de vérifier la caisse et les écritures, et de remplir les fonctions d'ordonnateur des dépenses. Cet administrateur présentera, dans chaque séance ordinaire, son rapport à l'administration. Il assistera aux ventes, en clora et signera les procès-verbaux.

TITRE II. — *Des préposés et employés.*

7. Il y aura, près de l'administration et sous ses ordres, un directeur caissier, et le nombre d'employés nécessaires aux besoins du service.

8. Le directeur caissier sera nommé par le ministre de l'intérieur, sur une liste de trois candidats présentés par l'administration et sur l'avis du préfet. Son traitement sera également fixé par le ministre, sur la proposition de l'administration, et l'avis du préfet.

9. Il sera tenu, avant d'entrer en fonctions, 1° de prêter, entre les mains du président du tribunal de première instance de l'arrondissement, le serment de bien et fidèlement remplir ses fonctions; 2° de verser dans la caisse de l'établissement, indépendamment d'un cautionnement en rentes sur l'Etat ou en immeubles, dont la quotité sera fixée par le ministre, sur la proposition de l'administration et l'avis du préfet, un cautionnement de dix mille francs en numéraire, qui portera intérêt ainsi qu'il sera expliqué à l'art. 16 ci-après.

10. La gestion immédiate de l'établissement sera confiée au directeur-caissier, qui veillera à l'exécution des lois, ordonnances, décisions et règlements, ainsi qu'à celle des délibérations de l'administration. Les autres employés seront placés sous ses ordres. Il recevra les réclamations, déclarations et oppositions qui pourront être faites. Il sera dépositaire des fonds de l'établissement, et sera chargé de faire les recettes et d'acquitter les dépenses. Les dépenses devront être renfermées dans la limite des allocations portées au budget, et elles s'opéreront au moyen des mandats délivrés par l'administrateur surveillant chargé des fonctions d'ordonnateur. Toutefois le directeur paiera sans mandats, 1° le montant des prêts sur le vu des reconnaissances délivrées par l'appréciateur, et extraites du journal à souche tenu par ce dernier; 2° le boni, d'après l'examen des comptes de vente et la production des reconnaissances par les emprunteurs. Il tiendra les registres utiles à sa gestion, et les présentera lorsque l'administration ou l'administrateur surveillant en fera la demande. Il fera à l'administration les rapports et les propositions qu'il croira utiles à l'établissement. Il pourra être appelé aux séances de l'administration, toutes les fois que l'administration le jugera convenable. Il ne pourra recevoir, sans une décision particulière de l'administration, d'autres fonds que ceux que produiraient les renouvellements, dégagements, ventes et emprunts. L'administration fixera la somme que le directeur-caissier pourra conserver en caisse pour subvenir au service de l'établissement. Le surplus des fonds sera placé en compte courant aux caisses du trésor. Le directeur remettra chaque jour à l'administrateur surveillant un bulletin sommaire des opérations de la journée, avec l'indication du solde en

caisse, que celui-ci aura la faculté de vérifier. Il présentera chaque mois, à l'administration, dans une de ses séances ordinaires, un bordereau raisonné qui indiquera le mouvement des fonds et des opérations de l'établissement pendant le mois précédent. L'administration, après avoir vérifié et approuvé ce bordereau, le fera parvenir au préfet. Le directeur soumettra à l'administration, 1° dans le courant du troisième trimestre de chaque année, le budget des recettes et dépenses pour l'année suivante ; 2° dans le premier trimestre de chaque année, le compte général de sa gestion pendant l'année précédente. Ces comptes et budgets seront réglés conformément aux lois et ordonnances, après avoir été vérifiés par l'administration du mont-de-piété.

11. Le directeur sera seul dépositaire des clefs des magasins ; il en aura la manutention ; il sera tenu de veiller soigneusement à la garde et à la conservation des effets qui y seront déposés ; il répondra de leur perte et de leur détérioration, sauf les cas de force majeure, et dans lesquels il pourrait prouver qu'il n'y a eu de sa part ni faute ni négligence. Il devra attacher à chaque gage le bulletin d'appréciation et le numéro de la reconnaissance d'engagement. Il placera dans des armoires particulières les diamants, les bijoux, l'argenterie et autres objets précieux. Il fera au moins deux fois par mois le remaniement des objets susceptibles de détérioration, et rendra compte de leur état à l'administrateur surveillant.

12. En cas d'empêchement légitime, le directeur pourra se faire remplacer par une personne de son choix, avec l'autorisation de l'administration ; mais il demeurera responsable de la gestion de son remplaçant.

13. Dans le cas de décès ou de cessation de fonction volontaire ou forcée, il ne sera donné main-levée des cautionnements du directeur que lorsque tous les comptes rendus jusqu'au jour de la remise de son service auront été apurés par l'autorité compétente, et qu'autant qu'il n'aura pas été déclaré en débet envers l'établissement.

14. Si, pendant la gestion du directeur, il y avait lieu d'attaquer ses cautionnements pour des faits de responsabilité n'entraînant pas la révocation, il devrait rétablir et compléter lesdits cautionnements dans le délai de trois mois, sous peine de perdre son emploi.

TITRE III. — Des moyens de pourvoir aux besoins de l'établissement.

15. Le fonds capital du mont-de-piété se composera, 1° d'une somme de soixante mille francs, qui sera versée par l'hospice de Limoges ; 2° du cautionnement en espèces du directeur caissier ; 3° des cautionnements que les receveurs d'établissements charitables du département auraient à fournir en numéraire ; 4° des sommes provenant des prêts faits dans les cas déterminés par l'art. 17 ci-après. La quotité des fonds versés par l'hospice pourra être augmentée, suivant les besoins du service, par décision du ministre de l'intérieur, sur la proposition des administrations de l'hospice et du mont-de-piété, les observations du conseil municipal et l'avis du préfet.

16. Le taux de l'intérêt des fonds fournis par l'hospice sera fixé par le ministre, sur la proposition de l'administration et de l'avis du préfet. Le cautionnement en espèces du directeur-caissier du mont-de-piété et ceux des receveurs d'établissements charitables porteront intérêts au profit de ces comptables, au taux fixé pour les cautionnements versés au trésor.

17. L'administration du mont-de-piété pourra, lorsque les besoins du service l'exigeront, et après des délibérations spéciales et motivées, revêtues de l'approbation du préfet, recevoir à titre de prêt les fonds qui lui seront offerts. L'intérêt de ces emprunts sera fixé par le ministre, sur la proposition de l'administration et l'avis du préfet.

18. Il sera délivré aux prêteurs des billets à ordre, tant du capital que des intérêts, et qui seront remboursables à des échéances fixes. Ces billets seront extraits d'un registre à souche et signés par le directeur, l'administrateur surveillant et le président de l'administration.

TITRE IV. — Des formes et conditions des prêts.

19. Les opérations du mont-de-piété consistent en prêts sur nantissements d'effets mobiliers.

20. Ces prêts auront lieu en faveur de toute personne connue ou domiciliée, ou assistée d'un répondant connu et domicilié.

21. Ces prêts seront des quatre cinquièmes de la valeur, au poids de l'argenterie ou des bijoux d'or et d'argent, et des deux tiers seulement de l'évaluation de tous les autres objets.

22. Le directeur délivrera une reconnaissance signée de lui des effets déposés. Elle sera au porteur, et contiendra la désignation précise et détaillée du dépôt, son estimation, le montant du prêt et ses conditions.

23. Un acte de dépôt sera dressé, au même instant, sur un registre paraphé par l'administrateur surveillant ; cet acte, dans lequel seront indiqués les nom, prénoms, profession et domicile de l'emprunteur, portera un numéro d'ordre inscrit également sur la reconnaissance et sur une étiquette attachée au dépôt ; il sera signé par le déposant ou par son assistant ; et, dans le cas où l'un ni l'autre ne sauraient signer, il en sera fait mention.

24. En cas de perte d'une reconnaissance, l'emprunteur devra en faire la déclaration au directeur, afin qu'elle soit inscrite sur le registre de l'établissement, en marge de l'article correspondant à la reconnaissance égarée.

25. Les prêts seront faits pour six mois.

26. L'estimation des objets déposés en nantissement sera faite par un des commissaires-priseurs établis à Limoges ; les commissaires-priseurs de cette ville seront solidairement responsables, envers le mont-de-piété, pour tous les faits résultant des opérations de l'un d'eux. En cas de refus des commissaires-priseurs, le service des appréciations sera fait par le directeur ou par tout autre appréciateur, dont il se portera garant envers l'établissement. Les commissaires-priseurs, ou le directeur s'il est chargé des appréciations, seront responsables envers l'établissement des déficits résultant de la différence entre l'estimation et le prix de vente des nantissements. Néanmoins, si cette différence est reconnue provenir en tout ou en partie de circonstances particulières et indépendantes de la capacité de l'appréciateur, l'administration pourra, après avoir reconnu la réalité de ces causes, proposer de remettre une partie ou la totalité du débet. Le ministre de l'intérieur décidera, sur l'avis du préfet.

27. Il sera alloué à l'appréciateur, sur le montant des sommes prêtées, un droit d'appréciation dont la quotité sera fixée par le ministre, sur la

proposition de l'administration et l'avis du préfet. L'appréciateur ne pourra exiger aucun droit pour les évaluations non suivies de prêt.

28. Le droit à percevoir par l'établissement pour frais d'appréciation, de reconnaissance, de magasinage, de garde et de régie, ainsi que pour l'intérêt des sommes prêtées sera fixé par le ministre, sur la proposition de l'administration et l'avis du préfet ; il ne pourra excéder un maximum de douze pour cent ; il sera réduit à mesure que les produits croissants couvriront les frais de régie et d'administration.

29. Les emprunteurs pourront dégager les effets déposés avant l'époque fixée pour la durée du prêt ; ils pourront aussi renouveler les engagements à l'échéance, ainsi qu'il sera expliqué au titre des renouvellements.

30. Si l'emprunteur n'a pas besoin de toute la somme qui pourrait lui être prêtée d'après l'évaluation du nantissement, la reconnaissance ne devra pas moins porter l'évaluation entière, telle qu'elle doit toujours être faite par l'appréciateur ; il lui est expressément défendu de la réduire dans la proportion du prêt.

31. Tous les prêts seront faits en sommes rondes, sans fractions de francs.

32. Le minimum des prêts est fixé à deux francs.

33. Les décomptes d'intérêts seront faits par quinzaine, au moment du dégagement ou de la vente des objets déposés ; la quinzaine commencée sera due en entier.

TITRE V. — *Des renouvellements.*

34. A l'expiration de la durée du prêt, l'emprunteur pourra être admis à renouveler l'engagement des effets donnés en nantissement.

35. Pour obtenir ce renouvellement, l'emprunteur sera tenu de payer les intérêts et droits dus au mont-de-piété à raison du dernier prêt, de consentir à une nouvelle appréciation, si elle est jugée nécessaire par l'administrateur surveillant, et de payer la différence qui pourrait être reconnue entre la valeur primitive du nantissement et son estimation actuelle.

36. Le renouvellement s'effectuera d'après la valeur nouvelle du gage, dans la même forme et aux mêmes termes et conditions que le prêt primitif.

37. La reconnaissance primitive sera retirée, et il en sera fait mention à l'article correspondant du registre des prêts ; elle sera reportée au livre des dégagements, et il en sera délivré une nouvelle.

TITRE VI. — *Des dégagements.*

38. Tout porteur de reconnaissance qui remboursera la somme prêtée, plus les intérêts et droits dus jusqu'au jour où il se présentera, pourra retirer le nantissement indiqué sur cette reconnaissance, soit avant le terme fixé, soit après, dans le cas où la vente n'en aurait pas encore été faite.

39. Si l'emprunteur perd sa reconnaissance, il ne sera admis à dégager son dépôt qu'en présentant une caution solvable, pour en donner décharge valable.

40. Si le nantissement était égaré, et ne pouvait être rendu à son propriétaire, la valeur lui en serait payée par le directeur responsable, au prix de l'estimation faite lors du dépôt, avec l'augmentation, à titre d'indemnité, d'un cinquième

en sus, si c'est de la vaisselle ou des bijoux d'or et d'argent ; d'un quart, si ce sont d'autres effets.

41. En cas d'avarie, le propriétaire aura le droit d'abandonner son nantissement, moyennant le prix de l'estimation primitive, si mieux il n'aime recevoir une indemnité, dont la fixation sera soumise à l'administrateur surveillant, qui statuera, sauf le recours de l'administration contre le directeur faisant fonctions de garde-magasin.

TITRE VII. — *Vente des nantissements.*

42. Les effets donnés en nantissement, et qui, à l'expiration des six mois, n'auront pas été dégagés, ou dont l'engagement n'aura pas été renouvelé, seront vendus. Le produit de chaque vente sera versé dans la caisse du mont-de-piété, jusqu'à concurrence de la somme qui lui sera due ; s'il y a un excédant, il en sera tenu compte à l'emprunteur. On ne vendra d'un gage divisible que ce qui sera nécessaire pour rembourser l'établissement, en commençant par les objets que l'administration jugera les plus susceptibles de détérioration ; et l'on rendra le surplus du gage à l'emprunteur.

43. L'administration déterminera le nombre et les époques des ventes qui devront s'effectuer chaque année.

44. Ces ventes se feront publiquement, au plus offrant et dernier enchérisseur, par le ministère d'un commissaire-priseur, et en présence du directeur et de l'administrateur surveillant, d'après un rôle ou état sommaire dressé par le directeur des nantissements non dégagés, lequel sera préalablement rendu exécutoire, sans frais, par le président du tribunal de première instance de l'arrondissement : elles seront annoncées par des affiches apposées dans les lieux publics, au moins trente jours à l'avance, et par des avis insérés dans les feuilles d'annonces. L'administration est autorisée en outre à prendre telle autre mesure qu'elle jugera utile, pour avertir les propriétaires des gages qui devront être vendus.

45. Dans le cas où un nantissement ne serait pas porté au montant de la somme due au mont-de-piété, en principal et intérêts, le directeur aura le droit d'en renvoyer l'adjudication à la vente suivante.

46. Les oppositions formées à la vente d'effets déposés n'empêcheront pas cette vente, sauf aux opposants à faire valoir leurs droits sur les excédants que pourraient présenter les prix de vente, après l'entier acquittement de la somme due au mont-de-piété.

47. Il sera alloué au commissaire-priseur, pour vacations et frais de vente, un droit qui sera fixé par le ministre, sur la proposition de l'administration et l'avis du préfet.

48. Le droit de vente sera à la charge des adjudicataires. Le taux de ce droit sera affiché, d'une manière très-apparente, dans la salle des ventes.

49. Tout adjudicataire sera tenu de payer comptant le prix total de l'adjudication en principal et accessoires ; à défaut de paiement complet, l'effet sera immédiatement remis en vente.

50. Lorsque des nantissements entièrement composés ou même seulement garnis d'or et d'argent se trouveront compris dans le rôle des ventes, il en sera donné avis au contrôleur des droits de garantie, avec invitation de venir procéder à la vérification de ces nantissements. Ceux desdits nantissements d'or ou d'argent qui ne seront pas revêtus de l'empreinte de garantie ne pourront être dé-

livrés qu'après l'avoir reçue, à moins que les adjudicataires ne consentent à les laisser briser et mettre hors de service.

51. A la fin de chaque vacation de vente, le commissaire-priseur en versera le produit entre les mains du directeur-caissier, et lui remettra les registres contenant les procès-verbaux des ventes et tous les actes y relatifs : sur le vu de ces documents, le directeur fera, pour chaque article d'engagement, le compte de l'emprunteur.

52. Les articles non adjugés seront remis par le commissaire-priseur au directeur faisant les fonctions de garde-magasin, qui lui en donnera décharge.

53. Les procès-verbaux des ventes et tous les actes y relatifs seront déposés aux archives de l'administration.

54. Après chaque vente, le directeur devra fournir à l'administration un tableau présentant, 1° le nom de l'emprunteur; 2° le numéro de la reconnaissance du dépôt; 3° la somme prêtée; 4° la date du prêt; 5° le montant des intérêts; 6° le prix de vente; 7° la quotité relative des frais; 8° le déficit éprouvé ou l'excédant obtenu.

55. Il tiendra compte immédiatement à sa caisse du déficit dont il sera responsable s'il remplit les fonctions d'appréciateur, et s'en chargera en recette en même temps que du montant net de la vente.

TITRE VIII. — De l'excédant ou boni.

56. Le paiement de l'excédant ou boni restant de la vente d'un nantissement se fera sur la présentation et la remise de la reconnaissance d'engagement.

57. A défaut de la présentation de ladite reconnaissance, l'emprunteur ne pourra toucher le boni qu'en se conformant aux formalités prescrites par l'art. 39.

58. Les créanciers des porteurs de reconnaissance seront reçus à former opposition à la délivrance des boni à ces derniers.

59. Les oppositions ne pourront être formées qu'entre les mains du directeur, et ne seront obligatoires pour le mont-de-piété qu'après qu'elles auront été visées par ce préposé, qui donnera ce visa sans frais, en faisant mention de cette opposition sur le registre des engagements, en marge de l'article qu'elle concerne.

60. Lorsqu'il aura été formé opposition à un paiement de boni, ce paiement ne pourra avoir lieu entre les mains de l'emprunteur que du consentement de l'opposant, et sur le vu de la main-levée de son opposition.

61. Les excédants ou boni qui n'auront pas été retirés dans les trois ans à partir de la date des reconnaissances, ne pourront plus être réclamés, et seront acquis à l'établissement.

62. Les dispositions de l'article précédent, celles de l'art. 43, ainsi que les principales conditions des prêts, devront être rappelées, en forme d'avis, sur les reconnaissances.

TITRE IX. — Hypothèque et garantie.
— Des prêteurs et emprunteurs.

63. Les fonds versés dans la caisse du mont-de-piété, tant à titre de prêts qu'à titre de cautionnements, auront pour garantie les sommes versées dans ladite caisse par l'hospice de Limoges. Les biens de l'hospice sont subsidiairement affectés à la garantie des fonds dont il s'agit.

64. La garantie stipulée dans l'article qui précède est déclarée commune aux propriétaires des nantissements, jusqu'à concurrence de l'excédant de la valeur des nantissements sur les sommes prêtées.

65. La garantie du directeur envers l'établissement, et celle de l'établissement envers les tiers, cesseront dans le cas où à force ouverte et d'émeute populaire, et pour tous autres accidents extraordinaires et hors de la prévoyance humaine.

66. Les bâtiments du mont-de-piété ainsi que le mobilier, dans lequel seront compris, s'il est possible, les nantissements, seront assurés contre l'incendie et contre le feu du ciel, à la diligence de l'administration.

TITRE X. — Des bénéfices.

67. Les bénéfices du mont-de-piété appartiendront en entier à cet établissement, et serviront à augmenter sa dotation pour arriver à la réduction successive du taux de l'intérêt des prêts.

TITRE XI. — Police et contentieux.

68. Dans le cas où il serait présenté en nantissement des effets soupçonnés d'avoir été volés, la reconnaissance ne pourra être délivrée qu'après que le directeur aura entendu le porteur desdits effets, et qu'il ne restera plus de doute sur la véracité de sa déclaration.

69. S'il restait encore quelques doutes, les déclarations seront constatées par un procès-verbal dressé par un commissaire de police, que le directeur requerra de se transporter au mont-de-piété. Ce procès-verbal sera transmis sur-le-champ au procureur du roi; en attendant, il ne sera prêté aucune somme sur lesdits effets, lesquels resteront en dépôt, dans les magasins de l'établissement jusqu'à ce qu'il en soit autrement ordonné.

70. Les nantissements revendiqués pour vols ou pour quelque autre cause que ce soit ne seront rendus aux réclamants qu'après que ceux-ci auront légalement justifié que ces effets leur appartiennent, et auront acquitté, en principal et droits, la somme pour laquelle lesdits effets auront été laissés en nantissement, sauf leur recours contre ceux qui les auront déposés et contre les répondants de ces derniers.

71. Les réclamations pour effets perdus ou volés, qui seront faites au mont-de-piété, seront inscrites sur un registre particulier, et signées par les réclamants; on vérifiera sur-le-champ si les effets sont au mont-de-piété, et dans le cas où ils s'y trouveraient déposés, l'on en préviendra les réclamants. Dans le cas contraire, les employés garderont note de ces effets d'après les indications fournies, afin de les retenir et d'en prévenir l'administration si l'on se présentait plus tard pour les engager.

72. Toute contestation qui surviendrait entre l'établissement et les particuliers sera portée devant les tribunaux ordinaires.

73. Il est expressément interdit à tout administrateur et employé de l'établissement de faire pour son compte aucun prêt sur nantissement, sous peine d'être révoqué immédiatement de ses fonctions, et sans préjudice des autres peines de droit. Il est défendu aux mêmes personnes, et sous les mêmes peines, de se rendre adjudicataires d'aucun effet mis en vente par l'administration.

74. Toutes les dispositions du présent règlement qu'il importe au public de connaître seront affichées dans les salles où il sera admis.

30 AVRIL == 26 MAI 1841. — Ordonnance du roi qui augmente la solde de la gendarmerie. (IX, Bull. DCCCXII, n. 9299.)

Louis-Philippe, etc., vu l'art. 15 de la loi du 19 mai 1834, sur l'état des officiers, portant que la solde d'activité et celle de disponibilité sont réglées suivant les tarifs approuvés par le roi ; vu les art. 16 et 17 de ladite loi, qui déterminent les bases constitutives de la solde de non activité; vu la loi du 26 avril 1841, qui alloue au ministre de la guerre un crédit extraordinaire affecté aux dépenses de la gendarmerie pour l'exercice 1841 ; vu l'ordonnance du 25 décembre 1837 (1), portant réglement sur le service de la solde, et celle du 25 juillet 1839 (2), en ce qui concerne l'indemnité d'ameublement, l'allocation et la fixation des hautes-paies; sur le rapport de notre président du conseil, ministre secrétaire d'Etat au département de la guerre, etc.

Art. 1er. La solde d'activité des colonels, des chefs d'escadron, des capitaines commandants de compagnies, des lieutenants et sous-lieutenants, des maréchaux-des-logis, brigadiers et gendarmes, dans la gendarmerie départementale et dans la légion de gendarmerie d'Afrique, est fixée conformément au tarif ci-joint, n. 1.

2. Il est alloué aux officiers de la gendarmerie départementale et de la légion de gendarmerie d'Afrique, une indemnité d'ameublement dans les cas prévus par l'article 186 de notre ordonnance du 25 décembre 1837. Cette indemnité est réglée d'après les fixations portées au tarif ci-joint, n. 2. Elle est, pour chaque grade, la même que celle dont jouissent tous les officiers de l'armée.

3. La solde de non activité des colonels, chefs d'escadron, lieutenants ou sous-lieutenants, et des chirurgiens aides-majors de gendarmerie, est fixée conformément au tarif ci-joint, n. 4.

4. La haute-paie pour ancienneté de service est accordée aux sous-officiers, brigadiers et gendarmes des légions départementales et de la légion d'Afrique, d'après l'emploi qu'ils y occupent, et suivant les fixations du tarif ci-joint, n. 3.

5. Désormais, lorsqu'un lieutenant, sous-lieutenant ou chirurgien aide-major des compagnies de gendarmerie départementale ou de la légion de gendarmerie d'Afrique aura dû pourvoir au remplacement de son cheval, il recevra, sous les conditions et dans les circonstances qui seront déterminées par notre ministre de la guerre,

une indemnité équivalente au prix d'achat de sa nouvelle remonte. En conséquence, il sera versé au fonds de remonte créé par l'ordonnance du 10 octobre 1821 une somme annuelle de cent trente francs, payée pour chaque officier des grades ci-dessus désignés, et d'après le nombre de journées donnant droit à une solde quelconque d'activité.

6. Le sous-officier de gendarmerie qui sera promu au grade de sous-lieutenant, dans la gendarmerie départementale ou dans la légion de gendarmerie d'Afrique, recevra, s'il n'est pas monté, une indemnité de première monture égale au prix du cheval dont il aura été autorisé à faire l'achat, si toutefois ce prix ne dépasse pas neuf cents francs. Le sous-officier qui sera pourvu d'un cheval au moment de sa promotion recevra une indemnité équivalente à l'estimation qui sera faite de ce cheval, s'il est reconnu susceptible de faire un bon service. Mais, dans le cas contraire, le prix de la vente du cheval, s'il est réformé, ou le produit de la vente de sa dépouille, s'il a été abattu, sera déduit de l'indemnité à laquelle l'officier aura droit pour sa nouvelle remonte. L'indemnité ne pourra jamais s'élever au-dessus de neuf cents francs.

7. Le lieutenant de l'un des corps de l'armée qui sera admis dans la gendarmerie départementale ou dans la légion de gendarmerie d'Afrique, par application de l'article 374 de notre ordonnance du 16 mars 1838 (3), devant laisser à son ancien corps le cheval qu'il a reçu de l'Etat, obtiendra, comme le sous-officier promu, une indemnité de première monture égale au prix du cheval dont il aura été autorisé à faire l'achat.

8. En aucun cas, le lieutenant ou sous-lieutenant de gendarmerie ne pourra prétendre, soit à titre de première monture, soit à titre de remplacement, à une indemnité intégrale au-dessus de neuf cents francs, quels que soient le prix de son cheval et les réductions dont cette indemnité sera passible.

9. Aucun cheval ne sera admis, s'il n'est de l'âge de cinq ans au moins et de huit ans au plus, et de la taille de un mètre cinq cent quinze millimètres à un mètre cinq cent quarante-deux millimètres. La durée légale est fixée à sept ans.

10. L'Etat supplée à la perte du cheval lorsqu'elle ne peut être imputée à l'officier. Dans le cas contraire, l'officier est tenu de concourir aux frais de remplacement. Il

(1) Voy. tome 38, p. 34.   (2) Voy. tome 39, p. 181.   (3) Voy. tome 38, p. 215.

subit, à cet effet, des retenues mensuelles, dont la quotité est fixée par notre ministre de la guerre, et dont la somme totale équivaut à autant de fois la septième partie du prix de la remonte qu'il restait d'années à parcourir pour arriver au terme de la durée légale du cheval. Toutefois le prix de la vente du cheval, s'il est réformé, ou le produit de la vente de sa dépouille, s'il a été abattu, sont déduits de la somme laissée à la charge de l'officier.

11. L'officier qui aura conservé son cheval en état de faire un bon service après sept ans d'inscription sur les contrôles de la compagnie pourra recevoir, à titre de gratification, pour chaque année en sus, une prime équivalente à moitié de la somme annuellement versée au fonds de remonte.

12. Lorsqu'un lieutenant ou sous-lieutenant de gendarmerie est mis en non activité par suppression d'emploi, par licenciement de corps, ou pour infirmités temporaires, en réforme pour infirmités incurables; lorsqu'il est admis à la retraite ou vient à décéder, le cheval dont il a été pourvu, par application des art. 6 et 7 de la présente ordonnance, est considéré comme étant sa propriété absolue, s'il a accompli sa septième année de durée.

13. Lorsqu'un lieutenant ou sous-lieutenant de gendarmerie est démissionnaire, ou lorsqu'il est mis en non activité par re-

trait ou suspension d'emploi, en réforme par mesure de discipline, ou destitué, le cheval dont il a été pourvu par application des mêmes art. 6 et 7, s'il n'a pas accompli sa septième année de durée, est livré à un lieutenant ou sous-lieutenant ayant droit à une première monture ou à un remplacement; à défaut, il est procédé à la vente. Dans ce cas, s'il est reconnu susceptible de faire un bon service, et s'il satisfait aux conditions exigées, quelle que soit d'ailleurs l'année de durée, il peut être livré à un sous-officier, brigadier ou gendarme de la compagnie pour sa remonte. Le prix de la vente est versé au fonds de l'abonnement.

14. Les dispositions de l'art. 13 sont applicables au cheval de tout officier qui se trouve dans l'un des cas prévus par l'art. 12, quand ce cheval n'a pas accompli sa septième année de durée.

15. Le lieutenant de gendarmerie promu au grade de capitaine conserve, comme étant sa propriété absolue, le cheval dont il est pourvu, quel que soit le nombre d'années de service.

16. Notre ministre de la guerre (M. le duc de Dalmatie) est chargé de l'exécution de la présente ordonnance qui sera insérée au Bulletin des lois, qui aura son effet à partir du 1er avril courant, quant aux augmentations de solde, allocations de haute-paie et à l'indemnité d'ameublement.

No 1.   *Tarif de la solde des officiers, sous-officiers, brigadiers et gendarmes.*

Ce tarif modifie ceux qui sont annexés au règlement du 21 novembre 1823, et à l'ordonnance du 25 juillet 1839, pour la gendarmerie départementale, et à celle du 31 août 1839, pour la gendarmerie d'Afrique.

GRADES.	SOLDE DE PRÉSENCE,			SOLDE D'ABSENCE, PAR JOUR,			
	par an.	par mois.	par jour.	en congé.	à l'hôpital ou aux eaux.	en détention.	en captivité.
	fr.	f. c. m.	f. c. m.	f. c. m.	f. c. m.	f. c. m.	f. c. m.
Colonel chef de la 1re légion.	7,900	658 33 33	21 94 44	10 97 22	18 94 44	10 97 22	9 02 77
— des autres légions.......	6,500	541 66 66	18 05 55	9 02 77	15 05 55	9 02 77	9 02 77
COMPAGNIE DE LA SEINE.							
Chef d'escadron.............	5,530	460 83 33	15 36 11	7 68 05	12 36 11	7 68 05	6 25 00
Lieutenant et chirurgien aide-major.............	2,600	216 66 66	7 22 22	3 61 11	5 72 22	3 61 11	2 77 77
Troupe à cheval.							
Maréchal-des-logis...........	1,460	121 66 66	4 05 55	2 02 77	2 02 77	2 02 77	1 52 77
Brigadier.	1,360	113 33 33	3 77 77	1 88 88	1 88 88	1 88 88	1 38 88
Gendarme.	1,000	83 33 33	2 77 77	1 38 88	1 38 88	1 38 88	1 04 16
Troupe à pied.							
Maréchal-des-logis...........	1,010	84 16 66	2 80 55	1 40 27	1 40 27	1 40 27	1 11 11
Brigadier.	910	75 83 33	2 52 77	1 26 38	1 26 38	1 26 38	0 97 22
Gendarme.	770	64 16 66	2 13 88	1 06 94	1 06 94	1 06 94	0 83 33

GRADES.	SOLDE DE PRÉSENCE,			SOLDE D'ABSENCE, PAR JOUR,			
	par an.	par mois.	par jour.	en congé.	à l'hôpital ou aux eaux.	en détention.	en captivité.
	fr.	f. c. m.	f. c. m.	f. c. m.	f. c. m.	f. c. m.	f. c. m.
COMPAGNIE DES AUTRES DÉPARTEMENTS.							
Chef d'escadron............	4,500	375 00 00	12 50 00	6 25 00	9 50 00	6 25 00	6 25 00
Capitaine commandant de compagnie.	3,000	250 00 00	8 33 33	4 16 66	6 33 33	4 16 66	4 16 66
Lieutenant et s.-lieutenant.	2,000	166 66 66	5 55 55	2 77 77	4 05 55	2 77 77	2 77 77
Troupe à cheval.							
Maréchal-des-logis...........	1,100	91 66 66	3 05 55	1 52 77	1 52 77	1 52 77	1 52 77
Brigadier....................	1,000	83 33 33	2 77 77	1 38 88	1 38 88	1 38 88	1 38 88
Gendarme....................	750	62 50 00	2 08 33	1 04 16	1 04 16	1 04 16	1 04 16
Troupe à pied.							
Maréchal-des-logis...........	800	66 66 66	2 22 22	1 11 11	1 11 11	1 11 11	1 11 11
Brigadier....................	700	58 33 33	1 94 44	0 97 22	0 97 22	0 97 22	0 97 22
Gendarme....................	600	50 00 00	1 66 66	0 83 33	0 83 33	0 83 33	0 83 33
LÉGION DE GENDARMERIE D'AFRIQUE (a).							
Colonel.....................	7,500	625 00 00	20 83 33	9 02 77	15 05 55	9 02 77	9 02 77
Chef d'escadron.............	5,530	460 33 83	15 36 11	6 25 00	9 50 00	6 25 00	6 25 00
Capitaine commandant de compagnie.	3,600	300 00 00	10 00 00	4 16 66	6 33 33	4 16 66	4 16 66
Lieutenant et s.-lieutenant.	2,600	216 66 66	7 22 22	2 77 77	4 05 55	2 77 77	2 77 77
Troupe à cheval.							
Maréchal des logis.........	1,265	105 41 66	3 51 38	1 52 77	1 52 77	1 52 77	1 52 77
Brigadier...................	1,165	97 08 33	3 23 61	1 38 88	1 38 88	1 38 88	1 38 88
Gendarme....................	935	77 91 66	2 59 72	1 04 16	1 04 16	1 04 16	1 04 16
Troupe à pied.							
Maréchal-des-logis...........	900	75 00 00	2 50 00	1 11 11	1 11 11	1 11 11	1 11 11
Brigadier....................	800	66 66 66	2 22 22	0 97 22	0 97 22	0 97 22	0 97 22
Gendarme....................	700	58 33 33	1 94 44	0 83 33	1 83 33	0 83 33	0 83 33

(a) La solde d'absence pour les divers grades de la légion d'Afrique est la même que celle des grades correspondants dans les légions départementales.

N° 2.   *Tarif de l'indemnité d'ameublement.*

GRADES.	FIXATION de l'indemnité d'ameublement.		
	par an.	par mois.	par jour.
	fr.	f. c. m.	f. c. m.
Officiers logés à Paris.			
Colonel, chef de la 1re légion.............	480	40 00 00	1 33 33
Chef d'escadron...........................	360	30 00 00	1 00 00
Capitaine.................................	270	22 50 00	0 75 00
Lieutenant et chirurgien aide-major.........	180	15 00 00	0 50 00
Officiers logés hors Paris.			
Colonel, chef de légion...................	320	26 66 66	0 88 88
Lieutenant-colonel, chef de légion..........	280	23 33 33	0 77 77
Chef d'escadron...........................	240	20 00 00	0 66 66
Capitaine.................................	180	15 00 00	0 50 00
Lieutenant................................	120	10 00 00	0 33 33

No 3.
Tarif des hautes-paies.

	CHEVRONS.	FIXATION journalière.		OBSERVATIONS.
		Sous-officiers.	Brigadiers et gendarmes.	
		fr. c.	fr. c.	
Haute-paie pour ancienneté de service, après 7 ans..	1	0 15	0 12	Contrairement à ce qui est pratiqué pour la solde, laquelle se décompte, dans la gendarmerie, annuellement par douze mois de trente jours, les hautes-paies sont dues pour chaque journée de présence ou d'absence, à raison de trois cent soixante-cinq jours pour l'année entière.
après 11 ans..	2	0 20	0 15	
après 15 ans..	3	0 25	0 20	

No 4.
Tarif de la solde de non activité des officiers de gendarmerie.

Ce tarif modifie ceux qui sont annexés aux ordonnances du 25 décembre 1837 et du 25 juillet 1839.

GRADES.	OFFICIERS sortis de l'activité par suite de licenciement de corps, de suppression d'emploi, de rentrée de captivité à l'ennemi, ou d'infirmités temporaires,			OFFICIERS sortis de l'activité par retrait ou par suspension d'emploi,		
	par an.	par mois.	par jour.	par an.	par mois.	par jour.
	fr.	f. c. m.	f. c. m.	fr.	f. c. m.	f. c. m.
Colonel, chef de légion..........	3,250	270 83 33	9 02 77	2.600	216 66 66	7 22 22
Chef d'escadron...................	2,250	187 50 00	6 25 00	1,800	150 00 00	5 00 00
Lieutenant, sous-lieutenant et chirurgien aide-major.........	1,200	100 00 00	3 33 33	800	66 66 66	2 22 22

7 = 26 MAI 1841. — Ordonnance du roi sur l'organisation de l'école spéciale militaire. (IX, Bull. DCCCXII, n. 9300.)

Louis-Philippe, etc., sur le rapport de notre ministre secrétaire d'Etat de la guerre, président du conseil, etc.

Notre ordonnance du 21 octobre 1840 (1), sur l'organisation de l'école spéciale militaire, est modifiée conformément au texte ci-après, qui sera le seul officiel, à partir de la publication de la présente.

TITRE Ier. — *Institution de l'école.*

Art. 1er. L'école spéciale militaire a pour objet d'instruire dans les différentes branches de l'art de la guerre, et de mettre en état d'entrer comme officiers dans les rangs de l'armée, les jeunes gens qui se destinent à la carrière militaire.

2. L'effectif des élèves de l'école spéciale militaire pourra s'élever à six cents, dont un certain nombre entretenus par notre ministre secrétaire d'Etat de la marine pour le compte de ce département.

3. L'instruction donnée aux élèves sera dirigée vers un but uniquement militaire.

4. Nul élève ne pourra rester plus de trois ans à l'école. La faculté d'y passer une troisième année ne sera accordée que dans le cas où des circonstances graves auraient occasionné à l'élève une suspension forcée du travail.

TITRE II. — *Mode d'admission des élèves.*

5. L'admission à l'école spéciale militaire ne pourra avoir lieu que par voie de concours. Chaque année, le mode, les conditions et l'époque des examens seront dé

(1) Voy. tome 40, p. 429.

terminés par notre ministre secrétaire d'Etat de la guerre, qui nommera également les examinateurs.

6. Nul ne pourra être admis à concourir s'il ne justifie, 1° qu'il est Français ou naturalisé Français; 2° qu'il a été vacciné ou qu'il a eu la petite vérole; 3° qu'il aura dix-sept ans au moins et vingt ans au plus à l'époque qui sera fixée pour l'ouverture des examens. Toutefois la faculté de se présenter aux examens sera conservée jusqu'au 1er octobre 1841 aux candidats qui ne seraient pas âgés de vingt et un ans à cette époque. Les sous-officiers, les caporaux ou brigadiers, et les soldats des corps de l'armée, qui auront fait une campagne ou seront au service depuis un an au moins, pourront être admis au concours jusqu'à l'âge de vingt-cinq ans, pourvu qu'ils n'aient pas accompli cet âge à l'époque de l'ouverture des examens.

7. Les matières sur lesquelles les candidats devront être examinés seront indiquées dans un programme qui sera publié à l'avance. Les candidats qui se présenteront avec le diplôme de bachelier ès-lettres n'auront à subir d'examen que sur les mathématiques.

8. Avant l'ouverture des examens, et à l'époque qui sera fixée par les programmes, les candidats qui n'appartiennent pas à l'armée se feront inscrire à la préfecture du département où est établi le domicile de leurs parents, ou dans lequel ils achèveront leurs études. Les élèves du collège royal militaire seront seuls dispensés de cette inscription. Les candidats militaires se feront inscrire à la préfecture du département où ils se trouveront, et subiront leur examen dans la ville assignée à ce département ou à celui que, postérieurement à leur inscription, ils viendraient à occuper par suite d'un changement de garnison.

9. Après les examens, il sera formé un jury spécial chargé de prononcer sur l'admission à l'école des candidats examinés dans tout le royaume. Ce jury se composera d'un lieutenant-général, président; du général commandant l'école; du directeur des études, et de quatre autres membres choisis parmi les examinateurs de l'année et désignés par notre ministre secrétaire d'Etat de la guerre.

10. Le jury spécial d'admission centralisera les opérations relatives aux examens et dressera, par ordre de mérite, une liste de tous les candidats admissibles. Notre ministre secrétaire d'Etat de la guerre nommera élèves, en suivant l'ordre de cette liste, et dans la limite des besoins, ceux de ces candidats qui rempliront les conditions voulues.

11. A leur arrivée à l'école, les élèves seront soumis à la visite des officiers de santé de cet établissement et ne pourront être reçus, s'ils se trouvent dans un des cas de réforme prévus par les ordonnances et règlements sur le recrutement de l'armée. Les élèves non militaires devront justifier en outre du consentement écrit de leurs pères, mères ou tuteurs pour contracter un engagement volontaire lorsqu'ils seront appelés à passer en première division, où ne pourront être admis que les élèves légalement liés au service.

12. Le temps passé à l'école sera compté comme service militaire aux élèves civils qui, postérieurement à leur admission, auront contracté un engagement volontaire, conformément aux lois et ordonnances sur le recrutement.

13. Le prix de la pension sera de mille francs. Celui du trousseau sera déterminé, chaque année, par notre ministre secrétaire d'Etat de la guerre. Il pourra être accordé des bourses entières aux élèves, dans la proportion d'un dixième de l'effectif, et des demi-bourses dans la proportion d'un sixième. Ces bourses et demi-bourses sont instituées en faveur des élèves privés de fortune, et qui se trouveraient dans les deux premiers tiers de la liste générale d'admission; elles seront accordées, 1° aux orphelins d'anciens militaires; 2° aux jeunes gens dont les pères ont servi ou serviraient encore dans les armées de terre ou de mer; 3° aux militaires ayant deux ans de service ou ayant fait une campagne.

14. Toutefois les élèves du collège royal militaire admis à l'école spéciale militaire conserveront de droit les bourses ou demi-bourses qui leur auront été précédemment accordées à ce collège. Ils seront dispensés d'ailleurs de fournir un nouveau trousseau.

TITRE III. — Personnel de l'école.

SECTION 1re. — Etat major.

15. L'état major de l'école sera composé d'un officier général, commandant; un colonel ou lieutenant-colonel, commandant en second; un lieutenant colonel ou chef de bataillon d'infanterie; un aumônier, et autant d'officiers du grade inférieur, de sous-officiers, caporaux et soldats de toutes armes, que nécessiteront l'effectif des élèves et les besoins du service. A défaut de sujets remplissant les conditions déterminées par notre ordonnance du 16 mars 1858 (1), il sera pourvu aux emplois

(1) Voy. tome 38, p. 213.

vacants par la désignation d'officiers et sous-officiers qui ne seraient pas portés au tableau d'avancement. Le commandant de l'école et le commandant en second seront nommés par nous.

16. L'autorité du commandant de l'école s'étendra sur toutes les parties de l'administration et du service. Il sera sous les ordres directs de notre ministre secrétaire d'Etat de la guerre. Il n'aura pas d'aide-de-camp,

17. Le commandant en second aura, sous les ordres du général commandant, la surveillance, la police et la discipline des élèves. En cas d'absence ou de maladie du général commandant, le commandant en second le remplacera dans toutes ses fonctions.

SECTION II. — *Personnel de l'enseignement.*

18. Le personnel attaché à l'enseignement sera composé d'un directeur des études, un sous-directeur des études, et autant de professeurs, répétiteurs et maîtres que l'exigeront les besoins du service.

SECTION III. — *Personnel administratif.*

19. Seront attachés à l'école un trésorier, un économe, un secrétaire archiviste bibliothécaire.

20. Le trésorier et l'économe seront tenus de fournir un cautionnement en numéraire ou en rentes sur l'Etat. Le secrétaire archiviste sera secrétaire des conseils d'instruction, de discipline et d'administration de l'école.

21. Le nombre des employés d'administration et agents subalternes sera fixé, selon les besoins du service, par notre ministre secrétaire d'Etat de la guerre, sur la proposition du conseil d'administration de l'école.

22. Les emplois indiqués aux art. 19 et 21 seront donnés soit à des officiers, sous-officiers, caporaux ou soldats de nos armées, soit à d'anciens militaires.

SECTION IV. — *Service de santé.*

23. Le service de santé se composera d'un médecin ou un chirurgien-major, deux aides-majors.

24. Il sera attaché à l'infirmerie de l'école des sœurs de la charité, dont le nombre sera déterminé par notre ministre secrétaire d'Etat de la guerre d'après les besoins du service.

TITRE IV. — *Enseignement.*

25. Les élèves seront répartis en plusieurs divisions, selon leur degré d'instruction. Ils passeront d'une division à une autre par suite d'examens. Les élèves de la première division subiront les examens de sortie.

26. Un conseil d'instruction aura dans ses attributions la haute direction de l'enseignement. Il réglera l'emploi du temps, provoquera les améliorations qui lui paraîtront utiles aux progrès de l'instruction, procédera aux examens de passage d'une division à une autre, et dressera la liste de mérite par suite de ces examens. Il proposera au ministre les exceptions à accorder, par application des dispositions de l'art. 4 de la présente ordonnance, aux élèves qui n'auraient pas terminé leurs études dans l'espace de deux ans.

27. Le conseil d'instruction sera composé ainsi qu'il suit : le commandant de l'école, président; le commandant en second; le lieutenant-colonel ou chef de bataillon d'infanterie; le directeur des études; le sous-directeur des études; quatre professeurs, dont un de chaque faculté, et qui seront renouvelés annuellement.

TITRE V. — *Régime, police et discipline.*

28. L'école est soumise au régime militaire : les élèves engagés seront tenus de prêter serment à leur drapeau. La police et la discipline seront les mêmes que dans les corps de l'armée.

29. Les élèves formeront un seul bataillon, qui sera composé de quatre, six ou huit compagnies, selon le nombre des élèves. Le complet de chaque compagnie sera de soixante et quinze élèves, caporaux et sous-officiers compris. Les sous-officiers et caporaux de chaque compagnie seront pris parmi les élèves.

30. Un conseil de discipline sera chargé de provoquer toutes les mesures nécessaires au maintien de l'ordre. Il sera composé ainsi qu'il suit : le commandant de l'école, président; le commandant en second; le lieutenant-colonel ou chef de bataillon d'infanterie; deux capitaines, deux lieutenants, renouvelés tous les ans.

31. Les élèves qui auraient commis une faute assez grave pour encourir le renvoi de l'école paraîtront devant le conseil de discipline. Notre ministre secrétaire d'Etat de la guerre statuera sur les propositions de renvoi, qui devront toujours être accompagnées d'un avis motivé du conseil.

32. L'élève dont le renvoi aura été ordonné par le ministre sera rendu à sa famille, s'il n'est pas engagé. Dans le cas contraire, il sera dirigé sur un des corps de l'armée comme soldat, caporal ou sous-officier, suivant la durée de ses services et la gravité de la faute qu'il aura commise.

TITRE VI. — *Administration et comptabilité.*

33. Un conseil spécialement chargé de

diriger l'emploi des fonds affectés aux dépenses de l'établissement veillera à tous les détails de l'administration intérieure. Ce conseil d'administration sera composé, 1° du commandant de l'école, président; 2° du commandant en second; 3° du lieutenant-colonel ou chef de bataillon d'infanterie; 4° de deux capitaines renouvelés tous les ans. Le trésorier et l'économe assisteront à toutes les séances du conseil; ils y auront seulement voix consultative.

34. L'intendance militaire sera chargée de la surveillance administrative de l'école; elle l'exercera d'après les règles déterminées par les ordonnances et règlements relatifs à l'administration des corps de troupes. Toutes les dispositions prescrites par ces ordonnances et règlements pour la tenue des séances, les attributions et les délibérations des conseils d'administration des corps de troupe, sont applicables au conseil d'administration de l'école.

35. Le conseil d'administration établira le budget de chaque exercice, ainsi que les demandes particulières de fonds pour les dépenses de chaque trimestre.

36. Les règlements sur la comptabilité du département de la guerre devront être suivis pour la justification de toutes les dépenses de l'école à la charge du budget de ce département.

37. Une comptabilité spéciale, tant en deniers qu'en matières, sera tenue sous la surveillance et la responsabilité du conseil d'administration pour l'emploi des fonds de trousseaux, et soumise, comme celle des fonds du budget, au contrôle de l'intendance militaire et à la liquidation ministérielle.

38. Le conseil d'administration ne pourra faire aucune dépense extraordinaire, si elle n'a été préalablement autorisée par notre ministre secrétaire d'Etat de la guerre. Toutes les dépenses à la charge du budget seront acquittées, sans aucune exception, sur les crédits législatifs. Le conseil d'administration ne pourra employer à les atténuer, ni le boni qui pourrait résulter de la comptabilité des trousseaux, ni les produits accidentels provenant de loyers, cessions, échanges, etc., ces produits devant être versés au trésor public, comme celui des pensions des élèves entretenus au compte de leurs familles.

39. Les traitements des officiers et militaires en activité de service employés à l'école, seront fixés conformément aux tarifs et règlements qui régissent le service de la solde. Les fonctionnaires et employés d'administration mentionnés aux art. 15, 18, 19 et 21 qui précèdent, seront rétribués conformément au tarif annexé à la présente ordonnance.

40. Les fonctionnaires et professeurs civils qui recevront sur les fonds de l'école le traitement indiqué dans le tarif annexé à la présente ordonnance seront soumis aux dispositions de l'ordonnance du 26 mai 1832 (1), relative aux caisses de retenues et aux produits qui doivent les alimenter. La pension de retraite à laquelle ils pourront avoir droit sera réglée conformément à la législation sur les pensions civiles.

TITRE VII. — *Inspection et examen de passage d'une division à une autre, et de sortie.*

41. L'école spéciale militaire sera inspectée annuellement pour les études par un jury composé d'un lieutenant-général président, et de trois officiers généraux ou supérieurs de différentes armes. Le lieutenant-général qui aura présidé le jury passera l'inspection générale de l'établissement.

42. Après la clôture des cours, tous les élèves seront examinés, soit par le conseil d'instruction pour passer d'une division à une autre, soit par un jury spécial de sortie chargé de constater leur aptitude à être promu au grade de sous-lieutenant. Le jury de sortie sera composé d'un lieutenant-général, président; du commandant de l'école; du commandant en second; du lieutenant-colonel ou chef de bataillon chargé de la direction des exercices et manœuvres; du directeur des études; du sous-directeur des études, et des professeurs que le jury croira devoir s'adjoindre.

43. Aucun élève ne pourra être promu sous-lieutenant, s'il n'a été reconnu par le commandant de l'école, le commandant en second et l'officier supérieur chargé de la direction des exercices, capable d'exécuter, de commander et de faire exécuter les écoles du soldat, de peloton et de bataillon.

44. Les élèves entretenus à l'école par la marine ne pourront être promus sous-lieutenants que dans les corps ressortissant à ce département.

45. Le numéro de mérite obtenu, dans le classement de sortie, par les élèves qui n'appartiendront pas à la marine, leur donnera le droit de choisir l'arme dans laquelle ils désireront servir, savoir : 1° la cavalerie; 2° l'infanterie. Les trente premiers par ordre de mérite seront admis à concourir pour les places de sous-lieutenant

---

(1) Voy. tome 32, p. 353.

élève à l'école d'application du corps royal d'état-major, conformément aux dispositions des ordonnances sur ce corps. Les élèves qui opteront pour la cavalerie ne pourront y être admis, s'il est constaté que leur conformation ou la faiblesse de leur constitution ne permet pas de les employer dans cette arme. En cas d'admission dans la cavalerie, ils seront envoyés à l'école de cette arme pour y compléter leur instruction.

46. Les élèves qui n'auront pu satisfaire aux examens de sortie pourront, sur la proposition du commandant de l'école, être placés dans les corps avec les grades de caporal ou brigadier, de sergent ou de maréchal-des-logis, s'ils ont le temps de service exigé par les ordonnances et réglements pour être nommés à ces grades.

TITRE VIII. — *Dispositions générales.*

47. Notre ministre secrétaire d'Etat de la guerre nommera à tous les emplois autres que ceux de commandant de l'école et de commandant en second.

48. Un réglement, approuvé par notre ministre secrétaire d'Etat de la guerre, déterminera les cours et exercices qui seront suivis à l'école, et tout ce qui est relatif au service intérieur de l'établissement, à l'inspection et aux examens.

49. Toutes les dispositions antérieures concernant l'organisation de l'école spéciale militaire sont et demeurent abrogées.

50. Nos ministres de la guerre et de la marine (MM. le duc de Dalmatie et Duperré) sont chargés, etc.

Tarif des traitements payés, sur les fonds de l'école spéciale militaire, aux fonctionnaires et employés de cet établissement.

EMPLOIS.	TRAITE-MENTS.	OBSERVATIONS.
	fr.	Les militaires en activité de service qui seraient appelés aux fonctions ou emplois désignés au présent tarif recevront, sur les fonds de l'école, le supplément nécessaire pour compléter les traitements affectés à ces emplois.
Directeur des études...............	7,000	
Sous-directeur des études..........	5,000	
Aumônier.........................	2,500	
Professeurs de 1ʳᵉ classe.	4,500	Les officiers qui feront un cours oral ne seront pas classés au nombre des professeurs. S'ils sont d'un grade inférieur à celui de chef de bataillon, ils recevront, sur les fonds de l'école, une indemnité de cinq cents francs.
de 2ᵉ classe..	4,000	La même indemnité sera allouée aux militaires faisant partie de l'état-major de l'école, qui, sans cesser de remplir les fonctions de leur grade, seraient employés à l'enseignement.
de 3ᵉ classe..	3,500	
de 4ᵉ classe..	3,000	
Trésorier.........................	5,000	
Econome.........................	3,500	
Secrétaire archiviste bibliothécaire.	3,000	
Répétiteurs de 1ʳᵉ classe.	2,400	De dix en dix années, le traitement des répétiteurs s'accroîtra de trois cents francs.
de 2ᵉ classe..	2,200	
Gardes-magasins et employés d'administration de 1ʳᵉ classe.	2,200	
de 2ᵉ classe..	2,000	
de 3ᵉ classe..	1,800	
de 4ᵉ classe..	1,500	
Premier maître d'armes...........	1,500	
Maître d'armes...................	1,200	S'ils sont militaires, ils recevront, outre leur solde, un supplément de cinquante centimes par jour, sur les fonds de l'école.
Maître de gymnastique...........	1,200	

18 = 26 MAI 1841. — Ordonnance du roi portant fixation du droit à percevoir pour les houilles sur le canal latéral à la Loire, de Digoin à Briare. (IX, Bull. DCCCXII, n. 9301.)

Louis-Philippe, etc., vu la loi du 14 août 1822, relative à la construction du canal latéral à la Loire, de Digoin à Briare; vu le cahier des charges annexé à ladite loi; vu la lettre de la compagnie des Quatre-Canaux, en date du 24 avril 1841; sur le rapport de notre ministre secrétaire d'Etat au département des finances, etc.

Art. 1er. A partir du 1er juin prochain, le droit pour les houilles sur le canal latéral à la Loire, de Digoin à Briare, sera perçu à raison de vingt-quatre centimes par tonneau de mille kilogrammes et par distance d'un myriamètre.

2. Cette modification au tarif n'aura d'effet que jusqu'au 1er avril 1842.

5. Notre ministre des finances (M. Humann) est chargé, etc.

────────

18 = 26 MAI 1832. — Ordonnance du roi qui institue deux justices de paix en Algérie. (IX, Bull. DCCCXII, n. 9302.)

Louis-Philippe, etc., vu l'art. 10 de notre ordonnance du 28 février dernier (1), et l'art. 3 de celle du 31 octobre 1838 (2); sur le rapport de notre président du conseil, ministre secrétaire d'Etat au département de la guerre, et de notre garde des sceaux, ministre de la justice et des cultes, etc.

Art. 1er. Des justices de paix sont instituées dans chacun des districts de Philippeville et de Boufarik. Le ressort comprendra la totalité du territoire de chacun de ces districts, tel qu'il a été ou sera délimité par les arrêtés de notre ministre de la guerre.

2. Le district de l'Atlas, le territoire de Koléah et celui compris entre la Chiffa et la route de Blidah à Koléah, seront, jusqu'à ce qu'il en soit autrement ordonné, compris dans le ressort de la justice de pixa de Boufarik. Toutefois, dans les territoires ci-dessus désignés, les commissaires civils ou leurs adjoints connaîtront en dernier ressort des contraventions de police et de toutes affaires civiles, jusques à une valeur de cent cinquante francs; au-delà de cette valeur, les affaires seront portées devant le juge de paix de Boufarik, sans préjudice de la prorogation de juridiction qui serait consentie par les parties dans les limites de l'art. 5.

3. Les juges de paix, dans les districts de Philippeville et de Boufarik, connaîtront, 1° en dernier ressort, jusques à la

valeur de trois cents francs, et à la charge d'appel, jusqu'au taux de la compétence en dernier ressort des tribunaux de première instance, de toutes les affaires énoncées dans les art. 1, 2, 4 et 6 de la loi du 25 mai 1838, et dans les mêmes limites, de toutes les affaires de commerce; 2° en dernier ressort, jusqu'à la valeur de trois cents francs, et à la charge d'appel, à quelque somme que la demande puisse s'élever, des affaires mentionnées dans les art. 3 et 5 de la même loi; 3° à la charge d'appel, des affaires comprises dans l'art. 6 de la loi précitée.

4. La compétence du juge de paix sera réglée exclusivement par la valeur de la demande originaire, sans égard aux demandes reconventionnelles en compensation ou en dommages-intérêts, sur lesquelles il statuera en dernier ressort, si la demande principale était susceptible d'être jugée sans appel. Si la demande originaire ne pouvait être jugée en dernier ressort, le juge de paix ne jugera sur le tout qu'à charge de l'appel. Lorsque plusieurs demandes, formées par la même partie, sont réunies en une seule, leur valeur cumulée détermine les limites de la juridiction.

5. La juridiction du juge de paix peut être prorogée par les parties jusqu'aux limites de la compétence en dernier ressort des tribunaux de première instance; les parties peuvent également renoncer à appeler de sa sentence; enfin, accepter le juge de paix comme arbitre et amiable compositeur, et le dispenser des formes et délais de la procédure: dans ces divers cas, il est fait mention de leurs déclarations, qu'elles signent; à défaut de quoi, la cause qui empêche de signer est constatée.

6. En matière correctionnelle, les juges de paix connaissent, à charge d'appel, des délits et contraventions contre lesquels la loi ne prononce pas une peine supérieure à une année d'emprisonnement, quel que soit d'ailleurs le taux de l'amende: ils jugent sans appel toutes les contraventions de police.

7. Les juges de paix, pour la recherche et la constatation des crimes et délits, procèdent avec les mêmes pouvoirs que les juges d'instruction.

8. Nul ne pourra être juge de paix s'il n'est licencié en droit, et s'il ne réunit d'ailleurs les conditions exigées pour être admis à remplir ces fonctions en France.

9. Les règles à observer pour la procédure devant les juges de paix et pour l'exécution de leurs jugements seront détermi-

────────

(1) Voy. suprà, p. 94.   (2) Voy. tome 38, p. 693.

nées conformément à l'art. 10 de notre ordonnance du 28 février 1841.

10. Nos ministres de la guerre, et de la justice et des cultes (MM. le duc de Dalmatie et Martin du Nord) sont chargés, etc.

---

23 = 25 MAI 1841. — Lois qui autorisent le département des Ardennes à contracter un emprunt et à s'imposer extraordinairement, et les départements de la Charente, de la Loire, de la Mayenne, du Rhône et de la Haute-Vienne à s'imposer extraordinairement. (IX, Bull. DCCCXIII, n. 9310.)

PREMIÈRE LOI. — Ardennes.

Art. 1er. Le département des Ardennes est autorisé, conformément à la demande qu'en a faite son conseil général dans sa séance du 6 septembre 1840, à emprunter une somme qui ne pourra dépasser neuf cent cinquante mille francs, et qui sera exclusivement applicable aux travaux neufs et de grosses réparations des routes départementales actuellement classées.

Cet emprunt, dont le taux d'intérêt ne pourra dépasser quatre et demi pour cent, sera réalisable, savoir : jusqu'à concurrence de trois cent mille francs en 1841, et de six cent cinquante mille francs en 1842. Il aura lieu avec publicité et concurrence; toutefois le préfet du département est autorisé à traiter de gré à gré avec la caisse des dépôts et consignations, à un taux d'intérêt qui ne pourra excéder celui ci-dessus fixé.

2. Le service des intérêts et de l'amortissement du capital emprunté aura lieu,

1o Jusques et y compris 1844, sur le produit de l'imposition extraordinaire autorisée par la loi du 24 avril 1837;

2o A partir du 1er janvier 1845, sur le produit d'une imposition extraordinaire de dix centimes additionnels au principal des quatre contributions directes, pendant les années 1845 à 1848 inclusivement, et de un centime et demi en 1849, laquelle imposition est autorisée sur la demande qu'en a faite le conseil général dans sa même séance du 6 septembre 1840.

DEUXIÈME LOI. — Charente.

Art. 1er. Le département de la Charente est autorisé, conformément à la demande qu'en a faite son conseil général dans sa séance du 1er septembre 1840, à s'imposer extraordinairement six centimes additionnels au principal des quatre contributions directes, pendant cinq années, à partir du 1er janvier 1842.

2. Le produit de cette imposition extraordinaire sera exclusivement affecté,

1o A assurer, concurremment avec l'imposition autorisée par la loi du 4 juin 1834, le service des intérêts et le complet amortissement de l'emprunt qui a été contracté en vertu de la même loi;

2o A l'achèvement des routes départementales actuellement classées;

3o Au paiement d'une somme de vingt-cinq mille francs, accordée par le conseil général, à titre de subvention dans les frais d'établissement du collège royal d'Angoulême.

3. Chaque année, sur la proposition du conseil général de la Charente, une ordonnance royale, rendue dans la forme des règlements d'administration publique, déterminera la répartition, entre les services ci-dessus indiqués, du produit de l'imposition extraordinaire autorisée par la présente loi.

TROISIÈME LOI. — Loire.

Article unique. Le département de la Loire est autorisé, suivant la demande qu'en a faite son conseil général dans sa session de 1840, à s'imposer extraordinairement, pendant six années, à partir du 1er janvier 1842, trois centimes additionnels au principal des quatre contributions directes, dont le produit sera exclusivement affecté aux travaux neufs des routes départementales spécifiées dans la délibération du conseil général en date du 30 août 1840.

QUATRIÈME LOI. — Mayenne.

Article unique. Le département de la Mayenne est autorisé, conformément à la demande qu'en a faite son conseil général dans sa session de 1840, à s'imposer extraordinairement, pendant cinq années, à partir du 1er janvier 1842, onze centimes additionnels au principal des quatre contributions directes, dont le produit sera exclusivement employé, 1o aux travaux neufs nécessaires à l'achèvement des onze routes départementales actuellement classées; 2o aux travaux neufs de trois nouvelles routes dont le conseil général a demandé le classement.

CINQUIÈME LOI. — Rhône.

Article unique. Le département du Rhône est autorisé, conformément à la demande qu'en a faite son conseil général dans sa séance du 31 août 1840, à s'imposer extraordinairement, pendant quatre années, à partir du 1er janvier 1842, quatre centimes additionnels au principal des quatre contributions directes, dont le produit sera exclusivement affecté aux travaux d'achèvement des routes départementales actuellement classées.

SIXIÈME LOI. — Haute-Vienne.

Article unique. Le département de la Haute-Vienne est autorisé à s'imposer extraordinairement pendant un an, à partir du 1er janvier 1842, sept centimes et demi additionnels au principal des quatre contributions directes, dont le produit sera exclusivement affecté à l'achèvement des routes départementales actuellement classées.

21 = 28 MAI 1841. — Ordonnance du roi qui ouvre le port du Havre à l'importation des fils de laine longue peignée, écrus, retors à un ou plusieurs bouts, dégraissés et grillés. (IX, Bull. DCCCXIII, n. 9311.)

Louis-Philippe, etc., vu l'art. 4 de la loi du 5 juillet 1836; vu la loi du 6 mai 1841; sur le rapport de nos ministres secrétaires d'État au département de l'agriculture et du commerce, et au département des finances, etc.

Art. 1er. Le port du Havre est ouvert à l'importation des fils de laine longue peignée, écrus, retors à un ou plusieurs bouts, dégraissés et grillés, sous le paiement des droits et aux conditions déterminées par la loi du 6 mai 1841.

2. Nos ministres des finances et de l'agriculture et du commerce (MM. Humann et Cunin-Gridaine) sont chargés, etc.

21 = 28 MAI 1841. — Ordonnance du roi qui fixe à cinquante pour cent la proportion d'huiles de palme ou de coco, pour la restitution du droit d'entrée à l'exportation des savons fabriqués avec lesdites huiles. (IX, Bull. DCCCXIII, n. 9312.)

Louis-Philippe, etc., vu les lois du 8 floréal an 11, 21 avril 1818, et 17 mai 1826, qui disposent que les droits perçus à l'entrée de l'huile et de la soude seront restitués à l'exportation des savons; vu notre ordonnance du 1er février 1840 (1), relative au mode de remboursement de ces droits à l'exportation des savons fabriqués avec des huiles de palme ou de coco ; vu les nouvelles observations du comité consultatif des arts et manufactures sur la quantité desdites huiles nécessaire à cette fabrication; sur le rapport de nos ministres secrétaires d'État au département de l'agriculture et du commerce, et au département des finances, etc.

Art. 1er. La proportion d'huiles de palme ou de coco, réglée à quarante-trois pour cent, par notre ordonnance du 1er février 1840, pour la restitution du droit d'entrée

à l'exportation des savons fabriqués avec lesdites huiles, est fixée à cinquante pour cent. A tout autre égard, les dispositions de ladite ordonnance du 1er février 1840 continueront d'être exécutées selon leur forme et teneur.

2. Nos ministres des finances et de l'agriculture et du commerce (MM. Humann et Cunin-Gridaine) sont chargés, etc.

21 = 28 MAI 1841. — Ordonnance du roi relative à l'importation des pierres calcaires dites *écossines*. (IX, Bull. DCCCXIII, n. 9313.)

Louis-Philippe, etc., vu l'art. 4 de la loi du 5 juillet 1836; vu les dispositions de l'art. 1er de la loi du 6 mai 1841, relatives au droit d'entrée sur les pierres calcaires dites *écossines*; sur le rapport de nos ministres secrétaires d'État au département de l'agriculture et du commerce, et au département des finances, etc.

Art. 1er. Les pierres calcaires à cristallisation confuse dites *écossines*, importées brutes ou simplement équarries autrement que par le sciage, ne seront admises au droit de dix centimes par cent kilogrammes que par les bureaux de la frontière du nord situés entre la mer et Blanc-Misseron exclusivement.

2. Nos ministres des finances et de l'agriculture et du commerce (MM. Humann et Cunin-Gridaine) sont chargés, etc.

12 AVRIL = 1er JUIN 1841. — Ordonnance du roi qui ouvre un crédit extraordinaire de seize mille francs, sur l'exercice 1841, pour compléter les quinze cent mille francs alloués par la loi du 2 juin 1834 pour l'établissement d'un pont à Cubzac. (IX, Bull. DCCCXIV, n. 9316.)

Louis-Philippe, etc., vu l'art. 1er de la loi du 2 juin 1834, qui alloue un crédit de quinze cent mille francs pour concourir à l'établissement d'un pont suspendu sur la Dordogne, à Cubzac, route royale n. 10, de Paris à Bordeaux ; vu l'art. 4 de la même loi, portant que la portion du crédit de quinze cent mille francs qui n'aura pas été consommée à la fin d'un exercice pourra être reportée à l'exercice suivant, sans toutefois que la limite de quinze cent mille francs puisse être dépassée; vu les tableaux annexés au projet de loi de règlement du compte de l'exercice 1839, et desquels il résulte qu'à l'expiration de cet exercice il restait disponible, sur le crédit dont il s'agit, une somme de seize mille francs, dont l'annulation est proposée, pour ordre, sur l'exercice 1839; considérant qu'il est né-

(1) Voy. tome 40 p. 4.

cessaire de rendre ce reliquat à sa destination pour l'exercice 1841, sur le rapport de notre ministre des travaux publics, et de l'avis de notre conseil des ministres, etc.

Art. 1er. Un crédit extraordinaire de seize mille francs est ouvert à notre ministre secrétaire d'Etat des travaux publics sur les fonds de l'exercice 1841, pour compléter les quinze cent mille francs alloués par la loi du 2 juin 1834 à titre de concours pour l'établissement d'un pont suspendu sur la Dordogne, à Cubzac.

2. La régularisation de ce crédit sera ultérieurement proposée aux Chambres.

3. Nos ministres des travaux publics et des finances (MM. Teste et Humann) sont chargés, etc.

10 MAI = 1er JUIN 1841. — Ordonnance du roi portant amélioration des pensions dites demi-soldes des capitaines au long cours et des maîtres au cabotage. (IX, Bull. DCCCXIV, n. 9317.)

Louis-Philippe, etc., vu la loi du 13 mai 1791, relative à l'établissement des invalides, et dont le tarif régit les pensions des marins hors le cas où, soit par des blessures reçues dans les combats et dans les manœuvres, soit par vingt-cinq années de service entièrement à l'Etat, ils sont admis à jouir du bénéfice de la loi du 18 avril 1831, spécialement applicable au personnel entretenu qui compose les cadres de l'armée de mer; vu le décret organique du corps de la marine, sanctionné le 15 mai 1791, portant que le brevet d'enseigne de vaisseau auxiliaire serait donné à tous capitaines de navires reçus pour le long cours; vu la loi du 15 germinal an 3, sur les pensions de la marine (art. 1er), et la loi du 3 brumaire an 4, sur l'inscription maritime (art. 24 et 28), lesquels fixent à cinquante ans l'âge où les gens de mer inscrits cessent d'être passibles des levées et peuvent obtenir la pension viagère dite demi-solde, lorsqu'ils comptent une durée de vingt-cinq années effectives, soit de service dans les arsenaux maritimes, soit de navigation mixte sur les bâtiments de guerre et les bâtiments du commerce national; vu les art. 9, 10, 11, 13 et 14 de la loi du 3 brumaire an 4, qui, après avoir posé des règles pour l'examen de capacité et la réception des capitaines au long cours et des maîtres au petit cabotage, garantissent au capitaine au long cours l'emploi d'enseigne de vaisseau auxiliaire, dans le cas où il est requis de servir sur les bâtiments de guerre, et réservent au maître au cabotage l'emploi de pilote côtier sur les mêmes bâtiments; vu l'arrêté consulaire du 27 nivôse an 9; vu les ordonnances royales des 22 mai 1816,

17 septembre 1823, 22 janvier 1824, 12 mars 1826, 29 juin 1828, 31 décembre 1833, 12 novembre 1835 et 9 octobre 1837, lesquels actes ont produit ce double résultat, de développer les ressources légales de la caisse des invalides et d'améliorer progressivement le sort des familles de la population maritime, avec priorité pour les hommes de mer qui naviguent dans les grades inférieurs; vu le budget de la caisse des invalides, voté pour ordre par les Chambres législatives du royaume, et calculé de manière à permettre d'étendre le bienfait de ces améliorations aux capitaines au long cours et aux maîtres au cabotage, lorsqu'ils sont parvenus à l'âge de la pension; considérant qu'il importe à l'affermissement de la discipline dans la marine commerciale, de tenir compte à ces navigateurs du droit hiérarchique qui leur a été éventuellement ouvert par les articles précités de ladite loi du 3 brumaire an 4, et qu'il convient aussi d'avoir égard à la durée effective des commandements exercés par le commerce, attendu qu'elle implique des prestations plus fortes versées par eux dans la caisse des invalides; voulant, d'autre part, assurer sur une base équitable la perception des droits dévolus à la caisse des invalides, dans le cas où il est fait par les capitaines ou autres des arrangements en dehors des conditions communes, etc.

TITRE Ier.

Art. 1er. Tout capitaine au long cours, breveté, qui, parvenu à l'âge de cinquante ans et réunissant vingt-cinq ans de navigation mixte, aura servi deux ans sur les bâtiments de l'Etat, en qualité d'enseigne de vaisseau auxiliaire, ou qui, à défaut, justifiera de six années effectives de commandement pour le commerce national, soit au long cours, soit au grand cabotage, aura droit à la pension dite demi-solde, accordée aux enseignes de vaisseau auxiliaires d'après la loi du 13 mai 1791. Le capitaine au long cours qui ne remplira pas l'une ou l'autre condition obtiendra la pension réglée, d'après la même loi, aux maîtres de timonnerie de première classe.

2. Tout maître au petit cabotage, breveté, âgé de cinquante ans et réunissant vingt-cinq ans de navigation mixte, aura droit à la pension dite demi solde de pilote côtier de première classe, s'il a servi à la paie de ce grade sur les bâtiments de l'Etat, ou si, à défaut, il justifie de douze ans de commandement pour le cabotage. Le maître au cabotage qui ne remplira pas l'une de ces deux conditions obtiendra la pension de pilote côtier de seconde classe.

3. Indépendamment des pensions ci-dessus déterminées, les capitaines au long cours et les maîtres au cabotage auront droit aux suppléments accordés en vertu des art. 3, 4 et 6 du règlement annexé à la loi du 13 mai 1791.

4. Les veuves et, à défaut de veuves, les orphelins des capitaines au long cours et des maîtres au cabotage participent au bénéfice des dispositions contenues dans les art. 1 et 2 de la présente ordonnance, et suivant les bases indiquées par les art. 7 et 9 dudit règlement.

5. Les dispositions ci-dessus seront appliquées aux pensions dont la liquidation est restée en suspens.

TITRE II.

6. Si un capitaine ou maître, propriétaire de navires, commande en personne son bâtiment, la prestation à verser par lui à la caisse des invalides sera établie sur le taux de la solde moyenne accordée aux navigateurs qui exerceront, pour la même place de commerce, des commandements analogues.

7. Cette règle sera également suivie dans le cas où un capitaine ou tout autre marin de l'équipage aurait fait avec l'armateur des arrangements particuliers ayant pour résultat de lui tenir lieu, en tout ou en partie, de sa solde fixe.

8. Notre ministre de la marine et des colonies (M. Duperré) est chargé, etc.

2 = 3 juin 1841. — Loi sur les ventes judiciaires de biens immeubles (1). (IX, Bull. DCCCXV, n. 9321.)

ARTICLE 1er.

Les titres 12 et 13 du livre 5 de la pre-

---

(1) Présentation à la Chambre des Pairs le 11 janvier 1840 (Mon. du 12 et du 15); rapport par M. Persil le 23 mars (Mon. du 31); discussion les 22, 23, 24, 25 avril (Mon. des 23, 24, 25, 26); adoption le 27 avril (Mon. du 28), à la majorité de 97 voix contre 4.

Présentation à la Chambre des Députés le 18 mai (Mon. du 19); rapport par M. Pascalis le 9 juin (Mon. du 23). Reprise le 12 décembre (Mon. du 13).

Discussion les 4, 6, 7, 8, 11, 12, 13, 14, 15, 16, 18 janvier 1841 (Mon. des 5, 7, 8, 9, 12, 13, 14, 15, 16, 17, 19); adoption le 21 (Mon. du 22), à la majorité de 226 voix contre 31.

Retour à la Chambre des Pairs le 1er février (Mon. du 5); rapport par M. Persil le 5 mars (Mon. du 7); discussion le 16 (Mon. du 17); adoption le 20 (Mon. du 21, à la majorité de 125 voix contre 3.

Retour à la Chambre des Députés le 3 avril (Mon. du 4); rapport par M. Pascalis le 22 (Mon. du 27); discussion et adoption le 29 (Mon. du 30), à la majorité de 224 voix contre 23.

Le Code de procédure civile, publié en 1806, s'occupe de ces diverses ventes. Les titres 12 et 13 du livre 5 de la première partie sont relatifs à la saisie immobilière et aux incidents sur cette saisie. Dans la deuxième partie, le titre 4 du livre 1er trace les formalités à suivre en cas de surenchère sur aliénation volontaire; le titre 6 du même livre traite de la vente des biens immeubles appartenant à des mineurs; enfin, dans les titres 7 et 8, il est question des formalités pour la vente de ces biens, quand ils appartiennent à une succession non encore partagée, soit que l'acceptation en ait été pure et simple, soit qu'elle ait eu lieu sous bénéfice d'inventaire.

La loi actuelle réglemente toutes les ventes immobilières. Quelques-unes de ses dispositions sont relatives à des ventes sur lesquelles le Code de procédure ne s'était pas expliqué. D'ailleurs, cette réforme a été opérée en procédant comme on l'avait fait pour la législation pénale et pour le Code de commerce, c'est-à-dire en suivant l'ordre du Code de procédure. Par ce moyen on rend la législation progressive sans renoncer aux avantages de la co-

dification, et les parties mêmes qui sont renouvelées semblent acquérir immédiatement quelque droit au respect que commandent l'origine et l'ancienneté des lois dans lesquelles elles sont intercalées.

On ne peut, au surplus, reprocher au gouvernement de n'avoir pas pris tous les soins, toutes les précautions possibles pour amener son œuvre au plus haut degré de perfection. Dès 1827, il avait consulté les cours royales sur la question de savoir s'il y avait nécessité de modifier la partie du Code de procédure, relative aux ventes judiciaires d'immeubles. En 1829, il soumit un premier essai à tous les corps de magistrature et aux facultés de droit.

Depuis, deux projets ont été rédigés, l'un par plusieurs membres du tribunal de la Seine, l'autre par une commission spéciale, formée en 1838, de magistrats et de jurisconsultes. Le résultat des travaux de cette commission a été de nouveau envoyé aux cours et tribunaux, et ce n'est qu'après avoir recueilli leurs observations que le projet définitif a été arrêté et présenté à la Chambre des Pairs.

Les réflexions suivantes, extraites du rapport qui a M. Persil, indiquent parfaitement l'esprit qui a présidé aux réformes que cette loi a introduites dans notre législation.

« Les ventes judiciaires de biens immeubles, y est-il dit, n'apparaissent d'abord à l'esprit que comme le complément de l'hypothèque, le moyen rigoureux de la réaliser, ou comme l'effet nécessaire, indispensable, du droit de propriété. C'est la dernière raison d'un créancier que le débiteur ne satisfait pas, ou du propriétaire que ses goûts ou ses besoins, joints à une situation particulière, portent à aliéner sa propriété immobilière. Dans ce sens, il y a à concilier, d'un côté, les droits du créancier, à qui la loi doit fournir les moyens de rentrer rapidement, à peu de frais, dans ses fonds, et l'intérêt du débiteur inséparable de la protection due à la propriété; et, de l'autre, la libre disposition des immeubles avec la garantie due aux tiers, au public à qui l'on offre d'en transmettre la propriété.

« Cette loi doit être considérée en même temps sous des rapports plus élevés et plus généraux. A

mière partie du Code de procédure civile, et le décret du 2 février 1811, relatifs à la saisie immobilière et à ses incidents, seront remplacés par les dispositions suivantes :

côté des lumières des jurisconsultes vient naturellement se placer la prévoyance de l'économiste. Ce n'est pas assez de remarquer, ainsi qu'on le fit peu de temps après la mise à exécution du Code de procédure civile, que les nombreuses formalités dont on avait entouré les saisies et les autres ventes rendaient les procédures inconciliables entre elles, éternelles, ruineuses, et l'expropriation presque impossible ; que, sous le prétexte de ne pas toucher légèrement à la propriété, on la rendait inviolable entre les mains du débiteur qui l'avait engagée. D'autres raisons plus puissantes commandaient la simplification des formes et la rapidité de l'expropriation. Elles sont de nature à être comprises des propriétaires, des débiteurs, des capitalistes, puisque c'est dans l'intérêt des uns et des autres qu'elles ont pris naissance.

« On se plaint généralement, et nous n'osons pas dire à tort, que les capitaux sont détournés de la propriété territoriale et ne viennent que dans de faibles proportions au secours de la petite comme de la grande culture. On préfère les jeter dans les hasards des spéculations, les livrer imprudemment aux chances de la bourse ou les laisser improductifs. Il n'est pas rare de voir un capitaliste prêter à un commerçant ou à un industriel, sur billet, à faible intérêt, ce qu'il refuse au propriétaire qui met à sa disposition, par la voie de l'hypothèque, la plus sûre des garanties. S'il diffère son placement, l'argent coûte toujours plus cher à la propriété qu'au commerce et qu'à l'industrie.

« La raison de cette différence, nuisible à la propriété, tient à ce que, au moyen de l'imperfection de nos lois sur le prêt, l'hypothèque et l'expropriation, les garanties que présente la propriété immobilière sont chanceuses, presque plus apparentes que réelles. Le prêteur reçoit une hypothèque, mais l'irrégularité d'un bordereau d'inscription peut la lui enlever ou lui faire subir un procès. S'il évite ce danger, c'est trop souvent pour tomber dans celui plus redoutable d'un privilège ou d'une hypothèque occulte. Enfin, après avoir triomphé de ces inconvénients, toujours imminents, il ne reste plus au créancier non payé qu'à faire réaliser l'hypothèque par la vente du gage. Alors commencent les inextricables embarras d'une procédure compliquée, dangereuse, puisqu'en cas de nullité les frais restent à sa charge, et qui, réunis aux vicissitudes de l'ordre ou de la distribution du prix, après l'adjudication, ne fait qu'éloigner, d'une manière indéfinie, le terme du remboursement. Triste destinée des capitalistes, qu'on ne saurait blâmer de chercher à donner une autre direction au placement de leurs capitaux. Pour avoir voulu entourer la propriété de trop de garanties, on a tari la source destinée à la vivifier, à l'aider, à l'enrichir.

« Le moyen de faire cesser, ou du moins d'atténuer beaucoup cette désastreuse cause de la ruine de l'industrie agricole, se présentait naturellement à l'esprit. Il fallait s'occuper de la réforme de celles de nos lois qui tiennent au placement des capitaux. La loi sur les hypothèques a suffisamment exercé, depuis plus de trente ans, l'ardente et judicieuse critique des jurisconsultes et des hommes pratiques voués à l'économie sociale. La question, à cet égard, est bien posée. Elle est tout entière

dans la publicité complète, absolue, et la non publicité de l'hypothèque ou dans le système mixte du Code civil. Le choix pouvait être difficile ; mais il n'était plus possible de le retarder sans favoriser la fausse et nuisible direction des capitaux.

« A côté, ou plutôt après la loi hypothécaire, se présentait la réforme de nos lois sur les ventes judiciaires. Là, tout le monde était d'accord. La loi actuelle est surchargée de formalités inutiles, nuisibles par leur complication, en opposition avec l'objet qu'elles se proposent d'atteindre. Elles imposent d'énormes dépenses et rebutent les plus intrépides plaideurs ; elles ajoutent des mois, des années aux délais que le créancier avait voulu accorder à son débiteur.

« Ces considérations justifient l'empressement que le gouvernement a mis à étudier la matière des saisies immobilières et le scrupule avec lequel il s'est entouré des lumières et de l'expérience des magistrats de tous les degrés, de l'opinion des facultés de droit et des plus habiles jurisconsultes. Mais, plus les travaux auxquels il s'est livré inspirent de confiance et satisfont l'esprit, plus ils laissent à regretter qu'ils n'aient pas été étendus à la loi hypothécaire. En commençant par là cette réforme indispensable, le gouvernement aurait dissipé la plupart des obstacles que la procédure des saisies immobilières devait rencontrer. La part des créanciers hypothécaires, de toute espèce, aurait été faite. On aurait su d'avance comment ils doivent figurer dans ses poursuites, et, ce qui importe d'avantage à besoin, d'après quels principes se régleraient les effets des adjudications judiciaires, tant à leur égard que vis-à-vis des adjudicataires. Vous sentirez plus tard cette lacune : c'est une des plus grandes difficultés qu'on pût léguer à votre commission. Elle ne l'a pas découragée cependant ; elle n'aurait pu s'arrêter devant cet obstacle sans faire le sacrifice des principaux avantages attachés à la réforme législative provoquée par le projet. »

Il n'y a pas bien longtemps encore, les idées et les vues qui sont exprimées dans ce passage, auraient été mal accueillies. Mais, depuis quelques années, nous commençons à comprendre que le droit de propriété doit être, dans son propre intérêt, de restrictions et de limites. Une inviolabilité absolue le rendrait inutile sous certains rapports ; elle nous ôterait le pouvoir d'offrir, pour garantir l'exécution de nos obligations, les choses dont nous sommes propriétaires ; car, qui voudrait d'un gage qui ne pourrait être réalisé ? Sans doute, jamais on n'a formellement dénié aux créanciers les moyens d'exproprier leurs débiteurs ; mais en ayant environné de difficultés, hérissé d'obstacles l'exercice de leur droit, on l'a rendu presque illusoire. Les capitaux ont subi la loi qui leur était imposée, tant que le prêt sur garantie immobilière a été presque le seul moyen de placement ; mais, lorsque les opérations de l'industrie et du commerce, plus nombreuses et mieux dirigées, leur ont offert des occasions d'emploi sûres et lucratives, ils se sont tout naturellement dirigés vers elles. La propriété foncière a senti alors tout le mal que lui causait la protection qui lui avait été accordée ; et, convertis par l'évidence des faits, les plus opiniâtres praticiens ont été obligés d'accepter les théories ensei-

TITRE XII. — *De la saisie immobilière* (1).

Art. 673. La saisie immobilière sera précédée d'un commandement à personne ou

gnées par les économistes et de consentir à la réforme de la législation.

Les modifications apportées au Code de procédure ne sont donc pas des mesures inspirées par une prévoyance qui va au-devant des besoins futurs ; elles sont l'effet nécessaire, la conséquence forcée des changements survenus dans les transactions sociales.

Par ces innovations, le législateur a-t-il donné une satisfaction assez complète aux exigences nées du mouvement qui s'est opéré dans les idées et dans les faits ? A-t-il assez hardiment supprimé ces formes autrefois imaginées pour l'avantage et la protection de la propriété immobilière, et qui n'étaient plus aujourd'hui qu'une cause de détresse et de ruine ? Je crains, en si grave matière, de hasarder une opinion contraire à celle que les grands corps de magistrature du royaume, que des hommes pleins d'expérience et de sagesse ont adoptée. Et cependant je ne peux m'empêcher de croire que l'empire des anciennes habitudes a eu, en cette occasion, une trop grande influence. On s'est contenté de retrancher quelques formalités, lorsqu'on aurait pu, si je ne me trompe, changer tout le système. Même en le respectant, il fallait peut-être le simplifier davantage.

Dans les ventes judiciaires d'immeubles, il y a trois points importants : l'indication exacte des objets à vendre, l'avertissement à donner aux intéressés et l'appel à faire aux acheteurs. Toutes les formalités doivent tendre à l'un de ces résultats. Celles qui sont établies dans d'autres vues sont inutiles, ou du moins d'une utilité secondaire. Par exemple, certains délais ne sont accordés que pour donner aux débiteurs le temps de chercher des moyens de libération. C'est là un des débris du système protecteur, qui certainement fait plus de mal que de bien. Quelques semaines de répit accordées au débiteur ne lui servent ordinairement à rien, et cette concession, dont les capitalistes exagèrent les effets, les éloigne des placements sur hypothèque.

Pour apprécier une loi sur les ventes d'immeubles, pour juger si les formes qu'elle établit, les délais qu'elle accorde sont nécessaires et convenables, il faut donc se demander : cela est-il utile pour la désignation des biens mis en vente, pour l'avertissement des parties intéressées, ou pour attirer les acheteurs et leur faire connaître la vente ; car, tout ce qui n'a pas pour but un de ces trois effets est ou surabondant ou de médiocre importance. Après avoir été séparé, par cette épreuve simple et décisive, les règles qui conduisent aux fins qu'on doit se proposer de celles qui s'en écartent, il faut évidemment ensuite, parmi les premières, faire un choix. Il y a des procédés plus ou moins ingénieux, plus ou moins sûrs, des formes plus ou moins brèves, plus ou moins efficaces pour parvenir à ce triple but, désigner les immeubles, avertir les intéressés, rendre la vente publique. Incontestablement la préférence est due aux moyens les moins compliqués, les moins dispendieux et les plus prompts. Telle est la théorie qui me semble devoir être adoptée en matière de ventes judiciaires d'immeubles. C'est sous l'influence de ces principes que je vais examiner la loi nouvelle. Je sais d'ailleurs que les innovations ne doivent être ni brusques, ni

hasardées, et je chercherai toujours à justifier, par des exemples pris dans notre propre législation ou dans les législations étrangères, les modifications qui me paraîtront pouvoir être proposées. La loi du 11 brumaire an 7, le Code de procédure de Genève, le Code de procédure de Belgique (voté par les Chambres en 1827 et non sanctionné par le roi), la loi du 7 juillet 1833, sur l'expropriation forcée, refondue dans celle du 3 mai 1841, me fourniront des termes de comparaison.

Les observations qu'on vient de lire sont surtout applicables aux ventes sur saisie. C'est pour la procédure à l'aide de laquelle le gage immobilier est converti en une somme d'argent, que la célérité est une condition indispensable. L'intérêt du débiteur doit céder à celui du créancier, ou plutôt l'intérêt de l'un et de l'autre veut que la vente soit prompte, afin que le remboursement le soit aussi. La commisération qui s'attache à la position du débiteur qu'on va dépouiller de ses immeubles, peut-être de l'héritage paternel, est un sentiment dont il faut se défendre et qui a toujours inspiré des mesures funestes à ceux en faveur de qui il s'élevait. En cherchant à retarder le moment où l'expropriation s'accomplit, on ne fait qu'en accroître les frais et que rendre plus dures les conditions imposées par les prêteurs. La loi qui facilite et accélère l'aliénation, qui permet qu'en peu de jours, et à peu de frais, les propriétaires soient dépouillés, est celle qui leur offre le plus de chances de ne pas l'être. Ceci a l'apparence d'un paradoxe, et il est cependant vrai de dire que plus l'expropriation sera rendue facile, plus elle sera rare. Si l'on avait la certitude que les créances hypothécaires sont garanties par un gage qui peut être promptement et sûrement réalisé, elles circuleraient par le moyen des négociations ; l'on trouverait toujours un capitaliste disposé à les acheter, ce qui dispenserait d'en venir à la vente des immeubles.

(1) M. Persil, dans son rapport, a tracé le parallèle entre les formes prescrites par le Code de procédure, en matière de saisie immobilière, et les procédures auxquelles la loi réduit toute cette poursuite.

« Suivant le Code de procédure, a-t-il dit, la poursuite se compose :

« 1° Du commandement ;

« 2° Du procès-verbal de saisie ;

« 3° De la transcription de la saisie au bureau des hypothèques ;

« 4° De la transcription au greffe du tribunal ;

« 5° De la dénonciation au saisi ;

« 6° De l'insertion d'un extrait de la saisie au tableau placé dans l'auditoire du tribunal ;

« 7° De l'insertion de cet extrait dans les journaux ;

« 8° De l'affichage dans divers lieux ;

« 9° De la notification aux créanciers inscrits du placard d'affiches ;

« 10° De la transcription de ce placard ;

« 11° Du dépôt du cahier des charges au greffe ;

« 12° De la publication à l'audience du cahier des charges, de quinzaine en quinzaine, trois fois au moins avant l'adjudication préparatoire ;

« 13° De nouvelles annonces dans les journaux et de nouveaux placards, huit jours au moins avant l'adjudication préparatoire ;

domicile (1); en tête de cet acte, il sera donné copie entière du titre en vertu

« 14° De l'adjudication préparatoire ;
« 15° De nouvelles annonces et nouveaux placards, dans les quinze jours de cette adjudication ;
« 16° Enfin , de l'adjudication définitive.
« De cette accumulation de formalités, la plupart inutiles , plusieurs dispendieuses, et presque toutes absorbantes d'un temps très-précieux, la loi nouvelle ne conserve que les plus rapides, celles qui sont d'une véritable utilité, et qu'on pourrait dire indispensables ; savoir :
« 1° Le commandement ;
« 2° La saisie ;
« 3° La dénonciation au saisi ;
« 4° La transcription au bureau des hypothèques ;
« 5° Le dépôt du cahier des charges au greffe ;
« 6° Une sommation au saisi d'assister à la publication et lecture de ce cahier ;
« 7° Pareille sommation aux créanciers inscrits ;
« 8° Transcription de cette sommation en marge de la transcription de la saisie ;
« 9° Jugement qui donne acte de la publication, statue sur les incidents, et fixe le jour de l'adjudication ;
« 10° Annonces, dans le journal à ce destiné, du jour, des conditions de l'enchère et de l'adjudication ;
« 11° Affiches et placards contenant la même indication ;
« 12° L'adjudication.
« Tout s'y suit, tout se lie dans cette procédure, qui renferme tout ce qu'il faut pour mettre le débiteur en demeure , et lui laisser le temps de se libérer ; pour donner aux créanciers les moyens de surveiller et de faire valoir leurs gages ; pour instruire et appeler les tiers au concours d'une adjudication publique vers laquelle tous les intérêts doivent désormais converger. On n'y trouve plus ces inutilités que les hommes pratiques n'avaient pas cessé de signaler , telles que la transcription de la saisie au greffe, et l'insertion au tableau placé dans la salle d'audience ; les registres du greffe ne sont pas publics, et les tableaux d'audience, presque aussitôt encombrés qu'ouverts, n'offrent aucun avantage réel. Il en était de même des trois insertions dans les journaux, des trois affiches successives , des trois publications à l'audience, auxquelles personne n'assistait, et qui ne se faisaient même pas. L'adjudication préparatoire n'était elle-même qu'une vaine forme, qui ne servait souvent qu'à dissimuler et à faire perdre de vue le jour où le débiteur devait être définitivement dépouillé. En appelant le saisi et les créanciers inscrits à une seule publication, on met tous les intéressés en présence, chacun fera valoir ses droits ; le jugement qui en sortira réglera définitivement les conditions des enchères, et l'époque certaine et non arbitraire de l'adjudication. Il ne restera plus qu'à faire connaître les unes et les autres aux tiers et au public dont il importe de stimuler le concours ; et des insertions une fois faites dans un journal spécial, et des appositions d'affiches une fois placardées, mais qui, par des précautions sagement combinées, ne seront pas aussitôt enlevées, donneront toutes les garanties d'une véritable publicité. »
Ce rapprochement fait clairement ressortir les améliorations introduites dans la procédure sur saisie immobilière ; mais toutes les formalités conservées, tous les délais maintenus devaient-ils l'être ? C'est ce que j'examinerai sur chaque article.

(1) La première commission de la Chambre des Pairs avait proposé de dire : ou domicile réel. Les motifs de cette addition se trouvent ainsi expliqués dans le premier rapport de M. Persil : « Votre commission........ témoigne son regret de ce que le projet de loi ne cherche pas à s'assurer d'une manière plus efficace que la copie du commandement parviendra bien sûrement au débiteur. L'art. 673 du Code de procédure, comme l'art. 673 du projet, se contente d'exiger que le commandement soit signifié à personne ou domicile ; ce qui, expliqué par l'art. 111 du Code civil, semble supposer que la signification faite à un domicile élu dans l'obligation serait valable. Ainsi l'avait admis la jurisprudence sous l'empire du Code de procédure civile. Votre commission a pensé qu'il ne fallait pas laisser subsister cette difficulté, et que si telle était la pensée du législateur, que la signification du commandement pût valablement se faire au domicile élu , il devait textuellement le dire ; mais cette opinion n'a pas prévalu dans son sein. Elle a considéré que si la loi n'exigeait pas que le premier acte de rigueur fût remis à la personne ou au domicile du débiteur, il pourrait arriver que ce débiteur se trouvât exproprié, sans qu'il eût été réellement mis en demeure d'exécuter ses engagements, et sans même qu'il connût les poursuites rigoureuses dirigées contre lui et sur ses propriétés immobilières. Les actes qui suivent le commandement pourraient, à la rigueur, n'être remis qu'à des domiciles élus. Le débiteur une fois prévenu se tient sur ses gardes, il est à même d'éviter les surprises ; mais si le commandement pouvait être remis à un domicile élu , jamais le débiteur ne serait tranquille. L'élection de domicile , devenue clause de style et d'habitude, dans les obligations, serait la chose la plus dangereuse. Un oubli, une simple négligence , la fraude ; la mort de la personne à qui le débiteur aurait donné sa confiance, l'exposerait à l'ignorance des actes rigoureux dirigés contre lui. Dans cette hypothèse, toutes les améliorations proposées par le projet, toutes ces suppressions d'actes inutiles et frustratoires, toutes ces abréviations de délais qui peuvent si bien servir l'intérêt général, seraient autant de pièges et de dangers pour le débiteur. Plus vous obtiendrez de simplifications dans la procédure, moins vous aurez d'actes inutiles ; plus tôt vous arriverez à la réalisation de l'hypothèque par l'expropriation , et plus vous serez tenus de vous assurer que vous n'agissez pas envers un débiteur surpris et ignorant ; plus la procédure devra se suivre contre un débiteur mis en demeure qui sait et n'ignore rien. C'est par ces motifs que votre commission , en ajoutant au projet , vous propose de décider, conformément à l'art. 2217 du Code civil, raisonnablement entendu, que le commandement tendant à la saisie immobilière sera signifié à la personne ou au domicile réel du débiteur. »

Ces raisons n'ont pas prévalu devant la Chambre des Pairs. Voici celles qu'on leur a opposées : « Il ne faut pas se préoccuper par trop de l'intérêt du débiteur, celui du créancier n'est pas moins respectable. Si le législateur doit veiller à ce que le premier ne soit pas exproprié sans avoir été averti des poursuites que l'on dirige contre lui, il doit, d'un autre côté, chercher à faciliter, autant que possible, à l'autre les moyens d'obtenir le paiement de sa créance. Ces facilités même, loin de préjudicier au débiteur, tournent, au contraire, à son avantage, en ce qu'elles lui permettent d'obtenir les capitaux dont il a besoin à de meilleures conditions. La loi ne doit donc ni sacrifier le débiteur au créancier, ni le créancier au débiteur, mais bien chercher à concilier dans une juste mesure leurs intérêts, qui ont droit également à sa sollicitude.

« L'obliger de signifier le commandement au domicile réel, c'est lui enlever le bénéfice de la convention, c'est le priver d'une faculté qu'il s'était réservée, sans laquelle peut-être il n'eût pas prêté ; c'est le mettre en quelque sorte à la discrétion d'un débiteur aux abois, qui souvent, en pareil cas, simule plusieurs domiciles, et l'exposer à des contestations sans nombre sur le point de savoir si le domicile auquel le commandement a été fait est bien le domicile réel. En vain opposera-t-on que cela n'est pas possible en présence de l'art. 104 du Code civil, qui dispose que « la preuve de l'inten-« tion (celle de fixer son principal établissement « dans un autre lieu) résultera d'une déclaration « faite tant à la municipalité du lieu qu'on quit-« tera, qu'à celle du lieu où on aura fixé son do-« micile, » car l'art. 105 du même Code, qui fait dépendre des circonstances qui seraient le plus souvent ignorées du prêteur la preuve de l'intention, à défaut de déclaration expresse, laisse subsister les inconvénients qui viennent d'être signalés.

« On objecte que si on permet de faire le commandement à un domicile élu, les intérêts du débiteur vont être à la discrétion de l'officier ministériel qui a passé l'acte, et dans l'étude duquel l'élection de domicile a presque toujours lieu ; que même la négligence d'un de ses clercs pourra compromettre les droits des emprunteurs ; que les offices passant aujourd'hui rapidement de main en main, l'élection de domicile devient en quelque sorte un piége pour le débiteur, et qu'enfin la dérogation que l'on propose de consacrer existe déjà en matière de contrainte par corps.

« On peut répondre que, d'abord, il est rare qu'un débiteur ne conserve aucune relation avec la personne chez laquelle l'élection de domicile a été faite ; que c'est ordinairement chez elle que les intérêts du prêt sont payés ; que, d'ailleurs, en fait, il n'arrive presque jamais qu'un créancier procède à une saisie immobilière dont les effets seront encore assez longs à se produire, sans avertir officieusement son débiteur, sans avoir, en un mot, employé tous les moyens amiables pour obtenir son paiement.

« D'ailleurs, en supposant que ces avertissements préalables n'aient pas eu lieu, et que le commandement ait été *de plano* signifié au domicile de l'officier ministériel, il n'y a rien à craindre qu'il ne soit pas remis à la partie. L'officier ministériel, en faisant élire domicile dans son étude aux contractants, s'est évidemment obligé envers eux, comme mandataire, d'une part, à recevoir les significations, demandes et poursuites relatives à cet acte, et, de l'autre, à en donner connaissance à celui d'entre eux qu'elles intéresseraient ; l'inexécution de cet engagement entraînerait donc contre lui une condamnation à des dommages et intérêts, si l'une des parties en éprouvait un préjudice, d'autant mieux que, dans cette circonstance, on peut dire que le mandat n'est pas désintéressé

(art. 1991 et 1992 C. civ.), ou que le mandataire se l'est imposé spontanément (argum. de l'art. 1928 1° C. civ.) ; qu'il a donc intérêt à informer le débiteur du commandement qu'il vient de recevoir pour lui, puisqu'il est responsable du tort que ce défaut d'avertissement, fût-il même imputable à un de ses clercs, pourrait occasionner (art. 1384 C. civ.)

« Si l'office a changé de mains, sans doute le successeur n'est pas soumis aux mêmes obligations ; toutefois, il est fort probable qu'il s'empressera de faire parvenir le commandement à qui de droit ; dans tous les cas, le titulaire précédent reste toujours obligé envers le débiteur hypothécaire tant que celui-ci ne lui aura pas fait remise de l'obligation qu'il a contractée envers lui en lui faisant élire domicile dans son étude.

« Tout cela s'appliquerait à plus forte raison s'il y avait fraude ou collusion entre le saisissant et l'officier ministériel.

« Enfin, si le commandement, par une cause quelconque, restait ignoré du débiteur, il ne serait pas possible que la saisie qui, d'après le projet actuel, a cinq mois au moins de durée, et qui, malgré la simplification des formes, est encore entourée d'une grande publicité, lui demeurât tout à fait inconnue. En conséquence, tous les inconvénients que l'on attribue à la signification au domicile réel n'existent pas réellement, ou du moins ils sont fort exagérés, d'autant plus que l'échéance du terme seule l'avertit qu'il est en demeure et que des poursuites peuvent être dirigées contre lui. »

Il est donc bien entendu que la signification du commandement pourra être faite, comme par le passé, au domicile, soit réel, soit élu, et qu'en rejetant l'amendement, on a voulu consacrer ce que la jurisprudence avait admis sous l'empire du Code de procédure civile. C'est un point que confirme le rapport de M. Pascalis. « ..... C'est à la personne ou au domicile du débiteur que la signification du commandement est faite. Dans le second cas, la copie devra-t-elle être toujours laissée au domicile réel ? Il suffira de la laisser au domicile élu, lorsqu'il en aura été indiqué pour l'exécution de la convention. Ainsi l'ordonne la disposition générale de l'art. 111 du Code civil. La commission de la Chambre des Pairs proposait d'excepter de cette règle, à cause de l'importance d'un tel acte, le commandement dont il est ici question : cette opinion n'a pas prévalu. C'eût été contester son effet naturel à une convention librement consentie, en vue même de la saisie immobilière et des actes qui la préparent. La rédaction de l'article, qui ne déroge pas au principe écrit dans le Code civil, nous a paru aussi devoir être maintenue. »

Lors de la discussion à la Chambre des Députés, l'amendement proposé par la commission de la Chambre des Pairs a été reproduit par M. *Persil fils*, et il a eu le même sort que devant l'autre Chambre. Un sous-amendement, proposé par M. *Croissant*, et qui consistait à dire : « au domicile réel indiqué dans le contrat, » n'a pas été appuyé.

MM. *Persil* et *Croissant* ont paru croire que la rédaction de l'article laisserait subsister le doute qui s'était élevé autrefois sur le véritable sens du mot *domicile*, et qu'on pourrait encore plaider sur la question de savoir si la signification du commandement, faite au domicile élu, est valable. Pri-

duquel elle est faite (1). Ce commandement contiendra élection de domicile dans le lieu où siége le tribunal qui devra connaître de la saisie, si le créancier n'y demeure pas ; il

demment il est impossible qu'il reste à cet égard la moindre hésitation.

Le rejet de leurs amendements et toute la discussion prouvent manifestement que le droit commun est applicable ; que l'élection de domicile doit produire son effet ordinaire, c'est-à-dire qu'elle autorise la signification au lieu indiqué dans l'acte qui la contient. Même sous l'empire du Code de procédure, la jurisprudence était fixée en ce sens. On peut s'en convaincre en consultant les arrêts et les auteurs cités dans le *Dictionnaire de procédure* de Chauveau, v° *Saisie immobilière*, n. 164.

Et au fond, qu'y a-t-il de plus raisonnable de considérer comme valable l'avertissement donné dans le lieu désigné, ou du moins accepté par celui qui a intérêt à être averti ? Le débiteur devrait, au jour fixe de l'échéance, avoir son argent prêt ; si cela lui est impossible, qu'il aille au-devant de son créancier ; qu'il sollicite de lui un délai ; qu'il sache s'il va commencer les poursuites ; qu'il ait au moins la précaution de s'informer si un commandement a été remis au domicile élu. Celui qui ne veut prendre aucun de ces soins ne peut se plaindre s'il est poursuivi à son insu. Le législateur n'est pas obligé de multiplier les garanties dans la supposition d'une incurie extrême : s'il entrait dans cette voie, il ne pourrait jamais assez faire. Il est vrai qu'on peut prévoir le cas où celui qui ne serait pas véritablement créancier commencerait des poursuites en expropriation, où, par conséquent, le propriétaire qui saurait ne rien devoir, ne serait pas averti par l'échéance d'une dette qui n'existerait pas. Mais ce n'est pas en vue de semblables hypothèses que les lois doivent être faites. D'ailleurs, alors même que ce cas extraordinaire se réaliserait, les dispositions du présent article seraient suffisantes ; car si le propriétaire, menacé d'expropriation, n'était pas débiteur, s'il n'était pas, par conséquent, averti par la stipulation du contrat, il n'y aurait pas d'élection de domicile, et alors la signification serait faite à personne ou au domicile réel. Dans la pratique, on voit souvent des personnes qui ont reçu les significations qui leur étaient adressées, en demander la nullité sous différents prétextes ; et l'on ne peut guère citer d'exemples de propriétaires dépouillés de leurs biens par l'effet d'une saisie qu'ils auraient ignorée. J'avoue que la durée et le nombre des formes qui étaient autrefois établies et même de celles qui sont aujourd'hui conservées sont précisément ce qui rend impossibles les surprises et les expropriations accomplies à l'insu des propriétaires ; et comme je crois qu'on pourrait rendre la procédure plus prompte et plus simple, je reconnais que ceux qui s'effraient du danger que présentent les significations au domicile élu auraient, si mon système était admis, un argument de plus à faire valoir pour démontrer la nécessité de la signification au domicile réel. Toutefois, et même avec des formes plus rapides, je n'hésite pas à considérer comme imaginaire le péril contre lequel on veut prendre tant de précautions Au surplus, pour le prévenir et faire cesser toutes déclamations à ce sujet, je proposerais de laisser copie du commandement à celui qui détient l'immeuble saisi, soit qu'il s'y trouve comme usufruitier, locataire, fermier, usager, régisseur ou gardien. Dans presque tous les cas, l'intérêt ou le devoir du détenteur serait de prévenir le propriétaire : il ne manquerait pas de lui transmettre la copie qu'il aurait reçue, et celui-ci serait averti. C'est un des moyens qu'a cru devoir employer le législateur dans la loi du 3 mai 1841 pour que les personnes, dont les biens doivent être expropriés pour cause d'utilité publique, soient instruites des poursuites commencées. Voy. notamment les art. 15 et 66 de cette loi.

(1) La copie doit contenir la formule exécutoire du titre. (Arrêts de la Cour de Besançon du 18 mars 1808, Dalloz, t. 11, p. 696; Sirey, 15. 2. 178 ; Journal du Palais, t. 6. p. 566; de la Cour de Bruxelles du 16 février 1809, Dalloz, t. 11, p. 697; Sirey, 15. 2. 179; Journal du Palais, t. 7, p. 384; Carré, t. 111, n. 2207.)

Il n'est pas nécessaire que le commandement à fin de saisie immobilière, fait par le cessionnaire du créancier originaire, contienne copie de l'acte de cession et de sa notification. La cession ne fait pas partie du titre en vertu duquel la saisie est exercée. (Arrêts de la Cour de cassation du 16 avril 1821, Sirey, 21. 1. 414; Journal du Palais, t. 16, p. 545; de la Cour de Bordeaux du 1er août 1834; Sirey-Devilleneuve, 34. 2. 685; Dalloz, 37. 2. 184. Voy., en sens contraire, les arrêts de la Cour de Metz du 12 février 1817, Sirey, 18. 2. 345 ; Dalloz, 11. 698 ; Journal du Palais, t. 14, p. 75 ; de la Cour de Toulouse du 21 décembre 1837, Sirey-Devilleneuve, 38. 2. 184; Dalloz, 38. 2. 92 ; Journal du Palais, 1838, t. 1, p. 664.

La première de ces deux opinions me paraît devoir être suivie ; mais, quelle que soit celle qu'on adopte, il est hors de doute que l'art. 2214 du Code civil doit recevoir son exécution ; qu'ainsi le cessionnaire ne peut être dispensé de signifier l'acte de cession dans le commandement, qu'autant qu'il l'a précédemment notifié.

Egalement il n'est pas nécessaire que le commandement fait en vertu d'un jugement par défaut non exécuté dans les six mois, mais acquiescé par le débiteur, contienne copie de l'acte d'acquiescement ; cet acte ne fait pas partie du titre. Arrêts de la Cour de Toulouse du 28 avril 1826, Sirey, 26. 2. 234; Dalloz, 26. 2. 204 ; Journal du Palais, t. 20, p. 434 ; de la Cour de Bordeaux du 20 mai 1828, Sirey, 28. 2. 276 ; Dalloz, 28. 2. 217 ; Journal du Palais, t. 21, p. 1477.)

Au reste, il est prudent de signifier tous les actes qui peuvent compléter le titre ; et tel est l'usage.

L'art. 877 du Code civil porte qu'on ne peut poursuivre contre l'héritier l'exécution des titres exécutoires contre son auteur que huit jours après la signification à personne ou domicile de l'héritier. En conséquence, on s'est demandé si le commandement peut être fait avant les huit jours écoulés depuis la signification. Pour répondre à la question, il faut savoir si le commandement est un acte d'exécution. On a généralement adopté la négative ; on devait donc décider que la signification du titre dans le commandement même satisfaisait au vœu de l'art. 877 du Code civil, puisque le procès-verbal de saisie, qui est le premier acte d'exécution ne peut être fait que trente jours après le commandement. C'est aussi la doctrine qu'enseigne Carré, t. 111, n. 2203, et que consacrent plusieurs

énoncera que , faute de paiement, il sera procédé à la saisie des immeubles du débiteur (1) ; l'huissier ne se fera pas assister de témoins ; il fera dans le jour viser l'original par le maire (2) du lieu où le commandement sera signifié (3).

674. La saisie immobilière ne pourra être faite que trente jours après le commandement ; si le créancier laisse écouler plus de quatre-vingt dix jours entre le commandement et la saisie, il sera tenu de le réitérer dans les formes et avec les délais ci-dessus (4).

---

arrêts. Voy. les arrêts de la Cour de cassation du 22 mars 1832, Sirey, 32. 1. 248; Dalloz, 32. 1. 160; de la Cour de Grenoble du 22 juin 1826, Sirey, 26. 2. 304 ; Dalloz, 26. 2. 222 ; Journal du Palais, t. 20, p. 605; de la Cour d'Angers du 21 mars 1834, Sirey-Devilleneuve, 34. 2. 230. Mais ce dernier arrêt, en reconnaissant que le commandement n'est pas , à proprement parler, un acte d'exécution ; qu'ainsi il n'est pas nécessaire qu'il soit précédé à huit jours de distance d'une signification du titre, et que ce titre peut être signifié dans le commandement même, semble exiger cependant que le délai de huitaine de l'art. 877 du Code civil et le délai de trente jours de l'art. 674 du Code de procédure soient écoulés avant la saisie. Cette solution, qui , à la vérité, n'est qu'énoncée dans l'arrêt, et qui n'a pas été précisément celle qu'il s'agissait d'établir, me semble ne devoir pas être suivie. Que veut l'art. 877 du Code civil ? que les héritiers ne puissent être poursuivis qu'après un délai de huitaine depuis l'avertissement qu'ils ont reçu. Ce vœu de la loi est rempli, puisque le procès-verbal de saisie , premier acte d'exécution , est postérieur d'un mois à la signification. Qu'exige de son côté l'art. 673? que l'espèce d'exécution nommée saisie immobilière, à raison de sa nature et de ses effets, ne soit pratiquée qu'après trente jours, à compter du commandement. Cette garantie est accordée lorsque les trente jours sont écoulés. Donc, la saisie peut être faite le lendemain de leur expiration.

D'autres arrêts, considérant le commandement comme un acte de poursuite , ont décidé qu'il devait nécessairement être précédé à la distance de huit jours de la signification prescrite par l'art. 877 du Code civil. (Arrêts de la Cour de cassation du 31 août 1825, Sirey, 25. 1. 357; Dalloz, 25. 1. 431; Journal du Palais, t. 19, p. 874 ; de la Cour de Pau du 3 septembre 1829 , Sirey, 30. 2. 150; Dalloz , 30. 2. 289; Journal du Palais , t. 22, p. 1439 ; de la Cour de Bastia du 12 février 1833, Sirey, 33. 2. 262 ; Dalloz , 33. 2. 140.) Cette jurisprudence me semble devoir être repoussée , parce qu'elle est fondée sur une fausse appréciation de la nature du commandement. D'ailleurs, les délais sont bien assez étendus ; dans le doute on ne doit pas pencher pour l'opinion qui les augmente.

(1) Il n'est pas nécessaire de désigner spécialement les immeubles dont on entend provoquer la vente. Voy. Carré , t. 111, n. 2210. L'art. 2 de la loi du 11 brumaire an 7 exigeait cette désignation.

(2) Par cela seul que le visa est apposé par l'adjoint, il y a présomption d'absence ou d'empêchement du maire ; il n'est pas nécessaire que cette absence ou cet empêchement soient l'objet d'une mention spéciale. (Arrêt de la Cour de cassation du 12 juin 1839, Devilleneuve, 39. 1. 607; Dalloz, 39. 1. 253; Journal du Palais, 1839, t. 1, p. 88.) Voy. les arrêts en ce sens cités sous l'art. 676.

(3) L'art. 673 du Code de procédure se terminait ainsi : « Il fera, dans le jour, viser l'original par le maire ou l'adjoint du domicile du débiteur, et il laissera une seconde copie à celui qui donnera le visa. »

L'article du projet adopté par la Chambre des Pairs disait seulement : « Il fera, dans le jour, viser l'original par le maire du domicile du débiteur. »

M. Persil, rapporteur de la commission , a fait remarquer que « la nouvelle rédaction supprimait avec raison , comme inutile ou inexacte , la désignation de l'adjoint que la loi générale sur l'administration des communes appelle en première ligne toutes les fois que le maire est empêché ; » et il a ajouté « que cette loi fait remplacer l'adjoint lui-même par le plus ancien conseiller municipal, quand il n'est pas disponible. Dans ce cas, a-t-il dit, l'adjoint et le conseiller municipal se trouvent nécessairement compris sous la désignation du maire dont l'art. 673 exige le visa. Quant à la remise d'une copie à ce fonctionnaire, elle continuerait à aggraver les frais sans ajouter à la garantie que le commandement parviendra à la connaissance du débiteur. »

La commission de la Chambre des Députés a pensé qu'il n'était pas convenable d'exiger que, dans tous les cas, le visa fût donné par le maire du domicile du débiteur. « Si le commandement est signifié à la personne du débiteur, disait M. Pascalis , il est évident que c'est à la mairie du lieu où l'huissier se trouvera que le visa sera demandé ; c'est ce que nous avons cru devoir exprimer en substituant des expressions plus générales à celles du projet, qui supposent, comme le faisait la loi ancienne, que le visa ne serait jamais donné ailleurs qu'au domicile du débiteur. » En conséquence, on a remplacé ces mots : le maire du domicile du débiteur par ceux-ci : le maire du lieu où le commandement sera signifié.

Ce visa, considéré comme une garantie, n'est qu'une formalité bien insignifiante, au moins dans les grandes villes. Il suffit d'avoir vu comment s'exécute cette prescription de la loi pour être profondément convaincu qu'elle est complètement inutile.

(4) L'article du projet était ainsi conçu : « Les poursuites ne pourront être commencées que trente jours après le commandement ou après la sommation faite au tiers-détenteur en vertu de l'art. 2169 du Code civil , sans qu'il puisse s'écouler plus de vingt jours entre cette sommation et le commandement au débiteur originaire , quand les deux poursuites auront lieu simultanément.

« Si le créancier laisse écouler plus de quatre-vingt-dix jours entre le commandement ou la sommation et les poursuites, il sera tenu de réitérer ces actes dans les mêmes formes et avec les mêmes délais. »

La commission de la Chambre des Pairs revint à la rédaction du Code de procédure ; seulement, elle substitua le délai fixe de quatre-vingt-dix jours à celui de trois mois, qui se trouvait dans l'ancien art. 674.

Voici comment s'est exprimé sur cet article M. Persil : « A la rigueur, le commandement régulièrement fait, connu ou présumé connu du débiteur, aurait pu être immédiatement suivi de la saisie de ses immeubles; mais la raison et cette indulgente équité qui doit toujours accompagner les actes que la loi autorise n'eussent pas été satisfaits. Il fallait un temps moral au débiteur pour délibérer sur les dangers qui le menaçaient et pour se procurer les moyens de les éviter. Le Code de procédure y avait pourvu en disposant que la saisie ne pourrait avoir lieu que trente jours après le commandement. D'un autre côté, les menaces du créancier, en ne se réalisant pas immédiatement après les trente jours, auraient pu laisser le débiteur dans une fausse sécurité, dont l'auraient tiré trop tard des actes de rigueur qu'il n'aurait plus été à même d'éviter. C'est pour le soustraire à ce double danger, trop facile à prévoir, que le même article du Code de procédure ajoutait qu'après trois mois le commandement serait renouvelé.

Le projet accepte ce point de départ et cette péremption; mais, embrassant dans la même disposition le cas où l'immeuble que le créancier se propose de saisir serait entre les mains d'un tiers-détenteur, il s'occupe de la sommation à faire à celui-ci, et de l'intervalle qui doit séparer cette sommation de la saisie et du commandement à faire dans tous les cas, et, en premier lieu, au débiteur originaire.

Votre commission a considéré que tout ce qui concernait les devoirs du créancier poursuivant à l'égard du tiers-détenteur avait été réglé par l'article 2169 du Code civil. Là se trouve, en effet, clairement exprimée l'injonction au créancier de ne faire vendre l'immeuble hypothéqué que trente jours après un mandement au débiteur originaire et sommation faite au tiers-détenteur de payer la dette exigible ou de délaisser l'héritage. L'article du projet ne dit pas plus nettement les devoirs du poursuivant. Ce serait une répétition inutile, et par cela même dangereuse, qui ne s'expliquerait pas par la nécessité d'étendre la péremption des trois mois du commandement à la sommation, parce qu'on n'a jamais sérieusement contesté qu'il n'en fût ainsi. La sommation tient lieu du commandement, et ce que l'art. 674 établit à l'égard du débiteur est généralement appliqué au tiers-détenteur. C'est de pratique journalière.

Quant au délai qui séparerait la sommation et le commandement, lequel ne pourrait jamais être de plus de vingt jours, votre commission en a vainement recherché les motifs. La disposition lui en a paru nouvelle, inutile, dangereuse; elle n'est dans aucun de nos Codes; aucune nécessité ne la réclame, car il n'importe pas qu'après avoir fait le commandement au débiteur, la sommation intervienne dans les vingt jours, le mois ou les six semaines qui suivent. Ce qu'il faut, c'est que la saisie ne se fasse pas avant l'expiration du mois à dater du commandement et de la sommation, et après les trois mois de l'un et de l'autre. Avant, le débiteur et le tiers-détenteur n'ont pas en le temps de se mettre en mesure; après, ils ont pu compter sur un mouvement de résolution du créancier et s'endormir dans cette apparence trompeuse. Votre commission a ajouté que cette innovation serait dangereuse, parce qu'elle forcerait le créancier qui ne voudra pas perdre les frais de son commandement à poursuivre le tiers-détenteur, que, sans cela, il eût laissé tranquille. Toutes ces considérations l'ont déterminée à vous proposer de rejeter l'article du projet, et de le remplacer par l'art. 674

du Code de procédure, qui, jusqu'ici, a fait face à toutes les nécessités. Nous ne demandons qu'un changement qui s'explique de lui-même : c'est de substituer quatre-vingt-dix jours à la dénomination de trois mois fixés pour la péremption du commandement et de la sommation. »

« La loi du 11 brumaire an 7, a dit M. Pascalis, rapporteur de la commission de la Chambre des Députés, n'obligeait de renouveler le commandement qu'après six mois. Dans l'intention de diminuer les frais, et afin que la condescendance du créancier ne lui fût pas onéreuse, on a demandé de conserver au commandement son effet pendant une année ; c'est avec raison que le projet ne s'est pas rendu à ces considérations. Un intervalle aussi long pouvait laisser le débiteur s'abandonner à une trompeuse sécurité. Averti d'ailleurs par la loi si le créancier veut accorder un plus long délai, il n'aura soin de n'y consentir qu'en exigeant le remboursemens des frais de l'acte qu'il peut être obligé de renouveler.

« Lorsque l'expropriation doit être poursuivie contre un tiers-détenteur, en vertu de l'action hypothécaire, l'art. 2169 du Code civil exige qu'une sommation lui soit faite à trente jours, et qu'un commandement soit signifié au débiteur originaire. Cette sommation a le vrai caractère d'un commandement ; comme cet acte, et avec lui, elle sera donc périmée par trois mois : cela est de plein droit et n'avait pas besoin d'être exprimé. Ainsi, la suppression d'un article destiné à régler ce cas particulier a justement été faite sur le projet du gouvernement par la Chambre des Pairs.

« Votre commission n'a pu que partager cette opinion. »

La substitution du délai de quatre-vingt-dix jours à celui de trois mois a fait cesser le doute qui s'élevait sous l'empire du Code de procédure sur la durée qu'il fallait attribuer à chaque mois. On s'accordait cependant généralement à penser qu'on ne devait pas compter pour chacun une période de trente jours ; qu'on devait prendre les mois tels qu'ils se trouvaient dans le calendrier. (Carré, t. 111, n. 2221. Le législateur a décidé autrement la question. L'important était qu'elle ne restât pas indécise.

Au surplus, il me semble également regrettable qu'un délai de trente jours sépare nécessairement le commandement de la saisie, et qu'après quatre-vingt-dix jours le commandement reste sans effet. Ces deux dispositions empruntées au Code de procédure auraient dû, dans l'intérêt du crédit foncier, c'est-à-dire dans l'intérêt bien entendu des propriétaires d'immeubles, être sinon abrogées, du moins modifiées d'une manière notable.

D'abord, je l'ai déjà dit, le répit accordé au débiteur ne lui profite point ; il n'ignore pas l'époque de l'échéance de son obligation, et si, avant qu'elle arrive, il n'a pu trouver les moyens de se libérer, ce n'est pas dans le nouveau délai qu'on lui donne qu'il pourra se les procurer. Du moins cela n'est point probable, et ce n'est pas en se fondant sur une pareille éventualité qu'il est raisonnable d'autoriser une infraction à la loi du contrat. Celui qui est sujet à la contrainte par corps peut être incarcéré vingt-quatre heures après le commandement ; le négociant qui ne paie pas au jour de l'échéance ses billets ou ses lettres de change, est protesté le lendemain ; par cela même son crédit est perdu, et sa fortune entière compromise.

Pourquoi donc des tempéraments et des délais lorsqu'il s'agit de saisie d'immeubles? Cela tient aux vieilles idées sur la propriété immobilière, à la préférence que lui accordait le régime féodal, et qui a survécu à ce régime. Qu'il me soit permis de rappeler que je faisais à peu près les mêmes observations dans mes notes sur la loi du du 27 avril 1825. En s'y reportant, on verra que mes vues n'ont pas changé depuis cette époque; que quelques-unes de mes prévisions se sont vérifiées, cela inspirera peut-être un peu de confiance pour les idées que j'expose ici. Au surplus, la loi du 11 brumaire an 7 laissait aussi un intervalle d'un mois entre le commandement et la saisie (art. 1er), et le Code de Genève exige le même délai (art. 520); le Code belge le porte à quarante jours (art. 449).

C'est aussi dans une intention bienveillante pour le propriétaire que l'effet du commandement est limité à trois mois. On craint que si ce temps s'écoule sans que le créancier procède à la saisie, le débiteur, convaincu que les poursuites n'auront pas lieu, ne soit ensuite pris à l'improviste. Si cette disposition ne se trouvait pas déjà écrite dans nos lois, et que, pour la première fois, elle fût proposée, il n'y aurait qu'une voix pour la repousser. Elle est injuste et va directement contre son but. Le créancier a renouvelé l'avertissement que la seule échéance du terme avait déjà donné. Sollicité par son débiteur, ou peut-être empêché par quelque cause personnelle, il suspend les poursuites, il diffère la saisie de quatre-vingt-dix jours; l'effet du commandement cesse de plein droit, et les frais restent à sa charge. Pourquoi cela? parce que sa longanimité a pu inspirer au débiteur la confiance qu'il ne serait pas poursuivi, et qu'en conséquence il est possible qu'il ne se soit pas occupé de préparer ses moyens de libération.

Est-ce sérieusement qu'on donne de pareilles raisons? Quoi donc! le débiteur ne sait-il pas que sa dette existe, qu'elle est échue, qu'elle n'est point payée, et qu'il faut qu'elle le soit; que, tant qu'elle ne l'est pas, son créancier peut user des moyens légaux pour le contraindre à accomplir sa promesse, à tenir sa parole? Non; de ce qu'un répit lui a été laissé par la bienveillance de son créancier, il est autorisé à penser que toute poursuite contre lui est provisoirement abandonnée; la loi ne veut pas qu'il soit victime de la sécurité qu'on lui a inspirée; elle prend son incurie sous sa protection, et c'est le créancier qui est condamné à supporter les frais de son commandement, parce qu'il a eu de l'indulgence et de bons procédés. Je dis que c'est là une injustice, car il est injuste de préférer le débiteur qui n'exécute pas ses obligations au créancier qui exerce son droit, surtout lorsque celui-ci le fait avec modération. Aussi, qu'arrive-t-il? les créanciers, après un commandement, sont engagés, presque malgré eux, à procéder à la saisie, et, s'ils consentent à la suspendre, du moins ils ont le soin d'exiger le remboursement des frais de l'acte qu'ils veulent bien laisser périmer. Ce n'est donc pas le débiteur, c'est l'huissier et le fisc qui profitent de la disposition. La loi du 11 brumaire an 7 ne prononçait la péremption du commandement qu'après six mois (art. 4, n. 8); le Code belge et le Code de Genève après un an (art. 449 et 520).

Le délai de trois mois ne court pas tant que le saisissant est dans l'impossibilité d'agir par le fait du saisi. Par exemple, si le saisi forme opposition au commandement, le délai de trois mois est suspendu pendant la durée de l'instance sur l'opposition. (Arrêts de la Cour de cassation du 7 juillet 1818, Sirey, 19. 1. 233; Dalloz, t. 11, p. 704; Journal du Palais, t. 14, p. 941; du 23 mars 1841, Sirey-Devilleneuve, 41. 1. 444; Dalloz, 41. 1. 175; Journal du Palais, 1841, t. 1, p. 671.)

Il a même été jugé que l'opposition à un commandement tendant à saisie immobilière, a pour effet d'interrompre, et non pas seulement de suspendre le délai de trois mois; en d'autres termes, qu'il faut qu'un délai de trois mois se soit écoulé en entier depuis le jugement définitif qui a statué sur l'opposition, pour qu'un nouveau commandement soit nécessaire. (Arrêt de la C. de cass. du 19 juillet 1837, Sirey-Devilleneuve, 37. 1. 675; Dalloz, 37. 1. 420; Journal du Palais, 1837, t. 2, p. 296.)

Cette décision est fondée sur une vérité incontestable : c'est que le débiteur, au moment où il formait son opposition, ne croyait pas évidemment que les poursuites fussent abandonnées, et qu'il n'a pas dû avoir cette pensée tant qu'en plaidant il empêchait qu'elles fussent continuées. Sa confiance n'a pu naître qu'au moment où son créancier, maître d'agir, ne l'a point fait; et, pour qu'il puisse argumenter de cette inaction, il faut qu'elle ait duré trois mois. La Cour de cassation donne une autre raison. Elle dit que ce n'est seulement qu'à partir du jugement qui a validé le commandement que peut courir le délai qui a pour effet d'entraîner la péremption de cet acte.

M. Persil et M. Pascalis ont l'un et l'autre, dans les passages de leurs rapports que j'ai cités, considéré comme un point hors de discussion, et consacré par une pratique constante que la saisie ne peut être pratiquée qu'un mois après la sommation faite au tiers-détenteur, et qu'elle ne peut plus avoir lieu quand trois mois se sont écoulés depuis la sommation; qu'en un mot, la règle établie par l'art. 674 du Code de procédure pour le commandement au débiteur originaire, est applicable à la sommation faite au tiers détenteur. Cela leur a paru tellement évident qu'ils ont repoussé la rédaction qui le disait expressément. Il faut convenir que cette doctrine paraît adoptée par Carré, t. 111, n. 2218. Cependant, un arrêt de la Cour de Poitiers du 27 novembre 1833, Sirey-Devilleneuve, 34. 2. 166; Dalloz, 34. 2. 118, a jugé que trois mois écoulés depuis la sommation faite au tiers-détenteur n'étaient pas un obstacle à la saisie, lorsqu'un commandement remontant à moins de trois mois avait été fait au débiteur originaire. L'arrêt se fonde sur ce que les nullités sont de droit étroit, et qu'aucun texte ne prononce la péremption de la sommation au tiers-détenteur, lorsqu'elle n'a pas été suivie de la saisie immobilière dans les trois mois de sa date. Cette raison me semble décisive; on ne peut opposer avec avantage qu'il y a une telle analogie entre la position du débiteur originaire et celle du tiers-détenteur, que ce qui est vrai pour l'un est nécessairement vrai pour l'autre. En effet on peut, jusqu'à un certain point, comprendre l'indulgence qui, à l'égard du premier, a fait admettre la présomption que des poursuites suspendues pendant trois mois sont abandonnées. C'est un moyen détourné pour lui accorder encore un répit. Mais le tiers-détenteur n'a aucun droit à une pareille faveur; il a acheté, apparemment avec l'intention et les moyens de payer; il a reçu une sommation de se libérer ou de délaisser l'héritage. Que faut-il de plus? Est-il raisonnable de dire que, parce que trois mois

675 (1). Le procès-verbal de saisie contiendra, outre toutes les formalités com-

se sont écoulés, les créanciers ont renoncé pour le moment à leurs prétentions? Non sans doute. En tout cas, il y a entre la position du tiers-détenteur et celle du débiteur originaire une différence claire et notable. Cela suffit pour repousser une péremption qui n'est fondée que sur l'analogie.

Mais si l'on devait raisonner ainsi sous l'empire du Code de procédure; l'intention des deux commissions, qui ont élaboré la loi actuelle, est, j'en conviens, d'un grand poids en faveur de l'opinion qui assimile la sommation au commandement, en ce qui touche la péremption. Toutefois, je crois encore qu'on doit persister à ne pas appliquer à l'une la règle qui est faite pour l'autre. Il ne faut pas en effet, ainsi que je l'ai dit souvent, accorder trop d'influence aux discussions parlementaires dans l'interprétation des lois. S'agit-il de déterminer le sens d'un texte obscur, de rechercher le principe sur lequel est fondée une disposition, les discours prononcés dans les Chambres fournissent de précieux documents; mais ils ne peuvent, là où un texte formel est nécessaire, parce qu'il s'agit de prononcer une déchéance, de créer une nullité, suppléer au silence de la loi. D'ailleurs, c'est avec plus ou moins de précision que se manifeste la pensée des législateurs dans le cours des discussions. Il est vrai que le projet prononçait expressément la péremption de la sommation par le laps de trois mois, il est vrai que la commission de la Chambre des Pairs a supprimé cette disposition, parce qu'elle a cru qu'elle était surabondante ; et enfin la Chambre des Pairs a voté l'article tel qu'il lui a été présenté. Ces circonstances semblent bien révéler l'intention d'assujettir la sommation à la règle qui est établie pour le commandement; mais cela n'a pas été déclaré expressément au moment du vote. Cette déclaration elle-même suffirait-elle ? Ne faut-il pas que la loi parle en termes clairs, formels, pour que les tribunaux prononcent une nullité et déclarent une péremption?

La question de savoir si le commandement fait au débiteur originaire en vertu de l'art. 2169 du Code civil, se périme faute d'avoir été suivi dans les trois mois d'une saisie immobilière sur le tiers-détenteur, est également controversée. Voy. pour l'affirmative les arrêts de la Cour de Nîmes du 11 février 1833, Sirey, 33. 2. 178 ; de la Cour de cass. du 14 mai 1 39, Sirey-Devilleneuve, 39. 1. 509, Dalloz, 39. 1. 202 ; Journal du Palais, 1839, t. 1, p. 539 ; de la Cour de Rouen du 8 mars 1839, Devilleneuve, 39. 2. 387; Dalloz, 39. 2. 265. Pour la négative, arrêts de la Cour de Bordeaux du 23 avril 1831, Sirey, 31. 2. 238; Dalloz, 31. 2. 149; Journal du Palais, t. 23, p. 1496; de la Cour de cassation du 9 mars 1836, Sirey-Devilleneuve 36. 1. 277; Dalloz, 37. 1. 119 ; de la Cour d'Amiens du 10 mai 1837, Sirey-Devilleneuve, 38. 2. 196; Dalloz, 38. 2. 127.

(1) « Après les délais du commandement, le créancier a le droit de passer à l'expropriation », a dit M. *Persil*. Dans les projets qui ont précédé celui que vous a soumis M. le garde des sceaux, on déterminait les biens qui pourraient être l'objet immédiat des poursuites. C'était remettre en question le titre du Code civil relatif à *l'expropriation forcée*, et une loi spéciale, du 14 novembre 1808, qui pourrait plus tard, si cela était nécessaire, rentrer dans une rectification de cette partie du Code civil. Le gouvernement aura pensé, sans doute, qu'il n'y avait pas nécessité de confondre des lois destinées à régler le fond du droit avec celles qui n'ont pour objet que les formes réservées à son exercice. Que ces formes ne se liant pas indispensablement avec la nature des biens auxquels on les appliquerait, il n'était pas nécessaire de faire rentrer les unes et les autres dans le même projet. Par le même motif, votre commission vous propose d'imiter la sage réserve du gouvernement.

« La disproportion qui peut exister entre la modicité de la créance et l'exagération des frais de saisie immobilière aurait fait désirer à quelques bons esprits que le droit de saisir immobilièrement fût, dans certains cas, limité dans son exercice : par exemple, quand la créance serait inférieure à 300 fr. Avec plus de réflexion on s'apercevra que cette restriction serait injuste. Pour une petite fortune, ces 300 fr. forment un capital considérable, dans lequel il d viendrait impossible de rentrer, si l'on adoptait une semblable exception. Tous les biens du débiteur sont le gage de son créancier, de celui à qui il est dû 300 fr., comme du capitaliste qui en a prêté 3,000 ou davantage ; et cependant ce gage serait enlevé au petit créancier, puisque, sous ses yeux, le débiteur jouirait sans pouvoir en être dépouillé. Vainement alors on ferait intervenir le magistrat. C'est de la loi que le créancier doit recevoir son droit et non de la justice qui n'est appelée qu'à le déclarer, à pourvoir ou à contraindre à son exécution.

« Une autre question s'était aussi élevée au moment où il fallait passer aux formes mêmes de l'expropriation. Question de système, et qui pourrait à elle seule changer toutes les bases du projet. Nous voulons tous simplifier la procédure de l'expropriation forcée en conservant à la propriété ses droits et ses garanties. Nous cherchons les meilleurs moyens, et les plus rapides et les moins dispendieux de réaliser le gage et de favoriser les ressources qu'il peut offrir à celui qui emprunte. En apparence, c'est contre le débiteur que nous nous efforçons de trouver un procédé expéditif. En réalité, c'est en faveur que nous le découvrirons, puisque la certitude d'un prompt remboursement peut seule lui ouvrir la mine féconde des capitaux dont il a besoin. Le système simple, net, de la loi du 11 brumaire an 7 ne conduit-il pas sûrement à ce but? N'y conduit-il pas plus tôt, et à moins de frais? Le créancier qui a vainement fait son commandement et attendu la révolution du mois pour être payé, appose des affiches; il annonce la vente des biens immeubles de son débiteur ; il les fait adjuger. Cela ne vaut-il pas mieux qu'un procès-verbal illusoire de saisie, qui n'est bon à rien, qui ne sert à rien? S'il s'agissait réellement de la propriété, s'il la mettait sous la main de justice, comme le meuble corporel dont on enlève réellement la possession au débiteur, on comprendrait cet acte; mais ce n'est qu'une fiction, puisque l'immeuble reste ce qu'il était et comme il était. Le procès-verbal constate le transport de l'huissier et contient des désignations plus ou moins exactes, longues, coûteuses, et, quand il est clos, les choses ne sont ni plus ni moins avancées. Le créancier et le débiteur en sont absolument au même point qu'après le commandement. Ils ne commencent leurs rôles respectifs, l'un de poursuivant, l'autre de débiteur en expropriation, que lorsque

munes à tous les exploits,

le créancier annonce la vente par les journaux et les affiches. Ne vaudrait-il pas mieux commencer par là, puisqu'il est indispensable d'y venir, plutôt que de concentrer les plus longues, les plus difficiles, les plus coûteuses formalités de la saisie dans un acte occulte, œuvre du créancier seul, ou plutôt de son huissier, qui ne change pas la nature des choses et qui ne peut faire qu'un acte soit une poursuite réelle, un commandement d'expropriation, lorsque tout au plus il ne témoigne que la résolution du créancier d'en venir à un acte rigoureux ?

« Sans nier ce que la forme introduite par la loi du 11 brumaire an 7 pouvait avoir d'expéditif et de rationnel, votre commission n'a pas trouvé qu'il existât des motifs suffisants de changer ce qui avait été introduit par le Code de procédure civile. Nul inconvénient grave n'en est résulté. Les procédures n'ont été ni plus longues ni plus coûteuses, et peut-être amènent-elles moins d'incidents. Le procès-verbal de saisie constate mieux que de simples affiches, la dépossession du débiteur et le commencement de l'incapacité dont il va être frappé. Il a cet avantage qu'il désigne mieux la propriété mise en vente qu'il ne le ferait le placard d'affiche. Les tiers savent ce qu'on vend, ce qu'ils achètent, et, comme en définitive le procès-verbal de saisie devient la base du titre d'acquisition, ils sont exposés à moins de procès que sous la loi de brumaire. Ces considérations ont déterminé votre commission à donner la préférence au procès-verbal de saisie, mais en se réservant d'en bien tracer les énonciations obligées. »

M. *Pascalis*, rapporteur de la Chambre des Députés, s'est à son tour exprimé en ces termes :

« Plusieurs des contrées qui, sous l'empire, avaient reçu nos Codes en se soumettant à la conquête, et qui ont apporté depuis des changements à la législation française, ont modifié surtout notre procès exécutoriel. Une loi de procédure, faite pour le canton de Genève, et que l'on y observe à dater de 1819, fait aussi opérer la saisie par une opposition de placards. Le projet du gouvernement n'adopte pas cette innovation. Recourir à la publicité au commencement de la procédure, ce serait hâter l'insolvabilité du débiteur, lorsqu'il pourrait encore, en s'adressant au crédit, échapper à l'expropriation. La forme des affiches apposées dès ce moment ne pourrait être économique qu'autant que cette apposition servirait à un double objet, c'est-à-dire à constater la saisie en annonçant la vente ; or, le jour de l'adjudication demeure encore incertain, et, quand même on pourrait le connaître, ce jour serait encore trop éloigné pour que le public en fût utilement informé. Le procès-verbal de saisie est nécessairement fait en vue des lieux sur lesquels l'huissier est obligé de se transporter ; il présentera ainsi plus d'exactitude pour la rédaction ultérieure du cahier des charges et des affiches elles-mêmes. Enfin, ce mode est mieux approprié au but qu'il s'agit d'atteindre, c'est-à-dire à la main-mise de la justice sur l'immeuble saisi. »

L'opinion des commissions sur l'utilité du procès-verbal de saisie a été acceptée par les deux Chambres sans la moindre résistance. Pas un mot n'a été dit en faveur du système de la loi du 11 brumaire an 7 ou de toute autre combinaison, et cependant qu'on relise les observations de M. Persil,

on verra que les raisons qu'il présente pour justifier le régime de l'an 7 sont au moins aussi puissantes que celles qui lui servent à défendre le Code de procédure reproduit par la loi actuelle.

La seule considération grave qui s'élève en faveur du procès-verbal de saisie est que l'huissier, en se transportant sur les lieux, en acquiert une connaissance plus exacte et fait une description plus complète et plus vraie, que les énonciations du procès-verbal passant dans le cahier des charges donnent aux tiers qui se proposent d'acheter des renseignements plus précis sur ce qui est mis en vente ; qu'ainsi le titre de l'adjudicataire étant plus détaillé et établissant mieux la propriété, les discussions doivent être moins fréquentes.

Tous ces avantages sont incontestables, mais ils pouvaient se concilier, si je ne me trompe, avec la suppression du procès-verbal de saisie.

Ce qui est utile, les deux rapporteurs le disent, c'est la réunion des documents que fournit l'inspection des lieux. Pour assurer le résultat désiré, que fait la loi ? Elle ne se borne pas à ordonner le transport de l'huissier sur l'immeuble à saisir ; c'eût été se fier bien légèrement à un acte matériel, et supposer qu'il aura des conséquences excellentes, sans s'occuper efficacement de les lui faire produire. La loi ne se contente donc pas de dire qu'un huissier ira, de sa personne, voir l'immeuble dont il s'agit de poursuivre la vente ; elle prend la précaution d'indiquer ce qu'il faudra recueillir dans cette visite, et, pour assurer qu'en effet les documents qu'elle considère comme utiles ne seront point négligés, elle prescrit qu'ils soient placés dans le procès-verbal. L'essentiel est donc que le saisissant connaisse et fasse connaître dans les actes qui préparent la vente et doivent la rendre publique, tous les renseignements propres à déterminer la nature, la situation et la valeur des biens à vendre. Dès lors, il faut lui ordonner de les prendre et de les publier, en lui laissant le choix des moyens. Pourquoi se mettre en peine de la voie qu'il aura choisie, pourvu qu'elle l'ait conduit au but ? L'on ne pourra douter qu'il n'y soit arrivé, lorsque le cahier des charges et les affiches contiendront toutes les énonciations jugées nécessaires. Souvent le saisissant n'aura besoin ni d'huissier, ni de voyage, ni de recherches ; il aura pris ses précautions et rassemblé d'avance tous les éléments d'un cahier des charges complet, ou bien il aura, pour se les procurer, des moyens plus économiques que le transport d'un huissier ; n'est-il pas juste de le faire profiter de ses avantages ? *En un mot*, en supprimant le procès-verbal de saisie, qui, on l'avoue, est un acte secret, on ne cause aucun dommage ni au saisi, ni aux tiers ; et l'on sert les intérêts du saisissant en rendant presque toujours plus simple, plus rapide et plus économique la marche de la procédure.

Mais, dira-t-on, si on retranche le procès-verbal de saisie, on fait disparaître le visa des maires, la dénonciation au saisi, la transcription sur les registres du conservateur et les effets qui sont énoncés dans les art. 681, 682, 683, 684, 685, 686, 687, 688 et 689 ; car tout cela est la conséquence du procès-verbal de saisie.

Voici ma réponse : Je propose la suppression d'une formalité qui me paraît inutile ; mais s'il en est d'autres placées à la suite de celle-ci, qui se

1º L'énonciation du titre exécutoire (1) en vertu duquel la saisie est faite;

2º La mention du transport de l'huissier sur les biens saisis (2);

3º (3) L'indication des biens saisis, savoir :

Si c'est une maison, l'arrondissement, la commune, la rue, le numéro s'il y en a,

recommandent par une véritable utilité, mon intention est de les conserver; si quelques effets salutaires étaient attachés à l'acte supprimé, ma pensée est de les maintenir. Ainsi, on ne ferait point de procès-verbal de saisie, on dresserait le cahier des charges, on y insérerait toutes les énonciations qu'on croirait convenable d'ajouter à celles qu'il renferme déjà; on le transcrirait, on le dénoncerait au saisi avec mention de la transcription; puis les art. 681 et suiv. recevraient leur application.

Dans ce système, les trente jours à compter du commandement seraient employés à préparer le cahier des charges; le lendemain du jour où ils seraient expirés la transcription pourrait avoir lieu, la dénonciation au saisi suivrait immédiatement, et enfin on arriverait au dépôt au greffe prévu par l'art. 690. Personne, je le répète, n'aurait raison de se plaindre de ce mode de procéder; il serait utile à tous, car il conduirait plus vite et à moins de frais à la vente, sans enlever ni droits ni garanties. La loi du 11 brumaire an 7 et le Code de Genève remplacent le procès-verbal de saisie par des affiches. Voy. art. 4, 523 et 524. Le Code belge, art. 450, l'admet.

(1) Le Code de procédure portait *du jugement ou du titre exécutoire.* La loi actuelle supprime le mot *jugement,* parce qu'il est évidemment compris dans l'expression générale *titre exécutoire en vertu duquel s'exerce la poursuite.* On aurait pu, avec autant de raison, s'abstenir de qualifier ce titre d'*exécutoire,* car la nature de la poursuite n'en comporte pas d'autre.

(1) L'huissier n'est pas tenu de rédiger sur les lieux le procès-verbal de saisie. (Arrêt de la Cour de Paris du 28 décembre 1820, Sirey, 21.2.111; Dalloz, 19. 2. 81; Journal du Palais, 1820, t. 16, p. 273.)

(3) Le projet du gouvernement portait : «3º L'indication de la nature ainsi que de la situation des biens saisis, celle des corps d'héritage, leur contenance approximative, et de deux des tenants et aboutissants. »

Cette rédaction a été critiquée par la commission de la Chambre des Pairs. Voici comment s'est exprimé son rapporteur : « Ce qui importe le plus, c'est la désignation des objets que l'on va mettre sous la main de justice. Il s'agit de faire bien et exactement connaître tous et chacun des biens offerts à la spéculation des tiers. Ils doivent savoir ce qu'ils achètent, et, après l'adjudication, quels sont les objets dont ils ont le droit de réclamer la mise en possession. De désignations trop peu claires écarteraient les adjudicataires et donneraient lieu à des procès. L'article 675 du Code de procédure avait été conçu dans ce but, et tout ce qu'on peut lui reprocher, c'est de ne l'avoir poursuivi qu'à travers quelques expressions trop confuses pour être toujours facilement appliquées. Si l'article du gouvernement ne s'était proposé que de porter la lumière là où l'expérience avait signalé l'ambiguïté et du doute, votre commission se serait empressée de l'accueillir. Mais c'est un système nouveau que le gouvernement soumet à votre approbation. Sous le prétexte de *désignations plus simples sans être moins vraies* (termes de l'exposé des motifs), M. le garde des sceaux propose de substituer le système d'une indication générale des corps de biens saisis, à celui d'une désignation spéciale, séparée, de chacune des parties distinctes qui, réunies, forment le corps des biens. Cette méthode serait d'une application facile sans doute. La rédaction du procès-verbal de saisie en serait plus facile et plus expéditive, mais quels embarras n'entraînerait-elle pas? Quelles incertitudes! quelles confusions! que de procès! En indiquant comme le veut le § 3e du projet, *la nature et la situation des biens saisis, celle des corps d'héritage, leur contenance approximative et deux des tenants et aboutissants,* on signalerait bien le domaine exproprié, sa partie dominante, sa composition en terres, bois, prés, vignes, le nombre d'hectares, leur situation; mais quand il en faudrait venir à l'application sur le terrain, quand il s'agirait de savoir si telle pièce de terre, de prés et de bois, faisait partie de l'adjudication, quel titre pourrait faire valoir l'adjudicataire? Cela est à considérer dans les pays de petite culture, d'extrême division de la propriété, dans ce temps où tout tend à se morceler. M. le garde des sceaux a cru évidemment compléter cette désignation, qu'il regardait lui-même comme insuffisante, en exigeant, dans le paragraphe suivant, *l'extrait littéral de la matrice du rôle de la contribution foncière pour les articles saisis :* votre commission n'a pas pensé que ce supplément de désignation fût suffisant; si elle l'a admis, c'est en exigeant en même temps, dans le procès-verbal de saisie, des indications plus précises pour chacun des objets saisis. Pour plus de clarté, elle vous propose de distinguer les biens en *urbains* ou *ruraux.* Si c'est une maison qui est saisie, le procès-verbal devra indiquer l'arrondissement, la commune, la rue, et, autant que possible, le numéro ou les tenants et les aboutissants. Si c'est un immeuble rural, la saisie contiendra la désignation des bâtiments s'il y en a, la nature et la contenance approximative de chaque pièce, le nom du fermier ou colon, l'arrondissement et la commune où ces biens sont situés. En vous faisant cette proposition, votre commission ne se dissimule pas qu'elle vous demande de confirmer le système du Code de procédure. Si elle s'écarte de ses termes, c'est pour lui en substituer de plus clairs et de plus précis. L'expérience n'en demandait pas davantage, sauf ce qui concerne les tenants et les aboutissants de chacune des pièces saisies, que nous vous proposons de dispenser le saisissant d'énoncer. Deux motifs ont engagé votre commission à adopter cette innovation. Ce n'est pas toujours chose facile pour un huissier que de se faire donner, avec exactitude, les tenants et les aboutissants; d'un autre côté, il est naturel de penser que la copie littérale de la matrice du rôle suppléera avantageusement à cette formalité. Cette copie pourrait être regardée comme un objet dispendieux à cause de la diversité de ses énonciations. Mais il faut espérer que, ne se référant qu'à des quantités, l'usage s'introduira de les rapporter en chiffres. Ainsi se complétera la désignation des objets saisis, sans qu'il en coûte davantage aux débiteurs et aux créanciers.

41.

15

et, dans le cas contraire, deux au moins des tenants et aboutissants (1) ;

Si ce sont des biens ruraux, la désignation des bâtiments quand il y en aura, la nature et la contenance approximative de chaque pièce, le nom du fermier ou colon, s'il y en a, l'arrondissement et la commune où les biens sont situés (2) ;

4° La copie littérale de la matrice du rôle de la contribution foncière pour les articles saisis (3) ;

5° L'indication du tribunal où la saisie sera portée ;

6° Et enfin constitution d'avoué chez lequel le domicile du saisissant sera élu de droit.

676. Le procès-verbal de saisie sera visé (4), avant l'enregistrement, par le maire de la commune dans laquelle sera situé l'immeuble saisi : et, si la saisie comprend des biens situés dans plusieurs communes, le visa sera donné successivement par cha-

---

La rédaction proposée par la commission de la Chambre des Pairs est, sauf une légère différence, celle qui a passé dans la loi.

(1) Le projet amendé par la commission de la Chambre des Pairs portait : « *les tenants et les aboutissants.* » Lors de la discussion, M. le garde des sceaux fit observer que, comme il s'agissait de formalités prescrites à peine de nullité, il fallait, autant que possible, simplifier les indications que devrait contenir le procès-verbal, et que, d'ailleurs, deux tenants et aboutissants suffisaient. Son amendement, consenti par la commission, a été adopté.

Le terrain qui forme une dépendance d'un bâtiment exproprié, par exemple celui qui sert à l'accès de ce bâtiment, doit être réputé compris dans la saisie comme accessoire inhérent à l'immeuble, encore bien qu'il ne soit pas désigné dans le cahier des charges par ses tenants et aboutissants, sa contenance et l'extrait de la matrice du rôle. (Arrêt de la Cour de cassation du 29 janvier 1838, Sirey-Devilleneuve, 38. 1.713; Dalloz, 38. 1. 120; Journal du Palais, 1838, t. 1, p. 534.)

(2) M. *Durand (de Romorantin)* a proposé d'ajouter à ce paragraphe ces mots : « *et au moins deux des tenants et aboutissants.* » Il en a donné pour motif que cette désignation était exigée lorsqu'il s'agissait de la vente de biens de mineurs (art. 957), et qu'elle était d'ailleurs aussi nécessaire pour les immeubles ruraux que pour les maisons, qui se reconnaissent toujours aisément.

L'amendement a été appuyé par M. *Temières*, qui a dit que la disposition du Code de procédure avait toujours été exécutée; que les indications du cadastre, sur lesquelles on paraissait beaucoup compter pour compléter la désignation de l'immeuble saisi, seraient souvent fautives; et qu'enfin le cadastre n'était pas terminé dans tous les départements.

On a répondu qu'il n'y a aucune assimilation à établir entre la saisie immobilière et la vente sur licitation dont il est question dans l'art. 957; que, dans ce dernier cas, la connaissance du terrain qui limite l'objet mis en vente est toujours facile, puisque celui qui vend est le propriétaire lui-même, ou un copropriétaire qui connaît presque toujours les voisins; qu'au contraire, l'huissier qui agit au nom d'un créancier souvent éloigné, a moins de facilité pour connaître les immeubles; et qu'il peut arriver même que les voisins du débiteur auxquels il devra s'adresser, lui donnent, par pitié pour celui-ci, des renseignements inexacts; qu'en pareille matière il faut être sobre de formalités dont l'inobservation entraîne la nullité de la saisie; que, d'ailleurs, l'indication que l'amendement veut prescrire devient de jour en jour plus difficile, en présence de la division incessante de la propriété;

qu'elle est même tout à fait insignifiante si le bien exproprié est un terrain d'une certaine étendue.

(3) L'extrait (aujourd'hui la copie littérale) de la matrice du rôle de la contribution foncière, que doit contenir le procès-verbal de saisie, peut être délivré par le directeur des contributions aussi bien que par le maire. (Arrêts de la Cour de Bordeaux du 1ᵉʳ août 1834, Sirey-Devilleneuve, 34. 2. 685; du 2 juillet 1832, Sirey-Devilleneuve, 32. 2. 663; Dalloz, 33. 2. 219.)

L'insertion dans le procès-verbal de l'extrait (aujourd'hui de la copie) de la matrice du rôle des contributions, tel qu'il a été délivré par l'autorité compétente, remplit le vœu de la loi, alors même que cet extrait présente quelque défectuosité. Le saisissant n'ayant ni qualité, ni droit pour en demander la rectification, ne peut souffrir des inexactitudes qu'il contient. (Arrêt de la Cour de Bordeaux du 25 mars 1829, Sirey, 29. 2. 374; Dalloz, 29. 2. 201; Journal du Palais, 1829, t. 22, p. 844.)

Une saisie immobilière n'est pas nulle par cela seul que l'extrait (aujourd'hui la copie) de la matrice du rôle de la contribution foncière est d'une date postérieure à celle du procès-verbal de saisie. (Arrêt de la Cour de cassation du 7 mars 1827, Sirey, 27. 1. 357; Dalloz, 27. 1. 163; Journal du Palais, 1827, t. 21, p. 226.)

(4) « Pour s'assurer, a dit M. *Persil* dans son rapport, tout à la fois du transport de l'huissier sur les lieux et de l'observation immédiate de toutes les formalités qui doivent accompagner le procès-verbal de saisie, le Code de procédure exigeait la remise d'une copie entière de ce procès-verbal aux greffiers des juges de paix, aux maires ou adjoints des communes de la situation, lesquels visaient l'original. La disposition actuelle dispense le saisissant de cette remise réellement inutile, et, comme celle du commandement, sans autre effet qu'une dépense improductive pour le débiteur et ses créanciers. Ce qu'il importe, c'est de constater que l'huissier s'est bien rendu sur les lieux où son procès-verbal a été rédigé, et le visa des maires de chaque commune sur lesquelles les biens sont situés remplit parfaitement cet objet. L'article ajoute une garantie plus certaine encore en exigeant que le visa soit donné, non après la clôture du procès-verbal, mais successivement par chaque maire, à mesure que les biens sis sur la commune viennent d'être saisis. C'est une économie, puisque l'huissier profite de sa présence sur les lieux, et qu'il n'a pas besoin de consacrer à cette formalité de nouvelles vacations. »

On a vu dans mes notes sur l'article précédent par quels motifs je propose de ne pas exiger le transport de l'huissier.

cun des maires (1) à la suite de la partie du procès-verbal relative aux biens situés dans sa commune.

677 (2). La saisie immobilière sera dénoncée au saisi dans les quinze jours qui suivront celui de la clôture du procès-verbal, outre un jour par cinq myriamètres de distance entre le domicile du saisi et le lieu où siége le tribunal (3) qui doit connaître de la saisie. L'original sera

---

(1) Lorsque le procès-verbal est visé par le plus ancien conseiller municipal, par suite de l'empêchement du maire et de son adjoint, il suffit que l'huissier énonce cet empêchement; il n'est pas nécessaire qu'il en indique la cause. (Arrêt de la Cour de cassation du 2 janvier 1834, Sirey-Devilleneuve, 34. 1. 727; Dalloz, 34. 1. 74.)

Le maire de la commune où est situé l'immeuble saisi peut valablement viser le procès-verbal de saisie, quoiqu'il soit le beau-frère du saisissant. (Arrêt de la Cour de Nismes du 6 février 1828, Sirey, 28. 2. 203; Dalloz, 28. 2. 178; Journal du Palais, 1828, t. 21, p. 1141; Carré, t. 3, n. 2254.) Voir, en sens contraire, arrêt de la Cour de Besançon du 18 juillet 1811 (Sirey, 15. 2. 181; Journal du Palais, 1811, t. 9, p. 476.) Dans l'espèce de cet arrêt, le visa avait été donné par un greffier qui était beau-fils du saisissant.

(2) «L'art. 677, a dit M. Persil dans son rapport, confirme une innovation importante. D'après le Code de procédure (voir les anciens art. 677 et 680), le procès-verbal de saisie, enregistré comme tous les exploits, devait être transcrit à la conservation des hypothèques. Ce n'était qu'après cette transcription et celle qui avait lieu également au greffe du tribunal de première instance, que la loi s'occupait du saisi et qu'elle songeait à lui faire connaître la saisie par la notification qui lui en était faite. Il résultait de là que le saisi était le dernier averti, quoiqu'il fût le plus intéressé à connaître les actes de rigueur dirigés contre lui. La loi actuelle supprime la transcription au greffe et l'insertion de l'extrait au tableau d'audience, formalités dispendieuses dont l'inutilité est précédemment démontrée; elle laisse subsister et elle exige impérieusement la transcription de la saisie à la conservation des hypothèques; mais elle fait précéder cette utile formalité par la dénonciation du procès-verbal de saisie à la personne ou au domicile du saisi. C'était évidemment par-là que l'on devait commencer. Avant de frapper le débiteur dans son crédit immobilier, il convenait de l'avertir que le commandement n'était pas demeuré une vaine menace. D'ailleurs, le procès-verbal de saisie est la base d'une procédure qui a pour but de dépouiller le débiteur: l'instance doit d'abord se lier avec la partie principale, les autres, même les créanciers, ne peuvent être considérés que comme des intervenants appelés à surveiller leurs droits.

Dans le système que j'ai proposé (voy. notes sur l'art. 675), la signification au saisi serait faite immédiatement après la transcription du cahier des charges au bureau des hypothèques.

(3) «La dénonciation au saisi, a dit M. Persil, devra être faite dans les quinze jours qui suivront celui de la clôture du procès-verbal. La fixation d'un délai était nécessaire. Elle empêche le poursuivant de retarder arbitrairement la poursuite. Comme d'usage, ce délai est prolongé en raison des distances, mais avec cette différence qu'il ne sera accordé qu'un jour par cinq myriamètres au lieu de trois qu'avait fixés le Code de procédure. Cela s'explique par la facilité et la ra-

pidité des communications qui s'accroît de jour en jour. L'un des termes entre lesquels doivent se compter les distances est aussi changé. Le Code de procédure accordait un jour par trois myriamètres entre le domicile du saisi et la situation des biens, ce qui est incertain et constamment variable. La loi nouvelle établit un point uniforme: le lieu où siège le tribunal. »

La Cour de Paris, par arrêt du 27 août 1811 (Sirey, 15. 2. 190), a jugé que le délai de quinzaine fixé par l'art. 681 (aujourd'hui 677) était susceptible de l'application de la règle générale *dies termini non computantur in termino*, consacrée par l'art. 1033, et qu'ainsi une saisie immobilière, enregistrée le 19 novembre, avait été valablement dénoncée le 5 décembre suivant. Telle est aussi le sentiment de Pigeau, t. 2, p. 210. L'opinion contraire, qui est plus conforme au texte, est suivie par Carré, n. 2266, Coffinières et Huet. « Il est de principe, dit Carré, qu'on ne doit donner aucune extension au délai dans lequel la loi a circonscrit la confection ou la signification d'un acte. Or, c'est ce qu'a fait l'art. 681, en indiquant le délai dans lequel la dénonciation doit être faite, et, en déclarant qu'il serait soumis à une augmentation proportionnée à la distance du domicile des parties, ce qui eût été inutile, si l'art. 1033 eût été applicable à ce délai. »

M. Huet fait remarquer que, quand la loi dit *quinzaine*, c'est une quinzaine qu'il faut entendre, et non dix-sept jours. Ainsi la dernière transcription ayant eu lieu, par exemple, le 19 novembre, ce jour ne compte pas: c'est donc le 4 décembre qui est le dernier jour utile pour la dénonciation, puisqu'elle doit avoir lieu dans la quinzaine.

La loi actuelle n'emploie pas l'expression de *quinzaine*, mais elle dit *dans les quinze jours*. Il faut donc, quoique à regret, reconnaître que la nullité sera encourue, si c'est le seizième ou le dix-septième que la dénonciation est faite.

M. Pigeau considérait que la nullité ne pouvait être proposée par le saisi, attendu que le délai que lui laissait le saisissant était plutôt pour lui un bénéfice qu'un dommage. Dans la réalité, cela est vrai, mais au point de vue auquel s'est placé le législateur, cela est inexact. La loi a considéré qu'il serait fâcheux pour le saisi que le poursuivant le laissât dans l'incertitude, en suspendant la procédure. Pour prévenir cet inconvénient, elle veut que les actes se succèdent sans un trop long intervalle, et que la saisie soit dénoncée dans les quinze jours de la clôture du procès-verbal. Il y a donc à ses yeux un grief pour le saisi dans une interruption de poursuites qui excède quinze jours, le saisi peut donc proposer la nullité.

Deux observations sont suggérées par cette disposition. D'abord les législateurs devraient adopter pour la désignation des délais important nullité ou déchéance, une formule dont le sens ne serait douteux pour personne, afin de prévenir les discussions sans cesse renaissantes sur la question de savoir si les jours termes sont ou ne sont pas compris dans les délais. Une fois cette formule consacrée par une loi, une fois sa signification bien

visé dans le jour par le maire du lieu où l'acte de dénonciation aura été signifié (1).

678. La saisie immobilière et l'exploit de dénonciation (2) seront transcrits, au plus tard, dans les quinze jours (3) qui suivront celui de la dénonciation, sur le registre à ce destiné au bureau des hypothèques de la situation des biens, pour la partie des objets saisis qui se trouvent dans l'arrondissement (4).

679. Si le conservateur ne peut procéder à la transcription de la saisie à l'instant où elle lui est présentée, il fera mention, sur l'original qui lui sera laissé, des heure, jour, mois et an auxquels il aura été remis, et, en cas de concurrence, le premier présenté sera transcrit.

680. S'il y a eu précédente saisie, le conservateur constatera son refus en marge de la seconde; il énoncera la date de la précédente saisie, les noms, demeures et professions du saisissant et du saisi, l'indication du tribunal où la saisie est portée, le nom de l'avoué du saisissant et la date de la transcription.

681 (5). Si les immeubles saisis ne sont

---

comprise, elle serait toujours reproduite avec le même effet.

En second lieu, était-il bien nécessaire de prescrire au saisissant de ne point suspendre ses poursuites? Son intérêt personnel n'est-il pas la meilleure de toutes les garanties qu'il mettra l'activité convenable? Sans doute il pourra arriver qu'un créancier, par négligence ou par malice, après avoir frappé de saisie les biens de son débiteur, le laisse dans cet état précaire. Ce sera fâcheux pour celui-ci; mais il ne paie pas sa dette, il est en faute, c'est sur lui que doivent en retomber les conséquences. Il est bien plus juste de les lui faire supporter que de déclarer les procédures commencées nulles et frustratoires, uniquement parce que le poursuivant, ou plutôt son avoué, aura, vingt-quatre heures trop tard, dénoncé la saisie. D'ailleurs, en fait, suivant l'observation de M. Pigeau, bien rarement il y aura un véritable préjudice pour le saisi dans ce retard. Presque toujours le moyen de nullité ne sera qu'une chicane dont le saisi fera usage pour différer le moment où il doit être dépouillé. C'est là un grave inconvénient, car c'est une de ces garanties accordées sans nécessité à la propriété immobilière, et qui, si elles la rendent plus inaccessible à l'action des créanciers, éloignent d'elle les capitaux qui peuvent la féconder.

(1) Le projet disait : « du *domicile du débiteur*. » On a substitué : « *du lieu où l'acte de dénonciation aura été signifié*, » par la même raison qui a fait placer à la fin de l'art. 673 les mots *du lieu où le commandement sera signifié*. Voy. notes sur l'art. 673.

Le visa apposé par l'adjoint établit par lui-même la présomption d'absence du maire; il n'est pas nécessaire que cette absence soit constatée dans l'exploit par une mention spéciale. (Arrêt de la Cour de cassation du 23 novembre 1836, Sirey-Devilleneuve, 36. 1. 903; Dalloz, 38. 1. 446.) Plusieurs autres arrêts sont indiqués en note par d'arrêtiste.

(2) L'article du projet n'exigeait pas la transcription de l'exploit de dénonciation; il disait seulement : « La saisie immobilière, dénoncée comme il est dit en l'article qui précède, sera transcrite, au plus tard, etc. » La commission de la Chambre des Pairs pensa que ce n'était pas assez que d'exiger la transcription de la saisie. « Les tiers, les créanciers surtout, ont intérêt à savoir si l'instance est déjà régulièrement liée avec le saisi par la notification du procès-verbal de saisie. C'est pour cela que votre commission vous propose d'exiger, en même temps et dans le même délai, la transcription de l'exploit de dénonciation de la saisie au débiteur. On aurait pu se contenter d'une simple mention; mais, pour

éviter l'arbitraire du conservateur ou du poursuivant dans sa rédaction, nous avons préféré la transcription de l'exploit qui, sans prendre plus de temps et coûter davantage, donnera plus de garanties. »

Lors de la discussion à la Chambre des Députés, M. *Lambert* a demandé, dans un but d'économie, que l'on retranchât la formalité de la transcription de la dénonciation et qu'on fît seulement mention de sa date sur le registre.

M. *le ministre des travaux publics* ayant fait observer, d'une part, qu'il importait que le public fût informé que la dénonciation avait été faite par un exploit régulier, et de l'autre, que la transcription servait à prévenir les altérations dont cet exploit pourrait être l'objet, la Chambre n'a pas admis l'amendement.

Il me semble que la transcription de la *saisie* était suffisante, et que celle de l'exploit de dénonciation n'a point de véritable utilité.

(3) L'art. 677 du Code de procédure ne fixait pas le délai dans lequel devait être faite la transcription au bureau des hypothèques. Cette lacune a été comblée. Aujourd'hui cette formalité devra avoir lieu au plus tard dans les quinze jours qui suivront celui de la dénonciation.

A l'égard de la supputation des quinze jours et de l'utilité de ce délai, voy. notes sur l'art. 677.

(4) Le conservateur peut enregistrer la saisie faite à sa requête, comme receveur de l'enregistrement. (Arrêt de la Cour de Riom du 12 mai 1803, Sirey, 15. 2. 180; Dalloz, 21. 2. 124; Journal du Palais, 1808, t. 6, p. 681.)

(5) Par la transcription de la saisie, précédée de la dénonciation au saisi, la première phase de la procédure est complète. Comme elle devait naturellement produire des effets importants relativement aux droits et à la capacité du saisi, la loi interrompt le cours des formalités pour bien déterminer les conséquences déjà produites et la position du saisi.

L'art. 681 du projet du gouvernement était ainsi conçu : « Si les immeubles saisis ne sont pas loués ou affermés, le saisi restera en possession jusqu'à la vente, comme séquestre judiciaire, à moins qu'il n'en soit autrement ordonné par le juge sur la réclamation d'un ou de plusieurs créanciers.

« Les créanciers pourront néanmoins faire faire la coupe et la vente, en tout ou partie, des fruits pendants par les racines. »

C'était, à un ou deux mots près, la disposition de l'art. 688 du Code de procédure civile. La commission de la Chambre des Pairs a proposé la rédaction suivante : « Si les immeubles saisis ne pas loués ou affermés, le saisi restera en possession jusqu'à la vente, comme séquestre judiciaire, à moins que, sur la demande d'un ou plusieurs créanciers, il n'en soit

sont pas loués ou affermés, le saisi restera en possession jusqu'à la vente, comme séquestre judiciaire, à moins qu'il n'en soit autrement ordonné *par le président du tribunal sur la demande* d'un ou plusieurs créanciers.

« Les créanciers pourront néanmoins, *après y avoir été autorisés par ordonnance du président, rendue sur simple requête*, faire faire la coupe et la vente, en tout ou en partie, des fruits pendants par les racines. »

« Les ordonnances du président relatives à la nomination d'un séquestre ou à la coupe des fruits ne seront pas susceptibles d'opposition ; elles seront exécutoires nonobstant appel. »

Puis venait à la suite un article additionnel portant le n. 681 *bis*, et conçu en ces termes : « Dans le mois qui suivra la récolte, les fruits seront vendus par le ministère d'officiers publics, ou de toute autre manière autorisée par le président du tribunal, et le prix déposé à la caisse des consignations. » Cette disposition forme aujourd'hui le 3e § de l'article 681.

M. *Persil*, dans son rapport, a ainsi expliqué les modifications proposées : « En cas de contestation de la part des créanciers qui demanderaient l'établissement d'un autre séquestre, votre commission propose d'expliquer à quel juge la demande sera soumise. Elle croit qu'il y a avantage d'en saisir le président par voie de référé sur requête ; il en serait de même si les créanciers ou l'un d'eux, ne s'en rapportant pas au débiteur, soit qu'ils eussent fait nommer ou non un autre séquestre, voulaient procéder à la coupe et à la vente des fruits. Il serait moins expéditif et plus coûteux de les obliger de recourir au tribunal pour des actes simples par eux-mêmes, et auxquels suffit bien la garantie morale et effective du président. Ses ordonnances pourront être attaquées par la voie de l'appel, mais elles seront provisoirement exécutoires. L'expérience a prouvé que c'était la seule manière d'économiser les frais et d'éviter des incidents, la plupart du temps imaginés pour décourager le poursuivant par des lenteurs habilement calculées.

« Les fruits coupés par le saisi, tout autre séquestre ou par les créanciers, doivent être vendus publiquement. C'est l'objet d'un nouvel article que votre commission vous propose sous le n. 681 *bis*. Le prix déposé à la caisse des dépôts et consignations, légalement immobilisé, se réunira au prix à provenir de l'adjudication, et devra être, comme lui, distribué entre les créanciers par ordre d'hypothèque. »

Ainsi le principal changement consistait en ce que, au lieu d'un tribunal ordinaire, c'était le président qui ordonnait, sur simple requête, et sans débat contradictoire, le séquestre des biens et la vente des fruits.

La commission de la Chambre des Députés s'est bornée à retrancher dans le 2e § le mot *néanmoins*, et à substituer dans le 3e § à ces mots : *ou à la coupe des fruits*, » ceux-ci : « *à la coupe ou à la vente des fruits*, » enfin elle a réuni l'art. 681 *bis* à l'art. 681 pour en former le 4e §.

Lors de la discussion, M. *Boudet* a demandé qu'on remplaçât, dans le 2e §, ces mots : « ordonnance du président rendue sur simple requête, »

par ceux-ci : « ordonnance du président, rendue en référé. »

« Je crois, a-t-il dit, qu'il y a inconvénient à autoriser le président du tribunal à statuer sur l'opportunité de faire les coupes sur une simple requête. Vous savez ce que c'est que de procéder sur simple requête : c'est statuer sur la demande d'une seule partie sans aucune espèce de contradiction. Il serait bien de dire qu'il sera statué par ordonnance du président rendue en référé : cela imposera au créancier, qui voudra obtenir l'autorisation de faire les coupes, l'obligation d'appeler le saisi et le poursuivant, et d'établir devant le président un petit débat contradictoire. C'est la forme ordinaire lorsqu'on donne une assignation en référé. Il n'y a pas de perte de temps, pas de retard, pas plus de frais ; car les frais d'une ordonnance de référé et ceux d'une ordonnance sur requête sont les mêmes, à peu de choses près, et il y aura plus de garantie. C'est d'ailleurs une chose inusitée dans notre droit qu'une ordonnance rendue en pareille matière sur simple requête. »

M. le *garde des sceaux* a répondu qu'il ne s'agissait pas d'une ordonnance de référé ; que c'était en quelque sorte une demande en désignation de l'officier public qui devait procéder à la vente ; que le droit était reconnu ; qu'il s'agissait seulement de savoir comment et par qui il s'exercerait ; qu'il était évident qu'il y aurait une garantie suffisante dans la désignation faite par le président ; et qu'appeler la partie saisie, c'était donner lieu à de nouveaux frais qu'il fallait éviter.

« Je crois, a répliqué M. *Boudet*, que le ministre fait erreur ; c'est dans le dernier § qu'il s'agit de désigner l'officier public ; mais dans le 2e § il s'agit de prononcer sur l'opportunité de la coupe et de la vente. Il s'agit de savoir s'il est dans l'intérêt général de les faire ou de ne pas les faire. Il y a mille raisons pour faire différer une coupe. Il y a donc là une question qui doit être réglée, et le plus économiquement possible, mais qui doit l'être en présence des parties qui peuvent y avoir intérêt. »

M. *Pascalis*, rapporteur, a combattu en ces termes l'amendement de M. Boudet : « L'objet du projet dans cette partie est celui-ci : Une saisie frappe un immeuble ; mais cet immeuble porte des fruits. Si, à l'occasion de ces fruits, on peut se livrer à des frais considérables, autant vaudrait ne pas les saisir, autant vaudrait ne pas faire porter l'exécution sur ces fruits. Il a donc fallu adopter une procédure tout à fait sommaire et conservatoire.

« Si l'on adoptait la proposition faite par M. Boudet, il en résulterait que le président ne statuerait qu'en référé ; il devrait donc y avoir un appel des parties intéressées. Si on appelle le poursuivant et que ce soit un créancier ordinaire qui demande à faire la coupe et la vente des fruits, pourquoi, dira-t-on, ne pas appeler le saisi ? car il s'agit de disposer de sa propriété. Le débat s'établira donc, et, dans son intérêt, le saisi ne manquera pas de le faire naître.

« Il a donc fallu accorder un pouvoir discrétionnaire au président, un pouvoir dont il n'abusera pas ; il se bornera à faire des actes conservatoires dans l'intérêt de tous. C'est une demande sur laquelle le président statuera sur simple requête. D'ailleurs toutes les formes conservatoires seront

autrement ordonné par le président du tribunal, dans la forme des ordonnances sur référé.

Les créanciers pourront néanmoins, après y avoir été autorisés par ordonnance du président rendue dans la même forme,

observées. Je crois donc qu'il faut maintenir la disposition du projet qui tend précisément à éviter les frais et repousser l'amendement dont le résultat serait d'absorber les fruits et de les faire disparaître pour tout le monde. »

Le débat sur ce point s'est prolongé. M. le garde des sceaux, MM. *Durand* (*de Romorantin*) et *Croissant* y ont pris part. MM. *Chegaray* et *Dugabé* ont d'ailleurs fait remarquer qu'on s'occupait seulement du second paragraphe, mais que le reproche qui lui était adressé s'appliquait également au premier, qui donnait aussi au président le droit d'ordonner sur requête et sans contradiction que les biens saisis seraient confiés à un séquestre.

M. *Dussollier*, en répondant à MM. *Chegaray* et *Dugabé*, a prétendu qu'ils n'avaient pas bien saisi la différence qui existait entre les deux paragraphes.

« Dans le premier, a-t-il dit, la juridiction à laquelle on doit s'adresser n'est pas du tout la même que celle qui est établie par le second. Ainsi, dans le § 1er, on voit que le saisi restera en possession jusqu'à la vente comme séquestre judiciaire, à moins qu'il n'en soit autrement ordonné par le président sur la demande d'un ou de plusieurs créanciers..... Cette disposition améliore ce qui existe, en ce qu'au lieu de saisir le tribunal entier et de nécessiter ainsi des frais de quelque importance, elle charge le président seul de statuer; mais comment? Sera-ce sur une simple requête? Nullement. Il faut qu'il y ait décision contradictoire, parce qu'il s'agit de dessaisir le saisi de l'administration qu'il avait, et que celui-ci résiste toujours à cette dépossession. Eh bien! le président statuera sur un référé qui sera introduit contre le saisi par le créancier qui veut faire ordonner la nomination d'un autre séquestre. Il y a ici une amélioration évidente.

« Dans le second paragraphe on va plus loin pour un cas qui demande plus d'urgence et cause moins de frais. Il est très-possible que les créanciers ne veuillent pas déposséder le saisi ; il peut y avoir des inconvénients graves à ce qu'une propriété soit abandonnée par son propriétaire. Des frais et des dépenses assez considérables seront causés par la nomination d'un séquestre judiciaire qui ne remplira pas ces fonctions gratuitement. Il peut arriver aussi que des créanciers, tout en ne voulant pas déposséder le saisi, veuillent mettre en sûreté des fruits qui doivent être cueillis dans quelques jours ; alors l'un des créanciers s'adressera au président par simple requête. On n'appellera pas le saisi, car toute contradiction de sa part serait mal venue, puisque les fruits de l'immeuble ont cessé de lui appartenir; et comme, d'ailleurs, la contradiction serait sans intérêt, et, en quelque sorte, un contre-sens de la part des créanciers, dont la mesure demandée conserve et réalise le gage, ce sera sur simple requête que le président ordonnera la coupe des fruits. On objecte que l'époque de la coupe des fruits peut ne pas être arrivée. Messieurs, il ne s'agit pas ici de la coupe de bois, mais d'une récolte ordinaire. Or, cette récolte n'a pour être cueillie qu'une époque, qui est toujours la même. Il serait évidemment insensé qu'un créancier demandât à faire la coupe de fruits

quelconques dans un moment où il serait nuisible de le faire.

« Il y a donc gradation dans l'article : par le premier paragraphe, amélioration du mode établi par le Code de procédure ; et, dans le second paragraphe, simplification et réduction des formalités exigées dans le premier. On évite des frais sans qu'aucun intérêt soit compromis ; il n'existe donc aucune nécessité de faire intervenir un référé pour le cas qui fait l'objet de ce second paragraphe, une ordonnance sur requête suffira, et l'amendement doit être écarté. »

Ainsi le premier paragraphe avait, selon M. *Dussolier*, un sens tout à fait opposé à celui que lui avait attribué la Chambre des Pairs. Cette interprétation a été adoptée d'abord par la Chambre; mais des discussions s'étant élevées sur les autres paragraphes, il y a eu renvoi à la commission.

A la séance suivante, M. *Pascalis*, rapporteur, est venu rendre compte de l'examen nouveau dont l'article avait été l'objet.

« La difficulté portait, a-t-il dit, sur le point suivant. Il était bien convenu que, dans le cas où le président du tribunal aurait statué par ordonnance, en déclarant que les biens saisis seraient placés sous l'administration d'un séquestre, cette décision de sa part serait rendue dans la forme des référés ; que, dès lors, elle serait susceptible des voies de recours admises relativement aux ordonnances sur référé. Ces voies sont celles de l'appel seulement ; l'opposition sur ces ordonnances n'est pas admise ; elles sont exécutoires par provision, nonobstant appel.

« A cet égard, il n'était nécessaire de rien ajouter à cette partie de l'article qui se référait de plein droit à la disposition de l'art. 809 du Code de procédure civile. Mais un deuxième cas est prévu : le saisi étant maintenu en possession, l'un des créanciers ou le saisissant peut demander à faire procéder à la coupe et à la vente des fruits.

« La commission et le projet entendent autoriser le président du tribunal à ordonner cette coupe et cette vente. Mais il est encore bien entendu par la Chambre, comme par la commission, que cette ordonnance sera rendue sur requête, et non dans la forme des référés, et cela pour éviter les difficultés qui pourraient s'élever devant le juge.

« Cette ordonnance sera-t-elle susceptible d'opposition ou d'appel? Dans la première rédaction de la commission on supposait que la voie de l'appel pourrait être permise. Cependant l'ordonnance ayant force d'exécution provisoire, la commission, ayant égard aux observations qui lui ont été soumises, a pensé qu'aucune voie de recours ne devait être ouverte contre cette ordonnance ; cette voie ne peut être l'opposition, car elle donnerait lieu à des discussions que l'intérêt du saisi élèverait, presque dans toutes les circonstances, devant le président du tribunal. On ne pourrait donc réserver que la voie d'appel ; mais l'appel serait porté devant une cour royale ; il exigerait souvent un déplacement et des frais considérables, et cependant il n'est question que d'un simple acte conservatoire, que de réaliser une coupe, une vente de fruits, pour les empêcher d'être dissipés par le saisi. Retenu par la crainte d'un appel, o poursuivant ou le créancier qui fait cette procé-

faire procéder à la coupe et à la vente, en tout ou en partie, des fruits pendants

dure par incident, pourrait ne pas exécuter provisoirement, quoiqu'il ait l'exécution provisoire, et, en attendant, les fruits pourraient disparaître, le moment de la coupe passerait, et ils pourraient être perdus pour chacun.

« La commission a pensé que, pour ce cas, toute voie de recours doit être interdite, et c'est ce qu'elle exprime par la nouvelle rédaction que je vais avoir l'honneur de soumettre à la Chambre.

« En même temps la commission a cru devoir bien expliquer que, dans le premier cas, il s'agissait d'une ordonnance rendue dans la forme des référés. Voici la nouvelle rédaction qui satisfait, sous ce rapport, à la pensée de la commission, et, j'ose l'espérer, à la pensée qui a paru prédominer dans la Chambre :

« Si les immeubles saisis ne sont pas loués ou
« affermés, le saisi restera en possession jusqu'à la
« vente comme séquestre judiciaire, à moins que,
« sur la demande d'un ou plusieurs créanciers, il
« n'en soit autrement ordonné par le président du
« tribunal dans la forme des ordonnances sur référé.

« Les créanciers pourront néanmoins, après y
« avoir été autorisés par l'ordonnance du prési-
« dent, rendue sur simple requête, et qui ne sera
« susceptible d'opposition, ni d'appel, faire pro-
« céder à la coupe et à la vente des fruits pendants
« par racines. »

« Le dernier paragraphe, Messieurs, n'a pas encore été soumis à la discussion ; mais les observations communiquées par plusieurs de nos honorables collègues ont déterminé la commission à retrancher quelques mots.

« Dans le commencement de ce paragraphe on peut voir que la rédaction suppose que nécessairement les fruits seraient récoltés par le mode qu'aurait indiqué le président, et ne seraient vendus que d'après. Il peut entrer dans l'intérêt de tous ceux qui ont l'espérance d'être payés sur le produit de la vente, il peut être dans l'intérêt du saisi lui-même que ces fruits soient vendus par racines, sans qu'il soit nécessaire de les couper. Il faut donc laisser au président la latitude d'ordonner l'un ou l'autre mode, la vente avant la coupe, si c'est dans l'intérêt commun, la vente après la coupe, s'il juge que cela est convenable et nécessaire à tous les intérêts.

« Voici comment le dernier paragraphe serait rédigé, ces mots, *dans le mois qui suivra la récolte*, seraient supprimés, et l'on dirait :

« Les fruits seront vendus par le ministère d'of-
« ficiers publics ou de toute autre manière, autorisée
« par le président du tribunal, et dans le délai
« qu'il aura fixé. Le prix sera déposé à la caisse des
« dépôts et consignations. »

Le premier paragraphe a été adopté sans discussion.

Sur le second, M. *Thil* a reproduit l'amendement présenté par M. *Boudet*, et a insisté pour que le président ne prononçât qu'après un débat contradictoire.

Le rapporteur a persisté à soutenir la rédaction qu'il venait de présenter et qui n'était, disait-il, que l'expression de l'intention que la Chambre avait manifestée.

Mais M. *Debelleyme* a mis fin à la discussion et démontré que les faits dont il a une si profonde et si exacte connaissance, conduiraient nécessairement à un débat contradictoire devant le président,

et qu'on s'efforcerait en vain d'échapper à cette nécessité. Il s'est exprimé en ces termes :

« En raison de ce qui se pratique, et, permettez-moi de dire, de ce que je pratique toutes les semaines, un immeuble est saisi, les deux intéressés sont le saisi et le poursuivant, qui occupe, c'est l'expression de droit, qui occupe l'action dans l'intérêt de tous. C'est dans cette position qu'on vous propose, sur la requête d'un seul créancier, du premier venu de tous les créanciers, en l'absence du poursuivant qui occupe l'action, du saisi qui est intéressé, sans les appeler aucunement, sur une requête présentée au président du tribunal qui n'appelle pas de contradiction, d'ordonner des choses très-graves, un séquestre, une coupe de bois, des opérations préliminaires qui peuvent, dans certains cas, détériorer la valeur de l'immeuble, abaisser du moins le prix auquel quelque enchérisseur pourrait le porter. Dans ces circonstances, pourquoi ne pas admettre un référé qu'il faudra nécessairement admettre après ? D'abord il est régulier d'appeler le poursuivant, car il est en quelque sorte constitué en demeure, en négligence, en tort vis-à-vis des créanciers, puisqu'il n'a pas fait ce qu'on demande. C'est une espèce de subrogation dans une partie des actes de conservation.

« Comment ne pas appeler celui qui occupe l'action ? comment ne pas appeler le saisi ? Il faudrait donc une simple assignation en référé, et on statuerait contradictoirement.

« L'ordonnance n'éprouverait plus de difficulté dans son exécution, parce que le poursuivant qui occupe l'action et le saisi qui est son adversaire, sont présents ou du moins appelés, et que tout est jugé en référé avec les parties intéressées ; que l'ordonnance n'est plus susceptible d'opposition de la part des défaillants ; qu'elle n'est pas susceptible d'appel, ou, du moins, que vous pouvez interdire l'appel par une disposition formelle. Voilà ce qui se pratique depuis douze ans au tribunal de la Seine, que j'ai l'honneur de présider.

« Maintenant vous voulez qu'un seul créancier, dans ces circonstances, sollicite une autorisation indépendante de la poursuite qui pèse sur un autre individu. Mais, qu'arrivera-t-il de votre ordonnance sur simple requête ?

« Quand je demandais hier quel sera le mode d'exécution, personne ne m'a répondu. C'est qu'il n'y a pas de mode d'exécution d'une ordonnance sur simple requête du président. Pourquoi ? Parce qu'on n'a appelé personne, et qu'il n'y a eu d'opposition de la part de personne.

« Mais qu'arrive-t-il quand on vient à exécuter cette ordonnance vis-à-vis d'un tiers qui n'a pas été partie dans l'ordonnance ou qui n'a pas été dûment appelé ? Il introduit un référé sur l'exécution de l'ordonnance ; les référés sont établis pour statuer sur les obstacles à l'exécution des mandats de justice, des jugements des cours et des tribunaux, et des ordonnances des présidents.

« A l'instant même où on viendra exécuter contre le saisi resté en possession, ou contre tout autre individu, même le poursuivant, cet individu fera obstacle. Comme on arrivera avec ordonnance, il y aura un scandale, un mouvement, une résistance. La force publique n'obéit pas à une simple ordonnance, il faut le manteau de la forme exécutoire, et la forme exécutoire n'appartient qu'à l'ordonnance de référé, parce que le juge le

par les racines.

référé réunit tous les pouvoirs du tribunal pour les cas d'urgence et donne la forme exécutoire à ses ordonnances.

« Il faudra un référé après, parce que c'était *inter alios*, je ne dirai pas *judicatum*, mais permis par une simple ordonnance sur requête.

« Ainsi, vous avez le référé après, parce qu'il s'élèvera des difficultés, et vous aurez un retard. Il est donc plus naturel d'appeler le poursuivant en référé : c'est ce qui se fait tous les jours ; l'ordonnance ne sera pas susceptible d'opposition. Prohibez l'appel si vous voulez, et il n'y a plus d'obstacle possible à l'exécution, tandis qu'avec des ordonnances sur requête, il y a un obstacle nécessaire. Cela arrive tous les jours.

« Permettez-moi de citer des exemples. Vous avez des billets protestés comme effets de commerce ; la loi dit que le président du tribunal autorise la saisie conservatoire, lorsqu'on justifie d'un billet à ordre ou d'une lettre de change protestée. Il donne cette autorisation sur simple requête, parce qu'il ne faut pas avertir le débiteur qui pourrait soustraire les marchandises ou le gage. Mais qu'arrive-t-il ? C'est que lorsque l'huissier vient avec l'ordonnance qui permet de saisir conservatoirement les marchandises et effets du débiteur, celui-ci forme obstacle à l'ordonnance, demande un référé devant le président, qui ordonne ou de passer outre à la saisie, ou accorde un délai, statue enfin ce que de droit.

« Il en est de même dans la saisie-revendication... et dans le cas où il s'agit de l'arrestation d'un étranger... Il en sera de même avec votre autorisation. Vous avez d'autant plus de raison d'ordonner d'abord le référé que vous avez un saisi connu et un intéressé dans les débats. Je m'inquiète moins du saisi, du débiteur, que du créancier. Le poursuivant est là. Remarquez ce qu'il y a de singulier à autoriser, lorsque le poursuivant n'est pas en cause, un simple créancier à venir, à l'improviste et presque en cachette, demander au président de faire une coupe, ce qui est une chose importante, et avec l'exécution, nonobstant appel. Vous aurez, après, le référé, qu'il vaut mieux avoir avant.

« Je crois donc qu'il faut admettre, dans le second paragraphe, le référé, comme on l'a admis dans le premier.

Ces réflexions, auxquelles la position de M. Debelleyme donnait une grande autorité, ont provoqué des marques générales d'adhésion.

« La commission, a dit M. *le rapporteur*, se rend aux observations, fondées sur l'expérience, que vient de présenter M. Debelleyme, observations qu'elle eût accueillies, si les occupations si graves de M. le président lui eussent permis de les soumettre à la commission. Voici alors quelle être la rédaction qui rendrait, d'une manière plus claire et plus simple, la pensée qui paraît être celle de la Chambre : « Les créanciers pourront néanmoins, après y avoir été autorisés par ordonnance du président, rendue dans la même forme, faire procéder à la coupe ou à la vente de tout ou partie des fruits pendants par racines. »

M. *Berger* a demandé qu'on ajoutât, après le mot *rendue*, « contradictoirement avec la partie saisie ou par défaut. »

Plusieurs membres se sont écriés : « Non ! non ! » Et la Chambre a sans doute trouvé cette addition inutile.

M. *Isambert* a fait remarquer que si on ne disait rien, les ordonnances seraient susceptibles d'appel, et que cependant on paraissait d'accord que l'appel pourrait être interdit.

M. *le président* a répondu : « Il résulte de la rédaction que les ordonnances de référé sont de droit commun, et que, par conséquent, aux termes du Code de procédure civile, elles ne sont point susceptibles d'opposition, et qu'elles sont susceptibles d'appel, bien qu'exécutoires nonobstant appel. C'est l'application de l'art. 809 du Code de procédure. »

Le paragraphe ainsi modifié a été adopté.

La seconde commission de la Chambre des Pairs a persisté dans sa première opinion, et elle a fait valoir les considérations suivantes : « La commission ne pense pas, a dit *le rapporteur*, qu'après la saisie l'administration doive nécessairement rester au débiteur. Ce n'est que par une faveur presque toujours nuisible, parce qu'elle perpétue les regrets et donne lieu aux mauvais incidents auxquels le saisi n'aurait peut-être jamais songé, si la saisie lui eût enlevé la possession ; c'est, disons-nous, par faveur, par condescendance et presque par faiblesse, que le saisi est laissé en possession comme séquestre judiciaire. Si la justice vient à lui retirer cette possession, ce n'est pas, absolument parlant, d'un droit qu'elle le dépouille, elle le ramène purement et simplement au droit commun, ce qu'elle peut faire sans lui et sans l'appeler. La saisie a placé l'immeuble sous la main de justice. Par cette mainmise, la justice doit être autorisée à disposer de l'administration sans la participation du saisi ni du poursuivant, et, pourvu qu'ils trouvent dans la faculté d'interjeter appel le moyen de faire réparer l'erreur ou l'excès d'indulgence du magistrat, ils ne doivent pas prétendre à autre chose.

« Ajoutez qu'en persévérant dans cette opinion, vous tendez de plus en plus vers le but du projet, son principal objet, qui est la simplification des formes et la diminution des frais. Avec le changement admis par la Chambre des Députés, il y aura presque toujours un procès sur le mode d'administration. Le saisi et le poursuivant, assignés en référé, feront paraître chacun un avoué ; on plaidera en première instance et souvent en appel. Il y aura des ordonnances et des arrêts dont les frais seront sans doute inperceptibles dans les grandes poursuites, mais absorberont les petites propriétés et tomberont en définitive sur le dernier créancier, qui verra ainsi amoindrir ou absorber son gage. Votre commission n'aurait pas hésité à adopter ce mode malgré ses inconvénients, si les intérêts du saisi et du poursuivant ne lui eussent pas paru suffisamment garantis par la décision du président rendue sur simple requête avec faculté d'appel. Elle a trouvé dans la prudence et la sagesse du magistrat, comme dans la perspective du recours à la Cour royale, des raisons suffisantes de rester dans la simplification des formes pour lesquelles vous vous êtes déjà prononcés. »

Ces raisons développées de nouveau lors de la discussion, par M. le rapporteur, n'ont pu prévaloir sur celles qui avaient déterminé la conviction de l'autre Chambre, et qui ont été présentées par M. le garde des sceaux. Les deux premiers paragraphes de l'article du projet du gouvernement ont été adoptés. Ainsi il a été décidé que dans les deux cas qui s'y trouvent prévus, le président sta-

Les fruits seront vendus aux enchères ou de toute autre manière (1) autorisée par le président, dans le délai qu'il aura fixé, et le prix sera déposé à la caisse des dépôts et consignations (2).

682. Les fruits naturels et industriels recueillis postérieurement à la transcription, ou le prix qui en proviendra, seront immobilisés pour être distribués avec le prix de l'immeuble par ordre d'hypothèque (3).

tuera en référé, après débat contradictoire, et non pas sur simple requête.

En lisant le second rapport à la Chambre des Députés, on pourrait croire qu'au contraire le système de la commission de la Chambre des Pairs a été admis. Ce rapport le dit formellement. Voici en quels termes il s'exprime : « Dans quelle forme l'ordonnance du président sera-t-elle rendue? Suivra-t-on la forme des référés en assignant la partie, ou sera-t-il statué sur simple requête? La Chambre des Députés avait préféré l'ordonnance sur référé, comme offrant plus de garanties. La Chambre des Pairs insiste pour que l'ordonnance soit rendue sur requête; elle y voit l'avantage d'éviter les frais, en prévenant l'occasion d'un procès incident, et ce mode lui paraît être plus conforme à l'esprit général du projet. Votre commission est d'autant plus disposée à se ranger à cette opinion, qu'elle l'avait partagée dans son premier rapport. L'acte du président étant conservatoire, et déterminé par des raisons d'urgence, il a fallu en assurer l'exécution nonobstant l'appel, et interdire l'opposition. C'est ce qu'explique la nouvelle rédaction de l'art. 681, dont nous n'hésitons pas à proposer l'adoption, en accordant aussi au président du tribunal le droit de prescrire le mode dans lequel la vente des fruits sera faite. Ainsi, l'intervention des officiers publics ne sera pas indispensable, non plus que la forme coûteuse des affiches et des criées, pour des choses ordinaires de peu de valeur, et dont le cours des mercuriales peut souvent servir à fixer le prix réel. »

C'est par erreur que le rapporteur et la commission ont cru que la Chambre des Pairs avait modifié le projet voté dans la première délibération de la Chambre des Députés, et qu'elle avait substitué l'ordonnance sur requête à l'ordonnance de référé. Mais cette erreur a été aperçue à temps, que j'ai vérifiés, constatent que l'article a été mis aux voix, et adopté tel qu'il était sorti des premiers débats, tel qu'il avait été réellement adopté par la Chambre des Pairs, tel enfin qu'il se trouve aujourd'hui dans le texte officiel du Bulletin.

(1) Ces mots ou de toute autre manière avaient été supprimés par la Chambre des Députés sur l'observation que, d'une part, la disposition se trouverait en contradiction avec la loi projetée sur les commissaires-priseurs et sur les autres officiers ministériels chargés des ventes mobilières; de l'autre, que, s'agissant d'objets saisis, la garantie d'un officier public était nécessaire; qu'autrement il pourrait arriver que des créanciers qui auraient été payés s'entendissent avec le débiteur et demandassent à vendre de manière à ce que le prix fût à peu près nul. Ils ont été rétablis par la seconde commission de la Chambre des Pairs. Voici comment s'est exprimé son rapporteur : « A ne voir que la rigueur des principes, la vente des fruits récoltés sur l'immeuble devrait toujours avoir lieu aux enchères par l'intermédiaire d'officiers publics, avec affiches, publications, annonces, procès-verbaux. C'est pour ce mode que s'est prononcée la Chambre des Députés, et il devra toujours être suivi, malgré l'énormité des frais qu'il entraîne, quand il s'agira de riches récoltes pour lesquelles ces frais, tout énormes qu'on les suppose, ne seront qu'un imperceptible accessoire; mais il ne nous a pas paru légalement raisonnable de tenir rigoureusement à ces règles quand la valeur de la récolte est minime, et que toute dépense pourrait en affaiblir considérablement ou même en absorber le produit, au détriment des créanciers et du saisi lui-même. En s'en rapportant au président du tribunal comme vous l'avez déjà fait, et en disant que les fruits seront vendus aux enchères ou de toute autre manière autorisée par le président, vous ne ferez rien que de fort raisonnable et que n'ait demandé depuis longtemps la pratique éclairée des affaires. On gémit, dans nos campagnes, de voir les produits d'un modeste héritage qui, de gré à gré, ou suivant la mercuriale, auraient pu être vendus sur place ou au marché le plus voisin 40, 50 ou 100 fr., utilement appliqués aux intérêts de la créance du poursuivant, et souvent en à-compte sur le capital, se réduire à rien ou presque rien à cause des droits du fisc, des frais d'affiches, d'annonces et des rétributions allouées aux officiers ministériels. Ou nous devons renoncer aux économies vers lesquelles nous tendons et qui sont dans le vœu de tout le monde, ou il faut s'en tenir à la distinction que la justice sera autorisée à faire selon les circonstances. »

Cette addition, consentie par le gouvernement, a été adoptée.

On ne peut trop louer la sagesse de cette disposition, et il faut aussi rendre hommage à la puissance des raisons présentées par M. le rapporteur de la Chambre des Pairs. Il y a beaucoup d'autres occasions où les mêmes motifs devraient conduire à prendre des mesures analogues. Un mode de pouvoir discrétionnaire accordé aux magistrats serait souvent d'une grande utilité pour les justiciables. On s'effraie trop de l'abus que peut faire le juge de sa puissance. Souvent de crainte d'un mal possible et d'inconvénients éventuels, la loi maintient un mal certain et des inconvénients réels.

(2) Le saisi qui reste en possession des biens étant tenu comme séquestre judiciaire, est obligé, même par corps, à la conservation du fonds et même à la représentation des fruits échus depuis la dénonciation de la saisie. Voy. Carré, t. 111, n. 2304, 2305 et 2310.

Cette décision doit être suivie aujourd'hui, à cela près que le saisi devra rendre compte des fruits échus seulement depuis la transcription, et non à compter de la dénonciation de la saisie. Je crois que cette différence est justifiée par cette raison que l'art. 689 du Code de procédure déclarait les fruits immobilisés à compter de la dénonciation, tandis que l'art. 682 dans la présente loi ne fait partir l'immobilisation que du jour de la transcription. Voy. notes sur l'art. 683.

Voy. loi du 11 brumaire an 7, art. 8; Code de Genève, art. 548 et suiv.; Code belge, art. 452.

(3) L'art. 689 du Code de procédure faisait par-

685 (1). Le saisi ne pourra faire aucune coupe de bois ni dégradation, à peine de dommages-intérêts auxquels il sera con-

tir l'immobilisation de la dénonciation. D'ailleurs il parlait des fruits en général sans distinguer entre les fruits civils et les fruits naturels ou industriels. La loi actuelle fait produire à la transcription l'effet qui résultait précédemment de la dénonciation; elle dispose ensuite pour les fruits naturels et industriels dans le présent article, puis pour les fruits civils dans l'art. 685. L'art. 8 de la loi du 11 brumaire an 7 n'immobilisait point les fruits; il autorisait les créanciers à en faire la saisie mobilière. Voy. art. 553 du Code de Genève et art. 453 du Code belge.

(1) L'article proposé par le gouvernement, et adopté par la Chambre des Pairs, était ainsi conçu :

« Le saisi ne pourra faire aucune coupe de bois, ni dégradation, à peine de dommages-intérêts auxquels il sera condamné par corps; il pourra même être poursuivi par la voie criminelle, suivant la gravité des circonstances. » C'était la reproduction littérale de l'art. 690 du Code de procédure.

La commission de la Chambre des Députés en a conservé seulement la première partie : elle a pensé, conformément à l'opinion de la Cour de cassation, qu'il convenait, afin de donner à la loi plus de précision, d'indiquer les articles du Code pénal auquel le projet se référait, et de substituer en conséquence à ces mots : « Il pourra même être poursuivi par la voie criminelle, suivant la gravité des circonstances, » ceux-ci : « sans préjudice, s'il y a lieu, des peines portées dans les art. 400 et 434 du Code pénal. »

M. Parès a repris la rédaction du gouvernement en faisant remarquer que « si ce sont les art. 400 et 434 du Code pénal qui doivent être appliqués, ce sont ceux-là que les tribunaux appliqueront; et que, s'il y en a d'autres à appliquer, on ne doit pas les exclure. »

M. Boudet a également soutenu « qu'il n'était pas nécessaire de spécifier les art. 400 et 434 du Code pénal, parce que leur application peut dépendre d'une foule de circonstances qui peuvent faire varier la qualification du délit; qu'il suffisait de réserver l'action criminelle et de bien faire sentir que la disposition n'était pas simplement comminatoire. » Il a donc proposé d'ajouter seulement : « sans préjudice des peines portées par le Code pénal. »

M. le ministre des travaux publics a combattu cet amendement « La commission, a-t-il répondu, ne s'est référée aux dispositions du Code pén. que parce qu'il s'agit de faits d'une nature toute particulière. La loi dit bien que les fruits sont immobilisés par la transcription de la saisie; mais, dans l'usage, un débiteur qui est encore en possession de la chose saisie est considéré comme tenant sa propre chose. C'est là une erreur. Il commet un vol véritable quand il dispose des fruits dont il n'est que dépositaire. Eh bien ! on a voulu caractériser cet acte en le rendant passible des peines portées par le Code pénal.

« Je crains que, si, après avoir dit que, dans ce cas, le saisi est contraignable par corps, on se borne à se référer au Code pénal, l'article n'atteigne pas son but. »

L'amendement a été rejeté.

(2) M. Vivien a demandé si ces mots, s'il y a lieu,

traint par corps, sans préjudice, s'il y a lieu (2), des peines portées dans les art. 400

devaient s'entendre en ce sens que les poursuites criminelles seraient facultatives, même quand le fait matériel puni par la loi aurait été commis, ou si, au contraire, ils voulaient dire : « Si le fait qui a donné lieu à l'application de la loi a été commis. » Il a incliné pour la première opinion. « M. le ministre des travaux publics, a-t-il dit, vous parlait tout à l'heure de l'opinion erronée, mais assez générale, où sont les parties saisies, qu'elles peuvent encore disposer de leur propriété malgré la saisie. Cette opinion peut égarer certains individus; il peut se faire qu'ils abusent de la possession qu'on leur a laissée sans avoir la conscience du délit qu'ils commettent. Dans ce cas, si la disposition est absolue, elle pourrait, dans certaines circonstances, être trop rigoureuse dans son application. Je ne voudrais pas que l'on rendît la poursuite nécessaire, de facultative qu'elle était. »

M. le rapporteur a répondu : « La commission a entendu que la poursuite ne fût pas nécessaire, par cela seul qu'un fait de la nature de celui que l'on vient d'indiquer aurait eu lieu, et c'est ce qu'elle a cru expliquer d'une manière suffisamment claire par ces mots : s'il y a lieu. Si le ministère public pense qu'il ne peut pas y avoir application de peines, parce que le saisi aura dégradé sans mauvaise intention, s'il n'y a pas lieu, dans sa pensée, à la poursuite, on ne poursuivra pas. Les mots s'il y a lieu comprennent donc la faculté de ne pas poursuivre et la faculté de ne pas punir suivant les circonstances. »

M. Isambert a ajouté : « L'objection qui vient d'être faite par l'honorable M. Vivien se résout par le droit commun. D'abord le créancier qui a fait nommer le séquestre, ou le poursuivant, a certainement le droit, si le fait est trop grave, s'il croit que les dommages-intérêts ne puissent pas suffire, de rendre plainte et de provoquer la poursuite. De même le ministère public, quand le créancier se tairait, a le droit d'introduire une poursuite criminelle. Ainsi, dans ce cas, on reste dans les termes du droit commun. Maintenant, si vous voulez préciser davantage, on pourrait mettre : « sans préjudice de l'application, s'il y a lieu. »

Une voix a interrompu en disant : « C'est la même chose ! »

M. Isambert a repris : « Si c'est la même chose, je trouve l'article suffisamment clair comme il est, c'est-à-dire que le créancier ou le ministère public aura le droit de poursuivre. »

M. Quinault a mieux saisi que M. Isambert la difficulté, et il l'a résolue d'une manière parfaitement claire. « La question que posait tout à l'heure l'honorable M. Vivien suppose, a-t-il dit, qu'il peut un autre système que celui que M. Isambert vient d'indiquer, et qui est celui de la loi. M. Vivien a supposé que la poursuite pouvait avoir un caractère facultatif, en sorte que, lors même que les circonstances caractéristiques du délit se seraient produites, la poursuite pourrait être encore facultative. Voilà le sens dans lequel M. Vivien a parlé, car autrement, son observation n'aurait pas de portée. Il a rappelé que, dans un cas particulier, celui de la banqueroute, l'ancienne loi établissait aussi que la poursuite pourrait être facultative. Eh bien ! nous avons cru que ce système n'était pas bon, qu'il n'y a pas faculté pour le ministère public de poursuivre

et 434 (1) du Code pénal.

684 (2). Les baux qui n'auront pas acquis date certaine avant le commandement

pourront être annulés, si les créanciers ou l'adjudicataire le demandent.

685. Les loyers et fermages seront im-

---

ou de ne pas poursuivre lorsque le délit a été commis avec toutes les circonstances qui le caractérisent ; car, alors, la poursuite est forcée, et M. Isambert vient d'indiquer d'autres motifs pour faire admettre que la poursuite est forcée. Et, en effet, comme système général de la loi, nous n'admettons pas le caractère facultatif là où il existe un crime ou un délit caractérisé par les circonstances qui les produisent.

« La poursuite doit être forcée. L'intention de la commission a été de rester dans la théorie générale du droit criminel. »

Le ministère public manquerait donc à son devoir s'il ne poursuivait pas le saisi qui détournerait ou détériorerait les objets saisis, sous prétexte qu'il se croyait encore propriétaire et qu'il ignorait la loi pénale.

(1) Toutefois, cet article ne sera applicable qu'autant que la dégradation proviendra d'un incendie qui aura été volontairement allumé par le saisi. Voici en effet comment s'est exprimée, à ce sujet, la commission de la Cour de cassation : « Le cas de l'art. 434 du Code pénal est tout à fait extraordinaire, puisqu'il s'agit d'incendie ; mais la commission a pensé, avec les auteurs du projet, qu'il était juste et nécessaire de mentionner ici cette disposition du Code pénal, parce que cette pensée rentre dans l'art. 690 (aujourd'hui 683) du Code de procédure civile, et qu'il y aurait des inconvénients à ne citer que l'art. 400 du Code pénal ; car il est arrivé que des individus, menacés d'expropriation par la saisie, ont mis le feu aux bâtiments saisis ou aux bois et récoltes, en haine de la poursuite. »

Voy. loi du 11 brumaire an 7, art. 8 ; Code de Genève, art. 548 ; Code belge, art. 452.

(2) L'article du projet adopté par la Chambre des Pairs était ainsi conçu : « Si les immeubles sont loués par bail dont la date ne soit pas certaine avant le commandement, la nullité pourra en être prononcée, si les créanciers ou l'adjudicataire le demandent. » C'était la reproduction littérale du paragraphe 1ᵉʳ de l'art. 691 du Code de procédure. Ainsi la nullité était facultative ; elle pouvait être provoquée par l'adjudicataire comme par les créanciers ; enfin, il n'y avait point de disposition spéciale pour les baux dont l'exécution avait commencé.

La commission de la Chambre des Députés proposa de comprendre les baux dont l'exécution aurait commencé avant le commandement dans la même disposition que les baux ayant date certaine. « Un grand nombre de baux, a dit le rapporteur, se passent de bonne foi, sans présentation à l'enregistrement ; la commission a cru devoir ne pas étendre la rigueur du principe de la nullité de plein droit jusqu'au bail qui, sans avoir date certaine avant le commandement, aurait reçu auparavant un commencement d'exécution. Le nouvel art. 684 se trouve ainsi mis en harmonie avec l'article 1715 du Code civil. »

En conséquence, la commission adopta la rédaction suivante : « Si les immeubles sont loués par bail dont la date ne soit pas certaine avant le commandement, *ou dont l'exécution n'aurait pas alors été commencée*. » Le reste comme au projet.

Divers amendements, dont il est inutile de ren-

dre compte, ont été présentés et ont nécessité un renvoi à la commission. A la séance suivante, après une discussion fort compliquée, l'article a été voté en ces termes : « Les baux qui n'auront pas acquis date certaine avant le commandement seront annulés, si les créanciers ou l'adjudicataire le demandent.

« Néanmoins, si l'exécution de ces baux avait commencé avant cet acte, ils auront leur effet, conformément aux art. 1736 et 1774 du Code civil. »

On doit remarquer que le second alinéa accorde aux baux dont l'exécution a commencé, sinon les effets semblables à ceux des baux qui ont date certaine, du moins la puissance d'un bail verbal.

En outre, le premier alinéa convertit en nullité de droit la nullité facultative du projet, par la substitution du mot *seront* au mot *pourront*.

La seconde commission de la Chambre des Pairs n'a point admis ce système. Elle a persisté dans sa première opinion. Écoutons son rapporteur : « La rédaction adoptée par la Chambre des Députés, de l'art. 684, a amené un nouvel examen de ses dispositions au sein de votre commission.

« Il s'agissait des baux qui n'ont pas acquis date certaine avant le commandement. L'art. 691 du Code de procédure portait : « La nullité *pourra en être prononcée*, si les créanciers ou *l'adjudicataire* le demandent. » L'art. 684 du projet présenté l'année dernière et adopté par vous sans discussion, contenait la même disposition. A la Chambre des Députés, une rédaction nouvelle a prévalu. D'une part, on a converti la faculté de demander la nullité qui pouvait être accordée ou refusée, suivant les circonstances, en une *nullité de droit*, *nullité absolue* que la justice ne pourra pas s'empêcher de prononcer, *si les créanciers ou l'adjudicataire le* demandent. De l'autre part, si l'exécution des baux avait commencé avant le commandement, elle ne pourrait cesser que par le congé à donner au fermier ou au locataire dans les délais fixés par l'usage des lieux, conformément aux art. 1736 et 1774 du Code civil.

« Cette double résolution n'a pas paru à votre commission conforme aux véritables principes du droit.

« Une disposition, qui était dans le Code de procédure, et que vous avez maintenue sans discussion, nous a d'abord frappés. Elle concerne *l'adjudicataire*. Nous nous sommes demandé pourquoi le projet s'occuperait ici de ses droits. S'il s'agit de la période qui précède l'adjudication et du temps où il importe de rendre nette et disponible la possession de l'immeuble offert aux amateurs, il n'y a pas encore d'adjudicataire, et il ne convient pas, dès lors, de déterminer ses droits relativement à des locataires et fermiers. Après l'adjudication, toute décision nouvelle, à cet égard, serait superflue en présence de l'art 1743 du Code civil, qui n'interdit à l'acquéreur le droit d'expulser le locataire ou fermier, que lorsque celui-ci a un bail authentique ou dont la date est certaine. Tous les autres baux sont comme s'ils n'étaient pas. L'adjudicataire n'a pas besoin de demander la nullité, et, sous le prétexte de lui accorder un droit, on l'astreindrait à un procès auquel il n'a pas besoin de recourir, d'après les dispositions du Code civil ; il lui suffira de donner-

mobilisés à partir de la transcription de la saisie, pour être distribués avec le prix de l'immeuble par ordre d'hypothèque. Un simple acte d'opposition à la requête du

congé aux époques déterminées par l'usage, conformément aux art. 1736 et 1774 que nous venons de citer, pour faire cesser la jouissance du preneur.

« Ainsi le nom de l'adjudicataire doit être rayé de l'art. 684 : ses dispositions ne concernent que les créanciers du saisi.

« A l'égard de ceux-ci, la question que soulève la nouvelle rédaction peut être posée de la manière suivante : La nullité des baux n'ayant pas date certaine avant le commandement, serait-elle absolue, obligée, de façon que le tribunal ne puisse pas se dispenser de la prononcer, même lorsqu'il reconnaîtra qu'il y a eu entière bonne foi de la part des parties? ou, au contraire, n'aura-t-elle lieu qu'en cas de fraude? La rédaction qui a prévalu à la Chambre des Députés porte : « Les baux *seront* annulés. » Le Code de procédure et l'article conforme que vous aviez adopté, disposaient que la nullité *pourrait* être prononcée, si les créanciers le demandaient. Cette dernière opinion a paru à votre commission plus conforme aux principes généraux du droit et à la raison. Il n'est pas défendu de faire des conventions verbales ou sous signature privée ; ceux qui les font s'exposent à voir nier les unes, et à restreindre à leurs signataires et à leurs ayants-droit l'effet des autres ; mais, quand elles sont avouées, elles doivent recevoir leur exécution, si, d'ailleurs, elles ne sont pas entachées de fraude ; il n'y a que les tiers à qui il ne soit pas permis de les opposer, à cause des difficultés qu'ils pourraient rencontrer à découvrir la fraude ; mais ici les créanciers ne sont pas ce que la loi appelle des tiers ; ils représentent le saisi ; ils n'ont pas plus de droits que lui, et ils ne sauraient, de leur chef, prétendre à une nullité qui lui serait interdite. Les créanciers n'ont d'autres droits que ceux de l'art. 1167 du Code civil qui les autorise, *en leur nom personnel*, à attaquer les actes faits en fraude de leurs droits. L'ancien article du Code de procédure ne faisait pas davantage pour eux, et la pratique n'a jamais signalé d'inconvénients. Comment, en effet, en aurait-il existé avec l'art. 1743 du Code civil, qui autorise l'adjudicataire à ne pas reconnaître les baux sans date certaine? On n'aurait d'intérêt à les déclarer nuls *à priori* qu'autant que, par la modicité du prix ou la nature des conditions souscrites en faveur du preneur, la valeur de l'immeuble saisi se trouverait atténuée. Or, l'art. 1743 a pleinement obvié à cet inconvénient en autorisant l'adjudicataire à expulser le fermier.

« Le dernier paragraphe de cet article, encore ajouté par la Chambre des Députés, ne nous a pas paru non plus de nature à être adopté. Il prévoit le cas où le bail serait annulé après avoir reçu un commencement d'exécution, et alors il propose d'appliquer les art. 1736 et 1774 du Code civil, relatifs à la sortie du preneur aux époques déterminées par les usages des lieux. Il nous a paru que ce serait à la fois annuler et valider le bail ; le valider pour tout le temps nécessaire à l'expulsion, l'annuler pour les temps postérieurs ; le bail, déclaré nul, ne doit laisser aucune trace, et, s'il y en a d'inévitables à cause de son commencement d'exécution, c'est aux tribunaux qu'il appartient d'en régler les suites ; la loi n'a pas besoin d'intervenir ; le juge connaît seul de l'exécution de ses jugements.

« Par ces considérations, votre commission a pensé que la nouvelle rédaction de l'art. 684 ne

pourrait pas être admise, et que celle du Code de procédure était préférable. En conséquence, elle vous propose de rétablir l'art. 684, voté à la session dernière, en en retranchant seulement la désignation de l'adjudicataire. »

Malgré l'autorité si justement accordée aux opinions de M. Persil, je ne peux admettre plusieurs des assertions contenues dans le passage qu'on vient de lire.

D'abord, est-il bien vrai que l'on puisse supprimer sans inconvénient la désignation de l'adjudicataire, par le motif qu'il est inutile de répéter dans le Code de procédure ce qui est déjà dit dans l'art. 1743 du Code civil?

Je ne crois pas que le droit conféré par ce dernier article à l'acquéreur soit aussi étendu que celui qu'il s'agissait d'accorder ici à l'adjudicataire.

En effet, le présent article autorise l'adjudicataire à demander la nullité d'un bail, par cela seul qu'il n'a pas date certaine avant le commandement ; or, si l'adjudicataire était réduit à invoquer l'art. 1743, il devrait respecter le bail qui aurait acquis date certaine postérieurement au commandement, mais avant l'adjudication, ou au moins avant la transcription, qui seule ôte au saisi la libre disposition de ses biens.

En second lieu, l'art. 691 du Code de procédure donnait, il est vrai, aux juges la faculté de prononcer ou de ne pas prononcer la nullité des baux demandée par les créanciers ou par l'adjudicataire ; mais il n'entendait point reproduire seulement la règle de l'art. 1167 du Code civil, qui permet aux créanciers d'attaquer les actes de leur débiteur faits en fraude de leurs droits. Il allait évidemment plus loin ; il ne subordonnait pas à la preuve de la fraude l'annulation du bail ; il permettait aux juges de décider, en l'absence de toute fraude, et à raison seulement du dommage que pouvait causer l'existence du bail aux créanciers, que ce bail était nul. Cela résulte des termes mêmes de l'article. Il ne parle que des baux qui n'ont pas date certaine avant le commandement ; il met donc à l'abri de la nullité dont il s'occupe les baux qui, avant le commandement, ont acquis date certaine. Comment, dès lors, admettre qu'il a en vue la nullité fondée sur la fraude? Celle-ci est toujours opposable, quelle que soit la date des actes, leur forme, et les circonstances qui les accompagnent. Ne serait-il pas contraire à tous les principes que des créanciers ne pussent demander la nullité d'un bail, par cela seul qu'il aurait été enregistré avant le commandement, quoiqu'il fût démontré qu'il est frauduleux? Il ne faut pas confondre l'art. 1167 du Code civil et l'art. 691 du Code de procédure, devenu l'art. 684 dans la loi actuelle. Le Code civil pose en règle générale la nullité de tous les actes faits en fraude des créanciers ; le Code de procédure s'attache à un cas spécial ; il prévoit l'hypothèse où le bail fait par un saisi n'a pas acquis date certaine avant le commandement, et il confère aux juges un pouvoir discrétionnaire pour prononcer la nullité selon les circonstances.

M. *le garde des sceaux*, en combattant l'amendement de la commission, s'est fondé précisément sur les principes auxquels j'ai cru devoir donner quelques développements.

« La nullité des baux qui n'ont pas acquis date

poursuivant ou de tout autre créancier vaudra saisie-arrêt entre les mains des fermiers et locataires, qui ne pourront se libérer qu'en exécution de mandements de

---

certaine avant le commandement doit-elle, a-t-il dit, être absolue en ce sens que les tribunaux ne peuvent se refuser à la prononcer? Quel que soit le caractère de cette nullité, l'adjudicataire pourra-t-il l'invoquer au défaut des créanciers? Enfin, dans le cas où le bail serait annulé après avoir reçu un commencement d'exécution, cette exécution momentanée sera-t-elle au moins protégée par les art. 1736 et 1774 du Code civil? Tels sont les trois points dans l'art. 684 sur lesquels le gouvernement et la commission sont en désaccord.

« Première difficulté. Je ferai d'abord remarquer qu'il ne s'agit point ici de la faculté d'attaquer les actes frauduleux réservée en termes exprès par l'art. 1167 du Code civil, auxquels nous n'entendons pas déroger. D'autres considérations ont dicté l'article que nous discutons en ce moment, parce qu'il s'agit de statuer sur le sort d'un bail non enregistré avant le commandement, et dont ni les créanciers ni l'adjudicataire ne peuvent souffrir. La Chambre des Députés n'a pas voulu ouvrir les chances d'un procès, et l'on a frappé ces baux de nullité. Cependant la nullité n'est pas absolue, car si les créanciers trouvent que la location a été faite à des conditions convenables, ils la maintiendront. De même pour l'adjudicataire. Mais supposons que les créanciers et l'adjudicataire croient avoir à souffrir, leur droit est de faire prononcer la nullité. La commission a supposé que les tribunaux pourraient discuter le mérite de la demande en nullité. Nous, au contraire, nous pensons que la conséquence du pouvoir discrétionnaire des tribunaux n'existe que quand il y a fraude; or, ici, il ne s'agit que de dommages, les créanciers ou l'adjudicataire en sont juges. Il faut donc dire que les baux *seront* annulés, et non pas qu'ils *pourront* être annulés. »

« Deuxième difficulté. On a supprimé le mot *adjudicataire*; je crois qu'on a eu tort. Je crois que c'est une erreur de dire que le droit commun suffît. L'art. 1743 du Code civil n'est applicable qu'aux baux enregistrés après l'adjudication, tandis que l'art. 684 du projet règle le sort des baux non enregistrés avant le commandement précurseur de la saisie, et qui pourraient être soumis à l'enregistrement avant l'adjudication. »

« Troisième difficulté. Il eût été trop rigoureux de méconnaître un commencement d'exécution, et l'on a voulu mettre la possession momentanée sous la foi des art. 1736 et 1774 du Code civil, pour concilier dans une juste mesure les droits de tous. Voilà le but général de l'art. 684 dont je demande le maintien. »

M. *Laplagne-Barris* a répondu : « La commission de la Chambre des Pairs, lorsqu'elle a examiné pour la première fois le projet relatif aux ventes immobilières, est restée dans les termes du Code de procédure. Le Code de procédure disait que les baux qui n'avaient pas une date certaine avant le commandement pourraient être annulés sur la demande des créanciers et de l'adjudicataire. Quel était le sens de ces mots : *pourront être annulés?* Il est fixé par le changement même qu'on vous propose, car on a voulu apporter un changement à cette disposition, et on a mis : *seront annulés*, au lieu de : *pourront être annulés*. D'après le Code de procédure, il y avait donc pour les tribunaux une possibilité d'annulation. D'après le changement

qu'on propose, il y aurait nécessité d'annulation, et vous comprenez facilement que la chose est grave. Il suffira uniquement, à l'égard d'un immeuble loué à vingt ou trente chefs de famille, il suffira pour les expulser à l'instant qu'ils aient le malheur de posséder un bail n'ayant pas date certaine. Or, vous le savez, pour les petits établissements, et il faut veiller aux droits de tous, même de ceux qui ne peuvent pas supporter les frais des baux notariés, pour ces petits établissements, on serait obligé d'abandonner l'immeuble; et remarquez qu'alors même que la saisie immobilière n'aurait pas de suite, et que le propriétaire resterait maître de son immeuble, l'exercice du droit de propriété serait paralysé, anéanti par le seul fait du commandement.

« Tout à l'heure M. le garde des sceaux disait que le principe de la dépossession du saisi n'était pas vrai : ce n'était qu'après l'adjudication que ce principe était applicable. Mais ici vous exposez à la dépossession des tiers qui ne sont pas débiteurs. Quel était le système du Code de procédure? Il était tout simple, il était fondé sur un principe du droit civil que M. le garde des sceaux a lui-même réalisé. Le Code civil donne au créancier la faculté de demander l'annulation des baux qui n'ont pas une date certaine pour cause de fraude. Maintenant, cette demande en nullité pour cause de fraude perd toute son importance pour une cause de nullité légale à laquelle les tribunaux ne peuvent pas s'empêcher d'obéir, devant un cas de nullité de plein droit. Ces considérations ont déterminé la commission à revenir à la disposition du Code de procédure, qui dit : *pourront être annulés*, mais qui ne prononce pas la nullité. Voilà les observations que j'avais à vous soumettre sur la première question qui a été soulevée par M. le garde des sceaux, qui n'est pas une question de procédure, mais une question de droit. Il s'agit de savoir s'il sera défendu, sous certaines peines, de faire des baux sous-seing privé. Vous savez quel est l'usage de Paris et dans les grandes villes, et je ne crois pas qu'il soit possible qu'une disposition de la loi prohibe un usage universel et favorable aux transactions. »

« Une autre observation a été faite par M. le garde des sceaux. Elle porte sur la suppression faite par la commission, sur la proposition de l'un de ses membres, du mot *adjudicataire*. On dit que le Code civil n'a pas prévu le cas. Il suffira de vous lire l'art. 1743 pour vous prouver le contraire. Cette seconde question n'est qu'une question de rédaction; ce ne serait qu'une redondance qui existerait dans la loi. En effet, l'art. 1743 établit que si le bailleur vend la chose louée, l'acquéreur peut expulser le fermier ou le locataire qui n'a pas un bail dont la date soit certaine. L'adjudicataire trouve dans l'art. 1743, c'est-à-dire dans les règles du droit commun, le principe du droit qu'on voudrait lui accorder par un autre article. C'est pourquoi nous avons considéré cet autre article comme inutile. Il n'y a de grave ici que la question du fonds; mais elle est d'une haute importance, et la chambre ne pourrait pas faire droit aux réclamations de M. le garde des sceaux, sans bouleverser tous les principes du droit en cette matière. Il faudrait ne pas admettre pour la première fois le droit de faire des baux sous-seing privé; il faudrait

collocation, ou par le versement de loyers ou fermages à la caisse des consignations ; ce versement aura lieu à leur réquisition, ou sur la simple sommation des créanciers.

les déclarer nuls, encore que la bonne foi y eût présidé. C'est ce que vous n'admettrez jamais, et vous laisserez aux tribunaux, ce qu'ils ont eu jusqu'à présent, le droit de les déclarer valables toutes les fois qu'ils ne seront pas entachés de fraude. »

Voilà donc encore un des plus éminents jurisconsultes qui soutient que le Code de procédure n'admettait la nullité des baux qui n'avaient pas date certaine avant le commandement, qu'autant qu'ils étaient entachés de fraude ; il soutient d'ailleurs qu'il faut se borner à reproduire l'article du Code de procédure avec le sens qu'il vient d'indiquer, et, en effet, l'article est reproduit avec un changement de rédaction indifférent à la question débattue.

Il semble donc bien établi que, désormais comme autrefois, les juges auront la faculté de prononcer la nullité des baux, et qu'ils ne devront exercer cette faculté que lorsque les baux auront été faits en fraude des droits des créanciers, conformément à l'art. 1167 du Code civil.

Je n'hésite pas cependant à maintenir l'opinion que j'ai déjà émise, savoir, que, même en l'absence de toute fraude, la nullité pourra être prononcée.

D'abord, et quoi qu'on en ait dit, c'était la doctrine consacrée par l'article du Code de procédure; et MM. Persil et Laplagne-Barris lui ont attribué un sens qu'on ne lui a jamais donné, qu'il ne peut pas avoir. Une réflexion que j'ai déjà faite suffit pour le démontrer. Tout acte frauduleux peut être attaqué par les créanciers. La certitude de sa date, son authenticité, n'ôtent rien au droit de ceux-ci. Il serait absurde en effet que, lorsqu'ils ont démontré la fraude d'une stipulation faite dans l'intention de leur nuire, on leur opposât qu'elle a date certaine. Il est incontestable que si les créanciers démontraient que leur débiteur, prévoyant la saisie dont il était menacé, s'est empressé de faire, en fraude de leurs droits, avant le commandement, un bail enregistré ou notarié, ce bail, malgré l'époque à laquelle il est intervenu, serait annulé. Cependant si l'article du Code de procédure était entendu comme MM. Persil et Laplagne-Barris ont dit qu'il devait l'être, l'action de fraude serait écartée, la certitude de la date avant le commandement le protégerait envers et contre tous, puisque l'article signifierait précisément que les baux peuvent être attaqués comme frauduleux, seulement lorsqu'ils n'ont pas date certaine avant le commandement.

Les auteurs n'ont pas précisément traité la question que j'examine ici, mais, dans plusieurs passages, ils ont raisonné comme si elle était résolue dans le sens que j'adopte, et comme si cela ne pouvait être l'objet d'un doute sérieux. Le dommage que ressentent les créanciers leur paraît une raison suffisante pour provoquer la nullité et pour qu'elle soit prononcée par les tribunaux.

« Si le bail est *désavantageux*, il est de l'intérêt des créanciers, dit M. Carré, d'en faire prononcer la nullité le plus promptement possible, » tome 3, quest. 2315, et il ajoute en note : « Il n'y a que les créanciers hypothécaires qui peuvent demander la nullité du bail, et non les créanciers chirographaires, qui ne sont point partie dans la saisie. »

Certainement s'il s'agissait de l'action autorisée par l'art. 1167 du Code civil, on ne s'aviserait pas de distinguer et d'accorder aux uns seulement un droit qui appartient à tous. Au surplus, l'opinion de M. Carré n'est que la reproduction de celle de M. Pigeau, qui dit que la nullité ne peut être demandée que par les créanciers qui ont droit de faire saisir, et qui ajoute : « Lorsque le bail est *désavantageux*, les créanciers doivent demander la nullité, sans laisser ce droit à l'adjudicataire, parce qu'ils vendront un prix meilleur que s'ils lui laissaient un procès avec le preneur. » Enfin il prévoit le cas où « le bail ayant date certaine avant le commandement, a été fait en fraude des droits des créanciers, par exemple, s'il est fait pour un prix bien inférieur, ou sous des conditions onéreuses, tellement qu'il est clair que le saisi aurait pu mieux faire et a voulu nuire à ses créanciers, » et il enseigne que c'est alors l'art. 1167 du Code civil qui est applicable. Tome 2, p. 225 et 226.

« Lorsque le bail n'a pas une date certaine antérieure au commandement, dit M. Demiau Crouzilhac, la loi en suspecte la sincérité ; elle permet, soit aux créanciers, soit à l'adjudicataire, d'en demander l'annulation ; elle permet aux juges de la prononcer. C'est donc aux créanciers à réfléchir sur les conditions, la durée, le prix de ce bail, de manière que s'il ne peut pas nuire à la vente, comme n'étant pas très-long, ils peuvent se dispenser de former cette demande, sauf à l'adjudicataire à faire ensuite ce qu'il jugera à propos.

Dans tout cela, on le voit, la fraude n'est pas supposée ; il suffit qu'il y ait avantage pour les créanciers à faire prononcer la nullité. Cela devient encore plus évident par ce qui suit. « Mais si le bail devait nuire à la vente à raison de sa durée et de la vileté du prix, les créanciers doivent en poursuivre l'annulation pour éviter que, sous les apparences de ce bail, les enchérisseurs ne soient découragés et ne veuillent se prévaloir de cette circonstance pour ne pas porter les biens à leur valeur. »

« Si le bail, dit M. Hautefeuille, p. 374, n'a pas acquis date certaine avant le commandement, les créanciers peuvent en demander la nullité, *si ce bail est contraire à leurs intérêts*, et le tribunal peut la prononcer, si elle est fondée. »

M. Thomines Desmazures considère le défaut de date certaine avant le commandement comme établissant une présomption de fraude qui devra être détruite par le preneur.

Toutes ces opinions repoussent celle contre laquelle j'ai cru devoir m'élever. Le sens de l'article du Code de procédure ainsi fixé, il est bien évident que la loi nouvelle n'en a pas un différent. La Chambre des Pairs n'a point d'ailleurs, dans la discussion dont j'ai donné l'analyse, manifesté une pensée contraire à celle qui me paraît devoir être suivie ; elle a entendu son rapporteur et l'un de ses membres les plus distingués émettre des doctrines que M. le garde des sceaux a combattues; mais ce n'est pas précisément sur ces doctrines qu'elle a eu à se prononcer; elle a eu à choisir seulement entre le système de la nullité absolue et nécessaire, et le système de la nullité possible ou facultative ; c'est le second qu'elle a préféré, et elle n'a pas certainement par là exprimé même tacitement l'intention de changer le sens et la portée de l'article du Code de procédure, qu'elle a maintenu.

A défaut d'opposition, les paiements faits au débiteur seront valables, et celui-ci sera

M. le rapporteur à la Chambre des Députés n'a point attribué cet effet à son vote : il l'a compris comme je viens de l'expliquer.

Voici comment il s'est exprimé dans son second rapport : »

« La Chambre des Pairs a décidé que les baux consentis par le saisi, après le commandement, ne seraient pas nuls de plein droit, et elle a attaché à ces mots de l'art. 684 : « *pourront être annulés, si les créanciers ou l'adjudicataire le demandent,* » ce sens que les tribunaux auront la faculté de prononcer l'annulation ou de la refuser quand elle sera demandée. *L'exception de fraude étant toujours réservée, n'importe la date des baux antérieurs, ou postérieurs au commandement,* la Chambre des Députés avait pensé que, pour accorder un droit plus étendu aux créanciers et à l'adjudicataire, lorsque le commandement a eu lieu, et pour ajouter au droit commun écrit dans l'art. 1167 du Code civil, il fallait exprimer dans la loi le principe d'une nullité absolue, égale à celle qui frappe les aliénations, lorsqu'elles ont lieu après la transcription de la saisie. Elle avait cru, d'ailleurs, que, hors le cas de fraude, il restait à faire seulement une appréciation du préjudice, sur laquelle les tribunaux peuvent être embarrassés à prononcer une décision éclairée, et qu'enfin s'il arrivait qu'un bail fût fait de bonne foi à cette époque suspecte, et qu'il dût être maintenu, cet acte pourrait avoir pour effet d'éloigner les enchérisseurs, en retardant pour l'adjudicataire le moment de sa mise en possession. La commission ne trouve pas cependant ces raisons suffisantes pour qu'elle doive proposer le rejet de l'art. 684 tel que la Chambre des Pairs l'a adopté. *Ce qui la rassure, c'est l'appréciation des circonstances qui est abandonnée à la sagesse des tribunaux. Un bail, fût-il juste dans son prix et dans ses autres conditions, s'il a été consenti pour un temps qui doive en prolonger l'exécution bien au-delà du jour de l'adjudication; cette seule stipulation suffira probablement pour démontrer qu'il a été fait en vue de l'expropriation, pour la rendre plus difficile et nuire aux créanciers. Ce sera donc une raison déterminante pour décider les tribunaux à user du droit qui leur est accordé.*

Ainsi , le dommage causé par le bail est considéré comme cause de nullité, ou, si l'on veut, comme élevant une présomption de fraude qui autorise à prononcer l'annulation. — La loi du 11 brumaire an 7 et le Code belge ne parlent point ainsi des baux. Le Code de Genève, art. 547, est ainsi conçu : « Les baux passés par le débiteur dès la première publication seront annulés, si le poursuivant ou les créanciers le demandent. Les baux antérieurs ne pourront l'être que s'ils sont faits en fraude des créanciers, sauf l'exécution des art. 625 et 626. »

La disposition qui s'occupait des baux dont l'exécution avait commencé avant le commandement a disparu de l'article. M. *Pascalis* a ainsi expliqué cette suppression : « Lorsque l'annulation des baux non revêtus d'une date certaine avant le commandement devait avoir lieu de plein droit, il était juste de déclarer que ceux dont l'exécution serait commencée auraient cependant leur effet pendant la durée qu'assurent aux baux verbaux les art. 1736 et 1774 du Code civil, et c'est ce qu'avait voulu exprimer la rédaction adoptée par cette Chambre. Le principe de l'art. 684 étant changé, il n'a

plus été nécessaire d'écrire dans la loi une réserve dont les tribunaux feront ou ne feront pas l'application, suivant les circonstances qu'ils sont chargés d'apprécier. »

Il résulte de ce passage qu'un bail dont l'exécution était commencée avant le commandement peut être annulé par les tribunaux, qu'il peut n'être pas maintenu, même pour la durée indiquée dans les art. 1736 et 1774.

Je ne pense pas que cette solution doive être accueillie ; je crois, au contraire, que, par cela qu'un bail avait déjà commencé à être exécuté avant le commandement, il doit être maintenu pour la durée attribuée aux baux verbaux.

Dans l'hypothèse sur laquelle je raisonne , il ne s'agit pas précisément de savoir si le bail a ou n'a pas date certaine, s'il doit ou non être déclaré nul. On a à examiner comment et dans quel délai doit être expulsé un preneur déjà en possession. Un bail existe, c'est une chose incontestable, que manifeste la présence du preneur et l'usage qu'il fait des immeubles loués. Il ne faut pas se méprendre sur ce qui est ainsi constaté; ce n'est pas le bail écrit que peuvent avoir consenti les parties, et qui n'a pas de date certaine; c'est seulement le fait que les lieux sont occupés à titre de location. Cette distinction, on le conçoit, est fort importante. Si le bail écrit que produit le preneur devait être tenu pour constant, il faudrait en ordonner l'exécution, puisque, commencé avant le commandement, il serait évidemment d'une date antérieure. Mais je n'admets la certitude que pour ce qui résulte du fait matériel, c'est-à-dire qu'un bail verbal ; puis je donne à ce bail dont l'existence ne peut être révoquée en doute la durée fixée, non par la convention, à laquelle je n'accorde aucune valeur, mais par la règle que la loi (art. 1736 et 1774) a établie pour les cas où il n'existe pas de convention, ou du moins dans lesquels la convention ne s'explique pas sur la durée.

Cette doctrine, que je crois conforme aux véritables principes, satisfait à tous les intérêts, et prévient toutes les fraudes contre lesquelles la loi a voulu donner des garanties aux créanciers du saisi.

Pourquoi maintient-on les baux ayant date certaine avant le commandement? Parce que l'on suppose que les actes de cette espèce, faits avant que le signal de la saisie ait été donné, sont sincères. La même supposition s'applique à *fortiori* aux baux dont l'exécution est commencée; car il est plus facile à un débiteur averti que des poursuites vont commencer d'écrire un bail et de le porter à l'enregistrement, que d'installer un fermier ou un locataire dans les lieux. D'ailleurs, le commencement d'exécution avertit nécessairement le saisissant, qui peut rester dans l'ignorance la plus parfaite d'un bail enregistré. Si, de ce que le bail a été exécuté, je tirais la conséquence que le contrat produit doit avoir son effet, j'ouvrirais la porte à une fraude facile, le bailleur et le preneur pouvant, après le commandement, fabriquer un bail comme ils le voudraient, et l'imposer aux créanciers et à l'adjudicataire. Mais ce n'est pas là mon système. Je ne reconnais et je ne maintiens que ce qui est certainement vrai, le bail sans écrit, avec les effets ordinaires à ces sortes de baux.

Sans doute, ce bail lui-même sera, dans quelques circonstances, entaché de fraude. Le saisi

comptable, comme séquestre judiciaire, des sommes qu'il aura reçues (1).

686. La partie saisie ne peut, à compter du jour de la transcription (2) de la saisie, aliéner (3) les immeubles saisis, à peine de nullité, et sans qu'il soit besoin de la faire

de concert avec un tiers, sera assez adroit et assez leste pour placer celui-ci dans sa maison ou dans sa ferme, comme locataire ou comme fermier, avant le commandement. Mais la fraude est également possible pour des baux enregistrés. Dans des cas semblables, il reste aux créanciers et à l'adjudicataire l'action en nullité pour fraude, fondée sur l'art. 1167 du Code civil, soit que le bail ait date certaine, soit que l'exécution en ait commencé.

Le mot *adjudicataire*, qui se trouve dans la loi, paraissait, d'après la discussion de la Chambre des Pairs, devoir être supprimé. Vraisemblablement, dans le compte rendu de la séance par le Moniteur, il s'est glissé quelque inexactitude.

(1) Dans le projet du gouvernement, l'article était ainsi conçu : « Si le bail a une date certaine, les créanciers pourront saisir et arrêter les loyers ou fermages, et, dans ce cas, il en sera des loyers et fermages échus depuis la transcription de la saisie comme des fruits mentionnés en l'art. 682. »

Cette faculté était aussi accordée aux créanciers par l'art. 691, 2° du Code de procédure. La commission de la Chambre des Pairs a pensé qu'en maintenant ce droit, il convenait d'en simplifier l'exercice.

« Les saisies-arrêts, a dit son rapporteur, auxquelles les créanciers sont obligés de recourir pour empêcher que les fermiers et locataires se libèrent entre les mains du saisi, sont livrées à toutes les formalités en usage dans de pareilles instances. La saisie doit être dénoncée, suivie d'une assignation en validité. C'est un procès accompagné d'une déclaration affirmative, souvent contestée. Votre commission se serait écartée de l'esprit du projet, qui est la simplification des formes et l'économie des frais, si elle ne vous avait pas proposé de mettre les droits des créanciers et du saisi lui-même à l'abri de toutes procédures ruineuses. Elle a pensé qu'un simple acte d'opposition entre les mains des locataires et fermiers, soit par le poursuivant, soit à la requête de tout autre créancier, serait suffisant. Aucune procédure ne devra le suivre. Plus d'assignation en validité, plus de déclaration affirmative comme l'entendait le Code de procédure. Lorsque le locataire voudra ou sera contraint de consigner, ou bien, quand il s'agira de procéder à l'ordre, il sera temps d'apprécier ce qu'il doit. Tout fait présumer qu'il ne s'élèvera pas de contestation, ou que, s'il s'en élève, elles pourront être vidées sommairement comme des incidents de la poursuite de l'ordre, sans frais et sans diminution du gage des créanciers. Tout cela est exprimé dans une nouvelle rédaction de l'art. 685. Cette rédaction était ainsi conçue : « Si le bail a une date certaine, ou si, dans le cas contraire, la nullité n'en est pas prononcée, les loyers et fermages seront immobilisés à partir de la transcription de la saisie, pour être distribués avec le prix de l'immeuble par ordre d'hypothèque. Un simple acte d'opposition, à la requête du poursuivant ou de tout autre créancier, vaudra saisie-arrêt entre les mains des fermiers et locataires qui ne pourront plus valablement se libérer qu'en exécution des mandements de collocation ou par le versement des loyers à la caisse des dépôts et consignations, qui aura lieu soit à leur réquisition, soit sur la

simple sommation des créanciers. A défaut d'opposition, les paiements faits au débiteur seront valables, et celui-ci en devra la représentation aux créanciers, comme dépositaire judiciaire. »

L'article ainsi rédigé fut voté sans discussion par la Chambre des Pairs.

Les changements de rédaction qu'il a subis, et qui ne portent d'ailleurs que sur la forme, ont été introduits par la commission de la Chambre des Députés.

M. *Lambert* a cru devoir faire remarquer que les créanciers privilégiés semblaient avoir été oubliés, puisque le texte ne parlait que de la distribution par ordre d'hypothèque. On lui a répondu que, de droit, les privilèges venaient avant les hypothèques.

(2) L'art. 692 du Code de procédure ne faisait partir la prohibition d'aliéner que du jour de la dénonciation au saisi. Cela était convenable à une époque où la transcription précédait la dénonciation ; mais la loi actuelle a dû disposer autrement, puisque, d'après ses dispositions, la transcription ne vient qu'après la dénonciation. (Art. 677 et 678.) Si l'on ne considérait que le débiteur, ce serait sans doute du jour où il aurait eu connaissance légale de la saisie par la dénonciation qu'il faudrait lui refuser le droit d'aliéner l'immeuble mis sous la main de justice. Mais les tiers, n'ayant, avant la transcription, aucun moyen régulier de connaître la saisie, ont pu, de bonne foi, traiter avec le saisi. C'est la transcription qui leur révélera son incapacité. C'est donc à la date de la transcription qu'il convient de faire remonter la prohibition d'aliéner.

(3) Le projet du gouvernement ajoutait : « ou hypothéquer. » Cette addition a été repoussée. Voici les motifs qu'en a donné le rapporteur de la commission de la Chambre des Pairs : « Le projet étend l'incapacité du saisi au droit d'hypothéquer les immeubles mis sous la main de justice. Cette prétention, soulevée sous l'empire du Code de procédure, avait été constamment rejetée. Elle s'appuyait sur l'art. 2124 du Code civil, qui n'accorde le droit d'hypothéquer ses immeubles qu'à ceux qui ont la capacité d'aliéner. Évidemment, c'était détourner l'art. 2124 du sens que ses rédacteurs avaient voulu lui donner. Ils n'entendaient s'adresser qu'à l'incapacité personnelle, et, en ce sens, ils avaient raison de dire que celui qui était personnellement incapable d'aliéner ne pourrait pas hypothéquer ses immeubles. Mais il y a loin de la défense générale, absolue, puisée dans l'inhabilité de la personne, à l'incapacité occasionnelle, née de la saisie d'un immeuble. Celle-ci ne peut résulter que de la défense de la loi, et elle n'était ni dans le Code civil ni dans le Code de procédure. Le projet propose de la faire entrer dans le nouvel art. 686. L'exposé des motifs garde le silence sur les considérations qui pourraient vous amener à adopter cette innovation, et votre commission n'en a trouvé que de contraires. L'aliénation est interdite au saisi, parce qu'elle tendrait à détruire la saisie qui ne peut se suivre que contre le détenteur actuel. Il faudrait la recommencer à chaque mutation. Mais la constitution de l'hypothèque après la transcription de la saisie, et même après la dénonciation au saisi, ne *présente aucun*

prononcer (1).

687. Néanmoins l'aliénation ainsi faite

aura son exécution si , avant le jour fixé pour l'adjudication , l'acquéreur consigne

de ces inconvénients. Elle ne touche pas à la saisie, qui ne s'en continuera pas moins contre le débiteur, après comme avant l'hypothèque ; elle ne dérange rien au rang des créanciers hypothécaires, ni à leur intérêt , puisque celui à qui elle aura été accordée ne sera jamais colloqué qu'à la date de son inscription , c'est-à-dire après tous ceux qui avaient des droits sur l'immeuble à l'époque de l'établissement de cette nouvelle hypothèque. Aucun des ayants-droit sur l'immeuble n'ayant à se plaindre des hypothèques postérieures , il n'existe aucune raison de les interdire, d'autant qu'il est des cas où des débiteurs de très-bonne foi pourraient avoir intérêt à recourir à cette mesure. Ces considérations ont déterminé votre commission à vous proposer le retranchement, dans l'art. 686 du projet , de tout ce qui concerne la prohibition relative à l'hypothèque. »

Les mêmes raisons se retrouvent dans le rapport de la commission de la Chambre des Députés.

M. *Gaillard de Kerbertin* s'est élevé contre la doctrine qui, en prohibant l'aliénation , maintient la faculté d'hypothéquer ; il a soutenu que, par la raison qu'on défendait au saisi de vendre , on devait lui défendre de consentir hypothèque , parce qu'à l'égard de l'immeuble saisi, il est placé en quelque sorte en état de faillite. Mais, prévoyant que son opinion ne serait pas adoptée par la Chambre , et que la faculté d'hypothéquer serait laissée au saisi, il a proposé un amendement ayant le double but d'exprimer que cette capacité était conservée au saisi, et, en même temps, qu'elle était limitée au cas prévu par l'art. 687. Il voulait donc qu'on ajoutât à l'article les deux paragraphes suivants :

« Le saisi ne pourra non plus , à partir de la même époque, consentir d'hypothèque, sauf le cas prévu par les art. 687 et 688. »

« Quant aux hypothèques judiciaires, elles ne pourront être inscrites postérieurement à la transcription que dans le cas où le jugement qui les confère serait antérieur à la saisie. »

Cet amendement n'a pas été appuyé.

M. *Lherbette* a également proposé une disposition additionnelle ainsi conçue : « Mais elle (la partie saisie) conserve la capacité de consentir des hypothèques qui, toutefois, ne pourront primer la créance des saisissants en principal , intérêts et frais. »

L'intention de cette disposition était, 1°, d'exprimer d'une manière formelle qu'après la transcription le saisi conservait encore la faculté d'hypothéquer son immeuble et de prévenir ainsi les doutes qui peuvent naître des termes généraux de l'art. 2124 du Code civ. (Voy. Carré, t. 3, n. 2321); 2° de subordonner cette faculté aux droits des saisissants , afin d'empêcher que leurs créances ne fussent annihilées par des hypothèques consenties postérieurement.

L'amendement a été rejeté.

On l'a combattu en faisant remarquer, d'abord qu'il était depuis longtemps de jurisprudence constante que l'interdiction d'aliéner dont était frappé le saisi ne comprend pas celle d'hypothéquer; que l'hypothèque et l'aliénation étant des choses distinctes , la prohibition de l'une n'entraînait pas la prohibition de l'autre.

En second lieu, que l'amendement introduirait

en faveur des saisissants qui ne seraient pas créanciers hypothécaires , un droit de préférence qui n'existe nulle part dans nos lois ; qu'il fallait être sobre de causes de préférence , et qu'enfin les saisissants pouvaient toujours invoquer la nullité des hypothèques qui auraient été consenties en fraude de leurs droits (art. 1167 du Code civil).

Il résulte de la manière la plus claire du rejet de ces amendements , que le saisi postérieurement à la transcription ne peut aliéner son immeuble , mais qu'il peut l'hypothéquer, sauf l'action de fraude qui demeure réservée, soit aux saisissants , soit même aux autres créanciers chirographaires.

Cependant M. *Lherbette* a voulu jeter encore quelque doute sur ce point. M. *Tesnières* ayant dit : « Il est bien entendu que le saisi aura toujours le droit de consentir hypothèque. » M. *le président* a répondu : « La Chambre a rejeté un amendement qui disait le contraire. » C'est alors que M. *Lherbette* a cru pouvoir insister. « Je ne veux pas, a-t-il dit, rentrer dans la discussion ; je veux dire simplement qu'il reste toujours la même nécessité de s'expliquer dans la loi. » M. *Hébert* a répliqué par cette réflexion : « La Chambre a rejeté l'amendement de M. de Kerbertin. » M. *Lherbette* n'a pas cru devoir céder; il a repris : « Je fais observer qu'en fait de loi, il n'y a d'entendu que ce qui est voté positivement. Les votes de rejet de la part d'une Chambre, quand le pouvoir législatif est fractionné en plusieurs Chambres, n'empêchent pas que l'interprétation de la loi n'ait lieu que d'après son texte. »

J'ai fait plusieurs fois des observations analogues, et j'ai montré avec quelle circonspection on doit puiser dans les débats parlementaires les interprétations des lois qu'ils ont produites. Mais lorsqu'on demande formellement à une Chambre d'ajouter une disposition, et que la Chambre la repousse avec la volonté évidente de ne pas adopter la règle qu'elle consacre ; lorsque, d'ailleurs, elle est avertie des conséquences qu'on tirera du rejet, il faut ou fermer les yeux à l'évidence , ou avouer que le vote négatif a un sens clair et certain.

M. *le président* n'a pas voulu qu'il restât un doute. Il a répondu : « Je rappelle à la Chambre que, non seulement elle a rejeté l'amendement de M. Lherbette qui tendait à limiter, quant au saisi, la faculté de concéder hypothèque, mais qu'elle a rejeté aussi l'amendement de M. de Kerbertin. »

(1) Le droit de mutation perçu sur la vente d'immeubles saisis, consenti par le saisi après dénonciation (aujourd'hui la transcription), ne doit pas être restitué, bien que l'acquéreur n'ait pas consigné somme suffisante pour payer les créanciers inscrits, et qu'ainsi la vente soit nulle à l'égard de ces créanciers. (Arrêt de la Cour de cassation du 17 avril 1833, Sirey, 33. 1. 385 ; Dalloz, 33. 1. 195 ; Journal du Palais, 1833, t. 25, p. 377.)

Le saisi conserve, après la saisie, capacité pour défendre aux actions relatives à la propriété des immeubles saisis, du moins alors que ces actions avaient été régulièrement intentées avant la saisie. —Le créancier saisissant, quoique non appelé dans l'instance , n'est pas recevable à former tierce-opposition au jugement qui déclare le saisi non propriétaire, sauf toutefois le cas de fraude. (Arrêt de la Cour de cassation du 3 février 1836, Sirey-Devilleneuve, 36. 1. 661 ; Dalloz, 36. 1. 86.)

somme suffisante pour acquitter en principal, intérêts et frais, ce qui est dû aux créanciers inscrits, ainsi qu'au saisissant, et s'il leur signifie l'acte de consignation (1).

Un arrêt de la Cour d'Amiens, du 30 janvier 1825, a décidé de la même manière, dans une espèce où l'action contre le saisi n'avait été intentée que depuis la saisie, mais avant la notification du placard aux créanciers inscrits. (Sirey, 26. 2. 247 ; Dalloz, 26. 2. 232 ; Journal du Palais, 1825, t. 19, p. 119. Enfin il a été jugé que si la notification du placard aux créanciers inscrits avait eu lieu, et avait été enregistrée au bureau des hypothèques, la capacité du saisi cessait, et que les créanciers hypothécaires non appelés dans l'instance pouvaient former tierce-opposition. (Arrêt de la Cour de cassation du 21 août 1840, Devilleneuve, 40. 1. 859 ; Dalloz, 40. 1. 327.)

D'après la loi actuelle, il n'y a plus de notification du placard aux créanciers inscrits, plus d'enregistrement de la notification au bureau des hypothèques ; il est donc nécessaire de déterminer, en admettant le principe sur lequel est fondée la jurisprudence que je viens de rappeler, le point de la procédure à partir duquel le saisi perdra le droit de défendre aux actions relatives à la propriété des biens saisis. L'arrêt de la Cour de cassation du 21 août 1840 dit que la capacité du saisi cesse à compter de l'enregistrement de la notification du placard, tandis que l'art. 696 du Code de procédure dispose qu'à compter de ce moment la saisie ne peut plus être rayée que du consentement des créanciers inscrits, ou en vertu de jugements rendus contre eux. Par conséquent, sous l'empire de la loi nouvelle, le saisi n'aura plus capacité à compter du jour où, en marge de la transcription de la saisie au bureau des hypothèques, aura été faite la mention de la sommation aux créanciers inscrits de prendre communication du cahier des charges ; car, aux termes de l'art. 693, c'est à compter de ce jour que la saisie ne peut plus être rayée que du consentement des créanciers inscrits.

Une saisie immobilière pratiquée sur un copropriétaire indivis, avant tout partage, et suivie de dénonciation et d'adjudication préparatoire, fait obstacle à ce qu'il soit ultérieurement procédé au partage, hors la présence du créancier saisissant ; la saisie, arrivée à ce point, équivaut à l'opposition exigée par l'art. 882 du Code civil. (Arrêt de la Cour de cassation du 11 novembre 1840, Devilleneuve, 41. 1. 63 ; Journal du Palais, 1841, t. 1, p. 114.) Voir également arrêt de la Cour de Toulouse du 11 juillet 1829, Sirey, 30. 2. 116. — Aujourd'hui, il n'y a plus d'adjudication préparatoire ; mais, en lisant attentivement l'arrêt de la Cour de cassation, on reconnaît que ce n'est pas cette circonstance qui l'a déterminé à regarder la saisie comme un obstacle au partage, que c'est surtout la dénonciation au saisi de la saisie qui lui a paru l'équivalent d'une opposition, par la raison décisive que cette dénonciation ôte au saisi la capacité d'aliéner ; maintenant, cette capacité cessant du jour de la transcription de la saisie, c'est de ce jour que le partage ne pourra plus avoir lieu sans le concours du saisissant.

La nullité est uniquement établie dans l'intérêt des créanciers inscrits et du saisissant. L'acquéreur est non recevable à la proposer. (Arrêts de la Cour de cassation du 5 décembre 1827, Sirey, 28. 1. 240 ; Dalloz, 28. 1. 49 ; de la Cour de Paris du 9 décembre 1833, Sirey-Devilleneuve, 34. 2. 191 ; Dalloz, 34. 2. 161. — En sens contraire, arrêt de la

Cour d'Angers du 2 décembre 1818, Sirey, 20. 2. 210 ; Dalloz, 18. 2. 73 ; Journal du Palais, 1818, t. 14, p. 1101.)

La prohibition doit être entendue en ce sens que l'aliénation consentie le jour même de la dénonciation est nulle. (Arrêt de la Cour de Limoges du 29 mai 1834, Sirey-Devilleneuve, 35. 2. 42. « La nullité de l'aliénation, dit M. Carré, t. 3, n. 2325, étant tellement absolue que ceux qui ont intérêt à s'en prévaloir n'ont pas même besoin de la faire prononcer, M. Tarrible, page 657, en conclut avec raison que les créanciers saisissants peuvent continuer la procédure et passer à l'adjudication définitive sans appeler l'acquéreur, et que cette adjudication a son effet comme si l'aliénation n'eût pas été faite, et que l'immeuble eût continué de rester dans les mains du débiteur saisi. » Voy. loi du 11 brumaire an 7, art. 8 ; Code de Genève, art. 545 ; Code Belge, art. 451.

(1) Cet article a été l'objet d'une longue discussion à la Chambre des Députés. Le renvoi à la commission a été ordonné, les amendements ont succédé aux amendements ; enfin, après trois séances, la rédaction du gouvernement, adoptée par la commission, a été maintenue, sauf quelques légers changements de forme.

Toute la difficulté est venue de l'addition que l'on a faite à l'art. 693, 1°, du Code de procédure, et qui consiste à obliger l'acquéreur à désintéresser non seulement les créanciers inscrits, mais encore le poursuivant.

La Chambre des Pairs avait adopté l'article sans difficulté aucune. Sans doute, elle avait pensé, comme sa commission, que cette addition était si naturelle, si juste, qu'on n'apercevait pas de prétexte pour l'écarter.

Il est vrai que la faveur accordée au saisissant repose sur cette idée fort simple qu'un créancier, quel que soit son titre, dès qu'il a pratiqué une saisie, a le droit de la mener à fin, et que la loi ne peut permettre qu'on l'arrête dans sa poursuite sans le désintéresser ; car autrement elle le priverait de l'espérance qu'il a conçue d'être payé.

Cependant l'addition proposée a rencontré à la Chambre des Députés une vive opposition.

Voici, en résumé, toute l'argumentation par laquelle on l'a attaquée : « L'affectation exclusive à la créance du saisissant d'une partie des sommes consignées, constituerait en sa faveur un droit de préférence d'une nature particulière. Elle serait d'ailleurs, peu compatible avec la faculté que l'article précédent accorde au saisi, de consentir, postérieurement à la transcription, des hypothèques qui pourront annihiler les droits du saisissant ; elle aurait pour effet d'encourager les saisies immobilières.

« Enfin il pourrait en résulter que le saisissant, simple créancier chirographaire, qui peut-être n'aurait rien eu si la procédure eût suivi son cours, se trouverait mieux traité que certains créanciers hypothécaires.

Pour concilier autant que possible les droits des créanciers inscrits et ceux du saisissant, on a imaginé de remplacer les art. 687, 688 et 689 par la disposition suivante : « Néanmoins, l'aliénation faite par le débiteur aura son effet, si avant l'ad-

688. Si les deniers ainsi déposés ont été empruntés, les prêteurs n'auront d'hypo-

judication l'acquéreur a obtenu la ratification du créancier poursuivant et de tous les autres créanciers inscrits. »

Cet amendement, emprunté au Code de Genève (voy. art. 546 de ce Code), combattu par M. Tessières, a été retiré par son auteur, M. Renouard, qui s'est rallié à un article proposé par M. Vivien, et ainsi conçu : « Néanmoins, l'aliénation ainsi faite aura son effet, si, avant l'adjudication, la saisie est rayée du consentement des saisissants et de tous les créanciers inscrits, ou en vertu de jugements rendus contre eux. » Cet amendement, appuyé par le gouvernement, mais combattu par la commission, et qui n'était en quelque sorte que la reproduction de l'art. 693 du Code de procédure civile, a été écarté au scrutin après deux épreuves déclarées douteuses.

Un troisième a été présenté par MM. *Lherbette,* *Dalloz* et *Vavin.* En voici les termes : « Néanmoins, l'aliénation ainsi faite aura son exécution, si avant le jour fixé pour l'adjudication l'acquéreur consigne, pour être distribuée comme en cas d'adjudication, une somme égale au montant en principal, intérêts et frais, des créances inscrites, ainsi que de celles du saisissant, et signifie l'acte de consignation à tous ses créanciers ; mais, dans ce cas, le saisissant aura, comme les créanciers inscrits, le droit de surenchère autorisé par l'art. 2185 du Code civil. » Cet amendement, faiblement appuyé, a été également rejeté.

Enfin, M. *Boudet* a demandé la suppression des trois articles. Ce système n'a pas été mieux accueilli que les précédents.

Après avoir rendu compte des diverses modifications qui ont été proposées, je dois faire ressortir des débats le sens qu'on a entendu donner à l'article, c'est-à-dire indiquer l'effet qu'on a voulu attacher à la consignation qui est ordonnée.

La disposition confère-t-elle au poursuivant et aux créanciers inscrits la propriété exclusive des sommes consignées? ou bien ces sommes doivent-elles être distribuées entre tous les créanciers chirographaires et hypothécaires, au moyen d'un ordre réglé suivant les principes ordinaires?

Faut-il distinguer entre le poursuivant et les créanciers inscrits, et reconnaître, pour le premier, une attribution exclusive du montant de sa créance, tandis qu'à l'égard des autres il y aura nécessité d'opérer la distribution, en y appelant les créanciers privilégiés ou hypothécaires non inscrits et qui auraient le droit de prendre inscription?

Chacun de ces systèmes a trouvé des partisans ; mais il est un point sur lequel tout le monde a été d'accord et sur lequel il ne pouvait y avoir de divergence. On a unanimement reconnu que la consignation faite par l'acquéreur, en supposant même qu'elle fût attributive de propriété pour les créanciers inscrits, ne pouvait nuire aux droits des créanciers privilégiés ou des créanciers hypothécaires non inscrits ; que ceux-ci conservaient la position et les avantages que leur conféraient les principes généraux ; qu'ils pouvaient exiger qu'à leur égard les formalités de la purge fussent accomplies, et que, tant qu'elles ne l'étaient pas, l'immeuble restait affecté à leurs créances.

Mais, comme je l'ai dit, l'effet de la consignation, relativement au poursuivant ou aux créanciers inscrits, a été diversement compris. La com-

mission, par l'organe de son rapporteur, a déclaré que la consignation conférait au créancier poursuivant et aux créanciers inscrits un droit exclusif ; que les sommes consignées leur étaient spécialement dévolues.

« La commission croit devoir, a dit M. *Pascalis,* persister dans la rédaction qu'elle a présentée ; elle s'oppose à la demande qui tend à la suppression des trois articles, sur lesquels porte la discussion, articles qui ont été présentés par le gouvernement à la Chambre des Pairs, qui ont été adoptés par la commission de la Chambre des Pairs, par la Chambre des Pairs elle-même ; qui n'avaient soulevé aucune difficulté dans le sein de la commission, et qui, ce me semble, ne devaient en faire naître aucune sérieuse, si le principe sur lequel ils sont basés était parfaitement saisi. Que la Chambre me permette de fixer en deux mots la base de la discussion, nous apprécierons ensuite très-facilement les amendements qui sont présentés.

« Le saisi ne peut aliéner à dater de la transcription. Voilà le principe général ; cependant, s'il se met en mesure de satisfaire chacun, il faut bien que l'aliénation qu'il a faite, et qui n'est pour lui qu'un mode de se libérer, soit valable. Eh bien ! c'est ce qu'autorise l'art. 689, en déclarant que si l'acquéreur a consigné une somme suffisante pour payer les créanciers inscrits et les saisissants ; en ce cas, l'aliénation sera valable. Quel est, Messieurs, le résultat de cette consignation ? Il faut bien se dire qu'à l'instant où la saisie est parvenue à ce terme, elle appartient au saisissant ; qu'elle appartient aux créanciers inscrits qui font cause commune avec lui et à tous les créanciers patents et connus.

« Maintenant un acquéreur s'interpose et veut faire tomber cette saisie, par-là, il enlève à tous ces créanciers une éventualité, et, au moins dans leur opinion, une certitude de paiement ; il contracte envers eux une véritable obligation personnelle, car il leur enlève l'espérance qu'ils croyaient avoir, sur la foi de la justice, d'être payés. Chacun d'eux peut dire à cet acquéreur, qui s'immisce ainsi dans ce qui ne le regarde pas : « Si vous eussiez laissé les choses suivre leur cours légal, l'immeuble aurait été porté à un tel prix qu'il nous eût payés tous ; » et, alors, il faut que la consignation soit pour eux et ne profite qu'à eux. Mais, ajoute-t-on, pourquoi se servir du mot consignation ? Pourquoi autoriser cette consignation, qui suppose une discussion ultérieure entre les divers ayants-droit ? Le vœu et la sagesse de la loi ont été grands lorsqu'elle s'est servie de ces expressions qui vont au-devant de tous les intérêts. La loi exige une consignation au profit des créanciers inscrits et des saisissants, car c'est ainsi qu'elle est interprétée.—Mais la consignation, qu'est-elle autre chose que le moyen de forcer à recevoir paiement ? S'il arrive que le saisissant et les créanciers inscrits reçoivent leurs paiements, mais, à plus forte raison, la saisie tombera-t-elle, et l'aliénation sera-t-elle valable ? La loi dit consignation, parce que c'est le moyen de vaincre les difficultés qui résulteraient du temps et des personnes. C'est le moyen de vaincre les difficultés qui naîtraient du temps, car la saisie marche, et il faut l'arrêter ; et, comme on ne peut forcer à recevoir, d'après le droit commun, que celui à qui on fait des offres

thèques que postérieurement aux créanciers inscrits lors de l'aliénation.

elles à son domicile, en attendant, la procédure aurait son cours, et l'expropriation pourrait avoir lieu. Voilà pourquoi le débiteur est autorisé à faire une consignation qui forcera à recevoir le paiement. Cela va au-devant encore des difficultés qui peuvent naître de la situation des personnes, car ces personnes peuvent être incapables ; elles peuvent ne pas avoir qualité pour recevoir ; il est donc nécessaire de consigner ; et, enfin, cela va au-devant des difficultés qui naîtraient de la mauvaise volonté des personnes, parce qu'il peut arriver que le poursuivant veuille pousser les choses à leur terme pour devenir acquéreur lui-même ; que les créanciers inscrits aient aussi cette pensée, et qu'alors ils multiplient les obstacles devant le paiement qui leur est fait.

« Quand la loi parle donc de consignation, elle entend un moyen de forcer à recevoir le paiement ; car, ouvrez le Code civil, vous y verrez que les offres de paiement, suivies de consignation, sont le paiement même : cela équivaut donc au paiement même. Il est nécessaire qu'il y ait consignation encore sous un autre rapport ; veuillez le considérer, car l'acquéreur est obligé de se guider d'après les apparences ; d'après les choses qu'il connaît. Il peut se faire que tel créancier qui paraît l'être pour une somme considérable, ait reçu en réalité une partie de cette somme ; qu'il existe des quittances que le saisi, que le débiteur tient en ses mains, quittances qui seront produites. Voilà pourquoi il faut consigner ; il faut consigner ce qui est dû en apparence, ce qui est dû suivant ce qu'on connaît des affaires du débiteur, sauf à débattre plus tard et à établir les droits des créanciers.

« Mais, dit-on, une consignation suppose une discussion et une sorte d'ouverture d'ordre. C'est là qu'est l'erreur des adversaires de la commission : cette consignation doit être d'une somme suffisante, d'une somme assez élevée, pour payer ce qui est dû au créancier saisissant et aux créanciers inscrits. Mais si la somme était seulement égale, comme le voudrait M. Lherbette, aux créances qui sont dues en apparence, et qu'il fallût ouvrir un ordre, l'ordre ouvert, des créanciers pourraient arriver qui seraient préférables à ceux qui sont connus jusque-là ; la somme étant égale aux créances connues ne serait pas ainsi suffisante, elle n'acquitterait pas. Remarquez bien que tout ce qui est fait a pour objet d'éviter l'adjudication, d'éviter l'ordre, et qu'à raison de cette intervention de l'acquéreur, on est toujours en mesure de lui dire : « Si vous eussiez laissé les choses suivre leur cours, nous, créanciers saisissants et inscrits, nous aurions été payés. » L'acquéreur se met donc à la place du débiteur relativement aux créanciers connus, et il doit les satisfaire de la même manière. La consignation est donc faite pour contraindre au paiement, à raison des difficultés qui naîtraient de la mauvaise volonté, de l'incapacité des personnes, des obstacles qui pourraient naître de la vérification des créances ; il faut donc consigner pour donner le temps de s'entendre, et la consignation est indispensable pour arrêter les poursuites ; la loi est ainsi faite, elle est ainsi entendue et appliquée.

« Maintenant, un dernier mot relatif à une autre difficulté dont on a compliqué celle-ci. On s'est dit : Mais cet acquéreur a acheté volontairement ; s'il veut purger sa propriété, et qu'il survienne des inscriptions dans la quinzaine de la transcription ou des hypothèques légales, ces hypothèques légales et ces inscriptions seront-elles primées par le paiement des créanciers inscrits ? C'est là confondre deux choses qui doivent demeurer complètement distinctes. Entre l'acquéreur et les créanciers reconnus jusque-là, il s'est fait un contrat ; c'était à l'acquéreur de ne pas s'immiscer dans la saisie immobilière, s'il ne voulait pas en subir les conséquences. Maintenant, veut-il purger sa propriété ? il est dans la situation de celui qui, acquéreur volontaire, et se confiant à la connaissance qu'il aurait de la situation de son vendeur, aurait payé tout ou partie de son prix. Veut-il ensuite consolider sa propriété ? il remplit les formalités de la transcription, de notification et de purge, et s'il arrive qu'il ait mal fait ses calculs, il est obligé de payer deux fois en tout ou en partie ; il est même exposé à une action de surenchère. Remarquez que ce qui a été fait entre l'acquéreur et les créanciers inscrits et saisissants est une chose entièrement étrangère au fait de la vente. Ce n'est pas le prix qui a été consigné, c'est la somme due aux créanciers intéressés en apparence ; c'est le prix porté au contrat que l'acquéreur devra déclarer lorsqu'il fera des notifications ; et si des créanciers jusque-là inconnus se présentent, il en subira les conséquences. — M. Dusolier se demandait hier ce qui arriverait si une surenchère était faite. Ce qui arriverait, le voici : ou la surenchère aurait pour résultat de faire que l'acquéreur paierait lui-même la nouvelle enchère, et, dans ce cas, les positions demeureraient les mêmes ; ou bien un autre rapporterait l'adjudication, et cet acquéreur se trouverait dans la position que j'ai signalée tout à l'heure, d'un acheteur qui a payé imprudemment : il rapporterait la subrogation de toutes les créances qu'il a payées, et viendrait dans l'ordre au rang de ses créances. Mais toujours faut-il que le contrat reçoive auparavant sa pleine et entière exécution. — La confusion vient donc de ce que, lorsque la loi a parlé de consignation, on a supposé qu'il s'agissait d'un ordre. Il n'en est pas ainsi : il ne s'ouvre un ordre que quand on a rempli les formalités voulues pour la purge des hypothèques. Or, le paiement de ces créances n'est, en aucune façon, un moyen de purger la propriété.

« Maintenant, faut-il détruire, effacer de la loi ces trois dispositions (art. 687, 688 et 689) ? A cet égard, je ferai d'abord remarquer qu'elles existent dans le Code de procédure actuel ; qu'elles y existent sans qu'elles aient donné lieu à aucune difficulté ; qu'elles ont été reproduites dans les lois faites sur le modèle de nos Codes ; et l'une de ces lois (la loi de procédure de Genève) vient de vous être rappelée par l'honorable M. Renouard. Il y a toujours des inconvénients, quand même on ne pourrait pas se rendre complètement compte des résultats, à changer une législation qui est appliquée, sans qu'elle ait donné lieu à des difficultés ; mais il est facile de se rendre raison des situations où l'usage de ce droit serait indispensable. Un débiteur, par exemple, ne pourra être secouru que par des personnes de sa famille. Ces personnes ne consentiront à venir à son aide qu'achetant sa propriété. Elles viendront acquérir dans les termes de l'art. 687. Si ce désir d'améliorer la position du débiteur contrarie un créancier poursuivant qui voudra devenir adjudicataire, il s'opposera à la réalisation d'un contrat de cette nature. Faut-il favoriser la mauvaise foi, la dureté qui n'a plus d'excuse? A cela on croit remédier par la proposition de l'amendement concerté entre M. Renouard et M. Vivien. Cet amendement, je crois, ne doit pas être accepté par vous pour deux raisons : il est inutile et il serait inefficace. Il est inutile; car que vous dit-on? Que si tous les créanciers poursuivants et tous les créanciers inscrits y consentent, la saisie sera radiée. Mais il est bien entendu qu'une saisie n'est pas faite dans un intérêt général et public; qu'elle n'est faite que dans l'intérêt de ceux qui se manifestent, dans l'intérêt des créanciers qui se présentent; et si tous ceux la reconnaissent qu'ils sont satisfaits, la saisie doit tomber. Cela n'a pas besoin d'être écrit dans la loi, cela se fait tous les jours. L'amendement serait donc inutile. J'ajoute qu'il serait dangereux de le substituer au moyen qui existe dans la loi actuelle, telle qu'elle est entendue et appliquée par tous les jurisconsultes sans exception, parce que le consentement des créanciers ne suffirait pas pour satisfaire à l'intérêt légitime du débiteur; car si les créanciers ne veulent pas recevoir, il faut bien un moyen de les y contraindre; et s'ils sont incapables de recevoir, s'ils sont mineurs, par exemple, comment arrivera-t-on à obtenir d'eux une libération qu'ils ne peuvent pas donner?

« On dit : Les jugements qui seront rendus pourront y suppléer. Mais ces jugements satisferont-ils tout le monde? Remarquez quel est le système de la loi. Elle suppose un débiteur et un acquéreur qui mesurent absolument tout ce qui est dû, et qui le consignent : ils ne peuvent pas consigner moins qu'il n'est dû, mais ils doivent consigner autant qu'il est dû. Dès lors, tout tombe, la saisie doit disparaître; il n'y a plus d'intérêt à la faire. Que veut-on substituer? Des jugements qui pourront être rendus ultérieurement. Dans une loi qui est destinée à tout simplifier, on voudrait jeter, d'une manière improvisée, contrairement à la sagesse de tous les jurisconsultes qui ont rédigé nos Codes, un moyen, une idée indiquée d'avance à l'esprit de tergiversation et de dispute. Il faudrait donc arriver avec autant de jugements qu'il pourrait y avoir de parties qui voudraient élever une contradiction sur l'offre qui serait faite. Ce n'est pas là l'esprit de la loi. Elle veut que le débiteur puisse profiter d'un arrangement, d'un moyen de n'être pas exproprié, de ne pas encourir la défaveur; ce moyen lui est tout favorable. Lorsqu'il y a consignation de tout ce qui pourrait être dû et que rien de ce qui pourrait être dû n'est omis, réduire l'effet d'un arrangement pareil à la nécessité d'un consentement qui peut n'être pas donné, que la volonté ou la puissance de donner et exiger autant de jugements qu'il y a d'incapables, c'est créer des difficultés là où une disposition de loi simple, parfaitement exécutée, existe dans ce moment. »

Ces explications sont parfaitement claires et satisfaisantes. Non seulement elles indiquent le sens de la loi, mais elles la justifient; elles démontrent la sagesse, la nécessité de la disposition. Elles font surtout ressortir pourquoi c'est la consignation et non pas le paiement qui est ordonné. Qu'il me soit permis d'ajouter qu'il n'eût pas été besoin d'insérer dans le Code de procédure un article pour dire qu'en payant le poursuivant et les créanciers inscrits, la vente serait maintenue; car le pour-

suivant et les créanciers inscrits ayant seuls qualité pour demander la nullité, il est bien évident qu'une fois désintéressés, la nullité n'était plus proposable.

Cette interprétation de la commission a-t-elle été adoptée? Cela n'est point douteux. En rejetant tous les amendements qui plus ou moins exprimaient un sens autre que celui que présentait la commission, la Chambre a montré aussi clairement que possible que c'est à l'opinion de la commission qu'elle se rangeait.

L'amendement de M. Dalloz, que j'ai déjà reproduit, exprimait surtout, de la manière la plus formelle, que les sommes consignées seraient distribuées entre tous les créanciers, comme l'eût été le prix de l'adjudication, si elle avait eu lieu. Seulement il accordait au poursuivant, comme dédommagement des chances qu'on lui enlevait en interrompant la saisie sans assurer son paiement, le droit de surenchérir, qu'il pouvait ne pas avoir, s'il n'était que créancier chirographaire.

Ce système, qui refusait à la consignation l'effet que lui accordait la commission, a été rejeté par la Chambre.

S'il pouvait rester quelque incertitude sur la pensée qui a déterminé ce vote, elle serait levée par les discussions qui l'ont suivi. Tout le monde a si bien compris, les adversaires même de la commission, que l'on rejetait l'amendement de M. Dalloz, on décidait virtuellement que le poursuivant et les créanciers inscrits avaient un droit exclusif sur les sommes consignées, qu'on a examiné quelle serait la conséquence de cette règle pour l'acheteur au cas où d'autres créanciers hypothécaires demanderaient la purge et l'ouverture d'un ordre. On a reconnu que l'acheteur serait obligé de subir cette condition; qu'il ne serait point libéré par le paiement qu'auraient reçu les créanciers inscrits et le poursuivant; que seulement il pourrait se présenter à l'ordre comme subrogé aux droits de ceux qu'il aurait désintéressés. Mais on a demandé que cette subrogation au profit de l'acheteur fût formellement exprimée. M. *Maurat Ballange* voulait qu'on ajoutât à l'article ce qui suit : « Sauf à se présenter dans l'ordre qui pourra être ouvert et faire valoir ses droits, comme étant subrogé à ceux des créanciers qu'il aura désintéressés. » « Cet amendement, a-t-il dit, n'a pas pour objet de changer quelque chose au projet de la commission. C'est une simple explication, c'est un complément de ce projet. » A l'observation que ce qu'il voulait introduire dans la loi était de droit commun, il a répondu que s'il y a, aux termes des dispositions du Code civil, subrogation aux droits des créanciers inscrits, il n'y aurait pas subrogation légale aux droits du créancier saisissant, lorsque ce créancier est seulement chirographaire. « Pour vous convaincre, a-t-il ajouté, que je suis complètement dans la vérité, permettez-moi de faire passer sous vos yeux les termes de l'art. 1251 du Code civil. Cet article est ainsi conçu : « La subrogation a lieu de plein droit, « 1° au profit de celui qui, étant lui-même créancier, « paie un autre créancier qui lui est préférable, à « raison de ses priviléges ou hypothèques. » — Evidemment cette catégorie nous est complètement étrangère. — « 2° Au profit de l'acquéreur d'un « immeuble qui emploie le prix de son acquisition « au paiement des créanciers auxquels cet héritage « était hypothéqué. » — Ainsi, dans les termes du Code civil, la subrogation n'a lieu que pour

droits des créanciers inscrits ; s'il est donc dans l'intention de la commission et dans l'intention de sa rédaction de subroger tout à la fois et le créancier inscrit et le créancier chirographaire qui a fait la saisie (car il ne s'agit ici que des créanciers chirographaires), je crois qu'il est indispensable d'ajouter au projet de la commission l'amendement que je viens de présenter et qui étend la subrogation en dehors du droit commun à tous les créanciers saisissants, et quels que soient d'ailleurs leur titre et la nature de leurs créances. »

M. *Pascalis*, rapporteur, a repoussé l'amendement, tout en reconnaissant qu'il répondait parfaitement à la pensée de la commission et aux votes précédents de la Chambre. « Si la commission s'oppose à ce que l'amendement soit admis, c'est, a-t-il dit, parce qu'elle le croit inutile et qu'il surchargerait sans fruit une disposition parfaitement claire. Il est, en effet, reconnu par l'auteur de l'amendement que la subrogation a lieu de plein droit en faveur de celui qui a payé une dette hypothécaire. Maintenant on se préoccupe du cas où le créancier saisissant ne serait pas hypothécaire. C'est une hypothèse qui se réalisera très-rarement ; mais se réalisât-elle, si ce créancier n'est pas hypothécaire, quel sera le droit de celui qui l'aura payé dans l'intérêt du saisi ? Il sera subrogé de plein droit aux droits du créancier non hypothécaire ; il n'aura, comme lui, qu'une créance chirographaire sur le débiteur saisi. Il était donc inutile de dire une chose que le droit commun supplée suffisamment. »

M. *Maurat Ballange* a insisté en disant que cette doctrine était erronée. Il a interpellé M. le rapporteur de nouveau, et lui a demandé s'il était dans l'intention de la commission que l'acquéreur qui aurait acheté les biens du saisi et qui paierait le créancier saisissant et les créanciers inscrits fût subrogé aux droits de ces créanciers.

M. *le rapporteur* a répondu : « Il n'y a aucun doute sur ce point, non seulement sur les intentions de la commission, mais sur le droit lui-même, cela est de droit commun, cela est écrit dans l'article 1251 du Code civil. Lorsque le créancier poursuivant ne sera pas un créancier hypothécaire, il sera un créancier chirographaire. L'acquéreur aura substitué à son lieu et place ; il aura ainsi une créance chirographaire. »

Cette discussion démontre, comme je l'ai fait remarquer, deux choses : la première, que les sommes consignées sont affectées au paiement des créanciers inscrits et du poursuivant ; la seconde, que l'acheteur, dont l'argent aura servi à payer les créanciers, sera subrogé à leurs droits. Toutefois, sur ce dernier point, il y a une observation à faire. La subrogation légale aura lieu réellement au profit de l'acheteur, relativement aux créanciers inscrits, conformément au paragraphe 2 de l'art. 1251 du Code civil ; mais si le créancier poursuivant est un créancier chirographaire, il n'y aura point de subrogation légale à ses droits. Ainsi, le bénéfice du cautionnement ou du gage qui garantirait la créance du poursuivant ne pourrait être réclamé par l'acheteur ; celui-ci sera seulement créancier du vendeur, à titre nouveau, et comme ayant payé sa dette. (C. civ., art. 1236.)

Comme on l'a vu, le Code de procédure n'exigeait point, de la part de l'acheteur, la consignation des sommes dues au créancier poursuivant, et cependant les auteurs et la jurisprudence s'accordaient à décider que ce n'était qu'en désintéressant

le poursuivant qu'on pouvait suspendre la saisie et donner effet à la vente. Cette solution était fondée sur le principe qu'il ne peut dépendre de la volonté du débiteur d'arrêter les poursuites par une aliénation volontaire, sans assurer le paiement du créancier chirographaire poursuivant qui, en pratiquant la saisie, avait exercé un droit incontestable. (Voy. Carré, t. 3, n. 2327.) La question de savoir quel était l'effet de cette consignation n'a pas été traitée sous l'empire du Code de procédure ; mais il paraît que, dans la pratique, on admettait sans aucune difficulté que les sommes consignées étaient attribuées exclusivement au créancier poursuivant et aux créanciers inscrits. C'est ce qu'a attesté M. Debelleyme, à qui sa longue expérience donne une si grande autorité. « Il y a, a-t-il dit, une délégation, une attribution, un paiement par consignation, cela se pratique tous les jours ; cela s'entend toujours du Code. La discussion ne s'en est jamais élevée à Paris. On ne l'a jamais comprise autrement. »

Ainsi, et en résumé, la loi nouvelle ne fait qu'exprimer une règle préexistante.

L'obligation pour l'acheteur de consigner les sommes dues aux créanciers inscrits existe-t-elle par cela seul que la vente a été faite postérieurement à la transcription de la saisie ? Ne faut-il pas, en outre, que la procédure soit arrivée au point prévu par l'art. 693 ? On pourrait penser que cette dernière opinion doit être adoptée, puisque c'est seulement à compter de la mention ordonnée par l'art. 693 que les créanciers inscrits sont parties dans la poursuite, et que la saisie ne peut plus être rayée sans leur consentement. M. *Gaillard de Kerbertin* a proposé un amendement qui, jusqu'à un certain point, rentrait dans ce système. Il consistait à ajouter à l'article : « Toutefois, si l'aliénation précède l'accomplissement de la formalité prescrite par l'art. 693, la consignation ne sera attributive de propriété que quant au saisissant. » Pour le justifier, il s'est exprimé en ces termes : « Vous savez que la saisie se compose de trois périodes ; la première, qui part du commandement et s'arrête à la transcription : pendant cette première période, il ne faut le consentement ni du saisissant ni des créanciers inscrits. Le saisi peut vendre son immeuble sans qu'on ait le droit de s'en plaindre. Dans la seconde période, allant de la transcription à l'accomplissement de la formalité prescrite par l'art. 693, le consentement du saisissant devient nécessaire, mais pas celui des créanciers inscrits, car la saisie ne leur est pas encore commune. Enfin, à compter de l'art. 693, la saisie ne peut plus être radiée qu'avec l'adhésion des créanciers inscrits ou en vertu de jugements rendus contre eux. Eh bien ! jusqu'à cette époque, les créanciers inscrits ne pouvant s'opposer à l'aliénation n'ont pas le droit d'exiger que la consignation assure leur paiement. Je demande donc que ce ne soit qu'à partir de l'époque où la saisie leur est déclarée commune que la consignation leur soit *attributive de propriété*. Autrement ce serait bouleverser tous les principes admis par le Code de procédure et par la loi actuelle même, car ce serait admettre les créanciers inscrits aux phases de la saisie avant l'instant où l'art. 693 les y fait concourir. »

Cet amendement, il faut bien le remarquer, ne disait pas que l'acheteur serait dispensé de consigner le montant des créances inscrites, lorsque la formalité prescrite par l'art. 693 n'aurait pas été accompli ; il portait seulement que la consigna-

689. A défaut de consignation avant l'adjudication, il ne pourra être accordé, sous aucun prétexte, de délai pour l'effectuer (1).

tion ne serait pas attributive de propriété pour les créanciers inscrits. En le rejetant, la Chambre a formellement manifesté cette pensée que les créanciers inscrits auront, sur le montant des sommes consignées dans leur intérêt, les mêmes droits que le saisissant par le saisi lui-même. Elle a donc voulu que la consignation eût lieu pour les premiers comme pour le second. D'ailleurs le texte est en harmonie avec cette intention ; il ne distingue point entre l'époque qui suit et celle qui précède l'accomplissement de la formalité prescrite par l'art. 693. Il est conçu en termes absolus et généraux, et il n'est donc pas possible de priver les créanciers inscrits d'un avantage qui leur est attribué sans restriction , sous prétexte qu'ils ne sont pas encore parties dans la procédure. L'économie des art. 686 et 687 ne permet pas d'admettre cette nuance. Le premier déclare nulle la vente faite après la transcription de la saisie ; le second offre une ressource à l'acheteur pour écarter la nullité : ce moyen consiste à consigner ce qui est dû au saisissant et aux créanciers inscrits. S'il n'est pas employé, si la consignation n'est pas faite, ou si elle n'est faite que pour partie, par exemple, pour ce qui est dû au saisissant seul, la nullité n'est pas couverte.

La question s'est présentée sous l'empire du Code de procédure et a été résolue en sens inverse par deux arrêts de la Cour de Grenoble, l'un du 27 juin 1817, l'autre du 3 avril 1821. Le premier a jugé qu'à défaut de consignation la nullité peut être proposée par les créanciers inscrits, quoique la dénonciation du placard ne leur ait pas encore été faite. Le second , au contraire, se fonde sur ce que tant que les créanciers inscrits ne sont pas parties dans l'instance, ils ne peuvent se prévaloir de la saisie pour en conclure que la nullité de la vente ne peut être proposée par eux. (Voy. Journal des avoués, t. 20, p. 501 , v° *Saisie-immobilière*.) Cette raison, je l'ai déjà dit, ne saurait l'emporter sur un texte formel ; mais l'arrêt ajoute un argument qui, au premier aperçu, est séduisant ; il consiste à montrer que le système qu'il combat aurait des résultats absurdes. « Ce système , dit-il , conduirait à cette conséquence que , lors même que sans avoir recours à une aliénation , le débiteur aurait payé le créancier saisissant et obtenu son consentement à la radiation de la saisie, consentement auquel aucune disposition de la loi ne s'oppose , cette saisie , s'il n'existait point de dénonciation aux autres créanciers , n'en subsisterait pas moins au détriment du débiteur , elle n'en serait pas moins un obstacle à toute vente , à toute négociation , et cela en vue des créanciers qui ont ignoré la saisie, qui n'ont rien réclamé, et dont les créances peuvent n'être exigibles que dans plusieurs années ; que cependant, durant cet intervalle, le débiteur usant, disposant librement de ses biens, pourrait facilement se libérer. »

La Cour de Grenoble s'est trompée sur les conséquences de la doctrine qu'elle a voulu repousser. De ce que , au cas d'aliénation, l'acheteur doit , pour la faire valoir, consigner ce qui est dû aux créanciers inscrits, il ne suit pas que le débiteur saisi ne le puisse pas, depuis le moment où l'aliénation lui est interdite , payer le saisissant et faire ainsi tomber la saisie. Il y a une énorme différence entre l'aliénation qui fait sortir des mains du débiteur l'immeuble gage de ses créanciers , qui oblige ceux-ci à surenchérir, si le prix stipulé ne suffit pas pour les désintéresser, et le paiement du créancier saisissant par le saisi lui-même, paiement avantageux à la masse des créanciers , puisque l'immeuble répond d'une dette de moins. On comprend donc que l'aliénation soit prohibée dans l'intérêt des créanciers et que la radiation de la saisie par suite du paiement du saisissant soit autorisée.

Mais il faut aller plus loin, et , tout en maintenant que l'acquéreur qui veut faire valoir la vente est obligé de consigner ce qui est dû aux créanciers inscrits, on doit reconnaître que si l'acquéreur paie le saisissant, que si celui-ci consent à la radiation de la saisie , l'aliénation ne pourra point être attaquée par les créanciers inscrits.

En effet , jusqu'à l'accomplissement des formalités prescrites par l'art. 693 , d'après la disposition expresse du dernier alinéa de cet article , la saisie peut être rayée sans le consentement des créanciers inscrits. Si elle l'est par la volonté du saisissant, comment serait-il possible d'attaquer l'aliénation ? la nullité était fondée sur l'existence de la saisie ; la saisie disparaît, les créanciers inscrits ne peuvent pas même se faire subroger aux poursuites (voy. notes sur l'art. 695) ; la nullité n'est donc pas proposable par eux. Il serait véritablement absurde de prétendre que l'incapacité du saisi est telle que, lorsque la saisie qui la causait est abandonnée et ne peut plus être continuée , les effets de cette incapacité durent encore.

Ainsi, et en peu de mots, voici toute l'économie de la loi. Après la transcription de la saisie, toute vente est nulle, soit que la sommation aux créanciers inscrits et la mention de cette sommation (art. 693) aient été ou n'aient pas été faites. Toutefois, la vente aura son exécution, si l'acquéreur consigne ce qui est dû au saisissant et aux créanciers inscrits. En outre, l'acquéreur pourra faire valoir la vente , en obtenant la radiation de la saisie ; mais, selon l'état de la procédure, c'est-à-dire selon que l'art. 693 aura ou n'aura pas reçu son exécution, cette radiation devra être obtenue ou du saisissant seul , ou du saisissant et des créanciers inscrits.

Je reconnais qu'au moyen de cette solution on pourra éluder la disposition de l'art. 687 ; que l'acquéreur dont le titre sera antérieur à la sommation aux créanciers inscrits, pour se dispenser de faire la consignation de ce qui est dû à ceux-ci , tâchera d'obtenir, en payant le saisissant, la radiation de la saisie.

Mais cela résulte de la loi, il faut bien l'admettre. D'ailleurs, il vaut encore mieux pour les créanciers inscrits que l'acheteur soit obligé de payer le saisissant, d'obtenir son consentement à la radiation de la saisie, que s'il pouvait, par la simple consignation de ce qui est dû au saisissant, arrêter les poursuites et assurer l'exécution de la vente.

(1) Les offres réelles et à deniers découverts faites à l'audience et au moment de l'adjudication, ne doivent pas arrêter l'adjudication. (Arrêt de la Cour de cassation du 18 février 1840, Sirey-Devilleneuve , 40. 1. 357 ; Dalloz, 40. 1. 136.)

690. Dans les vingt jours, au plus tard, après la transcription (1), le poursuivant déposera au greffe du tribunal le cahier des charges, contenant :

1º L'énonciation du titre exécutoire en vertu duquel la saisie a été faite, du commandement, du procès-verbal de saisie, ainsi que des autres actes et jugements intervenus postérieurement ;

2º La désignation des immeubles, telle qu'elle a été insérée dans le procès-verbal ;

3º Les conditions de la vente ;

4º Une mise à prix de la part du poursuivant (2).

691. (3) Dans les huit jours, au plus tard, après le dépôt au greffe, outre un jour par cinq myriamètres de distance entre le domicile du saisi et le lieu où siége le tribunal, sommation sera faite au saisi, à personne ou domicile, de prendre communication du cahier des charges, de fournir ses dires et observations, et d'assister à la lecture et publication qui en sera faite, ainsi qu'à la fixation du jour de l'adjudication. Cette sommation indiquera les jour, lieu et heure de la publication (4).

692. Pareille sommation sera faite, dans le même délai de huitaine, aux créanciers inscrits sur les biens saisis, aux domiciles élus dans les inscriptions (5).

---

(1) L'article du projet portait : « Quinze jours au plus tôt et trente jours au plus tard après la « dénonciation au saisi, etc. » La rédaction nouvelle est due à la commission de la Chambre des Pairs. « Le dépôt du cahier des charges, a dit son rapporteur, doit être fait dans un délai déterminé, afin que la procédure ne traîne pas inutilement en longueur. L'art. 690 du projet le fixe à trente jours au plus tard après la dénonciation au saisi ; il parle en même temps d'un autre délai de quinze jours au plus tôt, avant l'expiration duquel le dépôt du cahier des charges ne pourrait pas être fait au greffe. Votre commission n'a pas trouvé de motifs pour empêcher l'accélération de cette formalité. Si le poursuivant a pu faire son cahier des charges auparavant, pourquoi le forcerait-on à perdre un temps qui ne profiterait à personne ? Nous verrons bientôt que ce cahier des charges n'est rien, tant qu'il n'a pas reçu l'approbation du saisi et des créanciers ou de la justice à leur place. Loin de leur nuire, le zèle du poursuivant tournerait à leur avantage, puisqu'ils auraient plus de temps pour étudier et faire valoir leurs intérêts. Quant au saisi, après les délais qu'il a déjà obtenus, il ne peut raisonnablement rien obtenir. Nous demandons, en conséquence, la suppression de ce premier délai et le maintien de l'autre, mais en changeant sa quotité et son point de départ. Comme la dénonciation précède la transcription, ce n'est pas de cette dénonciation que peut courir le délai accordé pour le dépôt du cahier des charges : la raison veut que ce soit du dernier acte ou de la transcription. Ce changement ajoutera nécessairement au temps dont le débiteur pourra avoir besoin. Voilà pourquoi on laissera les choses à peu près comme les avait présentées le projet en réduisant ce délai à vingt jours. C'est dans ce sens et avec cette double amélioration que l'art. 690 est rédigé. »

(2) Ces dispositions sont la reproduction presque littérale de celle de l'art. 697 du Code de proc.

Voy., pour les conditions de la vente qu'on doit insérer dans le cahier des charges, M. Pigeau, t. 2, p. 224 et suiv.

(3) Ici commence le développement du nouveau système dont l'effet est de rendre la procédure plus rapide et moins coûteuse. Il consiste à remplacer les trois publications et l'adjudication préparatoire par le règlement judiciaire, entre les parties intéressées, des clauses et conditions du cahier d'enchères, et par l'indication du jour où l'adjudication sera faite. Viendront ensuite l'insertion dans le journal et l'apposition des placards destinés à tenir lieu des trois annonces et des trois affiches.

(4) Article du projet : « Huit jours au plus tard après le dépôt au greffe, sommation sera faite au saisi d'assister à la publication et à la lecture du cahier des charges : cette sommation indiquera les jour, lieu et heure de la publication. » La rédaction nouvelle est due à la commission de la Chambre des Pairs. « Le devoir fondamental imposé au poursuivant par les art. 691 et 692 du projet, a dit son rapporteur, consiste à faire sommation à la partie saisie et aux créanciers d'assister à la lecture du cahier des charges. Votre commission n'a pas trouvé que le but de cette véritable assignation fût nettement défini. Ce que l'on doit se proposer, c'est le règlement préalable des clauses et conditions de l'enchère ; c'est la fixation, par le tribunal, du jour où doit avoir lieu l'adjudication. En se bornant à parler, dans la sommation, de la lecture du cahier d'enchères, le poursuivant laisserait ignorer aux intéressés le véritable objet de leur convocation devant la justice. Pour mieux les éclairer, votre commission vous propose une nouvelle rédaction de l'art. 691, par laquelle le poursuivant serait obligé de faire sommation au saisi et aux créanciers *de prendre communication du cahier des charges, de fournir leurs dires et leurs observations et d'assister ensuite, au jour lieu et heure indiqués, à la lecture qui doit en être faite* à l'audience, ainsi qu'à la fixation, par le tribunal, de l'époque où l'adjudication aura lieu. De cette manière tout sera disposé pour que chacun ne se présente devant la justice qu'en connaissance de cause et avec toute la préparation que peuvent exiger des actes aussi importants. »

Les dires et observations devront être faits au greffe trois jours au plus tard avant la publication (art. 694).

Voy. art. 6 de la loi du 11 brumaire an 7 ; Code belge, art. 457 ; Code de Genève, art. 530.

(5) La commission de la Chambre des Pairs avait ajouté les deux paragraphes suivants :

« 2° Dans la huitaine, outre un jour par cinq myriamètres de distance entre leur domicile et le lieu où siége le tribunal, à la femme du saisi, aux femmes des précédents propriétaires et à leurs maris ; au subrogé tuteur des mineurs ou interdits ou aux mineurs devenus majeurs, si, dans l'un ou l'autre cas, les mariages et tutelles sont connus du poursuivant, soit d'après son titre, soit de toute autre manière ;

« 3° Au procureur du roi de l'arrondissement

Si parmi les créanciers inscrits se trouve le vendeur de l'immeuble saisi, la sommation à ce créancier portera, qu'à défaut de former sa demande en résolution et de la no-

des biens, lequel sera tenu, le cas échéant, de recquérir l'inscription des hypothèques appartenant aux femmes, mineurs, interdits, leurs héritiers ou ayants-cause. »

Le but de cet amendement était, comme on le voit, de lier à la procédure les créanciers désignés, afin que l'adjudication opérât la purge de leurs hypothèques.

Cette disposition était en harmonie avec un article placé sous le n. 717 *bis*, et qui était également proposé par la commission, dans les termes suivants : « Par le fait seul de l'adjudication régulièrement faite, et sous la condition d'en payer le prix à qui de droit, l'immeuble passe à l'adjudicataire franc et quitte de tous privilèges et hypothèques de toute nature, provenant du saisi ou des précédents propriétaires, sans préjudice des droits des créanciers sur le prix, suivant le rang qui leur était assigné sur l'immeuble au jour de l'adjudication, par leurs privilèges, leurs inscriptions ou leurs hypothèques dispensées d'inscription, mais seulement tant que le prix n'aura pas été payé par l'adjudicataire ou l'ordre réglé définitivement. »

Ainsi eût été tranchée, pour l'affirmative, la question si vivement controversée de savoir si l'adjudication purge les hypothèques légales.

A l'appui de ce système, on a dit : « Si la solution proposée touche au fond du droit, elle ne s'écarte pas pour cela du but du projet. La loi hypothécaire, la loi de l'expropriation et de saisie immobilière se lient si intimement qu'il n'est pas possible de séparer la forme du fond. Les art. 681 et suivants, qui règlent les effets de la transcription, en offrent la preuve. Ici il s'agit de déterminer l'un des effets de l'adjudication, c'est-à-dire d'étendre aux hypothèques dispensées d'inscription ce que la loi actuelle décide implicitement à l'égard des hypothèques soumises à cette formalité. D'ailleurs, le Code de procédure contient une multitude d'articles qui statuent sur le fond du droit, notamment les art. 834 et 835. Au surplus, il suffit de lire les dispositions du Code civil pour se convaincre qu'il ne s'est occupé que de l'aliénation volontaire, et qu'il a laissé au Code de procédure le soin de régler les effets de l'adjudication sur saisie. Toutes les commissions, depuis 1829, ont reconnu la nécessité d'un texte formel. Les cours royales ont applaudi à ces dispositions que la commission de la Cour de cassation n'a pas hésité à convertir en articles formels. »

Après avoir justifié, sous ce premier rapport, l'amendement, la commission ajoutait :

Jusqu'à la publication du Code civil et du Code de procédure, et même postérieurement, suivant beaucoup de bons esprits, toutes les législations ont admis que l'adjudication sur saisie purgeait l'immeuble des hypothèques constituées par le saisi et par les précédents propriétaires.

Il y avait deux raisons pour le décider ainsi : l'une tirée de la confiance que devaient inspirer aux tiers les aliénations faites sous la sanction de la justice, lorsqu'après deux avertissements directs ou résultant de divers actes de publicité, les créanciers ont été mis à même de faire valoir leurs droits ; la seconde, qui consiste dans l'absence de tout intérêt véritable de la part de ces mêmes créanciers, dont les frais de purge ne feraient que diminuer le gage et qui, au cas de surenchère, se verraient

exposés à subir de nouveaux délais avant de recevoir leurs paiements.

Aussi jamais cette décision n'a-t-elle été contestée pour les créances soumises à la formalité de l'inscription. Il est vrai qu'elle n'était écrite textuellement nulle part, mais elle était le résultat, de l'aveu de tous, de divers textes, et notamment de l'obligation imposée au poursuivant d'appeler les créanciers inscrits à la poursuite de saisie immobilière.

A l'égard des hypothèques qui existent indépendamment de l'inscription, longtemps la Cour de cassation et les cours royales ont décidé qu'elles sont purgées par la vente forcée, quoique ceux à qui elles appartiennent ne soient pas appelés à la saisie immobilière. Mais, depuis 1833, cette jurisprudence a changé : le motif unique de ce changement a été que les créanciers ayant hypothèque légale non inscrite ne sont point appelés pour assister à la poursuite ; qu'ils ne peuvent venir y défendre leurs droits, et qu'il y aurait injustice à les en dépouiller. Voy. arrêt de la Cour de cassation, du 22 juin 1833 (Sirey-Devilleneuve, 33. 1. 449 ; Dalloz, 33. 1. 234 ; Journal du Palais, 1833, t. 25, p. 598)

Cette raison n'existe plus au moyen des formalités que l'amendement prescrit à leur égard. Il suffit en effet de les comparer avec celles qui sont indiquées dans l'art. 2194 du Code civil pour se convaincre que toutes les garanties que la loi actuelle leur assure ont été respectées. La seule différence consiste en ce que les dispositions proposées ordonnent au poursuivant de faire avant l'adjudication les significations que la jurisprudence de la Cour de cassation prescrit à l'adjudicataire pour assurer son droit de propriété.

Il y a plus, la proposition de la commission améliore la position de ces créanciers. Dans le système actuel, le procureur du roi est libre d'inscrire ou de ne pas inscrire, la commission lui en fait un devoir. Elle appelle les créanciers dispensés d'inscription avec les autres intéressés au règlement des conditions de la vente et à l'adjudication. Les délais sont calculés de manière que les créanciers auront beaucoup plus de temps qu'ils n'en ont aujourd'hui pour inscrire leurs hypothèques. Enfin, en supposant qu'ils ne les fassent pas inscrire avant l'adjudication, ils n'en conserveront pas moins leurs droits sur le prix jusqu'à la distribution opérée.

Il est vrai que le soin de faire les notifications est donné au poursuivant qui souvent aura intérêt à ce que les créanciers dont il s'agit ne soient pas avertis, et qu'il pourra toujours s'excuser de ne les avoir pas appelés, en disant qu'il ne les connaissait pas, tandis qu'au contraire, dans l'état des choses, l'adjudicataire est intéressé à ce que toutes les formalités de la purge soient exactement remplies afin de ne pas être recherché à l'avenir.

Mais la loi autorise le tribunal à annuler ou au moins à suspendre la procédure sur la demande de toute partie intéressée, du procureur du roi ou même d'office, si le poursuivant n'a pas appelé les créanciers dispensés d'inscription qu'il devait connaître ou dont l'existence lui a été révélée par un moyen quelconque. De cette manière, le poursuivant est donc intéressé aussi bien que l'adjudicataire qui peut être un créancier, à procéder régulièrement.

tifier au greffe avant l'adjudication, il sera définitivement déchu, à l'égard de l'adjudicataire, du droit de la faire prononcer (1).

Ainsi, sécurité pour l'adjudicataire, amélioration dans la situation des créanciers dispensés d'inscription, économie dans les frais, paiement plus prompt, logique dans la loi, tout se réunit en faveur de l'amendement.

Je dois faire remarquer que la faculté pour le tribunal de suspendre la procédure lui était donné par l'art. 703 ; mais que cette disposition a disparu.

Le système dont je viens de parler n'a pas été admis. Voici, en substance, les motifs que l'on a invoqués pour le faire rejeter. Sous le rapport de la méthode, on a dit que l'innovation proposée était non une loi de procédure, mais une loi qui dérogeait au Code civil. Le Code civil, a-t-on ajouté, règle tout ce qui concerne les hypothèques, et l'on établit ici des dispositions qui modifient le régime hypothécaire. Le Code civil règle les effets de la vente, et l'on propose de modifier les effets de la vente dans la matière qui fait l'objet du projet de loi. Il faut éviter ces réformes par lambeaux (ce sont les termes d'un des orateurs) qui peuvent ne pas se coordonner avec l'ensemble du Code. De cette manière, au lieu d'éteindre les difficultés, on en suscite de nouvelles.

Les exemples qui ont été choisis pour justifier l'introduction dans le projet d'une disposition qui touche au fond du droit sont peu concluants. Les art. 681 et suiv., qui statuent sur les effets de la transcription sur les fruits de l'immeuble saisi devaient nécessairement se trouver dans la loi de saisie immobilière, puisqu'il s'agit de régler les résultats d'une période de cette procédure. Au contraire, les effets de l'adjudication se trouvent réglés par le Code civil au titre de la vente. Quant aux art. 834 et 835, ils ne se trouvent dans le Code de procédure que par l'effet d'un défaut de méthode qu'il faut se garder d'imiter.

Au fond, les dispositions proposées ne doivent pas être accueillies. Il est facile de s'assurer qu'elles compromettent les droits des incapables que le législateur s'est toujours attaché à protéger.

Quel est en effet le vœu de la loi ? C'est que la purge ne s'opère pas sans que les créanciers aient été avertis. Qui devait-elle charger de faire cet avertissement ? Celui qui a un intérêt réel et puissant à ce que l'avertissement parvienne à la personne à laquelle il est destiné, celui qui peut être puni de l'absence de notifications, l'acquéreur. Le projet, au contraire, en impose l'obligation à celui qui a intérêt à ne pas les faire, parce que ces créanciers pourraient prendre rang avant lui, et qui, au surplus, n'est point, comme l'adjudicataire, pourvu des titres et documents nécessaires.

On donne, il est vrai, au tribunal ainsi qu'au ministère public une sorte de mission spéciale de haute surveillance. Mais, en fait, leur intervention sera presque toujours inefficace, et quand le poursuivant viendra alléguer qu'il ne connaît pas les personnes auxquelles il eût dû faire des notifications, il sera fort difficile, sinon impossible, d'établir contre lui la preuve contraire.

Vous réservez, dites-vous, à ces créanciers le droit de produire à l'ordre tant que le prix n'a pas été distribué. Sans doute c'est une amélioration ; mais n'est-il pas à craindre que le lendemain de l'adjudication les autres créanciers qui se verraient primés ne se concertent et ne forcent l'adjudica-

taire à payer ? Dans le système actuel, de pareilles manœuvres ne sont pas possibles.

Enfin il n'y a rien à induire en faveur des amendements proposés des effets du décret forcé, procédure qui durait de longues années et dont la publicité était telle qu'il était presque impossible qu'elle ne parvînt pas à la connaissance des intéressés. Ce qui était raisonnable autrefois et qui l'est peut-être encore sous le Code de procédure, ne le serait plus dans le système du projet qui réduit de plus de moitié la durée des poursuites.

Les amendements ont été rejetés. La commission de la Chambre des Députés a persisté dans le système voté par la Chambre des Pairs. Mais d'autres motifs l'ont déterminée. Ces motifs sont : 1° que l'innovation proposée augmenterait les frais en rendant obligatoire la procédure de purge dont un grand nombre d'acquéreurs se dispense aujourd'hui. 2° Que le poursuivant, ne pouvant connaître tous les créanciers dispensés d'inscription et leurs domiciles, se trouverait dans l'impossibilité de faire une purge valable, et que, dès lors, l'adjudicataire, pour prévenir l'action de ces créanciers, serait obligé de la recommencer. 3° Enfin que le mode actuel est loin de présenter les inconvénients qu'on lui reproche ; car les délais ne sont point augmentés, puisque la purge s'accomplit pendant la procédure d'ordre, et, quant à la surenchère, l'expérience démontre que rarement elle est exercée.

Lors de la discussion, l'amendement de la commission de la Chambre des Pairs et les articles qui en étaient la suite, ont été repris par M. Croissant ; seulement il a ajouté un quatrième paragraphe ainsi conçu : « Dans le même délai, cette dernière sommation sera insérée dans les journaux désignés par l'art. 696 ci-après avec déclaration que cette insertion a pour but d'avertir ceux qui peuvent avoir droit à des hypothèques légales, de la nécessité de les rendre publiques. » (Voir avis du conseil d'État du 1er juin 1807.)

Cette nouvelle formalité avait été omise à dessein par la commission de la Chambre des Pairs comme formant double emploi avec le placard d'affiches prescrit par l'art. 696.

Les arguments que j'ai rappelés ont été de nouveau invoqués de part et d'autre. Aux raisons nouvelles qui avaient été produites par la commission, on a répondu que la faible économie qui résulte du système actuel était compensée et bien au-delà par les frais qu'entraîne la procédure de purge, quand on jugera à propos de la faire ; que l'adjudicataire ne pourra jamais être recherché par les créanciers hypothécaires, sauf leur recours contre le poursuivant, s'il y a faute de sa part ; que jamais la purge ne s'accomplit en même temps que la procédure d'ordre, et qu'enfin la surenchère fût-elle rare, il convenait de faire disparaître cette possibilité de trouble.

L'amendement a eu le même sort que devant la Chambre des Pairs. Ce résultat confirme le système admis par la Cour de cassation ; à savoir, que l'adjudication sur saisie immobilière ne purge pas les hypothèques légales des femmes et des mineurs.

(1) Ce paragraphe est ajouté par la seconde commission de la Chambre des Pairs. Voir les notes sur l'art. 717.

exploit de notification, en marge de la transcription de la saisie au bureau des hypothèques.

Du jour de cette mention, la saisie ne pourra plus être rayée que du consentement des créanciers inscrits, ou en vertu de jugements rendus contre eux (1).

694. Trente jours au plus tôt et quarante jours au plus tard après le dépôt du cahier des charges, il sera fait à l'audience, et au jour indiqué, publication et lecture du cahier des charges.

Trois jours au plus tard avant la publication, le poursuivant, la partie saisie et les créanciers inscrits seront tenus de faire insérer, à la suite de la mise à prix, leurs dires et observations ayant pour objet d'introduire des modifications dans ledit cahier. Passé ce délai, ils ne seront plus recevables à proposer de changements, dires ou observations (2).

695. Au jour indiqué par la sommation faite au saisi et aux créanciers, le tribunal donnera acte au poursuivant des lecture et

---

(1) Tant qu'il n'y a pas eu notification du placard aux créanciers inscrits et même enregistrement au bureau des hypothèques (aujourd'hui sommation de prendre communication du cahier des charges et mention de cette sommation en marge de la transcription de la saisie), le saisissant peut consentir main-levée de la saisie et rendre ainsi au saisi le droit d'aliéner ses biens, même au préjudice d'un second saisissant, dont les poursuites ont été arrêtées par la première saisie ; et cela encore bien que, par un jugement antérieur, le saisissant eût été subrogé conditionnellement, pour le cas de négligence du premier saisissant, dans la poursuite de la vente. (Arrêt de la Cour de cassation du 14 mai 1835, Sirey-Devilleneuve, 35. 1. 331 ; Dalloz, 35. 1. 313.)

Cette solution est fondée sur la lettre des textes. Au saisissant seul appartient le droit d'empêcher les aliénations volontaires dans l'intervalle qui s'écoule entre la transcription de la saisie (art. 687) et la mention de la notification aux créanciers inscrits (art. 693) ; lorsque cette mention a été faite, mais seulement alors, les créanciers inscrits ont le droit de s'opposer à la radiation de la saisie. A la vérité, le second saisissant a commencé les poursuites ; mais il ne les a pas encore poussées jusqu'à la transcription ; il n'est, par conséquent, qu'un créancier inscrit, qui n'a point encore reçu la sommation dont parle l'art. 692 ; il ne peut donc s'opposer à la main-levée de la saisie et contester la validité de l'aliénation volontaire faite par le saisi à un acheteur de bonne foi. Telle est l'argumentation de l'arrêt, et il faut convenir, je le répète, que la lettre de la loi lui est favorable. Mais je suis convaincu que la Cour de cassation en a méconnu l'esprit ; elle n'a pas bien apprécié la position du premier saisissant, lorsqu'une seconde saisie est intervenue. Dans ce cas, ce n'est pas seulement son droit qu'il exerce, c'est aussi celui du second saisissant. Pourquoi la loi refuserait-elle à celui-ci l'exercice d'une action légitime, si elle ne le considérait pas comme étant représenté par le premier ? Il n'y aurait aucune raison pour cela. L'économie des frais ne serait pas un motif suffisant ; car, pour épargner au débiteur le coût d'une double procédure, on ne peut pas justement enlever au créancier le moyen de se faire payer. D'ailleurs, toutes les dispositions en matière de subrogation prouvent que le législateur a voulu que le premier saisissant agît comme eût agi le second, si sa poursuite n'avait pas été entravée par le fait de la première saisie. Cette seule circonstance qu'au cas de négligence le second saisissant a droit d'exiger d'être mis au lieu et place du premier, et de reprendre la procédure au point où elle se trouve, manifeste clairement que les actes de celui-ci sont considérés comme étant communs au second. D'ailleurs, il y a négligence, aux termes de l'article 722, lorsque le poursuivant n'a pas rempli une formalité ou n'a pas fait un acte de procédure dans les délais prescrits. Le second saisissant pourra donc, lorsque la main-levée de la saisie aura été donnée, et que, par conséquent, des délais se seront écoulés sans que les actes qui devaient être faits l'aient été, dire il y a négligence, je demande la subrogation. Lui opposera-t-on que ce n'est point une négligence du poursuivant qui suspend la procédure ; que c'est sa volonté qui l'abandonne absolument ? Il répondra que s'il n'est pas obligé de souffrir la négligence qui ne lui cause d'autre préjudice que quelques retards, à plus forte raison il ne peut être condamné à subir l'effet d'une détermination qui lui ôte tout l'avantage des poursuites commencées.

La jurisprudence que je combats est favorable au débiteur, si tant est que ce soit pour lui un bienfait que la chance qu'elle lui offre ; or je pense que c'est au créancier qu'il faut accorder appui. C'est le vrai moyen de donner du crédit aux propriétaires fonciers.

(2) Ce paragraphe a été ajouté par la commission de la Chambre des Pairs ; il remplace une disposition qui se trouvait dans l'art. 695 du projet et qui laissait aux intéressés le droit de faire des dires et observations jusqu'au huitième jour avant l'adjudication.

« Ce qui concerne le cahier des charges, a dit le rapporteur, doit être réglé définitivement avant sa publication. Le projet ne paraît pas l'avoir compris ainsi, puisqu'il laisse jusqu'au huitième jour avant l'adjudication le droit d'y introduire des modifications. Ce serait un danger véritable. Les tiers qui se proposeraient d'enchérir, ne connaissant pas ces modifications assez à temps, dans la crainte de se compromettre, pourraient renoncer à courir la chance des enchères. Pour éviter cet inconvénient, votre commission vous propose de décider que tous les dires, observations et contestations relatifs à ce cahier seront insérés trois jours au moins avant celui de la publication. De cette manière tout sera réglé assez à temps pour que les tiers aient connaissance des conditions de l'adjudication (car l'appel sera nécessairement vidé avant le jour où arrivera l'enchère définitive), et leur confiance sera d'autant plus entière qu'ils sauront qu'aucun changement ne pourra y être apporté. »

A la Chambre des Pairs, M. le garde des sceaux a demandé le rejet de cet amendement et le maintien du paragraphe du projet, et cela par la raison qu'il peut intervenir, durant l'intervalle qui s'écoulera entre la publication du cahier des charges et l'adjudication, telles circonstances nouvelles

publication du cahier des charges, statuera sur les dires et observations qui y auront été insérés, et fixera les jour et heure où il procédera à l'adjudication. Le délai entre la publication et l'adjudication sera de trente jours au moins et de soixante au plus.

Le jugement sera porté sur le cahier des charges à la suite de la mise à prix ou des dires des parties (1).

696. Quarante jours au plus tôt et vingt jours au plus tard avant l'adjudication, l'avoué du poursuivant fera insérer, dans un journal publié dans le département où sont situés les biens, un extrait (2) signé de lui et contenant :

1° La date de la saisie et de sa transcription ;

2° Les noms, professions, demeures du saisi, du saisissant et de l'avoué de ce dernier ;

3° La désignation des immeubles, telle qu'elle a été insérée dans le procès-verbal (3) ;

4° La mise à prix ;

5° L'indication du tribunal où la saisie se poursuit, et des jour, lieu et heure de l'adjudication.

A cet effet, les cours royales, chambres réunies (4), après un avis motivé des tribunaux de première instance respectifs, et sur les réquisitions écrites du ministère public, désigneront chaque année, dans la première quinzaine de décembre, pour chaque arrondissement de leur ressort, parmi les journaux qui se publient dans le département (5), un ou plusieurs journaux (6) où devront être insérées les annonces judi-

---

qui nécessitent, de la part des parties intéressées, de nouvelles observations, et qu'il fallait autant que possible laisser toute latitude pour la consignation sur le cahier des charges des renseignements qui tendraient à éclairer l'adjudicataire.

Cette proposition n'a pas été admise. La Chambre des Députés, devant laquelle elle a été reproduite, l'a également écartée, avec raison. Il faut un terme aux difficultés, aux dires, aux observations ; et il est bien raisonnable de le fixer à une époque antérieure à la publication du cahier des charges. A quoi servirait de le publier, s'il pouvait être changé après la publication ? D'ailleurs, M. le rapporteur de la Chambre des Pairs et M. *Rossi* ont fait remarquer que la simplification des formes, l'abréviation des délais, qui étaient l'objet de la loi, seraient bien compromises, si, comme par le passé, on pouvait modifier le cahier d'enchères et plaider sur ces modificatoins jusqu'à la veille de l'adjudication.

(1) Je ne peux m'empêcher de faire remarquer, sur cet article, que les délais qu'il fixe et ceux qu'accorde l'art. 694, forment, étant réunis, un espace de temps bien considérable. Le minimum du délai de chaque article est de trente jours. Voilà donc deux mois durant lesquels l'adjudication reste suspendue. Dans bien des cas, cet intervalle sera parfaitement inutile ; il fallait laisser à la sagesse des tribunaux le pouvoir de le réduire davantage.

(2) M. *Dusollier* avait demandé que l'extrait fût inséré deux fois, à huit jours d'intervalle. Sa proposition n'a pas été appuyée, non plus qu'un amendement de M. *Vavin*, qui avait pour objet de prescrire une insertion sommaire de l'extrait, laquelle aurait eu lieu quinze jours au plus tôt, et dix jours au plus tard avant l'adjudication.

(3) Dans le projet du gouvernement, cette disposition se trouvait au n. 4. Le § 3 portait : « Les noms des maires qui auront visé les procès-verbaux de saisie. » Ce § a été supprimé par la commission de la Chambre des Pairs, sans doute comme prescrivant une mention qui n'était pour les tiers d'aucune utilité.

(4) La commission de la Chambre des Députés avait proposé, comme le projet primitif du gouvernement, de laisser ce soin aux tribunaux de première instance. « Le mode adopté par la Chambre

des Pairs entraîne, disait-elle, une solennité peu en harmonie avec la décision fort simple qu'il s'agit de rendre. L'attribution de ce pouvoir au tribunal est d'ailleurs plus naturelle. Il est question de publier ses actes mêmes, ou ceux qui ressortissent de son autorité : c'est donc à lui de déclarer comment ces actes recevront un complément qui leur est nécessaire. Le tribunal fait la taxe des procès dans les ventes judiciaires. Quelle autre juridiction fixera plus convenablement le tarif des insertions au journal, et formera une taxe anticipée de toutes les annonces que la feuille publique recevra ? etc. »

Mais, dans le cours de la discussion, la commission est revenue à la disposition adoptée par la Chambre des Pairs, et qui n'est autre que celle qui a passé dans la loi. Voici les raisons qui ont porté la commission à charger les Cours royales de cette désignation. « Nous avons pensé, a dit son rapporteur, que le tribunal de première instance était trop rapproché des justiciables, et que, dans un temps où la presse locale exerce, souvent à l'insu des citoyens, une si entraînante influence, il y aurait plus de liberté, plus d'indépendance, plus de fixité, une meilleure appréciation des intérêts généraux, si l'on s'en rapportait à la Cour royale. »

Le procureur général a le droit d'*assister* aux délibérations des cours. V. art. 88, décret du 30 mars 1808 ; art. 62 et 66, décret du 6 juillet 1810. (Arrêt de la Cour de cassation du 14 juin 1836, Sirey-Devilleneuve, 37, 1. 622.) Il n'a pas le droit de délibérer. V. ordonnance du 18 avril 1841, *suprà*, p. 107 et suiv., et les notes.

(5) Ainsi, le journal désigné pourra ne pas être celui ou l'un de ceux qui se publient dans l'arrondissement. Quand ils seront tellement ignorés et si peu répandus, qu'ils ne donneraient aucune publicité, il sera bien préférable de prendre un journal publié dans le reste du département.

(6) L'expérience a prouvé qu'il n'y avait jamais moins de publicité que lorsque les éléments en étaient divisés entre plusieurs organes de la presse. Les citoyens ne savent où aller les chercher. C'est tantôt dans un journal, tantôt dans un autre, que se trouvent les annonces, et alors rien n'est plus aisé, quand on a intérêt à tenir la poursuite se-

ciaires (1). Les cours royales régleront en même temps le tarif de l'impression de ces

crète, que d'aller l'ensevelir dans un journal ignoré. Il convenait de prévenir cette fraude ou au moins ces inconvénients, en exigeant que la publication eût lieu dans un ou plusieurs journaux désignés d'avance, et connus du public par leur destination.

Le gouvernement et la première commission de la Chambre des Pairs, afin d'obtenir ce résultat, avaient proposé de concentrer toutes les annonces dans un seul journal. Cette proposition n'a point été admise. Sans doute, a-t-on dit, le plus ordinairement un seul journal pourra suffire. Mais, dans les arrondissements où se trouvent de grandes villes, là où le nombre des annonces est très-considérable, ne le permettre qu'en un seul journal, ce serait provoquer des réclamations qui, pour être inspirées par un intérêt de profession, puiseraient cependant quelque autorité dans des motifs d'intérêt général. A cause de la rigueur des délais et de la multiplicité des annonces, on pourrait se voir exposé à des retards préjudiciables : une concurrence limitée les préviendra ; elle peut d'ailleurs amener une modération dans les tarifs, dont les justiciables profiteront. Enfin, en permettant aux Cours royales de désigner plusieurs journaux on se conforme à une loi précédente, contre laquelle aucunes réclamations ne se sont élevées, celle du 31 mars 1833.

(1) L'art. 696, en ordonnant aux Cours royales de désigner chaque année un ou plusieurs journaux où seront insérées les annonces judiciaires, a-t-il voulu parler des annonces judiciaires prescrites par la présente loi, ou de toutes les annonces judiciaires ? Les termes de l'article paraissent favorables à cette dernière opinion, et je crois que c'est celle qui doit être suivie, toutefois avec quelques restrictions. Cependant on a prétendu que j'avais, dans mes notes sur l'art. 6 de la loi du 3 mai 1841, relative à l'expropriation pour cause d'utilité publique, exprimé un sentiment différent (V. supra, p. 126 et 127.) On n'a fait à mes annotations l'honneur de les citer que parce que la question a paru présenter un intérêt politique. Mais, quel que soit le motif qui ait déterminé à rappeler mon avis, je dois ici le présenter en termes bien explicites, et donner les raisons sur lesquelles il est fondé, en reconnaissant, s'il le faut, l'erreur qui me serait échappée.

Voyons d'abord ce qui résulte des termes de la loi.

L'article dit en général que les cours désigneront les journaux où devront être insérées les annonces judiciaires; mais il est naturel de penser, malgré la généralité de l'expression, qu'il n'a en vue que les annonces des ventes dont la loi règle les formalités. Il serait contraire à tous les principes et à l'interprétation des lois de supposer que, lorsqu'il s'agit uniquement de déterminer la procédure relative aux ventes judiciaires d'immeubles, un article embrasse tous les cas où il est nécessaire de donner de la publicité à des actes judiciaires.

Si donc, il n'y avait pas d'autre argument que l'induction que fournissent les mots annonces judiciaires insérés dans l'art. 696, je n'hésiterais pas à décider que les journaux désignés par les cours ne doivent recevoir que les annonces relatives aux ventes judiciaires d'immeubles.

Mais l'intention de donner plus d'extension à la disposition semble résulter des débats à la Chambre des Pairs.

Un amendement présenté par M. *Mérithou*, en parlant des journaux où devaient avoir lieu les insertions des annonces judiciaires, ajoutait : *prescrites par la présente loi*. Une autre rédaction, proposée par M. *Laplagne-Barris*, était conçue dans les mêmes termes. S'ils eussent été conservés, la difficulté était tranchée.

Après une discussion assez longue, et d'ailleurs étrangère à la question que j'examine ici, le paragraphe fut renvoyé à la commission. Dans la séance suivante, il a été présenté rédigé comme il l'est maintenant. Les mots *prescrites par la présente loi* avaient disparu. Cette suppression ne suffit pas seule pour révéler l'intention de comprendre dans la disposition toutes les annonces judiciaires indistinctement : mais il faut convenir qu'elle lui donne quelque vraisemblance ; et un passage du discours de M. *Persil*, rapporteur, semble ne devoir laisser aucun doute.

« Veuillez le remarquer, y est-il dit, cette publicité s'applique non seulement à la saisie immobilière, mais à une multitude d'actes pour lesquels notre Code de procédure, et même le Code de commerce renvoient à l'article qui est actuellement en discussion.

« Il ne s'agit pas seulement, dans cet article, quoique sa lettre semble le dire, de la publicité à donner aux saisies immobilières et aux ventes qui doivent suivre, mais aux séparations de corps, aux séparations de biens, à la purge des hypothèques, aux notifications à faire aux femmes ; en un mot, toutes les fois qu'il y a publicité notre législation renvoie à cet article. » [Moniteur du 25 avril 1841, p. 797, 1re colonne, *in fine*.]

Ceci paraît, on ne saurait le méconnaître, très-explicite. Nous verrons cependant bientôt que ce passage n'a pas la portée qu'on est d'abord tenté de lui donner. En admettant, au surplus, que le rapporteur ait voulu dire que toute annonce judiciaire ne pourra être désormais insérée que dans les journaux désignés suivant le mode qu'indique ce paragraphe, faudrait-il nécessairement, sur l'autorité de sa parole, donner à la loi l'interprétation qu'elle présente ? Je ne le pense pas.

L'omission des mots qu'il fait remarquer et le sens que lui a donné le rapporteur n'ont point attiré l'attention de la Chambre ; on a discuté seulement la question de savoir si l'on devait désigner un ou plusieurs journaux. Il n'y a donc, à l'appui du système qui étendrait l'article à toutes les annonces judiciaires, que l'opinion personnelle du rapporteur. La Chambre n'a exprimé aucune approbation. Or, on comprend combien il serait dangereux de donner à cette opinion le pouvoir de suppléer au silence du texte. Les questions les plus graves seraient quelquefois résolues sans l'assentiment certain des chambres et d'une manière presque subreptice ; cela serait tout à fait contraire à une bonne méthode d'interprétation.

On sent d'ailleurs que les intentions exprimées par l'organe d'une commission peuvent avoir plus ou moins d'influence, selon qu'il est plus ou moins facile de les mettre en harmonie avec l'ensemble de la loi et les autres parties de la législation.

Or, dans le cas particulier, les observations que j'ai déjà faites repoussent le sens qui paraît résulter des paroles du rapporteur.

En effet, il n'est pas naturel que, dans une loi dont l'objet spécial est le règlement des formes à

annonces. Néanmoins toutes les annonces judiciaires relatives à la même saisie se- ront insérées dans le même journal.

697. Lorsque, indépendamment des in-

suivre pour les ventes judiciaires d'immeubles, on établisse le mode de publicité pour toutes sortes d'actes. Il est même impossible de le supposer lorsqu'il existe des lois évidemment non abrogées, qui ordonnent, pour les cas qu'elles prévoient, des formes de publication toutes particulières. Ainsi la loi du 31 mars 1833 trace les règles qui doivent être suivies pour rendre publics les actes de société de commerce ; la loi du 28 mai 1838 s'occupe de la publicité à donner aux jugements déclaratifs de faillite (art. 442 Code de comm.) ; enfin, l'art. 6 de la loi du 3 mai 1841 détermine comment doivent être publiés les avertissements donnés aux parties intéressées à connaître les plans déposés à la mairie, en cas d'expropriation pour cause d'utilité publique.

Voilà autant de circonstances dans lesquelles on ne peut appliquer le présent paragraphe, dans lesquelles, par conséquent, il n'y a point obligation de choisir, pour les insertions à faire, les journaux désignés par les Cours royales.

Ainsi, l'opinion de M. Persil devrait donc être incontestablement rejetée, s'il avait entendu dire que toutes les annonces judiciaires, sans exception, seront soumises aux règles et aux formes que la présente loi a établies. Mais telle n'a pas été, je crois, sa pensée ; il a seulement voulu exprimer que les règles nouvelles seront appliquées dans tous les cas où celles qui étaient consacrées par l'ancien article 683 du Code de procédure étaient suivies. Réduite à ces termes, la proposition n'est plus en opposition avec les lois de 1833, de 1838 et de 1841 que j'ai citées ; et elle trouve dans un texte formel une confirmation qui semble ne rien laisser à désirer.

En effet, on lit dans les second et troisième paragraphes de l'art. 8 de la présente loi : « L'art. 696 ci-dessus sera substitué à l'art. 683 du Code de procédure civile, dans les différentes lois qui font mention de cette dernière disposition.

« Il en sera de même de toutes dispositions auxquelles renvoie la législation, et qui se trouvent remplacées par les nouveaux articles de la présente loi. »

Ce texte explique quelle a été la pensée de M. Persil. Selon toute apparence, M. le rapporteur n'a voulu dire que ce qui est dit formellement dans la loi. S'il a eu l'intention d'aller au-delà, les jurisconsultes et les tribunaux ne doivent pas le suivre. Le discours d'un rapporteur ne peut l'emporter sur les termes clairs et précis de la loi.

Ainsi et en résumé, dans les journaux désignés par les Cours royales seront insérées 1° toutes les annonces de ventes judiciaires d'immeubles ; 2° toutes autres annonces qui se trouveront comprises dans la disposition, au moyen de la substitution, dans les diverses lois, de l'art. 696 à l'ancien art. 683 du Code de procédure.

La règle ainsi formulée paraît bien facile à saisir et à appliquer ; cependant, comme on va le voir, il peut encore se présenter des cas où il est permis de douter s'il faut, pour des publications ordonnées, s'adresser nécessairement aux journaux désignés par les Cours royales.

Examinons successivement les différents textes dans lesquels se trouve indiqué l'ancien art. 683 du Code de proc.

D'abord parcourons les articles du Code de pro- cédure où se trouve un renvoi ou formel ou implicite à cet article, ou dans lesquels une formalité, analogue à celle qu'il ordonnait, se trouve prescrite.

Les art. 620 et 621 s'occupent de la saisie des barques et chaloupes, de la vaisselle d'argent, des bagues et joyaux ; ils disposent que, dans les villes où s'impriment des journaux, l'annonce de la vente sera insérée dans le journal. Ils ne disent pas, comme l'art. 683, qu'à défaut de journal imprimé dans le lieu où se poursuit la vente, l'insertion de l'annonce sera faite dans un journal imprimé dans le département ; d'ailleurs l'art. 683 n'est pas formellement rappelé. Dès lors, et d'après ce qui a été dit ci-dessus, l'annonce sera insérée celui des journaux du lieu qu'il plaira au saisissant de choisir, il n'y a pas obligation de la mettre dans le journal désigné par la Cour royale.

Les art. 646 et 647, placés au titre de la saisie des rentes constituées sur particuliers, sont ainsi conçus : Art. 646. « Pareil extrait (celui du cahier « des charges) sera inséré dans l'un des journaux « imprimés dans la ville où se poursuit la vente, « et, s'il n'y en a pas, dans l'un de ceux imprimés « dans le département, s'il y en a. » — Art. 647. « Sera observé, relativement auxdits placards et « annonces, ce qui est prescrit au titre de la saisie « immobilière. » — Il n'est pas question de l'article 683 ; mais l'art. 646 en est, à quelques mots près, la reproduction. L'art. 647 indique d'ailleurs l'intention d'assimiler autant que possible la saisie des rentes à la saisie des immeubles. Ce sont de puissantes considérations pour appliquer ici la disposition de l'art. 696. D'ailleurs la question est tranchée par la loi qui va être présentée aux Chambres, pour remplacer le titre du Code de procédure, relatif aux ventes des rentes, et mettre ses dispositions en harmonie avec celles de la présente loi.

L'art. 868, placé au titre des séparations de biens, porte que l'extrait de la demande en séparation sera inséré, à la poursuite de la femme, dans l'un des journaux qui s'impriment dans le lieu où siège le tribunal, et, s'il n'y en a pas, dans l'un de ceux établis dans le département, s'il y en a. Enfin, il ajoute, dans un second alinéa : « Ladite insertion sera justifiée ainsi qu'il est dit au titre de la saisie immobilière, art. 683. » L'art. 683 est donc rappelé ; et cependant, si l'on s'en tenait à la lettre de l'art. 8 de la présente loi, les journaux désignés par la Cour royale ne seraient pas nécessairement ceux dans lesquels devrait avoir lieu l'insertion. Que dit en effet l'article 8 ? Que partout où autrefois il était fait mention de l'art. 683, on doit substituer l'art. 696. Si l'on essayait de faire ici cette substitution, on arriverait à ce résultat singulier, que le premier alinéa de l'art. 868 qui indique le journal serait maintenu ; car ce n'est pas dans cet alinéa que se trouve cité l'art. 683, et que, dans le second, en substituant l'art. 696, l'on aurait la rédaction suivante : « Ladite insertion sera justifiée ainsi qu'il est dit au titre de la saisie immobilière, art. 696. » Or, dans l'art. 696, il n'est pas dit un mot de la justification de l'insertion. C'est dans l'art. 698 que le mode de cette justification est tracé. Cela tient à ce que l'ancien art. 683, qui comprenait et le mode d'insertion et le mode de justification, a été

sertions prescrites par l'article précédent, le poursuivant, le saisi, ou l'un des créan-

ciers inscrits, estimera qu'il y aurait lieu de faire d'autres annonces de l'adjudication

décomposé, et que sa première partie se trouve dans l'art. 696, et la seconde dans l'art. 698.

On le voit, on aurait quelque avantage à soutenir que l'application de l'art. 8 de la présente loi n'est pas possible ; qu'on ne peut substituer l'art. 696 à l'ancien art. 683 ; qu'en conséquence, il n'y a pas de texte qui oblige à insérer dans les journaux désignés par la Cour royale les annonces relatives aux séparations de biens. Mais l'intention du législateur est manifeste ; l'art 868 était rédigé comme l'art. 683. Si la substitution de l'art. 696 n'est pas possible, c'est uniquement parce qu'on a oublié que l'ancien art. 683 se trouvait aujourd'hui scindé en deux. Or, il ne me paraît pas raisonnable de s'attacher à une erreur aussi évidente, pour refuser de donner à la loi nouvelle des effets qu'on a certainement voulu lui attribuer.

Il me reste à parcourir les autres lois dans lesquelles l'art. 683 est indiqué, ou qui prescrivent des formalités analogues à celles qui étaient énoncées dans cet article. Le Code de commerce, art. 202, prescrit l'annonce dans les journaux de la saisie des bâtiments de mer; mais il ne renvoie point à l'article 683 ; je pense donc qu'on ne peut être tenu de faire l'insertion conformément à l'art. 696.

L'avis du conseil d'Etat, du 9 mai-1ᵉʳ juin 1807, détermine la procédure à suivre pour la purge des hypothèques légales, et dit que les notifications prescrites par l'art. 2194 seront publiées dans les formes de l'art. 683 du Code de procédure. En substituant l'art. 696, il est évident que désormais les publications en matière de purge d'hypothèque légale devront être faites dans les journaux qu'auront désignés les Cours royales.

En résumé, voici donc les solutions qui doivent être adoptées.

Toutes les annonces judiciaires ne doivent pas être insérées dans les journaux désignés par les Cours royales.

Les seules qu'on soit tenu d'y placer sont celles qui sont relatives aux ventes judiciaires d'immeubles, ou celles qui, d'après des dispositions formelles, devaient être faites en la forme prescrite par l'ancien art. 683.

Dans ce nombre, je crois qu'on doit comprendre les annonces de saisie de rentes constituées (articles 646 et 647 C. proc.). Les publications au cas de séparation de biens (art. 868 C. proc.) et en matière de purge d'hypothèques légales (avis du conseil d'Etat du 9 mai-1ᵉʳ juin 1807).

Je pense, au contraire, que l'on peut insérer dans un journal autre que ceux désignés par la Cour, les annonces en matière de saisie de barques et bateaux (C. proc., art. 620), de vaisselle d'argent et de bijoux (C. proc., art. 621), de bâtiments de mer (C. comm., art. 202).

Il faut enfin suivre, pour la publication des actes de commerce, des jugements déclaratifs de faillite et des avertissements en matière d'expropriation pour cause d'utilité publique, les formes prescrites par les lois du 31 mars 1833, du 28 mai 1838 (art. 442 C. comm.) et du 3 mai 1841, art. 6.

Sans doute, il y a en tout cela défaut d'harmonie ; il serait préférable que toutes les annonces fussent insérées dans un même journal : mais le devoir des jurisconsultes et des tribunaux est d'observer les lois ; ils n'ont pas le droit de les refaire.

Maintenant ce que j'ai dit dans mes notes sur l'art. 6 de la loi du 3 mai est suffisamment expliqué. J'ai eu alors l'opinion que j'ai aujourd'hui ; mais l'expression que j'ai employée peut avoir induit en erreur sur mon véritable sentiment. J'ai dit que les annonces exigées par la loi du 3 mai 1841 ne devaient pas être faites dans les journaux désignés conformément à l'art. 696, et, sur ce point, je persiste sans avoir rien à modifier. Mais j'ai ajouté que les annonces qu'on doit insérer dans les journaux désignés par les Cours royales étaient celles des ventes réglées par la loi du 2 juin. Or, je reconnais que l'art. 8 de cette dernière loi, en ordonnant la substitution de l'art. 696 partout où était placé l'ancien art. 683, a réglé la publicité à donner à des annonces relatives à des *opérations* autres que des ventes, et notamment aux séparations de biens et à la purge des hypothèques légales. J'avais bien sous les yeux cet art. 8, mais j'avais supposé à tort qu'il ne se référait qu'à des ventes. Il y a donc lieu de rectifier ce passage de mes notes, et il devient l'expression exacte de l'opinion que j'ai toujours eue, en le rédigeant ainsi : Les annonces des *opérations* réglées par la loi du 2 juin sont les seules qui doivent être insérées dans les journaux désignés, aux termes de ladite loi. Qu'on remarque en effet que la loi du 2 juin règle certaines opérations d'une manière explicite et les autres par l'effet de la substitution qu'elle ordonne (art. 8) de l'art. 696 à l'art. 683.

M. le marquis *de Belbœuf* a fait remarquer à la Chambre des Pairs que l'obligation d'insérer toutes les annonces judiciaires dans un même journal pouvait présenter des difficultés, dans le cas où, durant les poursuites, le journal cesserait d'être désigné pour recevoir les insertions et dans celui où le journal cesserait de paraître.

Il a reconnu que si le journal cessait de paraître, comme à l'impossible nul n'est tenu, il fallait bien admettre que les annonces seraient légalement insérées dans le journal qui serait désigné à la place du premier.

Mais, supposant que le journal qui était d'abord désigné pour recevoir les insertions continuant à paraître, la Cour en désignerait un autre, l'honorable Pair semblait pencher vers l'opinion que les annonces ultérieures devraient continuer à être faites dans le journal qui aurait reçu les premières, malgré la nouvelle désignation de la Cour.

M. *le rapporteur* a répondu que la force des choses voulait que, dans l'une et l'autre hypothèses, l'insertion fût faite dans le journal qui aurait été substitué.

M. *Viennet* a insisté pour que, même dans le cas de changement de désignation, le journal qui avait reçu la première insertion reçût toutes les autres.

Mais M. *le rapporteur* a répondu avec raison : « Puisqu'il n'est plus un journal d'annonces, il n'atteint plus le but de la loi, ce serait, au contraire, un moyen de fraude. »

M. *de Belbœuf* a reconnu la justesse de la réponse : « Je n'insiste pas, a-t-il dit, sur mon observation ; mais il était bon de fixer l'attention de la Chambre sur ce point, afin qu'il soit bien entendu qu'on fera l'insertion dans le nouveau journal et non dans l'autre, quoiqu'il existe encore.

A la Chambre des Députés, M. *Dusollier* a pré-

par la voie des journaux (1), le président du tribunal devant lequel se poursuit la vente pourra, si l'importance des biens paraît l'exiger, autoriser cette insertion extraordinaire. Les frais n'entreront en taxe que dans le cas où cette autorisation aurait été accordée. L'ordonnance du président ne sera soumise à aucun recours.

698. Il sera justifié de l'insertion aux journaux par un exemplaire de la feuille, contenant l'extrait énoncé en l'article précédent ; cet exemplaire portera la signature de l'imprimeur, légalisée par le maire (2).

699. Extrait pareil à celui qui est prescrit par l'art. 696 sera imprimé en forme de placard et affiché, dans le même délai,

1o À la porte du domicile du saisi (3) ;

2o À la porte principale des édifices saisis ;

3o À la principale place de la commune

---

posé une disposition additionnelle ainsi conçue : « Si un journal désigné pour les insertions cesse de paraître, l'avoué du poursuivant fera, en cas d'urgence, indiquer, sur simple requête, par le président du tribunal de la saisie, le journal dans lequel cette saisie sera publiée, sauf à la Cour royale à pourvoir à la désignation d'un nouveau journal d'annonces pour le temps qui reste à courir de l'année commencée. »

M. le ministre des travaux publics a fait observer que l'amendement était inutile : « Ce n'est pas insciemment, a-t-il dit, que ce cas n'est pas prévu formellement par le projet de la commission. La commission a senti qu'elle ne pouvait pas prévoir tous les cas, mais alors le droit commun y pourvoit. Lorsque le journal dans lequel devait avoir lieu l'insertion viendra à manquer, on s'adressera, par requête, à la Cour royale dont ressort le tribunal devant lequel se poursuit la saisie. »

L'amendement n'a pas été appuyé.

Il importe de faire remarquer qu'il ne faudra s'adresser à la Cour royale qu'autant qu'il n'y a pas dans l'arrondissement d'autre journal désigné pour faire les annonces. L'amendement ne s'occupait évidemment que du cas où les insertions auraient été attribuées à un journal unique dont la publication viendrait à cesser.

Mais, dans ce cas, faudra-t-il en effet s'adresser à la Cour royale ? Ne pourra-t-on pas, au cas d'urgence extrême, demander au président du tribunal la désignation d'un journal ?

M. Dasollier a fait remarquer combien il serait gênant d'aller en pareille occurrence au siège de la Cour, peut-être à vingt-cinq ou trente lieues du siège du tribunal, pour obtenir la désignation. Le texte de la loi et le rejet de l'amendement ne permettent point de la demander à une autre autorité que la Cour.

(1) L'article adopté par la Chambre des Pairs disait : « dans d'autres journaux. » La rédaction actuelle, qui est plus large, a pour objet, ainsi que l'a expliqué M. le rapporteur de la Chambre des Députés, d'exprimer que l'insertion extraordinaire pourra avoir lieu dans le même journal que l'insertion légale. « Toutefois, a-t-il ajouté, en pareil cas, la pensée de la commission a été que les annonces supplémentaires pussent être faites d'une manière sommaire. »

Le président du tribunal n'est pas chargé de désigner le journal où sera faite l'insertion extraordinaire. La partie qui la réclamera indiquera le journal et le président accordera ou refusera. Si cependant le président, dans sa sagesse, disait que l'insertion serait faite dans un journal autre que celui qui serait indiqué, il n'y aurait aucun moyen de demander la réformation de son ordonnance. Mais la partie serait-elle libre de renoncer au bénéfice de l'ordonnance ? Sans doute il n'y aurait

pas de moyen de la contraindre à en user ; on ne pourrait même pas plus tard réclamer contre elle des dommages-intérêts pour inexécution de l'ordonnance.

On a demandé si les journaux désignés pour recevoir les insertions légales, au prix du tarif fixé par les cours royales, étaient obligés de recevoir les insertions extraordinaires au même prix. Je ne le crois pas. Pourquoi le prix est-il déterminé pour les insertions légales ? Parce qu'il y a un monopole dont pourraient abuser ceux au profit de qui il se trouve établi. Lorsqu'il s'agit d'insertions extraordinaires qu'on peut insérer dans tel journal qu'on préfère, dont on peut débattre le prix librement, en disant au journal qui aurait des prétentions trop élevées, je vais chez votre voisin, il est évident que le tarif n'est plus applicable. Qu'on remarque, d'ailleurs, que le texte ne parle que des insertions ordinaires, et qu'on ne doit pas étendre les dispositions restrictives de la liberté des transactions. Mais je crois que les Cours peuvent, en désignant tel ou tel journal et en fixant le tarif, dire que ce journal devra recevoir les insertions extraordinaires au prix du tarif. Si cette condition ne plaît pas au journal désigné, il refusera. Elle revient au fond à une fixation moins élevée du prix des insertions ordinaires.

(2) C'est la signature de l'imprimeur qui est exigée ; celle du gérant ou propriétaire du journal ne remplirait pas le vœu de la loi. Voyez Carré, t. 3, n. 2286.

(3) Ce paragraphe, qui se trouvait dans le Code de procédure et qui avait été omis dans le projet, a été rétabli par la commission de la Chambre des Pairs. « Le projet a dispensé le poursuivant de cette formalité, a dit le rapporteur ; la raison ne nous en est pas connue. Si c'est pour sauver au saisi le désagrément attaché à une poursuite de cette nature, un motif aussi léger ne doit pas prévaloir sur ce nouveau moyen de faire connaître la poursuite au saisi, sur l'intérêt du poursuivant de stimuler la bonne volonté de son débiteur et sur l'avantage que ce procédé offre aux tiers de leur mieux faire connaître l'immeuble exproprié. Il suffit qu'il y ait un intérêt plus ou moins éloigné pour que cette formalité soit rétablie, et c'est ce qu'a fait votre commission. Elle vous propose en même temps d'ordonner l'affiche à la porte extérieure des maisons, des tribunaux, du domicile et de la situation, comme ajoutant aux conditions de publicité si utiles à tous les intérêts légitimes.

Cette disposition a été critiquée par divers motifs : on a dit que sans ajouter à la publicité l'affiche à la porte du saisi était injurieuse pour le saisi qui ne manquerait pas, lui ou sa famille, de la faire disparaître ; que c'était en quelque sorte provoquer à un acte illégal ; que cela pourrait causer au saisi un préjudice irréparable s'il exerce une

où le saisi est domicilié, ainsi qu'à la principale place de la commune où les biens sont situés, et de celle où siége le tribunal devant lequel se poursuit la vente (1);

4° A la porte extérieure des mairies du domicile du saisi et des communes de la situation des biens;

5° Au lieu où se tient le principal marché de chacune de ces communes, et, lorsqu'il n'y en a pas, au lieu où se tient le principal marché de chacune des deux communes les plus voisines dans l'arrondissement;

6° A la porte de l'auditoire du juge de paix de la situation des bâtiments, et, s'il n'y a pas de bâtiments, à la porte de l'auditoire de la justice de paix où se trouve la majeure partie des biens saisis;

7° Aux portes extérieures des tribunaux du domicile du saisi, de la situation des biens et de la vente (2).

L'huissier attestera, par un procès-verbal rédigé sur un exemplaire du placard, que l'apposition a été faite aux lieux déterminés par la loi, sans les détailler.

Le procès-verbal sera visé (3) par le maire de chacune des communes dans lesquelles l'apposition aura été faite.

700. Selon la nature et l'importance des biens, il pourra être passé en taxe jusqu'à cinq cents exemplaires des placards, non compris le nombre d'affiches prescrit par l'art. 699 (4).

701. Les frais de la poursuite seront taxés par le juge, et il ne pourra être rien exigé au-delà du montant de la taxe (5). Toute stipulation contraire, quelle qu'en soit la forme (6), sera nulle de droit.

---

industrie dans une province éloignée du lieu où est situé l'immeuble exproprié; qu'enfin, exiger l'affiche au domicile, c'était faire renaître toutes les difficultés sur le domicile réel, difficultés auxquelles on avait jugé à propos d'obvier en permettant de signifier au domicile élu.

M. le rapporteur a insisté. « Cette formalité, a-t-il dit, a surtout pour but d'avertir le saisi, et elle est d'autant plus nécessaire que l'on permet de signifier au domicile élu; elle informe les tiers de la situation pécuniaire du saisi; et, en définitive, cette disposition, qui existe également pour les saisies mobilières, s'exécute sans difficulté depuis la promulgation du Code. »

Le paragraphe a été maintenu.

(1) Il a été bien entendu, sur ce paragraphe, que si les biens sont situés dans plusieurs communes, les affiches seront apposées à la principale place de chacune des communes. M. Moreau avait demandé cette rectification, mais son amendement n'a pas été appuyé, parce que M. le garde des sceaux a répondu : « Cela va sans dire, s'il y a plusieurs communes, il y aura nécessairement plusieurs places. »

(2) La commission de la Chambre des Députés avait proposé un paragraphe additionnel ainsi conçu : « Il ne sera pas apposé de placards dans les lieux du domicile du saisi, si ce domicile est situé hors du département dans lequel se poursuit la vente. » « Ce domicile, disait-elle par l'organe de son rapporteur, peut être situé à une grande distance. Exiger que les affiches y soient apposées, c'est vouloir donner le temps d'en rapporter la preuve. Les délais étant à l'avenir fort abrégés, il pourrait arriver qu'au jour fixé pour l'adjudication cette preuve ne se trouvât pas dans les mains du poursuivant. Ces raisons réunies nous ont portés à ne demander ces affiches que lorsqu'elles peuvent véritablement ajouter à la publicité de l'adjudication. »

Cette disposition a été rejetée sur l'observation de M. de Ressigeat, que le procès-verbal pourrait facilement, dans le délai minimum de vingt jours, parvenir à l'avoué du poursuivant; et qu'il convenait d'autant mieux de conserver au § 7 toute son étendue, qu'il offre l'avantage d'avertir les créanciers dispensés d'inscription qui

habitent ordinairement la même commune que le saisi, ses créanciers chirographaires, ainsi que les tiers qui pourraient avoir l'intention de traiter avec lui, des poursuites qui sont dirigées contre ses immeubles.

(3) Encore bien que le maire de la commune dans laquelle a lieu une opposition de placards en matière de saisie immobilière soit parent ou créancier de la partie saisie, il n'en a pas moins qualité pour viser le procès-verbal d'apposition. (Arrêt de la Cour de cassation du 9 février 1837, Sirey-Devilleneuve, 37. 1. 546; Dalloz, 37. 1. 249.)

Voir les arrêts sur l'art. 676 : voy. loi du 11 brumaire an 7, art. 5; Code de Genève, art. 527; Code belge, art. 458.

(4) il est bien entendu que si un plus grand nombre d'exemplaires des placards était fait, on n'en devrait rien conclure contre la validité de la saisie; seulement, le nombre excédant cinq cents ne serait point passé en taxe. Voy. Carré, t. 3, n. 2295.

(5) Le projet adopté par la Chambre des Pairs, disait : « Et le montant de la taxe pourra seul être mis à la charge de l'adjudicataire. » Cette rédaction a été changée par la commission de la Chambre des Députés. En voici la raison : « Suivant le droit commun, les frais de poursuite sont payés en déduction du prix, parce qu'ayant servi à réaliser le gage commun, ils ont tourné au profit de tous les créanciers (art. 2101 C. civ.). L'adjudicataire n'en est tenu au-delà du prix qu'autant que le cahier des charges en a fait l'une des conditions de l'adjudication, et cette clause s'y trouve ordinairement écrite. L'article doit, dès lors, s'exprimer en termes plus généraux, et qui ne laissent pas supposer qu'on pourrait mettre à la charge du prix des frais non taxés excédant ceux que l'adjudicataire supporterait personnellement. » (Rapport de M. Pascalis.)

(6) « Ce qui comprend, a dit M. Persil, ces clauses d'enchère par lesquelles, faisant une sorte de forfait, il était dit que l'adjudicataire paierait telle somme, si mieux n'aimait faire faire la taxe. On recourait rarement à cette mesure, qui pouvait annoncer de la défiance, et l'adjudicataire payait au-delà de ce qui était dû. Au moyen de cette disposition, cette exaction ne sera plus à craindre, et, pour mieux nous en assurer, nous

Le montant de la taxe sera publiquement annoncé avant l'ouverture des enchères, et il en sera fait mention dans le jugement d'adjudication.

702. Au jour indiqué pour l'adjudication, il y sera procédé sur la demande du poursuivant, et, à son défaut, sur celle de l'un des créanciers inscrits (1).

703. Néanmoins l'adjudication pourra être remise sur la demande du poursuivant, ou de l'un des créanciers inscrits, ou de la partie saisie, mais seulement pour causes graves et dûment justifiées (2).

Le jugement qui prononcera la remise fixera de nouveau le jour de l'adjudication, qui ne pourra être éloigné de moins de quinze jours, ni de plus de soixante.

Ce jugement ne sera susceptible d'aucun recours.

704. Dans ce cas, l'adjudication sera annoncée huit jours au moins à l'avance par des insertions et des placards, conformément aux art. 696 et 699.

703. Les enchères sont faites par le ministère d'avoués et à l'audience. Aussitôt que les enchères seront ouvertes, il sera allumé successivement des bougies préparées de manière que chacune ait une durée d'environ une minute.

L'enchérisseur cesse d'être obligé si son enchère est couverte par une autre, lors même que cette dernière serait déclarée nulle (3).

706. L'adjudication ne pourra être faite qu'après l'extinction de trois bougies allumées successivement.

S'il ne survient pas d'enchères pendant la durée de ces bougies, le poursuivant sera déclaré adjudicataire pour la mise à prix.

Si, pendant la durée d'une des trois premières bougies, il survient des enchères, l'adjudication ne pourra être faite qu'après l'extinction de deux bougies sans nouvelle enchère survenue pendant leur durée (4).

707. L'avoué dernier enchérisseur (5) sera tenu, dans les trois jours (6) de l'ad-

---

avons voulu qu'avant l'ouverture de l'enchère la quotité des frais fût annoncée publiquement ; qu'il fût ensuite fait mention dans le jugement d'adjudication de l'observation de cette formalité. Le projet allait plus loin, il exigeait que le président biffât la clause par laquelle toute autre somme que celle résultant de la taxe serait mise à la charge de l'adjudicataire. Votre commission n'a pas pensé qu'il fût nécessaire ni digne de faire descendre le président à cette espèce de voie de fait, dont l'omission pourrait bien présenter quelques inconvénients. Le poursuivant ne manquerait pas de s'en prévaloir, ou son avoué à sa place, pour se soustraire à la taxe. Il nous a paru plus convenable d'inscrire dans la loi que cette stipulation serait nulle de droit, sans qu'il fût nécessaire de la faire prononcer. »

Voy. art. 129 du tarif du 16 février 1807 et art. 18 de l'ordonnance du 10 octobre 1841.

(1) Est nulle l'adjudication définitive qui a lieu à un jour autre que celui fixé par le tribunal : peu importe que ce soit par suite d'une erreur commise dans l'expédition du jugement. (Pau, 2 juin 1837, Sirey-Devilleneuve, 39. 2. 428 ; Dalloz, 39. 2. 104.)

La suppression de l'adjudication préparatoire, que j'ai déjà fait remarquer, est une des plus heureuses innovations qui ait été introduite par la présente loi.

(2) Par exemple, un incident qui ne serait pas définitivement jugé, ou un accident de force majeure qui aurait éloigné les enchérisseurs. A ce point de la procédure, une espérance de paiement que le saisi prétendrait faire concevoir encore, ne pourrait avoir le caractère de gravité qui est exigé. (Rapport de M. Pascalis.)

A la suite de ce §, la commission de la Chambre des Pairs avait ajouté la disposition suivante : « Elle pourra l'être aussi d'office par le tribunal, dans le cas où les sommations prescrites par les §§ 2 et 3 de l'art. 692 n'auraient pas été faites. » Ces deux paragraphes ayant été rejetés, celui-ci a dû l'être également. (Voir les notes sur l'art. 692).

Voy. Code belge, art. 472 et 473 ; Code de Genève, art. 572 et suiv.

(3) M. *Gaillard de Kerbertin* avait proposé d'ajouter les deux paragraphes suivants : « Un avoué ne pourra enchérir que pour une seule personne. Toute contravention à cette règle donnera lieu à une peine disciplinaire. »

« Si un enchérisseur ne trouve pas d'avoué pour présenter ses enchères, le tribunal pourra l'autoriser à enchérir par lui-même, sous la condition, en cas qu'il reste adjudicataire, de constituer avoué au moment de la prononciation de l'adjudication par le tribunal. »

Le but de cette addition était de prévenir les inconvénients qui résultent de ce que, dans les petites villes, il n'y a pas autant d'avoués que de surenchérisseurs, et de ce qu'un seul avoué se trouve chargé des pouvoirs de plusieurs personnes à la fois pour une seule acquisition.

Cet amendement n'a pas été appuyé. Voir sur cette difficulté Carré, t. 3, n. 2365.

Voy. Code belge, art. 464 ; Code de Genève, art. 585 ; 587, 588, 589, 590 et 591 ; loi du 11 brumaire an 7, art. 13 et suiv.

(4) Voy. Code de Genève, art. 589 et suiv.; Code belge, art. 403 ; loi du 11 brumaire an 7, art. 13, 14 et 15.

(5) Le délai de trois jours accordé à l'avoué enchérisseur, pour déclarer l'adjudicataire, est applicable uniquement aux adjudications judiciaires poursuivies devant les tribunaux, et où le ministère des avoués est indispensable : il n'est pas applicable aux adjudications volontaires faites devant notaires. Dans ce cas, l'avoué, qui s'est rendu adjudicataire, doit faire sa déclaration de command dans les vingt-quatre heures. (Arrêt de la Cour de cassation du 13 mars 1838, Sirey-Devilleneuve, 38. 1. 344 ; Dalloz, 38. 1. 387).

(6) L'avoué qui se rend enchérisseur n'est réputé que simple mandataire de son client ; il n'est pas adjudicataire lui-même avec faculté de déclarer un command. Cela a été jugé par plusieurs ar-

judication, de déclarer l'adjudicataire et de fournir son acceptation, sinon de représenter son pouvoir, lequel demeurera annexé à la minute de sa déclaration; faute de ce faire, il sera réputé adjudicataire en son nom, sans préjudice des dispositions de l'art. 711 (1).

708. (2) Toute personne pourra, dans les huit jours qui suivront l'adjudication, faire, par le ministère d'un avoué (3), une surenchère, pourvu qu'elle soit du sixième au moins du prix principal de la vente.

709. La surenchère sera faite au greffe du tribunal qui a prononcé l'adjudication : elle contiendra constitution d'avoué et ne pourra être rétractée (4); elle devra être dénoncée par le surenchérisseur, dans les trois jours, aux avoués de l'adjudicataire, du

poursuivant et de la partie saisie (5), si elle a constitué avoué, sans néanmoins qu'il soit nécessaire de faire cette dénonciation à la personne ou au domicile de la partie saisie qui n'aurait pas d'avoué.

La dénonciation sera faite par un simple acte, contenant à venir pour l'audience qui suivra l'expiration de la quinzaine sans autre procédure.

L'indication du jour de cette adjudication sera faite de la manière prescrite par les art. 696 et 699.

Si le surenchérisseur ne dénonce pas la surenchère dans le délai ci-dessus fixé, le poursuivant ou tout créancier inscrit, ou le saisi, pourra le faire dans les trois jours qui suivront l'expiration de ce délai; faute de quoi la surenchère sera nulle de

rêts. En conséquence, l'incapacité de l'adjudicataire, mineur émancipé, non autorisé à acquérir, entraîne la nullité, non seulement de la déclaration de command, mais encore de l'adjudication elle-même. (Paris, 20 mai 1835; Sirey-Devilleneuve, 35. 2. 343; Dalloz, 35. 2. 116.)

Il est bon de remarquer que, dans l'espèce, le procès s'agitait entre le mandant et l'avoué. La Cour royale de Toulouse a rendu une décision contraire, le 16 mai 1840 (Sirey-Devilleneuve, 41. 2. 58; Dalloz, 41. 2. 113; Journal du Palais, 41. 1. 281), dans une affaire où la validité de l'adjudication était demandée par les créanciers inscrits. — Voy. Code belge, art. 464; loi du 11 brumaire an 7, art. 19.

(1) Voy. les notes de l'art. 711.

(2) « La surenchère, en elle-même, a été critiquée. On a dit que c'était d'avance détruire la foi de l'adjudication, et écarter les acquéreurs qui, ne trouvant pas dans cet acte toute la stabilité d'un contrat sérieux, ne seraient pas portés à en courir les chances. Contre l'esprit du projet, on changerait ainsi l'adjudication définitive en une simple adjudication préparatoire.

« Ces objections ont été jugées par l'expérience. Aucune difficulté sérieuse n'a été révélée par la pratique, et, au contraire, tout le monde s'est convaincu qu'une sorte de délicatesse et de susceptibilité éloignant beaucoup de personnes d'une adjudication sur saisie immobilière, et les prix se trouvant ainsi inférieurs à la valeur réelle, la surenchère était un expédient indispensable pour rétablir l'équilibre. Personne ne peut s'en plaindre, puisque la surenchère ne tend qu'à donner à l'immeuble sa véritable valeur. Cette considération a déterminé votre commission, non seulement à admettre le principe de la surenchère, mais aussi à en diminuer le taux, conformément à la proposition du gouvernement. Suivant le Code de procédure, la surenchère devait être du quart du prix principal de la vente. Ce taux trop élevé pouvait écarter les amateurs et laisser subsister néanmoins une lésion au préjudice de tous les intérêts.

« Le gouvernement nous a donc paru avoir fait une chose équitable en proposant de descendre jusqu'au sixième du prix principal. » (Extrait du rapport de M. Persil.)

(3) « Le Code de procédure (art. 710) et le

projet du gouvernement autorisaient toute personne à faire par elle-même ou par un fondé de procuration spéciale, sa déclaration. La loi actuelle, en exigeant l'intervention d'un avoué, prévient l'inconvénient des surenchères hasardées par des insolvables, dans l'espérance d'imposer un sacrifice à l'adjudicataire. Il n'y a d'ailleurs pas de raison pour recevoir le renouvellement de l'enchère autrement que n'est reçue l'enchère elle-même. » (Extrait du rapport de M. Pascalis.)

Voy. Code de Genève, art. 592.

(4) Elle profite à tous les intéressés. D'autres ont pu ne pas recourir à cette voie, parce que la surenchère déjà inscrite au greffe leur annonçait que l'immeuble serait remis en vente.

(5) L'adjudicataire sur saisie immobilière est sans qualité pour proposer la nullité d'une surenchère, faute de notification de cette surenchère au poursuivant, alors surtout que ce dernier déclare qu'il n'entend pas se prévaloir de cette nullité, la notification au poursuivant étant uniquement dans l'intérêt de ce dernier. (Arrêt de la Cour de cassation du 18 février 1839, Devilleneuve, 39. 1. 295; Dalloz, 39. 1. 163.)

La question a été diversement jugée au cas de surenchère sur aliénation volontaire. Trois arrêts, l'un de la Cour de cassation du 9 août 1820 (Sirey, 21. 1. 379) et deux arrêts de la Cour de Paris des 6 août 1832 (Sirey-Devilleneuve, 32. 2. 543; Dalloz, 32. 2. 146; Journal du Palais, t. 24, p. 1371), et 20 mars 1833 (Sirey-Devilleneuve, 33. 2. 260; Journal du Palais, t. 25, p. 287), ont décidé que l'acquéreur était sans qualité pour opposer la nullité de la notification faite au vendeur; que cette nullité ne peut être opposée que par le vendeur. — Le contraire a été jugée par quatre arrêts des Cours de Paris, des 25 nivôse an 11 (Sirey, 7. 2. 1220) et 19 août 1807 (Sirey, 7. 2. 1219); de Bourges, du 13 août 1829 (Sirey, 30. 2. 201), et d'Orléans, du 15 janvier 1833 (Sirey-Devilleneuve, 33. 2. 570; Journal du Palais, t. 25, p. 47). Ce dernier arrêt décide même que l'approbation donnée à la surenchère par le vendeur ne saurait couvrir la nullité invoquée par l'acquéreur.

Lorsque le poursuivant et l'adjudicataire ont le même avoué, la surenchère est valablement signifiée à cet avoué par une seule copie, pourvu qu'elle

droit, et sans qu'il soit besoin de faire prononcer la nullité (1).

710. Au jour indiqué, il sera ouvert de nouvelles enchères, auxquelles toute personne (2) pourra concourir; s'il ne se présente pas d'enchérisseurs, le surenchérisseur sera déclaré adjudicataire : en cas de folle-enchère, il sera tenu par corps de la différence entre son prix et celui de la vente.

Lorsqu'une seconde adjudication aura eu lieu, après la surenchère ci-dessus, au-

cune autre surenchère des mêmes biens ne pourra être reçue (3).

711. Les avoués ne pourront enchérir pour les membres du tribunal (4) devant lequel se poursuit la vente, à peine de nullité (5) de l'adjudication ou de la surenchère, et de dommages-intérêts.

Ils ne pourront, sous les mêmes peines, enchérir pour le saisi (6) ni pour les personnes notoirement insolvables. L'avoué poursuivant ne pourra se rendre personnellement adjudicataire ni surenchérisseur (7),

---

énonce sa double qualité. (Riom, 25 mai 1838, Sircy-Devilleneuve, 38. 2. 416; Dalloz, 39. 2. 12 ; Journal du Palais, 38. 2. 593.)

(1) Il est bien évident qu'en pareil cas l'adjudicataire demeure propriétaire irrévocable. S'il n'est pas content de son acquisition, c'est donc à lui de remplir les formalités prescrites par cet article. C'est là une différence qui existe entre lui et l'enchérisseur (art. 705).

Voy. Code de Genève, art. 593.

(2) L'art. 712 du Code de procédure n'admettait à concourir que le surenchérisseur et l'adjudicataire. La loi actuelle est préférable. Les enchères sont ouvertes de nouveau. Pourquoi toute personne ne serait-elle pas admise à y prendre part ? La concurrence est évidemment dans l'intérêt de tout le monde.

(3) Ce paragraphe a été ajouté par la seconde commission de la Chambre des Pairs (voir les art. 965 et 973). Cette disposition, indiquée par la commission de la Chambre des Députés, n'avait pas été formulée en article. La nécessité de ne pas retarder par de nouveaux délais la réalisation du gage des créanciers, l'avantage de fixer la propriété, et, par cette perspective, d'encourager les adjudicataires, expliquent cette disposition.

(4) L'art. 713 du Code de procédure étendait cette prohibition aux procureurs généraux, avocats généraux et substituts des procureurs généraux. Cette extension n'avait pas de motifs raisonnables, car ces magistrats sont trop éloignés des juridictions inférieures pour exercer sur l'adjudication l'influence que la loi avait voulu atteindre.

Par membres du tribunal, il faut entendre les juges, les juges-suppléants, le procureur du roi et ses substituts, et sans doute aussi les greffiers, quoiqu'ils ne se trouvent pas mentionnés dans l'énumération des incapables que M. Persil a donnée dans son rapport, car ils font partie du tribunal auquel ils sont attachés.

La disposition qui interdit aux membres du tribunal où se poursuit l'expropriation forcée de se rendre adjudicataires des biens saisis, n'est point applicable au magistrat créancier du saisi, surtout si c'est lui-même qui poursuit la vente. (Montpellier, 27 mai 1835, Devilleneuve, 36. 2. 332; Dalloz, 37. 2. 18.)

(5) « Cette nullité n'est pas d'ordre public : elle est toute dans l'intérêt du poursuivant et des créanciers qui restent les maîtres de faire valoir l'adjudication ou de requérir une nouvelle mise aux enchères, suivant qu'ils trouveront leur avantage dans l'un ou l'autre cas. Quant à l'avoué et aux incapables pour lesquels il aurait agi, ils ne peuvent pas se prévaloir de la nullité qui est prononcée contre eux et non pour eux. Ils restent

tous à la discrétion du poursuivant et des autres créanciers. » (Extrait du rapport de M. Persil.)

La même déclaration se trouve dans le rapport de la commission de la Chambre des Députés. Une explication a eu lieu également en ce sens lors de la discussion qui a eu lieu dans cette Chambre.

(6) La prohibition faite aux avoués de se rendre adjudicataires pour le saisi ne s'oppose pas à ce qu'un avoué qui demeure adjudicataire en son nom personnel, s'engage à remettre les immeubles au saisi sous des conditions arrêtées entre eux d'avance. (Lyon, 7 mars 1832, Sirey-Devilleneuve, 33. 2. 492, et la note ; Dalloz, 33. 2. 150; Journal du Palais, t. 24, p. 828.)

L'héritier bénéficiaire de la partie saisie n'est pas, comme cette partie elle-même, frappé d'incapacité pour surenchérir les biens saisis. (Limoges, 5 déc. 1833, Sirey-Devilleneuve, 34. 2. 56; Dalloz, 38. 2. 208 ; Journal du Palais, t. 25, p. 1033.)

(7) « C'est l'application de la disposition de l'art. 1596 du Code civil qui défend aux mandataires de se rendre adjudicataires des biens qu'ils sont chargés de vendre.

« Cette défense faite à l'avoué poursuivant d'enchérir pour lui-même n'est pas, d'ailleurs, en contradiction avec la disposition de l'art. 707 portant que, faute d'avoir fait dans les trois jours sa déclaration de command, l'avoué sera réputé adjudicataire pour son propre compte. Il suit de là que si l'avoué poursuivant, après s'être rendu adjudicataire, fait dans les trois jours cette déclaration, il est déchargé comme le serait tout autre avoué, et l'adjudication est valable pour la personne à nommer ; mais s'il ne déclare pas avoir rapporté l'adjudication pour un autre, alors les divers intéressés à la vente sont libres d'en demander l'annulation qui n'a pas lieu de plein droit. L'avoué reste même passible de dommages-intérêts si son intervention personnelle dans l'adjudication leur avait été préjudiciable. » (Extrait du rapport de M. Pascalis.)

L'art. 713 du Code de procédure ne disait pas que l'avoué poursuivant ne pouvait se rendre adjudicataire; et, en l'absence d'une prohibition formelle, il fallait reconnaître qu'il avait la capacité de se rendre adjudicataire. L'art. 1596 du Code civil, sainement entendu, ne le frappait pas d'incapacité, comme l'a pensé le rapporteur de la commission de la Chambre des Députés (voy. ma Continuation de Toullier, t. 1, n. 189; voy. aussi M. Carré, t. 3, n. 2393); mais maintenant le texte est formel.

La nullité de l'adjudication pour incapacité de l'avoué adjudicataire doit être demandée par la voie d'action principale en nullité; elle ne doit pas être demandée par la voie de l'appel dirigé

à peine de nullité de l'adjudication ou de la surenchère, et de dommages-intérêts envers toutes les parties (1).

712. Le jugement d'adjudication ne sera autre que la copie du cahier des charges rédigé ainsi qu'il est dit en l'art. 690; il sera revêtu de l'intitulé des jugements et du mandement qui les termine, avec injonction à la partie saisie de délaisser la possession aussitôt après la signification du jugement, sous peine d'y être contrainte même par corps.

713. Le jugement d'adjudication ne sera délivré à l'adjudicataire qu'à la charge, par lui, de rapporter au greffier quittance des frais ordinaires de poursuite, et la preuve qu'il a satisfait aux conditions du cahier des charges qui doivent être exécutées avant cette délivrance. La quittance et les pièces justificatives demeureront annexées à la minute du jugement, et seront copiées à la suite de l'adjudication. Faute par l'adjudicataire de faire ces justifications dans les

vingt jours de l'adjudication, il y sera contraint par la voie de la folle-enchère, ainsi qu'il sera dit ci-après, sans préjudice des autres voies de droit (2).

714. Les frais extraordinaires de poursuite seront payés par privilège sur le prix, lorsqu'il en aura été ainsi ordonné par jugement (3).

715. Les formalités et délais prescrits par les art. 673, 674, 675, 676, 677, 678, 690, 691, 692, 693, 694, 696, 698, 699, 704, 705, 706, 709, paragraphes 1 et 3, seront observés à peine de nullité.

La nullité prononcée pour défaut de désignation de l'un ou de plusieurs des immeubles compris dans la saisie n'entraînera pas nécessairement la nullité de la poursuite en ce qui concerne les autres immeubles.

Les nullités prononcées par le présent article pourront être proposées par tous ceux qui y auront intérêt (4).

716. Le jugement d'adjudication ne sera

---

contre le jugement d'adjudication. (Arrêt de la Cour de cassation du 27 avril 1826, Sirey, 26. 1. 446. Voir, en sens contraire, Toulouse, 16 mars 1833, Devilleneuve, 33. 2. 521 ; Dalloz, 33. 2. 214; Journal du Palais, t. 25, p. 276.)

(1) M. *Chégaray* a demandé si, en déterminant dans la disposition pénale de l'art. 711 quelle sera la peine prononcée contre l'avoué qui se sera rendu adjudicataire ou dans son propre intérêt, ou dans celui des personnes à qui la loi l'interdit, la commission avait entendu exclure les peines disciplinaires.

M. *le rapporteur* a répondu : « Nullement. »

M. *le garde des sceaux* a dit : « Elles sont de droit. »

M. *Chégaray* a ajouté : « Je sais bien qu'elles sont de droit ; mais comme j'ai vu très-souvent dans des cas analogues que, lorsque les poursuites disciplinaires étaient intentées, indépendamment d'une peine prononcée par la loi, on arguait de ces poursuites pour se soustraire à la peine, j'avais besoin de l'explication qui vient d'être donnée. »

« La confusion, a dit M. *le ministre des travaux publics*, n'est pas possible, en théorie comme dans la pratique.

« Il est évident qu'autre chose est la discipline d'un corps et autre chose sont les conséquences de l'infraction aux dispositions de l'art. 711.

« Le Code de procédure ne peut statuer dans les cas prévus que pour la nullité de l'adjudication et les dommages auxquels l'avoué, infidèle aux prescriptions de la loi, serait exposé.

« Quant aux peines disciplinaires, elles sont en dehors et toujours applicables. »

M. *Chégaray* a répondu : « Je suis parfaitement de cet avis, mais j'étais bien aise d'amener une explication à cet égard. »

(2) « Il résulte de cette disposition, dit M. Carré, t. 5, n. 2409, que sans faire procéder à la revente par folle-enchère, on peut poursuivre tout adjudicataire comme on poursuivrait tout débiteur contre lequel on a un titre exécutoire, c'est-à-dire par toutes les voies d'exécution autorisées par la loi, par exemple, par saisie-arrêt, saisie-exécution, ce

qu'on ne pouvait faire d'après un arrêt de cassation du 20 juillet 1808 (Sirey, 8. 1. 482), sous l'empire de la loi du 11 brumaire an 7, qui ne contenait à ce sujet aucune disposition semblable à celle de l'art. 715.

Voy. Berriat-Saint-Prix, p. 559, note 91.

Cette solution résulte non seulement de cet art. 713 qui, en accordant aux créanciers contre l'adjudicataire la voie de la revente sur folle-enchère, ajoute que *c'est sans préjudice*, etc., mais de l'art. 771, qui déclare exécutoire contre l'acquéreur le bordereau de collocation délivré par le greffier à chaque créancier utilement colloqué.

Voir Carré, t. 3, n. 2517; Code de Genève, art. 600 et suiv., 616 et suiv.; Code belge, art. 469 et 470; loi du 11 brumaire an 7, art. 24.

(3) Il s'agit évidemment du jugement sur la contestation qui a donné lieu aux frais extraordinaires (Annales du notariat, t. 4, p. 453; Pigeau, t. 2; p. 174.) La partie avertie par la loi doit donc avoir soin dans la poursuite des incidents de demander qu'il soit ordonné que les frais seront payés par privilége ; si elle omet cette précaution, elle ne peut imputer qu'à elle-même la perte de ce privilége qu'elle pouvait réclamer, chose essentielle que les avoués ne doivent pas perdre de vue. (Carré, t. 3, n. 2411.)

Voy. Code belge, art. 467; loi du 11 brumaire an 7, art. 21.

(4) Le projet du gouvernement portait : « La partie saisie pourra proposer toutes les nullités prévues par le présent article.

« Les créanciers inscrits ne pourront exciper que de celles résultant de l'inobservation des art. 692 et 693. »

La commission de la Chambre des Pairs a pensé qu'il n'était ni raisonnable, ni juste de restreindre ainsi les droits des créanciers. D'autres formalités, que celles dont il s'agit dans ces deux articles, les concernent et les intéressent. « Nous ne parlerons pas, a dit le rapporteur, des nullités du commandement, du procès-verbal de saisie qui touchent plus particulièrement le saisi sans être complètement

signifié qu'à la personne ou au domicile de la partie saisie (1).

Mention sommaire du jugement d'adjudication sera faite en marge de la transcription de la saisie, à la diligence de l'adjudicataire (2).

717. (3) L'adjudication ne transmet à l'adjudicataire d'autres droits à la propriété que ceux appartenant au saisi.

Néanmoins l'adjudicataire ne pourra être troublé dans sa propriété par aucune demande en résolution fondée sur le défaut

---

étrangères aux créanciers : mais pourrait-on leur interdire de se plaindre de l'absence de toute transcription de la saisie, de l'irrégularité du cahier d'enchères et de son dépôt au greffe, du défaut de publication dans les journaux ou d'apposition d'affiches, de quelque fraude ou de toute irrégularité à cet égard, enfin de la forme dans laquelle seraient reçues les enchères ? C'est à la justice qu'il appartient d'apprécier les motifs de ceux qui se plaignent de l'inobservation des formes, et voilà pourquoi votre commission vous propose de décider, sans aucune distinction, entre le saisi et les créanciers, que les nullités prononcées par la loi pourront être proposées par tous ceux qui auront intérêt. L'intérêt réel, véritable, tel est le mobile qui seul doit faire admettre la nullité attachée à la prescription de la loi. Ce n'est pas une vaine exigence, une subtilité de procédure, tracassière et chicanière, qui doit diriger les tribunaux. L'intérêt des parties, voilà leur règle et le motif qui a déterminé votre commission à vous proposer l'amendement dont je vous entretiens. »

Cet article semblait devoir énumérer tous ceux dont les formalités sont prescrites à peine de nullité ; et cependant il ne parle pas des art. 709 et 711, dont les dispositions ont pour sanction la nullité de la saisie. On a pensé qu'il était inutile de répéter ce qu'ils disent eux-mêmes formellement. (Code belge, art. 472 ; loi du 11 brumaire an 7, art. 23.)

(1) On évite ainsi les frais considérables qu'aurait entraînés la signification aux créanciers inscrits, et qui auraient diminué leur gage. L'article ne fait que convertir en texte de la loi une décision passée en jurisprudence.

(2) Il y avait quelque contradiction à ne consigner dans cet état des mutations immobilières que l'annonce de la mise en vente forcée, sans énoncer la vente elle-même ; d'y faire connaître la poursuite et de ne rien dire du résultat.

« On comprend, a dit M. Persil, que dans des vues d'économie la loi n'exige pas une transcription complète du jugement d'adjudication. Le but sera atteint par une mention sommaire en marge de la transcription de la saisie faite à la diligence de l'adjudicataire. Les tiers trouveront dans cette mesure le complément des procédures et une révélation suffisante de la transmission de la propriété amenée par la saisie immobilière. »

(3) Le paragraphe premier n'est que la reproduction de l'art. 731 du Code de procédure. Il n'a donné lieu à aucune difficulté.

La seconde partie contient une innovation d'une haute gravité. Elle a été l'objet de longues discussions au sein des deux Chambres. Pour en bien saisir la portée, il importe de rappeler la législation antérieure, d'en signaler les inconvénients et d'indiquer les diverses solutions que la question a successivement reçues.

D'après le Code civil, le vendeur qui n'est pas complètement désintéressé retient sur l'immeuble vendu un privilège pour le paiement du prix (art. 2103, 1°). Il peut, en outre, à défaut de paie-

ment de ce prix, demander la résolution de la vente (art. 1654).

De tout temps, l'adjudication sur saisie immobilière a purgé l'immeuble du privilège, sauf l'exercice du droit du vendeur sur le prix, si toutefois les formalités prescrites pour sa conservation ont été remplies (art. 2108). Il n'y avait donc point à s'en occuper ici.

Sous l'empire de la loi précédente, au contraire, l'action en résolution subsistait tant que l'adjudicataire ou ses successeurs n'avaient pas prescrit la propriété.

En conséquence, un adjudicataire achetait en présence et sous l'autorité de la justice ; il lui était impossible de connaître l'origine de la propriété, de la suivre dans ses mutations successives, de savoir si le prix des aliénations antérieures avait été acquitté, parce que le cahier des charges ne contient presque toujours aucuns renseignements à cet égard. Un ordre s'ouvrait, le vendeur gardait le silence : la justice forçait l'adjudicataire de payer les créanciers munis des bordereaux de collocation. Puis, quelque temps après, le vendeur pouvait se présenter et mettre l'acheteur dans l'alternative de payer une seconde fois ou de délaisser l'immeuble qu'il avait accepté des mains de la justice.

Un pareil résultat était d'autant plus inique que le vendeur, auquel la loi accordait une semblable protection, ne la méritait pas toujours. En effet, il avait à sa disposition tous les moyens d'empêcher la surprise dont l'adjudicataire se trouvait victime ; la loi attachait un privilège à sa créance ; il ne l'avait pas rendu public, ou il avait laissé périmer son inscription. En homme soigneux, en créancier vigilant, il devait ne pas perdre de vue son débiteur : il avait tout ignoré où il avait méchamment ou frauduleusement tout laissé faire, le commandement, la saisie, les affiches apposées à la porte du marché et dans tous les lieux publics.

Un vendeur payé de son prix, qui, d'accord avec le saisi, aurait voulu faire revivre sa créance en supprimant les quittances, n'aurait pas agi différemment. Aussi très-fréquemment une fraude était cachée sous cette apparence d'incurie. La loi ne devait rien négliger pour en empêcher le renouvellement.

On comprend aisément que cette incertitude sur le sort de la propriété en dépréciait considérablement la valeur, au préjudice des créanciers et du saisi lui-même.

Il convenait, dans une loi qui avait pour but d'améliorer une partie notable du Code de procédure, de faire cesser un état de chose aussi fâcheux.

La difficulté consistait à concilier, dans une mesure raisonnable, l'action résolutoire du vendeur avec les droits de l'adjudicataire.

La Chambre des Pairs, tout en conservant l'action résolutoire, en avait soumis l'exercice à certaines conditions. Voici la disposition qu'elle avait adoptée : « Néanmoins, l'adjudicataire ne pourra être troublé ni inquiété dans sa propriété

de paiement du prix des anciennes aliénations, à moins qu'avant l'adjudication la
demande n'ait été notifiée au greffe du tribunal où se poursuit la vente.

par aucune demande en résolution fondée sur le
défaut de paiement du prix des anciennes aliénations, à moins que la demande n'en soit antérieure à l'adjudication ou que les droits des vendeurs créanciers du prix n'aient été réservés, soit
dans le cahier des charges, soit par des notifications faites au poursuivant, aussi antérieurement
à ladite adjudication. »

La commission de la Chambre des Députés avait
d'abord adhéré à cette solution.

Ce système avait un grand vice, c'était de faire
passer outre à l'adjudication malgré les réclamations
du vendeur. L'adjudication ne pouvait pas être sérieuse. La vilité du prix n'en aurait fait qu'un
pacte aléatoire ruineux, dont toutes les chances
auraient tourné contre le saisi et les créanciers.
Aussi, lors de la discussion, l'article ayant été
renvoyé à la commission, elle a proposé la disposition suivante : « Néanmoins, l'adjudicataire
ne pourra être troublé dans sa propriété par aucune demande en résolution fondée sur le défaut
de paiement du prix des anciennes aliénations, à
moins qu'il n'ait été passé outre à l'adjudication,
nonobstant la notification faite au tribunal devant
lequel se poursuit la vente, d'une demande en résolution.

« Dans le cas où la demande en résolution sera
notifiée, comme il est dit ci-dessus, la poursuite
sera suspendue, sauf au poursuivant à intervenir
dans l'instance en résolution pour fixer le délai
dans lequel elle pourra être mise à fin. »

Cet amendement, qui avait l'avantage de fixer
définitivement l'état de l'immeuble avant qu'on ne
procédât à l'adjudication, ne fut point voté. La
Chambre, après deux épreuves, en adopta un
autre qui avait été proposé par MM. Guyet-Desfontaines et Lherbette, et dont voici la teneur :
« Néanmoins, l'adjudicataire ne pourra être troublé dans sa propriété. . . . .
à moins que les droits des vendeurs créanciers de
tout ou partie du prix n'aient été conservés par
l'inscription des privilèges, ou mentionnés dans le
cahier des charges, ou dénoncés au poursuivant
avant l'adjudication par un acte déposé au greffe du
tribunal devant lequel se poursuit l'expropriation.

« Toutefois, le vendeur dont les droits auront
été ainsi conservés sera déchu de son action en
résolution, s'il ne l'a pas intentée après la clôture
de l'ordre. »

C'était évidemment rétrograder.

En présentant de nouveau le projet à la Chambre des Pairs, M. *le garde des sceaux* a combattu
la nouvelle disposition, qui n'était qu'un palliatif
contre les inconvénients dont on voulait prévenir
le retour. « Quel sera l'homme assez imprudent,
disait-il, pour se rendre adjudicataire, pour se
charger de payer les frais de poursuite, d'adjudication et d'ordre, lorsqu'il saura qu'il peut être
dépouillé jusqu'à la clôture de l'ordre, par l'exercice d'un droit latent qui ne se révélera qu'à cette
époque tardive, alors que tous les frais seront
consommés. On peut affirmer qu'il n'y aura point
à ces conditions d'adjudication, ou qu'elle n'aura
lieu qu'à vil prix.

« Les moyens par lesquels le vendeur primitif
conserve son action résolutoire, dans le système
adopté par la Chambre des Députés, paraissent
d'ailleurs peu en harmonie avec les véritables prin-

cipes. En effet, dans ce système, l'inscription du
privilège du vendeur a pour effet de lui conserver
l'action en résolution. Il semble que l'on a confondu là deux droits bien différents et qui doivent
être subordonnés à des conditions distinctes.

« L'inscription faite au profit du vendeur primitif ne doit conserver que le privilège qui lui
appartient comme créancier du prix. Lorsque ses
droits comme créancier ont été manifestés par l'inscription, il est appelé dans la poursuite de saisie,
et sa présence à l'adjudication rend non recevable
de sa part, comme l'a fait remarquer votre savant
rapporteur, l'action en résolution contre cette
même adjudication.

« Il faut donc que le vendeur primitif fasse son
option entre deux droits qui ne peuvent être exercés simultanément. Pour faire son option, le vendeur ne peut attendre que le gage soit vendu,
puisque, dans le cas où il a pris inscription avant
la vente, il doit être considéré comme ayant concouru à cette vente, et, par conséquent, comme
non recevable à l'attaquer. L'intérêt général, d'accord avec les véritables principes du droit, veut
que le vendeur primitif soit tenu de consommer
son option avant l'adjudication, afin que l'adjudication, affranchie du péril d'une éviction imprévue, soit faite au prix le plus élevé possible. »

La commission de la Chambre des Pairs a partagé entièrement ces idées. C'est à elle qu'est due
la rédaction qui a passé dans la loi.

Aux termes de la nouvelle disposition, l'action
en résolution, fondée sur le défaut de paiement
des anciennes aliénations, est purgée, si elle n'a
pas été intentée avant l'adjudication, et si la demande n'a pas été notifiée au greffe du tribunal
où se poursuit la vente. Après l'adjudication, le
vendeur en est réduit à faire valoir ses droits dans
l'ordre, s'il a conservé son privilège, sinon à une
simple créance chirographaire contre l'acheteur
qui vient d'être exproprié.

Mais aussi, afin d'éviter jusqu'à la possibilité
d'une surprise et pour mettre le vendeur toujours
en demeure d'exercer son droit en connaissance
de cause, l'art. 692 exige-t-il que, dans la sommation qui lui est faite, on joigne cette déclaration :
« Qu'à défaut par lui de former sa demande en
résolution et de la notifier au greffe avant l'adjudication de l'immeuble, il sera définitivement déchu, à l'égard de l'adjudicataire, du droit de faire
prononcer cette résolution. » « Si, après un pareil
avertissement, a dit M. *Persil*, rapporteur de la
commission de la Chambre des Pairs, le vendeur a gardé le silence et laissé prononcer l'adjudication, il ne se rencontrera évidemment personne qui puisse nous reprocher d'avoir sacrifié
ses droits ; le vendeur y aura lui-même renoncé.
C'est la présomption légale que nous vous propose-
rons de laisser dans l'art. 717, en inscrivant dans
un paragraphe additionnel à l'art. 692, l'avertissement ou la mise en demeure que nous venons
d'expliquer. Nous avons d'abord regardé comme
inutile de porter aussi loin nos précautions ; mais,
comme c'était dans ce sens que nous interprétions
le silence du vendeur après la sommation, nous
n'avons pas hésité à vous proposer de le dire dans
un article formel. »

Avant la modification qui est introduite par cet
article, il s'élevait souvent des difficultés sur la

Si la demande a été notifiée en temps utile, il sera sursis à l'adjudication, et le tribunal, sur la réclamation du poursuivant ou de tout créancier inscrit, fixera le

---

question de savoir si l'exercice de l'action du vendeur, en paiement du prix, n'avait pas été une renonciation implicite à l'action en résolution. J'ai, dans ma Continuation de Toullier, t. 16, n. 443 et suiv., essayé d'indiquer, selon les cas, l'influence que produit sur l'une des actions l'exercice de l'autre. Désormais la plupart de ces difficultés ne pourront plus se présenter.

Dans le cours de la discussion on a fait remarquer que, lorsqu'une vente aura été faite à terme et que la saisie de l'immeuble aura lieu avant l'échéance des délais accordés par le vendeur, celui-ci sera dans un grand embarras, puisque, d'une part, il ne pourra exercer l'action en paiement du prix, et que, de l'autre, il sera obligé, sous peine de déchéance, d'exercer son action en résolution, laquelle ne compète que lorsque l'acheteur ne paie point.

L'inconvénient n'est pas sérieux. Aux termes de l'art. 1188 du Code civil, le débiteur ne peut réclamer le bénéfice du terme lorsqu'il a fait faillite, ou lorsque, par son fait, il a diminué les sûretés qu'il avait données par le contrat à son créancier. Sans doute, en l'absence d'un texte précis, on aurait pu prétendre que la saisie d'un immeuble ne constitue pas la faillite ou la déconfiture, et ne fait pas perdre le bénéfice du terme. Mais, lorsque la loi ordonne au vendeur de se décider, de demander son paiement ou la résolution de son contrat, elle dit bien implicitement qu'il a droit d'exiger le prix de la vente qu'il a consentie. Il serait absurde qu'elle le contraignît à exercer un droit qu'elle ne lui conférerait pas. Ainsi la stipulation du terme n'empêchera point l'application de l'article.

Une des plus graves objections qu'on ait opposée à l'innovation qui est introduite dans la loi, était fondée sur ce que l'immeuble dégagé de l'action en résolution du vendeur, pour défaut de paiement du prix, resterait grevé de plusieurs autres, notamment de l'action en résolution, à raison de l'inexécution des conditions de la vente autres que le prix, aux termes de l'art. 1184 du Code civil, de l'action en rescision pour cause de lésion, de l'action en révocation de la femme mariée sous le régime dotal, de l'action en revendication de propriétaires dont le bien aurait été vendu à leur insu, des droits d'usufruit, d'usage, d'habitation et de servitude réservés dans la vente. Il était inutile, disait-on, de modifier la législation ancienne, puisqu'on ne pouvait arriver à donner à l'adjudicataire une propriété à l'abri de toute atteinte. M. *Ressigeac* a, d'ailleurs, présenté un paragraphe additionnel ainsi conçu : « Sont exceptées des dispositions ci-dessus les actions en résolution appartenant aux mineurs, aux interdits, aux femmes mariées sous le régime dotal. » Cette proposition a été écartée, et je n'aurais rappelé ni l'objection dont j'ai parlé, ni la proposition qui a été rejetée, s'il ne m'avait paru nécessaire de m'expliquer sur quelques questions qui pourront se présenter, à l'occasion des droits dont on s'est occupé.

D'abord les Chambres ont, il me semble, bien fait de ne pas s'arrêter à cette idée qu'il était inutile de restreindre l'action en résolution du vendeur, parce qu'il était impossible d'affranchir l'immeuble saisi de toutes les autres actions. Lorsqu'une amélioration à la législation est proposée, il faut l'adopter, quoiqu'elle ne soit pas d'une efficacité absolue et qu'elle ne fasse pas disparaître tous les inconvénients. D'ailleurs on sait que le danger que peut présenter l'exercice des autres droits qui ont été énumérés n'est pas, à beaucoup près, aussi grand que celui qui résulte de l'exercice de l'action en résolution pour défaut de paiement de prix ; du moins c'est l'exercice de cette même action qui a le plus fréquemment donné lieu à des évictions, et qui, par conséquent, devait le plus éveiller l'attention du législateur.

Mais voyons, d'ailleurs, s'il est vrai, comme on l'a prétendu, que l'immeuble restera, après l'adjudication, grevé de tous les droits dont on a parlé.

Quant aux droits d'usufruit, d'usage, d'habitation et de servitude, et à tous les autres droits réels, il est incontestable qu'ils continueront à subsister après l'adjudication. Il est également hors de doute que si les précédents vendeurs n'étaient pas propriétaires de l'immeuble, l'art. 1599 du Code civil recevra son application, et que la revendication du propriétaire véritable sera accueillie. Je ne nie pas non plus que l'action en rescision pour cause de lésion ne survive à l'adjudication.

Il en est autrement, si je ne me trompe, de l'action en résolution pour inexécution des conditions de la vente. Du moins il faut distinguer entre ces conditions celles qui ne seraient elles-mêmes qu'un accessoire ou un équivalent du prix. Supposons qu'une vente ait été consentie moyennant une certaine somme, et l'obligation par l'acheteur de faire sur la propriété du vendeur une construction, il est certain que l'inexécution de cette condition autorisera le vendeur à demander la résolution de la vente ; il est certain aussi qu'il pourrait faire évaluer la construction promise et faire condamner l'acheteur à lui payer le montant de cette évaluation comme le reste du prix. Par ce motif, il faudra donc qu'il intente son action en résolution, comme l'indique l'article, sinon il ne lui restera plus que son droit sur les deniers provenant de l'adjudication, soit pour le prix stipulé en argent, soit pour la somme représentative de la valeur des constructions. Pour contester cette solution, on pourrait dire que le privilége du vendeur ne s'étend pas aux dommages-intérêts qui lui sont dus pour inexécution d'une condition de la vente. (Voy. Grenier, t. 2, n. 384.) Je réponds qu'il faut distinguer entre les dommages-intérêts qui sont alloués à raison du préjudice indirect que l'inexécution cause au vendeur, et ceux qui ne sont destinés qu'à remplacer, pour le vendeur, ce qui lui avait été promis comme équivalent de sa chose. Au surplus, si, après l'adjudication, le vendeur se présentait dans l'ordre comme créancier privilégié, même pour les sommes représentatives des conditions inexécutées, et que les autres créanciers fissent rejeter cette prétention, il aurait alors le droit incontestable de reprendre son action résolutoire ; il dirait en effet avec raison : l'adjudication n'a purgé que l'action résolutoire *pour défaut de paiement du prix*; vous avez fait juger que la condition pour laquelle je réclame une somme dans l'ordre *n'était point une partie du prix* : l'action en résolution, fondée sur l'inexécution de cette condition, subsiste donc encore.

Quant à l'action de la femme mariée sous le régime dotal, il y a une distinction à faire. Si un immeuble dotal a été vendu, l'action en révoca-

délai dans lequel le vendeur sera tenu de mettre à fin l'instance en résolution.

Le poursuivant pourra intervenir dans cette instance.

Ce délai expiré sans que la demande en résolution ait été définitivement jugée, il sera passé outre à l'adjudication, à moins que, pour des causes graves et dûment justifiées, le tribunal n'ait accordé un nouveau délai pour le jugement de l'action en résolution.

Si, faute par le vendeur de se conformer aux prescriptions du tribunal, l'adjudication avait eu lieu avant le jugement de la demande en résolution, l'adjudicataire ne pourrait pas être poursuivi à raison des droits des anciens vendeurs, sauf à ceux-ci à faire valoir, s'il y avait lieu (1), leurs titres de créances, dans l'ordre et distribution du prix de l'adjudication.

TITRE XIII. — Des incidents de la saisie immobilière (2).

718. Toute demande incidente à une poursuite en saisie immobilière sera formée par un simple acte d'avoué à avoué, contenant les moyens et conclusions. Cette demande sera formée contre toute partie n'ayant pas d'avoué en cause, par exploit d'ajournement à huit jours, sans augmentation de délai à raison des distances, si ce n'est dans le cas de l'art. 726 (3), et sans préliminaire de conciliation. Ces demandes seront instruites et jugées comme affaires sommaires (4). Tout jugement qui interviendra ne pourrra être rendu que sur les conclusions du ministère public (5).

719. Si deux saisissants ont fait transcrire deux saisies de biens différents, poursuivies devant le même tribunal, elles seront réunies sur la requête de la partie la plus diligente, et seront continuées par le premier saisissant. La jonction sera ordonnée, encore que l'une des saisies soit plus ample que l'autre ; mais elle ne pourra, en aucun cas, être demandée après le dépôt du cahier des charges : en cas de concurrence, la poursuite appartiendra à l'avoué

---

tion de la vente, fondée sur l'inaliénabilité, n'est point atteinte par l'adjudication. S'il s'agit d'une action en résolution pour défaut de paiement du prix, action qui serait dotale, il y aurait plus de difficulté. D'abord peut-on concevoir qu'une femme ait au nombre de ses biens dotaux une action en résolution pour défaut de paiement du prix? Il semble que cela n'est pas possible ; car, si l'action en résolution est dotale, il fallait que l'immeuble fût dotal lui-même ; dès lors ce n'est pas une action en résolution qui appartient à la femme, mais une action en révocation de la vente, à cause de l'inaliénabilité de l'immeuble. Cependant si une femme avait vendu, avant son mariage, un immeuble, et qu'en se mariant elle eût stipulé le régime dotal, il est certain que l'action en résolution lui appartiendra et qu'elle sera dotale. Je pense que l'adjudication ne l'anéantira point. Décider le contraire, ce serait autoriser indirectement, et par l'effet d'une déchéance, l'aliénation d'un bien dotal. Or, l'esprit et le texte de la législation en cette matière s'opposent à un pareil résultat.

Il est évident que les actions appartenant aux mineurs ou aux interdits, subiront les effets que le présent article attache à l'adjudication, sauf le recours des mineurs et des interdits contre leurs tuteurs.

(1) C'est-à-dire, pour l'ordre, s'ils ont conservé leur privilège et s'ils ont produit dans les délais.

Voy. Code belge, art. 468 et 474 et suiv. ; Code de Genève, art. 624 et 625 et suiv.; loi du 11 brumaire an 7, art. 25 et suiv.

(2) « A l'imitation du Code de procédure, la loi nouvelle a fait un titre à part des incidents de la saisie immobilière, sans doute afin de ne pas interrompre le cours de ses prescriptions relatives à cette poursuite. Le principe général qui régit la procédure des incidents est celui-ci. Tout incident sera introduit par simple acte d'avoué à avoué contenant les moyens et les conclusions, et par exploit

seulement contre les parties n'ayant pas d'avoué. Le jugement aura lieu comme en affaires sommaires. La loi se propose deux choses : l'économie des frais et la rapidité de la procédure, afin que les poursuites soient interrompues le moins de temps possible. L'une et l'autre se trouvent atteintes par le principe général de l'art. 718. C'était l'esprit du Code de procédure, mais il manquait à son texte une disposition générale pour l'appliquer.

« Les incidents prévus par la loi nouvelle sont au nombre de huit : 1° le concours de deux saisissants ; 2° la subrogation dans la poursuite ; 3° la radiation d'une première saisie ; 4° la distraction de tout ou partie des objets saisis ; 5° les moyens de nullité ; 6° la folle-enchère ; 7° la clause de vendre sans formalité de justice ; 8° la conversion de la saisie en vente volontaire. S'il s'en présentait d'autres, ils devraient être instruits et jugés d'après la règle générale de l'art. 718, et suivant l'esprit des principes qui seront successivement développés. » (Extrait du rapport de M. Persil.)

(3) Il s'agit dans l'art. 726 des demandes en distraction. Cette exception est motivée sur l'importance des demandes de cette nature.

(4) « C'est ainsi que la Cour de cassation avait interprété le mot sommairement qui se trouvait dans l'art. 718 du Code de procédure. Voir arrêts du 4 avril 1837, Devilleneuve, 37. 1. 187 ; Dalloz, 37. 1. 201 ; Journal du Palais, 37. 1. 295 ; et du 14 mai 1839, Devilleneuve, 39. 1. 357 ; Dalloz, 39. 1. 229 ; Journal du Palais, 39. 2. 620 ; en sens contraire, Carré, sur l'art. 718, et arrêt de la Cour d'Aix du 21 janvier 834 ; Devilleneuve, 34. 2. 356 ; Dalloz, 34. 2. 81.

On comprend toute l'importance d'une disposition qui met fin à une semblable controverse. Elle doit produire les principales économies qu'on doit attendre de la loi.

Voy., ci-après, ordonnance du 10 octobre 1841, art. 17.

(5) C'est une garantie que la loi devait aux nom-

porteur du titre plus ancien, et, si les titres sont de la même date, à l'avoué le plus ancien (1).

720. Si une seconde saisie, présentée à la transcription, est plus ample que la première, elle sera transcrite pour les objets non compris dans la première saisie, et le second saisissant sera tenu de dénoncer la saisie au premier saisissant, qui poursuivra sur les deux, si elles sont au même état; sinon, il surseoira à la première et suivra sur la deuxième jusqu'à ce qu'elle soit au même degré (2) : elles seront alors réunies en une seule poursuite, qui sera portée devant le tribunal de la première saisie (3).

721. Faute par le premier saisissant d'avoir poursuivi sur la seconde saisie à lui dénoncée, conformément à l'article ci-dessus, le second saisissant pourra, par un simple acte, demander la subrogation (4).

722. La subrogation pourra être également demandée s'il y a collusion, fraude ou négligence, sous la réserve, en cas de collusion ou fraude, des dommages-intérêts envers qui il appartiendra.

Il y a négligence lorsque le poursuivant n'a pas rempli une formalité ou n'a pas fait un acte de procédure dans les délais prescrits (5).

723. La partie qui succombera sur la demande en subrogation sera condamnée personnellement aux dépens.

Le poursuivant contre lequel la subrogation aura été prononcée sera tenu de remettre les pièces de la poursuite au subrogé, sur son récépissé; il ne sera payé de ses frais de poursuite qu'après l'adjudication, soit sur le prix, soit par l'adjudicataire (6).

724. Lorsqu'une saisie immobilière aura été rayée, le plus diligent des saisissants postérieurs pourra poursuivre sur sa saisie, encore qu'il ne se soit pas présenté le premier à la transcription.

---

breux intérêts qui se trouvent engagés dans une poursuite de saisie immobilière.

(1) Voy. Code de Genève, art. 555 et suiv.

(2) Y aurait-il lieu à la réunion, si la seconde saisie était faite après le dépôt du cahier des charges? M. Pigeau, t. 2, p. 151, argumentant de l'art. 719, résout négativement cette question, attendu qu'en cette circonstance presque tous les frais de la poursuite sur la première saisie étant faits, et les mêmes frais devant avoir lieu sur la seconde, le motif d'économie qui a fait établir la réunion des saisies ne subsisterait plus. Cet avis, auquel M. Carré, n. 2423, paraît se ranger, est partagé par M. Thomine-Desmazures. Voir, en sens contraire, M. Lepage; Questions, p. 480, et *Traité des saisies*, t. 2, p. 168, et Delaporte, t. 2, p. 321. Ils se fondent sur le texte de l'art. 720, qui ne s'explique point comme l'art. 719 sur la circonstance du dépôt du cahier des charges. La première opinion me semble préférable; elle est en effet plus conforme, sinon à la lettre, au moins à l'esprit de la loi nouvelle, dont le double but est l'économie des frais et la réalisation rapide du gage des créanciers.

(3) Cela ne peut avoir lieu si les biens sont situés dans des arrondissements différents, qu'autant qu'ils font partie d'une exploitation dont le chef-lieu où la partie de biens qui présente le plus grand revenu, d'après la matrice du rôle, se trouve dans l'arrondissement du tribunal devant lequel se poursuit la première saisie. Voir art. 2210 du Code civil, art. 4 de la loi du 14 novembre 1808, et les notes. Voy. M. Tarrible, vᵒ *Saisie immob.*, § 6; t. 3, art. 2, n. 2, et Carré, t. 3, n. 2422. Voy. Code de Genève, art. 555 et suiv.

(4) Le droit de faire prononcer la subrogation est acquis au second saisissant si, depuis la dénonciation faite de la saisie au premier saisissant, celui-ci fait un nouvel acte pour suivre la sienne, sans commencer les poursuites sur la seconde. Carré, t. 3, n. 2427; Delaporte, t. 2, p. 321; Demiau-Crousilhac, p. 455.

L'avoué n'a pas besoin d'un pouvoir spécial pour demander la subrogation. (Arrêt de la Cour de cassation du 5 mars 1838; Devilleneuve, 38. 1. 321; Dalloz, 38. 1. 121; Journal du Palais, 38. 1. 353.)

Cependant M. Merlin, Add. t. 17, p. 596, et Carré, t. 3, n. 2438, pensent que ce pouvoir est nécessaire si le créancier qui demande la subrogation n'est pas un saisissant.

(5) « Mais comment alors est-il possible de demander la subrogation, puisque, si de tels faits se réalisent, la procédure devient nulle? Cette disposition n'est pas en harmonie avec la loi nouvelle, qui, en réduisant le nombre des formalités, n'en veut que d'essentielles, et qui ne trace que des délais que l'on ne peut laisser passer impunément. Cependant, comme les nullités n'ont pas lieu de plein droit, et qu'il peut arriver qu'elles ne soient pas proposées, on conçoit, à la rigueur, une demande en subrogation à une procédure irrégulière, mais qui n'aurait pas été annulée. (Rapport de M. Pascalis.)

Tout créancier inscrit, à qui la saisie immobilière a été notifiée, peut demander la subrogation aux poursuites du saisissant, en cas de fraude ou de négligence de la part de celui-ci. Il n'est pas nécessaire, pour l'exercice de ce droit, que le créancier demandeur en subrogation ait lui-même fait une saisie postérieure à celle qui est poursuivie. (Aix, 7 avril 1808, Sirey, 15. 2; 159, Toulouse, 2 août 1827, Sirey, 28. 2. 113; Dalloz, 28. 2. 72, Caen, 12 mars 1828, Sirey, 29. 2. 230; Pigeau, t. 2, p. 455; Persil, t. 2, p. 346; Carré, t. 3, n. 2,433.

Voir, en sens contraire, Orléans 19 janvier 1811, Sirey, 15. 2. 159; M. Tarrible, *Nouveau Répertoire*, vᵒ *Saisie immob.*, § 6, art. 2, n. 3; Merlin, *id.*, vᵒ *Subrogation de personnes*, sect. 1, n. 7.

Voy. Code de Genève, art. 566 et suiv.

(6) Le projet adopté par la Chambre des Pairs contenait un article ainsi conçu : « La demande en subrogation sera introduite contre le poursuivant et le saisi, de la manière et dans les formes prescrites par l'art. 718. » Il a été supprimé comme inutile par la Chambre des Députés, puisque la subrogation n'est autre chose qu'un incident de saisie immobilière, et que l'art. 718 trace la forme dans laquelle toutes ces demandes sont introduites et instruites.

725. (1) La demande en distraction de tout ou partie des objets saisis sera formée, tant contre le saisissant que contre la partie saisie ; elle sera formée aussi contre le créancier premier inscrit et au domicile élu dans l'inscription.

Si le saisi n'a pas constitué avoué durant la poursuite, le délai prescrit pour la comparution sera augmenté d'un jour par cinq myriamètres de distance entre son domicile et le lieu où siége le tribunal, sans que ce délai puisse être augmenté à l'égard de la partie qui serait domiciliée hors du territoire continental du royaume (2).

726. La demande en distraction contiendra l'énonciation des titres justificatifs qui seront déposés au greffe, et la copie de l'acte de dépôt.

727. Si la distraction demandée n'est que d'une partie des objets saisis, il sera passé outre, nonobstant cette demande, à l'adjudication du surplus des objets saisis. Pourront néanmoins les juges, sur la demande des parties intéressées, ordonner le sursis pour le tout.

Si la distraction partielle est ordonnée, le poursuivant sera admis à changer la mise à prix portée au cahier des charges (3).

728. (4) Les moyens de nullité, tant en la

---

(1) « La demande en distraction, a dit M. *Persil*, est l'incident le plus important que puisse présenter la procédure de saisie. Il met en question la propriété de l'immeuble en totalité ou en partie. Il serait à souhaiter qu'une pareille demande fût toujours présentée avant l'adjudication : le jugement qui interviendrait mettrait l'adjudicataire à couvert des revendications que les tiers peuvent exercer, même après que le prix de l'adjudication a été payé et distribué aux créanciers. C'est un inconvénient auquel on aurait pu parer en forçant le propriétaire à revendiquer l'immeuble avant le jugement d'adjudication. On l'avait fait autrefois, en décidant que le *décret* purgeait la propriété ; mais nous n'aurions pas pu vous proposer de renouveler ce principe sans violer le droit de propriété. Nous avons fait dépendre l'action du vendeur créancier du prix des diligences qu'il exerçait avant l'adjudication. Il n'avait qu'une action, qu'un titre de créancier ; des conditions et des délais pouvaient être imposés à l'un et à l'autre. S'il les perdait, c'est toujours par sa faute ou à cause de sa négligence. Mais le propriétaire d'un immeuble irrégulièrement saisi sur un débiteur à qui il n'appartient pas, n'a rien à faire, rien à suivre, rien à observer ou à considérer pour conserver sa propriété. Il ne peut la perdre que par son fait ; une négligence ou une omission ne pourrait pas s'en tenir lieu. C'est un malheur, sans doute, pour l'adjudicataire, mais un malheur que rien ne saurait lui éviter. Le respect pour la propriété doit passer avant toute autre considération. Au surplus, le projet ne s'occupe pas de l'exercice de l'action en revendication après l'adjudication. Ce n'est pas là une distraction, ce n'est qu'un procès soumis à toutes les conditions des actions ordinaires. Au contraire, la distraction se lie par voie d'incident à la poursuite de la saisie immobilière, et, afin de ne pas la retarder, ou de ne la retarder que le moins possible, la loi doit la soumettre à toutes les conditions des procédures sommaires. En cela, le projet ne diffère pas encore des art. 728 et 729 du Code de procédure. Si nous vous proposons une légère addition à l'art. 728 (aujourd'hui 727), c'est seulement pour exprimer qu'en cas de distraction partielle ordonnée par la justice, le poursuivant sera admis à changer la mise à prix portée au cahier des charges. Cette addition s'explique d'elle-même. »

(2) L'observation de l'art. 73 du Code de procédure prolongerait au-delà de toute mesure un incident qui peut n'être élevé que par collusion avec le débiteur. D'ailleurs déjà le saisi connaît

qu'il est menacé d'expropriation et qu'une poursuite commencée dans ce but réclame sa surveillance. Il aura veillé à la conservation de ses droits. S'il ne l'a pas fait, il ne peut imputer qu'à lui-même sa négligence. L'extension du délai ne doit donc pas, dans ce cas, lui être accordée.

Lorsqu'une femme mariée, poursuivie conjointement avec son mari par voie d'expropriation forcée, prétend que les biens saisis sont dotaux, et, comme tels, inaliénables, l'action par elle intentée à cet égard doit être considérée comme ayant le caractère non d'une demande en distraction (action ouverte exclusivement aux tiers), mais d'une action en nullité de poursuites. (Agen, 22 août 1834, Devilleneuve, 35. 2. 367 ; Dalloz, 35. 2. 153.)

Une demande en distraction de biens saisis est soumise à la règle des deux degrés de juridiction ; elle ne peut être formée pour la première fois en cause d'appel, même sur l'appel d'un jugement qui a statué sur une demande en sursis aux poursuites formées par les demandeurs en distraction. (Arrêt de la Cour de cassation du 11 novembre 1840, Devilleneuve, 41. 1. 61 ; Journal du Palais, 41. 1. 126.)

Lorsque des immeubles compris dans une saisie ont été précédemment aliénés par le saisi, celui-ci ne peut en demander la distraction : ce droit n'appartient qu'à l'acquéreur. (Amiens, 10 mai 1837, Devilleneuve, 38. 2. 196 ; Dalloz, 38. 2. 127.)

Lorsqu'un immeuble saisi est indivis entre plusieurs cohéritiers, la demande en partage, formée par l'un d'eux qui n'est point débiteur du saisissant, n'est pas une demande en distraction incidente à la poursuite de saisie immobilière, et soumise aux formes et aux délais spéciaux tracés pour ce genre de demande ; elle constitue, au contraire, une instance principale assujettie seulement aux règles ordinaires de la procédure. (Arrêt de la Cour de cassation du 22 août 1837, Devilleneuve, 37. 1. 881 ; Dalloz, 39. 1. 299 ; Journal du Palais, 37. 2. 411.)

Voy. Code belge, art. 474 et suiv ; Code de Genève, art. 560 et suiv. ; loi du 11 brumaire an 7, art. 25.

(3) Ajouté par la commission de la Chambre des Pairs. (Voir la note de l'art. 725.)

(4) La loi actuelle trace, comme le Code de procédure, les règles relatives aux nullités opposées à la saisie immobilière. Elle ne contient de changements que ceux qui résultent de l'adoption du nouveau système.

Un des plus grands embarras de l'ancienne pro-

forme qu'au fond (1), contre la procédure qui précède la publication du cahier des charges devront être proposés, à peine de déchéance, trois jours au plus tard avant cette publication.

S'ils sont admis, la poursuite pourra être reprise à partir du dernier acte valable, et les délais pour accomplir les actes suivants courront à dater du jugement ou arrêt qui aura définitivement prononcé sur la nullité.

S'ils sont rejetés, il sera donné acte, par le même jugement, de la lecture et publication du cahier des charges, conformément à l'art. 695.

729. Les moyens de nullité contre la procédure postérieure à la publication du cahier des charges seront proposés, sous la même peine de déchéance, au plus tard, trois jours avant l'adjudication.

Au jour fixé pour l'adjudication, et immédiatement avant l'ouverture des enchères, il sera statué sur les moyens de nullité.

S'ils sont admis, le tribunal annulera la poursuite, à partir du jugement de publication, en autorisera la reprise à partir de ce jugement, et fixera de nouveau le jour de l'adjudication.

S'ils sont rejetés, il sera passé outre aux enchères et à l'adjudication (2).

730. (3) Ne pourront être attaqués par la

---

cédure résultait des délais et des lenteurs considérables qu'entraînaient les diverses demandes en nullité, tant contre les actes antérieurs à l'adjudication préparatoire que contre ceux qui suivaient. Le droit d'appel venait encore compliquer et retarder ces embarrassantes procédures. On avait voulu y porter remède par le décret du 2 février 1811, mais personne n'oserait assurer que le but ait été atteint. Ce n'était qu'en simplifiant la marche de la loi qu'on pouvait conserver l'espoir de réduire sensiblement les embarras attachés aux incidents. D'après la loi actuelle, tout ce qui regarde la procédure antérieure à la publication, est irrévocablement jugé avant cette publication. L'appel lui-même est épuisé dans de si courts délais, et il est admis dans les cas si rares, qu'il ne retardera guère la publication ; pour les procédures postérieures, la loi est encore plus expéditive, sans pour cela sacrifier les droits d'aucun intéressé.

(1) Les fins de non recevoir établies par les art. 735 et 736 du Code de procédure, relativement aux moyens de nullité contre la procédure de saisie immobilière antérieure à l'adjudication préparatoire ou définitive, s'étendent aux exceptions tirées du fond du droit. Il en est ainsi non seulement quand il s'agit de l'intérêt de tiers-adjudicataires, mais encore lorsque l'adjudicataire se trouve être le poursuivant lui-même. (Bordeaux, 26 avril 1839, Devilleneuve, 39. 2. 471 ; Dalloz, 39. 2. 192 ; Journal du Palais, 39. 1. 497 ; Cass., 18 mai 1841, Devilleneuve, 41. 1. 380 ; Dalloz, 41. 1. 250 ; Journal du Palais, 41. 2. 82.) Ce dernier arrêt est rendu par application de l'art. 33 de la loi du 11 brumaire an 7. — Voir, en sens contraire, arrêts de la Cour de cassation du 3 avril 1837 (Devilleneuve, 37. 1. 323 ; Dalloz, 37. 1. 292 ; Journal du Palais, 37. 1. 500 ; Nîmes, 25 février 1839, Devilleneuve, 39. 2. 282 ; Dalloz, 39. 2. 90 ; Journal du Palais, 39. 1. 527.)

Aujourd'hui on peut encore avoir à décider si les fins de non recevoir établies par les art. 728 et suiv. sont applicables aux moyens du fond.

Voy. loi du 11 brumaire an 7, art. 23 ; Code Belge, art. 472 ; Code de Genève, art. 564 et 565.

(2) Voy. les notes de l'article précédent.

(3) La Chambre des Pairs avait voté cet article dans les termes qui suivent : « Aucun jugement par défaut, en matière de saisie immobilière, ne sera susceptible d'opposition.

« Les jugements qui statueront sur la demande en subrogation de poursuites, ceux qui, sans statuer sur des incidents, donneront acte de la pu-

blication ou prononceront l'adjudication ; ceux d'adjudication par suite de surenchère, et les jugements qui prononceront sur des nullités postérieures à la publication du cahier des charges, ne pourront pas être attaqués par la voie de l'appel. »

La commission de la Chambre des Députés avait adopté cette rédaction.

Cet article, comme on le voit, renfermait deux parties bien distinctes, l'une relative à la voie de l'opposition, l'autre à celle de l'appel.

« La faculté d'opposition, a dit M. Pascalis, est d'abord interdite dans tous les incidents. En effet, le jugement est rendu contre le saisi, contre le saisissant, ou contre des tiers qui, jusque-là, n'étaient pas parties dans la poursuite. Quant au saisi, il est averti par la dénonciation de la saisie et par la procédure entière dirigée contre lui. Comment serait-il censé ignorer la décision rendue sur l'incident qu'il aura provoqué ? Le saisissant est partie non moins nécessaire ; la part la plus active lui appartient dans la procédure ; par son avoué, il est présent à tous les actes : rien ne peut donc se faire à son insu. En ce qui concerne les tiers qui forment une demande en distraction ou en subrogation, leur rôle est celui de demandeurs dans ces incidents, et prévient aussi toute surprise à leur égard ; aucun intérêt ne souffrira donc d'un principe déjà appliqué à une partie des jugements rendus en matière de saisie immobilière, et que le projet ne fait que généraliser. »

Lors de la discussion, aucune observation ne s'éleva sur ce paragraphe : celles qui furent faites ne concernaient que le paragraphe suivant. L'article ayant été renvoyé à la commission, pour qu'elle les appréciât, la première disposition a disparu sans qu'aucune explication ait été donnée ou même demandée. Depuis, personne n'en a fait la remarque. Que faut-il, en cet état, décider ? Évidemment que l'opposition est recevable, puisqu'elle n'est pas interdite. Sans doute la prohibition était dans la pensée du législateur, sans doute c'est involontairement qu'elle a été supprimée ; mais enfin elle n'existe pas.

Sur le surplus de l'article, deux observations ont été faites : l'une touchant la forme, l'autre le fond. La première portait sur la triple répétition du mot jugement ; la seconde consistait à distinguer, à l'égard des jugements de subrogation et ceux qui auraient été prononcés pour collusion et fraude, et ceux qui, au contraire, seraient motivés sur la négligence du poursuivant.

voie de l'appel (1), 1° les jugements qui statueront sur la demande en subrogation (2) contre le poursuivant, à moins qu'elle n'ait été intentée pour collusion ou fraude ; 2° ceux qui, sans statuer sur des incidents, donneront acte de la publication du cahier des charges (3) ou prononceront l'adjudication (4), soit avant, soit après surenchère ; 3° ceux qui statueront sur des nullités postérieures à la publication du cahier des charges (5).

731. L'appel de tous autres jugements sera considéré comme non avenu, s'il est interjeté après les dix jours à compter de la signification à avoué, ou, s'il n'y a point d'avoué, à compter de la signification à personne ou au domicile soit réel, soit élu.

Ce délai sera augmenté d'un jour par cinq myriamètres de distance, conformément à l'art. 725, dans le cas où le jugement aura été rendu sur une demande en distraction.

Dans les cas où il y aura lieu à l'appel, la Cour royale statuera dans la quinzaine. Les arrêts rendus par défaut ne seront pas susceptibles d'opposition.

732. L'appel sera signifié au domicile de l'avoué, et, s'il n'y a pas d'avoué, au do-

---

« Quand le jugement, dans le cas de négligence définie par le projet, a dit M. *Thil*, ordonnera la subrogation ; que ce jugement ne soit pas susceptible d'appel, je ne fais à cet égard aucune objection ; mais s'il intervient un jugement qui déclare que le créancier saisissant s'est rendu coupable de collusion ou de fraude, jugement qui attaque dès lors sa loyauté, son honneur ; si ce jugement le condamne à des dommages-intérêts qui, quelquefois, pourront être considérables, je ne conçois plus alors que le saisissant ne puisse avoir le droit d'interjeter un appel, et de se présenter devant la Cour royale pour faire valoir tous les moyens propres à établir qu'il n'a pas agi de mauvaise foi, qu'il n'est coupable d'aucune fraude, et qu'il ne devait être condamné à aucun dommage-intérêt. »

L'article a été renvoyé à la commission, et, dans la rédaction nouvelle qu'elle a présentée, il a été tenu compte de ces deux observations.

(1) C'est déclarer d'une manière positive que tous les autres jugements seront susceptibles d'appel. L'appel est de droit commun, il existe pour tous les cas pour lesquels la loi ne l'a pas interdit. Voy. d'ailleurs l'art. 731.

(2) Les demandes en subrogation pour cause de négligence intéressent plus les officiers ministériels que les parties, et ne donnent lieu qu'à des jugements de simple instruction.

(3 et 4) Ces actes ne sont pas, à proprement parler, de juridiction contentieuse ; il n'y avait donc aucune raison de les soumettre à la Cour royale.

(5) « Ce qui, dans l'état actuel des choses, augmente considérablement les frais et prolonge outre mesure la durée des procédures de saisie immobilière, disait M. *Persil*, dans son premier rapport, c'est le droit accordé au saisi d'interjeter appel de tous les jugements, de celui qui prononce sur les nullités postérieures à l'adjudication préparatoire, comme du jugement d'adjudication définitive lui-même. Il résulte de là un inconvénient encore plus dangereux que l'augmentation des frais et la prolongation de la procédure : on éloigne les adjudicataires sérieux et de bonne foi qui, ne voulant pas faire dépendre leurs acquisitions d'un procès plus ou moins fatigant en appel, préfèrent s'abstenir des acquisitions judiciaires.

« C'est principalement cette considération qui a amené votre commission à examiner s'il ne conviendrait pas, ainsi que le propose le gouvernement, d'interdire l'appel des jugements qui statuent sur des nullités postérieures à la publication du cahier d'enchères. Elle ne s'est pas dissimulé que

ce serait atteindre un droit presque naturel que d'interdire l'appel dans ce cas particulier. Il suffit qu'il y ait contestation, procès sur un intérêt supérieur à celui que la loi a donné pour limite au dernier ressort, pour que les parties puissent réclamer une nouvelle appréciation de leurs différends. Néanmoins, il ne peut pas être interdit au législateur de se rendre compte de l'objet de la contestation et d'en graduer les conditions d'examen suivant sa véritable importance. Ainsi, que l'appel soit réservé pour les jugements des nullités antérieures à la publication du cahier d'enchères, cela se comprend. Tout peut encore être soumis à l'appréciation du juge : le titre et sa forme exécutoire, les formalités du commandement et de la saisie, la dénonciation, la transcription, la sommation au saisi et aux créanciers, les conditions de l'enchère, tout cela embrasse à la fois et le fond du droit et la forme. Mais, après la publication du cahier des charges, il ne reste à apprécier qu'une seule chose, la publicité donnée à la vente. C'est beaucoup, sans doute, l'intérêt du saisi et des créanciers exige que rien ne soit négligé. A cet effet, la loi prescrit une insertion dans le journal judiciaire, et une apposition d'affiches aux lieux désignés par elle. Les nullités, à cette période de la procédure, ne peuvent porter que sur ces formalités. Ou l'on prétendra qu'elles n'ont pas été observées, ou que l'insertion et l'affiche n'ont pas été faites dans les délais, dans les lieux, dans les formes fixés par la loi. Quand le tribunal de première instance aura prononcé, il ne restera vraisemblablement pas de sujet sérieux de plainte. Dans sa composition, comme dans son expérience et ses lumières, se trouvent nécessairement toutes les garanties que la loi doit aux justiciables. Si, ce qu'on ne peut supposer, il se rencontrait un tribunal qui vînt à décider qu'il ne fallait pas d'insertion ou d'affiches, ou que l'une et l'autre avaient été faites sans qu'on fût obligé d'en rapporter la preuve légale, la partie lésée ne serait pas désarmée : il y aurait violation de la loi, et par conséquent droit de se pourvoir en cassation. La privation de l'appel ne porterait donc, en réalité, que sur le mode de publicité : la manière dont l'insertion aurait eu lieu, et les affiches apposées. Or, il y a, dans le premier degré de juridiction , en impartialité, en lumières , en amour de la justice et de la vérité, tout ce qu'il faut pour rassurer tous les intérêts. Le préjudice , dans tous les cas , se réduirait à rien, puisque, s'il était possible qu'on eût à se plaindre de la manière dont la publicité aurait été donnée, et qu'elle eût ainsi empêché le concours des enchérisseurs et diminué le prix, rien ne serait plus facile que d'y revenir, en rallumant la

micile réel ou élu de l'intimé ; il sera notifié en même temps au greffier du tribunal et visé par lui. La partie saisie ne pourra, sur l'appel, proposer des moyens autres que ceux qui auront été présentés en première instance. L'acte d'appel énoncera les griefs : le tout à peine de nullité.

733. Faute par l'adjudicataire d'exécuter les clauses de l'adjudication, l'immeuble sera vendu à sa folle-enchère (1).

734. Si la folle-enchère est poursuivie avant la délivrance du jugement d'adjudication, celui qui poursuivra la folle-enchère se fera délivrer par le greffier un certificat constatant que l'adjudicataire n'a point justifié de l'acquit des conditions exigibles de l'adjudication.

S'il y a eu opposition à la délivrance du certificat, il sera statué, à la requête de la partie la plus diligente, par le président du tribunal, en état de référé (2).

735. Sur ce certificat, et sans autre procédure ni jugement, ou si la folle-enchère est poursuivie après la délivrance du jugement d'adjudication, trois jours après la signification du bordereau de collocation

avec commandement, il sera apposé de nouveaux placards et inséré de nouvelles annonces dans la forme ci-dessus prescrite.

Ces placards et annonces indiqueront, en outre, les noms et demeure du fol-enchérisseur, le montant de l'adjudication, et la mise à prix par le poursuivant, et le jour auquel aura lieu, sur l'ancien cahier des charges, la nouvelle adjudication.

Le délai entre les nouvelles affiches et annonces et l'adjudication sera de quinze jours au moins, et de trente jours au plus (3).

736. Quinze jours au moins avant l'adjudication, signification sera faite des jour et heure de cette adjudication à l'avoué de l'adjudicataire, et à la partie saisie (4) au domicile de son avoué, et, si elle n'en a pas, à son domicile.

737. L'adjudication pourra être remise, conformément à l'art. 703 (5), mais seulement sur la demande du poursuivant.

738. Si le fol-enchérisseur justifiait de l'acquit des conditions de l'adjudication et de la consignation d'une somme réglée par le président du tribunal pour les frais de

concurrence par une surenchère, à son tour, légalement rendue publique. Ces considérations, jointes à la nécessité de faire cesser les embarras, les lenteurs et les frais, ainsi que les dégoûts d'un appel presque toujours interjeté par une partie saisie inconsolable de perdre sa propriété, ont déterminé votre commission à vous demander d'approuver la proposition du gouvernement. »

(1) Le copropriétaire qui s'est rendu adjudicataire sur licitation de l'immeuble indivis, est tenu, au cas où, à défaut de paiement de son prix, la revente par folle-enchère est poursuivie contre lui, du paiement de la différence en moins qui se trouve exister entre le prix d'adjudication sur folle-enchère et la première adjudication, alors même que le second adjudicataire serait son colicitant. (Arrêt de la Cour de cassation du 17 décembre 1833, Devilleneuve, 34. 1. 5 ; Dalloz, 34. 1. 46.) — Voir, en sens contraire, Bordeaux, 15 mars 1833 (Devilleneuve, 34. 2. 22, et la note, idem, p. 460).

Voy. Code de Genève, art. 606 et suiv. ; Code belge, art. 469 et suiv. ; loi du 11 brumaire an 7, art. 24.

(2) L'article du projet du gouvernement portait : « Le greffier sera tenu de délivrer ce certificat, nonobstant toutes oppositions. »

La commission de la Chambre des Pairs fit observer qu'il y avait, dans une disposition aussi absolue, une sorte de déni de justice envers les opposants. La loi ne peut pas d'avance frapper de réprobation des oppositions dont il est possible qu'elle n'ait pas prévu les causes ; elle doit s'en rapporter à un juge et non au greffier, qui ne serait pas même le maître de les apprécier. Dans cette pensée, elle proposa un paragraphe additionnel par lequel il était dit « que, s'il y avait opposition à la délivrance du certificat, il y serait statué par le président du tribunal, et que l'ordonnance du

président ne pourrait être attaquée par l'opposition ou l'appel. »

Lors de la discussion, M. Vivien, garde des sceaux, a objecté que, s'il était possible d'admettre que l'ordonnance du président fût exécutoire nonobstant opposition ou appel, lorsqu'elle prononcerait la main levée de l'opposition, on ne pouvait raisonnablement fermer tout recours au poursuivant la folle-enchère, dans le cas où le président aurait décidé qu'il n'y a pas lieu à la délivrance du certificat.

M. le rapporteur a déclaré accéder aux observations de M. le garde des sceaux ; en conséquence, il a proposé de donner seulement au président du tribunal le droit de statuer en état de référé. Cet amendement a été adopté.

Tout créancier peut provoquer la revente sur folle-enchère. (Carré, t. 3, n. 2518.)

Voy. art. 606 du Code de Genève.

(3) La folle-enchère doit être poursuivie devant le tribunal où l'adjudication a été prononcée, quel que soit le lieu de la situation des biens. (Arrêt de la Cour de cassation du 12 mars 1833, Devilleneuve, 34. 1. 191 ; Dalloz, 33. 1. 180 ; Journal du Palais, t. 25, p. 258 ; Code de Genève, art. 607 et suiv. ; Code belge, art. 469.)

(4) L'article ne parle pas des créanciers inscrits, parce qu'étant appelés à la saisie immobilière, ils en connaissent et en ont suivi le résultat. Il était donc inutile d'étendre jusqu'à eux la nécessité de cette assignation. On a voulu sans doute également éviter les frais.

M. Vavin avait proposé d'ajouter : « Pareille signification sera faite aux créanciers inscrits, aux domiciles élus dans les inscriptions, conformément à l'art. 692, mais seulement dans le cas où l'adjudication par folle-enchère devra avoir lieu plus de trois mois après la première adjudication. » Cet amendement n'a pas été appuyé.

(5) C'est-à-dire pour causes graves et dûment

folle-enchère, il ne serait pas procédé à l'adjudication (1).

739. (2) Les formalités et délais prescrits par les art. 734, 735, 736, 737, seront observés à peine de nullité.

Les moyens de nullité seront proposés et jugés comme il est dit en l'art. 729.

Aucune opposition ne sera reçue contre les jugements par défaut en matière de folle-enchère, et les jugements qui statueront sur les nullités pourront seuls être attaqués par la voie de l'appel dans les délais et suivant les formes prescrits par les art. 731 et 732.

Seront observés, lors de l'adjudication sur folle-enchère, les art. 705, 706, 707 et 711.

740. Le fol-enchérisseur est tenu, par corps, de la différence entre son prix et celui de la revente sur folle-enchère, sans pouvoir réclamer l'excédant, s'il y en a : cet excédant sera payé aux créanciers, ou, si les créanciers sont désintéressés, à la partie saisie (3).

---

justifiées, afin d'éviter les frais et de mettre un terme aux lenteurs dont les créanciers sont victimes.

(1) De ce que le poursuivant une folle-enchère est désintéressé pendant l'instance, et, par suite, se désiste de ses poursuites, il ne s'ensuit pas que la procédure doive être réputée éteinte; elle peut être continuée par les autres créanciers. (Arrêt de la Cour de cassation du 8 juillet 1828, Sirey, 28. 1. 377; Dalloz, 28. 1. 319.)

Voy. Code de Genève, art. 613; Code belge, art. 470.

(2) L'article du projet portait : « Les moyens de nullité seront proposés par la partie saisie et jugés comme il est dit en l'art. 729 (730 de la loi). Le droit d'appel, ses délais et ses formes seront réglés par les art. 731, 732 et 733 (730, 731 et 732). Seront observés, etc. »

La rédaction nouvelle est due à la commission de la Chambre des Pairs. Elle diffère de la précédente en trois points : 1° elle accorde au fol-enchérisseur le droit de proposer les nullités qui n'appartenait qu'à la partie saisie ; 2° elle prohibe la voie de l'opposition ; 3° elle donne sans distinction le droit d'appel contre tous les jugements qui statueront sur des nullités.

Aucune objection n'a été faite contre les deux additions de la commission. La troisième, au contraire, a été combattue par M. le garde des sceaux, comme devant avoir pour résultat de retarder indéfiniment la poursuite de folle-enchère, et, de plus, comme se trouvant en contradiction avec la dernière disposition de l'art. 730, qui prohibe l'appel des jugements qui statuent sur les nullités postérieures à la publication du cahier des charges. Il a demandé, en conséquence, que les jugements rendus sur des nullités de cette espèce (notamment celles qui auraient pour objet la rédaction des affiches, des annonces, etc.), fussent en dernier ressort.

M. le rapporteur a répondu que cette proposition était inadmissible, parce que, dans la procédure dont il s'agit, il n'était pas possible de tracer la ligne de démarcation et de scinder la poursuite en deux périodes, ainsi que cela a eu lieu pour la saisie.

« En vain, a-t-il ajouté, dirait-on que, par une disposition particulière, on pourrait excepter les jugements rendus sur les nullités relatives à la rédaction des affiches et de l'annonce. Cette formalité a ici une importance toute particulière, car elle tient lieu de cahier de charges (art. 735). De plus, l'appel doit être d'autant moins interdit aux intéressés que le poursuivant seul concourt à sa rédaction. »

L'article a été renvoyé à la commission, qui a persisté dans sa rédaction, par le double motif que le fol-enchérisseur restant propriétaire jusqu'à l'adjudication, il devait avoir le droit de défendre son titre par les moyens de fond comme par les moyens de forme ; et que la distinction proposée entre les moyens de forme et les moyens de fond, conduirait à deux conséquences fort abstraites.

(3) Le fol-enchérisseur doit, outre la différence de son prix d'avec celui de la revente sur folle-enchère, les intérêts de tout le prix de son adjudication jusqu'au jour de la revente, et non la restitution des fruits qu'il a perçus. (Riom, 12 juillet 1838, Devilleneuve, 39. 2. 338.)

Le fol-enchérisseur n'est pas libéré par une folle-enchère subséquente qui aurait porté l'immeuble à une valeur supérieure au prix pour lequel il s'était rendu lui-même adjudicataire. Son adjudication subsiste, avec toutes les obligations qui en sont la suite, jusqu'à ce qu'il y ait eu revente réelle et effective de l'immeuble. En conséquence, il reste tenu, solidairement et par corps avec tout nouveau fol-enchérisseur, de la différence de son prix d'avec celui par lequel l'immeuble est définitivement vendu. (Arrêt de la Cour de cassation du 25 février 1835, Sirey, 35. 1. 571; Dalloz, 35. 1. 189.)

Lorsque des immeubles adjugés en plusieurs articles et par adjudications séparées à un même adjudicataire, sont revendus par folle-enchère, la différence en plus qui se trouve dans un des lots ne doit pas se compenser avec la différence en moins qui a lieu pour une autre : le fol-enchérisseur doit supporter la différence en moins, sans profiter de la différence en plus. (Rouen, 31 mai 1820, Sirey, 21. 2. 219 ; Dalloz, 21. 2. 33.)

Outre les frais de folle-enchère, l'adjudicataire sur folle-enchère doit encore supporter ceux dont il profite et qui ont été faits à l'occasion de la première adjudication, tels que frais de licitation, droits de transcription, de greffe et droits proportionnels correspondant à son prix d'adjudication. (Paris, 12 juillet 1813, Sirey, 14. 2. 237, et 20 novembre 1816, Sirey, 17. 2. 368.)

Jugé également, sous la loi du 11 brumaire an 7, que l'adjudicataire sur folle-enchère devait rembourser à l'adjudicataire évincé les droits de mutation et de transcription acquittés par celui-ci, encore même qu'il ait fait transcrire son contrat. (Arrêt de la Cour de cassation du 6 juin 1811, Sirey, 11. 1. 264.) La doctrine de cet arrêt doit être encore suivie aujourd'hui. (Carré, t. 5, n. 2524.—Caen, 3 février 1840, Devilleneuve, 40. 2. 452; Dalloz, 40. 2. 131.)

Toutefois, l'adjudicataire n'est tenu du rembour-

741. Lorsque, à raison d'un incident ou pour tout autre motif légal, l'adjudication aura été retardée, il sera apposé de nouvelles affiches et fait de nouvelles annonces dans les délais fixés par l'art. 704 (1).

742. (2) Toute convention portant qu'à

sement que jusqu'à concurrence du prix de l'adjudication sur folle-enchère, le surplus reste à la charge du fol-enchérisseur. (Arrêt de la Cour de cassation du 27 mai 1823, Sirey, 23. 1. 235; Riom, 12 juillet 1838, Devilleneuve, 39. 2. 338.)

L'obligation imposée par le cahier des charges à l'adjudicataire sur folle-enchère de payer les intérêts de son prix, non seulement à partir de son entrée en jouissance, mais encore à partir de la première adjudication, n'a rien d'illicite. L'adjudicataire ne peut se refuser à l'exécution de cette clause : vainement il dirait que les intérêts, comme représentant les fruits, ne sont dus que par celui qui a perçu les fruits. (Arrêt de la Cour de cassation du 12 novembre 1838, Devilleneuve, 39. 1. 200; Dalloz, 38. 1. 398.)

Voy. Code Belge, art. 471; Code de Genève, art. 614.

(1) Le projet contenait un autre paragraphe ainsi conçu : « Si au jour fixé, conformément à l'art. 709, pour une adjudication par suite de surenchère, les feux n'ont pas été allumés à raison d'un incident, il sera apposé des affiches et fait des annonces dans les mêmes délais. » Cette disposition a été supprimée comme inutile.

(2) Cette disposition, la plus importante peut-être du projet, a été admise sans discussion par la Chambre des Pairs. Voici le résultat de l'examen auquel s'est livrée sa commission : « On peut dire, pour combattre cette disposition, qu'elle porte atteinte à la liberté des conventions, qu'on ne doit pouvoir attaquer que pour des causes et des considérations graves. L'emprunteur a le droit absolu de propriété sur ses immeubles. La loi lui reconnaît le droit d'en abuser, pourquoi ne lui laisserait-elle pas celui de régler le mode d'en disposer pour le cas où il n'accomplirait pas ses engagements envers le prêteur ? Il est majeur, puisqu'il a pu valablement s'engager. Ne serait-ce pas une contradiction que d'élever ainsi une tutelle sous laquelle on le placerait malgré lui ?

« Ces considérations, ajoutait M. le rapporteur, n'ont pas paru à votre commission de nature à faire rejeter le principe que l'art. 742 se propose de consacrer législativement. Quoique non encore écrit dans la loi, elle a pensé qu'il était déjà dans l'esprit de notre jurisprudence. Sans doute, il ne faut pas facilement restreindre la liberté générale des conventions, mais vos souvenirs vous fourniront aisément une foule de cas dans lesquels, par des considérations d'ordre public, le législateur a été conduit à interdire certaines conventions. Nous n'en citerons qu'un exemple qui rentre dans la matière qui nous occupe. Est-ce que le Code civil, art. 2078, hésite à défendre la stipulation par laquelle le créancier serait autorisé à s'approprier le gage ou à l'aliéner sans les formalités de justice ? C'est une disposition analogue que présente l'art. 742; et les motifs qui ont fait admettre sans critique la prohibition de l'art. 2078 du Code civil, relativement au gage mobilier, se réunissent avec une égale force pour empêcher de soustraire à la surveillance de la loi le gage immobilier. (Voir art. 2088.) C'est un devoir pour la tutélaire puissance de la loi de défendre l'emprunteur contre les exigences du capitaliste qui vient à son secours.

Au moment où l'engagement est souscrit, rien n'est plus aisé que d'abuser des besoins où les circonstances peuvent placer le futur débiteur. Il sera d'autant plus facile à souscrire à toutes les exigences du prêteur qu'il sera de bonne foi et qu'il se croira assuré de remplir ses engagements à l'époque convenue. C'est à peine s'il fera attention à la dispense des formalités de justice qui deviendrait de style, tant le débiteur se croirait assuré de son exactitude et de sa fidélité.

« L'intérêt de l'emprunteur n'est pas d'ailleurs le seul qui doive préoccuper la scrupuleuse sollicitude de la loi.

« Il y a ou il peut y avoir d'autres créanciers qui ont aussi des droits sur l'immeuble, et à qui il importe de le faire vendre publiquement, judiciairement, afin qu'il atteigne à sa plus haute valeur, et que le paiement de leurs créances soit d'autant plus assuré. Ne serait-ce pas porter préjudice à leurs droits, qui pouvaient être antérieurs à celui de ce créancier trop vigilant, que d'autoriser une convention qui mettrait le débiteur commun et sa fortune à la discrétion de ce dernier ?

« Enfin, Messieurs, il ne vous échappera pas que cette clause aurait pour résultat et pour effet de mobiliser en quelque sorte la propriété, en rendant la transmission aussi prompte, aussi expéditive, aussi facile que la tradition des meubles et des espèces monnayées. Dans un bon système hypothécaire, la disposition du gage immobilier ne doit pas être surchargée d'obstacles et de formalités pour dégoûter les prêteurs et éloigner des placements territoriaux; mais aussi la facilité de la réalisation en espèces ne doit pas mettre ces biens sur la même ligne que les autres. Le caractère dominant de la propriété immobilière, c'est la conservation. La maturité, l'examen et la discussion doivent accompagner sa mutation. C'est à concilier ces éléments, en apparence contradictoires, que s'applique une bonne loi sur l'expropriation. Vous vous en éloigneriez si vous permettiez les clauses de vendre sans formalités judiciaires. C'est pour cela que votre commission vous propose d'adopter la disposition prohibitive de l'art. 742. »

La commission de la Chambre des Députés a pleinement adopté ces motifs; elle en a même ajouté d'autres. Elle a fait remarquer que la clause de voie parée établissait, au profit du créancier qui la stipulait, un privilège anormal et d'autant plus dangereux qu'aucune loi n'en prescrivait la publicité; qu'elle le rendait maître absolu de la poursuite, de manière qu'il pourrait arriver que des immeubles importants fussent vendus au loin, dans les plus petites résidences et les moins faites pour attirer les enchérisseurs. »

Lors de la discussion, M. Garnon a présenté un amendement ainsi conçu : « Toute convention portant qu'à défaut d'exécution des engagements pris par le débiteur, le créancier aura le droit de faire commettre par le président du tribunal, sur simple requête, parties présentes ou dûment appelées, un notaire, à l'effet de faire vendre devant lui les immeubles hypothéqués, sans remplir les formalités prescrites pour la saisie immobilière, sera valable et recevra son exécution, à la charge de satisfaire aux conditions suivantes :

défaut d'exécution des engagements pris envers lui, le créancier aura le droit de faire vendre les immeubles de son débiteur sans remplir les formalités prescrites pour la

« 1° Le titre constitutif de la créance contiendra la fixation d'une mise à prix et les conditions de la vente ;

« 2° Mention de la clause conférant le droit de vendre devra être faite dans l'inscription hypothécaire ;

« 3° Un commandement de payer, constatant le défaut de paiement, énoncera l'intention du créancier de faire usage de ladite clause ;

« 4° Trente jours au moins après ce commandement, la vente aux enchères sera annoncée par une apposition d'affiches, faite aux lieux indiqués par l'art. 699, et constatée par acte d'huissier ; de plus, un extrait succinct du placard sera inséré dans l'un des journaux consacrés aux publications légales dans le département où les biens sont situés ;

« 5° L'adjudication ne pourra avoir lieu que trente jours après l'accomplissement des formalités prescrites par le paragraphe précédent ;

« 6° Si, au jour fixé pour l'adjudication, il ne se présente aucun enchérisseur, il en sera dressé procès-verbal, et le créancier aura le droit de faire de nouvelles affiches et insertions, suivant le mode ci-dessus arrêté, et de procéder dans la même délai à une nouvelle adjudication, en réduisant la mise à prix de dix cinquièmes au plus ;

« 7° Le droit de surenchère pourra être inséré conformément à l'art. 708 ;

« 8° Il ne pourra être alloué au notaire qui procédera à l'adjudication que les droits déterminés pour les ventes judiciaires. »

Cet amendement avait un double but, le premier de suppléer à l'insuffisance des réformes que le projet introduisait dans la loi de saisie immobilière ; le second, de répondre aux diverses objections qui avaient été présentées, en subordonnant la validité de la clause de voie parée à l'observation de certaines formalités destinées à protéger le débiteur et les autres créanciers.

Le crédit foncier, disait-on en faveur de cet amendement, ne peut se développer qu'autant que l'expropriation s'opère rapidement et à peu de frais. Le projet actuel est un hommage rendu à cette vérité, mais il ne la réalise qu'imparfaitement.

La procédure qu'il institue est encore trop compliquée : elle comprend douze formalités ; les frais sont trop considérables : ils s'élèvent à 500 fr. ; enfin les délais trop longs, car l'adjudication ne peut avoir lieu au plus tôt qu'après quatre mois et dix jours, encore en supposant que le saisi ne soulève aucun incident. Dans le cas contraire, et c'est ce qui arrivera le plus ordinairement, les frais et les délais s'augmenteront d'une manière notable.

L'amendement présente, sur le système du projet, le triple avantage de la simplicité, de la célérité et de l'économie. Les frais et les délais se trouvent réduits de moitié. Les droits de tous sont respectés. Il convient dès lors de conserver aux parties le bénéfice de cette stipulation.

Que résultera-t-il de la prohibition dont on veut la frapper ? Que le crédit foncier ne sera pas amélioré, car le prêteur ne manquera pas d'exiger une prime à raison des retards et des difficultés qu'il pourra éprouver. Au lieu de stipulations loyales, on aura des stipulations usuraires, déguisées sous la forme de ventes à réméré, de lettres de change et de tous les mauvais contrats par lesquels

on ruinait jadis les fils de famille et qui n'ont été imaginés que par suite de l'interdiction des moyens légitimes. En conséquence, au lieu de protéger le débiteur contre le créancier, on rendra sa condition plus défavorable sans que celui-ci en profite.

D'ailleurs cette hypothèse, si souvent reproduite, d'un débiteur livré sans défense à la merci d'un créancier impitoyable, se présente sans doute, mais elle ne doit pas être admise par le législateur comme la condition habituelle et ordinaire des parties.

L'expérience, au surplus, a-t-elle révélé dans cette clause des inconvénients qui en exigent impérieusement la prohibition ? Nullement. Personne ne s'en est plaint. On a remarqué, au contraire, qu'à Bordeaux, à Pau et dans les lieux où elle est habituelle, elle a produit une notable amélioration dans les conditions du crédit hypothécaire ; que, loin d'avoir favorisé l'usure, elle lui a porté un grand coup ; qu'enfin, elle a prévenu les expropriations, car, plus un moyen d'exécution est facile, moins un débiteur s'expose à le subir ; moins le créancier est obligé d'y avoir recours, car il trouve facilement à céder sa créance.

On objecte, ajoutait-on, que cette clause est implicitement proscrite par les art. 2078 et 2088 du Code civil. Que décident ces articles ? Que toute convention qui autoriserait le créancier à s'approprier, sans aucune formalité, le gage mobilier ou l'immeuble remis en antichrèse à défaut de paiement à l'échéance, est nulle. Évidemment, la clause de voie parée n'a aucune analogie avec cette convention. D'abord il ne s'agit point d'immeuble remis en antichrèse, mais d'un immeuble frappé d'hypothèque ; d'ailleurs, la clause ne permet pas au créancier de s'emparer de l'immeuble qui lui est affecté ; elle ne supprime pas les formalités de la vente, seulement elle les simplifie.

On soutient encore que les autres créanciers peuvent éprouver quelque préjudice. C'est une erreur. Les créanciers hypothécaires ou privilégiés conservent leurs droits de privilège ou d'hypothèque, et le droit de surenchère leur est réservé. Il est vrai que ce droit peut devenir tout à fait inutile, s'il s'agit d'un immeuble considérable et que la vente ait été faite à vil prix. Mais cet inconvénient peut se présenter dans une vente amiable. Il ne faut pas d'ailleurs l'exagérer, car il est certain, en fait, que le prix que les ventes opérées en vertu d'une pareille clause ont produit, s'est presque toujours trouvé supérieur, comparativement à ceux qu'on a obtenus au moyen des adjudications sur saisie immobilière.

On ajoute que la voie parée favoriserait outre mesure une certaine classe d'officiers ministériels. Mais qu'importe, si l'intérêt public doit y gagner aussi ? Qu'elle rendrait la loi de la saisie immobilière inutile. Cette assertion est évidemment erronée. La loi de la saisie immobilière s'appliquerait dans tous les cas où le titre ne contiendrait pas de conventions spéciales et dans ceux où l'expropriation serait poursuivie en vertu de jugements. Elle deviendrait une loi facultative comme celle qui règle les conventions matrimoniales.

On prétend, enfin, qu'elle aurait pour conséquence la mobilisation du sol. Si l'on entend par là qu'elle faciliterait la transmission des propriétés

saisie immobilière, est nulle et non avenue.
743. Les immeubles appartenant à des

immobilières, rien n'est plus vrai; encore la transmission ne s'opérerait-elle qu'après un délai de deux mois et demi au moins, et l'accomplissement de certaines formalités. D'ailleurs, ne serait-il pas à désirer, dans l'intérêt de tous, que la vente forcée fût aussi rapide que la vente amiable?

Une autre proposition a été présentée; elle consistait à repousser à la fois l'art. 742 du projet et l'amendement de M. Garnon, et à laisser aux parties le soin de régler la clause de voie parée, comme elles le jugeraient convenable.

Dans cette opinion, on invoquait les considérations économiques qui viennent d'être exposées, les excellents résultats qu'avait produits la clause de voie parée dégagée de toutes restrictions, et enfin le principe de la liberté des conventions, principe consacré par le Code civil et auquel l'article du projet et la proposition de M. Garnon portaient également atteinte.

Après une discussion longue et animée, ce système a été repoussé.

M. Debelleyme et M. le ministre des travaux publics ont fait observer que tous les avantages qu'on lui attribuait n'existaient pas réellement.

La procédure qu'entraîne la clause sera, disaient-ils, plus longue et plus coûteuse que celle du projet.

En effet, d'après l'amendement, tous les actes qui stipuleront la clause de voie parée devront contenir un cahier de charges.

Aux termes du projet, cette formalité assez coûteuse ne devient nécessaire qu'autant que l'expropriation est indispensable.

L'amendement ne contient aucune disposition relativement aux nombreux incidents que le saisi pourra soulever. Il faudra donc subir toutes les lenteurs et tous les frais de la procédure ordinaire.

Sur ce point, au contraire, le projet ne laisse rien à désirer sous le rapport de la célérité et de l'économie.

En supposant, d'ailleurs, que le débiteur se laisse exproprier sans mot dire, il pourra arriver que l'économie de temps se réduise à peu de jours, si, faute d'enchérisseurs, le saisissant est obligé de procéder à une nouvelle adjudication.

Enfin, l'insuffisance du délai de surenchère, tel qu'il est fixé au cas d'expropriation forcée, est évidente, puisque les créanciers inscrits ne sont pas liés à la procédure. Or, on ne peut sans injustice les priver du droit de surenchérir, lorsque la vente a lieu sans leur concours. Il faudra donc observer les délais et les formalités prescrits, en matière de purge, par les art. 2183 et suivants du Code civil, et alors que deviennent les avantages qu'on espère de l'amendement?

Ce n'est pas tout. La clause de voie parée, avec ou sans restrictions, confère au créancier le droit, à défaut de paiement à l'échéance, de faire vendre l'immeuble qui lui est affecté, sans remplir les formalités de la saisie immobilière. Ainsi elle prive le débiteur du bénéfice que l'art. 2212 du Code civil lui accorde, d'empêcher la saisie en offrant au créancier la délégation des revenus de ses immeubles, s'il justifie que ce revenu suffit pour le paiement de la dette en capital, intérêts et frais. De plus, elle épuise le crédit du débiteur en paralysant sa propriété et en mettant les autres créanciers en quelque sorte à la merci de celui qui a

majeurs maîtres de disposer de leurs droits ne pourront, à peine de nullité, être mis

obtenu la voie parée. Mais, d'ailleurs, a-t-on réfléchi aux difficultés qu'elle peut faire naître? Qu'arrivera-t-il si deux créanciers, auxquels elle a été consentie avec des conditions différentes, se présentent pour faire vendre l'immeuble? La vente appartiendra de droit, dira-t-on, à celui qui est porteur du titre le plus ancien: cela est au moins douteux. Mais qu'on suppose que celui dont le titre est postérieur, ou même tout autre créancier, ait commencé des poursuites à fin d'expropriation: le premier créancier pourra-t-il ou non se prévaloir de la clause? En cas d'affirmative, qui supportera les frais de poursuite? Seront-ce les créanciers auxquels rien n'en aura révélé l'existence (car, même d'après l'amendement de M. Garnon, les créanciers postérieurs seront seuls avertis); ou bien ces frais seront-ils imputés sur le prix de l'immeuble? En pressant davantage cette clause, de nouvelles difficultés se révéleraient sans doute. Ce qui précède suffit pour bien faire comprendre à combien de procès, de lenteurs, de dépenses, donnerait lieu cette clause dont on préconise si haut le mérite, mais contre laquelle toutes les cours royales et la Cour de cassation et toutes les commissions depuis 1827 n'ont cessé de réclamer.

L'amendement de M. Garnon a été rejeté et l'article du projet a été adopté après, toutefois, une première épreuve déclarée douteuse.

J'ai déjà exprimé mon opinion sur la clause de voie parée; je n'ajouterai que quelques mots. On suppose qu'elle peut produire de graves inconvénients et favoriser les fraudes à l'aide desquelles un avide créancier voudrait s'approprier le bien de son débiteur. Quant aux inconvénients, il y a deux réponses: la première, que rien de ce qui sort de la main des hommes n'est parfait; qu'il n'est pas d'institution, de disposition législative, de mesure administrative qui ne donne lieu à des abus et n'ait quelques conséquences fâcheuses. Le devoir de ceux qui gouvernent est de choisir entre différents partis celui qui offre le plus d'avantages et le moins d'inconvénients. Or, une combinaison de nature à relever le crédit foncier a évidemment une grande et haute utilité qui doit faire passer sur bien des inconvénients. Quant aux fraudes, laissez aux tribunaux le soin de les prévenir et de les punir. Si un créancier s'avise de stipuler qu'un immeuble situé en Provence sera vendu en Normandie; que son débiteur s'adresse aux magistrats, et qu'il demande la nullité d'une stipulation imaginée pour que son champ et sa maison soient vendus à vil prix; les magistrats, s'ils sont convaincus que tel a été le but du créancier, déclareront nulle la convention.

D'ailleurs, l'expérience a prononcé. Depuis plus de vingt ans, la clause de voie parée est en usage dans certains pays, et aucun de ces inconvénients, dont une ingénieuse perspicacité a démontré la possibilité, ne s'est en réalité manifesté.

Il y a, chez les jurisconsultes et les hommes d'État qui ont combattu la clause de voie parée, une répugnance instinctive pour ce qu'ils appellent la mobilisation du sol. Les études économiques conduisent, au contraire, à considérer cette mobilisation comme un bien. Je sais que l'économie politique ne doit pas gouverner seule le monde; et je comprends que si la constitution de l'État, les mœurs publiques, l'esprit des institu-

aux enchères en justice lorsqu'il ne s'agira que de ventes volontaires.

Néanmoins (1), lorsqu'un immeuble aura été saisi réellement, et lorsque la saisie aura été transcrite (2), il sera libre aux intéressés, s'ils sont tous majeurs et maîtres de leurs droits, de demander (3) que l'adjudication soit faite aux enchères, de-

vant notaire ou en justice, sans autres formalités et conditions que celles qui sont prescrites aux art. 958, 959, 960, 961 (4), 962, 964 et 965, pour la vente des biens immeubles appartenant à des mineurs (5).

Seront regardés comme seuls intéressés, avant la sommation aux créanciers prescrite par l'art. 692, le poursuivant et le

---

tions s'opposaient à ce que la propriété immobilière fût transmise sans de longues formalités, il faudrait, avant de supprimer les formes et les délais, mûrement réfléchir. Mais je crois que, depuis que le régime féodal a cessé d'exister, il n'y a plus eu de puissantes raisons pour environner d'obstacles la transmission de la propriété immobilière. En rendant cette transmission lente et difficile, on ne fait de bien à personne, on ne conserve, on ne protège rien; on ne fait que ruiner le crédit foncier.

Dans ma Continuation de Toullier, t. 16, n. 117 et suiv., je crois avoir démontré la validité des clauses par lesquelles on stipule qu'à défaut de paiement de la somme prêtée, l'emprunteur restera propriétaire moyennant un prix déterminé par le contrat, ou moyennant un prix qui sera fixé par un tiers. J'ai cité les nombreux arrêts qui ont consacré cette doctrine qui me paraît devoir être maintenue, malgré la disposition prohibitive de la clause de voie parée. Il ne faut pas oublier, en effet, que la liberté des conventions est le principe général, et qu'on doit renfermer dans leurs limites les exceptions établies par des textes formels.

La clause de voie parée, stipulée avant la promulgation de la présente loi, devra-t-elle recevoir son exécution à l'avenir? Il semble qu'il y a droit acquis pour l'emprunteur, et qu'ainsi c'est donner à la loi nouvelle un effet rétroactif que de se fonder sur ses dispositions pour obliger le créancier à suivre toutes les formalités de la saisie immobilière.

Quelque contraire que soit mon sentiment à la disposition qui prohibe la clause de voie parée, je dois convenir que, dans la pensée du législateur, cette prohibition est d'ordre public, et cela suffit à mes yeux pour qu'elle soit applicable immédiatement, même aux contrats antérieurs. Il ne m'est pas possible de développer ici une théorie complète sur l'effet rétroactif; mais je crois que, lorsque le législateur ordonne ou défend par des motifs d'ordre public, il serait en contradiction avec lui-même, si, sous prétexte de droits acquis, il tolérait des infractions à ses ordres ou à ses défenses. Toute la question est donc de savoir s'il est d'ordre public que les expropriations soient faites avec les formalités prescrites par la loi. Or, il me paraît incontestable que le législateur l'a résolue affirmativement. La liberté des conventions est un principe auquel il ne touche point sans les plus graves considérations; il faut bien qu'une stipulation lui paraisse de nature à troubler l'ordre social pour qu'il la prohibe. Les termes de l'article sont en harmonie avec l'avis que je crois devoir être suivi.

(1) Peu d'avantages résultent aujourd'hui, sous le rapport de l'économie dans les frais, du consentement aux conversions des saisies en ventes volontaires, parce que les formes des ventes judiciaires ne sont pas moins dispendieuses que celles des ventes forcées. A l'avenir, la diminution res-

pective des formalités établira à peu près le même niveau. La faculté que la loi maintient et dont elle explique les conditions n'en a pas moins son utilité. D'une part, le débiteur cesse d'être exproprié; il concourt lui-même à la vente, ce n'est plus sa dépossession forcée qui s'opère, c'est une liquidation à laquelle il se prête. D'autre part, tout se faisant de plein gré, il devient facile de régler les conditions de l'adjudication d'après les titres de propriété, de rassurer ainsi complétement les enchérisseurs, et d'obtenir de meilleures conditions.

(2) Voir les notes de l'art. 748.

(3) L'avoué n'a pas besoin d'un pouvoir spécial pour demander ou consentir la conversion d'une saisie immobilière en vente sur publications volontaires. Rennes, 8 août 1839, Devilleneuve, 40. 2. 99; Dalloz, 40. 2. 114.

(4) M. *Tesnières* avait demandé qu'on rappelât également l'art. 964 (aujourd'hui 963) qui se trouvait visé par l'art. 747 du Code de procédure.

M. *Pascalis*, rapporteur, a répondu que cet article indique la marche à suivre pour obtenir l'autorisation de vendre au-dessous de l'estimation; que cette faculté devait en effet être accordée lorsqu'il s'agit de vente de biens de mineurs; mais qu'il y aurait des inconvénients à permettre de vendre au-dessous de l'estimation en vente volontaire, lorsque toutes les personnes intéressées à la saisie ont consenti à la conversion, se sont réunies, ont délibéré spécialement sur le point de savoir quelle sera la mise à prix, et ont adhéré ainsi à ce que la vente eût lieu aux enchères avec les formalités qui sont indiquées. « En un mot, a-t-il dit, ce sont les cas les plus généraux qui doivent déterminer les prévisions du législateur, et, dans ces cas généraux, on ne peut pas supposer, lorsqu'il s'agit d'une vente après conversion, qu'elle se fasse au-dessous du prix de l'estimation.

M. *Tesnières* a insisté, en faisant remarquer que la conversion est possible, même avec des mineurs (V. l'art. 744); qu'en conséquence il fallait réserver la faculté de vendre au-dessous de l'estimation lorsqu'il y aurait des mineurs intéressés. « Si vous n'introduisez pas, a-t-il dit, la disposition dans l'art 743, il faut la réserver pour l'art. 744. »

« A la bonne heure, a dit M. *le président*; mais vous comprenez qu'elle ne pourrait trouver place dans l'art. 743. »

Malgré cette espèce d'adhésion, l'art. 963 n'a point été rappelé dans l'art. 744. Que faut-il, en cet état, décider? Pourra-t-on, dans les saisies auxquelles un mineur sera intéressé, et qui seront converties en ventes volontaires, demander l'autorisation de vendre au-dessous de l'estimation? La négative est incontestable. L'art. 963 n'est pas rappelé, et il a été formellement établi, dans la discussion sur l'art. 744, qu'il ne devait pas l'être. L'amendement de M. Tesnières n'a pas même été appuyé.

(5) Ces derniers mots, « *appartenant à des mi-*

saisi, et, après cette sommation, ces derniers et tous les créanciers inscrits (1).

Si une partie seulement des biens dépendant d'une même exploitation avait été saisie, le débiteur pourra demander que le surplus soit compris dans la même adjudication (2).

744. Pourront former les mêmes demandes ou s'y adjoindre,

Le tuteur du mineur ou interdit, spé-

---

neurs, » ont été ajoutés par la commission de la Chambre des Pairs. Voir les notes sur l'art 953.

(1) Paragraphe ajouté par la commission de la Chambre des Pairs. Cette disposition ne fait que conserver une distinction qui existait déjà dans la jurisprudence. V. Carré, t. 3, n. 2528.

(2) Voir également l'art. 2211 du Code civil.

M. *Martin* (de l'Isère) a demandé si, en cas d'adjudication par suite de conversion, on appliquerait toutes les règles établies par l'art. 717 sur la demande en résolution de la vente.

M. *le ministre des travaux publics* a répondu : « Il est de la dernière évidence que la disposition de l'article 717 est générale, et s'applique aussi bien à la saisie immobilière, parvenue à son terme judiciaire, qu'à la saisie immobilière qui se termine par l'adjudication sur conversion. La conversion ne peut pas faire perdre à la vente son caractère de vente forcée; seulement c'est un autre dénoûment que celui de la saisie immobilière; mais elle conserve, encore une fois, sa nature.

M. *Martin* a insisté. « En ce cas, a-t-il dit, vous donnez à l'art. 743 une extension qui me paraît dangereuse, parce que vous pouvez procéder à l'adjudication en l'absence des créanciers inscrits. Dès lors, il arrivera que les poursuites n'auront pas reçu toute la publicité désirable, et il arrivera par conséquent que les anciens propriétaires pourront n'avoir pas été prévenus; et si vous accordez dans ce cas-là les mêmes effets à l'adjudication que dans le cas où toutes les formalités auront été remplies, où tous les créanciers auront été appelés, il me semble que cette extension peut compromettre les droits des anciens propriétaires.

« Je demande que la Chambre veuille bien examiner sérieusement cette question, qui me paraît prendre un caractère de gravité depuis les explications données par M. le ministre des travaux publics. »

M. *le rapporteur* a répondu : « Voici dans quel esprit le projet a été fait relativement aux effets de l'adjudication publique, en ce qui touche le droit de résolution du vendeur.

« S'agit-il d'une vente forcée, qui a suivi toutes ses phases jusqu'à l'adjudication, l'adjudication doit purger les droits des précédents vendeurs, par la raison que ces droits n'ont pas pu être connus des adjudicataires. Ils ont acheté de la justice. Celui qui a poursuivi la vente, c'est un créancier qui ne s'entendait pas avec le débiteur possesseur des titres de propriété. Dès lors les adjudicataires n'ont pu connaître ces titres des propriétaires anciens, n'ont pas pu savoir s'il existait ou non des droits d'un précédent vendeur non payé.

« La vente, au contraire, prend-elle le caractère d'une vente volontaire, quoique judiciaire, alors les droits des précédents vendeurs ne doivent pas être purgés, parce que les adjudicataires ont pu s'entendre avec ceux qui vendaient, et qui tous vendaient volontairement, connaître par eux quelle était la situation de la propriété, remonter à son origine, et savoir s'il existait ou non des vendeurs non payés.

« Quelle est la nature de la vente après saisie immobilière, lorsqu'il y a eu conversion? Cette nature est en quelque sorte mixte. Dans son principe, la vente devait être forcée, la poursuite était forcée; mais ensuite elle a dégénéré : la vente n'est plus qu'une vente judiciaire volontaire, parce que, quand il y a eu conversion, le saisi, le créancier poursuivant et tous les créanciers inscrits s'entendent pour vendre. Donc les adjudicataires ont été mis en mesure de s'adresser au précédent propriétaire, de lui demander les titres de propriété, de savoir aussi s'il existait des vendeurs anciens qui n'avaient pas été payés. En un mot, ils sont ainsi mis en situation de n'être pas trompés.

« Le projet est donc conçu en ce sens, que l'art. 717, dans cette partie, ne s'applique pas plus aux ventes judiciaires qui ont lieu après conversion, tout le monde consentant, qu'aux ventes sur licitation et qu'aux ventes de biens de mineurs. »

« Les observations de M. le ministre des travaux publics demeurent donc comme non avenues, » dit M. *Martin*.

M. *le président* a ajouté : « L'art. 717 n'est déclaré applicable par aucune disposition du projet.

« Je suis extrêmement satisfait des explications de M. le rapporteur, a repris M. *Martin*. Il y aurait cependant, à mon avis, une distinction à faire.

« La solution donnée par M. le rapporteur et confirmée par M. le président me paraît ne devoir être admise qu'avec une distinction que la raison indique.

« Ainsi j'admettrai volontiers que les anciens vendeurs conservent leur action en résolution, s'ils n'ont participé en aucune manière à la procédure, si la conversion a eu lieu avant la sommation prescrite par l'art. 692. Mais dans le cas contraire, lorsqu'ils ont consenti expressément ou tacitement à la conversion, qu'ils ont été ou ont pu être parties à la poursuite, je crois qu'il serait inique, et même contraire aux principes du droit de leur conserver l'action en résolution. »

Si en effet les précédents vendeurs qui auront concouru à la conversion sont recevables à exercer l'action en résolution, ce ne sera pas par application de l'art. 717; car il sera toujours vrai de dire qu'à moins d'un renvoi formel, une disposition faite pour le cas de vente forcée ne peut être étendue à une vente volontaire. Si donc, on croit pouvoir écarter l'action résolutoire des anciens vendeurs, ce sera en considérant leur concours à la conversion comme une renonciation tacite à leur droit de demander la résolution, pour s'en tenir à leur droit d'exiger le paiement du prix. (V. ma Continuation de Toullier, t. 16, n 443 et suiv.)

Voir la note sur l'art. 965, à la fin.

M. *Puscalis* s'est demandé si des majeurs pourraient vendre leurs immeubles par voie d'enchères publiques, mais sans formalités de justice et sans l'entremise d'un officier public. « L'usage de cette mise de lots d'immeubles à l'enchère, a-t-il dit, paraît s'être introduit en divers lieux. Deux circulaires ministérielles ont essayé de l'interdire et n'y ont réussi que pour un temps. La concurrence

ment autorisé par un avis de parents ;

Le mineur émancipé, assisté de son curateur ;

Et généralement tous les administrateurs légaux des biens d'autrui (1).

745. Les demandes autorisées par les art. 743, paragraphe 2, et 744, seront formées par une simple requête présentée au tribunal saisi de la poursuite : cette requête sera signée par les avoués de toutes les parties.

Elle contiendra une mise à prix qui servira d'estimation.

746. Le jugement sera rendu sur le rapport d'un juge et sur les conclusions du ministère public.

Si la demande est admise, le tribunal fixera le jour de la vente et renverra, pour procéder à l'adjudication, soit devant un notaire (2), soit devant un juge du siége ou devant un juge de tout autre tribunal (3).

Le jugement ne sera pas signifié, et ne

---

empressée qui s'établit entre tous les prétendants et l'absence de tout conseil entre ceux qui vendent et achètent ainsi, entraînent des déceptions qui se traduisent en contestations judiciaires. Comment l'excitation donnée aux acheteurs par la criée, ne conduirait-elle pas à dépasser fréquemment le juste prix? Comment ferait-on, dans ce moment, la vérification souvent difficile et compliquée du droit de propriété, de ses charges réelles, des hypothèques qui la grèvent? Les conventions se rédigent, d'ailleurs, à la suite de ces sortes d'enchères, par des actes sous seing privé qui renferment les déguisements de prix les plus exagérés au préjudice des droits d'enregistrement. La loi du 22 pluviôse an 7 défend la vente aux enchères des effets mobiliers autrement que par officiers publics. Un projet de loi sur la vente des biens meubles, soumis en ce moment à la Chambre, reproduit cette règle. Les raisons de décider sont les mêmes, et l'on peut dire qu'il y a contradiction à permettre pour les biens immeubles ce qui est défendu pour d'autres valeurs ordinairement moins importantes. La commission a cru devoir signaler cet état de choses, mais elle n'en fait pas le sujet d'une proposition formelle. Deux motifs ont commandé sa réserve. D'abord cette proposition eût été étrangère au projet en délibération, qui n'est relatif qu'aux ventes *judiciaires* d'immeubles. En outre, une difficulté grave restait à résoudre. Les circonstances qui entourent ces ventes irrégulières ne se constatent point par écrit. Les conventions sous signature privée ne font pas mention d'une enchère, ni d'une adjudication. Il y a donc à réfléchir sur les moyens d'assurer une sanction à la défense qui serait faite. Un abus étant révélé par des faits, l'occasion a dû être saisie d'attirer sur ce point l'attention du gouvernement. »

(1) Cet article s'applique évidemment au cas où l'incapable est créancier et à celui où il est débiteur. Il ne fait aucune distinction.

Voy. notes sur l'art. 743, touchant la question de savoir si la faculté de demander l'autorisation de vendre au-dessous de l'estimation est accordée, lorsqu'il y a des mineurs intéressés.

Voy., sur le sens du mot *incapables*, notes sur l'art. 13 de la loi du 3 mai 1841, *suprà*, p. 136.

(2) M. *Tesnières* a demandé s'il faudrait revenir devant le tribunal, au cas où la vente forcée à un jour donné par-devant notaire n'aurait pas eu lieu.

M. *le garde des sceaux* a répondu que c'était ce qui se pratiquait aujourd'hui avec le Code.

(3) « Je conçois très-bien, a dit M. *de Kerbertin*, la faculté de renvoyer, soit devant un notaire, soit devant un juge du siége ; mais je comprends difficilement qu'on renvoie devant un juge d'un autre tribunal, à moins qu'il ne soit question ici, comme

dans le cas des ventes des biens de mineurs (article 954), d'immeubles situés dans un autre arrondissement. Au moins il faudrait s'expliquer à cet égard.

« Je demanderai aussi à la commission si elle entend que le renvoi sera attributif de compétence, en ce sens que le tribunal étranger deviendrait juge des incidents de l'ordre et de la distribution.

« Je demande encore si dans ce cas-là il y aurait nécessité de constituer avoué devant le tribunal étranger, ce qui entraînera de nouveaux frais. »

M. *Pascalis* a répondu : « Une saisie immobilière peut comprendre des biens qui seraient situés dans un autre arrondissement, quand ils dépendent de la même exploitation ; et le dernier paragraphe de l'art 743 prévoit une hypothèse semblable ; on peut même joindre, en cas de conversion, à la vente qui doit avoir lieu des biens appartenant au même débiteur et qui n'auront pas d'abord été saisis. Il peut arriver, dans des cas très-rares, il est vrai, mais qui peuvent se présenter, qu'il y ait des biens situés dans d'autres arrondissements ; alors on veut qu'il y ait un pouvoir de déléguer à un juge d'un autre tribunal pour que la vente puisse être faite devant lui. »

D'après cette réponse, qui, du reste, n'est relative qu'à la première question de M. de Kerbertin, il semble que le tribunal ne puisse renvoyer l'adjudication devant une autre juridiction qu'autant que, dans le ressort de celle-ci, se trouve une partie des biens compris dans la poursuite comme dépendant d'une même exploitation. (Voir art. 2110, 2111 du Code civil.)

Cependant, les termes de l'art. 746 ne paraissent pas comporter un interprétation aussi restreinte. En disant que le tribunal qui homologuera la conversion renverra devant un autre juge de tout autre tribunal, cet article n'exprime pas qu'il ait eu en vue seulement l'hypothèse assez rare qui a été signalée par M. Pascalis.

Il semble d'ailleurs assez sage de donner toute latitude aux juges dans la désignation du tribunal qui doit être chargé de l'adjudication, afin qu'ils puissent, dans tous les cas, renvoyer devant le juge où, selon toute probabilité, la vente se fera à des conditions plus avantageuses.

Toutefois, avant de se prononcer, il était convenable de consulter la jurisprudence. En l'étudiant attentivement, on voit que plusieurs questions se sont présentées. On a examiné 1° si la demande en conversion peut être formée devant un tribunal autre que celui devant lequel se poursuit la saisie ; 2° si la vente peut être renvoyée devant un autre tribunal, même alors qu'aucune partie des biens n'est située dans son ressort ; 3° si, en cas d'affirmative sur cette question, il faut le

sera susceptible ni d'opposition ni d'appel.

747. Si, après le jugement, il survient un changement dans l'état des parties, soit par décès ou faillite, soit autrement, ou si les parties sont représentées par des mineurs, des héritiers bénéficiaires ou autres incapables, le jugement continuera à recevoir sa pleine et entière exécution.

748. Dans la huitaine du jugement de conversion, mention sommaire en sera faite, à la diligence du poursuivant, en marge de la transcription de la saisie.

Les fruits immobilisés en exécution des dispositions de l'art. 682 conserveront ce caractère, sans préjudice du droit qui appartient au poursuivant de se conformer, pour les loyers et fermages, à l'art. 685 (1).

Sera également maintenue la prohibition d'aliéner faite par l'art. 686.

ARTICLE 2.

Les art. 832, 833, 836, 837 et 838 du titre 4 du livre 1er de la deuxième partie du Code de procédure civile, relatifs à la sur-

---

consentement de toutes les parties à ce que tel ou tel tribunal soit désigné.

Longtemps on a pensé que la demande en conversion pouvait être adressée à un tribunal autre que celui devant lequel se poursuivait la saisie ; c'était même un usage constant au tribunal de première instance de Paris. Mais plusieurs arrêts de la Cour de cassation et des cours royales ont prononcé en sens contraire. Voy. notamment arrêts de la Cour de cassation du 25 avril 1832 (Sirey, 32. 1. 378 ; Dalloz, 32. 1. 252 ; Journal du Palais, t. 24, p. 985 ; Journal des avoués, 1832, t. 42, p. 305, et les observations de l'arrêtiste) ; arrêt de la Cour royale de Paris du 30 juin 1834 (Journal des avoués, t. 47, p. 638, et les observations de M. Ad. Chauveau). Cependant, un arrêt de la Cour de Paris, du 17 août 1836, a décidé que, si le tribunal, autre que celui devant lequel se poursuit la saisie et à qui la conversion est demandée, doit accueillir l'exception d'incompétence proposée par l'une des parties, du moins il n'est pas obligé de se déclarer d'office incompétent. Voyez Journal des avoués, t. 51, p. 546, et les observations à la suite de l'arrêt. Puis deux autres arrêts de la même Cour, du 18 mars et du 30 août 1837, ont reconnu la nécessité de prononcer l'incompétence d'office, voy. t. 52, p. 191, et t. 53, p. 561. Enfin, la Cour de Bordeaux a rendu un arrêt semblable, le 6 avril 1838 (Journal des avoués, t. 55, p. 501). La jurisprudence paraît donc bien fixée sur ce point.

Quant à la question de savoir si le renvoi peut être ordonné devant un tribunal autre que celui auquel appartient la poursuite de la saisie, elle paraissait d'abord résolue négativement par l'arrêt de la Cour de cassation du 25 avril 1832 et l'arrêt de la Cour de Paris du 30 juin 1834, que j'ai précédemment cités. Mais un arrêt de la Cour de Paris du 22 août 1838 (Journal des avoués, t. 56, p. 62) a formellement décidé que le renvoi peut être fait à un autre tribunal, et je n'hésite pas à dire que cette opinion doit être suivie. Un semblable renvoi ne trouble point l'ordre des juridictions ; il n'est, comme le dit très-bien l'arrêt, qu'une commission rogatoire adressée au tribunal devant lequel le renvoi est fait. Ce même arrêt a prononcé dans une espèce où toutes les parties étaient d'accord pour demander le renvoi, et cette circonstance paraît n'avoir pas été sans influence sur la décision. Cependant la question de savoir s'il convient de vendre devant tel ou tel tribunal doit se résoudre par l'appréciation de l'intérêt des parties ; l'ordre public ne peut être compromis par la solution, quelle qu'elle soit ; aucune atteinte n'est portée aux règles de compétence et de juridiction. Si elles se trouvaient véritablement engagées, la volonté des parties serait impuis-

sante pour autoriser le juge à prononcer. Il ne s'agit, en un mot, que de savoir, lorsque l'une des parties demande le renvoi devant tel tribunal et que l'autre résiste, laquelle des deux entend le mieux leurs véritables intérêts. Les tribunaux peuvent donc et doivent terminer le différend. Dira-t-on que c'est un droit pour chacun de faire procéder à la vente devant le tribunal où la saisie a été poursuivie, et qu'il faut conséquemment le consentement de tous pour que la vente soit faite devant un tribunal différent ? Sans doute, c'est la règle ordinaire de faire l'adjudication devant le tribunal où la saisie a été portée ; mais est-elle tellement impérieuse que, dans l'intérêt de tous, on ne puisse y déroger ? Non sans doute, puisque, lorsque tous sont d'accord sur la question de savoir quel est leur intérêt commun, la règle fléchit. Les tribunaux peuvent donc, lorsque les intéressés ne sont pas unanimes, apprécier les raisons de chacun, faire ce que ne savent pas faire les parties mêmes, reconnaître et constater ce qui est à l'avantage de toutes, et vaincre, par un jugement, des résistances inintelligentes ou capricieuses.

(1) L'article adopté par la Chambre des Pairs portait : « Les fruits immobilisés, en exécution des dispositions de l'art. 682, conserveront ce caractère, et si le jugement a précédé la transcription de la saisie, il aura pour effet de les immobiliser.

« En conséquence, le poursuivant sera tenu, sous sa responsabilité personnelle, de le dénoncer, par extrait, aux locataires et fermiers. »

La nouvelle rédaction appartient à la commission de la Chambre des Députés. Elle diffère de la première, d'abord en ce qu'elle exige, pour que la conversion puisse être autorisée, la transcription de la saisie, « afin, comme l'a dit M. Debelleyme, qu'un autre créancier ne vienne pas saisir postérieurement. »

En second lieu, elle substitue de simples oppositions facultatives aux significations du jugement, que le saisissant était tenu de faire sous sa responsabilité personnelle.

« Cette signification, observait la commission, pourrait entraîner des frais qui ne seraient pas sans importance, si les fermiers et locataires étaient nombreux, et qui, dans les petites locations, en absorberaient la valeur. Dans la procédure en saisie, il suffit de simples oppositions ; elles ne sont pas d'ailleurs obligées, et le poursuivant ne devient pas responsable s'il croit devoir les négliger. S'il en a été fait, cela suffit pour que le fermier ou locataire ne doive se libérer que sur bordereaux de collocation, ou par un dépôt à la caisse des consignations ; s'il n'en a pas été fait, le poursuivant sera libre de procéder de la même manière. L'art. 748 doit seulement se référer, sur ce point, à l'art. 685. »

enchère sur aliénation volontaire, seront remplacés par les dispositions suivantes (1) :

832. Les notifications et réquisitions prescrites par les articles 2183 et 2185 du Code civil seront faites par un huissier commis à cet effet, sur simple requête, par le président du tribunal de première instance de l'arrondissement où elles auront lieu ; elles contiendront constitution d'avoué près le tribunal où la surenchère et l'ordre devront être portés (2).

L'acte de réquisition de mise aux enchères contiendra, avec l'offre et l'indication de la caution (3), assignation à trois jours devant le tribunal, pour la réception de cette caution, à laquelle il sera procédé comme en matière sommaire. Cette assignation sera notifiée au domicile de l'avoué

constitué (4) ; il sera donné copie, en même temps, de l'acte de soumission de la caution et du dépôt au greffe des titres qui constatent sa solvabilité (5).

Dans le cas où le surenchérisseur donnerait un nantissement en argent ou en rentes sur l'Etat (6), à défaut de caution, conformément à l'art. 2041 du Code civil, il fera notifier avec son assignation copie de l'acte constatant la réalisation de ce nantissement.

Si la caution est rejetée, la surenchère sera déclarée nulle et l'acquéreur maintenu, à moins qu'il n'ait été fait d'autres surenchères par d'autres créanciers (7).

833. Lorsqu'une surenchère aura été notifiée avec assignation dans les termes de l'art. 832 ci-dessus, chacun des créanciers

---

(1) Les dispositions de la loi actuelle, comparées à celles du Code de procédure, décident des questions que la jurisprudence a signalées, abrègent les formalités en les déterminant avec plus de précision et font connaître les effets de l'adjudication après surenchère.

(2) La surenchère est une action réelle qui toujours doit être portée au tribunal de la situation des biens. (Paris, 27 mai 1816, Sirey, 17. 2. 51 ; Dalloz, 16. 2. 97. Voir également Carré, t. 3, 2827, et les auteurs par lui cités.

(3) Afin que le nouveau propriétaire puisse immédiatement, dans une procédure qui doit être rapide, prendre ses renseignements, et savoir s'il doit contester la solvabilité de cette caution.

(4) M. *Gaillard de Kerbertin* a fait remarquer que le vendeur n'a pas constitué d'avoué, d'où il concluait que l'intention de l'article était de supprimer la notification au vendeur prescrite par l'article 2185 du Code civil, du moins il a demandé si c'était le sens de la disposition.

M. *le rapporteur*, M. *le garde des sceaux* et M. *le président de la Chambre des Députés* ont répondu que l'art. 2185 devait recevoir son exécution, et que la notification de la surenchère devait être faite au vendeur. M. le président a fait remarquer que les mots qui commencent l'article, *les notifications prescrites par les* art. 2183 et 2185 du Code civil, etc., indiquaient que toutes les notifications qui avaient lieu précédemment auraient lieu à l'avenir. « Si, « a-t-il dit, quelques-unes n'étaient pas suscepti- « bles d'être faites à avoué, elles recevront l'appli- « cation du droit commun, » — Ce qui veut dire qu'elles seront faites à personne. Ainsi, une vente volontaire a eu lieu ; le nouveau propriétaire notifie son contrat et il constitue avoué ; un créancier surenchérit ; l'acte de réquisition contient assignation, cette assignation sera notifiée à la personne du vendeur et des créanciers inscrits qui n'ont point d'avoué, et à l'avoué constitué par l'acquéreur.

(5) Dans le cas où la caution offerte par un surenchérisseur est insuffisante, il ne peut être suppléé à cette insuffisance, même par une consignation de valeurs, après l'expiration des délais accordés pour la présentation de la caution, surtout en appel. (Riom, 29 mars 1838, Devilleneuve, 38. 2. 224 ; Dalloz, 38. 2. 125 : Journ. du Palais, 38. 2. 218.)

(6) Aux termes de l'art. 2041 du Code civil, celui qui ne peut trouver une caution légale ou ju-

diciaire est reçu à donner à sa place un gage en nantissement suffisant.

Le projet du gouvernement paraissait adopter cette règle sans restriction, il disait : « Dans le cas où le surenchérisseur donnerait un nantissement à défaut de caution, conformément à l'art. 2041 du Code civil, il fera notifier avec son assignation copie de l'acte constatant la réalisation de ce nantissement. »

Mais la commission de la Chambre des Pairs, voulant n'admettre comme nantissement que de l'argent ou des rentes sur l'Etat, a rédigé l'article comme il est maintenant.

On ne peut douter de son intention. On lit dans le rapport : « Il résulte du projet que le surenchérisseur serait admis à présenter toute espèce de gage, des objets mobiliers de toute nature, sur la valeur desquels pourraient s'élever des difficultés, et jusqu'à des créances plus ou moins certaines, litigieuses et d'une appréciation difficile, à cause de la solvabilité des débiteurs. Il n'est pas possible que telle ait été la pensée des auteurs du projet ; et c'est pour la rendre comme l'a comprise votre commission que nous vous proposons un amendement restrictif. Suivant nous, cette faculté de donner un gage ne devrait être admise que dans le cas où le gage consisterait en *argent* ou en *rentes sur l'Etat.* C'est la seule manière d'éviter des discussions longues, difficiles et toujours coûteuses. »

Quoique le texte n'exprime pas formellement ce sens restrictif, on doit, je crois, ne point hésiter à l'adopter. M. *le rapporteur* de la commission de la Chambre des Députés a confirmé cette interprétation. « Il est permis, a-t-il dit, par l'art. 2041 du Code civil à celui qui doit une caution et qui n'en trouve pas ; de donner à la place un gage en nantissement suffisant. Il est expliqué que la loi n'entend par là qu'un dépôt en argent ou en rentes sur l'Etat. »

(7) M. *Vavin* avait proposé de remplacer les paragraphes trois et quatre par la disposition suivante : « Si le surenchérisseur le préfère, il pourra, au lieu de présenter une caution pour la totalité, aux termes de l'art. 2185 du Code civil, donner un nantissement en argent ou en rentes sur l'Etat, jusqu'à concurrence du quart du prix et des charges. Dans ce cas, il fera notifier, avec son assignation, copie de l'acte constatant la réalisation de ce nantissement.

« Si la caution ou le nantissement est rejeté, la

inscrits aura le droit de se faire subroger à la poursuite, si le surenchérisseur ou le nouveau propriétaire ne donne pas suite à l'action dans le mois de la surenchère.

La subrogation sera demandée par simple requête en intervention, et signifiée par acte d'avoué à avoué.

Le même droit de subrogation reste ouvert au profit des créanciers inscrits, lorsque, dans le cours de la poursuite, il y a collusion, fraude ou négligence de la part du poursuivant.

Dans tous les cas ci-dessus, la subrogation aura lieu aux risques et périls du surenchérisseur, sa caution continuant à être obligée (1).

836. Pour parvenir à la revente sur enchère prévue par l'art. 2187 du Code civil, le poursuivant fera imprimer des placards qui contiendront,

1° La date et la nature de l'acte d'aliénation sur lequel la surenchère a été faite, le nom du notaire qui l'aura reçu ou de toute autorité appelée à sa confection;

2° Le prix énoncé dans l'acte, s'il s'agit d'une vente, ou l'évaluation donnée aux immeubles dans la notification aux créanciers inscrits, s'il s'agit d'un échange ou d'une donation;

3° Le montant de la surenchère;

4° Les noms, professions, domiciles du précédent propriétaire, de l'acquéreur ou donataire, du surenchérisseur, ainsi que du créancier qui lui est subrogé dans le cas de l'art. 833;

5° L'indication sommaire de la nature et de la situation des biens aliénés;

6° Le nom et la demeure de l'avoué constitué pour le poursuivant;

7° L'indication du tribunal où la surenchère se poursuit, ainsi que des jour, lieu et heure de l'adjudication.

Ces placards seront apposés, quinze jours au moins et trente jours au plus avant l'adjudication, à la porte du domicile de l'ancien propriétaire et aux lieux désignés dans l'art. 699 du présent Code.

Dans le même délai, l'insertion des énonciations qui précèdent sera faite dans le journal désigné en exécution de l'art. 696, et le tout sera constaté comme il est dit dans les art. 698 et 699.

837. Quinze jours au moins et trente jours au plus avant l'adjudication, sommation sera faite à l'ancien et au nouveau propriétaire d'assister à cette adjudication, aux lieu, jour et heure indiqués. Pareille sommation sera faite au créancier surenchérisseur, si c'est le nouveau propriétaire ou un autre créancier subrogé qui poursuit.

Dans le même délai, l'acte d'aliénation sera déposé au greffe et tiendra lieu de minute d'enchère.

Le prix porté dans l'acte ou la valeur déclarée et le montant de la surenchère tiendront lieu d'enchère (2).

838. Le surenchérisseur, même au cas de subrogation à la poursuite, sera déclaré adjudicataire si, au jour fixé pour l'adjudication, il ne se présente pas d'autre enchérisseur.

Sont applicables au cas de surenchère les art. 701, 702, 705, 706, 707, 711, 712, 713, 717, 731, 732, 733 du présent Code, ainsi que les art. 734 et suivants relatifs à la folle-enchère.

Les formalités prescrites par les art. 705 et 706, 832, 836 et 837 seront observées à peine de nullité.

Les nullités devront être proposées, à peine de déchéance, savoir : celles qui concerneront la déclaration de surenchère et l'assignation, avant le jugement qui doit statuer sur la réception de la caution; celles qui seront relatives aux formalités de la mise en vente, trois jours au moins avant l'adjudication; il sera statué sur les pre-

---

surenchère sera déclarée nulle, et l'acquéreur sera maintenu, à moins qu'il n'ait été fait d'autres surenchères par d'autres créanciers. » Cet amendement n'a pas été appuyé.

(1) Cette disposition prévoit des cas que le Code de procédure n'avait pas réglés. Elle remplit une lacune importante.

La commission de la Chambre des Pairs avait proposé, sous le n. 833 *bis*, une disposition ainsi conçue : «Dans les huit jours qui suivront la date du jugement qui admet la caution, le poursuivant sera tenu de le faire signifier par extrait :

« 1° Aux femmes des précédents propriétaires et à leurs maris;

« 2° Au subrogé-tuteur des mineurs et interdits, ou aux mineurs devenus majeurs, si les mariages et tutelles lui sont connus, soit d'après son titre, soit de toute autre manière;

3° Au procureur du roi de l'arrondissement des biens, lequel se conformera aux dispositions du dernier paragraphe de l'art. 692 ci-dessus..»

Cet article a été retiré par suite du rejet des dispositions analogues qui se trouvaient comprises dans l'art. 692. (Voir les notes sur cet article.)

L'adjudicataire sur surenchère ne doit les intérêts de son prix que du jour de l'adjudication, et non du jour de la vente faite au premier acquéreur. (Riom, 19 janvier 1820, Sirey, 20. 2. 158; arrêt du 14 août 1833, Sirey, 33. 1. 609; Paris, 15 juillet 1837, Devilleneuve, 38. 2. 131; Dalloz, 38. 2. 70; Journal du Palais, t. 37. 2. 495.)

Voy. cependant un arrêt de Montpellier du 31 juillet 1827, Sirey, 28. 2. 53, qui décide qu'il y a exception à cette règle au cas où le premier acquéreur se trouvait par son contrat soumis dès à présent au paiement des intérêts, quoique ne devant entrer que plus tard en jouissance des immeubles vendus.

mières par le jugement de réception de la caution, et sur les autres avant l'adjudication et, autant que possible, par le jugement même de cette adjudication.

Aucun jugement ou arrêt par défaut en matière de surenchère, sur aliénation volontaire, ne sera susceptible d'opposition.

Les jugements qui statueront sur les nullités antérieures à la réception de la caution, ou sur la réception même de cette caution, et ceux qui prononceront sur la demande en subrogation intentée par collusion ou fraude, seront seuls susceptibles d'être attaqués par la voie de l'appel.

L'adjudication par suite de surenchère sur aliénation volontaire ne pourra être frappée d'aucune autre surenchère (1).

Les effets de l'adjudication à la suite de surenchère sur aliénation volontaire seront réglés, à l'égard du vendeur et de l'adjudicataire, par les dispositions de l'art. 717 ci-dessus (2).

ARTICLE 3.

Les articles composant le titre 6, *de la Vente des Biens immeubles*, du livre 2 de la deuxième partie du Code de procédure civile, seront remplacés par les dispositions suivantes :

TITRE VI. — *De la vente des biens immeubles appartenant à des mineurs* (3).

953. La vente des immeubles appartenant à des mineurs ne pourra être or-

---

(1) C'est une nouvelle application du principe déjà posé dans l'art. 710 : « *Point de surenchère sur surenchère.* » « Les lumières de la raison nous ont dirigés dans l'adoption de cette maxime, disait M. le *rapporteur* de la commission de la Chambre des Pairs. A quoi servirait la faculté d'une surenchère du sixième, quand il y en a déjà eu une du dixième, et qu'elle a été suivie d'une adjudication soutenue par toute la chaleur de la concurrence que ne manque pas d'appeler la publicité ? Le droit, s'il existait, ferait perdre beaucoup de temps sans profit, et s'il était jamais exercé, ce ne pourrait être que par des enchérisseurs insolvables ou disposés à arracher des sacrifices aux créanciers par les fatigues et les lenteurs dont ils les accableraient. La présomption de droit est, et doit être, qu'après la surenchère, qui a mis tous les intéressés en présence, l'immeuble a été porté à sa véritable valeur. D'où votre commission a tiré cette conséquence que l'adjudication libérait l'immeuble de toutes les hypothèques, sous la seule condition de la représentation du prix et de son paiement aux créanciers, suivant l'ordre et le rang de leurs hypothèques. C'est là le principe qui nous a dirigés à l'égard de l'adjudication sur la saisie immobilière. En l'adoptant, vous rendrez plus facile le placement et la circulation des capitaux ; vous donnerez à la propriété, comme gage des emprunts et comme objet d'acquisition, une confiance dont nos formes hypothécaires la privent depuis longtemps. »

(2) Ce dernier paragraphe avait été supprimé par la Chambre des Députés, parce que, dans le second alinéa, elle avait compris parmi les dispositions que l'art. 838 rend applicables à la vente après surenchère, l'art. 717, qui ne se trouvait pas rappelé dans l'article adopté par la Chambre des Pairs. La seconde commission de la Chambre des Pairs, qui, sans doute, n'a pas remarqué cette addition, a paru craindre que le principe qu'elle avait posé n'eût été contesté par la Chambre des Députés. En conséquence, elle a proposé le rétablissement de ce paragraphe, et sa proposition a été accueillie. Voici comment son rapporteur l'a justifiée : « Tous les créanciers inscrits ont été prévenus par la dénonciation. Le vendeur, s'il était inscrit, a été mis en demeure comme les autres de faire son opposition, et s'il a gardé le silence, ou si, par défaut d'inscription de son privilège, il a négligé ses droits, il n'en doit imputer la perte qu'à lui-même. Entre lui et l'adju-

dicataire qui n'a rien à se reprocher, la loi n'a pas à hésiter. Le but de la loi nouvelle est d'encourager les adjudicataires par la sécurité que doit offrir la présence de la justice, et comme la surenchère du dixième fait de la vente originairement volontaire une vente forcée, dans toute l'étendue de cette expression, l'adjudication, qui en est le dernier terme, doit avoir le même effet que l'adjudication intervienne à la suite d'une saisie immobilière. C'est là qu'il faut puiser la différence que vous aurez remarquée entre cette adjudication et celle qui aurait lieu à la suite d'une surenchère du sixième sur vente de biens de mineurs ou de licitation entre majeurs. Cette surenchère ne change pas le caractère de la vente, qui reste toujours vente volontaire. Les créanciers y sont étrangers. L'adjudicataire comme l'acquéreur leur doit les notifications, et voilà pourquoi ils conservent tous leurs droits, tant ceux de résolution que ceux qui sont attachés à l'action hypothécaire. Il n'y aura d'exception, après la promulgation de la loi, que pour la surenchère du dixième qui leur est interdite à cause de ce principe que nous vous proposons d'introduire, que *surenchère sur surenchère ne vaut.* »

(3) Dans le projet du gouvernement, comme dans le Code de procédure, ce titre était intitulé : « De la vente des biens immeubles. »

« Par sa généralité, il semblait, a observé la commission de la Chambre des Pairs, s'appliquer à la vente de tous les biens, même de ceux des majeurs, et, en effet, l'art. 953, qui est le premier de ce titre, et que, pour cela, sans doute, le projet reproduit, commence par établir que les immeubles n'appartiennent qu'à des majeurs, ils seront vendus de la manière dont les majeurs conviendront. Ce n'est pas là une disposition législative. En conservant cet article, on maintiendrait sans nécessité le doute que ce titre même du Code a fait naître. Nous vous proposons de supprimer l'un et de changer l'autre. L'art. 953 du Code de procédure serait remplacé par une disposition relative à la vente des biens des mineurs, et le titre 6 recevrait une inscription destinée à marquer ce changement. »

Des lenteurs, beaucoup de lenteurs, et une série de frais souvent inutiles, étaient les principaux défauts que l'expérience avait signalés dans la vente des biens immeubles appartenant à des mineurs. La loi actuelle s'est attachée à faire cesser ces abus ; elle a supprimé des formalités et abrégé des délais

donnée que d'après un avis de parents énonçant la nature des biens et leur valeur approximative (1).

Cet avis ne sera pas nécessaire si les biens appartiennent en même temps à des majeurs, et si la vente est poursuivie par eux. Il sera procédé alors conformément au titre des partages et licitations.

954. Lorsque le tribunal homologuera cet avis, il déclarera, par le même jugement, que la vente aura lieu soit devant l'un des juges du tribunal à l'audience des criées, soit devant un notaire à cet effet commis.

Si les immeubles sont situés dans plusieurs arrondissements, le tribunal pourra commettre un notaire dans chacun de ces arrondissements, et même donner commission rogatoire à chacun des tribunaux de la situation de ces biens (2).

955. Le jugement qui ordonnera la vente déterminera la mise à prix de chacun des immeubles à vendre et les conditions de la vente. Cette mise à prix sera réglée, soit d'après l'avis des parents, soit d'après les titres de propriété, soit d'après les baux authentiques ou sous-seing privé ayant date certaine, et, à défaut de baux, d'après le rôle de la contribution foncière.

Néanmoins le tribunal pourra, suivant les circonstances, faire procéder à l'estimation totale ou partielle des immeubles.

Cette estimation aura lieu, selon l'importance et la nature des biens, par un ou

---

qui étaient établis dans l'intérêt des mineurs, et qui, en effet, étaient ruineux pour eux.

Je crois qu'il était possible d'introduire des améliorations plus certaines. Que veut-on? Que les biens des mineurs soient vendus à leur véritable valeur. Pour cela, il faut s'assurer qu'il n'y a ni malversation ni incurie de la part du tuteur. Or, une délibération du conseil de famille, fixant le prix au-dessous duquel la vente ne pourra être faite; en certains cas, une estimation par des experts nommés par le tribunal; des avis insérés dans les journaux, et annonçant la mise en vente; l'homologation du contrat consenti par le tuteur, sur les conclusions du ministère public, et sur le rapport d'un juge, lequel rapport serait écrit, annexé au jugement, et ne serait fait qu'après transport du juge sur les lieux, offriraient, si je ne me trompe, tout autant de garanties que les formalités actuelles. On pourrait laisser, d'ailleurs, aux juges un pouvoir discrétionnaire pour s'éclairer avant l'homologation par tous les moyens qu'ils jugeraient convenables. La loi ne déterminerait pas avec précision la forme des insertions dans les journaux, le mode de procéder des experts; mais le tribunal verrait bien s'il y a eu publicité véritable, si le travail des experts a été consciencieux, et il refuserait l'homologation lorsque les intérêts du mineur lui paraîtraient n'être pas suffisamment garantis. Souvent, des questions bien plus délicates et bien plus importantes sont confiées aux magistrats, et personne ne s'émeut des dangers que court la fortune des citoyens, ainsi livrée à la décision de trois juges. L'intérêt des officiers ministériels ne peut être une raison de maintenir des formes surannées et inutiles; mais comme je suis convaincu que leur intervention est indispensable pour faciliter l'action de la justice, et qu'il faut que leur travail soit convenablement rétribué, je n'hésiterais pas à leur allouer directement et ouvertement un honoraire qu'ils n'obtiennent maintenant qu'en donnant leur temps et leurs soins à des procédures qui ne produisent que peu d'effets, à des opérations qui n'ont point toute l'efficacité désirable pour le but qu'on se propose.

(1) Ces mots : « énonçant la nature des lieux et leur valeur approximative, » ont été ajoutés par la commission de la Chambre des Pairs. La nature des biens se trouve toujours indiquée dans les délibérations de la famille. Il convenait de faire un devoir de cette énonciation. Dans le Code de procédure, on n'avait pas dû songer à imposer au conseil de famille l'obligation d'énoncer la valeur approximative, puisque, dans tous les cas, l'expertise y suppléait. Mais, dans le nouveau système, c'était un élément, sinon indispensable, au moins très-utile à donner au tribunal.

M. *Caumartin* avait demandé qu'on ajoutât ces mots : « conformément à l'art. 457 du Code civil... » afin que l'art. 953 ne parût pas abroger en partie cette disposition qui exige que l'avis des parents énonce, non seulement la nature des biens et leur valeur approximative, mais encore qu'il constate la nécessité de l'aliénation, l'insuffisance des ressources mobilières, et qu'il indique les biens qu'il convient le mieux de vendre et les conditions de la vente.

M. *le rapporteur* a répondu : « La disposition de l'art. 457 n'a pas besoin que nous lui donnions une sanction nouvelle. Il est bien entendu que l'on ne peut vendre des biens de mineurs qu'en cas de nécessité ou d'avantages évidents.

M. *le garde des sceaux* a ajouté : « Il serait dangereux de faire l'addition proposée par M. Caumartin; car il est arrivé maintes fois que nous nous sommes référés à des dispositions du Code civil qui n'ont pas été mentionnées dans le Code de procédure.

« Si on faisait une exception quand il s'agit de l'art. 457, il semblerait, quand il se présentera d'autres dispositions du Code civil, non mentionnées dans le Code de procédure, que ces dispositions ne doivent pas être appliquées.

« Maintenant, après les explications données par la commission et par le gouvernement, qu'on n'a pas entendu déroger au Code civil, il est évident que l'addition proposée par M. Caumartin est inutile, si elle n'est pas dangereuse. »

M. *Caumartin* a déclaré, après cette explication, retirer son amendement.

(2) M. *Caumartin* a demandé si, dans le cas où les immeubles sont situés dans plusieurs arrondissements, il y aura faculté ou nécessité pour le tribunal de renvoyer à un autre tribunal l'aliénation d'une partie des immeubles. « Je suppose, a-t-il dit, que, sur une masse de biens aliénés, il y ait une faible portion de biens dans un autre arrondissement que celui du tribunal saisi de la poursuite; faudra-t-il, pour cette portion de biens, poursuivre l'adjudication devant un tribunal voisin? Ne serait-il pas dans l'intérêt des mineurs que

trois experts que le tribunal commettra à cet effet (1).

956. Si l'estimation a été ordonnée, l'expert ou les experts, après avoir prêté serment, soit devant le président du tribunal, soit devant un juge de paix commis par lui, rédigeront leur rapport, qui indiquera sommairement les bases de l'estimation, sans entrer dans le détail descriptif des biens à vendre (2).

La minute du rapport sera déposée au greffe du tribunal. Il n'en sera pas délivré d'expédition (3).

957. Les enchères seront ouvertes sur un cahier des charges déposé par l'avoué au greffe du tribunal, ou dressé par le notaire commis (4), et déposé dans son étude, si la vente doit avoir lieu devant notaire.

Ce cahier contiendra :

1° L'énonciation du jugement qui a autorisé la vente ;

2° Celle des titres qui établissent la propriété ;

3° L'indication de la nature ainsi que de la situation des biens à vendre, celle des corps d'héritage, de leur contenance approximative, et de deux des tenants et aboutissants ;

4° L'énonciation du prix auquel les enchères seront ouvertes, et les conditions de la vente.

958. Après le dépôt du cahier des charges, il sera rédigé et imprimé des placards qui contiendront,

1° L'énonciation du jugement qui aura autorisé la vente ;

2° Les noms, professions et domiciles

---

le tribunal retint, dans certains cas, l'aliénation de la totalité des biens? »

M. *le rapporteur* a répondu : « Il s'agit d'une faculté, c'est ce que l'on a entendu exprimer par ces mots : « le tribunal *pourra*. »

M. *Caumartin* a insisté : « Le mot *pourra*, a-t-il dit, signifie « aura le droit de désigner un tribunal quelconque, » mais pourrait ne pas s'entendre de la faculté laissée au tribunal de retenir l'aliénation entière. Si vous donnez l'explication en ce sens je me déclare satisfait. »

M. *le président* a déclaré qu'il était bien entendu que la faculté donnée au tribunal n'est pas seulement de choisir le notaire ; que c'est aussi le droit de demeurer saisi de la vente de la totalité. « C'est, d'ailleurs, a-t-il ajouté, la conséquence du dernier paragraphe de l'art. 954. »

(1) Il est facile de comprendre la sagesse de cette innovation. L'expertise n'était utile que pour la fixation de la mise à prix et des conditions de vente ; or, il est possible que les titres de propriété, les baux, ou même la contribution foncière fournissent au tribunal les éléments de cette fixation que la chaleur des enchères se chargera ensuite de vivifier.

(2) La commission de la Chambre des Pairs avait proposé de dire, comme l'art. 956 du Code de procédure, que les experts seraient tenus de rédiger leur rapport en un seul avis, à la pluralité des voix. M. *le garde des sceaux* a demandé la suppression de cette disposition. Il a reconnu qu'elle était nécessaire lorsque c'était l'avis des experts qui fixait la mise à prix ; il fallait bien alors une estimation unique ; mais il a soutenu que désormais le tribunal étant chargé de déterminer la mise à prix (art. 955), il n'y avait plus de raison de demander un seul avis, et qu'au contraire il pouvait être utile de connaître l'opinion motivée de chaque expert. Lors donc que les experts seront divisés, l'avis de chacun d'eux pourra être exprimé, afin que le tribunal ait les moyens d'apprécier ces dissidences. Au surplus, chaque opinion devra être motivée très-sommairement.

(3) La dernière phrase de ce paragraphe avait été supprimée par la Chambre des Députés. Voici les raisons qui se trouvent dans le rapport : « Il n'est pas impossible que des contestations s'élèvent dans le cours de la poursuite, dans lesquelles

le rapport sera utilement consulté. Il pourra en être ainsi dans les opérations ultérieures, si elles sont renvoyées devant le notaire. Ces raisons ont porté la commission à supprimer la disposition du projet qui défend d'expédier le rapport. C'est lorsque cet acte pouvait être grossi de détails minutieux que l'expédition en était coûteuse aux parties. Nous rappelons qu'il sera rarement à l'avenir recouru à des expertises. Lorsque le tribunal aura cependant réclamé ce renseignement, il faut bien qu'on puisse l'étudier et s'en servir sans difficulté. »

La seconde commission de la Chambre des Pairs en a demandé le rétablissement. « Les contestations dont on prévoit la possibilité, a-t-elle dit, ne se présenteront que très-rarement, et cependant, pour tous les autres cas, les plus nombreux, les plus fréquents, le procès-verbal s'expédiera et viendra grossir, sans utilité, la masse déjà si regrettable des frais. Il y aura toujours *une expédition* du rapport, encore que tout soit unanimement accordé et qu'il ne s'élève aucune difficulté. Si le rapport ne pouvait pas être autrement consulté dans les cas très-rares où s'élèvent des discussions, on pourrait se résigner au sacrifice d'une expédition ; mais le greffe est ouvert aux parties et à leurs conseils, rien ne les empêche de prendre communication de la minute, et, si cela est nécessaire, de la faire même apporter à l'audience quand le débat va jusque-là, le tribunal ne s'y refusera jamais ; et, par cette condescendance, il rendra complètement inutile l'expédition du rapport. »

(4) Au lieu de ces mots : « ou dressé par le notaire commis et déposé dans son étude, » le paragraphe adopté par la Chambre des Pairs contenait seulement ceux-ci : « ou dans l'étude du notaire commis. » De sorte que la rédaction du cahier des charges appartenait toujours à l'avoué poursuivant. La commission de la Chambre des Députés a pensé qu'il était plus convenable d'en confier la rédaction au notaire, lorsque la vente devait se faire devant lui. « Les conditions de la vente, a dit *le rapporteur*, sont dans ce cahier des charges ; il ne reste qu'à y porter les enchères et le nom de l'adjudicataire. Il est naturel de confier sa rédaction à l'officier qui est chargé de procéder à l'adjudication. »

du mineur, de son tuteur et de son subrogé-tuteur ;

3° La désignation des biens, telle qu'elle a été insérée dans le cahier des charges ;

4° Le prix auquel seront ouvertes les enchères sur chacun des biens à vendre ;

5° Les jour, lieu et heure de l'adjudication, ainsi que l'indication soit du notaire et de sa demeure, soit du tribunal devant lequel l'adjudication aura lieu, et, dans tous les cas, de l'avoué du vendeur.

959. Les placards seront affichés quinze jours au moins, trente jours au plus avant l'adjudication, aux lieux désignés dans l'art. 699 (1), et, en outre, à la porte du notaire qui procédera à la vente ; ce dont il sera justifié conformément au même article.

960. Copie de ces placards sera insérée,

dans le même délai, au journal indiqué par l'art. 696, et dans celui qui aura été désigné pour l'arrondissement où se poursuit la vente, si ce n'est pas l'arrondissement de la situation des biens.

Il en sera justifié conformément à l'article 698.

961. Selon la nature et l'importance des biens, il pourra être donné à la vente une plus grande publicité, conformément aux art. 697 et 700.

962. Le subrogé-tuteur du mineur sera appelé à la vente, ainsi que le prescrit l'art. 459 du Code civil ; à cet effet, le jour, le lieu et l'heure de l'adjudication lui seront notifiés un mois d'avance, avec avertissement qu'il y sera procédé tant en son absence qu'en sa présence (2).

963. Si, au jour indiqué pour l'adjudi-

---

(1) En renvoyant à l'art. 699, on a cru supprimer une énumération qu'il était inutile de reproduire, puisqu'elle était déjà faite. Mais on n'a pas songé à l'art. 699 dispose pour le cas de saisie, tandis qu'il s'agit ici de vente volontaire. Il est impossible d'exécuter cet article à la lettre ; en effet, il ordonne l'apposition des placards, notamment à *la porte du domicile du saisi*, à la principale place de la commune où *le saisi est domicilié*, à la porte extérieure de la mairie du *domicile du saisi*, au lieu où se tient le principal marché de la commune *de ce domicile*, aux portes extérieures des tribunaux du *domicile du saisi*. Or, quand on vend les immeubles d'un mineur, il n'y a point de *saisi*. Substituera-t-on le *mineur propriétaire* partout où il est parlé du *saisi* ? Cela aura l'inconvénient de multiplier inutilement l'apposition des placards. Dans une saisie il faut que le saisi lui-même soit prévenu par des affiches placées en des lieux que son domicile semblait indiquer à la sollicitude du législateur. Mais le mineur dont les biens sont mis en vente n'a besoin d'aucun avertissement semblable. Encore ici le mal n'est-il pas tellement grand qu'on ne puisse s'y résigner ; mais s'il s'agit d'une licitation entre de nombreux copropriétaires ayant chacun un domicile différent, et que ces domiciles soient éloignés les uns des autres, les placards seront multipliés à l'infini ; il faudra les faire placer peut-être dans vingt ou trente lieux du royaume, quelquefois dans de petits villages avec lesquels les relations seront lentes et difficiles. L'exécution sera donc très-onéreuse et très-gênante. L'art. 961 du Code de procédure était bien préférable ; il n'exigeait de placards qu'à la porte des bâtiments mis en vente, à la porte de la commune de la situation des biens, à la porte du tribunal et à celle du notaire ; il ne parlait point du domicile du propriétaire vendeur ou de celui des solicitants. Je propose de rentrer, autant que possible, dans cette sage disposition. On peut dire : dans une vente de biens de mineurs ou dans une licitation, il n'y a point de *saisi* ; par conséquent, toutes les appositions de placards qui, dans l'art. 699, sont déterminées par le domicile du saisi, doivent être supprimées ; il ne faut faire que celles indiquées par les autres dispositions de cet article, savoir : 1° à la principale porte des édifices vendus ; 2° à la principale place de la commune où les biens

sont situés et de celle où siége le tribunal devant lequel se poursuit la vente ; 3° à la porte extérieure des mairies des communes de la situation des biens ; 4° au lieu où se tient le principal marché de chacune de ces communes, et, lorsqu'il n'y en a pas, au lieu où se tient le principal marché de chacune des deux communes les plus voisines dans l'arrondissement ; 5° à la porte de l'auditoire du juge de paix de la situation des bâtiments, et, s'il n'y a pas de bâtiments, à la porte de l'auditoire de la justice de paix où se trouve la majeure partie des biens saisis ; 6° aux portes extérieures des tribunaux de la situation des biens et de la vente. Certainement, ce sera bien assez. Que reproche-t-on à cette manière d'appliquer la loi ? D'en violer le texte ? Non, car, je le répète, il n'y a pas de saisi, quand on vend les biens d'un mineur ou qu'on licite ceux qui sont une propriété commune. D'en méconnaître l'esprit ? Non encore ; car le législateur a voulu diminuer les formalités, et il n'a pas eu à coup sûr l'intention de multiplier presque jusqu'au ridicule les affiches annonçant la vente. Dira-t-on qu'en raisonnant comme je le fais, on n'appliquerait aucun placard ; car si l'article parle du domicile du *saisi*, il parle aussi de *la situation* des biens *saisis* ? La réponse est facile. Dans tous les cas il faut appeler les acheteurs, et, à cet effet, placer des affiches là où ils doivent vraisemblablement se trouver. Or, qu'il s'agisse de vente volontaire ou de vente forcée, on comprend que c'est dans les lieux où sont situés les biens qu'on peut espérer de rencontrer des capitalistes disposés à les acheter. Mais, ainsi que je l'ai déjà dit, le motif qui fait placer les placards au domicile du saisi n'existe pas dans les ventes volontaires. Le saisi n'existe pas dans les ventes volontaires ; il n'a pas besoin d'être averti.

(2) « Cet article, a dit M. Persil, rentre parfaitement dans l'esprit de l'art. 459 du Code civil en exigeant du poursuivant qu'il notifie au subrogé-tuteur le jour, le lieu et l'heure de l'adjudication. Une autre manière d'entendre l'art. 459 aurait conduit à faire observer que ce n'était pas à la dernière phase de cette procédure qu'il fallait appeler le subrogé-tuteur. Ses avis, sa vigilance, pouvaient plus utilement servir les intérêts des mineurs lorsqu'il s'agissait d'autoriser la vente, d'en discuter les conditions et de déterminer la mise à prix. On

cation, les enchères ne s'élèvent pas à la mise à prix, le tribunal pourra ordonner, sur simple requête en la chambre du conseil, que les biens seront adjugés au-dessous de l'estimation (1); l'adjudication sera remise à un délai fixé par le jugement, et qui ne pourra être moindre de quinzaine.

Cette adjudication sera encore indiquée par des placards et des insertions dans les journaux, comme il est dit ci-dessus, huit jours au moins avant l'adjudication (2).

964. Sont déclarés communs au présent titre les art. 701, 705, 706, 707, 711, 712, 713, 733, 754, 735, 736, 737, 738, 739, 740, 741 et 742 (3).

Néanmoins si les enchères sont reçues par un notaire, elles pourront être faites par toutes personnes sans ministère d'avoué.

Dans le cas de vente devant notaire, s'il y a lieu à folle-enchère, la poursuite sera portée devant le tribunal (4). Le certificat constatant que l'adjudicataire n'a pas justifié de l'acquit des conditions sera délivré par le notaire. Le procès-verbal d'adjudication sera déposé au greffe, pour servir d'enchère.

965. Dans les huit jours qui suivront l'adjudication, toute personne pourra faire une surenchère du sixième, en se conformant aux formalités et délais réglés par les art. 708, 709 et 710 ci-dessus.

Lorsqu'une seconde adjudication aura eu lieu après la surenchère ci-dessus, aucune autre surenchère des mêmes biens ne pourra être reçue (5).

ARTICLE 4.

Les art. 969, 970, 971, 972, 973, 975 et 976 du titre 7 *des Partages et Licitations*,

---

a répondu qu'on n'aurait pu agir de cette manière qu'en changeant le caractère du subrogé-tuteur : ses fonctions ne consistent qu'à agir pour les intérêts des mineurs, lorsqu'ils sont en opposition avec ceux du tuteur (art. 420 du Code civil) ; et la procédure de vente ne présente à l'idée aucun de ces conflits intérieurs qui provoquent l'action de ce gardien secondaire. En l'appelant à l'adjudication, on satisfait suffisamment à ce que commande le véritable intérêt du mineur. L'art. 459 n'a jamais été autrement interprété. »

(1). « Remarquez, a dit M. *Persil*, que, d'après les expressions générales de l'art. 963, le tribunal n'est pas obligé de déterminer une limite ; il le peut, il le fera le plus souvent. Mais enfin rien ne l'empêcherait d'autoriser la vente à tout prix, s'il le croyait utile pour éviter au mineur de nouvelles lenteurs et d'autres frais de procédure, d'insertions et d'affiches. »

(2) M. *Dusollier* avait proposé un paragraphe additionnel portant : « Le jour, le lieu et l'heure de l'adjudication seront aussi, dans le même délai, notifiés aux créanciers inscrits, s'il en existe. » (Voir article 965, 2°).

Cet amendement, faiblement appuyé, n'a pas été adopté.

En matière de vente volontaire de biens de mineurs, le tribunal peut, alors même que les enchères s'élèvent au-dessus de l'estimation faite par les experts, renvoyer l'adjudication à un autre jour, s'il pense que les enchères ne sont pas en rapport avec la valeur réelle des biens. De ce que l'article ne parle du renvoi que dans le cas où les enchères sont au-dessous de l'estimation, il ne s'ensuit pas, par argument à *contrario*, que le tribunal ne puisse user de cette faculté dans l'hypothèse opposée.

C'est le prononcé de l'adjudication par le juge, et non l'extinction de trois feux sans nouvelle enchère qui confère au dernier enchérisseur les droits d'adjudicataire. Dès lors cette dernière enchère, quoique suivie de l'extinction de trois feux, n'est pas un obstacle à ce que l'adjudication soit rendue par le tribunal, si ce renvoi est jugé convenable. (Lyon, 21 juillet 1838, Devilleneuve, 39. 2. 43; Dalloz, 39. 2. 64; Journal du Palais, 38. 2. 631; Voir, en sens contraire, arrêt de Bourges cité sur l'art. 706).

L'adjudication d'un bien licité entre majeurs et mineurs peut être faite devant notaire à un prix inférieur à celui de l'estimation donnée par les experts, sans qu'il soit nécessaire de recourir à une nouvelle autorisation préalable du tribunal. (Cass., 6 juin 1821, Sirey, 21. 1. 274 ; Carré, n. 3175, et Thomine-Desmazures, *Comm. du Code de procédure*, t. 2, n. 1143. Voir, en sens contraire, Paris, 22 avril 1839, Devilleneuve, 39. 2. 475; Dalloz, 39. 2. 176 ; Journal du Palais, 39. 1. 475.

(3) Il est évident que l'art. 742 n'a été rappelé que par inadvertance, car il est relatif à la clause de voie parée. Dans le projet du gouvernement adopté par la Chambre des Pairs, la poursuite de folle-enchère, à laquelle se réfèrent dans notre texte les art. 733 et suivants, ne commençait qu'au n. 734, et se terminait à l'art. 742, inclusivement. La suppression de la disposition qui formait l'article 723 a fait changer les autres articles de numéro. La rectification s'opérant, on n'a pas pris garde que l'art. 742, qui était la dernière des dispositions relatives à la folle-enchère dans le premier projet, ne lui appartenait plus après le changement qui avait eu lieu.

(4) Parce qu'il s'agit, dans ce cas, non seulement d'une vente, mais aussi de la résolution d'une précédente adjudication qui ne peut cesser d'exister sans le concours et la coopération de la justice, seule appelée à appliquer la peine à laquelle s'expose le fol-enchérisseur, en cas d'adjudication au-dessous de son prix.

(5) C'est encore une application de la règle : *surenchère sur surenchère ne vaut*.

Lorsque cette surenchère du sixième n'aura pas eu lieu, les créanciers hypothécaires inscrits pourront exercer la surenchère du dixième, conformément à l'art. 2185 du Code civil; auquel cas, ses effets seront réglés par les deux derniers paragraphes de l'art. 838.

M. *Martin* (de l'Isère) proposait, au contraire, d'accorder aux créanciers inscrits le droit de surenchérir du dixième dans tous les cas, soit que la surenchère du sixième eût été pratiquée, soit qu'elle ne l'eût pas été ; il demandait, en conséquence, qu'on substituât au second paragraphe de l'article la disposition suivante : « Sans préjudice du droit de surenchère du dixième attribué par la

livre 2, deuxième partie du Code de procédure civile, seront remplacés par les dispositions suivantes :

969. Le jugement qui prononcera sur la demande en partage commettra, s'il y a lieu, un juge, conformément à l'article 823 du Code civil, et en même temps un notaire.

Si, dans le cours des opérations, le juge ou le notaire est empêché, le président du tribunal pourvoira au remplacement par une ordonnance sur requête, laquelle ne sera susceptible ni d'opposition ni d'appel.

970. En prononçant sur cette demande, le tribunal ordonnera (1) par le même jugement le partage, s'il peut avoir lieu, ou la vente par licitation, qui sera faite devant un membre du tribunal ou devant un notaire, conformément à l'art. 955 (2).

Le tribunal pourra, soit qu'il ordonne le partage, soit qu'il ordonne la licitation, déclarer qu'il y sera immédiatement procédé sans expertise préalable, même lorsqu'il y aura des mineurs en cause; dans le cas de licitation, le tribunal déterminera la mise à prix, conformément à l'article 955 (3).

971. Lorsque le tribunal ordonnera l'ex-

---

loi aux créanciers inscrits, et qui pourra être exercé sur le prix d'adjudication, soit qu'il y ait eu, soit qu'il n'y ait pas eu de surenchère du sixième. »

Pour justifier cette proposition, M. *Martin* faisait remarquer que le droit de surenchérir est le complément, la garantie du droit de suite. »

M. *le garde des sceaux*, en reconnaissant la vérité du principe, a soutenu que, dans le cas d'une vente faite en justice, les créanciers inscrits étaient suffisamment avertis, et qu'ils pouvaient user du droit de surenchérir du sixième; que ce serait exagérer les garanties auxquelles ils ont droit, que de leur donner encore le droit de surenchérir du dixième, après une surenchère du sixième.

L'amendement a été rejeté. Ainsi, il y a ici une dérogation à la disposition de l'art. 2185 du Code civil.

Il faut observer que l'adjudication dont il s'agit ne purge pas, comme l'adjudication après saisie (art. 717), les droits des précédents propriétaires, non plus que ceux des créanciers inscrits.

En effet, la vente des biens de mineurs, quoique soumise à l'accomplissement de certaines formalités protectrices, n'est toujours qu'une vente volontaire. Il serait contraire aux principes du droit et à la raison de lui faire produire, à l'égard des vendeurs, que l'adjudicataire a pu connaître d'après les titres, et des créanciers inscrits qui n'ont pas été appelés à la vente. les effets des adjudications sur saisie ou sur surenchère, conformément à l'art. 838.

Voy. notes sur l'art. 743.

Seulement, ainsi que je l'ai dit, s'il y a eu une surenchère du sixième, le droit de suite se trouve renfermé dans les limites du prix qui a été obtenu par la seconde adjudication.

Autre observation. Lorsque la saisie d'un immeuble a été convertie en vente volontaire, il faut distinguer, relativement aux effets de l'adjudication, si la conversion a été opérée avant ou après la sommation prescrite par l'art. 692. La conversion est-elle antérieure à cette sommation, le vendeur et les créanciers inscrits conservent tous leurs droits sur l'immeuble (à l'exception toutefois de celui de surenchère du dixième, s'il y a eu adjudication nouvelle à la suite d'une surenchère du sixième). Lorsqu'au contraire, la conversion a été consentie après la sommation, l'immeuble ayant été vendu avec la participation de tous, se trouve purgé de leurs hypothèques et privilèges. Car, ainsi que l'a fait observer M. Pascalis, c'est bien moins l'adjudication qui purge les hypothèques inscrites, que la mise en demeure de ceux à qui elles appartiennent.

Voy. notes sur l'art. 743.

(1) Les juges ne peuvent déléguer leur juridiction. Ainsi, le tribunal du lieu de l'ouverture d'une succession, à qui l'on demande d'autoriser la vente des immeubles de cette succession situés hors de son ressort, ne peut commettre le tribunal de la situation à l'effet d'ordonner, selon qu'il le jugera le plus convenable, que la vente aura lieu en justice ou devant notaire ; il doit statuer lui-même à cet égard. (Orléans, 7 juin 1837, Devilleneuve, 37. 2. 310 ; Dalloz, 37. 2. 141 ; Journal du Palais, 37. 2. 443.

(2) M. *Maurat-Balange* avait présenté une nouvelle disposition ainsi conçue : « Si les droits des copartageants sont inégaux, le tribunal pourra, après avoir pris l'avis du conseil de famille, s'il y a parmi eux des mineurs et des interdits, ordonner par voie d'attribution le prélèvement des lots inégaux ; mais il fera tirer au sort tous les lots qui en seront susceptibles. »

Cet amendement avait un but dont l'utilité est incontestable. Aux termes de l'art. 834 du Code civil, il faut que les lots soient tirés au sort, à moins que les parties ne consentent à accepter ceux qui leur sont offerts à l'amiable. Il suit de là que, lorsque les parts doivent être inégales, il est impossible de procéder à un partage, il faut absolument liciter. La proposition de M. Maurat-Balange aurait permis de partager, même au cas où les ayants-droit auraient des parts inégales. Mais on a pensé que cette disposition, étant modificative des règles tracées par le Code civil, ne pouvait trouver place dans la présente loi.

Ainsi lorsque des mineurs sont intéressés dans un partage, il est indispensable de tirer les lots au sort : le mode de partage par attribution ne peut être permis qu'entre majeurs et avec leur consentement. (Arrêt de la Cour de cassation, 25 novembre 1834, Devilleneuve, 35. 1. 45 ; Colmar, 3 août 1832, Devilleneuve, 33. 2. 52 ; Dalloz, 33. 2. 61 ; Journal du Palais, t. 2, p. 1361 ; Nancy, 6 juillet 1837, Devilleneuve, 39. 2. 162 ; Dalloz, 38. 2. 219).

Cependant la Cour de cassation, par un arrêt du 30 août 1815, Sirey, 15. 1. 404, a décidé qu'un partage fait avec un mineur ou son tuteur peut avoir lieu par attribution de part, si ce mode de partage est autorisé comme pouvant l'être une transaction. Une opinion conforme est professée par Favard, v° *Partage*, sect. 2, § 2, art. 3, n. 5, et Toullier, t. 4, n. 428.

(3) L'art. 969 du Code de procédure civile prescrivait l'estimation des immeubles par des experts. Cette dernière disposition n'était plus en harmonie avec l'expertise facultative qui est autorisée

pertise, il pourra commettre un ou trois experts, qui prêteront serment comme il est dit en l'art. 956.

Les nominations et rapports d'experts seront faits suivant les formalités prescrites au titre *des Rapports d'experts*.

Les rapports d'experts présenteront sommairement les bases de l'estimation, sans entrer dans le détail descriptif des biens à partager ou à liciter.

Le poursuivant demandera l'entérinement du rapport par un simple acte de conclusion d'avoué à avoué.

972. On se conformera, pour la vente, aux formalités prescrites dans le titre de la vente des biens immeubles appartenant à des mineurs, en ajoutant dans le cahier des charges

Les noms, demeure et profession du poursuivant, les noms et demeure de son avoué;

Les noms, demeures et professions des colicitants et de leurs avoués.

973. Dans la huitaine du dépôt du cahier des charges au greffe ou chez le notaire, sommation sera faite, par un simple acte, aux colicitants, en l'étude de leurs avoués, d'en prendre communication.

S'il s'élève des difficultés sur le cahier des charges, elles seront vidées à l'audience, sans aucune requête, et sur un simple acte d'avoué à avoué.

Le jugement qui interviendra ne pourra être attaqué que par la voie de l'appel, dans les formes et délais prescrits par les art. 731 et 732 du présent Code.

Tout autre jugement sur les difficultés relatives aux formalités postérieures à la sommation de prendre communication du cahier des charges ne pourra être attaqué ni par opposition, ni par appel.

Si, au jour indiqué pour l'adjudication, les enchères ne couvrent pas la mise à prix, il sera procédé comme il est dit en l'article 963.

Dans les huit jours de l'adjudication, toute personne pourra surenchérir d'un sixième du prix principal, en se conformant aux conditions et aux formalités prescrites par les art. 708, 709 et 710. Cette surenchère produira le même effet que dans les ventes de biens de mineurs.

975. Si la demande en partage n'a pour objet que la division d'un ou plusieurs immeubles sur lesquels les droits des intéressés soient déjà liquidés, les experts, en procédant à l'estimation, composeront les lots ainsi qu'il est prescrit par l'art. 466 du Code civil; et, après que leur rapport aura été entériné, les lots seront tirés au sort, soit devant le juge-commissaire, soit devant le notaire déjà commis par le tribunal, aux termes de l'art. 969.

976. Dans les autres cas, et notamment lorsque le tribunal aura ordonné le partage sans faire procéder à un rapport d'experts, le poursuivant fera sommer les copartageants de comparaître, au jour indiqué, devant le notaire commis, à l'effet de procéder aux compte, rapport, formation de masse, prélèvements, composition de lots et fournissements, ainsi qu'il est ordonné par le Code civil, art. 828 (1).

Il en sera de même après qu'il aura été procédé à la licitation, si le prix de l'adjudication doit être confondu avec d'autres objets dans une masse commune de partage pour former la balance entre les divers lots.

ARTICLE 5.

Les art. 987 et 988 du titre 8, *du Bénéfice d'inventaire*, livre 2, deuxième partie du Code de procédure civile, seront remplacés par les dispositions suivantes :

987. S'il y a lieu à vendre des immeubles dépendant de la succession, l'héritier bénéficiaire présentera au président du tribunal de première instance du lieu de l'ouverture de la succession une requête dans laquelle ces immeubles seront désignés sommairement. Cette requête sera communiquée au ministère public; sur ses conclusions et le rapport du juge nommé à cet effet, il sera rendu jugement qui auto-

---

pour les ventes de biens immeubles appartenant à des mineurs. « Si, dans ce dernier cas, disait M. *Persil*, l'expertise n'est pas obligatoire, à plus forte raison, doit-elle être laissée à l'arbitrage, à la sagesse du juge, lorsque le partage s'opère entre des majeurs ou même lorsque des mineurs y sont intéressés. On pourrait bien dire que le concours des parties majeures et l'absence de toute délibération du conseil de famille, dans le cas où le partage est provoqué contre des mineurs, sont de nature à affaiblir les garanties auxquelles ceux-ci ont droit de prétendre : mais la prudence et la sagesse du tribunal, la vigilance du ministère public ne permettent pas de redouter ce danger. Dans le doute, le tribunal n'hésitera pas à ordonner l'ex-

pertise, mais il faut le laisser le maître de l'ordonner, afin que les majeurs ne souffrent pas eux-mêmes du hasard qui a mêlé leurs intérêts avec ceux des mineurs, et que ceux-ci ne soient pas obligés de supporter les frais d'une expertise que tout le monde jugerait inutile. »

M. *Caumartin* avait proposé un amendement qui tendait à rendre l'expertise obligatoire *toutes les fois qu'il y aurait partage.*

Cet amendement n'a pas été appuyé.

(1) En matière de succession, il ne peut être procédé à la formation des lots qu'après que les opérations de la liquidation ont été faites par le notaire. (Dijon, 10 août 1837, Devilleneuve, 39. 2. 421 ; Dalloz, 39. 2. 102.

risera la vente et fixera la mise à prix , ou qui ordonnera préalablement que les immeubles seront vus et estimés par un expert nommé d'office.

Dans ce dernier cas , le rapport de l'expert sera entériné sur requête par le tribunal , et sur les conclusions du ministère public le tribunal ordonnera la vente.

988. Il sera procédé à la vente, dans chacun des cas ci-dessus prévus, suivant les formalités prescrites au titre de la vente des biens immeubles appartenant à des mineurs.

Sont déclarés communs au présent titre, les art. 701, 702, 705, 706, 707, 711, 712, 713 , 733 , 734 , 735 , 736 , 757, 738 , 739, 740, 741, 742 (1), les deux derniers paragraphes de l'art. 964 et l'art. 965 du présent Code.

L'héritier bénéficiaire sera réputé héritier pur et simple, s'il a vendu des immeubles sans se conformer aux régles prescrites par le présent titre (2).

ARTICLE 6.

Le titre 9, livre 2, deuxième partie du Code de procédure, sera ainsi rectifié :

TITRE IX. — *De la renonciation à la communauté, de la vente des immeubles dotaux et de la renonciation à la succession.*

997. Les renonciations à communauté ou à succession seront faites au greffe du tribunal dans l'arrondissement duquel la dissolution de la communauté ou l'ouverture de la succession se sera opérée, sur le registre prescrit par l'art. 784 du Code civil, et en conformité de l'art. 1457 du même code , sans qu'il soit besoin d'autre formalité.

Lorsqu'il y aura lieu de vendre des immeubles dotaux dans les cas prévus par l'art. 1558 du Code civil, la vente sera préalablement autorisée sur requête, par jugement rendu en audience publique.

Seront, au surplus, applicables les art. 953, 956 et suivants du titre de la vente de biens immeubles appartenant à des mineurs (3).

ARTICLE 7.

Lorsqu'il y aura lieu, dans l'un des cas prévus par les dispositions relatives aux différentes ventes judiciaires de biens immeubles, d'augmenter un délai à raison des distances, l'augmentation sera d'un jour par cinq myriamètres de distance.

ARTICLE 8.

Les art. 708 et 709, substitués aux art. 710 et 711 du Code de procédure civile par la présente loi, seront mentionnés en remplacement de ces derniers dans le troisième paragraphe de l'art. 573 du Code de commerce, au titre des faillites et banqueroutes.

L'art. 696 ci-dessus sera substitué à l'art. 683 du Code de procédure civile dans les différentes lois qui font mention de cette dernière disposition (4).

Il en sera de même de toutes dispositions auxquelles renvoie la législation , et qui se trouvent remplacées par les nouveaux articles de la présente loi.

ARTICLE 9.

Les ventes judiciaires qui seront commencées antérieurement à la promulgation de la présente loi continueront à être régies par les anciennes dispositions du Code de procédure civile et du décret du 2 février 1811.

Les ventes seront censées commencées, savoir : pour la saisie immobilière, si le procès-verbal a été transcrit, et pour les autres ventes, si les placards ont été affichés.

ARTICLE 10.

L'emploi des bougies, dans les adjudications publiques, pourra être remplacé par un autre moyen, en vertu d'une ordonnance royale rendue suivant la forme des réglements d'administration publique.

Dans les six mois de la promulgation de la présente loi, il sera pourvu de la même manière,

1° Au tarif des frais et dépens relatifs aux ventes judiciaires des biens immeubles (5) ,

2° Au mode de conservation des affiches (6).

---

(1) Voir la note sur l'art. 964.
(2) L'héritier bénéficiaire qui procède amiablement et sans formalités de justice à un partage de biens indivis entre la succession et des tiers , n'est pas pour cela déchu du bénéfice d'inventaire : il n'en est pas, à cet égard, du partage comme de la vente. (Arrêt de la Cour de cassation du 26 juillet 1837, Devilleneuve, 37. 1. 755 ; Dalloz, 37. 1. 430 ; Journal du Palais, 37. 2. 174.)
(3) « En ce qui concerne les affiches, a dit M. *Persil,* notre article déroge à l'art. 1558 du Code civil. En effet, d'après la loi actuelle, dans

toutes les ventes, les affiches ne sont apposées qu'une fois, et l'art. 1558 exige trois affiches. Mais les deux affiches sont utilement remplacées par l'insertion au journal judiciaire, et d'ailleurs une seule affiche sera suffisante quand on aura pris des mesures administratives pour sa conservation. »
(4) Voir notes sur l'art. 696.
(5) Voy. ordonnance du 10 octobre 1841.
(6) Aucune mesure administrative n'a été prise pour l'exécution de cette disposition. L'établissement dans chaque commune des moyens de con-

10 = 25 octobre 1841. — Ordonnance du roi contenant le tarif des frais et dépens relatifs aux ventes judiciaires de biens immeubles (1). (IX ; Bull. DCCCLIV, n. 9609.)

Louis-Philippe, etc., sur le rapport de notre garde des sceaux, ministre de la justice et des cultes ; vu la disposition de l'art. 10 de la loi du 2 juin 1841, sur les ventes judiciaires de biens immeubles, relative au tarif des frais et dépens ; notre conseil d'Etat entendu, etc.

...ervation des affiches doit entraîner des dépenses considérables auxquelles la loi de finances n'a point pourvu. Créer une taxe pour subvenir aux frais de construction et d'entretien des moyens de conservation, est une mesure qui exige le concours de l'autorité législative.

(1)
RAPPORT AU ROI.

Sire, la loi relative aux ventes judiciaires d'immeubles est l'une des plus importantes de la dernière session. Son effet immédiat sera la diminution des lenteurs et des frais de la procédure ; et de toutes parts, on reconnaît l'heureuse influence qu'elle doit exercer sur la valeur de la propriété immobilière et sur le crédit foncier.

Pour arriver à ces résultats, il a fallu supprimer des formalités, abréger des délais, donner à plusieurs actes une forme nouvelle et meilleure.

Après avoir accompli ces importantes modifications, il était indispensable de réviser le tarif des frais et dépens. Les mêmes émoluments ne pouvaient plus être accordés aux officiers ministériels, lorsqu'ils n'avaient plus les mêmes travaux à faire. Mais le gouvernement et les Chambres ont reconnu qu'il serait bien difficile d'étudier dans le sein d'une nombreuse assemblée tous les détails d'un règlement sur une semblable matière. La loi a confié cette tâche à l'administration.

En conséquence, une ordonnance a été préparée par mes soins, et je viens, Sire, la soumettre à l'approbation de Votre Majesté.

Le plan que j'ai cru devoir suivre est celui qui a été adopté dans les décrets de 1807. Une étude sérieuse des différents systèmes, la comparaison des bons résultats et des inconvénients que chacun peut avoir, m'ont convaincu que celui qui est appliqué depuis trente ans devait encore être préféré.

Toutefois, il en est un autre sur lequel s'est longtemps arrêtée mon attention ; il consiste à donner, au lieu d'un émolument spécial pour chaque acte ou chaque opération, une allocation unique, proportionnée à la valeur des objets pour lesquels les officiers publics sont appelés à exercer leur ministère.

Ce mode de rémunération rendrait impossibles des abus qui, quoique moins nombreux et moins graves qu'on ne le pense, exigent cependant encore des mesures de répression. Si les frais étaient fixés invariablement à l'avance, si le volume et la complication des procédures ne pouvaient procurer aucun bénéfice, personne ne songerait à en augmenter l'étendue et la durée. Les soupçons, souvent injustes, ne pourraient plus s'élever. Les officiers que la crainte d'une peine, seraient placés par le défaut d'intérêt, dans l'heureuse impossibilité de mal faire.

41.

TITRE Ier. — DISPOSITIONS COMMUNES A TOUT LE ROYAUME.

CHAPITRE Ier. — Greffiers des tribunaux de première instance.

Art. Ier. Il est alloué aux greffiers des tribunaux de première instance :

Pour la communication sans déplacement, tant du cahier des charges que du procès-verbal d'expertise, 15 fr.

Ce droit sera dû, soit qu'il y ait, soit

Ces résultats m'avaient fait désirer que le système qui devait les produire pût être mis en œuvre ; de nombreux obstacles m'ont contraint à l'abandonner.

D'abord, pour le réaliser quant aux huissiers, il fallait tarifer chacun de leurs actes à une somme fixe, sans avoir égard à l'étendue des pièces à copier, au nombre des personnes qui devaient recevoir la signification, et enfin à la distance que l'huissier avait à parcourir ; en un mot, il fallait, pour des travaux différents, établir un seul et même salaire.

Le moyen de donner au problème ainsi posé une solution équitable était de déterminer la moyenne de temps et de soins nécessaires pour l'accomplissement de chaque formalité, pour la confection de chaque acte, et d'allouer le salaire d'après cette donnée. Mais il a été impossible d'arriver à un résultat satisfaisant. Tous les calculs ont laissé subsister la crainte que l'émolument ne fût tantôt excessif, tantôt insuffisant, sans que l'excès fût la juste compensation de l'insuffisance. J'ai dû renoncer à un tarif dont les chiffres auraient justifié tour à tour des reproches de prodigalité et de parcimonie, qui, en certains cas, auraient mis à la charge des parties des dépens trop élevés, et, dans d'autres, les auraient affranchies d'une portion de frais qu'elles devaient justement supporter.

Relativement aux avoués, l'application du système semble plus facile.

L'opération qui est confiée à ces officiers se compose d'une série d'actes et de formalités. Il n'est donc pas nécessaire d'attribuer à chaque formalité et à chaque acte un émolument spécial. On conçoit la possibilité et la convenance d'un honoraire unique pour toute la procédure, calculée sur ses résultats, c'est-à-dire sur le prix des ventes. On pouvait s'arrêter à cette idée avec d'autant plus de confiance qu'elle n'est que le développement d'une disposition du décret de 1807. En effet, si, d'une part, il tarife chaque acte, chaque vacation ; par l'art. 113, il accorde aux avoués une remise proportionnelle sur le prix des ventes. L'innovation eût donc consisté à supprimer les droits spécialement affectés à chaque phase de la procédure, en élevant, dans des limites sagement calculées, la remise proportionnelle. Par là, tous les avantages que j'ai précédemment indiqués se trouvaient réalisés ; les procédures frustratoires étaient impossibles ; il n'y avait plus à craindre ni incidents sans but, ni lenteurs calculées, ni formalités inutiles.

Mais, encore une fois, un examen attentif a révélé des difficultés insurmontables.

La valeur des immeubles varie considérablement suivant les localités. A Paris et dans trois ou

19

qu'il n'y ait pas d'expertise. Toutefois, si l'expertise a été ordonnée en matière de licitation, le droit sera réduit à 12 fr.

Il sera perçu lors du premier dépôt au greffe, soit du procès-verbal d'expertise, soit du cahier des charges.

quatre grandes villes, elle est assez élevée pour servir de base aux honoraires des officiers chargés de procéder aux ventes. Dans les départements elle est telle que la remise proportionnelle n'eût fourni presque toujours qu'une rémunération dérisoire. Pour donner aux avoués des petites villes un émolument acceptable, en raison de leurs travaux et de la responsabilité qu'ils leur imposent, il eût fallu porter très-haut la remise, et alors les avoués établis dans les grands centres de population auraient eu des allocations trop considérables. Vouloir distinguer entre Paris et les départements, entre les cités populeuses et les villes de second ou de troisième ordre, augmenter pour celles-ci le taux de la remise proportionnelle, c'était se jeter dans les calculs les plus dangereux, tenter les appréciations les plus arbitraires. On arrivait d'ailleurs à ce mauvais résultat, que la petite propriété était frappée d'un droit plus fort que la grande. Ainsi, sur un immeuble vendu en province 2 ou 3,000 fr., l'avoué aurait perçu 3 ou 4 pour 100; tandis qu'un immeuble dont le prix à Paris se serait élevé à 50,000 fr. n'eût payé que 1 pour 100. L'intention des Chambres, clairement manifestée dans la discussion de la loi du 2 juin dernier, ne permettait pas d'admettre une pareille combinaison. Votre Majesté, dans sa sollicitude constante pour les intérêts des classes inférieures, ne l'eût pas accueillie, si j'avais songé à la lui présenter.

En renonçant à appliquer d'une manière absolue le principe de rémunération proportionnelle, j'ai dû rechercher s'il ne serait pas possible de le maintenir en partie, et de conserver quelques-uns de ses avantages. Un moyen a été indiqué pour y parvenir; on a proposé de substituer aux émoluments détaillés et variables du tarif actuel une somme unique et fixe, et d'allouer ensuite la remise proportionnelle établie par l'art. 113 du premier décret du 16 février 1807.

Mais, après avoir consulté des magistrats d'une grande expérience et les praticiens les plus distingués, je n'ai pu déterminer avec certitude la somme totale du coût des actes. Des chiffres différents ont été présentés par des hommes également habiles en cette matière; de plus, on a établi que l'allocation devrait varier pour chaque nature de vente; qu'il serait injuste de ne pas tenir compte des circonstances particulières à chaque espèce; qu'on ne pouvait prévoir les frais des instances souvent longues et compliquées qui précèdent la procédure en licitation proprement dite, ni enfin calculer les dépens de tous les incidents qui s'élèvent dans le cours des poursuites.

Pour saisir toutes ces hypothèses, il eût fallu multiplier les dispositions, admettre de nombreuses exceptions à la règle, et laisser ainsi la porte ouverte aux abus qu'on espérait détruire.

Ces réflexions ne permettaient pas d'hésiter. Éclairé sur les véritables effets de l'innovation proposée, j'ai dû revenir au système actuellement en vigueur; j'ai dû me borner à retrancher du tarif de 1807 les dispositions relatives aux formalités supprimées par la loi du 2 juin dernier, et à y introduire des dispositions nouvelles pour tarifer les procédures prescrites par la même loi.

Ces modifications, conséquences naturelles des changements opérés dans la législation, ne pou-

vaient s'accomplir sans porter atteinte aux intérêts des officiers ministériels. Il était de mon devoir de constater avec soin l'étendue des sacrifices qu'elles leur imposent, et de concilier, autant que possible, les ménagements dus à des positions acquises avec les vues d'économie que le législateur a si hautement proclamées. Je crois que ce but est atteint dans l'ordonnance que je présente à l'approbation de Votre Majesté. D'une part, les frais sont diminués, comme le veut la loi; de l'autre, toutes les prétentions légitimes des officiers ministériels sont consacrées.

Dans l'intérêt de ces derniers, on a fait remarquer que les allocations du tarif de 1807 sont insuffisantes aujourd'hui, par suite de l'augmentation survenue depuis trente ans dans le prix de toutes les choses nécessaires à la vie. On a dit aussi que, par l'effet des lois récentes sur la compétence des juges de paix et des tribunaux de première instance, les produits des études ont éprouvé une diminution considérable; que la loi du 2 juin leur enlève des bénéfices importants, et laisse subsister à peu près les mêmes travaux et la même responsabilité.

Ces observations, qui ne sont ni sans exactitude ni sans gravité, ne pouvaient cependant exercer aucune influence sur la solution des difficultés dont j'avais à m'occuper. La question à résoudre aujourd'hui n'est point de savoir si le tarif de 1807 est devenu insuffisant; il s'agit seulement de mettre ce tarif en harmonie avec les nouvelles formes instituées pour les ventes de biens immeubles. On peut d'autant moins songer, dans les circonstances présentes, à donner aux officiers ministériels le dédommagement qui leur serait dû, à raison de la différence de valeur de l'argent en 1807 et 1841, que, dans les Chambres où se fait l'économie, n'était point ignoré, l'intention de réduire les émoluments a été aussi certaine que constante. L'administration serait justement accusée de détruire un des plus utiles résultats de la loi, si elle faisait disparaître par son règlement l'économie produite par la simplification de la procédure. Il n'y a de possible et de légal que d'accorder une convenable rémunération pour les formalités nouvelles.

Au surplus, si, d'une part, la loi du 2 juin ôte aux officiers publics quelques avantages, d'un autre côté, elle leur procurera des bénéfices certains.

Sous l'empire de l'ancienne législation, plus d'un créancier s'arrêtait devant les frais et les difficultés d'une saisie immobilière. Dans beaucoup de familles, les mêmes causes empêchaient de procéder à des ventes ou à des licitations nécessaires; on faisait des partages provisoires, irréguliers; des actes simulés, des conventions où les majeurs se portaient forts pour les mineurs. Désormais, les formes légales, plus simples et moins coûteuses, seront plus souvent employées, et offriront aux officiers ministériels des occasions plus fréquentes d'exercer leur ministère.

Un article de la loi nouvelle défend de stipuler qu'au cas de non paiement par le débiteur, l'immeuble hypothéqué sera vendu avec de simples publications, ou avec telles autres formes pour lesquelles l'intervention des avoués n'était pas nécessaire. Les stipulations de ce genre étaient très-

CHAPITRE II. — *Conservateurs des hypothèques.*

Art. 2. Il est alloué aux conservateurs des hypothèques, pour :

La transcription de chaque procès-verbal de saisie immobilière et de chaque exploit de dénonciation de ce procès-verbal au saisi (art. 677 et 678 du C. pr. civ.), par rôle d'écriture du conservateur, con-

fréquentes dans quelques parties de la France ; la jurisprudence en avait reconnu la légalité ; elles étaient aux officiers publics une source d'émoluments que leur assure la prohibition introduite dans le Code de procédure.

Enfin, l'augmentation du prix de toutes choses, depuis 1807, est incontestable. Mais si, d'une part, elle peut justifier quelques réclamations des officiers ministériels, de l'autre, elle donne la certitude que la remise proportionnelle qu'ils reçoivent s'est progressivement accrue. La valeur des immeubles a suivi le mouvement général, et la redevance qui est perçue sur leur prix a dû nécessairement s'élever avec lui.

C'est après avoir apprécié ces diverses conséquences de la loi, que j'ai arrêté les dispositions et les chiffres de la présente ordonnance.

Le titre 1er est divisé en deux chapitres. L'article unique qui compose le chapitre 1er s'explique de lui-même. Désormais, le cahier des charges, le procès-verbal d'expertise ne seront plus signifiés ; il était donc indispensable que tous ceux qui sont intéressés à connaître ces documents pussent les consulter au greffe, et il y avait nécessité d'accorder une indemnité au greffier chargé de la communication. Cette indemnité est fixée à la même somme, soit qu'il y ait, soit qu'il n'y ait pas d'expertise, parce que les frais et les soins personnels du greffier seront à peu près les mêmes dans les deux hypothèses. Mais il résulte de la combinaison des art. 956, 971, 988 et 997 du Code de procédure, que le procès-verba. d'expertise peut être expédié au cas de licitation. La chance de bénéfice qui en résulte pour le greffier a dû être prise en considération, et faire fixer, pour ce cas, le droit de communication à 12 fr. seulement.

Le chapitre 2 est consacré aux conservateurs des hypothèques, il prévoit toutes les circonstances où il y a lieu de recourir à ces fonctionnaires dans les ventes d'immeubles ; il présente un tarif complet sur cette matière.

Le chapitre 1er du titre 2 fixe les salaires des huissiers. La plus importante des dispositions qu'il renferme est celle qui attribue à ces officiers le droit de copie du titre en vertu duquel est faite la saisie. Cette solution d'une question longtemps controversée est conforme à la jurisprudence de la Cour de cassation ; elle aura pour résultat de mettre un terme à un abus qui a donné lieu à de justes et nombreuses réclamations. L'huissier, n'ayant point la direction de la poursuite, ne copiera, en tête de son commandement, que les pièces réellement constitutives de la créance du saisissant. L'avoué, entièrement désintéressé, ne pourra être soupçonné d'avoir concouru à augmenter inutilement les copies de pièces. Les connivences par lesquelles on chercherait à éluder la règle seront prévenues et réprimées au besoin par l'action des chambres de discipline et des tribunaux.

Le chapitre 2, consacré aux avoués de première instance, se divise en deux paragraphes. Dans le premier, sont compris les émoluments spéciaux à chaque nature de vente. Les art. 9 et 10, qui font partie de ce paragraphe, accordent trois alloca-

tions dont l'ancien tarif ne parlait point. Ils donnent des émoluments distincts, 1° pour prendre communication de la minute du rapport d'experts ; 2° pour prendre communication du cahier des charges ; 3° à raison des soins et démarches nécessaires pour la fixation de la mise à prix en cas de vente, ou pour l'estimation et la composition des lots, en cas de partage en nature.

Les deux premières dispositions sont fondées sur ce que, le cahier des charges et le rapport d'experts n'étant plus signifiés, il est nécessairement dû une vacation aux avoués pour aller en prendre connaissance au greffe.

La troisième allocation n'a pas une cause moins légitime.

En décidant que l'expertise n'aura lieu qu'autant qu'elle sera reconnue indispensable par les tribunaux, la loi nouvelle a fait disparaître une source de frais considérables et de lenteurs infinies. Mais, dans la plupart des cas, pour que les ventes puissent avoir lieu sans une expertise préalable, il sera nécessaire que les avoués secondent, par un concours intelligent et dévoué, les efforts des magistrats. Souvent, en effet, la seule production des documents qu'indique l'art. 955 sera suffisante pour éclairer les tribunaux sur la véritable valeur des immeubles mis en vente, et sur la formation des lots. Pour éviter l'expertise, il faudra que les avoués se livrent à un travail qui fasse ressortir des pièces produites les documents qu'elles renferment ; il sera quelquefois utile qu'ils fassent des démarches, qu'ils visitent même des lieux éloignés de leur domicile. Il est juste de rémunérer convenablement de semblables travaux ; il est sage de stimuler à les entreprendre, puisqu'ils auront pour résultat infaillible une grande économie de temps et d'argent. La somme fixe de 25 fr., qui est allouée, serait presque toujours insuffisante, puisque, dans les cas où l'expertise a lieu, les avoués sont rétribués pour prendre communication du procès-verbal et pour en demander l'entérinement, et que la différence entre leurs émoluments et la somme fixe de 25 fr. est extrêmement minime. En conséquence, afin de proportionner le salaire au travail, afin de provoquer efficacement la recherche et la production des renseignements propres à rendre l'expertise inutile, une disposition a été placée dans l'article 11, qui ajoute à la remise accordée par le tarif de 1807 une remise supplémentaire.

Ce n'est pas au surplus la seule considération qui m'ait déterminé à donner cette extension à l'ancienne remise.

En diminuant le nombre des actes et des formalités des ventes judiciaires, la loi, il faut le reconnaître, a laissé subsister ce qui exige le plus d'application et de savoir ; elle n'a rien changé à la responsabilité. Ainsi, l'examen des qualités des parties, la réunion des titres constatant la propriété, l'appréciation des droits des différents cointéressés, offriront les mêmes difficultés que par le passé. Une faute, une négligence aura les mêmes conséquences. Dès lors un dédommagement devait être accordé. L'économie, si désirable dans les frais de justice, ne doit pas s'obtenir en laissant les soins et

tenant vingt-cinq lignes à la page et dix-huit syllabes à la ligne, 1 fr.

L'acte du conservateur contenant son refus de transcription, en cas de précédente saisie (art. 680 C. pr. civ.), 1 fr.

Chaque extrait d'inscription, ou certifi-

les efforts des officiers ministériels sans une juste rémunération. La dignité de la loi exige que leur travail soit convenablement rétribué; l'intérêt des justiciables le veut aussi. Une excessive parcimonie dans les allocations du tarif fait naître des exigences illégales, que la vigilance des magistrats ne peut pas toujours réprimer.

À Paris et dans quelques autres lieux, sous les yeux de la justice, avec l'assentiment des magistrats, les avoués obtenaient, outre la remise établie par la loi, une remise supplémentaire. Un pareil usage ne doit pas être maintenu; il faut que toute perception d'émoluments soit écrite dans la loi; mais il faut aussi que cette perception soit en harmonie avec les soins dont elle est le prix.

Une autre modification m'a paru nécessaire dans l'intérêt des avoués des départements.

Jusqu'ici, ils n'ont eu que les trois quarts de la remise attribuée aux avoués de Paris, Lyon, Bordeaux et Rouen. Cette distinction était la conséquence d'un principe dont chacun des chiffres de l'ancien tarif offre l'application. Partout on voit les officiers ministériels des provinces moins rétribués que ceux des quatre grandes villes du royaume. Cette différence est fondée sur ce que les dépenses sont moindres dans les petites localités que dans les lieux où se trouve une population considérable, et sur ce que les habitants des communes rurales ou des villes peu importantes ont, en général, moins d'aisance que ceux des grands centres d'activité commerciale ou industrielle.

La première de ces raisons perd chaque jour de sa force. A mesure que les moyens de communication augmentent, le prix des objets nécessaires à la vie se nivelle sur tous les points du territoire.

La seconde considération disparaît entièrement lorsqu'on prend pour base de l'allocation précisément la valeur de l'objet à l'occasion duquel elle est donnée.

J'ai donc pensé que, si l'on pouvait encore maintenir la distinction, à raison de la résidence, pour les émoluments dont la quotité est indépendante du prix des biens dont la vente est poursuivie, il était raisonnable et juste d'effacer toute différence, lorsqu'il s'agit d'une allocation proportionnée à la valeur des biens.

J'ai même cru devoir placer Marseille au même rang que Lyon, Bordeaux et Rouen, non seulement pour la remise proportionnelle, mais aussi pour les émoluments attribués aux différents actes. Sa population et son importance lui donnent des droits évidents à cette assimilation.

Au surplus, pour calculer convenablement la remise proportionnelle, il faut suivre une règle déjà consacrée par la pratique. Lorsque plusieurs lots sont formés par le morcellement d'un immeuble, le dépouillement des titres n'exige ni plus de temps ni plus de soins que si l'immeuble était vendu en bloc; par conséquent, dans ce cas, la remise doit se calculer sur la somme provenant de la réunion des prix de tous les lots. Le lotissement qui n'a pas accru le travail ne doit pas faire accroître le salaire. Lorsque, au contraire, ce sont des immeubles distincts qui sont vendus ensemble, les titres de chaque lot ont exigé un examen particulier. La division des objets vendus est alors l'occasion de travaux plus longs et plus difficiles;

elle doit produire une augmentation d'allocation.

L'art. 12 se termine par un paragraphe d'une grande importance.

Le législateur s'est occupé des principaux incidents qui peuvent s'élever, et a déterminé les formes de la procédure qui doit être suivie pour les mener à fin; mais il n'a pu prévoir l'infinie variété de circonstances qui sont de nature à modifier et desquelles peut résulter la nécessité de certains actes. L'administration n'a pas la prétention d'étendre sa prévision plus loin que le législateur. Elle doit se borner à fixer le coût de toute formalité prescrite par la loi, et laisser aux dispositions générales du tarif de 1807 leur empire pour les cas imprévus. Le paragraphe ne fait qu'exprimer cette pensée en reproduisant, pour prévenir tous les doutes, la règle écrite dans l'art. 718 du Code de procédure, que toute demande incidente à une poursuite de vente doit être instruite et jugée comme matière sommaire.

Le chapitre 3, intitulé *des Notaires*, est composé d'un seul article. Il alloue à ces fonctionnaires un droit pour la rédaction du cahier des charges qui leur est confiée, et il leur attribue en outre une remise, en ayant soin d'expliquer qu'elle leur est accordée pour la réception des enchères et l'adjudication. Par là, il fait suffisamment entendre que tous les autres actes de la procédure et les émoluments qui y sont attachés appartiennent aux avoués.

Cette disposition n'est applicable qu'aux ventes renvoyées devant les notaires par la justice. C'est d'après d'autres règles que sont rétribués les soins et les travaux différents, dont les ventes volontaires sont l'occasion.

L'art. 17 règle d'une manière explicite un point sur lequel le dernier paragraphe de l'art. 12 contient, ainsi que je l'ai déjà fait remarquer, une utile disposition.

Il décide que tous les incidents, quelles que soient les ventes à l'occasion desquelles ils naissent, doivent être taxés comme en matière sommaire. Quelques doutes auraient pu s'élever; il fallait les prévenir. On aurait peut-être soutenu que l'art. 718 du Code de procédure, qui pose la règle dans les termes les plus clairs, est seulement relatif aux incidents sur saisie immobilière, et qu'il n'est point applicable aux incidents sur les autres ventes. On aurait sans doute repoussé cette argumentation, en faisant remarquer qu'il n'y a point de raison pour allouer des émoluments différents à des procédures de même nature; que l'intention du législateur, de soumettre tous les incidents au même régime, est clairement manifestée par l'exposé des motifs où la saisie immobilière est présentée comme le type de toutes les autres ventes; mais j'ai pensé qu'il convenait de lever la difficulté par une disposition formelle. Elle m'a paru d'autant plus nécessaire que, s'il est vrai que les incidents doivent être taxés comme matière sommaire, il est possible qu'une contestation, née à l'occasion d'une vente judiciaire, n'ait pas le caractère d'incident, et que la taxe des procédures, en matière ordinaire, lui soit applicable. Cette restriction, qu'il était utile d'exprimer, est placée dans le second paragraphe de l'article.

Le conseil d'État, à qui a été communiqué le

cat qu'il n'en existe aucune (argument de l'art. 692 du C. pr. civ.), 1 fr.

La mention des deux notifications prescrites par les art. 691 et 692 du C. de proc. (art. 693 du C. pr. civ.), 1 fr.

La radiation de la saisie immobilière (art. 693 du C. pr. civ.), 1 fr.

La mention du jugement d'adjudication (art. 716 du C. pr. civ.), 1 fr.

La mention du jugement de conversion (art. 748 C. pr. civ.), 1 fr.

TITRE II. — DISPOSITIONS POUR LE RESSORT DE LA COUR ROYALE DE PARIS.

CHAPITRE Ier. — Huissiers.

§ Ier. HUISSIERS ORDINAIRES.

Art. 3. *Actes de première classe.*

Il est alloué aux huissiers ordinaires (C. proc., art. 675),

Pour l'original du commandement tendant à saisie immobilière :

A Paris, 2 fr.

Dans le ressort, 1 fr. 50.

Pour chaque copie, le quart de l'original.

Pour droit de copie du titre, par rôle contenant vingt lignes à la page et dix syllabes à la ligne, ou évalué sur ce pied :

A Paris, 25 c.

Dans le ressort, 20 c.

(Art. 681.) Pour l'orignal de l'assignation en référé ;

(Art. 684.) De la demande en nullité de bail ;

(Art. 685.) De l'acte d'opposition entre les mains des fermiers ou locataires, ou de la simple sommation aux mêmes ;

(Art. 687.) De la signification aux créanciers inscrits de l'acte de la consignation faite par l'acquéreur en cas d'aliénation, qui peut avoir lieu après saisie immobilière sous la condition de consigner ;

(Art. 691, 692.) De la sommation à la partie saisie et aux créanciers inscrits de prendre communication du cahier des charges ;

(Art. 716.) De la signification du jugement d'adjudication ;

(Art. 717.) De la demande en résolution qui doit être formée avant l'adjudication et notifiée au greffe ;

(Art. 718.) De l'exploit d'ajournement ;

(Art. 725.) De la demande en distraction de tout ou partie des objets saisis immobilièrement contre la partie qui n'a pas avoué en cause ;

(Art. 732.) De l'acte d'appel qui doit être en même temps notifié au greffier du tribunal et visé par lui ;

(Art. 735.) De la signification du bordereau de collocation avec commandement ;

(Art. 736.) De la signification des jour et heure de l'adjudication sur folle-enchère ;

(Art. 837.) De la sommation à faire à l'ancien et au nouveau propriétaire, et, s'il y a lieu, au créancier surenchérisseur ;

(Art. 962.) De l'avertissement qui doit être donné au subrogé-tuteur ;

(Art. 969.) De la demande en partage ;

Et généralement de tous actes simples non compris dans l'article suivant :

A Paris, 2 fr.

Dans le ressort, 1 fr. 50 c.

Pour chaque copie, le quart de l'original.

Art. 4. *Procès-verbaux et actes de seconde classe.*

(Art. 675.) Pour un procès-verbal de saisie immobilière auquel il n'aura été employé que trois heures :

A Paris, 6 fr.

Dans le ressort, 5 fr.

Et cette somme sera augmentée, par chacune des vacations subséquentes qui auront pu être employées, de :

A Paris, 5 fr.

Dans le ressort, 4 fr.

L'huissier ne se fera pas assister de témoins.

(Art. 677.) Pour la dénonciation de la saisie immobilière à la partie saisie :

---

projet que j'avais préparé, a pensé que ses diverses dispositions sont en harmonie avec l'intention qui a présidé à la loi du 2 juin, et que la mission confiée à l'administration se trouve convenablement remplie. Il a reconnu, après une discussion approfondie, que la théorie si séduisante de la rémunération purement proportionnelle avait de grands inconvénients, rencontrait dans l'application de graves difficultés, et conduirait souvent à des résultats injustes pour les parties ou pour les officiers publics ; que d'ailleurs tous les émoluments qui ont été supprimés devaient l'être, que toutes les allocations nouvelles ont une cause légitime, que les réclamations présentées au nom d'intérêts pri-

vés ont été appréciées avec la plus bienveillante attention, et qu'enfin le désir de réaliser les économies promises par la loi n'a point fait perdre de vue la position des officiers ministériels, et les égards qu'elle commande.

J'ose espérer, Sire, que Votre Majesté partagera ces convictions, et qu'elle voudra bien accorder son approbation au règlement que j'ai l'honneur de lui présenter.

Je suis avec le plus profond respect, Sire, de Votre Majesté, le très-humble et très-fidèle serviteur, le garde des sceaux de France, ministre secrétaire d'État au département de la justice et des cultes,

N. MARTIN (du Nord).

A Paris, 2 fr. 50 c.

Dans le ressort, 2 fr.

Pour la copie de ladite dénonciation, le quart.

(Art. 832 ; C. civ., art. 2185.) Pour l'original de l'acte contenant réquisition d'un créancier inscrit, à fin de mises aux enchères et adjudication publique de l'immeuble aliéné par son débiteur :

A Paris, 5 fr.

Dans le ressort, 4 fr.

Et pour la copie, le quart.

L'original et la copie de cette réquisition seront signés par le requérant ou par son fondé de procuration spéciale.

(Art. 699, 704, 709, 735, 741, 743, 836, 959, 972, 988, 997.) Pour le procès-verbal d'apposition de placards dans toutes les ventes judiciaires, y compris le salaire de l'afficheur :

A Paris, 8 fr.

Dans le ressort, 6 fr.

Art. 5. Il ne sera rien alloué aux huissiers pour transport jusqu'à un demi-myriamètre.

Il leur sera alloué au-delà d'un demi-myriamètre, pour frais de voyage qui ne pourra excéder une journée de cinq myriamètres (dix lieues anciennes), savoir, au-delà d'un demi-myriamètre et jusqu'à un myriamètre, pour aller et retour :

A Paris, 4 fr.

Dans le ressort, 4 fr.

Au-delà d'un myriamètre, il sera alloué par chaque demi-myriamètre, sans distinction, 2 fr.

Il sera taxé pour visa de chacun des actes qui y sont assujettis :

A Paris, 1 fr.

Dans le ressort, 75 c.

§ 2. HUISSIERS AUDIENCIERS DES TRIBUNAUX DE PREMIÈRE INSTANCE.

Art. 6. Il est alloué aux huissiers audienciers des tribunaux de première instance (C. pr. civ., art. 659),

Pour la publication du cahier des charges :

A Paris, 1 fr.

Dans le ressort, 75 c.

(Art. 705, 706.) Lors de l'adjudication, y compris les frais de bougies, que les huissiers disposeront et allumeront eux-mêmes :

A Paris, 5 fr.

Dans le ressort, 3 fr. 75 c.

Ce droit sera alloué à raison de chaque lot adjugé, quelle qu'en soit la composition, sans qu'il puisse être exigé sur un nombre de lots supérieur à six.

Lorsqu'après l'ouverture des enchères l'adjudication n'aura pas lieu, il sera alloué aux huissiers, y compris les frais de bougies, et quel que soit le nombre des lots :

A Paris, 5 fr.

Dans le ressort, 3 fr. 75 c.

CHAPITRE II. *Avoués de première instance.*

§ 1er. EMOLUMENTS SPÉCIAUX A CHAQUE NATURE DE VENTE.

Art. 7. *Saisie immobilière.*

Il est alloué aux avoués de première instance, pour chacune des vacations suivantes (C. pr. civ., art. 678) :

Vacation à faire transcrire la saisie immobilière et l'exploit de dénonciation ;

(Art. 692.) Vacation pour se faire délivrer l'extrait des inscriptions ;

(Art. 692.) Vacation à l'examen de l'état d'inscriptions et pour préparer la sommation au vendeur de l'immeuble saisi ;

(Art. 693.) Vacation à la mention, aux hypothèques, de la notification prescrite par les art. 691 et 692 C. pr. civ. ;

(Art. 716.) Vacation à la mention sommaire du jugement d'adjudication en marge de la transcription de la saisie ;

(Art. 748.) Vacation à la mention sommaire du jugement de conversion en marge de la transcription de la saisie :

A Paris, 6 fr.

Dans le ressort, 4 fr. 50 c.

(Art. 695.) Pour la vacation à la publication, compris les dires qui pourront avoir lieu :

A Paris, 3 fr.

Dans le ressort, 2 fr. 45 c.

(Art. 720.) Pour l'acte de la dénonciation de la plus ample saisie au premier saisissant, à la requête du plus ample saisissant, avec sommation de se mettre en état :

A Paris, 3 fr.

Dans le ressort, 2 fr. 25 c.

Pour la copie, le quart.

(Art. 726.) Vacation pour déposer au greffe les titres justificatifs d'une demande en distraction d'objets immobiliers saisis :

A Paris, 3 fr.

Dans le ressort, 2 fr. 45 c.

(Art. 745.) Requête non grossoyée et non signifiée, sur le consentement de toutes les parties intéressées, pour demander, après saisie immobilière, que l'immeuble saisi soit vendu aux enchères par-devant notaire ou en justice ;

A chaque avoué signataire de la requête :

A Paris, 6 fr.

Dans le ressort, 4 fr. 50 c.

Art. 8. *Surenchère sur aliénation volontaire.*

(Art. 382). Requête pour faire commettre un huissier :

A Paris, 2 fr.

Dans le ressort, 1 fr. 50 c.

Vacation pour faire au greffe la soumission de la caution et déposer les titres justificatifs de sa solvabilité :

A Paris, 3 fr.

Dans le ressort, 2 fr. 25 c.

Vacation pour prendre communication des pièces justificatives de la solvabilité de la caution :

A Paris, 3 fr.

Dans le ressort, 2 fr. 25 c.

ART. 9. *Vente de biens de mineurs.*

(Art. 954.) Requête à fin d'homologation de l'avis du conseil de famille pour aliéner les immeubles des mineurs :

A Paris, 7 fr. 50 c.

Dans le ressort, 5 fr. 50 c.

(Art. 956.) Vacation à prendre communication de la minute du rapport des experts :

A Paris, 6 fr.

Dans le ressort, 4 fr. 50 c.

Requête pour demander l'entérinement du rapport :

A Paris, 7 fr. 50 c.

Dans le ressort, 5 fr. 50 c.

Il sera alloué aux avoués, sans distinction de résidence, dans le cas où l'expertise n'aura pas lieu, à raison des soins et démarches nécessaires pour la fixation de la mise à prix, 25 fr.

Sans préjudice du supplément de remise proportionnelle accordé par l'art. 11 de la présente ordonnance.

(Art. 954.) Vacation à prendre communication du cahier des charges, au cas de renvoi devant notaire :

A Paris, 6 fr.

Dans le ressort, 4 fr. 50 c.

(Art. 963.) Requête pour obtenir l'autorisation de vendre au-dessous de la mise à prix :

A Paris, 7 fr. 50 c.

Dans le ressort, 5 fr. 50 c.

Ces émoluments seront les mêmes lorsqu'il s'agira de vente d'immeubles dépendant d'une succession bénéficiaire, d'immeubles dotaux, ou provenant, soit d'une succession vacante, soit d'un débiteur failli, ou qui a fait cession.

Art. 10 *Partages et licitations.*

(Art. 969.) Requête à fin de remplacement du juge ou du notaire commis :

A Paris, 3 fr.

Dans le ressort, 2 fr. 25 c.

(Art. 971.) Vacation à prendre communication du procès-verbal d'expertise :

A Paris, 6 fr.

Dans le ressort, 4 fr. 50 c.

Acte de conclusions d'avoué à avoué pour demander l'entérinement du rapport :

A Paris, 7 fr. 50 c.

Dans le ressort, 5 fr. 50.

Pour chaque copie, le quart.

Il sera alloué aux avoués, sans distinction de résidence, dans le cas où l'expertise n'aura pas lieu, à raison des soins et démarches nécessaires pour la fixation de la mise à prix en cas de vente, ou pour l'estimation et la composition des lots, en cas de partage en nature, 25 fr.

Sans préjudice du supplément de remise proportionnelle accordé par l'art. 11 de la présente ordonnance. Aucune remise proportionnelle ne sera due toutefois dans les cas de partage en nature.

(Art. 973.) Sommation de prendre communication du cahier des charges :

A Paris, 1 fr.

Dans ressort, 75 c.

Pour chaque copie, le quart.

Vacation à prendre communication du cahier des charges, au greffe, pour chaque avoué colicitant ;

En l'étude du notaire, pour l'avoué poursuivant et pour chaque avoué colicitant :

A Paris, 6 fr.

Dans le ressort, 4 fr. 50 c.

Acte de conclusions d'avoué à avoué pour obtenir l'autorisation de vendre au-dessous de la mise à prix :

A Paris, 7 fr. 50 c.

Dans le ressort, 5 fr. 50 c.

Pour chaque copie, le quart.

§ 2. ÉMOLUMENTS COMMUNS AUX DIFFÉRENTES VENTES.

Art. 11. (Code de procédure civile, art. 690.) Pour la grosse du cahier des charges, qui ne sera signifiée dans aucun cas, par rôle contenant vingt-cinq lignes à la page et douze syllabes à la ligne :

A Paris, 2 fr.

Dans le ressort, 1 fr. 50 c.

Vacation pour déposer au greffe le cahier des charges :

A Paris, 3 fr.

Dans le ressort, 2 fr. 45 c.

(Art. 696.) Pour l'extrait qui doit être inséré dans le journal désigné par les cours royales :

A Paris, 2 fr.

Dans le ressort, 1 fr. 50 c.

Il sera passé autant de droits à l'avoué qu'il y aura eu d'insertions prescrites par le Code.

(Art. 697.) Pour obtenir l'ordonnance tendant à faire l'insertion extraordinaire :

A Paris, 2 fr.

Dans le ressort, 1 fr. 50 c.

Cette vacation ne sera allouée qu'autant que l'autorisation aura été obtenue.

Pour faire faire l'insertion extraordinaire :

A Paris, 2 fr.

Dans le ressort, 1 fr. 50 c.

(Art. 698.) Pour faire légaliser la signature de l'imprimeur par le maire :

A Paris, 2 fr.

Dans le ressort, 1 fr. 50 c.

(Art. 699.) Pour l'extrait qui doit être imprimé et placardé, et qui servira d'original et ne pourra être grossoyé :

A Paris, 6 fr.

Dans le ressort, 4 fr. 50 c.

L'avoué poursuivant aura droit à cette allocation toutes les fois que de nouvelles appositions de placards auront été nécessaires.

(Art. 702.) Vacation à l'adjudication :

A Paris, 15 fr.

Dans le ressort, 12 fr.

Ce droit sera alloué à raison de chaque lot adjugé, quelle qu'en soit la composition, sans que ce droit puisse être exigé sur un nombre de lots supérieur à six.

Néanmoins, la somme provenant de la réunion de tous les droits alloués sera répartie également entre tous les adjudicataires, quel qu'en soit le nombre.

Indépendamment des émoluments ci-dessus fixés, il sera alloué à l'avoué poursuivant, sur le prix des biens dont l'adjudication sera faite au-dessus de deux mille francs, savoir : depuis deux mille francs jusqu'à dix mille francs, un pour cent ; sur la somme excédant dix mille francs jusqu'à cinquante mille francs, un demi pour cent ; sur la somme excédant cinquante mille francs jusqu'à cent mille francs, un quart pour cent, et sur l'excédant de cent mille francs indéfiniment, un huitième de un pour cent. En cas d'adjudication par lots de biens compris dans la même poursuite, en l'état où elle se trouvera lors de l'adjudication, la totalité du prix des lots sera réunie pour fixer le montant de la remise.

Le montant de la remise sera calculé sur le prix de chaque lot, séparément, lorsque les lots seront composés d'immeubles distincts.

Cette remise, lorsque le tribunal n'aura pas ordonné l'expertise dans les cas où elle est facultative, sera, depuis deux mille francs jusqu'à dix mille francs, de un et demi pour cent ; sur la somme excédant dix mille francs jusqu'à cent mille francs, de un pour cent ; sur l'excédant de cent mille francs jusqu'à trois cent mille francs, d'un demi pour cent ; et sur l'excédant de

trois cent mille francs indéfiniment, de un quart pour cent.

La remise proportionnelle sur le prix de l'adjudication sera divisée, en licitation, ainsi qu'il suit :

Moitié appartiendra à l'avoué poursuivant ;

La seconde moitié sera partagée par égales portions entre tous les avoués qui ont occupé dans la licitation, y compris l'avoué poursuivant, qui aura sa part comme les autres dans cette seconde moitié.

(Art. 703.) Vacation au jugement de remise :

A Paris, 6 fr.

Dans le ressort, 4 fr. 90 c.

(Art. 706.) Vacation pour enchérir :

A Paris, 7 fr. 50 c.

Dans le ressort, 5 fr. 63 c.

(Art. 707.) Vacation pour enchérir et se rendre adjudicataire :

A Paris, 15 fr.

Dans le ressort, 11 fr. 25 c.

(Art. 707.) Vacation pour faire la déclaration de command :

A Paris, 6 fr.

Dans le ressort, 4 fr. 50 c.

Les vacations pour enchérir, ou pour les déclarations de command, sont à la charge de l'enchérisseur ou de l'adjudicataire.

Art. 12. (Code de procédure civile, art. 708.) Vacation pour faire au greffe la surenchère du sixième au moins du prix principal de l'adjudication :

A Paris, 15 fr.

Dans le ressort, 11 fr. 25. c.

Pour acte de la dénonciation de la surenchère contenant avenir :

A Paris, 1 fr.

Dans le ressort, 75 c.

Pour chaque copie, le quart.

(Art. 734-964.) Vacation pour requérir le certificat du greffier ou du notaire constatant que l'adjudicataire n'a pas justifié de l'acquit des conditions exigibles de l'adjudication :

A Paris, 3 fr.

Dans le ressort, 2 fr. 25 c.

Les émoluments des avoués pour le dépôt de l'acte tenant lieu du cahier des charges, pour les extraits à placarder ou à insérer dans les journaux, pour enchérir, se rendre adjudicataire et faire la déclaration de command, par suite de la surenchère autorisée par l'art. 708, ou de la folle-enchère, seront taxés comme il est dit dans l'art. 11 : le droit de remise proportionnelle sur l'excédant produit par la surenchère ou la folle-enchère sera alloué à l'avoué qui les aura poursuivies.

Les autres incidents des ventes judiciaires ne pourront donner lieu à d'autres et plus forts droits que ceux établis pour les matières sommaires.

Art. 13. Les copies de pièces, qui appartiendront à l'avoué, seront taxées, à raison du rôle de vingt-cinq lignes à la page et de douze syllabes à la ligne :

A Paris, 30 c.

Dans le ressort, 25 c.

CHAPITRE III. — Des notaires.

Art. 14. Dans les cas où les tribunaux renverront des ventes d'immeubles par-devant les notaires, ceux-ci auront droit, pour la grosse du cahier des charges, par rôle contenant vingt-cinq lignes à la page et douze syllabes à la ligne (1) :

A Paris, 2 fr.

Dans le ressort, 1 fr. 50 c.

Ils auront droit en outre, sur le prix des biens vendus, jusqu'à dix mille francs, à un pour cent; sur la somme excédant dix mille francs jusqu'à cinquante mille francs, à un demi pour cent; sur la somme excédant cinquante mille francs jusqu'à cent mille francs, à un quart pour cent; et sur l'excédant de cent mille francs indéfiniment, à un huitième de un pour cent. Moyennant les allocations ci-dessus, les notaires sont chargés de la rédaction du cahier des charges, de la réception des enchères et de l'adjudication; ils ne pourront rien exiger pour les minutes de leurs procès-verbaux d'adjudication.

Les avoués restent chargés de l'accomplissement des autres actes de la procédure; ils auront droit aux émoluments fixés pour ces actes, et, lorsque l'expertise est facultative et n'aura pas été ordonnée, les avoués auront droit en outre à la différence entre la remise allouée pour ce cas par l'art. 11 de la présente ordonnance, et la remise fixée par le paragraphe 2 du présent article.

CHAPITRE IV. — Des experts.

Art. 15. (Code de procédure civile, art. 955,956.) Il sera taxé aux experts, par chaque vacation de trois heures, quand ils opéreront dans les lieux où ils sont domiciliés ou dans la distance de deux myriamètres, savoir : dans le département de la Seine,

Pour les artisans ou laboureurs, 4 fr.

Pour les architectes et autres artistes, 8 fr.

Dans les autres départements :

Aux artisans et laboureurs, 3 fr.

Aux architectes et autres artistes, 6 fr.

Au-delà de deux myriamètres, il sera alloué par chaque myriamètre, pour frais de voyage et nourriture, aux architectes et autres artistes, soit pour aller, soit pour revenir :

A ceux de Paris, 6 fr.

A ceux des départements, 4 fr. 50 c.

Il leur sera alloué pendant leur séjour, à la charge de faire quatre vacations par jour, savoir :

A ceux de Paris, 32 fr.

A ceux des départements, 24 fr.

La taxe sera réduite dans le cas où le nombre des quatre vacations n'aurait pas été employé.

S'il y a lieu à transport d'un laboureur au-delà de deux myriamètres, il sera alloué trois francs par myriamètre pour aller et autant pour le retour, sans néanmoins qu'il puisse être rien alloué au-delà de cinq myriamètres.

Il sera encore alloué aux experts deux vacations, l'une pour leur prestation de serment, l'autre pour le dépôt de leur rapport, indépendamment de leurs frais de transport s'ils sont domiciliés à plus de deux myriamètres de distance du lieu où siège le tribunal; il leur sera accordé par myriamètre, en ce cas, le cinquième de leur journée de campagne.

Au moyen de cette taxe, les experts ne pourront rien réclamer, ni pour frais de voyage et de nourriture, ni pour s'être fait aider par des écrivains ou par des toiseurs et porte-chaînes, ni sous quelque autre prétexte que ce soit; ces frais, s'ils ont eu lieu, restant à leur charge.

Le président, en procédant à la taxe de leurs vacations, en réduira le nombre, s'il lui paraît excessif.

TITRE III. — DISPOSITIONS POUR LES RESSORTS DES AUTRES COURS ROYALES.

Art. 16. Le tarif réglé par le titre précédent pour le tribunal de première instance établi à Paris sera commun aux tribunaux de première instance établis à Marseille, Lyon, Bordeaux et Rouen.

Toutes les sommes portées en ce tarif seront réduites d'un dixième dans la taxe des frais et dépens pour les tribunaux de première instance établis dans les villes où siège une cour royale, ou dans les villes dont la population excède trente mille âmes.

Dans tous les autres tribunaux de première instance, le tarif sera le même que celui qui est fixé pour les tribunaux du res-

(1) Comme le cahier des charges n'est pas grossoyé par les notaires, la perception du droit se fera par évaluation de ce que produirait la minute si elle était grossoyée. C'est ainsi que la chambre des notaires de Paris a fait l'application de l'article.

sort de la cour royale de Paris autres que celui qui est établi dans cette capitale.

Néanmoins le droit fixe de vingt-cinq francs établi par les art. 9 et 10 de la présente ordonnance, et les remises proportionnelles fixées par les art. 11 et 14, seront perçus dans tout le royaume, sans distinction de résidence.

Les dispositions du chapitre 4 du titre précédent seront appliquées sans autre distinction, à raison de la résidence, que celle qui se trouve indiquée dans ce chapitre.

TITRE IV. — DISPOSITIONS GÉNÉRALES.

Art. 17. Tous actes et procédures relatifs aux incidents des ventes immobilières, et qui ne sont pas l'objet de dispositions spéciales dans la présente ordonnance, seront taxés comme actes et procédures en matière sommaire, conformément à l'art. 718 du Code de procédure civile, et suivant les règles établies par le dernier paragraphe de l'art. 12 qui précède.

Si, à l'occasion d'une procédure de vente judiciaire d'immeubles, il s'élève une contestation qui n'ait pas le caractère d'incident, et qui doive être considérée comme matière ordinaire, les actes relatifs à cette contestation seront taxés suivant les règles établies pour les procédures en matière ordinaire.

Art. 18. Dans tous les cahiers des charges, il est expressément défendu de stipuler au profit des officiers ministériels d'autres et plus grands droits que ceux énoncés au présent tarif. Toute stipulation, quelle qu'en soit la forme, sera nulle de droit.

Art. 19. Outre les fixations ci-dessus, seront alloués les simples déboursés justifiés par pièces régulières.

Le timbre des placards autorisés par les art. 699 et 700 du Code de procédure ne passera en taxe que sur un certificat délivré par le président de la chambre des avoués, constatant que le nombre des exemplaires a été vérifié par lui.

Art. 20. Sont et demeurent abrogés les numéros 11, 12, 13, 14 et 15 du tableau annexé au décret du 21 septembre 1810; les paragraphes 44, 45, 46, 47, 48, 49 de l'art. 29; les art. 47, 48, 49, 50 et 63; les paragraphes 14, 15, 16, 17 de l'art. 78; les art. 153, 154, 155, 172 du premier décret du 16 février 1807; la disposition de l'art. 65 du même décret relative à l'apposition des placards; le paragraphe de l'art. 70 applicable à l'acte de signification du cahier des charges; le paragraphe de l'art.

75 applicable aux requêtes contenant demande ou réponse en entérinement du rapport des experts; le paragraphe de l'art. 76 applicable à la commission d'un huissier, à l'effet de notifier la réquisition de mise aux enchères.

Sont également abrogées les dispositions des art. 102, 103, 104, 105, 106, 107, 108, 109, 110, 111, 112, 113, 114, 115, 116, 117, 118, 119, 120, 121, 122, 123, 124, 125, 126, 127, 128, 129, en tant qu'elles concernent les saisies immobilières, les surenchères sur aliénation volontaire, les ventes d'immeubles de mineurs, et de biens dotaux, dans le régime dotal; les ventes sur licitations, les ventes d'immeubles dépendant d'une succession bénéficiaire ou vacante, ou provenant d'un débiteur failli ou qui a fait cession.

Art. 21. Notre ministre de la justice et des cultes (M. Martin du Nord), est chargé, etc.

12 AVRIL = 7 JUIN 1841. — Ordonnance du roi qui ouvre au ministre des travaux publics un crédit extraordinaire pour l'acquittement des dépenses imputables sur les produits spéciaux antérieurs à 1839. (IX, Bull. DCCCXVI, n. 9323.)

Louis-Philippe, etc., vu la loi du 24 mars 1825, qui a autorisé le gouvernement à établir des droits spéciaux de péage pour subvenir aux frais de travaux extraordinaires concernant les rivières navigables et les ports de commerce; vu l'art. 3 de notre ordonnance du 28 octobre 1836 (1), portant que les fonds de cette origine, restant à employer à la fin de chaque année, seront reportés, avec la même destination, au compte de l'exercice suivant; vu les lois de règlement des comptes des exercices 1838 et antérieurs, qui ont consacré le principe du report des produits spécialisés; considérant que, dans le budget de l'exercice 1839, il a été alloué, pour les travaux imputés précédemment sur les produits de cette nature, des crédits représentant ces produits, ce qui a fait cesser la spécialité résultant de la loi du 24 mars 1825, à partir de 1839, sans enlever aux produits antérieurs leur destination primitive; considérant aussi qu'il résulte des tableaux annexés au projet de loi de règlement des comptes de l'exercice 1839, qu'à l'expiration de cet exercice il restait disponible, sur les produits spécialisés antérieurs à 1839, une somme de soixante et dix mille six cent cinquante-six francs quarante centimes, dont l'annulation est proposée pour ordre par le projet de loi précité; sur le rapport

_____
(1) Voy. tome 36, p. 468.

de notre ministre secrétaire d'Etat des travaux publics, et de l'avis de notre conseil des ministres, etc.

Art. 1er. Un crédit extraordinaire de soixante et dix mille six cent cinquante-six francs quarante centimes est ouvert à notre ministre des travaux publics sur les fonds de l'exercice 1840, pour subvenir à l'acquittement des dépenses imputables sur les produits spécialisés en vertu de la loi du 24 mars 1825, perçus antérieurement à l'exercice 1839.

2. La régularisation de ce crédit sera proposée aux Chambres, dans la loi de règlement du budget de 1840.

3. Nos ministres des travaux publics et des finances (MM. Teste et Humann) sont chargés, etc.

---

29 AVRIL == 7 JUIN 1841. — Ordonnance du roi qui fixe la cotisation à percevoir, pendant l'exercice 1841, sur les coupons, parts ou éclusées des bois de charpente, sciage et charronnage flottés, servant à l'approvisionnement de Paris. (IX, Bull. DCCCXVI, n. 9324.)

Louis-Philippe, etc., sur le rapport de notre ministre secrétaire d'Etat des travaux publics; vu la délibération en date du 10 décembre 1840 de la communauté des marchands de bois carrés et autres, destinés à l'approvisionnement de Paris, ayant pour objet de pourvoir, dans un intérêt commun, aux dépenses qu'entraîneront, pendant la campagne de 1841, le transport en cours de navigation et la conservation desdits bois; la lettre de l'agent général de cette communauté du 14 du même mois; l'art. 9, tit. 1er de la loi du 16 juillet 1840, portant fixation du budget des recettes de l'exercice 1841; notre conseil d'Etat entendu, etc.

Art. 1er. Il sera payé, à titre de cotisation, sur tous les coupons, parts ou éclusées de bois de charpente, sciage et charronnage flottés, pendant l'exercice 1841, savoir : 1º pour chaque coupon de bois de charpente qui sera flotté sur les rivières d'Yonne, de Cure et d'Armançon, ainsi que sur le canal de Bourgogne, deux francs trente-cinq centimes, dont un franc soixante et dix centimes à l'arrivée aux gares de Bercy ou à la gare d'Ivry, et soixante-cinq centimes à leur sortie, indépendamment des deux francs par coupon payables au passage sous le pont de Sens, pour cotisation spécialement affectée au service des flots et éclusées sur l'Yonne; 2º pour chaque coupon de charpente provenant de la rivière de Marne, trois francs, dont deux francs à l'arrivée auxdites gares, et un franc à la sortie; 3º pour chaque part de bois de

sciage provenant de la Marne, trois francs cinquante centimes, dont deux francs vingt-cinq centimes à l'arrivée auxdites gares, et un franc vingt-cinq centimes à la sortie; 4º pour chaque coupon de bois de charronnage provenant de la Marne, deux francs cinquante centimes, dont un franc soixante et quinze centimes à l'arrivée auxdites gares, et soixante et quinze centimes à la sortie; 5º selon l'usage, les éclusées compteront pour quatre coupons de Marne; et les parts ou coupons de la rivière d'Aube, trois pour deux; ceux des rivières dite Petite-Seine et Morin, deux pour un; 6º la cotisation payable, partie à l'arrivée aux gares, partie à la sortie, sera intégralement acquittée immédiatement après leur arrivée à destination, pour les parts, coupons et éclusées qui ne s'arrêteraient pas dans les gares; 7º il sera payé en sus un franc soixante et quinze centimes par coupon ou part dont on réclamerait le garage aux ports intérieurs de la Rapée, d'Austerlitz ou à l'embouchure du canal Saint-Martin.

2. Le paiement sera fait, à Paris, entre les mains de l'agent général de la compagnie, et, à Sens, lors du passage sous le pont ou au moment du départ, entre les mains du commis préposé à cet effet.

3. Les agents de la communauté sont autorisés à employer tous les moyens qui sont en leur pouvoir, à l'effet d'assurer le paiement de ladite cotisation. En cas de refus de paiement, la perception s'effectuera comme en matière de contributions publiques.

4. Nos ministres des travaux publics et des finances (MM. Teste et Humann) sont chargés, etc.

1er = 7 JUIN 1841. — Ordonnance du roi qui règle le mode d'application du droit d'entrée sur les fils de lin et de chanvre retors. (IX, Bull. DCCCXVI, n. 9326.)

Louis-Philippe, etc., vu l'art. 1er de la loi du 6 mai dernier, qui divise, pour la perception des droits d'entrée, les fils de lin et de chanvre en quatre classes, selon leur degré de finesse; vu la disposition du même article, portant que l'application des droits sur le fil retors sera réglée par une ordonnance royale, dont la teneur sera soumise aux Chambres pour être convertie en loi dans les trois premiers mois de la prochaine session; sur le rapport de nos ministres secrétaires d'Etat au département de l'agriculture et du commerce, et au département des finances, etc.

Art. 1er. Pour l'application du droit d'entrée sur les fils de lin et de chanvre retors, on multipliéra le nombre de mètres que mesurera un kilogramme du fil déclaré, par le nombre des bouts de fil simple dont il sera composé : le produit déterminera la classe à laquelle ce fil appartiendra, et par suite le droit à lui appliquer.

2. Nos ministres des finances et de l'agriculture et du commerce (MM. Humann et Cunin-Gridaine) sont chargés, etc.

12 MAI = 7 JUIN 1841. — Ordonnance du roi qui autorise la cession, à la ville de Toulouse, de trois parcelles de terrains domaniaux. (IX, Bull. supp. DXXXIX, n. 15542.)

Louis-Philippe, etc., vu la demande formée par le maire de la ville de Toulouse le 8 juillet 1840, et tendant à obtenir la concession, pour l'élargissement de la voie publique, de trois parcelles de terrains domaniaux situées dans cette ville, et contenant ensemble trente-quatre mètres cinquante-six centimètres ; le plan des lieux et le procès-verbal d'estimation contradictoire, en date du 30 décembre 1840, portant la valeur de ces terrains à la somme de cent quatre-vingt-dix francs huit centimes ; vu la délibération du 11 janvier suivant, par laquelle le conseil municipal a déclaré qu'il adhérait à cette estimation ; l'arrêté du préfet du département de la Haute-Garonne, pris, le 9 février dernier, en conseil de préfecture, conformément à l'art. 46 de la loi du 18 juillet 1837 ; l'avis du conseil d'Etat, approuvé le 21 février 1808, d'après lequel les biens de l'Etat sont, comme les propriétés particulières, susceptibles d'être aliénés pour cause d'utilité publique, départementale ou communale, sur estimation d'experts ; considérant que les dispositions de cet avis sont applicables à la demande de la ville de Toulouse ; sur le rapport de notre ministre secrétaire d'Etat au département des finances, etc.

Art. 1er. Le préfet du département de la Haute-Garonne est autorisé à concéder à la ville de Toulouse les deux parcelles de terrain situées dans la même ville, place Saint-Michel, et le terrain situé place Arnaud-Bernard, tels que ces terrains sont désignés dans le procès-verbal d'estimation contradictoire du 30 décembre 1840 et dans le plan qui y est joint, lesquels resteront annexés à la minute de l'acte de cession.

2. Cette cession sera faite à la charge par la ville de Toulouse de verser dans la caisse du domaine la somme de cent quatre-vingt-dix francs huit centimes, prix déterminé par le procès-verbal d'estimation, dans les délais et avec les intérêts fixés par les lois des 15 floréal an 10 et 5 ventôse

an 12 ; la ville devra, en outre, supporter tous les frais faits, y compris ceux d'expertise, auxquels cette même cession a pu ou pourra donner lieu.

3. Nos ministres des finances et de l'intérieur (MM. Humann et Duchâtel) sont chargés, etc.

19 MAI = 7 JUIN 1841. — Ordonnance du roi portant autorisation de la compagnie des manufactures de glaces et de verres de Saint-Quirin, Cirey et Monthermé. (IX, Bull. supp. DXXXIX, n. 15543.)

Louis-Philippe, etc., sur le rapport de notre ministre secrétaire d'Etat de l'agriculture et du commerce ; vu l'ordonnance royale du 29 septembre 1815, portant autorisation de la société anonyme formée pour l'exploitation des manufactures de glaces et de verres de Saint-Quirin (Meurthe) et de Monthermé (Ardennes) ; vu la délibération prise par l'unanimité des actionnaires de ladite compagnie le 27 juin 1838 ; vu les art. 29 à 37, 40 et 45 du Code de commerce ; notre conseil d'Etat entendu, etc.

Art. 1er. La société anonyme des manufactures de glaces et de verres de Saint-Quirin et de Monthermé, renouvelée sous la dénomination de *Compagnie des manufactures de glaces et de verres de Saint-Quirin, Cirey et Monthermé*, est autorisée. Sont approuvés les statuts de ladite société, tels qu'ils sont contenus dans l'acte passé, le 12 mai 1841, par-devant Me Outrebon et son collègue, notaires à Paris, lequel acte restera annexé à la présente ordonnance.

2. Nous nous réservons de révoquer notre autorisation en cas de violation ou de non exécution des statuts approuvés, sans préjudice des droits des tiers.

3. La société sera tenue de remettre, tous les six mois, un extrait de son état de situation au ministère de l'agriculture et du commerce, aux préfets des départements de la Seine, de la Meurthe et des Ardennes, à la chambre de commerce de Paris et aux greffes des tribunaux de commerce de Paris, Saint-Quirin, Cirey et Monthermé.

4. Notre ministre de l'agriculture et du commerce (M. Cunin-Gridaine) est chargé, etc.

Acte de société anonyme de la compagnie des manufactures de glaces et de verres de Saint-Quirin, Cirey et Monthermé.

EXPOSÉ.

Depuis longues années les manufactures de glaces et de verres de Saint-Quirin, Monthermé et Cirey étaient possédées, la première à titre de location et les deux autres à titre d'acquisition et de création, par les parties ou leurs auteurs, et elles étaient administrées en vertu d'actes de société successifs antérieurs ou postérieurs à la législation actuelle sur les sociétés de commerce. Tout récemment la société a acquis de l'État la propriété de l'usine de Saint-Quirin, que jusqu'alors elle avait tenue de lui à titre de location. Le dernier de ces actes sociaux, qui a pour date le 27 octobre 1813, déposé pour minute à Mᵉ Forest, notaire à Charleville le 21 décembre 1815, en conservant le mode d'administration établi par les actes antérieurs, a placé, par suite de la promulgation alors récente du Code de commerce, l'entreprise sous le régime de la société anonyme, et son terme de durée est expiré à la fin de l'année 1840. Les parties se sont accordées à renouveler cette société en mettant, par une rédaction nouvelle, leurs statuts en harmonie plus parfaite tant avec les principes et les exigences de la législation qu'avec l'état des faits. Ces statuts demeurent donc arrêtés, sauf la sanction du gouvernement, de la manière suivante :

Art. 1ᵉʳ. La société anonyme constituée pour l'exploitation des manufactures de glaces et de verres de Saint-Quirin et Monthermé, suivant acte du 27 octobre 1813, est et demeure renouvelée pour cinquante ans, qui expireront le 31 décembre 1890.

2. La société existera désormais sous la dénomination de *Compagnie des manufactures de glaces et de verres de Saint Quirin, Cirey et Monthermé*. Elle aura pour objet la fabrication des glaces de toute espèce, de verres à vitre, et de toute industrie en rapport avec ces objets principaux de fabrication.

3. Le siége de la société est fixé à Paris.

4. L'actif de la société continuera de se composer de toutes les valeurs mobilières et immobilières actuelles, à savoir : l'établissement de Cirey, celui de Monthermé, celui de Saint-Quirin, le droit au bail de l'entrepôt de Paris et les constructions qui s'y rattachent, ainsi que ce droit résulte des conventions existantes avec la compagnie des glaces de Saint-Gobain ; ensemble toutes les valeurs en caisse, portefeuille, marchandises et approvisionnements, tel que tout existait au 1ᵉʳ janvier 1841, d'après le résumé des inventaires arrêté au 31 décembre 1840. Toutes ces valeurs s'élèvent, passif déduit, à onze millions huit cent quatre-vingt-dix-huit mille trois cent quatre-vingt-un francs soixante et dix-neuf centimes (11,898,381 fr. 79 c.), suivant les procès-verbaux d'expertise des 1ᵉʳ août et 7 octobre 1840, adressés à MM. les préfets des Ardennes et de la Meurthe : toutefois, la société ne porte cet actif qu'à dix millions (10,000,000). Sur cette somme, celle de huit millions est et demeure fixée comme capital social invariable. Parmi les valeurs qui composeront le capital social devront toujours se trouver en valeur de caisse ou de portefeuille, ou en approvisionnements à appliquer à la fabrication, une somme suffisante pour assurer le service pendant six mois. Après la liquidation de son passif actuel, la société pourra, par délibération prise en assemblée générale, retirer et répartir entre les actionnaires, notamment par la réalisation de valeurs immobilières qui seraient reconnues surabondantes, ce qui dans l'actif excéderait le capital social de huit millions qui vient d'être fixé.

5. Le fonds social sera désormais divisé en cent quatre-vingt-douze actions, chacune desquelles représentera un cent quatre-vingt-douzième dans la propriété des valeurs sociales et dans le partage de leurs produits. Les cent quatre-vingt-douze ac-

tions formant la totalité du fonds social appartiennent aux parties présentes ou représentées au présent acte dans la proportion suivante, savoir :

(*Suivent les noms.*)

Le tout sauf les droits de jouissance légale appartenant à M. le général Gourgaud et à mesdames Rœderer et de Guaita sur les actions attribuées cidessus à leurs enfants mineurs.

6. Les actions seront nominatives et extraites d'un registre à souche tenu au siége de la société ; elles seront signées par la majorité au moins des administrateurs de la société, et délivrées par eux aussitôt après leur entrée en fonctions, à chaque ayant-droit. Ces actions seront cessibles, sauf les restrictions ci-après. La cession résultera d'un transfert signé, sur un registre à ce destiné, par le cédant, le cessionnaire et l'un des administrateurs de la compagnie : sur cette cession, il sera délivré au cessionnaire une action nouvelle. Le transfert d'une action emportera nécessairement en faveur du nouveau titulaire, du moins à l'égard de la société, cession complète et absolue de tous les droits sans exception qui résulteront de cette action sur les valeurs sociales. La société aura droit de préemption sur les actions ainsi cédées, à moins que le cessionnaire ne soit déjà actionnaire. A cet effet, le cédant et le cessionnaire adresseront à la société, à son siége à Paris, une déclaration signée par eux, et dont le vendeur affirmera, sous serment, la sincérité, entre les mains de l'un des administrateurs, du prix de la cession. Cette déclaration sera adressée immédiatement à chacun des administrateurs, et le conseil d'administration, à la majorité, aura la faculté de réserver l'acquisition pour compte de la société, au prix affirmé : ce qu'il sera tenu de déclarer au cédant et au cessionnaire dans les quarante-cinq jours ; après quoi le transfert sera réalisé. L'action ne pourra être acquise que sur des bénéfices sociaux absolument libres, en dehors du fonds social et de la réserve obligée ; et l'acquisition ainsi faite, l'action restera disponible pour la société, et le conseil d'administration pourra la revendre au besoin ou en disposer autrement, à quelque titre que ce soit, dans l'intérêt de la société ; mais, dans ce dernier cas, avec l'approbation de l'assemblée générale. Ce droit de préemption ne pourra être exercé lorsque le cessionnaire sera le conjoint du cédant, ou son parent, ou son allié jusqu'au sixième degré. Il ne pourra non plus être exercé lorsque les actions auront été données à titre gratuit, par donation entre-vifs ou testamentaire. Le droit de préemption ne pouvant s'exercer dans le cas de vente d'une action par voie judiciaire, le conseil d'administration avisera, s'il y a lieu, à l'acquisition aux enchères publiques.

7. En cas de décès d'un actionnaire, il ne pourra y avoir lieu à aucune apposition de scellés, inventaire, ni autre intervention de justice dans les affaires de la compagnie, les héritiers n'ayant d'autres droits à exercer du chef de leur auteur que ceux d'un simple actionnaire.

8. Aucun actionnaire ne pourra, à l'avenir, être intéressé, à quelque titre que ce soit, dans une entreprise française ou étrangère se livrant à une industrie rivale de celle de la société, sans le consentement du conseil d'administration.

9. Chaque année, au mois d'avril, les actionnaires se réuniront en assemblée générale, à Paris, sur convocations faites par lettres chargées, signées de la majorité au moins des membres du conseil d'administration. L'assemblée générale ne peut

être convoquée extraordinairement que par la majorité des membres du conseil d'administration ou sur la réquisition d'actionnaires représentant le tiers au moins des actions sociales. L'assemblée se constituera sous la présidence du président du conseil d'administration, et, à son défaut, du doyen d'âge des administrateurs présents. Les deux plus forts actionnaires présents rempliront les fonctions de scrutateurs ; en cas de concurrence, le doyen d'âge aura la préférence. Les procès-verbaux seront rédigés par les soins du président de l'assemblée, et signés par lui et les scrutateurs. L'assemblée générale a pour mission d'entendre le rapport du conseil d'administration, et de recevoir son compte des opérations de l'année ; elle approuve ce compte, s'il y a lieu, sur le rapport qui lui en est fait par une commission de censure de trois membres nommés dans l'assemblée annuelle précédente parmi les actionnaires propriétaires d'au moins deux actions. A cet effet, le compte doit être communiqué trente jours à l'avance à la commission des censeurs, qui communiquera à son tour ses observations au conseil d'administration quinze jours au moins avant l'assemblée. Elle approuve la fixation du dividende proposé par le conseil d'administration. Lorsque l'assemblée générale aura pour but l'approbation du compte et du dividende, et la nomination de la commission de censure, sans autre proposition extraordinaire, elle pourra délibérer lorsque les actionnaires présents ou représentés réuniront entre leurs mains les tiers des actions. Les délibérations seront, sauf les exceptions ci-après prévues, prises à la simple majorité. Dans le cas où deux tours de scrutin constateraient un partage, la voix du président serait, au second tour, prépondérante. L'assemblée générale procède par voie d'élection à la nomination, 1° des membres du conseil d'administration ; 2° des directeurs et sous-directeurs des manufactures exploitées par la société, et de l'entrepôt de Paris ; elle fixe leur traitement. Pour ces deux cas, l'assemblée ne pourra faire l'élection qu'à la majorité des quatre cinquièmes des voix ayant droit de voter aux assemblées générales. Dans tous les cas où il y aura lieu à une assemblée générale, si, sur une première convocation, il n'y avait pas un nombre suffisant de membres présents, ou que la majorité voulue ne fût pas acquise, il y aurait ajournement de droit à quinzaine, et, pour cette fois, l'élection serait faite et les délibérations seraient prises à la simple majorité des voix des membres présents.

10. Pour avoir droit d'assistance et de vote à l'assemblée générale, il faut être propriétaire d'au moins deux actions et les posséder depuis un mois au moins avant la date de la convocation de l'assemblée générale. Les voix se compteront ainsi : pour deux ou trois actions, une voix ; pour quatre ou cinq actions, deux voix ; pour six ou sept actions, trois voix ; pour huit ou neuf actions, quatre voix ; pour dix ou onze actions, cinq voix ; pour douze ou treize actions, six voix ; pour quatorze ou quinze actions, sept voix ; pour seize actions et au-delà, huit voix. Toutefois, l'actionnaire qui possédera au-delà de seize actions aura une voix de plus pour chaque nombre de huit actions excédant les seize premières, pourvu que ces voix supplémentaires ne puissent excéder trois. Nul ne peut avoir plus de onze voix, quel que soit le nombre d'actions qu'il possède. L'actionnaire ayant droit de vote, c'est-à-dire ayant deux actions ou plus, peut se faire représenter à l'assemblée générale par un mandataire, pourvu que ce dernier soit actionnaire lui-même. Si l'actionnaire mandataire ne possède personnellement qu'une seule action, il ne votera que pour son mandant. L'actionnaire mandataire, soit qu'il ait ou non le droit de voter pour lui-même, ne pourra, à l'aide de mandats, réunir en sa personne plus de onze voix. Dans le cas où des actions en nombre suffisant pour voter seraient possédées par indivis entre des héritiers, ces héritiers, s'ils sont tous mineurs, seront représentés aux assemblées générales par leur tuteur. Si les cohéritiers sont majeurs et mineurs, ou tous majeurs, ils seront tenus de se faire représenter par l'un d'eux, et non par un mandataire étranger. Si les actions sont possédées par un usufruitier et un nu-propriétaire, le droit de vote appartiendra à l'usufruitier.

11. L'administration supérieure des affaires de la société est confiée à un conseil d'administration composé de cinq membres nommés, ainsi qu'il est dit ci-dessus, par l'assemblée générale. Pour être membre du conseil d'administration, il faut posséder au moins trois actions, qu'il faut conserver tant qu'on reste en fonctions. Ces fonctions sont gratuites ; la société tient seulement compte aux administrateurs, lorsqu'ils se déplacent pour les affaires de la société, de leurs frais de voyage et de séjour, tels qu'ils sont fixés par l'assemblée générale. Les fonctions d'administrateur durent cinq ans ; les administrateurs peuvent être indéfiniment réélus. En cas de décès, démission ou d'empêchement d'un administrateur dans l'intervalle d'une assemblée générale à l'autre, il est pourvu à son remplacement dans l'assemblée générale ordinaire suivante, sauf le cas où une dissidence entre les quatre administrateurs restant, sur des mesures essentielles d'administration, rendrait nécessaire son remplacement provisoire, auquel cas le conseil d'administration se compléterait transitoirement par l'adjonction de celui des membres de la commission des censeurs qui aurait obtenu le plus de voix lors de l'élection : en cas d'égalité de voix, le doyen d'âge sera préféré. Dans la première assemblée générale qui suivra l'approbation des présents statuts, un tirage au sort réglera l'ordre de sortie des administrateurs, de telle façon que deux d'entre eux cesseront leurs fonctions (sauf réélection) au bout de cinq ans, deux autres au bout de sept ans, et enfin le cinquième au bout de neuf ans. Les élections se feront ensuite de deux ans en deux ans, et auront alors uniformément effet pour cinq ans. Le conseil d'administration est convoqué par son président. Cette convocation ne peut avoir lieu qu'avec l'agrément de trois de ses membres, qui déterminent le lieu de la réunion, soit à Paris, soit dans l'un des établissements sociaux, soit ailleurs, selon l'occurrence ; les deux autres membres y seront convoqués à délai suffisant. Le conseil d'administration élit dans son sein, pour chaque année, à la majorité des voix, celui de ses membres qui présidera ses séances. Les administrateurs ne peuvent déléguer par mandat leur droit d'assistance et de vote. Les délibérations ne peuvent être prises qu'à une majorité formée par trois voix au moins. S'il arrivait pourtant que trois membres seulement se trouvassent présents, et qu'il n'y eût pas unanimité entre eux, il y aurait lieu à convocation nouvelle des cinq administrateurs, et, dans cette nouvelle réunion, l'opinion de la majorité, quel que soit le nombre des votants, pourvu qu'il ne soit pas inférieur à trois, formerait délibération obligatoire. Le conseil d'administration surveille la direction des établissements sociaux. Il reçoit les comptes des di-

recteurs, et dresse sur ces comptes la balance à soumettre à l'assemblée générale. et de laquelle doit ressortir la réserve qu'il croit devoir proposer, et le dividende à répartir sur chaque action. La réserve ne pourra être moindre de cinq pour cent du bénéfice de l'année, tel qu'il ressortira de l'inventaire. Il règle le mode d'emploi des fonds sociaux disponibles. Il détermine les changements ou innovations à apporter dans la fabrication. Aucune acquisition de terrains, construction de bâtiments ou machines nouvelles dans les établissements existants, ne peut avoir lieu sans son autorisation, si son importance excède trois mille francs ; il effectue ou autorise, au besoin, tout emprunt par hypothèque ou autrement sur les valeurs sociales, sauf l'approbation de l'assemblée générale. Il procède à la création ou acquisition de tout établissement nouveau, et à la vente, soit des valeurs immobilières indépendantes des établissements sociaux, soit de tel ou tel de ces établissements dont la conservation sera reconnue inutile ou préjudiciable à la société. Toutefois, dans le cas où l'établissement et où la valeur immobilière qu'il s'agirait de vendre, d'acheter ou de créer, dépasserait une valeur de vingt mille francs, le conseil d'administration n'agira que sur une délibération de l'assemblée générale qui l'autoriserait. Le conseil d'administration défend en justice, tant en demandant qu'en défendant, sur toute action intéressant la compagnie ; il transige ou compromet sur ces actions. Quant aux actions judiciaires, aux compromis ou transactions qui sont relatifs spécialement à l'un des établissements, elles sont exercées, défendues ou stipulées par le directeur de l'établissement. Le conseil d'administration n'émet et ne signe aucun engagement, aucun contrat ; il prend seulement des délibérations en vertu desquelles chaque directeur procède, signe et stipule pour la partie de gestion à lui attribuée. Dans le cas où il s'agirait de l'acquisition d'un établissement nouveau, le conseil d'administration stipulerait directement.

12. La gestion de chaque manufacture sociale sera confiée à un directeur qui pourra avoir sous ses ordres un sous-directeur. Il pourra y avoir aussi, comme par le passé, un seul directeur pour plusieurs établissements, et un sous-directeur pour chacun d'eux en particulier. L'organisation actuelle des directions et sous-directions est maintenue jusqu'à ce que l'assemblée générale en ait délibéré. L'inspecteur de l'entrepôt des glaces à Paris prendra rang de directeur, et le sous-inspecteur de cet entrepôt, rang de sous-directeur. Toutes les stipulations relatives aux nominations ou révocations de directeurs ou sous-directeurs, aux garanties de gestion et à l'incompatibilité des fonctions leur sont applicables. Pour être directeur, il faut posséder et conserver deux actions ; chaque sous-directeur devra en posséder et conserver une. Les directeurs ou sous-directeurs peuvent être membres du conseil d'administration ; si cette circonstance a lieu, la possession de trois actions exigée de chaque administrateur suffira. Les directeurs sont chargés, chacun pour l'usine confiée à ses soins, de la direction de la fabrication ; ils font et signent, sans qu'il soit besoin d'autorisation préalable du conseil d'administration, la correspondance et tous les traités et marchés d'approvisionnement à ce relatifs ; ils souscrivent, tirent et endossent les effets de commerce se rattachant aux opérations de leur direction ; ils engagent ou révoquent tous ouvriers ou employés de leur direction ; ils attaquent ou défendent en justice, au nom de la compagnie, sur les

actes et les faits relatifs à leur direction ; ils transigent ou compromettent sur ces actions, mais sous l'autorisation du conseil d'administration, si l'intérêt en litige excède vingt mille francs ; leur signature est émise en ces termes : « Pour la compagnie des manufactures de glaces et verres de Saint-Quirin, Cirey et Monthermé, le directeur de Saint-Quirin, ou le directeur de Cirey, ou le directeur de Monthermé, N. » L'inspecteur de l'entrepôt signera en cette qualité au nom de la compagnie. Les sous-directeurs ont les mêmes pouvoirs que les directeurs, mais ils n'en peuvent user qu'en l'absence de ces derniers, auxquels ils sont complétement subordonnés. Les directeurs et sous-directeurs peuvent être suspendus à volonté par le conseil d'administration, jusqu'à la première assemblée générale, qui statue sur leur révocation ; les uns et les autres ne peuvent se démettre qu'en prévenant le conseil d'administration six mois d'avance. Chaque directeur dressera et remettra chaque année au conseil d'administration, aux époques qui seront réglées par des délibérations de ce conseil, un inventaire général de l'établissement confié à sa direction. Sur ces inventaires réunis, le conseil d'administration dressera la balance à soumettre à l'assemblée générale. Indépendamment de ces inventaires annuels, chaque directeur dressera et remettra à la fin de chaque mois, à chacun des membres du conseil d'administration, un état de la situation de l'établissement dirigé par lui.

13. Dans le cas où, dans l'intervalle d'une assemblée à l'autre, un ou plusieurs actionnaires auraient des observations à faire, dans l'intérêt commun, sur les opérations, soit du conseil d'administration, soit de l'un des directeurs ou sous-directeurs, ils les adresseront à la commission des censeurs, en la personne de son doyen d'âge ; laquelle commission prendra, sur les faits qui lui seraient signalés, tels renseignements que de droit, et en fera, s'il y a lieu, son rapport lors de l'assemblée générale annuelle. Il est bien entendu, toutefois, que le droit de visiter les établissements et de compulser les écritures sociales ne peut être exercé par un actionnaire individuellement, et n'appartient qu'à la commission des censeurs, ou à l'un de ses membres délégué par elle.

14. La société arrivant à son terme sans renouvellement, ou étant dissoute avant son terme, l'assemblée générale ordinaire réglera le mode de liquidation, à moins que l'assemblée générale extraordinaire ne l'ait fait elle-même. La dissolution serait opérée de droit, dans le cas où un inventaire constaterait la réduction du capital social à moitié, par suite des pertes subies sur l'exploitation ou autrement. A cet effet, et pour assurer que les inventaires présenteront toujours la position vraie de la société, il sera opéré annuellement une réduction suffisante sur les valeurs mobilières ou immobilières susceptibles de dépréciation.

15. Dans le cas où il y aura lieu : 1° de modifier les statuts ; 2° de déclarer la dissolution de la société ; 3° d'arrêter le renouvellement de la société, les actionnaires seraient convoqués en assemblée extraordinaire, sur la provocation de la majorité du nombre des membres composant le conseil d'administration ou d'un nombre d'actionnaires possédant au moins la moitié des actions. Dans ces assemblées extraordinaires, chaque action représentera une voix, quel que soit le nombre d'actions possédées par la même personne. Les délibérations ne seront valables, sur les trois points ci-dessus indiqués, qu'autant qu'elles auront été prises par

une majorité représentant les trois quarts de la totalité des actions composant le capital social. Elles devront être approuvées par ordonnance du roi. Dans le cas où la délibération aurait pour but de proroger la durée de la société, les actionnaires dissidents auront le droit d'exiger le remboursement du prix de leurs actions d'après les estimations du dernier inventaire. On pourra se faire représenter, à ces assemblées générales extraordinaires, par des mandataires, pourvu qu'ils soient actionnaires eux-mêmes.

16. En cas de difficultés sur l'exécution du présent acte, en tant qu'elles auront caractère de contestations sociales, dans le sens de l'art. 51 du Code de commerce, elles seront jugées en dernier ressort, à Paris, à la majorité des voix, par trois arbitres, sur le choix desquels les parties devront unanimement s'accorder ; à défaut de quoi, ces arbitres seront nommés, sur simple requête, par le président du tribunal de commerce.

17. Chaque actionnaire non domicilié au siége légal de la société sera tenu d'y élire un domicile ; à défaut de quoi, cette élection de domicile existera de droit au parquet du procureur du roi de l'arrondissement. Toute procédure sera valablement faite à ce domicile élu, et sans augmentation de délai de distance.

0 == 12 JUIN 1841. — Loi qui ouvre un crédit pour l'augmentation de la cavalerie de la garde municipale de Paris (1). (IX, Bull. DCCCXVII. n. 9331.)

Art. 1er Il est ouvert au ministre de la guerre, sur l'exercice 1841, un crédit spécial de deux cent trente-huit mille quatre cent trente francs (238,430 fr.), comme subvention à la ville de Paris pour l'augmentation de la cavalerie de la garde municipale.

Cette subvention est destinée à l'entretien de deux cent quarante-sept hommes et de deux cent trente-neuf chevaux pendant les six derniers mois de 1841, conformément au tableau annexé à la présente loi. La ville de Paris demeure chargée, en outre,

De toutes les dépenses de casernement ;
Des indemnités de logement ;
Et de la fourniture des lits en fer pour le coucher de nouveaux cavaliers.

Art. 2. Il sera pourvu aux dépenses autorisées par la présente loi, au moyen des ressources ordinaires et extraordinaires accordées pour les besoins de l'exercice 1841.

Tableau présentant le détail et le montant de la dépense qui nécessite l'emploi du crédit de quatre cent soixante-six mille huit cent soixante fr. quatre-vingt-cinq cent.

GRADES ET EMPLOIS.	AUGMENTATION PROJETÉE.				MONTANT de LA DÉPENSE.	OBSERVATIONS.
	Hommes.		Chevaux.			
	Officiers.	Troupe.	d'officiers.	de troupe.		
					fr. c.	
État-major.						On fait figurer ici une somme de dix mille francs affectée au traitement du deuxième lieutenant-colonel, emploi qui a été rétabli par ordonnance du 17 août 1839, et qui se trouve déjà compris dans le projet de budget pour 1842.
Lieutenant-colonel.........	»	»	»	»	10,000 00	
Chef d'escadron...........	1	»	2	»	8,000 00	
Capitaine adjudant-major....	1	»	2	»	4,500 00	
Adjudant sous-officier.......	»	»	»	2	1,058 00	La somme ci-contre représente l'indemnité de fourrages à accorder à des adjudants du corps qui devront être montés.
A reporter.	2	»	4	2	23,558 00	

(1) Présentation à la Chambre des Députés le 3 avril (Mon. du 4) ; rapport par M. Bignon le 29 avril (Mon. du 7 mai) ; discussion et adoption le 8 mai (Mon. du 9), à la majorité de 180 voix contre 49.

Présentation à la Chambre des Pairs le 19 mai (Mon. du 20) ; rapport par M. Besson le 5 juin (Mon. du 6) ; adoption sans discussion le 9 (Mon. du 10), à la majorité de 94 voix contre 4.
Voy. loi du 18 juillet 1839, t. 39, p. 161.

GRADES ET EMPLOIS.	AUGMENTATION PROJETÉE.				MONTANT de LA DÉPENSE.	OBSERVATIONS.
	Hommes.		Chevaux.			
	Officiers.	Troupe.	d'officiers.	de troupe.		
					fr. c.	
Report.....	2	»	4	2	23,558 00	
Vétérinaire en premier......	»	»	»	»	»	
Vétérinaire en deuxième.....	»	»	»	»	»	
Trompette-major...........	»	»	»	»	156 95	Le brigadier trompette étant remplacé par un maréchal-des-logis-trompette, la somme ci-contre représente seulement la différence de solde qui existe entre ces deux grades.
Escadrons.						
Capitaine commandant......	1	»	2	»	4,500 00	
Lieutenants et sous-lieutenants.	8	»	8	»	29,600 00	
Maréchal-des-logis chef.......	»	1	»	»	4,883 40	
Maréchaux-des-logis........	»	16	»	16	35,857 60	
Maréchaux-des-logis fourriers. .	»	1	»	»	1,576 80	
Brigadiers élèves fourriers. ...	»	5	»	»	6,442 25	
Gardes...................	»	32	»	32	62,488 00	
Trompettes...............	»	172	»	172	271,837 40	
Maréchaux-ferrants.........	»	3	»	3	4,938 45	
	»	6	»	»	4,380 00	
TOTAUX.....	11	236	14	225	447,218 85	
					19,642 00	A ajouter pour les dépenses du matériel.
TOTAUX GÉNÉRAUX.....	247		239		466,860 85	

19 AVRIL = 12 JUIN 1841. — Ordonnance du roi qui augmente le nombre des élèves des écoles secondaires ecclésiastiques des diocèses d'Angoulême, Autun, Cambrai, Metz, Pamiers et Versailles. (IX, Bull. DCCCXVII, n. 9332.)

Louis-Philippe, etc., sur le rapport de notre garde des sceaux, ministre secrétaire d'État au département de la justice et des cultes ; vu l'art. 1ᵉʳ de l'ordonnance du 16 juin 1828, qui fixe à vingt mille le nombre d'élèves qui pourra être placé dans les écoles secondaires ecclésiastiques ; vu notre ordonnance du 21 octobre 1839 (1), portant répartition de dix-neuf mille cinq cent quatre-vingt-cinq élèves ecclésiastiques entre les quatre-vingts diocèses du royaume, etc.

Art. 1ᵉʳ. Le contingent du diocèse d'Angoulême est porté de cent à cent cinquante ; celui du diocèse d'Autun, de trois cent soixante à trois cent quatre-vingts ; celui

du diocèse de Cambrai, de cent cinquante à deux cents ; celui du diocèse de Metz, de deux cent soixante à trois cents ; celui du diocèse de Pamiers, de cent soixante à deux cents ; celui du diocèse de Versailles de cent quatre-vingts à deux cents.

2. Notre ministre de la justice et des cultes (M. Martin du Nord) est chargé, etc.

16 MAI = 12 JUIN 1841. — Ordonnance du roi concernant les étudiants en médecine et en pharmacie admis dans le service de santé militaire. (IX, Bull. DCCCXVII, n. 9333.)

Louis-Philippe, etc., sur le rapport de notre ministre secrétaire d'Etat au département de l'instruction publique ; vu l'art. 8 de la loi du 19 ventôse an 11 ; vu les art. 8 et 9 de la loi du 21 germinal de la même année ; vu les art. 27 et 28 de l'arrêté du

(1) Voy. tome 39, p. 359.

gouvernement en date du 9 juin 1803 ; vu l'art. 15 de notre ordonnance du 13 octobre 1840 ; vu la délibération du conseil royal de l'instruction publique, en date des 2 avril et 11 mai 1841 , etc.

Art. 1er. Les étudiants en médecine et en pharmacie qui auraient été admis dans le service de santé militaire , soit comme chirurgiens éléves, soit comme chirurgiens sous-aides, conformément aux dispositions de nos ordonnances des 12 août 1836, 6 février 1839 et 17 déc. 1840, obtiendront la concession gratuite des inscriptions nécessaires pour parvenir, soit au doctorat devant une faculté de médecine , soit à la maitrise en pharmacie, sous la condition de se vouer, pendant quinze ans au moins, au service de santé militaire. Cette condition sera garantie au moyen d'un engagement souscrit par le candidat et dûment accepté par notre ministre secrétaire d'Etat au département de la guerre. Copie certifiée dudit engagement sera transmise au département de l'instruction publique avec les autres pièces établissant le droit aux dispenses prévues par la présente ordonnance.

2. Quatre ans de service constatés dans les hôpitaux militaires , soit en qualité de chirurgien élève, soit en qualité de chirurgien sous-aide, compteront pour l'obtention des seize inscriptions prescrites dans les facultés de médecine , ou pour les huit années de stage dans une officine, actuellement exigées des élèves en pharmacie.

3. Tout chirurgien élève ou chirurgien sous-aide qui aurait obtenu la concession des inscriptions prescrites pour le doctorat en médecine, ou la dispense des années de stage exigées pour la maîtrise en pharmacie, devra , pour être admis aux examens desdits grades et titres devant une faculté de médecine ou une éco'e spéciale de pharmacie, justifier préalablement, soit des diplômes de bachelier ès-lettres ou ès-sciences prescrits par l'ordonnance du 9 août 1836 pour les étudiants en médecine , soit du diplôme de bachelier ès-lettres prescrit par l'ordonnance du 27 septembre 1840 pour les élèves en pharmacie. Il sera tenu , quant à la réception, d'acquitter seulement le droit de présence des examinateurs et les frais relatifs aux opérations qui font partie des examens , ainsi que l'impression de la thèse inaugurale.

4. Le chirurgien élève qui renoncerait à la carrière militaire, ou auquel il aurait été fait application de l'art. 25 de l'ordonnance du 12 août 1836, et l'officier de santé démissionnaire ou mis en réforme dans un des trois premiers cas prévus par l'art. 12 de la loi du 19 mai 1834, demeureront débiteurs envers le trésor public du prix des inscriptions obtenues à titre d'avance gratuite dans les facultés de médecine et dans les écoles de pharmacie, et de la partie du prix des examens dont il leur aurait été fait remise dans les écoles de pharmacie.

5. Les diplômes délivrés aux officiers de santé militaires relateront la disposition ci-dessus prescrite ; il en sera fait également mention sur les registres d'inscriptions de la faculté de médecine ou de l'école de pharmacie près desquelles l'officier de santé aura pris ces grades, et le département de la guerre devra transmettre au département de l'instruction publique avis immédiat de toute cessation de service d'un officier de santé militaire, avant l'accomplissement des quinze années prescrites en l'art. 1er et pour une des causes prévues en l'art. 4 de la présente ordonnance.

6. Nos ministres de la guerre et de l'instruction publique (MM. le duc de Dalmatie et Villemain) sont chargés, etc.

10 = 15 juin 1841. — Loi qui accorde des crédits supplémentaires et extraordinaires pour les dépenses de l'exercice 1840 et des exercices clos (1). (IX, Bull. DCCCXVIII, n. 9336.)

Titre Ier. — *Crédits supplémentaires et extraordinaires de l'exercice 1840.*

Art. 1er. Il est alloué , sur l'exercice 1840 , au-delà des crédits accordés par la loi de finances du 10 août 1839 et par diverses lois spéciales, des crédits supplémentaires montant à vingt millions cinquante et un mille cinq cent cinquante-quatre francs (20,051,554 fr.).

Ces crédits supplémentaires demeurent répartis entre les différents départements ministériels, conformément aux états A et B ci-annexés.

2. Il est accordé , sur le même exercice 1840 , des crédits extraordinaires montant à la somme de cent trente millions trois cent quarante-trois mille sept cent huit fr. trois centimes (130,343,708 fr. 3 c.).

Ces crédits extraordinaires demeurent répartis entre les différents départements ministériels, conformément à l'état C ci-annexé.

---

(1) Présentation à la Chambre des Députés le 7 décembre (Mon. du 8) ; rapport par M. Lanyer le 10 mars (Mon. du 17) ; discussion le 18 (Mon. du 19) ; adoption le 19 (Mon. du 20) , à la majorité de 176 voix contre 53.

Présentation à la Chambre des Pairs le 3 avril (Mon. du 4) ; rapport par M. le comte d'Argout le 13 mai (Mon. du 15) ; discussion les 18, 19, 21 (Mon. des 19, 20, 22) ; adoption le 22 (Mon. du 24) , à la majorité de 82 voix contre 43.

3. Il est accordé, sur l'exercice 1840, pour le paiement des créances des exercices périmés, des crédits extraordinaires spéciaux montant à la somme de cinquante-neuf mille cinquante-cinq francs (59,055 fr.).

Ces crédits extraordinaires spéciaux demeurent répartis entre les différents départements ministériels, conformément à l'état D ci-annexé.

4. Les crédits accordés sur l'exercice 1840, pour les travaux publics extraordinaires, sont augmentés, conformément à l'art. 3 de la loi du 6 juin 1840,

1° D'une somme de cinq cent quarante-cinq mille deux cent deux francs soixante et un centimes (545,202 fr. 61 c.), restée sans emploi sur les crédits de l'exercice 1838;

2° D'une somme de onze millions quatre cent soixante-six mille fr. (11,466,000 fr.), restée sans emploi sur les crédits de l'exercice 1839, et qui est annulée sur ce dernier exercice.

Les crédits accordés sur le même exercice 1840 sont réduits d'une somme de dix-sept millions trois cent mille francs (17,300,000 fr.).

Ces suppléments et annulations de crédits demeurent répartis par chapitres spéciaux, conformément à l'état E ci-annexé.

5. Les crédits accordés pour les services spéciaux portés pour ordre au budget de l'exercice 1840 sont augmentés de la somme de trois cent mille francs (300,000 fr.), conformément à l'état F ci-annexé.

TITRE II. — *Crédits supplémentaires aux restes à payer des exercices clos.*

6. Il est accordé, en augmentation des restes à payer arrêtés par les lois de règlement des exercices 1836, 1837 et 1838, des crédits supplémentaires pour la somme de cinq cent quarante mille six cent soixante-huit francs quatre-vingt-sept centimes (540,668 fr. 87 c.), montant des nouvelles créances constatées sur ces exercices, suivant l'état G ci-annexé.

Les ministres sont, en conséquence, autorisés à ordonnancer ces créances sur le chapitre spécial ouvert, pour les dépenses des exercices clos, aux budgets des exercices courants, conformément à l'art. 8 de la loi du 23 mai 1834.

TITRE III. — *Avance au gouvernement de la Grèce.*

7. Il est ouvert au ministre des finances un crédit de neuf cent vingt mille huit cent quatorze francs quatre-vingt-dix centimes (920,814 fr. 90 c.), à l'effet de pourvoir, à défaut du gouvernement de la Grèce, au paiement des semestres échus les 1er mars et 1er septembre 1840, des intérêts et de l'amortissement de l'emprunt négocié, le 12 janvier 1835, par ce gouvernement, jusqu'à concurrence de la portion garantie par le trésor de France, en exécution de la loi du 14 juin 1833 et de l'ordonnance royale du 9 juillet suivant.

Les paiements qui seront faits en vertu de l'autorisation donnée par le présent article auront lieu à titre d'avances à recouvrer sur le gouvernement de la Grèce; il sera rendu annuellement aux Chambres un compte spécial de ces avances et des recouvrements opérés en atténuation.

8. L'excédant de dépense du budget de l'exercice 1840 demeurera provisoirement à la charge de la dette flottante, et il figurera parmi les avances du trésor jusqu'à ce qu'il ait été couvert par les voies et moyens qui y seront ultérieurement affectés.

(Suivent les tableaux.)

11 = 15 juin 1841. — Loi qui ouvre des crédits supplémentaires et extraordinaires sur l'exercice 1841 (1). (IX, Bull. DCCCXVIII, n. 9337.)

TITRE Ier. — *Crédits supplémentaires et extraordinaires sur l'exercice 1841, et annulations de crédits sur les exercices 1840 et 1841.*

Art. 1er. Il est alloué, sur l'exercice 1841, au-delà des crédits accordés par la loi de finances du 16 juillet 1840 et par diverses lois spéciales, des crédits supplémentaires montant à vingt millions deux cent soixante et quatorze mille trois cent cinquante et un francs (20,274,351 fr.).

Ces crédits supplémentaires demeurent répartis entre les différents départements ministériels, conformément à l'état A ci-annexé.

2. Il est accordé, sur le même exercice 1841, des crédits extraordinaires montant à la somme de cent cinquante-quatre millions huit cent soixante-sept mille neuf cent

(1) Présentation à la Chambre des Députés le 12 décembre (Mon. du 13) ; rapport par M. Bignon (de la Loire-Inférieure) le 16 mars (Mon. du 24) ; discussion les 12, 13, 14 avril (Mon. des 13, 14, 15) ; adoption le 15 (Mon. du 16), à la majorité de 195 voix contre 57.

Présentation à la Chambre des Pairs le 22 avril (Mon. du 23) ; rapport par M. le baron Dupin le 21 mai (Mon. du 30) ; discussion et adoption le 2 juin (Mon. du 3), à la majorité de 88 voix contre 12.

quatre-vingt-trois francs (154,867,983 fr.).

Ces crédits extraordinaires demeurent répartis entre les divers départements ministériels, conformément à l'état B ci-annexé.

3. Il est accordé, sur l'exercice 1841, pour le paiement des créances des exercices périmés, des crédits extraordinaires spéciaux montant à la somme de cent quarante-trois mille neuf cent vingt et un francs soixante-trois centimes (143,921 fr. 63 c.).

Ces crédits extraordinaires spéciaux demeurent répartis entre les différents départements ministériels, conformément à l'état C ci-annexé.

4. Les crédits accordés sur l'exercice 1841, pour les travaux publics extraordinaires, sont augmentés d'une somme de cinq millions six cent mille fr. (5,600,000 fr.), et réduits de celle de onze millions trois cent mille francs (11,300,000 fr.). Ces suppléments et annulations de crédits demeurent répartis par chapitres spéciaux, conformément à l'état D ci-annexé, et les crédits dont le ministre des travaux publics est autorisé à disposer sur l'exercice 1841 sont, en conséquence, fixés à la somme de soixante-six millions trois cent mille francs (66,300,000 fr.).

5. Les crédits dont le ministre des travaux publics a été autorisé à disposer sur l'exercice 1840, en vertu des lois des 15 juin et 6 juillet 1836 et 18 juillet 1838, sont réduits, conformément au tableau E ci-annexé, d'une somme de trois millions six cent quatre-vingt-treize mille francs (3,693,000 fr.).

6. Il est ouvert au ministre des finances, sur l'exercice 1841, un crédit de six millions six cent soixante et quinze mille francs (6,675,000 fr.), à titre de subvention additionnelle à payer à la caisse générale des retraites des fonctionnaires et employés du département des finances. Cette subvention comprendra les pensions à liquider en 1841, jusqu'à concurrence de un million cent quatorze mille francs (1,114,000 fr.).

L'art. 3 de la loi du 12 avril 1840, qui limitait les concessions annuelles des pensions des fonctionnaires et employés des finances à la proportion des extinctions, est rapporté.

TITRE II. — *Moyens de service.*

7. La somme de cent cinquante millions que le ministre des finances a été autorisé, par l'art. 14 de la loi du 16 juillet 1840, à tenir en circulation pour le service de la trésorerie et les négociations avec la banque de France, non compris les bons émis en vertu de la loi du 10 juin 1833, est élevée à deux cent cinquante millions de francs (250,000,000 fr.).

8. La portion non consolidée de la réserve de l'amortissement qui aura été réalisée jusqu'au 1er janvier 1841 est et demeure affectée aux dépenses générales du budget de l'exercice 1841, où il en sera fait recette à titre de moyens extraordinaires.

Le ministre des finances est autorisé à consolider ladite réserve en rentes sur l'Etat, délivrées à la caisse d'amortissement en échange des bons du trésor dont elle se trouvera propriétaire. Cette consolidation sera opérée au cours moyen et avec jouissance du premier jour du sémestre pendant lequel les rentes auront été transférées à la caisse d'amortissement.

9. Seront également appliqués au budget de l'exercice 1841 et affectés à ses besoins extraordinaires,

1° La somme de seize millions restée disponible sur le produit de la consolidation opérée en vertu de l'art. 15 de la loi du 16 juillet 1840, par l'effet de l'annulation de pareille somme prononcée sur les crédits attribués à cet exercice;

2° L'excédant de recette qui résultera du règlement définitif du budget de l'exercice 1839. *(Suivent les tableaux.)*

---

12 = 15 juin 1841. — Loi qui proroge celles des 21 avril 1832, 1er mai 1834 et 24 juillet 1839 relatives aux étrangers réfugiés (1). (IX, Bull. DCCCXVIII, n. 9338.)

Article unique. Les lois des 21 avril 1832, 1er mai 1834 et 24 juillet 1839, relatives aux étrangers réfugiés, sont prorogées jusqu'à la fin de 1842.

---

12 = 15 juin 1841. — Loi qui approuve un échange d'immeubles entre l'Etat et la dame Bonzom (2). (IX, Bull. DCCCXVIII, n. 9339.)

Article unique. L'échange d'immeubles conclu entre l'Etat et la dame Marie-Rose Wagner, épouse du sieur Bonzom, bras-

---

(1) Présentation à la Chambre des Députés le 13 avril (Mon. du 15); rapport par M. Amilhan le 22 (Mon. du 27); adoption le 29 avril (Mon. du 30), à la majorité de 195 voix contre 35.

Présentation à la Chambre des Pairs le 5 mai (Mon. du 6); rapport par M. le comte d'Alton-Shée le 21 (Mon. du 29); discussion et adoption le 1er juin (Mon. du 2), à la majorité de 94 voix contre 2.

(2) Présentation à la Chambre des Députés le 18 mars (Mon. du 19); rapport par M. Vuitry le 29 mars (Mon. du 1er avril); adoption le 24 avril (Mon. du 25), à la majorité de 228 voix contre 5.

seur à Perpignan, est approuvé, sous les conditions énoncées dans le contrat qui en a été passé le 2 décembre 1840.

12 = 15 JUIN 1841. — Loi qui approuve un échange d'immeubles entre l'Etat et le sieur Frappat (1). (IX Bull. DCCCXVIII, n. 9340.)

Article unique. L'échange d'un terrain de soixante et dix mètres quarante centimètres, dépendant de la fonderie royale de la marine à Saint-Gervais, département de l'Isère, contre un autre terrain de la contenance de soixante et onze mètres, contigu à cet établissement, et qui appartient au sieur Frappat, est approuvé, pour être exécuté, sans soulte ni retour, conformément au contrat qui en a été passé le 29 août 1839.

13 = 17 JUIN 1841. — Loi qui ouvre un crédit pour la célébration du onzième anniversaire des journées de Juillet 1830 (2). (IX, Bull. DCCCXIX, n. 9350.)

Art. 1ᵉʳ. Il est ouvert au ministre de l'intérieur, sur l'exercice 1841, un crédit de deux cent mille francs (200,000 fr.), pour contribuer, avec le fonds fourni par la ville de Paris, à la célébration du onzième anniversaire des journées de juillet 1830.

2. Il sera pourvu à la dépense autorisée par la présente loi, au moyen des ressources affectées aux besoins de l'exercice 1841.

13 = 17 JUIN 1841. — Loi qui ouvre un crédit supplémentaire pour secours aux étrangers réfugiés en France (3). (IX, Bull. DCCCXIX, n. 9351.)

Art. 1ᵉʳ. Il est ouvert au ministre de l'intérieur un crédit de un million quatre cent mille francs (1,400,000 fr.), comme supplément à la somme de deux millions cent cinquante mille francs (2,150,000 fr.), portée au chapitre 23 du budget de 1841,

pour secours aux étrangers réfugiés en France par suite d'événements politiques.

2. Il sera pourvu aux dépenses autorisées par la présente loi, au moyen des ressources affectées aux besoins de l'exercice 1841.

13 = 17 JUIN 1841. — Lois qui autorisent plusieurs départements à s'imposer extraordinairement. (IX, Bull. DCCCXIX, n. 9352.)

PREMIÈRE LOI. — Aisne.

Article unique. Le département de l'Aisne est autorisé, conformément à la demande qu'en a faite son conseil général, dans sa séance du 4 septembre 1840, à s'imposer extraordinairement, en 1842, trois centimes additionnels au principal des quatre contributions directes, dont le produit sera affecté à l'entretien des routes départementales, concurremment avec les ressources ordinaires du département.

DEUXIÈME LOI. — Ariége.

Article unique. Le département de l'Ariége est autorisé, conformément à la demande qu'en a faite son conseil général, dans sa session de 1840, à s'imposer extraordinairement, pendant cinq ans, à partir du 1ᵉʳ janvier 1842, quatre centimes additionnels au principal des quatre contributions directes, dont le produit sera exclusivement affecté aux travaux neufs et de grosse réparation des routes départementales actuellement classées.

TROISIÈME LOI. — Basses-Pyrénées.

Article unique. Le département des Basses-Pyrénées est autorisé, conformément à la demande qu'en a faite son conseil général, dans sa session de 1840, à s'imposer extraordinairement, pendant l'année 1842, cinq centimes additionnels au principal des quatre contributions directes.

Le produit de cette imposition sera exclusivement employé à subvenir à l'insuffisance des ressources ordinaires du dépar-

---

(1) Présentation à la Chambre des Pairs le 5 mai (Mon. du 6) ; rapport par M. le marquis de Boissy le 17 (Mon. du 26) ; adoption le 22 (Mon. du 23), à la majorité de 108 voix contre 4.

Présentation à la Chambre des Députés le 18 mars (Mon. du 19), ; rapport par M. Vuitry le 26 mars (Mon. du 1ᵉʳ avril) ; adoption le 24 avril (Mon. du 25), à la majorité de 228 voix contre 5.

(2) Présentation à la Chambre des Pairs le 5 mai (Mon. du 6) ; rapport par M. le marquis de Boissy le 17 mai (Mon. du 26) ; adoption le 22 mai (Mon. du 23), à la majorité de 108 voix contre 4.

(2) Présentation à la Chambre des Députés le 15 avril (Mon. du 15) ; rapport par M. Laurent de Jussieu le 26 (Mon. du 27) ; adoption le 29

(Mon. du 30), à la majorité de 207 voix contre 23.

Présentation à la Chambre des Pairs le 5 mai (Mon. du 6) ; rapport par M. le comte de Monthion le 13 (Mon. du 14) ; adoption le 17 (Mon. du 18), à la majorité de 85 voix contre 11.

(3) Présentation à la Chambre des Députés le 13 avril (Mon. du 15) ; rapport par M. Duprat le 28 (Mon. du 29) ; discussion et adoption le 8 mai (Mon du 9), à la majorité de 215 voix contre 15.

Présentation à la Chambre des Pairs le 19 mai (Mon. du 20) ; rapport par M. le comte d'Alton-Shée le 7 juin (Mon. du 8) ; discussion et adoption le 9 (Mon. du 10), à la majorité de 93 voix contre 8.

tement pour l'entretien des routes départementales pendant l'année 1842.

QUATRIÈME LOI. — Pyrénées-Orientales.

Article unique. Le département des Pyrénées-Orientales est autorisé, conformément à la demande qu'en a faite son conseil général, dans sa séance du 27 août 1840, à s'imposer extraordinairement, pendant quatre années, à partir du 1er janvier 1842, quatre centimes additionnels au principal des quatre contributions directes.

Le produit de cette imposition sera exclusivement consacré aux travaux neufs d'achèvement de trois routes départementales spécifiés dans la délibération précitée du conseil général.

CINQUIÈME LOI. — Haut-Rhin.

Article unique. Le département du Haut-Rhin est autorisé, conformément à la demande qu'en a faite son conseil général, dans sa séance du 31 août 1840, à s'imposer extraordinairement, pendant l'année 1842, quatre centimes additionnels au principal des quatre contributions directes.

Le produit de cette imposition sera exclusivement affecté aux travaux neufs des routes départementales, défalcation faite de la portion que le conseil général réservera pour les besoins de l'instruction primaire.

SIXIÈME LOI. — Tarn-et-Garonne.

Article unique. Le département de Tarn-et-Garonne est autorisé, conformément à la demande qu'en a faite son conseil général, dans sa dernière session, à s'imposer extraordinairement, pendant cinq années, à partir du 1er janvier 1842, cinq centimes additionnels au principal des quatre contributions directes, dont le produit sera exclusivement employé aux travaux neufs des routes départementales actuellement classées.

SEPTIÈME LOI. — Ardèche.

Article unique. Le département de l'Ardèche est autorisé, conformément à la demande qu'en a faite son conseil général, dans sa séance du 29 août 1840, à s'imposer extraordinairement, pendant cinq années, à partir du 1er janvier 1842, huit centimes additionnels au principal des quatre contributions directes, dont le produit sera exclusivement affecté aux travaux neufs d'achèvement des six routes départementales désignées sous les numéros 1, 4, 5, 12, 14 et 20.

HUITIÈME LOI. — Corse.

Article unique. Le département de la Corse est autorisé, conformément à la demande qu'en a faite son conseil général, dans sa séance du 19 septembre 1840, à s'imposer extraordinairement, pendant les années 1843 et 1844, dix centimes additionnels au principal des quatre contributions directes, dont le produit sera exclusivement affecté à aider la ville de Bastia à subvenir aux frais de construction et de premier établissement du collège royal érigé en cette ville.

NEUVIÈME LOI. — Indre.

Article unique. Le département de l'Indre est autorisé, conformément à la demande qu'en a faite son conseil général, dans sa séance du 31 août 1840, à s'imposer extraordinairement, pendant cinq années, à partir du 1er janvier 1842, quinze centimes additionnels au principal des quatre contributions directes, dont le produit sera exclusivement affecté aux travaux d'achèvement des routes départementales classées.

DIXIÈME LOI. — Haute-Loire.

Article unique. Le département de la Haute-Loire est autorisé, conformément à la demande qu'en a faite son conseil général, dans sa séance du 2 septembre 1840, à s'imposer extraordinairement, pendant les années 1842 et 1843, trois centimes additionnels au principal des quatre contributions directes, dont le produit sera exclusivement affecté aux travaux neufs des routes départementales actuellement classées.

ONZIÈME LOI. — Basses-Pyrénées.

Art. 1er. Le département des Basses-Pyrénées est autorisé, conformément à la demande qu'en a faite son conseil général, dans sa séance du 3 septembre 1840, à emprunter une somme qui ne pourra dépasser quatre cent quatre-vingt mille francs, et qui sera exclusivement consacrée à l'achèvement des routes départementales actuellement classées.

Cet emprunt aura lieu avec publicité et concurrence, et à un taux d'intérêt qui ne pourra dépasser quatre et demi pour cent. Toutefois, le préfet du département est autorisé à traiter de gré à gré avec la caisse des dépôts et consignations, à un taux d'intérêt qui ne soit pas supérieur à celui ci-dessus.

L'emprunt aura lieu par portions successives qui seront déterminées annuellement, sur la proposition du conseil général, par des ordonnances royales rendues dans la forme des règlements d'administration publique.

Il sera pourvu au service des intérêts et de l'amortissement du capital emprunté, au moyen des ressources créées par l'article suivant.

2. Le département des Basses-Pyrénées est autorisé, conformément à la demande qu'en a faite son conseil général, dans la même séance du 3 septembre 1840, à s'imposer extraordinairement, pendant dix années, à partir du 1er janvier 1842, six centimes additionnels au principal des quatre contributions directes. Le produit de cette imposition est affecté en premier ordre au paiement des intérêts et au remboursement de l'emprunt ci-dessus autorisé ; la portion qui ne sera pas absorbée par ce service sera annuellement employée aux travaux neufs des routes départementales, concurremment avec les fonds de l'emprunt.

DOUZIÈME LOI. — Seine-et-Marne.

Article unique. Le département de Seine-et-Marne est autorisé, conformément à la demande qu'en a faite son conseil général, dans sa session de 1840, à s'imposer extraordinairement, pendant l'année 1842, un centime additionnel au principal des quatre contributions directes, dont le produit sera employé à solder, tant le prix de la maison acquise par voie d'échange, le 13 juillet 1840, pour servir à l'établissement de la sous-préfecture de Meaux, que les frais accessoires de cette acquisition.

TREIZIÈME LOI. — Seine-et-Marne.

Article unique. Le département de Seine-et-Marne est autorisé, conformément à la demande qu'en a faite son conseil général, dans ses séances des 27 août 1840 et 1er février 1841, à s'imposer extraordinairement, par addition au principal des quatre contributions directes, savoir : un centime en 1842, cinq centimes pendant les années 1843, 1844 et 1845, et 3 centimes pendant l'année 1846.

Le produit de cette imposition extraordinaire sera exclusivement affecté, tant aux travaux neufs d'achèvement des routes départementales classées actuellement, qu'aux travaux de construction des six routes dont le conseil général, dans les mêmes séances, a demandé le classement, savoir : 1o de Vaudoy à Lagny ; 2o de la Ferté-sous-Jouarre à Nanteuil-sur-Marne ; 3o de Melun à Corbeil ; 4o de Voulx à Blennes ; 5o de Crécy à la Belle-Idée ; 6o de Rebais à la Ferté-Milon.

---

13 = 17 JUIN 1841. — Lois qui autorisent plusieurs villes à contracter des emprunts. (IX, Bull. DCCCXIX, n. 9353.)

PREMIÈRE LOI. — Nevers.

Article unique. La ville de Nevers (Nièvre) est autorisée à emprunter, soit avec publicité et concurrence, soit directement de la caisse des dépôts et consignations, à un taux d'intérêt qui ne pourra dépasser quatre et demi pour cent, une somme de deux cent vingt-sept mille francs, destinée à pourvoir au paiement des dépenses énumérées dans la délibération du conseil municipal en date du 13 février 1840.

Cet emprunt sera remboursé en dix ans, au moyen des revenus ordinaires de la caisse municipale.

DEUXIÈME LOI. — Dijon.

Article unique. La ville de Dijon (Côte-d'Or) est autorisée à emprunter, soit avec publicité et concurrence, soit directement de la caisse des dépôts et consignations, à un taux d'intérêt qui ne pourra dépasser quatre et demi pour cent, une somme de cent vingt mille francs, destinée à pourvoir aux frais de construction et d'appropriation nécessaires pour transférer dans les anciens bâtiments de l'académie le logement du recteur, les différentes facultés et les collections d'histoire naturelle.

Cet emprunt sera remboursé en dix ans, ou plus tôt, si faire se peut, au moyen des revenus ordinaires de la ville.

TROISIÈME LOI. — Castres.

Article unique. La ville de Castres (Tarn) est autorisée, 1o à emprunter avec publicité et concurrence, ou directement de la caisse des dépôts et consignations, à un intérêt qui ne pourra dépasser quatre et demi pour cent, une somme de cent trente mille francs, pour solder la dépense d'acquisition et d'appropriation d'un bâtiment destiné au collège communal ;

2o A s'imposer extraordinairement, pendant sept ans, à partir de 1842, dix centimes additionnels au principal des quatre contributions directes, pour concourir au remboursement dudit emprunt, qui devra être complètement amorti en douze années.

QUATRIÈME LOI. — Clermont-Ferrand.

Art. 1er. La ville de Clermont-Ferrand (Puy-de-Dôme) est autorisée,

1o A emprunter, soit avec publicité et concurrence, soit directement de la caisse des dépôts et consignations, à un taux d'intérêt qui ne pourra excéder quatre et demi pour cent, une somme de cinq cent quarante mille francs, destinée à pourvoir aux dépenses énumérées dans la délibération du conseil municipal en date du 20 février 1841 ;

2º A s'imposer extraordinairement, pendant six ans, dix centimes additionnels au principal des contributions directes.

2. Le remboursement dudit emprunt aura lieu en dix ans, tant sur les produits de l'imposition extraordinaire autorisée par l'article précédent, qu'au moyen des revenus ordinaires de la ville.

3. Des ordonnances royales détermineront, sur la proposition du conseil municipal,

1º La quotité et l'application des sommes que la ville pourra être autorisée, dans le cours de chaque exercice, à réaliser sur l'emprunt autorisé par la présente loi ;

2º Le montant de l'annuité qui devra être affectée pendant chacune des dix années, de 1842 à 1851, à l'amortissement dudit emprunt.

CINQUIÈME LOI. — Orléans.

Art. 1er. La ville d'Orléans (Loiret) est autorisée à emprunter, soit avec publicité et concurrence, soit directement de la caisse des dépôts et consignations, à un intérêt qui ne pourra excéder quatre et demi pour cent par an, une somme de trois cent cinquante mille francs, destinée à subvenir aux dépenses indiquées dans la délibération du conseil municipal du 18 décembre 1840, et dont le remboursement devra être terminé au plus tard en 1853, suivant le mode et dans les délais déterminés par cette délibération.

2. La même ville est autorisée à proroger, conformément aux tableaux A et B annexés à la délibération du conseil municipal du 18 décembre 1840, l'amortissement d'une partie des emprunts contractés en exécution des lois des 6 juillet 1835 et 30 avril 1838, en traitant avec les porteurs de ces engagements, et, à défaut de leur consentement, avec la caisse des dépôts et consignations.

L'amortissement de ces emprunts devra également être entièrement effectué en 1853.

SIXIÈME LOI. — Rouen.

Article unique. La ville de Rouen (Seine-Inférieure) est autorisée à emprunter, avec publicité et concurrence, à un intérêt qui ne pourra dépasser quatre et demi pour cent par an, une somme de quatre cent trente-cinq mille francs, destinée à acquitter son contingent dans les travaux d'achèvement du port.

Cet emprunt sera remboursé en vingt-cinq ans, à partir du 1er juillet 1845, au moyen des revenus ordinaires de la ville.

SEPTIÈME LOI. — Strasbourg.

Art. 1er. La ville de Strasbourg (Bas-Rhin) est autorisée à emprunter, avec publicité et concurrence, ou directement de la caisse des dépôts et consignations, à un taux d'intérêt qui ne pourra excéder quatre et demi pour cent par an, une somme de six cent mille francs, destinée à payer le prix de diverses propriétés dont l'acquisition a été déclarée d'utilité publique.

Ledit emprunt sera remboursable en neuf ans, à partir de 1843, sur les revenus ordinaires de la ville.

2. Est et demeure rapportée la loi du 15 juillet 1840, qui fixait à quatre pour cent le taux d'intérêt dudit emprunt.

HUITIÈME LOI. — Tours.

Article unique. La ville de Tours (Indre-et-Loire) est autorisée à emprunter, soit avec publicité et concurrence, soit directement de la caisse des dépôts et consignations, à un intérêt qui ne pourra dépasser cinq pour cent, la somme de trois cent mille francs, destinée à pourvoir au paiement de ses dettes, et remboursable sur ses revenus ordinaires, en dix ans, à partir de 1842, dans les proportions déterminées par la délibération du conseil municipal du 23 janvier 1841.

---

13 = 17 JUIN 1841. — Lois relatives à des changements de circonscriptions territoriales. (IX, Bull. DCCCXIX, n. 9354.)

PREMIÈRE LOI. — Eure. — Seine-Inférieure.

Article unique. La limite entre les départements de l'Eure et de la Seine-Inférieure est fixée dans la direction indiquée par la ligne A B C D E F, sur le plan annexé à la présente loi. En conséquence les portions de la forêt de Longboël, situées au nord de cette limite, sont distraites du département de l'Eure et réunies à la commune de la Neuville-Chant-d'Oisel, département de la Seine-Inférieure.

Les dispositions qui précèdent auront lieu sans préjudice des droits d'usage ou autres qui seraient réciproquement acquis.

DEUXIÈME LOI. — Haute-Garonne. — Ariége.

Art. 1er. Le territoire dit de la Nogarède, faisant actuellement partie de la commune de Canens, arrondissement de Muret, département de la Haute-Garonne, est distrait de cette commune et de ce département pour être réuni à la commune de Sieuras, département de l'Ariége.

En conséquence les terrains lavés en rose, sur le plan annexé à la présente loi, feront, à l'avenir, partie de la commune de Sieuras et du département de l'Ariége.

2. Les dispositions qui précèdent auront lieu sans préjudice des droits d'usage et autres qui seraient respectivement acquis.

Les autres conditions de la distraction prononcée seront, s'il y a lieu, ultérieurement déterminées par une ordonnance du roi.

TROISIÈME LOI. — Indre-et-Loire.

Art. 1er. La section cotée A et teintée en gris sur le plan annexé à la présente loi est distraite de la commune de Luynes, canton et arrondissement de Tours, département d'Indre-et-Loire, et réunie à la commune de Pernay, canton de Neuillé-Pont-Pierre, même arrondissement.

En conséquence, la limite entre les communes de Luynes et de Pernay est fixée dans la direction indiquée audit plan par la ligne aurore.

2. Les dispositions qui précèdent auront lieu sans préjudice des droits d'usage ou autres qui pourraient être respectivement acquis.

Les autres conditions de la distraction ordonnée seront, s'il y a lieu, ultérieurement déterminées par une ordonnance du roi.

QUATRIÈME LOI. — Côtes-du-Nord.

Art. 1er. La limite entre la commune de Merléac, canton d'Ussel, arrondissement de Loudéac, département des Côtes-du-Nord, et celle de Saint-Gilles-du-Vieux-Marché, canton de Mur, même arrondissement, est fixée suivant le tracé du liséré noir sur le plan annexé à la présente loi.

En conséquence, la section désignée par la lettre F sur le plan est distraite de la commune de Merléac, et réunie à la commune de Saint-Gilles-du-Vieux-Marché.

2. Les dispositions qui précèdent auront lieu sans préjudice des droits d'usage et autres qui seraient respectivement acquis.

3. Les conditions de la distraction ordonnée seront, s'il y a lieu, ultérieurement déterminées par une ordonnance du roi.

CINQUIÈME LOI. — Gers.

Art. 1er. La section d'Embertranet est distraite de la commune de Miramont, arrondissement et canton de Mirande, département du Gers, et réunie à la commune de Lamazère, même canton.

En conséquence la limite entre les deux communes est fixée du point A au point B, par le prolongement du liséré rose sur le plan annexé à la présente loi.

2. Les dispositions qui précèdent auront lieu sans préjudice des droits d'usage ou autres qui seraient réciproquement acquis.

3. Les autres conditions de la distraction

prononcée seront, s'il y a lieu, ultérieurement déterminées par une ordonnance du roi.

SIXIÈME LOI. — Maine-et-Loire.

Art. 1er. Les communes de La Chapelle-sous-Doué et de Doué, canton de ce nom, arrondissement de Saumur, département de Maine-et-Loire, sont réunies en une seule, dont le chef-lieu est fixé à Doué, et qui prendra ce nom.

2. Ces communes continueront à jouir séparément, comme section de commune, des droits d'usage et autres qui pourraient leur appartenir, sans pouvoir se dispenser de contribuer en commun aux charges municipales.

Les autres conditions de la réunion prononcée seront, s'il y a lieu, ultérieurement déterminées par une ordonnance du roi.

SEPTIÈME LOI. — Nord.

Art. 1er. La section de La Groise est distraite de la commune de Catillon, Canton de Cateau, arrondissement de Cambrai, département du Nord, et érigée en commune, dont le village de La Groise sera le chef-lieu.

2. La limite entre la commune de La Groise et la commune de Catillon est fixée conformément au tracé indiqué par les lignes rouges et jaunes A B C sur le plan annexé à la présente loi.

3. Les dispositions qui précèdent auront lieu sans préjudice des droits d'usage et autres qui seraient respectivement acquis.

Les autres conditions de la distraction prononcée seront, s'il y a lieu, ultérieurement déterminées par une ordonnance du roi.

HUITIÈME LOI. — Basses-Pyrénées.

Art. 1er. Les communes de Lohitzun et d'Oyhercq, canton de Saint-Palais, arrondissement de Mauléon, département des Basses-Pyrénées, sont réunies en une seule, qui prendra le nom de Lohitzun.

2. Ces communes continueront à jouir séparément, comme section de commune, des droits d'usage et autres qui pourraient leur appartenir, sans pouvoir se dispenser de contribuer en commun aux charges municipales.

Les autres conditions de la réunion prononcée seront, s'il y a lieu, ultérieurement déterminées par une ordonnance du roi.

NEUVIÈME LOI. — Basses-Pyrénées.

Art. 1er. Les communes d'Ostabat et d'Asme, canton d'Iholdy, arrondissement de Mauléon, département des Basses-Pyrénées, sont réunies en une seule sous le nom d'Ostabat-Asme.

2. Ces communes continueront à jouir séparément, comme section de commune, des droits d'usage ou autres qui pourraient leur appartenir, sans pouvoir se dispenser de contribuer en commun aux charges municipales.

Les autres conditions de la réunion prononcée seront, s'il y a lieu, ultérieurement déterminées par une ordonnance du roi.

DIXIÈME LOI. — Manche.

Art. 1er. La section de Catz est distraite de la commune de Saint-Pellerin-de-Catz, canton de Carentan, arrondissement de Saint-Lô, département de la Manche, et érigée en commune. En conséquence la limite entre les communes de Catz et de Saint-Pellerin est fixée suivant le tracé de la ligne rouge sur le plan annexé à la présente loi.

2. Les dispositions qui précèdent auront lieu sans préjudice des droits d'usage et autres qui pourraient être respectivement acquis.

Les autres conditions de la distraction prononcée seront, s'il y a lieu, ultérieure-ment déterminées par une ordonnance du roi.

ONZIÈME LOI. — Oise.

Art. 1er. La section de Colagnies-le-Bas est distraite de la commune de Saint-Arnoult, canton de Formeries, arrondissement de Beauvais, département de l'Oise, et réunie à la commune de Mureaumont, même canton.

En conséquence la limite entre cette dernière commune et celle de Saint-Arnoult est fixée suivant le tracé aurore A B C sur le plan annexé à la présente loi.

2. Ces dispositions auront lieu sans préjudice des droits d'usage et autres qui seraient respectivement acquis.

Les autres conditions de la distraction prononcée seront, s'il y a lieu, ultérieurement déterminées par une ordonnance du roi.

---

14 = 17 juin 1841. — Loi sur la responsabilité des propriétaires de navires (1). (IX, Bull. DCCCXIX, n. 9355.)

Article unique. Les art. 216, 234 et 298 du Code de commerce sont modifiés ainsi qu'il suit :

---

(1) Présentation à la Chambre des Députés le 25 mai 1839 (Mon. du 26); rapport par M. Dalloz le 1er juillet (Mon. du 2).

Reprise le 18 janvier 1840 (Mon. du 19); discussion le 24 (Mon. du 25), et adoption le 25 (Mon. du 26), à la majorité de 254 voix contre 14.

Présentation à la Chambre des Pairs le 4 février (Mon. du 5); rapport par M. Camille Périer le 20 mars (Mon. du 27). Retrait par ordonnance royale le 4 avril (Mon. du 5).

Nouvelle présentation à la Chambre des Pairs le 28 janvier 1841 (Mon. du 31); rapport par M. Camille Périer le 20 mars (Mon. du 23); discussion les 15, 16 avril (Mon. des 16 et 17); adoption le 17 (Mon. du 18), à la majorité de 73 voix contre 45.

Présentation à la Chambre des Députés le 20 avril (Mon. du 28); rapport par M. Dalloz le 13 mai (Mon. du 18); discussion le 24 (Mon. du 25); adoption le 25 (Mon. du 26), à la majorité de 201 voix contre 33.

Troisième présentation à la Chambre des Pairs le 1er juin (Mon. du 3); rapport par M. Camille Périer le 7 (Mon. du 8); adoption le 9 (Mon. du 10), à la majorité de 93 voix contre 11.

M. *le ministre de la justice* s'exprimait en ces termes, en présentant, pour la seconde fois, le projet à la Chambre des Pairs :

« Attendu avec impatience par le commerce maritime, le projet de loi que nous vous présentons a pour but de restreindre la responsabilité imposée aux armateurs de navires par l'art. 216 du Code de commerce.

« Vous savez déjà que, dans la dernière session, il a été adopté par la Chambre des Députés et qu'il a obtenu l'assentiment de votre commission.

« En le soumettant de nouveau à votre examen,

nous devons vous rappeler les épreuves auxquelles il a déjà été soumis, les résultats qu'elles ont produits; surtout indiquer et expliquer les modifications qu'il a subies.

« L'art. 216 du Code de commerce est ainsi conçu :

« Tout propriétaire de navire est civilement responsable des faits du capitaine, pour ce qui est relatif au navire et à l'expédition.

« La responsabilité cesse par l'abandon du navire et du fret. »

« Cette disposition, empruntée à l'ordonnance de la marine, a été diversement interprétée. La plupart des tribunaux de commerce et plusieurs cours royales ont jugé que les propriétaires de navires n'étaient point engagés sur tous leurs biens par les faits du capitaine; que leur responsabilité cessait dans tous les cas par l'abandon du navire et du fret.

« La Cour de cassation a pensé qu'il fallait distinguer; que les faits licites du capitaine, les engagements pris par lui dans l'intérêt de l'expédition, produisaient une obligation dont les armateurs étaient tenus absolument et sur tous leurs biens, comme le sont ordinairement les mandants à l'occasion des engagements de leurs mandataires; que la faculté de se libérer par l'abandon du navire et du fret n'était accordée que pour le cas où l'obligation naissait de faits illicites du capitaine.

« Trois arrêts, rendus en ce sens, avaient fixé la jurisprudence (*).

(*) Voy. arrêts du 16 juillet 1827 (Sirey, 27. 1. 394; Dalloz, 27. 1. 307; Journal du Palais, t. 21, p. 621); du 14 mai 1833 (Devilleneuve, 33. 1. 353; Dalloz, 33. 1. 248); du 1er juillet 1834 (Devilleneuve, 34. 1. 515; Dalloz, 34. 1. 299).

« Il fallait se soumettre à cette interprétation et les intérêts qu'elle lésait n'avaient d'autre ressource que de solliciter un changement dans la loi.

« Le commerce maritime l'a demandé ; il a soutenu que celui qui fait un armement ne veut courir de chances que jusqu'à concurrence de la valeur du navire et du fret ; qu'il n'est pas juste d'étendre sa responsabilité au-delà de ses intentions ; qu'en renfermant dans de justes limites les risques de l'armateur on favoriserait les expéditions maritimes ; qu'enfin, la législation ainsi modifiée serait en harmonie avec celles des principales nations de l'Europe.

« Touché de ces considérations, le gouvernement proposa une loi ainsi conçue :

« Art. 216. Tout propriétaire de navire est responsable des faits et engagements du capitaine, pour ce qui est relatif au navire et à l'expédition.

« La responsabilité cesse, dans tous les cas, par l'abandon du navire et du fret. »

« On voit sur-le-champ en quoi consistent les changements introduits.

« Dans le premier alinéa, le mot *civilement* était supprimé, parce qu'il faisait supposer que la responsabilité des armateurs naissait des faits illicites du capitaine. Le mot *engagements* était ajouté afin de bien montrer que l'article embrassait les actes de gestion volontaires et légitimes.

« Enfin, par ces mots *dans tous les cas*, insérés dans le second alinéa, on manifestait clairement que la responsabilité dont la première partie de l'article indique les causes s'éteint toujours par l'abandon du navire et du fret.

« La Chambre des Députés partagea l'opinion qui avait inspiré le projet, et elle en adopta la rédaction ; mais elle pensa qu'il fallait le compléter, en étendant l'influence du principe nouveau sur une disposition du Code de commerce, l'art. 298, qui présentait des traces de l'ancien système.

« En effet, l'art. 298 prévoit le cas où le capitaine a été obligé de vendre des marchandises en cours de voyage pour subvenir aux besoins du navire :

« Il décide que, si le navire arrive à bon port, le capitaine doit au chargeur des marchandises vendues la valeur de ces marchandises, et que le chargeur, de son côté, doit payer le fret.

« L'article prévoit aussi l'hypothèse où le navire a péri ; et, faisant cesser l'incertitude de l'ancienne jurisprudence, il dispose que le capitaine est tenu envers le chargeur du prix des marchandises en retenant toutefois le fret.

« Cette obligation imposée au capitaine, et, par suite, aux armateurs, était absolue et s'étendait à tous les biens de ceux-ci ; du moins telle était l'interprétation à laquelle devait conduire celle que donnait à l'art. 216 la Cour de cassation.

« La Chambre des Députés crut donc devoir ajouter à l'art. 298 la restriction suivante : « Sauf le droit réservé au propriétaire de navire par le paragraphe 2 de l'art. 216. »

« C'est dans cet état que la loi vous fut soumise.

« Votre commission, je vous l'ai dit, avait déjà émis un avis favorable, lorsque le gouvernement retira le projet.

« Un double motif l'a déterminé.

« Il s'est élevé des doutes sur la manière dont les législations étrangères réglaient la responsabilité des propriétaires de navires ; on a voulu procéder à un nouvel examen de leurs dispositions.

« D'un autre côté, on a pensé que le principe nouvellement introduit dans notre législation maritime étendait ses conséquences plus loin qu'on ne l'avait d'abord supposé, et qu'il était nécessaire de faire pour plusieurs articles du Code de commerce ce qu'on avait déjà fait pour l'art. 298.

« Le projet de loi a donc été l'objet de nouvelles études sous l'un et l'autre rapport.

« Il est résulté d'investigations faites avec soin que les législations étrangères ne déterminent point d'une manière uniforme l'étendue des obligations des armateurs : les unes déclarent que leur responsabilité est illimitée, les autres la restreignent à la valeur du navire et du fret.

« On peut citer parmi les dernières le Consulat de la Mer, chap. 236, dont l'autorité était reconnue en Italie ; le Statut de Hambourg ; le Code du royaume des Pays-Bas, art. 321, §§ 1 et 2 (*) ; la loi maritime de Suède de 1667, sect. 2, chap. 16 ; le Code danois de 1683, liv. 4, chap. 2, art. 5, et chap. 5, art. 5 ; le Code russe, art. 648 et 649.

« Mais le Statut de l'île de Wisby ; le Code de commerce d'Espagne, art. 621 et 622 ; le Code prussien, 2ᵉ part., tit. 8, art. 1525, 1526, 1528 et 1529, et le Code de commerce de Naples, art. 303, décident, au contraire, que les armateurs sont tenus, sur tous leurs biens, des engagements du capitaine.

« En Angleterre et aux États-Unis, les usages et les précédents sont dans le même sens.

« Les législations étrangères ne sont donc pas unanimes, comme on l'avait pensé, pour restreindre les obligations des armateurs, et c'est précisément chez les nations dont la prospérité commerciale est portée au plus degré que le principe contraire est adopté.

« Néanmoins, nous avons persisté dans l'opinion qui a prévalu jusqu'ici, et nous pensons que l'art. 216 du Code de commerce doit être modifié selon le vœu des armateurs français.

« Sans doute, les chargeurs pourront être attirés vers les navires étrangers par la perspective d'une responsabilité absolue de la part des propriétaires.

« Il faut aussi reconnaître qu'en cours de voyage les capitaines qui offriront aux prêteurs une certitude de paiement, devront être mieux accueillis que ceux qui ne présenteront pour garantie que la valeur du navire et du fret.

« Malgré ces désavantages, la concurrence ne peut être bien redoutable pour les navires français.

« D'une part, les chargeurs savent qu'en traitant avec des étrangers, ils s'exposent au grave inconvénient de devoir aller défendre leurs intérêts devant les tribunaux du pays, auquel appartient le propriétaire du navire sur lequel a été fait le chargement.

« En second lieu, rarement en cours de voyage le navire et le fret sont insuffisants pour rassurer les prêteurs ; et si, dans quelques cas, le capitaine trouvait de la difficulté à emprunter, il lèverait tous les obstacles en s'engageant personnellement ou en offrant une prime un peu plus élevée.

« Enfin, tranquilles sur les suites de leurs expéditions, bien certains qu'ils ne pourront compromettre leur fortune entière, les armateurs ne se-

_____

(*) En vigueur depuis le 1ᵉʳ octobre 1838.

ront plus obligés de chercher dans l'élévation du prix du fret la compensation d'éventualités auxquelles ils ne seront plus exposés, et ils attireront les chargeurs en consentant à opérer le transport de leurs marchandises à de meilleures conditions.

« Les chambres de commerce de toutes les villes maritimes et le conseil général du commerce se sont formellement prononcés en faveur du projet de loi. Ces assemblées sont d'excellents juges de l'opportunité de la mesure proposée ; leurs membres ont pu, par leur propre expérience, en apprécier les avantages et les inconvénients, et l'on ne saurait sérieusement craindre que les intérêts du commerce maritime pussent être compromis par une détermination que ses représentants les plus directs ont provoquée.

« La grande majorité des cours royales (19 sur 26) (*) a pensé aussi qu'il était convenable de modifier l'art. 216 du Code de commerce, comme le désirent les armateurs.

« Ainsi, des autorités graves, nombreuses et placées à des points de vue différents, s'unissent en faveur de la loi sur laquelle vous êtes appelés à délibérer. »

La confusion qui règne dans les actes de la législation anglaise peut laisser quelque doute sur le véritable sens de ses dispositions relativement à la responsabilité des propriétaires de navires. J'ai cru devoir transcrire en entier le statut de la 53ᵉ année du règne de Georges III. Chapitre 159, intitulé : *Acte pour limiter la responsabilité des propriétaires de navires dans certains cas*, et portant la date du 21 juillet 1813. C'est le document le plus récent et le plus positif. Il est ainsi conçu :

« Art. 1ᵉʳ. Comme il est de la plus grande importance d'exciter l'augmentation du nombre de navires et vaisseaux appartenant au royaume uni et enregistrés conformément à la loi et de prévenir tout découragement de la part des marchands et autres à prendre intérêt dans ces navires, et comme il convient d'amender un acte fait dans la 7ᵉ année du règne de sa dernière majesté le roi Georges II, intitulé : *Acte pour établir jusqu'à quel point les propriétaires de navires doivent être responsables pour les faits des capitaines ou des matelots*; et pareillement un autre acte fait dans la 26ᵉ année du règne de Sa Majesté actuelle, intitulé : *Acte pour expliquer et amender un acte fait dans la 7ᵉ année du règne de sa dernière Majesté*, intitulé : « *Acte pour établir jusqu'à quel point les propriétaires de navires doivent être responsables pour les faits des capitaines ou des matelots, et pour alléger davantage les charges des propriétaires de navires* ; et que d'autres dispositions doivent être prises sur cet objet, qu'il soit donc établi par sa très-excellente Majesté, avec l'avis et le consentement des lords ecclésiastiques et laïques et des communes, assemblés dans ce présent parlement et par leur autorité, *qu'aucunes personnes qui sont ou seront propriétaires ou copropriétaires de quelque navire ou vaisseau, ne seront responsables des dommages ou pertes causés par quelque fait, négligence, affaire ou chose faite, omise ou occasionnée sans la faute et la participation de ces propriétaires, qui peuvent arriver aux effets, provisions, marchandises ou autres choses chargées sur tout navire ou vaisseau après le premier jour de septembre 1813, ou qui, après ledit premier jour de sep-*

(*) La commission que la Cour de cassation avait nommée pour l'examen du projet de loi l'a approuvé à l'unanimité, moins une voix.

tembre 1813, pourront arriver à tout autre navire ou vaisseau ou aux effets, provisions, marchandises ou autres choses chargées sur tout autre navire ou vaisseau, au-delà de la valeur de ce navire ou vaisseau et du fret dû ou qui se trouvera dû pour et durant le voyage qui se fait ou pour lequel il existe un contrat passé au temps de l'arrivée desdits dommages ou pertes.

« 2. Et qu'il soit en outre établi que la valeur de transport de tous effets, provisions ou marchandises appartenant au propriétaire ou à quelqu'un des propriétaires du navire, ainsi que le louage dû ou qui sera dû en vertu de quelque contrat fait par ou pour Sa Majesté, ou par ou pour quelque autre personne ou quelque corps politique ou corporation quelconque (excepté seulement le louage qui, dans le cas d'un navire loué pour un temps, n'aurait point commencé à être gagné avant l'expiration de six mois du calendrier après l'arrivée des pertes ou dommages) doivent être réputés et considérés comme fret, selon l'intention, le sens et le but de cet acte, ainsi que desdits actes du parlement faits dans la 7ᵉ année du règne de sa dernière majesté le roi Georges II et dans la 26ᵉ année du règne de Sa Majesté actuelle.

« 3. Et qu'il soit en outre établi que dans le cas où ces pertes ou dommages seraient causés par plusieurs accidents, faits, négligences ou fautes séparés et distincts ou seraient survenus dans plusieurs occasions pendant le cours d'un voyage ou après la fin d'un voyage et avant le commencement d'un autre voyage, chaque dommage ou perte devra être payé, compensé, remboursé, selon les dispositions de cet acte, de la même manière et pour la même étendue que si aucun autre dommage ou perte n'était survenu durant le même voyage ou après la fin d'un voyage et avant le commencement d'un autre voyage.

« 4. Et que cela soit en outre établi, que rien de ce qui est contenu dans cet acte ne doit diminuer en aucune manière la responsabilité à laquelle tout capitaine ou matelot d'un navire peut être tenu d'après la loi, quoique ces capitaines ou matelots soient propriétaires ou copropriétaires de ce navire.

« 5. Que cela soit en outre établi, que rien de ce qui est contenu dans cet acte ne doive s'étendre ou être entendu s'étendre aux propriétaires de toute gabarre, barque, de tout bateau ou navire, de quelque port ou forme qu'il soit, employé seulement dans les rivières ou dans la navigation intérieure, ou de tout navire ou vaisseau non dûment enregistré, conformément à la loi.

« 6. Et que cela soit en outre établi, que rien de ce qui est contenu dans cet acte ne doive empêcher aucune action ou aucun procès d'être introduit ou suivi dans toute cour compétente par toute personne qui aura éprouvé quelque perte ou dommage, selon l'esprit et le sens de cet acte, contre tout propriétaire ou copropriétaire d'un navire, quoique d'autres personnes puissent avoir éprouvé quelque perte ou dommage par les mêmes accident, fait, négligence ou faute, ou dans la même occasion ; mais que toutes ces actions ou instances pourront et devront être introduites et suivies de la même manière qu'elles auraient pu être introduites et suivies, si cet cet acte n'eût pas été fait, sauf, toutefois, les ordres que quelque cour peut juger convenable de donner pour restreindre la procédure dans telle action ou instance, dans des circonstances spéciales, ainsi que la justice et l'équité le demanderont.

« 7. Et qu'il soit en outre établi que si plusieurs personnes supportent quelque perte ou dommage sur ou dans leurs effets, provisions, marchandises, navires ou autrement, par quelqu'un des moyens pour lesquels la responsabilité de tout propriétaire est limitée par le présent acte, ainsi qu'il est dit, et que la valeur du navire avec ses dépendances et le montant du fret estimé, ainsi qu'il est mentionné dans ledit acte, ne soit pas suffisante pour indemniser complètement chacune des personnes qui ont éprouvé ces pertes ou dommages, il doit et il peut être permis aux personnes obligées à la réparation de ces pertes ou dommages ou à une ou plusieurs d'entre elles, au nom d'elles-mêmes et des autres propriétaires du navire, d'introduire une instance dans toute cour d'équité ayant juridiction compétente, contre toutes personnes qui intenteront de telles actions ou procès, ainsi qu'il est dit précédemment, et toutes autres personnes qui réclameront quelque indemnité pour quelque dommage ou perte causé par des accidents, faits, négligences, fautes distincts et séparés, ou survenus dans la même occasion, à l'effet d'affirmer et constater le montant de la valeur du navire, de ses dépendances et du fret, et pour le paiement et la distribution de ce montant entre les diverses personnes qui réclameront indemnité, ainsi qu'il est dit, en proportion du montant des diverses pertes ou dommages éprouvés par les personnes qui réclameront ladite indemnité, ainsi qu'il est dit, conformément aux règles de l'équité et selon que la circonstance pourra exiger, pourvu toujours que les défendeurs, dans cette instance, annexent à leur demande une attestation sous serment (affidavit) qu'il n'existe de leur part, ni directement, ni indirectement, aucune collusion avec aucun des défendeurs à cette instance ou avec aucun des autres propriétaires du navire ou avec aucune autre personne ; mais que cette instance n'est introduite que dans un but de justice et pour obtenir le bénéfice des dispositions de cet acte, et que les différentes personnes nommées comme défenderesses à ladite instance sont, ainsi que celles qui font une telle attestation le croient véritablement, toutes personnes demandant à être reconnues en droit d'être indemnisées pour pertes ou dommages soufferts par les mêmes accident, fait, négligence, faute, ou survenus dans la même occasion, et que tous ces défendeurs réclament cette indemnité et demandent à être reconnus comme ayant droit à une partie de la valeur du navire ou vaisseau, de ses dépendances et du fret, et qu'aucune autre personne ne demande à être reconnue comme ayant droit à aucune partie de cette valeur, en vertu des dispositions de cet acte, et que le montant de la valeur du navire, de ses dépendances et du fret, n'excède pas la somme qui sera spécifiée dans cette attestation, et que les diverses réclamations, faites par les défendeurs à cette instance, excèdent le montant de la valeur du navire, de ses dépendances et du fret, et que les demandeurs dans cette instance, en produisant cette demande, s'adressent à la Cour et obtiennent une autorisation de payer, en la Cour, le montant de la valeur du navire, de ses dépendances et du fret, ainsi qu'il sera constaté par l'attestation ou affidavit, et paient ce montant en la Cour, conformément à cette autorisation ; et qu'aucun défendeur à cette instance ne soit forcé d'y faire aucune réponse jus-

qu'à ce que cette valeur ait été payée en la Cour, ainsi qu'il est dit, à moins que la Cour, pour quelque cause spéciale, n'estime convenable d'ordonner qu'il sera donné caution pour cette valeur, de la manière que ladite Cour jugera convenable, soit pour tenir lieu du paiement de cette valeur en la Cour, ainsi qu'il est dit, ou jusqu'à ce que cette Cour donne un autre ordre contraire, et à moins que cet argent ne soit payé en la Cour, ainsi qu'il est dit, ou que ladite Cour n'ordonne de former caution, ainsi qu'il est dit, et que cette caution ne soit donnée, conformément audit ordre, dans un mois après que l'instance aura été introduite, la demande devra, immédiatement après l'expiration dudit mois, être rejetée, sans qu'il soit besoin de le demander, et la Cour devra ensuite ordonner le paiement des frais dudit procès à tous les défendeurs qui y auront figuré ; et, dans le cas où une caution serait donnée, comme il est dit, et où le paiement de cette valeur en la Cour serait ensuite ordonnée, et où ladite valeur ne serait pas payée dans le temps qui aurait été limité par la Cour, l'instance devra aussi être rejetée, sans qu'il soit besoin de requérir ce rejet ; et ladite Cour devra aussi ordonner le paiement des frais aux défendeurs, ainsi qu'il est dit ; et, dans le cas où quelque semblable demande serait, à une époque quelconque, rejetée après que quelque valeur aurait été payée en la Cour, ou qu'une caution aurait été fournie, ainsi qu'il est dit, ladite Cour devra arrêter que l'argent ainsi payé en la Cour, s'il y en a eu, sera payé aux divers réclamants défendeurs à l'instance, qui apparaîtront à la Cour avoir droit à une part de cet argent, de la manière qu'il semblera juste à la Cour, et ordonner que toute caution qui sera fournie, ainsi qu'il est dit, sera mise en cause, et l'argent qui proviendra de cette caution payé en la Cour et distribué de la même manière ; et ces paiements devront être faits sans préjudice de tous procès ou actions qui peuvent être intentés ou suivis par toutes autres personnes non parties dans l'instance pour toute perte ou dommage, ainsi qu'il est dit, quoique ces dommages ou pertes aient été causés par les mêmes accident, fait, négligence ou faute, ou soient survenus dans la même occasion que les dommages ou pertes pour lesquels une indemnité sera réclamée par les parties défenderesses à l'instance ; et tous les paiements qui seront faits par l'ordre de la Cour devront l'être sans préjudice du recouvrement des frais, dans tout procès ou action qui aurait été intenté par quelque défendeur, à moins qu'il n'ait été autrement statué par la Cour relativement à ces frais.

« 8. Et que cela soit ainsi établi, que s'il apparaît à la Cour dans laquelle une telle demande doit être portée, comme il est dit, que l'argent payé en la Cour, et sur lequel il aurait été donné caution, comme il est dit, n'est point le véritable montant de la valeur du navire, de ses dépendances et du fret, ladite Cour ordonne qu'une plus forte somme sera payée en la Cour, ou une plus forte caution donnée, suivant que ladite Cour le jugera convenable, et ladite Cour devra aussi, à toute époque que ce soit, si elle le juge utile, ordonner qu'il sera fourni caution pour les frais du procès, ainsi qu'il paraîtra à ladite Cour nécessaire et juste ; et si une plus forte somme d'argent n'était point payée, ou une caution plus forte, ou autre fournie, ainsi qu'il est dit, dans le temps qui aurait été limité par ladite Cour, à cet effet, la demande devra

Art. 216 (1). Tout propriétaire de navire est civilement responsable des faits du ca-

être rejetée , sans qu'il soit besoin d'aucun ordre à cet égard ; et ladite Cour devra , en conséquence , ordonner le paiement des frais du procès aux différents défendeurs , par les demandeurs, et donner les instructions convenables pour la distribution de l'argent payé en la Cour, ou utiles à toute caution donnée dans le procès , pour répondre aux demandes des divers défendeurs dans ce procès , ainsi qu'il paraîtra juste à la Cour.

« 9. Et qu'il soit en outre établi que, si après que quelque procès de cette nature aura été intenté , il est annulé , ou devient irrégulier dans son entier ou en partie , et qu'il ne doive point revivre , ou être régularisé dans le temps qui sera limité par la Cour , à cet effet , ce procès et la procédure à laquelle il aura donné lieu , devront être rejetés sans qu'il soit nécessaire de le demander ; et ladite Cour devra ordonner que le paiement des frais de ce procès soit fait aux défendeurs audit procès, ou aux représentants de ceux qui seraient décédés ; et si les demandeurs, dans quelque instance, ou quelqu'un d'eux sont alors décédés, lesdits frais, qui n'auraient pas été autrement payés, seront à la charge de la succession de ces demandeurs décédés , et devront être remboursables comme une dette par simple contrat.

« 10. Et qu'il soit en outre établi que la Cour dans laquelle quelque demande de cette nature sera portée , comme il est dit , sera autorisée et est ici autorisée à prendre toutes les mesures qui lui paraîtront justes pour constater la valeur du navire ou vaisseau, de ses dépendances et du fret, le montant des dommages ou pertes réclamés par chacun des défendeurs à l'instance , et toutes les autres dispositions qui seront nécessaires dans l'intérêt de la justice , et pour le paiement et la distribution de la valeur du navire ou vaisseau , de ses dépendances et du fret entre les différentes personnes qui seront reconnues y avoir des droits, et généralement à faire, dans cette circonstance, tout ce qui paraîtra juste ; et les frais de toutes ces procédures devront être payés par les demandeurs , à moins que la Cour ne juge convenable d'en ordonner autrement.

« 11. Et qu'il soit en outre établi que tous les frais qui seront payés par les demandeurs, dans tout procès intenté devant une cour d'équité , comme il est dit , seront taxés et arrêtés comme entre le procureur et le client , si la Cour juge convenable de l'ordonner ainsi.

« 12. Et que cela soit en outre établi , que si quelque instance , après avoir été introduite , est rejetée à cause de quelque irrégularité de la part des demandeurs dans l'instance, ainsi qu'il est ci-dessus prévu , ou par quelque ordre de ladite Cour , à cet effet , aucune nouvelle instance ne sera intentée par les mêmes demandeurs , ou par leurs représentants, ou par quelque autre propriétaire ou copropriétaire du même navire ou vaisseau , à moins que la Cour , dans laquelle la la demande aura été introduite , n'ordonne que ce rejet aura lieu , sans préjudice de l'introduction d'une nouvelle demande , soit d'une manière absolue , soit sous telles conditions que ladite Cour estimera justes.

« 13. Et qu'il soit en outre établi que si quelque argent est payé dans ladite cour d'équité , ainsi qu'il est dit , en raison de la valeur de quelque navire , de ses dépendances et du fret, tous les intérêts

et profits qui proviendront de cet argent pendant qu'il restera déposé à la Cour , seront considérés comme appartenant aux parties de l'instance qui paraîtront avoir droit à tout ou partie de cet argent , et devront , en conséquence , être divisés et distribués à chacune d'elles ; et si une caution est donnée pour cette valeur ou pour une partie de cette valeur, elle devra porter intérêt , et les intérêts devront être répartis de la même manière.

« 14. Et qu'il soit en outre établi que si quelque instance de cette nature est introduite , ainsi qu'il est dit , par quelques copropriétaires du navire, en leur propre nom ou au nom d'autres copropriétaires , cette instance devra lier tous les autres copropriétaires et leurs représentants de la même manière qu'ils auraient été liés s'ils avaient été parties demanderesses dans l'instance ; et si , après l'introduction de quelque instance , quelques-uns des demandeurs ou autres copropriétaires viennent à décéder, le droit d'action contre ces copropriétaires décédés , fondé sur quelque faute ou tort, ne doit pas être perdu pour cela ; mais il doit être permis de procéder contre les représentants respectifs des copropriétaires décédés de la même manière qu'il aurait pu être procédé si ce droit d'action avait été fondé sur un contrat.

« 15. Et qu'il soit en outre établi que si quelque procès pour dommage ou perte , ainsi qu'il est dit , est porté ou intenté devant quelque Cour compétente pour prononcer comme cour d'équité , selon les intentions de cet acte, ladite Cour sera et est ici autorisée à procéder dans cette instance de la même manière , d'après les mêmes règles et avec les mêmes pouvoirs qui sont ici donnés aux Cours d'équité , autant qu'ils sont applicables à la nature de ladite Cour et à ses formes de procéder , et cette Cour usera de tous les moyens que la Cour d'équité est autorisée à employer par cet acte et selon ses intentions.

« 16. Et qu'il soit en outre établi que toute somme d'argent qui sera payée pour réparation de dommages ou pertes, pour lesquels la responsabilité des propriétaires d'un navire ou vaisseau est limitée par cet acte, ou par lesdits actes ou l'un d'eux , ainsi que tous les frais encourus en conséquence , devront et pourront être mis en compte entre les copropriétaires dudit navire ou vaisseau de la même manière que l'argent déboursé pour l'emploi de ce navire.

« 17. Et qu'il soit en outre établi que cet acte sera considéré et tenu pour acte public , et qu'il devra être enregistré comme tel par tous juges, tribunaux et autres personnes quelconques, sans qu'il soit spécialement invoqué. »

(1) Encourager les armements maritimes en limitant la responsabilité des armateurs , tel est le but des modifications que la loi actuelle apporte au Code de commerce.

La plus importante, j'ai presque dit la seule, car les deux autres n'en sont que des corollaires, se trouve dans les deux premiers paragraphes de l'article 216, qui seul était l'objet du projet primitif. Cette modification consiste à généraliser l'ancienne disposition, c'est-à-dire à permettre à l'armateur de se libérer non seulement des obligations dont il pourrait être tenu à raison des faits illicites du capitaine, mais encore de celles résultant des engagements contractés par ce dernier pour le besoin du navire.

pitaine, et tenu des engagements contractés par ce dernier, pour ce qui est relatif

Cette innovation, unanimement réclamée par le commerce, appuyée par la grande majorité des cours royales et par la commission de la Cour de cassation, a été vivement combattue dans les deux Chambres, et surtout dans la Chambre des Pairs.

Voici les arguments qui ont été invoqués par les adversaires du projet :

La proposition, ont-ils dit, est contraire aux principes généraux du droit et à la bonne foi qui est l'âme du commerce. En effet, le capitaine est le mandataire naturel de l'armateur qui l'a préposé à la conduite de son navire : c'est son *alter ego*. Les engagements qu'il contracte dans l'intérêt de l'expédition doivent donc être considérés comme personnels à l'armateur, dont les tiers ont suivi la foi. Par suite, il en est responsable indéfiniment. Lui permettre de s'en dégager par l'abandon du navire et du fret, c'est l'autoriser à manquer à sa parole, à faire banqueroute à ceux qui ont procuré au son préposé les moyens nécessaires pour continuer sa route. Elle altère le contrat d'affrétement. L'armateur s'est obligé envers le chargeur à faire transporter une certaine quantité de marchandises à tel endroit, moyennant une somme déterminée. C'est donc lui qui doit pourvoir aux moyens de faire parvenir les marchandises à leur destination, de mettre le navire en état d'atteindre le port de déchargement. Comme tout voiturier, c'est à ses frais que sont les réparations de sa voiture. Par conséquent, s'il y a nécessité de vendre des marchandises pour faire radouber le navire, il faut qu'il en tienne compte à l'expéditeur pour la totalité et non point jusqu'à concurrence du navire et du fret. Autrement, il associerait celui-ci à ses obligations.

Ce n'est pas tout, poursuivaient-ils, le changement que l'on propose est contraire à l'intérêt bien entendu des armateurs dont il restreint la responsabilité et à celui des chargeurs.

Pour les chargeurs, cela est évident, puisqu'il reporte sur eux une partie des risques qui pèsent apparavant sur le propriétaire. On leur fait espérer, il est vrai, une diminution dans le prix du fret ; mais c'est un avantage incertain, tandis que le désavantage ne l'est pas, car, s'ils veulent faire assurer leurs marchandises pour les soustraire à ces nouveaux risques, il leur faudra payer à l'assureur une prime plus élevée.

Il est contraire à l'intérêt des armateurs, en ce qu'il leur enlève tout crédit à l'étranger. Il leur ferme la voie de l'emprunt ordinaire. En effet, qui voudra prêter au taux normal du commerce, quand le remboursement ne présente qu'incertitude ? Le prêt à la grosse devient plus onéreux, puisque l'intérêt nautique s'élève en proportion des risques que les capitalistes ont à courir. Quant au troisième moyen de se procurer des fonds par la vente des marchandises, on sait qu'il est fort coûteux, et c'est cependant celui qu'il faudra le plus souvent employer.

Il y a plus, l'Angleterre et les États-Unis, dont les navires font une concurrence si redoutable à la nôtre, admettent la responsabilité illimitée des armateurs. N'est-il pas à craindre que cette circonstance ne détermine nos chargeurs à s'adresser aux armateurs anglais ou américains de préférence aux nôtres? D'autant mieux que, leurs capitaines pouvant à l'avenir se procurer des ressources plus fa-

cilement pour les nécessités de leurs navires, l'expédition aura plus de chances de réussite.

Vous voulez accroître les armements maritimes, qui, dites-vous, restent stationnaires (quoique depuis dix ans la somme des transports ait plus que doublé) ; mais alors suivez donc les usages des pays où cette industrie a le plus de développements. S'ils existent chez vous, loin de chercher à les changer, vous devez soigneusement les maintenir. Encouragez les expéditions en offrant aux chargeurs des conditions de plus en plus douces, de manière à les mettre à même de soutenir à l'extérieur la concurrence des produits étrangers. Toute mesure en sens contraire ne peut avoir que des résultats funestes pour eux, et, par contre-coup, pour le commerce d'armement.

On invoque, il est vrai, en faveur du projet, l'opinion du commerce qui n'a cessé de réclamer, surtout depuis 1833. Puis on ajoute que le choix du capitaine n'est pas entièrement libre pour l'armateur ; que celui auquel l'armateur avait confié la conduite de son navire peut être remplacé dans le cours du voyage ; que cette limitation ou même cette absence de choix doit influer gravement sur l'étendue des obligations qui auraient été contractées soit par le mandataire, soit par son remplaçant ; qu'enfin, il est impossible d'admettre raisonnablement que la fortune d'un armateur soit mise en quelque sorte à la discrétion d'un capitaine, lorsque, d'après nos lois, différentes en cela du statut anglais, il ne peut prévenir, par une assurance, les effets désastreux de la responsabilité illimitée.

Ces objections ne sont pas invincibles : tout le commerce, dites-vous, a réclamé : les hommes d'État ne doivent pas s'arrêter au nombre des réclamations, mais bien aux motifs sur lesquels elles sont fondées. Le principe de la responsabilité illimitée n'a point jusqu'ici produit pour les armateurs des effets tellement désastreux qu'on dût songer à le réformer : d'ailleurs, le commerce, consulté en 1807, a été d'un avis opposé à celui qu'il a émis depuis quelques années.

Vous ajoutez que le choix de l'armateur n'est pas tout à fait libre. Faut-il donc regarder comme un mal cette obligation que la loi leur impose de choisir parmi les hommes d'une capacité éprouvée ? N'est-ce pas au contraire une condition de sécurité pour le commerce ? Sous le rapport de la moralité, personne ne contestera que nos capitaines ne présentent autant de garanties que les capitaines anglais ou américains. Il est vrai qu'il peut y avoir nécessité de les remplacer dans le cours du voyage. Mais lorsque le navire doit faire une longue navigation, tout armateur prudent doit pourvoir à une pareille éventualité en plaçant sur le navire un homme dont il soit aussi sûr que du capitaine, et qui puisse au besoin le remplacer. Dans tous les cas, l'art. 234 du Code de commerce ne prescrit-il pas au capitaine l'accomplissement de formalités qui offrent à l'armateur des garanties suffisantes ?

Voy. la note sur l'art. 234.

Enfin, en admettant qu'il soit déraisonnable, immoral même, de permettre à un armateur de risquer dans une expédition sa fortune et celle de ses enfants, on peut remédier à cet inconvénient par une modification à la loi sur les assurances, sans qu'il soit besoin pour cela de rayer de nos codes le principe de la responsabilité indéfinie.

au navire et à l'expédition (1).

Il peut, dans tous les cas, s'affranchir des obligations ci-dessus par l'abandon du navire et du fret (2).

Les partisans du projet ont répondu : qu'à la vérité le changement proposé dérogeait aux principes généraux du droit en matière de mandat, mais que le mandat dont était investi le capitaine était d'une nature toute exceptionnelle; que l'art. 216, en limitant la responsabilité du propriétaire à raison des faits illicites du capitaine au navire et au fret contenait déjà une exception au principe général de l'art. 1384 du Code civil qui déclare les commettants indéfiniment responsables du dommage causé par leurs préposés dans les fonctions auxquelles ils les ont employés; que toujours, d'ailleurs, le commerce avait interprété la loi dans le sens de la responsabilité limitée.

Le reproche d'immoralité, ajoutaient-ils, que l'on fait à ce projet ne pourrait être admis qu'autant qu'il serait appelé à régir les conventions passées sous l'empire de la loi actuelle. La loi nouvelle ne surprendra personne. Ceux qui auront traité soit avec les armateurs, soit avec les capitaines, avertis du changement qui se sera opéré dans la législation, n'auront aucunement à se plaindre, s'ils éprouvent quelque préjudice par suite de l'exercice de la faculté qu'elle confère aux armateurs. Au surplus, ce principe n'est pas nouveau, et il est consacré par des législations aussi morales que la nôtre.

On nous oppose que la loi est contraire aux intérêts bien entendus du commerce; car, d'un côté, elle aggrave la condition des chargeurs, et, de l'autre, elle diminue le crédit des propriétaires de navires. Si cela était vrai, comment comprendre que le commerce tout entier n'ait cessé depuis plusieurs années de la réclamer? Quel autre que lui est meilleur juge de ses intérêts? En France, les capitaux sont timides. La responsabilité indéfinie, contre les suites de laquelle nos lois n'offrent aucun moyen de se garantir, restreint nos armements maritimes. Aujourd'hui même, malgré les progrès que cette industrie a fait depuis dix ans, plus de la moitié de nos expéditions s'effectue par pavillon étranger. Quant aux chargeurs, qui sont en apparence sacrifiés aux exigences du commerce maritime, il leur sera facile de se préserver des nouveaux risques que la loi actuelle met à leur charge au moyen d'une légère augmentation de la prime d'assurances, augmentation qui sera compensée, à n'en pas douter, par une diminution dans le prix du fret. Voy. la note qui précède.

Mais, d'ailleurs, est-il exact d'affirmer que le crédit des armateurs va se trouver compromis par la mesure proposée; qu'elle sera pour nous une cause d'infériorité vis-à-vis de la marine anglaise et américaine? En théorie, cela paraît être ainsi; en pratique, les faits démentent complètement cette assertion. La raison en est simple. La loi actuelle n'a évidemment en vue que les engagements contractés par le capitaine dans des ports éloignés. Or, en général, les capitalistes qui fournissent des fonds en cours de voyage pour les besoins du navire ne prêtent qu'au navire sur lequel la loi commerciale leur accorde un privilége (C. comm., art. 191 7°). La fortune de l'armateur leur est presque toujours inconnue; partant, sa responsabilité personnelle ne peut être considérée comme une garantie. Aussi les armateurs prudents ont-ils soin, lorsque leurs navires sont destinés à une longue navigation, de

prendre des lettres de crédit signées de noms connus sur toute la surface du globe et au moyen desquelles leurs capitaines se procurent de l'argent à aussi bon marché qu'on peut en avoir sur les places étrangères. L'inconvénient signalé n'a donc rien de réel. Après comme avant la loi, notre situation sera absolument la même, sous ce rapport, que celle des Anglais et des Américains.

Au point de vue de l'intérêt commercial, seul qu'il importe d'examiner, le projet se justifie donc parfaitement. Maintenant le même but pouvait-il être atteint en modifiant quelques dispositions de la loi des assurances? Cela est possible. Mais c'est une idée qui aurait besoin d'un examen approfondi, et qui, dès lors, ne saurait faire ajourner la solution proposée, qui a été l'objet d'études si longues et si consciencieuses.

(1) L'exécution de ces engagements peut être poursuivie contre lui par la voie de la contrainte par corps. (Arrêt de la Cour de cassation du 8 novembre 1832. Sirey-Devilleneuve, 32. 1. 841; Dalloz, 35. 1. 44.)

(2) Plusieurs Cours royales, et notamment la Cour d'Aix, dans leurs observations sur le projet, avaient demandé qu'indépendamment du navire et du fret, l'armateur fût tenu d'abandonner le montant de l'assurance qu'il aurait contractée. Cette opinion n'a point été accueillie.

« L'obligation d'abandonner l'assurance, » a dit la commission de la Chambre des Pairs, « par l'organe de son rapporteur, détruirait presque entièrement l'effet de la loi.

« Son but est d'empêcher que désormais la fortune de terre de l'armateur ne puisse être compromise par les hasards de la navigation.

« Si l'abandon de l'assurance doit être la conséquence nécessaire de l'abandon du navire, parce que l'armateur ne perdrait plus désormais, parce que la loi aurait limité sa responsabilité, il perdrait sur le navire; car, dans le cas d'abandon, sa valeur serait irrévocablement perdue pour lui sans aucune atténuation, puisque la prévoyance qui le lui aurait fait assurer profiterait à d'autres.

« Il y a sans doute un danger à prévenir. Il ne faut pas que l'armateur à qui les affréteurs confient leur fortune, qui a le choix du capitaine et par lui la direction de tout ce qui se rattache à l'expédition, n'ait qu'un intérêt trop faible, et surtout qu'il ait un intérêt contraire à la conservation du navire. Il faut des garanties contre toute négligence de sa part, qui compromettrait le sort de l'armement et la vie des hommes de l'équipage. Au besoin, il en faudrait contre de coupables spéculations.

« Le Code y a pourvu, en prohibant l'assurance du fret et du loyer aux gens de mer (art. 347).

« L'armateur sera toujours intéressé, presque toujours le plus intéressé à n'être pas réduit à user de la faculté que lui donnera la loi de se libérer par l'abandon du navire. Il perdrait tout le fruit utile de l'expédition, une partie des frais faits pour le voyage et la prime d'assurance.

« On ne doit pas craindre, d'ailleurs, que cette garantie devienne illusoire par l'assurance du fret en violation de la loi. La sanction de celle-ci, si elle pouvait être impuissante, serait aidée, suppléée même, par l'intérêt de l'assureur. Comme il aurait à souffrir plus encore que le chargeur de l'impru-

Toutefois la faculté de faire abandon n'est point accordée à celui qui est en même temps capitaine et propriétaire (1) ou copropriétaire (2) du navire. Lorsque le capitaine ne sera que copropriétaire, il ne sera responsable des engagements contractés par lui, pour ce qui est relatif au navire et à l'expédition, que dans la proportion de son intérêt (3).

Art. 234. Si, pendant le cours du voyage,

---

dence ou de la déloyauté de l'armateur, il ne se privera pas volontairement des moyens que lui offre l'observation fidèle de la loi pour s'en mettre à couvert.

« Lors de la discussion, M. *Persil* a repris, à titre d'amendement, la proposition de la Cour d'Aix. En conséquence, il a demandé l'addition, à la fin du paragraphe 2, de ces mots : « ainsi que de l'assurance. » L'amendement a été écarté.

« La loi, a dit M. *le garde des sceaux*, en présentant le projet à la Chambre des Députés, ne veut pas que l'armateur soit exposé au-delà des sommes qu'il a consacrées à son expédition. Mais si l'armateur, poussant plus loin la prévoyance, veut se mettre à l'abri même de cette perte limitée, et si, dans ce but, il fait assurer son navire, pourquoi donc renverser ce calcul légitime ? Pourquoi lui enlever le fruit de sa prudence et le prix de ses soins ? Les fréteurs ou les chargeurs à qui il sera fait l'abandon seulement du navire et du fret, n'auront point à se plaindre de leur condition ; ils la connaissent d'avance. Ils n'ont point, d'ailleurs, le droit de réclamer le bénéfice d'un contrat d'assurance auquel ils sont été étrangers. »

« L'amendement a été pareillement écarté par la commission de la Chambre des Députés, bien que l'on eût subordonné l'abandon du montant de l'assurance à la restitution de la prime payée par le propriétaire du navire.

(1) « On a demandé, a dit M. *le garde des sceaux* en présentant le projet à la Chambre des Pairs, si la faculté de se libérer par l'abandon du navire et du fret pourrait être invoquée par l'armateur qui commanderait lui-même son navire en qualité de capitaine.

« Nous avons pensé que la solution devait être négative.

« Celui qui est en même temps propriétaire et capitaine d'un navire réunit en quelque sorte la qualité de mandataire et celle de mandant ; il ne peut donc profiter d'une disposition faite pour le cas où ces deux qualités sont séparées.

« Pourquoi la faculté de s'affranchir de toute responsabilité est-elle accordée aux propriétaires de navires, moyennant l'abandon du navire et du fret ? C'est parce qu'on pose en principe que les propriétaires n'ont voulu donner au capitaine, leur mandataire, pouvoir de les obliger que jusqu'à concurrence de la valeur que le navire et le fret représentent.

« Une pareille restriction est inadmissible lorsqu'il n'y a point de mandat donné, point de pouvoir conféré ; que c'est le maître du navire qui traite lui-même et pourvoit aux besoins de son expédition.

« Ainsi, d'après les règles du droit, on ne doit pas étendre au capitaine propriétaire le bénéfice de la disposition faite pour celui qui n'a que la seconde qualité.

« D'ailleurs, cela serait injuste. Que des armateurs soient protégés contre la trop grande extension qu'un capitaine pourrait donner à ses engagements, cela se conçoit. Au moment où se manifeste la nécessité de faire un emprunt, de vendre

des marchandises, les armateurs ne sont pas sur les lieux ; il leur est impossible de délibérer sur la situation grave, inattendue, dans laquelle se trouve placée leur expédition.

« Ne pouvant savoir quelle serait leur résolution, on suppose qu'ils n'auraient pas consenti à exposer au-delà de ce qu'ils avaient confié aux chances de la navigation. Voilà pourquoi on restreint dans ces limites leur responsabilité. Mais si, présents sur le lieu du sinistre, appréciant les conséquences, ils avaient jugé qu'il était convenable de faire des réparations et d'emprunter à cet effet, ou de se procurer de l'argent en vendant des marchandises, sous quel prétexte et de quel droit viendraient-ils ensuite refuser un complet et entier paiement, soit au prêteur, soit au chargeur ? Ils ne peuvent plus dire qu'ils ne voulaient s'engager que jusqu'à concurrence du navire et du fret, car ils se sont volontairement obligés lorsqu'ils étaient libres de ne pas le faire. En un mot, lorsque l'armateur n'a pu prendre un parti, la loi lui suppose une prudente réserve et limite sa responsabilité ; mais la présomption légale disparaît nécessairement devant le fait de l'armateur, devant l'obligation personnelle et volontairement contractée par lui. »

(2) Le paragraphe du projet du gouvernement n'avait prévu que la première hypothèse. La commission de la Chambre des Pairs a demandé s'il fallait étendre la même solution au cas où le capitaine ne serait que *copropriétaire*, n'aurait qu'une faible part dans la propriété du navire.

« L'opinion de la commission, a dit le rapporteur, a été que pour le capitaine intéressé pour une part seulement dans la propriété du navire, la responsabilité indéfinie, quand les autres armateurs s'en seront affranchis, ne doit être que proportionnelle à cette part.

« S'il en était autrement, la loi irait contre son but. Elle veut encourager les armements ; elle découragerait au contraire, ou plutôt rendrait impossible l'espèce d'armement qu'il importe le plus de voir se multiplier, celui des navires dans la propriété desquels le capitaine a un intérêt. Car, en raison même de cet intérêt, ce seront les navires dirigés vers leur destination avec le plus de prudence, de célérité et d'économie.

« Si le capitaine copropriétaire restait responsable de toute la perte liquidée sur les marchandises vendues ou les emprunts contractés, lorsque les autres intéressés s'en seraient libérés, sa condition deviendrait plus fâcheuse qu'elle l'est sous la législation qu'il s'agit de réformer ; car aujourd'hui, hors le cas de faillite de ses cointéressés, il ne supporte que sa quote-part proportionnelle de la responsabilité indéfinie.

« Votre commission, dit M. *Dalloz* dans son rapport à la Chambre des Députés, admet la responsabilité personnelle du capitaine copropriétaire à la proportion de son intérêt dans la propriété ; pour le surplus de la propriété du navire, il n'est que le mandataire de ses cointéressés, il ne traite que comme capitaine, et il ne peut être tenu indéfiniment qu'autant qu'il se serait personnellement engagé pour le tout.

(3) En rapprochant la disposition finale de cet

41.   21

il y a nécessité de radoub ou d'achat de victuailles, le capitaine, après l'avoir constaté par un procès-verbal signé des principaux de l'équipage, pourra, en se faisant autoriser en France par le tribunal de commerce, ou à défaut, par le juge de paix; chez l'étranger, par le consul français, ou, à défaut, par le magistrat des lieux (1), emprunter sur corps et quille du vaisseau, mettre en gage ou vendre des marchan-

---

article de l'art. 220 du Code de commerce, on se demande si tout copropriétaire de navire peut user de la faculté qui lui est accordée par la loi nouvelle, de faire abandon pour sa part du navire et du fret, quoique la majorité des propriétaires se prononce pour l'acquittement intégral des engagements contractés par le capitaine. En d'autres termes, le principe nouveau de la responsabilité limitée doit-il ou non prévaloir sur la disposition de l'art. 220 portant qu'en tout ce qui concerne l'intérêt commun des propriétaires d'un navire, l'avis de la majorité doit être suivi ?

Cette question n'a point été prévue, bien qu'elle soit assez importante.

Le premier paragraphe de l'art. 220 dispose en termes absolus : « En tout ce qui concerne l'intérêt commun des propriétaires d'un navire, dit-il, l'avis de la majorité doit être suivi. »

Je pense toutefois qu'on doit établir une distinction.

Si cette majorité se détermine pour l'abandon du navire et du fret, aucune réclamation ne saurait s'élever. Elle peut disposer du navire. Tous les copropriétaires se trouvent libérés vis-à-vis des créanciers, à moins cependant que l'un d'eux ne soit en même temps capitaine, auquel cas il reste obligé sur ses autres biens, mais seulement dans la proportion de l'intérêt qu'il avait dans le navire.

Si, au contraire, les plus forts associés préfèrent conserver le navire et acquitter toutes les dettes, je ne crois pas que ceux qui composent la minorité soient tenus de souscrire à une pareille résolution. Le nouveau principe doit ici prévaloir. L'art. 220 du Code de commerce n'est point une disposition d'ordre public. Il a été toujours considéré comme l'expression d'une convention tacite entre les copropriétaires : l'appliquer ici ce serait violer cette autre stipulation tacite introduite par la loi nouvelle, et par laquelle tout copropriétaire de navire se réserve le droit de s'affranchir des obligations provenant des faits licites ou illicites du capitaine, en abandonnant le navire et le fret ou sa quote-part.

D'ailleurs, même sous l'empire de l'ordonnance et du Code de commerce, l'art. 220 n'a jamais été entendu en ce sens, que dans tous les cas la minorité fût asservie aux décisions de la majorité. Ainsi Valin (art. 5 du titre des propriétaires) et Emérigon dont l'avis est partagé par M. Boulay-Paty (Cours de droit commercial maritime, t. 1, p. 341 et suivantes), regardent comme un point hors de toute controverse que la majorité ne peut forcer la minorité à contribuer pour sa portion à la cargaison du navire, et que, faute par les plus faibles intéressés de charger des marchandises jusqu'à concurrence de leur portion, les plus forts intéressés qui chargent jusqu'à concurrence de leur portion ne peuvent s'exempter de payer aux autres une portion du fret. De même, un arrêt de la Cour d'Aix, du 23 février 1837 (Sirey-Devilleneuve, 37. 2. 270 ; Dalloz, 38. 2. 117), juge que l'art. 220 donne bien à la majorité le droit de décider en principe que le navire sera réparé, mais non de fixer arbi-

trairement la nature et l'importance des réparations.

Voici au surplus comment s'exprime Valin : « Le sens naturel de cet article, dit-il, est que l'avis de ceux des propriétaires qui ont le plus fort intérêt dans le navire doit l'emporter sur celui des autres, de manière que le plus grand nombre a droit de régler l'entreprise et la destination du voyage du navire, de choisir le capitaine et le reste de l'équipage, de fixer leurs gages et de dresser les instructions convenables au voyage, à l'effet duquel voyage il est fondé à contraindre les autres intéressés de fournir leur contingent pour le radoub, l'armement et la mise hors du navire, et, sur le refus, de prendre des deniers à la grosse pour leur compte et risque, etc. »

Et plus loin, page 581, édition de 1776 : « Tout ce qu'on peut exiger de ce moindre associé, c'est qu'il mette pour son contingent le navire en état de naviguer à l'ordinaire. »

Ainsi, d'après Valin, la puissance coactive que l'art. 5 (aujourd'hui art. 220, §§ 1 et 2) donne à la majorité sur la minorité n'existe qu'autant qu'il s'agit de l'armement et de l'équipement du navire, de sa mise en état de remplir sa destination.

Dans l'espèce que j'examine, il s'agit évidemment de toute autre chose. En un mot, la règle posée dans l'art 220 a pour but d'éviter que le caprice ou l'esprit de contradiction de quelques-uns des associés ne fasse échouer des projets utiles à la société, ou du moins présumés tels. Ici, la décision prise par la minorité n'empire en aucune manière le sort des plus forts intéressés qui ne supporteront toujours que la part des dettes afférentes à leur portion. Elle ne porte aucunement atteinte à leurs droits sur le navire : il y aura seulement un changement de personnes. Si, au contraire, l'art. 220 était appliqué, il pourrait arriver que les plus faibles intéressés vissent, contre leur volonté, leur fortune de terre compromise.

Cette décision devrait être suivie également dans le cas où les plus forts intéressés auraient, contre l'avis de leurs autres coassociés, autorisé le capitaine, au moyen de pouvoirs spéciaux, à les obliger indéfiniment.

(1) Les formalités prescrites par l'art. 234 ne regardent que le capitaine respectivement aux propriétaires ; elles n'ont d'autre objet que de mettre le capitaine à portée de justifier de la nécessité de l'emprunt et d'éviter tout recours de la part des propriétaires ; elles ne concernent pas le prêteur qui a contracté de bonne foi et sans fraude avec le capitaine pendant le cours du voyage. Voy. arrêts de la Cour de cassation du 28 novembre 1821 (Sirey, 22. 1. 64 ; Dalloz, t. 4, p. 8 ; Journal du Palais, 1821, t. 16, p. 977) et du 5 janvier 1831 (Devilleneuve, 41. 1. 5 ; Dalloz, 41. 1, 80). Ces arrêts consacrent l'opinion de Valin sur l'art. 19 du titre du Capitaine, à laquelle s'était rangé Emérigon dans son Traité des contrats à la grosse, chap. 4, sect. 5. Mais elle est unanimement repoussée par tous les auteurs qui ont écrit sur le Code. Voy. notamment Pardessus, n. 910 ; Dageville, sur l'art. 234 du Code de commerce ; Delvincourt,

dises jusqu'à concurrence de la somme que les besoins constatés exigent (1).

Institut. de droit commercial, t. 2, p. 210, n. 1, et Boulay-Paty, t. 2, p. 65; t. 3, p. 29, et dans ses notes sur Émérigon, t. 2, p. 461.

Voy. l'excellente note de M. Devilleneuve sur l'arrêt du 5 janvier 1841, dans laquelle j'ai puisé l'indication de ces autorités.

(1) Il peut également affecter les marchandises à un prêt à la grosse. (Arrêt de la Cour de Rennes du 18 décembre 1832, Devilleneuve, 33. 2. 199; Dalloz, 34. 2. 196.)

Lors de la première discussion à la Chambre des Députés, M. *Gaillard de Kerbertin* a soulevé la difficulté suivante : « L'armateur, a-t-il dit, se trouvera souvent placé dans une position telle qu'il ne pourra pas profiter de la faculté de l'abandon, faculté que vous voulez cependant accorder.

« L'art. 234 du Code de commerce ne parle que de l'emprunt à la grosse. Il en était de même de l'ordonnance de 1681.

« Cependant, sous l'empire de celle-ci, *Valin* enseignait que le capitaine, autorisé à emprunter à la grosse, pouvait, par analogie, contracter des emprunts ordinaires.

« Sous l'empire du Code de commerce, il y a presque unanimité de la part des auteurs. Ils enseignent aussi que le capitaine peut emprunter purement et simplement. La jurisprudence est dans le même sens.

« Voici les conséquences graves qui en résultent.

« Lorsque le capitaine a contracté des emprunts, comme ils sont à court terme, des traites sont tirées sur l'armateur.

« Si toutes ces traites arrivaient ensemble, l'armateur serait libre d'opter. Il se dirait : « Ou ces traites n'absorbent pas la valeur de mon navire et de son fret, et alors je paie les traites ; ou bien elles dépassent l'importance des objets que j'ai entendu confier à la mer, j'en fais l'abandon. »

« Mais, pas du tout, les traites sont présentées successivement ; une première, une deuxième, une troisième sont payées. Arrive une quatrième traite ; elle n'absorbe pas encore tout à fait la valeur du navire ; l'armateur se trouve dans le plus grand embarras : s'il était sûr que d'autres traites ne fussent pas présentées plus tard ou qu'il n'y eût pas d'emprunts à la grosse, il ne ferait pas l'abandon ; mais il ignore ce qui arrivera ; et, pendant qu'il est placé dans cette perplexité dont il ne peut sortir, on l'assigne devant les tribunaux de commerce ; il est condamné à payer la traite ; et, à la fin du voyage, il se trouve non seulement que la valeur du navire et du fret est absorbée, mais encore l'armateur aura déboursé bien au-delà.

« C'est un point sur lequel il faudrait nécessairement s'expliquer ; quant à moi, je pense que, puisque l'art. 234 trace les pouvoirs du capitaine et ne lui permet que deux choses, ou d'emprunter à la grosse ou de vendre ou engager les marchandises, il ne peut pas aller au-delà ; qu'ainsi, les emprunts purs et simples ne sont pas licites. Cependant les tribunaux les admettent ; les cours royales les approuvent ; malgré le service que vous rendez au commerce maritime en expliquant l'article 216 du Code de commerce, en étendant ses dispositions ou plutôt en leur rendant leur véritable sens, vous laissez encore l'armateur dans l'impossibilité de profiter parfois du bénéfice de cette législation, puisqu'au moyen des emprunts purs et simples, l'armateur, ignorant si la valeur du navire et du fret est absorbée, ne sait comment il doit agir ; et, pendant qu'il délibère, il est condamné par les tribunaux et contraint de payer le montant des traites.

« Je voudrais ou que le projet de loi déclarât (en ajoutant une disposition à l'art. 234 du Code de commerce) que les emprunts purs et simples ne sont pas permis, ou bien qu'il fût déclaré que, si le capitaine emprunte purement et simplement, le remboursement de cet emprunt ne sera exigible qu'à la fin du voyage et sous le bénéfice de l'article 216 du Code de commerce.

« . . . . . Voici ce que dernièrement j'ai vu faire à une cour royale devant laquelle était porté l'appel d'un jugement qui avait condamné un armateur à payer des emprunts purs et simples ; elle décida que l'emprunt était licite ; mais elle renvoya le paiement à la fin du voyage. Cette mesure était bonne, reste à savoir si elle n'a pas été ajoutée à la loi.

« Pourquoi ne pas profiter des circonstances actuelles pour lever ce doute ? »

En conséquence, M. *de Kerbertin* avait proposé une disposition additionnelle ainsi conçue : « Les emprunts ordinaires contractés par le capitaine, dans les cas et avec les formalités ci-dessus, ne seront exigibles contre le propriétaire, à moins de mandat spécial de sa part, qu'après le voyage et sauf le bénéfice du deuxième paragraphe de l'art. 216. »

L'amendement n'a pas été appuyé.

Sous l'empire du Code de commerce, en présence de la jurisprudence de la Cour de cassation, qui déclarait le propriétaire tenu indéfiniment des engagements contractés par le capitaine pour les besoins du navire, le sursis ne pouvait être accordé à l'armateur, mais aujourd'hui que la loi autorise l'armateur à se libérer par l'abandon du navire et du fret, il y a évidemment intérêt à examiner si l'armateur sera fondé à dire qu'il ne peut être contraint à se prononcer jusqu'à ce qu'il connaisse le résultat général du voyage.

L'accueil peu favorable que la Chambre a cru devoir faire à l'amendement de M. de Kerbertin ne peut seul résoudre la question.

La proposition était improvisée en quelque sorte ; ni la commission, ni personne dans la Chambre n'avait pu la soumettre à un examen approfondi ; de plus, l'art. 234 n'était pas alors soumis à la révision ; on comprend donc que la Chambre l'ait écartée prudemment par une fin de non recevoir. Ainsi, sa décision n'implique aucune improbation au fond.

Cette difficulté écartée, les motifs donnés par M. Kerbertin subsistent dans toute leur force. L'art. 216 2° veut que l'armateur puisse, dans tous les cas, s'affranchir des obligations dont il est question dans le paragraphe précédent, par l'abandon du navire et du fret. La loi lui donne le choix entre cet abandon et l'acquittement intégral des obligations contractées par le capitaine. Il semble donc qu'il faut qu'il soit mis à même d'exercer ce choix, d'user de cette faculté en connais-

Les propriétaires, ou le capitaine qui les représente, tiendront compte des marchan-

dises vendues, d'après le cours des marchandises de mêmes nature et qualité dans le lieu de la décharge du navire, à l'époque de son arrivée.

sance de cause. Qui veut la fin, veut les moyens. Il paraît déraisonnable de le forcer à prendre un parti avant qu'il lui ait été possible de connaître le bilan du navire, c'est-à-dire avant la fin du voyage. Un sursis semble donc devoir lui être accordé jusque-là.

Malgré ce que ces raisons ont de spécieux, je crois que l'armateur doit, au moment où le titre souscrit par le capitaine lui est présenté, ou payer ou abandonner le navire et le fret. Cette option est l'unique ressource qui lui est accordée par la loi. Le prêteur a su qu'il courait la chance d'être payé par l'abandon du navire et du fret, il doit la subir; mais il n'est pas obligé d'attendre plus ou moins longtemps que l'armateur ait reçu des nouvelles, fait ses calculs, opéré la liquidation de son entreprise. Sans doute, le propriétaire du navire sera quelquefois embarrassé pour se déterminer; mais est-il juste, par ce seul motif, d'ajourner indéfiniment l'exercice des droits du prêteur? On ne saurait le soutenir. D'ailleurs, les occasions où l'armateur sera placé dans une semblable incertitude seront rares, et les inconvénients qui ont frappé M. de Kerbertin ne seront pas aussi fréquents qu'il l'a cru. Enfin, il faut, dans le commerce, que tout soit rapide et certain; autant vaut presque, pour un commerçant, perdre qu'attendre et hésiter. Il serait donc contraire à tous les principes de la législation commerciale d'accorder aux armateurs cette faculté réclamée pour eux, et dont il serait bien difficile d'assigner la limite. Tantôt ils diraient : Je n'ai pas reçu de nouvelles de mon navire; tantôt : Mon capitaine ne m'a pas rendu ses comptes; quelquefois même : L'opération n'est pas liquidée, et il m'est impossible d'avoir une opinion tant qu'elle n'est pas opérée. Tout cela serait intolérable; j'ajoute que ce serait antipathique aux habitudes ou plutôt aux nécessités du commerce.

« La seconde difficulté qui a été l'objet de nos méditations, a dit M. le garde des sceaux, est celle de savoir si les chargeurs qui, aux termes de l'art. 234 du Code de commerce, sont tenus de souffrir la vente ou la mise en gage de leurs marchandises, pour fournir, en cours de voyage, aux besoins du navire, doivent encore aujourd'hui rester sous le poids de cette obligation, alors que les armateurs ne sont plus indéfiniment tenus de payer les marchandises vendues ou engagées.

« Nous n'avons pas cru que cela fût juste.

« Qu'on prît les marchandises des chargeurs, qu'on les vendît ou qu'on les mît en gage pour fournir aux besoins du navire, cela se concevait lorsque les propriétaires étaient tenus absolument et sur tous leurs biens d'en rembourser la valeur; mais dorénavant les propriétaires pourront s'affranchir de leur obligation par l'abandon du navire et du fret; il n'est plus possible de contraindre les chargeurs à livrer leurs marchandises en courant la chance d'être pas payés, ou de ne recevoir qu'un paiement incomplet.

« Voici, en effet, à quel résultat on arriverait si, en modifiant les obligations des armateurs, on laissait subsister celles des chargeurs.

« Les premiers, par l'organe de leur capitaine, diraient: Notre navire a besoin de réparations; nous ne trouvons pas à emprunter; nous allons vendre les marchandises d'un chargeur; nous al-

lons les vendre malgré lui, parce qu'il faut absolument que notre navire soit réparé. Si ensuite le navire, radoubé qu'il sera, ne vaut pas la dépense qu'on y aura faite, s'il éprouve de nouveaux sinistres qui le réduisent à ne plus représenter la somme moyennant laquelle les marchandises auront été vendues, nous l'abandonnerons avec le fret, et alors le chargeur supportera la perte.

« Cette prétention serait intolérable. Il faut que le chargeur puisse répondre : Je ne veux pas m'exposer à tant de dangers; ou que l'armateur s'oblige personnellement et sur tous ses biens à me payer mes marchandises, et alors je les livre; ou qu'il me permette de les retirer, à la charge de payer le fret pour le voyage accompli.

« En conséquence, nous proposons d'ajouter à l'art. 234 du Code de commerce un troisième alinéa ainsi conçu :

« Les chargeurs pourront s'opposer à la vente « ou à la mise en gage de leurs marchandises, ou les « déchargeant et en payant le fret en proportion de « ce que le voyage est avancé. »

La commission de la Chambre des Pairs a admis le principe, mais elle a cru devoir en limiter les effets.

« Si, sur le refus de l'affréteur unique du navire ou de tous les chargeurs, a dit son rapporteur, la totalité des marchandises est débarquée, et le capitaine dispensé de poursuivre son voyage, rien de plus juste que de ne faire payer le fret que dans la proportion de l'avancement d'un voyage qui ne se continuera pas au-delà du point où le navire est arrivé.

« Mais si l'accord des chargeurs n'est pas unanime, et si le voyage ne se trouve pas terminé par le déchargement de toutes les marchandises, il y aurait injustice, soit à l'égard des chargeurs dont les marchandises suivraient la fortune du vaisseau, soit à l'égard de l'armateur, à autoriser le retrait d'une partie du chargement, avec dispense d'acquitter la totalité du fret.

« Si de graves accidents de mer ont forcé le capitaine à user de la faculté que lui accorde l'art. 234, l'éventualité de l'abandon du navire, et par conséquent d'une contribution pour le chargement, est plus près de se réaliser qu'elle ne l'était au départ. Peut-il être permis à l'un des chargeurs de se retirer à ce moment, sans acquitter du moins la totalité du fret qui doit être absorbé ainsi que la valeur du navire par les dépenses extraordinaires du voyage, avant que celles-ci puissent affecter le chargement? La réduction du fret, envisagée sous ce dernier point de vue, ne serait pas moins préjudiciable aux intérêts, on pourrait dire aux droits de l'armateur.

« Mais, en ce qui le concerne, il est une autre considération plus décisive encore.

« Tant qu'une partie du chargement reste à bord du navire, le capitaine doit être tenu de poursuivre le voyage jusqu'à sa destination. Si, par le retrait d'une partie des marchandises, dans le cas où il y aurait nécessité d'user de la faculté accordée par l'art. 234, le chargement se trouvait réduit à la moitié, au cinquième de ce qu'il était au départ, comme d'après les termes absolus du paragraphe ajouté à cet article, il y aurait lieu à la réduction du fret sur tout le reste, proportionnellement à la distance restant à parcourir, l'armateur

L'affréteur unique ou les chargeurs divers, qui seront tous d'accord, pourront s'opposer à la vente ou à la mise en gage de leurs marchandises, en les déchargeant et en payant le fret en proportion de ce que le voyage est avancé. A défaut du consentement d'une partie des chargeurs, celui qui voudra user de la faculté de déchargement sera tenu du fret entier sur ses marchandises.

Art. 298. Le fret est dû pour les marchandises que le capitaine a été contraint de vendre pour subvenir aux victuailles, radoub et autres nécessités pressantes du navire, en tenant par lui compte de leur valeur, au prix que le reste, ou autre pareille marchandise de même qualité, sera vendu au lieu de la décharge, si le navire arrive à bon port.

Si le navire se perd, le capitaine tiendra compte des marchandises sur le pied qu'il les aura vendues, en retenant également le fret porté aux connaissements.

Sauf, dans ces deux cas, le droit réservé aux propriétaires de navire par le paragraphe 2 de l'art. 216 (1).

---

supporterait toutes les dépenses à faire pour cette dernière partie du voyage, et ne recueillerait que la moindre partie du fret, qui aurait été stipulé comme prix de l'obligation contractée par lui.

« La commission a pensé que la loi ne pouvait pas avoir de tels effets. D'après la nouvelle rédaction du paragraphe, si une partie seulement des chargeurs s'oppose à la vente des marchandises, les opposants devront acquitter le fret entier sur celles qui seront déchargées », comme dans le cas prévu par l'art. 296.

Cette modification a été également adoptée sans difficulté par la commission et la Chambre des Députés. « Votre commission, a dit le rapporteur, M. *Dalloz*, a trouvé une conciliation suffisante de ces deux intérêts dans la sage restriction admise par la Chambre des Pairs, qui ne permet pas que quelques chargeurs puissent retirer leurs marchandises, en ne payant qu'une partie du fret, alors que le capitaine serait dans la nécessité de continuer à grands frais le voyage pour le transport de celles, peut-être en fort petite quantité, dont le déchargement n'aurait pas été demandé. Le retrait ne peut avoir lieu, dans ce cas, que conformément à la règle générale posée dans le Code de commerce, c'est-à-dire en payant la totalité du fret, (art. 293). »

(1) Ce paragraphe a été ajouté par la première commission de la Chambre des Députés. Voici comment son rapporteur, M. *Dalloz*, s'est exprimé au sujet de cette addition.

« L'art. 14, titre 3 de l'ordonnance de 1681, dans lequel le premier paragraphe de cet article a été puisé, n'avait pas prévu le cas de perte du navire. De là, une controverse célèbre sur le point de savoir si, dans ce cas, l'armateur était personnellement tenu de rembourser aux chargeurs le prix des marchandises vendues par le capitaine en cours de voyage, sans pouvoir s'en affranchir par l'abandon du navire et du fret.

« Valin regardait la vente des marchandises par le capitaine comme un emprunt forcé dans l'intérêt de l'armateur, emprunt dont ce dernier devait être formellement tenu, quels que fussent les circonstances ultérieures, soit que le navire pérît, soit qu'il arrivât à bon port. Et Pothier, sans se dissimuler l'excessive rigueur de cette opinion, puisque, si les marchandises n'avaient pas été vendues, elles auraient péri avec le navire, pense néanmoins qu'elle doit être suivie ; il finit par dire avec Valin que c'est une bonne fortune pour les chargeurs dont les marchandises se sont trouvées vendues, *gaudeant bonâ fortunâ*, raison assurément peu propre à former une conviction.

« Emérigon, qui accordait à l'armateur la faculté de s'affranchir des obligations du capitaine par l'abandon du navire et du fret, même dans le cas où le bâtiment arrivait à sa destination, ne pouvait hésiter à lui reconnaître ce droit lorsque le navire avait péri, et son opinion sur ce point, comme sur le premier, avait pour appui les lois maritimes du moyen âge..... car ces deux questions semblaient appartenir à un même principe.

« Cependant la doctrine de Valin et de Pothier prévalut, lors de la discussion de l'art. 298, dans le sein du conseil d'Etat, et ce fut pour la sanctionner que, sur la demande qu'en avait faite la Cour de Rennes, on rédigea le second paragraphe de cet article, qui n'existait pas dans le projet. Le conseil d'Etat pensa qu'on ne pouvait considérer les marchandises comme perdues, parce qu'elles auraient pu être sauvées malgré la perte du navire ; que, d'ailleurs, si le prix n'en était pas payé au chargeur, celui-ci se trouverait dépouillé sans pouvoir exercer aucun recours contre ses assureurs, qui ne seraient pas tenus au remboursement, puisqu'il n'y aurait pas eu d'objets de risques à bord du navire naufragé.

« Est-il encore dans l'intention du gouvernement d'étendre à ce cas l'application du principe de l'art. 216, et de décider que, quand le navire vient à périr, l'armateur peut s'affranchir aussi de l'obligation de rembourser le prix des marchandises vendues par l'abandon du navire et du fret ? L'exposé des motifs est muet à cet égard ; mais les termes absolus et indéfinis dans lesquels on propose de rédiger l'art. 216 embrassent nécessairement le cas prévu par l'art. 298, puisqu'ils n'en exceptent aucun. Le projet n'aurait donc pas seulement pour but de modifier l'art. 216 dans son rapport avec l'art. 234, mais encore dans sa relation avec l'art. 298 du Code de commerce.

« Il a dès lors été du devoir de votre commission de peser la valeur des raisons qui ont déterminé les auteurs du Code de commerce à frapper l'armateur d'une responsabilité personnelle et indéfinie, dans le cas de perte du navire.

« Les motifs invoqués par Valin et par Pothier n'ont pu faire aucune impression sur elle ; ces auteurs semblent eux-mêmes avoir désespéré de justifier le système rigoureux qu'ils ont préféré, quand ils finissent par dire que la vente des marchandises est une bonne fortune dont les chargeurs doivent profiter. Est-ce là répondre à cette raison si puissante que donne le Consulat de la mer, et qu'on retrouve dans Emérigon, savoir : que le propriétaire du navire a bien assez perdu, et qu'il ne faut pas ajouter à son désastre l'obligation de payer des marchandises qui auraient péri si elles n'avaient pas été vendues ?

Lorsque de l'exercice de ce droit résultera une perte pour ceux dont les marchandises

« Votre commission a trouvé plus graves les raisons données par le conseil d'État, et développées par l'orateur du gouvernement; mais ces raisons ne lui ont pourtant pas paru pouvoir résister à un sérieux examen.

« Il peut arriver sans doute que des marchandises soient sauvées, alors même que le navire est abîmé dans les flots; mais c'est là un de ces accidents rares dont le législateur ne peut tenir compte dans les présomptions générales qu'il établit d'après l'expérience de ce qui se passe ordinairement.

« Il ne faut pas oublier, d'ailleurs, que les marchandises n'ont pas été vendues dans l'intérêt de l'armateur seul, mais encore dans celui des chargeurs qui ne sauraient demeurer complètement étrangers aux éventualités d'une navigation qui a entraîné pour l'armateur la perte du navire et du fret.

« Quant à l'objection prise de la privation du recours du propriétaire des marchandises vendues contre ses assureurs, elle repose sur l'idée que l'assurance ne peut être réclamée parce que ces marchandises ne se seraient plus trouvées exposées aux risques au moment du naufrage.

« Or, cette idée n'a pas paru exacte à votre commission. Lorsque des marchandises sont vendues par le capitaine, en cours de voyage, leur valeur se transforme immédiatement en une créance privilégiée sur le navire et le fret, aux termes de l'art. 191 du Code de commerce. Cette créance, inhérente au vaisseau qui lui sert de gage, est exposée, comme le vaisseau lui-même, à tous les périls de la navigation. Il importe donc peu que la marchandise ait été vendue, ou qu'elle se trouve encore à bord; pour n'y être plus en nature, elle n'existe pas moins sous la forme d'un droit incorporel et privilégié qui s'identifie avec le navire, et qui est tellement associé à sa fortune qu'il se conserve ou périt avec lui. Il n'est donc pas vrai de dire qu'il n'y a plus d'objets de risques au moment du naufrage, et, partant, les assureurs ne pourront se prévaloir de ce motif pour refuser d'indemniser dans ce cas les chargeurs dont les marchandises auront été vendues. S'il restait au surplus quelques doutes sur ce point, les polices d'assurances ne manqueraient pas de les dissiper par une stipulation précise qui aurait pour objet de mettre à la charge des assureurs le risque dont il s'agit ici, en assimilant la créance privilégiée résultant du prix des marchandises vendues aux marchandises qui se trouvaient encore à bord au moment du naufrage.

« Votre commission a été ainsi amenée à préférer sur ce point, comme sur le cas prévu par l'art. 234, l'opinion d'Émérigon à celle de Valin et de Pothier, adoptée par l'art. 298 du Code de commerce. Elle a pensé qu'on pouvait soumettre à une même règle ces deux cas, qui ne pourraient, sans une sorte de contradiction, être l'objet d'une solution différente.

« Pour prévenir toute incertitude sur cette partie du projet, votre commission a cru nécessaire de rappeler le deuxième paragraphe de l'art. 216 à la fin de l'art. 298. »

Si le chargeur dont les marchandises ont été vendues ou mises en gage n'est pas remboursé en entier de leur valeur au moyen de l'abandon qui lui est fait du navire et du fret, supportera-t-il seul la différence ?

Non sans doute.

« On a généralement reconnu, a dit M. le garde des sceaux, que la perte doit être répartie entre tous les chargeurs, au marc le franc de la valeur de leurs marchandises.

« C'est l'opinion de votre commission; mais elle a pensé qu'il n'était pas nécessaire de le dire formellement dans la loi.

« Elle a supposé que la perte sera réputée avarie commune, et qu'en conséquence, par application des règles ordinaires, elle sera répartie proportionnellement entre tous les chargeurs.

« Nous ne pouvons adopter cette doctrine.

« On appelle avaries communes les dommages soufferts et les dépenses faites volontairement pour le salut commun du chargement et du navire. (Code comm., art. 400.)

« Les dommages et les dépenses qui n'ont pour but que le salut du navire seul, ou des marchandises seules, sont des avaries particulières. » (Code comm., art. 403.)

« Les auteurs, appliquant ces notions élémentaires, enseignent que si un navire se trouvant, par cas fortuit et force majeure, hors d'état de continuer sa route, entre dans un port pour se faire radouber, les frais de radoub et de séjour n'entrent pas en avaries grosses, et ne sont considérés que comme avaries simples et particulières au navire (*).

« La répartition ne sera donc pas de droit.

« Il est bien vrai que la perte du chargeur dont les marchandises auront été vendues, aura pour effet de mener l'expédition à bonne fin, et qu'ainsi les autres chargeurs en profiteront.

« Cela serait décisif, si l'on se bornait à examiner comment équitablement doit être répartie la perte; mais cela ne suffit pas pour démontrer qu'elle doit être classée parmi les avaries communes.

« En effet, les avaries que le navire a éprouvées, et qui ont été réparées, n'ont pas, on le suppose, été le résultat d'une détermination prise pour sauver le navire et la cargaison. On raisonne dans l'hypothèse où ces avaries ont été causées par un cas purement fortuit : elles ne sont donc pas des avaries communes.

« A la vérité il a fallu, pour achever le voyage, que le navire fût réparé; mais on ne doit pas confondre ce qui est fait pour le salut commun du navire et des marchandises avec ce qui est fait pour que l'armateur remplisse ses obligations envers les affréteurs, en transportant au lieu de destination les marchandises qui ont été mises à bord de son navire.

« L'armateur qui, en pareil cas, répare son navire, est, disent les commentateurs du Code de commerce, dans la même position que le voiturier qui raccommode ses roues ou son essieu qui se sont brisés en route.

« Ces avaries, ces réparations et les dépenses

(*) M. Boulay-Paty, t. 4, p. 457 et 458, 473 et 474; M. Pardessus, t. 3, p. 207 et suiv. ; Valin, sur les art. 4 et 6, tit. 7, liv. 3, de l'ordonnance de la marine.

Émérigon, ch. 12, sect. 4, § 6, laisse du doute sur la question.

.auront été vendues ou mises en gage, elle sera répartie au marc le franc sur la valeur

qu'elles entraînent sont donc des avaries simples à la charge du navire seul et de son propriétaire.

« En rappelant ces principes, en démontrant que le chargeur ne pourrait point, d'après le droit commun, faire répartir sur tout le chargement le dommage qu'il éprouve, certes nous n'avons pas voulu établir qu'il faut laisser toute la perte à son compte; nous avons seulement l'intention de prouver que les règles ordinaires en matière d'avarie et de contribution n'offrent point à celui dont les marchandises ont été vendues ou mises en gage une ressource suffisante; qu'il est absolument nécessaire que la loi nouvelle leur vienne en aide et décide par une disposition expresse que la perte sera supportée par tous les chargeurs au marc le franc. »

Voici, en conséquence, les termes du paragraphe que présentait le garde des sceaux : « Lorsque de l'exercice de ce droit résultera une perte pour ceux dont les marchandises auront été vendues ou mises en gage, elle sera supportée par tous les chargeurs au marc le franc de la valeur de leurs marchandises. »

La commission de la Chambre des Pairs fit observer « qu'on pourrait conclure de la rédaction du projet que la contribution pour la perte réalisée sur les marchandises vendues ne devait affecter que la portion du chargement qui atteindrait la destination la plus éloignée du navire, tandis qu'au contraire elle devait porter sur toutes les marchandises existant à bord, lors des événements de mer qui détermineraient plus tard l'abandon du navire.

De plus, elle pensa qu'il convenait d'énoncer en termes précis que les marchandises sauvées du naufrage seraient soumises à la contribution.

« Cette addition se justifie d'elle-même, disait M. Camille Périer. La vente d'une partie des marchandises, en les préservant matériellement du sinistre survenu plus tard, en aurait rendu les effets plus irrémédiables pour leur propriétaire, qu'elle aurait privé des chances du sauvetage, si on ne lui réservait pas sur les marchandises sauvées l'indemnité proportionnelle que celles-ci auraient supportée dans le cas où le navire n'aurait pas péri. »

En conséquence, le paragraphe fut amendé de la manière suivante : « Lorsque de l'exercice de ce droit il résultera une perte pour ceux dont les marchandises auront été vendues ou mises en gage, elle sera répartie au marc le franc sur toutes les marchandises arrivées à leur destination, ou sauvées du naufrage postérieurement aux événements de mer qui ont nécessité la vente ou la mise en gage. »

Lors de la discussion, M. le marquis de Cordoue a proposé d'exprimer que la contribution porterait même sur les marchandises existant à bord au moment des événements de mer qui auraient avarié le navire, mais qui auraient été déchargées avant d'arriver à leur destination par suite de la faculté accordée aux expéditeurs par le dernier paragraphe de l'art. 234. « Ces marchandises, a-t-il dit, ont coopéré certainement aux malheurs du bâtiment et à la nécessité du radoub, et je crois qu'il est dans l'intention de la commission qu'elles concourent à supporter la perte qui aura été faite sur les marchandises vendues. » En conséquence, il demandait que le mot déchargées fût ajouté après le mot destination. »

M. le rapporteur adhéra à cet amendement, qui ne faisait que préciser davantage la pensée de la commission, car il avait été bien entendu que l'expression « à leur destination » comprenait à la fois la destination primitive de ces marchandises et la destination accidentelle qui aurait eu lieu par la volonté du chargeur.

Cet amendement a été combattu par M. Laplagne-Barris. Voici comment il s'est exprimé : « Quel est le principe qui autorise le capitaine à vendre des marchandises pour la réparation de son navire? C'est le contrat primitif qui existe entre l'armateur et le chargeur. L'armateur s'est obligé à conduire les marchandises à une destination déterminée; des avaries ont été faites au navire, il est arrêté dans le cours de ses voyages, la loi a dit : Le capitaine pourra emprunter ou même faire vendre une partie des marchandises pour conduire le surplus à destination. La vente des marchandises est donc faite, non pas dans l'intérêt des marchandises déchargées dans le port où le navire est arrivé après la tempête, car ces marchandises, d'après le vœu du chargeur, sont arrivées à destination, elles n'ont pas besoin de supporter une contribution quelconque pour achever le voyage; mais la dépense est faite dans l'intérêt des chargeurs qui conservent leurs marchandises sur le navire, et qui veulent qu'elles arrivent à destination.

« On comprend que comme c'est dans leur intérêt et pour l'exécution du contrat qu'ils ont signé avec l'armateur que l'on fait cette dépense, il est juste qu'ils supportent une portion de cette dépense. Mais celui qui, voyant qu'il est arrivé dans un port où il tirera un parti avantageux de ses marchandises, ne veut pas qu'elles aillent plus loin, ne doit pas être soumis aux dépenses qui ont lieu pour la continuation du voyage. Je ne pense pas par ces motifs que la Chambre doive adopter l'amendement. »

M. le marquis de Cordoue a insisté. « Si le connaissement, a-t-il dit, indiquait que les marchandises devaient être déchargées là où on les décharge, l'argument de M. Laplagne-Barris aurait de la force. Mais devant aller plus loin et n'arrivant pas à leur destination véritable, les marchandises doivent supporter une partie des frais occasionnés par le voyage, jusqu'à la véritable destination. A ce cas ne s'applique nullement l'argument de l'honorable préopinant, et je prie la Chambre d'adopter mon amendement. »

M. Gautier a répondu que l'amendement consacrerait une injustice et une violation du droit. « Je prends un exemple : je suppose qu'un navire expédié pour Calcuta touche à Bourbon. Un chargeur demande à décharger ses marchandises à Bourbon; il l'obtient, à condition de payer le fret de tout le voyage. Le contrat est complètement résolu, on n'a plus droit de lui rien demander pour les accidents du voyage, son obligation est complètement résiliée. Je ne pense pas que la Chambre doive adopter l'amendement. »

M. le garde des sceaux a déclaré que le gouvernement ne consentait pas à l'amendement. Il a été rejeté.

Ainsi, il résulte de ce qui précède que non seulement les marchandises qui auraient pour destination le port de radoub, mais même celles qui y

de ces marchandises (1) et de toutes celles qui sont arrivées à leur destination ou qui

auraient été déchargées pour éviter la vente ou la mise en gage, ne seront point passibles de la contribution dont il s'agit. La contribution n'atteindra que la portion du chargement qui sera restée sur le navire et qui, postérieurement sera arrivée à sa destination primitive, ou même à une destination accidentelle, ou qui aura été sauvée du naufrage, puisque c'est à elle seule que les dépenses auront pu être utiles. Toutefois, il faut en convenir, les termes précis du paragraphe qui n'ont reçu aucun changement après le rejet de l'amendement de M. de Cordoue, paraissent repousser une interprétation restrictive. Ils disposent en effet que la perte sera répartie au marc le franc sur la valeur de ces marchandises (celles qui ont été vendues ou engagées) et de toutes celles qui sont arrivées à leur destination, ou qui ont été sauvées du naufrage *postérieurement aux événements de mer qui ont nécessité la vente ou la mise en gage*. D'où la conséquence qu'il suffit que les marchandises aient été à bord au moment des événements de mer, pour qu'elles soient soumises à la contribution. C'est du reste ce qui semble résulter d'un passage du rapport à la Chambre des Pairs. « On pourrait conclure de la rédaction du projet, y est-il dit, que la contribution pour la perte réalisée sur les marchandises vendues, ne doit affecter que la portion du chargement qui atteindra la destination la plus éloignée du navire. La commission a pensé, au contraire, qu'elle devait porter *sur toutes les marchandises existant à bord lors des accidents de mer qui détermineraient plus tard l'abandon du navire.* »

Mais, dans une autre partie du rapport, l'organe de la commission a eu soin de préciser la portée de l'amendement. « Cette question (celle de la répartition) avait, a-t-il dit, été examinée par votre première commission. Elle avait unanimement reconnu qu'en affranchissant l'armateur de toute responsabilité pour cette perte, il était impossible de la faire retomber exclusivement sur celui des chargeurs dont les marchandises auraient été vendues, *qu'un sacrifice commandé par l'intérêt de tous les chargeurs, puisque sans lui le navire n'eût pu atteindre sa destination, devait être l'objet d'une contribution sur toutes les marchandises composant son chargement.* » La même raison se trouve énoncée dans l'exposé des motifs. « Il est bien vrai, disait M. le garde des sceaux , que la perte du chargeur dont les marchandises auraient été vendues, aura pour effet de mener l'expédition à bonne fin, et qu'ainsi les chargeurs en profiteront, etc. »

Comme on le voit, la répartition , en cas d'insuffisance du navire et du fret, a précisément pour base l'intérêt qu'avaient les chargeurs à ce que les réparations, qui ont nécessité la vente ou la mise en gage, fussent effectuées. Par conséquent , si ces réparations n'ont eu aucune utilité pour une portion du chargement, cette portion doit être affranchie du recours subsidiaire que la loi accorde à celui dont les marchandises ont été vendues ou engagées.

C'est avec cette restriction si raisonnable qu'il faut entendre cet autre passage du rapport , où il est dit que la commission a pensé qu'elle (la répartition) devait porter sur toutes les marchandises existant à bord lors des accidents de mer qui détermineraient plus tard l'abandon du navire. On ne peut lui donner une autre interprétation qu'en supposant que M. le rapporteur avait oublié ou déserté les prévisions qu'il avait posées quelques lignes plus haut.

On peut même affirmer qu'il ne l'entendait pas autrement. Que disait-il en effet pour que le chargeur qui voudrait soustraire ses marchandises à la vente ou à la mise en gage fût obligé à payer la totalité du fret , dans le cas où une partie des chargeurs serait d'avis que le navire dût continuer sa route ? « Peut-il être permis , je reproduis de nouveau les termes du rapport , à l'un des chargeurs de se retirer dans ce moment sans acquitter du moins la totalité du fret qui doit être absorbé, ainsi que la valeur du navire, par les dépenses extraordinaires du voyage, avant que celles-ci puissent affecter le chargement ? etc. » Ainsi donc, en payant la totalité du fret, le chargeur se trouve quitte envers tout le monde , armateur et chargeurs

La loi ne peut vouloir dire autre chose. Il suffit de se rappeler le motif qui a porté la Chambre des Pairs à modifier la rédaction du gouvernement , pour en demeurer convaincu. La commission avait cru, à tort ou à raison, que l'on pourrait conclure de la rédaction du projet que la contribution ne devait affecter que la portion du chargement qui atteindrait la destination la plus éloignée du navire. Que décide-t-elle alors ? Que la contribution doit porter sur toutes les marchandises existant à bord lors des événements de mer qui détermineraient plus tard l'abandon du navire, et auxquelles la vente ou la mise en gage a pu être utile. Autrement, la commission, pour éviter une iniquité, se serait jetée dans une autre.

Pourquoi, en effet , soumettrait-on à la contribution les marchandises qui auraient pour destination le port de radoub ? Est-ce, comme l'a dit M. le marquis de Cordouc, *parce qu'elles ont coopéré certainement aux malheurs du bâtiment et à la nécessité du radoub ?* Cette raison, uniquement applicable au cas de radoub , n'est évidemment pas soutenable. Aussi, peut-on affirmer qu'à l'exception de M. de Cordoue , personne n'a songé, malgré les termes du texte , à soumettre ces marchandises à la répartition. Le doute ne s'est élevé qu'au sujet des marchandises qui auraient été déchargées pour éviter la vente ou la mise en gage. On a soutenu, sans toutefois donner de raisons, qu'on ne pouvait assimiler cette espèce à la précédente ; que le propriétaire ne pouvait , par un déchargement anticipé, se soustraire à la répartition. Mais la Chambre des Pairs, en écartant l'amendement de M. de Cordoue, a textuellement repoussé cette distinction que rien ne pouvait justifier , et qui d'ailleurs, était en opposition avec les motifs de la loi. A l'égard de l'argument de texte, il n'a ni plus ni moins de force dans ce cas que dans le précédent.

Ainsi, je persiste à penser que la répartition n'atteint les propriétaires de marchandises qui se trouvaient sur le navire, au moment des évènements de mer qui ont nécessité la vente ou la mise en gage, qu'autant que ce sacrifice a été fait dans leur intérêt, c'est-à-dire afin que leur chargement atteignit sa destination.

(1) Le projet adopté par la Chambre des Pairs portait seulement : « au marc le franc de toutes les marchandises arrivées à leur destination, etc. »

ont été sauvées du naufrage postérieurement aux événements de mer qui ont nécessité la vente ou la mise en gage (1).

13 = 17 JUIN 1841. — Loi qui ouvre un crédit pour la réparation des dommages causés aux voies navigables, ainsi qu'aux digues et levées qui bordent les rivières, par la crue et le débordement des eaux (2). (IX, Bull. DCCCXX, n. 9357.)

Art. 1er. Il est ouvert au ministre des travaux publics, sur l'exercice 1841, un crédit de quinze cent mille francs (1,500,000 fr.), qui seront employés à la réparation des dommages causés aux voies navigables, ainsi qu'aux digues et levées qui bordent les rivières, par la crue et le débordement des eaux.

Toutefois les subventions pour les digues et levées qui n'appartiennent pas à l'Etat ne pourront excéder les deux tiers de la dépense.

2. Les fonds non consommés sur un exercice pourront être reportés, par ordonnance royale, sur l'exercice suivant.

3. Le crédit ouvert par la présente loi sera réalisé au moyen des ressources ordinaires de l'exercice 1841.

4. Il sera rendu un compte spécial du fonds alloué par la présente loi.

13 = 17 JUIN 1841. — Loi qui ouvre un crédit extraordinaire pour l'achèvement des travaux de l'Hôtel du quai d'Orsay (3). (IX, Bull. DCCCXX, n. 9358.)

Art. 1er. Il est ouvert au ministre des travaux publics, par addition au budget de l'exercice 1841, un crédit extraordi-

---

D'après cette rédaction, les marchandises vendues ou engagées se trouvaient exemptées de la contribution. Cette omission n'a point échappé à la commission de la Chambre des Députés.

« La rédaction adoptée par la Chambre des Pairs, a dit son rapporteur, a eu pour objet d'étendre la répartition à toutes les marchandises qui se trouvaient à bord au moment où quelques-unes de ces marchandises ont été vendues ou mises en gage pour les besoins du navire, et cependant l'article exclut nettement de cette contribution les marchandises mêmes qui ont été vendues ou mises en gage, puisque la répartition ne se fait que sur les marchandises arrivées à leur destination ou sauvées du naufrage. Il suivrait de là que, par un étrange privilège, le chargeur, dont les marchandises auraient été vendues ou mises en gage, se trouverait le seul affranchi de toute contribution à la perte commune.

« Telle n'a certainement pas été la pensée de l'amendement, et on en trouve la preuve dans un passage du rapport de l'honorable M. Camille Périer, où on lit : « que la répartition des pertes au marc le franc sur toutes les marchandises, afin de désintéresser, sauf sa part contributive, le propriétaire des marchandises vendues, ne serait que l'application d'une règle de droit commun, comme d'un principe d'équité. »

« Unanimement convaincue que cette rédaction ne répondait point à la pensée de ses auteurs, votre commission a été divisée sur le point de savoir si elle vous proposerait un amendement pour la rectifier, ou si, au contraire, elle se bornerait à une explication dans le rapport.

« La minorité a pensé qu'une explication dans le rapport suffirait pour prévenir toute erreur dans l'application de la loi, dès que l'intention de la commission de la Chambre des Pairs elle-même, attestée par le rapporteur de sa commission, ne pouvait être l'objet d'un doute. Mais la majorité de votre commission a répondu que les termes de l'article étaient trop clairs pour se prêter à une interprétation extensive; qu'isolé des rapports qui l'auraient précédé, un semblable texte ne pourrait manquer d'induire en erreur le citoyen, le juge ou l'arbitre; qu'il serait d'ailleurs d'un fâcheux exemple de laisser se glisser dans nos Codes une disposition

en opposition manifeste avec la pensée du législateur. La majorité a donc été d'avis qu'un amendement était nécessaire.

« Elle vous propose de combiner la rédaction primitive du projet avec celle de la commission de la Chambre des Pairs, de manière à exprimer, en termes formels, cette idée que « les marchandises vendues ou mises en gage devront concourir, comme toutes les autres, au paiement de la perte qu'éprouvera le propriétaire de ces marchandises, par suite de l'exercice du droit d'abandon du navire et du fret. »

Cette rédaction a passé dans la loi.

(1) Mais comment se fera la répartition ? Nulle difficulté, si tous les chargeurs dont les marchandises sont sujettes à la contribution sont présents et parviennent à traiter à l'amiable. Dans le cas contraire, je pense qu'on devra appliquer les règles tracées dans les art. 414 et suiv. du Code de commerce, au titre du Jet et de la Contribution.

(2) Présentation à la Chambre des Députés le 4 mai (Mon. du 6) ; rapport par M. Monier de la Sizeranne le .... (Mon. du 20) ; adoption le 19 (Mon. du 20), à la majorité de 220 voix contre 17.
Présentation à la Chambre des Pairs le 22 mai (Mon. du 23) ; adoption le 1er juin (Mon. du 2), à la majorité de 94 voix contre 3.

(3) Présentation à la Chambre des Députés le 13 mars (Mon. du 14) ; rapport par M. Bignon le 12 avril (Mon. du 14) ; discussion et adoption le 23 avril (Mon. du 24), à la majorité de 195 voix contre 75.
Présentation à la Chambre des Pairs le 5 mai (Mon. du 6) ; rapport par M. de Cambacérès le 18 (Mon. du 19) ; discussion et adoption le 1er juin (Mon. du 2), à la majorité de 88 voix contre 9.
M. le rapporteur de la commission de la Chambre des Députés a exposé, dans les termes suivants, le tableau des sommes que ce monument a coûtées à l'Etat :
« Commencé sous l'empire, en 1810, et destiné au ministère des affaires étrangères, l'hôtel du quai d'Orsay avait déjà coûté à l'Etat 3,500,000 fr., lorsque la restauration, avec la même pensée, en reprit les travaux en 1816 pour les abandonner quelques années plus tard, après y avoir consacré 2,170,441 fr.
« La loi du 27 juin 1833 lui assigna un premier

naire de deux cent quarante et un mille francs, qui sera employé à solder les dépenses d'achèvement des travaux de l'hôtel du quai d'Orsay.

2. Il sera pourvu aux dépenses autorisées par la présente loi, au moyen des ressources attribuées à l'exercice 1841 par la loi de finances du 16 juillet 1840.

---

13 = 17 JUIN 1841. — Loi qui augmente la durée de la concession du chemin de fer de Bordeaux à la Teste (1). (IX, Bull. DCCCXX, n. 9359.)

Art. 1er. La durée de la concession du chemin de fer de Bordeaux à la Teste, fixée à trente-quatre ans huit mois vingt-sept jours, par l'ordonnance du 15 décembre 1837 (2), est portée à soixante et dix ans.

2. L'art. 43 du cahier des charges annexé à la loi du 15 juillet 1840, relative à la compagnie du chemin de fer de Paris à Rouen, et qui stipule en faveur de l'Etat la faculté de rachat, sera applicable à la compagnie du chemin de fer de Bordeaux à la Teste.

---

15 = 19 JUIN 1841. — Loi qui ouvre au ministre de la marine et des colonies un crédit de cinq millions cinq cent vingt-quatre mille cinq cents

francs sur l'exercice 1841, et annule un crédit de cinq millions cinq cent quatre-vingt-sept mille francs, ouvert au même département sur l'exercice 1840 (3). (IX, Bull. DCCCXXI, n. 9360.)

Art. 1er. Il est ouvert au ministre de la marine et des colonies, sur l'exercice 1841, un crédit de cinq millions cinq cent vingt-quatre mille cinq cents francs, répartis entre les différents chapitres du budget conformément au tableau A ci-annexé.

2. Il sera pourvu aux dépenses autorisées par le précédent article, au moyen des ressources accordées pour les besoins de l'exercice 1841.

3. Les crédits alloués au ministre de la marine et des colonies sur l'exercice 1840 sont réduits de la somme de cinq millions cinq cent quatre-vingt-sept mille francs, divisée entre les chapitres du budget suivant les indications du tableau B ci-annexé.

---

17 = 19 JUIN 1841. — Loi sur l'organisation de l'état-major général de l'armée navale (4). (IX, Bull. DCCCXXII, n. 9367.)

Art. 1er. Le nombre des amiraux est de deux au plus, en temps de paix, et pourra être porté à trois en temps de guerre.

---

crédit d'achèvement de 3,600,000 fr. pour consacrer cet hôtel au ministère du commerce. Un second crédit d'achèvement de 1,200,000 fr. avait été demandé ; la loi du 6 juillet 1836 n'y consacra que 607,000 fr. Une troisième et dernière destination, assignée à l'édifice, en 1838, nécessita aussi la demande d'un troisième crédit d'achèvement et d'appropriation de 1,570,000 fr., qui fut concédé par la loi du 18 juillet 1838. Il ne devait pas être le dernier, puisque vous voyez que 250,000 fr. (ce crédit a été réduit de 9,000 fr.) sont encore nécessaires. Il est toutefois permis d'espérer que nous touchons enfin au terme des sacrifices. L'historique financier de cet édifice que nous venons de vous exposer vous démontre qu'il aura coûté 11,692,441 fr. (11,683,441 fr. par suite de la réduction du crédit demandé) le jour où le ministre des travaux publics en remettra les clefs aux deux corps administratifs auxquels il est destiné. »

(1) Présentation à la Chambre des Députés le 5 avril (Mon. du 6) ; rapport par M. Goury le 19 (Mon. du 21) ; discussion et adoption le 28 (Mon. du 29), à la majorité de 171 voix contre 63.

Présentation à la Chambre des Pairs le 5 mai (Mon. du 6) ; rapport par M. Gautier le 22 (Mon. du 23) ; adoption le 2 juin (Mon. du 3), à la majorité de 92 voix contre 5.

(2) Voy. tome 37, p. 456.

(3) Présentation à la Chambre des Députés le 19 mars (Mon. du 20) ; rapport par M. Bignon le 7 avril (Mon. du 8) ; adoption le 23 (Mon. du 24), à la majorité de 217 voix contre 13.

Présentation à la Chambre des Pairs le 28 avril (Mon. du 29) ; rapport par M. le baron de Mareuil le 21 mai (Mon. du 28) ; adoption le 22 mai (Mon. du 23).

(4) Présentation à la Chambre des Pairs le 28 janvier (Mon. des 29 et 31) ; rapport par M. le baron Dupin le 1er mars (Mon. du 2) ; discussion le 9 (Mon. des 10, 11) ; adoption le 11 (Mon. du 12), à la majorité de 100 voix contre 11.

Présentation à la Chambre des Députés le 22 (Mon. du 23) ; rapport par M. Lacrosse le 13 avril (Mon. du 18) ; discussion le 26 (Mon. du 27) ; adoption le 27 (Mon. du 28), à la majorité de 140 voix contre 100.

Retour à la Chambre des Pairs le 13 mai (Mon. du 14) ; rapport par M. le baron Dupin le 21 (Mon. du 28) ; discussion et adoption le 5 juin (Mon. du 6, à la majorité de 73 voix contre 39.

« L'état-major de l'armée navale, a dit M. le baron Dupin dans son rapport à la Chambre des Pairs, n'a pas éprouvé, depuis vingt ans et plus, les mêmes vicissitudes que l'état-major général de l'armée de terre ; il n'a pas été décimé par des catégories : aucune influence politique n'a servi pour en éliminer quelque partie vitale ; aucune promotion extraordinaire ne l'a fait déborder de son cadre. La force maritime, par la nature même des services qu'elle peut rendre à la patrie, ces heureusement étrangers aux luttes intestines, est restée dans la sphère d'une nationalité supérieure à nos discordes civiles. Ainsi la France a désirable conserver, jusqu'aux dernières limites désirables de l'âge et de l'activité, les officiers généraux de son armée de mer, dont l'expérience éclairait ses conseils, et dont les belles actions pouvaient servir de modèle à la jeune génération qui marche sur leurs pas dans la carrière de l'honneur.

« Une loi réformatrice de l'état-major général n'était donc pas un besoin impérieux pour l'armée de mer.

Lorsque, en temps de paix, le nombre des amiraux excédera la limite fixée, la réduction s'opérera par voie d'extinction (1).

« Mais une opinion fortement prononcée dans dans les deux Chambres ayant amené la proposition plusieurs fois renouvelée et le vote définitif d'une loi constitutive pour l'état-major général de l'armée de terre, il en est résulté, comme une conséquence forcée, la présentation d'une loi pareille, établie d'après les mêmes règles, au nom des mêmes droits, en faveur de l'armée navale. »

Comme on le voit, c'est le même esprit qui a présidé à la rédaction des deux lois. Leur plan est identique. On n'a fait, ainsi que l'a exprimé M. le ministre de la marine, qu'apporter à la première les modifications qui devaient naturellement résulter de la différence des deux services.

« La loi dont vous nous avez confié l'examen, » dit M. le rapporteur de la commission de la Chambre des Députés, « est destinée à régir la fixation d'un cadre normal, l'extension de ce cadre dans les circonstances exceptionnelles, enfin la transition du pied de guerre au pied de paix. La loi tout entière est donc subordonnée à l'influence des cas de guerre. Il importe de les définir nettement : l'intelligence de presque toutes les dispositions projetées en dépend.

« Une conflagration universelle armerait immédiatement le gouvernement de tous les moyens d'action que renferme la loi : en de semblables occurrences, point de doute ni d'hésitation.

« Mais la paix générale s'est prolongée depuis vingt-cinq ans, et, néanmoins, la marine française a plus d'une fois dicté par la force les réparations dues au pays. Le droit international accepte un état mixte qui n'est plus la paix et qui n'est pas encore la guerre, qui légitime les hostilités et les circonscrit en un cercle tracé d'avance. Ce mode de coërcition permet à deux gouvernements de vider leurs différends sans alarmer les autres puissances ; il ajoute des probabilités au maintien des relations pacifiques. L'absence de déclaration de guerre ne diminue pour la marine ni le danger ni la gloire ; on n'oubliera pas sa participation à la prise d'Alger, l'expédition du Tage et celle de Saint-Jean d'Ulloa.

« Il est certain que l'emploi des forces navales dans un but hostile, et conformément aux instructions du gouvernement, constitue le temps de guerre en fait comme en droit. La mission vaillamment remplie peut donner au chef de l'expédition un titre personnel d'avancement : une récompense méritée l'épée à la main ne saurait être subordonnée aux relations diplomatiques et à la situation respective des puissances.

« Toutefois, une collision passagère n'autoriserait pas à modifier les cadres ; s'il dérivait de là une cause justificative de l'augmentation du nombre des officiers généraux ou du rappel à l'activité de ceux déjà classés dans la réserve, la division en deux sections serait illusoire. Ces ressources extrêmes sont réservées par le vœu de la loi pour faire face aux circonstances graves où le déploiement de toutes les forces maritimes et la prolongation d'une lutte sérieuse rendent insuffisantes les prévisions ordinaires.

« On a demandé comment serait constaté ce passage du pied de paix au pied de guerre partielle ou de guerre générale. La réponse est facile. L'évaluation des campagnes comptées doubles pour la retraite s'opère avec régularité ; cette investigation de détail satisfait aux intérêts des officiers qui ne sont pas en cause dans la loi sur l'état-major général. Quant au chef d'une expédition heureuse, ses actions établiront en présence de la notoriété publique le titre aux distinctions dont le gouvernement dispose. »

(1) Le projet présenté en 1834 portait trois amiraux, conformément à la loi du 15 mai 1791 et à l'ordonnance du 1er mars 1831. Ce nombre fut réduit à deux par la Chambre des Députés. Depuis cette époque, le nombre de deux amiraux n'a pas été dépassé. Les Chambres l'avaient consacré de fait, en votant dans huit budgets consécutifs le traitement de ces dignitaires. C'est également ce chiffre que la loi actuelle a consacré pour le temps de paix. Mais, par analogie avec le principe qui concède un plus grand nombre de maréchaux en temps de guerre (art. 1er, loi du 4 août 1839), elle permet d'élever jusqu'à trois le nombre des amiraux.

M. le rapporteur de la commission de la Chambre des Députés a rappelé en ces termes l'histoire de la dignité d'amiral, et les vicissitudes qu'elle avait subies depuis le règne de Louis XIV.

« Le nom et la mémoire de Colbert se lient à tout ce qui a été conçu de bien en marine. Après avoir creusé des ports et classé les matelots, ce grand ministre d'un grand roi parvint à discipliner un corps puissant par le relief personnel des officiers qui le composaient. Il chercha le mérite dans tous les rangs ; il introduisit un principe d'égalité bientôt et longtemps méconnu. Il voulut montrer quel serait le prix d'un combat glorieux. En 1675 et 1680, deux marins reçurent le bâton de maréchal de France ; Tourville, en 1692, et Château-Renoult, en 1701, le portèrent avec plus d'éclat encore. Il y eut un autre maréchal nommé en 1703, et un autre sous le règne suivant.

« Après une longue décadence, la marine, relevée en 1778, vint aider efficacement les États-Unis à conquérir leur nationalité. Une dérogation judicieuse aux priviléges exclusifs de l'ancienneté raviva l'émulation. Toutefois, ce ne fut pas sans résistance que Louis XVI récompensa par le titre de vice-amiral des Indes les campagnes mémorables du bailli de Suffren.

« Les vice-amiraux possédaient alors les mêmes prérogatives que les maréchaux ; seulement ils n'étaient pas qualifiés de grands-officiers de la couronne. Les vice-amiraux avaient sous leurs ordres les lieutenants-généraux des armées navales, les chefs d'escadres, et une troisième classe d'officiers généraux, les brigadiers. On sait que la charge d'amiral de France, rétablie par Louis XIV en faveur de ses fils, était hors ligne : le comte de Toulouse n'obtint que deux fois la permission de servir activement, et sa belle conduite au combat de Malaga fit voir qu'il était digne de cet honneur.

« L'Assemblée constituante manifesta, dès le commencement de ses travaux, une sollicitude éclairée pour la marine. De nombreux décrets (*), préparés en comité, réglementèrent l'organisation

(*) Décrets des 3 juillet 1790, 29 avril, 1er mai, 6 août, 3 et 21 septembre 1791. Rapports de M. Malouet, t. 18 des procès-verbaux.

2. La dignité (1) d'amiral ne pourra être conférée (2) qu'au vice-amiral qui aura commandé en chef une armée navale en temps de guerre.

et l'administration dans ses branches principales. La carrière s'ouvrit pour tous les citoyens ; le dévouement et le zèle furent encouragés au moyen de la part du choix dans les avancements, jusqu'alors dictés par l'ordre du tableau. L'organisation des cadres est du 12 mai 1791. Par cette loi, les amiraux sont assimilés aux maréchaux, les lieutenants-généraux sont conservés sous la dénomination de vice-amiraux, les chefs d'escadre deviennent contre-amiraux, les brigadiers disparaissent. Les motifs de ces changements de désignation sont de deux espèces : en plaçant les amiraux au sommet de l'échelle hiérarchique, on caractérisait, par un mot emprunté au vocabulaire nautique, la nature des services rendus à la patrie. De plus, le chef d'escadre semblait destiné à conduire une escadre de neuf vaisseaux, et souvent il recevait un autre emploi. La nouvelle classification laisse une latitude plus rationnelle.

« Les amiraux furent supprimés en 1793, le même jour que les maréchaux. Le directoire (*) remplaça les brigadiers des armées navales par des chefs de division ; plus tard, ce grade intermédiaire s'éteignit.

« L'empereur se contenta de donner à trois vice-amiraux le titre purement honorifique d'inspecteurs généraux des côtes. Il ne fit rien de plus : parmi ses maréchaux, il n'assigna point à la marine la place qui pouvait rester vacante jusqu'à ce qu'une victoire eût permis de la revendiquer.

« La restauration conserva les vice-amiraux et les contre-amiraux (**). Quelques changements de peu d'intérêt précédèrent une ordonnance de 1828, portant qu'il pourra être nommé deux maréchaux choisis parmi les vice-amiraux, moyennant des conditions qui ne furent pas énoncées. C'est par le gouvernement actuel que cette dignité a été inaugurée de nouveau. Depuis l'ordonnance du 13 août 1830, les amiraux jouissent des honneurs et du traitement des maréchaux, au nombre desquels ils prennent rang, d'après la date de leur brevet. Les amiraux sont donc maréchaux de France, et la dénomination d'amiral a sans doute été conservée par déférence pour les premiers actes de nos assemblées représentatives.

« Lors du rétablissement de l'amiralat, cet acte de haute sagesse n'a rencontré aucune censure. »

J'ai dit précédemment que la question du nombre des amiraux se trouvait en quelque sorte décidée par des votes multipliés de la législature. Aussi cette fixation a-t-elle rencontré peu d'opposition. Un amendement proposé par M. le comte de *Castellane*, et qui consistait à demander qu'il n'y eût qu'un seul amiral en temps de paix, afin de mettre autant que possible le nombre des amiraux en proportion avec celui des maréchaux, n'a pas été appuyé.

« Les plus sérieuses considérations, a dit M. le *rapporteur* de la commission de la Chambre des Députés, doivent présider aux résolutions qui vous sont soumises. L'émulation s'alimente par la possibilité d'atteindre au sommet de la hiérarchie ;

mais il ne faut pas méconnaître qu'une récompense prodiguée perd une partie de son prestige. L'abaissement des dignités militaires pour une cause quelconque serait une calamité nationale. La loi veille à leur éclat.

« Ces réflexions ne conduisent pas à resserrer le cadre proposé par le gouvernement. Résumer en un seul homme toute l'illustration d'un corps considérable, ce serait une innovation que nous nous garderons de provoquer. Deux membres de la commission ont ouvert cet avis, qui n'a pas prévalu, malgré l'exemple de l'Angleterre. L'amiral de la flotte britannique n'est que le doyen de la marine ; il semble voué à un repos honoré. Au contraire, la propension, comme le devoir d'un amiral français, sont de travailler incessamment aux progrès de son arme. L'influence d'une situation éminente et inamovible demande à être partagée. Un seul amiral, ce serait trop ou trop peu.

« Nos flottes agiront à la fois dans l'Océan et la Méditerranée ; elles y trouveront un jour des alliés. Bien que la prééminence appartienne naturellement à la puissance qui fournit le principal contingent, l'expérience enseigne qu'il n'est pas prudent de compliquer par des querelles d'étiquette les opérations maritimes, dont l'issue tient souvent à la soudaineté. Soyons prêts à montrer deux amiraux aux flottes combinées dans les deux mers.

« Quand même le pavillon français flotterait seul et isolé du concours des marines secondaires, deux commandements très-considérables pourraient être organisés. Cela résulte des états officiels de situation en bâtiments armés, en personnel, et surtout de la certitude que ces ressources s'accroîtront par les larges améliorations qui s'effectuent ou se préparent.

« Après avoir mesuré les besoins qui se révéleraient dès les premières hostilités, votre commission admet le nombre de deux amiraux accepté par la Chambre, dans la séance du 20 février 1834.

« Examinons maintenant les exigences de notre guerre sérieuse entraînant l'équipement de nos forces dans leur ensemble imposant. Nous nous sommes appliqués à fermer un accès trop facile aux honneurs de l'amiralat ; mais nous attachons un grand intérêt à l'extension facultative du nombre des amiraux pendant une guerre telle que celle dont nous avons signalé le caractère et les effets. Aucun membre de la commission ne s'oppose à la concession réclamée par le gouvernement. Nous reconnaissons, à l'unanimité, que si le cadre de paix se trouve rempli, quelles qu'en soient les proportions, il n'en faut pas moins encourager l'essor des ambitions généreuses ; souvent les impressions d'un premier succès ou d'un premier revers pèsent sur une longue suite d'années : en cas de guerre, ménageons au gouvernement le moyen de tenir compte des belles actions. Une troisième place d'amiral appartient à qui saura la conquérir. »

(1) Voy. la note 3 de l'art. 1er de la loi du 8 août 1839.

(2) Cette disposition est très-importante. Elle règle les conditions à remplir pour parvenir à la dignité d'amiral.

« Les conditions d'admission à la dignité d'amiral, a dit M. *le ministre de la marine* en présentant le projet de loi à la Chambre des Pairs, ont été l'objet d'une élaboration raisonnée, appro-

(*) Organisation du 3 brumaire an 4.
(**) Ordonnances des 1er juillet 1814, 22 novembre 1819 et 17 décembre 1828.

Ou au vice-amiral qui aura commandé en chef une force navale et qui, dans son

fondie, il n'existait, à cet égard, aucun précédent. Ni la loi du 15 mai 1791 qui a créé le grade d'amiral, ni l'ordonnance du 13 août 1830 qui l'a rétabli, n'ont déterminé les conditions nécessaires pour obtenir cette dignité. En l'absence des données qui eussent pu servir à établir ces conditions, nous avons dû, en nous rapprochant autant qu'il était possible des conditions imposées aux lieutenants-généraux de l'armée de terre, examiner quelle serait la nature des services que la France pourrait attendre de la marine, et quels seraient ceux que le roi pourrait vouloir récompenser par la dignité d'amiral. »

L'article du projet était ainsi conçu : « La dignité d'amiral ne pourra être confiée qu'au vice-amiral qui aura commandé en chef une armée navale.

« Ou au vice-amiral qui aura commandé en chef une force navale et qui, dans son grade et dans une expédition maritime, aura rendu de brillants services ou se sera signalé par un éclatant fait d'armes. »

Le projet, comme la loi, admettait donc deux combinaisons : « La première, j'emprunte les paroles de M. le ministre de la marine, assure à l'État, par l'exercice du commandement en chef d'une armée navale, en temps de guerre, toutes les garanties d'expérience et de capacité. L'importance d'un pareil commandement n'a pas besoin d'être démontrée ; il correspond au commandement en chef d'une armée à terre exigé des lieutenants-généraux, pour parvenir à la dignité de maréchal.

« La seconde condition, quoique moins explicite, quant à la force et au nombre des bâtiments qui doivent être réunis sous le pavillon du vice-amiral, n'est peut-être pas moins importante que la première, puisqu'elle veut que cet officier général ait non seulement commandé en chef une force navale dans une expédition maritime et en temps de guerre, mais que, dans cette expédition, il se soit signalé par un éclatant fait d'armes ou par de brillants services. Ainsi, il ne suffira pas qu'un vice-amiral ait commandé en chef sous sa responsabilité personnelle, responsabilité d'autant plus grande, qu'éloigné du gouvernement et dans l'impossibilité d'en recevoir des instructions, il doit nécessairement agir d'après ses propres inspirations ; il faudra, de plus, que ses efforts aient obtenu un résultat glorieux, soit dans un combat, soit en établissant ou en faisant lever un blocus, soit en opérant, en faisant lever un blocus, soit en opérant un ravitaillement dans un port ou une colonie, soit en opérant un débarquement de troupes expéditionnaires. Nous avons pensé que le vice-amiral commandant en chef qui aurait rempli l'une ou l'autre de ces conditions aurait fait preuve de toutes les qualités qui constituent l'homme de mer et l'homme de guerre, et mériterait d'être élevé à la dignité d'amiral. »

Le premier paragraphe n'a provoqué que peu d'observations. L'addition de ces mots, *en temps de guerre*, loin de changer le fond de la disposition, n'a fait, au contraire, qu'en rendre la rédaction plus précise ; car il n'était certainement pas dans l'intention du gouvernement de conférer la dignité d'amiral au vice-amiral qui aurait commandé une armée d'évolution. Aussi cet amendement n'a-t-il été l'objet d'aucune objection vraiment sérieuse. Je dirai plus tard quelques mots

d'un autre amendement qu'avait proposé la commission de la Chambre des Pairs, mais qui a été rejeté.

La seconde partie de l'article a été, au contraire, l'objet d'une discussion approfondie au sein de la commission et de la Chambre des Pairs. Voici les observations que la commission a présentées par l'organe de son rapporteur :

« L'armée navale est définie par ordonnance du roi (*) : c'est une réunion composée d'au moins quinze vaisseaux de ligne. On conçoit d'ailleurs que, dans l'avenir, ces vaisseaux pourraient être remplacés par des équivalents, que de nouvelles ordonnances classeraient officiellement, afin de suivre les progrès de l'art maritime.

« Mais ce qu'on appelle *une force navale* sans la définir, reste dans un vague qui pourrait par la suite prêter aux interprétations les plus abusives ; ce vague pourrait ouvrir à la faveur, au patronage, à des influences politiques ou parlementaires, la porte la plus dangereuse et la moins honorable : il faut aller au devant de cet inconvénient.

« M. le ministre de la marine nous a fait observer, avec beaucoup de vérité, la diversité infinie des services que peut rendre la force navale, non seulement pour des combats à la mer, mais pour des blocus, des débarquements, des attaques de places maritimes, etc. Cette diversité commande une variété correspondante dans le nombre, la grandeur et l'espèce des bâtiments employés : voilà ce qui rend impossible de donner une définition de la force navale, comparable à celle d'un corps d'armée ayant plusieurs divisions de différentes armes.

« Nous nous étions fait à l'avance cette objection très-fondée.

« Afin de l'éviter, et néanmoins d'obtenir la garantie d'une force navale suffisante, il nous a semblé préférable d'exiger, dans tous les cas, que le vice-amiral, commandant en chef, ait sous ses ordres plusieurs officiers généraux, soit vice-amiraux, soit contre-amiraux.

« N'eût-il avec lui que deux officiers généraux, la force navale sous ses ordres serait composée de trois escadres ou de trois divisions ; dans le premier cas, chaque escadre et dans le second chaque division serait commandée par un vice-amiral ou par un contre-amiral. La moindre division devant avoir au moins trois bâtiments de guerre, la force navale, ainsi définie, n'en aurait pas moins de neuf. Ce nombre suffirait pour accomplir les évolutions de ligne que peut comporter l'armée navale la plus nombreuse. Voilà pour l'expérience du commandant de l'armée de mer.

« Cette combinaison nous paraît présenter toutes les garanties que présente une candidature aussi grave, aussi importante que celle des officiers généraux entre lesquels le roi devra choisir les amiraux de France.

« Il est une autre considération de l'ordre le plus élevé, qui milite en faveur de la condition nouvelle que nous proposons d'établir : qu'aucun vice-amiral ne puisse devenir amiral de France s'il n'a pas commandé à la mer, en temps de guerre, une force navale, avec plusieurs officiers généraux sous ses ordres.

(*) Ordonnances des 31 octobre 1827 et 17 décembre 1828.

grade et dans une expédition maritime, se sera signalé par un éminent service de

« Ce n'est pas pour conférer à quelques officiers une illustre oisiveté, que nous concevons la première dignité militaire du royaume : c'est pour élever au plus haut degré les hommes les plus capables de commander dans les grandes entreprises que leur réserve la haute prudence du roi. Il ne faut pas seulement qu'ils aient fourni leurs preuves de bravoure et de talent ; il faut qu'ils aient fait voir à quel point ils possèdent la capacité, l'autorité, le don du commandement. Ce mérite essentiel du général en chef, c'est la seule expérience qui peut le révéler et l'attester ; il faut que l'armée tout entière en soit juge. C'est au milieu des difficultés pratiques, soudaines, imprévues ; c'est en présence de l'ennemi que ce mérite, s'il existe, acquiert tout son éclat et ne peut être suppléé ; enfin, c'est à commander des officiers généraux, c'est-à-dire à mettre en jeu de hautes intelligences par une intelligence encore plus élevée, c'est à faire concourir des volontés énergiques par une volonté plus énergique encore, que se fait voir surtout la supériorité de l'homme qu'attend la plus haute position dans l'armée navale, ainsi que dans l'armée de terre. »

Il ajoutait que cette disposition aurait l'immense avantage de faire naviguer ensemble un plus grand nombre d'officiers généraux, et que nos victoires navales acquerraient plus d'éclat lorsqu'elles ne seraient pas ornées seulement du nom d'un seul officier général.

La condition des brillants services et celle des faits d'armes éclatants a été retranchée par le motif qu'il était impossible que le gouvernement pût jamais songer à conférer la dignité d'amiral de France à celui qui n'aurait pas marqué sa carrière par de semblables faits d'armes, et que l'expression de *brillants* services n'avait rien de précis, et pouvait comprendre des services autres que des services de guerre, les seuls qui puissent conduire à la dignité d'amiral.

En conséquence, l'article fut rédigé comme il suit : « La dignité d'amiral ne pourra être conférée qu'au vice-amiral ayant commandé en chef à la mer, en temps de guerre, avec plusieurs officiers généraux sous ses ordres, une armée navale ou une force navale composée de plusieurs divisions. »

Devant la Chambre toute la discussion s'est portée sur la question de savoir si dans la seconde combinaison proposée, on exigerait la présence de plusieurs officiers en sous-ordre. Les partisans de l'amendement ont développé de nouveau les raisons qui avaient prévalu au sein de la commission. Ils ont invoqué l'opinion favorable exprimée par des officiers généraux de la marine, dans un conseil où il s'était agi d'examiner les conditions nécessaires pour arriver à l'amiralat. Mais ces raisons et ces autorités, quelque graves qu'elles fussent, ont cédé devant les motifs et les considérations qui ont été développées par M. le ministre de la marine et M. le ministre des affaires étrangères.

Voici comment le premier s'est exprimé... : « Si vous reconnaissez réellement qu'il nous faut plusieurs amiraux, il faut rendre la création de l'amiral possible, et ne pas imposer des conditions qui ne pourraient être remplies.

« ... Une condition que propose la commission, serait d'employer un certain nombre d'officiers généraux : mais est-on toujours bien maître, dans la

composition d'une force navale, d'y employer tel ou tel nombre d'officiers généraux ? Les localités permettent-elles toujours l'emploi de telle ou telle espèce de bâtiments ? Enfin, le nombre des officiers généraux ne dépend-il pas du nombre des bâtiments que vous emploierez ?

« Or, si les localités ne permettent pas le développement d'un assez grand nombre de bâtiments pour pouvoir accorder un nombre d'officiers généraux, eh bien ! alors, ces officiers généraux ne peuvent être employés. Nous en avons un exemple tout récent dans l'affaire glorieuse de Saint-Jean d'Ulloa. Dans cette expédition, il y avait peu de bâtiments, point d'officiers généraux. Or, en vérité, ce qui fait le mérite et le brillant mérite de cette action, c'est l'infériorité même des moyens d'attaque sur ceux de la défense. »

Enfin, M. *le ministre des affaires étrangères* ajouta : « Quand on fait entrevoir aux hommes qui entrent dans une carrière une grande récompense, comme le bâton de maréchal, que rent-on ? Quel est l'objet d'une loi comme celle que nous discutons ? C'est d'exciter fortement l'ambition des hommes ; c'est de les provoquer à user de toutes leurs facultés, de leur faire faire de grandes choses en leur montrant une grande existence au bout des grandes choses. Ne leur imposez donc que des conditions qui dépendent d'eux-mêmes, et qu'ils puissent remplir avec leurs propres facultés, et en faisant vraiment de grandes choses. Ne vous attachez qu'au mérite des personnes et à la grandeur des actes. Que faites-vous ici ? Voilà un officier général qui part à la tête d'une expédition ; eh ! par cela seul qu'il n'a pas d'officiers généraux sous ses ordres, il lui est interdit d'espérer de devenir amiral ; en sorte que le contre-amiral Baudin, partant pour l'expédition du Mexique, le Bailli de Suffren, dans ses campagnes de l'Inde, n'ayant jamais eu d'officiers généraux sous leurs ordres, n'auraient jamais pu devenir amiraux ! Il y a là quelque chose d'absolument contraire à ce que vous vous proposez, et qui est d'exciter l'ambition des marins. Qu'ils dépendent donc de leur mérite, de la grandeur des actes qu'ils accompliront, des services qu'ils rendront au pays, et non d'une circonstance matérielle absolument indépendante de leur volonté et de leur mérite. »

Une approbation générale a accueilli ces paroles ; et, malgré l'observation que fit M. le comte *Dejean*, que tout ce que venait de dire M. le ministre pourrait également s'appliquer à un lieutenant-général, chargé du commandement d'une seule division, la condition proposée par la commission a été écartée.

Dans l'une et l'autre combinaisons, la commission avait jugé à propos d'exprimer que le commandement devait être exercé *à la mer*, afin d'écarter la candidature du vice-amiral qui serait resté dans un port, sans en sortir, pendant une campagne entière, ainsi que cela s'était vu sous l'empire.

M. le *ministre de la marine* a fait observer que cet amendement passait le but. « Car si un officier-général commandait une armée navale aux îles d'Hyères, pour défendre du port de Toulon, ou à l'entrée du port de Brest, comme elle ne serait pas à la mer, les brillants combats qu'il pourrait livrer ne seraient pas comptés à l'officier général commandant l'escadre. »

M. *Viennet* a répondu que cela rentrerait dans

guerre (1).

3. (2) Les vice-amiraux et les contre-amiraux forment un cadre qui se divisera en deux sections.

La première section comprend l'activité et la disponibilité ;

La deuxième, la réserve.

La première section, en temps de paix, se composera au plus de dix vice-amiraux et de vingt contre-amiraux (3).

La deuxième section comprendra tous les officiers généraux de la marine qui cesseront de faire partie de la première, par application de l'art. 6 ci-après.

4. (4) En temps de paix, les emplois d'activité dévolus aux officiers généraux de

le second paragraphe, mais l'amendement a été rejeté.

Enfin, on a rétabli la condition des brillants services et des éclatants faits d'armes, en expliquant, toutefois, qu'il ne pouvait s'agir que de services de guerre, et le second paragraphe a été ainsi rédigé : « Ou au vice-amiral qui aura commandé en chef une force navale, et qui, dans son grade et dans une expédition maritime, en temps de guerre, aura rendu de brillants services, ou se sera signalé par un éclatant fait d'armes. »

Après une discussion approfondie, cette rédaction a été de nouveau amendée par la commission de la Chambre des Députés. Voici les paroles de son rapporteur :

« Admettre, comme titres suffisants, de brillants services, ne serait-ce pas sanctionner imprudemment une nomination basée sur des services rendus en temps de guerre, mais autres que ceux du commandement militaire? Nous livrons ces conjectures à vos méditations.

« Si cette partie de la phrase nous semble contenir le germe d'une latitude abusive, l'expression d'éclatants faits d'armes ne nous a pas complètement satisfaits. Nous doutons qu'elle reproduise fidèlement la pensée qui a présidé au projet, et qu'elle trace bien la conduite à tenir par un officier général. Un éclatant fait d'armes implique l'idée d'une action individuelle, audacieuse, méritoire sans doute, mais votre commission attend plus que cela des amiraux français. A la tête des escadres, leur premier devoir est de rendre au pays des services réels, éminents, proportionnés aux sacrifices des armements et au sang versé dans la lutte. Ils s'attacheront donc à des résultats plutôt qu'au soin de leur propre renommée.

« D'un autre côté, il y a des exemples d'habiles manœuvres exécutées au milieu de dangers réels, et pourtant sans combat. Le hasard ou le caprice des éléments a parfois séparé des flottes au moment où l'action allait s'engager. On a vu des combinaisons d'un haut intérêt, secondées par des amiraux auxquels a manqué l'occasion d'accomplir un fait d'armes. Les évènements se sont passés ainsi en 1799, quand l'amiral Bruix rallia les escadres espagnoles et ravitailla l'armée d'Italie : vingt-deux vaisseaux manœuvraient en armée, mais la campagne n'en eût pas été moins remarquable, quand même il n'y en aurait eu que quatre rassemblés sous le même pavillon.

« Il nous a paru nécessaire de réunir ces diverses exigences dans une seule condition : nous vous présenterons avec confiance une rédaction approuvée par M. l'amiral, ministre de la marine. »

Cette rédaction est celle qui a passé dans la loi.

(1) M. de la Pinsonnière avait proposé un amendement ainsi conçu : Ou au vice-amiral qui aura commandé en chef devant l'ennemi, comme contre-amiral, une force navale composée de cinq vaisseaux au moins.

Cet amendement n'a pas été appuyé.

(2) Voyez, art. 2 de la loi du 4 août 1839.

(3) Ces nombres ont été déjà demandés et votés en 1834. Ils ont été acceptés sans difficulté. « Le ministre, a dit M. Lacrosse dans son rapport, a besoin de pourvoir aux préfectures maritimes, aux emplois de majors-généraux, de membres de l'amirauté, aux inspections, qui devraient être multipliées ; enfin à diverses fonctions qui ne sauraient être énumérées : l'art. 4 précisera cette catégorie. Dans nos budgets, on prévoit que cinq officiers-généraux seront embarqués : les probabilités sont que nos escadres réunies et nos stations en occuperont quelques-uns de plus. En résumé, l'état-major, fixé à dix vice-amiraux et à vingt contre-amiraux, est le plus restreint qu'il soit actuellement possible de composer. »

(4) Cet article a été le sujet d'une longue discussion.

Dans le projet du gouvernement, il ne comprenait que deux paragraphes : le premier n'a subi aucun changement ; le second, qui est devenu le troisième, était ainsi conçu : « En temps de guerre, les officiers généraux de la seconde section pourront être employés. »

Lors de la discussion à la Chambre des Pairs, M. le comte d'Argout a demandé si les emplois d'activité qui comprenaient indubitablement le service à la mer et dans les ports, s'étendaient également à l'emploi du dépôt des cartes, aux fonctions dans le service central du ministère et à celles que remplissent les membres du conseil de l'amirauté. Après avoir exprimé qu'il ne pensait pas que la loi dût recevoir une pareille interprétation, il a proposé, pour lever tous les doutes, de rédiger ainsi l'article : « En temps de paix, les emplois d'activité à la mer, ou dans les ports maritimes, etc. »

« Il résulterait de cet amendement, a-t-il dit, que les officiers généraux qui seraient mis dans le cadre de réserve ne pourraient servir ni à la mer, ni dans les ports maritimes ; mais que, si leurs connaissances pratiques pouvaient être utiles au ministre de la marine, il conserverait la faculté de les employer dans l'administration centrale. »

La pensée qui avait dicté l'amendement fut adoptée, et, pour l'exprimer, on rédigea le second paragraphe de la manière suivante : « En temps de guerre, les officiers généraux de la seconde section pourront être appelés à des emplois d'activité. »

M. le ministre de la marine, dans l'exposé des motifs de la Chambre des Députés, a expliqué le but de cette nouvelle rédaction en ces termes : « La rédaction du deuxième paragraphe de l'art. 4 du projet primitif a subi, à la Chambre des Pairs, une légère modification. Les débats qui y ont donné lieu ont établi que certaines positions spéciales, soit dans l'administration centrale, soit dans les conseils près du ministère, et dans lesquels des employés de l'ordre civil et militaire sont simultanément appelés, soit enfin à la direction générale du dépôt des cartes et plans, ne devaient

la marine sont exclusivement conférés aux officiers généraux faisant partie de la première section.

Les officiers généraux appelés à siéger au conseil d'amirauté sont choisis parmi ceux faisant partie de la première section.

En temps de guerre, les officiers généraux de la deuxième section pourront être appelés à des emplois d'activité, et au conseil d'amirauté (1).

5. En temps de paix, il ne peut être fait de promotion que parmi les officiers généraux compris dans la première section, et en raison des vacances survenues (2).

6. Les vice-amiraux à l'âge de soixante-huit ans accomplis, et les contre-amiraux à soixante-cinq ans accomplis, cessent d'appartenir à la première section pour passer dans la deuxième (3).

Sont également admis, sans limite

---

point être considérés comme des emplois d'activité, et que, par conséquent, ils pouvaient être occupés par des officiers appartenant à la seconde section. »

La commission de la Chambre des députés, après avoir admis, comme la Chambre des Pairs, que l'officier chargé de la direction du dépôt des cartes pouvait être pris même parmi ceux de la seconde section, s'est demandé si les fonctions de membre militaire du conseil d'amirauté seraient assimilées aux emplois les plus actifs, et réservées aux officiers généraux de la première section. Une forte majorité s'est prononcée pour l'affirmative, et, afin de formuler cette opinion, un paragraphe additionnel (le § 2) a été présenté.

« Sans remonter au-delà de 1824 (*), a dit le rapporteur de la commission, nous voyons des officiers généraux siégeant au conseil d'amirauté avec un certain nombre de fonctionnaires de l'ordre civil : l'amirauté contrôle et doit perfectionner l'ensemble d'un service dont les branches sont multipliées ; ses attributions se trouvent naturellement réparties d'après la spécialité de chacun : aux uns, les questions d'administration et de comptabilité, aux autres, le progrès des constructions navales. Les officiers généraux seront particulièrement consultés sur l'organisation et les opérations de la flotte ; ne convient-il pas qu'ils apportent au conseil l'appréciation récente des hommes et des choses ? N'est-il pas désirable qu'ils soient sans cesse animés de cette ardeur de progrès, qui décroît peut-être lorsqu'on renonce à la mer ? Des objections graves ont été faites.

« Des esprits éclairés considèrent comme une perte irréparable l'éloignement des officiers généraux passés à la réserve. La mesure leur apparaît comme une rigueur imprudente ; elle priverait le ministre des avis que l'expérience acquise avec l'âge doit, au contraire, le porter à rechercher ; elle soumettrait aux conditions, présumées nécessaires pour naviguer, la faculté de faire entendre une voix utile dans un conseil simplement consultatif.

« Votre commission a reconnu, non sans regrets, l'impossibilité d'accueillir ces dernières observations. Elle estime que cette condescendance compromettrait l'efficacité des mesures d'ensemble qu'elle s'applique à coordonner selon les besoins d'une époque marquée par une transformation du matériel naval.

« Il est vrai que les formes de notre gouvernement, et la responsabilité dont le ministre ne doit pas être dessaisi, restreignent l'amirauté au rôle d'un comité consultatif. C'est exactement la condition des quatre comités d'armes, établis près du

ministre de la guerre. Ces comités sont exclusivement composés de généraux de la première section, et leurs lumières sont d'autant plus utiles que de fréquentes inspections les font vivre au milieu des camps.

« Nous dirons quelles épreuves l'officier de vaisseau a nécessairement traversées avant de parvenir au grade de contre-amiral. Fût-il le dernier promu, il apportera au conseil d'amirauté une expérience pratique et de précieux souvenirs. Plusieurs vice-amiraux auront peut-être acquis le droit de demeurer inscrits dans la première section. Avec deux amiraux, l'un peut siéger au conseil d'amirauté, et y faire prévaloir les bonnes traditions du passé. Reste, enfin, l'autorité personnelle du ministre.

« Dans tout le cours de cette argumentation, nous avons seulement envisagé la position des officiers généraux qui se succèdent à l'amirauté, et non celle des autres membres du même conseil. Votre commission pense à l'unanimité que le ministre de la marine est entièrement libre de se donner des auxiliaires selon les convenances de son administration. Mais, en statuant sur la nature du service destiné aux officiers généraux, il y avait lieu de prévoir les inconvénients qui pourraient faire naître des considérations de toute nature. Afin d'assurer à l'amirauté l'avantage de suivre et de hâter le progrès, il fallait écarter les difficultés que rencontrerait peut-être la série des remplacements. »

(1) Ces derniers mots, et au conseil d'amirauté, ont été ajoutés par la commission de la Chambre des Députés. Ils sont la conséquence de l'introduction du § 2. Voy. la note précédente.

(2) Voyez notes sur l'article 4 de la loi du 4 août 1839.

(3) « En posant cette limite, a dit M. le ministre de la marine, la loi a entendu établir un terme moyen au-delà duquel, en général, les fatigues de la guerre se supporteraient difficilement.

« Le service des officiers généraux commandant à la mer, quoique très-pénible, n'exige pas cette activité de mouvement, ce déploiement de forces physiques qu'on a paru croire indispensables dans le commandement des armées. L'officier général de la marine peut diriger les mouvements de son escadre sans être forcé à aucun déplacement. Habitué au séjour du bord, fortifié par les rudes épreuves du métier, il peut facilement, à soixante-cinq ans et à soixante-huit ans, suffire aux devoirs et aux exigences du commandement, qui, surtout à la mer, sans réclamer une grande activité corporelle, demande plutôt le coup d'œil, le jugement que donne seul une longue expérience.

« S'il était nécessaire de citer des exemples à l'appui de cette assertion, nous trouverions dans l'histoire des marines étrangères, comme dans celle

---

(*) Décret de 1810, ordonnance du 4 août 1824, ordonnances de 1827, 1829, 1831, 1833.

d'âge, dans la seconde section, et sur un rapport du ministre de la marine, les vice-amiraux et les contre-amiraux qui, à raison d'infirmités contractées ou de bles-

de la marine française, des amiraux qui, même bien au-delà de la limite d'âge proposée, ont illustré la fin de leur carrière par de glorieux succès. C'est ici qu'il convient de rappeler cet axiome de toutes les marines : *vieux amiraux, jeunes capitaines.*

« Nous vous proposons donc, pour condition d'âge, soixante-huit ans pour les vice-amiraux et soixante-cinq pour les contre-amiraux. »

Cette disposition a donné lieu à plusieurs amendements.

Devant la Chambre des Pairs, M. *Mérilhou* a demandé que les vice-amiraux fussent affranchis de la condition d'âge. Il a soutenu que ce principe, emprunté à la loi de 1839, était à la fois funeste pour nos finances, fâcheux pour l'émulation, nuisible à la stabilité militaire ; qu'il portait atteinte à la prérogative royale, et qu'on devait, par conséquent, se garder de l'introduire dans la loi nouvelle. « D'ailleurs, a-t-il ajouté, les motifs qui l'ont fait établir dans la loi précitée ne militent point ici avec la même force. Tout le monde reconnaît, en effet, que le service des officiers généraux de l'armée navale est beaucoup moins pénible que celui des officiers généraux de l'armée de terre. C'est sur cette considération qu'on s'est fondé principalement pour élever la limite d'âge. Il faut aller plus loin. L'histoire de la marine anglaise et celle de notre marine nous montrent des officiers généraux qui, dans un âge plus avancé, ont accompli des opérations navales d'une haute importance et d'une grande habileté. Qui ne sait, au surplus, que ce principe a excité beaucoup de réclamations dans l'armée de terre ? Il importe donc de laisser au pouvoir toute liberté à cet égard, ainsi que cela a lieu en Angleterre. Et qu'on ne relève pas l'inconvénient qui pourrait se trouver à maintenir sur le cadre d'activité des officiers généraux qui, par leur situation de santé, ne seraient pas à même de remplir les commandements que le gouvernement voudrait leur confier. Le pouvoir n'est point désarmé : le § 2 lui offre le moyen facile de les faire passer dans la seconde section. »

On a répondu que la condition d'âge était aujourd'hui un principe fondamental de notre législation militaire. Que, s'il présentait des inconvénients, il avait aussi des avantages qu'on ne pouvait contester ; qu'il était impossible de changer d'une manière aussi brusque un point aussi important et d'établir entre les deux armes une aussi grande inégalité ; que les réclamations dont avait parlé M. *Mérilhou* n'avaient point été dirigées contre le principe lui-même, mais seulement contre la faculté que le § 2 de l'art. 5 de la loi de 1839 laisse au gouvernement de prolonger de trois années l'activité pour les lieutenants-généraux. Puis, examinant l'amendement en lui-même, on a fait observer que le cadre des vice-amiraux étant fort limité, l'amendement, s'il était adopté, aurait pour effet d'entraver l'avancement d'une manière fâcheuse ; qu'enfin, en maintenant indéfiniment les vice-amiraux dans la première section, tandis que les contre-amiraux seraient condamnés à la réserve dès soixante-cinq ans, ce serait couper par le pied le recrutement du grade supérieur.

L'amendement a été rejeté, ainsi que deux autres, l'un de M. le général *de Préval*, qui consistait à déclarer *admissibles* au cadre de réserve les vice-amiraux à soixante-huit ans et les contre-

amiraux à soixante-cinq ans, et l'autre de M. l'amiral *Verhuel*, qui tendait à prolonger, pour les vice-amiraux seulement, la limite d'âge jusqu'à soixante-quinze ans.

Les amendements qui ont été proposés à la Chambre des Députés étaient en sens inverse. Au sein de la commission, on a soutenu que l'appréciation des deux natures de services était purement conjecturale ; que, dans le doute, la règle commune serait d'une application plus sûre. « Toutefois, a dit M. *le rapporteur*, la minorité s'est divisée sur un point, celui de savoir s'il y a lieu d'appliquer à l'état-major de la marine le système des prorogations facultatives dont les lieutenants-généraux peuvent jouir aux termes de la loi de 1839 : un membre aurait voulu en introduire le principe dans la loi qui nous occupe. Un autre membre proposait de fixer, sans exception, l'âge de la réserve conformément aux prescriptions de la loi de 1839, c'est-à-dire à soixante-deux ans pour les contre-amiraux qui ont rang de maréchaux-de-camp, et à soixante-cinq pour les vice-amiraux.

« La majorité de la commission se prononce pour l'adoption de la limite proposée dans le projet de loi.

« L'avancement dans la marine est soumis à des conditions toutes particulières ; il ne peut être accordé, aux termes des lois existantes, qu'après l'exercice de commandements divers qu'il ne dépend pas de l'officier d'obtenir, et dont, à certaines époques, le nombre est assez restreint pour que cette faveur soit longtemps attendue. Rien de plus motivé, sans doute, que cette épreuve. Par la responsabilité inséparable d'un commandement, l'officier s'accoutume à prendre conseil de lui-même et à marcher seul dans la ligne du devoir. Son autorité s'exerce souvent sans guide hiérarchique. Nul ne deviendra contre-amiral s'il n'a donné des garanties d'une expérience qu'il convient d'utiliser autant que le comportent les données moyennes.

« On ne saurait être arrêté par les différences qui existent entre les lois sur les pensions de retraite. La loi du 11 avril 1831 fixe à trente années la durée des services exigés dans l'armée pour avoir droit au minimum. Par la loi du 18 avril, la retraite est due au marin après vingt-cinq ans de services effectifs, c'est presque dire après vingt-cinq ans de navigation non interrompue. En réclamant des Chambres le bénéfice de cinq années, M. *de Rigny*, alors ministre, a dit « que la vie de mer use les hommes plus rapidement que le service de terre. » Cela est malheureusement vrai. Les privations et l'insalubrité du climat des tropiques sévissent sur les jeunes marins. De bonne heure, la retraite est commandée au plus grand nombre par l'altération de la santé. Les constitutions privilégiées résistent ; la concession dont on se ferait une arme contre la nouvelle limite d'âge n'est pas une raison suffisante de condamner au repos les officiers généraux disponibles pour les emplois les plus actifs. On a peut-être laissé passer inaperçue une innovation des lois du 11 et du 18 avril. Les gouvernements antérieurs au gouvernement de juillet ont reconnu *des titres* à la pension de retraite ; en 1831, le droit a été constaté et reconnu. Une moindre durée du service exigée pour le mi-

sures graves reçues dans un service commandé, seront reconnus non susceptibles d'être maintenus dans la première section (1).

nimum est un dédommagement de fatigues qui décroissent pour le marin à mesure qu'il avance en grade.

« Un autre motif pouvait être invoqué par le ministre de 1831.

« Les lois encore en vigueur dans la marine (*) allouent des pensions de retraite dites demi-soldes, après trois cents mois de mer. Une portion du personnel navigant aurait été sous l'empire de ces lois, tandis que la partie la plus activement militaire aurait dû attendre trente années! Cette anomalie n'était pas admissible.

« . . . . . Votre commission, à la presque unanimité, écarte l'avis d'ouvrir des prorogations facultatives que les lieutenants-généraux peuvent tenir d'une ordonnance royale. L'âge de soixante-huit ans concorde d'ailleurs avec le terme extrême que la loi de 1839 permet d'atteindre. A grade égal, dans une même arme, situation pareille, c'est une règle équitable dans son inflexibilité. L'exception contraire revêt inévitablement l'apparence de la faveur. »

Lors de la discussion, M. Guilhem a reproduit sa proposition qui tendait à porter à soixante-cinq et à soixante deux ans l'âge de soixante-huit et de soixante-cinq ans déterminé par le projet. Cet amendement a été également écarté par la Chambre.

Ainsi, la faculté accordée par l'art. 5, § 2 de la loi du 4 août 1839, n'est pas applicable aux officiers généraux de la marine.

(1) Dans le projet primitif, ce paragraphe était ainsi conçu : « Sont également admis, sans limite d'âge, dans la deuxième section, soit d'office, soit sur leur demande, et, dans tous les cas, sur un rapport du ministre de la marine, et d'après l'avis d'un conseil d'enquête, les vice-amiraux ou contre-amiraux qui, à raison d'infirmités ou de blessures graves, auraient été reconnus non susceptibles d'être maintenus dans la première section.

« La loi sur l'organisation de l'état-major général de l'armée, a dit M. le ministre de la marine, a rendu applicables aux officiers des première et deuxième section les dispositions de la loi du 19 mai 1834. Il est ressorti pour nous, de la discussion, que cette application ne devait s'entendre que des dispositions disciplinaires établies à la section 3, tit. 2, et nullement comprendre l'officier général qui, à raison d'infirmités ou de blessures graves, ne pourrait plus être maintenu en activité. En effet, cet officier général, pour prix d'anciens services, causes de ses infirmités, ou pour des blessures reçues sur un champ de bataille, ne pourrait jouir des avantages que la loi accorde à tout autre officier général, dans une position ordinaire, et qui ne peut être admis à la retraite que sur sa demande. » (Voir art. 8.)

A ces raisons données par M. le ministre de la marine, M. le rapporteur de la commission de la Chambre des Pairs ajouta : « Qu'au moyen de cette mesure, l'état-major général de la marine deviendrait plus efficace, et qu'il pourrait suffire à des services plus étendus que ne paraîtraient l'indiquer sa force numérique et sa composition antérieure. »

_____

(*) Lois des 3 août 1790 et 5 germinal an 3.

d'être maintenus dans la première section (1).

Cette disposition a été adoptée sans difficulté par la Chambre des Pairs. Seulement, sur la demande de M. le général Préval, la condition « de l'avis d'un conseil d'enquête, » fut supprimée.

La commission de la Chambre des Députés a contesté, au contraire, l'utilité de ce paragraphe. Elle en a demandé la suppression. Voici comment s'est exprimé son Rapporteur : « Permettez-nous de rappeler la série des positions qui appartiennent essentiellement aux officiers généraux. Désormais, leur sort ne dépend plus d'une volonté arbitraire; ils sont employés ou disponibles jusqu'à l'âge assigné pour la seconde section, récemment continuée comme une juste récompense d'un service prolongé jusqu'à la limite légale. Cependant la retraite peut être prononcée, soit à la demande de l'officier général, soit à la suite d'infirmités précoces; enfin, les dispositions de la loi de 1834 sont maintenues. Sous ces divers points de vue, la condition des officiers généraux de marine peut et doit être absolument la même que celle des généraux de l'armée. Vous avez pu remarquer que nos propositions sont dominées par l'intention de rétablir de différences que pour la limite d'âge, calculée sur d'autres bases d'un intérêt général.

« Le projet de loi suppose que le passage de la première à la deuxième section aurait lieu en des cas déterminés, quel que soit l'âge de l'officier général de marine. Or, ce motif d'âge est le seul qui permette de passer à la réserve; de justes inquiétudes naîtraient d'une interprétation opposée.

« La réserve est une section du cadre d'activité, et non un fractionnement de la retraite; la réserve admet et conserve les officiers généraux pour qui l'âge du repos est venu; elle n'a pas été conçue comme un acheminement vers une retraite mieux rétribuée; des pensions sont accordées à l'invalidité absolue, d'après la gravité des blessures ou la durée des services; le traitement de réserve n'est pas alloué aux mêmes titres, et en manière de supplément au tarif de ces pensions.

« Il importe extrêmement aux officiers généraux qui sont dans la réserve ou qui vont entrer dans la deuxième section, de ne pas laisser confondre deux positions dont nous nous sommes attachés à faire ressortir la disparité; si elles étaient envisagées comme identiques, le but du législateur serait manqué, la réserve n'aurait plus de réalité, et disparaîtrait infailliblement dans les cadres de l'armée, tandis qu'elle y tient par la disponibilité éventuelle qui la caractérise.

« Cela posé, il nous paraît évident que la suspension d'activité, quelle qu'en soit la cause, ne saurait avoir pour effet de régulariser le passage à la réserve. L'âge, nous insistons sur ce point, l'âge est l'unique moyen de conférer un droit dans la jouissance duquel l'officier général est ensuite maintenu. C'est vers la retraite, ou, dans les cas extrêmes, vers la réforme que doivent être dirigés ceux qui seraient reconnus impropres à poursuivre le cours normal de leur carrière.

« Le ministre de la marine aurait désiré substituer, pour tous les officiers généraux, la réserve à la retraite. Votre commission n'a pas dû s'associer à cette pensée toute bienveillante; elle s'y refuse pour des raisons prises dans l'intérêt public et dans l'intérêt privé.

« Il ne faut pas que le ministre soit désarmé des

Seront maintenus de droit dans la première section, et sans limite d'âge, les vice-amiraux ayant satisfait à l'une des deux conditions spécifiées dans le premier ou le deuxième paragraphe de l'art. 2.

Seront aussi maintenus dans la première section jusqu'à leur retour et débarquement en France, les officiers généraux de la marine qui, dans l'exercice d'un commandement à la mer, atteindraient l'âge fixé par le premier paragraphe du présent article. Ceux qui, dans l'exercice d'un gouvernement de colonie, atteindraient l'âge fixé par le même paragraphe, pourront être maintenus dans leur emploi, mais ils passeront à la seconde section (1).

moyens de dominer un mauvais vouloir, à quelque rang qu'il se manifeste. Par exemple, s'il advenait qu'un officier général hésitât à se charger d'une mission, le blâme doit trouver la sanction de la loi; ce n'est point par voie de ménagements que l'autorité ministérielle devrait procéder en semblable occurrence. D'un autre côté, un rapport au roi, dispensé ou même précédé d'une enquête, ne serait pas considéré comme une garantie suffisante. La sécurité de l'avenir et la possession d'un état mérité par tant de travaux, ont besoin des formes tracées par l'ensemble de la législation. L'officier général serait exposé à sortir de la première section pour une cause qui le rendrait temporairement impropre au service : un accident pourrait devenir le prétexte d'une décision irréparable dans ses effets.

« La demande de l'officier général n'est pas non plus un motif d'admission à la réserve : il se doit activement au pays jusqu'à l'âge prévu; s'il cherche à s'affranchir prématurément de cette obligation, la retraite seule lui revient dans la proportion acquise à la durée de ses services.

« Ces considérations ont décidé votre commission à proposer la suppression du paragraphe. Il s'en suivrait que les officiers généraux de la marine, maintenus sous l'empire du droit commun de l'armée, perdraient les avantages de la réserve, s'ils sortent de la première section avant l'âge déterminé dans ce même article. »

« Lors de la discussion, M. Leray a proposé, à titre d'amendement, le paragraphe qui a passé dans la loi, et qui, comme on le voit, diffère peu de celui qui se trouvait au projet. Sur cet amendement, une longue discussion s'est engagée.

La commission en a demandé le rejet, par les raisons consignées au rapport, et, en outre, parce que cette disposition, de même que celle du projet, trahissait l'intention bienveillante qui l'avait dictée, puisqu'elle plaçait impitoyablement dans la réserve des officiers généraux glorieusement mutilés, et qui pourraient être maintenus dans la section d'activité sans dommage pour le service; qu'elle permettait au ministre de frapper arbitrairement un officier général, et de faire ainsi de la réserve une espèce de moyen de punition; qu'enfin, elle avait pour résultat de faire payer au trésor un double traitement, l'un pour l'officier mis à la réserve, et l'autre pour celui qui le remplacerait dans le cadre d'activité.

En faveur de l'amendement, on a développé de nouveau les raisons qui avaient été données par M. le ministre de la marine et M. le rapporteur de la commission de la Chambre des Pairs, raisons puisées dans l'intérêt des officiers généraux et dans celui du service. Puis, on a ajouté que la suppression demandée par la commission avec tant d'insistance serait à peu près une prime d'encouragement pour se soustraire soit à la fatigue, soit aux dangers de la guerre; qu'en effet, les officiers généraux ne rechercheraient plus avec le même empressement un service actif de mer qui pourrait les mettre dans le cas de perdre tous les avantages qui leur sont promis par l'article de la loi qui crée le cadre de réserve; que s'il était inique d'infliger la retraite à un officier général glorieusement mutilé, il y aurait dommage réel à conserver dans l'activité, dont le cadre est fort restreint, et avec solde, un officier qui ne peut rendre aucun service actif.

M. le général Cubières a proposé d'ajouter à la suite de ce paragraphe : « Et ceux qui, pendant la dernière guerre maritime, auront, comme officiers-généraux, commandé en chef devant l'ennemi. » Cet amendement a été rejeté.

(1) La difficulté des communications et l'inconvénient d'un remplacement en cours de campagne, commandaient cette exception. Si elle n'était pas spécifiée en présence de la règle qui fait cesser l'activité à un jour anniversaire connu d'avance, la situation de ces officiers-généraux deviendrait équivoque passé ce jour fatal. (Extrait du rapport de M. Lacrosse.)

La dernière phrase n'existait pas dans le projet présenté à la Chambre des Députés. Seulement, après ces mots : « d'un commandement à la mer » se trouvaient ceux-ci : « ou d'un gouvernement de colonie. »

La commission de la Chambre des Députés fit observer que cette faveur, qui était réclamée par le projet, pour les officiers généraux pourvus d'un gouvernement de colonie, aurait des conséquences plus étendues que la première. Une campagne ou une station dure rarement plus de deux ans; les gouvernements de colonies sont conférés pour quatre ans; on doit même souhaiter que les titulaires n'y renoncent pas, après s'être familiarisés avec cette administration orageuse, et au moment où la confiance des habitants peut devenir le prix d'une gestion habile. On voit que l'effet de la mesure proposée pèserait presque indéfiniment sur le cadre de la première section, et le grossirait au détriment des grades inférieurs.

« Il fallait examiner, d'ailleurs, les attributions, afin d'apprécier l'aptitude. Sans chercher des exemples dans la prospérité des colonies étrangères, fondées ou enrichies de nos jours par des gouverneurs pris dans l'ordre civil, on peut affirmer que ces fonctions sont d'une autre nature que le commandement des escadres ou des troupes. L'action militaire est moins désirable qu'une sage fermeté : la volonté du gouvernement du roi est bien connue; il prescrit de veiller à tous les intérêts légitimes et de calmer les esprits. N'oubliez pas que nos prévisions s'arrêtent au temps de paix : pour la guerre, il existe d'autres devoirs et d'autres ressources.

« Bien que l'usage soit d'envoyer, dans nos colonies principales, des gouverneurs désignés parmi les officiers généraux de la marine, ce n'est pas une règle constante que le gouvernement se soit imposée; il y a des exemples de choix faits dans l'armée, dans l'ordre civil et parmi les officiers re-

Les dispositions de la loi du 19 mai 1834, sur l'état des officiers, restent applicables aux officiers généraux de la marine de la première et de la deuxième section (1).

7. Lorsque le cadre d'activité de l'état-major général de la marine excédera les limites fixées par l'art. 3 (2), il ne pourra être fait qu'une promotion sur deux vacances (3).

8. A l'avenir, les officiers généraux de la marine, autres que ceux auxquels seraient appliquées les dispositions de la loi du 19 mai 1834, conformément au dernier paragraphe de l'art. 6, ne seront admis à la retraite que sur leur demande (4).

9. Les officiers généraux de la marine de la deuxième section reçoivent les trois cinquièmes de la solde, à terre, de leur grade, sans les accessoires (5).

10. Toutes dispositions contraires à la présente loi sont et demeurent abrogées.

17 = 21 juin 1841. — Loi qui ouvre un crédit extraordinaire pour les frais d'installation de M. de Bonald, promu au cardinalat (6). (IX, Bull. DCCCXXIII, n. 9368.)

Art. 1ᵉʳ. Il est ouvert au ministre secrétaire d'Etat au département de la justice et des cultes un crédit extraordinaire de quarante-cinq mille francs, sur l'exercice 1841, pour subvenir aux frais d'installation de M. de Bonald, promu au cardinalat.

2. Il sera pourvu à la dépense autorisée par la présente loi, au moyen des ressources accordées par la loi de finances du 16 juillet 1840 pour les besoins de l'exercice 1841.

10 = 21 juin 1841. — Ordonnance du roi qui autorise la délivrance d'un nouvel à-compte aux ayants-droit à l'indemnité mexicaine. (IX, Bull. DCCCXXIII, n. 9369.)

Louis-Philippe, etc., vu l'art. 8 de notre ordonnance royale du 30 novembre 1839 (7); vu notre ordonnance royale du

---

traités. L'adoption textuelle du paragraphe, mettait un terme à cette faculté. La concession devenait une entrave. En effet, dès qu'une dispense spéciale était jugée nécessaire aux officiers généraux investis de ces fonctions, elles cessaient d'être accessibles aux officiers généraux de la réserve, et, par suite, à toutes les autres candidatures.

« Cependant, ces exclusions absorberaient plusieurs officiers généraux d'un cadre déjà fort restreint.

« Nous avons consulté le ministre sur les intentions du gouvernement, et, de concert, nous soumettons à la Chambre une disposition précise et spéciale. C'est encore une application du droit commun; nous insistons pour le faire reconnaître : c'est, de plus, une latitude utilement conservée à l'exercice de la prérogative royale, dans une délégation délicate et importante.

« La proportion des emplois ordinaires, comparée au petit nombre des officiers généraux de la première section, devra être prise en considération.

« Plusieurs de nos collègues persistent à penser qu'il serait préférable d'envoyer aux colonies des officiers généraux de la première section avec une vigueur que l'âge n'aurait point affaiblie. Leur avis serait de ne rien changer au paragraphe.... »

La rédaction de la majorité de la commission a été adoptée, sans discussion, par la Chambre des Députés.

(1) Voir les notes de l'art. 7 de la loi du 4 août 1839.

Dans le projet primitif du gouvernement, il n'était question que des dispositions disciplinaires de la section 3, tit. 2 de la loi du 19 mai 1834. Ces indications ont été supprimées par la Chambre des Pairs, sur la demande de M. le rapporteur, « pour rappeler, ce sont ses expressions, l'application de la loi du 19 mai 1834, sans exception. »

(2) Lors de la discussion devant la Chambre des Pairs, M. le rapporteur a demandé à bien constater le sens de cet article. « Il doit être parfaitement

entendu avec M. le ministre de la marine, a-t-il dit, que le cadre d'activité ne pourra jamais excéder les limites légales qu'en temps de guerre; que, par conséquent, en temps de paix, on ne pourrait arguer de la généralité de l'article pour se permettre de dépasser les cadres d'activité. »

M. *le ministre de la marine* a répondu que c'était entendu.

(3) La loi de 1839 n'autorise qu'une promotion sur trois vacances.... Cette différence s'explique et se justifie aisément. Les probabilités ordinaires de la vie humaine assurent, dans un cadre de 200 généraux, des mouvements qui seraient insensibles entre 30 vice-amiraux ou contre-amiraux. La stagnation entière de l'avancement est une plaie pour un corps militaire qui a besoin d'ardeur et d'espérances. (*Extrait du rapport de M. Lacrosse.*)

(4) Voyez les notes sur l'art. 7 de la loi de 1839.

(5) M. *Augais* avait proposé un article additionnel ainsi conçu : « Sont compris dans la catégorie des contre-amiraux, les chefs des corps de la marine, dont le grade correspond à celui de contre-amiral, comme les directeurs de constructions navales des grands ports militaires, les commissaires généraux, l'inspecteur général de l'artillerie de marine, l'inspecteur général des constructions navales, l'ingénieur hydrographe en chef, les inspecteurs généraux des régiments d'infanterie de marine, en tant qu'ils sont pris dans le corps, les administrateurs gouverneurs des colonies, en tant qu'ils appartiennent à l'administration de la marine. »

Cet amendement n'a pas été appuyé.

(6) Présentation à la Chambre des Députés le 23 mars (Mon. du 24); rapport par M. Dessaurel le 7 avril (Mon. du 8); adoption le 27 (Mon. du 28), à la majorité de 170 voix contre 61.

Présentation à la Chambre des Pairs le 5 mai (Mon. du 6); rapport par M. le baron de Gérando le 13 (Mon. du 14); discussion et adoption le 17 (Mon. du 18), à la majorité de 98 voix contre 3.

(7) Voy. tome 39, p. 393.

22 mars dernier (1); sur le rapport de nos ministres secrétaires d'Etat aux départements des affaires étrangères et des finances, etc.

Art. 1er. La caisse des dépôts et consignations est autorisée à payer un nouvel à-compte de vingt-cinq pour cent sur toutes les sommes liquidées, soit par des décisions de la commission chargée de la répartition des indemnités payées par le Mexique, contre lesquelles il n'a pas été formé de pourvoi, soit par des décisions de la commission instituée pour la révision des liquidations opérées par ladite commission.

2. Nos ministres des affaires étrangères et des finances (MM. Guizot et Humann) sont chargés, etc.

19 MAI = 22 JUIN 1841. — Ordonnance du roi portant autorisation de la compagnie reconstituée du chemin de fer de la Loire, d'Andrezieux à Roanne. (IX, Bull. supp. DALI, n. 15566.)

Louis-Philippe, etc., sur le rapport de notre ministre secrétaire d'Etat de l'agriculture et du commerce; vu les art. 29 à 37, 40 et 45 du Code de commerce; notre conseil d'Etat entendu, etc.

Art. 1er. La société anonyme formée à Paris, sous la dénomination de *Compagnie reconstituée du chemin de fer de la Loire, d'Andrezieux à Roanne*, est autorisée. Sont approuvés les statuts de ladite société, tels qu'ils sont contenus dans l'acte passé, le 12 mai 1841, par-devant M. Hailig et son collègue, notaires à Paris, lequel acte restera annexé à la présente ordonnance.

2. La présente société sera entièrement substituée aux droits et soumise aux obligations qui dérivaient, pour l'ancienne compagnie du chemin de fer de la Loire, tant de l'ordonnance royale du 27 août 1828 et du cahier des charges annexé à cette ordonnance, que de la loi du 15 juillet 1840.

3. Nous nous réservons de révoquer notre autorisation en cas de violation ou de non exécution des statuts approuvés, sans préjudice des droits des tiers.

4. La société sera tenue, indépendamment des obligations spéciales qui résulteront pour elle de la convention à intervenir entre l'Etat et la compagnie, en exécution de la loi du 15 juillet dernier, de remettre, tous les six mois, un extrait de son état de situation au ministre de l'agriculture et du commerce, aux préfets de la Seine et de la Loire, aux greffes des tribunaux de commerce de Paris et de Roanne, et aux chambres de commerce de Paris et de Saint-Etienne.

5. Notre ministre de l'agriculture et du commerce (M. Cunin-Gridaine) est chargé, etc.

Art. 1er. Il est fondé par ces présentes, et sauf l'autorisation du roi, une société anonyme ayant pour objet l'exploitation de la concession du chemin de fer de la Loire d'Andrezieux à Roanne, telle qu'elle résulte, tant de l'ordonnance royale du 27 août 1828 et du cahier des charges annexé à cette ordonnance, que de la loi du 15 juillet 1840. En conséquence, la présente société est mise entièrement, à l'égard de ladite concession, aux lieu et place de la société *Pochet et compagnie*, sans aucune restriction ni réserve, mais à la charge de satisfaire aux obligations et clauses insérées au cahier des charges de l'adjudication prononcée le 27 février 1841, au profit de ladite société.

2. La société prend la dénomination de *Compagnie reconstituée du chemin de fer de la Loire, d'Andrezieux à Roanne*.

3. Son siége est établi à Paris.

4. La société commence du jour de l'obtention de l'ordonnance royale d'autorisation. Sa durée est fixée à quatre-vingt-dix-neuf ans, sauf renouvellement.

Fonds social.

5. Le fonds social se compose de la concession du chemin de fer de la Loire d'Andrezieux à Roanne et de ses dépendances. Ce fonds est grevé de l'obligation d'acquitter, jusqu'à concurrence de trois millions neuf cent quatre-vingt-dix mille francs, montant du prix d'adjudication, en sus des charges et indépendamment des frais de poursuite de vente, les dettes de l'ancienne compagnie du chemin de fer de la Loire.

6. Le fonds social se divise en douze mille actions. Les actions sont, au choix du propriétaire, nominatives ou au porteur. Une action nominative peut être convertie en une action au porteur, et réciproquement. Cette conversion s'opère sur une demande signée de l'actionnaire. Les actions sont extraites d'un registre à souche dont le talon est déposé au siége de la société. Elles sont revêtues de la signature de deux administrateurs. Elles sont, en outre, frappées d'un timbre sec.

7. La cession des actions au porteur s'opère par la simple tradition du titre. Celles des actions nominatives a lieu au moyen d'un transfert signé par le cédant, et consigné sur un registre spécial tenu au siége de la société. La transmission d'une action emporte toujours, à l'égard de la société, la cession des dividendes échus qui n'ont pas été touchés.

8. Chaque action est indivisible; la compagnie ne reconnaît qu'un seul titulaire pour chaque action.

9. Les présents statuts obligent et suivent l'action dans quelques mains qu'elle passe.

Droits attachés aux actions.

10. Chaque action donne droit à un douze millième dans la propriété de toutes les valeurs sociales et dans les bénéfices.

(1) Voy. *suprà*, p. 76.

Attributions des actions.

11. Les douze mille actions du fonds social sont réparties entre les comparants et les personnes ci-après nommées, dans les proportions suivantes.

(Suivent les noms.)

Conseil d'administration.

12. L'administration des affaires de la société est confiée à un conseil composé de cinq membres.

13. La nomination des administrateurs appartient à l'assemblée générale. Elle a lieu au scrutin secret.

14. Chaque administrateur doit, dans la huitaine de sa nomination, justifier de la propriété de vingt actions au moins. Ces actions, si elles sont au porteur, restent déposées dans la caisse de la société. Si la justification exigée n'est pas faite dans la huitaine de la nomination, ou si un administrateur en exercice cesse de posséder le nombre d'actions nécessaires, il est considéré comme démissionnaire, et il est pourvu à son remplacement.

15. En cas de vacance d'une place d'administrateur par décès, démission ou autrement, il y sera pourvu par le conseil d'administration, à la majorité des membres restant, et sa nomination sera soumise à l'approbation de la prochaine assemblée générale, si mieux n'aime le conseil convoquer sur-le-champ, à ce sujet, une assemblée spéciale.

16. Les fonctions d'administrateurs sont gratuites. Toutefois, il peut être alloué à ceux qui les remplissent des jetons de présence. L'assemblée générale, lors de sa première réunion, sera appelée à délibérer sur l'utilité de cette allocation, et, en cas d'adoption, sur la valeur des jetons.

17. Le conseil d'administration se renouvelle par cinquième, d'année en année. Le sort désigne l'ordre dans lequel les mutations doivent s'opérer dans les quatre premières années. Tout membre sortant peut être réélu.

18. Le conseil d'administration nomme chaque année son président; en cas d'absence, le président est remplacé par un des membres présents, désigné par le conseil.

19. Le conseil d'administration s'assemble au moins une fois par mois. Il peut être réuni extraordinairement toutes les fois que le besoin des affaires l'exige. La présence de trois administrateurs est nécessaire pour valider les délibérations. Les décisions sont prises à la majorité des membres présents; en cas de partage, la voix du président est prépondérante. Les délibérations sont constatées par des procès-verbaux consignés sur un registre tenu à cet effet, et signés par trois administrateurs au moins.

20. Le conseil d'administration est chargé de la gestion de affaires de la compagnie. Il la représente vis-à-vis des tiers; il exerce en son nom toutes actions judiciaires. Il passe tous traités, transactions, compromis. Il fait le placement des fonds libres, et autorise tous transferts de rentes et autres valeurs appartenant à la compagnie, et tous retraits de fonds. Il peut, avec le consentement de l'assemblée générale, contracter tous emprunts, hypothèques, faire toutes acquisitions et même toutes aliénations de biens immeubles autres que celle de la concession même. Il fait ou modifie les tarifs dans les limites déterminées par le cahier des charges. Il fait, dans les mêmes limites, les règlements nécessaires pour l'exploitation du che-

min; il détermine le mode de cette exploitation, soit par voie de régie, mise à ferme, ou autrement. Il peut, avec l'approbation de l'assemblée générale, et l'autorisation préalable du gouvernement, se charger de l'administration de chemins de fer ou de canaux voisins, ou consentir la réunion de différentes administrations en une seule, aux conditions qu'il croira utiles aux intérêts de la compagnie. Il nomme et révoque tous employés, fixe leurs attributions et leur traitement. Les engagements contractés par le conseil, au nom de la société, doivent être revêtus de la signature de deux de ses membres. La signature du président ou d'un des membres du conseil désigné à cet effet, suffit pour la correspondance ordinaire et pour l'exécution des délibérations du conseil.

21. Le conseil d'administration peut, dans les circonstances où il le juge utile, déléguer tout ou partie de ses pouvoirs, par un mandat spécial, pour une ou plusieurs affaires déterminées, soit à un de ses membres, soit à toute autre personne.

22. Les membres du conseil d'administration ne contractent, à raison de leur gestion, aucune obligation personnelle ni solidaire. Ils répondent de l'exécution de leur mandat.

23. Le premier conseil d'administration est autorisé à réclamer de l'État le bénéfice de la loi du 15 juillet 1840, et à réaliser tous actes en conséquence.

24. Sont nommés membres du premier conseil d'administration, sauf confirmation par la première assemblée générale, MM. le marquis de Bourdeille, de Latena, Michelot, vicomte de Lejardière, vicomte Alban de Villeneuve.

Directeur.

25. Le conseil d'administration a sous ses ordres un directeur chargé d'exécuter ses résolutions, et auquel sont confiées la comptabilité et la direction des affaires courantes. Le directeur est choisi et révoqué par l'assemblée générale, sur la proposition du conseil d'administration; toutefois, le conseil d'administration peut le suspendre provisoirement, sauf à en référer immédiatement à l'assemblée. Le directeur doit, dans la quinzaine de sa nomination, justifier de la propriété de vingt actions nominatives au moins, qu'il doit conserver pendant toute la durée de ses fonctions. Le conseil peut déléguer au directeur tout ou partie de ses pouvoirs, dans les limites déterminées par l'art. 21 qui précède. Le traitement du directeur est fixé par l'assemblée générale. Le directeur peut assister aux séances du conseil d'administration, mais avec voix consultative seulement.

Assemblées générales.

26. L'assemblée générale, régulièrement constituée, représente l'universalité des actionnaires. Elle se compose de tous les propriétaires de dix actions au moins. Les propriétaires d'actions au porteur doivent présenter leurs titres au siége de la société, trois jours au plus tard avant celui de la réunion, et, sur cette présentation, il leur est délivré une carte d'entrée nominative personnelle indiquant les numéros et le nombre de leurs actions. Une feuille de présence, destinée à constater le nombre des membres assistant à l'assemblée, et celui des actions qu'ils possèdent, demeure annexée à la minute du procès-verbal de délibération. Cette feuille est signée de chaque actionnaire en entrant en séance. Nul ne peut se faire représenter à l'assemblée, si ce n'est par un mandataire ayant déjà lui-même le droit d'y assister en qualité d'actionnaire. L'assemblée n'est régulièrement constituée qu'autant que les membres présents sont au nombre de trente au moins, et réunissent dans leurs mains le quart des actions. Si cette double condition n'est pas remplie sur une première convocation, il en est fait une seconde à quinze jours d'intervalle, et les membres présents à cette nouvelle réunion délibèrent valablement, quels que soient leur nombre et celui de leurs actions, mais seulement sur les affaires à l'ordre du jour de la première réunion. Le bureau se compose d'un président, d'un secrétaire et de deux scrutateurs. Le président est désigné par le conseil d'administration, le secrétaire et les scrutateurs sont choisis par l'assemblée. Les délibérations sont prises à la majorité des voix. En cas de partage, la voix du président est prépondérante. Chaque actionnaire présent a autant de voix qu'il représente de fois dix actions, sans qu'un seul membre puisse réunir plus de cinq voix, tant pour lui-même que pour les actionnaires dont il est mandataire. Les délibérations sont constatées par des procès-verbaux consignés sur un registre tenu à cet effet au siège de la société. Les procès-verbaux sont signés par les membres composant le bureau de l'assemblée.

27. L'assemblée générale se réunit de droit chaque année dans le courant du mois de mars Elle se réunit en outre, extraordinairement, toutes les fois que l'intérêt de la compagnie l'exige, sur la convocation du conseil d'administration, ou sur la demande d'un nombre d'actionnaires représentant au moins un quart des actions. Les réunions se tiennent à Paris, soit au siège de la société, soit dans tout autre local désigné par le conseil d'administration. Les convocations sont faites, vingt jours au moins à l'avance, dans deux journaux de Paris désignés par le tribunal de commerce de la Seine pour recevoir les annonces légales, et par lettres missives adressées aux actionnaires nominatifs.

28. L'assemblée générale reçoit, discute et approuve les comptes; elle détermine l'emploi des produits, fixe les dividendes et en ordonne la répartition. Elle autorise les acquisitions et les aliénations d'immeubles, les emprunts avec ou sans affectation hypothécaire. Elle délibère sur les modifications et additions à introduire dans les statuts, et sur les prolongements, embranchements ou redressements du chemin à demander au gouvernement. Elle nomme ou révoque les membres du conseil d'administration, le directeur et les commissaires de comptabilité, dont il est question art. 31. Enfin, elle prononce sur tous les intérêts de la société, dans les cas qui n'auraient pas été prévus par les statuts.

29. Les délibérations de l'assemblée générale, prises conformément aux statuts, obligent la compagnie.

30. La première réunion de l'assemblée générale aura lieu dans le mois qui suivra l'ordonnance royale approbative des présents statuts.

Commission de comptabilité.

31. Une commission composée de trois membres, nommés chaque année parmi les propriétaires de dix actions, est chargée de recevoir les comptes du conseil d'administration, de les examiner et d'en faire son rapport à l'assemblée. Le rapport doit être communiqué au conseil d'administration huit jours au moins avant celui de la réunion des

actionnaires. En cas de vacances parmi les commissaires dans le cours d'une année, le remplaçant est nommé par les membres restants.

Inventaires et comptes annuels.

32. A la fin de chaque année, il est dressé, par les soins du conseil d'administration, un inventaire général de l'actif et du passif de la compagnie. Cet inventaire et les pièces à l'appui sont communiqués à la commission de comptabilité au moins un mois avant la réunion de l'assemblée générale. L'assemblée, après avoir entendu le rapport de la commission de comptabilité, prononce sur l'adoption ou le rejet des comptes.

Emploi des bénéfices.

33. Sur les recettes annuelles, déduction faite des dépenses et charges d'exploitation et d'entretien, on prélève les sommes nécessaires au service des intérêts et à l'amortissement du capital, tant du prêt fait par l'État que des sommes que la compagnie restera devoir sur son prix, après l'emploi du million affecté à cette destination; le tout dans l'ordre et dans les proportions qui seront fixées dans la convention à intervenir entre l'État et la compagnie, en exécution de la loi du 15 juillet 1840. Ce qui reste, déduction faite d'un prélèvement d'un vingtième destiné à former une réserve, est distribué aux actions, à titre de dividende, conformément aux résolutions arrêtées par l'assemblée générale.

34. Le paiement des dividendes se fait chaque année au siège de la société, immédiatement après que l'assemblée générale a prononcé sur les comptes de l'administration. Ce paiement est constaté par des estampilles apposées au dos des titres. Tout dividende qui n'est pas réclamé dans les cinq ans de son exigibilité est acquis à la société.

Dissolution anticipée.

35. L'assemblée générale peut prononcer la dissolution avant terme. La délibération à ce sujet n'est valable qu'autant qu'elle est prise à la majorité des deux tiers des voix des membres présents, et que les actionnaires composant l'assemblée réunissent dans leurs mains la moitié des actions représentatives du capital social.

Liquidation.

36. Lors de la dissolution de la société, de quelque manière qu'elle arrive, l'assemblée générale détermine le mode de liquidation, choisit un ou plusieurs liquidateurs, et fixe par une délibération l'étendue de leurs pouvoirs et leurs émoluments. Pendant le cours de la liquidation, les droits et les pouvoirs de l'assemblée générale subsistent comme pendant le cours de la société pour tout ce qui concerne cette liquidation.

Modifications.

37. L'assemblée générale peut, sur la proposition du conseil d'administration, apporter aux présents statuts les modifications ou additions reconnues utiles. La délibération à ce sujet, de même que les délibérations relatives aux prolongements, embranchements du chemin, ne sont valables qu'autant qu'elles réunissent la majorité des deux tiers des voix des membres présents, et la moitié des actions du fonds social. Ces délibérations, ainsi que celles qui seraient relatives aux redressements du chemin, ne seront définitives et

exécutoires qu'après la sanction de l'autorité. Tous pouvoirs sont donnés d'avance au conseil d'administration, délibérant à la majorité, pour consentir les changements que le gouvernement jugerait à propos d'apporter aux modifications demandées par la compagnie, ainsi que pour passer tous actes à cet effet.

Contestations.

38. Les contestations qui pourraient s'élever sur l'exécution des présents statuts entre les sociétaires, ou entre eux et la société, seront jugées à Paris, par un tribunal arbitral composé de trois membres, sur le choix desquels les parties engagées dans la contestation devront s'entendre dans le délai de huitaine, à compter du jour de la sommation qui sera faite à ce sujet par la partie la plus diligente. A défaut par les parties de s'entendre dans le délai sus-indiqué sur le choix des arbitres, ils seront nommés par le tribunal de commerce de la Seine, à la requête de la partie la plus diligente. Ces arbitres décideront, comme amiables compositeurs, en dernier ressort; leur décision ne pourra être attaquée par voie d'appel, requête civile, ni recours en cassation.

39. Tout actionnaire est tenu d'élire domicile à Paris; à défaut d'élection spéciale, le domicile est de droit au siège de la société.

Publication.

40 et dernier. Pour faire publier ces présentes partout où besoin sera, tous pouvoirs sont donnés au porteur d'une expédition.

---

23 MAI = 22 JUIN 1841. — Ordonnance du roi portant autorisation de la compagnie du pont de Peyrehorade (Landes). (IX, Bull. supp. DXLI, n. 15567.)

Louis-Philippe, etc., sur le rapport de notre ministre secrétaire d'Etat de l'agriculture et du commerce; vu l'ordonnance royale du 31 décembre 1834 (1), portant approbation de l'adjudication passée, le 27 mai 1834, par le préfet des Landes, au profit des sieurs Dangoumeau et Couderc, pour la construction d'un pont en charpente sur les Gaves réunis à Peyrehorade (Landes); vu les art. 29 à 37, 40 et 45 du Code de commerce; notre conseil d'Etat entendu, etc.

Art. 1er. La société anonyme formée à Dax (Landes), sous la dénomination de *Compagnie du pont de Peyrehorade*, est autorisée. Sont approuvés les statuts de ladite société, tels qu'ils sont contenus dans l'acte passé, le 29 mars 1841, par-devant Me Cazaulx et son collègue, notaires à Dax, lequel acte restera annexé à la présente ordonnance.

2. La compagnie est substituée à tous les droits comme à toutes les obligations qui dérivent pour les sieurs Dangoumeau et Couderc de l'adjudication passée à leur profit le 27 mai 1834.

3. Nous nous réservons de révoquer notre autorisation en cas de violation ou de non exécution des statuts approuvés, sans préjudice des droits des tiers.

4. La société sera tenue de remettre, tous les six mois, un extrait de son état de situation au ministère de l'agriculture et du commerce, au préfet du département des Landes et au greffe du tribunal de commerce de Dax.

5. Notre ministre de l'agriculture et du commerce (M. Cunin-Gridaine) est chargé, etc.

Constitution de la société.

Art. 1er. Il est formé entre les susnommés une société anonyme, qui a pour objet exclusif et spécial la jouissance des droits de péage du pont en charpente sur les deux Gaves réunis, à Peyrehorade, ainsi que toutes les conséquences de cette opération. Son existence commencera du jour où elle aura été autorisée par le gouvernement, conformément à l'art. 37 du Code de commerce, et sa durée sera celle de la concession. Elle prendra le nom de *Compagnie du pont de Peyrehorade*; elle sera administrée par des mandataires révocables, et responsables de l'exécution de leur mandat; son siège sera à Dax.

Fonds social, valeurs qui le représentent, leur forme, répartition des dividendes.

2. MM. Jean-Gabriel Dangoumeau et Jacques Couderc, et les autres associés, étant seuls propriétaires des droits de péage dont il s'agit, apportent dans la société et lui confèrent le droit de percevoir à son profit, pendant le temps que durera la concession, le péage du pont de Peyrehorade sur les deux Gaves réunis. Ce droit est franc et libre de toutes dettes, charges et conditions autres que celles qui résultent envers le gouvernement du cahier des charges de l'adjudication. La société pourra, en conséquence, disposer des droits de péage, et en user ainsi qu'elle le jugera convenable; et, à cet effet, elle demeure subrogée dans tous les droits et actions qui se rattachent à cette propriété, sans en rien excepter ni réserver. Elle dispose également de tout ce qui appartient aux sociétaires, comme se rattachant à la construction dudit pont et de toutes ses dépendances.

3. Le fonds social consiste dans le droit de percevoir le péage du pont de Peyrehorade jusqu'à l'expiration de sa concession, tel qu'il a été apporté par l'art. 2 ci-dessus. Ce fonds est divisé en deux cent quarante-huit parties, représentées par deux cent quarante-huit actions, ayant droit chacune à un deux cent quarante-huitième de la jouissance du pont et ses dépendances.

4. Les deux cent quarante-huit actions étant la représentation de l'apport fait en commun par chaque associé, lui appartiennent dans la proportion suivante.   (Suivent les noms.)

5. Chaque action sera indivisible. La société ne reconnaîtra aucune fraction d'action : les copropriétaires d'une action devront s'entendre entre eux pour être représentés par un seul à l'égard de la société.

6. Ces actions seront nominatives ou au porteur, au choix de l'actionnaire; elles sont extraites d'un registre à souche, qui restera déposé au siége de l'administration. Les actions nominatives pourront être converties en actions au porteur, et réciproquement. La forme des actions sera ultérieurement déterminée par le conseil d'administration ; elles seront signées par deux membres de ce conseil et par le trésorier de la société.

7. La transmission des actions au porteur s'opérera par la tradition, selon l'art. 35 du Code de commerce, et celle des actions nominatives, par un transfert fait suivant l'art. 36 du même Code. Le cessionnaire aura droit au dividende du sémestre courant au moment du transfert.

8. Les produits nets du péage seront répartis, à titre de dividende, aux actionnaires, dans la première quinzaine de janvier et de juillet de chaque année, toutefois après le prélèvement des frais de gestion, d'entretien, de réparation et de la réserve.

Assemblée générale, conseil d'administration.

9. Il y aura, de plein droit, chaque année, une assemblée générale ; elle se tiendra dans la première quinzaine de juillet. Il pourra, en outre, être convoqué extraordinairement des assemblées générales, toutes les fois que les intérêts de la société pourront l'exiger. Dans tous les cas de convocation, une annonce insérée dans les journaux des Landes, de Bayonne et de Bordeaux, quinze jours au moins à l'avance, indiquera le jour, l'heure, le lieu où devra se tenir l'assemblée ; et, en outre, les propriétaires d'actions nominatives seront prévenus par des lettres à domicile.

10. Ce conseil sera tenu de faire une convocation extraordinaire, toutes les fois que la demande en sera faite par une réunion d'actionnaires porteurs au moins de la moitié plus une de toutes les actions.

11. Les actionnaires n'auront voix délibérative, dans les assemblées générales, qu'autant qu'ils seront propriétaires au moins de quatre actions.

12. Les propriétaires des actions au porteur devront opérer le dépôt de leurs actions dix jours avant l'assemblée générale, pour être admis à prendre part aux délibérations.

13. Aucun actionnaire ne pourra se faire représenter que par l'un des autres actionnaires.

14. Le président du conseil d'administration préside l'assemblée générale, ou, à son défaut, le plus ancien membre du conseil, par ordre de nomination. Il désigne les scrutateurs et le secrétaire.

15. L'assemblée générale ne pourra délibérer, si les actionnaires qui la composent ne représentent pas au moins la moitié des actions.

16. Si les membres présents ne remplissent pas cette condition, il sera fait une nouvelle convocation, en indiquant le sujet sur lequel l'assemblée aura à délibérer. Les membres qui formeront cette seconde assemblée générale, en quelque nombre qu'ils se trouvent et quelle que soit la quantité d'actions qu'ils posséderont, pourront valablement délibérer, mais seulement sur l'objet indiqué par la convocation. Les lettres de convocation et les annonces devront avoir lieu conformément à l'art. 9, et feront connaître l'objet de la réunion ; et dans le cas où, sur une première convocation, l'assemblée générale ne pourrait pas délibérer valablement, on ne devrait délibérer, dans la seconde réunion, que sur les objets à l'ordre du jour de la première.

17. Les délibérations seront prises au scrutin secret, à la majorité des suffrages exprimés par les actionnaires présents.

18. Les voix seront comptées par quatre actions, la possession de quatre actions donnant une voix, sans toutefois qu'un actionnaire puisse avoir plus de quatre voix, quel que soit le nombre d'actions qu'il possède ou représente.

19. L'assemblée générale entend les comptes que rend le conseil d'administration ; elle nomme, si elle le juge convenable, trois commissaires spéciaux, pris dans son sein, pour les examiner et les discuter avec les administrateurs ; elle arrête elle-même les comptes ; elle s'occupe ensuite de tout ce qui peut intéresser la société ; elle procède à la nomination et au renouvellement des membres sortants dudit conseil.

20. L'assemblée générale représente tous les actionnaires ; ses décisions, en tant qu'elles n'auront rien de contraire aux présents statuts, sont obligatoires pour tous les actionnaires, même pour ceux qui n'auront pas concouru à l'assemblée générale qui les a rendues.

Conseil d'administration.

21. La société aura un conseil d'administration composé de trois membres, l'un desquels remplira les fonctions de trésorier. Chaque administrateur doit posséder au moins six actions, dont il ne peut disposer pendant la durée de ses fonctions. MM. Ducor, Jean-Gabriel Dangoumau et Couderc, sont, dès à présent, nommés administrateurs pour exercer ces fonctions jusqu'à la première assemblée, qui aura lieu après l'approbation des présents statuts. M. Jacques Couderc remplira, en outre, les fonctions de trésorier.

22. La durée des fonctions des administrateurs est de trois ans ; il en sera renouvelé un par année, à l'assemblée générale de la première quinzaine de juillet ; les premières sorties seront déterminées par la voie du sort, ensuite elles auront lieu dans l'ordre d'ancienneté.

23. Les membres sortant pourront être réélus. En cas de vacances par décès, démission ou autre cause, les membres restant pourront désigner provisoirement des remplaçants parmi les propriétaires de quatre actions, lesquels rempliront leurs fonctions jusqu'à la prochaine assemblée générale.

24. Le conseil d'administration sera convoqué par le président ; il est chargé de gérer les intérêts de l'association : ses fonctions embrassent tout ce qui est relatif à l'organisation du service du pont, à la passation, résiliation et renouvellement de tous baux, aux traités et transactions à passer, aux remises des sommes à accorder, aux paiements à faire, aux recettes à opérer, aux compromis et nominations d'arbitres et experts ; en un mot, à la gestion et à l'exploitation, dans le sens le plus étendu, de toutes les affaires de la société. Il représente la société dans tout ce qui la concerne.

25. Les délibérations seront transcrites et signées par les membres sur un registre tenu à cet effet par le président.

26. Les fonctions d'administrateur seront personnelles et ne peuvent, dans aucun cas, être remplies par délégation ; elles seront gratuites.

Fonds de réserve.

27. Tout appel de fonds est interdit ; mais, pour faire face aux frais d'entretien et de réparation du

pont ou à des cas imprévus, il sera créé un fonds de réserve, qui devra, à la fin de la concession, représenter une somme de vingt mille francs.

28. Ce fonds de réserve sera établi par un prélèvement annuel de dix pour cent du produit net du pont. Ce fonds de réserve sera placé avec intérêts, qui, chaque année, seront capitalisés et serviront à son accroissement jusqu'à ce qu'il ait atteint le taux de vingt mille francs; ce taux atteint, les intérêts pourront entrer dans le dividende des actions.

29. S'il arrivait que le fonds de réserve fût diminué, le prélèvement reprendrait son cours jusqu'à ce qu'il ait atteint de nouveau le taux de vingt mille francs.

Contestations.

30. En cas de contestations entre des actionnaires et la société ou entre la société et les administrateurs, elles seront réglées, au lieu fixé pour le siège de la société, par deux arbitres, qui seront désignés par les parties en opposition d'intérêts : faute par les parties ou par l'une d'elles de nommer son arbitre, il y sera pourvu, sur la poursuite de la plus diligente des parties, par le président du tribunal de commerce. En cas de partage entre eux, ils sont autorisés à s'adjoindre un troisième arbitre; et s'ils ne s'accordent pas sur le choix de ce troisième arbitre, il sera nommé par le président du tribunal de commerce. Les arbitres décideront comme amiables compositeurs, sans être astreints aux formes de la procédure : ils prononceront à la majorité des voix, sans appel, recours en cassation ou requête civile.

Élection de domicile et modification des statuts.

31. Les comparants élisent domicile, pour l'exécution des présentes, dans leurs demeures respectives ci-dessus désignées, auxquels lieux elles consentent que toutes significations soient faites et vaillent, pendant la durée de la société, comme si elles étaient faites à domicile réel, nonobstant toutes dispositions contraires.

32. Si un ou plusieurs actionnaires actuels cèdent tout ou partie de leurs actions, l'élection de domicile ci-dessus faite par le cédant vaudra, à l'égard du cessionnaire, jusqu'à ce qu'il en fasse connaître un autre à la société. Ce cessionnaire sera soumis à toutes les dispositions des présents statuts, et en profitera comme eût dû et pu le faire l'actionnaire dénommé dans cet acte.

33. Dans le cas où l'expérience ferait connaître l'utilité d'introduire des modifications dans les présents statuts, ces modifications seront délibérées dans une assemblée générale extraordinaire convoquée à cet effet, et qui ne sera valable qu'autant qu'elle réunira un nombre d'actionnaires représentant au moins les deux tiers des actions : ces modifications ne seront exécutoires qu'après l'approbation du gouvernement.

25 MAI = 22 JUIN 1841. — Ordonnance du roi portant autorisation de la société anonyme des papeteries du Souche. (IX, Bull. supp. DXLI, n. 15568.)

Louis-Philippe, etc., sur le rapport de notre ministre secrétaire d'État de l'agriculture et du commerce; vu les art. 29 à

37, 40 et 45 du Code de commerce; notre conseil d'État entendu, etc.

Art. 1er. La société anonyme formée à Paris (Seine), sous la dénomination de *Société anonyme des papeteries du Souche*, est autorisée. Sont approuvés les statuts de ladite société, tels qu'ils sont contenus dans l'acte passé, les 26 et 29 mars 1841, pardevant Me Preschez jeune et son collègue, notaires à Paris, lequel acte restera annexé à la présente ordonnance.

2. La présente autorisation n'aura d'effet qu'après l'accomplissement des formalités prescrites pour la purge des priviléges et hypothèques.

3. Nous nous réservons de révoquer notre autorisation en cas de violation ou de non exécution des statuts approuvés, sans préjudice des droits des tiers.

4. La société sera tenue de remettre, tous les six mois, un extrait de son état de situation au ministère de l'agriculture et du commerce, aux préfets des départements des Vosges et de la Seine, à la chambre de commerce de Paris, et aux greffes des tribunaux de commerce de Paris et d'Anould, arrondissement de Saint-Dié (Vosges).

5. Notre ministre de l'agriculture et du commerce (M. Cunin-Gridaine) est chargé, etc.

Art. 1er. Il est formé entre les comparants souscripteurs des actions ci-après créées, une société anonyme, sauf l'autorisation royale, pour l'exploitation de la papeterie du Souche et des scieries qui en dépendent, ainsi que pour la fabrication et la vente du papier de toute espèce. Cette société aura pour dénomination *Société anonyme des papeteries du Souche*; sa durée sera, sauf les cas de prorogation ou de dissolution ci-après prévus, de vingt années, à dater du jour de l'ordonnance royale qui l'aura autorisée. Le siège de la société est fixé à Paris.

2. Le capital de la société est fixé à la somme de huit cent mille francs, représentée par huit cents actions de mille francs chacune.

3. M. Boichard apporte à la société, à titre de mise sociale, tous les biens immeubles, par leur nature ou leur destination, qui composent actuellement la papeterie ou les scieries du Souche; ensemble tous les effets mobiliers, outils et ustensiles actuellement employés à son exploitation, ainsi que le tout est détaillé, 1° dans un état contenant l'établissement de la propriété en la personne de M. Boichard; 2° dans un procès-verbal dressé, le 13 mai 1839, par deux experts chargés par le préfet des Vosges de procéder à l'estimation des objets immobiliers et mobiliers constituant l'établissement de la papeterie du Souche : lesquelles pièces, dressées, la première, sur une feuille au timbre de trente-cinq centimes, la seconde sur deux feuilles au timbre de soixante et dix centimes, et enregistrées, sont demeurées ci-annexées, après avoir été des comparants certifiées véritables et que dessus il a été fait mention de l'annexe par les notaires soussignés. M. Boichard s'oblige à ga-

rantir la société de tous troubles, évictions, privilége et hypothèque, et à justifier de la libération complète du prix d'acquisition. La société remplira toutes les formalités nécessaires pour purger les immeubles ainsi apportés de tous priviléges et hypothèques; mais M. Boichard supportera personnellement les frais extraordinaires de transcription et de purge, et ceux des actes qui pourront être reconnus nécessaires pour établir régulièrement son droit de propriété. Elle entrera en jouissance des biens apportés à compter du jour qu'elle aura été autorisée, et elle en percevra tous les fruits et revenus, comme elle en supportera toutes les charges à compter de ce jour. L'apport fait par M. Boichard est accepté pour la somme de quatre cent vingt mille francs, en représentation de laquelle il lui sera attribué quatre cent vingt actions. Quant aux trois cent quatre-vingts actions de surplus, elles sont destinées à former le fonds de roulement de la société; elles sont attribuées aux comparants, savoir.

(*Suivent les noms.*)

M. Boichard ne se trouvera valablement libéré du montant des quatre cent vingt actions qui lui sont attribuées par sa mise en société des papeteries et scieries du Souche et leurs dépendances, et les titres de ces quatre cent vingt actions ne lui seront délivrés qu'après l'autorisation royale, la remise des titres de propriété, l'entier paiement du prix d'acquisition de M. Boichard, l'accomplissement des formalités de purge des hypothèques et la radiation de toutes les inscriptions grevant les biens apportés en société. Les titres des trois cent quatre-vingts autres actions seront délivrés aux souscripteurs contre le versement intégral de leur montant, entre les mains du directeur de la société, sur sa quittance et celle du banquier de la société, aussitôt après l'obtention de l'ordonnance royale d'autorisation.

4. Les actions sont toutes nominatives. Elles seront numérotées de 1 à 800; le numéro originaire ne pourra changer. Elles seront représentées, dans les mains de l'actionnaire, par un certificat d'inscription tiré d'un registre à souche et signé par le directeur de la société et par deux membres du conseil d'administration. Ce certificat indiquera le numéro de l'action, les noms, prénoms, qualités et domicile de l'actionnaire, ainsi que l'élection d'un domicile spécial à Paris, dans le cas où il n'habiterait pas cette ville. Chaque certificat ne pourra contenir qu'une action. Dans le cas où un actionnaire ne verserait pas, aussitôt après l'obtention de l'ordonnance royale d'autorisation, le montant de sa souscription, il lui sera fait, par acte extrajudiciaire, sommation de payer dans un délai de huitaine, passé lequel, faute par le souscripteur d'avoir satisfait à cette sommation, les actions souscrites par lui seront vendues aux enchères, à la requête du directeur de la société, par le ministère du directeur de la société. Si cette vente produit une somme supérieure au capital de l'action, il sera tenu compte à l'actionnaire de l'excédant (déduction faite toutefois de tous les frais); dans le cas contraire, la société conservera tous ses droits contre l'actionnaire pour ce dont elle n'aurait pas été remplie par le prix de la vente. La transmission des actions ne s'opérera valablement, à l'égard de la société, que par un transfert signé sur un registre à ce destiné, par le cédant et le cessionnaire, ou leurs fondés de pouvoirs spéciaux et authentiques, ainsi que par le directeur de la société et deux membres du conseil d'administration. Il sera délivré au cessionnaire un certificat

d'inscription en son nom; le certificat du cédant sera annulé; le nouveau titre contiendra, outre le numéro invariable de l'action, la lettre et le folio du registre à souche d'où il aura été tiré, plus le numéro et la page du livre des transferts. La cession de l'action emportera toujours celle du dividende du semestre courant. Le cessionnaire, par le seul fait de son acceptation, sera réputé avoir adhéré à toutes les conditions du présent acte, lesquelles deviendront immédiatement obligatoires pour lui. Il en sera fait mention dans l'acte de transfert. Les actions seront indivisibles, en ce sens qu'à l'égard de la société le transfert ne pourra jamais être effectué par fraction. Si un propriétaire d'action vient à décéder, ou, si par une cause quelconque, il se trouve privé de l'exercice de ses droits, la société ne reconnaîtra pour le représenter, qu'un seul individu, légalement désigné à cet effet par les héritiers ou ayants-cause.

5. Il y aura un conseil d'administration composé de sept actionnaires, qui devront posséder et conserver pendant toute la durée de leurs fonctions au moins dix actions chacun. Ils seront élus par l'assemblée générale annuelle des actionnaires, et pour la première fois par une assemblée générale, convoquée spécialement aussitôt après que l'ordonnance royale d'autorisation aura été obtenue. Les fonctions des membres du conseil d'administration dureront sept ans. Le conseil sera renouvelé par septième, d'année en année, avec faculté de réélection. L'administrateur, à l'expiration de ses fonctions, devra les conserver, même au delà du temps fixé, dans le cas où, pour une cause quelconque, la nomination de son successeur se trouverait retardée. En cas de décès, démission, empêchement ou cessation des conditions d'éligibilité de l'un des membres du conseil d'administration, pendant le cours de ses fonctions, il sera provisoirement pourvu à son remplacement par les membres restants jusqu'à la prochaine assemblée générale annuelle, qui y pourvoira définitivement; les fonctions de ce nouveau membre ne dureront, dans tous les cas, que le temps qu'avait encore à les remplir le membre remplacé. Un tirage au sort, qui aura lieu dans la première assemblée générale appelée à élire les premiers administrateurs, déterminera l'ordre de sortie pour les six premières années. Le conseil d'administration tiendra ses séances aussi souvent que les affaires de la société l'exigeront, au siège de la société, sous la direction du président, qu'il nommera dans son sein pour un an, et qui, en cas d'absence, sera remplacé par le plus âgé des membres présents. Le conseil ne pourra délibérer qu'autant qu'il y aura au moins quatre membres présents. Les délibérations seront prises à la majorité des voix des membres présents. En cas de partage, la voix du président sera prépondérante. Les délibérations seront constatées sur un registre à ce destiné, et signées par les membres présents. Les fonctions d'administrateur seront gratuites, seulement les administrateurs recevront un jeton de présence dont la valeur sera fixée par la première assemblée générale des actionnaires. Le conseil d'administration délibérera, soit de son propre mouvement, soit à la demande du directeur de la société ou du directeur de la fabrication, sur toutes les affaires qui intéressent la société, et notamment sur le dépôt, l'emploi et le placement des fonds touchés par le directeur de la fabrication sur les achats, la fabrication et la vente des produits, comme aussi sur les propositions à faire à l'assemblée générale. Il

déterminera le nombre et le traitement des employés, et prononcera définitivement sur leur révocation et leur remplacement. Il fera remettre, aux époques qu'il fixera, des états de situation, par le directeur de la société et par le directeur de la fabrication ; entendra le rapport sémestriel de l'un et de l'autre, vérifiera les inventaires, réglera tous les comptes, déterminera provisoirement le chiffre des bénéfices, le montant et le mode de répartition des dividendes, et en ordonnancera le paiement à la fin de chaque sémestre, sauf la décision ultérieure de l'assemblée générale, à laquelle le conseil d'administration proposera toutes les résolutions à prendre à ce sujet. Il veillera à ce que les écritures soient tenues conformément au Code de commerce. Il pourvoira au placement du fonds de réserve. Enfin, il fera et prescrira aux directeurs tout ce que les circonstances et l'intérêt bien entendu de la société exigeront. Le directeur de la société et le directeur de la fabrication seront tenus de se conformer aux décisions du conseil d'administration, quel qu'en soit l'objet, et de les exécuter. En cas de décès, démission ou empêchement, soit du directeur de la société, soit du directeur de la fabrication, le conseil d'administration pourvoira à leur remplacement, s'il y a lieu, jusqu'à ce que l'assemblée générale extraordinaire ait fait un choix définitif, dans la forme ci-après déterminée par l'art. 14. Si le conseil d'administration juge utile d'envoyer un ou plusieurs de ses membres en inspection à l'usine sociale, la société les indemnisera des frais de voyage.

6. Dans le cas où le conseil d'administration croirait utile d'affermer l'établissement et ses dépendances, il devrait en référer à l'assemblée générale, à laquelle il ferait connaître notamment, et la personne du fermier, et les garanties qu'elle présente, et les prix, charges et conditions du bail ou des baux à intervenir soit pour l'ensemble de l'usine, soit pour une ou plusieurs de ses parties. L'assemblée générale, réunie extraordinairement, aurait à statuer sur la proposition, dans la forme ordinaire de ses délibérations réglées aux articles 12 et 13.

7. Il y aura à Paris un directeur de la société. Le directeur gérera et administrera les affaires de la société ; il représentera la société dans tous ses rapports avec les tiers, en justice et ailleurs ; il agira, stipulera, signera, correspondra pour elle et en son nom ; fera et arrêtera tous comptes, en touchera ou paiera les reliquats, fera les ventes et achats, signera les marchés, acquittera les factures et valeurs de portefeuille, souscrira et recevra en paiement, et endossera tous effets de règlement, demandera et acceptera toutes ouvertures de crédit, recevra le montant des actions souscrites, fera tous recouvrements, touchera, ailleurs qu'à l'usine, toutes sommes dues en capitaux et intérêts ; touchera tous revenus, arrérages, loyers, fermages et redevances quelconques à la société ; fera tous transports, cessions et délégations de créances appartenant à la société ; touchera le prix de tous transports et cessions, acceptera toutes hypothèques et tous privilèges conférés ou cédés à la société ; il agira, dans toutes les faillites, au nom de la société ; affirmera toutes créances, formera tous contrats d'union, consentira tous concordats, touchera tous dividendes ; à défaut de paiement, il exercera toutes poursuites et contraintes nécessaires, obtiendra tous jugements et arrêts, fera toutes oppositions et saisies de toute nature, et fera tous actes conservatoires de toutes sommes reçues et

payées ; il donnera ou retirera quittances ; donnera, soit avant, soit après paiement, main-levée et désistements partiels ou définitifs de tous jugements, oppositions, saisies et significations, ainsi que de tous priviléges et hypothèque ; substituera dans partie des présents pouvoirs selon les exigences des affaires, et généralement passera et signera tous actes, et fera, pour la gestion, tout ce que les circonstances et les affaires de la société exigeront, quoique non prévues en ces présentes, sauf à lui à se soumettre, dans les divers actes relatifs à ses fonctions, aux décisions et instructions du conseil d'administration, lorsque le conseil jugera utile d'interposer son autorité. Le directeur nommera et révoquera les employés de la société, autres que les employés et ouvriers chargés de la fabrication, sauf l'approbation du conseil. Il fera tous les mois un rapport au conseil d'administration sur les affaires de la société, et présentera au conseil des états de situation toutes les fois qu'il en sera requis. Il fera les inventaires et le travail nécessaire pour arrêter le chiffre et la répartition des dividendes. Le directeur transmettra au directeur de la fabrication les délibérations et instructions du conseil d'administration. Il sera tenu de porter à la connaissance du conseil d'administration toute action en justice dirigée contre la société, et de prendre ses instructions à cet égard. Il ne pourra transiger ni compromettre, sur quoi que ce soit, sans une autorisation spéciale du conseil. Cette autorisation lui sera également nécessaire, soit pour acquérir, soit pour vendre une valeur immobilière.

8. Il y aura à l'usine sociale un directeur de la fabrication. Ce directeur sera chargé des opérations matérielles de la fabrication ; il exécutera les délibérations du conseil d'administration qui lui seront transmises, et les commandes qui lui seront adressées par le directeur de la société ; il fera toutes les acquisitions à ce nécessaires, passera tous les marchés y relatifs, fera toutes ventes et expéditions, en touchera le prix, souscrira et tirera tous mandats pour cet objet, endossera les effets donnés en règlement du prix des ventes, de toutes sommes reçues ; donnera quittances, nommera et révoquera les employés et ouvriers sous ses ordres. Il touchera à l'usine tous loyers, fermages, arrérages et autres revenus quelconques de la société ; fera tous comptes, à cet effet, de toutes sommes reçues ; donnera quittances. Le tout, sauf l'approbation, et en se conformant aux décisions et instructions du conseil d'administration, lorsque le conseil jugera à propos d'interposer son autorité. Il fera au conseil d'administration un rapport à la fin de chaque sémestre sur les opérations de la fabrication, et lui fournira des états de situation lorsqu'ils lui seront demandés. Il est expressément interdit au directeur de la fabrication, de faire à l'usine aucune construction ni aucun établissement de machine sans l'approbation spéciale du conseil d'administration.

9. Le directeur de la société et le directeur de la fabrication agiront librement, chacun dans sa sphère, sous les ordres et le contrôle du conseil d'administration. Ils ne seront tenus, à raison de leur gestion, ni personnellement, ni solidairement, des engagements de la société. Ils ne seront responsables que de l'exécution de leur mandat, chacun pour ce qui le concerne. Il est bien entendu qu'ils ne pourront, soit par obligations et reconnaissances, soit par effets de commerce, engager la société autrement que pour les marchés et fournitures dont ils sont autorisés à traiter pour les be-

soins de l'exploitation, et que, dans aucun cas, ils ne pourront contracter d'emprunt. Ils devront posséder et conserver, pendant toute la durée de leurs fonctions, chacun trente actions au moins, qui seront remises en dépôt à la banque de France par le conseil d'administration, et ne pourront en être retirées par le conseil pour être rendues au directeur sortant ou à ses ayants-droit qu'après qu'il aura obtenu le quitus de sa responsabilité ; elles seront inaliénables pendant ce temps, et jusqu'à l'entier apurement de leurs comptes respectifs, et demeureront affectées, à titre de gage et par privilège, à la garantie de leur gestion. Ils ne pourront, pendant la durée de leurs fonctions, s'engager, soit comme gérants, soit comme actionnaires ; ils ne pourront s'intéresser comme gérant dans aucune autre entreprise du même genre ; ils ne pourront s'intéresser comme gérant dans aucune autre entreprise de quelque genre que ce soit. En cas de décès, démission ou empêchements quelconques de l'un des directeurs, il sera remplacé, s'il y a lieu, par l'assemblée générale convoquée en la forme prescrite par l'art. 14 , et, jusque-là, il sera pourvu à son remplacement par le conseil d'administration.

10. Les traitements du directeur de la société, du directeur de la fabrication ; les indemnités auxquelles ils peuvent prétendre à différents titres, et enfin les avantages de toute sorte qui pourront être attachés à leurs fonctions, seront réglés par la première assemblée générale.

11. Il sera dressé, à la fin de juillet de chaque année, par les soins du directeur de la société, sous la surveillance et l'approbation du conseil d'administration, un inventaire détaillé comprenant tant de celles qui auront été faites par le directeur de la société, que de celles qui auront été faites par le directeur de la fabrication, lequel, à cet effet, devra transmettre en temps utile tous les renseignements et documents nécessaires au directeur de la société, et ce, de manière que l'assemblée générale puisse arrêter la balance totale des opérations de l'année, constater la position exacte de la société, et déterminer loyalement les bénéfices de l'exercice expiré. Le capital social et ce qui existera dès l'année précédente du fonds de réserve ci-après mentionné, devra, dans tous les cas, rester intact, soit en numéraire, soit en immeubles et effets mobiliers. Sur les bénéfices nets réalisés, il sera fait, en faveur des actionnaires, un prélèvement jusqu'à concurrence de six pour cent du capital social. Le surplus, s'il y en a, sera employé, savoir : 1° quinze pour cent à composer un fonds de réserve pour parer aux pertes et événements imprévus ; 2° à fournir au directeur de la société et au directeur de la fabrication un supplément de traitement dont la quotité sera déterminée par l'assemblée générale, et 3° le surplus à fournir un second dividende aux actionnaires. Les dividendes seront payés au siége de la société, sur la quittance des actionnaires, le 22 mai, après la balance semestrielle, et le 22 novembre après l'inventaire. L'emploi du fonds de réserve sera fait au nom de la société, par les soins du directeur de la société, d'après la décision du conseil d'administration, et les revenus en seront joints au capital. Ce fonds de réserve sera, lors de la liquidation finale de la société, réparti entre tous les actionnaires avec le produit des autres valeurs sociales, sans que les directeurs y puissent prétendre ; la retenue de quinze pour cent cessera, et la répartition à faire aux actionnaires s'accroîtra d'autant

du moment où le fonds de réserve aura atteint cent mille francs. Dans le cas où cette somme de cent mille francs serait entamée, le prélèvement de quinze pour cent reprendrait son cours. Les actionnaires ne pourront jamais être assujettis à aucun appel de fonds au-delà du montant des actions, ni dans aucun cas être responsables des engagements de la société, que jusqu'à concurrence du montant de leurs actions.

12. Chaque année, le 10 novembre, les actionnaires se réuniront en assemblée générale, à Paris, au siége de la société, à neuf heures du matin : si le 10 novembre était un jour légalement férié, l'assemblée aurait lieu de plein droit le lendemain, à la même heure. Cette convocation sera rappelée au moins vingt jours à l'avance par une insertion dans ceux des journaux de Paris qui sont désignés chaque année par le président du tribunal de commerce de la Seine, pour la publication des actes de société, conformément à la loi du 31 mars 1833, et par circulaires, chargées ou recommandées, adressées aux ayants-droit à leurs domiciles ou à celui qu'ils auront élu. Pour avoir droit d'assistance et de vote aux assemblées générales, il faudra être propriétaire de cinq actions au plus, en vertu de transfert inscrit sur le registre de la société, depuis quinze jours au moins. On pourra se faire représenter à l'assemblée générale par un fondé de pouvoirs, pourvu que ce fondé de pouvoirs ait lui-même droit d'assistance et de vote. Chaque nombre de cinq actions donnera droit à une voix sans que cependant le nombre de cinq voix puisse être dépassé. Un mandataire ne pourra, soit par une, soit par plusieurs procurations, émettre à ce titre plus de cinq voix, sans compter celles qui lui sont personnelles. L'assemblée générale annuelle se constituera sous la présidence du président du conseil d'administration en exercice ; les autres membres du conseil rempliront les fonctions de scrutateurs et le directeur de la société celles de secrétaire. Le bureau, ainsi formé, sera provisoire ; la première opération de l'assemblée sera de le constituer définitivement. Pour que l'assemblée générale soit régulièrement constituée, il faut qu'elle soit composée au moins du tiers des actionnaires réunissant au moins la moitié des actions. Dans le cas où, sur une première convocation, l'assemblée générale ne satisferait pas à cette condition, il sera fait une seconde convocation dans la forme indiquée par le second paragraphe du présent article, et les membres présents à cette deuxième réunion délibéreront valablement, quel que soit le nombre des actions qu'ils représentent, mais seulement sur les objets à l'ordre du jour de la première. Les délibérations seront prises à la majorité absolue des voix des membres présents ou représentés ; en cas de partage, la voix du président sera prépondérante. Les délibérations seront transcrites sur un registre spécial, avec mention des formalités remplies pour la convocation du nombre des membres présents ou représentés, et la composition du bureau. Elles seront signées par le président, les scrutateurs, le directeur de la société, et les commissaires dont il sera parlé à l'article suivant. La présence des actionnaires ayant pris part à la délibération sera constatée sur un registre à part, sur lequel on inscrira, au fur et à mesure que les actionnaires se présenteront, le numéro de leurs actions, leur nom et leur domicile, et que les actionnaires signeront avant l'assemblée.

13. L'assemblée générale annuelle, après avoir constitué son bureau définitif, recevra d'abord et

avant toutes choses les comptes et inventaires de l'année et les approuvera ou contestera, sur le rapport qui lui sera fait par une commission de trois actionnaires nommés à cet effet dans l'assemblée générale de l'année précédente, et auxquels les comptes et inventaires auront dû être soumis vingt jours au moins avant l'assemblée. L'assemblée générale, après avoir entendu le rapport de sa commission, fixera définitivement, sur la proposition du conseil d'administration, le montant des bénéfices nets de l'exercice expiré, et, par suite, le chiffre du dividende attribué aux actionnaires, du supplément de traitement affecté au fonds de réserve. Si les comptes ne sont pas approuvés par l'assemblée, séance tenante, la répartition du dividende demeurera suspendue, et l'assemblée nommera trois commissaires spéciaux pour soutenir en son nom le redressement des comptes devant le tribunal arbitral dont il sera parlé ci-après, art. 17. Dans tous les cas, l'assemblée générale nommera une commission de trois membres qui devra connaître des comptes et inventaires de l'année suivante, et donner avis sur ces comptes et inventaire à la prochaine assemblée générale annuelle ; les directeurs ne pourront voter pour la nomination de ces commissaires, ni sur aucune des questions relatives à leur gestion. Dans le cas où l'un de ces trois commissaires viendrait à décéder après sa nomination et avant la réunion de l'assemblée générale, il serait pourvu à son remplacement par les deux autres. Après la délibération relative aux comptes, à l'inventaire et à la fixation du chiffre des bénéfices et du dividende, l'assemblée générale entendra le rapport du directeur de la société et les observations du conseil d'administration sur la marche et les résultats des opérations sociales pendant l'année. Elle procédera au remplacement de l'administrateur sortant d'exercice, et, le cas échéant, au remplacement de celui ou de ceux des administrateurs dont les fonctions auraient accidentellement cessé pendant le cours de l'année. Enfin elle délibérera et votera sur toutes les questions d'intérêt général prévues ou non prévues dans les statuts, mais seulement sur la proposition du conseil d'administration.

14. Indépendamment des assemblées générales ordinaires, l'assemblée générale des actionnaires pourra être convoquée extraordinairement par le conseil d'administration ; cette convocation devra être faite vingt jours à l'avance, par trois insertions dans chacun des journaux indiqués en l'article 12, par deux insertions dans chacun des trois principaux journaux de la capitale, et par circulaires chargées ou recommandées, adressées aux propriétaires d'actions, à leurs domiciles ou à celui qu'ils auront élu, avec indication, dans ces lettres ou dans ces annonces, de l'objet de la convocation ainsi que de la délibération du conseil d'administration qui l'aurait motivée. Chaque actionnaire, quel que soit le nombre d'actions qu'il possède, aura droit d'assistance et de vote à ces assemblées extraordinaires ; et les voix y seront comptées par tête ; toutefois, aucune délibération valable ne pourra être prise qu'autant que l'assemblée réunira le tiers des actionnaires, lesquels devront représenter les deux tiers au moins des actions. Les délibérations seront prises à la majorité absolue des voix des membres présents ou représentés. L'assemblée générale extraordinaire ne pourra valablement délibérer que sur les sujets indiqués dans les annonces et lettres d'avis. En cas de partage, la voix du président sera prépondérante. L'assemblée générale extraordinaire pourra, sauf l'approbation du gouvernement, voter l'augmentation du fonds social, en créant de nouvelles actions, lesquelles, dans aucun cas, ne pourront être émises au-dessous du pair. Elle pourra aussi déclarer la dissolution de la société avant le terme fixé pour sa durée, dans le cas où il serait constaté que le capital se trouverait réduit de moitié par des pertes. Elle pourra nommer et révoquer, sur la proposition du conseil d'administration, le directeur de la société et le directeur de la fabrication. Elle déclarera les comptes des directeurs apurés, et prononcera leur décharge ou celle de leurs héritiers. Elle pourra aussi, sauf l'approbation du gouvernement, modifier les présents statuts. Les délibérations ainsi prises devront être signées par tous les adhérents ; elles seront obligatoires pour tous les intéressés présents ou non à l'assemblée, pourvu toutefois qu'elles restent dans les limites des statuts.

15. La dissolution sera de droit dans le cas où le fonds social se trouverait réduit des deux tiers. La dissolution de la société arrivant, soit avant terme, soit à terme, l'assemblée générale, convoquée spécialement à cet effet, en la forme prescrite par l'art. 14, déterminera le mode de liquidation, nommera des liquidateurs et leur conférera les pouvoirs nécessaires.

16. M. Mauban, l'un des comparants, est nommé directeur de la société. M. Journet est nommé directeur de la fabrication. Leurs fonctions dureront six années, à partir de la date de l'ordonnance royale d'autorisation, sauf le droit de révocation appartenant à l'assemblée générale. Ces deux nominations seront soumises à l'assemblée générale dans la première réunion qui suivra l'ordonnance approbative des statuts.

17. Toutes contestations relatives à la présente société ou à sa liquidation, soit entre les actionnaires et l'administration, soit entre les actionnaires entre eux, seront jugées à Paris, à la majorité des voix, par trois arbitres, qui seront nommés d'office par le président du tribunal de commerce de Paris, sur la requête à lui présentée par la partie la plus diligente. Ces arbitres jugeront comme amiables compositeurs, et seront dispensés des formes et délais de la procédure. Leurs décisions seront souveraines, et ne pourront être attaquées par appel, recours en cassation ni requête civile.

18. Dans aucun cas, les héritiers, représentants, créanciers ou ayants-droits quelconques d'un actionnaire ou de l'un des directeurs, ne pourront s'immiscer dans les affaires de la société ni requérir aucune apposition de scellés, aucun inventaire, ni pratiquer aucune saisie ou autre acte de poursuite quelconque sur les biens et valeurs de la société. Ils seront tenus d'admettre, comme leur débiteur ou leur auteur, les résultats des comptes présentés dans la forme indiquée ci-dessus.

19. Pouvoirs de publication sont donnés au porteur d'une expédition ou d'un extrait.

12 = 23 juin 1841. — Loi qui ouvre un crédit additionnel au budget de la Chambre des Députés pour l'exercice 1840 (1). (IX, Bull. DCCCXXIV, n. 9371.)

_____

(1) Discussion et adoption le 17 mai (Mon. du 18), à la majorité de 219 voix contre 15.

Article unique. Il est ouvert un crédit de dix mille sept cent quatorze francs dix centimes (10,714 fr. 10 c.), en addition au budget de la Chambre des Députés pour l'exercice 1840.

---

12 = 23 JUIN 1841. — Loi qui autorise la vente de propriétés immobilières faisant partie de la dotation de M. le vicomte Delamalle, et le remploi en immeubles ou en rentes du prix de ces propriétés (1). (IX, Bull. DCCCXXIV, n. 9372.)

Art. 1er. Le vicomte Delamalle est autorisé à concéder aux habitants de la commune d'Aigremont, moyennant le paiement du prix de cent vingt-deux mille trois cent cinquante-deux francs quatre-vingt-treize centimes, fixé par un procès-verbal d'expertise commencé le 6 novembre 1839 et clos le 30 décembre suivant, trois cent quatre-vingt-dix-neuf hectares huit ares quatre-vingt-quatorze centiares de prés, vignes et terres labourables, ainsi que les maisons et bâtiments qui font partie du supplément de dotation accordé à feu le chevalier Delamalle, dans le département de l'Yonne, par un décret impérial du 1er janvier 1812.

2. Chaque habitant sera tenu de verser le prix principal de la portion de terrain ou de bâtiment dont il se rendra acquéreur, à la caisse des dépôts et consignations, dans les délais prescrits par les lois des 15 et 16 floréal an 10 et 5 ventôse an 12, avec faculté d'anticiper les versements.

Il paiera, en outre, directement entre les mains du donataire, jusqu'à complète libération, les intérêts à cinq pour cent du prix d'acquisition.

Quant aux frais auxquels la concession a pu ou pourra donner lieu, ils sont mis en totalité à la charge des concessionnaires, et devront être acquittés par eux, chacun en ce qui le concerne, à la caisse des domaines.

3. Le prix total de cent vingt-deux mille trois cent cinquante deux francs quatre-vingt-treize centimes sera ensuite employé, par le vicomte Delamalle, avec le concours et l'approbation de l'administration des domaines, à l'acquisition de rentes ou d'immeubles qui entreront en remplacement des biens aliénés dans la composition de la dotation.

Envoi à la Chambre des Pairs le 19 (Mon. du 20 ; adoption le 22 (Mon. du 23 ; à la majorité de 93 voix contre 3.

(1) Présentation à la Chambre des Députés le 18 mars (Mon. du 19) ; rapport par M. Vuitry le 26 mars (Mon. du 1er avril) ; adoption le 24 avril (Mon. du 25), à la majorité de 228 voix contre 5. — Présentation à la Chambre des Pairs le 5 mai (Mon. du 6) ; rapport par M. de Boissy le 17 (Mon. du 20) ; adoption le 22 (Mon. du 23), à la majorité de 108 voix contre 4.

« Les terres d'Aigremont, a dit M. *le ministre des finances*, qui étaient originairement une dépendance de l'abbaye de Pontigny, avaient été concédées à long terme à des cultivateurs, à la charge de les défricher et de payer de faibles redevances aux religieux. Devenues propriétés nationales à l'époque de la suppression des établissements monastiques, elles furent acquises, sous l'Empire, par le domaine extraordinaire, et entrèrent, en vertu d'un décret du 1er janvier 1812, dans la composition d'un supplément de dotation accordé à M. le chevalier Delamalle, conseiller d'Etat. Ces terres étaient alors sous le régime d'un bail emphytéotique remontant à l'année 1731, et qui fixait à 500 fr. la redevance annuelle à payer par les détenteurs.

« Depuis le 1er avril 1831, l'expiration du bail a placé les habitants d'Aigremont dans une situation précaire ; ces biens, dont la jouissance séculaire s'était transmise par héritage dans chaque famille, ne restent dans leurs mains qu'à titre provisoire et à des conditions qui peuvent devenir de plus en plus onéreuses. Le droit du donataire est de tirer de sa propriété le parti le plus avantageux ; mais l'exercice de ce droit relativement à une commune entière placée dans les circonstances qui viennent d'être rappelées, peut avoir des con-

séquences auxquelles le gouvernement ne saurait rester indifférent, et qui sont de nature à appeler toute sa sollicitude sur la position exceptionnelle de cette commune. . . . . On est arrivé, avec l'assentiment des parties intéressées, à une combinaison qui semble de nature à tout concilier. . . . . Le propriétaire actuel a offert de vendre, à charge de remploi, les biens dont s'agit, au prix fixé par une expertise ; de leur côté, les habitants d'Aigremont se sont obligés à payer ce prix, chacun pour la portion de terre ou de bâtiments dont il est détenteur.

« Mais les statuts qui régissent les majorats exigent que la vente des biens de cette nature n'ait lieu que dans les formes suivies pour l'aliénation des propriétés domaniales, c'est-à-dire aux enchères publiques ; et si ces formes étaient observées dans le cas actuel, il serait à craindre que la concurrence n'eût pour résultat la dépossession des habitants d'Aigremont, et, dès lors, le but qu'on se propose ne serait plus atteint. Nous venons donc vous demander, Messieurs, d'autoriser M. le vicomte Delamalle à leur faire cession de ces biens au prix de l'estimation, sous la condition que le montant du prix sera versé à la caisse des dépôts et consignations, et pour être ensuite employé à l'acquisition d'immeubles ou de rentes, qui remplaceront, dans la composition de la dotation, les biens concédés, et sur lesquels l'Etat conservera le même droit de retour, en cas d'extinction de la postérité masculine du donataire.

« Le mode de vente sur estimation contradictoire a déjà été appliqué, en vertu de lois spéciales, à des biens domaniaux dont les habitants de Charbonnières, de la ville de Port-Vendre et de la commune de Chalade étaient détenteurs, en vertu d'anciennes concessions révoquées ou expirées. . . . . .

14 = 23 juin 1841. — Loi relative à l'établissement de deux nouveaux services de paquebots à vapeur sur la Méditerranée (1). (IX, Bull. DCCCXXIV, n. 9373.)

(1) Présentation à la Chambre des Députés le 18 mars (Mon. du 19); rapport par M. Garnier-Pagès le 23 avril (Mon. du 24); discussion le 28 (Mon. du 29); adoption le 29 (Mon. du 30), à la majorité de 212 voix contre 20.

Présentation à la Chambre des Pairs le 13 mai (Mon. du 14); rapport par M. de Gasparin le 2 juin (Mon. du 3); adoption le 7 (Mon. du 8), à la majorité de 89 voix contre 6.

Voy. l'ord. du 2 juillet 1835.

« L'établissement des paquebots à vapeur de la Méditerranée, a dit M. *le comte Gasparin*, était, il y a quelques années, quand il fut conçu et exécuté, une grande amélioration, qui mettait la France à la tête de toutes les nations, dans les rapports internationaux de cette mer. Vous savez tout le succès qu'il a obtenu. Par lui, les contrées de l'Orient, que l'on n'abordait qu'avec les plus grandes difficultés, et dont la connaissance se trouvait resserrée entre un petit nombre d'hommes conduits par les besoins de leur commerce, ou par leur goût pour les études, se sont ouvertes à toutes les classes des voyageurs. Un voyage à Athènes, à Constantinople, à Smyrne, à Alexandrie, n'a plus été une entreprise sérieuse qui demandait beaucoup de temps, de grandes dépenses, une santé robuste, propre à braver les fatigues d'une navigation longue et incertaine; tout le monde a pu y aspirer, et le tour de la Méditerranée est venu prendre rang, par sa facilité, à côté des voyages de Suisse et d'Italie. Le Levant, dépouillé de merveilleux, est entré, désormais, dans le domaine du positif.

« L'Orient étant mieux connu, on sera moins disposé à se laisser entraîner par son exagération habituelle, on jugera mieux les événements qui s'y passent, la politique ne sera plus si sujette à se laisser égarer par des appréciations mensongères; mais le commerce, surtout, recevra une vive et salutaire impulsion de la fréquence de ces communications; ses chefs pourront voir par eux-mêmes l'état de leurs affaires, se trouver en peu d'instants sur les lieux dont nécessités imprévues, et ne seront plus obligés de se livrer aveuglément à la foi de commettants souvent infidèles; les demandes seront plus tôt connues et plus tôt satisfaites; l'activité de la correspondance doublera les négociations; enfin, des relations plus fréquentes tendront à faire entrer ces pays éloignés dans des rapports habituels avec l'Europe, à conserver l'union des esprits et la réciprocité des besoins qui est la base la mieux assurée de la paix du monde.

« Nous devons donc nous efforcer à multiplier, à perfectionner ces communications précieuses, et c'est avec satisfaction que nous voyons aujourd'hui le gouvernement persévérer dans la voie que, le premier, il avait ouverte.

« Mais nous n'avons pas tardé à avoir des imitateurs. L'Angleterre, qui d'abord se servait de nos paquebots pour ses correspondances de l'Inde, par Alexandrie, lassée de la lenteur de nos voyages, retardés par les fréquents relâches auxquels ils étaient assujettis, a établi des paquebots directs de Londres à Alexandrie, qui font le voyage en seize jours, tandis que nous en mettons quatorze pour parvenir de Marseille à Alexandrie. D'autres paquebots, partis des côtes de l'Italie, abordent en bien moins de temps en Égypte, et les ports de l'Italie

sont avertis avant nous de l'état politique et commercial du Levant. Nous ne pouvions donc rester stationnaires en présence de ces nouveaux faits. Au début, nous avions fait comme toutes les industries qui veulent pourvoir à la fois à un grand nombre de besoins; mais, à l'époque où nous vivons, le principe de la division du travail est trop bien apprécié pour qu'on puisse en retarder l'application; on a créé des services spéciaux et directs pour les lignes que nous ne desservons toutes et semble que par un long détour; force nous est bien de suivre ce progrès, et de ne conserver, du premier ordre de choses, que la partie pour laquelle nous sommes encore sans concurrence sérieuse. Il fallait se hâter de détacher de l'ensemble la ligne de Marseille à Alexandrie, pour ne pas laisser perdre, au profit de nos rivaux, les avantages de notre position dans la Méditerranée, et c'est ce que vous propose le gouvernement.

« Créer un service direct de Marseille à Alexandrie au moyen de paquebots armés des plus fortes machines et qui feront le trajet en huit jours; maintenir ainsi pendant la paix tous nos avantages naturels, obtenir, en temps de guerre, des bateaux à vapeur de plus, capables de porter de l'artillerie, tel est le plan qu'il a conçu et que nous vous proposons d'adopter.

« ..... Le gouvernement vous propose aussi la construction de trois bateaux à vapeur pour faire le service entre Marseille et la Corse. La création d'un service de paquebots à vapeur, qui remonte déjà à plusieurs années, avait été un grand bienfait pour cette île, en substituant au moyen d'un service régulier vingt-quatre heures de traversée à des voyages qui se prolongeaient quelquefois quatorze et quinze jours, et interrompaient, dans les moments les plus pressants, toutes les communications administratives, militaires, commerciales. L'Amérique sera bientôt plus rapprochée de l'Europe que la Corse ne l'était de la France dans certaines saisons. Par elle, elle restait à l'état d'annexe ou de colonie et ne pouvait participer à l'ensemble du mouvement de notre administration. Tout restait exceptionnel en Corse avant que l'on eut jeté comme un pont sur le canal qui nous en sépare, en créant les paquebots à vapeur. La compagnie qui s'était chargée de leur construction et de leur service avait rempli ses obligations d'une manière satisfaisante, eu égard à l'exiguité du prix qui lui était accordé et à la faiblesse de ses machines de la force de 60 chevaux. On avait pu admirer la régularité des voyages même pendant la mauvaise saison. Mais les communications devenant chaque jour plus fréquentes, il était évident qu'à l'expiration du bail il faudrait procurer à la Corse des moyens de transport plus solides et plus commodes.

« Il était peut-être facile d'obtenir d'une compagnie, et à de bonnes conditions, la construction et l'exploitation de ces paquebots; mais le gouvernement a pensé qu'il devait rester le maître de la construction, selon les besoins de la marine militaire: il a pensé d'ailleurs que les frais généraux étant faits pour le service du Levant et d'Alexandrie, ceux de la Corse n'en supporteraient qu'une faible partie, et il vous a proposé de se charger lui-même de la construction et de la régie de trois bateaux à vapeur de la force de 120 chevaux: deux

Art. 1er. Il est ouvert au ministre des finances (1), sur l'exercice 1841,

1o Un crédit extraordinaire de cinq millions neuf cent vingt-trois mille cinq cents francs (5,923,500 fr.), pour les frais de la construction de six paquebots à vapeur, de la force de deux cent vingt chevaux chacun, destinés à établir une communication directe entre Marseille et Alexandrie (2);

2o Un crédit extraordinaire de un million cinq cent quatorze mille cent soixante francs (1,514,160 fr.), pour la construction de trois paquebots à vapeur, de la force de cent vingt chevaux chacun, destinés au service des communications entre Marseille et la Corse (3).

2. Les fonds non consommés en 1841 sur ces crédits pourront être reportés, par ordonnance royale, sur les exercices suivants.

3. Les paquebots seront construits de manière à porter au besoin de l'artillerie, et à recevoir des marchandises quand ils ne feront d'autre service que celui de paquebots.

Dans ce dernier cas, le gouvernement pourra les faire commander soit par des officiers de la marine royale, soit par des capitaines au long cours, suivant qu'il le

---

qui feraient le trajet de Marseille à Ajaccio et à Bastia, et le troisième de relais pour faciliter les réparations des autres et ne pas laisser d'interruption dans le service. La force de ces bâtiments aurait été excessive pour remplir le simple but de la correspondance, mais il fallait aussi penser à l'éventualité du service militaire. On a pourtant hésité en pensant à l'exiguité du port de Bastia. On s'est assuré ensuite que l'on y trouverait le tirant d'eau nécessaire..... Votre commission pense donc que l'intérêt de l'augmentation de notre marine à vapeur militaire exige qu'on lui fasse le sacrifice de l'économie que l'on aurait obtenue sur la construction et sur la réduction de la force des paquebots. Le service en sera d'ailleurs plus rapide et l'installation intérieure plus commode.

« Les paquebots de la Corse qui partaient jusqu'ici de Toulon, partiront dorénavant de Marseille. Le conseil général de la Corse sollicitait depuis longtemps ce changement. Les relations commerciales de ce pays sont toutes avec Marseille et avec Paris; le débarquement à Toulon ne faisait que rendre les frais du voyage plus considérables et prolongeait sa durée. D'ailleurs, la plus grande vitesse imprimée à des paquebots plus puissants compensera l'accroissement de la distance et empêchera que la durée de la traversée n'augmente. »

(1) M. Auguis avait demandé que le crédit fût ouvert au ministre de la marine. Il en donnait pour raison que la création projetée se recommandait surtout par des considérations militaires; que la commission convenait elle-même que ces considérations avaient eu la plus grande influence sur sa détermination; que les paquebots, s'ils étaient construits par le gouvernement, seraient bien mieux établis que ceux qui avaient été commandés à l'industrie particulière; qu'enfin, c'était au ministre de la marine qu'avait été ouvert le crédit pour les paquebots transatlantiques.

Tant que les bateaux à vapeur serviront de paquebots-postes, a-t-on répondu, c'est l'administration des finances qui doit les administrer. Le jour où ces bâtiments prendront une autre destination, ce sera un autre ministre qui sera chargé du service.

Quant aux crédits à ouvrir, n'est-ce pas le ministre des finances qui reste chargé d'acquitter les dépenses? C'est donc aussi à lui qu'il faut allouer les voies et moyens.

La construction des bâtiments appartient à la marine; elle s'en charge toutes les fois qu'elle peut livrer, dans un temps donné, le nombre de bâtiments nécessaires. S'il faut s'adresser à l'industrie,

les entrepreneurs sont surveillés par les officiers de la marine. Il y en a un spécialement chargé de la surveillance de ces constructions et qui remplit consciencieusement sa tâche.

(2) M. le ministre des finances, en présentant le projet à la Chambre des Pairs, a déclaré que, lorsque les nouveaux bâtiments seraient construits, il avait l'espoir fondé qu'avec le matériel dont l'administration disposerait, il lui serait possible de créer, en outre, un service de correspondance avec les ports de la Syrie; que la création de cette ligne n'avait cessé d'occuper la pensée du gouvernement, et que l'insuffisance des moyens l'avait seule empêché jusqu'à présent de la réaliser.

(3) « Des réclamations parties de Calvi et de l'Ile-Rousse ont été mises sous les yeux de la commission de la Chambre des Pairs ... Elles demandaient l'établissement d'un troisième départ des paquebots, dirigé de Marseille sur leurs ports, en sus de ceux qui ont lieu par Ajaccio et Bastia; elles étaient appuyées par plusieurs délibérations du conseil général de la Corse.

« Cette question a vivement préoccupé la commission; elle en a fait l'objet de communications avec l'administration des finances et des postes, qui s'est montrée très-favorable à la solution indiquée par le vœu du conseil général. Mais elle a réservé son examen ultérieur pour un temps où le développement du commerce de la Balagne, et la conviction que ce pays fournira un nombre de voyageurs et une masse de correspondances suffisantes pour défrayer en grande partie l'entreprise sera acquise, et où l'on aura pu se former une juste idée par l'achèvement des routes royales. » (Rapport de M. Gasparin.)

M. Clapier avait proposé de remplacer ce second paragraphe par la disposition suivante : « Le ministre des finances est autorisé à traiter avec une compagnie commerciale qui se chargera d'établir une ligne de paquebots à vapeur entre le continent et la Corse, à la condition de faire le service des correspondances, et de recevoir, à titre de paiement, une subvention annuelle qui ne pourra pas s'élever au-dessus de 60,000 fr. Le nombre des paquebots à employer pour l'exploitation de cette ligne de correspondance sera de trois au moins. Il y aura deux voyages par semaine; leur départ aura lieu de Toulon ou de Marseille. Un cahier des charges, dressé par l'administration, établira les époques de départ et toutes les conditions de détail qui se rapporteront à ce service. »

Cet amendement a été rejeté à la presque unanimité.

jugera préférable dans l'intérêt du service (1).

4. Les paquebots ne pourront transporter que des marchandises ayant une grande valeur sous un petit volume (2).

5. Lorsque le commandement sera exercé par des officiers de la marine royale, il sera placé à bord de chacun de ces bâtiments un agent commissionné par l'administration, et qui sera spécialement chargé de tous les détails du service, en ce qui concerne le transport des passagers, des marchandises, des matières d'or et d'argent, et des correspondances (3).

6. Les dispositions du Code de commerce et des lois maritimes qui règlent la responsabilité des armateurs et des capitaines de navire envers les chargeurs et leurs ayants-cause ne sont pas applicables à l'État et à ses agents (4).

(1) M. *Auguis* avait proposé une disposition additionnelle ainsi conçue : « Les paquebots seront construits dans les arsenaux de la marine. » Elle n'a pas été appuyée.

(2) En limitant la faculté de transporter des marchandises à celles de la nature indiquée, le législateur a eu pour but d'éviter les inconvénients qu'il pourrait y avoir à ce que l'État fît aux armateurs une concurrence nécessairement inégale.

Toutefois, on a réclamé contre cette faculté ainsi limitée ; mais on a cru devoir la maintenir : « Non, ainsi que l'a dit M. *Garnier-Pagès*, parce qu'elle sera une source de produit pour l'État, ce produit devant être très-faible, ce qui rendra à peu près nuls les inconvénients de la concurrence, mais parce qu'elle offrira des avantages réels aux commerçants.

« Il ne s'agissait, a-t-il ajouté, que de donner à l'État, pour les nouveaux paquebots, une faculté qui lui avait été concédée par la loi relative aux paquebots transatlantiques. »

La nomenclature des marchandises qui pourront être reçues à bord des paquebots sera fixée par des ordonnances royales rendues dans la forme des règlements d'administration publique. Voy. art. 7.

(3) Voy. art. 4 de la loi du 16 juillet 1840 sur les paquebots transatlantiques, et les notes, t. 40, p. 287.

(4) Le projet du gouvernement, par son art. 3, déclarait applicable aux nouveaux paquebots l'art. 5 de la loi du 16 juillet 1840, qui est ainsi conçu : « Les articles du titre 4 du livre 2 du Code de commerce qui règlent la responsabilité des capitaines de navire envers les chargeurs et leurs ayants-cause seront exclusivement applicables à l'agent commissionné. »

La commission de la Chambre des Députés, frappée des difficultés qui devaient nécessairement résulter de l'application faite à l'État et à ses agents des articles du Code de commerce et des lois maritimes qui règlent la responsabilité des armateurs et des capitaines de navires n'a point adopté cette disposition.

Le rapport ne donnait point de motifs précis d'un retour aussi grave sur la loi du 16 juillet.

Lors de la discussion, M. *Pascalis* a demandé des explications à la commission. « Ces explications me paraissent d'autant plus nécessaires, a-t-il dit, que la responsabilité doit cependant peser sur quelqu'un. Les bateaux à vapeur qui partiront de Marseille pour Alexandrie et de Marseille pour la Corse recevront des marchandises qui ne seront pas de grand encombrement. Ce seront des marchandises précieuses, raison de plus pour que du moins le principe de la responsabilité n'éprouve pas d'atteinte : si elle ne pèse pas sur l'État, si le capitaine en est affranchi, si l'agent commissionné n'est pas non plus responsable, à qui s'adressera

donc le chargeur lorsqu'on ne lui rendra pas ses marchandises, ou lorsqu'on les lui rendra en moindre quantité ou quand on les lui livrera avariées ? »

M. *le rapporteur* a répondu : « La commission des paquebots transatlantiques a cru faire une admirable chose en décidant que le gouvernement ne serait pas responsable, mais que ce serait le capitaine (ou plutôt l'agent commissionné). Il faut comprendre la portée d'une telle disposition.

« Nous avions heureusement dans la commission plusieurs membres qui connaissent parfaitement toutes les dispositions du Code de commerce. Ils ont pensé, et la commission tout entière a pensé avec eux, que ce n'était pas détruire la difficulté que cacher le gouvernement derrière un agent, que ce n'était pas le mettre à l'abri d'une responsabilité, que c'était un moyen singulier, mais qui n'atteignait pas le but.

« Qu'on dise que l'agent sera un fondé de pouvoir des actes duquel on répondra, ou que l'on dise, ce que le gouvernement ne peut pas dire, que si l'agent n'est pas suffisamment responsable par sa fortune, le gouvernement sera à l'abri de toute recherche, c'est établir une disposition fausse et que nous ne devons pas adopter.

« En avons-nous substitué une autre ? C'est ce que je vais avoir l'honneur de vous dire.

« La commission n'a pas voulu que l'État fît concurrence aux armateurs ; elle n'a pas voulu que l'État transportât une grande quantité de marchandises ; elle a voulu seulement offrir aux négociants français qui habitent les ports et qui expédient des objets précieux par la voie de mer, la possibilité, dans quelques circonstances qui seront très-peu fréquentes, ainsi que les documents qui nous ont été fournis le prouvent, de charger des marchandises rares et précieuses, ayant beaucoup de valeur sous un petit volume, à bord des paquebots.

« Qu'avons-nous voulu ? Nous n'avons pas voulu, en offrant une responsabilité sérieuse, importante, obliger l'État à subir tous les inconvénients des dispositions du Code de commerce ; nous avons voulu seulement, pour ce qui regarde les transports par mer, mettre l'État dans la position où il est pour les transports par terre. On dit que l'État chargera peu de marchandises. Nous ne comptons pas sur cette ressource.

« On dit que l'État n'étant pas responsable, ceux qui chargeront les marchandises seront dans une fausse position. Ils seront dans la position de ceux qui chargent des marchandises, qui envoient des billets de banque, etc., par la voie de la terre.

« Maintenant, voulez-vous que je cite quelques-unes des dispositions du Code de commerce qui sont inapplicables ? Je vais le faire.

« Quand, dans le commerce, un chargeur veut décharger sa marchandise, il le peut en payant la moitié du fret. Eh bien ! qu'arrive-t-il ? C'est qu'au moment du départ, par exemple lorsqu'il y a

7. Des ordonnances royales, rendues dans la forme des règlements d'administration publique, fixeront toutes les conditions (1) du service des paquebots à vapeur régis au compte de l'Etat, régleront la nomenclature des marchandises qui pourront y être reçues, le prix du port des lettres, journaux et imprimés de toute sorte qui seront transportés par les paquebots.

8. Les paquebots à vapeur régis au compte de l'Etat seront assimilés aux bâtiments de la marine royale, et le temps passé par les marins dans le service de ces paquebots sera compté comme service fait pour l'Etat.

9. Il sera pourvu à la dépense autorisée par l'art. 1er, au moyen des ressources affectées par les lois de finances aux besoins des exercices qui supporteront cette dépense.

10. Il sera rendu compte, chaque année, aux Chambres, de la situation des bâtiments à vapeur qui servent à la correspondance, de leur matériel et de leur approvisionnement (2).

---

crainte de guerre, et cela s'est présenté il y a quelques mois, les chargeurs viennent en masse et demandent à profiter de la disposition du Code qui leur permet de débarquer leur marchandise. Nous n'avons pas voulu que le service des paquebots pût ainsi dépendre de la volonté des chargeurs ; nous avons voulu que ce service fût exact, régulier, comme doit l'être un service de l'Etat, et si nous avions dû acheter l'avantage que le Code de commerce a voulu faire aux dépens de la régularité du service, nous aurions préféré de beaucoup renoncer au transport des marchandises.

« D'autres raisons de même valeur peuvent être données.

« Par le connaissement, le capitaine devient l'obligé de droit du chargeur, en même temps qu'il est l'obligé du propriétaire du navire. Il est justiciable, pour toutes les questions de connaissement, des tribunaux de commerce, des consuls, aux lieux d'arrivée et de départ.

« Nous n'avons pas voulu qu'un agent du gouvernement, c'est-à-dire le gouvernement lui-même, fût obligé d'aller trouver, par exemple, un cadi en Egypte et soumît la situation de son gouvernement au jugement de ce cadi ; nous n'avons pas voulu que l'on pût recevoir, cas prévu par le Code de commerce, les dépositions de l'équipage contre le capitaine, parce que cela se fait dans le service maritime. Cela ne doit pas se faire lorsqu'il s'agit du service de l'Etat. Nous n'avons pas voulu que l'équipage pût témoigner contre le capitaine, parce que ce serait un commencement d'insubordination. (Approbation.)

« Enfin, l'art. 316 du Code de commerce indique des formalités qui exigent au moins quinze jours.

« Eh bien ! encore là, dans l'intérêt de la régularité du service, nous n'avons pas voulu que, pour satisfaire à des formalités commerciales ou maritimes, l'Etat ne pût pas faire partir les paquebots et se vit exposé à rester sans nouvelles d'Alexandrie ou de la Corse pendant quinze jours, par exemple.

« Il y a d'autres dispositions, je m'abstiens de les faire connaître ; je me résume. Nous voulons que le transport par l'Etat soit exact et régulier ; nous voulons que le ministre soit parfaitement maître de ce transport et des paquebots qui sont chargés de le faire ; nous voulons que le capitaine, en cas de tempête ou de guerre, ne soit pas obligé de consulter les passagers sur ce qu'il doit faire ; nous voulons que ces paquebots à vapeur, même quand ils transportent des marchandises qui seront toujours d'un petit volume, soient toujours dans la position des paquebots à voiles ordinaires ; nous voulons, non pas détruire d'une manière absolue la responsabilité de l'Etat, mais la soustraire aux dispositions du Code de commerce, parce qu'elles ne seraient pas applicables à l'Etat. »

Je dois faire remarquer que c'est sans doute par suite d'une faute d'impression que l'art. 316 du Code de commerce est indiqué par M. le rapporteur comme exigeant des formalités gênantes. Peut-être est-ce de l'art. 225 que l'on a voulu parler.

M. Pascalis a ajouté : « Je m'applaudis d'avoir demandé ces explications, car elles sont un supplément au rapport qui, sur ce point, manquait peut-être des développements nécessaires pour justifier les résolutions de la commission. Il ressort de ce que M. le rapporteur a bien voulu dire, que la responsabilité ne pèsera pas sur l'Etat, ni sur le capitaine, telle qu'elle est réglée par les dispositions du Code de commerce. Mais il n'en résulte, en aucune manière, qu'il n'y aura pas de responsabilité, et que celui qui aura confié au paquebot ses marchandises, auxquelles il devra d'autant plus tenir qu'elles auront plus de valeur, n'aura pas le droit d'en demander compte et d'agir selon les voies légales pour se les faire restituer ou pour obtenir des indemnités, si ces marchandises ne lui sont pas remises en bon état. En un mot, c'est la responsabilité du droit commun qui seulement est substituée à la responsabilité du droit commercial maritime.

M. le rapporteur a répondu : « Nous sommes parfaitement d'accord avec M. Pascalis. »

L'article ainsi expliqué a été adopté.

Dans la rédaction primitive de l'article, après les mots « envers les chargeurs et leurs ayants-cause, » se trouvaient ceux-ci : « ainsi que leurs obligations quant aux formalités des douanes. » M. le ministre des finances en a demandé la suppression. Il a craint que, s'ils étaient maintenus, l'on ne comprît que l'article avait voulu dispenser des formalités de douanes, ce qui n'était dans la pensée de personne. Cette suppression a été consentie par la commission.

(1) L'article du projet, amendé par la commission, disait : « Tous les détails. » Cette substitution a été faite sur l'observation de M. le ministre des finances, qu'il y a des détails qu'il est impossible de fixer à l'avance, et qui, par conséquent, ne peuvent pas être l'objet de règlements d'administration publique.

(2) Cet article a été proposé par M. Etienne. Il n'a donné lieu à aucune difficulté.

M. Hernoux a demandé si, par l'état matériel des bâtiments à vapeur, il fallait entendre « la valeur vénale. »

M. le ministre a répondu : « Non, ce sera une sorte d'inventaire. »

13 = 23 juin 1841. — Ordonnance du roi qui établit une école préparatoire de médecine et de pharmacie dans la ville de Lyon. (IX, Bull. DCCCXXIV, n. 9374.)

Louis Philippe, etc., sur le rapport de notre ministre secrétaire d'Etat au département de l'instruction publique, grand-maitre de l'Université; vu l'ordonnance royale du 18 mai 1820 concernant les écoles secondaires de médecine; vu nos ordonnances du 13 octobre 1840 et du 12 mars 1841, relatives aux écoles préparatoires de médecine et de pharmacie; vu la délibération du 6 mars 1841, par laquelle le conseil municipal de la ville de Lyon a voté les fonds nécessaires pour l'entretien annuel d'une école préparatoire de médecine et de pharmacie, conformément aux dispositions de l'ordonnance du 13 octobre 1840, et pour l'entretien de trois chaires de titulaires au-delà du nombre fixé par cette ordonnance; vu l'approbation donnée à ladite délibération par notre ministre secrétaire d'Etat au département de l'intérieur; vu l'avis du conseil royal de l'instruction publique en date du 18 mai 1841.

Art. 1ᵉʳ. Une école préparatoire de médecine et de pharmacie est établie dans la ville de Lyon.

2. Les cours de pathologie interne et de pathologie externe, qui, aux termes de notre ordonnance du 13 octobre 1840, sont annexés aux cours de clinique interne et de clinique externe, demeureront confiés, dans ladite école, à deux professeurs titulaires. Il est également maintenu dans ladite école, en dehors du cadre fixé par notre ordonnance du 13 octobre 1840, une chaire spéciale de matière médicale et de thérapeutique.

3. Pour la première organisation de l'école, la nomination des professeurs titulaires et adjoints sera faite directement par notre ministre secrétaire d'Etat au département de l'instruction publique.

4. Notre ministre de l'instruction publique (M. Villemain) est chargé, etc.

25 = 28 juin 1841. — Loi relative au régime financier de la Martinique, de la Guadeloupe, de la Guiane française et de Bourbon (1). (IX, Bull. DCCCXXV, n. 9375.)

Art. 1ᵉʳ. Les recettes et les dépenses des colonies de la Martinique, de la Guadeloupe, de la Guiane française et de Bourbon, font partie des recettes et dépenses de l'Etat, et sont soumises aux règles de la comptabilité générale du royaume.

---

(1) Présentation à la Chambre des Députés le 6 avril (Mon. du 7); rapport par M. Lacrosse le 6 mai (Mon. du 16); discussion le 17 (Mon. du 18); adoption le 18 (Mon. du 19), à la majorité de 200 voix contre 31.

Présentation à la Chambre des Pairs le 1ᵉʳ juin (Mon. du 4); rapport par M. Rossi le 14 (Mon. du 16); discussion et adoption le 21 (Mon. du 22), à la majorité de 116 voix contre 14.

L'art. 5 de la loi du 24 avril 1833 attribue aux conseils coloniaux de la Martinique, de la Guadeloupe, de la Guiane française et de Bourbon, la discussion et le vote des budgets du service intérieur, sous cette réserve que les traitements des gouverneurs et ceux du personnel de la justice et des douanes ne pourront donner lieu qu'à de simples observations. Par l'art. 6 de la même loi, les pouvoirs de ces assemblées, quant à la fixation des voies et moyens du budget, sont expressément limités à l'assiette et à la répartition des contributions directes.

Afin de combiner, autant que possible, ces dispositions avec le régime financier adopté depuis 1826 pour les colonies, on a porté dans les budgets coloniaux,

1° Trois sortes de dépenses, savoir:

Dépenses de souveraineté, dites réservées (gouverneurs, justice et douanes);

Dépenses se rattachant aussi à la souveraineté ou à l'administration générale, mais soumises au vote des conseils coloniaux;

Dépenses d'intérêt purement local ou départemental;

2° Deux espèces de revenus bien distincts:

Recettes provenant des droits de douane, de navigation, de timbre, de greffe et d'hypothèques, indépendants du vote des conseils coloniaux;

Recettes résultant des contributions directes dévolues au vote de ces assemblées.

Le budget de la Guiane a dû continuer de comprendre, en outre, dans ses recettes, une allocation de 500,000 fr. environ par an sur les fonds du trésor public.

Le régime de la loi actuelle repose sur les bases suivantes:

1° Mettre à la charge des fonds de l'Etat la totalité des dépenses de souveraineté et d'administration générale qui se font dans les colonies et qui peuvent être assimilées aux dépenses de même nature que comprennent en France, pour les départements, les budgets des divers ministères;

2° Faire percevoir pour le compte de l'Etat, dans les colonies, les contributions déjà établies sous la dénomination de droits d'enregistrement, de greffes, de douanes et de navigation;

3° Assimiler le surplus des dépenses et des contributions coloniales aux dépenses et aux contributions départementales facultatives et extraordinaires qui figurent dans le budget général de l'Etat, mais seulement pour ordre et sous réserve du vote des conseils généraux.

Dans les tableaux annexés à la loi, le partage des recettes et dépenses coloniales est établi, autant que possible, d'une manière analogue à la division qui existe pour les départements de la France et que consacre le tableau du service départemental annexé au budget de l'Etat.

Ce simple rapprochement suffit pour faire saisir la différence des deux régimes.

« Pour démontrer l'opportunité et même l'ur-

Les recettes et dépenses affectées au service général sont arrêtées définitivement par la loi du budget.

Les recettes et dépenses affectées au service intérieur continueront à être votées par les conseils coloniaux.

gence d'une réforme financière, a dit M. le rapporteur de la commission de la Chambre des Députés, les preuves abondent. Votre commission du budget procède avec une réserve qui sera comprise ; elle s'abstiendra de citations et de développements tant que l'intérêt de la vérité ne les rendra pas nécessaires. Il faut cependant rappeler l'origine et le progrès des abus.

« En moins de cinq années, quarante-deux décrets coloniaux n'ont pu être revêtus de la sanction royale, la plupart pour des raisons graves.

« Les conseils ont plus d'une fois tenté, au nom de la loi du 24 avril 1833, d'empiéter sur les prérogatives réservées au gouvernement par les articles les moins susceptibles d'interprétation. Dans chacune de leurs sessions, et malgré la résistance de leurs gouverneurs, ils votent des sommes considérables destinées à des dépenses secrètes condamnées par les Chambres lors du règlement définitif du budget de 1836. L'irrégularité de ces allocations est attestée par l'ordonnance même qui vient d'apurer les comptes des exercices 1835, 1836, 1837 et 1838. Voy. ordonnance du 12 avril 1841.

« En peu d'années, la caisse de réserve de la Martinique a été épuisée ; les fonds de réserve de la Guadeloupe et de Bourbon décroissent rapidement. Les subventions allouées par les Chambres sont devenues des occasions de conflit par la prétention des conseils qui en ont voulu régler la quotité et l'emploi.

« L'incertitude des attributions respectives altère les bases du bon ordre et de la sécurité ; il deviendrait impossible aux gouverneurs de conserver la confiance nécessaire à leur autorité, si chaque jour les rouages du mécanisme administratif étaient désorganisés sous leurs yeux et si les fonctionnaires restaient soumis à des influences extra-légales. On ne s'attaque pas seulement aux agents subalternes. Les ordonnances royales, rendues en vertu de la loi de 1833, ont été taxées d'inconstitutionnalité.

« Les modifications profondes qui pénétreront dans les colonies françaises doivent être précédées des bienfaits d'un enseignement religieux. Les Chambres ne se sont pas contentées de déclarer qu'aucun sacrifice ne sera demandé sans compensation ; elles ont voulu préparer une émancipation pacifique qui ne doit enfanter ni l'oisiveté, ni la licence. C'est donc au profit de la population tout entière que doivent se développer, aux frais de la métropole, les moyens d'instruire et de moraliser les noirs. Le concours des conseils coloniaux eût facilité les résultats espérés : loin de les seconder, on a frappé de réductions les traitements qui devaient se coordonner avec ceux alloués par l'Etat.

« Ce n'est pas seulement par les agents de la métropole que l'opportunité du projet de loi a été constatée. Des ouvrages qui font autorité en matière de finances ont développé les raisons pour lesquelles il convient que les revenus des colonies soient rattachés au budget de l'Etat.

« La Cour des comptes n'a cessé de déclarer que la spécialité financière des colonies est en opposition avec les principes d'ordre établis dans l'administration publique. Une opinion semblable

et imprimée dans le rapport de la commission de vérification de 1838 et 1839.

« Le rapport présenté à la Chambre sur les comptes de l'exercice 1838 n'est pas moins explicite ; il contient plus qu'un simple avis. On y lit un projet de loi analogue à celui dont nous traitons ; on y trouve une recommandation aux commissions futures de formuler bientôt ces dispositions qui *ont un tel caractère d'ordre et de convenance*. Ce rapport n'a point passé inaperçu. Discuté pendant plusieurs séances, il n'a suscité aucune réclamation sur ce point ; et, bien qu'il n'ait pas été appuyé d'un vote, le ministre a pu y voir la confirmation parlementaire des vues que lui suggéraient son expérience et sa sollicitude.

« Par l'exposé des motifs, vous avez appris que la commission présidée par M. le duc de Broglie reconnaît la nécessité d'adopter, à partir de 1842, un système exempt des inconvénients qui se sont multipliés.

« Votre commission pense également que le projet de loi, considéré au point de vue financier, ne mérite aucune censure.

« Une seule question préalable a été posée : la compétence des pouvoirs constitutionnels a été mise en doute.

« MM. les délégués de la Martinique, de la Guadeloupe, de la Guiane et de Bourbon, ont fait parvenir à la commission du budget une note dont voici la substance : « Le projet de loi présenté le 6 avril tendrait à dépouiller les conseils coloniaux des pouvoirs déjà si restreints que leur a donnés la loi du 24 avril 1833, loi organique qui est devenue la Charte des colonies. »

« Les principes élémentaires du droit constitutionnel, a répondu la commission de la Chambre des Députés, sont en contradiction avec ces théories.

« La Charte coloniale, c'est la Charte du 7 août 1830, égide de toutes les libertés dans les colonies comme dans la métropole : elle a fait rentrer les colonies en possession du régime légal, après une longue épreuve de l'arbitraire formulé en décrets impériaux, ou même, pendant la restauration, en dépêches ministérielles.

« Les lois ne sont pas immuables comme la Charte : appropriées aux besoins d'une époque, elles sont essentiellement susceptibles d'extension ou d'abrogation. Lorsque des besoins nouveaux se révèlent à la pratique des affaires, les grands pouvoirs de l'Etat révisent leur œuvre première.

« Telles sont les conditions des lois générales..... Les lois particulières destinées à régir les colonies auraient-elles un caractère qui leur fût propre ? Seraient-elles inaccessibles aux améliorations conseillées par l'expérience ? Ces lois ont leur base dans la Charte ; c'est la pensée de la Charte qu'il faut interroger. Voici le commentaire inséparable de l'art. 64 ; on le trouve dans le rapport de l'honorable M. Dupin aîné sur la proposition de M. Bérard, séance du 6 août 1830 : « Les ministres avaient toujours interprété l'art. 73, relatif aux colonies, en ce sens qu'elles étaient soumises, non à l'action régulière de la législation, mais à l'action instable des règlements les plus bizarres. Nous sommes rentrés dans la légalité, en disant que les colonies sont régies par des lois particu-

Toutes dispositions contraires sont abrogées.

2. Dans les colonies de la Martinique, de la Guadeloupe, de la Guiane française et de Bourbon, les recettes de toute nature continueront à être faites, en 1842, conformément aux lois et ordonnances actuellement en vigueur.

3. Les voies et moyens de l'exercice 1842 sont augmentés d'une somme de cinq millions neuf cent quatre vingt-quatorze mille francs (5,994,000 fr.), à laquelle sont évaluées les recettes des colonies de la Martinique, de la Guadeloupe, de la Guiane française et de Bourbon, conformément au tableau F annexé à la présente loi, savoir :

1° Pour ressources affectées au service général, deux millions quatre cent quatre-vingt-dix-huit mille trois cent cinquante francs (2,498,350 fr.) ;

2° Pour ressources affectées au service intérieur, trois millions quatre cent quatre-vingt-quinze mille six cent cinquante francs (3,495,650 fr.).

4. Les crédits ouverts pour les services de l'Etat par le budget de l'exercice 1842 sont augmentés, conformément au tableau G ci-annexé, 1° d'une somme de deux millions cent vingt-quatre mille trente francs (2,124,030 fr.), affectée au service général des colonies et répartie entre les chapitres 21, 22 et 23 bis du ministère de la marine et des colonies ; 2° d'une somme de trois millions huit cent soixante-neuf mille neuf cent soixante et dix frans (3,869,970 fr.), à laquelle sont évaluées les dépenses du service intérieur comprises dans le chapitre 23 du même ministère.

5. Dans le cas où, pour une cause quelconque, le budget de l'Etat ne serait pas parvenu dans une colonie avant le commencement de l'exercice, les recettes et les dépenses continueront à être faites par douzièmes, conformément au budget de l'exercice précédent.

TABLEAU F.

DÉSIGNATION DES RECETTES.				MONTANT des RECETTES.
		Service des colonies.		
Ire Partie. — Recettes à faire aux colonies pour le compte de l'Etat.		Droits d'enregistrement et d'hypothèques.	422,490	fr. 2,498,350
		Droits de timbre.	45,000	
		Droits de greffe et perceptions diverses. . . .	224,600	
		Droits de douanes à l'entrée des marchandises. . .	1,612,850	
		Droits de navigation et de port.	193,410	
IIe Partie. — Recettes du service local à voter par les conseils coloniaux, en exécution de la loi du 24 avril 1833.	Contributions directes.	Capitation des villes et bourgs.		3,495,650
		Capitation des grandes et petites cultures. . . .		
		Contribution personnelle.		
		Droits sur les maisons des villes et bourgs. . .		
		Droits sur les patentes.		
	Contributions indirectes.	Droits sur les alambics.		
		Droits sur la vente des tabacs.		
		Taxes accessoires de navigation. . . .		
		Droits d'entrepôt.		
		Droits divers. (Licences, ports d'armes, poste aux lettres, etc.). . . .		
	Domaine.	Produit des habitations et propriétés domaniales. .		
		Recettes diverses.		
Total des recettes.				5,994,000

lières (texte de l'art. 64). Ce dernier mot indique assez que ces lois devront être spéciales, appropriées à l'état des colonies, et soumises à un régime progressif d'amélioration. » (Voy. mes notes sur l'art. 73 de la résolution de la Chambre des Députés du 7 août 1830.) Le ministre, responsable de l'administration des colonies, s'adresse aux Chambres pour réaliser cette prévision de la Charte. Une épreuve de sept années suffit, quand elle ne laisse aucun doute sur la cause du mal. Travailler au perfectionnement de la législation, sans précipitation comme sans faiblesse, c'est concilier deux principes qui font la force des Etats libres : le progrès et la stabilité.

« Ces considérations établissent suffisamment la compétence des Chambres. »

Voy. ci-après, ordonnance du 22 novembre 1841.

MINISTÈRE DE LA MARINE ET DES COLONIES.

Budget de l'exercice 1842.

CHAPITRE XXI. — *Service militaire.*

Ire SECTION. . . .	Personnel. (Comme au budget, moins la section du commissariat de la marine transférée au chapitre 22.)	6,610,832 f.
IIe SECTION. . . .	Matériel. (Comme au budget.).	2,554,200
		9,165,032 f.

CHAPITRE XXII. — *Administration générale des colonies. (Martinique, Guiane française, Guadeloupe et Bourbon.)*

Ire PARTIE.
—
Dépenses du service général à la charge de l'État.

Gouvernement colonial.	276,100	
Commissariat de la marine.	502,340	
Service des ports.	114,580	
Direction de l'intérieur.	147,900	
Administrations financières. (Enregistrement, douanes, trésor, etc.).	1,040,550	fr.
Culte.	399,700	
Justice.	1,039,950	4,366,770
Instruction publique.	335,650	
Dépenses assimilées à la solde.	121,000	
Traitement aux hôpitaux des agents attachés au service général.	25,000	
Travaux. (Construction des chapelles.). . . .	200,000	
Loyers.	50,000	
Approvisionnements divers.	29,000	
Dépenses d'intérêt commun à toutes colonies. . .	85,000	

CHAPITRE XXIII. — *Administration intérieure des colonies de la Martinique, la Guadeloupe, la Guiane et Bourbon.*

Dépenses à voter par les conseils coloniaux, en exécution de la loi du 24 avril 1833.

Ire SECTION. . . .

IIe SECTION. . . .

Délégués.	
Ponts et chaussées	
Commissaires de police et autres agents. . . .	
Concierges, geôliers et autres agents. . . .	
Service de trésorerie.	
Dépenses assimilées à la solde. . . .	
Bâtiments civils, entretien et constructions.	
Loyers et ameublements.	
Dépenses des prisons.	
Frais de justice.	fr.
Police du littoral.	3,869,970
Routes et chemins, ouvrages d'art. . . .	
Traitement aux hôpitaux des agents du service local. . . .	
Hospices et établissements sanitaires. . . .	
Vivres pour les rationnaires du service local. . . .	
Approvisionnements divers.	
Frais d'impression, de bureaux, d'affiches et abonnements au Bulletin des lois, aux journaux. . . .	
Acquittement de dettes exigibles.	
Frais de recouvrement des contributions locales et dégrèvements.	
Secours, subventions, encouragements aux cultures.	
Dépenses imprévues.	

CHAPITRE XXIII BIS. — *Subvention à divers établissements coloniaux.*

Allocation. . . .

à l'établissement de Mana.	55,000	
à l'établissement au Sénégal.	320,000	605,000
à l'établissement de pêche de Saint-Pierre et Miquelon.	170,000	
à l'établissement de Sainte-Marie-de-Madagascar. . . .	60,000	

18 = 28 juin 1841. — Ordonnance du roi portant formation d'un comité consultatif d'état-major. (IX, Bull. DCCCXXV, n. 9376.)

Louis-Philippe, etc., vu nos ordonnances des 23 févr. 1833 (1), 16 mars 1838 (2) et 17 décembre 1840 (3) ; sur le rapport de notre ministre secrétaire d'Etat de la guerre, etc.

Art. 1er. Il est formé un comité consultatif d'état-major, composé ainsi qu'il suit : trois lieutenants généraux et un maréchal de camp, employés à un titre quelconque ; le directeur général du dépôt général de la guerre ; le général commandant l'école d'application d'état-major ; le général commandant l'école spéciale militaire. Les membres du comité, autres que le directeur général du dépôt de la guerre et les deux commandants de l'école, sont nommés par nous, sur la proposition de notre ministre secrétaire d'Etat de la guerre ; ils peuvent être renouvelés tous les ans, en tout ou en partie. La présidence appartient au plus ancien des lieutenants-généraux : en cas de partage égal des voix, celle du président est prépondérante. Un officier supérieur, employé au dépôt de la guerre, remplit les fonctions de secrétaire permanent, sans voix délibérative ni consultative.

2. La durée de la session du comité consultatif d'état-major est fixée à six mois, du 1er octobre de chaque année au 1er avril de l'année suivante. Pendant les autres mois de l'année, il ne peut se réunir qu'en vertu d'un ordre spécial de notre ministre secrétaire d'Etat de la guerre.

3. Le comité examine et discute, d'après les renvois ordonnés par notre ministre de la guerre, toutes les questions qui intéressent la constitution, l'organisation, le service, la discipline, l'instruction et l'uniforme du corps royal d'état-major et de l'état-major des places. Il donne un avis motivé sur chacune des affaires ainsi déférées à son examen.

4. Le comité a la direction des études, tant des élèves que des officiers du corps d'état-major. Il rédige et propose à notre ministre secrétaire d'Etat de la guerre les règlements sur l'organisation intérieure, les cours et le régime de l'école d'application, ainsi que les programmes d'admission et de sortie. Les concours pour l'admission à l'école d'application et pour la sortie ont lieu devant le comité, qui établit le classement résultant de ces concours. Des professeurs de l'école peuvent être appelés dans le sein du comité, pour y participer aux examens. Le comité procède de même à l'examen des officiers qui se présenteraient pour entrer, par permutation, dans le corps royal d'état-major. Il détermine les travaux d'étude que doivent annuellement exécuter les lieutenants et les capitaines qui n'ont pas deux ans de grade et deux ans de fonctions d'état-major. Il classe par ordre de mérite ces travaux d'étude, ainsi que les plans et mémoires présentés par les officiers supérieurs et par les capitaines ayant plus de deux ans de fonctions d'état-major. Des colonels ou lieutenants-colonels d'état-major en activité à Paris peuvent être adjoints au comité, tant pour l'examen des élèves et des officiers que pour celui des travaux exécutés par les officiers du corps.

5. Le comité établit le tableau d'avancement, au tour du choix, des officiers du corps royal d'état-major, d'après les propositions des inspecteurs généraux et des généraux sous les ordres desquels servent les officiers. Il consulte, pour l'établissement de ce tableau, le classement, par ordre de mérite, des travaux des officiers proposés pour l'avancement, et tient compte de la manière dont ces officiers se sont acquittés des fonctions spéciales qui, par leur importance ou par l'application journalière qu'elles exigent, les auraient dispensés de tout travail accessoire.

6. Le comité consultatif d'état-major peut, sur l'ordre de notre ministre secrétaire d'Etat de la guerre, être appelé à délibérer, concurremment avec les autres comités d'armes, sur des objets d'un intérêt commun.

7. Les chefs de service de l'administration centrale du département de la guerre assistent, sans voix délibérative, aux séances du comité, lorsque notre ministre secrétaire d'Etat de la guerre le juge nécessaire.

8. Toutes dispositions contraires à la présente ordonnance sont et demeurent abrogées.

9. Notre ministre de la guerre (duc de Dalmatie) est chargé, etc.

25 = 29 juin 1841. — Loi qui ouvre deux crédits pour les dépenses de la translation des restes mortels de l'empereur *Napoléon* et de la construction de son tombeau (4). (IX, Bull. DCCCXXVI, n. 9378.)

Art. 1er. Il est ouvert au ministre de

---

(1) Voy. tome 33.
(2) Voy. tome 38.
(3) Voy. tome 40.
(4) Présentation à la Chambre des Députés le 13 avril (Mon. du 15) ; rapport par M. Vitelle 13 mai (Mon. du 18) ; adoption le 22 mai (Mon. du 23), à la majorité de 204 voix contre 26.
Présentation à la Chambre des Pairs le 1er juin

l'intérieur, sur l'exercice 1840, un crédit de six cent mille francs (600,000 fr.), en addition au crédit d'un million (1,000,000 fr.) accordé par la loi du 10 juin 1840 pour acquitter les dépenses de la translation des restes mortels de l'empereur *Napoléon* et de la construction de son tombeau.

2. Il est ouvert en outre au ministre de l'intérieur, sur l'exercice 1841, un crédit de sept cent mille francs (700,000 fr.), dont deux cent mille francs (200,000 fr.) pour solde des dépenses de la cérémonie funèbre, et cinq cent mille francs (500,000 fr.) pour la construction du tombeau.

3. La portion de crédit de cinq cent mille francs (500,000 fr.) qui n'aura pas été employée en 1841 pourra être réassignée sur l'exercice suivant, en vertu d'une ordonnance royale rendue dans les formes prescrites par la loi du 24 avril 1833.

4. Il sera pourvu aux dépenses autorisées par la présente loi, au moyen des ressources affectées aux besoins des exercices 1840 et 1841.

---

25 = 29 JUIN 1841. — Loi qui ouvre un crédit pour la pose de la statue de l'empereur *Napoléon* sur la colonne de Boulogne (1). (IX, Bull. DCCCXXVI, n. 9379.)

Art. 1er. Il est ouvert au ministre de l'intérieur, sur l'exercice 1841, un crédit de vingt-huit mille francs (28,000 fr.), pour le transport et la pose de la statue de l'empereur *Napoléon* sur la colonne de la grande armée, à Boulogne.

2. Il sera pourvu à la dépense autorisée par la présente loi, au moyen des ressources affectées aux besoins de l'exercice 1841.

---

13 = 29 JUIN 1841. — Ordonnance du roi qui établit une école préparatoire de médecine et de pharmacie dans la ville d'Arras. (IX, Bull. DCCCXXVI, n. 9380.)

Louis-Philippe, etc., sur le rapport de notre ministre secrétaire d'Etat au département de l'instruction publique, grand-maître de l'Université; vu l'ordonnance royale du 18 mai 1820, concernant les écoles secondaires de médecine; vu nos ordonnances des 13 octobre 1840 et 12 mars 1841, relatives aux écoles préparatoires de médecine et de pharmacie; vu les délibérations des 11 novembre 1840, 25 mars et 20 avril 1841, par lesquelles le conseil municipal d'Arras a voté les fonds nécessaires pour

l'entretien annuel d'une école préparatoire de médecine et de pharmacie, conformément aux dispositions de l'ordonnance du 13 octobre 1840; vu l'approbation donnée auxdites délibérations par notre ministre secrétaire d'Etat au département de l'intérieur; vu l'avis du conseil royal de l'instruction publique en date du 21 mai 1841, etc.

Art. 1er. Une école préparatoire de médecine et de pharmacie est établie dans la ville d'Arras.

2. Les cours de pathologie interne et de pathologie externe, qui, aux termes de notre ordonnance du 13 octobre 1840, sont annexés aux cours de clinique interne et de clinique externe, demeureront provisoirement confiés, dans ladite école, à deux professeurs titulaires. Il est également maintenu, dans ladite école, en dehors du cadre déterminé, une place de professeur titulaire, lequel sera chargé spécialement du cours de matière médicale et de thérapeutique, et deux places de professeur-adjoint sans aucune attribution d'enseignement.

3. Pour la première organisation de l'école, la nomination des professeurs titulaires et adjoints sera faite directement par notre ministre secrétaire d'Etat au département de l'instruction publique.

4. Notre ministre de l'instruction publique (M. Villemain) est chargé, etc.

---

15 = 29 JUIN 1841. — Ordonnance du roi concernant la répartition du fonds commun affecté aux travaux de construction des édifices départementaux d'intérêt général et aux ouvrages d'art sur les routes départementales, pendant l'exercice 1841. (IX, Bull. DCCCXXVI, n. 9381.)

Louis-Philippe, etc., vu l'art. 17 de la loi du 10 mai 1838; vu la loi du 16 juillet 1840, portant fixation du budget des dépenses de 1841 (budget du ministère de l'intérieur, chapitre 35); vu notre ordonnance du 20 décembre 1840; sur le rapport de notre ministre secrétaire d'Etat au département de l'intérieur, etc.

Art. 1er. La répartition supplémentaire, pour complément de la portion du fonds commun de six dixièmes de centimes additionnels aux contributions foncière, personnelle et mobilière de 1841, affectée, à titre de secours, aux travaux de construction des édifices départementaux d'intérêt général, ainsi qu'aux ouvrages d'art sur les routes départementales, pendant cet exer-

---

(Mon. du 3); rapport par M. Lebrun le 11 (Mon. du 12); adoption le 18 (Mon. du 19), à la majorité de 94 voix contre 11.

(1) Présentation à la Chambre des Députés le 28 avril (Mon. du 29); adoption le 22 mai (Mon.

du 23), à la majorité de 297 voix contre 33.

Présentation à la Chambre des Pairs le 1er juin (Mon. du 3); rapport par M. Lebrun le 11 (Mon. du 12); adoption le 18 (Mon. du 19), à la majorité de 98 voix contre 7.

cice, est réglée conformément à l'état ci-
annexé.

2. Notre ministre de l'intérieur (M. Duchâtel) est chargé, etc.

(*Suit le tableau.*)

22 = 29 JUIN 1841. — Ordonnance du roi portant
fixation des prix de vente des poudres royales en
Algérie. (IX, Bull. DCCCXXVI, n. 9382.)

Louis-Philippe, etc., vu notre ordonnance du 14 février 1835 portant fixation
du prix des poudres royales vendues en Algérie; considérant que les remises allouées
aux débitants ne sont pas suffisantes pour
les indemniser des frais de magasinage, de
manutention et de vente, qui sont plus considérables en Algérie qu'en France; sur le
rapport de notre président du conseil, ministre secrétaire d'Etat de la guerre, etc.

Art. 1ᵉʳ. A dater du 1ᵉʳ juillet 1841, les
prix de vente, en Algérie, des poudres
royales, seront fixés ainsi qu'il suit :

	Aux DÉBITANTS.	Aux CONSOMMATEURS.
Poudre de chasse superfine, le kilogramme	9 fr. 50 c.	10 fr. 50 c.
Poudre de chasse fine	7 50	8 50
Poudre de mine	2 50	3 00
Poudre de commerce	2 50	3 00

2. Toutes dispositions contraires à la
présente ordonnance sont et demeurent
rapportées.

3. Notre ministre de la guerre (duc de
Dalmatie) est chargé, etc.

23 MAI = 1ᵉʳ JUILLET 1841. — Ordonnance du roi
portant règlement sur les enquêtes administratives qui doivent précéder l'application des dispositions de la loi du 27 avril 1838, relative aux
mines inondées ou menacées d'inondation. (IX,
Bull. DCCCXXVII, n. 9384.)

Louis-Philippe, etc., sur le rapport de
notre ministre secrétaire d'Etat des travaux publics; vu la loi du 27 avril 1838,
relative à l'assèchement et à l'exploitation
des mines; vu l'art. 1ᵉʳ de cette loi, ledit
article ainsi conçu : « Lorsque plusieurs
« mines, situées dans des concessions diffé-
« rentes, seront atteintes ou menacées
« d'une inondation commune qui sera de
« nature à compromettre leur existence, la
« sûreté publique ou les besoins des con-
« sommateurs, le gouvernement pourra
« obliger les concessionnaires de ces mines
« à exécuter, en commun et à leurs frais,
« les travaux nécessaires soit pour assécher
« tout ou partie des mines inondées, soit
« pour arrêter les progrès de l'inondation.
« L'application de cette mesure sera précé-
« dée d'une enquête administrative, à la-
« quelle tous les intéressés seront appelés,
« et dont les formes seront déterminées
« par un règlement d'administration publi-
« que; » notre conseil d'Etat entendu, etc.

Art. 1ᵉʳ. L'enquête administrative qui
doit précéder l'application des dispositions
de la loi du 27 avril 1838, relative aux
mines inondées ou menacées d'inondation,
sera ordonnée par notre ministre secrétaire
d'Etat des travaux publics, et aura lieu
dans les formes ci-après déterminées.

2. L'enquête s'ouvrira sur un mémoire
rédigé par l'ingénieur en chef des mines,
et faisant connaître : la quantité des produits que les mines inondées fournissaient
avant d'être envahies par les eaux; la quantité de ceux que fournissent encore les
mines que l'inondation peut atteindre; les
relations que ces diverses mines ont entre
elles; les causes de l'inondation qui les atteint ou qui les menace; la manière dont
cette inondation se propage, les progrès
qu'elle a déjà faits et ceux qu'elle peut faire
encore; les circonstances d'où il résulte
qu'elle est de nature à compromettre l'existence des mines, la sûreté publique ou les
besoins des consommateurs, et qu'il y a
lieu, par le gouvernement, de recourir à
l'application de la loi du 27 avril 1838, à
l'effet d'obliger les concessionnaires à exécuter, en commun et à leurs frais, les travaux nécessaires, soit pour assécher les
mines inondées, soit pour garantir de
l'inondation les exploitations qui n'en sont
point encore atteintes. A ce mémoire seront joints les plans et coupes nécessaires
pour en faciliter l'intelligence.

3. Les pièces mentionnées en l'article
précédent seront déposées à la sous-préfecture de l'arrondissement dans lequel les
mines sont situées, après avoir été visées
par le préfet.

4. Un registre destiné à recevoir les observations auxquelles la mesure projetée
pourra donner lieu sera ouvert pendant

deux mois à cette sous-préfecture. Le mémoire et les plans produits par l'ingénieur en chef y resteront déposés pendant le même temps. Des registres seront également ouverts dans chaque commune de la circonscription des mines auxquelles il s'agit de faire application de la loi du 27 avril 1838. A ces registres seront annexées les copies conformes des pièces déposées à la sous-préfecture.

5. L'enquête sera annoncée par des affiches placées au chef-lieu du département, à celui de l'arrondissement, et dans toutes les communes dans lesquelles sont situées les mines inondées ou menacées d'inondation. Les représentants des concessionnaires ou des sociétés propriétaires de chacune de ces mines, nommés en exécution de l'art. 7 de la loi du 27 avril 1838, seront informés individuellement, par notifications administratives, de l'ouverture de cette enquête.

6. Une commission, composée de cinq membres au moins, et de sept au plus, sera formée au chef-lieu de l'arrondissement. Les membres et le président de cette commission seront nommés par le préfet.

7. Cette commission se réunira immédiatement après l'expiration du délai fixé par l'art. 4. Elle examinera les déclarations consignées aux registres. Elle recevra les dires, mémoires et observations de toute espèce : elle entendra les propriétaires des mines inondées ou menacées d'inondation, les ingénieurs des mines, les chefs des établissements industriels, et toutes les personnes qu'elle jugera à même de lui fournir d'utiles renseignements ; puis elle donnera son avis motivé sur la question de savoir s'il y a lieu à l'application de la mesure in-

diquée dans l'art. 1er de la loi du 27 avril 1838. Ces diverses opérations devront être terminées dans le délai d'un mois. Il en sera dressé procès-verbal, lequel sera transmis immédiatement au préfet par le président, avec les registres et autres pièces de l'enquête.

8. Les chambres de commerce et les chambres consultatives des arts et manufactures des villes situées tant à l'intérieur qu'au dehors du département, qu'il paraîtrait utile de consulter, seront appelées à donner leur avis.

9. Toutes les pièces de l'enquête seront transmises au ministre des travaux publics par le préfet, lequel y joindra son avis motivé.

10. Notre ministre des travaux publics (M. Teste) est chargé, etc.

25 JUIN = 1er JUILLET 1841. — Ordonnance du roi qui maintient M. le lieutenant-général comte de Colbert (Louis-Pierre-Alphonse) dans la première section du cadre de l'état-major général. (IX, Bull. DCCCXXVII, n. 9386.)

Louis-Philippe, etc., vu la loi du 4 août 1839 ; sur le rapport de notre ministre secrétaire d'Etat de la guerre, et de l'avis de notre conseil des ministres, etc.

Art. 1er. M. le lieutenant-général comte de Colbert (Louis-Pierre-Alphonse) est maintenu dans la première section du cadre de l'état-major général.

2. Notre ministre de la guerre (duc de Dalmatie) est chargé, etc.

25 JUIN = 1er JUILLET 1841. — Loi sur les ventes aux enchères de marchandises neuves (1). (IX, Bull. DCCCXXVIII, n. 9389.)

(1) Proposition de MM. Muret de Bord et Lebeuf le 29 mai 1838 (Mon. du 30) ; développement et prise en considération le 2 juin (Mon. du 8) ; rapport par M. Jollivet le 16 (Mon. du 20). Nouvelle proposition par les mêmes le 30 mai 1839 (Mon. du 31) ; développement et prise en considération le 4 juin (Mon. du 5) ; rapport par M. Hébert le 11 juillet (Mon. du 12). Présentation à la Chambre des Députés d'un projet de loi sur les ventes mobilières le 5 février 1840 (Mon. du 6) ; rapport par M. Hébert le 24 avril (Mon. du 29). Reprise le 12 décembre (Mon. du 13). Retrait d'une ordonnance royale le 24 février 1841 (Mon. du 25), et présentation le même jour d'un projet partiel sur la vente aux enchères des marchandises neuves ; rapport par M. Quénault le 18 mars (Mon. du 20) ; discussion les 3 et 7 avril (Mon. des 4 et 8) ; adoption le 8 (Mon. du 9), à la majorité de 170 voix contre 59. Présentation à la Chambre des Pairs le 15 avril (Mon. du 16) ; rapport par M. Persil le 17 mai (Mon. du 20) ; discussion les 14 et 15 juin (Mon.

des 15 et 16) ; adoption le 16 (Mon. du 17), à la majorité de 56 voix contre 52.

Les divers articles dont se compose la loi actuelle ne sont que la reproduction des propositions émanées de l'initiative de la Chambre des Députés et sur lesquelles, dans les sessions précédentes, deux de ses commissions avaient exprimé une opinion favorable. Ils étaient compris dans le projet de loi relatif aux ventes des biens meubles que le gouvernement, par des motifs qu'il est inutile de rappeler, a jugé à propos de retirer.

« Ces dispositions, a dit M. le ministre de la justice, sont depuis longtemps réclamées dans l'intérêt du commerce tout entier ; elles doivent mettre un terme aux hésitations de la jurisprudence, prévenir le retour de collisions fâcheuses qui sont nées, en certains lieux, de l'incertitude de la législation ; elles sont donc à la fois intimement liées aux besoins si importants et si respectables du commerce et au maintien de l'ordre public. »

Toute la loi repose sur cette idée que l'enchère publique n'est point un moyen régulier de faire le commerce ; qu'établi pour répondre à certaines nécessités d'un autre ordre, ce mode de vente devient dangereux dès que le marchand l'appelle au secours de son industrie; en sorte que défendre d'y recourir pour la vente en détail des marchandises neuves, c'est pourvoir à l'avantage de tous sans ôter à personne l'usage d'une faculté légitime.

« On conçoit, en effet, disait M. *Hébert*, la formalité des enchères, en tant qu'elle a pour but de faire vendre au plus haut prix possible, ou des objets dont le vendeur, en raison de sa situation personnelle, n'a pas, selon la loi, le pouvoir de fixer et de débattre le prix, ou des meubles qui, ayant servi, ne sont plus marchandises et n'ont plus ni prix courant, ni valeur facilement appréciable.

« Dans la concurrence des acheteurs, dans le débat et la rivalité qui s'établissent entre eux, ces objets, qui autrement demeureraient invendus, trouvent un débouché facile et parfois un prix très-avantageux; il y a une nécessité à laquelle il faut bien pourvoir et qui commande d'accepter ce mode de vente, malgré les inconvénients qu'il entraîne; seulement pour les diminuer, et comme il s'agit d'une opération faite sous la garantie de la loi, il convient que la loi confie à des officiers publics les soins de constater les conditions de la vente, de faire la criée et de recevoir les enchères.

« Mais le commerce proprement dit, celui que la loi encourage et protège, ne doit reposer que sur la liberté et la loyauté des rapports entre l'acheteur et le vendeur; il faut qu'attiré par la confiance que le marchand lui inspire, l'acheteur ait le temps d'examiner la qualité de la marchandise et toute liberté d'en connaître et d'en débattre le prix. On sent, dès lors, que, pour une convention simple aussi, il n'est nul besoin de l'intervention d'un officier public, et qu'il est superflu de recourir à l'excitation des enchères, si le vendeur n'a en vue que de réaliser un bénéfice légitime.

« Aussi l'expérience ne l'a que trop prouvé, les ventes de marchandises à l'encan n'ont presque jamais été qu'un moyen de favoriser des spéculations aussi contraires à l'esprit du commerce que nuisibles à sa prospérité.

« Elles offrent, par la rapidité avec laquelle se font l'enchère et l'adjudication, la facilité de tromper le consommateur, qui, séduit par l'appât du bon marché et privé du temps de réfléchir, paie souvent fort cher des marchandises de la plus mauvaise qualité.

« Par la réalisation presque immédiate du produit de la vente, elles donnent au marchand sur le point de faillir un moyen trop commode de soustraire le gage de ses créanciers, et procurent souvent l'écoulement de marchandises provenant encore d'une pire origine.

« Enfin, par la masse d'objets qu'elles peuvent livrer instantanément à la consommation dans une seule localité, elles interrompent brusquement les relations ordinaires du commerce de détail, et sacrifient ainsi à l'intérêt d'un seul l'intérêt de tous les commerçants qui ne veulent point sortir des voies honnêtes et régulières du commerce.

« Quand on consulte l'ancienne législation, on retrouve parfaitement tranchée cette distinction entre le commerce proprement dit et la vente publique aux enchères.

« Les édits de février 1691, août 1712, mars 1743, février 1771, et les lettres-patentes et arrêts du conseil des 7 juillet 1771, août 1775 et novembre 1778, conféraient à des officiers connus sous différentes dénominations, « à l'exclusion de toutes personnes, même des propriétaires, héritiers ou autres, le droit de faire les prisées, expositions et ventes publiques, tant volontaires que forcées, de biens meubles, après les inventaires ou appositions de scellés, ou en exécution des sentences, arrêts ou ordonnances de justice.

« Les procès-verbaux de ces ventes étaient assujettis au contrôle comme les exploits, et, en certains cas, comme les actes notariés.

« Il arriva, à cette époque, comme il est arrivé de nos jours, que ces officiers voulurent étendre leurs attributions, augmenter leurs émoluments, en appliquant leur ministère à la vente des marchandises destinées au commerce. Il arriva aussi que des marchands, pressés de réaliser, et n'envisageant que l'avantage du moment, ou craignant de livrer au libre examen de l'acheteur une marchandise défectueuse, acceptèrent avec empressement cet expédient commode.

« Mais, alors comme aujourd'hui, le commerce s'alarma de cette concurrence illégale, et fit entendre ses réclamations.

« Elles provoquèrent l'arrêt de règlement du 9 août 1758, dont les dispositions contiennent la substance de celles qu'on vous propose aujourd'hui d'adopter :

« *La Cour fait défense à toutes personnes de provoquer et à tous huissiers-priseurs, de faire aucune vente publique des marchandises du commerce desdits six corps des marchands de Paris, si elles ne sont comprises dans des inventaires faits après décès, ou dans des saisies-exécutions faites en vertu de titres de créances sérieux et sur procédures non collusoires;*

« *Permet aux gardes desdits six corps, chacun en ce qui le concerne, de se transporter avec un commissaire et des huissiers dans les maisons et places publiques où se feront les ventes, à l'effet de saisir les marchandises du leur commerce, si aucunes se trouvent comprises dans lesdits inventaires ou saisies-exécutions;*

« *Enjoint auxdits huissiers-priseurs de se conformer au présent arrêt de règlement..... à peine de 300 fr. d'amende contre l'huissier-priseur qui se trouvera en contravention et de confiscation des marchandises.* »

« Tels étaient les principes au moment de la révolution; d'une part, nul ne pouvait procéder à une vente publique de meubles sans recourir au ministère des officiers publics désignés par la loi, et, d'une autre part, ces officiers ne pouvaient mettre en vente aucunes marchandises de commerce, si elles n'étaient comprises dans les inventaires faits après décès et dans des saisies-exécutions dont la sincérité ne pût être suspectée.

« La première de ces règles a été maintenue invariablement par la législation nouvelle.

« La loi du 27 nivôse an 5, en ordonnant la réimpression et la publication des anciens édits en lettres-patentes, pour être exécutés selon leur forme et teneur;

« La loi du 22 pluviôse an 7, qui règle les formalités pour la vente des objets mobiliers;

« Celle du 27 ventôse an 9, qui institue les commissaires-priseurs, ont sévèrement interdit à toutes personnes autres que les officiers publics de procéder à la vente publique et aux enchères des objets mobiliers.

« Pourquoi en serait-il autrement de la règle posée par l'arrêt de règlement de 1758, et comment les ventes à l'encan des marchandises neuves, avec les abus qu'elles entraînent, seraient-elles

Article 1er (1). Sont interdites les ventes en

devenues de nos jours un procédé licite et ordinaire du commerce?

« Serait-ce, comme on l'a prétendu, en vertu du principe de la liberté du négoce et des professions proclamé par la loi du 2 mars 1791?

« Mais, en abolissant les maîtrises, les jurandes et les priviléges de professions, en restituant à tous les citoyens le droit de se livrer à tout genre d'industrie, cette loi, on le sait, n'eut jamais en vue de porter atteinte à des règles destinées à protéger, non des intérêts particuliers, mais les intérêts permanents du commerce et de la foi publique.

« Les décrets du 22 novembre 1811, du 17 avril 1812, et l'ordonnance du 9 avril 1819, prouvent, d'ailleurs, qu'à ces diverses époques ces règles furent considérées comme étant toujours en vigueur, puisque, en même temps qu'on autorisait la vente aux enchères par le ministère de courtiers de certaines marchandises seulement, et avec l'autorisation des tribunaux, il était expressément recommandé « de ne point autoriser la vente des articles pièce à pièce et en lots, à la portée immédiate des particuliers consommateurs; mais seulement en nombre ou quantité suffisante, d'après les usages, pour ne pas contrarier le commerce de détail. »

« Il semblerait que, dans cet état de la législation, toute question relative à l'application de l'enchère publique à la vente des marchandises destinées au commerce devrait être facilement tranchée.

« Loin de là, cependant. Des contestations vives et fréquentes se sont élevées, et ont fait naître la divergence la plus marquée entre les cours et tribunaux.

« Jaloux, comme en 1758, d'étendre leurs attributions, les commissaires-priseurs, argumentant de quelques mots qui se trouvent dans les lois de leur institution, et dont le sens n'est point assez défini, ont prétendu que leur droit était de comprendre dans leurs prisées, expositions et ventes volontaires, aussi bien que forcées, tous les meubles, quelles que fussent leur espèce, leur origine, leur destination, ceux qui étaient marchandises, comme ceux qui avaient cessé de l'être.

« Des colporteurs, des marchands forains, sont venus, de leur côté, soutenir tantôt que les commissaires-priseurs ou les autres officiers ministériels qui les remplacent étaient tenus de leur prêter assistance pour la vente publique de leurs marchandises, tantôt qu'ils avaient le droit de vendre sans leur assistance; mais toujours que la vente à l'encan des marchandises neuves était autorisée par les lois.

« La Cour de cassation a constamment appliqué la loi dans le sens le plus conforme à son esprit et aux véritables intérêts du commerce; et sans doute on peut penser que cette interprétation finirait par prévaloir devant tous les tribunaux du royaume.

« Mais de longues années peuvent s'écouler encore avant que la jurisprudence soit fixée sur des questions qui s'élèvent tous les jours et sur tous les points du pays, et pendant ce temps des intérêts précieux sont en souffrance.

« En effet, les renseignements que nous avons recueillis nous ont prouvé qu'usant plus largement chaque jour des facilités offertes par la vente à l'encan, le colportage inonde les villes des départements de marchandises dont la qualité est défectueuse, l'origine suspecte, et qui, sans le secours

des enchères, n'auraient qu'un débit infiniment plus restreint.

« Il est également certain qu'à Paris et dans d'autres grandes villes il s'ouvre des magasins où, sous prétexte de cessation de commerce ou de changement de domicile, on écoule en peu de jours, grâce à l'entraînement du public pour les ventes à l'encan, des quantités prodigieuses de marchandises de toutes sortes. Il nous a même été justifié que des ouvriers étaient entretenus à fabriquer à vil prix des marchandises de mauvaise qualité, destinées à alimenter ces établissements de vente à l'encan.

« Enfin, de nombreuses réclamations sont venues signaler les salles de vente des commissaires-priseurs, dans certaines villes, comme le réceptacle journalier de marchandises qu'on n'oserait produire à la vente ordinaire. »

Quant aux attributions respectives et aux droits divers des officiers publics qui doivent procéder aux ventes, la loi ne s'en occupe que d'une manière secondaire. Elle se réfère aux règles établies dans les lois existantes pour la répartition des attributions, qui sont déterminées, comme les droits à percevoir, d'après la nature des ventes, soit en gros, soit en détail. « Votre commission, a dit M. *Quénault*, se félicite de n'avoir point eu à se préoccuper de cette question. C'est en la dégageant de toute préoccupation de ce genre, qu'on se place au vrai point de vue pour apprécier les considérations d'ordre public et les motifs tirés de l'intérêt du commerce qui doivent seuls déterminer le législateur dans la solution des questions importantes que le projet offre à décider. »

(1) Les inconvénients que présentent les ventes aux enchères de marchandises neuves n'ont été contestés par personne. Tout le monde a reconnu qu'il convenait de prescrire des mesures propres à en prévenir le retour. D'accord sur le but, on s'est divisé sur les moyens de l'atteindre. Deux systèmes entièrement opposés se sont trouvés en présence.

Le premier, celui du gouvernement, et qui a fini par triompher, consiste à prohiber, en principe, ce mode de vente, sauf à l'autoriser dans certains cas exceptionnels. Le second, qui a été proposé à l'unanimité par la commission de la Chambre des Pairs et qui a rallié au sein de cette Chambre une imposante minorité, reposait sur cette idée « qu'il faut obvier aux abus sans toucher à la liberté, ou au moins en y touchant le moins possible. » Dans ce système, la vente aux enchères était permise : seulement on imposait certaines restrictions pour qu'à l'avenir elle ne pût, disait-on, qu'être profitable au commerce sédentaire et aux consommateurs.

La lutte entre les deux opinions a été longue, vive, on pourrait même dire passionnée. Je vais exposer les raisons que l'on a fait valoir de part et d'autre. D'abord, dans le sens de la commission, on a dit : « Les réclamations qu'ont soulevées les ventes aux enchères portent sur trois points, savoir : la concurrence inégale que font par ce moyen les colporteurs et marchands forains aux marchands établis; l'abus commis par les commissaires-priseurs qui se servent de leur charge pour faire un commerce que la loi leur interdit ; enfin, les facilités qu'elles offrent pour écouler des marchandises volées ou introduites en contrebonde , et pour soustraire , au préjudice des créanciers, tout ou partie de l'actif d'un débiteur sur le point de faillir.

« Avant d'aller plus loin , il importe d'observer que ce dernier inconvénient est loin d'être aussi bien établi que les deux autres. On pourrait même affirmer que ce mode de vente, loin de faciliter de pareilles fraudes, présente, au contraire, moins de dangers que la vente de gré à gré. D'ailleurs, on vole plus de meubles meublants que de marchandises, et cependant l'on n'a jamais songé à en interdire la vente aux enchères. Il n'y a donc pas lieu de s'arrêter à ce grief. Les deux autres , au contraire, méritent toute notre attention.

« La cause du mal une fois bien signalée, la question se réduit, pour le législateur, à des termes assez simples. Le commerce se plaint et avec raison de la double concurrence que lui font , au moyen de la vente aux enchères, les colporteurs, d'une part, les commissaires-priseurs, de l'autre. Eh bien! qu'on retire aux colporteurs le droit de procéder à de pareilles ventes; qu'on empêche les commissaires-priseurs d'abuser de leurs fonctions, de les dénaturer, d'embrasser une profession qui leur est interdite par les lois de leur institution. A merveille. Mais convient-il de généraliser la prohibition; de l'étendre au commerce sédentaire? Nous le contestons.

« Les ventes qui ont pu être faites par les marchands sédentaires n'ont provoqué aucune plainte, ou du moins il n'y en a pas de trace. Une pareille restriction du droit de propriété ne peut être admise qu'autant que des raisons d'intérêt général l'exigent. Or, aucun motif n'a été produit pour justifier cette prohibition.

« Il y a plus, une pareille mesure, si elle était adoptée, serait en opposition manifeste avec le grand principe de la liberté du commerce proclamé par la loi du 2 mars 1791, et, en outre, avec l'art. 632 du Code de commerce, qui autorise virtuellement les établissements de vente à l'encan. Enfin, elle serait contraire aux intérêts bien entendus du commerce, de l'industrie, des ouvriers et des consommateurs.

« Elle serait préjudiciable au commerce, car elle enlèverait au marchand la possibilité d'écouler des fonds de magasins, des marchandises passées de mode, ou même de réaliser, dans des besoins imprévus, un capital dont il aurait absolument besoin.

« A l'industrie, en ce qu'elle la priverait d'un débouché important et d'un mode facile de placer ses produits.

« Aux ouvriers, parce qu'elle arrêterait la production, et, par suite, diminuerait le travail. Il y a plus, elle supprimerait la classe de ceux qui travaillent chez eux et pour leur compte, et qui trouvent quelquefois de la difficulté à placer leur ouvrage aussitôt qu'il est confectionné.

« Enfin, au consommateur, puisqu'elle aurait nécessairement pour effet de restreindre la concurrence.

« Le système de la prohibition des ventes volontaires, étendu à la fois au colportage et au commerce sédentaire, n'est donc point acceptable.

« On l'a si bien reconnu qu'on a cherché, au moyen de certains tempéraments, à pallier les inconvénients. L'art. 2 du projet du gouvernement permet aux marchands sédentaires de vendre aux enchères dans les cas de nécessité dont l'appréciation est soumise au tribunal de commerce.

« Il faut en convenir, le moyen n'est pas heureux. Il suffit, en effet, de réfléchir un instant pour se convaincre que ce serait ou une vaine forme indigne du sérieux de la loi, ou la plus rigoureuse, la plus tracassière, la plus imprudente des exigences. Les tribunaux de commerce , raffinés d'eux-mêmes au respect du droit de propriété, ne refuseraient jamais l'autorisation de vendre aux enchères, ou, par fidélité à l'esprit de la loi, ils exigeraient sérieusement la justification de la nécessité, et alors le marchand reculerait ; il n'aurait pas de l'exception, parce qu'elle pourrait devenir plus dangereuse pour lui que ne le serait l'interdiction elle-même.

« Que l'on considère, en effet, en quoi consisterait cette nécessité sur laquelle devrait s'appuyer le marchand. Son intérêt, son avantage, quelque grands qu'ils fussent, ne le mèneraient pas au but qu'il voudrait atteindre, les pertes à éviter, des bénéfices à réaliser, ne prendraient le caractère de la nécessité que lorsqu'ils compromettraient son existence commerciale. A ce prix , y a-t-il beaucoup de marchands qui consentiraient à cet aveu? La perte du crédit n'en serait-elle pas la conséquence? Et le remède, au lieu de prévenir le mal, serait-il autre chose que de le précipiter et le rendre plus profond?

« Ces inconvénients s'aggraveraient par le caractère des personnes auxquelles il faudrait faire ce dangereux aveu de sa situation. Les tribunaux de commerce sont composés de marchands et de négociants, concurrents ou rivaux les uns des autres. Dans les grandes villes, ils ne sont pas assez rapprochés ; ils ont pour la plupart l'esprit trop élevé par les vastes affaires qui les préoccupent, pour nourrir des jalousies, céder à l'envie ou à une discrétion intéressée ; mais dans les petites villes, et il y en a de celles-ci plus que des autres, et la loi est faite pour toutes, on redoutera ces dangers et l'on ne se décidera pas aisément à confier ses plus secrètes affaires, d'où dépendent d'existence et l'honneur, à ses rivaux, quelquefois à ses ennemis.

« S'il n'y a pas de tribunaux de commerce, et si les fonctions en sont remplies par les tribunaux civils, des difficultés d'un autre genre rendraient tout aussi dangereuse cette autorisation. L'inaptitude relative de ces tribunaux ne coûterait rien à avouer. Abandonnés sans règle à leur pur arbitraire, dépourvus des connaissances de profession, n'ayant ni les mœurs, ni les traditions commerciales, ni les relations personnelles, indispensables à l'appréciation de la nécessité, ils ne pourraient que toujours permettre, ou systématiquement refuser, à moins, ce qui serait aussi impolitique qu'injuste, que cette autorisation ne fût un acte de faveur sans contrôle, puisqu'il ne pourrait dans aucun cas, être soumis à la censure d'une autorité supérieure.

« Enfin, la distinction entre les marchandises neuves et celles qui ne le sont plus, rencontrerait dans la pratique des difficultés insolubles. Il faudrait pour les éviter des définitions que notre langue ne fournirait pas, ou des énumérations toujours incomplètes, parce que l'esprit ne peut pas tout prévoir, ni tout embrasser, parce que la mémoire ne peut pas tout simultanément reproduire.

« D'après l'exposé des motifs, « les choses destinées à l'usage personnel de celui qui en est propriétaire, quel que soit l'état dans lequel elles trouvent, alors même que l'usage auquel elles doivent servir n'aurait pas encore commencé, ne sont pas l'objet d'un commerce. Il est impossible d'en empêcher la vente par la voie des enchères, si celui qui les possède veut employer ce procédé. »

« Ces marchandises sont neuves, puisqu'elles n'ont pas encore servi, et cependant elles pourront se vendre aux enchères. Que vent donc dire le projet en interdisant, d'une manière absolue, la vente aux enchères des marchandises neuves ?

« S'il ne s'agissait que d'articles de nouveautés, de tissus ou de quelques autres marchandises de même nature, peut-être arriverait-on à fixer, tant bien que mal, les limites de la prohibition. Mais n'en existe t-il pas beaucoup d'autres à l'égard desquelles l'incertitude serait toujours inévitable ? Par exemple, les livres reliés ou non, ayant servi ou étant encore dans leur nouveauté, ce qui n'est pas toujours facile à distinguer, pourraient-ils continuer à être vendus aux enchères ? Des tableaux, des gravures, des statues, et les autres objets d'art, dans quelle catégorie seraient-ils placés ? Et les diamants montés ou non montés, et les bijoux, qu'il serait si difficile de faire rentrer sous la dénomination de marchandises neuves ; et les vins, les liqueurs, les chevaux, comment et dans quel sens leur appliquerait-on la loi ?

« Cela prouve à quelles difficultés mènerait une prohibition qui attaquerait dans son essence le droit de propriété et qui, par son vague inévitable, permettrait de tout atteindre et de tout excepter.

« Ainsi, comme on le voit, sous aucun rapport, le système de la prohibition absolue des ventes volontaires aux enchères des marchandises neuves ne saurait être admis.

« Celui que nous proposons, plus conforme à la fois aux principes de la loi de 1791 et aux saines doctrines économiques, nous paraît remédier aux abus, sans offrir ni les inconvénients ni les difficultés que nous venons de signaler. Voici en quoi il consiste.

« D'après l'art. 1er, pour vendre au détail et aux enchères des marchandises neuves, il faudra réunir quatre conditions : être marchand sédentaire, propriétaire de la marchandise, avoir son domicile réel depuis plus d'un an dans le lieu où s'opérera la vente, et se faire assister d'un commissaire-priseur.

« La première et la troisième condition appellent les marchands établis à l'exercice de ce droit, en même temps qu'elles en excluent les forains et les colporteurs. C'est, par la même disposition, reconnaître le droit et empêcher l'abus. Le marchand sédentaire ne se livre pas à la vente aux enchères, parce qu'elle est chargée de frais considérables, s'élevant à 10 pour 100. Mais, dans les occasions où son intérêt exigerait ce sacrifice, il ne trouvera pas d'obstacle dans la prohibition de la loi. D'un autre côté, le colporteur ne pourra plus lui faire concurrence.

« Par la seconde condition, qui consiste à exiger que le marchand soit propriétaire de la marchandise neuve qu'il expose aux enchères, on empêche que ce mode de vente ne facilite l'écoulement des marchandises volées ou introduites par la voie de la contrebande.

« L'intervention de l'officier ministériel forme la quatrième condition de la vente aux enchères. Elle est la plus sérieuse, en elle se trouve la garantie de toutes les autres. Sans doute, nous n'ignorons pas les plaintes dont les commissaires-pri-

seurs ont été l'objet ; mais il est au pouvoir du gouvernement de faire cesser ces abus et de rappeler aux officiers ministériels les principes de leur institution, en les soumettant à une sévère discipline et en les plaçant plus directement que les autres sous la surveillance attentive et non interrompue des procureurs du roi.

« Cette réforme est d'autant plus nécessaire que c'est sur l'officier ministériel que repose l'entière observation des conditions sous lesquelles nous vous proposons de maintenir le droit de vendre aux enchères des marchandises neuves. Aussi, pour qu'elles ne soient point éludées, leur imposons-nous des obligations dont l'inexécution est sanctionnée par des peines sévères.

« Ils doivent toujours être prêts à justifier de la profession du vendeur, de son domicile réel depuis plus d'un an, de la propriété et de l'origine des marchandises ; ils ne négligeront pas de se faire représenter les factures et tous les documents qui doivent leur apprendre d'où est partie la marchandise, et comment elle est arrivée dans les mains du vendeur. Au moyen de ces conditions constatées par une déclaration préalable faite sous la responsabilité du commissaire-priseur, on évitera la dissimulation que l'intérêt privé aurait pu faire redouter. Cette déclaration aura lieu, neuf jours au moins avant la vente, au parquet du procureur du roi, ou bien au bureau du commissaire de police, si la vente n'est pas faite au chef-lieu d'arrondissement, ou au secrétariat de la mairie, s'il n'y a pas de commissaire de police. Elle mentionnera le nom du marchand, son intention de vendre aux enchères, au rabais ou à cri proclamé, le jour, l'heure et le lieu de la vente, ainsi que l'origine des marchandises, dont un état signé du commissaire-priseur et du marchand y sera annexé. Grâce à ces précautions, nul colporteur, nulle association de commissaires-priseurs ne pourront conserver l'espérance de cacher, sous le nom d'un marchand sédentaire, des spéculations que le projet a pour but d'interdire. L'officier ministériel aura en ses mains les moyens de les déjouer. Et s'il ne le faisait pas, une amende, qui peut s'élever jusqu'à 3,000 fr., des dommages-intérêts, des peines de discipline et même de destitution, le puniraient ou de sa négligence ou de sa coupable complicité. Ajoutons qu'en cas de contravention, les vendeurs sont eux-mêmes passibles de la confiscation de leurs marchandises, d'amendes et de dommages et intérêts.

« Telles sont nos propositions. Elles diffèrent essentiellement du projet du gouvernement qui, ainsi que nous l'avons dit, portait trop atteinte à la liberté du commerce. Nous avons voulu obvier aux abus, mais en conservant les avantages que ce mode de vente peut présenter. Si nos amendements sont adoptés, la vente aux enchères des marchandises neuves ne sera pas interdite, mais les précautions seront si bien prises qu'à l'avenir ce mode de vente, réservé jusqu'ici à la fraude et au colportage, ne sera plus qu'une salutaire ressource laissée aux marchands sédentaires eux-mêmes. »

Les art. 3, 4, 5, 6 et 7 du projet de la commission n'étaient guère que la reproduction des art. 2, § 2, 6, 7, 8, 9 et 10 de la loi actuelle.

De leur côté, les partisans de la prohibition ont reproché au système présenté par la commission de la Chambre des Pairs de tolérer, d'une manière indirecte, des abus dont on reconnaît la gravité ;

de remettre à des officiers publics, qui avaient soulevé contre eux les plaintes les plus vives, et qui d'ailleurs sont intéressés à faire le plus de ventes possibles, le soin de s'enquérir des conditions que devront remplir ceux qui voudront vendre à la criée des marchandises neuves ; de n'offrir contre la concurrence de ces officiers ministériels que des garanties insuffisantes, puisqu'il leur sera toujours facile d'éluder la pénalité édictée par l'article 3, en se procurant des factures régulières qu'on ne pourra contester qu'en faisant une sorte d'enquête à laquelle on ne se livrera jamais ; de supprimer, en cas que la loi fût régulièrement exécutée, le colportage auquel le commerce sédentaire ferait, au moyen de ventes aux enchères, une concurrence ruineuse ; de bouleverser toute la législation relative aux courtiers de commerce qui, ne pouvant vendre que par lots et avec l'autorisation du tribunal de commerce, se verraient déshérités d'une de leurs attributions les plus importantes au profit des commissaires-priseurs et des autres officiers ministériels ; enfin, d'être en opposition flagrante avec les vœux exprimés par tous les organes légaux du commerce et de l'industrie.

Puis, passant aux critiques qui avaient été adressées au projet du gouvernement, ses défenseurs ont ajouté :

« Vous objectez que le système proposé par le gouvernement viole le grand principe de la liberté de l'industrie, le droit de propriété, l'art. 632 du Code de commerce ; enfin, qu'il est contraire aux intérêts bien entendus du commerce, de l'industrie, des ouvriers et des consommateurs. Il n'en est rien. Le principe de la liberté du commerce est tout à fait désintéressé. Jamais on n'a prétendu qu'il ait été froissé par les lois, décrets et ordonnances qui ont soumis à de certaines formalités et à de certaines conditions les ventes aux enchères de marchandises. D'ailleurs, en politique, en législation et en économie politique, il n'est pas de principe qui ne reçoive des limitations, et le projet de la commission lui-même en fait foi. Nous portons atteinte, dites-vous, au droit de propriété ; mais ce reproche, comme le précédent, peut être également rétorqué contre vous. Au surplus, le droit de propriété n'est pas plus absolu que les autres ; il est soumis, comme eux, à toutes les modifications que peut exiger l'intérêt général. Quant à l'art. 632 du Code de commerce, qui « répute acte de commerce les établissements de ventes à l'encan, » il est tout à fait étranger à la question ; il n'en implique nullement la solution, et rien, au surplus, n'empêche qu'on n'y déroge par une loi nouvelle. Enfin, vous prétendez que le projet est contraire aux intérêts du commerce et de l'industrie : mais ce sont précisément les commerçants et les industriels probes et loyaux qui, depuis longues années, en réclament l'adoption ; aux ouvriers et surtout aux ouvriers domiciliés : ceux auxquels on fait allusion sont les plus nombreux, et d'ailleurs nous prouverons qu'il faut se garder d'encourager une pareille industrie ; enfin, aux consommateurs : tandis qu'il est certain qu'ils paient, par ce moyen, bien au-delà de leur valeur des marchandises de la plus mauvaise qualité. Il n'y a donc pas lieu de s'arrêter à ces observations générales.

« Restent deux autres objections, dont l'une s'adresse à l'art. 1ᵉʳ et l'autre à une disposition de l'art. 2.

« Voici la première : l'art. 1ᵉʳ, dit-on, présenterait dans son application des difficultés insolubles, parce qu'il est presque impossible de tracer nettement la distinction entre les marchandises neuves et celles qui ne le sont plus.

« Mais la difficulté existe aussi bien dans le projet de la commission que dans celui du gouvernement. La commission dit, en effet, dans son art. 4ᵉ, « qu'à l'avenir les ventes volontaires en détail de marchandises neuves, etc., ne pourront être faites que par les marchands sédentaires. » Il permet donc implicitement, par cela même, aux colporteurs de vendre de cette manière des marchandises d'occasion. Par conséquent, la difficulté, loin d'être résolue, n'est que faiblement atténuée, puisque, on l'avoue, les ventes aux enchères opérées par le commerce sédentaire sont fort rares. Mais, d'ailleurs, elle n'est point aussi grande qu'on le prétend. D'abord, la plupart des objets indiqués comme ne comportant point la distinction ne se sont point jusqu'ici vendus à l'encan, aussi le projet ne s'en est-il point préoccupé. Les marchandises qui alimentent les encans, et particulièrement les tissus, en sont, au contraire, aisément susceptibles. Au surplus, il est probable que toute cette difficulté, qui peut exister en théorie, disparaîtra complétement dans la pratique.

« Quant au passage de l'exposé des motifs du rapport, il ne renferme qu'une simple explication, qui, du reste, est irréprochable. Il est évident, en effet, que, dans l'espèce proposée, le propriétaire qui voudrait vendre aux enchères pourrait le faire impunément, puisque les objets qu'il mettrait en adjudication auraient perdu entre ses mains la qualité de marchandises. Il est bien entendu, d'ailleurs, que la question de fraude demeure toujours réservée. (Voy. notes sur l'art. 1ᵉʳ.)

« La seconde objection consiste à dire que l'autorisation préalable exigée par le premier paragraphe de l'art. 2 pour les cas de vente ne serait qu'une vaine formalité ou une exigence funeste pour le commerce, qu'elle prive d'une ressource qui peut souvent lui être d'une grande utilité ; car ou les tribunaux, ramenés d'eux-mêmes au respect du droit de propriété, ne refuseront jamais l'autorisation, et alors elle ne sera qu'une garantie nominale ; ou, par fidélité à l'esprit de la loi, ils exigeront rigoureusement la justification de la nécessité, et, dans cette hypothèse, aucun commerçant ne viendra réclamer le bénéfice de cette disposition, puisque cette justification aurait le plus souvent pour résultat de compromettre son existence commerciale : suivent des considérations peu respectueuses pour les tribunaux de commerce des petites localités, car ceux des grands centres d'industrie présentent pour le jugement toutes les garanties désirables sous le rapport de l'impartialité et des lumières.

« La réponse est facile. Le commerce sédentaire n'a point réclamé la faculté illimitée de vendre aux enchères qu'on veut lui accorder. Il a parfaitement compris quels en seraient pour lui les inconvénients. Dans une autre enceinte, cette disposition a même été vivement combattue, parce qu'on craignait qu'elle n'offrît des moyens d'éluder la prohibition de la loi. Il fallait donc se montrer sobre d'exceptions : ce n'était qu'à ce prix qu'il était possible d'atteindre complétement les abus. Nous reconnaissons qu'il est des circonstances où il peut être avantageux pour un commerçant de

détail (1) des marchandises neuves (2), à cri public, soit aux enchères, soit au ra-

réaliser promptement en argent une partie de ses marchandises ; mais la loi doit songer aussi aux autres commerçants ; elle doit surtout ne point lui faciliter les moyens de soustraire, à la veille de faillir, tout ou partie du gage de ses créanciers. On comprend, dès lors, que l'on exige et l'intervention du tribunal et des conditions rigoureuses. Ajoutons que cette disposition ne s'appliquera guère, en fait, que dans les grandes localités ; car jusqu'ici , dans les petites, on n'a presque jamais eu recours à ce mode de vente pour écouler des fonds de magasin ou pour se procurer instantanément des ressources ; par conséquent, il n'y a point lieu de craindre le mauvais vouloir ou l'incapacité des magistrats qui seront appelés à prononcer sur la demande en autorisation.

Ce système a prévalu. Toutefois, il n'a été adopté qu'après une première épreuve déclarée douteuse, et à une faible majorité.

M. *Ganneron* avait proposé de rédiger ainsi l'art. 1er :

« Toutes ventes en détail de marchandises neuves à cri public sont interdites.

« Les ventes en détail de marchandises neuves aux enchères ne seront faites que par les officiers publics désignés par la loi, et en vertu d'une autorisation du tribunal de commerce donnée sur requête.

« Cette requête ne pourra être présentée que par des marchands sédentaires, ayant depuis un an au moins leur domicile réel dans le lieu où la vente sera opérée. Elle devra faire connaître l'origine des marchandises et les motifs qui en font proposer la vente aux enchères. »

Cet amendement, d'abord vivement combattu par la commission et le gouvernement, a cependant obtenu , du moins en partie, leur approbation. Voici comment s'est exprimé l'organe de la commission sur ce résultat : « D'un côté, le gouvernement et la commission persistaient à repousser l'amendement de M. Ganneron, parce qu'il détruisait le principe même de la loi, et parce qu'il y substituait un arbitraire illimité pour les tribunaux de commerce et en vertu duquel ils pouvaient accorder dans tous les cas , même hors ceux de nécessité, l'autorisation de vendre aux enchères les marchandises en détail.

« D'un autre côté, le gouvernement et la majorité de la commission reconnaissaient qu'il y avait, dans les exemples cités par MM. Ganneron et Legentil, exemples que leur expérience leur avait suggérés , des cas dans lesquels il était vraiment équitable, même nécessaire, de pouvoir obtenir l'autorisation de vendre aux enchères des marchandises neuves. On a cherché de concert un amendement qui pût satisfaire à cette double exigence : celle de maintenir le principe de la loi, et celle de pourvoir à tous les cas de nécessité ou d'urgence dans lesquels il serait opportun d'autoriser ces ventes.

« L'amendement qui a paru satisfaire à cette double exigence a été rédigé, et je vais avoir l'honneur d'en donner lecture.

« Le principe serait établi dans l'art. 1er, et ses corollaires se trouveraient dans les art. 2 et 5.

« On mettrait , à la fin du paragraphe 1er de l'art. 2, après les mots : « cessation de commerce, » ceux-ci : « ou dans tout autre cas de

nécessité dont l'appréciation sera soumise au tribunal de commerce. »

« On ajouterait, dans l'art. 5, après les mots : « après cessation de commerce, » ceux-ci : « et dans les autres cas de nécessité prévus par l'art. 2. »

« On ajouterait , à la fin de l'art. 5 : « L'autorisation ne pourra être accordée , pour cause de nécessité , qu'au marchand sédentaire ayant depuis un an au moins son domicile réel dans l'arrondissement où la vente doit être opérée. » C'est ce qui était contenu dans l'amendement de M. Ganneron.

« Enfin , pour compléter cet amendement , on placerait , à la suite de cette dernière disposition , celle que voici : « Les affiches apposées à la porte du lieu où se fera la vente énonceront les motifs du jugement qui l'aura autorisée. »

« L'amendement , ainsi rédigé , nous a paru donner toutes les garanties , d'une part , au marchand qui se trouve dans la nécessité de vendre, et , d'autre part , au commerce et aux acheteurs surtout , qui ne doivent pas être trompés par une vente dont ils ne connaissent pas l'origine. »

J'indiquerai , dans les notes sur les art. 2 et 5, les observations auxquelles ont donné lieu les diverses parties de cet amendement.

(1) A l'égard des ventes en gros, voir l'art. 6.

(2) Que faut-il entendre par cette expression : *marchandises neuves ?* Présentera-t-elle dans l'application autant de difficultés qu'ont paru le penser les adversaires du projet de loi ?

Il me semble que l'explication qui en a été donnée dans les deux exposés des motifs doit lever tous les doutes.

M. *le garde des sceaux* disait, en présentant la loi à la Chambre des Députés, dans la séance du 24 février, qu'il faut considérer « comme marchandises neuves, celles qui font l'objet d'un commerce, et non celles qui, bien qu'encore neuves, « ont cessé d'être dans le commerce, et se trouvent « dans les mains d'un consommateur. »

Et on lit, dans l'exposé de la loi, dont la Chambre avait été saisie en 1840 :

« Les choses destinées à l'usage personnel de celui qui en est propriétaire, quel que soit l'état dans lequel elles se trouvent , alors même que l'usage n'aurait pas encore commencé, ne sont pas l'objet d'un commerce. Il est impossible d'en empêcher la vente par la voie des enchères , si celui qui les possède veut employer ce procédé. »

Ces idées sont claires et simples, elles dirigeront sûrement les tribunaux, lorsqu'ils auront à prononcer sur la question de savoir si une vente aux enchères est licite ou ne l'est pas.

Veut-on entrer plus dans plus de détails, et poser avec plus de précision les règles qui devront servir à la solution des difficultés ? Je vais essayer de le faire.

L'expression *marchandises neuves* indique deux idées distinctes, d'abord celle d'objets destinés à alimenter un commerce, en second lieu, celle que ces objets n'ont point été altérés ou modifiés par l'usage.

Il faut donc , avant tout , examiner si la qualification de *marchandises* est applicable aux choses qui sont mises en vente ; et ensuite si , en supposant que cette qualification leur soit applicable, elles sont neuves.

Vainement, pour prohiber une vente, on établirait que les choses qu'elle doit comprendre

41.

24

sont des *marchandises*, si on ne démontrait pas qu'elles sont *neuves*; et réciproquement vainement on prouverait qu'elles sont neuves, si on ne justifiait qu'elles sont des marchandises.

Ceci bien entendu, pour prétendre que la loi est obscure, que son application pourra embarrasser les juges, il faut dire qu'on ne peut pas toujours discerner aisément si une chose est une marchandise, et si cette chose est neuve.

Or, il me semble au contraire qu'il n'y a pas de fait plus facile à vérifier.

La même chose peut tour à tour être, cesser d'être, et redevenir marchandise. Mais ses transformations, quelque multipliées qu'elles soient, seront toujours parfaitement manifestes et saisissables. La position de ceux qui seront successivement détenteurs des choses et l'usage auquel ils les destineront éclaireront sur-le-champ la question. Si des livres, des meubles, des vêtements sont dans le magasin du libraire, du marchand de meubles ou du tailleur, ils seront marchandises. S'ils passent dans les mains d'un homme qui forme sa bibliothèque, qui meuble sa maison, ou qui se fournit d'habits, ils cessent d'être marchandises; mais ils le redeviennent, si de nouveau ils se trouvent dans les mains de marchands de ces sortes d'objets.

A la vérité, en circulant ainsi et en séjournant dans les mains du consommateur, ils peuvent avoir cessé d'être *neufs*, si celui-ci s'en est servi, de manière à laisser des traces de l'usage qu'il en a fait.

Mais, dira-t-on, jusqu'à quel point faudra-t-il que les traces de l'usage existent, pour que la qualification de *neufs* ne soit plus applicable?

On comprend qu'autant il serait difficile de donner une réponse générale satisfaisante, autant il sera aisé, dans chaque espèce particulière, de dire, pour la plupart des objets, s'ils sont neufs ou vieux dans le sens qu'on attache à ces expressions dans le commerce.

Rarement il sera nécessaire de recourir à des experts: la plupart du temps, l'expérience ordinaire du consommateur suffira pour décider la question.

Cela a été sans doute reconnu dans la discussion; car, malgré les critiques qui ont été faites de l'expression employée dans la loi, on n'a pas manifesté le désir bien vif de la changer. Seulement, à la Chambre des Députés, M. *Portalis* a fait remarquer que, pour certaines choses, il pourrait se présenter quelques difficultés, et il a demandé qu'on ne considérât jamais comme marchandises neuves 1° les tableaux, les statues et les objets d'art uniquement destinés à la décoration; 2° les gravures encadrées ou non encadrées; 3° les livres reliés ou brochés; 4° les porcelaines et cristaux de prix; 5° les pièces d'orfévrerie, les pierres précieuses et les bijoux en or, et 6° tous les objets généralement qui auront été réparés, restaurés ou remis à neuf; ceux qui auront été déjà portés et exposés dans les foires et marchés, et ceux enfin qui auront été une première fois vendus et livrés à des particuliers.

Cet amendement a été rejeté, et il devait l'être; il donnait sur plusieurs points des solutions directement contraires à celles qu'on devrait adopter, ou du moins beaucoup trop absolues.

En reprenant chacune des dispositions qu'il contient, il sera possible, je crois, de présenter quelques explications utiles.

1° Les statues, les tableaux et les objets d'art, servant à la décoration, lorsqu'ils ont un grand prix, devront presque toujours être considérés comme marchandises neuves, lorsqu'ils seront entre les mains d'un marchand. L'usage qu'on fait de ces objets est ordinairement sans effet direct sur eux; après avoir été regardés et admirés pendant de longues années, ils ont la même valeur et souvent une valeur plus grande que celle qu'ils avaient en sortant des mains de l'artiste. Comment prétendre qu'ils ne sont plus neufs, puisqu'ils n'ont subi aucune altération, ou que l'altération qu'ils ont éprouvée, est l'effet du temps et non de l'usage, et n'a point diminué leur valeur.

2° Les gravures seront très-souvent des marchandises neuves; mais il est évident que lorsqu'elles seront détériorées, tachées, enfumées, cette qualification ne leur conviendra plus.

3° Les livres reliés ou brochés sont à peu près dans la même condition que les gravures; cependant l'usage qu'on en fait se manifeste ordinairement d'une manière plus évidente.

4° Les porcelaines et cristaux de prix, s'ils n'ont éprouvé ni fractures ni détériorations, seront des marchandises neuves.

Conçoit-on qu'on refusât cette qualification à des porcelaines qui sortiraient de la manufacture de Sèvres, et qui seraient dans les magasins d'un marchand?

5° Les pièces d'orfévrerie, les pierres précieuses et les bijoux en or, peuvent être assimilés aux porcelaines et aux cristaux.

Il faut toutefois, pour les pierres précieuses, faire, ce me semble, une distinction. Lorsqu'elles sont montées, que la monture est vieillie, usée, faussée, on comprend qu'elles ne seront pas appelées marchandises neuves. Mais les pierres précieuses détachées de la monture sont évidemment, à moins d'altération, des marchandises neuves. Qu'importe qu'un diamant ait été porté ou ne l'ait pas été, lorsque, rentré dans les mains du joaillier, il est destiné à être vendu comme celui qui vient d'être taillé la veille?

6° Les objets réparés, restaurés ou remis à neuf, ne seront pas ordinairement des marchandises neuves, à moins que la réparation et la restauration ne soient telles, qu'elles aient fait disparaître toutes les traces de l'usage; ce qui sera rare.

Les objets qui auront été portés, pourront à la rigueur, être considérés quelquefois comme neufs; mais il est évident que presque toujours ils seront vendus comme vieux.

Quant à ceux qui auront été exposés dans les foires et marchés, et qui n'auront jamais passé dans les mains du consommateur, ils doivent toujours être considérés comme marchandises neuves.

A la vérité, l'exposition dans les foires et marchés auront pu en altérer la fraîcheur et la qualité; ils seront alors devenus marchandises avariées, de rebut; mais non marchandises de hasard, dans la véritable acception du mot. Pour obtenir la permission de les vendre, on pourra recourir à la disposition de l'art. 2; c'est là l'unique ressource que me paraît avoir le détenteur.

Si donc dans une vente comprenant des marchandises de hasard, il s'en trouvait d'altérées par l'exposition dans les foires, et que le fait fût bien constaté, je n'hésite pas à dire qu'il y aurait contravention; mais on comprend qu'à moins qu'il ne s'agisse de lots considérables, il sera fort difficile et

bals, soit à prix fixe proclamé (1) avec ou sans l'assistance des officiers ministériels.

même fort peu utile d'aller rechercher l'origine des choses mises en vente.

Enfin l'amendement de M. Portalis déclarait que par cela seul qu'un objet aurait été une première fois vendu et livré à un particulier, il cesserait d'être marchandise neuve.

Si on avait pu adopter cette disposition, tout eût été bien simplifié.

Mais deux raisons devaient la faire repousser.

D'une part, il eût été souvent fort difficile de constater la vente et la livraison des objets, si l'on avait exigé des preuves véritables.

D'un autre côté, on comprend avec quelle facilité on aurait pu faire fraude à la loi, si l'on avait cru pouvoir s'en rapporter à des certificats ou attestations des prétendus acheteurs.

Enfin, pour certaines marchandises, la vente et la livraison sont des faits entièrement insignifiants. Par exemple, il est impossible de faire aucune différence entre des pièces de vin qui ont successivement passé dans la cave de plusieurs personnes, et celles qui ne sont jamais sorties des celliers du marchand.

Au surplus, je crois devoir insister sur ce point que le gouvernement et les chambres n'ont pas voulu défendre la vente accidentelle de quelques objets dont la qualité est équivoque ; ils ont eu pour but d'empêcher que les ventes aux enchères ne devinssent un moyen de débiter des marchandises qui font l'objet du commerce habituel de certains marchands.

Cette observation peut être d'une utile et fréquente application.

Toutes les fois qu'il se présentera du doute sur l'état d'une marchandise, on pourra le lever en se demandant si des marchandises semblables sont ordinairement débitées par des commerçants en gros ou en détail. Si l'on reconnaît qu'elles sont telles qu'un marchand de neuf les admettrait évidemment dans ses magasins, il faudra prohiber la vente aux enchères, et, dans le cas contraire, la permettre.

(1) Les lois qui régissent les ventes publiques de meubles et qui déterminent les officiers publics qui doivent y procéder, avaient spécifié la vente aux enchères proprement dite. On a cherché à les éluder. « Ainsi, au lieu de livrer chaque objet mis en vente à l'enchère du public et de l'adjuger à celui qui offre le prix le plus élevé, on a vu des marchands faire la criée à un prix qu'ils abaissent progressivement jusqu'à ce qu'ils aient trouvé un acheteur auquel ils adjugent, ou bien encore crier et adjuger à prix fixe chacun des objets de leur commerce.

« On sent que ce mode d'adjudication n'est que l'enchère déguisée ; il a tous les inconvénients de la vente à l'encan proprement dite ; il a les mêmes séductions pour le public ; il offre les mêmes facilités à la fraude, et, de plus, affranchi de la surveillance d'un officier public, il frustre le trésor d'un droit de 2 pour 100 qui se perçoit sur les ventes aux enchères. » (Rapport de M. Hébert.)

L'article primitif du projet comprenait ces deux derniers modes, sous la dénomination générale de ventes à cri public. Il disposait en ces termes : « Toutes ventes en détail de marchandises neuves aux enchères ou à cri public sont interdites. » Lors de la discussion plusieurs amendements, tendant à préciser d'une manière plus exacte, les ventes

prohibées, ont été proposés. La commission y a fait droit, et il en est résulté une disposition à la fois plus précise et plus complète.

Aucune objection ne s'est élevée sur les expressions soit aux enchères, soit au rabais ; mais on a demandé quel sens il fallait attribuer à ces mots ventes à prix fixe (le mot proclamé n'a été ajouté qu'après).

« Vous avez exprimé dans votre rapport, a dit M. Legentil, que vous n'interdiriez pas au vendeur d'annoncer tout haut sa marchandise ; et cependant vous venez lui interdire de proclamer à haute voix le prix auquel il la vendrait ! Car, enfin, comment faire ? Voilà un homme qui vient dire : « Je vous montre un mouchoir ; je le mets en vente. » Évidemment, la première chose à faire, c'est d'indiquer à quel prix il le met en vente. Nous mettons tous les jours en chiffres connus le prix sur les marchandises pour que l'acheteur puisse le voir. Eh bien ! qu'on mette le prix en gros chiffres sur un objet, on qu'on déclare le vouloir vendre à tel prix, c'est la chose la plus raisonnable, celle qu'il ne faut pas défendre quand on voudra vendre de cette manière. Autrement, qu'est-ce qu'on fera ? Vous voulez donc revenir à ce mauvais système de vente qui consiste à surfaire et à marchander, à demander un premier prix d'abord et ensuite un second, suivant les circonstances et les exigences de l'acheteur ?

« . . . . Je demanderai donc des explications précises à la commission, car, avec sa rédaction, il me semble qu'il n'y aurait pas possibilité de vendre. Autant vaudrait-il dire qu'on n'admettra pas le mode de vente qu'on dit vouloir autoriser. »

Voici l'explication qui a été donnée par M. le garde des sceaux : « Il est arrivé souvent que des colporteurs apportent dans une ville des marchandises assez considérables ; ils annoncent une vente à prix fixe : d'abord ils montrent au public un mouchoir, par exemple, le font circuler et l'adjugent au prix proclamé. Mais bientôt ils vendent au même prix un grand nombre de mouchoirs d'une qualité inférieure, de telle sorte qu'au lieu de débiter des marchandises de la bonté de l'échantillon, ils finissent par vendre des marchandises détériorées, de rebut, aux dépens du public et de la foi due aux enchères.

« Voilà les ventes à prix fixe qu'on a voulu proscrire.

« Mais il est bien entendu que le négociant loyal qui déclare vendre à prix fixe, fait un acte de commerce excellent que le projet est loin de vouloir atteindre.

M. Portalis a objecté que, dans l'art. 410 du Code pénal, il est précisément dit qu'un marchand qui trompe sur la nature et la qualité de sa marchandise, est puni de peines correctionnelles ; que, par conséquent, la loi nouvelle était inutile, puisque l'ancienne était applicable tous les jours.

M. Mater, au nom de la commission, a reproduit les explications déjà données par M. le garde des sceaux. « Un marchand, a-t-il dit, crie à vingt sous un mouchoir ; une personne se rend adjudicataire, on le lui jette. Le mouchoir est très-bon ; on le fait voir, et l'on se dit que la marchandise se donne pour rien.

« Le marchand prend ensuite un mouchoir de mauvaise qualité, et, comme il n'affirme pas qu'il soit bon, qu'il est de la même qualité que celui qui vient d'être vendu, on ne peut pas faire

2. (1) Ne sont pas comprises dans cette défense les ventes prescrites par la loi (2), ou faites par autorité de justice, non plus que les ventes après décès, faillite ou ces-

---

intervenir contre lui le Code pénal. Il crie le mouchoir à 1 fr. ; il l'adjuge à un spectateur empressé qui ne reçoit qu'un mouchoir de 50 centimes pour 1 fr. Voilà comment les choses se passent.

« Eh bien! qu'a voulu la commission? Elle a voulu interdire toute espèce de fraude en matière de vente; elle a voulu qu'un marchand ne pût pas arrêter autour de lui une foule d'individus qui n'avaient pas besoin d'acheter, mais qui se trouvent excités par l'espoir du bon marché, et trouver un moyen de leur vendre frauduleusement et par ruse sa marchandise beaucoup au-dessus de sa valeur.

« L'honorable M. Legentil doit croire que nous n'avons jamais eu l'intention d'empêcher les ventes à prix fixe. . . . . Nous voulons empêcher que, par le moyen du cri public, on ne commette les mêmes fraudes qu'à l'aide des enchères ou du rabais. Ce n'est pas le prix fixe que nous voulons repousser de la loi, c'est le cri annonçant un prix fixe, cri trompeur, cri de la fraude la plupart du temps.

M. *le Président* a dit : « Alors on entend prix fixe *proclamé.* »

M. *Barbet* a demandé qu'on ajoutât le mot *proclamé*, afin qu'il n'y eût plus de difficultés.

M. *Grandin* a fait remarquer que la commission n'avait pas mis dans son article le mot *proclamé*, parce qu'elle n'avait pas voulu faire un double emploi avec les mots *cri public* qui se trouvent dans la première partie de la phrase. Mais son intention, a-t-il dit, est de ne prohiber que le prix fixe proclamé; et, si le mot *proclamé* n'a pas été mis dans l'article, c'était pour éviter une sorte de pléonasme.

Les mots *prix fixe proclamé* ainsi expliqués ont été adoptés par la Chambre.

Un amendement de M. *Gaillard de Kerbertin*, dont voici les termes : « Sont interdites les ventes en détail de marchandises neuves à cri public, *quel qu'en soit le mode*, etc., » a été rejeté.

M. *Gaillard de Kerbertin* avait pour but, en ajoutant ces mots : *quel qu'en soit le mode*, de proscrire d'avance les moyens, à l'aide desquels on chercherait à remplacer ceux qui sont formellement défendus par la loi. Il faut convenir que cette précaution n'était pas inutile. Il est à craindre, en effet, que l'on ne trouve d'autres procédés analogues à ceux dont le texte s'occupe et qui rendront en partie inutiles les précautions prises par le législateur. Aussi M. *Luneau* a demandé si l'on entendait prohiber l'annonce des marchandises et de leur prix au bout d'un bâton ou sur un écriteau. M. *Lebeuf* a répondu que cela serait permis. Or, M. *Luneau* a fait remarquer que c'était la même chose que le *cri public*. M. *Grandin* a cru apercevoir un motif pour distinguer, en ce que le plus grand nombre ne sait pas lire et que le prix annoncé par un écriteau ne pourrait tout au plus tromper que ceux qui savent lire. Quoi qu'il en soit, on comprend que l'intérêt personnel, si ingénieux pour éluder les règles qui le blessent, cherchera à se soustraire aux prohibitions établies, et qu'il eût été désirable qu'on lui ôtât tous les moyens d'y parvenir. Mais l'amendement de M. de Kerbertin n'a pas sans doute paru à la Chambre atteindre ce but. Au surplus, quant à la question de savoir si le prix pourra être annoncé *par écriteau*,

---

je pense, comme MM. Lebeuf et Grandin, qu'elle doit être résolue affirmativement. L'un des éléments du fait prohibé, c'est le *cri public*: en son absence, l'article n'est point applicable.

(1) En présence d'une interdiction aussi formelle que celle qui est prononcée par l'art. 1ᵉʳ, il était indispensable d'examiner avec grand soin les divers cas que des raisons puissantes devaient placer en dehors de son atteinte. Tel est l'objet de l'art. 2.

Les ventes sur saisie et après faillite procèdent de circonstances qui exigent une réalisation presque immédiate du prix des objets vendus : il en est de même des ventes après décès. Nos lois civiles ont prescrit en général pour ces ventes la formalité des enchères, et les motifs qui en ont dicté les dispositions ne permettent point de distinguer entre les ventes des marchandises et celle des autres effets mobiliers.

Il y a identité de motifs pour les ventes par autorité de justice, comme dans les cas prévus par les art. 2078 du Code civil, 93 et 106 du Code de commerce, et autres cas analogues. Déjà, selon nos lois, elles ne peuvent être faites qu'aux enchères.

Le cas de cessation de commerce exigeait aussi qu'on l'exceptât de la prohibition. Le marchand qu'une circonstance imprévue contraint à quitter les affaires ne saurait être placé dans l'alternative ou de subir une perte notable sur son fonds en le vendant en bloc, ou de continuer encore pendant longtemps l'écoulement successif des articles qui le composent. La vente aux enchères est, en pareil cas, une nécessité qu'il faut subir. Seulement il convient de prendre toutes les précautions possibles pour qu'en simulant une cessation de commerce on ne rende pas vaines toutes les autres dispositions de la loi. Voy. art. 5.

(2) L'art. 2 du projet, amendé par la commission de 1839, indiquait, en les distinguant, les ventes faites par autorité de justice. Le gouvernement a fait observer que c'était la même chose qu'elles étaient évidemment comprises dans celles-ci; mais, pour éviter toute équivoque, il a proposé la rédaction actuelle qui comprend toutes les ventes qui ne sont pas *volontaires*.

Ainsi ces expressions s'appliquent aux ventes sur saisies et à celles qui ont lieu dans les cas indiqués dans la note précédente.

Au nombre des ventes prescrites par la loi se trouve celle des effets donnés en nantissement aux monts-de-piété. En 1839, on avait proposé de ne point étendre l'exception aux ventes des marchandises neuves qui seraient faites pour le compte de ces établissements. C'était, en d'autres termes, dit M. *Hébert*, proposer qu'il fût interdit dorénavant aux monts-de-piété de recevoir en dépôt des marchandises neuves, puisque, le dépôt une fois reçu, ils ne peuvent, suivant le décret du 8 messidor an 12, faire vendre qu'aux enchères et sur l'exécutoire délivré par le président du tribunal.

« Votre commission ne s'est point dissimulé quels abus pourrait donner lieu à la facilité de déposer aux monts-de-piété les choses faisant l'objet d'un commerce. Sans doute, il ne faudrait pas que des établissements, fondés principalement pour procurer aux classes les moins aisées de la société et à des conditions modérées les ressources qu'elles

sation de commerce (1) , ou dans tous les autres cas de nécessité dont l'appréciation sera soumise au tribunal de commerce (2). Sont également exceptées les ventes à

iraient demander à l'usure, assurent au banqueroutier le moyen de dépouiller ses créanciers, ni au commerçant qui ne sait point s'arrêter à temps un appât dangereux qui ne fait qu'augmenter son désastre en le retardant.

« On comprend que quelques limitations apportées à la valeur des dépôts, certaines mesures de surveillance ajoutées à celles que prescrivent déjà les règlements en vigueur, pourront diminuer un mal qui a souvent provoqué des plaintes; mais, avant d'en venir à une interdiction absolue, il y aurait à peser de graves considérations; la majorité de votre commission a pensé, au surplus, que ces questions ne rentraient point dans l'objet de la proposition; qu'il n'y avait rien à changer au mode de vente pratiqué jusqu'à ce jour et réglé par les art. 73, 76 et 79 du décret du 8 messidor an 12. »

La même observation se trouve consignée dans le rapport de M. *Quénault*. Elle a été reproduite devant la Chambre par M. *Delespaul*. M. *Gauthier de Rumilly* a signalé à cette occasion un fait très-grave qu'il a emprunté aux procès-verbaux des délibérations du conseil du commerce et des manufactures. Il a dit qu'en 1835 un marchand de drap de Paris avait fait une faillite scandaleuse, qu'il s'est trouvé au Mont-de-Piété de 60 à 70,000 fr. de marchandises qu'il y avait engagées sans en déguiser l'origine; que les ballots arrivant des manufactures qui les lui confiaient étaient apportés au Mont-de-Piété sans être déballés, en sorte qu'on n'y pouvait ignorer que c'était prendre pour gage la propriété d'autrui. M. *le garde des sceaux* a promis que le gouvernement s'occuperait avec sollicitude d'une loi toute spéciale sur les monts-de-piété. L'observation n'a pas eu d'autre suite.

(1) Cette expression *cessation de commerce* doit s'entendre non seulement d'une cessation absolue, mais d'une cessation momentanée. « Il est dans l'esprit de la loi telle que la commission l'a entendue, a dit M. *Quénault* en combattant l'amendement de M. Ganneron, qu'alors qu'il y a une cessation de commerce, dût-elle ne durer que trois, quatre ou cinq mois, si elle est sincère, de bonne foi, car les juges de commerce sont surtout chargés d'apprécier la bonne foi, qu'alors, par exception, il y a lieu à autoriser la vente aux enchères. » (Voy. les notes sur l'art. 5.)

(2) La disposition finale du § 1ᵉʳ est, ainsi que je l'ai indiqué précédemment, le résultat d'une transaction. Voici comment s'est exprimé M. *Ganneron* en développant son amendement que cette disposition reproduit en partie :

« Il arrive tous les jours à Paris qu'un marchand soit exproprié de son établissement pour cause d'utilité publique, un percement de rue, l'érection d'un monument, etc.

« Temporairement forcé de quitter son magasin, il ne lui est pas possible d'en retrouver un autre immédiatement. Que fera-t-il de ses marchandises neuves, s'il n'a pas la faculté de les vendre aux enchères ?

« Faudra-t-il, qu'après avoir vu disparaître son établissement, il perde ses marchandises ?

« La pratique des affaires m'a souvent fait rencontrer des marchands arrivés au terme de leur bail, qui ne trouvent pas de local propre à leur commerce; ils sont provisoirement forcés de sus-

pendre leurs affaires, sans vouloir pour cela les céder ou les abandonner. Que feront-ils de leurs marchandises ? Rien de plus commun que de rencontrer des commerçants momentanément gênés ; depuis dix ans nous en avons vu un trop grand nombre malheureusement. Que deviendraient ces commerçants si, au prix de quelques sacrifices, ils ne peuvent vendre les marchandises qui forment l'actif destiné à faire face à leurs engagements ?

« Faudra-t-il qu'ils se mettent en faillite pour jouir du bénéfice de l'exception posée par l'un des articles du projet de loi, et n'est-il pas plus moral de les aider à sortir de l'embarras dans lequel ils seront momentanément plongés, que de les forcer à se mettre en faillite, ou bien de s'adresser clandestinement à des usuriers pour emprunter sur gages ?

« Tous les jours une société se met en liquidation : les associés ne s'accordent pas, mais aucun d'eux ne veut quitter les affaires ; s'ils ne s'entendent pas sur la valeur à donner à leurs marchandises, pourquoi donc n'obtiendraient-ils pas l'autorisation de les vendre aux enchères ?

« A Paris, des marchands, dans certaines parties de commerce, se trouvent encombrés de ce qu'on appelle des *fonds de magasin*. Ces fonds de magasin se composent de marchandises qu'ils ne peuvent plus vendre aux consommateurs, soit parce qu'elles ont perdu de leur fraîcheur, soit parce qu'elles ne sont plus de mode. Il est d'une bonne administration, pour une maison de commerce, de ne pas les laisser agglomérer, parce qu'ils perdent de plus en plus de valeur, et que ce sont des capitaux morts.

« Pourquoi ne pourraient-ils les faire vendre par un officier public? Pourquoi ne pourraient-ils s'en faire aucune ressource ?

« Il y a des marchandises qui coûtent des frais considérables à établir, parce qu'elles ne peuvent être confectionnées que par des artistes de haut mérite ; tels sont les bronzes. Lorsque ceux qui en ont fait la dépense première en ont tiré un certain nombre de modèles, et que ces modèles, qui ne peuvent être copiés aussi longtemps qu'ils sont en leur possession, commencent à passer de mode, ils les vendent aux enchères, parce que ce mode de vente appelle le concours des marchands étrangers ; faudra-t-il que les fabricants de bronzes renoncent à ce mode de vente ? Mais ici, remarquez-le bien, l'intérêt des arts et des amateurs est gravement engagé. Si les fabricants n'ont pas l'espérance de s'en défaire sans perte trop grande, ils n'en feront plus confectionner ou ils les feront payer beaucoup plus cher. »

Cette addition, bien que consentie par la commission et le gouvernement, a rencontré de nouveau une vive opposition.

La disposition proposée, a-t-on dit, peut être bonne pour les grandes villes, où les juges consulaires, moins rapprochés des autres commerçants, et jouissant d'une haute position commerciale, offrent toutes les garanties d'une appréciation impartiale ; mais elle ne saurait avoir que des conséquences fâcheuses pour les petites localités, qui sont de beaucoup les plus nombreuses.

Personne ne met en doute la moralité des commerçants qui composent les juridictions consulaires : cependant il faut se garder de toute illusion. Les personnes qui viennent demander l'autorisa-

cri public de comestibles et objets de peu de valeur; connus dans le commerce sous le nom de menue mercerie (1).

3. Les ventes publiques et en détail de

tion de vendre sont en rapport journalier avec les juges, le plus souvent ce seront ou des amis ou des rivaux. Ce serait s'abuser étrangement que de croire que des hommes placés dans une pareille situation, se montreront inaccessibles à tout sentiment d'animosité ou de faveur. Leurs décisions, fussent-elles d'ailleurs irréprochables, ceux dont elles blessent les intérêts ne manqueront pas de les incriminer : on n'examinera pas les motifs sur lesquels elles sont fondées, mais bien les personnes qu'elles concernent. Dès lors, il est à craindre que, pour couper court à toutes ces récriminations, les tribunaux investis d'un pouvoir arbitraire, car le mot *nécessité* présente une élasticité très-grande, ne prennent le parti, les uns d'accorder, les autres de refuser indistinctement toutes les autorisations qui leur seront demandées.

Dans les villes où les juges civils connaissent des affaires commerciales, cette diversité de jurisprudence, si funeste pour la dignité de la justice, se produira également en partie par les mêmes causes, et en outre par l'incertitude de ces magistrats, pour apprécier l'état du marché.

La conséquence de ces refus ou de ces autorisations systématiques est facile à saisir. Dans le premier cas, la disposition proposée sera inutile; dans le second, au contraire, les abus que la loi a voulu supprimer se trouveront, en quelque sorte, placés sous sa protection.

Enfin, la disposition, en la supposant même appliquée avec discernement, aura pour effet d'abroger la législation établie par les décrets de 1811, 1812, et par l'ordonnance de 1819, puisque les commissaires-priseurs pourront désormais, au préjudice du petit commerce et des courtiers, vendre en détail des marchandises neuves, que ceux-ci ne peuvent adjuger que par lots, dont le tribunal est appelé à fixer l'importance.

On a répondu que l'on s'exagérait beaucoup trop les inconvénients de cette disposition, dont, au reste, dans certains cas, on reconnaissait l'utilité; que, depuis longtemps et en vertu de la législation que l'on venait de rappeler, les tribunaux de commerce avaient reçu la mission d'examiner s'il y avait lieu d'accorder ou non l'autorisation de vendre aux acheteurs des marchandises neuves, et que jamais on ne s'était plaint de la manière dont ce droit était exercé; qu'il était présumable, par conséquent, que la faculté qu'il s'agissait de leur conférer ne présenterait point tous les inconvénients qu'on lui attribuait. On ajoutait qu'il n'était pas vrai de dire qu'on abrogeait par le fait les décrets de 1811, 1812 et l'ordonnance de 1819; que les courtiers seraient toujours chargés des ventes en gros, aux termes de l'art. 5; et qu'enfin la disposition proposée, qui avait réuni d'ailleurs les suffrages des commerçants les plus éclairés, ne sacrifiait pas plus les droits des courtiers que celle que le projet avait introduite pour le cas de cessation de commerce.

Voy. d'ailleurs, sur cette disposition, la note 1 de l'art. 1er.

Lors de la discussion à la Chambre des Pairs, M. *Bérenger* a demandé que l'appréciation fût soumise au président du tribunal de commerce seulement. Il a donné pour raisons « que s'il fallait s'adresser au tribunal, beaucoup de commerçants

se trouveraient souvent empêchés de demander l'autorisation, de peur que leur situation ne fût divulguée, et que leur crédit ne fût ébranlé; qu'il convenait d'autant mieux d'investir le président de ce pouvoir discrétionnaire, que sa position étant généralement plus élevée que celle de ses collègues, il serait moins accessible aux petites passions de rivalité; que, la responsabilité reposant sur lui seul, présenterait plus de réalité, et qu'enfin ce système s'accordait avec celui de nos Codes. » (C. pr. c., art. 945, 986 et 1000.)

L'amendement n'a pas été adopté.

M. le marquis *Barthélemy* avait demandé que ce paragraphe fût terminé comme il suit : « à l'égard des fabricants, des négociants et marchands, et au maire de la commune à l'égard des ouvriers, pour les objets qu'ils auraient confectionnés eux-mêmes ou de leurs propres mains.

Cet amendement, faiblement appuyé, n'a pas été adopté.

(1) « Là, en effet, ne se rencontrent aucuns des intérêts qui justifient la rigueur de la loi. »

La commission de la Chambre des Députés avait terminé ce paragraphe par ces mots : « et qui se vendent sur la voie publique avec la permission de l'autorité municipale; » mais cette addition a été ensuite supprimée.

On a demandé si, au moyen de cette suppression, la commission entendait retirer à l'autorité municipale le droit d'exercer sa surveillance sur les ventes de comestibles.

M. le rapporteur a répondu : « La commission n'a eu l'intention de rien enlever aux droits de l'autorité municipale, aux droits de la police locale sur les ventes qui se font sur la voie publique, dans les halles et dans les foires.

« Mais l'intention de la commission a été aussi de ne point ajouter aux droits de l'autorité municipale et de la police locale. Et comme on aurait pu inférer de ces expressions : « et qui se vendent avec la permission de l'autorité municipale; » qu'il était dans l'intention des auteurs de la loi d'ajouter aux droits de l'autorité municipale ce prétendu droit, qu'elle a exercé quelquefois avec le blâme de l'autorité supérieure, de réglementer le commerce, la commission a jugé plus convenable de retrancher complétement ces expressions.

« Il faut en conclure que l'autorité municipale, que la police locale, conservent tous les droits qui leur appartiennent en vertu des lois de 1790 et des règlements postérieurs; mais que la loi actuelle n'ajoute rien à ces droits, rien de ce qui pourrait porter atteinte à la liberté du commerce, en dehors des droits de la police locale sur les marchés et sur la voie publique. »

M. *Delespaul* avait proposé de restreindre la permission aux ventes « qui se font dans les lieux de passage, places publiques, marchés des villes et communes. » Cet amendement, faiblement appuyé, a été rejeté, sur les observations de M. *Quénault*, rapporteur de la commission. « Il nous a paru injuste, a-t-il dit, d'interdire le droit de faire dans une boutique ce qui pourrait légitimement se faire à côté sur la voie publique, et nous ne comprenons pas pourquoi on donnerait un privilège aux vendeurs qui se placent sur la voie publique contre ceux qui paient patente et loyer d'un magasin pour faire le même commerce. Il nous a

marchandises neuves qui auront lieu (1) après décès ou par autorité de justice se-

ront faites selon les formes prescrites et par les officiers ministériels préposés pour

paru qu'il y aurait là quelque chose d'injuste, de peu équitable, et que nous ne pouvions admettre une pareille contradiction.

« On a dit cependant que la même vente qui se ferait dans un magasin, dans une boutique, offrirait peut-être plus d'inconvénient et de danger, parce qu'elle ne serait pas soumise à la même surveillance que le commerce qui se fait sur la voie publique.

« Je prie l'honorable préopinant de vouloir bien remarquer qu'il s'agit précisément ici de ventes publiques aux enchères, de ventes auxquelles on appelle, par tous les moyens possibles, la plus grande partie du public. Par conséquent, la surveillance sera nécessairement appelée sur ces sortes de ventes; il n'y aura rien de secret, et si par hasard on voulait, sous l'apparence de ce commerce, en faire un plus considérable, la police locale serait là pour y veiller. »

« On a demandé avec une grande insistance, a dit M. Hébert dans son dernier rapport, que la loi ne s'appliquât point aux ventes faites dans la ville de Paris, soit de toutes marchandises, soit de certaines marchandises seulement, à la requête des marchands sédentaires et par ministère des officiers publics.

« Pour appuyer cette exception, on a observé qu'elle laissait subsister toute l'utilité de la loi, puisque c'était le colportage que la loi voulait atteindre et qu'à Paris il était fort rare.

« On a ajouté que, dans cette capitale, un grand nombre d'ouvriers fabricants de meubles que l'on portait à plusieurs mille, n'ayant point assez d'avances pour garder les objets qu'ils avaient en magasin et attendre l'acheteur, n'avaient d'autre moyen de toucher le prix de leur travail que de vendre aux enchères, par l'entremise des commissaires-priseurs; que, leur fermer ce débouché indispensable, c'était condamner une population nombreuse à l'indigence.

« Votre commission a dû chercher avec grand soin à s'éclairer sur l'exactitude de ces allégations, et les renseignements qu'elle a recueillis, loin de lui faire entrevoir les dangers qui lui avaient été signalés, ont fait découvrir une nouvelle source d'abus qu'il était urgent de tarir.

« Le nombre des ouvriers qui fabriquent des meubles pour les faire vendre aux enchères est peu considérable; il n'excède pas 300 sur plus de 20,000 ouvriers en meubles. Au lieu de travailler pour le compte de marchands ou fabricants établis, qui leur donneraient un bénéfice modéré pour un travail bien fait, ils fabriquent à la hâte des meubles de la plus mauvaise qualité; ils les portent à la salle des ventes, se contentent du prix qu'on leur donne, et souvent ne paient pas le marchand qui leur a fourni le bois.

« On voit assez combien il serait funeste de mettre de semblables pratiques sous la garantie de la loi; et, loin qu'il y ait lieu d'introduire une exception quelconque pour les ventes de marchandises neuves à Paris, votre commission a pensé que c'est surtout à Paris que les dispositions nouvelles feraient sentir toute leur utilité.

« C'est à Paris plus qu'ailleurs qu'on a vu, sous prétexte de cessation de commerce ou de changement de domicile, des encans s'établir pour ainsi dire en permanence.

« C'est à Paris plus qu'ailleurs qu'il importe que le ministère des commissaires-priseurs ne s'écarte pas du but et de l'esprit de leur institution.

« Ce serait, au surplus, se faire une idée incomplète du projet de loi que de croire qu'il n'a en vue que de réprimer les abus du colportage. Sans doute, les colporteurs ont plus que d'autres abusé des moyens de succès qu'ils trouvaient dans les ventes aux enchères; mais ce n'est pas seulement quand elles sont faites par les colporteurs qu'elles peuvent nuire au commerce régulier, tromper le consommateur, servir à l'écoulement de marchandises d'origine suspecte. Opérées sous le nom d'un marchand sédentaire, elles offrent les mêmes inconvénients. Il importe donc de maintenir l'interdiction entière pour tout le royaume, absolue pour toute espèce de marchandises neuves.

(1) Après ces mots se trouvaient ceux-ci : « par suite de saisie-exécution. » Ils ont été rayés, parce que, comme l'a expliqué M. Quénault, les ventes faites par autorité de justice les comprennent nécessairement.

M. Durand (de Romorantin) en a demandé le rétablissement en y ajoutant ceux-ci : « faite par un créancier sérieux et sans collusion. » L'amendement n'a pas été appuyé, non plus qu'un paragraphe additionnel proposé par M. de la Plesse, et qui était ainsi conçu : « Les ventes publiques et en détail de marchandises neuves ne pourront avoir lieu par suite de saisie-exécution, hors le domicile du saisi, qu'autant qu'elles auront été autorisées par le tribunal compétent. »

L'une et l'autre proposition avaient été faites, afin d'empêcher que des saisies-exécutions, effet de la collusion, ne devinssent un moyen d'éluder la loi. M. Durand faisait surtout remarquer que la peine prononcée, au cas de contravention, contre le commissaire-priseur, ne pourrait jamais lui être appliquée lorsqu'il aurait entre les mains un procès-verbal de saisie, et qu'ainsi la sanction la plus efficace de la loi disparaissait.

La Chambre a eu raison, je crois, de ne pas s'arrêter à cette observation.

Avec l'addition que demandait M. Durand, on se serait trouvé dans la même situation qu'avec la rédaction actuelle.

En effet, si son amendement avait été adopté, on aurait dit au commissaire-priseur : La saisie n'a pas été pratiquée par un créancier sérieux; donc la vente ne devait pas avoir lieu, vous êtes punissable pour y avoir procédé.

Mais le commissaire-priseur aurait répondu : J'ignorais que la saisie fût l'effet de la collusion; on m'a présenté le procès-verbal, j'ai cru à la sincérité des poursuites; il est impossible de m'infliger une peine.

Certainement cette défense aurait été accueillie. Du moins, pour lui appliquer les dispositions pénales de l'art. 7, il aurait fallu prouver qu'il était complice de la fraude.

Aujourd'hui ce serait précisément la même chose. Si on démontrait que le prétendu créancier n'avait qu'un titre simulé; que la saisie n'a été qu'une manœuvre pour arriver à la vente, et que le commissaire-priseur a su tout cela, les tribunaux lui feront à bon droit la sévère application de la peine établie par la loi. Si, au contraire, il n'est pas démontré, contre l'officier ministériel, qu'il a eu

la vente forcée du mobilier, conformément aux art. 625 et 945 du Code de procédure civile (1).

4. Les ventes de marchandises après faillite seront faites, conformément à l'art. 486 du Code de commerce, par un officier public de la classe que le juge-commissaire aura déterminée (2).

Quant au mobilier du failli, il ne pourra être vendu aux enchères que par le ministère des commissaires-priseurs, notaires, huissiers ou greffiers de justice de paix, conformément aux lois et réglements qui déterminent les attributions de ces différents officiers.

5. (3) Les ventes publiques et par enchères (4) après cessation de commerce (5) ou dans les autres cas de nécessité prévus par l'art. 2 de la présente loi (6), ne pourront avoir lieu qu'autant qu'elles auront été préalablement autorisées par le tribunal de commerce, sur la requête du commerçant propriétaire, à laquelle sera

---

connaissance de la fraude, il sera à l'abri de tout châtiment.

(1) « Se fondant sur la législation établie par les décrets de 1811, 1812, et l'ordonnance de 1819 qui est spéciale pour leurs attributions, les courtiers ont souvent prétendu que toutes les fois que des marchandises devaient être vendues aux enchères et en détail, leur ministère devenait obligatoire; ils ont élevé cette prétention surtout alors qu'il s'agissait de marchandises portées sur les tableaux prescrits par le décret du 17 avril 1812 et l'ordonnance du 9 avril 1819, et on les a vus revendiquer la vente des marchandises frappées de saisie-exécution, ou vendues après décès ou par autorité de justice.

« Il suffit, pour écarter cette prétention, de se faire une juste idée de l'institution des courtiers et de leurs attributions.

« Ils sont les intermédiaires du commerce ; mais ils ne sont point des officiers chargés de l'exécution des jugements ou de l'accomplissement des formalités prescrites par la loi civile pour la vente judiciaire de biens.

« D'ailleurs, ils ne peuvent vendre qu'en gros, mode qui ne peut convenir à des ventes de cette nature.

« De telles ventes ne diffèrent en rien des ventes du mobilier proprement dit ; elles doivent donc être faites par les officiers publics que la loi prépose aux ventes judiciaires de meubles. (*Deuxième rapport de M. Hébert.*) Voy. art. 5.

(2) Le juge-commissaire décide si la vente doit être faite par un courtier ou par un autre officier, et une fois la classe désignée, le syndic y choisit l'officier qui doit procéder. Voy. mes notes sur l'art. 486 C. de comm., tome 38, p. 390.

(3) L'art. 5 indique les formalités et les conditions que doivent remplir ceux qui, pour cause de cessation de commerce ou de nécessité, voudront obtenir l'autorisation de vendre aux enchères et en détail les marchandises de leur négoce. Ces formalités et ces conditions ont pour but d'empêcher que les dispositions prohibitives de la loi ne soient éludées. En même temps, et pour ajouter une nouvelle garantie en faveur du commerce de détail, l'article donne au tribunal la faculté d'ordonner, selon les circonstances, que la vente n'aura lieu que par lots dont il fixera l'importance, et de désigner le lieu où il devra y être procédé.

(4) M. *de la Plesse* avait proposé, afin de mettre cet article en harmonie avec l'art. 1er du projet, de dire d'une manière générale « les ventes à cri public. »

Cet amendement a été retiré par son auteur sur l'observation de M. *Quénault* qu'il ne s'agissait, dans l'art. 5, que de ventes autorisées par la justice dans les cas de nécessité et de cessation de commerce ; que, dans ces divers cas, les tribunaux n'autorisant la vente que par des officiers publics, conséquemment aux enchères, il était inutile de s'occuper de vente au rabais ou à prix fixe.

(5) M. Gillon a prié M. le garde des sceaux d'expliquer le sens législatif de ce mot *cessation de commerce*. Il a demandé si, pour que l'article fût applicable, il faudrait une cessation absolue de commerce, ou bien s'il suffirait que le commerçant, qui réunit plusieurs branches de commerce, renonçât à l'une d'elles.

« Qu'on me permette, a-t-il ajouté, de citer un seul exemple, mais qui peut avoir un nombre infini d'analogues. Un marchand de draps et de soieries renonce à tenir plus longtemps le débit de l'une ou de l'autre de ces deux sortes de marchandises, le tribunal de commerce, après avoir constaté la cessation réelle et effective du commerce sur l'une de ces deux branches d'industrie, devra-t-il accorder au marchand l'autorisation de vendre aux enchères les marchandises appartenant à la branche d'industrie à laquelle le commerçant renonce ? Je le souhaite et je le crois ; à mon avis, c'est là le sens du texte en discussion ; autrement je voterais contre lui. Ainsi le mot *cessation* ne s'entend pas uniquement d'une cessation absolue, mais aussi d'une renonciation exclusive à une branche spéciale d'industrie de débit de marchandises. »

M. *le garde des sceaux* a répondu : « Vous expliquez exactement le sens de la proposition du gouvernement. »

M. *Gillon* a répliqué : « Eh bien ! cette vérité est utile à retenir.

« En effet, il n'est pas de pourvoi possible, en pareil cas, contre les jugements des tribunaux de commerce ; on ne pourra pas en appeler ; ils ne seront pas motivés. Ainsi, à proprement parler, aucune jurisprudence ne s'établira à leur égard : il est donc bien que l'esprit de la loi soit certain pour tout le monde, pour que partout la loi s'exécute en un seul et même sens..... »

M. *le garde des sceaux* a cru devoir ajouter : « Les lois doivent toujours être entendues loyalement ; et comme le projet que nous discutons parle de cessation de commerce, il embrasse tous les cas où, à raison de cette cessation, il y a nécessité de vendre des marchandises.

« Que si un commerçant dont le négoce a plusieurs branches abandonne une de ces branches, il est évident qu'il y aura cessation, et, par conséquent, qu'il y aura lieu de vendre les marchandises dépendant de cette branche. »

(6) Cette disposition a été ajoutée sur la proposition de M. *Ganneron*. Voy. notes sur l'art. 1er.

joint un état détaillé (1) des marchandises (2).

Le tribunal constatera, par son juge-

ment, le fait qui donne lieu à la vente (3) ; il indiquera le lieu de son arrondissement où se fera la vente (4) ; il pourra même or-

(1) « Notre article exige, a dit M. *Gillon*, qu'à la requête soit joint un état des marchandises. Assurément, on ne transcrira pas cet état dans le jugement d'autorisation ; ce serait entraîner des frais énormes d'expédition. Il faudra que le gouvernement veille à l'exécution de cette partie de la loi. Une ordonnance royale pourra régler que cet état sera en double, dont l'un restera au greffe avec la minute du jugement, et dont l'autre, visé par le président du tribunal et le greffier, sera remis au commerçant, qui, à son tour, le déposera entre les mains de l'officier ministériel chargé de la vente, pour qu'il l'annexe à son procès-verbal. De cette manière, il est certain qu'il ne sera vendu que les marchandises pour lesquelles la permission a été accordée.

« Encore une fois, qu'on évite les frais au commerçant, déjà assez malheureux, puisqu'il est forcé de vendre. »

Ces réflexions sont pleines de sagesse. Il faut certainement éviter les frais d'expédition de l'état détaillé. Il suffirait, je crois, que cet état fût fait en un seul original, et remis au commissaire-priseur, après avoir été visé par le greffier du tribunal de commerce.

(2) Sur ce paragraphe, M. *Lestiboudois* avait proposé un amendement qui avait pour but d'exprimer que, lorsque le fait de la cessation de commerce serait établi, il ne pourrait plus dépendre du tribunal de commerce d'accorder ou de refuser l'autorisation. En voici la rédaction : « Les ventes publiques aux enchères, après cessation de commerce, ne pourront avoir lieu qu'après que le tribunal de commerce aura constaté la cessation de commerce, par jugement rendu sur la requête du commerçant propriétaire, à laquelle sera joint un état détaillé des marchandises. »

M. *le garde des sceaux* a fait observer que, sans doute, la constatation, par le tribunal, de la cessation de commerce, implique, de sa part, l'autorisation de vendre aux enchères ; mais que cependant il fallait lui laisser le droit d'autoriser, parce que l'autorisation était susceptible de diverses modifications ; qu'ainsi, tantôt il s'agirait de déterminer le lieu de la vente, tantôt de décider si cette vente se ferait par lots ou en détail ; que, du moment qu'une appréciation était nécessaire, il fallait laisser aux juges le droit non seulement de constater la cessation de commerce, mais encore d'en régler les conséquences.

M. *Lestiboudois* ayant demandé à M. le garde des sceaux s'il était bien entendu que la cessation de commerce entraînât le droit de vendre aux enchères, a déclaré, sur la réponse affirmative que celui-ci lui a faite, retirer son amendement.

(3) A la Chambre des Pairs, M. *Rossi* a demandé la suppression de cette disposition, comme étant, au fond, en désaccord avec les dernières expressions du premier paragraphe de l'art. 2.

« Que le tribunal s'informe, a-t-il dit, de la vérité du fait ; sans doute, cela doit se ; mais le jugement ne doit pas contenir l'énonciation du fait, car ce serait là donner d'une main au négociant une faculté qu'on lui retirerait de l'autre.....

« Vous ne ferez pas qu'un négociant aille exposer au tribunal de commerce les circonstances

difficiles dans lesquelles il se trouve, s'il s'expose par là à les voir rappelées dans un jugement.

« Il s'agit d'un jugement sur requête : il n'est pas nécessaire qu'il constate les faits pénibles qui ont amené les négociants à demander l'autorisation. »

M. *le ministre des travaux publics* a répondu que, dans le cas indiqué par M. Rossi, la mention du fait dans le jugement ne présentait aucun inconvénient. « En effet, de deux choses l'une, a-t-il ajouté, ou le crédit est agonisant, et alors vous n'avez rien à craindre, vous n'avez personne à sauver. Au contraire, si le négociant qui demande l'autorisation, en vue d'un besoin actuel, est au-dessus de ses affaires, au sens de l'opinion, alors il n'aura rien à perdre de ce qu'il aura été autorisé à vendre. »

M. *le ministre des travaux publics* est même allé plus loin, en répondant à une interpellation qui avait été adressée au gouvernement par M. le marquis de Cordoue au sujet de la dernière disposition du paragraphe 2. Voici comment il s'est exprimé : « Il faut tâcher que les lois commerciales soient dans une harmonie aussi complète que possible avec le Code de commerce. Quelle est la situation du tribunal de commerce ? De quel pouvoir est-il investi par la loi générale ? De celui-ci : dès qu'il y a des signes apparents d'une cessation de paiement, alors même que le négociant ne déclare pas son état, qu'aucun créancier ne provoque la déclaration de faillite, la loi impose au tribunal l'obligation de déclarer d'office la faillite.

« Eh bien ! qu'arrivera-t-il dans le cas donné ? Un négociant s'adresse au tribunal de commerce pour obtenir l'autorisation de vendre à l'encan. Le tribunal trouvera ou que le négociant est frappé au cœur, ou qu'il veut faire usage de cette vente à l'encan pour se procurer une ressource mobile, avec laquelle il pourra disparaître immédiatement, et alors il déclarera la faillite et maintiendra intact le gage que la loi réserve aux créanciers. Si, au contraire, il trouve que le négociant a besoin d'argent, mais qu'il est au-dessus de ses affaires, il rendra un jugement qui l'autorisera, et ce jugement, loin de porter atteinte au crédit du négociant, servira à le consolider, car tout le monde pourra se dire : Si le tribunal qui a examiné sa situation a autorisé la vente à l'encan, c'est qu'il a reconnu qu'il était au-dessus de ses affaires. Voilà la conséquence morale pour le négociant demandant une telle autorisation. »

L'amendement a été rejeté. Ainsi le jugement énoncera le fait qui donne lieu à la vente ; mais on comprend que les tribunaux de commerce mettront toujours la réserve nécessaire pour ne pas nuire au crédit du négociant.

(4) M. *Lestiboudois* avait demandé que cette disposition fût restreinte au cas où le commerçant propriétaire n'aurait pas indiqué que la vente dût être faite au lieu de son domicile.

« Il me semble, a-t-il dit, que la rédaction du gouvernement et de la commission est trop étendue, car elle va jusqu'à proscrire le droit de faire vendre les marchandises au lieu même du domicile du négociant qui cesse son commerce. Or, je ne comprendrais pas comment on empêcherait un négociant de vendre ses marchandises là où il a

donner que les adjudications n'auront lieu que par lots dont il fixera l'importance (1).

Il décidera, d'après les lois et réglements d'attribution, qui, des courtiers ou des commissaires-priseurs et autres officiers publics, sera chargé de la réception des enchères (2).

L'autorisation ne pourra être accordée pour cause de nécessité qu'au marchand sédentaire, ayant depuis un an au moins son domicile réel dans l'arrondissement où la vente doit être opérée.

Des affiches apposées à la porte du lieu où se fera la vente énonceront le jugement (3) qui l'aura autorisée.

6. Les ventes publiques aux enchères de

---

son domicile, ses affaires, de vendre ses marchandises dans un lieu où il est connu, où il a sa clientèle, où il y a une population pour laquelle précisément s'est fait l'approvisionnement des marchandises qui vont être vendues.

« Remarquez-le bien, avec la faculté de forcer le marchand à vendre dans un lieu qui sera déterminé par le tribunal de commerce, vous pourrez annuler complètement la faculté que vous avez admise comme une nécessité.

« Evidemment, si vous forcez le marchand à vendre partout ailleurs qu'au lieu de son domicile, comment voulez-vous qu'il profite, en réalité, de la facilité que la loi lui accorde? Comment ne pas reconnaître qu'on lui impose des charges telles qu'il sera contraint de renoncer à l'exercice de son droit? »

On a répondu que, quelque favorable que fût la vente aux enchères dans les cas indiqués par l'article, il convenait de laisser aux tribunaux de commerce le soin de fixer le lieu où devait se faire la vente; que, s'agissant de concilier, dans de justes limites, l'intérêt du marchand qui cesse son commerce et celui des autres négociants, c'était à la sagesse des juges de commerce que la loi devait s'en remettre, et que tout portait à croire qu'ils useraient convenablement des nouveaux pouvoirs qui leur étaient accordés.

L'amendement a été rejeté.

Un autre amendement de M. *Lestiboudois*, qui consistait à supprimer la disposition finale de ce paragraphe et qui s'appuyait sur des motifs analogues, a été également écarté.

(1) M. le marquis *de Cordoue* a fait observer que cette disposition était exorbitante; que si on accordait le droit au tribunal de commerce de fixer les lots, alors le but dans lequel le négociant aurait demandé l'autorisation, qui sera de se procurer de l'argent, ne sera pas atteint s'il ne se présente pas d'acquéreur pour les lots de cette importance; que c'était donner au tribunal de commerce un droit de propriété sur les marchandises du négociant.

M. *le ministre des travaux publics* a répondu qu'il n'y avait rien de nouveau dans cette disposition; qu'elle n'était que la reproduction de l'art. 5 de l'ordonnance de 1819, qui fait loi dans la matière. « D'ailleurs, a-t-il observé, le tribunal de commerce, d'après les articles votés, peut, soit accorder, soit refuser tout à fait l'autorisation : à plus forte raison doit-il pouvoir régler les conditions de la vente. Evidemment, le tribunal peut être en même temps frappé et de la nécessité de vendre et de l'inconvénient, pour le petit commerce, à ce que la vente se fasse par petits lots; et alors, en autorisant la vente à l'encan, il ordonne qu'elle sera faite par lots d'une certaine importance. »

M. *le baron de Gérando* a rappelé que cette disposition a son origine dans le décret de 1812, dont il avait été le rapporteur au conseil d'Etat, et qu'elle était l'expression des vœux du commerce lui-même, et il a cité l'avis que le conseil général du commerce avait formulé à cette époque. En voici les termes : « La chambre de Paris a sagement prévu qu'un grand nombre de ventes publiques qui s'opéreraient pièce à pièce et par petites parties, pourraient favoriser l'infidélité domestique, les fraudes de quelques fabricants, le dérangement du dissipateur, et qu'elles pourraient même nuire au commerce de détail; c'est pour prévenir de si graves inconvénients qu'elle a déterminé, dans son projet de règlement, que les lots de marchandises exposées aux enchères volontaires, ne pourront être au-dessous de 2,000 fr. »

L'observation n'a eu d'autre suite.

M. *Caumartin* avait proposé d'ajouter : « de manière à ne pas contrarier les opérations du commerce de détail. » Cet amendement, qui n'était que la reproduction d'une disposition de l'ordonnance du 9 avril 1819 (art. 5), n'a pas été appuyé. Mais il est évident que les tribunaux de commerce devront prendre toujours en grande considération les intérêts des commerçants détaillants.

(2) « En considérant la nature de cette vente volontaire, son analogie avec celle qui se fait après faillite, enfin l'économie des droits et des frais dans l'intérêt des parties, on est porté à penser qu'elle doit être attribuée aux courtiers; mais, comme en certaines circonstances, les marchandises neuves d'une certaine espèce, des meubles meublants, par exemple, peuvent être mieux vendus par des commissaires-priseurs, il nous a paru que la disposition la plus sage serait celle qui subordonnerait toujours l'intérêt de l'officier public à celui des parties et qui laisserait au juge toute latitude de pourvoir à ce qu'exigeraient les circonstances. Nous avons emprunté cette solution à l'art. 486 de la nouvelle loi sur les faillites, et nous vous proposons de décider que là où se rencontreront concurremment des courtiers et des commissaires-priseurs ou autres officiers ministériels, les tribunaux de commerce, en accordant l'autorisation de vendre, jugeront, selon les circonstances et dans l'intérêt du commerce et des parties, dans quelle classe d'officiers publics il conviendra le mieux de choisir celui qui sera chargé de procéder à la vente. » (*Extrait du premier rapport de M. Hébert.*)

(3) L'article du projet portait « les motifs du jugement. » On a demandé que l'affiche énonçât seulement le jugement d'autorisation..... Il est des circonstances, a-t-on dit, dans lesquelles un commerçant s'adressant au tribunal de commerce, obtiendra très-loyalement, très-légitimement l'autorisation de vendre, et où cependant il serait véritablement inconvenant qu'on rendît public, qu'on afficbât à la porte de son domicile les motifs particuliers tirés des raisons de famille, d'embarras passagers qui l'ont déterminé à s'adresser au tribunal. D'ailleurs, en adoptant, sur le § 1er de l'article 2, l'amendement de M. Ganneron, la Cham-

marchandises en gros continueront à être faites par le ministère des courtiers, dans les cas, aux conditions et selon les formes indiquées par les décrets des 22 novembre 1811, 17 avril 1812, la loi du 15 mai 1818, et les ordonnances des 1er juillet 1818 et 9 avril 1819 (1).

bre a été déterminée par cette vérité qu'il est des nécessités de vendre, nécessités soumises à l'arbitrage du tribunal consulaire, mais qui peuvent être d'une telle nature qu'il faille les taire au public et les confier seulement à l'oreille discrète du juge qui en sera le suprême appréciateur. Admettre la rédaction proposée, ce serait donc revenir sur un vote précédent.

« Objectera-t-on qu'il est étrange qu'un jugement ne soit pas motivé? Mais les jugements d'adoption ne le sont pas non plus. Qu'on ne dise pas que les justiciables ont le droit de savoir les uns pourquoi on leur refuse une permission de vendre qu'on octroie à d'autres. Ces différences de décisions sont fréquentes. Tous les jours on accorde à un créancier la permission de faire une saisie-exécution, une saisie-emprisonnement, en même temps qu'on repousse la requête d'un autre créancier, qui demandait à user de pareilles sévérités à l'encontre du même débiteur, et cependant la justice n'est point pour cela compromise dans l'estime et dans le respect des justiciables.

« En admettant même que les motifs eussent été indiqués dans le jugement (ce qui serait contraire à l'esprit de la loi), rien n'obligerait à les rappeler sur l'affiche. Tous les jours, en effet, un jugement ordonne une licitation d'immeubles ou une vente de meubles entre parties plaidant les unes contre les autres, sans que l'affiche rapporte les motifs du jugement.

« Que l'affiche énonce le jugement qui aura autorisé la vente et la nature des marchandises, cela suffira pour qu'on puisse vérifier si elle a été autorisée telle qu'elle est annoncée, et si elle s'exécute telle qu'elle est permise. Exiger quelque chose de plus, ce serait une grande faute.

On a opposé à l'amendement « que le secret auquel on prétendait arriver au moyen de la suppression proposée ne serait presque jamais obtenu, parce qu'il y avait trop de personnes dans la confidence; que jamais un négociant, gêné dans ses affaires, ne voudrait faire une pareille demande au tribunal; que l'autorisation ne serait guère sollicitée que par des fabricants qui voudraient écouler des marchandises défectueuses, ou par des marchands qui auraient besoin de se défaire d'articles passés de mode, et qu'en ce cas, la bonne foi exigerait que le public fût averti des motifs du jugement qui avait permis la vente. »

Ces raisons n'ont pas prévalu, et l'amendement a été adopté, après toutefois une épreuve déclarée douteuse; mais il importe de faire remarquer qu'en décidant que l'affiche n'énoncera pas les motifs du jugement, on n'a point prononcé que le jugement ne serait pas motivé. Je pense que le jugement doit l'être; c'est le droit commun, et l'art. 7 de la loi du 20 avril 1810 sanctionne cette règle en déclarant nuls les jugements qui ne contiennent pas de motifs. D'ailleurs, le § 2 de l'article porte que le jugement constatera le fait qui donne lieu à la vente. L'énonciation de ce fait sera l'expression d'un motif.

(1) « La prohibition dont parle l'art. 1er, a dit M. Quénault, ne s'applique qu'aux ventes en détail. Les ventes publiques en gros sont régies par une législation spéciale que votre commission vous propose de maintenir, parce qu'elle n'y trouve rien qui ne soit en harmonie avec l'esprit et le but du projet. Les décrets des 22 novembre 1811, et 17 avril 1812, utilement modifiés par la loi du 15 mai 1818 et par les ordonnances des 1er juillet 1818 et 9 avril 1819, ont pourvu, par de sages précautions, à ce que les ventes publiques de marchandises en gros, subordonnées à l'autorisation du tribunal de commerce, ne puissent préjudicier au commerce de détail. Le décret de 1812 avait interdit les ventes au-dessous de 2,000 fr. pour la place de Paris, et de 1.000 fr. pour les autres places de commerce. L'ordonnance du 9 avril permet aux tribunaux de commerce de déroger pour la formation des lots à la fixation du minimum porté au décret de 1812, sous la réserve toutefois qu'ils ne pourront autoriser la vente des articles pièce à pièce ou en lot à la portée immédiate des consommateurs, mais seulement en nombre ou quantité suffisante, d'après les usages, pour ne pas contrarier le commerce de détail. Malgré cette réserve, le gouvernement a craint que le pouvoir discrétionnaire laissé aux tribunaux de commerce, pour la formation des lots, n'ouvrît accès à des abus, et il vous propose de décider que les lots ne pourront jamais être au-dessous de 500 fr. Votre commission n'a pas cru devoir adopter cette disposition; elle repousse la fixation d'un minimum. La variété et la disproportion que présente le prix comparé des diverses marchandises, ne permettent pas de trouver dans un chiffre déterminé une limite toujours convenable; ce chiffre sera, selon les lieux et les circonstances, ou trop bas ou trop élevé. Un lot de 500 fr. pourra, selon la nature des marchandises, ne contenir qu'un ou deux articles, ou composer un approvisionnement trop important pour convenir au petit commerce. Le système de l'ordonnance de 1819, qui concilie les garanties dues au commerce de détail avec ses besoins et ses convenances, a paru préférable à votre commission. Elle vous propose de le maintenir. »

L'art. 6 actuel ne venait dans le projet du gouvernement qu'après les dispositions qui forment les art. 7 et 8. On l'a déplacé, afin, sans doute, de lui rendre applicables les sanctions pénales prononcées par ces deux articles. Voici, en effet, comment s'est exprimé M. Quénault :

« Les ventes aux enchères qui seraient faites en contravention aux lois, réglements et ordonnances sur les ventes de marchandises en gros, et qui rentreraient ainsi dans la classe des ventes prohibées, donneraient lieu à l'application des peines portées par la présente loi. »

L'article du projet du gouvernement contenait un second paragraphe ainsi conçu : « Néanmoins, les lots ne pourront jamais être au-dessous de 500 fr., excepté quand il s'agira de marchandises avariées. » Les motifs qui ont déterminé la commission de la Chambre des Députés à écarter cette disposition sont indiqués dans le commencement de la présente note. Il paraît, du reste, que ce retranchement a été approuvé par le gouvernement, car, lors de la discussion, on n'a pas voté sur ce paragraphe.

7. (1) Toute contravention aux dispositions ci-dessus sera punie de la confiscation des marchandises mises en vente (2), et, en outre, d'une amende de cinquante à trois mille francs, qui sera prononcée solidairement, tant contre le vendeur que contre l'officier public qui l'aura assisté, sans préjudice des dommages-intérêts, s'il y a lieu.

Ces condamnations seront prononcées par les tribunaux correctionnels (3).

8. Seront passibles des mêmes peines les vendeurs ou officiers publics qui comprendraient sciemment dans les ventes faites par autorité de justice, sur saisie, après décès, faillite, cessation de commerce, ou dans les autres cas de nécessité prévus par l'art. 2 de la présente loi, des marchandises neuves ne faisant pas partie du fonds ou mobilier mis en vente.

9. Dans tous les cas ci-dessus où les ventes publiques seront faites par le ministère des courtiers, ils se conformeront aux lois qui les régissent, tant pour les formes de la vente que pour les droits de courtage.

10. Dans les lieux où il n'y aura point de courtiers de commerce, les commissaires-priseurs, les notaires, huissiers et greffiers de justice de paix feront les ventes

---

M. *Ternières* avait proposé de fixer le minimum des lots à 200 fr. Son amendement n'a pas été appuyé.

La commission de la Chambre des Pairs avait rédigé l'article d'une manière générale, c'est-à-dire sans relater les divers actes qui régissent les ventes en gros. Lors de la discussion, cette rédaction a été abandonnée.

(1) M. *Couturier* avait proposé d'amender l'article ainsi qu'il suit : « Toute contravention aux « dispositions ci-dessus sera punie d'une amende « de 50 à 3,000 fr. qui sera prononcée solidaire- « ment, etc.

« Les marchandises mises en vente seront saisies, « et le produit en sera affecté au paiement des « condamnations prononcées. »

Cet amendement n'a pas été appuyé.

(2) Ces expressions ne doivent s'entendre que des marchandises *exposées en vente contrairement aux défenses de la loi.* Aussi, dans l'hypothèse prévue par l'article suivant, la confiscation ne devra frapper que *les marchandises neuves ne faisant pas partie du fonds ou du mobilier mis en vente.*

(3) L'art. 37 du projet général sur les ventes mobilières, amendé par la commission, ajoutait « sur la poursuite du ministère public ou de toute autre partie intéressée. » Ces mots ont été supprimés, afin qu'on ne pût pas en conclure que la loi apportait une modification quelconque aux règles établies.

« Les principes généraux du droit criminel, a dit M. *le garde des sceaux*, doivent ici conserver toute leur autorité et régler seuls l'exercice de l'action publique et de l'action privée. »

M. *Durand* (de Romorantin) avait proposé un paragraphe additionnel ainsi conçu : « Néanmoins, toute partie intéressée aura le droit de former opposition à la vente et de se pourvoir directement devant le tribunal civil, et même, en cas d'urgence, devant le président, par la voie du référé. »

« La commission, a dit M. *le rapporteur*, ne croit pas nécessaire d'organiser dans la loi le principe que M. Durand voudrait y introduire. Néanmoins elle ne conteste pas le droit pour les tiers de faire valoir leurs moyens contre les ventes qui portent préjudice à l'exercice de leurs droits. La Cour de cassation a admis ce droit d'action en faveur du commerce sédentaire qui se trouve lésé par des ventes illégales.

« La commission n'a pas voulu déroger à cette jurisprudence ; elle s'en réfère au droit commun. »

D'après ces observations, l'amendement a été retiré.

M. *Quénault* a sans doute voulu faire allusion à un arrêt de la Cour de cassation du 12 juillet 1836 [Sirey-Devilleneuve, 36. 1. 658 ; Dalloz, 30. 1. 385]. Mais cet arrêt ne décide pas précisément la question, seulement il paraît impliquer la solution dans le sens indiqué. Voici en effet les termes du premier considérant de l'arrêt :

« La Cour, vu les art. 2, 3, 4 et du décret du 17 avril 1812, et l'art. 5 de l'ordonnance du 9 avril 1819 :

« Sur la fin de non recevoir (cette fin de non recevoir était prise de ce que le demandeur en cassation était sans qualité pour s'opposer à la vente que voulait faire le défendeur, et pour attaquer l'arrêt qui avait autorisé cette vente) : — Attendu que les décrets et ordonnances qui ont prescrit des formalités et donné des limites aux ventes publiques de marchandises neuves, ont été rendus ainsi qu'il résulte de leurs dispositions, dans l'intérêt du commerce de détail ; — Attendu, au surplus, que l'arrêt attaqué, ayant refusé de statuer sur la fin de non recevoir, et le défendeur ne s'étant pas pourvu contre l'arrêt, ne peut opposer, devant la Cour de cassation, un moyen qui serait la censure de l'arrêt qu'il respecte.

Mais, sur le fond, la Cour de cassation a cassé l'arrêt de la Cour royale de Paris, et a décidé que les commissaires-priseurs ne pouvaient vendre aux enchères des marchandises neuves que sous les conditions et en remplissant les formalités prescrites, pour ces sortes de ventes, aux courtiers de commerce par les décrets de 1811, 1812 et l'ordonnance de 1819.

Au surplus, je ne crois pas que l'on puisse contester aujourd'hui aux commerçants sédentaires le droit d'empêcher la vente des marchandises neuves, si l'on voulait y faire procéder hors des cas où elle est autorisée. La prohibition ayant été établie dans leur intérêt, et la loi leur permettant de réclamer des dommages-intérêts en cas d'infraction, il en résulte virtuellement pour eux le droit de prévenir, par une opposition, le préjudice dont ils sont menacés. La Cour de cassation a parfaitement senti que c'était la conséquence forcée du régime restrictif établi par les décrets de 1811, 1812 et l'ordonnance de 1819. De cette manière, on coupe court aux difficultés que peut présenter la fixation des dommages-intérêts dont le recouvrement sera souvent difficile. Mieux vaut, d'ailleurs, prévenir un acte illégal que d'avoir à en réparer les conséquences.

ci-dessus, selon les droits qui leur sont respectivement attribués par les lois et règlements.

Ils seront, pour lesdites ventes, soumis aux formes, conditions et tarifs imposés aux courtiers (1).

25 JUIN = 1er JUILLET 1841. — Loi qui alloue, sur l'exercice 1841, un crédit supplémentaire pour la dépense résultant de la nouvelle organisation du tribunal de première instance de la Seine (2). (IX, Bull. DCCCXXVIII, n. 9390.)

Art. 1er. Il est alloué, sur l'exercice 1841, au-delà du crédit accordé par la loi de finances du 16 juillet 1840 pour le service des tribunaux de première instance, un crédit supplémentaire de cinquante mille deux cents francs, destiné à subvenir à la dépense résultant de la nouvelle organisation du tribunal de première instance de la Seine.

2. Il sera pourvu à la dépense autorisée par la présente loi, au moyen des ressources affectées aux besoins de l'exercice 1841.

25 JUIN = 1er JUILLET 1841. — Lois qui autorisent onze départements à s'imposer extraordinairement. (IX, Bull. DCCCXXVIII, n. 9391.)

PREMIÈRE LOI. — Aube.

Article unique. Le département de l'Aube est autorisé, conformément à la demande qu'en a faite son conseil général, dans sa séance du 28 août 1840, à s'imposer extraordinairement, pendant trois années, à partir du 1er janvier 1842, un centime additionnel au principal des quatre contributions directes, dont le produit sera exclusivement affecté à la reconstruction de la maison d'arrêt de Bar-sur-Aube.

DEUXIÈME LOI. — Charente-Inférieure.

Article unique. Le département de la Charente-Inférieure est autorisé, conformément à la demande qu'en a faite son conseil général, dans sa séance du 31 août 1840, à s'imposer extraordinairement, pendant trois années, à partir de 1842, deux centimes additionnels au principal des quatre contributions directes, dont le produit sera exclusivement affecté à concourir à l'achèvement des chemins vicinaux de grande communication classés dans la session de 1840.

Cette imposition sera recouvrée concurremment avec les centimes généraux dont les lois de finances autoriseront l'établissement, en vertu de l'art. 12 de la loi du 21 mai 1836.

TROISIÈME LOI. — Doubs.

Article unique. Le département du Doubs est autorisé, conformément à la demande qu'en a faite son conseil général, dans sa séance du 3 septembre 1840, à s'imposer extraordinairement, pendant quatre an-

---

(1) M. Delespaul a demandé s'il était bien entendu que les ventes en gros de marchandises neuves faites par les commissaires-priseurs, notaires, huissiers, greffiers, dans les lieux où il n'existe pas de courtiers de commerce, participeraient à la faveur dont l'art. 74 de la loi du 15 mai 1818, fait jouir ces sortes de ventes, lorsqu'elles sont opérées par le ministère des courtiers.

Plusieurs membres ont répondu : C'est entendu.

« Ainsi, a dit M. Delespaul, le droit sera établi, d'après la nature des ventes, et non d'après la qualité de l'officier ministériel qui y présidera : ce sera un simple droit de 1/2 pour 100. Mais alors veuillez remarquer la contradiction. Lorsqu'il s'agit de ventes en gros de marchandises neuves faites par le ministère d'un courtier ou d'un commissaire-priseur, le droit n'est que de 50 c. ou de 1/2 pour 100 ; et, au contraire, lorsqu'il s'agit de vieux meubles mis en vente à la requête d'un particulier, par suite de décès ou de toute autre circonstance, le droit est de 2 pour 100. Si je proposais de réduire ce droit à 1/2 pour 100, la contradiction disparaîtrait ; mais savez-vous quel serait l'effet de cette réduction ? Ce serait de faire perdre au trésor un revenu annuel de quatre millions.

« Cette logique m'effraie. Je me borne à signaler la contradiction. »

M. le rapporteur a répondu : « Il est constant que les droits à percevoir sur les ventes se règlent d'après la nature des ventes, et non d'après la qualité des officiers qui y procèdent. Puisque, dans les cas cités par l'honorable M. Delespaul, les commissaires-priseurs ne font que remplacer les courtiers pour les ventes qui sont qualifiées ventes en gros, il y aura lieu de percevoir les droits établis sur les ventes en gros.

« J'ajouterai en même temps, pour répondre à la dernière observation de M. Delespaul, qu'il n'y a pas du tout de contradiction et d'incohérence dans la législation qui a établi ces différentes natures de droits.

« Pour les ventes en gros, qui se font de commerçant à commerçant, on conçoit parfaitement qu'elles aient été facilitées, et qu'un droit très-minime ait été établi.

« Pour les ventes en détail, au contraire, qui contrarient le commerce de détail, le droit est plus élevé, parce qu'il est établi dans l'intérêt du commerce de détail. »

M. le président fait observer que cette explication se trouvait, au surplus, contenue d'une manière implicite, mais évidente, dans la rédaction même de l'article.

(2) Présentation à la Chambre des Députés le 30 avril ; rapport par M. Lacave-Laplagne le 3 mai ; adoption le 8 (Mon. du 9), à la majorité de 204 voix contre 27.

Présentation à la Chambre des Pairs le 21 (Mon. du 26) ; rapport par M. le comte de Ham le 9 juin (Mon. du 10) ; adoption le 11 (Mon. du 12), à la majorité de 96 voix contre 2.

nées, à partir de 1842, un centime additionnel au principal des quatre contributions directes, dont le produit sera
exclusivement affecté aux dépenses de
création et de premier établissement d'une
école normale primaire d'institutrices à
Besançon.

QUATRIÈME LOI. — Gard.

Article unique. Le département du Gard
est autorisé, conformément à la demande
qu'en a faite son conseil général, dans sa
séance du 27 août 1840, à porter à trois
centimes et demi, pendant cinq années,
à partir du 1ᵉʳ janvier 1842, l'imposition
extraordinaire de deux centimes et demi
autorisée par la loi du 9 juillet 1836.

CINQUIÈME LOI. — Loire-Inférieure.

Article unique. Le département de la
Loire-Inférieure est autorisé, sur la demande formée par son conseil général,
dans sa séance du 1ᵉʳ septembre 1840, à
s'imposer extraordinairement, pendant
quatre années, à partir de 1842, deux
centimes additionnels au principal des
quatre contributions directes, dont le produit sera exclusivement affecté aux travaux
neufs des routes départementales actuellement classées, autres que la route n. 17.

SIXIÈME LOI. — Moselle.

Art. 1ᵉʳ. Le département de la Moselle
est autorisé, conformément à la demande
qu'en a faite son conseil général, dans sa
séance du 4 septembre 1840, à emprunter
une somme qui ne pourra dépasser quatre-
vingt-deux mille francs, et qui sera réalisable en 1841 et 1842, dans les proportions indiquées par le conseil général.

Cette somme est exclusivement affectée
tant aux travaux d'achèvement des routes
départementales classées qu'à ceux de
construction de la route de Rohrbach à
Lemberg, dont le classement est demandé
par le conseil général.

L'emprunt aura lieu avec publicité et
concurrence, et à un taux d'intérêt qui ne
pourra dépasser quatre pour cent. Toutefois le préfet du département est autorisé
à traiter de gré à gré avec la caisse des dépôts et consignations, à un taux d'intérêt
qui ne soit pas supérieur à celui ci-dessus.

2. Le département de la Moselle est autorisé, conformément à la demande qu'en
a également faite son conseil général, dans
la même séance, à s'imposer extraordinairement, pendant l'année 1843, cinq
centimes additionnels au principal de la
contribution foncière.

Le produit de cette imposition est affecté tant au remboursement du capital

emprunté qu'au paiement en partie des
intérêts. Le surplus des intérêts dus pour
1841, 1842 et 1843, sera acquitté sur les
ressources que le conseil général sera appelé à indiquer dans sa session de 1841.

SEPTIÈME LOI. — Bas-Rhin.

Article unique. Le département du Bas-
Rhin est autorisé, conformément à la demande qu'en a faite son conseil général,
dans sa séance du 4 septembre 1840, à
s'imposer extraordinairement pendant trois
années, à partir du 1ᵉʳ janvier 1842, un
centime additionnel au principal des quatre contributions directes, dont le produit
sera exclusivement affecté aux travaux de
construction et de grosses réparations des
routes départementales.

HUITIÈME LOI. — Sarthe.

Art. 1ᵉʳ. Le département de la Sarthe
est autorisé, conformément à la demande
qu'en a faite son conseil général, dans sa
séance du 31 août 1840, à s'imposer extraordinairement pendant six années, à
partir du 1ᵉʳ janvier 1842, deux centimes
additionnels au principal des quatre contributions directes, dont le produit sera
affecté au service des intérêts et à l'amortissement du capital de trois cent mille
francs emprunté à la caisse des dépôts et
consignations en vertu de la loi du 15
juillet 1838.

2. L'imputation énoncée au second article de ladite loi sera considérée comme
non avenue, ainsi que toutes les dispositions contraires à la présente loi.

NEUVIÈME LOI. — Seine-Inférieure.

Art. 1ᵉʳ. Le département de la Seine-
Inférieure est autorisé, conformément à
la demande qu'en a faite son conseil général, dans sa séance du 3 septembre
1840, à emprunter une somme qui ne
pourra dépasser trois millions cent quatre-
vingt-sept mille sept cent quatre-vingt-
seize francs, et qui sera exclusivement applicable, tant à la part que doit fournir
le département dans la dépense d'achèvement des routes départementales actuellement classées, qu'à faire, s'il y a lieu, à
l'avance des contingents que les communes
se sont engagées ou s'engageront à fournir
pour lesdits travaux.

Cet emprunt sera réalisable en six années, à partir de 1842, dans les proportions indiquées par le conseil général dans
sa délibération susvisée ; il aura lieu avec
publicité et concurrence, et le taux de
l'intérêt ne pourra dépasser quatre et demi
pour cent.

Toutefois le préfet du département est

autorisé à traiter de gré à gré avec la caisse des dépôts et consignations, et à un intérêt qui ne pourra dépasser celui ci-dessus fixé.

Le service des intérêts et de l'amortissement du capital emprunté aura lieu au moyen des ressources créées par l'article suivant.

2. Le département de la Seine-Inférieure est autorisé à s'imposer extraordinairement, par addition au principal des quatre contributions directes, quatre centimes soixante et seize centièmes, pendant dix ans, à partir du 1er janvier 1842.

3. La portion de l'imposition ci-dessus autorisée, qui ne sera pas absorbée par le service de l'emprunt, sera, conformément au vote du conseil général, appliquée aux travaux des routes, concurremment avec les fonds de l'emprunt.

4. La portion des contingents communaux non affectée, par la délibération du conseil général du 5 septembre 1840 à la construction des routes départementales, ne pourra recevoir de destination qu'en vertu d'une nouvelle autorisation à intervenir.

5. Les travaux des routes, à la dépense desquelles les communes doivent contribuer pour moitié, suivant les conditions du classement, ne pourront être entrepris que lorsque ces communes se seront régulièrement engagées à fournir leur contingent dans les délais consentis par l'administration.

DIXIÈME LOI. — Somme.

Article unique. Le département de la Somme est autorisé, conformément à la demande qu'en a faite son conseil général, dans sa séance du 29 août 1840, à s'imposer extraordinairement, pendant six années, à partir du 1er janvier 1842, 3 centimes additionnels au principal des quatre contributions directes.

Le produit de cette imposition sera exclusivement affecté, 1° aux travaux d'achèvement des routes départementales déjà classées ; 2° aux travaux neufs des nouvelles routes dont le classement a été demandé par le conseil général, dans la même séance.

ONZIÈME LOI. — Vosges.

Article unique. Le département des Vosges est autorisé, conformément à la demande qu'en a faite son conseil général, dans sa séance du 31 août 1840, à s'imposer extraordinairement pendant trois années, à partir du 1er janvier 1842, trois centimes additionnels au principal des quatre contributions directes, dont le pro-

duit est exclusivement affecté à la construction d'une maison d'arrêt à Remiremont.

---

25 JUIN = 1er JUILLET 1841. — Lois qui autorisent treize villes à contracter des emprunts ou à s'imposer extraordinairement. (IX, Bull. DCCCXXVIII, n. 9392.)

PREMIÈRE LOI. — Angoulême.

Article unique. La ville d'Angoulême (Charente) est autorisée à emprunter, soit avec publicité et concurrence, soit directement de la caisse des dépôts et consignations, à un intérêt qui ne pourra excéder quatre et demi pour cent, une somme de deux cent mille francs, pour concourir au paiement des constructions relatives à l'établissement d'un collège royal, dont la création a été arrêtée par l'ordonnance du 6 octobre 1840.

Cet emprunt sera remboursé en huit ans, à partir de 1846, ou plus tôt, si faire se peut, au moyen d'un prélèvement annuel sur les revenus ordinaires de la ville.

DEUXIÈME LOI. — Bayonne.

Article unique. La ville de Bayonne (Basses-Pyrénées) est autorisée à emprunter, avec publicité et concurrence, ou directement de la caisse des dépôts et consignations, à un intérêt annuel qui ne pourra excéder quatre et demi pour cent, une somme de cinq cent mille francs destinée à pourvoir aux dépenses d'établissement d'un entrepôt réel du commerce et à la construction de fontaines publiques, et remboursable dans les délais et au moyen des ressources indiquées dans la délibération du conseil municipal de ladite ville, en date du 15 décembre 1840.

TROISIÈME LOI. — Carcassonne.

Article unique. La ville de Carcassonne (Aude) est autorisée à emprunter, avec publicité et concurrence, ou directement de la caisse des dépôts et consignations, à un intérêt qui ne pourra excéder quatre et demi pour cent, une somme de soixante mille francs, pour être affectée, avec d'autres ressources, au paiement des frais de construction d'un abattoir public et commun.

Ledit emprunt sera remboursable en dix ans, à partir du 1er janvier 1843, au moyen des revenus ordinaires de la ville.

QUATRIÈME LOI. — Châlons-sur-Saône.

Art. 1er. La ville de Châlons-sur-Saône (Saône-et-Loire) est autorisée à emprunter, à un intérêt qui ne pourra excéder cinq pour cent, soit avec publicité et concurrence, soit directement de la caisse des dépôts et consignations, une somme de quatre cent mille francs, pour être affectée aux dépenses qui résulteront, 1° de la transformation du palais de justice en hôtel de ville; 2° de l'agrandissement du bassin du milieu et de la construction d'un port sur ce point; 3° de la construction d'une banquette de halage, du quai de la Monnaie et de l'agrandissement du port des Messageries; 4° enfin de la restauration de la façade et des voûtes de l'église Saint-Vincent.

Ledit emprunt sera remboursable, en capital et intérêts, à raison de cinquante mille francs par année, à partir du 1ᵉʳ janvier 1844, sur les ressources ordinaires et extraordinaires de ladite ville.

2. La ville de Châlons est, en outre, autorisée à s'imposer extraordinairement, pendant dix ans, à partir de 1842, six centimes additionnels au principal de ses contributions directes pour l'amortissement de cet emprunt.

CINQUIÈME LOI. — Dieppe.

Article unique. La ville de Dieppe (Seine-Inférieure) est autorisée à emprunter, soit par adjudication publique, soit directement de la caisse des dépôts et consignations, à un intérêt qui ne pourra excéder quatre et demi pour cent par an, une somme de cent mille francs, destinée à payer la part contributive de ladite ville dans les travaux d'amélioration de l'entrée du port et de la restauration de la passe actuelle.

Ledit emprunt sera remboursé en douze ans, à partir de 1842, sur les revenus ordinaires de la caisse municipale.

SIXIÈME LOI. — Elbeuf.

Article unique. La ville d'Elbeuf (Seine-Inférieure) est autorisée à emprunter, avec publicité et concurrence, ou directement de la caisse des dépôts et consignations, à un intérêt qui ne pourra excéder quatre et demi pour cent, une somme de deux cent trente-cinq mille francs, pour subvenir aux dépenses énumérées dans la délibération du conseil municipal du 2 décembre 1840, et remboursable en douze ans, aux époques déterminées dans ladite délibération.

La même ville, pour subvenir, concurremment avec d'autres ressources, au remboursement de cet emprunt en capital et intérêts, est autorisée à s'imposer extraordinairement, par addition au principal de ses quatre contributions directes:

Dix centimes, de 1841 à 1846;

Vingt centimes, de 1847 à 1850;
Et quinze centimes, de 1851 à 1853.

SEPTIÈME LOI. — Moulins.

Article unique. La ville de Moulins (Allier) est autorisée à contracter, avec publicité et concurrence, ou directement de la caisse des dépôts et consignations, à un intérêt annuel de quatre et demi pour cent au plus, un emprunt de la somme de quatre-vingt mille francs, destiné, avec d'autres ressources, au paiement des frais de construction d'une nouvelle salle de spectacle.

Ledit emprunt sera remboursé en quatre ans, à partir de 1843, sur les revenus ordinaires de la ville.

HUITIÈME LOI. — Mulhausen.

Article unique. La ville de Mulhausen (Haut-Rhin) est autorisée à s'imposer extraordinairement, à partir du 1ᵉʳ janvier 1842, jusques et y compris 1853, dix centimes par franc au principal de sa contribution des patentes, six centimes par franc au principal de sa contribution personnelle et mobilière, et cinq centimes par franc au principal de sa contribution foncière, pour le produit en être spécialement et exclusivement affecté au remboursement de l'emprunt autorisé par la loi du 25 mai 1835, et destiné à payer les frais de construction d'un entrepôt réel de douanes.

NEUVIÈME LOI. — Niort.

Article unique. La ville de Niort (Deux-Sèvres) est autorisée à emprunter, soit avec publicité et concurrence, soit directement de la caisse des dépôts et consignations, à un intérêt qui ne pourra excéder quatre et demi pour cent, une somme de quarante-neuf mille francs, pour être à même d'exécuter divers projets d'intérêt communal énumérés dans la délibération du conseil municipal du 14 novembre 1840.

Ledit emprunt sera remboursé, en deux ans, à partir de 1846, sur les revenus ordinaires et extraordinaires de la ville.

DIXIÈME LOI. — Pau.

Article unique. La ville de Pau (Basses-Pyrénées) est autorisée à emprunter, avec publicité et concurrence, ou directement de la caisse des dépôts et consignations, à un intérêt qui ne pourra excéder quatre et demi pour cent, une somme de deux cent mille francs, remboursable en neuf ans, à partir de 1842, sur ses revenus, tant ordinaires qu'extraordinaires, et destinée à payer les dépenses énoncées dans la délibération du conseil municipal du 23 août 1840.

ONZIÈME LOI. — Rennes.

Article unique. La ville de Rennes (Ille-et-Vilaine) est autorisée à emprunter, soit avec publicité et concurrence, à un intérêt qui ne pourra excéder cinq pour cent par année, soit directement de la caisse des dépôts et consignations, une somme de huit cent mille francs, pour être affectée au paiement des acquisitions de terrains et bâtiments nécessaires pour l'exécution des travaux de canalisation de la Vilaine.

Ledit emprunt sera remboursé dans un délai de vingt ans au plus, au moyen des ressources ordinaires et extraordinaires de la ville.

DOUZIÈME LOI. — Saint-Quentin.

Article unique. La ville de Saint-Quentin (Aisne) est autorisée à emprunter, soit avec publicité et concurrence, à un intérêt qui ne pourra excéder quatre et demi pour cent par an, soit directement de la caisse des dépôts et consignations, aux conditions de cet établissement, une somme de quatre cent mille francs, destinée à pourvoir aux frais de construction d'une salle de spectacle, et d'acquisition de terrains pour augmenter l'emplacement de cette salle. Cet emprunt, contracté pour dix ans, sera remboursé au moyen des fonds libres de la caisse municipale, et du produit de l'aliénation de terrains provenant d'anciennes fortifications, aux époques et de la manière déterminées dans la délibération du conseil municipal en date du 16 avril 1840.

TREIZIÈME LOI. — Versailles.

Article unique. La ville de Versailles (Seine-et-Oise) est autorisée à emprunter avec publicité et concurrence, ou directement de la caisse des dépôts et consignations, à un taux d'intérêt qui ne pourra dépasser quatre et demi pour cent, une somme de deux cent soixante mille francs, pour subvenir aux frais de construction d'une halle couverte sur l'emplacement du marché Notre-Dame.

Cet emprunt sera remboursé en dix ans, à partir de 1843, sur les revenus ordinaires de la ville.

25 JUIN = 1ᵉʳ JUILLET 1841. — Lois relatives à des changements de circonscriptions territoriales. (IX, Bull. DCCCXXVIII, n. 9393.)

PREMIÈRE LOI. — Aube.

Art. 1ᵉʳ. La commune de Fontaines-Luyères est distraite du canton de Rame-rupt, arrondissement d'Arcis-sur-Aube, département de l'Aube, et réunie au canton d'Arcis-sur-Aube, même arrondissement.

2. Les dispositions qui précèdent auront lieu sans préjudice des droits d'usage ou autres qui pourraient être respectivement acquis.

DEUXIÈME LOI. — Calvados.

Art. 1ᵉʳ. La commune de Saint-Hippolyte-de-Canteloup, canton et arrondissement de Lisieux, département du Calvados, est supprimée, et les diverses portions de son territoire sont réunies, savoir : celles cotées P sur le plan annexé à la présente loi, à la commune de Fumichon ; celles cotées M, à la commune de Marolles, et celles cotées A, à la commune de l'Hôtellerie, toutes trois même canton.

Cette dernière commune recevra, en outre, pour être jointe à son territoire, la portion du territoire de Marolles cotée B sur le même plan.

En conséquence, la limite entre les communes de l'Hôtellerie, de Marolles et de Fumichon, sera fixée par le cours de la rivière du Paquin, et par la ligne verte et jaune portant audit plan les lettres E F G I et K.

2. Les dispositions qui précèdent auront lieu sans préjudice des droits d'usage ou autres qui seraient respectivement acquis.

Les autres conditions des réunions prononcées seront, s'il y a lieu, ultérieurement déterminées par une ordonnance du roi.

TROISIÈME LOI. — Côtes-du-Nord.

Art. 1ᵉʳ. La portion du territoire indiquée par une teinte jaune sur le plan annexé à la présente loi est distraite de la commune de Plélo, canton de Châtelaudren, arrondissement de Saint-Brieuc, département des Côtes-du-Nord, et réunie à la commune de Trégomeur, même canton.

En conséquence, la limite entre ces deux communes est modifiée suivant la direction de la ligne noire interponctuée tracée audit plan.

2. Les dispositions qui précèdent auront lieu sans préjudice des droits d'usage et autres qui seraient respectivement acquis.

Les autres conditions de la distraction prononcée seront, s'il y a lieu, ultérieurement déterminées par une ordonnance du roi.

QUATRIÈME LOI. — Lot.

Art. 1ᵉʳ. La section de Fajoles est distraite de la commune de Masclat, canton de Peyrac, arrondissement de Gourdon,

41.

25

département du Lot, et érigée en commune dont le chef-lieu est fixé à Fajoles.

2. La limite entre les communes de Fajoles et de Masclat est fixée dans la direction indiquée par un liséré jaune sur le plan annexé à la présente loi.

3. Les dispositions qui précèdent auront lieu sans préjudice des droits d'usage et autres qui pourraient être respectivement acquis.

Les autres conditions de la distraction ordonnée seront, s'il y a lieu, ultérieurement déterminées par une ordonnance du roi.

CINQUIÈME LOI. — Maine-et-Loire.

Art. 1er. Les hameaux de la Roche et des Roches, et le territoire qui en dépend, sont distraits de la commune de Vivy, canton nord-est et arrondissement de Saumur, département de Maine-et-Loire, et réunis à la commune de Neuillé, même canton.

En conséquence, la limite entre les communes de Vivy et de Neuillé est fixée suivant le liséré jaune A D B sur le plan annexé à la présente loi.

2. Ces dispositions auront lieu sans préjudice des droits d'usage et autres qui seraient respectivement acquis.

Les autres conditions des distractions prononcées seront, s'il y a lieu, ultérieurement déterminées par une ordonnance du roi.

SIXIÈME LOI. — Basses-Pyrénées.

Art. 1er. Les communes de Saint-Juste et d'Jbarre, canton d'Iholdy, arrondissement de Mauléon, département des Basses-Pyrénées, sont réunies en une seule, dont le chef-lieu est fixé à Saint-Just, et qui prendra le nom de Saint-Just-Jbarre.

2. Ces communes continueront à jouir séparément, comme section de commune, des droits d'usage et autres qui pourraient leur appartenir, sans pouvoir se dispenser de contribuer en commun aux charges municipales.

Les autres conditions de la réunion prononcée seront, s'il y a lieu, ultérieurement déterminées par une ordonnance du roi.

SEPTIÈME LOI. — Saône-et-Loire.

Art. 1er. Les hameaux de Mussy-les-Rouvray et des Places-de-Mussy sont distraits de la commune de Saint-Christophe, canton de Semur, arrondissement de Charolles, département de Saône-et-Loire, et réunis à la commune de Vauban, canton de la Clayette, même arrondissement.

En conséquence, la limite entre les communes de Saint-Christophe et de Vauban est fixée dans la direction indiquée par la ligne bleue du plan annexé à la présente loi.

2. Ces dispositions auront lieu sans préjudice des droits d'usage ou autres qui seraient respectivement acquis.

Les autres conditions des distractions prononcées seront, s'il y a lieu, ultérieurement déterminées par une ordonnance du roi.

---

25 JUIN = 2 JUILLET 1841. — Loi qui affecte une somme de quatre cent mille francs aux réparations de la cathédrale de Troyes (1). (IX, Bull. DCCCXXIX, n. 9398.)

Art. 1er. Une somme de quatre cent mille francs est affectée aux réparations

---

(1) Présentation à la Chambre des Députés le 11 mai (Mon. du 13); rapport par M. Denis le 13 (Mon. du 19); discussion le 22 (Mon. du 23); adoption le 24 (Mon. du 25), à la majorité de 202 voix contre 23.

Présentation à la Chambre des Pairs le 1er juin (Mon. du 3); rapport par M. le comte de Ségur le 9 (Mon. du 10); adoption le 11 (Mon. du 12), à la majorité de 92 voix contre 3.

« La cathédrale de Troyes est un exemple frappant de la fatalité qui pèse sur certaines constructions monumentales en France. On ignore la date précise de sa fondation, mais on peut dire que c'est une des plus anciennes de France.

« En 870, sous le règne de Charles-le-Chauve, l'église de Saint-Pierre tombe en ruine et est rebâtie.

« En 878, le pape Jean VIII y sacre un de nos souverains; en 893, les Normands détruisent la ville de Troyes et l'église n'est pas exceptée.

« En 950, reconstruite et agrandie, elle est brûlée en 1188; le chœur est rebâti en 1208, et en 1227 un vent impétueux renverse le nouveau bâtiment et le clocher qui y était attenant. Le pape Grégoire, par sa bulle du 10 septembre 1229, invite tous les chrétiens à sa réparation, et emploie pour le rétablir avec élégance et somptuosité tous les moyens que lui fournissent le grand pouvoir temporel et spirituel dont il était investi.

« En 1365, le mercredi de l'Assomption, un violent tourbillon jette de nouveau le clocher en bas.

« Ainsi, le feu, la terre et l'air, se sont conjurés pour détruire ce beau monument que la piété de nos pères avait élevé.

« Quoi qu'il en soit, il se trouve certain que peu de temps après sa dernière reconstruction, quelques parties de l'édifice avaient subi un écartement considérable; les extrémités du transcept, dont les fondations reposent sur la craie, avaient pris, dès cette époque, un surplomb menaçant. M. Arnaud, correspondant du comité des monuments historiques, rapporte, dans une lettre adressée à M. le ministre de l'instruction publique, qu'on lit dans les mémoires relatifs, que les évêques Etienne de Givri et Jean Leguisé firent élever, du côté du nord, des contreforts avec un arc ogival surmonté d'une aiguille, pour appuyer le portail et la rose qui poussait au vide, et que ce travail fut terminé en 1472. Depuis cette époque, le surplomb n'a pas fait de progrès de ce côté.

« Il n'en est pas de même de l'extrémité opposée

rendues nécessaires à la cathédrale de Troyes par l'événement du 14 décembre 1840.

2. Sur l'allocation mentionnée en l'article précédent, il est ouvert, au ministre de la justice et des cultes, un crédit de cent mille francs sur l'exercice 1841, et de cent cinquante mille francs sur l'exercice 1842.

3. Les fonds non employés pendant un exercice pourront être reportés par ordonnance royale, sur l'exercice suivant.

_____

28 JUIN = 2 JUILLET 1841. — Ordonnance du roi qui charge M. Duchâtel des fonctions de mi-

nistre de l'agriculture et du commerce pendant l'absence de M. Cunin-Gridaine. (IX, Bull. DCCCXXIX, n. 9401.)

Louis-Philippe, etc.

Art. unique. M. Duchâtel, ministre secrétaire d'Etat au département de l'intérieur, est chargé par intérim des fonctions de ministre secrétaire d'Etat au département de l'agriculture et du commerce pendant l'absence de M. Cunin-Gridaine.

(*Contresigné* duc de DALMATIE.)

_____

25 JUIN = 5 JUILLET 1841. — Loi concernant les lacunes des routes départementales (1). (IX, Bull. DCCCXXX, n. 9403.)

_____

de la nef transversale qui menaçait aussi depuis longtemps, comme il paraît par l'article suivant extrait des comptes de dépenses de l'œuvre de 1379 à 1380 :

« Pour faire visiter la massonerie de la roe (rose « on rosace) par devers la court, l'official et toute « l'église, autour, tant en haut comme en bas, « le 26e jour de janvier, par Divel de Dampmar- « tin, masson, demeurant à Paris, etc. »

« Le mal, sans doute, n'avait pas encore fait de grands progrès, car on ne voit pas dans le même document d'allocations nécessaires pour y porter remède ; mais il devint tel que, vers 1550, la rose méridionale qu'on croit peut-être à tort, à cause de la forme de l'encadrement extérieur, avoir été tout à fait semblable à celle du côté du nord ; il devint tel, disons-nous, qu'elle s'écroula et qu'on fut obligé de la reconstruire dans la forme et dans le goût qu'on lui connaît aujourd'hui.

« En se livrant à de nouveaux travaux, il paraît qu'on s'attacha beaucoup moins à consolider l'église qu'à son ornementation architecturale, car ce ne fut que vers le commencement du dix-huitième siècle que l'on s'aperçut qu'il devenait nécessaire, pour empêcher l'écartement des piliers d'angle, de les lier par de fortes chaînes en fer fixées aux gros piliers.

« Ce système d'armature était incomplet, il n'empêchait pas la poussée de se faire sentir outre mesure ; on songea l'année dernière à reprendre en sous-œuvre les angles de ce portail. C'est peu après ce travail que s'est manifesté, cette année, un accident qui a pris un caractère si grave et si menaçant.

« Le 14 décembre dernier, on vit tout à coup quelques gravois se détacher de la voûte, et bientôt les chaînes de fer qui retenaient toute cette partie de la maçonnerie se rompirent ; l'un des angles se sépara des murs auxquels il servait de lien et de point d'appui ; de profondes lézardes s'ouvrirent, la voûte et un pendentif tombèrent et l'on eut à redouter un instant la ruine de tout ce côté de l'édifice. » (*Extrait du rapport de M. Denis et de l'exposé des motifs.*)

(1) Lecture de la proposition de M. Anisson-Duperron le 11 février 1840 (Mon. du 12) ; développement et rejet de la prise en considération le 15 (Mon. du 16).

Nouvelle lecture de la proposition le 5 janvier 1841 (Mon. du 6) ; développement et prise en considération le 9 (Mon. du 10) ; rapport par M. le baron Roger le 26 mars (Mon. du 30) ; adop-

tion sans discussion le 28 avril (Mon. des 28 et 29), à la majorité de 204 voix contre 44.

Communication de la résolution de la Chambre des Députés à la Chambre des Pairs.

Rapport par M. le baron Feutrier le 12 mai (Mon. du 15) ; adoption sans discussion le 17 (Mon. du 18), à la majorité de 102 voix contre 2.

Le rapport de M. le baron *Roger* explique l'intention de la loi, et peut diriger dans son application. Il est ainsi conçu : « Messieurs, des plaintes se sont élevées de diverses parties de la France, au sujet des difficultés que rencontre l'achèvement des routes départementales sur le territoire de départements autres que ceux qui les ont d'abord entreprises. Dans l'espoir de lever ces difficultés, M. Anisson-Duperron a soumis à la Chambre une proposition qui a mérité de fixer votre attention ; la commission que vous avez chargée d'en faire l'examen vous rend compte aujourd'hui du travail auquel elle a dû se livrer.

« Avant tout, elle s'est demandé s'il existe, en effet, une lacune dans la législation relative aux routes départementales, et s'il s'est réellement manifesté en cette matière des besoins auxquels il y ait lieu de pourvoir.

« Trois principales catégories composent notre système de grandes voies de communication par terre : les routes royales, les routes départementales, les chemins de grande communication.

« A l'égard des premières, le gouvernement est investi de tous les pouvoirs nécessaires pour surmonter les obstacles que les intérêts de localité tenteraient d'opposer à leur complet achèvement.

« La loi du 21 mai 1836 a pourvu aussi, pour ce qui concerne les chemins de grande communication, aux moyens d'assurer leur classement, leur tracé et leur exécution, sans que l'inertie ou le mauvais vouloir des communes puissent opposer de la résistance à des travaux reconnus d'utilité publique. Ainsi, suivant l'art. 7, les communes sont consultées sur le classement et le tracé de ces chemins ; mais le conseil général décide souverainement, nonobstant le refus des communes qui sont contraintes de coopérer à l'exécution d'après des proportions déterminées. Dans ce système, les communications d'un point à un autre d'un même département ne peuvent pas être arbitrairement empêchées par la résistance d'une commune intermédiaire.

« Si l'on cherche des dispositions analogues relativement aux routes départementales, il faut bien reconnaître qu'il n'en existe pas dans nos

Art. 1er. Lorsqu'une route intéressant deux ou plusieurs départements a été clas-sée et est en voie d'exécution sur un ou plusieurs d'entre eux, et qu'un département

lois ; il dépend de la volonté d'un département d'annuler, jusqu'à un certain point, les travaux de routes exécutés sur des départements voisins, et d'empêcher ceux-ci de communiquer entre eux, du moins par la voie la plus directe et la plus utile. Dans l'état actuel de notre législation, l'administration est complètement désarmée ; et quand de pareils conflits surgissent, elle n'a aucun moyen de leur imposer une solution.

« Mais ces inconvénients sont-ils restés latents, pour ainsi dire, en théorie ? ou bien se sont-ils aussi manifestés dans la pratique ? C'est sur quoi la commission n'a pas manqué de consulter l'expérience de l'administration.

« M. le sous-secrétaire d'État au ministère des travaux publics nous a transmis un tableau indiquant douze contestations de cette nature qui se sont élevées entre divers départements, au préjudice du service public. Ces contestations se présentent sous différentes formes ; tantôt c'est un département intermédiaire qui refuse d'établir sur son territoire un tronçon de route, souvent de peu d'étendue, nécessaire pour mettre en communication une route déjà exécutée sur deux départements qui lui sont limitrophes ; tantôt c'est un département qui fait enclave sur un autre, et qui s'oppose à ce que deux portions de routes construites par celui-ci se rejoignent et se continuent sur le territoire de l'enclave ; quelquefois c'est une route qui vient aboutir à la limite du département comme à une impasse, et à laquelle le département voisin refuse d'ouvrir un débouché. M. le sous-secrétaire d'État nous a ensuite déclaré verbalement qu'il existait beaucoup d'autres cas analogues qui n'avaient pas encore laissé de traces officielles au ministère ; que, s'il avait eu le temps nécessaire pour interroger les ingénieurs par une circulaire, il ne doutait pas qu'il n'eût à produire un très-grand nombre d'exemples. Plusieurs des membres de la commission en ont indiqué qui étaient à leur connaissance particulière. Enfin, quelques conseils généraux, notamment ceux du Puy-de-Dôme et du Loiret, ont formellement réclamé, par des délibérations spéciales, l'intervention d'une loi sur cette matière.

« La commission, en conséquence, a dû constater qu'il y avait à ce sujet une lacune dans notre législation, et qu'il devenait utile de la combler.

« Le but ainsi marqué, quelle était, pour l'atteindre, la meilleure disposition qu'il convenait d'adopter ?

« Un membre a fait observer, d'abord, qu'une route qui intéressait à la fois plusieurs départements ne devait pas être considérée comme départementale ; que c'était à tort qu'elle avait été classée comme telle ; qu'elle était d'intérêt public et général, et qu'à ce titre, il y avait lieu de la ranger au nombre des routes royales. C'était là, disait-on, la solution la plus naturelle que pût recevoir la question. Mais il a été répondu qu'en principe, la législation ne considérait pas exclusivement comme routes départementales que les routes qui n'intéressaient qu'un seul département ; qu'au contraire, lorsque, pour soulager le trésor public, le décret du 16 décembre 1811 avait créé le système des routes départementales, il avait fait entrer dans cette catégorie les routes dites alors de troisième classe, qui, presque toutes, traversaient

plusieurs départements ; que ces routes impériales, d'intérêt général, ont été classées, en effet, comme départementales, après délibération des conseils généraux, par divers décrets de 1813 ; que, plus tard, avant comme depuis la loi du 10 mai 1838, sur les attributions des conseils généraux, il a encore été classé, comme départementales, beaucoup d'autres voies de communication qui intéressent plusieurs départements, et que si quelques-unes de ces routes pouvaient être élevées seulement au rang de routes royales, le plus grand nombre n'en serait pas susceptible.

« On a ajouté que le gouvernement ne paraissait pas disposé à prendre à son compte toutes les routes départementales pour l'exécution desquelles il existait déjà ou il surviendrait bientôt des contestations ; que, dans tous les cas, vu la situation financière du pays, le moment serait mal choisi pour demander aux Chambres d'entrer dans une pareille voie.

« La commission a pensé qu'il fallait avoir recours à un autre moyen de résoudre la difficulté.

« Elle a examiné ensuite si ce ne serait pas le cas de mettre à la charge du budget de l'État la dépense spéciale que nécessiterait la construction contestée des routes départementales.

« Cette solution a rencontré des objections qui n'ont pas permis de l'adopter.

« En effet, indépendamment de la dépense nouvelle, qu'assez intempestivement peut-être on ferait ainsi peser sur le trésor, ne serait-il pas à craindre que des départements n'élevassent à dessein de plus nombreuses contestations, et ne fissent moins d'efforts et de sacrifices pour l'exécution de leurs routes, dans l'espoir de s'exonérer aux dépens du budget général ?

« La dépense de construction des lacunes contestées de routes départementales n'ayant pas pu être mise à la charge du trésor de l'État, la commission s'est trouvée ramenée à l'ordre d'idées dans lequel a été conçue la proposition de l'honorable M. Anisson-Duperron. Elle a d'abord examiné si et comment, dans des cas rares et spécialement prévus, un département pourra être contraint à classer et à exécuter sur son territoire des portions de routes entreprises sur les départements limitrophes, sauf à régler plus tard par quels moyens il devra être pourvu à la dépense.

« La question réduite à ces termes ne comporte réellement pas d'objections sérieuses. On ne pourrait réellement comprendre qu'un département eût le droit de s'opposer à l'ouverture sur son territoire d'une voie de communication reconnue d'ailleurs nécessaire, et que le gouvernement restât privé du pouvoir de vaincre cette résistance. Évidemment, la difficulté ne saurait être là ; elle réside uniquement dans l'imputation de la dépense, et il en sera traité tout à l'heure à l'occasion de l'art. 2.

« Le principe du classement et de l'exécution obligatoires étant admis, on s'est demandé si une ordonnance suffirait pour contraindre le département qui persisterait dans son refus, ou si l'intervention d'une loi spéciale ne serait pas nécessaire.

« Un seul motif milite en faveur du système de l'ordonnance : c'est l'inconvénient qu'il pourrait y avoir à surcharger les Chambres d'un trop grand nombre de lois d'intérêt secondaire. La

sur lequel cette route doit s'étendre refuse de classer ou d'exécuter la portion de route qui doit traverser son territoire, le classement ou l'exécution peut être ordonné par

commission a pensé que cet inconvénient n'était pas à craindre ici, parce que les cas prévus seront rares, et qu'ils le deviendront de plus en plus; que, d'un autre côté, pour contraindre la volonté d'un conseil général, et pour déroger tant peu que ce soit à la loi du 10 mai 1838, ce n'est pas trop de la solennité d'une loi qui se prêtera mieux, d'ailleurs, aux conséquences prochaines ou éloignées que le classement de la route doit entraîner.

« Dans tous les cas, et avant que le pouvoir législatif dût être saisi, il importait que chaque affaire de cette nature fût complètement instruite par l'administration, et que la convenance et l'utilité du classement demandé pussent être régulièrement constatées.

« En conséquence, l'art. 1er du projet, amendé par la commission, établit, en principe, qu'après enquête et les conseils généraux entendus, une loi spéciale pourra ordonner le classement et l'exécution d'une portion de route départementale, sur le territoire d'un département qui s'y refuserait, au préjudice des départements voisins.

« Mais, quand une loi aura ordonné le classement et l'exécution de la portion contestée d'une route départementale, comment sera-t-il pourvu à la dépense de construction et d'entretien? C'est là véritablement toute la difficulté de la question.

« Cette dépense sera-t-elle mise à la charge du département sur le territoire duquel la portion de route devra être construite, nonobstant son refus?

« Ici se présente une objection très-grave. Une pareille dépense appartiendrait à la seconde section du budget départemental (dépenses facultatives) : or, elle ne pourrait pas y être inscrite d'office : la loi du 10 mars 1838 y fait obstacle. Cette loi constitue, à l'égard de la seconde section, les conseils généraux dans une parfaite indépendance, à laquelle on ne pourrait songer à porter atteinte. Quant à la première section (dépenses ordinaires ou obligatoires), elle est tout à fait étrangère à une pareille destination, et, d'ailleurs, elle se trouve presque toujours complètement absorbée. Faut-il en conclure que le département récalcitrant doit être nécessairement exonéré?

« La commission n'en a pas jugé ainsi : il lui a paru que, quand une loi mettrait une construction de route à la charge d'un département, elle déterminerait en même temps les moyens d'assurer le paiement de la dépense.

« L'art. 20 de la loi de 1838 prouve assez qu'un département ne peut pas se soustraire, par son mauvais vouloir, à l'exécution des obligations qu'il a contractées ou qui lui sont imposées. Obéissance est due par tous à la justice et à la loi.

« Vainement prétendrait-on que ce serait porter atteinte à l'indépendance des conseils généraux. La raison et l'expérience ne reconnaissent rien d'exclusivement absolu. De rares exceptions ne servent qu'à confirmer cette règle.

« La loi de 1838 n'a pas fractionné le territoire français en petits États isolés, ne se devant mutuellement aucun appui et pouvant même impunément se nuire entre eux, sans que le pouvoir central et législatif ait le droit de les soumettre à ce qu'exige l'intérêt commun. L'indépendance des conseils généraux doit être respectée sans doute, mais faut-il qu'elle soit absolument sans limites?

« Du reste, lorsque la loi du 21 mai 1836, art. 7, donne à l'administration départementale la faculté de contraindre les conseils municipaux qui s'y refusent à souffrir le classement et à contribuer à l'exécution des chemins de grande communication, afin que ces chemins ne restent pas interrompus, on se demande comment, pour des routes départementales d'un parcours beaucoup plus étendu et plus utile, le gouvernement ne se trouverait pas investi, vis-à-vis des conseils généraux, d'un droit semblable à celui dont ceux-ci peuvent user à l'égard des communes.

« Cependant, en reconnaissant le droit qui appartient au pouvoir législatif de contraindre au paiement des frais de construction le département sur le territoire duquel est établie la route, la commission a pensé qu'une application rigoureuse de ce principe ne serait pas toujours équitable, et qu'il y aurait lieu, pour fixer la charge à imposer au département, de prendre en considération le plus ou moins d'intérêt qu'il peut avoir à la construction de la route contestée.

« Dans ce système, il devient évident que le département qui demande le prolongement de la route, peut être appelé aussi, selon l'importance de son intérêt, à concourir à la dépense de construction qui doit être faite sur le département voisin. Dans des cas rares sans doute, la totalité de cette dépense peut même lui être imposée.

« A cet égard, rien ne pouvait être arrêté d'avance et comme règle générale. Chaque loi spéciale déterminera, d'après les circonstances et selon les intérêts divers, comment et dans quelles proportions seront supportés les frais de construction pour chaque département intéressé.

« Il est remarquable qu'une disposition de cette nature a l'avantage de rentrer tout à fait dans l'esprit du décret du 16 décembre 1811, qui a créé le système des routes départementales. L'art. 7 de ce décret est, en effet, ainsi conçu : « La construc-
« tion, la reconstruction et l'entretien des routes
« départementales demeurent à la charge des dé-
« partements, arrondissements et communes qui
« seront reconnus participer plus particulièrement
« à leur usage. »

« Quant à l'entretien, il restera, pour la totalité ou pour la portion que la loi déterminera, à la charge du département sur le territoire duquel la route sera assise, et qui ne peut toujours manquer d'en profiter plus ou moins. D'ailleurs, on sait qu'il est pourvu, pour une partie assez notable, aux frais d'entretien, au moyen du fonds commun que le gouvernement peut répartir proportionnellement aux besoins, et qui n'est pas, à proprement parler, un fonds du département.

« Ces diverses dispositions, relatives aux moyens d'exécution, sont formulées dans l'art. 2, qui complète le projet que votre commission vous propose d'adopter.

« Après avoir ainsi terminé le travail que vous nous avez confié, il nous a paru qu'il ne serait peut-être pas sans intérêt de consigner ici quelques faits généraux et quelques observations qui sont sortis des documents que nous ont communiqués MM. les ministres de l'intérieur et des travaux publics.

une loi qui sera précédée d'une enquête, dont les formes seront déterminées par un règlement d'administration publique.

2. Cette loi détermine la proportion dans laquelle chaque département intéressé contribue aux dépenses de construction et d'entretien de la portion de route dont le classement ou l'exécution aura été refusé.

Les dépenses de construction pourront être mises, pour la totalité, à la charge des

« La longueur des routes départementales classées au 1er janvier 1837 était de 36,930,915 mètres.

« Depuis cette époque, il en a été classé sur une longueur de 3,492,680 mètres.

« En quatre années, c'est beaucoup : c'est plus de 200 lieues par an.

« Si cette proportion devait se continuer quelque temps encore, la situation deviendrait bientôt très-difficile, et l'on pourrait s'inquiéter des moyens de pourvoir à la continuation d'un si grand développement de routes départementales et surtout à leur entretien.

« En effet, les 40,423,595 mètres de routes départementales classées n'exigeront pas moins de 15 millions de dépense annuelle d'entretien ; déjà, dans le moment actuel, cette dépense s'élève à plus de 11 millions.

« On sait que le montant des centimes additionnels ordinaires et du fonds commun, mis à la disposition des départements pour faire face aux dépenses obligatoires de la première section, sont devenus tout à fait insuffisants, et que, presque tous les conseils généraux sont dans la nécessité d'imputer une partie de ces dépenses, et par conséquent des frais d'entretien de routes, sur la seconde section des budgets départementaux (dépenses facultatives) ; de sorte que la loi de 1838, qui classe comme obligatoire l'entretien des routes départementales (dans la première section), ne peut déjà plus recevoir sa complète exécution, et qu'une partie de la dépense d'entretien est, de fait, et par la force des choses, devenue purement facultative, en dépit de la loi qui n'a que trois ans d'existence.

« Il y a plus, c'est que, dans certains départements, les centimes facultatifs eux-mêmes ne fournissent pas assez de ressources ; plusieurs ont déjà demandé l'autorisation de pourvoir à l'entretien de leurs routes au moyen d'un impôt extraordinaire, et les Chambres se sont vues dans la nécessité de voter de semblables autorisations ; cependant la plupart des routes sont encore en cours d'exécution ; qu'arrivera-t-il donc quand elles seront toutes achevées ?

« Ces considérations doivent peut-être mettre l'administration en garde contre l'entraînement et l'espèce d'émulation que montrent beaucoup de conseils généraux pour classer de nouvelles routes départementales, bien avant même qu'ils puissent prévoir quand leurs routes anciennement classées pourront être terminées.

« On s'imagine aussi créer, en faveur de ces départements, des droits à une plus forte part dans la répartition du fonds commun ; mais ce fonds ne peut pas déjà satisfaire à tous les besoins ; sa répartition d'ailleurs est depuis longtemps réglée d'une manière à peu près invariable. En fait, la part allouée à un département ne s'accroît pas à proportion des nouvelles routes mises successivement à l'état d'entretien. Et il n'en peut être autrement, car ce serait retrancher de la part, déjà insuffisante, des départements modérés et prévoyants, pour donner en quelque sorte une prime

aux administrations moins réservées dans leurs entreprises.

« Cette situation mérite d'attirer l'attention du gouvernement. Déjà M. le ministre de l'intérieur, par une circulaire du 16 juillet 1840, a sagement prémuni les conseils généraux et les préfets contre les dangers de céder trop facilement à l'entraînement d'accroître et de développer promptement les travaux publics des départements ; de sacrifier, en quelque sorte, le présent à un avenir qu'il est prudent de ne pas devancer et d'ajouter démesurément aux charges déjà bien pesantes que portent les contribuables.

« Les deux ministères de l'intérieur et des travaux publics se sont concertés pour que désormais ce dernier n'autorise plus de classement de routes départementales sans qu'il n'ait été justifié des ressources assurées et convenables pour pourvoir aux frais de construction et d'entretien.

« Ce sont là de sages mesures, nous nous plaisons à le reconnaître, et nous croyons devoir inviter l'administration à persévérer dans cette voie.

« Quelles que soient les améliorations qui restent à introduire dans la législation sur les routes départementales, il en est une du moins que vous pouvez aisément réaliser dès à présent. La commission l'a formulée dans les deux articles qu'elle soumet à votre adoption. Ces articles, par leur rédaction, s'éloignent beaucoup, sans doute, de la rédaction primitive ; mais, quant au fond, ils rentrent dans la pensée dont vous avez approuvé déjà le germe, en prenant en considération le projet présenté par l'honorable M. Anisson-Duperron. »

Voici quels étaient les termes de la proposition.

« Art. 1er. Lorsqu'en vertu des art. 18, 19, 20 et 21 de la loi du 16 décembre 1811, le projet d'une route départementale aura reçu la sanction des conseils généraux de plusieurs départements appelés à y coopérer, s'il arrive que quelqu'un d'eux réclame contre le tracé indiqué par l'ordonnance de classement, il en sera référé au ministre des travaux publics.

« Art. 2. Le ministre fera procéder, dans chacun des départements intéressés, à une enquête locale, par les soins des préfets, et après que les conseils généraux, les conseils d'arrondissement et les conseils municipaux des communes auront été entendus ; il sera statué sur la direction définitive de la route par une ordonnance royale rendue dans la forme des règlements d'administration publique.

« Art. 3. Dans le cas où les départements n'assigneraient pas, sur les ressources dont ils peuvent disposer, les fonds nécessaires à l'exécution des travaux, il y sera pourvu par une loi spéciale qui fixera les parts respectives de chaque département, et les moyens de les réaliser. »

« Il est inutile, je pense, de faire ressortir les différences qui existent entre la loi actuelle et la proposition primitive. Il est évident que celle-ci a subi un changement à peu près complet. Quant à la supériorité de la dernière rédaction, elle me semble incontestable ; et je crois même qu'il n'était guère possible d'arriver à une plus heureuse solution. Aussi le projet a-t-il été voté par les deux Chambres sans la moindre observation.

départements qui auront réclamé le classement ou l'exécution sur le territoire d'un autre département.

---

12 DÉCEMBRE 1840 = 5 JUILLET 1841. — Ordonnance du roi qui supprime la troisième classe des gardes du génie, et répartit entre les classes conservées les cinq cent cinquante gardes institués par l'ordonnance du 16 novembre 1840. (IX, Bull. DCCCXXX, n. 9404.)

Louis-Philippe, etc., vu l'ordonnance du 16 novembre 1840 ; sur le rapport de notre ministre secrétaire d'État de la guerre, etc.

Art. 1ᵉʳ. La troisième classe des gardes du génie est supprimée. La répartition des cinq cent cinquante gardes institués par notre ordonnance du 16 novembre dernier aura lieu de la manière suivante, entre les classes conservées, à partir du 1ᵉʳ janvier 1842 ; savoir : 40 gardes principaux, 160 de 1ʳᵉ classe, 350 de 2ᵉ classe. — Total, 550.

2. Notre ministre de la guerre (duc de Dalmatie) est chargé, etc.

---

21 JUIN = 5 JUILLET 1841. — Ordonnance du roi qui fixe la solde des officiers généraux de la seconde section du cadre de l'état-major général de l'armée navale. (IX, Bull. DCCCXXX, n. 9405.)

Louis-Philippe, etc., vu l'art. 9 de la loi du 17 juin 1841, sur l'organisation de l'état-major général de l'armée navale, portant que les officiers généraux de la deuxième section du cadre reçoivent les trois cinquièmes de la solde à terre de leur grade, sans les accessoires ; vu l'art. 18 de l'ordonnance du 31 octobre 1819, déterminant la solde des officiers généraux de la marine ; sur le rapport de notre ministre secrétaire d'État de la marine et des colonies, etc.

Art. 1ᵉʳ. La solde des officiers généraux de la deuxième section du cadre de l'état-major général sera payée conformément aux fixations ci-après, savoir : vice-amiral, neuf mille francs par an ; contre-amiral, six mille francs.

2. Les officiers généraux placés dans la deuxième section en exécution de l'art. 6 de la loi jouiront de la solde affectée à cette position, à partir du 19 juin 1841, jour de la promulgation de ladite loi.

3. Notre ministre de la marine et des colonies (M. Duperré) est chargé, etc.

---

26 JUIN = 5 JUILLET 1841. — Ordonnance du roi portant convocation des conseils généraux et des conseils d'arrondissement. (IX, Bull. DCCCXXX, n. 9406.)

Louis-Philippe, etc., sur le rapport de notre ministre secrétaire d'État au département de l'intérieur ; vu les lois du 22 juin 1833 et du 10 mai 1838, etc.

Art. 1ᵉʳ. Les conseils d'arrondissement se réuniront le lundi 19 juillet prochain pour la première partie de leur session, qui ne pourra durer plus de dix jours.

2. La session des conseils généraux, pour la présente année, s'ouvrira le lundi 23 août, et sera close le 6 septembre dans tous les départements du royaume, à l'exception de celui de la Seine. La session du conseil général de la Seine aura lieu du 15 au 29 octobre.

3. La seconde partie de la session des conseils d'arrondissement commencera le 13 septembre, et se terminera le 17 du même mois, excepté dans le département de la Seine, où elle aura lieu du 3 au 7 novembre.

4. Notre ministre de l'intérieur (M. Duchâtel) est chargé, etc.

---

30 JUIN = 7 JUILLET 1841. — Ordonnance du roi qui prescrit la publication du traité de commerce et de navigation conclu, le 25 juillet 1840, entre la France et les Pays-Bas (1). (IX, Bull. DCCCXXXI, n. 9408.)

Louis-Philippe, etc., savoir faisons qu'entre nous et sa majesté le roi des Pays-Bas il a été conclu à Paris, le 25 du mois de juillet de l'année dernière, un traité de commerce et de navigation dont les ratifications ont été échangées, également à Paris, le 3 septembre 1840, et dont la teneur suit :

Traité de commerce et de navigation entre la France et les Pays-Bas.

Sa majesté le roi des Français, d'une part, et sa majesté le roi des Pays-Bas, d'autre part, désirant faciliter et étendre d'une manière réciproquement avantageuse les relations de navigation et de commerce entre les deux pays, sont convenus, dans ce but, d'entrer en négociation, et ont nommé à cet effet pour leurs plénipotentiaires respectifs, savoir : sa majesté le roi des Français, le sieur Marie-Joseph-Adolphe Thiers, grand-officier de l'ordre royal de la Légion-d'Honneur, grand-croix de l'ordre noble et distingué de Charles III d'Espagne et de l'ordre royal de Léopold de Belgique, ministre et secrétaire d'État au département des affaires étrangères et président du conseil ; et sa majesté le roi des Pays-Bas, le sieur

---

(1) Voir ci-après loi du 25 juin et ordonnance du 26 juin 1841.

Jean-Jacques Rochussen, chevalier de son ordre royal du Lion néerlandais, et son conseiller de légation; lesquels, après avoir échangé leurs pleins pouvoirs, trouvés en bonne et due forme, sont convenus des articles suivants :

Art. 1er. Il y aura pleine et entière liberté de commerce et de navigation entre les habitants des deux royaumes ; ils ne seront pas soumis, à raison de leur commerce ou de leur industrie, dans les ports, villes ou lieux quelconques des deux royaumes, soit qu'ils s'y établissent, soit qu'ils y résident temporairement, à des droits, taxes ou impôts, sous quelque dénomination que ce soit, autres ni plus élevés que ceux perçus sur les nationaux ; et les privilèges, immunités et autres faveurs quelconques dont jouiraient en matière de commerce les citoyens de l'un des deux Etats, seront communs à ceux de l'autre.

2. Les navires français venant directement des ports de France avec chargement, et sans chargement de tout port quelconque, ne paieront, dans les ports du royaume des Pays-Bas, soit à l'entrée, soit à la sortie, d'autres ni de plus forts droits de tonnage, de pilotage, de quarantaine, de port, de phares, ou autres charges qui pèsent sur la coque du navire, sous quelque dénomination que ce soit, que ceux dont sont ou seront passibles, dans les Pays-Bas, les navires néerlandais venant des mêmes lieux ou ayant la même destination. D'autre part, et jusqu'à ce que le gouvernement néerlandais exempte ses propres navires de tout droit de tonnage, comme la France le fait pour les siens, les navires néerlandais venant directement des ports des Pays-Bas avec chargement, et sans chargement de tout port quelconque, ne paieront, dans les ports du royaume de France, soit à l'entrée, soit à la sortie, d'autres ni de plus forts droits de tonnage que ceux que les navires français auront à payer dans les Pays-Bas, conformément à la stipulation qui précède. Ils seront d'ailleurs assimilés aux navires français pour tous les autres droits ou charges énumérés dans le présent article.

Il est convenu 1° que les exceptions à la franchise de pavillons qui atteindraient en France les navires français venant d'ailleurs que des Pays-Bas seront communes aux navires néerlandais faisant les mêmes voyages ; et cette disposition sera réciproquement applicable, dans les Pays-Bas, aux navires français ; 2° que le cabotage maritime demeure réservé au pavillon national dans les Etats respectifs (1).

3. Seront complètement affranchis des droits de tonnage et d'expédition dans les ports respectifs : 1° les navires qui entrés sur lest, de quelque lieu que ce soit, en ressortiront sur lest ; 2° les navires qui, passant d'un port de l'un des deux Etats dans un ou plusieurs ports du même Etat, soit pour y déposer tout ou partie de leur cargaison, soit pour y composer ou compléter leur chargement, justifieront avoir déjà acquitté ces droits ; 3° les navires qui, entrés avec chargement dans un port, soit volontairement, soit en relâche forcée, en sortiront sans avoir fait aucune opération de commerce. Ne seront pas considérés, en cas de relâche forcée, comme opération de commerce, le débarquement et le rechargement des marchandises pour la réparation du navire ; le transbordement sur un autre navire en cas d'innavigabilité du premier ; les dépenses nécessaires au ravitaillement des équipages et la vente des marchandises avariées, lorsque l'administration des douanes en aura donné l'autorisation.

4. La nationalité des bâtiments sera admise, de part et d'autre, d'après les lois et règlements particuliers à chaque pays, au moyen des titres et patentes délivrés, par les autorités compétentes, aux capitaines, patrons et bateliers.

5. Les marchandises de toute nature dont l'importation, l'exportation et le transit sont ou seront légalement permis dans les Etats respectifs en Europe, ne paieront, tant à l'importation directe entre les ports desdits Etats qu'à l'exportation des mêmes ports ou au transit, d'autres ni de plus forts droits quelconques de douane, de navigation et de péage, que si elles étaient importées ou exportées sous pavillon national ; et elles jouiront, sous tous ces rapports, des mêmes primes, diminution, exemption, restitution de droits ou autres faveurs quelconques (2).

6. Il ne sera perçu aucun droit autre que ceux de magasinage et de balance sur les marchandises importées dans les entrepôts de l'un des deux royaumes par les navires de l'autre, en attendant leur réexportation ou leur mise en consommation.

7. Les hautes parties contractantes s'engagent réciproquement, 1° à n'adopter aucune mesure de prohibition ; à n'établir, soit au profit de l'Etat, soit à celui de communes ou établissements locaux, aucune augmentation des droits d'entrée, de sortie ou de transit, qui, affectant les produits de l'autre partie, ne s'étendrait pas généralement aux produits similaires des autres Etats ; 2° à faire participer les sujets et les produits quelconques de l'autre Etat

aux primes, remboursement de droits et autres avantages analogues qui pourraient être accordés à certains objets de commerce, sans distinction de pavillon, de provenance, ni de destination. Toutes les mesures exceptionnelles existantes, contraires aux principes énoncés au présent article, seront abolies et cesseront leur effet dès le jour de la mise à exécution du présent traité.

8. Toutes les stipulations qui précèdent (en tant qu'il n'y aurait pas déjà été pourvu par les traités existants) s'appliqueront également à la navigation et au commerce, tant sur ceux des fleuves qui, dénommés aux art. 108 à 117 de l'acte du congrès de Vienne du 9 juin 1815, sont, dans leur cours navigable, communs aux deux États, que sur les eaux intermédiaires desdits fleuves dans le royaume des Pays-Bas.

9. Les hautes parties contractantes s'engagent également à admettre, sans équivalents et de plein droit, les sujets, navires et produits de toute nature de l'autre État, dans les colonies respectives, sur le pied de toute autre nation européenne la plus favorisée. En conséquence de ce principe, et sans préjudice d'autres applications auxquelles il pourrait y avoir lieu, les *vins mousseux de France*, en bouteilles, seront assimilés, à l'entrée dans les colonies néerlandaises des Indes - Orientales, aux autres vins fins en bouteilles. En outre, les droits actuellement y existant sur les autres *vins* de France, soit en cercles, soit en bouteilles, seront réduits de *moitié*, à l'importation sous pavillon français qu'à l'importation par bâtiments néerlandais.

10. Voulant se donner des gages de leur désir mutuel d'étendre et de faciliter les relations commerciales entre les deux pays, les hautes parties contractantes sont convenues, dans ce but, des stipulations suivantes:

§ 1er. Sa majesté le roi des Pays-Bas consent, 1° à affranchir de tout droit de douane, à l'entrée dans ses États d'Europe, *les vins, eaux-de-vie et esprits de France* en *cercles*, et à réduire de *trois cinquièmes* pour *les vins en bouteilles*, et de *moitié* pour *les eaux-de-vie et esprits aussi en bouteilles*, les droits d'entrée (celui sur le *verre* compris), lorsque lesdits vins, eaux-de-vie et esprits, tant en cercles qu'en bouteilles, seront importés par mer sous l'un ou l'autre des deux pavillons; et par terre, et par les fleuves et rivières spécifiés en l'art. 8, sous pavillon quelconque; 2° à abaisser comme suit, en faveur des produits français ci-dessous dénommés, à leur importation par toutes les voies précitées et sous

tout pavillon, les droits d'entrée actuellement établis par le tarif général, savoir: de quatre à deux florins par livre néerlandaise sur les étoffes, tissus et rubans de *soie*; de dix à cinq pour cent de la valeur sur la *bonneterie*, la *dentelle* et les *tulles*; de six à trois pour cent de la valeur sur la *coutellerie* et la *mercerie*; de dix à six pour cent de la valeur sur les *papiers de tenture*; d'un quart du chiffre actuel sur les *savons* de toute nature; le tout suivant les spécifications du tarif néerlandais; 3° à admettre, à l'entrée par lesdites voies, la *porcelaine blanche* et autre que dorée aux mêmes droits que la faïence; et la *verrerie* au droit perçu à l'importation par le Rhin, et, en tout cas, au droit le plus modéré qui serait fixé pour un point d'importation quelconque; 4° à faire jouir, pendant toute la durée du présent traité, les bateaux français ainsi que leurs chargements, sur les fleuves et voies navigables indiqués à l'art. 8, de toute exemption, réduction et faveur quelconque de droits de douane, de navigation, des droits fixes, etc., qui sont *actuellement* accordés, soit aux bateaux et chargements néerlandais, soit à ceux de tout autre État riverain, sans préjudice de faveurs plus grandes, qui, si elles venaient à être accordées à d'autres, nationaux ou étrangers, profiteraient, aussi, gratuitement à la France.

§ 2. En retour des concessions ci-dessus accordées, sa majesté le roi des Français consent, 1° à réduire d'*un tiers* les droits sur les *fromages de pâte dure* et la *céruse* (*carbonate de plomb* pur ou mélangé), de fabrication néerlandaise, et directement importés par mer, sous l'un des deux pavillons; 2° à admettre pour la consommation intérieure du royaume, au taux établi pour les provenances des entrepôts d'Europe sous pavillon français, *les marchandises spécifiées à l'art. 22 de la loi du 28 avril 1816*, importées sous pavillon de l'un des deux pays par la navigation du Rhin et de la Moselle, et par les bureaux de Strasbourg et de Sierck; sa majesté le roi des Français se réservant, d'ailleurs, expressément le droit d'étendre cette faveur au pavillon de tels autres états qu'elle jugera convenable de désigner par la suite. On déterminera, de commun accord, les mesures de contrôle et les formalités des certificats d'origine propres à constater la nationalité des produits énoncés dans le présent article, hors celle des *vins et eaux-de-vie* directement expédiés de France, pour lesquels les manifestes ou lettres de chargement dont les capitaines, patrons ou bateliers seront régulièrement porteurs, tiendront lieu de certificats d'origine.

11. Les concessions faites de part et d'autre dans le présent traité ayant été consenties à titre d'ensemble et d'équivalent aux avantages réciproquement acquis par le même traité, les hautes parties contractantes se sont néanmoins réservé d'admettre à la participation auxdites concessions, soit en totalité, soit en partie seulement, avec ou sans équivalents, d'autres Etats, et même d'en rendre l'application générale. Si l'une des hautes parties contractantes accordait par la suite à quelque autre Etat des faveurs en matière de navigation, de commerce ou de douane, autres ou plus grandes que celles convenues par le présent traité, les mêmes faveurs deviendront communes à l'autre partie, qui en jouira gratuitement, si la concession est gratuite, ou en donnant un équivalent, si la concession est conditionnelle : auquel cas, l'équivalent fera l'objet d'une convention spéciale entre les hautes parties contractantes.

12. Indépendamment des priviléges et attributions généralement dévolus à leur charge, les consuls respectifs pourront faire arrêter et renvoyer, soit à bord, soit dans leur pays, les marins qui auraient déserté des bâtiments de leur nation. A cet effet, ils s'adresseront par écrit aux autorités locales compétentes, en justifiant par l'exhibition des rôles d'équipage ou registres du bâtiment, ou par copies desdites pièces dûment certifiées, si le navire était parti, que les hommes qu'ils réclament faisaient partie dudit équipage. Sur cette demande ainsi justifiée, la remise ne pourra leur être refusée. De plus, il leur sera donné toute aide et assistance pour la recherche, saisie et arrestation desdits déserteurs, lesquels seront même détenus et gardés dans les prisons du pays, à la réquisition et aux frais des consuls, jusqu'à ce que ces agents aient trouvé une occasion de les faire partir. Néanmoins, si cette occasion ne se présentait pas dans un délai de trois mois, à compter du jour de l'arrestation, les déserteurs seront mis en liberté, et ne pourront plus être arrêtés pour la même cause.

Il est entendu que les marins, sujets du pays où la désertion a lieu, seront exceptés de la présente disposition.

13. Toutes les opérations relatives au sauvetage des navires naufragés, échoués ou délaissés, seront dirigées par les consuls respectifs dans les deux pays. L'intervention des autorités locales respectives aura seulement lieu pour maintenir l'ordre, garantir les intérêts des sauveteurs, s'ils sont étrangers aux équipages naufragés, et assurer l'exécution des dispositions à observer pour l'entrée et la sortie des marchandises sauvées. En l'absence et jusqu'à l'arrivée des consuls ou vice-consuls, les autorités locales devront, d'ailleurs, prendre toutes les mesures nécessaires pour la protection des individus et la conservation des effets naufragés. Les marchandises sauvées ne seront tenues à aucun droit ni frais de douane, qu'au moment de leur admission à la consommation intérieure.

14. La propriété littéraire sera réciproquement garantie. Une convention spéciale déterminera ultérieurement les conditions d'application et d'exécution de ce principe dans chacun des deux royaumes.

15. Le présent traité sera ratifié, et les ratifications en seront échangées, à Paris, dans le délai de six semaines, ou plus tôt, si faire se peut. Il aura force et vigueur pendant trois années, à dater du jour dont les hautes parties contractantes conviendront pour son exécution simultanée, dès que la promulgation en sera faite, d'après les lois particulières à chacun des deux Etats. Si, à l'expiration des trois années, le présent traité n'est pas dénoncé six mois à l'avance, il continuera à être obligatoire d'année en année, jusqu'à ce que l'une des parties contractantes ait annoncé à l'autre, mais un an à l'avance, son intention d'en faire cesser les effets. En foi de quoi, les plénipotentiaires respectifs ont signé le présent traité et y ont apposé leurs cachets. Fait à Paris, le 25e jour du mois de juillet de l'an de grâce 1840. (L. S.) Signé A. THIERS. (L.S.) J. J. ROCHUSSEN.

25 JUIN = 10 JUILLET 1841. — Loi portant fixation du budget des dépenses de l'exercice 1842 (1). (IX, Bull. DCCCXXXII, n. 9411.)

Art. 1er. Des crédits sont ouverts jusqu'à concurrence d'un milliard deux cent soixante et seize millions trois cent

---

(1) Présentation à la Chambre des Députés le 30 décembre 1840 (Mon. du 31) ; rapport par M. Lacave-Laplagne le 23 avril 1841 (Mon. du 1er mai) ; discussion les 3, 4, 5, 6, 7, 10, 11, 12, 13, 14, 15 (Mon. des 4, 5, 6, 7, 8, 11, 12, 13, 14, 15, 16) ; adoption le 17 (Mon. du 18), à la majorité de 198 voix contre 46.
Présentation à la Chambre des Pairs le 19 mai (Mon. du 20) ; rapport par M. Camille Périer

le 11 juin (Mon. du 13) ; discussion le 17 (Mon. des 18 et 19) ; adoption le 18 (Mon. du 19), à la majorité de 95 voix contre 18.
Le rapport de M. Camille Périer à la Chambre des Pairs a établi notre situation financière en termes qu'il nous semble utile de reproduire. Ils serviront à expliquer quelques-unes des mesures qui ont été prises par le gouvernement ou qui pourraient l'être à l'avenir.

trente-huit mille soixante et seize francs (1,276,338,076 fr.), pour les dépenses de l'exercice 1842, conformément à l'état A ci-annexé, applicables, savoir :

« Le traité du 15 juillet 1840 a décidé le ministère du 1er mars à donner à nos forces de terre et de mer un développement extraordinaire, qu'il y a eu nécessité de prolonger pendant 1841, et pour le maintien duquel, pendant l'exercice 1842, des ressources doivent être préparées.

« Nous n'avons point, Messieurs, à émettre une opinion sur les questions politiques qui se rattachent à l'événement que nous venons de rappeler. C'est même à une autre commission qu'il appartient plus particulièrement d'embrasser l'ensemble des mesures financières qu'ont rendues nécessaires les conséquences du traité de juillet.

« Nous devons nous borner à examiner de quelle manière elles ont influé sur le budget des dépenses de 1842, ce qui ne peut se faire cependant sans rappeler succinctement les modifications que les résolutions prises avant l'avénement du ministère du 29 octobre ont apportées aux prévisions des budgets de 1840 et de 1841.

« L'accroissement de l'effectif de l'armée, la création de nouveaux cadres, les dépenses toujours croissantes de l'Algérie, l'activité imprimée aux travaux des arsenaux et des manufactures d'armes, ont nécessité, pour le premier de ces exercices, l'ouverture de crédits extraordinaires au budget de la guerre, montant à 110,010,927 fr., outre 3 millions pour les fortifications de Paris. Ceux accordés au ministère de la marine s'élèvent à 13,067,500 fr. Ces crédits extraordinaires, joints à d'autres crédits de même nature ouverts aux ministères des finances et des travaux publics et aux crédits supplémentaires votés dans la session dernière et dans celle-ci, ont amené, en définitive, compensation faite de l'excédant de recette du budget primitif et des annulations de crédit votées dans la loi du 10 juin 1840, un découvert de. . 170,031,680 f.

« Le découvert de l'exercice 1841, résultant des votes de crédits supplémentaires et extraordinaires et de ceux accordés par les lois spéciales, compensation faite de l'excédant de recettes qui ressortait de la balance du budget primitif de l'exercice, est de . . . 244,550,756

« Nous avons établi plus haut le découvert que présentera le budget de 1842, si rien n'est changé au montant des recettes et des dépenses déjà votées par la Chambre des Députés, ci. 115,654,934

« Total pour les trois exercices. 530,237,370

« Les seules ressources disponibles pour atténuer ce découvert consistent : dans les réserves de l'amortissement, y compris celles à réaliser jusqu'au 31 décembre 1841, ci . . . . 120,863,023 f.

« Dans l'excédant libre de 1839 transporté à 1841 par la loi de règlement de cet exercice, ci . . . . 14,387,894 } 135,250,917

« En sorte que le découvert définitif, et sans ressources actuelles, est de. 394,986,453

« D'un autre côté, le gouvernement a pensé que les grands travaux d'utilité publique ne sauraient être arrêtés ; que tous ceux du moins dont l'exécution avait été votée devaient être conduits à leur terme ; seulement la marche de ces travaux pourra être moins rapide et les dépenses qu'ils exigeront seront au besoin reportées sur un nombre d'années plus grand que celui dans lequel leur exécution aurait été circonscrite, si rien n'était venu déranger le plan conçu pour doter le pays des améliorations matérielles, qui devaient être pour lui de nouveaux éléments de prospérité.

« D'autres travaux encore devront être entrepris ; mais ceux-là ne seront point des travaux productifs.

« L'éventualité d'une guerre a conduit naturellement à examiner si nos moyens permanents de défense, si ceux surtout dont l'exécution ne peut être assurée qu'au moyen des ressources abondantes que fournit la paix, étaient assez complets pour que, dans le cas où nos frontières auraient été menacées, nous n'eussions pas à regretter leur insuffisance.

« La loi des fortifications de Paris, celle des travaux publics extraordinaires, si elle est votée par cette Chambre auront résolu la question.

« Les travaux pour la défense du pays marcheront concurremment avec ceux qui ont pour objet de rendre plus fructueux les bienfaits de la paix. D'après la loi sur laquelle vous aurez incessamment à voter, aux. . . . . 225,269,000 f. nécessaires à l'exécution des premiers, viennent s'ajouter pour les travaux des places fortes et des ports maritimes. 376,052,400

C'est un total de. . . . . . . 501,321,400 f. qui, ajouté au découvert des trois exercices 1840 à 1842, ci 394,986,453

fait ressortir ci. . . . . 896,307,853 f. la masse des besoins dont aucune portion ne saurait être couverte par des ressources que le passé antérieur à 1842 aurait léguées à l'avenir.

« D'après les dispositions déjà votées par la Chambre des Députés, dans la loi des recettes, il sera pourvu par des moyens provenant de deux origines : les réserves futures de l'amortissement et le produit d'un emprunt. » (Voir art. 35 et 36 de la loi des recettes.)

« ..... En résumant nos observations sur les dépenses de l'exercice de 1842, nous remarquerons d'abord que si l'on compare les crédits demandés pour 1842 avec ceux alloués par le budget de 1841, dans les ministères autres que la guerre et la marine, et en excluant les parties du budget concernant la dette publique, les dotations, les frais de régie, les remboursements et restitutions dont les variations annuelles sont en général indépendantes de la volonté de l'ordonnateur, le résultat sera une augmentation pour 1842, de... 1,199,467 fr.

« Nous ne pouvons cependant douter que les ministres n'aient cherché à apporter la plus sévère économie dans la fixation des dépenses ordinaires du budget, car c'est une assurance qui nous a été donnée à l'ouverture de la session par le discours de la couronne. Leur impuissance, pour parvenir à un résultat plus favorable, doit-elle impliquer la

À la dette publique (1re partie du budget). . . . .   353,051,018 f.
Aux dotations (2e partie). . . .   16,268,000
Aux services généraux des ministères (3e partie).   713,956,577
Aux frais de régie, de perception et d'exploitation des impôts et revenus directs et indirects (4e partie).   131,750,961
Aux remboursements et restitutions à faire sur les produits desdits impôts et revenus, aux non valeurs et aux primes à l'exportation (5e partie). . . .   61,311,520

TOTAL ÉGAL. . . . . . .   1,276,338,076 f.

Des crédits montant à la somme de

vingt millions sept cent trente sept mille cent quatre-vingt-douze francs (20,737,192 fr.) sont également ouverts, pour l'exercice 1842, conformément à l'état B ci-annexé, aux services spéciaux portés pour ordre au budget, savoir :

Légion-d'Honneur. . . . .   7,856,698 f.
Imprimerie royale.   2,570,000
Chancelleries consulaires. . . .   250,000
Caisse des invalides de la marine.   8,710,000
Service de la fabrication des monnaies et médailles.   1,350,494

TOTAL.   20,737,192

2. Il sera pourvu au paiement des dé-

triste certitude que, lors même que des circonstances extraordinaires nous imposent momentanément de grands sacrifices, il n'y a nul moyen de les atténuer par une organisation plus économique de nos services ordinaires ; que, tout au plus, la tendance à en accroître incessamment les dépenses peut être modérée, mais non tout à fait arrêtée ? Nous ne saurions admettre, d'une manière absolue, une conclusion qui serait un présage fâcheux pour l'avenir du pays.

« Toutefois, de l'examen que nous avons fait de la situation des divers services, il nous est resté la conviction que des retranchements faits avec précipitation, et sous l'impression des besoins du moment, pourraient compromettre leur régularité et froisser des intérêts dont il peut être utile autant que juste de ne pas alarmer la sécurité, et cela sans avantages marqués pour le trésor. On ne pourrait en obtenir de plus importants que par des modifications profondes dans l'organisation des grands ministères consommateurs. Cette tâche difficile n'est pas l'œuvre d'un jour, ni d'une année.

« C'est ce que paraît avoir reconnu aussi la Chambre des Députés, car le résultat des recherches de ses commissions et de la discussion approfondie qui a eu lieu dans son sein, s'est résumé en une augmentation de 268,540 fr., sur l'ensemble des ministères autres que la guerre et la marine.

« Nous ne pouvons donc que vous proposer l'adoption du projet de loi et de fixer les dépenses du budget de 1842, à . . .   1,276,338,076 f.
« Les travaux publics extraordinaires y ajouteront.   75,000,000
« Ainsi tous les services réunis de 1842 entraîneront une dépense de. . . . .   1,351,338,076 f.

« Nous terminons ce rapport par quelques considérations générales sur l'avenir de nos finances.

« L'équilibre, si malheureusement rompu entre les recettes et les dépenses des exercices 1840 à 1842, ne peut être rétabli, ainsi que vous le savez, Messieurs, que par un système où l'on dispose à l'avance de ressources réalisables successivement dans une période de six années et où l'on demande à l'emprunt celles nécessaires pour subvenir à la totalité de la dépense des travaux publics extraordinaires pendant la même période.

« Des éventualités seulement pourraient améliorer cette situation ; la première serait la réduction des dépenses de la guerre et de la marine prévues pour 1842. Les probabilités, à cet égard, semblent se rapprocher de plus en plus de la certitude.

Nous exprimerons encore une fois la ferme conviction que le ministère ne prolongera pas d'un jour au-delà de la nécessité l'état de paix armée qui nous impose de si onéreux sacrifices. On ne saurait d'ailleurs apprécier le soulagement que sa cessation apportera à nos finances, puisque l'époque n'en saurait être déterminée dès ce moment.

« La seconde éventualité est celle qui résulterait de la diminution dans les dépenses de l'Algérie. Le vaste développement qu'y ont pris les opérations militaires depuis trois ans, n'aurait pas atteint son but, s'il ne préparait pas, dans un avenir prochain, un état de choses où le maintien de notre domination n'exigerait plus cette armée si nombreuse que nous sommes forcés d'y entretenir. Les dépenses liquidées à 38 millions pour 1838, et à 39 millions pour 1839, nous paraissaient déjà excessives. Les prévisions de 1842, qui malheureusement peut-être seront dépassées par les dépenses réelles, s'élèvent à 47 millions.

« Mais à côté des éventualités qui peuvent apporter un allègement à nos charges, il en est beaucoup d'autres dont l'effet serait de les aggraver.

« Et d'abord, le plan de M. le ministre des finances ne pourra réaliser tout ce qu'il promet qu'à une condition : les recettes doivent balancer les dépenses dans le budget de 1843. L'insuffisance de nos revenus actuels, pour obtenir cette balance si désirable, est à peu près reconnue par tous les hommes qui ont sondé la plaie de nos finances. Ils sont moins d'accord sur les moyens d'y suppléer.

« M. le ministre des finances exprimait, au début de la session, sa profonde conviction que notre système contributif, tel qu'il est, peut suffire aux besoins du pays, mais à la condition qu'il soit appliqué sans faiblesse, et que les droits de l'État soient placés sous la sauve-garde des lois et de la justice. »

« Nous espérons que sa conviction n'aura pas été ébranlée, quoique des changements aient été apportés ou peuvent être prévus aux mesures qu'il jugerait nécessaires, pour obtenir des impôts disjugerait nécessaires, pour obtenir des impôts établis ce qu'on peut raisonnablement en attendre.

« Pour que l'équilibre du budget de 1843 soit réel, il faut que les services soient dotés dans la mesure exacte de leur besoin ; il faut, d'ailleurs, que cet équilibre, malgré les différences qui se révèlent toujours entre les faits prévus et les faits accomplis, se maintienne encore au moment du règlement définitif de l'exercice, car alors seulement il est une réalité.

« S'il n'en était pas ainsi, le mal auquel, justement qu'en 1840, on aurait pu porter remède au moyen

penses mentionnées dans l'art. 1er de la présente loi et dans les tableaux y annexés, par les voies et moyens de l'exercice 1842.

3. Il sera rendu un compte spécial et distinct de l'emploi de chacun des crédits ouverts au titre des chapitres 20, 23, et à chacun des paragraphes du chapitre 29 de la deuxième section du budget du ministère de la guerre, pour travaux extraordinaires, civils et militaires, à exécuter, en 1842, sur divers points de l'Algérie. Ces crédits ne pourront recevoir aucune autre affectation.

4. Il est ouvert au ministre de la guerre un crédit de un million cinquante mille francs (1,050,000 fr.), pour l'inscription au trésor public des pensions militaires à liquider dans le courant de l'année 1842 (1).

5. La faculté d'ouvrir, par ordonnance du roi, des crédits supplémentaires, accordée par l'art. 3 de la loi du 24 avril 1833, pour subvenir à l'insuffisance, dûment justifiée, d'un service porté au budget, n'est applicable qu'aux dépenses concernant un service voté, et dont la nomenclature suit :

Ministère de la justice et des cultes.

Frais de justice criminelle ;
Indemnités pour frais d'établissement des évêques, des archevêques et des cardinaux ;
Frais de bulles et d'information ;
Traitements et indemnités des membres des chapitres et du clergé paroissial.

Ministère des affaires étrangères.

Frais d'établissement des agents politiques et consulaires ;
Frais de voyage et de courriers ;
Missions extraordinaires.

Ministère de l'instruction publique.

Traitements éventuels des professeurs des facultés ;
Frais de concours dans les facultés ;
Prix de l'institut et de l'Académie royale de médecine.

Ministère de l'intérieur (2).

Dépenses ordinaires du service intérieur

---

des ressources non consommées de l'amortissement, ne serait plus réparable, du moins il ne le serait que par de nouveaux impôts ou de nouveaux emprunts.

« Les travaux publics rattachés au budget pour l'ordre et la régularité, quoiqu'ils aient leurs voies et moyens distincts, et puisés à d'autres sources que l'impôt, ont été renfermés dans des limites qui peuvent avoir plus de fixité. Il se peut que, lors de leur exécution, il se manifeste des insuffisances auxquelles il faudra pourvoir tôt ou tard ; mais la nécessité d'y faire face dans un délai donné n'est pas impérieuse comme pour les insuffisances constatées sur les services du budget ordinaire.

« Toutefois, comme pour ceux-ci, tout accroissement de dépenses pour travaux publics, au-delà de celles dont la loi qui les concerne assure l'exécution pendant la période nécessaire à notre libération, aura pour conséquence forcée un déficit à couvrir.

« La sagesse qui présiderait désormais au règlement de nos dépenses publiques, la loi rigoureuse que s'imposeraient les pouvoirs de l'État de ne point franchir les bornes que nous n'aurions posées qu'après avoir jugé de toute l'étendue du mal et mesuré le temps nécessaire pour le guérir, ne sera pas même une garantie absolue que le but sera atteint dans la période et par les moyens qui paraîtraient suffisants d'après les calculs de M. le ministre des finances.

« Ces calculs pourraient être trompés par des circonstances dont il faudrait subir les effets.

« Nous ne parlons pas d'une guerre, l'état de paix armée qui subsiste encore n'en saurait plus être le présage, mais de l'une de ces nécessités qui se sont reproduites si souvent depuis dix ans, et qui nous ont forcés d'augmenter subitement nos dépenses ; une expédition devenue nécessaire pour faire respecter, sur quelque point du globe, la dignité de la France, ou pour protéger ses intérêts ; un grand fléau qui nous mettrait dans le cas de ré-

parer les dommages on de soulager les misères qu'il aurait causées. Une crise commerciale, et aujourd'hui que les intérêts commerciaux de toutes les nations sont en quelque sorte solidaires, la France subit presque toujours les effets de celles qui naissent hors de son sein, une crise commerciale, disons-nous, pourrait paralyser l'industrie, diminuer les consommations, et, en rendant moins productives quelques-unes des branches du revenu public, produire sur nos finances les mêmes effets que ceux résultant de l'augmentation des dépenses.

« La fortune de la France peut seule la préserver de ces événements fortuits qui dérangeraient l'équilibre de ses budgets annuels. Mais nous pouvons persévérer dans les mesures d'ordre et de sagesse dont la nécessité nous est démontrée.

« Nous aurons beaucoup fait pour nos finances, nous aurons fait du moins tout ce qui dépend de nous, si l'état fâcheux où elles se trouvent ne devait plus s'aggraver que par des causes au-dessus de la prévoyance humaine. »

(1) Le projet du gouvernement contenait un autre article ainsi conçu : « Il est ouvert au ministre des finances un crédit de 1,040,000 fr., pour l'inscription des pensions à liquider, dans le cours de l'année 1842, à la charge de la caisse générale des retraites des fonctionnaires et employés du département des finances, constituée et régie par l'ordonnance réglementaire du 12 janvier 1825. » Cette disposition a été supprimée, d'accord avec le gouvernement, par la commission de la Chambre des Députés, afin de ne pas préjuger une des questions que doit résoudre la loi proposée sur les pensions de retraite. Cette suppression est sans inconvénient, puisque le crédit nécessaire au service de 1842 a été alloué, et que la disposition restrictive qui limitait les admissions au montant des extinctions va se trouver abrogée par la loi sur les crédits de 1841.

(2) Le projet du budget avait compris dans la nomenclature de ces services *les secours aux étran-*

des maisons centrales de force et de correction ;

Transport des condamnés aux bagnes et aux maisons centrales ;

Dépenses départementales.

Ministère de l'agriculture et du commerce.

Encouragements aux pêches maritimes.

Ministère des travaux publics.

Services des prêts autorisés pour les chemins de fer (1).

Ministère de la guerre.

Frais de procédure des conseils de guerre et de révision ;

Achats des fourrages de la gendarmerie ;

Achats de grains et de rations toutes manutentionnées ;

Achats de liquides ;

Achats de combustibles ;

Achats de fourrages pour les chevaux de troupe ;

Solde de non activité et de réforme créée par la loi du 19 mai 1834 ;

Dépenses d'exploitation du service des poudres et salpêtres, y compris des salaires d'ouvriers.

Ministère de la marine et des colonies.

Frais de procédure des tribunaux maritimes ;

---

gers réfugiés en France. Les événements survenus dans ces derniers temps, et qui ont nécessité des suppléments de crédits considérables, avaient fait naître l'idée de cette addition. La commission de la Chambre des Députés en a contesté la nécessité : « Si l'allégement, a-t-elle dit, qui devra résulter, pour ce service si onéreux, de la rentrée d'une partie des réfugiés dans leur patrie, n'est pas tel que l'espère l'administration, elle aura toujours à sa disposition assez de ressources pour avoir le temps d'obtenir des Chambres assemblées en 1842 les suppléments dont le besoin serait démontré. Si, en l'absence des Chambres, il survenait quelque circonstance subite et imprévue, qui, comme l'année dernière, ferait entrer sur notre territoire une masse nouvelle de réfugiés, ce que rien ne doit faire craindre d'ailleurs, la dépense qui en résulterait ne devrait pas être confondue avec celle qui est prévue au budget. Elle aurait un caractère qui permettrait d'y pourvoir par un crédit extraordinaire ouvert sous la responsabilité du ministre. L'administration ne saurait donc avoir, dans aucun cas, un besoin absolu de la faculté qu'elle réclame. Nous avons été d'autant moins disposés à l'accorder, que, sans oublier que l'hospitalité de la France a toujours été généreuse, il ne faut pas oublier non plus que les secours qu'elle prodigue ne sont pas l'acquittement d'une dette, mais un acte de pure munificence. Nous avons craint que l'inscription de ces secours votés parmi les secours votés ne fût considérée par certains esprits comme la reconnaissance d'un droit, et, pour prévenir toute équivoque, nous vous proposons de supprimer cet article de la nomenclature. » — M. *le ministre de l'intérieur* a adhéré à cette suppression, qui a été prononcée par la Chambre.

(1) Ce paragraphe a été substitué à un autre, qui portait : « Travaux sur les produits spéciaux. » Voici les explications qui ont été données à cet égard par M. le rapporteur de la commission de la Chambre des Députés : « M. le ministre des travaux publics a fait connaître à la commission, d'une part, qu'il était inutile que le projet de loi des dépenses énumérât, parmi les services votés, les travaux sur produits spéciaux, attendu que, d'après l'état actuel de la législation, tous les produits sont centralisés au trésor, et qu'ainsi il n'y a plus de dépenses de cette nature dans le ministère des travaux publics.

« Mais il a demandé qu'à ce service, qui se trouve supprimé, il en fût substitué un autre, celui des prêts autorisés pour les chemins de fer. Il a fait observer que, d'après les lois qui ont autorisé ces

prêts, il y a certaines conditions imposées aux compagnies ; mais que, lorsque ces conditions sont remplies par elles, l'État doit fournir les fonds qui ont été votés. Il ajoute que l'activité que les compagnies ont mise à l'exécution de ces travaux a été plus grande que ne l'avait prévu le gouvernement, et qu'elles auraient des réclamations à lui faire au delà des crédits demandés à la Chambre.

« Votre commission a examiné cette demande. Elle a remarqué d'abord que le budget actuel, tel qu'il vous est soumis, ne contient aucune dépense de la nature de celle pour laquelle le ministre des travaux publics réclame l'autorisation dont s'agit. Cela provient de ce que, par exception pour cette année, tout ce qui concerne les travaux publics a été soumis à une commission spéciale. Votre commission n'a pas pensé qu'il y eût là un motif pour repousser la demande de M. le ministre des travaux publics. Elle a considéré, en effet, que, quoique une commission spéciale eût été chargée d'examiner cette année une portion de ces dépenses, elle n'en fait pas moins partie intégrante du budget de l'État ; qu'à l'avenir, le projet de loi de dépense comprendrait les articles des travaux extraordinaires aussi bien que ceux des travaux ordinaires ; que, conséquemment, il n'y avait pas d'anomalie à ce que, dans une loi générale qui doit contenir toutes les dépenses, se trouvât un article relatif aux travaux extraordinaires, quoique, par exception, il n'y eût pas de crédits dans le budget de 1842.

« Mais une autre objection plus sérieuse se présente. M. le ministre vous a exposé quelles étaient les nécessités du Trésor ; il vous a indiqué qu'il avait cru faire aux travaux extraordinaires une part aussi large que possible, en y consacrant 75 millions tous les ans.

« Cette considération, Messieurs, est très-grave, et votre commission n'aurait pas hésité à rejeter la demande, s'il s'était agi de travaux et de dépenses qui fussent susceptibles d'une extension plus considérable. D'ailleurs, les lois qui ont autorisé ces prêts disposent qu'au fur et à mesure que les compagnies feront certaines justifications, il leur sera fait des versements.

« Il semble résulter de là que, lors même que le crédit ouvert ne serait pas suffisant, il y aurait cependant un droit acquis pour les compagnies, lorsqu'elles feraient les justifications indiquées. Il y aurait dès lors un inconvénient assez grand à ce que l'État ne tînt pas l'engagement qu'il a contracté. La commission a pensé que les ressources de la dette flottante fourniraient toujours à M. le mi-

Achats généraux de denrées et d'objets relatifs à la composition des rations.

Ministère des finances.

Dette publique (*dette perpétuelle et amortissement*) ;

Intérêts, primes et amortissement des emprunts pour ponts et canaux ;

Intérêts de la dette flottante ;

Intérêts de la dette viagère ;

Intérêts de cautionnements ;

Pensions (chapitres 12, 13, 14, 15, 16 et 17) ;

Frais judiciaires de poursuites et d'instances, et condamnations prononcées contre le trésor public ;

Frais de trésorerie ;

Frais de perception, dans les départements, des contributions directes et des taxes perçues en vertu de rôles ;

Remises pour la perception, dans les départements, des droits d'enregistrement ;

Contributions des bâtiments et des domaines de l'Etat et des biens séquestrés ;

Frais d'estimation, d'affiche et de vente de mobilier et des domaines de l'Etat ;

Dépenses relatives aux épaves, déshérences et biens vacants ;

Achat de papier pour passe-ports et permis de port d'armes ;

Achat de papier à timbrer, frais d'emballage et de transport ;

Avances recouvrables et frais judiciaires.

Portion contributive de l'Etat dans la réparation des chemins vicinaux ;

Remises pour la perception des contributions indirectes dans les départements ;

Achat de papier filigrané pour les cartes à jouer ;

Contribution foncière des bacs, canaux et francs-bords ;

Service des poudres à feu ;

Achats des tabacs et frais de transport ;

Primes pour saisies de tabacs et arrestations de colporteurs ;

Remises des directeurs des bureaux de poste aux lettres ;

Achat de lettres venant de l'étranger ;

Remises sur le produit des places dans les paquebots et les malles-postes ;

Droits de tonnage et de pilotage des paquebots employés au transport des dépêches ;

Réparations et frais de combustible des mêmes paquebots ;

Transport des dépêches par entreprises ;

Remboursements, restitutions, non valeurs, primes et escomptes ;

Travaux d'abatage et de façon de coupes de bois à exploiter par économie (1).

...nistre des finances les moyens de faire face à ces dépenses, qui, je le répète, sont renfermées dans de certaines limites. Votre commission a donc cru devoir accueillir la demande. »

(1) Plusieurs articles additionnels ont été proposés à la Chambre des Députés. L'un, par M. Tarchereau, avait pour objet de prescrire pour l'avenir la publication de la liste des personnes auxquelles il serait alloué des indemnités annuelles fixes, sur le fonds ouvert au ministre de l'instruction publique et au ministre de l'intérieur, pour indemnités et secours aux gens de lettres et aux artistes. Il a été écarté, sur les observations de M. le ministre de l'instruction publique.

Le second est celui de M. *Etienne*, auquel s'est réuni M. *Victor Grandin*. En voici les termes :

« La comptabilité, en matières de magasins, dépôts, usines et arsenaux de l'Etat, sera soumise à la cour des comptes.

« Cette disposition sera applicable à partir de l'exercice 1843. »

Cette disposition a été retirée par ses auteurs, d'après l'engagement qui a été pris par M. le ministre des finances de former une commission pour s'occuper de cette question immédiatement après la clôture des Chambres. Cette promesse a été réalisée par l'ordonnance du 13 juillet 1841. Voir ci-après.

Le troisième article, présenté par MM. *Ressigeac, Blin de Bourdon, Desabey, Janvier, Gaulthier de Rumilly, Hébert* et *Oger*, et qui était ainsi conçu : « Il est ouvert au ministre des finances un crédit de 200,000 fr. pour travaux à exécuter en 1842, dans le but de recueillir et de coordonner les éléments d'une nouvelle répartition de la contribution foncière entre les départements, » a été également retiré.

ÉTAT A.   *Budget général des dépenses de l'exercice* **1842**.

CHAPITRES spéciaux.	MINISTÈRES ET SERVICES.	MONTANT des crédits accordés.
	Iʳᵉ PARTIE. — DETTE PUBLIQUE.	fr.
	1° *Dette consolidée et amortissement.*	
1	Rentes 5 p. 0/0.	147,109,670
2	Rentes 4 1/2 p. 0/0.	1,020,000
3	Rentes 4 p. 0/0.	25,043,125
4	Rentes 3 p. 0/0.	35,794,438
5	Fonds d'amortissement :	44,616,463
	Dotation annuelle. . . . . 44,616,463 fr.	
	Rentes appartenant à la caisse d'amortissement comprises dans les crédits ci-dessus (par approximation). . . . 45,562,499	
	Montant du fonds d'amortissement. . . . . 90,178,962 fr.	
	ToTAL pour la dette consolidée et l'amortissement.	253,590,290
	2° *Emprunts spéciaux pour canaux et travaux divers.*	
6	Intérêts et primes des emprunts à rembourser par le trésor. . . .	6,876,084
7	Amortissement des emprunts à rembourser par le trésor.	2,568,360
8	Charges annuelles des emprunts contractés à des conditions diverses. .	1,179,700
	ToTAL pour les emprunts spéciaux.	10,625,000
	3° *Intérêts de capitaux remboursables à divers titres.*	
9	Intérêts de capitaux de cautionnements.	9,250,000
10	Intérêts de la dette flottante du trésor.	16,000,000
	ToTAL pour les intérêts de capitaux remboursables à divers titres. .	25,250,000
	4° *Dette viagère.*	
11	Rentes viagères.	3,320,000
12	Pensions de la pairie, de veuves de pairs et d'anciens sénateurs. . .	720,000
13	——— civiles. (Décret du 13 septembre 1806.)	1,501,728
14	——— à titre de récompenses nationales.	520,000
15	——— militaires.	44,600,000
16	——— ecclésiastiques.	1,460,000
17	——— de donataires dépossédés.	1,300,000
18	——— accordées sur la caisse de vétérance de l'ancienne liste civile. (Loi du 29 juin 1835.)	600,000
19	Subvention aux fonds de retraite des finances ; pensions et indemnités temporaires.	9,164,000
20	Secours aux pensionnaires de l'ancienne liste civile.	400,000
	ToTAL pour la dette viagère.	63,585,728
	RÉCAPITULATION DE LA Iʳᵉ PARTIE.	
	DETTE PUBLIQUE.	
	1° Dette consolidée et amortissement.	253,590,290
	2° Emprunts spéciaux pour canaux et travaux divers. . . .	10,625,000
	3° Intérêts de capitaux remboursables à divers titres.	25,250,000
	4° Dette viagère.	63,585,728
	ToTAL de la Iʳᵉ partie.	253,051,018
	IIᵉ PARTIE. — DOTATIONS.	
21	Liste civile.	14,000,000
22	Chambre des Pairs.	720,000
23	Chambre des Députés.	748,000
24	Légion-d'Honneur (supplément à sa dotation).	804,000
	ToTAL de la IIᵉ partie.	16,268,000

	MINISTÈRES ET SERVICES.	MONTANT des crédits accordés.

IIIᵉ PARTIE. — Services généraux des ministères.

MINISTÈRE DE LA JUSTICE ET DES CULTES.

Iʳᵉ PARTIE. — Dépenses de la justice.

Administration centrale.

1	Administration centrale. (Personnel).	426,700	fr.
2	Administration centrale. (Matériel).	107,000	533,700

Conseil d'Etat.

3	Conseil d'Etat. (Personnel).	622,200	
4	Conseil d'Etat. (Matériel).	30,000	652,200

Cours et tribunaux.

5	Cour de cassation.	970,500	
6	Cours royales.	4,223,300	
7	Cours d'assises.	154,400	
8	Tribunaux de première instance.	6,286,045	14,982,675
9	Tribunaux de commerce.	179,900	
10	Tribunaux de police.	62,400	
11	Justices de paix.	3,106,130	

Frais de justice.

12	Frais de justice criminelle et des statistiques.		4,025,000

Secours et subventions.

13	Pensions. — Fonds de subvention à la caisse des retraites du ministère de la justice.	130,000	
14	Dépenses diverses. — Secours temporaires à d'anciens magistrats et employés, etc.	45,000	175,000
15	Dépenses des exercices clos.		Mémoire.
	Total de la Iʳᵉ partie.		20,368,575

IIᵉ PARTIE. — Dépenses des cultes.

Administration centrale.

1	Personnel des bureaux des cultes.	174,500	
2	Matériel et dépenses diverses des bureaux des cultes.	27,000	225,194
3	Subvention et fonds des retraites des employés des cultes.	23,694	

Culte catholique.

4	Traitements et dépenses concernant les cardinaux, archevêques et évêques.	1,037,000	
5	Traitements et indemnités des membres des chapitres et du clergé paroissial.	28,710,000	
6	Chapitre royal de Saint-Denis.	112,000	
7	Bourses des séminaires.	995,000	
8	Secours à des ecclésiastiques et à d'anciennes religieuses.	1,070,000	
9	Dépenses du service intérieur des édifices diocésains.	457,000	34,942,300
10	Acquisitions, constructions et entretien des édifices diocésains.	1,600,000	
11	Secours pour acquisitions ou travaux concernant les églises et presbytères.	800,000	
12	Secours à divers établissements ecclésiastiques.	156,300	
13	Dépenses accidentelles.	5,000	

Culte non catholique.

14	Dépenses du personnel des cultes protestants.	868,050	
15	Dépenses du matériel des cultes protestants.	120,000	
16	Frais d'administration du directoire général de la confession d'Augsbourg.	16,000	1,100,050
17	Dépenses du culte israélite.	96,000	
18	Dépenses des exercices clos.		Mémoire.
	Total de la IIᵉ partie.		36,267,544

CHAPITRES spéciaux.	MINISTÈRES ET SERVICES.		MONTANT des crédits accordés.

RÉCAPITULATION.

		fr.
Ire Partie. — Dépenses de la justice.		20,368,575
IIe Partie. — Dépenses des cultes.		36,267,544
Total général.		56,636,119

MINISTÈRE DES AFFAIRES ÉTRANGÈRES.

Administration centrale.

1	Personnel.	529,122	691,422
2	Matériel.	162,000	

Traitements des agents du service extérieur.

3	Traitements des agents politiques.	2,543,800	4,608,800
id.	Traitements des agents consulaires.	2,035,000	
4	Traitements des agents en inactivité. . . .	30,000	

Dépenses variables.

5	Frais d'établissement.	300,000	
6	Frais de voyage et de courriers. . . .	600,000	
7	Frais de service.	888,000	
8	Présents diplomatiques.	50,000	2,647,369
9	Indemnités et secours.	52,500	
10	Dépenses secrètes.	650,000	
11	Missions extraordinaires et dépenses imprévues.	100,000	
12	Indemnités temporaires.	6,869	
13	Subvention à la caisse des retraites. . . .		105,000
14	Dépenses des exercices clos.		Mémoire.
	Total.		8,052,291

MINISTÈRE DE L'INSTRUCTION PUBLIQUE.

1	Administration centrale. (Personnel.) . . .	406,000
2	Administration centrale. (Matériel.). . .	115,500
3	Conseil royal et inspecteurs généraux de l'université.	218,000
4	Services généraux.	313,400
5	Administration académique. . . .	635,900
6	Inspection des écoles primaires. . . .	400,000
7	Instruction supérieure. . . .	2,758,556
8	Instruction secondaire	1,993,000
9	Instruction primaire. (Dépenses imputables sur les fonds généraux du budget).	2,000,000
10	Instruction primaire. (Dépenses imputables sur le produit des centimes additionnels votés par les conseils généraux.).	3,930,000
11	Instruction primaire. (Dépenses imputables sur les ressources spéciales des écoles normales primaires.).	350,000
12	Institut.	562,000
13	Collège de France.	162,044
14	Muséum d'histoire naturelle. . . .	480,450
15	Bureau des longitudes et observatoire. . .	421,760
16	Bibliothèque royale. (Dépenses ordinaires.).	283,600
17	Bibliothèque royale. (Crédit extraordinaire. — 4e annuité.).	105,000
18	Service des bibliothèques publiques. . .	167,223
19	Établissements divers.	117,600
20	Souscriptions. . . { Crédit ordinaire. . . . . 50,000 } { Crédit extraordinaire pour l'acquittement des souscriptions antérieures au 1er janvier 1839. 150,000 }	200,000
21	Encouragements aux savants et hommes de lettres. .	276,000
22	Recueil et publication des documents inédits de l'histoire nationale. .	450,000
23	Subvention aux fonds de retraite. . . .	280,000
24	Dépenses des exercices clos. . . .	Mémoire.
	Total. . . .	16,026,133

CHAPITRES spéciaux.	MINISTÈRES ET SERVICES.		MONTANT des crédits accordés.
	MINISTÈRE DE L'INTÉRIEUR.		
	Administration centrale.		fr.
1	Traitement du ministre et personnel de l'administration centrale.	782,200	
2	Matériel et dépenses diverses des bureaux.	228,900	1,097,100
3	Archives du royaume.	86,000	
	Services divers.		
4	Dépenses secrètes et ordinaires de police générale.	932,000	
5	Dépenses du personnel des lignes télégraphiques.	915,750	
6	Dépenses du matériel des lignes télégraphiques.	133,000	
7	Dépenses générales du personnel des gardes nationales.	132,000	2,201,872
8	Dépenses générales du matériel des gardes nationales.	26,000	
9	Subvention aux caisses de retraite de l'administration centrale et du Conservatoire de musique.	63,122	
	Beaux-arts.		
10	Établissements des beaux-arts.	443,500	
11	Ouvrages d'arts et décorations d'édifices publics.	400,000	
12	Conservation d'anciens monuments historiques.	600,000	
13	Encouragements et souscriptions.	311,000	
14	Indemnités ou secours à des artistes, auteurs dramatiques, compositeurs et à leurs veuves.	137,700	3,161,400
15	Subventions aux théâtres royaux.	1,084,200	
16	Subvention à la caisse des pensions de l'Académie royale de musique.	185,000	
	Secours et subventions.		
17	Secours aux établissements généraux de bienfaisance.	501,000	
18	Secours généraux aux hospices, bureaux de charité et institutions de bienfaisance.	320,000	
19	Secours à des personnes dans l'indigence, et qui ont des droits à la bienveillance du gouvernement ; frais de rapatriement de Français indigents, etc.	228,000	
20	Subventions aux compagnies pour exécution, par voie de concession de péage, de travaux de ponts sur les chemins communaux.	400,000	4,001,000
21	Secours aux sociétés de charité maternelle.	120,000	
22	Secours aux étrangers réfugiés en France.	2,150,000	
23	Secours aux condamnés politiques.	260,000	
24	Secours aux orphelins et aux combattants de juillet 1830 et de juin 1832.	22,000	
	Services départementaux à la charge des fonds généraux du budget.		
	ADMINISTRATION DÉPARTEMENTALE.		
25	Traitements et indemnités aux fonctionnaires administratifs des départements.	3,044,400	
26	Traitements et indemnités des commissaires de police.	100,000	
27	Abonnements pour frais d'administration des préfectures et sous-préfectures.	4,690,300	7,958,700
28	Inspections administratives des services départementaux.	124,000	
	DÉTENTION DES CONDAMNÉS.		
29	Dépenses ordinaires des condamnés à plus d'un an de détention, renfermés dans les maisons centrales de force, de correction ou autres.	3,720,000	
30	Transports de condamnés aux bagnes et à plus d'un an de détention ; reprises d'évadés.	560,000	4,280,000
	TRAVAUX DE BÂTIMENTS.		
31	Entretien et réparations des bâtiments des cours royales.	460,000	
32	Agrandissement du Palais de Justice (Seine).	500,000	1,060,000
33	Entretien et réparations des maisons centrales de force et de correction.	100,000	
	A reporter.		23,760,072

CHAPITRES spéciaux.	MINISTÈRES ET SERVICES.	MONTANT des crédits accordés.
	Dépenses départementales imputables sur ressources spéciales.	fr.
	DÉPENSES ORDINAIRES.	
	Report.	23,760,073
34	Dépenses ordinaires imputables sur le produit des centimes additionnels concédés aux départements (9 centimes 4/10). 17,884,252	
	Dépenses sur le produit du fonds commun à répartir par ordonnances royales (5 centimes). 9,512,900	27,697,152
	Dépenses sur les produits éventuels ordinaires (sauf règlement définitif. 300,000	
	DÉPENSES FACULTATIVES.	
35	Dépenses imputables sur le produit des centimes facultatifs votés par les conseils généraux. (Maximum 5 centimes dans 85 départements, et 20 centimes dans la Corse). 9,530,000	
	Dépenses sur le produit du fonds commun à répartir en secours par le règlement des budgets départementaux (6/10 de centimes). 1,141,548	11,371,548
	Dépenses sur les produits éventuels facultatifs. 200,000	
	Dépenses sur le produit des subventions communales et particulières pour travaux de routes et autres dépenses facultatives (sauf règlement définitif). 500,000	
	DÉPENSES EXTRAORDINAIRES.	
36	Dépenses imputables sur le produit des centimes additionnels extraordinaires imposés en vertu de lois spéciales (sauf règlement). 12,930,000	16,930,000
	Dépenses sur les fonds d'emprunts autorisés par des lois particulières (sauf règlement). 4,000,000	
	DÉPENSES SPÉCIALES.	
37	Dépenses des chemins vicinaux imputables sur le produit des centimes additionnels spéciaux (maximum 5 centimes). . . 9,907,000	
	Dépenses sur le produit des subventions communales et des souscriptions particulières (sauf règlement). 6,080,000	16,107,000
	Dépenses sur les produits spéciaux non indiqués dans la loi du 10 mai 1838, et versés dans les caisses départementales pour y conserver leur affectation spéciale. 120,000	
38	Dépenses des exercices clos.	Mémoire.
	TOTAL.	95,865,773
	MINISTÈRE DE L'AGRICULTURE ET DU COMMERCE.	
	Administration centrale.	
1	Traitement du ministre et personnel de l'administration centr. 465,300	
2	Matériel et dépenses diverses de l'administration centrale. . . 102,000	578,997
3	Subvention à la caisse des retraites de l'administration centrale. 11,697	
	Agriculture et haras.	
4	Écoles vétérinaires et bergeries. 637,000	
5	Encouragements à l'agriculture. 800,000	3,437,000
6	Haras, dépôts d'étalons, primes, achats d'étalons, etc. . . . 2,000,000	
	Manufactures, commerce intérieur et extérieur.	
7	Conservatoire et écoles des arts et métiers. 828,000	
8	Encouragements aux manufactures et au commerce, publication des brevets d'invention, travaux statistiques. . . . 230,000	5,758,000
9	Encouragements aux pêches maritimes. 4,000,000	
10	Poids et mesures. 700,000	
	Établissements thermaux et sanitaires.	294,500
11	Établissements thermaux, lazarets et service sanitaire. . . .	
	A reporter.	10,068,497

CHAPITRES spéciaux.	MINISTÈRES ET SERVICES.	MONTANT des crédits accordés.
	Secours.	fr.
	Report. 876,000	10,068,497
12	Secours aux colons.	
13	Secours spéciaux pour pertes résultant d'incendie, de grêle, inondations ou autres cas fortuits. 1,902,580	2,778,580
14	Dépenses des exercices clos.	Mémoire.
	TOTAL.	12,847,077

MINISTÈRE DES TRAVAUX PUBLICS.

Ire SECTION. — *Service ordinaire.*

1	Traitement du ministre et personnel de l'administration centrale. . .	450,000
2	Matériel et dépenses diverses des bureaux de l'administration centrale.	85,000
3	Personnel du corps des ponts et chaussées.	3,007,500
4	Personnel des officiers et maîtres de ports du service maritime et des inspecteurs de la navigation.	190,000
5	Personnel des conducteurs embrigadés.	1,096,000
6	Personnel du corps des mines, enseignement, écoles.	509,000
7	Matériel des mines. (Services divers.)	140,000
8	Conseil des bâtiments civils et bureau de contrôle.	66,000
9	Subvention à la caisse des retraites.	355,000
10	Routes royales et ponts.	28,597,000
11	Navigation intérieure. (Rivières, quais et bacs.).	7,460,000
12	Navigation intérieure. (Canaux.).	4,600,000
13	Ports maritimes et services divers.	5,010,000
14	Chemins de fer. (Études et frais de police.).	110,000
15	Subventions aux compagnies pour travaux par voie de concession de péage.	600,000
16	Frais généraux du service des départements, secours, etc.	56,000
17	Entretien et réparations ordinaires des bâtiments civils d'intérêt général.	465,000
18	Constructions et grosses réparations d'intérêt général. (Bâtiments civils).	570,000
19	Achèvement de divers édifices.	Mémoire.
20	Frais de publication des comptes rendus des ponts et chaussées, des mines et des monuments publics.	15,000
21	Dépenses des exercices clos.	Mémoire.
	TOTAL de la Ire section.	53,387,500

IIe SECTION. — *Travaux publics extraordinaires.*

1	Routes royales classées avant le 1er janvier 1837.	
2	Routes royales classées depuis le 1er janvier 1837.	
3	Routes royales et ports maritimes de la Corse.	
4	Routes stratégiques de l'Ouest.	
5	Ponts.	
6 bis.	Amélioration de rivières.	
7	Amélioration de rivières (loi du 8 juillet 1840).	Mémoire.
8	Service des canaux de 1821 et 1822.	
9	Études de navigation.	
10	Amélioration de ports maritimes.	
11	Chemins de fer. . . .	
11 bis.	Établissements de nouveaux canaux.	
12	Établissement de nouveaux canaux (loi du 8 juillet 1840). . . .	
	Dépenses des exercices clos.	
	TOTAL de la IIe section.	Mémoire.

RÉCAPITULATION.

Ire SECTION. — Service ordinaire.		53,387,500
IIe SECTION. — Travaux publics extraordinaires.		Mémoire.
	TOTAL GÉNÉRAL.	53,387,500

CHAPITRES spéciaux.	MINISTÈRES ET SERVICES.	MONTANT des crédits accordés.

MINISTÈRE DE LA GUERRE.

Ire SECTION. — *Divisions territoriales de l'intérieur.*

		fr.
1	Administration centrale. (Personnel.)	1,390,100
2	Administration centrale. (Matériel.)	238,750
3	Frais généraux d'impressions.	190,000
4	Etats-majors.	15,919,687
5	Gendarmerie.	18,621,668
6	Subvention à la ville de Paris pour accroissement de la garde municipale.	1,954,257
7	Recrutement.	674,750
8	Justice militaire.	467,434
9	Solde et entretien des troupes.	152,075,680
10	Habillement et campement.	14,785,756
11	Lits militaires.	5,947,871
12	Transports généraux.	1,215,316
13	Remonte générale.	6,965,766
14	Harnachement.	470,188
15	Fourrages.	30,733,433
16	Soldes de non activité et de réforme.	477,545
17	Dépenses temporaires.	1,918,200
18	Subvention aux fonds de retraite des employés.	534,000
19	Dépôt de la guerre et nouvelle carte de France.	897,000
20	Matériel de l'artillerie.	7,082,980
21	Poudres et salpêtres. (Personnel.)	482,044
22	Poudres et salpêtres. (Matériel.)	3,882,671
23	Matériel du génie.	8,500,000
24	Ecoles militaires.	2,607,380
25	Invalides de la guerre.	2,720,619
30	. . . .	»
31	Dépenses des exercices clos.	Mémoire.
	TOTAL de la Ire section. . . .	278,751,991

IIe SECTION. — *Algérie.*

1	Administration centrale. (Personnel.)	75,000
2	Administration centrale. (Matériel).	6,000
3	Frais généraux d'impressions.	10,000
4	Etats-majors.	1,178,353
5	Gendarmerie.	748,120
8	Justice militaire.	424,701
9	Solde et entretien des troupes.	20,139,589
10	Habillement et campement.	2,070,985
11	Lits militaires.	656,003
12	Transports généraux.	387,000
13	Remonte générale.	658,725
14	Harnachement.	113,700
15	Fourrages.	5,282,745
19	Dépôt de la guerre et nouvelle carte de France.	4,000
20	Matériel de l'artillerie.	350,000
23	Matériel du génie.	5,646,000
26	Gouvernement de l'Algérie.	596,000
27	Services militaires irréguliers en Algérie.	5,819,000
28	Services civils en Algérie.	1,535,000

29	Travaux publics extraordinaires en Algérie . . .	Personnel. . . . . 60,000 f	
		Dessèchement. 290,000	
		Routes. 485,000	1,800,000
		Prolongation du môle et agrandissement du port d'Alger. 870,000	
		Lazaret d'Alger. 95,000	
30	Dépenses accidentelles et secrètes.		250,000
	TOTAL de la IIe section. . . .		47,050,982

RÉCAPITULATION.

Ire SECTION. — Divisions territoriales de l'intérieur. . .	278,751,991
IIe SECTION. — Algérie.	47,050,982
TOTAL GÉNÉRAL. . . .	325,802,975

CHAPITRES spéciaux.	MINISTÈRES ET SERVICES.		MONTANT des crédits accordés.

MINISTÈRE DE LA MARINE ET DES COLONIES.

Service central.

			fr.
1	Administration centrale. (Personnel.)	726,100	934,900
2	Administration centrale. (Matériel.)	208,800	

Service général.

3	Officiers militaires et civils.	8,046,300	
4	Maistrance, gardiennage et surveillance.	1,690,600	
5	Solde et habillement des équipages et des troupes.	30,321,642	
6	Hôpitaux.	1,512,000	
7	Vivres.	16,393,200	
8	Travaux du matériel naval. (Ports.)	41,488,400	
9	Travaux du matériel naval. (Établissements hors des ports.)	2,580,000	
10	Travaux de l'artillerie. (Ports.)	2,385,000	111,647,342
11	Travaux de l'artillerie. (Établissements hors des ports.)	650,000	
12	Travaux hydrauliques et bâtiments civils.	5,374,000	
13	École navale de l'Orion.	76,000	
14	Affrétements et transports par mer.	418,000	
15	Chiourmes.	257,700	
16	Frais généraux d'impressions.	186,000	
17	Matériel des services d'administration des ports et objets divers.	348,500	

Service scientifique.

18	Sciences et arts maritimes. (Personnel.)	432,000	
19	Sciences et arts maritimes. (Matériel.)	480,600	1,012,600
20	Dépenses temporaires.	100,000	

Service colonial.

21	Colonies. — Services militaires.	9,347,772	
22	Colonies. — Services accessoires.	2,255,000	12,012,772
23	Secours à la colonie de la Martinique.	410,000	
24	Dépenses des exercices clos.		Mémoire.
	TOTAL.		125,607,614

MINISTÈRE DES FINANCES.

Cour des comptes.

25	Personnel.	1,086,600 fr.	1,151,500
26	Matériel et dépenses diverses.	64,900	

Administration centrale des finances.

27	Personnel.	5,524,000	
28	Matériel.	634,400	6,437,400
29	Dépenses diverses.	279,000	

Monnaies et médailles. (Services des établissements monétaires.)

30	Personnel.	152,000	241,196
31	Matériel et dépenses diverses.	89,196	

Cadastre.

32	Dépenses à la charge du fonds commun. (Loi du 31 juillet 1821, art. 21.).	1,000,000	2,840,000
	Dépenses imputables sur le produit des centimes facultatifs votés par les conseils généraux de département.	1,840,000	

Service de trésorerie.

33	Frais de trésorerie.	3,000,000	
34	Traitements et frais de service des receveurs généraux et particuliers des finances.	5,081,000	9,061,000
35	Traitements et frais de service des payeurs dans les départements.	980,000	
36	Dépenses des exercices clos.		Mémoire.
	TOTAL.		19,731,096

CHAPITRES spéciaux.	MINISTÈRES ET SERVICES.	MONTANT des crédits accordés.

RÉCAPITULATION DE LA IIIe PARTIE.

SERVICES GÉNÉRAUX DES MINISTÈRES.

fr.   fr.

Ministère de la justice { Ire partie. — Dépenses de la justice...	20,368,575	56,636,119
et des cultes.... { IIe partie. — Dépenses des cultes....	30,267,544	
Ministère des affaires étrangères..		8,052,201
Ministère de l'instruction publique..		16,026,133
Ministère de l'intérieur.		95,865,772
Ministère de l'agriculture et du commerce.		12,847,077
Ministère des travaux { Ire section. — Service ordinaire..	53,387,500	53,387,500
publics. ..... { IIe section. — Travaux publics extra-ordinaires..	Mémoire.	
Ministère de la guerre. { Ire section. — Divisions territoriales de l'intérieur..	278,751,991	325,802,975
{ IIe section. — Algérie..	47,050,984	
Ministère de la marine et des colonies.		125,607,614
Ministère des finances..		19,731,096
Total de la IIIe partie.		713,956,577

IVe PARTIE.

FRAIS DE RÉGIE, DE PERCEPTION ET D'EXPLOITATION DES IMPÔTS ET REVENUS PUBLICS.

Contributions directes et taxes perçues en vertu de rôles. (Service administratif et de perception dans les départements.)

fr.

37	Personnel.	2,014,800	15,069,510
38	Dépenses diverses.	1,823,230	
39	Frais de perception. { Remises des percepteurs.	10,952,000 } 11,231,480	
	{ Frais de premier avertissement.	279,480	

Enregistrements, domaines et timbre. (Service administratif, de perception et d'exploitation dans les départements.)

ENREGISTREMENT ET DOMAINES.

40	Personnel.	8,822,800 } 9,992,600	10,899,950
41	Matériel.	388,500	
42	Dépenses diverses.	781,300	

TIMBRE.

43	Personnel.	386,150 } 907,350	
44	Matériel.	521,200	

Forêts. (Service administratif et de surveillance dans les départem.)

45	Personnel.	3,170,700 } 5,066,600	
46	Matériel.	1,270,000	
47	Dépenses diverses.	625,900	

Douanes. (Service administratif et de perception dans les départem.)

48	Personnel.	22,836,500 } 24,602,800	
49	Matériel.	505,300	
50	Dépenses diverses.	1,261,000	

Contributions indirectes et poudres à feu. (Service administratif et de perception dans les départements.)

CONTRIBUTIONS INDIRECTES.

51	Personnel.	18,585,900 } 21,071,000	21,071,000
52	Matériel.	632,100	
53	Dépenses diverses.	1,853,000	

A reporter.   76,709,860

CHAPITRES spéciaux.	MINISTÈRES ET SERVICES.			MONTANT. des crédits accordés.
	POUDRES A FEU.	Report.		fr. 76,709,860
54	Personnel.	63,000		
55	Matériel et dépenses diverses.	2,598,850	2,661,850	2,661,850
	Tabacs. (Exploitation.)			
56	Personnel.	980,000		
57	Matériel.	24,759,000	26,044,439	26,044,439
58	Dépenses diverses.	305,439		
	Postes. (Service administratif, de perception et d'exploitation dans les départements.)			
	ADMINISTRATION ET PERCEPTION.			
59	Personnel.	8,815,760		
60	Matériel.	678,200	10,996,360	
61	Dépenses diverses.	1,502,400		26,334,812
	TRANSPORTS DES DÉPÊCHES.			
62	Personnel.	2,284,353		
63	Matériel.	9,266,116	15,338,452	
64	Dépenses diverses.	3,787,983		
	TOTAL de la IVᵉ partie.			131,750,961
	Vᵉ PARTIE.			
	REMBOURSEMENTS ET RESTITUTIONS, NON VALEURS ET PRIMES.			
65	Restitutions et non valeurs. { Sur les contributions directes.	40,747,520		40,808,520
66	{ Sur les taxes perçues en vertu de rôles.	61,000		
67	Remboursements sur produits indirects et divers.			2,366,000
68	Répartitions de produits de plombage, d'estampillage, etc., en matière de douanes.			1,000,000
69	Répartitions de produits d'amendes, saisies et confiscations attribuées à divers.			3,507,000
70	Primes à l'exportation de marchandises.			11,500,000
	Escompte sur divers droits.			2,330,000
	TOTAL de la Vᵉ partie.			61,311,520

RÉCAPITULATION GÉNÉRALE DES DÉPENSES.

Iʳᵉ Partie. — Dette publique.		353,051,018
IIᵉ ——— — Dotations.		16,268,000
IIIᵉ ——— — Services généraux des ministères.		713,956,577
IVᵉ ——— — Frais de régie, de perception et d'exploitation des impôts et revenus publics.		131,750,961
Vᵉ ——— — Remboursements et restitutions, non valeurs et primes.		61,311,520
TOTAL GÉNÉRAL des dépenses de l'exercice 1842.		1,276,338,076

ÉTAT B. *Tableaux des crédits ouverts, sur l'exercice 1842, aux services spéciaux portés pour ordre au budget.*

CHAPITRES spéciaux.	MINISTÈRES ET SERVICES.	MONTANT des crédits accordés.
	MINISTÈRE DE LA JUSTICE ET DES CULTES.	
	Légion-d'Honneur.	fr.
1	Grande-chancellerie. (Personnel.).	166,050
2	Grande-chancellerie. (Matériel.).	46,950
	A reporter.	213,000

CHAPITRES spéciaux.	MINISTÈRES ET SERVICES.	MONTANT des crédits accordés.
		fr.
	Report.	213,000
3	Traitements des membres de l'ordre.	6,602,000
4	Gratifications aux membres de l'ordre.	20,000
5	Maison royale de Saint-Denis (Personnel).	108,810
6	Maison royale de Saint-Denis (Matériel).	424,000
7	Succursales de la Légion-d'Honneur (Personnel.).	16,600
8	Succursales de la Légion-d'Honneur (Matériel.).	287,000
9	Pensions diverses.	74,800
10	Commissions aux receveurs généraux chargés des paiements dans les départements.	28,600
11	Décorations aux membres de l'ordre.	48,000
12	Fonds de secours aux élèves, à leur sortie des maisons d'éducation.	2,000
13	Dépenses diverses et imprévues.	16,888
14	Frais relatifs au domaine d'Écouen.	13,000
	TOTAL.	7,856,698

Imprimerie royale.

1	Administration.	57,300
2	Dépenses fixes d'exploitation.	218,300
3	Dépenses d'exploitation non susceptibles d'une évaluation fixe.	2,154,500
4	Augmentation et renouvellement du matériel.	59,700
5	Dépenses des exercices clos.	Mémoire.
6	Transport, au compte du capital de l'Imprimerie royale, de l'excédant des recettes présumées.	2,409,900
		160,100
	TOTAL.	2,570,000

MINISTÈRE DES AFFAIRES ÉTRANGÈRES.

Chancelleries consulaires.

1	Frais de chancelleries, honoraires des chanceliers, et pertes sur le change.	220,000
2	Versement à effectuer au trésor, à titre de fonds commun des chancelleries consulaires. (Ordonnance royale du 23 août 1833.) Savoir:	
	Portion à employer pour les chancelleries dont les recettes seront inférieures aux dépenses. 12,000 f.	30,000
	Excédant disponible à porter en recette au budget de l'État. 18,000	
	TOTAL.	250,000

MINISTÈRE DE LA MARINE ET DES COLONIES.

Caisse des invalides.

1	Pensions dites *demi-soldes.*	1,950,000
2	Pensions pour ancienneté et pour blessures, et pensions de veuves.	5,400,000
3	Secours et subsides à l'hospice des orphelins de Rochefort.	126,000
4	Frais d'administration et de trésorerie.	310,000
5	Remboursements sur les anciens dépôts provenant de soldes, de parts de prises, etc.	200,000
6	Remboursements sur les anciens dépôts provenant de naufrages.	50,000
7	Moitié revenant au trésor sur le produit de la retenue afférente au matériel de la marine.	600,000
8	Moitié revenant aux caisses coloniales sur le produit de la retenue afférente au matériel des colonies.	30,000
9	Dépenses diverses.	44,000
	TOTAL.	8,710,000

MINISTÈRE DES FINANCES.

Service de la fabrication des monnaies et médailles.

MONNAIES.

1	Frais de fabrication des monnaies, payés aux directeurs. 719,394 fr.	749,394
2	Tolérances en fort sur la fabrication des monnaies. 30,000	
	A reporter.	749,394

CHAPITRES spéciaux.	MINISTÈRES ET SERVICES.	MONTANT des crédits accordés.
		fr.
	Report.	749,394
3 b	MÉDAILLES. Frais de fabrication, y compris la valeur des matières.	531,000
		1,280,394
	Application à faire, aux produits divers du { sur les monnaies. 20,100 } budget, de l'excédant des recettes présum. { sur les médailles... 50,000 }	70,100
	TOTAL.	1,350,494

RÉCAPITULATION.

Ministère de la justice et des cultes. { Légion-d'Honneur. . . . . . . { Imprimerie royale.		7,856,698 2,570,000
Ministère des affaires étrangères. — Chancelleries consulaires. . . .		250,000
Ministère de la marine et des colonies. — Caisse des invalides. . . .		8,710,000
Ministère des finances, —Service de la fabrication des monnaies et médailles.		1,350,494
TOTAL GÉNÉRAL.		20,737,192

Certifié conforme : Le Pair de France, ministre secrétaire d'Etat au département des finances,
Signé HUMANN.

25 JUIN —10 JUILLET 1841. —Loi portant fixation du budget des recettes de l'exercice 1842 (1). (IX , Bull. DCCCXXXII, n. 9412.)

TITRE Ier. — *Impôts autorisés pour l'exercice* 1842.

Art. 1er. Les contributions foncière, personnelle et mobilière, des portes et fenêtres et des patentes, seront perçus, pour 1842, en principal et centimes additionnels, conformément à l'état A ci-annexé, et aux dispositions des lois existantes.

Le contingent de chaque département dans les contributions foncière, personnelle et mobilière, et des portes et fenêtres, est fixé, en principal, aux sommes portées dans l'état B annexé à la présente loi (2).

2. Lorsqu'en exécution du paragraphe 4 de l'art. 39 de la loi du 18 juillet 1837, il y aura lieu par le gouvernement d'imposer d'office, sur les communes, des centimes additionnels pour le paiement des dépenses obligatoires, le nombre de ces centimes ne pourra excéder le maximum de dix, à moins qu'il ne s'agisse de l'acquit de dettes résultant de condamnations judiciaires, au-

quel cas il pourra être élevé jusqu'à vingt

3. En cas d'insuffisance des revenus ordinaires pour l'établissement des écoles primaires communales , élémentaires ou supérieures , les conseils municipaux et les conseils généraux des départements sont autorisés à voter, pour 1842, à titre d'imposition spéciale destinée à l'instruction primaire , des centimes additionnels au principal des quatre contributions directes. Toutefois, il ne pourra être voté, à ce titre, plus de trois centimes par les conseils municipaux, et plus de deux centimes par les conseils généraux.

A l'avenir, les délibérations des conseils municipaux relatives au taux de la contribution mensuelle et au nombre d'élèves à recevoir gratuitement dans les écoles primaires, conformément à l'art. 14 de la loi du 28 juin 1833, ne seront définitives qu'après approbation des préfets , qui pourront, sur l'avis des comités d'arrondissement , fixer un minimum pour la rétribution mensuelle , et un maximum pour les admissions gratuites (3).

(1) Présentation à la Chambre des Députés le 30 décembre 1840 (Mon. du 31) ; rapport par M. Rivet le 3 mai 1841 (Mon. du 16) ; discussion les 25, 26 (Mon. des 26, 27) ; adoption le 27 (Mon. du 28) , à la majorité de 247 voix contre 41.
Présentation à la Chambre des Pairs le 1er juin (Mon. du 2) ; rapport par M. le comte de la Villegontier le 14 (Mon. du 16) ; discussion le 23 juin (Mon. du 24) ; adoption le 24 (Mon. du 25), à la majorité de 105 voix contre 10.
(2) M. Galis avait proposé un paragraphe additionnel ainsi conçu : « Les agents des contributions directes continueront de procéder annuellement au recensement des imposables et à la formation

de la matrice des patentes. Cette matrice sera communiquée au maire pour y consigner ses observations, s'il y a lieu. En cas de dissidence entre le maire et le contrôleur, comme en cas d'irrégularité reconnue par le directeur des contributions directes dans le classement des patentés ou dans l'évaluation de leurs loyers , le préfet statuera définitivement. »
Cette disposition , combattue par le gouvernement , a été rejetée.
(3) Ce paragraphe a été proposé par M. *Passy*. Son objet n'est point , ainsi qu'on l'a fait remarquer, de modifier la loi sur l'instruction primaire , mais, au contraire, de rentrer dans l'esprit de

4. En cas d'insuffisance des centimes facultatifs ordinaires, pour concourir, par des subventions, aux dépenses des chemins vicinaux de grande communication, et, dans des cas extraordinaires, aux dépenses des autres chemins vicinaux, les conseils généraux sont autorisés à voter, pour 1842, à titre d'imposition spéciale, cinq centimes additionnels aux quatre contributions directes.

5. Pour indemniser l'Etat des frais d'administration des bois des communes et des établissements publics, il sera payé, au profit du trésor, sur les produits, tant principaux qu'accessoires, de ces bois, cinq centimes par franc en sus du prix principal de leur adjudication ou cession.

Quant aux produits délivrés en nature, il sera perçu par le trésor le vingtième de leur valeur, laquelle sera fixée définitivement par le préfet, sur les propositions des agents forestiers et les observations des conseils municipaux et des administrateurs (1).

---

cette loi et de la faire appliquer selon la pensée qui a présidé à sa rédaction. Cette disposition était, d'ailleurs, rendue nécessaire par suite d'une interprétation erronée qui avait été adoptée par le conseil royal de l'instruction publique.

« Les délibérations qui fixent la rétribution mensuelle et le nombre des admissions gratuites, a dit M. *Vivien*, doivent être prises par le conseil municipal, et la loi ne les soumet pas expressément à l'approbation de l'autorité supérieure ; mais je n'hésite pas à dire que, d'après les principes généraux du droit, ces délibérations, portant sur une taxe, ne peuvent s'exécuter sans cette approbation.

« C'est ainsi que le conseil royal l'avait entendu d'abord ; mais, plus tard, par un respect exagéré pour les prérogatives des conseils municipaux, il s'est prononcé dans un sens contraire ; il me paraît avoir ainsi méconnu les principes de notre droit administratif, principes que la loi sur l'administration municipale a consacrés par plusieurs articles, en disposant qu'en aucun cas un conseil municipal ne peut établir de taxe sans l'intervention de l'autorité supérieure. Sous ce premier rapport, l'amendement rentre dans le principe général de nos lois et dans l'esprit spécial de la loi sur l'instruction primaire.

« Mais il présente également un autre avantage. Il a pour objet de mettre un terme à une véritable dérision dont se permettent les conseils municipaux. Il arrive qu'on multiplie à l'excès les exemptions gratuites accordées à certains enfants ; il arrive que les rétributions des instituteurs soient tellement ruineuses qu'elles ne leur donnent point des moyens d'existence suffisants. Que doit vouloir la loi ? Que l'institution primaire soit donnée gratuitement à ceux qui ne peuvent en faire les frais ; mais que ceux qui possèdent quelques ressources soient obligés à une rétribution dont le taux permette à l'instituteur d'exister et de remplir, sans être poursuivi par le besoin, sa tâche honorable et ingrate. En soumettant, à cet égard, les décisions des conseils municipaux au contrôle éclairé des comités d'arrondissement, on peut être certain qu'à l'avenir tous les intérêts seront convenablement appréciés. »

On a demandé si, lorsque la commune aura racheté le traitement éventuel moyennant une somme fixe suffisante, le conseil municipal pourra forcer l'instituteur primaire à recevoir les élèves sans payer.

On a répondu que l'amendement n'était applicable que là où il y avait rétribution mensuelle et admission gratuite, et qu'il ne concernait nullement les communes qui avaient traité à forfait avec l'instituteur ; que son but était d'empêcher que l'obligation imposée par la loi, au lieu d'être loyalement rachetée par un sacrifice que ferait la commune, ne fût éludée par une fixation minime jusqu'à l'injustice.

(1) Le mode actuel de recouvrement au profit du trésor des frais d'administration des bois des communes et des établissements publics, a dit M. *le ministre des finances* en présentant le projet à la Chambre des Députés, a fait naître de nombreuses réclamations, et les inconvénients en ont été exposés avec beaucoup de développements dans votre dernière commission de finances ; dans son rapport sur les voies et moyens de 1841. La loi de 1791, qui plaça ces bois sous le même régime que les forêts domaniales, attribua au trésor, pour couvrir des frais de leur administration, un décime par franc sur le produit des coupes vendues, et des lois postérieures y ajoutèrent des droits de vacation pour les coupes délivrées en nature. En 1827, le projet du Code forestier proposa le maintien de ce système avec quelques modifications ; mais un amendement apporté à l'art. 106, introduisit, sous ce rapport, un changement essentiel, en substituant, aux prélèvements sur le produit des coupes, une imposition additionnelle à la contribution foncière établie sur les bois et répartie au marc le franc de cette contribution. Ce nouveau mode, qui faisait peser sur certains départements une taxe fort supérieure aux débouchés dont elle devait indemniser le trésor, provoqua des plaintes auxquelles il fallait faire droit, d'abord par des dégrèvements locaux, et enfin, en 1837, par une disposition législative qui dérogea au Code forestier, en statuant que l'on imposerait sur chaque département non plus un contingent proportionnel, mais le montant des dépenses effectuées pour l'administration de ses bois. (V. loi du 20 juillet 1837, art. 2.)

« Ce système n'a pas suscité moins de réclamations que le précédent ; elles sont venues des localités où le sol forestier est le moins productif, et dont quelques-unes voient le revenu de leurs bois entièrement absorbé par les frais d'administration. Votre commission du budget s'en est émue ; elle a recommandé au gouvernement de faire une étude spéciale des taxes qui devront à l'avenir être adoptées pour la répartition des frais d'administration des bois des communes et des établissements publics. Cette étude nous a conduits à reconnaître qu'il existe au fond des systèmes expérimentés depuis 1827, une cause d'inégalité et de réclamations, qui ne peut disparaître que par le retour au vrai principe de l'impôt. C'est proportionnellement au revenu qu'il doit être établi, et sur le revenu même toutes les fois qu'on peut l'apprécier et l'atteindre. Or, le revenu du bois est ouvertement

6. A compter de la promulgation de la présente loi, tout traité ou convention ayant pour objet la transmission, à titre onéreux ou gratuit, en vertu de l'art. 91 de la loi du 28 avril 1816, d'un office, de la clientelle, des minutes, répertoires, recouvrements et autres objets en dépendant, devra être constaté par écrit et enregistré, avant d'être produit à l'appui de la demande de nomination du successeur désigné.

Les droits d'enregistrement seront perçus selon les bases et quotités ci-après déterminées (1).

7. Pour les transmissions à titre onéreux,

représenté par le prix des ventes et par la valeur des délivrances annuelles aux affonagistes. Nous vous proposons, en conséquence, de rétablir le prélèvement proportionnel sur ce produit, comme sous le régime de la loi de 1791, mais en le réduisant du vingtième au lieu d'un décime par franc. Le trésor recouvrera ainsi une somme à peu près équivalente à ses frais d'administration et que nous comprenons dans une évaluation pour 1,550,000 fr. »

Cette disposition a été vivement critiquée lors de la discussion à la Chambre des Députés. « On a dit que ce n'était point dans une loi de finances qu'il convenait d'établir des modifications au Code forestier ; que celle qui était proposée avait été déjà repoussée à l'époque de la discussion de ce Code ; que, dans l'état actuel, elle aurait pour effet d'imposer aux départements riches en bois des sacrifices qui pourront s'élever au-delà du double des charges qu'ils supportent aujourd'hui ; que les communes étaient propriétaires de leurs bois aussi complètement que les particuliers, et qu'il n'était pas juste de faire supporter, à celles dont le sol forestier est très-productif, des frais d'administration plus considérables, afin de diminuer ceux qui incombent aux communes, dont les forêts ne donnent que de faibles produits ; que, s'il importait à l'État que les communes continuassent à en demeurer propriétaires, il pouvait venir à leur secours au moyen d'un fonds commun général, ou sur les fonds généraux de l'État. En conséquence, on a demandé le maintien de la législation actuelle. (Voy. art. 2 de la loi du 16 juillet 1840). Cet amendement a été rejeté, ainsi qu'un autre qui tendait à abaisser le prélèvement à quatre centimes.

(1) « Une grande nation comme la nôtre, a dit M. le ministre des finances après avoir signalé l'insuffisance des ressources de l'exercice 1842, peut supporter sans alarmes des charges accidentelles ; c'est surtout en vue de ces nécessités que les cours des événements ramène à des intervalles plus ou moins longs, qu'elle s'applique à maintenir et à fortifier son crédit, à l'aide duquel elle peut y pourvoir. Mais quand les ressources du pays cessent d'être au niveau de ces charges permanentes, il y aurait péril pour la chose publique à ne pas se hâter d'y porter remède.

« Pour y parvenir, Messieurs, il n'est que deux moyens : réduire les dépenses ou augmenter les revenus. La réduction des dépenses a toujours été parmi nous une tâche peu productive, et qui manquait parfois son but ; les travaux annuels de vos commissions l'attestent. Ce n'est donc qu'en augmentant les produits de l'impôt que nous pouvons espérer d'aligner nos budgets. Toutefois nous ne vous proposons point d'établir des taxes nouvelles, ni d'élever les tarifs de celles qui se perçoivent ; il est un essai qu'il faut tenter d'abord. Dans ma profonde conviction, votre système contributif, tel qu'il est, peut suffire aux besoins permanents du pays, mais à la condition qu'il soit appliqué sans faiblesse et que les droits de l'État soient placés sous la sauve-garde des lois et de la justice. Parmi

nos lois fiscales, il en est qui ont besoin d'être adaptées aux changements survenus dans l'état social ; il en est que l'expérience a fait juger incomplètes : d'autres enfin qui, dans leur application, ont fléchi devant des résistances malheureusement encouragées, à certaines époques, par le relâchement de l'action du pouvoir. De là des inégalités, des lacunes, des infractions dont la morale publique et l'équité ne sont pas moins blessées que l'intérêt du trésor. Nous vous soumettons dès à présent des mesures qui ont pour objet de fortifier la perception des taxes, et de généraliser l'application des lois qui les ont constituées.

« En énumérant devant vous les diverses branches du revenu public, en vous faisant apprécier leurs produits probables pour 1842, j'aurai l'honneur de vous entretenir des réformes et des améliorations dont je viens de faire mention et qui ont toutes pour but de féconder les impôts et de les rendre plus productifs.

« Dès à présent nous comprenons dans le projet de loi sur les recettes de 1842, de nouvelles dispositions ayant pour but de modifier l'assiette et de régulariser la perception du droit sur les transmissions d'offices. La loi de finances de 1832, qui a créé cet impôt comme conséquence juste et logique des lois qui ont fait des offices une valeur transmissible dans les mains des titulaires, veut qu'il soit perçu d'après le taux du cautionnement, indication fort inexacte de la valeur réelle de l'emploi transmis. Les règles nouvelles que nous vous proposons pour mieux proportionner l'impôt à cette valeur réelle auront le double avantage de faire disparaître de blessantes inégalités signalées par vos commissions de finances et d'apporter à cette branche du revenu public une mieux-value que nous comprenons dans nos évaluations pour une somme de 800,000 fr. »

Voici comment s'est exprimé, sur ce point, M. *Rivet*, rapporteur de la commission de la Chambre des Députés :

« De graves motifs commandaient à votre comsion un soin particulier et une grande réserve dans l'examen des articles du projet de loi qui règlent les droits à percevoir sur les transmissions d'offices. S'ils eussent introduit un principe nouveau, s'ils eussent amené pour la première fois la définition de cette valeur, évidemment transmissible, mais limitée et révocable, qui constitue le droit des titulaires sur les offices, nous eussions sans doute hésité. Il est certains faits qui se glissent dans les lois elles-mêmes sans avoir d'autre base que l'usage et quelquefois le préjugé. Une fois admis, les discuter, leur demander compte de leur origine, c'est remettre en question le temps qui a marché et tout ce qu'il a couvert de sa sanction tacite. Sans doute, lorsque l'État a le droit d'attent, lorsque les garanties que l'État a le droit d'attendre ne sont plus assurées, il faut bien aborder la cause de front et réprimer les effets. Mais ce ne serait point par une loi de finances qu'une pareille tâche devrait être entreprise.

le droit d'enregistrement sera de 2 pour 100 du prix exprimé dans l'acte de cession et du capital des charges qui pourront ajouter au prix (1).

8. Si la transmission de l'office et des objets en dépendant s'opère par suite de disposition gratuite entre-vifs ou à cause de mort, les droits établis pour les donations de biens meubles par les lois existantes seront perçus sur l'acte ou écrit constatant la libéralité, d'après une évaluation en capital.

Dans aucun cas, le droit ne pourra être au-dessous de deux pour 100 (2).

9. La perception aura lieu conformément à l'art. 7 lorsque l'office transmis par décès passera à l'un des héritiers; lorsqu'il passera à l'héritier unique du titulaire, le droit de 2 pour 100 sera perçu d'après une déclaration estimative de la valeur de l'office et des objets en dépendant.

Cette déclaration sera faite au bureau de l'enregistrement de la résidence du titulaire décédé. La quittance du receveur devra être jointe à l'appui de la demande de nomination du successeur.

Le droit acquitté sur cette déclaration ou sur le traité fait entre les cohéritiers sera imputé, jusqu'à due concurrence, sur celui que les héritiers auront à payer, lors de la déclaration de succession, sur la valeur estimative de l'office, d'après les quotités fixées, pour les biens meubles, par les lois en vigueur(3).

« Nous avons dû vous demander si, après l'adoption des articles du projet de loi, le gouvernement conserverait encore les pouvoirs dont il est demeuré investi vis-à-vis des titulaires d'office, et si, en même temps, les titulaires ne verraient pas s'infirmer entre leurs mains le droit qu'ils ont pu exercer jusqu'à présent.

« Nous avons la confiance qu'aucun principe n'est impliqué plus profondément que par le passé; qu'aucune conséquence plus ou moins directe ne viendra modifier ce qu'ont déjà introduit la loi du 28 avril 1816 et celle du 21 avril 1832.

« En fait, depuis la loi du 22 frimaire an 7, toutes les fois qu'un acte de cession d'une charge ou office a été soumis à l'appréciation de l'administration de l'enregistrement, elle lui a fait l'application du § 5 de l'art. 69 de cette loi, et l'a ainsi assimilé à une cession de biens meubles. Les autres conséquences de cette assimilation ont été appliquées quand il s'agissait de donations ou de successions.

« Mais lorsque la loi du 21 avril 1832 (art. 34) est intervenue, l'application de celle du 22 frimaire an 7 a été contestée, et un arrêt de la Cour de cassation, confirmatif de plusieurs arrêts de cours royales, a décidé « que le droit créé par la loi de 1832 devait tenir lieu de toute autre espèce de perception sur le prix des offices, et que, si ce droit était disproportionné à la valeur de la chose transmise, c'est au législateur à y pourvoir et non aux tribunaux. »

« D'un autre côté, les Chambres elles-mêmes avaient été frappées de la disproportion qui existait entre le droit perçu de 10 pour 100 du cautionnement de certaines charges et leur valeur réelle de transmission, tandis que, pour d'autres, ce même droit était excessif.

« Il n'y avait plus qu'à revenir à la valeur réelle pour évaluer le droit et à faire parler la loi comme avait parlé le fait lui-même jusqu'en 1832, toutefois en le régularisant. Telle est la pensée qui a dicté les six articles qui vous sont soumis et auxquels nous avons fait quelques modifications consenties par le gouvernement.

« Vous remarquerez qu'il ne s'agit que de changer le mode d'appréciation établi pour la fixation du droit d'enregistrement et nullement de porter la moindre atteinte à l'art. 91 de la loi du 21 avril 1816.

« Le gouvernement, en vertu de cet article, a soigneusement maintenu son droit de ne pas agréer le successeur que le titulaire lui désigne. L'art. 6 le lui réserve implicitement, puisqu'il consacre la formalité d'une demande en nomination. La faculté de refuser n'a pas besoin d'être écrite lorsqu'on impose la nécessité d'obtenir. Toutefois, pour ne laisser aucune incertitude, et en même temps pour formuler une conséquence des règles établies par la loi sur l'enregistrement, lorsqu'il s'agit d'actes éventuels, nous avons ajouté que le refus du gouvernement d'agréer le successeur donnerait ouverture à la restitution du droit préalablement perçu. » Voy. art. 11.

Voy. infrà, dans la seconde partie, l'instruction de la régie du 15 juillet 1841.

(1) C'est le rétablissement du droit perçu jusqu'à la loi de 1832, aux termes de la loi du 22 frimaire an 7, art. 69, § 5, n. 1.

(2) Voy. la note sur l'article suivant.

(3) « L'assimilation aux meubles qui sont l'objet de donations on qui se trouvent dans l'actif d'une hérédité est entière, a dit M. Rivet dans son rapport. Il ne pouvait en être autrement, dès qu'on l'avait admise pour les transmissions à titre onéreux. Tant qu'il réside entre les mains du titulaire, l'office n'est qu'une valeur abstraite et indéterminée. Aussitôt, au contraire, que le titulaire s'en dépouille, avec l'agrément du gouvernement, au profit d'un tiers, il transporte à celui-ci une valeur positive, appréciable, et qui doit donner lieu à la perception d'un droit d'enregistrement. Il en est de même lorsque, l'office devenu vacant par la mort du titulaire, le droit de présentation du successeur passe à l'hérédité, suivant l'interprétation qu'a toujours reçue l'art. 91 de la loi du 28 avril 1816. Si l'héritier direct est apte à recueillir l'office, et qu'il obtienne la nomination, il succède pour la valeur de l'office comme pour les meubles ordinaires de la succession. C'est le seul cas où il puisse ne pas exister de traité. La déclaration de l'héritier y suppléera. Elle devra porter sur l'estimation de la valeur de l'office et des objets en dépendant. Si, au contraire, ce n'est pas l'héritier direct, mais l'un des héritiers qui recueille l'office, un traité intervient avant que le gouvernement statue sur la demande en nomination. C'est le cas prévu par l'art. 7. La rédaction que nous avons substituée à celle du projet nous a paru établir plus clairement la conséquence différente de ces deux hypothèses. Nous avons main-

10. (1) Le droit d'enregistrement de transmission des offices, déterminé par les articles 7, 8 et 9 ci-dessus, ne pourra, dans aucun cas, être inférieur au dixième du cautionnement attaché à la fonction ou à l'emploi.

11. (2) Lorsque l'évaluation donnée à un office pour la perception du droit d'enregistrement d'une transmission à titre gratuit, entre-vifs ou par décès, sera reconnue insuffisante, ou que la simulation du prix exprimé dans l'acte de cession à titre onéreux sera établie d'après des actes émanés des parties ou de l'autorité administrative ou judiciaire, il sera perçu, à titre d'amende, un droit en sus de celui qui sera dû sur la différence de prix ou d'évaluation (3).

Les parties, leurs héritiers ou ayants-cause sont solidaires pour le paiement de cette amende (4).

12. En cas de création nouvelle de charges

___

tenu le second paragraphe qui indique le droit de 2 pour 100 sur la transmission comme devant être compris, jusqu'à due concurrence, dans le droit que les héritiers auront à payer, lors de la déclaration de succession.

« En effet, lorsque le successeur est agréé, il y a une mutation directe ou conventionnelle entre les héritiers. Dans le premier cas, il y aurait injustice à frapper un double droit, lorsque le gouvernement ne fait que confirmer entre les mains de l'héritier unique une valeur qui y était déjà comme dépendant de la succession qu'il recueille. Dans le second, la valeur de l'office ayant donné matière à un droit de succession, elle doit être affranchie de toute autre perception, puisqu'elle est encore transmise comme un meuble dans l'actif de l'hérédité et imputée comme telle entre les cohéritiers. »

De ces explications et du texte même de la loi, il me semble résulter clairement que, s'il y a un héritier unique, comme il recueille l'office, il faut qu'il paie 2 pour 100 sur la valeur portée dans la déclaration estimative ; que, s'il y a plusieurs héritiers, comme l'un d'eux ne peut être saisi de l'office qu'au moyen d'un traité fait avec les autres, il faut que ce traité soit produit et qu'un droit de 2 pour 100 soit payé sur le prix.

Dans les deux hypothèses, lorsqu'on liquidera les droits de mutation dus sur la succession, on calculera le droit auquel aurait donné lieu l'office, comme s'il s'était trouvé dans la succession, à la place de l'office, un bien meuble d'égale valeur ; puis on imputera sur ce droit les 2 pour 100 payés sur la transmission de l'office. Si ce droit est inférieur aux 2 pour 100, la régie n'aura rien à exiger de ce chef. S'il est supérieur, elle demandera la différence. Mais, dans la première hypothèse, elle ne sera pas obligée de rendre la différence entre les 2 pour 100 qu'elle aura reçus et le droit de mutation ordinaire. Cela résulte évidemment de la rédaction du dernier paragraphe de l'article. En effet, ce paragraphe porte que ce qui aura été payé sur l'office sera reçu pour acquitter le droit ordinaire de mutation. Cela veut dire que si ce droit est moindre de 2 pour 100 ou égal à 2 pour 100, il se trouvera acquitté par le paiement des 2 pour 100, et que, s'il est supérieur, la différence sera due à la régie. Voilà tout.

L'article ne prévoit pas expressément le cas où l'office est recueilli par un ou plusieurs héritiers, mais où il n'est conservé par aucun d'eux, où, par conséquent, il est transmis par voie de cession à un étranger. Dans ce cas, il me semble qu'il faudra payer sur la valeur le droit ordinaire de mutation comme pour un bien meuble ordinaire, et ensuite le droit de 2 pour 100 sur la cession. On ne pourra pas, dans ce cas, imputer cette dernière somme

sur le droit de mutation ordinaire ; une semblable faveur n'est accordée que pour le cas où la cession est faite à l'un des héritiers.

(1) Les art. 10 et 11 ont pour but d'obvier aux abus d'une fausse énonciation de la valeur des offices. Lorsque les moyens d'estimer d'une manière précise le prix de cession ou de transmission échapperont aux investigations du gouvernement, il se contentera d'assurer la perception à un taux au moins égal au dixième du cautionnement. Lorsque, au contraire, il aura acquis non seulement la certitude qu'une partie du prix est dissimulée, mais encore les preuves suffisantes de cette dissimulation, il poursuivra le paiement du double droit, à titre d'amende, sur la différence du prix ou d'évaluation. Voy. ci-après, 2e part., l'instruction du 15 juillet.

(2) Voir la note qui précède.

(3) Lors de la discussion, M. *Chégaray* a dit : « Je pense que, par cette disposition, le gouvernement et la commission n'ont pas entendu déroger à d'autres peines que la jurisprudence a établies pour ces cas de simulation.

« Sans doute, M. le garde des sceaux sait trop bien que, si cette réserve n'était pas faite, on ne manquerait pas de se faire de l'établissement d'une peine nouvelle une fin de non recevoir contre la réquisition de peines plus graves.

« Je demande donc qu'il soit bien expliqué que ni les poursuites disciplinaires, ni les peines de nullité que la jurisprudence a plusieurs fois imposées aux simulations, ne sont nullement atteintes par la nouvelle disposition. »

M. le garde des sceaux a répondu : « Il est bien clair qu'il faut renfermer les dispositions du budget dans le but qu'elles doivent atteindre.

« De quoi s'agit-il ? De l'établissement du droit, de la peine qu'on encourra si on élude le paiement du droit ; mais il est certain que les peines disciplinaires restent tout entières et qu'il ne pouvait pas en être question au budget.

« Et les peines de nullité ? a dit M. *Chégaray*. »

« Il en est de même des peines de nullité, a répondu M. le garde des sceaux.

« Les amendes perçues sur les contre-lettres, a dit M. *Gillon*, n'empêchent pas qu'elles soient nulles.

M. le président a enfin ajouté : « Il est bien entendu que la loi de finances ne règle que les pénalités financières. »

(4) M. *Vavin* a fait l'observation suivante : « Certainement, a-t-il dit, l'esprit de la loi, l'intention de ses rédacteurs ne sont point que les héritiers se trouvent, pour raison de ce paiement, solidaires entre eux ; on n'a pas voulu, sans doute, créer contre eux une exception au droit commun et une disposition contraire à celles consacrées par les

ou offices, ou en cas de nomination de nouveaux titulaires sans présentation, par suite de destitution ou par tout autre motif, les ordonnances qui y pourvoiront seront assujetties à un droit d'enregistrement de 20 pour 100 sur le montant du cautionnement attaché à la fonction ou à l'emploi (1).

Toutefois, si les nouveaux titulaires sont soumis, comme condition de leur nomination, à payer une somme déterminée pour la valeur de l'office, le droit d'enregistrement de 2 pour 100 sera exigible sur cette somme, sauf l'application du minimum de perception établi à l'art. 10 ci-dessus. Ce

droit devra être acquitté avant la prestation de serment du nouveau titulaire, sous peine du double droit.

13. En cas de suppression d'un titre d'office, lorsqu'à défaut de traité l'ordonnance qui prononcera l'extinction fixera une indemnité à payer au titulaire de l'office supprimé ou à ses héritiers, l'expédition de cette ordonnance devra être enregistrée dans le mois de la délivrance, sous peine du double droit.

Le droit de 2 pour 100 sera perçu sur le montant de l'indemnité (2).

14. Les droits perçus en vertu des ar-

---

art. 870 et suiv. du Code civil, qui veulent que les héritiers soient tenus des dettes de la succession pour leurs parts et portions héréditaires seulement. Cependant, ce sens pourrait être donné aux expressions de ce paragraphe ; je crois qu'il suffit de dire : « Les parties contractantes sont solidaires « pour le paiement de l'amende. »

M. *Teste*, ministre des travaux publics, a répondu : « Il faut bien prendre garde de ne pas sacrifier au droit commun les règles de la législation en matière de perception. Toutes les perceptions d'impôt ont un genre de solidarité qui leur appartient. L'article a été fait à l'imitation de ce qui avait été mis dans d'autres lois de finances. »

M. *Vavin* a insisté : « M. le ministre des travaux publics, a-t-il dit, entend donc que, par exception à l'art. 870 du Code civil, les héritiers seraient solidaires entre eux pour le paiement des droits dus par leur auteur ?

M. *le ministre* a répondu : « Il en est toujours ainsi. La régie, pour la perception des droits d'enregistrement, peut s'adresser à tel héritier qu'il lui plaît, et celui-là acquiert, par la subrogation, un droit sur les autres héritiers. »

« Ce raisonnement, cette assertion, a répliqué M. *Vavin*, peuvent être exacts quand les héritiers doivent de leur chef, comme, par exemple, lorsqu'il s'agit de droits de succession à payer par ceux qui se sont portés héritiers ; mais cela ne peut s'appliquer au paiement d'une dette contractée ou du droit encouru par l'auteur. L'héritier, dans ce cas, ne peut être tenu que pour sa part et portion, et peut invoquer le bénéfice des art. 870 et suiv. du Code civil.

« Au surplus, et malgré la rédaction imparfaite, selon moi, de l'alinéa en discussion, je pense qu'il ne pourra pas être interprété dans un sens contraire au droit commun ; il me paraît certain qu'il ne peut avoir pour résultat de créer une disposition exceptionnelle, et je consens à ne pas proposer d'amendement. »

L'article doit être entendu comme l'a pensé M. Vavin. Sans doute, l'amende et le droit de mutation, dus à raison d'un office qui se trouvera dans une succession, pourront être réclamés solidairement contre tous les cohéritiers. C'est la règle en matière de droits d'enregistrement. (Voy. *Traité des droits d'enregistrement*, par MM. Championnière et Rigaud, n, 3878.) Mais si quelqu'un avait, en achetant ou en vendant un office ou en le recevant dans une succession, encouru l'amende prononcée par cet article et qu'il vînt à décéder avant de l'avoir payée, la régie n'aurait pas, pour la recouvrer, une action solidaire contre tous ses

héritiers. J'avoue que le texte semble aller jusque-là ; mais il faudrait une disposition encore plus expresse pour admettre une semblable aggravation des règles déjà si sévères auxquelles sont soumis les citoyens, en matière de perception des droits de mutation.

(1) « On s'est demandé, a dit M. *Rivet*, si, lorsqu'un office était créé, cet acte spontané de la puissance royale devait être considéré comme servant de base à la perception d'un droit, ou si, au contraire, il n'importait pas au principe même de la prérogative que l'office nouvellement institué passât dans les mains du titulaire avec le caractère que le choix du roi lui imprimait . . . .

« . . . . . Il nous a semblé que le droit perçu sur le cautionnement n'altérait pas l'essence de l'acte du pouvoir royal qui prononçait la création d'un nouvel office. C'est à tort qu'on voudrait y voir une pure libéralité du souverain, une concession gracieuse et personnelle. Si quelquefois, cédant à des embarras de finances, notre vieille monarchie a cherché, dans la création des charges, une funeste et précaire ressource, dès 1356, une belle maxime déposée dans une ordonnance du roi Jean avait fixé la règle et le but ; elle disait : « Il faut pourvoir aux offices, non aux personnes. »

« À nos yeux, la création d'une charge ou office ne saurait être qu'une satisfaction donnée par le gouvernement à des besoins plus étendus, ou qui ne s'étaient pas jusque-là produits. Celui qui en est investi sur la désignation des chefs de la magistrature ou sur le suffrage de la corporation à laquelle il va appartenir, en prenant place parmi les officiers publics, doit à l'État le droit d'enregistrement au même titre et par les mêmes motifs qui ont prévalu dans la loi de 1816.

» Vous remarquerez que dans la rédaction nous avons fait disparaître la mention de l'art. 34 de la loi du 21 avril 1832 qui se trouvait dans l'article du gouvernement. La base qu'elle admettait est fausse en principe, parce qu'elle amène de notables inégalités dans les résultats qu'elle se promet. Il importait donc que les dispositions nouvelles fussent considérées, quant à leur application, comme des appendices de la législation sur l'enregistrement, et non point comme des accessoires de l'art. 34 de la loi de 1832 que nous regardons désormais comme virtuellement abrogé. »

(2) « Il était juste que ceux qui profiteront de l'indemnité acquittassent le droit comme s'il y avait eu transmission. L'ordonnance royale qui constituera leur droit de répétition, et devra, par conséquent, leur servir de titre, sera expédiée et enregistrée dans le mois de la délivrance sous peine de

ticles qui précèdent seront sujets à restitution toutes les fois que la transmission n'aura pas été suivie d'effet.

S'il y a lieu seulement à réduction du prix, tout ce qui aura été perçu sur l'excédant sera également restitué.

La demande en restitution devra être faite conformément à l'art. 61 de la loi du 22 frimaire an 7, dans le délai de deux ans à compter du jour de l'enregistrement du traité ou de la déclaration (1).

15. L'exemption du droit de circulation sur les boissons ne sera accordée que dans les cas ci-après :

1º Pour les vins, cidres et poirés qu'un récoltant fera transporter de son pressoir ou d'un pressoir public à ses caves et celliers, ou de l'une à l'autre de ses caves, dans l'étendue d'un même arrondissement ou des cantons limitrophes de l'arrondissement où la récolte aura été faite, qu'ils soient ou non dans le même département ;

2º Pour les boissons de même espèce qu'un colon partiaire, fermier ou preneur à bail emphytéotique à rente, remettra au propriétaire ou recevra de lui, dans les mêmes limites, en vertu de baux authentiques ou d'usages notoires.

Dans les cas prévus par le présent article, les propriétaires, colons ou fermiers ne seront tenus de se munir que d'un passavant.

Les art. 3 de la loi du 28 avril 1816 et 3 de la loi du 17 juillet 1819 sont abrogés (2).

16. Seront affranchies du droit de circulation les boissons de leur récolte que les propriétaires feront transporter de chez eux hors des limites posées par l'article précédent, pourvu qu'ils se munissent d'un acquit-à-caution, et qu'ils se soumettent, au lieu de destination, à toutes les obligations imposées aux marchands en gros, le paiement de la licence excepté (3).

17. Toute personne qui récolte, fabrique ou prépare, dans l'intérieur d'une ville sujette aux droits d'entrée, des vins, cidres, poirés, hydromels, alcools ou liqueurs, sera tenue, sous les peines portées par l'art. 46 de la loi du 28 avril 1816, d'en faire la déclaration au bureau de la régie, et d'acquitter immédiatement le droit, si elle ne réclame la faculté de l'entrepôt.

Cette déclaration devra précéder de douze heures au moins la première fabrication de l'année.

Les employés sont autorisés à faire toutes les vérifications nécessaires pour reconnaître à domicile les quantités préparées ou fabriquées et pour les soumettre au droit, sans préjudice des obligations spéciales imposées aux fabricants de liqueurs par la loi du 24 juin 1824.

Les dispositions du présent article ne sont point applicables aux personnes qui auront acquitté le droit à l'entrée, sur leurs vendanges, fruits à cidre ou à poiré servant à la fabrication (4).

18. A partir de 1842, la taxe unique à

---

double droit. La partie la plus intéressée fera ses diligences et acquittera le droit, sauf son action en remboursement, quand il y aura lieu. » (*Extrait du rapport de M. Rivet.*)

(1) Voy. la note sur l'art. 6.

(2) Cette disposition a fait naître un long débat qui, après le vote, peut être réduit à des termes bien simples. Ce n'est ni le sens de l'article, ni son application qui a présenté des difficultés. On a seulement discuté pour savoir si au régime établi par les lois du 28 avril 1816 et du 17 juillet 1819, on substituerait un régime différent ; et subsidiairement on a examiné s'il fallait adopter le système présenté par le gouvernement, ou celui qui était proposé par la commission. Quelques mots suffiront pour faire comprendre l'innovation qui a été introduite et les motifs sur lesquels elle est fondée.

Les lois de 1816 et de 1819 accordaient au propriétaire récoltant immunité du droit de circulation sur le produit de sa récolte qu'il transportait dans la limite de son département, et, hors du département, dans l'arrondissement ou dans les arrondissements limitrophes de celui où la récolte avait été faite.

Le gouvernement a pensé que cette latitude offrait à la fraude des moyens trop faciles, et qu'il convenait de restreindre, dans des limites plus resserrées, la faculté donnée aux propriétaires de transporter leurs récoltes sans payer le droit de circulation ; en conséquence, il a proposé de n'ac-

corder le transport affranchi du droit de circulation que dans la commune même de la récolte ou dans les communes limitrophes.

La commission a cru, comme le gouvernement, que la disposition des lois de 1816 et 1819 permettait le transport dans un rayon trop étendu ; mais elle a pensé que le gouvernement voulait renfermer dans limites trop étroites ; elle a proposé un terme moyen qui consiste à autoriser le transport dans l'arrondissement et dans les cantons limitrophes de l'arrondissement. C'est ce système que la Chambre a adopté.

(3) « Cet article, a dit M. *Rivet*, rapporteur de la Chambre des Députés, ne peut se séparer de l'article précédent. Il est conçu dans une pensée d'allégement et d'atténuation pour les propriétaires qui, en raison de la distance parcourue, devraient supporter le droit de circulation sur des quantités importantes ; que les conséquences de cet article soient accueillies avec empressement ; que les propriétaires y trouvent une compensation suffisante, c'est ce que votre commission n'ose point affirmer. Mais, dans certains cas, il pourra devenir utile ; dans aucun, il ne saurait être onéreux, puisque ses dispositions ne seront obligatoires que pour celui qui en aura réclamé l'application. »

(4) Dans le projet du gouvernement, l'article était ainsi conçu : « Toute personne qui fabrique ou prépare des vins, cidres, poirés, hydromels, alcools ou liqueurs, dans l'intérieur d'un lieu sujet

l'entrée des villes dont les conseils municipaux sont autorisés à voter l'établissement par l'art. 35 de la loi du 21 avril 1832, ne remplacera plus que les droits d'entrée et de détail sur les vins, cidres, poirés et hydromels.

La perception du droit de licence des débitants, et celle du droit de circulation, ainsi que les formalités à la circulation des boissons de toute espèce, seront maintenues dans lesdites villes comme dans les autres parties du royaume.

Le droit général de consommation sur les eaux-de-vie, esprits, liqueurs et fruits à l'eau-de-vie introduits dans lesdites villes ou fabriqués dans l'intérieur, continuera d'être perçu en même temps que le droit d'entrée, sans préjudice de la faculté d'entrepôt (1).

19. Toute délibération du conseil muni-

à la perception du droit d'entrée, sera tenu, sous les peines portées par l'art. 46 de la loi du 28 avril 1816, de faire une déclaration au moins douze heures avant de commencer aucune fabrication ou manutention qui aurait pour effet de produire des boissons ou de changer le volume ou la nature de celles qu'elle possède, le tout sans préjudice des autres obligations imposées aux fabricants de liqueurs par la loi du 24 juin 1824.

« Les employés sont autorisés à faire toutes les vérifications nécessaires pour reconnaître à domicile les quantités préparées ou fabriquées et les soumettre au droit.

« Toutefois, cette disposition n'est point applicable aux mixtions d'alcool avec de l'eau que peuvent faire les marchands en gros, distillateurs ou entrepositaires.

« Cet article, a dit M. Rivet, rapporteur de la commission, avait fait naître diverses appréhensions. Votre commission a dû examiner un grand nombre de pétitions qui nous étaient adressées de presque toutes les villes importantes où la fabrication des liqueurs a pris place parmi les industries les plus actives. Nous avions aussi à craindre que les propriétaires de vignes situées dans les environs des villes ne pussent pas librement introduire leurs récoltes, pour fabriquer leurs vins dans leurs pressoirs ou dans des pressoirs publics.

« La nouvelle rédaction concertée avec le gouvernement témoignera, nous l'espérons, des soins que nous avons pris pour qu'aucune incertitude ne fût désormais permise.

« Il ne s'agit d'abord en aucune façon des liquoristes ou fabricants de profession. La loi du 24 juin 1824 continuera de leur être appliquée; elle est spéciale pour cette industrie.

« Quant aux personnes qui, sans être fabricants de profession, voudraient préparer ou fabriquer des boissons, elles seront assujetties à une déclaration préalable, lorsqu'elles n'auront pas acquitté les droits à l'entrée sur les matières qui serviront à la fabrication. Cette obligation résulte déjà de l'ordonnance royale du 9 décembre 1814 dans toutes les villes où l'octroi est établi sur les boissons. Il est équitable, en effet, que le droit soit perçu aussi bien sur les boissons et liqueurs fabriquées avec des matières récoltées ou introduites gratuitement dans l'intérieur des villes, que sur celles qui sont le produit de récoltes ayant déjà acquitté le droit d'entrée.

« Le régime que l'art. 17 introduit dans toutes les villes sujettes au droit d'entrée n'est donc que le maintien de ce qui se pratique déjà dans la plupart. Le principe est écrit dans l'art. 20 de la loi du 28 avril 1816, qui porte qu'il sera perçu un droit d'entrée sur les boissons *introduites ou fabriquées dans l'intérieur des villes et destinées à la consommation du lieu*. Mais ces dispositions étaient incomplètes, en ce qui touche la constatation et l'as-

sujettissement au droit d'entrée des boissons *fabriquées* à l'intérieur des villes ; l'administration, quand elle avait voulu s'en prévaloir pour vérifier à domicile les boissons qui échappaient au droit, avait rencontré des résistances devant lesquelles les tribunaux hésitaient.

« Nous comprenons nous-mêmes la nécessité de fixer avec précision la portée de l'article nouveau qui nous est soumis. La Chambre nous pardonnera d'insister encore en peu de mots.

« Dans les villes sujettes à l'octroi, lorsque le droit a été acquitté à l'entrée sur les fruits destinés à la fabrication, l'administration n'a plus d'intérêt à constater à domicile les quantités fabriquées. Il en sera de même dans les villes non sujettes à l'octroi, et où l'article sera applicable, mais nous avons voulu l'écrire formellement : c'est l'objet du dernier paragraphe. Ainsi, point de déclaration préalable, point d'exercice à domicile, toutes les fois qu'on aura acquitté le droit d'entrée pour les vendanges, les fruits à cidre et à poiré, etc.

« Quand la fabrication devra employer des fruits qui ne sont pas passibles du droit ou qui auraient été récoltés dans l'intérieur de la ville, déclaration préalable, mais seulement avant la première fabrication de l'année. Si le droit d'entrée est acquitté immédiatement, l'administration est désintéressée et s'abstient de l'exercice en ce qui touche aux boissons. Si, au contraire, le droit n'est pas acquitté, et si la faculté de l'entrepôt est réclamée, on rentre dans l'application des art. 31 et suivants de la loi de 1816. Au surplus, sur trois cent quarante-trois communes sujettes au droit d'entrée, dix-huit seulement sont soumises au régime de l'octroi. L'exécution de l'article ne sera donc, pour la grande majorité, que la continuation d'un état de choses sans inconvénient ; les communes elles-mêmes qui sont dans la situation exceptionnelle que nous venons d'indiquer, n'auront pas à s'en plaindre comme d'une innovation, car la régie n'a jamais abandonné entièrement le droit qu'elle croyait tenir de la loi de 1816. »

M. *Croissant* a demandé si le propriétaire qui aura payé le droit d'entrée sur ses vendanges ou sur ses fruits à cidre ou à poiré sera encore tenu à faire la déclaration qui doit précéder de douze heures le commencement de la fabrication. *M. le rapporteur* a répondu que le dernier paragraphe de l'article exprime clairement que la déclaration n'est pas exigée, lorsqu'il s'agit de fabriquer des vins avec des vendanges qui ont acquitté les droits à l'entrée.

(1) L'effet de cette disposition est, on le voit, de faire revivre isolément les droits de circulation et de licence qui étaient compris dans la taxe unique établie par les conseils municipaux.

« Les villes les plus peuplées, a dit M. *Rivet*, celles où la perception devait naturellement rencontrer plus d'obstacles, ont senti bientôt elles-

cipal qui aura pour objet d'établir une taxe unique ne pourra être mise à exécution qu'au 1er janvier, et pourvu qu'elle ait été notifiée à la régie un mois au moins avant cette époque (1).

20. Le nombre des marchands en gros et des débitants de boissons que les conseils municipaux sont tenus de s'adjoindre, en vertu de l'art. 37 de la loi du 21 avril 1832, pour délibérer sur l'établissement ou le maintien d'une taxe unique, devra être égal à la moitié des membres présents du conseil, sans toutefois qu'au moyen de cette adjonction plus du tiers des votants puisse être formé de marchands ou débitants (2).

21. Le montant des abonnements individuels des débitants de boissons sera payable par mois et d'avance (3).

22. La conversion des esprits et eaux-de-vie en liqueurs, chez les liquoristes marchands en gros, sera désormais opérée d'après la base de trente litres d'alcool pour un hectolitre de liqueurs, laquelle remplacera celle qui avait été fixée par l'art. 7 de la loi du 24 juin 1824, relative à la fabrication des liqueurs (4).

23. La base de trente litres d'alcool pour un hectolitre de liqueurs pourra être élevée à trente-cinq litres par ordonnance royale (5).

24. La disposition de l'art. 85 de la loi du 28 avril 1816, qui accorde aux propriétaires, vendant en détail les boissons de leur cru, une remise exceptionnelle de vingt-cinq pour cent sur les droits de détail qu'ils ont à payer, est abrogée (6).

25. Les dispositions des art. 222, 223, 224 et 225 de la loi du 28 avril 1816 sont applicables à la fabrication illicite, au colportage et à la vente des poudres à feu sans permission.

26. Continuera d'être faite, pour 1842, conformément aux lois existantes et aux dispositions de la présente loi, la perception

---

mêmes qu'en comprenant le droit de circulation dans la taxe unique, elles s'ôtaient le contrôle le plus actif, le plus praticable d'ailleurs, sur les quantités qui échappaient à l'octroi. Bordeaux, Lyon, Caen, Bourges, Toulouse, Nancy, Lille, Rouen, les villes où les intérêts municipaux sont représentés avec une grande énergie, ont renoncé à affranchir le droit de circulation. On conçoit, en effet, que dès que toute circulation est libre dans l'intérieur des villes, que les conducteurs n'ont aucune justification à produire, il suffit de franchir la barrière pour que l'on soit à l'abri de toute recherche, et que la fraude soit consommée. D'un autre côté, l'absence des formalités à la circulation empêche que les agents de l'administration ne soient informés de l'enlèvement des boissons des magasins ou entrepôts. Quant au droit de licence, il n'y a pas de motif sérieux pour faire supporter à la masse des habitants un droit que les débitants seuls doivent acquitter. On le voit, ce n'est pas une atteinte à la loi de 1832, c'est une modification utile aux villes comme au trésor, dont la fraude seule aura à souffrir.

(1) Dans le projet du gouvernement, l'article contenait deux paragraphes; le premier était ainsi conçu : « A défaut, avant le 30 novembre de chaque année, d'un vote spécial des conseils municipaux pour la continuation de la taxe unique dans les villes où elle est établie, la perception par voie d'exercice reprendra son cours au 1er janvier suivant. »

La commission a cru devoir le supprimer. « Il nous a paru, a dit M. Rivet, que le silence des conseils municipaux devait être interprété comme une adhésion tacite au mode qu'ils ont déjà adopté, plutôt que comme un retour vers un état de choses dont ils avaient voulu sortir. »

(2) L'art. 37 de la loi du 21 avril 1832 laissait supposer que le nombre des marchands en gros imposés devait être égal à la moitié des membres du conseil, en telle sorte qu'il pouvait arriver que le nombre des adjoints fût supérieur au nombre des conseillers municipaux présents à la délibération. La nouvelle disposition préviendra une com-

binaison dont les inconvénients étaient manifestes.

(3) M. Roul avait proposé d'ajouter à moins que le débitant ne fournisse caution. La commission n'a pas repoussé cette proposition, mais elle ne l'a pas appuyée, quoiqu'elle eût reconnu elle-même que l'obligation de payer d'avance était bien rigoureuse. Il me semble que cette atténuation aurait dû être acceptée. M. le ministre des finances l'a combattue, par l'unique motif que, discuter la solvabilité d'une caution fournie pour une somme de 30 ou de 50 fr., était un embarras trop grand.

(4) La commission de la Chambre des Députés avait proposé la suppression de cet article. La loi du 24 juin 1824, art. 7, fixait à quarante litres la quantité d'alcool absorbée pour la confection d'un hectolitre de liqueurs. Le gouvernement a pensé que ce chiffre était trop élevé; que l'hectolitre de liqueurs n'absorbe pas réellement quarante litres d'alcool; que, par conséquent, les fabricants disposaient de la différence. Il a donc proposé de réduire les quarante litres à trente. La commission ne s'est pas trouvée suffisamment édifiée sur la convenance de cette réduction et a proposé de maintenir le statu quo en rejetant l'article. La Chambre n'a pas accueilli cette proposition de la commission, et a voté l'article. Mais, après le vote, il s'est élevé de vives réclamations; on a soutenu que le ministre des finances reconnaissait lui-même que le chiffre de trente litres était trop bas, et qu'il serait convenable de fixer à trente-cinq litres la quantité d'alcool réellement absorbée. Comme il n'était plus possible de revenir sur l'article voté, on a proposé un article additionnel donnant au gouvernement la faculté d'élever à trente-cinq litres la quantité fixée par la loi à trente. Cette proposition a été accueillie. Voy. l'article suivant.

(5) Voy. notes sur l'article précédent, et, ci-après, l'ordonnance du 21 août.

(6) La commission avait proposé de laisser aux propriétaires le bénéfice de la loi de 1816, en les assujettissant seulement à n'avoir qu'un débit dans l'étendue de la même commune. Sa proposition a été rejetée.

Des droits d'enregistrement, de timbre, de greffe, d'hypothèques, de passe-ports et de permis de port d'armes, du produit du visa des passe-ports et de la légalisation des actes au ministère des affaires étrangères, et des droits de sceau à percevoir pour le compte du trésor, en conformité des lois des 17 août 1828 et 29 janvier 1831 ;

Des droits de douanes, y compris celui sur les sels ;

Des contributions indirectes, y compris les droits de garantie, la retenue sur le prix des livraisons de tabacs autorisée par l'art. 38 de la loi du 24 décembre 1814, les frais de casernement déterminés par la loi du 15 mai 1818, et le prix des poudres tel qu'il est fixé par les lois des 16 mars 1819 et 24 mai 1834 ;

De la taxe des lettres et du droit sur les sommes versées aux caisses des agents des postes ;

Des rétributions établies sur les élèves des collèges, des institutions et des pensions, par les décrets des 17 mars, 17 septembre 1808 et 15 novembre 1811 ; du droit annuel imposé aux chefs d'institution et aux maîtres de pension, par le décret du 17 septembre 1808 ; des rétributions imposées par les décrets du quatrième jour complémentaire an 12 (21 septembre 1804) et du 17 février 1809, sur les élèves des facultés et sur les candidats qui se présentent pour y obtenir des grades ;

Des rétributions imposées par la loi du 21 germinal an 11 (11 avril 1803), l'arrêté du gouvernement du 25 thermidor suivant (13 août de la même année), et l'ordonnance royale du 27 septembre 1840, aux élèves des écoles de pharmacie et aux herboristes reçus par ces écoles ;

Du produit des monnaies et médailles ;

Des redevances sur les mines ;

Des redevances pour permission d'usines et de prises d'eau temporaires, toujours révocables sans indemnités, sur les canaux et rivières navigables ;

Des droits de vérification des poids et mesures, conformément à l'ordonnance royale du 17 avril 1839 ;

Des taxes des brevets d'invention ;

Des droits de chancellerie et de consulat, perçus en vertu des tarifs existants ;

D'un décime pour franc sur les droits qui n'en sont point affranchis, y compris les amendes et condamnations pécuniaires, et sur les droits de greffe perçus, en vertu de l'ordonnance du 18 janvier 1826, par le secrétaire général du conseil d'État.

27. Continuera d'être faite, pour 1842, conformément aux lois existantes, la perception

Des taxes imposées, avec l'autorisation du gouvernement, pour la surveillance, la conservation et la réparation des digues et autres ouvrages d'art intéressant les communautés de propriétaires ou d'habitants, des taxes pour les travaux de desséchement autorisés par la loi du 16 septembre 1807, et des taxes d'affouages, là où il est d'usage et utile d'en établir ;

Des droits de péage qui seraient établis, conformément à la loi du 14 floréal an 10 (4 mai 1802), pour concourir à la construction ou à la réparation des ponts, écluses ou ouvrages d'art à la charge de l'État, des départements ou des communes, et pour corrections de rampes sur les routes royales ou départementales ;

Des taxes imposées, avec l'autorisation du gouvernement, pour subvenir aux dépenses intéressant les communautés de marchands de bois ;

Des droits d'examen et de réception imposés par l'arrêté du gouvernement du 20 prairial an 11 (9 juin 1803), sur les candidats qui se présentent devant les jurys médicaux pour obtenir le diplôme d'officier de santé ou de pharmacien ;

Des droits établis pour frais de visite chez les pharmaciens, droguistes et épiciers ;

Des rétributions imposées, en vertu des arrêtés du gouvernement du 3 floréal an 8 (23 avril 1800) et du 6 nivôse an 11 (27 décembre 1802), sur les établissements d'eaux minérales naturelles, pour le traitement des médecins chargés par le gouvernement de l'inspection de ces établissements ;

Des droits d'octroi, des droits de pesage, mesurage et jaugeage ;

Des droits de voirie dont les tarifs ont été approuvés par le gouvernement, sur la demande et au profit des communes (*loi du 18 juillet 1837*) ;

Du dixième des billets d'entrée dans les spectacles et les concerts quotidiens ;

D'un quart de la recette brute dans les lieux de réunion ou de fête où l'on est admis en payant ;

Des contributions spéciales destinées à subvenir aux dépenses des bourses et chambres de commerce, ainsi que des revenus spéciaux accordés auxdits établissements et aux établissements sanitaires ;

Des droits de place perçus dans les halles, foires, marchés, abattoirs, d'après les tarifs dûment autorisés (*loi du 18 juillet 1837*) ;

Des droits de stationnement et de location sur la voie publique, sur les ports et rivières et autres lieux publics (*loi du 18 juillet 1837*) ;

Des taxes de frais de pavage des rues, dans les villes où l'usage met ces frais à la charge des propriétaires riverains (*dispositions combinées de la loi du 11 frimaire an 7 (1er décembre 1798) et du décret de principe du 25 mars 1807*);

Des frais de travaux intéressant la salubrité publique (*loi du 16 septembre 1807*);

Des droits d'inhumation et de concession de terrains dans les cimetières (*décrets organiques du 23 prairial an 12 (12 juin 1804) et du 18 août 1811*).

28. Dans les villes où, conformément aux usages locaux, le pavage de tout ou partie des rues est à la charge des propriétaires riverains, l'obligation qui en résulte pour les frais de premier établissement ou d'entretien pourra, en vertu d'une délibération du conseil municipal et sur un tarif approuvé par ordonnance royale, être convertie en une taxe payable en numéraire, et recouvrable comme les cotisations municipales (1).

29. Les art. 16, 17, 24, 90, 91 et 92 du décret du 18 juin 1811 sont déclarés applicables aux visites prescrites par l'art. 9 de la loi du 30 juin 1838.

Les frais de ces visites seront payés par les directeurs des établissements dans lesquels elles seront opérées. Le recouvrement en sera poursuivi et opéré à la diligence de l'administration de l'enregistrement et des domaines (2).

30. Pour subvenir au traitement des médecins inspecteurs des bains, des fabriques et des dépôts d'eaux minérales, le gouvernement est autorisé à imposer, sur lesdits établissements, des contributions qui ne pourront excéder mille francs pour l'établissement de Tivoli, à Paris, deux cent cinquante francs pour une fabrique, et cent cinquante francs pour un simple dépôt.

Le recouvrement de ces rétributions sera poursuivi comme celui des contributions directes.

31. Est maintenu pour 1842, au profit de la caisse des invalides de la marine, où le produit continuera d'en être versé, le prix de la vente exclusive des feuilles de rôles d'équipages des bâtiments de commerce, tel qu'il est fixé par le tarif du 8 messidor an 11 (27 juin 1803).

TITRE II.—*Évaluation des recettes générales.*

32. Les voies et moyens ordinaires sont évalués, pour l'exercice 1842, à la somme de un milliard cent soixante millions six cent quatre-vingt-trois mille cent quarante-deux francs (1,160,683,142 fr.), conformément à l'état C ci-annexé.

Les ressources affectées aux services spéciaux portés pour ordre au budget sont évaluées, pour l'exercice 1842, à la somme de vingt millions sept cent trente-sept mille cent quatre-vingt-douze francs (20,737,192 fr.), conformément à l'état D ci-annexé, savoir:

Légion-d'Honneur.	7,856,698 f.
Imprimerie royale.	2,570,000
Chancelleries consulaires.	250,000
Caisse des invalides de la marine. .	8,710,000
Service de la fabrication des monnaies et médailles	1,350,494
TOTAL.	20,737,192

33. Les ressources spécialement attribuées au service départemental, par la loi du 10 mai 1838, sont évaluées à la somme de soixante et dix-sept millions huit cent soixante et quinze mille sept cents francs (77,875,700 fr.), pour l'exercice 1842, et leur affectation, par section spéciale, est et demeure déterminée conformément au tableau E annexé à la présente loi.

TITRE III.— *Moyens de service.*

34. Le ministre des finances est autorisé à créer, pour le service de la trésorerie et les négociations avec la banque de France, des bons royaux portant intérêt et payables à échéances fixes.

Les bons royaux en circulation ne pourront excéder deux cent cinquante millions. Ne sont pas compris dans cette limite les bons royaux délivrés à la caisse d'amortissement en vertu de la loi du 10 juin 1833.

Dans le cas où cette somme serait insuffisante pour les besoins du service, il y sera

____

(1) « Une difficulté, a dit M. *Rivet*, s'est élevée sur la portée de cette énonciation. Lorsque les usages locaux n'autorisent pas à convertir en argent l'obligation de supporter les frais de premier établissement ou d'entretien du pavage, les municipalités ne peuvent procéder qu'en imposant aux propriétaires riverains certaines conditions d'exécution et des délais précis, après quoi les propriétaires procèdent eux-mêmes aux travaux. Il en est résulté de graves inconvénients qu'une bonne police locale fera cesser aussitôt que l'article dont nous vous proposons l'insertion régularisera ses moyens d'action. »

(2) La loi du 30 juin 1838, art. 9, prescrit la visite par des hommes de l'art des personnes placées dans les établissements d'aliénés. Jusqu'à présent les frais qu'entraînent ces visites ont été payés sur les budgets des départements. Mais les conseils généraux ont représenté avec raison que cette dépense, faite dans l'intérêt unique des individus ou des familles, n'avait pas le caractère d'utilité départementale qui devait la rendre obligatoire. En conséquence, le gouvernement a proposé le présent article qui établit pour ces frais le même mode de recouvrement que pour les vacations des médecins commis en matière criminelle ou de police.

pourvu au moyen d'une émission supplémentaire qui devra être autorisée par ordonnances royales, lesquelles seront insérées au Bulletin des lois, et soumises à la sanction législative, à l'ouverture de la plus prochaine session des Chambres.

55. (1) Le ministre des finances est autorisé à faire inscrire sur le grand-livre de la

(1) « Les difficultés qui nous pressent, a dit M. *le ministre des finances*, ne peuvent néanmoins nous décider à renoncer aux travaux d'amélioration matérielle dont le développement dans ces dernières années a exercé une si heureuse influence sur les progrès de la richesse nationale. Mais en persévérant à poursuivre l'achèvement des travaux votés, nous pensons qu'il y a lieu de changer la combinaison au moyen de laquelle il a été pourvu aux moyens de cet important service. Vous le savez, Messieurs, les ressources qui lui ont été affectées par la loi du 17 mai 1837 se composent d'abord des excédants de recette dont il n'aurait pas été fait un autre emploi, ensuite du fonds de réserve de l'amortissement ; enfin, du produit des rentes à négocier, en cas d'insuffisance des autres voies et moyens. Or, ne serait-ce point s'abuser que de compter sur des recettes surabondantes quand nous voyons les dépenses les dépasser depuis plusieurs années ? Remarquez ensuite que l'adjudication d'emprunts n'a été indiquée par la loi de 1837 que comme une ressource subsidiaire, et, permettez-moi de dire, dans la confiance qu'il n'en serait pas fait usage. Il est donc hors de doute que le système de la loi du 17 mai repose tout entier sur les réserves de l'amortissement. Naguère, Messieurs, la rente 5 pour 100 est descendue si près du pair que nous avons été sur le point de voir s'arrêter l'accumulation des réserves. Si ce fait s'était réalisé, l'amortissement, loin d'être pour le trésor un auxiliaire, eût, au contraire, ajouté à ses embarras ; car il aurait fallu emprunter pour rembourser les fonds de rachat non consolidés et entièrement absorbés ; emprunter encore pour continuer les travaux en cours d'exécution, et qui, dans aucun cas, ne pouvaient s'arrêter tout à coup ; emprunter, enfin, pour faire face aux nécessités encore plus impérieuses dont les circonstances nous imposent la loi.

« En présence de telles éventualités, les esprits prévoyants ont dû se demander s'il était possible de persévérer dans une combinaison qui fait dériver de l'altération même du crédit l'obligation d'en user, et s'il était prudent de continuer à contracter des engagements certains, basés sur des ressources qui peuvent devenir illusoires. Évidemment, le système établi par la loi du 17 mai 1837 doit changer avec les circonstances qui nous dominent ; il y aurait de l'inconvénient à le maintenir.

« Nous vous soumettons, en conséquence, deux propositions : l'une d'affecter, à partir de 1842, les réserves de l'amortissement à l'extinction des découverts des années 1840, 1841 et 1842 ; l'autre, d'autoriser un emprunt de 450 millions pour faire face aux travaux publics qu'exigent les services des ponts et chaussées, de la guerre et de la marine. Un projet de loi spécial, qui vous sera nécessairement présenté, répartira la dépense totale des travaux sur une série d'années et fixera pour chaque exercice une limite qui ne pourra être franchie. Nous avons déjà fait pressentir l'utilité de ces mesures : de courtes explications vous en feront apprécier la portée et les résultats.

« Les fonds de l'amortissement appartiennent à la dette ; leur véritable, leur spéciale destination est de libérer l'État ; nous ne pouvons donc leur donner un emploi mieux approprié à leur but que de les appliquer à l'extinction des découverts. La consolidation des sommes disponibles, opérée de semestre en semestre, renferma dans les limites d'une sage prévoyance l'obligation imposée au trésor par l'art. 5 de la loi du 10 juin 1833. On nous objectera peut-être que, dans le cas assurément peu probable de la baisse de nos rentes au-dessous du pair, les réserves de l'amortissement pourraient faire défaut à la destination que nous voulons leur donner. Cela est vrai ; mais qu'en résulterait-il ? L'extinction des découverts en serait quelque peu ralentie, et la dette flottante, avec l'élasticité qui lui est propre, y pourvoirait sans embarras.

« Il ne vous échappera pas, d'ailleurs, que les ressources de cette dette seront considérablement accrues par la négociation de l'emprunt que nous vous proposons d'affecter à la dépense des travaux. Il en doit être ainsi, Messieurs. Il faut que le produit de l'emprunt, dont le recouvrement précédera la consommation des dépenses auxquelles il s'applique, vienne en aide au trésor pour porter le poids des découverts. L'extinction progressive de ceux-ci sera, du reste, combinée avec la marche des travaux publics, de manière à ne laisser craindre aucune chance de perturbation dans les services. La mesure qui est l'objet de notre seconde proposition nous paraît fondée en principe et utile dans son application. La raison et la justice veulent que l'avenir, à qui les entreprises d'utilité publique doivent surtout profiter, supporte la plus grande part des dépenses qu'elles entraînent. Le crédit s'empressera, d'ailleurs, de répondre à notre appel, si nous ne lui demandons des capitaux que pour les incorporer au sol et pour accroître la richesse de la France, gage commun de ses créanciers. Remarquez aussi que quand les travaux publics doivent être payés par l'emprunt, on ne peut se soustraire à la nécessité de proportionner les votes des dépenses aux ressources effectives et de leur poser des limites infranchissables ; que si, au contraire, l'on opère sur les ressources de l'amortissement, l'idée vague d'une ressource inépuisable excite à des dépenses qui ne sont pas toujours commandées par l'intérêt général du pays.

« . . . . . La réalisation de l'emprunt ne saurait être prochaine. Le trésor a une réserve qui est encore de plus de 120 millions, et il ne serait pas de bonne administration d'accroître ses encaisses outre mesure et de lui occasionner des pertes d'intérêt dont il ne trouverait plus le dédommagement. Aussi n'avons-nous demandé aucun crédit pour le service des rentes à négocier ; nous nous bornons à réclamer la faculté d'y pourvoir, s'il y avait lieu, par ordonnances royales, sauf à les soumettre à la sanction législative à l'ouverture des Chambres.

« Quant aux choix des rentes à émettre, au prix à fixer et aux termes à accorder pour les paiements de l'emprunt, soit que nous en divisions l'adjudication, soit qu'il y ait lieu d'en faire l'objet d'une seule négociation, il est nécessaire, Messieurs, que vous vous en rapportiez au ministre responsable. Des prescriptions que vous traceriez à ce sujet ne feraient qu'entraver son action ; votre confiance est ici une condition absolue du succès. » Voy. ci-après ordonnance du 18 septembre.

dette publique, et à négocier avec publicité et concurrence, la somme de rentes nécessaires pour produire, au taux de la négociation, un capital de quatre cent cinquante millions. Ces rentes pourront être aliénées dans le fonds, aux taux et aux conditions (1) qui concilieront le mieux les intérêts du trésor avec la facilité des négociations.

Un fonds d'amortissement du centième du capital nominal des rentes créées en vertu de l'autorisation qui précède sera ajouté à la dotation de la caisse d'amortissement.

Les crédits nécessaires pour le paiement des intérêts des rentes et de l'amortissement seront provisoirement ouverts par des ordonnances royales, sauf régularisation législative.

Le produit de l'emprunt est affecté aux dépenses des travaux publics extraordinaires, et servira temporairement à faire face aux découverts du trésor.

Il sera, chaque année, rendu aux Chambres un compte spécial de la réalisation et de l'emploi des fonds provenant des susdites négociations.

36. Les fonds de l'amortissement qui, à partir du 1er janvier 1842, seront rendus libres par l'élévation du cours des rentes au-dessus du pair, sont et demeurent affectés à l'extinction successive des découverts du trésor public sur les budgets des exercices 1840, 1841 et 1842.

Au fur et à mesure du règlement définitif de ces trois exercices, les découverts qu'ils présenteront seront transportés à un compte spécial dans la comptabilité générale des finances.

Les bons du trésor formant la réserve de l'amortissement seront, de semestre en semestre, consolidés et convertis en rentes,

au cours moyen et avec jouissance du premier jour du semestre pendant lequel la réserve aura été accumulée, et le produit de ces consolidations sera porté en recette au compte spécial ci-dessus prescrit, jusqu'à l'entière extinction des découverts constatés.

Les crédits nécessaires au paiement des rentes délivrées à la caisse d'amortissement pourront être ouverts par des ordonnances royales, sauf régularisation législative.

37. La loi du 17 mai 1837, sur les travaux publics extraordinaires, est abrogée.

TITRE IV. — *Dispositions générales.*

38. Toutes contributions directes ou indirectes, autres que celles autorisées par la présente loi, à quelque titre et sous quelque dénomination qu'elles se perçoivent, sont formellement interdites, à peine, contre les autorités qui les ordonneraient, contre les employés qui confectionneraient les rôles et tarifs et ceux qui en feraient le recouvrement, d'être poursuivis comme concussionnaires, sans préjudice de l'action en répétition, pendant trois années, contre tous receveurs, percepteurs ou individus qui auraient fait la perception, et sans que, pour exercer cette action devant les tribunaux, il soit besoin d'une autorisation préalable. Il n'est pas néanmoins dérogé à l'exécution de l'art. 4 de la loi du 2 août 1829, relatif aux centimes que les conseils généraux sont autorisés à voter pour les opérations cadastrales, non plus qu'aux dispositions des lois du 10 mai 1838 sur les attributions départementales, du 18 juillet 1837 sur l'administration communale, du 21 mai 1836 sur les chemins vicinaux, et du 28 juin 1833 sur l'instruction primaire.

---

(1) Sur ce mot *conditions*, M. *Combarel de Leyval* a demandé une explication à M. le ministre des finances :

« Si M. le ministre des finances, a-t-il dit, émet du 5 pour 100, les prêteurs pourront, dans leurs propositions, d'ailleurs très-favorables au trésor, demander l'engagement que cet emprunt ne soit pas susceptible de conversion pendant un certain temps. Ce serait, à mon avis, un principe fâcheux, fertile en conséquences. Comme la Chambre a plusieurs fois manifesté une opinion favorable à la conversion, comme M. le ministre des finances s'est plusieurs fois prononcé en faveur de la conversion, et qu'il a même discuté sur cette question, il lui sera aussi agréable sans doute que facile de me donner, sur les conditions de l'emprunt, une explication nette et précise. Elle me semble utile, et je la sollicite. »

M. *le ministre des finances* a répondu : « Messieurs, l'explication que l'on demande est bien simple. Il s'agit d'autoriser le ministre des finances à négocier la somme de rentes nécessaires pour produire 450 millions. Ces rentes pourront être aliénées dans le fonds, au taux et aux conditions qui con-

cilieront le mieux les intérêts du trésor avec la facilité des négociations. Il y aura donc à décider dans quel fonds se fera l'emprunt, le résultat de l'adjudication en fixera ensuite le taux ; mais une ordonnance royale réglera, au préalable, les obligations de ceux qui se présenteront pour devenir adjudicataires.

« L'ordonnance déterminera la quotité de valeurs dont ils auront à faire le dépôt pour garantie de leurs engagements ; elle dira dans quels termes les versements successifs devront être effectués ; elle réglera, en un mot, les obligations réciproques : c'est ainsi que le mot de *conditions* doit être entendu.

« Quant à déclarer la rente 5 pour 100 non remboursable pendant une série d'années, est-il besoin de dire que le mot de conditions ne comprend pas la faculté de compromettre les droits de l'État à ce point ? Aucun ministre des finances, aucun ministère ne pourrait prendre un tel engagement : cela n'appartient qu'à la loi.

« Que le préopinant se rassure, ce ne sera pas moi qui compromettrai la question du remboursement ou de la conversion de la dette. (*Très bien.*)

ÉTAT A.   *TABLEAU des contributions directes à imposer, en*

NATURE ET OBJET DES IMPOSITIONS.	FONCIÈRE.		PERSONNELLE et mobilière.	
	Centimes addition-nels.	fr.	Centimes addition-uels.	fr.
Fonds pour dépenses générales. — Principal des contributions. . . .	. . . . . .	156,258,000	. . . . . .	34,000,000
Centimes additionnels généraux sans affectation spéciale.	20 »	31,251,600	20 »	6,800,000
Fonds applicables aux dépenses ordinaires de chaque département.	9 4/10	14,688,252	9 4/10	3,196,000
Centimes imposés par la loi. (15 c.) — Fonds communs à répartir entre les départements — pour dépenses ordinaires des départements.	5 »	7,812,900	5 »	1,700,000
pour dépenses facultatives d'utilité départementale. .	0 6/10	937,548	0 6/10	204,000
Centimes votés par les conseils généraux. — pour dépenses facultatives d'utilité départementale (maxim. 5 cent.), excepté pour le dép'. de la Corse, qui est autorisé à porter ces centimes au nombre de 20. (Loi du 17 août 1822, art. 22.)	. . . . . .	7,822,000	. . . . . .	1,708,000
pour dépenses extraordinaires approuvées par des lois spéciales. .	. . . . . .	8,859,000	. . . . . .	1,789,000
pour subvention aux dépenses des chemins vicinaux de grande communication et autres. (Maximum 5 centimes.). . . .	. . . . . .	6,497,000	. . . . . .	1,418,000
pour dépenses de l'instruction primaire. (Maximum 2 cent.). . . .	. . . . . .	2,587,000	. . . . . .	532,000
pour dépenses du cadastre. (Maximum 5 centimes.). . . .	. . . . . .	1,840,000	. . . . . .	»
Fonds pour secours en cas de grêle, incendie, inondation ou autres cas fortuits.	1 »	1,562,580	1 »	340,000
Centimes ordinaires. (Maximum 5 centimes.).	. . . . . .	7,822,000	. . . . . .	1,708,000
Centimes extraordinaires et centimes pour frais de bourses et chambres de commerce. (Approuvés par des ordonnances royales ou par arrêtés des préfets.).	. . . . . .	10,749,000	. . . . . .	507,000
Fonds pour dépenses communales. — Centimes extraordinaires imposés d'office pour dépenses obligatoires à la charge des communes. (Art. 39 de la loi du 18 juillet 1837.) Mémoire.	. . . . . .	»	. . . . . .	»
Centimes pour dépenses des chemins vicinaux. (Maximum 5 centimes.).	. . . . . .	4,166,000	. . . . . .	937,000
Centimes pour dépenses de l'instruction primaire. (Maximum 3 centimes.).	. . . . . .	2,420,000	. . . . . .	526,000
Centimes pour frais de perception des diverses impositions communales. (3 centimes du montant de ces impositions.).	. . . . . .	754,710	. . . . . .	110,340
Fonds de non valeurs. — Foncière, personnelle et mobilière. (Non valeurs, remises et modérations.).	1 »	1,562,580	1 »	340,000
Portes et fenêtres. (Non valeurs.). .	. . . . . .	»	. . . . . .	»
Patentes. — Réductions, décharges, non valeurs. .	. . . . . .	»	. . . . . .	»
Attributions aux communes. . . .	. . . . . .	»	. . . . . .	»
Non valeurs extraordinaires pour cessation de commerce.	. . . . . .	»	. . . . . .	»
Fonds de réimpositions.	. . . . . .	550,000	. . . . . .	400,000
TOTAUX.	37 »	268,140,170	37 »	56,215,340
Cotisations en principal et cent. addit. des propriétés nouvellement bâties et imposables à partir du 1ᵉʳ janv. 1842, déduction faite des dégrèvements résultant de celles qui ont été détruites ou démolies. (Loi du 17 août 1835.).	. . . . . .	140,000	. . . . . .	»
TOTAUX.	37 »	268,280,170	37 »	56,215,340
Taxe de premier avertissement. (Art. 51 de la loi du 15 mai 1818).	. . . . . .		. . . . . .	

principal et en centimes additionnels, pour l'exercice 1842.

...UTIONS	PORTES et fenêtres.		PATENTES.		TOTAUX		OBSERVATIONS.
Centimes additionnels.	fr.	Centimes additionnels	fr.	par nature de contrib. fr.	pr affectation de contrib. fr.	
15 8/10	22,845,000	......	(a) 28,890,000	241,993,000	285,830,110	(a) Le principal de la contribution des patentes est évalué à 320,00,000ᶠ mais il doit être déduit :
......	3,609,510	6 8/10	2,176,000	43,837,110		1° Les 8 c. que la loi du 2 ventôse an 13 (21 février 1805) attribue aux communes pour former, avec l'imposit. spéciale de 5 c., un fonds de 13 c., sur lequel s'imputent d'abord les réductions, décharges et non valeurs, et dont l'excédant dispon. vient ensuite accroître les ressources communales, ci............2,560,000ᶠ
......	»	......	......	17,884,252		
......	»	......	......	9,512,900		
......	»	......	......	1,141,548		
					66,675,700	2° Les non val. extraordinᵉˢ résultᵗ de cessation de commᶜᵉ avant le 1ᵉʳ janv. de l'année pour laquelle les rôles sont établis, et dont la loi autorˢᵉ le prélèvemᵗ sur le principal de la contrib. des patentes, ci. 550,000ᶠ
......	»	......	»	9,530,000		
......	1,107,000	......	1,175,000	12,930,000		
......	961,000	......	1,031,000	9,907,000		3,110,000ᶠ
......	358,000	......	453,000	3,930,000		
......	»	......	»	1,840,000		
......	»	......	»	1,902,580	1,902,580	
......	»	......	»	9,530,000		
......	107,000	......	397,000	11,760,000		Reste pour la portion de la contribution des patentes qui est appliquée aux dépenses générales du budget.. . . . . . . .28,890,000ᶠ
......	»		»	»	32,499,590	
......	611,000	......	816,000	6,530,000		(b) Voir la note (a) ci-dessus.
......	350,000	......	437,000	3,733,000		(c) Les contributions directes à imposer, d'après le présent tableau, se divisent ainsi qu'il suit, sous le rapport de leur affectation aux dépenses pour lesquelles la loi les autorise :
......	32,040	......	49,500	946,590		1° Impositions affectées aux dépˢˢ générales du budget. . 286,030,110ᶠ
......	»	......	»	1,902,580		2° Impositions affectées à des dépenses spéciales. 110,024,500
......	685,350	5	»	685,350	7,297,930	
......	»		1,600,000			Ensemble. . . . 396,054,610ᶜ
......	»		(b) 2,560,000	4,710,000		
18 8/10	»		(b) 550,000	950,000	950,000	Le produit des impositions de cette dernière nature est attribué aux ministères ci-après :
	30,665,900	11 8/10	40,134,500	395,155,910	395,155,910	Instruction publiqᵉ. 3,980,000ᶠ Intérieur. 60,855,700
18 8/10	60,000	......	»	200,000	200,000	Agriculture et commerce.. 1,902,580
	30,725,900	11 8/10	40,134,500	395,355,910	395,355,910	Finances. 43,286,220
					698,700	110,024,500ᶠ
TOTAL GÉNÉRAL. . . . .(c).			40,134,500		396,054,610	

ÉTAT B.

CONTRIBUTIONS FONCIÈRE,
PERSONNELLE ET MOBILIÈRE, ET DES PORTES ET FENÊTRES.

Fixation du contingent de chaque département, en principal, pour 1842.

DÉPART.	CONTRIBUTIONS EN PRINCIPAL.			DÉPART.	CONTRIBUTIONS EN PRINCIPAL.		
	foncière.	personnelle et mobilière.	portes et fenêtres.		foncière.	personnelle et mobilière.	portes et fenêtres.
	fr.	fr.	fr.		fr.	fr.	fr.
Ain.........	1,226,552	255,800	172,706	Loiret.......	1,848,932	381,700	272,791
Aisne......	2,682,040	502,200	451,932	Lot.........	1,256,825	255,417	124,082
Allier......	1,323,332	222,800	135,447	Lot-et-Gar....	2,098,095	347,400	154,204
Alpes (B.)..	610,621	117,000	63,732	Lozère.......	591,236	85,000	54,651
Alpes (H.)..	501,554	83,300	59,957	Maine-et-L...	2,541,625	415,500	294,862
Ardèche...	888,585	213,600	103,238	Manche......	3,362,832	577,600	342,405
Ardennes. ..	1,264,316	273,786	196,150	Marne.......	1,848,187	400,800	334,585
Ariége......	595,983	166,300	102,926	Marne (H.)..	1,392,043	260,900	149,038
Aube.......	1,410,428	278,200	175,412	Mayenne....	1,553,370	271,365	121,854
Aude.......	1,759,985	277,800	143,889	Meurthe.....	1,732,920	385,358	271,602
Aveyron....	1,445,620	267,700	175,343	Meuse......	1,535,214	296,709	177,238
Bouch.-du-R.	1,582,424	645,600	553,453	Morbihan....	1,455,929	316,045	131,773
Calvados....	3,762,229	652,700	471,999	Moselle......	1,684,518	370,801	307,771
Cantal......	1,112,813	184,500	76,507	Nièvre......	1,275,828	249,700	125,266
Charente....	1,800,401	324,555	181,156	Nord.........	4,156,886	983,300	995,153
Charente-In.	2,388,722	471,394	271,727	Oise.........	2,709,296	458,988	400,169
Cher.......	1,008,933	201,200	104,257	Orne.........	2,352,298	405,941	238,899
Corrèze.....	859,405	174,427	102,103	Pas-de-Cal..	2,995,645	607,300	531,265
Corse......	170,932	55,500	35,231	Puy-de-Dôm.	2,365,801	488,700	248,425
Côte-d'Or...	2,597,517	446,000	272,733	Pyrénées (B.	872,814	289,000	232,136
Côtes-du-N..	1,690,997	367,525	157,140	Pyrénées(H.)	572,566	147,100	100,228
Creuse......	719,450	156,773	69,636	Pyrénées-Or.	703,933	118,600	69,473
Dordogne....	2,112,304	351,000	168,504	Rhin (B.)..	1,888,684	549,046	551,518
Doubs......	1,204,041	272,900	193,064	Rhin (H.)...	1,573,612	381,000	345,255
Drôme......	1,207,516	264,548	162,903	Rhône.......	2,131,028	742,625	527,768
Eure........	3,155,368	478,451	488,961	Saône (H.)..	1,443,861	277,700	185,467
Eure-et-Loir.	2,169,357	335,800	207,405	Saône-et-L..	2,873,140	458,400	269,584
Finistère...	1,438,205	409,100	223,262	Sarthe......	2,196,222	382,898	219,240
Gard.......	1,794,369	383,100	226,186	Seine.......	7,332,233	3,695,800	2,349,502
Garonne (H.)	2,261,033	459,120	344,875	Seine Infér..	4,792,474	1,130,414	832,504
Gers........	1,647,691	286,900	149,332	Seine-et-M..	2,844,069	440,800	261,504
Gironde.....	2,951,384	756,500	508,442	Seine-et-O..	3,388,385	679,200	534,699
Hérault......	2,286,825	446,100	241,509	Sèvres (D.)..	1,466,063	248,357	125,592
Ille-et-Vil..	1,926,074	448,575	218,425	Somme.	3,090,315	568,343	509,714
Indre.......	1,006,802	210,000	99,998	Tarn........	1,646,290	294,480	173,660
Indre-et-L..	1,583,771	307,300	184,473	Tarn-et-Gar.	1,648,805	252,383	141,461
Isère........	2,393,809	441,004	270,329	Var.........	1,408,651	328,900	216,398
Jura........	1,330,683	261,100	160,122	Vaucluse....	899,800	254,348	205,463
Landes......	755,744	160,000	140,192	Vendée......	1,574,072	253,000	117,178
Loir-et-Cher.	1,309,175	238,300	131,789	Vienne......	1,214,733	227,894	164,967
Loire.......	1,457,094	347,007	251,710	Vienne (H.)..	915,972	208,500	151,018
Loire (H.)..	1,022,532	184,368	106,173	Vosges......	1,187,838	270,400	197,683
Loire-Infér..	1,605,214	510,655	259,619	Yonne........	1,776,100	352,100	212,711
				TOTAUX.	156,258,000	34,000,000	22,845,000

ÉTAT C.   *Budget général des voies et moyens de l'exercice 1842.*

DÉSIGNATION DES PRODUITS.		MONTANT des recettes prévues pour le budget de 1842.
	fr.	fr.
Contributions directes.		
Contribution foncière.	268,280,170	
— personnelle et mobilière.	56,215,340	
— des portes et fenêtres.	30,725,900	396,054,610
— des patentes.	40,134,500	
Taxe de premier avertissement.	698,700	
Enregistrement, timbre et domaine.		
Droits d'enregistrement, de greffe, d'hypothèques, et perceptions divᵉˢ.	191,363,000	
Droit de timbre.	34,475,000	
Revenus et prix de vente de domaines.	2,920,000	230,882,500
Prix de vente d'objets mobiliers et immobilˢ. provenant des ministères.	1,389,000	
Produits d'établissements spéciaux régis ou affermés par l'Etat.	735,500	
Produit des forêts et de la pêche.		
Produits des coupes de bois.	30,342,500	
Produits divers et droits de pêche.	2,807,500	34,700,000
Contribution des communes et établissements publics pour frais de régie de leurs bois.	1,550,000	
Douanes et sels.		
Droits de douanes... Droits à l'importation. { Marchandises diverses... 77,214,000 ; Sucres coloniaux et étrangers... 39,213,000 } 116,427,000		
Droits à l'exportation et autres. 1,421,000 } 125,629,000		181,129,000
Droit de navigation et recettes diverses. 5,781,000		
Taxe de consommation de sels.	57,500,000	
Contributions indirectes.		
Droits sur les boissons.	90,468,000	
Sels (droit à l'extraction dans les départements de l'intérieur).	8,404,000	
Sucre indigène (droit de fabrication).	7,425,000	
Droits divers et recettes à différents titres.	33,646,000	240,559,000
Produit de la vente des tabacs.	95,000,000	
— de la vente des poudres à feu.	5,616,000	
Produits des postes.		
Produit de la taxe des lettres.	41,157,300	
Droit de 5 pour 100 sur les envois d'argent.	941,300	
Droit sur le transport des matières d'or et d'argent par les paquebots de la Méditerranée.	88,000	
Produit des places dans les malles-postes.	2,262,000	47,025,500
— dans les paquebots.	1,236,000	
Droit de transit des correspondances étrangères.	1,297,300	
Recettes accidentelles.	43,600	
Produits universitaires.		
Rétributions et droits divers.	3,749,082	4,349,082
Produits des rentes et domaines.	600,000	
Divers revenus.		
Produits éventuels affectés aux dépenses ordinaires et extraordinaires des départements.	11,200,000	13,590,000
Produits et revenus de l'Algérie.	2,390,000	
Produit de la rente de l'Inde.		1,050,000
A reporter.		1,149,330,692

DÉSIGNATION DES PRODUITS.		MONTANT des recettes prévues pour le budget de 1842.
Produits divers.	fr.	fr.
Report.		1,149,339,692
Bénéfice sur la fabrication des monnaies et la vente des médailles.	70,100	
Redevances et produits extraordinaires des mines.	318,000	
Droit de vérification des poids et mesures.	1,000,000	
Produit de la taxe des brevets d'invention.	600,000	
Solde non employé du fonds commun des chancelleries consulaires.	18,000	
Ressources extraordinaires pour dépenses des écoles normales primaires.	350,000	
Pensions et rétributions des élèves des écoles militaires.	816,500	
Recouvremᵗ de frais d'entretien d'élèves à l'école de cavalerie de Saumur.	35,500	
Pensions des élèves de l'école navale.	74,000	
Moitié de la retenue de 3 pour 100, au profit de la caisse des invalides, sur les dépenses du matériel de la marine.	600,000	
Retenue de 2 pour 100 pour l'hôtel des invalides sur les dépenses du personnel de la guerre.	892,300	
Pensions de marins admis à l'hôtel des invalides de la guerre.	48,000	
Revenus de divers établissements spéciaux (écoles vétérinaires et écoles des arts et métiers).	375,000	11,343,450
Produits de compensations de valeurs données en paiement de dépenses publiques, reversements de fonds et autres recettes attribuées au trésor public par l'ordonnance royale du 31 mai 1838, portant règlement général sur la comptabilité publique.	1,115,000	
Produit de ventes de cartes des dépôts de la guerre et de la marine.	38,000	
Valeur, au prix de revient, des poudres { au département la marine.	429,700	
livrées par le ministère de la guerre, { au département des finances.	2,393,850	
Ateliers de condamnés et pénitenciers militaires.	243,500	
Versement des compagnies de chemins de fer, pour remboursement de frais de police et de surveillance.	51,000	
Bénéfices réalisés par la caisse des dépôts et consign., pour l'année 1842.	1,000,000	
Recouvrements sur prêts faits, en 1830, au commerce et à l'industrie.	300,000	
Dixième du produit net de l'octroi dans l'île de Corse.	10,000	
Recettes sur débets non compris dans l'actif de l'administr. des finances.	150,000	
Dépôts d'argent dans les caisses des agents des postes, acquis au trésor pour cause de déchéance. (Loi du 31 janvier 1833.).	15,000	
Recettes de différentes origines.	400,000	
TOTAL des voies et moyens de l'exercice 1842.		1,160,683,142

RÉSULTAT GÉNÉRAL DES RECETTES ET DES DÉPENSES DU BUDGET DE L'EXERCICE 1842.

Les dépenses sont de.	1,276,338,076 fr.
Les recettes présumées, de.	1,160,683,142
EXCÉDANT de dépense.	115,654,934

ÉTAT D.   *Tableau des recettes affectées, pour 1842, aux services spéciaux portés pour ordre au budget.*

CHAPITRES spéciaux.	MINISTÈRES ET SERVICES.	MONTANT des recettes prévues pour le budget de 1842.
	MINISTÈRE DE LA JUSTICE ET DES CULTES. *Légion-d'Honneur.*	fr.
1	Revenus propres de l'ordre.	6,958,698
2	Pensions et frais de trousseaux versés par les parents des élèves de la maison de Saint Denis.	94,000
3	Supplément à la dotation de l'ordre, porté au budget de l'Etat, en vertu de diverses lois, pour subvenir à la dépense des traitements des sous-officiers et soldats des armées de terre et de mer, nommés dans l'ordre depuis le 6 juillet 1820, et qui étaient en activité de service à la date de leur nomination.	804,000
	TOTAL.	7,856,698

CHAPITRES spéciaux.	MINISTÈRES ET SERVICES.	MONTANT des recettes prévues pour le budget de 1842.
	Imprimerie royale.	fr.
Uniq.	Produits des impressions diverses.	2,570,000
	MINISTÈRE DES AFFAIRES ÉTRANGÈRES.	
	Chancelleries consulaires.	
1	Produits d'actes de chancellerie et bénéfices sur le change.	238,000
2	Prélèvement à effectuer sur le fonds commun des chancelleries consulaires, au profit de celles dont les dépenses excéderont les recettes. (Art. 5 de l'ordonnance royale du 23 août 1833).	12,000
	TOTAL.	250,000
	MINISTÈRE DE LA MARINE ET DES COLONIES.	
	Caisse des invalides.	
1	Retenue de 3 centimes par franc sur les dépenses de la marine et des colonies, et retenue de 5 centimes par franc sur le personnel des bureaux de l'administration centrale.	2,984,000
2	Retenues exercées sur la solde des officiers et agents de tout grade et en congé.	80,000
3	Retenues sur les salaires au commerce.	600,000
4	Décomptes des déserteurs.	20,000
5	Dépôts provenant de solde, parts de prises, etc.	150,000
6	Dépôts provenant de naufrages.	30,000
7	Droits sur les prises.	25,000
8	Dividende des actions de la banque de France.	85,000
9	Rentes 5 pour 100 (immobilisées).	4,624,239
10	Plus-value des feuilles de rôles d'équipage.	25,000
11	Recettes diverses.	86,761
	TOTAL.	8,710,000
	MINISTÈRE DES FINANCES.	
	Service de la fabrication des monnaies et médailles.	
	Monnaies.	
1	Retenue sur les matières apportées aux changes des monnaies, pour frais de fabrication. 719,394	
2	Tolérances en faible sur la fabrication des monnaies. 50,000	760,494
3	Droit d'essai sur les lingots présentés en vérification par le commerce. 100	
	Médailles.	
4	Produit de la vente des médailles fabriquées depuis l'ordonnance du 24 mars 1832. 580,000	
5	Droit de 10 pour 100 prélevé sur le prix de la fabrication des médailles de sainteté, boutons, etc. 1,000	581,000
	TOTAL.	1,350,494

RÉCAPITULATION.

Ministère de la justice et des cultes.	{ Légion-d'Honneur.	7,856,698
	Imprimerie royale.	2,570,000
— des affaires étrangères.	Chancelleries consulaires.	250,000
— de la marine et des colonies. .	Caisse des invalides.	8,710,000
— des finances.	Service de la fabrication des monnaies et médailles.	1,350,494
	TOTAL. GÉNÉRAL.	20,737,192

Résultat des recettes et des dépenses des services spéciaux portés pour ordre au budget.

	RECETTES.	DÉPENSES.
	fr.	fr.
Légion-d'Honneur.	7,856,698	7,856,698
Imprimerie royale.	2,570,000	2,570,000
Chancelleries consulaires.	250,000	250,000
Caisse des invalides de la marine.	8,710,000	8,710,000
Service de la fabrication des monnaies et médailles.	1,350,494	1,350,494
TOTAL.	20,737,192	20,737,192

ÉTAT E *TABLEAU du service départemental, pour*

RECETTES.

DÉSIGNATION DES RECETTES AFFECTÉES AUX DÉPENSES DE CHAQUE SECTION.		MONTANT des recettes par section.

MINISTÈRE

Ire SECTION. — DÉPENSES ORDINAIRES

fr.

Produit des 9 cent. 4/10es additionnels imposés par la loi. 17,884,252 f	27,397,152	27,697,152
Produit des 5 cent. additionnels imposés par la loi, pour fonds communs à répartir entre les départements. 9,512,900		

Produits éventuels ordinaires.

- Produits d'expéditions d'actes des préfectures, ou d'anciennes pièces déposées aux archives. . . . .
- Revenus particuliers des prisons départementales. . . .
- Produits d'arbres abattus ou élagués sur les routes départem.
- Ventes de matériaux de démolition ou de rebut, ou d'autres objets provenant des routes départementales ou d'établissements publics des départements. . . . .
- Vente de mobilier des préfectures et des bureaux des sous-préfectures, reconnu hors de service. . . . . . .
- Produit de moins-value de mobilier acquitté par les préfets.
- Remboursements d'avances faites par les départements pour les tables décennales de l'état civil. . . . . . .
- Remboursements d'avances faites par les départements, sur les centimes additionnels ordinaires, pour paiements de diverses dépenses imputables sur les fonds généraux. . .
- Produit de droits de péage et de tous autres autorisés au profit des départements. . . . . . .

300,000

IIe SECTION. — DÉPENSES FACULTATIVES

Produit des centimes votés par les conseils généraux pour les dépenses facultatives d'utilité départementale (maximum 5 centim.). 9,530,000 f	10,671,548	11,371,548
Produit des 6/10es de centimes additionnels imposés par la loi pour fonds commun à répartir entre les départements. . . 1,141,548		

Produits éventuels extraordinaires.

Produit des propriétés des départements non affectées aux services départementaux. .	200,000	700,000
Subventions communales pour travaux neufs des routes départementales classées. . . .	500,000	

IIIe SECTION. — DÉPENSES EXTRAORDINAIRES

Produit des centimes additionnels extraordinaires imposés en vertu de lois spéciales.	12,930,000	16,930,00
Produit des emprunts autorisés par des lois particulières.	4,000,000	

IVe SECTION. — DÉPENSES SPÉCIALES

Produits des centimes additionnels spéciaux votés par les conseils généraux pour dépenses des chemins vicinaux de grande communication, et autres chemins vicinaux (maximum 5 centimes).	9,907,000	16,107,000
Contingents communaux, et souscriptions particulières pour travaux de chemins vicinaux de grande communication.	6,080,000	

Produits spéciaux non indiqués dans la loi du 10 mai 1838.

- Revenus des établissements d'eaux minérales appartenant aux départements. . . . .
- Excédant des droits d'examen et de réception des officiers de santé, pharmaciens et herboristes, par les jurys médicaux. . . . . . .
- Produit des rétributions payées par les pharmaciens, les épiciers, les droguistes et les herboristes, pour la visite de leurs établissements. . . . . . .
- Revenus des pépinières des départements. . . . .
- Vente de chevaux ou taureaux étalons appartenant aux départements. . . . . .
- Subventions et revenus particuliers des sociétés d'agriculture et des comités agricoles. . . . . . .
- Produit de souscriptions pour les cours d'accouchement. .

120,000

72,105,700

l'*exercice* 1842 (exécution de la loi du 10 mai 1838).

AFFECTATION DES RECETTES.

DÉSIGNATION DES DÉPENSES COMPRISES DANS CHAQUE SECTION.	MONTANT des dépenses par section.
DE L'INTERIEUR.	
(art. 12, 13, 14 et 15 de la loi du 10 mai 1838).	
Travaux ordinaires des bâtiments civils.	
Contributions dues par les propriétés des départements.	
Loyers des hôtels de préfectures et des sous-préfectures.	
Mobilier des préfectures et des bureaux des sous-préfectures.	
Casernement de la gendarmerie.	
Prisons départementales.	
Cours et tribunaux.	
Corps de garde des établissements départementaux.	fr. 27,697,152
Entretien des routes départementales.	
Enfants trouvés et abandonnés.	
Aliénés.	
Impressions.	
Archives départementales.	
Frais de translation, de route, et autres dépenses ordinaires.	
Dettes départementales ordinaires.	
(art. 16, 17 et 18 de la loi ci-dessus indiquée).	
Travaux neufs des édifices départementaux.	
Travaux des routes départementales.	
Subventions aux communes.	
Encouragements.	11,371,548
Cultes.	
Secours contre la mendicité.	
Dépenses diverses.	
Dettes départementales pour dépenses facultatives ou extraordinaires.	
(art. 19 de la loi ci-dessus indiquée).	
Dépenses imputables sur le produit des centimes additionnels extraordinaires. { Travaux.. / Intérêts des emprunts. / Remboursement des emprunts. / Réserves destin. aux indemnités proport. et aux ingén's. / Traitements ou honoraires des architectes. }	fr. 12,930,000 ⎱ 16,930,000
Travaux divers imputables sur le produit des emprunts autorisés par les lois.	4,000,000 ⎰
(art. 19 de la loi du 10 mai 1838).	
Dépenses sur le produit des centimes additionnels spéciaux pour les chemins vicinaux de grande communication, et autres chemins vicinaux.	fr. 9,907,000
Dépenses sur les chemins vicinaux de grande communication, sur le produit des subventions communales et des souscriptions particulières.	6,080,000
	16,107,000
Dépenses imputables sur des produits spéciaux non indiqués dans la loi du 10 mai 1838. { Dépenses pour les établissements thermaux appartenant aux départements. / Frais de visite des pharmacies, des boutiques et magasins des droguistes et épiciers-herboristes. / Portion de l'entretien des pépinières départementales. / Encouragement à l'agriculture. / Bourses, secours ou souscription pour les cours d'accouchement. }	120,000
	72,105,700

RECETTES.		
DÉSIGNATION DES RECETTES AFFECTÉES AUX DÉPENSES DE CHAQUE SECTION.		MONTANT des recettes par section.

MINISTÈRE DE

Ve SECTION. — INSTRUCTION PRIMAIRE

	fr.	fr.
Produits des centimes votés par les conseils généraux pour les dépenses de l'instruction primaire (maximum 2 centimes)..	3,930,000	3,930,000
Portion des centimes facultatifs pour les dépenses d'utilité départementale, affectée par les conseils généraux aux dépenses de l'instruction primaire.	Mémoire.	

MINISTÈRE

VIe SECTION. — CADASTRE

	fr.
Produits des centimes votés par les conseils généraux pour les dépenses du cadastre (maximum 5 centimes).	1,840,000

RÉCAPITULATION.

	RESSOURCES.	DÉPENSES.
Ministère de l'intérieur.	72,105,700 f.	72,105,700 f.
—— de l'instruction publique. . .	3,930,000	3,930,000
—— des finances.	1,840,000	1,840,000
	77,875,700	77,875,700

25 JUIN = 10 JUILLET 1841. — Loi sur les travaux publics extraordinaires (1). (IX, Bull. DCCCXXXII, n. 9413.)

Art. 1er. Une somme de quarante millions (40,000,000 fr.) est affectée à l'achèvement des travaux extraordinaires du service des ponts et chaussées, en augmentation de la somme de cent quatre-vingt-cinq millions deux cent soixante-neuf mille francs (185,269,000 fr.), restant à employer, dans les années 1842 et suivantes, sur les allocations précédemment accordées par des lois spéciales.

La somme de cent quatre-vingt-cinq millions deux cent soixante-neuf mille francs (185,269,000 fr.), et celle de dix millions sept cent soixante et dix mille francs (10,770,000 fr.) comprise dans les quarante millions et formant le crédit demandé pour achèvement des travaux de l'Ill, du Lot, des canaux du Nivernais et de Berry, des ports de Lorient et de Saint-Malo, sont et demeurent réparties par services spéciaux, conformément à l'état A ci-annexé.

Le surplus, s'élevant à vingt-neuf millions deux cent trente mille francs, sera réparti par les lois de finances pour les exercices 1843 et suivants, selon les besoins constatés de chaque service.

2. Une somme de deux cent vingt-cinq millions cinquante-deux mille quatre cents francs (225,052,400 fr.), y compris celle de quatre-vingt-douze millions (92,000,000 f.), à laquelle est fixée la dépense des fortifications de Paris pendant les années 1842 et suivantes, est affectée aux travaux extraordinaires à exécuter par le département de la guerre pour les services du génie de l'artillerie, et pour le casernement et les magasins militaires.

Cette allocation est répartie par services spéciaux, conformément à l'état B ci-annexé.

3. Une somme de cinquante et un mil-

(1) Présentation à la Chambre des Députés le 18 janvier (Mon. du 19) ; rapport par M. Dufaure le 3 mai (Mon. du 16) ; discussion le 18 (Mon. du 19) ; adoption le 19 (Mon. du 20), à la majorité de 188 voix contre 54.

Présentation à la Chambre des Pairs le 1er juin (Mon. du 2) ; rapport par M. le comte Daru le 15 (Mon. du 17) ; discussion et adoption le 21 (Mon. du 22), à la majorité de 96 voix contre 25.

départemental, pour l'exercice 1842.

AFFECTATION DES RECETTES.	
DÉSIGNATION DES DÉPENSES COMPRISES DANS CHAQUE SECTION.	MONTANT des dépenses par section
L'INSTRUCTION PUBLIQUE. (art. 19 de la loi ci dessus indiquée). Dépenses ordinaires et obligatoires. . . . . Dépenses extraordinaires.	fr. } 3,930,000
DES FINANCES. (art. 19 de la loi ci-dessus indiquée). Frais d'arpentage. . . . . — d'expertise. . . . . — de mutations des propriétés foncières.	fr. } 1,840,000

Certifié conforme :

Le Pair de France, ministre secrétaire d'Etat au département
des finances, signé HUMANN.

lions de francs (51,000,000 fr.), est affectée aux travaux extraordinaires à exécuter par le département de la marine dans les ports et arsenaux.

Cette allocation est répartie, par services spéciaux, conformément à l'état C ci-annexé.

4. Sur les allocations déterminées par les articles précédents, des crédits s'élevant à soixante et quinze millions de francs (75,000,000 fr.), sont ouverts pour les dépenses imputables sur l'exercice 1842, savoir :

Au ministre des travaux publics, pour	34,820,000 f.
Au ministre de la guerre, pour. . .	35,740,000
Au ministre de la marine, pour. .	4,440,000
TOTAL.	75,000,000

Ces crédits sont répartis par nature de travaux, conformément à l'état D ci-annexé.

5. Les crédits ouverts pour les travaux extraordinaires autorisés par les art. 1, 2 et 3 ci-dessus formeront l'objet d'une section distincte et d'une série spéciale de chapitres dans les budgets des ministères des travaux publics, de la guerre et de la marine.

La portion de ces crédits qui n'aura pas été employée dans le courant d'une année pourra être réimputée sur l'exercice suivant, avec les mêmes affectations, au moyen de crédits supplémentaires qui seront ouverts provisoirement par ordonnances royales, et soumis à la sanction législative dans les formes prescrites par les art. 4 et 5 de la loi du 24 avril 1833.

Les annulations correspondantes de crédits sur l'exercice précédent seront proposées dans le même projet de loi.

6. Il sera pourvu aux dépenses pour lesquelles des crédits sont ouverts sur l'exercice 1842 par l'art. 4 ci-dessus, jusqu'à concurrence de soixante et quinze millions de francs (75,000,000 fr.), au moyen d'une somme égale à prélever sur le produit de l'emprunt au capital de quatre cent cinquante millions de francs (450,000,000 fr.), porté au titre des moyens extraordinaires de service dans la loi des recettes de l'exercice 1842.

7. Chaque année il sera rendu aux Chambres, par les ministres des travaux publics, de la guerre et de la marine, chacun en ce qui le concerne, un compte spécial de la situation des travaux exécutés en vertu de

la présente loi, et du montant des sommes dépensées.   (*Suivent les tableaux.*)

---

25 JUIN = 10 JUILLET 1841. — Loi qui proroge le délai fixé par l'art. 6 de la loi du 3 juillet 1840 sur les sucres (1). (IX , Bull. DCCCXXXII , n. 9414.)

Art. unique. Le délai fixé par l'art. 6 de la loi sur les sucres, du 3 juillet 1840 , est prorogé.

Les règlements d'administration publique déterminant les mesures nécessaires pour assurer la perception du droit seront présentés aux Chambres pour être convertis en lois dans les trois mois qui suivront l'ouverture de la prochaine session.

---

25 JUIN = 10 JUILLET 1841. — Loi qui approuve un échange entre l'Etat et les sieurs Lahirigoyen (2). (IX, Bull. DCCCXXXII, n. 9415.)

Art. unique. L'échange de deux magasins situés commune de Saint-Esprit, département des Landes , et appartenant, l'un au domaine militaire, l'autre aux sieurs Lahirigoyen , négociants à Bayonne, est approuvé, pour être exécuté sous les diverses conditions stipulées au contrat qui en a été passé le 5 mai 1840.

---

25 JUIN = 10 JUILLET 1841. — Loi sur le traité de commerce et de navigation conclu, le 25 juillet 1840, entre la France et les Pays-Bas (3). (IX, Bull. DCCCXXXII, n. 9416.)

Art. 1er. Les produits spécifiés en l'art. 22 de la loi du 28 avril 1816, qui arriveront des ports néerlandais, par le Rhin et la Moselle, aux bureaux de Strasbourg et de Sierck, seront admis à l'importation par bâtiments français ou néerlandais, en payant les droits afférents à la provenance des entrepôts d'Europe sous pavillon français.

2. Les droits d'entrée actuels seront réduits d'un tiers sur la céruse (carbonate de plomb pur ou mélangé) et sur les fromages de pâte dure de fabrication néerlandaise, dont l'importation aura lieu en droiture

---

(1) Présentation à la Chambre des Députés le 5 mai (Mon. du 8); rapport par M. Dufaure le 15 (Mon. du 18); discussion et adoption le 24 (Mon. du 25), à la majorité de 216 voix contre 14.

Présentation à la Chambre des Pairs le 1er juin (Mon. du 3); rapport par M. le marquis de Barthélemy le 9 (Mon. du 10); adoption le 11 (Mon. du 12), à la majorité de 86 voix contre 13.

La loi du 3 juillet 1840 imposait au gouvernement le devoir de présenter aux Chambres, dans la session actuelle, pour être convertis en lois, les règlements d'administration publique, rendus en exécution de la loi du 18 juillet 1837, pour la perception de l'impôt sur le sucre indigène.

Cette obligation a été remplie; mais la Chambre des Députés, jugeant que le dernier règlement, qui ne date que du 24 août 1840, n'avait pas encore été suffisamment éprouvé; pensant aussi qu'il importe d'asseoir cet impôt sur des bases telles qu'aucun des produits ne puisse y être soustrait, tout en combinant les formes et la surveillance de façon que les progrès de l'industrie n'aient pas à en souffrir; reconnaissant, enfin, qu'à cet égard, les expériences faites ne sont pas assez complètes, a substitué, avec l'adhésion du gouvernement, au projet qui lui a été présenté une disposition qui proroge jusqu'à la session prochaine le délai fixé par l'art. 6 de la loi du 3 juillet 1840.

(2) Présentation à la Chambre des Députés le 24 avril (Mon. du 25); rapport par M. Chégaray le 7 mai (Mon. du 11); adoption le 19 (Mon. du 20), à la majorité de 219 voix contre 13.

Présentation à la Chambre des Pairs le 1er juin (Mon. du 3); rapport par M. le marquis de Chalancilles le 11 (Mon. du 12); adoption le 16 (Mon. du 17), à la majorité de 90 voix contre 3.

(3) Présentation à la Chambre des Députés le 21 janvier (Mon. du 22); rapport par M. le baron de Las-Cases le 27 avril (Mon. du 8 mai); discussion le 21 mai (Mon. du 22); adoption le 22 (Mon. du 23), à la majorité de 199 voix contre 63.

Présentation à la Chambre des Pairs le 1er juin (Mon. du 3); rapport par M. le baron de Mareuil le 21 (Mon. du 22); discussion et adoption le 23 (Mon. du 24), à la majorité de 85 voix contre 39.

Voy. ordonnances des 26 et 30 juin 1841.

Dans le cours de la session précédente, le gouvernement avait fait connaître aux Chambres que des négociations étaient ouvertes entre la France et plusieurs Etats voisins pour la conclusion de traités de commerce et de navigation. Jusqu'ici, un seul des arrangements préparés est arrivé à son terme: c'est la convention proposée par le gouvernement néerlandais. La loi actuelle a pour objet de sanctionner celles des dispositions pour lesquelles l'approbation du pouvoir législatif est nécessaire.

« Cette convention, a dit M. *le ministre du commerce*, repose sur un système de concessions mutuelles qui a pour but de placer la navigation et le commerce des deux pays dans des conditions d'égalité réciproquement avantageuses. »

L'utilité des traités de commerce en général est un point d'économie politique qui a été approfondi par les auteurs les plus célèbres qui ont écrit sur cette science.

M. J.-B. Say ne leur accorde pas une grande valeur. « Du moment que nous sommes certains, dit-il, que les étrangers nous achètent autant de produits que nous leur en vendons; du moment que nous sommes assurés que ceux qu'ils demandent constamment sont aussi ceux qui paient à nos producteurs les profits les plus assurés, quels motifs peuvent nous déterminer à négocier des traités de commerce avec telles ou telles puissances, et à faire en leur faveur une exception à notre loi commune? L'intérêt d'une nation est de traiter toutes les autres également bien, et non pas l'une d'entre elles mieux que ses rivales. En d'autres mots, son intérêt est de charger leurs marchandises d'un droit équivalent aux impôts que paient les produits indigènes, afin de rétablir entre tous les produits une égalité de désavantages, et, du reste, de laisser chaque produit mesurer librement sa production aux besoins

par mer, des ports des Pays-Bas, soit par navires français, soit par navires néerlandais.

3. Des ordonnances royales régleront les justifications d'origine et de provenance à produire dans les cas ci-dessus indiqués,

des consommateurs, de quelque nature qu'ils soient et quels que soient les motifs qui les leur font rechercher. L'industrie est amie de la paix ; il y a dans les faveurs accordées à une nation, par un traité de commerce, quelque chose d'hostile envers toutes les autres que celles-ci ressentent tôt ou tard.

« Les traités de commerce entre les nations devraient se borner à stipuler des garanties pour la sûreté réciproque des commerçants, de manière qu'ils ne fussent exposés à aucune extorsion de la part des agents de l'autorité et que leurs engagements mutuels fussent respectés ; du reste, leurs marchandises devraient circuler en payant aussi peu de droits que le comportent les besoins du fisc. »

Et plus loin : « Il résulte de ces considérations que les traités de commerce sont inutiles, etc. » (*Cours d'économie politique*, 4e partie, chap. 19.)

Les traités de commerce sont également repoussés par des hommes qui ne professent pas des opinions aussi avancées. M. de *Saint-Cricq* s'exprimait ainsi à la séance de la Chambre des Pairs du 27 avril 1841, au sujet de la discussion de la loi sur les douanes : « On a beaucoup parlé, depuis quelques années, disait-il, de traités de commerce. Je crains que ceux qui les ont recommandés ne se soient pas bien rendu compte du vœu qu'ils ont exprimé. En considérant de quelles espérances ils l'ont appuyé, je dois croire qu'ils entendent tel traité dans lequel deux nations se lieraient mutuellement par un tarif général ou partiel, semblable ou différent, quant aux espèces, lequel deviendrait la règle permanente des rapports commerciaux de l'une et de l'autre. S'il en est ainsi, je dois leur dire qu'à l'exception de deux traités dont je parlerai tout à l'heure, je n'en sais aucun qui, à aucune époque, ait eu ce caractère. J'en connais un grand nombre où l'on s'est réciproquement assuré le traitement de la nation la plus favorisée, c'est-à-dire promis de s'accorder tout ce qui serait accordé à d'autres ; c'est-à-dire encore promis de ne rien s'accorder du tout, les gouvernements ayant toujours eu, en fait, grand soin de faire abstraction de provenances, afin de conserver la pleine liberté d'action sur les tarifs.

« J'ai dit que je connaissais deux traités de la nature de ceux qui m'ont paru être conseillés. Tous les deux ont été faits par l'Angleterre, l'un avec le Portugal, l'autre avec la France, en 1786. On sait ce qu'est devenu le Portugal ! La révolution de 1789, en mettant fin au traité de 1786, suspendit la ruine des fabriques françaises, dont le retour à meilleure fortune date des années qui suivirent nos mauvais jours.

« Toutefois, je comprends, sans y incliner, telle convention où des gouvernements se feraient des concessions réciproques. Je dis que je n'y incline pas, parce que les stipulations de ce genre ont le grave inconvénient de faire des concessions à tous, alors qu'on n'en reçoit le prix que d'un seul. Et il faut bien qu'il en soit ainsi, sous peine de rompre cette unité qui seule dépouille les taxes de douanes de leur apparente hostilité.

« Le tarif, uniforme dans son application, peut blesser un peuple étranger plus qu'un autre, et , neanmoins , il apparaît à tous comme l'usage légitime du droit de défense. Le tarif qui serait acception des origines ne serait, envers les origines dé-

favorisées, rien moins qu'un acte en quelque sorte personnel de guerre commerciale, etc. »

Ainsi, comme on le voit au point de vue de l'économie politique, les traités de commerce sont des procédés sans influence utile ; du reste, de l'aveu même du négociateur français, la convention dont il s'agit ne peut être considérée que comme une mesure économique à peu près insignifiante : il paraîtrait que c'est principalement dans un but politique qu'il a été contracté. Voici en effet les paroles qui ont été prononcées à la tribune par M. *le ministre des affaires étrangères* : « Messieurs, il faut que je le répète, ce n'est pas au nom des intérêts commerciaux seuls, c'est surtout au nom des intérêts politiques que cette question doit être résolue. Je crois que sous le point de vue des intérêts commerciaux l'importance du traité est infiniment moins grande qu'on ne l'a dit de part et d'autre. La question doit laisser dans l'esprit de la Chambre cette impression que , soit sous le rapport des dommages pour certains intérêts, soit sous le rapport des avantages pour certains autres , commercialement parlant, le traité a moins d'importance qu'on ne veut lui en attribuer. Politiquement, il a une une importance très-grande ; c'est de celle-ci que j'ai essayé de frapper l'esprit de la Chambre ; c'est ce qui détermine le gouvernement à persister dans le projet de loi. »

Les art. 2 et 5 du traité stipulent l'abolition du droit de tonnage et des surtaxes qui pèsent sur les importations du pavillon néerlandais. Un décret de la Convention de vendémiaire an 2 établit un droit de tonnage fixé d'abord à quelques centimes ; ce droit fut bientôt après supprimé pour les navires nationaux et porté sur les bâtiments étrangers à 4 fr. 12 cent. Des surtaxes différentielles frappèrent successivement les importations des mêmes bâtiments ; elles furent comprises dans les lois des douanes ou réunies à elles après leur établissement.

On a demandé si ce qu'une loi a établi peut être modifié ou aboli autrement que par une loi, et si, par conséquent, les articles du traité qui stipulent l'abolition du droit de tonnage et des surtaxes ne devaient pas être convertis en articles de loi comme ceux qui ouvrent au commerce hollandais la navigation du Rhin ou de la Moselle jusqu'à Strasbourg et Sierk, et qui réduisent le taux des droits d'entrée sur certaines productions hollandaises.

Les précédents sont pour la négative. « Il n'est pas douteux, a dit M. *de Mareuil*, que depuis l'établissement du gouvernement constitutionnel, la convention de 1822 avec les Etats-Unis, par exemple, qui réglait le droit de tonnage entre les deux pays, qui modifiait d'abord, abolissait ensuite le droit différentiel établi sur les importations réciproques n'a donné lieu à aucune mesure législative.

« Que des conventions postérieures avec le Brésil et le Mecklembourg, ayant le même effet, sont entrées en exécution par la seule voie des ordonnances.

« Que si, à l'occasion des traités de 1826 avec l'Angleterre, un amendement consenti par la couronne et introduit dans la loi a sanctionné une des stipulations du traité, c'est qu'elle augmentait le droit de tonnage à payer par des bâtiments français revenant des ports d'Angleterre et rentrant dans des ports français, ce qui donnait à cette dis-

ainsi que l'époque à laquelle les dispositions de la présente loi deviendront exécutoires.

26 JUIN = 10 JUILLET 1841. — Ordonnance du roi pour l'exécution du traité conclu, le 25 juillet 1840, entre la France et les Pays-Bas, et de la loi du 25 juin 1841, relative à ce traité. (IX, Bull. DCCCXXXII, n. 9417.)

Louis-Philippe, etc., vu le traité de commerce et de navigation conclu, le 25 juillet 1840, entre nous et sa majesté le roi des Pays-Bas; vu la loi du 25 juin 1841; voulant régler la quotité du droit de tonnage applicable en France aux navires néerlandais, par réciprocité du traitement national accordé aux navires français dans les ports des Pays-Bas; et, en ce qui touche les marchandises, déterminer les formalités nécessaires pour en constater l'origine et la provenance; sur le rapport de nos ministres secrétaires d'Etat au département des affaires étrangères, au département des finances et au département de l'agriculture et du commerce, etc.

Art. 1ᵉʳ. Provisoirement, et jusqu'à ce que les navires français soient affranchis de tout droit de tonnage dans les ports des Pays-Bas, le droit de tonnage payable en France par les navires néerlandais venant directement desdits ports avec chargement, ou de tout port quelconque sans chargement, sera, par an, à l'entrée, d'un franc cinq centimes par tonneau, plus le décime, et de pareille somme à la sortie. Néanmoins, les navires néerlandais venant sans chargement des ports de la Grande-Bretagne paieront, comme les navires français, un franc par tonneau, à chaque voyage.

2. Les marchandises de toute nature dont l'entrée est permise en France, et qui arriveront par mer dans les ports français sur navire néerlandais, seront admises en exemption de la surtaxe établie à l'importation sous pavillon étranger, par la loi du 28 avril 1816 et autres lois de douanes subséquentes, lorsque ladite importation aura lieu en droiture des ports des Pays-Bas en Europe, et sera justifiée par les manifestes, connaissements et expéditions régulières de la douane néerlandaise. Les fromages de pâte dure et la céruse de fabrication néerlandaise, importés en France dans les mêmes cas et sous les mêmes conditions, devront, pour être admis aux réductions de droits réglées par la loi du 25 juin 1841, être accompagnés, indépendamment des

---

position le caractère d'un impôt, au lieu que l'on avait reconnu, après une discussion approfondie, qu'il n'était pas nécessaire d'insérer dans la loi d'autres articles du même traité stipulant aussi des modifications de droits.

« C'est ainsi que dans le traité avec la Hollande, comme il n'y a qu'une simple assimilation entre les pavillons des deux pays, sans qu'il en résulte ni taxe sur les bâtiments français, ni impôt au profit du trésor, l'insertion des art. 2 et 5 dans la loi n'a pas été jugée indispensable.

« Cette doctrine a été soutenue au sein de la commission, comme étant la seule qui mette en harmonie les art. 13 et 40 de la Charte constitutionnelle, laissant au roi toute l'action qui lui appartient pour la confection des traités, et aux deux Chambres le droit de délibération, d'assentiment ou de rejet, dans tout ce qui est relatif à l'impôt.

« Il a été remarqué depuis, que les surtaxes de navigation étant des mesures dirigées contre la navigation et le commerce étranger, susceptibles d'être établies, suspendues, abolies, suivant des circonstances politiques variables de leur nature, c'était dans la main du gouvernement qu'en devait demeurer l'emploi.

« Il y a plus, cette abolition du droit de tonnage et des surtaxes a été discutée dans la Chambre des Députés et une forte majorité s'y est prononcée contre son insertion dans la loi. Votre commission a pensé que la Chambre des Pairs, conservatrice scrupuleuse des droits de la couronne, accepterait également la distinction qui a été faite entre les articles du traité qui réclament l'application de la loi et ceux dont l'exécution peut rester dans le domaine de l'ordonnance. »

Une seconde observation a été faite par M. de Mareuil sur l'interprétation des art. 5 et 7 du traité.

« D'une part, a-t-il dit, on craignait, qu'aux termes de l'art. 5, les bâtiments hollandais pussent amener dans nos ports les denrées de toutes espèces et de toutes provenances, sans payer d'autres droits que ceux acquittés par les bâtiments français. Messieurs les commissaires du roi, interrogés à ce sujet au sein de la commission, ont fait observer que la concession dont il s'agit n'ayant d'effet que de port à port dans les états d'Europe, tout bâtiment hollandais ne pouvant venir dans un port de France qu'après avoir fait escale dans un port des Pays-Bas, il serait toujours passible du droit afférent aux provenances des entrepôts d'Europe, ce qui laisse encore avantage à nos bâtiments arrivant directement des lieux d'importation.

« D'autre part, on redoutait aussi d'après les termes de ce même article et du second paragraphe de l'art. 7, que les sucres hollandais pussent prétendre à la prime de réexportation que la loi du 3 juillet 1840 accorde aux nôtres. Mais on a répondu que l'art. 3 de cette même loi, portant expressément que la restitution des droits payés pour les sucres bruts ne peut être accordée à la réexportation des sucres raffinés, qu'autant que lesdits droits ont été acquittés par les sucres importés en droiture par navires français des pays hors d'Europe; il était évident que les sucres importés sur navires hollandais ne pourraient y prétendre.

« Il est fâcheux, toutefois, que certaines stipulations du traité aient donné lieu à de pareilles inquiétudes. On sait combien la rédaction des traités, ceux de commerce particulièrement, présente de difficultés, et combien trop souvent leur interprétation en a fait naître de considérables. Il paraîtrait donc que celui qui est sous vos yeux a été rédigé avec une sorte de précipitation, avec un désir trop vif d'une conclusion rapide. Ce qu'il laisse à désirer sur la clarté des articles sera un motif de plus de porter un soin vigilant à en surveiller l'exécution. »

pièces ci-dessus mentionnées, d'un certificat d'origine détaillé, délivré par les expéditeurs et dûment légalisé par notre agent consulaire au port de départ.

3. Les denrées spécifiées en l'art. 22 de la loi du 28 avril 1816, qui seront expédiées des Pays-Bas par le Rhin et la Moselle sur bâtiments français ou néerlandais, devront, pour être admises aux bureaux de Strasbourg et de Sierck, sous le paiement du droit réglé par la loi du 25 juin 1841, être accompagnées des pièces indiquées au paragraphe premier de l'art. 2 ci-dessus, et, en outre, d'un certificat de l'agent consulaire français, au lieu de départ, constatant la nationalité du bâtiment sur lequel lesdites denrées auront été chargées.

4. Les dispositions du traité du 25 juillet 1840 et de la présente ordonnance auront leur effet à partir de la promulgation de la loi du 25 juin 1841.

5. Nos ministres des affaires étrangères, des finances, de l'agriculture et du commerce (MM. Guizot, Humann et Cunin-Gridaine) sont chargés, etc.

26 JUIN = 10 JUILLET 1841. — Ordonnance du roi portant règlement sur l'exploitation et la fabrication des sels, et sur l'enlèvement et la circulation des eaux salées et matières salifères. (IX, Bull. DCCCXXXII, n. 9418.)

Louis-Philippe, etc., vu la loi du 17 juin 1840, sur le sel; vu notamment les art. 5 et 9, portant que des règlements d'administration publique détermineront, dans l'intérêt de l'impôt, 1° les conditions auxquelles l'exploitation et la fabrication des sels seront soumises, ainsi que le mode de surveillance à exercer pour assurer la perception intégrale du droit; 2° les formalités à observer pour l'enlèvement et la circulation des eaux salées et matières salifères; sur le rapport de notre ministre secrétaire d'État au département des finances; notre conseil d'État entendu, etc.

TITRE Iᵉʳ. — Obligations des fabricants de sel et des concessionnaires de mines de sel, de sources ou de puits d'eau salée.

Art. 1ᵉʳ. Un mois au moins avant toute exploitation ou fabrication, les concessionnaires de mines de sel, de sources ou de puits d'eau salée, autorisés en vertu de la loi du 17 juin 1840, devront faire une déclaration au plus prochain bureau des douanes, pour les mines, sources ou puits situés dans les quinze kilomètres des côtes et dans les vingt kilomètres des frontières de terre; et au bureau le plus prochain des

contributions indirectes, pour les mines, sources ou puits situés dans l'intérieur du royaume. La déclaration des fabricants ne sera admise qu'autant qu'ils justifieront que la construction de l'usine a été autorisée conformément à l'ordonnance réglementaire du 7 mars 1841 (1), rendue pour l'exécution de l'art. 2 de la loi du 17 juin 1840. Sera faite au même bureau la déclaration à laquelle sont tenus, aux termes de l'art. 6 de la loi précitée, les concessionnaires qui voudront cesser d'exploiter ou de fabriquer.

2. Tout fabricant exploitant des mines de sel ou des eaux salées devra entourer les puits, galeries, trous de sonde et les sources, ainsi que les bâtiments de son usine, d'une enceinte en bois ou en maçonnerie de trois mètres d'élévation, ayant à l'intérieur et à l'extérieur un chemin de ronde de deux mètres au moins de largeur, avec accès sur la voie publique par une seule porte ou entrée. L'administration pourra exiger que l'enceinte en bois soit remplacée par une clôture en maçonnerie, dans tout établissement, usine ou exploitation où il aura été commis une contravention aux dispositions de la loi du 17 juin 1840 ou à celles des ordonnances royales qui en régleront l'application.

3. Il y aura dans l'intérieur de chaque fabrique, 1° un ou plusieurs magasins destinés au dépôt des sels fabriqués; ces magasins seront sous la double clef de l'exploitant et des agents de la perception; 2° un local convenable, près de l'entrée de l'établissement, pour le logement et le bureau de deux employés au moins; le loyer de ce logement sera supporté par l'administration et fixé de gré à gré, ou, à défaut de fixation amiable, réglé par le préfet du département; 3° des poids et balances pour la pesée des sels, ainsi que des mesures de capacité pour la vérification du volume des eaux salées.

4. Si, à cause de l'éloignement, quelques puits ou galeries servant à l'exploitation du sel en roche ne peuvent pas être compris dans l'enceinte d'une usine, ils seront entourés d'une clôture particulière établie comme il est dit à l'art. 2, et de manière à renfermer les appareils d'extraction et les haldes. Le sel devra être déposé dans un magasin exclusivement destiné à cet usage, et disposé conformément au premier paragraphe de l'article précédent.

5. Devront être entourés d'une semblable clôture, les trous de sonde servant à l'exploitation par dissolution, ainsi que

(1) Voy. supra, p 89.

les sources ou puits d'eau salée qui ne pourront pas, à cause de l'éloignement, être compris dans l'enceinte d'une usine.

TITRE II. — *Exercice des fabriques et surveillance des usines, sources ou puits.*

6. Toute exploitation ou fabrique de sel sera tenue en exercice par les employés des contributions indirectes ou des douanes, suivant le lieu où elle sera située.

7. Les exploitants et fabricants seront soumis aux visites et vérifications des employés, et tenus de leur ouvrir, à toute réquisition, leurs fabriques, ateliers, magasins, logement d'habitation, caves et celliers, et tous autres bâtiments enclavés dans l'enceinte des fabriques, ainsi que de leur représenter les sels, eaux salées et résidus qu'ils auront en leur possession. Ces visites et vérifications pourront avoir lieu, même de nuit, dans les ateliers et magasins, si le travail se prolonge après le coucher du soleil.

8. Les employés sont autorisés à faire toutes les recherches nécessaires pour s'assurer si les puits, les trous de sonde, les sources d'eau salée et les galeries situées soit dans l'intérieur, soit à l'extérieur des fabriques, n'ont pas de conduits clandestins.

9. Les sels, après qu'ils seront parvenus à l'état solide ou concret, ne pourront être retirés des poêles ou chaudières que pour être déposés immédiatement soit sur les bancs d'épuration, les égouttoirs ou les séchoirs, soit dans des étuves, soit enfin dans des vases quelconques désignés d'avance aux employés. Ils ne pourront recevoir aucune manipulation subséquente ayant pour objet d'en compléter la fabrication, que sous la surveillance des employés, qui sont autorisés à prendre toutes les mesures nécessaires pour qu'il ne puisse en être soustrait.

10. Les eaux-mères, schlots, crasse de sel et autres déchets de fabrication, les cendres, curins et débris de fourneaux des fabriques de sel, seront détruits, à moins que l'enlèvement et le transport n'en aient été préalablement autorisés, conformément à l'art. 12 de la loi du 17 juin 1840.

11. Les sels fabriqués seront pris en charge au fur et à mesure que la fabrication en sera complétement achevée. Ceux qui ne seront pas expédiés immédiatement devront être placés dans les magasins désignés à l'art. 3. Il sera donné décharge des quantités enlevées, soit pour la consommation, soit pour l'exportation aux colonies ou à l'étranger, soit en exécution de l'art. 12 de la loi du 17 juin 1840, soit enfin pour les salaisons en mer. Les sels qui auront été déclarés pour la consommation ne pourront

séjourner dans l'enceinte de la fabrique, et devront en sortir immédiatement.

12. Tous les trois mois il sera fait un inventaire des sels en magasin, et le fabricant sera tenu de payer sur-le-champ le droit sur les quantités manquantes en sus de la déduction accordée pour déchets de magasin. Cette déduction est fixée à huit pour 100 sur les quantités entrées en magasin après fabrication.

TITRE III. — *Surveillance et formalités à l'enlèvement et à la circulation des sels, eaux salées et matières salifères.*

13. La surveillance des préposés des douanes et des contributions indirectes s'exercera, pour la perception de la taxe sur les sels, dans un rayon de quinze kilomètres des mines, des puits et sources salées, et des usines qui en exploitent les produits.

14. Les fabricants ne pourront laisser sortir les sels des fabriques ou des enceintes désignées à l'art. 4, sans qu'il en ait été fait une déclaration préalable au bureau le plus prochain du lieu d'extraction, et sans qu'il ait été pris, soit un acquit-à-caution, un congé ou un passavant, soit un acquit de paiement en tenant lieu. Les concessionnaires de puits ou de sources ne pourront non plus laisser enlever d'eau salée sans qu'il ait été pris un acquit-à-caution. Les conducteurs de sels, d'eaux salées ou de matières salifères, seront tenus d'exhiber, à toute réquisition des employés dans le rayon de quinze kilomètres des mines, puits et sources salées, et des usines qui en exploitent les produits, les expéditions dont ils doivent être porteurs.

15. Les déclarations à faire pour obtenir les expéditions mentionnées en l'article précédent contiendront le nom de l'expéditeur et celui du destinataire, la quantité de sel ou d'eau salée qui devra être enlevée, le degré de densité de l'eau, le nom du voiturier ou maître de l'embarcation qui effectuera le transport, le lieu de destination et la route à suivre.

16. Les sels, eaux salées ou matières salifères, ne pourront circuler dans les quinze kilomètres soumis à la surveillance des préposés, sans être accompagnés d'un acquit-à-caution, d'un congé, d'un passavant ou d'un acquit de paiement en tenant lieu. Les transports de sels, d'eaux salées ou de matières salifères, ne pourront avoir lieu avant le lever ou après le coucher du soleil, lors même qu'ils seraient accompagnés d'une expédition régulière, qu'autant que cette expédition mentionnera expressément la permission de les faire circuler pendant la nuit.

17. L'eau salée extraite des puits ou sources ne pourra être expédiée à destination d'une fabrique autorisée que lorsque le transport en aura lieu dans des vases qui pourront être jaugés. L'extraction n'aura lieu que de jour, en présence des employés, lesquels vérifieront et mentionneront, dans l'acquit-à-caution, le degré que l'eau salée marquera au densimètre. Les fabriques actuellement en exploitation et à destination desquelles l'eau parvient par des conduits ou tuyaux pourront être autorisées à jouir de cet avantage, sous les conditions qui seront déterminées par notre ministre secrétaire d'Etat des finances.

18. Les sels expédiés à des destinations qui dispensent du paiement du droit au départ seront renfermés dans des sacs d'un poids uniforme, ayant toutes les coutures à l'intérieur, et plombés par les employés aux frais du fabricant. Le prix du plomb et de la ficelle est fixé à vingt-cinq centimes. La ficelle devra passer les plis du col du sac. L'arrivée des sels à destination sera garantie par un acquit-à-caution, dont le prix sera payé à l'administration des contributions indirectes ou à l'administration des douanes, conformément à la loi du 28 avril 1816.

19. Tout ce qui concerne les acquits-à-caution délivrés pour le transport des sels, eaux salées et matières salifères, sera régi par les dispositions de la loi du 22 août 1791. Néanmoins la pénalité sera réglée conformément à l'art. 10 de la loi du 17 juin 1840. En cas de déficit, soustraction ou substitution, la confiscation sera établie, et le droit sera calculé sur une quantité de sel égale à celle non représentée. Si la différence porte sur le volume ou sur le degré de l'eau salée, la quantité du dissous dans l'eau sera évaluée, pour un hectolitre d'eau salée, à raison de mille six cent cinquante grammes de sel pour chaque degré de densimètre au-dessus de la densité de l'eau pure.

TITRE IV. — *Paiement du droit.*

20. La taxe sera perçue sur les sels enlevés pour la consommation intérieure, sous la seule déduction de l'allocation qui sera fixée pour déchet, en exécution de l'art. 15 de la loi du 17 juin 1840. Le paiement sera effectué soit au comptant, sous l'escompte de six pour cent pour les sommes de trois cents francs et au-dessus, soit en traites ou obligations dûment cautionnées, à trois, six et neuf mois, lorsque le droit s'élèvera à plus de six cents francs.

TITRE V. — *Des fabriques de produits chimiques.*

21. Les dispositions des art. 6, 7, 11, 12,

14, 15, 18, 19 et 20, sont applicables à toutes les fabriques de produits chimiques dans lesquelles il est obtenu du chlorure de sodium (sel marin), soit pur, soit mélangé d'autres sels. Les fabricants de ces produits seront, en outre, tenus, chaque fois que leurs préparations devront produire ce sel, 1° de déclarer, par écrit, au bureau le plus voisin, au moins vingt-quatre heures d'avance, le jour et l'heure où commencera et finira le travail dans leurs ateliers ; 2° d'avoir, dans l'intérieur de leur fabrique, un magasin destiné au dépôt du sel ; ce magasin sera sous la double clef de l'exploitant et des agents de la perception.

22. Les chlorures de sodium obtenus dans les fabriques de produits chimiques, soit purs, soit mélangés d'autres sels ou d'autres matières, ne pourront être admis dans la consommation, même sous le paiement de la taxe, que sur la représentation d'un certificat constatant que ces sels ne contiennent aucune substance nuisible à la santé publique. Notre ministre secrétaire d'Etat au département de l'agriculture et du commerce déterminera le mode de délivrance des certificats dont il s'agit.

TITRE VI. — *Dispositions générales.*

23. Toute infraction aux dispositions de la présente ordonnance sera punie des peines portées par l'art. 10 de la loi du 17 juin 1840.

24. Nos ministres de l'agriculture et du commerce, et des finances (MM. Cunin-Gridaine et Humann) sont chargés, etc.

——————

16 JUIN = 12 JUILLET 1841. — Ordonnance du roi portant autorisation de la *Société anonyme du pont suspendu de Bas* (Haute-Loire). (IX, Bull. supp. DXLV, n. 15645.)

Louis-Philippe, etc., sur le rapport de notre ministre secrétaire d'Etat de l'agriculture et du commerce ; vu notre ordonnance royale du 31 juillet 1837, qui autorise l'établissement d'un pont suspendu sur la Loire, entre les communes de Bas et de Monistrol (Haute-Loire), et celle du 28 décembre suivant, qui fixe le tarif des droits de péage à percevoir sur ce pont ; vu l'adjudication passée, le 17 avril 1838, au profit de M. Favier de la Chomette, et approuvée par notre ministre des travaux publics le 10 mai suivant ; vu les art. 29 à 37, 40 et 45 du Code de commerce ; notre conseil d'Etat entendu, etc.

Art. 1ᵉʳ. La société anonyme formée dans la commune de Bas (Haute-Loire) sous la dénomination de *Société anonyme du pont suspendu de Bas*, est autorisée. Sont approuvés les statuts de ladite société, tels qu'ils sont contenus dans l'acte passé, les 14 et 16 avril et 5 mai 1841, par-devant Me Mayre et son collègue, notaires à Paris, lequel acte restera annexé à la présente ordonnance.

2. La compagnie est substituée à tous les droits comme à toutes les obligations qui dérivent, pour le sieur Favier de la Chomette, de l'adjudication passée à son profit le 17 avril 1838.

3. Nous nous réservons de révoquer notre autorisation en cas de violation ou de non exécution des statuts approuvés, sans préjudice des droits des tiers.

4. La société sera tenue de remettre, tous les six mois, un extrait de son état de situation au ministère de l'agriculture et du commerce, au préfet du département de la Haute-Loire et au greffe du tribunal de commerce d'Issengeaux.

5. Notre ministre de l'agriculture et du commerce (M. Cunin-Gridaine) est chargé, etc.

Formation de la société.

Art. 1er. Il est formé par ces présentes, entre les comparants et leurs cessionnaires futurs, une société anonyme sous la dénomination de *Société anonyme du pont suspendu de Bas*. Cette société a pour objet exclusif et spécial la jouissance des droits de péage du pont suspendu situé sur la Loire, entre les communes de Monistrol et de Bas, ainsi que toutes les conséquences de cette opération. Elle commencera du jour où elle aura été autorisée par le gouvernement, conformément à l'art. 37 du Code de commerce; sa durée sera celle de la concession, qui doit expirer le 1er juillet 1908. Son siége sera à Bas.

Apport des comparants dans la société.

2. Les comparants étant seuls propriétaires du droit de péage dont s'agit, apportent ce droit dans la société, libre de toutes dettes et charges autres que celles qui résultent envers le gouvernement du cahier des charges de l'adjudication. En conséquence, la société jouira et disposera dudit droit de péage comme bon lui semblera, à l'effet de quoi elle demeure subrogée, sans aucune réserve ni restriction, dans tous les droits, charges et obligations qui dérivent pour les comparants du cahier des charges de l'adjudication.

Fonds social.

3. Le fonds social consiste dans la jouissance du droit de péage du pont de Bas jusqu'à l'expiration de sa concession. Ce fonds social est divisé en cent quatre-vingts actions, représentant chacune un cent quatre-vingtième de la jouissance du péage du pont; elles appartiennent aux comparants dans la proportion suivante, sa. oir. (*Suivent les noms.*)

Nature des actions et leur transmission.

4. Les actions seront nominatives ou au porteur, au choix de l'actionnaire; elles seront détachées d'un registre à souche qui restera déposé au siége de la société, porteront un numéro d'ordre depuis 1 jusqu'à 180, et seront signées par trois des administrateurs. La transmission des actions au porteur s'opérera par la simple tradition du titre, selon l'art. 35 du Code de commerce, et celle des actions nominatives par un transfert fait conformément à l'art. 36 du même Code. Le cessionnaire aura droit au dividende du semestre courant et des semestres échus non payés au moment de la transmission.

Indivisibilité des actions.

5. Chaque action sera indivisible. La société ne reconnaîtra aucune fraction d'actions, et, à cet effet, les copropriétaires d'une action devront s'entendre entre eux pour être représentés par un seul à l'égard de la société. De même, en cas de faillite ou de décès d'un actionnaire, ses créanciers, héritiers ou autres ayan. s-cause, quel qu'en soit le nombre, devront se faire représenter par un seul d'entre eux, de manière que les actions du failli ou du décédé ne puissent jamais donner à plusieurs personnes le droit d'intervenir dans la société; étant bien entendu que, dans aucun cas, les héritiers, créanciers ou autres ayants-cause, ne pourront faire apposer aucun scellé, former aucune opposition, exiger aucun inventaire extraordinaire, ni provoquer aucune licitation vis-à-vis de la société.

Fonds de réserve.

6. Tout appel de fonds est rigoureusement interdit, conformément aux termes de l'art. 34 du Code de commerce. Mais, pour faire face aux grosses réparations ordinaires et extraordinaires du pont, ou à des cas imprévus, il sera créé un fonds de réserve qui sera constitué au moyen d'un prélèvement annuel de cinq pour cent du produit net du pont. Ce fonds de réserve sera placé avec intérêts, qui, chaque année, seront capitalisés et serviront à son accroissement jusqu'à ce qu'il ait atteint le chiffre de dix mille francs, lequel chiffre atteint, ledit prélèvement cessera, et les intérêts dudit fonds de réserve seront alors ajoutés aux dividendes des actions. Cependant, chaque fois qu'une partie quelconque de ladite somme de dix mille francs aura été employée aux frais de grosses réparations du pont ou aux cas imprévus, le prélèvement dont il est parlé ci-dessus et la capitalisation des intérêts du fonds de réserve recommenceront jusqu'à ce que le chiffre de dix mille francs ait été atteint de nouveau, de manière que, dans tous les cas, ce fonds de réserve s'élève, à la fin de la concession, à la somme de dix mille francs.

Dividendes.

7. Le produit du péage, déduction faite, 1° des frais de perception du péage; 2° des dépenses d'entretien du pont et de ses abords; 3° des prélèvements prévus par l'art. 6 ci-dessus, sera réparti, à titre de dividende, entre toutes les actions, dans la proportion d'un cent quatre-vingtième par action. Cette répartition aura lieu deux fois par année, de six mois en six mois, les 15 mars et 15 septembre. Ce qui restera du fonds de réserve après la remise du pont à l'administration et son acceptation définitive sera distribué de la même manière.

Conseil d'administration.

8. Les affaires de la société seront gérées par un conseil d'administration composé de cinq membres, qui devront être propriétaires chacun d'au moins deux actions nominatives. Aussitôt que l'or-

donnance qui approuvera les présents statuts aura été rendue, les actionnaires seront réunis en assemblée générale, afin de nommer les cinq membres qui devront composer ledit conseil d'administration. Les fonctions d'administrateur seront gratuites ; elles dureront deux ans, mais les administrateurs sortants pourront être réélus indéfiniment par l'assemblée générale. En cas de vacance par décès, démission ou toute autre cause, les membres restants pourront choisir des remplaçants parmi les actionnaires réunissant les conditions requises jusqu'à la première assemblée, qui devra pourvoir elle-même à ce remplacement. Le conseil d'administration sera convoqué par le président. Ses délibérations seront transcrites sur un registre tenu à cet effet et signées par les membres qui y auront pris part. La réunion de trois membres suffira pour délibérer, après avoir toutefois constaté au registre la convocation de tous les membres et la non comparution des absents. Si dans la délibération il y avait partage des voix, la voix du président serait prépondérante.

Attributions du conseil d'administration.

9. Le conseil d'administration fixera le jour des assemblées générales annuelles ordinaires, et pourra en convoquer au besoin d'extraordinaires. Il réglera le mode de perception à appliquer au péage du pont, ainsi que les dépenses d'entretien et de réparation dudit pont et toutes autres choses dans l'intérêt de la société, sans pouvoir néanmoins altérer en rien les présents statuts. Il choisira les agents de la perception et des surveillants, s'il y a lieu. Le conseil réglera la distribution périodique des dividendes entre les actions, conformément à l'art. 7 ci-dessus, et fera le placement du fonds de réserve, ainsi qu'il a été dit à l'art 6. Il devra rendre compte de sa gestion à chaque assemblée générale.

Assemblée générale.

10. L'assemblée générale se compose de tous les actionnaires. Elle aura lieu chaque année dans la première quinzaine de mars, au siège de la société ; il pourra cependant en être convoqué extraordinairement par le conseil d'administration, toutes les fois que les intérêts de la société l'exigeront. Chaque convocation sera faite par ledit conseil, qui préviendra les actionnaires du jour et de l'heure où l'assemblée générale devra se tenir, par des invitations faites au moins quinze jours à l'avance dans un journal du département de la Haute-Loire et dans un journal de Lyon. Tous les actionnaires auront voix consultative ; mais ils ne pourront avoir voix délibérative qu'autant qu'ils seront porteurs d'au moins deux actions, soit nominatives, soit au porteur. L'assemblée sera présidée, la première fois, par le plus fort actionnaire présent, et les autres fois par le président du conseil d'administration, ou, à son défaut, par le plus âgé des membres du conseil présents. Le président désignera les scrutateurs et le secrétaire. L'assemblée générale ne pourra délibérer si elle n'est pas composée d'un nombre d'actionnaires réunissant la majorité des actions. Si, dans une première réunion, l'assemblée n'était pas en nombre pour délibérer, le conseil d'administration en convoquerait une seconde à un mois d'intervalle, et les actionnaires qui formeraient cette seconde réunion délibéreraient valablement, quel que fût leur nombre et le nombre d'actions qu'ils représenteraient ; mais, dans ce cas, les délibérations ne pourraient porter que sur ce qui faisait l'objet de l'assemblée précédemment convoquée, lequel objet serait indiqué dans des lettres de convocation spéciales pour la seconde réunion, et adressées à tous les actionnaires. Les délibérations seront prises au scrutin secret, à la majorité absolue des suffrages des actionnaires présents. La possession de deux actions donne droit à une voix, sans toutefois qu'un actionnaire puisse avoir droit à plus de cinq voix, quel que soit le nombre d'actions qu'il possède ou représente. Les délibérations de l'assemblée générale seront inscrites sur un registre spécial et signées du président et du secrétaire.

Attributions de l'assemblée générale.

11. L'assemblée nommera les membres du conseil d'administration et le président de ce conseil. Elle entendra les comptes qui lui seront présentés par ledit conseil, les discutera et arrêtera, selon qu'elle le jugera convenable. Enfin, elle prononcera, dans la limite des statuts, sur tous les cas qui ne seraient pas prévus. Dans tous les cas, ses décisions, pourvu toutefois qu'elles n'aient rien de contraire aux présents statuts, seront obligatoires pour tous les actionnaires, même pour ceux qui n'auraient pas concouru à l'assemblée qui les aura rendues.

Contestations.

12. En cas de contestations entre des actionnaires et la société, ou entre la société et les administrateurs, elles seront jugées par deux arbitres qui seront désignés par les parties en opposition d'intérêts ; mais, faute par lesdites parties ou l'une d'elles de nommer son arbitre, il y sera pourvu, sur la poursuite de la plus diligente des parties, par le président du tribunal de commerce de l'arrondissement du siège de ladite société. Ces arbitres décideront comme amiables compositeurs, et sans être astreints aux formes de la procédure ; leur sentence sera souveraine, sans appel ni recours en cassation. En cas de partage entre eux, ils seront autorisés à s'adjoindre un troisième arbitre ; et, s'ils ne s'accordent pas sur le choix de ce troisième arbitre, il sera nommé par le même magistrat. Ces trois arbitres ainsi nommés décideront à la majorité des voix.

Modifications aux statuts.

13. Dans le cas où l'expérience ferait reconnaître l'utilité d'introduire des modifications dans les présents statuts, ces modifications seront délibérées dans une assemblée générale, qui devra être extraordinairement convoquée à cet effet, et qui ne sera valable qu'autant qu'elle réunira un nombre d'actionnaires représentant au moins les deux tiers des actions. Elles seront ensuite soumises à l'approbation royale, et ne seront exécutoires qu'après cette approbation.

Élection de domicile.

14. Les comparants font élection de domicile en la loge même du pont de Bas, ci-dessus désignée. Tous les autres actionnaires qui ne seront pas domiciliés dans l'arrondissement d'Issengeaux, département de la Haute-Loire, seront tenus de faire une élection de domicile dans ladite loge ou à Bas même ; à défaut, ce domicile sera élu de droit au siège de la société.

16 JUIN = 12 JUILLET 1841. — Ordonnance du roi

qui approuve des modifications aux statuts de la caisse d'épargne du Puy. (IX, Bull. supp. DXLV, n. 15641.)

Louis-Philippe, etc., sur le rapport de notre ministre secrétaire d'Etat de l'agriculture et du commerce; vu l'ordonnance royale du 4 janvier 1835, portant autorisation de la caisse d'épargne et de prévoyance du Puy et approbation de ses statuts; vu les modifications proposées auxdits statuts; vu les lois des 5 juin 1835 et 31 mars 1837, relatives aux caisses d'épargne; le comité des travaux publics, de l'agriculture et du commerce de notre conseil d'Etat entendu, etc.

Art. 1er. Les modifications proposées à l'art. 14 des statuts de la caisse d'épargne et de prévoyance du Puy, par délibération des directeurs de cette caisse en date du 20 avril 1840, sont approuvées telles qu'elles sont contenues dans l'acte passé, le 26 avril 1841, devant Me Harent et son collègue, notaires au Puy, lequel acte restera déposé aux archives du ministère de l'agriculture et du commerce.

2. Notre ministre de l'agriculture et du commerce (M. Cunin-Gridaine) est chargé, etc.

12 = 19 JUILLET 1841. — Ordonnance du roi qui met à la disposition du ministre de la guerre, sur l'exercice 1841, la somme de sept millions restée sans emploi sur le crédit total de treize millions ouvert, sur 1840, pour les travaux de fortifications de Paris. (IX, Bull. DCCCXXXIII, n. 9423.)

Louis-Philippe, etc., vu nos ordonnances des 10 septembre, 4 et 25 octobre 1840, portant allocation aux ministères des travaux publics et de la guerre, sur l'exercice 1840, de divers crédits montant ensemble à treize millions, pour les travaux de fortifications de Paris; vu la loi du 10 juin 1841, qui réduit à six millions la portion de ces crédits applicables à 1840; vu l'art. 4 de la loi du 3 avril de la même année, consacrant le principe du report sur l'exercice suivant des crédits de cette nature qui n'auraient pu être employés pendant l'exercice pour lequel ils ont été primitivement accordés; considérant que les crédits partiels ouverts par nos ordonnances précitées au titre de 1840 ont été intégralement déduits du crédit général applicable aux dépenses des fortifications de Paris, dans le tableau B annexé à la loi du 25 juin dernier, sur les travaux extraordinaires, et qu'il importe, dès lors, de reporter à l'exercice 1841 la portion du crédit primitif de treize millions non allouée sur 1840 par la loi du 10 juin 1841; sur le rapport de notre ministre secrétaire d'Etat de la guerre, président du conseil, etc.

Art. 1er. La somme de sept millions (7,000,000 fr.), restée sans emploi sur le crédit total de treize millions ouvert sur 1840, aux ministres des travaux publics et de la guerre, par nos ordonnances des 10 septembre, 4 et 25 octobre 1840, est mise à la disposition de notre ministre secrétaire d'Etat de la guerre, sur l'exercice 1841, pour subvenir à la dépense des travaux de fortifications de Paris autorisés par la loi du 3 avril 1841.

2. La régularisation de ce virement de crédit sera proposée aux Chambres lors de leur prochaine session.

3. Nos ministres de la guerre et des finances (MM. duc de Dalmatie et Humann) sont chargés, etc.

29 JUIN = 19 JUILLET 1841. — Ordonnance du roi portant répartition du fonds commun affecté aux dépenses ordinaires des départements pendant l'exercice 1842. (IX, Bull. DCCCXXXIII, n. 9424.)

Louis-Philippe, etc., sur le rapport de notre ministre secrétaire d'Etat au département de l'intérieur; vu les art. 13 et 17 de la loi du 10 mai 1838; vu la loi des dépenses de 1842, budget du ministère de l'intérieur, chapitre 34, etc.

Art. 1er. La répartition du fonds commun de cinq centimes additionnels aux contributions foncière, personnelle et mobilière de 1842, affecté aux dépenses ordinaires des départements pendant cet exercice, est réglée conformément à l'état ci-annexé.

2. Notre ministre de l'intérieur (M. Duchâtel) est chargé, etc.

État de répartition, entre les départements, du fonds commun affecté par la loi des dépenses de 1842 (chapitre 34 du budget de l'intérieur) au complément des dépenses ordinaires départementales pendant cet exercice.

DÉPARTEMENTS.	ÉVALUATION des dépenses ordinaires. des départements pendant 1842.	MONTANT des 9e 4/10es attribués spécialement à chaque département pour ses dépenses ordinaires.	DIFFÉRENCE entre l'évaluation des dépenses et le montant des 9e 4/10es spéciaux, ou répartition du fonds commun de 5e.
	fr. c.	fr. c.	fr.
Ain.............	234,341 08	139,341 08	85,000
Aisne...........	377,318 56	299,318 56	78,000
Allier..........	215,336 40	145,336 40	70,000
Alpes (Basses-)..	218,396 37	68,396 37	150,000
Alpes (Hautes-)..	120,976 26	54,976 26	66,000
Ardèche.........	212,605 41	103,605 41	109,000
Ardennes........	226,581 58	144,581 58	82,000
Ariége..........	192,654 59	71,654 59	121,000
Aube............	238,731 04	158,731 04	80,000
Aude............	247,551 81	191,551 81	56,000
Aveyron.........	295,052 08	461,052 08	134,000
Bouches-du-Rhône.	432,434 24	209,434 24	223,000
Calvados........	490,003 33	415,003 33	75,000
Cantal..........	170,947 41	121,947 41	49,000
Charente........	221,745 88	199,745 88	22,000
Charente-Inférieure.	348,850 92	268,850 92	80,000
Cher............	272,752 49	113,752 49	159,000
Corrèze.........	138,180 20	97,180 20	41,000
Corse...........	178,287 42	21,287 42	157,000
Côte-d'Or.......	327,090 61	286,090 61	41,000
Côtes-du-Nord...	258,501 06	193,501 06	65,000
Creuse..........	175,364 95	82,364 95	93,000
Dordogne........	286,550 56	231,550 56	55,000
Doubs...........	265,832 45	138,832 45	127,000
Drôme...........	235,374 00	138,374 00	97,000
Eure............	348,578 99	341,578 99	7,000
Eure-et-Loir....	308,484 77	235,484 77	73,000
Finistère.......	295,646 69	173,646 69	122,000
Gard............	288,682 09	204,682 09	84,000
Garonne (Haute-).	420,694 37	255,694 37	165,000
Gers............	256,851 55	181,851 55	75,000
Gironde.........	523,541 08	348,541 08	175,000
Hérault.........	338,894 97	256,894 97	82,000
Ille-et-Vilaine.	319,217 01	223,217 01	96,000
Indre...........	249,379 38	114,379 38	135,000
Indre-et-Loire..	320,760 67	177,760 67	143,000
Isère...........	331,472 41	226,472 41	65,000
Jura............	251,627 59	149,627 59	102,000
Landes..........	163,079 92	86,079 92	77,000
Loir-et-Cher....	227,462 67	145,462 67	82,000
Loire...........	270,585 49	169,585 49	101,000
Loire (Haute-)..	206,448 60	113,448 60	93,000
Loire-Inférieure.	318,891 69	198,891 69	120,000
Loiret..........	346,679 40	209,679 40	137,000
Lot.............	182,150 74	142,150 74	40,000
Lot-et-Garonne..	277,876 55	229,876 55	48,000
Lozère..........	172,566 20	63,566 20	109,000
Maine-et-Loire..	363,969 77	277,969 77	86,000
Manche..........	389,400 60	370,400 60	19,000
Marne...........	345,404 79	211,404 79	134,000
Marne (Haute-)..	233,376 63	155,376 63	78,000
Mayenne.........	279,525 11	171,525 11	108,000
Meurthe.........	362,118 14	199,118 14	163,000
Meuse...........	272,200 75	172,200 75	100,000
Morbihan........	255,565 54	166,565 54	89,000

DÉPARTEMENTS.	ÉVALUATION des dépenses ordinaires des départements pendant 1842.	MONTANT des 9e 4/10es attribués spécialement à chaque département pour ses dépenses ordinaires.	DIFFÉRENCE entre l'évaluation des dépenses et le montant des 9e 4/10es spéciaux, ou répartition du fonds commun de 5e.
	fr. c.	fr. c.	fr.
Moselle.	306,917 99	492,917 99	114,000
Nièvre.	262,399 64	143,399 64	119,000
Nord.	624,177 46	483,177 46	141,000
Oise.	355,818 68	297,818 68	58,000
Orne.	306,274 47	259,274 47	47,000
Pas-de-Calais.	359,676 85	338,676 85	21,000
Puy-de-Dôme.	293,323 09	268,323 09	25,000
Pyrénées (Basses-).	312,210 54	109,210 50	203,000
Pyrénées (Hautes-).	154,648 62	67,648 62	87,000
Pyrénées-Orientales.	155,318 09	77,318 09	78,000
Rhin (Bas-).	434,146 62	229,146 62	202,000
Rhin (Haut-).	271,733 52	183,733 52	88,000
Rhône.	544,123 37	270,123 37	274,000
Saône-et-Loire.	387,164 76	313,164 76	74,000
Saône (Haute-).	210,586 73	165,586 73	45,000
Sarthe.	293,437 28	242,437 28	51,000
Seine.	2,436,635 09	1,036,655 09	1,400,000
Seine-Inférieure.	632,723 28	556,723 28	76,000
Seine-et-Marne.	391,777 69	308,777 69	83,000
Seine-et-Oise.	492,353 01	382,353 01	110,000
Sèvres (Deux-).	213,155 48	161,155 48	52,000
Somme.	355,913 86	343,913 86	12,000
Tarn.	260,432 38	182,432 38	78,000
Tarn-et-Garonne.	212,711 68	178,711 68	34,000
Var.	331,329 79	163,329 79	168,000
Vaucluse.	273,489 92	108,489 92	165,000
Vendée.	231,744 76	171,744 76	60,000
Vienne.	239,606 95	135,606 95	104,000
Vienne (Haute-).	224,700 36	105,700 36	119,000
Vosges.	241,074 38	137,074 38	104,000
Yonne.	268,050 80	200,050 80	68,000
	27,367,251 96	17,884,251 96	9,483,000
Réserve pour impression des modèles de budgets et comptes départementaux, ainsi que pour cas imprévus.			29,950
			9,512,950

20 = 23 juillet 1841. — Ordonnance du roi qui élève M. le comte Fay de la Tour-Maubourg (Septime) à la dignité de pair de France. (IX, Bull. DCCCXXXIV, n. 9430.)

Louis-Philippe, etc. , vu l'art. 23 de la Charte constitutionnelle, portant : « La no- « mination des membres de la Chambre des « Pairs appartient au roi, qui ne peut les « choisir que parmi les notabilités suivantes: « . . . . Les ambassadeurs, après trois « ans de fonctions. . . . . . » considérant les services rendu à l'Etat par M. le comte Fay de la Tour-Maubourg (Septime), notre ambassadeur près Sa Sainteté , etc.

M. le comte Fay de la Tour-Maubourg (Septime), notre ambassadeur près Sa Sainteté , est élevé à la dignité de Pair de France.

Notre ministre de la guerre (duc de Dalmatie) est chargé, etc. (1).

12 = 23 juillet 1841. — Ordonnance du roi qui modifie le cadre des officiers de santé employés

(1) Sous les numéros 9431 à 9435 se trouvent cinq ordonnances pareilles qui élèvent MM. de Gabriac , Anatole de Montesquiou , Mathieu de la Redorte, de Mackau et Romiguières à la dignité de pair de France.

au service des ports et à bord des bâtiments de l'État. (IX, Bull. DCCCXXXIV, n. 9436.)

Louis-Philippe, etc., sur le rapport de notre ministre secrétaire d'Etat au département de la marine et des colonies, etc.

Art. 1er. Le cadre du personnel des officiers de santé employés au service des ports et à bord des bâtiments de l'Etat est modifié ainsi qu'il suit : le nombre des seconds chirurgiens en chef est fixé à cinq ; le nombre des chirurgiens de première classe est fixé à soixante et dix ; celui des chirurgiens de seconde classe à cent trente, et celui des chirurgiens de troisième classe à cent trente.

2. Notre ministre de la marine et des colonies (M. Duperré) est chargé, etc.

16 juin = 26 juillet 1841. — Ordonnance du roi portant autorisation de la société anonyme formée à Bessières (Haute-Garonne) sous la dénomination de *Compagnie du moulin de Bessières*. (IX, Bull. supp. DXLVI, n. 15657.)

Louis-Philippe, etc., sur le rapport de notre ministre secrétaire d'Etat de l'agriculture et du commerce ; vu les art. 29 à 37, 40 et 45 du Code de commerce ; notre conseil d'Etat entendu, etc.

Art. 1er. La société anonyme formée à Bessières, arrondissement de Toulouse (Haute-Garonne), sous la dénomination de *Compagnie du moulin de Bessières*, est autorisée. Sont approuvés les statuts de ladite société, tels qu'ils sont contenus dans l'acte passé, les 10 et 14 mai 1841, par-devant Me Roquebert et son collègue, notaires à Paris, lequel est et restera annexé à la présente ordonnance.

2. La présente autorisation n'aura d'effet qu'après l'accomplissement des formalités prescrites pour la purge des hypothèques.

3. Nous nous réservons de révoquer notre autorisation en cas de violation ou de non exécution des statuts approuvés, sans préjudice des droits des tiers.

4. La société sera tenue de remettre, tous les six mois, un extrait de son état de situation au ministère de l'agriculture et du commerce, au préfet du département de la Haute-Garonne, à la chambre de commerce et au greffe du tribunal de commerce de Toulouse.

5. Notre ministre de l'agriculture et du commerce (M. Cunin-Gridaine) est chargé, etc.

TITRE Ier. — *Constitution, objet, siège et durée de la société.*

Art. 1er. Il est formé entre M. le général de Lahitte, M. le marquis de Lostange et les autres personnes dénommées en tête du présent acte, une société anonyme, sauf l'approbation du gouvernement. Cette société a pour objet la construction et l'exploitation d'un moulin à farine en la commune de Bessières, canton de Montastruc, arrondissement de Toulouse. Ce moulin sera mis en jeu au moyen des eaux du Tarn.

2. La durée de la société sera de quinze années, à compter du jour de l'autorisation royale ; elle pourra être prolongée pour une nouvelle période de quinze années par délibération de l'assemblée générale, avec l'autorisation du gouvernement, ainsi qu'il sera dit ci-après, art. 27. Cependant, la dissolution de la société aura lieu de plein droit avant ce terme, en cas de perte des trois quarts du capital social, constaté par les inventaires.

3. La société prendra le titre de *Compagnie du moulin de Bessières* ; son siège sera dans la commune de Bessières. Chaque actionnaire devra élire domicile dans une des communes du même canton.

4. L'usine sera mise en jeu au moyen d'une prise d'eau sur la rive gauche du Tarn, et sur l'emplacement teint en rose au plan ci-annexé. Cependant si cet emplacement était reconnu par le conseil d'administration insuffisant pour l'établissement du moulin et de ses dépendances, M. de Lahitte, en exécution de l'acte passé le 4 décembre 1837, par-devant Me Barbe, notaire à Buzet, énoncé en tête des présentes, concédera, tant en son nom qu'au nom des représentants de madame Lahitte, tout le terrain reconnu nécessaire par le même conseil.

TITRE II. — *Fonds social, actions.*

5. Le capital social est fixé à la somme de cent douze mille cinq cents francs, et se compose : 1° des immeubles désignés dans l'inventaire ci-annexé, que M. le général de Lahitte, en exécution de l'acte précité, apporte dans la société, tant en son nom qu'au nom des héritiers de madame de Lahitte, ensemble le bénéfice, aux charges y exprimées de l'ordonnance royale du 26 novembre 1839, qui autorise la construction d'une usine dans lesdits immeubles ; la valeur desdits immeubles fixée à vingt-deux mille cinq cents francs, par procès-verbal dressé le 1er septembre 1820, par M. Lacurie, géomètre, habitant de Toulouse, délégué par arrêté de M. le préfet du département de la Haute Garonne, en date du 27 août ; 2° et de quatre-vingt-dix mille francs en argent destinés à pourvoir aux dépenses de construction, d'exploitation et fonds de roulement. M. le général de Lahitte déclare que les immeubles mis en société sont francs et quittes de toutes dettes, charges et obligations ; que la propriété en est régulière et que le prix en a été complétement acquitté ; ainsi que du tout il s'oblige à justifier par la production à ses frais, de tous titres et pièces nécessaires à cet effet. La société, au surplus, fera remplir à ses frais les formalités relatives à la purge des hypothèques, et dans le cas où, par suite de l'accomplissement desdites formalités, il se trouverait ou surviendrait des inscriptions, le général de Lahitte s'oblige à en rapporter main-levée et certificat de radiation dans le délai de trois mois, à partir de la dénonciation desdites inscriptions, et à supporter tous frais extraordinaires de transcription. Jusque-là les actions représentant la valeur desdits immeubles ne seront pas remises à M. le général de Lahitte.

6. Le capital social est divisé en quarante-cinq actions de deux mille cinq cents francs donnant droit chacune à un quarante-cinquième de toutes les valeurs sociales. Pour représenter le montant

de l'apport en immeubles fait par M. le général de Lahitte, en son nom et au nom des représentants de madame de Lahitte, il aura droit aux neuf premières actions portant les numéros 1 à 9; ces actions, au moyen de cet apport, se trouveront complétement libérées. Les trente-six dernières actions qui fourniront les quatre-vingt-dix mille francs d'argent, complément du fonds social, seront attribuées aux personnes ci-après dénommées, qui les ont souscrites, savoir. (*Suivent les noms.*)

7. Les actions sont nominatives; elles porteront un numéro et seront détachées d'un registre à souche qui sera déposé dans les bureaux de l'administration. Elles seront signées par deux administrateurs et revêtues du sceau de la société.

8. Le transfert s'en opérera par une déclaration signée du cédant et du cessionnaire ou de leurs fondés de pouvoirs, sur un registre spécial déposé dans les bureaux de l'administration. Le transfert comprendra à l'égard de la société les dividendes et réserves non encore payés par elle. L'élection de domicile faite par le cédant vaudra, à l'égard du cessionnaire, jusqu'à ce que ce dernier en ait indiqué un nouveau.

9. Les actions seront indivisibles à l'égard de la société. En cas de décès d'un actionnaire, ses héritiers ou ayants-cause seront tenus de désigner celui d'entre eux qui, durant l'indivision, devra représenter les actions du sociétaire décédé. Les héritiers ou ayants-cause d'un actionnaire ou d'un administrateur ne pourront, sous quelque prétexte que ce soit, faire apposer aucuns scellés, former aucune opposition, exiger aucun inventaire ni provoquer aucune licitation, lors même qu'il y aurait parmi eux des mineurs ou autres incapables; ils devront s'en rapporter aux comptes annuels et se contenter des dividendes tels qu'ils auront été fixés.

10. Le montant des quatre-vingt-dix mille francs complément du fonds social, et représenté par les trente-six actions de n. 10 à 45, sera versé dans les mains du caissier désigné par le conseil d'administration, savoir : deux cinquièmes dans le mois qui suivra l'autorisation de la société ; le troisième cinquième, trois mois après; les deux autres cinquièmes, à mesure des appels de fonds qui seront faits par les administrateurs. En tous cas, les actionnaires ne pourront être tenus que de la perte du montant de leurs intérêts dans la société.

11. A défaut par un actionnaire de payer les termes exigibles aux époques fixées ou à mesure des appels de fonds et après un simple exploit de mise en demeure resté sans effet pendant un mois, ses actions seront vendues à la diligence du conseil d'administration, aux enchères publiques, par le ministère de l'un des notaires du canton de Montastruc ou de Toulouse, aux risques et périls de l'actionnaire en retard, qui, suivant le résultat de la vente, profitera de l'excédant ou supportera le déficit, après prélèvement préalable du montant des sommes dues à la société.

12. Les actions ne seront délivrées qu'après que le montant en aura été intégralement versé : en attendant, il sera délivré aux actionnaires des promesses d'actions nominatives qui seront négociables comme les titres mêmes des actions, sous la garantie des cédants.

TITRE III. — *Administration.*

13. La société sera administrée par un conseil composé de trois administrateurs actionnaires,

qui seront élus par l'assemblée générale au scrutin secret, à la majorité absolue des suffrages, et seront renouvelés chaque année par tiers. Le sort déterminera les deux premières fois l'ordre du renouvellement. Les membres sortants seront indéfiniment rééligibles. Pour être administrateur, il faudra être propriétaire de deux actions au moins. En cas de décès, démission ou retraite d'un administrateur, le conseil pourvoira à son remplacement provisoire jusqu'à la prochaine assemblée générale. Sont dès aujourd'hui nommés administrateurs, sauf la confirmation de l'assemblée générale, M. le marquis de Lostange et M. le général de Lahitte.

14. Le conseil d'administration se réunira toutes les fois que l'intérêt de la compagnie pourra l'exiger. Ses attributions seront de décider de tous les objets généraux d'administration, de faire les règlements particuliers, d'opérer les ventes et achats, de fixer les frais d'administration, de composer le personnel des employés et ouvriers, de choisir le caissier, de délibérer sur la répartition des bénéfices, enfin de veiller en tout état de cause à la conservation des intérêts de la compagnie. Il représentera la société dans tous les actes qui intéresseront son administration, en se conformant aux statuts; il pourra, après y avoir été autorisé par l'assemblée générale, transiger, compromettre dans toutes les affaires de la société. Il exercera toutes les actions en justice et y défendra au nom de la compagnie. Il la représentera dans tous les actes publics ou privés. Il fera faire tous les travaux et constructions nécessaires pour l'établissement de l'usine, en se conformant aux plans et devis arrêtés par l'assemblée générale. Les délibérations ne seront valables qu'autant qu'elles auront été prises au moins par deux de ses membres; elles seront présidées par celui des trois qui sera désigné par les deux autres; elles seront inscrites sur un registre à ce destiné et signées par deux administrateurs au moins, dont un devra être le président. Chaque administrateur surveillera pendant quatre mois de l'année l'administration intérieure et la dirigera.

TITRE IV. — *Inventaire, répartition des bénéfices.*

15. Tous les six mois, aux mois de janvier et de juillet, il sera fait un inventaire de l'actif et du passif de la société, par les soins du conseil d'administration. Sur les produits de l'usine, il sera prélevé : les frais d'entretien et de réparations du moulin, des bâtiments et dépendances, ainsi que de la chaussée, pour la part contributive de la société; le paiement du salaire des employés et ouvriers de la compagnie, et le montant des impositions, et généralement tous les frais quelconques d'administration; enfin, avant le partage des bénéfices, il sera encore prélevé chaque année une somme de mille francs, jusqu'à ce que la somme ainsi prélevée s'élève à dix mille francs destinés à former un fonds de réserve pour subvenir aux besoins imprévus. Lorsque cette réserve sera entamée, elle sera complétée au moyen du même prélèvement. Tous ces prélèvements opérés, l'excédant des recettes, en tant qu'il constituera un bénéfice net pour la compagnie, sera partagé à titre de dividende entre tous les actionnaires au centime le franc et leur sera payé au siége de la société. Cette répartition aura lieu tous les six mois, les quinze janvier et juillet de chaque année.

TITRE V. — Assemblée générale.

16. Il y aura chaque année, dans la dernière quinzaine du mois de juillet, une assemblée gé-nérale des actionnaires au domicile de la société ; elle sera annoncée à chaque actionnaire quinze jours au moins à l'avance par lettre adressée au domicile élu par l'actionnaire. La première assem-blée aura lieu aussitôt après l'autorisation royale. Elle se composera de la réunion de tous les action-naires ; pour y assister, il suffira d'être proprié-taire d'une action.

17. L'assemblée sera présidée par le président du conseil d'administration, et, à son défaut, par le membre le plus ancien du conseil, d'après l'or-dre de nomination. Le président désignera le se-crétaire.

18. Une action donne droit à une voix, cinq actions à deux voix, dix actions à trois voix, sans que, dans aucun cas, un actionnaire, quel que soit le nombre de ses actions, ou de celles qu'il représentera, puisse avoir droit à plus de trois suffrages.

19. Les délibérations seront prises à la majorité absolue des voix ; en cas de partage, l'opinion du président est prépondérante. L'assemblée générale représente tous les actionnaires. Ses délibérations seront valables, pourvu qu'au moins la moitié plus un des actionnaires soient à l'assemblée, et que les votes exprimés forment le tiers plus une des actions. Elles seront obligatoires pour les mem-bres absents ou dissidents. Les actionnaires pour-ront s'y faire représenter par un mandataire.

20. Les délibérations seront inscrites sur un re-gistre à ce destiné et signées par le président et le secrétaire.

21. L'exercice sera clos chaque année le dernier jour de juin.

22. Les attributions de l'assemblée générale con-sistent : 1° à entendre et arrêter les comptes que le conseil d'administration devra lui rendre de la situation des affaires de la société, de l'emploi des fonds versés par les actionnaires, des charges de l'entreprise, de ses résultats et de ses produits ; 2° à arrêter les plans et devis des constructions à faire dans le courant de l'exercice ; 3° à autoriser le conseil d'administration, dans le cas où ce conseil est appelé, conformément à l'art. 14, à transiger et compromettre pour le compte de la société ; 4° à procéder à la nomination ou au remplacement, lorsqu'il y aura lieu, de chacun des membres du conseil d'administration ; 5° et à délibérer sur toutes les propositions qui seront faites par le conseil d'administration, dans les limites des présents sta-tuts. Enfin elle prononcera la dissolution de la so-ciété dans les cas de pertes prévus par l'art. 2 ci-dessus.

23. Indépendamment des dispositions de l'ar-ticle 16, l'assemblée générale pourra être convo-quée, lorsque le conseil d'administration le jugera convenable, ou que le tiers des actionnaires, re-présentant au moins la moitié des actions, l'aura demandé.

24. L'assemblée générale pourra faire aux pré-sents statuts toutes les modifications qui seront ju-gées nécessaires, sauf l'approbation du gouverne-ment, et, dans ce cas, les deux tiers au moins des actions du capital social devront être représentés, et les modifications adoptées à la majorité des trois quarts des suffrages exprimés.

25. Dans le cas où, sur une première convoca-tion, l'assemblée générale ne satisferait pas aux conditions exigées par les articles précédents, il en serait convoqué une seconde à dix jours d'inter-valle ; et, dans cette seconde réunion, il pourra être délibéré valablement, quel que soit le nombre des membres présents et la quantité d'actions re-présentées, mais seulement sur les objets à l'ordre du jour de la première assemblée et indiqués dans les lettres de convocation.

TITRE VI. — Contestations.

26. Toutes les difficultés qui pourraient s'élever entre les actionnaires, à raison de la société, se-ront jugées par trois arbitres nommés par le pré-sident du tribunal de commerce de Toulouse. Les trois arbitres ainsi nommés délibéreront et pro-nonceront en commun à la majorité des voix, comme amiables compositeurs et arbitres souve-rains, sans appel ni recours en cassation, et sans être astreints aux formes ni aux délais de la pro-cédure.

TITRE VII. — Liquidation.

27. Un an avant l'expiration de la société, il sera convoqué une assemblée générale, à l'effet de dé-libérer sur l'opportunité d'une prolongation de la durée de la société. Le vœu de la majorité ne sera pas cependant obligatoire pour la minorité, et les dissidents seront [libres de se retirer de la société ;] mais ils seront tenus d'accepter le remboursement de leurs actions sur le pied de la valeur constatée par le dernier inventaire arrêté par l'assemblée gé-nérale, et ne pourront, dans aucun cas, provoquer la licitation des immeubles appartenant à la com-pagnie. Dans le cas de liquidation, l'assemblée gé-nérale nommera trois commissaires liquidateurs. Les commissaires feront vendre, par le ministère d'un officier public compétent, l'usine et ses dé-pendances, ainsi que tout le matériel et les mar-chandises appartenant à la compagnie ; feront les recouvrements qui pourront rester à faire, paieront les dettes qui seraient à la charge de la société, ar-rêteront tous comptes à cet effet, plaideront tant en demandant qu'en défendant, s'il est nécessaire ; en-fin feront entre les actionnaires la répartition au centime le franc de l'actif net de la société.

TITRE VIII. — Dispositions générales.

28. Tout propriétaire d'action sera censé, par ce seul fait, avoir adhéré purement et simplement à toutes les clauses et conditions de la présente so-ciété. Par les mêmes présentes, ont souscrit pour le nombre d'actions ci-après déterminé, savoir.

(Suivent les noms.)

---

16 JUIN = 26 JUILLET 1841. — Ordonnance du roi portant autorisation de la société d'assurances-mutuelles immobilières contre l'incendie établie à Limoges sous la dénomination de l'Economie. (IX, Bull. supp. DXLVI, n. 15658.)

Louis-Philippe, etc., sur le rapport de notre ministre secrétaire d'Etat de l'agri-culture et du commerce ; notre conseil d'Etat entendu, etc.

Art. 1er. La société d'assurances mu-tuelles immobilières contre l'incendie éta-blie à Limoges sous la dénomination de l'Economie, pour les départements de la Haute-Vienne, de la Dordogne, de Lot-et-Garonne, du Lot, de la Creuse et de la

Corrèze, est autorisée ; sont approuvés les statuts de ladite société, tels qu'ils sont contenus dans l'acte passé le 27 mai 1841, devant Me Bayard et son collègue, notaires à Paris, lequel acte restera annexé à la présente ordonnance.

2. Nous nous réservons de révoquer notre autorisation en cas de violation ou de non exécution des statuts approuvés, sans préjudice des droits des tiers.

3. La société sera tenue de remettre, dans les troit premiers mois de chaque année, au ministère de l'agriculture et du commerce, et aux préfets des départements compris dans sa circonscription, un extrait de son état de situation arrêté au 31 décembre précédent.

4. Notre ministre de l'agriculture et du commerce (M. Cunin Gridaine) est chargé, etc.

CHAPITRE Ier. — *De la constitution de la société.*

vernement, — 1er. Il est établi, avec l'autorisation du gouvernement, une société d'assurances mutuelles immobilières entre tous ceux qui ont adhéré et ceux qui adhéreront aux présents statuts, pour la garantie des immeubles ci-après détaillés, art. 8 et 9, contre les dommages causés par l'incendie et la foudre.

2. La société a pour titre *l'Economie*, société d'assurances mutuelles immobilières contre l'incendie et la foudre.

3. Elle étend ses opérations sur les départements de la Haute-Vienne, de la Dordogne, de Lot-et-Garonne, du Lot, de la Creuse et de la Corrèze.

4. Elle a son siège à Limoges. Tout propriétaire est tenu d'élire domicile, pour l'exécution des engagements sociaux, dans l'un des départements de la circonscription de la société.

5. La société est administrée par un conseil général de sociétaires, par un conseil d'administration, et par un directeur et un directeur-adjoint, tous deux responsables.

6. La durée de la société est fixée à trente ans, à dater du jour de l'ordonnance royale d'autorisation. La société pourra être renouvelée, avec l'autorisation du gouvernement, sur une délibération prise par le conseil général à la majorité des deux tiers de ses membres : toutefois les sociétaires dissidents auront alors la faculté de se retirer de l'association.

7. La société ne pourra se constituer définitivement et entrer en activité qu'autant qu'elle aura été autorisée et que les valeurs engagées à l'assurance auront atteint la somme de dix millions. Si, cinq ans après le jour de l'ordonnance royale d'autorisation, la somme de dix millions ne se trouvait pas encore atteinte, l'autorisation serait considérée comme non avenue. Si, après avoir dépassé dix millions, la somme des valeurs assurées redescendait au dessous de ce chiffre, la dissolution de la société serait immédiatement prononcée par le conseil général, convoqué extraordinairement à cet effet.

CHAPITRE II. — *Des immeubles admissibles à l'assurance.*

8. La société garantit mutuellement ses membres des risques et dommages que pourraient causer l'incendie et la foudre aux maisons, bâtiments, manufactures et usines, dans les villes et dans les campagnes, enfin aux immeubles par destination, tels que la loi les définit.

9. Les fermiers ou locataires d'immeubles peuvent aussi s'affranchir du recours que le propriétaire a droit d'exercer contre eux en cas d'incendie, d'après les art. 1733 et 1734 du Code civil, en faisant assurer par la société les valeurs immobilières seulement, suivant les conditions énoncées à la fin du tableau de classification. Si le propriétaire est déjà assuré par la société, les fermiers ou locataires peuvent aussi s'affranchir envers elle du recours qu'elle pourrait avoir à exercer contre eux en cas d'incendie, pourvu qu'ils justifient qu'ils concourent avec lui aux obligations de l'assurance.

10. La société garantit également pour les valeurs immobilières des recours des voisins, tels qu'ils peuvent résulter, en cas d'incendie, des art. 1382 et 1383 du même Code. Cette garantie est limitée et la somme déterminée par l'assuré lui-même, et approuvée par le conseil d'administration.

11. Sont exclus de l'assurance, les salles de spectacle, les bâtiments destinés à recevoir des dépôts de charbon, les dépôts ou fabriques de gaz et de poudre à tirer ; enfin le conseil d'aministration est autorisé à ne point admettre à l'assurance tout immeuble quelconque qui lui paraîtrait offrir des risques trop graves d'incendie.

12. Aucune assurance de valeurs immobilières ne pourra excéder cent mille francs, tant que la masse des valeurs assurées et classées ne dépassera pas cent millions. Ce maximum pour un seul risque s'accroîtra, avec le montant des valeurs assurées, dans la proportion d'un quart pour cent jusqu'à la concurrence d'un plein de deux cent mille francs, qui ne pourra jamais être dépassé. Dans tous les cas, le conseil d'administration aura le droit de réduire le plein, en respectant les contrats existants.

13. La société répond des dommages causés par l'incendie, quelle que soit la nature de ces dommages ; des dommages causés par la foudre ; des dommages résultant des mesures ordonnées par l'autorité en cas d'incendie ; enfin des dommages et frais provenant du sauvetage des valeurs assurées.

14. La société ne répond pas des sinistres provenant de la volonté de l'assuré ; des incendies ou explosions produites par la guerre civile ou étrangère, émeutes, troubles publics et autres causes de même nature.

15. La société exclut toute solidarité entre les sociétaires, dont chacun, en tout état de cause, ne peut supporter que la part dont il est tenu dans la contribution à laquelle le risque peut donner lieu.

CHAPITRE III. — *De la formation de l'engagement social.*

16. Tout propriétaire ou usufruitier d'objets immobiliers, créancier hypothécaire, et toute autre personne ayant un intérêt réel à la conservation d'un immeuble, peut le faire assurer aux conditions déterminées par les présents statuts.

17. La demande d'admission dans la société se fait au moyen d'un acte d'adhésion. Cet acte exprime les nom, prénoms, titres et profession du proposant ; la qualité en laquelle il agit ; son domicile élu ; la nature, la valeur approximative et la position des immeubles proposés à l'assurance ; la durée de l'assurance. Cet acte exprime aussi si

l'assurance comprend tout ou partie de l'immeuble ; s'il existe des assurances antérieures sur une partie de cet immeuble ; dans ce dernier cas, une copie des polices existantes est annexée à l'adhésion.

18. Tout proposant qui agit à différents titres souscrit autant d'actes d'adhésion qu'il a de titres divers.

19. Sur le vu de l'acte d'adhésion, appuyé du rapport de l'agent de la société, le conseil d'administration, dans sa réunion la plus prochaine, prononce l'admission ou le rejet : dans ce second cas, il n'est pas tenu de faire connaître ses motifs. Dans le cas d'admission, le conseil d'administration classe l'assurance, et elle est inscrite sur un journal à ce destiné, tenu sans blancs, ratures, surcharges ni interlignes, coté et paraphé par le président du conseil d'administration.

20. Immédiatement après l'inscription sur les registres, le directeur délivre une police à l'adhésion. Cette police, signée par lui, constate l'adhésion et l'admission du sociétaire, le classement de son assurance, son inscription et son numéro d'ordre au journal ; elle contient en outre les conditions spéciales de l'assurance et le résumé des principales dispositions des statuts.

21. Le nouveau sociétaire reçoit, en même temps que sa police, une plaque portant les initiales A M, qu'il est invité à faire apposer sur l'immeuble assuré, dans un endroit apparent.

22. Le renouvellement d'un engagement arrivé au terme de sa période ne donne lieu à une nouvelle expertise et à la délivrance d'une nouvelle police qu'en cas de changements notables survenus dans les valeurs assurées.

CHAPITRE IV. — De l'estimation des immeubles à assurer.

23. Au reçu de l'adhésion, un agent de la société, assisté, autant que possible, de deux assurés pris dans le voisinage de l'adhérent, procède contradictoirement avec celui-ci, et à ses frais, à l'expertise des valeurs immobilières qu'il offre à l'assurance. Les droits de l'agent qui procède à cette expertise, lors de l'adhésion seulement, sont fixés à quinze centimes par mille francs de la valeur estimative de la propriété immobilière assurée, si elle est située dans les chefs-lieux de département, d'arrondissement et de canton, et vingt-cinq centimes par mille francs pour les immeubles situées dans les autres localités. Les expertises nécessitées lors du renouvellement des polices sont à la charge de la direction, à moins d'augmentation dans la valeur des immeubles assurés ; dans ce cas, l'expertise se paie seulement pour l'augmentation.

24. L'estimation des immeubles à assurer ne se fait que par sommes rondes de cent francs.

25. La société se réserve le droit de faire vérifier, à ses frais, les procès-verbaux d'estimations antérieures, toutes les fois qu'elle le juge convenable, et de réduire, s'il y a lieu, le montant de l'assurance, sans que l'assuré puisse rien réclamer des sommes versées par lui avant la vérification de la valeur de l'immeuble. Si l'assuré ne consentait pas aux réductions résultant de la seconde expertise, l'assurance pourrait être résiliée par une simple notification.

26. Tout changement notable dans les immeubles assurés oblige le sociétaire à souscrire un nouvel acte d'adhésion et à recevoir, à ses frais, une nouvelle police.

CHAPITRE V. — De la classification des immeubles à assurer.

27. Les diverses valeurs admises à l'assurance étant inégalement exposées aux sinistres, sont rangées en diverses classes déterminées par les degrés de risques qu'elles courent, soit par leur nature, soit par leur position, soit par les professions, fabriques ou usines qui augmentent leurs risques, conformément au tableau annexé aux présents statuts. Les cas particuliers qui ne seraient pas prévus dans ce tableau seront réglés, suivant leur analogie, par le conseil d'administration.

28. La classification résultant du tableau mentionné à l'article précédent pourra être modifiée, d'après l'expérience, par le conseil d'administration. Les modifications devront être soumises à l'approbation du gouvernement ; elles ne pourront, dans aucun cas, préjudicier aux contrats existants.

29. Lorsqu'un immeuble est contigu à un autre présentant un risque plus considérable, il est fait un total des deux risques, et la moyenne de ce total est appliquée à celui des immeubles qui présente le risque le moins fort ; l'autre reste rangé dans la classe à laquelle il appartient d'après le tableau de classification.

CHAPITRE VI. — De la durée de l'engagement social.

30. Chaque sociétaire est assureur et assuré pour cinq ans. Les locataires ou fermiers sont admis pour le temps que doit durer leur bail ; ils doivent en déclarer le terme en signant l'acte d'adhésion.

31. L'engagement mutuel de la société et du sociétaire admis ne commence à avoir d'effet que le premier jour du mois qui suit celui dans lequel l'adhésion a été reçue par le conseil, et à midi. Toutefois, le nouveau sociétaire est tenu de contribuer aux charges sociales à dater du premier jour de l'exercice en cours.

32. Chaque exercice social commence le 1er janvier et finit le 31 décembre suivant. La période de tout engagement commence le premier jour de l'exercice en cours.

CHAPITRE VII. — De la cessation de l'engagement social.

33. L'engagement mutuel de la société et des sociétaires cesse immédiatement, 1° par l'expiration de la période de l'engagement ; 2° par la destruction totale des immeubles assurés ; 3° par l'exclusion du sociétaire, prononcée par le conseil d'administration, pour cause de non paiement de la contribution sociale, ou en cas de faillite, à moins qu'il ne soit donné caution ; 4° par la résiliation dont la société s'est réservé le droit aux art. 25, 34, 35 et 50 ; 5° par mutation dans la propriété de l'immeuble assuré, ou cessation de l'intérêt en vertu duquel l'assurance a été faite par un tiers. L'engagement cesse encore par le décès du sociétaire ; mais dans ce cas les héritiers peuvent profiter de l'assurance jusqu'à la fin de l'année sociale, pourvu qu'ils continuent à en supporter les charges et que les immeubles assurés restent dans les mêmes conditions.

34. Toute augmentation ou réduction dans la valeur d'un immeuble assuré doit être immédiatement déclarée par le sociétaire au directeur. Celui-ci fait alors procéder à une expertise : et, sur le vu du procès-verbal, le conseil d'administration peut annuler immédiatement le contrat et le résilier par

41.

simple notification, si le sociétaire ne consent pas au changement qui pourrait résulter de l'expertise. Si la déclaration ci-dessus prescrite n'est pas faite, l'indemnité à laquelle le sociétaire aura droit en cas de sinistre subira une réduction de moitié.

35. Les dispositions établies au premier paragraphe de l'art. 34 doivent être également observées s'il survient dans la condition d'un immeuble assuré un changement qui en aggrave les risques ; mais, dans ce cas, le sociétaire qui n'en ferait pas la déclaration dans un délai de dix jours perdrait tous droits à une indemnité en cas de sinistre. La même déchéance serait encourue par le sociétaire qui, par réticence ou fausse déclaration, induirait sciemment la société en erreur sur les risques que courrait l'immeuble assuré.

CHAPITRE VIII. — *De la déclaration des sinistres.*

36. Aussitôt qu'un sinistre se manifeste, ou au plus tard, dans les vingt-quatre heures, il doit en être donné avis, soit à la direction de la société, soit à l'agent le plus proche, par l'assuré ou en son nom.

37. Après l'incendie consommé, une déclaration signée du sociétaire ou de son fondé de pouvoirs doit être faite à la direction, pour le département de la Haute-Vienne, dans les cinq jours qui suivront le sinistre, et dans un délai double pour les cinq autres départements. Faute par l'assuré d'avoir fait sa déclaration dans le délai, l'indemnité à laquelle il aurait droit sera réduite d'un quart. Après le délai d'un mois, l'assuré est déchu de tout droit à indemnité. La déclaration du sociétaire indique ses nom, prénoms et qualités, son domicile et la situation des immeubles atteints ; elle fait connaître, aussi exactement que possible, la cause de l'incendie, l'estimation des immeubles détruits ou endommagés et de ceux qui ont complétement échappé au sinistre ; les recours et actions que la société peut être appelée à exercer au nom de l'assuré. La même déclaration fait connaître si le sociétaire est assuré à une autre société et indique le nom de cette société et le montant des valeurs assurées.

38. L'assuré doit employer tous les moyens en son pouvoir pour arrêter les progrès du feu et pour sauver les immeubles assurés ; la société lui tiendra compte des frais faits, dûment constatés, pour la conservation des objets immobiliers assurés.

CHAPITRE IX. — *Du règlement des sinistres.*

39. L'assurance ne pouvant être, dans aucune circonstance, une cause de bénéfice, l'assuré ne peut prétendre, en cas de sinistre, qu'au paiement de la perte effective qu'il a éprouvée et qui est réglée sur l'état de l'immeuble assuré au moment du sinistre, et dans la limite de l'évaluation de la police.

40. Aussitôt après la reconnaissance du sinistre, qui est faite par un agent de la société, le directeur fait procéder à l'expertise détaillée des pertes survenues. Cette expertise se fait par deux experts désignés, l'un par le directeur et l'autre par l'assuré. En cas de dissidence, ces experts nomment un tiers expert qui statue sur le différend en se renfermant dans les limites des opinions des deux premiers. A défaut, celui-ci est nommé suivant les règles établies au Code de procédure civile. Les frais d'expertise sont supportés moitié par la société et moitié par le sociétaire.

CHAPITRE X — *Du paiement des sinistres.*

41. Pour assurer le paiement des sinistres, chaque adhérent, en entrant dans la société, versera, à titre d'avance, quinze centimes par mille francs de valeurs assurées et classées, pour former un fonds de prévoyance destiné à donner des à-comptes sur les indemnités dues pour les sinistres qui pourront survenir. Ce dépôt restera la propriété du sociétaire, et lui sera rendu à sa sortie de la société, déduction faite de sa part contributive dans les charges sociales de l'exercice en cours. Les sommes provenant de cette avance seront placées par le conseil d'administration, et ne pourront être retirées que sur une délibération du même conseil. Dans les deux jours qui suivront la clôture du procès-verbal d'expertise, la somme à laquelle l'indemnité aura été fixée sera payée à l'ayant-droit, sur la délibération du conseil d'administration, jusqu'à concurrence de l'à-compte réglé par ce conseil.

42. S'il existait plusieurs assurances sur les mêmes immeubles, la société ne contribuerait à la réparation du dommage que proportionnellement à la somme assurée par elle.

43. Les immeubles qui auront été engagés à l'assurance par plusieurs personnes séparément ne donneront lieu, en cas de sinistre, qu'à une seule indemnité, laquelle sera payée à qui de droit.

44. Les objets sauvés ou qui auront résisté, en tout ou en partie, à l'incendie seront repris par l'assuré d'après l'estimation qui en sera faite par les experts, et leur valeur sera déduite de l'indemnité à laquelle il aura droit en raison du dommage par lui éprouvé.

45. Tout paiement d'indemnité est fait à la charge de subroger la société, jusqu'à concurrence de cette indemnité, aux droits et actions qu'aurait eus l'incendié contre les personnes du fait desquelles l'incendie serait provenu.

CHAPITRE XI. — *De la répartition des portions contributives.*

46. Sont à la charge de la société, 1° les sinistres, frais de sauvetage et indemnités de toute nature relatifs à l'incendie ; 2° les frais de vérification extraordinaire des valeurs assurées ; 3° les frais d'expertise des sinistres, sauf les cas prévus par le dernier paragraphe de l'art. 40 ; 4° les frais de toutes actions judiciaires ; 5° les non valeurs des exercices précédents. Sont également à la charge de la société les dépenses imprévues de la même nature qui ne rentreraient pas dans la classe de celles qui sont mentionnées à l'art. 71.

47. A l'expiration de l'année sociale, l'état général de tous les frais à la charge de la société sera dressé par les directeurs et approuvé par le conseil d'administration. Si le fonds de prévoyance a été insuffisant pour le paiement de ses frais, le reliquat dû sera soldé au moyen d'un appel de fonds fait dans la limite du maximum fixé par l'art. 48. Si le fonds de garantie tout entier ne suffit pas au paiement intégral des frais, la distribution en sera faite au centime le franc entre tous les ayants-droit.

48. La garantie réciproque entre les sociétaires, qui sont respectivement assureurs et assurés, ne peut excéder, dans aucune circonstance et par chaque année, un franc par mille de la valeur des immeubles assurés et classés.

49. Après avoir vérifié les pièces sur lesquelles sont basées les répartitions proposées par le directeur, le conseil d'administration arrête définitivement ces répartitions, les déclare exécutoires, et

charge le directeur d'en suivre le recouvrement par toutes les voies de droit.

50. Toutes les sommes à payer par les sociétaires sont comptées par eux à la direction ou au domicile de l'agent de la société dans chaque département. Si, dans les quinze jours qui suivent l'avis du directeur, le sociétaire n'a pas effectué le versement demandé, l'avertissement lui sera renouvelé, et, quinze jours après ce deuxième avis, il sera poursuivi par toutes les voies de droit; enfin, quinze jours après le premier acte judiciaire, le sociétaire qui n'aurait pas rempli ses engagements perdra son recours envers la société en cas d'incendie, sans que pour cela il soit dégagé de ses obligations envers elle. Le conseil d'administration pourra, à son choix, en cas de non paiement, résilier l'assurance ou la maintenir et en poursuivre l'exécution.

51. Les pièces relatives aux répartitions sont conservées à la direction : tout sociétaire a le droit d'en réclamer la communication.

52. Les non valeurs de chaque exercice sont ajoutées aux sinistres de l'exercice suivant.

53. Pour faciliter les écritures et les recouvrements, tout sociétaire entrant dans la société devra, quelle que soit l'époque de son admission, les cotisations et contributions, telles qu'elles seront liquidées ultérieurement, pour l'année tout entière, et il ne sera tenu d'aucune cotisation ni contribution pour l'année sociale dans le courant de laquelle son engagement prendra fin.

CHAPITRE XII. — Conseil général des sociétaires.

54. Le conseil général des sociétaires se compose des dix plus forts assurés de chacun des six départements formant la circonscription de la société. Ce conseil est présidé par un de ses membres, nommé chaque année à la majorité des voix. Deux mois avant le renouvellement de chaque exercice, il est dressé un tableau des cent plus forts assurés. Tout membre convoqué qui ne pourrait pas assister à la réunion du conseil général en devra donner avis au directeur ; sur cet avis ou sur son silence, le directeur le remplacera par le sociétaire qui viendra après lui dans l'ordre du tableau.

55. Le conseil général se réunit au siège de la direction une fois par an, sauf les convocations extraordinaires jugées nécessaires. Toute convocation a lieu par lettres. Dans la réunion annuelle, le conseil général prend connaissance de l'ensemble des opérations de la société, arrête définitivement ses comptes et statue sur tous les intérêts sociaux : ses arrêtés sont pris à la majorité des voix; en cas de partage, la voix du président est prépondérante.

56. Le conseil général ne peut délibérer que lorsque la moitié au moins de ses membres assiste à la séance. Néanmoins si, à la première convocation, ce nombre n'est pas atteint, il en est fait une nouvelle à quinze jours au moins d'intervalle, et les membres présents à cette réunion peuvent délibérer valablement, quel que soit leur nombre, mais seulement sur les objets à l'ordre du jour de la première et dûment annoncés dans la lettre de convocation.

57. Le conseil général nomme les membres du conseil d'administration et peut les révoquer ; il institue aussi chaque année, et par chef-lieu de département, un comité composé de cinq sociétaires

chargés spécialement de surveiller les opérations de la société dans leur département respectif, et de fournir les renseignements nécessaires au conseil d'administration. Le conseil général nomme également trois censeurs, qu'il peut révoquer ; ces censeurs, chargés de surveiller les opérations de la société, assistent, avec voix consultative, aux délibérations du conseil d'administration. Ils sont élus pour un an, et peuvent être réélus.

58. Le conseil général nomme le directeur et le directeur-adjoint ; il peut également les révoquer, sur la proposition du conseil d'administration. La décision, dans ce dernier cas, ne sera valable qu'autant qu'elle sera prise à la majorité du nombre total des membres composant le conseil général.

CHAPITRE XIII. — Du conseil d'administration.

59. Le conseil d'administration se compose de quinze sociétaires nommés par le conseil général. Pour être élu membre du conseil d'administration, il faut avoir au moins pour une somme de cinq mille francs de valeurs assurées par la société. Nul administrateur ou agent d'une compagnie d'assurance à primes, quelle que soit la valeur pour laquelle il s'est engagé à la présente société, ne peut être membre du conseil d'administration.

60. En cas de décès ou de démission de l'un de ses membres, le conseil d'administration nomme provisoirement un remplaçant jusqu'à la première réunion de l'assemblée générale, qui pourvoit définitivement à la vacance. Les membres du conseil d'administration sont renouvelés chaque année par tiers; le sort désigne les premiers sortants; ils peuvent être réélus. Les membres du conseil d'administration, autres que ceux qui, par la quotité de leur assurance, se trouveraient appelés de droit à faire partie du conseil général, peuvent assister avec voix consultative seulement, aux réunions de ce conseil.

61. Au renouvellement de chaque année, le conseil d'administration nomme dans son sein, à la majorité des suffrages, un président et un vice-président ; ils peuvent être réélus. En cas d'absence du président et du vice-président, le plus âgé des membres présents occupe le fauteuil.

62. Le conseil d'administration se réunit dans les derniers jours de chaque mois ; il peut s'assembler plus souvent, si les besoins de la société l'exigent, sur la convocation, soit de son président, soit du directeur.

63. A chaque réunion, le conseil d'administration prend connaissance de toutes les assurances proposées depuis la réunion précédente ; des variations survenues pendant le mois, dans les valeurs assurées, soit par cause d'augmentation ou de réduction, soit par changement de classe de quelque sociétaire ; des sinistres de la société et des expertises auxquelles ils ont donné lieu ; et des contestations survenues entre les sociétaires et la société ; des assurances qui, par une des causes prévues, seraient dans le cas d'être annulées ; enfin, de tout ce qui touche aux intérêts et à la prospérité de la société.

64. Le conseil d'administration fait, dans la limite des statuts, tous les règlements, et prend tous les arrêtés qu'il juge utiles à la prompte et bonne administration des affaires de la société et à son développement. Il transige, compromet, intente et soutient toute action judiciaire au nom de

la société. Aucun des membres qui le composent ne contracte de responsabilité pour l'exercice de ses fonctions; ils ne répondent que de l'exécution de leur mandat.

65. Le conseil d'administration ne peut délibérer qu'avec le concours de cinq de ses membres au moins; en cas de partage, la voix du président est prépondérante. Ses délibérations sont consignées sur des registres tenus à cet effet.

Chapitre XIV. — De la direction.

66. Un directeur et un directeur-adjoint sont chargés de diriger et d'exécuter toutes les opérations de la société, conformément aux présents statuts et aux décisions du conseil d'administration.

67. Le directeur nomme et révoque tous les agents dont il a besoin dans l'intérêt du service. Il tient, sous la surveillance du conseil d'administration et du censeur, le journal général de la société et toutes les écritures nécessaires, soit à la comptabilité journalière, soit aux autres opérations de la société; il entretient les rapports avec les autorités; il signe la correspondance et les polices et convoque le conseil général et le conseil d'administration, lorsque l'intérêt de la société l'exige.

68. Le directeur fournit au conseil général et au conseil d'administration les indications et tous les documents relatifs à sa gestion. Il est tenu de donner aux sociétaires les renseignements dont ils peuvent avoir besoin.

69. Le directeur-adjoint remplace le directeur en cas d'absence momentanée de celui-ci pour toutes les opérations de la société.

70. Le directeur et le directeur-adjoint assistent aux séances du conseil général avec voix consultatives.

71. Le directeur et le directeur-adjoint sont chargés, à forfait, de tous les frais relatifs à la constitution de la société, des frais de loyer, d'éclairage, de chauffage, de traitement de tous les employés et agents dont ils pourront avoir besoin; des frais de voyages, des frais de plaques et de polices, et enfin de toutes les dépenses, soit d'établissement, soit de gestion.

72. Pour les couvrir de ces dépenses, il leur est alloué trente centimes par mille francs sur la valeur des immeubles soumis à l'assurance, sans égard à l'augmentation de la valeur relative produite par la classification suivant la nature des risques. Cette remise suivra la décroissance suivante, proportionnellement au montant des assurances : 30 centimes jusqu'à 200 millions; 28, de 200 à 250; 26, de 250 à 300; 24, de 300 à 350; 22, de 350 à 400; 20, de 400 à 450; 18, de 450 à 500; 16, de 500 à 550; 14 à 550 et au-dessus. Les recettes résultant des plaques et des polices sont attribuées aux directeurs. Le prix de la police est fixé à un franc; celui de la plaque est également d'un franc. Les cotisations pour frais d'administration seront versées par les nouveaux sociétaires au moment de la délivrance de la police, et, par les autres, au commencement de chaque année; elles seront invariables pour tout l'exercice courant, c'est-à-dire que tous les sociétaires entrant dans la société dans le courant du même exercice paieront les frais de direction tels qu'ils auront été fixés au commencement de l'exercice, conformément à cet article.

73. Les frais d'administration mentionnés dans l'art. 71 et les recettes mentionnés dans l'art. 72 forment, entre la société et les directeurs, un traité à forfait, dont la durée est fixée à dix ans. A l'expiration de chaque période décennale, le conseil général peut, s'il le juge convenable, renouveler ou modifier ledit traité.

74. Pour la sûreté de leur gestion, le directeur et le directeur-adjoint fournissent un cautionnement de la valeur de six mille francs en rentes sur l'Etat. Ultérieurement, le conseil général peut élever le chiffre de ce cautionnement, s'il ne le juge pas en rapport avec la somme des valeurs engagées à l'assurance. Le cautionnement est consenti par acte public et accepté par le conseil d'administration; les frais en sont supportés par les directeurs. Le directeur et le directeur-adjoint ne pourront rentrer en possession de la valeur de leur cautionnement qu'après l'apurement définitif de leurs comptes, arrêtés par décision du conseil d'administration et du conseil général.

75. Dans le cas de démission volontaire ou de décès du directeur, le directeur-adjoint le remplace et lui succède seul, sauf l'approbation du conseil général. Dans le cas de retraite, de révocation ou de décès du directeur-adjoint, le conseil général décide s'il y a lieu de lui donner un remplaçant.

Chapitre XV. — Dispositions générales et transitoires.

76. Lorsque la somme des valeurs engagées à l'assurance aura atteint dix millions, le conseil d'administration provisoire procédera à la constitution de la société par un arrêté, dont le directeur donnera communication à chacun des sociétaires, et à dater duquel les adhésions provisoires deviendront définitives.

77. Toutes les difficultés relatives à l'administration de la société seront résolues par le conseil d'administration, les censeurs et les directeurs entendus. S'il survient quelques contestations entre la société et un ou plusieurs de ses membres, elles seront vidées, à la diligence du directeur, par trois arbitres, sur le choix desquels les parties devront s'entendre dans le délai de huitaine, à défaut de quoi ils seront nommés par le président du tribunal de première instance de Limoges, à la requête de la partie la plus diligente. La décision arbitrale sera sans appel ni recours en cassation.

78. Le conseil général, réuni au nombre des deux tiers au moins des membres qui le composent, et à la majorité des trois quarts des membres présents, pourra, soit d'office, soit sur la proposition du conseil d'administration, introduire dans les présents statuts les modifications qui lui paraîtraient nécessaires. Chaque sociétaire, en adhérant aux présents statuts, donne au conseil général tous pouvoirs à cet effet. Les modifications adoptées ne seront exécutoires qu'après l'autorisation du gouvernement.

79. Dans les cas prévus par les statuts où il y aurait lieu de prononcer la dissolution de la société, le conseil général statuera sur la marche à suivre pour la liquidation, et arrêtera définitivement les comptes.

80. Le conseil d'administration est provisoirement composé ainsi qu'il suit. (Suivent les noms.) Les censeurs provisoires sont. (Suivent les noms.) Ces nominations seront soumises au conseil général, qui, à sa première réunion, pourvoira à la composition définitive du conseil et à la nomination des censeurs.

81. M. Pierre-Antoine Charanton, l'un des fondateurs soussignés, est nommé directeur de la société, et M. Auguste Durand du Boucheron est nommé directeur-adjoint : ces deux nominations

devront être confirmées par le conseil général, dans sa première réunion.

82. Tableaux de classification.

(Suivent les tableaux.)

Assurance du risque locatif. (Art. 1733, 1734 C. civ.)

La société garantit le risque locatif, moyennant l'engagement, de la part de l'adhérent, de contribuer aux charges sociales dans les proportions qui suivent : 1° si l'immeuble est déjà assuré par la société, la part contributive de l'adhérent est du quart de la quotité dont il serait tenu par l'assurance directe, à moins qu'il ne justifie, comme il est dit à l'art. 9 des statuts, qu'il concourt lui-même avec le propriétaire aux obligations de son assurance ; 2° si l'immeuble n'est pas assuré par la société, la part contributive de l'adhérent est du total de la quotité dont il serait tenu pour l'assurance directe, s'il s'agit de fabriques, d'usines ou de bâtiments offrant des risques analogues, et des trois quarts de cette quotité, s'il s'agit d'un risque autre que les précédents.

Assurance du recours des voisins. (Art. 1382, 1383 C. civ.)

La société garantit les effets de ce recours, moyennant l'engagement de la part de l'adhérent de supporter la moitié des charges sociales dont il serait tenu pour une assurance ordinaire. L'assurance du recours sera classée suivant le risque le plus élevé résultant des immeubles, soit de l'assuré, soit des voisins.

16 JUIN = 26 JUILLET 1841. — Ordonnance du roi portant autorisation de la société d'assurances mutuelles mobilières contre l'incendie établie à Limoges sous la dénomination de *l'Economie.* (IX, Bull. supp. DXLVI, n. 15959.)

Louis-Philippe, etc., sur le rapport de notre ministre secrétaire d'Etat de l'agriculture et du commerce ; notre conseil d'Etat entendu, etc.

Art. 1er. La société d'assurances mutuelles mobilières contre l'incendie établie à Limoges sous la dénomination de *l'Economie*, pour les départements de la Haute-Vienne, de la Dordogne, de Lot-et-Garonne, du Lot, de la Creuse et de la Corrèze, est autorisée. Sont approuvés les statuts de ladite société, tels qu'ils sont contenus dans l'acte passé, le 27 mai 1841, devant Me Bayard et son collègue, notaires à Paris, lequel acte restera annexé à la présente ordonnance.

2. Nous nous réservons de révoquer notre autorisation en cas de violation ou de non exécution des statuts approuvés, sans préjudice des droits des tiers.

3. La société sera tenue de remettre, dans les trois premiers mois de l'année, au ministère de l'agriculture et du commerce, et aux préfets des départements compris dans sa circonscription, un extrait de son état de situation arrêté au 31 décembre précédent.

4. Notre ministre de l'agriculture et du commerce (M. Cunin-Gridaine) est chargé, etc.

CHAPITRE Ier. — *De la constitution de la société.*

Art. 1er. Il est établi, avec l'autorisation du gouvernement, une société d'assurances mutuelles entre tous ceux qui ont adhéré et ceux qui adhéreront aux présents statuts, pour la garantie des meubles et objets ci-après détaillés, art. 8 et 9, contre les dommages causés par l'incendie et la foudre.

2. La société a pour titre : *l'Economie*, société d'assurances mutuelles mobilières contre l'incendie et la foudre.

3. Elle étend ses opérations sur les départements de la Haute-Vienne, de la Dordogne, de Lot-et-Garonne, du Lot, de la Creuse et de la Corrèze.

4. Elle a son siège à Limoges. Tout sociétaire est tenu d'élire domicile, pour l'exécution des engagements sociaux, dans l'un des départements compris dans la circonscription de la société.

5. La société est administrée par un conseil général de sociétaires, par un conseil d'administration, et par un directeur et un directeur-adjoint, tous deux responsables.

6. La durée de la société est fixée à trente ans, à dater du jour de l'ordonnance royale d'autorisation. La société pourra être renouvelée, avec l'autorisation du gouvernement, sur une délibération prise par le conseil général à la majorité des deux tiers de ses membres. Toutefois, les sociétaires dissidents auront alors la faculté de se retirer de l'association.

7. La société ne pourra se constituer définitivement et entrer en activité, qu'autant qu'elle aura été autorisée et que les valeurs engagées à l'assurance auront atteint la somme de six millions. Si, cinq ans après le jour de l'ordonnance royale d'autorisation, la somme de six millions ne se trouvait pas encore atteinte, l'autorisation serait considérée comme non avenue. Si, après avoir dépassé six millions, la somme des valeurs assurées redescendait au-dessous de ce chiffre, la dissolution de la société serait immédiatement prononcée par le conseil général, convoqué extraordinairement à cet effet.

CHAPITRE II. — *Des meubles admissibles à l'assurance.*

8. La société garantit mutuellement ses membres des risques et dommages que pourraient causer l'incendie et la foudre aux objets mobiliers, marchandises, bestiaux, ustensiles et récoltes, quelles que soient leur nature et leur destination, sauf les exceptions ci-après.

9. Sont exclus de l'assurance : les effets de commerce, billets de banque, contrats et titres de toute nature ; les lingots, monnaies d'or et d'argent ; les bijoux, pierreries et perles fines ; les tableaux, dessins, gravures et médailles, sculptures, statues de prix hors du commerce ; les mobiliers de théâtre ; les mobiliers, ustensiles, machines et marchandises de fabriques ou dépôts de gaz, de poudre et d'artifice, et les objets qui, sans dépendre desdits théâtres, fabriques ou dépôts, en sont cependant tellement rapprochés, qu'ils se trouvent exposés aux mêmes risques que ceux qui en dépendent. Le conseil d'administration est, de plus, autorisé à ne point admettre à l'assurance

tout objet quelconque qui, sans être formellement exclu par le présent article, lui paraîtrait offrir des risques trop graves d'incendie.

10. Aucune assurance d'objets mobiliers ou de marchandises ne pourra excéder cinquante mille francs, tant que la masse des valeurs assurées et classées ne dépassera pas cent millions. Ce maximum pour un seul risque s'accroîtra, avec le montant des valeurs assurées, dans la proportion d'un quart pour cent, jusqu'à la concurrence d'un plein de cent mille francs, qui ne pourra jamais être dépassé. Dans tous les cas, le conseil d'administration aura le droit de réduire le plein, en respectant les contrats existants.

11. La société répond des dommages causés par l'incendie, quelle que soit la nature de ces dommages; des dommages causés par la foudre; des dommages résultant des mesures ordonnées par l'autorité en cas d'incendie; enfin, des dommages et frais provenant du sauvetage des valeurs assurées.

12. La société ne répond pas des sinistres provenant de la volonté de l'assuré; des incendies ou explosions produites par la guerre civile ou étrangère, émeutes, troubles publics et autres causes de même nature.

13. La société exclut toute solidarité entre les sociétaires, dont chacun, en tout état de cause, ne peut supporter que la part dont il est tenu dans la contribution à laquelle le risque peut donner lieu.

Chapitre III. — De la formation de l'engagement social.

14. Tout propriétaire d'objets mobiliers, et toute autre personne ayant un intérêt réel à la conservation d'objets mobiliers ou de marchandises dont ils seront détenteurs, pourront les faire assurer aux conditions déterminées par les présents statuts.

15. La demande d'admission dans la société se fait au moyen d'un acte d'adhésion. Cet acte exprime les nom, prénoms, titres et profession du proposant; la qualité en laquelle il agit; son domicile élu; la nature, la valeur approximative et la position des objets proposés à l'assurance; la durée de l'assurance. Cet acte exprime aussi si l'assurance comprend toutes les valeurs renfermées dans le même local ou seulement une partie de ces valeurs, et s'il existe des assurances antérieures sur une partie de ces valeurs; dans ce dernier cas, une copie des polices existantes est annexée à l'adhésion.

16. Tout proposant qui agit à différents titres souscrit autant d'actes d'adhésion qu'il a de titres divers.

17. Sur le vu de l'acte d'adhésion, appuyé du rapport de l'agent de la société, le conseil d'administration, dans sa réunion la plus prochaine, prononce l'admission ou le rejet; dans ce second cas, il n'est pas tenu de faire connaître ses motifs. Dans le cas d'admission, le conseil d'administration classe l'assurance, et elle est inscrite sur un journal à ce destiné, tenu sans blancs, ratures, surcharges ni interlignes, coté et paraphé par le président du conseil d'administration.

18. Immédiatement après l'inscription sur les registres, le directeur délivre une police à l'adhérent. Cette police, signée par lui, constate l'adhésion et l'admission du sociétaire, le classement de son assurance, son inscription et son numéro d'ordre au journal. Elle contient, en outre, les conditions spéciales de l'assurance et le résumé des principales dispositions des statuts.

19. Le nouveau sociétaire reçoit, en même temps que sa police, une plaque portant les initiales A M, qu'il est invité à faire apposer dans un endroit apparent de son habitation.

20. Le renouvellement d'un engagement, arrivé au terme de sa période, ne donne lieu à une nouvelle expertise et à la délivrance d'une nouvelle police qu'en cas de changements notables survenus dans les valeurs assurées.

Chapitre IV. — De l'estimation des objets à assurer.

21. Au reçu de l'adhésion, un agent de la société, assisté, autant que possible, de deux assurés pris dans le voisinage de l'adhérent, procède, contradictoirement avec celui-ci, et à ses frais, à l'expertise des objets mobiliers qu'il offre à l'assurance. Les droits de l'agent qui procède à cette expertise, *lors de l'adhésion seulement*, sont fixés à quinze centimes par mille francs de la valeur estimative de la propriété mobilière assurée, si elle est située dans les chefs-lieux de département, d'arrondissement et de canton, et vingt-cinq centimes par mille francs pour les mobiliers situés dans les autres localités. Les expertises nécessitées lors du renouvellement des polices sont à la charge de la direction, à moins d'augmentation dans la valeur des meubles assurés; dans ce cas, l'expertise se paie seulement pour l'augmentation.

22. L'estimation des meubles à assurer ne se fait que par sommes rondes de cent francs.

23. La société se réserve le droit de faire vérifier, à ses frais, les procès-verbaux d'estimations antérieures, toutes les fois qu'elle le juge convenable, et de réduire, s'il y a lieu, le montant de l'assurance, sans que l'assuré puisse rien réclamer des sommes versées par lui avant la vérification de la valeur des objets assurés. Si l'assuré ne consentait pas aux réductions résultant de la seconde expertise, l'assurance pourrait être résiliée par une simple notification.

24. Tout changement notable dans la valeur des objets assurés oblige le sociétaire à souscrire un nouvel acte d'adhésion, et à recevoir, à ses frais, une nouvelle police.

Chapitre V. — De la classification des objets à assurer.

25. Les diverses valeurs admises à l'assurance étant inégalement exposées aux sinistres, sont rangées en diverses classes, déterminées par les degrés de risques qu'elles courent, soit par leur nature, soit par leur position, soit par les professions, fabriques ou usines qui augmentent leurs risques, conformément au tableau annexé aux présents statuts. Les cas particuliers, qui ne seraient pas prévus dans ce tableau, seront réglés, suivant leur analogie, par le conseil d'administration.

26. La classification résultant du tableau mentionné à l'article précédent pourra être modifiée, d'après l'expérience, par le conseil général, sur la proposition du conseil d'administration. Les modifications devront être soumises à l'approbation du gouvernement. Elles ne pourront, dans aucun cas, préjudicier aux contrats existants.

27. Lorsque les objets assurés réunis dans un même local présentent, par leur nature, des degrés de risques différents, ils sont rangés ensemble dans la classe qui présente le plus grand nombre de degrés de risques.

28. Lorsque les mêmes objets, bien que de même nature, sont situés dans des locaux différents, ils suivent pour le classement la condition des locaux dans lesquels ils sont placés.

CHAPITRE VI. — De la durée de l'engagement social.

29. Chaque sociétaire est assureur et assuré pour cinq ans. Les locataires ou dépositaires d'objets mobiliers pour un an au moins, peuvent être admis à faire assurer les objets dont ils sont détenteurs, mais ils supportent tout entière les charges sociales de l'année dans laquelle ils sortent.

30. L'engagement mutuel de la société et du sociétaire admis ne commence à avoir d'effet que le premier jour du mois qui suit celui dans lequel l'adhésion a été reçue par le conseil, et à midi. Toutefois, le nouveau sociétaire est tenu de contribuer aux charges sociales, à dater du premier jour de l'exercice en cours.

31. Chaque exercice social commence le 1ᵉʳ janvier et finit le 31 décembre suivant. La période de tout engagement commence le premier jour de l'exercice en cours.

CHAPITRE VII. — De la cessation de l'engagement social.

32. L'engagement mutuel de la société et des sociétaires cesse immédiatement, 1° par l'expiration de la période de l'engagement ; 2° par la destruction totale des objets assurés ; 3° par l'exclusion du sociétaire, prononcée par le conseil d'administration, pour cause de non paiement de la contribution sociale ou en cas de faillite, à moins qu'il ne soit donné caution ; 4° par la résiliation dont la société s'est réservé le droit aux articles 23, 33, 34 et 48 ; 5° par mutation dans la propriété des valeurs mobilières assurées, sauf les ventes partielles qui rentrent dans les faits ordinaires du commerce ; 6° par cessation de l'intérêt en vertu duquel l'assurance a été faite par un tiers. L'engagement cesse encore par le décès du sociétaire ; mais, dans ce cas, les héritiers peuvent profiter de l'assurance jusqu'à la fin de l'année sociale, pourvu qu'ils continuent à en supporter les charges et que les objets assurés restent dans les mêmes conditions.

33. Tout changement de local, toute réduction dans la valeur ou dans la quantité des objets assurés, doivent être immédiatement déclarés par le sociétaire au directeur. Celui-ci fait alors procéder à une expertise ; et, sur le vu du procès-verbal, le conseil d'administration peut annuler immédiatement le contrat, et le résilier par simple notification, si le sociétaire ne consent pas au changement qui pourrait résulter de l'expertise. Si la déclaration ci-dessus prescrite n'est pas faite, l'indemnité à laquelle le sociétaire aura droit en cas de sinistre subira une réduction de moitié.

34. Les dispositions établies au premier paragraphe de l'art. 33 doivent être également observées, s'il survient dans la condition des valeurs mobilières engagées à l'assurance un changement qui en aggrave les risques ; mais, dans ce cas, le sociétaire qui n'en ferait pas la déclaration dans un délai de dix jours, perdrait tous droits à une indemnité en cas de sinistre. La même déchéance serait encourue par le sociétaire qui, par réticence ou fausse déclaration, induirait sciemment la société en erreur sur les risques que courraient les meubles assurés.

CHAPITRE VIII. — De la déclaration des sinistres.

35. Aussitôt qu'un sinistre se manifeste, ou, au plus tard, dans les vingt-quatre heures, il doit en être donné avis, soit à la direction de la société, soit à l'agent le plus proche, par l'assuré ou en son nom.

36. Après l'incendie consommé, une déclaration signée du sociétaire, ou de son fondé de pouvoirs, doit être faite à la direction, pour le département de la Haute-Vienne, dans les cinq jours qui suivront le sinistre, et dans un délai double pour les cinq autres départements. Faute par l'assuré d'avoir fait sa déclaration dans ce délai, l'indemnité à laquelle il aurait droit est réduite d'un quart. Après le délai d'un mois, l'assuré est déchu de tout droit à indemnité. La déclaration du sociétaire indique ses nom, prénoms et qualités, son domicile, et le local où sont les objets atteints ; elle fait connaître aussi exactement que possible la cause de l'incendie, l'estimation des objets détruits ou endommagés et de ceux qui ont complètement échappé au sinistre, les lieux où sont les objets sauvés, les recours et actions que la société peut être appelée à exercer au nom de l'assuré. La même déclaration fait connaître si le sociétaire est assuré à une autre société, et indique le nom de cette société et le montant des valeurs assurées.

37. L'assuré doit employer tous les moyens en son pouvoir pour arrêter les progrès du feu et pour sauver les objets assurés ; la société lui tiendra compte des frais faits, dûment constatés, pour la conservation ou le déplacement de ces objets.

CHAPITRE IX. — Du règlement des sinistres.

38. L'assurance ne pouvant être, en aucune circonstance, une cause de bénéfice, l'assuré ne peut prétendre, en cas de sinistre, qu'au montant de la perte effective qu'il a éprouvée et qui est réglée sur l'état de la valeur de l'objet assuré au moment du sinistre, et dans la limite de l'évaluation de la police.

39. Aussitôt après la reconnaissance du sinistre qui est faite par un agent de la société, le directeur fait procéder à l'expertise détaillée des pertes survenues. Cette expertise est opérée par deux experts désignés, l'un par le directeur et l'autre par l'assuré. En cas de dissidence, ces experts nomment un tiers expert qui statue sur le différend, en se renfermant dans les limites des opinions des deux premiers ; à défaut, celui-ci est nommé suivant les règles établies au Code de procédure civile. Les frais d'expertise sont supportés moitié par la société et moitié par le sociétaire.

CHAPITRE X. — Du paiement des sinistres.

40. Pour assurer le paiement des sinistres, chaque adhérent, en entrant dans la société, versera, à titre d'avance, quinze centimes par mille francs de valeurs assurées et classées, pour former un fonds de prévoyance destiné à donner des à-comptes sur les indemnités dues pour les sinistres qui pourront survenir. Ce dépôt restera la propriété du sociétaire et lui sera rendu à sa sortie de la société, déduction faite de sa part contributive dans les charges sociales de l'exercice en cours. Les sommes provenant de cette avance seront placées par le conseil d'administration, et ne pourront être retirées que sur une délibération du même conseil. Dans les deux mois qui suivront la clôture du procès-verbal d'ex-

pertise, la somme à laquelle l'indemnité aura été fixée sera payée à l'ayant-droit, sur la délibération du conseil d'administration, jusqu'à concurrence de l'à-compte réglé par le conseil.

41. S'il existait plusieurs assurances sur les mêmes objets, la société ne contribuerait à la réparation du dommage que proportionnellement à la somme assurée par elle.

42. Les objets mobiliers ou marchandises qui auront été engagés à l'assurance par plusieurs personnes séparément ne donneront lieu, en cas de sinistre, qu'à une seule indemnité, laquelle sera payée à qui de droit.

43. Les objets sauvés, ou qui auront résisté, en tout ou en partie, à l'incendie, seront repris par l'assuré d'après l'estimation faite par les experts, et leur valeur viendra en déduction de l'indemnité à laquelle il aura droit en raison du dommage par lui éprouvé.

44. Tout paiement d'indemnité est fait à la charge de subroger la société, jusqu'à concurrence de cette indemnité, aux droits et actions qu'aurait eus l'incendié contre les personnes du fait desquelles l'incendie serait provenu.

CHAPITRE XI. — *De la répartition des portions contributives.*

45. Sont à la charge de la société, 1° les sinistres, frais de sauvetage et indemnités de toute nature relatifs à l'incendie ; 2° les frais d'expertise des objets soumis à l'assurance, toutes les fois que cette estimation n'est pas faite d'accord entre l'assuré et l'agent de la société ; 3° les frais de vérification extraordinaire des valeurs assurées ; 4° les frais d'expertise des sinistres, sauf les cas prévus par le dernier paragraphe de l'article 39 ; 5° les frais de toutes actions judiciaires ; 6° les non valeurs des exercices précédents. Sont également à la charge de la société les dépenses imprévues de la même nature qui ne rentreraient pas dans la classe de celles qui sont mentionnées à l'art. 70.

46. A l'expiration de l'année sociale, l'état général de tous les frais à la charge de la société sera dressé par le directeur et approuvé par le conseil d'administration. Si le fonds de prévoyance a été insuffisant pour le paiement de ces frais, le reliquat dû sera soldé au moyen d'un appel de fonds fait dans la limite du maximum fixé par l'art. 47. Si le fonds de garantie tout entier ne suffit pas au paiement intégral des frais, la distribution en sera faite au centime le franc entre tous les ayants-droit.

47. La garantie réciproque entre les sociétaires qui sont respectivement assureurs et assurés ne peut excéder, dans aucune circonstance, et par chaque année, deux francs par mille de la valeur des objets assurés et classés.

48. Après avoir vérifié les pièces sur lesquelles sont basées les répartitions proposées par le directeur, le conseil d'administration arrête définitivement ces répartitions, les déclare exécutoires, et charge le directeur d'en suivre le recouvrement par toutes les voies de droit.

49. Toutes les sommes à payer par les sociétaires sont comptées par eux à la direction ou au domicile de l'agent de la société dans chaque département. Si, dans les quinze jours qui suivent l'avis du directeur, le sociétaire n'a pas effectué le versement demandé, l'avertissement lui sera renouvelé, et, quinze jours après ce deuxième avis, il sera poursuivi par toutes les voies de droit. Enfin, quinze jours après le premier acte judiciaire, le sociétaire qui n'aurait pas rempli ses engagements perdra son recours envers la société, en cas d'incendie, sans que pour cela il soit dégagé de ses obligations envers elle. Le conseil d'administration pourra, à son choix, en cas de non paiement, résilier l'assurance, ou la maintenir et en poursuivre l'exécution.

50. Les pièces relatives aux répartitions sont conservées à la direction. Tout sociétaire a le droit d'en réclamer la communication.

51. Les non valeurs de chaque exercice sont ajoutées aux sinistres de l'exercice suivant.

52. Pour faciliter les écritures et les recouvrements, tout sociétaire entrant dans la société à quelle que soit l'époque de son admission, les cotisations et contributions, telles qu'elles seront liquidées ultérieurement, pour l'année tout entière, et il ne sera tenu d'aucune cotisation ni contribution pour l'année sociale dans le courant de laquelle son engagement prendra fin.

CHAPITRE XII. — *Conseil général des sociétaires.*

53. Le conseil général des sociétaires se compose des dix plus forts assurés de chacun des six départements formant la circonscription de la société. Ce conseil est présidé par un de ses membres, nommé chaque année à la majorité des voix. Deux mois avant le renouvellement de chaque exercice, il est dressé un tableau des cent plus forts assurés. Tout membre convoqué qui ne pourrait pas assister à la réunion du conseil général en devra donner avis au directeur. Sur cet avis, ou sur son silence, le directeur le remplacera par le sociétaire qui viendra après lui dans l'ordre du tableau.

54. Le conseil général se réunit au siège de la direction une fois par an, sauf les convocations extraordinaires jugées nécessaires. Toute convocation a lieu par lettres. Dans la réunion annuelle, le conseil général prend connaissance de l'ensemble des opérations de la société, arrête définitivement ses comptes, et statue sur tous les intérêts sociaux ; ses arrêtés sont pris à la majorité des voix. En cas de partage, la voix du président est prépondérante.

55. Le conseil général ne peut délibérer que lorsque la moitié au moins de ses membres assiste à la séance ; néanmoins, si, à la première convocation, ce nombre n'est pas atteint, il en est fait une nouvelle, à quinze jours au moins d'intervalle, et les membres présents à cette réunion peuvent délibérer valablement, quel que soit leur nombre, mais seulement sur les objets à l'ordre du jour de la première, et dûment annoncés dans la lettre de convocation.

56. Le conseil général nomme les membres du conseil d'administration, et peut les révoquer ; il institue aussi, chaque année, et par chef-lieu de département, un comité composé de cinq sociétaires, chargés spécialement de surveiller les opérations de la société dans leur département respectif, et de fournir les renseignements nécessaires au conseil d'administration. Le conseil général nomme également trois censeurs, qu'il peut révoquer ; ces censeurs, chargés de surveiller les opérations de la société, assistent avec voix consultative, aux délibérations du conseil d'administration ; ils sont élus pour un an, et peuvent être réélus.

57. Le conseil général nomme le directeur et le directeur-adjoint ; il peut également les révoquer, sur la proposition du conseil d'administration. La décision du conseil général, dans ce dernier cas, ne sera valable qu'autant qu'elle sera prise à la majorité du nombre total des membres composant le conseil général.

Chapitre XIII. — Du conseil d'administration.

58. Le conseil d'administration se compose de quinze sociétaires nommés par le conseil général. Pour être élu membre du conseil d'administration, il faut avoir au moins pour une somme de cinq mille francs de valeurs assurées par la société. Nul administrateur ou agent d'une compagnie d'assurance à primes, quelle que soit la valeur pour laquelle il s'est engagé à la présente société, ne peut être membre du conseil d'administration.

59. En cas de décès ou de démission de l'un de ses membres, le conseil d'administration nomme provisoirement un remplaçant jusqu'à la première réunion du conseil général, qui pourvoit définitivement à la vacance. Les membres du conseil d'administration sont renouvelés, chaque année, par tiers ; le sort désigne les premiers sortants ; ils peuvent être réélus. Les membres du conseil d'administration, autres que ceux qui, par la quotité de leur assurance, se trouveraient appelés de droit à faire partie du conseil général, peuvent assister, avec voix consultative seulement, aux réunions de ce conseil.

60. Au renouvellement de chaque année, le conseil d'administration nomme dans son sein, à la majorité des suffrages, un président et un vice-président ; ils peuvent être réélus. En cas d'absence du président et du vice-président, le plus âgé des membres présents occupe le fauteuil.

61. Le conseil d'administration se réunit dans les derniers jours de chaque mois ; il peut s'assembler plus souvent, si les besoins de la société l'exigent, sur la convocation, soit de son président, soit du directeur.

62. A chaque réunion, le conseil d'administration prend connaissance de toutes les assurances proposées depuis la réunion précédente ; des variations survenues pendant le mois dans les valeurs assurées, soit par cause d'augmentation ou de réduction, soit par changement de classe de quelque sociétaire ; des sinistres de la société et des expertises auxquelles ils ont donné lieu, et des contestations survenues entre les sociétaires et la société ; des assurances qui, par une des causes prévues, seraient dans le cas d'être annulées ; enfin, de tout ce qui touche aux intérêts et à la prospérité de la société.

63. Le conseil d'administration fait, dans la limite des statuts, tous les règlements, et prend tous les arrêtés qu'il juge utiles à la prompte et bonne administration des affaires de la société et à son développement. Il transige, compromet, intente et soutient toute action judiciaire au nom de la société. Aucun des membres qui le composent ne contracte de responsabilité pour l'exercice de ses fonctions ; ils ne répondent que de l'exécution de leur mandat.

64. Le conseil d'administration ne peut délibérer qu'avec le concours de cinq de ses membres au moins ; en cas de partage, la voix du président est prépondérante. Ses délibérations sont consignées sur des registres tenus à cet effet.

Chapitre XIV. — De la direction.

65. Un directeur et un directeur-adjoint sont chargés de diriger et d'exécuter toutes les opérations de la société, conformément aux présents statuts et aux décisions du conseil d'administration.

66. Le directeur nomme et révoque tous les agents dont il a besoin pour l'intérêt du service. Il tient, sous la surveillance du conseil d'administration et des censeurs, le journal général de la société et toutes les écritures nécessaires, soit à la comptabilité journalière, soit aux autres opérations de la société. Il entretient les rapports avec les autorités ; il signe la correspondance et les polices, et convoque le conseil général et le conseil d'administration, lorsque l'intérêt de la société l'exige.

67. Le directeur fournit au conseil général et au conseil d'administration les indications et tous les documents relatifs à sa gestion. Il est tenu de donner aux sociétaires les renseignements dont ils peuvent avoir besoin.

68. Le directeur-adjoint remplace le directeur, en cas d'absence momentanée de celui-ci, pour toutes les opérations de la société.

69. Le directeur et le directeur-adjoint assistent aux séances du conseil d'administration et du conseil général, avec voix consultative.

70. Le directeur et le directeur-adjoint sont chargés, à forfait, de tous les frais relatifs à la constitution de la société, des frais de loyer, d'éclairage, de chauffage, de traitement de tous les employés et agents dont ils pourront avoir besoin, des frais de voyage, des frais de plaques et de polices, et enfin de toutes les dépenses, soit d'établissement, soit de gestion.

71. Pour couvrir les directeurs des dépenses à leur charge, il leur est alloué trente centimes par mille francs sur la valeur des objets soumis à l'assurance, sans égard à l'augmentation de la valeur relative produite par la classification suivant la nature des risques. Cette remise suivra la décroissance suivante proportionnellement au montant des assurances : 30 centimes jusqu'à 200 millions : 28, de 200 à 250 ; 26, de 250 à 300 ; 24, de 300 à 350 ; 22, de 350 à 400 ; 20, de 400 à 450 ; 18, de 450 à 500 ; 16, de 500 à 550 ; 14, à 550 et au-dessus. Les recettes résultant des plaques et des polices sont attribuées aux directeurs. Le prix de la police est fixé à un franc, celui de la plaque est également d'un franc. Les cotisations pour frais d'administration seront versées par les nouveaux sociétaires au moment de la délivrance de la police, et, par les autres, au commencement de chaque année ; elles seront invariables pour tout l'exercice courant, c'est-à-dire que tous les sociétaires entrant dans la société dans le courant du même exercice paieront les frais de direction tels qu'ils auront été fixés au commencement de l'exercice, conformément à cet article.

72. Les frais d'administration mentionnés dans l'art. 70, et les recettes mentionnées dans l'art. 71, forment entre la société et les directeurs un traité à forfait, dont la durée est fixée à dix ans. A l'expiration de chaque période décennale, le conseil général peut, s'il le juge convenable, renouveler ou modifier ledit traité.

73. Pour la sûreté de leur gestion, le directeur et le directeur-adjoint fournissent un cautionnement de la valeur de six mille francs en rentes sur l'Etat. Ultérieurement, le conseil général peut élever le chiffre de ce cautionnement, s'il ne le juge pas en rapport avec la somme des valeurs engagées à l'assurance. Le cautionnement est consenti par acte public, et accepté par le conseil

d'administration ; les frais en sont supportés par les directeurs. Le directeur et le directeur-adjoint ne pourront entrer en possession de la valeur de leur cautionnement qu'après l'apurement définitif de leurs comptes, arrêtés par décision du conseil d'administration et du conseil général.

74. Dans le cas de démission volontaire ou décès du directeur, le directeur-adjoint le remplace et lui succède seul, sauf l'approbation du conseil général. Dans le cas de retraite, de révocation ou de décès du directeur-adjoint, le conseil général décide s'il y a lieu de lui donner un remplaçant.

CHAPITRE XV. — *Dispositions générales et transitoires.*

75. Lorsque la somme des valeurs engagées à l'assurance aura atteint six millions, le conseil d'administration provisoire procédera à la constitution de la société par un arrêté, dont le directeur donnera communication à chacun des sociétaires, et à dater duquel les adhésions provisoires deviendront définitives.

76. Toutes les difficultés relatives à l'administration de la société seront résolues par le conseil d'administration, les censeurs et les directeurs entendus. S'il survient quelques contestations entre la société et un ou plusieurs de ses membres, elles seront vidées, à la diligence du directeur, par trois arbitres, sur le choix desquels les parties devront s'entendre dans le délai de huitaine, à défaut de quoi ils seront nommés par le président du tribunal de première instance de Limoges, à la requête de la partie la plus diligente. La décision arbitrale sera sans appel ni recours en cassation.

77. Le conseil général réuni, au nombre des deux tiers au moins des membres qui le composent, et à la majorité des trois quarts des membres présents, pourra, soit d'office, soit sur la proposition du conseil d'administration, introduire dans les présents statuts les modifications qui lui paraîtraient nécessaires. Chaque sociétaire, en adhérant aux présents statuts, donne au conseil général tous pouvoirs à cet effet. Les modifications adoptées ne seront exécutoires qu'après l'autorisation du gouvernement.

78. Dans les cas prévus par les statuts où il y aura lieu de prononcer la dissolution de la société, le conseil général statuera sur la marche à suivre pour la liquidation, et arrêtera définitivement les comptes.

79. Le conseil d'administration de la société est provisoirement composé ainsi qu'il suit.

(*Suivent les noms.*)

Les censeurs provisoires sont. (*Suivent les noms.*) Ces nominations seront soumises au conseil général, qui, à sa première réunion, pourvoira à la composition définitive du conseil et à la nomination des censeurs.

80. M. Auguste Durand du Boucheron, l'un des fondateurs soussignés, est nommé directeur de la société, et M. Pierre-Antoine Charanton est nommé directeur-adjoint. Ces deux nominations devront être confirmées par le conseil général dans sa première réunion.

81. Tableaux de classification.

(*Suivent les tableaux.*)

29 JUIN = 26 JUILLET 1841. — Ordonnance du roi qui autorise la cession d'un terrain domanial à la ville de Boulogne (Pas-de-Calais). (IX, Bull. supp. DXLVI, n. 15662.)

Louis-Philippe, etc., vu une délibération du 4 mars 1840, par laquelle le conseil municipal de Boulogne a demandé que l'Etat fît cession à la ville d'un terrain domanial situé entre l'abattoir public et la digue de la Liane, et qui serait destiné au prolongement d'une rue dite de la Madeleine; vu le plan des lieux, du 20 février 1840, et le procès-verbal d'expertise, du 13 octobre suivant, d'après lequel la valeur de ce terrain est fixée à cent fr.; vu le décret du 21 février 1808; considérant que la demande de la ville de Boulogne est fondée sur une cause d'utilité publique communale suffisamment justifiée; sur le rapport de notre ministre secrétaire d'Etat au département des finances, etc.

Art. 1er. Le préfet du département du Pas-de-Calais est autorisé à céder, au nom de l'Etat, à la ville de Boulogne, moyennant la somme de cent fr., un terrain domanial situé dans la même ville, de la contenance de dix ares quatre vingt-dix centiares, compris dans le périmètre A B C D E, sur le plan du 20 février 1840, et désigné au procès-verbal d'expertise du 13 octobre suivant, lesquels plan et procès-verbal resteront annexés à la minute de l'acte de cession. Cette cession sera faite, toutefois, sans garantie de contenance ni de mesure.

2. Le prix sera versé dans les caisses du domaine, aux époques et avec les intérêts fixés par les lois des 15 floréal an 10 et 5 ventôse an 12.

3. Tous les frais auxquels la cession a pu ou pourra donner lieu, y compris ceux de l'expertise du 13 octobre 1840, seront supportés par la ville.

4. Notre ministre des finances (M. Humann) est chargé, etc.

29 JUIN = 26 JUILLET 1841. — Ordonnance du roi qui prohibe la fabrication et la distillation des eaux-de-vie dans les limites de l'octroi de la ville de Lyon. (IX, Bull. supp. DXLVI, n. 15663.)

Louis-Philippe, etc., vu l'art. 10 de la loi du 24 mai 1834, ensemble l'art. 10 de la loi du 1er mai 1822; vu la délibération du conseil municipal de la ville de Lyon, en date du 13 mai 1841, votant la prohibition de la fabrication et de la distillation des eaux-de-vie dans l'intérieur des limites de l'octroi; vu l'avis de notre préfet du département du Rhône, du 22 du même mois; vu les observations de notre ministre secrétaire d'Etat au département de l'intérieur; sur le rapport de notre ministre secrétaire d'Etat au département des finances, etc.

Art. 1er. La fabrication et la distillation des eaux-de-vie sont interdites dans l'intérieur des limites de l'octroi de la ville de Lyon, département du Rhône. En conséquence, les distilleries d'eau-de-vie actuellement existantes dans l'intérieur desdites limites cesseront toute opération dans le délai de deux mois, à partir de la promulgation de la présente ordonnance.

2. Sont déterminées ainsi qu'il suit les bases pour la fixation de l'indemnité préalable à distribuer entre les propriétaires des établissements supprimés, savoir : 1º les frais de démolition des fourneaux, chaudières, alambics, cuves et autres agencements à l'usage de la distillerie, exclusivement, ainsi que le montant des réparations aux bâtiments que ces démolitions pourraient nécessiter; 2º les frais de reconstruction de ces mêmes objets dans un local supposé propre à leur usage, ainsi que les frais de transport depuis l'emplacement actuel de la fabrique jusqu'aux limites de l'octroi; 3º les engagements justifiés par actes authentiques et qui auraient été contractés par les distillateurs envers les propriétaires des maisons, terrains et usines où sont maintenant leurs fabriques; 4º enfin, une somme égale aux profits que chaque distillateur eût pu obtenir dans trois mois de fabrication, lesquels profits seront évalués à raison de dix pour cent des produits présumés de sa distillerie, calculés d'après les quantités qu'il a déclaré avoir fabriquées dans le cours du premier trimestre de cette année.

3. Le montant de l'indemnité sera réglé d'après ces bases, par trois experts, l'un nommé concurremment par la ville et la régie des contributions indirectes, le second par chacun des distillateurs, et le troisième par le président du tribunal de première instance de Lyon. Dans le cas où le propriétaire d'une distillerie n'aurait pas fait connaître au maire le choix de son expert dans les trois jours de la notification de la présente ordonnance, il y sera pourvu d'office par le président du tribunal de première instance de Lyon.

4. Les procès-verbaux des expertises faites conformément aux articles ci-dessus seront adressés, dans le mois qui suivra la promulgation de la présente ordonnance, par le préfet, avec son avis, ceux du conseil municipal et du directeur de la régie à Lyon, au directeur de l'administration des contributions indirectes, pour être soumis à notre ministre des finances, qui autorisera le paiement de l'indemnité due à chaque propriétaire. Ce paiement devra, autant que possible, être effectué avant l'époque fixée par l'art. 1er de la présente ordonnance.

5. Les contraventions à la disposition de l'art. 1er de la présente ordonnance seront punies conformément à l'art. 10 de la loi du 1er mai 1822.

6. Notre ministre des finances (**M.** Humann) est chargé, etc.

29 JUIN = 26 JUILLET 1841. — Ordonnance du roi qui autorise l'établissement à Lyon d'un entrepôt général pour les boissons. (IX, Bull. supp. DALVI, n. 15564.)

Louis-Philippe, etc., vu l'ordonnance du 9 décembre 1814 et les dispositions des lois des 28 avril 1816 et 24 juin 1824, relatives aux octrois; vu l'art. 9 de la loi des finances du 28 juin 1833; vu les délibérations du conseil municipal de la ville de Lyon, en date des 12 février et 13 mai 1841, tendant à l'établissement d'un entrepôt public pour les boissons; vu les avis de notre préfet du département du Rhône, des 6 mars et 22 mai même année; vu les observations de notre ministre secrétaire d'Etat au département de l'intérieur; sur le rapport de notre ministre secrétaire d'Etat au département des finances, etc.

Art. 1er. L'établissement, à Lyon, département du Rhône, d'un entrepôt général pour les boissons, et le règlement ci-annexé pour le service dudit entrepôt, sont approuvés.

2. Notre ministre des finances (**M.** Humann) est chargé, etc.

1er = 23 JUILLET 1841. — Ordonnance du roi concernant la garde municipale de Paris. (IX, Bull. DCCCXXXV, n. 9438.)

Louis-Philippe, etc., vu la loi du 10 juin 1841, qui ouvre un crédit pour l'augmentation de l'effectif de la cavalerie de la garde municipale de Paris; vu l'ordonnance du 16 mars 1838 pour l'exécution de la loi sur l'avancement; vu les ordonnances du 24 août 1838 des 26 juillet et 17 août 1839, sur l'organisation de la garde municipale; considérant que l'accroissement de l'effectif de ce corps et la spécialité du service dont il est chargé nécessitent certaines modifications aux dispositions des ordonnances ci-dessus désignées; sur le rapport de notre président du conseil, ministre secrétaire d'Etat au département de la guerre, et de notre ministre secrétaire d'Etat au département de l'intérieur, etc.

Art. 1er. Le complet de la garde municipale de Paris est porté à trois mille deux cent quarante-quatre officiers, sous-officiers, brigadiers et gardes, et à six cent quatre-vingt-douze chevaux. Le cadre d'organisation comprend un état-major, un peloton hors rang, seize compagnies d'infanterie et cinq escadrons. La composition du corps est déterminée ainsi qu'il suit:

ÉTAT-MAJOR (1). — Colonel, (1) (3); lieutenants-colonels, (2) (6); chefs d'escadron, (4) (8); major, (1) (2); capitaines adjudants-majors, (4) (8); capitaine d'habillement, (1) (2); chirurgien-major, (1) (1); chirurgiens-aides-majors, (4) (»); trésorier, (1) (»). Total, 19 hommes 30 chevaux.

PELOTON HORS RANG. — *Petit état-major, compris dans le peloton hors rang pour l'administration seulement.* — Adjudants sous-officiers (dont quatre non montés), (6) (2); vétérinaire en premier, (1) (1); vétérinaire en second, (1) (1); maréchal-des-logis tambour, (1) (»); maréchal-des-logis trompette, (1) (1); brigadier tambour, (1) (»); maître armurier, (1) (»); maître tailleur, (1) (»); maître bottier, (1) (»); maître sellier, (1) (»); maréchal-des-logis, premier secrétaire du colonel, (1) (»); maréchal-des-logis, premier secrétaire du trésorier, (1) (»); brigadier, premier secrétaire du major, (1) (»); brigadier, premier secrétaire du capitaine d'habillement, (1) (»); brigadier, deuxième secrétaire du trésorier, (1) (»); garde, deuxième secrétaire du colonel, (1) (»); garde, deuxième secrétaire du major, (1) (»); garde, deuxième secrétaire du capitaine d'habillement, (1) (»); gardes, secrétaires du trésorier, (4) (»); ouvriers, (9) (»). Total, 36 hommes 5 chevaux.

COMPAGNIES D'INFANTERIE.

		Une COMPAGNIE	Seize COMPAGNIES.	CHEVAUX.
Officiers. . . .	Capitaines.	1	16	32
	Lieutenants.	3	48	»
	Maréchaux-des-logis chefs	1	16	»
	Maréchaux-des-logis.	8	128	»
	Maréchaux-des-logis fourriers. . . .	1	16	»
Troupe. . . .	Brigadiers élèves fourriers. . . .	1	16	»
	Brigadiers.	16	256	»
	Gardes à pied.	125	2,000	»
	Tambours.	3	48	»
		159	2,544	32

ESCADRONS.

		Un ESCADRON.		Cinq ESCADRONS.	
		Hommes.	Chevaux.	Hommes.	Chevaux.
Officiers. . .	Capitaines.	1	2	5	10
	Lieutenants.	4	4	20	20
	Maréchaux-des-logis chefs. . . .	1	»	5	»
	Maréchaux-des-logis.	8	8	40	40
	Maréchaux-des-logis fourriers . . .	1	»	5	»
Troupe. . . .	Brigadiers élèves fourriers. . . .	1	»	5	»
	Brigadiers.	16	16	80	80
	Gardes.	92	92	460	460
	Trompettes.	3	3	15	15
	Maréchaux-ferrants.	2	»	10	»
		129	125	645	625

2. La solde, les masses et les indemnités sont fixées conformément au tarif annexé à la présente ordonnance.

3. Désormais les emplois de lieutenant dans les compagnies d'infanterie ou dans les escadrons de la garde municipale seront

_____

(1) Le premier chiffre indique le nombre d'hommes, le second celui des chevaux.

donnés, 1° un tiers aux sous-officiers du corps, mais ils n'auront d'abord que le grade de sous-lieutenant; ils rempliront néanmoins les mêmes fonctions que les lieutenants, toucheront le même traitement et seront promus au grade de lieutenant après deux ans d'exercice de leurs fonctions; 2° les deux autres tiers, soit à des sous-lieutenants ou lieutenants de la gendarmerie départementale, qui prendront rang dans la garde municipale d'un jour plus tard que le dernier sous-lieutenant ou lieutenant du corps, soit à des lieutenants de l'armée, pourvu qu'ils aient plus de vingt-cinq ans et moins de quarante ans d'âge, et un an d'activité de service dans leur grade.

4. Les emplois de capitaines dans la garde municipale seront exclusivement réservés à l'avancement des lieutenants de ce corps, deux tiers à l'ancienneté et un tiers au choix. En conséquence, ces officiers ne concourront plus avec les lieutenants de la gendarmerie départementale.

5. Les emplois de chef d'escadron dans la garde municipale sont donnés à des chefs d'escadron de la gendarmerie des départements, ou par avancement, sur toute

l'arme, soit à l'ancienneté, soit au choix.

6. Indépendamment de leur avancement dans la garde municipale, les sous-officiers de ce corps auront droit à des sous-lieutenances d'infanterie et de cavalerie dans la proportion de moitié des emplois qui auront été donnés aux lieutenants de ces deux armes dans la garde municipale. Toutefois aucun sous-officier de la garde municipale ne pourra concourir, pour cet avancement exceptionnel, s'il n'a été proposé à cet effet à l'inspection générale et s'il est âgé de plus de trente-cinq ans.

Dispositions transitoires.

7. Il sera pourvu, d'après les règles établies par les ordonnances du 24 août 1838 et du 26 juillet 1839, aux emplois qui vaquaient dans la garde municipale antérieurement à la loi du 10 juin 1841.

8. Toutes les dispositions des ordonnances du 24 août 1838 et du 26 juillet 1839 auxquelles il n'est pas formellement dérogé sont maintenues en vigueur.

9. Nos ministres de la guerre et de l'intérieur (MM. le duc de Dalmatie et Duchâtel) sont chargés, etc.

Tarif de la solde, des masses et indemnités attribuées

EFFECTIF.	DÉSIGNATION DES GRADES.	NOMBRE DE CHEVAUX par grade.	SOLDE PAR AN, y compris la retenue de deux pour cent. (a)	INDEMNITÉS de représentation. (b)	représentative de fourrages (c)	MASSE D'ENTRETIEN, à 1ᶠ 05ᶜ par sous-officier, brigadier, ou cavalier.	à 0ᶠ 55ᶜ par sous-officier, brigadier ou garde à pied.	DÉPENSE ANNUELLE, par grade, pour solde et masse individuelle d'entretien.
	Officiers.		fr. c.	fr. c.	fr. c.	fr. c.	fr. c.	fr. c.
1	Colonel.	3	10,000 00	2,500 00	1,500 00	»	»	14,000 00
2	Lieutenants-colonels. . . .	3	8,500 00	»	1,500 00	»	»	10,000 00
5	Chefs d'escadron et major.	2	7,000 00	»	1,000 00	»	»	8,000 00
4	Capitaines adjudants majors.	2	3,500 00	»	1,000 00	»	»	4,500 00
21	Capitaines d'infanterie et de cavalerie.	2	3,500 00	»	1,000 00	»	»	4,500 00
1	Capitaine d'habillement. .	2	3,500 00	»	1,000 00	»	»	4,500 00
48	Lieutenants d'infanterie. .	»	3,000 00	»	»	»	»	3,000 00
20	Lieutenants de cavalerie. .	1	3,200 00	»	500 00	»	»	3,700 00
1	Trésorier.	»	6,000 00	»	»	»	»	6,000 00
1	Chirurgien-major.	1	3,500 00	»	500 00	»	»	4,000 00
4	Chirurgiens aides-majors. .	»	3,000 00	»	»	»	»	3,000 00
	Petit état-major et peloton hors rang.							
2	Adjudants sous-officiers montés.	1	1,773 90	»	»	383 25	»	2,157 15
4	Adjudants sous-officiers non montés.	»	1,773 90	»	»	383 25 (d)	»	2,157 15
1	Vétérinaire en premier. .	1	1,489 20	»	»	383 25	»	1,872 45
1	Vétérinaire en second. .	1	897 90	»	»	383 25	»	1,281 15
1	Maréchal-des-logis tambour.	»	1,073 10	»	»	»	200 75	1,273 85
1	Maréchal-des-logis trompette.	1	1,182 60	»	»	383 25	»	1,565 85
1	Brigadier-tambour.	»	876 00	»	»	»	200 75	1,076 75
4	Maîtres ouvriers.	»	416 10	»	»	»	200 75	616 85
2	Maréchaux-des-logis secrétaires.	»	1,073 10	»	»	»	200 75	1,273 85
3	Brigadiers secrétaires. . . .	»	810 30	»	»	»	200 75	1,011 05
7	Gardes secrétaires.	»	416 10	»	»	»	200 75	616 85
9	Ouvriers tailleurs.	»	416 10	»	»	»	200 75	616 85
	Infanterie.							
16	Maréchaux-des-logis chefs.	»	1,489 20	»	»	»	200 75	1,689 95
128	Maréchaux-des-logis. . . .	»	1,073 10	»	»	»	200 75	1,273 85

(a) La solde des officiers, ainsi que les frais de représentation alloués au commandant du corps, sont passibles de la retenue légale de 2 pour 100 au profit du trésor. Le trésorier subit une retenue de 5 pour 100 au profit de la caisse des employés civils.

En principe, les officiers, sous-officiers, brigadiers et gardes, sont logés dans les bâtiments de la ville de Paris. Toutefois, lorsqu'il y a impossibilité de leur assigner un logement en nature, ils reçoivent, sur les fonds du matériel, les indemnités représentatives de logement qui sont fixées par le préfet de police. Les officiers jouissent de la solde entière pendant leur séjour à l'hôpital, à charge par eux de rembourser le prix des journées de traitement.

(b) En l'absence du colonel, les frais de représentation sont dus au lieutenant-colonel commandant le corps.

à chaque grade dans la garde municipale de Paris.

SOLDE PAR JOUR,		À L'HÔPITAL.		MASSES INDÉPENDANTES DE LA SOLDE, et ne donnant pas lieu à décompte au profit des hommes.					TRAITEMENT ANNUEL brut, comprenant la solde, les indemnités, les abonnements et les masses.	DÉPENSE ANNUELLE du complet dans chaque grade.
proprement dite, y compris les deux pour cent de retenue.	en congé, en détention ou jugement.	Fiévreux et blessés, demi-solde.	Vénériens, un tiers de solde.	Boulangerie, à 20 centimes par jour.	Fourrages, à 1 fr. 45 centimes par jour.	Chauffage, à 14 et 7 centimes par jour (e).	Hôpital, à 2 centimes par jour (f).	Secours, à 4 et à 2 centimes par jour (f).		
f. c. dm.	f. c. dm.	fr. c.	fr. c.	fr. c.	fr. c	fr. c.	fr. c.	fr. c.	fr. c	fr. c.
27 77 77	13 88 88	»	»	»	»	»	»	»	14 000 00	14,000 00
23 61 11	11 80 55	»	»	»	»	»	»	»	6,000 0	20,000 00
19 44 44	9 72 22	»	»	»	»	»	»	»	8,000 0	4,000 00
9 72 22	4 86 11	»	»	»	»	»	»	»	4,500 00	18,000 00
9 72 22	4 86 11	»	»	»	»	»	»	»	4,500 00	94,500 00
9 72 22	4 86 11	»	»	»	»	»	»	»	4,500 00	4,500 00
8 33 33	4 16 66	»	»	»	»	»	»	»	3,600 00	144,000 00
8 88 88	4 44 44	»	»	»	»	»	»	»	3,700 00	74,000 00
16 66 66	8 33 33	»	»	»	»	»	»	»	6,000 00	6,000 00
9 72 22	4 86 11	»	»	»	»	»	»	»	4,000 00	4,000 00
8 33 33	4 16 66	»	»	»	»	»	»	»	3,000 00	12,000 00
4 86 00	2 43 00	2 43	1 62	73 00	529 25	51 10	7 30	14 60 (d)	2,832 40	5,664 80
4 86 00	2 43 00	2 43	1 62	73 00	»	51 10	7 30	14 60	2,303 15	9,212 60
4 08 00	2 04 00	2 04	1 36	73 00	529 25	51 10	7 30	14 60	2,547 70	2,547 70
2 46 00	1 23 00	1 23	0 82	73 00	529 25	51 10	7 30	14 60	1,956 40	1,956 40
2 94 00	1 47 00	1 47	0 98	73 00	»	51 10	7 30	7 30	1,412 55	1,412 55
3 24 00	1 62 00	1 62	1 08	73 00	529 25	51 10	7 30	14 60	2,241 10	2,241 10
2 40 00	1 20 00	1 20	0 80	73 00	»	51 10	7 30	7 30	1,215 45	1,215 45
1 14 00	0 57 00	0 57	0 38	73 00	»	51 10	7 30	7 30	755 55	3,022 20
2 94 00	1 47 00	1 47	0 98	73 00	»	51 10	7 30	7 30	1,412 55	2,825 10
2 22 00	1 11 00	1 11	0 74	73 00	»	51 10	7 30	7 30	1,149 75	3,449 25
1 14 00	0 57 00	0 57	0 38	73 00	»	25 55	7 30	7 30	730 00	5,110 00
1 14 00	0 57 00	0 57	0 38	73 00	»	25 55	7 30	7 30	730 00	6,570 00
4 08 00	2 04 00	2 04	1 36	73 00	»	51 10	7 30	7 30	1,828 65	29,258 40
2 94 00	1 47 00	1 47	0 98	73 00	»	51 10	7 30	7 30	1,412 55	180,806 40

(e) Les rations de fourrages pour les chevaux d'officiers sont décomptées à raison d'un franc trente-sept centimes l'une.

(d) Les masses d'entretien et de secours ont été maintenues à trois cent quatre-vingt-trois francs vingt-cinq cent., et à quatorze francs soixante cent., en raison des dépenses qu'exige la spécialité des fonctions.

(e) Les sous-officiers et les militaires assimilés à ce grade par l'art. 317 de l'ordonnance du 25 décembre 1837, reçoivent une double ration de chauffage.

(f) La masse d'hôpital et la masse de secours sont allouées, à titre d'abonnement, d'après le complet du corps en sous-officiers, brigadiers et gardes, tel qu'il est fixé par l'ordonnance d'organisation ; cette dernière masse, sur le pied de quatre centimes par jour pour les hommes montés, et de deux centimes pour les hommes non montés.

EFFECTIF.	DÉSIGNATION DES GRADES.	NOMBRE DE CHEVAUX par grade.	SOLDE PAR AN, y compris la retenue de deux pour cent.	INDEMNITÉS de représentation.	représentative de fourrages.	MASSE D'ENTRETIEN à 1f 05c par sous-officier, brigadier ou cavalier.	à 0f 55c par sous-officier, brigadier ou garde à pied.	DÉPENSE ANNUELLE, par grade, pour solde et masse individuelle d'entretien.
			fr. c.	fr. c.	fr. c.	fr. c.	fr. c.	fr. c.
16	Maréchaux-des-logis fourriers.	»	1,182 60				200 75	1,383 35
16	Brigadiers élèves fourriers.	»	810 30				200 75	1,011 05
256	Brigadiers.	»	810 30				200 75	1,011 05
2,000	Gardes à pied.	»	416 10				200 75	616 85
48	Tambours.	»	481 80				200 75	682 55
	Cavalerie.							
5	Maréchaux-des-logis chefs.	»	1,489 20				255 50 (a)	1,744 70
40	Maréchaux-des-logis.	1	1,182 60			383 25	»	1,565 85
5	Maréchaux-des-logis fourriers.	»	1,182 60				255 50 (a)	1,438 10
5	Brigadiers élèves fourriers.	»	919 80				255 50 (a)	1,175 30
80	Brigadiers.	1	919 80			383 25		1,303 05
460	Gardes à cheval.	1	547 50			383 25	»	930 75
15	Trompettes.	1	613 20			383 25	»	996 45
10	Maréchaux-ferrants.	»	416 10			»	200 75	610 85
3,244								

(a) Pour ce grade, la masse d'entretien est augmentée de quinze centimes, et portée par conséquent à soixante et dix centimes par jour.

12 = 28 JUILLET 1841. — Ordonnance du roi qui ouvre au ministre de la marine et des colonies un crédit supplémentaire pour des créances constatées sur des exercices clos. (IX, Bull. DCCCXXXV, n. 9439.)

Louis-Philippe, etc., vu l'état des créances liquidées à la charge du département de la marine et des colonies, additionnellement aux restes à payer constatés par les comptes définitifs des exercices clos 1837, 1838 et 1839; considérant que ces créances concernent des services non compris dans la nomenclature de ceux pour lesquels les lois de dépenses des mêmes exercices ont donné la faculté d'ouvrir des suppléments de crédits; considérant toutefois qu'aux termes de l'art. 9 de la loi du 25 mai 1834 et de l'art. 108 de notre ordonnance du 31 mai 1838, portant règlement général sur la comptabilité publique, lesdites créances peuvent être acquittées, attendu qu'elles se rapportent à des services prévus par les budgets des exercices 1837, 1838 et 1839, et que leur montant n'excède pas les restants de crédits dont l'annulation a été prononcée sur ces services par la loi de règlement desdits exercices; sur le rapport de notre ministre secrétaire d'Etat de la marine et des colonies, et de l'avis de notre conseil des ministres, etc.

Art. 1er. Il est ouvert à notre ministre secrétaire d'Etat de la marine et des colonies, en augmentation des restes à payer constatés par les lois de règlement des exercices 1837, 1838 et 1839, un crédit supplémentaire de dix-sept mille trente-deux francs vingt centimes, montant des créances désignées au tableau ci-annexé, qui ont été liquidées à la charge de ces exercices, et dont les états nominatifs seront adressés en double expédition au ministre secrétaire d'Etat des finances, conformément à l'art. 106 de notre ordonnance du 31 mai 1838, portant règlement général

SOLDE PAR JOUR,		A L'HÔPITAL.		MASSES INDEPENDANTES DE LA SOLDE, et ne donnant pas lieu à décompte au profit des hommes.					TRAITEMENT ANNUEL brut, comprenant la solde, les indemnités, les abonnements et les masses.	DÉPENSE ANNUELLE du complet dans chaque grade.
proprement dite, y compris les deux pour cent de retenue.	en congé, en détention ou jugement.	Fièvreux et blessés, demi-solde.	Vénériens, un tiers de solde.	Boulangerie, à 20 centimes par jour.	Fourrages, à 1 fr. 45 centimes par jour.	Chauffage, à 14 et 7 centimes par jour.	Hôpital, à 2 centimes par jour.	Secours, à 4 et à 2 centimes par jour.		
fr. c. dm.	fr. c. dm.	fr. c.	fr. c.	fr. c.	fr. c.	fr. c.	fr. c.	fr. c.	fr. c.	fr. c.
3 24 00	1 62 00	1 62	1 08	73 00	»	51 10	7 30	7 30	1,522 05	24,352 80
2 22 00	1 11 00	1 11	0 74	73 00	»	25 55	7 30	7 30	1,124 20	17,987 20
2 22 00	1 11 00	1 11	0 74	73 00	»	25 55	7 30	7 30	1,124 20	287,795 20
1 14 00	0 57 00	0 57	0 38	73 00	»	25 55	7 30	7 30	730 00	1,460,000 00
1 32 00	0 66 00	0 66	0 44	73 00		25 55	7 30	7 30	795 70	38,193 60
4 08 00	2 04 00	2 04	1 36	73 00	»	51 10	7 30	7 30	1,883 40	9,417 00
3 24 00	1 62 00	1 62	1 08	73 00	529 25	51 10	7 30	14 60	2,241 10	89,644 00
3 24 00	1 62 00	1 62	1 08	73 00	»	51 10	7 30	7 30	1,576 80	7,884 00
2 52 00	1 26 00	1 26	0 84	73 00	»	25 55	7 30	7 30	1,288 45	6,442 25
2 52 00	1 26 00	1 26	0 84	73 00	529 25	25 55	7 30	14 60	1,952 75	156,220 00
1 50 00	0 75 00	0 75	0 50	73 00	529 25	25 55	7 30	14 60	1,580 45	727,007 00
1 68 00	0 84 00	0 84	0 56	73 00	529 25	25 55	7 30	14 60	1,646 15	24,692 25
1 14 00	0 57 00	0 57	0 38	73 00	»	25 55	7 30	7 30	730 00	7,300 00
										3,543,227 25

sur la comptabilité publique, savoir : exercices 1837, 928 fr. 30 c.; 1838, 9,823 fr. 30 c.; 1839, 6,280 fr. 60 c. Total, 17,032 fr. 20 c.

2. Notre ministre secrétaire d'État de la marine et des colonies est, en conséquence, autorisé à ordonnancer ces créances sur le chapitre spécial ouvert pour les dépenses des exercices clos aux budgets des exercices courants, en exécution de l'art. 8 de la loi du 23 mai 1834.

5. La régularisation de ce crédit sera proposée aux Chambres lors de leur prochaine session.

4. Nos ministres de la marine et des colonies, et des finances (MM. Duperré et Humann) sont chargés, etc.
(*Suit le tableau.*)

12 = 28 JUILLET 1841. — Ordonnance du roi qui ouvre au ministre de la marine et des colonies un crédit extraordinaire pour des créances à

solder sur des exercices périmés. (IX, Bull. DCCCXXXV, n. 9440.)

Louis-Philippe, etc., vu l'état des créances liquidées à la charge du département de la marine et des colonies sur les exercices périmés 1855 et 1836, et qui, pour les causes énoncées audit état, ne sont point passibles de la déchéance prononcée par l'art. 9 de la loi du 29 janvier 1831; vu l'art. 8 de la loi du 10 mai 1838, aux termes duquel les créances de cette nature ne peuvent être ordonnancées par nos ministres qu'après que des crédits extraordinaires spéciaux par articles leur ont été ouverts à cet effet, conformément aux art. 4, 5 et 6 de la loi du 24 avril 1833; vu l'art. 114 de notre ordonnance du 31 mai 1858, portant règlement général sur la comptabilité publique; sur le rapport de notre ministre secrétaire d'Etat de la marine et des colonies, et de l'avis de notre conseil des ministres, etc.

Art. 1er. Un crédit extraordinaire spécial de neuf cent treize francs vingt-six centimes est ouvert à notre ministre secrétaire d'Etat de la marine et des colonies sur le budget de l'exercice 1841, pour solder les créances des exercices périmés non frappés de déchéance, qui sont détaillées au tableau ci-annexé.

2. L'ordonnancement de ces créances aura lieu avec imputation au chapitre spécial *Dépenses des exercices périmés*, prescrit par l'art. 8 de la loi du 10 mai 1838.

3. La régularisation de ce crédit sera proposée aux Chambres lors de leur prochaine session.

4. Nos ministres de la marine et des colonies, et des finances (MM. Duperré et Humann) sont chargés, etc.

———

12 ═ 28 juillet 1841. — Ordonnance du roi qui augmente l'effectif des compagnies d'ouvriers d'artillerie de marine. (IX, Bull. DCCCXXXV, n. 9441.)

Louis-Philippe, etc., sur le rapport de notre ministre secrétaire d'Etat au département de la marine et des colonies, etc.

Art. 1er. L'effectif des compagnies d'ouvriers d'artillerie, que notre ordonnance du 14 septembre 1835 (1) avait fixé à huit cent dix hommes, sera porté à huit cent trente-sept hommes par l'augmentation de deux officiers et de vingt-cinq sous-officiers et soldats.

2. Le nouvel effectif sera réparti en six compagnies, de la manière suivante :

Première compagnie, à Brest.—Capitaine en premier, 1 ; capitaine en second, 1 ; lieutenant en premier, 1 ; lieutenant en second ou sous-lieutenant, 1 ; sergent-major, 1 ; sergents, 8 ; fourrier, 1 ; caporaux, 8 ; maîtres ouvriers, 14 ; ouvriers de 1re classe, 18 ; de 2e classe, 34 ; de 3e classe, 54 ; tambours, 2. Total, 144.

Deuxième compagnie, à Toulon. — Capitaine en premier, 1 ; capitaine en second, 1 ; lieutenant en premier, 1 ; lieutenants en second ou sous lieutenants, 2 ; sergent-major, 1 ; sergents, 8 ; fourrier, 1 ; caporaux, 8 ; maîtres ouvriers, 14 ; ouvriers de 1re classe, 18 ; de 2e classe, 34 ; de 3e classe, 54 ; tambours, 2. Total, 145.

Troisième compagnie, à Rochefort. — Capitaine en premier, 1 ; capitaine en second, 1 ; lieutenant en premier, 1 : lieutenant en second ou sous lieutenant, 1 ; sergent-major, 1 ; sergents, 7 ; fourrier, 1 : caporaux, 7 ; maîtres ouvriers, 10 ; ouvriers de 1re classe, 14 ; de 2e classe, 26 ; de 3e classe, 42 ; tambours, 2. Total, 114.

Quatrième compagnie, à Lorient. — Même composition que dessus, 114.

Cinquième compagnie, à Cherbourg. — Même composition que dessus, 114.

Sixième compagnie, à Brest et aux colonies. — Capitaine en premier, 1 ; capitaine en second, 1 ; lieutenant en premier, 1 ; lieutenant en second, ou sous-lieutenants, 3 ; sergent-major, 1 ; sergents, 12 ; fourrier, 1 ; caporaux, 15 ; maîtres ouvriers, 20 ; ouvriers de 1re classe, 25 ; de 2e classe, 40 ; de 3e classe, 82 ; tambours, 4. Total, 206.

Le nombre des enfants de troupe restera fixé à quinze et sera réparti ainsi qu'il suit : 1re compagnie, 3 ; 2e, 3 ; 3e, 2 ; 4e, 2 ; 5e, 2 ; 6e, 3. Total, 15.

Total général, 852.

Détail de l'effectif. — Officiers. — Capitaines commandants, 6 ; en deuxième, 6 ; lieutenants en premier, 6 ; en second ou sous-lieutenants, 9. Total, 27.

Troupe.—Sergents-majors, 6 ; sergents, 49 ; fourriers, 6 ; caporaux, 52 ; maîtres ouvriers, 78 ; ouvriers de 1re classe, 103 ; de 2e classe, 186 ; de 3e classe, 316 ; tambours, 14. Total, 810.

Enfants de troupe, 15.

Total général, 852.

3. La formation de la sixième compagnie aura lieu au moyen des sous-officiers et soldats tirés des cinq premières compagnies, dans la proportion qui sera déterminée par notre ministre de la marine.

4. Désormais tous les détachements d'ouvriers à envoyer aux colonies seront fournis par la sixième compagnie, qui aura, en outre, à pourvoir aux remplacements partiels effectués annuellement dans les colonies.

5. Les détachements de la sixième compagnie seront commandés, savoir : celui de Bourbon, par le capitaine commandant ou par le capitaine en second ; celui de la Martinique, par le lieutenant en premier ; ceux de la Guadeloupe et du Sénégal, par deux des lieutenants en second ou sous-lieutenants.

6. Lorsque les détachements d'ouvriers seront rappelés en France, à l'expiration de leur service colonial, qui demeure fixé à quatre ans, les cinq premières compagnies fourniront de nouveau un contingent à la sixième compagnie, et les hommes revenus des colonies, qui seront encore liés au service, à quelque titre que ce soit, seront répartis dans les premières compagnies, pour y attendre l'époque de leur libération.

7. Les lieutenants en premier ou en

———

(1) Voy. tome 35.

second, à leur retour des colonies, seront placés, soit dans le régiment d'artillerie, soit dans les compagnies d'ouvriers, selon les besoins du service.

8. Dans le cas où il y aurait des remplacements partiels à faire, aux colonies, parmi les officiers de la sixième compagnie, ils seront effectués par des officiers des grades correspondants, pris indifféremment dans le régiment d'artillerie ou dans les compagnies d'ouvriers.

9. Le conseil d'administration de la sixième compagnie sera composé du directeur d'artillerie, président; de celui des deux capitaines restant en France; d'un des lieutenants en second ou sous-lieutenants, chargé de l'habillement. Le sergent-major de la compagnie sera secrétaire du conseil sans y avoir voix délibérative. Chaque détachement aux colonies sera administré par le chef qui le commandera.

10. Toutes dispositions contraires à celles de la présente ordonnance sont et demeurent abrogées.

11. Notre ministre de la marine et des colonies (M. Duperré) est chargé, etc.

---

20 = 28 JUILLET 1841. — Ordonnance du roi qui accorde au ministre des affaires étrangères un crédit supplémentaire pour des créances constatées sur un exercice clos. (IX, Bull. DCCCXXXV, n. 9442.)

Louis-Philippe, etc., vu l'état des créances à solder par notre ministre secrétaire d'État des affaires étrangères sur l'exercice clos 1859, additionnellement aux restes à payer constatés par le compte définitif de cet exercice; considérant que lesdites créances s'appliquent à un service pour lequel la nomenclature annexée à la loi de finances dudit exercice nous réserve la faculté d'ouvrir des suppléments de crédit en l'absence des Chambres; vu l'art. 9 de la loi du 23 mai 1834 et l'art. 100 de notre ordonnance du 31 mai 1838, portant règlement général sur la comptabilité publique, aux termes desquels les créances des exercices clos non comprises dans les restes à payer arrêtés par les lois de règlement ne peuvent être ordonnancées par nos ministres qu'au moyen de crédits supplémentaires accordés suivant les formes déterminées par la loi du 24 avril 1833; sur le rapport de notre ministre secrétaire d'État au département des affaires étrangères, et de l'avis de notre conseil des ministres, etc.

Art. 1ᵉʳ. Il est accordé à notre ministre secrétaire d'État des affaires étrangères, en augmentation des restes à payer constatés par le compte définitif de l'exercice 1839, un crédit supplémentaire de cinquante-quatre mille quatre cent deux francs quinze centimes (54,402 fr. 15 c.), montant des créances détaillées au bordereau ci-annexé qui ont été liquidées à la charge de cet exercice, et dont les états nominatifs seront adressés en double expédition au ministre secrétaire d'État des finances, conformément à l'art. 106 de notre ordonnance du 31 mai 1858, portant règlement général sur la comptabilité publique.

2. Notre ministre secrétaire d'État des affaires étrangères est, en conséquence, autorisé à ordonnancer ces créances sur le chapitre spécial ouvert pour les dépenses des exercices clos aux budgets des exercices courants, en exécution de l'art. 8 de la loi du 23 mai 1834.

3. La régularisation de ce crédit sera proposée aux Chambres lors de leur prochaine session.

4. Nos ministres des affaires étrangères et des finances (MM. Guizot et Humann) sont chargés, etc.

---

20 = 28 JUILLET 1841. — Ordonnance du roi qui ouvre au ministre des affaires étrangères, sur l'exercice 1840, un crédit supplémentaire applicable au chapitre des frais de voyages et courriers. (IX, Bull. DCCCXXXV, n. 9443.)

Louis-Philippe, etc., vu les art. 3 et 4 de la loi du 24 avril 1833; vu la loi du 10 août 1859, portant fixation du budget des dépenses de l'exercice 1840, et contenant, art. 6, la nomenclature détaillée des dépenses pour lesquelles la faculté nous est réservée d'ouvrir des crédits supplémentaires en cas d'insuffisance, dûment justifiée, des crédits législatifs; vu les art. 20, 21, 22, 23 et 25 de notre ordonnance du 31 mai 1838, portant règlement général sur la comptabilité publique; sur le rapport de notre ministre secrétaire d'État des affaires étrangères, et de l'avis de notre conseil des ministres, etc.

Art. 1ᵉʳ. Il est ouvert à notre ministre secrétaire d'État des affaires étrangères, sur l'exercice 1840, un crédit supplémentaire de cent quatre-vingt-dix mille francs (190,000 fr.), applicable au chapire *Frais de voyages et de courriers*.

2. La régularisation de ce crédit supplémentaire sera proposée aux Chambres lors de leur prochaine session.

3. Nos ministres des affaires étrangères et des finances (MM. Guizot et Humann) sont chargés, etc.

---

20 JUILLET = 1ᵉʳ AOUT 1841. — Ordonnance du roi qui ouvre au ministre des affaires étrangères,

sur l'exercice 1841, un crédit supplémentaire applicable au chapitre des missions extraordinaires et dépenses imprévues. (IX, Bull. DCCCXXXVI, n. 9450.)

Louis-Philippe, etc., vu les art. 3 et 4 de la loi du 24 avril 1833; vu la loi du 16 juillet 1840, portant fixation du budget des dépenses de l'exercice 1841, et contenant, art. 6, la nomenclature détaillée des dépenses pour lesquelles la faculté nous est réservée d'ouvrir des crédits supplémentaires en cas d'insuffisance, dûment justifiée, des crédits législatifs; vu les art. 20, 21, 22, 23 et 25 de notre ordonnance du 31 mai 1838, portant règlement général sur la comptabilité publique; sur le rapport de notre ministre secrétaire d'Etat des affaires étrangères, et de l'avis de notre conseil des ministres, etc.

Art. 1ᵉʳ. Il est ouvert à notre ministre secrétaire d'Etat des affaires étrangères, sur l'exercice 1841, un crédit supplémentaire de deux cent mille francs (200,000 fr.), applicable au chapitre *Missions extraordinaires et dépenses imprévues.*

2. La régularisation de ce crédit supplémentaire sera proposée aux Chambres lors de leur prochaine session.

3. Nos ministres des affaires étrangères et des finances (MM. **Guizot** et **Humann**) sont chargés, etc.

24 JUILLET — 1ᵉʳ AOUT 1841. — Ordonnance du roi qui maintient M. le lieutenant-général comte Corbineau dans la première section du cadre de l'état-major général. (IX, Bull. DCCCXXXVI, n. 9451.)

Louis-Philippe, etc., vu la loi du 4 août 1839; sur le rapport de notre ministre secrétaire d'Etat de la guerre, et de l'avis de notre conseil des ministres, etc.

Art. 1ᵉʳ. M. le lieutenant-général comte Corbineau (Jean-Baptiste-Juvenal) est maintenu dans la première section du cadre de l'état-major général.

2. Notre ministre de la guerre (duc de Dalmatie) est chargé, etc.

10 JUILLET = 5 AOUT 1841. — Ordonnance du roi qui prescrit la publication de la convention conclue, le 29 août 1840, entre la France et la république d'Haïti, dans le but d'assurer la répression de la traite des noirs. (IX, Bull. DCCCXXXVII, n. 9452.)

Louis-Philippe, etc., savoir faisons qu'entre nous et le président de la république d'Haïti il a été conclu au Port-au-Prince, le 29 août de l'année dernière, une convention stipulant l'accession de ladite république à la convention du 30 novembre 1831, et à la convention supplémen-

taire, en date du 22 mars 1833, avec son annexe, conclues toutes deux à Paris, entre la France et la Grande-Bretagne, et destinées à assurer la répression complète du crime de la traite des noirs; convention d'accession dont les ratifications ont été respectivement échangées au Port-au-Prince, le 5 avril dernier, et dont la teneur suit:

Au nom de la très-sainte et indivisible trinité, S. M. le roi des Français ayant, en conformité de l'art. 9 de la convention conclue, le 30 novembre 1831, entre la France et la Grande-Bretage, pour la répression de la traite, invité le président de la république d'Haïti à accéder à ladite convention et à celle du 22 mars 1833, entre les mêmes puissances; et le président de la république d'Haïti, également animé du désir de coopérer au même but d'humanité, s'étant empressé d'accueillir cette proposition; les deux hautes parties, dans la vue d'accomplir ce dessein généreux, et pour donner à l'accession du président de la république d'Haïti, ainsi qu'à son acceptation par S. M. le roi des Français, l'authenticité convenable et toute la solennité usitée, ont résolu de conclure, à cet effet, une convention formelle, et ont, en conséquence, nommé pour leurs plénipotentiaires, savoir: S. M. le roi des Français, le sieur André-Nicolas Levasseur, chevalier de l'ordre royal de la Légion-d'Honneur, et son consul général en Haïti; et le président de la république d'Haïti, le sénateur Charles Bazelais; lesquels, après s'être communiqué réciproquement leurs pleins pouvoirs, trouvés en bonne et due forme, sont convenus des articles suivants:

Art. 1ᵉʳ. Le président de la république d'Haïti accède aux conventions conclues et signées le 30 novembre 1831 et le 22 mars 1833, entre S. M. le roi des Français et feu S. M. le roi du royaume-uni de la Grande-Bretagne et d'Irlande, relativement à la répression de la traite, ainsi qu'à l'annexe de la seconde convention, contenant les instructions pour les croiseurs, sauf les réserves et modifications exprimées dans les art. 2, 3, 4, 5, 6 et 7 ci-après, qui seront considérés comme additionnels auxdites conventions et à l'annexe susmentionnée, et sauf les différences qui résultent nécessairement de la situation du président de la république d'Haïti, comme partie accédante aux conventions en question après leur conclusion. S. M. le roi des Français accepte l'accession du président de la république d'Haïti. En conséquence, tous les articles des deux conventions susdites, et toutes les dispositions de l'annexe susmentionnée, sauf les réserves et modifications dont il est ci-dessus parlé, seront censés avoir été conclus et signés de même que la présente convention, directement entre S. M. le roi des Français et le président de la république d'Haïti. Les hautes parties contractantes s'engagent et promettent réciproquement d'exécuter fidèlement, sauf les réserves et modifications exprimées aux présentes, toutes les clauses, conditions et obligations qui y sont stipulées, et, pour éviter toute incertitude, il a été convenu que les susdites conventions, ainsi que l'annexe de la seconde convention, contenant les instructions pour les croiseurs, seront insérées ici mot à mot, ainsi qu'il suit :

(Suivent la convention et la convention supplémentaire, avec son annexe, conclues entre la France et la Grande-Bretagne, les 30 novembre 1831 et 22 mars 1833, relativement à la répression du crime de la traite des noirs ; lesquelles convention, convention supplémentaire et annexe ont été publiées le 25 juillet 1833 et insérées au Bulletin des lois (2e part., 1re sect., Bull. 243, n. 4928).

2. Les hautes parties contractantes, considérant que chacune des îles de Cuba et de Porto-Rico n'est séparée de l'île d'Haïti que par un canal de peu de largeur, conviennent que, par exception aux n. 3 et 4 de l'art. 1er de la convention du 30 novembre 1831, les croiseurs français ne pourront point visiter les bâtiments haïtiens naviguant dans cette moitié de l'un et de l'autre canal qui baigne les côtes d'Haïti.

3. Il est entendu que l'art. 2 de la convention du 30 novembre 1831, l'art. 1er de la convention du 22 mars 1833, et l'art. 1er des instructions y annexées, seront, en ce qui concerne les commandants des croiseurs haïtiens, compris en ce sens que lesdits commandants devront avoir le grade de capitaine ou, au moins, celui de lieutenant dans la marine de la république.

4. La dernière disposition de l'art. 5 de la convention du 22 mars 1833 sera ainsi conçue : Cette portion, aussi longtemps que la législation de la république d'Haïti ne permettra pas qu'elle soit augmentée, sera de cinquante pour cent du produit net de la vente, sans aucune autre indemnité de quelque nature que ce soit.

5. L'art. 11 de la convention du 22 mars 1833 sera modifié de la manière suivante : Les deux gouvernements conviennent d'assurer la liberté immédiate de tous les captifs qui seront trouvés à bord des bâtiments visités et arrêtés en vertu des clauses de la convention principale ci-dessus mentionnée, ou de la présente convention, toutes les fois que le crime de traite aura été déclaré constant par les tribunaux respectifs ; et ils se réservent de pourvoir au bien-être

desdits captifs libérés, conformément aux lois respectives des deux états.

6. L'art. 5 des instructions annexées à la convention du 22 mars 1833 sera ainsi conçue : Tous les navires haïtiens qui seraient arrêtés par les croiseurs de S. M. le roi des Français, employés dans quelque station que ce soit, seront conduits et remis à la juridiction haïtienne, au Port-au-Prince. Tous les navires français qui seraient arrêtés par les croiseurs haïtiens, dans quelque station que ce soit, seront conduits, au choix desdits croiseurs, soit à Gorée, soit à la Martinique, soit à la Guadeloupe, soit à l'île Bourbon, soit à Cayenne, et remis, dans tous les cas, à la juridiction française dans ces colonies.

7. Dans le cas où la république d'Haïti le jugerait convenable à sa situation, elle pourra n'envoyer de croiseurs que sur certaines stations, et même n'en armer aucun, sans cependant que pour cela elle soit dispensée d'accorder aux croiseurs français les autorisations stipulées en l'art. 5 de la convention du 30 novembre 1831.

8. La présente convention sera ratifiée, et les ratifications en seront échangées au Port-au-Prince, dans le délai de six mois, au plus tôt, si faire se peut. En foi de quoi, les plénipotentiaires ci-dessus nommés ont signé la présente convention en double original, et y ont apposé leurs cachets. Fait au Port-au-Prince, le 29 août 1840. (L.S.) *Signé* LEVASSEUR. (L.S.) *Signé* BAZELAIS.

25 JUILLET = 5 AOUT 1841. — Ordonnance du roi qui ouvre, sur l'exercice 1840, un crédit supplémentaire pour encouragements aux pêches maritimes. (IX, Bull. DCCCXXXVII, n. 9453.)

Louis-Philippe, etc., vu les art. 3 et 4 de la loi du 24 avril 1833 ; vu la loi du 10 août 1839, portant fixation du budget des dépenses de l'exercice 1840, et contenant, art. 6, la nomenclature détaillée des dépenses pour lesquelles nous est réservée la faculté d'ouvrir des crédits supplémentaires en cas d'insuffisance, dûment justifiée, des crédits législatifs ; vu les art. 20, 21, 22, 23 et 25 de notre ordonnance du 31 mai 1838, portant règlement général sur la comptabilité publique ; vu notre ordonnance du 5 octobre 1840, qui ouvre un crédit supplémentaire de un million cinq cent mille francs (1,500,000 fr.), applicable au chapitre 9 du budget du ministère de l'agriculture et du commerce, exercice 1840 ; sur le rapport de notre ministre secrétaire d'Etat de l'agriculture et du commerce, et de l'avis de notre conseil des ministres, etc.

Art. 1er. Il est ouvert à notre ministre

secrétaire d'Etat de l'agriculture et du commerce, sur l'exercice 1840, un crédit supplémentaire de cent trente mille francs (130,000 fr.) applicable au chapitre 9 du budget de ce ministère (encouragements aux pêches maritimes).

2. La régularisation de ce crédit supplémentaire sera proposée aux Chambres lors de leur prochaine session.

3. Nos ministres de l'agriculture et du commerce, et des finances (MM. Cunin-Gridaine et Humann) sont chargés, etc.

28 JUILLET = 5 AOUT 1841. — Ordonnance du roi concernant la magistrature des colonies. (IX, Bull. DCCCXXXVII, n. 9454.)

Louis-Philippe, etc., sur le rapport de notre ministre secrétaire d'Etat au département de la marine et des colonies, et de notre garde des sceaux, ministre secrétaire d'Etat au département de la justice et des cultes, etc.

Art. 1er. Les ordonnances portant nomination ou révocation des membres des cours royales et des tribunaux de première instance dans les colonies françaises seront rendues sur le rapport de notre garde des sceaux, ministre de la justice et des cultes, et de notre ministre de la marine et des colonies. Elles seront contre-signées par notre garde des sceaux.

2. Les magistrats des colonies réunissant les conditions exigées par la loi pourront être placés dans la magistrature continentale après cinq années d'exercice de leurs fonctions dans les colonies.

3. L'administration de la justice aux colonies demeurera dans les attributions de notre ministre de la marine. Toutefois, il ne pourra être statué en matière disciplinaire à l'égard des magistrats des colonies par notre ministre de la marine qu'avec le concours de notre garde des sceaux. Les gouverneurs, ainsi que les cours et tribunaux des colonies, conserveront, à l'égard des membres de l'ordre judiciaire, les pouvoirs et les attributions qui leur ont été respectivement conférés par les ordonnances organiques concernant l'administration de la justice aux colonies.

4. Nos ministres de la marine et des colonies, de la justice et des cultes (MM. Duperré et Martin du Nord) sont chargés, etc.

6 JUILLET = 9 AOUT 1841. — Ordonnance du roi concernant les examens dans les facultés de droit. (IX, Bull. DCCCXXXVIII, n. 9458.)

Louis-Philippe, etc., sur le rapport de notre ministre secrétaire d'Etat au département de l'instruction publique; vu l'art. 38 de la loi du 13 mars 1804, portant qu'il sera pourvu par des règlements d'administration publique à la forme et à la durée des examens dans les écoles de droit; vu la section 6 du décret du 21 septembre 1804; vu l'avis de la commission des hautes études de droit; vu la délibération du conseil royal de l'instruction publique, en date du 18 juin 1841, etc.

Art. 1er. A l'avenir les examens pour les différents grades dans les facultés de droit auront lieu à des époques fixes déterminées, pour chaque faculté, au commencement de l'année scolaire, d'après le nombre présumé des candidats. Dans la faculté de droit de Paris, les sessions d'examen seront autorisées pendant toute la durée de l'année scolaire.

2. A partir de la prochaine année scolaire, le deuxième examen pour la licence comprendra d'abord une épreuve écrite sur une des matières d'enseignement obligatoires pour ledit grade : cette épreuve aura lieu, pour chaque candidat, le même jour que l'épreuve orale qu'il doit soutenir. Le mode de ladite composition sera réglé par un arrêté pris en séance de notre conseil royal de l'instruction publique.

3. Les examinateurs porteront leur jugement, tant sur la composition écrite que sur l'examen oral, par un seul scrutin exprimé selon les formes actuellement établies dans la faculté de droit de Paris.

4. Tout candidat dont l'ajournement aura été prononcé à la suite d'une épreuve ne pourra de nouveau se présenter à l'examen avant trois mois révolus. La nouvelle épreuve devra nécessairement avoir lieu devant la même faculté que la précédente, à moins d'une autorisation spéciale accordée par notre ministre de l'instruction publique.

5. Notre ministre secrétaire d'Etat au département de l'instruction publique (M. Villemain) est chargé, etc.

13 JUILLET = 9 AOUT 1841. — Ordonnance du roi qui charge une commission d'examiner la comptabilité des matières et approvisionnements de toute nature appartenant à l'Etat. (IX, Bull. DCCCXXXVIII, n. 9459.)

Louis-Philippe, etc., vu la loi sur le règlement définitif de l'exercice 1830, portant, art. 10, que les comptes des matières appartenant à l'Etat seront chaque année imprimés et soumis aux Chambres à l'appui des comptes généraux; vu les comptes rendus et publiés en exécution de cette disposition par nos ministres de la guerre, de la marine et des finances; vu les observations faites dans les Chambres législatives sur les justifications et les contrôles qu'il serait utile d'établir pour ajouter à ces comptes de nouvelles garanties d'ordre et d'exactitude, etc.

Art. 1er. Une commission nommée par nous sera chargée d'examiner, dans ses différents degrés, la comptabilité des matières et approvisionnements de toute nature appartenant à l'Etat; de rechercher les nouvelles dispositions qu'elle lui paraîtrait exiger, et spécialement de proposer les mesures à prendre pour soumettre à des justifications et à des contrôles périodiques les opérations des agents comptables, et la situation des magasins, usines et arsenaux. Le résultat des travaux de la commission devra nous être soumis avant la prochaine réunion des Chambres.

2. Sont nommés membres de la commission instituée par l'article qui précède, MM. Barthe, pair de France, premier président de la Cour des comptes, président; marquis d'Audiffret, pair de France, président de chambre à la Cour des comptes; comte de Gasparin, pair de France; Félix Réal, membre de la Chambre des Députés, conseiller d'Etat; Etienne fils, membre de la Chambre des Députés, conseiller référendaire à la Cour des comptes; Guilhem, membre de la Chambre des Députés, maître des requêtes; Martineau des Chesnez, conseiller d'Etat, secrétaire général au ministère de la guerre; Schouller, lieutenant-général d'artillerie; Vauchelle, intendant militaire; le baron Tupinier, conseiller d'Etat, directeur des ports au ministère de la marine et des colonies; Lacoudrais, maître des requêtes, directeur de la comptabilité des fonds et invalides du ministère de la marine; MM. Boursy, conseiller d'Etat, directeur de l'administration des contributions indirectes; le baron Rodier, conseiller d'Etat, directeur de la comptabilité générale des finances; Philippe Darsenay, sous-directeur de la comptabilité générale des finances; Masson, maître des requêtes, secrétaire.

3. Notre ministre des finances (M. Humann) est chargé, etc.

19 JUILLET = 9 AOUT 1841. — Ordonnance du roi qui fixe le nombre des élèves des écoles royales d'arts et métiers de Châlons et d'Angers. (IX, Bull. DCCCXXXVIII, n. 9460.)

Louis-Philippe, etc., vu notre ordonnance du 23 septembre 1832, qui fixe à quatre cents le nombre des élèves de l'école royale des arts et métiers de Châlons et à deux cents celui des élèves de l'école d'Angers; sur le rapport de notre ministre secrétaire d'Etat au département de l'agriculture et du commerce, etc.

Art. 1er. Le nombre des élèves des écoles royales d'arts et métiers de Châlons et d'Angers sera à l'avenir uniformément fixé à trois cents pour chaque école. Les bourses et bons de dégrèvement à la charge de l'Etat seront répartis dans une proportion égale entre les deux écoles.

2. Sont maintenues les dispositions de notre ordonnance du 23 septembre 1832 auxquelles il n'est pas dérogé par la présente.

3. Notre ministre de l'agriculture et du commerce (M. Cunin-Gridaine) est chargé, etc.

22 JUILLET = 9 AOUT 1841. — Ordonnance du roi qui accorde au ministre de la justice et des cultes un crédit supplémentaire pour des créances constatées sur des exercices clos. (IX, Bull. DCCCXXXVIII, n. 9461.)

Louis-Philippe, etc., sur le rapport de notre garde des sceaux, ministre secrétaire d'Etat au département de la justice et des cultes, et de l'avis de notre conseil des ministres; vu l'état des créances à solder par notre ministre secrétaire d'Etat au département de la justice et des cultes, additionnellement aux restes à payer constatés pour les dépenses des cultes par les comptes définitifs des exercices clos; considérant que ces créances s'appliquent à des services non compris dans la nomenclature de ceux pour lesquels les lois de finances des mêmes exercices ont donné la faculté d'ouvrir des suppléments de crédits; considérant toutefois qu'aux termes de l'art. 9 de la loi du 23 mai 1834 et de l'art. 108 de notre ordonnance du 31 mai 1838, portant règlement général sur la comptabilité publique, lesdites créances peuvent être acquittées, attendu qu'elles se rapportent à des services prévus par les budgets des exercices 1837, 1838 et 1839, et que leur montant est inférieur aux restants de crédits dont l'annulation a été prononcée pour ces services par les lois de règlement desdits exercices, etc.

Art. 1er. Il est accordé à notre ministre secrétaire d'Etat au département de la justice et des cultes, en augmentation des restes à payer constatés par les lois de règlement des exercices 1837, 1838 et 1839, un crédit supplémentaire de quatre-vingt-deux mille cinq cent quarante-neuf francs soixante-huit centimes, montant des créances détaillées au tableau ci-annexé qui ont été liquidées à la charge de ces exercices, et dont les états nominatifs seront adressés en double expédition à notre ministre secrétaire d'Etat des finances, conformément à l'art. 106 de notre ordonnance du 31 mai 1838, portant règlement général sur la comptabilité publique, savoir : exercices 1837, 4,890 fr. 64 c. ; 1838, 38,791 fr. 59c. ; 1839, 38,867 fr. 45 c. Total, 82,549 fr. 68 c.

2. Notre ministre secrétaire d'Etat au département de la justice et des cultes est, en conséquence, autorisé à ordonnancer ces créances sur le chapitre spécial ouvert pour les dépenses des exercices clos aux budgets des exercices courants, en exécution de l'art. 8 de la loi du 23 mai 1834.

3. La régularisation de ce crédit sera proposée aux Chambres lors de leur prochaine réunion.

4. Nos ministres de la justice et des cultes, et des finances (MM. Martin du Nord et Humann) sont chargés, etc.

(*Suit le tableau.*)

ordonnance du 31 mai 1838, portant règlement général sur la comptabilité publique, savoir : exercices 1838, 205 fr. 56 c. ; 1839, 92 fr. 20 c. Total, 297 fr. 76 c.

2. Notre ministre secrétaire d'Etat de la justice et des cultes est en conséquence autorisé à ordonnancer ces créances sur le chapitre spécial ouvert pour les dépenses des exercices clos aux budgets des exercices courants, en exécution de l'art. 8 de la loi du 23 mai 1834.

3. La régularisation de ce crédit sera proposée aux Chambres lors de leur prochaine réunion.

4. Nos ministres de la justice et des cultes, et des finances (MM. Martin du Nord et Humann) sont chargés, etc.

(*Suit le tableau.*)

---

22 JUILLET = 9 AOUT 1841. — Ordonnance du roi qui ouvre au ministre de la justice et des cultes un crédit supplémentaire pour des créances constatées sur des exercices clos. (IX, Bull. DCCCXXXVIII, n. 9462.)

Louis-Philippe, etc., sur le rapport de notre garde des sceaux, ministre secrétaire d'Etat au département de la justice et des cultes, et de l'avis de notre conseil des ministres ; vu l'état des créances liquidées pour les services des cultes sur les exercices clos de 1838 et 1839, additionnellement aux restes à payer constatés par les lois de règlement de ces exercices ; considérant que lesdites créances concernent des services pour lesquels la nomenclature insérée dans les lois de dépenses desdits exercices nous réserve la faculté d'ouvrir des suppléments de crédits en l'absence des Chambres ; vu l'art. 9 de la loi du 23 mai 1834 et l'art. 100 de notre ordonnance du 31 mai 1838, portant règlement général sur la comptabilité publique, aux termes desquels les créances des exercices clos non comprises dans les restes à payer arrêtés par les lois de règlement ne peuvent être ordonnancées par nos ministres qu'au moyen de crédits supplémentaires accordés suivant les formes déterminées par la loi du 24 avril 1833, etc.

Art. 1er. Il est ouvert à notre ministre secrétaire d'Etat au département de la justice et des cultes, en augmentation des restes à payer constatés par les lois de règlement des exercices 1838 et 1839, un crédit supplémentaire de deux cent quatre-vingt-dix-sept francs soixante et seize centimes, montant des créances désignées au tableau ci annexé, qui ont été liquidées à la charge de ces exercices, et dont les états nominatifs seront adressés en double expédition au ministre secrétaire d'Etat des finances, conformément à l'art. 106 de notre

24 JUILLET = 9 AOUT 1841. — Ordonnance du roi qui ouvre au ministre des finances un crédit supplémentaire pour des créances constatées sur des exercices clos. (IX, Bull. DCCCXXXVIII, n. 9463.)

Louis-Philippe, etc., vu l'état des créances liquidées à la charge du département des finances, sur les exercices clos 1837, 1838 et 1839, additionnellement aux restes à payer constatés par les lois de règlement des deux premiers exercices, et par le compte définitif des dépenses du dernier ; considérant que lesdites créances concernent des services pour lesquels la nomenclature insérée dans les lois de dépenses desdits exercices nous réserve la faculté d'ouvrir des suppléments de crédits en l'absence des Chambres ; vu l'art. 9 de la loi du 23 mai 1834 et l'art. 100 de notre ordonnance du 31 mai 1838, portant règlement général sur la comptabilité publique, aux termes desquels les créances des exercices clos, non comprises dans les restes à payer arrêtés par les lois de règlement, ne peuvent être ordonnancées par nos ministres qu'au moyen de crédits supplémentaires accordés suivant les formes déterminées par la loi du 24 avril 1833 ; sur le rapport de notre ministre secrétaire d'Etat des finances, et de l'avis de notre conseil des ministres, etc.

Art 1er. Il est ouvert à notre ministre secrétaire d'Etat des finances, en augmentation des restes à payer constatés par les lois de règlement des exercices 1837 et 1838, et par le compte définitif des dépenses de l'exercice 1839, un crédit supplémentaire de trente-deux mille quatre cent quatorze francs vingt-deux centimes (32,414 fr. 22 cent.), montant des créances désignées au tableau ci-annexé, qui ont été liquidées à la charge de ces exercices, et dont les états nominatifs ont été dressés en double expédition, conformément à l'art. 106 de notre ordonnance du 31 mai 1838, portant règlement général sur la comptabilité publique, savoir : exercices 1837, 103 fr. 58 c. ; 1838, 8,454 fr. 19 c ; 1839, 23,856 fr. 45 c. Total, 32,414 fr. 22 c.

2. Notre ministre secrétaire d'Etat des finances est, en conséquence, autorisé à ordonnancer ces créances sur le chapitre spécial ouvert pour les dépenses des exercices clos aux budgets des exercices courants, en exécution de l'art. 8 de la loi du 23 mai 1834.

3. La régularisation de ce crédit sera proposée aux Chambres lors de leur prochaine session.

4. Notre ministre des finances (M. Humann) est chargé, etc.

(Suit le tableau.)

24 JUILLET.== 9 AOUT 1841.—Ordonnance du roi qui ouvre au ministre des finances un crédit extraordinaire pour des créances à solder sur des exercices périmés. (IX, Bull. DCCCXXXVIII, n. 9464.)

Louis-Philippe, etc., vu l'état des créances liquidées à la charge du département des finances, sur les exercices périmés de 1826 à 1836, et qui, pour les causes énoncées audit état, ne sont point passibles de la déchéance prononcée par l'art. 9 de la loi du 29 janvier 1831 ; vu l'art. 8 de la loi du 10 mai 1838, aux termes duquel les créances de cette nature ne peuvent être ordonnancées par nos ministres qu'après que des crédits extraordinaires spéciaux par articles leur ont été ouverts à cet effet, conformément aux art. 4, 5 et 6 de la loi du 24 avril 1833 ; vu l'art. 114 de notre ordonnance du 31 mai 1838, portant règlement général sur la comptabilité publique ; sur le rapport de notre ministre secrétaire d'Etat des finances, et de l'avis de notre conseil des ministres, etc.

Art. 1er. Un crédit extraordinaire spécial de cent onze mille sept cent treize francs quatre-vingt-deux cent. (111,713 fr. 82 c.) est ouvert à notre ministre secrétaire d'Etat des finances, sur le budget de l'exercice 1841, pour solder les créances des exercices périmés non frappées de déchéance, qui sont détaillées au tableau ci-annexé.

2. L'ordonnancement de ces créances aura lieu avec imputation au chapitre spécial *Dépenses des exercices périmés* prescrit par l'art. 8 de la loi du 10 mai 1838.

3. La régularisation de ce crédit sera proposée aux Chambres lors de leur prochaine session.

4. Notre ministre des finances (M. Humann) est chargé, etc.

(Suit le tableau.)

24 JUILLET.== 9 AOUT 1841. — Ordonnance du roi qui ouvre au ministre des finances un crédit supplémentaire pour des créances constatées sur des exercices clos. (IX, Bull. DCCCXXXVIII, n. 9465.)

Louis-Philippe, etc., vu l'état des créances liquidées à la charge du département des finances, additionnellement aux restes à payer constatés par les comptes définitifs des exercices clos 1837, 1838 et 1839 ; considérant que ces créances concernent des services non compris dans la nomenclature de ceux pour lesquels les lois de dépenses des mêmes exercices ont donné la faculté d'ouvrir des suppléments de crédits ; considérant, toutefois, qu'aux termes de l'art. 9 de la loi du 23 mai 1834, et de l'art. 108 de notre ordonnance du 31 mai 1838, portant règlement général sur la comptabilité publique, lesdites créances peuvent être acquittées, attendu qu'elles se rapportent à des services prévus par les budgets des exercices 1837, 1838 et 1839, et que leur montant n'excède pas les restants de crédits dont l'annulation a été ou sera prononcée sur ces services par la loi de règlement desdits exercices ; sur le rapport de notre ministre secrétaire d'Etat au département des finances, et de l'avis de notre conseil des ministres, etc.

Art. 1er. Il est ouvert à notre ministre secrétaire d'Etat des finances, en augmentation des restes à payer constatés par les lois de règlement des exercices 1837 et 1838, et par le compte définitif des dépenses de l'exercice 1839, un crédit supplémentaire de quinze mille huit cent soixante et onze francs trois centimes (15,871 fr. 3 c.), montant des créances désignées au tableau ci-annexé, qui ont été liquidées à la charge de ces exercices, et dont les états nominatifs sont dressés en double expédition, conformément à l'art. 106 de notre ordonnance du 31 mai 1838, portant règlement général sur la comptabilité publique : exercices 1837, 3,182 fr. 35 c. ; 1838, 7,565 fr. 28 c. ; 1839, 3,123 fr. 40 c. Total, 15,871 fr. 3 c.

2. Notre ministre secrétaire d'Etat des finances est, en conséquence, autorisé à ordonnancer ces créances sur le chapitre spécial ouvert pour les dépenses des exercices clos aux budgets des exercices courants, en exécution de l'art. 8 de la loi du 23 mai 1834.

3. La régularisation de ce crédit sera proposée aux Chambres lors de leur prochaine session.

4. Notre ministre des finances (M. Humann) est chargé, etc.

(Suit le tableau.)

24 JUILLET = 9 AOUT 1841. — Ordonnance du roi qui ouvre au ministre des finances un crédit extraordinaire sur l'exercice 1841. (IX, Bull. DCCCXXXVIII, n. 9466.)

Louis-Philippe, etc., vu 1° la loi du 16 juillet 1840, portant fixation du budget des dépenses de l'exercice 1841 ; 2° les art. 4 et 6 de la loi du 24 avril 1833, et l'art. 12 de celle du 23 mai 1834 ; 3° les art. 26, 27 et 28 de notre ordonnance du 31 mai 1838, portant règlement général sur la comptabilité publique ; sur le rapport de notre ministre secrétaire d'État des finances, et de l'avis de notre conseil des ministres, etc.

Art. 1er. Il est ouvert à notre ministre secrétaire d'État des finances, sur l'exercice 1841, un crédit extraordinaire de cent cinquante-quatre mille cent six francs quatre-vingt-quatre centimes (154,106 fr. 84 c.), pour subvenir aux dépenses urgentes qui n'ont pu être prévues par le budget dudit exercice, et qui feront l'objet des chapitres spéciaux désignés, savoir : reconstructions de bâtiments de douanes nécessitées par les débordements du Rhône, 90,241 fr. 84 c. — Douanes. Frais de surveillance, de visite et de perception du chemin de fer de Strabourg à Bâle, 10,350 fr. — Contributions indirectes. Frais de surveillance, de visite et de perception dans la banlieue de Paris, en raison des travaux de fortification, 53,515 fr. Total égal, 154,106 fr. 84 c.

2. La régularisation de ce crédit sera proposée aux Chambres lors de leur prochaine session.

3. Notre ministre des finances (M. Humann) est chargé, etc.

24 JUILLET = 9 AOUT 1841. — Ordonnance du roi qui ouvre au ministre des finances un crédit supplémentaire sur l'exercice 1840. (IX, Bull. DCCCXXXVIII, n. 9467.)

Louis-Philippe, etc., vu les art. 3 et 4 de la loi du 24 avril 1833 ; vu la loi du 10 août 1839, portant fixation du budget des dépenses de l'exercice 1840, et contenant, art. 6, la nomenclature des dépenses pour lesquelles la faculté nous est réservée d'ouvrir des crédits supplémentaires, en cas d'insuffisance, dûment justifiée, des crédits législatifs ; vu les art. 20, 21, 22, 23 et 25 de notre ordonnance du 31 mai 1838, portant règlement général sur la comptabilité publique ; sur le rapport de notre ministre secrétaire d'État des finances, et de l'avis de notre conseil des ministres, etc.

Art. 1er. Il est ouvert à notre ministre secrétaire d'État des finances, sur l'exercice 1840, un crédit supplémentaire de treize cent cinquante-deux mille cent soixante-trois francs quarante-deux centimes (1,352,163 fr. 42 c.), applicable aux chapitres et articles de dépenses ci-après désignés, savoir :

4e PARTIE DU BUDGET. — Service administratif et de perception de l'enregistrement et des domaines dans les départements.

Chap. 39. — Personnel. — Art. 2. Remises des receveurs, 54,480 fr. 47 c.

Service administratif et de surveillance des forêts dans les départements.

Chap. 45. — Matériel. — Art. 3. Travaux d'abatage et de façonnage des coupes de bois exploitées par économie, 234,437 fr. 10 c.

Chap. 46. — Dépenses diverses. — Art. 8. Frais de poursuites et d'instances en matière correctionnelle, 106,000 fr. ; frais d'instances en matière civile, 30,000 fr. Total, 136,000 fr.

Service administratif et de perception des contributions indirectes dans les départements.

Chap. 50. — Personnel. — Art. 6. Remises aux receveurs buralistes, 80,000 fr.

Chap. 52. — Dépenses diverses. — Art. 2. Dépenses administratives : contributions foncières des canaux soumissionnés, 8,000 fr.

5e PARTIE DU BUDGET.

Chap. 67. — Répartitions des produits de plombage, d'estampillage, etc., en matières de douanes, 59,496 fr. 63 c.

Chap. 68. — Répartitions de produits d'amendes, saisies et confiscations attribués à divers. — Art. 1er. Administration de l'enregistrement, 496,000 fr. — Art. 4. Administration des contributions indirectes, 165,000 fr. Total, 661,000 fr.

Chap. 70. — Escompte sur le droit de consommation des sels et sur les droits de douanes. — Art. 1er. Escomptes sur le droit de consommation des sels, 108,303 fr. 82 c. — Art. 2. Escomptes sur les droits de douanes, 10,445 fr. 40 c. Total, 118,749 fr. 22 c.

Total égal, 1,352,163 fr. 42 c.

2. La régularisation de ce crédit supplémentaire sera proposée aux Chambres lors de leur prochaine session.

3. Notre ministre des finances (M. Humann) est chargé, etc.

24 JUILLET = 9 AOUT 1841. — Ordonnance du roi qui ouvre, sur l'exercice 1840, un crédit extra-

ordinaire applicable aux dépenses d'entretien et d'amélioration dans les forêts. (IX, Bull. DCCCXXXVIII, n. 9468.)

Louis-Philippe, etc., vu notre ordonnance du 25 novembre 1839, concernant l'affectation aux travaux d'entretien et d'amélioration dans les forêts de l'Etat d'un fonds spécial de sept cent soixante-cinq mille six cent un francs vingt-quatre centimes, provenant du produit reçu par le trésor public du droit de trois pour cent en sus du prix principal des ventes de coupes de bois de l'exercice 1837; vu la loi du 17 juin 1840, qui a confirmé les dispositions de cette ordonnance en appliquant à l'exercice 1839, sur ladite somme, celle de quatre cent treize mille cent quatre-vingts francs un centime, non consommés pendant l'exercice 1838; considérant qu'il n'a été employé en 1839, sur le même fonds, qu'une somme de deux cent neuf mille deux cent quatre-vingt-dix-huit francs quarante-trois centimes; que le complément de deux cent trois mille huit cent quatre-vingt-un francs cinquante-huit centimes a été appliqué à l'exercice 1840, et que cette dépense est susceptible d'être couverte au moyen d'un crédit extraordinaire de pareille somme : sur le rapport de notre ministre secrétaire d'Etat des finances et de l'avis de notre conseil des ministres, etc.

Art. 1er. Il est ouvert à notre ministre secrétaire d'Etat des finances, sur l'exercice 1840, un crédit extraordinaire de deux cent trois mille huit cent quatre-vingt-un francs cinquante-huit centimes (203,881 fr. 58 c.), applicable aux dépenses d'entretien et d'amélioration dans les forêts.

2. La régularisation de ce crédit sera proposée aux Chambres lors de leur prochaine session.

3. Notre ministre des finances (M. Humann) est chargé, etc.

24 JUILLET = 9 AOUT 1841. — Ordonnance du roi qui ouvre, sur l'exercice 1840, un crédit extraordinaire pour la dépense résultant des tolérances en fort admises sur le poids et le titre des monnaies. (IX, Bull. DCCCXXXVIII, n. 9469.)

Louis-Philippe, etc., vu, 1º la loi du 10 août 1839, portant fixation du budget des dépenses de l'exercice 1840; 2º les art. 4 et 6 de la loi du 24 avril 1833, et l'art. 12 de celle du 23 mai 1834; 3º les art. 26, 27 et 28 de notre ordonnance du 31 mai 1838, portant règlement général sur la comptabilité publique; sur le rapport de notre ministre secrétaire d'Etat des finances, et de l'avis de notre conseil des ministres, etc.

Art. 1er. Il est ouvert à notre ministre secrétaire d'Etat des finances, sur l'exer-

cice 1840, un crédit extraordinaire de deux mille huit cent cinq francs quatre-vingt-trois centimes (2,805 fr. 83 c.), pour couvrir la dépense résultant des tolérances en fort admises tant sur le poids que sur le titre des monnaies d'or et d'argent fabriquées par les hôtels des monnaies.

2. La régularisation de ce crédit sera proposée aux Chambres, lors de leur prochaine session.

3. Notre ministre des finances (M. Humann, est chargé, etc.

25 JUILLET = 9 AOUT 1841. — Ordonnance du roi concernant le service des postes aux lettres entre la France, d'une part, et de l'autre, les divers états d'Allemagne desservis par l'office des postes du prince de la Tour-et-Taxis, la Bavière, le grand-duché de Bade et l'Autriche. (IX, Bull. DCCCXXXVIII, n. 9470.)

Louis Philippe, etc, vu les lois des 14 floréal an 10 (4 mai 1802) et 15 mars 1827; vu les ordonnances royales des 18 novembre 1818, 22 août 1821, 1er décembre 1824 et 31 juillet 1825, portant règlement pour le service des postes aux lettres entre la France, d'une part, et de l'autre, les divers états d'Allemagne desservis par l'office féodal héréditaire des postes de S. A. S. le prince de la Tour-et-Taxis, la Bavière, le grand-duché de Bade et l'Autriche; voulant modifier les art. 8, 9, 10, 11 et 12 de l'ordonnance du 18 novembre 1818; les art. 8, 9, 10, 11, 12 et 15 de l'ordonnance du 22 août 1821; les art. 8, 9 et 10 de l'ordonnance du 1er décembre 1824; les art. 4, 5, 6 et 7 de l'ordonnance du 31 juillet 1825; sur le rapport de notre ministre secrétaire d'Etat au département des finances, etc.

Art. 1er. La taxe, au profit du trésor, des lettres et échantillons de marchandises provenant des offices de la Tour-et-Taxis, de la Bavière et du grand-duché de Bade, pour la France, et réciproquement, sera établie en raison de leur parcours sur le territoire français, et conformément aux art. 1, 2 et 3 de la loi du 15 mars 1827. Lorsqu'il y aura lieu d'ajouter à la taxe établie en vertu de la loi précitée le port revenant aux offices des postes de la Tour-et-Taxis de la Bavière et du grand-duché de Bade, ce port sera perçu, soit sur les envoyeurs, soit sur les destinataires des lettres en France, conformément au tarif en usage dans les pays desservis par l'office des postes de la Tour-et-Taxis, de la Bavière et du grand-duché de Bade.

2. Les lettres et paquets expédiés des Etats autrichiens situés, soit du côté de l'Allemagne, soit du côté de l'Italie, et timbrés L A ou L I, qui entreront en

France par les bureaux de Forbach et d'Huningue, seront taxés pour ces villes à raison de sept décimes par lettre au-dessous du poids de sept et demi grammes, dont cinq décimes pour prix de transit suisse, et deux décimes de distribution locale ; et les lettres ou paquets pesant sept et demi grammes et au-dessus seront taxés proportionnellement à leur poids, selon les progressions du tarif des postes françaises. Les lettres de l'origine susdite qui seront réexpédiées par les bureaux de Forbach et d'Huningue, pour toute autre destination dans le royaume, seront taxées à raison de cinq décimes, plus du port dû depuis chacune de ces villes jusqu'aux bureaux des lieux de leur distribution.

3. Les lettres et paquets venant des îles Ioniennes, de Malte, des duchés de Parme, Plaisance et Guastalla, de Modène, Reggio et Massa-Carrara, portant le timbre d'origine de ces différents pays, et qui entreront par le bureau d'Huningue, à destination de cette ville, seront taxés à raison de huit décimes, dont six pour prix de transit suisse et deux décimes de distributions locales ; les lettres et paquets de la même origine, pour toute autre destination dans le royaume, seront taxés à raison de six décimes, indépendamment du port dû depuis Huningue jusqu'au bureau des lieux de leur distribution.

4. Les lettres et paquets venant de tout autre État du continent ou de pays d'outre-mer, en transit par les États autrichiens d'Italie ou d'Allemagne, et qui entreront par les bureaux frontières de France, soit de Forbach, soit d'Huningue, à destination de ces mêmes villes, seront taxés dans chacun de ces bureaux. Les premiers, timbrés IT, à raison de dix décimes, dont huit pour prix de transit suisse, et deux, taxe locale ; les seconds, timbrés AT, à raison de onze décimes, dont dix pour prix de transit suisse, et un, taxe locale ; les paquets timbrés IT, qui seront réexpédiés pour toute autre destination dans le royaume, seront taxés à raison de huit décimes ; et ceux timbrés AT, à raison de dix décimes, plus du port dû depuis Forbach ou Huningue jusqu'au bureau des lieux de leur distribution.

5. Notre ministre des finances (M. Humann) est chargé, etc.

---

31 JUILLET = 9 AOUT 1841. — Ordonnance du roi qui autorise la publication des bulles d'institution canonique de MM. de Vezins, Brossais-Saint-Marc, Le Mée et Olivier pour les évêchés d'Agen, de Rennes, de Saint-Brieuc et d'Evreux. (IX, Bull. DCCCXXXVIII, n. 9473.)

Louis-Philippe, etc., sur le rapport de notre garde des sceaux, ministre secrétaire d'Etat au département de la justice et des cultes ; vu les art. 1er et 18 de la loi du 8 avril 1802 (18 germinal an 10) ; vu le tableau de la circonscription des métropoles et diocèses du royaume, annexé à l'ordonnance royale du 31 octobre 1822 ; vu nos ordonnances des 26 janvier, 25 février, 23 mars et 18 avril 1841, qui nomment, 1° M. de Vesins, vicaire général de Bordeaux, à l'évêché d'Agen, vacant par la démission de M. Jacoupy ; 2° M. Brossais-Saint-Marc, vicaire général de Rennes, au siége épiscopal de ce diocèse, vacant par la démission de M. de Lesquen ; 3° M. Le Mée, ancien vicaire général de Saint-Brieuc, au siége épiscopal de ce diocèse, vacant par le décès de M. Legroing-de-la-Romagères ; 4° M. Olivier, curé de Saint-Roch, à Paris, à l'évêché d'Evreux, vacant par le décès de M. Salmon-du-Châtelier ; vu les bulles d'institution canonique accordées auxdits évêques nommés ; notre conseil d'Etat entendu, etc.

Art. 1er. 1° La bulle donnée à Rome, près Sainte-Marie-Majeure, le 3 des ides de juillet de l'année de l'incarnation 1841, portant institution canonique de M. de Vesins (Jean), pour le siége épiscopal d'Agen ; 2° la bulle donnée à Rome, près Sainte-Marie-Majeure, le 3 des ides de juillet de l'année de l'incarnation 1841, portant institution canonique de M. Brossais-Saint-Marc (Godefroy), pour le siége épiscopal de Rennes ; 3° la bulle donnée à Rome, près Sainte-Marie Majeure, le 3 des ides de juillet de l'année de l'incarnation 1841, portant institution canonique de M. Le Mée (Jacques-Jean-Pierre), pour le siége épiscopal de Saint-Brieuc ; 4° la bulle donnée à Rome, près Sainte-Marie-Majeure, le 3 des ides de juillet de l'année de l'incarnation 1841, portant institution canonique de M. Olivier (Nicolas-Théodore), pour le siége épiscopal d'Evreux ; sont reçues et seront publiées dans le royaume en la forme ordinaire.

2. Lesdites bulles d'institution canonique sont reçues sans approbation des clauses, formules ou expressions qu'elles renferment et qui sont ou qui pourraient être contraires à la Charte constitutionnelle, aux lois du royaume, aux franchises, libertés et maximes de l'Eglise gallicane.

3. Lesdites bulles seront transcrites, en latin et en français, sur les registres de notre conseil d'Etat ; mention de ladite transcription sera faite sur l'original par le secrétaire général du conseil.

4. Notre ministre de la justice et des cultes (M. Martin du Nord) est chargé, etc.

31 JUILLET = 9 AOUT 1841. — Ordonnance du roi relative à la commission mixte des travaux publics. (IX, Bull. DCCCXXXVIII, n. 9474.)

Louis-Philippe, etc., vu les ordonnances des 18 septembre 1816 et 28 décembre 1828, relatives aux attributions et à la composition de la commission mixte des travaux publics; sur le rapport de notre président du conseil, ministre secrétaire d'Etat de la guerre, etc.

Art. 1er. Il est adjoint à la commission mixte des travaux publics, telle qu'elle est composée d'après l'ordonnance du 28 décembre 1828, un officier général d'artillerie.

2. Le lieutenant-général baron Gourgaud, membre du comité de l'artillerie, est nommé membre de ladite commission.

3. Les prérogatives attribuées, par l'ordonnance précitée du 28 décembre 1828, au secrétaire et au rapporteur du comité des fortifications, sont applicables au secrétaire et au rapporteur du comité de l'artillerie.

4. Notre ministre de la guerre (duc de Dalmatie) est chargé, etc.

6 = 9 AOUT 1841. — Ordonnance du roi portant répartition du crédit accordé par la loi du 25 juin 1841 pour les dépenses du ministère de la justice pendant l'exercice 1842. (IX, Bull. DCCCXXXVIII, n. 9475.)

Louis-Philippe, etc., vu la loi des finances du 25 juin 1841, qui a ouvert un crédit de vingt millions trois cent soixante-huit mille cinq cent soixante et quinze francs pour les dépenses du ministère de la justice pendant l'exercice 1842; vu les art. 151 de la loi du 25 mars 1817 et 11 de la loi du 29 janvier 1831; vu enfin les art. 35 et 36 de l'ordonnance royale du 31 mai 1838; sur le rapport de notre garde des sceaux, ministre secrétaire d'Etat de la justice et des cultes, etc.

Art. 1er. Le crédit de vingt millions trois cent soixante-huit mille cinq cent soixante et quinze francs, accordé par la loi du 25 juin 1841 pour les dépenses du ministère de la justice, pendant l'année 1842, est réparti ainsi qu'il suit.

(Suit le tableau de répartition.)

2. Nos ministres de la justice et des cultes (MM. Martin du Nord et Humann) sont chargés, etc.

25 JUIN = 13 AOUT 1841. — Loi sur la pêche de la morue. (IX, Bull. DCCCXXXIX, n. 9478.)

Art. 1er. Les primes accordées pour l'encouragement de la pêche de la morue seront fixées comme suit, du 1er mars 1842 au 31 décembre 1850, savoir :

Primes d'armement.

1º Cinquante francs par homme d'équipage, pour la pêche avec sécherie, soit à la côte de Terre-Neuve, soit à Saint-Pierre et Miquelon, soit sur le grand banc de Terre-Neuve ;

2º Cinquante francs par homme d'équipage, pour la pêche sans sécherie, dans les mers d'Islande ;

3º Trente francs par homme d'équipage, pour la pêche sans sécherie, sur le grand banc de Terre-Neuve ;

4º Quinze francs par homme d'équipage, pour la pêche au Dogger-Bank.

Primes sur les produits de la pêche.

1º Vingt-deux francs par quintal pour l'importation aux colonies françaises, tant en Amérique qu'au-delà du cap de Bonne-Espérance, des morues sèches de pêche française expédiées directement des côtes de Terre-Neuve et de Saint-Pierre et Miquelon, ou extraites des entrepôts de France ;

2º Seize francs par quintal pour l'importation aux mêmes colonies, des morues sèches de pêche française, lorsque ces morues seront exportées des ports de France, sans y avoir été entreposées ;

3º Quatorze francs par quintal pour les morues sèches de pêche française expédiées, soit directement des lieux de pêche, soit des ports de France, et importées, soit dans les Etats étrangers de la mer des Antilles ou de l'Amérique, sur les côtes de l'Océan Atlantique, par les ports où il existe un consul français, soit en Espagne et en Portugal, dans les Etats étrangers sur les côtes de la Méditerranée et dans l'Algérie.

4º Douze francs par quintal pour les morues sèches de pêche française expédiées, soit directement des lieux de pêche, soit des ports de France, et importées dans les ports d'Italie ;

5º Dix francs par quintal pour l'importation en Espagne, par terre, de morues sèches de pêche française.

Rogues de morue.

6º Vingt francs par quintal de rogues de morue que les navires pêcheurs rapporteront en France du produit de leur pêche.

2. Les navires expédiés pour la pêche avec sécherie, soit sur les côtes de Terre-Neuve, soit à Saint-Pierre et Miquelon, soit au grand banc de Terre-Neuve, devront avoir un minimum d'équipage qui sera déterminé par une ordonnance royale.

3. Les dispositions de la présente loi, et celles des lois des 22 avril 1832 et 9 juillet 1836, auxquelles il n'est pas dérogé, cesseront d'avoir leur effet le 1er janvier 1851.

---

25 JUIN = 13 AOUT 1841. — Loi sur la pêche de la baleine. (IX, Bull. DCCCXXXIX, n. 9479.)

Art. 1er. Les primes accordées par les lois des 22 avril 1832 et 9 juillet 1836, pour l'encouragement de la pêche de la baleine, seront fixées comme suit, à partir du 1er mars 1842, savoir :

Primes au départ.

Quarante francs par tonneau de jauge, au départ, pour les armements entièrement composés de Français, et vingt-neuf francs pour les armements composés en partie d'étrangers, dans les limites déterminées par l'art. 4 de la loi du 22 avril 1832 précitée.

Primes au retour.

Vingt-sept francs par tonneau de jauge, au retour, pour les armements tout français, et quatorze francs cinquante centimes pour les armements mixtes, dans les conditions déterminées par l'art. 2 de la loi du 22 avril 1832, lorsque le navire aura pêché soit au-delà du cap Horn, soit à l'est du cap de Bonne-Espérance, dans les latitudes fixées par ledit art. 2 et par l'art. 3 de la même loi.

2. Il sera alloué, en outre, aux navires spécialement armés pour la pêche du cachalot, dans l'Océan Pacifique, et après une navigation de trente mois au moins, pendant laquelle ils se seront élevés au-delà du vingt-huitième degré de latitude nord, une prime supplémentaire sur l'huile de cachalot et la matière de tête qu'ils rapporteront du produit de leur pêche.

Cette prime sera fixée comme suit, par cent kilogrammes, savoir :

Pour les navires partis du jour de la promulgation de la loi au 31 décembre 1845, 20 fr.

Pour les navires partis du 1er janvier 1846 jusqu'au terme de la loi, 15 fr.

3. Une ordonnance royale déterminera les conditions spéciales à remplir par les armateurs qui expédieront des navires à la pêche du cachalot.

4. Les dispositions de la présente loi, ainsi que celles des lois des 22 avril 1832 et 9 juillet 1836, auxquelles il n'est pas dérogé, resteront en vigueur jusqu'au 31 décembre 1850.

---

10 = 13 AOUT 1841. — Ordonnance du roi qui détermine les conditions spéciales à remplir par les armateurs qui expédieront des navires à la pêche du cachalot. (IX, Bull. DCCCXXXIX, n. 9480.)

Louis-Philippe, etc., sur le rapport de notre ministre secrétaire d'Etat de l'agriculture et du commerce; vu les lois des 22 avril 1832, 9 juillet 1836 et 25 juin 1841 relatives aux encouragements pour la pêche de la baleine et du cachalot, et notamment l'art. 3 de ladite loi du 25 juin 1841, lequel article est ainsi conçu : « Une ordonnance « royale déterminera les conditions spé- « ciales à remplir par les armateurs qui ex- « pédieront des navires à la pêche du ca- « chalot, » etc.

Art. 1er. Tout armateur qui voudra expédier un navire à la pêche spéciale du cachalot, *dans l'Océan Pacifique*, sera tenu, pour avoir droit à la prime, d'en faire la déclaration préalable devant le commissaire de la marine du port d'armement. Cette déclaration (*modèle n. 1er*) indiquera le nom et le tonnage du navire; les noms de l'armateur et du capitaine; le nombre des marins composant l'équipage, avec la distinction des Français et des étrangers; la destination du bâtiment. Cette déclaration contiendra, en outre, 1° l'engagement de faire suivre à l'armement sa destination, de faire tenir par le capitaine un journal de sa navigation, de ne rapporter que des produits provenant de la pêche du navire, et d'effectuer son retour dans un port de France; 2° la soumission de payer le double de la prime reçue ou demandée, dans le cas de violation ou de non exécution des conditions énoncées dans la présente ordonnance et dans la soumission de l'armateur. La date effective du départ du navire, certifiée par le commissaire de la marine, sera énoncée au bas de cette déclaration, dont il ne sera délivré une expédition à l'armateur qu'après le départ du bâtiment. L'armateur devra, en outre, s'il en est requis, fournir une caution suffisante, qui sera reçue par le président du tribunal de commerce de l'arrondissement et dont il sera donné main-levée, au retour du navire, par notre ministre secrétaire d'Etat de l'agriculture et du commerce, sur la production, en due forme, des pièces constatant que les conditions de la prime ont été accomplies.

2. Il sera procédé, à la requête de l'armateur, au jaugeage du navire, par un officier de la marine et un officier de la douane, simultanément ou séparément, de la manière déterminée par la loi du 12 nivôse an 11 et l'ordonnance royale du 18 novembre 1837, en prenant toutes les mesures de dedans en dedans (*modèle n. 2*).

3. Le rôle d'équipage des navires destinés à la pêche du cachalot indiquera, indépendamment des renseignements ci-dessus énoncés, relatifs à l'armement, au tonnage et à la destination du bâtiment, les noms, prénoms, âge, lieu de naissance, grades et fonctions des individus embarqués.

4. En outre, et indépendamment de la visite prescrite par l'art. 225 du Code de commerce, il sera procédé à la reconnaissance de l'état des avitaillements, embarcations, instruments et ustensiles de pêche nécessaires à l'expédition. Un procès-verbal (modèle n. 3) constatera que l'armement présente, sous ce rapport, les garanties suffisantes eu égard à la force et à la destination du bâtiment, à la durée du voyage et au nombre des hommes embarqués. La reconnaissance ci-dessus prescrite sera faite par une commission spéciale composée du commissaire de la marine, d'un employé de l'administration des douanes et d'un membre de la chambre de commerce.

5. Tout capitaine de navire cachalotier sera tenu de mentionner successivement, sur le journal exigé par l'art. 1er de la présente ordonnance, la prise de chaque cachalot et la quantité d'huile et de matière de tête qu'il aura fournie.

6. En cas de relâche dans un port où se trouve un fonctionnaire public français, ou dans le cas de rencontre d'un bâtiment de l'Etat, tout capitaine de navire cachalotier sera tenu de déclarer au fonctionnaire ou au commandant français les principaux faits de sa navigation, et d'en prendre acte sur son journal de bord.

7. Au retour de la pêche, tout capitaine de navire cachalotier devra se présenter devant le commissaire de la marine du port de retour, pour y déclarer le nom et le tonnage du navire, le port d'armement, le nom de l'armateur, la date de son départ de France, les lieux où il a effectué sa pêche, la durée et les circonstances de sa navigation, la date de son retour, et la nature ainsi que le poids net des produits de sa pêche, en distinguant les produits de baleine et les produits de cachalot. Le commissaire de la marine, après avoir interrogé et entendu collectivement ou séparément les hommes de l'équipage, pour s'assurer, par leurs déclarations comparées au journal de bord et au rapport fait par le capitaine, si la destination de l'armement a été accomplie, mentionnera au bas de la déclaration du capitaine le résultat de cet examen. Une expédition de cette pièce (modèle n. 6) sera délivrée au capitaine, pour être adressée par ses soins ou par ceux de l'armateur à notre ministre de l'agriculture et du commerce, dans le délai de trois mois au plus tard après le retour du navire. Une seconde expédition de cette déclaration sera adressée par le commissaire de la marine à notre ministre secrétaire d'Etat de la marine et des colonies, pour être transmise à notre ministre de l'agriculture et du commerce.

8. Indépendamment de cette déclaration, le capitaine se pourvoira devant l'administration des douanes pour la reconnaissance et la vérification immédiates de l'espèce et du poids des produits de sa pêche, tant en baleine qu'en cachalot. Les résultats de cette opération seront consignés dans un procès-verbal dont il sera transmis directement une expédition authentique à notre ministre de l'agriculture et du commerce. Dans le cas où un navire expédié à la pêche du cachalot effectuerait son retour avant le délai de trente mois prescrit par l'art. 2 de la loi du 25 juin 1841, le procès-verbal ci-dessus énoncé constatera si le navire, à défaut d'une navigation de plus de seize mois, rapporte en produits de sa pêche la moitié au moins de son chargement nécessaire pour avoir droit à la prime de retour déterminée par l'art. 1er de la loi précitée.

9. Dans le cas où une circonstance quelconque de force majeure empêcherait un navire d'accomplir sa destination ou d'effectuer son retour en France, l'armateur sera tenu d'en justifier dans le délai de cinq ans, à dater du départ du navire.

10. L'administration de la marine et celle des douanes, dans les ports d'armement, tiendront un registre des déclarations et certificats concernant la pêche du cachalot qu'elles auront été appelées à recevoir ou à délivrer.

LIQUIDATION DES PRIMES.

11. La liquidation des primes déterminées par les art. 1 et 2 de la loi du 25 juin 1841 sera faite sur la remise, en due forme, des pièces ci-dessous énoncées, savoir :

Primes au départ. — 1º Déclaration d'armement (modèle n. 1er) ; 2º certificat de jaugeage (modèle n. 2) ; 3º certificat d'avitaillement et d'équipement pour la pêche (modèle n. 3) ; 4º acte de cautionnement (modèle n. 4) ; 5º rôle d'équipage (modèle n. 5.)

Primes au retour. — 1º Déclaration de retour (modèle n. 6) ; 2º certificats de vérification de chargement (modèle n. 7).

12. Les pièces à fournir pour la liquidation des primes devront être écrites sur papier timbré, régulières dans leur libellé, sans rature, surcharge, ni altération, à peine de n'être point admises ; les signa-

tures devront en outre être légalisées par les soins des armateurs.

13. Notre ministre de l'agriculture et du commerce fera connaître à notre ministre des finances les noms des armateurs qui n'auraient pas produit, dans les délais ci-dessus déterminés, les justifications prescrites par les art. 7, 8 et 9 de la présente ordonnance, pour être procédé contre eux ainsi qu'il appartiendra, en exécution des art. 8 et 9 de la loi du 22 avril 1832.

14. Les armateurs qui n'auraient pas formé leur demande et produit les justifications nécessaires pour la liquidation des primes auxquelles ils auraient droit, dans le délai de cinq années à partir de l'exercice auquel elles appartiennent, encourront la prescription et l'extinction définitive au profit de l'État, prononcées par la loi de finances du 29 janvier 1831.

15. Nos ministres de l'agriculture et du commerce, de la marine et des finances (MM. Cunin-Gridaine, Duperré et Humann) sont chargés, etc.

(Suivent les modèles.)

---

25 JUIN = 13 AOUT 1841. — Proclamations du roi qui prononcent la clôture de la session de 1841 de la Chambre des Pairs et de la Chambre des Députés. (IX, Bull. DCCCXXXIX, n. 9481.)

Louis-Philippe, etc., la session de 1841 de la Chambre des Pairs et de la Chambre des Députés est et demeure close. La présente proclamation sera portée à la Chambre des Pairs par notre président du conseil, ministre secrétaire d'État au département de la guerre, et par notre garde des sceaux, ministre secrétaire d'État au département de la justice et des cultes, et par nos ministres secrétaires d'État au département de l'instruction publique et au département du commerce.

La session de 1841 de la Chambre des Pairs et de la Chambre des Députés est et demeure close.

La présente proclamation sera portée à la Chambre des Députés par notre ministre secrétaire d'État au département de l'intérieur et par nos ministres secrétaires d'État au département des affaires étrangères, au département des finances, au département des travaux publics et au département de la marine.

---

20 JUILLET = 13 AOUT 1841. — Ordonnance du roi qui reporte sur l'exercice 1841 la portion non employée, au 31 décembre 1840, des crédits affectés au rétablissement des communications interrompues par la crue et le débordement des eaux. (IX, Bull. DCCCXXXIX, n. 9482.)

Louis-Philippe, etc., vu les art. 1 et 2 de la loi du 23 novembre 1840, qui ouvrent au ministère des travaux publics, sur l'exercice 1840, 1° un crédit de un million de francs, à l'effet de pourvoir au rétablissement des communications interrompues sur les routes royales et sur les voies navigables, par la crue et le débordement des eaux; 2° un crédit de cinq cent mille francs, pour être appliqué, à titre de secours extraordinaires dans les départements qui ont souffert de la crue et du débordement des eaux, au rétablissement des communications interrompues sur les routes départementales; vu l'art. 5 de la même loi, portant que les fonds non consommés sur un exercice pourront être reportés, par ordonnance royale, sur l'exercice suivant; vu notre ordonnance du 17 janvier dernier, qui reporte sur l'exercice 1841, à titre de crédits extraordinaires, la moitié de chacun des crédits rappelés ci-dessus; vu l'état des dépenses imputables sur ces crédits effectuées jusqu'au 31 décembre 1840; sur le rapport de notre ministre secrétaire d'État des travaux publics, et de l'avis de notre conseil des ministres, etc.

Art. 1er. Il est ouvert à notre ministre des travaux publics, sur l'exercice 1841, un crédit extraordinaire de trois cent quarante et un mille cent cinquante-huit francs quatre-vingt-dix-neuf centimes (341,158 fr. 99 c.), représentant la portion non employée, au 31 décembre 1840, du crédit de cinq cent mille francs (500,000 fr.), qui, d'après notre ordonnance du 17 janvier précitée, est restée affectée, pour l'exercice 1840, au rétablissement des communications interrompues, sur les routes royales et sur les voies navigables, par la crue et le débordement des eaux. Au moyen de quoi le crédit de un million de francs affecté par la loi du 23 novembre 1840 à l'exercice 1840 se trouve réduit à cent cinquante-huit mille huit cent quarante et un francs un centime (158,841 fr. 01 c.), le surplus étant reporté sur l'exercice 1841.

2. Il est également ouvert à notre ministre des travaux publics, sur l'exercice 1841, un crédit extraordinaire de deux cent vingt et un mille sept cent cinquante-sept francs quarante-cinq centimes (221,757 fr. 45 c.), représentant la portion non employée, au 31 décembre 1840, du crédit de deux cent cinquante mille francs qui, d'après notre ordonnance du 17 janvier dernier, ci-dessus rappelée, est resté affecté à l'exercice 1840, pour être appliqué, à titre de secours extraordinaires, dans les départements qui ont souffert de la crue et du débordement des eaux, au

rétablissement des communications interrompues sur les routes départementales. En conséquence, le crédit de cinq cent mille francs affecté par la loi du 23 novembre 1840 à l'exercice 1840 se trouve réduit à vingt-huit mille deux cent quarante-deux francs cinquante-cinq centimes (28,242 fr. 55 c.), le surplus étant reporté sur l'exercice 1841.

3. La régularisation de la présente ordonnance sera proposée aux Chambres dans la session de 1842.

4. Nos ministres des travaux publics et des finances (MM. Teste et Humann) sont chargés, etc.

———

4 = 13 AOUT 1841. — Ordonnance du roi qui ouvre, sur l'exercice 1841, un crédit extraordinaire pour les dépenses de l'Algérie. (IX, Bull. DCCCXXXIX, n. 9483.)

Louis-Philippe, etc., vu la loi du 16 juillet 1840, portant fixation des dépenses de l'exercice 1841, et celle du 11 juin 1841, ouvrant des crédits extraordinaires au titre du même exercice ; vu les art. 4 et 6 de la loi du 24 avril 1833 et l'art. 12 de celle du 23 mai 1834 ; vu les art. 26, 27 et 28 de notre ordonnance du 31 mai 1838, portant règlement général sur la comptabilité publique ; sur le rapport de notre ministre secrétaire d'Etat de la guerre, président du conseil, et de l'avis de notre conseil des ministres, etc.

Art. 1er. Il est ouvert à notre ministre secrétaire d'Etat de la guerre, sur l'exercice 1841, un crédit extraordinaire de trois millions quatre cent trente-quatre mille francs (3,434,000 fr.), pour dépenses urgentes qui n'ont pu être prévues au budget dudit exercice et qui concernent les chapitres spéciaux ci-après de la deuxième section du budget de la guerre (Algérie), savoir : Chap. 9. Solde et entretien des troupes (service de marche), 200,000 fr. Chap. 11. Lits militaires, 225,000 fr. Chap. 12. Transports généraux, 1,707,000 fr. Chap. 13. Remonte générale, 1,016,000 fr. Chap. 14. Harnachement, 286,000 fr.— Total égal, 3,434,000 fr.

2. La régularisation de ce crédit extraordinaire sera proposée aux Chambres lors de leur prochaine session.

3. Nos ministres de la guerre et des finances (duc de Dalmatie et Humann) sont chargés, etc.

———

7 = 13 AOUT 1841. — Ordonnance du roi qui fait cesser l'intérim du département de l'agriculture et du commerce. (IX, Bull. DCCCXXXIX, n. 9484.)

Louis-Philippe, etc.

41.

Art. 1er. L'intérim du département de l'agriculture et du commerce, confié, par ordonnance du 28 juin dernier, à M. Duchâtel, ministre secrétaire d'Etat de l'intérieur, cessera à dater d'aujourd'hui, et M. Cunin-Gridaine reprendra la signature de son département.

2. Notre ministre de la guerre (duc de Dalmatie) est chargé, etc.

———

7 = 13 AOUT 1841. — Ordonnance du roi relative au mobilier des hôtels de préfecture. (IX, Bull. DCCCXXXIX, n. 9485.)

Louis-Philippe, etc., sur le rapport de notre ministre secrétaire d'Etat au département de l'intérieur ; vu la loi du 10 mai 1838 ; vu le décret du 25 mars 1811 ; les ordonnances royales des 17 décembre 1818 et 3 février 1830 ; l'art. 162 de l'ordonnance réglementaire du 31 mai 1838 ; notre conseil d'Etat entendu, etc.

Art. 1er. L'ameublement et l'entretien du mobilier des hôtels de préfecture, placés par le n. 4 de l'art. 12 de la loi du 10 mai 1838 parmi les dépenses ordinaires des départements, comprendront à l'avenir, 1° le mobilier des appartements de réception ; le mobilier des salles du conseil de préfecture, du conseil général et des commissions ; du cabinet du préfet et des bureaux de la préfecture ; celui d'au moins six chambres de maître avec leurs accessoires, et huit chambres de domestique ; 2° les objets mobiliers nécessaires au service des cuisines et au service des écuries et remises, et les ustensiles de jardinage.

2. Dans leur prochaine session, les conseils généraux de département délibéreront sur la somme à laquelle devra s'élever à l'avenir, pour chaque hôtel de préfecture, le taux du mobilier constitué conformément à l'article précédent. Ce taux sera définitivement fixé par une ordonnance royale.

3. Il sera dressé, par les soins du préfet, un inventaire des meubles actuellement existant dans l'hôtel de la préfecture, avec indication du prix d'achat de chacun d'eux. Cet inventaire sera récolé par un préposé de l'administration des domaines, conformément à l'art. 3 de l'ordonnance du 3 février 1830, et le récolement sera vérifié par une commission du conseil général. Ledit inventaire sera déposé aux archives de la préfecture. Deux copies seront remises, l'une au préfet, l'autre au directeur des domaines ; une troisième sera transmise à notre ministre de l'intérieur.

4. Les meubles qui seront achetés, s'il y a lieu, pour compléter l'ameublement de

31

la préfecture, seront portés sur l'inventaire avec leur prix d'achat.

5. Le récolement de fin d'année, ceux qui seront faits pendant chaque session ordinaire du conseil général et à chaque mutation de préfet, seront opérés par un agent de l'administration des domaines, et vérifiés par deux membres du conseil général.

6. L'allocation votée chaque année, par le conseil général, pour l'entretien du mobilier, sera du vingtième du taux fixé conformément à l'art. 2 ci-dessus. Elle devra être employée exclusivement au maintien du mobilier en bon état de conservation. Il sera rendu compte chaque année, au conseil général, de l'emploi de cette allocation.

7. Indépendamment du fonds annuel d'entretien mentionné à l'article précédent, il pourra être ouvert des crédits pour réparations extraordinaires du mobilier.

8. Les meubles entretenus ou réparés conformément aux art. 6 et 7 conserveront sur l'inventaire leur valeur primitive d'achat.

9. Les meubles qui seraient réformés seront remplacés par des meubles nouveaux, sans que, dans aucun cas, le taux du mobilier fixé conformément à l'art. 2 ci-dessus puisse être dépassé. Les meubles réformés seront vendus au profit du département. Le produit des ventes figurera dans le budget départemental, au chapitre *des revenus et produits des propriétés tant mobilières qu'immobilières.*

10. Les préfets seront tenus de représenter les divers objets inventoriés, mais ne sont pas responsables des détériorations et diminutions de valeurs qu'ils pourraient avoir subies.

11. Le décret du 25 mars 1811 et l'ordonnance du 17 décembre 1818 sont rapportés.

12. Notre ministre de l'intérieur (M. Duchâtel) est chargé, etc.

9 JUILLET = 18 AOUT 1841. — Ordonnance du roi portant autorisation de la société anonyme formée à Fécamp sous la dénomination de *Compagnie de l'entrepôt général des sels.* (IX, Bull. supp. DLI, n. 15731.)

Louis-Philippe, etc, sur le rapport de notre ministre secrétaire d'État de l'agriculture et du commerce ; vu l'art. 28 de la loi de douanes du 21 avril 1818, qui accorde un entrepôt réel et général des sels au port de Fécamp ; vu les art. 29 à 57, 40 et 45 du Code de commerce ; notre conseil d'État entendu, etc.

Art. 1er. La société anonyme formée à Fécamp (Seine-Inférieure) sous la dénomination de *Compagnie de l'entrepôt général des sels* est autorisée. Sont approuvés les statuts de ladite société, tels qu'ils sont contenus dans l'acte passé, les 14 et 22 mai 1841, par-devant Me Hardy, notaire à Fécamp, et en présence de témoins, lequel acte restera annexé à la présente ordonnance.

2. La présente autorisation n'aura d'effet qu'après l'accomplissement des formalités de la purge des hypothèques qui pourraient grever les immeubles apportés à la société.

3. Nous nous réservons de révoquer notre autorisation en cas de violation ou de non exécution des statuts approuvés, sans préjudice des droits des tiers.

4. La société sera tenue de remettre, tous les six mois, un extrait de son état de situation au ministère de l'agriculture et du commerce, au préfet du département de la Seine-Inférieure, à la chambre de commerce du Havre et au greffe du tribunal de commerce de Fécamp.

5. Notre ministre de l'agriculture et du commerce (M. Cunin-Gridaine) est chargé, etc.

Objet de la société.

Art. 1er. Une société anonyme est créée, sauf l'approbation du gouvernement, dans le but de fournir à l'administration des douanes des bâtiments convenables pour l'établissement de l'entrepôt des sels autorisé par la loi du 21 avril 1818.

2. Dans ce but, il est fait apport à la société, ainsi qu'il va être expliqué ci-après, de deux immeubles connus aujourd'hui sous le titre d'*Entrepôt général des sels*, et acquis originairement de MM. Perron et Thurin, situés sur le quai du port de Fécamp, bornés dans leur ensemble, d'un côté, par M. Augir ; d'autre côté, par M. Lassire ; d'un bout par le quai, et d'autre bout par la Retenne, et qui ont été agréés par l'administration des douanes. L'adjudication de ces deux immeubles, sur la poursuite de la faillite Dechand, a eu lieu suivant procès-verbaux dressés par Me Hardy, notaire à Fécamp, les 12 janvier et 9 mars 1839, moyennant un prix principal de 30,000 fr. pour l'entrepôt Thurin, et moyennant celui de 25,000 fr. pour l'entrepôt Perron, en sus des frais judiciaires, montant à 2,101 fr. 89 c. ; ensemble 55,000 fr. La société fera sur ce terrain, dont elle jouira et disposera à titre de propriété, tous les changements, constructions et augmentations qu'elle jugera utiles pour remplir le but proposé. En cas d'insuffisance de ladite propriété, la société pourra faire toute acquisition de terrains et constructions de bâtiments ; le tout après délibération dans la forme ci-après indiquée.

3. La société prend le titre de *Compagnie de l'entrepôt général des sels de Fécamp* ; son siége est fixé à Fécamp.

4. La société est constituée pour trente années, qui commenceront à dater de l'ordonnance royale qui l'aura autorisée. Elle serait résolue de plein droit si l'entrepôt cessait d'être établi dans les bâtiments de la société.

Capital social.

5. Le capital social est fixé à la somme de quatre-vingt mille francs, divisée en cent soixante actions de cinq cents francs chacune.

6. Ce capital est représenté par l'apport des deux immeubles ci-dessus désignés, et qui entrent dans la société pour les valeurs suivantes : 1° la partie de l'entrepôt général désignée sous le nom de l'entrepôt Thurin, pour la somme de 25,000 fr.; 2° l'autre partie de l'entrepôt général désignée sous le nom de l'entrepôt Perron, pour la somme de 27,800 fr., mais grevée d'une rente foncière au capital de 12,800 fr., ce qui réduit sa valeur réelle à 15,000 fr.; total, 40,000 fr. Et par une mise en espèce de 40,000 fr., réalisable au fur et à mesure des besoins, constatés par délibération dans la forme ci-après prescrite ; total, 80,000 fr. La rente dont on vient de parler s'élève à 640 fr. par année ; elle est exempte de retenue et payable chaque année en deux termes égaux, Pâques et Saint-Michel, ainsi que cela résulte du contrat de constitution de cette rente, passé devant Me Rousselet, notaire à Fécamp, prédécesseur du notaire soussigné, le 21 août 1816. Le prix de l'entrepôt Perron, adjugé comme il a été dit ci-dessus, le 12 janvier 1839, n'est point réglé. Les adjudicataires, encore bien qu'il n'en ait point été question dans l'acte d'adjudication, ont conservé, en déduction de ce prix, les douze mille huit cents francs formant le capital de la rente dont il s'agit, pour faire le service de cette rente. A ce moyen, la valeur de l'entrepôt Perron est demeurée fixée comme on l'a vu plus haut, et, en transmettant cet immeuble à la société, les personnes qui en sont adjudicataires la chargent expressément du service de la rente à partir du jour fixé par l'art. 4 ci-dessus, pour l'époque où commenceront les effets de la société dont il s'agit.

7. Chacun des sociétaires possédant dans les immeubles sus-désignés, soit au moyen de l'adjudication sur licitation, soit par les actes d'acquisition postérieurs et ci-après relatés une portion indivise correspondant à la moitié de la valeur des actions qu'il entend souscrire dans la société, en fait présentement apport pour couvrir immédiatement cette moitié de la valeur des actions par lui souscrites.

8. En conséquence de ce qui précède, les cent soixante actions ont été réparties de la manière suivante.

(Suivent les noms.)

9. Chacun des sociétaires est dépouillé, à partir du jour où la société aura effet, suivant l'art. 4 ci-dessus, de la portion indivise lui appartenant dans les immeubles ci-dessus désignés, portion qui a servi, comme on vient de le voir, au paiement de la moitié des actions par lui souscrites, et ces portions d'immeubles doivent entrer en société libres et dégagées de toutes charges et hypothèques. Il sera, à la diligence du conseil d'administration de la société, procédé à la purge des hypothèques de toute nature qui pourraient grever les immeubles mis en société, à l'exception toutefois de celles relatives à la rente foncière au capital de douze mille huit cents francs, qui continuera de grever l'immeuble contre la société à qui elle est donnée en charge, et au profit du tiers à qui elle est due. Si, par suite de l'accomplissement des formalités hypothécaires, il y avait ou survenait, contre quelqu'un des sociétaires des portions d'immeubles abandonnés à la société, une ou plusieurs inscriptions sur lesdits immeubles, les comparants s'o-

bligent à en apporter main-levée à leurs frais, dans les trois mois de la dénonciation qui leur en serait faite aussi à leurs frais ; et, ce délai passé, ils devront verser en espèces, à titre de garantie, dans la caisse de la société, la somme de représentation de la valeur attribuée ci-dessus à la portion d'immeubles apportés en société et qui se trouverait grevée. Les comparants s'obligent solidairement à garantir la société de tous troubles, évictions, priviléges et hypothèques, et à justifier de la libération complète de leurs prix d'acquisition, sauf ce qui a été dit ci-avant pour la rente de six cent quarante francs. Ils supporteront personnellement tous frais extraordinaires de transcription et de purge, et ceux des actes qui pourront être reconnus nécessaires pour établir régulièrement leurs droits de propriété. Jusque-là il ne sera délivré aux propriétaires des immeubles que des titres provisoires ou promesses d'actions non transmissibles.

10. Les droits d'enregistrement, honoraires du notaire, purge d'hypothèques et autres frais ordinaires résultant du présent acte ou en étant la suite, seront supportés par la société.

11. Aussitôt après l'expiration des délais de purge légale sans inscription, ou après la main-levée de celles qui pourraient exister, il sera délivré à chacun des actionnaires des titres nominatifs pour autant d'actions qu'il en a souscrit. Ces titres seront signés par les trois administrateurs dont il est parlé ci-après à l'art. 13. Ils seront transmissibles par une déclaration de transfert sur les registres de la société, déclaration qui, pour être valable, devra être signée par le cédant et par le cessionnaire ou leurs fondés de pouvoirs.

12. En aucun cas les actionnaires ne pourront être tenus au-delà du montant de leur intérêt dans la société, conformément aux art. 32 et 33 du Code de commerce. Si l'actionnaire est en retard de payer un appel de fonds régulièrement fait, son action ou ses actions seront, quinzaine après sommation de mise en demeure, vendues à la requête du conseil d'administration aux enchères publiques, par un officier ministériel compétent, aux risques et périls du retardataire, qui profitera du bénéfice, s'il y en a, et qui, en cas de perte, sera poursuivi pour le paiement de la différence.

13. Les affaires de la compagnie seront gérées par trois administrateurs, dont la responsabilité sera restreinte dans les bornes fixées par l'art. 2 du Code de commerce ; leurs fonctions seront gratuites, mais ils se feront aider par un agent choisi par eux, auquel ils pourront, sous leur responsabilité, transmettre une partie de leurs pouvoirs, et qui sera payé par la société, qui fixera le taux de son traitement. L'agent pourra toujours être révoqué par les administrateurs, et les décisions de ceux-ci seront en tous cas exécutoires à la simple majorité.

14. Les administrateurs devront être choisis parmi les actionnaires et posséder au moins cinq actions, qui seront inaliénables pendant la durée de leurs fonctions. Ils seront élus pour trois ans, à la majorité absolue aux deux premiers tours, et relative au troisième tour, par scrutin de liste, dans une assemblée générale des actionnaires convoquée comme il est dit ci-après. Les actionnaires absents pourront se faire représenter à l'assemblée générale par des mandataires de leur choix pris parmi les actionnaires. Le droit de suffrage dans ces assemblées comme dans toutes autres sera déterminé ainsi qu'il suit : une voix, de une à dix actions inclusivement; deux voix, de dix à vingt inclusivement; trois voix, au-dessus de ce nombre, sans que, dans aucun cas, un même actionnaire puisse avoir plus de trois voix, quel que soit le nombre d'actions qu'il possède ou qu'il représente.

15. Toutes les assemblées seront convoquées par lettres et en outre par insertion dans les journaux désignés par le tribunal de commerce, conformément à la loi du 31 mars 1833. Il y aura assemblée générale au moins deux fois par année, aux époques qui seront déterminées dans la première séance qui suivra l'autorisation de la société. Dans chacune de ces assemblées semestrielles, les administrateurs présenteront leur compte de gestion, qui sera soumis à l'examen et à l'approbation des actionnaires. Il pourra être convoqué extraordinairement d'autres assemblées, s'il y a lieu, soit à la diligence des commissaires, soit sur la demande d'actionnaires représentant au moins un quart des actions. Les assemblées générales ne pourront délibérer qu'avec le concours du tiers du nombre total des actionnaires représentant au moins la moitié des actions. Cependant si à la première convocation cette double condition ne se trouvait pas remplie, une seconde convocation à huitaine sera faite, et la délibération, qui ne pourra porter que sur les objets mis à l'ordre du jour et indiqués dans les lettres de convocation et les insertions, sera valable, quel que soit le nombre des actionnaires et des actions représentées. Les délibérations seront prises à la majorité des suffrages, dans les termes fixés par l'art. 14.

16. Sont nommés commissaires provisoires, chargés de remplir les fonctions d'administrateurs jusqu'à l'organisation définitive de la société, MM. Tranquille Collas, Adrien Fréret et Emmanuel Nicolle. Quand l'ordonnance d'autorisation sera obtenue, les actionnaires seront convoqués pour nommer les administrateurs, conformément aux art. 13 et 14. En cas de décès ou de démission de l'un de ces derniers, son remplacement n'aura lieu que pour le temps qui restera à courir de la période de trois ans.

17. Les fonctions des administrateurs comprennent tout ce qui est acte de simple administration, sauf ce qui sera réservé aux assemblées générales, et l'exécution des délibérations de ces assemblées. En conséquence, les administrateurs sont chargés de faire faire toutes les réparations aux bâtiments, passer tous devis et marchés, faire toute assurance, passer tous baux, déterminer les répartitions à faire des bénéfices, lesquelles répartitions ne pourront avoir lieu qu'après l'approbation par l'assemblée générale des comptes de chaque exercice, transiger, compromettre, intenter toutes poursuites, défendre à toutes actions concernant la société. Chaque année, avant toute répartition des bénéfices, il sera fait, pour former un fonds de réserve, un prélèvement qui ne pourra être de moins de cinq pour cent du montant des bénéfices nets réalisés. Ce prélèvement cessera lorsque la réserve aura atteint cinq mille francs; il recommencera lorsque ce maximum aura été entamé. La fixation du tarif d'entrepôt et le mode de perception et de répartition auront lieu en assemblée générale et par délibération prise à la majorité des voix, ainsi qu'il est dit ci-dessus; toutefois le tarif des droits d'entrepôt ne pourra être mis à exécution qu'après avoir reçu l'approbation du gouvernement, conformément à la loi du 27 février 1832.

18. Tout appel de fonds sur le montant de l'action ne pourra avoir lieu qu'en vertu d'une délibération prise en assemblée générale et conformément à l'art. 14; tout appel de fonds au-delà est interdit. La dissolution de la société avant le terme fixé pourrait être décidée en assemblée générale sur convocation spéciale, mais seulement si le nombre des suffrages en faveur de cette mesure représentait la majorité des votes exprimés et plus de la moitié des actions. La dissolution aurait lieu en outre de plein droit en cas de perte de deux tiers du capital.

19. A la dissolution de la société les immeubles qui en dépendront avec tous leurs accessoires seront vendus par adjudication publique, devant notaire, à Fécamp, et à la diligence des commissaires liquidateurs de la société.

20. Toutes les opérations de la société seront constatées par des livres régulièrement tenus, cotés et paraphés dans la forme légale; chaque actionnaire pourra toujours en demander communication sans déplacement.

21. Les contestations qui pourraient survenir entre la société et les actionnaires ou entre les actionnaires entre eux, au sujet de la société, seront jugées par trois arbitres, sur le choix desquels les parties devront s'accorder dans la huitaine; faute de quoi les arbitres seront nommés par le président du tribunal de commerce, à la requête de la partie la plus diligente. Les arbitres jugeront à la majorité et comme amiables compositeurs. Ils seront dispensés des formes et délais de la procédure. Leur décision sera définitive et sans appel, pourvoi ni recours quelconque.

22. En cas de décès, faillite ou déconfiture d'un actionnaire, ses héritiers ou ayants-cause ne pourront faire apposer les scellés sur aucun des objets dépendant de la société, ni faire faire aucun inventaire. Ils seront tenus de s'en rapporter au dernier inventaire de la société, et ils devront faire représenter par un seul d'entre eux les actions de leur auteur de la société. Ils ne pourront intenter aucune action en liquidation ou en licitation hors les cas prévus aux articles qui précèdent aux présents statuts.

23. La société ne reconnaît point de fractions d'action : dans le cas où plusieurs personnes deviendraient propriétaires d'une action, elles seraient tenues de se faire représenter par l'une d'elles, de manière à ce qu'une seule action ne puisse jamais donner droit à plusieurs personnes d'intervenir dans les affaires de la société.

24. Il pourra être apporté aux présents statuts, sous l'approbation de l'autorité, tous changements jugés utiles en assemblée générale des actionnaires convoqués spécialement à cet effet, si ces changements sont votés par un nombre d'actionnaires formant les deux tiers des suffrages exprimés représentant en outre les trois quarts des actions.

25. Chacun des associés, s'il n'est domicilié à Fécamp, sera tenu d'y faire élection de domicile par déclaration sur le registre de la société; à défaut de quoi son domicile sera de droit élu au lieu où sera le siège de l'administration.

25 JUILLET ▬ 18 AOUT 1841. — Ordonnance du roi portant autorisation de la société anonyme formée à Rouen sous la dénomination de l'*Équitable, compagnie rouennaise d'assurances contre l'incendie.* (IX, Bull. supp. DLI, n. 15734.)

Louis-Philippe, etc., sur le rapport de notre ministre secrétaire d'État au dépar-

tement de l'agriculture et du commerce; vu les art. 29 à 37, 40 et 43 du Code de commerce; notre conseil d'Etat entendu, etc.

Art. 1er. La société anonyme formée à Rouen sous la dénomination de *l'Equitable, compagnie rouennaise d'assurances contre l'incendie*, est autorisée. Sont approuvés les statuts de ladite société, tels qu'ils sont contenus dans l'acte passé, le 8 juillet 1841 et jours suivants, par-devant Me Graindorge et son collègue, notaires à Rouen, lequel acte restera annexé à la présente ordonnance.

2. Nous nous réservons de révoquer notre autorisation en cas de violation ou de non exécution des statuts approuvés, sans préjudice des droits des tiers.

3. La société sera tenue de remettre, tous les six mois, un extrait de son état de situation au ministère de l'agriculture et du commerce, au préfet du département de la Seine-Inférieure, à la chambre de commerce et au greffe du tribunal de commerce de Rouen.

4. Notre ministre de l'agriculture et du commerce (M. Cunin-Gridaine) est chargé, etc.

STATUTS.

La société, son titre, son objet, sa durée.

Art. 1er. Il est formé, sauf l'approbation du roi, entre les comparants et les personnes désignées en l'art. 8 ci-après, et celles qui deviendront cessionnaires d'actions, une société anonyme d'assurances à primes contre l'incendie; sa dénomination est *l'Equitable, compagnie rouennaise d'assurances contre l'incendie*; son siège et son domicile sont établis à Rouen.

2. Les opérations de la société ont pour objet: 1° l'assurance contre l'incendie des propriétés immobilières et mobilières que le feu peut endommager ou détruire; 2° l'assurance contre les dégâts causés par la foudre, lors même qu'il n'y a pas incendie; 3° l'assurance contre les dégâts causés par l'explosion du gaz employé à l'éclairage; 4° l'assurance contre les dégâts d'incendie résultant de l'explosion de la vapeur. La compagnie ne garantit, hors les cas d'incendie, les risques causés par la foudre ou l'explosion du gaz, qu'autant que ces risques sont assurés par une clause spéciale de la police. Toutes opérations, autres que celles ci-dessus énoncées, sont complétement interdites à la compagnie.

3. La compagnie n'assure pas: 1° les dépôts, magasins et fabriques de poudre à tirer; les effets de commerce et obligations de toute nature; les billets de banque, titres, contrats, lingots d'or ou d'argent et l'argent monnayé; 2° les diamants, pierreries et perles fines autres que ceux montés, et à l'usage personnel ou compris parmi les objets déposés dans des établissements publics, tels que monts-de-piété, musées historiques et autres.

4. La compagnie ne répond pas des incendies et dégâts occasionnés par guerre, invasions, émeutes ou troubles populaires, force armée quelconque, ni de ceux résultant d'un désastre général,

comme feux souterrains, volcans, tremblements de terre, etc., etc.

5. Quelles que soient les sommes énoncées dans la police, l'assuré ne peut jamais recevoir une indemnité excédant la perte effective qu'il aura éprouvée par l'effet du sinistre. Cette perte est réglée d'après l'état et la valeur de l'objet assuré au moment du sinistre. Si, après l'incendie, la valeur des objets assurés est reconnue inférieure à la somme assurée, cette somme sera réduite de toute la différence. La présente clause devra être insérée dans la police.

6. Les assurances pourront s'effectuer dans toute la France et à l'étranger. Le maximum sur un seul risque ne pourra excéder trois cent mille francs.

7. La durée de la société est de quarante-huit années, à partir du jour de l'autorisation royale, sauf les cas de dissolution qui seront prévus à l'art. 57 ci-après.

Fonds social.

8. Le capital de la société est fixé à trois millions de francs, divisé en trois mille actions nominatives de mille francs chacune. Les trois mille actions représentant ce capital sont souscrites dans les proportions suivantes. *(Suivent les noms.)*

Des actionnaires.

9. Les actionnaires souscrivent l'obligation de verser jusqu'à concurrence du montant de leurs actions. Cette obligation est garantie, pour chaque action, par le versement en numéraire d'un dixième aussitôt après la publication de l'ordonnance royale, et par le versement d'un second dixième en numéraire ou en dépôt de rentes dans l'année qui suivra l'autorisation de la présente société. Ces versements seront constatés au dos du certificat d'inscription qui sera délivré à chaque actionnaire, conformément à l'art. 19 ci-après.

10. Les sommes versées sur les actions, le montant des primes d'assurances, celui des réserves et de toutes autres recettes, à l'exception de la somme qui sera reconnue nécessaire pour les besoins du service courant, seront converties, d'après les déterminations prises par le conseil d'administration, en valeurs d'une réalisation facile et portant intérêt au profit de la société.

11. Les valeurs et les titres de la société, les fonds nécessaires aux besoins du service courant, les titres des actions souscrites par les administrateurs et les employés de la compagnie, seront renfermés dans une caisse à trois serrures et trois clefs différentes, dont une sera remise au caissier, une autre au directeur, et la troisième au président du conseil d'administration.

12. Lorsqu'il y aura lieu de faire, par le conseil d'administration, des appels de fonds, par application du premier paragraphe de l'art. 9 ci-dessus, les actionnaires devront en effectuer le versement dans le mois de la demande qui leur en sera faite.

13. A défaut de versement dans le délai fixé, les actions en retard seront vendues par l'entremise d'agent de change, aux risques et périls de l'actionnaire, sans préjudice des poursuites à exercer contre lui pour la somme dont il resterait débiteur envers la société, et aussi sans préjudice de son droit à profiter de l'excédant, s'il y en a.

14. Les actionnaires ne sont passibles que de la perte du montant de leur intérêt dans la société.

15. Tout actionnaire devra élire, à Rouen, un domicile où toutes notifications seront délivrées, et vaudront comme faites au domicile réel de l'ac-

tionnaire. Néanmoins, les simples lettres d'avis ou de convocation seront adressées officieusement au domicile réel de chaque actionnaire.

16. En cas de faillite d'un actionnaire, ses actions, à moins qu'il ne soit donné caution, seront vendues par le ministère d'un agent de change, sans qu'il soit besoin d'aucune autorisation ou notification, ni d'aucune formalité juridique. Sur le produit de la vente, la compagnie prélèvera ce qui pourra lui être dû ; le surplus, s'il y en a, sera remis aux créanciers de l'actionnaire failli. En cas de déficit, la compagnie poursuivrait le remboursement par toutes les voies de droit.

17. Chaque action est indivisible ; en cas de mort d'un actionnaire, ses héritiers ou ayants-droit auront six mois pour présenter un remplaçant ou désigner celui d'entre eux qui aura la propriété de chaque action. Ces nouveaux possesseurs devront être agréés conformément à l'art. 22 ci-après. Faute d'accomplissement des formalités ci-dessus, ces actions seront vendues par le ministère d'agent de change, aux périls et risques des héritiers ou ayants-droit et sans aucune mise en demeure. Le produit de la vente sera employé d'abord à solder ce qui pourrait être dû à la compagnie, et le surplus sera remis aux héritiers, s'il y en a ; s'il y a déficit, la compagnie en poursuivra le recouvrement contre la succession.

18. La faillite, le décès ou l'incapacité d'un actionnaire, ne pourront amener, dans aucun cas, la dissolution de la société ni donner lieu à aucune formalité judiciaire.

Des actions et de leur transfert.

19. Les actions sont représentées par une inscription nominative sur les registres de la société, portant un numéro d'ordre de un à trois mille. Il est délivré à chaque actionnaire, lors du paiement du premier dixième de chacune de ses actions, une quittance provisoire. Le certificat d'inscription, extrait d'un livre à souche et signé par le directeur et un administrateur, ne sera délivré qu'après le versement du second dixième exigé par l'art. 9.

20. Aucun actionnaire ne peut posséder plus de cinquante actions.

21. Les actions sont transmissibles par une déclaration de transfert inscrite sur les registres de la société. Cette déclaration est signée du cédant ou de son fondé de pouvoirs et du cessionnaire, et visée par le directeur. Le transfert ne pourra avoir lieu qu'après le versement du second dixième.

22. Les cessionnaires d'actions, à peine de nullité de la cession, devront être agréés par une délibération spéciale du conseil d'administration, prise au scrutin secret et à la majorité des membres présents, sauf l'exception ci-après. Ne seront pas soumis au scrutin d'admission les cessionnaires qui, en garantie des dixièmes restant à verser sur chaque action, transféreront à la compagnie une valeur égale de fonds publics français. Lorsque la société touchera les intérêts des fonds ainsi transférés à son nom, elle les versera immédiatement entre les mains des cessionnaires qui les auront transférés.

De l'administration de la société.

23. La société est administrée, sous la surveillance de trois censeurs, par un conseil d'administration, un directeur et un directeur-adjoint, dont les attributions sont déterminées par les articles ci-après.

Conseil d'administration.

24. Le conseil d'administration est composé de neuf membres ; trois suppléants sont choisis dans la même forme pour remplacer les absents. Ils doivent être tous domiciliés à Rouen et choisis parmi les actionnaires possédant au moins dix actions, lesquelles sont aliénables pendant toute la durée de leurs fonctions. Les membres du conseil d'administration sont nommés à la majorité absolue par l'assemblée générale. Leurs fonctions durent trois ans. Ils sont renouvelés par tiers chaque année. Le premier renouvellement et le second seront indiqués par la voie du sort ; l'ancienneté désignera ensuite l'ordre dans lequel les renouvellements postérieurs auront lieu. Les membres sortants peuvent être réélus indéfiniment.

25. Le conseil d'administration élira un président, un vice-président et un secrétaire. Leurs fonctions durent une année. Ils peuvent être réélus. En cas d'absence ou d'empêchement du président et du vice-président, ils seront remplacés par le doyen d'âge des membres présents à la délibération.

26. Dans le cas où une place de membre du conseil viendrait à vaquer, les membres restants pourvoiraient à son remplacement pour le temps qu'il y aurait à courir jusqu'à la plus prochaine assemblée générale. Le membre élu en remplacement par l'assemblée générale n'exercera ses fonctions que pendant le temps d'exercice de celui qu'il aura remplacé. Il devra remplir les conditions exigées par les statuts pour faire partie du conseil d'administration.

27. Les réunions du conseil d'administration auront lieu sur la convocation du président ou du vice-président, toutes les fois qu'elles seront jugées nécessaires et au moins une fois par mois. L'administrateur de service, les censeurs ou le directeur peuvent requérir, en cas d'urgence, la réunion du conseil d'administration. Pour qu'une délibération soit valable, cinq membres au moins, parmi lesquels il ne peut y avoir que deux suppléants, doivent assister à la réunion. Les arrêtés sont pris à la majorité des membres présents. En cas de partage, la voix de celui qui préside est prépondérante. Les procès-verbaux sont signés par le président et le secrétaire. Toutes délibérations ou décisions prises hors le domicile de la société ne seront pas valables.

28. Le conseil d'administration prend communication de toutes les affaires de la compagnie. Il arrête les conditions générales des contrats d'assurances et de réassurances ; il fixe, dans la limite établie par l'art. 6, le quantum des risques et le tarif des primes applicables aux diverses natures de risques. Il détermine l'emploi des fonds disponibles. Il arrête le paiement des pertes et dommages à la charge de la société. Il nomme, suspend et révoque, sur la proposition du directeur, tous les agents et employés de la compagnie, fixe leurs traitements et salaires, ainsi que les dépenses générales de l'administration. Il statue sur toutes les dépenses accidentelles et variables. Il prononce sur toutes les opérations de la compagnie et arrête provisoirement, lorsqu'ils ont été vérifiés par les censeurs, les comptes annuels et les répartitions de bénéfices. Il convoque l'assemblée générale annuelle et celles extraordinaires. Il peut plaider, traiter, transiger et compromettre sur tous les intérêts de la compagnie. Il peut aussi substituer, mais seulement par un mandat spécial, pour une ou plusieurs affaires déterminées.

29. Chaque administrateur est à tour de rôle chargé de suivre et de surveiller les opérations de la société et la comptabilité ; de signer, conjointement avec le directeur, les transferts de rentes et

d'actions, les pouvoirs délégués par le conseil d'administration, les procurations, les contrats et les engagements de la compagnie.

30. Le conseil d'administration institue près de lui un conseil judiciaire composé d'un avocat, d'un avoué et d'un notaire. Il fixe leurs honoraires. Il peut instituer, s'il y a lieu, un conseil de surveillance à Paris et dans les localités où il jugera convenable d'en établir. Les fonctions de membres de ce conseil sont gratuites.

31. Les fonctions de membres du conseil d'administration sont gratuites. Néanmoins ils auront droit à un jeton de la valeur de cinq francs au plus, toutes les fois qu'ils assisteront aux séances du conseil.

32. Les membres du conseil d'administration ne contractent, à raison de leurs fonctions, aucune obligation personnelle ni solidaire relativement aux engagements de la société. Ils ne répondent que de l'exécution de leur mandat.

Censeurs.

33. Les censeurs, au nombre de trois, sont choisis par l'assemblée générale. Ils doivent être domiciliés à Rouen et possesseurs de dix actions au moins. Leurs fonctions durent trois ans; ils peuvent être réélus. Ils surveilleront l'exécution de l'acte de société et des règlements, ainsi que toutes les parties de l'administration. Ils se feront représenter les registres, la correspondance, les états de caisse, toutes les fois qu'ils le jugeront à propos.

34. Les censeurs n'auront point voix délibérative dans le conseil. Ils proposeront toutes les mesures qu'ils croiront utiles aux intérêts de la compagnie. Si leurs propositions ne sont pas adoptées, ils pourront en requérir la transcription sur le registre des délibérations. Ils rendront compte à l'assemblée générale de l'exercice de leur surveillance.

35. Si, dans des circonstances graves, le conseil d'administration et le directeur n'agissaient pas sur leur réquisition, les censeurs pourraient convoquer l'assemblée générale. Ils notifieraient cette convocation au conseil d'administration et au directeur.

36. Les fonctions des censeurs sont gratuites. Elles n'emportent aucune autre responsabilité que celle de l'exécution du mandat. Comme les membres du conseil d'administration, les censeurs ont droit au jeton de présence.

Direction.

37. La direction se compose d'un directeur et d'un directeur-adjoint. Le directeur et le directeur-adjoint sont nommés par l'assemblée générale des actionnaires sur la proposition du conseil d'administration, conformément à l'art. 52 ci-après. Ils peuvent être révoqués par cette assemblée, à la majorité.

38. Le directeur habite le domicile de la société. Il doit être possesseur de vingt actions au moins et le directeur-adjoint de quinze. Ces actions, ainsi que celles souscrites par les principaux employés de la compagnie, sont inaliénables pendant toute la durée de leurs fonctions, et demeurent affectées à la garantie de leur gestion. A défaut d'être actionnaires, le directeur et le directeur-adjoint seront tenus de déposer, pour la garantie de leur gestion, un cautionnement en rentes sur l'État de vingt mille francs pour le directeur, et un de quinze mille francs pour le directeur-adjoint.

39. Le traitement fixe du directeur et du directeur-adjoint, et la part annuelle qui pourrait leur

être concédée sur les bénéfices nets, sont fixés par l'assemblée générale, sur la proposition du conseil d'administration.

40. Le directeur et le directeur-adjoint assistent avec voix consultative aux séances du conseil d'administration.

41. Le directeur est chargé de faire exécuter les délibérations et arrêtés du conseil d'administration. Il dirige le travail des bureaux, règle et arrête les conditions particulières des assurances conformément au tarif des primes, arrêté par le conseil d'administration. Il soumet au conseil, de concert avec l'administrateur de service, le montant des pertes et dommages à la charge de la compagnie, la situation de la caisse et celle des assurances. Il propose au conseil la nomination, suspension et révocation des employés et agents de la compagnie. Il signe les polices d'assurances, les endossements, la correspondance, les quittances et toutes autres pièces de comptabilité journalière. Il peut, avec l'autorisation du conseil d'administration, et sur l'avis du conseil judiciaire et celui des censeurs, plaider, transiger et compromettre au nom et pour le compte de la compagnie. Il signe, conjointement avec l'administrateur de service, les pouvoirs délégués par le conseil, les transferts de rentes et d'actions, les procurations et tous autres actes et engagements de la compagnie, conformément à l'art. 29 ci-dessus.

42. En cas d'empêchement du directeur, il est remplacé de droit et avec les mêmes pouvoirs par le directeur-adjoint. A défaut de ce dernier, le conseil d'administration délègue l'un des administrateurs ou un employé pour le remplacer. Et en cas de mort, démission ou révocation du directeur et du directeur-adjoint, le conseil d'administration pourvoit provisoirement à leur remplacement jusqu'à la plus prochaine assemblée générale, qui procède à une nomination définitive.

Assemblée générale.

43. L'assemblée générale est composée des cent plus forts actionnaires, titulaires d'actions depuis six mois au moins. En cas d'égalité en nombre d'actions, les premiers actionnaires inscrits au tableau sont préférés. Les membres du conseil d'administration et les directeurs, s'ils sont sociétaires, feront partie de l'assemblée générale s'ils réunissent les conditions exigées par le paragraphe ci-dessus; ils auront voix délibérative, hors le cas de la reddition des comptes ou des questions relatives à leur gestion. Ceux des membres du conseil d'administration qui ne réuniraient pas ces mêmes conditions n'auront que voix consultative.

44. L'assemblée générale représente la masse des actionnaires, et ses décisions sont obligatoires pour tous, même pour ceux qui n'y auront pas concouru.

45. L'assemblée générale ordinaire est régulièrement convoquée dans le mois d'avril de chaque année. Il y aura en outre des assemblées extraordinaires toutes les fois que les circonstances l'exigeront. L'assemblée générale est convoquée par le directeur, après décision du conseil d'administration. Elle ne pourra délibérer et statuer qu'avec le concours du tiers des membres ayant droit d'y assister. Les assemblées générales extraordinaires sont convoquées, soit sur l'initiative du conseil d'administration ou des censeurs, soit sur la demande de vingt des plus forts actionnaires.

46. Les convocations sont faites par lettres adressées au domicile de chaque actionnaire, quinze jours au moins avant la réunion, et par un

avis inséré également quinze jours à l'avance dans un des journaux d'annonces légales désignés par le tribunal de commerce de Rouen, conformément à la loi du 31 mars 1833. Ces lettres et cet avis indiqueront l'objet de la convocation et les points principaux sur lesquels l'assemblée sera appelée à délibérer.

47. L'assemblée générale est présidée par le président du conseil d'administration, et, à son défaut, par le membre chargé de le remplacer. Elle nomme son secrétaire et les deux scrutateurs par bulletin de liste à la majorité des voix.

48. Les décisions de l'assemblée générale sont prises à la majorité des voix des membres présents. Chacun des membres composant l'assemblée générale n'a qu'un vote personnel, quel que soit d'ailleurs le nombre d'actions qu'il ait souscrites. Le droit de présence à l'assemblée générale étant personnel, aucun fondé de pouvoirs ne peut y être admis.

49. Dans le cas où les actionnaires convoqués ne se trouveraient pas en nombre voulu par l'article 45, pour délibérer, procès-verbal en serait dressé, et l'assemblée serait renvoyée à quinzaine. Sur la seconde convocation, les délibérations prises par l'assemblée seront valables et lieront tous les actionnaires, pourvu que le nombre des membres présents soit de vingt au moins, non compris les membres du conseil d'administration. Toutefois, les délibérations prises ne pourront porter que sur les points qui étaient à l'ordre du jour de la première convocation.

50. L'assemblée générale, fixée au mois d'avril de chaque année, entend le compte annuel des opérations de la société, qui lui est présenté par le directeur. Elle nomme une commission pour en faire l'examen si elle le juge convenable. Elle entend les rapports qui lui sont faits par le conseil d'administration ou par les censeurs. Elle délibère et statue sur les comptes ainsi que sur toutes les propositions que peuvent faire le directeur, le conseil d'administration, les censeurs ou les actionnaires.

51. Il sera dressé procès-verbal de toutes les délibérations et décisions prises dans chaque séance de l'assemblée générale. Le procès-verbal, signé de tous les membres du bureau, sera remis au conseil d'administration, à l'effet de s'y conformer. Les réunions de l'assemblée générale ne pourront avoir lieu qu'au domicile de la société. Les délibérations et décisions prises hors ledit domicile ne seront pas valables.

52. L'assemblée générale nomme, sur la proposition du conseil d'administration, le directeur et le directeur-adjoint, à la majorité absolue. Elle nomme également, et à la même majorité, les administrateurs et les censeurs. Elle pourra révoquer les uns et les autres à la même majorité.

53. Conformément aux dispositions de l'art. 57 des présents statuts, l'assemblée générale ordonne, s'il y a lieu, la suspension des opérations et la liquidation de la société.

Comptes annuels, fonds de réserve, répartition des bénéfices.

54. Chaque année, il est dressé, au 31 décembre, un état de la situation des opérations de la société. Cet état est porté par les journaux à la connaissance du public et à celle des actionnaires, par un exemplaire imprimé, adressé à chacun d'eux.

55. Sur les bénéfices nets qui seront réalisés par la société, il sera prélevé un cinquième au moins pour former un fonds de réserve ; le surplus sera réparti entre les actionnaires qui se seront conformés aux dispositions de l'art. 9.

56. Lorsque la réserve mentionnée ci-dessus aura atteint le chiffre de trois cent mille francs, le prélèvement annuel à son profit ne sera plus que d'un dixième des bénéfices. Ce prélèvement serait rétabli au taux d'un cinquième, si la réserve se trouvait réduite au-dessous de trois cent mille francs.

Dissolution et liquidation.

57. La dissolution de la société aura lieu de plein droit avant l'expiration des quarante-huit années fixées par l'art. 7, si les pertes excèdent la moitié du capital social. Cette dissolution pourra être prononcée par un nombre d'actionnaires représentant au moins les trois quarts des actions, si, par l'effet de pertes éprouvées, le capital social se trouve réduit de deux cinquièmes. Dans l'un et l'autre cas, le conseil d'administration suspendra provisoirement les opérations d'assurances, et convoquera immédiatement l'assemblée générale.

58. L'assemblée générale nomme, séance tenante, cinq commissaires liquidateurs (tous actionnaires et domiciliés à Rouen). Ces derniers font réassurer les risques non éteints et résilient, s'il est possible, de gré à gré, les contrats existants ; ils règlent et arrêtent le paiement des pertes et dommages à la charge de la compagnie. Ils peuvent compromettre, traiter et transiger sur toutes contestations et demandes.

59. Les actionnaires sont tenus, sur la demande de la commission, de faire, s'il y a lieu, les versements nécessaires pour opérer le paiement des charges de la société, jusqu'à concurrence du montant de leurs actions.

60. A l'expiration de l'année qui suivra l'époque où la liquidation aura été prononcée, il sera fait un inventaire de la situation de la société. Le compte en sera rendu à l'assemblée générale, qui statuera sur le terme de la liquidation.

Arbitrage.

61. Toutes les difficultés et contestations qui pourront s'élever pendant la durée de la société ou lors de sa liquidation, relativement à ses affaires et opérations, soit entre les actionnaires et la compagnie, soit entre les actionnaires eux-mêmes, seront soumises au jugement souverain d'un conseil arbitral composé de trois membres choisis, les deux premiers par chacune des parties intéressées, et le troisième par les deux premiers arbitres nommés. Et si les deux arbitres ne peuvent s'entendre sur le choix du troisième, ou que l'une des parties n'ait pas nommé son arbitre dans les cinq jours de la sommation qui en sera faite, l'arbitre non désigné sera nommé d'office par le président du tribunal de commerce de Rouen, à la requête de la partie la plus diligente. La décision des arbitres aura lieu sans formalités ni délais judiciaires, par amiable composition. Elle sera définitive, sans appel ni recours en cassation.

62. L'assemblée générale convoquée extraordinairement par le conseil d'administration, dans la forme prescrite par l'art. 46, pourra, à la majorité des trois quarts des voix des membres présents, modifier les présents statuts, selon que l'expérience en aura démontré la nécessité. Les modifications ne pourront être valablement délibérées que dans une réunion composée des trois quarts

au moins des membres ayant droit d'assister à l'assemblée générale. Elles ne sont exécutoires qu'après avoir été approuvées par le gouvernement.

Dispositions transitoires.

63. Pour parvenir à la formation de la société, il a été formé une commission provisoire d'organisation, composée de : (*Suivent les noms.*) Et assistés de MM. Desseaux, avocat ; Rousselle, avoué, et Graindorge, notaire, représentant le conseil judiciaire.

64. Immédiatement après l'obtention de l'ordonnance royale autorisant la constitution de la société, la commission provisoire d'organisation convoquera la première assemblée générale des actionnaires pour procéder à la nomination des membres du conseil d'administration, des censeurs, du directeur et du directeur-adjoint, et proclamer la mise en activité de la société.

13 JUILLET = 25 AOUT 1841. — Ordonnance du roi qui fixe la cotisation à percevoir, pendant la campagne de 1841, sur les trains de bois flotté servant à l'approvisionnement de Paris. (IX, Bull. DCCCXL, n. 9486.)

Louis-Philippe, etc., sur le rapport de notre ministre secrétaire d'État au département des travaux publics ; vu la délibération, en date du 21 mars dernier, de la communauté des marchands de bois de chauffage destiné à l'approvisionnement de Paris, ayant pour objet de pourvoir, dans un intérêt commun, aux dépenses qu'entraîneront, pendant la campagne de 1841, le transport en cours de navigation et la conservation desdits bois ; l'art. 9, litre 1ᵉʳ de la loi du 16 juillet 1840, portant fixation du budget des recettes de l'exercice 1841 ; notre conseil d'État entendu, etc.

Art. 1ᵉʳ. Chaque train composé de dix-huit coupons, et provenant des rivières d'Yonne, de Cure, d'Armançon et du canal de Bourgogne, pendant la campagne de 1841, paiera vingt-trois francs quarante centimes, savoir : dix-huit francs à son passage au pont de Joigny, et cinq francs quarante centimes à Paris. Chaque train, également composé de dix-huit coupons, qui sera flotté depuis le pont de Joigny en aval jusqu'au-dessus du pont de Montereau, et qui ne se composera pas de bois retirés en route, paiera de même vingt-trois francs quarante centimes de cotisation, savoir : dix-huit francs à Sens, à son passage ou au moment de son départ, et cinq francs quarante centimes à Paris. Chaque train formé de dix-huit coupons, venant de la rivière de Marne, paiera dix francs quatre-vingts centimes à son arrivée à Paris. Chaque train formé de dix-huit coupons, venant de la rivière de Seine, paiera cinq francs quarante centimes à son arrivée à Paris. Enfin les trains descendant des rivières d'Yonne et de Cure, formés également de dix-huit coupons, et qui seront tirés en route, paieront, savoir : ceux qui ne passeront pas les ports de Cravant, six francs chacun, et ceux tirés en aval de ces ports jusqu'au-dessus de Joigny, neuf francs chacun.

2. Quant aux trains qui, par suite de la nécessité de les faire passer dans les écluses des canaux avant leur arrivée dans l'Yonne, ou pour toute autre cause, seront confectionnés par fractions différentes de la division ordinaire du train en dix-huit coupons, la cotisation sera perçue en raison de la longueur desdits trains comparée à celle des trains de dix-huit coupons : à cet effet, le maximum de la longueur des trains de dix-huit coupons est fixé à quatre-vingt-dix mètres, ou cinq mètres par coupon ordinaire.

3. Le paiement s'effectuera, à Paris, entre les mains de l'agent général de la communauté ; à Sens, à Joigny et à Cravant, entre celles des commis aux ponts. Les commis à Sens et à Joigny verseront, au moins une fois le mois, le montant de leur recette dans la caisse de l'agent général de l'arrondissement ; le commis au pont de Cravant versera la sienne entre les mains du commis général résidant à Cravant.

4. Les agents de la communauté sont autorisés à employer tous les moyens qui sont en leur pouvoir à l'effet d'assurer le paiement de la cotisation dont il s'agit. En cas de refus de paiement, la perception s'effectuera comme en matière de contributions publiques.

5. Nos ministres des travaux publics et des finances (MM. Teste et Humann) sont chargés, etc.

20 JUILLET = 25 AOUT 1841. — Ordonnance du roi qui ouvre, sur l'exercice 1841, un crédit extraordinaire pour le chemin de fer de Strasbourg à Bâle. (IX, Bull. DCCCXL, n. 9487.)

Louis-Philippe, etc., vu la loi du 11 juin 1841 sur les crédits supplémentaires et extraordinaires de l'exercice 1841, laquelle fixe les allocations et annulations de crédits sur ce même exercice pour les travaux publics extraordinaires ; vu les art. 4 et 6 de la loi du 24 avril 1833, et l'art. 12 de la loi du 23 mai 1834 ; vu les art. 26, 27 et 28 de notre ordonnance du 31 mai 1838, portant règlement général sur la comptabilité publique ; vu la loi du 15 juillet 1840, autorisant notre ministre des travaux publics à consentir, au nom de l'État, sous certaines conditions y exprimées, un prêt de douze millions six cent mille francs à la compagnie du chemin de fer de Strasbourg à Bâle; vu la convention passée en conséquence le 12 octobre 1840 entre notre ministre des travaux publics et la compagnie, et portant, art. 2 : « Aucun « versement ne sera fait à la compagnie « tant que le sieur Nicolas Kœchlin, en- « trepreneur à forfait des travaux du che- « min de fer, n'aura pas justifié de la réa- « lisation des dix-huit quarantièmes des « travaux et dépenses nécessaires à l'achè- « vement de l'entreprise. Après cette justi- « fication, les versements s'effectueront par « douzièmes, et au fur et à mesure de « nouveaux travaux et de nouvelles dé- « penses. Ainsi le premier douzième sera « versé lorsque les dix-huit quarantièmes « des travaux et dépenses nécessaires à « l'exécution de l'entreprise seront réalisés; « le second douzième après la réalisation « des vingt quarantièmes; le troisième « douzième, après la réalisation des vingt- « deux quarantièmes, et ainsi de suite de « deux en deux quarantièmes. Le dernier « douzième ne sera versé qu'après la récep- « tion des travaux et la mise en exploitation « du chemin tout entier. Le ministre des « travaux publics se réserve de déterminer « les formes d'après lesquelles la compa- « gnie justifiera vis-à-vis de lui de la quo- « tité des travaux qui seront successive- « ment exécutés, et les sieurs Risler, David, « Isot, Girard, auxdits noms, s'obligent « à se soumettre à ces mesures; » considé- rant que, d'après les justifications pro- duites par la compagnie du chemin de fer de Strasbourg à Bâle, les travaux exécutés et dépenses faites sur ce chemin s'élèvent à plus des trente quarantièmes de l'entre- prise et qu'elle a droit dès lors au paiement de sept douzièmes du prêt de douze mil- lions six cent mille francs, ou d'une som- me de sept millions trois cent cinquante mille francs; considérant néanmoins qu'à raison de l'insuffisance de l'allocation in- scrite en 1841 au chapitre 10 de la deuxième section du budget du ministère des tra- vaux publics pour le service du prêt auto- risé en faveur de ladite compagnie, il n'a été possible de lui payer jusqu'à ce jour qu'une somme de six millions et qu'il y a lieu, en conséquence, de pourvoir au paiement des un million trois cent cin- quante mille francs restants par voie de crédit extraordinaire et d'urgence; sur le rapport de notre ministre secrétaire d'État des travaux publics, et de l'avis de notre conseil des ministres, etc.

Art. 1er. Il est ouvert à notre ministre secrétaire d'État des travaux publics, sur l'exercice 1841 un crédit extraordinaire de treize cent cinquante mille francs

(1,350,000 fr.) applicable au chapitre 10 de la deuxième section du budget du minis- tère des travaux publics et au chemin de fer de Strasbourg à Bâle.

2. La régularisation de ce crédit ex- traordinaire sera proposée aux Chambres lors de leur prochaine session.

3. Nos ministres des travaux publics et des finances (MM. Teste et Humann) sont chargés, etc.

28 JUILLET == 25 AOUT 1841. — Ordonnance du roi qui crée deux nouvelles chaires au collège de France. (IX, Bull. DCCCXL, n. 9488.)

Louis-Philippe, etc., sur le rapport de notre ministre secrétaire d'État au dépar- tement de l'instruction publique; vu la loi du 25 juin, portant fixation du budget des dépenses pour l'exercice 1842, etc.

Art. 1er. Une chaire pour l'enseigne- ment des langues et des littératures d'orient et engine germanique, et une chaire pour l'en- seignement des langues et des littératures de l'Europe méridionale, sont créées au collège de France.

2. Notre ministre de l'instruction publi- que (M. Villemain) est chargé, etc.

29 JUILLET == 25 AOUT 1841. — Ordonnance du roi qui ouvre au ministre des travaux publics un crédit supplémentaire pour des créances consta- tées sur des exercices clos. (IX, Bull. DCCCXL, n. 9489.)

Louis-Philippe, etc., vu l'état des créances liquidées à la charge du départe- ment des travaux publics, additionnelle- ment aux restes à payer constatés par les comptes définitifs des exercices clos de 1837, 1838 et 1839; considérant que ces créances concernent des services non com- pris dans la nomenclature de ceux pour lesquels les lois de dépenses des mêmes exercices ont donné la faculté d'ouvrir des suppléments de crédits; considérant tou- tefois qu'aux termes de l'art. 9 de la loi du 23 mai 1834 et de l'art. 108 de notre ordonnance du 31 mai 1838, portant rè- glement général sur la comptabilité pu- blique, lesdites créances peuvent être acquittées, attendu qu'elles se rapportent à des services prévus par les budgets des exercices 1837, 1838 et 1839, et que leur montant n'excède pas les restants de crédit dont l'annulation a été prononcée sur ces services par la loi de règlement desdits exercices; sur le rapport de notre ministre secrétaire d'État des travaux publics, et de l'avis de notre conseil des ministres, etc.

Art. 1er. Il est ouvert à notre ministre secrétaire d'État des travaux publics, en augmentation des restes à payer constatés par les lois de règlement des exercices 1837, 1838 et 1839, un crédit supplémentaire de vingt mille huit cent quatre-vingt-quatorze francs vingt-six centimes (20,894 fr. 26 c.), montant des créances désignées au tableau ci-annexé, qui ont été liquidées à la charge de ces exercices, et dont les états nominatifs seront adressés, en double expédition, au ministre secrétaire d'Etat des finances, conformément à l'art. 106 de notre ordonnance précitée du 31 mai 1838, savoir : exercices 1837, 2,257 fr. 83 c.; 1838, 2,829 fr. 69 c.; 1839, 15,806 fr. 74 c. Total, 20,894 fr. 26 c.

2. Notre ministre secrétaire d'Etat des travaux publics est, en conséquence, autorisé à ordonnancer ces créances sur le chapitre spécial ouvert, pour les dépenses des exercices clos, aux budgets des exercices courants, en exécution de l'art. 8 de la loi du 23 mai 1834.

3. La régularisation de ce crédit sera proposée aux Chambres lors de leur prochaine session.

4. Nos ministres des travaux publics et des finances (MM. Teste et Humann) sont chargés, etc.

(Suit le tableau.)

29 JUILLET = 25 AOUT 1841. — Ordonnance du roi qui ouvre au ministre de la justice et des cultes un crédit extraordinaire pour des créances à solder sur des exercices périmés. (IX, Bull. DCCCXL, n. 9490.)

Louis-Philippe, etc., sur le rapport de notre garde des sceaux, ministre secrétaire d'Etat au département de la justice et des cultes, et de l'avis de notre conseil des ministres ; vu l'état des créances liquidées pour les services des cultes sur les exercices périmés de 1831, 1832, 1835 et 1836, et qui, pour les causes énoncées audit état, ne sont point passibles de la déchéance prononcée par l'art. 9 de la loi du 29 janvier 1831 ; vu l'art. 8 de la loi du 10 mai 1838, aux termes duquel les créances de cette nature ne peuvent être ordonnancées par nos ministres qu'après que des crédits extraordinaires spéciaux par articles leur ont été ouverts à cet effet, conformément aux articles 4, 5 et 6 de la loi du 24 avril 1833 ; vu l'art. 114 de notre ordonnance du 31 mai 1838, portant règlement général sur la comptabilité publique, etc.

Art. 1er. Un crédit extraordinaire spécial de quarante-six mille cinq cent quatre-vingt-trois francs cinquante et un centimes est ouvert à notre ministre secrétaire d'Etat de la justice et des cultes, sur le budget de l'exercice 1841, pour solder les créances des exercices périmés, non frappées de déchéances, qui sont détaillées au tableau ci-annexé.

2. L'ordonnancement de ces créances aura lieu avec imputation au chapitre spécial *Dépenses des exercices périmés*, prescrit par l'art. 8 de la loi du 10 mai 1838.

3. La régularisation de ce crédit sera proposée aux Chambres lors de leur prochaine réunion.

4. Nos ministres de la justice et des cultes, et des finances (MM. Martin du Nord et Humann) sont chargés, etc.

(Suit le tableau.)

29 JUILLET = 25 AOUT 1841. — Ordonnance du roi qui autorise l'établissement d'un canal latéral au lac de Grandlieu (Loire-Inférieure). (IX, Bull. DCCCXL, n. 9491.)

Louis-Philippe, etc., sur le rapport de notre ministre secrétaire d'Etat au département des travaux publics ; vu la demande, en date du 1er mai 1839, par laquelle M. de Granville sollicite l'autorisation d'établir, à ses frais, un canal latéral au lac de Grandlieu, entre l'embouchure de l'Acheneau et l'anse de l'Étier (Loire-Inférieure) ; vu les pièces de l'enquête qui a été ouverte sur ladite demande le 11 mai 1839 ; le procès-verbal de la commission d'enquête en date du 19 juin 1839 ; les délibérations des conseils municipaux des communes de Brains, de Saint-Philbert et de Bouage, en date des 3 novembre 1838, 3 février et 26 mai 1839 ; la délibération de la société de Buzay en date du 17 février 1838 ; les rapports des ingénieurs des ponts et chaussées des 27 juin et 4 juillet 1839 ; les avis et arrêté du préfet de la Loire-Inférieure en date des 11 juillet 1839 et 6 janvier 1840 ; le rapport de l'inspecteur divisionnaire, souscrit de l'avis du conseil général des ponts et chaussées, en date du 27 août 1839 ; la demande de M. de Granville, du 6 avril 1840, tendant à être autorisé à acquérir, pour cause d'utilité publique, les terrains nécessaires à son entreprise ; le plan des lieux ; vu la loi du 3 mai 1841 ; notre conseil d'Etat entendu, etc.

Art. 1er. Les travaux à exécuter pour l'établissement d'un canal latéral au lac de Grandlieu, entre l'embouchure de l'Acheneau et l'anse de l'Etier, sont déclarés d'utilité publique.

2. Le sieur de Granville est autorisé à poursuivre l'expropriation des terrains nécessaires à l'exécution des travaux dont il s'agit, conformément aux dispositions de la loi du 3 mai 1841.

3. Notre ministre des travaux publics (M. Teste) est chargé, etc.

30 JUILLET = 25 AOUT 1841. — Ordonnance du roi qui ouvre, sur l'exercice 1840, un crédit supplémentaire pour un prix décerné par l'Académie royale de médecine. (IX, Bull. DCCCXL, n. 9492.)

Louis-Philippe, etc., vu les art. 3 et 4 de la loi du 24 avril 1833; vu la loi du 10 août 1839, portant fixation du budget des dépenses de l'exercice 1840, et contenant, art. 6, la nomenclature détaillée des dépenses pour lesquelles la faculté nous est réservée d'ouvrir des crédits supplémentaires, en cas d'insuffisance, dûment justifiée, des crédits législatifs; vu les art. 20, 21, 22, 23 et 25 de notre ordonnance du 31 mai 1838, portant règlement général sur la comptabilité publique; sur le rapport de notre ministre secrétaire d'Etat de l'instruction publique, et de l'avis de notre conseil des ministres, etc.

Art. 1er. Il est ouvert à notre ministre secrétaire d'Etat de l'instruction publique, sur l'exercice 1840, un crédit supplémentaire de deux cents francs (200 fr.), applicable aux chapitres et articles ci-après, savoir: Chap. 18. — ETABLISSEMENTS DIVERS. — *Académie royale de Médecine.* — Prix décerné par l'académie royale de médecine, 200 fr.

2. La régularisation de ce crédit supplémentaire sera proposée aux Chambres lors de leur prochaine session.

3. Nos ministres de l'instruction publique et des finances (MM. Villemain et Humann) sont chargés, etc.

8 = 25 AOUT 1841. — Ordonnance du roi concernant les agrégés des écoles de pharmacie. (IX, Bull. DCCCXL, n. 9493.)

Louis-Philippe, etc., sur le rapport de notre ministre secrétaire d'Etat au département de l'instruction publique; vu notre ordonnance du 27 septembre 1840, relative à l'organisation des écoles de pharmacie; vu la délibération du conseil royal de l'instruction publique en date du 23 juillet 1841, etc.

Art. 1er. Pour la première création, les agrégés qui doivent être attachés aux écoles spéciales de pharmacie pourront être nommés directement par notre ministre de l'instruction publique, grand-maître de l'université.

2. Notre ministre de l'instruction publique (M. Villemain) est chargé, etc.

9 = 25 AOUT 1841. — Ordonnance du roi qui éta-

blit à Sapogne (Ardennes) un bureau de vérification pour la sortie des boissons expédiées à l'étranger, et supprime le bureau de Messincourt. (IX, Bull. DCCCXL, n. 9495.)

Louis-Philippe, etc., vu les art. 5, 8 et 87 de la loi du 28 avril 1816, sur les boissons; vu les art. 2 et 3 de l'ordonnance royale du 11 juin de la même année, et les dispositions de l'ordonnance du 28 décembre 1828; voulant satisfaire aux vœux du commerce; sur le rapport de notre ministre secrétaire d'Etat des finances, etc.

Art. 1er. Il sera établi à Sapogne, arrondissement de Sedan, département des Ardennes, un bureau de vérification pour la sortie des boissons expédiées à l'étranger en franchise des droits de circulation et de consommation, aux termes des art. 5, 8 et 87 de la loi du 28 avril 1816.

2. Le bureau de Messincourt, situé dans le même arrondissement, est supprimé.

3. Notre ministre des finances (M. Humann) est chargé, etc.

10 = 25 AOUT 1841. — Ordonnance du roi qui fixe le cadre du corps du commissariat de la marine. (IX, Bull. DCCCXL, n. 9496.)

Louis-Philippe, etc., sur le rapport de notre ministre secrétaire d'Etat au département de la marine et des colonies, etc.

Art. 1er. Le cadre du corps du commissariat de la marine est fixé ainsi qu'il suit, pour le service des ports principaux et secondaires, de la flotte et de l'inscription maritime: commissaires généraux, 4 de 1re classe, 5 de 2e classe; commissaires, 13 de 1re classe, 13 de 2e classe; sous-commissaires, 35 de 1re classe, 70 de 2e classe; commissaires principaux, 100; commis entretenus, 158 de 1re classe, 157 de 2e classe.

2. Les fonctions de chef du service de la marine à Marseille seront exercées par un commissaire général.

3. Notre ministre secrétaire d'Etat au département de la marine et des colonies, déterminera par un règlement particulier, suivant les besoins des divers services d'administration et de contrôle confiés au commissariat, la répartition des officiers et employés de ce corps à affecter, 1° aux ports militaires et à ceux de l'Algérie, y compris les services spéciaux et le service administratif des bâtiments armés; 2° aux ports secondaires et principaux ports de commerce; 3° aux quartiers et sous-quartiers de l'inscription maritime.

4. Notre ministre de la marine et des colonies (M. Duperré) est chargé, etc.

10 = 25 Aout 1841. — Ordonnance du roi relative au pilotage des bâtiments à vapeur. (IX, Bull. DCCCXL, n. 9497.)

Louis-Philippe, etc., sur le rapport de notre ministre secrétaire d'Etat au département de la marine et des colonies ; vu la loi du 15 août 1792 sur le pilotage ; vu le décret du 12 décembre 1806 portant règlement sur le service des pilotes lamaneurs ; vu les délibérations des assemblées commerciales formées en vertu de la loi précitée du 15 août 1792, et spécialement convoquées pour l'examen de la question du pilotage des bâtiments à vapeur; vu les délibérations des conseils d'administration des divers arrondissements maritimes, etc.

Art. 1er. A compter du 1er septembre 1841, la quotité des taxes établies par les tarifs de pilotage pour les bâtiments à voiles sera réduite de moitié pour les bâtiments à vapeur.

2. Notre ministre de la marine et des colonies (M. Duperré) est chargé, etc.

10 = 25 Aout 1841. — Ordonnance du roi concernant le traitement des officiers suspendus de leurs fonctions aux colonies. (IX, Bull. DCCCXL, n. 9498.)

Louis-Philippe, etc., sur le rapport de notre ministre secrétaire d'Etat au département de la marine et des colonies, etc.

Art. 1er. Lorsqu'un officier ou fonctionnaire soumis aux dispositions de la loi du 19 mai 1834, sur l'état des officiers, sera suspendu de ses fonctions aux colonies, en vertu des pouvoirs extraordinaires conférés au gouverneur, ledit officier ou fonctionnaire conservera, jusqu'à notre décision, la solde et les autres allocations attribuées à son grade, sur le pied d'Europe, mais il sera privé de toutes allocations supplémentaires attachées au service colonial.

2. Notre ministre de la marine et des colonies (M. Duperré) est chargé, etc.

13 = 25 Aout 1841. — Ordonnance du roi qui crée une chambre temporaire au tribunal de première instance de Besançon. (IX, Bull. DCCCXL, n. 9500.)

Louis-Philippe, etc., vu l'art. 39 de la loi du 20 avril 1810 ; vu l'état des travaux du tribunal de première instance de Besançon; considérant qu'il importe de prendre des mesures pour hâter l'expédition des affaires arriérées qui existent dans ce siège ; sur le rapport du notre garde des sceaux, ministre secrétaire d'Etat de la justice et des cultes; notre conseil d'Etat entendu, etc.

Art. 1er. Il est créé, au tribunal de pre-

mière instance de Besançon (Doubs), une chambre temporaire, dont la durée n'excédera pas une année, à compter de son installation, à moins qu'il n'en soit par nous autrement ordonné.

2. Notre ministre au département de la justice et des cultes (M. Martin du Nord) est chargé, etc.

1er Aout = 2 septembre 1841. — Ordonnance du roi qui approuve les nouveaux statuts de la caisse d'épargne de Mauriac. (IX, Bull. supp. DLIII, n. 15775.)

Louis-Philippe, etc., sur le rapport de notre ministre secrétaire d'Etat de l'agriculture et du commerce ; vu l'ordonnance royale du 10 août 1835 qui autorise l'établissement d'une caisse d'épargne à Mauriac, et qui en approuve les statuts ; vu les nouveaux statuts proposés à notre approbation ; vu les lois des 5 juin 1835 et 31 mars 1837, relatives aux caisses d'épargne ; le comité des travaux publics, de l'agriculture et du commerce de notre conseil d'Etat entendu, etc.

Art. 1er. Les nouveaux statuts de la caisse d'épargne de Mauriac (Cantal), sont approuvés tels qu'ils sont contenus dans la délibération du conseil municipal de cette ville en date du 11 mars 1841, dont une expédition conforme restera déposée aux archives du ministère de l'agriculture et du commerce.

2. Notre ministre de l'agriculture et du commerce (M. Cunin-Gridaine) est chargé, etc.

1er Aout = 2 septembre 1841. — Ordonnance du roi portant autorisation de la caisse d'épargne établie à Rive-de-Gier (Loire). (IX, Bull. supp. DLIII, n. 15776.)

Louis-Philippe, etc., sur le rapport de notre ministre secrétaire d'Etat de l'agriculture et du commerce ; vu les délibérations du conseil municipal de Rive-de-Gier des 7 novembre 1839 et 11 février 1841 ; vu les lois des 5 juin 1835 et 31 mars 1837 relatives aux caisses d'épargne ; le comité des travaux publics, de l'agriculture et du commerce de notre conseil d'Etat entendu, etc.

Art. 1er. La caisse d'épargne et de prévoyance établie à Rive-de-Gier (Loire) est autorisée. Sont approuvés les statuts de ladite caisse tels qu'ils sont contenus dans la délibération du conseil municipal de Rive-de-Gier en date du 11 février 1841, dont une expédition conforme restera déposée aux archives du ministère de l'agriculture et du commerce.

2. Nous nous réservons de révoquer notre

autorisation en cas de violation ou de non exécution des statuts approuvés, sans préjudice des droits des tiers.

3. La caisse sera tenue de remettre, au commencement de chaque année au ministère de l'agriculture et du commerce, et au préfet du département de la Loire, un extrait de son état de situation arrêté au 31 décembre précédent.

4. Notre ministre de l'agriculture et du commerce (M. Cunin-Gridaine) est chargé, etc.

---

30 AOUT = 4 SEPTEMBRE 1841. — Ordonnance du roi qui prescrit la publication d'un article additionnel à la convention de poste conclue, le 27 mai 1836, entre la France et la Belgique. (IX, Bull. DCCCXLII, n. 9517.)

Louis-Philippe, etc., savoir faisons que, sur notre autorisation royale et celle de S. M. le roi des Belges, il a été conclu et signé, à Bruxelles, le 11e jour du mois de mai de la présente année 1841, un nouvel article additionnel à la convention de poste du 27 mai 1836. Article additionnel dont les ratifications ont été échangées à Bruxelles le 31 juillet dernier, et dont la teneur suit :

Article additionnel à la convention postale du
27 mai 1836.

Entre nous soussignés, ambassadeur de S. M. le roi des Français près S. M. le roi des Belges, d'une part; et nous ministres des affaires étrangères de S. M. le roi des Belges, d'autre part, il a été convenu ce qui suit : la disposition suivante est ajoutée à l'art. 2 de la convention du 27 mai 1836: « Néanmoins, le bureau français de Longwy « pourra être mis en correspondance directe « avec le bureau d'Arlon, *et vice versâ*, « sans que les comptes d'échange du bureau « de Longwy soient distraits de la compta- « bilité du bureau de Thionville. » Fait en double original, sous la réserve de l'approbation de nos souverains respectifs, à Bruxelles, le 11 mai 1841. *L'ambassadeur de S. M. le roi des Français*, (L. S.) *Signé* H. DE RUMIGNY. *Le ministre des affaires étrangères de S. M. le roi des Belges*, (L. S.) *Signé* comte DE MUELENAERE.

---

3 AOUT = 4 SEPTEMBRE 1841. — Ordonnance du roi portant qu'il sera dressé et publié un catalogue de tous les manuscrits existant dans les bibliothèques publiques des départements. (IX, Bull. DCCCXLII, n. 9518.)

Louis-Philippe, etc., vu le décret du 20 février 1809; vu notre ordonnance du 22 février 1839, relative aux bibliothèques du royaume; sur le rapport de notre minis-

tre secrétaire d'Etat au département de l'instruction publique, etc.

Art. 1er. Il sera dressé et publié un catalogue général et détaillé de tous les manuscrits, en langues anciennes ou modernes, actuellement existant dans les bibliothèques publiques des départements.

2. Chacun desdits manuscrits, de quelque dépôt antérieur qu'il provienne, sera, après les communications nécessaires, laissé ou immédiatement rétabli dans celle des bibliothèques publiques dont il fait maintenant partie, sauf le cas où la translation dans une autre bibliothèque en serait faite par voie d'échange ou autrement, après délibérations des autorités locales régulièrement approuvées par notre ministre de l'instruction publique.

3. Les frais de publication dudit catalogue seront annuellement prélevés sur le fonds porté au budget du ministère de l'instruction publique, pour le service général des bibliothèques, et, au besoin, sur le fonds du même budget affecté aux souscriptions.

4. Notre ministre de l'instruction publique (M. Villemain) est chargé, etc.

---

21 AOUT = 4 SEPTEMBRE 1841. — Ordonnance du roi portant réduction du droit de navigation perçu pour les mines et minerais sur le canal du Rhône au Rhin. (IX, Bull. DCCCXLII, n. 9519.)

Louis-Philippe, etc., vu la loi du 5 août 1821, relative à l'achèvement du canal du Rhône au Rhin, et notamment l'art. 8 du cahier des charges; vu la lettre de la compagnie en date du 26 février 1840; vu l'ordonnance du 8 juillet 1840, contenant des modifications au tarif; sur le rapport de notre ministre secrétaire d'Etat au département des finances, etc.

Art. 1er. Le droit de navigation perçu sur les mines et minerais sera réduit, sur le canal du Rhône au Rhin, à partir du 1er octobre 1841, à cinq centimes par tonne de mille kilogrammes et par myriamètre.

2. Notre ministre des finances (M. Humann) est chargé, etc.

---

21 AOUT = 4 SEPTEMBRE 1841. — Ordonnance du roi relative à la conversion des esprits et eaux-de-vie en liqueurs, chez les liquoristes marchands en gros. (IX, Bull. DCCCXLII, n. 9520.)

Louis-Philippe, etc., vu les art. 22 et 23 de la loi du 25 juin 1841, portant, le premier, que la conversion des esprits et eaux-de-vie en liqueurs, chez les liquoristes marchands en gros, sera opérée à raison de trente litres d'alcool pour un hectolitre de liqueurs, et le second, que cette base pourra être élevée à trente-cinq litres par ordonnance royale ; sur le rapport de notre ministre secrétaire d'Etat au département des finances, etc.

Art. 1er. La conversion des esprits et eaux-de-vie en liqueurs, chez les liquoristes marchands en gros, sera opérée d'après la base uniforme de trente-cinq litres d'alcool pour un hectolitre de liqueurs, quelle qu'en soit l'espèce ou la qualité.

2. Notre ministre des finances (**M. Humann**) est chargé, etc.

---

21 AOUT = 4 SEPTEMBRE 1841. — Ordonnance du roi qui autorise la Banque de France à établir un comptoir d'escompte à Caen. (IX, Bull. DCCCXLII, n. 9521.)

Louis-Philippe, etc., vu la loi du 30 juin 1840 portant prorogation du privilége de la banque de France, et particuliérement l'art. 6 de cette même loi ; vu le décret du 18 mai 1808 et notre ordonnance du 25 mars 1841 relatifs à l'organisation des comptoirs d'escompte de la banque de France ; vu le décret du 16 janvier 1808, la loi du 17 mai 1834 et notre ordonnance du 15 juin suivant ; vu la délibération en date du 3 juin 1841 par laquelle le conseil général de la banque de France demande l'autorisation d'établir un comptoir d'escompte à Caen ; vu les délibérations de la chambre de commerce de Caen, en date des 22 et 30 mars 1841, ainsi que l'avis du préfet du Calvados, en date du 8 mai 1841 ; sur le rapport de notre ministre secrétaire d'Etat au département des finances, etc.

Art. 1er. La banque de France est autorisée à établir un comptoir d'escompte à Caen. Les opérations de ce comptoir seront les mêmes que celles de la banque de France, et seront exécutées sous la direction et la surveillance du conseil général, conformément aux dispositions de notre ordonnance du 25 mars 1841.

2. Notre ministre des finances (**M. Humann**) est chargé, etc.

---

21 AOUT = 4 SEPTEMBRE 1841. — Ordonnance du roi qui autorise la Banque de France à établir un comptoir d'escompte à Clermont-Ferrand. (IX, Bull. DCCCXLII, n. 9522.)

Louis-Philippe, etc., vu la loi du 30 juin 1840, portant prorogation du privilége de la banque de France, et spécialement l'art. 6 de cette même loi ; vu le décret du 18 mai 1808 et notre ordonnance du 25 mars 1841 relatifs à l'organisation des comptoirs de la banque de France ; vu le décret du 16 janvier 1808, la loi du 17 mai 1834 et notre ordonnance du 15 juin suivant ; vu la délibération, en date du 15 avril 1841, par laquelle le conseil général

de la banque de France demande l'autorisation d'établir un comptoir d'escompte à Clermont-Ferrand ; vu les délibérations de la chambre de commerce de Clermont-Ferrand en date des 3 et 29 mars 1841, ainsi que la lettre du préfet du Puy-de-Dôme en date du 3 mai 1841 ; sur le rapport de notre ministre secrétaire d'Etat au département des finances, notre conseil d'Etat entendu, etc.

Art. 1er. La banque de France est autorisée à établir un comptoir d'escompte à Clermont-Ferrand. Les opérations de ce comptoir seront les mêmes que celles de la banque de France, et seront exécutées sous la direction et la surveillance du conseil général, conformément aux dispositions de notre ordonnance du 25 mars 1841.

2. Notre ministre des finances (**M. Humann**) est chargé, etc.

---

21 AOUT = 4 SEPTEMBRE 1841. — Ordonnance du roi qui autorise la Banque de France à établir un comptoir d'escompte à Besançon. (IX, Bull. DCCCXLII, n. 9523.)

Louis-Philippe, etc., vu la loi du 30 juin 1840, portant prorogation du privilége de la banque de France, et particuliérement l'art. 6 de cette même loi ; vu le décret du 18 mai 1808 et notre ordonnance du 25 mars 1841, relatifs à l'organisation des comptoirs d'escompte de la banque de France ; vu le décret du 16 janvier 1808, la loi du 17 mai 1834 et notre ordonnance du 15 juin suivant ; vu la délibération, en date du 3 juin 1841, par laquelle le conseil général de la banque de France demande l'autorisation d'établir un comptoir d'escompte à Besançon ; vu la délibération de la chambre de commerce de Besançon en date du 26 avril 1841, ainsi que la lettre du préfet du Doubs en date du 4 mai 1841 ; sur le rapport de notre ministre secrétaire d'Etat au département des finances ; notre conseil d'Etat entendu, etc.

Art. 1er. La banque de France est autorisée à établir un comptoir d'escompte à Besançon. Les opérations de ce comptoir seront les mêmes que celles de la banque de France, et seront exécutées sous la direction et la surveillance du conseil général, conformément aux dispositions de notre ordonnance du 25 mars 1841.

2. Notre ministre des finances (**M. Humann**) est chargé, etc.

---

21 AOUT = 4 SEPTEMBRE 1841. — Ordonnance du roi qui autorise la Banque de France à établir un comptoir d'escompte à Châteauroux. (IX, Bull. DCCCXLII, n. 9524.)

Louis-Philippe, etc., vu la loi du 30 juin

1840, portant prorogation du privilége de la banque de France, et particulièrement l'art. 6 de cette même loi; vu le décret du 18 mai 1808 et notre ordonnance du 25 mars 1841, relatifs à l'organisation des comptoirs d'escompte de la banque de France; vu le décret du 16 janvier 1808, la loi du 17 mai 1834 et notre ordonnance du 15 juin suivant; vu la délibération, en date du 5 juin 1841, par laquelle le conseil général de la banque de France demande l'autorisation d'établir un comptoir d'escompte à Châteauroux; vu les délibérations de la chambre consultative des arts et manufactures de Châteauroux en date des 6 mai 1840 et 18 mars 1841, ainsi que la lettre du préfet de l'Indre en date du 12 mai 1840; sur le rapport de notre ministre secrétaire d'Etat au département des finances, notre conseil d'Etat entendu, etc.

Art. 1er. La banque de France est autorisée à établir un comptoir d'escompte à Châteauroux. Les opérations de ce comptoir seront les mêmes que celles de la banque de France, et seront exécutées sous la direction et la surveillance du conseil général, conformément aux dispositions de notre ordonnance du 25 mars 1841.

2. Notre ministre des finances (M. Humann) est chargé, etc.

21 AOUT = 4 SEPTEMBRE 1841. — Ordonnance du roi portant réception du bref qui confère à M. Donnet, archevêque de Bordeaux, les titres d'évêque assistant au trône pontifical et de comte romain. (IX, Bull. DCCCXLII, n. 9525.)

Louis-Philippe, etc., sur le rapport de notre garde des sceaux, ministre secrétaire d'Etat au département de la justice et des cultes; vu le bref émané de Sa Sainteté le pape Grégoire XVI, le 21 février 1840, et qui confère à M. Donnet (François-Auguste-Ferdinand), archevêque de Bordeaux, les titres honorifiques d'évêque assistant au trône pontifical et de comte romain; vu l'art. 1er de la loi du 18 germinal an 10; notre conseil d'Etat entendu, etc.

Art. 1er. Est reçu et sera mis à exécution le bref donné à Rome près Saint-Pierre, le 21 février 1840, par Sa Sainteté le pape Grégoire XVI, et qui confère à M. Donnet, archevêque de Bordeaux, les titres d'évêque assistant au trône pontifical et de comte romain.

2. Ledit bref est reçu sans approbation des clauses, formules ou expressions qu'il renferme et qui sont ou pourraient être contraires à la Charte constitutionnelle, aux lois du royaume, aux franchises, libertés et maximes de l'Eglise gallicane.

3. Ledit bref sera transcrit, en latin et en français, sur les registres de notre conseil d'Etat; mention de ladite transcription sera faite sur l'original par le secrétaire général du conseil.

4. Notre ministre de la justice et des cultes (M. Martin du Nord) est chargé, etc.

23 AOUT = 4 SEPTEMBRE 1841. — Ordonnance du roi qui classe au rang des postes de guerre le fort du Nay, à Saint-Malo. (IX, Bull. DCCCXLII, n. 9528.)

Louis-Philippe, etc., vu la loi du 17 juillet 1819, relative aux servitudes imposées à la propriété pour la défense de l'Etat; vu l'ordonnance réglementaire du 1er août 1821 rendue pour l'exécution de cette loi; vu la nécessité de classer au rang des postes de guerre le fort du Nay, à Saint-Malo, afin d'attribuer à cet ouvrage les zones de prohibition convenables et d'empêcher ainsi que les bâtisses particulières élevées dans le voisinage ne viennent masquer les feux ou en gêner l'action; considérant qu'aux termes de l'art. 1er de la loi du 17 juillet 1819, comme aussi de l'art. 71 de l'ordonnance du 1er août 1821, le classement dont il s'agit ne peut s'opérer qu'en vertu d'une ordonnance spéciale, publiée et affichée dans les communes intéressées; sur le rapport de notre président du conseil, ministre secrétaire d'Etat de la guerre, etc.

Art. 1er. Le fort du Nay, à Saint-Malo, est classé au rang des postes de guerre; néanmoins, et par exception, il ne sera donné à ce fort qu'une seule zone de servitudes défensives de deux cent cinquante mètres, du côté de la ville de Saint-Servan; tout ce qui se trouverait au-delà des limites réglées d'après ces bases sera complétement exonéré.

2. Les effets qui résulteront de ce classement dans l'application des servitudes imposées à la propriété pour la défense de l'Etat n'auront lieu qu'après que la présente ordonnance aura été publiée et affichée dans les communes intéressées.

3. Nos ministres de la guerre, de l'intérieur et de la justice (MM. duc de Dalmatie, Duchâtel et Martin du Nord) sont chargés, etc.

29 JUILLET = 6 SEPTEMBRE 1841. — Ordonnance du roi portant autorisation de l'établissement d'associations tontinières formé à Paris sous la dénomination de l'Economie. (IX, Bull. supp. DLVI, n. 15814.)

Louis-Philippe, etc., sur le rapport de notre ministre secrétaire d'Etat au département de l'agriculture et du commerce; vu l'avis du conseil d'Etat approuvé par l'empereur, le 1er avril 1809, insérée au Bulletin des lois, et portant qu'aucune association de la nature des tontines ne peut être établie sans une autorisation spéciale donnée par Sa Majesté dans la forme des règlements d'administration publique ; vu la lettre de notre ministre des finances en date du 15 février 1841 ; notre conseil d'Etat entendu, etc.

Art. 1er. L'établissement d'associations tontinières formé à Paris sous la dénomination de *l'Economie*, sociétés d'assurances mutuelles sur la vie, est autorisé. Sont approuvés les statuts destinés à régir ledit établissement, tels qu'ils sont contenus dans l'acte passé le 8 juillet 1841 par-devant Me Tresse et son collègue, notaires à Paris, lequel acte restera annexé à la présente ordonnance. La présente autorisation n'aura d'effet que pour l'avenir et ne pourra, en aucune manière, s'appliquer aux opérations antérieures à ce jour.

2. Le cautionnement à fournir par le directeur de *l'Economie*, aux termes des statuts, sera déposé à la caisse des dépôts et consignations avant la mise en activité de l'établissement. Aux époques fixées d'après les statuts pour la répartition, entre les membres des associations tontinières formées par l'établissement, de tout ou partie du capital desdites associations, les parts revenant aux ayants-droit leur seront remises en titres de rentes inscrites au nom de chacun d'eux, comme il est dit à l'art. 47 des statuts.

3. L'établissement sera tenu de remettre, tous les six mois au ministre de l'agriculture et du commerce, au préfet de la Seine, au préfet de police, à la chambre de commerce et au greffe du tribunal de commerce de Paris un extrait de l'état de sa situation ainsi que de celle des différentes associations qu'il est autorisé à former et à administrer. Il devra en outre adresser tous les ans à notre ministre de l'agriculture et du commerce, sur ces opérations, un rapport détaillé contenant tous les renseignements propres à faire apprécier la nature et les effets des associations formées par ses soins.

4. Les opérations de l'établissement seront d'ailleurs soumises à une surveillance spéciale dont le mode sera ultérieurement déterminé, et dont les frais seront supportés par *l'Economie*, jusqu'à concurrence d'une somme de deux mille francs.

5. Nous nous réservons de révoquer notre autorisation, sans préjudice des droits des tiers, en cas de violation ou de non exécution des statuts approuvés et dans le cas de plaintes graves contre la gestion de l'établissement. Nous nous réservons, en ou-

tre, d'ordonner tous les cinq ans, à partir de la date de la présente ordonnance, la révision générale des statuts.

6. Nos ministres de l'agriculture et du commerce, et des finances (MM. Cunin-Gridaine et Humann) sont chargés, etc.

TITRE Ier. — *But de l'établissement, nature des opérations.*

Art. Ier. Il est fondé, sous la dénomination de *l'Economie, caisse générale des familles*, un établissement dont le but est de former et d'administrer des associations mutuelles basées sur les chances de la vie.

2. Ces associations sont de huit espèces : dans chacune d'elles, la souscription peut être faite, soit au profit du souscripteur lui-même, soit au profit d'un tiers ; elle peut reposer sur la tête du souscripteur ou sur celle d'un tiers, à la charge par celui qui contracte sur la tête ou au profit d'un tiers de justifier de son consentement ou de celui des parents, maris ou tuteurs, pour les personnes inhabiles à contracter. L'individu sur la tête duquel la souscription repose se nomme assuré. L'individu appelé à en recueillir le bénéfice éventuel est seul sociétaire. Le souscripteur est sociétaire toutes les fois que le bénéfice du contrat n'est pas attribué expressément à un autre.

3. La première espèce d'association a pour but de pourvoir au paiement des frais d'éducation et d'apprentissage des enfants. Les assurés y sont admis depuis leur naissance jusqu'à neuf ans révolus ; les assurés concourant ensemble doivent être nés dans la même année. Les intérêts produits par les mises sociales s'accumulent avec le capital jusqu'à ce que les assurés aient atteint leur dixième année ; après quoi, le tout est réparti en un nombre d'annuités déterminé d'avance par le contrat, et qui doit être le même pour tous les membres de la même société. Les sociétaires qui justifient, à l'époque de chaque répartition, de l'existence des assurés sur la tête desquels leurs souscriptions reposent, sont seuls admis à y prendre part.

4. La deuxième espèce d'association a pour but de pourvoir aux frais des études du droit, de la médecine, des sciences et des arts. Les assurés sont admis depuis leur naissance jusqu'à dix-huit ans ; les assurés concourant ensemble doivent être nés dans la même année. Les intérêts produits par les mises sociales s'accumulent avec le capital jusqu'à ce que les assurés aient atteint leur dix-neuvième année ; après quoi, le tout est réparti en un nombre d'annuités déterminé d'avance par le contrat, et qui doit être le même pour tous les membres de la même société. Les sociétaires qui justifient, à l'époque de chaque répartition, de l'existence des assurés sur la tête desquels leurs souscriptions reposent sont seuls admis à y prendre part.

5. La troisième espèce d'association a pour but de procurer aux jeunes garçons une somme pour l'époque où ils peuvent être appelés au service militaire, et aux jeunes filles une dot. Les assurés y sont admis depuis leur naissance jusqu'à dix-huit ans ; les assurés concourant ensemble doivent être nés dans la même année. A la dix-neuvième année, le produit cumulé du capital et des intérêts des mises est partagé entre les sociétaires qui justifient de l'existence des assurés sur la tête desquels leurs souscriptions reposent.

6. La quatrième espèce d'association a pour but de procurer aux familles un fonds pour l'établissement des jeunes gens. Les assurés y sont admis depuis leur naissance jusqu'à vingt-trois ans ; les assurés concourant ensemble doivent être nés dans la même année. A la vingt-quatrième année, le produit des mises et des intérêts cumulés est partagé entre les sociétaires qui justifient de l'existence des assurés sur la tête desquels leurs souscriptions reposent.

7. La cinquième espèce d'association a pour objet de répartir les capitaux mis en commun et les intérêts cumulés entre les sociétaires qui justifient, à une époque déterminée par le contrat, de l'existence des assurés sur la tête desquels leurs souscriptions reposent. Les assurés y sont admis à tout âge.

8. La sixième espèce d'association a pour objet de répartir le produit du capital des mises en un nombre d'annuités déterminé par le contrat, entre les sociétaires qui justifient, à l'époque de chaque répartition, de l'existence des assurés sur la tête desquels leurs souscriptions reposent. Les assurés y sont admis à tout âge.

9. La septième espèce d'association a pour objet de distribuer, à partir d'époques et dans un temps déterminés d'avance, les intérêts des mises, sans aliénation de capital, entre les sociétaires qui justifient, à l'époque de chaque répartition, de l'existence des assurés sur la tête desquels leurs souscriptions reposent. Les assurés y sont admis à tout âge.

10. La huitième espèce d'association a pour objet de distribuer, à partir d'époques et pour un temps déterminés d'avance, les intérêts des mises entre les sociétaires qui justifient de l'existence des assurés sur la tête desquels leurs souscriptions reposent. Après le terme fixé pour la répartition annuelle des revenus, le capital est lui-même partagé entre les survivants. Les assurés sont admis dans ces associations à tout âge. L'établissement s'interdit toute opération qui n'a pas pour objet la formation ou l'administration des sociétés ci-dessus désignées.

11. Les fonds de chaque association sont gérés séparément, et ne se confondent, à aucun égard, avec ceux des autres associations.

12. Le siége de l'établissement et des sociétés formées par ses soins est à Paris. Chaque souscripteur est tenu, de son côté, d'élire à Paris, ou dans les villes où seraient établies des succursales, un domicile auquel seront valablement adressées toutes communications, ou signifiés tous actes judiciaires ou extrajudiciaires relatifs à l'exécution du contrat. Le domicile élu au moment de la souscription demeure valable pour le souscripteur, le sociétaire ou leurs ayants-droit, jusqu'à ce qu'ils en aient fait connaître un autre à l'administration centrale, à Paris. La société ne reconnaît qu'un seul domicile pour tous les ayants-droit d'un sociétaire. Ceux-ci sont tenus de s'entendre à cet effet.

TITRE II. — Formation et effet des sociétés.

13. Les souscriptions s'ouvrent, pour chaque association, le 1er janvier de chaque année ; elles restent ouvertes jusqu'au 31 décembre de l'année qui précède celle de l'expiration de la société. Pour les associations définies aux art. 7, 8, 9 et 10, elles s'ouvrent et se ferment, chaque année, aux époques déterminées par la police.

14. Sauf le cas prévu par l'art. 21, le nombre des sociétaires est illimité ; mais aucune société ne peut être constituée avec moins de dix membres. Si le nombre des engagements reçus pour une même société n'atteint pas ce minimum dans le délai d'un an, à partir de l'ouverture de la souscription, ils sont annulés.

15. Si le décès d'un des assurés est dénoncé à la direction avant la dixième souscription, la société n'est constituée qu'après que le minimum de dix membres aura été complété, par de nouvelles souscriptions, dans le délai déterminé à l'article précédent. Les notifications de décès, dans le cas prévu par le présent article, sont inscrites à leur date, sur le registre ouvert pour recevoir les souscriptions.

16. Lorsque dix souscriptions ont été réunies pour une même société, sans que le décès d'aucun des assurés ait été dénoncé, il en est aussitôt donné avis aux souscripteurs, au domicile par eux élu pour l'exécution du contrat ; et si, dans les trente jours qui suivent cet avertissement, il n'est pas dénoncé de décès antérieurs à l'époque où la dixième souscription a été reçue, la société est constituée, et tous les engagements souscrits deviennent définitifs.

17. La constitution de chaque société est constatée par une délibération du conseil de surveillance, dont il est parlé ci-après, au titre 3. Les procès-verbaux de ces délibérations sont tous inscrits à leur date, au fur et à mesure de la constitution de chaque société, sur un seul et même registre.

18. L'engagement du souscripteur, vis-à-vis de la société, est constaté par une police extraite d'un registre à souche, et signée en double par le souscripteur et par le directeur, ou par un agent commissionné à cet effet. Au dos de la police, sont transcrits littéralement les présents statuts. La police contient les nom, prénoms et domiciles du souscripteur et du sociétaire ; les noms, prénoms, domicile et date de naissance de l'assuré ; le nombre des mises pour lesquelles la souscription est faite ; le montant et le mode de paiement de ces mises ; la désignation précise, l'objet, les conditions, la durée et le terme de la société ; enfin, l'indication des délais fixés et des pièces à produire pour la justification des droits du sociétaire, soit aux répartitions annuelles, soit à la répartition finale.

19. Toute souscription doit être accompagnée d'un extrait d'acte de naissance, ou, à défaut, d'un acte authentique constatant l'âge de l'assuré. Cet acte reste déposé à l'administration de l'établissement jusqu'à la liquidation de la société. Toute inexactitude dans les pièces produites ou dans les déclarations relatives à l'âge de l'assuré, dont le but et l'effet seraient de changer la condition des sociétaires, emporte la déchéance de tout droit au bénéfice de l'association. Le capital des sommes payées est seul remis aux ayants-droit, à l'époque de la répartition, dans le cas de survivance de l'assuré, au terme de la société, et après l'accomplissement des formalités et la production des pièces nécessaires pour avoir droit à la répartition.

20. Le directeur, d'accord avec le conseil de surveillance, a le droit de refuser toute admission, sans être tenu de faire connaître les motifs de ce refus.

21. Lorsqu'un ou plusieurs souscripteurs pensent qu'il y a lieu de ne plus recevoir de nouvelles souscriptions pour la société à laquelle ils appartiennent, ils peuvent adresser au conseil de surveillance l'invitation de convoquer tous les membres de cette société. La convocation est faite par lettres, à un mois de date, et, au jour déterminé, les souscripteurs, réunis sous la présidence du pré-

sident du conseil de surveillance, décident, à la majorité des membres présents, si l'association doit être close.

22. Les mises sociales sont fournies, soit par versement au comptant, soit par versements annuels.

23. Les mises souscrites par la même société, sur la tête d'assurés d'âges différents, sont ramenées à l'égalité proportionnelle par l'application de tarifs basés sur les chances de la durée de la vie à chaque âge. Les versements annuels sont ramenés à l'égalité proportionnelle entre eux, et, avec les versements uniques, par l'application combinée des chances de la durée de la vie à chaque âge, et des effets de la cumulation des intérêts à quatre pour cent par an.

24. Les tarifs, rédigés en vertu de l'article précédent, sont dressés d'après les tables de mortalité de M. Demonferrand, publiées dans le vingt-sixième cahier du journal l'École polytechnique; un exemplaire de chacun des tarifs sera adressé au gouvernement.

25. Le nombre des mises est facultatif, mais on ne peut pas fractionner une mise.

26. A Paris, les souscripteurs versent leurs mises en espèces à la caisse de la direction; dans les départements et à l'étranger, ce versement se fait entre les mains de l'agent commissionné, mais seulement en un mandat à vue, payable à Paris, à l'ordre du directeur. Néanmoins, les versements peuvent se faire en titres de rentes sur l'Etat, transférés au nom de l'association pour laquelle la souscription est faite. Tous les versements reçus par l'administration sont enregistrés, à leur date, sur un livre de caisse, visé et paraphé par l'un des membres du conseil de surveillance.

27. Les souscripteurs par versements annuels font le premier paiement en recevant l'avis de la constitution définitive de la société, et s'engagent à faire les paiements suivants aux époques fixées par la police.

28. Les souscripteurs par versements annuels peuvent, à toutes les époques, se libérer par anticipation, en versant au comptant la somme équivalente, d'après les tarifs, aux versements périodiques qui leur restent à faire.

29. Un retard d'un an dans le paiement des versements à faire par annuités entraîne la déchéance de tous droits au bénéfice de l'association. Le capital des sommes payées reste seul, en cas de survivance de l'assuré sur la tête duquel la souscription repose, la propriété du sociétaire, et lui est remis, sans intérêt, à l'époque de la répartition. Le souscripteur en retard qui reprend ses versements avant le terme d'un an fixé pour la déchéance, est tenu d'ajouter, par chaque mois de retard, un supplément d'un demi pour cent. La faculté de reprendre les versements pour éviter la déchéance cesse, en tous cas, à la fin fixée pour la production des pièces relatives à la répartition. La déchéance est acquise contre tout sociétaire dont la mise ne serait pas versée entièrement à cette époque.

30. Les bénéfices des diverses associations se répartissent entre les sociétaires qui justifient de l'existence des assurés sur la tête desquels leurs souscriptions reposent, aux époques fixées par la police. La répartition se fait, entre les ayants-droit, au prorata du capital de leurs mises.

31. Les pièces à produire pour établir le droit à la répartition sont : le certificat de vie de l'assuré survivant, l'acte de décès de l'assuré mort après

l'époque fixée par la police pour le terme de la société. Ces actes doivent être dûment légalisés.

32. Dans les associations définies aux art. 7, 8, 9, 10, les pièces désignées à l'art. 31 doivent être produites dans les trois mois qui suivent le jour fixé pour l'ouverture de chaque répartition ; passé ce délai, la répartition a lieu entre les seuls sociétaires qui ont fait cette production, sans qu'il soit besoin d'aucun acte de mise en demeure ou avertissement. Ces pièces devront être remises dans les bureaux de la direction, à Paris, contre récépissé.

33. Dans les associations définies aux art. 3, 4, 5, 6, la production doit être faite dans les six mois qui suivent le jour fixé pour l'expiration de la société. Une lettre du directeur, contre-signée par un membre délégué du conseil de surveillance, est adressée à chaque sociétaire, pour lui rappeler cette obligation, trois mois au moins avant l'expiration du délai ci-dessus fixé. Passé ce délai, la répartition a lieu entre les seuls sociétaires qui ont fait cette production, sans qu'il soit besoin d'aucun acte de mise en demeure ou avertissement.

34. Si une société s'éteint avant le terme fixé pour sa durée, soit par le décès de tous ses assurés, soit par la déchéance de tous ses membres, conformément à l'art. 29, les fonds de répartition appartenant à cette société profitent à l'Etat.

35. En cas de décès d'un sociétaire, ses héritiers ou ayants-cause sont tenus de se faire représenter par un seul d'entre eux, pour tous les droits qu'ils peuvent avoir à exercer vis-à-vis de la société. Ils ne peuvent, en aucun cas, faire apposer les scellés sur aucun des registres ou papiers appartenant à son administration.

TITRE III. — Administration des sociétés.

36. Les associations fondées en vertu des présents statuts sont gérées par un directeur, sous le contrôle d'un conseil de surveillance nommé par l'assemblée générale. Le directeur s'adjoindra pour sa gestion un codirecteur et tels mandataires qu'il juge convenables ; il est responsable de tous leurs actes, comme des siens propres.

37. M. A. Hamelin, fondateur de l'établissement, en est le directeur.

38. En cas de non exécution des statuts et dans tous autres cas de faits graves contre le directeur, l'assemblée générale, sur la proposition du conseil de surveillance, et à la majorité des deux tiers des voix sur au moins soixante membres présents, peut, par une délibération motivée, prononcer sa révocation.

39. Hors le cas prévu à l'article précédent, le directeur sortant a la faculté de présenter son successeur, lequel toutefois ne peut entrer en fonction qu'après avoir été agréé par l'assemblée générale, sur le rapport du conseil de surveillance. Les héritiers du directeur décédé dans l'exercice de ses fonctions, ont, pendant trois mois à partir du jour de son décès, la même faculté. Pendant ce délai, il sera pourvu à l'administration des sociétés et de l'établissement par la nomination d'un directeur provisoire, désigné par le conseil de surveillance, dont le traitement est imputable sur les frais d'administration à la charge du directeur.

40. Si le directeur est révoqué, ou s'il se retire sans présenter son successeur, ou si les successeurs présentés par lui ne sont pas agréés par l'assemblée générale, il est pourvu à l'administration des sociétés et de l'établissement comme il est dit en l'article précédent, jusqu'à la nomination du directeur définitif par l'assemblée générale.

41. Dans aucun cas, les héritiers ou ayants-droit du directeur ne pourront faire apposer les scellés sur les registres, papiers ou bureaux de l'administration.

42. L'administration du directeur est garantie, outre sa responsabilité personnelle, par un cautionnement de cinq mille francs de rentes trois pour cent, dont l'inscription sera déposée à la caisse des consignations. Le cautionnement sera porté à six mille francs de rentes, si la totalité des encaissements effectués dans le courant d'une année dépasse un million ; à sept mille francs de rentes, si elle dépasse deux cent mille francs, et ainsi de suite, en augmentant de mille francs de rentes par chaque augmentation de deux cent mille francs dans la totalité des encaissements annuels, jusqu'à un maximum de vingt-cinq mille francs de rentes trois pour cent, après lequel le cautionnement ne sera plus passible d'aucune augmentation. Les diminutions qui pourront survenir dans le chiffre des encaissements annuels ne donneront lieu à aucune réduction proportionnelle du cautionnement. Le cautionnement est affecté, indépendamment du recours qui s'exerce, s'il y a lieu, sur les autres biens du directeur, à la garantie de tous les engagements contractés par lui en cette qualité, et spécialement à celle des frais d'administration et de liquidation de toutes les sociétés, quel qu'en soit le terme, formées pendant sa gestion. En cas de retraite ou de décès du directeur, s'il est remplacé par un successeur présenté par lui ou ses héritiers, le même cautionnement servira à la garantie tant de sa gestion que de celle de son successeur. Si les remplaçants présentés par lui ou par ses héritiers, dans le délai ci-dessus déterminé, ne sont pas agréés, et s'il en est nommé un autre de la manière prévue en l'art. 40, le nouveau directeur versera, en entrant, un nouveau cautionnement qui sera soumis aux mêmes conditions, mais sans être affecté à la garantie de la gestion de son prédécesseur. Le cautionnement de celui-ci ne lui sera rendu, s'il y a lieu, qu'après l'apurement de tous ses comptes, et ce, sous déduction du déficit qui serait constaté à sa charge. En cas de révocation du directeur, ou si le directeur, ses héritiers ou ses représentants abandonnent l'administration de la société, son cautionnement ne lui sera rendu, s'il y a lieu, après l'apurement de tous ses comptes, que sous déduction, tant du déficit qui serait constaté à sa charge que des fonds nécessaires pour assurer l'administration et la liquidation de toutes les société formées pendant sa gestion. Néanmoins, s'il est nommé un nouveau directeur et si ce dernier consent à se charger, pour les frais d'administration et de liquidation, de la responsabilité qui pesait sur son prédécesseur, l'assemblée générale, sur la proposition du conseil de surveillance, ordonnera la remise au directeur remplacé, de la totalité de son cautionnement, sous la seule déduction du déficit qui pourrait exister.

43. Le directeur est chargé de l'exécution des délibérations prises par le conseil de surveillance ; il y assiste avec voix consultative, hors le cas où les délibérations portent sur des questions qui lui sont personnelles. Il signe les polices, les traités, les conventions, la correspondance, les endossements et mandats à vue et tous autres actes qui seraient nécessaires pour l'administration des sociétés. Il exerce au nom de l'établissement toutes poursuites et actions judiciaires.

44. Le directeur ne peut conserver en caisse les fonds qui lui sont versés, à titre de placement, dans l'une des sociétés qui font l'objet des présents statuts. Ces fonds doivent être, dans les huit jours du versement, convertis en rentes sur l'État. Les rentes achetées sont inscrites au nom de l'Economie, avec désignation de la société à laquelle elles appartiennent, et avec mention des formalités nécessaires aux termes des présents statuts, soit pour en toucher les arrérages, soit pour disposer du capital.

45. Les titres d'inscriptions de rentes sont déposés dans une caisse à deux clefs, dont l'une est remise au directeur et l'autre au président ou à un membre délégué du conseil de surveillance.

46. Les arrérages des rentes appartenant aux diverses sociétés sont perçus par le directeur, sur une quittance revêtue de sa signature et du visa du président ou d'un membre délégué du conseil de surveillance. Dans les sociétés formées sous la condition d'une distribution périodique de revenus, une délibération du conseil de surveillance arrête l'état de chaque répartition, et un membre délégué dudit conseil surveille le paiement du dividende. Dans les sociétés formées sous la condition de l'accumulation des revenus avec le capital, le montant des arrérages doit être employé, dans le premier jour de bourse qui suit la date de la quittance, en achats de nouvelles inscriptions de rentes au profit de chaque société. Une délibération du conseil de surveillance détermine les mesures à prendre pour assurer l'effet de cette disposition, et un membre délégué dudit conseil en surveille l'exécution.

47. À l'expiration de chaque société, ou aux époques fixées pour la répartition de tout ou partie du capital, une délibération du conseil de surveillance arrête l'état de cette répartition, et la part de chaque ayant-droit lui est payée en un titre de rente inscrite à son nom. Il est transmis, à cet effet, au ministre des finances, une ampliation dûment certifiée de la délibération du conseil de surveillance, revêtue des signatures du directeur et de deux membres dudit conseil. Si le total de la rente à répartir ne peut pas se diviser exactement en inscriptions individuelles, eu égard au nombre des ayants-droit, la portion de rentes qui excède le chiffre exactement divisible est vendue, et le produit en est distribué, entre les ayants-droit, à la caisse de la direction, sous le contrôle d'un membre délégué du conseil de surveillance. Les transferts de rentes sont signés par deux membres de ce conseil et par le directeur.

48. Le directeur doit, à toute réquisition, justifier aux intéressés de l'observation des règles prescrites par les articles précédents, et leur communiquer sans déplacement tous les registres concernant les opérations de la société à laquelle ils appartiennent.

49. Le directeur est tenu de pourvoir à tous frais quelconques, soit d'établissement, soit de gestion, soit de surveillance. Pour faire face à tous ces frais, il perçoit, en sus des mises sociales, un droit de commission dont la quotité et le mode sont déterminés avant la formation de chaque société, d'accord avec les fondateurs, mais qui ne peut pas excéder cinq pour cent du montant de chaque souscription : au moyen de cette allocation, les associations n'auront d'autres frais à supporter que ceux d'acquisition et d'aliénation de leurs rentes. Les frais d'acquisition seront supportés par les sociétaires qui effectueront leurs versements en espèces.

50. Le conseil de surveillance se compose de neuf membres nommés par l'assemblée générale et pris parmi les souscripteurs des diverses associations; il est renouvelé par tiers d'année en année; les membres sortants sont rééligibles. Les membres sortants sont désignés par le sort pendant les premières années. Les membres du conseil de surveillance ne peuvent rester en fonction qu'autant qu'ils continuent à appartenir à l'une des sociétés. En cas de décès, de retraite ou d'absence prolongée d'un de ses membres, le conseil se complète provisoirement, et l'assemblée générale qui suit procède à l'élection définitive. Le membre du conseil ainsi élu est remplacé à l'époque où l'aurait été son prédécesseur.

51. Le conseil de surveillance choisit parmi ses membres un président et un secrétaire. La durée de leurs fonctions est d'une année; ils sont rééligibles. En cas d'absence, le président est remplacé par le plus âgé des membres du conseil, et le secrétaire par le plus jeune.

52. Le conseil se réunit au moins une fois par mois. Ses délibérations ne sont valables que s'il y a au moins cinq membres présents. Les délibérations sont prises à la majorité absolue des voix des membres présents. En cas de partage, la voix du président est prépondérante. Les délibérations sont inscrites sur un registre tenu à cet effet, et signées par les membres qui y ont pris part.

53. Le conseil surveille, dans toutes leurs parties, l'exécution des statuts et la gestion du directeur. Il détermine en quelle nature de rentes doit être fait l'emploi des fonds appartenant aux diverses sociétés, si cette détermination n'a pas été faite par les souscripteurs eux-mêmes. Il ordonne les convocations extraordinaires mentionnées aux art. 21 et 55.

54. La délibération du conseil de surveillance qui a pour objet d'établir la liquidation de chaque société et l'état de répartition de ses fonds, est prise avec le concours des cinq plus forts intéressés de ladite société ayant justifié de leurs droits. Les sociétaires absents de Paris peuvent se faire représenter par des mandataires de leur choix; à défaut, le conseil de surveillance appelle, pour les remplacer dans chaque société, les plus forts souscripteurs résidant à Paris.

55. Dans le courant du mois de mars de chaque année, il est convoqué, par les soins du directeur, une assemblée générale des souscripteurs. Le jour de l'assemblée est annoncé au moins un mois à l'avance dans les feuilles d'annonces légales du département de la Seine désignées conformément à la loi du 31 mars 1833. L'assemblée générale est convoquée extraordinairement toutes les fois que le conseil de surveillance le juge nécessaire ou que la demande lui en est adressée par cinquante sociétaires ou souscripteurs : dans ce cas, la convocation en indique l'objet.

56. L'assemblée générale est investie, pour tous les actes qui lui sont déférés par les présents statuts, des pouvoirs de tous les intéressés. Elle représente l'universalité des souscripteurs, et ses décisions, régulièrement prises, sont obligatoires pour tous. Quel que soit le nombre des associations, le plus fort souscripteur de chacune d'elles, est de droit membre de l'assemblée générale. Si ce nombre n'atteint pas soixante, il est complété par l'appel des souscripteurs qui, dans chaque association, occupent le rang subséquent, et l'on suit dans chaque tour d'appel l'ordre d'ancienneté des associations.

57. L'assemblée générale est régulièrement constituée par la présence de quarante membres au moins. Si à une première convocation elle n'atteint pas ce nombre, il y a lieu à nouvelle convocation, dans le délai et les formes déterminés ci-dessus, et cette fois les délibérations sont valables, quel que soit le nombre des membres présents; mais elles ne peuvent porter que sur les objets qui étaient à l'ordre du jour de la première réunion; le tout sans préjudice des cas réservés par les art. 39 et 61. L'assemblée générale choisit elle-même son bureau, qui se compose d'un président, d'un secrétaire et de deux scrutateurs. Jusqu'à la constitution du bureau, l'assemblée est présidée par le président du conseil de surveillance qui désigne le secrétaire et les scrutateurs provisoires. La nomination des membres, soit du conseil de surveillance, soit du bureau, se fait par scrutin de liste, à la majorité relative des suffrages exprimés.

58. Le directeur rend compte à l'assemblée des opérations qui ont eu lieu pendant l'année. L'assemblée peut faire examiner les comptes rendus par des commissaires choisis dans son sein.

59. Une première réunion de l'assemblée générale, à l'effet de constituer le conseil de surveillance, aura lieu aussitôt que soixante souscriptions auront été reçues par une ou plusieurs des sociétés qui font l'objet des présents statuts. L'assemblée se composera, pour cette fois, de tous les souscripteurs. Les dispositions des articles précédents lui demeurent du reste applicables.

60. Jusqu'à ce que le conseil de surveillance se trouve constitué, le directeur est autorisé à faire seul tous les actes nécessaires pour la formation des sociétés et l'emploi de leurs fonds en achat de rentes, à la charge de faire régulariser par le conseil de surveillance les opérations antérieures à la constitution de ce conseil.

61. Les changements qu'il pourrait y avoir lieu de faire aux présents statuts pourront être opérés, avec le consentement du directeur et sur la proposition du conseil de surveillance, par décision spéciale de l'assemblée générale, prise à la majorité des deux tiers des voix sur au moins soixante membres présents; ils ne seront exécutoires qu'après l'approbation du gouvernement, et ne pourront, en aucun cas, réagir sur les contrats existants.

62. En cas de révocation de l'autorisation accordée par le gouvernement, il ne pourra plus être formé de sociétés nouvelles, et il sera pourvu à l'administration des sociétés existantes jusqu'au terme fixé pour leur durée, par une délibération de l'assemblée générale, sous l'approbation du gouvernement.

63. Dans le cas où, par une circonstance quelconque, il y aurait lieu de liquider une ou plusieurs sociétés formées d'après les présents statuts avant l'échéance du terme fixé pour cette liquidation, elle ne pourra avoir lieu qu'en vertu d'une délibération spéciale de l'assemblée générale des souscripteurs de chacune desdites sociétés, convoquées à cet effet. Des lettres, ainsi qu'il est dit en l'art. 21, seront adressées aux sociétaires, à un mois de date du jour indiqué pour l'assemblée, et à ce jour, les associés, réunis sous la présidence du président du conseil de surveillance, décideront à la majorité des membres présents.

64. Toutes les contestations qui pourraient s'élever entre les divers intéressés, ou entre les intéressés et la direction, sur l'exécution des présents statuts, seront jugées à Paris, par trois arbitres nommés par le président du tribunal de première

instance de la Seine, à la requête de la partie la plus diligente. Les arbitres décideront comme amiables compositeurs et en dernier ressort, sans être astreints aux formes et délais de la procédure. Leur décision sera souveraine et ne pourra être attaquée par aucune voie ni aucuns moyens. En quelque nombre que soient les individus, dans une même contestation, ils ne pourront avoir qu'un seul arbitre.

65. Les individus compris dans une même contestation seront tenus, lorsqu'ils auront un même intérêt, de se faire représenter par un seul mandataire domicilié à Paris, ayant qualité de recevoir pour eux tous actes judiciaires, soit en demandant, soit en défendant

29 JUILLET = 6 SEPTEMBRE 1841. — Ordonnance du roi portant autorisation de l'établissement d'associations tontinières formé à Paris sous la dénomination de *la Concorde*. (IX, Bull. supp. DLVI, n. 15824.)

Louis-Philippe, etc., sur le rapport de notre ministre secrétaire d'Etat au département de l'agriculture et du commerce; vu l'avis du conseil d'Etat approuvé par l'empereur le 1ᵉʳ avril 1809, inséré au Bulletin des lois, et portant qu'aucune association de la nature des tontines ne peut être établie sans une autorisation spéciale donnée par Sa Majesté dans la forme des réglements d'administration publique; vu la lettre de notre ministre des finances en date du 15 février 1841; notre conseil d'Etat entendu, etc.

Art. 1ᵉʳ. L'établissement d'associations tontinières formé à Paris sous la dénomination de *la Concorde*, sociétés d'assurances mutuelles sur la vie, est autorisé. Sont approuvés les statuts destinés à régir ledit établissement, tels qu'ils sont contenus dans l'acte passé le 8 juillet 1841 pardevant Mᵉ Grandidier et son collègue, notaires à Paris, lequel acte restera annexé à la présente ordonnance. La présente autorisation n'aura d'effet que pour l'avenir et ne pourra, en aucune manière, s'appliquer aux opérations antérieures à ce jour.

2. Le cautionnement à fournir par le directeur de *la Concorde*, aux termes des statuts, sera déposé à la caisse des dépôts et consignations avant la mise en activité de l'établissement. Aux époques fixées d'après les statuts pour la répartition, entre les membres des associations tontinières formées par l'établissement de tout ou partie du capital desdites associations, les parts revenant aux ayants-droit leur seront remises en titre de rentes inscrites au nom de chacun d'eux, comme il est dit à l'art. 53 des statuts.

3. L'établissement sera tenu de remettre tous les six mois, au ministère de l'agriculture et du commerce, au préfet de la Seine, au préfet de police, à la chambre du commerce et au greffe du tribunal de commerce de Paris un extrait de l'état de sa situation ainsi que de celle des différentes associations qu'il est autorisé à former et à administrer. Il devra, en outre, adresser tous les ans, à notre ministre de l'agriculture et du commerce, sur ces opérations, un rapport détaillé contenant tous les renseignements propres à faire apprécier la nature et les effets des associations formées par ses soins.

4. Les opérations de l'établissement seront d'ailleurs soumises à une surveillance spéciale dont le mode sera ultérieurement déterminé et dont les frais seront supportés par *la Concorde*, jusqu'à concurrence d'une somme de deux mille francs.

5. Nous nous réservons de révoquer notre autorisation, sans préjudice des droits des tiers, en cas de violation ou de non exécution des statuts approuvés et dans le cas de plaintes graves contre la gestion de l'établissement. Nous nous réservons en outre d'ordonner tous les cinq ans, à partir de la date de la présente ordonnance, la révision générale des statuts.

6. Nos ministres de l'agriculture et du commerce, et des finances (MM. Cunin-Gridaine et Humann) sont chargés, etc.

CHAPITRE Iᵉʳ. — *Fondation et but de l'établissement, objet et nature des sociétés.*

Art. 1ᵉʳ. Il est fondé, sous la dénomination de *la Concorde*, un établissement ayant pour objet de former et d'administrer des sociétés mutuelles d'assurances basées sur les chances de la vie.

2. Ces sociétés sont de cinq espèces, savoir: 1° sociétés d'accroissement du revenu sans aliénation du capital; 2° sociétés d'accroissement du capital sans aliénation du revenu; 3° sociétés d'accroissement du revenu avec aliénation du capital; 4° sociétés d'accroissement du capital avec aliénation totale ou partielle du revenu; 5° sociétés de formation du capital par l'accumulation du revenu sans aliénation du capital des mises.

3. Dans chacune des sociétés ci-dessus définies, l'assurance peut être souscrite, soit au profit du souscripteur, soit au profit d'un tiers; elle peut reposer sur la tête du souscripteur ou sur la tête d'un tiers, à la charge par celui qui contracte sur la tête, ou au profit d'un tiers, de justifier du consentement de ce dernier, ou de celui des parents, maris ou tuteurs, pour les personnes inhabiles à contracter. L'individu sur la tête duquel l'assurance repose se nomme assuré; l'individu appelé à recueillir le bénéfice est seul sociétaire; le souscripteur est sociétaire toutes les fois que l'assurance n'est pas stipulée au profit d'un tiers.

4. Dans les sociétés d'accroissement du revenu sans aliénation du capital, l'intérêt produit par les mises sociales est réparti, à chaque échéance semestrielle, entre les seuls sociétaires qui justifient de l'existence des individus sur la tête desquels les assurances reposent, le revenu des sociétaires qui ont fait cette justification s'accroissant ainsi des parts afférentes à ceux qui ne l'ont pas faite. A

l'expiration de la société, le capital des mises retourne aux souscripteurs ou à leurs ayants-droit, suivant les termes de leur contrat.

5. Dans les sociétés d'accroissement du capital sans aliénation du revenu, les arrérages des mises sociales sont, jusqu'au terme de l'association, servis chaque année aux souscripteurs ou à leurs ayants-droit ; mais, à l'expiration de la société, le capital des mises est réparti entre les seuls sociétaires qui justifient de l'existence des individus sur la tête desquels les assurances reposent, le capital des sociétaires qui ont fait cette justification s'accroissant ainsi des parts afférentes à ceux qui ne l'ont pas faite.

6. Dans les sociétés d'accroissement du revenu avec aliénation du capital, l'intérêt produit par les mises sociales se répartit aux mêmes époques et de la même manière qu'il est dit à l'art. 4, et, à l'expiration de la société, le capital des mises est partagé comme il est dit à l'art. 5.

7. Dans les sociétés d'accroissement du capital avec aliénation du revenu, l'intérêt produit par les mises sociales s'ajoute successivement au capital jusqu'au terme de l'association. Dans les sociétés d'accroissement du capital avec aliénation partielle du revenu, les souscripteurs, ou les autres personnes désignées par le contrat, jouissent, leur vie durant, de l'intérêt produit par les mises sociales, et ce n'est qu'à leur décès que le revenu s'accumule avec le capital. A l'expiration de ces sociétés, le capital des mises, augmenté du capital provenant de l'accumulation du revenu, est réparti entre les seuls sociétaires qui justifient de l'existence des individus sur la tête desquels leurs assurances reposent. Il peut aussi être formé des sociétés d'accroissement de capital avec aliénation de revenus à l'expiration desquelles le capital des mises, accru du capital provenant de l'accumulation des intérêts, est exclusivement réparti entre les sociétaires qui justifient que les individus sur la tête desquels leurs assurances reposent sont survivants.

8. Dans les sociétés de formation d'un capital par l'accumulation du revenu sans aliénation du capital des mises, l'intérêt produit par les mises sociales s'accumule de semestre en semestre jusqu'au terme de la société. A l'expiration de la société, le capital des mises retourne aux souscripteurs ou à leurs ayants-droit, et le capital formé par l'accumulation du revenu est réparti entre les sociétaires qui justifient de l'existence des individus sur la tête desquels leurs assurances reposent.

9. Les diverses sociétés ci-dessus définies peuvent être formées au moyen d'assurances constituées sur des têtes du même âge ou sur des têtes d'âges différents.

10. Elles peuvent être formées en nombre limité ou en nombre illimité. Les sociétés en nombre limité sont celles qui, une fois qu'elles sont constituées, n'admettent plus de nouveaux membres. Les sociétés en nombre illimité sont celles qui admettent de nouveaux membres jusqu'au terme de leur existence, à moins que les souscripteurs ne décident eux-mêmes, comme il est dit à l'art. 30, qu'il n'y a plus lieu à de nouvelles admissions.

11. La durée des sociétés en nombre limité peut être fixée à un nombre déterminé d'années, ou subordonné à un certain nombre de décès. La durée des sociétés en nombre illimité ne peut être fixée qu'à un nombre déterminé d'années.

12. L'établissement s'interdit toute opération qui n'a point pour objet le formation où l'admi-

nistration desdites sociétés. Il est géré par un directeur, sous le contrôle d'un conseil de surveillance choisi par l'assemblée générale des souscripteurs.

13. Le siége de l'établissement et de toutes les sociétés formées par ses soins est à Paris. Chaque souscripteur est tenu, de son côté, d'élire à Paris, ou dans les villes où seraient établies des agences, un domicile pour tous les actes relatifs à l'exécution du contrat. Le domicile élu au moment de la souscription demeure valable à l'égard du souscripteur, du sociétaire ou de leurs ayants-cause, tant qu'ils n'en ont pas fait connaître un autre à l'administration centrale à Paris. La société ne connaît qu'un seul domicile pour tous les ayants-cause d'un sociétaire ; ceux-ci sont tenus de s'entendre à cet effet.

CHAPITRE II. — *Formations et effets des sociétés.*

14. Nul ne peut être souscripteur s'il n'est habile à contracter. Le directeur, d'accord avec le conseil de surveillance, a le droit de refuser toutes souscriptions, sans être tenu de faire connaître les motifs de ce refus.

15. La première souscription reçue pour chaque société en détermine les conditions dans les limites des présents statuts. Un registre est immédiatement ouvert pour recevoir les souscriptions ultérieures.

16. Aucune société ne peut être constituée avec moins de dix membres. Si le nombre des souscriptions reçues pour une même société n'atteint pas ce minimum dans le délai d'un an, à partir de la première, elles sont annulées.

17. Si le décès d'un des assurés est dénoncé à la direction avant la dixième souscription, la société n'est constituée qu'après que le minimum de dix membres a été complété par de nouvelles souscriptions dans le délai déterminé par l'art. 16. Les notifications de décès sont inscrites, à leur date, sur le registre ouvert pour recevoir les souscriptions.

18. Lorsque dix souscriptions sont réunies pour une même société, sans que le décès d'aucun des assurés ait été dénoncé à l'administration, il en est aussitôt donné avis aux souscripteurs, au domicile par eux élu pour l'exécution du contrat ; et si, dans les trente jours qui suivent cet avertissement, il n'est pas dénoncé à la direction de décès antérieurs à l'époque où la dixième souscription a été reçue, la société est constituée, et tous les engagements reçus deviennent définitifs.

19. Le premier souscripteur peut exiger, pour la constitution de la société, un nombre de souscriptions supérieur à dix ; dans ce cas, les dispositions des art. 16, 17 et 18, s'appliquent au minimum fixé par le souscripteur.

20. La constitution de chaque société est constatée par une délibération spéciale du conseil de surveillance. Les procès-verbaux de ces délibérations sont tous inscrits à leur date, au fur et à mesure de la constitution de chaque société, sur son seul et même registre.

21. L'engagement du souscripteur envers la société est constaté par une police signée en double par le souscripteur et par le directeur, ou par un agent commissionné à cet effet. Au dos de la police sont transcrites littéralement les dispositions des présents statuts. La police énonce : les nom, prénoms et demeure du souscripteur ; les nom, prénoms et domicile du sociétaire, s'il est autre que

le souscripteur ; les nom, prénoms et domicile, lieu et date de naissance de l'assuré ; le montant de la mise et les époques de paiement ; l'objet, les conditions, la durée et la désignation précise de la société à laquelle la souscription se rapporte ; les délais prescrits et les pièces à produire pour la justification des droits du sociétaire aux répartitions ; le domicile élu pour l'exécution du contrat.

22. Toute souscription doit être accompagnée d'un extrait d'acte de naissance, ou, à défaut, d'un acte authentique constatant l'âge de l'assuré ; cet acte reste déposé à la direction jusqu'à la liquidation de la société. Toute inexactitude dans les pièces produites ou dans les déclarations relatives à l'âge de l'assuré, dont le but et l'effet seraient de changer la condition de l'assurance au préjudice des autres sociétaires, entraîne la déchéance de tous droits au bénéfice de l'association. Le sociétaire qui a encouru cette déchéance ne reçoit, aux termes de la société, dans le cas où il remplirait d'ailleurs les conditions prévues par le contrat pour prendre part auxdits bénéfices, que le capital des sommes qu'il a fournies.

23. Quand les assurés sont du même âge, et les souscriptions faites à la même époque, les sociétaires participent aux bénéfices éventuels de l'assurance au prorata de leurs mises effectives. Sont réputés du même âge les assurés nés inclusivement du 1er janvier au 31 décembre de la même année.

24. Quand les assurés sont d'âge différent, ou quand les souscriptions sont faites successivement, l'égalité des chances se rétablit entre les sociétaires par des différences proportionnelles dans la mise, suivant les règles ci-après ; dans ce cas, les sociétaires participent aux bénéfices éventuels de l'assurance au prorata de leurs mises, ramenées au taux de l'égalité proportionnelle.

25. S'il s'agit de compenser des différences d'âge, les différences proportionnelles dans la mise sont calculées en raison des probabilités de vie à l'âge de chaque assuré, d'après les tables de mortalité de Déparcieux, annexées aux présents statuts.

26. Les versements annuels sont ramenés à l'égalité proportionnelle entre eux, et avec les versements uniques, par l'application combinée des chances de durée de la vie à chaque âge, et des effets de l'accumulation des intérêts à quatre pour cent par an.

27. Les mises sociales peuvent être souscrites, soit au comptant, soit par annuités. Les souscripteurs au comptant font leurs versements contre la remise de la police. Les souscripteurs par annuités s'engagent à en effectuer le versement le 1er janvier de chaque année.

28. Les souscripteurs par annuités peuvent toujours se libérer par anticipation, en versant au comptant les sommes équivalentes, d'après les bases des tarifs, aux annuités qu'il leur reste à payer.

29. Un retard d'un an dans le paiement d'une annuité entraîne la déchéance de tous droits au bénéfice de l'association ; le capital des sommes payées reste seul, en cas de survivance de l'assuré, la propriété du sociétaire, et lui est remis sans intérêt à l'époque de la répartition. Le souscripteur en retard qui reprend ses versements avant le terme d'un an, fixé pour la déchéance, est tenu d'ajouter aux versements arriérés un supplément calculé sur les chances de mortalité et augmenté d'un intérêt d'un demi pour cent par mois de retard. La faculté de reprendre les versements pour

éviter la déchéance cesse, en tous cas, aux termes fixés pour la production des pièces relatives à la répartition ; la déchéance est acquise contre tous sociétaires dont la mise ne serait pas entièrement versée à cette époque.

30. Lorsqu'un ou plusieurs souscripteurs pensent qu'il y a lieu de ne plus recevoir de nouvelles souscriptions pour la société à laquelle ils appartiennent, ils peuvent adresser au conseil de surveillance l'invitation de convoquer tous les membres de cette société. La convocation est faite par lettre à un mois de date, et, au jour déterminé, les souscripteurs, réunis sous la présidence du président du conseil de surveillance, décident à la majorité des membres présents si l'association doit être close.

31. Tous les contrats étant basés sur la vie, le bénéfice en est subordonné à la justification de l'existence des assurés aux époques déterminées par la police. Les pièces à fournir à cet effet sont le certificat de vie de l'assuré ou son acte de décès, si l'assuré est mort postérieurement au jour fixé pour donner ouverture aux droits des sociétaires.

32. Dans les sociétés d'accroissement de revenu, les pièces à produire pour chaque assuré, aux termes de l'art. 31, doivent être remises à la direction dans les trois mois qui suivent l'époque fixée pour l'ouverture de chaque répartition. Les sociétaires qui n'ont pas fait cette production dans ce délai sont déchus de tous droits à la répartition des arrérages échus.

33. Dans les sociétés d'accroissement de capital, et dans les sociétés de formation d'un capital par l'accumulation du revenu, les pièces à produire pour chaque assuré, aux termes de l'art. 31, doivent être remises à la direction dans les six mois qui suivent l'époque fixée pour le terme de la société. Une lettre du directeur, contre-signée par un membre délégué du conseil de surveillance, est adressée à chaque sociétaire, trois mois avant l'expiration de ce délai, pour lui rappeler cette obligation. Les sociétaires qui n'ont pas fait cette production dans ce délai sont déchus de tous droits aux fonds à répartir. Néanmoins, seront réservés pendant un an, à partir du jour fixé pour le terme de la société, les droits des sociétaires qui auront fait constater la présence hors d'Europe de celui sur la tête duquel repose l'assurance, par la signification à la direction d'un certificat de vie légalisé par un consul de France dans l'année qui précède le terme de la société. Passé ce délai, ceux qui n'auront pas justifié de l'existence de l'assuré, au terme de la société, seront déchus de tous leurs droits.

34. Dans les sociétés dont la durée est subordonnée à l'événement d'un certain nombre de décès, le nombre des assurés survivants ou décédés se constate : pour les sociétés d'accroissement de revenu, par les justifications imposées aux sociétaires à l'époque de chaque répartition, comme il est dit à l'art. 32 ; pour les sociétés d'accroissement de capital, par la production, dans les trois derniers mois de chaque année, du certificat de vie de chaque assuré. Les assurés dont le certificat de vie n'est pas produit dans lesdits délais sont considérés comme décédés, et le bénéfice des assurances souscrites sur leur tête est définitivement acquis à la société. Aussitôt que les décès ont atteint le nombre fixé par le contrat pour donner ouverture à la liquidation, ou pour déterminer la durée ultérieure de la société, les sociétaires en sont avertis par lettres adressées au domicile élu pour l'exécu-

tion du contrat. A partir de ce moment, ils ne sont plus soumis qu'aux justifications prescrites par les art. 32 et suiv., d'après la nature de chaque société pour constater leurs droits aux répartitions. Tous droits sont réservés aux héritiers ou ayants-cause des sociétaires qui ne seraient décédés qu'après que la société serait arrivée à son terme par l'effet de décès antérieurs, à la charge par lesdits ayants-cause de justifier de la date des décès dans les délais fixés pour la production des pièces constatant les droits des sociétaires.

35. Tous les délais fixés ci-dessus pour la justification des droits des sociétaires sont de rigueur, et produisent leur effet quant aux déchéances encourues après leur expiration, sans qu'il soit besoin d'aucun acte de mise en demeure, et sans autre avertissement que la mention qui en est faite dans les polices.

36. Les arrérages des rentes appartenant aux sociétés d'accroissement de capital, sans aliénation du revenu, sont distribués aux ayants-droit dans la quinzaine qui suit l'échéance de chaque semestre de rente.

37. Les arrérages appartenant aux sociétés d'accroissement de revenu, et les fonds de répartition appartenant aux sociétés d'accroissement de capital, lorsqu'elles sont arrivées à leur terme, sont distribués aux ayants-droit, dans la quinzaine qui suit l'expiration du délai fixé pour la justification des droits des sociétaires. Le capital des mises versées dans les sociétés d'accroissement de revenu, sans aliénation du capital, est distribué aux ayants-droit, dans le même délai.

38. Dans les sociétés d'accroissement du revenu, les dividendes échus, qui, deux ans après l'expiration de la société, n'ont pas été touchés par les ayants-droit, sont déposés, pour leur compte, à la caisse des dépôts et consignations.

39. Si une société s'éteint entièrement par le décès de tous les assurés ou par la déchéance de tous les membres avant le terme fixé pour sa durée, les fonds de répartition appartiennent à cette société profitent à l'Etat.

40. En cas de décès d'un sociétaire, ses héritiers ou ayants-cause sont tenus de se faire représenter par un seul d'entre eux, pour tous les droits qu'il peut avoir à exercer vis-à-vis de la société. Ils ne peuvent, en aucun cas, faire apposer les scellés sur aucun des registres ou papiers appartenant à son administration.

CHAPITRE Ier. — *Administration des sociétés.*

Directeur.

41. L'établissement et les associations tontinières formées par ses soins, sont gérés par un directeur, sous le contrôle d'un conseil de surveillance, nommé par l'assemblée générale.

42. M. le baron de Wolbock est le directeur de l'établissement.

43. Le directeur réside à Paris; il a sous ses ordres de tous les agents dans les départements, qu'il nomme et peut révoquer. Les agents doivent fournir un cautionnement, dont la quotité est déterminée par le conseil de surveillance.

44. En cas de non exécution des statuts, et dans tout autre cas de faits graves contre le directeur, l'assemblée générale, sur la proposition du conseil de surveillance, et à la majorité des deux tiers des voix sur au moins soixante membres présents, peut, par une délibération motivée, prononcer la révocation.

45. En cas de retraite du directeur, pour toute autre cause que sa révocation, il a, pendant trois mois, la faculté de présenter un successeur, lequel, toutefois, ne peut entrer en fonction qu'après avoir été agréé par l'assemblée générale, et sur le rapport du conseil de surveillance. En cas de décès du directeur, ses héritiers ont, pendant trois mois à partir de ce décès, la même faculté; pendant ce délai le conseil de surveillance pourvoit à l'administration des sociétés, par la nomination d'un directeur provisoire, dont le traitement est imputable sur les frais d'administration à la charge du directeur. En cas de révocation du directeur, ou s'il se retire sans présenter de successeur, ou si le successeur présenté n'est pas agréé, il est pourvu à l'administration des sociétés et de l'établissement, comme il est dit au paragraphe précédent, jusqu'à la nomination du directeur définitif par l'assemblée générale.

46. Dans aucun cas, les héritiers ou ayants-droit du directeur ne pourront faire apposer les scellés sur les registres, papiers et bureaux de l'administration.

47. L'administration du directeur est garantie, outre sa responsabilité personnelle, par un cautionnement de cinq mille francs de rente trois pour cent, dont le titre est déposé à la caisse des dépôts et consignations. Lorsque le montant des versements, arrérages et encaissements de toute espèce faits par la direction dans le cours de l'année aura dépassé la somme d'un million, le cautionnement du directeur s'accroîtra progressivement dans la proportion de mille francs de rente trois pour cent, pour chaque augmentation de deux cent mille francs au-delà de ladite somme d'un million, jusqu'au maximum de vingt-cinq mille francs de rente, après lequel le cautionnement ne sera plus passible d'aucune augmentation. Les diminutions qui pourront survenir dans le chiffre des encaissements annuels ne donneront lieu à aucune réduction du cautionnement. Le cautionnement est affecté, indépendamment du recours qui s'exercera, s'il y a lieu, sur les biens du directeur, à la garantie de tous les engagements contractés par lui en cette qualité, et spécialement à celle des frais d'administration et de liquidation de toutes les sociétés, quel qu'en soit le terme, formées pendant sa gestion. En cas de retraite ou de décès du directeur, s'il est remplacé par un successeur présenté par lui ou par ses héritiers, le même cautionnement servira à la garantie tant de sa gestion que de celle de son successeur. Si le remplaçant présenté par lui ou par ses héritiers n'est pas agréé, et s'il en est nommé un autre de la manière prévue à l'art. 45, le nouveau directeur versera en entrant un nouveau cautionnement qui sera soumis aux mêmes conditions, mais sans être affecté à la garantie de la gestion de son prédécesseur. Le cautionnement de celui-ci ne lui sera rendu, s'il y a lieu, qu'après l'apurement de tous ses comptes, et sous déduction du déficit qui serait constaté à sa charge. En cas de révocation du directeur, ou si le directeur, ses héritiers ou ses représentants, abandonnent l'administration des sociétés, son cautionnement ne lui sera rendu, s'il y a lieu, après l'apurement de tous ses comptes, que sous déduction tant du déficit qui serait constaté à sa charge que des fonds nécessaires pour assurer l'administration et la liquidation de toutes les sociétés formées pendant sa gestion. Néanmoins, s'il est nommé un nouveau directeur et s'il consent à se charger, pour les frais d'administration

et de liquidation, de la responsabilité qui pesait sur son prédécesseur, l'assemblée générale pourra, sur la proposition du conseil de surveillance, ordonner la remise au directeur remplacé, de la totalité de son cautionnement, sous la seule déduction du déficit qui pourrait exister.

48. Le directeur pourvoit à tous les frais quelconques, soit d'établissement, soit de gestion, soit de surveillance, à l'exception seulement des commissions d'agents de change pour l'achat des rentes de chaque société; ces commissions demeurent à la charge des souscripteurs ou des sociétaires qui effectuent leurs versements en espèces. Pour s'indemniser de toutes ces dépenses, le directeur perçoit un droit de commission dont le mode et la quotité sont déterminés avant la formation de chaque société d'accord avec ses fondateurs, mais qui ne peut pas excéder cinq pour cent du montant de chaque souscription.

49. Le directeur est responsable de tous les versements faits entre ses mains. Les versements doivent être faits, à Paris, en espèces à la caisse de la direction; et, dans les départements, entre les mains des agents de la société, mais seulement en un mandat payable à Paris, à l'ordre du directeur.

50. Le directeur ne peut conserver en caisse les fonds qui lui sont versés à titre de placement dans l'une des sociétés qui font l'objet des présents statuts; ces fonds doivent être, dans les huit jours, convertis en rentes sur l'État. Les fonds de chaque association sont gérés séparément et ne se confondent à aucun égard avec ceux des autres associations.

51. Les rentes achetées sont inscrites au nom de *la Concorde*, avec désignation de la société à laquelle elles appartiennent, et avec mention des formalités nécessaires, aux termes des présents statuts, soit pour en toucher les arrérages, soit pour disposer du capital. Les titres d'inscription de rentes sont déposés dans une caisse à deux clefs, dont l'une est remise au directeur, et l'autre au président du conseil de surveillance, ou à l'un des membres dudit conseil délégué à cet effet.

52. Les arrérages des rentes appartenant aux diverses sociétés sont perçus par le directeur sur une quittance revêtue du visa du président, ou d'un membre du conseil de surveillance délégué à cet effet. Dans les sociétés d'accroissement et de jouissance du revenu, une délibération du conseil de surveillance arrête l'état de répartition, entre les ayants-droit, du montant des arrérages de chaque semestre, et un membre délégué dudit conseil surveille le paiement des dividendes. Dans les sociétés d'accroissement du capital avec aliénation du revenu, le montant des arrérages perçus est employé, dans le premier jour de bourse qui suit la date de la quittance, en achat de nouvelles rentes au profit de chaque société. Une délibération du conseil de surveillance détermine les formalités convenables pour assurer l'effet de cette disposition, et un membre délégué dudit conseil en surveille l'exécution.

53. A l'expiration de chaque société, une délibération du conseil de surveillance arrête l'état de répartition du capital entre les ayants-droits, et la part de chaque ayant-droit lui est payée en un coupon de rentes inscrit en son nom. Il est transmis à cet effet au ministre des finances une ampliation dûment certifiée de la délibération du conseil de surveillance, revêtue de la signature du directeur et de deux membres du conseil spécialement délégués à cet effet. Si le total de la rente à répartir ne peut

pas se diviser exactement en coupons, eu égard au nombre des ayants-droit, la portion de rentes qui excède le chiffre exactement divisible est vendue et le produit en est distribué entre les ayants-droit à la caisse de la direction, sous le contrôle d'un membre délégué du conseil de surveillance : les transferts de cette portion de rentes sont signés par le directeur et par deux membres dudit conseil spécialement délégués à cet effet.

54. Le directeur soumet au conseil de surveillance, toutes les fois qu'il en est requis, l'état de la comptabilité et la situation des caisses; il communique aux intéressés qui en font la demande tous les registres et documents concernant la société à laquelle ils appartiennent.

Conseil de surveillance.

55. Le conseil de surveillance se compose de quinze membres nommés par l'assemblée générale et pris parmi les souscripteurs des diverses sociétés. Il est renouvelé par tiers tous les ans; le sort détermine les membres sortants à la fin de la première et deuxième année; à partir de la troisième, le renouvellement a lieu en suivant l'ordre d'ancienneté; les membres sortants peuvent être réélus. Les membres du conseil de surveillance ne peuvent rester en fonctions qu'autant qu'ils continuent à faire partie de l'une des sociétés. En cas de décès, de retraite, de démission ou d'absence prolongée d'un de ses membres, le conseil de surveillance pourvoit lui-même à son remplacement provisoire. Lorsque par l'effet de ces remplacements le conseil de surveillance se trouve réduit à moins de sept membres nommés par l'assemblée générale, cette assemblée est convoquée pour compléter le conseil par des nominations définitives. Le conseil de surveillance choisit lui-même dans son sein un président et un secrétaire.

56. Les délibérations doivent être prises au nombre de cinq membres au moins; en cas de partage, la voix du président est prépondérante. Le directeur assiste avec voix consultative aux délibérations du conseil de surveillance, excepté lorsqu'il s'agit d'affaires qui lui sont personnelles. Toutes les délibérations du conseil de surveillance sont transcrites sur un registre spécial déposé à la direction, et dont un double demeure sous la garde du président.

57. Le conseil de surveillance se réunit au moins une fois tous les mois au siège de l'administration, pour y prendre connaissance des opérations et des comptes de l'établissement. Il se réunit plus souvent, s'il y a lieu, sur la convocation, soit du président, soit du directeur. Il se fait représenter toutes les fois qu'il le juge convenable les livres de caisses, les bordereaux de l'agent de change, et toutes autres pièces.

58. Le conseil de surveillance est chargé de veiller à l'exécution des présents statuts dans toutes leurs dispositions, et notamment en ce qui est relatif à la formation des sociétés, à l'emploi de leurs fonds et à leur liquidation; il surveille la gestion du directeur. Il détermine l'espèce de rentes à l'achat desquelles doivent être employés les fonds des diverses associations, à moins que l'indication n'en ait été faite par les souscripteurs eux-mêmes. Il arrête la liquidation, soit des arrérages, soit des capitaux de chaque société, et en autorise la répartition entre les ayants-droit.

59. La délibération du conseil de surveillance ayant pour objet d'établir la liquidation finale de

chaque sociétété est prise avec le concours des sept plus forts sociétaires ayant justifié de leurs droits. Les sociétaires absents de Paris peuvent se faire représenter par des sociétaires de leur choix ; à défaut, le conseil de surveillance appelle pour les remplacer les plus forts sociétaires résidant à Paris.

Assemblée générale.

60. L'assemblée générale se compose du plus fort souscripteur dans chaque société jusqu'à concurrence d'au moins soixante membres. S'il existe moins de soixante sociétés, ce nombre est complété par l'appel successif des sociétaires qui dans chacune d'elles occupe le rang subséquent, en suivant pour chaque tour d'appel l'ordre d'ancienneté des associations.

61. L'assemblée générale représente l'universalité des intéressés ; ses décisions régulièrement prises sont obligatoires pour tous.

62. L'assemblée générale est régulièrement constituée par la présence de quarante membres au moins. Dans le cas où une première réunion ne présente pas ce nombre, l'assemblée générale est convoquée de nouveau à quinze jours d'intervalle, et elle est alors régulièrement constituée, quel que soit le nombre des membres présents ; mais la délibération ne peut porter que sur les objets qui se trouvaient à l'ordre du jour de la première réunion. L'assemblée choisit elle-même son bureau, qui se compose d'un président, d'un secrétaire et de deux scrutateurs. La nomination, soit du bureau, soit des membres du conseil de surveillance, se fait par scrutin de listes, à la majorité relative des suffrages exprimés. Jusqu'à la constitution des bureaux, l'assemblée générale est présidée par le président du conseil de surveillance. Le président désigne le secrétaire et les scrutateurs provisoires.

63. L'assemblée générale se réunit tous les ans, dans la dernière quinzaine du mois d'avril, pour nommer les membres du conseil de surveillance et pour entendre les rapports du directeur et du conseil sur les opérations de l'année précédente, et la situation des différentes sociétés. Elle peut être convoquée extraordinairement, soit par le directeur, soit par le conseil de surveillance. Les convocations ont lieu par lettres adressées au domicile, et par un avis inséré quinze jours au moins d'avance dans un des journaux désignés par le tribunal de commerce de Paris pour recevoir les annonces judiciaires.

64. Une première réunion de l'assemblée générale, à l'effet de constituer le conseil de surveillance, aura lieu aussitôt que soixante souscriptions seront été reçues pour une ou plusieurs des sociétés qui font l'objet des présents statuts. L'assemblée générale se composera pour cette fois de tous les souscripteurs. Les autres dispositions des art. 60, 61, 62 et 63 lui demeurent au reste applicables.

65. Jusqu'à ce que le conseil de surveillance se trouve constitué, le directeur est autorisé à faire tous les actes nécessaires pour la formation des sociétés et l'emploi de leurs fonds en achats de rentes, à la charge de faire régulariser par le conseil de surveillance les opérations antérieures à sa constitution.

CHAPITRE IV. — *Dispositions générales.*

66. Les changements qu'il pourrait y avoir lieu de faire aux présents statuts ne seront opérés qu'avec le consentement du directeur, et sur la proposition du conseil de surveillance, par une décision

spéciale de l'assemblée générale, à la majorité des deux tiers des voix sur au moins soixante membres présents. Ces modifications ne seront exécutoires qu'avec l'approbation du gouvernement.

67. Dans le cas où, par une circonstance quelconque, il y aurait lieu de liquider une ou plusieurs sociétés formées d'après les présents statuts, avant l'échéance du terme fixé pour cette liquidation, elle ne pourra avoir lieu qu'en vertu d'une délibération spéciale de l'assemblée générale des souscripteurs de chacune desdites sociétés, convoquée à cet effet. Des lettres, ainsi qu'il est dit à l'art. 33, seront adressées aux sociétaires, à un mois de date du jour indiqué pour l'assemblée, et à ce jour les associés, réunis sous la présidence du président du conseil de surveillance, décideront à la majorité des membres présents.

68. Les contestations qui pourraient s'élever sur l'exécution des présents statuts seront jugées, quels que soient le nombre et la qualité des parties intéressées, par trois arbitres, sur le choix desquels les parties devront s'entendre dans le délai de huitaine ; à défaut de quoi ils seront nommés par le président du tribunal de première instance du département de la Seine, à la requête de la partie la plus diligente. Les arbitres jugeront en dernier ressort, et comme amiables compositeurs sans être tenus aux formes et délais de la procédure. Leur décision sera souveraine et ne pourra être attaquée par aucune voie ou aucun moyen.

69 *et dernier.* Les présentes formeront, avec l'autorisation royale, les statuts de la société *la Concorde*. M. le baron de Wolbock se charge de faire toutes les publications que pourront nécessiter les présentes, ainsi que l'ordonnance royale.

———

29 JUILLET = 7 SEPTEMBRE 1841. — Ordonnance du roi portant autorisation de l'établissement d'associations tontinières formé à Paris sous la dénomination de *l'Association, caisse mutuelle d'économie et de prévoyance.* (IX, Bull. supp. DLVII, n. 15830.)

Louis-Philippe, etc., sur le rapport de notre ministre secrétaire d'Etat au département de l'agriculture et du commerce ; vu l'avis du conseil d'Etat approuvé par l'empereur, le 1er avril 1809, inséré au Bulletin des lois, et portant qu'aucune association de la nature des tontines ne peut être établie sans une autorisation spéciale donnée par Sa Majesté dans la forme des règlements d'administration publique ; vu la lettre de notre ministre des finances en date du 15 février 1841 ; notre conseil d'Etat entendu ;

Art. 1er. L'établissement d'associations tontinières formé à Paris sous la dénomination de *l'Association, caisse mutuelle d'économie et de prévoyance,* est autorisé. Sont approuvés les statuts destinés à régir ledit établissement tels qu'ils sont contenus dans l'acte passé le 8 juillet 1841 devant Me Beaufeu et son collègue, notaires à Paris, lequel acte restera annexé à la présente ordonnance. La présente autorisation n'aura d'effet que pour l'avenir, et ne pourra en aucune manière s'appliquer aux opérations antérieures à ce jour.

2. Le cautionnement à fournir par le directeur de l'association, aux termes des statuts, sera déposé à la caisse des dépôts et consignations avant la mise en activité de l'établissement. Aux époques fixées d'après les statuts pour la répartition, entre les membres des associations tontinières formées par l'établissement, de tout ou partie du capital desdites associations, les parts revenant aux ayants-droit leur seront remises en titres de rentes inscrites au nom de chacun d'eux, comme il est dit à l'art. 38 des statuts.

3. L'établissement sera tenu de remettre tous les six mois au ministre de l'agriculture et du commerce, au préfet de la Seine, au préfet de police, à la chambre de commerce et au greffe du tribunal de commerce de Paris, un extrait de l'état de sa situation ainsi que de celle des différentes associations qu'il est autorisé à former et à administrer. Il devra, en outre, adresser tous les ans, à notre ministre de l'agriculture et du commerce, sur ces opérations, un rapport détaillé contenant tous les renseignements propres à faire apprécier la nature et les effets des associations formées par ses soins.

4. Les opérations de l'établissement seront d'ailleurs soumises à une surveillance spéciale dont le mode sera ultérieurement déterminé et dont les frais seront supportés par l'association jusqu'à concurrence d'une somme de deux mille francs.

5. Nous nous réservons de révoquer notre autorisation, sans préjudice des droits des tiers, en cas de violation ou de non exécution des statuts approuvés, et dans le cas de plaintes graves contre la gestion de l'établissement. Nous nous réservons, en outre, d'ordonner tous les cinq ans, à partir de la date de la présente ordonnance, la révision générale des statuts.

6. Nos ministres de l'agriculture et du commerce, et des finances (MM. Cunin-Gridaine et Humann) sont chargés, etc.

Titre Ier. — But de l'établissement.

Art. Ier. Il est créé, sous la dénomination de *l'Association, caisse mutuelle d'économie et de prévoyance*, un établissement dont le but est de former et d'administrer des associations mutuelles d'assurances fondées sur les chances de la vie, avec ou sans aliénation du capital ou du revenu. L'établissement s'interdit toute opération étrangère à la formation et à l'administration des associations ci-dessus désignées.

§ Ier. — Nature des opérations.

2. Les placements avec aliénation du capital donnent droit aux sociétaires qui justifient, lors de l'expiration de la société, de l'existence des individus sur la tête desquels leur assurance repose au partage, dans la proportion du capital de leurs mises, de la totalité des capitaux engagés dans la société, ainsi que des intérêts de ces capitaux cumulés et capitalisés.

3. Les placements sans aliénation de capital donnent droit aux sociétaires qui justifient, lors de l'expiration de la société, de l'existence des individus sur la tête desquels leur assurance repose au partage, dans la proportion du capital de leurs mises, des intérêts cumulés ou capitalisés produits par tous les capitaux engagés dans la société. Le capital des mises reste la propriété de ceux qui l'ont fourni, et leur est rendu ou à leurs ayants droit à l'expiration de la société.

4. Les fonds de chaque association sont gérés séparément, et ne se confondent à aucun égard avec ceux des autres associations. Les placements se font par versements uniques ou par versements annuels.

5. Les associations se composent d'individus de tous âges, dont les mises sont ramenées à l'égalité proportionnelle par l'application de tarifs basés sur les chances de la durée de la vie à chaque âge. Les versements annuels sont ramenés à l'égalité proportionnelle avec les versements uniques par l'application combinée des chances de la vie et des effets de l'accumulation des intérêts à quatre pour cent par an. Les tarifs, rédigés en vertu du présent article, sont dressés d'après les tables de Deparcieux. Un exemplaire de chacun des tarifs sera adressé au gouvernement.

§ II. — Dispositions communes aux divers modes de placements.

6. Dans chacune des sociétés ci-dessus définies, l'assurance peut être souscrite, soit au profit du souscripteur lui-même, soit au profit d'un tiers; elle peut reposer sur la tête du souscripteur ou sur la tête d'un tiers, à la charge par celui qui contracte sur la tête ou au profit d'un tiers de justifier du consentement de ce dernier ou de celui des parents, maris ou tuteurs, pour les personnes inhabiles à contracter. L'individu sur la tête duquel l'assurance repose se nomme assuré. L'individu appelé à en recueillir le bénéfice éventuel est seul sociétaire. Le souscripteur est sociétaire toutes les fois que l'assurance n'est pas stipulée expressément au profit d'un autre.

7. Le siège de l'établissement et des sociétés formées par ses soins est à Paris. Chaque souscripteur est tenu, de son côté, d'élire à Paris, ou dans les villes où seraient établies des succursales, un domicile pour tous les actes relatifs à l'exécution du contrat. Le domicile élu au moment de la souscription demeure valable, pour le souscripteur, le sociétaire et leurs ayants-droit, jusqu'à ce qu'ils en aient fait connaître un autre à l'administration de la caisse. La société ne reconnaît qu'un seul domicile pour tous les ayants-droit d'un sociétaire: ceux-ci sont tenus de s'entendre à cet effet.

Titre II. — Formation et effets des sociétés.

8. Les associations s'ouvrent le 1er janvier de chaque année, et se ferment le 31 décembre de l'année qui précède celle de l'expiration de la société.

9. Aucune société ne peut être constituée avec moins de dix membres. Si le nombre des souscriptions reçues par une même société n'atteint pas ce minimum dans le délai d'un an, à partir de l'ouverture de la souscription, elles sont annulées.

10. Si le décès d'un des assurés est dénoncé à la caisse avant la dixième souscription, la société n'est constituée qu'après que le minimum de dix membres a été complété par de nouvelles souscriptions dans le délai déterminé par l'article précédent. Les notifications de décès, dans le cas prévu par le présent article, sont inscrites, à leur date, sur le registre ouvert pour recevoir les souscriptions.

11. Lorsque dix souscriptions sont réunies pour une même société, sans que le décès d'aucun des assurés ait été dénoncé, il en est aussitôt donné avis aux souscripteurs, au domicile par eux élu pour l'exécution du contrat ; et si, dans les trente jours qui suivent cet avertissement, il n'est pas dénoncé de décès antérieurs à l'époque où la dixième souscription a été reçue, la société est constituée, et tous les engagements souscrits deviennent définitifs.

12. La constitution de chaque société est constatée par une délibération du conseil de surveillance, dont il est parlé ci-après, au titre 3. Les procès-verbaux de ces délibérations sont inscrits, à leur date, sur un seul et même registre, au fur et à mesure de la constitution de chaque société.

13. L'engagement du souscripteur vis-à-vis de la société est constaté par une police extraite d'un registre à souche, et signée en double par le souscripteur et par le directeur. Au dos de la police, sont transcrits littéralement les présents statuts. La police contient les noms, prénoms et domicile du souscripteur et du sociétaire ; les nom, prénoms, domicile et date de naissance de l'assuré ; le nombre, le montant et le mode de paiement des mises sociales ; la désignation, l'objet, les conditions, la durée et le terme de la société ; enfin, l'indication des délais prescrits et des pièces à produire pour la justification des droits du sociétaire, tant pour les répartitions annuelles, lorsqu'il y a lieu, que pour la répartition finale.

14. Le directeur, d'accord avec le conseil de surveillance, a le droit de refuser toute admission, sans être tenu de faire connaître les motifs de ce refus.

15. Toute souscription doit être accompagnée d'un extrait d'acte de naissance, ou, à défaut, d'un acte authentique constatant l'âge de l'assuré. Cet acte reste déposé à l'administration de l'établissement jusqu'à la liquidation de la société. Toute inexactitude dans les pièces produites ou dans les déclarations relatives à l'âge de l'assuré, dont le but et l'effet seraient de changer la condition des sociétaires, emporte la déchéance de tous droits aux bénéfices de l'association. Le capital des sommes payées est seul remis aux ayants-droit à l'époque de la répartition, dans le cas de survivance de l'assuré, aux termes de la société, et après l'accomplissement des formalités et la production des pièces nécessaires pour avoir droit à la répartition.

16. Lorsqu'un ou plusieurs souscripteurs pensent qu'il y a lieu de ne plus recevoir de nouvelles souscriptions pour la société à laquelle ils appartiennent, ils peuvent adresser au conseil de surveillance l'invitation de convoquer tous les membres de cette société. La convocation est faite par lettres à un mois de date, et, au jour déterminé, les souscripteurs, réunis sous la présidence du président du conseil de surveillance, décident, à la majorité des membres présents, si la société doit être close.

17. Un retard d'un an dans le paiement des versements exigibles entraîne la déchéance de tous droits au bénéfice de l'association. En cas de placement avec aliénation du capital, le sociétaire qui a encouru cette déchéance n'a droit, à l'époque de la répartition, si l'assuré vit encore à l'expiration de la société, qu'au remboursement en capital des versements qu'il a effectués. Les souscripteurs en retard qui reprennent leurs versements avant le terme d'un an, fixé pour la déchéance, sont tenus d'ajouter au versement arriéré un supplément calculé sur les chances de la mortalité, et augmenté d'un intérêt d'un demi pour cent par mois de retard. La faculté de reprendre les versements pour éviter la déchéance cesse, en tous cas, au terme fixé pour la production des pièces relatives à la répartition. La déchéance est acquise contre tout sociétaire dont la mise ne serait pas entièrement versée à cette époque.

18. Les bénéfices des diverses associations se répartissent entre les sociétaires qui justifient, aux époques déterminées par la police, de l'existence des assurés sur la tête desquels leur souscription repose.

19. Le droit de chaque sociétaire dans les répartitions ou liquidations s'établit par la production du certificat de vie de l'assuré sur la tête duquel le placement repose, ou de son acte de décès, si l'assuré est mort postérieurement au jour fixé par le contrat pour l'ouverture des droits des sociétaires.

20. Dans les sociétés d'accumulation du capital, la police et le certificat de vie doivent être produits dans les six mois à partir de l'expiration de la société. Une lettre du directeur, contre-signée par un membre délégué du conseil de surveillance, est adressée à chaque sociétaire, trois mois au moins avant l'expiration du délai ci-dessus fixé pour lui rappeler cette obligation. Passé ce délai, la liquidation est faite, et le fonds social réparti entre les seuls sociétaires qui ont fait la production des pièces exigées. Si une société s'éteint entièrement avant le terme fixé pour sa durée, soit par le décès de tous ses membres, soit par la déchéance des sociétaires, les fonds de répartition appartenant à cette société profitent à l'État.

21. Dans les sociétés de jouissance du revenu, le certificat de vie et la police doivent être produits dans le mois qui suit l'échéance de chaque semestre de rente ; dans les quinze jours suivants, le semestre échu se partage entre les seuls sociétaires qui ont fait cette production. La liquidation finale pour la restitution du capital des rentes déposé se fait sur la justification des droits des parties, suivant les règles du droit commun.

22. Les délais fixés ci-dessus pour la justification des droits des sociétaires sont de rigueur, et produisent leur effet, quant aux déchéances encourues après leur expiration, sans qu'il soit besoin d'aucun acte de mise en demeure, ni d'autre avertissement, que la mention qui en est faite dans les polices.

23. Les héritiers ou ayants-cause d'un souscripteur ou sociétaire doivent se faire représenter par une seule personne, pour l'exercice de tous leurs droits vis-à-vis de la société ou de l'administration, à défaut de quoi toutes significations leur sont valablement faites au domicile élu pour l'exécution du contrat. Dans aucun cas, les héritiers ou ayants-cause d'un souscripteur ou sociétaire ne peuvent faire apposer les scellés sur les registres ou papiers relatifs à l'administration des sociétés.

TITRE III. — *Administration des sociétés.*

24. La caisse mutuelle d'économie et de prévoyance et les associations tontinières dont elle reçoit les dépôts sont administrées par un directeur, sous la surveillance d'un conseil de surveillance pris parmi les souscripteurs des différentes sociétés, et nommé par l'assemblée générale.

Directeur.

25. M. Fiévée, l'un des fondateurs de l'établissement, en est le directeur.

26. En cas de non exécution des statuts, et dans tous autres cas de fait grave contre le directeur, l'assemblée générale, sur la proposition du conseil de surveillance, et à la majorité des deux tiers des voix sur au moins soixante membres présents, peut, par une délibération motivée, prononcer sa révocation.

27. En cas de retraite du directeur hors la circonstance prévue par l'article précédent, il a la faculté de présenter son successeur, lequel, toutefois, ne peut entrer en fonction qu'après avoir été agréé sur le rapport du conseil de surveillance par l'assemblée générale. En cas de décès du directeur, ses héritiers auront, pendant trois mois, la même faculté. Pendant ce délai, il sera pourvu à l'administration des sociétés par un directeur provisoire désigné par le conseil de surveillance, et dont le traitement est imputable sur les frais d'administration à la charge du directeur.

28. S'il n'est pas présenté de successeurs, ou si les successeurs présentés dans le délai ci-dessus fixé ne sont pas agréés par l'assemblée générale, ou si la retraite du directeur a lieu par suite de sa révocation, il est pourvu à l'administration des sociétés et de l'établissement, comme il est dit à l'article précédent, jusqu'à la nomination du directeur définitif par l'assemblée générale.

29. Dans aucun cas, les héritiers ou ayants-droit du directeur ne pourront faire apposer les scellés sur les registres, papiers et bureaux de l'administration de la caisse mutuelle d'économie et de prévoyance.

30. L'administration du directeur est garantie, outre sa responsabilité personnelle, par un cautionnement de cinq mille francs de rente trois pour cent, dont l'inscription est déposée à ce titre à la caisse des dépôts et consignations.

31. Ce cautionnement sera porté à six mille francs de rente, si la totalité des encaissements effectués dans le courant d'une année dépasse un million de francs; à sept mille francs de rente si elle dépasse douze cent mille francs, et ainsi de suite en augmentant de mille francs de rente par chaque augmentation de deux cent mille francs dans la totalité des encaissements annuels, jusqu'à un maximum de vingt-cinq mille francs de rente trois pour cent, après lequel le cautionnement ne sera plus passible d'aucune augmentation. Les diminutions qui pourraient survenir dans le chiffre des encaissements annuels ne donneront lieu à aucune réduction proportionnelle du cautionnement.

32. Le cautionnement est affecté, indépendamment du recours qui s'exerce, s'il y a lieu, sur les autres biens du directeur, à la garantie de tous les engagements contractés par lui en cette qualité, et, spécialement, à celle des frais d'administration et de liquidation de toutes les sociétés, quel qu'en soit le terme, formées pendant sa gestion.

33. En cas de retraite ou de décès du directeur, s'il est remplacé par un successeur présenté par lui ou par ses héritiers, le même cautionnement servira à la garantie tant de sa gestion que de celle de son successeur. Si les remplaçants présentés par le directeur ou par ses héritiers ne sont pas agréés par l'assemblée générale, et, s'il en est nommé un autre de la manière prévue à l'art. 28, le nouveau directeur versera en entrant un nouveau cautionnement qui sera soumis aux mêmes conditions, mais sans être affecté à la garantie de la gestion de son prédécesseur. Le cautionnement de celui-ci ne lui sera rendu, s'il y a lieu, qu'après l'apurement de tous ses comptes, et sous déduction du déficit qui serait constaté à sa charge. En cas de révocation du directeur, ou si le directeur, ses héritiers ou représentants ont abandonné l'administration des sociétés, son cautionnement ne lui sera rendu, s'il y a lieu, après l'apurement de tous ses comptes, que sous déduction, tant du déficit qui serait constaté à sa charge, que des fonds nécessaires pour assurer l'administration et la liquidation de toutes les sociétés formées pendant sa gestion. Néanmoins, s'il est nommé un nouveau directeur, et s'il consent à se charger, pour les frais d'administration et de liquidation, de la responsabilité qui pesait sur son prédécesseur, l'assemblée générale pourra, sur la proposition du conseil de surveillance, ordonner la remise au directeur remplacé de la totalité de son cautionnement, sous la seule déduction du déficit qui pourrait exister. S'il est révoqué, ou si le directeur, ses héritiers ou représentants ont abandonné l'administration des sociétés, le nouveau directeur nommé par l'assemblée générale versera en entrant un nouveau cautionnement qui sera soumis aux mêmes conditions, mais sans être affecté à la garantie de la gestion de son prédécesseur. Quant au cautionnement du directeur révoqué ou délaissant ses fonctions, il ne lui sera rendu, s'il y a lieu, qu'après l'apurement de tous ses comptes, sous déduction du déficit qui serait constaté à sa charge. Si l'apurement de son compte ne présente aucun déficit, l'assemblée générale, sur la proposition du conseil de surveillance, ordonnera la remise au directeur remplacé de la totalité de son cautionnement.

34. A Paris, les souscripteurs versent leurs mises en espèces à la caisse de la direction; dans les départements et à l'étranger, le versement se fait entre les mains de l'agent commissionné à cet effet, mais seulement en un mandat payable à Paris et à l'ordre du directeur. Néanmoins, les versements peuvent se faire en titres de rentes sur l'État, transférées au nom de l'association pour laquelle est faite la souscription. Tous les versements reçus par l'administration sont enregistrés à leur date sur un livre de caisse visé et paraphé par l'un des membres du conseil de surveillance.

35. Le directeur ne peut conserver en caisse les fonds qui lui sont versés à titre de placement dans l'une des sociétés qui font l'objet des présents statuts. Ces fonds doivent être, dans les huit jours, convertis en rentes sur l'État. Les rentes achetées sont inscrites au nom de l'*Association*, caisse mutuelle d'économie et de prévoyance, avec désignation de la société à laquelle elles appartiennent, et avec mention des formalités nécessaires aux termes des présents statuts, soit pour en toucher les arrérages, soit pour disposer du capital.

36. Les titres d'inscriptions de rentes sont déposés dans une caisse à deux clefs, dont l'une est remise au directeur et l'autre au président du conseil de surveillance, ou à un des membres dudit conseil délégué à cet effet.

37. Les arrérages des rentes appartenant aux diverses sociétés sont perçus par le directeur, sur une quittance revêtue de sa signature et du visa du président ou d'un membre délégué du conseil de surveillance. Dans les sociétés de jouissance du revenu, une délibération du conseil de surveillance arrête l'état de la répartition des arrérages perçus entre les ayants-droit, et un membre délégué du conseil surveille le paiement des dividendes. Dans les sociétés d'accumulation du capital avec aliénation du revenu, le montant des arrérages doit être employé dans le premier jour de bourse qui suit la date de la quittance en achat de nouvelles rentes au profit de chaque société. Une délibération du conseil de surveillance détermine les mesures à prendre pour assurer l'effet de cette disposition, et un membre délégué dudit conseil en surveille l'exécution.

38. A l'expiration de chaque société, ou aux époques fixées pour la répartition de tout ou partie du capital, une délibération du conseil de surveillance arrête l'état de cette répartition, et la part de chaque ayant-droit lui est payée en un titre de rente inscrit à son nom. Il est transmis à cet effet au ministre des finances une ampliation dûment certifiée de la délibération du conseil de surveillance, revêtue des signatures du directeur et de deux membres dudit conseil. Si le total de la rente à répartir ne peut pas se diviser exactement en inscriptions individuelles, eu égard au nombre des ayants-droits, la portion de rente qui excède le chiffre exactement divisible est vendue, et le produit en est distribué entre les ayants-droits à la caisse de la direction, sous le contrôle d'un membre délégué du conseil de surveillance. Les transferts de rentes sont signés par deux membres du conseil et par le directeur.

39. Le directeur doit, à toute réquisition, justifier aux intéressés de l'observation des règles prescrites par les articles précédents, et leur communiquer ses registres concernant les opérations de la société à laquelle ils appartiennent.

40. Le directeur est tenu de pourvoir à tous les frais quelconques, soit d'établissement, soit de gestion, soit de surveillance, à l'exception seulement des commissions d'agents de change pour l'achat ou la vente des inscriptions de rente représentant le fonds de chaque société. Les commissions d'achat de rente sont à la charge personnelle des souscripteurs qui n'usent pas de la faculté d'effectuer leurs versements en coupons de rentes. Pour s'indemniser de toutes ses dépenses, le directeur perçoit, en sus des versements des mises sociales, un droit de commission dont la quotité et le mode sont déterminés avant la formation de chaque société, d'accord avec ses fondateurs, mais qui ne peut pas excéder cinq pour cent du montant de chaque souscription.

Conseil de surveillance.

41. Le conseil de surveillance est composé de neuf membres nommés par l'assemblée générale, et pris parmi les souscripteurs des diverses sociétés. Il est renouvelé par tiers tous les ans; le sort détermine les membres sortants la première et la seconde année; à partir de la troisième année, le renouvellement a lieu en suivant l'ordre d'ancienneté. Les membres sortants peuvent être réélus. Les membres du conseil de surveillance ne peuvent rester en fonction qu'autant qu'ils continuent à appartenir à l'une des sociétés. En cas de décès, de retraite, de démission, ou d'absence prolongée d'un de ses

membres, il est provisoirement pourvu à son remplacement par le conseil de surveillance lui-même; lorsque, par l'effet de ces remplacements provisoires, le conseil de surveillance se trouve réduit à moins de cinq membres nommés par l'assemblée générale, cette assemblée est convoquée de nouveau pour compléter le conseil par des nominations définitives. Les membres ainsi nommés, par suite de vacances survenues dans le conseil, ne restent en fonctions que jusqu'à l'époque où devaient expirer les pouvoirs de ceux qu'ils remplacent. Le conseil de surveillance choisit lui-même dans son sein un président et un secrétaire.

42. Le conseil de surveillance ne peut délibérer qu'au nombre de cinq membres au moins. Les délibérations sont prises à la majorité des voix. En cas de partage, la voix du président est prépondérante. Hors le cas où il s'agit de questions qui lui sont personnelles, le directeur assiste, avec voix consultative, aux délibérations du conseil de surveillance. Toutes les délibérations du conseil de surveillance sont transcrites sur des registres déposés à la direction, et dont un double demeure sous la garde du président.

43. Le conseil de surveillance se réunit une fois au moins tous les mois au siège de l'administration, pour y prendre connaissance des opérations et des comptes de l'établissement. Il se réunit plus souvent, s'il y a lieu, sur la convocation, soit du président, soit du directeur. Il se fait représenter par le directeur, toutes les fois qu'il le juge convenable, les livres de caisse, les bordereaux de l'agent de change, et toutes autres pièces.

44. Le conseil veille à l'exécution des présents statuts. Il constate, par une délibération spéciale, comme il est dit aux art. 11 et 12, la constitution de chaque société. Il détermine l'espèce de rentes à l'achat desquelles doivent être employés les fonds des diverses associations, lorsque l'indication n'en a pas été faite par les souscripteurs eux-mêmes. Il arrête, comme il est dit aux art. 37 et 38, la liquidation, soit des arrérages, soit des capitaux de chaque société, et en autorise la répartition entre les ayants-droit.

45. La délibération du conseil de surveillance qui a pour objet d'établir la liquidation de chaque société et l'état de répartition de ses fonds, est prise avec le concours des cinq plus forts sociétaires ayant justifié de leurs droits. Les sociétaires absents de Paris peuvent se faire représenter par des mandataires de leur choix. A défaut, le conseil de surveillance appelle pour les remplacer les plus forts sociétaires résidants à Paris.

Assemblée générale.

46. L'assemblée générale se compose du plus fort souscripteur de chaque société, au nombre de soixante membres au moins. S'il existe moins de soixante sociétés, ce nombre est complété par l'appel successif des souscripteurs qui, dans chacune d'elles, occupent le rang subséquent, en suivant, pour chaque tour d'appel, l'ordre d'ancienneté des associations.

47. L'assemblée générale représente l'universalité des sociétaires; ses décisions, régulièrement prises, sont obligatoires pour tous.

48. L'assemblée générale est régulièrement constituée par la présence de quarante membres. Dans le cas où une première réunion ne présente pas ce nombre, l'assemblée est convoquée de nouveau à quinze jours au moins d'intervalle, et elle est alors régulièrement constituée, quel que soit

le nombre des membres présents ; mais la délibération ne peut porter que sur les objets qui se trouvaient à l'ordre du jour de la première réunion ; le tout sans préjudice des cas réservés par les art. 26 et 52. L'assemblée choisit elle-même son bureau, qui se compose d'un président, d'un secrétaire et de deux scrutateurs. La nomination des membres du conseil de surveillance et du bureau de l'assemblée générale se fait par scrutin de liste, à la majorité relative des suffrages exprimés. Jusqu'à la constitution du bureau, l'assemblée générale est présidée par le président du conseil de surveillance. Le président provisoire désigne les secrétaires et scrutateurs provisoires.

49. L'assemblée générale se réunit tous les ans, dans la deuxième quinzaine du mois d'avril, pour nommer les membres du conseil de surveillance, pour entendre les rapports du directeur et du conseil sur les opérations de l'année précédente, et la situation des différentes sociétés. Elle peut être convoquée extraordinairement, soit par le directeur, soit par le conseil de surveillance. Les convocations ont lieu par lettres adressées aux domiciles élus, et par un avis inséré, quinze jours au moins à l'avance, dans un des journaux désignés par le tribunal de commerce de Paris pour recevoir les annonces judiciaires.

50. Une première réunion de l'assemblée générale, à l'effet de constituer le conseil de surveillance, aura lieu aussitôt que soixante souscriptions auront été reçues pour une ou plusieurs des sociétés qui font l'objet des présents statuts. L'assemblée se composera, pour cette fois, de tous les souscripteurs. Les dispositions des art. 47, 48 et 49 lui demeurent au reste applicables.

51. Jusqu'à ce que le conseil de surveillance se trouve constitué, le directeur est autorisé à faire seul tous les actes nécessaires pour la formation des sociétés et l'emploi de leurs fonds en achats de-rente, à la charge de faire régulariser par le conseil de surveillance les opérations antérieures à la constitution dudit conseil.

TITRE IV. — *Dispositions générales.*

52. Les changements qu'il pourrait y avoir lieu de faire aux présents statuts pourront être opérés avec le consentement du directeur, sur la proposition du conseil de surveillance, par décision spéciale de l'assemblée générale, à la majorité des deux tiers des voix sur au moins soixante membres présents. Les changements adoptés ne pourront avoir d'effet que pour l'avenir.

53. En cas de révocation par le gouvernement de l'approbation donnée aux présents statuts, il ne pourra plus être formé d'associations nouvelles, et il sera pourvu à l'administration des sociétés alors existantes jusqu'au terme fixé pour leur durée, par une délibération de l'assemblée générale, sous l'approbation du gouvernement.

54. Dans les cas prévus par les art. 52 et 53, la décision de l'assemblée générale ne sera exécutoire qu'après l'approbation du gouvernement.

55. Toutes les contestations qui pourraient s'élever sur l'exécution des présents statuts seront jugées à Paris, quel que soit le nombre des parties intéressées, par trois arbitres nommés par le président du tribunal de première instance de la Seine, sur requête de la partie la plus diligente. Les arbitres décideront comme amiables compositeurs et en dernier ressort, sans être tenus aux formes et délais de la procédure, leur décision sera

souveraine et ne pourra être attaquée par aucune voie ni moyens.

56. Les individus compris dans une même contestation seront tenus, lorsqu'ils auront un même intérêt, de se faire représenter par un seul mandataire domicilié à Paris, ayant qualité de faire et recevoir pour eux tous actes judiciaires, soit en demandant, soit en défendant.

57. Dans le cas où, par une circonstance quelconque, il y aurait lieu de liquider une ou plusieurs sociétés formées d'après les présents statuts avant l'échéance du terme fixé pour cette liquidation, elle ne pourra avoir lieu qu'en vertu d'une délibération spéciale de l'assemblée générale des souscripteurs de chacune desdites sociétés convoquées à cet effet. Des lettres, ainsi qu'il est dit à l'art. 49, seront adressées aux sociétaires, à un mois de date du jour indiqué par l'assemblée, et, à ce jour, les associés réunis sous la présidence du président du conseil de surveillance, décideront à la majorité des membres présents.

58. Pour faire publier ces présentes, tous pouvoirs sont donnés au porteur d'une expédition ou d'un extrait.

---

29 JUILLET — 14 SEPTEMBRE 1841. — Ordonnance du roi portant autorisation de l'établissement d'associations tontinières formé à Paris sous la dénomination de *l'Équitable*. (IX, Bull. supp. DLVIII, n. 15849.)

Louis-Philippe, etc., sur le rapport de notre ministre secrétaire d'État au département de l'agriculture et du commerce ; vu l'avis du conseil d'État approuvé par l'empereur le 1er avril 1809, inséré au Bulletin des lois et portant qu'aucune association de la nature des tontines ne peut être établie sans une autorisation spéciale donnée par Sa Majesté dans la forme des règlements d'administration publique ; vu la lettre de notre ministre des finances en date du 15 février 1841 ; notre conseil d'État entendu, etc.

Art. 1er. L'établissement d'associations tontinières formé à Paris sous la dénomination de *l'Équitable*, sociétés d'assurances mutuelles sur la vie, est autorisé. Sont approuvés les statuts destinés à régir ledit établissement, tels qu'ils sont contenus dans l'acte passé le 7 juillet 1841, par-devant Me Wasselin-Desfosses et son collègue, notaires à Paris, lequel acte restera annexé à la présente ordonnance. La présente autorisation n'aura d'effet que pour l'avenir et ne pourra, en aucune manière, s'appliquer aux opérations antérieures à ce jour.

2. Le cautionnement à fournir par le directeur de *l'Équitable*, aux termes des statuts, sera déposé à la caisse des dépôts et consignations avant la mise en activité de l'établissement. Aux époques fixées d'après les statuts pour la répartition entre les membres des associations tontinières formées par l'établissement de tout ou par-

tie du capital desdites associations, les parts revenant aux ayants-droit leur seront remises en titres de rentes inscrites au nom de chacun d'eux, comme il est dit à l'art. 44 des statuts.

3. L'établissement sera tenu de remettre tous les six mois, au ministère de l'agriculture et du commerce, au préfet de la Seine, au préfet de police, à la chambre de commerce et au greffe du tribunal de commerce de Paris, un extrait de l'état de sa situation, ainsi que de celles des différentes associations qu'il est autorisé à former et à administrer. Il devra, en outre, adresser tous les ans à notre ministre de l'agriculture et du commerce, sur ses opérations, un rapport détaillé contenant tous les renseignements propres à faire apprécier la nature et les effets des associations formées par ses soins.

4. Les opérations de l'établissement seront d'ailleurs soumises à une surveillance spéciale dont le mode sera ultérieurement déterminé et dont les frais seront supportés par l'*Equitable*, jusqu'à concurrence d'une somme de deux mille francs.

5. Nous nous réservons de révoquer notre autorisation, sans préjudice des droits des tiers, en cas de violation ou de non exécution des statuts approuvés, et dans le cas de plaintes graves contre la gestion de l'établissement. Nous nous réservons, en outre, d'ordonner tous les cinq ans, à partir de la date de la présente ordonnance, la révision générale des statuts.

6. Nos ministres de l'agriculture et du commerce, et des finances (MM. Cunin-Gridaine et Humann) sont chargés, etc.

TITRE Ier. — *But de l'établissement. —* *Nature des opérations.*

Art. 1er. Il est créé, sous la dénomination de l'*Equitable*, un établissement dont le but est de former et administrer des associations mutuelles d'assurances fondées sur les chances de la vie.

2. Ces associations sont de quatre sortes : 1° société ayant pour but de procurer aux parents les moyens de pourvoir aux frais d'éducation et d'apprentissage de leurs enfants ; 2° société d'accroissement de capital avec aliénation de revenu ; 3° société d'accroissement de revenu avec aliénation totale ou partielle du capital ; 4° société d'accroissement de revenu sans aliénation de capital.

3. Dans chacune de ces sociétés la souscription peut être faite, soit au profit du souscripteur lui-même, soit au profit d'un tiers. Elle peut reposer sur la tête du souscripteur ou sur la tête d'un tiers, à la charge par celui qui contracte sur la tête ou au profit d'un tiers de justifier du consentement de ce dernier ou de celui des parents, maris ou tuteurs, pour les personnes inhabiles à contracter. L'individu sur la tête duquel l'assurance repose se nomme assuré ; l'individu appelé à en recueillir le bénéfice est seul sociétaire. Le souscripteur est so-

ciétaire toutes les fois que l'assurance n'est pas stipulée expressément au profit d'un tiers.

4. Dans les sociétés destinées à pourvoir aux frais d'éducation, les fonds mis en commun s'accumulent en capital et en intérêts jusqu'à ce que tous les assurés aient atteint, soit l'âge de dix ans, soit celui de dix-huit ans. Les assurés sont admissibles depuis leur naissance jusqu'à neuf ans, dans le premier cas, et jusqu'à dix-sept ans dans le second ; les assurés concourant ensemble doivent être nés dans la même année. Le capital et les intérêts cumulés des fonds mis en commun se répartissent, à partir de l'époque fixée pour chaque société, en un certain nombre d'annuités déterminé par le contrat. Le nombre des annuités de partage est de trois au moins et de neuf au plus ; il doit être le même pour tous les membres de la même société. Les sociétaires qui justifient, à l'époque de chaque répartition annuelle, de l'existence des assurés sur la tête desquels leur souscription repose sont seuls admis à y prendre part.

5. Dans les sociétés d'accroissement de capital avec aliénation de revenu, le revenu des mises s'accumule au capital jusqu'à une époque à laquelle la totalité du produit composé est réparti entre les sociétaires qui justifient de l'existence des assurés sur la tête desquels leur souscription repose.

6. Dans les sociétés d'accroissement de revenu sans aliénation du capital, le revenu des mises sociales est seul réparti entre les sociétaires qui justifient, aux époques déterminées par la police, de l'existence des assurés sur la tête desquels leur souscription repose. Le capital versé est remis en totalité à l'expiration de chaque société, ou, par parties, à des époques déterminées, aux souscripteurs ou à leurs ayants-cause.

7. Dans les sociétés d'accroissement de revenu avec aliénation du capital, le capital et le revenu cumulés des mises sociales sont répartis par annuités, à des époques déterminées, entre les sociétaires qui justifient de l'existence des individus sur la tête desquels leur souscription repose.

8. Les fonds de chaque association sont gérés séparément et ne se confondent à aucun égard avec ceux des autres associations. L'établissement s'interdit toute opération qui n'a point pour objet la formation ou l'administration des sociétés ci-dessus désignées.

9. Le siège de l'établissement et des sociétés formées par ses soins est à Paris. Chaque souscripteur est tenu, de son côté, d'élire à Paris ou dans les villes où seraient établies des succursales, un domicile auquel seront valablement adressées toutes communications ou signifiés tous actes judiciaires ou extrajudiciaires relatifs à l'exécution du contrat. Le domicile élu au moment de la souscription demeure valable pour le souscripteur, le sociétaire et leurs ayants-droit, jusqu'à ce qu'ils en aient fait connaître un autre à l'administration centrale, à Paris. La société ne reconnaît qu'un seul domicile pour tous les ayants-droit d'un sociétaire ; ceux-ci sont tenus de s'entendre à cet effet.

TITRE II. — *Formation et effets des sociétés.*

10. Les souscriptions s'ouvrent pour chaque association le 1er janvier de chaque année ; elles restent ouvertes jusqu'au 31 décembre de l'année qui précède celle de l'expiration de la société.

11. Sauf les cas prévus par l'art. 18, le nombre des sociétaires est illimité, mais aucune société ne peut être constituée avec moins de dix membres. Si le nombre des engagements reçus pour une

41. 33

même société n'atteint pas ce minimum dans le délai d'un an à partir de l'ouverture de la souscription, ils sont annulés.

12. Si le décès d'un des assurés est dénoncé à la direction avant la dixième souscription, la société n'est constituée qu'après que le minimum de dix membres a été complété par de nouvelles souscriptions dans le délai déterminé à l'article précédent. Les notifications de décès, dans le cas prévu dans le présent article, sont inscrites à leur date sur le registre ouvert pour recevoir les souscriptions.

13. Lorsque dix souscriptions ont été réunies pour une même société sans que le décès d'aucun des assurés ait été dénoncé, il en est aussitôt donné avis aux souscripteurs au domicile par eux élu pour l'exécution du contrat ; et si, dans les trente jours qui suivent cet avertissement, il n'est pas notifié de décès antérieurs à l'époque où la dixième souscription a été reçue, la société est constituée et tous les engagements souscrits demeurent définitifs.

14. La constitution de chaque société est constatée par une délibération du conseil de surveillance, dont il est parlé ci-après au titre 3. Les procès-verbaux de ces délibérations sont tous inscrits à leur date, et au fur et à mesure de la constitution de chaque société, sur un seul et même registre.

15. L'engagement du souscripteur vis-à-vis de la société est constaté par une police extraite d'un registre à souche et signé en double par le souscripteur et par le directeur, ou par un agent commissionné à cet effet. Au dos de la police sont transcrits littéralement les présents statuts. La police contient les nom, prénoms et domicile du souscripteur ou du sociétaire ; les nom, prénoms, domicile et date de naissance de l'assuré ; le nombre des mises pour lesquelles la souscription est faite, leur montant et le mode de paiement de ces mises ; la désignation précise, l'objet, les conditions, la durée, le terme de la société ; enfin l'indication des délais fixés et des pièces à produire pour la justification des droits du sociétaire, soit aux répartitions annuelles, soit à la répartition finale.

16. Toute souscription doit être accompagnée d'un extrait d'acte de naissance ou, à défaut, d'un acte authentique constatant l'âge de l'assuré. Cet acte reste déposé à l'administration de l'établissement jusqu'à la liquidation de la société. Toute inexactitude dans les pièces produites ou dans les déclarations relatives à l'âge de l'assuré, dont le but et l'effet seraient de changer la condition des sociétaires, emporte la déchéance de tous droits au bénéfice de l'association. Le capital des sommes payées est seul remis aux ayants-droit à l'époque de la répartition, dans le cas de survivance de l'assuré, et après l'accomplissement des formalités et la production des pièces nécessaires pour avoir droit à la répartition.

17. Le directeur, d'accord avec le conseil de surveillance, a le droit de refuser toute admission, sans être tenu de faire connaître les motifs de ce refus.

18. Lorsqu'un ou plusieurs souscripteurs pensent qu'il y a lieu de ne plus recevoir de nouvelles souscriptions pour la société à laquelle ils appartiennent, ils peuvent adresser au conseil de surveillance l'invitation de convoquer tous les membres de cette société. La convocation est faite par lettres à un mois de date, et, au jour déterminé, les souscripteurs, réunis sous la présidence du président du conseil de surveillance, décident à la majorité des membres présents si l'association doit être close.

19. Les mises sociales sont fournies par versements au comptant, soit par versements annuels.

20. Les mises souscrites pour la même société sur la tête d'assurés d'âges différents sont ramenées à l'égalité proportionnelle par l'application de tarifs basés sur les chances de la durée de la vie à chaque âge. Les versements annuels sont ramenés à l'égalité proportionnelle entre eux et avec les versements uniques par l'application combinée des chances de la durée de la vie à chaque âge et des effets de l'accumulation des intérêts à quatre pour cent par an.

21. Les tarifs rédigés en vertu de l'article précédent sont dressés d'après les tables de mortalité de M. de Monferrand, publiées dans le vingt-sixième cahier du journal l'École Polytechnique. Un exemplaire de chacun de ces tarifs sera adressé au gouvernement.

22. Le nombre des mises est facultatif, mais on ne peut pas fractionner une mise.

23. A Paris, les souscripteurs versent leurs mises, en espèces, à la caisse de la direction : dans les départements et à l'étranger, ce versement se fait entre les mains de l'agent commissionné, mais seulement en un mandat à vue, payable à Paris à l'ordre du directeur. Néanmoins les versements peuvent se faire en titres de rentes sur l'État transférés au nom de l'association pour laquelle la souscription est faite. Tous les versements reçus par l'administration sont enregistrés à leur date sur un livre de caisse visé et paraphé par un des membres du conseil de surveillance.

24. Les souscripteurs par versements annuels font le premier versement en recevant l'avis de la constitution définitive de la société, et s'engagent à faire les versements suivants aux époques fixées par la police.

25. Les souscripteurs par versements annuels peuvent à toutes les époques se libérer par anticipation, en versant au comptant la somme équivalente, d'après les tarifs, aux versements périodiques qui leur restent à faire.

26. Un retard d'un an, dans le paiement des versements à faire par annuités, entraîne la déchéance de tous droits au bénéfice de l'association. Le capital des sommes payées reste seul, en cas de survivance de l'assuré sur la tête duquel la souscription repose, la propriété du sociétaire, et lui est remis sans intérêts à l'époque de la répartition. Le souscripteur en retard, qui reprend ses versements avant le terme fixé pour la déchéance, est tenu d'ajouter un supplément calculé d'après les chances de mortalité, augmenté d'un intérêt d'un demi pour cent par mois de retard. La faculté de reprendre les versements, pour éviter la déchéance, cesse en tous cas au terme fixé pour la production des pièces relatives à la répartition. La déchéance est acquise contre tout sociétaire dont la mise ne serait pas entièrement versée à cette époque.

27. Les bénéfices des diverses associations se répartissent entre les sociétaires qui justifient de l'existence de l'assuré sur la tête duquel leur souscription repose aux époques fixées par la police. La répartition se fait entre les ayants-droit, au prorata du capital de leur mise.

28. Les pièces à produire pour établir le droit à la répartition sont : le certificat de vie de l'assuré survivant, ou l'acte de décès de l'assuré mort après l'époque fixée par la police pour le terme de la société. Ces actes doivent être dûment légalisés.

29. Dans les associations définies aux art. 4, 6 et 7, les pièces désignées à l'art. 28 doivent être produites dans les trois mois qui suivent le jour fixé

pour l'ouverture de chaque répartition ; passé ce délai, la répartition a lieu entre les seuls sociétaires qui on fait cette production, sans qu'il soit besoin d'aucun acte de mise en demeure ou avertissement. Les pièces devront être remises dans les bureaux de la direction, à Paris, contre récépissé.

30. Dans les associations définies à l'art. 5, au premier paragraphe, la production doit être faite dans les six mois qui suivent le jour fixé pour l'expiration de la société. Une lettre du directeur, contresignée par un membre délégué du conseil de surveillance, est adressée à chaque sociétaire pour lui rappeler cette obligation, trois mois au moins avant l'expiration du délai ci-dessus fixé. Passé ce délai, la répartition a lieu entre les seuls sociétaires qui ont fait cette production, sans qu'il soit besoin d'aucun autre acte de mise en demeure ou avertissement.

31. Si une société s'éteint avant le terme fixé pour sa durée, soit par le décès de tous ses membres, soit par la déchéance des assurés, conformément à l'art. 26, les fonds de répartition appartenant à cette société profitent à l'État.

32. En cas de décès d'un sociétaire, ses héritiers ou ayants-droit sont tenus de se faire représenter par un seul d'entre eux pour tous les droits qu'ils peuvent avoir à exercer vis-à-vis de la société. Ils ne peuvent, en aucun cas, faire apposer les scellés sur aucun des registres ou papiers appartenant à son administration.

TITRE III. — Administration des sociétés.

33. Les associations fondées en vertu des présents statuts sont gérées par un directeur, sous le contrôle d'un conseil de surveillance nommé par l'assemblée générale. Le directeur peut s'adjoindre pour sa gestion un codirecteur et les mandataires qu'il juge convenables. Il est responsable de tous leurs actes comme des siens propres.

34. M. Albert de Montry, fondateur de l'établissement, en est le directeur.

35. En cas de non exécution des présents statuts, et dans tous autres cas de faits graves contre le directeur, l'assemblée générale, sur la proposition du conseil de surveillance et à la majorité des deux tiers des voix sur au moins soixante membres présents, peut, par une délibération motivée, prononcer sa révocation.

36. Hors le cas prévu à l'article précédent, le directeur sortant a la faculté de présenter son successeur, lequel toutefois ne peut entrer en fonctions qu'après avoir été agréé, sur le rapport du conseil de surveillance, par l'assemblée générale. Les héritiers du directeur décédé dans l'exercice de ses fonctions ont, pendant trois mois, à partir du jour de son décès, la même faculté ; pendant ce délai, il sera pourvu à l'administration des sociétés et de l'établissement par la nomination d'un directeur provisoire désigné par le conseil de surveillance, dont le traitement est imputable sur les frais d'administration à la charge du directeur.

37. Si le directeur est révoqué, ou s'il se retire sans présenter son successeur, ou si les successeurs présentés ne sont pas agréés par l'assemblée générale, il est pourvu à l'administration des sociétés et de l'établissement comme il est dit à l'article précédent, jusqu'à la nomination du directeur définitif par l'assemblée générale.

38. Dans aucun cas, les héritiers ou ayants-droit du directeur ne peuvent faire apposer les scellés sur les registres, papiers ou bureaux de l'administration.

39. L'administration du directeur est garantie, outre sa responsabilité personnelle, par un cautionnement de cinq mille francs de rente trois pour cent, dont l'inscription est déposée à la caisse des consignations. Le cautionnement sera porté à six mille francs de rente, si la totalité des encaissements effectués dans le courant d'une année dépasse un million ; à sept mille francs de rente, si elle dépasse douze cent mille francs, et ainsi de suite, en augmentant de mille francs de rente par chaque augmentation de deux cent mille francs dans la totalité des encaissements annuels, jusqu'à un maximum de vingt-cinq mille francs de rente trois pour cent, après lequel le cautionnement ne sera plus possible d'aucune augmentation. Les diminutions qui pourront survenir dans le chiffre des encaissements annuels ne donneront lieu à aucune réduction proportionnelle du cautionnement. Le cautionnement est affecté, indépendamment du recours qui s'exerce, s'il y a lieu, sur les autres biens du directeur, à la garantie de tous les engagements contractés par lui en cette qualité, et spécialement à celle des frais d'administration et de liquidation de toutes les sociétés, quel qu'en soit le terme, formées pendant sa gestion. En cas de retraite ou de décès du directeur, s'il est remplacé par un successeur présenté par lui ou ses héritiers, le même cautionnement servira à la garantie, tant de sa gestion que de celle de son successeur. Si les remplaçants présentés par lui ou par ses héritiers, dans le délai ci-dessus déterminé, ne sont pas agréés, et s'il en est nommé un autre de la manière prévue en l'art. 37, le nouveau directeur versera en entrant un nouveau cautionnement qui sera soumis aux mêmes conditions, mais sans être affecté à la garantie de la gestion de son prédécesseur. Le cautionnement de celui-ci ne lui sera rendu, s'il y a lieu, qu'après l'apurement de tous ses comptes, et sous déduction du déficit qui serait constaté à sa charge. En cas de révocation du directeur, ou si le directeur, ses héritiers ou représentants abandonnent l'administration des sociétés, son cautionnement ne lui sera rendu, s'il y a lieu, après l'apurement de tous ses comptes, que sous déduction, tant du déficit constaté à sa charge, que des fonds nécessaires pour assurer l'administration et liquidation de toutes les sociétés formées pendant sa gestion. Néanmoins, s'il est nommé un nouveau directeur, et s'il consent à se charger, pour les frais d'administration et de liquidation, de la responsabilité qui pesait sur son prédécesseur, l'assemblée générale, sur la proposition du conseil de surveillance, ordonnera la remise au directeur remplacé de la totalité de son cautionnement, sous la seule déduction du déficit qui pourrait exister.

40. Le directeur est chargé de l'exécution des délibérations prises par le conseil de surveillance ; il y assiste avec voix consultative, hors le cas où la délibération porte sur des questions qui lui sont personnelles. Il signe les polices, les traités, les conventions, la correspondance, les endossements et mandats à vue, et tous autres actes qui seraient nécessaires pour l'administration des sociétés. Il exerce, au nom de l'établissement, toutes poursuites et actions judiciaires.

41. Le directeur ne peut conserver en caisse les fonds qui lui sont versés à titre de placement dans l'une des sociétés qui font l'objet des présents statuts. Ces fonds doivent être dans les huit jours convertis en rentes sur l'État. Les rentes achetées sont inscrites au nom de l'Equitable avec désignation de

la société à laquelle elles appartiennent, et avec mention des formalités nécessaires aux termes des présents statuts, pour en toucher les arrérages ou pour disposer du capital.

42. Les titres d'inscription de rente sont déposés dans une caisse à deux clefs, dont l'une est remise au directeur, et l'autre au président ou au membre délégué du conseil de surveillance.

43. Les arrérages de rentes appartenant aux diverses sociétés sont perçus par le directeur, sur une quittance revêtue de sa signature et du visa du président ou d'un membre délégué du conseil de surveillance. Dans les sociétés formées sous la condition d'une distribution périodique de revenus, une délibération du conseil de surveillance arrête l'état de chaque répartition, et un membre délégué du conseil surveille le paiement du dividende. Dans les sociétés formées sous la condition de l'accumulation des revenus avec le capital, le montant des arrérages doit être employé dans le premier jour de bourse qui suit la date de la quittance, en achat de nouvelles inscriptions de rentes au profit de chaque société. Une délibération du conseil de surveillance détermine les mesures à prendre pour assurer l'effet de cette disposition, et un membre délégué dudit conseil en surveille l'exécution.

44. A l'expiration de chaque société, ou aux époques fixées pour la répartition de tout ou partie du capital, une délibération du conseil de surveillance arrête l'état de cette répartition, et la part de chaque ayant-droit lui est payée en un titre de rente inscrit à son nom; il est transmis à cet effet au ministre des finances une ampliation dûment certifiée de la délibération du conseil de surveillance, revêtue des signatures du directeur et de deux membres dudit conseil. Si le total de la rente à répartir ne peut pas se diviser exactement en inscriptions individuelles, eu égard au nombre des ayants-droits, la portion de rente qui excède le chiffre exactement divisible est vendue, et le produit en est distribué entre les ayants-droits à la caisse de la direction, sous le contrôle d'un membre délégué du conseil de surveillance. Les transferts de rentes sont signés par deux membres de ce conseil et par le directeur.

45. Le directeur doit, à toute réquisition, justifier aux intéressés de l'observation des règles prescrites par les articles précédents, et leur communiquer tous les registres concernant les opérations de la société à laquelle ils appartiennent.

46. Le directeur est tenu de pourvoir à tous les frais, quels qu'ils soient, soit d'établissement, soit de gestion, soit de surveillance. Pour faire face à tous ces frais, il perçoit, en sus des mises sociales, un droit de commission, dont la quotité et le mode sont déterminés avant la formation de chaque société, d'accord avec les fondateurs, mais qui ne peut pas excéder cinq pour cent du montant de chaque souscription. Au moyen de cette allocation, les associations n'auront d'autres frais à supporter que ceux d'acquisition et d'aliénation de leurs rentes. Les frais d'acquisition seront supportés par les sociétaires qui effectueront leurs versements en espèces.

47. Le conseil de surveillance se compose de neuf membres nommés par l'assemblée générale et pris parmi les souscripteurs des diverses associations; il est renouvelé par tiers d'année en année. Les membres sortants sont rééligibles. Pour les deux premières années, les membres sortants sont désignés par le sort. Les membres du conseil de surveillance ne peuvent rester en fonctions qu'au-

tant qu'ils continuent à appartenir à l'une des sociétés. En cas de retraite, de décès ou d'absence prolongée d'un de ses membres, le conseil se complète provisoirement, et l'assemblée générale qui suit procède à l'élection définitive. Le membre du conseil ainsi élu est remplacé à l'époque où l'aurait été son prédécesseur.

48. Le conseil de surveillance choisit parmi ses membres un président et un secrétaire. La durée de leurs fonctions est d'une année. Ils sont rééligibles. En cas d'absence, le président est remplacé par le plus âgé des membres du conseil, et le secrétaire par le plus jeune.

49. Le conseil se réunit au moins une fois par mois. Ses délibérations ne sont valables que s'il y a au moins cinq membres présents. Les délibérations sont prises à la majorité absolue des voix des membres présents; en cas de partage, la voix du président est prépondérante. Les délibérations sont inscrites sur un registre tenu à cet effet, et signé par les membres qui y ont pris part.

50. Le conseil surveille dans toutes leurs parties l'exécution des statuts et la gestion des directeurs. Il détermine en quelle nature de rente doit être fait l'emploi des fonds appartenant aux diverses sociétés, si cette détermination n'a pas été faite par les souscripteurs. Il ordonne les convocations extraordinaires mentionnées aux art. 18 et 52.

51. La délibération du conseil de surveillance, qui a pour objet d'établir la liquidation de chaque société et l'état de répartition de ses fonds, est prise avec le concours des cinq plus forts sociétaires ayant justifié de leurs droits. Les sociétaires absents de Paris peuvent se faire représenter par des mandataires de leur choix. A défaut, le conseil de surveillance appelle, pour les remplacer, les plus forts sociétaires résidant à Paris.

52. Dans le courant du mois de mars de chaque année, il est convoqué, par les soins du directeur, une assemblée générale des souscripteurs. Le jour de l'assemblée est annoncé, au moins un mois à l'avance, dans les feuilles d'annonces légales du département de la Seine, désignées conformément à la loi du 31 mars 1833. L'assemblée générale est convoquée extraordinairement toutes les fois que le conseil de surveillance le juge nécessaire, ou que la demande lui en est adressée par cinquante sociétaires ou souscripteurs; dans ce cas, la convocation en indique l'objet.

53. L'assemblée générale est investie, pour tous les actes qui lui sont déférés par les présents statuts, des pouvoirs de tous les intéressés. Quel que soit le nombre des associations, le plus fort des souscripteurs de chacune d'elles est, de droit, membre de l'assemblée générale. Si ce nombre n'atteint pas soixante, il est complété par l'appel des souscripteurs qui, dans chaque association, occupent le rang subséquent, et l'on suit dans chaque tour d'appel l'ordre d'ancienneté des associations.

54. L'assemblée générale est régulièrement constituée par la présence de quarante membres. Si, à une première convocation, elle n'atteint pas ce nombre, il y a lieu à une nouvelle convocation dans les délais et les formes déterminés ci-dessus; cette fois, les délibérations sont valables, quel que soit le nombre des membres présents; mais elles ne peuvent porter que sur les objets qui étaient à l'ordre du jour de la première réunion : le tout sans préjudice des cas réservés par les art. 35 et 58. L'assemblée choisit elle-même son bureau, qui se compose d'un président, d'un secrétaire et de deux scrutateurs. Jusqu'à la constitution du bureau,

l'assemblée est présidée par le président du conseil de surveillance, qui désigne le secrétaire et les scrutateurs provisoires. La nomination des membres, soit du conseil de surveillance, soit du bureau de l'assemblée générale, se fait par scrutin de liste, à la majorité relative des suffrages exprimés.

55. Le directeur rend compte à l'assemblée des opérations qui ont eu lieu pendant l'année. L'assemblée peut faire examiner les comptes rendus par des commissaires choisis dans son sein.

56. Une première réunion de l'assemblée générale, à l'effet de constituer le conseil de surveillance, aura lieu aussitôt que soixante souscriptions auront été reçues pour une ou plusieurs des sociétés qui font l'objet des présents statuts. L'assemblée se compose pour cette fois de tous les souscripteurs. Les dispositions des articles précédents lui demeurent du reste applicables.

57. Jusqu'à ce que le conseil de surveillance se trouve constitué, le directeur est autorisé à faire seul tous les actes nécessaires pour la formation des sociétés et l'emploi de leurs fonds en achat de rentes, à la charge de faire régulariser par le conseil de surveillance les opérations antérieures à la constitution de ce conseil.

58. Les changements qu'il pourrait y avoir lieu de faire aux présents statuts ne pourront être opérés qu'avec le consentement du directeur, et sur la proposition du conseil de surveillance, par décision spéciale de l'assemblée générale, à la majorité des deux tiers des voix sur au moins soixante membres présents. Ils ne seront exécutoires qu'après l'approbation du gouvernement, et ne pourront, en aucun cas, réagir sur les contrats existants.

59. En cas de révocation de l'autorisation accordée par le gouvernement, il ne sera plus formé de sociétés nouvelles, et il sera pourvu à l'administration des sociétés existantes jusqu'au terme fixé pour leur durée par une délibération de l'assemblée générale, sous l'approbation du gouvernement.

60. Toutes les contestations qui pourraient s'élever sur l'exécution des présents statuts seront jugées, quel que soit le nombre des parties intéressées, à Paris, par trois arbitres nommés par le président du tribunal de première instance de la Seine, sur la requête de la partie la plus diligente. Les arbitres décideront comme amiables compositeurs et en dernier ressort, sans être tenus aux formes et délais de la procédure. Leur décision sera souveraine et ne pourra être attaquée par aucune voie ni aucun moyen.

61. Les individus compris dans une même contestation seront tenus, lorsqu'ils auront un même intérêt, de se faire représenter par un seul mandataire domicilié à Paris, ayant qualité de recevoir pour eux tous actes judiciaires, soit en demandant, soit en défendant.

62. Dans le cas où, par une circonstance quelconque, il y aurait lieu de liquider une ou plusieurs sociétés formées d'après les présents statuts avant l'échéance du terme fixé pour cette liquidation, elle ne pourra avoir lieu qu'en vertu d'une délibération spéciale de l'assemblée générale des souscripteurs de chacune desdites sociétés convoquées à cet effet. A cet effet, des lettres, ainsi qu'il est dit en l'art. 18, seront adressées aux sociétaires, à un mois de date du jour indiqué par l'assemblée, et, à ce jour, les associés, réunis sous la présidence du président du conseil de surveillance, décideront à la majorité des membres présents.

21 AOUT = 15 SEPTEMBRE 1841. — Ordonnance du roi concernant les droits de navigation à percevoir sur le canal de Nantes à Brest. (IX, Bull. DCCCXLIII, n. 9537.)

Louis-Philippe, etc., vu la loi du 15 août 1822, relative à l'achèvement des canaux de Bretagne; vu les ordonnances des 19 décembre 1838 et 3 mai 1839, portant établissement de la perception et réduction provisoire des taxes sur lesdits canaux; vu l'ordonnance du 5 mars 1841, qui proroge les tarifs actuels jusqu'au 1er avril 1842; vu les rapports des ingénieurs, desquels il résulte que le canal de Nantes à Brest est navigable dans tout son parcours; sur le rapport de notre ministre secrétaire d'Etat au département des finances, etc.

Art. 1er. Les taxes de navigation actuellement perçues sur la partie du canal de Nantes à Brest comprise entre la Loire et la Vilaine seront, à patir du 1er janvier 1842, appliquées à toute l'étendue du canal.

2. La révision du tarif aura lieu en même temps que celle des tarifs en vigueur sur les canaux de Blavet et d'Ille-et-Rance.

3. Notre ministre des finances (M. Humann) est chargé, etc.

23 AOUT = 15 SEPTEMBRE 1841. — Ordonnance du roi qui autorise l'importation temporaire du fer laminé et des ouvrages en fer ou en tôle destinés à être galvanisés en France pour l'étranger. (IX, Bull. DCCCXLIII, n. 9538.)

Louis-Philippe, etc., vu les deux premiers paragraphes de l'art. 5 de la loi du 5 juillet 1836, relatif à l'admission temporaire des produits étrangers susceptibles de recevoir un complément de main-d'œuvre en France; sur le rapport de notre ministre secrétaire d'Etat de l'agriculture et du commerce, et de notre ministre secrétaire d'Etat des finances, etc.

Art. 1er. Le fer laminé et les ouvrages en fer ou en tôle destinés à être *galvanisés* en France, pour l'étranger, et dont le service des douanes pourra garantir l'identité, soit par le poinçonnage, soit par le plombage, l'estampillage ou le prélèvement d'échantillons, pourront être importés en franchise de droits, à charge d'être réexportés dans un délai de deux mois. Sont exclues de cette faculté les armes dites *de guerre* et toutes celles dont le port ou la circulation sont interdits dans le royaume.

2. Les objets qui seront admis en vertu de l'art. 1er de la présente ordonnance devront être déclarés en douane dans la forme et sous les conditions déterminées par les lois relatives au transit des marchandises prohibées. Les produits compris dans

chaque déclaration d'importation devront faire l'objet d'une seule et même réexportation. L'importation et la réexportation de ces produits pourront s'effectuer par tous les ports et bureaux ouverts au transit des marchandises prohibées. A défaut de réexportation directe, ils seront admis dans les entrepôts maritimes ou de l'intérieur autorisés à recevoir lesdites marchandises. La réexportation ou la réintégration en entrepôt seront, en outre, garanties par une soumission valablement cautionnée.

3. En cas de litige entre la douane et les importateurs, sur l'identité des objets représentés à la sortie, il sera prononcé par les commissaires experts institués par l'art. 19 de la loi du 27 juillet 1822. Les infractions seront punies conformément à l'art. 5 de la loi du 5 juillet 1836.

4. Nos ministres de l'agriculture et du commerce, et des finances (MM. Cunin-Gridaine et Humann) sont chargés, etc.

24 AOUT = 15 SEPTEMBRE 1841. — Ordonnance du roi relative au paiement du capital et des intérêts des cautionnements. (IX, Bull. DCCCXLIII, n. 9539.)

Louis-Philippe, etc., vu les lois des 25 nivôse et 6 ventôse an 13, qui admettent les oppositions sur cautionnements aux greffes des tribunaux dans le ressort desquels les titulaires exercent leurs fonctions; considérant que la mise en paiement du capital et des intérêts de cautionnement à la résidence du titulaire ou du bailleur de fonds peut affaiblir la garantie que le trésor et les tiers sont en droit d'exiger; sur le rapport de notre ministre secrétaire d'Etat au département des finances, etc.

Art. 1er. Les ordonnances d'intérêts de capitaux de cautionnements seront exclusivement délivrées sur la caisse du payeur du département dans lequel les titulaires exerceront leurs fonctions. Les remboursements des capitaux de cautionnements ne pourront être autorisés que dans le département où les titulaires auront exercé en dernier lieu. Ces dispositions seront exécutées à partir du 1er janvier 1842.

2. Notre ministre des finances (M. Humann) est chargé, etc.

30 AOUT = 15 SEPTEMBRE 1841. — Ordonnance du roi qui ouvre, sur l'exercice 1841, un crédit supplémentaire pour un prix décerné par l'Académie des sciences morales et politiques. (IX, Bull. DCCCXLIII, n. 9541.)

Louis-Philippe, etc., vu les art. 5 et 4 de la loi du 24 avril 1833; vu la loi du 16 juillet 1840, portant fixation du budget des dépenses de l'exercice 1841, et contenant, art. 6, la nomenclature détaillée des dépenses pour lesquelles la faculté nous est réservée d'ouvrir des crédits supplémentaires en cas d'insuffisance, dûment justifiée, des crédits législatifs; vu les art. 20, 21, 22, 23 et 25 de notre ordonnance du 31 mai 1838, portant règlement général sur la comptabilité publique; sur le rapport de notre ministre secrétaire d'Etat de l'instruction publique, et de l'avis de notre conseil des ministres, etc.

Art. 1er. Il est ouvert à notre ministre secrétaire d'Etat de l'instruction publique, sur l'exercice 1841, un crédit supplémentaire de sept cent cinquante francs (750 fr.), applicable aux chapitre et article ci-après, savoir : Chap. 12. — INSTITUT ROYAL DE FRANCE. — Art. 5. *Académie des sciences morales et politiques*. Prix décerné par l'Académie des sciences morales et politiques pendant l'année 1841, 750 fr.

2. La régularisation de ce crédit supplémentaire sera proposée aux Chambres lors de leur prochaine session.

3. Nos ministres de l'instruction publique et des finances (MM. Villemain et Humann) sont chargés, etc.

29 JUIN = 15 SEPTEMBRE 1841. — Ordonnance du roi qui rejette le pourvoi formé par le conseil municipal d'Orléans contre un arrêté du préfet du Loiret du 13 novembre 1840. (IX, Bull. DCCCXLIII, n. 9542.)

Louis-Philippe, etc., sur le rapport de notre ministre secrétaire d'Etat au département de l'intérieur; vu les lois des 21 mars 1831 et 18 juillet 1837; la délibération, en date du 3 août 1840, par laquelle le conseil municipal d'Orléans (Loiret) a introduit, dans un règlement qu'il avait voté précédemment pour la tenue de ses séances, des modifications desquelles il résultait que, lorsque le maire prend part à la discussion, il doit quitter la présidence et ne peut la reprendre qu'après le vote; que le maire ou celui qui en remplit les fonctions n'est pas, de droit, membre des commissions formées dans le sein du conseil municipal; qu'il peut assister et prendre part à leurs discussions, mais non à leurs votes; enfin que lorsque le maire est membre d'une commission, il n'y a pas voix prépondérante; vu l'arrêté pris par le préfet en conseil de préfecture, le 13 novembre 1840, et prononçant, par application de l'art. 28 de la loi du 21 mars 1831, la nullité des dispositions susrelatées de ladite délibération; vu la délibération du 21 février 1841, par laquelle le conseil municipal s'est pourvu contre ledit arrêté; considérant que les mesures relatives au service intérieur des conseils municipaux ne sont point au nombre des objets spécifiés dans l'art. 17 de la loi du 18 juillet 1837 et qui peuvent être réglés par délibération de ses conseils ; qu'il n'apparaît point que le règlement voté par le conseil municipal d'Orléans pour la tenue de ses séances, et la délibération subséquente du 3 août 1840, aient été soumis à l'approbation du préfet ; que, conséquemment, dans leur état actuel, ces actes sont sans force et ne peuvent devenir la base d'un pourvoi ayant pour objet d'en faire maintenir les dispositions ; le comité de l'intérieur de notre conseil d'Etat entendu, etc.

Art. 1ᵉʳ. Le pourvoi formé par le conseil municipal d'Orléans contre l'arrêté du préfet du Loiret du 13 novembre 1840 est rejeté.

2. Notre ministre de l'intérieur (M. Duchâtel) est chargé, etc.

13 = 15 septembre 1841. — Ordonnance du roi portant convocation de la Cour des Pairs. (IX, Bull. DCCCXLIV, n. 9547.)

Louis-Philippe, etc., sur le rapport de notre garde des sceaux, ministre secrétaire d'Etat au département de la justice et des cultes ; vu l'art. 28 de la Charte constitutionnelle, qui attribue à la Chambre des Pairs la connaissance des crimes de haute trahison et des attentats à la sûreté de l'Etat ; vu l'art. 86 du Code pénal, qui met au nombre des crimes contre la sûreté de l'Etat l'attentat contre la vie des membres de la famille royale ; attendu que, dans la journée d'aujourd'hui 13 septembre, un attentat a été commis contre la personne de nos fils les ducs d'Orléans, de Nemours et d'Aumale, etc.

Art. 1ᵉʳ. La Cour des Pairs est convoquée. Les pairs absents de Paris seront tenus de s'y rendre immédiatement, à moins qu'ils ne justifient d'un empêchement légitime.

2. Cette Cour procédera sans délai au jugement de l'attentat commis aujourd'hui 13 septembre.

3. Elle se conformera, pour l'instruction, aux formes qui ont été suivies par elle jusqu'à ce jour.

4. Le sieur Franck-Carré, notre procureur général près la Cour royale de Paris, remplira les fonctions de notre procureur général près la Cour des Pairs. Il sera assisté du sieur Boucly, avocat général près la Cour royale de Paris, faisant les fonctions d'avocat général et chargé de remplacer le procureur général en son absence.

5. Le garde des archives de la Chambre

des Pairs et son adjoint rempliront les fonctions de greffiers de notre Cour des Pairs.

6. Notre ministre de la justice et des cultes (M. Martin du Nord) est chargé, etc.

31 aout = 21 septembre 1841. — Ordonnance du roi qui ouvre au ministre de l'intérieur un crédit extraordinaire pour des créances à solder sur des exercices périmés. (IX, Bull. DCCCXLV, n. 9554.)

Louis-Philippe, etc., vu l'état des créances liquidées à la charge du département de l'intérieur, sur les exercices périmés 1836 et antérieurs, et qui pour les causes énoncées audit état ne sont point passibles de la déchéance prononcée par l'art. 9 de la loi du 29 janvier 1831 ; vu l'art. 8 de la loi du 10 mai 1838, aux termes duquel les créances de cette nature ne peuvent être ordonnancées par nos ministres qu'après l'ouverture de crédits extraordinaires spéciaux, conformément aux art. 4, 5 et 6 de la loi du 24 avril 1833 ; vu l'art. 114 de notre ordonnance du 31 mai 1838, portant règlement général sur la comptabilité publique ; sur le rapport de notre ministre secrétaire d'Etat de l'intérieur, et de l'avis de notre conseil des ministres, etc.

Art. 1ᵉʳ. Un crédit extraordinaire spécial de dix-huit mille quatre cent soixante-cinq francs soixante-six centimes est ouvert à notre ministre secrétaire d'Etat de l'intérieur, sur le budget de l'exercice 1841, pour solder les diverses créances des exercices 1836 et antérieurs périmés non frappées de déchéance, pour les causes détaillées dans l'état ci-annexé.

2. L'ordonnancement de ces créances aura lieu avec imputation au chapitre spécial, *Dépenses des exercices périmés*, prescrit par l'art. 8 de la loi du 10 mai 1838.

3. La régularisation de ce crédit sera proposée aux Chambres lors de leur prochaine session.

4. Nos ministres de l'intérieur et des finances (MM. Duchâtel et Humann) sont chargés, etc.

(Suit le tableau.)

31 aout = 21 septembre 1841. — Ordonnance du roi qui ouvre au ministre de l'intérieur un crédit supplémentaire pour des créances constatées sur des exercices clos. (IX, Bull. DCCCXLV, n. 9555.)

Louis-Philippe, etc., vu l'état des créances liquidées à la charge du département de l'intérieur sur les exercices clos de 1837, 1838 et 1839 additionnellement aux restes à payer constatés par les lois de règlement des deux premiers exercices et par le compte définitif des dépenses du dernier; considérant que ces créances concernent des services non compris dans la nomenclature de ceux pour lesquels les lois de dépenses des mêmes exercices ont donné la faculté d'ouvrir des suppléments de crédits; considérant, toutefois, qu'aux termes de l'art. 9 de la loi du 23 mai 1834, et de l'art. 108 de notre ordonnance du 31 mai 1838, portant règlement général sur la comptabilité publique, lesdites créances peuvent être acquittées, attendu qu'elles se rapportent à des services prévus par les budgets des exercices 1837, 1838 et 1839, et que leur montant n'excède pas les restants de crédits dont l'annulation a été ou sera prononcée sur ces services par la loi de règlement desdits exercices; sur le rapport de notre ministre secrétaire d'Etat de l'intérieur, et de l'avis de notre conseil des ministres, etc.

Art. 1er. Il est ouvert à notre ministre secrétaire d'Etat de l'intérieur, en augmentation des restes à payer constatés par les lois de règlement des exercices 1837, 1838, et par le compte définitif des dépenses de l'exercice 1839, un crédit supplémentaire de trente-sept mille trois cent douze francs vingt-deux centimes, montant des créances désignées au tableau ci-annexé, qui ont été liquidées à la charge de ces exercices, et dont les états nominatifs seront adressés, en double expédition, au ministre secrétaire d'Etat des finances, conformément à l'art. 106 de notre ordonnance du 31 mai 1838, portant règlement général sur la comptabilité publique, savoir : exercices 1837, 4,121 fr. 96 c.; 1838, 20,134 fr. 56 c.; 1839, 13,055 fr. 70 c. Total, 37,312 fr. 22 c.

2. Notre ministre secrétaire d'Etat de l'intérieur est en conséquence autorisé à ordonnancer ces créances sur le chapitre spécial ouvert pour les dépenses des exercices clos au budget de l'exercice courant, en exécution de l'art. 8 de la loi du 23 mai 1834.

3. La régularisation de ce crédit sera proposée aux Chambres lors de leur prochaine session.

4. Nos ministres de l'intérieur et des finances (MM. Duchâtel et Humann) sont chargés, etc.

(Suit le tableau.)

3 = 21 SEPTEMBRE 1841. — Ordonnance du roi qui ouvre, sur l'exercice 1841, un crédit extraordinaire pour la reconstruction d'urgence des bâtiments détruits dans la maison centrale de force et de correction de Loos par l'incendie du 9 juin 1841. (IX, Bull. DCCCXLV, n. 9556.)

Louis-Philippe, etc., sur le rapport de notre ministre secrétaire d'Etat au département de l'intérieur, et de l'avis de notre conseil des ministres; vu la loi du 16 juillet 1840, portant fixation du budget des dépenses de l'exercice 1841; les art. 4 et 6 de la loi du 24 avril 1833 et l'art. 12 de celle du 23 mai 1834; les art. 26, 27 et 28 de notre ordonnance du 31 mai 1838, portant règlement général sur la comptabilité publique, etc.

Art. 1er. Il est ouvert à notre ministre secrétaire d'Etat de l'intérieur, sur l'exercice 1841, en augmentation du crédit spécial ouvert au chapitre 33 du budget de ce département pour grosses réparations des maisons centrales de force et de correction, un crédit extraordinaire de cent mille francs, applicable à la reconstruction d'urgence des bâtiments détruits dans la maison centrale de Loos par l'incendie du 9 juin dernier.

2. La régularisation de ce crédit sera proposée aux Chambres lors de leur prochaine session.

3. Nos ministres de l'intérieur et des finances (MM. Duchâtel et Humann) sont chargés, etc.

3 = 21 SEPTEMBRE 1841. — Ordonnance du roi portant répartition des crédits ouverts par les lois du 25 juin 1841 pour les dépenses du ministère de la guerre, exercice 1842. (IX, Bull. DCCCXLV, n. 9557.)

Louis-Philippe, etc., vu les art. 35 et 36 de notre ordonnance royale du 31 mai 1838, portant règlement général sur la comptabilité publique; vu l'art. 1er de la loi des dépenses du 25 juin 1841, qui ouvre au département de la guerre, pour le service de l'exercice 1842, des crédits montant à trois cent vingt-cinq millions huit cent deux mille neuf cent soixante et quinze francs, dont deux cent soixante et dix-huit millions sept cent cinquante et un mille neuf cent quatre-vingt-onze francs applicables aux divisions territoriales de l'intérieur, et quarante-sept millions cinquante mille neuf cent quatre-vingt-quatre francs à l'Algérie; vu l'art. 3 de la même loi, qui impose l'obligation de rendre un compte spécial et distinct de l'emploi de chacun des crédits ouverts pour travaux extraordinaires, civils et militaires, à exécuter en 1842 sur divers points de l'Algérie, ces crédits ne pouvant recevoir aucune autre destination; vu l'art. 4 de la loi du 25 juin 1841 sur les travaux publics extraordinaires, qui ouvre au ministère de la guerre, au titre de 1842, divers crédits s'élevant ensemble à trente-cinq millions sept cent quarante mille francs; vu l'art. 5 de cette dernière loi, portant que les travaux de cette nature formeront l'objet d'une section distincte dans les budgets des ministères des travaux publics, de la guerre et de la marine ; sur le rapport de notre ministre secrétaire d'Etat de la guerre, etc.

Art. 1ᵉʳ. La somme de trois cent soixante et un millions cinq cent quarante-deux mille neuf cent soixante et quinze francs (361,542,975 fr.), accordée par les deux lois ci-dessus visées du 25 juin 1841 pour les dépenses du ministère de la guerre, exercice 1842, est et demeure répartie comme il suit entre les divers articles dont se composent les chapitres spéciaux du budget de ce département, savoir :

(Suivent les tableaux.)

17 = 21 septembre 1841. — Ordonnance du roi concernant l'exploitation des salines de l'Est. (IX, Bull. DCCCXLVI, n. 9562.)

Louis-Philippe, etc., vu la loi du 17 juin 1840 sur le sel ; vu le traité y annexé, passé entre le ministre des finances et le comité d'administration de la régie intéressée des salines et mines de sel de l'Est, et portant résiliation, à partir du 1ᵉʳ octobre 1841, du bail consenti à ladite compagnie ; vu aussi les stipulations contenues dans ledit traité, lesquelles ont modifié l'exécution du bail à partir du 1ᵉʳ janvier dernier, et prescrit que jusqu'au 1ᵉʳ octobre 1841 la fabrication serait continuée par la compagnie pour le compte de l'Etat, sans qu'elle pût être tenue d'y pourvoir après cette dernière époque ; considérant que les salines domaniales délaissées par la régie intéressée ne pourront être mises en vente que dans les premiers mois de l'année 1842, et qu'il est nécessaire de pourvoir à leur régie directe au nom de l'Etat, depuis le 1ᵉʳ octobre prochain jusqu'au jour de la vente ; sur le rapport de notre ministre secrétaire d'Etat au département des finances, etc.

Art. 1ᵉʳ. A partir du 1ᵉʳ octobre 1841, et jusqu'à ce que les salines domaniales de l'Est aient été vendues, la régie des contributions indirectes fera continuer, dans lesdits établissements, l'exploitation de la mine de sel, des salines et des fabriques de produits chimiques, pour le compte de l'Etat, ainsi que l'a fait la compagnie des salines depuis le 1ᵉʳ janvier 1841, en vertu du traité de résiliation annexé à la loi du 17 juin 1840.

2. Les recettes et les dépenses provenant de cette gestion temporaire seront opérées, dans chaque établissement, par un comptable justiciable direct de notre Cour des Comptes. Elles seront soumises à toutes les formes et justifications prescrites par les lois et règlements sur le recouvrement et l'emploi des deniers publics, sauf les modifications que notre ministre des finances pourra autoriser, dans l'intérêt du trésor ou du commerce, pour des opérations d'une nature exceptionnelle.

3. La régie des contributions indirectes est autorisée à donner aux entreposeurs de sels, aux acquéreurs de produits chimiques, et à tous les acheteurs ou fournisseurs qui auront des rapports avec l'exploitation des salines, les mêmes facilités commerciales que leur accordait la régie intéressée des salines de l'Est.

4. Notre ministre des finances (M. Humann) est chargé, etc.

18 = 21 septembre 1841. — Ordonnance du roi qui autorise la vente de la somme de rentes trois pour cent nécessaire pour produire un capital de cent cinquante millions de francs. (IX, Bull. DCCCXLVI, n. 9563.)

Louis-Philippe, etc., vu l'art. 33 de la loi de finances du 25 juin 1841 (budget des recettes 1842), qui autorise le ministre des finances à faire inscrire sur le grand-livre de la dette publique et à négocier la somme de rentes nécessaire pour produire un capital de quatre cent cinquante millions ; sur le rapport de notre ministre secrétaire d'Etat au département des finances, etc.

Art. 1ᵉʳ. Notre ministre secrétaire d'Etat des finances est autorisé à procéder à la vente, avec concurrence et publicité, et sur soumissions cachetées, de la somme de rentes trois pour cent nécessaire pour produire un capital de cent cinquante millions de francs. Ces rentes porteront jouissance du 22 juin 1841. La vente sera faite à la compagnie qui en offrira le prix le plus élevé, sauf la réserve du minimum établi par notre ministre des finances.

2. Conformément aux dispositions du deuxième paragraphe de l'article précité de la loi du 25 juin 1841, la dotation de la caisse d'amortissement sera accrue, à partir du 1ᵉʳ janvier 1842, d'une somme égale au centième du capital nominal des rentes qui seront négociées en vertu de l'art. 1ᵉʳ ci-dessus.

3. Notre ministre des finances (M. Humann) est chargé, etc.

18 = 21 septembre 1841. — Ordonnance du roi qui ouvre, sur l'exercice 1841, un crédit extraordinaire pour les dépenses du recensement de la matière imposable de diverses contributions directes. (IX, Bull. DCCCXLVI, n. 9564.)

Louis-Philippe, etc., vu, 1° la loi du 16 juillet 1840, portant fixation du budget des dépenses de l'exercice 1841 ; 2º les art. 4 et 6 de la loi du 24 avril 1833 ; 3º enfin l'art. 2 de la loi du 14 juillet 1838 ; sur le rapport de notre ministre secrétaire d'Etat des finances, et de l'avis de notre conseil des ministres, etc.

Art. 1er. Il est ouvert à notre ministre secrétaire d'Etat des finances, sur l'exercice 1841, un crédit extraordinaire de cinq cent mille francs (500,000 fr.), pour subvenir aux dépenses du recensement de la matière imposable de diverses contributions directes.

2. La régularisation de ce crédit sera proposée aux Chambres lors de leur prochaine session.

3. Notre ministre des finances (M. Humann) est chargé, etc.

1er AOUT — 23 septembre 1841. — Ordonnance du roi portant autorisation de la société d'assurances mutuelles formée à Paris, sous la dénomination de *la Parisienne*, pour la garantie des risques locatifs et des recours des voisins contre l'incendie et l'explosion. (IX, Bull. supp. DLX, n. 15868.)

Louis-Philippe, etc., sur le rapport de notre ministre secrétaire d'Etat de l'agriculture et du commerce, notre conseil d'Etat entendu, etc.

Art. 1er. La société d'assurances mutuelles formée à Paris, sous la dénomination de *la Parisienne*, pour la garantie des risques locatifs et des recours des voisins contre l'incendie et l'explosion, est autorisée. Sont approuvés les statuts de ladite société, tels qu'ils sont contenus dans l'acte passé, les 6 et 7 juillet 1841, devant M.e Preschez jeune et son collègue, notaires à Paris, lequel acte restera annexé à la présente ordonnance.

2. Nous nous réservons de révoquer notre autorisation en cas de violation ou de non exécution des statuts approuvés, sans préjudice des droits des tiers.

3. La société sera tenue de remettre dans le premier trimestre de chaque année, au ministère de l'agriculture et du commerce et au préfet du département de la Seine, un extrait de son état de situation arrêté au 31 décembre précédent.

4. Notre ministre de l'agriculture et du commerce (M. Cunin-Gridaine) est chargé, etc.

TITRE Ier. — *Constitution de la société.*

Art. 1er. Il y a société d'assurance mutuelle entre les fondateurs soussignés, habitants de la ville de Paris, et tous ceux qui seront admis à adhérer aux présents statuts, pour la garantie, soit des *risques locatifs* ou recours des *propriétaires*, soit des *risques de voisinage* ou *recours des voisins* contre les dommages causés par l'incendie et par l'explosion du gaz à éclairer. Les risques locatifs sont les effets civils de toute action intentée par le propriétaire au locataire, à raison d'incendie ou d'explosion du gaz à éclairer, tels qu'ils sont définis par les art. 1733 et 1734 du Code civil. Les risques de voisinage sont les effets civils de toute action intentée par les voisins, pour dommages causés par communication d'incendie ou par l'explosion du gaz à éclairer, soit aux meubles, soit aux immeubles (art. 1382, 1383, 1384 C. civ.).

2. Les assurances contre les risques locatifs et celle contre les recours des voisins concourent ensemble pour le paiement des dommages.

3. La société a pour dénomination *la Parisienne, société d'assurance mutuelle contre les risques locatifs et de voisinage*. Elle a son siége à Paris. La société n'étend pas ses opérations au-delà de l'enceinte formée par les murs de cette ville.

4. Elle est administrée par un conseil général des sociétaires ; par un conseil d'administration, près duquel est un comité de surveillance, et par un directeur.

5. La durée de la société est fixée à trente années, qui courront du jour de l'ordonnance royale d'autorisation. Cette durée pourra être prolongée avec l'approbation du gouvernement, sur une délibération du conseil général des sociétaires.

6. La société sera définitivement constituée lorsque les assurances provisoires, sur risques locatifs et sur recours de voisins, auront atteint une somme de dix millions. Si les valeurs assurées à la société descendaient au-dessous de ce chiffre, la dissolution serait immédiatement prononcée par le conseil d'administration.

TITRE II. — *De l'assurance.*

CHAPITRE Ier. — *Risques admis à l'assurance.*

7. L'assurance des risques locatifs s'applique aux biens qui sont immeubles, soit par nature, soit par destination. L'assurance des risques de voisinage s'applique aux biens meubles et aux biens qui sont immeubles, soit par nature, soit par destination.

8. La société garantit l'assuré, 1º contre les recours pour dommages causés par l'incendie ou l'explosion, quelle que soit la nature de ces dommages, c'est-à-dire, soit que les choses assurées aient été brûlées, soit qu'elles aient été brisées ou détériorées par une des causes prévues ; 2º contre les recours pour dommages résultant des mesures ordonnées par l'autorité en cas de sinistre ; 3º contre les recours pour dommages et frais provenant du sauvetage des objets assurés.

CHAPITRE II. — *Risques exclus de l'assurance.*

9. La société exclut de sa garantie, 1º les recours pour dommages causés par l'incendie aux bâtiments qui renferment des salles de spectacles et aux objets mobiliers et immobiliers qui y sont contenus ; 2º les recours pour dommages causés aux bâtiments qui renferment des fabriques de gaz, de poudre, d'artifice ou de produits chimiques dangereux, et autres objets mobiliers et immobiliers qui y sont contenus ; 3º les recours pour destruction d'effets de commerce, billets de banque, contrats et titres de toute nature, des lingots et monnaies d'or et d'argent, des pierreries et perles fines ; 4º les recours pour dommages causés par les incendies et explosions provenant de la volonté de l'assuré ; 5º les recours contre les effets de l'incendie pouvant résulter de guerres, invasions

émeutes populaires, forces militaires quelconques, ou de l'explosion de magasins ou dépôts de poudre autorisés. Elle se réserve de plus le droit de ne point admettre à l'assurance tous risques qui, pour une cause quelconque, paraîtraient au conseil d'administration devoir être refusés.

CHAPITRE III. — *Estimation des risques soumis à l'assurance.*

10. Les risques locatifs se règlent sur la déclaration du proposant, d'accord avec l'administration, d'après la valeur du bâtiment occupé par lui en tout ou en partie, et celle des immeubles par destination qui en dépendent. L'assurance contre les recours du propriétaire peut porter sur la totalité de l'immeuble. Néanmoins, tout sociétaire peut n'assurer des risques locatifs que jusqu'à concurrence d'une somme moindre, mais toujours déterminée.

11. L'estimation du risque de voisinage est laissée à l'appréciation du proposant. Le risque de voisinage peut porter sur la totalité des objets mobiliers ou immobiliers appartenant aux voisins. Néanmoins le sociétaire peut n'assurer les risques de voisinage que jusqu'à concurrence d'une somme moindre, mais toujours déterminée. Le proposant est tenu de spécifier la partie de cette somme qu'il entend affecter à tel ou tel voisin. L'assurance contre les risques de voisinage ne pourra s'étendre au-delà des maisons contiguës au local du proposant.

12. Les charges sociales de l'assuré sont basées, pour chaque risque, sur l'estimation des valeurs admises à l'assurance, et la société n'est responsable, pour chacun d'eux, que jusqu'à concurrence de la somme garantie par la police. Cette estimation se fait par somme ronde de mille francs.

CHAPITRE IV. — *Classification des risques soumis à l'assurance.*

13. Les risques seront divisés, suivant les chances d'incendie, en trois catégories, comprenant, la première, les moins exposés, et la dernière, les plus exposés. Ces trois catégories sont elles-mêmes divisées en trois classes, le tout conformément au tableau annexé aux présents statuts. Le conseil d'administration détermine le classement des deux risques en raison des professions, de la nature des constructions, et des autres circonstances locales ou environnantes, lorsqu'il les admet à l'assurance, ou sera juge des cas où il croira devoir les refuser. En cas d'augmentation ou de diminution des risques pendant la période de l'engagement en cours d'exécution, il sera procédé à une nouvelle expertise, en vertu de laquelle on rangera les risques assurés dans une nouvelle classe ; si cette nouvelle classe entraîne une contribution plus forte, et que le changement ne soit point le fait de l'assuré, il sera libre de résilier le contrat.

TITRE III. — *De l'engagement social.*

CHAPITRE Ier. — *Formation de l'engagement social.*

14. La demande d'admission dans la société se fait au moyen d'un acte d'adhésion ; cet acte énonce : les nom, prénoms, titres et profession du proposant, la qualité en laquelle il agit ; le domicile élu par lui dans la ville de Paris ; le genre des risques et recours proposés à l'assurance. Cet acte exprime aussi si l'assurance comprend tous les risques locatifs et tous les recours de voisins auxquels le proposant est exposé, ou seulement une partie de ces

risques et recours, s'il existe des assurances antérieures sur les mêmes risques.

15. Aussitôt après l'adhésion aux présents statuts par l'assuré, la société fera procéder, contradictoirement avec lui, à la reconnaissance des risques soumis à l'assurance, à leur évaluation et à leur inscription dans l'une des catégories ci-dessus indiquées ; cette opération sera faite d'un commun accord. Quand l'opération est terminée, il en est fait, par l'inspecteur de la société un rapport pour être présenté, avec l'adhésion, au conseil d'administration, qui, après examen, prononce l'admission à l'assurance, le classement des risques, l'ajournement ou le rejet de l'adhésion : en cas de rejet, il n'est pas tenu d'en déclarer les motifs.

16. Après l'admission par le conseil d'administration, l'adhérent est définitivement engagé envers la société ; il est inscrit sur le livre matricule, et il lui est délivré immédiatement une police qui constate l'engagement de la société envers lui. La police contient les indications générales des lieux, de la nature des risques, et des sommes admises pour chacun d'eux comme bases de l'assurance. Le coût de la police est fixé à un franc. Toute réticence et toutes fausses déclarations de la part de l'assuré, qui diminueraient l'opinion des chances d'incendie d'un risque ou en changeraient l'objet, annuleraient l'assurance.

17. Le sociétaire qui fera assurer par d'autres sociétés ou compagnies, dans les mêmes localités, des valeurs ou risques de même nature que ceux assurés par la société, est tenu d'en faire la déclaration au directeur, et d'en demander acte sur sa police. L'omission par le sociétaire de cette déclaration aura les mêmes effets, en cas de sinistre, que les réticences et fausses déclarations.

CHAPITRE II. — *Durée de l'engagement social.*

18. Tout sociétaire s'engage pour une, trois, six ou neuf années sociales, à sa volonté, qui commencent à courir, savoir : si la police est délivrée du 1er au 15 d'un mois, à partir du 15 de ce mois, et si elle a lieu du 15 à la fin du mois, à partir du 1er du mois suivant ; chaque exercice commence le 1er janvier, et finit le 31 décembre suivant. Le temps qui s'écoulera entre l'époque de la mise en activité et la fin de l'année courante composera le premier exercice.

CHAPITRE III. — *Cessation de l'engagement social.*

19. L'engagement social cesse, pour le sociétaire et la société, 1° par la destruction des choses qui donnaient lieu au risque objet de l'assurance ; 2° par l'exclusion du sociétaire, prononcée par le conseil d'administration, pour cause de non paiement de la contribution sociale, de déconfiture ou de faillite, à moins que l'assuré ne donne caution ; 3° par l'expiration du temps pour lequel il a été souscrit ou renouvelé, si toutefois, trois mois avant la fin de la période en cours, l'assuré a manifesté la volonté de ne plus faire partie de la société, soit par une déclaration consignée sur un registre ouvert à cet effet à la direction, soit par une notification faite au directeur. Sans l'accomplissement de cette formalité, l'assuré continue à faire partie de la société pendant une année, à partir de l'expiration de son engagement ; 4° par la mort du sociétaire, auquel cas les héritiers profitent de l'assurance jusqu'à la fin de l'année sociale, si les valeurs restent dans les mêmes conditions. Enfin, par la cessation de l'intérêt en vue duquel l'assurance aurait été faite, et pour toute autre cause qui paraîtrait au

conseil d'administration de nature à rendre, après l'expiration de la police, un nouvel engagement contraire à l'intérêt de l'association. Dans tous les cas, l'assuré ou ses ayants-cause supportent les charges sociales de l'exercice courant.

20. Toute introduction de profession réputée dangereuse, tout changement dans la construction ou la destination, soit à l'intérieur, soit à l'extérieur, des bâtiments où s'exerce l'assurance, qui seraient de nature à aggraver les risques assurés ou à changer leur classification, devront être déclarés au directeur par le sociétaire, avant le sinistre, sous peine de perdre la moitié de l'indemnité qui est due dans ce cas.

TITRE IV. — Des sinistres.

CHAPITRE Ier. — Déclaration des recours.

21. Aussitôt qu'un recours est formé contre l'assuré, ce dernier doit en donner ou en faire donner avis à la direction de la société. A cet effet, une déclaration, signée du sociétaire ou de son fondé de pouvoirs, doit être faite à la direction dans les cinq jours qui suivent la signification du recours exercé, soit par le propriétaire, soit par les voisins, à moins de circonstances de force majeure dûment constatées, sous peine de perdre tout droit au bénéfice de l'assurance. Cette déclaration, indiquant les nom, prénoms et qualité du sociétaire, son domicile, et le lieu où l'incendie s'est manifesté, doit faire connaître, aussi exactement que possible, l'instant auquel le sinistre s'est déclaré, les causes présumées qui l'ont produit.

CHAPITRE II. — Règlement de l'indemnité.

22. Aussitôt après la reconnaissance du sinistre et la déclaration des recours exercés contre l'assuré, le directeur est substitué au lieu et place de ce dernier, tant pour former les recours qui peuvent être faits contre des tiers, que pour procéder à la reconnaissance des pertes survenues ou des dommages causés dans les limites de la police d'assurance ; le tout contradictoirement avec les parties qui ont formé le recours.

CHAPITRE III. — Paiement des indemnités.

23. L'indemnité, une fois réglée, sera payée à qui de droit dans le mois qui suivra celui du règlement ou du jugement, jusqu'à concurrence de la somme qui sert de base à l'assurance, si elle ne s'élève pas au-dessus de dix mille francs, et sauf le cas prévu par le dernier paragraphe de l'art. 27 ci-après. Il est établi un fonds de prévoyance au moyen du versement effectué par chaque sociétaire, lors de son entrée dans la société, d'une partie du maximum de la portion contributive dont il peut être passible ; le conseil d'administration détermine, d'après les besoins de la société, quelle doit être cette partie. Lorsque le fonds de prévoyance a atteint la somme de cinq mille francs, il est converti en fonds publics français au choix du conseil d'administration. Ces valeurs peuvent être transférées par le directeur dûment autorisé du conseil d'administration. Tout sociétaire qui cessera de faire partie de la société, après avoir rempli toutes ses obligations et acquitté ses charges envers elle, recevra la portion du fonds de prévoyance qu'il aura versée. S'il laisse écouler un délai de cinq ans sans retirer son fonds de prévoyance, il sera acquis à la masse de la société.

TITRE V. — Répartition des portions contributives.

24. Sont à la charge de la société : 1° les recours exercés contre l'assuré, jusqu'à concurrence de la valeur assurée et de la somme à laquelle les risques locatifs et de voisinage ont été réglés, les sinistres, les frais de sauvetage et indemnités de toute nature relatives à l'incendie ; 2° les frais d'expertise et d'action judiciaire, ainsi que les non valeurs constatées ; 3° les dépenses imprévues qui ne rentrent pas dans la classe de celles laissées à la charge du directeur par l'art. 46.

25. Toutes les charges sociales, après avoir été vérifiées par le conseil d'administration, sont acquittées au moyen des portions contributives répartics au prorata des valeurs assurées, et conformément aux règles de classification établies ci-dessus.

26. Chaque sociétaire sera tenu personnellement d'acquitter sa part contributive aux sinistres et charges sociales, telle qu'elle aura été régulièrement fixée par les répartitions.

27. Le maximum de ces portions contributives, formant ensemble le fonds général de garantie, ne pourra excéder, dans chaque catégorie, savoir :

1re catégorie. — 1re classe, un franc ; 2e classe, un franc cinquante centimes ; 3e classe, deux francs.

2e catégorie. — 1re classe, trois francs ; 2e classe, quatre francs ; 3e classe, cinq francs.

3e catégorie. — 1re classe, six francs ; 2e classe, huit francs ; 3e classe, dix francs, par cent francs des sommes assurées pour les deux risques.

Dans aucun cas, la garantie totale du sociétaire ne pourra excéder, par année, les trois quarts du chiffre résultant de ces portions contributives. Si le fonds de prévoyance établi par l'art. 23 vient à être entamé pour fournir à la répartition d'un sinistre, il devra être complété au moyen d'appels ordonnés par le conseil d'administration, d'abord, sur la première moitié de la garantie générale, et, en cas d'épuisement de celle-ci, sur la seconde ; dans le cas où les trois quarts du fonds de garantie viendraient à être épuisés dans l'année, la dissolution sera prononcée de plein droit. Si le maximum du fonds de garantie était inférieur à la somme des sinistres à réparer, le fonds serait réparti au centime le franc entre les ayants-droit.

28. La quotité de la garantie mentionnée en l'article 27 pourra être réduite par le conseil général au fur et à mesure de l'accroissement progressif de la masse des assurances, avec l'approbation du gouvernement. Après avoir vérifié les pièces servant de base à la répartition présentée par le directeur, le conseil d'administration arrête définitivement cette répartition, la déclare exécutoire, et charge le directeur d'en suivre le recouvrement par toutes les voies de droit.

29. A défaut de paiement de la portion contributive, le directeur pourra, quinze jours après un avis donné au retardataire, le faire poursuivre à sa requête par toutes les voies de droit. Un mois après l'avis donné par le directeur au moyen d'une lettre chargée à la poste, qui tiendra lieu de mise en demeure, si le retardataire n'a pas acquitté les cotisations réclamées, le conseil d'administration pourra prononcer la résiliation de son assurance. S'il vient à se libérer postérieurement, la police d'assurance ne reprendra sa force qu'à partir du jour du paiement.

TITRE VI. — Administration de la société.

CHAPITRE Ier. — Conseil général des sociétaires.

30. Le conseil général des sociétaires se compose des cent vingt assurés pour les plus fortes sommes

au commencement de chaque exercice. Un tableau de ces cent vingt sociétaires est dressé par le directeur, qui le soumet à l'approbation du conseil d'administration. Le conseil général nomme, à la majorité des voix, son président et son secrétaire. En cas de refus, de démission ou de décès de quelques-unes des cent vingt sociétaires assurés pour les plus grosses sommes, ou en cas de résidence habituelle hors de Paris, ils sont remplacés de plein droit par ceux qui les suivent immédiatement dans l'ordre des plus fortes assurances.

31. Le conseil général se réunit une fois par an, sauf les convocations extraordinaires qui sont jugées nécessaires par le conseil d'administration. Toute convocation se fait par lettres envoyées au domicile élu.

32. Le conseil général ne peut délibérer valablement s'il ne réunit le tiers au moins de ses membres. Lorsqu'à une première convocation ce nombre n'est pas atteint, il en est fait une nouvelle, et les membres présents peuvent délibérer valablement, quel que soit leur nombre, mais seulement sur les objets à l'ordre du jour de la première réunion. Les arrêtés du conseil général sont pris à la majorité absolue des voix ; en cas de partage, la voix du président est prépondérante.

33. Dans sa réunion annuelle, le conseil général prend connaissance de l'ensemble des opérations de la société, vérifie et arrête définitivement les comptes de la direction, et statue sur tous les intérêts sociaux. Il choisit dans son sein un comité de trois membres, chargés surveiller, pendant le cours de l'année, toutes les opérations de l'administration. Ils assistent aux délibérations du conseil d'administration, sans pouvoir voter. A l'expiration de leur année de surveillance, ils peuvent être réélus. Le comité de surveillance a le droit d'inscrire ses observations sur le registre des délibérations du conseil d'administration. Il rend compte au conseil général de ses remarques, des abus à réprimer, des réformes et des améliorations à introduire dans l'administration.

CHAPITRE II. — Conseil d'administration.

24. Le conseil d'administration se compose de quinze membres nommés par l'assemblée générale. Nul ne peut être élu membre du conseil d'administration, 1° s'il n'est assuré pour une somme de dix mille francs au moins ; 2° s'il est administrateur ou agent d'une compagnie d'assurance à prime, quelle que soit le montant de la somme pour laquelle il s'est engagé à la présente société.

35. Les membres du conseil d'administration sont renouvelés par tiers, tous les deux ans ; il désigne les premiers sortants ; ils peuvent être réélus. Le conseil d'administration, en cas de décès ou de démission d'un de ses membres, désigne un sociétaire pour le remplacer jusqu'à la première réunion du conseil général, qui nomme définitivement.

36. Au renouvellement de chaque exercice social, le conseil d'administration choisit dans son sein, et à la majorité des suffrages, un président et un vice-président, qui peuvent être réélus. En cas d'absence du président et du vice-président, le plus âgé des membres présents occupe le fauteuil.

37. Le conseil d'administration se réunit tous les quinze jours. Il peut s'assembler chaque fois que les besoins de la société l'exigent. Il prend ses arrêtés à la majorité des suffrages. En cas de partage, la voix du président est prépondérante.

38. Lors de la réunion de chaque quinzaine,

le conseil d'administration prend connaissance de toutes les assurances proposées depuis la réunion précédente ; des variations survenues dans les assurances souscrites, soit par augmentation ou diminution de la valeur des objets assurés, soit par augmentation ou diminution de risques ; des sinistres tombés à la charge de la société, des expertises auxquelles ils ont donné lieu, et des contestations survenues entre les sociétaires et la société ; des assurances qui, par une cause quelconque, sont dans le cas d'être annulées ; enfin, de tout ce qui touche aux besoins, aux intérêts et à la prospérité de la société. Le directeur et tous les sociétaires sont tenus de se conformer à ses décisions.

39. Le conseil d'administration ne peut valablement délibérer si cinq de ses membres au moins ne sont présents.

40. Dans les trois premiers mois de chaque exercice, le conseil d'administration reçoit, vérifie et débat le compte que le directeur rend des recettes et des dépenses sociales de l'exercice précédent. Il en fait rapport au conseil général, qui l'arrête et l'approuve, s'il y a lieu, dans sa plus prochaine réunion.

41. Le conseil d'administration fait, dans les limites des statuts, tous les règlements, et prend tous les arrêtés qu'il juge utiles à la prompte et bonne administration des affaires de la société et à son développement. Les membres qui le composent ne sont responsables que de l'exécution du mandat qu'ils ont reçu. Ils ne contractent, à raison de leur gestion, aucune obligation personnelle ni solidaire relativement aux engagements de la société.

CHAPITRE III. — Direction.

42. Le directeur est chargé de l'exécution de tous les actes de la société et de toutes les décisions du conseil d'administration. Il nomme et révoque tous les agents dont il a besoin.

43. Le directeur convoque le conseil général avec l'autorisation du conseil d'administration, et ce dernier, toutes les fois que les besoins du service le réclament. Il assiste aux séances de ces deux conseils, avec voix consultative.

44. Le directeur fournit aux membres du conseil général, à ceux du conseil d'administration et aux surveillants, les indications et tous les documents relatifs à sa gestion. Il est tenu de donner aux sociétaires les renseignements dont ils peuvent avoir besoin.

45. Le directeur, sous la surveillance du conseil d'administration, tient les écritures nécessaires à la comptabilité et aux opérations de la société ; il entretient les rapports avec les autorités et il signe la correspondance. Tous les engagements qu'il sera nécessaire de souscrire, soit envers les associés, soit envers des tiers, seront passés par le directeur, autorisé du conseil d'administration.

46. Le directeur est chargé à forfait, pendant dix ans, de tous les frais de bureaux, de loyer, d'éclairage, de chauffage, d'impression et du traitement des employés. A l'expiration de chaque période décennale, ce forfait pourra être renouvelé ou modifié, s'il y a lieu, par l'assemblée générale. Il lui est alloué à cet effet, par an et par mille francs de valeurs assurés, quinze centimes en *risques locatifs* et dix centimes en risques de voisinage.

47. Le directeur est tenu, aussitôt qu'une somme de cinq mille francs est réunie en valeurs provenant du fonds de prévoyance, de la convertir en fonds publics français, comme il est dit art. 23. Pour sûreté de sa gestion, le directeur fournit un

cautionnement de la valeur de trente mille francs. Le taux de ce cautionnement pourra être élevé par le conseil général jusqu'à cinquante mille francs, s'il le juge à propos. Ce cautionnement, qui consiste en rentes sur l'État, est accepté par le conseil d'administration. Le directeur ne peut rentrer en possession de son cautionnement qu'après l'apurement définitif de ses comptes, arrêtés par le conseil d'administration et approuvés par le conseil général.

48. En cas de remplacement du directeur, par révocation ou démission, toutes les avances qu'il pourrait avoir faites pour la société, toutes les dépenses dont il ne serait pas couvert, lui seront remboursées, et le conseil d'administration pourra proposer une indemnité qui sera soumise à la décision du conseil général.

49. Le directeur présente à l'approbation du conseil d'administration, un directeur-adjoint chargé de le remplacer dans toutes les opérations de la direction ; il est responsable des actes de ce dernier. Le directeur est nommé par le conseil général des sociétaires, sur la proposition du conseil d'administration. Il peut être révoqué par décision du conseil général, prise à la majorité des membres composant ce conseil, et sur la proposition du conseil d'administration, adoptée également à la majorité des membres composant ce conseil.

50. M. Metiviers de Vals est nommé directeur de la société, sauf la confirmation du conseil général dans sa première réunion. M. Fresnel, l'un des fondateurs, est nommé directeur-adjoint.

TITRE VII. — Dispositions générales.

51. Toutes contestations entre la société et les sociétaires seront soumises, à la diligence du directeur ou de toute partie intéressée, à trois arbitres, nommés, l'un par le conseil d'administration, l'autre par le sociétaire, et le troisième par le président du tribunal de première instance de la Seine. si les deux premiers ne peuvent pas s'accorder sur le choix du troisième. Leur décision sera sans appel et sans recours en cassation.

52. Toutes les difficultés qui pourront s'élever sur l'interprétation des présents statuts seront, sans préjudice des tiers, décidées par le conseil d'administration, sur le rapport du directeur.

53. Aucune action judiciaire autre que celles qui sont indiquées dans l'art. 28 ne peut être exercée sans l'autorisation du conseil d'administration.

54. Si l'expérience fait connaître l'utilité de quelques changements dans les présents statuts, ces changements devront être soumis à la délibération du conseil général. Chaque sociétaire, en adhérant aux présents statuts, donne à ce conseil tous pouvoirs à cet effet ; les modifications ainsi adoptées ne seront exécutoires qu'après avoir été autorisées par le gouvernement.

55. En cas de dissolution, le conseil général, convoqué par le directeur sur la demande du conseil d'administration, nomme des liquidateurs auxquels il donne tous les pouvoirs qu'il juge nécessaires. Le conseil général arrête définitivement les comptes de l'administration. Les frais de liquidation seront à la charge de la société.

TITRE VIII. — Dispositions transitoires.

56. Les frais de premier établissement seront remboursés au directeur, d'après le règlement qui en sera fait par le conseil d'administration, et approuvé par le conseil général.

57. Le conseil d'administration de la société est provisoirement composé ainsi qu'il suit :

(Suivent les noms.)

Le conseil d'administration sera définitivement constitué au plus tard dans le courant du second exercice social. Le conseil général pourvoira à sa composition définitive.

58. Le conseil d'administration provisoire déclarera la mise en activité des opérations, aussitôt que les conditions fixées à l'art. 6 auront été remplies.

59. Pour faire publier au besoin ces présentes, tous pouvoirs sont donnés à MM. Andryane de la Chapelle et Fresnel.

1er AOUT = 23 septembre 1841. — Ordonnance de roi qui approuve les nouveaux statuts des associations tontinières que la compagnie royale d'assurances sur la vie est autorisée à former et à administrer. (IX, Bull. supp. DLX, n. 15869.)

Louis-Philippe, etc., sur le rapport de notre ministre secrétaire d'État de l'agriculture et du commerce ; vu les ordonnances royales des 11 février 1820, 54 janvier 1821, et 23 mai 1830, qui ont autorisé la compagnie royale d'assurances à primes sur la vie ; vu notre ordonnance du 20 août 1838, qui a autorisé ladite compagnie à former, sous sa direction, des associations de prévoyance avec combinaisons tontinières et approuvé les statuts particuliers destinés à régir ces associations ; vu la délibération de l'assemblée générale des actionnaires en date du 28 mars 1840 ; vu la nouvelle rédaction des statuts présentée par le conseil d'administration, du 26 mai 1841, prise en vertu des pouvoirs que lui confère la délibération de l'assemblée générale du 28 mars 1840 ; vu la lettre de notre ministre des finances du 15 février 1841 ; notre conseil d'État entendu, etc.

Art. 1er. Les nouveaux statuts des associations tontinières que la compagnie royale d'assurances à primes sur la vie est autorisée à former et à administrer, sont approuvés tels qu'il sont contenus dans l'acte passé, les 9 et 10 juillet 1841, devant Me Yver et son collègue, notaires à Paris, lequel acte restera annexé à la présente ordonnance.

2. Aux époques fixées, d'après les statuts, pour la répartition, entre les membres des associations tontinières formés par la compagnie royale, de tout ou partie du capital desdites associations, les parts revenant aux ayants-droit leur seront remises en titre de rentes inscrites au nom de chacun d'eux, comme il est dit à l'art. 49 des statuts.

3. La compagnie royale d'assurances sur la vie sera tenue de remettre, tous les six mois, à notre ministre de l'agriculture et mois, à notre ministre de l'agriculture et

du commerce, au préfet du département de la Seine et au préfet de police, à la chambre de commerce et au greffe du tribunal de commerce de Paris, un extrait de l'état de sa situation, ainsi que de celles des différentes associations qu'elle est autorisée à former et à administrer. Elle devra, en outre, adresser, tous les ans, à notre ministre de l'agriculture et du commerce, sur ses opérations, un rapport détaillé contenant tous les renseignements propres à faire apprécier la nature et les effets des associations formées par ses soins.

4. Les opérations de la compagnie royale relatives aux associations tontinières seront d'ailleurs soumises à une surveillance spéciale dont le mode sera ultérieurement déterminé, et dont les frais seront supportés par la compagnie royale, jusqu'à concurrence d'une somme de deux mille francs.

5. Nous nous réservons de révoquer notre autorisation, sans préjudice des droits des tiers, en cas de violation ou de non exécution des statuts approuvés, et dans les cas de plaintes graves contre la gestion des associations tontinières. Nous nous réservons, en outre, d'ordonner tous les cinq ans, à partir de la date de la présente ordonnance, la révision générale des statuts.

6. Nos ministres de l'agriculture et du commerce, et des finances (MM. Cunin-Gridaine et Humann) sont chargés, etc.

CHAPITRE Ier. — *Objet et nature des sociétés.*

Art. 1er. La compagnie royale d'assurances sur la vie peut former des sociétés mutuelles d'assurances sur la vie, suivant les conditions ci-après.

2. Ces sociétés sont de cinq espèces, savoir : 1° sociétés d'accroissement du revenu sans aliénation du capital ; 2° sociétés d'accroissement du capital sans aliénation du revenu ; 3° sociétés d'accroissement du revenu avec aliénation du capital ; 4° sociétés d'accroissement du capital avec aliénation totale ou partielle du revenu ; 5° sociétés de formation d'un capital par l'accumulation du revenu, sans aliénation du capital des mises.

3. Dans chacune de ces sociétés, l'assurance peut être souscrite, soit au profit du souscripteur, soit au profit d'un tiers ; elle peut reposer sur la tête du souscripteur ou sur la tête d'un tiers, à la charge par celui qui contracte sur la tête ou au profit d'un tiers, de justifier du consentement de ce tiers ou de celui des parents, maris ou tuteurs, pour les personnes inhabiles à contracter. L'individu sur la tête duquel l'assurance repose se nomme assuré. L'individu appelé à en recueillir le bénéfice est seul sociétaire. Le souscripteur est sociétaire toutes les fois que l'assurance n'est pas stipulée expressément au profit d'un autre.

4. Dans les sociétés d'accroissement du revenu sans aliénation du capital, l'intérêt produit par les mises sociales est réparti, aux époques déterminées par le contrat, entre les seuls sociétaires qui justi-

fient de l'existence des individus sur la tête desquels leur assurance repose, le revenu des sociétaires qui ont fait cette justification s'accroissant ainsi des parts afférentes à ceux qui ne l'ont pas faite. A l'expiration de la société, le capital des mises retourne aux souscripteurs ou à leurs ayants-droit, suivant les termes de leur contrat.

5. Dans les sociétés d'accroissement du capital sans aliénation du revenu, l'intérêt produit par les mises sociales est ; jusqu'au terme de l'association, servi aux souscripteurs ou à leurs ayants-droit ; mais, à l'expiration de la société, le capital des mises est réparti entre les seuls sociétaires qui justifient de l'existence des individus sur la tête desquels leur assurance repose, le capital des sociétaires qui ont fait cette justification s'accroissant ainsi des parts afférentes à ceux qui ne l'ont pas faite.

6. Dans les sociétés d'accroissement du revenu avec aliénation du capital, l'intérêt produit par les mises sociales se répartit aux époques déterminées par le contrat, comme il est dit à l'art. 4 ; et, à l'expiration de la société, le capital des mises est partagé comme il est dit à l'art. 5, à moins toutefois qu'il n'ait été convenu par le contrat que le capital des décédés sera distribué avec les arrérages du semestre qui suivra le décès.

7. Dans les sociétés d'accroissement du capital avec aliénation du revenu, l'intérêt produit par les mises sociales s'ajoute successivement au capital jusqu'au terme de l'association. Dans les sociétés d'accroissement du capital avec aliénation partielle du revenu, les souscripteurs ou les autres personnes désignées par le contrat jouissent, leur vie durant, de l'intérêt produit par les mises sociales, et ce n'est qu'à leur décès que le revenu s'accumule avec le capital. A l'expiration de ces sociétés, le capital des mises, réuni au capital provenant de l'accumulation du revenu, est réparti entre les seuls sociétaires qui justifient de l'existence des individus sur la tête desquels leur assurance repose. Les placements dans les sociétés d'accroissement du capital peuvent avoir lieu par versements annuels, considérés comme des placements faits successivement dans des sociétés formées d'année en année, mais ayant toutes un même terme. Les placements dans les sociétés d'accroissement du capital peuvent encore avoir lieu par versements annuels, ramenés à l'égalité proportionnelle entre eux et avec les versements uniques, par l'application combinée des chances de la vie à chaque âge, et des effets de l'accumulation des intérêts à quatre pour cent par an.

8. Dans les sociétés de formation d'un capital par l'accumulation du revenu sans aliénation du capital des mises, l'intérêt produit par les mises sociales s'accumule d'année en année, jusqu'au terme de la société. A l'expiration de la société, le capital des mises retourne aux souscripteurs ou à leurs ayants-droit, et le capital formé par l'accumulation du revenu est réparti entre les seuls sociétaires qui justifient de l'existence des individus sur la tête desquels leur assurance repose.

9. Les diverses sociétés ci-dessus définies peuvent être formées au moyen d'assurances constituées sur des têtes du même âge ou sur des têtes d'âges différents.

10. Elles peuvent être formées en nombre limité ou en nombre illimité. Les sociétés en nombre limité sont celles qui, une fois qu'elles sont constituées, n'admettent plus de nouveaux membres. Les sociétés en nombre illimité sont celles qui admettent de nouveaux membres jusqu'au terme de

leur existence, à moins que les sociétaires ne décident eux-mêmes, de la manière déterminée à l'article 56, qu'il n'y a plus lieu à de nouvelles admissions.

11. La durée des sociétés en nombre limité peut être fixée à un nombre déterminé d'années, ou subordonnée à l'événement d'un certain nombre de décès. La durée des sociétés en nombre illimité ne peut être fixée qu'à un nombre déterminé d'années.

12. Les fonds provenant des mises sociales sont exclusivement employés en achats de rentes sur l'Etat.

13. Les sociétés mutuelles formées par la compagnie royale d'assurances sont administrées par cette compagnie avec le concours d'un comité de surveillance choisi par l'assemblée générale des sociétaires, ainsi qu'il est dit au chapitre 3.

14. Le siége de toutes les sociétés est à Paris, où est déjà fixé celui de la compagnie royale d'assurances. Chaque souscripteur est tenu, de son côté, d'élire, à Paris ou dans une des villes où seraient établies des agences, un domicile pour tous les actes relatifs à l'exécution du contrat. Le domicile élu au moment de la souscription demeure valable à l'égard du souscripteur, du sociétaire et de leurs ayants-cause, tant qu'ils n'en ont pas fait connaître un autre à la compagnie royale. La compagnie royale ne reconnaît qu'un seul domicile pour tous les ayants-droit d'un sociétaire : ceux-ci sont tenus de s'entendre à cet effet.

CHAPITRE II. — *Formation et effets des sociétés.*

15. La première souscription reçue pour chaque société en détermine les conditions dans les limites des présents statuts. Un registre est immédiatement ouvert pour recevoir les souscriptions ultérieures.

16. Aucune société ne peut être constituée avec moins de dix membres. Si le nombre des souscriptions reçues pour une même société n'atteint pas ce minimum dans le délai d'un an, à partir de la première, elles sont annulées.

17. Si le décès d'un des assurés est notifié à la compagnie royale avant la dixième souscription, la société n'est constituée qu'après que le minimum de dix membres a été complété par de nouvelles souscriptions, dans le délai déterminé par l'art 16. Les notifications des décès sont inscrites, à leur date, sur le registre ouvert pour recevoir les souscriptions.

18. Lorsque dix souscriptions sont réunies pour une même société sans que le décès d'aucun des assurés ait été notifié à la compagnie royale, il en est aussitôt donné avis aux souscripteurs, au domicile par eux élu pour l'exécution du contrat, et si, dans les quinze jours de cet avertissement, il n'est pas notifié à la compagnie royale de décès antérieur à l'époque où la dixième souscription a été reçue, la société est constituée et les engagements souscrits deviennent définitifs.

19. Le premier souscripteur peut exiger, pour la constitution de la société, un nombre de souscriptions supérieur à dix. Dans ce cas, les dispositions des art. 16, 17 et 18 s'appliquent au minimum fixé par le souscripteur.

20. La compagnie royale a le droit de refuser toute souscription sans être tenue de faire connaître ses motifs.

21. La constitution de chaque société est constatée par une délibération spéciale du comité de surveillance, prise en présence du directeur de la compagnie royale d'assurances. Les procès-verbaux de ces délibérations sont tous inscrits à leur date au fur et à mesure de la constitution de chaque société, sur un seul et même registre.

22. Les sociétés commencent, pour leurs effets actifs et passifs, à partir de l'époque fixée par le procès-verbal de constitution.

23. L'engagement du souscripteur envers la société est constaté par une police au dos de laquelle sont transcrits les présents statuts. La police est signée, en double, par le souscripteur et par le directeur et un des administrateurs de la compagnie royale d'assurances.

24. Toute souscription doit être accompagnée d'un extrait d'acte de naissance ou, à défaut, d'un acte authentique constatant l'âge de l'assuré. Cet acte reste déposé entre les mains de la compagnie royale jusqu'à la liquidation de la société. Toute inexactitude dans les pièces produites ou dans les déclarations relatives à l'âge de l'assuré, dont le but et l'effet seraient de changer les conditions de l'assurance au préjudice des autres sociétaires, entraîne la déchéance de tous droits au bénéfice de l'association. Le sociétaire qui a encouru cette déchéance ne reçoit, au terme de la société, dans le cas où il remplirait d'ailleurs les conditions prévues par le contrat pour prendre part audit bénéfice, que le capital des sommes qu'il a fournies.

25. Quand les assurés sont du même âge et les souscriptions faites à la même époque, les sociétaires participent au bénéfice éventuel de l'assurance au prorata de leur mise effective. Les assurés sont réputés du même âge lorsque, entre le plus âgé et le plus jeune, il n'existe pas une différence de plus d'une année. Il n'y a d'exception que pour l'âge compris entre le jour de la naissance et un an, qui se divise en trois sections, dont la première comprend les enfants de moins de trois mois; la seconde ceux de trois mois à six mois, et la troisième ceux de six mois à un an.

26. Quand les assurés sont d'âges différents, ou quand les souscriptions sont faites successivement, l'égalité des chances se rétablit entre les sociétaires par des différences proportionnelles dans la mise, suivant les règles ci-après. Dans ce cas, les sociétaires participent au bénéfice éventuel de l'assurance au prorata de leurs mises, ramenées au taux de l'égalité proportionnelle.

27. S'il s'agit de compenser des différences d'âge, les différences proportionnelles dans la mise sont calculées en raison des probabilités de vie à l'âge de de chaque assuré, d'après les tables de mortalité de Deparcieux.

28. S'il s'agit de compenser la plus-value acquise à des mises déjà versées par l'effet des décès qui ont pu survenir et de l'accumulation du revenu, les différences proportionnelles dans la mise sont calculées par suppléments mensuels, en raison des chances de mortalité déduites de la table de Deparcieux, et suivant la moyenne du taux des intérêts produits par les fonds déjà versés. Cette moyenne est fixée, à la fin de chaque année, par le comité de surveillance, et reste la même pour toute l'année suivante. Elle ne peut comprendre de fractions inférieures à un demi pour cent.

29. A Paris, les souscripteurs versent leurs mises en espèces à la caisse de la compagnie royale. Dans les départements et à l'étranger, ce versement s'effectue entre les mains de l'agent commissionné à cet effet, mais seulement en un mandat payable à Paris, à l'ordre du directeur de la compagnie royale d'assurances sur la vie. Les souscrip-

teurs ont la faculté de faire leurs versements en titres de rentes sur l'Etat, transférées au nom de la compagnie royale d'assurances sur la vie, avec désignation de la société à laquelle elles appartiennent.

30. Les souscripteurs pour un versement unique font leur versement contre la remise de la police signée par le directeur et un des administrateurs de la compagnie royale.

31. Les souscripteurs pour des versements périodiques font le premier versement contre la remise de la police, et s'engagent à faire les suivants aux époques fixées par les polices.

32. Les souscripteurs pour des versements périodiques peuvent toujours se libérer par anticipation, en versant au comptant la somme équivalente, d'après les bases des tarifs, aux versements périodiques qu'il leur reste à faire.

33. Un retard d'un an dans le paiement des sommes souscrites pour les versements périodiques, dans les sociétés autres que celles définies par l'avant-dernier paragraphe de l'art. 7, entraîne la déchéance de tous droits au bénéfice de l'association. Le capital des sommes payées reste seul, en cas de survivance, à l'expiration de la société, de l'assuré, sur la tête duquel la souscription repose, la propriété du titulaire, et lui est remis sans intérêts à l'époque de la répartition. Le souscripteur en retard qui reprend ses versements avant le terme d'un an fixé pour la déchéance est tenu d'ajouter au versement arriéré un supplément calculé sur les chances de la mortalité et augmenté d'un intérêt de demi pour cent par mois de retard. La faculté de reprendre les versements, pour éviter la déchéance, cesse, en tous cas, au terme fixé pour l'expiration de la société. La déchéance est acquise contre tout sociétaire dont la mise ne serait pas entièrement versée à cette époque.

34. Tous les contrats étant basés sur la vie, le bénéfice en est subordonné à la justification de l'existence des assurés aux époques déterminées par les statuts de chaque société. Les pièces à fournir à cet effet sont le certificat de vie de l'assuré ou son acte de décès, si l'assuré est mort postérieurement au jour fixé pour donner ouverture aux droits des sociétaires.

35. Dans les sociétés d'accroissement du revenu, les pièces à produire pour chaque assuré, aux termes de l'art. 34, doivent être remises à la compagnie royale dans le mois qui suit l'époque fixée pour l'ouverture de chaque répartition. Les sociétaires qui n'ont pas fait cette production dans ce délai sont déchus de tout droit à la répartition des arrérages échus.

36. Dans les sociétés d'accroissement du capital et dans les sociétés de formation d'un capital par l'accumulation du revenu, les pièces à produire pour chaque assuré, aux termes de l'art. 34, doivent être remises à la compagnie royale dans les six mois qui suivent l'époque fixée pour le terme de la société. Une lettre du directeur est adressée à chaque sociétaire, pour lui rappeler cette obligation, trois mois au moins avant l'expiration du délai ci-dessus fixé. Les sociétaires qui n'ont pas fait cette production dans ce délai sont déchus de tout droit aux fonds à répartir. Néanmoins seront réservés pendant un an, à partir du jour fixé pour le terme de la société, les droits des sociétaires qui auront fait constater la présence hors d'Europe de celui sur la tête duquel repose l'assurance, par la signification à la compagnie royale d'un certificat de vie légalisé par un consul de France dans l'an.

41.

née qui précède le terme de la société. Passé ce délai, ceux qui n'auront pas justifié de l'existence d'un assuré au terme de la société seront déchus de tous leurs droits.

37. Dans les sociétés dont la durée est subordonnée à l'événement d'un certain nombre de décès, le nombre des assurés survivants ou décédés se constate : pour les sociétés d'accroissement du revenu, par les justifications imposées aux sociétaires à l'époque de chaque répartition, comme il est dit à l'art. 35 ; pour les sociétés d'accroissement du capital, par la production, dans les trois derniers mois de chaque année, du certificat de vie de chaque assuré. Les assurés dont le certificat de vie n'est pas produit dans lesdits délais sont considérés comme décédés, et le bénéfice des assurances souscrites sur leur tête est définitivement acquis à la société. Aussitôt que les décès ont atteint le nombre fixé par le contrat pour donner ouverture à la liquidation ou pour déterminer la durée ultérieure de la société, les sociétaires en sont avertis par lettres adressées au domicile élu pour l'exécution du contrat. A partir de ce moment, ils ne sont plus soumis qu'aux justifications prescrites par les art. 35 ou 36, suivant la nature de chaque société, pour constater leur droit aux répartitions. Tous droits sont réservés aux héritiers ou ayants-cause des sociétaires qui ne seraient décédés qu'après que la société serait arrivée à son terme par l'effet de décès antérieurs, à la charge, par lesdits ayants-cause, de justifier de la date des décès dans les délais fixés pour la production des pièces constatant les droits des sociétaires.

38. Tous les délais fixés ci-dessus, pour la justification des droits des sociétaires, sont de rigueur, et produisent leur effet, quant aux déchéances encourues après leur expiration, sans qu'il soit besoin d'aucun autre avertissement ni mise en demeure que la mention qui en est faite dans les polices.

39. Les arrérages des rentes appartenant aux sociétés d'accroissement du capital, sans aliénation du revenu, sont distribués aux ayants-droit dans la quinzaine qui suit l'échéance de chaque semestre de rente.

40. Les arrérages appartenant aux sociétés d'accroissement du revenu, et les fonds de répartition appartenant aux sociétés d'accroissement du capital, lorsqu'elles sont arrivées à leur terme, sont distribués aux ayants-droit dans la quinzaine qui suit l'expiration du délai fixé pour la justification des droits des sociétaires. Le capital des mises versées dans les sociétés d'accroissement du revenu, sans aliénation du capital, est remboursé aux ayants-droit dans le même délai.

41. Dans les sociétés d'accroissement du revenu, les dividendes échus qui, deux ans après l'expiration de la société, n'ont pas été touchés par les ayants-droit, sont déposés, pour leur compte, à la caisse des dépôts et consignations.

42. Si une société s'éteint entièrement, par le décès de tous les assurés ou par la déchéance de tous ses membres, conformément à l'art. 33, avant le temps fixé pour sa durée, les fonds de répartition appartiennent à cette société profitent à l'Etat.

43. En cas de décès d'un sociétaire, ses héritiers ou ayants-cause sont tenus de se faire représenter par un seul d'entre eux pour tous les droits qu'ils peuvent avoir à exercer vis-à-vis de la société. Ils ne peuvent, en aucun cas, faire apposer les scellés sur aucun des registres ou papiers appartenant à son administration.

34

CHAPITRE III. — *Administration des sociétés.*

§ Ier. — *Compagnie royale d'assurances.*

44. Les sociétés mutuelles formées par les soins de la compagnie royale d'assurances sur la vie sont gérées par elle, et participent à toutes les garanties de sa propre administration. Cette gestion a lieu sous la surveillance d'un comité composé de neuf membres, pris parmi les souscripteurs des différentes sociétés, et nommés par l'assemblée générale des souscripteurs.

45. La compagnie royale est responsable de tout versement fait à sa caisse, à Paris, et des versements faits, dans la forme déterminée par l'art. 29, entre les mains de ses agents commissionnés à cet effet.

46. La compagnie royale d'assurances sur la vie ne peut conserver en caisse les fonds provenant des mises sociales. Ces fonds doivent être, dans les huit jours, convertis en rentes sur l'Etat. Les rentes achetées sont inscrites au nom de la compagnie royale d'assurances sur la vie, avec désignation de la société à laquelle elles appartiennent, et avec mention des formalités nécessaires, aux termes des présents statuts, soit pour inscrire et toucher les arrérages, soit pour disposer du capital.

47. Les titres d'inscription de rentes sont déposés dans une caisse à deux clefs, dont l'une est remise au directeur de la compagnie royale, et l'autre au président du comité de surveillance ou à l'un des membres dudit comité délégué à cet effet.

48. Les arrérages des rentes appartenant aux diverses sociétés sont perçus par le directeur de la compagnie royale, sur une quittance revêtue de sa signature et du visa du président ou d'un membre délégué du comité de surveillance. Dans les sociétés d'accroissement du revenu ou dans les sociétés d'accroissement du capital sans aliénation du revenu, une délibération du comité de surveillance arrête l'état de répartition des arrérages perçus entre les ayants-droit, et un membre délégué du comité surveille le paiement des dividendes. Dans les sociétés d'accroissement du capital ou de formation d'un capital, le montant des arrérages doit être employé dans le premier jour de bourse qui suivra la date de la quittance en achat de nouvelles rentes au profit de chaque société. Une délibération du comité de surveillance détermine les mesures à prendre pour assurer l'effet de cette disposition, et un membre délégué dudit comité en surveille l'exécution.

49. A l'expiration de chaque société ou aux époques fixées pour la répartition de tout ou partie du capital, une délibération du comité de surveillance arrête l'état de cette répartition, et la part de chaque ayant-droit lui est payée en un titre de rente inscrit en son nom. Il est transmis, à cet effet, au ministre des finances une ampliation dûment certifiée de la délibération du comité de surveillance, revêtue des signatures de deux membres dudit comité et du directeur de la compagnie royale d'assurances sur la vie. Si le total de la rente à répartir ne peut pas se diviser exactement en inscriptions individuelles, eu égard au nombre des ayants-droit, la portion de rente qui excède le chiffre exactement divisible est vendue, et le produit en est distribué entre les ayants-droit à la caisse de la compagnie royale, sous la surveillance d'un membre délégué du comité de surveillance. Les transferts de rentes sont signés par deux membres du comité de surveillance, et par deux administrateurs et le directeur de la compagnie royale d'assurances sur la vie.

50. La compagnie royale d'assurances pourvoit à tous les frais quelconques d'établissement, de gestion et de surveillance, à l'exception seulement des courtages d'agents de change pour l'achat et la vente des inscriptions de rentes représentant les fonds de chaque société. Ces courtages demeurent à la charge des sociétaires. Pour s'indemniser de toutes ces dépenses, la compagnie royale d'assurances perçoit, en sus des mises sociales, un droit de commission dont la quotité et le mode sont déterminés avant la formation de chaque société, d'accord avec les fondateurs, mais qui ne peut pas excéder cinq pour cent du montant de chaque souscription.

§ II. — *Comité de surveillance.*

51. Le comité de surveillance, composé de neuf membres nommés par l'assemblée générale des souscripteurs, est pris parmi les membres des diverses sociétés. Il est renouvelé en entier tous les trois ans. Les membres sortants peuvent être réélus. Les membres du comité de surveillance ne peuvent rester en fonctions qu'autant qu'ils continuent à faire partie d'une des sociétés. En cas de décès, retraite, démission ou absence prolongée d'un de ses membres, le comité de surveillance pourvoit lui-même à son remplacement provisoire. Lorsque, par l'effet de ces remplacements, le comité de surveillance se trouve réduit à moins de cinq membres nommés par l'assemblée générale, cette assemblée est convoquée pour compléter le comité par des nominations définitives. Le comité de surveillance choisit lui-même, dans son sein, un président et un secrétaire.

52. Le comité de surveillance ne peut délibérer qu'au nombre de trois membres au moins. Les délibérations doivent être prises à l'unanimité, s'il n'y a que trois membres; à la majorité, s'il y en a davantage. En cas de partage, la voix du président est prépondérante. Le directeur de la compagnie royale assiste avec voix consultative aux délibérations du comité de surveillance. Toutes les délibérations du comité de surveillance sont transcrites sur un registre spécial.

53. Le comité de surveillance se réunit toutes les fois qu'il le juge convenable, au siège de la compagnie royale, sur la convocation de son président ou du directeur de la compagnie royale d'assurances. Il se réunit au moins une fois tous les mois. Il prend connaissance des opérations et des comptes.

54. Le comité de surveillance est chargé de veiller à l'exécution des présents statuts dans toutes leurs dispositions, et notamment en ce qui est relatif à la formation des sociétés, à l'emploi de leurs fonds et à leur liquidation. Il constate par une délibération spéciale, comme il est dit à l'article 21, la constitution de chaque société. Il détermine l'espèce de rentes à l'achat desquelles doivent être employés les fonds des diverses associations, à moins que cette désignation n'ait été faite par le contrat. Il arrête la liquidation, soit des arrérages, soit des capitaux de chaque société, et en autorise la répartition entre les ayants-droit.

55. La délibération du comité de surveillance ayant pour objet d'établir la liquidation finale de chaque société, et d'autoriser la répartition de ses fonds, est prise avec le concours des cinq plus forts sociétaires ayant justifié de leurs droits. Les sociétaires absents de Paris peuvent se faire représenter à cette délibération par des mandataires de leur

choix. A défaut, le comité de surveillance appelle, pour les remplacer, les plus forts sociétaires résidant à Paris. Le projet de liquidation est approuvé par le conseil d'administration de la compagnie royale, avant d'être présenté par son directeur au comité de surveillance.

56. Lorsqu'un ou plusieurs membres d'une société, en nombre illimité, pensent qu'il y a lieu à ne plus admettre de nouvelles souscriptions, ils demandent au comité de surveillance une réunion spéciale de tous les sociétaires appartenant à la même société. La convocation est faite, à un mois au moins d'intervalle, par lettres adressées au domicile élu et indiquant l'objet de la réunion. Au jour fixé, les sociétaires présents, en quelque nombre qu'ils se trouvent, réunis au comité de surveillance, décident, à la majorité absolue, si la société continuera ou non d'admettre de nouveaux membres, et si elle se mettra en liquidation.

§ III.— *Assemblée générale.*

57. L'assemblée générale se compose du plus fort souscripteur de chaque société, au nombre de soixante membres au moins. S'il existe moins de soixante sociétés, ce nombre est complété par l'appel successif des souscripteurs qui, dans chacune d'elles, occupent le rang subséquent, en suivant, pour chaque tour d'appel, l'ordre d'ancienneté des associations. Les souscripteurs qui n'ont pas l'administration de leurs biens, sont valablement représentés à l'assemblée générale par les personnes chargées de cette administration.

58. L'assemblée générale représente l'universalité des intérêts ; ses décisions, régulièrement prises, sont obligatoires pour tous.

59. L'assemblée générale est régulièrement constituée par la présence de quarante des membres qui doivent la composer. Dans le cas où une première réunion ne présente pas ce nombre, l'assemblée est convoquée de nouveau à quinze jours d'intervalle, et elle est alors régulièrement constituée quel que soit le nombre des membres présents ; mais la délibération ne peut porter que sur les objets qui se trouvaient à l'ordre du jour de la première réunion. Les délibérations de l'assemblée générale sont prises à la simple majorité des membres présents. L'assemblée choisit elle-même son bureau, qui se compose d'un président, d'un secrétaire et de deux scrutateurs. La nomination, soit du bureau, soit des membres du comité de surveillance, se fait par scrutin de liste à la majorité relative des suffrages exprimés. Jusqu'à la constitution du bureau, l'assemblée générale est présidée par le président du comité de surveillance. Le président provisoire désigne les secrétaire et scrutateurs provisoires.

60. L'assemblée générale se réunit tous les trois ans, dans la dernière quinzaine du mois d'avril, pour nommer les membres du comité de surveillance et pour entendre les rapports du directeur de la compagnie royale et du comité de surveillance sur les opérations des années précédentes et la situation des différentes sociétés. Elle peut être convoquée extraordinairement, soit par le directeur de la compagnie royale, soit par le comité de surveillance. Les convocations ont lieu par lettres adressées au domicile élu et par un avis inséré, quinze jours au moins à l'avance, dans un des journaux désignés par le tribunal de commerce de Paris pour recevoir les annonces judiciaires.

61. Une première réunion de l'assemblée générale, à l'effet de constituer le comité de surveillance,

aura lieu aussitôt que quarante souscriptions auront été reçues pour une ou plusieurs des sociétés qui font l'objet des présents statuts. L'assemblée se composera pour cette fois de tous les souscripteurs. Les autres dispositions des art. 58 et 59 lui demeurent du reste applicables.

62. Jusqu'à ce que le comité de surveillance se trouve constitué, la compagnie royale est autorisée à faire tous les actes nécessaires pour la formation des sociétés et l'emploi de leurs fonds en achats de rentes, à la charge de faire régulariser par le comité de surveillance les opérations provisoires antérieures à sa constitution.

CHAPITRE IV. — *Dispositions générales.*

63. Toutes les contestations qui pourraient s'élever sur l'exécution des présents statuts seront jugées, quels que soient le nombre et la qualité des parties intéressées, par trois arbitres sur le choix desquels les parties devront s'entendre dans le délai de huitaine, à défaut de quoi ils seront nommés par le président du tribunal de première instance du département de la Seine, à la requête de la partie la plus diligente. Les arbitres jugeront en dernier ressort et comme amiables compositeurs.

64. Les changements qu'il pourrait y avoir lieu de faire aux présents statuts ne pourront être opérés que d'un commun accord entre la compagnie royale d'assurance sur la vie et l'assemblée générale des souscripteurs. Ces changements seront soumis à l'approbation du gouvernement et ne seront exécutoires qu'après cette approbation.

65. En cas de non exécution des statuts et dans tout autre cas de faits graves dans la gestion de la compagnie royale, l'assemblée générale peut, sur la proposition du comité de surveillance et par une délibération motivée, demander au gouvernement la révocation de l'autorisation accordée à cette compagnie. L'assemblée générale n'est régulièrement constituée, pour cette délibération, que par la présence des deux tiers de ses membres. Si l'autorisation est révoquée, il sera pourvu à l'administration des sociétés par une délibération de l'assemblée générale, sous l'approbation du gouvernement.

1er AOUT = 23 SEPTEMBRE 1841. — Ordonnance du roi portant autorisation de la compagnie agricole de Lambus (Pas-de-Calais). (IX, Bull. supp. DLX, n. 15870.)

Louis-Philippe, etc., sur le rapport de notre ministre secrétaire d'Etat de l'agriculture et du commerce ; vu les art. 29 à 37, 40 et 45 du Code de commerce ; notre conseil d'Etat entendu, etc.

Art. 1er. La société anonyme formée à Lambus, commune de Mouriez, canton d'Hesdin, arrondissement de Montreuil, département du Pas-de-Calais, sous la dénomination de *Compagnie agricole de Lambus*, est autorisée. Sont approuvés les statuts de ladite société, tels qu'ils sont contenus dans l'acte passé, le 25 juin 1841, par-devant Me Terouanne et son collègue, notaires à Hesdin, lequel acte restera annexé à la présente ordonnance.

2. Nous nous réservons de révoquer notre autorisation en cas de violation ou

de non exécution des statuts approuvés, sans préjudice des droits des tiers.

3. La société sera tenue de remettre tous les six mois un extrait de son état de situation au ministère de l'agriculture et du commerce, au préfet du département du Pas-de-Calais, à la chambre de commerce de Boulogne et au greffe du tribunal de commerce de Montreuil.

4. Notre ministre de l'agriculture et du commerce (M. Cunin-Gridaine) est chargé, etc.

TITRE Iᵉʳ. — *Fondation et but de la société.*

Art. 1ᵉʳ. La société se constitue sous la forme anonyme, sauf l'approbation du gouvernement, et sous la dénomination de *Compagnie agricole de Lambus.*

2. Le siège de la société est établi audit Lambus, commune de Mourriez, canton d'Hesdin, arrondissement de Montreuil-sur-Mer, département du Pas-de-Calais.

3. La société a pour objet l'exploitation de la ferme de Lambus, ainsi que de toutes ses dépendances, dans lesquelles sont compris la fabrique de sucre indigène et les moulins à blé et à huile, et l'établissement d'une école rurale. M. Ducroquet, l'un des comparants, s'engage à louer à la société, pour vingt années, aux clauses et conditions ordinaires, et moyennant la somme annuelle de sept mille francs, la ferme de Lambus et ses dépendances.

4. La durée de la société est fixée à vingt années, qui commenceront à partir de l'ordonnance royale d'autorisation.

TITRE II. — *Du fonds social et des actions.*

5. Le fonds social est de cent mille francs.

6. Le capital de la société est divisé en cent actions de mille francs, donnant droit chacune à un centième de la propriété du fonds social et des bénéfices éventuels de la société. Les cent actions ci-dessus créées sont souscrites par les comparants dans les proportions suivantes, tant pour eux que pour les personnes dont ils ont charge et pouvoir.
(*Suivent les noms.*)

7. Les actions sont extraites d'un registre à talon et à souche. Elles seront nominatives et pourront être au porteur après leur paiement intégral et si l'actionnaire le demande. Elles seront signées par les administrateurs. Elles portent des numéros d'ordre.

8. Il sera versé un cinquième du prix des actions dans le mois qui suivra l'ordonnance approbative des présents statuts, et les autres cinquièmes après que l'exploitation sera commencée et aux époques qui seront fixées par le conseil d'administration. Tout souscripteur est responsable du prix de l'action. A défaut de verser les cinquièmes exigibles dans le mois de l'avis qui lui en sera donné par le conseil d'administration, il sera mis en demeure, et, après un délai de huitaine, l'action sera vendue publiquement et aux enchères, par le ministère du notaire de la société, sans préjudice des poursuites qui pourraient être exercées contre le souscripteur pour le restant des sommes dont il serait débiteur; l'excédant, s'il y en a, lui sera remis.

9. Il ne pourra être délivré de titres d'actions négociables aux souscripteurs qu'après leur libération; jusque-là il ne sera délivré que de simples promesses nominatives. Les conditions et statuts de la présente société obligent et suivent l'action dans quelques mains qu'elle passe. Le transfert de l'action vaudra, de la part du preneur, adhésion aux présents statuts.

10. La cession d'une action au porteur s'opère par la tradition du titre; celle des actions nominatives, par une déclaration du transfert inscrite sur les registres et signée de celui qui fait le transfert ou d'un fondé de pouvoirs.

11. Les associés ne sont passibles que de la perte du montant de leur intérêt dans la société.

12. Les actions sont indivisibles, et si, par une cause quelconque, plusieurs personnes se trouvaient propriétaires d'une action, elles seront tenues de se faire représenter par une seule d'entre elles. En cas de décès ou de faillite d'un actionnaire, ses héritiers ou ayants-cause seront tenus également de se faire représenter par un seul fondé de pouvoirs pendant l'indivision de l'héritage ou la liquidation de la faillite. Les héritiers ou ayants-cause d'un actionnaire ne pourront exiger aucun inventaire extraordinaire, faire apposer aucun scellé, ni provoquer aucune licitation, et devront s'en rapporter aux comptes annuels approuvés par l'assemblée générale, comme leur auteur aurait été tenu de le faire.

TITRE III. — *De l'administration de la société.*

13. Les affaires de la société seront gérées par un conseil d'administration composé de cinq membres nommés en assemblée générale, au scrutin secret et à la majorité absolue des voix.

14. Les membres de ce conseil sont nommés pour cinq ans et renouvelés par cinquième chaque année; pour les quatre premiers renouvellements, le sort désignera les membres sortants. Ils seront toujours rééligibles.

15. Si, pendant la durée de son exercice, un administrateur est dans le cas de cesser ses fonctions pour quelque cause que ce soit, il sera, par les administrateurs restants, pourvu à son remplacement provisoire jusqu'à la plus prochaine assemblée générale, qui procédera au remplacement définitif. Le nouveau membre prendra le rang d'ancienneté du membre remplacé.

16. Les administrateurs nomment leur président et leur vice-président. Dans toute délibération, les voix se compteront par tête, sans égard au nombre des actions; en cas de partage, la voix du président l'emportera. Le conseil d'administration se réunira au moins une fois par mois; il se réunira en outre, lorsque les affaires de la société l'exigeront, sur la convocation du président. Trois administrateurs présents suffiront pour la validité des délibérations. Les délibérations seront signées par les membres présents.

17. Les fonctions des administrateurs sont gratuites.

18. Les administrateurs feront à chaque assemblée générale un rapport sur tout ce qu'ils auront à lui proposer, et présenteront le compte des recettes et dépenses de l'année. Ils nommeront et révoqueront les employés, sur la proposition du directeur; ils fixeront le traitement de tout employé et agent de l'administration. Les actes judiciaires et extrajudiciaires concernant la société, soit activement, soit passivement, seront faits au nom de la société, à la diligence et poursuite des administrateurs, auxquels est donné pouvoir de

transiger ou compromettre dans toutes les affaires.

19. Outre les administrateurs, la société a un directeur de l'exploitation, et, si elle le juge convenable, un directeur-adjoint.

20. Le directeur est chargé de régir, sous la surveillance du conseil d'administration, toutes les opérations de la société. Le traitement fixe ou éventuel qui lui sera attribué sera réglé par l'assemblée générale, sur la proposition du conseil d'administration.

21. La société nommera le directeur et le directeur-adjoint en assemblée générale, à la majorité absolue des suffrages, et sur la présentation de candidats faite par le conseil d'administration; ils ne pourront être révoqués que sur la proposition du même conseil, et par délibération prise en assemblée générale et dans la même forme.

22. Le directeur et le directeur-adjoint devront fournir chacun un cautionnement de dix actions; ces actions seront déposées dans la caisse de la société pendant toute la durée de la gestion, et seront frappées d'une mention d'inaliénabilité.

TITRE IV. — Des assemblées générales des actionnaires.

23. Les actionnaires se réuniront en assemblée générale au siége de la société, à Lambus, le lundi qui suivra le 1er septembre, à midi, de plein droit et sans qu'il soit besoin de convocation; néanmoins le conseil d'administration devra le rappeler aux actionnaires par lettres missives et insertions dans les journaux du département. L'assemblée sera présidée par un membre désigné par le conseil d'administration.

24. Pour être apte à délibérer, l'assemblée devra représenter, tant par les membres présents que par leurs commettants, la moitié plus une des actions. Dans le cas où une première assemblée ne présenterait pas cette somme, une seconde assemblée aura lieu à la quinzaine suivante. Cette assemblée sera compétente et délibérera valablement à la majorité, quel que soit le nombre des membres présents, mais seulement sur les affaires à l'ordre du jour de la première réunion et indiquées par les lettres de convocation.

25. Dans chacune de ces assemblées annuelles, le conseil d'administration fera un rapport circonstancié sur les recettes et les dépenses, sur l'emploi de l'excédant des recettes, et enfin sur la situation de la société. Après avoir entendu ce rapport, l'assemblée fixera le dividende à répartir, s'il y a lieu, et statuera sur les propositions qui lui seront faites par le conseil d'administration. Il sera prélevé sur les bénéfices nets de la société un quart pour former un fonds de réserve, jusqu'à ce que le fonds soit égal à un cinquième du capital social. Le reste des bénéfices sera réparti par égale portion entre toutes les actions. Il sera fait chaque année un inventaire indiquant toutes les valeurs actives et passives de la société et sa situation exacte. Cet inventaire sera dressé par le directeur et visé par le conseil d'administration.

26. Le conseil d'administration pourra convoquer dans les mêmes règles et sous les mêmes formes des assemblées générales extraordinaires toutes les fois qu'il le jugera nécessaire.

27. Les délibérations de l'assemblée générale, hors le cas où les présents statuts en disposent autrement, sont prises à la majorité des actions présentes ou représentées; cependant nul ne peut avoir plus de cinq suffrages, quel que soit le nombre d'actions dont il soit porteur ou qu'il représente.

TITRE V. — Des contestations.

28. Toute contestation, soit entre les actionnaires et la société, soit entre les actionnaires individuellement, pour raison de la présente société, sera jugée par trois arbitres qui rendront leurs décisions à la majorité. Les deux premiers arbitres seront nommés par les parties contendantes et le troisième sera nommé par les deux premiers. Le demandeur nommera son arbitre dans une signification qui expliquera l'objet du litige, et, dans la huitaine suivante, le défendeur sera tenu de choisir et de faire connaître son arbitre : s'il ne satisfait pas à cette obligation, le choix appartiendra au président du tribunal de commerce, qui nommera aussi d'office le troisième arbitre, si les deux premiers ne peuvent s'accorder sur le choix. Les mémoires et pièces seront remis sous quinze jours aux arbitres, qui devront prononcer leur jugement dans le plus bref délai. Les arbitres prononceront comme amiables compositeurs; leur sentence sera définitive, non sujette appel, pourvoi en cassation, requête civile ou autre recours.

TITRE VI. — Des modifications ou de la dissolution de la société.

29. L'assemblée générale des actionnaires, convoquée spécialement, pourra modifier les dispositions du présent acte de société dont l'expérience lui aura fait connaître le vice ou l'insuffisance; ses décisions devront être prises à la majorité des trois quarts des voix des actions présentes ou représentées, et de la moitié plus une de toutes les actions existantes. Elles ne seront exécutoires qu'après l'approbation du gouvernement.

30. La société sera dissoute de plein droit par l'expiration des vingt années pour lesquelles elle est formée. Elle sera également dissoute en cas de perte de moitié du capital social. Hors de ce cas, elle ne pourra être dissoute que sur la proposition du conseil d'administration, adoptée par l'assemblée générale, à la majorité des trois quarts des voix des actions présentes ou représentées et de la moitié plus une de toutes les actions.

---

23 AOUT = 23 SEPTEMBRE 1841. — Ordonnance du roi portant autorisation de l'établissement d'associations tontinières formé à Paris sous la dénomination de *Caisse des Ecoles et des Familles.* (IX, Bull. supp. DLX, n. 15875.)

Louis-Philippe, etc., sur le rapport de notre ministre secrétaire d'Etat de l'agriculture et du commerce; vu l'avis du conseil d'Etat approuvé par l'empereur le 1er avril 1809, inséré au Bulletin des Lois, et portant qu'aucune association de la nature des tontines ne peut être établie sans une autorisation spéciale, donnée par Sa Majesté dans la forme des réglements d'administration publique; vu la lettre de notre ministre des finances en date du 15 février 1841; notre conseil d'Etat entendu, etc.

Art. 1er. L'établissement d'associations tontinières formé à Paris sous la dénomination de *Caisse des Écoles et des Familles*, sociétés d'assurances mutuelles sur la vie, est autorisé. Sont approuvés les statuts dudit établissement, tels qu'ils sont contenus dans les actes passés, les 12 et 19 août 1841, devant Me Boudin de Vesvres et son collègue, notaires à Paris, lesquels actes resteront annexés à la présente ordonnance. La présente autorisation n'aura d'effet que pour l'avenir et ne pourra, en aucune manière, s'appliquer aux opérations antérieures à ce jour.

2. Le cautionnement à fournir par le directeur de la caisse des écoles et des familles, aux termes des statuts, sera déposé à la caisse des dépôts et consignations avant la mise en activité de l'établissement. Aux époques fixées d'après les statuts pour la répartition, entre les membres des associations tontinières formées par l'établissement, de tout ou partie du capital desdites associations, les parts revenant aux ayants-droit leur seront remises en titres de rentes inscrites au nom de chacun d'eux, comme il est dit à l'art. 53 desdits statuts.

3. L'établissement sera tenu de remettre tous les six mois, au ministère de l'agriculture et du commerce, au préfet du département de la Seine et au préfet de police, à la chambre de commerce et au greffe du tribunal de commerce de Paris, un extrait de l'état de sa situation, ainsi que de celles des différentes associations qu'il est autorisé à former et à administrer. Il devra, en outre, adresser tous les ans, à notre ministre de l'agriculture et du commerce, sur ses opérations, un rapport détaillé contenant tous les renseignements propres à faire apprécier la nature et les effets des associations formées par ses soins.

4. Les opérations de l'établissement seront d'ailleurs soumises à une surveillance spéciale dont le mode sera ultérieurement déterminé, et dont les frais seront supportés par la Caisse des écoles et des familles jusqu'à concurrence d'une somme de *deux mille francs*.

5. Nous nous réservons de révoquer notre autorisation, sans préjudice des droits des tiers, en cas de violation ou de non exécution des statuts approuvés, et en cas de plaintes graves contre la gestion de l'établissement. Nous nous réservons, en outre, d'ordonner tous les cinq ans, à partir de la date de la présente ordonnance, la révision générale des statuts.

6. Nos ministres de l'agriculture et du commerce, et des finances (MM. Cunin-Gridaine et Humann) sont chargés, etc.

CHAPITRE Ier. — *But de l'établissement, objet et nature des associations.*

Art. 1er. Il est créé, sous la domination de *Caisse des Écoles et des Familles*, un établissement ayant pour but la formation et l'administration de sociétés d'assurances mutuelles de deux sortes; 1° en cas de survie; 2° en cas de mort.

2. Ces sociétés sont de cinq espèces, savoir: 1° sociétés d'accroissement du capital avec aliénation du revenu; 2° sociétés d'accroissement du capital sans aliénation du revenu; 3° sociétés d'accroissement du revenu sans aliénation du capital; 4° sociétés d'accroissement du revenu avec aliénation du capital; 5° sociétés de formation d'un capital par l'accumulation du revenu sans aliénation du capital des mises.

3. Dans chacune de ces sociétés, la souscription peut être faite, soit au profit du souscripteur lui-même, soit au profit d'un tiers; elle peut reposer sur la tête du souscripteur ou sur la tête d'un tiers; à la charge par celui qui contracte sur la tête ou au profit d'un tiers, de justifier du consentement de ce tiers ou de celui des parents, maris ou tuteurs, pour les personnes inhabiles à contracter. L'individu sur la tête duquel l'assurance repose se nomme assuré: l'individu appelé à en recueillir le bénéfice est seul sociétaire. Le souscripteur est sociétaire toutes les fois que l'assurance n'est pas stipulée expressément au profit d'un tiers.

4. Dans les sociétés destinées à pourvoir aux frais d'éducation, les fonds mis en commun s'accumulent en capital et en intérêts, jusqu'à ce que tous les assurés aient atteint, soit l'âge de dix ans, soit celui de dix-huit ans. Les assurés sont admissibles depuis leur naissance jusqu'à neuf ans dans le premier cas, et jusqu'à dix-sept dans le second. Les assurés concourant ensemble doivent être nés dans la même année. Le capital et les intérêts cumulés des fonds mis en commun se répartissent, à partir de l'époque fixée pour chaque société, en un certain nombre d'annuités déterminé d'avance par le contrat. Le nombre des annuités de partage est de trois ans au moins et de huit ans au plus; il doit être le même pour tous les membres de la même société. Les sociétaires qui justifient, à l'époque de chaque répartition annuelle, de l'existence des assurés sur la tête desquels leur souscription repose, sont seuls admis à y prendre part.

5. Dans les sociétés d'accroissement du capital avec aliénation du revenu, le revenu des mises s'accumule, avec le capital, jusqu'à une époque à laquelle la totalité du produit composé est répartie entre les sociétaires qui justifient de l'existence des assurés sur la tête desquels leurs souscriptions reposent. Il peut, en outre, être formé des sociétés d'accroissement de capital avec aliénation de revenu, à l'expiration desquelles le capital des mises, accru du capital provenant de l'accumulation des intérêts, est exclusivement réparti entre les ayants-droit des sociétaires qui justifient du décès de l'assuré.

6. Dans les sociétés d'accroissement du capital sans aliénation de revenu, les arrérages des mises sociales sont, jusqu'au terme de l'association, servis chaque année aux souscripteurs ou à leurs ayants-droit; mais, à l'expiration de la société, le capital des mises est réparti entre les seuls sociétaires ou leurs ayants-cause qui justifient, selon les cas, de l'existence ou du décès des individus sur la tête desquels les assurances reposent, le capital des sociétaires qui ont fait cette justification s'accroissant

ainsi des parts afférentes à ceux qui ne l'ont pas faite.

7. Dans les sociétés d'accroissement de revenu sans aliénation de capital, le revenu des mises sociales est seul réparti entre les sociétaires qui justifient, aux époques déterminées par la police, de l'existence des assurés sur la tête desquels leurs souscriptions reposent. Le capital versé est remis en totalité, à l'expiration de chaque société, ou par partie, à des époques déterminées, aux souscripteurs ou à leurs ayants-cause.

8. Dans les sociétés d'accroissement de revenu avec aliénation de capital, le capital et le revenu cumulés des mises sociales sont répartis, par annuités, à des époques déterminées, entre les sociétaires qui justifient de l'existence des individus sur la tête desquels leur souscription repose.

9. Dans les sociétés de formation d'un capital par l'accumulation du revenu sans aliénation du capital, l'intérêt produit par les mises sociales s'accumule de semestre en semestre, jusqu'au terme de la société ; à l'expiration de la société, le capital des mises retourne aux souscripteurs ou à leurs ayants-droit, et le capital formé par l'accumulation du revenu est réparti entre les sociétaires qui justifient, suivant les cas, de l'existence ou du décès des individus sur la tête desquels leur assurance repose.

10. Les fonds de chaque association sont gérés séparément, et ne se confondent, à aucun égard, avec ceux des autres associations.

11. Les diverses sociétés ci-dessus définies peuvent être formées au moyen d'assurances constituées sur des têtes du même âge ou sur des têtes d'âges différents.

12. L'établissement s'interdit toute opération qui n'a point pour objet la formation ou l'administration desdites sociétés. Il est géré par un directeur, sous le contrôle d'un conseil de surveillance choisi par l'assemblée générale des souscripteurs.

13. Le siège de l'établissement des sociétés formées par ses soins est à Paris. Chaque souscripteur est tenu, de son côté, d'élire à Paris, ou dans les villes où seraient établies des succursales, un domicile auquel seront valablement adressées toutes communications ou signifiés tous actes judiciaires ou extrajudiciaires relatifs à l'exécution du contrat. Le domicile élu au moment de la souscription demeure valable pour le souscripteur, le sociétaire et leurs ayants-droit, jusqu'à ce qu'ils en aient fait connaître un autre à l'administration centrale, à Paris. La société ne reconnaît qu'un seul domicile pour tous les ayants-droit d'un sociétaire ; ceux-ci sont tenus de s'entendre à cet effet.

CHAPITRE II. — Formation et effet des sociétés.

14. Nul ne peut être souscripteur, s'il n'est habile à contracter. Le directeur, d'accord avec le conseil de surveillance, a le droit de refuser toute souscription, sans être tenu de faire connaître les motifs de ce refus.

15. La première souscription reçue pour chaque société en détermine les conditions dans les limites des présents statuts. Un registre est immédiatement ouvert pour recevoir les souscriptions ultérieures.

16. Le nombre des sociétaires est illimité, mais aucune société ne peut être constituée avec moins de dix membres. Si le nombre des souscriptions reçues pour une même société n'atteint pas ce minimum dans le délai d'un an à partir de la première, elles sont annulées.

17. Si le décès d'un des assurés est dénoncé à la direction avant la dixième souscription, la société n'est constituée qu'après que le minimum de dix membres a été complété par de nouvelles souscriptions dans le délai déterminé par l'art. 16. Les notifications de décès sont inscrites, à leur date, sur le registre ouvert pour les souscriptions.

18. Lorsque dix souscriptions sont réunies pour une même société, sans que le décès d'aucun des assurés ait été dénoncé à l'administration, il en est aussitôt donné avis aux souscripteurs, au domicile par eux élu pour l'exécution du contrat ; et si, dans les quinze jours de cet avertissement, il n'est pas dénoncé à la direction de décès antérieur à l'époque où la dixième souscription a été reçue, la société est constituée, et tous les engagements deviennent définitifs.

19. Le premier souscripteur peut exiger, pour la constitution de la société, un nombre supérieur à dix ; dans ce cas, les dispositions des art. 16, 17 et 18 s'appliquent au minimum fixé par le souscripteur.

20. La constitution de chaque société est constatée par une délibération spéciale du conseil de surveillance ; les procès-verbaux de ces délibérations sont tous inscrits à leur date, au fur et à mesure de la constitution de chaque société, sur un seul et même registre.

21. L'engagement du souscripteur envers la société, et de la société envers le souscripteur, est constaté par une police signée en double par le souscripteur et par le directeur. Au dos de la police, sont transcrits littéralement tous les articles des présents statuts. La police contient les nom, prénoms et demeure du sociétaire, s'il est autre que le souscripteur ; les nom, prénoms, demeure, lieu et date de naissance de l'assuré ; le montant de la mise ; l'objet, les conditions, la durée et la désignation précise de la société à laquelle la souscription se rapporte ; les délais prescrits et les pièces à produire pour la justification des droits du sociétaire aux répartitions ; le domicile élu pour l'exécution du contrat.

22. Toute inexactitude dans les pièces produites ou dans les déclarations relatives à l'âge de l'assuré, qui aurait pour but et pour effet de changer les conditions de l'assurance au préjudice des autres sociétaires, entraîne la déchéance de tout droit au bénéfice de l'association. Le sociétaire ou ayant-droit qui a encouru cette déchéance ne reçoit, au terme de la société, dans le cas où il remplirait d'ailleurs les conditions prévues par le contrat pour prendre part audit bénéfice, que le capital des sommes qu'il a fournies.

23. Quand les assurés sont du même âge, et les souscriptions faites à la même époque, les sociétaires participent aux bénéfices éventuels de l'assurance au prorata de leurs mises effectives. Sont réputés du même âge les assurés nés inclusivement du 1er janvier au 31 décembre de la même année.

24. Quand les assurés sont d'âges différents, ou quand les souscriptions sont faites successivement, l'égalité des chances se rétablit entre les sociétaires par des différences proportionnelles dans la mise, suivant les règles ci-après ; dans ce cas, les sociétaires participent aux bénéfices éventuels de l'assurance, au prorata de leurs mises, ramenées au taux de l'égalité proportionnelle.

25. S'il s'agit de compenser des différences d'âge, les différences proportionnelles dans la mise sont

calculés en raison des probabilités de vie à l'âge de chaque assuré, d'après les tables de mortalité de Deparcieux.

26. S'il s'agit de compenser la plus-value acquise à des mises déjà versées par l'effet des décès qui ont pu survenir et de l'accumulation du revenu, les différences proportionnelles de la mise sont calculées par suppléments mensuels, en raison des chances de mortalité déduites de la table de Deparcieux, et suivant la moyenne du taux des intérêts produits par les fonds déjà versés ; cette moyenne est fixée, à la fin de chaque année, par le conseil de surveillance ; et reste la même pour toute l'année suivante ; elle ne peut comprendre de fractions inférieures à un demi pour cent. Un exemplaire des tarifs, rédigé en vertu du présent article et de l'art. 25, sera adressé au gouvernement.

27. Les mises sociales peuvent être soldées, soit en un seul versement, soit en versements annuels. Les souscripteurs au comptant font leurs versements contre la remise de la police. Les souscripteurs par annuités s'engagent à en effectuer le versement le 1er janvier de chaque année. Tous les versements reçus par l'administration sont enregistrés, à leur date, sur un livre de caisse visé et paraphé par l'un des membres du conseil de surveillance.

28. Les souscripteurs par annuités peuvent toujours se libérer par anticipation, en versant au comptant les sommes équivalentes, d'après les bases des tarifs, aux annuités qu'il leur reste à payer. Le décès de l'assuré libère le souscripteur par annuités de tout versement postérieur au décès.

29. Un retard d'un an dans le paiement d'une annuité entraîne la déchéance de tout droit aux bénéfices de l'association. Le capital des sommes payées reste seul, en cas de survivance de l'assuré au terme de la société, la propriété du sociétaire, et lui est remis sans intérêt à l'époque de la répartition. Le souscripteur en retard, qui reprend ses versements avant le terme fixé pour la déchéance, est tenu d'ajouter au versement arriéré un supplément calculé sur les chances de la mortalité, et augmenté d'un intérêt d'un demi pour cent pour chaque mois de retard. La faculté de reprendre les versements pour éviter la déchéance cesse, en tout cas, au terme fixé pour la production des pièces relatives à la répartition ; la déchéance est acquise contre tout sociétaire dont la mise ne serait pas entièrement versée à cette époque, lors même que la répartition n'aurait pas encore eu lieu.

30. Lorsqu'un ou plusieurs souscripteurs pensent qu'il y a lieu de ne plus recevoir de nouvelles souscriptions pour la société à laquelle ils appartiennent, ils peuvent adresser au conseil de surveillance l'invitation de convoquer tous les membres de cette société. La convocation est faite par lettres à un mois de date ; et, au jour déterminé, les souscripteurs, réunis sous la présidence du président du conseil de surveillance, décident à la majorité des membres présents, si l'association doit être close.

31. Tous les contrats étant basés sur la vie ou sur la mort des assurés, le bénéfice en est subordonné à la justification de l'existence ou du décès des assurés aux époques déterminées par la police pour chaque société.

32. Dans les sociétés d'accroissement de revenu, les pièces à produire pour chaque associé, aux termes de l'art. 31, doivent être remises à la direction dans les trois mois qui suivent l'époque fixée pour l'ouverture de la répartition. Les sociétaires

qui n'ont pas fait cette production dans ce délai sont déchus de tout droit à la répartition des arrérages échus.

33. Dans les sociétés d'accroissement de capital, et dans les sociétés de formation d'un capital par l'accumulation du revenu, les pièces à produire pour chaque assuré, aux termes de l'art. 31, doivent être remises à la direction dans les six mois qui suivent l'époque fixée pour le terme de la société ; les sociétaires ou leurs ayants-cause qui n'ont pas pu faire cette production dans ce délai sont déchus de tous droits aux fonds à répartir. Une lettre du directeur, contresignée par un membre délégué du conseil de surveillance, est adressée à chaque sociétaire, trois mois au moins avant l'expiration de ce délai, pour lui rappeler cette obligation.

34. Néanmoins, seront réservés pendant un an, à partir du jour fixé pour le terme de la société, les droits des sociétaires qui auront fait constater la présence ou la mort hors de l'Europe, suivant les cas, de celui sur la tête duquel repose l'assurance, par la signification d'un certificat de vie ou de mort légalisé par un consul de France dans l'année qui précède le terme de la société ; passé ce délai, ceux qui n'auront pas justifié de l'existence de l'assuré ou du décès, au terme de la société, seront déchus de tous leurs droits.

35. Dans les sociétés d'accroissement de revenu, les justifications imposées aux sociétaires à l'époque de chaque répartition sont celles indiquées à l'art. 32. Dans les sociétés d'accroissement de capital, les justifications s'opèrent par la production , dans les trois derniers mois de chaque année, des certificats de vie ou décès, selon les cas, de chaque assuré. Les assurés dont le certificat de vie ou décès n'est pas produit dans lesdits délais sont considérés comme décédés ou survivants, et le bénéfice des assurances souscrites sur leurs têtes est définitivement acquis à la société. Tous droits sont réservés aux héritiers ou ayants-cause des sociétaires qui ne seraient décédés qu'après que la société serait arrivée à son terme par l'effet de décès antérieurs , à la charge, par lesdits ayants-cause, de justifier de la date des décès dans les délais fixés pour la production des pièces constatant les droits des sociétaires.

36. Tous les délais fixés ci-dessus pour la justification des droits des sociétaires sont de rigueur, et produisent leur effet, quant aux déchéances encourues après leur expiration, sans qu'il soit besoin d'aucun acte de mise en demeure ou d'autre avertissement que la mention qui en est faite dans la police.

37. Les arrérages des rentes appartenant aux sociétés d'accroissement de capital, sans aliénation du revenu, sont distribués aux ayants-droit dans la quinzaine qui suit l'échéance de chaque semestre de rente.

38. Les arrérages appartenant aux sociétés d'accroissement de revenu, et les fonds de répartition appartenant aux sociétés d'accroissement de capital, lorsqu'elles sont arrivées à leur terme, sont distribués aux ayants-droit dans la quinzaine qui suit l'expiration du délai fixé pour la justification des droits des sociétaires. Le capital des mises versées dans les sociétés d'accroissement de revenu sans aliénation de capital est distribué aux ayants-droit dans ce même délai.

39. Dans les sociétés d'accroissement de revenu les dividendes échus qui, deux ans après l'expiration de la société, n'ont pas été touchés par les ayants-droit, sont déposés pour leur compte à la caisse des dépôts et consignations.

40. Si une société s'éteint entièrement par le décès de tous ses assurés ou par la déchéance de tous ses membres, avant le terme fixé pour sa durée, les fonds de répartition appartiennent à cette société profitent à l'État.

41. En cas de décès d'un sociétaire, ses héritiers ou ayants-cause sont tenus de se faire représenter par un seul d'entre eux pour tous les droits qu'ils peuvent avoir à exercer vis-à-vis de la société ; ils ne peuvent, en aucun cas, faire apposer les scellés sur aucun des registres ou papiers appartenant à son administration.

CHAPITRE III. — Administration des sociétés.

42. M. Léon de Jouvenel, fondateur de l'établissement, en est le directeur. Il peut s'adjoindre pour la gestion un codirecteur et tels mandataires qu'il jugera convenable ; il est responsable de leurs actes comme des siens propres. Le directeur réside à Paris. Il a sous ses ordres des agents dans les départements, qu'il nomme et peut révoquer. Ces agents doivent fournir un cautionnement dont la quotité est déterminée par le conseil de surveillance.

43. En cas de non exécution des statuts, et dans tout autre cas de faute grave contre le directeur, l'assemblée générale, sur la proposition du conseil de surveillance, et à la majorité des deux tiers des voix sur au moins soixante membres présents, peut, par une délibération motivée, prononcer sa révocation.

44. En cas de retraite du directeur pour toute autre cause que la révocation, il a, pendant trois mois, la faculté de présenter un successeur, lequel, toutefois, ne peut entrer en fonction qu'après avoir été agréé par l'assemblée générale, sur le rapport du conseil de surveillance. En cas de décès du directeur, ses héritiers ont, pendant trois mois, la même faculté. Pendant ce délai, le conseil de surveillance pourvoit à l'administration des sociétés par la nomination d'un directeur provisoire, dont le traitement est imputable sur les frais d'administration à la charge du directeur. En cas de révocation du directeur, ou s'il se retire sans présenter de successeur, ou si les successeurs présentés n'ont pas été agréés, il est pourvu à l'administration des sociétés et de l'établissement par une délibération de l'assemblée générale, sous l'approbation du gouvernement, comme il est dit en l'article précédent, jusqu'à la nomination du directeur définitif par l'assemblée générale.

45. Dans aucun cas, les héritiers ou ayants-droit du directeur ne pourront faire apposer les scellés sur les registres, papiers et bureaux de l'administration.

46. L'administration du directeur est garantie, outre sa responsabilité personnelle, par un cautionnement de cinq mille francs de rente trois pour cent, dont le titre, inscrit au nom de la Caisse des écoles et des familles, est déposé à la caisse des dépôts et consignations. Lorsque le montant des versements, arrérages et encaissements de toute espèce faits par la direction dans le cours d'une année aura dépassé la somme d'un million, le cautionnement du directeur s'accroîtra progressivement dans la proportion de mille francs de rente trois pour cent pour chaque augmentation de deux cent mille francs dans la totalité des encaissements annuels, jusqu'au maximum de vingt-cinq mille francs de rentes, après lequel le cautionnement ne sera plus passible d'aucune augmentation. Les diminutions qui pourront survenir dans le

chiffre des encaissements annuels ne donneront lieu à aucune réduction proportionnelle du cautionnement. Le cautionnement est affecté, indépendamment du recours qui s'exerce, s'il y a lieu, sur les autres biens du directeur, à la garantie de tous les engagements contractés par lui en cette qualité, et spécialement à celles des frais d'administration et de liquidation de toutes les sociétés, quel qu'en soit le terme, formées pendant sa gestion. En cas de retraite ou de décès du directeur, s'il est remplacé par un successeur présenté par lui ou par ses héritiers, le même cautionnement servira à la garantie tant de sa gestion que de celle de son successeur. Si le remplaçant présenté par lui ou par ses héritiers n'est pas agréé, et s'il en est nommé un autre de la manière prévue à l'article 44, le nouveau directeur versera en entrant un nouveau cautionnement qui sera soumis aux mêmes conditions, mais sans être affecté à la garantie de la gestion de son prédécesseur : le cautionnement de celui-ci ne lui sera rendu, s'il y a lieu, qu'après l'apurement de tous ses comptes, et sous déduction du déficit qui serait constaté à sa charge. En cas de révocation du directeur, ou si le directeur, ses héritiers ou ses représentants abandonnent l'administration des sociétés, son cautionnement ne lui sera rendu, s'il y a lieu, après l'apurement de tous ses comptes, que sous déduction tant du déficit qui serait constaté à sa charge que des fonds nécessaires pour assurer l'administration et la liquidation de toutes les sociétés formées pendant sa gestion. Néanmoins, s'il est nommé un nouveau directeur, et s'il consent à se charger, pour les frais d'administration et de liquidation, de la responsabilité qui pesait sur son prédécesseur, l'assemblée générale pourra, sur la proposition du conseil de surveillance, ordonner la remise au directeur remplacé de la totalité de son cautionnement, sous la seule déduction du déficit qui pourrait exister.

47. Le directeur pourvoit à tous les frais quelconques, soit d'établissement, soit de gestion, soit de surveillance, à l'exception seulement des commissions d'agent de change pour l'achat et la vente des rentes de chaque société ; ces commissions demeurent à la charge des souscripteurs ou des sociétaires. Pour s'indemniser de toutes ces dépenses, le directeur perçoit un droit de commission dont le mode et la quotité sont déterminés avant la formation de chaque société, d'accord avec ses fondateurs, mais qui ne peut pas excéder cinq pour cent du montant de chaque souscription.

48. Le directeur est responsable de tous les versements faits entre ses mains. Les versements doivent être faits, à Paris, en espèces, à la caisse de la direction, et, dans les départements, entre les mains des agents de la société, mais seulement en un mandat payable à Paris, à l'ordre du directeur.

49. Le directeur ne peut conserver en caisse les fonds qui lui sont versés à titre de placements dans l'une des sociétés qui font l'objet des présents statuts ; ces fonds doivent être, dans les cinq jours, convertis en rentes sur l'État.

50. Les rentes achetées sont inscrites au nom de l'établissement, avec désignation de la société à laquelle elles appartiennent et avec mention des formalités nécessaires, aux termes des présents statuts, soit pour en toucher les arrérages, soit pour disposer du capital. Les titres d'inscription de rente sont déposés dans une caisse à deux clefs, dont l'une est remise au directeur et l'autre au président du conseil de surveillance, ou à l'un des membres dudit conseil, délégué à cet effet.

51. Les arrérages des rentes appartenant aux diverses sociétés sont perçus par le directeur, sur une quittance revêtue de sa signature et du visa du président ou d'un membre du conseil de surveillance, délégué à cet effet. Dans les sociétés d'accroissement de capital et jouissance du revenu, une délibération du conseil de surveillance arrête l'état de répartition, entre les ayants-droit, du montant des arrérages de chaque semestre, et un membre délégué dudit conseil surveille le paiement des dividendes. Dans les sociétés d'accroissement du capital avec aliénation du revenu, le montant des arrérages perçus est employé, le premier jour de bourse qui suit la date de la quittance, en achats de nouvelles rentes au profit de chaque société. Une délibération du conseil de surveillance détermine les formalités convenables pour assurer l'effet de cette disposition, et un membre délégué dudit conseil en surveille l'exécution.

52. Le directeur soumet au conseil de surveillance, toutes les fois qu'il en est requis, l'état de la comptabilité et la situation des caisses; il communique aux intéressés qui en font la demande tous les registres et documents concernant la société à laquelle ils appartiennent.

53. A l'expiration de chaque société, ou aux époques fixées pour la répartition de tout ou partie du capital, une délibération du conseil de surveillance arrête l'état de cette répartition, et la part de chaque ayant-droit lui est payée en un titre de rente inscrit à son nom; il est transmis, à cet effet, au ministre des finances, une ampliation dûment certifiée de la délibération du conseil de surveillance, revêtue des signatures du directeur et de deux membres dudit conseil. Si le total de la rente à répartir ne peut pas se diviser exactement en inscriptions individuelles, en égard au nombre des ayants-droit, la portion de rentes qui excède le chiffre exactement divisible est vendue, et le produit en est distribué entre les ayants-droit, à la caisse de la direction, sous le contrôle d'un membre délégué du conseil de surveillance. Les transferts de rentes sont signés par deux membres de ce conseil et par le directeur.

54. Le conseil de surveillance se compose de quinze membres nommés par l'assemblée générale, et pris parmi les souscripteurs des diverses sociétés. Il est renouvelé par tiers tous les ans. Le sort détermine les membres sortants à la fin de la première et de la deuxième année; à partir de la troisième, le renouvellement a lieu en suivant l'ordre d'ancienneté; les membres sortants peuvent être réélus. Les membres du conseil de surveillance ne peuvent rester en fonctions qu'autant qu'ils continuent à faire partie d'une des sociétés. En cas de décès, de retraite, de démission ou d'absence prolongée d'un de ses membres, le conseil de surveillance pourvoit lui-même à son remplacement provisoire; lorsque, par l'effet de ces remplacements, le conseil de surveillance se trouve réduit à moins de sept membres nommés par l'assemblée générale, cette assemblée est convoquée pour compléter le conseil par des nominations définitives. Le conseil de surveillance choisit lui-même dans son sein un président et un secrétaire.

55. Les délibérations ne sont valables que s'il y a au moins cinq membres présents; en cas de partage, la voix du président est prépondérante. Le directeur assiste avec voix consultative aux délibérations du conseil de surveillance, excepté lorsqu'il s'agit d'affaires qui lui sont personnelles. Toutes les délibérations du conseil de surveillance sont transcrites sur un registre spécial, et signées par les membres qui y ont pris part.

56. Le conseil de surveillance se réunit au moins une fois tous les mois au siége de l'administration, pour y prendre connaissance des opérations et des comptes de l'établissement. Il se réunit plus souvent, s'il y a lieu, sur la convocation, soit du président, soit du directeur. Il se fait représenter, toutes les fois qu'il le juge convenable, les livres de caisse, les bordereaux de l'agent de change, et toutes les autres pièces.

57. Le conseil de surveillance est chargé de veiller à l'exécution des présents statuts dans toutes leurs dispositions, et notamment en ce qui est relatif à la formation des sociétés, à l'emploi de leurs fonds et à leur liquidation; il surveille la gestion du directeur; il détermine l'espèce de rentes à l'achat desquelles doivent être employés les fonds des diverses associations, lorsque cette détermination n'a pas été faite par les souscripteurs eux-mêmes. Il arrête la liquidation, soit des arrérages, soit des capitaux de chaque société, et en autorise la répartition entre les ayants-droit.

58. La délibération du conseil de surveillance qui a pour objet d'établir la liquidation finale de chaque société et l'état de répartition de ses fonds est prise avec le concours des sept plus forts sociétaires ayant justifié de leurs droits. Les sociétaires absents de Paris peuvent se faire représenter par des mandataires de leur choix. A défaut, le conseil de surveillance appelle, pour les remplacer, les plus forts sociétaires résidant à Paris.

59. L'assemblée générale se compose du plus fort souscripteur de chaque société, jusqu'à concurrence d'au moins soixante membres. S'il existe moins de soixante sociétés, ce nombre est complété par l'appel successif des sociétaires qui, dans chacune d'elles, occupent le rang subséquent; en suivant, pour chaque tour d'appel, l'ordre d'ancienneté des associations.

60. L'assemblée générale représente l'universalité des intéressés; ses délibérations régulièrement prises sont obligatoires pour tous.

61. L'assemblée générale est régulièrement constituée par la présence de quarante membres au moins. Dans le cas où une première réunion ne présente pas ce nombre, l'assemblée générale est convoquée de nouveau à quinze jours d'intervalle, et elle est alors régulièrement constituée, quel que soit le nombre des membres présents; mais la délibération ne peut porter que sur les objets qui se trouvaient à l'ordre du jour lors de la première réunion. L'assemblée choisit elle-même son bureau, qui se compose d'un président, d'un secrétaire et de deux scrutateurs. La nomination, soit du bureau, soit des membres du conseil de surveillance, se fait par scrutin de liste, à la majorité relative des suffrages exprimés. Jusqu'à la constitution du bureau, l'assemblée générale est présidée par le président du conseil de surveillance. Le président provisoire désigne le secrétaire et les scrutateurs provisoires.

62. L'assemblée générale se réunit tous les ans, dans le courant de mai, pour nommer les membres du conseil de surveillance et pour entendre les rapports du directeur et du conseil sur les opérations de l'année précédente et la situation des différentes sociétés. Elle peut être convoquée extraordinairement, soit par le directeur, soit par le conseil de surveillance. Les convocations ont lieu

par lettres adressées au domicile élu, et par un avis inséré quinze jours au moins d'avance dans un des journaux désignés par le tribunal de commerce de Paris pour recevoir les annonces judiciaires.

63. Une première réunion de l'assemblée générale, à l'effet de constituer le conseil de surveillance, aura lieu aussitôt que soixante souscriptions auront été reçues pour une ou plusieurs des sociétés qui font l'objet des présents statuts. L'assemblée générale se compose pour cette fois de tous les souscripteurs. Les autres dispositions des articles 59, 60, 61 et 62 lui demeurent du reste applicables.

64. Jusqu'à ce que le conseil de surveillance se trouve constitué, le directeur est autorisé à faire tous les actes nécessaires pour la formation des sociétés et l'emploi de leurs fonds en achat de rentes, à la charge de faire régulariser, par le conseil de surveillance, les opérations antérieures à sa constitution.

CHAPITRE IV. — *Dispositions générales.*

65. Les changements qu'il pourrait y avoir lieu de faire aux présents statuts, ne pourront être opérés qu'avec le consentement du directeur et sur la proposition du conseil de surveillance, par décision spéciale de l'assemblée générale prise à la majorité des deux tiers des voix sur au moins soixante membres présents : ces modifications ne seront exécutoires qu'avec l'approbation du gouvernement.

66. Les contestations qui pourront s'élever sur l'exécution des présents statuts seront jugées, quels que soient le nombre et la quantité des parties intéressées, par trois arbitres sur le choix desquels les parties devront s'entendre dans le délai de huitaine, à défaut de quoi ils seront nommés par le président du tribunal de première instance de la Seine, à la requête de la partie la plus diligente. Les arbitres jugeront en dernier ressort et comme amiables compositeurs, sans être tenus aux formalités et délais de la procédure. Leur décision sera souveraine et ne pourra être attaquée par aucune voie ni aucun moyen.

25 AOUT = 23 SEPTEMBRE 1841. — Ordonnance du roi qui approuve une modification aux statuts de la société anonyme des papeteries du Marais et de Sainte-Marie. (IX, Bull. supp. DLX, n. 15876.)

Louis-Philippe, etc., sur le rapport de notre ministre secrétaire d'Etat de l'agriculture et du commerce ; vu l'ordonnance royale du 2 mars 1828, portant autorisation de la société anonyme des papeteries du Marais et de Sainte-Marie, et approbation de ses statuts ; vu les ordonnances royales des 26 juin 1830 et 11 mai 1833 qui ont approuvé plusieurs modifications auxdits statuts ; vu la délibération prise, le 10 janvier 1841, par l'assemblée générale des actionnaires de la société ; notre conseil d'Etat entendu, etc.

Art. 1er. La modification à l'art. 49 des statuts de la société anonyme des papeteries du Marais et de Sainte-Marie, pro-

posée par délibération de l'assemblée générale des actionnaires de ladite société en date du 10 janvier 1841, relativement au mode de négociation des titres et valeurs appartenant à la société, est approuvée telle qu'elle est contenue dans l'extrait d'un acte de dépôt passé, le 29 mars 1841, par devant Me Viefville et son collègue, notaires à Paris, lequel extrait restera annexé à la présente ordonnance.

2. Notre ministre de l'agriculture et du commerce (M. Cunin-Gridaine) est chargé, etc.

Extrait du procès-verbal de l'assemblée générale de la société des papeteries du Marais et de Sainte-Marie du 10 janvier 1841.

Le 10 janvier 1841, MM. les actionnaires de la société des papeteries du Marais et de Sainte-Marie s'étant réunis en assemblée générale annuelle, après avoir été dûment convoqués aux termes de l'art. 42 des statuts. Il a été procédé à l'appel nominal pour vérifier si les actionnaires présents étaient en nombre suffisant pour délibérer, aux termes de l'art. 43 des statuts, qui exige la présence de plus de la moitié des voix attribuées aux actionnaires ayant droit de voter. L'appel nominal ayant constaté la présence de trente actionnaires disposant de cent cinquante-sept voix, et possédant quinze cent vingt-et-une actions sur soixante-sept actionnaires, nombre total de ceux aptes à voter, possédant dix-sept cent onze actions et ayant droit à cent quatre-vingt-neuf voix, l'assemblée a été déclarée régulièrement constituée par le président provisoire, et a procédé à l'élection d'un président et d'un secrétaire définitifs. M. Fournier, comme président et M. de Saint-Joseph comme secrétaire, ayant obtenu la majorité des voix, ont pris place au bureau immédiatement. M. le président a fait aussitôt donner lecture du procès-verbal de la dernière assemblée générale et de l'ordre du jour fixé par le directeur intérimaire et le conseil d'administration. Entre autres questions à l'ordre du jour, il appert que l'assemblée générale avait à s'occuper de la question suivante : « Rédaction d'un article « additionnel à ses statuts relatif au transfert de « rentes et autres valeurs négociables appartenant « à la société. » L'assemblée ayant voté au scrutin secret, a approuvé à l'unanimité la rédaction suivante du paragraphe additionnel à l'art. 49 des statuts. « Paragraphe additionnel à l'art. 49 des « statuts : Les actions, les inscriptions de rentes sur « l'Etat, les actions de la banque ou toutes autres « valeurs cotées à la bourse, qui seraient achetées « au compte de la société, seront immatriculées au « nom de la société anonyme des papeteries du « Marais et de Sainte-Marie. Elles seront transfé- « rables par le directeur, spécialement autorisé « pour chacune desdites valeurs par le conseil d'ad- « ministration, et assisté de deux membres dudit « conseil. » Pour extrait conforme au registre des procès-verbaux de la société anonyme des papeteries du Marais et de Sainte-Marie.

23 AOUT = 23 SEPTEMBRE 1841. — Ordonnance du roi qui approuve une modification aux statuts de la société du port de Sully-sur-Loire. (IX, Bull. supp. DLX, n. 15877.)

Louis-Philippe, etc., sur le rapport de notre ministre secrétaire d'Etat de l'agriculture et du commerce ; vu l'ordonnance royale du 8 mai 1834, portant autorisation de la société anonyme du pont de Sully-sur-Loire, et approbation de ses statuts ; vu la délibération prise le 30 septembre 1840, par l'assemblée générale des actionnaires de ladite société ; notre conseil d'Etat entendu, etc.

Art. 1er. La modification à l'art. 27 des statuts de la société du pont de Sully-sur-Loire est approuvée telle qu'elle est contenue dans l'acte passé, le 26 juillet 1841, par-devant Me Pandevant, notaire à Sully-sur-Loire, et en présence de témoins, lequel acte, restera annexé à la présente ordonnance. Toutefois cette modification ne sera pas applicable aux délibérations de l'assemblée générale qui auraient pour objet d'apporter des changements aux statuts.

2. Notre ministre de l'agriculture et du commerce (M. Cunin-Gridaine) est chargé, etc.

Par-devant, etc., ont comparu, etc.
(Suivent les noms.)

Lesquels ont exposé ce qui suit : Par délibération de l'assemblée générale, régulièrement constituée, des actionnaires de la société anonyme du pont de Sully-sur-Loire, en date du 30 septembre 1840, il a été proposé, à l'art. 27 des statuts de ladite société, tels qu'ils sont contenus dans l'acte passé le 23 avril 1834 devant Me Dubec, notaire à Sully-sur-Loire, et approuvés par ordonnance royale du 8 mai 1834, une addition dont les termes seront ci-après littéralement transcrits. Suivant lettre, en date, à Gien, du 23 juillet 1841, M. le sous-préfet de l'arrondissement de Gien a instruit M. le maire de Sully que cette addition avait été visée au conseil d'Etat, et qu'il importait de la convertir en un acte public qui serait soumis à l'approbation du roi. En conséquence, les comparants ont requis le notaire soussigné de consacrer dans le présent acte, l'addition à l'art. 27 des statuts de ladite société, ce qui a eu lieu dans les termes suivants, qui sont ceux proposés par la délibération susénoncée : « Dans le cas où l'assemblée « générale ne se trouverait pas (sur une pre- « mière convocation faite conformément à l'ar- « ticle 30) composée d'un nombre d'actionnaires « déterminé pour la validité de ses délibérations, « il y aura lieu à une nouvelle convocation des « actionnaires à un mois d'intervalle. Lors de « la seconde réunion, l'assemblée pourra délibérer « quel que soit le nombre des membres présents « et des actions représentées, mais elle ne pourra « le faire que sur les objets indiqués comme étant « à l'ordre du jour dans les lettres de convocation « de la première assemblée. » La présente addition deviendra définitive et obligatoire contre chacun des actionnaires, aussitôt l'approbation qui y sera donnée par le gouvernement.

23 AOUT = 23 SEPTEMBRE 1841. — Ordonnance du roi portant autorisation de la société de la pa-

peterie d'Echarcon. (IX, Bull. supp. DLX, n. 15878.)

Louis-Philippe, etc., sur le rapport de notre ministre secrétaire d'Etat de l'agriculture et du commerce, vu les art. 29 à 37, 40 et 45 du Code de commerce; notre conseil d'Etat entendu, etc.

Art. 1er. La société anonyme formée à Paris sous la dénomination de *Société de la Papeterie d'Echarcon* est autorisée. Sont approuvés les statuts de ladite société, tels qu'ils sont contenus dans l'acte passé les 12, 13 et 14 juillet 1841, par-devant Me Thifaine-Desaunaux et son collègue, notaires à Paris, lequel acte restera annexé à la présente ordonnance.

2. La présente autorisation n'aura d'effet qu'après l'accomplissement des formalités de la purge des priviléges et hypothèques qui pourraient grever les immeubles apportés à la société.

3. Nous nous réservons de révoquer notre autorisation en cas de violation ou de non exécution des statuts approuvés, sans préjudice des droits des tiers.

4. La société sera tenue de remettre tous les six mois un extrait de son état de situation au ministère de l'agriculture et du commerce, aux préfets des départements de la Seine et de Seine-et-Oise, à la chambre de commerce et au greffe du tribunal de commerce de Paris.

5. Notre ministre de l'agriculture et du commerce (M. Cunin-Gridaine) est chargé, etc.

Fondation de la société.

Art. 1er. Il est formé, sauf l'approbation du roi, entre les comparants ou ceux qu'ils représentent, une société anonyme pour l'exploitation de la papeterie mécanique d'Echarcon.

Objet de la société.

2. Cette exploitation comprendra la fabrication et la vente des papiers et cartons de toute nature et tout ce qui est relatif à la papeterie. Ces papiers et cartons pourront être fabriqués avec telles matières et substances, et par tels procédés que le conseil d'administration de la société jugera convenable.

Dénomination de la société.

3. La société prendra la dénomination de so- ciété de la papeterie d'Echarcon.

Sa durée.

4. La durée de la société sera de quinze années, qui commenceront à courir à partir de le promulgation de l'ordonnance d'autorisation.

Son siége.

5. Le siége social sera à Paris.

Apport.

6. M. Leroux apporte à la société, 1° les immeu-

bles, le matériel en dépendant et le brevet d'invention dont il s'est rendu adjudicataire par le jugement précité, et ce, pour la somme de trois cent soixante et un mille deux cent treize francs douze centimes, montant en principal et frais de son adjudication. Etant observé que le cahier des charges annexé audit jugement ne contient aucune garantie de la part des vendeurs à raison de l'existence ou de la validité du brevet. Cette première partie de l'apport de M. Leroux se compose, 1° de la propriété de toute l'île d'Echarcon, située commune de ce nom, vallée de l'Essonne, arrondissement de Corbeil (Seine-et-Oise), à l'exception seulement de la route communale qui traverse cette île; 2° des bâtiments d'habitation et d'exploitation et terrain en cours, jardin et prés tourbeux, situés dans l'île d'Echarcon, et consistant principalement: en un bâtiment d'exploitation ou usine, élevé d'un rez-de-chaussée et de deux étages couverts en ardoises; un autre petit bâtiment élevé d'un rez-de-chaussée avec grenier au-dessus, à droite de l'entrée; un troisième bâtiment à gauche de l'entrée, pareil au précédent; le bâtiment d'habitation situé dans une petite île à droite de l'usine, et élevé d'un rez-de-chaussée et de deux étages; et enfin divers autres petits bâtiments d'exploitation, consistant en laboratoires, magasins, remises et greniers, cours, jardins et dépendances; le tout situé dans l'île d'Echarcon, dont la contenance superficielle est de huit hectares quatre-vingt-cinq ares; 3° du cours d'eau de l'Essonne, qui forme la force motrice de l'usine; 4° des roues hydrauliques, système moteur mécanique et autres parties du matériel, immeubles par destination; 5° du mobilier servant à l'exploitation de la papeterie; 6° et enfin soit: six ares soixante et quinze centiares de terre au terroir de Mennecy, lieu dit la Sablière, tenant d'un côté à la commune de Mennecy, d'autre côté à Jean Billard, d'un bout à M. Noël, d'autre bout à Antoine Blotin; divers bâtiments situés commune de Mennecy, au lieu dit le Clos-Pichon, avec cour et jardin, tenant d'un côté au chemin de Chevanne à Echarcon, d'autre côté aux héritiers Boucher, d'un bout aux mêmes, et d'autre au chemin de Chatins; une pièce de pré dans l'île de Mennecy-sur-Echarcon, tenant d'un côté à Brossard, d'autre côté à Crespin, et des deux bouts à l'Essonne; une pièce d'ancienne vigne, terroir d'Echarcon, lieu dit larue du Veau, tenant d'un côté à André Lidet, d'autre à la rue Mosaben, d'un bout à Banbignard et Rustour, et d'autre bout à Lidet; soixante-sept ares cinquante centiares de pré, au lieu dit les prés Villeroy, terroir de Mennecy, bordé d'un côté par la rivière de l'Essonne, et de l'autre par les prairies et tourbières de M. le comte Friant; quarante-deux ares vingt et un centiares de pré, dit le pré aux Pêcheurs, terroir de Fontenay, tenant d'un côté à l'Essonne, d'autre au pré de la Vieville et d'un bout à l'article ci-dessous; quarante-deux ares vingt et un centiares de pré, au même terroir et lieu, bordé d'un côté par la rivière de l'Essonne, des autres côtés par MM. Tondu, Laprevallière, Milot, Delamain et Brisset; trente-sept ares quatre-vingt-dix-neuf centiares de terre, nature de pré de Gravelle, lot, d'un bout à l'Essonne, d'autre bout à Mi-lot, d'un côté à M. Tondu, d'autre à M. Lidet; et vingt-six ares trente-six centiares, même nature et situation, tenant d'un côté à M. Lidet, d'autre à M. Tondu, d'un bout à M. Milot, et d'autre à la rivière de l'Essonne; ainsi qu'il résulte de l'extrait du rapport d'experts mentionné dans le procès-

verbal d'adjudication, lequel extrait demeurera annexé aux présents statuts. 2° Les matières premières, produits fabriqués et autres objets compris au récolement auquel il a été procédé en exécution du cahier des charges, etc., pour la somme de deux cent quatorze mille sept cent quatre-vingt-six francs quatre-vingt-huit centimes, prix résultant dudit récolement, qui sera déposé ensuite des présentes. Total cinq cent soixante et seize mille francs. Etant observé que, lors de l'ordonnance royale d'autorisation, tous les objets portés audit récolement, lequel sera ultérieurement déposé pour minute à M. Thiſaine-Desauneaux, notaire à Paris, ne devant plus se trouver en nature, il sera tenu compte à la société, par M. Leroux, de tous ceux en déficit, d'après le prix d'estimation porté audit récolement, comme de son côté la société fera raison à M. Leroux, d'après la même base, de tous ceux qui existeraient en sus, sans toutefois que l'excédant puisse dépasser le vingtième de la totalité. La soulte à payer en conséquence, soit par M. Leroux, soit par la société, sera fournie en espèces, de manière à n'occasionner aucun changement ni dans la fixation du capital social, ni dans les attributions d'actions dont il sera parlé ci-après. M. Leroux s'oblige à garantir la société de tous troubles, évictions, privilèges et hypothèques, et à justifier de la libération complète du prix d'acquisition. La société sera propriétaire et jouira de tout ce qui compose le présent apport, à partir de la promulgation de l'ordonnance d'autorisation. Elle prendra le tout dans l'état où il se trouve, tel qu'il est indiqué et décrit au jugement d'adjudication précité, et que M. Leroux en a fait l'acquisition par le même jugement. Elle sera tenue d'exécuter à son lieu et place toutes les clauses et conditions de son jugement d'adjudication, sauf le paiement du prix, qui demeure à sa charge. Elle remplira toutes les formalités nécessaires pour purger les immeubles apportés de tous privilèges et hypothèques, mais M. Leroux, supportera seul, personnellement, les frais extraordinaires de transcription. Et à cette occasion M. Leroux fait observer, ainsi qu'il a déjà été dit, que le jugement d'adjudication dont il s'agit a été transcrit au bureau des hypothèques de Corbeil, le 15 février 1841, vol. 501, n° 18, et que le même jour inscription a été prise d'office, vol. 428, n° 4. M. Leroux ne se trouvera valablement libéré du montant des cinq cent soixante et seize actions qui lui sont attribuées pour sa mise en société de la papeterie d'Echarcon et de ses dépendances, et les titres de ces cinq cent soixante et seize actions ne lui seront délivrés qu'après l'autorisation royale, la remise des titres de propriété, l'entier paiement du prix d'acquisition, l'accomplissement des formalités de purge des privilèges et hypothèques, et la radiation de toutes les inscriptions qui pourraient grever les immeubles par lui apportés à la société. Néanmoins, si les sommes dont M. Leroux se trouverait débiteur ou garant étaient inférieures à la somme de cinq cent soixante et seize mille francs, le conseil d'administration pourrait faire à M. Leroux la remise de toutes les actions qui ne seraient pas nécessaires pour la complète garantie de la société.

Fonds social.

7. Le fonds social est fixé à la somme de huit cent mille francs, composée: 1° de l'apport fait par M. Leroux, sous l'art. 6, pour la somme totale de cinq cent soixante et seize mille francs; 2° et d'une somme totale de deux cent vingt-quatre

mille francs en espèces, affectée au roulement de l'entreprise ; total huit cent mille francs.

Division du fonds social. — Distribution des actions.

8. Le fonds social, ci-dessus fixé à huit cent mille francs, sera représenté par huit cents actions de mille francs chacune, numérotées de 1 à 800. Les cinq cent soixante et seize premières actions restent la propriété de M. Leroux, comme représentant son apport désigné art. 6. Les deux cent vingt-quatre autres actions, complément du fonds social, sont souscrites par les autres parties.

(Suivent les noms.)

Total huit cents actions représentant huit cent mille francs. Le prix des deux cent vingt-quatre actions ci-dessus sera versé aussitôt après l'ordonnance d'autorisation. Dans le cas où un actionnaire ne verserait pas, aussitôt après l'obtention de l'ordonnance royale d'autorisation, le montant de sa souscription, il lui sera fait, par acte extrajudiciaire, sommation de payer dans un délai d'un mois, passé lequel, faute par le souscripteur d'avoir satisfait à cette sommation, les actions souscrites par lui seront vendues aux enchères, aux risques et périls de l'actionnaire. Si cette vente produit une somme supérieure au capital de l'action, il sera tenu compte à l'actionnaire de l'exédant, déduction faite des frais ; dans le cas contraire, la société conservera tous ses droits contre l'actionnaire pour ce dont elle n'aurait pas été remplie.

Nature des actions.

9. Les actions seront nominatives ; elles seront extraites d'un livre à souche et à talon, qui restera en dépôt au siége social. Les titres n'en seront délivrés aux actionnaires qu'après le versement de leur montant. Elles seront signées par trois administrateurs au moins.

Transfert des actions.

10. La cession des actions ne pourra s'opérer que par une déclaration de transfert inscrite sur les registres de la société et signée du cédant ou de son fondé de pouvoirs. Cette déclaration ne sera admise que sur la représentation de l'action au dos de laquelle mention du transfert sera faite par trois administrateurs. La cession d'une action comprendra tous les droits du cédant, même les dividendes échus et non payés, ainsi que les droits à la réserve créée par l'art. 18 ci-après, et le cessionnaire, par le seul fait du transfert, se trouvera substitué au lieu et place du cédant à l'égard de la société, et sera réputé avoir une parfaite connaissance des statuts sociaux.

Droits des actions.

11. Chaque action donnera droit à un huit centième dans la propriété de toutes les valeurs sociales et à pareille quote-part dans ses bénéfices. Les charges ou pertes sociales se répartiront dans les mêmes proportions, mais sans que chaque actionnaire puisse en être passible au-delà du montant de ses actions.

Administration de la société.

12. La société sera gérée et administrée par un conseil composé de sept membres choisis par l'assemblée générale des actionnaires régulièrement constituée. Nul ne pourra être élu membre du conseil d'administration s'il ne justifie qu'il est propriétaire de dix actions au moins. Tout administrateur qui cessera de remplir cette condition sera de plein droit réputé démissionnaire. Chaque année, et pour la première fois à l'assemblée générale du premier lundi du mois de mai 1842, une partie du conseil d'administration est renouvelée. Cette partie est de deux membres la première année, de deux membres la seconde, de trois membres la troisième, et ainsi successivement : le sort désigne les quatre premiers administrateurs sortants, les autres sortent ensuite par rang d'ancienneté. Tout membre sortant pourra être réélu. En cas de vacance dans l'intervalle d'une assemblée générale à l'autre, le conseil pourvoira provisoirement au remplacement, sauf à l'assemblée générale, à sa première réunion, à procéder au choix définitif. L'administrateur ainsi nommé en remplacement d'un autre ne restera en fonctions que pendant le temps qui restera à courir sur l'exercice de son prédécesseur. Les fonctions d'administrateur sont gratuites, mais il est alloué à ceux qui les remplissent des jetons de présence dont la valeur sera déterminée par l'assemblée générale.

Pouvoirs de l'administration.

13. Le conseil d'administration dirigera toutes les opérations de la société ; il en réglera le régime intérieur et extérieur. Il fera exécuter les travaux de constructions et autres, et confectionner toutes les machines et autres objets nécessaires à l'exploitation. Il fera les achats des matières premières et la vente des produits et autres objets. Il remplacera le matériel. Il passera et résiliera tous marchés et traités relatifs à l'entreprise. Il recevra ce qui sera dû à la société, à tel titre et pour telle cause que ce soit ; débattra et arrêtera tous comptes, donnera toutes mains-levées avant ou après paiement de toutes inscriptions, oppositions, saisies mobilières et immobilières, écrous et autres empêchements quelconques ; consentira tous désistements, aveux ou acquiescements ; concourra à tous concordats et contrats d'union ; formera toutes surenchères par suite d'inscriptions hypothécaires, et, en cas d'adjudication par suite desdites surenchères, revendra les immeubles ainsi acquis par les voies qu'il jugera convenables. Il aura pouvoir d'acquérir la propriété ou la jouissance de tous brevets d'invention et procédés relatifs à l'industrie de la compagnie, aux prix et conditions qu'il jugera convenables. Il nommera et révoquera les agents de la société, fixera leurs traitements et réglera leurs attributions. Il pourra, en ce qui concerne l'exécution de ses délibérations, déléguer tout ou partie de ses pouvoirs, soit à l'un de ses membres, soit à un tiers. Il agira, tant en demandant qu'en défendant, devant tous tribunaux ; il pourra compromettre, nommer tous arbitres en premier ou dernier ressort, traiter et transiger sur toutes contestations. En un mot, le conseil d'administration réunira, quant à la gestion des affaires sociales, les pouvoirs les plus étendus, et fera tous les actes nécessaires pour l'exploitation de la société, pourvu qu'ils ne soient pas contraires aux présents statuts. Les membres du conseil ne seront responsables que de l'exécution de leur mandat, et ne contracteront, à raison de leur gestion, aucune obligation personnelle ni solidaire relativement aux engagements de la société.

Mode de délibération du conseil d'administration.

14. Le conseil d'administration se réunira au

moins deux fois par mois, soit à Paris, soit à la manufacture, selon le besoin. Il choisira dans son sein un président; en cas d'absence, le doyen d'âge des membres présents en remplira les fonctions. Les décisions seront prises à la majorité des voix présentes; la présence de quatre membres suffira, mais sera nécessaire pour la validité des délibérations, en cas de partage, la voix du président sera prépondérante. Les délibérations du conseil seront consignées sur un registre tenu à cet effet au siège social; elles seront signées par tous les membres qui y auront concouru; si un ou plusieurs membres refusent de signer, mention en sera faite dans le procès-verbal, sans que ledit refus puisse nuire à la validité de la délibération, pourvu toutefois que le procès-verbal soit signé de trois membres au moins.

Assemblées générales.

15. Tous les ans, le premier lundi du mois de mai, ou le lendemain, si c'est un jour férié, et pour la première fois le premier lundi de mai 1842, les actionnaires se réuniront en assemblée générale au siège social. Les actionnaires seront convoqués par lettres adressées à leur domicile et indiquant l'objet de la réunion. Un avis destiné à rappeler cette réunion sera, en outre, inséré, dans les vingt premiers jours d'avril, dans deux journaux quotidiens imprimés à Paris, et dans un des journaux d'annonces légales désignés par le tribunal de commerce de Paris, conformément à la loi du 31 mars 1833. Le conseil d'administration pourra en outre convoquer les actionnaires extraordinairement à toute autre époque, lorsqu'il le jugera utile. Les convocations extraordinaires seront faites dans la même forme que celles des assemblées annuelles. L'avis à insérer dans les journaux devra être répété deux fois à dix jours au moins d'intervalle, et de manière à ce que la seconde insertion précède de dix jours au moins celui de la réunion. Pour avoir entrée et voix délibérative aux assemblées générales, soit ordinaires, soit extraordinaires, il faudra être propriétaire de cinq actions au moins, et les posséder depuis six mois au moins avant le jour de l'assemblée. Toutefois cette dernière disposition ne s'appliquera pas à la première assemblée générale dont est question art. 26 ci-après. Pour assister à cette assemblée générale, il suffira d'être propriétaire de cinq actions. Tout actionnaire ayant droit d'entrer dans l'assemblée pourra s'y faire représenter par un mandataire pris parmi les actionnaires, même parmi ceux qui n'auraient pas droit personnellement d'entrer à ladite assemblée. Le mandataire aura, du chef de son mandant, les voix que celui-ci aurait eues lui-même, avec cette restriction que les voix de son commettant et les siennes, s'il en a, quel qu'en soit le nombre, ne pourront excéder celui de quatre.

Constitution et mode de délibération des assemblées générales.

16. Chaque assemblée générale sera présidée par un membre nommé par le conseil d'administration. Ce membre pourra être pris, soit dans le sein du conseil, soit parmi les autres actionnaires membres de l'assemblée. Un secrétaire désigné par le président et deux scrutateurs nommés par l'assemblée générale compléteront le bureau. Les décisions de l'assemblée générale seront rendues à la majorité des voix; en cas de partage, celle du président sera prépondérante. Tout propriétaire de cinq actions a un voix; celui de dix actions,

deux voix; celui de vingt actions, trois voix; celui de trente actions et au-delà, quatre voix. Les assemblées générales, tant ordinaires qu'extraordinaires, sont régulièrement constituées et délibèrent valablement lorsqu'elles réunissent au moins le quart des actionnaires représentant au moins la moitié des actions. État sera dressé des membres présents et des actions représentées, et cet état, signé du bureau, sera annexé à la délibération du jour. Dans le cas où les proportions ci-dessus ne seraient pas obtenues sur une première convocation, la réunion sera ajournée à quinze jours au moins d'intervalle, et cet ajournement sera annoncé par lettres adressées au domicile des actionnaires et par deux avis insérés dans trois journaux, comme il est dit à l'art. 15. Le dernier de ces avis devra être inséré cinq jours au moins avant la réunion. Cette seconde assemblée, ainsi convoquée, pourra délibérer, quel que soit le nombre des voix présentes; mais, dans tous les cas, la délibération ne pourra porter que sur les points à l'ordre du jour de la première réunion, et qui devront être rappelés dans les lettres de la nouvelle convocation. Les délibérations seront rédigées sur un registre à ce destiné, et signées du président et des autres membres du bureau. Toute délibération prise par l'assemblée générale régulièrement constituée sera obligatoire pour les absents ou dissidents.

Comptes à rendre à l'assemblée générale.

17. A chaque assemblée générale du mois de mai, l'administration rendra compte de sa gestion de l'année précédente, par la représentation du bilan et de l'inventaire au 31 décembre précédent et par un rapport sur les opérations et la situation de la société. Ces comptes et rapports devront être communiqués, à partir du 1er mars qui précédera chaque assemblée, aux trois commissaires qui auront été désignés ainsi qu'il va être dit; et ces trois commissaires présenteront leurs observations à l'assemblée générale, qui statuera sur lesdits comptes et rapports, et sur la décharge à donner au conseil d'administration. Dans chaque assemblée générale du mois de mai, on procédera à la nomination des trois commissaires chargés d'examiner les comptes qui seront présentés à l'assemblée générale de l'année suivante. Pour les comptes qui seront présentés à l'assemblée générale du mois de mai 1842, les trois commissaires seront nommés dans l'assemblée générale dont il sera question à l'art. 26 ci-après. Les commissaires ne pourront être pris que parmi les membres ayant, de leur chef, droit d'entrée dans l'assemblée. Si, avant l'assemblée générale où ils devront faire leur rapport, un ou deux desdits commissaires venaient à décéder ou à cesser d'avoir de leur chef droit d'entrer dans ladite assemblée, le commissaire ou les commissaires restants devront compléter la commission par la désignation de nouveaux commissaires remplissant les mêmes conditions. Les commissaires auront seuls droit à la communication des registres et pièces, à l'exclusion de tous actionnaires. Les rendants-compte ne pourront voter sur ce qui est relatif à l'apurement de leurs comptes.

Fonds de réserve.

18. Il sera formé, au moyen d'un prélèvement annuel sur les bénéfices, un fonds de réserve destiné à parer aux événements imprévus. Ce prélèvement sera de quinze pour cent tant que la ré-

serve n'aura pas atteint la somme de deux cent mille francs, au-delà de laquelle ce fonds ne pourra être augmenté. Lorsqu'il aura été entamé, il sera rétabli par de nouveaux prélèvements de quinze pour cent. L'emploi de cette réserve sera déterminé par le conseil d'administration.

Répartition des bénéfices.

19. Les bénéfices nets, déduction faite du prélèvement destiné au fonds de réserve, seront annuellement répartis aux actions; cette répartition sera faite par les soins du conseil d'administration, d'après les comptes arrêtés par l'assemblée générale et dans les trois mois du règlement des comptes. Il sera de même, en cas de faillite, à l'égard des créanciers. Dans le cas de décès ou de faillite d'un actionnaire, ses héritiers, créanciers ou ayants-cause ne pourront requérir aucune apposition de scellés, exiger aucun inventaire extraordinaire, ni provoquer aucune licitation; ils seront tenus de s'en rapporter aux comptes arrêtés annuellement par l'assemblée générale, comme leur auteur aurait été tenu de le faire.

Indivisibilité des actions à l'égard de la société.

20. La société ne reconnaît aucune fraction d'action. Le décès d'un actionnaire n'entraînera pas la dissolution de la société; sa personne se continuera dans la personne de ses héritiers ou ayants-cause; tant que l'indivision existera entre eux, ils seront tenus de désigner l'un d'eux dans leurs rapports avec la société; s'il y a partage, la répartition des actions entre eux sera constatée sur les registres de transfert sur le vu et la remise des pièces justificatives. Il en sera de même, en cas de faillite, à l'égard des créanciers. Dans le cas de décès ou de faillite d'un actionnaire, ses héritiers, créanciers ou ayants-cause ne pourront requérir aucune apposition de scellés, exiger aucun inventaire extraordinaire, ni provoquer aucune licitation; ils seront tenus de s'en rapporter aux comptes arrêtés annuellement par l'assemblée générale, comme leur auteur aurait été tenu de le faire.

Cas de dissolution.

21. Dans le cas où des pertes auraient absorbé le tiers du capital, l'assemblée générale, réunissant au moins la moitié des actionnaires et représentant au moins les deux tiers des actions, pourra prononcer la dissolution de la société. Cette dissolution aura lieu de plein droit si les pertes s'élèvent aux deux tiers du capital.

Mode de liquidation.

22. En cas de dissolution anticipée ou à l'expiration de la société, la liquidation en sera faite par les administrateurs en exercice, lesquels auront tous pouvoirs à l'effet de vendre, soit aux enchères publiques, soit à l'amiable, les biens meubles et immeubles de la société, aux prix et conditions qu'ils jugeront les plus avantageux; d'en recevoir le prix, de toucher tout ce qui sera dû à la société, d'en payer les dettes, de régler et arrêter tous comptes, de traiter, transiger et compromettre sur toutes contestations, nommer tous arbitres en premier et dernier ressort, et généralement, outre les pouvoirs ci-dessus spécifiés, ils auront tous les pouvoirs que l'usage et les lois donnent aux liquidateurs. Pour l'apurement des comptes des liquidateurs et la décharge à leur donner, les intéressés seront convoqués en assemblée générale dans la forme ci-dessus prescrite pour les assemblées extraordinaires, laquelle, régulièrement constituée, soit à sa première, soit à sa deuxième réunion, comme il est dit sous l'art. 16 ci-dessus, examinera les comptes et donnera, s'il y a lieu, la décharge aux liquidateurs. La décision de la majorité fera loi pour les absents ou dissidents. Si, dans le cours de la liqui-

dation, il est besoin d'une réunion des intéressés, il y sera procédé ainsi qu'il vient d'être dit.

Arbitrage.

23. Toutes contestations qui viendront à s'élever à l'occasion des affaires de ladite société ou de sa liquidation, soit entre les actionnaires et la société, soit entre les actionnaires eux-mêmes, seront jugées par trois arbitres nommés amiablement par les parties, ou, à défaut par elles de s'accorder sur le choix dans la huitaine, ces arbitres seront nommés d'office par le président du tribunal de commerce de la Seine, à la requête de la partie la plus diligente. Ces arbitres se constitueront à Paris, ils jugeront à la majorité des voix, sans être astreints à observer les délais et les formes de la procédure. Si des contestations s'élèvent pendant le cours de la société entre les administrateurs et l'assemblée générale, pour raison de la décharge des comptes annuels, les actionnaires seront représentés par les trois commissaires qui auront examiné les comptes, à moins que l'assemblée générale n'en désigne d'autres; la décision qui interviendra aura force de chose jugée à l'égard de tous les actionnaires, sans qu'il soit besoin de leur faire individuellement aucune signification. Les mêmes dispositions s'appliqueront aux contestations qui s'élèveraient entre les liquidateurs et les actionnaires.

24. Chaque actionnaire et cessionnaire d'actions devra élire domicile à Paris, sur le registre des transferts; faute d'en avoir fait la déclaration à la société, il sera censé avoir élu domicile au parquet de M. le procureur du roi près le tribunal civil de première instance de la Seine. Cette élection aura tous les effets prévus par l'art. 111 du Code civil.

25. L'assemblée générale, convoquée extraordinairement dans les formes prescrites par l'art. 15, et composée au moins de la moitié des actionnaires, représentant au moins les deux tiers des actions, pourra apporter aux statuts toutes les modifications dont l'expérience ferait reconnaître l'utilité. Ces modifications ne seront exécutoires qu'après l'approbation du gouvernement.

Nomination des administrateurs.

26 et dernier. Sont nommés provisoirement membres du conseil d'administration :

(Suivent les noms.)

Dans les trois mois de la promulgation de l'ordonnance royale d'autorisation, les actionnaires seront convoqués en assemblée générale pour nommer définitivement les administrateurs; ils nommeront en même temps trois commissaires chargés d'examiner les comptes à rendre à l'assemblée du mois de mai 1842. Pour la publication des présents statuts, tous pouvoirs sont donnés au porteur d'un extrait.

3 = 24 SEPTEMBRE 1841. — Ordonnance du roi qui prescrit la publication de la convention provisoire de commerce et de navigation conclue entre la France et la république de la Nouvelle-Grenade. (IX, Bull. DCCCXLVII, n. 9565.)

Louis-Philippe, etc., savoir faisons qu'entre nous et le président de la république de la Nouvelle-Grenade il a été conclu à Bogota, le 18 avril de l'an 1840, une convention provisoire de commerce et de navigation; convention dont les ratifications ont été échangées en la même ville le 26 mars de la présente année 1841, et dont la teneur suit :

Convention provisoire.

S. M. le roi des Français et la république de la Nouvelle-Grenade, étant également animés du désir de régulariser l'existence des nombreuses relations de commerce qui se sont établies depuis plusieurs années entre les Etats de S. M. le roi des Français et la république de la Nouvelle-Grenade, d'en favoriser le développement et d'en perpétuer la durée par un traité d'amitié, de commerce et de navigation, qui consacrerait en même temps la reconnaissance faite par S. M. le roi des Français de l'indépendance de la Nouvelle-Grenade ; mais considérant que la conclusion de ce traité ne saurait avoir lieu aussi promptement que l'exigerait l'intérêt des deux pays ; et voulant que les relations réciproques soient dès à présent placées sur un pied conforme aux sentiments mutuels de bienveillance et d'affection qui animent S. M. le roi des Français et la république de la Nouvelle-Grenade, ont nommé, dans ce but, pour leurs plénipotentiaires, savoir : S. M. le roi des Français, le sieur Jean-Baptiste-Louis baron Gros, son chargé d'affaires à Bogota, chevalier de l'ordre royal de la Légion-d'Honneur, etc. ; et son excellence le président de la république, le sieur Eusebio Borrero, ministre secrétaire d'Etat au département des affaires étrangères et de l'intérieur ; lesquels, après avoir échangé leurs pleins pouvoirs, trouvés en bonne et due forme, sont convenus des articles suivants :

Art. 1er. Les agents diplomatiques et consulaires, les citoyens de toute classe, les navires et les marchandises des Etats de S. M. le roi des Français jouiront de plein droit, dans la république de la Nouvelle Grenade, des franchises, priviléges et immunités quelconques, consentis ou à consentir en faveur de la nation la plus favorisée ; et réciproquement, les agents diplomatiques et consulaires, les citoyens de toute classe, les navires et les marchandises de la Nouvelle-Grenade jouiront de plein droit, dans les Etats de S. M. le roi des Français, des franchises, priviléges et immunités consentis ou à consentir en faveur de la nation la plus favorisée, et ce gratuitement, si la concession est gratuite, ou avec la même compensation, si la concession est conditionnelle.

2. Les stipulations ci-dessus exprimées seront, de part et d'autre, en vigueur pendant quatre années à compter du jour de l'échange des ratifications, si avant l'expiration de ces quatre années les parties contractantes n'ont pas conclu le traité d'amitié, de com-

merce et de navigation qu'elles se réservent de négocier ultérieurement entre elles.

3 et dernier. La présente convention provisoire sera ratifiée par S. M. le roi des Français et par le président de la république de la Nouvelle-Grenade, ou par le vice-président chargé du pouvoir exécutif, avec le consentement et l'approbation du congrès de la république ; et les ratifications en seront échangées à Bogota, le plus tôt que faire se pourra. En foi de quoi, les plénipotentiaires ci-dessus nommés l'ont signée et y ont apposé leurs cachets. Fait à Bogota, le 18 avril 1840. (L. S.) Signé baron Gros. (L. S.) Eusebio Borrero.

3 = 24 septembre 1841. — Ordonnance du roi qui ouvre au ministre de l'agriculture et du commerce un crédit supplémentaire pour des créances constatées sur un exercice clos. (IX, Bull. DCCCXLVII, n. 9566.)

Louis-Philippe, etc., vu l'état des créances liquidées à la charge du département de l'agriculture et du commerce additionnellement aux restes à payer constatés par le compte définitif de l'exercice clos de 1839 ; considérant que ces créances concernent des services non compris dans la nomenclature de ceux pour lesquels les lois de dépenses du même exercice ont donné la faculté d'ouvrir des suppléments de crédits ; considérant toutefois qu'aux termes de l'art. 9 de la loi du 23 mai 1834, et de l'art. 108 de notre ordonnance du 31 mai 1838, portant règlement général sur la comptabilité publique, lesdites créances peuvent être acquittées, attendu qu'elles se rapportent à des services prévus par le budget de l'exercice 1839, et que leur montant n'excède pas les restants de crédits dont l'annulation sera prononcée sur ces services par la loi de règlement de cet exercice ; sur le rapport de notre ministre secrétaire d'Etat au département de l'agriculture et du commerce, et de l'avis de notre conseil des ministres, etc.

Art. 1er. Il est ouvert à notre ministre secrétaire d'Etat au département de l'agriculture et du commerce, en augmentation des restes à payer constatés par le règlement de l'exercice 1839, un crédit supplémentaire de sept cent vingt-six francs vingt-neuf centimes (726 fr. 29 c.), montant des créances désignées au tableau ci-annexé, qui ont été liquidées à la charge de cet exercice, et dont les états nominatifs seront adressés, en double expédition, au ministre secrétaire d'Etat des finances, conformément à l'art. 106 de notre ordonnance du 31 mai 1838, portant règlement général sur la comptabilité publique, savoir : exercice 1839, 726 fr. 29 c.

41.

35

2. Notre ministre secrétaire d'Etat de l'agriculture et du commerce est, en conséquence, autorisé à ordonnancer ces créances sur le chapitre spécial ouvert pour les dépenses des exercices clos aux budgets des exercices courants, en exécution de l'art. 8 de la loi du 23 mai 1834.

3. La régularisation de ce crédit sera proposée aux Chambres lors de leur prochaine session.

4. Nos ministres de l'agriculture et du commerce, et des finances (MM. Cunin-Gridaine et Humann) sont chargés, etc.

(Suit le tableau.)

---

3 = 28 septembre 1841. — Ordonnance du roi qui ouvre au ministre de l'agriculture et du commerce un crédit supplémentaire pour des créances constatées sur des exercices clos. (IX, Bull. DCCCXLVIII, n. 9570.)

Louis-Philippe, etc., vu l'état des créances liquidées, à la charge du département de l'agriculture et du commerce, sur les exercices 1837, 1838 et 1839, additionnellement aux restes à payer constatés par les lois de règlement de ces exercices ; considérant que lesdites créances concernent des services pour lesquels la nomenclature insérée dans les lois de dépenses desdits exercices nous réserve la faculté d'ouvrir des suppléments de crédits en l'absence des Chambres ; vu l'art. 9 de la loi du 23 mai 1834 et l'art. 100 de notre ordonnance du 31 mai 1838, portant règlement général sur la comptabilité publique, aux termes desquels les créances des exercices clos non comprises dans les restes à payer arrêtés par les lois de règlement ne peuvent être ordonnancées par nos ministres qu'au moyen de crédits supplémentaires accordés suivant les formes déterminées par la loi du 24 avril 1833 ; sur le rapport de notre ministre secrétaire d'Etat au département de l'agriculture et du commerce, et de l'avis de notre conseil des ministres, etc.

Art. 1ᵉʳ. Il est ouvert à notre ministre secrétaire d'Etat au département de l'agriculture et du commerce, en augmentation des restes à payer constatés par les lois de règlement des exercices 1837, 1838 et 1839, un crédit supplémentaire de six mille trois cent quatre-vingt-seize francs cinquante-neuf centimes (6,396 fr. 59 c.), montant des créances désignées au tableau ci-annexé, qui ont été liquidées à la charge de ces exercices, et dont les états nominatifs seront adressés en double expédition au ministre secrétaire d'Etat des finances, conformément à l'art. 106 de notre ordonnance du 31 mai 1838 portant règlement général sur la comptabilité publique, savoir : exercice 1837, 5,496 fr. 59 c.; 1838, 450 fr.; 1839, 450 fr. Total, 6,396 fr. 59 c.

2. Notre ministre secrétaire d'Etat de l'agriculture et du commerce est, en conséquence, autorisé à ordonnancer ces créances sur le chapitre spécial ouvert, pour les dépenses des exercices clos, aux budgets des exercices courants, en exécution de l'art. 8 de la loi du 23 mai 1834.

3. La régularisation de ce crédit sera proposée aux Chambres lors de leur prochaine session.

4. Nos ministres de l'agriculture et du commerce, et des finances (MM. Cunin-Gridaine et Humann) sont chargés, etc.

(Suit le tableau.)

---

3 = 28 septembre 1841. — Ordonnance du roi qui ouvre au ministre de l'agriculture et du commerce un crédit extraordinaire pour une créance à solder sur un exercice périmé. (IX, Bull. DCCCXLVIII, n. 9571.)

Louis-Philippe, etc., vu l'état des créances liquidées, à la charge du département de l'agriculture et du commerce, sur l'exercice périmé de 1836, et qui, pour les causes énoncées au dit état, ne sont point passibles de la déchéance prononcée par l'art. 9 de la loi du 29 janvier 1831 ; vu l'art. 8 de la loi du 10 mai 1838, aux termes duquel les créances de cette nature ne peuvent être ordonnancées par nos ministres qu'après que des crédits extraordinaires spéciaux par articles leur ont été ouverts à cet effet, conformément aux art. 4, 5 et 6 de la loi du 24 avril 1833 ; vu l'art. 114 de notre ordonnance du 31 mai 1838, portant règlement général sur la comptabilité publique; sur le rapport de notre ministre secrétaire d'Etat au département de l'agriculture et du commerce, et de l'avis de notre conseil des ministres, etc.

Art. 1ᵉʳ. Un crédit extraordinaire spécial de dix mille neuf cent quatre-vingt-treize francs dix-neuf centimes (10,993 fr. 19 c.) est ouvert à notre ministre secrétaire d'Etat de l'agriculture et du commerce, sur le budget de l'exercice 1841, pour solder la créance désignée au tableau ci-annexé, et non frappé de déchéance quoique portant sur un exercice périmé.

2. L'ordonnancement de cette créance aura lieu avec imputation au chapitre spécial *Dépenses des exercices périmés*, prescrit par l'art. 8 de la loi du 10 mai 1838.

3. La régularisation de ce crédit sera proposée aux Chambres lors de leur prochaine session.

4. Nos ministres de l'agriculture et du commerce, et des finances (MM. Cunin-Gridaine et Humann) sont chargés, etc.

(Suit le tableau.)

22 = 28 septembre 1841. — Ordonnance du roi qui ouvre au ministre de la marine et des colonies un crédit extraordinaire sur l'exercice 1840. (IX, Bull. DCCCXLVIII, n. 9572.)

Louis-Philippe, etc., vu, 1° la loi du 10 août 1839, portant fixation du budget général des dépenses de l'exercice 1840; 2° les lois des 10 juin, 6 et 16 juillet 1840, et 10 juin 1841, portant allocation de crédits extraordinaires au département de la marine et des colonies; 3° la loi du 15 juin 1841, annulant, avec report sur 1841, une portion des crédits alloués par les lois précédentes; 4° les articles 4 et 6 de la loi du 24 avril 1833 et l'art. 12 de celle du 25 mai 1834; 5° les art. 26, 27 et 28 de notre ordonnance du 31 mai 1838, portant règlement général sur la comptabilité publique; sur le rapport de notre ministre secrétaire d'Etat de la marine et des colonies, et de l'avis de notre conseil des ministres, etc.

Art. 1ᵉʳ. Il est ouvert à notre ministre secrétaire d'Etat de la marine et des colonies, sur l'exercice 1840, un crédit extraordinaire de dix-neuf cent quatre-vingt mille francs, pour subvenir à l'ordonnancement de dépenses urgentes qui n'ont pu être prévues au budget dudit exercice, et qui s'appliquent aux chapitres ci-après, savoir : Chap. 5. Solde et habillement des équipages et des troupes, 750,000 fr. Chap. 7. Vivres, 1,100,000 fr. Chap. 16. Matériel des services d'administration des ports, 125,000 fr. Chap. 19. Dépenses temporaires, 5,000 f. Somme égale, 1,980,000 f.

2. La régularisation de ce crédit extraordinaire sera proposée aux Chambres lors de leur prochaine session.

3. Nos ministres de la marine et des finances (MM. Duperré et Humann) sont chargés, etc.

———

9 = 30 septembre 1841. — Ordonnance du roi portant autorisation de l'établissement d'associations tontinières formé à Paris sous la dénomination de Caisse paternelle. (IX, Bull. supp. DLXI, n. 15913.)

Louis-Philippe, etc., sur le rapport de notre ministre secrétaire d'Etat de l'agriculture et du commerce; vu l'avis du conseil d'Etat approuvé par l'Empereur le 1ᵉʳ avril 1809, inséré au Bulletin des Lois, et portant qu'aucune association de la nature des tontines ne peut être établie sans une autorisation spéciale donnée par Sa Majesté, dans la forme des règlements d'administration publique; vu la lettre de notre ministre des finances, en date du 15 février 1841; notre conseil d'Etat entendu, etc.

Art. 1ᵉʳ. L'établissement d'associations tontinières formé à Paris sous la dénomination de Caisse paternelle, est autorisé. Sont approuvés les statuts dudit établissement tels qu'ils sont contenus dans l'acte passé le 19 août 1841, devant Mᵉ Tabourier et son collègue, notaires à Paris, lequel acte restera annexé à la présente ordonnance. La présente autorisation n'aura d'effet que pour l'avenir, et ne pourra, en aucune manière, s'appliquer aux opérations antérieures à ce jour.

2. Le cautionnement à fournir par le directeur de la Caisse paternelle, aux termes desdits statuts, sera déposé à la caisse des dépôts et consignations avant la mise en activité de l'établissement. Aux époques fixées, d'après les statuts, pour la répartition, entre les membres des associations tontinières formées par l'établissement, de tout ou partie du capital desdites associations, les parts revenant aux ayants-droit leur seront remises en titre de rentes inscrites au nom de chacun d'eux, comme il est dit à l'art. 39 desdits statuts.

3. La Caisse paternelle sera tenue de remettre, tous les six mois, au ministre de l'agriculture et du commerce, au préfet du département de la Seine, au préfet de police, à la chambre de commerce et au greffe du tribunal de commerce de Paris, un extrait de l'état de sa situation ainsi que de celles des différentes associations qu'elle est autorisée à former et à administrer. Elle devra, en outre, adresser tous les ans à notre ministre de l'agriculture et du commerce, sur ses opérations, un rapport détaillé contenant tous les renseignements propres à faire apprécier la nature et les effets des associations formées par ses soins.

4. Les opérations de l'établissement seront d'ailleurs soumises à une surveillance spéciale dont le mode sera ultérieurement déterminé, et dont les frais seront supportés par la Caisse paternelle, jusqu'à concurrence d'une somme de deux mille francs.

5. Nous nous réservons de révoquer notre autorisation, sans préjudice des droits des tiers, en cas de violation ou de non exécution des statuts approuvés et dans le cas de plaintes graves contre la gestion de l'établissement. Nous nous réservons en outre d'ordonner, tous les cinq ans, à partir de la date de la présente ordonnance, la révision générale des statuts.

6. Nos ministres de l'agriculture et du commerce et des finances (MM. Cunin-Gridaine et Humann) sont chargés, etc.

TITRE Iᵉʳ. — But de l'institution, nature des opérations.

Art. 1ᵉʳ. Il est créé, sous le nom de Caisse paternelle, un établissement dont le but est la formation et l'administration d'associations mutuelles d'assurances fondées sur les chances de la vie.

2. Ces associations sont de cinq espèces, savoir : 1° sociétés d'accroissement du revenu sans aliénation du capital ; 2° sociétés d'accroissement de capital sans aliénation du revenu ; 3° sociétés d'accroissement de revenu avec aliénation du capital ; 4° sociétés d'accroissement de capital avec aliénation totale ou partielle du revenu ; 5° sociétés de formation d'un capital par l'accumulation du revenu, sans aliénation du capital.

3. Dans chacune de ces sociétés l'assurance peut être souscrite, soit au profit du souscripteur, soit au profit d'un tiers ; elle peut reposer sur la tête du souscripteur ou sur la tête d'un tiers, à la charge par celui qui contracte sur la tête ou au profit d'un tiers de justifier du consentement de ce dernier ou de celui des parents, maris ou tuteurs, pour les personnes inhabiles à contracter. L'individu sur la tête duquel l'assurance repose se nomme *assuré*. L'individu appelé à en recueillir le bénéfice est seul *sociétaire*. Le souscripteur est sociétaire toutes les fois que l'assurance n'est pas stipulée expressément au profit d'un autre. L'établissement s'interdit toute opération étrangère à la formation et à l'administration des associations ci-dessus désignées.

4. Dans les sociétés d'*accroissement du revenu sans aliénation du capital*, l'intérêt produit par les mises sociales est réparti, aux époques déterminées par le contrat, entre les seuls sociétaires qui justifient de l'existence des individus sur la tête desquels leur assurance repose ; le revenu des sociétaires qui ont fait cette justification s'accroissant ainsi des parts afférentes à ceux qui ne l'ont pas faite. A l'expiration de la société, le capital des mises retourne aux souscripteurs ou à leurs ayants-droit, suivant les termes du contrat.

5. Dans les sociétés d'*accroissement du capital sans aliénation du revenu*, l'intérêt produit par les mises sociales est, jusqu'au terme de l'association, servi aux souscripteurs ou à leurs ayants-droit ; mais, à l'expiration de la société, le capital des mises est réparti entre les seuls sociétaires qui justifient de l'existence des individus sur la tête desquels leur assurance repose, le capital des sociétaires qui ont fait cette justification s'accroissant ainsi des parts afférentes à ceux qui ne l'ont pas faite.

6. Dans les sociétés d'*accroissement du revenu avec aliénation du capital*, l'intérêt produit par les mises sociales se répartit, aux époques déterminées par le contrat, comme il est dit à l'art. 4, et à l'expiration de la société le capital des mises est partagé comme il est dit à l'art. 5.

7. Dans les sociétés d'accroissement du capital avec aliénation totale du revenu, l'intérêt produit par les mises sociales s'ajoute successivement au capital jusqu'au terme de l'association. Dans les sociétés d'accroissement du capital avec aliénation partielle du revenu, le souscripteur ou les autres personnes désignées par le contrat jouissent, leur vie durant, de l'intérêt produit par les mises sociales, et ce n'est qu'à leur décès que le revenu s'accumule avec le capital. A l'expiration de ces sociétés, le capital des mises, réuni au capital provenant de l'accumulation du revenu, est réparti entre les seuls sociétaires qui justifient de l'existence des individus sur la tête desquels leur assurance repose. Les placements dans les sociétés d'accroissement du capital peuvent avoir lieu par versements annuels considérés comme des placements uniques faits successivement dans des sociétés formées d'année en

année, mais ayant toutes un même terme. Les placements dans les sociétés d'accroissement du capital peuvent encore avoir lieu par versements annuels ; ramenés à l'égalité proportionnelle entre eux et avec les versements uniques par l'application combinée des chances de la vie à chaque âge, et des effets de l'accumulation des intérêts.

8. Dans les sociétés de *formation d'un capital par l'accumulation du revenu sans aliénation du capital des mises*, l'intérêt produit par les mises sociales s'accumule d'année en année jusqu'au terme de la société. A l'expiration de la société, le capital des mises retourne aux souscripteurs ou à leurs ayants-droit, et le capital formé par l'accumulation du revenu est réparti entre les seuls sociétaires qui justifient de l'existence des individus sur la tête desquels leur assurance repose.

9. Les diverses sociétés ci-dessus définies peuvent être formées au moyen de mises sociales constituées sur des têtes du même âge ou sur des têtes d'âges différents.

10. La durée des sociétés en *nombre limité* peut être fixée à un nombre déterminé d'années, ou subordonnée à l'événement d'un certain nombre de décès. La durée des sociétés en *nombre illimité* ne peut être fixée qu'à un nombre déterminé d'années.

11. La caisse paternelle est gérée par un directeur, sous le contrôle d'un conseil de surveillance choisi par l'assemblée générale. Le directeur peut s'adjoindre pour sa gestion tels mandataires qu'il juge convenable ; il est responsable de leurs actes. M. Eugène La Vallée, fondateur de la caisse paternelle, en est le directeur.

12. Le siège de l'établissement est à Paris. Chaque souscripteur est tenu, de son côté, d'élire à Paris ou dans une des villes où seraient établies des agences, un domicile pour tous les actes relatifs à l'exécution de la souscription. Le domicile élu au moment de la souscription demeure valable à l'égard du souscripteur, du sociétaire ou de leurs ayants-cause, tant qu'ils n'en ont pas fait connaître un autre à la direction de l'établissement. L'établissement ne reconnaît qu'un seul domicile pour tous les ayants-droit d'un sociétaire ; ceux-ci sont tenus de s'entendre à cet effet.

TITRE II. — *Formation et effets des sociétés.*

13. Les associations commencent, pour leurs effets actifs et passifs, à l'époque fixée par le procès-verbal de leur constitution.

14. Le nombre des sociétaires peut être limité ou illimité ; mais aucune association ne peut être définitivement constituée sans avoir réuni au moins dix membres dans le délai d'une année, à partir de l'ouverture de la souscription ; si ce nombre n'est pas atteint, les souscriptions reçues sont annulées.

15. Aussitôt qu'une société a reçu dix souscriptions, il en est donné avis à chacun des souscripteurs, au domicile par eux élu ; et si, dans les trente jours qui suivent cet avertissement, il n'est pas dénoncé de décès antérieurs à l'époque où la dixième souscription a été reçue, la société est définitivement constituée. Dans le cas contraire, la souscription reste ouverte, dans les limites fixées par l'art. 14, jusqu'à ce que dix souscriptions aient été obtenues.

16. La constitution de chaque société est constatée par une délibération du conseil de surveillance. Les procès-verbaux de ces délibérations sont tous inscrits à leur date, sur un seul et même registre, au fur et à mesure de la constitution de chaque société.

17. Nul ne peut être souscripteur, s'il n'est habile à contracter. Toute souscription doit être accompagnée d'un extrait d'acte de naissance, ou, à défaut, d'un acte authentique constatant l'âge de l'assuré. Cet acte reste déposé à l'administration jusqu'à la liquidation de la société.

18. Une police, faite en double, signée par le souscripteur et par le directeur, constate l'engagement du souscripteur vis-à-vis de l'administration et de l'association dont il fait partie; elle énonce les nom, prénoms, et domicile du souscripteur et du sociétaire; les nom, prénoms, domicile, lieu et date de la naissance de l'assuré; le nombre, le montant et le mode de paiement des mises sociales; la désignation, l'objet, les conditions, la durée et le terme de la société; enfin, les délais fixés et les pièces à produire pour la justification des droits du sociétaire, tant pour les répartitions annuelles que pour la répartition finale. Au dos de la police, qui sera extraite d'un registre à souche, sont inscrites littéralement les dispositions des présents statuts.

19. Les mises sociales sont fournies, soit par versements au comptant, soit par versements annuels.

20. Quand les assurés sont du même âge et les souscriptions faites à la même époque, les sociétaires participent au bénéfice éventuel de l'assurance au prorata de leur mise effective.

21. Les mises souscrites pour la même société, sur la tête d'assurés d'âges différents, sont ramenées à l'égalité proportionnelle au moyen de tarifs basés sur les chances de la durée de la vie à chaque âge. Les versements annuels sont ramenés à l'égalité proportionnelle, entre eux et avec les versements uniques, par l'application combinée des chances de la durée de la vie à chaque âge, et de l'accumulation des intérêts à quatre pour cent par an.

22. Les tarifs, rédigés en vertu de l'article précédent, sont dressés d'après les tables de mortalité de Deparcieux. Un exemplaire de chacun des tarifs sera adressé au gouvernement.

23. Le directeur est responsable de tous les versements faits entre ses mains. A Paris, les souscripteurs versent leurs mises, en espèces, à la caisse de la société. Dans les départements et à l'étranger, ces versements s'effectuent entre les mains de l'agent commissionné à cet effet, mais seulement en un mandat payable, à Paris, à l'ordre du directeur. Les souscripteurs ont la faculté de faire leurs versements en titres de rentes sur l'Etat, transférés au nom de la caisse paternelle, avec désignation de l'association pour laquelle la souscription a été faite. Les fonds de chaque association sont gérés séparément, et ne se confondent, à aucun égard, avec ceux des autres associations.

24. Les versements uniques ou par annuités sont effectués, après la constitution définitive de l'association, aux époques déterminées par la police. Les souscripteurs par annuités peuvent anticiper tout ou partie de ces versements, en payant la somme équivalente, conformément aux tarifs dressés en vertu de l'art. 21. Le décès de l'assuré libère le souscripteur par annuités de tout versement postérieur au décès.

25. Tous les versements reçus par l'administration sont enregistrés, à leur date, sur un livre de caisse, visé et paraphé par l'un des membres du conseil de surveillance.

26. Le montant des versements effectués en espèces doit être employé en rentes sur l'Etat, à la diligence du directeur, dans les cinq jours qui suivent la date de l'encaissement. Les rentes achetées sont inscrites au nom de la caisse paternelle, avec

désignation de l'association à laquelle elles appartiennent, et avec mention des formalités nécessaires, aux termes des présents statuts, soit pour en toucher les arrérages, soit pour disposer du capital. Les titres d'inscriptions de rentes sont déposés dans une caisse à deux serrures; l'une des clefs est remise au directeur, et l'autre au président du conseil de surveillance, ou à l'un de ses membres délégué à cet effet.

27. Les arrérages des rentes appartenant aux diverses associations sont perçus par le directeur, sur une quittance revêtue de sa signature, du visa du président et d'un membre du conseil de surveillance délégué à cet effet. Dans les associations d'accroissement du capital avec aliénation du revenu, le montant des arrérages perçus est employé, dans le premier jour de bourse qui suit la date de la quittance, en achat de nouvelles rentes au profit de chaque association. Une délibération du conseil de surveillance détermine les formalités convenables pour assurer l'effet de cette disposition, et un membre délégué dudit conseil en surveille l'exécution.

28. Le défaut de paiement des versements exigibles dans l'année qui suit cette exigibilité entraîne déchéance de tous droits au bénéfice de l'association. Le capital des sommes payées reste néanmoins, en cas de survivance de l'assuré au terme de l'association, la propriété du sociétaire, et lui est remis sans intérêt à l'époque fixée pour la répartition. Tout souscripteur qui reprend ses paiements avant le terme d'un an, fixé pour la déchéance, est tenu d'ajouter au versement arriéré un supplément calculé sur les tarifs, et augmenté d'un demi pour cent par mois de retard. La faculté de reprendre les versements pour éviter la déchéance cesse, en tout cas, au terme fixé pour la production des pièces relatives à la liquidation. La déchéance est alors acquise contre tout sociétaire dont la mise ne serait pas entièrement versée à cette époque, lors même que la répartition n'aurait pas encore eu lieu.

TITRE III. — De la répartition.

29. Les droits des sociétaires à la répartition sont établis au prorata du capital de leurs mises. Tout sociétaire doit justifier de l'existence et de l'identité de l'assuré sur la tête duquel la souscription repose, aux époques fixées pour avoir droit, soit à la distribution des arrérages et des dividendes dans les associations d'accroissement du revenu, soit à la liquidation dans les associations d'accroissement du capital.

30. Toute inexactitude dans les déclarations et les pièces justificatives dont le but et l'effet sont de changer la position des sociétaires, soit au moment de la souscription, soit aux époques des répartitions, emporte déchéance de tout droit au bénéfice de l'association, et le capital des sommes payées est seul remis aux ayants-droit à l'époque de la répartition, dans le cas de survie de l'assuré au terme de la société.

CHAPITRE Iᵉʳ. — Arrérages, dividendes.

31. Dans les associations d'accroissement du capital avec jouissance du revenu ou sous réserve d'une partie du revenu, les arrérages des rentes appartenant à ces associations sont distribués quinze jours après l'échéance de chaque semestre.

32. Dans les associations de jouissance et d'accroissement du revenu sans aliénation du capital,

le certificat de vie de chaque sociétaire doit parvenir sans frais au directeur *dans le mois* qui suit l'échéance du semestre. Tout sociétaire qui n'aurait pas fait cette production est présumé décédé, et ne participe pas à la distribution des arrérages de ce semestre. Le délai d'un mois expiré, le conseil de surveillance constate le nombre des sociétaires qui ont satisfait à la justification, arrête l'état définitif de la répartition, et délègue un de ses membres pour surveiller le paiement du dividende.

33. Dans les associations de jouissance et d'accroissement du revenu avec aliénation du capital, la production du certificat de vie et la répartition s'effectuent dans les délais indiqués par l'article précédent. Les capitaux des sociétaires décédés sont distribués avec les arrérages du semestre.

34. Les arrérages et dividendes acquis en vertu des art. 31, 32 et 33, qui n'auraient pas été touchés par les ayants-droit dans le délai de deux années après leur exigibilité, sont déposés pour leur compte à la caisse des dépôts et consignations.

CHAPITRE II. — *Liquidations des associations.*

35. Les associations de toute nature dont la liquidation doit avoir lieu à une époque déterminée sont liquidées dans les formes qui suivent.

36. Dans la quinzaine qui précède l'expiration de chaque association, une lettre du directeur, contre-signée par un membre délégué du conseil de surveillance, est adressée à chaque sociétaire pour lui en donner avis, et pour l'inviter à produire sans délai les pièces qui doivent établir son droit à la répartition. Le procès-verbal qui constate l'exécution de cette formalité est consigné sur les registres des délibérations du conseil de surveillance.

37. Pour établir son droit à la répartition, chaque sociétaire est tenu de remettre à l'administration, sur récépissé, le certificat de vie de l'assuré, ou son acte de décès, s'il est mort postérieurement au jour fixé pour ouvrir aux droits des sociétaires. Ces pièces doivent être produites dans les *six mois* qui suivent l'époque fixée pour l'ouverture de la liquidation.

38. Ces délais écoulés, les sociétaires qui n'ont pas fait leur production sont forclos, sans qu'il soit besoin d'aucun acte de mise en demeure, ou qu'ils puissent exciper de ce qu'ils n'auraient pas reçu l'avis indiqué par l'art. 36; mais, en aucun cas, les effets de cette forclusion ne sont applicables à la partie des capitaux et des revenus qui ont été réservés par les souscripteurs.

39. À l'expiration des délais ci-dessus fixés, une délibération du conseil de surveillance arrête l'état de répartition du capital entre les ayants-droit, et la part de chaque ayant-droit lui est payée en un coupon de rente inscrit en son nom. Il est transmis à cet effet au ministre des finances une ampliation dûment certifiée de la délibération du conseil de surveillance, revêtue de la signature du directeur et de deux membres du conseil spécialement délégués à cet effet. Si le total de la rente à répartir ne peut pas se diviser exactement en coupons, eu égard au nombre des ayants-droit, la portion de rente qui excède le chiffre exactement divisible est vendue, et le produit en est distribué entre les ayants-droit à la caisse de la direction, sous le contrôle d'un membre délégué du conseil de surveillance. Les transferts de cette portion de rente sont signés par le directeur et par deux membres dudit conseil spécialement délégués à cet effet.

40. En échange de ces valeurs, le sociétaire doit remettre sa police dûment acquittée; et s'il se trouve dans l'impossibilité de représenter cette pièce, il doit la remplacer par une quittance en forme, et à ses frais.

41. Toute délibération du conseil de surveillance qui a pour objet la liquidation d'une association est prise avec le concours des sept plus forts sociétaires ayant justifié de leurs droits à l'association. Il est loisible à ceux de ces sociétaires qui ne résident pas à Paris de se faire représenter par des sociétaires de leur choix; à défaut, le conseil appelle pour les remplacer les plus forts souscripteurs de cette association résidant à Paris.

TITRE IV. — *Administration des sociétés.*

CHAPITRE Iᵉʳ. — *Du directeur.*

42. Le directeur est chargé de l'exécution des délibérations prises par le conseil de surveillance. Il y assiste avec voix consultative, hors le cas où ces délibérations portent sur des questions qui lui sont personnelles. Il signe les polices, les quittances, la correspondance; endosse ou acquitte les mandats; fait les traités, compromis et tous actes qui seraient nécessaires pour l'administration des sociétés. Il délègue, sous sa responsabilité personnelle, par des commissions ou par des mandats spéciaux, tout ou partie de ses pouvoirs; il exerce, au nom de l'établissement, toutes poursuites ou actions judiciaires. Il est représenté dans les départements par des sous-directeurs ou agents qu'il nomme et peut révoquer.

43. Le directeur soumet au conseil de surveillance, toutes les fois qu'il en est requis, l'état de la comptabilité et la situation des caisses; il communique également sans déplacement, aux intéressés qui en font la demande, tous registres et documents concernant la société à laquelle ils appartiennent.

44. Le directeur pourvoit aux frais de bureaux, d'agences, de voyages, inspections, correspondance, publications et autres de toute espèce, à l'exception toutefois des frais d'acquisition de rentes, lesquels doivent être payés par les souscripteurs qui effectuent leurs versements en espèces. Pour s'indemniser de ces frais, le directeur perçoit, en sus des mises sociales, un droit de commission, dont la quotité et le mode sont déterminés avant la formation de chaque société d'accord avec les fondateurs, mais qui ne peut pas excéder cinq pour cent du montant de chaque souscription.

45. L'administration du directeur est garantie, outre sa responsabilité personnelle, par un cautionnement de cinq mille francs de rente trois pour cent, et dont le titre, inscrit au nom de la caisse paternelle, est déposé à la caisse des dépôts et consignations. Ce cautionnement sera porté à six mille francs de rente, si la totalité des encaissements effectués dans le courant d'une année dépasse un million; à sept mille francs de rente, si elle dépasse un million deux cent mille francs; et ainsi de suite, en augmentant de mille francs de rente par chaque augmentation de deux cent mille francs dans la totalité des encaissements annuels, jusqu'à un maximum de vingt-cinq mille francs de rente trois pour cent, après lequel le cautionnement ne sera plus passible d'aucune augmentation. Les diminutions qui pourraient survenir dans le chiffre des encaissements annuels, ne donneront lieu à aucune réduction proportionnelle du cautionnement. Le cautionnement est affecté, indépendamment du

recours qui pourrait s'exercer sur les biens personnels du directeur, à la garantie de tous les engagements contractés par lui en cette qualité, et spécialement à celles des frais d'administration et de liquidation de toutes les associations, quel qu'en soit le terme, formées pendant sa gestion.

46. En cas de non exécution des statuts, et dans tout autre cas de fait grave contre le directeur, l'assemblée générale, sur la proposition du conseil de surveillance, et à la majorité des deux tiers des voix sur au moins soixante membres présents, peut, par une délibération motivée, prononcer sa révocation.

47. En cas de retraite du directeur, il a la faculté de présenter son successeur, lequel, toutefois, ne peut entrer en fonctions qu'après avoir été agréé par l'assemblée générale, sur le rapport du conseil de surveillance. Les héritiers du directeur décédé dans l'exercice de ses fonctions ont, pendant trois mois à partir du jour de son décès, la même faculté. Pendant ce délai, il est pourvu à l'administration de l'établissement et des sociétés par la nomination d'un directeur provisoire désigné par le conseil de surveillance, et dont le traitement est imputable sur les frais d'administration à la charge du directeur.

48. Si le directeur est révoqué, ou s'il se retire sans présenter son successeur, ou si le successeur présenté n'est pas agréé par l'assemblée générale, il est pourvu à l'administration comme il est dit en l'article précédent, jusqu'à la nomination du directeur définitif par l'assemblée générale. En cas de retraite ou de décès du directeur, s'il est remplacé par un successeur présenté par lui ou par ses héritiers, le même cautionnement servira à la garantie tant de sa gestion que de celle de son successeur. Si les remplaçants présentés par lui ou par ses héritiers dans le délai déterminé ne sont pas agréés, et s'il en est nommé un autre dans le cas prévu par l'art. 46, le nouveau directeur versera en entrant un nouveau cautionnement, qui sera soumis aux mêmes conditions, mais sans être affecté à la garantie de la gestion de son prédécesseur. Le cautionnement de celui-ci ne lui sera rendu, s'il y a lieu, qu'après l'apurement de tous les comptes, et sous déduction du déficit qui serait constaté à sa charge. En cas de révocation du directeur, ou si le directeur, ses héritiers ou ses représentants abandonnent l'administration de la société, son cautionnement ne lui sera rendu, s'il y a lieu, après l'apurement de tous les comptes, que sous déduction tant du déficit qui serait constaté à sa charge, que des fonds nécessaires pour assurer l'administration et la liquidation de toutes les sociétés formées pendant sa gestion. Néanmoins, s'il est nommé un nouveau directeur et si ce dernier consent à se charger, pour les frais d'administration et de liquidation, de la responsabilité qui pesait sur son prédécesseur, l'assemblée générale, sur la proposition du conseil de surveillance, ordonnera la remise, au directeur remplacé, de la totalité de son cautionnement, sous la seule déduction du déficit qui pourrait exister.

CHAPITRE II. — Du conseil de surveillance.

49. Le conseil de surveillance est nommé par l'assemblée générale ; il se compose de quinze membres pris parmi les souscripteurs des diverses associations. Il est renouvelé par tiers, d'année en année ; les membres en sont rééligibles : pour les deux premières années, les membres sortants sont désignés par le sort. Si un membre du conseil de sur-

veillance cesse ses fonctions avant l'expiration de ses pouvoirs, le conseil se complète provisoirement, et l'assemblée générale qui suit procède à l'élection définitive. Le membre du conseil ainsi élu est remplacé à l'époque où l'aurait été son prédécesseur.

50. Le conseil de surveillance choisit parmi ses membres un président et un secrétaire ; la durée de leurs fonctions est d'une année ; ils sont rééligibles. En cas d'absence, le président est remplacé par le plus âgé des membres présents, et le secrétaire par le plus jeune.

51. Le conseil nomme dans son sein une commission de trois membres, qui procède journellement à la surveillance des opérations sociales ; il se réunit toutes les fois que ces opérations l'exigent. Les délibérations doivent être prises par une majorité de cinq membres au moins ; en cas de partage, la voix du président est prépondérante. Les délibérations du conseil sont transcrites sur un registre spécial déposé à la direction, et dont un double demeure sous la garde du président.

52. Le conseil détermine en quelle nature de rente doit être fait l'emploi des fonds appartenant aux diverses associations, lorsque cette détermination n'a pas été faite par les souscripteurs eux-mêmes ; autorise les transferts et aliénations de rentes, arrête les états de répartition, et surveille dans toutes leurs parties l'exécution des présents statuts et la gestion du directeur.

CHAPITRE III. — De l'assemblée générale.

53. L'assemblée générale se compose de la réunion des cinq plus forts souscripteurs de chaque association. Si le nombre des sociétés ne fournissait pas quatre-vingts membres, l'assemblée est complétée par l'appel des souscripteurs qui, dans chaque association, occupent le rang subséquent, en suivant pour l'appel l'ordre d'ancienneté des associations.

54. L'assemblée générale représente l'universalité des sociétaires ; ses décisions, régulièrement prises, sont obligatoires pour tous.

55. Le jour de la réunion de l'assemblée est annoncé au moins quinze jours à l'avance, dans l'une des feuilles d'annonces légales du département de la Seine désignées conformément à la loi du 31 mars 1833. Les souscripteurs appelés reçoivent l'avis de leur convocation par lettres du directeur, contre-signées par l'un des membres du conseil de surveillance. Les souscripteurs appelés qui ne résident pas à Paris peuvent confier leurs pouvoirs à un autre souscripteur.

56. L'assemblée générale est régulièrement constituée par la présence de quarante des membres qui doivent la composer. Dans le cas où une première réunion ne présenterait pas ce nombre, l'assemblée générale est convoquée de nouveau à quinze jours d'intervalle, et elle est alors régulièrement constituée, quel que soit le nombre des membres présents ; mais la délibération ne peut porter que sur les objets qui se trouvaient à l'ordre du jour de la première réunion.

57. L'assemblée choisit elle-même son bureau, qui se compose d'un président, d'un secrétaire et de deux scrutateurs. La nomination, soit du bureau, soit des membres du conseil de surveillance, se fait par scrutin de liste à la majorité relative des suffrages exprimés. Jusqu'à la constitution du bureau, l'assemblée générale est présidée par le président du conseil de surveillance. Le président provisoire désigne le secrétaire et les scrutateurs provisoires.

58. L'assemblée générale se réunit tous les ans, dans la dernière quinzaine du mois d'avril, pour nommer les membres du conseil de surveillance, et pour entendre les rapports du directeur et du conseil sur les opérations de l'année précédente, et la situation des différentes associations. Elle peut être convoquée extraordinairement, soit par le directeur, soit par le conseil de surveillance : dans ce cas, l'avis de convocation indique le motif de la réunion extraordinaire.

Dispositions générales.

59. Jusqu'à ce que le conseil de surveillance se trouve constitué, le directeur est autorisé à faire seul les actes nécessaires pour la formation des associations et l'emploi de leurs fonds en achats de rentes, à la charge de faire régulariser par le conseil de surveillance les opérations antérieures à sa constitution.

60. Si une société s'éteint entièrement, soit par la déchéance, soit par le décès de tous les assurés, les fonds de répartition appartenant à cette société profitent à l'Etat.

61. Dans aucun cas les héritiers ou ayants-droit du directeur ne pourront faire apposer les scellés sur les registres, papiers et bureaux de l'administration.

62. En cas de décès d'un sociétaire, ses héritiers ou ayants-droit sont tenus de se faire représenter par un seul d'entre eux pour tous les droits qu'ils peuvent avoir à exercer vis-à-vis de la société. Ils ne peuvent en aucun cas faire apposer les scellés sur aucun des registres appartenant à l'administration.

63. Les changements qu'il pourrait y avoir lieu de faire aux présents statuts seront opérés, avec le consentement du directeur et sur la proposition du conseil de surveillance, par une décision spéciale de l'assemblée générale prise à la majorité des deux tiers des voix sur au moins soixante membres présents. Ces modifications ne seront exécutoires qu'après l'approbation du gouvernement.

64. En cas de révocation de l'autorisation accordée par le gouvernement, il ne pourra plus être formé d'associations nouvelles, et il sera pourvu à l'administration des sociétés existantes, jusqu'au terme fixé pour leur durée, par une délibération de l'assemblée générale, sous l'approbation du gouvernement.

65 et dernier. Toutes contestations à raison des affaires sociales sont jugées par des arbitres. Le tribunal arbitral est composé de trois arbitres, sur le choix desquels les parties sont tenues de s'entendre dans le délai de huitaine, à défaut de quoi la nomination des trois arbitres est faite par le président du tribunal de première instance du département de la Seine, à la requête de la partie la plus diligente. Les arbitres décident comme amiables compositeurs et en dernier ressort, sans être tenus aux formes et délais de la procédure : leur décision ne peut être attaquée par voie d'appel, requête civile ou recours en cassation. En quelque nombre que soient les sociétaires dans une contestation, ils seront tenus, lorsqu'ils auront un seul et même intérêt, de se faire représenter par un commissaire ayant qualité de faire et recevoir en leurs noms tous actes judiciaires, soit en demandant, soit en défendant.

16 SEPTEMBRE = 1er OCTOBRE 1841. — Ordonnance du roi relative à l'emprisonnement des esclaves dans les colonies françaises. (IX, Bull. DCCCXLIX, n. 9575.)

Louis-Philippe, etc., vu l'art. 3, § 6 de la loi du 24 avril 1833, concernant le régime législatif des colonies; le conseil des délégués des colonies entendu, etc.

Art. 1er. A dater de la publication de la présente ordonnance dans nos colonies, le maître ne pourra infliger à l'esclave la peine de l'emprisonnement, que pendant quinze jours consécutifs, dans la salle de police de son habitation.

2. § 1er. A l'expiration du temps ci-dessus fixé, si le maître croit que la détention ne peut pas cesser sans inconvénients, il fera conduire l'esclave devant le juge de paix du canton, qui ordonnera, s'il y a lieu, que celui-ci soit attaché à l'atelier public de discipline. § 2. L'esclave attaché à l'atelier de discipline ne pourra y être retenu au-delà de trois mois; à l'expiration de ce temps, il sera renvoyé à son maître, à moins que celui-ci ne réclame du gouverneur de la colonie l'application des mesures prévues, en ce qui concerne les esclaves reconnus dangereux pour la tranquillité publique, par les ordonnances royales concernant le gouvernement des colonies (1). § 3. Les dispositions ci-dessus ne sont pas applicables au cas où l'esclave se serait rendu coupable de crimes susceptibles de motiver son renvoi devant les tribunaux criminels, auxquels cas il devra être mis à la disposition du procureur du roi, dans le délai de trois jours.

3. § 1er. Sera puni d'une amende de vingt-cinq francs à cinq cents francs, à laquelle pourra être ajouté un emprisonnement d'un jour à dix jours, toute infraction de la part des maîtres aux dispositions des deux articles qui précèdent. § 2. S'il y a récidive, l'amende pourra être portée à mille francs. § 3. Les peines ci-dessus énoncées seront prononcées correctionnellement, sans préjudice des peines plus graves qu'il y aurait lieu d'appliquer, aux termes de l'ancienne législation et du Code pénal de 1828.

4. Notre ministre de la marine et des colonies (M. Duperré) est chargé, etc.

---

30 AOUT = 2 OCTOBRE 1841. — Ordonnance du roi relative au mont-de-piété d'Arles (Bouches-du-Rhône). (IX, Bull. supp. DLXII, n. 15919.)

Louis-Philippe, etc., sur le rapport de

---

(1) Art. 75 de l'ordonnance du 21 août 1825, pour Bourbon; 76 de l'ordonnance du 9 février 1827, pour les Antilles; 75 de l'ordonnance du 27 août 1828, pour la Guiane française, et mêmes articles des ordonnances modificatives du 22 août 1833.

notre ministre secrétaire d'Etat au département de l'intérieur; vu la loi du 16 pluviôse an 12 (6 février 1804); vu les délibérations de la commission administrative des hospices et du conseil municipal d'Arles (Bouches-du-Rhône); vu l'avis du préfet et toutes les pièces produites; notre conseil d'Etat entendu, etc.

Art. 1er. Le mont-de-piété qui existe à Arles (Bouches-du-Rhône) est reconnu, et sera régi désormais, sous la surveillance du préfet et sous l'autorité de notre ministre de l'intérieur, conformément aux dispositions du réglement annexé à la présente ordonnance.

2. Notre ministre de l'intérieur (M. Duchâtel) est chargé, etc.

CONSEIL D'ÉTAT.

Règlement sur l'organisation du mont-de-piété d'Arles.

TITRE 1er. — De l'administration.

Art. 1er. Le mont-de-piété d'Arles sera régi par une administration gratuite composée de cinq membres nommés par le ministre de l'intérieur, sur une liste de candidats en nombre triple, présentés par le préfet.

2. Cette administration sera renouvelée par cinquième chaque année. Le sort désignera les cinq membres sortants pendant les quatre premières années. La sortie aura lieu ensuite d'après l'ancienneté. Les membres sortants ne pourront être réélus qu'après une année d'intervalle.

3. En cas de décès ou de démission d'un membre, il sera immédiatement pourvu à son remplacement, et il n'y aura pas de renouvellement à la fin de la même année. Dans le cas où plusieurs vacances auraient lieu en même temps, l'ordre de sortie des membres nommés pour les remplir sera réglé par le sort.

4. Le maire sera président né de l'administration du mont-de-piété, et lorsque, pour cause d'absence ou de maladie, un adjoint sera investi de la plénitude de ses fonctions, ce dernier pourra assister aux séances et les présider. Dans tous les autres cas, l'administration sera présidée par un vice-président, choisi dans son sein, et qu'elle nommera chaque année.

5. L'administration fixera ses jours de réunions ordinaires; le président né, ou, à son défaut, le vice-président, pourra, en outre, convoquer des assemblées extraordinaires, toutes les fois que le besoin du service l'exigera. Il sera tenu procès-verbal des séances et délibérations.

6. L'administration choisira chaque mois, dans son sein, un administrateur surveillant, qui sera chargé d'inspecter l'établissement, de coter et parapher les registres, de vérifier la caisse et les écritures, de remplir les fonctions d'ordonnateur des dépenses, d'assister aux ventes et d'en clore et arrêter les procès-verbaux. Cet administrateur présentera, dans chaque séance ordinaire, son rapport à l'administration.

7. L'administration choisira également un de ses membres pour remplir les fonctions de secrétaire. L'administrateur-secrétaire tiendra le registre des délibérations, préparera la correspon-

dance et aura la surveillance des archives; il sera nommé pour l'année.

TITRE II. — Des préposés et employés.

8. Il y aura près de l'administration, et sous ses ordres, un directeur-caissier, un garde-magasin et le nombre d'employés nécessaires aux besoins du service.

9. Le directeur-caissier et le garde-magasin seront nommés par le ministre de l'intérieur, sur des listes de candidats en nombre triple, présentés par l'administration et sur l'avis du préfet. Leurs traitements seront également fixés par le ministre, sur la proposition de l'administration et l'avis du préfet.

10. Ils seront tenus, avant d'entrer en fonctions; 1° de prêter, entre les mains du président du tribunal civil de première instance de l'arrondissement, le serment de bien et fidèlement remplir leurs fonctions; 2° de fournir chacun un cautionnement, partie en numéraire, partie en rentes sur l'Etat ou en immeubles, dont la quotité sera fixée par le ministre de l'intérieur, sur la proposition de l'administration et l'avis du préfet. La partie en numéraire sera au moins égale à la moitié du cautionnement; elle sera versée dans la caisse de l'établissement, et portera intérêt ainsi qu'il sera expliqué à l'art. 18 ci-après.

Du directeur-caissier.

11. La gestion immédiate de l'établissement sera confiée au directeur-caissier; les autres employés seront placés sous ses ordres. Le directeur veillera à l'exécution des lois, ordonnances, décisions et règlements, ainsi qu'à celle des délibérations de l'administration. Il recevra les réclamations, déclarations et oppositions qui pourront être faites. Il sera dépositaire des fonds de l'établissement, et sera chargé de faire les recettes et d'acquitter les dépenses. Les dépenses devront être renfermées dans la limite des allocations portées au budget, et elles s'opéreront au moyen des mandats délivrés par l'administrateur-surveillant, chargé des fonctions d'ordonnateur. Toutefois le directeur paiera sans mandats, 1° le montant des prêts, sur le vu des reconnaissances délivrées par l'appréciateur, et extraites du journal à souche tenu par ce dernier; 2° le boni, d'après l'examen des comptes de ventes et la production des reconnaissances par les emprunteurs. Il tiendra les registres utiles à sa gestion, et les présentera lorsque l'administration ou l'administrateur surveillant en fera la demande. Il fera à l'administration les rapports et les propositions qu'il croira utiles à l'établissement. Il pourra être appelé aux séances de l'administration, toutes les fois que l'administration le jugera convenable. Il ne pourra recevoir, sans une décision particulière de l'administration, d'autres fonds que ceux que produiraient les renouvellements, dégagements, ventes et emprunts. L'administration fixera la somme que le directeur pourra conserver en caisse pour subvenir au service de l'établissement; le surplus des fonds sera placé en compte courant aux caisses du trésor. Le directeur remettra chaque jour à l'administrateur-surveillant un bulletin sommaire des opérations de la journée, avec l'indication du solde existant dans la caisse, que celui-ci aura la faculté de vérifier. Il présentera chaque mois à l'administration, dans une de ses séances ordinaires, un bordereau raisonné qui indiquera le mouvement des fonds et des opérations de l'éta-

blissement pendant le mois précédent. L'administration, après avoir vérifié et approuvé ce bordereau, le fera parvenir au préfet. Le directeur soumettra à l'administration, 1° dans le courant du troisième trimestre de chaque année, le budget des recettes et dépenses pour l'année suivante ; 2° dans le premier trimestre de chaque année, le compte général de sa gestion pendant l'année précédente. Ces comptes et budgets seront réglés conformément aux lois et ordonnances, après avoir été vérifiés par l'administration du mont-de-piété.

Du garde-magasin.

12. Le garde-magasin sera seul dépositaire des clefs des magasins ; il en aura la manutention ; il sera tenu de veiller soigneusement à la garde et à la conservation des effets qui y seront déposés. Il répondra de leur perte et de leur détérioration, sauf les cas de force majeure et dans lesquels il pourrait prouver qu'il n'y a eu de sa part ni faute ni négligence. Il devra attacher à chaque gage le bulletin d'appréciation et le numéro de la reconnaissance d'engagement. Il placera dans des armoires particulières les diamants, les bijoux , l'argenterie , et autres objets précieux. Il fera , au moins deux fois par mois, le remaniement des objets susceptibles de détérioration, et rendra compte de leur état au directeur, qui en instruira lui-même l'administrateur-surveillant. Il tiendra avec soin les registres et répertoires qui lui seront indiqués , et remettra chaque jour au directeur un bulletin sommaire des opérations qui auront été faites dans son bureau.

Dispositions communes au directeur-caissier et au garde-magasin.

13. En cas d'empêchement légitime, le directeur pourra se faire remplacer par une personne de son choix, avec l'autorisation de l'administration, mais il demeurera responsable de la gestion de son remplaçant. Le garde-magasin aura la même faculté, sous les mêmes conditions.

14. Dans le cas de décès ou de cessation de fonctions volontaire ou forcée, il ne sera donné mainlevée des cautionnements, savoir : à l'égard des directeurs, que lorsque tous les comptes rendus jusqu'au jour de la remise de son service auront été appréciés par l'autorité compétente, et qu'autant qu'il n'aura pas été déclaré en débet envers l'établissement ; et, à l'égard du garde-magasin, qu'après qu'il aura été reconnu quitte et déchargé de toute obligation et responsabilité envers l'établissement.

15. Si, pendant la gestion, soit du directeur, soit du garde-magasin, il y avait lieu d'attaquer leurs cautionnements pour des faits de responsabilité n'entraînant pas la révocation, ils devraient rétablir ou compléter lesdits cautionnements dans le délai de trois mois, sous peine de perdre leur emploi.

TITRE III. — Des moyens de pourvoir aux besoins de l'établissement.

16. Le fonds capital du mont-de-piété se composera, 1° des bénéfices qui pourront résulter de la liquidation de l'ancien mont-de-piété ; 2° d'une somme de cinquante mille francs qui a été versée, par les hospices d'Arles, dans la caisse de l'ancien mont-de-piété, et qui demeurera dans la caisse du mont-de-piété actuel, sous la condition d'en payer l'intérêt à raison de quatre pour cent par an; 3° des cautionnements en espèces du directeur-caissier et du garde-magasin ; 4° des cautionne-

ments que les receveurs d'établissements charitables de la ville d'Arles et des autres établissements charitables du département, qui seraient désignés par le préfet, auraient à fournir en numéraire ; 5° des sommes provenant des prêts faits dans les cas déterminés par l'art. 19 ci-après.

17. La quotité des fonds versés par les hospices pourra être augmentée, suivant les besoins du service, par décision du ministre de l'intérieur, sur la proposition des administrations des hospices et du mont-de-piété , les observations du conseil municipal et l'avis du préfet.

18. Le taux de l'intérêt des fonds fournis en ce dernier cas par les hospices sera fixé par le ministre, sur la proposition de l'administration et l'avis du préfet. Il sera statué dans les mêmes formes s'il y avait lieu de modifier le taux actuellement fixé à quatre pour cent de l'intérêt des cinquante mille francs déjà versés par les hospices , et mentionnés à l'art. 16. Les cautionnements en espèces du directeur-caissier et du garde-magasin du mont-de-piété, et ceux des receveurs d'établissements charitables, porteront intérêts, au profit de ces comptables, au taux fixé pour les cautionnements versés au trésor.

19. L'administration du mont-de-piété pourra, lorsque les besoins du service l'exigeront , et après des délibérations spéciales et motivées , revêtues de l'approbation du préfet , recevoir , à titre de prêts, les fonds qui leur seront offerts. L'intérêt de ces emprunts sera fixé par le ministre , sur la proposition de l'administration et l'avis du préfet.

20. Il sera délivré aux prêteurs des billets à ordre , tant du capital que des intérêts , lesquels seront remboursables à des échéances fixes. Ces billets seront extraits d'un registre à souche et signés par le directeur , l'administrateur-surveillant et le président de l'administration.

TITRE IV. — Des formes et conditions des prêts.

21. Les opérations du mont-de-piété consistent en prêts sur nantissements d'effets mobiliers.

22. Ces prêts auront lieu en faveur de toute personne connue ou domiciliée ou assistée d'un répondant connu ou domicilié.

23. Ces prêts seront des quatre cinquièmes de la valeur, au poids, de l'argenterie, des bijoux d'or et d'argent, et des deux tiers seulement de l'évaluation de tous les autres objets.

24. Le garde-magasin délivrera une reconnaissance, signée de lui, des effets déposés ; elle sera au porteur, et contiendra la désignation précise et détaillée du dépôt, son estimation, le montant du prêt et ses conditions.

25. Un acte de dépôt sera dressé au même instant sur un registre paraphé par l'administrateur-surveillant ; cet acte , dans lequel seront indiqués les nom , prénoms, profession et domicile de l'emprunteur, portera un numéro d'ordre , inscrit également sur la reconnaissance et sur une étiquette attachée au dépôt ; il sera signé par le déposant ou par son attestant, et, dans le cas où ni l'un ni l'autre ne sauraient signer, il en sera fait mention.

26. En cas de perte d'une reconnaissance, l'emprunteur devra en faire la déclaration au garde-magasin, afin qu'elle soit inscrite sur le registre de l'établissement, en marge de l'article correspondant à la reconnaissance égarée.

27. Les prêts seront faits pour un an.

28. L'estimation des objets déposés en nantissement sera faite, à défaut de commissaires-priseurs

par le garde-magasin. Il pourra se faire suppléer par un appréciateur, dont il devra se porter garant envers l'établissement. Il demeurera responsable envers le mont-de-piété des déficits résultant de la différence entre l'estimation et le prix de vente des nantissements. Néanmoins, si cette différence est reconnue provenir, en tout ou en partie, de circonstances particulières et indépendantes de la capacité de l'appréciateur, l'administration pourra, après avoir reconnu la réalité de ces causes, proposer de remettre au garde-magasin une partie ou la totalité du débet. Le ministre de l'intérieur décidera, sur l'avis du préfet.

29. Il sera alloué au garde-magasin, sur le montant des sommes prêtées, un droit d'appréciation dont la quotité sera fixée par le ministre, sur la proposition de l'administration et l'avis du préfet. Le garde-magasin ne pourra exiger aucun droit pour les évaluations non suivies de prêt.

30. Le droit à percevoir par l'établissement, pour frais d'appréciation, de reconnaissance, de magasinage, de garde et de régie, ainsi que pour intérêt des sommes prêtées, sera fixé par le ministre, sur la proposition de l'administration et l'avis du préfet. Il ne pourra excéder un maximum de huit pour cent; il sera réduit à mesure que les produits croissants couvriront les frais de régie et d'administration.

31. Les emprunteurs pourront dégager les effets déposés avant l'époque fixée pour la durée du prêt, ils pourront aussi renouveler les engagements à l'échéance, ainsi qu'il sera expliqué au titre des renouvellements.

32. Si l'emprunteur n'a pas besoin de toute la somme qui pourrait lui être prêtée d'après l'évaluation du nantissement, la reconnaissance ne devra pas moins porter l'évaluation entière, telle qu'elle doit toujours être faite par le garde-magasin; il est expressément défendu à ce dernier de la réduire dans la proportion du prêt.

33. Tous les prêts seront faits en sommes rondes, sans fractions de francs.

34. Le minimum des prêts est fixé à deux francs; le maximum à un taux que le préfet déterminera, sur la proposition de l'administration.

35. Les décomptes d'intérêts seront faits par quinzaine, au moment du dégagement ou de la vente des objets déposés; la quinzaine commencée sera due en entier.

TITRE V. — Des renouvellements.

36. A l'expiration de la durée du prêt, l'emprunteur pourra être admis à renouveler l'engagement des effets donnés en nantissement.

37. Pour obtenir ce renouvellement, l'emprunteur sera tenu de payer les intérêts et droits dus au mont-de-piété, à raison du dernier prêt, et de soumettre à une nouvelle appréciation, si elle est jugée nécessaire par l'administrateur-surveillant, et de payer la différence qui pourrait être reconnue entre la valeur primitive du nantissement et son estimation actuelle.

38. Le renouvellement s'effectuera d'après la valeur nouvelle du gage, dans la même forme et aux mêmes termes et conditions que le prêt primitif.

39. La reconnaissance primitive sera retirée, et il en sera fait mention à l'article correspondant du registre des prêts; elle sera reportée au livre des dégagements, et il en sera délivré une nou-

TITRE VI. — Des dégagements.

40. Tout porteur de reconnaissance qui remboursera la somme prêtée, plus les intérêts et droits dus jusqu'au jour où il se présentera, pourra retirer le nantissement indiqué sur cette reconnaissance, soit avant le terme fixé, soit même après, dans le cas où la vente n'en aurait pas encore été faite.

41. Si l'emprunteur perd sa reconnaissance, il ne sera admis à dégager son dépôt qu'en présentant une caution solvable, pour en donner décharge valable.

42. Si le nantissement était égaré et ne pouvait être rendu à son propriétaire, la valeur lui en serait payée au prix de l'estimation faite lors du dépôt, avec l'augmentation, à titre d'indemnité, d'un cinquième en sus, si c'est de la vaisselle ou des bijoux d'or ou d'argent, et d'un quart si ce sont d'autres effets.

43. En cas d'avarie, le propriétaire aura le droit d'abandonner son nantissement, moyennant le prix d'estimation primitive, si mieux il n'aime recevoir une indemnité dont la fixation sera soumise à l'administrateur-surveillant, qui statuera, sauf le recours de l'administration contre le garde-magasin.

TITRE VII. — Vente des nantissements.

44. Les effets donnés en nantissement qui, à l'expiration du délai d'un an, n'auront pas été dégagés, ou dont l'engagement n'aura pas été renouvelé, seront vendus. Le produit de chaque vente sera versé dans la caisse du mont-de-piété, jusqu'à concurrence de la somme qui lui sera due : s'il y a un excédant, il en sera tenu compte à l'emprunteur. On ne vendra, d'un gage divisible, que ce qui sera nécessaire pour rembourser l'établissement, en commençant par les objets que l'administration jugera les plus susceptibles de détérioration, et l'on rendra le surplus du gage à l'emprunteur.

45. L'administration déterminera le nombre et les époques des ventes qui devront s'effectuer chaque année.

46. Ces ventes se feront publiquement, au plus offrant et dernier enchérisseur, par le ministère d'un officier public et en présence du directeur et de l'administrateur-surveillant, d'après un rôle ou état sommaire, dressé par le directeur, des nantissements non dégagés, lequel sera préalablement rendu exécutoire par le président du tribunal civil de première instance de l'arrondissement; elles seront annoncées par des affiches apposées dans les lieux publics, au moins trente jours à l'avance, et par des avis insérés dans des feuilles d'annonces. L'administration est autorisée, en outre, à prendre telle autre mesure qu'elle jugera utile pour avertir les propriétaires des gages qui devront être vendus.

47. Dans le cas où un nantissement ne serait pas porté au montant de la somme due au mont-de-piété en principal et intérêts, le directeur aura le droit d'en renvoyer l'adjudication à la vente suivante.

48. Les oppositions formées à la vente d'effets déposés n'empêcheront pas cette vente, sauf aux opposants à faire valoir leurs droits sur les excédants que pourront présenter les prix de vente après l'entier acquittement de la somme due au mont-de-piété.

49. Il sera alloué à l'officier public chargé de la vente, pour vacations et frais de vente, un droit

qui sera fixé par le ministre, sur la proposition de l'administration et l'avis du préfet.

50. Le droit de vente sera à la charge des adjudicataires. Le taux de ce droit sera affiché, d'une manière très-apparente, dans la salle des ventes.

51. Tout adjudicataire sera tenu de payer comptant le prix total de l'adjudication, en principal et accessoires; à défaut de paiement complet, l'effet sera immédiatement remis en vente.

52. Lorsque des nantissements entièrement composés ou même seulement garnis d'or ou d'argent se trouveront compris dans le rôle des ventes, il en sera donné avis au contrôleur des droits de garantie, avec invitation de venir procéder à la vérification de ces nantissements. Ceux desdits nantissements d'or ou d'argent qui ne seront pas revêtus de l'empreinte de garantie ne pourront être délivrés qu'après l'avoir reçue, à moins que les adjudicataires ne consentent à les laisser briser et mettre hors de service.

53. A la fin de chaque vacation de la vente, l'officier public chargé d'y procéder en versera le produit entre les mains du directeur-caissier et lui remettra les registres contenant les procès-verbaux des ventes et tous les actes y relatifs; sur le vu de ces documents, le directeur fera, pour chaque article d'engagement, le compte de l'emprunteur.

54. Les articles non adjugés seront remis par ledit officier public au garde-magasin, qui lui en donnera décharge.

55. Les procès-verbaux des ventes, et tous les actes y relatifs, seront déposés aux archives de l'administration.

56. Après chaque vente, le directeur devra fournir à l'administration un tableau présentant, 1° le nom de l'emprunteur; 2° le numéro de la reconnaissance du dépôt; 3° la somme prêtée; 4° la date du prêt; 5° le montant des intérêts; 6° le prix de vente; 7° la quotité relative aux frais; 8° le déficit éprouvé ou l'excédant obtenu.

57. Il sera tenu compte immédiatement du déficit par le garde-magasin, comme responsable de l'appréciation qui aura servi de base au prêt. Le directeur-caissier se chargera en recette du montant du déficit ainsi couvert, en même temps que du montant net de la vente.

TITRE VIII. — De l'excédant ou boni.

58. Le paiement de l'excédant ou boni restant de la vente du nantissement se fera sur la présentation et la remise de la reconnaissance d'engagement.

59. A défaut de la présentation de ladite reconnaissance, l'emprunteur ne pourra toucher le boni qu'en se conformant aux formalités prescrites par l'art. 41.

60. Les créanciers des porteurs de reconnaissances seront reçus à former opposition à la délivrance des bonis à ces derniers.

61. Les oppositions ne pourront être formées qu'entre les mains du directeur, et ne seront obligatoires, pour le mont-de-piété, qu'après qu'elles auront été visées par ce préposé, qui donnera le visa, sans frais, en faisant mention de chaque opposition sur le registre des engagements, en marge de l'article qu'elle concerne.

62. Lorsqu'il aura été formé opposition à un paiement de boni, ce paiement ne pourra avoir lieu entre les mains de l'emprunteur que du consentement de l'opposant, et sur le vu de la main-levée de l'opposition.

63. Les excédants ou bonis qui n'auront pas été retirés dans les trois ans, à partir de la date des reconnaissances, ne pourront plus être réclamés, et seront acquis à l'établissement.

64. Les dispositions de l'article précédent, celles de l'art. 45, ainsi que les principales conditions des prêts, devront être rappelées, en forme d'avis, sur les reconnaissances.

TITRE IX. — Hypothèque et garantie des prêteurs et emprunteurs.

65. Les fonds versés dans la caisse du mont-de-piété, tant à titre de prêts qu'à titre de cautionnement, auront pour garantie les biens meubles et immeubles que possède et que possédera cet établissement.

66. La garantie stipulée dans l'article qui précède est déclarée commune aux propriétaires des nantissements, jusqu'à concurrence de l'excédant de la valeur des nantissements sur les sommes prêtées.

67. La garantie du directeur-caissier et du garde-magasin envers l'établissement, et celle de l'établissement envers les tiers, cesseront dans le cas de vol à force ouverte et d'émeute populaire, et de tous autres accidents extraordinaires et hors de prévoyance humaine.

68. Les bâtiments du mont-de-piété, ainsi que le mobilier, dans lequel seront compris, s'il est possible, les nantissements, seront assurés contre l'incendie et le feu du ciel, à la diligence de l'administration.

TITRE X. — Des bénéfices.

69. Les bénéfices du mont-de-piété appartiendront en entier à cet établissement, et serviront à augmenter sa dotation, pour arriver successivement à la réduction du taux de l'intérêt des prêts.

TITRE XI. — Police et contentieux.

70. Dans le cas où il serait présenté en nantissement des effets soupçonnés d'avoir été volés, la reconnaissance ne pourra être délivrée qu'après que le directeur aura entendu le porteur desdits effets, et qu'il ne restera plus de doute sur la véracité de sa déclaration.

71. S'il restait encore quelques doutes, les déclarations seront constatées par un procès-verbal dressé par un commissaire de police que le directeur requerra de se transporter au mont-de-piété. Ce procès-verbal sera transmis sur-le-champ au procureur du roi. En attendant, il ne sera prêté aucune somme sur lesdits effets, lesquels resteront en dépôt dans les magasins de l'établissement, jusqu'à ce qu'il en soit autrement ordonné.

72. Les nantissements revendiqués pour vol, ou pour quelque autre cause que ce soit, ne seront rendus aux réclamants qu'après que ceux-ci auront légalement justifié que ces effets leur appartiennent, et auront acquitté, en principal et droits, la somme pour laquelle lesdits effets auront été laissés en nantissement, sauf leur recours contre ceux qui les auront déposés et contre les répondants de ces derniers.

73. Les réclamations pour effets perdus ou volés, qui seront faites au mont-de-piété, seront inscrites sur un registre particulier, et signées par les réclamants: on vérifiera, sur-le-champ, si les effets se trouvent au mont-de-piété, et, dans le cas où ils s'y trouveraient déposés, on en préviendra les réclamants; dans le cas contraire, les employés garderont note de ces effets, d'après les indications fournies; afin

de les retenir et d'en prévenir l'administration, si l'on se présentait plus tard pour les engager.

74. Toute contestation qui surviendrait entre l'établissement et les particuliers sera portée devant les tribunaux ordinaires.

75. Il est expressément interdit à tout administrateur et employé de l'établissement de faire, pour son compte, aucun prêt sur nantissement, sous peine d'être révoqué immédiatement de ses fonctions, et sans préjudice des autres peines de droit. Il est défendu aux mêmes personnes, et sous les mêmes peines, de se rendre adjudicataires d'aucun effet mis en vente par l'administration.

76. Toutes les dispositions du présent réglement qu'il importe au public de connaître seront affichées dans les salles où il sera admis.

11 SEPTEMBRE == 2 OCTOBRE 1841. — Ordonnance du roi qui approuve des modifications aux statuts de la société anonyme du Lloyd français. (IX, Bull. supp. DLXII, n. 15920.)

Louis-Philippe, etc., sur le rapport de notre ministre secrétaire d'Etat de l'agriculture et du commerce ; vu l'ordonnance royale du 16 mars 1837, portant autorisation de la société anonyme formée à Paris sous la dénomination de *Lloyd français*, compagnie d'assurances maritimes, et approbation de ses statuts; vu les changements proposés auxdits statuts par délibération de l'assemblée générale des actionnaires de la société en date du 27 mai 1841; notre conseil d'Etat entendu, etc.

Art. 1er. Les modifications aux art. 28, 33 et 38 des statuts de la société anonyme du Lloyd français, sont approuvées telles qu'elles sont contenues dans l'acte passé le 26 août 1841 par-devant Me Guyon et son collègue, notaires à Paris, lequel acte restera annexé à la présente ordonnance.

2. Notre ministre de l'agriculture et du commerce (M. Cunin-Gridaine) est chargé, etc.

Par-devant, etc., ont comparu :

(Suivent les noms.)

Lesquels ont exposé ce qui suit :

Dans une délibération prise le 27 mai dernier au siège de la compagnie, par l'assemblée générale extraordinaire de ses actionnaires, composée conformément à l'art. 37 des statuts, et dont une copie demeurera jointe aux présentes, diverses modifications aux art. 28, 33 et 38 desdits statuts ci-après relatés ont été proposées par le conseil d'administration et adoptées à l'unanimité des membres présents. Par la même délibération, l'assemblée a adopté la résolution suivante :

« Le conseil d'administration est autorisé à demander aux art. 28, 33 et 38 des statuts de la compagnie les modifications qui viennent d'être approuvées, à en poursuivre l'obtention devant qui de droit, et au besoin à consentir aux changements que l'autorité supérieure pourrait vouloir introduire dans la rédaction proposée. »

Communication de la délibération de la compagnie ayant été donnée au gouvernement et des observations ayant été faites de sa part sur la ré-

daction de l'art. 33, les comparants, pour se conformer à ces observations, ont arrêté définitivement de la manière suivante, et à l'unanimité entre eux, la rédaction des changements proposés aux articles précités : l'art. 33, ainsi conçu dans l'acte constitutif de la société :

« Les pouvoirs dévolus au directeur par les présents statuts sont conférés à M. Louis Van-den-Brock et Charles Lefebvre, avec la faculté de les exercer, soit collectivement, soit séparément, et sauf l'assentiment de l'assemblée générale, qui déterminera le traitement fixe qui doit leur être alloué pendant la durée de leurs fonctions, ainsi que la part qui doit leur être allouée sur les bénéfices annuels de la société, » sera remplacé par la rédaction suivante :

« Les pouvoirs dévolus au directeur par les présents statuts pourront être conférés par l'assemblée générale, sur la proposition du conseil d'administration, à deux personnes, avec la faculté de les exercer, soit collectivement, soit séparément. »

Le quatrième paragraphe de l'art. 38, ainsi conçu dans l'acte constitutif de la société : « Le plus jeune des membres est secrétaire, » sera remplacé par celui-ci :

« Le bureau désigne le secrétaire parmi les membres de l'assemblée. »

Le second paragraphe de l'art. 28, ainsi conçu en l'acte constitutif :

« Il (le directeur) peut être révoqué sur la proposition du conseil d'administration et par décision de l'assemblée générale, prise aux deux tiers des voix représentant au moins la moitié plus une des actions émises, » sera remplacé par la rédaction suivante : « Il peut être suspendu provisoirement par le conseil d'administration, mais il ne peut être révoqué que sur la proposition du conseil d'administration et par décision de l'assemblée générale, prise aux deux tiers des voix représentant au moins la moitié plus une des actions émises. »

En conséquence, les trois articles précités ainsi modifiés seront soumis à la sanction royale, pour être ensuite publiés conformément à la loi, à la diligence du directeur par intérim de la compagnie. M. Bal ayant représenté une copie de la délibération de l'assemblée générale du 27 mai dernier, délivrée par M. Bal et les membres du conseil d'administration cejourd'hui, pour être enregistrée avant ces présentes. Cette copie est demeurée ci-jointe, après avoir été des comparants certifiée véritable et que dessus mention de l'annexe a été faite par les notaires soussignés.

11 SEPTEMBRE == 2 OCTOBRE 1841. — Ordonnance du roi portant autorisation de la caisse d'épargne fondée à Pontoise. (IX, Bull. supp. DLXII, n. 15921.)

Louis-Philippe, etc., sur le rapport de notre ministre secrétaire d'Etat de l'agriculture et du commerce; vu les délibérations du conseil municipal de Pontoise des 29 décembre 1840 et 25 juin 1841 ; vu les lois des 5 juin 1835 et 31 mars 1837, relatives aux caisses d'épargne; le comité des travaux publics, de l'agriculture et du commerce de notre conseil d'Etat entendu, etc.

Art. 1er. La caisse d'épargne fondée à Pontoise (Seine-et-Oise) est autorisée. Sont approuvés les statuts de ladite caisse tels qu'ils sont contenus dans la délibération du conseil municipal de Pontoise en date du 25 juin 1841, dont une expédition conforme restera déposée aux archives du ministère de l'agriculture et du commerce.

2. Nous nous réservons de révoquer notre autorisation en cas de violation ou de non exécution des statuts approuvés, sans préjudice des droits des tiers.

3. La caisse sera tenue de remettre, au commencement de chaque année, au ministère de l'agriculture et du commerce et au préfet du département de Seine-et-Oise, un extrait de son état de situation arrêté au 31 décembre précédent.

4. Notre ministre de l'agriculture et du commerce (M. Cunin-Gridaine) est chargé, etc.

————

11 SEPTEMBRE = 2 OCTOBRE 1841. — Ordonnance du roi portant autorisation de la caisse d'épargne fondée à Ussel. (IX, Bull. supp. DLXII, n. 15922.)

Louis-Philippe, etc., sur le rapport de notre ministre secrétaire d'Etat de l'agriculture et du commerce; vu les délibérations du conseil municipal d'Ussel en date des 18 novembre 1840 et 19 mai 1841; vu les lois des 5 juin 1835 et 31 mars 1837, relatives aux caisses d'épargne; le comité des travaux publics, de l'agriculture et du commerce de notre conseil d'Etat entendu, etc.

Art. 1er. La caisse d'épargne fondée à Ussel (Corrèze) est autorisée. Sont approuvés les statuts de ladite caisse tels qu'ils sont contenus dans la délibération du conseil municipal d'Ussel en date du 19 mai 1841, dont une expédition conforme restera déposée aux archives du ministère de l'agriculture et du commerce.

2. Nous nous réservons de révoquer notre autorisation en cas de violation ou de non exécution des statuts approuvés, sans préjudice du droit des tiers.

3. La caisse sera tenue de remettre, au commencement de chaque année, au ministère de l'agriculture et du commerce et au préfet du département de la Corrèze, un extrait de son état de situation arrêté au 31 décembre précédent.

4. Notre ministre de l'agriculture et du commerce (M. Cunin-Gridaine) est chargé, etc.

————

11 SEPTEMBRE = 2 OCTOBRE 1841. — Ordonnance du roi portant autorisation de la caisse d'épargne fondée à Vervins. (IX, Bull. supp. DLXII, n. 15923.)

Louis-Philippe, etc., sur le rapport de notre ministre secrétaire d'Etat de l'agriculture et du commerce; vu les délibérations du conseil municipal de Vervins en date des 22 mars et 10 juin 1841; vu les lois des 5 juin 1835 et 31 mars 1837, relatives aux caisses d'épargne; le comité des travaux publics, de l'agriculture et du commerce de notre conseil d'Etat entendu, etc.

Art. 1er. La caisse d'épargne fondée à Vervins (Aisne) est autorisée. Sont approuvés les statuts de ladite caisse tels qu'ils sont contenus dans la délibération du conseil municipal de Vervins en date du 10 juin 1841, dont une expédition conforme restera déposée aux archives du ministère de l'agriculture et du commerce.

2. Nous nous réservons de révoquer notre autorisation en cas de violation ou de non exécution des statuts approuvés, sans préjudice des droits des tiers.

3. La caisse sera tenue de remettre, au commencement de chaque année, au ministère de l'agriculture et du commerce et au préfet du département de l'Aisne, un extrait de son état de situation arrêté au 31 décembre précédent.

4. Notre ministre de l'agriculture et du commerce (M. Cunin-Gridaine) est chargé, etc

————

3 = 6 OCTOBRE 1841. — Ordonnance du roi qui ouvre au ministre de la guerre, sur l'exercice 1841, un crédit supplémentaire de douze millions six cent soixante et treize mille cent soixante-deux francs. (IX, Bull. DCCC, n. 9579.)

Louis-Philippe, etc., vu les art. 3 et 4 de la loi du 24 avril 1833; vu la loi du 16 juillet 1840, portant fixation du budget des dépenses de l'exercice 1841, et contenant, art. 6, la nomenclature des dépenses pour lesquelles la faculté nous est réservée d'ouvrir, en l'absence des Chambres, des crédits supplémentaires pour le cas d'insuffisance, dûment justifiée, des crédits législatifs; vu les art. 20, 21, 22, 23 et 25 de notre ordonnance du 31 mai 1838, portant règlement général sur la comptabilité publique; sur le rapport notre de ministre secrétaire d'Etat de la guerre, et de l'avis de notre conseil des ministres, etc.

Art. 1er. Il est ouvert à notre ministre secrétaire d'Etat de la guerre, sur l'exercice 1841, un crédit supplémentaire de douze millions six cent soixante et treize mille cent soixante-deux francs (12,673,162 fr.) applicable aux sections spéciales, chapitres et articles ci-après, savoir: 1re section. Divisions territoriales de l'intérieur. — Chap. 5. Article unique. Gendarmerie.

Renchérissement des fourrages de la gendarmerie, 918,225 fr. — Chap. 15. Article unique. *Fourrages*. Renchérissement des fourrages pour les troupes à cheval autres que la gendarmerie, 8,061,625 fr. 2e section. *Algérie*. — Chap. 9. 2e partie. Art. 2. *Vivres*.

	TROUPES françaises.	CORPS étrangers.	TOTAL.	
Renchérissement des denrées par rapport aux prévisions du budget.	fr. 1,925,442	fr. 353,102	fr. 2,278,544	
Renchérissement des denrées par rapport aux allocations extraordinaires de la loi du 11 juin 1841, applicables à l'accroissement de l'effectif.	1,351,426	63,342	1,414,768	
ENSEMBLE.	3,276,808	416,444	3,693,312	3,693,312 f.
TOTAL ÉGAL.				12,673,162

2. La régularisation de ce crédit supplémentaire sera proposée aux Chambres lors de leur prochaine session.

3. Nos ministres de la guerre et des finances (MM. duc de Dalmatie et Humann) sont chargés, etc.

10 SEPTEMBRE = 8 OCTOBRE 1841. — Ordonnance du roi portant répartition des crédits accordés au département de la marine et des colonies par les lois du 25 juin 1841, pour les dépenses de l'exercice 1842. (IX, Bull. DCCCLI, n. 9586.)

Louis-Philippe, etc., vu la loi des dépenses du 25 juin 1841, qui alloue au département de la marine et des colonies, pour le service de l'exercice 1842, un crédit de cent vingt-cinq millions six cent sept mille six cent quatorze francs; vu la loi du même jour, sur le régime financier de la Martinique, de la Guadeloupe, de la Guiane française et de Bourbon, laquelle ajoute aux ressources votées par la loi des dépenses un autre crédit de cinq millions neuf cent quatre-vingt-quatorze mille francs; vu la loi de finances du 25 mars 1817, art. 151; vu l'ordonnance du 14 septembre 1822, art. 2; vu l'ordonnance du 51 mai 1838, art. 35; sur le rapport de notre ministre secrétaire d'Etat de la marine et des colonies, etc.

Art. 1er. Le crédit accordé au département de la marine et des colonies par les lois du 25 juin 1841, pour le service de l'exercice 1842, lequel crédit s'élève à cent trente et un millions six cent un mille six cent quatorze francs (1), est et demeure réparti conformément au tableau inséré ci-après :

(*Suivent les tableaux.*)

2. Nos ministres de la marine et des finances (MM. Duperré et Humann) sont chargés, etc.

27 SEPTEMBRE = 8 OCTOBRE 1841. — Ordonnance du roi qui ouvre, sur l'exercice 1840, un crédit supplémentaire applicable au service administratif et de surveillance des forêts dans les départements. (IX, Bull. DCCCLI, n. 9587.)

Louis-Philippe, etc., vu les art. 3 et 4 de la loi du 24 avril 1833; vu la loi du 10 août 1839, portant fixation du budget des dépenses de l'exercice 1840, et contenant, art. 6, la nomenclature des dépenses pour lesquelles la faculté nous est réservée d'ouvrir des crédits supplémentaires en cas d'insuffisance, dûment justifiée, des crédits législatifs; vu les art. 20, 21, 22, 23 et 25 de notre ordonnance du 31 mai 1838, portant réglement général sur la comptabilité publique; sur le rapport de notre ministre secrétaire d'Etat des finances, et de l'avis de notre conseil des ministres, etc.

Art. 1er. Il est ouvert à notre ministre secrétaire d'Etat des finances, sur l'exercice 1840, un crédit supplémentaire de cinquante mille cent trente-six frans soixante-sept centimes (50,136 fr. 67 c.), applicable aux chapitre et article de dépenses ci-après désignés, savoir : *Service administratif et de surveillance des forêts dans les départements.* — Chap. 45. *Matériel.* — Art. 1er. Avances recouvrables, fournitures de registres et impressions, 50,136 fr. 67 c.

2. La régularisation de ce crédit supplémentaire sera proposée aux Chambres lors de leur prochaine session.

(1) Dans ce chiffre total, les dépenses afférentes aux paquebots transatlantiques sont comprises pour quatorze millions.

3. Notre ministre des finances (M. Humann) est chargé, etc.

----

27 AOUT = 9 OCTOBRE 1841. — Ordonnance du roi qui annule une somme de cent vingt-quatre mille neuf cent dix-sept francs soixante et quatorze centimes sur les crédits de la seconde section du budget du ministère des travaux publics, exercice 1839, et ouvre, sur l'exercice 1840, un crédit supplémentaire de pareille somme. (IX, Bull. DCCCLII, n. 9591.)

Louis-Philippe, etc., vu l'art. 1ᵉʳ de la loi de règlement définitif du budget de 1837, en date du 6 juin 1840, portant que le fonds extraordinaire créé par la loi du 17 mai 1837, pour l'exécution de travaux publics, et les crédits ouverts par les lois annuelles de finances ou par des lois spéciales pour en acquitter la dépense, sont et demeurent réunis au budget ordinaire de l'Etat; vu l'art. 2 de la même loi, portant que ces dépenses formeront une deuxième section du budget du ministère des travaux publics, et seront l'objet d'une série spéciale de chapitres par nature principale d'entreprises; vu l'art. 3 de la même loi, portant que la portion des crédits spéciaux énoncés à l'art. 1ᵉʳ qui n'aura pas été employée dans le courant d'une année pourra être réimputée sur l'exercice suivant, au moyen des crédits supplémentaires qui seront ouverts provisoirement par ordonnance royale, et soumis à la sanction des Chambres dans le projet de loi que le ministre des finances est chargé de présenter conformément à l'art. 5 de la loi du 24 avril 1833; vu le compte des dépenses de l'exercice 1839, constatant que sur les crédits de cet exercice, pour les chapitres 4 et 8 de la deuxième section du budget, il est resté sans emploi, au 31 décembre 1839, une somme de cent vingt-quatre mille neuf cent dix-sept francs soixante et quatorze centimes; considérant que les besoins du service exigent que ce reliquat soit reporté sur l'exercice 1840; sur le rapport de notre ministre secrétaire d'Etat au département des travaux publics, et de l'avis de notre conseil des ministres, etc.

Art. 1ᵉʳ. Il est ouvert à notre ministre secrétaire d'Etat des travaux publics, sur l'exercice 1840, un crédit supplémentaire de cent vingt-quatre mille neuf cent dix-sept francs soixante et quatorze centimes (124,917 fr. 74 c.), représentant la portion des crédits des chapitres 4 et 8 de la deuxième section du budget de 1839 non employée au 31 décembre 1839, savoir : Chap. 4. Achèvement des routes stratégiques de l'Ouest, 123,197 fr. 1 c.—Chap. 8. Etudes de navigation, 1,720 fr. 73 c. — Somme égale, 124,917 fr. 74 c.

Pareille somme de cent vingt-quatre mille neuf cent dix-sept francs soixante et quatorze centimes (124,917 fr. 74 c.) demeure annulée sur les crédits des deux chapitres précités pour l'exercice 1839.

2. La régularisation de la présente ordonnance, quant à l'ouverture du crédit, sera proposée aux Chambres lors de leur prochaine session ; à l'égard de la régularisation de l'annulation, elle se trouve proposée dans le projet de loi de règlement du budget de 1839.

3. Nos ministres des travaux publics et des finances (MM. Teste et Humann) sont chargés, etc.

----

27 AOUT = 9 OCTOBRE 1841. — Ordonnance du roi qui annule une somme de un million huit cent cinquante-sept mille trente-neuf francs soixante et onze centimes, sur les crédits de la seconde section du budget du ministère des travaux publics, exercice 1839, et ouvre, sur l'exercice 1841, un crédit supplémentaire de pareille somme. (IX, Bull. DCCCLII, n. 9592.)

Louis-Philippe, etc., vu l'art. 1ᵉʳ de la loi de règlement définitif du budget de 1837, en date du 6 juin 1840, portant que le fonds extraordinaire créé par la loi du 17 mai 1837 pour l'exécution de travaux publics, et les crédits ouverts par les lois annuelles de finances ou par des lois spéciales pour en acquitter la dépense, sont et demeurent réunis au budget ordinaire de l'Etat; vu l'art. 2 de la même loi, portant que ces dépenses formeront une deuxième section du budget du ministère des travaux publics et seront l'objet d'une série spéciale de chapitres par nature principale d'entreprises; vu l'art. 3 de la même loi, portant que la portion des crédits spéciaux énoncés à l'art. 1ᵉʳ qui n'aura pas été employée dans le courant d'une année pourra être réimputée sur l'exercice suivant, au moyen de crédits supplémentaires qui seront ouverts provisoirement par ordonnance royale, et soumis à la sanction des Chambres dans le projet de loi que le ministre des finances est chargé de présenter, conformément à l'art. 5 de la loi du 24 avril 1833; vu le compte des dépenses de l'exercice 1839 constatant que sur les crédits de cet exercice, pour les chapitres 1, 2, 3, 5, 6, 7, 9 et 11 de la deuxième section du budget, il est resté sans emploi, au 31 décembre 1839, une somme de un million huit cent cinquante-sept mille trente-neuf francs soixante et onze centimes; considérant que les crédits des chapitres indiqués ci-dessus pour l'exercice 1840 sont plus que suffisants pour faire face aux besoins du service, et qu'il convient de réimputer sur 1841, et non sur 1840, la somme de un million huit cent cinquante-sept mille trente-neuf francs soixante et onze centimes mentionnée ci-dessus ; sur le rapport de notre ministre secrétaire d'Etat des travaux publics, et de l'avis de notre conseil des ministres, etc.

Art. 1er. Il est ouvert à notre ministre secrétaire d'Etat des travaux publics, sur l'exercice 1841 (deuxième section du budget), un crédit supplémentaire de un million huit cent cinquante-sept mille trente-neuf francs soixante et onze centimes, représentant la portion des crédits des chapitres de la deuxième section du budget de 1839 détaillés ci-après, non employée au 31 décembre 1839, savoir : Chap. 1er. Routes royales classées avant le 1er janvier 1837, 450,005 fr. 51 c. Chap. 2. Routes royales classées depuis le 1er janvier 1837, 165,016 fr. 81 c. Chap. 3. Routes royales et ports maritimes de la Corse, 41,239 fr. 94 c. Chap. 5. Ponts, 45,734 fr. 54 c. Chap. 6. Améliorations de rivières, 509,356 fr. 78 c. Chap. 7. Service des canaux, de 1821 et 1822, 277,314 fr. 65 c. Chap. 9. Amélioration de ports maritimes, 424,771 fr. 51 c. Chap. 11. Etablissement de nouveaux canaux, 143,419 fr. 97 c. Total, 1,857,039 fr. 71 c.

Pareille somme de un million huit cent cinquante-sept mille trente-neuf francs soixante et onze centimes (1,857,039 fr. 71 c.) demeure annulée sur les crédits des huit chapitres précités pour l'exercice 1839.

2. La régularisation de la présente ordonnance, quant à l'ouverture du crédit, sera proposée aux Chambres lors de leur prochaine session ; à l'égard de la régularisation de l'annulation, elle se trouve proposée dans le projet de loi de règlement du budget de 1839.

3. Nos ministres des travaux publics et des finances (MM. Teste et Humann) sont chargés, etc.

27 AOUT = 9 OCTOBRE 1841. — Ordonnance du roi qui annule une somme de sept millions six cent trente mille francs sur les crédits de la seconde section du budget du ministère des travaux publics, exercice 1840, et ouvre, sur l'exercice 1841, un crédit supplémentaire de pareille somme. (IX, Bull. DCCCLII, n. 9593.)

Louis-Philippe, etc., vu l'art. 1er de la loi de règlement définitif du budget de 1837, en date du 6 juin 1840, portant que le fonds extraordinaire créé par la loi du 17 mai 1837 pour l'exécution de travaux publics, et les crédits ouverts par les lois annuelles de finances ou par des lois spéciales pour en acquitter la dépense, sont et demeurent réunis au budget ordinaire de

41.

l'Etat ; vu l'art. 2 de la même loi, portant que ces dépenses formeront une deuxième section du budget du ministère des travaux publics, et seront l'objet d'une série spéciale de chapitres par nature principale d'entreprises ; vu l'art. 3 de la même loi, portant que la portion des crédits spéciaux énoncés à l'art. 1er qui n'aura pas été employée dans le courant d'une année pourra être réimputée sur l'exercice suivant, au moyen de crédits supplémentaires qui seront ouverts provisoirement par ordonnance royale et soumis à la sanction des Chambres dans le projet de loi que le ministre des finances est chargé de présenter, conformément à l'art. 5 de la loi du 24 avril 1833 ; vu la situation des dépenses de la deuxième section du budget de l'exercice 1840, de laquelle il résulte que la totalité des fonds affectés à ces dépenses n'était pas employée au 31 décembre 1840 ; considérant qu'il est dans l'intérêt du service de réimputer dès à présent, sur l'exercice 1841, la portion des fonds dont il s'agit qui paraît devoir rester disponible ; sur le rapport de notre ministre secrétaire d'Etat des travaux publics, et de l'avis de notre conseil des ministres, etc.

Art. 1er. Il est ouvert à notre ministre secrétaire d'Etat des travaux publics, sur l'exercice 1841, un crédit supplémentaire de sept millions six cent trente mille francs, représentant la portion des crédits des chapitres 1, 2, 3, 5, 6, 6 bis, 7, 9, 10, 11 et 11 bis de la deuxième section du budget de 1840, concernant les travaux publics extraordinaires, non consommée au 31 décembre 1840, savoir : Chap. 1er. Routes royales classées avant le 1er janvier 1837, 300,000 fr. Chap. 2. Routes royales classées depuis le 1er janvier 1837, 400,000 fr. Chap. 3. Routes royales et ports maritimes de la Corse, 500,000 fr. Chap. 5. Ponts, 300,000 fr. Chap. 6. Améliorations de rivières, 200,000 fr. Chap. 6 bis. Améliorations de rivières (lois spéciales) 100,000 fr. Chap. 7. Service des canaux, de 1821 et 1822, 500,000 fr. Chap. 9. Amélioration de ports maritimes, 3,800,000 fr. Chap. 10. Chemins de fer, 1,350,000 fr. Chap. 11. Etablissement de nouveaux canaux, 80,000 fr. Chap. 11 bis. Etablissement de nouveaux canaux (lois spéciales) 100,000 fr. Total, 7,630,000 fr.

Pareille somme de sept millions six cent trente mille francs (7,630,000 fr.) demeurera annulée sur les crédits des onze chapitres précités pour l'exercice 1840.

2. La régularisation de la présente ordonnance sera proposée aux Chambres lors de leur prochaine session.

3. Nos ministres des travaux publics et

36

des finances (MM. Teste et Humann) sont chargés, etc.

23 SEPTEMBRE = 21 OCTOBRE 1841. — Ordonnance du roi portant autorisation de la caisse d'épargne établie à La Fère (Aisne). (IX, Bull. supp. DLXV, n. 15984.)

Louis-Philippe, etc., sur le rapport de notre ministre secrétaire d'Etat de l'agriculture et du commerce; vu les délibérations du conseil municipal de la Fère (Aisne), en date des 3 mars et 21 juin 1841; vu les lois des 5 juin 1835 et 31 mars 1837, relatives aux caisses d'épargne; le comité des travaux publics, de l'agriculture et du commerce de notre conseil d'Etat entendu, etc.

Art. 1er. La caisse d'épargne établie à la Fère (Aisne) est autorisée. Sont approuvés les statuts de ladite caisse, tels qu'ils sont contenus dans la délibération du conseil municipal de la Fère, en date du 21 juin 1841, dont une expédition conforme restera déposée aux archives du ministère de l'agriculture et du commerce.

2. Nous nous réservons de révoquer notre autorisation en cas de violation ou de non exécution des statuts approuvés, sans préjudice des droits des tiers.

3. La caisse d'épargne de la Fère sera tenue de remettre, au commencement de chaque année, au ministère de l'agriculture et du commerce, et au préfet du département de l'Aisne, un extrait de son état de situation arrêté au 31 décembre précédent.

4. Notre ministre de l'agriculture et du commerce (M. Cunin-Gridaine) est chargé, etc.

3 = 23 OCTOBRE 1841. — Ordonnance du roi relative aux adjudications des produits accessoires des forêts appartenant aux communes ou aux établissements publics. (IX, Bull. DCCCLIII, n. 9597.)

Louis-Philippe, etc., vu l'art. 104 de l'ordonnance réglementaire du 1er août 1827, aux termes duquel les adjudications des produits accessoires des forêts, mentionnés dans les art. 100, 102 et 103 de ladite ordonnance, doivent être effectuées avec les mêmes formalités que les adjudications des coupes ordinaires des bois; vu les observations de l'administration des forêts; l'avis de notre ministre secrétaire d'Etat au département de l'intérieur; sur le rapport de notre ministre secrétaire d'Etat au département des finances, etc.

Art. 1er. Les dispositions de l'art. 104 précitées sont modifiées en ce sens que lorsque l'estimation des produits accessoires des forêts appartenant aux communes ou aux éta-

blissements publics n'excedera pas 100 fr., les agents forestiers pourront se faire remplacer, à la séance d'adjudication, par un des préposés sous leurs ordres.

2. Notre ministre des finances (M. Humann) est chargé, etc.

3 = 23 OCTOBRE 1841. — Ordonnance du roi qui ouvre, sur l'exercice 1841, un crédit extraordinaire pour le service administratif et d'exploitation des salines de l'Est. (IX, Bull. DCCCLIII, n. 9598.)

Louis-Philippe, etc., vu, 1° la loi du 16 juillet 1840, portant fixation du budget des dépenses de l'exercice 1841; 2° les art. 4 et 6 de la loi du 24 avril 1833 et l'art. 12 de celle du 23 mai 1834; 3° les art. 26, 27 et 28 de notre ordonnance du 31 mai 1838, portant réglement général sur la comptabilité publique; 4° la loi du 17 juin 1840, sur le sel; 5° enfin notre ordonnance du 17 septembre 1841, ayant pour objet de pourvoir à la régie directe des salines de l'Est, au nom de l'Etat, depuis le 1er octobre 1841 jusqu'au jour de la vente de ces établissements, et de rattacher les produits et les charges de leur exploitation au budget général des recettes et dépenses publiques; sur le rapport de notre ministre secrétaire d'Etat des finances, et de l'avis de notre conseil des ministres, etc.

Art. 1er. Il est ouvert à notre ministre secrétaire d'Etat des finances, sur l'exercice 1841, un crédit extraordinaire de la somme de neuf cent quatre-vingt mille sept cents francs (980,700 fr.), pour subvenir aux dépenses urgentes qui n'ont pu être prévues par le budget dudit exercice, et qui feront l'objet des chapitres spéciaux désignés ci-après:

Service administratif et d'exploitation des salines de l'Est et des établissements accessoires. — Chap. 86. Personnel, 34,500 fr. Chap. 87. Matériel, 741,450 fr. Chap. 88. Dépenses diverses, 204,750 fr. Chap. 89. Charges du service antérieur au 1er octobre 1841 (dépenses d'ordre), *mémoire.* Total, 980,700 fr.

2. La régularisation de ce crédit sera proposée aux Chambres lors de leur prochaine session.

3. Notre ministre des finances (M. Humann) est chargé, etc.

17 = 23 OCTOBRE 1841. — Ordonnance du roi qui ouvre, sur l'exercice 1841, un crédit extraordinaire applicable aux dépenses urgentes du service de la Cour des Pairs. (IX, Bull. DCCCLIII, n. 9601.)

Louis-Philippe, etc., vu, 1° la loi du 16

juillet 1840, portant fixation du budget des dépenses de l'exercice 1841 ; 2° les art. 4 et 6 de la loi du 24 avril 1833, et l'art. 12 de celle du 23 mai 1834; 3° les art. 26, 27 et 28 de notre ordonnance du 31 mai 1838, portant règlement général sur la comptabilité publique ; sur le rapport de notre ministre secrétaire d'Etat des finances et de l'avis de notre conseil des ministres, etc.

Art. 1ᵉʳ. Il est ouvert à notre ministre secrétaire d'Etat des finances, sur l'exercice 1841, un crédit extraordinaire de dix mille francs (10,000 fr.), applicable aux dépenses urgentes du service de la Cour des Pairs.

2. La régularisation de ce crédit sera proposée aux Chambres lors de leur prochaine session.

3. Notre ministre des finances (M. Humann) est chargé, etc.

23 septembre = 9 octobre 1841. — Ordonnance du roi sur l'organisation du bataillon de sapeurs-pompiers de la ville de Paris. (IX, Bull. DCCCLII, n. 9594.)

Louis-Philippe, etc., vu le décret impérial du 18 septembre 1811, portant création d'un corps de sapeurs-pompiers pour la ville de Paris ; vu l'ordonnance du 7 novembre 1821, portant réorganisation du corps des sapeurs-pompiers de la ville de Paris ; vu l'ordonnance du 28 août 1822, sur l'administration de ce corps ; vu la décision du ministre de la guerre, du 16 octobre 1824, sur le rang que doit occuper le corps dans l'armée ; vu l'ordonnance du 16 août 1826, portant que les services acquis dans l'ancien bataillon de sapeurs-pompiers de la ville de Paris seront comptés aux officiers, sous-officiers et soldats admis dans le nouveau corps, pour la pension de retraite, le traitement de réforme et les autres récompenses militaires ; vu l'ordonnance du 20 janvier 1832, portant création

de quatre emplois de sous-lieutenant et la suppression des maîtres ouvriers, etc. ; vu l'ordonnance du 24 février 1833, qui supprime l'allocation de première mise aux hommes admis ; vu l'ordonnance du 11 mai 1833, relative à divers changements opérés dans le personnel du corps et la création d'une section hors rang ; vu l'ordonnance du 26 décembre 1834, relative au cautionnement à fournir par le trésorier du corps ; vu enfin l'ordonnance royale du 16 mars 1838, chapitre 7 du titre 9 ; voulant déterminer la nouvelle composition de ce bataillon et apporter en même temps à son organisation les modifications compatibles avec le service spécial auquel il demeure affecté ; sur le rapport de notre président du conseil, ministre secrétaire d'Etat au département de la guerre, et de notre ministre secrétaire d'Etat au département de l'intérieur, etc.

TITRE Iᵉʳ. — *Institution du bataillon de sapeurs-pompiers.*

Art. 1ᵉʳ. Le bataillon de sapeurs-pompiers de Paris est institué spécialement pour le service de surveillance contre l'incendie dans la capitale. Ce bataillon est placé sous l'autorité du ministre de l'intérieur, et sous les ordres immédiats et l'administration du préfet de police. Il est commandé par un officier du grade de chef de bataillon ou de lieutenant-colonel.

2. Le bataillon de sapeurs-pompiers de la ville de Paris compte dans le complet de l'armée, déterminé par l'art. 3 de la loi du 21 mars 1832.

TITRE II. — *Force et organisation.*

3. Le complet du bataillon est fixé à huit cent vingt-neuf officiers, sous-officiers, caporaux et sapeurs-pompiers. Le cadre d'organisation comprend un état-major, une section hors rang et cinq compagnies. La composition de ce bataillon est déterminée ainsi qu'il suit :

ÉTAT-MAJOR.

	OFFICIERS.	TROUPE.
Lieutenant-colonel ou chef de bataillon commandant.	1	»
Capitaine adjudant-major-ingénieur.	1	»
Sous-lieutenant chargé des détails du recrutement et de l'habillement.	1	»
Chirurgiens. { major.	1	»
{ aide-major.	1	»
Trésoriers (emploi civil).	1	»
	6	»

SECTION HORS RANG.

	OFFICIERS.	TROUPE.
Adjudants-sous-officiers.	»	2
Sergent-major, garde-magasin.	»	1
Sergent, premier secrétaire du trésorier.	»	1
Caporal, secrétaire du commandant.	»	1
Caporal, second secrétaire du trésorier.	»	1
Sapeurs, ouvriers au magasin du matériel des incendies.	»	2
	»	8

COMPAGNIE.

	OFFICIERS.	TROUPE.
Capitaine.	1	»
Lieutenant.	1	»
Sous-lieutenant.	1	»
Sergent-major.	»	1
Sergents.	»	4
Fourrier.	»	1
Caporaux. de 1re classe.	»	18
de 2e classe.	»	18
Sapeurs. de 1re classe.	»	58
de 2e classe.	»	58
Tambours.	»	2
	3	160

COMPLET DU BATAILLON.

	OFFICIERS.	TROUPE.
État-major.	6	8
Section hors rang.	»	8
Force des cinq compagnies.	15	800
	21	808
		829

Le capitaine adjudant-major-ingénieur a autorité sur les autres capitaines du bataillon. L'emploi de trésorier est occupé par un agent civil. Le commandement et l'administration de la section hors rang sont confiés au sous-lieutenant chargé du recrutement et de l'habillement.

TITRE III. — *Administration et dépenses.*

4. La ville de Paris est chargée de pourvoir aux dépenses de service et d'entretien du bataillon de sapeurs-pompiers. A cet effet, il est ouvert au préfet de police un crédit annuel destiné à l'acquittement de toutes les dépenses du personnel et du matériel du bataillon.

5. L'administration du bataillon est confiée, sous l'autorité du préfet de police, à un conseil composé de sept membres, ayant voix délibérative, savoir : le chef du corps, président ; deux capitaines, un lieutenant, l'officier chargé de l'habillement, un sous-lieutenant, le trésorier. Le trésorier remplit les fonctions de secrétaire du conseil.

6. Les capitaines, le lieutenant et le sous-lieutenant membres du conseil d'administration sont renouvelés, chaque année, à tour de rôle et par rang d'ancienneté. En cas d'absence légitime ou d'empêchement prévu par les réglements, les membres du conseil d'administration sont remplacés par des officiers pris par rang d'ancienneté dans les mêmes grades ; à défaut, dans les grades immédiatement inférieurs. Le sous-lieutenant chargé de l'habillement est suppléé par un officier du même grade, désigné par le commandant du corps et agréé par le conseil d'administration. Le trésorier est suppléé par un officier présenté par lui avec le consentement du chef du bataillon, et agréé par le conseil d'administration.

7. Le préfet de police exerce un contrôle supérieur et permanent sur les opérations du conseil d'administration. Il assiste aux séances du conseil lorsqu'il le juge convenable ; il ordonnance toutes les sommes affectées aux dépenses du bataillon ; il véri-

fie, chaque année, et arrête définitivement la comptabilité du bataillon de sapeurs-pompiers.

8. Un sous-intendant militaire, employé à Paris, nommé par le ministre de la guerre, sur la présentation du préfet de police et sur la proposition du ministre de l'intérieur, est chargé de la surveillance administrative du bataillon de sapeurs-pompiers. Il assure la stricte exécution des règlements d'administration.

9. Les frais de bureau sont réglés, chaque année, par le préfet de police, sur des états présentés par le conseil d'administration, et d'après l'avis du sous-intendant militaire.

10. Le bataillon de sapeurs-pompiers de la ville de Paris est soumis, pour les revues d'effectif et pour la comptabilité, aux règles et aux formes déterminées par des règlements de service intérieur et d'administration arrêtés de concert entre nos ministres de la guerre et de l'intérieur.

11. La solde, les masses et les indemnités attribuées aux officiers, sous-officiers et sapeurs-pompiers, sont fixées conformément au tarif annexé à la présente ordonnance.

12. Le bataillon de sapeurs-pompiers est caserné aux frais de la ville de Paris. Les dépenses pour le loyer des casernes et des postes, les menues réparations d'entretien des bâtiments, les dispositions intérieures des casernes, et l'entretien du mobilier des casernes et des postes, ainsi que les autres frais généraux et extraordinaires du bataillon, sont acquittés, en vertu de mandats délivrés par le préfet de police, sur le crédit ouvert à cet effet. Les pièces justificatives des dépenses sont et demeurent annexées aux mandats de paiement.

13. L'uniforme du bataillon de sapeurs-pompiers est déterminé par décision royale, comme celui des autres corps de l'armée. Un règlement d'administration établit le mode d'après lequel il doit être pourvu à la fourniture et à l'entretien de l'habillement, de l'équipement et de l'armement du bataillon.

14. Une masse individuelle indépendante de la solde proprement dite est allouée à chaque sous-officier, caporal et sapeur-pompier. Cette masse est destinée à pourvoir à l'achat, à l'entretien et au renouvellement des effets d'habillement et d'équipement.

15. Il est formé, en outre, dans le bataillon de sapeurs-pompiers, des masses distinctes de boulangerie, de chauffage et d'hôpital; ces différentes masses sont fixées par le tarif annexé à la présente ordonnance. Les masses de boulangerie et de chauffage

sont perçues en prenant pour base le nombre de journées de présence allouées par les revues; les prestations en nature, à la fourniture desquelles elles doivent pourvoir, sont fixées par le règlement d'administration; la masse d'hôpital est payée au bataillon sur le pied du complet d'organisation en sous-officiers, caporaux et sapeurs-pompiers.

16. Les sous-officiers, caporaux et sapeurs-pompiers, lorsqu'ils sont malades, sont reçus et traités dans les hôpitaux militaires de Paris. Pendant leur séjour dans ces établissements, ils n'ont droit qu'à la solde affectée par le tarif à cette position, et la dépense de leur traitement est supportée par la masse d'hôpital.

17. Les excédants de recette aux masses forment un fonds de réserve destiné à pourvoir aux éventualités du service en cas d'insuffisance des masses. Les excédants de dépense, dûment justifiés, sont couverts par un crédit supplémentaire, alloué à cet effet au préfet de police par une délibération spéciale du conseil municipal.

18. Lorsque les excédants aux masses de boulangerie, de chauffage et d'hôpital sont supérieurs aux besoins probables du service, ces excédants sont versés à la caisse municipale.

TITRE IV. — *Recrutement, avancement, retraites et récompenses militaires.*

19. Le bataillon se recrute soit par enrôlements volontaires, soit par le passage des militaires des autres corps de l'armée qui demandent à y achever leur temps de service, soit par le contingent des classes.

20. La durée des engagements volontaires et des rengagements est soumise aux mêmes règles que pour l'armée.

21. Les engagements volontaires ne pourront être reçus qu'avec l'approbation du préfet de police.

22. L'avancement dans le bataillon de sapeurs-pompiers de Paris est soumis aux mêmes règles que dans les régiments de l'armée, sauf les modifications indiquées aux articles suivants.

23. Les nominations au grade de caporal sont faites par le chef de bataillon, qui choisit parmi les sujets présents au corps, ou détachés pour le service.

24. Les nominations au grade de sous-officier sont faites par notre ministre de la guerre, sur la proposition du préfet de police, approuvée par notre ministre de l'intérieur.

25. Tous les emplois de caporal et de sous-officier sont donnés à des militaires du corps portés au tableau d'avancement pour le grade ou pour l'emploi à pourvoir.

26. Indépendamment des conditions exigées dans les régiments d'infanterie, les candidats proposés pour le grade de caporal doivent, 1° connaître les quatre premières règles de l'arithmétique; 2° connaître la nomenclature des pièces de la pompe et les attaques simulées des feux de différente nature; 3° pouvoir être instructeurs dans les manœuvres de la pompe. Pour être sergent il faut de plus, 1° connaître tout ce qui est relatif aux manœuvres de la pompe et les dispositions pour l'attaque de toute espèce de feu; 2° être bon instructeur dans les manœuvres de la pompe; 3° avoir des connaissances positives sur la construction des édifices, et particulièrement en ce qui concerne la charpente.

27. L'avancement des caporaux et sapeurs à la première classe aura lieu par ancienneté de service dans le bataillon de sapeurs-pompiers.

28. Les officiers du bataillon sont nommés par nous, sur le rapport de notre ministre de la guerre, d'après la proposition du préfet de police, approuvée par notre ministre de l'intérieur.

29. Les candidats aux emplois d'officier dans le bataillon de sapeurs-pompiers sont portés sur un tableau d'avancement arrêté et approuvé par l'inspecteur général.

30. Le tableau d'avancement à tous les emplois de caporal, de sous-officier et d'officier dans ce corps sera établi lors de l'inspection générale du bataillon; mais, dans le cas où cette inspection générale n'aurait pas eu lieu à l'expiration de la deuxième année, un tableau d'avancement pourra être dressé par le lieutenant-général commandant la division militaire, auquel le ministre de la guerre déléguera, à cet effet, les fonctions d'inspecteur général.

31. Tous les emplois de sous lieutenant sont dévolus exclusivement aux sous-officiers du bataillon. Pour être porté sur le tableau d'avancement à ce grade, tout candidat doit avoir, à un degré supérieur, l'instruction exigée des sergents et, de plus, 1° connaître les éléments de la géométrie jusqu'aux solides inclusivement; 2° savoir dessiner un plan; 3° posséder parfaitement sa langue.

32. Tous les emplois de lieutenant et de capitaine sont dévolus, exclusivement, aux sous-lieutenants et aux lieutenants du bataillon.

33. L'emploi de capitaine adjudant-major-ingénieur peut être conféré à un capitaine du bataillon de sapeurs-pompiers, ou à un capitaine choisi dans les corps de l'artillerie ou du génie. L'ancienneté de grade du capitaine adjudant-major-ingénieur doit être supérieure à celle des autres capitaines du bataillon.

34. Les officiers de santé sont nommés au corps par notre ministre de la guerre, sur la désignation du préfet de police, approuvée par notre ministre de l'intérieur. Ils sont choisis parmi les officiers de santé de l'armée d'un grade correspondant à celui de l'emploi vacant.

35. Le trésorier est nommé par le préfet de police; sa nomination est soumise à l'approbation du ministre de l'intérieur. Avant son installation, et pour garantie de sa gestion, le trésorier fournit un cautionnement fixé à la somme de vingt-cinq mille francs, qui est réalisé au trésor public, soit en numéraire, soit en rentes inscrites au grand-livre de la dette publique.

36. Le chef du bataillon, comme chef de corps, est toujours nommé au choix. Cet emploi est conféré soit à un lieutenant-colonel, soit à un chef de bataillon de l'armée, ou, par avancement à ce dernier grade, à l'un des capitaines du bataillon.

37. Lorsque le chef du bataillon sera pris dans l'armée, il sera choisi de préférence parmi les officiers de l'artillerie et du génie.

38. L'avancement des capitaines et des lieutenants à la première classe aura lieu par ancienneté de grade dans le bataillon de sapeurs-pompiers de Paris.

39. Les capitaines et le chef du corps seront classés respectivement à leur rang d'ancienneté dans les armes dont ils sont sortis, ou dont ils proviendront à l'avenir.

40. Les dispositions de la loi du 11 avril 1831, sur les pensions de l'armée de terre, sont applicables aux militaires du bataillon de sapeurs-pompiers de la ville de Paris.

41. Les officiers, sous-officiers, caporaux et sapeurs-pompiers concourront, en raison de leurs bons services, pour les récompenses que nous jugerons convenable d'accorder aux autres corps de l'armée. Les propositions pour ces récompenses seront établies conformément aux dispositions de l'art. 28 de la présente ordonnance.

TITRE V. — *Service du bataillon de sapeurs-pompiers.*

42. Le bataillon de sapeurs pompiers fournit des hommes pour les petits postes répartis dans la capitale, afin de porter secours contre l'incendie partout où cela est nécessaire. Le préfet de police détermine la position que doit occuper chaque poste, et l'effectif en troupe de chacun de ces corps-de-garde. Il fournit, en tout temps, des détachements de sapeurs-pompiers dans les théâtres de Paris, conformément

à l'art. 3 de l'arrêté du gouvernement du 1er germinal an 7. Il fournit des détachements lors des fêtes publiques et dans toutes les réunions où il peut y avoir danger de feu.

43. En cas de sinistre, les sapeurs-pompiers sont secondés par les troupes de la garnison, qui sont appelées à maintenir l'ordre et à fournir des travailleurs au besoin. Sur le lieu de l'incendie, le chef du bataillon de sapeurs-pompiers, seul, donne des ordres pour la direction des travaux.

44. Le préfet de police détermine la force des détachements à fournir pour les théâtres et les fêtes publiques.

45. Le préfet de police règle les rétributions à payer aux militaires du bataillon de sapeurs-pompiers pour le service des spectacles, bals, concerts, etc.

46. L'état-major du bataillon de sapeurs-pompiers est logé dans l'hôtel de la préfecture de police.

47. Le bataillon de sapeurs-pompiers de Paris prend rang, dans les réunions de troupe, après la gendarmerie ou la garde municipale à pied.

Police et discipline.

48. Aucun militaire du bataillon, quel que soit son grade, ne peut passer la nuit hors Paris sans la permission du chef du corps. Les permissions de huit jours, pour les officiers, sous-officiers, caporaux et sapeurs, sont accordées par le chef du bataillon, lequel en rend compte au préfet de police, pour ce qui concerne les officiers. Les permissions qui excèdent huit jours sont accordées par le préfet de police ; celles qui excèdent quinze jours sont accordées, jusqu'à concurrence de trente jours, par notre ministre de l'intérieur, sur la proposition du préfet de police.

49. Toute demande d'absence dont la durée dépasserait les limites fixées par l'article qui précède, et qui ne peut toutefois excéder trois mois, est adressée à notre ministre de la guerre, qui statue définitivement.

50. Les congés de convalescence et les prolongations de congé sont demandés par le préfet de police et accordés, s'il y a lieu, par notre ministre de la guerre.

51. Les permissions de mariage, pour les officiers, sont accordées par notre ministre de la guerre, sur la proposition du préfet de police, approuvée par notre ministre de l'intérieur. Les permissions de même nature, pour les sous-officiers, caporaux et sapeurs, sont accordées par le conseil d'administration, sous l'approbation du préfet de police.

52. Les sous-officiers, caporaux et sapeurs-pompiers admis au bataillon depuis moins de six mois, et qui sont reconnus n'avoir pas l'aptitude nécessaire pour ce service spécial, sont mis à la disposition de notre ministre de la guerre, soit pour être réincorporés, s'il y a lieu, dans les corps où ils servaient avant leur admission dans les sapeurs-pompiers, soit pour être placés dans tout autre régiment d'infanterie de l'armée.

TITRE VI. — *Inspection générale.*

53. Il sera passé des revues d'inspection générale du bataillon de sapeurs-pompiers aux époques qui seront déterminées par notre ministre de la guerre. A cet effet, il adressera des instructions spéciales aux officiers généraux qu'il aura désignés pour passer ces revues d'inspection. L'officier général chargé de l'inspection du bataillon de sapeurs-pompiers n'intervient pas dans l'examen de la comptabilité et de l'administration du corps.

TITRE VII. — *Disposition transitoire.*

54. Les officiers, sous-officiers, caporaux et sapeurs qui, au moment de la mise à exécution de la présente ordonnance, se trouveraient en jouissance d'un traitement supérieur à celui qui est déterminé par le nouveau tarif, continueront à en jouir jusqu'à ce qu'ils aient obtenu de l'avancement ou un changement de position.

Dispositions générales.

55. Toutes dispositions contraires à la présente ordonnance sont abrogées.

56. Nos ministres de la guerre et de l'intérieur (MM. duc de Dalmatie et Duchâtel) sont chargés, etc.

Tarif de la solde, des masses et indemnités attribuées à chaque grade.

EFFECTIF.	DÉSIGNATION DES GRADES.	CHEVAUX.	SOLDE PAR AN, y compris la retenue de deux pour cent. (a)	INDEMNITÉ représentative de fourrages (b)	MASSE d'entretien à 0f 45c par jour et par sous-officier, caporal et sapeur.	DÉPENSE annuelle pour solde et masse individuelle d'entretien.
	Officiers.		fr. c.	fr. c.	fr. c.	fr. c.
1	Chef de bataillon commandant (*)	1	6,000 00	547 50	»	6,547 50
1	Capitaine adjudant-major-ingénieur	1	4,000 00	547 50	»	4,547 50
3	Capitaines de 1re classe	»	3,500 00	»	»	3,500 00
2	Capitaines de 2e classe	»	3,000 00	»	»	3,000 00
3	Lieutenants de 1re classe	»	2,400 00	»	»	2,400 00
2	Lieutenants de 2e classe	»	2,200 00	»	»	2,200 00
5	Sous-lieutenants	»	2,000 00	»	»	2,000 00
1	Sous-lieutent chargé de l'habillement, etc.	»	2,000 00	»	»	2,000 00
1	Trésorier (emploi civil)	»	4,000 00	»	»	4,000 00
1	Chirurgien major	1	3,500 00	547 50	»	4,047 50
1	Chirurgien aide-major	»	2,400 00	»	»	2,400 00
	Section hors rang.					
2	Adjudants sous-officiers	»	1,496 90	»	164 25	1,661 15
1	Sergent-major, garde-magasin du matériel	»	876 00	»	164 25	1,040 25
1	Sergent, premier secrétaire du trésorier	»	511 00	»	164 25	675 25
2	Caporaux secrétaires	»	346 00	»	164 25	511 00
2	Sapeurs ouvriers au magasin du matériel	»	237 25	»	164 65	401 50
	Compagnies.					
5	Sergents-majors	»	876 00	»	164 25	1,040 25
20	Sergents	»	511 00	»	164 25	675 25
5	Fourriers	»	511 00	»	164 25	675 25
90	Caporaux de 1re classe	»	346 75	»	164 25	511 00
90	Caporaux de 2e classe	»	310 25	»	164 25	474 50
290	Sapeurs de 1re classe	»	237 25	»	164 25	401 50
290	Sapeurs de 2e classe	»	200 75	»	164 25	365 00
10	Tambours	»	273 75	»	164 25	438 00
829						

(*) Lorsque le commandant du bataillon est lieutenant-colonel, son traitement est porté à neuf mille quatre-vingt-quinze francs, dont huit mille francs pour solde proprement dite.

(a) La solde des officiers est passible de la retenue légale de deux pour cent, au profit du trésor. Le trésorier subit une retenue de cinq pour cent, au profit de la caisse des pensions des employés civils.

Les officiers, sous-officiers, caporaux et sapeurs ont droit au logement, et lorsqu'il ne peut leur être donné dans les bâtiments de la ville de Paris, ils reçoivent sur les fonds du matériel des indemnités représentatives de logement, qui sont fixées par le préfet.

18 = 23 OCTOBRE 1841. — Ordonnance du roi qui augmente le nombre des membres du tribunal de commerce de Colmar. (IX, Bull. DCCCLIII, n. 9602.)

Louis-Philippe, etc., sur le rapport de notre garde des sceaux, ministre secrétaire d'État au département de la justice et des cultes ; vu la demande formée, le 16 janvier 1841, par le président du tribunal de commerce de Colmar, à l'effet d'obtenir que le nombre des juges et suppléants de ce tribunal soit augmenté ; vu l'avis émis sur ladite demande, le 8 mars 1841, par notre procureur général près la Cour royale de Colmar ; ensemble les documents joints audit avis ; vu l'avis de notre ministre de

dans le bataillon de sapeurs-pompiers de la ville de Paris.

SOLDE PAR JOUR,				MASSES INDÉPENDANTES de la solde et ne donnant pas lieu à décompte au profit des hommes.			TRAITEMENT annuel brut, comprenant la solde, les indemnités et les masses.	TOTAL de la dépense pour le complet dans chaque grade.
proprement dite, y compris les deux pour cent de retenue.	en congé, en détention ou en jugement, demi-solde.	à l'hôpital (c). Fiévreux et blessés, demi-solde.	Vénériens, tiers de solde.	de boulangerie, à 0ᶠ 20ᶜ par jour.	de chauffage à 0ᶠ 12ᶜ et 0ᶠ 06ᶜ (d)	d'hôpital, à 0ᶠ 03ᶜ par jour. (e)		
f. c. m.	f. c. m.	f. c. m.	f. c. m	fr. c.	fr. c.	fr. c.	fr. c.	Tr. c.
10 06 6	»	»	»	»	»	»	6,547 50	6,547 50
11 11 1	»	»	»	»	»	»	4,547 50	4,547 50
9 72 2	»	»	»	»	»	»	3,500 00	10,500 00
8 33 3	»	»	»	»	»	»	3,000 00	6,000 00
6 66 6	»	»	»	»	»	»	2,400 00	7,200 00
6 11 1	»	»	»	»	»	»	2,200 00	4,400 00
5 55 5	»	»	»	»	»	»	2,000 00	10,000 00
5 55 5	»	»	»	»	»	»	2,000 00	2,000 00
11 11 1	»	»	»	»	»	»	4,000 00	4,000 00
9 72 2	»	»	»	»	»	»	4,047 50	4,047 50
6 66 6	»	»	»	»	»	»	2,400 00	2,400 00
4 10 0	2 05 0	2 05 0	1 36 6	73 00	43 80	10 95	1,788 90	3,577 80
2 40 0	1 20 0	1 20 0	0 80 0	73 00	43 80	10 95	1,168 00	1,168 00
1 40 0	0 70 0	1 20 0	0 46 6	73 00	43 80	10 95	803 00	803 00
0 95 0	0 47 5	0 47 5	0 31 6	73 00	21 90	10 95	616 85	1,233 70
0 65 0	0 32 5	0 32 5	0 21 6	73 00	21 90	10 95	507 35	1,014 70
2 40 0	1 20 0	1 20 0	0 80 0	73 00	43 80	10 95	1,168 00	5,840 00
1 40 0	0 70 0	0 70 0	0 46 6	73 00	43 80	10 95	803 00	16,060 00
1 40 0	0 70 0	0 70 0	0 46 6	73 00	43 80	10 95	803 00	4,015 00
0 95 0	0 47 5	0 47 5	0 31 6	73 00	21 90	10 95	616 85	55,516 50
0 85 0	0 42 5	0 42 5	0 28 3	73 00	21 90	10 95	580 35	52.231 50
0 65 0	0 32 5	0 32 5	0 21 6	73 00	21 90	10 95	507 35	147,131 50
0 55 0	0 27 5	0 27 5	0 18 3	73 00	21 90	10 95	470 85	136,546 50
0 75 0	0 37 5	0 37 5	0 25 0	73 60	21 90	10 95	543 85	5,438 50
								492,219 20

(b) Les rations de fourrages pour les chevaux d'officiers seront décomptées à raison d'un franc cinquante centimes l'une.

(c) Les officiers jouissent de la solde entière pendant leur séjour à l'hôpital, à charge par eux de rembourser le prix des journées de traitement.

(d) Les sous-officiers reçoivent une double ration de chauffage.

(e) La masse d'hôpital est allouée, à titre d'abonnement, d'après le complet du corps; les autres masses s'allouent sur l'effectif et pour les journées y donnant droit.

l'agriculture et du commerce, en date du 15 juillet 1841 ; vu le décret du 6 octobre 1809 ; vu l'art. 617 du Code de commerce, modifié par l'art. 5 de la loi du 5 mars 1840; considérant qu'il résulte de l'instruction que les besoins du service exigent que le nombre des membres du tribunal de commerce de Colmar soit augmenté ; notre conseil d'Etat entendu, etc.

Art. 1ᵉʳ. A l'avenir, le tribunal de commerce de Colmar sera composé d'un président, de cinq juges et de trois suppléants.

2. Nos ministres de la justice et des cultes, de l'agriculture et du commerce (MM. Martin du Nord et Cunin-Gridaine) sont chargés, etc.

19 == 23 OCTOBRE 1841. — Ordonnance du roi qui charge M. Hébert, procureur général près la Cour royale de Paris, des fonctions de procureur général près la Cour des Pairs. (IX, Bull. DCCCLIII, n. 9603.)

Louis-Philippe, etc., vu notre ordonnance du 13 septembre 1841, portant convocation de la Cour des Pairs pour juger l'attentat commis sur la personne de nos fils les ducs d'Orléans, de Nemours et d'Aumale, et nomination de M. Franck-Carré pour remplir les fonctions de notre procureur général près cette Cour; vu notre ordonnance du 12 octobre 1841, qui nomme M. Franck-Carré premier président de notre Cour royale de Rouen, etc.

Art. 1ᵉʳ. M. Hébert, notre procureur général près la Cour royale de Paris, remplira les fonctions de notre procureur général près la Cour des Pairs, en remplacement de M. Franck-Carré.

2. Notre ministre de la justice et des cultes (M. Martin-du-Nord) est chargé, etc.

———

23 SEPTEMBRE == 27 OCTOBRE 1841. — Ordonnance du roi portant autorisation de la caisse d'épargne établie à Guise (Aisne). (IX, Bull. supp. DLXVII, n. 16010.)

Louis-Philippe, etc., sur le rapport de notre ministre secrétaire d'Etat de l'agriculture et du commerce; vu les délibérations du conseil municipal de Guise (Aisne), en date des 13 mars et 4 juin 1841; vu les lois des 5 juin 1835 et 31 mars 1837, relatives aux caisses d'épargne; le comité des travaux publics, de l'agriculture et du commerce de notre conseil d'Etat entendu, etc.

Art. 1ᵉʳ. La caisse d'épargne établie à Guise (Aisne) est autorisée. Sont approuvés les statuts de ladite caisse, tels qu'ils sont contenus dans la délibération du conseil municipal de Guise, en date du 4 juin 1841, dont une expédition conforme restera déposée aux archives du ministère de l'agriculture et du commerce.

2. Nous nous réservons de révoquer notre autorisation en cas de violation ou de non exécution des statuts approuvés, sans préjudice des droits des tiers.

3. La caisse d'épargne de Guise sera tenue de remettre, au commencement de chaque année, au ministère de l'agriculture et du commerce et au préfet du département de l'Aisne, un extrait de son état de situation arrêté au 31 décembre précédent.

4. Notre ministre de l'agriculture et du commerce (M. Cunin-Gridaine) est chargé, etc.

———

23 SEPTEMBRE == 27 OCTOBRE 1841. — Ordonnance du roi relative à la circonscription de la société d'assurances mutuelles contre la grêle, établie à Paris sous le titre de la Cérès. (IX, Bull. supp. DLXVII, n. 16011.)

Louis-Philippe, etc., sur le rapport de notre ministre secrétaire d'Etat de l'agriculture et du commerce; vu l'ordonnance du 29 janvier 1823, portant autorisation de la société d'assurances mutuelles contre la grêle établie à Paris, et approbation de ses statuts; vu les ordonnances royales des 28 février 1827, 30 mars 1837 et 14 janvier 1839, qui ont autorisé ladite société à prendre le titre de la Cérès et à comprendre dans sa circonscription plusieurs départements qui n'en faisaient point encore partie; vu la demande formée par la société pour obtenir une nouvelle extension de circonscription; vu l'avis des préfets des départements intéressés; notre conseil d'Etat entendu, etc.

Art. 1ᵉʳ. La société d'assurances mutuelles contre la grêle, établie à Paris sous le titre de la Cérès, est autorisée à comprendre dans sa circonscription les départements du Pas-de-Calais et d'Indre-et-Loire.

2. Notre ministre secrétaire d'Etat au département de l'agriculture et du commerce (M. Cunin-Gridaine) est chargé, etc.

———

16 == 30 OCTOBRE 1841. — Ordonnance du roi qui prescrit la publication de la convention conclue, le 29 octobre 1840, pour régler les différends survenus entre la France et le gouvernement de Buenos-Ayres. (IX, Bull. DCCCLVI, n. 9610.)

Louis-Philippe, etc., savoir, faisons qu'entre nous et le gouverneur et capitaine général de la province de Buenos-Ayres, chargé des relations extérieures de la confédération argentine, il a été conclu, le 29 octobre de l'année 1840, à bord du brick parlementaire français la Boulonnaise, dans les eaux de la Plata, une convention destinée à régler, d'une manière définitive, les différends survenus entre la France et le gouvernement de Buenos-Ayres; convention dont les ratifications ont été échangées, à Paris, le 15 du présent mois d'octobre, et dont la teneur suit :

Convention entre la France et le gouvernement de la province de Buenos-Ayres, chargé des relations extérieures de la confédération argentine.

S. M. le roi des Français et S. Exc. le gouverneur et capitaine général de la province de Buenos-Ayres, chargé des relations extérieures de la confédération argentine, dans la vue de régler et terminer les différends malheureusement survenus entre la France et ledit gouvernement, ont nommé, à cet effet, pour leurs plénipotentiaires, savoir : S. M. le roi des Français, M. Ange-René-Armand de Mackau, baron de Mackau, grand-officier de l'ordre royal de la Légion-d'Honneur, vice-amiral, commandant en chef les forces navales françaises employées dans les mers de l'Amérique du Sud ; et S. Exc. le gouverneur et capitaine général, S. Exc. le ministre des relations extérieures dudit gouvernement, camériste docteur don Philippe Arana ; lesquels, après s'être communiqué leurs pleins pouvoirs respectifs, qu'ils ont trouvés en bonne et due forme, sont convenus de ce qui suit :

Art. 1ᵉʳ. Sont reconnues par le gouvernement de Buenos-Ayres les indemnités dues aux Français qui ont éprouvé des pertes ou souffert des dommages dans la république argentine ; et le chiffre de ces indemnités, qui reste seul à déterminer, sera réglé dans le délai de six mois, par la voie de six arbitres nommés d'un commun accord, et trois pour chaque partie, entre les deux plénipotentiaires. En cas de dissentiment, le règlement desdites indemnités sera déféré à l'arbitrage d'une tierce puissance, qui sera désignée par le gouvernement français.

2. Le blocus des ports argentins sera levé, et l'île de Martin-Garcia évacuée par les forces françaises dans les huit jours qui suivront la ratification de la présente convention par le gouvernement de Buenos-Ayres. Le matériel d'armement de ladite île sera rétabli tel qu'il était au 10 octobre 1838. Les deux bâtiments de guerre argentins capturés pendant le blocus, ou deux autres de même force et valeur, seront remis, dans le même délai, avec leur matériel d'armement au complet, à la disposition dudit gouvernement.

3. Si, dans le délai d'un mois à partir de ladite ratification, les Argentins qui ont été proscrits de leur pays natal à diverses époques depuis le 1ᵉʳ décembre 1828, abandonnent tous, ou une partie d'entre eux, l'attitude hostile dans laquelle ils se trouvent actuellement contre le gouvernement de Buenos-Ayres, chargé des relations extérieures de la confédération argentine, ledit gouvernement, admettant dès aujourd'hui, pour ce cas, l'interposition amiable de la France relativement aux personnes de ces individus, s'offre à accorder la permission de rentrer sur le territoire de leur patrie à tous ceux dont la présence sur ce territoire ne sera pas incompatible avec l'ordre et la sécurité pu-

blique ; de telle sorte que les personnes à qui cette permission aura été accordée ne soient molestées ni poursuivies pour leur conduite antérieure. Quant à ceux qui se trouvent, les armes à la main, sur le territoire de la confédération argentine, le présent article n'aura son effet qu'en faveur de ceux qui les auront déposées dans un délai de huit jours, à dater de la communication officielle de la présente convention, qui sera faite à leurs chefs par l'intermédiaire d'un agent français et d'un agent argentin spécialement chargés de cette mission. Ne sont pas compris dans le présent article, les généraux et chefs de corps, excepté ceux qui, par leurs actes ultérieurs, se rendront dignes de la clémence et de l'indulgence du gouvernement de Buenos-Ayres.

4. Il est entendu que le gouvernement de Buenos-Ayres continuera à considérer en état de parfaite et absolue indépendance la république orientale de l'Uruguay, de la manière qu'il l'a stipulée dans la convention préliminaire de paix conclue, le 27 août 1828, avec l'empire du Brésil, sans préjudice de ses droits naturels, toutes les fois que le demanderont la justice, l'honneur et la sécurité de la confédération argentine.

5. Bien que les droits et avantages dont les étrangers jouissent actuellement sur le territoire de la confédération argentine, en ce qui concerne leurs personnes et leurs propriétés, soient communs aux citoyens et sujets de toutes et de chacune des nations amies et neutres, le gouvernement de S. M. le roi des Français et celui de la province de Buenos-Ayres, chargé des relations extérieures de la confédération argentine, déclarent qu'en attendant la conclusion d'un traité de commerce et de navigation entre la France et la confédération argentine, les citoyens français sur le territoire argentin, et les citoyens argentins sur le territoire français, seront considérés et traités, sur l'un et l'autre territoire, en ce qui concerne leurs personnes et leurs propriétés, comme le sont ou pourront l'être les sujets et citoyens de toutes et de chacune des autres nations, même les plus favorisées.

6. Nonobstant ce qui est stipulé dans l'article précédent, si le gouvernement de la confédération argentine accordait aux citoyens ou naturels de tous ou partie des États de l'Amérique du sud des droits spéciaux, civils ou politiques, plus étendus que ceux dont jouissent actuellement les sujets de toutes et chacune des nations amies et neutres, même les plus favorisées, ces droits ne pourraient être étendus aux

citoyens français établis sur le territoire de la république, ni être réclamés par eux.

7. La présente convention sera ratifiée, et les ratifications en seront échangées à Paris, dans le délai de huit mois, ou plus tôt, si faire se peut, par l'intermédiaire d'un ministre plénipotentiaire du gouvernement de la république, qui sera accrédité à cet effet près du gouvernement de S. M. le roi des Français. En témoignage de quoi, les plénipotentiaires respectifs l'ont signée et scellée de leurs sceaux. Fait à bord du brick parlementaire français *la Boulonnaise*, le 29 octobre 1840. *Signé* BARON DE MACKAU. FELIPE ARANA.

19 JUILLET = 30 OCTOBRE 1841. — Ordonnance du roi relative au renouvellement des collèges des notables israélites et des consistoires. (IX, Bull. DCCCLV, n. 9611.)

Louis-Philippe, etc., sur le rapport de notre garde des sceaux, ministre secrétaire d'Etat au département de la justice et des cultes; vu les décrets du 17 mars 1808; vu les ordonnances des 29 juin 1819 et 20 août 1823; vu la loi du 8 février 1831; notre conseil d'Etat entendu, etc.

Art. 1er. L'époque de l'entrée en fonctions des membres des collèges des notables israélites, élus conformément aux dispositions du décret du 17 mars 1808 et de l'ordonnance du 20 août 1823, est fixée au 1er janvier.

2. Dans la première quinzaine du mois d'octobre qui précédera l'époque des renouvellements périodiques prescrits par l'art. 2 de l'ordonnance du 20 août 1823, le consistoire central adressera, dans la forme accoutumée, à notre ministre des cultes, la liste des candidats présentés.

3. Lorsqu'un collège des notables aura été renouvelé en entier dans le cours d'une année, les membres composant le premier cinquième sortiront au 31 décembre de l'année qui suivra celle du renouvellement.

4. A la première assemblée qui suivra le renouvellement intégral d'un collège des notables, il sera procédé, par la voie du sort, à la répartition des membres de ce collège en cinq séries, qui devront être renouvelées successivement de deux ans en deux ans. Extrait du procès-verbal de ce tirage sera transmis à notre ministre des cultes.

5. L'époque de l'entrée en fonctions des membres laïques des consistoires départementaux et du consistoire central, élus conformément aux dispositions du décret du 17 mars 1808 et de l'ordonnance du 20 août 1823, est fixée au 1er juillet.

6. Lorsqu'un consistoire aura été renouvelé en entier dans le cours d'une année, le premier membre désigné par le sort sortira au 30 juin de la première ou de la seconde année qui suivra sa nomination, de manière que la durée de ses fonctions ne soit pas moindre qu'un an et n'excède pas deux ans.

7. Les ordonnances des 29 juin 1819 et 20 août 1823 continueront d'être exécutées dans toutes les dispositions qui ne sont pas modifiées par la présente ordonnance.

8. Notre ministre de la justice et des cultes (M. Martin du Nord) est chargé, etc.

3 = 30 OCTOBRE 1841. — Ordonnance du roi portant qu'à partir du 1er janvier 1843, nul ne pourra obtenir le grade de docteur dans une faculté de médecine s'il n'a suivi, pendant une année au moins, le service d'un hôpital. (IX, Bull. DCCCLV, n. 9612.)

Louis Philippe, etc., sur le rapport de notre ministre secrétaire d'Etat au département de l'instruction publique, grand-maître de l'université; vu la loi du 14 frimaire an 3; vu la loi du 19 ventôse an 11; vu l'arrêté du gouvernement en date du 9 juin 1803; vu l'ordonnance royale du 5 juillet 1820; vu notre ordonnance du 9 août 1836; vu la délibération du conseil royal de l'instruction publique, en date du 14 septembre 1841, etc.

Art. 1er. A partir du 1er janvier 1843, nul ne pourra obtenir le grade de docteur dans une des facultés de médecine du royaume s'il n'a suivi, pendant une année au moins, soit en qualité d'externe, soit comme simple élève en médecine, le service d'un hôpital.

2. Le stage prescrit par l'article précédent commencera, pour les élèves en médecine, après leur neuvième inscription prise. Les quatre inscriptions subséquentes ne seront délivrées à ces élèves que sur l'attestation du directeur de l'hospice, constatant qu'ils ont rempli avec assiduité, pendant le trimestre expiré, les fonctions auxquelles ils auront été appelés pour le service des malades.

3. Les élèves qui auront obtenu au concours le titre d'externe pourront faire compter leur temps de stage dans un hôpital, à partir de leur entrée en exercice en ladite qualité.

4. Les externes, comme tous les autres élèves, seront tenus de justifier, par certificats trimestriels délivrés en la forme indiquée en l'art. 2, de leur assiduité dans les hôpitaux pendant l'année de stage prescrite par la présente ordonnance.

5. Il sera statué ultérieurement sur les mesures à prendre pour rendre ces dispositions applicables aux élèves des écoles préparatoires de médecine et de pharmacie régulièrement constituées.

6. Notre ministre de l'instruction publique (M. Villemain) est chargé, etc.

---

3 = 30 OCTOBRE 1841. — Ordonnance du roi qui établit une école préparatoire de médecine et de pharmacie dans la ville de Grenoble. [IX, Bull. DCCCLV, n. 9613.]

Louis-Philippe, etc., sur le rapport de notre ministre secrétaire d'Etat de l'instruction publique, grand-maître de l'université; vu l'ordonnance royale du 18 mai 1820, concernant les écoles secondaires de médecine; vu notre ordonnance du 13 octobre 1840, relative aux écoles préparatoires de médecine et de pharmacie; vu les délibérations du 10 juillet et du 16 septembre 1841, par lesquelles le conseil municipal de Grenoble a voté les fonds nécessaires pour l'entretien annuel d'une école préparatoire de médecine et de pharmacie, conformément aux dispositions de l'ordonnance précitée du 13 octobre 1840; vu l'approbation donnée auxdites délibérations par notre ministre secrétaire d'Etat de l'intérieur; vu l'avis du conseil royal de l'instruction publique, en date du 1er octobre 1841, etc.

Art. 1er. Une école préparatoire de médecine et de pharmacie est établie dans la ville de Grenoble.

2. Le cours de pathologie externe qui, aux termes de notre ordonnance du 13 octobre 1840, doit être annexé au cours de clinique externe, demeurera provisoirement confié, dans ladite école, à un professeur titulaire.

3. Pour la première organisation de l'école, la nomination des professeurs titulaires et adjoints sera faite directement par notre ministre secrétaire d'Etat de l'instruction publique.

4. Notre ministre de l'instruction publique (M. Villemain) est chargé, etc.

---

17 = 30 OCTOBRE 1841. — Ordonnance du roi qui ouvre, sur l'exercice 1841, un crédit supplémentaire pour un prix décerné par l'Académie des sciences morale et politiques. (IX, Bull. DCCCLV, n. 9614.)

Louis-Philippe, etc., vu les art. 3 et 4 de la loi du 24 avril 1833; vu la loi du 16 juillet 1840, portant fixation du budget des dépenses de l'exercice 1841, et contenant, art. 6, la nomenclature détaillée des dépenses pour lesquelles la faculté nous est réservée d'ouvrir des crédits supplémentaires en cas d'insuffisance, dûment justifiée, des crédits législatifs; vu les art. 20, 21, 22, 23 et 25 de notre ordonnance du 31 mai 1838, portant règlement général sur la comptabilité publique; sur le rapport de notre ministre secrétaire d'Etat de

l'instruction publique, et de l'avis de notre conseil des ministres, etc.

Art. 1er. Il est ouvert à notre ministre secrétaire d'Etat de l'instruction publique, sur l'exercice 1841, un crédit supplémentaire de sept cent cinquante francs, applicable aux chapitre et article ci-après, savoir: Chap. 12. — *Institut royal de France*. Art. 5. *Académie des sciences morales et politiques*. Prix décerné par l'académie des sciences morales et politiques pendant l'année 1841, 750 fr.

2. La régularisation de ce crédit supplémentaire sera proposée aux Chambres lors de leur prochaine session.

3. Nos ministres de l'instruction publique et des finances (MM. Villemain et Humann) sont chargés, etc.

---

19 = 30 OCTOBRE 1841. — Ordonnance du roi portant réduction du droit de navigation imposé sur les houilles transportées par le canal latéral à la Loire, de Digoin à Briare. (IX, Bull. DCCCLV, n. 9615.)

Louis-Philippe, etc., vu la loi du 14 août 1822 relative à la construction du canal latéral à la Loire; vu le cahier des charges annexé à ladite loi; vu l'ordonnance du 18 mai 1841; vu la lettre de la compagnie des quatre canaux en date du 28 septembre dernier; sur le rapport de notre ministre secrétaire d'Etat au département des finances, etc.

Art. 1er. Le droit de navigation imposé sur les houilles transportées par le canal latéral à la Loire, de Digoin à Briare, sera perçu à raison de vingt centimes par tonneau de mille kilogrammes et par distance d'un myriamètre.

2. Sont maintenues les autres dispositions de nos précédentes ordonnances, et notamment celle qui fixe la durée du tarif provisoire.

3. Notre ministre des finances (M. Humann) est chargé, etc.

---

19 = 30 OCTOBRE 1841: — Ordonnance du roi qui rend exécutoires en Algérie, sauf les exceptions et modifications y exprimées, les lois, décrets et ordonnances qui régissent en France les droits d'enregistrement, de greffe et d'hypothèques. (IX, Bull. DCCCLV, n. 9616.)

Louis-Philippe, etc., sur le rapport de notre président du conseil, ministre secrétaire d'Etat de la guerre, et de notre ministre secrétaire d'Etat des finances, etc.

Art. 1er. A partir du 1er janvier 1842, seront applicables et exécutoires en Algérie, sauf les exceptions et modifications ci-après, et celles qui résulteraient de l'exécution de notre ordonnance du 28 février 1841, art. 10, les lois, décrets et ordonnances qui régissent en France, 1o les droits d'enregistrement ; 2o les droits de greffe ; 3o les droits d'hypothèques ; 4o les obligations des notaires, huissiers, greffiers, commissaires-priseurs, et tous autres officiers publics et ministériels, en ce qui concerne la rédaction matérielle des actes et la tenue des répertoires.

2. Il ne sera perçu, pour les droits d'enregistrement, de greffe et d'hypothèques, que la moitié des droits, soit fixes, soit proportionnels, décime non compris, qui sont perçus en France, sans que néanmoins, dans aucun cas, le minimum du droit perçu pour un même acte puisse être au-dessous de vingt-cinq centimes.

3. Les droits de greffe continueront à être perçus au profit du trésor, conformément à l'art. 28 de notre ordonnance du 28 février 1841.

4. Les mutations de biens, meubles ou immeubles, droits et créances opérés par décès, ne sont assujetties à aucun droit, ni soumis à aucune déclaration.

5. Il est fait remise de toutes les amendes encourues jusqu'au jour de la publication de la présente ordonnance, pour contravention aux lois sur l'enregistrement, le greffe et les hypothèques.

6. Il est accordé jusqu'au 1er janvier 1842 pour faire enregistrer, sans droits en sus ni amendes, tous les actes qui n'auraient pas encore été soumis à la formalité. Le même délai de faveur est accordé pour faire la déclaration des mutations entre-vifs d'immeubles, ou de droits immobiliers qui n'auraient pas encore été constatés par conventions écrites.

7. Les lois et ordonnances qui seraient rendues en France, relativement aux droits d'enregistrement, de greffe ou d'hypothéques, ne deviendront exécutoires en Algérie qu'en vertu d'ordonnances spéciales.

8. Toutes dispositions contraires à la présente ordonnance sont et demeurent abrogées.

9. Nos ministres de la guerre et des finances (MM. duc de Dalmatie et Humann) sont chargés, etc.

19 — 30 OCTOBRE 1841. — Ordonnance du roi qui maintient M. le lieutenant-général vicomte de Préval dans la première section du cadre de l'état-major général. (IX, Bull. DCCCLV, n. 9617.)

Louis-Philippe, etc., vu la loi du 4 août 1839 ; sur le rapport de notre ministre secrétaire d'État de la guerre, et de l'avis de notre conseil des ministres, etc.

Art. 1er. M. le lieutenant-général vicomte de Préval (Claude-Antoine) est maintenu dans la première section du cadre de l'état-major général.

2. Notre ministre de la guerre (duc de Dalmatie) est chargé, etc.

24 SEPTEMBRE = 1er NOVEMBRE 1841. — Ordonnance du roi portant organisation du personnel des forges et fonderies de la marine. (IX, Bull. DCCCLVI, n. 9622.)

Louis-Philippe, etc., sur le rapport de notre ministre secrétaire d'État au département de la marine et des colonies, etc.

Art. 1er. Le personnel affecté au service et à l'administration des forges et fonderies de la marine sera composé ainsi qu'il suit :

GRADES ET FONCTIONS.	ÉTABLISSEMENT d'Indret.	FORGES de la Chaussade.	FONDERIES de canons.	TOTAL.
Directeurs.	1	1	3	5
Sous-directeurs.	1	1	3	5
Agents comptables de 1re classe.	1	1	1	3
Agents comptables de 2e classe.	»	»	2	2
Capitaines adjoints.	»	»	5	5
Sous-ingénieurs.	3	2	»	5
Chef de section de 1re classe.	»	1	»	1
Chef de section de 2e classe.	»	1	»	1
Sous-commissaire du commissariat.	1	»	»	1
Commis principal du commissariat.	1	»	»	1
Officiers de santé de 1re classe.	1	1	»	2
Officiers de santé de 2e ou 3e classe.	1	1	»	2
Commis principaux.	2	2	1	5
Commis de 1re classe.	3	4	3	10
Commis de 2e classe.	3	4	5	12
Écrivains.	4	5	5	14
Conducteurs principaux.	»	2	1	3
Conducteurs de 1re classe.	»	1	3	4
Conducteurs de 2e classe.	»	2	2	4
Dessinateur.	1	»	»	1
	23	29	34	86

2. En ce qui concerne les classes, le ministre aura la faculté de modifier les fixations ci-dessus déterminées lorsqu'il le jugera convenable, sans pouvoir toutefois dépasser, pour chaque classe, les limites fixées pour l'ensemble des cinq établissements.

3. Dans chacun des cinq établissements, les fonctions de garde-magasin seront remplies par un commis que le ministre désignera, sur la proposition du directeur.

4. Pour les fonderies de canons de la marine, des médecins des localités voisines continueront d'être chargés du service de santé de ces établissements, moyennant un abonnement fixe dont le taux sera réglé par le ministre.

5. Les directeurs et sous-directeurs des fonderies seront pris dans le corps royal de l'artillerie de la marine, savoir : les directeurs, parmi les lieutenants-colonels et les chefs de bataillon, et les sous-directeurs, parmi les chefs de bataillon et les capitaines de 1re classe. Des officiers du même corps pourront, en outre, être détachés dans les mêmes établissements, soit pour seconder les directeurs et sous-directeurs, soit pour y suivre des travaux dont ils seraient spécialement chargés. Les fonderies continueront d'être inspectées par l'inspecteur général du matériel de l'artillerie de la marine.

6. Les directeurs de l'établissement d'Indret et des forges de la Chaussade seront choisis parmi les ingénieurs de 1re ou de 2e classe, et les sous-directeurs de ces deux établissements parmi les sous-ingénieurs de 1re et de 2e classe. Des officiers du génie maritime pourront, en outre, être détachés dans ces établissements, soit pour seconder les directeurs et sous-directeurs, soit pour y être chargés de quelque travail particulier. L'établissement d'Indret et les forges de la Chaussade continueront d'être inspectés par l'inspecteur général du génie maritime.

7. Outre les appointements et indemnités attribués à leur grade, les directeurs rece-

vront, à titre de supplément de fonction, les allocations suivantes : à Indret, 3,000 fr.; aux forges de la Chaussade, 2,000 fr.; à la fonderie de Ruelle, 1,200 fr.; aux fonderies de Nevers et de Saint-Gervais, 800 fr. Lorsque les circonstances le permettront, il continuera d'être accordé aux directeurs, dans les édifices dépendant des établissements, des logements dont l'ameublement sera renouvelé et entretenu aux frais de l'Etat. Dans ce cas, les directeurs n'auront droit ni à l'indemnité de logement ni à celle d'ameublement.

8. Il sera alloué aux sous-directeurs, en sus des appointements et indemnités attribués à leur grade, un supplément qui sera fixé ainsi qu'il suit : à Indret, 1,200 fr.; à la Chaussade, 800 fr.; dans chaque fonderie, 600 fr. Lorsque les sous-directeurs rempliront par intérim les fonctions de directeur, ils recevront, au lieu de ce supplément, celui qui est attribué aux directeurs par l'article précédent.

9. Les autres officiers de l'artillerie et du génie, ainsi que le sous-commissaire et les officiers de santé affectés au service des forges et fonderies, recevront, indépendamment des appointements et des indemnités fixés pour leurs grades, un supplément de trois cents francs.

10. Les officiers de l'artillerie et du génie maritime, ainsi que les officiers du commissariat et de santé affectés au service des forges et fonderies, concourront pour l'avancement dans les corps dont ils feront respectivement partie, d'après les règles suivies dans lesdits corps. Ils conserveront également leurs droits à la pension de retraite, conformément aux lois et ordonnances sur la matière.

11. Les appointements et les indemnités de logements attribués aux agents comptables, aux commis principaux et ordinaires, et aux écrivains des forges et fonderies, seront réglés ainsi qu'il suit :

	APPOINTEMENTS.	INDEMNITÉS de logement.
Agents comptables de 1re classe.	3,000 fr.	360 fr.
Agents comptables de 2e classe.	2,400	360
Commis principaux.	2,000	240
Commis de 1re classe.	1,600	240
Commis de 2e classe.	1,200	240
Écrivains.	800 à 1,000	240

12. Nul ne sera admis en qualité d'écrivain s'il est âgé de plus de vingt-quatre

ans, ou s'il en a moins de dix-huit. Il devra, en outre, satisfaire, dans un concours, à un examen sur l'écriture, l'orthographe, les principes de la langue française et l'arithmétique. Dans le même examen, il devra traduire par écrit un passage extrait d'un auteur latin de la force de quatrième.

13. Les candidats aux emplois de commis entretenus de deuxième classe ne pourront être âgés de moins de vingt ans, et ne pourront en avoir plus de trente; ils devront avoir déjà servi avec appointements pendant deux ans, comme écrivains, dans les arsenaux maritimes ou dans les forges et fonderies. Ils devront, en outre, satisfaire, dans un concours, à un examen portant sur les objets ci-après indiqués : 1° dictée sur un objet relatif au service administratif des forges et fonderies; 2° composition en forme de rapport ou de procès-verbal sur un autre sujet appartenant au même service; 3° formation et mise au net d'un état contenant des décomptes variés de solde ou de fournitures diverses; 4° un calcul de mesurage et de cubage rentrant dans les opérations usuelles des forges et fonderies.

14. Les deux tiers des emplois d'écrivains et de commis entretenus des forges et fonderies seront donnés dans l'ordre de la liste générale des candidats, qui aura été arrêtée par le ministre, d'après les résultats constatés par les procès-verbaux d'examen. Il pourra être disposé de l'autre tiers en faveur des candidats déclarés admissibles, et pour lesquels cet avancement aura été demandé par leurs chefs.

15. Ces derniers candidats devront justifier, pour les emplois d'écrivains entretenus, qu'ils ont servi au moins cinq ans comme écrivains d'ateliers; et, pour les emplois de commis, qu'ils comptent le même temps de service en qualité d'écrivains entretenus.

16. Les commis ordinaires avanceront en classe, moitié à l'ancienneté, moitié au choix. Ils ne pourront être nommés à la 1re classe s'ils n'ont servi au moins deux ans dans la classe inférieure.

17. Les commis principaux seront pris, un tiers à l'ancienneté et deux tiers au choix, parmi les commis de 1re classe ayant au moins deux ans de service en cette qualité.

18. Les agents comptables seront pris tous au choix parmi les commis principaux ayant au moins deux ans de service dans ce dernier grade; ils ne pourront être promus à la 1re classe qu'après avoir passé quatre ans au moins dans la seconde.

19. Les agents comptables, les commis principaux et ordinaires, et les écrivains des forges et fonderies, rouleront tous entre eux pour l'avancement, en se conformant aux conditions énoncées dans les articles qui précèdent.

20. Les agents comptables des forges et fonderies seront en tout assimilés aux sous-commissaires des ports, et les commis principaux et commis, aux employés de même dénomination du corps du commissariat. Les chefs de section seront de même complètement assimilés aux ingénieurs des mêmes classes. Les uns et les autres porteront, en conséquence, à grade égal, les mêmes uniformes, avec cette seule différence que, pour le personnel des forges et fonderies, le collet, les parements et les doublures seront en drap bleu.

21. Les conducteurs des travaux principaux et ordinaires seront pour la solde et pour l'indemnité de logement, ainsi que pour le rang et l'uniforme, assimilés ainsi qu'il suit : les conducteurs principaux, aux commis principaux; les conducteurs de 1re et 2e classes, aux commis des mêmes classes.

22. Les candidats aux emplois de conducteurs de 3e classe devront satisfaire aux conditions ci-après : 1° être âgés de vingt-quatre ans au moins et de trente-six ans au plus; 2° avoir servi pendant deux ans, soit comme sous-officiers dans le corps royal de l'artillerie, soit comme maîtres ou contre-maîtres dans les arsenaux ou autres établissements de la marine; 3° présenter des certificats de bonne conduite délivrés par les chefs sous les ordres desquels ils auront servi; 4° écrire lisiblement et correctement, savoir l'arithmétique, les éléments de la géométrie, y compris les soins des; être en état de tracer et de dessiner des plans de machines et appareaux, connaître les qualités des matières employées dans les ateliers, en fer et en cuivre, ainsi que les procédés de fabrication qui y sont en usage.

23. Il sera procédé à l'avancement des chefs de section et à celui des conducteurs principaux et ordinaires, conformément aux articles précédents de la présente ordonnance, savoir : pour les chefs de section comme pour les agents comptables; et pour les conducteurs principaux et ordinaires comme pour les commis des mêmes grades et classes.

24. Pour les emplois de conducteur des travaux, les dispositions du dernier paragraphe de l'art. 14 ne pourront être appliquées qu'à des candidats ayant servi au moins cinq ans comme sous-officiers dans le corps royal de l'artillerie, ou comme maîtres et contre-maîtres dans les arsenaux maritimes ou dans les établissements hors des ports.

25. Le nombre des maîtres entretenus

affectés au service des forges et fonderies sera réglé comme il suit :

	INDRET.	FORGES de la Chaussade.	FON-DERIES.	TOTAL.
Maîtres de 1re et 2e classes.	6	2	2	10
Maîtres de 3e et 4e classes.	3	5	6	14
Maîtres de 5e classe.	»	3	3	6
	9	10	11	30

26. La solde, l'avancement et le classement des maîtres entretenus des forges et fonderies seront réglés conformément aux dispositions des art. 1er, 4 et 5 de l'ordonnance du 12 février 1834.

Dispositions générales.

27. Il sera pourvu par des ordonnances aux emplois d'agents comptables, de chefs de section et de commis et conducteurs principaux ; les nominations aux autres emplois seront faites par le ministre.

28. Lorsqu'il en reconnaîtra l'utilité ou la convenance, le ministre aura la faculté d'admettre aux concours des candidats dont l'âge ne se trouverait pas dans les limites fixées par les art. 12, 13 et 22 de la présente ordonnance.

29. Le ministre déterminera, par un règlement spécial, toutes les dispositions relatives aux concours publics qui seront ouverts, en conformité des mêmes articles, lorsqu'il y aura lieu de pourvoir aux emplois vacants d'écrivains, de commis et de conducteurs des travaux,

30. Lorsque les officiers et employés affectés au service des établissements hors des ports seront logés dans les édifices appartenant à l'Etat, leurs logements ne seront pas meublés, mais ils auront droit à l'indemnité d'ameublement attribuée à leur grade, conformément aux fixations suivantes : ingénieurs de 1re classe, 320 fr. ; ingénieurs de 2e classe et lieutenants-colonels d'artillerie, 280 fr. ; chefs de bataillon d'artillerie, 240 fr ; capitaines d'artillerie, sous-ingénieurs et officiers de santé de 1re et de 2e classes, sous-commissaires, agents comptables et chefs de section, 180 fr. ; sous-ingénieurs et officiers de santé de 3e classe, commis et conducteurs principaux, commis et conducteurs ordinaires et écrivains, 120 fr.

31. Les frais de voyage et de vacations continueront à être payés conformément à l'arrêté du 29 pluviôse an 9, savoir :

	FRAIS de voyage.	VACATIONS par jour.
Aux directeurs, sous-directeurs et autres officiers appartenant aux divers corps de la marine.	Suivant leur grade.	Suivant leur grade.
Aux agents comptables et aux chefs de section.	4 fr. 00 c.	7 fr. 00 c.
Aux commis et conducteurs principaux.	3 00	5 50
Aux commis et conducteurs ordinaires et aux écrivains. .	2 50	4 00
Aux maîtres entretenus.	2 50	4 00

Les frais de route et de vacations ne seront alloués que pour les missions qui empêcheront de revenir à l'établissement dans la même journée, et dans aucun cas ils ne seront payés pour les voyages à une distance moindre de deux myriamètres. Il ne sera payé ni frais de route ni vacations aux employés chargés de suivre habituellement l'exploitation des bois et des mines.

Dispositions transitoires.

32. Tous les officiers et employés actuel-
41.

lement affectés au service des forges et fonderies recevront, suivant les grades ou fonctions dont ils sont pourvus, les appointements, suppléments et indemnités déterminés par la présente ordonnance à partir du jour où elle aura été rendue exécutoire. Toutefois, et par exception à cette règle, les commis et conducteurs des travaux qui appartiennent aujourd'hui à la 1re et à la 2e classe conserveront, jusqu'à ce qu'ils aient été avancés ou remplacés, les appointements qui leur sont attribués

37

par les art. 13 et 21 de l'ordonnance du 23 novembre 1836.

33. Les commis et conducteurs actuels de 3ᵉ classe seront tous incorporés dans la seconde.

34. La présente ordonnance recevra son exécution à compter du 1ᵉʳ octobre 1841. Elle sera enregistrée dans l'établissement d'Indret, aux forges de la Chaussade et dans chacune des fonderies de la marine. Les ordonnances et règlements antérieurs, et notamment ceux du 23 novembre 1836 sont et demeureront abrogés.

35. Notre ministre de la marine et des colonies (M. Duperré) est chargé, etc.

28 SEPTEMBRE = 1ᵉʳ NOVEMBRE 1841. — Ordonnance du roi qui approuve la convention passée les 6 et 18 septembre 1841, entre le ministre des travaux publics et la compagnie reconstituée du chemin de fer d'Andrezieux à Roanne. (IX, Bull. DCCCLVI, n. 9623.)

Louis-Philippe, etc., sur le rapport de notre ministre secrétaire d'Etat des travaux publics ; vu la loi du 15 juillet 1840, titre 3, qui autorise, sous certaines conditions y exprimées, le ministre des travaux publics à prêter au nom de l'Etat à la compagnie du chemin de fer d'Andrezieux à Roanne, dès que cette compagnie sera légalement reconstituée, une somme de quatre millions de francs (4,000,000 fr.) ; vu notamment l'art. 21 de ladite loi, ledit article ainsi conçu : « Les conventions à passer entre « l'Etat et la compagnie, pour l'exécution « de la présente loi, seront réglées par or- « donnances royales ; » vu notre ordonnance du 19 mai 1841 qui approuve les statuts de la compagnie reconstituée du chemin de fer d'Andrezieux à Roanne, et substitue cette compagnie aux droits et obligations créés par la loi du 15 juillet 1840 ; vu la lettre de notre ministre des finances du 13 août 1841 ; vu la convention provisoire passée, les 6 et 18 septembre 1841, entre notre ministre des travaux publics, agissant au nom de l'Etat, et les sieurs de Latena, de Baudreuil et Casimir Bonjour, membres du conseil d'administration de la compagnie reconstituée du chemin de fer d'Andrezieux à Roanne, agissant au nom de ladite compagnie, et à ce dûment autorisés aux termes de l'art. 20 des statuts, etc.

Art. 1ᵉʳ. La convention provisoire passée, les 6 et 18 septembre 1841, entre notre ministre secrétaire d'Etat des travaux publics et la compagnie reconstituée du chemin de fer d'Andrezieux à Roanne, représentée ainsi qu'il est dit ci-dessus, est et demeure approuvée. En conséquence, toutes les clauses et conditions stipulées dans ladite convention, tant à la charge de l'Etat qu'à la charge de la compagnie, recevront leur pleine et entière exécution. Cette convention restera annexée à la présente ordonnance.

2. Nos ministres des travaux publics et des finances (MM. Teste et Humann) sont chargés, etc.

19 OCTOBRE = 1ᵉʳ NOVEMBRE 1841. — Ordonnance du roi qui fixe à dix jours le délai accordé aux greffiers des cours et tribunaux, par l'ordonnance du 1ᵉʳ août 1827, pour la remise aux agents forestiers des extraits des arrêts et jugements par défaut. (IX, Bull. DCCCLVI, n. 9625.)

Louis-Philippe, etc., vu l'art. 188 de l'ordonnance royale du 1ᵉʳ août 1827, dont le paragraphe premier est ainsi conçu : « Les extraits des jugements par défaut se- « ront remis par les greffiers de nos cours « et tribunaux, aux agents forestiers, dans « les trois jours après celui où les jugements « auront été prononcés ; » vu les observa- tions de l'administration des forêts, des- quelles il résulte que la brièveté de ce délai rend impossible, dans beaucoup de locali- tés, l'exécution de cette disposition régle- mentaire ; vu l'avis de notre garde des sceaux, ministre de la justice et des cultes ; sur le rapport de notre ministre secrétaire d'Etat des finances, etc.

Art. 1ᵉʳ. Le délai de trois jours que l'art. 188 de l'ordonnance du 1ᵉʳ août 1827 accorde aux greffiers de nos cours et tri- bunaux, pour la remise des extraits des arrêts et jugements par défaut, sera dé- sormais fixé à dix jours.

2. Nos ministres des finances, et de la justice et des cultes (MM. Humann et Martin du Nord) sont chargés, etc.

25 OCTOBRE = 1ᵉʳ NOVEMBRE 1841. — Ordonnance du roi qui ouvre au ministre de la justice et des cultes un crédit supplémentaire applicable au chapitre 3 du budget de l'Imprimerie royale, exercice 1841. (IX, Bull. DCCCLVI, n. 9526.)

Louis-Philippe, etc., vu les ordonnances des 19 et 26 novembre 1823 ; vu l'art. 17 de la loi du 9 juillet 1836 ; vu les art. 20, 21 et 25 de notre ordonnance du 31 mai 1838, portant règlement général sur la compta- bilité publique ; vu la situation des dépenses de l'Imprimerie royale, exercice 1841, laquelle fait prévoir pour ledit exercice une insuffisance de deux cent seize mille francs au crédit du chapitre 3 du budget de cet établissement (Salaires et approvisionne- ments) ; considérant que les dépenses de ce chapitre sont variables et ne peuvent être évaluées à l'avance d'une manière certaine, puisqu'elles dépendent du nombre plus ; moins grand des commandes d'impressions considérant d'ailleurs que la situation actuelle des travaux permet de prévoir un excédant de produit d'impressions au moins équivalent à l'excédant présumé des dépenses ; sur le rapport de notre ministre secrétaire d'Etat de la justice et des cultes, et de l'avis de notre conseil des ministres, etc.

Art. 1ᵉʳ. Un crédit supplémentaire de deux cent seize mille francs est ouvert à notre ministre secrétaire d'Etat de la justice et des cultes, sur les fonds affectés au service de l'Imprimerie royale, pour subvenir à l'excédant de dépenses probable sur les articles suivants du chapitre 3 du budget de l'exercice 1841 (*Dépenses non susceptibles d'une évaluation fixe*), savoir : Art. 1ᵉʳ. Salaires d'ouvriers et indemnités de travaux extraordinaires, 116,000 fr. Art. 2. Approvisionnements et achats pour le service des ateliers, 100,000 fr. Total égal, 216,000 fr.

2. La régularisation de ce crédit supplémentaire sera proposée aux Chambres lors de leur prochaine session.

3. Notre ministre de la justice et des cultes (M. Martin du Nord) est chargé, etc.

18 OCTOBRE = 2 NOVEMBRE 1841. — Ordonnance du roi qui rejette le pourvoi formé par le conseil municipal de Tours contre un arrêté du préfet d'Indre-et-Loire, en date du 12 août 1841. (IX, Bull. DCCCLVII, n. 9627.)

Louis-Philippe, etc., sur le rapport de notre ministre secrétaire d'Etat au département de l'intérieur ; vu les lois des 21 mars 1831 et 18 juillet 1837 ; la délibération, en date du 7 août 1841, par laquelle le conseil municipal de Tours (Indre-et-Loire) a déclaré que le recensement prescrit par la circulaire de notre ministre secrétaire d'Etat des finances, du 25 février 1841, ne peut s'exécuter légalement que par l'autorité municipale ; l'arrêté pris par le préfet, en conseil de préfecture, le 12 du même mois d'août, et prononçant, par application de l'art. 28 de la loi du 21 mars 1831, la nullité de la délibération sus-visée ; la délibération, en date du 13 du même mois, par laquelle le conseil municipal se pourvoit contre ledit arrêté ; considérant que les art. 17, 19 et 21 de la loi du 18 juillet 1837 ont réglé les objets sur lesquels les conseils municipaux ont le droit de délibérer ou de donner leur avis ; considérant que l'art. 24 de la même loi leur attribue la faculté d'émettre des vœux, mais seulement sur des objets d'intérêt local, et leur interdit de faire ni de publier aucune protestation ; que, conséquemment,

le conseil municipal de Tours, en déclarant, dans sa délibération du 7 août 1841, que le mode de recensement prescrit par notre ministre des finances, dans sa circulaire du 25 février dernier, est illégal, a protesté contre une mesure d'intérêt général, et a ainsi évidemment excédé la limite de ses attributions ; notre conseil d'Etat entendu, etc.

Art. 1ᵉʳ. Le pourvoi formé par le conseil municipal de Tours contre l'arrêté du préfet d'Indre-et-Loire, en date du 12 août 1841, qui a prononcé la nullité de la délibération prise par ce conseil le 7 du même mois d'août, est rejeté.

2. Notre ministre de l'intérieur (M. Duchâtel) est chargé, etc.

27 OCTOBRE = 2 NOVEMBRE 1841. — Ordonnance du roi portant prorogation de la chambre temporaire du tribunal de première instance de Saint-Lô. (IX, Bull. DCCCLVII, n. 9628.)

Louis-Philippe, etc., sur le rapport de notre garde des sceaux, ministre secrétaire d'Etat au département de la justice et des cultes ; vu, 1º l'art. 39 de la loi du 20 avril 1810 ; 2º l'ordonnance du 3 juin 1833, portant création d'une chambre temporaire au tribunal de première instance de Saint-Lô (Manche) ; 3º l'ordonnance de prorogation du 29 octobre 1839 ; 4º l'ordonnance de prorogation du 29 octobre 1840 ; considérant qu'il existe encore dans ce siège un arriéré qui exige la prorogation de cette chambre ; notre conseil d'Etat entendu, etc.

Art. 1ᵉʳ. La chambre temporaire créée par notre ordonnance du 3 juin 1833 au tribunal de première instance de Saint-Lô continuera à remplir ses fonctions pendant une année ; à l'expiration de ce temps, elle cessera de droit, s'il n'en a été par nous autrement ordonné.

2. Notre ministre de la justice et des cultes (M. Martin du Nord) est chargé, etc.

27 OCTOBRE = 2 NOVEMBRE 1841. — Ordonnance du roi portant prorogation des chambres temporaires des tribunaux de première instance de Bourgoin et de Saint-Marcellin. (IX, Bull. DCCCLVII, n. 9629.)

Louis-Philippe, etc., sur le rapport de notre garde des sceaux, ministre secrétaire d'Etat au département de la justice et des cultes ; vu l'art. 39 de la loi du 20 avril 1810 ; vu l'ordonnance du 29 octobre 1837, portant création d'une chambre temporaire dans chacun des tribunaux de première instance de Bourgoin et de Saint-Marcellin (Isère), pour une année, à compter du jour de son installation; vu les ordonnances des 21 octobre 1838, 29 octobre 1839 et 2 novembre 1840, portant chacune prorogation de ces chambres pour une année; considérant que l'intérêt des justiciables exige encore le secours d'une chambre temporaire pour l'expédition des affaires civiles soumises à ces tribunaux; notre conseil d'Etat entendu, etc.

Art. 1er. La chambre temporaire créée dans chacun des tribunaux de première instance de Bourgoin et de Saint-Marcellin (Isère) par l'ordonnance du 29 octobre 1837, et déjà prorogée par ordonnances des 21 octobre 1838, 29 octobre 1839 et 2 novembre 1840, continuera de remplir ses fonctions pendant une année; à l'expiration de ce temps, elle cessera de droit, s'il n'en a été par nous autrement ordonné.

2. Notre ministre de la justice et des cultes (M. Martin du Nord) est chargé, etc.

19 octobre = 6 novembre 1841. — Ordonnance du roi concernant le corps des officiers de santé de l'armée de terre. (IX, Bull. DCCCLVIII, n. 9630.)

Louis-Philippe, etc., vu nos ordonnances des 12 août 1836, 6 février 1839, 24 mars et 18 avril 1840, et notre décision du 17 décembre 1840; vu la loi des dépenses du 25 juin 1841; sur le rapport de notre ministre secrétaire d'Etat de la guerre, président du conseil, etc.

Art. 1er. Le cadre constitutif du corps des officiers de santé de l'armée de terre est fixée, pour le temps de paix, ainsi qu'il suit :

	Grade	Classe	Nombre	Sous-total	Total
Médecins	inspecteurs		2		127
	principaux	de 1re classe	7	14	
		de 2e classe	7		
	ordinaires	de 1re classe	22	66	
		de 2e classe	44		
	adjoints		45		
Chirurgiens	inspecteurs		2		1,137
	principaux	de 1re classe	12	24	
		de 2e classe	12		
	majors	de 1re classe	83	249	
		de 2e classe	166		
	aides-majors	de 1re classe	134	402	
		de 2e classe	268		
	sous-aides		460		
Pharmaciens	inspecteur		1		113
	principaux	de 1re classe	5	10	
		de 2e classe	5		
	majors	de 1re classe	12	36	
		de 2e classe	24		
	aides-majors	de 1re classe	22	66	
		de 2e classe	44		
	TOTAL				1,377

2. Les chirurgiens et pharmaciens aides-majors, les chirurgiens et pharmaciens-majors pourvus du diplôme de docteur en médecine ou de maître en pharmacie, et les médecins ordinaires, sont aptes à passer de la deuxième classe à la première, chacun dans son grade et sa profession, un tiers à l'ancienneté, deux tiers au choix, après deux ans de fonctions dans la deuxième classe. Les emplois de première classe, dans le grade de principal, sont dévolus exclusivement, au tour du choix, aux officiers de santé de ce grade ayant passé deux ans dans la seconde. Les officiers de santé de première classe, dans les trois professions, concourent seuls pour l'avancement au grade supérieur à celui dont ils sont pourvus, sous les autres conditions déterminées par notre ordonnance du 12 août 1836.

3. Les candidats pour les emplois de la première classe, dans les trois professions, dévolus au tour du choix, sont présentés annuellement par les inspecteurs généraux d'armes et les intendants militaires. Le conseil de santé est autorisé à soumettre, s'il y a lieu, à notre ministre secrétaire d'Etat de la guerre, des propositions motivées en faveur des sujets des trois professions remplissant les conditions prescrites par la présente ordonnance, dont la capacité leur paraîtrait avoir échappé à l'appréciation des inspecteurs généraux d'armes et des intendants militaires. Il indique son ordre de mérite scientifique qui, dans son opinion, doit être assigné à ces candidats sur les listes de présentation.

4. Les officiers de santé en non activité réadmis au service et susceptibles par leur ancienneté, d'être placés dans la première classe de leur grade, n'y prennent rang que lorsqu'une vacance postérieure à leur

réintégration dans le cadre leur en ouvre l'accès.

5. Les fixations de solde et d'indemnités attribuées aux officiers de santé des trois professions et des différents grades, approuvés par nous, le 17 décembre 1840, seront exécutoires à dater du 1er janvier 1842, conformément au tarif annexé à la présente ordonnance.

Dispositions transitoires.

6. Pour la première formation du cadre, le conseil de santé soumettra à notre ministre secrétaire d'Etat de la guerre des propositions motivées de candidature pour le double du nombre des emplois, revenant au tour du choix, à conférer dans la première classe des grades de médecin ordinaire, pharmacien major et aide-major. Les chirurgiens majors et aides-majors pourvus du diplôme de docteur en médecine, qui, à la date de la présente ordonnance, seront employés dans les hôpitaux militaires de l'intérieur, les postes sédentaires et les corps d'armes spéciales, seront de préférence nommés à la première classe. Les chirurgiens majors et aides-majors proposés pour les hôpitaux de l'intérieur, les postes sédentaires et les corps d'armes spéciales, aux inspections de 1841, concourront pour l'avancement à la première classe jusqu'au 31 décembre 1842.

7. Attendu l'accroissement du cadre des médecins et pour la première formation de ce cadre seulement, cinq emplois de médecin ordinaire de deuxième classe seront dévolus aux chirurgiens majors pourvus du diplôme de docteur en médecine et comptant trois années de grade, sur une liste de quinze candidats qui sera soumise par le conseil de santé à notre ministre secrétaire d'Etat de la guerre. Les candidats admis dans le cadre des médecins ordinaires de deuxième classe en vertu de cette disposition exceptionnelle prendront rang dans ce cadre à la date de leur nomination au grade de chirurgien major.

8. Les officiers de santé proposés pour le grade supérieur, aux inspections de 1841, concourront jusqu'au 31 décembre 1842, pour l'avancement, lors même qu'ils n'auraient pu être compris dans la première classe de leur grade.

9. Toutes les dispositions antérieures contraires à la présente ordonnance sont et demeurent abrogées.

10. Notre ministre de la guerre (duc de Dalmatie) est chargé, etc.

Tarif de la solde et des indemnités attribuées

GRADES.	SOLDE D'ACTIVITÉ.		Officiers de santé des hôpitaux et ambulances sur le pied de guerre.	SOLDE en congé ou en captivité.	SOLDE en non activité.	
	Officiers de santé des corps de troupe des hôpitaux et postes sédentaires.				Licenciement de corps, suppression d'emploi, rentrée de captivité, infirmités temporaires.	Retrait ou suspension d'emploi.
	hors Paris.	dans Paris.				
	fr.	fr. c.	fr.	fr.	fr.	fr.
Médecin, chirurgien, pharmacien-inspecteur.	8,500	8,500 00 0	»	4,250	4,250	3,400
Médecin, chirurgien, pharmacien principal de première classe. .	4,500	5,400 00 0	6,750	2,250	2,000	1,600
— de deuxième classe.	4,000	4,800 00 0	6,000	2,000	2,000	1,600
Médecin ordinaire, chirurgien et pharmacien-major de première classe.	3,000	3,750 00 0	4,500	1,500	1,250	1,000
— de deuxième classe.	2,500	3,125 00 0	3,750	1,250	1,250	1,000
Médecin-adjoint.	2,050	2,733 33 3	3,075	1,025	1,230	820
Chirurgien et pharmacien aide-major de première classe. . . .	2,050	2,733 33 3	3,075	1,025	1,110	740
— de deuxième classe.	1,850	2,466 66 6	2,775	925	1,110	740
Chirurgien et pharmacien aide-major commissionné.	1,850	2,466 66 6	»	925	(b) »	»
Chirurgien sous-aide.	1,350	1,800 00 0	2,025	675	810	540
Chirurgien sous-aide auxiliaire. .	1,350	»	2,025	675	(b) »	»
Médecin, chirurgien, pharmacien, premier professeur.	(a) »	»	»	»	»	»
— professeur.	(a) »	»	»	»	»	»

21 OCTOBRE = 6 NOVEMBRE 1841. — Ordonnance du roi qui modifie le cadre des pharmaciens de la marine. (IX, Bull. DCCCLVIII, n. 9631.)

Louis-Philippe, etc., sur le rapport de notre ministre secrétaire d'Etat au département de la marine et des colonies; vu l'ordonnance royale du 17 juillet 1835, etc.

Art. 1ᵉʳ. Le cadre des pharmaciens de la marine est modifié ainsi qu'il suit ; le nombre des pharmaciens professeurs est fixé à quatre; celui des pharmaciens de 1ʳᵉ classe est fixé à six.

2. Notre ministre de la marine et des colonies (M. Duperré) est chargé ; etc.

26 OCTOBRE = 6 NOVEMBRE 1841. — Ordonnance du roi qui ouvre, sur l'exercice 1841, un crédit

aux officiers de santé militaires.

INDEMNITÉS				OBSERVATIONS.
de logement,		d'ameublement,		
hors Paris.	dans Paris.	hors Paris.	dans Paris.	

La solde, en Algérie, est déterminée par des décisions spéciales.

La solde de l'officier de santé à l'hôpital est passible de la retenue ci-après fixée par journée, savoir :

	EN ACTIVITÉ.	EN NON ACTIVITÉ, solde de congé et solde de réforme.
	fr. c.	
Officiers de santé inspecteurs et principaux.	3 00	
Médecins ordinaires, chirurgiens et pharmaciens-majors.	2 00	1 fr. 75 c. ou la totalité de la solde, si elle est moindre.
Médecins adjoints, chirurgiens et pharmaciens aides-maj.	1 50	
Chirurgiens sous-aides auxiliaires et titulaires.	1 25	

de logement,		d'ameublement,	
hors Paris.	dans Paris.	hors Paris.	dans Paris.
fr. 1,500	fr. 1,500	fr. 600	fr. 600
720	1,080	240	360
720	1,080	240	360
360	540	180	270
360	540	180	270
240	360	120	180
240	360	120	180
240	360	120	180
240	360	120	180
240	360	120	180
240	»	120	»
»	»	»	»
»	»	»	»

(a) La solde de son grade et de sa classe ;

Le premier professeur reçoit un supplément de solde de mille francs par an ;

Le professeur reçoit un supplément de solde de six cents francs par an ;

Ces suppléments de solde se décomptent avec la solde du grade, pour les journées de présence seulement ; mais ils sont fixes, et ne sont pas susceptibles d'augmentation dans Paris.

Les officiers de santé attachés aux différentes écoles militaires ont droit, pour les journées de présence dans ces établissements, à la solde de leur classe, avec un supplément d'un tiers en sus.

Les indemnités de logement et d'ameublement sont celles du grade.

(b) Les chirurgiens aides-majors et les pharmaciens aides-majors commissionnés, ainsi que les chirurgiens sous-aides auxiliaires licenciés, reçoivent une gratification d'un mois de solde, pied de paix, sans accessoires, pour une année de service accomplie. Cette indemnité ne peut excéder six mois de solde.

Il est accordé une subvention annuelle de quatre cents francs aux élèves de première division des hôpitaux d'instruction, et de six cents francs aux élèves de l'hôpital de perfectionnement.

Les élèves de deuxième division sont traités gratuitement dans les hôpitaux militaires, lorsqu'ils tombent malades dans l'exercice de leurs fonctions ; mais les élèves de première division et ceux de l'hôpital de perfectionnement subissent, sur la subvention qui leur est allouée, une retenue d'un franc par journée d'hôpital.

extraordinaire pour dépenses de police secrète.
(IX, Bull. DCCCLVIII, n. 9653.)

Louis-Philippe, etc., vu, 1° les art. 4 et 6 de la loi du 24 avril 1833, et l'art. 12 de la loi du 23 mai 1834 ; 2° les art. 26, 27 et 28 de notre ordonnance royale du 31 mai 1838, portant règlement général sur la comptabilité publique; considérant que des circonstances graves ont donné lieu, dans le cours de la présente année, à des dépenses de police secrète, *extraordinaires et urgentes*, qui ont rendu insuffisant le crédit extraordinaire d'un million accordé par la loi du 27 avril 1841 ; sur le rapport de notre ministre secrétaire d'État de l'intérieur, et de l'avis de notre conseil des ministres, etc.

Art. 1ᵉʳ. Il est ouvert à notre ministre

secrétaire d'Etat de l'intérieur, sur l'exercice 1841, un crédit extraordinaire de trois cent mille francs pour dépenses de police secrète extraordinaires. Cette dépense fera l'objet du chapitre spécial désigné ci-après: *Chapitre 44, Dépenses de police secrète extraordinaires.*

2. La régularisation de ce crédit sera proposée aux Chambres lors de leur prochaine session.

3. Nos ministres de l'intérieur et des finances (MM. Duchâtel et Humann) sont chargés, etc.

———

31 OCTOBRE = 6 NOVEMBRE 1841. — Ordonnance du roi qui ouvre au ministre de la justice et des cultes, sur l'exercice 1841, un crédit supplémentaire applicable au chapitre des frais de justice criminelle et des statistiques civile et criminelle. (IX, Bull. DCCCLVIII, n. 9635.)

Louis-Philippe, etc., vu les art. 3 et 4 de la loi du 24 avril 1833; vu la loi du 16 juillet 1840, portant fixation du budget des dépenses de l'exercice 1841, et contenant, art. 6, la nomenclature des dépenses pour lesquelles la faculté nous est réservée d'ouvrir des crédits supplémentaires en cas d'insuffisance, dûment justifiée, des crédits législatifs; vu les art. 20, 21, 22, 23 et 25 de notre ordonnance du 31 mai 1838, portant règlement général sur la comptabilité publique; sur le rapport de notre ministre secrétaire d'Etat au département de la justice et des cultes, et de l'avis de notre conseil des ministres, etc.

Art. 1er. Il est ouvert à notre ministre secrétaire d'Etat de la justice et des cultes, sur l'exercice 1841, un crédit supplémentaire de six cent mille francs, applicable au chapitre des frais de justice criminelle et des statistiques civile et criminelle.

2. La régularisation de ce crédit supplémentaire sera proposée aux Chambres lors de leur prochaine session.

3. Nos ministres de la justice et des cultes, et des finances (M. Martin du Nord et Humann) sont chargés, etc.

———

29 OCTOBRE = 11 NOVEMBRE 1841. — Ordonnance du roi qui porte à cinquante-quatre le nombre des membres du conseil général d'agriculture. (IX, Bull. DCCCLIX, n. 9640.)

Louis-Philippe, etc., vu notre ordonnance du 29 avril 1831, sur l'établissement, les fonctions et la composition des conseils de commerce, des manufactures et d'agriculture, et du conseil supérieur; sur le rapport de notre ministre secrétaire d'Etat au département de l'agriculture et du commerce, etc.

Art. 1er. L'art. 10 de notre ordonnance du 29 avril 1831 est rapporté.

2. Le conseil général d'agriculture sera composé de cinquante-quatre propriétaires ou membres des sociétés d'agriculture, appelés par le ministre de l'agriculture et du commerce.

3. Notre ministre de l'agriculture et du commerce (M. Cunin-Gridaine) est chargé, etc.

———

29 OCTOBRE = 11 NOVEMBRE 1841. — Ordonnance du roi qui établit une chambre de commerce à Abbeville, et supprime la chambre consultative des arts et manufactures de cette ville. (IX, Bull. DCCCLIX, n. 9641.)

Louis-Philippe, etc., sur le rapport de notre ministre secrétaire d'Etat de l'agriculture et du commerce, etc.

Art. 1er. Il est établi une chambre de commerce à Abbeville (Somme).

2. La circonscription de cette chambre sera formée de l'arrondissement d'Abbeville.

3. La chambre de commerce d'Abbeville sera composée de neuf membres.

4. La chambre consultative des arts et manufactures établie dans cette ville est supprimée.

5. Notre ministre de l'agriculture et du commerce (M. Cunin-Gridaine) est chargé, etc.

———

29 OCTOBRE = 11 NOVEMBRE 1841. — Ordonnance du roi qui accorde au ministre de la guerre un crédit supplémentaire pour des créances constatées sur des exercices clos. (IX, Bull. DCCCLIX, n. 9642.)

Louis-Philippe, etc., vu l'état des créances à solder par notre ministre secrétaire d'Etat au département de la guerre, sur les exercices clos 1838 et 1839, additionnellement aux restes à payer constatés par les lois de règlement de ces deux exercices; considérant que lesdites créances s'appliquent à des services pour lesquels la nomenclature comprise dans les lois de finances desdits exercices nous réserve la faculté d'ouvrir des suppléments de crédits en l'absence des Chambres; vu l'art. 9 de la loi du 23 mai 1834 et l'art. 100 de notre ordonnance du 31 mai 1838, portant règlement général sur la comptabilité publique, aux termes desquels les créances des exercices clos non comprises dans les restes à payer arrêtés par les lois de règlement ne peuvent être ordonnancées par nos ministres qu'au moyen de crédits supplémentaires accordés suivant les formes déterminées par la loi du 24 avril 1833; sur le rapport de notre ministre secrétaire d'Etat de la guerre, et de l'avis de notre conseil des ministres, etc.

Art. 1er. Il est accordé à notre ministre secrétaire d'Etat de la guerre, en augmentation des restes à payer constatés par les lois de règlement des exercices 1838 et 1839, un crédit supplémentaire de neuf mille cinq cent onze francs cinquante-six centimes, montant des créances détaillées par articles au tableau ci-annexé, lesquelles ont été liquidées à la charge de ces exercices, et dont les états nominatifs seront adressés en double expédition au ministre secrétaire d'Etat des finances, conformément à l'article 106 de notre ordonnance précitée du 31 mai 1838, savoir : exercices 1838, 1,570 fr. 94 c.; 1839, 7,940 fr. 62 c. Total égal, 9,511 fr. 56 c.

2. Notre ministre secrétaire d'Etat de la guerre est, en conséquence, autorisé à ordonnancer ces créances sur le chapitre spécial ouvert pour les dépenses des exercices clos aux budgets des exercices courants, en exécution de l'art. 8 de la loi du 23 mai 1834.

3. La régularisation de ce crédit sera proposée aux Chambres lors de leur prochaine session.

4. Nos ministres de la guerre et des finances (MM. duc de Dalmatie et Humann) sont chargés, etc.

(Suit le tableau.)

♌ = 11 NOVEMBRE 1841. — Ordonnance du roi portant prorogation de la chambre temporaire du tribunal de première instance de Bagnères. (IX, Bull. DCCCLIX, n. 9645.)

Louis-Philippe, etc., sur le rapport de notre garde des sceaux, ministre secrétaire d'Etat au département de la justice et des cultes ; vu 1° l'art. 39 de la loi du 20 avril 1810 ; 2° l'ordonnance du 14 juin 1837, portant création d'une chambre temporaire au tribunal de première instance de Bagnères (Hautes-Pyrénées) ; 3° les ordonnances des 9 novembre 1838, 29 octobre 1839 et 2 novembre 1840, qui ont prorogé cette chambre chacune pour une année ; considérant que l'intérêt des justiciables exige une nouvelle prorogation ; notre conseil d'Etat entendu, etc.

Art. 1er. La chambre temporaire créée par notre ordonnance du 14 juin 1837 dans le tribunal de première instance de Bagnères, et déjà prorogée par les ordonnances des 9 novembre 1838, 29 octobre 1839 et 2 novembre 1840, continuera de remplir ses fonctions pendant une année ; à l'expiration de ce temps, elle cessera de plein droit, s'il n'en a été par nous autrement ordonné.

2. Notre ministre de la justice et des cultes (M. Martin du Nord) est chargé, etc.

♌ = 11 NOVEMBRE 1841. — Ordonnance du roi portant prorogation des chambres temporaires des tribunaux de première instance de Saint-Girons et de Saint-Gaudens. (IX, Bull. DCCCLIX, n. 9646.)

Louis-Philippe, etc., sur le rapport de notre garde des sceaux, ministre secrétaire d'Etat au département de la justice et des cultes ; vu, 1° l'art. 39 de la loi du 20 avril 1810 ; 2° l'ordonnance du 22 juillet 1836, portant création d'une chambre temporaire dans chacun des tribunaux de Saint-Girons (Ariége) et de Saint-Gaudens (Haute-Garonne) ; 3° les ordonnances des 13 octobre 1837, 21 octobre 1838, 29 octobre 1839 et 2 novembre 1840, qui ont successivement prorogé ces chambres jusqu'à ce jour ; considérant que l'intérêt des justiciables exige encore pendant un an le secours d'une chambre temporaire pour l'expédition des affaires civiles arriérées dans ces deux sièges ; notre conseil d'Etat entendu, etc.

Art. 1er. Les chambres temporaires créées par l'ordonnance du 22 juillet 1836 dans les tribunaux de première instance de Saint-Girons et de Saint-Gaudens, et déjà prorogées par les ordonnances des 13 octobre 1837, 21 octobre 1838, 29 octobre 1839 et 2 novembre 1840, continueront de remplir leurs fonctions pendant une année ; à l'expiration de ce temps, elles cesseront de droit, s'il n'en a été par nous autrement ordonné.

2. Notre ministre de la justice et des cultes (M. Martin du Nord) est chargé, etc.

N. 9647. — *Tarif portant modification, à partir du 1ᵉʳ janvier 1842,*
indiqués du tarif annexé à l'ordonnance du

(21 octobre 1841.)

GRADES.	SOLDE DE PRÉ			SUR
	SUR LE PIED DE PAIX,			
	par an.	par mois.	par jour.	par an.
ÉTAT-MAJOR DE L'ARTILLERIE.				
Officiers.	fr.	fr. c.	fr. c.	fr. 2,400
Capitaine en résidence fixe.	2,400	200 00 0	6 66 6	
Employés.				2,000
Garde d'artillerie de 1ᵉ classe.	1,500	125 00 0	4 16 6	
ÉTAT-MAJOR DU GÉNIE.				
Employés.				2,400
Garde principal.	1,800	150 00 0	5 00 0	2,000
Garde. . . . . . ⎰ de 1ᵉ classe.	1,500	125 00 0	4 16 6	1,600
⎱ de 2ᵉ classe.	1,200	100 00 0	3 33 3	1,700
Ouvriers d'état. . . . ⎰ Chef.	1,500	125 00 0	4 16 6	1,400
⎱ Sous-chef.	1,200	100 00 0	3 33 3	800
⎱ Ouvrier.	540	45 00 0	1 50 0	
PARC DE CONSTRUCTION DU TRAIN DES ÉQUIPAGES.				
Officiers attachés à l'état-major. ⎪ Capitaine en second. .	2,300	191 66 6	6 38 8	2,300
Capitaine en résidence fixe.	2,300	191 66 6	6 38 8	2,300
Garde d'équipages. . . . ⎧ de 1ᵉ classe.	1,800	150 00 0	5 00 0	2,400
⎪ de 2ᵉ classe.	1,500	125 00 0	4 16 6	2,000
⎨ de 3ᵉ classe.	1,200	100 00 0	3 33 3	1,600
⎩ de 4ᵉ classe.	900	75 00 0	2 50 0	1,200
Ouvriers d'état. . . . ⎰ Chef.	1,500	125 00 0	4 16 6	1,700
⎰ Sous-chef.	1,200	100 00 0	3 33 3	1,400
⎱ Ouvrier.	540	45 00 0	1 50 0	800

GRADES.	SOLDE DE PRÉSENCE PAR JOUR,			
	avec vivres de campagne ou sans vivres.	en station, avec le pain seulement.	en marche en corps, avec le pain.	supplément de solde dans Paris.
Tambours ou clairons. ⎧ du 15ᵉ régiment d'artillerie. — Pontonniers.	fr. c. 0 50 0	fr. c. 0 65 0	fr. c. 0 75 0	fr. c. 0 12 5
⎪ des compagnies d'ouvriers d'artillerie ⎫				
⎨ des régiments du génie. . . . . ⎬ 0 53 0	0 68 0	0 78 0	0 14 0	
⎩ des compagnies d'ouvriers du génie. ⎭				
⎧ des compagnies de canonniers vétérans et de vétérans du génie. .	0 57 0	0 62 0	0 82 0	0 25 0

de quelques-unes des fixations déterminées par les tableaux ci-après
5 décembre 1840, sur la solde de l'armée de terre.

4, 5 ET 27.

SENCE, LE PIED DE GUERRE,		SOLDE D'ABSENCE par jour.			SUPPLÉMENT de solde dans Paris, par jour.	OBSERVATIONS.
par mois.	par jour.	en congé et en captivité.	à l'hôpital.	à l'hôpital, étant en congé avec solde.		
fr. c.	fr. c.	fr. c.	fr. c.	fr. c.	fr. c.	
200 00 0	6 66 6	3 33 3	4 66 6	1 33 3	1 66 6	
166 66 6	5 55 5	2 08 3	2 77 7	0 69 4	1 38 8	
200 00 0	6 66 6	2 50 0	3 33 3	0 83 3	1 66 6	
166 66 6	5 55 5	2 08 3	2 77 7	0 69 4	1 38 8	
133 33 3	4 44 4	1 66 6	2 22 2	0 55 5	1 11 1	
141 66 6	4 72 2	2 08 3	2 77 7	0 69 4	1 38 8	
116 66 6	3 88 8	1 66 6	2 22 2	0 55 5	1 11 1	
66 66 6	2 22 2	0 75 0	1 00 0	0 25 0	0 60 0	
191 66 6	6 38 8	3 19 4	4 38 8	1 19 4	....	
191 66 6	6 38 8	3 19 4	4 38 8	1 19 4	....	
200 00 0	6 66 6	2 50 0	3 33 3	0 83 3	....	
166 66 6	5 55 5	2 08 3	2 77 7	0 69 4	....	
133 33 3	4 44 4	1 66 6	2 22 2	0 55 5	....	
100 00 0	3 33 3	1 25 0	1 66 6	0 41 6	....	
141 66 6	4 72 2	2 08 3	2 77 7	0 69 4	....	
116 66 6	3 88 8	1 66 6	2 22 2	0 55 5	....	
66 66 6	2 22 2	0 75 0	1 00 0	0 25 0	....	

23, 25, 26 ET 30

SOLDE D'ABSENCE, PAR JOUR,			OBSERVATIONS.
en semestre ou en congé.	à l'hôpital.	à l'hôpital, étant en semestre ou en congé avec solde.	
fr. c.	fr. c.		
0 12 5	0 10 0	....	
0 14 0	0 10 0	....	
0 17 0	0 18 6	....	

TABLEAUX Nos 25, 28 ET 29.

GRADES.	SOLDE DE PRÉSENCE,					SOLDE D'ABSENCE, PAR JOUR,				OBSERVATIONS.
	par mois,		par jour,							
	par an.	par mois.	en station ou en campagne.	en marche en corps ou en détachement.	Supplément de solde dans Paris.	en semestre ou en congé.	à l'hôpital.	à l'hôpital, étant en semestre ou en congé avec solde.	en captivité.	
	fr.	fr. c.	fr. c.	fr. c.	fr. c.	fr. c.	fr. c.	fr. c.	fr. c.	
RÉGIMENTS DU GÉNIE.										
Compagnies de sapeurs-conducteurs. { Capitaine. { en premier.	3,000	250 00 0	8 33 3	11 33 3	2 08 3	4 16 6	6 33 3	2 16 6	4 16 6	L'augmentation de 200 fr. que consacre le présent tarif, est exclusivement applicable à la solde d'activité.
en second.	2,600	216 66 6	7 22 2	10 22 2	1 80 5	3 61 1	5 22 2	1 61 1	3 61 1	
Lieutenant. { en premier.	2,050	170 83 3	5 69 4	8 19 4	1 89 8	2 84 7	4 19 4	1 34 7	2 84 7	
en second.	1,850	154 16 6	5 13 8	7 63 8	1 71 2	2 56 9	3 63 8	1 06 9	2 56 9	
CORPS DU TRAIN DES ÉQUIPAGES.										
État major. { Capitaine adjudant-major. Trésorier. Officier d'habillement.	2,300	191 66 6	6 38 8	9 38 8	1 59 7	3 19 4	4 38 8	1 19 4	[a]	(a) La moitié de la solde du grade et de la classe. On la solde de capitaine en premier, s'ils sont promus de ce grade.
Compagnies. { Capitaine en second.	2,300	191 66 6	6 38 8	9 38 8	1 59 7	3 19 4	4 38 8	1 19 4	3 19 4	Idem.
COMPAGNES D'OUVRIERS DU TRAIN DES ÉQUIPAGES.										
Capitaine en second.	2,300	191 66 6	6 38 8	9 38 8	1 59 7	3 19 4	4 38 8	1 19 4	3 19 4	Idem.

TABLEAU No 45.

ARMES.	GRADES.	OFFICIERS sortis de l'activité par suite de licenciement de corps, de suppression d'emploi, de rentrée de captivité à l'ennemi ou d'infirmités temporaires.			OFFICIERS sortis de l'activité par retrait ou par suspension d'emploi.			OBSERVATIONS.
		Par an.	Par mois.	Par jour.	Par an.	Par mois.	Par jour.	
Équipages militaires.	Capitaine.	4,150 f.	95 f. 83 c. 3	3 f. 49 c. 8	928 f.	76 f. 66 c. 6	2 f. 55 c. 5	

3 OCTOBRE = 13 NOVEMBRE 1841. — Ordonnance du roi qui autorise la cession, à la commune catholique romaine, à la Haye, des portions de l'ancien hôtel de l'ambassade de France, nécessaires pour la construction d'une église. (IX, Bull. supp. DLXIX, n. 16039.)

Louis-Philippe, etc., vu la lettre de notre ministre secrétaire d'Etat au département des affaires étrangères, en date du 21 juillet dernier, énonçant les motifs et les conditions de la cession, qui lui parait devoir être faite à la commune catholique romaine, à la Haye, des portions de l'ancien hôtel de l'ambassade et dépendances nécessaires pour la construction d'une église, en remplacement de la chapelle de France actuelle; vu le plan des lieux dressé par l'architecte Roodenburg, et indiquant les portions de bâtiments et terrains qui seront comprises dans la cession, ainsi que le bâtiment de la chancellerie qui en sera excepté; vu le rapport du 26 juin 1841, par lequel le sieur Follus, architecte, expert nommé par les prêtres qui desservent la chapelle de France, a estimé les portions à céder à la somme de quinze mille cinq cents florins des Pays-Bas, faisant en francs celle de trente-trois mille quatre cent quatre-vingts francs; vu le procès-verbal de notre consul général de France à la résidence d'Amsterdam, en date du 27 du même mois, constatant l'offre faite par les desservants de porter le prix d'acquisition des mêmes portions à la somme de dix-neuf mille deux cents florins, représentant en monnaie de France celle de quarante et un mille quatre cent soixante et douze francs, en considération de la renonciation du domaine français au bénéfice d'une vente aux enchères; vu le décret du 21 février 1808, d'après lequel les biens de l'Etat sont, comme les propriétés particulières, susceptibles d'être aliénés, sur estimation, pour cause d'utilité publique départementale ou communale; considérant que les propriétés domaniales situées en France peuvent être cédées, sur estimation, pour la construction des édifices destinés au culte; qu'il s'agit, dans le cas présent, de la construction d'une église pour la commune catholique romaine à la Haye, en remplacement de la chapelle de France actuellement existante, et que, dès lors, il y a lieu, par analogie, de suivre à l'égard des propriétés domaniales nécessaires pour la construction de cette église, le même mode de concession que si ces propriétés étaient situées en France; sur le rapport de notre ministre secrétaire d'Etat au département des finances, etc.

Art. 1ᵉʳ. Notre ministre de France à la Haye est autorisé à céder, par acte devant notaires, au nom du domaine français, à la commune catholique romaine, à la Haye, représentée par les prêtres desservant la chapelle de France en cette ville, les portions de l'ancien hôtel de l'ambassade de France en la même ville, telles qu'elles sont désignées au plan sus-visé, lequel restera annexé à la minute de l'acte de cession, ainsi que les procès-verbaux d'expertise et celui qui constate l'offre faite par les desservants d'un prix supérieur aux résultats de l'expertise.

2. La cession sera faite à la charge par les desservants, 1° de payer comptant, entre les mains de notre ministre de France à la Haye, par les soins duquel le versement en sera fait, dans le plus bref délai possible, à la caisse du domaine, à Paris, la somme de quarante et un mille quatre cent soixante et douze francs (dix-neuf mille deux cents florins des Pays-Bas), montant de leur offre; 2° de supporter tous les frais auxquels la cession a pu ou pourra donner lieu, y compris ceux d'expertise et de levée de plan; 3° de faire pratiquer, à leurs frais, dans toute la longueur du bâtiment de la chancellerie qui est réservée au gouvernement français, un passage d'un mètre cinquante centimètres de large, avec entrée sur la rue dite Casmarie-Straat, lequel passage restera propriété commune entre la chancellerie et l'église, et sera tel qu'il est désigné sur le plan; 4° de ménager dans l'église et de décorer convenablement deux tribunes, qui appartiendront à perpétuité au gouvernement français, sans qu'il ait à cet égard à payer aucune rétribution quelconque; 5° de veiller à ce qu'il y ait toujours parmi eux un desservant qui possède l'usage de la langue française suffisamment pour la comprendre, la parler et l'écrire; 6° de conserver à l'église et à ses dépendances leur affectation au service du culte catholique; faute de quoi le tout serait retour à la France, sans aucune indemnité ni remboursement de sa part; 7° de prendre, avec le prince Frédéric des Pays-Bas, qui occupe une partie des objets cédés, par tacite reconduction d'un bail sous signature privée, en date du 15 novembre 1827, tels arrangements qui conviendront, sans aucun recours contre le domaine français et sans que celui-ci puisse être privé des loyers qui auront couru jusqu'au jour de la cession; et, en outre, sous toutes les conditions accessoires de droit et d'usage, ou qui auraient été convenues avec notre ministre secrétaire d'Etat au département des affaires étrangères.

3. Nos ministres des finances et des affaires étrangères (MM. Humann et Guizot) sont chargés, etc.

29 OCTOBRE = 20 NOVEMBRE 1841. — Ordonnance du roi qui accorde au ministre de la guerre un crédit supplémentaire pour des créances constatées sur des exercices clos. (IX, Bull. DCCCLX, n. 9656.)

Louis-Philippe, etc., vu l'état des créances à solder par notre ministre secrétaire d'Etat au département de la guerre, additionnellement aux restes à payer constatés par les comptes définitifs des exercices 1838 et 1839; considérant qu'aux termes de l'art. 9 de la loi du 23 mai 1834 et de l'art. 108 de notre ordonnance du 31 mai 1838, portant règlement général sur la comptabilité publique, lesdites créances peuvent être l'objet de crédits supplémentaires en l'absence des Chambres, attendu qu'elles se rapportent à des services prévus par les budgets des exercices 1838 et 1839, et que leur montant est inférieur aux restants de crédits dont l'annulation a été prononcée sur ces services par la loi de règlement de chacun desdits exercices; sur le rapport de notre ministre secrétaire d'Etat de la guerre, et de l'avis de notre conseil des ministres, etc.

Art. 1er. Il est accordé à notre ministre secrétaire d'Etat de la guerre, en augmentation des restes à payer constatés par les lois de règlement des exercices 1838 et 1839, un crédit supplémentaire de dix mille trois cent quatre-vingt-neuf francs quatre-vingt-dix centimes, montant des créances détaillées par article au tableau ci-annexé, qui ont été liquidées à la charge de ces exercices, et dont les états seront adressés en double expédition au ministre secrétaire d'Etat des finances, conformément à l'art. 107 de notre ordonnance précitée du 31 mai 1838, savoir : exercice 1838, 2,182 fr. 76 c.; 1839, 8,207 fr. 14 c. — Total égal, 10,389 fr. 90 c.

2. Notre ministre secrétaire d'Etat au département de la guerre est, en conséquence, autorisé à ordonnancer ces créances sur le chapitre spécial ouvert pour les dépenses des exercices clos aux budgets des exercices courants, en exécution de l'art. 8 de la loi du 23 mai 1834.

3. La régularisation de ce crédit sera proposée aux Chambres lors de leur prochaine session.

4. Nos ministres de la guerre et des finances (MM. duc de Dalmatie et Humann) sont chargés, etc.

(Suit le tableau.)

29 OCTOBRE = 20 NOVEMBRE 1841. — Ordonnance du roi qui ouvre au ministre de la guerre un crédit extraordinaire pour des créances à solder sur des exercices périmés. (IX, Bull. DCCCLX, n. 9657.)

Louis-Philippe, etc., vu l'état des créances à solder par notre ministre secrétaire d'Etat au département de la guerre, sur les exercices périmés de 1831, 1832, 1833, 1834, 1835 et 1836, et qui, pour les causes énoncées audit état, ne sont point passibles de la déchéance prononcée par l'art. 9 de la loi du 29 janvier 1831; vu l'art. 8 de la loi du 10 mai 1838, aux termes duquel les créances de cette nature ne peuvent être ordonnancées par nos ministres qu'après que des crédits extraordinaires spéciaux, par article, leur auront été ouverts à cet effet, conformément aux art. 4, 5 et 6 de la loi du 24 avril 1833; vu l'art. 114 de notre ordonnance du 31 mai 1838, portant règlement général sur la comptabilité publique; sur le rapport de notre ministre secrétaire d'Etat de la guerre, et de l'avis de notre conseil des ministres, etc.

Art. 1er. Un crédit extraordinaire spécial de quatre mille quatre cent quarante-six francs quatre-vingt-quatre centimes (4,446 fr. 84 c.) est ouvert à notre ministre secrétaire d'Etat de la guerre, sur le budget de l'exercice 1841, pour solder les créances des exercices périmés, non frappées de déchéance, qui sont détaillées par article au tableau ci-annexé.

2. L'ordonnancement de ces créances aura lieu avec imputation au chapitre spécial *Dépenses des exercices périmés*, prescrit par l'art. 8 de la loi du 10 mai 1838.

3. La régularisation de ce crédit sera proposée aux Chambres lors de leur prochaine session.

4. Nos ministres de la guerre et des finances (MM. duc de Dalmatie et Humann) sont chargés, etc.

(Suit le tableau.)

29 OCTOBRE = 20 NOVEMBRE 1841. — Ordonnance du roi qui ouvre, sur l'exercice 1841, un crédit extraordinaire pour le chemin de fer de Strasbourg à Bâle. (IX, Bull. DCCCLX, n. 9658.)

Louis-Philippe, etc., vu la loi du 11 juin 1841, sur les crédits supplémentaires et extraordinaires de l'exercice 1841, laquelle fixe les allocations et annulations de crédits sur ce même exercice, pour les travaux publics extraordinaires; vu les art. 4 et 6 de la loi du 24 avril 1833, et l'art. 13 de la loi du 23 mai 1834; vu les art. 26, 27 et 28 de notre ordonnance du 31 mai 1838, portant règlement général sur la comptabilité publique; vu la loi du 15 juillet 1840, autorisant notre ministre des travaux publics à consentir, au nom de l'Etat, sous certaines conditions y exprimées, un prêt de douze millions six cent mille francs à la compagnie du chemin de fer de Strasbourg à Bâle ; vu la convention passée en conséquence, le 12 octobre 1840, entre notre ministre des travaux publics et la compagnie, et portant, art. 2 : « Aucun « versement ne sera fait à la compagnie « tant que le sieur Nicolas Kœchlin, en- « trepreneur à forfait des travaux du che- « min de fer, n'aura pas justifié de la réa- « lisation des dix-huit quarantièmes des « travaux et dépenses nécessaires à l'achè- « vement de l'entreprise. Après cette justi- « fication, les versements s'effectueront « par douzièmes et au fur et à mesure « de nouveaux travaux et de nouvelles « dépenses. Ainsi le premier douzième « sera versé lorsque les dix-huit quaran- « tièmes des travaux et dépenses néces- « saires à l'exécution de l'entreprise seront « réalisés. Le second douzième, après la « réalisation des vingt quarantièmes ; le « troisième douzième, après la réalisation « des vingt-deux quarantièmes, et ainsi « de suite de deux en deux quarantièmes. « Le dernier douzième ne sera versé qu'a- « près la réception des travaux et la mise « en exploitation du chemin tout entier. Le « ministre des travaux publics se réserve « de déterminer les formes d'après les- « quelles la compagnie justifiera vis-à-vis « de lui de la quotité des travaux qui se- « ront successivement exécutés, et les sieurs « Risler, David, Issot, Gérard, audit nom, « s'obligent à se soumettre à ces mesures. » Considérant que, d'après les justifications produites par la compagnie du chemin de fer de Strasbourg à Bâle, les travaux exé- cutés et dépenses faites sur ce chemin s'é- lèvent à plus des trente-quatre quaran- tièmes de l'entreprise, et qu'elle a droit, dès lors, au paiement de neuf douzièmes du prêt de douze millions six cent mille francs ou d'une somme de neuf millions quatre cent cinquante mille francs ; consi- dérant néanmoins qu'à raison de l'insuffi- sance de l'allocation inscrite, en 1841, au chapitre 10 de la deuxième section du bud- get du ministère des travaux publics, pour le service du prêt autorisé en faveur de la- dite compagnie, il n'a été possible de lui payer jusqu'à ce jour qu'une somme de sept millions trois cent cinquante mille francs, et qu'il y a lieu, en conséquence, de pour- voir au paiement des deux millions cent mille francs qui lui sont dus par voie de crédit extraordinaire et d'urgence ; sur le rapport de notre ministre secrétaire d'Etat des travaux publics, et de l'avis de notre conseil des ministres, etc.

Art. 1ᵉʳ. Il est ouvert à notre ministre secrétaire d'Etat des travaux publics, sur l'exercice 1841, un crédit extraordinaire

de deux millions cent mille francs, appli- cable au chapitre 10 de la deuxième sec- tion du budget du ministère des travaux publics et au chemin de fer de Strasbourg à Bâle.

2. La régularisation de ce crédit ex- traordinaire sera proposée aux Chambres lors de leur prochaine session.

3. Nos ministres des travaux publics et des finances (MM. Teste et Humann) sont chargés, etc.

9 = 20 NOVEMBRE 1841. — Ordonnance du roi qui autorise les chambres consultatives des arts et manufactures de Grenoble et de Givet à nommer chacune un membre du conseil général des ma- nufactures. (IX, Bull. DCCCLX, n. 9639.)

Louis-Philippe, etc., sur le rapport de notre ministre secrétaire d'Etat au dépar- tement de l'agriculture et du commerce ; vu l'art. 9 de notre ordonnance du 29 avril 1831, relative à la constitution des con- seils généraux de l'agriculture, des manu- factures et du commerce ; vu nos ordon- nances des 9 décembre 1837 et 29 octobre 1841 qui, en établissant des chambres de commerce dans les villes d'Arras et d'Ab- beville, ont supprimé les chambres con- sultatives des arts et manufactures dans lesdites villes, etc.

Art. 1ᵉʳ. Les chambres consultatives des arts et manufactures de Grenoble (Isère) et de Givet (Ardennes) feront partie, à l'avenir, des vingt chambres consultatives autorisées à nommer un membre du conseil général des manufactures.

2. Notre ministre de l'agriculture et du commerce (M. Cunin-Gridaine) est char- gé, etc.

10 = 20 NOVEMBRE 1841. — Ordonnance du roi qui ouvre au ministre des finances un crédit supplé- mentaire pour des créances constatées sur des exercices clos. (IX, Bull. DCCCLX, n. 9660.)

Louis-Philippe, etc., vu l'état des créan- ces liquidées à la charge du département des finances additionnellement aux restes à payer constatés par les comptes définitifs des exercices clos 1837 et 1839 ; considé- rant que ces créances concernent des ser- vices non compris dans la nomenclature de ceux pour lesquels les lois de dépenses des mêmes exercices ont donné la faculté d'ou- vrir des suppléments de crédits ; considé- rant, toutefois, qu'aux termes de l'art. 9 de la loi du 23 mai 1834, et de l'art. 108 de notre ordonnance du 31 mai 1838, por- tant règlement général sur la comptabilité publique, lesdites créances peuvent être acquittées, attendu qu'elles se rapportent à des services prévus par les budgets des exercices 1837 et 1839, et que leur montant n'excède pas les restants de crédits dont l'annulation a été ou sera prononcée sur ces services par les lois de réglement desdits exercices; sur le rapport de notre ministre secrétaire d'Etat des finances, et de l'avis de notre conseil des ministres, etc.

Art. 1er. Il est ouvert à notre ministre secrétaire d'Etat des finances, en augmentation des restes à payer constatés par la loi de réglement de l'exercice 1837 et par le compte définitif des dépenses de l'exercice 1839, un crédit supplémentaire de dix-neuf cent soixante-quatre francs trente-sept centimes (1,964 fr. 37 c.), montant des créances désignées au tableau ci-annexé, qui ont été liquidées à la charge de ces exercices, et dont les états nominatifs sont dressés en double expédition, conformément à l'art. 106 de notre ordonnance du 31 mai 1838 portant règlement général sur la comptabilité publique, savoir : exercice 1837, 114 fr. 40 c.; 1839, 1,849 fr. 97 c. Total, 1,964 fr. 37 c.

2. Notre ministre secrétaire d'Etat des finances est en conséquence autorisé à ordonnancer ces créances sur le chapitre spécial ouvert pour les dépenses des exercices clos au budget de l'exercice courant, en exécution de l'art. 8 de la loi du 23 mai 1834.

3. La régularisation de ce crédit sera proposée aux Chambres lors de leur prochaine session.

4. Notre ministre des finances (M. Humann) est chargé, etc.

---

10 = 20 NOVEMBRE 1841. — Ordonnance du roi qui ouvre au ministre des finances un crédit supplémentaire sur l'exercice 1841. (IX, Bull. DCCCLX, n. 9661.)

Louis-Philippe, etc., vu les art. 3 et 4 de la loi du 24 avril 1833; vu la loi du 16 juillet 1840, portant fixation du budget des dépenses de l'exercice 1841 et contenant, art. 6, la nomenclature des dépenses pour lesquelles la faculté nous est réservée d'ouvrir des crédits supplémentaires, en cas d'insuffisance dûment justifiée des crédits législatifs; vu les art. 20, 21, 22, 23 et 25 de notre ordonnance du 31 mai 1838, portant règlement général sur la comptabilité publique; sur le rapport de notre ministre secrétaire d'Etat des finances, et de l'avis de notre conseil des ministres, etc.

Art. 1er. Il est ouvert à notre ministre secrétaire d'Etat des finances, sur l'exercice 1841, un crédit supplémentaire de la somme de dix millions cent quatre-vingt-huit mille cent un francs (10,188,101 fr.), applicable aux chapitres et articles ci-après, savoir :

Service de la dette publique. — Chap. 4. Rentes trois pour cent, 3,477,601 fr.

Service général. — Chap. 33. Frais de trésorerie, 200,000 fr.

Service administratif et de perception de l'enregistrement et des domaines dans les départements. — Chap. 40. *Personnel.* Art. 2. Remises des receveurs, 140,100 fr.

Service administratif et de surveillance des forêts dans les départements. — Chap. 46. *Matériel.* Art. 1er. Avances recouvrables : impressions, 50,000 fr. Art. 2. Travaux d'abatage et de façonnage de coupes de bois à exploiter par économie, 300,000 fr. Total, 350,000 fr. — Chap. 47. *Dépenses diverses.* Art. 2. Portion contributive de l'Etat dans la réparation des chemins vicinaux, 80,000 fr. Art. 7. Avances recouvrables, frais de poursuites et d'instances en matière civile et en matière correctionnelle, 110,000 fr. Total, 190,000 fr.

Service administratif et de perception des contributions indirectes dans les départements. — Chap. 51. *Personnel.* Art. 6. Remises des receveurs-buralistes, 100,000 fr.

Service des poudres à feu. — Chap. 54. *Personnel.* Art. unique. Remises des préposés aux ventes, 6,000 fr.

Service d'exploitation des tabacs. — Chap. 57. *Matériel.* Art. 3. Achats de tabacs, 2,000,000 fr.

Service administratif et de perception des postes dans les départements. — Chap. 59. *Personnel.* Art. 2. Remises sur le prix des places dans les malles-postes, 2,500 fr. Art. 3. Remises aux directeurs sur le produit de la taxe des lettres, 172,000 fr. Total, 174,500 fr.

Transport des dépêches. — Chap. 64. *Dépenses diverses.* Art. 3. Transports par entreprises sur terre, 50,000 fr.

Primes. — Chap. 70 Primes à l'exportation des marchandises, 3,500,000 fr.

Total général, 10,188,101 fr.

2. La régularisation de ce crédit supplémentaire sera proposée aux Chambres lors de leur prochaine session.

3. Notre ministre des finances (M. Humann) est chargé, etc.

---

10 = 20 NOVEMBRE 1841. — Ordonnance du roi qui ouvre au ministre des finances un crédit extraordinaire sur l'exercice 1841. (IX, Bull. DCCCLX, n. 9662.)

Louis-Philippe, etc., vu 1o la loi du 16 juillet 1840, portant fixation du budget des dépenses de l'exercice 1841; 2o les art. 4 et 6 de la loi du 24 avril 1833 et l'art. 12 de celle du 23 mai 1834; 3o les art. 26, 27 et 28 de notre ordonnance du 31 mai 1838, portant règlement général sur la comptabilité publique; sur le rapport de notre ministre secrétaire d'Etat des finances, et de l'avis de notre conseil des ministres, etc.

Art. 1er. Il est ouvert à notre ministre secrétaire d'Etat des finances, sur l'exercice 1841, un crédit extraordinaire de quarante-deux mille sept cents francs, applicable aux dépenses urgentes qui n'ont pu être prévues par le budget de cet exercice, et qui feront l'objet des chapitres spéciaux désignés ci-après : Pertes résultant des tolérances en fort sur le titre et le poids des monnaies, 20,000 fr. *Frais de surveillance des fabriques de sel.* (loi du 17 juin 1840). Service des douanes, 2,700 fr. Service des contributions indirectes, 20,000 fr.—Total général, 42,700 fr.

2. La régularisation de ce crédit sera proposée aux Chambres lors de leur prochaine session.

3. Notre ministre des finances (M. Humann) est chargé, etc.

___

19 = 24 novembre 1841. — Ordonnance du roi portant convocation de la Chambre des Pairs et de la Chambre des Députés. (IX, Bull. DCCCLXI, n. 9671.)

Louis-Philippe, etc.

Art. 1er. la Chambre des Pairs et la Chambre des Députés sont convoquées pour le 27 décembre 1841.

2. Notre ministre de l'intérieur (M. Duchâtel) est chargé, etc.

___

10 = 24 novembre 1841. — Ordonnance du roi qui ouvre au ministre des finances un crédit supplémentaire pour des créances constatées sur des exercices clos. (IX, Bull. DCCCLXI, n. 9672.)

Louis-Philippe, etc., vu l'état des créances liquidées à la charge du département des finances sur les exercices clos 1837, 1838 et 1839, additionnellement aux restes à payer constatés par les lois de réglement des deux premiers exercices et par le compte définitif des dépenses du dernier; considérant que lesdites créances concernent des services pour lesquels la nomenclature insérée dans les lois de dépenses desdits exercices nous réserve la faculté d'ouvrir des suppléments de crédits en l'absence des Chambres; vu l'art. 9 de la loi du 23 mai 1834 et l'art. 100 de notre ordonnance du 31 mai 1838, portant réglement général sur la comptabilité publique, aux termes desquels les créances des exercices clos, non comprises dans les restes à payer arrêtés par les lois de réglement, ne peuvent être ordonnancées par nos ministres qu'en vertu de crédits supplémentaires accordés suivant les formes déterminées par la loi du 24 avril 1833; sur le rapport de notre ministre

41.

secrétaire d'Etat des finances, et de l'avis de notre conseil des ministres, etc.

Art. 1er. Il est ouvert à notre ministre secrétaire d'Etat des finances, en augmentation des restes à payer constatés par les lois de réglement des exercices 1837 et 1838, et par le compte définitif des dépenses de l'exercice 1839, un crédit supplémentaire de onze mille quatre-vingt-quatre francs, montant des créances désignées au tableau ci-annexé, qui ont été liquidées à la charge de ces exercices, et dont les états nominatifs ont été dressés en double expédition, conformément à l'art. 106 de notre ordonnance du 31 mai 1838, portant réglement général sur la comptabilité publique, savoir : exercices 1837, 3,350 fr. 59 c.; 1838, 2,493 fr. 70 c.; 1839, 5,239 fr. 71 c. Total, 11,084 fr.

2. Notre ministre secrétaire d'Etat des finances est en conséquence autorisé à ordonnancer ces créances sur le chapitre spécial ouvert pour les dépenses des exercices clos au budget de l'exercice courant, en exécution de l'art. 8 de la loi du 23 mai 1834.

3. La régularisation de ce crédit sera proposée aux Chambres lors de leur prochaine session.

4. Notre ministre des finances (M. Humann) est chargé, etc. (*Suit le tableau.*)

___

10 = 24 novembre 1841. — Ordonnance du roi qui ouvre au ministre des finances un crédit extraordinaire pour des créances à solder sur des exercices périmés. (IX, Bull. DCCCLXI, n. 9674.)

Louis-Philippe, etc., vu l'état des créances liquidées à la charge du département des finances sur les exercices périmés de 1817, 1827 et 1829 à 1836, et qui, pour les causes énoncées audit état, ne sont point passibles de la déchéance prononcée par l'art. 9 de la loi du 29 janvier 1831; vu l'art. 8 de la loi du 10 mai 1838, aux termes duquel les créances de cette nature ne peuvent être ordonnancées par nos ministres qu'après que des crédits extraordinaires spéciaux, par articles, leur ont été ouverts à cet effet, conformément aux art. 4, 5 et 6 de la loi du 24 avril 1833; vu l'art. 114 de notre ordonnance du 31 mai 1838, portant réglement général sur la comptabilité publique; sur le rapport de notre ministre secrétaire d'Etat des finances, et de l'avis de notre conseil des ministres, etc.

Art. 1er. Un crédit extraordinaire spécial de la somme de onze mille sept cent quatre-vingt-quatre francs cinquante-neuf centimes (11,784 fr. 59 c.) est ouvert à notre ministre secrétaire d'Etat des finances, sur le budget de l'exercice 1841, pour solder les créances des exercices périmés non

58

frappées de déchéance qui sont détaillées au tableau ci-annexé.

2. L'ordonnancement de ces créances aura lieu avec imputation au chapitre spécial *Dépenses des exercices périmés*, prescrit par l'art. 8 de la loi du 10 mai 1838.

3. La régularisation de ce crédit sera proposée aux Chambres lors de leur prochaine session.

4. *Notre ministre secrétaire d'Etat des finances* (M. Humann) est chargé, etc.

(*Suit le tableau.*)

12 = 24 NOVEMBRE 1841. — Ordonnance du roi qui ouvre, sur l'exercice 1841, un crédit supplémentaire pour les dépenses des maisons centrales de force et de correction. (IX, Bull. DCCCLXI, n. 9675.)

Louis-Philippe, etc., sur le rapport de notre ministre secrétaire d'Etat au département de l'intérieur, et de l'avis de notre conseil des ministres ; vu les art. 3 et 4 de la loi du 24 avril 1833 ; vu la loi du 16 juillet 1840, portant fixation du budget des dépenses de l'exercice 1841, et contenant, art. 6, la nomenclature des dépenses pour lesquelles la faculté nous est réservée d'ouvrir, en l'absence des Chambres, des crédits supplémentaires pour le cas d'insuffisance, dûment justifiée, des crédits législatifs ; vu les art. 20, 21, 22, 23 et 25 de notre ordonnance du 31 mai 1838, portant règlement général sur la comptabilité publique, etc.

Art. 1ᵉʳ. Il est ouvert à notre ministre secrétaire d'Etat de l'intérieur, sur l'exercice 1841, un crédit supplémentaire de un million quatre cent mille francs, applicables aux chapitre et articles ci-après, savoir : Chapitre 30. Art. 1ᵉʳ. Dépenses ordinaires des maisons centrales de force et de correction, . 500;000 fr. Art. 2. Dépenses des enfants jugés par application de l'art. 66 du Code pénal, et retenus pour plus d'un an, 500,000 fr. Art. 3. Indemnités aux départements pour frais d'entretien de condamnés destinés à subir leur peine aux bagnes ou dans les maisons centrales de force et de correction, 400,000 fr. Total égal, 1,400,000 fr.

La régularisation de ce crédit sera proposée aux Chambres lors de leur prochaine session.

2. Nos ministres de l'intérieur et des finances (MM. Duchâtel et Humann) sont chargés, etc.

12 = 24 NOVEMBRE 1841. — Ordonnance du roi qui ouvre, sur l'exercice 1841, un crédit extraordinaire pour secours aux étrangers réfugiés en France. (IX, Bull. DCCCLXI, n. 9676.)

Louis-Philippe, etc., sur le rapport de notre ministre secrétaire d'Etat au département de l'intérieur, et de l'avis de notre conseil des ministres ; vu la loi du 16 juillet 1840, portant fixation du budget des dépenses de l'exercice 1841, et celle du 15 juin 1841, portant allocation d'un crédit supplémentaire pour les dépenses qui se rattachent au chapitre 23 du budget dudit exercice ; les art. 4 et 6 de la loi du 24 avril 1833, et l'art. 12 de celle du 23 mai 1834, les art. 26, 27 et 28 de notre ordonnance du 31 mai 1838, portant règlement général sur la comptabilité publique, etc.

Art. 1ᵉʳ. Il est ouvert à notre ministre secrétaire d'Etat de l'intérieur, sur l'exercice 1841, un crédit extraordinaire de deux cent mille francs, pour subvenir aux dépenses urgentes qui n'ont pu être prévues par le budget dudit exercice, et qui se rattachent au chapitre spécial ci-après : Chap. 23. Secours aux étrangers réfugiés en France, 200,000 fr. Pour complément de distribution de subsides nécessités par l'arrivée et la prolongation du séjour en France de réfugiés espagnols qui ont participé aux derniers événements de la Péninsule.

2. La régularisation de ce crédit sera proposée aux Chambres lors de leur session prochaine.

3. Nos ministres de l'intérieur et des finances (MM. Duchâtel et Humann) sont chargés, etc.

16 = 24 NOVEMBRE 1841. — Ordonnance du roi qui ouvre au ministre de la guerre des crédits extraordinaires sur l'exercice 1841. (IX, Bull. DCCCLXI, n. 9677.)

Louis-Philippe, etc., vu la loi du 16 juillet 1840, portant fixation des dépenses de l'exercice 1841, et celle du 11 juin 1841, ouvrant des crédits extraordinaires au titre du même exercice ; vu les art. 4 et 6 de la loi du 24 avril 1833, et l'art. 12 de celle du 23 mai 1834 ; vu les art. 26, 27 et 28 de notre ordonnance du 31 mai 1838, portant règlement général sur la comptabilité publique ; sur le rapport de notre ministre secrétaire d'Etat de la guerre, président du conseil, et de l'avis de notre conseil des ministres, etc.

Art. 1ᵉʳ. Il est ouvert à notre ministre secrétaire d'Etat de la guerre, sur l'exercice 1841, un crédit extraordinaire de deux millions trois cent cinquante et un mille francs (2,351,000 fr.), dont un million quatre cent quatre-vingt-treize mille francs en remplacement de pareille somme non employée sur le crédit spécial et extraordinaire de deux millions huit cent cinquante mille francs ouvert, pour achat de cuivre, par la loi du 10 juin 1841, à l'exercice 1840, et huit cent cinquante-huit mille francs, pour dépenses urgentes non susceptibles d'être prévues au budget de 1841. Ce crédit extraordinaire est réparti, ainsi qu'il suit, entre les chapitres spéciaux ci-après de la première section du budget de la guerre (*Divisions territoriales de l'intérieur*), savoir: Chap. 11. Lits militaires, 372,000 fr. Chap. 12. Transports généraux, 486,000 fr. Chap. 20. Matériel de l'artillerie, 1,493,000 fr. Somme égale, 2,351,000 fr.

2. Il est également accordé à notre ministre secrétaire d'Etat de la guerre, sur l'exercice 1841, des crédits extraordinaires montant à cinq millions six cent quatre-vingt-dix-huit mille francs (5,698,000 fr.), pour dépenses urgentes résultant de l'accroissement de l'effectif en Algérie, et concernant les chapitres spéciaux ci-après de la deuxième section du budget de la guerre, savoir: Chap. 9. Solde et entretien des troupes, 5,084,000 fr. Chap. 10. Habillement et campement, 414.000 fr. Chap. 30. Dépenses secrètes, 200,000 fr. Total égal, 5,698,000 fr.

3. La régularisation de ces crédits extraordinaires, montant ensemble à huit millions quarante-neuf mille francs, sera proposée aux Chambres lors de leur prochaine session, ainsi que l'annulation des crédits restant sans emploi, tant sur 1840, pour les causes énoncées en l'art. 1er ci-dessus, que sur l'exercice 1841, par suite de la diminution de l'effectif dans les divisions territoriales de l'intérieur.

4. Nos ministres de la guerre et des finances (MM. duc de Dalmatie et Humann) sont chargés, etc.

---

22 NOVEMBRE = 1er DÉCEMBRE 1841. — Ordonnance du roi qui ouvre au ministre des affaires étrangères, sur l'exercice 1841, un crédit supplémentaire applicable au chapitre des frais d'établissement. (IX, Bull. DCCCLXII, n. 9686.)

Louis-Philippe, etc., vu les art. 3 et 4 de la loi du 24 avril 1833; vu la loi du 16 juillet 1840, portant fixation du budget des dépenses de l'exercice 1841, et contenant, art. 6, la nomenclature des dépenses pour lesquelles la faculté nous est réservée d'ouvrir des crédits supplémentaires en cas d'insuffisance, dûment justifiée, des crédits législatifs; vu les art. 20, 21, 22, 23 et 25 de notre ordonnance du 31 mai 1838, portant règlement général sur la comptabilité publique; sur le rapport de notre ministre secrétaire d'Etat des affaires étrangères, et de l'avis de notre conseil des ministres, etc.

Art. 1er. Il est ouvert à notre ministre secrétaire d'Etat des affaires étrangères, sur l'exercice 1841, un crédit supplémentaire de cent mille francs (100,000 fr.), applicable au chap. 5, *Frais d'établissement*.

2. La régularisation de ce crédit supplémentaire sera proposée aux Chambres lors de leur prochaine session.

3. Nos ministres des affaires étrangères et des finances (MM. Guizot et Humann) sont chargés, etc.

---

22 NOVEMBRE = 1er DÉCEMBRE 1841. — Ordonnance du roi qui ouvre au ministre des affaires étrangères, sur l'exercice 1841, un crédit supplémentaire applicable au chapitre des missions extraordinaires et dépenses imprévues. (IX, Bull. DCCCLXII, n. 9687.)

Louis-Philippe, etc., vu les art. 3 et 4 de la loi du 24 avril 1833; vu la loi du 16 juillet 1840, portant fixation du budget des dépenses de l'exercice 1841 et contenant, art. 6, la nomenclature détaillée des dépenses pour lesquelles la faculté nous est réservée d'ouvrir des crédits supplémentaires en cas d'insuffisance, dûment justifiée, des crédits législatifs; vu les art. 20, 21, 22, 23 et 25 de notre ordonnance du 31 mai 1838, portant règlement général sur la comptabilité publique; sur le rapport de notre ministre secrétaire d'Etat des affaires étrangères, et de l'avis de notre conseil des ministres, etc.

Art. 1er. Il est ouvert à notre ministre secrétaire d'Etat des affaires étrangères, sur l'exercice 1841, un crédit supplémentaire de cinquante mille francs (50,000 fr.), applicable au chapitre *Missions extraordinaires et dépenses imprévues*.

2. La régularisation de ce crédit supplémentaire sera proposée aux Chambres lors de leur prochaine session.

3. Nos ministres des affaires étrangères et des finances (MM. Guizot et Humann) sont chargés, etc.

---

24 NOVEMBRE = 2 DÉCEMBRE 1841. — Ordonnance du roi qui fixe les époques auxquelles auront lieu, pour la classe de 1841, les opérations du recrutement relatives aux tableaux de recensement et au tirage au sort. (IX, Bull. DCCCLXIII, n. 9692.)

Louis-Philippe, etc., vu la loi du 11 octobre 1830, relative au vote annuel du contingent de l'armée, et celle du 21 mars 1832; vu l'art. 4 de la loi du 26 mars 1841, portant que, pour la classe de 1841, les opérations du recrutement qui se rapportent aux tableaux de recensement et au tirage au sort pourront avoir lieu en vertu d'une ordonnance royale au commencement de l'année 1842; vu la loi du 16 mai

1841, qui a fixé à quatre-vingt mille hommes le contingent de ladite classe, et a déterminé le mode de répartition de ce contingent entre les départements et cantons du royaume; sur le rapport de notre président du conseil, ministre secrétaire d'Etat de la guerre, etc.

Art. 1ᵉʳ. Les tableaux de recensement de la classe de 1841 seront ouverts à partir du 1ᵉʳ janvier 1842, et publiés et affichés (art. 8 de la loi du 21 mars 1832) les dimanches 23 et 30 janvier 1842. L'examen de ces tableaux et le tirage au sort, prescrits par l'art. 10 de la même loi, commenceront le 21 février suivant.

2. Immédiatement après le tirage de chaque canton, le sous-préfet enverra au préfet du département une expédition de la liste du tirage ainsi que du procès-verbal qui aura été dressé, en exécution de l'art. 12 de la loi du 21 mars 1832.

3. Au moyen des documents mentionnés dans l'article précédent, le préfet formera un état indiquant, par canton, le nombre des jeunes gens inscrits sur les listes de tirage de la classe. Cet état devra être adressé à notre ministre secrétaire d'Etat de la guerre le 23 mars 1842, au plus tard. Si, par suite de circonstances extraordinaires, le nombre des jeunes gens inscrits sur les listes de tirage n'a pas pu être connu à cette époque pour tous les cantons, ce nombre sera remplacé, pour les cantons en retard, par la moyenne des jeunes gens inscrits sur les listes de tirage des dix classes précédentes, et le préfet indiquera cette moyenne sur l'état prescrit ci-dessus.

4. La répartition du contingent de la classe de 1841 entre les départements sera faite ultérieurement par une ordonnance royale, qui réglera en même temps les autres opérations relatives à l'appel de ladite classe.

5. Notre ministre de la guerre (duc de Dalmatie) est chargé, etc.

6 NOVEMBRE = 4 DÉCEMBRE 1841. — Ordonnance du roi qui règle le budget de la Légion-d'Honneur pour l'exercice 1842. (IX, Bull. DCCCLXIV, n. 9694.)

Louis-Philippe, etc., vu l'art. 32 de la loi du 25 juin 1841, qui évalue les ressources destinées au service de la Légion-d'Honneur à sept millions huit cent cinquante-six mille six cent quatre-vingt-dix-huit francs pour l'exercice 1842; vu l'art. 1ᵉʳ de la loi du même jour 25 juin 1841, lequel ouvre un crédit de sept millions huit cent cinquante-six mille six cent quatre-vingt dix-huit francs, applicable aux dépenses de l'ordre pour le même exercice; sur le rapport de notre grand-chancelier de l'ordre royal de la Légion-d'Honneur, et l'avis de notre garde des sceaux, ministre secrétaire d'Etat au département de la justice et des cultes, etc.

Art. 1ᵉʳ. Les recettes de la Légion-d'Honneur, pour l'exercice 1842, sont réglées à la somme de sept millions huit cent cinquante-six mille six cent quatre-vingt-dix-huit francs, savoir :

1º *Revenus propres de l'ordre :* Rentes sur le grand-livre de la dette publique, 6,746,653 fr. Actions sur les canaux d'Orléans et du Loing et sur le canal du Midi, 165,000 fr. Rentes données en remplacement des anciens chefs-lieux de cohorte, 28,843 fr. Versements par les titulaires de majorats, 2,000 fr. Etang de Capestang (intérêts sur le produit de la vente), 3,202 fr. Domaine d'Ecouen. (Produit de la vente des bois), 13,000 fr. Total, 6,958,698 fr.

2º Montant présumé des sommes qui seront versées en 1842 par les parents des élèves de la maison royale de Saint-Denis, tant pour l'indemnité du trousseau fourni aux frais de la Légion-d'Honneur à chaque élève, lorsqu'elle est admise dans la maison, que pour pension due pour chaque élève non gratuite, 94,000 fr.

3º *Supplément à la dotation de l'ordre :* Somme allouée dans le budget de l'Etat, en vertu des art. 3 et 6 de la loi du 6 juillet 1820, de l'art. 1ᵉʳ de la loi du 19 avril 1832, de l'art. 6 de la loi du 21 du même mois, de la loi du 16 juin 1837, et pour suffire à la dépense des traitements des sous-officiers et soldats des armées de terre et de mer nommés dans l'ordre depuis le 6 juillet 1820, et étant en activité de service à la date de leur nomination, 804,000 fr. Total, 7,856,698 fr.

2. Le crédit de sept millions huit cent cinquante-six mille six cent quatre-vingt-dix-huit francs, pour les dépenses de la Légion-d'Honneur pendant l'exercice 1842, est réparti ainsi qu'il suit :

Chap. 1ᵉʳ. — *Grande-chancellerie.* (Personnel.) Art. 1ᵉʳ. Traitement du grand-chancelier, 25,000 fr. Art. 2. Traitement du secrétaire général, 10,000 fr. Art. 3. Traitements des chefs et commis des bureaux, 118,650 fr. Art. 4. Gages des huissiers, concierges et garçons de bureaux, 12,400 fr. Total, 166,050 fr.

Chap. 2. — *Grande-chancellerie.* (Matériel.) Frais d'impressions et fournitures de bureaux, habillements des gagistes, chauffage et éclairage, entretien du palais, indemnité à M. le secrétaire général, pour logement et chauffage, 46,950 fr.

Chap. 3. Traitement des membres de l'ordre, 6,602,000 fr.

Chap. 4. Gratifications aux membres de l'ordre dans le besoin, 20,000 fr.

Chap. 5. — *Maison royale de Saint-Denis.* (Personnel.) Art. 1er. Traitements des dames, des professeurs externes, des aides et des filles de service, 88,910 fr. Art. 2. Supplément de traitement au délégué de la grande-chancellerie, 800 fr. Art. 3. Service de la chapelle, 7,700 fr. Art. 4. Service de santé, 11,400 fr. Total, 108,810 fr.

Chap. 6. —*Maison royale de Saint-Denis.* (Matériel.) Art. 1er. Nourriture, entretien des élèves, et dépenses relatives à l'enseignement, 574,000 fr. Art. 2. Grosses réparations, entretien des bâtiments et dépenses diverses et imprévues, 50,000 fr. Total, 424,000 fr.

Chap. 7. — *Succursales de la Légion-d'Honneur.* (Personnel.) *Traitements des aumôniers, médecins, etc.* Art. 1er. Première succursale, à Paris, 10,500 fr. Art. 2. Deuxième succursale, aux Loges, 6,100 fr. Total, 16,600 fr.

Chap. 8. — *Succursales de la Légion-d'Honneur.* (Matériel.) Art. 1er. Somme allouée aux dames de la congrégation de la mère de Dieu, qui desservent les deux maisons, pour la nourriture, l'entretien des élèves, et les dépenses relatives à l'enseignement, 240,000 fr. Art. 2. Trousseaux de quatre-vingt-cinq élèves qui pourront entrer pendant l'année 1842, à raison de deux cents francs, 17,000 fr. Art. 3. Entretien des bâtiments, grosses réparations et dépenses diverses et imprévues, 30,000 fr. Total, 287,000 fr.

Chap. 9. — *Pensions diverses.* Art. 1er. Ancien chancelier, 4,000 fr. Art. 2. Dames sorties des maisons royales d'éducation, 38,159 fr. Art. 3. Employés et veuves d'employés, 22,641 fr. Art. 4. Élèves sorties des maisons royales d'éducation, 10,000 fr. Total, 74,800 fr.

Chap. 10. Commissions aux receveurs généraux chargés des paiements dans les départements, 28,600 fr.

Chap. 11. Décorations pour les membres de l'ordre, 48,000 fr.

Chap. 12. Fonds afin de venir au secours de quelques élèves à leur sortie des maisons d'éducation, 2,000 fr.

Chap. 13. Dépenses diverses et imprévues, 18,888 fr.

Chap. 14. — *Domaine d'Ecouen.* Art. 1er. Gages des concierges, gardes et portiers ; habillement des gens de service et menus frais, 3,040 fr. Art. 2. Entretien de l'intérieur du parc, 750 fr. Art. 3. Frais relatifs à l'adjudication des coupes de bois, 650 fr. Art. 4. Entretien des bâtiments du château et des murs du parc, 5,200 fr. Art. 5. Contributions, 3,360 fr. Total, 13,000 fr.

Chap. 15. Dépenses des exercices clos dont le paiement pourrait être réclamé en 1842, pour mémoire.

Total général, 7,856,698.

3. Notre ministre de la justice et des cultes, et notre grand-chancelier de l'ordre royal de la Légion-d'Honneur (MM. Martin du Nord et Moncey) sont chargés, etc.

———

22 NOVEMBRE = 4 DÉCEMBRE 1841. — Ordonnance du roi qui ouvre au ministre de la justice et des cultes un crédit supplémentaire pour les créances constatées sur un exercice clos. (IX , Bull. DCCCLXIV, n. 9696.)

Louis-Philippe, etc., vu l'état des créances liquidées pour les services des cultes sur l'exercice clos de 1839, additionnellement aux restes à payer constatés par les lois de règlement de cet exercice; considérant que lesdites créances concernent des services pour lesquels la nomenclature insérée dans la loi de dépense dudit exercice nous réserve la faculté d'ouvrir des suppléments de crédits en l'absence des Chambres; vu l'art. 9 de la loi du 23 mai 1834 et l'art. 100 de notre ordonnance du 31 mai 1838, portant règlement général sur la comptabilité publique, aux termes desquels les créances des exercices clos non comprises dans les restes à payer arrêtés par les lois de règlement ne peuvent être ordonnancées par nos ministres qu'au moyen de crédits supplémentaires accordés suivant les formes déterminées par la loi du 24 avril 1833 ; sur le rapport de notre ministre secrétaire d'État de la justice et des cultes, et de l'avis de notre conseil des ministres, etc.

Art. 1er. Il est ouvert à notre ministre secrétaire d'Etat au département de la justice et des cultes, en augmentation des restes à payer constatés par la loi de règlement de l'exercice 1839, un crédit supplémentaire de cent soixante-sept francs quarante-huit centimes, montant des créances désignées au tableau ci-annexé, qui ont été liquidées à la charge de cet exercice, et dont les états nominatifs seront adressés en double expédition à notre ministre secrétaire d'Etat des finances, conformément à l'art. 106 de notre ordonnance du 31 mai 1838, portant règlement général sur la comptabilité publique.

2. Notre ministre secrétaire d'État de la justice et des cultes, est, en conséquence, autorisé à ordonnancer ces créances sur le chapitre spécial ouvert pour les dépenses des exercices clos aux budgets des exercices courants, en exécution de l'art. 8 de la loi du 23 mai 1834.

3. La régularisation de ce crédit sera proposée aux Chambres lors de leur prochaine réunion.

4. Nos ministres de la justice et des cultes, et des finances (MM. Martin du Nord et Humann) sont chargés, etc.

(Suit le tableau.)

6 OCTOBRE — 4 DÉCEMBRE 1841. — Ordonnance du roi relative aux dépôts d'huîtres et autres coquillages qui ont été établis dans le lit de la Seudre (Charente-Inférieure) et de ses affluents, ainsi que sur la portion des rives qui aurait dû être conservée libre. (IX, Bull. supp. DLXXI, n. 16079.)

Louis-Philippe, etc., vu notre ordonnance du 10 juillet 1835, aux termes de laquelle la pêche dans la Seudre est libre depuis Corme-Ecluse jusqu'à l'Océan ; vu notre ordonnance du 14 décembre 1837, rendue pour l'exécution des art. 1, 2 et 3 de la loi du 20 mai 1836; vu la loi du 16 septembre 1807, art. 41 ; considérant que les nombreux dépôts d'huîtres et autres coquillages qui ont été établis dans le lit de la Seudre et de ses affluents, ainsi que sur la portion des rives qui aurait dû être conservée libre, causent un dommage considérable à la navigation ; considérant toutefois que le commerce des huîtres a pris beaucoup d'extension, et que, loin de le restreindre, ce sera le favoriser que de substituer à la possession précaire des détenteurs actuels des claires une possession à titre de propriétaires, qu'ils pourront transmettre à leur famille ; sur le rapport de nos ministres secrétaires d'Etat aux départements des finances et des travaux publics, etc.

Art. 1er. A la réception de l'ordre qui leur sera transmis à ce sujet par le préfet du département de la Charente-Inférieure, les maires des communes sur le territoire desquelles il existe des claires feront annoncer, par les moyens ordinaires de publicité, que, quelle que soit la situation des claires, les détenteurs devront déclarer, par-devant le maire de chaque commune de cette situation, l'emplacement, le nombre et l'étendue de celles qu'ils exploitent. Le délai pour faire cette déclaration sera d'un mois, à partir de l'annonce qui aura été faite par les soins de l'autorité municipale. Le registre destiné à recevoir ces déclarations devra faire connaître les nom et prénoms de chaque détenteur.

2. A l'expiration du délai accordé par l'article précédent, le maire, dans le cas où l'absence de quelques habitants détenteurs de claires ne leur aurait pas permis de faire la déclaration prescrite par cet article, convoquera le conseil municipal, et, aidé des connaissances personnelles de chacun de ses membres, il suppléera, autant que possible, aux déclarations des absents. Le registre des déclarations, ainsi complété et signé du maire, sera adressé par lui au préfet.

3. Le lit de la Seudre et de ses affluents, et les chemins nécessaires au halage des bâtiments, seront limités par une ligne tracée, sur les relais de chaque rive, à dix mètres au moins de la ligne où le sol cesse d'être naturellement couvert d'herbes. Cette ligne de limite sera indiquée et rendue apparente par des bornes en pierre de taille posées aux frais et par les soins de l'administration des ponts et chaussées : il pourra être établi, en outre et concurremment avec ces bornes, tel nombre de balises que pourraient exiger les besoins de la navigation.

4. Une commission nommée par le préfet, et composée d'un membre du conseil général, d'un membre du conseil d'arrondissement, d'un agent de l'administration des domaines ainsi que de l'administration de la marine, du maître de port de la Tremblade, du syndic des pilotes de la Seudre, enfin du maire de chaque commune, pour les opérations qui s'étendront sur son territoire, sera établie auprès de l'ingénieur à qui les opérations nécessaires pour l'exécution de l'article précédent seront confiées. Cet ingénieur, après avoir pris l'avis de ladite commission, proposera les alignements à suivre, lesquels ne deviendront définitifs que par l'approbation du préfet.

5. A dater de la publication qui sera faite, dans les communes intéressées, de l'arrêté préfectoral portant approbation des lignes de limites, tout dépôt d'huîtres, de moules et autres coquillages, toute formation de claires, tout enlèvement de plantes marines, en un mot toute entreprise quelconque dans les limites fixées par l'art. 3, sont interdits. L'ingénieur en chef des travaux maritimes, les ingénieurs, conducteurs, piqueurs, et les agents sous leurs ordres, tels que les gardes-cantonniers qui pourront être établis ; les maires, maîtres de port et tous les agents dénommés dans la loi du 29 floréal an 10 et les décrets des 16 décembre 1811 et 10 avril 1812, sont spécialement chargés de provoquer ou de prendre, suivant le cas, toutes les mesures nécessaires pour prévenir, constater ou réprimer les infractions de cette nature.

6. Dans les trois mois de la publication de l'arrêté préfectoral portant approbation des lignes de limites, les dépôts d'huîtres, de moules et autres coquillages, qui existeront en dehors de ces limites, soit dans le lit de la Seudre et de ses affluents,

soit sur l'emplacement des chemins de halage, devront être enlevés par les personnes qui les ont effectués, sous peine de toute poursuite de droit. Passé ce délai, le préfet pourra, si cela est reconnu nécessaire, prendre les mesures convenables pour faire disparaître les dépôts qui n'auraient pas été enlevés dans le délai voulu par ceux qui les avaient effectués.

7. Aussitôt que la délimitation prescrite par l'art. 3 aura été opérée et approuvée par le préfet, les terrains domaniaux susceptibles d'être convertis en claires pourront, sur la désignation de l'ingénieur en chef et par les soins du directeur des domaines, être concédés à tous les détenteurs de claires qui, par l'effet de cette délimitation, auront dû être détruites, pour y établir de nouvelles claires en nombre égal à celles qu'ils détenaient, autant que cela sera possible. Les claires qui seront en dedans des limites fixées et qui pourront être conservées seront concédées aux détenteurs actuels. Ces concessions, dont l'étendue partielle sera déterminée d'une manière positive, seront consenties au prix d'une estimation contradictoire, qui sera faite par des experts nommés, d'une part, par le préfet, et, de l'autre, par les détenteurs de claires ou leurs délégués. Ces concessions seront faites par arrêtés du préfet, qui seront soumis à l'approbation du ministre des finances dans le cas prévu par l'art. 7 de notre ordonnance du 14 décembre 1837. Le prix sera payé par cinquième, en quatre ans et trois mois; le premier, dans les trois mois, sans intérêts, à partir de la date de l'acte de session; les quatre autres, d'année en année, à partir de l'expiration de ce délai de trois mois, avec les intérêts à cinq pour cent, conformément à ce qui est réglé par les lois des 15 floréal an 10 et 5 ventôse an 12. Les concessionnaires seront tenus, en outre, de payer les frais mis à la charge des concessionnaires par l'art. 10 de notre ordonnance du 14 décembre 1837.

8. Si les terrains domaniaux susceptibles d'être convertis en claires étaient plus que suffisants pour remplacer les claires qui devront être détruites, les habitants des communes intéressées pourront obtenir la concession du surplus, en exécution de l'art. 41 de la loi du 16 septembre 1807 et aux conditions ci-dessus indiquées.

9. Il sera statué ultérieurement sur l'aliénation des terrains domaniaux situés sur les deux rives de la Seudre et non susceptibles d'être convertis en claires.

10. Nos ministres des finances et des travaux publics (MM. Humann et Cunin-Gridaine) sont chargés, etc.

22 novembre = 7 décembre 1841. — Ordonnance du roi qui ouvre au ministre de la justice et des cultes un crédit extraordinaire pour des créances à solder sur des exercices périmés. (IX , Bull. DCCCLXV, n. 9698.)

Louis-Philippe, etc., vu l'état des créances liquidées pour les services des cultes sur les exercices périmés de 1830, 1835 et 1836, et qui, pour les causes énoncées audit état, ne sont point passibles de la déchéance prononcée par l'art. 9 de la loi du 29 janvier 1831; vu l'art. 8 de la loi du 10 mai 1838, aux termes duquel les créances de cette nature ne peuvent être ordonnancées par nos ministres qu'après que des crédits extraordinaires spéciaux, par articles, leur ont été ouverts à cet effet, conformément aux art. 4, 5 et 6 de la loi du 24 avril 1833; vu l'art. 144 de notre ordonnance du 31 mai 1838, portant règlement général sur la comptabilité publique; sur le rapport de notre ministre secrétaire d'Etat de la justice et des cultes, et de l'avis de notre conseil des ministres, etc.

Art. 1er. Un crédit extraordinaire spécial de cinq mille trois cent soixante-sept francs quatre-vingt-quatre centimes est ouvert à notre ministre secrétaire d'Etat de la justice et des cultes, sur le budget de l'exercice 1841, pour solder les créances des exercices périmés non frappées de déchéance, qui sont détaillées au tableau ci-annexé.

2. L'ordonnancement de ces créances aura lieu avec imputation au chapitre spécial *Dépenses des exercices périmés*, prescrit par l'art. 8 de la loi du 10 mai 1838.

3. La régularisation de ce crédit sera proposée aux Chambres lors de leur prochaine réunion.

4. Nos ministres de la justice et des cultes, et des finances (MM. Martin du Nord et Humann) sont chargés, etc.

(Suit le tableau.)

22 novembre = 7 décembre 1841. — Ordonnance du roi qui accorde au ministre de la justice et des cultes un crédit supplémentaire pour des créances constatées sur des exercices clos. (IX, Bull. DCCCLXV, n. 9699.)

Louis-Philippe, etc., vu l'état des créances à solder par notre ministre secrétaire d'Etat au département de la justice et des cultes, additionnellement aux restes à payer constatés pour les dépenses des cultes par les comptes définitifs des exercices clos; considérant que ces créances s'appliquent à des services non compris dans la nomenclature de ceux pour lesquels les lois des finances des mêmes exercices ont donné la faculté d'ouvrir des suppléments de crédits; considérant toutefois qu'aux termes de l'art. 9 de la loi du 23 mai 1834 et de l'art. 108 de notre ordonnance du 31 mai 1838, portant règlement général sur la comptabilité publique, lesdites créances peuvent être acquittées, attendu qu'elles se rapportent à des services prévus par les budgets des exercices 1837, 1838 et 1839, et que leur montant est inférieur aux restants de crédits dont l'annulation a été prononcée pour ces services par les lois de réglement desdits exercices ; sur le rapport de notre ministre secrétaire d'Etat de la justice et des cultes, et de l'avis de notre conseil des ministres, etc.

Art. 1ᵉʳ. Il est accordé à notre ministre secrétaire d'Etat au département de la justice et des cultes, en augmentation des restes à payer constatés par les lois de réglement des exercices 1837, 1838 et 1839, un crédit supplémentaire de quarante mille cent dix-sept francs quatre-vingt-douze centimes, montant des créances détaillées au tableau ci-annexé, qui ont été liquidées à la charge de ces exercices, et dont les états nominatifs seront adressés en double expédition à notre ministre secrétaire d'Etat des finances, conformément à l'art. 106 de notre ordonnance du 31 mai 1838, portant règlement général sur la comptabilité publique, savoir : exercices 1837, 7,913 fr. 19 c. ; 1838, 4,121 fr. 38 c. ; 1839, 28,084 fr. 35 c. Total, 40,117 fr. 92 c.

2. Notre ministre secrétaire d'Etat au département de la justice et des cultes est, en conséquence, autorisé à ordonnancer les créances sur le chapitre spécial ouvert pour les dépenses des exercices clos aux budgets des exercices courants, en exécution de l'art. 8 de la loi du 23 mai 1834.

3. La régularisation de ce crédit sera proposée aux Chambres lors de leur prochaine réunion.

4. Nos ministres de la justice et des cultes, et des finances (MM. Martin du Nord et Humann) sont chargés, etc.

(*Suit le tableau.*)

---

7 NOVEMBRE = 9 DÉCEMBRE 1841. — Ordonnance du roi portant autorisation de la société d'assurances mutuelles contre l'incendie, établie à Saint-Germain-en-Laye sous la dénomination de *la Prudence*. (IX, Bull. supp. DLXXII, n. 16100.)

Louis-Philippe, etc., sur le rapport de notre ministre secrétaire d'Etat de l'agriculture et du commerce ; notre conseil d'Etat entendu, etc.

Art. 1ᵉʳ. La société d'assurances mutuelles mobilières contre l'incendie, établie à Saint-Germain-en-Laye (Seine-et-Oise), sous la dénomination de *la Prudence*, pour les départements de la Seine (Paris excepté),

Seine-et-Oise, Seine-Inférieure, Calvados, Orne, Eure, Eure-et-Loir, Loiret et Seine-et-Marne, est autorisée. Sont approuvés les statuts de ladite société, tels qu'ils sont contenus dans l'acte passé, le 15 septembre 1841, par-devant Mᵉ Lalouel, notaire à Saint-Germain-en-Laye, et en présence de témoins, lequel acte restera annexé à la présente ordonnance.

2. Nous nous réservons de révoquer notre autorisation en cas de violation ou de non exécution des statuts approuvés, sans préjudice des droits des tiers.

3. La société sera tenue de remettre, dans les trois premiers mois de chaque année, au ministère de l'agriculture et du commerce, et aux préfets des départements compris dans sa circonscription, un extrait de son état de situation arrêté au 31 décembre précédent.

4. Notre ministre de l'agriculture et du commerce (M. Cunin-Gridaine) est chargé, etc.

TITRE Iᵉʳ. — *Constitution de la société.*

Art. Iᵉʳ. Il y a, avec l'autorisation du gouvernement, société d'assurance mutuelle entre les personnes qui ont adhéré et toutes celles qui adhéreront par la suite aux présents statuts, pour la garantie des objets mobiliers et du recours de voisins qui s'y rapportent, contre l'incendie, le feu du ciel et l'explosion du gaz à éclairer, conformément aux art. 6 et 7 ci-après.

2. La société a pour titre *la Prudence, société d'assurance mutuelle mobilière contre l'incendie.*

3. Les opérations de la société s'étendent aux départements de la Seine (Paris excepté), de Seine-et-Oise, de la Seine-Inférieure, du Calvados, de l'Orne, de l'Eure, d'Eure-et-Loir, du Loiret et de Seine-et-Marne. Elle a son siège à Saint-Germain-en-Laye.

4. L'administration de la société se compose d'un conseil général des sociétaires, d'un conseil d'administration, d'un directeur.

5. La durée de la société est fixée à trente années, à dater du jour de la promulgation de l'ordonnance royale. Cette durée pourra être prolongée avec l'approbation du gouvernement, par une délibération du conseil général ; cette délibération devra réunir l'adhésion des deux tiers des membres de ce conseil : toutefois, les sociétaires dissidents pourront se retirer de la société. Elle n'entrera en activité que lorsqu'il existera des engagements pour une somme de dix millions. Elle cesserait d'exister si, à l'expiration d'une période quinquennale, elle était descendue au-dessous de vingt millions. Le conseil général, extraordinairement convoqué à ce sujet, prononcerait la dissolution.

TITRE II. — *L'assurance.*

CHAPITRE Iᵉʳ. — OBJETS ADMISSIBLES A L'ASSURANCE.

6. La société assure tous les objets mobiliers, y compris ceux que la loi déclare immeubles par destination, les produits naturels et manufacturés, animaux, comestibles, combustibles et marchandises de toute espèce, ainsi que les dommages dont l'incendie desdits objets mobiliers peut être ou devenir la cause ; elle garantit, relativement aux

objets mobiliers, contre les effets du recours que peut exercer le voisin, mais seulement pour dommages causés par communication d'incendie, recours qui peut résulter des art. 1382 et 1383 du Code civil, et connu sous la dénomination de *recours des voisins*.

7. La société répond, 1° des dommages causés par l'incendie, quelle que soit la nature de ces dommages, c'est-à-dire, soit que les objets assurés aient été brûlés, brisés ou détériorés d'une manière quelconque; 2° des dommages occasionnés par la foudre; 3° des dommages résultant des mesures ordonnées par l'autorité en cas d'incendie; 4° enfin des dommages et frais provenant du sauvetage des objets assurés.

CHAPITRE II. — OBJETS EXCLUS DE L'ASSURANCE.

8. La société exclut de sa garantie: les effets de commerce, billets de banque, contrats et titres de toute nature; les lingots et monnaies d'or et d'argent; les pierreries et perles fines non montées; les tableaux, dessins, gravures, statues et autres objets d'art, hors du commerce, si le proposant leur attribue une valeur de plus de cinq cents francs chacun; le mobilier des théâtres; les mobiliers, ustensiles, machines et marchandises des fabriques de gaz, des fabriques ou dépôts de poudre ou d'artifice en grande quantité, et enfin des objets qui, sans dépendre desdits théâtres ou fabriques, en sont cependant tellement rapprochés qu'ils présentent les mêmes dangers.

9. Elle n'assure pas ses membres contre les incendies qui peuvent provenir de guerre, invasion, émeute populaire, force militaire quelconque, explosion de manufactures ou magasins publics de poudre; elle ne répond pas enfin des sinistres provenant de la volonté de l'assuré. La société se réserve de plus le droit de ne point admettre à l'assurance tous les risques qui, pour une cause quelconque, paraîtraient au conseil d'administration devoir être refusés. Elle ne répond que des dommages matériels produits par le sinistre dans l'objet assuré, et nullement des pertes qui résultent de l'impossibilité temporaire d'user de la chose.

CHAPITRE III. — ESTIMATION DES OBJETS A ASSURER.

§ Ier. *Dispositions générales.*

10. L'estimation des objets proposés à l'assurance se fait d'après leur valeur actuelle par le proposant et par un agent de la société, sauf la décision du conseil d'administration. Les produits et marchandises des commerçants étant sujets à des variations fréquentes, soit dans leur valeur, soit dans leur quantité, ils doivent être estimés, non d'après les sommes qu'ils représentent au moment où l'assurance en est proposée, mais d'après leur quantité et leur valeur annuelle moyenne, déterminées par la déclaration du commerçant et des divers documents qu'il peut fournir à l'appui; l'estimation des valeurs admises à l'assurance sert de base aux charges sociales de l'assuré. Cette estimation ne se fait que par somme ronde de mille francs.

11. En cas d'augmentation ou de diminution notable dans la valeur ou la quantité des objets assurés, pendant la période de l'engagement en cours, le sociétaire est tenu d'en prévenir la société, et il est procédé à une nouvelle estimation conformément à l'article qui précède. La société a de plus le droit, à toutes les époques, de faire vérifier et de réduire, s'il y a lieu, les estimations an-

térieures, toutes les fois que l'intérêt commun l'exige. A défaut par le sociétaire de se conformer à cette réduction, le contrat est résilié par une simple notification. Toutes les fois qu'il y aura réduction, le sociétaire ne pourra rien répéter de la société pour la cotisation par lui payée antérieurement.

12. Aucune assurance ne pourra excéder cent mille francs sur un seul risque, tant que la masse assurée ne dépassera pas dix millions. Ce maximum s'accroîtra, avec le montant des valeurs estimées, dans la proportion d'un demi pour cent, jusqu'à la concurrence d'un plein de cinq cent mille francs, qui ne pourra jamais être dépassé.

§ 2. *Estimation du risque de voisinage.*

13. L'estimation du risque de voisinage est laissée à l'appréciation du proposant. L'assurance des risques de voisinage ne s'étend pas au-delà des immeubles contigus à ceux occupés par les proposants.

14. Cette assurance peut porter sur la totalité des objets appartenant auxdits propriétaires et voisins. Néanmoins tout sociétaire peut n'assurer ses risques de voisinage que jusqu'à concurrence d'une somme moindre, mais toujours déterminée. Dans tous les cas, le sociétaire est tenu de spécifier la partie de cette somme qu'il entend affecter au recours de tel ou tel voisin.

CHAPITRE IV. — CLASSIFICATION DES OBJETS A ASSURER.

15. Les divers objets admissibles à l'assurance étant inégalement exposés aux sinistres sont rangés en diverses classes, déterminées par les dangers qu'ils présentent, soit par leur nature, soit par leur position, soit par la nature des objets contigus. Ces classes sont rangées en trois catégories de risques comme suit: première catégorie, risques par nature; deuxième catégorie, risques par position; troisième catégorie, risques par contiguïté.

Première catégorie.

16. Par nature, les objets mobiliers sont divisés en cinq classes. 1° Sont rangés dans la première classe par nature, les meubles meublants, dans les villes, lorsqu'ils sont destinés à l'usage et à l'ornement des appartements où ils se trouvent, comme lits, secrétaires, commodes, tapis, pendules, objets d'art d'une valeur ordinaire, les animaux hors du commerce et les objets qui, bien que combustibles, ne sont pas pourtant de nature à s'enflammer ou à s'endommager facilement, tels que quincaillerie, potasse, salaison, etc. C'est ce qui sera désigné sous la dénomination de *risques par nature* n. 1er. 2° Sont rangés dans la seconde classe par nature, les produits et marchandises, dans les villes, lorsque, n'étant ni combustibles ni facilement endommageables, ils sont pourtant exposés par leur fragilité à être détériorés par l'incendie, comme la poterie, la verrerie, les marchandises et tissus qui peuvent assez facilement prendre et communiquer le feu. C'est ce qui sera désigné sous la dénomination de *risques par nature* n. 2. 3° Sont rangés dans la troisième classe par nature, 1° les meubles meublants destinés à l'usage et à l'ornement des appartements où ils se trouvent, comme lits, secrétaires, commodes, tapis, pendules, objets d'art d'une valeur ordinaire, les animaux hors du commerce, lorsque ces divers objets se trouvent dans les communes rurales; 2° les produits et marchandises dangereuses, les ateliers où l'on travaille des matières très-combustibles ou autres professions analogues, comme

les chanvres et lins, apprêteurs d'étoffes à chaud, blanchisseries bertholiennes, toiles peintes avec dépendances, sans séchoirs chauds, et autres industries analogues. C'est ce qui sera désigné sous la dénomination de *risques par nature* n. 3. 4° Sont rangés dans la quatrième classe par nature, 1° les produits et marchandises dans les communes rurales, lorsque, n'étant ni combustibles ni facilement endommageables, ils sont pourtant exposés par leur fragilité à être détériorés par l'incendie, comme la poterie, la verrerie, les marchandises et tissus qui peuvent assez facilement recevoir et communiquer le feu; 2° les produits et marchandises qui, sans pouvoir s'enflammer spontanément, sont de nature à prendre feu facilement et par la plus légère cause, comme les amas de paille, fourrages, et les feuilles d'impressions étalées dans les séchoirs, etc., les matières alcooliques en grande quantité, les foins, regains, en granges ou en meules. C'est ce qui sera désigné sous la dénomination de *risques par nature* n. 4. 5° Sont rangés dans la cinquième classe par nature, tous les objets, produits et marchandises qui peuvent s'enflammer spontanément et être la cause première de l'incendie, comme les fabriques d'essence, soufre (fleur de), porcelaine (manufactures de), produits chimiques dangereux, sucre (raffineries de), etc. C'est ce qui sera désigné sous la dénomination de *risques par nature* n. 5. Sont assimilées aux villes les communes rurales où il existe des compagnies de sapeurs-pompiers.

17. La classe à laquelle les objets assurés doivent appartenir détermine le nombre de degrés de risques qu'ils présentent par nature, et cela dans la proportion suivante : la première classe par nature présente un degré de risques; la deuxième, deux degrés de risques; la troisième, trois degrés de risques; la quatrième, six degrés de risques; la cinquième, neuf degrés de risques.

Deuxième catégorie.

18. Outre ces risques intrinsèques, c'est-à-dire provenant de la nature même, les cinq classes déterminées ci-dessus sont exposées par leur position à des risques nouveaux, qui s'ajoutent aux premiers. Ainsi cinq nouvelles classes sont formées pour établir les risques par position. 1° Sont rangés dans la première classe par position, les objets mobiliers, dans les villes, lorsqu'ils se trouvent dans des bâtiments de construction mixte, c'est-à-dire mi-partie en pierre et bois, torchis, bousillage, etc., et couverts en tuiles, ardoises, métaux, etc., ou compromettants par leur distribution. 2° Sont rangés dans la deuxième classe par position, les objets mobiliers, dans les villes, lorsqu'ils se trouvent, 1° dans des bâtiments de mauvaise construction et couverts en chaume, bardeaux, roseaux ou toute autre matière analogue; 2° dans les bâtiments dans lesquels s'exercent des professions que nécessitent l'emploi des foyers permanents, comme celles d'armuriers avec forges, bains publics, serrureries. 3° Sont rangés dans la troisième classe par position, les objets mobiliers, dans les villes, lorsqu'ils se trouvent, 1° dans les locaux dangereux par leur destination, comme les bazars, passages, etc.; 2° dans les bâtiments situés dans les communes rurales et qui sont entièrement construits en bois, torchis et bousillage, couverts en tuiles, ardoises ou métaux, etc., ou bien dans les bâtiments dans lesquels s'exercent des industries très-dangereuses, où l'on tient un ou plusieurs ateliers, où l'on travaille des matières très-combustibles; tels sont les apprêteurs d'étoffes à chaud, blanchisseries ber-

tholiennes, bateaux en construction, chanvre et lin (marchands de), châles, imprimeries. 4° Sont rangés dans la quatrième classe par position, les objets mobiliers lorsqu'ils se trouvent dans les bâtiments des communes rurales, quelle que soit leur construction, s'ils sont couverts en bardeaux, chaume, roseaux ou autres matières analogues, ou bien dans les bâtiments dans lesquels il existe des fabriques à grand nombre d'ouvriers, dans ceux où l'on tient des dépôts ou magasins d'eau-de-vie et esprits en grande quantité, dans ceux où s'exerce la profession d'acide sulfurique (fabricants de), toiles peintes (fabricants de), et magasins renfermant des matières très-dangereuses, etc. 5° Sont rangés dans la cinquième classe par position, les objets mobiliers lorsqu'ils se trouvent dans les bâtiments dans lesquels il existe des usines dangereuses, fabriques à foyer considérable ou à machines à vapeur, comme raffineries de sucre, distilleries, féculeries en grand, porcelaine, poterie, vernis (fabricants de), etc.

19. Ainsi que pour les risques par nature, la classe à laquelle les objets assurés doivent appartenir par leur position détermine le nombre des risques qu'ils présentent pour cette deuxième catégorie, et cela dans la même proportion que pour la première, c'est-à-dire la première classe par position présente un degré de risques; la deuxième, deux degrés de risques; la troisième, trois degrés de risques; la quatrième, six degrés de risques; et la cinquième, neuf degrés de risques.

Troisième catégorie.

20. Par contiguïté, les risques peuvent être augmentés lorsque les objets proposés à l'assurance se trouvent dans les bâtiments attenant à d'autres bâtiments qui sont exposés, par la nature de leur construction ou par leur contenu, aux dangers en vue desquels ont été établies les catégories ci-dessus. 1° Lorsque le bâtiment dans lequel se trouvent les objets assurés sera attenant à un ou plusieurs autres bâtiments construits entièrement en bois, couverts en tuiles, ardoises ou métaux, ou dont le contenu présenterait quatre degrés de risques au moins, sans excéder le nombre six, les risques de l'assuré prendront, à titre de contiguïté, un degré en sus de ceux qu'ils ont déjà; 2° lorsque le bâtiment dans lequel se trouvent les objets assurés sera attenant à plusieurs autres bâtiments, les risques de l'assuré prendront, à titre de contiguïté, deux degrés en sus de ceux qu'ils ont déjà, si ces bâtiments sont couverts en bardeaux, en chaume, en roseaux ou autres matières analogues, ou s'ils renferment des fabriques ou usines dangereuses. En conséquence, les neuf risques de la première catégorie par nature, les neuf risques de la deuxième catégorie par position et les deux risques de la troisième catégorie par contiguïté, produisent de un à vingt degrés de risques. Ainsi le premier risque s'applique aux meubles meublants et ce qui est nécessaire à la vie commune et aux industries de la première classe, lorsque ces objets ne présentent, soit à raison de leur position, soit à raison de la contiguïté, aucune des circonstances dangereuses définies au présent article et à l'art. 18. Et ainsi de suite jusqu'au vingtième, que, qui s'applique aux objets mobiliers rangés dans la cinquième classe par nature, dans la cinquième classe par position, et qui, par contiguïté, se trouvent dans le cas prévu par le troisième alinéa du présent article. La classification est applicable dans toutes ses combinaisons aux recours des voisins.

21. Si l'expérience démontrait que quelques-

nnes des professions ont été mal classées dans les catégories qui précèdent, le conseil d'administration pourra prendre à ce sujet une délibération, qui sera exécutoire après avoir reçu l'approbation du conseil général; toutefois ces modifications n'auront pas d'effets rétroactifs, et elles ne pourront être appliquées qu'aux nouveaux contrats et aux contrats renouvelés.

TITRE III. — *Engagement social.*

CHAPITRE Ier. — FORMATION DE L'ENGAGEMENT SOCIAL.

22. Tout propriétaire, fermier, locataire, etc., et toute personne ayant intérêt à la conservation des objets que la société assure, peut être sociétaire.

23. La demande d'admission dans la société se fait au moyen d'un acte d'adhésion. Cet acte énonce les nom, prénoms, titres et profession du proposant; la qualité en laquelle il agit; le domicile par lui élu; la nature des risques et recours, leur valeur et la désignation sommaire des objets pour lesquels l'assurance est demandée; la durée de l'assurance. Cet acte exprime aussi si l'assurance comprend toutes les valeurs renfermées dans le même local et tous les recours des voisins auxquels le proposant est exposé, ou seulement une partie de ces valeurs ou recours; s'il existe des assurances antérieures sur ces mêmes valeurs.

24. Dans sa plus prochaine réunion, le conseil d'administration, sur le vu de l'acte d'adhésion et après avoir entendu le directeur, décide si le proposant doit être admis; en cas de refus, il n'est pas tenu de faire connaître ses motifs. La décision du conseil d'administration est immédiatement portée à la connaissance du proposant. Si le conseil d'administration admet l'assurance, l'acte d'adhésion est inscrit sur un journal à ce destiné, tenu sans surcharge ni interligne, coté et paraphé par le président du conseil d'administration.

25. Immédiatement après l'inscription au journal, l'agent principal délivre une police à l'adhérant; cette police est signée par le directeur; elle est revêtue du timbre de la société; elle constate l'adhésion de société, son inscription et son numéro d'ordre sur le journal; elle contient, outre les conditions spéciales de l'assurance, les principales dispositions des statuts. Chaque sociétaire reçoit, pour chacune des propriétés contenant des objets assurés, une plaque, qu'il doit faire apposer dans un endroit apparent de ces propriétés. Le prix de la plaque est fixé à un franc vingt-cinq centimes et celui de la police à un franc.

CHAPITRE II. — DURÉE DE L'ENGAGEMENT SOCIAL.

26. Les assurances sont contractées par cinq années; néanmoins tout fermier, locataire, etc., peut être admis pour un temps égal à la durée de son bail. Selon les circonstances, le conseil d'administration décide si certaines assurances peuvent être admises pour un temps moindre que celui ci-dessus fixé. La période de tout engagement commence le premier jour de l'année sociale; on ajoute à la première période les mois restant à courir de l'année dans laquelle l'adhésion a été admise. L'assurance produit ses effets actifs et passifs à dater du 1er du mois qui suit celui dans le courant duquel elle a été admise par le conseil d'administration.

27. Chaque exercice social commence le 1er janvier, finit le 31 décembre suivant. Le temps qui s'écoulera entre l'époque de la mise en activité de la société et la fin de l'année suivante composera le premier exercice social.

CHAPITRE III. — CESSATION DE L'ENGAGEMENT SOCIAL.

28. L'engagement social cesse pour le sociétaire et la société dans les cas suivants: 1° par la destruction totale des objets assurés; 2° par l'exclusion du sociétaire, prononcée par le conseil d'administration pour cause de non paiement de la contribution sociale, et dans le cas de faillite ou déconfiture, etc., à moins que l'assuré donne caution; 3° par l'expiration du temps pour lequel l'engagement a été souscrit, pourvu toutefois que, trois mois avant l'expiration de l'engagement en cours, le sociétaire ait manifesté l'intention de se retirer de la société au moyen d'une déclaration faite par l'assuré ou son fondé de pouvoir, soit à la direction, soit au bureau de l'agent principal de l'arrondissement. Sans l'accomplissement de cette formalité, l'assuré continue à faire partie de la société pendant une année, à partir de l'expiration de son engagement, et il lui est donné avis de la cessation prochaine de cet engagement; 4° par la vente ou l'aliénation totale de l'objet assuré, autre que la vente rentrant dans les faits ordinaires du commerce et par l'effet de toutes circonstances entraînant mutation; 5° par la mort du sociétaire, auquel cas ses héritiers profitent de l'assurance jusqu'à la fin de l'année sociale, si les valeurs assurées restent dans les mêmes conditions; 6° par la cessation de l'intérêt en vue duquel l'assurance aurait été faite par un tiers. Dans tous les cas, l'assuré ou ses ayants cause supporte les charges sociales jusques et y compris le mois de sa sortie.

29. Tout déménagement d'un domicile dans un autre, comme toute circonstance survenue dans le cours de l'assurance et qui est de nature à aggraver les risques assurés par la société, doivent être dénoncés dans la huitaine à l'administration, qui fait procéder immédiatement à la vérification des changements, et, sur le vu du procès-verbal, peut annuler le contrat ou changer la classe de l'assurance dans l'intérêt de la société ou dans celui de l'assuré. Si le sociétaire n'a pas rempli cette formalité avant l'incendie, il perd la moitié de l'indemnité à laquelle il avait droit. Tout sociétaire qui, par réticence ou fausse déclaration dans son acte d'adhésion, aurait sciemment induit la société en erreur sur les risques que courent les choses pour lesquelles il s'est assuré, n'aurait droit à aucune indemnité.

TITRE IV. — *Sinistre.*

CHAPITRE Ier. — DÉCLARATION DU SINISTRE.

30. Au moment même où un incendie se manifeste ou qu'un recours est formé contre l'assuré, il doit en être fait déclaration par l'incendié, ou en son nom au maire de la commune, et à l'agent principal de la société, pour l'arrondissement dans lequel se trouvent les objets assurés, si le sinistre a lieu à la résidence de cet agent. Pour les communes de la circonscription, ce délai sera augmenté d'un jour par deux myriamètres et demi. Faute par l'assuré d'avoir fait sa déclaration dans le délai ci-dessus, il subira une réduction du dixième de l'indemnité à laquelle il aurait droit; s'il laisse écouler dix jours, la réduction sera d'un quart. Outre cet avis immédiat, une déclaration signée du sociétaire ou de son représentant doit être faite à la direction au plus tard dans le mois qui suit le sinistre, sous peine de perdre tout droit à une indemnité. Cette seconde déclaration, indiquant les nom, prénoms et qualité du sociétaire, son domicile et les objets atteints par le sinistre, le numéro de la police et sa date, doit faire connaître, aussi exactement que possible,

l'instant auquel le sinistre s'est manifesté; les causes au moins présumées qui l'ont produit ; l'estimation détaillée des objets mobiliers détruits, dégradés ou endommagés, etc. ; de ceux qui ont complètement échappé au sinistre ; les lieux où sont les objets sauvés. La même déclaration fait aussi connaître si le sociétaire est assuré à une autre compagnie ; elle indique le nom de cette compagnie et le montant des sommes pour lesquelles il y est assuré. Enfin elle contient la nomination de l'expert que l'incendié a choisi, et qui doit opérer en son nom, aux termes de l'article suivant.

CHAPITRE II. — RÉGLEMENT DU SINISTRE.

31. Aussitôt après la reconnaissance du sinistre, qui est faite par l'agent principal de l'arrondissement, le directeur fait procéder à l'expertise détaillée des pertes survenues; cette expertise se fait par deux experts désignés par le directeur et par l'assuré ou son ayant-cause. En cas de dissidence, ces experts nomment un tiers expert qui statue sur leur différend. S'ils ne tombent pas d'accord sur le choix, la nomination est faite suivant les règles établies au Code de procédure civile. Le tiers expert est tenu de se renfermer dans les limites des opinions des premiers, mais non pas d'adopter l'une ou l'autre de ces opinions. Les frais d'expertise sont supportés, moitié par la société, moitié par le sociétaire.

32. S'il s'agit de recours exercés contre un sociétaire, le directeur, aussitôt la déclaration qui lui en est faite, est substitué aux lieu et place de ce dernier. Il fait procéder à la reconnaissance des dommages contradictoirement avec les parties qui ont formé le recours.

CHAPITRE III. — PAIEMENTS DES SINISTRES.

33. Pour prévenir tout retard dans le paiement de l'indemnité et faire face aux charges de la société, il est établi un fonds de prévoyance au moyen du dépôt effectué par chaque sociétaire, lors de son entrée dans la société, d'une partie ou maximum de la portion contributive dont il peut être passible. Le conseil d'administration détermine, d'après les besoins de la société, quelle doit être cette partie, sans que cette partie puisse excéder le cinquième du maximum. Ce conseil arrête l'emploi qui doit en être fait, en laissant toujours en caisse les sommes nécessaires aux besoins courants. Tout sociétaire qui cessera de faire partie de la société, après avoir rempli toutes ses obligations envers elle, recevra la portion du fonds de prévoyance afférente à son assurance. Lorsque les sommes encaissées par le directeur, soit pour constituer le fonds de prévoyance, soit par tout autre versement, auront atteint le chiffre de dix mille francs, elles seront déposées dans une caisse publique désignée par le conseil d'administration.

34. L'indemnité pour les sinistres, soit qu'elle ait été réglée par le conseil d'administration d'après les pertes constatées dans les procès-verbaux d'expertise, comme il vient d'être dit, soit qu'elle ait été fixée par un jugement, est payée dans le mois qui suit, sur la délibération du conseil d'administration, jusqu'à concurrence de l'à-compte fixé par lui.

35. Après avoir soldé l'indemnité, la société est subrogée aux droits de l'incendié, et elle exerce en son nom tout recours contre les personnes responsables du sinistre.

36. L'indemnité due par la société pour les assurances par elles consenties ne peut jamais s'élever au-delà des dommages dûment constatés et sans que, dans aucun cas, le montant de l'indemnité puisse s'élever au-delà de la somme assurée. Si l'objet incendié était assuré par d'autres compagnies, concurremment avec la société, elle n'entrerait dans le réglement du sinistre qu'au centime le franc de la somme assurée par elle. Dans tous les cas, l'incendié recevra, en diminution de l'indemnité, les objets sauvés ou avariés.

TITRE V. — *Répartition des portions contributives.*

37. Sont à la charge de la société : les sinistres, les recours exercés contre les assurés , jusqu'à concurrence de la somme à laquelle les risques de voisinage ont été réglés ; les frais de sauvetage et indemnités de toute nature relatives à l'incendie, et les frais d'expertise et d'actions judiciaires, aussi bien que les non valeurs constatées ; le tout indépendamment des remises réglées par l'art. 61 au profit du directeur.

38. Toutes les charges sociales, après avoir été vérifiées par le conseil d'administration, sont acquittées au moyen des portions contributives réparties au prorata des valeurs assurées. Cette répartition se fait conformément aux règles de classification établies ci-dessus, et dans les proportions suivantes: si la portion contributive du premier risque est de un centime par mille francs de valeurs assurées, celle du deuxième est de deux centimes, celle du troisième est de trois centimes; et ainsi de suite jusqu'au vingtième risque, dont la portion contributive est de vingt centimes.

39. Quelles que soient les pertes éprouvées, les portions contributives des sociétaires ne peuvent dans aucun cas s'élever annuellement, pour les objets assurés qui présentent un degré de risque, au-delà de un franc par mille francs de valeurs assurées ; pour ceux qui présentent deux degrés de risques, au-delà de deux francs ; pour ceux qui présentent trois degrés de risques, au-delà de trois francs ; et ainsi de suite jusqu'au vingtième, dont le maximum de portions contributives annuelles est fixé à vingt francs par mille. Ce maximum pourra être modifié par délibération du conseil général, approuvée par le gouvernement. Si les pertes dépassent les sommes produites par les portions contributives ainsi limitées, les assurés sont indemnisés au centime le franc des dommages éprouvés.

40. Après avoir vérifié les pièces sur lesquelles est basée la répartition présentée par le directeur, le conseil d'administration arrête définitivement cette répartition, la déclare exécutoire, et charge le directeur d'en suivre le recouvrement par toutes les voies de droit. Toutes les sommes à payer par les sociétaires sont comptées par eux à la direction ou à ses agents, et à leur domicile, contre une quittance qui est signée par le directeur ou par l'agent principal.

41. A défaut de paiement de la portion contributive, le directeur pourra, quinze jours après un avis donné aux retardataires, le faire poursuivre par toutes les voies de droit. Un mois après l'avis donné par le directeur au moyen d'une lettre chargée qui tiendra lieu d'une mise en demeure, si le retardataire n'a pas acquitté les cotisations réclamées, le conseil d'administration pourra prononcer la résiliation de l'assurance. Les avantages de l'assurance sont suspendus à l'égard du sociétaire qui laisse écouler un mois sans payer sa portion contributive après avoir avoir été mis en demeure il participe néanmoins pendant ce temps aux charges sociales. Si le retardataire vient à se libérer postérieurement, la police d'assurance reprend son effet à partir du jour du paiement.

42. Les pièces relatives aux répartitions sont conservées à la direction, où tout sociétaire a le droit d'en demander la communication sans déplacement.

TITRE VI. — *Administration de la société.*

CHAPITRE Ier.—CONSEIL GÉNÉRAL DES SOCIÉTAIRES.

43. Le conseil général est composé des cent assurés pour les plus fortes sommes, et pris dans les neuf départements; savoir : douze pour le département de Seine-et-Oise, et onze pour chacun des huit autres départements. Un tableau de ces cent sociétaires est dressé par le directeur, qui le soumet à l'approbation du conseil d'administration. Ce tableau est affiché dans les bureaux de la direction. Le conseil général nomme à la majorité des voix son président et son secrétaire. En cas de refus, de démission ou de décès de quelques-uns des cent sociétaires assurés pour la plus forte somme, ils sont remplacés de plein droit par ceux qui suivent immédiatement dans l'ordre décroissant des assurances.

44. Le conseil général se réunit une fois par an, sauf les convocations extraordinaires jugées nécessaires. Les membres du conseil d'administration peuvent assister à toutes les séances, mais avec voix consultative seulement. Toute convocation se fait par lettres envoyées au domicile élu, et par lettres recommandées à la poste.

45. Le conseil général ne peut délibérer valablement s'il ne réunit le tiers au moins de ses membres. Lorsqu'à une réunion ce nombre ne sera pas atteint, l'assemblée sera de droit renvoyée à quinzaine. Cette seconde réunion sera valablement constituée, quel que soit le nombre des membres présents ; toutefois, l'assemblée ne pourra délibérer que sur les questions mises à l'ordre du jour de la réunion précédente. Les arrêtés du conseil général sont pris à la majorité absolue des voix ; en cas de partage, la voix du président est prépondérante.

46. Dans sa réunion annuelle, le conseil général prend connaissance de l'ensemble des opérations de la société, vérifie et arrête définitivement les comptes de la direction, et statue sur tous les intérêts sociaux.

CHAPITRE II. — CONSEIL D'ADMINISTRATION.

47. Le conseil d'administration se compose de vingt-quatre membres nommés par le conseil général. Nul ne peut être élu membre du conseil d'administration, 1° s'il n'est assuré pour une somme de six mille francs au moins ; 2° s'il est directeur, administrateur ou agent d'une société ou compagnie d'assurance contre l'incendie, exerçant la même circonscription.

48. Les membres du conseil d'administration sont renouvelés chaque année par huitième ; ils sont indéfiniment rééligibles. Le sort désigne les premiers sortants. Le conseil d'administration, en cas de décès ou de démission d'un de ses membres, peut désigner un sociétaire pour le remplacer jusqu'à la première réunion du conseil général, qui nomme définitivement pour le temps restant à courir des fonctions du membre remplacé.

49. Au renouvellement de chaque exercice social, le conseil d'administration choisit dans son

sein, et à la majorité des suffrages, un président et deux vice-présidents : ils peuvent être réélus ; il nomme également son secrétaire. En cas d'absence du président et des vice-présidents, le plus âgé des membres présents occupe le fauteuil.

50. Le conseil d'administration se réunit dans les derniers jours de chaque mois. Il peut s'assembler plus souvent si les besoins de la société l'exigent. Il prend ses arrêtés à la majorité des suffrages. En cas de partage, la voix du président est prépondérante ; il en est fait mention au procès-verbal.

51. A chaque réunion mensuelle le conseil d'administration prend connaissance, de toutes les assurances proposées depuis la réunion précédente ; des variations survenues dans les assurances souscrites, soit à cause d'augmentation ou de diminution de la valeur des objets assurés, soit par augmentation ou diminution de risques ; des sinistres tombés à la charge de la société, des expertises auxquelles ils ont donné lieu, et des contestations survenues entre les sociétaires et la société ; des assurances qui, pour une cause quelconque, seraient dans le cas d'être annulées ; enfin de tout ce qui touche aux besoins, aux intérêts et à la prospérité de la société. Le directeur et tous les sociétaires sont tenus de se conformer à ses décisions.

52. Le conseil d'administration ne peut valablement délibérer si au moins cinq de ses membres ne sont présents ; en cas de partage, la voix du président est prépondérante.

53. Dans les trois mois qui suivent chaque exercice, le conseil d'administration reçoit, vérifie et débat le compte que le directeur rend des recettes et des dépenses sociales de l'exercice précédent. Ce compte est remis au conseil général, qui l'arrête définitivement, s'il y a lieu, dans sa plus prochaine réunion.

54. Le conseil d'administration fait tous les règlements et prend tous les arrêtés qu'il juge utiles à la prompte et bonne administration des affaires de la société et à son développement, sans pouvoir toutefois s'écarter des statuts. Ses membres ne contractent, à raison de leur gestion, aucune obligation personnelle ni solidaire relativement aux engagements de la société. Ils répondent de l'exécution de leur mandat.

55. Les fonctions de membre de ce conseil sont gratuites : elles donnent seulement droit à des jetons de présence dont le conseil général détermine la valeur.

CHAPITRE III. — DIRECTION.

56. Le directeur est seul chargé, sous l'autorité du conseil d'administration, de l'exécution de tous les actes de la société, et de toutes les décisions du conseil d'administration. Il nomme et révoque tous les agents et employés dont il a besoin dans l'intérêt du service.

57. Le directeur convoque le conseil général toutes les fois qu'il y est autorisé par le conseil d'administration. Il peut assister aux séances de ces deux conseils avec voix consultative.

58. Le directeur fournit aux membres de l'administration les indications et tous les documents relatifs à sa gestion. Il est tenu de donner aux sociétaires tous les renseignements dont ils peuvent avoir besoin.

59. Le directeur tient le journal général de la société et toutes les écritures nécessaires, soit à la comptabilité journalière, soit aux autres opérations de la société. Il entretient les rapports avec les au-

torités et signe la correspondance. Avec l'autorisation du conseil d'administration, il transige, compromet et soutient ou intente toute action judiciaire au nom de la société.

60. Le directeur est chargé à forfait, pendant dix ans, de tous les frais de loyers, assurances, correspondances, éclairage, chauffage, impressions, traitements, jetons de présence, plaques, police et autres frais quelconques de gestion. À l'expiration de chaque période décennale, ce forfait pourra être modifié, s'il y a lieu, par le conseil général.

61. Il lui est alloué à cet effet, par an, sans égard à l'augmentation de valeurs relatives produites par la classification des risques, trente-cinq centimes par mille francs de valeurs réelles assurées. Cette remise décroîtra comme suit : trente-cinq, jusqu'à cent millions ; trente, de cent à deux cents millions ; vingt-cinq centimes, de deux cents à trois cents ; vingt centimes, de trois cents à quatre cents ; quinze centimes, à quatre cents et au-delà.

62. Pour sûreté de sa gestion, le directeur fournit un cautionnement de dix mille francs en rentes sur l'État ; ce cautionnement est accepté par le président du conseil d'administration. Le directeur ne peut rentrer en possession de la valeur de son cautionnement qu'après l'apurement définitif de ses comptes, arrêtés par décision du conseil d'administration et du conseil général des sociétaires.

63. Le directeur pourra présenter à l'approbation du conseil d'administration un directeur-adjoint chargé de le remplacer temporairement dans toutes les opérations de la direction. Le directeur est responsable de tous les actes du directeur-adjoint, dont les honoraires sont à sa charge.

64. Le directeur est nommé par le conseil général des sociétaires, sur la proposition du conseil d'administration. Le directeur en fonctions peut être révoqué par décision du conseil général et sur la proposition du conseil d'administration, adopté à la majorité des deux tiers des membres de ce conseil.

65. En cas de décès ou de retraite, pour autre cause que révocation, le directeur ou ses héritiers peuvent être admis à proposer son successeur au conseil d'administration, qui peut l'admettre provisoirement, et le soumet ensuite à l'approbation du conseil général.

66. M. Lefrançois (Clément), l'un des fondateurs, est nommé directeur de la société, sauf la confirmation du conseil général.

TITRE VII. → Dispositions générales.

67. Les contestations qui peuvent s'élever entre la société et un ou plusieurs de ses membres sont jugées par deux arbitres nommés, l'un par le directeur, au nom de la société, l'autre par la partie adverse ; si ces arbitres ne tombent pas d'accord, il est procédé suivant les règles du droit commun.

68. Aucune action judiciaire autre que celles qui sont indiquées dans l'art. 41 ne peut être exercée sans l'autorisation du conseil d'administration.

69. Tous changements ou modifications des statuts dont l'expérience démontrera l'utilité seront délibérés, sur le rapport du directeur et du conseil d'administration, par le conseil général ; ils devront être adoptés à la majorité des deux tiers des membres présents. Chaque sociétaire, en adhérant au présent statut, donne au conseil général tous pouvoirs à cet effet. Les modifications adoptées ne seront exécutoires qu'après l'autorisation du gouvernement et sans avoir d'effets rétroactifs.

70. Si, pendant deux années consécutives, le maximum prévu à l'art. 39 était reconnu insuffisant, le conseil général pourrait, sur la proposition du conseil d'administration, prononcer la dissolution. Dans ce cas, il fixerait la marche à suivre et arrêterait définitivement les comptes de l'administration. Cette délibération devra réunir l'adhésion des deux tiers des membres du conseil.

TITRE VIII. — Dispositions transitoires.

71. Les frais faits pour arriver à la constitution de la société, et ceux du premier établissement seront remboursés au directeur sur un état réglé par le conseil d'administration et approuvé par le conseil général : cet état ne pourra comprendre que les frais matériels.

72. Le conseil d'administration provisoire de la société pourra être complété d'ici à la mise en activité ; il est jusqu'à ce moment composé de :

(Suivent les noms.)

73. Le conseil d'administration sera définitivement constitué au plus tard dans le courant du second exercice social. Jusqu'à cette époque, les membres composant le conseil d'administration provisoire pourront s'en adjoindre d'autres pour compléter le nombre fixé en l'art. 47. Le conseil général pourvoira à la composition définitive du conseil.

74. Le conseil d'administration provisoire déclarera la mise en activité des opérations aussitôt que les conditions fixées en l'art. 5 auront été remplies.

7 NOVEMBRE = 9 DÉCEMBRE 1841. — Ordonnance du roi portant autorisation de la compagnie d'assurances maritimes de Bordeaux. (IX, Bull. supp. DLXXII, n. 16101.)

Louis-Philippe, etc., sur le rapport de notre ministre secrétaire d'État de l'agriculture et du commerce ; vu les art. 29 à 37, 40 et 45 du Code de commerce ; notre conseil d'État entendu, etc.

Art. 1er. La société anonyme formée à Bordeaux, sous la dénomination de Compagnie d'assurances maritimes de Bordeaux, est autorisée. Sont approuvés les statuts de ladite société, tels qu'ils sont contenus dans l'acte passé, le 6 septembre 1841, par-devant Me Grangeneuve et son collègue, notaires à Bordeaux, lequel acte restera annexé à la présente ordonnance.

2. Nous nous réservons de révoquer notre autorisation en cas de violation ou de non exécution des statuts approuvés, sans préjudice des droits des tiers.

3. La société sera tenue de remettre, tous les six mois, un extrait de son état de situation au ministère de l'agriculture et du commerce, au préfet du département de la Gironde, à la chambre de commerce et au greffe du tribunal de commerce de Bordeaux.

4. Notre ministre de l'agriculture et du commerce (M. Cunin-Gridaine) est chargé, etc.

Par-devant, etc., a comparu, etc.

Art. Ier. Il est formé, sauf l'approbation du roi, entre les personnes dénommées à l'art. 5, une société anonyme sous la dénomination de *Compagnie d'assurances maritimes de Bordeaux*. Le siège et le domicile de la société sont fixés à Bordeaux. Sa durée sera de sept années, à compter de la date de l'ordonnance royale d'autorisation, sauf les cas de dissolution prévus ci-après.

2. L'objet de la société est d'assurer les risques de mer, de navigation intérieure et de guerre. Les assurances ne pourront être contractées qu'à Bordeaux. Toutes autres opérations sont interdites à la société.

3. Le capital de la compagnie est fixé à douze cent mille francs, divisés en cent vingt actions nominatives de dix mille francs chaque.

4. Le maximum des assurances à souscrire sur un seul navire est fixé à cinq pour cent du fonds social ou soixante mille francs pour les risques ordinaires, soit de mer, soit de navigation intérieure, et à deux et demi pour cent ou trente mille francs pour les risques de mer et de guerre survenante. En temps de guerre, ce maximum sera déterminé par l'assemblée générale ; mais il ne pourra, dans aucun cas, excéder deux et demi pour cent du capital social.

5. Les cent vingt actions représentant le fonds social seront souscrites dans la proportion suivante par les personnes ci-après dénommées, savoir :

(*Suivent les noms.*)

Aucun des actionnaires ne pourra posséder plus de six actions.

6. Les propriétaires d'actions seront tenus de verser en argent le cinquième du montant de leurs actions aussitôt que l'approbation du gouvernement aura été obtenue. Ils seront tenus, en outre, de souscrire l'obligation de verser les quatre autres cinquièmes, suivant les besoins de la société, dans les quinze jours de la demande qui leur en sera faite par le conseil d'administration : l'obligation indiquera un domicile à Bordeaux.

7. La propriété des actions sera constatée par une inscription nominale sur le registre à ce destiné, dont un extrait conforme sera délivré aux actionnaires, mais seulement après le versement du premier cinquième du montant de chaque action.

8. La cession des actions s'opère par une déclaration de transfert inscrite sur un registre tenu à cet effet par la société. Cette déclaration est signée du cédant ou cessionnaire ou de leur mandataire, ainsi que du président du conseil d'administration. La mutation est mentionnée au dos de l'action par un visa, et signée par le président du conseil d'administration. Pour la validité du transfert à l'égard de la société, le cessionnaire doit être agréé, préalablement au transfert, par une délibération du conseil d'administration, laquelle sera prise au scrutin secret. La nécessité de cet agrément ne pourra, dans aucun cas, s'appliquer aux actions dont le cédant ou le cessionnaire déposerait le complément de la valeur en rentes ou effets publics français dans la caisse de la société. La transmission d'une action entraîne toujours, à l'égard de la société, la cession des dividendes afférents à cette action, et qui n'ont pas été touchés. Les conditions des présents statuts obligent et suivent l'action dans quelque main qu'elle passe. Les actionnaires ne sont passibles que du montant de leur intérêt dans la société.

9. Dans le cas où des pertes auraient entamé le premier cinquième versé, chaque actionnaire sera tenu de verser, sur la demande du conseil d'administration, les fonds nécessaires pour combler le dé-

ficit, jusqu'à concurrence des quatre autres cinquièmes. La décision prise par le conseil d'administration, pour ordonner l'appel de fonds, sera notifiée aux actionnaires à leur domicile élu. A défaut de paiement dans les quinze jours de la notification de cette décision, le conseil d'administration fera vendre publiquement les actions des retardataires par le ministère d'un agent de change de la bourse de Bordeaux, sans autre formalité qu'un simple acte de mise en demeure, et un avis inséré pendant une semaine dans des journaux d'annonces légales désignés par le tribunal de commerce de Bordeaux, conformément à la loi du 31 mars 1833. L'excédant, s'il y en a, sera remis à qui de droit. En cas de déficit, des poursuites ultérieures seront exercées pour le complément.

10. Les bénéfices qui surviendront après les pertes prévues par le précédent article seront d'abord employés à rétablir les cinquièmes qui auraient été versés pour subvenir auxdites pertes, sauf à répartir le surplus desdits bénéfices comme il sera dit en l'art. 19 ci-après.

11. Chaque action est indivisible. Dans le cas de décès d'un actionnaire, ses héritiers ou ayants-droit auront six mois pour présenter un nouveau titulaire, qui devra, conformément à l'art. 8, être agréé par le conseil d'administration, s'il ne garantit ce qui reste dû sur chaque action par un dépôt d'effets publics français. Les héritiers ou ayants-droit de l'actionnaire décédé, devront, pendant l'indivision, se faire représenter par un seul fondé de pouvoirs. Si, dans les six mois du décès d'un actionnaire, ses héritiers ou ayants-droit ne se sont pas entendus sur le choix d'un cessionnaire, ou si le cessionnaire présenté n'a pas été agréé par le conseil d'administration, les actions seront vendues à leurs risques et périls, par le ministère d'un agent de change, et sans aucune mise en demeure. Le produit de la vente sera employé d'abord à solder ce qui pourrait être dû à la compagnie, et le surplus, s'il y en a, sera remis à qui de droit ; s'il y a déficit, la compagnie en poursuivra le recouvrement contre la succession. En cas de faillite d'un actionnaire, ses actions, à moins qu'il ne donne caution, seront vendues également à ses risques et périls, par le ministère d'un agent de change : sur le produit de la vente, la compagnie prélèvera tout ce qui pourra lui être dû ; le surplus, s'il y en a, sera remis aux créanciers. En cas de déficit, la compagnie en poursuivra le recouvrement par toutes les voies de droit. Il en sera de même en cas d'incapacité civile d'un actionnaire.

12. La faillite, le décès ou l'incapacité civile d'un actionnaire ne pourront amener, dans aucun cas, la dissolution de la société, ni donner lieu à aucune formalité judiciaire.

13. L'assemblée générale représente l'universalité des actionnaires. Tout propriétaire d'une action a droit d'y assister. L'assemblée ne peut délibérer qu'avec le concours de la moitié, plus un, des actionnaires représentant le tiers au moins des actions. Si cette condition n'est pas remplie sur une première convocation, il est fait une seconde convocation, à huit jours d'intervalle, dans les mêmes formes que la première. Dans cette nouvelle réunion l'assemblée délibère valablement, quel que soit le nombre des membres présents et des actions représentées, mais seulement sur les objets à l'ordre du jour de la première réunion. Cette faculté n'aura pas lieu dans le cas où il s'agirait d'apporter des changements aux statuts, qui ne pourront être modifiés que dans la forme prescrite par l'art. 22 ci-

après. Nul ne peut se faire représenter à l'assemblée générale que par un mandataire choisi parmi les actionnaires. Le pouvoir doit être donné par écrit. Il doit être déposé à l'administration deux jours avant celui fixé pour l'assemblée. Le bureau se compose d'un président, d'un secrétaire et de deux scrutateurs. L'assemblée est présidée par le président du conseil d'administration, et, en cas d'absence, par celui du conseil appelé à le remplacer. Les fonctions de secrétaire et celles de scrutateurs sont remplies par les plus forts actionnaires présents, et, en cas de refus, par ceux qui viennent après eux. Les délibérations sont prises à la majorité des voix, sauf les cas exceptionnels prévus par les présents statuts. En cas de partage, la voix du président est prépondérante. Les délibérations seront prises au scrutin secret, lorsque trois actionnaires le demanderont. Chaque actionnaire n'a qu'une voix, quel que soit le nombre de ses actions. Un actionnaire mandataire aura, indépendamment du droit de voter qui lui est personnel, autant de voix qu'il représentera d'actionnaires, sans qu'il puisse toutefois avoir plus de cinq voix, tant pour lui que pour ses commettants. Les délibérations seront constatées par des procès-verbaux consignés sur un registre tenu à cet effet. Les procès-verbaux seront signés par le président de l'assemblée, par le secrétaire, les scrutateurs ou l'un d'eux. Une feuille de présence, destinée à constater le nombre des membres qui ont concouru à la réunion, et le nombre des actions représentées, demeure annexée à la minute de la délibération. Toute délibération prise dans les limites des présents statuts, par l'assemblée régulièrement constituée, est obligatoire pour les absents et les dissidents. L'assemblée générale se réunira deux fois par an, dans les mois de janvier et de juillet. L'assemblée générale est convoquée par lettres adressées, quinze jours au moins à l'avance, au domicile élu par chaque actionnaire, à la diligence du conseil d'administration. Un avis destiné à rappeler cette convocation est inséré, également quinze jours à l'avance, dans les journaux de Bordeaux désignés pour la publication des actes de société. Les lettres et avis de convocation indiqueront les objets sur lesquels l'assemblée aura à délibérer. Les réunions auront lieu à Bordeaux au siége de la société. Les réunions ordinaires ont pour objet, 1° d'entendre le rapport du président du conseil d'administration sur l'état de l'entreprise et sur les comptes de l'administration de la société ; 2° de pourvoir au remplacement des administrateurs dont les fonctions ont cessé pour quelque cause que ce soit ; 3° d'arrêter définitivement les comptes du conseil d'administration, et de déterminer les dividendes à répartir ; 4° enfin de délibérer sur les diverses propositions qui peuvent être soumises à l'assemblée par le conseil d'administration. Indépendamment des assemblées semestrielles, le conseil d'administration peut en convoquer d'extraordinaires toutes les fois qu'il le jugera nécessaire. Le conseil d'administration est en outre tenu de convoquer extraordinairement l'assemblée générale, sur la demande d'un nombre d'actionnaires réunissant au moins le quart du fonds social. Une première assemblée extraordinaire sera convoquée dans la quinzaine qui suivra l'ordonnance royale d'autorisation de la société. Cette assemblée nommera les membres du conseil d'administration.

14. La société est administrée par un conseil d'administration composé de neuf membres, nommés par l'assemblée générale au scrutin secret et à la majorité absolue des membres présents. Tout actionnaire peut être administrateur. Le conseil d'administration est renouvelé par tiers d'année en année ; les membres sortant à la fin de la première et de la deuxième année sont désignés par le sort ; pour les autres années, l'ordre de la sortie est déterminé par l'ancienneté. Les administrateurs sortants peuvent être réélus. Les administrateurs nommeront parmi eux, à la majorité absolue, un président, un vice-président et un secrétaire ; en cas d'absence du président et du vice-président, le plus âgé des membres en remplit les fonctions. Le président, le vice-président et le secrétaire sont nommés pour un an : ils sont rééligibles. En cas de décès ou de démission d'un ou de plusieurs membres du conseil d'administration, le conseil pourvoira provisoirement à leur remplacement jusqu'à la plus prochaine assemblée générale, qui procédera au remplacement définitif. Le conseil d'administration se réunit toutes les fois qu'il le juge nécessaire, mais au moins une fois par mois. Le conseil ne peut délibérer valablement qu'avec le concours de cinq de ses membres au moins. Les décisions sont prises à la majorité des membres présents ; en cas de partage, la voix du président ou de celui qui le remplace est prépondérante. Le nombre des membres présents est constaté par la signature de chacun d'eux, sur le registre des délibérations.

15. Le conseil d'administration représente la compagnie vis-à-vis des tiers ; il règle les conditions des assurances et détermine les sommes à souscrire sur chaque bâtiment, suivant les localités et les circonstances, mais toujours dans les limites fixées par l'art. 4. Il fait réassurer les risques dont il croit devoir décharger la société. Il règle les sinistres, traite, transige et compromet sur toutes demandes faites à la société pour pertes et avaries, et généralement sur tous les intérêts de la société. Il peut aussi déléguer ses pouvoirs, mais seulement pour une ou plusieurs affaires déterminées, et pour le cas où il s'agirait de transiger ou de compromettre sur des contestations relatives au règlement des sinistres. Il nomme et révoque les employés de la compagnie. Il est autorisé à employer, dans la proportion déterminée par l'assemblée générale, les fonds disponibles du capital de la compagnie, soit en effets réalisables à volonté, mais de préférence payables à Bordeaux, soit en effets publics français. Chaque semaine un des administrateurs sera délégué pour ordonnancer tous les paiements à faire par la compagnie, signer conjointement avec le directeur toutes les quittances de prime et autres, opérer le transfert des fonds inscrits au nom de la compagnie, signer les endossements des effets en portefeuille, et vérifier la caisse, le portefeuille et l'état des livres. Conformément à l'art. 33 du Code de commerce, les membres du conseil d'administration ne contractent, à raison de leur gestion, aucune obligation personnelle ni solidaire relativement aux engagements de la société ; ils ne répondent que de l'exécution de leur mandat.

16. La société est gérée par un directeur. Le directeur est nommé par l'assemblée générale, sur la proposition du conseil d'administration. Il peut être suspendu de ses fonctions par le même conseil, mais à la majorité de cinq voix ; mais, en pareil cas, l'assemblée générale devra être convoquée extraordinairement, dans le délai d'un mois au plus tard, à dater du jour de la révocation provisoire, pour statuer définitivement sur cette mesure. Le directeur devra posséder au moins deux actions dans la compagnie : ces actions sont inaliénables pendant toute la durée de ses fonctions. Le traitement du directeur est fixé par l'assemblée générale, sur la proposition du conseil d'administration. Le directeur est chargé de la gestion de la société dans tous ses détails. Il souscrit les polices d'assurances, qui sont visées par l'un des membres du conseil d'administration. Il dirige le travail des bureaux et peut suspendre ou révoquer provisoirement les employés de la compagnie, sauf à en référer au conseil dans sa plus prochaine réunion. Il soumet au conseil le règlement des pertes et dommages à la charge de la compagnie. Il opère les réassurances ordonnées par le conseil ; il vérifie les comptes de ristourne. Il signe, conjointement avec l'administrateur de service, les actions de la compagnie, transferts des rentes ou autres fonds inscrits au nom de la compagnie, ainsi que les endossements et acquits des primes ou mandats. Il est chargé de l'exécution de toutes les délibérations du conseil d'administration. En cas d'empêchement momentané de la part du directeur, celui-ci est remplacé par un administrateur ou par un employé que désignera le conseil d'administration.

17. Les fonctions des administrateurs sont gratuites. Il pourra seulement leur être alloué des jetons de présence, dont la valeur sera fixée par l'assemblée générale.

18. Deux fois par an, le conseil d'administration présente à l'assemblée générale l'état des opérations qui ont eu lieu pendant le semestre précédent, le compte des profits et pertes qui en résultent, et le tableau général de la situation de la compagnie.

19. Il sera prélevé, sur les bénéfices nets de chaque semestre, un cinquième desdits bénéfices, destiné à former un fonds de réserve. Le surplus des bénéfices sera réparti, à l'expiration de chaque semestre, aux actionnaires dans la proportion du nombre de leurs actions. Les bénéfices résultant des risques éteints seront seuls distribués. Lorsque les fonds de réserve excéderont le vingtième du capital primitif, l'excédant sera réparti entre les actionnaires, pourvu toutefois que le capital de la compagnie n'ait pas éprouvé de diminution ; le tout sauf ce qui est dit en l'art. 9 ci-dessus.

20. Dans le cas où, lors de la présentation des comptes semestriels, il serait reconnu que le capital de la compagnie se trouve réduit de moitié, les opérations de la compagnie devront cesser à l'instant, et il sera de suite procédé à la liquidation de la société.

21. La présente société ne pourra être dissoute, avant l'expiration de sept années, que par le vœu de la majorité absolue des actionnaires possédant entre eux les trois quarts du fonds social, sauf le cas prévu par l'article précédent.

22. Dans le cas où l'expérience ferait reconnaître la nécessité d'apporter des modifications aux présents statuts, il serait statué sur ces modifications par une assemblée générale spécialement convoquée à cet effet, dans les formes prescrites par l'art. 13 et sur la proposition du conseil d'administration. En pareil cas, l'assemblée générale ne pourra délibérer valablement qu'avec le concours de la moitié, plus un, des actionnaires réunissant entre leurs mains les trois quarts au moins du capital social, et les délibérations devront être prises à la majorité des trois quarts des voix des membres présents. Les modifications ne seront exécutoires qu'après avoir été approuvées par le gouvernement.

41.

23. S'il s'élève des contestations relativement aux affaires de la société, soit entre les actionnaires, soit entre les actionnaires et la société, elles seront jugées à Bordeaux par trois arbitres, sur le choix desquels les parties engagées dans la contestation devront s'entendre dans le délai de huitaine, à défaut de quoi la nomination en sera faite par le tribunal de commerce de Bordeaux, à la requête de la partie la plus diligente. Ces arbitres seront dispensés des formes et délais de la procédure ; ils jugeront comme amiables compositeurs, et en dernier ressort ; leurs jugements ne pourront être attaqués par voie d'appel ou recours en cassation.

24. Les actionnaires ci-dessus dénommés font élection de domicile, chacun dans sa demeure, à Bordeaux, auquel lieu toutes significations pourront être faites comme à domicile réel.

25 et dernier. Pour déposer les présentes et les faire publier partout où besoin sera, tout pouvoir est donné au porteur d'une expédition.

12 NOVEMBRE == 10 DÉCEMBRE 1841. — Ordonnance du roi qui établit une école préparatoire de médecine et de pharmacie dans la ville de Dijon. (IX, Bull. DCCCLXVI, n. 9704.)

Louis-Philippe, etc., sur le rapport de notre ministre secrétaire d'Etat au département de l'instruction publique, grand-maître de l'université ; vu nos ordonnances des 13 octobre 1840 et 12 mars 1841, relatives aux écoles préparatoires de médecine et de pharmacie ; vu la délibération en date du 9 août 1841, par laquelle le conseil municipal de Dijon a garanti les fonds nécessaires pour l'entretien annuel d'une école préparatoire de médecine et de pharmacie, conformément aux dispositions de l'ordonnance précitée, du 13 octobre 1840 ; vu la délibération en date du 30 du même mois, par laquelle le conseil général de la Côte-d'Or a porté au budget départemental une partie de la dépense nécessaire pour ledit établissement ; vu l'approbation donnée auxdites délibérations par notre ministre secrétaire d'Etat de l'intérieur, sous la date du 9 novembre 1841 ; vu l'avis du conseil royal de l'instruction publique, en date du même jour, etc.

Art. 1er. Une école préparatoire de médecine et de pharmacie est établie dans la ville de Dijon.

2. Le cours de pathologie interne qui, aux termes de notre ordonnance du 13 octobre 1840, est annexé au cours de clinique interne, sera provisoirement confié, dans ladite école, à un professeur titulaire.

3. Pour la première organisation de l'école, la nomination des professeurs sera faite directement par notre ministre secrétaire d'Etat de l'instruction publique.

4. Notre ministre de l'instruction publique (M. Villemain) est chargé, etc.

39

2 = 10 DÉCEMBRE 1841. — Ordonnance du roi portant convocation du conseil général du département des Bouches-du-Rhône. (IX, Bull. DCCCLXVI, n. 9705.)

Louis-Philippe, etc., sur le rapport de notre ministre secrétaire d'Etat au département de l'intérieur; vu l'art. 12 de la loi du 22 juin 1833, etc.

Art. 1er. Le conseil général du département des Bouches-du-Rhône est convoqué pour le 20 décembre présent mois, à l'effet de délibérer sur les moyens d'exécution du projet d'établissement d'une école d'arts et métiers dans la ville d'Aix, ainsi que sur les autres affaires qui lui seraient soumises par le préfet. Cette session extraordinaire ne pourra durer plus de cinq jours.

2. Notre ministre de l'intérieur (M. Duchâtel) est chargé, etc.

21 NOVEMBRE = 14 DÉCEMBRE 1841. — Ordonnance du roi portant que des cours d'instruction primaire supérieure seront annexés aux colléges communaux des villes y désignées. (IX, Bull. DCCCLXVII, n. 9710.)

Louis-Philippe, etc., sur le rapport de notre ministre secrétaire d'Etat au département de l'instruction publique; vu l'art. 10 de la loi du 28 juin 1833, portant que les communes chefs-lieux de département ou dont la population excède six mille âmes doivent avoir une école primaire supérieure; considérant que, dans plusieurs villes auxquelles s'applique ledit article, l'établissement spécial et distinct d'une école primaire supérieure n'a pu avoir lieu jusqu'à présent faute de ressources suffisantes, et que des cours d'instruction primaire supérieure, destinés à satisfaire provisoirement aux prescriptions de la loi, ont été annexés au collége communal existant dans chacune desdites villes; considérant que, dans beaucoup d'autres villes que concerne pareillement l'art. 10 de la loi du 28 juin 1833, et où il existe aussi des colléges communaux, nulle disposition n'a été prise pour l'exécution dudit article, etc.

Art. 1er. Des cours d'instruction primaire supérieure seront, d'ici au 1er septembre 1842, annexés aux colléges communaux des villes d'Aire (Pas-de-Calais), d'Ambert, de Bédarieux, de Bernay, de Béthune, de Carpentras, de Castres, de Châteaudun, de Cherbourg, de Figeac, de Gray, du Havre, de Lunel, de Montargis, de Saint-Amand (Cher), de Saint-Jean-d'Angély, de Tarascon, de Thiers, d'Uzès, de Vienne, de Villefranche (Rhône), de Villeneuve d'Agen, de Wissembourg.

2. Il sera pourvu aux frais d'établissement et d'entretien desdits cours d'instruction primaire supérieure au moyen de prélèvements opérés sur les revenus ordinaires des communes, et, en cas d'insuffisance des revenus communaux, avec le produit de l'imposition spéciale établie en vertu de l'art. 13 de la loi du 28 juin 1833 : des subventions, allouées sur les fonds des départements ou sur les fonds de l'Etat, pourront également y être affectées.

3. Un instituteur primaire du degré supérieur devra être attaché à chacun des colléges communaux mentionnés en l'art. 1er, à moins que le principal ou un des régents ne soit pourvu du brevet de capacité de ce degré. Ledit instituteur sera placé sous l'autorité du principal, de même que les régents, lesquels pourront être chargés de plusieurs parties des cours d'instruction primaire supérieure.

4. Il sera ultérieurement statué par nous sur la désignation d'autres colléges communaux du second ordre auxquels les dispositions ci-dessus énoncées devraient être également appliquées.

5. Notre ministre de l'instruction publique (M. Villemain) est chargé, etc.

21 NOVEMBRE = 14 DÉCEMBRE 1841. — Ordonnance du roi qui ouvre au ministre des travaux publics un crédit supplémentaire pour des créances constatées sur des exercices clos. (IX, Bull. DCCCLXVII, n. 9711.)

Louis-Philippe, etc., vu l'état des créances liquidées à la charge du département des travaux publics, additionnellement aux restes à payer constatés par les comptes définitifs des exercices clos de 1838 et 1839; considérant que ces créances concernent des services non compris dans la nomenclature de ceux pour lesquels les lois de dépense des mêmes exercices ont donné la faculté d'ouvrir des suppléments de crédits; considérant toutefois qu'aux termes de l'art. 9 de la loi du 23 mai 1834 et de l'art. 108 de notre ordonnance du 31 mai 1838, portant règlement général sur la comptabilité publique, lesdites créances peuvent être acquittées, attendu qu'elles se rapportent à des services prévus par les budgets des exercices 1838 et 1839, et que leur montant n'excède pas les restes et crédits dont l'annulation sur ces services résulte des comptes définitifs desdits exercices; sur le rapport de notre ministre secrétaire d'Etat des travaux publics, et de l'avis de notre conseil des ministres, etc.

Art. 1er. Il est ouvert à notre ministre secrétaire d'Etat des travaux publics en augmentation des restes à payer constatés par les comptes des exercices 1838 et 1839, un crédit supplémentaire de quatorze mille cinq cent soixante-trois francs cinquante-six centimes (14,563 fr. 56 c.), montant des créances désignées au tableau ci-annexé, qui ont été liquidées à la charge de ces exercices, et dont les états nominatifs seront adressés en double expédition au ministre secrétaire d'Etat des finances, conformément à l'art. 106 de notre ordonnance du 31 mai 1838, portant règlement général sur la comptabilité publique, savoir : exercice 1838, 617 fr.; 1839, 13,946 fr. 56 c. Total, 14,563 fr. 56 c.

2. Notre ministre secrétaire d'Etat des travaux publics est, en conséquence, autorisé à ordonnancer ces créances sur le chapitre spécial ouvert pour les dépenses des exercices clos aux budgets des exercices courants, en exécution de l'art. 8 de la loi du 23 mai 1834.

3. La régularisation de ce crédit sera proposée aux Chambres lors de leur prochaine session.

4. Nos ministres des travaux publics et des finances (MM. Teste et Humann) sont chargés, etc.

(Suit le tableau.)

21 NOVEMBRE = 14 DÉCEMBRE 1841. — Ordonnance du roi qui réduit les crédits alloués, sur l'exercice 1840, pour les travaux de divers monuments et édifices publics, et ouvre un crédit sur l'exercice 1841, pour les mêmes travaux. (IX, Bull. DCCCLXVII, n. 9712.)

Louis-Philippe, etc., vu les lois des 15 juin et 6 juillet 1836, 18 juillet 1838, 10 juin et 15 juillet 1840, qui ont autorisé, pour des sommes déterminées, les travaux de divers monuments et édifices publics ; vu les lois des 10 mai 1838, 9 août 1839, 6 et 17 juin 1840 et 10 et 11 juin 1841, qui ont consacré, pour le service des monuments et édifices publics, le principe du report des crédits non employés pendant l'exercice auquel ils étaient primitivement attribués, lorsque ces crédits font partie d'allocations générales déterminées par des lois spéciales; considérant qu'il résulte de la situation définitive des dépenses de l'exercice 1840, que les crédits affectés à cet exercice, pour les services qui ont été l'objet des lois mentionnées ci-dessus, n'ont pas été employés en totalité, et qu'il importe de maintenir la destination des fonds attribués à des travaux dont la dépense totale a été votée par les Chambres ; sur le rapport de notre ministre secrétaire d'Etat des travaux publics, et de l'avis de notre conseil des ministres, etc.

Art. 1er. Les crédits alloués pour l'exercice 1840, pour les travaux ci-après du service des monuments et édifices publics, en vertu des lois spéciales ci-dessous rappelées, sont réduits d'une somme de cent quatre-vingt-sept mille deux cent soixante francs soixante et dix-neuf centimes, savoir : travaux de la Chambre des Pairs (loi du 15 juin 1836), 132 fr. 94 c. ; achèvement de divers monuments de la capitale (loi du 6 juillet 1836), 21,444 fr. 49 c. ; reconstruction ou achèvement de divers édifices publics (loi du 18 juillet 1838), 46,927 fr. 93 c. ; travaux à exécuter dans les bâtiments occupés par les bureaux du ministère de la guerre (loi du 10 juin 1840), 20 fr. 31 c. ; travaux divers du service des monuments et édifices publics (loi du 15 juillet 1840), 118,735 fr. 12 c. — Somme pareille, 187,260 fr. 79 c.

2. Un crédit de pareille somme de cent quatre-vingt-sept mille deux cent soixante francs soixante et dix-neuf centimes (187,260 fr. 79 c.) est ouvert sur l'exercice 1841, avec la destination partielle résultant de l'art. 1er, à notre ministre secrétaire d'Etat des travaux publics.

3. La régularisation de ce virement de crédit sera proposée aux Chambres lors de leur prochaine session.

4. Nos ministres des travaux publics et des finances (MM. Teste et Humann) sont chargés, etc.

21 NOVEMBRE = 14 DÉCEMBRE 1841. — Ordonnance du roi qui réduit les crédits alloués, sur l'exercice 1841, pour les travaux de divers monuments et édifices publics, et ouvre un crédit sur l'exercice 1842, pour les mêmes travaux. (IX, Bull. DCCCLXVII, n. 9713.)

Louis-Philippe, etc., vu les lois des 6 juillet 1836, 18 juillet 1838, 10 juin et 15 juillet 1840 et 24 mars 1841, qui ont autorisé, pour des sommes déterminées, les travaux de divers monuments et édifices publics ; vu les lois des 10 mai 1838, 9 août 1839, 6 et 17 juin 1840 et 10 et 11 juin 1841, qui ont consacré, pour le service des monuments et édifices publics, le principe du report des crédits non employés pendant l'exercice auquel ils étaient primitivement attribués, lorsque ces crédits font partie d'allocations générales déterminées par des lois spéciales ; considérant que les dépenses faites et à faire pendant l'exercice 1841, pour les services qui ont été l'objet des lois mentionnées ci-dessus, n'absorberont pas en totalité les crédits affectés à cet exercice ; considérant qu'il importe de ne pas interrompre les travaux en cours d'exécution, et qu'il y a nécessité de pourvoir au paiement des dépenses qui devront avoir lieu dès l'ouverture de l'exercice 1842; sur le rapport de notre ministre secrétaire d'Etat des travaux publics, et de l'avis de notre conseil des ministres, etc.

Art. 1er. Les crédits alloués pour l'exercice 1841 (y compris ceux résultant de notre ordonnance de ce jour), pour les travaux ci-après du service des monuments et édifices publics, en vertu des lois ci-dessous rappelées, sont réduits d'une somme de un million neuf cent vingt-deux mille francs (1,922,000 fr.), savoir : achèvement de divers monuments de la capitale (loi du 6 juillet 1836), 186,000 fr. ; reconstruction ou achèvement de divers édifices publics (loi du 18 juillet 1838), 1,060,000 fr. ; travaux à exécuter dans les bâtiments occupés par les bureaux du ministère de la guerre (loi du 10 juin 1840), 30,000 fr. ; travaux divers du service des monuments et édifices publics (loi du 15 juillet 1840), 96,000 fr. ; construction d'un édifice à affecter à l'école normale (loi du 24 mars 1841), 550,000 fr. — Somme pareille, 1,922,000 fr.

2. Un crédit de pareille somme de un million neuf cent vingt-deux mille francs (1,922,000 fr.) est ouvert sur l'exercice 1842, avec la destination partielle résultant de l'art. 1er, à notre ministre secrétaire d'Etat des travaux publics.

3. La régularisation de ce virement de crédit sera proposée aux Chambres lors de leur prochaine session.

4. Nos ministres des travaux publics et des finances (MM. Teste et Humann) sont chargés, etc.

22 NOVEMBRE = 14 DÉCEMBRE 1841. — Ordonnance du roi portant réception du bref qui confère à M. d'Astros, archevêque de Toulouse, les titres d'évêque assistant au trône pontifical et de comte romain. (IX, Bull. DCCCLXVII, n. 9714.)

Louis-Philippe, etc., sur le rapport de notre ministre secrétaire d'Etat au département de la justice et des cultes ; vu le bref de Sa Sainteté le pape Grégoire XVI, du 27 novembre 1840, qui confère à M. d'Astros (Paul-Thérèse-David), archevêque de Toulouse, les titres honorifiques d'évêque assistant au trône pontifical et de comte romain ; vu l'art. 1er de la loi du 18 germinal an 10 ; notre conseil d'Etat entendu, etc.

Art. 1er. Est reçu et sera mis à exécution le bref donné à Rome, près Saint-Pierre, le 27 novembre 1840, par Sa Sainteté le pape Grégoire XVI, et qui confère à M. d'Astros, archevêque de Toulouse, les titres d'évêque assistant au trône pontifical et de comte romain.

2. Ledit bref est reçu sans approbation des clauses, formules ou expressions qu'il renferme, et qui sont ou pourraient être contraires à la Charte constitutionnelle, aux lois du royaume, aux franchises, libertés et maximes de l'Eglise gallicane.

3. Ledit bref sera transcrit en latin et en français sur les registres de notre conseil d'Etat ; mention de ladite transcription sera faite sur l'original par le secrétaire général du conseil.

4. Notre ministre de la justice et des cultes (M. Martin du Nord) est chargé, etc.

23 NOVEMBRE = 14 DÉCEMBRE 1841. — Ordonnance du roi qui augmente la dotation de la caisse d'amortissement. (IX, Bull. DCCCLXVII, n° 9715.)

Louis-Philippe, etc., vu l'art. 35 de la loi de finances du 25 juin 1841 (budget des recettes 1842), qui autorise la négociation de la somme de rentes nécessaire pour produire un capital de quatre cent cinquante millions, et qui fixe le fonds d'amortissement des rentes négociées au centième du capital nominal ; vu notre ordonnance du 18 septembre dernier, par laquelle nous avons autorisé notre ministre des finances à opérer la vente de la somme de rentes trois pour cent portant jouissance du 22 juin 1841, nécessaire pour produire un capital de cent cinquante millions, et spécialement l'art. 2 de cette ordonnance, qui fixe au 1er janvier 1842 l'époque à partir de laquelle la dotation de la caisse d'amortissement sera accrue du centième du capital nominal des rentes négociées ; vu l'annonce publiée par le ministre des finances sous la date du même jour 18 septembre dernier, pour la mise en adjudication dudit emprunt, fixée au 18 octobre suivant ; vu le procès-verbal en date du même jour 18 octobre, qui constate l'adjudication de l'emprunt de cent cinquante millions au prix de soixante et dix-huit francs cinquante-deux centimes et demi pour trois francs de rentes ; considérant qu'à ce taux la somme de rentes trois pour cent à inscrire au grand-livre de la dette publique s'élève à cinq millions sept cent trente mille six cent cinquante-neuf francs, représentant un capital nominal de cent quatre-vingt-onze millions vingt et un mille neuf cent soixante-six francs soixante-six centimes deux tiers, dont le centième, sans fraction de francs, est de un million neuf cent dix mille deux cent vingt francs ; sur le rapport de notre ministre secrétaire d'Etat des finances, et de l'avis de notre conseil des ministres, etc.

Art. 1er. La dotation annuelle de la

caisse d'amortissement sera augmentée, à partir du 1er janvier 1842, de la somme de un million neuf cent dix mille deux cent vingt francs, spécialement affectée à l'amortissement des cinq millions sept cent trente mille six cent cinquante-neuf francs de rentes trois pour cent, adjugées le 18 octobre dernier pour la réalisation d'un emprunt de cent cinquante millions.

2. Ladite somme de un million neuf cent dix mille deux cent vingt francs sera versée à la caisse d'amortissement sur les ordonnances du ministre des finances, par à-comptes successifs et journaliers, suivant le mode adopté pour le versement des autres parties de la dotation de cette caisse.

3. Un crédit de ladite somme de un million neuf cent dix mille deux cent vingt francs est, en conséquence, ouvert à notre ministre secrétaire d'Etat des finances sur l'exercice 1842, chapitre 5, fonds d'amortissement.

4. La régularisation de ce crédit sera proposée aux Chambres lors de leur prochaine session.

5. Notre ministre des finances (M. Humann) est chargé, etc.

———

23 NOVEMBRE = 14 DÉCEMBRE 1841. — Ordonnance du roi qui ouvre au budget du ministère des finances, exercice 1840, deux chapitres destinés à recevoir l'imputation des paiements faits pour rappels d'arrérages de rentes viagères et de pensions antérieures à 1840. (IX, Bull. DCCCLXVII, n. 9716.)

Louis-Philippe, etc., vu l'art. 9 de la loi du 8 juillet 1837, lequel est ainsi conçu : « Pour le service de la dette via« gère et des pensions, et pour celui de la « solde et autres dépenses payables sur « revues, la dépense servant de base au « règlement des crédits de chaque exercice « ne se composera que des paiements effec« tués jusqu'à l'époque de sa clôture. Les « rappels d'arrérages payés sur ces mêmes « exercices, d'après les droits ultérieure« ment constatés, continueront d'être im« putés sur les crédits de l'exercice cou« rant ; mais en fin d'exercice, le transport « en sera effectué à un chapitre spécial au « moyen d'un virement de crédit autorisé « chaque année par une ordonnance royale, « qui sera soumise à la sanction des Cham« bres avec la loi de règlement de l'exer« cice expiré ; » vu l'art. 102 de notre ordonnance royale du 31 mai 1838, portant règlement général sur la comptabilité publique ; considérant qu'il y a lieu, en ce qui concerne les rentes viagères et les pensions, d'appliquer les dispositions ci-dessus à l'exercice 1840, qui a atteint le terme

de sa clôture et dont le réglement définif doit être incessamment proposé aux Chambres ; sur le rapport de notre ministre secrétaire d'Etat des finances, et de l'avis de notre conseil des ministres, etc.

Art. 1er. Il est ouvert au budget du ministère des finances, pour l'exercice 1840, deux nouveaux chapitres spécialement destinés à recevoir l'imputation des paiements faits pendant cet exercice pour rappels d'arrérages antérieurs à l'année 1840, des rentes viagères et des pensions. Ces chapitres prendront le titre de *Rappels d'arrérages de rentes viagères antérieurs à 1840 ; rappels d'arrérages de pensions antérieurs à 1840.*

2. Les paiements effectués pour ces rappels d'arrérages, et montant, d'après le tableau ci-annexé, à deux cent vingt-neuf mille cent trente et un francs soixante-six centimes (229,131 fr. 66 c.), sont, en conséquence, déduits des chapitres ordinaires ouverts au budget de l'exercice 1840 pour les rentes viagères et les pensions, et appliqués comme il suit aux nouveaux chapitres désignés par l'article précédent : rappels d'arrérages de rentes viagères antérieurs à 1840, 86,005 fr. 26 c. ; rappels d'arrérages de pensions antérieurs à 1840, 143,126 fr. 40 c. Total, 229,131 fr. 66 c.

3. Les crédits ouverts par la loi de finances et par des lois spéciales pour le service des rentes viagères et des pensions pendant l'année 1840, sont réduits de la somme ci-dessus de deux cent vingt-neuf mille cent trente et un francs soixante-six centimes, qui demeure provisoirement appliquée aux deux nouveaux chapitres sus-indiqués, savoir : rentes viagères, 86,005 fr. 26 c. ; pensions civiles, 21,955 fr. 33 c. ; pensions à titre de récompenses nationales, 1,375 fr. ; pensions militaires, 104,459 fr. 88 c. ; pensions ecclésiastiques, 5,469 fr. 77 c. ; pensions des donataires, 9,856 fr. 42 c. Total, 229,131 fr. 66 c.

4. La présente ordonnance sera annexée au projet de loi portant règlement définitif du budget de l'exercice 1840.

5. Notre ministre des finances (M. Humann) est chargé, etc.

(*Suit le tableau.*)

———

23 NOVEMBRE = 14 DÉCEMBRE 1841. — Ordonnance du roi portant nomination des membres de la commission chargée de l'examen des comptes de 1841. (IX, Bull. DCCCLXVII, n. 9717.)

Louis-Philippe, etc., vu l'ordonnance du 10 décembre 1823, qui institue une commission spéciale pour l'examen des comptes publiés par nos ministres, et celle du 12 novembre 1826, qui charge ladite commission de vérifier et d'arrêter, le 31 décembre de chaque année, les livres de la comptabilité spéciale tenus à la direction de la dette inscrite, pour les rentes, les pensions et les cautionnements; vu notre ordonnance du 8 décembre 1830, portant que cette commission sera composée de neuf membres choisis par nous, chaque année, dans le sein de notre Cour des comptes, de notre conseil d'Etat et des deux Chambres législatives; vu l'art. 164 du règlement général sur la comptabilité publique, qui a fait l'objet de notre ordonnance du 31 mai 1838, etc.

Art. 1ᵉʳ. Sont nommés membres de la commission chargée de l'examen des comptes de 1841, MM. le baron Mounier, pair de France, président; Vuitry, membre de la Chambre des Députés; Desmousseaux de Givré, idem; Macarel, conseiller d'Etat; Azevedo, maître des requêtes; de Riberolles, conseiller maître des comptes; de Gombert, conseiller référendaire de première classe à la Cour des comptes; Martin, idem; Gabriel Dupin, conseiller référendaire de deuxième classe.

2. Notre ministre des finances (M. Humann) est chargé, etc.

8 SEPTEMBRE == 15 DÉCEMBRE 1841. — Ordonnance du roi concernant l'organisation des cadres des divers corps de toutes armes (pied de paix et pied de guerre) et la réserve de l'armée. (IX; Bull. DCCCLXVIII, n. 9719.)

Louis-Philippe, etc., vu la loi du 21 mars 1832, sur le recrutement de l'armée; vu les lois du 14 avril 1832 sur l'avancement dans l'armée, et du 19 mai 1834 sur l'état des officiers; vu les ordonnances portant organisation des divers corps de l'armée; vu la loi du 9 mars 1831 et les ordonnances concernant la création et l'organisation des corps étrangers; voulant déterminer la composition des cadres des divers corps de l'armée sur le pied de paix et sur le pied de guerre, ainsi que l'emploi des hommes faisant partie de la réserve; sur le rapport de notre ministre secrétaire d'Etat de la guerre, président du conseil, etc.

TITRE Iᵉʳ. — *Pied de paix.*

Art. 1ᵉʳ. L'armée est composée des armes et des corps ci-après :

Infanterie.

100 régiments d'infanterie de ligne et d'infanterie légère à trois bataillons, chacun de sept compagnies, dont une de grenadiers ou de carabiniers, une de voltigeurs et une de dépôts; 10 bataillons de chasseurs à pied, chacun de huit compagnies, dont deux de dépôt pour ceux qui sont employés en Algérie; 1 régiment de zouaves employé en Algérie, autorisé à recevoir des indigènes, et formé de trois bataillons, chacun de neuf compagnies, dont une de dépôt; 3 bataillons d'infanterie légère d'Afrique, chacun de dix compagnies, dont deux de dépôt; 12 compagnies de discipline; 1 légion étrangère, formant deux régiments à trois bataillons, chacun de huit compagnies.

Cavalerie.

2 régiments de carabiniers; 10 régiments de cuirassiers; 12 régiments de dragons; 8 régiments de lanciers; 13 régiments de chasseurs; 9 régiments de hussards; chacun de cinq escadrons. La cavalerie comprend en outre quatre régiments de chasseurs d'Afrique, chacun de six escadrons.

Artillerie.

14 régiments, 10 à 15 batteries, 4 à 14 batteries, et un cadre de dépôt par régiment; 1 régiment de pontonniers de douze compagnies; 12 compagnies d'ouvriers; 1 demie-compagnie d'armuriers; 6 escadrons du train des parcs, chacun de huit compagnies.

Génie.

3 régiments à deux bataillons, chacun de huit compagnies, dont une de mineurs et sept de sapeurs : chaque régiment a en outre une compagnie de sapeurs-conducteurs; 2 compagnies d'ouvriers.

Gendarmerie.

26 légions, dont une employée en Algérie; 1 bataillon de voltigeurs à quatre compagnies, employé en Corse comme auxiliaire de la gendarmerie; 1 légion de garde municipale à Paris; 1 bataillon de sapeurs-pompiers à cinq compagnies, à Paris.

Vétérans.

8 compagnies de sous-officiers; 10 compagnies de fusiliers; 4 compagnies de cavaliers; 15 compagnies de canonniers; 1 compagnie du génie; 2 compagnies de gendarmerie.

Administration.

1 bataillon d'ouvriers de dix compagnies et un dépôt; 4 escadrons du train des équipages militaires, chacun de quatre compagnies actives et d'un cadre de dépôt; 4 compagnies d'ouvriers du train des équipages militaires.

2. La composition des cadres dans les divers corps de toutes armes est conforme

au tableau annexé à la présente ordonnance.

TITRE II. — *Pied de guerre.*

3. Chacun des bataillons des régiments d'infanterie de ligne et d'infanterie légère pourra être porté sur le pied de guerre à neuf compagnies, dont une de dépôt. Il pourra également être formé un quatrième bataillon dans les régiments d'infanterie, suivant les besoins du service.

4. Les cinquante-quatre régiments de cavalerie, organisés à cinq escadrons, seront portés chacun à six escadrons.

5. Dans le cas de guerre, il sera formé, pour le service des états-majors des armées, deux régiments de chasseurs à cheval guides, chacun de six escadrons.

6. Notre ministre secrétaire d'État de la guerre déterminera, selon les besoins du service, le nombre de batteries et de compagnies des troupes de l'artillerie qui devront être mises sur le pied de guerre. Il sera créé, dans les régiments de pontonniers et dans chacun des six escadrons du train des parcs, un cadre de dépôt.

7. Chacun des bataillons des régiments du génie sera porté sur le pied de guerre à neuf compagnies, dont une de mineurs et huit de sapeurs; il aura en outre deux compagnies de dépôt.

8. Il sera créé deux compagnies temporaires pour chacun des escadrons du train des équipages militaires mis sur le pied de guerre.

TITRE III. — *Réserve.*

9. Les hommes envoyés en congé en vertu de l'art. 30 de la loi de 21 mars 1832 forment la réserve de l'armée; ils sont soumis à des revues semestrielles, dont les époques et la durée sont déterminées par notre ministre secrétaire d'État de la guerre.

10. Les hommes faisant partie de la réserve seront rappelés sous les drapeaux, en cas de guerre, et, en temps de paix, lorsque des besoins extraordinaires de service l'exigeront. Ils seront dirigés sur les corps de leurs armes respectives.

TITRE IV. — *Dispositions transitoires.*

11. Il sera procédé par voie d'extinction à la suppression des emplois non conservés dans la fixation des cadres déterminés par la présente ordonnance.

12. Jusqu'à ce que les cadres soient rentrés dans les limites fixées, la moitié des vacances de capitaine et de lieutenant sera donnée à l'avancement. Le tiers des sous-lieutenances reviendra aux sous-officiers du corps où la vacance aura lieu, conformément à la loi du 14 avril 1832; et il

pourra être disposé d'un quart des emplois en faveur des élèves des écoles militaire et polytechnique. Les vacances qui ne doivent pas être données à l'avancement ou aux élèves des écoles militaires seront conférées, par rang d'ancienneté dans chaque corps, aux officiers dudit corps déjà en possession du grade dont les emplois ne sont pas conservés. Les vacances provenant du passage dans les compagnies et le bataillon de zouaves créés par la présente ordonnance, ne compteront point pour la part dévolue à l'avancement par les paragraphes précédents. La moitié des vacances de sous-officier et de caporal sera donnée à l'avancement. L'autre moitié appartiendra, dans chaque corps, aux sous-officiers et caporaux non conservés dans leurs fonctions. Ces militaires seront mis en possession des emplois de leur grade d'après leur rang d'ancienneté.

13. La présente ordonnance recevra son exécution à dater du 1er janvier 1842. Toutefois l'application de ces dispositions, en ce qui concerne les régiments d'infanterie de ligne et d'infanterie légère employés en Algérie, sera réglée par notre ministre secrétaire d'État de la guerre, de manière à ce qu'il n'en résulte aucune diminution pour l'effectif de ces corps.

14. Toutes les dispositions contraires à la présente ordonnance sont et demeurent abrogées.

15. Notre ministre secrétaire d'État de la guerre (duc de Dalmatie) est chargé, etc.

(Suivent les tableaux.)

27 NOVEMBRE = 15 DÉCEMBRE 1841. — Ordonnance du roi qui ouvre au ministre de la marine et des colonies un crédit extraordinaire pour des créances à solder sur des exercices périmés. (IX, Bull. DCCCLXVIII, n. 9720.)

Louis-Philippe, etc., vu l'état des créances liquidées à la charge du département de la marine et des colonies sur les exercices périmés 1835 et 1836, et qui, pour les causes énoncées audit état, ne sont pas passibles de la déchéance prononcée par l'art. 9 de la loi du 29 janvier 1831; vu l'art. 8 de la loi du 10 mai 1838, aux termes duquel les créances de cette nature ne peuvent être ordonnancées par nos ministres qu'après que des crédits extraordinaires spéciaux, par articles, leur ont été ouverts à cet effet, conformément aux art. 4, 5 et 6 de la loi du 24 avril 1833; vu l'art. 114 de notre ordonnance du 31 mai 1838, portant règlement général sur la comptabilité publique; sur le rapport de notre ministre secrétaire d'État de la marine et des colonies, et de l'avis de notre conseil des ministres, etc.

Art. 1er. Un crédit extraordinaire spécial de neuf cent soixante et un francs soixante et dix-sept centimes est ouvert à notre ministre secrétaire d'Etat de la marine et des colonies sur le budget de l'exercice 1841, pour solder les créances des exercices périmés non frappées de déchéance, qui sont détaillées au tableau ci-annexé.

2. L'ordonnancement de ces créances aura lieu avec imputation au chapitre spécial *Dépenses des exercices périmés*, prescrit par l'art. 8 de la loi du 10 mai 1838.

3. La régularisation de ce crédit sera proposée aux Chambres lors de leur prochaine session.

4. Nos ministres de la marine et des colonies, et des finances (MM. Duperré et Humann) sont chargés, etc.

(*Suit le tableau.*)

27 NOVEMBRE = 15 DÉCEMBRE 1841. — Ordonnance du roi qui ouvre au ministre de la marine et des colonies un crédit supplémentaire pour des créances constatées sur des exercices clos. (IX, Bull. DCCCLXVIII, n. 9721.)

Louis-Philippe, etc., vu l'état des créances liquidées à la charge du département de la marine et des colonies, additionnellement aux restes à payer constatés par les comptes définitifs des exercices clos 1837, 1838 et 1839; considérant que ces créances concernent des services non compris dans la nomenclature de ceux pour lesquels les lois de dépenses des mêmes exercices ont donné la faculté d'ouvrir des suppléments de crédits; considérant toutefois qu'aux termes de l'art. 9 de la loi du 25 mai 1834 et de l'art. 108 de notre ordonnance du 31 mai 1838, portant réglement général sur la comptabilité publique, lesdites créances peuvent être acquittées, attendu qu'elles se rapportent à des services prévus par les budgets des exercices 1837, 1838 et 1839, et que leur montant n'excède pas les restants de crédits dont l'annulation a été prononcée sur ces services par la loi de règlement desdits exercices; sur le rapport de notre ministre secrétaire d'Etat de la marine et des colonies, et de l'avis de notre conseil des ministres, etc.

Art. 1er. Il est ouvert à notre ministre secrétaire d'Etat de la marine et des colonies, en augmentation des restes à payer constatés par les lois de règlement des exercices 1837, 1838 et 1839, un crédit supplémentaire de cinq mille quatre cent cinquante-huit francs neuf centimes, mon-

tant des créances désignées au tableau ci-annexé, qui ont été liquidées à la charge de ces exercices, et dont les états nominatifs seront adressés en double expédition au ministre secrétaire d'Etat des finances, conformément à l'art. 106 de notre ordonnance du 31 mai 1838, portant réglement général sur la comptabilité publique, savoir : exercices 1837, 851 fr. 78 c.; 1838, 657 fr. 50 c.; 1839, 3,948 fr. 81 c. Total, 5,458 fr. 9 c.

2. Notre ministre secrétaire d'Etat de la marine et des colonies est, en conséquence, autorisé à ordonnancer ces créances sur le chapitre spécial ouvert pour les dépenses des exercices clos aux budgets des exercices courants, en exécution de l'art. 8 de la loi du 23 mai 1834.

3. La régularisation de ce crédit sera proposée aux Chambres lors de leur prochaine session.

4. Nos ministres de la marine et des colonies, et des finances (MM. Duperré et Humann) sont chargés, etc.

(*Suit le tableau.*)

28 NOVEMBRE = 15 DÉCEMBRE 1841. — Ordonnance du roi qui reporte à l'exercice 1841 une somme restée sans emploi sur les fonds affectés aux dépenses des écoles normales primaires pour l'année 1840. (IX, Bull. DCCCLXVIII, n. 9722.)

Louis-Philippe, etc., considérant qu'une somme de quarante et un mille deux cent cinquante-cinq francs quarante-huit centimes reste sans emploi sur les fonds centralisés au trésor et affectés aux dépenses des écoles normales primaires pour l'année 1840; que les besoins du service et les règles de la comptabilité exigent que cette somme soit reportée à l'exercice 1841; sur le rapport de notre ministre secrétaire d'Etat au département de l'instruction publique, etc.

Art. 1er. La somme de quarante et un mille deux cent cinquante-cinq francs quarante-huit centimes, qui est restée sans emploi sur les fonds centralisés au trésor et affectés aux dépenses des écoles normales primaires pour l'année 1840, est reportée à l'exercice 1841.

2. Nos ministres de l'instruction publique et des finances (MM. Villemain et Humann) sont chargés, etc.

2 = 15 DÉCEMBRE 1841. — Ordonnance du roi qui ouvre, sur l'exercice 1842, un crédit extraordinaire pour dépenses à la charge du legs fait à l'Université par M. Janson de Sailly. (IX, Bull. DCCCLXVIII, n. 9723.)

Louis-Philippe, etc., vu notre ordon-

nance du 24 août 1837, portant : « art.
« 1er. Il est ouvert à notre ministre secré-
« taire d'Etat au département de l'instruc-
« tion publique, sur les fonds de l'exercice
« 1837, un crédit spécial et extraordinaire
« de cent trente mille francs, pour le paie-
« ment des sommes à la charge du legs fait
« à l'Université par le sieur Janson de Sailly.
« Ladite somme sera remboursée au trésor.
« avec les intérêts, lors de l'extinction de
« l'usufruit dont le legs est grevé » ; vu la
loi du 10 mai 1838, qui a définitivement
accordé ce crédit ; vu nos ordonnances des
16 novembre 1838, 29 octobre 1839 et 16
octobre 1840, et les lois des 9 août 1839,
17 juin 1840 et 10 juin 1841, par lesquelles
il a été successivement ouvert à notre ministre de l'instruction publique, sur les
fonds des exercices 1838, 1839 et 1840, un
crédit égal à la somme annulée sur l'exercice précédent ; considérant qu'il est resté
disponible, sur le crédit ouvert pour l'exercice 1840, une somme de trente et un mille
huit cent soixante et dix-neuf francs quatre-vingt-dix centimes, laquelle sera comprise comme crédit à annuler dans la loi
de règlement dudit exercice à proposer incessamment aux Chambres ; que, cependant, l'usufruit dont le legs est grevé n'est
pas éteint ; qu'il reste des rentes viagères
à servir, mais que les arrérages à échoir ne
sont exigibles qu'au mois de janvier prochain, et que, dès lors, il n'y a nécessité
de crédit que sur l'exercice 1842 ; de l'avis
de notre conseil des ministres, etc.

Art. 1er. Il est ouvert à notre ministre
secrétaire d'Etat de l'instruction publique,
sur l'exercice 1842, un crédit extraordinaire de trente et un mille huit cent
soixante et dix-neuf francs quatre-vingt-dix
centimes, pour subvenir aux dépenses à la
charge du legs fait à l'Université par
M. Janson de Sailly.

2. La régularisation de ce crédit, qui
fera l'objet d'un chapitre spécial au budget
dudit exercice, sera proposée aux Chambres lors de leur prochaine session.

5. Nos ministres de l'instruction publique et des finances (MM. Villemain et Humann) sont chargés, etc.

7 = 15 DÉCEMBRE 1841. — Ordonnance du roi
portant que, sauf le cas d'urgence et de nécessité
absolue, tout transport entre la France et l'Algérie ne pourra s'effectuer que par navires français. (IX, Bull. DCCCLXVIII, n. 9724.)

Louis-Philippe, etc., vu nos ordonnances
des 11 novembre 1835 et 23 février 1837 ;
sur le rapport de notre président du conseil, ministre secrétaire d'Etat au département de la guerre, et de nos ministres secrétaires d'Etat aux départements du commerce et des finances, etc.

Art. 1er. A compter du 1er mars 1842,
et conformément à l'art. 1er de notre ordonnance du 11 novembre 1835, tout transport entre la France et l'Algérie ne pourra
s'effectuer que par navires français, sauf
le cas d'urgence et de nécessité absolue.

2. Toutes dispositions contraires à la
présente ordonnance sont abrogées.

5. Nos ministres de la guerre, du commerce et des finances (MM. duc de Dalmatie, Cunin-Gridaine et Humann) sont chargés, etc.

7 = 15 DÉCEMBRE 1841. —Ordonnance du roi qui
met à la disposition du ministre de la guerre,
sur l'exercice 1841, pour les travaux de fortifications de Paris, une somme restée sans emploi
sur le crédit total de six millions ouvert, pour
1840, par la loi du 10 juin 1841. (IX, Bull.
DCCCLXVIII, n. 9725.)

Louis-Philippe, etc., vu la loi du 10 juin
1841, qui fixe à six millions les crédits
accordés, sur l'exercice 1840, aux ministres des travaux publics et de la guerre
pour les travaux de fortifications de Paris ;
vu l'art. 4 de la loi du 3 avril de la même
année, consacrant le principe du report
sur l'exercice suivant des crédits de cette
nature qui n'auraient pu être employés pendant l'exercice au titre duquel ils ont été
primitivement accordés ; vu l'art. 6 de la
même loi, qui charge le ministre de la
guerre d'acquitter, par ses ordonnances, les
dépenses qui seraient constatées après la
liquidation des travaux dont l'exécution
avait été confiée au département des travaux publics ; considérant que sur les six
millions ouverts aux ministres des travaux
publics et de la guerre, sur l'exercice 1840,
il est resté sans emploi une somme totale
de six cent quarante-neuf mille cent vingt-
six francs trente-deux centimes, savoir :
département des travaux publics, 21,879 fr.
95 c. ; département de la guerre, 627,246 fr.
37 c. ; total égal, 649,126 fr. 32 c. ; sur le
rapport de notre ministre secrétaire d'Etat
de la guerre, président du conseil, etc.

Art. 1er. La somme de six cent quarante-
neuf mille cent vingt-six francs trente-deux
centimes, restée sans emploi sur le crédit
total de six millions ouvert, sur 1840,
aux ministres des travaux publics et de la
guerre, par la loi du 10 juin 1841, est mise
à la disposition de notre ministre secrétaire
d'Etat de la guerre, sur l'exercice 1841,
pour subvenir à la dépense des travaux de
fortifications de Paris autorisés par la loi du
3 avril 1841.

2. La régularisation de ce virement de

crédit sera proposée aux Chambres lors de leur prochaine session.

3. Nos ministres de la guerre, des travaux publics et des finances (MM. duc de Dalmatie, Cunin-Gridaine et Humann) sont chargés, etc.

---

8 = 15 décembre 1841. — Ordonnance du roi portant convocation des conseils généraux des départements de la Marne, de l'Yonne et de Vaucluse. (IX, Bull. DCCCLXVIII, n. 9726.)

Louis-Philippe, etc., sur le rapport de notre ministre secrétaire d'Etat au département de l'intérieur ; vu la loi du 22 juin 1833, etc.

Art. 1ᵉʳ. Les conseils généraux des départements de la Marne, de l'Yonne et de Vaucluse sont convoqués, pour le 22 décembre présent mois, à l'effet de délibérer sur les projets de construction de chemins de fer de Paris à Strasbourg, de Paris à Lyon et de Marseille au Rhône, et sur les autres affaires qui leur seraient soumises par les préfets. Ces sessions extraordinaires ne pourront durer plus de cinq jours.

2. Notre ministre de l'intérieur (M. Duchâtel) est chargé, etc.

---

9 février = 15 décembre 1841. — Ordonnance du roi concernant les frais de premier établissement ou de déplacement à allouer aux fonctionnaires du service des colonies. (IX, Bull. DCCCLXVIII, n. 9727.)

Louis-Philippe, etc., sur le rapport de notre ministre secrétaire d'Etat au département de la marine et des colonies, etc.

Art. 1ᵉʳ. Tout officier ou fonctionnaire qui sera nommé pour la première fois à un emploi de gouverneur, de commandant militaire, de chef d'administration, de chef de service ou d'inspecteur dans les colonies, recevra intégralement, quelle que soit sa résidence au moment de sa nomination, les frais de premier établissement ou de déplacement attribués audit emploi par les règlements.

2. § 1ᵉʳ. Lorsqu'un fonctionnaire du service colonial, à qui des frais de premier établissement ou de déplacement auront déjà été alloués, sera nommé à un nouvel emploi auquel des frais de même nature seront également attribués, il recevra, si la seconde allocation est supérieure à la première, une somme équivalente à la différence existante entre elles. § 2. Si les deux allocations sont égales ou si la seconde est moins élevée que la première, le fonctionnaire qui aura été nommé à un nouvel emploi dans une autre colonie recevra une indemnité représentant, dans le premier

cas, le cinquième, et, dans le second cas, les deux cinquièmes des frais de premier établissement ou de déplacement attachés à son nouvel emploi. § 3. Les dispositions du § 1ᵉʳ du présent article ne seront appliquées aux membres de l'ordre judiciaire, le procureur général excepté, que lorsqu'il y aura déplacement d'une colonie à une autre colonie.

3. Dans aucun cas, les frais de premier établissement ou de déplacement ne pourront être alloués intégralement plus d'une fois au même fonctionnaire.

4. Notre ministre de la marine et des colonies (M. Duperré) est chargé, etc.

---

6 = 16 décembre 1841. — Ordonnance du roi qui ouvre au ministre de la marine et des colonies un crédit extraordinaire sur l'exercice 1841. (IX, Bull. DCCCLXIX, n. 9731.)

Louis-Philippe, etc., vu, 1° la loi du 16 juillet 1840, portant fixation du budget général des dépenses de l'exercice 1841; 2° les lois des 16 juillet 1840, 11 et 15 juin 1841, portant allocation de crédits extraordinaires au département de la marine et des colonies ; 3° les art. 4 et 6 de la loi du 24 avril 1833, et l'art. 12 de celle du 23 mai 1834 ; 4° les art. 26, 27 et 28 de notre ordonnance du 31 mai 1838, portant règlement général sur la comptabilité publique; sur le rapport de notre ministre secrétaire d'Etat de la marine et des colonies, et de l'avis de notre conseil des ministres, etc.

Art. 1ᵉʳ. Il est ouvert à notre ministre secrétaire d'Etat de la marine et des colonies, sur l'exercice 1841, un crédit extraordinaire de quatre millions huit cent quatre-vingt-douze mille neuf cent quarante-neuf francs quatre-vingt-dix-huit centimes, pour subvenir à l'ordonnancement des dépenses urgentes qui n'ont pu être prévues au budget dudit exercice, et qui s'appliquent aux chapitres ci-après, savoir : Chap. 6. Hôpitaux, 339,800 fr. Chap. 8. Travaux du matériel naval (ports), 4,400,000 fr. Chap. 16. Matériel des services d'administration des ports et objets divers, 126,056 fr. 8 c. Chap. 21. Colonies, services accessoires, 27,093 fr. 90 c. Somme égale, 4,892,949 fr. 98 c.

2. La régularisation de ce crédit extraordinaire sera proposée aux Chambres lors de leur prochaine session.

3. Nos ministres de la marine et des colonies, et de finances (MM. Duperré et Humann) sont chargés, etc.

---

6 = 16 décembre 1841. — Ordonnance du roi qui ouvre, sur l'exercice 1841, un crédit sup-

plémentaire pour un prix de l'Académie royale de médecine. (IX, Bull. DCCCLXIX, n. 9732.)

Louis-Philippe, etc., vu les art. 3 et 4 de la loi du 24 avril 1833 ; vu la loi du 14 juillet 1838, portant fixation du budget des dépenses de l'exercice 1839, et contenant, art. 6, la nomenclature détaillée des dépenses pour lesquelles la faculté nous est réservée d'ouvrir des crédits supplémentaires en cas d'insuffisance, dûment justifiée, des crédits législatifs ; vu les art. 20, 21, 22, 23 et 25 de notre ordonnance du 31 mai 1838, portant réglement général sur la comptabilité publique; sur le rapport de notre ministre secrétaire d'Etat de l'instruction publique, et de l'avis de notre conseil des ministres, etc.

Art. 1er. Il est ouvert à notre ministre secrétaire d'Etat de l'instruction publique, sur l'exercice 1841, un crédit supplémentaire de mille francs, applicable aux chapitre et article ci-après, savoir : Chap. 18 : *Établissements divers.* Art. 1er. Académie royale de médecine, prix arriéré, 1,000 fr.

2. La régularisation de ce crédit supplémentaire sera proposée aux Chambres lors de leur prochaine session.

3. Nos ministres de l'instruction publique et des finances (MM. Villemain et Humann) sont chargés, etc.

7 — 16 DÉCEMBRE 1841. — Ordonnance du roi portant organisation de l'infanterie indigène en Algérie. (IX, Bull. DCCCLXIX, n. 9733.)

Louis-Philippe, etc., vu la loi du 9 mars 1831 ; voulant régler l'organisation de l'infanterie indigène en Algérie ; sur le rapport de notre président du conseil, ministre secrétaire d'Etat au département de la guerre, etc.

CHAPITRE Ier. — *Organisation et avancement.*

Art. 1er. Il sera formé en Algérie des bataillons d'infanterie indigène, qui prendront la dénomination de *bataillons de tirailleurs indigènes.* Chaque bataillon portera, en outre, le nom de la province ou subdivision militaire dans laquelle il aura été organisé. La composition d'un bataillon sera conforme au tableau A annexé à la présente ordonnance.

2. Le nombre des bataillons de tirailleurs indigènes sera, quant à présent, fixé à trois, savoir : un pour les provinces d'Alger et de Titteri ; un pour celle de Constantine, comprenant la subdivision de Bône ; un pour celle d'Oran, comprenant les commandements de Mostaganem et de Maskara.

3. Les emplois de l'état-major et ceux du petit état-major seront exclusivement dévolus aux militaires français. Il en sera de même des emplois de capitaine, de sergent-major et de fourrier. La moitié des emplois de lieutenant et de sous-lieutenant sera affectée aux Français, l'autre moitié demeurera réservée aux indigènes. Le commandement, même par intérim, d'une compagnie, ne pourra jamais être exercé que par un officier français. Dans les compagnies, les sergents, les caporaux, les tambours ou clairons et les tirailleurs seront tous indigènes. Les chefs de bataillon, adjudants-majors, capitaines et chirurgiens-aides-majors, seront montés.

4. Nul officier ne sera admis dans les bataillons, après la première formation, s'il ne possède la connaissance pratique de la langue arabe.

5. L'avancement aux grades de lieutenant et de capitaine, tant au choix qu'à l'ancienneté, aura lieu par bataillon pour les officiers français. Les chefs de bataillon et les capitaines concourront, pour l'avancement, sur toute l'arme de l'infanterie avec les officiers de leur grade en activité.

6. Des permutations pourront s'effectuer entre les officiers français des bataillons et des officiers du même grade appartenant aux corps d'infanterie ; mais les demandes ne seront accueillies qu'autant que les officiers qui voudront entrer dans les tirailleurs indigènes posséderont la pratique de la langue arabe.

7. Les deux tiers des emplois de sous-lieutenant pourront être donnés aux sous-officiers des bataillons. Le dernier tiers sera réservé aux sous-officiers des corps d'infanterie portés au tableau d'avancement, proposés, sur leur demande, à l'inspection générale, et réunissant toutes les conditions d'aptitude exigées, spécialement celle prescrite par l'art. 4.

8. Les emplois d'adjudant sous-officier seront donnés aux sergents-majors dans chaque bataillon. Ceux de sergents-majors appartiendront aux sergents-fourriers. Les emplois de sergent-fourrier pourront être donnés, un quart aux caporaux secrétaires ; trois quarts aux fourriers ou aux caporaux des corps d'infanterie portés au tableau d'avancement, à qui il restera encore trois ans au moins de service à faire pour atteindre leur libération. Ces militaires devront en outre avoir été proposés, sur leur demande, à l'inspection générale, après que leur aptitude au service du bataillon aura été reconnue. Les caporaux secrétaires seront choisis dans les corps d'infanterie, soit parmi les caporaux, soit parmi les soldats qui, ayant accompli six mois de service, seront portés au tableau d'avance-

ment, et rempliront en outre les conditions indiquées au paragraphe précédent. Toutefois les soldats français compris dans le petit état-major pourront concourir pour l'emploi de caporal secrétaire. L'avancement des Français aux divers emplois du grade de sous-officier et de caporal s'effectuera conformément aux dispositions en vigueur dans les corps français. Il en sera de même lorsqu'il y aura lieu de prononcer leur cassation. Les militaires qui auront encouru la cassation seront renvoyés, comme soldats, dans les corps auxquels ils appartenaient précédemment.

9. Les emplois de lieutenant et de sous-lieutenant indigène seront conférés uniquement au choix, et sans que les nominations soient assujetties aux règles de l'avancement dans l'armée française. Ces officiers seront nommés par le roi, mais ils n'auront point droit à l'application des dispositions de la loi sur l'état des officiers. Les sous-officiers et caporaux indigènes seront nommés et cassés, quand il y aura cause suffisante, par le commandant du bataillon, en observant d'ailleurs les formalités prescrites par les règlements pour les corps français.

10. Les Français pourront contracter des engagements volontaires pour les bataillons de tirailleurs indigènes; toutefois ils ne seront admis à servir qu'en qualité d'ouvriers armuriers, de muletiers ou d'infirmiers. Les sous-officiers, caporaux et soldats français pourront se rengager. Le rengagement aura lieu d'après le mode suivi dans les corps de l'armée. Les indigènes seront reçus, sans engagement, dans les tirailleurs: ils seront renvoyés, soit d'après leur demande, soit pour cause d'inaptitude au service ou d'inconduite. L'admission ou le renvoi des indigènes aura lieu sur la proposition du chef de corps et avec l'approbation du commandant militaire supérieur.

CHAPITRE II. — *Solde et accessoires. — Administration.*

11. Les officiers des bataillons de tirailleurs indigènes recevront la solde, les indemnités et allocations diverses déterminées par le tarif B ci-annexé. La solde de la troupe et la prime pour l'entretien de l'habillement seront décomptées par jour, conformément au même tableau, qui détermine également les premières mises, le complet de la masse individuelle et les prestations en nature.

12. Chacun des bataillons de tirailleurs indigènes sera administré par un conseil d'administration, composé de la manière suivante : le chef de bataillon, président; le capitaine adjudant-major, membre;

deux capitaines, membres; l'officier faisant fonctions de trésorier et d'officier d'habillement, membre. L'officier faisant fonctions de trésorier et d'officier d'habillement remplira les fonctions de rapporteur. Les règles d'administration et de comptabilité seront les mêmes que dans les autres corps d'infanterie de l'armée. La responsabilité du conseil sera la même que celle qui est imposée aux corps français. La surveillance administrative appartiendra aux fonctionnaires de l'intendance militaire qui exerceront, à l'égard du bataillon, les attributions qui leur sont dévolues près des corps français.

13. La masse générale d'entretien sera formée des allocations partielles déterminées pour chaque compagnie. L'excédant de la masse individuelle donnera lieu à un compte qui sera fait dans la forme prescrite pour les corps français.

14. L'officier faisant fonctions de trésorier et d'officier d'habillement devra, au moyen de ses frais de bureau, faire face aux dépenses d'écritures générales du bataillon, et tenir, sous la surveillance du conseil, les registres dont la nomenclature forme le tableau C ci-annexé. Chaque officier, sous-officier, caporal et soldat sera porteur d'un livret sur lequel seront inscrites les sommes qui lui auront été payées, ainsi que les effets qui lui auront été délivrés. Le paiement de la solde aura lieu le 15 et le 30 de chaque mois, en présence du capitaine commandant la compagnie.

CHAPITRE III. — *Armement et habillement.*

15. Le tableau D, annexé à la présente ordonnance, détermine : 1° l'armement des officiers et de la troupe; 2° l'uniforme des officiers, des sous-officiers et des caporaux français : les insignes des grades seront les mêmes que dans l'infanterie de ligne; 3° l'habillement des indigènes. Les détails en seront réglés, ainsi que ceux de l'équipement, par notre ministre de la guerre.

CHAPITRE IV. — *Dispositions transitoires.*

16. Seront admis à concourir à la formation des nouveaux bataillons de tirailleurs les officiers, sous-officiers, caporaux et soldats de tous les corps d'infanterie indigènes créés jusqu'à ce jour en Algérie et actuellement existants, sous quelque titre que ce puisse être, à l'exception des milices musulmanes dites *gardes urbaines*, assujetties à un service sédentaire dans les places, et dont notre ministre de la guerre autoriserait la conservation ou l'organisation.

17. Pour la première formation, il pourra être admis dans les cadres de chaque bataillon de tirailleurs indigènes des officiers des

corps d'infanterie et des officiers d'autres armes. Le rang d'ancienneté de ces derniers sera fixé conformément à l'art. 56 de l'ordonnance du 16 mars 1838.

18. Les officiers des régiments d'infanterie qui passeront dans les bataillons de tirailleurs indigènes seront remplacés dans leurs corps conformément à l'art. 12, paragraphe 3, de notre ordonnance du 8 septembre dernier.

Chapitre V. — *Dispositions générales.*

19. Les dépenses de toute nature des bataillons de tirailleurs indigènes seront acquittées sur les crédits ouverts pour services militaires irréguliers au budget du ministère de la guerre (2e section, Algérie).

20. Toutes dispositions antérieures, sur l'organisation de l'infanterie indigène en Algérie sont abrogées.

21. Notre ministre de la guerre (duc de Dalmatie) est chargé, etc.

Tableau A. — *Composition et effectif d'un bataillon de tirailleurs indigènes.*

ÉTAT-MAJOR.

Chef de bataillon, 1 officier, 2 chevaux; capitaine adjudant-major, 1 officier, 1 cheval; lieutenant ou sous-lieutenant faisant fonctions de trésorier et d'officier d'habillement, 1 officier; chirurgiens aides-majors, 2 officiers, 2 chevaux. Total, 5 officiers (1), 5 chevaux.

PETIT-ÉTAT-MAJOR ET SECTION HORS RANG.

Adjudants sous-officiers, 2; sergent clairon, 1; caporal clairon ou caporal tambour, 1; maître armurier, 1; caporaux secrétaires, 2; ouvriers armuriers, 2; muletier et infirmier, 2. Total, 11 (2).

UNE COMPAGNIE.

Officiers.

Capitaine, 1 officier français, 1 cheval; lieutenant, 1 officier français, 1 indigène; sous-lieutenant, 1 officier français, 1 indigène.

Troupe.

Sergent-major, 1 français; sergents, 4 indigènes; fourrier, 1 français; caporaux, 8 indigènes; tirailleurs, 200 indigènes; tambour et clairon, 2 indigènes.

COMPLET DU BATAILLON.

État-major, 5 officiers, 5 chevaux; petit état-major, 11 français; huit compagnies, 24 officiers français, 16 indigènes; 16 français, 1,712 indigènes, 8 chevaux.

---

(1) Tous les officiers sont Français.

(2) Tous Français.

TABLEAU B.   *Tarif de solde, accessoires et prestations allouées*

GRADES.	SOLDE DE PRÉSENCE			SOLDE D'ABSENCE PAR JOUR.			
	par an.	par mois.	par jour.	en semestre ou en congé.	à l'hôpital.	à l'hôpital, étant en semestre ou en congé.	en captivité.
OFFICIERS.	fr.	fr. c.	fr. c.	fr. c.	fr. c.	fr. c.	fr. c.
État-major.							
Chef de bataillon.	5,600	300 00 0	10 00 0	5 00 0	7 00 0	2 00 0	5 00 0
Adjudant-major.	2,000	166 66 6	5 55 5	2 77 7	3 55 5	0 77 7	2 77 7
Lieutenant ou sous-lieutenant faisant fonctions de trésorier et d'officier d'habillement.	2,000	166 66 6	5 55 5	2 77 7	3 55 5	0 77 7	2 77 7
Chirurgien aide-major.	(b) »	»	»	»	»	»	»
Compagnies.							
Capitaines. { de 1ʳᵉ classe . . .	2,400	200 00 0	6 66 6	3 33 3	4 66 6	1 33 3	2 77 7
{ de 2ᵉ classe . . .	2,000	166 66 6	5 55 5	2 77 7	3 55 5	0 77 7	2 77 7
Lieutenants. { de 1ʳᵉ classe . . .	1,600	133 33 3	4 44 4	2 22 2	2 94 4	0 72 2	2 01 3
{ de 2ᵉ classe . . .	1,400	120 83 3	4 02 7	2 01 3	2 52 7	0 51 3	2 01 3
Sous-lieutenants.	1,350	112 50 0	3 75 0	1 87 5	2 50 0	0 62 5	1 87 5

SOUS-OFFICIERS

GRADES.	SOLDE de présence par jour.	MASSE INDIVIDUELLE.	
		Première mise.	Prime journalière d'entretien.
Petit état-major. { Adjudant sous-officier. . . .	1 fr. 95 c.		
{ Maître armurier.	1 25		
{ Secrétaire caporal.	1 10		
{ Sergent clairon.	1 25		
{ Caporal tambour ou clairon. . .	1 10	100 fr.	0 fr. 25 c.
{ Muletier et infirmier. . . .	1 10		
Compagnies. { Sergent-major.	1 50		
{ Sergent-fourrier.	1 25		
{ Sergent.	1 25		
{ Caporaux, tambour et clairon. . .	1 10		
{ Tirailleurs	1 00		

TABLEAU C. — *Nomenclature des registres à tenir par l'officier remplissant les fonctions de trésorier et d'officier d'habillement dans chaque bataillon de tirailleurs indigènes.*

Un registre matricule des Français ; un registre des services des officiers ; un registre matricule des indigènes ; un registre des délibérations du conseil d'administration ; un registre de caisse ; un registre journal des recettes et dépenses ; un registre central ; un registre de situation journalière ; un registre livret de solde ; un registre de la masse individuelle ; un registre matricule de l'armement ; un registre livret d'armement ; un registre des réparations à l'armement ; un compte ouvert aux effets de campement ; un registre d'habillement pour les sous-officiers et les caporaux français ; un compte ouvert aux médicaments.

TABLEAU D. — *Armement et habillement*

aux bataillons de tirailleurs indigènes.

PRESTATION EN NATURE. NOMBRE DE RATIONS par jour et par grade.			OBSERVATIONS.
Vivres.	Fourrages.	Chauffage.	
»	2	4	L'officier commandant le bataillon a droit à un supplément de traitement de 75 fr. par mois.
»	1	4	(*a*) L'officier faisant fonctions de trésorier et d'officier d'habillement recevra en outre une indemnité annuelle de 600 fr., pour frais de bureau.
(*a*) »	1	4	(*b*) Selon la classe à laquelle il appartient, et conformément aux dispositions de l'ordonnance royale du 19 octobre 1841.
»	1	4	Les officiers français de tirailleurs ont droit, pour les suppléments et accessoires de solde, et pour les prestations de vivres, aux mêmes allocations que les officiers des corps réguliers d'infanterie légère en Algérie.
			Les sous-officiers français ont droit à une ration de vivres.
»	1	4	Les indigènes en service extraordinaire ont droit aux vivres. En service ordinaire, ils peuvent recevoir le pain, mais à charge de remboursement.
»	1	4	Haute-paie après 3 ans de service dans le corps. Adjudant sous-officier. . . . . . . 20 c.
»	»	4	Sergent-major. 20
»	»	4	Sergent-fourrier. 15
»	»	4	Caporal et tambour. 10
			Tirailleur. 5

ET SOLDATS.

ABONNEMENTS. Indemnités, allocations diverses, première mise, masse générale d'entretien, etc.	
Il est alloué à chaque bataillon, pour masse générale d'entretien, 900 fr. par an (*c*). Le complet de la masse individuelle est fixé à 100 fr.	(*c*) Les dépenses afférentes à la masse générale d'entretien sont : 1° Entretien et réparation des armes, par suite de dégradations du service, des événements de guerre et de l'usure naturelle ; 2° Achat, entretien et réparations d'instruments de musique et de leurs accessoires ; 3° Remboursement des médicaments tirés des hôpitaux militaires, achats de médicaments pour les mulets malades, frais de bureau intérieurs des compagnies.

déterminés pour les bataillons de tirailleurs indigènes.

1° ARMEMENT.

Pour les officiers.

Le sabre du modèle adopté pour les chasseurs à pied.

Pour la troupe.

Sous-officiers et caporaux. Le sabre de l'infanterie légère, le fusil comme celui de la troupe.

Troupe. Le fusil en usage dans les corps, compagnie du centre de l'infanterie légère.

2° HABILLEMENT.

Officiers, sous-officiers et caporaux français.

Capote vert dragon boutonnant droit sur la poitrine ; marques distinctives jonquille ; pantalon garance garni d'une bande verte ; ceinture rouge, en soie pour les officiers, en laine pour les sous-officiers et caporaux ; képi vert dragon.

Officiers, sous-officiers et troupe indigènes.

Turban, veste, gilet, culotte et ceinture de la forme et de la couleur qui seront réglées en exécution de l'art. 15 de notre ordonnance de ce jour, l'ensemble du costume musulman devant être conservé.

7 = 16 décembre 1841. — Ordonnance du roi qui règle l'organisation de la cavalerie indigène en Algérie. (IX, Bull. DCCCLXIX, n. 9734.)

Louis Philippe, etc., vu nos ordonnances des 10 septembre 1834, 10 juin 1835, 12 août 1836 et 31 août 1839, en ce qui est relatif à l'organisation de la cavalerie indigène en Algérie; voulant établir cette organisation sur des bases fixes et uniformes; sur le rapport de notre président du conseil, ministre secrétaire d'État au département de la guerre, etc.

CHAPITRE Ier. — *Organisation et avancement.*

Art. 1er. Il sera formé en Algérie un corps de cavalerie indigène dont la force est, quant à présent, fixée à vingt escadrons, et qui prendra le nom de *spahis*. La composition et la force du corps seront conformes au tableau A annexé à la présente ordonnance. La répartition des escadrons entre les provinces sera réglée par le ministre de la guerre, en raison des besoins du service. Les escadrons de spahis réguliers formés jusqu'à ce jour en Algérie, ainsi que les septième et huitième escadrons du premier régiment de chasseurs d'Afrique seront transformés en escadrons de spahis organisés conformément à la présente ordonnance.

2. Le corps des spahis sera placé sous les ordres d'un colonel ou lieutenant-colonel français ou indigène, dont le gouverneur général fixera la résidence, et qui pourra, selon le besoin, prendre le commandement des escadrons stationnés hors de la province où il résidera habituellement. Le commandant du corps remplira les fonctions d'inspecteur permanent et centralisera les rapports de service.

3. Les emplois d'officier supérieur, sauf l'exception consacrée par l'art. 2, ceux de capitaine, d'officier comptable et de chirurgien seront exclusivement réservés aux Français. La moitié des emplois de lieutenant, sous-lieutenant, maréchal-des-logis et brigadier d'escadron sera affecté aux Français; l'autre moitié demeurera réservée aux indigènes. Le commandement, même par intérim, de l'escadron ne pourra jamais être exercé que par un officier français. Les emplois de sous-officier comptable appartiendront aux Français. Les officiers indigènes pourront obtenir, soit dans les escadrons, soit dans les états-majors de spahis, des emplois plus élevés que ceux auxquels il leur est permis d'arriver, d'après la présente ordonnance, lorsqu'ils auront mérité cette récompense par la distinction de leurs services.

4. Nul officier, sous-officier ou brigadier français ne sera admis dans le corps, après la première formation, s'il ne possède la connaissance pratique de la langue arabe.

5. Les vacances de sous-lieutenant français appartiendront, un tiers aux sous-officiers français du corps, et les deux autres tiers, soit à ces mêmes sous-officiers ou à des sous-officiers des régiments de chasseurs d'Afrique proposés pour l'avancement, soit à des sous-lieutenants de ces mêmes régiments qui, étant proposés pour le corps de spahis, rempliraient la condition exigée par l'article précédent. L'emploi de capitaine trésorier et celui de sous-lieutenant officier de détails seront dévolus à un lieutenant ou à un sous-officier français du corps. La nomination à l'emploi de sous-lieutenant officier de détail comptera dans le tiers dévolu aux sous-officiers.

6. L'avancement au grade de lieutenant et de capitaine aura lieu, pour les officiers français, sur la totalité des escadrons et tant au choix qu'à l'ancienneté, de la même manière que dans les autres corps de l'armée. Les capitaines et officiers supérieurs français du corps des spahis concourront, pour le grade supérieur, sous les conditions déterminées par les lois et ordonnances sur l'avancement avec les officiers des mêmes grades de l'arme de la cavalerie.

7. L'officier français du corps des spahis ne pourra demander son passage, par permutation, dans un corps français, qu'après deux années d'exercice de son grade dans les spahis; l'officier permutant devra réunir toutes les conditions d'aptitude au service du corps dans lequel il demandera son admission, et spécialement posséder la connaissance pratique de la langue arabe.

8. Les emplois de maréchal-des-logis chef et de maréchal-des-logis fourrier seront dévolus aux sous-officiers et brigadiers français du corps présentés pour l'avancement. En cas d'insuffisance, ces places seront remplies par des sous-officiers comptables, ou par des brigadiers proposés pour l'avancement, dans les régiments de chasseurs d'Afrique. L'avancement des Français aux divers emplois du grade de sous-officier s'effectuera conformément aux dispositions en vigueur dans les corps français. Il en sera de même lorsqu'il y aura lieu de

prononcer leur cassation. Les militaires qui auront encouru la cassation seront renvoyés comme soldats dans les corps auxquels ils appartenaient précédemment.

9. Les emplois de lieutenant et de sous-lieutenant indigène seront conférés uniquement au choix. Les lieutenants et sous-lieutenants indigènes seront nommés par le roi; mais ils n'auront point droit à l'application des dispositions de la loi sur l'état des officiers. Les maréchaux-des-logis et brigadiers indigènes seront nommés et cassés, quand il y aura cause suffisante, par le chef d'escadron commandant la fraction du corps dans chaque province, en observant d'ailleurs les formalités prescrites par les réglements pour les corps français.

10. Tout indigène, âgé de seize ans au moins et de quarante ans au plus, peut être, sur la proposition du chef du corps et avec l'approbation de l'autorité militaire supérieure, admis à servir dans les spahis, s'il est reconnu réunir les qualités nécessaires et s'il est monté convenablement. L'admission aura lieu avec ou sans engagement, selon qu'il sera prescrit pour chaque province, par le gouverneur général. Lorsque l'engagement devra être exigé, l'acte sera dressé par le sous-intendant militaire, en présence du commandant des escadrons, d'un interprète, qui expliquera à haute voix les conditions de l'engagement, d'un officier et d'un sous-officier indigènes qui lui serviront de témoins. L'engagé prête, sur le Koran, serment de fidélité au roi des Français. Il en sera dressé procès-verbal par le sous-intendant militaire, qui en fera mention dans l'acte d'engagement. La durée du service sera de trois ans; elle pourra être prolongée par des rengagements d'un à trois ans, contractés dans la même forme que l'engagement. Les indigènes non liés par un engagement pourront, sur leur demande, être admis à se retirer du service. Tout indigène engagé ou non pourra être congédié pour inaptitude au service ou mauvaise conduite. Le renvoi aura lieu, dans tous les cas, sur la proposition du chef de corps et avec l'approbation du commandant de la province.

CHAPITRE II. — *Solde et accessoires. — Administration.*

11. La solde, les indemnités, allocations diverses et prestations attribuées au corps des spahis, seront celles fixées par le tableau B ci-annexé.

12. Il sera formé dans chacune des villes d'Alger, Oran, Bône et Constantine, et

41.

pour les escadrons stationnés dans la province ou la subdivision, un conseil d'administration composé ainsi qu'il suit: 1 chef d'escadron, président; 2 capitaines d'escadrons, membres; 1 capitaine, trésorier; 1 sous-lieutenant, officier de détails. Le trésorier fera les fonctions de rapporteur.

13. Le capitaine-trésorier et l'officier de détails devront, au moyen de leurs frais de bureau, faire face aux dépenses d'écritures générales du corps, et tenir les registres indiqués au tableau C annexé à la présente ordonnance. Chaque officier, sous-officier et soldat sera porteur d'un livret, sur lequel seront enregistrées les sommes qui lui seront payées, ainsi que les effets qui lui auront été délivrés. La solde aura lieu en présence du capitaine commandant l'escadron, ou devant l'officier commandant le détachement.

CHAPITRE III.—*Armement et habillement.*

14. Le tableau D annexé à la présente ordonnance détermine, 1° l'armement des officiers et de la troupe; 2° l'uniforme des officiers, sous-officiers et brigadiers, ainsi que les insignes des grades et le harnachement. Les autres détails de l'habillement seront réglés par notre ministre de la guerre.

CHAPITRE IV. — *Dispositions transitoires.*

15. Pour la première formation, seront incorporés dans les escadrons de spahis, 1° les officiers, sous-officiers, brigadiers et cavaliers indigènes des septième et huitième escadrons du premier régiment de chasseurs d'Afrique et des spahis réguliers; 2° les officiers détachés de leurs régiments pour servir dans les corps de cavalerie indigène irrégulière; 3° les sous-officiers, brigadiers et cavaliers faisant partie des mêmes corps, pourvu qu'ils réunissent les conditions d'aptitude exigées. Les cavaliers français servant dans lesdits corps et escadrons feront également partie des nouveaux escadrons de spahis jusqu'à l'expiration de leur engagement ou l'époque de leur libération. En cas d'insuffisance, les cadres seront complétés, quant aux emplois dévolus aux Français, 1° par des officiers des régiments de chasseurs d'Afrique et des autres corps de l'armée; le rang de ces derniers sera fixé conformément à l'art. 56 de l'ordonnance du 16 mars 1838; 2° par des sous-officiers et brigadiers des régiments de chasseurs d'Afrique.

16. Les officiers français des septième et huitième escadrons du premier régiment de chasseurs d'Afrique, ainsi que du corps

40

de spahis réguliers, qui n'auront pu être compris dans l'organisation des spahis créés par la présente ordonnance, seront placés en non activité conformément à la loi du 19 mai 1834; il seront, s'il y a lieu, l'objet de propositions particulières. Les sous-officiers et brigadiers des mêmes corps et escadrons, non admis dans les escadrons de nouvelle formation, seront incorporés dans les régiments de chasseurs d'Afrique.

17. Les militaires compris dans l'organisation du corps de spahis recevront, à dater de leur admission, les allocations déterminées par le tarif annexé à la présente ordonnance. Ceux d'entre eux qui, au moment de la réorganisation, se trouveront appartenir aux spahis réguliers ou gendarmes maures compteront, pour la haute-paie d'ancienneté, le temps précédemment passé au service dans les corps qui cesseront d'exister. Notre ministre de la guerre pourra autoriser, en faveur des cavaliers indigènes encore liés au service, la continuation de leur solde actuelle, mais seulement jusqu'à l'expiration de leur engagement; en ce cas, ces militaires n'auront pas droit à la haute-paie d'ancienneté.

CHAPITRE V. — *Dispositions générales.*

18. Les dépenses de toute nature du corps des spahis seront acquittées sur les crédits ouverts, pour services militaires irréguliers, au budget du ministère de la guerre (2ᵉ section, *Algérie*).

19. Toutes dispositions contraires à la présente ordonnance sont abrogées.

20. Notre ministre de la guerre (duc de Dalmatie) est chargé, etc.

TABLEAU A.

Composition et effectif du corps de spahis.

	OFFICIERS		TROUPE.		CHEVAUX		OBSERVATIONS.
	français.	indigènes.	Français.	Indigènes.	d'officiers.	de troupe.	
ÉTAT-MAJOR.							
Colonel ou lieutenant-colonel. .	1	»	»	»	5	»	(a) Un cheval et un mulet.
Chefs d'escadron.	7	»	»	»	28	»	(b) Six chevaux et six mulets.
Capitaines trésoriers. . . .	7	»	»	»	7	»	
Sous-lieuten. officiers de détail..	7	»	»	»	(a) 7	»	Nota. Ces mulets sont spécialement destinés au transport des médicaments et appareils.
Chirurgiens { majors.	1	»	»	»	(a) 2	»	
{ aides-majors. .	6	»	»	»	(b) 13	»	
Adjudants sous-officiers. . .	»	»	7	»	»	7	
Vétérinaires { en 1er. . . .	»	»	1	»	»	1	
{ en 2e. . . .	»	»	6	»	»	6	
Brigadiers trompettes. . . .	»	»	7	»	»	7	
Maîtres armuriers.	»	»	7	»	»	7	
TOTAL. . . .	29	»	28	»	61	28	
ESCADRONS.							
Capitaine commandant.. . .	1	»	»	»	2	»	
Lieutenants..	1	1	»	»	4	»	
Sous-lieutenants.	2	2	»	»	8	»	
Maréchal-des-logis chef.. . .	»	»	1	»	»	1	
Maréchaux-des-logis. . . .	»	»	4	4	»	8	
Maréchal-des-logis fourrier. .	»	»	1	»	»	1	
Brigadier élève fourrier. . .	»	»	1	»	»	1	
Brigadiers.	»	»	8	8	»	16	
Spahis.	»	»	»	159	»	159	
Maréchaux-ferrants. . . .	»	»	3	»	»	3	
Trompettes.	»	»	2	2	»	4	(c) Un mulet de bât pour le service de l'escadron.
						(c) 1	
TOTAL. . . .	4	3	20	173	14	194	

FORCE DES 20 ESCADRONS.

État-major.	29	»	28	»	(d) 61	28	(d) Y compris sept mulets.
20 escadrons.	80	60	400	3,460	280	(e) 3,880	(e) Y compris vingt mulets.
EFFECTIF COMPLET. . . .	109	60	428	3,460	341	(f) 3,908	(f) Dont vingt-sept mulets de bât.

TABLEAU B.   *Tarif de la solde, accessoires et presta*

GRADES.	SOLDE DE PRÉSENCE			SOLDE D'ABSENCE PAR JOUR,			
	par an.	par mois.	par jour.	en semestre ou en congé.	à l'hôpital.	à l'hôpital, étant en semestre ou en congé.	en captivité.
OFFICIERS.	fr.	fr. c.	fr. c.	fr. c.	fr. c.	fr. c.	fr. c.
État-major.							
Commandant du corps { Colonel	5,500	458 33 3	15 27 7	7 63 8	12 27 7	4 63 8	7 63 8
ou lieutenant-col.	4,700	391 66 6	13 05 5	6 52 7	10 05 5	3 52 7	6 52 7
Chef d'escadron.	4,000	333 33 3	11 11 1	5 55 5	8 11 1	2 55 5	5 55 5
Capitaine trésorier.	2,300	191 66 6	6 38 8	3 19 4	4 38 8	1 19 4	3 19 4
Officier de détail.	1,500	125 00 0	4 16 6	2 08 3	2 91 6	0 83 3	2 08 3
Chirurgien { major. / aide-major.	(e) »	»	»	»	»	»	»
Escadron.							
Capitaine.	2,500	208 33 3	6 94 4	3 47 2	4 94 4	1 47 2	3 47 2
Lieutenant.	1,800	150 00 0	5 00 0	2 50 0	3 50 0	1 00 0	2 50 0
Sous-lieutenant.	1,500	125 00 0	4 16 6	2 08 3	2 91 6	0 83 3	2 08 3

SOUS-OFFICIERS

GRADES.	SOLDE de présence par jour.	ALLOCATIONS — Accessoires de solde, abonne
Petit état-major.	fr. c.	La solde d'hôpital est fixée à 0 fr. 50 c. par jour.
Adjudant sous-officier. . . .	2 70 0	ACCESSOIRES
Vétérinaire { de 1re classe.	5 00 0	Haute-paie. { aux militaires français, la même que { deux ans de
de 2e classe..	3 88 8	aux indigènes, après { trois ans de
Brigadier trompette.	1 70 0	Indemnité en remplacement de vivres. Par homme
Maître armurier.	1 70 0	ABONNE
Escadron.		Masse générale d'entretien. { 1° Une première mise
Maréchal-des-logis chef. . .	2 00 0	2° Entretien de ladite
Maréchal-des-logis.	1 70 0	La première mise aux indigènes qui contractent
Maréchal-des-logis fourrier. .	1 70 0	La prime journalière d'entretien et de remonte
Brigadier élève-fourrier. . .	1 60 0	Le complet de la masse individuelle d'entretien
Brigadier.	1 50 0	Supplément de premières mises aux sous-offi
Spahis.	1 30 0	Premières mises aux sous-officiers promus. offi
Maréchal-ferrant.	1 30 0	Gratifications d'entrée en campagne. . . . .
Trompette.	1 50 0	

7

tions allouées au corps des spahis.

INDEMNITÉ MENSUELLE,		PRESTATIONS EN NATURE.				OBSERVATIONS.
		Nombre de rations par jour et par grade.				
représentation de vivres.	extraordinaire.	Vivres.	Fourrages.		Chauffage.	
			Chevaux.	Mulets.		
fr.	fr. c.	(d)	fr.	fr.	fr.	
100	150 00 0 (a)	»	5	»	6	
100		»				
100	66 66 6 (b)	»	4	»	4	
60		»	1	»	4	
40	100 00 0 (c)					
60	»	»	1	1	4	
40	»	»	1	1	4	
60	»	»	2	»	4	
40	»	»	2	»	4	
40	»	»	2	»	4	
			(f)			

OBSERVATIONS.

(a) Cette indemnité reste la même, quel que soit le grade du commandant du corps.

(b) Frais de représentation.

(c) Frais de bureau. Une première mise de cinquante francs est, en outre, accordée à chacun de ces deux officiers.

(d) Les officiers recevant une indemnité représentative de vivres, il ne leur est alloué aucune ration à ce titre; dans le cas où ils en recevraient en nature, ils devront en faire le remboursement.

(e) Selon la classe à laquelle ils appartiennent, et conformément aux dispositions de l'ordonnance royale du 19 octobre 1841.

(f) Pour le mulet affecté au service de l'escadron.

L'indemnité d'ameublement et logement sera la même que dans les régiments de chasseurs d'Afrique.

ET SOLDATS.

DIVERSES.

ments, gratifications, etc.

	fr. c.
. . . .	0 50
DE SOLDE.	
celle des troupes françaises.	
service.	0 10
service.	0 15
par jour.	0 60 (a)
MENTS.	
de.	100 00 (b)
masse par mois.	50 00
un engagement est de. . . .	200 00
est de.	0 70
et remonte est fixé à. . . .	400 00
ciers promus adjudants. . . .	}
ciers.	} » (c)
. . . .	

(a) Il est alloué une ration de fourrage en nature. L'indemnité représentative de vivres, qui doit toujours rester distincte de la solde proprement dite, cesse d'être allouée, lorsque des prestations sont distribuées en nature. Dans aucun cas, tout ou partie de ces allocations ne peut se cumuler.

(b) Les dépenses afférentes à la masse générale d'entretien, sont :

1° Entretien et réparation des armes par suite de dégradations, du service, des événements de la guerre ou de l'usure naturelle ;

2° Achat, entretien et réparation des instruments de musique et de leurs accessoires ;

3° Remboursement des médicaments tirés des hôpitaux militaires, achat de médicaments pour les chevaux malades, frais de bureau intérieurs des escadrons.

(c) Ces allocations, lorsqu'il y aurait lieu d'en accorder, seront établies sur le même pied que dans les chasseurs d'Afrique.

Les sous-officiers, brigadiers et cavaliers français ou indigènes, qui perdent leur cheval, par le fer ou le feu de l'ennemi, ou par suite de blessures, peuvent prétendre à une indemnité dont le maximum est fixé à deux cent cinquante francs.

TABLEAU C. — *Nomenclature des registres à tenir par le capitaine-trésorier dans les escadrons de spahis.*

Un registre matricule pour les Français ; un registre matricule pour les indigènes ; un registre des délibérations du conseil d'administration ; un registre journal des recettes et dépenses ; un registre d'effectif ; un livret de solde.

Nomenclature des registres à tenir par l'officier de détail dans le même corps.

Un registre matricule de l'armement ; un journal de réparations à faire à l'armement ; un livret d'armement ; un compte ouvert aux objets de campement ; un compte ouvert aux médicaments.

TABLEAU D. — *Armement et habillement du corps des spahis.*

1o ARMEMENT.

L'armement sera le même que celui des chasseurs d'Afrique ; il pourra être accordé en sus des baïonnettes. Les ceintures de sabre seront en cuir noir. La giberne arabe en cuir rouge, le porte-pistolet en cuir rouge.

2o HABILLEMENT.

Officiers français.

Képi bleu de roi, avec les marques distinctives du grade en soutaches d'or ; spencer garance avec des tresses noires ; pantalon bleu de roi avec bandes garance ; capote-tunique bleu de roi à boutons ronds en or, avec parements et pattes de collet garance ; chachia pour la petite tenue ; pour marque distinctive du service, une ceinture rouge en soie.

Officiers indigènes.

Les officiers indigènes auront l'uniforme des sous-officiers et brigadiers, avec les marques distinctives et ornements en soutaches d'or.

Sous-officiers et brigadiers.

Turban bleu rayé de blanc, veste garance avec soutaches noires, gilet et culotte gros-bleu, bernous garance, ceinture rouge, bottes molles, ensemble du costume musulman.

Les marques distinctives du grade sont : Les galons de grade en or pour les sous-officiers, le nœud hongrois en tresses d'or sur les manches pour les officiers.

3o HARNACHEMENT.

Selle et bride arabes pour la troupe ; selle et bride de cavalerie légère pour les officiers français.

11 = 16 DÉCEMBRE 1841. — Ordonnance du roi qui maintient M. le lieutenant-général Heïmès dans la première section du cadre de l'état-major général. (IX, Bull. DCCCLXIX, n. 9735.)

Louis-Philippe, etc., vu la loi du 4 août 1839 ; sur le rapport de notre ministre secrétaire d'État de la guerre, et de l'avis de notre conseil des ministres, etc.

Art. 1er. M. le lieutenant général Heïmès (Pierre-Agathe) est maintenu dans la première section du cadre de l'état-major général.

2. Notre ministre de la guerre (duc de Dalmatie) est chargé, etc.

———

15 = 20 DÉCEMBRE 1841. — Ordonnance du roi qui prescrit la publication d'une convention additionnelle à la convention du 27 mai 1836, destinée à régler le transport des correspondances entre la France et la Belgique. (IX, Bull. DCCCLXX, n. 9737.)

Louis-Philippe, etc., savoir faisons qu'entre nous et S. M. le roi des Belges il a été conclu et signé à Paris, le 13e jour du mois de septembre de la présente année 1841, une convention additionnelle à la convention du 27 mai 1836, destinée à régler le transport des correspondances entre la France et la Belgique ; convention additionnelle dont les ratifications respectives ont été échangées à Paris, le 8 du présent mois de décembre, et dont la teneur suit : S. M. le roi des Français et S. M. le roi des Belges, ayant reconnu qu'il est urgent d'introduire quelques améliorations nouvelles dans le service des postes établi entre la France et la Belgique, et voulant donner une plus grande activité aux relations des deux pays, ont résolu d'y pourvoir au moyen d'une convention additionnelle à la convention de poste conclue à Bruxelles, le 27 mai 1836, et ont nommé pour leurs plénipotentiaires, à cet effet, savoir : S. M. le roi des Français, le sieur François-Pierre-Guillaume Guizot, son ministre et secrétaire d'État au département des affaires étrangères ; grand-croix de son ordre royal de la Légion-d'Honneur ; et S. M. le roi des Belges, le sieur Charles-Amé-Joseph, comte Le Hon, son envoyé extraordinaire et ministre plénipotentiaire près S. M. le roi des Français, officier de l'ordre royal de Léopold, grand-officier de l'ordre royal de la Légion-d'Honneur, grand-croix de l'ordre de Charles III d'Espagne, et décoré de la croix de Fer ; lesquels, après avoir échangé leurs pleins pouvoirs respectifs trouvés en bonne et due forme, sont convenus des articles suivants :

Art. 1er. Indépendamment des bureaux d'échange désignés par la convention du 27 mai 1836, et par l'article additionnel à cette convention conclue le 11 mai 1841 pour effectuer la transmission des correspondances entre les offices de postes de France et de Belgique, il en sera créé un nouveau, pour le même effet ; du côté de la France : ce nouveau bureau sera établi à Avesne.

2. Le bureau d'échange établi à Avesnes sera mis en correspondance avec le bureau belge de Mons.

3. Le bureau français d'Avesnes fera dépêche chaque jour pour le bureau belge de Mons. Cette dépêche comprendra les lettres, les échantillons de marchandises, les journaux et imprimés de toute nature pour toute la Belgique (Chimay et son arrondissement exceptés) originaires de l'arrondissement d'Avesnes (Maubeuge excepté), de la partie du département de l'Aisne comprenant l'arrondissement de Vervins, et des départements situés à l'est de la France dont la correspondance pourra être dirigée avec avantage par ledit bureau d'échange.

4. Réciproquement, le bureau belge de Mons fera dépêche tous les jours pour le bureau français d'Avesnes. Cette dépêche comprendra les lettres, les échantillons de marchandises, les journaux et imprimés de toute nature, originaires de la Belgique, et destinés pour les diverses parties de la France désignées à l'article précédent.

5. Afin de donner toute facilité à la correspondance des villes situées sur les territoires français et belge entre Lille et Tournay, d'une part, et Mons et Avesnes, d'autre part, les offices des postes de France et de Belgique feront dépêches, savoir :

Du côté de la France, 1° par les bureaux de Roubaix et de Turcoing, pour les bureaux belges de Menin et de Tournay ; 2° par le bureau de Maubeuge, pour le bureau belge de Mons ; 3° par les bureaux d'Avesnes et de Trélon, pour le bureau belge de Chimay.

Du côté de la Belgique, 1° par les bureaux de Menin et de Tournay, pour les bureaux français de Roubaix et de Turcoing ; 2° par le bureau de Mons, pour le bureau français de Maubeuge ; 3° par le bureau de Chimay, pour les bureaux français d'Avesnes et de Trélon.

6. Les correspondances affranchies ou non affranchies que se transmettront réciproquement les bureaux belges et français désignés dans l'article précédent, seront livrées, de part et d'autre, aux mêmes prix et conditions stipulés dans la convention du 27 mai 1836 ; les faits de comptabilité résultant de cette transmission seront

rattachés aux comptes à ouvrir pour le même objet, savoir : entre les bureaux d'échange de Lille, Menin et Tournay, pour les correspondances échangées par les bureaux de Roubaix et de Turcoing et ceux de Menin et Tournay, d'une part ; et entre les bureaux d'échange d'Avesnes et de Mons, pour les correspondances échangées entre les bureaux de Maubeuge et de Mons, et les bureaux de Chimay et de Trélon, d'autre part.

7. Il sera établi entre Lille et Menin des services en voiture, à cheval ou même à pied, suivant les localités et les besoins du service des correspondances, pour le transport des dépêches qui devront être échangées, au plus, trois fois par jour, entre les bureaux de Lille, Roubaix et Turcoing, d'une part, et celui de Menin, d'autre part. L'un de ces services sera combiné avec ceux de l'intérieur de la France, de manière à ce que la correspondance de Paris et des lieux situés au-delà de Paris, pour les provinces occidentales de la Belgique, soit toujours expédiée par le bureau de Lille sur celui de Menin, au plus tard, à dix heures et demie du matin. Il sera pareillement établi un service pour le transport des dépêches entre Maubeuge et Mons, au plus, deux fois par jour ; et une fois seulement par jour, entre Roubaix, Turcoing et Tournay, ainsi qu'entre Trélon et Chimay.

8. Conformément aux dispositions de l'art. 6 de la convention du 27 mai 1836, les frais de transport des dépêches françaises et belges, entre Lille, Turcoing et Menin ; Roubaix, Turcoing et Tournay ; Maubeuge et Mons, Trélon et Chimay, seront supportés *par moitié* entre les deux offices.

9. Si l'établissement du chemin de fer entre Courtray et Lille donne lieu de supprimer des services établis et entretenus à frais communs, en vertu de l'art. 8 ci-dessus, sur les lignes de Lille et Turcoing à Menin, et de Roubaix à Tournay, les indemnités de résiliation dues aux entrepreneurs, d'après leurs cahiers de charges, seront supportées, par moitié, par les offices belge et français.

10. Du moment où l'établissement du chemin de fer de Courtray à Lille permettra de mettre le bureau de poste de Lille en relation avec le bureau belge de Courtray ou tout autre bureau du même office, l'échange des correspondances des deux pays entre Lille et Menin, tel que cet échange est réglé par l'art. 2 de la convention du 27 mai 1836, cessera d'avoir lieu, et ces opérations seront respectivement attribuées aux bureaux de Lille et de Courtray, ou

tout autre bureau belge à désigner, de commun accord, entre les deux offices.

11. L'office des postes belges transportera sur son territoire, par les moyens les plus accélérés dont il dispose, et aux conditions stipulées dans l'art. 24 de la convention du 27 mai 1836, les correspondances, en dépêches closes, que les offices de France et de Hollande conviendront de se transmettre réciproquement par leurs bureaux respectifs de Lille, Breda et Maëstricht.

12. Les lettres originaires de la Grande-Bretagne, à destination de la France, passant accidentellement par la Belgique, seront livrées par l'office belge à l'office de France, à raison de *un* franc *cinquante* centimes (1 fr. 50 c.) par trente grammes, poids net. Les journaux de même origine paieront, pour parcours sur le territoire belge, *deux* centimes (2 c.) par journal.

13. Les lettres originaires des pays d'outre-mer, à destination de la France, transitant par la Belgique, seront livrées par l'office belge à l'office français, à raison de *trois* francs *vingt* centimes (3 fr. 20 c.) par trente grammes, poids net.

14. Les lettres adressées à des destinataires ayant changé de résidence, et quelle qu'en soit l'origine, seront respectivement livrées, chargées du port qui aurait dû être payé par les destinataires à l'office reexpéditeur.

15. Les présents articles, qui seront considérés comme additionnels à la convention du 27 mai 1836, seront ratifiés, et les ratifications en seront échangées à Paris, dans le délai de deux mois ou plus tôt, si faire se peut; ils seront mis à exécution au plus tard dans le délai d'un mois après l'échange desdites ratifications. En foi de quoi, les plénipotentiaires respectifs ont signé les présents articles additionnels et y ont apposé leurs cachets. Fait à Paris, le 13e jour du mois de septembre de l'an de grâce 1841. (L. S.) *Signé* GUIZOT. (L. S.) *Signé* comte LE HON.

6 = 20 DÉCEMBRE 1841. — Ordonnance du roi qui ouvre, sur l'exercice 1841, un crédit supplémentaire pour un prix de l'Académie des sciences morales et politiques. (IX, Bull. DCCCLXX, n. 9738.)

Louis-Philippe, etc., vu les art. 3 et 4 de la loi du 24 avril 1833; vu la loi du 14 juillet 1838, portant fixation du budget des dépenses de l'exercice 1839, et contenant, art. 6, la nomenclature détaillée des dépenses pour lesquelles la faculté nous est réservée d'ouvrir des crédits supplémentaires, en cas d'insuffisance, dûment justi-

fiée, des crédits législatifs; vu les art. 20, 21, 22, 23 et 23 de notre ordonnance du 31 mai 1838, portant règlement général sur la comptabilité publique; sur le rapport de notre ministre secrétaire d'Etat de l'instruction publique, et de l'avis de notre conseil des ministres, etc.

Art. 1er. Il est ouvert à notre ministre secrétaire d'Etat de l'instruction publique, sur l'exercice 1841, un crédit supplémentaire de quinze cents francs, applicable aux chapitre et article ci-après, savoir : Chapitre 12. *Institut royal de France*. Art. 3. Académie des sciences morales et politiques, prix arriéré, 1,500 fr.

2. La régularisation de ce crédit supplémentaire sera proposée aux Chambres lors de leur prochaine session.

3. Nos ministres de l'instruction publique et des finances (MM. Villemain et Humann) sont chargés, etc.

12 = 20 DÉCEMBRE 1841. — Ordonnance du roi portant convocation des conseils généraux des départements de la Moselle et de la Meurthe. (IX, Bull. DCCCLXX, n. 9739.)

Louis-Philippe, etc., sur le rapport de notre ministre secrétaire d'Etat au département de l'intérieur; vu la loi du 22 juin 1833, etc.

Art. 1er. Le conseil général du département de la Moselle est convoqué pour le 22 décembre présent mois, à l'effet de délibérer sur le projet de construction d'un chemin de fer de Paris à Strasbourg et sur les affaires qui lui seraient soumises par le préfet.

2. Le conseil général du département de la Meurthe est convoqué pour le 22 décembre présent mois, à l'effet de délibérer sur le projet de construction d'un chemin de fer de Paris à Strasbourg et sur les affaires qui lui seraient soumises par le préfet.

3. Ces sessions extraordinaires ne pourront durer plus de cinq jours.

4. Notre ministre de l'intérieur (M. Duchâtel) est chargé, etc.

15 = 20 DÉCEMBRE 1841. — Ordonnance du roi qui prescrit la publication des articles additionnels à la convention de poste du 31 mai 1834, conclus entre la France et la république et canton de Genève. (IX, Bull. DCCCLXX, n. 9741.)

Louis-Philippe, etc., savoir faisons que, sur notre autorisation et celle de la république et canton de Genève, il a été conclu et signé à Paris, le 16 août de la présente année 1841, des articles additionnels à la convention de poste du 31 mai 1834; articles additionnels dont les ratifications respectives ont été échangées à Paris, le 8 du présent mois de décembre, et dont la teneur suit : Entre les soussignés, M. Francols-Pierre-Guillaume Guizot, ministre et secrétaire d'Etat au département des affaires étrangères de S. M. le roi des Français, muni des pleins pouvoirs de Sadite Majesté ; et M. Georges de Tschann, chargé d'affaires de la confédération helvétique à Paris, également muni de pouvoirs spéciaux de la part de la république et canton de Genève, ont été convenus les articles suivants :

Art. 1er. § 1er. Les lettres de la Turquie, de l'Archipel, de Smyrne, de la Grèce, de l'Egypte, ainsi que des divers ports de l'Italie, à destination du canton de Genève, et transportées par les paquebots réguliers de l'administration des postes françaises ; et, réciproquement, les lettres du canton de Genève pour la Turquie, l'Archipel, Smyrne, la Grèce, l'Egypte et les divers ports de l'Italie, qui, suivant la volonté des envoyeurs, devront être transportées par les mêmes paquebots, seront payées par l'office des postes du canton de Genève à l'office de France, à raison de *six francs* par trente grammes, poids net. § 2. Les échantillons de marchandises paieront le *tiers*, et les lettres chargées le *double* du prix ci-dessus fixé. § 3. Le port des journaux, prix courants et autres imprimés, sera de *dix centimes* par journal ou feuille d'impression.

2. Le gouvernement de S. M. le roi des Français promet ses bons offices au gouvernement du canton de Genève, pour lui procurer la facilité d'échanger ses correspondances avec le royaume-uni de la Grande-Bretagne, sans affranchissement préalable ou en affranchissement jusqu'à destination. Le prix à payer à l'office des postes de France par l'office de Genève, pour les correspondances non affranchies venant du royaume-uni, ou les correspondances destinées audit royaume et affranchies jusqu'à destination, se composera d'un port moyen remboursable à l'office anglais et d'un port de transit français ; et le prix à payer par l'office de France à l'office de Genève, pour les correspondances non affranchies destinées au royaume-uni, ou les correspondances du royaume-uni affranchies jusqu'à destination, à raison du parcours sur le territoire genevois, sera fixé à un taux moyen d'accord avec l'office anglais. Les offices respectifs sont mutuellement autorisés à régler les conditions d'exécution du présent article. Fait double et arrêté entre les soussignés, sous la réserve expresse des ratifications de S. M. roi des Français et de celles de la répu

blique et canton de Genève. A Paris, le 16e jour du mois d'août de l'an 1841. (L. S.) *Signé* GUIZOT. (L. S.) *Signé* DE TSCHANN.

———

6 = 20 DÉCEMBRE 1841. — Ordonnance du roi qui ouvre, sur l'exercice 1841, un crédit supplémentaire pour des prix de l'Académie des inscriptions et belles-lettres. (IX, Bull. DCCCLXXI, n. 9743.)

Louis-Philippe, etc., vu les art. 3 et 4 de la loi du 24 avril 1833 ; vu 1° la loi du 20 juillet 1837, portant fixation du budget des dépense de l'exercice 1838, et contenant, art. 4, la nomenclature détaillée des dépenses pour lesquelles la faculté nous est réservée d'ouvrir des crédits supplémentaires, en cas d'insuffisance, dûment justifiée des crédits législatifs ; 2° la loi du 10 août 1839, portant fixation du budget des dépenses de l'exercice 1840, et contenant, art. 6, une semblable nomenclature ; vu les art. 20, 21, 22, 23 et 25 de notre ordonnance du 31 mai 1838, portant règlement général sur la comptabilité publique ; sur le rapport de notre ministre secrétaire d'Etat de l'instruction publique, et de l'avis de notre conseil des ministres, etc.

Art. 1er. Il est ouvert à notre ministre secrétaire d'Etat de l'instruction publique, sur l'exercice 1841, un crédit supplémentaire de trois mille cinq cents francs, applicable aux chapitre et article ci-après : Chap. 12. *Institut royal de France.* Art. 2. Académie des inscriptions et belles-lettres, prix arriérés, 3,500 fr.

2. La régularisation de ce crédit supplémentaire sera proposée aux Chambres lors de leur prochaine session.

3. Nos ministres de l'instruction publique et des finances (MM. Villemain et Humann) sont chargés, etc.

———

13 = 20 DÉCEMBRE 1841. — Ordonnance du roi portant convocation du conseil général du département de la Meuse. (IX, Bull. DCCCLXXI, n. 9744.)

Louis-Philippe, etc., sur le rapport de notre ministre secrétaire d'Etat au département de l'intérieur ; vu l'art. 12 de la loi du 22 juin 1833, etc.

Art. 1er. Le conseil général du département de la Meuse est convoqué pour le 22 décembre présent mois, à l'effet de délibérer sur les moyens d'exécution du projet d'un chemin de fer de Paris à Strasbourg, ainsi que sur les autres affaires qui lui seraient soumises par le préfet. Cette session extraordinaire ne pourra durer plus de cinq jours.

2. Notre ministre de l'intérieur (M. Du-châtel) est chargé (1), etc.

7 NOVEMBRE = 23 DÉCEMBRE 1841. — Ordonnance du roi portant autorisation de la société anonyme formée à Paris sous la dénomination de *le Palladium, compagnie d'assurances à primes contre l'incendie.* (IX, Bull. supp. DLXXIV, n. 16125.)

Louis-Philippe, etc., sur le rapport de notre ministre secrétaire d'État de l'agriculture et du commerce; vu les art. 29 à 37, 40 et 45 du Code de commerce; notre conseil d'État entendu, etc.

Art. 1er. La société anonyme formée à Paris (Seine) sous la dénomination de *le Palladium, compagnie d'assurances à primes contre l'incendie,* est autorisée. Sont approuvés les statuts de ladite société, tels qu'ils sont contenus dans l'acte passé, le 4 octobre 1841, par-devant Me Froger-Deschesnes et son collègue, notaires à Paris, lequel acte restera annexé à la présente ordonnance.

2. Nous nous réservons de révoquer notre autorisation en cas de violation ou de non exécution des statuts approuvés, sans préjudice des droits des tiers.

3. La société sera tenue de remettre, tous les six mois, un extrait de son état de situation au ministère de l'agriculture et du commerce, au préfet du département de la Seine, à la chambre de commerce et au greffe du tribunal de commerce de Paris.

4. Notre ministre de l'agriculture et du commerce (M. Cunin-Gridaine) est chargé, etc.

STATUTS.

Art. 1er. Il est formé par ces présentes, sauf l'approbation du roi, entre les personnes dénommées ci-dessus, et dont les noms sont rappelés article 8 ci-après, une société anonyme d'assurances à primes contre l'incendie.

2. Le siège de la société est à Paris. Elle a pour titre le *Palladium, compagnie d'assurances contre l'incendie.*

3. Les opérations de la société ont pour objet: 1° l'assurance contre l'incendie des propriétés mobilières et immobilières que le feu peut endommager ou détruire ; 2° l'assurance contre les dégâts causés par la foudre, lors même qu'il n'y a pas incendie ; 3° l'assurance contre les dégâts causés par l'explosion du gaz employé à l'éclairage, qu'il y ait pareillement incendie ou non. Toutes autres opérations que les assurances dont il vient d'être parlé sont complètement interdites.

4. La compagnie n'assure pas les objets ci-après: 1° les dépôts, magasins et fabriques de poudre à tirer, les billets de banque, titres, contrats, lingots d'or et d'argent, et argent monnayé ; 2° les diamants, pierreries et perles fines, autres que ceux

montés et à usage personnel, ou compris parmi les objets déposés dans des établissements publics, tels que monts-de-piété et autres. La compagnie ne répond pas des incendies occasionnés par guerre, invasion quelconque, émeutes populaires et tremblements de terre.

5. Les assurances pourront s'effectuer dans toute la France et les pays étrangers. Le maximum des assurances sur un seul risque ne pourra excéder trois cent mille francs.

6. La durée de la société est de trente ans, à partir du jour de l'autorisation royale, sauf les cas de dissolution qui sont prévus ci-après.

Du fonds social.

7. Le fonds social est fixé à deux millions de francs, divisés en deux mille actions de mille francs chacune.

8. Pour former le capital de deux millions de francs, les deux mille actions qui le représentent sont souscrites dans les proportions suivantes, savoir.
(Suivent les noms.)

Des actionnaires.

9. Les actionnaires prennent l'engagement de verser, s'il y a lieu, jusqu'à concurrence du montant de leurs actions. Cette obligation est garantie pour chaque action, 1° par le versement d'un cinquième, soit deux cents francs en espèces, effectué dans le mois qui suivra la date de l'autorisation royale; et 2° par l'obligation personnelle du souscripteur pour le surplus de chaque action.

10. A l'exception d'une somme de vingt mille francs, qui sera maintenue dans la caisse pour le service des dépenses courantes, toutes les sommes reçues en espèces par la société seront, chaque jour, déposées à la banque de France, pour être converties, d'après les déterminations prises par le conseil d'administration, en valeurs d'une réalisation facile et portant intérêt au profit de la société.

11. Les titres de ces valeurs et ceux des fonds transférés à titre de garantie seront renfermés dans une caisse à deux serrures et clefs différentes : l'une des clefs sera confiée à la garde du directeur, l'autre à celle du président du conseil d'administration.

12. Lorsqu'il y aura lieu de faire de nouveaux appels de fonds sur le montant des actions, ainsi qu'il est prévu aux art. 9 et 52, les actionnaires devront en effectuer le versement dans le mois de la demande qui leur en sera faite.

13. A défaut par l'actionnaire d'avoir effectué son versement dans le délai ci-dessus, le conseil d'administration fera vendre les actions de l'actionnaire en retard, à ses risques et périls, par l'entremise d'un agent de change, sans préjudice des poursuites à exercer contre lui pour la somme dont il resterait débiteur envers la société, et aussi sans préjudice de son droit à profiter de l'excédant, s'il y en a.

14. Les sommes versées par les actionnaires sur les quatre derniers cinquièmes du capital des actions leur seront remboursées sur la totalité des bénéfices faits dans les années subséquentes. Une fois le remboursement opéré, le prélèvement pour la formation du fonds de réserve, dont il sera question à l'art. 55 ci-après, reprendra son cours.

15. Les actionnaires seront tenus d'élire un do-

micile à Paris, pour l'exécution de tout ce qui aura rapport à la société. A défaut par eux d'avoir élu domicile à Paris, ce domicile sera réputé avoir été élu au greffe du tribunal de commerce de Paris, où toutes lettres de convocation, notification, seront adressées et vaudront comme faites et adressées au domicile réel de l'actionnaire.

16. En cas de faillite d'un actionnaire, les actions qui seraient sa propriété seront vendues par le ministère d'agent de change, sans qu'il soit besoin d'aucune autorisation ou notification, ni d'aucune formalité juridique. Sur le produit de la vente, la compagnie prélèvera ce qui pourra lui être dû ; le surplus, s'il y en a, sera remis au syndic de la faillite ou autres ayants-droit de l'actionnaire, et s'il y a déficit, la société en poursuivra le recouvrement par les voies de droit.

17. Chaque action est indivisible. Les héritiers d'un actionnaire décédé auront six mois pour présenter un remplaçant ou désigner celui d'entre eux qui aura la propriété de chaque action : les nouveaux possesseurs devront être agréés conformément à l'art. 23 ci-après ou fournir la garantie prescrite par l'art. 24. Faute d'accomplissement des formalités ci-dessus, les actions seront vendues par le ministère d'agent de change, aux risques et périls des héritiers ou ayants-droit, et sans aucune mise en demeure. Le produit de la vente sera employé d'abord à solder ce qui pourrait être dû à la compagnie, et le surplus sera remis à la succession, contre laquelle la société poursuivra le recouvrement du déficit, s'il y en a.

18. La faillite, le décès ou l'incapacité d'un actionnaire ne pourront amener, dans aucun cas, la dissolution de la société. Les héritiers ou ayants-droit de l'actionnaire ne pourront faire apposer les scellés sur les biens et valeurs de la société, ni former d'opposition ni en requérir l'inventaire ou la licitation. Ils devront s'en rapporter aux inventaires sociaux dressés et arrêtés dans la forme prescrite par les statuts.

Des actions et de leur transfert.

19. Les actions sont nominatives ; elles sont détachées d'un registre à souche et portent un numéro d'ordre de 1 à 2,000. Chaque action est signée par le directeur et par un administrateur.

20. Chaque action donne droit à un deux millième des produits et bénéfices de toute nature acquis à la société, déduction faite préalablement de toutes ses charges et dépenses.

21. Nul actionnaire ne peut posséder plus de deux cents actions.

22. Les actions sont transmissibles par une déclaration de transfert inscrite sur le registre de la société, signée du cédant ou de son fondé de pouvoir et du cessionnaire, et visée par le directeur.

23. Les cessionnaires d'actions devront nécessairement être agréés par une délibération du conseil d'administration prise au scrutin secret, à la majorité des membres présents, sauf l'exception ci-après.

24. Ne seront pas soumis au scrutin d'admission les cessionnaires qui, en garantie des quatre cinquièmes restant à verser sur chaque action, transféreront à la compagnie une valeur égale de fonds publics français.

25. Lorsque la société touchera les intérêts des fonds ainsi transférés à son nom, elle les versera immédiatement entre les mains des actionnaires qui les lui auront transférés.

De l'administration de la société.

26. La société est administrée par un conseil d'administration et gérée par un directeur et un directeur-adjoint, le tout sous l'autorité de l'assemblée générale.

Du conseil d'administration.

27. Le conseil d'administration est composé de neuf membres choisis parmi les actionnaires possédant au moins quinze actions ; ces actions seront inaliénables pendant la durée de leurs fonctions. Les membres du conseil seront nommés par l'assemblée générale, à la majorité absolue des voix : leurs fonctions durent trois ans, et ils sont renouvelés par tiers chaque année. Le premier renouvellement et le deuxième seront indiqués par la voie du sort ; l'ancienneté désignera ensuite l'ordre dans lequel les renouvellements postérieurs auront lieu. Les membres sortants peuvent être réélus indéfiniment.

28. Le conseil d'administration élit dans son sein un président et un vice-président : leurs fonctions durent une année ; ils peuvent être réélus. En cas d'absence ou d'empêchement de tous deux, ils sont remplacés par le doyen d'âge des membres présents à la délibération.

29. S'il vient à vaquer une place de membre du conseil d'administration, les membres restants pourvoient à son remplacement pour le temps qui reste à courir jusqu'à la prochaine assemblée générale. Le membre élu en remplacement par l'assemblée générale ne conservera ses fonctions que jusqu'à l'époque où devraient expirer celles du membre qu'il aura remplacé. Il devra remplir les conditions exigées par les statuts pour faire partie du conseil d'administration.

30. Les réunions du conseil d'administration ont lieu sur la convocation du président ou du vice-président, toutes les fois qu'elles seront jugées nécessaires et au moins une fois par mois. Le directeur peut requérir en cas d'urgence la réunion du conseil. Le conseil peut délibérer au nombre de cinq membres ; ses délibérations sont prises à la majorité des voix : en cas de partage, la voix de celui qui préside est prépondérante.

31. Le conseil d'administration prend communication de toutes les affaires de la société ; il arrête le tarif des primes applicables aux diverses natures de risques, et les conditions générales des contrats d'assurances qui doivent être imprimées en tête des polices. Il fixe le montant des pertes et dommages qui doivent être payés par la compagnie ; il nomme et révoque les agents et employés de la compagnie ; il fixe leurs traitements et salaires ; il règle toutes les dépenses fixes ; il statue sur les dépenses accidentelles et variables. Il détermine l'emploi des fonds disponibles ; il statue sur toutes aliénations de rentes ou autres valeurs achetées pour le compte de la société, ou transférées en son nom à titre de garantie. Il prononce sur toutes les opérations de la compagnie et arrête tous les comptes annuels, sauf l'approbation de l'assemblée générale ; il peut traiter, transiger, compromettre sur tous les intérêts de la société.

32. Les fonctions de membre du conseil d'administration sont gratuites ; ils ne recevront que des jetons de présence, dont la valeur sera déterminée par l'assemblée générale.

Du directeur et du directeur-adjoint.

33. Le directeur et le directeur-adjoint sont

nommés et peuvent être révoqués par l'assemblée générale, sur la proposition du conseil d'administration, à la majorité absolue des suffrages des membres présents.

34. Le directeur et le directeur-adjoint doivent posséder, le premier, au moins cinquante actions, le second, au moins trente actions de la société ; ces actions, affectées à la garantie de leur gestion, seront inaliénables pendant toute la durée de leurs fonctions et jusqu'à l'apurement de leurs comptes.

35. Le traitement fixe du directeur et du directeur-adjoint, et la part annuelle qui pourra leur être concédée sur les bénéfices nets, sont fixés par l'assemblée générale, sur la proposition du conseil d'administration.

36. Le directeur est chargé de faire exécuter les délibérations du conseil d'administration ; il peut assister aux réunions de ce conseil, mais seulement avec voix consultative. Il dirige le travail des bureaux, règle et détermine la durée des inspections; il soumet au conseil d'administration l'état des sinistres réglés ou à régler, la situation de la caisse et celle des assurances. Il propose à la nomination du conseil tous les agents et employés de la compagnie. Il arrête les conditions particulières des assurances ; il signe les polices d'assurances. La correspondance, les endossements, les quittances et autres pièces de comptabilité journalière, sont signés par le directeur. Il intente toutes actions et répond à celles qui sont dirigées contre la compagnie, mais après autorisation préalable du conseil d'administration. Il règle les sinistres sur expertise ou de gré à gré, et fait à cet égard tous traités ou compromis, sauf l'approbation du conseil d'administration.

37. Tout transfert d'actions et d'autres valeurs appartenant à la compagnie doit être signé par le directeur et un administrateur.

38. Le directeur-adjoint remplace le directeur en cas d'empêchement momentané de celui-ci. En cas d'empêchement du directeur-adjoint, le conseil délègue pour le remplacer un des administrateurs ou un employé de la compagnie.

39. M. Delaplace est nommé directeur, et M. Armand Boc de Saint-Hilaire directeur-adjoint de la société. Ces nominations seront soumises à l'approbation de l'assemblée générale lors de sa première réunion, qui aura lieu dans le mois qui suivra la date de l'ordonnance de l'autorisation.

De l'assemblée générale.

40. L'assemblée générale se compose de tous ceux des actionnaires qui sont propriétaires de six actions au moins depuis trois mois révolus. Toutefois le nombre des actionnaires ayant droit de faire partie de l'assemblée générale ne peut être moindre de trente : en cas d'insuffisance de possesseurs de six actions, ce nombre est complété par ceux qui en possèdent moins de six, en suivant l'ordre décroissant. En cas de concurrence entre plusieurs actionnaires qui posséderaient un même nombre d'actions, on se réglera sur l'ancienneté du titre ; en cas d'égalité, sur l'ancienneté d'âge.

41. L'assemblée générale représente la masse des actionnaires, et ses délibérations sont obligatoires pour tous, même pour ceux qui n'y ont pas concouru.

42. L'assemblée générale ordinaire a lieu au moins une fois chaque année, dans le courant du mois de juin. Il y aura , en outre, des assemblées extraordinaires, toutes les fois que les circonstances

l'exigeront. L'assemblée générale ordinaire est convoquée par le directeur, après décision du conseil d'administration. Les assemblées générales extraordinaires sont convoquées , soit sur l'initiative du conseil d'administration, soit sur la demande d'un nombre d'actionnaires représentant au moins la moitié des actions.

43. Les convocations sont faites quinze jours avant la réunion, par un avis inséré dans les journaux consacrés aux annonces judiciaires, et par lettres adressées au domicile élu par les actionnaires à Paris. Dans tous les cas, les lettres de convocation doivent indiquer sommairement l'objet de la réunion et les points principaux sur lesquels l'assemblée sera appelée à délibérer.

44. L'assemblée générale est présidée par le président du conseil d'administration : elle nomme son secrétaire et les deux scrutateurs par bulletin de liste, à la majorité relative des voix.

45. Le droit d'assister à l'assemblée générale est personnel et ne peut être délégué.

46. L'assemblée générale est régulièrement constituée, sur une première convocation , par la présence de la moitié plus un des membres appelés à la composer. Si ce nombre n'est pas réuni, il en est dressé procès-verbal, et l'assemblée est remise à quinze jours au moins d'intervalle. Sur la deuxième convocation, les délibérations prises par l'assemblée sont valables et obligatoires pour tous les actionnaires, quel que soit le nombre des membres présents. Toutefois ces délibérations ne peuvent porter que sur les points qui étaient à l'ordre du jour de la première assemblée et mentionnés dans les circulaires pour la seconde réunion. Les procès-verbaux seront signés par le président et le secrétaire du bureau.

47. Les délibérations de l'assemblée générale seront prises à la majorité des voix. Les membres composant l'assemblée générale n'ont qu'une voix, quel que soit le nombre de leurs actions.

48. L'assemblée générale entend le compte annuel des opérations de la société, qui lui est présenté par le directeur. Elle entend aussi les rapports qui lui sont faits par le conseil d'administration. Elle délibère et statue sur les comptes ainsi que sur toutes les propositions qui seront faites par le directeur, le conseil d'administration ou les actionnaires. Elle procède au remplacement des administrateurs sortant.

49. L'assemblée générale nomme, s'il y a lieu, un ou plusieurs commissaires pris dans son sein, pour procéder à la vérification détaillée des comptes et des écritures de la société. Les commissaires auront le droit de prendre connaissance , dans les bureaux, de toutes les écritures de la société, et de se faire représenter toutes les pièces, de même que de convoquer une assemblée extraordinaire, si le cas le requérait.

Du fonds de réserve et des répartitions de bénéfices.

50. Les opérations de la société et les comptes seront arrêtés, chaque année, par le directeur, au 31 décembre. D'après l'état de situation transmis par le directeur au conseil d'administration, celui-ci décidera s'il y a lieu ou non à une répartition de bénéfices, et il en déterminera la quotité, sauf l'approbation de l'assemblée générale.

51. Sur les bénéfices nets, il sera fait une retenue d'un cinquième pour former un fonds de réserve destiné à couvrir les déficits et les pertes. Cette retenue cessera dès que la réserve aura atteint le

chiffre de un million de francs. Si, après avoir été ainsi complété, le fonds de réserve vient à être entamé, la retenue mentionnée au présent article reprendra son cours. Le surplus des bénéfices sera réparti entre toutes les actions au centime le franc du versement effectué.

52. En cas de pertes qui absorberaient le fonds de réserve, les intérêts et bénéfices non encore répartis, et, en outre, le montant du premier cinquième versé en espèces sur le capital de deux millions, le conseil d'administration exigera des actionnaires les versements nécessaires pour rétablir et maintenir le fonds de roulement à son chiffre primitif de quatre cent mille francs.

De la dissolution et de la liquidation.

53. La dissolution de la société aura lieu de plein droit si, par l'effet des pertes éprouvées, le capital social se trouvait réduit aux deux cinquièmes : cette dissolution pourra être prononcée par l'assemblée générale, si ce capital était réduit seulement à moitié.

54. L'assemblée générale des actionnaires, dans les deux cas prévus par l'art. 53, sera immédiatement convoquée par le conseil d'administration.

55. L'assemblée générale, en cas de dissolution de la société, nommerait, séance tenante, trois commissaires liquidateurs. Ces derniers feront réassurer les risques non éteints ou résilieront, s'il est possible, les contrats existants. Ils régleront et arrêteront le paiement des pertes et dommages à la charge de la compagnie. Ils pourront compromettre, traiter et transiger sur toutes contestations.

56. Les actionnaires devront, sur la demande de la commission de liquidation, effectuer les versements nécessaires pour opérer le paiement des charges de la société, jusqu'à concurrence du montant de leurs actions.

57. Il sera rendu compte des opérations et de la marche de la liquidation à l'assemblée générale convoquée à cet effet à l'expiration de l'année.

58. Immédiatement après l'obtention de l'ordonnance royale qui autorisera la compagnie, le directeur convoquera l'assemblée générale des actionnaires, à l'effet de pourvoir à la nomination des administrateurs et de se prononcer sur celle du directeur et du directeur-adjoint, comme il est dit à l'art. 59.

Arbitrage.

59. Toutes contestations qui pourraient s'élever entre les actionnaires et la société ou les actionnaires entre eux, relativement aux affaires de la compagnie, seront jugées par un tribunal arbitral composé de trois membres choisis, les deux premiers, par chacune des parties, et le troisième, par les deux premiers arbitres nommés. Et si les deux arbitres ne peuvent s'entendre sur le choix du troisième, ou que l'une des deux parties n'ait pas nommé son arbitre dans les trois jours de la sommation, l'arbitre non désigné sera nommé d'office par ordonnance du président du tribunal de commerce de la Seine, sur la requête de la partie la plus diligente. Les parties renoncent à exercer aucun recours ni appel contre la décision des arbitres ainsi nommés, lesquels prononceront, comme amiables compositeurs, en dernier ressort, et sans être astreints aux formes ordinaires de la procédure.

60. En cas de modifications jugées nécessaires aux présents statuts, ces modifications seront, sur la proposition du conseil d'administration, délibérées en assemblée générale spécialement convoquée à cet effet. L'assemblée générale, pour cette délibération, devra réunir au moins la moitié plus un des membres appelés à la composer. Les modifications devront être adoptées à la majorité des trois quarts des voix des membres présents, pour être ensuite soumises à l'approbation du gouvernement. Elles ne seront exécutoires qu'après cette approbation. Les lettres de convocation, dans ce cas, devront faire mention des modifications sur lesquelles l'assemblée aura à délibérer.

Publication.

61 et dernier. Pour faire publier ces présentes, tous pouvoirs sont donnés au porteur d'une expédition ou d'un extrait.

---

7 NOVEMBRE == 23 DÉCEMBRE 1841. — Ordonnance du roi portant autorisation de la société d'assurances mutuelles immobilières contre l'incendie, établie à Saint-Germain-en-Laye sous la dénomination de la Prudence. (IX, Bull. supp. DLXXIV, n. 16126.)

Louis-Philippe, etc., sur le rapport de notre ministre secrétaire d'Etat de l'agriculture et du commerce ; notre conseil d'Etat entendu, etc.

Art. 1ᵉʳ. La société d'assurances mutuelles immobilières contre l'incendie, établie à Saint-Germain-en-Laye, sous la dénomination de la Prudence, pour les départements de la Seine (Paris excepté), Seine-et-Oise, Seine-Inférieure, Calvados, Orne, Eure, Eure-et-Loir, Loiret et Seine-et-Marne, est autorisée. Sont approuvés les statuts de ladite société, tels qu'ils sont contenus dans l'acte passé, le 15 septembre 1841, par-devant Mᵉ Lalouel, notaire à Saint-Germain-en-Laye, et en présence de témoins, lequel acte restera annexé à la présente ordonnance.

2. Nous nous réservons de révoquer notre autorisation en cas de violation ou de non exécution des statuts approuvés, sans préjudice des droits des tiers.

3. La société sera tenue de remettre, dans les trois premiers mois de chaque année, au ministère de l'agriculture et du commerce, et aux préfets des départements compris dans sa circonscription, un extrait de son état de situation arrêté au 31 décembre précédent.

4. Notre ministre de l'agriculture et du commerce (M. Cunin-Gridaine) est chargé, etc.

TITRE Iᵉʳ. — Constitution de la société.

Art. 1ᵉʳ. Il y a, avec l'autorisation du gouvernement, société d'assurance mutuelle entre les personnes qui ont déjà adhéré et toutes celles qui adhéreront par la suite aux présents statuts, pour la garantie des immeubles, des risques locatifs et du recours des voisins, contre l'incendie, le feu du ciel et l'explosion du gaz à éclairer, conformément aux art. 6 et 7 ci-après.

2. La société a pour titre la Prudence, société d'assurances mutuelles immobilières contre l'incendie.

3. Les opérations de la société s'étendent aux départements de la Seine (Paris excepté), de Seine-et-Oise, de la Seine-Inférieure, du Calvados, de l'Orne, de l'Eure, d'Eure-et-Loir, du Loiret et de Seine-et-Marne. Elle a son siége à Saint-Germain-en-Laye.

4. L'administration de la société se compose d'un conseil général de sociétaires, d'un conseil d'administration, d'un directeur.

5. La durée de la société est fixée à trente années, à dater du jour de la promulgation de l'ordonnance royale. Cette durée pourra être prolongée avec l'approbation du gouvernement, par une délibération du conseil général des sociétaires ; cette délibération devra réunir l'adhésion des deux tiers des membres de ce conseil: toutefois, les sociétaires dissidents pourront se retirer de la société. Elle n'entrera en activité que lorsqu'il existera des engagements pour une somme de dix millions. Elle cesserait d'exister si, à l'expiration d'une période quinquennale, elle descendait au-dessous de vingt millions. Le conseil général, convoqué extraordinairement à ce sujet, prononcerait la dissolution.

TITRE II. — *De l'assurance.*

CHAPITRE Ier. — OBJETS ADMISSIBLES A L'ASSURANCE.

6. La société assure les constructions de toute espèce et tous les objets immeubles par destination qui en dépendent, sauf les exceptions prévues aux art. 8 et 9. Elle assure de plus les effets du recours que peut exercer le propriétaire contre le locataire, dans le cas prévu par les art. 1733 et 1734 du Code civil, recours connu sous la dénomination de *risques locatifs* ; elle garantit, relativement aux immeubles, contre les effets du recours que peut exercer le voisin, mais seulement pour dommages causés par communication d'incendie, recours qui peut résulter des art. 1382 et 1383 du Code civil, et connu sous la dénomination de *recours des voisins.* Elle assure encore les bois taillis, les futaies résineuses ou non.

7. Elle répond, 1° des dommages causés par l'incendie, quelle que soit la nature de ces dommages, c'est-à-dire, soit que les objets assurés aient été brûlés, brisés ou détériorés d'une manière quelconque; 2° des dommages occasionnés par la foudre ; 3° des dommages résultant des mesures ordonnées par l'autorité en cas d'incendie ; 4° enfin des dommages et frais provenant du sauvetage des objets assurés.

CHAPITRE II. — OBJETS EXCLUS DE L'ASSURANCE.

8. La société exclut de sa garantie : les risques relatifs aux bâtiments qui renferment des salles de spectacles, des fabriques de gaz, de poudre, ou d'artifice en grande quantité. Les risques relatifs aux immeubles qui, sans dépendre desdits bâtiments, en sont néanmoins tellement rapprochés qu'ils présentent les mêmes dangers. Enfin les constructions tout à la fois isolées et mal bâties.

9. Elle n'assure pas ses membres contre les incendies qui peuvent provenir de guerre, invasion, force militaire quelconque, émeute populaire, explosion de manufactures ou de magasins publics de poudre ; elle ne garantit pas enfin des sinistres provenant de la volonté de l'assuré. La société se réserve de plus le droit de ne point admettre à l'assurance tous les risques qui, pour une cause quelconque, paraîtraient au conseil d'administration devoir être refusés. Elle ne répond que des dom-

mages matériels produits par le sinistre dans l'objet assuré, et nullement des pertes qui résultent de l'impossibilité temporaire d'user de la chose.

CHAPITRE III. — ESTIMATION DES OBJETS A ASSURER.

§ Ier. *Dispositions générales.*

10. L'estimation des objets proposés à l'assurance se fait d'après leur valeur actuelle par le proposant et par un agent de la société, sauf la décision du conseil d'administration. L'estimation des valeurs admises à l'assurance sert de base aux charges sociales de l'assuré. Cette estimation ne se fait que par somme ronde de mille francs.

11. En cas d'augmentation ou de diminution notable dans la valeur ou la quantité des objets assurés pendant la période de l'engagement en cours, le sociétaire est tenu d'en prévenir la société, et il est procédé à une nouvelle estimation conformément à l'article qui précède. La société a de plus le droit, à toutes les époques, de faire vérifier et de réduire, s'il y a lieu, les estimations antérieures, toutes les fois que l'intérêt commun l'exige. A défaut par le sociétaire de se conformer à cette réduction, le contrat est résilié par une simple notification. Toutes les fois qu'il y aura réduction, le sociétaire ne pourra rien répéter de la société pour les cotisations par lui payées antérieurement.

12. Aucune assurance ne pourra excéder cent mille francs sur un seul risque, tant que la masse assurée ne dépassera pas dix millions. Ce maximum s'accroîtra, avec le montant des valeurs assurées, dans la proportion d'un demi pour cent, jusqu'à la concurrence d'un plein de cinq cent mille francs, qui ne pourra jamais être dépassé.

§ 2. *Estimation des risques locatifs et de voisinage.*

13. Les risques locatifs s'estiment sur la déclaration du proposant, d'accord avec l'agent de l'administration, d'après la valeur des immeubles occupés par lui, et des immeubles par destination qui en dépendent. L'assurance contre le recours du propriétaire peut porter sur la totalité de l'immeuble. Néanmoins tout sociétaire peut n'assurer ses risques locatifs que jusqu'à concurrence d'une somme moindre, mais toujours déterminée.

14. L'estimation du risque de voisinage est laissée à l'appréciation du proposant. Le risque de voisinage peut porter sur la totalité des objets immobiliers appartenant aux voisins. Néanmoins le sociétaire peut n'assurer ses risques de voisinage que jusqu'à concurrence d'une somme moindre, mais toujours déterminée, en spécifiant la portion de cette somme qu'il entendra affecter au recours de tel ou tel voisin. L'assurance des risques de voisinage ne s'étend pas au-delà des immeubles contigus à ceux occupés par le proposant.

CHAPITRE IV. — CLASSIFICATION DES OBJETS A ASSURER.

15. Les biens immeubles qui peuvent donner lieu à l'assurance étant inégalement exposés aux sinistres sont rangés en diverses classes, déterminées par les dangers qu'ils présentent, soit par la nature des constructions, soit par leur contenu, soit par la nature des objets contigus. Les classes sont rangées en trois catégories de risques comme suit : première catégorie, risques de construction ou par nature ; deuxième catégorie, risques par contenu ; troisième catégorie, risques par contiguïté.

Première catégorie.

16. Par nature, les bâtiments et les immeubles

par destination qui en dépendent sont divisés en cinq classes. 1° Sont rangés dans la première classe par nature, les bâtiments qui, situés dans les villes, sont totalement construits en pierres, moellons ou briques, couverts en tuiles, laves, ardoises ou métaux, et dont les séparations intérieures sont faites mi-partie en matériaux incombustibles et mi-partie en pans de bois. Ils prennent la dénomination de *bâtiments de construction n. 1er*. 2° Sont rangés dans la deuxième classe par nature, les bâtiments qui, situés dans les villes, sont construits et couverts comme les précédents, et dont les séparations intérieures sont faites en totalité en pans de bois ; ils prennent la dénomination de *bâtiments de construction n. 2*. 3° Sont rangés dans la troisième classe par nature, 1° les bâtiments qui, situés dans les villes, sont construits mi-partie en matériaux incombustibles et mi-partie en pans de bois, avec remplissage en pierres, briques ou plâtre, et couverts en tuiles, laves, ardoises ou métaux ; 2° les bâtiments qui, situés dans les communes rurales, sont construits en pierres, moellons ou briques sur toutes les faces, couverts en tuiles, ardoises ou métaux, et dont les séparations intérieures sont faites mi-partie en matériaux incombustibles et mi-partie en pans de bois ; ils prennent la dénomination de *bâtiments de construction n. 3*. 4° Sont rangés dans la quatrième classe par nature, 1° les bâtiments qui sont entièrement construits en pans de bois avec remplissage en pisé, torchis ou bousillage, et couverts en tuiles, ardoises ou métaux, quelle que soit d'ailleurs la nature des séparations intérieures ; 2° les bâtiments qui, situés dans les communes rurales, sont construits comme les précédents, couverts en matériaux incombustibles, et dont les séparations intérieures sont mi-partie en pans de bois et mi-partie en pierres, briques, plâtre, pisé, torchis ou bousillage ; ils prennent la dénomination de *bâtiments de construction n. 4*. 5° Sont rangés dans la cinquième classe par nature, les bâtiments qui, situés soit dans les villes, soit dans les communes rurales, sont construits ou non en matières combustibles, soit extérieurement, soit intérieurement, et dont les couvertures sont en bardeaux, en chaume, roseaux ou toute autre matière analogue ; ils prennent la dénomination de *bâtiments de construction n. 5*. Sont assimilées aux villes les communes où il existe des compagnies de sapeurs-pompiers.

17. La classe à laquelle les objets assurés doivent appartenir détermine le nombre de degrés de risques qu'ils présentent par nature de la construction, et cela dans la proportion suivante : la première classe par nature présente un degré de risques ; la deuxième, deux degrés de risques ; la troisième, trois degrés de risques ; la quatrième, six degrés de risques ; la cinquième, neuf degrés de risques.

Deuxième catégorie.

18. Outre ces risques intrinsèques, c'est-à-dire provenant de la nature même, les cinq catégories de constructions déterminées ci-dessus sont exposées par leur contenu à des risques nouveaux, qui s'ajoutent aux premiers. Ainsi cinq nouvelles classes sont formées pour établir les risques par contenu. 1° Sont rangés dans la première classe par contenu les bâtiments dans lesquels sont déposés des objets qui, bien que combustibles, ne sont pas pourtant de nature à s'enflammer facilement, tels que quincaillerie, fers (marchands de), potasse, salaisons, etc., etc. ; c'est ce qui sera désigné sous la dénomination de *risques par contenu n. 1er*.

2° Sont rangés dans la deuxième classe par contenu les bâtiments dans lesquels l'assuré exerce ou laisse exercer des industries exigeant un mouvement continuel, ou présentant d'autres chances d'incendie pouvant leur être assimilées, comme armuriers sans forges, bijoutiers, draps (marchands de), forgerons, grainetiers sans fourrages, pharmaciens, tailleurs, etc., etc. ; c'est ce qui sera désigné sous la dénomination de *risques par contenu n. 2*. 3° Sont rangés dans la troisième classe par contenu les bâtiments dans lesquels on exerce des industries dangereuses, ou dans lesquels il existe un ou plusieurs ateliers où l'on travaille des matières très-combustibles, ou professions analogues, comme aubergistes logeant rouliers, chânvres et lins (marchands de), apprêteurs d'étoffes à chaud, blanchisseries bertholiennes, toiles peintes avec dépendances sans séchoir à chaud, et autres industries analogues ; c'est ce qui sera désigné sous la dénomination de *risques par contenu n. 3*. 4° Sont rangés dans la quatrième classe par contenu les bâtiments dans lesquels sont renfermés de grands amas de matières facilement inflammables, telles que paille, fourrages, etc., etc. ; ceux dans lesquels il existe des dépôts ou magasins d'esprits ou eaux-de-vie en grande quantité, produits chimiques dangereux, et autres produits analogues ; c'est ce qui sera désigné sous la dénomination de *risques par contenu n. 4*. 5° Sont rangés dans la cinquième classe par contenu les bâtiments dans lesquels il existe des fabriques ou usines excessivement dangereuses, comme distilleries d'eau-de-vie, esprits, fabriques de produits chimiques dangereux, de vernis, raffineries de sucre, etc. ; c'est ce qui sera désigné sous la dénomination de *risques par contenu n. 5*.

19. Ainsi que pour les risques par la nature des constructions, la classe à laquelle les maisons assurées doivent appartenir par leur contenu détermine le nombre des risques qu'elles présentent pour cette deuxième catégorie, et cela dans la même proportion que pour la première, c'est-à-dire, la première classe par contenu présente un degré de risques ; la deuxième, deux degrés de risques ; la troisième, trois degrés de risques ; la quatrième, six degrés de risques, et la cinquième, neuf degrés de risques.

Troisième catégorie.

20. Par contiguïté, les risques peuvent être augmentés lorsque la propriété proposée à l'assurance est attenante à d'autres propriétés qui se trouvent exposées, par leur nature ou par leur contenu, aux dangers en vue desquels ont été établies les catégories ci-dessus. 1° Lorsque la propriété faisant l'objet de l'assurance sera attenante à un autre bâtiment, les risques de l'assuré prendront, à titre de contiguïté, un degré en sus de ceux qu'ils ont déjà. Si ce bâtiment contigu présente par lui-même, soit par la nature de la construction, soit par le contenu, quatre degrés de risques au moins, sans excéder le nombre de six ; 2° lorsque le bâtiment faisant l'objet de l'assurance, sera attenant à plusieurs autres bâtiments, les risques de l'assuré prendront, à titre de contiguïté, deux degrés en sus de ceux qu'ils ont déjà, si ces bâtiments contigus présentent par eux-mêmes, soit par la nature de la construction, soit par leur contenu, quatre degrés de risques au moins chacun, ou que l'un d'eux en ait plus de six. En conséquence, les neuf risques de la première catégorie par nature, les neuf risques de la deuxième catégorie par contenu et les deux risques de la troisième catégorie par contiguïté, pro-

duisent de un à vingt degrés de risques. Ainsi le premier risque s'applique aux immeubles de construction n. 1er, lorsqu'ils ne renferment que des meubles meublants et ce qui est nécessaire à la vie commune, et ne présentent, soit à raison du contenu, soit à raison de la contiguïté, aucune des circonstances dangereuses définies au présent article et à l'art. 18. Et ainsi de suite jusqu'au vingtième risque, qui s'applique aux immeubles de construction n. 5, dans le cas où leur contenu présente les risques applicables à la cinquième classe de la deuxième catégorie, et qui, par contiguïté, se trouvent dans le cas prévu par le troisième alinéa du présent article. Les bois taillis seront classés comme présentant trois degrés de risques par nature. Les forêts résineuses entreront dans le classement comme présentant vingt degrés de risques par nature. La classification est applicable dans toutes ses combinaisons aux risques locatifs et aux recours des voisins.

21. Si l'expérience démontrait que quelques propriétés ont été mal classées dans les catégories qui précèdent, le conseil d'administration pourra prendre à ce sujet une délibération, qui sera exécutoire après avoir reçu l'approbation du conseil général ; toutefois ces modifications n'auront pas d'effets rétroactifs, et elles ne pourront être appliquées qu'aux nouveaux contrats ou aux contrats renouvelés.

TITRE III. — *Engagement social.*

Chapitre 1er. — Formation de l'engagement social.

22. Tout propriétaire, fermier, locataire, etc., et toute personne ayant intérêt à la conservation des objets que la société assure, peut être sociétaire.

23. La demande d'admission dans la société se fait au moyen d'un acte d'adhésion. Cet acte énonce les nom, prénoms, titres et professions du proposant ; la qualité en laquelle il agit ; le domicile par lui élu ; la nature des risques et recours proposés à l'assurance, la valeur et la désignation sommaire des immeubles pour lesquels l'assurance est demandée ; la durée de l'assurance. Cet acte exprime aussi si l'assurance comprend toutes les constructions, tous les risques locatifs et tous les recours des voisins auxquels le proposant est exposé, ou seulement une partie de ces risques et recours ; s'il existe des assurances antérieures sur ces mêmes constructions et risques.

24. Dans sa plus prochaine réunion, le conseil d'administration, sur le vu de l'acte d'adhésion et après avoir entendu le directeur, décide si le proposant doit être admis ; en cas de refus, il n'est pas tenu de faire connaître ses motifs. La décision du conseil d'administration est immédiatement portée à la connaissance du proposant. Si le conseil d'administration admet l'assurance, l'acte d'adhésion est inscrit sur un journal à ce destiné, tenu sans surcharge ni interligne, coté et paraphé par le président.

25. Immédiatement après l'inscription au journal, l'agent principal délivre une police à l'adhérant ; cette police est signée par le directeur ; elle est revêtue du timbre de la société ; elle constate l'adhésion du sociétaire, son inscription et son numéro d'ordre sur le journal ; elle contient, outre les conditions spéciales de l'assurance, les principales dispositions des statuts. Chaque sociétaire reçoit, pour chacune de ses propriétés une plaque, qu'il doit faire apposer dans un endroit apparent. Le prix de la plaque est fixé à un franc vingt-cinq centimes et celui de la police à un franc.

Chapitre II. — Durée de l'engagement social.

26. Les assurances sont contractées pour cinq années ; néanmoins tout fermier, locataire, etc., peut être admis à l'assurance pour un temps égal à la durée de son bail. Selon les circonstances, le conseil d'administration décide si certaines assurances peuvent être admises pour un temps moindre que celui ci-dessus fixé. La période de tout engagement commence le premier jour de l'année sociale ; on ajoute à la première période les mois restant à courir de l'année dans laquelle l'adhésion a été admise. L'assurance produit ses effets actifs et passifs à dater du 1er du mois qui suit celui dans le courant duquel elle a été admise par le conseil d'administration.

27. Chaque exercice social commence le 1er janvier, et finit le 31 décembre suivant. Le temps qui s'écoulera entre l'époque de la mise en activité de la société et la fin de l'année suivante composera le premier exercice social.

Chapitre III. — Cessation de l'engagement social.

28. L'engagement social cesse pour le sociétaire et la société dans les cas suivants : 1° par la destruction totale des immeubles assurés ; 2° par l'exclusion du sociétaire, prononcée par le conseil d'administration pour cause de non paiement de la contribution sociale, et dans le cas de faillite ou déconfiture, etc., à moins que l'assuré ne donne caution ; 3° par l'expiration du temps pour lequel l'engagement a été souscrit, pourvu toutefois que, trois mois avant l'expiration de l'engagement en cours, le sociétaire ait manifesté l'intention de se retirer de la société au moyen d'une déclaration faite par l'assuré ou son fondé de pouvoirs, soit à la direction, soit au bureau de l'agent principal de l'arrondissement. Sans l'accomplissement de cette formalité, l'assuré continue à faire partie de la société pendant une année, à partir de l'expiration de son engagement, et il lui est donné avis de la cessation de cet engagement ; 4° par la vente de l'objet assuré, et par l'effet de toutes circonstances entraînant mutation ; 5° par la mort du sociétaire, auquel cas les héritiers profitent de l'assurance jusqu'à la fin de l'année sociale, si leurs assurances restent dans les mêmes conditions ; 6° par la cessation de l'intérêt en vue duquel l'assurance aurait été faite par un tiers. Dans tous les cas, l'assuré ou ses ayants-cause supporte les charges sociales jusques et y compris le mois de sa sortie.

29. Toute circonstance survenue dans le cours de l'assurance et qui est de nature à aggraver les risques assurés pour la société, doit être dénoncée dans la huitaine à l'administration, qui fait procéder immédiatement à la vérification des changements, et, sur le vu du procès-verbal, peut annuler le contrat ou changer la classe de l'assurance dans l'intérêt de la société ou dans celui de l'assuré. Si le sociétaire n'a pas rempli cette formalité avant l'incendie, il perd la moitié de l'indemnité due dans ce cas. Tout sociétaire qui, par réticence ou fausse déclaration dans son acte d'adhésion, aurait sciemment induit la société en erreur sur les risques que courent les choses pour lesquelles il s'est assuré, n'aurait droit à aucune indemnité.

TITRE IV. — *Sinistres.*

CHAPITRE 1er. — DÉCLARATION DU SINISTRE OU DES RECOURS.

30. Au moment où un incendie se manifeste ou qu'un recours est formé contre l'assuré, il doit en être fait déclaration par l'assuré, ou en son nom, au maire de la commune, et à l'agent principal de la société pour l'arrondissement dans lequel se trouvent les constructions assurées, si le sinistre a lieu à la résidence de cet agent. Pour les communes de la circonscription, ce délai sera augmenté à raison d'un jour par deux myriamètres et demi. Faute par l'assuré d'avoir fait sa déclaration dans le délai ci-dessus, il subira une réduction du dixième de l'indemnité à laquelle il aurait droit; s'il laisse écouler dix jours, la réduction sera du quart. Outre cet avis immédiat, une déclaration signée du sociétaire ou de son représentant doit être faite à la direction au plus tard dans le mois qui suit le sinistre, sous peine de perdre tout droit à une indemnité. Cette seconde déclaration, indiquant les nom, prénoms et qualités du sociétaire, son domicile et les immeubles atteints par le sinistre, le numéro de la police et sa date, doit faire connaître, aussi exactement que possible, l'instant auquel le sinistre s'est manifesté; les causes du moins présumées qui l'ont produit; l'estimation détaillée des objets immobiliers détruits, dégradés ou endommagés, et de ceux qui ont complètement échappé au sinistre; la même déclaration fait aussi connaître si le sociétaire est assuré à une autre compagnie; elle indique le nom de cette compagnie et le montant des sommes pour lesquelles il est assuré. Enfin elle contient la nomination de l'expert que l'incendié a choisi, et qui doit opérer en son nom, aux termes de l'article suivant.

CHAPITRE II. — RÈGLEMENT DU SINISTRE.

31. Aussitôt après la reconnaissance du sinistre, qui est faite par l'agent principal de l'arrondissement, le directeur fait procéder à l'expertise détaillée des pertes survenues; cette expertise se fait par deux experts désignés par le directeur et par l'assuré ou son ayant-cause. En cas de dissidence, ces experts nomment un tiers-expert qui statue sur leur différend. S'ils ne tombent pas d'accord sur le choix, la nomination est faite suivant les règles établies au Code de procédure civile. Le tiers-expert est tenu de se renfermer dans les limites des opinions des premiers, mais non pas d'adopter l'une ou l'autre de ces opinions. Les frais d'expertise sont supportés moitié par la société, moitié par le sociétaire.

32. S'il s'agit de recours exercés contre un sociétaire, le directeur, aussitôt la déclaration qui lui en est faite, est substitué aux lieu et place de ce dernier. Il fait procéder à la reconnaissance des dommages contradictoirement avec les parties qui ont formé le recours.

CHAPITRE III. — PAIEMENT DES SINISTRES.

33. Pour prévenir tout retard dans le paiement de l'indemnité et faire face aux charges de la société, il est établi un fonds de prévoyance au moyen du dépôt fait par chaque sociétaire, lors de son entrée dans la société, d'une partie du maximum de la portion contributive dont il peut être passible. Le conseil d'administration détermine, d'après les besoins de la société, quelle doit être cette partie, sans que cette partie puisse excéder le cinquième du maximum. Ce conseil arrête l'em-

ploi qui doit en être fait, en laissant toujours en caisse les sommes nécessaires aux besoins courants. Tout sociétaire qui cessera de faire partie de la société, après avoir rempli toutes les obligations envers elle, recevra la portion du fonds de prévoyance afférente à son assurance. Lorsque les sommes encaissées par le directeur, soit pour constituer le fonds de prévoyance, soit pour tout autre versement, auront atteint le chiffre de vingt mille francs, elles seront déposées dans une caisse publique désignée par le conseil d'administration.

34. L'indemnité pour les sinistres, soit qu'elle ait été réglée par le conseil d'administration d'après les pertes constatées dans les procès-verbaux d'expertise, soit qu'elle ait été fixée par un jugement, est payée dans le mois qui suit, sur la délibération du conseil d'administration, jusqu'à concurrence de l'à-compte fixé par lui.

35. Après avoir soldé l'indemnité, la société est subrogée aux droits de l'incendié, et elle exerce en son nom tout recours contre les personnes responsables du sinistre.

36. L'indemnité due par la société pour les assurances par elle consenties ne peut jamais s'élever au-delà des dommages dûment constatés ainsi que, dans aucun cas, le montant de l'indemnité puisse s'élever au-delà de la somme assurée. Si l'objet incendié était assuré par d'autres compagnies, concurremment avec la société, elle n'interviendrait dans le règlement du sinistre qu'au centime le franc de la somme assurée par elle. Dans tous les cas l'incendié recevra, en diminution de l'indemnité, les objets sauvés ou avariés.

TITRE V. — *Répartition des portions contributives.*

37. Sont à la charge de la société: les sinistres, les recours exercés contre les assurés, jusqu'à concurrence de la valeur assurée et de la somme à laquelle les risques locatifs et de voisinage ont été réglés; les frais de sauvetage et indemnités de toute nature relatives à l'incendie, et les frais d'expertise et d'actions judiciaires, aussi bien que les non valeurs constatées; le tout indépendamment des remises réglées par l'art. 61 au profit du directeur.

38. Toutes les charges sociales, après avoir été vérifiées par le conseil d'administration, sont acquittées au moyen des portions contributives réparties au prorata des valeurs assurées. Cette répartition se fait conformément aux règles de la classification établies ci-dessus, et dans les proportions suivantes:

Si la portion contributive du premier risque est de un centime. . . . . } Par mille
Celle du deuxième est de deux centimes. . . . . } francs de valeurs assurées.
Celle du troisième est de trois centimes. . . . . }

Et ainsi de suite jusqu'au vingtième risque dont la portion contributive est alors de vingt centimes.

39. Quelles que soient les pertes éprouvées, les portions contributives des sociétaires ne peuvent dans aucun cas s'élever annuellement,

Pour les objets assurés qui présentent un degré de risque, au-delà de un franc. . . . } Par mille
Pour ceux qui présentent deux degrés, au-delà de deux francs. . . . } francs de valeurs assurées.
Pour ceux qui présentent trois degrés, au-delà de trois francs. . . . }

41.   41

Et ainsi de suite jusqu'au vingtième, dont le maximum de portions contributives annuelles est fixé à vingt francs par mille. Ce maximum pourra être modifié par délibération du conseil général, approuvée par le gouvernement. Si les pertes dépassent les sommes produites par les portions contributives ainsi limitées, les assurés sont indemnisés au centime le franc des dommages éprouvés.

40. Après avoir vérifié les pièces sur lesquelles est basée la répartition présentée par le directeur, le conseil d'administration arrête définitivement cette répartition, la déclare exécutoire, et charge le directeur d'en suivre le recouvrement par toutes les voies de droit. Toutes les sommes à payer par les sociétaires sont comptées par eux à la direction ou à ses agents, et à leur domicile, contre une quittance qui est signée par le directeur ou par l'agent principal.

41. A défaut de paiement de la portion contributive, le directeur pourra, quinze jours après un avis donné aux retardataires, le faire poursuivre par toutes les voies de droit. Un mois après l'avis donné par le directeur au moyen d'une lettre chargée qui tiendra lieu d'une mise en demeure, si le retardataire n'a pas acquitté les cotisations réclamées, le conseil d'administration pourra prononcer la résiliation de l'assurance. Les avantages de l'assurance sont suspendus à l'égard du sociétaire qui laisse écouler plus d'un mois sans payer sa portion contributive après avoir été mis en demeure ; il participe néanmoins pendant ce temps aux charges sociales. Si le sociétaire en retard vient à se libérer postérieurement, la police d'assurance reprend son effet à partir du jour du paiement.

42. Les pièces relatives aux répartitions sont conservées à la direction, où tout sociétaire a le droit d'en demander la communication sans déplacement.

TITRE VI. — *Administration de la société.*

CHAPITRE Iᵉʳ. — CONSEIL GÉNÉRAL DES SOCIÉTAIRES.

43. Le conseil général est composé des cent assurés pour les plus fortes sommes, et pris dans les neuf départements ; savoir : douze pour le département de Seine-et-Oise, et onze pour chacun des huit autres départements. Un tableau de ces cent sociétaires est dressé par le directeur, qui le soumet à l'approbation du conseil d'administration. Ce tableau est affiché dans les bureaux de la direction. Le conseil général nomme à la majorité des voix son président et son secrétaire. En cas de refus, de démission ou de décès de quelques-uns des cent sociétaires assurés pour la plus forte somme, ils sont remplacés de plein droit par ceux qui viennent immédiatement ensuite dans l'ordre d'importance de leurs assurances.

44. Le conseil général se réunit une fois par an, sauf les convocations extraordinaires jugées nécessaires. Les membres du conseil d'administration peuvent assister à toutes ses séances, mais avec voix consultative seulement. Toute convocation se fait par lettres envoyées au domicile élu, et recommandées à la poste.

45. Le conseil général ne peut délibérer valablement s'il ne réunit le tiers au moins de ses membres. Lorsqu'à une réunion ce nombre ne sera pas atteint, l'assemblée sera de droit renvoyée à quinzaine. Cette seconde réunion sera valablement constituée, quel que soit le nombre des membres présents ; toutefois l'assemblée ne pourra délibérer que sur les questions mises à l'ordre du jour de la

réunion précédente. Les arrêtés du conseil général sont pris à la majorité absolue des voix ; en cas de partage, la voix du président est prépondérante.

46. Dans sa réunion annuelle, le conseil général prend connaissance de l'ensemble des opérations de la société, vérifie et arrête définitivement les comptes de la direction, et statue sur tous les intérêts sociaux.

CHAPITRE II. — CONSEIL D'ADMINISTRATION.

47. Le conseil d'administration se compose de vingt-quatre membres nommés par le conseil général. Nul ne peut être élu membre du conseil d'administration, 1° s'il n'est assuré pour une somme de dix mille francs au moins ; 2° s'il est directeur, administrateur ou agent d'une société ou compagnie d'assurance contre l'incendie, exerçant dans la même circonscription.

48. Les membres du conseil d'administration sont renouvelés chaque année par huitième ; ils sont indéfiniment rééligibles. Le sort désigne les premiers sortants. Le conseil d'administration, en cas de décès ou de démission d'un de ses membres, peut désigner un sociétaire pour le remplacer jusqu'à la première réunion du conseil général, qui nomme définitivement pour le temps restant à courir des fonctions du membre remplacé.

49. Au renouvellement de chaque exercice social, le conseil d'administration choisit dans son sein, et à la majorité des suffrages, un président et deux vice-présidents : ils peuvent être réélus ; il nomme également son secrétaire. En cas d'absence du président et des vice-présidents, le plus âgé des membres présents occupe le fauteuil.

50. Le conseil d'administration se réunit dans les derniers jours de chaque mois. Il peut s'assembler plus souvent si les besoins de la société l'exigent. Il prend ses arrêtés à la majorité des suffrages. En cas de partage, la voix du président est prépondérante ; il en est fait mention au procès-verbal.

51. A chaque réunion mensuelle le conseil d'administration prend connaissance de toutes les assurances proposées depuis la réunion précédente ; des variations survenues dans les assurances souscrites, soit à cause d'augmentation ou de diminution de la valeur des objets assurés, soit par augmentation ou diminution des risques ; des sinistres tombés à la charge de la société, des expertises auxquelles ils ont donné lieu, et des contestations survenues entre les sociétaires et la société ; des assurances qui, pour une cause quelconque, seraient dans le cas d'être annulées ; enfin de tout ce qui touche aux besoins, aux intérêts et à la prospérité de la société. Le directeur et tous les sociétaires sont tenus de se conformer à ses décisions.

52. Le conseil d'administration ne peut valablement délibérer si cinq de ses membres au moins ne sont présents ; en cas de partage, la voix du président est prépondérante.

53. Dans les trois mois qui suivent chaque exercice, le conseil d'administration reçoit, vérifie et débat le compte que le directeur rend des recettes et des dépenses sociales de l'exercice précédent. Ce compte est remis au conseil général, qui l'arrête définitivement, s'il y a lieu, dans sa plus prochaine réunion.

54. Le conseil d'administration fait tous les règlements et prend tous les arrêtés qu'il juge utiles à la prompte et bonne administration des affaires de la société et à son développement, sans pouvoir toutefois s'écarter des statuts. Ses membres ne contractent, à raison de leur gestion, aucune obligation

personnelle ni solidaire relativement aux engagements de la société. Ils répondent de l'exécution de leur mandat.

55. Les fonctions de membre de ce conseil sont gratuites ; elles donnent seulement droit à des jetons de présence dont le conseil général détermine la valeur.

Chapitre III. — Direction.

56. Le directeur est seul chargé, sous l'autorité du conseil d'administration, de l'exécution de tous les actes de la société, et de toutes les décisions du conseil d'administration. Il nomme et révoque tous les agents et employés dont il a besoin dans l'intérêt du service.

57. Le directeur convoque le conseil général toutes les fois qu'il y est autorisé par le conseil d'administration. Il peut assister aux séances de ces deux conseils avec voix consultative.

58. Le directeur fournit aux membres de l'administration les indications et tous les documents relatifs à sa gestion. Il est tenu de donner aux sociétaires les renseignements dont ils peuvent avoir besoin.

59. Le directeur tient le journal général de la société et toutes les écritures nécessaires, soit à la comptabilité journalière, soit aux autres opérations de la société. Il entretient les rapports avec les autorités et il signe la correspondance. Avec l'autorisation du conseil d'administration, il transige, compromet et soutient ou intente toute action judiciaire au nom de la société.

60. Le directeur est chargé à forfait, pendant dix ans, de tous les frais de loyers, assurances, correspondances, éclairage, chauffage, impressions, traitements, jetons de présence, plaques, police et autres frais quelconques de gestion. A l'expiration de chaque période décennale, ce forfait pourra être modifié, s'il y a lieu, par le conseil général.

61. Il lui est alloué à cet effet, par an, sans égard à l'augmentation de valeurs relatives produites par la classification des risques, trente-cinq centimes par mille francs de valeurs réelles assurées. Cette remise décroîtra comme suit : trente-cinq centimes, jusqu'à cent millions ; trente centimes, de cent à deux cents millions ; vingt-cinq centimes, de deux cents à trois cents millions ; vingt centimes, de trois cents à quatre cents millions ; quinze centimes, à quatre cents millions et au-dessus. Les recettes des polices et plaques sont également attribuées au directeur.

62. Pour sûreté de sa gestion, le directeur fournit un cautionnement de la valeur de dix mille francs en rentes sur l'Etat ; ce cautionnement est accepté par le président du conseil d'administration. Le directeur ne peut rentrer en possession de la valeur de son cautionnement qu'après l'apurement définitif de ses comptes, arrêtés par décision du conseil d'administration et du conseil général des sociétaires.

63. Le directeur pourra présenter à l'approbation du conseil d'administration un directeur adjoint, chargé de le remplacer temporairement dans toutes les opérations de la direction. Le directeur est responsable de tous les actes du directeur-adjoint, dont les honoraires sont à sa charge.

64. Le directeur est nommé par le conseil général des sociétaires, sur la proposition du conseil d'administration. Le directeur en fonctions peut être révoqué par décision du conseil général et sur la proposition du conseil d'administration, adopté

à la majorité des deux tiers des membres de ce conseil.

65. En cas de décès ou de retraite, pour toute autre cause que révocation, le directeur ou ses héritiers peuvent être admis à proposer son successeur au conseil d'administration, qui peut l'admettre provisoirement, et le soumet ensuite à l'approbation du conseil général.

66. M. Lefrançois (Clément), l'un des fondateurs, est nommé directeur de la société, sauf la confirmation du conseil général.

Titre VII. — Dispositions générales.

67. Les contestations qui peuvent s'élever entre la société et un ou plusieurs de ses membres sont jugées par deux arbitres nommés, l'un par le directeur, au nom de la société, l'autre par la partie adverse ; si ces arbitres ne tombent pas d'accord, il est procédé suivant les règles du droit commun.

68. Aucune action judiciaire autre que celles qui sont indiquées dans l'art. 41 ne peut être exercée sans l'autorisation du conseil d'administration.

69. Tous changements ou modifications aux statuts dont l'expérience démontrera l'utilité seront délibérés, sur le rapport du directeur et du conseil d'administration, par le conseil général ; ils devront être adoptés à la majorité des deux tiers des membres présents. Chaque sociétaire, en adhérant aux présents statuts, donne au conseil général tous pouvoirs à cet effet. Les modifications adoptées ne seront exécutoires qu'après l'autorisation du gouvernement et sans avoir d'effets rétroactifs.

70. Si, pendant deux années consécutives, le maximum prévu à l'art. 39 était reconnu insuffisant, le conseil général pourra, sur la proposition du conseil d'administration, prononcer la dissolution. Dans ce cas, il fixera la marche à suivre et arrêtera définitivement les comptes de l'administration. Cette délibération devra réunir l'adhésion des deux tiers des membres du conseil.

Titre VIII. — Dispositions transitoires.

71. Les frais faits pour arriver à la constitution de la société, et ceux du premier établissement, seront remboursés au directeur sur un état réglé par le conseil d'administration et approuvé par le conseil général : cet état ne pourra comprendre que les frais matériels.

72. Le conseil d'administration provisoire de la société pourra être complété d'ici à la mise en activité ; il est jusqu'à ce moment composé de :

(Suivent les noms.)

73. Le conseil d'administration sera définitivement constitué au plus tard dans le courant du second exercice social. Jusqu'à cette époque les membres composant le conseil d'administration provisoire pourront s'en adjoindre d'autres pour compléter le nombre fixé en l'art. 47. Le conseil général pourvoira à la composition définitive du conseil.

74. Le conseil d'administration provisoire déclarera la mise en activité des opérations aussitôt que les conditions fixées en l'art. 5 auront été remplies.

---

22 novembre=24 décembre 1841. — Ordonnance du roi portant règlement sur la comptabilité des colonies de la Martinique, de la Guadeloupe, de la Guiane française et de Bourbon. (IX, Bull. DCCCLXXII, n. 9750.)

Louis Philippe, etc., vu la loi du 25 juin

1841, sur le régime financier des colonies de la Martinique, de la Guadeloupe, de la Guiane française et de Bourbon, portant, art. 1er, que les recettes et les dépenses desdites colonies font partie des recettes et des dépenses de l'Etat, et sont soumises aux règles de la comptabilité générale du royaume; vu la loi du 24 avril 1833, concernant le régime législatif des colonies; vu notre ordonnance du 31 mai 1838, portant règlement général sur la comptabilité publique; vu le règlement approuvé par nous, le 31 octobre 1840, pour servir à l'exécution de cette ordonnance, en ce qui concerne le département de la marine et des colonies; ensemble le règlement du 22 août 1837, sur le service financier des colonies; considérant qu'il est devenu nécessaire de mettre en harmonie les dispositions qui régissent la comptabilité dans les colonies ci-dessus mentionnées avec les règles de la comptabilité générale du royaume; sur le rapport de notre ministre secrétaire d'Etat au département de la marine et des colonies, et de notre ministre secrétaire d'Etat au département des finances, etc.

Art. 1er. Le service et la comptabilité des finances, dans les colonies de la Martinique, de la Gualoupe, de la Guiane française et de Bourbon, sont et demeurent soumis aux dispositions ci-après :

CHAPITRE Ier. — Des recettes.

§ Ier. Division des recettes.

2. Les recettes, dans les colonies ci-dessus désignées, sont divisées en deux catégories : 1º recettes affectées au service général, et fixées annuellement par la loi du budget ; 2º recettes affectées au service local, dont le vote est dévolu aux conseils coloniaux (1).

§ II. Recettes du service général.

3. Les droits et produits affectés au service général sont : les droits d'enregistrement et d'hypothèques, de timbre, de greffe et perceptions diverses ; les droits de douanes, à l'entrée des marchandises ; les droits de navigation et de port (2).

4. Ces recettes sont l'objet d'une section distincte du budget de l'Etat, sous le titre de : Recettes des colonies affectées au service général.

§ III. Recettes du service local.

5. Les droits, revenus et produits affectés au service local sont :

Sous le titre de contributions directes : la capitation dans les villes et bourgs ; la capitation pour les grandes et les petites cultures; la contribution personnelle; les droits sur les maisons des villes et bourgs; les patentes.

Sous le titre de contributions indirectes : les droits sur les alambics ; les droits sur la vente des tabacs ; les taxes accessoires de navigation; les droits d'entrepôt ; les droits divers (licences, port d'armes, poste aux lettres, etc.).

Sous le titre de domaine : le produit des habitations et propriétés domaniales.

Sous le titre de recettes diverses : les amendes de police et autres produits accidentels (3).

6. Les droits et produits spécifiés à l'article précédent forment une section distincte du budget de l'Etat, sous le titre de : Recettes des colonies affectées au service local. Ils y sont compris en masse, à titre d'évaluation provisoire, et sauf rectification, en fin d'exercice, d'après les recouvrements effectués, conformément à l'article 10 de la loi du 4 mai 1834 (4).

CHAPITRE II. — Des dépenses.

§ Ier. Division des dépenses.

7. Les dépenses sont divisées en deux catégories : dépenses du service général, dont les crédits sont ouverts par la loi annuelle des finances; dépenses du service local, dont le vote est dévolu aux conseils coloniaux (5).

§ II. Dépenses du service général.

8. Les dépenses du service général sont : la solde et les allocations accessoires, les dépenses assimilées à la solde et les frais de passage des fonctionnaires et agents du gouvernement colonial, du commissariat de la marine et de l'inspection coloniale, du service des ports, de la direction de l'intérieur, du service de santé, des services financiers, du culte, de la justice, et de l'instruction publique; les frais de traitement aux hôpitaux des fonctionnaires et agents ci-dessus (sauf retenue sur la solde, conformément aux tarifs réglementaires) ; les dépenses des travaux concernant la construction et l'entretien des églises et chapelles; les dépenses de loyers de maisons pour les instituteurs et les institutrices ; les approvisionnements divers ; les dépenses d'intérêt commun à toutes les colonies (6).

9. Les dépenses spécifiées à l'article pré-

---

(1) Loi du 25 juin 1841, art. 1er.
(2) Loi du 25 juin 1841, tableau F, 1re partie.
(3) Loi du 25 juin 1841, tableau F, 2e partie.

(4) Loi du 25 juin 1841, art. 3.
(5) Loi du 25 juin 1841, art. 1er.
(6) Loi du 25 juin 1841, tableau G, 1re partie.

cédent forment un chapitre spécial du budget du ministère de la marine, sous le titre de *Dépenses du service général des colonies*.

§ III. *Dépenses du service local.*

10. Les dépenses du *service local* sont : la solde et les allocations accessoires, les dépenses assimilées à la solde et les frais de passage des délégués des colonies en France, des agents du service des ponts et chaussées, des commissaires de police et agents attachés à ce service, des concierges, geôliers et autres agents; les frais de traitement aux hôpitaux des agents du service local (sauf retenue sur la solde, conformément aux tarifs); les vivres pour les rationnaires du même service; l'entretien et la construction des bâtiments civils; les travaux des routes et chemins, les ouvrages d'art; les loyers et l'ameublement des maisons occupées par les principaux fonctionnaires, ceux des magasins, ateliers, etc.; les approvisionnements divers; la dépense des prisons, les frais de justice; l'entretien des hospices et des établissements sanitaires; les frais de police du littoral; les frais d'impression, de bureaux, d'affiches, d'abonnement au Bulletin des lois, aux journaux, etc.; les secours, subventions, encouragements aux cultures, à l'industrie, les bourses, etc.; les frais de recouvrement des contributions locales et dégrèvements; l'acquittement des dettes exigibles; les dépenses imprévues (1).

11. Les dépenses énoncées à l'article précédent forment un chapitre spécial du budget du ministère de la marine, sous le titre de : *Dépenses du service local des colonies*. Elles y sont inscrites en masse, à titre d'évaluation provisoire, et sauf rectification, en fin d'exercice, d'après les dépenses effectuées.

12. Les dépenses comprises dans le budget local doivent être renfermées dans la limite du montant présumé des recettes à réaliser.

CHAPITRE III. — *Dispositions communes aux deux catégories des recettes et des dépenses.*

§ 1ᵉʳ. *Assiette et perception des produits.*

13. Dans les colonies de la Martinique, de la Guadeloupe, de la Guiane et de Bourbon, les recettes de toute nature sont faites conformément aux lois et ordonnances en vigueur (2).

14. Aucun impôt dont le produit est at-tribué au *service local* ne peut être établi et perçu qu'en vertu de décrets coloniaux soumis à notre sanction (3).

15. Les recettes de toute nature, attribuées, soit au *service général*, soit au *service local*, ne peuvent être effectuées que par un comptable du trésor légalement établi et en vertu d'un titre légalement établi (4).

16. Le mode de liquidation, de recouvrement et de poursuites est déterminé par les lois, décrets coloniaux et règlements (5).

17. Toutes contributions directes ou indirectes, toutes taxes ou perceptions autres que celles qui sont autorisées par les lois de finances ou les décrets coloniaux, à quelque titre qu'elles se perçoivent, sont formellement interdites, à peine, contre les autorités qui les ordonneraient, contre les employés qui confectionneraient les rôles et tarifs, et ceux qui en feraient le recouvrement, d'être poursuivis comme concussionnaires (6).

§ II. *Des budgets.*

18. Les états détaillés des recettes et des dépenses présumées du *service général* de chaque exercice sont délibérés en conseil privé et adressés à notre ministre de la marine et des colonies. Les résultats qu'ils présentent prennent place, après avoir été examinés et modifiés, s'il y a lieu, par notre ministre de la marine et des colonies, dans les projets de lois des recettes et des dépenses, conformément aux art. 4 et 9 de la présente ordonnance.

19. Notre ministre de la marine et des colonies arrête, d'après la loi annuelle des finances, l'état particulier des recettes et des dépenses du *service général* dans chacune des quatre colonies, et l'adresse aux gouverneurs.

20. Il est formé, pour les recettes et les dépenses du *service local*, des projets de budgets distincts par exercice. Ces projets de budgets, arrêtés provisoirement en conseil privé par le gouverneur, sont adressés à notre ministre de la marine et des colonies, qui pourvoit à ce que leurs résultats figurent en masse et à titre d'évaluation provisoire, dans les projets de lois des recettes et des dépenses, conformément aux art. 6 et 11 ci-dessus.

21. Dans le cas où une colonie n'aurait pas reçu le budget de l'État avant le commencement de l'exercice, les recettes et les dépenses continueront à y être faites con-

---

(1) Loi du 25 juin 1841, tableau G, 2ᵉ partie.
(2) Loi du 25 juin 1841, art. 2.
(3) Ordonnance du 31 mai 1838, art. 6.

(4) Ordonnance du 31 mai 1838, art. 9.
(5) Ordonnance du 31 mai 1838, art. 10.
(6) Ordonnance du 31 mai 1838, art. 11.

conformément au budget de l'exercice précédent (1). Cette mesure sera exécutoire d'après un arrêté du gouverneur pris en conseil privé.

22. Lorsque les décrets coloniaux portant fixation des budgets des recettes et des dépenses du *service local* n'ont pu être revêtus de notre sanction avant l'ouverture de l'exercice, les gouverneurs ont la faculté de les rendre provisoirement exécutoires (2).

23. Les états et projets de budgets mentionnés aux art. 18 et 20 devront être établis et transmis à notre ministre de la marine et des colonies, vingt mois au moins avant l'ouverture de l'exercice auquel ils s'appliquent.

§ III. *Durée des exercices.*

24. L'exercice commence au 1er janvier et finit au 31 décembre de l'année qui lui donne son nom. Néanmoins la durée de la période pendant laquelle doivent se consommer tous les frais de recette et de dépense de chaque exercice se prolonge, dans les colonies, pendant la seconde année, savoir : 1o jusqu'au 1er mars, pour achever, dans la limite des crédits ouverts, les services du matériel dont l'exécution n'aurait pu, d'après une déclaration motivée de l'ordonnateur, être terminée avant le 31 décembre ; 2o en ce qui concerne le *service général*, jusqu'au 31 mars pour le recouvrement des produits, et pour la liquidation, l'ordonnancement et le paiement des dépenses dans les colonies (3), et en ce qui touche le *service local*, jusqu'au 30 juin pour les mêmes opérations.

§ IV. *Des crédits.*

25. Les crédits ouverts au *service général* par la loi annuelle des finances, et au *service local* par des décrets coloniaux portant fixation des budgets pour les dépenses de chaque exercice, ne peuvent être employés aux dépenses d'un autre exercice. Sont seuls considérés comme appartenant à un exercice les services faits et les droits acquis pendant l'année qui donne sa dénomination à l'exercice, sauf la faculté réservée à l'article précédent (4).

26. Les crédits supplémentaires, extra-ordinaires ou complémentaires, dont la nécessité est reconnue, sont ouverts, savoir : ceux qui concernent le *service général*, d'après les règles prescrites par les lois de fi-

nances des 25 mars 1817, 24 avril 1833 et 23 mai 1834, et conformément aux articles, de 20 à 35 inclusivement, de notre ordonnance du 31 mai 1838, sur la comptabilité publique ; ceux qui concernent le *service local*, par des arrêtés du gouverneur délibérés en conseil privé, et convertis en projets de décret pour être soumis au vote des conseils coloniaux, dans leur prochaine session. Ces crédits doivent, dans tous les cas, être renfermés dans la limite des recettes à réaliser.

§ V. *De la liquidation des dépenses.*

27. Aucune créance sur le *service général* et sur le *service local* ne peut être liquidée que par notre ministre de la marine et des colonies, ou par ses mandataires (5).

28. Les titres de chaque liquidation doivent offrir la preuve des droits acquis aux créanciers, et être rédigés dans la forme déterminée par les règlements (6).

29. Aucune stipulation d'intérêts ou commission de banque ne peut être consentie par les ordonnateurs des dépenses au profit d'un fournisseur, d'un régisseur, ou d'un entrepreneur, à raison d'emprunts temporaires ou d'avances de fonds (7).

30. Aucun marché, aucune convention pour travaux et fournitures ne doit stipuler d'à-compte que pour un service fait. Les à-comptes ne doivent, en aucun cas, excéder les cinq sixièmes des droits constatés par pièces régulières présentant le décompte en quantités et en deniers du service fait (8).

§ VI. *De l'ordonnancement des dépenses.*

31. Les fonctions d'administrateur et d'ordonnateur sont incompatibles avec celles de comptable (9).

32. Aucune dépense faite pour le *service général* ou pour le *service local* ne peut être acquittée, si elle n'a été préalablement ordonnancée par notre ministre de la marine et des colonies, ou par un ordonnateur secondaire, en vertu des crédits de délégation (10).

33. Sont ordonnateurs secondaires du ministère de la marine dans les colonies les officiers du commissariat de la marine, auxquels ces fonctions ont été spécialement déléguées.

34. Notre ministre de la marine et des colonies ouvre à l'ordonnateur de chaque colonie des crédits de délégation dans la

(1) Loi du 25 juin 1841, art. 5.
(2) Loi du 24 avril 1833, art. 8.
(3) Règlement du 31 octobre 1840, art. 206.
(4) Ordonnance du 31 mai 1838, art. 3 et 30.
(5) Ordonnance du 31 mai 1838, art. 39.

(6) Ordonnance du 31 mai 1838, art. 40.
(7) Ordonnance du 31 mai 1838, art. 41.
(8) Ordonnance du 31 mai 1838, art. 42.
(9) Ordonnance du 31 mai 1838, art. 67.
(10) Ordonnance du 31 mai 1838, art. 58.

limite de ceux qui ont été déterminés par la loi des finances. Toutefois les ordonnateurs secondaires ne disposent des fonds que dans la proportion des sommes qui, sur leur proposition, sont réglées chaque mois par les gouverneurs, d'après l'avis du conseil privé.

35. Le gouverneur, dans la distribution mensuelle des fonds, doit maintenir, autant que possible, l'équilibre entre les services, et, quant aux dépenses locales, se régler, en outre, sur la situation des recouvrements affectés à ces dépenses. Dans l'emploi qu'il fait des crédits qui lui ont été ouverts, l'ordonnateur distribue les fonds entre les divers créanciers le plus également qu'il est possible.

36. Toute ordonnance de paiement et tout mandat délivré en vertu d'une ordonnance de délégation doivent, pour être régulièrement payés, être appuyés de pièces qui constatent que leur effet est d'acquitter en tout ou en partie une dette de l'État ou des colonies régulièrement justifiée. Ces pièces sont déterminées par nature de service, d'après la nomenclature des dépenses du département de la marine annexée à la présente ordonnance (1).

37. Les ordonnateurs demeurent chargés, sous leur responsabilité, de la remise des mandats aux ayants-droit.

38. Pour faciliter l'exploitation des services régis par économie (2), il peut être fait aux agents spéciaux de ces services, sur les ordonnances de notre ministre de la marine et des colonies ou sur les mandats des ordonnateurs secondaires, des avances dont le total ne doit pas excéder vingt mille francs, sauf à ces agents à produire au trésorier, dans le délai d'un mois, les quittances des créanciers réels. Il ne pourra être fait de nouvelles avances, avant l'entière justification des précédentes, qu'autant que les sommes dont l'emploi resterait à justifier, réunies au montant des nouvelles avances, n'excéderaient pas vingt mille francs (3).

§ VII. *Des exercices clos.*

39. Les paiements à effectuer pour solder les dépenses des exercices clos sont mandatés sur les fonds de l'exercice courant, et ne peuvent être acquittés qu'en vertu d'un arrêté du gouverneur rendu en conseil privé (4).

40. Les ordonnateurs sont tenus de renfermer les mandats à délivrer sur l'exercice courant, pour rappel sur les exercices clos, dans les limites des crédits qui ont été annulés pour les dépenses restant à payer à la clôture de l'exercice. Ces mandats sont imputés sur un article spécial, ouvert pour mémoire et pour ordre, au budget particulier de chaque colonie, sans aucun crédit préalable. Le montant des paiements effectués pendant le cours de chaque année pour des exercices clos forme le montant du crédit de cet article, et la dépense est régularisée par l'arrêté du compte d'exercice (5).

41. Dans le cas où des créances sur le service général, dûment constatées sur un exercice clos, n'auraient pas fait partie des restes à payer arrêtés lors du règlement de compte, il ne peut y être pourvu qu'au moyen de crédits supplémentaires accordés dans les formes prescrites. Le gouverneur arrête en conseil privé les états de ces créances au fur et à mesure qu'elles sont reconnues; ces états sont adressés à notre ministre de la marine et des colonies pour justifier la demande des crédits.

42. Il est pourvu, au moyen de décrets coloniaux, aux crédits supplémentaires nécessaires à l'acquittement des dépenses dûment constatées du service local, qui n'auraient pas été comprises dans les restes à payer arrêtés lors de la clôture de l'exercice.

43. Le gouverneur adresse annuellement à notre ministre de la marine et des colonies un tableau spécial qui présente, pour chaque exercice clos et par nature de dépense, les créances restant à payer, les nouvelles créances qui auraient fait l'objet de crédits supplémentaires, et les paiements effectués jusqu'au terme de la déchéance (6).

§ VIII. *Déchéances et prescriptions.*

44. Sont prescrites et définitivement éteintes, soit au profit de l'État, soit au profit du service local, sans préjudice des déchéances prononcées par les lois antérieures ou consenties par des marchés ou conventions, toutes créances qui, n'ayant pas été acquittées dans la colonie avant la clôture des crédits de l'exercice auquel elles appartiennent, n'auraient pu, à défaut de justifications suffisantes, être liquidées, ordonnancées et payées, dans un délai de cinq années, à partir de l'ouverture de l'exercice, pour les créanciers domiciliés dans la colonie, et de six années pour les

(1) Ordonnance du 31 mai 1838, art. 64 et 65.
(2) Les services en régie dans les colonies sont principalement : une partie des travaux et les hôpitaux à Cayenne et à Bourbon.

(3) Ordonnance du 31 mai 1838, art. 72.
(4) Ordonnance du 31 mai 1838, art. 98.
(5) Ordonnance du 31 mai 1838, art. 99.
(6) Ordonnance du 31 mai 1838, art. 101.

créanciers résidant hors du territoire de la colonie (1).

43. Les dispositions de l'article précédent ne sont point applicables aux créances dont l'ordonnancement et le paiement n'ont pu être effectués dans les délais déterminés, par le fait de l'administration ou par suite de pourvois formés devant le conseil d'Etat (2).

CHAPITRE IV. — De la comptabilité des ordonnateurs.

§ Iᵉʳ. Des écritures.

46. Les ordonnateurs des colonies tiennent un livre-journal sur lequel ils inscrivent, jour par jour et par ordre de priorité, toutes les opérations de fonds qui se rattachent aux dépenses dont l'administration et l'ordonnancement leur sont confiés. Ce journal est totalisé tous les dix jours (3).

47. Chacun des articles décrits au journal est successivement reporté sur un grand-livre, au compte d'imputation correspondant. A cet effet, il est ouvert au grand-livre un compte spécial à chacun des chapitres ou articles du budget pour lesquels il a été accordé des crédits de délégation. Ces comptes sont *débités* du montant des délégations, et crédités du montant, par article du budget, des mandats délivrés en vertu de ces mêmes délégations (4).

48. Les livres auxiliaires ou de développement à tenir par les ordonnateurs secondaires peuvent varier dans leur nombre et dans leur forme, selon l'exigence des cas. Ils sont principalement destinés à recevoir l'inscription successive, par chapitre et article du budget, des droits constatés au profit des créanciers, ainsi que des paiements effectués sur les mandats des ordonnateurs secondaires (5).

49. Les écritures pour annulation, soit de crédits, soit de mandats, sont passées au journal et au grand-livre des ordonnateurs secondaires par voie de déduction sur le total des crédits ouverts ou des mandats expédiés (6).

50. Tous les journaux, livres et registres des ordonnateurs secondaires sont clos, balancés et dûment arrêtés pour chaque exercice, savoir : en ce qui concerne le *service général*, le 1ᵉʳ avril de l'année qui suit cet exercice ; en ce qui concerne le *service local*, le 1ᵉʳ juillet de la seconde année de l'exercice.

§ II. Des comptes.

51. Dans les dix premiers jours de chaque mois, l'ordonnateur, titulaire de crédits de délégation, après s'être assuré de la concordance des résultats du grand-livre avec ceux de son livre-journal, remet au gouverneur, pour être adressés à notre ministre de la marine et des colonies, des comptes d'emploi ou relevés mensuels établis dans la forme déterminée par le règlement spécial du 31 octobre 1840 (art. 165). L'envoi de ces comptes a lieu, pour chaque exercice, de mois en mois jusqu'à l'époque fixée pour la clôture des crédits de délégation (7).

52. Ces comptes présentent par chapitre du budget : 1º le montant des crédits de délégation ; 2º les droits constatés au profit des créanciers, d'après les livres auxiliaires ; 3º le montant des mandats délivrés (8).

53. Immédiatement après la clôture de l'exercice, l'ordonnateur doit former : 1º un état détaillé, par nature de produits, des recouvrements effectués pour compte du *service général* pendant l'exercice, et des restes à recouvrer sur les impôts qui ont été affectés audit service ; 2º un état également détaillé, des dépenses du même service qui ont été payées pendant l'exercice, et présentant distinctement, en outre, les dépenses restant à payer ; 3º un compte raisonné, sous forme de mémoire, des opérations effectuées pendant le cours de l'exercice. Ces documents sont remis au gouverneur, de manière à ce qu'il puisse les adresser à notre ministre de la marine et des colonies dans le mois qui suit l'époque de la clôture de l'exercice.

54. L'ordonnateur établit également, à l'expiration de l'exercice, le compte du *service local* ; il le soumet au gouverneur, qui le fait examiner en conseil privé et l'adresse à notre ministre de la marine et des colonies dans le délai mentionné à l'article précédent. Ce compte comprend : 1º l'état détaillé des recettes, présentant la désignation de la nature des impôts, revenus et produits divers affectés au *service local* ; les évaluations du budget ; les sommes à recouvrer d'après les titres justificatifs ; les recouvrements effectués pendant l'exercice ; les dégrèvements accordés et autres non

(1) Ordonnance du 31 mai 1838, art. 103.
(2) Ordonnance du 31 mai 1838, art. 104.
(3) Ordonnance du 31 mai 1838, art. 252. — Règlement du 31 octobre 1840, art. 161.
(4) Ordonnance du 31 mai 1838, art. 253. — Règlement du 31 octobre 1840, art. 162.

(5) Ordonnance du 31 mai 1838, art. 254 et 255. — Règlement du 31 octobre 1840, art. 163.
(6) Règlement du 31 octobre 1840, art. 164.
(7) Ordonnance du 31 mai 1838, art. 256.
(8) Ordonnance du 31 mai 1838, art. 257. — Règlement du 31 octobre 1840, art. 166.

valeurs; les restes à recouvrer; 2° l'état de développement des dépenses liquidées du même service, et présentant la distinction de celles qui ont été payées d'avec celles qui, à la clôture, restaient à ordonnancer et à payer.

55. Ce compte est soumis au conseil colonial avec un projet de décret portant règlement définitif du budget auquel il se rapporte.

Chapitre V. — *Fonds de réserve du service local.*

§ Ier. *Formation et fixation du fonds de réserve.*

56. Les excédants de recette que, dans les colonies de la Martinique, de la Guadeloupe, de la Guiane française et de Bourbon, le règlement de chaque exercice fait ressortir sur les produits du *service local*, forment un fonds de réserve et de prévoyance (1).

57. Le maximum du fonds de réserve de ces colonies est fixé par nos ordonnances (2).

§ II. *Des prélèvements.*

58. Les prélévements sur le fonds de réserve ont pour objet : 1° de couvrir les excédants des dépenses en fin d'exercice; 2° de faire face aux dépenses extraordinaires que des événements désastreux peuvent rendre inopinément nécessaires; 5° de pourvoir à des dépenses spéciales et reconnues indispensables, auxquelles les ressources ordinaires du *service local* ne pourraient subvenir.

59. Ces prélévements sont autorisés ou approuvés par des décrets coloniaux. Dans l'intervalle des sessions desdits conseils, ils peuvent être effectués en vertu d'arrêtés des gouverneurs, délibérés en conseil privé et destinés à être convertis en décrets dans la prochaine session du conseil colonial.

60. Les sommes prélevées sur le fonds de réserve font partie des ressources affectées au *service local* de l'exercice pendant lequel les prélévements ont été autorisés. A ce titre, elles figurent en recette dans le compte d'exercice, et les dépenses qu'elles ont servi à payer sont également comprises dans le même compte.

Chapitre VI. — *Préposés comptables, écritures et contrôle.*

§ Ier. *Des préposés aux recettes et du trésorier.*

61. La perception des deniers publics,

tant pour le compte de l'Etat que pour le compte de chaque colonie, est confiée, en ce qui concerne les contributions directes et indirectes et le domaine, aux receveurs de l'enregistrement et des domaines et aux receveurs des douanes. Les receveurs de l'enregistrement et des domaines peuvent être chargés du service des recettes et des dépenses communales. Ces divers comptables sont justiciables de la Cour des comptes.

62. Il y a, pour chacune des quatre colonies, un trésorier, agent direct du ministère des finances. Les ordonnances portant nomination ou révocation des trésoriers sont rendues sur le rapport de nos ministres de la marine et des colonies, et des finances. Le trésorier est justiciable de la Cour des comptes et relève, ainsi que le service dont il est chargé, de l'ordonnateur de la colonie. Il réunit les fonctions de receveur des finances et de payeur; à ce dernier titre, il est tenu de se conformer aux dispositions qui régissent le paiement des dépenses publiques. Il est personnellement garant et responsable des opérations de ses préposés.

63. Les cautionnements des trésoriers demeurent fixés ainsi qu'il suit, savoir : à la Martinique, 70,000 fr.; à la Guadeloupe, 70,000 fr.; à la Guiane française, 18,000 fr.; à Bourbon, 39,000 fr.

64. Le trésorier perçoit directement tous les revenus et autres produits dont le recouvrement n'est pas opéré par les receveurs de l'enregistrement et des douanes, conformément à l'art. 61 ci-dessus.

65. Le trésorier est chargé, sous la surveillance de l'ordonnateur et de l'officier du commissariat de la marine remplissant les fonctions d'inspecteur colonial, de la conservation des matrices destinées à déterminer le poids droit des monnaies d'or et d'argent : il les met à la disposition de l'essayeur public toutes les fois que le gouverneur juge convenable de faire vérifier le titre et le poids des monnaies.

66. Le trésorier reçoit de notre ministre des finances, par l'entremise de notre ministre de la marine et des colonies, les instructions relatives à son service.

§ II. *Des recouvrements.*

67. Le gouverneur rend exécutoires les rôles des contributions. Il statue en conseil privé sur les demandes individuelles en dégrèvement; mais il ne peut, en matière de contributions indirectes, accorder ni remise ni modération de droits

---

(1) Ordonnance du 31 mai 1858, art. 635. — Règlement du 31 octobre 1840, art. 210.

(2) Ordonnance du 31 mai 1858, art. 636. — Règlement du 31 octobre 1840, art. 211.

68. Le trésorier reçoit une expédition des budgets des recettes et des dépenses ; il reçoit également les rôles des revenus dont le recouvrement lui est confié, en vertu de l'art. 64. Les receveurs de l'enregistrement et des domaines reçoivent les rôles des impositions qu'ils sont chargés de percevoir, régulièrement rendus exécutoires, et se conforment, pour la perception, aux instructions qui régissent la matière.

69. Les trésoriers et autres receveurs recouvrent les produits aux échéances déterminées par les titres de perception ou par l'administration. Ils sont tenus de faire, sous leur responsabilité personnelle, toutes les diligences nécessaires pour la perception des revenus, amendes et recouvrement d'avances.

70. Ils ne peuvent accorder ni crédit ni escompte, en ce qui concerne les droits de douanes et autres produits attribués à l'État, qu'en vertu d'un réglement spécial proposé par le gouverneur et approuvé par nos ministres de la marine et des colonies, et des finances.

§ III. *Droits et produits constatés.*

71. Tous les droits et produits constatés, du 1er janvier au 31 décembre de chaque année, ainsi que les droits et produits payables au comptant, dont le recouvrement est effectué dans le même intervalle, appartiennent à l'exercice auquel l'année donne son nom.

72. Les droits et produits constatés pour chaque exercice, tant ceux au profit de l'État que ceux au profit de la colonie, doivent être entièrement recouvrés pendant la durée de l'exercice.

73. Les trésoriers et les autres receveurs dressent, dans la deuxième année de l'exercice, savoir : le 1er avril pour le *service général*, et le 1er juillet pour le *service local*, le relevé des articles non recouvrés, indiquant, par chaque article, les motifs du défaut de recouvrement. Ils y joignent les certificats délivrés par l'autorité locale, et constatant que les débiteurs sont insolvables, absents ou inconnus, et toutes autres pièces destinées à justifier des obstacles qui ont empêché la réalisation des sommes dues.

74. Les relevés et pièces à l'appui relatés à l'article précédent sont envoyés aux chefs de service. Ces derniers établissent, pour chaque bureau, un bordereau des sommes dont le receveur devra être déchargé, un autre de celles qu'ils croiront devoir être mises à sa charge, et un troi-

sième de celles qui seraient susceptibles d'un recouvrement ultérieur. Le bordereau des sommes dont les chefs de service proposent de rendre les receveurs responsables est seul adressé au gouverneur avec les pièces à l'appui. Le gouverneur statue en conseil privé et en premier ressort sur la responsabilité des receveurs, et le résultat des délibérations est transmis, par l'intermédiaire de notre ministre de la marine et des colonies, à notre ministre des finances, qui statue définitivement. Notification est faite à chacun des chefs de service des décisions définitives, afin qu'ils les fassent exécuter immédiatement. Les chefs de service adressent aux receveurs les bordereaux qu'ils ont établis des sommes dont les comptables devront être déchargés, et ceux des articles qui leur auront paru susceptibles d'un recouvrement ultérieur sur les redevables. Ces derniers articles et ceux qui auront été mis à la charge des comptables, par décision définitive de notre ministre des finances, seront consignés sur les sommiers de l'exercice ouvert au moment où ces décisions parviendront aux receveurs. Ceux-ci verseront immédiatement dans leur caisse le montant des articles dont ils auront été déclarés responsables.

§ IV. *Versements et récépissés.*

75. Les comptables dont les bureaux sont situés dans le chef lieu ou dans les principales dépendances de chaque colonie verseront dans la caisse du trésorier, les 10, 20 et dernier jour du mois, les recettes par eux effectuées. Les comptables dont les bureaux sont situés dans les autres localités ne seront tenus qu'à un seul versement, le dernier jour de chaque mois. Ces versements pourront être plus fréquents si les besoins du service l'exigent. Chaque versement est accompagné d'un bordereau dressé en double expédition.

76. Tout versement en numéraire ou autres valeurs fait dans la caisse du trésorier de la colonie pour un service public donne lieu à la délivrance immédiate, par ce comptable, d'un récépissé à talon. Ce récépissé est libératoire et forme titre envers l'État ou la colonie, à la charge, par la partie versante, de le faire viser et séparer de son talon dans les vingt-quatre heures de sa date, savoir : dans le chef lieu de la colonie, par l'ordonnateur ; dans les autres localités, par le chef du service administratif de la marine (1).

77. Les talons des récépissés délivrés par les préposés du trésorier et soumis au visa

(1) Loi du 24 avril 1833, art. 1er. — Ordonnance du 31 mai 1838, art. 265.

des chefs du service de la marine sont adressés, par ces derniers, au trésorier. Ce comptable, après les avoir vérifiés et comparés avec les recettes déclarées par ses préposés, les remet immédiatement à l'ordonnateur, pour être envoyés en même temps que les talons des récépissés délivrés par le trésorier lui-même, et les autres pièces de sa comptabilité à notre ministre des finances, par l'entremise de notre ministre de la marine et des colonies.

78. A la fin de chaque mois, les préposés du trésorier établissent un relevé de tous les récépissés qu'ils ont délivrés pendant le mois expiré; ils remettent ce relevé au chef du service de la marine de leur résidence, qui, après les avoir vérifiés et certifiés, les transmet à l'ordonnateur.

79. Le trésorier remet, chaque mois, à l'ordonnateur un état des récépissés délivrés dans le chef-lieu de la colonie. L'ordonnateur vérifie et certifie cet état et le transmet à notre ministre des finances, par l'intermédiaire de notre ministre de la marine et des colonies, avec les relevés qui lui ont été adressés par les chefs du service de la marine, comme il est dit à l'article précédent.

§ V. Des paiements et des préposés chargés de les effectuer.

80. Les dépenses, soit à la charge de l'Etat, soit à la charge de la colonie, relatives au service de l'enregistrement et des domaines et au service des douanes, sont acquittées par les comptables de ces services. Les autres dépenses sont acquittées par le trésorier ou par ses préposés.

81. Toute ordonnance de paiement et tout mandat appuyés de justifications complètes et régulières, et qui n'excèdent pas la limite du crédit sur lequel ils doivent être imputés, sont payables, par les comptables, sur la quittance de la partie prenante ou de son représentant dûment autorisé, dans les délais et dans les lieux déterminés par l'ordonnateur.

82. Lorsqu'une ordonnance de paiement, un mandat ou un exécutoire est présenté à un comptable, il s'assure qu'il n'existe pas de saisie-arrêt ou d'opposition à la charge de la partie prenante, et il acquitte la somme due, à moins qu'il n'y ait omission ou irrégularité matérielle dans les pièces produites. Il y a irrégularité matérielle toutes les fois que la somme portée dans l'ordonnance ou le mandat n'est pas d'accord avec celle qui résulte des pièces justi-

ficatives y annexées, ou lorsque ces pièces ne sont pas conformes aux règlements et instructions. En cas de refus de paiement, le comptable est tenu de remettre immédiatement la déclaration écrite et motivée de son refus au porteur de l'ordonnance ou du mandat. Si, malgré cette déclaration, l'ordonnateur requiert par écrit, et sous sa responsabilité, qu'il soit passé outre à ce paiement, le comptable y procède sans autre délai, et en rend compte à notre ministre des finances. L'ordonnateur rend compte immédiatement au gouverneur des circonstances et des motifs qui ont nécessité, de sa part, l'application de cette mesure. Le gouverneur en informe, s'il y a lieu, notre ministre de la marine et des colonies. En cas de refus pour opposition ou saisie-arrêt, le comptable énonce dans sa déclaration les noms et domiciles élus des opposants ou saisissants et les causes des oppositions ou saisies. Les receveurs de l'enregistrement et ceux des douanes versent au trésorier, pour le compte de la caisse des dépôts et consignations, sur bordereau spécial, toutes les sommes saisies en leurs mains (1). Le trésorier se charge également en recette, comme préposé de la même caisse, des sommes restées entre ses mains pour cause d'opposition.

83. Toute saisie-arrêt ou opposition, pour être valable, devra être faite aux mains du comptable régulièrement chargé du paiement de la somme due. Les comptables tiennent note, sur un registre spécial, des saisies-arrêts ou oppositions pratiquées entre leurs mains, et ils en donnent avis à leurs chefs de service. Ces saisies-arrêts ou oppositions ne produiront effet, conformément à la loi du 9 juillet 1836, que pendant cinq ans. Pendant leur durée, il ne pourra être fait aucun paiement des sommes saisies qu'après autorisation de justice (2).

§ VI. Du service de trésorerie.

84. Les ordonnances délivrées par notre ministre de la marine et des colonies, soit pour délégation de crédits aux ordonnateurs secondaires, soit pour le paiement direct des dépenses des colonies, sont transmises au ministère des finances pour y être enregistrées et imputées sur les crédits législatifs. Celles de ces ordonnances qui sont payables en France sont envoyées aux payeurs du trésor, chargés de les acquitter. Celles dont le paiement doit avoir lieu dans les colonies sont renvoyées, après visa et enregistrement, à notre ministre de la ma-

(1) Loi du 9 juillet 1836, art. 13. — Ordonnance du 31 mai 1838, art. 69. — Règlement du 31 octobre 1840, art. 116.
(2) Loi du 9 juillet 1836, art. 14.

rine et des colonies, qui les fait parvenir aux trésoriers.

85. Les fonds des ordonnances payables aux colonies sont faits par notre ministre des finances, soit en numéraire, soit en traites du caissier central du trésor sur lui-même, d'après les indications de notre ministre de la marine et des colonies, et la désignation des ports d'embarquement et des époques de départ.

86. Les expéditions d'espèces et de valeurs et leur chargement à bord sont constatés par un procès-verbal, qui en énonce avec détail la nature et la quotité. Ce procès-verbal est dressé par l'administrateur de la marine à ce délégué, avec l'intervention du commandant ou du capitaine du bâtiment chargé du transport et celle du comptable expéditeur, dont il opère la décharge.

87. A l'arrivée dans la colonie, le trésorier, sur un nouveau procès-verbal dressé pour constater l'état des fonds et valeurs au moment où la remise lui en est faite, en prend charge dans ses écritures et en délivre un récépissé à talon, qui est envoyé au ministère des finances par l'entremise du département de la marine et des colonies, pour être rattaché au procès-verbal d'expédition.

88. Le trésorier reçoit, à titre d'opérations de trésorerie, les versements des receveurs de l'enregistrement et des domaines, et des douanes; les retenues sur les traitements et émoluments au profit des caisses de retraites; les cautionnements à inscrire au trésor ou reçus pour le compte de la caisse des dépôts et consignations; les successions vacantes autres que celles dont le versement doit être fait au service des gens de mer, et les biens d'absents; les retenues au profit de divers; les retenues exercées par suite de délégation ou d'opposition sur les traitements; les fonds libres appartenant au service des invalides de la marine, au service des gens de mer et à celui des prises, et dont il effectue la remise en France, en traites du caissier central du trésor public sur lui-même; les remboursements des avances faites par la colonie à divers départements ministériels.

89. Il effectue les paiements et remboursements qui concernent les opérations de trésorerie, conformément aux instructions propres aux différents services, et sur mandats de l'ordonnateur.

§ VII. *Livres et écritures.*

90. Chaque comptable tient, selon les ordonnances, règlements et instructions, des sommiers des droits et produits de l'Etat ou de la colonie, à l'égard de ceux de ces droits ou produits dont la perception n'a pas lieu au comptant.

91. Tout comptable chargé de la perception des droits et revenus de l'Etat ou de la colonie est tenu d'enregistrer les faits de sa gestion dans les livres ci-après : 1° un livre-journal de caisse et de portefeuille où sont consignées les entrées, les sorties d'espèces et de valeurs, et le solde de chaque journée : ce livre présente le total général des valeurs de caisse et de portefeuille, quelle qu'en soit l'origine; 2° des registres auxiliaires destinés à présenter les développements propres à chaque nature de service; 3° des sommiers ou livres récapitulatifs présentant, par service, par nature de produits et par article, les entrées et les sorties de produits.

92. Tout préposé à la perception des deniers publics est tenu de procéder : 1° à l'enregistrement en toutes lettres, aux rôles, états de produits ou autres titres légaux, quelle que soit leur dénomination ou leur forme, de la somme reçue et de la date du recouvrement; 2° à son inscription immédiate en chiffres sur son livre récapitulatif ou sur les autres sommiers de recette; 3° à la délivrance d'une quittance à souche. Le total de chaque journée au journal à souche est reporté, à la fin du jour, au journal général, lorsque celui-ci n'est pas complètement suppléé par le journal à souche. Sont néanmoins exceptés de la formalité d'une quittance à souche les recettes des droits d'enregistrement, de timbre, de greffe, le d'hypothèques, les droits de douane, le produit de la taxe des lettres et les menues recettes qui, par leur nature, ne peuvent être soumises à cette formalité.

93. Le trésorier remet à l'ordonnateur, à la fin de chaque mois, la copie du journal et la balance des divers comptes; il lui remet également un bordereau des recouvrements effectués tant pour compte de l'Etat que pour compte de la colonie, présentant, par nature de recette et par exercice, pour le mois qui vient de finir et les mois antérieurs, 1° les sommes qui étaient à recouvrer; 2° les sommes recouvrées; 3° les sommes dont le dégrèvement a été ordonné; 4° les restes à recouvrer. Des doubles de ces pièces sont immédiatement adressés par le gouverneur à notre ministre de la marine et des colonies, qui les transmet à notre ministre des finances (1).

_____

(1) Ordonnance du 31 mai 1838, art. 645. — Règlement du 31 octobre 1840, art. 220.

94. Les autres comptables dressent en double expédition, dans les premiers jours de chaque mois, le bordereau général des recettes et des dépenses effectuées pendant le mois précédent : le 5, au plus tard, ils l'adressent à leur chef de service, et ils y joignent les pièces justificatives de la dépense, appuyées d'un inventaire également établi en double expédition, et énonçant le nombre des pièces ainsi que le montant de chaque paiement ou versement. Au reçu de ces pièces, les chefs de service les vérifient, et, après en avoir reconnu la régularité et l'exactitude, ils renvoient aux receveurs une expédition du bordereau et de l'inventaire, la première, revêtue de leur visa, la deuxième, revêtue de leur accusé de réception ; puis ils dressent en trois expéditions le bordereau général des recettes et des dépenses effectuées pour toute la colonie. Ces expéditions sont remises au directeur de l'intérieur, qui, après visa, en adresse une à l'ordonnateur, une à l'inspecteur colonial, et dépose la troisième dans ses bureaux.

95. Le trésorier remet à l'ordonnateur, à l'expiration de chaque mois, pour être transmises à notre ministre des finances par l'intermédiaire de notre ministre de la marine et des colonies, les pièces justificatives des recettes et des dépenses par lui effectuées (1).

96. A l'expiration de chaque mois, les receveurs dressent un état qui fait connaître le montant des droits et produits constatés jusqu'à la fin du mois, de ceux qui auront été recouvrés et de ceux qui resteront à recouvrer. Cet état présentera aussi, dans une colonne spéciale, sous le titre de droits au comptant, les droits et produits dont la constatation, la liquidation et le recouvrement s'opèrent simultanément. Ils adressent cet état à leur chefs de service, au plus tard le 10 du mois suivant, et ils en conservent un double pour le joindre à leur compte annuel. Les chefs de service transmettent ces états, après visa, à l'ordonnateur, par l'entremise du directeur de l'intérieur.

97. Chaque année, le trésorier et les autres comptables dressent leur compte de gestion dans la forme qui leur est prescrite par les règlements et instructions. Aussitôt que les comptes annuels ont été clos et signés, ils sont remis par l'ordonnateur au gouverneur, qui les fait parvenir à notre ministre de la marine et des colonies avec toutes les pièces qui peuvent rester encore

à produire. Notre ministre de la marine et des colonies transmet ce compte et les pièces y annexées à notre ministre des finances, par qui il est produit, avec toutes les pièces au soutien, à la Cour des comptes (2).

§ VIII. *Direction et surveillance.*

98. L'ordonnateur dirige et surveille la gestion du trésorier et de ses préposés dans toutes ses parties. La direction et la surveillance des agents des administrations financières appartiennent au directeur de l'intérieur.

99. Les comptables des divers services, préposés aux recettes, sont soumis à toutes les vérifications des agents supérieurs de ces administrations et à toutes celles que notre ministre des finances juge à propos de faire opérer par ses propres agents, de concert avec notre ministre de la marine et des colonies.

100. Les chefs de chaque service dans les différentes localités vérifient, le plus souvent possible, et au moins à la fin de chaque mois, les registres de perception et ceux qui sont relatifs au travail et aux opérations du service actif; ils en vérifient la concordance, se font représenter les valeurs de caisse et de portefeuille, et arrêtent les recettes du mois. Ils contrôlent les bordereaux au vu des pièces de recette et de dépense, et constatent leurs vérifications par un arrêté, tant sur les registres que sur les bordereaux et les pièces à l'appui. Les erreurs, négligences, irrégularités ou manquements reconnus dans le cours des vérifications, soit pendant le mois, soit lors des arrêtés mensuels, sont constatés sur un registre spécial, et mentionnés dans les journaux de travail, avec les recommandations auxquelles ils donnent lieu.

101. Le premier de chaque mois, il est procédé à la vérification de la caisse et de la comptabilité du trésorier. Après la vérification de l'encaisse, la recette, la dépense et le solde en numéraire et valeurs, sont arrêtés. L'opération est faite par l'ordonnateur et par l'officier du commissariat de la marine chargé du service de l'inspection, et, en cas d'empêchement, par les fonctionnaires qui les suppléent dans l'ordre du service. Les écritures et les caisses des préposés sont également soumises aux inspections mensuelles des administrateurs de leurs résidences respectives. Les résultats des vérifications sont consignés dans

---

(1) Ordonnance du 31 mai 1838, art. 647. — Règlement du 31 octobre 1840, art. 222.

(2) Ordonnance du 31 mai 1838, art. 648 et 649. —Règlement du 31 octobre 1840, art. 223 et 224.

un procès-verbal dressé en quadruple expédition, dont une est laissée au comptable pour être jointe à sa comptabilité, une autre déposée à l'inspection, et les deux dernières adressées à notre ministre de la marine et des colonies, qui en remet une à notre ministre des finances (1).

102. Des vérifications inopinées et extraordinaires de la caisse et des écritures du trésorier et de ses préposés sont prescrites par le gouverneur, qui en donne l'ordre écrit; elles s'effectuent selon les formes indiquées à l'article précédent (2).

103. L'inspecteur colonial exerce, sur les diverses parties du service financier, le contrôle qui lui est dévolu par les ordonnances organiques concernant le gouvernement des colonies de la Martinique, de la Guadeloupe, de la Guiane française et de Bourbon.

CHAPITRE VII. — *Dispositions diverses.*

104. La présente ordonnance recevra son exécution à partir du 1ᵉʳ janvier 1842, sauf en ce qui concerne les nouvelles attributions conférées aux receveurs de l'enregistrement et des domaines, et aux receveurs des douanes, pour le recouvrement des impôts et le paiement des dépenses de leurs services. Les dispositions relatives à ces attributions, et qui sont spécialement énoncées aux art. 61, 68, 74, 75, 80, 82, 94, 96 et 100, ne seront mises à exécution que le 1ᵉʳ janvier 1843; jusqu'à cette époque, les recouvrements et les dépenses dont il s'agit continueront à être effectués par les comptables actuellement chargés de ces parties du service.

105. L'apurement des opérations relatives aux exercices 1841 et antérieurs s'effectuera d'après les dispositions qui les ont régies jusqu'à ce jour, et sera suivi distinctement dans la comptabilité.

106. Toutes dispositions contraires à la présente ordonnance sont et demeurent abrogées.

107. Nos ministres de la marine et des colonies, et des finances (MM. Duperré et Humann) sont chargés, etc.

(*Suit le détail.*)

11 = 24 DÉCEMBRE 1841. — Ordonnance du roi qui ouvre au ministre de l'agriculture et du commerce, sur l'exercice 1841, un crédit supplémentaire représentant la portion de crédit non absorbée au budget de 1840, sur le chapitre 13 *bis*, relatif aux inondations. (IX, Bull. DCCCLXXII, n. 9751.)

Louis Philippe, etc., vu l'art. 2 de la loi du 23 novembre 1840, portant que les fonds non consommés à la fin de l'exercice 1840, sur le crédit extraordinaire de cinq millions alloué à titre de secours par suite d'inondations, pourront être reportés sur l'exercice suivant en conservant leur affectation spéciale; vu la situation des droits constatés et payés sur l'exercice 1840, constatant qu'au 31 octobre dernier, époque définitive de la clôture des opérations de cet exercice, il restait à mandater ou à payer, pour épuiser le crédit de cinq millions, une somme totale de huit cent cinquante mille cinquante-six francs un centime (850,056 fr. 1 c.); considérant que les besoins du service, et notamment les inondations récentes provenant du Rhône et de la Saône, exigent que ce reliquat soit reporté immédiatement sur l'exercice 1841; sur le rapport de notre ministre secrétaire d'Etat au département de l'agriculture et du commerce, et de l'avis de notre conseil des ministres,

Art. 1ᵉʳ. Il est ouvert à notre ministre secrétaire d'Etat de l'agriculture et du commerce, sur l'exercice 1841, un crédit supplémentaire de huit cent cinquante mille cinquante-six francs un centime (850,056 fr. 1 c.), représentant la portion de crédit non absorbée au budget de 1840, sur le chapitre 13 *bis*, relatif aux inondations.

2. Pareille somme de huit cent cinquante mille cinquante-six francs un centime demeure annulée au budget de l'exercice 1840, sur le crédit du chapitre précité.

3. La régularisation de la présente ordonnance, quant à l'ouverture du crédit, sera proposée aux Chambres lors de leur prochaine session; à l'égard de la régularisation de l'annulation, elle sera proposée dans le projet de loi de règlement du budget de 1840.

4. Nos ministres de l'agriculture et du commerce, et des finances (M. Cunin-Gridaine et Humann) sont chargés, etc.

25 = 25 DÉCEMBRE 1841. — Ordonnance du roi qui élève M. le vice-amiral Bergeret à la dignité de pair de France. (IX, Bull. DCCCLXXIII, n. 9752.)

Louis-Philippe, etc., vu l'art. 25 de la Charte constitutionnelle, portant: « La « nomination des membres de la Chambre « des Pairs appartient au roi, qui ne peut « les choisir que parmi les notabilités sui- « vantes : les lieutenants-généraux et vice- « amiraux des armées de terre et de mer, « après deux ans de grade; » considérant

---

(1) Ordonnance du 31 mai 1838, art. 644. — Règlement du 31 octobre 1840, art. 218.

(2) Ordonnance du 31 mai 1838, art. 644. Règlement du 31 octobre 1840, art. 219.

les services rendus à l'Etat par M. Berge-ret, vice-amiral, etc.

Art. 1er. M. Bergeret, vice-amiral, est élevé à la dignité de pair de France.

2. Notre ministre de la guerre (duc de Dalmatie) est chargé, etc. (1).

---

15 = 28 DÉCEMBRE 1841. — Ordonnance du roi concernant les élèves de l'école royale forestière. (IX, Bull. DCCCLXXIV, n. 9774.)

Louis-Philippe, etc., vu l'art. 52 de l'ordonnance rendue le 1er août 1827, pour l'exécution du Code forestier; les observations de l'administration des forêts; sur le rapport de notre ministre secrétaire d'Etat au département des finances, etc.

Art. 1er. Le premier paragraphe de l'art. 52 ci-dessus visé est modifié de la manière suivante : Les élèves qui, après la première ou la seconde année, n'auront point fait preuve, devant le jury d'examen, d'une instruction suffisante, seront rayés des cadres de l'école, à moins qu'une maladie grave, dûment constatée, ne leur ait causé pendant l'année une interruption de travail de quarante-cinq jours au moins; auquel cas ils pourront être admis, sur l'avis du jury, à doubler, soit la première, soit la seconde année. La faculté de doubler ne sera d'ailleurs accordée pour nulle autre cause, et dans aucun cas les élèves ne pourront séjourner plus de trois ans à l'école.

2. Notre ministre des finances (M. Humann) est chargé, etc.

---

15 = 28 DÉCEMBRE 1841. — Ordonnance du roi qui modifie celle du 13 mars 1841, concernant les dépôts de recrutement et de réserve. (IX, Bull. DCCCLXXIV, n. 9775.)

Louis-Philippe, etc., vu notre ordonnance du 13 mars 1841, portant nouvelle organisation des dépôts de recrutement et de réserve; vu notre ordonnance du 8 septembre suivant, qui détermine la composition des cadres des divers corps de l'armée; sur le rapport de notre président du conseil, ministre secrétaire d'Etat de la guerre, etc.

Art. 1er. Les officiers supérieurs et les capitaines employés au service du recrutement pourront être choisis dans l'arme de la cavalerie comme dans celle de l'infanterie.

2. Les officiers supérieurs d'infanterie et ceux de cavalerie employés au service du recrutement cesseront d'appartenir aux cadres constitutifs de leurs armes; ils compteront dans ces armes comme officiers en mission.

3. Les dispositions de notre ordonnance du 13 mars 1841, contraires à la présente, sont et demeurent abrogées.

4. Notre ministre de la guerre (duc de Dalmatie) est chargé, etc.

---

21 = 28 DÉCEMBRE 1841. — Ordonnance du roi portant qu'à partir du 1er janvier 1842, le bureau de navigation de Châteaulin sera ouvert pour le jaugeage des bateaux. (IX, Bull. DCCCLXXIV, n. 9776.)

Louis-Philippe, etc., vu l'art. 10 de la loi du 9 juillet 1836, portant que les bureaux de jaugeage seront désignés par ordonnance royale; vu les tableaux annexés aux ordonnances des 15 octobre 1836 et 30 décembre 1839, rendues en exécution de ladite loi; voulant pourvoir au jaugeage des bateaux sur le canal de Nantes à Brest, récemment livré à la navigation; sur le rapport de notre ministre secrétaire d'Etat au département des finances, etc.

Art. 1er. A partir du 1er janvier 1842, le bureau de la navigation de Châteaulin, département du Finistère, sera ouvert pour le jaugeage des bateaux, qui sera effectué conformément aux dispositions de notre ordonnance du 15 octobre 1836.

2. Notre ministre des finances (M. Humann) est chargé, etc.

---

21 = 28 DÉCEMBRE 1841. — Ordonnance du roi qui ouvre au ministre des finances un crédit supplémentaire pour des créances constatées sur des exercices clos. (IX, Bull. DCCCLXXIV, n. 9777.)

Louis-Philippe, etc., vu l'état des créances liquidées à la charge du département des finances sur les exercices clos 1858 et 1859, additionnellement aux restes à payer constatés par la loi de réglement du premier exercice et par le compte définitif des dépenses du dernier; considérant que lesdites créances concernent des services pour lesquels la nomenclature insérée dans les lois de dépenses desdits exercices nous réserve la faculté d'ouvrir des suppléments de crédits en l'absence des Chambres; vu l'art. 9 de la loi du 23 mai 1834 et l'art. 100 de notre ordonnance du 31 mai 1838, portant réglement général sur la comptabilité publique, aux termes desquels les

---

(1) Sous les n. 9753 à 9771 se trouvent 19 ordonnances qui élèvent à la dignité de pairs MM. le comte de Beugnot, de Bondy, Boullet, de Bourgoin, de Bussière, Charbonnel, Chastellier, Dufour, Ferrier, Flavigny, Franck-Carré, de Gascq, Gourgaud, Jaubert (Amédée), Lesergent de Bayenghem, Murat, d'Oberlin, Pelleport et Saint-Priest.

créances des exercices clos non comprises dans les restes à payer arrêtés par les lois de règlement ne peuvent être ordonnancées par nos ministres qu'en vertu de crédits supplémentaires accordés suivant les formes déterminées par la loi du 24 avril 1833; sur le rapport de notre ministre secrétaire d'Etat des finances, et de l'avis de notre conseil des ministres, etc.

Art. 1er. Il est ouvert à notre ministre secrétaire d'Etat des finances, en augmentation des restes à payer constatés par la loi de règlement de l'exercice 1838 et par le compte définitif des dépenses de l'exercice 1839, un crédit supplémentaire de deux mille quatre cent quarante-neuf francs cinquante-cinq centimes (2,449 fr. 55 c.), montant des créances désignées au tableau ci-annexé qui ont été liquidées à la charge de ces exercices, et dont les états nominatifs ont été dressés en double expédition, conformément à l'art. 106 de notre ordonnance du 31 mai 1838, portant règlement général sur la comptabilité publique, savoir : exercices 1838, 483 fr. 56 c.; 1839, 1,965 fr. 99 c. Total, 2,449 fr. 55 c.

2. Notre ministre secrétaire d'Etat des finances est, en conséquence, autorisé à ordonnancer ces créances sur le chapitre spécial ouvert pour les dépenses des exercices clos au budget de l'exercice courant, en exécution de l'art. 8 de la loi du 23 mai 1834.

3. La régularisation de ce crédit sera proposée aux Chambres lors de leur prochaine session.

4. Notre ministre des finances (M. Humann) est chargé, etc.

(Suit le tableau.)

21 = 28 DÉCEMBRE 1841. — Ordonnance du roi qui ouvre au ministre des finances un crédit supplémentaire pour des créances constatées sur des exercices clos. (IX , Bull. DCCCLXXIV, n. 9778.)

Louis-Philippe, etc., vu l'état des créances liquidées à la charge du département des finances sur les exercices clos 1838 et 1839, additionnellement aux restes à payer constatés par la loi de règlement du premier exercice et par le compte définitif des dépenses du dernier; considérant que ces créances concernent des services non compris dans la nomenclature de ceux pour lesquels les lois de dépenses des mêmes exercices ont donné la faculté d'ouvrir des suppléments de crédits; considérant toutefois qu'aux termes de l'art. 9 de la loi du 23 mai 1834 et de l'art. 108 de notre ordonnance du 31 mai 1838, portant règlement général sur la comptabilité publique,

lesdites créances peuvent être acquittées, attendu qu'elles se rapportent à des services prévus par les budgets de 1838 et 1839, et que leur montant n'excède pas les restants de crédits dont l'annulation a été ou sera prononcée sur ces services par les lois de règlement desdits exercices ; sur le rapport de notre ministre secrétaire d'Etat des finances, et de l'avis de notre conseil des ministres, etc.

Art. 1er. Il est ouvert à notre ministre secrétaire d'Etat des finances, en augmentation des restes à payer constatés par la loi de règlement de l'exercice 1838 et par le compte définitif des dépenses de l'exercice 1839, un crédit supplémentaire de dix-neuf cent trente-six francs quatre-vingt-quatorze centimes (1,936 fr. 94 c.), montant des créances désignées au tableau ci-annexé qui ont été liquidées à la charge de ces exercices, et dont les états nominatifs sont dressés en double expédition, conformément à l'art. 106 de notre ordonnance du 31 mai 1838, portant règlement général sur la comptabilité publique, savoir : exercices 1838, 1,800 fr.; 1839, 136 fr. 94 c. Total, 1,936 fr. 94 c.

2. Notre ministre secrétaire d'Etat des finances est, en conséquence, autorisé à ordonnancer ces créances sur le chapitre spécial ouvert pour les dépenses des exercices clos au budget de l'exercice courant, en exécution de l'art. 8 de la loi du 23 mai 1834.

3. Notre ministre des finances (M. Humann) est chargé, etc.

(Suit le tableau.)

21 = 28 DÉCEMBRE 1841. — Ordonnance du roi qui ouvre au ministre des finances un crédit supplémentaire sur l'exercice 1841. (IX , Bull. DCCCLXXV, n. 9779.)

Louis-Philippe, etc., vu les art. 3 et 4 de la loi du 24 avril 1833 ; vu la loi du 16 juillet 1840, portant fixation du budget des dépenses de l'exercice 1841, et contenant, art. 6, la nomenclature des dépenses pour lesquelles nous est réservée la faculté d'ouvrir des crédits supplémentaires en cas d'insuffisance, dûment justifiée, des crédits législatifs ; vu les art. 20, 21, 22, 23 et 25 de notre ordonnance du 31 mai 1838, portant règlement général sur la comptabilité publique ; sur le rapport de notre ministre secrétaire d'Etat des finances et de l'avis de notre conseil des ministres, etc.

Art. 1er. Il est ouvert à notre ministre secrétaire d'Etat des finances, sur l'exercice 1841, un crédit supplémentaire de la somme de un million quatre-vingt-quatre mille francs (1,084,000 fr.), applicable aux chapitres et articles ci-après désignés, savoir :

Chap. 68. Répartition des produits de plombage, d'estampillage, etc., en matière de douanes, 85,000 fr.

Chap. 69. — *Répartition de produits d'amendes, saisies et confiscations en matières d'impôts indirects.* — Art. 1er. Enregistrement et domaines, 627,000 fr. Art. 4. Contributions indirectes, 97,000 fr. Total, 724,000 fr.

Chap. 71. — *Escomptes sur divers droits.* — Art. 1er. Escompte sur le droit de consommation des sels, 95,000 fr. Art. 2. Escomptes sur droits de douanes, 180,000 fr. Total, 275,000 fr.

Total général, 1,084,000 fr.

2. La régularisation de ce crédit supplémentaire sera proposée aux Chambres lors de leur prochaine session.

3. Notre ministre des finances (M. Humann) est chargé, etc.

———

21 = 28 DÉCEMBRE 1841. — Ordonnance du roi qui ouvre, sur l'exercice 1842, un crédit supplémentaire applicable au service des arrérages de rentes trois pour cent. (IX, Bull. DCCCLXXIV, n. 9780.)

Louis-Philippe, etc., vu les art. 3 et 4 de la loi du 24 avril 1833; vu la loi du 25 juin 1841, portant fixation du budget des dépenses de l'exercice 1842, et contenant, art. 5, la nomenclature des dépenses pour lesquelles la faculté nous est réservée d'ouvrir des crédits supplémentaires en cas d'insuffisance dûment justifiée des crédits législatifs; vu l'art. 35 de la loi du 25 juin 1841 (budget des recettes de 1842) qui a autorisé une négociation de rentes, et notre ordonnance du 18 septembre suivant, rendue en vertu de cette loi; vu notre ordonnance du 23 juillet 1841, relative à une consolidation en rentes trois pour cent de bons du trésor public, faisant partie de la réserve de l'amortissement; vu l'état des rentes inscrites en 1841, en exécution de la loi du 27 avril 1825; vu enfin les art. 20, 21, 22, 23 et 25 de notre ordonnance du 31 mai 1838, portant règlement général sur la comptabilité publique; sur le rapport de notre ministre secrétaire d'Etat des finances et de l'avis de notre conseil des ministres, etc.

Art. 1er. Il est ouvert à notre ministre secrétaire d'Etat des finances, sur l'exercice 1842, un crédit supplémentaire de la somme de six millions huit cent soixante et onze mille quatre cent cinquante et un francs (6,871,451 fr.), applicable au service des arrérages de rentes trois pour cent.

2. La régularisation de ce crédit supplémentaire sera proposée aux Chambres lors de leur prochaine session.

3. Notre ministre des finances (M. Humann) est chargé, etc.

———

21 = 28 DÉCEMBRE 1841. — Ordonnance du roi qui ouvre, sur l'exercice 1841, un crédit extraordinaire pour le service des sels dans le pays de Gex. (IX, Bull. DCCCLXXIV, n. 9781.)

Louis-Philippe, etc., vu, 1° la loi du 16 juillet 1840, portant fixation du budget des dépenses de l'exercice 1841; 2° les art. 4 et 6 de la loi du 24 avril 1833, et l'art. 12 de celle du 23 mai 1834; 3° les art. 26, 27 et 28 de notre ordonnance du 31 mai 1838, portant règlement général sur la comptabilité publique; sur le rapport de notre ministre secrétaire d'Etat des finances, et de l'avis de notre conseil des ministres, etc.

Art. 1er. Il est ouvert à notre ministre secrétaire d'Etat des finances, sur l'exercice 1841, un crédit extraordinaire de la somme de dix mille cinq cents francs (10,500 fr.), pour subvenir aux dépenses urgentes qui n'ont pu être prévues par le budget dudit exercice, et qui feront l'objet d'un chapitre spécial sous le titre *Contributions indirectes, services des sels dans le pays de Gex (Ain)*.

2. La régularisation de ce crédit sera proposée aux Chambres lors de leur prochaine session.

3. Notre ministre des finances (M. Humann) est chargé, etc.

———

21 = 28 DÉCEMBRE 1841. — Ordonnance du roi qui ouvre, sur l'exercice 1842, un crédit extraordinaire pour le service des sels dans le pays de Gex. (IX, Bull. DCCCLXXIV, n. 9782.)

Louis-Philippe, etc., vu, 1° la loi du 25 juin 1841, portant fixation du budget des dépenses de l'exercice 1842; 2° les art. 4 et 6 de la loi du 24 avril 1833, et l'art. 12 de celle du 23 mai 1834; 3° les art. 26, 27 et 28 de notre ordonnance du 31 mai 1838, portant règlement général sur la comptabilité publique; sur le rapport de notre ministre secrétaire d'Etat des finances, et de l'avis de notre conseil des ministres, etc.

Art. 1er. Il est ouvert à notre ministre secrétaire d'Etat des finances, sur l'exercice 1842, un crédit extraordinaire de la somme de dix mille cinq cents francs (10,500 fr.), pour subvenir aux dépenses urgentes qui n'ont pu être prévues par le budget dudit exercice, et qui feront l'objet d'un chapitre spécial sous le titre *Contributions indirectes, service des sels dans le pays de Gex (Ain)*.

41.

42

2. La régularisation de ce crédit sera proposée aux Chambres lors de leur prochaine session.

3. Notre ministre des finances (M. Humann) est chargé, etc.

---

21 = 28 DÉCEMBRE 1841. — Ordonnance du roi qui ouvre au ministre des finances un crédit complémentaire sur l'exercice 1840. (IX, Bull. DCCCLXXIV, n. 9783.)

Louis-Philippe, etc., vu la loi du 10 août 1839, portant fixation du budget des dépenses de l'exercice 1840, et l'art. 6 de la même loi, contenant la nomenclature des services pour lesquels la faculté nous est réservée d'ouvrir aux ministres des suppléments de crédits; vu les art. 4 et 5 de la loi du 24 avril 1833, et l'art. 29 de notre ordonnance du 31 mai 1838, portant règlement général sur la comptabilité publique; considérant que la liquidation des dépenses de l'exercice 1840 a fait ressortir une insuffisance de crédit pour un service compris dans la nomenclature ci-dessous rappelée; sur le rapport de notre ministre secrétaire d'Etat des finances et de l'avis de notre conseil des ministres, etc.

Art. 1er. Un crédit complémentaire de six mille huit cent quatre-vingt-quatre francs (6,884 fr.) est ouvert à notre ministre secrétaire d'Etat des finances sur l'exercice 1840, pour couvrir l'insuffisance du crédit affecté par le budget de cet exercice au service dont le détail suit :

Chap. 68. — *Répartition de produits d'amendes, saisies et confiscations attribuées à divers.* — Art. 21. Forêts : répartition d'amendes attribuées aux agents forestiers, 6,884 fr.

2. La régularisation de ce crédit sera proposée aux Chambres par le projet de loi de règlement de l'exercice 1840.

3. Notre ministre des finances (M. Humann) est chargé, etc.

---

21 = 28 DÉCEMBRE 1841. — Ordonnance du roi qui ouvre un crédit extraordinaire pour le paiement d'arrérages de rentes perpétuelles et d'intérêts de cautionnements non frappés de déchéance sur les exercices 1837 et antérieurs. (IX, Bull. DCCCLXXIV, n. 9784.)

Louis-Philippe, etc., vu le bordereau sommaire dressé en exécution de l'art. 112 de notre ordonnance du 31 mai 1838, portant règlement général sur la comptabilité publique, lequel bordereau indique le montant des arrérages de rentes perpétuelles et celui des intérêts de cautionnements non payés sur les exercices 1837 et antérieurs, et présente l'évaluation des sommes susceptibles d'être réclamées en 1842 pour ar-

rérages et intérêts mis, par diverses causes énoncées au même bordereau, à l'abri de la déchéance prononcée par l'art. 9 de la loi du 29 janvier 1831; vu l'art. 8 de la loi du 10 mai 1838, aux termes duquel les créances de cette nature ne peuvent être ordonnancées par nos ministres qu'après que des crédits extraordinaires spéciaux ont été ouverts à cet effet, conformément aux art. 4, 5 et 6 de la loi du 24 avril 1833; vu l'art. 114 de notre ordonnance du 31 mai 1838; sur le rapport de notre ministre secrétaire d'Etat des finances, et de l'avis de notre conseil des ministres, etc.

Art. 1er. Un crédit extraordinaire spécial de la somme de cent mille francs (100,000 fr.) est ouvert à notre ministre secrétaire d'Etat des finances sur le budget de l'exercice 1842 pour être appliqué, conformément au détail ci-après, au paiement d'arrérages de rentes perpétuelles et d'intérêts de cautionnements non frappés de déchéance sur les exercices 1837 et antérieurs, savoir : rentes cinq pour cent, 31,980 fr.; rentes quatre pour cent, 20 fr.; rentes trois pour cent, 8,000 fr.; intérêts de cautionnements, 40,000 fr. Total égal, 100,000 fr.

2. L'ordonnancement des paiements aura lieu avec imputation au chapitre spécial *Dépenses des exercices périmés*, prescrit par l'art. 8 de la loi du 10 mai 1838.

3. La régularisation de ce crédit sera proposée aux Chambres lors de leur prochaine session.

4. Notre ministre des finances (M. Humann) est chargé, etc.

---

21 = 28 DÉCEMBRE 1841. — Ordonnance du roi qui ouvre, sur l'exercice 1842, un crédit extraordinaire pour le service administratif et d'exploitation des salines de l'Est. (IX, Bull. DCCCLXXIV, n. 9785.)

Louis-Philippe, etc., vu, 1° la loi du 25 juin 1841, portant fixation du budget des dépenses de 1842 ; 2° les art. 4 et 6 de la loi du 24 avril 1833, et l'art. 12 de celle du 23 mai 1834; 3° les art. 26, 27 et 28 de notre ordonnance du 31 mai 1838, portant règlement général sur la comptabilité publique; 4° la loi du 17 juin 1840, sur le sel ; 5° enfin notre ordonnance du 17 septembre 1841 ayant pour objet de pourvoir à la régie directe des salines de l'Est, au nom de l'Etat, depuis le 1er octobre suivant jusqu'au jour de la vente de ces établissements, et de rattacher les produits et les charges de leur exploitation au budget général des recettes et dépenses publiques; sur le rapport de notre ministre secrétaire d'Etat au département des finances, et de l'avis de notre conseil des ministres, etc.

Art. 1er. Il est ouvert à notre ministre secrétaire d'Etat des finances, sur l'exercice 1842, un crédit extraordinaire de la somme de neuf cent quatre-vingt mille sept cents francs (980,700 fr.) pour subvenir aux dépenses urgentes qui n'ont pu être prévues par le budget dudit exercice, et qui feront l'objet des chapitres spéciaux désignés ci-après : *Service administratif et d'exploitation des salines de l'Est et des établissements accessoires.* — Chap. Personnel, 34,500 fr. Chap. Matériel, 744,450 fr. Chap. Dépenses diverses, 204,750 fr. Total, 980,700 fr.

2. La régularisation de ce crédit sera proposée aux Chambres lors de leur prochaine session.

3. Notre ministre des finances (M. Humann) est chargé, etc.

22 NOVEMBRE = 28 DÉCEMBRE 1841.—Ordonnance du roi qui autorise la cession d'un terrain domanial à la commune des Hogues (Eure). (IX, Bull. supp. DLXXV, n. 16131.)

Louis-Philippe, etc., vu la délibération du conseil municipal de la commune des Hogues, département de l'Eure, tendant à obtenir la concession, sur estimation, de vingt-six ares d'un terrain qui dépend de la forêt domaniale de Lyons, pour l'établissement d'une maison d'école ; vu le décret du 21 février 1808 ; vu les dos des 25 mars 1817 et 25 mars 1831 ; vu celles des 15 et 16 floréal an 10 et 5 ventôse an 12 ; vu le procès-verbal d'information *de commodo et incommodo*; vu le plan dudit terrain et le procès-verbal du 7 avril 1839, par lequel les experts ont estimé le sol nu à cent cinquante-six francs, vu une nouvelle délibération du 10 mai 1841, par laquelle le conseil municipal de la commune a voté les fonds nécessaires pour le paiement du prix et des frais, et s'est obligé à faire effectuer, s'il y a lieu, des fossés de clôture ; vu l'avis du préfet de l'Eure et celui de notre ministre secrétaire d'Etat au département de l'intérieur ; considérant que la concession demandée a pour objet une mesure d'utilité communale, et qu'ainsi il y a lieu à l'application du décret du 21 février 1808 ; mais que la commune n'ayant besoin que du terrain nu, la superficie devra être préalablement vendue, au profit de l'Etat, par adjudication publique, conformément à l'art. 17 du Code forestier et à charge de défricher ; sur le rapport de notre ministre secrétaire d'Etat au département des finances, etc.

Art. 1er. Le préfet du département de l'Eure est autorisé à concéder à la commune des Hogues, arrondissement des An-

delys, moyennant la somme de cent cinquante-six francs, prix résultant de l'estimation qui en a été faite, le sol nu de vingt-six ares de la forêt domaniale de Lyons, tel qu'il est désigné et limité au procès-verbal d'estimation et au plan, lesquels resteront annexés à la minute de l'acte de concession.

2. La superficie de ces vingt-six ares sera vendue préalablement par adjudication publique, conformément à l'art. 17 du Code forestier, à charge de défrichement dans le délai qui sera fixé par l'administration des forêts.

3. La commune des Hogues sera tenue, 1° de verser à la caisse du domaine ladite somme de cent cinquante-six francs, aux époques et avec les intérêts fixés par les lois des 15 et 16 floréal an 10 et 5 ventôse an 12; 2° d'acquitter tous les frais auxquels la concession a pu ou pourra donner lieu, y compris les frais d'expertise ; 3° de séparer de la forêt de Lyons le terrain concédé, par des fossés de la longueur et de la dimension que détermineront les agents forestiers.

4. Nos ministres des finances et de l'intérieur (MM. Humann et Duchâtel) sont chargés, etc.

15 = 30 DÉCEMBRE 1841. — Ordonnance du roi qui ouvre, sur l'exercice 1842, un crédit extraordinaire pour le service intérieur du Sénégal. (IX, Bull. DCCCLXXV, n. 9787.)

Louis-Philippe, etc., vu, 1° la loi du 25 juin 1841, portant fixation du budget des dépenses de l'exercice 1842 ; 2° les art. 4 et 6 de la loi du 24 avril 1833 et l'art. 12 de celle du 23 mai 1834 ; 3° les art. 26, 27 et 28 de notre ordonnance du 31 mai 1838, portant règlement général sur la comptabilité publique ; sur le rapport de notre ministre secrétaire d'Etat de la marine et des colonies, et de l'avis de notre conseil des ministres, etc.

Art. 1er. Il est ouvert à notre ministre secrétaire d'Etat de la marine et des colonies, sur l'exercice 1842, un crédit extraordinaire de cent quatre-vingt mille francs, pour subvenir aux dépenses urgentes qui n'ont pu être prévues par le budget dudit exercice.

2. Au moyen de ce crédit, l'allocation de trois cent vingt mille francs, comprise pour le service intérieur du Sénégal au chapitre 23 *bis* du budget du département de la marine pour l'exercice 1842, sera portée à cinq cent mille francs.

3. La régularisation de ce crédit sera proposée aux Chambres lors de leur prochaine session.

4. Nos ministres de la marine et des colonies, et des finances (MM. Duperré et Humann) sont chargés, etc.

22 = 30 décembre 1841. — Ordonnance du roi concernant le droit de navigation à percevoir pour la houille sur le canal d'Arles à Bouc. (IX, Bull. DCCCLXXV, n. 9788.)

Louis-Philippe, etc., vu la loi du 14 août 1822, relative à l'achèvement du canal d'Arles à Bouc ; vu le tarif et le cahier des charges annexés à ladite loi; vu les ordonnances des 31 juillet 1838 et 8 avril 1841 ; vu la lettre, en date du 16 décembre 1841 , par laquelle les administrateurs de la compagnie consentent à la prolongation du tarif actuel du droit de navigation sur la houille; sur le rapport de notre ministre secrétaire d'Etat au département des finances, etc.

Art. 1er. La houille continuera d'être imposée, sur le canal d'Arles à Bouc, au droit de navigation , à raison de seize centimes par tonneau de mille kilogrammes et par distance d'un myriamètre.

2. Ce tarif recevra son application jusqu'au 1er janvier 1846.

3. Notre ministre des finances (M. Humann) est chargé, etc.

25 = 30 décembre 1841. — Ordonnance du roi qui ouvre, sur l'exercice 1841, un crédit extraordinaire applicable aux dépenses urgentes du service de la Cour des Pairs. (IX, Bull. DCCCLXXV, n. 9789.)

Louis-Philippe, etc., vu, 1º la loi du 16 juillet 1840 , portant fixation du budget des dépenses de l'exercice 1841 ; 2º les art. 4 et 6 de la loi du 24 avril 1833, et l'art. 12 de celle du 23 mai 1834 ; 3º les art. 26, 27 et 28 de notre ordonnance du 31 mai 1838, portant règlement général sur la comptabilité publique ; sur le rapport de notre ministre secrétaire d'Etat des finances, et de l'avis de notre conseil des ministres, etc.

Art. 1er. Il est ouvert à notre ministre secrétaire d'Etat des finances , sur l'exercice 1841 , un crédit extraordinaire de six mille francs (6,000 fr.), applicable aux dépenses urgentes du service de la Cour des Pairs.

2. La régularisation de ce crédit sera proposée aux Chambres lors de leur prochaine session.

3. Notre ministre des finances (M. Humann) est chargé, etc.

1er = 30 décembre 1841. — Odonnance du roi qui approuve des modifications aux statuts de la société d'assurances mutuelles mobilières contre l'incendie , établie à Caen. (IX, Bull. supp. DLXXVI, n. 16148.)

Louis-Philippe, etc. , sur le rapport de notre ministre secrétaire d'Etat de l'agriculture et du commerce ; vu l'ordonnance royale du 10 décembre 1838, qui autorise l'établissement d'une société d'assurances mutuelles mobilières contre l'incendie à Caen, et qui approuve les statuts destinés à les régir ; vu les changements auxdits statuts proposés à notre approbation ; notre conseil d'Etat entendu, etc.

Art. 1er. Les modifications aux art. 2, 7, 39 et 40 des statuts de la société d'assurances mutuelles mobilières contre l'incendie établie à Caen , proposées par le conseil général de ladite société dans sa délibération du 14 mai 1841 , sont approuvées telles qu'elles sont contenues dans l'acte passé, le 30 octobre 1841, par-devant Me Vinnebaux et son collègue, notaires à Caen, lequel acte restera annexé à la présente ordonnance.

2. Notre ministre de l'agriculture et du commerce (M. Cunin-Gridaine) est chargé, etc.

Devant Me Vinnebaux, etc., ont comparu, etc.
Lesquels ont exposé ce qui suit :
La société d'assurances mutuelles mobilières contre l'incendie, pour les départements du Calvados, de l'Orne et de la Manche, fut fondée à Caen, aux termes de ses statuts, contenus dans un acte passé, les 29 et 30 novembre, et 1er décembre 1838, devant Me Seigneurie et son collègue, notaires à Caen. Cette société, autorisée par ordonnance royale du 10 décembre 1838, est actuellement en pleine activité. Son développement a fait naître l'idée et concevoir le projet, aux habitants des départements de la Sarthe et de la Mayenne, d'y prendre part. Par sa délibération du 14 mai dernier, le conseil général de ladite société a fait à ses statuts les changements et modifications que la réunion de ces deux départements à ceux du Calvados, de l'Orne et de la Manche nécessitaient. Et déjà le conseil d'Etat a émis un avis favorable à ces modifications. Il ne reste plus à obtenir que l'ordonnance royale d'approbation. Pour y parvenir, il a été fait ce qui suit : les comparants ont, par ces présentes, déposé audit Me Vinnebaux, pour être mis au rang de ses minutes, à la date de ce jour, un extrait des registres des délibérations du conseil général de la société. Cet extrait, écrit sur les deux premières pages d'une feuille de papier au timbre de un franc vingt-cinq centimes, contenant la délibération du 14 mai dernier, est demeuré annexé à la minute des présentes, après avoir été certifié par les comparants, avec attestation que cette délibération a été prise conformément à l'art. 63 des statuts, par le conseil général, au nombre des deux tiers des membres qui le composent, et que les modifications ont été adoptées à l'unanimité. Et de suite M. Bayeux, président, et M. Le Brethon, directeur, en vertu des pouvoirs qui leur ont été conférés par la même délibération du 14 mai dernier, ont arrêté ainsi qu'il suit la rédaction définitive des modifications proposées aux art. 2, 7, 39 et 40 des statuts approuvés par l'ordonnance royale d'autorisation du 10 décembre 1838.

Le premier paragraphe de l'art. 2 sera modifié ainsi qu'il suit : « Cette société a pour but d'assurer, dans les départements du Calvados, de l'Orne, de la Manche, de la Sarthe et de la Mayenne, tous les objets mobiliers, marchandises, bestiaux, ustensiles aratoires et récoltes, quelle que soit leur nature et destination, sous les exclusions et modifications ci-après. » (Le reste comme aux statuts actuels.)

L'art. 7 sera modifié ainsi qu'il suit : « La société est administrée par un conseil général. Un conseil d'administration, un directeur, cinq censeurs, surveillent les actes de l'administration. Les censeurs sont nommés et réélus dans les formes prescrites par les art. 39 et 42 des statuts. »

L'art. 39 sera modifié ainsi qu'il suit : « Le conseil général sera composé des quatre-vingt-quatre plus forts assurés, pris dans les proportions suivantes, dans les cinq départements qui forment l'association, savoir : vingt pour le Calvados, seize pour l'Orne, seize pour la Manche, seize pour la Sarthe et seize pour la Mayenne. » (Le reste comme aux statuts actuels.)

Il sera ajouté à l'art. 40 un second paragraphe ainsi conçu : « Néanmoins, tout membre convoqué qui ne pourrait assister en personne à la réunion du conseil général pourra se faire représenter par un mandataire ad hoc, lequel ne pourra être pris que parmi les sociétaires assurés pour un chiffre de six mille francs au moins. »

1ᵉʳ ⹀ 30 DÉCEMBRE 1841. — Ordonnance du roi portant autorisation de la caisse d'épargne établie à Maubeuge. (IX, Bull. supp. DLXXVI, n. 16149.)

Louis-Philippe, etc., sur le rapport de notre ministre secrétaire d'Etat de l'agriculture et du commerce; vu les délibérations du conseil municipal de Maubeuge (Nord), en date du 4 février 1839 et 21 août 1841 ; vu les lois des 5 juin 1835 et 31 mars 1837, relatives aux caisses d'épargnes ; le comité des travaux publics, de l'agriculture et du commerce de notre conseil d'Etat entendu, etc.

Art. 1ᵉʳ. La caisse d'épargne et de prévoyance établie à Maubeuge (Nord) est autorisée. Sont approuvés les statuts de ladite caisse, tels qu'ils sont contenus dans la délibération du conseil municipal de Maubeuge, en date du 21 août 1841, dont une expédition conforme restera déposée aux archives du ministère de l'agriculture et du commerce.

2. Nous nous réservons de révoquer notre autorisation en cas de violation ou de non exécution des statuts approuvés, sans préjudice des droits des tiers.

3. La caisse d'épargne de Maubeuge sera tenue de remettre, au commencement de chaque année, au ministère de l'agriculture et du commerce et au préfet du département du Nord, un extrait de son état de situation arrêté au 31 décembre précédent.

4. Notre ministre de l'agriculture et du commerce (M. Cunin-Gridaine) est chargé, etc.

1ᵉʳ ⹀ 30 DÉCEMBRE 1841. — Ordonnance du roi portant autorisation de la caisse d'épargne établie au Palais (Belle-Ile-en-Mer). (IX, Bull. supp. DLXXVI, n. 16150.)

Louis-Philippe, etc., sur le rapport de notre ministre secrétaire d'Etat de l'agriculture et du commerce; vu les délibérations des conseils municipaux du Palais, de Locmaria, de Port-Philippe et de Bangor, canton de Belle-Ile-en-Mer, département du Morbihan, lesdites délibérations en date des 4 août, 8 et 12 septembre 1841; vu les lois des 5 juin 1835 et 31 mars 1837, relatives aux caisses d'épargne ; le comité des travaux publics, de l'agriculture et du commerce de notre conseil d'Etat entendu, etc.

Art. 1ᵉʳ. La caisse d'épargne établie au Palais (Belle-Ile-en-Mer) est autorisée. Sont approuvés les statuts de ladite caisse, tels qu'ils sont contenus dans la délibération du conseil municipal du Palais, en date du 4 août 1841, dont une expédition conforme restera déposée aux archives du ministère de l'agriculture et du commerce.

2. Nous nous réservons de révoquer notre autorisation en cas de violation ou de non exécution des statuts approuvés, sans préjudice des droits des tiers.

3. La caisse d'épargne du Palais sera tenue de remettre, au commencement de chaque année, au ministère de l'agriculture et du commerce et au préfet du Morbihan, un extrait de son état de situation arrêté au 31 décembre précédent.

4. Notre ministre de l'agriculture et du commerce (M. Cunin-Gridaine) est chargé, etc.

1ᵉʳ ⹀ 30 DÉCEMBRE 1841. — Ordonnance du roi portant autorisation de la caisse d'épargne établie à Voiron. (IX, Bull. supp. DLXXVI, n. 16151.)

Louis-Philippe, etc., sur le rapport de notre ministre secrétaire d'Etat de l'agriculture et du commerce; vu la délibération du conseil municipal de Voiron (Isère), en date du 9 août 1841 ; vu les lois des 5 juin 1835 et 31 mars 1837, relatives aux caisses d'épargnes ; le comité des travaux publics, de l'agriculture et du commerce de notre conseil d'Etat entendu, etc.

Art. 1ᵉʳ. La caisse d'épargne établie à Voiron (Isère) est autorisée. Sont approuvés les statuts de ladite caisse, tels qu'ils sont contenus dans la délibération du conseil municipal de Voiron, en date du 9 août 1841, dont une expédition conforme restera déposée aux archives du ministère de l'agriculture et du commerce.

2. Nous nous réservons de révoquer notre autorisation en cas de violation ou de non exécution des statuts approuvés, sans préjudice des droits des tiers.

3. La caisse d'épargne de Voiron sera tenue de remettre, au commencement de chaque année, au ministère de l'agriculture et du commerce et au préfet du département de l'Isère, un extrait de son état de situation arrêté au 31 décembre précédent.

4. Notre ministre de l'agriculture et du commerce (M. Cunin-Gridaine) est chargé, etc.

22 DÉCEMBRE 1841 = 1er JANVIER 1842. — Ordonnance du roi portant que, chaque année, le ministre de la guerre réglera la répartition numérique des élèves de l'école spéciale militaire à placer comme sous-lieutenants, soit dans l'infanterie de terre et la cavalerie, soit dans l'infanterie de marine. (IX, Bull. DCCCLXXVI, n. 9792.)

Louis-Philippe, etc., vu la loi du 14 avril 1832, sur l'avancement dans l'armée; vu notre ordonnance du 20 novembre 1838, sur l'organisation de l'infanterie de marine; vu nos ordonnances des 21 octobre 1840 et 7 mai 1841, portant réorganisation de l'école spéciale militaire; vu notre ordonnance du 8 septembre 1841 sur l'organisation des cadres de l'armée de terre; vu les observations de notre ministre de la marine sur l'insuffisance des dispositions en vigueur qui rangent parmi les destinations purement facultatives, pour les élèves de l'école spéciale militaire, l'infanterie de l'armée de mer; considérant, 1° que l'école spéciale militaire, depuis sa réorganisation, est destinée à former des élèves pour l'infanterie de marine aussi bien que pour l'infanterie de l'armée de terre et la cavalerie; 2° qu'il est indispensable de pourvoir également aux besoins de ces divers services; sur le rapport de notre ministre secrétaire d'Etat au département de la guerre, président du conseil, etc.

Art. 1er. Chaque année, au moment des examens de sortie à l'école spéciale militaire, notre ministre secrétaire d'Etat de la guerre, après s'être concerté avec notre ministre de la marine pour ce qui concerne son département, réglera la répartition numérique des élèves de ladite école à placer comme sous-lieutenants, soit dans l'infanterie de terre et la cavalerie, soit dans l'infanterie de marine. Le numéro de mérite obtenu dans le classement de sortie par les élèves leur donnera le droit de choisir, jusqu'à concurrence du nombre d'emplois déterminé pour chaque arme, celle de ces armes dans laquelle ils désireront servir.

2. Toutefois ces dispositions, qui modifient nos ordonnances des 21 octobre 1840 et 7 mai 1841, ne sont point applicables aux élèves nommés avant ce jour.

3. Nos ministres de la guerre et de la marine (MM. duc de Dalmatie et Humann) sont chargés, etc.

30 DÉCEMBRE 1841 = 8 JANVIER 1842. — Ordonnance du roi qui prescrit la publication de la convention conclue entre la France, l'Autriche, la Grande-Bretagne, la Prusse et la Russie, d'une part, et l'empire ottoman, de l'autre part, et destinée à garantir la fermeture des détroits des Dardanelles et du Bosphore aux bâtiments de guerre de toutes les nations. (IX, Bull. DCCCLXXVII, n. 9793.)

Louis - Philippe, etc., savoir faisons qu'entre nous et LL. MM. l'empereur d'Autriche, roi de Hongrie et de Bohême, la reine du royaume - uni de la Grande-Bretagne et d'Irlande, le roi de Prusse et l'empereur de toutes les Russies, d'une part, et S. H. le sultan, de l'autre part, il a été conclu à Londres, le 13 juillet de la présente année 1841, une convention qui a pour objet de garantir la fermeture des détroits des Dardanelles et du Bosphore aux bâtiments de guerre de toutes les nations, tant que la Porte Ottomane se trouvera en paix avec elles; convention dont les ratifications ont été respectivement échangées à Londres le 13 de ce mois, et dont la teneur suit :

Au nom de Dieu très-miséricordieux, LL. MM. le roi des Français, l'empereur d'Autriche, roi de Hongrie et de Bohême, la reine du royaume-uni de la Grande-Bretagne et d'Irlande, le roi de Prusse et l'empereur de toutes les Russies, persuadés que leur union et leur accord offrent à l'Europe le gage le plus certain de la conservation de la paix générale, objet constant de leur sollicitude, et leursdites majestés voulant attester cet accord en donnant à S. H. le sultan une preuve manifeste du respect qu'elles portent à l'inviolabilité de ses droits souverains, ainsi que de leur désir sincère de voir se consolider le repos de son empire, leursdites majestés ont résolu de se rendre à l'invitation de S. H. le sultan, afin de constater en commun, par un acte formel, leur détermination unanime de se conformer à l'ancienne règle de l'empire ottoman, d'après laquelle le passage des détroits des Dardanelles et du Bosphore doit toujours être fermé aux bâtiments de guerre étrangers, tant que la Porte se trouve en paix. Leursdites majestés, d'une part, et S. H. le sultan, de l'autre, ayant résolu de conclure entre elles une convention à ce sujet, ont nommé à cet effet, pour leurs plénipotentiaires, savoir : S. M. le roi des Français, le sieur François-Adolphe, baron de Bourqueney, commandeur de l'ordre royal de la Légion-d'Honneur, maître des requêtes en son conseil d'Etat, son chargé d'affaires et plénipotentiaire à Londres ; S. M. l'empereur d'Autriche, roi de Hongrie et de Bohême, le sieur Paul, prince Esterhazy de Galantha, comte d'Edelstett, chevalier de la Toison-d'Or, grand-croix de l'ordre royal de Saint-Etienne, chevalier des ordres de Saint-André, de Saint-Alexandre Newsky et de Sainte-Anne de la première classe, chevalier de l'ordre de l'Aigle-Noir, grand-croix de l'ordre du Bain et des ordres des Guelphes de Hanovre, de Saint-Ferdinand, et du Mérite de Sicile, et du Christ du Portugal, chambellan, conseiller intime actuel de S. M. l'empereur d'Autriche, et son ambassadeur extraordinaire et plénipotentiaire près S. M. britannique; et le sieur Philippe, baron de Neumann, commandeur de l'ordre de Léopold d'Autriche, décoré de la croix pour le mérite civil, commandeur des ordres de la Tour et de l'Epée du Portugal, de la croix du Sud du Brésil, chevalier grand-croix de l'ordre de Saint-Stanislas de première classe de Russie, conseiller aulique, et son plénipotentiaire près S. M. britannique; S. M. la reine du royaume-uni de la Grande-Bretagne et d'Irlande, le très-honorable Henri-Jean, vicomte Palmerston, baron Temple, pair d'Irlande, conseiller de S. M. britannique en son conseil privé, chevalier grand-croix du très-honorable ordre du Bain, membre du parlement du royaume-uni, et principal secrétaire d'Etat de S. M. britannique, ayant le département des affaires étrangères; S. M. le roi de Prusse, le sieur Henri-Guillaume, baron de Bülow, chevalier de l'ordre de l'Aigle-Rouge de première classe de Prusse, grand-croix des ordres de Léopold d'Autriche, de Sainte-Anne de Russie, et des Guelphes de Hanovre, chevalier de l'ordre de St.-Stanislas de seconde classe, et de St.-Wladimir de quatrième classe, de Russie, commandeur de l'ordre du Faucon-Blanc de Saxe-Weimar, son chambellan, conseiller intime actuel, envoyé extraordinaire et ministre plénipotentiaire près S. M. britannique; S. M. l'empereur de toutes les Russies, le sieur Philippe, baron de Brunow, chevalier de l'ordre de l'Aigle-Blanc, de Sainte-Anne de première classe, de Saint-Stanislas de première classe, de Saint-Wladimir de troisième, commandeur de l'ordre de Saint-Etienne de Hongrie, chevalier de l'ordre de l'Aigle-Rouge et de Saint-Jean-de-Jérusalem, son conseiller privé, envoyé extraor-

dinaire et ministre plénipotentiaire près S. M. britannique ; et S. M. le très-majestueux, très-puissant et très-magnifique sultan, Abdul-Medjid, empereur des Ottomans, Chékib-Effendi, décoré du Nichan-Iftihar de première classe, beylikdgi du divan impérial, conseiller honoraire du département des affaires étrangères, son ambassadeur extraordinaire près S. M. britannique ; lesquels, s'étant réciproquement communiqué leurs pleins pouvoirs, trouvés en bonne et due forme, ont arrêté et signé les articles suivants :

Art. 1er. S. H. le sultan, d'une part, déclare qu'il a la ferme résolution de maintenir, à l'avenir, le principe invariablement établi comme ancienne règle de son empire, et en vertu duquel il a été de tout temps défendu aux bâtiments de guerre des puissances étrangères d'entrer dans les détroits des Dardanelles et du Bosphore ; et que, tant que la Porte se trouve en paix, sa hautesse n'admettra aucun bâtiment de guerre étranger dans lesdits détroits ;

Et LL. MM. le roi des Français, l'empereur d'Autriche, roi de Hongrie et de Bohême, la reine du royaume-uni de la Grande-Bretagne et d'Irlande, le roi de Prusse et l'empereur de toutes les Russies, de l'autre part, s'engagent à respecter cette détermination du sultan, et à se conformer au principe ci-dessus énoncé.

2. Il est entendu qu'en constatant l'inviolabilité de l'ancienne règle de l'empire ottoman, mentionnée dans l'article précédent, le sultan se réserve, comme par le passé, de délivrer des firmans de passage aux bâtiments légers sous pavillon de guerre, lesquels seront employés, comme il est d'usage, au service des légations des puissances amies.

3. S. H. le sultan se réserve de porter la présente convention à la connaissance de toutes les puissances avec lesquelles la Sublime Porte se trouve en relation d'amitié, en les invitant à y accéder.

4. La présente convention sera ratifiée, et les ratifications en seront échangées à Londres, à l'expiration de deux mois, ou plus tôt, si faire se peut. En foi de quoi les plénipotentiaires respectifs l'ont signée et y ont apposé les sceaux de leurs armes. Fait à Londres, le 13 juillet, l'an de grâce 1841. (L. S.) *Signés* BOURQUENEY. (L. S.) ESTHERHAZY. (L. S.) NEUMANN. (L. S.) PALMERSTON. (L. S.) BULOW. (L. S.) BRUNOW. (L. S.) CHÉKIB.

---

2 DÉCEMBRE 1841 = 8 JANVIER 1842. — Ordonnance du roi qui érige en métropole l'église épiscopale de Cambrai. (IX, Bull. DCCCLXXVII, n. 9794.)

Louis-Philippe, etc., sur le rapport de notre garde des sceaux, ministre secrétaire d'Etat au département de la justice et des cultes ; vu l'art. 1er de la loi du 8 avril 1802 (18 germinal an 10) ; vu l'art. 2 de la loi du 4 juillet 1821 ; notre conseil d'Etat entendu, etc.

Art. 1er. L'église épiscopale de Cambrai est érigée en métropole ; elle aura pour suffragante l'église épiscopale d'Arras.

2. La bulle relative à cette érection, avec la suffragance d'Arras, donnée à Rome le jour des calendes d'octobre 1841, sur notre demande, est reçue et sera publiée dans le royaume.

3. Ladite bulle est reçue sans approbation des clauses, réserves, formules ou expressions qu'elle renferme, et qui sont ou pourraient être contraires à la Charte constitutionnelle, aux lois du royaume, aux franchises, libertés et maximes de l'Eglise gallicane : elle sera transcrite en latin et en français sur les registres de notre conseil d'Etat ; mention de ladite transcription sera faite sur l'original par le secrétaire général du conseil d'Etat.

4. Notre ministre au département de la justice et des cultes (M. Martin du Nord) est chargé, etc.

Gregorius, Episcopus, servus servorum Dei. Ad perpetuam rei memoriam. Mysticam Petri naviculam tantis undique procellis exagitatam, ast nunquam aquarum impetu obruendam ita quidem moderari a primis supremi apostolatus exordiis nobis metipsis proposuimus, ut nihil reliquum prætermitteremus, quominus Christi fideles per salutis semitam tuto ambulantes in sancto proposito confirmaremus, perditarum ovium saluti consultum pro viribus foret, nec non insignia quædam apostolica nostra sollicitudinis ac benevolentiæ argumenta insignioribus diœcesibus deque catholica religione maxime meritis subministraremus, quibus eadem ad nova quotidie pro ipsius religionis utilitate capescenda veluti incitamenta uterentur. Ad conciliandam vero diœcesibus nominis celebritatem ac peculiarem hujus sanctæ sedis benevolentiam iisdem conciliandam mirifice conferunt, præter fidei integritatem per plures sæculorum decursus intemerate servatam ecclesiasticorum præsertim vitam sacro ordini consentaneam, præclara quædam in eamdem apostolicam sedem observantiæ ac venerationis indicia, amor, insuper, ac studium tuendi augendique decoris Domus Dei, cujus insignia affulgeant monumenta et quorumdam antistitum memoria religioni societati æque ac litteris sacrisque disciplinis carissima, de quorum laudibus nulla unquam ætas conticescet. At qui Cameracensem diœcesim hisce prærogativis mirum in modum exornari nemo unquam diffitebitur, qui secum consideret remotissimam ejusdem originem quæ ad prima Ecclesiæ sæcula pertingit, ad ingentem cleri numerum, ac dignitatem, quæ maxima profecto est ; ad populi multitudinem, quæ decies centena millia catholicorum excedit, ad spectabilem cathedralis ecclesiæ splendorem, atque ecclesiastica instituta illic erecta, quæ illorum fidelium religionem piamque liberalitatem cuique disertissime manifestant. Verum inter antistites qui

GRÉGOIRE, évêque, serviteur des serviteurs de Dieu.

Pour en conserver le perpétuel souvenir. Nous nous sommes proposé, dès le commencement de notre suprême apostolat, de gouverner le vaisseau mystique de Saint-Pierre, battu de tous les côtés par tant de tempêtes, mais qui ne sera jamais englouti par les flots, de manière à ne rien négliger pour confirmer dans leur sainte résolution les enfants de Jésus-Christ qui marchent sûrement dans la voie du salut, pour ramener, autant qu'il est en nous, les brebis égarées, et, à la fois, pour conférer aux diocèses les plus élevés, qui ont le mieux mérité de la religion catholique, des témoignages sensibles de notre sollicitude et de notre bienveillance apostolique, qui leur servent, chaque jour, de nouvel aiguillon pour le service de cette sainte religion. Ce qui peut assurer à la fois la célébrité de ces diocèses et la bienveillance particulière que leur porte ce Saint-Siége, c'est, outre l'intégrité de la foi conservée par eux pure et sans tache, pendant le cours de plusieurs siècles, et surtout la vie de leurs prélats entièrement conforme aux règles de l'épiscopat, certaines preuves éclatantes de respect et de fidélité pour ce Saint-Siége, le désir ardent de soutenir et d'augmenter la gloire de la maison de Dieu, désir dont il nous en est resté d'illustres traces, et enfin la mémoire de certains prélats, chère à la religion, à l'humanité, ainsi qu'aux lettres et aux sciences sacrées, et dont le nom retentira dans tous les âges. Or, on ne peut nier que le diocèse de Cambrai ne mérite singulièrement ces privilèges, quand on examine son origine très-reculée, et qui remonte aux premiers siècles de l'Eglise ; le nombre considérable de son clergé, et sa dignité, qui est très-éminente ; sa population, qui excède un million de catholiques ; la beauté remarquable de sa cathédrale et les fondations ecclésiastiques qui prouvent et manifestent d'une manière éclatante la religion des fidèles et leurs pieuses libéralités,

Cameracensem ecclesiam gubernarunt rebusque præclare gestis illustrarunt, unum commemorasse sufficiat Fenelonium, quem licet adomptum inde ab anno 1715 boni mores ingemuerint, vivet tamen quoadusque religionis ac sapientiæ studium inter homines persistet, vivitque præsertim in æqualium Cameracensium memoria, qui publicum ac solenne honoris monumentum pastori olim suo pientissimo, atque omnigenæ ruditionis fama conspicuo extolli voluerunt. Quocirca romani Pontifices prædecessores nostri, nec non christianissimi Reges ecclesiam ipsammet ac civitatem tanto in pretio habuerunt ut eam beneficiis cumulatam et honoribus auctam in dies magis floruisse contigerit. Quod si anno millesimo octingentesimo primo eorum temporum conditio suasit ut per apostolicas litteras quorum initium Qui Christi domini *vices inter simplices diœceses coaptaretur, nihilominus anno 1817 digna visa est quæ in pristinam metropoliticam dignitatem revocaretur; quod sane consilium S. memoriæ Pius Septimus prædecessor noster in bulla* Paternæ caritatis *quam edidit anno millesimo octingentesimo vigesimo secundo præter animi sui votum tunc exitu complendum fore præcepit, cum nulla amplius per illud tempus extentia impedimenta obstitissent. Hæc autem obstacula cum in præsentiarum omnino cessaverint opportunum rei perficiendæ tempus advenisse cognovimus. Qua de re eo impensius in Domino gratulamur, quod Cameracensis diœcesis in metropoliticam ecclesiam restitutionem sibi maxime in votis esse carissimus filius noster Ludovicus Philippus I, Francorum rex christianissimus, per dilectum filium nobilem virum Septimium comitem Fay de la Tour-Maubourg, suum apud nos et apostolicam sedem extraordinarium oratorem nobis significaverit, atque ardentissimis precibus efflagitarit. Nos itaque tanti Regis supplicationibus obsecundare vehementer cupientes, accedente venerabilis fratris archiepiscopi Parisiensis assensu, contra quibuscumque speciali quoque mentione dignis derogare intendentes, cunctis matura deliberatione perpensis, motu proprio, certa scientia, atque apostolicæ potestatis plenitudine Cameracensem modo vacantem ecclesiam alteramque Atrebatensem in Galliarum regno existentes, quæ hactenus archiepiscopali ecclesiæ Parisiensi metropolitico jure subjectæ extiterunt, perpetuo substrahimus, eximimus, proindeque eas metropolitanæ Parisiensis jurisdictione omnino exemptas penitusque avulsas declaramus. Ecclesiam ipsam Cameracensem sic exemptam planeque liberam in archiepiscopalem metropolitanam ecclesiam eri-*

Mais entre autres prélats qui ont gouverné l'église de Cambrai, et l'ont honorée par les actes brillants de leur épiscopat, qu'il suffise de citer le seul *Fénelon*, que tous les hommes de bien gémirent de se voir enlever dès l'année 1715, mais qui vivra toutefois autant que l'amour de la religion et de la sagesse durera parmi les hommes, et vit surtout dans la mémoire des habitants de Cambrai, qui ont voulu ériger un monument public et solennel à un pasteur si pieux et célèbre par tous les genres d'instruction. C'est pourquoi les pontifes romains, nos prédécesseurs, ainsi que les rois très-chrétiens, ont tenu en si grande estime ladite église et ville de Cambrai, qu'ils ont continué chaque jour à la combler de bienfaits et d'honneurs. Que si, en l'an 1801, les circonstances ont voulu que, par l'effet de lettres apostoliques, commençant par ces mots : *Qui Christi Domini vices*, elle ait été rangée dans la classe de simples diocèses, elle n'en parut pas moins digne, en 1817, d'être rétablie dans sa première dignité d'église métropolitaine. Pie VII, de sainte mémoire, notre prédécesseur, dans la bulle *Paternæ caritatis*, qu'il donna en 1822, ordonna que, conformément au vœu de son cœur, on exécutât ce projet dès que les obstacles qui en avaient retardé l'accomplissement auraient été levés. Or, ces obstacles ayant tout à fait cessé à l'époque actuelle, nous reconnaissons que le temps de l'effectuer est enfin venu. Pour cette raison, nous nous réjouissons d'autant plus dans le Seigneur, que notre très-cher fils *Louis-Philippe 1ᵉʳ*, roi des Français, très-chrétien, nous a signifié combien il avait à cœur cette réintégration du diocèse de Cambrai en église métropolitaine, et nous en a adressé la demande avec les plus vives instances, par l'organe de notre très-cher fils l'illustre comte *Septime Fay de la Tour-Maubourg*, son ambassadeur extraordinaire auprès de nous et du Saint-Siége apostolique.

Désirant donc vivement seconder les vœux et demandes d'un si grand roi ; de plus, d'après l'assentiment de notre vénérable frère l'archevêque de Paris, entendant déroger à tout ce qui y serait contraire, digne d'une mention spéciale, après avoir tout pesé avec une mûre délibération, de notre propre mouvement et de science certaine, dans la plénitude de notre pouvoir apostolique, nous soustrayons, à perpétuité, l'église de Cambrai, récemment vacante, et celle d'Arras, qui existent toutes deux dans le royaume de France, et jusqu'ici sujettes, par droit métropolitain, à l'église archiepiscopale de Paris, nous les enlevons et déclarons enlevées, tour à tour, à la juridiction de l'église métropolitaine de Paris ; nous érigeons et instituons l'église même de Cambrai, ainsi exempte et

gimus atque instituimus, ita tamen ut in ea quæ Cameracum noncupatur civitate sedes constituatur pro uno Cameracensi archiepiscopo et metropolitano præsule, qui ex aliorum archiepiscoporum more usum habeat pallii et crucis cum suis capitulo, sigillo, arca mensa omnibusque archiepiscopalibus insigniis, privilegiis, honoribus, juribus quibus aliæ metropolitanæ ecclesiæ earumque antistites in Galliarum regno utuntur et gaudent, iis tamen exceptis quæ titulo oneroso, vel ex indulto aut privilegio particulari concessa fuisse dignoscantur. Itemque Cameracensem proxime futurum antistitem ejusque successores nomine titulo et jurisdictione archiepiscopi et metropolitæ donamus, ipsumque iis omnibus ac singulis, quæ archiepiscoporum et metropolitanorum propria sunt, juribus privilegiis ac præeminentiis exempto usu pallii donec illud de more postulaverit, uti ac frui volumus et mandamus. Ut autem futurus pro tempore archiepiscopus Cameracensis suam possit, sicuti par est, decenter tueri dignitatem et omnibus in hærentibus prospicere ac satisfacere, mensæ archiepiscopali Cameracensi congruum illud dotis augmentum, quod juxta datam fidem carissimus filius noster Ludovicus Philippus, Galliarum rex christianissimus, sese assignaturum spopondit, adscribimus et adsignamus. Præfatam vero ecclesiam Atrebatensem ut supra exemptam et a metropolitico jure ecclesiæ Parisiensis prorsus liberam perpetuo pariter subjicimus metropoliticæ jurisdictioni ejusdem archiepiscopalis ecclesiæ Cameracensis, et in ejusdem suffraganeam assignamus eidemque metropolitanæ ecclesiæ Cameracensi in prædictam ecclesiam Atrebatensem jura privilegia honores et facultates quibus metropolitani antistites ex sacrorum canonum et apostolicarum constitutionum præscripto in suffraganeas pollent ecclesias perpetuo similiter concedimus et attribuimus. Denique in exequutorem harum nostrarum litterarum eligimus ac deputamus dilectum filium nostrum Magistrum Antonium Garibaldi apud Galliarum Regem internuncium apostolicum, cui omnes et singulas necessarias et opportunas concedimus facultates ut per se vel per aliam personam in ecclesiastica dignitate constitutam ab ipsomet subdelegandam, ea cuncta statuere ac decernere valeat, quibus ad optatum effectum superiora decreta cumulate perducantur, ac etiam facultates eidem executori sive illius sub delegato impertimur definitive pronunciandi super quacumque oppositione adversus præmissa quomodolibet oritura, injuncta tamen ipsi obligatione diligenter mittendi ad sacram congregationem consistorialibus negotiis præpositam, intra sex menses ab expleta

affranchie, en église métropolitaine archiépiscopale, à condition, toutefois, que dans la ville de Cambrai un siége soit établi pour un archevêque de Cambrai et prélat métropolitain, qui, selon l'usage suivi par les autres archevêques, ait l'usage du pallium et de la croix, avec son chapitre, son sceau, sa caisse, sa mense, et tous les insignes archiépiscopaux, priviléges, honneurs, droits, dont les autres églises métropolitaines et leurs prélats jouissent dans le royaume de France, à l'exception cependant de ceux qui sont reconnus avoir été accordés à titre onéreux ou par indult ou privilége particulier. Nous conférons également à l'archevêque futur de Cambrai et à ses successeurs le nom, le titre et la juridiction d'archevêque et de métropolitain, et nous voulons et entendons qu'il jouisse de tout ce qui est propre aux archevêques et aux métropolitains, droits, priviléges et prééminences, excepté l'usage du pallium, jusqu'à ce qu'il l'ait demandé selon la coutume.

Afin que le futur archevêque de Cambrai puisse, ainsi qu'il est juste, soutenir convenablement sa dignité, et pourvoir et satisfaire à toutes les charges y attachées, nous assignons et attribuons à la même église archiépiscopale de Cambrai le surplus de dotations que notre très-cher fils Louis-Philippe, roi des Français, très-chétien, accordera, selon sa promesse. Quant à ladite église d'Arras, soustraite par droit métropolitain à l'église de Paris, ainsi qu'il a été dit plus haut, et tout à fait affranchie, nous l'assujettissons, à perpétuité, à la juridiction métropolitaine de ladite église archiépiscopale de Cambrai; nous la constituons son église suffragante, et nous accordons et attribuons, également à perpétuité, à ladite église métropolitaine de Cambrai, sur la susdite église d'Arras, les droits, priviléges, honneurs et facultés dont les prélats métropolitains, conformément aux sacrés canons et aux constitutions apostoliques, jouissent sur les églises suffragantes. Enfin nous chargeons de l'exécution des présentes notre très-cher fils Maître-Antoine Garibaldi, internonce apostolique près du roi des Français. Nous lui donnons tous pouvoirs nécessaires pour qu'il puisse, soit par lui, soit par toute autre personne constituée en dignité ecclésiastique, tout régler et ordonner, afin que les décrets ci-dessus reçoivent leur plein effet; nous donnons audit mandataire, ou à son subdélégué, tout pouvoir de prononcer définitivement et régulièrement sur toute opposition qui pourrait s'élever sur l'exécution des présentes, de quelque manière qu'elle puisse naître. Nous lui enjoignons toutefois que, dans les six mois de l'exécution des présentes, il ait soin d'envoyer exactement à la sacrée congrégation

præsentium litterarum executione exemplar authentica, forma exaratum decretorum omnium quæ in præfatarum litterarum executionem emittet, ut in ejus tabulario rite custodiantur. Præsentes autem litteras, et in eis contenta quæcumque etiam ex eo quod quilibet interesse habentes vel habere prætendentes auditi non fuerint, ac præmissis non consenserint etiamsi expressa, specifica et individua mentione digni sunt nullo unquam tempore de subreptionis vel obreptionis aut nullitatis vitio, seu intentionis nostræ vel quolibet alio licet substantiali et inexcogitato defectu notari, impugnari, vel in controversiam vocari posse, sed eas tanquam ex certa scientia ac potestatis plenitudine factas et emanatas perpetuo validas et efficaces existere et fore, suosque plenarios et integros effectus sortiri et obtinere atque ab omnibus ad quos vecus super his a quoquam quavis auctoritate scienter vel ignoranter contigerit attentari irritum, prorsus et inane esse et fore volumus atque decernimus non obstantibus do jure, quæsito non tollendo de suppressionibus committendis ad partes, vocatis quorum interest aliisque nostris et concellariæ apostolicæ regulis, nec non supradictarum ecclesiarum etiam juramento, confirmatione apostolica vel quavis firmitate alia roboratis statut is et consuetudinibus etiam immemorabilibus, privilegiis quoque, indultis et concessionibus, quamvis individua mentione dignis, omnibusque et singulis apostolicis ac in synodalibus provincialibus universalibusque conciliis editis, specialibus vel generalibus constitutionibus et ordinationibus. Quibus omnibus et singulis eorumque totis tenoribus ac formis etiam si specialis mentio seu quævis expressio habenda, aut aliqua alia exquisita forma servanda foret, ipsorum tenores præsentibus pro expressis habentes ad præmissorum omnium et singulorum effectum latissime et plenissime ac specialiter et expresse derogamus cæterisque contrariis quibuscumque. Præterea volumus ut harum litterarum nostrarum transumptis etiam impressis manu tamen alicujus notarii publici subscriptis, et sigillo personæ in ecclesiastica dignitate constitutæ munitis eadem prorsus fides adhibeatur ubique quæ ipsis præsentensæ. Nulli ergo hominum liceat hanc paginam nostræ suppressionis, extinctionis, annullationis, disjunctionis, separationis, aggregationis, unionis, erectionis, applicationis, circumscriptionis, concessionis, assignationis, subjectionis, attributionis, statuti, indulti, declarationis, deputationis, commissionis, mandati, decreti, derogationis ac voluntatis infringere vel ei ausu te-

des affaires consistoriales une copie, rédigée en due forme, de tous les décrets qu'il aura rendus pour l'exécution des présentes, et voulons que ladite copie soit régulièrement consignée et conservée aux archives de ladite congrégation. Nous voulons que les présentes lettres et tout ce qui est contenu en icelles, alors même que ceux qu'elles intéressent ou pourraient intéresser n'auraient point été entendus ou n'y auraient point consenti, bien qu'ils soient dignes d'une mention expresse, spéciale et personnelle, ne puissent, en aucun temps, être attaquées ou controversées, sous aucun prétexte de subreption, vice de nullité au défaut de notre volonté, où de tout autre défaut réel ou supposé, mais soient, à tout jamais, valides et efficaces, comme faites par nous, de science certaine, et émanées de notre pleine autorité, et reçoivent leur plein et entier effet, et soient inviolablement observées par tous ceux qu'elles intéressent ; et déclarons nul et de nul effet tout ce qui, sciemment ou autrement, pourrait être fait de contraire, par qui que ce soit et avec une autorité quelconque, nonobstant tout prétexte de droit acquis, toute plainte en suppression des églises, tout appel des parties intéressées, toutes règles pontificales et de la chancellerie apostolique, ainsi que des églises susdites, lors mêmes qu'elles auraient été confirmées par serment, par l'autorité apostolique, ou par tout autre pouvoir : nonobstant tous décrets, coutumes non mentionnés, privilèges, indults, concessions, bien que dignes d'une mention spéciale, toutes constitutions et ordonnances entières et particulières, spéciales ou générales, apostoliques et émanées de synodes provinciaux et de conciles universels, nonobstant enfin toutes autres choses quelconques, en quelque point qu'elles soient contraires. Nous dérogeons spécialement et expressément, de la manière la plus étendue et la plus complète, à toutes les précédentes prescriptions, soit entières, soit particulières, dans toutes leurs formes et teneurs, lors même que, par mention spéciale ou expression quelconque, une formule explicite y serait conservée, ayant pour exprès commandement que la teneur des présentes ait, en tout comme en partie, son accomplissement.

En outre, nous voulons qu'en tous lieux, copies des présentes, alors même qu'elles ne porteraient que la subscription d'un notaire public et la signature d'une personne constituée en dignité ecclésiastique, obtiennent même foi et obéissance que si l'original était représenté.

Qu'il ne soit donc permis à personne d'enfreindre les présentes ou d'entreprendre de s'y opposer témérairement, en tout ce qui concerne la suppression, l'extinction, l'annu-

merario contrario. Si quis autem hoc attentare præsumpserit, indignationem omnipotentis Dei ac beatorum Petri et Pauli apostolorum ejus se noverit incursurum. Datum Romæ de speciali mandato nostro, anno incarnationis dominicæ millesimo octingentesimo quadragesimo primo kalendis octobris, pontificatus nostri anno undecimo.

Loco † *plumbi.*

Signatum. A. Card. LAMBRUSCHINI.

lation, la disjonction, la séparation, la réunion, l'union, l'érection, l'application, la circonscription, la concession, l'assignation et les subjection, attribution, statut, indult, déclaration, députation, commission, mandat, décret, dérogation et volontés qui y sont exprimées. Quiconque se permettra un tel attentat, aura encouru, qu'il le sache bien, l'indignation du Dieu tout-puissant et de ses bienheureux apôtres Pierre et Paul.

Donné à Rome, sur notre commandement spécial, l'an 1841, le jour des calendes d'octobre, la onzième année de notre pontificat.

† au lieu de sceau.

Signé, A. Card. LAMBRUSCHINI.

---

18 DÉCEMBRE 1841 = 8 JANVIER 1842. — Ordonnance du roi portant répartition du fonds commun affecté aux travaux de construction des édifices départementaux d'intérêt général et aux ouvrages d'art sur les routes départementales, pendant l'exercice 1842. (IX, Bull. DCCCLXXVII, n. 9795.)

Louis-Philippe, etc., vu l'art. 17 de la loi du 10 mai 1838; vu la loi du 25 juin 1841, portant fixation du budget des dépenses de 1842 (budget du ministère de l'intérieur, chapitre 35); sur le rapport de notre ministre secrétaire d'Etat au département de l'intérieur, etc.

Art. 1er. La répartition de la portion du fonds commun des six dixièmes de centime additionnel aux contributions foncière, personnelle et mobilière de 1842, affectée, à titre de secours, au complément de la dépense des travaux de construction des édifices départementaux d'intérêt général, ainsi que des ouvrages d'art sur les routes départementales, pendant cet exercice, est réglée conformément à l'état ci-annexé.

2. Notre ministre de l'intérieur (M. Duchâtel) est chargé, etc.

(Suit le tableau de répartition.)

---

21 DÉCEMBRE 1841 = 8 JANVIER 1842. — Ordonnance du roi qui fixe, pour l'année 1842, le budget des dépenses administratives des caisses d'amortissement et des dépôts et consignations. (IX, Bull. DCCCLXXVII, n. 9796.)

Louis-Philippe, etc., vu l'état détaillé des dépenses administratives de la caisse d'amortissement et de celle des dépôts et consignations, présenté et certifié par le directeur général pour l'année 1842, en exécution de l'art. 37 de l'ordonnance du 22 mai 1816; vu l'avis motivé ci-annexé de la commission de surveillance près de ces établissements; sur le rapport de notre ministre secrétaire d'Etat au département des finances, etc.

Art. 1er. Le budget des dépenses administratives de la caisse d'amortissement et de celle des dépôts et consignations est fixé, pour l'année 1842, à la somme de quatre cent trente-cinq mille francs (435,000 fr.).

2. Notre ministre des finances (M. Humann) est chargé, etc.

(Suit le tableau.)

---

27 DÉCEMBRE 1841 = 8 JANVIER 1842. — Ordonnance du roi portant convocation du conseil général du département du Doubs. (IX, Bull. DCCCLXXVII, n. 9797.)

Louis-Philippe, etc., sur le rapport de notre ministre secrétaire d'Etat au département de l'intérieur; vu l'art. 12 de la loi du 22 juin 1833, etc.

Art. 1er. Le conseil général du département du Doubs est convoqué pour le 10 janvier prochain, à l'effet de délibérer sur le projet de construction d'un chemin de fer de Mulhausen à Dijon par la vallée du Doubs, ainsi que sur les autres affaires qui lui seraient soumises par le préfet. Cette session extraordinaire ne pourra durer plus de cinq jours.

2. Notre ministre de l'intérieur (M. Duchâtel) est chargé, etc.

---

23 DÉCEMBRE 1841 = 18 JANVIER 1842. — Ordonnance du roi qui ouvre au budget du ministère de la guerre, exercice 1840, un chapitre destiné à recevoir l'imputation des dépenses de solde antérieures à cet exercice. (IX, Bull. DCCCLXXVIII, n. 9802.)

Louis-Philippe, etc., vu l'art. 366 de notre ordonnance du 25 décembre 1837, d'après lequel les sommes restant dues sur un exercice expiré, pour solde et autres dépenses y assimilées, doivent être acquittées sur les fonds de l'exercice pendant lequel le droit a été constaté; vu l'art. 9 de la loi du 8 juillet 1837, portant que les rappels d'arrérages dont il s'agit continueront d'être imputés sur les crédits de l'exercice courant, mais qu'en fin d'exercice le transport en sera effectué à un chapitre spécial au moyen d'un virement autorisé, chaque année, par une ordonnance royale, qui sera soumise à la sanction des Chambres avec la loi de réglement de l'exercice expiré; vu enfin l'art. 102 de notre ordonnance du 31 mai 1838, sur la comptabilité publique, rappelant les dispositions ci-dessus; sur le rapport de notre ministre secrétaire d'Etat de la guerre, et de l'avis de notre conseil des ministres, etc.

Art. 1er. Il est ouvert au budget du ministère de la guerre, pour l'exercice 1840, un chapitre spécialement destiné à recevoir l'imputation des dépenses de solde antérieures à cet exercice : ce chapitre prendra le titre de *Rappels de dépenses payables sur revues antérieures à 1840 et non passibles de déchéance.*

2. Le crédit de ce chapitre sera formé, par compte de virement, de la somme de huit cent douze mille huit cent quatre-vingt-trois francs quarante huit centimes, montant des rappels de solde et autres dépenses y assimilées provisoirement acquittés sur les fonds des chap. 4, 5, 8, 15, 16, 21, et 22 du budget de 1840, suivant le tableau annexé à la présente ordonnance, et dont les résultats, présentés séparément pour les divisions territoriales de l'intérieur et l'Algérie, se partagent comme il suit : exercices 1836, 2,842 fr. 7 c.; 1837, 3,605 fr. 46 c.; 1838, 10,257 fr. 25 c.; 1839, 856,178 fr. 70 c. Total égal, 872, 883 fr. 48 c.

3. Les dépenses imputées sur les crédits ouverts par les lois des 10 août 1839, 17 juin, 6 juillet 1840 et 10 juin 1841, aux chapitres désignés dans l'article précédent, sont atténuées dans les proportions indiquées ci-après : Chap. 4. Etats-majors, 21,504 fr. 12 c. Chap. 5. Gendarmerie, 9,129 fr. 65 c. Chap. 8. Solde et entretien des troupes, 827,970 fr. 68 c. Chap. 15. Solde de non activité, 1,626 fr. 72 c. Chap. 16. Dépenses temporaires, 12,522 fr. 17 c. Chap. 21. Invalides de la guerre, 5 fr. 14 c. Chap. 22. Services militaires irréguliers en Algérie, 125 fr. Somme égale, 872,883 fr. 48 c.

4. La présente ordonnance sera annexée au projet de loi portant règlement du budget des dépenses de l'exercice 1840.

5. Nos ministres de la guerre et des finances (MM. duc de Dalmatie et Humann) sont chargés, etc.

23 NOVEMBRE 1841 = 26 JANVIER 1842. — Ordonnance du roi qui autorise la cession, à la com-

mune de Chaligny (Meurthe), de sources qui existent dans la forêt de Haye et d'un terrain domanial. (IX, Bull. supp. DLXXIX, n. 16175.)

Louis-Philippe, etc., vu la délibération du 28 janvier 1840, par laquelle le conseil municipal de la commune de Chaligny, département de la Meurthe, a demandé la cession, 1° des sources qui existent dans la forêt domaniale de Haye, au lieu dit *Fontaine des Etangs*, pour alimenter ses fontaines publiques; 2° d'un terrain de dix-sept ares trente et un centiares, jugé nécessaire à l'établissement de la prise d'eau et des tuyaux de conduite; le procès-verbal d'expertise des sources et du terrain, en date du 12 août 1841; le plan des lieux joint à ce procès-verbal, et la délibération du 27 du même mois, par laquelle le conseil municipal, en adhérant à l'estimation que les experts ont portée à la somme de quatre cent soixante et un francs vingt-neuf centimes, a déclaré que la commune prenait l'engagement de se conformer à toutes les conditions de police qui lui seront imposées dans l'intérêt du sol forestier, et de faire réparer à ses frais, toutes les fois qu'elle en sera requise, les tuyaux destinés à la conduite des eaux, de manière que ces eaux, dans aucun cas, ne puissent nuire à la forêt; l'arrêté du 31 du même mois d'août, par lequel le préfet de la Meurthe a proposé d'homologuer le procès-verbal d'expertise et de consentir la concession demandée; le décret du 21 février 1808; les avis des administrations des domaines et des forêts; les observations de notre ministre secrétaire d'Etat au département de l'intérieur; considérant que la demande de la commune de Chaligny est fondée sur un véritable motif d'utilité publique; sur le rapport de notre ministre secrétaire d'Etat au département des finances, etc.

Art. 1er. Le préfet du département de la Meurthe est autorisé à passer, au maire de la commune de Chaligny, pour le compte de ladite commune, contrat de cession des sources et du terrain renfermés dans le périmètre A, B, C, D, E, F, du plan, et contenant dix-sept ares trente et un centiares, le tout désigné au procès-verbal d'estimation, lequel devra rester annexé à la minute de l'acte de cession.

2. Cette vente sera faite à la charge par la commune, 1° de se soumettre aux conditions énoncées dans la délibération du conseil municipal du 27 août 1841; 2° de verser aux caisses du domaine, dans les délais et avec les intérêts fixés par les lois des 15 floréal an 10 et 5 ventôse an 12, la somme de quatre cent soixante et un francs vingt-neuf centimes, montant du prix dé-

terminé par les experts, et de payer, en outre, tous les frais auxquels la cession a pu ou pourra donner lieu, y compris ceux de l'expertise.

3. Nos ministres de l'intérieur et des finances (MM. Duchâtel et Humann) sont chargés, etc.

1er DÉCEMBRE 1841 = 26 JANVIER 1842. — Ordonnance du roi qui approuve une délibération de l'assemblée générale des actionnaires de la compagnie du pont de Beaucaire. (IX , Bull. supp. DLXXIX, n. 16177.)

Louis-Philippe , etc., sur le rapport de notre ministre secrétaire d'Etat de l'agriculture et du commerce ; vu l'ordonnance royale du 31 août 1837, portant autorisation de la société anonyme du pont de Beaucaire et approbation de ses statuts ; vu la délibération prise , le 25 novembre 1840, par l'assemblée générale des actionnaires de ladite compagnie ; notre conseil d'Etat entendu, etc.

Art. 1er. La délibération prise , le 25 novembre 1840, par l'assemblée générale des actionnaires de la compagnie du pont de Beaucaire, et qui a pour objet de fixer, à l'avenir, à la seconde quinzaine de septembre et de mars, l'époque des réunions ordinaires de l'assemblée générale de ladite compagnie, est approuvée telle qu'elle est contenue dans l'acte passé, le 22 octobre 1841, par-devant Me Castéja et son collègue, notaires à Bordeaux, lequel acte restera annexé à la présente ordonnance.

2. Notre ministre de l'agriculture et du commerce (M. Cunin-Gridaine) est chargé, etc.

Extrait du procès-verbal de la séance du 25 novembre 1840.

L'assemblée générale avait à s'occuper d'une modification à faire à quelques articles des statuts, en ce qui concerne la fixation des assemblées générales semestrielles. Avant de faire connaître la modification que l'administration avait l'intention de proposer, M. le président a fait observer que l'art. 21 des statuts exigeant, pour la délibération à cet égard, que l'assemblée réunît au moins les deux tiers des actions ayant droit de vote, aux termes de l'art. 13 , et que la décision fût prise à la majorité des trois quarts des porteurs présents, il était nécessaire de constater, avant de passer outre, si les membres réunis représentaient , par les actions qui leur appartiennent ou par les procurations dont ils sont porteurs, le nombre de mille soixante-sept , formant les deux tiers de la totalité des actions : à cet effet, M. le secrétaire a fait l'appel, et chacun des membres présents venant à son tour et justifiant de son droit, il en a été formé un état présentant le résultat suivant : nombre d'actions représentées , mille quatre-vingt-sept ; nombre de voix à recueillir , quarante-neuf. Comme il résulte de cet état que plus des deux tiers des actions sont représentées dans l'assemblée générale de ce jour, spécialement

convoquée pour délibérer sur la nécessité de modifier l'art. 11 des statuts, ainsi conçu : « Art. 11. Il « y aura de plein droit , chaque année , deux as-« semblées générales. Elles se tiendront à Bor-« deaux , au siège de la société, dans la première « quinzaine de novembre et de mai ; il pourra, en « outre, être convoqué extraordinairement des as-« semblées générales, toutes les fois que les intérêts « de la société pourront l'exiger. » M. le président a fait remarquer que la fixation des assemblées générales en novembre et mai avait l'inconvénient, 1° de trop éloigner les époques où les comptes doivent être rendus de celles où ils ont été arrêtés ; 2° de mettre un intervalle trop considérable entre le tirage des actions à amortir et l'expiration des exercices qui ont des fonds libres destinés aux remboursements, attendu qu'en rapprochant cet art. de l'art. 16, le tirage des actions ne peut avoir lieu qu'en assemblée générale ; que, pour remédier à ce double inconvénient, l'administration proposait le changement suivant : aux mots *dans la première quinzaine de novembre et de mai* de l'art. 11 des statuts, seront substitués ceux-ci : *dans la deuxième quinzaine de septembre et de mars*. Une semblable substitution sera faite dans tous les autres articles où il est fait mention des assemblées générales à tenir en novembre et mai. Extrait de cette délibération sera adressé à M. le ministre du commerce, pour le prier d'obtenir du gouvernement l'autorisation de faire cette modification. Cette proposition a été accueillie à l'unanimité. Le procès-verbal, dont extrait est ci-dessus, est signé par tous les membres présents à l'assemblée, au nombre de douze, comme suit. *(Suivent les noms.)*

1er DÉCEMBRE 1841 = 26 JANVIER 1842. — Ordonnance du roi portant autorisation de l'établissement d'associations tontinières formé à Paris sur la dénomination de *la Providence des Enfants, association des Pères de Famille.* (IX, Bull. supp. DLXXIX, n. 16178.)

Louis-Philippe, etc., sur le rapport de notre ministre secrétaire d'Etat de l'agriculture et du commerce ; vu l'avis du conseil d'Etat approuvé par l'empereur le 1er avril 1809, inséré au Bulletin des lois, et portant qu'aucune association de la nature des tontines ne peut être établie sans une autorisation spéciale donnée par Sa Majesté dans la forme des règlements d'administration publique ; vu la lettre de notre ministre des finances , en date du 15 février 1841 ; notre conseil d'Etat entendu, etc.

Art. 1er. L'établissement d'associations tontinières formé à Paris sous la dénomination de *la Providence des Enfants, association des Pères de Famille* , est autorisé. Sont approuvés les statuts destinés à régir ledit établissement, tels qu'ils sont contenus dans l'acte passé, le 9 novembre 1841, par-devant Me Grandidier et son collègue, notaires à Paris , lequel acte restera annexé à la présente ordonnance. La présente autorisation n'aura d'effet que pour l'avenir, et ne pourra, en aucune manière, s'appliquer aux opérations antérieures à ce jour.

2. Le cautionnement à fournir par le directeur de la Providence des Enfants, aux termes des statuts, sera déposé à la caisse des dépôts et consignations avant la mise en activité de l'établissement. Aux époques fixées, d'après les statuts, pour la répartition entre les membres des associations tontinières formées par l'établissement, de tout ou partie du capital desdites associations, les parts revenant aux ayants-droit leur seront remises en titres de rentes inscrites au nom de chacun d'eux, comme il est dit à l'art. 28 des statuts.

3. L'établissement sera tenu de remettre, tous les six mois, au ministère de l'agriculture et du commerce, au préfet de la Seine et au préfet de police, à la chambre de commerce et au greffe du tribunal de commerce de Paris, un extrait de l'état de sa situation ainsi que de celle des différentes associations qu'il est autorisé à former et à administrer. Il devra, en outre, adresser tous les ans, à notre ministre de l'agriculture et du commerce, sur ses opérations, un rapport détaillé contenant tous les renseignements propres à faire apprécier la nature et les effets des associations formées par ses soins.

4. Les opérations de l'établissement seront d'ailleurs soumises à une surveillance spéciale, dont le mode sera ultérieurement déterminé et dont les frais seront supportés par la Providence des Enfants, jusqu'à concurrence d'une somme de deux mille francs.

5. Nous nous réservons de révoquer notre autorisation, sans préjudice des droits des tiers, en cas de violation ou de non exécution des statuts approuvés, ou dans le cas de plaintes graves contre la gestion de l'établissement. Nous nous réservons, en outre, d'ordonner tous les cinq ans, à partir de la date de la présente ordonnance, la révision générale des statuts.

6. Nos ministres de l'agriculture et du commerce, et des finances (MM. Cunin-Gridaine et Humann) sont chargés, etc.

TITRE Ier. — But de l'institution. — Nature des opérations.

Art. 1er. Il est fondé, sous la dénomination de la Providence des Enfants, association des Pères de Famille, un établissement ayant pour objet de former des associations mutuelles pour procurer aux sociétaires les moyens de pourvoir à l'établissement de leurs enfants des deux sexes. Le siége de l'établissement et des associations formées par ses soins est à Paris. Chaque souscripteur est tenu, de son côté, d'élire à Paris, ou dans les villes où est établie une agence, un domicile pour tous les actes relatifs à l'exécution des contrats. Le domicile élu au moment de la souscription demeure valable à l'égard du souscripteur, du sociétaire ou de leurs ayants-cause, tant qu'ils n'en ont pas fait connaître un autre à l'administration centrale à Paris.

La société ne reconnaît qu'un seul domicile pour tous les ayants-cause d'un sociétaire ; ceux-ci sont tenus de s'entendre à cet effet.

2. La Providence des Enfants est gérée par un directeur sous le contrôle d'un conseil de surveillance choisi par l'assemblée générale des souscripteurs. Le directeur peut s'adjoindre pour sa gestion tel mandataire qu'il jugera convenable ; il est responsable de tous leurs actes comme des siens propres. M. Léopold Gerdolle est le directeur de l'établissement.

3. Dans les associations formées par la Providence des Enfants, les capitaux et les bénéfices sont aliénés et mis en commun pour être répartis aux sociétaires à des époques déterminées par le contrat.

4. Dans chacune de ces associations, la souscription peut être faite soit au profit du souscripteur lui-même, soit au profit d'un tiers ; elle peut reposer sur la tête de l'enfant du souscripteur ou de tout autre enfant, à la charge, par celui qui contracte sur la tête ou au profit de l'enfant d'un tiers, de justifier du consentement de ce dernier, ou de celui des parents, maris ou tuteurs, pour les personnes inhabiles à contracter. L'individu sur la tête duquel repose la souscription se nomme assuré. Le sociétaire est celui qui doit en recueillir les bénéfices. Le souscripteur est sociétaire toutes les fois que l'assurance n'est pas stipulée en faveur d'un autre.

5. Les fonds de chaque association sont gérés séparément et ne se confondent à aucun égard avec ceux des autres associations.

6. L'établissement s'interdit toute opération étrangère à la formation et à l'administration des associations ci-dessus désignées.

TITRE II. — Formation et effet des associations.

7. Les associations commencent, pour leurs effets actifs et passifs, à partir de l'époque fixée par le procès-verbal de leur constitution.

8. Le nombre des sociétaires est illimité ; mais aucune association ne peut être définitivement constituée qu'après avoir réuni au moins dix membres dans le délai d'une année, à partir de l'ouverture de la souscription ; si ce nombre n'est pas atteint, les souscriptions reçues sont annulées.

9. Aussitôt qu'une société a reçu dix souscriptions, il en est donné avis à chacun des souscripteurs, au domicile par eux élu, et si, dans les trente jours qui suivent cet avertissement, il n'est pas dénoncé de décès antérieurs à l'époque où la dixième souscription a été reçue, la société est définitivement constituée. Dans le cas contraire, la souscription reste ouverte dans les limites fixées par l'art. 8, jusqu'à ce que dix souscriptions aient été obtenues.

10. La constitution de chaque société est constatée par une délibération du conseil de surveillance. Les procès-verbaux de ces délibérations sont tous inscrits à leurs dates, sur un seul et même registre, au fur et à mesure de la constitution de chaque société.

11. Nul ne peut être souscripteur s'il n'est habile à contracter. Toute souscription doit être accompagnée d'un extrait d'acte de naissance, ou, à défaut, d'un acte authentique constatant l'âge de l'assuré. Cet acte reste déposé à l'administration jusqu'à la liquidation de la société.

12. Une police faite en double, signée par le

souscripteur et par le directeur ou un agent commissionné à cet effet, constate l'engagement du souscripteur vis-à-vis de l'administration et de l'association dont il fait partie ; elle énonce les nom, prénoms et domicile du souscripteur et du sociétaire ; les nom, prénoms, domicile, lieu et date de naissance de l'assuré ; le nombre, le montant et le mode de paiement des mises sociales ; la désignation, l'objet, les conditions, la durée et le terme de la société ; enfin les délais fixés et les pièces à produire pour la justification des droits du sociétaire pour la répartition. Au dos de la police qui sera extraite d'un registre à souche, sont inscrites littéralement les dispositions des présents statuts.

13. Les mises sociales sont fournies, soit par versements, au comptant, soit par versements annuels.

14. Quand les assurés sont du même âge, et les souscriptions faites à la même époque, les sociétaires participent aux bénéfices éventuels de l'assurance, au prorata de leurs mises effectives. Les assurés sont réputés du même âge lorsque, entre le plus âgé et le plus jeune, il n'existe pas une différence de plus d'une année. Quand les assurés sont d'âges différents, les mises sont ramenées à l'égalité proportionnelle au moyen de tarifs basés sur les chances de la durée de la vie à chaque âge. Les versements annuels sont ramenés à l'égalité proportionnelle entre eux et avec les versements uniques par l'application combinée des chances de la durée de la vie à chaque âge et de la cumulation des intérêts à quatre pour cent par an.

15. Les tarifs rédigés en vertu de l'article précédent sont dressés d'après la moyenne des tables de mortalité de Duvillard et Deparcieux. Un exemplaire de chacun des tarifs sera adressé au gouvernement.

16. Le directeur est responsable de tous les versements faits entre ses mains. À Paris, les souscripteurs versent leurs mises en espèces à la caisse de l'établissement. Dans les départements et à l'étranger, ces versements s'effectuent entre les mains de l'agent commissionné à cet effet, en un mandat payable à Paris, à l'ordre du directeur. Les souscripteurs ont la faculté de faire leurs versements en rentes sur l'État, transférés au nom de la société, avec désignation de l'association pour laquelle la souscription a été faite.

17. Les versements uniques, ou par annuités, sont effectués après la constitution définitive de l'association, aux époques déterminées par la police. Les souscripteurs par annuités peuvent anticiper tout ou partie de ces versements, en payant la somme équivalente, conformément aux tarifs dressés en vertu de l'art. 14. Le décès de l'assuré libère le souscripteur par annuités de tout versement postérieur au décès.

18. Tous les versements reçus par l'administration seront enregistrés, à leur date, sur un livre de caisse visé et paraphé par l'un des membres du conseil de surveillance.

19. Le montant des versements effectués en espèces doit être employé en rentes sur l'État, à la diligence du directeur, dans les cinq jours qui suivent la date de l'encaissement. Les rentes achetées sont inscrites au nom de la Providence des Enfants, avec désignation de l'association à laquelle elles appartiennent, et avec mention des formalités nécessaires, aux termes des présents statuts, soit pour en toucher les arrérages, soit pour disposer du capital. Les titres d'inscriptions de rentes sont déposés dans une caisse à deux serrures ; l'une des clefs est remise au directeur, et l'autre au président du conseil de surveillance ou à l'un de ses membres délégué à cet effet.

20. Les arrérages des rentes appartenant aux diverses associations sont perçus par le directeur, sur une quittance revêtue de sa signature, du visa du président et d'un membre du conseil de surveillance délégué à cet effet. Le montant des arrérages perçus est employé, dans le premier jour de bourse qui suit la date de la quittance, en achat de nouvelles rentes au profit de chaque association. Une délibération du conseil de surveillance détermine les formalités convenables pour assurer l'effet de cette disposition, et un membre délégué dudit conseil en surveille l'exécution.

21. Le défaut de paiement des versements exigibles dans l'année qui suit cette exigibilité, entraîne déchéance de tous droits au bénéfice de l'association. Le capital des sommes payées reste néanmoins, en cas de survivance de l'assuré, au terme de l'association, la propriété du sociétaire, et lui est remis sans intérêts à l'époque fixée pour la répartition. Tout souscripteur qui reprend ses paiements avant le terme d'un an, fixé pour la déchéance, est tenu d'ajouter au versement arriéré un supplément calculé sur les tarifs, et augmenté d'un intérêt d'un demi pour cent par mois de retard. La faculté de reprendre les versements pour éviter la déchéance, cesse, en tout cas, au terme fixé pour la production des pièces relatives à la liquidation ; la déchéance est alors acquise contre tout sociétaire dont la mise ne serait pas entièrement versée à cette époque, lors même que la répartition n'aurait pas encore eu lieu.

TITRE III. — De la répartition.

22. Les droits des sociétaires à la répartition sont établis au prorata du capital de leurs mises. Tout sociétaire doit justifier de l'existence et de l'identité de l'assuré sur la tête duquel la souscription repose, aux époques fixées pour avoir droit à la liquidation.

23. Toute inexactitude dans les déclarations et les pièces justificatives, dont le but et l'effet est de changer la position des sociétaires, soit au moment de la souscription, soit aux époques des répartitions, emporte déchéance de tout droit au bénéfice de l'association, et le capital des sommes payées est seul remis aux ayants-droit à l'époque de la répartition, dans le cas de survie de l'assuré, au terme de la société.

CHAPITRE II. — LIQUIDATION DES ASSOCIATIONS.

24. La liquidation de toutes les associations, ayant lieu à une époque déterminée, se fait dans les formes qui suivent.

25. Dans la quinzaine qui précède l'expiration de chaque association, une lettre du directeur, contre-signée par un membre délégué du conseil de surveillance, est adressée à chaque sociétaire pour lui en donner avis, et pour l'inviter à produire sans délai les pièces qui doivent établir son droit à la répartition ; le procès-verbal qui constate l'exécution de cette formalité est consigné sur les registres des délibérations du conseil de surveillance.

26. Pour établir son droit à la répartition, chaque sociétaire est tenu de remettre à l'administration, sur récépissé, le certificat de vie de l'assuré, ou son acte de décès, s'il est mort postérieurement au jour fixé pour donner ouverture aux droits des sociétaires

taires. Ces pièces doivent être produites dans les six mois qui suivent l'époque fixée pour l'ouverture de la liquidation.

27. Ces délais écoulés, les sociétaires qui n'ont pas fait leur production sont forclos, sans qu'il soit besoin d'aucun acte de mise en demeure ou qu'ils puissent exciper de ce qu'ils n'auraient pas reçu l'avis indiqué par l'art. 25 ; mais, en aucun cas, les effets de cette forclusion ne sont applicables à la partie des capitaux qui ont été réservés par les souscripteurs.

28. Une délibération du conseil de surveillance arrête l'état de répartition du capital entre les ayants-droit, et la part de chaque ayant-droit lui est payée en un coupon de rente inscrit en son nom. Il est transmis, à cet effet, au ministre des finances, une ampliation, dûment certifiée, de la délibération du conseil de surveillance, revêtue de la signature du directeur et de deux membres du conseil, spécialement délégués à cet effet. Si le total de la rente à répartir ne peut pas se diviser exactement en coupons, eu égard au nombre des ayants-droit, la portion de rente qui excède le chiffre exactement divisible est vendue, et le produit en est distribué entre les ayants-droit à la caisse de la direction, sous le contrôle d'un membre délégué du conseil de surveillance ; les transferts et cette portion de rente sont signés par le directeur et par deux membres dudit conseil, spécialement délégués à cet effet.

29. En échange de ces valeurs, le sociétaire doit remettre sa police dûment acquittée, et, s'il se trouve dans l'impossibilité de représenter cette pièce, il doit la remplacer par une quittance en forme et à ses frais.

30. Toute délibération du conseil de surveillance qui a pour objet la liquidation d'une association est prise avec le concours des sept plus forts sociétaires ayant justifié de leurs droits à l'association. Il est loisible à ceux de ces sociétaires qui ne résident pas à Paris de se faire représenter par des sociétaires à leur choix : à défaut, le conseil appelle pour les remplacer les plus forts souscripteurs de cette association résidant à Paris.

TITRE IV. — Administration des sociétés.

CHAPITRE Ier. — DU DIRECTEUR.

31. Le directeur est chargé de l'exécution des délibérations prises par le conseil de surveillance ; il y assiste avec voix consultative hors le cas où les délibérations portent sur des questions qui lui sont personnelles. Il signe les polices, les quittances, la correspondance, endosse ou acquitte les mandats, fait les traités, compromis et tous autres actes qui seraient nécessaires pour l'administration des sociétés. Il délègue, sous sa responsabilité personnelle, par des commissions ou par des mandats spéciaux, tout ou partie de ses pouvoirs ; il exerce au nom de l'établissement toutes poursuites ou actions judiciaires ; il est représenté dans les départements par des sous-directeurs ou agents qu'il nomme et peut révoquer.

32. Le directeur soumet au conseil de surveillance, toutes les fois qu'il en est requis, l'état de la comptabilité et la situation des caisses ; il communique également sans déplacement, aux intéressés qui en font la demande, tous registres et documents concernant la société à laquelle ils appartiennent.

33. Le directeur pourvoit aux frais de bureaux d'agences, de voyages, inspections, correspondances,

publications et autres de toute espèce, à l'exception toutefois des frais d'acquisitions de rentes, lesquels doivent être payés par les souscripteurs qui effectuent leurs versements en espèces. Pour s'indemniser de ses frais, le directeur perçoit en dehors des mises sociales un droit de commission, dont la quotité et le mode sont déterminés avant la formation de chaque société d'accord avec les fondateurs, mais qui ne peut pas excéder cinq pour cent du montant de chaque souscription.

34. L'administration du directeur est garantie, outre sa responsabilité personnelle, par un cautionnement de cinq mille francs de rente trois pour cent et dont le titre, inscrit au nom de la Providence des Enfants, est déposé à la caisse des dépôts et consignations. Le cautionnement sera porté à six mille francs de rente, si la totalité des encaissements effectués dans le courant d'une année dépasse un million ; à sept mille francs de rente, si elle dépasse un million deux cent mille francs, et ainsi de suite, en augmentant de mille francs de rente par chaque augmentation de deux cent mille francs, dans la totalité des encaissements annuels jusqu'à un maximum de vingt-cinq mille francs de rente trois pour cent, après lequel le cautionnement ne sera plus passible d'aucune augmentation. Les diminutions qui pourraient survenir dans le chiffre des encaissements annuels ne donneront lieu à aucune réduction proportionnelle du cautionnement. Le cautionnement est affecté, indépendamment du recours qui pourrait s'exercer sur les biens personnels du directeur, à la garantie de tous les engagements contractés par lui en cette qualité, et spécialement à celle des frais d'administration et de liquidation de toutes les associations, quel qu'en soit le terme, formées pendant sa gestion.

35. En cas de non exécution des statuts et dans tout autre cas de fait grave contre le directeur, l'assemblée générale, sur la proposition du conseil de surveillance et à la majorité des deux tiers des voix sur au moins soixante membres présents, peut, par une délibération motivée, prononcer sa révocation.

36. En cas de retraite du directeur, il a la faculté de présenter son successeur, lequel toutefois ne peut entrer en fonctions qu'après avoir été agréé par l'assemblée générale, sur le rapport du conseil de surveillance. Les héritiers du directeur décédé dans l'exercice de ses fonctions ont pendant trois mois, à partir du jour de son décès, la même faculté ; pendant ce délai, il est pourvu à l'administration de l'établissement et des sociétés par la nomination d'un directeur provisoire désigné par le conseil de surveillance et dont le traitement est imputable sur les frais d'administration à la charge du directeur.

37. Si le directeur est révoqué ou s'il se retire sans présenter son successeur, ou si le successeur présenté n'est pas agréé par l'assemblée générale, il est pourvu à l'administration, comme il est dit en l'article précédent, jusqu'à la nomination du directeur définitif par l'assemblée générale. En cas de retraite ou de décès du directeur, s'il est remplacé par un successeur présenté par lui ou par ses héritiers, le même cautionnement servira à la garantie tant de sa gestion que de celle de son successeur. Si les remplaçants présentés par lui ou ses héritiers dans le délai déterminé ne sont pas agréés, et s'il en est nommé un autre dans le cas prévu par l'art. 39, le nouveau directeur versera, en entrant, un nouveau cautionnement qui sera sou-

41.

43

mis aux mêmes conditions, mais sans être affecté à la garantie de la gestion de son prédécesseur. Le cautionnement de celui-ci ne lui sera rendu, s'il y a lieu, qu'après l'apurement de tous ses comptes, et sous déduction du déficit qui serait constaté à sa charge. En cas de révocation du directeur, ou si le directeur, ses héritiers ou représentants, abandonnent l'administration de la société, son cautionnement ne lui sera rendu, s'il y a lieu, après l'apurement de tous les comptes, que sous déduction, tant du déficit qui sera constaté à sa charge, que des fonds nécessaires pour assurer l'administration et la liquidation de toutes les sociétés formées pendant sa gestion. Néanmoins, s'il est nommé un nouveau directeur et si ce dernier consent à se charger, pour les frais d'administration et de liquidation, de la responsabilité qui pesait sur son prédécesseur, l'assemblée générale, sur la proposition du conseil de surveillance, ordonnera la remise au directeur remplacé de la totalité de son cautionnement sous la seule déduction du déficit qui pourrait exister.

Chapitre II. — Du conseil de surveillance.

38. Le conseil de surveillance est nommé par l'assemblée générale ; il se compose de quinze membres pris parmi les souscripteurs des diverses associations. Il est renouvelé par tiers, d'année en année ; les membres en sont rééligibles : pour les deux premières années, les membres sortants sont désignés par le sort. Si un membre du conseil de surveillance cesse ses fonctions avant l'expiration de ses pouvoirs, le conseil se complète provisoirement, et l'assemblée générale qui suit procède à l'élection définitive. Le membre du conseil ainsi élu est remplacé à l'époque où l'aurait été son prédécesseur.

39. Le conseil de surveillance choisit parmi ses membres un président et un secrétaire ; la durée de leurs fonctions est d'une année ; ils sont rééligibles. En cas d'absence, le président est remplacé par le plus âgé des membres présents, et le secrétaire par le plus jeune.

40. Le conseil nomme dans son sein une commission de trois membres qui procède journellement à la surveillance des opérations sociales ; il se réunit toutes les fois que ces opérations l'exigent. Les délibérations doivent être prises par une majorité de cinq membres au moins ; en cas de partage, la voix du président est prépondérante. Les délibérations du conseil sont transcrites sur un registre spécial déposé à la direction et dont un double demeure sous la garde du président.

41. Le conseil détermine en quelle nature de rente doit être fait l'emploi des fonds appartenant aux diverses associations, lorsque cette détermination n'a pas été faite par les souscripteurs eux-mêmes ; autorise les transferts et aliénations de rentes, arrête les états de répartition, et surveille dans toutes leurs parties l'exécution des présents statuts et la gestion du directeur.

Chapitre III. — De l'assemblée générale.

42. Le plus fort souscripteur de chaque association fait partie de l'assemblée générale. Si le nombre des sociétés ne fournissait pas quatre-vingts membres, l'assemblée serait complétée par l'appel des souscripteurs qui, dans chaque association, occupent le rang subséquent, en suivant pour l'appel l'ordre d'ancienneté des associations.

43. L'assemblée générale représente l'universalité des sociétaires ; ses décisions régulièrement prises sont obligatoires pour tous.

44. Le jour de la réunion de l'assemblée est annoncé au moins quinze jours à l'avance dans l'une des feuilles d'annonces légales du département de la Seine, désignées conformément à la loi du 31 mars 1833. Les souscripteurs appelés reçoivent l'avis de leur convocation par lettre du directeur, contresignée par l'un des membres du conseil de surveillance. Les souscripteurs appelés qui ne résident pas à Paris, peuvent confier leurs pouvoirs à un autre souscripteur.

45. L'assemblée générale est régulièrement constituée par la présence de quarante des membres qui doivent la composer. Dans le cas où une première réunion ne présenterait pas ce nombre, l'assemblée générale est convoquée de nouveau quinze jours d'intervalle, et elle est alors régulièrement constituée, quel que soit le nombre des membres présents ; mais la délibération ne peut porter que sur les objets qui se trouvaient à l'ordre du jour de la première réunion.

46. L'assemblée choisit elle-même son bureau, qui se compose d'un président, d'un secrétaire et de deux scrutateurs. La nomination, soit du bureau, soit des membres du conseil de surveillance, se fait par scrutin de liste à la majorité relative des suffrages exprimés. Jusqu'à la constitution du bureau, l'assemblée générale est présidée par le président du conseil de surveillance. Le président provisoire désigne le secrétaire et les scrutateurs provisoires.

47. L'assemblée générale se réunit tous les ans dans la dernière quinzaine du mois d'avril, pour nommer les membres du conseil de surveillance et pour entendre les rapports du directeur et du conseil sur les opérations de l'année précédente et la situation des différentes associations. Elle peut être convoquée extraordinairement, soit par le directeur, soit par le conseil de surveillance ; dans ce cas, l'avis de convocation indique le motif de la réunion extraordinaire.

Dispositions générales.

48. Jusqu'à ce que le conseil de surveillance se trouve constitué, le directeur est autorisé à faire seul les actes nécessaires pour la formation des associations et l'emploi de leurs fonds en achat de rentes, à la charge de faire régulariser par le conseil de surveillance les opérations antérieures à la constitution de ce conseil.

49. Si une société s'éteint entièrement, soit par la déchéance, soit par le décès de tous les assurés, les fonds de répartition appartenant à cette société profitent à l'État.

50. Dans aucun cas, les héritiers ou ayants-droit du directeur ne pourront faire apposer les scellés sur les registres, papiers et bureaux de l'administration.

51. En cas de décès d'un sociétaire, ses héritiers ou ayants-droit sont tenus de le faire représenter par un seul d'entre eux pour tous les droits qu'ils peuvent avoir à exercer vis-à-vis de la société. Ils ne peuvent, en aucun cas, faire apposer les scellés sur aucun des registres appartenant à l'administration.

52. Les changements qu'il pourrait y avoir lieu de faire aux présents statuts seront opérés avec le consentement du directeur, et sur la proposition du conseil de surveillance, par une décision spéciale de l'assemblée générale prise à la majorité des deux tiers des voix sur au moins soixante membres pré-

sents. Ces modifications ne seront exécutoires qu'après l'approbation du gouvernement.

53. En cas de révocation de l'autorisation accordée par le gouvernement, il ne pourra plus être formé d'associations nouvelles, et il sera pourvu à l'administration des sociétés existantes jusqu'au terme fixé pour leur durée par une délibération de l'assemblée générale, sous l'approbation du gouvernement.

54. Toutes contestations à raison des affaires sociales sont jugées par des arbitres. Le tribunal arbitral est composé de trois arbitres, sur le choix desquels les parties sont tenues de s'entendre dans le délai de huitaine; à défaut de quoi, la nomination des trois arbitres est faite par le président du tribunal de première instance du département de la Seine, à la requête de la partie la plus diligente. Les arbitres décident comme amiables compositeurs et en dernier ressort, sans être tenus aux formes et délais de la procédure; leur décision ne peut être attaquée par voie d'appel, requête civile ou recours en cassation. En quelque nombre que soient les sociétaires dans une contestation, ils seront tenus, lorsqu'ils auront un seul et même intérêt, de se faire représenter par un commissaire ayant qualité de faire et recevoir en leur nom tous actes judicaires, soit en demandant, soit en défendant.

———

21 DÉCEMBRE 1841 = 26 JANVIER 1842. — Ordonnance du roi qui autorise la cession d'une portion de terrain domanial à la ville de Toulouse. (IX, Bull. supp. DLXXIX, n. 16183.)

Louis-Philippe, etc., vu les délibérations du conseil municipal de la ville de Toulouse, département de la Haute-Garonne, des 18 mai 1840 et 14 juin 1841, tendantes à obtenir la concession d'une portion de terrain de soixante-six mètres trente centimètres, à prendre le long de l'église paroissiale de Notre-Dame de la Daurade, à Toulouse, sur le sol de la manufacture des tabacs, afin d'ouvrir un nouveau passage pour parvenir à cette église; vu le plan des lieux ainsi que les procès-verbaux d'estimation des 3 août 1840 et 17 janvier 1841, portant que la valeur du terrain à concéder est de sept cent quatre-vingt-quinze francs soixante centimes, et que les frais de construction d'un hangar en remplacement de celui qui existe sur ce terrain seront de cinq mille soixante et seize francs soixante-huit centimes, ensemble cinq mille cent soixante et douze francs vingt-huit centimes; vu l'adhésion donnée à cette double estimation par le conseil municipal, les 14 septembre 1840, et 25 janvier 1841; vu l'avis favorable du commissaire extraordinaire du gouvernement, préfet provisoire de la Haute-Garonne, et celui de notre ministre secrétaire d'Etat au département de l'intérieur; vu l'avis du conseil d'Etat approuvé le 21 février 1808; considérant que la demande ci-dessus visée est motivée sur une cause

d'utilité publique communale suffisamment justifiée; sur le rapport de notre ministre secrétaire d'État au département des finances, etc.

Art. 1er. Le préfet du département de la Haute-Garonne est autorisé à concéder à la ville de Toulouse une portion de terrain contenant soixante-six mètres trente centimètres, à prendre le long de l'église de la Daurade, à Toulouse, sur le sol de la manufacture des tabacs, ainsi que cette portion est désignée au plan des lieux et dans les procès-verbaux d'estimation contradictoire, lesquels resteront annexés à la minute de l'acte de session.

2. Cette session sera faite à la charge par la ville de Toulouse de verser dans la caisse du domaine, 1o la somme de sept cent quatre-vingt-quinze francs soixante centimes, déterminée par le procès-verbal d'estimation du 3 août 1840 pour la valeur du terrain à concéder; 2o celle de cinq mille soixante et seize francs soixante-huit centimes, à laquelle ont été évalués, par le procès-verbal d'estimation du 17 janvier 1841, les frais de construction d'un hangar en remplacement de celui existant sur le sol à distraire de la manufacture des tabacs. Le paiement de la somme de sept cent quatre-vingt-quinze francs soixante centimes sera effectué dans les délais et avec les intérêts fixés par les lois des 15 floréal an 10 et 5 ventôse an 12; quant à celle de cinq mille soixante et seize francs soixante-huit centimes, elle sera versée intégralement dans les trois mois de la date de l'acte de cession.

3. La ville supportera, en outre, tous les frais, y compris ceux d'expertise auxquels cette même cession a pu ou pourra donner lieu.

4. Indépendamment des dépenses mises à la charge de la ville par les art. 2 et 3, cette ville devra se conformer aux conditions suivantes : 1o Le nouveau passage sera couvert et éclairé par des vitraux au comble, garantis par des barreaux de fer assez rapprochés pour qu'un enfant ne puisse pas y passer la tête, le tout recouvert d'un treillis en fil de fer; 2o la cour de la manufacture des tabacs sera pavée intégralement à neuf, pour rétablir le cours des eaux qui sera interrompu par suite des changements à intervenir; 3o ces divers travaux, exécutés aux frais de la ville de Toulouse, seront dirigés par l'architecte de la manufacture des tabacs : ce même architecte dirigera, en suivant le plan joint au procès-verbal d'estimation du 3 août 1840, le tracé du mur qui doit limiter le passage et qui, quoique construit aux frais de la ville, appartiendra en tota-

lité à l'Etat, en sorte que la ville ne pourra prétendre à aucun droit de mitoyenneté ni à celui d'y pratiquer aucun jour ou de le surélever; 4° l'achèvement de ces divers travaux sera constaté par un procès-verbal de l'architecte de la manufacture des tabacs, lequel sera autorisé à prendre toutes les mesures nécessaires, aux frais de la ville, pour que, durant les travaux et jusqu'à la confection du mur de séparation et de sa toiture, il ne soit pratiqué ni ouverture ni entrée qui permette la communication entre l'église de la Daurade et les dépendances de la manufacture.

5. Nos ministres des finances et de l'intérieur (MM. Humann et Duchâtel) sont chargés, etc.

26 décembre 1841 = 26 janvier 1842. — Ordonnance du roi qui autorise la cession d'immeubles domaniaux à la ville de Dieppe. (IX, Bull. supp. DLXXIX, n. 16184.)

Louis-Philippe, etc., vu les délibérations du conseil municipal de Dieppe (Seine-Inférieure), des 7 avril 1837, 15 juin et 21 septembre 1838, 2 novembre 1839 et 19 février 1841, ayant pour objet d'obtenir la cession, au prix d'une estimation contradictoire, d'immeubles domaniaux situés à Dieppe, et que cette ville destine à l'exécution de divers travaux d'amélioration et d'embellissement, soit pour la sûreté du matériel de la salle de spectacle, soit pour le développement de l'établissement des bains de mer; les plans des lieux rédigés le 7 octobre 1839; le procès-verbal d'estimation contradictoire des 7 janvier, 7 octobre 1839, et le procès-verbal du 29 décembre 1840, par lequel le chef du génie et le receveur des domaines à Dieppe ont déterminé les portions d'immeubles susceptibles d'être aliénées par l'Etat; les arrêtés du préfet de la Seine-Inférieure, des 11 février 1840 et 9 avril 1841; l'avis favorable de notre ministre secrétaire d'Etat au département de l'intérieur; le décret du 21 février 1808; considérant que la demande de la ville est motivée sur une cause d'utilité publique communale suffisamment justifiée; sur le rapport de notre ministre secrétaire d'Etat au département des finances, etc.

Art. 1er. Le préfet du département de la Seine-Inférieure est autorisé à céder, au nom de l'Etat, à la ville de Dieppe, moyen-nant la somme de dix-huit mille neuf cent vingt-huit francs cinquante-neuf centimes, 1° les immeubles domaniaux situés entre la porte Duquesne et la porte Parmentier, et qui ont pour limites, vers la plage, d'après le plan du 7 octobre 1839, les points désignés par les lettres A et B; 2° l'ancien mur d'enceinte et le chemin de ronde entre la porte d'Estouteville ou Cigogne et la porte du port d'Ouest, dont l'étendue est indiquée par une teinte verte sur le plan rédigé le même jour 7 octobre 1839; le tout suivant les désignations énoncées aux procès-verbaux d'expertise et de rectification des 7 octobre 1839 et 29 décembre 1840, lesquels plans et procès-verbaux resteront annexés à la minute de l'acte de cession.

2. Cette cession sera consentie sans garantie de mesure ni de contenance, et la ville sera subrogée, à l'égard des propriétaires riverains, à tous les droits et obligations de l'Etat, pour les exercer ou s'y soumettre, à ses risques et périls, sans qu'il puisse y avoir lieu à répétition ni recours contre le domaine.

3. Sont exemptés de la cession à consentir au profit de la ville tous les grès qui étaient entrés dans la construction de l'ancien mur d'enceinte, entre la porte d'Estouteville ou Cigogne et la porte du port d'Ouest. Ces grès, réservés pour le service du département de la guerre, devront être transportés et déposés par mètres, aux frais de la ville, sur le terrain militaire situé près de la porte de la Barre. La ville sera responsable de tous les dommages qui pourraient résulter, pour le corps-de-garde de la porte d'Estouteville, de la suppression de ce même mur d'enceinte et du chemin de ronde.

4. Le prix de dix-huit mille neuf cent vingt-huit francs cinquante-neuf centimes sera stipulé payable dans les caisses du domaine, aux époques et avec les intérêts fixés par les lois des 15 et 16 floréal an 10 et 5 ventôse an 12, et sans aucune réduction à raison des réserves et stipulations indiquées dans l'article qui précède.

5. Tous les frais auxquels la cession a pu ou pourra donner lieu, y compris ceux du procès-verbal d'expertise clos le 7 octobre 1839, seront supportés par la ville.

6. Nos ministres des finances et de l'intérieur (MM. Humann et Duchâtel) sont chargés, etc.

FIN DE LA PREMIÈRE PARTIE.

SECONDE PARTIE.

ORDONNANCES, CIRCULAIRES ET DOCUMENTS DIVERS NON INSÉRÉS AU BULLETIN DES LOIS OFFICIEL.

MONARCHIE CONSTITUTIONNELLE. — LOUIS-PHILIPPE.

23 mai 1841. — Rapport au roi sur l'administration de la justice civile et commerciale en France pendant les années 1837, 1838 et 1839. (Mon. du 27 mai 1841.)

Voy. rapport du 26 décembre 1838 pour les années 1835 et 1836, tome 38, p. 762.

Sire, j'ai l'honneur de présenter à Votre Majesté le compte général de l'administration de la justice civile et commerciale en France pendant les années 1837, 1838 et 1839.

Quelques-unes des améliorations qu'annonçaient les comptes des années antérieures sont réalisées dans celui-ci; il contient les documents qui n'avaient pu être encore recueillis, et de la comparaison de ces nouveaux renseignements avec ceux qui étaient déjà connus, il a été possible de tirer des inductions jusqu'ici inaperçues. Mais, tout en cherchant à introduire certains perfectionnements, j'ai suivi le plan qu'ont tracé mes prédécesseurs; j'ai reproduit les divisions qu'ils ont adoptées; j'ai présenté des observations sur les points qui avaient plus spécialement attiré leur attention; je me suis attaché enfin à signaler des résultats qu'ils avaient cru devoir mettre en évidence.

C'est en suivant ainsi une marche régulière et uniforme que l'on peut donner aux recherches de la statistique une véritable utilité. Il faut qu'on puisse facilement reconnaître si les faits accomplis dans une nouvelle période confirment ou détruisent les conséquences déduites des faits antérieurs; pour cela, il est nécessaire que les chiffres qui les indiquent se reproduisent dans le même ordre, soient présentés sous le même aspect et distribués de la même manière.

En conséquence, j'ai divisé en plusieurs parties distinctes les tableaux dans lesquels sont exposés les travaux de toutes les juridictions civiles et commerciales du royaume, faisant de chacune de ces divisions un cadre spécial pour les documents fournis par chaque espèce de juridiction. C'est l'arrangement qui, précédemment, a paru convenable; il devient meilleur chaque année, par cela seul qu'il est maintenu.

Toutefois, en conservant le système, il fallait lui donner plus de développement. Le même espace ne pouvait suffire à des renseignements plus nombreux, et de nouvelles divisions étaient nécessaires pour enregistrer avec ordre, des faits qui n'avaient pas encore été constatés.

Aussi le compte-rendu des années 1835 et 1836 ne se composait que de cinq parties; celui que j'ai l'honneur de soumettre à Votre Majesté en contient sept.

La première est consacrée à la Cour de cassation; la seconde aux Cours royales et aux tribunaux de première instance, la troisième aux tribunaux de commerce.

Dans la quatrième, est indiqué le nombre des appels interjetés contre les jugements de chacun des tribunaux de première instance et des tribunaux de commerce; le nombre des infirmations et celui des confirmations y est aussi énoncé.

Les chiffres de la cinquième partie font connaître combien de demandes en séparation de corps et en interdiction ont été formées durant la période de 1837 et 1839; ils présentent, en outre, le nombre des adoptions. Les sixième et septième parties rendent compte des travaux des deux juridictions qui, placées au dernier degré de la hiérarchie, occupent le même rang et ont une influence analogue dans l'ordre civil et dans l'ordre commercial, les tribunaux de paix et les conseils de prud'hommes.

Un appendice contient des renseignements sur l'institution du notariat, dont il est de plus en plus utile d'étudier l'organisation et de régler la discipline; j'y ai ajouté des tableaux qui offrent les mêmes documents pour les autres classes d'officiers, publics dont les charges sont transmissibles, aux termes de la loi du 28 avril 1816.

Toutes les nominations faites dans l'ordre judiciaire depuis 1837 jusqu'en 1839 y sont aussi indiquées, en distinguant les diverses juridictions et leurs différents degrés.

Enfin il m'a paru nécessaire de constater, par département, les résultats qu'a produits l'application des lois relatives aux dispenses de mariage, soit que les empêchements naissent de l'âge, de la parenté ou de l'alliance. Ces résultats sont recueillis à partir de 1832, époque à laquelle la législation, modifiant les dispositions du Code civil, a déposé entre les mains de Votre Majesté le pouvoir de permettre, dans des circonstances graves, le mariage entre beaux-frères et belles-sœurs. Souvent, surtout dans les classes inférieures, ces unions sont justifiées par de puissantes considérations; mais la pensée que les dispenses ne sont qu'une simple formalité toujours facile à remplir jetterait dans le sein de plus d'une famille des germes d'immoralité et de désordre contre lesquels trop de précautions ne sauraient être prises. Les états que j'ai fait dresser pourront dès à présent servir à déterminer jusqu'à quel point, en cette délicate matière, doit être portée la réserve, jusqu'à quel point peut aller la condescendance.

Cette indication sommaire des éléments qui ont été rassemblés montre que tous ne sont pas de même nature. Mais il ne suffit pas d'en signaler l'extrême variété, il faut les soumettre à une classification rationnelle; c'est le moyen de leur donner toute leur valeur scientifique, de leur faire exprimer toutes les vérités qu'ils recèlent.

Quelque nombreux et différents que soient les faits dont la collection compose la statistique judiciaire, tous cependant peuvent être divisés en deux espèces principales, ou plutôt il est possible de les apprécier sous deux aspects distincts. Les investigations portent toujours sur les actes accomplis et les décisions rendues par une certaine classe de fonctionnaires; mais quelquefois on en considère seulement le nombre, pour juger si ceux de qui ils émanent ont montré une activité assez grande, une application assez soutenue; par leur personnel et leur organisation, les institutions suffisent aux besoins de la société. Jusqu'à présent, c'est à peu près tout le fruit qu'on a pu retirer de l'examen des chiffres par lesquels ont été résumés les travaux de la juridiction civile. Sans doute ces nombres, étudiés sous ce premier point de vue, peuvent suggérer de sages et utiles pensées; ils ont servi de guides dans la confection des lois qui, en 1838, ont modifié les attribu-

tions et quelques parties de la procédure des tribunaux de première instance, des tribunaux de commerce et des justices de paix. Aujourd'hui, en consultant les documents du même genre, pour le temps qui s'est écoulé depuis qu'ont été opérés les changements que je viens de rappeler, on arrive à la connaissance exacte des effets qu'ils ont produits. Ainsi on trouve dans les éléments qui ont fait comprendre la nécessité de certaines modifications, le moyen de suivre celles-ci dans l'exécution et de les apprécier par leurs conséquences.

Cela suffirait pour donner aux travaux de la statistique une grande importance et un haut degré d'intérêt. Si, pénétrant plus profondément dans l'examen des faits, après avoir constaté le nombre des décisions, on recherche les matières sur lesquelles elles ont été rendues, les lois dont elles ont fait l'application, l'espèce particulière de difficultés qu'elles ont résolues, et surtout le sens dans lequel chaque solution a été donnée, un champ immense et tout nouveau s'offre aux investigations. En le parcourant avec une patiente attention, on peut y recueillir des observations et des enseignements qui indiqueront au législateur, non plus seulement les changements à faire dans l'organisation des tribunaux, dans les circonscriptions judiciaires et dans les règles de la procédure, mais bien les innovations qu'il convient d'apporter dans les lois sur l'état des personnes, sur l'organisation de la famille, l'ordre des successions, la constitution de la propriété, le crédit foncier et les différentes sortes de contrats civils et commerciaux.

Quoique depuis longtemps la statistique tende vers ce but élevé, elle en est encore aux premiers pas. Le compte que je présente à Votre Majesté n'offre, je le sais, que de peu de documents puisés à cette source qui peut devenir un jour si abondante; mais des mesures efficaces sont prises pour hâter l'époque où les richesses qui restent encore enfouies viendront se ranger à côté de celles que nous possédons.

C'est au zèle des magistrats que seront dus en grande partie ces excellents résultats; l'administration centrale n'a eu qu'à donner l'impulsion, et dans tous les rangs de la magistrature elle a trouvé des efforts aussi sincères qu'habiles. Les premiers présidents et les procureurs généraux donnent chaque jour l'exemple du dévouement et de l'application aux nouveaux devoirs que leur impose le concours qui leur a été demandé. Bientôt, j'en ai la confiance, des éloges et des remerciments seront dus à tous les magistrats sans exception. Un bien petit nombre montre encore quelque éloignement pour des travaux qui ne sont cependant que le complément de ceux dont ils comprennent si bien la dignité, et qu'ils accomplissent avec tant d'empressement. L'exemple de leurs collègues et leurs propres réflexions doivent infailliblement les ramener à l'opinion générale. Ils ne voudront pas perdre l'occasion d'acquérir un titre de plus à la reconnaissance publique, et de se recommander par de nouveaux services à la bienveillance de Votre Majesté.

Les travaux des juges de paix sont exposés dans les tableaux qui composent la sixième partie de ce compte ; mais dans ces rapports antérieurs ils ont toujours occupé la première place. Cette marche est indiquée par l'ordre dans lequel se succèdent les différentes phases de la plupart des procès ; il suffit d'ailleurs qu'elle ait été suivie précédemment pour qu'elle soit aujourd'hui la meilleure.

En matière civile, les juges de paix ont trois sortes d'attributions distinctes : ils prononcent sur certaines contestations ; ils font, dans d'autres, l'office de conciliateurs, et sont chargés de quelques missions étrangères à l'exercice du pouvoir judiciaire.

Comme juges, ils prononcent en audience publique sur les litiges pour lesquels la loi leur attribue juridiction.

Comme conciliateurs, ils s'efforcent d'étouffer à leur naissance les procès qui sont de la compétence des tribunaux civils. D'ailleurs, presque toujours, même dans les contestations dont ils ont droit de connaître comme juges, il essaient de rapprocher les parties, soit qu'ils les appellent eux-mêmes, soit qu'elles se présentent spontanément devant eux.

Entre autres attributions extrajudiciaires, ils sont chargés de convoquer et de présider les conseils de famille, de recevoir les actes de notoriété, de procéder à l'apposition et à la levée des scellés. Des lois spéciales leur accordent pour d'autres actes la même confiance.

Les comptes précédents ne font connaître que le nombre des affaires dont ils ont connu comme *juges*, ou dans lesquelles ils devaient, pour obéir à la loi, intervenir comme *conciliateurs*.

Le compte actuel ne contient pas d'autres renseignements ; mais celui de 1840 indiquera 1° les tentatives de conciliation, même dans les affaires de la compétence des juges de paix, et 2° tous les actes accomplis dans l'exercice de leurs fonctions extrajudiciaires. L'on pourra ainsi apprécier dans toute leur étendue les services rendus par les modestes et laborieux magistrats qui sont placés au dernier rang de la hiérarchie judiciaire.

Les 2,846 tribunaux de paix du royaume ont été saisis, en 1837, de 603,898 affaires, de 655,046 en 1838, et de 702,423 en 1839 : c'est pour les trois années un total de 1,961,367 affaires. La moyenne annuelle est de 653,789. Elle n'a été, pour les trois années précédentes, que de 526,527 : il y a donc eu annuellement, dans la période de 1837 à 1839, 127,262 affaires de plus que pendant les années 1834 à 1836 ; c'est près d'un quart (24 centièmes).

Cette augmentation s'explique difficilement. La loi du 25 mai 1838 a, il est vrai, étendu la compétence des tribunaux de paix ; il a dû en résulter un accroissement dans le nombre des affaires ; mais cette circonstance, qui donnerait la raison des chiffres élevés de 1838 et 1839, n'a pu exercer aucune influence sur le total de 1837 ; et cependant il dépasse de 32,834 celui de 1836.

Peut-être faut-il attribuer ce changement à ce que les états fournis par les juges de paix ont été plus exacts d'année en année. C'est en 1834 que l'on a, pour la première fois, demandé à ces magistrats de rendre compte de leurs travaux. Ils n'avaient pas, jusqu'alors, tenu de registres propres à leur fournir les notions qu'ils étaient appelés à transmettre ; ils manquaient de l'expérience si nécessaire pour recueillir les renseignements statistiques : leurs premiers essais ont dû se ressentir de cette situation.

Le rapport des affaires portées, chaque année, devant les tribunaux de paix est, à la population, d'une affaire pour 52 habitants ;

A l'étendue territoriale, d'une affaire par 81 hectares ;

A la contribution foncière, d'une affaire pour 239 francs.

Les vingt justices de paix du département de la Seine, contribuent pour plus de deux centièmes (15,091) à la composition du nombre des affaires portées devant tous les tribunaux de paix du royaume.

Sur les 1,961,367 affaires dont les juges de paix ont connu pendant les années 1837 à 1839, 1,543,861 ont été introduites par citation, 417,506 par comparution volontaire. Ce dernier mode évite les frais, il prévient l'irritation des parties, et par conséquent il doit être préféré. Je suis donc heureux de pouvoir constater l'augmentation toujours croissante des comparutions volontaires devant les tribunaux de paix.

En 1835, 1836 et 1837, elles ont été, au nombre total des affaires, dans le rapport de 16 à 100 ; en 1838, de 21 à 100 ; en 1839, de 27 à 100.

Cet accroissement pendant les deux dernières années est un des bienfaits de la loi.

du 25 mai 1838, dont l'art. 17 veut qu'avant de permettre de donner une citation le juge de paix appelle les parties par un avertissement sans frais.

1,938,306 affaires ont été jugées dans les trois années 1837, 1838, 1839, savoir : 496,927 (0,26), par des jugements contradictoires ; 289,150 (0,15), par des jugements par défaut ; 842,534 (0,43) ont été terminées par transaction ou arrangement à l'audience ; 309,695 (0,16) ont été abandonnées par les parties avant jugement.

Le nombre des transactions n'a pas été le même pour chacune des trois années. Si, en 1837, il n'a pas excédé celui de 1835, c'est-à-dire s'il est maintenu dans la proportion de 42 sur 100, en 1838 il s'est élevé, comme en 1836, à 43 sur 100, et à 45 sur 100 en 1839.

Il est remarquable que l'augmentation, dans la quantité des affaires terminées par transaction à l'audience, marche parallélement avec l'accroissement du nombre des comparutions volontaires. Cette observation ne peut laisser de doute sur la salutaire influence qu'exerce la voie employée pour amener les parties devant le juge.

Les affaires éprouvent peu de retard devant les tribunaux de paix : 8,368 affaires seulement restaient pendantes au 31 décembre 1839. C'est beaucoup plus qu'au 31 décembre 1836, puisqu'à cette dernière époque il y avait seulement 3,310 ; mais cette différence s'explique jusqu'à un certain point par le nombre plus considérable d'affaires de l'année 1839.

Indépendamment de 786,077 jugements définitifs rendus par les tribunaux de paix pendant les années 1837 à 1839, ils ont prononcé 245,962 jugements préparatoires ou interlocutoires. C'est 1 avant-faire-droit pour 8 affaires terminées. Je pense qu'il serait possible, sans nuire à la bonne administration de la justice, de faire un usage moins fréquent de ce mode d'instruction.

Comme conciliateurs, aux termes de l'art. 48 du Code de procédure civile, les juges de paix ont eu à s'occuper de 94,969 affaires en 1837, de 78,284 en 1838, et de 63,056 en 1839 ; total, 236,309.

Cette diminution dans le nombre des causes soumises au préliminaire de conciliation a été, comme on le voit, de 0,34 dans l'espace de deux ans ; elle est évidemment le fruit des dispositions combinées des lois des 11 avril et 25 mai 1838. La première, en étendant la compétence en dernier ressort des tribunaux de première instance, et en classant parmi les affaires sommaires des causes qui précédemment étaient considérées comme causes ordinaires, en a soustrait un grand nombre à la nécessité du préliminaire de conciliation. La loi du 25 mai a concouru au même but par un moyen différent, puisqu'elle a attribué aux juges de paix beaucoup de contestations qui étaient de la compétence des tribunaux civils.

Sur les 236,309 affaires portées en conciliation dans les trois années qu'embrasse ce compte,

107,761 (0,46) ont été conciliées,
128,548 (0,54) n'ont pu l'être.
La proportion est la même pour chaque année, et c'est aussi celle que présentent les comptes de 1835 et 1836.

Les 128,548 affaires non conciliées ont dû être soumises aux tribunaux de première instance ; elles forment un peu plus du tiers (0,35) du nombre total des causes inscrites au rôle de ces tribunaux.

Les 786,077 jugements contradictoires ou par défaut, rendus par les juges de paix, n'ont donné lieu qu'à 13,580 appels. C'est un appel sur 58 jugements. On retrouve à peu près le même rapport en 1835 et 1836.

9,007 appels seulement ont été vidés par jugements des tribunaux civils.

5,244 (0,58) ont été suivis de confirmation.

3,763 (0,42) sentences ont été infirmées.

Ces divers résultats se présentent dans des proportions différentes, suivant les localités. Pour les étudier par ressort de cours royales, par département ou par arrondissement, il est absolument nécessaire de consulter les tableaux. Mais, dans leur ensemble, ils sont satisfaisants ; ils montrent que les prévisions du législateur n'ont pas été trompées ; ils contatent que beaucoup de bien a déjà été obtenu, et ils permettent de concevoir de grandes espérances pour l'avenir.

Les conseils des prud'hommes sont, par rapport aux tribunaux de commerce, à peu près dans la position des justices de paix relativement aux tribunaux civils. Ils ont aussi des fonctions de juges et des fonctions de conciliateurs ; mais leur juridiction ne s'étend pas sur les matières commerciales avec le caractère de généralité que la juridiction des tribunaux de paix sur les matières civiles.

Ils ne connaissent que des contestations qui s'élèvent entre les marchands, fabricants, chefs d'atelier, contre-maitres, ouvriers, compagnons et apprentis. Ces conseils sont d'ailleurs peu nombreux : à la fin de 1836, il n'en existait que 60 ; ce nombre n'avait pas augmenté à la fin de 1839.

Ils ont été saisis de 12,961 affaires en 1837 ; de 15,421 en 1838 ; de 16,149 en 1839 ; total, pour les trois années, 44,531.

La moyenne pour chaque année a été de 14,844.

40,208 (0,90) affaires ont été conciliées par le bureau particulier; celles qui n'ont pu l'être ont été renvoyées devant le bureau général.

Ainsi les tentatives de conciliation par le bureau particulier ont échoué dans 4,323 affaires.

Elles avaient eu plus de succès en 1835 et 1836. Dans ces deux années, les conciliations s'étaient élevées à 97 pour 100. Toutefois, il faut remarquer que de 1837 à 1839 le bureau général n'a réellement été appelé à prononcer que sur 1,221 affaires ; 3,102 ont été abandonnées. Les tentatives d'arrangement, qui avaient d'abord paru inutiles, ont donc ensuite produit leurs fruits.

Les 1,221 affaires portées devant le bureau général ont été terminées par un nombre égal de jugements, dont 765 en dernier ressort et 456 susceptibles d'appel. 62 seulement (0,14) ont été attaquées par cette voie.

Les conseils de prud'hommes qui ont été saisis du plus grand nombre de contestations sont celui de Lyon, qui en a examiné 10,250; celui de Saint-Etienne, 6,735; celui de Rouen, 3,256; celui de Nancy, 1,789 ; celui de Mulhausen, 1,721 , et enfin celui d'Amiens, 1,629.

Les tribunaux civils de première instance ont été saisis de 126,694 affaires nouvelles en 1837; de 126,086 en 1838, et de 119,373 en 1839. C'est, pour les trois années, un total de 372,153 affaires nouvelles. La moyenne est de 124,051 par année. Elle avait été, dans les trois années précédentes, de 120,983.

Si l'on ajoute à ces 372,153 affaires nouvelles, les 60,379 qui restaient à juger le 31 décembre 1836, on arrive au chiffre de 432,532 affaires.

127,548 ont été terminées en 1837; 132,111, en 1838, et 124,454, en 1839 : en somme, 384,113.

Ainsi, chaque année, les tribunaux ont expédié un plus grand nombre d'affaires qu'ils n'en ont reçu sur leurs rôles, et ils étaient parvenus, au 31 décembre 1839, à diminuer l'arriéré d'un cinquième; ils n'avaient plus alors que 48,419 affaires, au lieu de 60,379 qui restaient à juger le 31 décembre 1836.

Deux causes ont produit ces bons résultats. Le zèle des magistrats n'a pas été la moins efficace ; mais il faut encore ici reconnaître les salutaires effets des lois votées dans la session de 1838.

Quelques-unes de leurs dispositions ont déjà été rappelées. Ce sont celles qui, en même temps qu'elles ont donné aux juges de paix plus de puissance comme conciliateurs, ont étendu les limites de leur juridiction. Il en est d'autres qui, prenant en considération les besoins du service, et proportionnant le personnel des différents tribunaux aux travaux qui leur sont imposés, ont augmenté le nombre des magistrats dans plusieurs sièges.

29 tribunaux, composés de trois juges et de trois suppléants, ont obtenu un quatrième juge : ce sont les tribunaux d'Alais, Altkirch, Argentan, Aubusson, Bagnères, Bayeux, Belfort, Bourgoin, Charolles, Espalion, Issoire, l'Argentière, Lure, Mauriac, Marvejols, Neufchâtel, Oloron, Roanne, Saint-Gaudens, Saint-Girons, Saint-Lô, Saint-Marcellin, Sarreguemines, Saverne, Schelestadt, Uzès, Villefranche (Aveyron), Villefranche (Rhône), Wissembourg.

Les tribunaux de Saint-Etienne et de Vienne, qui avaient quatre juges et trois suppléants, ont reçu une augmentation de trois juges et un suppléant, et sont aujourd'hui composés de deux chambres.

Enfin, une troisième chambre, formée de trois juges, a été accordée au tribunal de Grenoble.

Mais, d'un autre côté, dix-sept tribunaux, siégeant à Alençon, Auch, Bourbon-Vendée, Carpentras, Digne, Laval, le Mans, Montauban, Mont-de-Marsan, Moulins, Niort, Perpignan, Saintes, Quimper, Saint-Omer, Saint-Brieuc et Vannes, ont été réduits de neuf juges à sept.

Les calculs qui ont déterminé à diminuer dans ces sièges le nombre des magistrats étaient justes; l'expérience le prouve. Non seulement le service n'a point souffert, mais avec un personnel moindre ces tribunaux ont accompli des travaux plus considérables. Dans le cours des années 1838 et 1839, ils ont terminé 7,130 affaires ; ils n'en avaient jugé que 6,631 pendant les deux années antérieures; aux 31 décembre 1828 et 31 décembre 1839, leur arriéré n'était plus que de 977 et de 904 affaires, quoiqu'il eût été de 1,215 et 1,208 à la fin de 1836 et de 1837.

Les travaux des sièges qui ont reçu une augmentation présentent toute l'amélioration qu'on devait attendre de cette mesure. Le 1ᵉʳ janvier 1838, les 32 tribunaux dont le personnel a été augmenté avaient un arriéré de 18,683 affaires, que leur avaient légué les années précédentes ; et, depuis longtemps, cet arriéré égalait presque les 9/10 (0,88) du nombre des affaires qui étaient terminées chaque année.

En 1838, ces tribunaux ont jugé 23,526 procès, tandis qu'ils n'avaient prononcé que sur 21,271 en 1837 ; et, au lieu de 18,683 affaires qui restaient sur les rôles au 31 décembre 1837, l'arriéré n'a plus été que de 15,701 au 31 décembre 1838. Ce chiffre a même été réduit à 13,347 au 31 décembre 1839, bien que, durant cette dernière année, moins d'affaires aient été terminées qu'en 1836.

En même temps qu'une impulsion plus rapide a été donnée au cours de la justice, et sans doute par ce motif même, moins d'affaires nouvelles ont été inscrites sur les rôles. Les plaideurs de mauvaise foi spéculent souvent sur la durée des procès qu'ils intentent ou qu'ils soutiennent. Ils savent que leur résistance peut effrayer leurs adversaires, que du moins elle rejette dans un avenir assez éloigné la condamnation qui les menace. Ne pouvant plus concevoir ces espérances, beaucoup sans doute ont renoncé à d'injustes prétentions.

Mais si, en prenant l'ensemble des résultats, on a droit de s'en féliciter, on n'a pas à constater le même succès dans tous les tribunaux. Il est utile et juste d'indiquer la situation dans laquelle chacun d'eux se trouve aujourd'hui à la suite des mesures qui ont été prises en 1838.

Dans les trois tribunaux de Grenoble, de Vienne et de Saint-Etienne, qui ont été augmentés d'une chambre, l'effet devait être et a été plus marqué.

2,415 affaires restaient à juger au tribunal de Grenoble le 31 décembre 1837 ; le 31 décembre 1839 il n'y en avait plus que 1,509. 769 étaient pendantes, devant le tribunal de Vienne, le 31 décembre 1837 ; ce nombre était réduit à 228 le 31 décembre 1839. A Saint-Etienne, au lieu de 1,130 affaires restant à juger le 31 décembre 1837, il n'y en avait plus que 550 le 31 décembre 1839.

Quelques tribunaux, avec un seul juge de plus, ont aussi réduit notablement leur arriéré. Bourgoin, de 865 à 422 ; Saint-Marcellin, de 1,193 à 840 ; Marvejols, de 964 à 606 ; Bagnères, de 1,262 à 826 ; Issoire, de 502 à 325 ; Saint-Girons, de 1,087 à 699 ; Saint-Gaudens, de 1,068 à 378.

Mais à côté de ces tribunaux qui, mettant à profit les nouveaux moyens d'expédition qui leur ont été donnés, sont parvenus à hâter la solution des procès, il en est qui, malgré l'augmentation du personnel et la diminution du nombre des causes nouvelles, ont laissé leur arriéré s'accroître.

Le tribunal d'Argentan a obtenu un quatrième juge, et cependant le nombre des affaires restant à juger, qui était de 323, le 31 décembre 1837, s'était élevé à 435 le 31 décembre 1838, et à 560 le 31 décembre 1839. Avec 3 juges et 3 suppléants, il avait terminé 593 affaires en 1836 ; 594 en 1837 ; avec 4 juges et 3 suppléants, il n'en a jugé que 565 en 1838, et 420 en 1839.

Dans les tribunaux de Bayeux, de Schelestadt, d'Altkirch, et dans quelques autres, il y a eu également moins d'affaires inscrites, et cependant l'arriéré s'est accru.

Le rapport du nombre des affaires portées devant les tribunaux de première instance, à l'étendue territoriale, à la population, au montant de la contribution foncière, varie très-peu d'une année à l'autre.

En 1836 on comptait 1 procès par 438 hectares, par 270 habitants, par 1,284 fr. de contribution foncière.

La moyenne des années 1837, 1838 et 1839, donne 1 procès par 426 hectares, par 271 habitants, par 1,256 fr. de contribution foncière.

Mais les chiffres qui indiquent la quantité d'affaires litigieuses soumises aux tribunaux, l'étendue territoriale, la population, la richesse foncière, mobilière ou industrielle, offrent entre eux des proportions différentes dans les différents ressorts.

Le département de la Seine est le moins étendu de tous, et il compte le plus grand nombre de procès. Il est vrai qu'il est au premier rang par la population, les contributions foncières, personnelles et mobilières, des portes et fenêtres et des patentes.

Le département de la Gironde, dont le territoire est plus vaste, n'est que le septième par le nombre des procès ; cependant il est dans les premiers rangs à raison de la population et des contributions.

Le département du Nord, le second par la population et les contributions des portes et fenêtres, le troisième par les contributions foncière et mobilière, et le quatrième par les patentes, n'est que le quarante et unième quant au nombre des affaires. Il est vrai que son étendue le classe au cinquante-neuvième rang.

Tous ces éléments si divers se combinant entre eux, il est bien difficile de saisir le degré d'influence que chacun peut avoir. Il y a d'ailleurs d'autres circonstances, notamment le climat, la nature du sol, ses productions, l'état topographique, les genres d'industrie, l'origine des populations, leurs habitudes et leurs mœurs qui nécessairement exercent une action énergique sur les faits judiciaires. La statistique n'a pas encore pu en exprimer la puissance par des chiffres ; elle y parviendra par de nouvelles investigations. Lorsque la nature des procès sera indiquée, il sera plus facile d'assigner les causes qui auront concouru à les produire. Ainsi, en comptant les contestations nées à l'occasion de prêts hypothécaires, de servitudes foncières, de baux à ferme, de rescision pour cause de lésion, on trouvera vraisemblablement qu'elles sont en rapport avec le chiffre de la contribution payée par la propriété immobilière; et si ce rapport varie, on pourra s'attacher à rechercher les motifs de ces différences avec quelque espérance de les saisir.

L'impôt des patentes semblerait devoir être en harmonie avec le chiffre des procès portés devant les tribunaux de commerce; et, dans plusieurs départements, ce rapport existe en effet. Le département de la Seine est le premier par la somme des patentes qu'il paie et par le nombre des contestations commerciales; le département du Rhône, le second sous l'un et l'autre rapport; le département de la Seine-Inférieure, le troisième; le département de la Charente, le quarante-sixième; le département de l'Ain, le soixante-quatrième; le département des Basses-Alpes, le quatre-vingt-troisième. Dans beaucoup d'autres, où ne se rencontre pas cette identité parfaite, les différences sont peu considérables, notamment dans les Bouches-du-Rhône, l'Oise, Maine-et-Loire, la Gironde, la Corse, la Côte-d'Or, l'Aude, l'Hérault, les Pyrénées-Orientales, l'Ardèche, le Gard, la Lozère, Loir-et-Cher, l'Aube, l'Yonne, les Landes, la Charente-Inférieure, le Cantal et le Tarn.

Voici, au surplus, comment sont classés tous les départements, sous le rapport de l'étendue, de la population et des contributions de différente nature.

COURS ROYALES.	DÉPARTEMENTS.	NUMÉRO D'ORDRE DES DÉPARTEMENTS d'après						
		l'étendue superficielle.	la population.	le montant de la contribution			le nombre des affaires	
				foncière.	personnelle et mobilière.	des portes et fenêtres.	des patentes.	civiles.	commerciales.
Agen.	Gers.	35	55	40	49	60	67	50	36
	Lot.	69	66	62	62	63	79	63	66
	Lot-et-Garonne.	66	45	27	39	58	60	48	42
Aix.	Basses-Alpes.	17	84	80	83	83	83	77	83
	Bouches-du-Rhône.	73	39	47	8	6	5	14	7
	Var.	15	51	56	42	38	22	68	68
Amiens.	Aisne.	13	15	14	14	13	14	52	37
	Oise.	54	34	13	19	14	23	32	20
	Somme.	42	11	8	11	4	8	56	26
Angers.	Maine-et-Loire.	16	19	16	26	20	30	51	27
	Mayenne.	72	40	46	55	71	70	79	62
	Sarthe.	36	21	23	32	37	37	71	51
Besançon.	Doubs.	71	71	67	54	44	48	37	38
	Jura.	75	54	58	59	56	68	36	48
	Haute-Saône.	67	48	49	52	45	43	42	71
Bordeaux.	Charente.	50	38	32	43	47	46	43	46
	Dordogne.	3	17	25	38	53	61	27	29
	Gironde.	1	10	10	4	10	6	7	4
Bourges.	Cher.	38	70	71	74	74	59	64	64
	Indre.	19	75	70	72	79	63	49	37
	Nièvre.	21	62	61	66	70	51	22	23
Caen.	Calvados.	64	16	4	7	12	16	3	1
	Manche.	51	6	6	10	16	44	12	25
	Orne.	44	28	20	28	32	47	26	9
Colmar.	Bas-Rhin.	79	9	29	12	5	10	19	58
Corse.	Haut-Rhin.	82	26	34	34	17	19	24	39
		5	82	86	86	86	82	83	77
Dijon.	Côte-d'Or.	4	35	15	23	23	13	23	15
	Haute-Marne.	31	76	57	60	61	36	73	61
	Saône-et-Loire.	7	14	11	20	26	31	9	12

COURS ROYALES.	DÉPARTEMENTS.	l'étendue superficielle.	la population.	le montant de la contribution				le nombre des affaires	
				foncière.	personnelle et mobilière.	des portes et fenêtres.	des patentes.	civiles.	commerciales.
Douai.	Nord.	59	2	3	3	2	4	41	13
	Pas-de-Calais.	28	4	9	9	8	9	44	47
Grenoble.	Hautes-Alpes.	29	86	85	85	84	85	58	44
	Drôme.	30	58	66	58	55	54	18	8
	Isère.	8	8	17	24	25	25	2	56
Limoges.	Corrèze.	55	61	77	77	77	81	29	65
	Creuse.	62	72	79	80	81	84	45	14
	Haute-Vienne.	63	64	73	73	59	57	46	64
Lyon.	Ain.	57	46	64	61	52	64	20	23
	Loire.	77	32	52	40	30	34	12	3
	Rhône.	85	18	26	5	9	3	8	41
Metz.	Ardennes.	80	57	63	53	43	29	53	63
	Moselle.	68	29	38	35	19	28	64	49
Montpellier.	Aude.	33	69	35	51	62	50	54	16
	Aveyron.	6	36	53	57	49	73	5	25
	Hérault.	39	41	21	22	31	18	31	62
	Pyrénées-Orientales.	81	83	81	82	82	78	86	60
Nancy.	Meurthe.	46	31	36	30	24	24	40	74
	Meuse.	37	52	48	46	48	33	69	75
	Vosges.	45	33	68	56	42	49	62	60
Nîmes.	Ardèche.	65	43	75	71	75	66	11	19
	Gard.	52	37	33	31	34	17	13	81
	Lozère.	70	85	83	84	85	86	34	52
	Vaucluse.	84	78	74	63	41	41	65	35
Orléans.	Indre-et-Loire.	41	59	43	45	46	42	70	53
	Loir-et-Cher.	32	80	60	63	67	56	81	40
	Loiret.	25	53	30	33	22	27	55	45
Paris.	Aube.	43	77	55	50	50	40	75	45
	Eure-et-Loir.	56	67	24	41	40	38	74	18
	Marne.	9	47	31	29	18	12	66	1
	Seine.	86	1	1	1	1	1	1	36
	Seine-et-Marne.	53	50	12	25	27	20	33	17
	Seine-et-Oise.	61	25	5	6	7	7	25	34
	Yonne.	14	42	54	37	39	32	47	80
Pau.	Landes.	2	68	78	79	64	48	78	73
	Basses-Pyrénées	11	27	76	48	33	48	30	32
	Hautes-Pyrénées.	78	79	84	81	78	75	21	28
Poitiers.	Charente-Inférieure.	24	24	18	17	21	26	39	72
	Deux-Sèvres.	47	60	50	67	69	65	80	78
	Vendée.	22	49	44	64	72	69	84	51
	Vienne.	23	65	65	69	54	58	60	79
Rennes.	Côtes-du-Nord.	20	5	37	36	57	62	76	85
	Finistère.	27	13	54	27	35	39	82	50
	Ille-et-Vilaine.	26	12	28	21	36	35	72	30
	Loire-Inférieure.	48	20	42	13	28	11	57	84
	Morbihan.	18	23	51	44	66	55	85	59
Riom.	Allier.	12	56	59	70	65	74	28	70
	Cantal.	60	73	69	75	80	80	15	22
	Haute-Loire.	76	63	70	76	73	53	6	11
	Puy-de-Dôme.	10	7	19	15	29	21	16	10
Rouen.	Eure.	49	30	7	7	16	2	4	2
	Seine-Inférieure.	40	3	2	2	3	77	38	55
Toulouse.	Ariège.	74	74	82	78	76	15	10	6
	Haute-Garonne.	34	22	22	18	47	52	35	54
	Tarn.	58	44	41	41	51	63	67	51
	Tarn-et-Garonne.	83	81	89	65	63	72	72	57

J'ai déjà dit que, dans la période triennale qu'embrasse le compte actuel, 384,113 affaires civiles ont été terminées.

Sur ce nombre, 196,907 (0,51) l'ont été par jugement contradictoire; 83,817 (0,22) par jugement par défaut; 103,389 (0,27) par transaction, désistement, radiation, etc.

Ces proportions sont bien peu différentes de celles que constate le compte des années 1835 et 1836. Les jugements contradictoires entraient aussi pour 0,51 dans le nombre total; mais les jugements par défaut y figuraient pour 0,23, et, par conséquent, les transactions pour 0,26 seulement. Il y a donc, à cet égard, une légère amélioration (0,01).

La part de chaque tribunal, dans les immenses travaux qui ont été accomplis, n'a pas toujours été en rapport avec le nombre des magistrats qui composent les différents siéges.

Les 361 tribunaux du royaume se divisent en 8 classes.

Paris forme seul la première. Il comptait, avant la loi du 23 avril 1841, qui vient d'augmenter son personnel, 49 juges et 16 suppléants, distribués en 8 chambres. Il a terminé, pendant les 3 années 27,568 affaires, 9,189 par année. C'est 141 affaires par chaque magistrat, y compris les suppléants, qui faisaient alors le même service que les juges.

La 2e classe comprend 5 tribunaux à 12 juges; ces 60 magistrats ont terminé 25,695 affaires. C'est 8,563 par année, 144 pour chaque juge. Dans cette classe et dans les suivantes les suppléants sont exclus du calcul, parce qu'ils ne font pas un service habituel.

La 3e classe se compose de 2 tribunaux à 10 juges; ces 20 magistrats ont terminé 4,044 affaires, ou 1,348 par an, et 67 par chaque juge.

La 4e classe comprend 40 tribunaux à 9 juges, c'est-à-dire 360 magistrats, qui ont terminé 58,897 affaires, ou 19,632 par an, et 55 par chaque juge.

La 5e classe est formée de deux tribunaux à 8 juges; ces 16 magistrats ont terminé 4,192 affaires: 1,398 par année, et 87 par chaque juge.

La 6e classe comprend 31 tribunaux à 7 juges, ensemble 217; ils ont terminé 37,125 affaires: 12,375 par année, et 57 par chaque juge.

La 7e classe compte 77 tribunaux à 4 juges; ensemble 308. Ils ont terminé 97,311 affaires: 32,437 par année, et 103 par chaque juge.

La 8e classe embrasse enfin 203 tribunaux à 3 juges, ensemble 609; ils ont ter-

miné 129,281 affaires: 43,094 par année, et 71 par chaque juge.

Si le nombre des affaires jugées par chaque tribunal est différent dans chaque classe, il varie aussi d'un tribunal à l'autre dans la même classe.

Dans la 4e classe, par exemple, qui est composée de 40 tribunaux, la moyenne des affaires terminées par chaque juge est de 55. Or, si l'on examine le nombre des affaires expédiées par les 5 tribunaux qui en ont jugé le plus, et par les 5 qui en ont terminé le moins, on trouve pour les premiers 109 affaires par chaque juge; pour les derniers, 24.

Les 8 juges de l'un des 2 tribunaux de la 5e classe (Toulouse) ont expédié chacun 142 affaires par année; et les 8 juges de l'autre (Lille) n'en ont décidé que 33.

55 juges de 5 tribunaux de la 6e classe ont expédié chacun 127 affaires par an; et 55 juges de 5 autres tribunaux de la même classe n'en ont terminé que 17.

Dans la 7e classe, ces proportions sont de 218 affaires pour chacun des juges des 5 premiers tribunaux, et de 25 pour chacun des juges des 5 derniers; dans la 8e classe, de 152 affaires, pour chacun des juges des 5 premiers tribunaux, et 40 par chacun de ceux des 5 derniers.

48,419 affaires civiles restaient pendantes devant les tribunaux, le 31 décembre 1839; elles sont au total des affaires terminées dans l'année, comme 38 est à 100. Mais ces 48,419 affaires ne doivent pas toutes être considérées comme arriérées; car, ainsi que l'observation en a déjà été faite dans le dernier compte aux termes du décret du 30 mars 1808, une affaire n'est réputée arriérée que lorsqu'elle a plus de trois mois d'inscription au rôle. 26,883 affaires seulement étaient dans ce cas, le 31 décembre 1839; c'est 22 pour 100 des affaires terminées dans l'année.

Les divers tribunaux du royaume ont rendu, en 1837, 1838 et 1839, 105,470 jugements préparatoires et interlocutoires sur plaidoiries; c'est par année, 35,157. Si l'on compare ce nombre au total des affaires terminées annuellement, on a 27 avant-faire-droit pour 100 affaires terminées (1 sur 3 1/2). Dans certains tribunaux, le nombre des jugements préparatoires ou interlocutoires égale et dépasse même le nombre des affaires terminées; dans plusieurs, il est de 50, 60 et 80 pour 100, tandis que dans d'autres il descend au-dessous de 20 pour 100.

Ces moyens d'instruction sont souvent utiles à la manifestation de la vérité; mais ils sont dispendieux, ils retardent la solution des procès : on ne doit donc en faire usage qu'avec beaucoup de réserve.

Avec les renseignements qui nous sont fournis, il n'est pas possible d'apprécier si les tribunaux qui ont rendu une si grande quantité de jugements préparatoires et interlocutoires, relativement au nombre d'affaires qu'ils ont terminées, ont employé ce moyen avec la discrétion convenable ; mais des mesures sont prises pour l'avenir, qui feront connaître combien d'avant-faire-droit ont été ordonnés dans les cas où la loi en impose l'obligation, et combien par suite du pouvoir discrétionnaire des juges.

Cette distinction fera ressortir ce qui doit être attribué aux circonstances et ce qui pourrait être considéré comme l'effet d'un emploi trop fréquent par les magistrats d'une voie d'instruction qui ne doit pas être prodiguée.

Au surplus, si on compare les avant-faire-droit prononcés dans les trois années 1837, 1838 et 1839, avec ceux qui ont été ordonnés en 1835 et 1836, on voit que le nombre a diminué. La moyenne était, pour 1836, de 30 pour 100, elle n'a été, dans les trois années qu'embrasse le compte actuel, que de 27 pour 100.

Les différentes cours royales doivent être classées comme il suit, à raison des jugements préparatoires qui ont été rendus dans le ressort de chacune d'elles.

	NOMBRE des avant-faire-droit pour 100 affaires terminées.		
	en 1837.	en 1838.	en 1839.
Angers.	49	43	41
Rennes.	45	37	42
Limoges.	43	44	42
Bourges.	42	37	46
Bastia.	36	44	41
Besançon.	36	39	51
Agen.	35	26	26
Caen.	35	37	33
Nancy.	35	35	34
Nîmes.	35	30	36
Pau.	34	36	37
Orléans.	33	34	31
Montpellier.	31	34	36
Douai.	30	30	25
Toulouse.	29	28	28
Poitiers.	28	33	33
Aix.	27	26	29
Metz.	27	25	27
Amiens.	24	20	21
Lyon.	24	24	23
Riom.	24	22	22
Bordeaux.	23	21	19
Dijon.	20	18	18
Rouen.	20	23	21
Colmar.	19	20	22
Paris.	17	19	19
Grenoble.	46	15	17
Dans tout le royaume.	27	27	27

La proportion, pour tout le royaume était de 31 sur 100 en 1835, de 30 sur 100 en 1836.

Dans toutes les statistiques précédentes, on a fait remarquer que les procédures d'ordre et de contribution ne sont pas en général terminées avec la célérité si désirable en pareille matière.

Les années 1837, 1838 et 1839, présentent, sous ce rapport, une amélioration certaine.

Dans cette période, les ordres et les contributions mis à fin ont été de 57 à 68 pour 100 ; dans les années 1835 et 1836, la proportion n'avait été que de 42 à 44 pour 100.

En effet, au 1er janvier 1837, 6,005 procédures d'ordre étaient pendantes devant les divers tribunaux du royaume ; pendant cette année et les deux suivantes, il en a été ouvert 14,351 nouvelles; ces deux nombres réunis donnent un total de 20,356 : 13,847, ou 4,616 par année, ont été terminées; il en restait 6,509 le 31 décembre 1839.

Le nombre des contributions à terminer le 1er janvier 1837 était de 1,012; pendant les trois années 1837, 1838 et 1839, 2,101 contributions nouvelles ont été ouvertes, ce qui donne un total de 3,113. 2,099, c'est-à-dire 700 par an, ont été réglées, 1,014 restaient en instance le 31 décembre 1839.

Quoique, ainsi que je l'ai déjà dit, cet état de choses laisse moins à désirer que celui qui a été constaté pour les années antérieures à 1837, je n'ai point cru qu'il dût être considéré comme entièrement satisfaisant; et, afin de pouvoir donner à cette partie du service une nouvelle impulsion, j'ai demandé des renseignements sur la durée des ordres et des contributions, sur le nombre et la durée des incidents qui en retardent le réglement définitif. La publication de ces documents révélera avec précision les causes du mal, et suggérera les moyens d'y porter remède.

L'accroissement du nombre des affaires commerciales, déjà signalé dans le compte général de 1855 et 1856, a continué pendant les années 1837, 1838 et 1839.

Les 590 tribunaux, tant spéciaux que civils, jugeant commercialement, ont terminé 156,875 affaires en 1837; 147,280 en 1838; 162,487 en 1839. C'est, pour les trois ans, 466,642. La moyenne est donc de 155,547 par année. Elle n'avait été que de 112,562 en 1854, 1855 et 1856.

La part des 218 tribunaux spéciaux de commerce dans le nombre moyen annuel est de 134,017; celle des 172 tribunaux civils, jugeant commercialement, est de 21,550, ou 14 centièmes seulement.

Des 466,642 affaires commerciales terminées en 1837, 1838 et 1839, 128,581 (0,28), l'ont été par des jugements contradictoires; 270,334 (0,58), par des jugements par défaut; 67,727 (0,14), par transaction, désistement ou radiation.

Devant la justice consulaire, les affaires sont rarement reportées d'une année à l'autre. Sur 171,334 affaires commerciales introduites en 1839, 162,487 ont été terminées; et il n'en restait que 8,847 pendantes au 31 décembre 1839 : c'est 5 centièmes du nombre total, tandis que la proportion est de 58 pour 100 en matière civile.

Cette célérité qu'expliquent la simplicité des formes et la nature des contestations se concilie heureusement avec la sagesse et la maturité des sentences. Les parties

elles-mêmes le reconnaissent; car il n'y a pas proportionnellement plus d'appels dirigés contre les jugements des tribunaux de commerce que contre les jugements des tribunaux civils; toutefois, comme je vais bientôt le faire remarquer, le nombre des infirmations des jugements des tribunaux de commerce est un peu plus élevé que celui des infirmations des jugements rendus par les tribunaux civils.

Le nombre des affaires commerciales varie sensiblement d'un département à l'autre.

Les départements où l'on en compte le plus sont ceux :

De la Seine, où le nombre moyen annuel a été de 40,709;

De la Seine-Inférieure, 8,055;

Du Rhône, 6,891;

De la Gironde, 5,297;

Du Calvados, 4,114;

De la Haute-Garonne, 3,768;

Des Bouches-du-Rhône, 3,270;

Ceux qui en présentent le moins sont :

Le Finistère, où il n'y en a eu, année moyenne, que 135;

Le Morbihan, 146;

Les Basses-Alpes, 147;

Les Pyrénées-Orientales, 205;

La Lozère, 229;

Les Landes, 286;

Les Côtes-du-Nord, 314.

Si l'on classe les 86 départements d'après le montant de la contribution des patentes, on trouve que les sept qui ont le plus d'affaires commerciales sont, eu égard au chiffre de la contribution, les 1er, 2e, 3e, 5e, 6e, 15e et 16e. Les sept qui comptent le moins d'affaires commerciales sont les 39e, 55e, 62e, 76e, 78e, 83e et 86e, par le produit des patentes.

Cela confirme les observations que j'ai déjà faites en examinant les travaux des tribunaux de première instance, et démontre que le nombre des affaires commerciales, dans chaque département, est ordinairement en rapport avec son importance industrielle, dont le chiffre des patentes donne la mesure assez exacte.

Les 27 Cours royales du royaume ont été saisies de 11,064 affaires nouvelles en 1837, de 10,622 en 1838, de 11,095 en 1839. Si l'on ajoute à ces 32,781 affaires nouvelles 9,179 affaires qui restaient à juger le 31 décembre 1836, on obtient un total de 41,960.

Les Cours en ont terminé 11,303 en 1837, 12,259 en 1838, 11,460 en 1839; total, 35,022. Ces chiffres ne présentent que de légères différences avec ceux des années 1835 et 1836.

24,231 affaires (0,69), ont été terminées

par des arrêts contradictoires; 2,885 (0,08) par des arrêts par défaut ; 7,903 (0,23) par transaction, désistement, radiation, etc. On retrouve encore ici les rapports qui ont été observés dans le compte précédent ; cependant le nombre des arrêts contradictoires a un peu augmenté; il est de 0,69 au lieu de 0,67.

La proportion des décisions rendues contradictoirement est la mesure assez juste de ce qu'il y a de sérieux dans les contestations portées devant les tribunaux. Aussi voit-on que cette proportion change d'une manière sensible suivant les juridictions. Devant les tribunaux de paix, sur 100 affaires terminées, 26 seulement le sont par des jugements contradictoires; il y en a 28 sur 100 devant les tribunaux de commerce, 51 sur 100 devant les tribunaux civils de

première instance, 69 sur 100 devant les Cours royales.

Au lieu de 9,179 causes qui restaient à juger sur les rôles des cours le 31 décembre 1836, il n'y en avait plus que 6,961 le 31 décembre 1839. Cependant le nombre des affaires nouvelles n'a pas été moindre que durant les années antérieures. La diminution de l'arriéré doit donc être attribuée antérieurement au zèle des magistrats.

Cette louable émulation se fait remarquer dans presque toutes les cours, quoique à des degrés inégaux.

Dix-sept ont réduit leur arriéré ; dans huit seulement il a augmenté ; deux sont restées stationnaires. C'est de la manière suivante que s'est faite entre elles la répartition dont je viens d'indiquer le résultat:

| | AFFAIRES restant à juger au 31 décembre | | |
	1836.	1839.	Différence en moins.
Pau.	668	117	551
Nîmes.	860	434	426
Limoges.	672	372	300
Aix.	367	105	262
Paris.	1,003	756	247
Riom.	418	226	192
Dijon.	246	97	149
Montpellier.	478	331	147
Bourges.	309	211	98
Bordeaux.	566	475	91
Rouen.	276	207	69
Poitiers.	115	56	59
Douai.	207	173	34
Amiens.	91	64	27
Nancy.	141	121	20
Colmar.	158	142	16
Rennes.	147	145	2
			État stationnaire.
Metz.	52	52	»
Orléans.	35	35	»
			Différence en plus.
Besançon.	284	289	5
Bastia.	32	38	6
Angers.	39	48	9
Lyon.	363	408	45
Grenoble.	249	298	49
Caen.	768	836	68
Toulouse.	369	487	118
Agen.	266	438	172

Sur les 5,801 affaires restant à juger au 31 décembre 1839, 4,127 seulement étaient arriérées, aux termes du décret du 30 mars 1808, parce que leur inscription remontait à plus de trois mois.

Le total des affaires arriérées, dans les

Cours royales, est, à celui des affaires terminées en 1839, dans le rapport de 36 à 100. Devant les tribunaux civils de première instance, cette proportion n'est que de 22 sur 100.

Le nombre des affaires inscrites et terminées n'est pas toujours en rapport avec l'importance des Cours par le nombre des chambres et des magistrats qui les composent, l'étendue de leur ressort et la population qui l'habite.

La Cour royale de Paris justifie le rang qu'elle occupe, par le nombre bien supérieur des affaires qu'elle juge chaque année. Au contraire, la Cour de Rennes termine, chaque année, moins d'affaires que sept des Cours de la 2e classe qui ont une chambre de moins, et même que quelques Cours de la 3e classe. Enfin, il y a dans la 3e classe plusieurs Cours qui jugent annuellement plus d'affaires que celles de la 2e classe avec un personnel bien moins nombreux.

Si l'on distribuait le nombre des arrêts rendus annuellement dans chaque Cour entre les conseillers qui les composent, on trouverait 26 arrêts par conseiller à la Cour royale de Paris; 18 à celles de Nîmes et de Pau; 17 à celles de Montpellier et de Riom; 4 seulement à celle de Bastia; 5 à celle d'Angers et de Metz; 6 à celle d'Orléans; 7 à celles de Nancy, de Poitiers, de Rennes, etc., etc.

Mais il ne faut point prendre ces données comme la mesure certaine de l'importance des travaux accomplis dans chaque Cour. Le nombre des procès n'est qu'un des éléments à apprécier; la gravité des contestations, les difficultés qu'elles présentent doivent surtout être considérées. Le compte de 1840 fournira sur ce point de précieux renseignements, puisque toutes les décisions rendues par les Cours royales y figureront avec l'indication des questions qu'elles auront résolues. C'est seulement alors que les chiffres indiqueront avec quelque certitude le rang où chacun se sera placé par son zèle et ses efforts.

Dans les affaires portées devant les Cours royales, 92 sont des appels formés contre des jugements des tribunaux civils ou des tribunaux de commerce. Les autres 8 sont des appels dirigés contre les décisions des conseils de préfecture en matière électorale, ou des contestations soulevées à l'occasion de l'exécution d'arrêts précédemment rendus.

Les Cours royales ont statué, pendant les trois années 1837, 1838 et 1839, sur les appels de 25,073 jugements de première instance en matière civile et commerciale. Elles en ont confirmé 16,908 (0,67), et infirmé 8,165 (0,33).

Mais si l'on considère exclusivement les appels des jugements émanés des tribunaux spéciaux de commerce, on trouve 63 confirmations contre 37 infirmations.

Cette différence légère doit être signalée,

non comme un reproche adressé à la juridiction consulaire, mais comme un motif d'émulation pour les magistrats qui la composent et qui font preuve chaque jour d'un zèle si éclairé, d'un si louable désintéressement.

Pour compléter l'exposé de la situation judiciaire du royaume pendant les trois années 1837, 1838 et 1839, il me reste à parler des travaux de la Cour de cassation. Ils peuvent être envisagés sous trois points de vue différents; en eux-mêmes, pour constater leur importance; dans leurs rapports avec les Cours et tribunaux desquels émanent les décisions attaquées, pour apprécier le mérite de ces décisions; enfin, dans leur relation avec les diverses parties de la législation.

La chambre des requêtes a été saisie de 573 pourvois en 1837, de 588 en 1838, et de 550 en 1839 : 1,711, pendant les trois années.

Elle a rendu 443 arrêts en 1837, 614 en 1838, 519 en 1839 : en tout 1,576.

De ces 1,576 arrêts, 864 (0,55) ont rejeté les pourvois, 712 (0,45) les ont admis et ont renvoyé les parties devant la chambre civile.

La chambre civile a prononcé, pendant les trois années, 655 arrêts : 248 de rejet, et 407 de cassation.

Ainsi, sur 100 pourvois, 55 sont d'abord repoussés par la chambre des requêtes; sur les 45 qui sont admis, 17 sont encore rejetés par la chambre civile, et 28 sur 100 seulement sont suivis de cassation des arrêts ou jugements contre lesquels ils étaient dirigés.

Cette faible proportion est un témoignage éclatant de la sagesse des décisions judiciaires, du respect porté à la loi et de l'intelligente application qui en est faite. Le nombre des pourvois est, en effet, très-petit, eu égard au nombre des arrêts et jugements qui sont susceptibles de ce recours; il est d'ailleurs évident que ces pourvois sont dirigés contre les décisions dont le mérite est le plus contestable, et cependant les trois quarts sont déclarés mal fondés par la Cour régulatrice.

Sur les 1,711 pourvois déférés à la Cour de cassation, 1,304 frappaient des arrêts rendus par les Cours royales du continent; 53, des arrêts des Cours royales des colonies; 340, des jugements de tribunaux civils; 7, des jugements de tribunaux de commerce; 2, des jugements de tribunaux de paix; 23, des décisions de jurys d'expropriation pour cause d'utilité publique.

Si l'on rapproche les 1,304 pourvois dirigés contre des arrêts rendus par les Cours royales du continent du total des arrêts rendus par ces cours (27,119), on trouve un arrêt attaqué sur 21. Si la comparaison s'établit avec les arrêts contradictoires seulement, on a un pourvoi sur 19 arrêts. Enfin, le nombre des cassations est de 21 sur 100, relativement au nombre total des arrêts rendus. Il était de 19 sur 100 en 1835 et 1836. La proportion est à peu près la même pour chacune des trois années 1837, 1838 et 1839 prises séparément.

Le rapport entre les arrêts rendus, les pourvois formés et les cassations prononcées, est différent pour chaque cour.

Voici comment il varie :

	NOMBRE			NOMBRE	
	des pourvois sur 1,000 arrêts.	des arrêts cassés sur 100 pourvois.		des pourvois sur 1,000 arrêts.	des arrêts cassés sur 100 pourvois.
Bastia.	181	3	Bourges. . . .	53	22
Orléans.	96	23	Montpellier . .	52	23
Rouen.	89	38	Angers. . . .	51	31
Nancy.	85	26	Bordeaux. . .	48	29
Colmar.	81	22	Besançon. . .	47	29
Rennes.	71	15	Nîmes. . . .	47	30
Amiens.	68	12	Pau.	42	17
Metz.	66	19	Toulouse. . .	40	12
Douai.	65	11	Grenoble. . .	33	19
Dijon.	58	19	Poitiers. . .	31	33
Lyon.	57	30	Limoges. . .	29	6
Aix.	56	23	Riom. . . .	27	25
Caen.	54	18	Agen. . . .	26	27
Paris.	53	20	Tout le royaume. .	54	21

Les rapports pour tout le royaume étaient, en 1835, de 65 pourvois par 1,000 arrêts, et de 18 cassations sur 100 pourvois; en 1836, de 58 pourvois sur 1,000 arrêts, et de 23 cassations sur 100 pourvois.

Le soin avec lequel sont analysés les travaux de la Cour de cassation a déjà permis de signaler les différentes matières, auxquelles se réfèrent ses arrêts, et d'indiquer, pour chacune d'elles, dans quelle proportion sont intervenus les rejets et les cassations.

Les mêmes renseignements, reproduits sans interruption dans la suite des comptes annuels, feront connaître successivement les parties de notre législation dont l'application présente de sérieuses difficultés, et auxquelles il pourrait être utile d'apporter quelques changements.

Mais, pour arriver à ces conséquences, il est nécessaire que des faits plus nombreux aient été recueillis; il faut pouvoir procéder sur une plus longue série d'observations.

Maintenant on doit encore se borner à constater comment s'exerce l'action de la Cour de cassation sur les arrêts qui ont appliqué les dispositions de nos codes et des autres lois.

Distribution, par ordre de matières, des pourvois et de leur résultat.

1° Code civil, 735 pourvois, 19 cassations sur 100 pourvois ;

Contrats ou obligations conventionnelles, 249 pourvois, 19 cassations ;

Prescriptions, 76 pourvois, 26 cassations ;

Donations et testaments, 57 pourvois, 10 cassations ;

Servitudes, 51 pourvois, 12 cassations ;

Contrat de mariage, 49 pourvois, 29 cassations ;

Successions, 40 pourvois, 21 cassations ;

Hypothèques et priviléges, 39 pourvois, 33 cassations ;

Vente, 33 pourvois, 21 cassations sur 100 pourvois.

2° Code de procédure civile, 246 pourvois, 26 cassations sur 100 pourvois.

Titre unique du livre III. Des appels, 37 pourvois, 25 cassations ;

Titre VII du livre II. Des jugements, 36 pourvois, 24 cassations ;

Titre IV du livre Ier. Actions possessoires, 23 pourvois, 41 cassations ;

Titre II du livre II. Ajournement, 15 pourvois, 25 cassations ;

Titre XII du livre V. Saisie immobilière, 11 pourvois, 33 cassations sur 100 pourvois.

3° Code de commerce, 91 pourvois, 20 cassations sur 100 pourvois.

Titre III du livre Ier. Sociétés, 22 pourvois, 30 cassations

Titre Ier du livre IV. Faillites, 22 pourvois, 6 cassations ;

Titre VIII du livre Ier. Lettres de change, 18 pourvois, 20 cassations sur 100 pourvois.

4° Code forestier, 24 pourvois, 25 cassations sur 100 pourvois.

5° Matières diverses, 480 pourvois. 40 cassations sur 100 pourvois.

Pourvois sur le fonds du droit, 57 pourvois, 34 cassations ;

Pourvois sur la forme ou l'organisation judiciaires, 91 pourvois, 36 cassations ;

Pourvois en matière fiscale, 249 pourvois, 54 cassations ;

Pourvois en matière administrative, élections, etc., 85 pourvois, 15 cassations sur 100 pourvois.

La cinquième partie du compte renferme quelques documents qui sont recueillis pour la première fois ; elle comprend trois tableaux. Le premier présente le nombre des demandes en séparation de corps soumises aux tribunaux de première instance et aux Cours royales dans les années 1837, 1838 et 1839. A côté du nombre des demandes par arrondissement sont indiqués leurs motifs, leur résultat, et la profession des époux ; on a soin de dire si les enfants étaient issus de leur mariage.

Le deuxième tableau fait connaître le nombre des actes d'adoption soumis à l'homologation des tribunaux et des Cours royales, les motifs de l'adoption, le sexe des adoptants et des adoptés, la profession des premiers, et les liens de famille qui existaient entre les uns et les autres.

Le troisième tableau donne le nombre des demandes en interdiction. Il fait connaître par qui la demande a été introduite et quelle a été la décision des tribunaux.

643 demandes en séparation de corps ont été formées en 1857; 807, en 1838; 772, en 1859 : en tout, 2,222. La moyenne, par année, a donc été de 741.

Si l'on compare ce dernier chiffre au nombre des mariages constatés par le recensement de 1836, on trouve une demande pour 8,360 mariages par année.

Les 2,222 demandes se répartissent d'une manière fort inégale entre les divers départements. 224, ou le dixième, appartiennent au département de la Seine ; c'est 75 par année ; 87 au département de la Seine-Inférieure ; 73 au Calvados ; 65, au département de Seine-et-Oise ; 65, à celui de l'Eure, 55, à celui du Rhône ; 54, à celui du Nord.

Il n'a été formé pendant les trois années qu'une seule demande en séparation de corps dans le département des Landes ; 2, dans l'Indre, la Corse, les Hautes-Alpes ; 3, dans la Corrèze, l'Ardèche, la Haute-Loire ; 4, dans l'Ariége ; 5, dans le Lot, la Lozère, le Cantal.

113 seulement ont été formées par le mari ; 2,109 l'ont été par la femme.

Les motifs des demandes introduites par le mari sont, pour 73, l'adultère de la femme ; pour 4, la condamnation de celle-ci à une peine afflictive et infamante ; pour 36, des sévices et injures graves.

Des 2,109 demandes formées par la femme, 95 avaient pour cause l'adultère du mari ; 45, sa condamnation à une peine afflictive et infamante ; 1,969, des sévices et injures graves.

Il y avait des enfants issus de 1,002 mariages (0,61), 650 unions (0,39) avaient été stériles, ou les enfants qui en étaient issus n'existaient plus. Ce renseignement n'a pu être fourni dans 570 affaires remontant à 1837 et 1858.

601 demandes en séparation de corps ont été formées par des propriétaires, des rentiers, ou des individus appartenant aux professions libérales ; c'est 51 pour 100 du nombre total. 354 (0,19), l'ont été par des commerçants ; 468 (0,24) par des cultivateurs ou des manouvriers de la campagne ; 490 (0,26) par d'autres ouvriers de toute espèce. La profession de 509 demandeurs est restée inconnue.

430 demandes ont été retirées avant jugement, par suite de la réconciliation des époux ou du décès de l'un d'eux. 1,618 ont été accueillies par les tribunaux ; 174 ont été rejetées.

Les 1,792 jugements intervenus en cette matière ont donné lieu à 267 appels, sur lesquels sont intervenus 197 arrêts confirmatifs, 51 infirmatifs ; 29 appels sont restés sans suite, les demandeurs s'étant désistés.

82 actes d'adoption ont été présentés aux tribunaux en 1857, 100 en 1858, 82 en 1859; en tout, 264. 7 jugements seulement ont déclaré qu'il n'y avait lieu à adoption; 257, que l'adoption était admise.

L'art. 357 du Code civil exige que, dans le mois qui suit la prononciation des jugements rendus en cette matière, ils soient portés devant la Cour royale. Cette disposition a été suivie à l'égard de 250 jugements seulement : les cours royales en ont confirmé 259, et réformé 11.

274 individus étaient compris dans les 264 actes d'adoption ; il y avait 150 hommes et 67 femmes ; à l'égard des 57 autres le sexe n'a pas été constaté.

110 adoptés étaient enfants naturels des adoptants; 27 étaient des neveux ou nièces; 14, des parents ou alliés à d'autres degrés; 125 n'étaient unis aux adoptants par aucun lien; du moins la parenté n'a pas été constatée.

320 individus ont concouru comme adoptants aux 264 actes d'adoption; 56 actes ont été faits par les deux conjoints simultanément; 120 par des hommes célibataires ou veufs; 88 par des femmes dans la même condition.

188 des adoptants étaient propriétaires, rentiers, ou exerçaient des professions libérales; 22 étaient dans le commerce; 18 avaient d'autres professions; la condition professionnelle de 92 n'a pu être indiquée.

Le tribunal de la Seine a été saisi de 47 adoptions; c'est 18 sur 100 du nombre total. Celui de Bordeaux, qui en compte le plus après Paris, a statué sur 10.

Pendant les trois années 1837, 1858 et 1839, aucun acte d'adoption n'a été soumis à l'homologation des tribunaux composant le ressort des Cours royales d'Amiens, de Bourges, de Nancy, ni de plusieurs tribunaux de départements ressortissant à d'autres cours royales.

En examinant ces résultats, on est disposé à penser que cette institution n'a pas le degré d'importance auquel l'ont élevée dans l'opinion les solennelles discussions du conseil d'Etat et les longues hésitations de la jurisprudence sur quelques-unes des questions qu'elle a fait naître.

Il a été formé, de 1837 à 1839, 2,583 demandes en interdiction : 978 en 1837; savoir, 458 par les parents; 520 par le ministère public; 986, en 1838 : 591 par les parents, 395 par le ministère public; enfin 619, en 1839 : 519 par les parents et 100 par le ministère public.

La dernière année présente, sur les deux précédentes, une diminution d'un tiers, qui porte entièrement sur les demandes formées par le ministère public. C'est un des bons effets de la loi du 30 juin 1838, sur les aliénés. La faculté accordée par cette loi à l'administration de faire renfermer les aliénés la dispense de recourir aussi fréquemment qu'autrefois à la voie de l'interdiction.

Sur les 1,568 demandes en interdiction formées par les parents, 1,279 (0,82) ont été accueillies, et 289 (0,78) rejetées.

Sur les 1,015 demandes formées par le ministère public, 708 (0,89) ont été accueillies; 107 (0,11) ont été rejetées.

70 appels seulement ont été formés contre les 2,583 jugements rendus en matière d'interdiction : 33 par les parents, 4 par le ministère public, 33 par les interdits. 22 jugements ont été infirmés et 48 confirmés.

Sur les 2,583 demandes en interdiction, le tribunal de la Seine a été saisi de 291; c'est 11 sur 100 du nombre total. Il y en a eu 98 dans le département du Nord; 85, dans celui du Calvados; 75, dans Ille-et-Vilaine; 71, dans la Côte-d'Or; 65, dans la Loire-Inférieure; 62, dans l'Eure. On en compte une seule dans le département des Basses-Alpes; 3, dans la Corse et les Pyrénées-Orientales; 4, dans le Cher; 5, dans l'Ariége, la Nièvre; 6, dans l'Indre, les Hautes-Pyrénées, la Haute-Loire.

L'appendice qui termine renferme deux tableaux : l'un contient, par ressort de Cour royale, les nominations faites dans les divers degrés de la hiérarchie judiciaire, de 1837 à 1839 : il présente aussi les nominations d'avocats à la Cour de cassation et d'officiers ministériels.

Le second indique, par département, le nombre des dispenses, pour mariage, d'alliance, de parenté et d'âge qui ont été accordées de 1832 à 1839 inclusivement.

Le nombre des dispenses accordées en vertu de la loi du 16 avril 1832 a été de 251, du 16 avril au 31 décembre 1832; de 686, en 1833; de 692, en 1834, de 549, en 1835; de 516, en 1836; de 437 en 1837; de 571, en 1838; de 597 en 1839.

Au moment où je présente à Votre Majesté le compte des années 1837, 1838 et 1839, celui de l'année 1840 se prépare. L'expérience acquise y est mise à profit.

De nouvelles classifications y sont introduites, qui divisent en spécialités distinctes des faits et des actes qui ont été précédemment confondus.

De nouveaux documents, dont j'ai indiqué le caractère, y trouveront place, et offriront des enseignements qui s'adresseront autant au pouvoir législatif qu'à l'administration.

L'exacte périodicité des publications leur donnera un plus haut degré d'intérêt et d'utilité.

Des observations faites à des époques rapprochées seront de plus en plus sûres et expressives.

Enfin la magistrature saura que chaque année l'ensemble de ses travaux sera mis sous les yeux de Votre Majesté. Ce sera un encouragement et une récompense aussi honorables que bien méritées.

Ainsi la statistique judiciaire aura produit tous les bons effets qu'on en peut attendre.

Je suis, etc.

---

3 juin 1841. — Rapport au roi sur l'administration de la justice criminelle en France pendant l'année 1839. (Mon. du 4 juin 1841.)

Voy. rapport au roi du 30 avril 1840, pour l'année 1838, tome 40, p. 506.

Sire, j'ai l'honneur de mettre sous les yeux de Votre Majesté le compte général de l'administration de la justice criminelle pendant l'année 1839.

Ce compte, dressé sur le même plan que les années précédentes, se divise en six parties : les deux premières résument les travaux des cours d'assises et des tribunaux correctionnels ; la troisième présente un tableau général des récidives ; la quatrième renferme un état des jugements des tribunaux de simple police, les deux dernières font connaître la marche de l'instruction criminelle, la composition du jury et les arrêts de la Cour de cassation en matière criminelle. Un appendice contient des documents qui se rattachent à l'administration de la justice, et qui n'ont pu être classés dans ces différentes parties.

Les cours d'assises ont statué contradictoirement sur 5,621 accusations ; elles en avaient jugé 5,873 en 1837, et 5,844 en 1838. Il résulte une diminution de 252 accusations sur la première de ces années, et de 223 sur la seconde.

Les 5,621 accusations avaient pour objet : 1,597, des crimes contre les personnes, et 4,024, des crimes contre les propriétés. Le rapport entre ces deux classes de crimes est donc de 28 sur 100 pour la première, et pour l'autre de 72 sur 100. Ce rapport était le même en 1838. La proportion des crimes contre les personnes était de 26 sur 100 en 1837, de 29 sur 100 en 1836.

La diminution des accusations s'est répartie sur les diverses espèces de crimes ; on doit remarquer notamment que les assassinats, qui avaient formé, en 1838, 259 accusations, sont descendus au chiffre de 202. Les crimes de viol, d'attentat à la pudeur et d'infanticide ont seuls continué leur marche ascendante : le compte constate 147 accusations d'infanticide, au lieu de 129 constatées en 1838, et les accusations de viol et d'attentat à la pudeur sur des enfants de moins de 15 ans, se sont élevées de 242 à 268.

Sur les 5,621 accusations, 2,693 (48 sur 100) ont été complétement admises par le jury ; 1,598 (28 sur 100) ont été rejetées ; 1,330 (24 sur 100) ont été accueillies avec des modifications. Ces modifications ont laissé aux faits, dans 568 accusations, le caractère de crime ; elles l'ont effacé dans 762, pour lui substituer le caractère de simples délits. En 1838, cette dernière atténuation avait été opérée dans 893 accusations. Cette différence révèle une fermeté plus grande de la part du jury dans la distribution de la justice.

Les 5,621 accusations comprenaient 7,858 accusés ; c'est 156 de moins qu'en 1858, 236 de moins qu'en 1837.

Ce chiffre, rapproché de la population de la France, donne la proportion moyenne de 1 accusé sur 4,268 habitants. Cette proportion était de 1 accusé sur 4,185 en 1838, et de 1 sur 4,144 en 1837. Elle varie dans les divers départements. Ceux qui offrent le chiffre proportionnel le moins élevé sont : le Jura, 1 accusé sur 15,017 habitants ; les Landes, 1 sur 13,568 ; la Nièvre, 1 sur 10,627 ; la Charente, 1 sur 10,142. Les départements qui présentent au contraire le chiffre le plus élevé sont : la Seine, 1 accusé sur 1,203 habitants ; la Corse, 1 sur 2,165 ; les Pyrénées-Orientales, 1 sur 2,221 ; la Marne, 1 sur 2,257 ; la Lozère, 1 sur 2,444 ; le Bas-Rhin, 1 sur 2,453. Les autres départements se classent entre ces deux termes extrêmes.

Sur les 7,858 accusés, 2,256 (28 sur 100) étaient poursuivis pour des crimes contre les personnes ; 5,602 (72 sur 100), pour des crimes contre les propriétés. En 1838, ce rapport était de 27 à 73, et, par conséquent, le chiffre proportionnel des accusés de crimes contre les personnes était un peu moins élevé.

Le département de la Corse est toujours celui qui présente le nombre proportionnel le plus élevé de crimes contre les personnes : sur 96 accusés, 77 étaient poursuivis pour crimes de cette nature, 19 seulement pour crimes contre les propriétés. Les départements qui offrent ensuite le plus d'attentats contre les personnes sont les Basses et Hautes-Alpes, le Tarn, la Creuse, la Meuse, les Pyrénées-Orientales, Maine-et-Loire, la Lozère, le Lot-et-Garonne, le Var, l'Ain et la Haute-Loire : dans ces douze départements, le chiffre des accusés de crimes contre les personnes dépasse celui des accusés de crimes contre les propriétés.

Dans douze autres départements, au contraire, le nombre des accusés de crimes contre les personnes est inférieur au cinquième du nombre total. Ainsi, dans le Loiret, on ne relève que 8 accusés de crimes de cette espèce sur 100 accusés ; dans la Charente-Inférieure et la Vendée, 11 sur 100 ; dans la Seine, 12 sur 100 ; dans la Haute-Vienne, 13 sur 100 ; dans le Cher, 14 sur 100 ; enfin, de 16 à 19 sur 100, dans le Tarn-et-Garonne, la Seine-Inférieure, la Vienne, les Côtes-du-Nord, Eure-et-Loir Seine-et-Marne.

Le nombre général des accusés excède de 2,237 le nombre des accusations, ce qui donne une moyenne de 140 accusés sur 100 accusations. Cette proportion, qui est la même pour les crimes contre les personnes et pour les crimes contre les propriétés, se reproduit, chaque année, dans les termes à peu près semblables. Il en résulte que les associations formées par les malfaiteurs pour la perpétration des crimes n'acquièrent point un plus grand développement.

Le compte, après avoir constaté le nombre des accusés, fait connaître leur sexe, leur âge, leur état civil, leurs antécédents et le degré d'instruction qu'ils avaient reçu.

Les 7,858 accusés traduits devant les cours d'assises se divisent en 6,409 hommes et 1,449 femmes; c'est, pour ces dernières, la proportion de 18 sur 100 : cette proportion était exactement la même en 1838, et elle est à peu près invariable. Il suit de là que le rapport d'un accusé sur 4,268 habitants n'est plus le même dès qu'on considère isolément les hommes et les femmes : on ne compte qu'une accusée sur 11,788 femmes, tandis qu'il y a un accusé sur 2,368 hommes.

Sur les 1,449 femmes, 362 étaient accusées de crimes contre les personnes; 1,087 de crimes contre les propriétés. On compte dans la première classe 156 accusées d'infanticide, 24 accusées d'empoisonnement, 10 accusées d'avortement; et, dans la seconde, 472 accusées de vols domestiques.

Le rapport des hommes et des femmes dans le nombre des accusés n'est pas le même dans tous les départements. La Creuse présente 53 femmes sur 100 accusés; les Côtes-du-Nord, 39 sur 100; Indre-et-Loire, 31; le Var, 28; l'Indre et la Loire-Inférieure, 27; le Morbihan, 26. Aucune femme n'a été traduite aux assises, en 1839, dans les Hautes-Alpes et dans les Landes. La Corse n'en offre qu'une seule sur 96 accusés.

Sous le rapport de l'âge, les accusés se classent de la manière suivante : 78 étaient âgés de moins de 16 ans; 1,227 de 16 à 21; 1,360, de 21 à 25; 1,453, de 25 à 30; 1,070, de 30 à 35; 880, de 35 à 40; 1,074, de 40 à 50; 484, de 50 à 60; 198, de 60 à 70; 41, de 70 à 80; 3 étaient octogénaires. Ainsi, sur un nombre moyen de 100 accusés, on trouve que 34 avaient moins de 25 ans; 32, de 25 à 35; 34 étaient âgés de plus de 35 ans. En 1838, les proportions étaient de 34, 31 et 35. Elles se reproduisent à peu près, chaque année, avec une régularité remarquable.

Les personnes avancées en âge commettent proportionnellement moins de crimes contre les propriétés. Ainsi, sur 100 accusés de plus de 60 ans, 34 étaient poursuivis pour crimes contre les personnes, 66 pour crimes contre les propriétés. Ces proportions sont de 29 et 71 pour les accusés de 40 à 60 ans, de 23 et 77 pour ceux de moins de 21 ans.

Parmi les 7,858 accusés, 4,566 (58 sur 100) étaient célibataires, 2,918 (37 sur 100) étaient mariés, et 350 (5 sur 100) vivaient dans le veuvage. Parmi les accusés mariés, 2,355 avaient des enfants, et 563 n'en avaient pas. Parmi les veufs, 264 avaient des enfants, et 86 n'en avaient pas. Il a été constaté, pour 421 accusés (146 hommes et 275 femmes), qu'ils avaient eu des enfants naturels ou vivaient dans un état de concubinage; que 142 étaient eux-mêmes des enfants naturels, et que 156 appartenaient à des familles dont quelques membres avaient été précédemment l'objet de poursuites judiciaires.

5,303 accusés (68 sur 100) étaient nés et domiciliés dans le département où ils ont été jugés; 1,494 (19 sur 100) étaient nés dans ce département sans avoir leur domicile, ou y avaient leur domicile sans y être nés; 1,001 (13 sur 100) n'avaient dans ce département ni leur domicile ni le lieu de leur naissance. Parmi ces derniers, 230 n'avaient aucun domicile, et 265 étaient nés sur le sol étranger. Ces 265 accusés ont été généralement traduits devant les cours d'assises de la Seine, des Bouches-du-Rhône, du Haut et du Bas-Rhin, du Nord, du Rhône et de la Moselle.

4,443 accusés (59 sur 100) habitaient des communes rurales; 3,137 (41 sur 100) des communes urbaines. La proportion des crimes contre les personnes et contre les propriétés se modifie à l'égard de l'une ou de l'autre de ces deux classes d'accusés. Sur 100 accusations dirigées contre des accusés des communes rurales, 36 à peu près ont eu pour objet des crimes contre les personnes, et 64 des crimes contre les propriétés; cette proportion est de 25 et 75 à l'égard des accusés des villes.

Le degré d'instruction peut exercer sur les actions une influence qu'il est important de constater. 4,397 accusés (56 sur 100) ne savaient ni lire ni écrire; 2,549 (32 sur 100) ne le savaient qu'imparfaitement; 705 possédaient ces connaissances de manière à pouvoir en faire une application facile; enfin 207 (3 sur 100) avaient reçu un degré supérieure d'instruction. La proportion des accusés complètement illettrés descend de 56 à 51 sur 100, si les hommes sont pris isolément; elle s'élève à 76 sur 100 pour les femmes. Ces divers rapports étaient à peu près identiques en 1838.

La proportion des accusés illettrés continue d'être plus élevée parmi les accusés âgés de moins de 21 ans. Ainsi, sur 100 accusés de cet âge, 58 ne savaient ni lire ni écrire; ce nombre n'est que de 55 parmi les accusés de plus de 21 ans. Les accusés de crimes contre les personnes comptent également plus d'illettrés que les accusés de crimes contre les propriétés : la différence est de 1 centième en 1839 ; elle était de 2 centièmes en 1838 et de 7 centièmes en 1837.

Cette proportion des accusés instruits ou illettrés varie, ainsi que l'ont déjà constaté les comptes précédents, suivant les départements. Les départements de la Dordogne, du Cher, de l'Indre, de la Corrèze, de la Creuse, de la Haute-Vienne, des Côtes-du-Nord, du Finistère, d'Ille-et-Vilaine, du Morbihan, de l'Allier, sont ceux qui présentent le nombre proportionnel le plus élevé d'accusés ne sachant ni lire ni écrire. Les départements du Doubs, du Jura, du Haut et du Bas-Rhin, de la Moselle, de la Meuse, des Vosges, de la Seine, présentent, au contraire, le nombre proportionnel le plus grand d'accusés doués de quelque instruction.

La position professionnelle des accusés est un des éléments les plus utiles à constater. Parmi ceux jugés en 1839, 1,110 vivaient dans l'oisiveté, 4,523 travaillaient pour le compte d'autrui et 2,225 travaillaient pour leur propre compte, comme chefs d'ateliers ou d'établissements, ou vivaient de leurs revenus.

Les accusés ont été divisés en neuf classes, suivant la nature des professions qu'ils exerçaient. La première classe, qui comprend, rangés en diverses catégories, les individus attachés aux exploitations rurales, est la plus nombreuse ; elle se compose de 2,761 personnes, et forme, comme en 1838, plus du tiers (35 sur 100) du nombre total. La deuxième, celle des ouvriers chargés de mettre en œuvre les matières premières, renferme 1,881 accusés (24 sur 100), 2 centièmes de plus qu'en 1838. La classe des marchands et des commerçants ne fournit que 535 accusés (7 sur 100). Celle des fonctionnaires publics, employés, propriétaires, artistes, hommes de lettres, présente le nombre de 440 (6 sur 100)

Enfin celle des vagabonds, mendiants et gens sans aveu, n'offre que 355 accusés (5 sur 100 à peu près) : en 1838, cette classe offrait le rapport de 8 sur 100 du nombre total.

La proportion des crimes contre les personnes ou contre les propriétés n'est pas la même dans toutes ces classes ; c'est parmi les accusés de la première classe, qui comprend les gens voués aux travaux de la terre, et parmi les accusés de la huitième classe, qui renferme les professions libérales, que se trouve le plus grand nombre d'accusés de crimes contre les personnes; le rapport de ces accusés est de 36 sur 100; il était à peu près le même en 1838. La cinquième classe, composée des accusés qui se livraient au commerce, la septième, qui comprend les domestiques attachés à la personne, sont, au contraire, celles où le chiffre proportionnel des crimes contre les propriétés est le plus considérable : ce chiffre est de 82 sur 100 pour la première de ces deux catégories, et de 87 sur 100 pour la seconde. Les autres classes, prises isolément, présentent à peu près la proportion moyenne de tous les accusés réunis.

Après avoir constaté le nombre des accusés, leur âge, leur position sociale, leurs professions, le degré de leur instruction, il faut les suivre devant le jury, et rechercher le résultat des accusations.

Sur les 7,858 accusés traduits aux assises en 1839, 5,063 ont été condamnés, savoir : 39 à la peine de mort ; 197, aux travaux forcés à perpétuité ; 852, aux travaux forcés à temps ; 861, à la réclusion ; 2, à la détention ; 1, au bannissement ; 3,081, à des peines correctionnelles ; 30 enfants âgés de moins de 16 ans et acquittés comme ayant agi sans discernement, ont été envoyés dans des maisons de correction pour y être élevés.

Le tableau suivant présente, année par année, le nombre de chacune des peines appliquées depuis 1825 par les cours d'assises.

NATURE DES PEINES.	de 1825 à 1831 inclusivement.		NOMBRE DES CONDAMNÉS							
	Total.	Moyenne annuelle.	EN 1832.	EN 1833.	EN 1834.	EN 1835.	EN 1836.	EN 1837.	EN 1838.	EN 1839.
Mort.	796	114	74	42	25	54	30	33	44	39
Travaux forcés à perpétuité.	1,901	272	228	127	151	151	148	177	198	197
Travaux forcés à temps. .	7,350	1,050	882	784	825	777	751	782	883	852
Réclusion.	7,949	1,136	851	726	694	796	763	856	923	861
Bannissement. . . .	5	1	»	»	3	»	»	»	»	1
Déportation. . . .	1	»	»	»	»	»	»	»	1	»
Détention.	»	»	»	1	»	1	1	»	»	2
Carcan.	37	5	1	»	»	»	»	»	»	»
Dégradation civique. .	11	2	»	»	»	»	»	»	2	»
Peines correctionnelles. .	11,489	1,641	2,369	2,401	2,437	2,599	2,904	3,230	3,072	3,051
Détention correctionnelle.	333	48	42	25	25	20	26	39	38	30
Totaux. . . .	29,875	4,269	4,448	4,105	4,161	4,398	4,623	5,117	5,161	5,063

Ce tableau, qui révèle la régularité avec laquelle les mêmes peines se reproduisent chaque année dans les mêmes proportions, divise la répression en deux périodes distinctes. Durant la première, de 1825 à 1831 , le nombre des peines infamantes était plus grand : sur 100 condamnations 60 étaient infamantes, 40 correctionnelles. Durant la seconde période, de 1832 à 1839, cette proportion a été renversée : 40 condamnations sur 100 ont été infamantes, et 60 correctionnelles.

C'est là l'effet de la faculté attribuée au jury, par la loi du 28 avril 1832, de déclarer l'existence de circonstances atténuantes en faveur de l'accusé. Cette déclaration entraînant nécessairement une diminution de la peine, il résulte que des crimes reconnus constants par le jury, et qui, avant 1832, auraient été punis de peines infamantes, ne le sont plus que de peines correctionnelles. Tous les renseignements propres à faire apprécier les résultats de cette nouvelle attribution du jury ont été recueillis avec soin.

Le nombre des accusés déclarés coupables de crimes a été de 4,091 ; le jury a déclaré des circonstances atténuantes en faveur de 2,862 (70 sur 100). Les cours ont réduit la peine de deux degrés en faveur de 1,026 ; elles ne l'ont abaissée que d'un seul degré à l'égard de 1,836 ; mais on doit remarquer que pour 1,297 elles ne pouvaient l'abaisser davantage. Ainsi ce n'est qu'à l'égard de 539 accusés que les cours d'assises n'ont pas associé leur propre indulgence à l'indulgence du jury, en usant de toute la latitude que leur donnait la loi.

Le nombre des accusés déclarés coupa-

bles en faveur desquels le jury a reconnu des circonstances atténuantes ne s'est point élevé d'une manière sensible : ce nombre était de 2,775 en 1838 : il est, en 1839, de 2,862, les cours d'assises ont elles-mêmes usé à peu près dans les mêmes limites de la faculté d'atténuation dont elles sont investies : en 1837, elles ont descendu la peine de deux degrés en faveur de 889 accusés ; en 1838, cette double atténuation a été appliquée à 935 ; en 1839, à 1,026.

39 accusés ont été condamnés à mort : c'est 5 de moins qu'en 1838. Sur ces 39 condamnés, 21 ont été déclarés coupables d'assassinat ; 3 d'empoisonnement ; 2 de parricide ; 6, de meurtres accompagnés de vols dont ils avaient pour but de faciliter la perpétration ; 3, d'infanticide ; 1, d'incendie d'une maison habitée ; 2, de séquestration prolongée et accompagnée de tortures.

La clémence de Votre Majesté n'a pas permis que tous ces condamnés fussent exécutés : 13 ont obtenu que la peine de mort fût commuée en travaux forcés à perpétuité ; 3 ont échappé à l'échafaud par le suicide ; un autre est décédé avant l'exécution de l'arrêt.

Le nombre des accusés acquittés a été de 2,795 : c'est 35 sur 100 du nombre total. La proportion était, en 1838, de 36 sur 100, et en 1837, de 37 sur 100. Cette diminution graduelle des acquittements atteste une amélioration sensible dans la distribution de la justice. On doit l'attribuer à la sagesse et au discernement avec lesquels les instructions sont conduites ; car plus le nombre des acquittements est faible, plus il est certain que les accusations n'ont pas été légèrement exercées.

232 accusés n'ont été déclarés coupables qu'à la simple majorité de 7 voix, établie par la loi du 9 septembre 1835, et la cour d'assises a usé, à l'égard de 7 seulement, de la faculté que cette loi lui donne de renvoyer dans ce cas l'affaire à une autre session. Le résultat de ces 7 renvois a été constaté : à l'égard de 4 accusés, le second jury a prononcé comme le premier; les 3 autres accusés, déclarés coupables par le premier jury, ont été déclarés non coupables par le second.

Le nombre des acquittements est loin d'être le même dans tous les départements. Dans quelques-uns ce nombre s'élève jusqu'à 60 sur 100 : dans d'autres il descend au contraire à 18 sur 100. La première de ces deux proportions se trouve dans le département de l'Aude, la seconde dans celui de la Haute-Marne. Les départements où les acquittements ont été le plus nombreux, après le département de l'Aude, sont l'Yonne, les Basses-Alpes, les Basses-Pyrénées, les Hautes-Alpes, la Lozère, qui présentent 59, 54, 51 et 50 acquittés sur 100 accusés. Après la Haute-Marne, le département de Vaucluse compte le moins d'accusés acquittés, 21 sur 100; la Côte-d'Or, le Cantal, la Seine-Inférieure en comptent 23 sur 100; la Sarthe, 24 sur 100; la Meuse et le Finistère, 25 sur 100. Dans le département de la Seine, il y a eu 37 acquit-

tés sur 100 accusés; c'est le même rapport qu'en 1838. En 1837 on en comptait 43 sur 100.

Les accusations de crimes contre les personnes donnent lieu à plus d'acquittements que les accusations de crimes contre les propriétés : la proportion, dans la première catégorie, est de 43 acquittés sur 100 accusés; elle n'est que de 32 sur 100 dans la seconde. Les accusations qui ont été suivies d'un plus grand nombre d'acquittements sont celles des crimes de rébellion, où l'on compte 75 acquittés sur 100 accusés; de faux en matière de recrutement, 68 sur 100; de banqueroute frauduleuse, 65 sur 100; d'incendie d'édifices habités, 59 sur 100; de faux témoignages, 57 sur 100; enfin de coups et blessures portés sans intention de donner la mort et qui l'ont toutefois donnée, 54 sur 100. Ces résultats peuvent renfermer d'utiles avertissements pour le législateur. Le jury, plus ferme au contraire dans d'autres accusations, n'a prononcé que 21 acquittements sur 100 accusés de meurtre, que 28 sur 100 accusés de vol, que 29 et 30 sur 100 accusés d'assassinat et de tentative de ce crime, que 30 sur 100 accusés de faux en écritures privées, que 32 sur 100 accusés de faux en écritures de commerce.

Le tableau suivant donne au surplus la mesure de la répression à l'égard de chaque espèce de crime.

NATURE DES CRIMES imputés aux individus acquittés.	TABLEAU DES ACQUITTEMENTS en prenant le chiffre 100 pour terme de comparaison.					
	Moyenne de 1825 à 1830	Moyenne de 1831 à 1835.	1836.	1837.	1838.	1839.
Parricide.	48	52	45	30	27	39
Infanticide.	43	47	39	39	31	40
Assassinat.	40	39	30	27	37	29
— (Tentative d').	»	»	»	43	40	30
Empoisonnement.	63	56	32	35	24	32
— (Tentative d').	»	»	»	61	55	50
Meurtre.	51	52	40	34	37	21
— (Tentative de).	»	»	»	42	30	37
Viol et attentat à la pudeur. . . .	52	53	49	42	51	41
— sur des enfants.	36	34	29	30	29	29
Coups et bless. suivis de mort sans intention.	»	55	56	52	48	54
Blessures et coups graves.	56	57	44	53	50	53
— envers des ascendants. . . .	48	47	32	46	42	34
Incendie d'édifices habités. . . .	72	65	64	60	60	59
— (Tentative d').	»	»	»	55	50	50
— d'autres objets.	82	72	65	54	63	53
Faux par supposition de personne. .	61	58	»	»	»	»
— en matière de recrutement (1). .	»	»	68	61	56	68
— en écriture de commerce. . . .	39	33	31	35	30	32
— en écriture authentique. . . .	48	45	60	57	54	53
— en écriture privée (1). . . .	48	45	33	38	34	30
Fausse monnaie.	63	45	39	40	41	42
Vol.	30	31	27	28	28	28
— (Tentative de).	»	»	»	32	26	31

(1) Depuis 1834, on a divisé les faux autrement qu'ils ne l'avaient été jusqu'alors : ainsi on a fait

Le sexe, l'âge, le degré d'instruction des accusés exercent également, non moins que la nature des accusations, une influence certaine sur le résultat des poursuites.

Sur 100 femmes accusées, 40 ont été acquittées ; sur 100 hommes, 35 seulement.

La répression est plus sûre quand les accusés sont moins âgés. Les cours d'assises ont acquitté 34 accusés de moins de 25 ans sur 100 ; 35 accusés de 25 à 40 sur 100 ; 38 sur 100 parmi les accusés de 40 à 60 ; 43 sur 100 parmi les accusés de plus de 60 ans.

On peut suivre également l'influence de l'instruction des accusés sur les acquittements. 32 accusés sur 100 ne sachant ni lire, ni écrire, ont été acquittés ; 38 sur 100 sachant imparfaitement lire et écrire ; 41 sur 100 possédant ces connaissances assez pour qu'elles pussent leur être utiles ; 54 sur 100 ayant acquis un degré d'instruction supérieur.

Il est important de marquer les limites dans lesquelles la peine accessoire de l'exposition publique, facultative à l'égard du plus grand nombre des condamnés, a été appliquée par les cours d'assises. Sur 1,910 accusés condamnés aux travaux forcés et à la réclusion, 983, la moitié environ, ont été condamnés à subir cette peine ; 927 en ont été dispensés, 22 en raison de leur âge, et 905 par décision spéciale de la cour d'assises. La proportion est donc pour ceux-ci de 47 sur 100 ; elle était de 44 sur 100 en 1838, et de 43 en 1837 et 1836. Ainsi d'année en année cette peine accessoire est plus fréquemment écartée par les cours d'assises.

Votre Majesté a fait remise de l'exposition à 33 des condamnés qui devaient la subir : 15 avaient été condamnés pour faux ; 3, pour fausse monnaie ; 5 pour pillage de grains et d'objets mobiliers ; 4, pour meurtre ; 1, pour empoisonnement ; 2, pour infanticide ; 2, pour viol ou attentat à la pudeur avec violence ; 1, pour vol.

Le compte ne s'est occupé jusqu'ici que des accusés qui ont été jugés contradictoirement par les cours d'assises ; ces cours ont, en outre, statué sur le sort de 550 accusés contumax impliqués dans 470 accusations. En 1838, le nombre des procédures contumaciales était de 564, et celui des accusés de 631. De ces accusés, jugés par contumace, 12 seulement ont été acquittés : 27 ont été condamnés à mort ; 32, aux travaux forcés à perpétuité ; 278, aux travaux forcés à temps ; 170, à la réclusion et 11 à des peines correctionnelles. 58 de ces accusés (plus d'un dixième) appartenaient au département de la Seine, et 48 à celui de la Corse.

199 accusés, qui avaient été condamnés par contumace (36 en 1839 et 163 antérieurement) ont été repris ou se sont constitués, et ont été jugés contradictoirement. 93 ont été acquittés ; les autres ont été condamnés ; 7, aux travaux forcés à perpétuité ; 17, aux travaux forcés à temps ; 19, à la réclusion ; 63, à des peines correctionnelles. Le délai écoulé entre l'arrêt de contumace et l'arrêt contradictoire a été, pour 84, moins d'une année ; il a varié pour les autres d'un an à dix-huit ans.

Un tableau du compte présente les crimes classés mois par mois, suivant l'époque de leur perpétration. Ce tableau paraît démontrer que les saisons n'exercent sur la criminalité qu'une influence très-faible, et qui peut même être contestée. En effet, chacun des mois offre, à quelques unités près, le même nombre de crimes dans chacune de leurs espèces. Toutefois on peut remarquer que certains crimes contre les personnes, et principalement les viols et les attentats à la pudeur, éprouvent une légère augmentation pendant le printemps et l'été, et que les vols, au contraire, sont un peu plus fréquents pendant les mois de l'hiver.

Deux autres tableaux, spécialement affectés aux soustractions frauduleuses, constatent la nature et la valeur approximative des objets volés.

Les 3,199 accusations de vol déférées aux cours d'assises comprenaient 5,286 soustractions (39 de moins qu'en 1838). Ces 5,286 vols se divisent en 396 tentatives et 4,890 vols consommés. A l'égard de 317 de ces vols, il n'a pas été possible d'établir, même approximativement, la valeur des objets soustraits. Les autres, au nombre de 4,573, représentaient une valeur totale de 1,737,593 fr., ce qui donne une moyenne de 380 fr. par chaque vol. Chacun des 3,464 individus impliqués dans les accusations de cette nature a obtenu un produit moyen de 502 fr. Le produit de chaque vol n'était que de 341 fr. en 1836, 208 fr. en 1837, et 250 fr. en 1838.

Les vols d'argent et d'effets de commerce, qui forment la classe la plus nombreuse, s'élèvent au nombre de 1,669 ; 132 de sommes inférieures à 10 fr. ; 450, de 10 à 50 fr. ; 234, de 50 à 100 fr. ; 627, de 100 à 1,000 fr. ; 179, de plus de 1,000 fr., et 447, de sommes indéterminées. Les vols d'ar-

---

une classe de faux en matière de recrutement, et l'on a distingué les faux en écriture publique et authentique de ceux en écriture privée ; le faux

par supposition de personne a cessé de faire une classe à part.

gent, dont le produit a pu être déterminé, ont produit un préjudice total de 1,288,584 fr.; en moyenne, 794 fr. par chaque vol. Le produit moyen des vols de marchandises a été de 522 fr. Les vols d'argenterie et bijoux ont donné, pour chaque soustraction, une somme de 256 fr. Ce produit est de 233 fr. dans les vols d'objets divers, où les voleurs ont saisi tout ce qu'ils trouvaient sous la main; de 104 fr. dans les vols d'animaux domestiques; de 59 fr. dans les vols de blé ou farine, de 49 fr. dans les vols de linge ou vêtements; de 45 fr. dans les vols d'effets mobiliers; de 11 fr. seulement dans les vols de comestibles. Cette dernière classe est la moins considérable; elle ne renferme que 160 soustractions, qui ont causé un préjudice de 1,782 fr.

Je mets sous les yeux de Votre Majesté un tableau qui fait connaître la valeur approximative des objets volés pendant les quatre dernières années.

NATURE des OBJETS VOLÉS.	1856. Nombre des vols de chaque espèce.	1856. Total du préjudice approximatif causé par chaque espèce de vol.	1856. Moyenne du préjudice causé par un vol de chaque espèce.	1857. Nombre des vols de chaque espèce.	1857. Total du préjudice approximatif causé par chaque espèce de vol.	1857. Moyenne du préjudice causé par un vol de chaque espèce.	1858. Nombre des vols de chaque espèce.	1858. Total du préjudice approximatif causé par chaque espèce de vol.	1858. Moyenne du préjudice causé par un vol de chaque espèce.	1859. Nombre des vols de chaque espèce.	1859. Total du préjudice approximatif causé par chaque espèce de vol.	1859. Moyenne du préjudice causé par un vol de chaque espèce.
Argent, billets, effets de commerce.	1,447	640,664	559	1,293	559,384	433	1,437	719,809	501	1,622	1,288,584	794
Argenterie, bijoux, objets précieux.	272	33,384	141	306	75,310	246	362	107,594	297	333	85,370	256
Marchandises.	344	129,331	376	365	90,400	248	341	173,378	508	416	217,337	522
Linge, vêtements.	710	32,208	41	921	50,402	55	964	57,173	59	750	36,628	49
Divers effets mobiliers.	368	9,405	26	524	14,984	29	712	17,433	24	576	26,104	45
Comestibles.	216	2,359	11	190	1,940	10	233	3,419	15	160	1,782	11
Blé, farine.	145	7,955	55	199	13,812	69	250	14,988	60	277	16,487	59
Animaux domestiques vivants.	171	20,188	118	235	21,840	93	276	37,636	136	289	30,173	104
Objets divers, quand les voleurs ont pris tout ce qu'ils ont trouvé.	81	296,692	3,633	64	22,102	345	72	32,617	453	150	34,928	233
Totaux des vols d'objets dont la nature et la valeur ont été déterminées.	3,454	1,177,246	341	4,097	850,224	208	4,647	1,164,045	250	4,573	1,737,393	380
Vols d'objets dont la valeur n'a pu être déterminée.	968	.....	.....	993	.....	.....	320	.....	.....	317	.....	.....
Simples tentatives de vol.	308	.....	.....	401	.....	.....	358	.....	.....	396	.....	.....
TOTAUX GÉNÉRAUX.	4,730			5,491			5,325			5,286		

La quotité du préjudice causé par le vol exerce sur la mesure de la répression une influence certaine. Ainsi, les acquittements ont été de 39 sur 100 accusations, lorsque le préjudice n'excédait pas 10 fr.; de 27 sur 100, lorsque ce préjudice se trouvait dans les limites de 10 à 50 fr.; de 26 sur 100, quand il s'élevait de 50 à 100 fr.; de 21 sur 100, quand il s'élevait jusqu'à 1,000 fr., et de 20 sur 100 seulement, quand il dépassait ce dernier terme. A l'égard des simples tentatives, les acquittements sont également de 39 sur 100, comme en ce qui concerne les vols qui ont causé le préjudice le plus minime. Les mêmes proportions se retrouvent dans l'exercice du droit de déclarer l'existence des circonstances atténuantes : cette déclaration a été déniée par le jury, dans 47 accusations sur 100, qui avaient pour objet des vols d'une valeur supérieure à 1,000 fr.; elle n'a été omise que dans 17 accusations seulement sur 100, lorsque les vols n'avaient causé qu'un préjudice moindre de 10 fr.

IMPORTANCE DES VOLS.	1856. Nombre des vols de chaque espèce.	1856. négativement.	1856. affirmativement, sans circonstances atténuantes.	1857. Nombre des vols de chaque espèce.	1857. négativement.	1857. affirmativement, sans circonstances atténuantes.	1858. Nombre des vols de chaque espèce.	1858. négativement.	1858. affirmativement, sans circonstances atténuantes.	1859. Nombre des vols de chaque espèce.	1859. négativement.	1859. affirmativement, sans circonstances atténuantes.
Vols d'un produit approximatif. — de 1 à 10 fr.	750	34	17	850	36	12	922	30	19	809	39	17
de 10 à 50 fr.	1,271	22	18	1,577	24	20	1,685	23	25	1,580	27	20
de 50 à 100 fr.	407	24	22	527	21	26	680	18	30	675	26	26
de 100 à 1,000 fr.	801	19	32	984	21	31	1,142	19	34	1,257	21	31
de 1,000 fr. et plus.	185	15	49	155	22	39	218	22	41	252	20	47
Vols d'un produit indéterminé.	968	25	27	993	27	25	320	32	31	317	29	23
Simples tentatives.	308	33	29	401	35	23	358	30	28	396	39	25
TOTAL des vols ou tentatives de vols.	4,730	25	24	5,491	26	23	5,325	24	27	5,286	28	25

Cinq tableaux sont consacrés, comme les années précédentes, à faire connaître les motifs présumés des crimes d'assassinat, de meurtre, d'empoisonnement et d'incendie. Ces motifs sont à peu près, chaque année, les mêmes et dans les mêmes proportions. Sur 772 de ces grands crimes, 113 ont pris leur source dans la cupidité; 43 paraissent avoir eu pour cause l'adultère; 94, des dissensions domestiques; 19, la passion de l'amour; 41, la débauche; 245, la haine et le désir de la vengeance; 88 enfin ont été la suite de rixes nées au jeu ou au cabaret.

Le nombre des lettres de réhabilitation accordées en 1839 a été de 26 seulement, comme en 1838. Cette faible quotité appellera sans doute prochainement l'attention du législateur sur une institution dont les promesses n'ont pas été jusqu'à présent réalisées. La société a intérêt à ce qu'un plus grand nombre de condamnés recouvrent les droits de la cité, en donnant des garanties efficaces pour l'avenir. Il sera donc nécessaire d'examiner s'il y a lieu de faciliter l'accès de la réhabilitation, d'abréger ses épreuves et d'appeler un plus grand nombre de condamnés à la mériter.

Les cours d'assises ont statué sur 23 délits de presse périodique, 18 délits de presse non périodique, et 21 délits politiques. Ces 62 affaires comprenaient 103 prévenus; 73 ont été acquittés; 27 ont été condamnés à l'emprisonnement; 3, à l'amende seulement. La cour d'assises de la Seine a jugé le tiers de ces préventions, 18 délits de presse et 3 délits politiques; les deux tiers des prévenus ont été acquittés.

La deuxième partie du compte fait connaître les travaux des tribunaux de police correctionnelle.

Ces tribunaux ont jugé définitivement, en 1839, 143,654 affaires et 190,642 prévenus. Il résulte de ces chiffres une diminution de 763 affaires et de 1,612 prévenus sur l'année 1838.

Mais, si l'on divise ces affaires en délits communs et en contraventions fiscales, on trouve qu'en 1839 le nombre de ces dernières affaires a diminué de 3,404 et que celui des délits communs s'est accru de 2,641. Ce mouvement contraire et simultané se faisait déjà remarquer en 1838.

La classe des délits communs comprend 95 espèces d'infractions à la loi. Dans ces catégories se trouvent, en première ligne, les vols simples, au nombre de 17,972; les coups et blessures, 10,244; les délits de chasse et de port d'armes, 7,950; les outrages et violences envers des magistrats, des fonctionnaires, des agents de la force publique, 5,966; les faits de vagabondage, 5,311; de mendicité, 2,184; les infractions au ban de la surveillance, 2,920; les diffamations et injures, 2,841. Ces huit

espèces de délits forment les quatre cinquièmes (81 sur 100) du nombre total. L'augmentation qui a été signalée plus haut a porté principalement sur les vols.

La classe des contraventions fiscales comprend 9 espèces d'infractions. Les plus nombreuses sont les contraventions aux lois sur les eaux et forêts; 73,311 ont été poursuivies, 81 sur 100 de la somme totale des contraventions, 3,408 de moins qu'en 1838; ensuite viennent les contraventions aux lois sur les contributions indirectes et sur les douanes : les premières ont donné lieu à 2,487 poursuites, et les autres à 2,305.

Les prévenus ont été classés suivant leur sexe et suivant leur âge. Les 63,275 délits communs comprenaient 83,884 prévenus; 69,585 hommes et 14,299 femmes : c'est, pour ces dernières, la proportion de 17 sur 100. Les prévenus de contraventions fiscales, au nombre de 106,758, se divisent en 83,887 hommes et 22,871 femmes : la proportion est de 21 sur 100.

Cette proportion varie pour chaque espèce de délit; elle est de 10 sur 100 en matière de rébellion et d'outrages envers des fonctionnaires publics; de 13 sur 100, en matière d'infraction de ban; de 14 sur 100, en matière de coups et blessures volontaires; de 17 sur 100, parmi les prévenus de vagabondage; de 24 sur 100, parmi les prévenus de mendicité; de 27 sur 100, dans les préventions de vol; enfin, de 28 sur 100, en matière de diffamation et d'injures publiques. Les délits forestiers comptent 22 femmes sur 100 délinquants.

Sous le rapport de l'âge, les prévenus de délits communs, les seuls dont l'âge ait pu être exactement constaté, sont classés ainsi qu'il suit : 3,534 étaient âgés de moins de 16 ans; 9,421, de 16 à 21 ans; 65,940, avaient plus de 21 ans. L'âge de 4,989 n'a pu être constaté. Les enfants de moins de 16 ans forment donc une proportion de 4 1/2 sur 100. Les préventions qui pèsent sur eux sont principalement celles de vol et de vagabondage.

Le nombre des prévenus acquittés par les tribunaux correctionnels a été de 23,862 : c'est 12 1/2 sur 100. Cette proportion, qui se retrouve en 1838, avait été, depuis 1834 jusqu'en 1837, de 15 et de 14 sur 100.

Le nombre des acquittements est de 12 sur 100 parmi les prévenus jugés à la requête des administrations fiscales, de 18 sur 100 parmi les prévenus jugés à la requête du ministère public, et de 44 sur 100 parmi les prévenus jugés à la requête des parties civiles. La raison de cette différence se trouve dans la nature des contraventions fiscales, qui consistent dans des faits matériels constatés par des procès-verbaux réguliers; dans la circonspection et la mesure avec lesquelles le ministère public exerce son action à l'égard des délits communs qu'il poursuit; enfin, dans avec laquelle les parties civiles usent, en la légèreté général, du droit de citation directe qu'elles tiennent de la loi, pour poursuivre la réparation des faits dont elles se prétendent lésées.

166,780 prévenus ont été condamnés, savoir : 120,719 à l'amende, 45,289 à l'emprisonnement. La détention de 724 enfants dans des maisons de correction a été ordonnée; la surveillance de la haute police a été infligée à 29 jeunes vagabonds; enfin, 19 délinquants forestiers ont été condamnés seulement à restituer des bois enlevés, ou à démolir des constructions élevées dans le voisinage des forêts.

La durée de l'emprisonnement ou de la détention dans une maison de correction a été de moins de 6 jours pour 5,784 condamnés; de 6 jours à 1 mois, pour 13,525; de 1 à 6 mois, pour 15,165; de 6 mois à 1 an, pour 3,907; de 1 an, pour 1,899; de 1 an et 1 jour à 2 ans inclusivement, pour 3,975; de plus de 2 ans et moins de 5, pour 867; de 5 ans, pour 646; de plus de 5 ans et moins de 10, pour 200; enfin de dix ans, pour 45.

La régularité avec laquelle les faits constatés par la statistique se reproduisent chaque année doit être particulièrement remarquée à l'égard de la durée des peines d'emprisonnement prononcées par les tribunaux correctionnels. En 1838, sur 100 condamnés, 41 ont subi moins d'un mois d'emprisonnement; 41, d'un mois à 1 an; 13, de 1 an à 2, et 5 plus de 2 ans. En 1839, ces proportions sont de 41, 42, 13 et 4.

6,883 jugements ont été attaqués par la voie de l'appel : c'est 1 appel sur 21 jugements rendus par les tribunaux correctionnels. 9,042 prévenus étaient intéressés dans ces rappels, 5,436 comme appelants, 3,151 comme intimés, 755 tout à la fois comme appelants et comme intimés.

4,043 de ces jugements attaqués (59 sur 100) ont été confirmés, et 2,840 (41 sur 100) ont été infirmés. La décision des juges d'appel n'a nullement modifié le sort de 5,401 prévenus; la position des autres a été changée : 1,653 ont subi une aggravation de la peine prononcée en première instance; 1,899, une atténuation de cette peine. 947 prévenus, acquittés en première instance, ont été condamnés en appel; 765 ont été déchargés par les tribunaux d'appel des peines prononcées contre eux en première instance.

En résumé, si l'on prend l'ensemble des décisions des premiers juges, on trouve que les appels, par leurs résultats, n'ont modifié ces décisions que d'une manière presque insensible, et cette observation témoigne en faveur d'une saine distribution de la justice dans les tribunaux correctionnels de première instance.

Les deux premières parties du compte font connaître combien d'accusés ont été traduits devant les cours d'assises, combien de prévenus devant les tribunaux correctionnels; la troisième partie est consacrée aux renseignements qui ont été recueillis sur ceux de ces accusés et de ces prévenus qui se trouvaient en récidive.

Sur les 7,858 accusés qui ont été jugés par les cours d'assises en 1839, 1,749 étaient en récidive : c'est 14 de moins qu'en 1838. Le rapport des récidives à la totalité des accusés était, en 1838, de 22 sur 100; en 1839, il est d'un peu plus de 22.

Parmi ces accusés en récidive, 1,036 n'avaient subi qu'une seule condamnation antérieure, correctionnelle pour 916, infamante à l'égard de 120; 396 en avaient subi deux; 166, trois; 69, quatre; 59, cinq; 43, de six à dix. 188 avaient été précédemment condamnés aux travaux forcés; 101, à la réclusion; 557, à plus d'une année d'emprisonnement; 903, à une année, ou à moins d'une année d'emprisonnement, ou à l'amende seulement.

Le rapport du nombre des récidives à la totalité des accusés éprouve des différences assez graves dans les divers départements : ce rapport est de 4 récidives seulement sur 100 accusés dans le département de la Corse; de 7 sur 100, dans la Nièvre et la Creuse; de 8 sur 100, dans les Basses-Pyrénées. Il s'élève, au contraire, jusqu'à 32 sur 100 dans la Drôme, la Meurthe, Eure-et-Loir, la Seine; à 33 sur 100, dans la Manche et Tarn-et-Garonne; à 34 sur 100, dans la Haute-Saône et la Moselle; à 36 sur 100, dans le Doubs; à 50 sur 100, dans le Finistère; enfin à 52 sur 100, dans le Jura.

Parmi les 1,749 accusés en récidive, 268 ont été acquittés, et 1,481 condamnés. 10 ont été condamnés à mort; 58, aux travaux forcés à perpétuité; 467, aux travaux forcés à temps; 333, à la réclusion; 1, au bannissement; 1, à la détention; 558, à plus d'un an d'emprisonnement, et 53, à moins d'un an.

Ces chiffres donnent la mesure de la répression à l'égard des accusés en récidive. En effet, sur 100 accusés jugés pour la première fois en 1839, il y a eu 41 acquittements. Parmi les accusés jugés en récidive, la proportion n'est que de 15 sur

100 : elle était de 17 sur 100 en 1838. Cette différence signale de nouveau une fermeté plus grande dans la distribution des peines. On doit, au reste, remarquer que, sur 100 accusés qui avaient subi la peine des travaux forcés, 10 seulement ont été acquittés ; que, sur 110 accusés qui avaient subi la peine de la réclusion, les acquittements n'ont été prononcés qu'en faveur de 9 ; que ce rapport a été de 10 sur 100 parmi les accusés libérés d'une peine d'emprisonnement de plus d'un an, et de 21 sur 100 parmi les libérés d'une peine inférieure.

Les accusés de crimes contre les personnes sont, parmi les récidivistes, dans le rapport de 17 sur 100 ; parmi les accusés jugés pour la première fois, ce rapport est de 32 sur 100. 60 des accusés en récidive étaient poursuivis pour assassinat, 26 pour meurtre, 1,300 pour vol. Les accusés de vol sont, chaque année, plus nombreux dans cette classe d'accusés que dans la classe de ceux qu'aucune condamnation antérieure n'a frappés.

Le nombre des prévenus en état de récidive, traduits en 1839 devant les tribunaux de police correctionnelle, s'est élevé à 10,661 ; en 1838, ce nombre était de 10,258.

Dans ce nombre, 1,560 ont été, pendant le cours de l'année, jugés deux, trois et jusqu'à dix fois, soit par le même tribunal, soit par des tribunaux différents. Ces poursuites réitérées contre les mêmes individus ont le plus souvent pour objet des infractions au ban de la surveillance. Il est important de remarquer que ces prévenus ont dû être inscrits autant de fois dans les tableaux de la statistique qu'il a été prononcé de jugements contre eux ; il en résulte que le nombre apparent des récidivistes est de 12,568, quand leur nombre réel n'est que de 10,661.

6,148 des prévenus en récidive n'avaient subi qu'une condamnation antérieure. 2,630 en avaient subi deux ; 1,419, trois ; 866, quatre ; 515, cinq, 990 en avaient subi de six à dix. 698 avaient été précédemment condamnés aux travaux forcés, 584, à la réclusion ; 3,156, à plus d'un an d'emprisonnement, et 8,130 à des peines inférieures.

Les premières condamnations avaient été prononcées contre 6,016 prévenus, pour vols simples ou qualifiés ; contre 2,917, pour vagabondage et mendicité ; contre 1,147, pour coups et blessures volontaires ; contre 579, pour rébellion et outrages envers des fonctionnaires et agents de la force publique ; contre 444, pour escroquerie et abus de confiance. Les dernières poursuites étaient motivées, à l'égard de

2,935, par des infractions au ban de la surveillance ; à l'égard de 4,286, par des vols ; à l'égard de 1,985, par des délits de vagabondage ou de mendicité ; à l'égard de 972, par des coups ou blessures volontairement portés ; enfin, à l'égard de 763, par des actes de rébellion ou d'outrages envers des fonctionnaires ou des agents de la force publique.

Le rapport du nombre des récidives à la totalité des prévenus jugés par les tribunaux correctionnels à la requête du ministère public, les seuls dont les antécédents soient exactement constatés, est de 17 sur 100 : ce rapport était identique en 1838. Il s'élève à 30 sur 100 dans le département de la Seine ; de 20 à 25 sur 100 dans le Finistère, le Pas-de-Calais, le Loiret, le Nord, Seine-et-Marne, les Côtes-du-Nord. Ille-et-Vilaine, la Somme, le Calvados, la Meurthe, la Seine-Inférieure. Il s'abaisse au-dessous de 10 sur 100 dans la Lozère (4 sur 100), les Basses-Alpes, l'Indre, la Nièvre, l'Ardèche, les Landes, les Deux-Sèvres, la Haute-Loire (6 sur 100), le Lot, les Pyrénées-Orientales (7 sur 100), la Creuse, la Charente-Inférieure (8 sur 100), la Loire, les Hautes-Pyrénées, le Puy-de-Dôme, le Tarn (9 sur 100).

Il reste, en ce qui concerne les récidives, à rechercher quelle a pu être l'influence du régime des bagnes et des maisons centrales, sur la perpétration des nouveaux crimes ou délits. Au moment où l'attention du gouvernement se dirige sur la réforme des prisons, il importe de constater les résultats du système actuel de l'emprisonnement.

Le compte fait connaître, en premier lieu, combien de condamnés sont sortis, pendant l'année 1839, de chaque bagne et de chaque maison centrale ; la durée de la peine qu'ils ont exécutée ; le montant de la masse qu'ils ont touchée à leur sortie, et enfin le degré de leur instruction. Les comptes des quatre années antérieures donnaient les mêmes renseignements sur les libérés de 1835, 1836, 1837, et 1838. On a donc pu constater, pour chacun des récidivistes libérés dans ces cinq années, à quelle catégorie il appartenait, et étudier ainsi l'influence sur sa conduite de la durée de la peine, du montant de la masse, de la profession qu'il exerçait, et enfin du degré de l'instruction qu'il avait reçue avant ou pendant sa détention.

En 1835, 691 condamnés aux travaux forcés sont sortis des trois bagnes de Brest, de Rochefort et de Toulon ; 202, ou 29 sur 100, sont tombés en récidive une ou plusieurs fois depuis le moment de leur libération jusqu'au 31 décembre 1839. Dans la même année, 5,083 condamnés sont sortis des maisons centrales ; 1,734 , ou 54 sur 100, sont tombés en récidive pendant la même période de cinq années.

En 1836, 585 condamnés sont sortis des bagnes, et, pendant quatre années, 161 récidives (28 sur 100) ont été constatées. Dans la même année, 5,321 sont sortis des maisons centrales, et 1,698 récidives (32 sur 100) ont été commises.

En 1837, les condamnés libérés des bagnes se sont élevés au nombre de 664, et les condamnés libérés des maisons centrales, au nombre de 5,707. Pendant trois années, jusqu'au 31 décembre 1839, 186 récidives (28 sur 100) ont été constatées parmi les premiers, 1,717 (30 sur 100) parmi les seconds.

En 1838, parmi 518 condamnés sortis des bagnes et 5,767 condamnés sortis des maisons centrales, on a compté jusqu'au 31 décembre 1839, dans la première classe, 112 récidives (22 sur 100), et dans la seconde 1,444 (25 sur 100).

Enfin, en 1839, les condamnés sortis des bagnes ont été au nombre de 463, et les condamnés sortis des maisons centrales, au nombre de 5,811. Parmi les premiers, 61 récidives (13 sur 100), et parmi les autres, 665 récidivistes (11 sur 100), ont été constatées. Ainsi les récidives ont été proportionnellement plus nombreuses parmi les libérés des bagnes que parmi les libérés des maisons centrales, et l'année 1839 est la première où ce mouvement de la criminalité ait éprouvé un temps d'arrêt.

Il résulte de ces tableaux que, pendant les années 1835, 1836, 1837, 1838 et 1839, 2,921 condamnés sont sortis des bagnes, et 21,310 des maisons centrales ; que 722, parmi les premiers, ou 25 sur 100, sont tombés, jusqu'au 31 décembre 1839, en récidive ; que 6,013 parmi les seconds, ou 28 sur 100, ont également été l'objet de nouvelles poursuites.

C'est pour le plus grand nombre dans la première année, pour plusieurs dans les premiers mois, pour quelques-uns même dans les premiers jours de la libération, que les nouveaux crimes ou délits ont été commis. Plusieurs commencent par enfreindre leur ban de surveillance, et cette première infraction est bientôt suivie d'infractions plus graves.

Sur les 722 condamnés libérés des bagnes qui ont été repris de 1835 à 1839, 278 (39 sur 100) se sont rendus coupables de vols qualifiés ou d'autres crimes ; 193 (27 sur 100) ont commis des vols simples ; 205 (28 sur 100) n'ont fait qu'enfreindre leur ban ; 13 ont été arrêtés pour vagabondage ou mendicité, 33 pour divers autres délits.

Sur les 7,258 condamnés libérés des

maisons centrales, repris dans le même laps de temps, 1,449 (20 sur 100) se sont rendus coupables de vols qualifiés ; 3,374 (46 sur 100), de vols simples ; 1,389 (19 sur 100), d'infraction au ban de la surveillance ; 578 (8 sur 100), de délits de vagabondage ou de mendicité ; 468 (7 sur 100), de divers autres délits.

Les nouvelles poursuites ont eu pour résultat, parmi les 722 libérés des bagnes, 17 acquittements (2 sur 100) ; 234 condamnations à des peines infamantes (32 1/2 sur 100) ; 234 condamnations à plus d'un an d'emprisonnement, et 237 à un an, à moins d'un an d'emprisonnement ou à l'amende (33 sur 100) ; et parmi les 7,258 libérés des maisons centrales, 219 acquittements (3 sur 100) ; 1,043 condamnations à des peines infamantes (14 sur 100) ; 3,926 condamnations à plus d'un an d'emprisonnement (54 sur 100) ; enfin, 2,070 condamnations à des peines inférieures (29 sur 100). Ainsi, si les condamnés aux travaux forcés sont tombés en récidive après leur libération moins fréquemment que les condamnés sortis des maisons centrales, ils ont commis en général des crimes plus graves qui ont entraîné l'application de peines plus sévères.

La proportion des récidives diffère dans chacun des bagnes et dans chacune des maisons centrales. Le bagne de Toulon présente 10 à 12 récidives sur 100 condamnés de plus que les bagnes de Brest et de Rochefort. Entre toutes les maisons centrales ; celles de Poissy, de Melun, de Rennes , offrent annuellement un plus grand nombre de récidives que les autres maisons centrales : sur 241 condamnés sortis de Poissy en 1835, 160 avaient été repris jusqu'au 31 décembre 1839 : c'est 66 sur 100. 22 sur 100 des condamnés libérés, en 1839, de cette maison , avaient déjà été repris dans le cours de cette même année. On doit expliquer ces différences par la diversité des populations qui sont renfermées dans ces divers établissements.

Deux tableaux du compte sont destinés à faire connaître les travaux des tribunaux de simple police. Ces tribunaux, qui sont au nombre de 2,846, ont rendu, en 1839, 155,666 jugements contre 213,591 inculpés de contraventions de police : c'est 1,578 jugements et 10,777 inculpés de plus qu'en 1838.

Ces jugements ont été rendus, 149,065 à la requête du ministère public, 6,601 sur la poursuite directe des parties ; 126,061 jugements ont été prononcés contradictoirement, et 29,605 par défaut.

25,438 inculpés (12 sur 100) ont été acquittés ; 178,792 ont été condamnés à une amende, 8,498 à l'emprisonnement. La juridiction de simple police s'est déclarée incompétente à l'égard de 863 inculpés.

Les tribunaux de police du département de la Seine ont rendu 22,456 jugements, 9,434 de moins qu'en 1838. Cette diminution de près d'un tiers est d'autant plus remarquable que depuis 1834, le nombre des contraventions de police n'avait pas cessé de s'accroître chaque année dans ce département.

Les quatre premières parties du compte ont fait connaître quels ont été les résultats des poursuites portées devant les diverses juridictions criminelles; la cinquième partie explique par quels moyens d'instruction ces résultats ont été préparés et obtenus.

Le ministère public a été saisi, en 1839, de 151,794 plaintes, dénonciations ou procès-verbaux. Dans ce chiffre ne sont comprises ni les contraventions fiscales, au nombre de 78,194, poursuivies directement à la requête des administrations publiques qu'elles concernaient, ni les contraventions jugées par les tribunaux de simple police.

Ces 151,794 plaintes ou procès-verbaux sont parvenus à la connaissance du ministère public de la manière suivante : 44,043 procès-verbaux ont été dressés par la gendarmerie, 37,416 par les commissaires de police, 24,936 par les maires ou adjoints, 10,119 par les juges de paix, 6,782 par les gardes champêtres. 13,049 plaintes ou dénonciations ont été reçues directement des parties elles-mêmes par le ministère public et les juges d'instruction. La juridiction correctionnelle a été saisie directement par les plaintes des parties dans 8,662 affaires. A l'égard de 5,794, l'action du ministère public a été provoquée par la notoriété publique, le flagrant délit ou toute autre cause ; enfin 993 procès-verbaux ou plaintes étaient restés, depuis l'année précédente, dans les parquets. Il résulte de ces renseignements que la gendarmerie et les commissaires de police sont les plus utiles auxiliaires du ministère public.

De ces 151,794 plaintes, dénonciations et procès-verbaux, 53,160 ont été classés, après une enquête préliminaire, comme n'étant susceptibles d'aucune suite, soit parce que les faits dénoncés ne constituaient ni crime ni délit, soit parce qu'ils étaient dénués de toute gravité, soit à raison du décès des inculpés, de la prescription des délits ou de toute autre cause. 57,497 ont été communiqués aux juges d'instruction pour être l'objet d'une information préalable; 37,218 ont été portés à l'audience des tribunaux correctionnels par citation directe soit du ministère public, soit des parties civiles ; 3,082 ont été renvoyés devant les juridictions compétentes. Aucune détermination n'avait pu être prise, le 31 décembre 1839, sur 839 plaintes ou procès-verbaux.

Aux 57,497 plaintes ou procès-verbaux communiqués aux juges d'instruction, il en faut ajouter 4,680 qui appartenaient à l'année précédente, et qui étaient restés entre leurs mains : ces magistrats ont donc dû instruire 62,177 affaires. 56,824 seulement ont pu être instruites dans le cours de l'année 1839. Les chambres du conseil ont rendu 20,097 ordonnances portant qu'il n'y a pas lieu à suivre ; 6,589 ordonnances portant renvoi devant les chambres d'accusation ; 29,624 ordonnances portant renvoi devant les tribunaux correctionnels; enfin 504 ordonnances portant renvoi devant les tribunaux de simple police ou devant d'autres juridictions.

Les chambres d'accusation saisies de 6,709 affaires, soit antérieures à 1839, soit nées dans le cours de cette année, en ont renvoyé 5,877 devant les cours d'assises, 247 devant les tribunaux correctionnels, 16 devant les tribunaux de simple police ou d'autres juridictions. Elles ont déclaré, à l'égard de 549, qu'il n'y avait plus lieu à suivre.

Les chambres du conseil ont réglé, dans les trois mois de la perpétration des crimes et délits, 93 sur 100 affaires soumises à leur appréciation. Les chambres d'accusation ont, dans le même délai, expédié 59 sur 100 des affaires qui leur avaient été renvoyées. Devant les cours d'assises, 65 affaires sur 100 ont été jugées dans les six mois à partir de la date du crime ; devant les tribunaux correctionnels, 93 affaires sur 100 ont reçu une solution dans le même délai. Ces résultats témoignent du zèle des magistrats et de la célérité de la justice.

La détention avant jugement est pour la société une garantie de la réparation du délit, et pour la justice un moyen d'arriver à la découverte de la vérité ; mais elle n'est point une peine : elle ne doit donc être appliquée que lorsqu'elle est une garantie nécessaire de l'application du châtiment ou de l'instruction de la procédure. Le tableau suivant prouve que, si les magistrats ont cru nécessaire d'ordonner cette mesure à l'égard d'individus qui ont été ultérieurement déchargés des poursuites ou acquittés, ils ont du moins apporté tous leurs soins à abréger la durée de cette détention et à lui donner les plus étroites limites. ...

INDIVIDUS DÉTENUS.	DURÉE DE LA DÉTENTION AVANT JUGEMENT.					
	Moins d'un mois.	1 à 2 mois.	2 à 3 mois.	3 à 6 mois.	6 mois et plus.	Totaux.
Renvoyés des poursuites par les chambres du conseil.	11,134	1,649	340	166	36	13,325
Renvoyés des poursuites par les chambres d'accusation.	222	219	115	58	15	629
Acquittés par les tribunaux correctionnels. .	2,128	1,059	194	65	31	3,477
Acquittés ou absous par les cours d'assises. .	280	492	554	1,258	221	2,805
Totaux.	13,764	3,419	1,203	1,547	303	20,236

Il y a eu, en 1839, 109 fonctionnaires ou agents de la force publique inculpés de crimes ou délits commis dans l'exercice de leurs fonctions. Ce sont 25 maires, 4 adjoints, 1 commissaire de police, 1 directeur de bureau de poste, 50 gardes ou brigadiers forestiers, 28 douaniers de divers grades.

Sur la demande qui en a été faite par les parties lésées, l'autorisation de poursuivre a été accordée directement par les administrations compétentes à l'égard de 32 des fonctionnaires inculpés ; elle a été donnée, pour 26 autres, par le conseil d'Etat, qui l'a refusée pour 51.

Des 58 fonctionnaires ou agents dont la mise en jugement avait été autorisée, 37 ont été déchargés des poursuites ou acquittés par les tribunaux compétents, 9 ont été condamnés à un an ou moins d'emprisonnement, et 12 à l'amende seulement. Le résultat des poursuites indique assez combien les faits imputés étaient en général peu graves.

Les listes générales du jury dressées en 1838, pour le service de l'année 1839, comprenaient 220,157 citoyens, 5,191 de plus que celles de l'année précédente. Ces 220,157 citoyens étaient inscrits sur les listes du jury à divers titres : 202,402 y figuraient comme électeurs, 680 comme fonctionnaires nommés par le roi à des fonctions gratuites, 4,572 comme officiers en retraite jouissant d'une pension de 1,200 fr. au moins, 7,545 comme docteurs, licenciés correspondants de l'Institut et autres sociétés savantes, 4,029 comme notaires.

Dans ces départements (les Basses et les Hautes-Alpes, la Corse, la Lozère et les Hautes-Pyrénées), en réunissant les diverses catégories qui précèdent, on n'a pas obtenu le minimum de 800 citoyens que doit comprendre la liste générale du jury de chaque département ; il a fallu recourir aux plus imposés au-dessous de 200 fr., et 929 citoyens ont été portés à ce titre sur les listes générales. Il ne s'en trouvait que 769 sur les listes de 1838. Le cens le plus bas auquel il ait fallu descendre est 95 fr. 35 c.

Les cours d'assises ont tenu, en 1839, 388 sessions, tant ordinaires qu'extraordinaires, qui ont duré ensemble 4,050 jours ; chaque session a donc eu une durée moyenne de 10 à 11 jours.

Pour faire le service de 388 sessions, 15,520 jurés ont été appelés : 13,341 se sont présentés et ont rempli leurs fonctions ; 142 étaient décédés au moment de la convocation ; 7, qui n'ont pas fait valoir d'excuses admissibles, ont été condamnés à l'amende ; les autres ont été excusés.

55,369 témoins ont été entendus dans 5,683 affaires ; la moyenne, par chaque affaire, est de 9 à 10 témoins.

La Cour de cassation (section criminelle) a été saisie, en 1839, de 1,352 pourvois : c'est 189 de moins qu'en 1838. 1,323 pourvois étaient dirigés contre des arrêts ou jugements rendus par les cours et tribunaux de France, et 29 contre des décisions des cours ou tribunaux des colonies. 255 pourvois avaient été formés par le ministère public, et 1,097 par les parties intéressées.

La chambre criminelle de la Cour de cassation a rendu, pendant cette année 1839, 1,365 arrêts : 291 de cassation, 915 de rejet et 118 de non lieu à statuer ; elle a accueilli 38 demandes en règlement de juges ou en renvoi pour cause de suspicion légitime ou de sûreté publique, et rejeté 5 demandes semblables.

783 arrêts sont intervenus en matière criminelle proprement dite, 315 en matière correctionnelle, 154 en matière de simple police, 70 ont statué sur des pourvois formés contre des décisions des conseils de discipline de la garde nationale.

Les résultats qui précèdent s'appliquent

à l'ensemble des travaux de la Cour de cassation en matière criminelle pendant le cours de l'année 1839 ; mais il a paru utile d'indiquer dans deux tableaux spéciaux jusqu'à quel point les arrêts des cours d'assises rendus en 1839 ont été modifiés par les décisions de la Cour.

La première partie du compte fait connaître qu'il a été rendu, par les cours d'assises du royaume, 5,683 arrêts contradictoires, tant en matière criminelle qu'en matière de délits politiques et de la presse. 760 de ces arrêts ont été déférés à la Cour de cassation, soit par le ministère public, soit par les condamnés C'est 13 pourvois pour 100 arrêts : en 1838, on en comptait 12 sur 100, et 11 sur 100 en 1836 et en 1837.

672 pourvois ont été rejetés, et 88 seulement accueillis par des arrêts de cassation. 56 de ces derniers arrêts ont annulé les décisions du jury et tout ce qui s'en était suivi : et les 74 accusés que les décisions concernaient ont été renvoyés devant une autre cour d'assises pour y subir de nouveaux débats. Dans 11 autres affaires intéressant 14 accusés, les déclarations du jury ont été maintenues, et la Cour suprême a seulement annulé l'arrêt intervenu sur ces déclarations, en ordonnant la mise en liberté de 6 des accusés et renvoyant les autres devant une nouvelle cour d'assises pour l'application de la peine. Dans 21 affaires, enfin, la Cour n'a cassé les arrêts attaqués que dans l'intérêt de la loi, ou elle s'est bornée à annuler quelques dispositions accessoires.

Des 82 accusés renvoyés après la cassation du premier arrêt devant une nouvelle cour d'assises, 4 avaient été absous par le premier jury, 9 avaient été condamnés à mort, 12 aux travaux forcés à perpétuité, 22 aux travaux forcés à temps, 17 à la réclusion, 1 à la dégradation civique et 17 à l'emprisonnement.

La deuxième cour d'assises a prononcé l'acquittement de 16 accusés, la condamnation à mort de 4, les travaux forcés à perpétuité contre 9, les travaux forcés à temps contre 22, la réclusion contre 10, l'emprisonnement contre 21.

En résumé, le sort de 40 accusés est resté, après le deuxième arrêt, tel que l'avait fait le premier ; le sort de 8 a été aggravé, celui de 34 amélioré ; 14 de ces derniers, condamnés par la première cour d'assises, ont été acquittés par la seconde, et 20 ont été condamnés à des peines d'un degré inférieur.

Certains renseignements n'ont pu trouver place dans aucune des six parties principales du compte général, parce qu'ils ne se rattachent que d'une manière indirecte à l'administration de la justice criminelle. Mais, comme ils offrent de l'intérêt, ils ont été réunis dans un appendice qui forme 9 tableaux et qui termine le compte.

Le premier de ces tableaux présente, par mois, l'ensemble des travaux du petit parquet établi près du tribunal de la Seine pour assurer, dans ce département, l'exécution de l'art. 93 du Code d'instruction criminelle. Il fait connaître que 8,408 affaires ont été, durant l'année 1839, soumises aux trois magistrats qui siègent à ce petit parquet. 10,326 individus, impliqués dans ces 8,408 affaires, ont été conduits en état d'arrestation devant ces magistrats et interrogés dans les vingt-quatre heures ; 4,118 (40 sur 100) ont été mis immédiatement en liberté, et 6,208 retenus sous mandat de dépôt, pour être renvoyés en police correctionnelle, ou soumis à une information devant les juges d'instruction ordinaires.

Dans le département de la Seine, en 1839, l'arrestation de 15,264 individus a été opérée ; 13,255 hommes et 2,000 femmes. 12,333 arrestations ont été faites à Paris et 2,931 dans la banlieue.

Le flagrant délit, le défaut d'asile et de ressources ont motivé l'arrestation de 13,023 individus ; 2,105 ont été arrêtés en vertu de mandements de justice, émanés des autorités judiciaires du département de la Seine, et 136 sur des mandements décernés par les autorités judiciaires des autres départements.

Le nombre des arrestations a été d'un cinquième plus élevé en 1839 qu'il ne l'avait été de 1834 à 1838.

Sur les 15,264 individus arrêtés, 1,196 ont été relaxés immédiatement ; 679 ont été placés dans des hôpitaux, hospices ou dépôts de mendicité ; 330 ont été renvoyés dans les départements ou à la frontière, avec passeports ou sous escorte ; 12,973 ont été remis à l'autorité judiciaire et 81 à l'autorité militaire.

8,723 des individus étaient sans antécédents connus ; 1,689 avaient déjà été arrêtés une première fois, dans l'année, et 4,852, antérieurement. Il y avait, dans ces deux dernières classes, 174 filles publiques et 971 libérés en surveillance qui sortaient, 154 des bagnes, 817 des maisons centrales ou autres prisons.

Quant à l'origine, les individus arrêtés se divisaient en 1,070 étrangers, et 14,194 Français. Il y avait parmi les premiers 280 Sardes, 205 Belges, 131 Suisses, 127 Autrichiens, 58 Hollandais, 55 Prussiens, 36 Espagnols, 28 Russes, 27 Anglais ; les étrangers, au nombre de 107, qui n'appartenaient pas aux neuf royaumes ci-dessus énumérés, avaient pris naissance dans seize Etats différents des diverses parties du monde.

Parmi les Français arrêtés, 12 étaient nés dans nos possessions d'outre-mer et 51 dans les pays étrangers ; les autres se distribuent d'une manière fort inégale entre les 86 départements : 4,642 appartenaient à la Seine ; 826 à Seine-et-Oise ; 450 à Seine-et-Marne ; 421 à l'Oise ; 409 à la Moselle ; 343 à la Seine-Inférieure ; 303 au département du Nord. Les Pyrénées-Orientales n'en ont fourni que 5 ; le Gers et les Basses-Alpes 8 ; le Var et les Hautes-Alpes 10.

Les individus arrêtés sont aussi classés d'après les professions ; on compte 5,716 journaliers, 768 maçons, 552 ébénistes, 478 serruriers, 463 cordonniers, 415 couturières, 396 domestiques, 356 tailleurs, etc.

Outre les morts violentes causées par les crimes ou délits qui ont été l'objet de poursuites et figurent à ce titre dans les premières parties du compte, il a été dénoncé au ministère public, soit par procès-verbaux, soit autrement, 9,379 décès dont la cause pouvait paraître suspecte. L'information a fait connaître que 6,632 de ces décès étaient des morts subites naturelles ou la suite d'accidents imprévus ; pour les 2,747 autres, il a été démontré qu'elles étaient le résultat du suicide.

On a indiqué dans un tableau à quels accidents étaient dues les 6,632 morts accidentelles ; 2,993 individus se sont noyés ; 598 ont été écrasés par des voitures, charrettes ou chevaux ; 142 des premiers et 44 des seconds, parmi ces décès, appartiennent au département de la Seine. 579 individus ont péri en tombant dans des carrières, des précipices, etc ; 230 ont été victimes de l'usage immodéré du vin ou des liqueurs alcooliques.

Le compte fait connaître le domicile, le sexe, l'âge, la profession des personnes qui se sont donné la mort, les motifs présumés du suicide, les instruments ou moyens employés pour la perpétration, enfin la date par mois.

Le nombre des suicides s'accroît chaque année ; il s'est élevé en 1839 à 2,747 ; c'est 161 de plus qu'en 1838, 304 de plus qu'en 1837, 407 de plus qu'en 1836. Le département de la Seine en compte seul 486, du cinquième au sixième du nombre total ; ensuite viennent les départements où se trouvent de grandes villes, et surtout ceux qui avoisinent Paris. Il n'y en a pas eu un seul dans le Gers ; la Corse n'en compte que 1, la Lozère 2, l'Ariége 3.

698 femmes figurent parmi les suicidés ; c'est un peu plus du quart du nombre total.

Chaque époque de la vie, depuis l'enfance jusqu'à la vieillesse, a payé son tribut à cette maladie ; on compte 2 enfants de huit à neuf ans ; 2 de onze ; 1 de douze ; 2 de treize ; 3 de quatorze, 9 de quinze ; 147 individus âgés de seize à vingt et un ; 335 sexagénaires ; 189 septuagénaires, 41 octogénaires.

On trouve parmi les suicidés des gens de toutes les professions, de toutes les conditions sociales, depuis les plus humbles jusqu'aux plus élevées ; les habitants des campagnes n'attentent pas moins à leurs jours que les habitants des villes.

Les moyens le plus fréquemment employés pour se donner la mort sont toujours la submersion, la strangulation ; 958 individus se sont noyés ; 816 se sont pendus ou étranglés ; 189 se sont asphyxiés par le charbon ; ce dernier genre de mort est surtout employé par les habitants de Paris, où 141 suicides ont eu lieu par ce moyen.

Les motifs présumés du suicide ont été très-multipliés, mais à peu près les mêmes que les années précédentes. La misère, les embarras de fortune, les chagrins domestiques, l'abrutissement produit par l'ivrognerie et l'inconduite, le désir de mettre un terme à des souffrances physiques, l'aliénation mentale, telles sont les causes le plus fréquemment signalées.

Le nombre des suicides a continué de varier suivant les saisons : ils ont été plus nombreux en été et au printemps qu'en automne et surtout qu'en hiver.

A l'occasion du neuvième anniversaire de son avénement au trône, Votre Majesté a répandu les bienfaits de sa clémence sur un certain nombre de condamnés détenus dans les bagnes et les prisons du royaume.

Sur une population de 6,207 forçats que renfermaient les bagnes de Brest, de Rochefort et de Toulon au commencement de l'année 1839, l'administration en avait choisi 175 qu'elle jugeait dignes, par leur bonne conduite, d'obtenir la remise de tout ou partie de leur peine : 142 seulement ont obtenu cette faveur ; Votre Majesté a daigné faire grâce entière à 47, et accorder une réduction ou commutation de peine à 95.

Sur les 17,932 condamnés détenus dans les maisons centrales, l'administration en avait présenté 722 qui s'étaient fait remarquer par leur repentir, leur docilité et leur application au travail, et elle demandait pour eux grâce entière ou réduction de peine, Votre Majesté a accueilli cette demande en faveur de 426 ; le reste de la peine a été remis à 193, et la durée de celle des autres 233 a été abrégée.

125 condamnés détenus dans les mai-

sons de correction ont aussi obtenu la remise entière de leur peine ou une réduction.

Je termine ici l'analyse du compte que je soumets à Votre Majesté.

Les renseignements qui s'y trouvent recueillis sont satisfaisants pour l'administration de la justice. La répression a acquis une fermeté plus grande : d'une part, en effet, le nombre des acquittements s'est abaissé ; et, d'un autre côté, la distribution des peines a laissé une moindre part à l'indulgence. Ces résultats sont dus à la certitude avec laquelle les infractions ont été constatées, à la célérité des poursuites,

à l'intelligence qui a dirigé les instructions, à la sagesse et aux louables efforts des magistrats et des jurés. Toutes les pages du compte attestent leur zèle et leurs consciencieux travaux, et je suis heureux d'avoir à les signaler à l'approbation de Votre Majesté.

Je suis, etc.

6 JUIN 1841. — Règlement de la Chambre des Pairs (1). (Article additionnel à placer entre les art. 56 et 57.)

Tout projet ou toute proposition de loi

---

(1) Proposition de M. Viennet ; développement et discussion le 13 mai (Mon. du 14), et prise en considération le 15 (Mon. du 16), après deux épreuves déclarées douteuses.

Rapport par M. le marquis de Barthélemy le 1er juin (Mon. du 2) ; adoption le 5 (Mon. du 6), à la majorité de 76 voix contre 20.

Cette disposition est la reproduction de l'art. 59 du nouveau règlement de la Chambre des Députés. (Voy. t. 39, p. 458.) Seulement on a été obligé d'en modifier la rédaction à raison de la différence qui existe dans la constitution des deux assemblées.

Le but de l'article est fort simple : il consiste à éviter la perte de temps et de travail. Accueilli presque sans opposition par la Chambre des Députés, il y a produit jusqu'ici de bons résultats. Il est donc permis de s'étonner, au premier abord, qu'il eût éprouvé, au sein de la Chambre des Pairs, une aussi vive opposition ; peut-être en a-t-on exagéré la portée. Quoi qu'il en soit, il a donné lieu au développement de hautes considérations politiques et à l'examen de questions constitutionnelles fort délicates. Voici quel était l'article proposé :

« Toute proposition de loi sur laquelle un rapport aura été fait par une commission, mais qui n'aura pu être discutée dans la même session, pourra être reprise à la session suivante sur la demande d'un pair, et en vertu d'une décision spéciale de la Chambre. Cette faculté cessera de plein droit dans le cas de dissolution de la Chambre des Députés, ou d'expiration légale du pouvoir de ses membres.»

La proposition est-elle utile ?

Est-elle constitutionnelle dans son objet et dans sa forme ?

Est-elle attentatoire à la prérogative royale ?

Enfin ses inconvénients ne surpassent-ils pas ses avantages ?

Telles sont les questions qui ont été successivement examinées. M. le rapporteur s'est d'abord attaché à démontrer l'utilité de la mesure. Il a rappelé que presque toujours dans le commencement des sessions, la Chambre des Pairs est plusieurs mois oisive ; et il a montré qu'en faisant revivre les projets déjà discutés, elle pourrait s'occuper utilement, en attendant les propositions du ministère.

« Nous devons, a-t-il dit ensuite, examiner la question au point de vue constitutionnel. Tout est important en pareille matière, les précédents de la Chambre, la gravité de la question, nécessitent à cet égard quelques développements ; vous voudrez bien les excuser.

« En 1831, la Chambre des Députés avait pensé

qu'il résultait pour la chose publique un préjudice considérable de ce que, d'après l'usage constamment observé depuis 1814, tous les projets de loi, tous les travaux législatifs commencés et non terminés dans une session étaient annulés par le fait de sa clôture. D'après son opinion, ce qui était juste et rationnel, alors que la Chambre élective se renouvelait par cinquième et pouvait avoir chaque année une composition différente, était sans motif depuis que cette composition demeurait la même par suite du renouvellement intégral. En conséquence, la Chambre, usant de son droit d'initiative, adopta, sous forme de résolution et sans qu'il se manifestât d'opposition dans son sein, un projet de loi ainsi conçu :

« Art. 1er. Hors le cas de dissolution de la Chambre des Députés ou d'expiration du pouvoir de ses membres, les travaux législatifs commencés dans l'une des deux Chambres et interrompus par la clôture de la session, pourront, à la session suivante, être repris dans l'état où ils sont restés. Toutefois cette faculté n'est applicable qu'aux projets sur lesquels un rapport aura été fait.

« 2. Hors les deux cas prévus par le précédent article, les projets de loi qui auront été adoptés par l'une des deux Chambres, dans la session précédente, pourront être présentés par le gouvernement à l'autre Chambre, et, en cas d'adoption, être promulgués comme lois de l'État. »

« Ce projet de loi, présenté à la Chambre des Pairs, fut l'objet d'un savant rapport fait dans la séance du 27 janvier 1832 par M. le marquis de Maleville, au nom d'une commission spéciale de la Chambre.

« Dans le rapport, la commission établit qu'il ne suffit pas d'avoir donné à la couronne le pouvoir de repousser directement par le véto royal, une proposition qu'elle croit dangereuse, que des moyens indirects lui sont également indispensables pour l'écarter. De là la faculté qui lui est donnée de dissoudre une Chambre dont la tendance lui paraît pernicieuse ; de là aussi celle de proroger le corps législatif, c'est-à-dire d'en clore la session, si cette mesure lui paraît suffire. Par la clôture, elle peut mettre un terme à des débats orageux ou inopportuns. Il faut que le roi ait non seulement le moyen de les faire cesser, mais de rompre la liaison des entreprises ambitieuses que pourraient concevoir les Chambres ; avec des assemblées législatives permanentes le roi serait bientôt sans liberté et soumis à leur despotisme.

« C'est par un motif de défense et de conservation des droits de la couronne, et non parce qu'un cinquième de la Chambre élective était renouvelé

qui aura été, dans la session précédente, l'objet d'un rapport fait par une commis-

sion et qui n'aura pu être discuté dans la même session, pourra être repris à la ses-

chaque année, que depuis 1814 l'effet de la clôture de la session, comme celui de la dissolution de la Chambre, a toujours été d'annuler tous les actes, tous les projets qui n'ont pas reçu dans cette même session la sanction royale et revêtu ainsi le caractère auguste de la loi. Tels sont les principes constitutionnels en vigueur dans un pays voisin, dont l'histoire est remplie de clôtures du Parlement prononcées par la couronne pour interrompre le cours de bills embarrassants et les annuler.

« Bien que le président des Etats-Unis n'ait ni le droit de prorogation, ni celui de dissolution, cependant, dans l'intérêt du perfectionnement des lois, le principe anglais a prévalu dans le congrès américain.

« Bien plus, ce principe qu'une session n'est pas la continuation d'une autre, était et doit toujours être considéré comme si essentiel, qu'il a pendant longtemps existé pour les affaires judiciaires elles-mêmes. Ce n'est qu'après beaucoup d'hésitation qu'on est convenu à la Chambre des Lords que ni la clôture, ni la dissolution du Parlement, n'annulaient les procédures faites devant la Cour des Pairs; et, à l'origine du Parlement de Paris, toutes les procédures qui n'étaient pas terminées à la clôture de l'année judiciaire devaient être recommencées à la session suivante.

« Le rapport conclut enfin, au nom de la majorité de la commission, à la non adoption de la résolution de la Chambre des Députés, comme contraire aux principes constitutionnels et pouvant d'ailleurs contribuer à affaiblir la prérogative royale.

« Le projet de loi fut rejeté à une grande majorité dans la séance du 3 février 1832 ; reproduit à la fin de l'année à la Chambre élective, il n'y fut point adopté ; la Chambre y substitua une disposition qu'elle inséra dans son règlement, disposition de la même nature que celle que M. Viennet propose aujourd'hui.

« La minorité de votre commission a représenté que tous les motifs qui avaient fait rejeter par cette Chambre ce projet de loi de 1831 s'opposaient à l'adoption de la proposition actuelle ; ce qui a paru inconstitutionnel et attentatoire à la prérogative royale sous la forme d'un projet de loi, revêt à bien plus forte raison ce caractère quand cela est représenté avec si peu de différence sous la forme de règlement, c'est-à-dire d'après un mode qui exclut l'intervention des trois pouvoirs et y substitue la seule autorité de la Chambre. La proposition actuelle lui a donc paru devoir être rejetée, comme inconstitutionnelle dans son but et dans sa forme.

« Tel n'a point été l'avis de la majorité ; sans aucun doute, elle vous eût demandé de rejeter la proposition si elle eût pensé qu'elle était inconstitutionnelle. Mais n'eût-il pas fallu que cela lui eût été montré jusqu'à l'évidence pour qu'elle eût pu consentir à stigmatiser ainsi une disposition adoptée par l'autre Chambre, avec l'assentiment du ministère du 11 octobre, disposition exécutée depuis huit années avec le consentement et le concours de tous les ministres qui se sont succédé aux affaires depuis cette époque, disposition enfin, qui, soit dans les temps voisins de son adoption, soit depuis, n'a jamais été l'objet de la critique directe ou indirecte de cette Chambre ?

« Pour que la mesure pût être considérée comme inconstitutionnelle, il faudrait qu'elle fût en oppo-

sition formelle avec la Charte ou avec la loi du 13 août 1814, qui règle les relations des trois grands pouvoirs de l'Etat entre eux. Or, la Charte est muette à cet égard ; elle se contente d'établir que la session commence et finit en même temps pour chaque branche du pouvoir législatif ; elle donne au roi le droit d'assembler, de proroger et de dissoudre ; ses prérogatives ne vont pas au-delà. Les titres 3 et 4 de la loi du 13 août 1814 ne contiennent rien non plus qui se rapporte à la question.

« Aussi est-ce en se fondant sur les précédents établis depuis la promulgation de la Charte, sur les maximes reçues et pratiquées en Angleterre, sur la nécessité de conserver à la couronne de justes prérogatives et de fortes garanties plutôt qu'en s'appuyant sur un texte de la constitution, que la Chambre a refusé, en 1832, d'accepter la résolution de la Chambre élective.

« Mais qu'a-t-il repoussé à cette époque ?

« Elle a rejeté un projet de loi qui faisait de plein droit survivre une session à l'autre, et établissait en principe, contrairement à l'usage, que les clôtures des sessions n'étaient, à l'égard de la même législature, que de simples ajournements, et que, par suite, les projets adoptés dans la session précédente par l'une des deux Chambres pouvaient être présentés à l'autre dans la session suivante, et, en cas d'adoption, être promulgués comme loi de l'Etat sans nouvel examen de la part de la première.

« Des dispositions de cette nature et de cette importance modifiaient d'une manière notable nos habitudes constitutionnelles ; elles liaient à la fois le gouvernement du roi et les deux Chambres, elles devaient nécessairement faire l'objet d'un projet de loi.

« En est-il de même de la proposition de M. Viennet ? La Chambre commettrait-elle un abus de pouvoir en l'insérant dans son règlement ?

« En aucune manière.

« Si la proposition de M. Viennet peut, à certains égards, être considérée comme ayant des rapports et de l'analogie avec la résolution rejetée en 1832, il faut reconnaître aussi qu'elle en diffère essentiellement, qu'elle est toute réglementaire et ne contient rien de législatif.

« Il n'est plus question d'autoriser la couronne à sanctionner des projets de loi qui n'auraient pas été adoptés par les deux Chambres dans la même session.

« Ce principe demeure à l'abri de toute contestation. M. Viennet n'a jamais entendu que les discussions dans les deux Chambres et la sanction royale pussent ne plus être contemporaines, ne plus avoir lieu dans la même session. Le droit public du pays est, à cet égard, préservé de l'atteinte que la Chambre des Députés voulait lui porter en 1837.

« M. Viennet se contente de demander que toute proposition de loi sur laquelle un rapport aura été fait par une commission, mais qui n'aura pu être discuté dans la même session, puisse être reprise à la session suivante *sur la demande d'un pair et en vertu d'une décision spéciale de la Chambre.*

« Il est donc uniquement question de fixer, pour un cas particulier et à l'égard de propositions déjà mûrement examinées, le mode que la Chambre emploiera pour user du droit d'initiative que la Charte de 1830 lui accorde.

« Cette disposition n'est applicable qu'à elle, la regarde seule, ne sort pas de son sein ; elle est dès

sion suivante, sur la demande d'un pair, et en vertu d'une décision spéciale de la Chambre.

La Chambre ne pourra voter sur cette demande dans la séance où elle sera présentée, et l'intervalle, entre la décision et

lors purement réglementaire et doit trouver place dans sa charte particulière.

« Si la Chambre a pu remplacer par les formes plus simples du lit. 5 de ce règlement de 1833, révisé en 1836, l'arrêté qu'elle avait pris le 7 sept. 1830 pour fixer les formes de son initiative, il n'est pas en son pouvoir de faire à cette partie de son règlement de nouvelles modifications si elle en sent la nécessité ou l'utilité ? Or, si un membre de la pairie demande de reprendre une proposition de loi faite l'année précédente et demeurée à l'état de rapport, s'il propose, par conséquent, à la Chambre d'user de son droit d'initiative à l'égard d'un projet jugé sans danger, qu'elle connaît parfaitement pour l'avoir discuté dans ses bureaux et avoir nommé une commission qui lui a fait son rapport, n'est-il pas avantageux pour l'expédition des affaires qu'elle puisse dispenser la proposition qui lui est faite de toutes les formalités prescrites à l'égard des propositions nouvelles ? n'est-il pas utile, pour procurer à la pairie un commencement de session fructueux, qu'elle ait la faculté de discuter presque immédiatement les conclusions d'un rapport laborieusement préparé sur ce sujet l'année précédente ?

« Vous remarquerez, Messieurs, qu'en adoptant la mesure qui vous est proposée, vous ne porterez aucune atteinte aux principes de l'entière distinction des sessions. C'est en vertu d'une proposition nouvelle et d'une nouvelle décision prise en assemblée générale, décision à laquelle le ministère, aussi bien que chaque membre, peut s'opposer, que la Chambre use de son droit d'initiative. Or, si chacun de nous peut faire une proposition sur telle chose qui lui paraît convenable, à plus forte raison peut-il la présenter sur un objet qui a été successivement examiné dans les bureaux et dans une commission spéciale dont le travail est mis sous les yeux de la Chambre.

« Mais ici se présente une objection. Oui, dira-t-on, par voie de règlement, la Chambre peut disposer de son initiative et reprendre celles des propositions de ses membres qui ont été élaborées par des commissions; mais peut-elle disposer de l'initiative du gouvernement et s'approprier un projet qu'il a présenté l'année précédente ?

« Il n'existe à cet égard dans la Charte aucune disposition restrictive. Aussi votre commission ne doute-t-elle pas que si le ministère ne s'associait point à la reprise d'un projet de loi originairement présenté par la couronne et ne faisait ainsi revivre en quelque sorte l'initiative du gouvernement, ce projet ne puisse être discuté et adopté comme émanant de la seule initiative de la Chambre. Sans doute, d'après le principe de la distinction des sessions, la Chambre doit être considérée comme usant de son initiative, alors même que le ministère consent à la reprise d'un projet présenté l'année précédente par le gouvernement; mais on sent bien qu'alors cette initiative n'est qu'une fiction constitutionnelle, et votre commission ne peut qu'applaudir à l'usage consacré dans une autre enceinte de porter dans ce cas à la couronne et non à cette Chambre, le projet de loi définitivement adopté.

« Après vous avoir montré, Messieurs, que la proposition est utile, qu'elle n'est contraire ni au texte, ni au principe, ni à l'esprit de la constitution, il reste à examiner si elle porte atteinte à la

prérogative royale et si elle entraîne tous les dangers que l'on a pu supposer.

« Qu'est-ce qu'un gouvernement constitutionnel ? C'est, suivant l'opinion récemment exprimée par un homme d'Etat (sir R. Peel), une nature de gouvernement qui doit maintenir l'équilibre entre la monarchie et la démocratie, harmoniser les influences de ces éléments en apparence opposés, et qui, par une série non interrompue et presque imperceptible de légères entraves, doit prévenir la collision de pouvoirs rivaux et le recours à des moyens extrêmes.

« Dans une monarchie de cette nature, le pouvoir du roi doit s'exercer de diverses manières ; il faut qu'il ait non seulement le droit de véto et celui de dissoudre la Chambre élective, il est nécessaire qu'il ait encore les moyens indirects de gouvernement qu'il tire de sa position comme chef de l'Etat et du droit qu'il tient de la Charte d'assembler, de clore ou de proroger le Parlement. De même que les chambres ont, outre le droit de refuser des subsides, dont elles ne peuvent faire usage que dans l'extrémité, une foule de moyens indirects d'entraver la marche d'un ministère qui n'a pas leur confiance.

« Les droits du roi, tels que nous venons de les définir, seront-ils amoindris par l'adoption de la disposition réglementaire qui vous est proposée ?

« La majorité de votre commission ne le pense pas.

« Et d'abord, est-ce réellement dans cette Chambre que la prérogative royale pourrait courir des dangers? Sa constitution actuelle, le mode d'élection de ses membres, la faculté laissée au gouvernement de modifier la majorité en créant autant de pairs qu'il le juge à propos, n'excluent-ils pas toute crainte à cet égard ?

« Ce n'est donc pas dans la pairie que l'on pourrait redouter l'existence de ces commissions permanentes, devenant rivales du gouvernement, administrant avec lui, ou, comme le disait M. le duc de Broglie, à côté de lui, et dominant bientôt la monarchie.

« Mais est-il question d'établir en permanence les commissions qui ont fait un rapport sur lequel la Chambre n'a pas statué, ce qui serait, nous le reconnaissons, contraire à notre droit public? Non sans doute : par l'ordonnance de clôture, ces commissions ont cessé d'exister comme la Chambre elle-même. Que fait donc cet article si ce n'est qu'un membre demande la reprise d'un projet, dont une commission a, l'année précédente, proposé l'adoption, il autorise la Chambre à n'en pas nommer une seconde si elle le juge à propos, mais, par un nouvel acte de sa puissance, à rendre la vie à cette ancienne commission, à profiter de ses travaux, à discuter son rapport, qui n'est point, ainsi que l'a fort justement indiqué un de nos honorables collègues, un acte d'autorité législative, mais un simple mémoire à consulter, une information, une étude présentée aux différents membres de la Chambre, rapport que la clôture ne peut empêcher la Chambre de faire revivre.

« C'est notre règlement seul et non la loi qui fixe le mode de discussion et de délibération des projets, qui ordonne la formation des commissions spéciales, détermine la forme de leurs travaux, les

la discussion, ne pourra être moindre de trois jours.

15 JUILLET 1841. — Circulaire de la régie de l'enregistrement sur les droits de mutation des offices établis par les art. 6 et suiv. de la loi du 25 juin 1841.

V. *suprà*, p. 413, loi du 25 juin 1841, et les notes.

« L'art. 34 de la loi du 21 avril 1832 doit être considéré comme virtuellement abrogé par ces dispositions : elles créent, pour les transmissions des offices, un système nouveau de perception, qui tient à la fois de celui que la loi de 1832 avait établi, et des règles communes en matière d'enregistrement.

« D'après l'art. 6 ci-dessus, tout traité ou convention ayant pour objet la transmission à titre onéreux ou gratuit d'un office, de la clientèle, des minutes, répertoires, recouvrements et autres objets en dépendant, doit être constaté par écrit et enregistré, avant d'être produit à l'appui de la demande de nomination du successeur désigné. Cette disposition est, en ce qui concerne les traités sous-seing privé, l'application de l'art. 23 de la loi du 22 frimaire an 7, lequel assujettit à l'enregistrement les actes sous signature privée, avant qu'il en soit fait usage soit par acte public, soit en justice, ou devant toute autre autorité constituée. La production des traités de cession des offices à l'appui des demandes de nomination, qui, précédemment, avait été considérée comme une mesure simplement administrative, est désormais légalement obligatoire. La conséquence de cette disposition est que tout traité ayant pour objet la transmission d'un office doit, pour avoir son effet, être nécessairement enregistré.

« La loi règle, par les art. 7, 8 et 9, la quotité des droits et le mode de perception : si la transmission s'opère par contrat à titre onéreux, le droit est dû aux taux de de 2 pour 100, sur le prix exprimé dans l'acte de cession de l'office et le capital des charges qui ajoutent au prix. C'est, d'une part, le droit établi par l'art. 69, § 5, n. 1er de la loi du 22 frimaire an 7, pour

règles à suivre pour la présentation de leurs rapports et leur discussion générale. En changeant à quelques égards son règlement sur ce point, la Chambre n'attente donc en aucune manière à la prérogative royale.

« Enfin, Messieurs, la majorité de votre commission pense que les moyens indirects d'éviter les collisions entre les corps politiques ne seront pas atteints par la mesure proposée.

« En effet, si les majorités des deux Chambres sont en opposition flagrante et directe sur des matières où il serait dangereux ou tout au moins inopportun de la manifester, ce qu'on ne peut heureusement supposer que dans des cas exceptionnels et très-graves, les commissions placées dans de telles circonstances ne feraient pas leurs rapports pour prévenir, éviter ces collisions funestes ; mais si elles les avaient faits, n'obtiendrait-on pas plus facilement des Chambres l'ajournement de la discussion à l'année suivante, avec un règlement qui en laisserait subsister la possibilité, que l'on ne pourrait espérer que les partis laissassent complètement étouffer une discussion qu'ils auraient provoquée ?

« A la session suivante, le temps aura amorti les passions, la Chambre sera calmée, la proposition pourra n'être pas reprise.

« Du reste, Messieurs, si nous étions condamnés, nous ou nos collègues en législature, à voir se renouveler des discussions orageuses et pénibles que la prudence voudrait éviter, quelques épreuves à subir n'empêcheraient pas les passions de se reproduire, et ce que la clôture, c'est-à-dire un long temps de repos laissé à l'effervescence, à l'irritation des opinions et des partis pour se calmer, ne parviendra point à apaiser, quelques formalités de plus imposées au droit d'initiative parlementaire dans une Chambre où dominerait une majorité turbulente et hostile ne l'éviteront pas.

« En résumé, Messieurs, la mesure que notre honorable collègue nous propose est en vigueur depuis huit ans dans une autre enceinte. C'est là, et là seulement, que l'on eût pu craindre qu'elle présentât quelque danger. Jusqu'à ce moment on ne s'est pas aperçu qu'elle offrît d'inconvénients.

« La Chambre reste maîtresse d'adopter ou de rejeter la proposition que lui fait un de ses membres de reprendre la discussion d'un projet de loi sur lequel un rapport lui a été présenté l'année précédente.

« Le ministère est libre d'accorder ou de refuser son concours.

« La constitution particulière de la pairie autorise votre commission à penser que ce qui a été jusqu'à présent non seulement sans danger, mais même sans inconvénient dans une Chambre livrée à toute la puissance de l'élément démocratique, n'en présentera jamais dans celle-ci.

« Les hommes les plus prudents et les plus éminents de la Chambre élective applaudissent aux heureux résultats de la proposition dont l'utilité pratique ne saurait être mise en doute ; les travaux législatifs ont plus de suite, ils répondent mieux aux vœux du pays et aux besoins du gouvernement. Tout fait espérer que plus tard la durée du service en sera abrégée.

« Dans l'intérêt du précieux emploi de votre temps, dans l'intérêt de votre dignité, de votre organisation constitutionnelle, dans l'intérêt du pays, la majorité de votre commission vous en recommande l'adoption.

« La commission a cru devoir retrancher de la proposition de M. Viennet une disposition qui ne peut se rapporter qu'à la Chambre élective ; elle y a ajouté un paragraphe portant que la décision de la Chambre, qui autorisera la reprise de la discussion, ne pourra être rendue que dans une des séances qui suivront celle où la proposition en aura été faite, et que l'intervalle, entre la décision et la discussion, ne pourra être moindre de trois jours.

« Ainsi, on ne pourra surprendre une mise à l'ordre du jour, et toutes les garanties de bonne discussion seront assurées. »

les ventes d'objets mobiliers ; de l'autre, la base de perception déterminée pour ces ventes par l'art. 14, n. 5 de la même loi. On remarquera que le droit de 2 pour 100 est exigible sur le prix total de la cession *de l'office*, de la clientelle, des minutes, répertoires, recouvrements et *autres objets en dépendant*, sans distinction entre ces différents objets.

« Si la transmission a lieu par acte de donation entre-vifs, elle supportera les droits établis par les lois existantes pour les donations de biens meubles, d'après une évaluation en capital de l'office et des objets en dépendant. Mais le droit ne pourra être inférieur à 2 pour 100.

« Le même mode sera suivi conformément à l'art. 8, lorsque la transmission s'opérera par suite de disposition gratuite à cause de mort. Le droit sera perçu sur le testament ou l'acte de libéralité *à cause de mort* ; l'évaluation de l'office, si elle n'est pas faite dans l'acte, aura lieu dans la forme prescrite par l'art. 16 de la loi du 22 frimaire an 7.

« Quand la transmission de l'office s'effectuera par décès à titre purement héréditaire, une distinction devra être observée, aux termes de l'art. 9 : la succession qui comprendra l'office et les objets en dépendant sera échue ou à plusieurs héritiers ou à un seul. Dans le premier cas, le droit de 2 pour 100 sera perçu, conformément à l'art. 7, sur le traité de cession passé par les héritiers au profit de l'un d'eux ; dans le second cas, ce même droit sera acquitté par l'héritier unique, d'après la déclaration estimative de la valeur de l'office faite au bureau de l'enregistrement de la résidence du titulaire décédé. La quittance du receveur sera jointe à la demande de nomination formée par l'héritier.

« Mais, soit que l'office passe à l'un des héritiers, soit qu'il advienne à un héritier unique, le droit acquitté, ou sur la déclaration de ce dernier, ou sur le traité de cession fait entre les héritiers, sera compensé avec celui de mutation par décès, dû suivant les lois en vigueur, sur la valeur de l'office, considéré comme bien meuble. Par conséquent, si le premier de ces droits est supérieur au second, il ne sera rien perçu sur la déclaration de succession, en ce qui concernera l'office ; si, au contraire, il lui est inférieur l'office ; si, au contraire, il lui est inférieur, l'excédant sera payé par les héritiers, lors de cette déclaration.

« Il convient d'observer que cette imputation est autorisée seulement pour les cas où c'est un des héritiers ou l'héritier unique qui succède à l'office vacant par le décès du titulaire ; elle n'aurait pas lieu si l'office était cédé à un tiers par les héritiers ou l'héritier unique. Dans ce cas, ceux-ci paieraient le droit de mutation par décès sur la valeur estimative de l'office, à l'instant de la déclaration de succession ; le droit de transmission à titre onéreux, déterminé par l'art. 7 de la loi, serait acquitté par le cessionnaire, sur le traité passé entre lui et les héritiers du titulaire.

« Mais, dans toute hypothèse, et de quelque manière que s'opère la transmission de l'office, le droit d'enregistrement ne peut jamais être inférieur au dixième du cautionnement attaché à la fonction ou à l'emploi. C'est le minimum fixé par l'art. 10 de la loi.

« L'art. 11 a pour objet de réprimer les insuffisances de prix et d'évaluation des offices : ces insuffisances, établies par des actes émanés des parties ou de l'autorité administrative ou judiciaire, seront passibles d'un double droit, pour le paiement duquel les parties, leurs héritiers ou ayants-cause seront solidaires. La loi ne spécifie point les actes qui pourront être admis pour preuve de la simulation de prix ou de l'insuffisance d'évaluation : ainsi, tout acte peut, sauf appréciation, servir à cette preuve. Les préposés s'appliqueront à la recherche des contraventions de cette espèce ; mais aucune demande ne sera formée contre les parties, leurs héritiers ou ayants-cause, qu'en vertu d'une autorisation du directeur du département, à qui les actes et documents établissant l'insuffisance de prix ou d'évaluation devront préalablement être soumis.

« Les dispositions de la loi du 25 juin 1841, concernant les insuffisances de prix et d'évaluation des offices, sont indépendantes de celles de l'art. 40 de la loi du 22 frimaire an 7. Conformément à cet article, toute contre-lettre ayant pour objet une augmentation du prix stipulé dans l'acte de cession d'un office donnera lieu à un triple droit sur le supplément du prix.

« L'art. 91 de la loi du 28 avril 1816, qui a accordé aux officiers publics la faculté de présenter des successeurs à l'agrément du roi, a excepté de cette faveur les titulaires destitués. D'un autre côté, le gouvernement a toujours le droit de créer de nouveaux offices, suivant les besoins des localités. Dans ces circonstances particulières, il ne peut exister d'acte de cession à titre onéreux ou gratuit, susceptible d'être enregistré ; il était donc nécessaire de déterminer un mode spécial de perception. Suivant l'art. 12 de la loi du 25 juin 1841, les ordonnances portant nomination à des offices de nouvelle création, ou vacants par destitution, seront assujetties à un droit d'enregistrement de 20 pour 100 du cautionnement attaché à la fonction ou à l'emploi. Cependant, si l'ordonnance de nomination soumettait le nouveau titulaire au paiement d'une somme déterminée pour la valeur de l'office, le droit de 2 pour 100 serait exigible sur cette somme, sauf l'application du minimum du dixième du cautionnement, conformément à l'art. 10 de la loi. L'ordonnance de nomination devrait, dans ce cas, être enregistrée avant la prestation de serment du nouveau titulaire, sous peine du double droit.

« La loi du 28 avril 1816 a réservé au gouvernement le droit de réduire le le nombre des officiers publics, notamment celui des notaires. Si la réduction a lieu par voie d'extinction pure et simple, sans convention entre les officiers publics de la même localité ou du même ressort, ou sans allocation d'indemnité au titulaire de l'office supprimé ou de ses héritiers, aucun droit d'enregistrement ne peut être perçu. Mais si une indemnité est, ou réglée à l'amiable entre les officiers publics intéressés à la suppression, ou allouée par l'ordonnance qui prononce l'extinction de l'office, alors il s'opère en même temps une transmission sujette au droit d'enregistrement. Ce droit est exigible, soit sur le traité passé entre les officiers publics, et qui doit être enregistré avant d'être produit pour l'ordonnance d'extinction, soit sur cette ordonnance elle-même, sujette à l'enregistrement dans le mois de la délivrance, sous peine de double droit. Dans l'un et l'autre cas, le droit de 2 pour 100 de l'indemnité convenue entre les parties ou fixée par l'ordonnance, sauf encore l'application du minimum du dixième du cautionnement attaché à l'office supprimé. Ces dispositions spéciales au cas de suppression d'un titre d'office résultent de l'art. 13 de la loi.

« Enfin l'art. 14 établit une exception à la disposition de l'art. 60 de la loi du 22 frimaire an 7, qui défend la restitution des droits d'enregistrement régulièrement perçus, quels que soient les événements ultérieurs ; la nouvelle loi autorise la restitution des droits acquittés pour les transmissions des offices : restitution intégrale toutes les fois que la transmission n'aura point été suivie d'effet, restitution partielle lorsque le prix estimé dans le traité de cession aura été réduit par l'autorité supérieure. Mais, conformément à l'art. 61 de la loi du 22 frimaire an 7, la demande en restitution devra être formée dans les deux ans, à compter du jour de l'enregistrement. A l'appui de cette demande, les parties seront tenues de produire un certificat du ministère duquel relevait la nomination du successeur présenté, constatant ou que cette nomination n'aura pas lieu, ou que le prix exprimé dans le traité de cession a subi une réduction.

« Les règles prescrites par les art. 26 et 27 de la loi du 22 frimaire an 7 seront suivies pour l'enregistrement des transmissions des offices : les actes notariés portant transmission à titre onéreux ou gratuit seront enregistrés au bureau de la résidence du notaire ; les traités faits sous-seing privé pourront l'être dans tous les bureaux indistinctement ; les transmissions par décès seront déclarées au bureau de la résidence du titulaire décédé. La déclaration faite par l'héritier unique, en exécution de l'art. 9 de la loi, sera portée au registre des déclarations de successions. Dans les cas prévus par les art. 12 et 13, soit de nomination par suite de destitution ou de nouvelle création d'offices, soit d'extinction de titres moyennant indemnité, l'expédition de l'ordonnance royale sera enregistrée au bureau du chef-lieu judiciaire de l'arrondissement et sur le registre des actes civils publics. Cette expédition sera préalablement soumise au visa pour timbre.

« Les produits des droits de transmission des offices seront portés au livre de dépouillement, 1ʳᵉ partie, § 1ᵉʳ, n. 14 *bis*, sous le titre de *Transmissions de toute nature des offices* (loi du 25 juin 1841). Les droits perçus en vertu de la loi du 21 avril 1832 continueront cette année de figurer au n. 14 du même paragraphe ; cet article sera supprimé du livre du dépouillement, à partir de 1842, et remplacé par celui qui vient d'être indiqué.

« La loi du 25 juin 1841, promulguée le 10 juillet, est devenue exécutoire à Paris le 12 juillet 1841.

« En conséquence, à partir de cette dernière date, aucune nomination d'officiers publics désignés à l'art. 91 de la loi du 28 avril 1816, n'a pu avoir lieu que sur la production d'un traité de cession à titre onéreux ou gratuit, enregistré conformément aux dispositions de la nouvelle loi. Quant aux nominations antérieures au 12 juillet 1841, elles restent soumises au mode de perception établi par l'art. 34 de la loi du 21 avril 1832, en vigueur jusqu'à cette époque. »

─────────

23 AOUT 1841. — Circulaire du ministre de l'intérieur contenant instruction sur la marche à suivre tant pour les informations qui précèdent l'homologation des plans généraux d'alignement des villes que pour le règlement des indemnités

dues par suite des alignements arrêtés (1). (Mon. du 5 septembre 1841.)

Monsieur le préfet, il arrive souvent que des propriétaires qui, pour l'exécution de plans d'alignement approuvés par l'autorité souveraine, cèdent à la voie publique des terrains dépendant de leurs propriétés, ne peuvent s'accorder avec l'administration, lorsqu'il s'agit de régler le montant des indemnités dues pour ces sortes de cessions.

Plusieurs préfets ont sollicité des instructions sur la marche qu'il convient de sui-

---

(1) Cette circulaire décide que le jury institué par les lois du 7 juillet 1833 et 3 mai 1841, est compétent pour fixer, au cas d'alignement donné en matière de voirie urbaine, l'indemnité due au propriétaire qui est obligé d'abandonner une partie de son terrain, et celle qu'il doit lui-même, lorsqu'il avance sur la voie publique.

J'ai été appelé à examiner cette décision avec plusieurs de mes confrères, et nous avons pensé qu'elle n'était conforme ni à l'esprit ni au texte de la loi.

Les considérations qui nous ont déterminés peuvent être ainsi analysées :

Il résulte de l'ensemble des lois de 1833 et de 1841, et notamment de l'art. 3 de la dernière, qu'elles n'ont eu en vue que les expropriations résultant des travaux entrepris en vertu de déterminations toutes spéciales, et qu'elles disposent seulement pour les cas où la dépossession doit avoir lieu immédiatement après la déclaration d'utilité publique.

Faire l'application de ces dispositions aux cas d'expropriation par suite d'alignement, ce serait donc leur donner une extension contraire au vœu manifeste du législateur.

En effet, l'alignement des rues d'une ville, loin de s'accomplir au moyen d'un envahissement actuel des propriétés privées, ne s'opère que par suite de travaux dont les bases sont seulement indiquées et dont l'exécution est souvent éloignée, puisqu'elle n'a lieu que lorsque les bâtiments soumis à l'alignement tombent de vétusté ou sont démolis volontairement par les propriétaires.

En un mot, l'expropriation sur laquelle dispose la loi du 3 mai 1841 est la conséquence nécessaire et directe des travaux ordonnés par un acte spécial ; tandis que l'expropriation que produit l'alignement est la suite et l'effet d'une servitude légale imposée à tous les propriétaires riverains de la voie publique.

Ces différences essentielles ne sont pas les seules qui puissent être signalées.

L'indemnité allouée au cas d'expropriation proprement dite doit toujours précéder la dépossession ; celle qui est due au propriétaire privé d'une portion de son terrain par suite de l'alignement, ne peut, au contraire, jamais lui être donnée qu'après que son terrain est livré à l'administration.

La première, aux termes de l'art. 51 de la loi du 3 mai 1841, ne peut jamais être absorbée par l'avantage que procure au propriétaire l'exécution de travaux.

Au contraire, l'art. 54 de la loi du 16 septembre 1807 reconnaît que si la plus-value des propriétés restantes excède la valeur du terrain occupé, le propriétaire est obligé de payer le surplus.

D'ailleurs, si le jury était déclaré compétent lorsqu'il s'agit d'expropriation par suite d'alignement, il faudrait qu'il fixât, non seulement ce qui peut être dû au propriétaire, mais aussi ce que l'administration a le droit d'exiger lorsque, ainsi qu'on vient de le voir, la plus-value excède la valeur des terrains occupés.

Cette conséquence est la meilleure preuve qu'appeler le jury à prononcer en matière d'alignement, c'est le faire sortir du cercle des attributions qui lui ont été données, puisqu'il ne serait plus seulement juge de l'indemnité due aux propriétaires par suite d'expropriation, mais appréciateur du prix de la cession faite aux particuliers par l'autorité.

Il est vrai que l'on consulte les discussions qui, dans les Chambres, ont précédé la loi du 7 juillet 1833, on y voit que M. le commissaire du roi a, sur l'interpellation qui lui a été adressée, déclaré que le jury connaîtrait des demandes d'indemnités formées par les propriétaires que l'alignement dépouillerait d'une partie de leurs terrains.

Mais cette déclaration faite au milieu d'une discussion animée et sans avoir été mûrement réfléchie, ne peut suppléer au silence du texte, ou plutôt ne saurait prévaloir sur l'esprit général de la loi manifesté par plusieurs de ses dispositions.

Il faut reconnaître aussi que, lorsque la loi de 1807, qui attribuait aux conseils de préfecture le droit de fixer les indemnités dans tous les cas d'expropriation, a été abrogée par la loi du 8 mars 1810 qui a substitué les tribunaux aux conseils de préfecture, il a été reconnu que, même au cas d'alignement, les tribunaux seraient juges de l'indemnité ; que la jurisprudence administrative est constante sur ce point ; que cependant la loi de 1810, pas plus que les lois de 1833 et de 1841 ne s'occupe expressément de l'expropriation par suite d'alignement : d'où on semblerait autorisé à conclure que, de même que par suite de l'attribution générale de compétence faite aux tribunaux par la loi de 1810, les conseils de préfecture ont été dépouillés de leur compétence spéciale en matière d'alignement ; de même, les lois de 1833 et de 1841, en instituant le jury pour prononcer sur les questions d'indemnité qui peuvent naître au cas d'expropriation, ont ôté aux tribunaux l'attribution qu'ils avaient reçue de la loi de 1810.

Cette objection, quelque grave qu'elle semble d'abord, ne peut résister à un examen sérieux.

Une des règles fondamentales de notre organisation judiciaire, c'est que toutes les questions de propriété sont de la compétence des tribunaux.

La loi de 1807 a été considérée, avec raison, comme une exception à ce principe protecteur de la propriété.

La loi de 1810 a été faite précisément dans l'intention de supprimer cette dérogation ; en conséquence, il n'a pas été nécessaire qu'elle dît expressément que les tribunaux recouvraient leur compétence pour chaque espèce particulière d'expropriation, lorsqu'elle remettait en vigueur ce principe général que toutes les questions de propriété sont dans leurs attributions.

On comprend dès lors pourquoi les lois de 1833 et de 1841 n'ont pas dû produire, sur la loi de 1810, l'effet que celle-ci a eu sur la loi de 1807. Quelque favorable que soit l'institution du jury en matière d'expropriation, elle est cependant une exception aux principes généraux sur la compétence des tribunaux ; elle doit donc être renfermée, comme

vre, afin d'arriver au règlement définitif de ces indemnités litigieuses. Ils ont ex-

primé le désir d'être éclairés sur la question de savoir si la contestation devrait être

---

toutes les exceptions, dans les limites qui lui sont imposées par le texte qui l'a établie.

Ainsi, et nonobstant l'abrogation de la loi de 1810 prononcée par les lois de 1833 et de 1841, il faut reconnaître qu'aux tribunaux seuls appartient le droit de prononcer sur les indemnités dues aux propriétaires dont le terrain est pris par application des règlements sur l'alignement, parcequ'ils tiennent cette attribution non de la loi de 1810, mais des règles générales de l'organisation judiciaire.

La distinction entre les cas où il s'agit d'expropriation directe et proprement dite, et celui où c'est un alignement qui enlève une portion de terrain à un propriétaire riverain, se trouve expressément établie par la loi du 21 mai 1836 sur les chemins vicinaux; dans la première hypothèse, cette loi donne mission au jury qu'elle institue, d'évaluer l'indemnité, et, dans la seconde, elle laisse ce soin à l'autorité judiciaire, c'est-à-dire au juge de paix (art. 15 et suiv.).

En vain l'on ferait remarquer que la distinction admise dans la loi du 21 mai 1836 ne se trouve pas dans celle du 3 mai 1841; la disposition de la première de ces lois n'est que l'application des principes généraux en matière de compétence, et, à ce titre, elle a une influence décisive sur la question.

Si l'on parcourt les diverses formalités qui sont prescrites par la loi du 3 mai 1841, et qu'on les compare avec les règles relatives à l'alignement, la démonstration qui précède acquiert un nouveau degré de force et d'évidence.

D'abord, pour autoriser une expropriation proprement dite, il faut une loi ou une ordonnance (art. 2 de la loi du 3 mai 1841).

Si, aux termes de l'art. 52 de la loi de 1807, les alignements donnés par les maires doivent être approuvés par des ordonnances royales, en certains cas, le maire seul peut donner un alignement.

L'ordonnance royale autorisant une expropriation doit être précédée d'une enquête (art. 3 de la loi du 3 mai 1841) dont les formes, en ce qui touche les travaux des communes, sont déterminées par une ordonnance du 23 août 1835.

Enfin le titre 2 de la loi du 3 mai 1841 prescrit la levée d'un plan parcellaire des terrains à exproprier, le dépôt de ce plan à la mairie, un avertissement donné à son de trompe, affiché et inséré dans les journaux, un arrêté du préfet qui détermine les propriétés qui doivent être cédées; enfin, l'art. 14 de la même loi porte qu'un jugement rendu par le tribunal prononcera l'expropriation.

Aucune de ces formalités n'est exigée pour parvenir à l'exécution d'un alignement, la plupart sont à peu près inexécutables dans ce cas.

M. le ministre de l'intérieur le reconnaît dans sa circulaire.

A la vérité, le ministre, en écartant certaines dispositions, indique les moyens d'introduire dans la procédure suivie jusqu'à ce jour les formalités nouvelles de la loi du 3 mai 1841.

Quelle que soit l'opinion qu'il faille avoir de cette combinaison, la nécessité où l'on se trouve d'y recourir, prouve de la manière la plus claire que le législateur, en réglant les formes de l'expropriation proprement dite, n'avait point en vue celle qui résulte des arrêtés d'alignement.

En admettant, contrairement à l'opinion qui

vient d'être établie, que le jury est appelé à fixer les indemnités dues par suite d'alignement, il reste à savoir comment seront appliquées à ce particulier les dispositions de la loi du 3 mai 1841.

D'abord la circulaire prescrit aux préfets de faire désormais précéder les arrêtés d'alignement d'une enquête, suivant les formes établies dans l'ordonnance du 23 août 1835, afin que les ordonnances royales portant approbation de ces arrêtés présentent les garanties exigées par l'art. 3 de la loi du 3 mai 1841.

La même circulaire exige aussi qu'à l'avenir les arrêtés pris par les maires dans les cas où ils ont le droit de donner seuls l'alignement, soient également précédés d'une enquête et suivis d'une ordonnance royale.

C'est aussi afin de mettre les arrêtés municipaux en harmonie avec l'art. 3 de la loi du 3 mai 1841 que M. le ministre de l'intérieur trace cette règle.

Sans doute, par son application, les formalités employées pour donner les alignements vont se trouver fort compliquées; à Paris et dans les grandes villes, elles présenteront beaucoup de difficultés et entraîneront des lenteurs fâcheuses.

Mais il faut reconnaître qu'il n'est pas absolument impossible de suivre la marche tracée par le ministre; et il faut d'autant plus se résigner à l'adopter, qu'on ne conçoit pas comment la loi du 3 mai serait déclarée applicable aux expropriations par suite d'alignements dans la partie qui institue et organise le jury, et comment les dispositions des art. 2 et 3 du titre 1er, qui déterminent les actes qui peuvent faire prononcer l'expropriation, seraient au contraire laissées sans exécution.

Si l'on admet que toutes les expropriations sans distinction ont été l'objet des prévisions du législateur, il faut que toutes les règles qu'il a établies soient également respectées.

Si, sur ce premier point, la circulaire de M. le ministre de l'intérieur repousse avec raison toute distinction, elle essaie d'établir que les formalités prescrites par le titre 2 de la loi du 3 mai 1841 ne doivent pas être observées.

Mais il est impossible, en partant du principe qui vient d'être posé, de se ranger à cette opinion.

Les formalités prescrites par le titre 2 sont précisément établies pour donner aux propriétaires la garantie qu'il ne sera porté atteinte à leurs propriétés qu'autant que l'exigeront les travaux à exécuter, et pour leur assurer les moyens de présenter leurs observations sur les projets préparés par l'administration; elles ont donc pour eux une importance au moins égale à celle que peut présenter l'intervention du jury; il est donc contradictoire de leur accorder l'avantage résultant de l'institution du jury et de leur refuser les garanties qu'offre l'accomplissement des formalités préalables à sa décision.

La circulaire se fonde, pour justifier la distinction qu'elle établit, sur ce que l'art. 14 de la loi du 3 mai 1841, prévoyant le cas où les propriétaires consentent à la cession de leurs terrains, dit qu'alors il n'est pas nécessaire de rendre le jugement d'expropriation et de s'assurer que les formalités prescrites par le titre 2 ont été remplies, et qu'en matière d'alignement, c'est *presque toujours volontairement* que le propriétaire abandonne son terrain, dont il a été, en quelque sorte, exproprié par avance.

Il est vrai que lorsque le propriétaire soumis à

jugée, soit par le conseil de préfecture, aux termes de l'art. 56 de la loi du 16 septembre 1807, rappelée dans la circulaire ministérielle du 23 janvier 1836; soit par les tribunaux ordinaires; soit, enfin, par le jury qu'a institué la loi du 7 juillet 1833, aujourd'hui abrogée et remplacée par celle du 3 mai 1841.

Comme cette question intéressait essentiellement l'administration et les propriétaires sujets aux servitudes de voirie, j'ai dû la soumettre au conseil d'État, qui a émis, à la date du 1er avril dernier, un avis portant que toutes les fois qu'un alignement donné, en matière de voirie urbaine, force un propriétaire à reculer ses constructions ou à s'avancer sur la voie publique, l'indemnité qui lui est due, dans le premier cas, et celle dont il est débiteur dans le second, doivent être réglées, lorsqu'il y a contestation sur le chiffre, par le jury d'expropriation.

L'intervention de ce jury spécial ayant été ainsi formellement établie en principe, il restait à rechercher quelles seraient les formes de la procédure à suivre, pour qu'il fût régulièrement saisi de la connaissance des contestations dont il s'agit.

En effet, dès l'instant qu'il à a lieu de procéder par application de la loi d'expropriation, en renvoyant au jury le règlement des indemnités dues par suite de l'exécution des alignements arrêtés; dès que, par conséquent, les ordonnances approbatives des plans généraux d'alignement sont assimilées à celles qui, pour d'autres travaux publics, dérivent de la loi d'expropriation elle-même, on devait examiner si le magistrat chargé de poursuivre la réunion du jury ne serait pas en droit de refuser de faire les réquisitions nécessaires à cet effet, vu le défaut d'accomplissement des formalités exigées par la loi d'expropriation; les ordonnances royales approbatives des plans d'alignement ayant été, jusqu'ici, rendues en vertu d'instructions qui diffèrent des règles observées relativement aux ordonnances déclaratives d'utilité publique.

Ces dernières ne peuvent être obtenues sans qu'au préalable il n'ait été procédé à une enquête dont les formes sont déterminées par un règlement d'administration publique (l'ordonnance du 23 août 1835 applicable spécialement aux communes). Telle n'est pas la marche suivie pour les plans d'alignement, à l'égard desquels on s'est contenté, jusqu'ici, d'une information établie selon les prescriptions de la circulaire ministérielle du 29 octobre 1812, qui n'a point le caractère d'un règlement d'administration publique. D'un autre côté, les formalités d'enquête indiquées par cette circulaire diffèrent, en quelques points, de celles qui sont en usage depuis la promulgation des lois d'expropriation. Or, puisque les plans d'alignement approuvés par le roi sont appelés à avoir la même valeur et les mêmes effets que les ordonnances déclaratives d'utilité publique, il est nécessaire que les dispositions légales particulières à la procédure qui précède l'obtention des unes soient appliquées à celle qui est suivie à l'égard des autres.

Vous voudrez bien, en conséquence, Monsieur le préfet, considérer la circulaire du 29 octobre 1812 comme désormais abrogée, et toutes les fois que vous aurez à provoquer l'approbation d'un plan d'alignement, vous ferez précéder vos mesures

---

l'alignement consentira à céder la portion de terrain demandée, il n'y aura pas lieu à l'accomplissement des formalités ordinaires; mais l'administration ne pourra se dispenser de leur exécution que lorsqu'elle aura d'avance la certitude d'obtenir une cession volontaire; et il suffira que les propriétaires refusent de faire connaître leurs intentions pour qu'il faille observer strictement les prescriptions de la loi; enfin, et dans tous les cas, lorsqu'ils contesteront sur l'application des plans à leur propriété, ou sur l'étendue du sacrifice exigé, il n'y aura aucun moyen de supprimer les formalités.

En vain la circulaire ajoute que si la convenance de l'alignement en lui-même est contestée, d'après la jurisprudence constante du conseil d'État, la difficulté ne pourra être soumise aux tribunaux et devra être portée devant l'autorité administrative, par cette raison décisive que l'alignement est un acte d'administration.

Cette argumentation peut être facilement réfutée. Et d'abord, en admettant que l'autorité administrative dût seule connaître de la contestation, ce ne serait pas une raison pour ôter aux propriétaires soumis à l'alignement les garanties qui sont accordées à tous ceux qui sont menacés d'expropriation : la différence dans les juridictions appelées à examiner si les formalités ont été remplies ne peut justifier l'omission de ces mêmes formalités; en second lieu, la règle, vraie en général, que l'administration doit seule connaître de l'exécution de ses actes, est ici inapplicable.

L'arrêté du préfet qui, aux termes de l'art. 11 de la loi du 3 mai 1841, détermine les propriétés qui doivent être cédées, est aussi un acte administratif. et cependant, parce qu'il s'agit d'expropriation, c'est aux tribunaux qu'est attribué le droit de vérifier si toutes les formalités ont été accomplies et de prononcer l'expropriation.

Puisque l'alignement est assimilé à l'expropriation proprement dite, puisqu'on pense qu'il doit être régi par les mêmes dispositions, il faut bien reconnaître que, malgré le caractère administratif des arrêtés portant alignement, s'il s'élève des difficultés, ce sera aux tribunaux à les apprécier.

L'incompétence du jury a été reconnue par délibération du conseil municipal de Paris.

718   MONARCHIE CONST. — LOUIS-PHILIPPE Iᵉʳ. — 23 AOUT 1841.

d'une enquête spéciale qui aura lieu tant en vertu de l'ordonnance royale du 23 août 1835, que conformément aux instructions contenues dans la circulaire ministérielle du 21 septembre de la même année.

Ainsi se trouveront accomplies les prescriptions des derniers paragraphes de l'art. 5, titre 1ᵉʳ, de la loi du 3 mai 1841, et dès lors les plans d'alignement approuvés auront, dorénavant, la valeur attribuée aux autres ordonnances royales déclaratives d'utilité publique.

Il ne suit pas de là, toutefois, Monsieur le préfet, que les administrations locales soient dispensées de procéder, en cas d'ouverture et de formation de rues ou autres voies publiques nouvelles, aux enquêtes spéciales et autres formalités prescrites par le titre 2 de la loi du 3 mai 1841, et par les instructions antérieures, notamment par celle du 23 janvier 1835, qui établit à cet égard une distinction utile à maintenir. Les dispositions de la présente circulaire ne s'appliquent qu'aux propriétés riveraines des voies anciennes soumises à la loi générale des alignements : c'est un point sur lequel je dois particulièrement insister.

Toute difficulté étant ainsi résolue, en ce qui touche les plans à homologuer à l'avenir, reste la question de savoir si le magistrat chargé de réunir le jury ne croirait pas devoir refuser son intervention, dans le cas où il s'agirait du règlement d'indemnités dues pour cessions opérées par suite de l'application d'un plan d'alignement actuellement exécutoire, mais approuvé suivant l'ancien mode. Je ne puis à cet égard, Monsieur le préfet, qu'invoquer l'autorité des précédents, et le témoignage de mon collègue, M. le ministre des travaux publics. Ainsi, dans les matières de grande voirie, les tribunaux admettent journellement des requêtes en expropriation, formées par l'administration, en exécution de plans homologués antérieurement à la loi du 7 juillet 1833, et dont l'instruction a eu lieu suivant le mode qui était alors en vigueur, à la suite d'informations différentes du système d'enquête déterminé par la loi précitée. Or, puisque les tribunaux n'ont jamais fait difficulté de connaître de ces requêtes, il n'y aurait pas de raison pour qu'ils refusassent de se prononcer sur des règlements d'indemnité provenant, non d'expropriations directes, mais de simples cessions de terrain, faites volontairement à la voie publique par les propriétaires qui demandent alignement, lorsque d'ailleurs les plans en vertu desquels ces cessions doivent avoir lieu n'ont été arrêtés qu'après une enquête (celle qu'ordonnait la circulaire du 29 octobre 1812) qui, pour

n'être pas entièrement conforme au vœu de la loi, n'en atteignait pas moins le but essentiel, qui est de mettre les propriétaires intéressés en demeure de contester les alignements projetés, s'ils les jugent contraires à leurs intérêts.

Je ne vous ai entretenu jusqu'ici, Monsieur le préfet, que des formalités qui précèdent l'approbation des plans d'alignement ; il me reste maintenant à examiner si l'intervention du jury ne pourrait pas être refusée pour raison du défaut d'accomplissement des mesures qui font l'objet du titre 2 de la loi sur l'expropriation, et qui, comme vous le savez, sont destinées à garantir la juste application des ordonnances intervenues à chaque propriétaire dépossédé.

Sous l'empire de la loi du 7 juillet 1833, on pouvait concevoir la crainte du refus dont il vient d'être parlé; mais cette crainte s'évanouit en présence de l'art. 14 de la loi du 3 mai 1841, dont le dernier paragraphe porte que, *dans les cas où les propriétaires à exproprier consentiraient à la cession, mais où il n'y aurait point accord sur le prix, le tribunal donnera acte du consentement, et désignera le magistrat directeur du jury, sans qu'il soit besoin de rendre de jugement d'expropriation, ni de s'assurer que les formalités prescrites par le titre 2 ont été remplies.*

Vous remarquerez, Monsieur le préfet, que lorsqu'on procède par voie d'alignement, c'est-à-dire lorsque l'administration en exécution de plans approuvés après une information dans laquelle tous les propriétaires intéressés ont pu faire entendre leurs réclamations, se borne à tracer l'alignement qui lui est demandé, l'abandon de l'emplacement à réunir à la voie publique devient obligatoire. C'est presque toujours volontairement que le propriétaire se retire sur l'alignement nouveau, et qu'il cède la portion de son terrain dont il a été en quelque sorte exproprié par avance. Le tribunal n'a donc pas d'expropriation à prononcer, et dès lors l'enquête prescrite par le titre 2 de la loi du 3 mai 1841 est superflue.

Il est vrai de dire que la convenance de l'alignement en lui-même pourrait encore être contestée par le propriétaire; mais il ne faut pas perdre de vue que les difficultés qui s'élèveraient à cet égard ne sauraient être portées devant les tribunaux, qui n'auraient pas qualité pour en connaître, attendu que l'alignement est un acte administratif qui ne peut être apprécié que par l'administration elle-même. Le propriétaire réclamant ne pourrait, dans ce cas, suivant la jurisprudence invariable du conseil d'Etat, que se pourvoir administrativement auprès de l'autorité supérieure.

Il est encore un autre cas qu'il faut prévoir : c'est celui où, lorsqu'il n'existe pas de plan légalement arrêté, la contestation pourrait naître à l'occasion d'un alignement partiel délivré par le maire, en vertu du pouvoir qu'il tient, d'après la jurisprudence établie, de la loi générale qui règle sa compétence. Le seul moyen de pourvoir en pareil cas à la difficulté, d'après les principes que je viens d'exposer, est d'exiger, à l'avenir, que MM. les maires, dont les actes en cette matière doivent toujours avoir pour base un ensemble d'alignement raisonné, fassent précéder leurs arrêtés de l'enquête et des autres formalités prescrites par l'ordonnance réglementaire du 23 août 1835, et par l'instruction du 21 septembre suivant. Alors il arrivera de deux choses l'une : ou le propriétaire consentira l'alignement et l'indemnité qui seront proposés, et l'affaire n'ira pas plus loin; ou bien il contestera soit l'alignement, soit le dédommagement offert, et, dans l'un comme dans l'autre cas, il deviendra nécessaire de provoquer une ordonnance royale qui, comme complément des formalités légales remplies à l'avance, statuera sur l'alignement de la rue ou du quartier, conformément à l'avis du conseil d'Etat du 3 septembre 1811, et en vertu de laquelle le jury d'expropriation pourra être légalement saisi, si c'est le règlement de l'indemnité qui est en question.

Vous remarquerez, Monsieur le préfet, que, dans ce système, le droit attribué aux maires, en matière d'alignement, est respecté, et que mes prescriptions ont seulement pour effet d'en régler l'exercice, de manière à rattacher l'action du pouvoir municipal, comme celle de l'autorité souveraine elle-même, à l'exécution de la loi du 3 mai 1841, base désormais unique des mesures administratives que cette matière comporte.

Je ne me dissimule pas les difficultés d'application que rencontrera souvent ce mode de procéder; c'est une raison de plus de hâter autant qu'il est en vous, Monsieur le préfet, le travail des plans généraux des villes, qui, je regrette d'avoir à le remarquer, est encore, malgré les instances réitérées de l'administration centrale, en retard dans beaucoup de départements.

En résumé, et si, comme je viens de l'établir, il ne peut exister de débat judiciaire, entre l'administration et le propriétaire, que sur le prix du terrain cédé à la voie publique, ou de celui qui doit en être retranché, car les deux propositions sont connexes, le moyen le plus simple d'arriver à la convocation du jury sera de produire devant le tribunal une expédition de l'arrêté qui fixe l'alignement sollicité par le propriétaire qui veut reconstruire ; dans le cas où cet arrêté aurait été pris par l'autorité municipale, il serait approuvé par vous, afin de satisfaire aux prescriptions de l'avant-dernier paragraphe de l'art. 2 de la loi du 3 mai 1841. Vous demanderiez acte au tribunal de cette production, par l'intermédiaire du ministère public, et vous requerriez la nomination du magistrat directeur du jury.

Telle est, Monsieur le préfet, la marche que vous aurez désormais à suivre et à prescrire tant pour l'avenir, en ce qui concerne les formalités qui doivent précéder l'homologation des plans d'alignement à instruire, que relativement au jugement des contestations qui surviendraient entre l'administration et les propriétaires, au sujet des indemnités dues pour cession de terrains résultant de l'exécution des plans arrêtés.

Si, malgré les explications qui précèdent, vous rencontriez des obstacles dans la convocation du jury, lorsque le cas se présentera, vous voudrez bien, Monsieur le préfet, me faire part de ces difficultés, pour que j'avise au parti qu'il conviendrait de prendre.

Il est inutile d'ajouter que les dispositions dont je viens de vous entretenir sont exclusivement applicables aux alignements de la voirie urbaine, et n'ont rien de commun avec les règles de la voirie vicinale, auxquelles il n'est apporté aucun changement.

Je vous prie de m'accuser réception de la présente instruction qui modifie, sur le point en question, la circulaire précitée du 23 janvier 1836, et de la porter à la connaissance de MM. les sous-préfets et maires de votre département, avec invitation expresse de s'y conformer exactement.

Recevez, Monsieur le préfet, l'assurance de ma considération la plus distinguée.

T. DUCHATEL.

———

4 SEPTEMBRE 1840. — Ordonnance du roi relative aux pensions des employés des octrois (1).

(1) Circulaire de M. le ministre de l'intérieur, du 14 octobre 1840, portant envoi d'une ordonnance relative aux pensions des employés des octrois, adressée à MM. les préfets.

Monsieur le préfet, en examinant les règlements sur les pensions de retraite des employés des octrois, qui me parvenaient pour être soumis à la sanction royale, j'avais eu occasion de remarquer

Louis-Philippe, etc., vu le décret sur les pensions, du 4 juillet 1806, et l'avis du conseil d'État, du 12 novembre 1811, approuvé le 17 du même mois, qui rend applicables, sans distinction, aux employés des villes, les dispositions du décret précité; vu l'ordonnance du 12 janvier 1825, relative aux retraites des employés du ministère des finances et des administrations qui en dépendent; considérant que les employés des octrois rendent les mêmes services et courent les mêmes dangers que les employés des contributions indirectes, et qu'il convient dès lors de liquider leurs pensions d'après les mêmes règles; notre conseil d'Etat entendu, etc.

Art. 1er. Lorsque les villes en auront fait la demande, les pensions des employés des octrois municipaux seront réglées conformément aux dispositions des titres 2, 3 et 4 de l'ordonnance du 12 janvier 1825.

2. Notre ministre secrétaire d'Etat au département de l'intérieur (M. Rémusat) est chargé, etc.

———

19 DÉCEMBRE 1840. — Circulaire de M. le ministre de l'intérieur portant instruction au sujet du concours des notaires aux adjudications publiques de biens communaux opérées dans la forme administrative.

Monsieur le préfet, il s'est élevé des doutes dans plusieurs départements, sur le point de savoir si, lorsque les communes procèdent à la vente de leurs biens, par voie d'adjudication publique, elles sont tenues d'employer le ministère d'un notaire.

Pour l'affirmative, on rappelait le décret du 12 août 1807 et l'ordonnance royale du 7 octobre 1808, qui prescrivent cette formalité à l'égard des *baux* consentis par les hospices et par les communes, et on en inférait que la même garantie doit être exigée pour les *ventes*, qui sont des actes plus importants.

D'un autre côté, on objectait qu'aucune disposition spéciale de loi ou de règlement d'administration publique, ne rend nécessaire l'intervention d'un notaire pour la validité des actes de vente des biens communaux; que dès lors il convient, dans un grand nombre de cas, d'éviter aux communes des frais qui, en définitive, retomberaient sur elles; qu'au surplus, les adjudications passées dans la forme adminis-

que la plupart reproduisaient les dispositions insérées dans l'ordonnance du 12 janvier 1825, relative aux pensions des fonctionnaires et employés du département des finances, circonstance qui s'opposait à ce qu'ils fussent approuvés, un de mes prédécesseurs ayant décidé, sur l'avis du conseil d'État, et par une circulaire adressée à MM. les préfets, sous la date du 15 juillet 1835, qu'il ne serait désormais autorisé de caisses de retraite, pour les employés des administrations municipales, qu'autant qu'elles seraient conformes au système adopté dans la ville de Tours. Cependant, ce système, qui constitue une sorte de caisse d'épargne et de prévoyance, et qui n'établit aucune distinction entre les employés du service actif et ceux du service sédentaire, n'offre que des moyens de rémunération insuffisants pour les agents de l'octroi. D'une autre part, le décret du 4 juillet 1806, rendu applicable d'une manière générale aux employés municipaux, et dont les dispositions servent de base aux liquidations de pensions, dans les villes qui n'ont fait approuver de règlement particulier, n'est pas plus favorable à ces agents.

L'ordonnance du 12 janvier 1825, au contraire, contient plusieurs dispositions qui semblent plus spécialement applicables aux employés des octrois, dont les fonctions sont à peu près les mêmes que celles des employés des contributions indirectes. Ceux-ci, aux termes de cette ordonnance, ont droit à une pension après vingt-cinq ans de services, tandis que le décret de 1806 exige trente années. En cas de blessures, ils obtiennent une retraite, qui n'est plus calculée exclusivement d'après la durée de leurs services; et, s'ils succombent, leurs veuves peuvent prétendre à une partie de la pension qu'ils auraient obtenue. Enfin, dans quelques circonstances, la pension des veuves peut s'élever au tiers de celle de leurs maris. Le décret de 1806, relatif aux employés du ministère de l'intérieur, n'a pu prévoir aucun de ces cas.

Ces considérations m'ont déterminé à soumettre à la signature de Sa Majesté une ordonnance dont je vous transmets ampliation, et qui décide que, lorsque les villes en auront fait la demande, les pensions des employés des octrois municipaux seront réglées conformément aux dispositions des titres 2, 3 et 4 de l'ordonnance du 12 janvier 1825. Les titres 1er et 5 de l'ordonnance de 1825 sont omis à dessein dans la nouvelle ordonnance. Le titre 1er, ne se rapportant qu'à la constitution de la caisse de retraite, était sans objet ici, puisque l'ordonnance du 4 septembre 1840 ne recevra son application que dans les localités qui n'ont pas institué de caisses de retraite. Le titre 5 aurait empêché de compter, dans la liquidation des pensions des employés des octrois, les services publics étrangers aux villes et les services militaires, lesquels, d'après la jurisprudence consacrée par le conseil d'Etat, sont admis aujourd'hui sur le même pied que les services municipaux.

Il suit, comme vous le remarquerez, Monsieur le préfet, de la nouvelle disposition adoptée, que les villes qui voudraient établir des caisses de retraites, peuvent désormais s'écarter du système admis par la ville de Tours, et qu'à cet égard, l'instruction ci-dessus rappelée, du 15 juillet 1835, a cessé de s'appliquer dans un sens exclusif et absolu.

Veuillez bien, Monsieur le préfet, appeler sur cette ordonnance l'attention des administrations municipales, en leur faisant observer qu'elle n'a été rien d'obligatoire pour les villes, et qu'elle n'a été rendue que dans le but d'ouvrir une plus large voie de récompense en faveur d'employés, dont elles sont journellement à portée d'apprécier les services, et dont le dévouement ou la négligence peuvent influer d'une manière très grave sur leur situation financière.

trative ont une force d'exécution égale à celle des actes notariés, et qu'ainsi le concours d'un notaire n'ajouterait rien, sous ce point de vue, à la garantie des intérêts communaux.

Cette dernière opinion paraît la plus exacte, sauf toutefois en ce qui concerne la force *exécutoire* qu'elle attribuerait aux adjudications communales.

En effet, si, d'une part, l'intervention des notaires est utile, en général, à raison de la connaissance particulière qu'ils ont des règles du droit civil en matière de contrats; d'une autre part, on doit reconnaître qu'aucune disposition de loi ou de réglement ne fait de cette intervention une condition essentielle de la validité des ventes communales. C'est pourquoi, dans la pratique, les corps municipaux sont laissés libres d'appeler un notaire, ou de s'en passer, suivant les circonstances de chaque aliénation, à moins que l'autorité supérieure, en accordant la permission de vendre, ne juge nécessaire, soit à cause de l'importance des biens, soit par tout autre motif, d'y attacher la condition de passer l'acte par-devant notaire, afin qu'il protège mieux les intérêts de la commune venderesse.

Mais, parmi les raisons de dispenser les communes du ministère des notaires, on ne doit pas admettre comme incontestable la doctrine mentionnée ci-dessus, tendante à attribuer aux simples procès-verbaux d'adjudication dressés par les maires force d'*exécution parée*. Cette doctrine, qui a pu prévaloir à une époque déjà ancienne, où quelques-unes des dispositions des lois relatives à la vente des biens nationaux étaient réputées applicables à l'aliénation des propriétés communales, ne s'aurait se soutenir aujourd'hui, en présence des lois diverses qui soumettent au droit commun les actes de propriété faits par les corps municipaux, en présence surtout de l'art. 545 du Code de procédure civile, d'après lequel « nul « jugement ni acte ne peuvent être mis à « exécution, s'ils ne portent le même inti- « tulé que les lois, et ne sont terminés par « un mandement aux officiers de justice, « ainsi qu'il est dit art. 146. » D'ailleurs, la jurisprudence en vigueur, d'accord, sur ce point, avec les auteurs les plus recommandables, établit que, lorsque les maires procèdent à une adjudication de biens communaux, ils n'ont point le caractère d'agents de la puissance publique, qu'ils font seulement un acte de gestion communale, et que l'approbation donnée à ces adjudications par l'autorité supérieure, n'est

elle-même qu'un acte de simple tutelle, qu'on ne saurait assimiler aux jugements ni aux actes notariés emportant exécution parée.

Ce n'est donc pas dans la nature et la forme des adjudications consenties administrativement au nom des communes, que les corps municipaux peuvent puiser une sorte de privilége pour en obtenir plus promptement l'exécution forcée. Dépourvus du caractère spécial imprimé aux contrats passés devant notaires, on ne doit voir dans les procès-verbaux de ces adjudications, que des contrats ordinaires, équivalant à de simples actes sous-seings privés, conséquemment susceptibles de tous les inconvénients attachés aux contrats de cette dernière espèce, en cas de difficultés sur leur exécution.

Cependant une règle nouvelle, introduite par la loi du 18 juillet 1837, peut suppléer, jusqu'à un certain point, au défaut de force exécutoire des actes de vente consentis par les communes sans le concours d'un notaire. Je veux parler de l'art. 63 de la loi ainsi conçu : Toutes les recettes « municipales, pour lesquelles les lois et « réglements n'ont pas prescrit un mode « spécial de recouvrement, s'effectuent sur « des états dressés par le maire. Ces états « sont exécutoires après qu'ils ont été visés « par le sous-préfet.

« Les oppositions, lorsque la matière est « de la compétence des tribunaux ordinai- « res, y sont jugées comme affaires som- « maires, et la commune peut défendre « sansautorisation du conseil de préfecture.»

En vertu de cette disposition, si un adjudicataire refusait ou négligeait de payer, au terme fixé, le prix du bien communal, le maire pourrait obtenir un titre exécutoire, sans recourir aux tribunaux, et le recouvrement forcé du prix de vente s'effecturait de la même manière que si la commune avait un contrat notarié, sauf les oppositions que le débiteur aurait la faculté de former.

Je vous prie, Monsieur le préfet, d'adresser des instructions en ce sens à MM. les maires de votre département, pour les éclairer sur le véritable caractère des adjudications, auxquelles ils peuvent être appelés à procéder au nom de leurs communes. Vous préviendrez par-là, soit le danger qu'il pourrait y avoir, dans certains cas, à attribuer à ces actes plus de force qu'ils n'en ont réellement, soit les dépenses inutiles qu'entraînerait l'opinion trop absolue que toutes les adjudications communales doivent nécessairement être passées.

FIN DE DEUXIÈME PARTIE.

TABLE CHRONOLOGIQUE
DES LOIS, RÉGLEMENTS,
AVIS DU CONSEIL D'ÉTAT, CIRCULAIRES, ETC.

Insérés dans le volume 1841 et dans le Bulletin des Lois, année 1841, comprenant depuis le Bulletin DCCLXXXIII jusqu'au Bulletin DCCCLXXVIII inclusivement, et depuis le Bulletin DXXI jusqu'au Bulletin DLXXIX, partie supplémentaire.

———————

Les actes à la suite desquels se trouve l'indication du Bulletin sont ceux que nous n'avons pas cru devoir insérer dans notre Collection, et ceux qui ne sont insérés que par extrait même dans le Bulletin.

Quant aux actes qui sont insérés dans notre Collection, on trouve l'indication de la page, avec une mention expresse pour ceux qui sont placés dans la seconde partie.

———

legs et donations faits à diverses communes et aux pauvres, hospices et bureaux de bienfaisance de plusieurs autres, Bull. supp. n. 15438.

8 *déc.* Ord. qui modifie le tarif du port de la Basse-Charne à Angers, Bull. n. 9120.

Ord. qui autorisent l'acceptation de legs et donations faits à des bureaux de bienfaisance, fabrique, communauté religieuse, hospices et pauvres, Bull. supp. n. 15400, 15439.

9 *déc.* — Ord. qui prescrivent la rectification de plusieurs routes départementales, Bull. n. 9135.

10 *déc.* — Ord. qui autorisent les sieurs Marey à ajouter à leur nom celui de Monge, Bull. n. 9236.

12 *déc.* — Ord. qui supprime la 3ᵉ classe des gardes du génie, et répartit entre les classes conservées les 550 gardes instituées par l'ordonnance du 10 novembre 1840, p. 391.

14 *déc.* — Lettres-patentes qui autorisent le sieur Bulard à accepter des fonctions dans le service sanitaire de Russie, Bull. supp. n. 15285.

15 *déc.* — Ord. qui autorise l'établissement à Gentilly (Seine) d'une section de l'école secondaire ecclésiastique de Paris, Bull. 9182.

Ord. qui autorisent l'acceptation de legs, offres et donations faits à diverses communes, aux pauvres, séminaires, fabriques et hospices de plusieurs autres et à la maison d'orphelines d'Oranges, Bull. supp. n. 15401, 15402, 15440, 15441.

Ord. qui reconnaît comme établissement d'utilité publique la maison d'orphelines établie à Oranges, Bull. supp. n. 15440.

19 *déc.* — Circulaire du ministre de l'intérieur au sujet du concours des notaires aux adjudications publiques de biens communaux opérés dans la forme administrative, part. supp., p. 720.

20 *déc.* — Ord. qui autorise l'établissement de trois sœurs de la Miséricorde à St.-Julien-de-Copel (Puy-de-Dôme), Bull. n. 9121.

Ord. qui crée un commissariat de police à Luxeuil, Bull. n. 9199.

Ord. qui autorisent l'acceptation de legs et donations faits aux églises de plusieurs communes, Bull. supp. n. 15403.

Ord. qui érige deux églises en chapelles, Bull. supp. n. 15310 et 15404.

21 *déc.* — Ord. qui autorise l'établissement de deux sœurs de la charité à Evron (Mayenne), Bull. n. 9123.

Ord. qui change le tarif du passage des bacs et bateaux du département de Seine-et-Oise, Bull. n. 9122.

Ord. qui érige une église en chapelle de secours, Bull. supp. n. 15311.

Ord. qui autorisent l'acceptation de legs et donations faits aux églises, fabriques et pauvres de plusieurs communes, Bull. supp. n. 15405.

23 *déc.* Ord. qui accorde des lettres de naturalité au sieur Wegling, Bull. supp. n. 15288.

Ord. qui autorisent l'acceptation de legs faits à une fabrique et aux pauvres d'une commune, Bull. supp. n. 15406.

25 *déc.* — Ord. qui affecte une prairie au service de la navigation de l'Isle, Bull. supp. n. 9136.

Ord. qui autorisent l'établissement dans les communes de Gennes et Cavaillon de sœurs des congrégations de la Providence et de Notre-Dame, Bull. n. 9124 et 9125.

Ord. qui érige une église en chapelle de secours, Bull. supp. n. 15312.

Ord. qui autorisent l'acceptation de legs et donations faits aux pauvres, églises, communautés, desservants, hospices et bureaux de bienfaisance

de diverses communes, Bull. supp. n. 15407, 15450.

27 *déc.* — Ord. concernant les marins et ouvriers non incorporés employés dans l'établissement de la marine à Indret, p. 4.

Ord. qui autorisent l'acceptation de legs, offres et donations faits à plusieurs communes et aux hospices, pauvres et bureaux de bienfaisance de diverses autres communes, Bull. supp. n. 15465.

28 *déc.* — Ord. qui autorisent la rectification et l'embranchement de plusieurs routes départementales, Bull. n. 9137 et 9138.

29 *déc.* — Ord. qui prescrit la rectification d'une route départementale, Bull. n. 9139.

Ord. qui autorisent la construction et la mise en activité de diverses usines, Bull. supp. n. 15302.

Ord. portant concession de mines, Bull. supp. n. 15305 à 15307.

Ord. sur le syndicat des digues de la Basse-Valergues et le classement des propriétés comprises dans le syndicat des bords de la Durance, Bull. supp. n. 15303 et 15304.

30 *déc.* — Ord. qui divise la légion étrangère en deux régiments, p. 5.

Ord. qui accorde des lettres de naturalité aux sieurs Bayanosky, Claude, Gaskell, Genin, Jacquemond et Stas, Bull. supp. n. 15289.

Ord. qui autorisent l'acceptation de legs et donations faits aux églises de diverses communes, Bull. supp. n. 15408.

31 *déc.* — Ord. qui autorisent l'établissement de communautés religieuses dans diverses communes, Bull. n. 9126 à 9128.

Ord. qui autorise le sieur Fatras à ajouter à son nom celui de Rambaud, Bull. n. 9172.

Ord. portant que plusieurs communes seront réunies ou séparées pour le culte, et érige diverses églises en chapelles de secours, Bull. supp. n. 15313.

Ord. qui autorise l'acceptation de legs et donations faits aux fabriques, séminaires, pauvres, écoles ecclésiastiques de plusieurs communes, Bull. supp. n. 15409.

1841.

1ᵉʳ *janvier.* — Ord. qui autorise la société d'assurances mutuelles mobilières contre l'incendie, établie à Valence, p. 12.

Ord. portant annulation de brevets d'invention, Bull. n. 9155.

Ord. qui établissent et fixent l'époque de la tenue de foires dans plusieurs communes, Bull. supp. n. 15300 et 15301.

Ord. qui autorisent l'établissement, la conservation et la mise en activité de diverses usines, Bull. supp. n. 15308.

2 *janv.* — Ord. qui accordent des pensions à 66 militaires et à 118 veuves, Bull. supp. n. 15276 à 15278.

3 *janv.* — Ord. qui accordent des pensions à 92 militaires et à 38 veuves, Bull. supp. n. 15279 à 15281.

Ord. qui autorise la donation faite à deux communes, Bull. supp. n. 15446.

4 *janv.* — Ord. qui autorise la construction d'un pont en charpente sur l'Anglin (Vienne), Bull. n. 9144.

Ord. qui autorisent l'acceptation de legs, offres et donations faits aux pauvres et hospices de plusieurs communes, Bull. supp. n. 15467.

5 *janv.* — Ord. qui fixe, pour l'exercice 1841, le budget des dépenses administratives des caisses d'amortissement et des dépôts et consignations, p. 3.

Ord. qui établissent et approuvent les tarifs des

30 janv. — Ord. qui accordent des lettres de naturalité aux sieurs Würtz, Cravi et Lancta, Bull. supp. n. 15325 et 15326.

31 janv. — Loi qui ouvre au ministre des travaux publics deux crédits sur l'exercice 1841, pour la réparation des dommages causés par les inondations, p. 11.

Ord. portant prorogation du délai fixé par l'art. 4 de l'ordonn. du 15 février 1837, relative au poids des voitures de roulage et des voitures publiques, p. 27.

Ord. qui supprime la commission sanitaire de Bonifacio (Corse), p. 20.

Ord. qui autorise la compagnie des mines d'Anzin à prolonger jusqu'à Anzin le chemin de fer de Saint-Wast-le-Haut à Denain, p. 27.

Ord. qui approuve les nouveaux statuts de la compagnie du chemin de fer de Paris à Orléans, p. 21.

Ord. qui approuve des modifications aux statuts de la caisse d'épargne de Langres, p. 26.

Ord. qui affecte un terrain situé au lieu dit *plein de la Bille* au service des ponts et chaussées, Bull. n. 9185.

Ord. contenant le texte officiel du Code de commerce, Bull. n. 9147.

Ord. qui autorise la construction d'un pont suspendu sur l'Ognon (Doubs), Bull. n. 9188.

Ord. qui autorise la construction d'un débarcadère dans la commune de Gauriac, Bull. n. 9186.

Ord. portant rectification de deux routes départementales des Vosges et du Haut-Rhin, Bull. n. 9187.

Ord. portant proclamation des brevets d'invention délivrés pendant le quatrième trimestre de 1840, Bull. n. 9173.

Ord. qui crée un commissariat de police à l'Argentière, Bull. n. 9241.

Tableau du prix des grains pour servir de régulateur aux droits d'importation et d'exportation, Bull. n. 9140.

Ord. qui établissent, fixent et changent l'époque de la tenue des foires dans diverses communes, Bull. supp. n. 15330 et 15331.

Ord. qui autorisent la construction et mise en activité de divers moulins et usines, et portent réglement d'eaux, Bull. supp. n. 15361 et 15362.

Ord. qui autorise l'acceptation de legs et donations faits aux églises de plusieurs communes et à une communauté religieuse, Bull. supp. n. 15500.

1ᵉʳ fév. — Ord. qui crée une compagnie d'ouvriers du génie pour l'Algérie, et augmente le nombre des officiers des compagnies de sapeurs-conducteurs sur le pied de guerre, p. 20.

3 fév. — Ord. qui crée 7 nouveaux emplois de sous-inspecteurs de l'instruction primaire, p. 28.

Ord. qui supprime les bourses à la charge de la ville de Schelestadt au collége royal de Strasbourg, Bull. n. 9189.

4 fév. — Ord. qui accordent des lettres de naturalité aux sieurs Sauer, Bruneel, Jaquier et Stacpoole, Bull. supp. n. 15327 et 15328.

5 fév. — Ord. relative aux aides-de-camp des maréchaux de France sans commandement, p. 17.

Ord. qui autorise la cession à la ville de Paris, de la caserne des Célestins, d'un bâtiment voisin servant actuellement de dépôt de livres, et d'une maison domaniale contiguë à ce bâtiment, p. 61.

Ord. qui autorise les sieurs Jean à ajouter à leur nom celui de Biffe, le sieur Bernard à faire précéder le sien de celui de Mistral, et le sieur Cochon à y substituer celui de Lucy, Bull. n. 9190, 9211, 9377.

Ord. qui autorisent l'inscription au trésor public de 6 pensions de donataires et de 10 pensions civiles et militaires, Bull. supp. n. 15344 à 15347.

7 fév. — Ord. qui autorise le ministre de la guerre à régler, par des arrêtés spéciaux, les rapports de son département avec le gouverneur général de l'Algérie et les chefs de service placés sous ses ordres et supprime la sous-direction de l'intérieur de la province d'Alger, p. 20.

Ord. qui autorisent l'acceptation de legs faits à des communes, hospices et bureaux de bienfaisance, Bull. supp. n. 15470 et 15471.

8 fév. — Ord. qui érigent 2 chapelles en chapelles de secours, Bull. supp. n. 15501 et 15503.

Ord. qui autorise l'acceptation de legs faits à une cathédrale et une communauté, Bull. supp. n. 15502.

9 fév. — Ord. relative aux frais de premier établissement ou de déplacement à allouer aux fonctionnaires du service des colonies, p. 618.

Ord. qui accordent des pensions à 9 personnes du département de la marine et à 5 veuves, Bull. supp. n. 15369 et 15370.

10 fév. — Ord. relative au comblement du bras de la Seine dit *le bras du Mail*, à Paris, et à l'établissement d'un quai et d'un bas-port le long de l'île Louviers, p. 60.

Ord. qui supprime le marché au bois à brûler établi dans l'île Louviers, à Paris, p. 28.

Ord. qui prescrit la rectification de plusieurs routes départementales, Bull. n. 9213.

Ord. qui autorise la suppression des passages à gué dans le lit du Hardas, à une distance fixée du pont suspendu de Moussac, Bull. n. 9212.

Ord. qui autorisent 2 communes à ouvrir et mettre en activité des abattoirs publics, Bull. supp. n. 15332 et 15333.

Ord. qui accordent des pensions à 73 militaires et à 25 veuves de militaires, Bull. supp. n. 15422 à 15425.

Ord. portant concession de mines, Bull. supp. n. 15335.

Ord. qui autorisent l'établissement d'usines, Bull. supp. n. 15334, 15433 et 15434.

Ord. qui réunit en société les propriétaires des marais de la Barde, Bull. supp. n. 15436.

11 fév. — Ord. qui autorise les sieurs Ruf, Junghans, Naselli, Badiola, Spear, Hazard et Wacker à établir leur domicile en France, Bull. supp. n. 15329.

Ord. qui autorise l'acceptation d'une donation faite à une église, Bull. supp. n. 15504.

13 fév. — Ord. qui autorise la cession d'un terrain domanial à la ville de Poligny (Jura), p. 63.

Ord. qui approuve le procès-verbal de délimitation d'un bois, Bull. supp. n. 15461.

14 fév. — Ord. qui établissent des écoles préparatoires de médecine et de pharmacie dans les villes d'Amiens, Caen, Poitiers, Rennes et Rouen, p. 28, 29 et 30.

17 fév. — Ord. portant que les navires venant des ports de l'Algérie avec patente nette seront admis immédiatement à libre pratique dans les ports du royaume, p. 17.

Ord. qui accorde des pensions de retraite à 54 militaires, Bull. supp. n. 15426.

18 fév. — Ord. qui accorde des pensions à 21 personnes du département de la marine, Bull. supp. n. 15371.

20 fév. — Ordonnance qui autorise l'inscription de 251 pensions au trésor public, Bull. supp. n. 15350.

Ord. qui autorisent l'établissement de plusieurs fabriques, moulins et usines et une commune à construire un abattoir public, Bull. supp. n. 15687 et 15688.

Ord. qui autorisent l'acceptation de legs et donations faits à plusieurs communes et aux hospices et pauvres de diverses autres communes, Bull. supp. n. 15801.

26 mai. — Ord. portant proclamation des brevets d'invention délivrés pendant le premier trimestre de 1841, Bull. n. 9385.

Ord. qui accorde des pensions à 80 postillons, Bull. supp. n. 15544.

Ord. qui autorisent l'inscription au trésor public de 248 pensions et de deux pensions de donataires, Bull. supp. n. 15584 et 15585.

Ord. portant que les sieurs Saly, Forster et Ferrari sont admis à établir leur domicile en France, Bull. supp. n. 15644.

Ord. qui accorde une pension à un ancien commissaire du roi près la Monnaie de Paris, Bull. supp. n. 15656.

Ord. qui approuve et fixe le tarif d'octroi de diverses communes, Bull. supp. n. 15768.

Ord. qui maintiennent un bois sous le régime forestier; autorisent une commune à exploiter plusieurs arbres dépérissant, et approuvent le procès-verbal de délimitation d'une forêt, Bull. supp. n. 15769 à 15771.

27 mai. — Ord. qui accordent des pensions à 20 personnes du département de la marine et aux veuves et orphelins de 19 personnes du même département, à 18 militaires et deux stationnaires des lignes télégraphiques, Bull. supp. n. 15545, 15547, 15559 et 15560.

Ord. qui autorisent l'acceptation de legs, offres et donations faits aux pauvres, hospices et fabriques de diverses communes, Bull. supp. n. 15813.

28 mai. — Ord. qui accorde une pension à un ancien directeur des lignes télégraphiques, Bull. supp. n. 15569.

Ord. qui accordent des lettres de naturalité aux sieurs Roulf, Schweitzer, Dumont, Burdell, Ducimetière, Gallay et Genta, Bull. supp. n. 15634 à 15636.

Ord. qui autorisent l'acceptation de legs et donations faits aux hospices, pauvres et bureaux de bienfaisance de plusieurs communes, Bull. supp. n. 15852.

30 mai. — Ord. qui autorise l'établissement de deux usines, Bull. supp. n. 15689.

31 mai. — Tableau du prix des grains pour servir de régulateur aux droits d'importation et d'exportation, Bull. n. 9315.

Ord. qui érige en annexe l'église d'une commune, Bull. supp. n. 15853.

Ord. qui autorisent l'acceptation de legs et donations faits aux fabriques, séminaires et communautés religieuses de plusieurs communes, Bull. supp. n. 15867.

Ord. qui annule le majorat de M. de Masclary, Bull. supp. n. 16068.

1ᵉʳ juin. — Ord. qui règle le mode d'application du droit d'entrée sur les fils de lin et de chanvre retors, p. 299.

Ord. qui convoque le 4ᵉ collège électoral de la Sarthe, Bull. n. 9334.

2 juin. — Loi sur les ventes judiciaires de biens immeubles, p. 214.

Ord. qui autorisent l'acceptation de legs, offres et donations faits aux hospices, pauvres et bureaux

de bienfaisance de diverses communes. Bull. supp. n. 15905 et 15906.

3 juin. — Rapport au roi sur l'administration de la justice criminelle en France pendant l'année 1839, partie supp., p. 692.

Ord. qui autorisent l'acceptation de legs et donations faits aux fabriques, desservants et communautés religieuses de plusieurs communes, Bull. supp. n. 15854.

Ord. qui érige en chapelle vicariale l'église de la commune de Saint-Isle, Bull. supp. n. 15907.

4 juin. — Ord. qui accordent des pensions à sept personnes du département de la marine et aux veuves et orphelins de onze personnes du même département, Bull. supp. n. 15605 et 15606.

5 juin. — Ord. qui affectent à l'administration des contributions indirectes un magasin à poudre et un terrain domanial, Bull. n. 9361 et 9362.

Ord. qui crée un commissariat de police à Marigny (Saône-et-Loire), Bull. n. 9420.

Ord. qui autorise l'inscription au trésor public de 151 pensions militaires, Bull. supp. n. 15586.

Ord. qui autorise l'acceptation de legs faits à un maire et au directeur général de l'institut des frères de la doctrine chrétienne, Bull. supp. n. 15695.

Ord. qui fixent les tarifs des octrois de plusieurs communes, Bull. supp. n. 15778 et 15779.

Ord. qui approuvent les procès-verbaux de délimitation de diverses forêts et prescrivent délivrance de bois à plusieurs communes, Bull. supp. n. 15780 à 15785.

6 juin. — Règlement de la Chambre des Pairs, partie supp., p. 709.

8 juin. — Ord. qui prescrit la rectification d'une route départementale, Bull. n. 9425.

Ord. qui accordent des pensions à 58 militaires et 42 veuves de militaires, Bull. supp. n. 15587 à 15589.

Ord. qui autorise une prise d'eau, et qui réunit des propriétaires en syndicat des digues du Rhône, Bull. supp. n. 15713 et 15714.

9 juin. — Ord. qui autorisent l'inscription au trésor public de deux pensions de donataires et d'une pension au nom de la veuve d'un vétéran du camp d'Alexandrie, Bull. supp. n. 15593 et 15594.

Ord. qui accordent des pensions à onze personnes du département de la marine et aux veuves de dix personnes du même département, Bull. supp. n. 15607 et 15608.

Ord. qui autorisent le maintien en activité et l'établissement de divers moulins et usines, Bull. supp. n. 15715, 15717.

Ord. qui prescrit le curage et l'élargissement de la rivière de Bisten, Bull. supp. n. 15716.

Ord. portant concession de mines, Bull. supp. n. 15718.

Ord. qui soumettent plusieurs bois au régime forestier, autorisent un hospice à défricher un canton de bois, prescrivent des ventes d'arbres secs, qui autorisent quelques communes à faire pacager leurs bestiaux dans des forêts, approuvent les procès-verbaux de délimitation de forêts, autorisent délivrance de bois à plusieurs communes et la construction de diverses usines à proximité des forêts, Bull. supp. n. 15786 à 15795.

10 juin. — Loi qui ouvre un crédit pour l'augmentation de la cavalerie de la garde municipale de Paris, p. 304.

Loi qui accorde des crédits supplémentaires et extraordinaires pour les dépenses de l'exercice 1840 et des exercices clos, p. 306.

Ord. qui autorise la délivrance d'un nouvel à-

41.

3 nov. — Ord. qui convoque le 3ᵉ électoral du Var, Bull. n. 9644.

4 nov. — Ord. qui proroge les chambres temporaires des tribunaux de Bagnères, de Saint-Girons et de Saint-Gaudens, p. 585.

6 nov. — Ord. qui règle le budget de la Légion-d'Honneur pour l'exercice 1842, p. 596.

Ord. qui autorise l'inscription au trésor de 5 pensions de donataires, Bull. supp. n. 16124.

7 nov. — Ord. qui autorise la société d'assurances mutuelles contre l'incendie, établie à Saint-Germain-en-Laye, sous la dénomination de la Prudence, p. 600.

Ord. qui autorise la compagnie d'assurances maritimes de Bordeaux, p. 606.

Ord. qui autorise la société anonyme formée à Paris sous la dénomination de le Palladium, compagnie d'assurances à primes contre l'incendie, p. 634.

Ord. qui autorise la société d'assurances mutuelles immobilières contre l'incendie établie à Saint-Germain-en-Laye, sous la dénomination de la Prudence, p. 637.

Ord. qui proclame les brevets d'invention délivrés pendant le 3ᵉ trimestre de 1841, Bull. n. 9742.

9 nov. — Ord. qui autorise les chambres consultatives des arts et manufactures de Grenoble et de Givet à nommer chacune un membre du conseil général des manufactures, p. 591.

Ord. qui autorisent le conseil général de la Charente à fonder 6 demi-bourses dans le collège royal d'Angoulême, Bull. n. 9728.

Ord. qui accorde des lettres de naturalité aux sieurs Compagnola et Weigl, Bull. supp. n. 16084.

10 nov. — Ord. qui ouvre au ministre des finances un crédit supplémentaire pour des créances constatées sur des exercices clos, p. 591.

Ord. qui ouvre au ministre des finances un crédit supplémentaire sur l'exercice 1841, p. 592.

Ord. qui ouvre au ministre des finances un crédit extraordinaire sur l'exercice 1841, p. 592.

Ord. qui ouvre au ministre des finances un crédit extraordinaire pour des créances à solder sur des exercices périmés, p. 593.

Ord. qui ouvre au ministre des finances un crédit supplémentaire pour des créances constatées sur des exercices clos, p. 593.

Ord. qui autorise la transcription sur les registres du conseil d'État des statuts des bénédictines de l'Adoration perpétuelle du Saint-Sacrement, Bull. n. 9673.

12 nov. — Ord. qui établit une école préparatoire de médecine et de pharmacie à Dijon, p. 609.

Ord. qui autorise le département des travaux publics à prendre possession d'un terrain pour la construction d'un quai à Strasbourg, Bull. n. 9720.

Ord. qui ouvre, sur l'exercice 1841, un crédit supplémentaire pour les dépenses des maisons centrales de force et de correction, p. 594.

Ord. qui ouvre, sur l'exercice 1841, un crédit extraordinaire pour secours aux étrangers réfugiés en France, p. 594.

Ord. qui érigent en collèges royaux les collèges communaux de Laval et de Mâcon, Bull. n. 9703 et 9709.

Ord. qui prescrit la rectification de deux routes royales et d'une départementale, Bull. n. 9736.

Ord. qui nomme M. Siméon à la direction de l'administration des tabacs, Bull. n. 9684.

13 nov. — Ord. qui autorisent le sieur Paul à ajouter à son nom ceux de Dubois de la Saussay, et le sieur Ferrand celui de Giraud, n. 9786 et 9804.

15 nov. — Ord. qui accordent des pensions à 18 personnes du département de la marine et aux veuves de 19 autres et un secours à une orpheline, Bull. supp. n. 16159 et 16160.

Ord. qui autorise l'acceptation de dons ou legs faits à des pauvres, hospices, bureaux de bienfaisance et fabriques, Bull. supp. n. 16171.

16 nov. — Ord. qui ouvre au ministre de la guerre des crédits extraordinaires sur l'exercice 1841, p. 594.

Ord. qui prescrit la rectification de 2 routes royales, Bull. n. 9746.

Ord. qui accordent des pensions à 55 militaires, à 20 veuves et à 5 officiers, Bull. supp. n. 16080 à 16083.

17 nov. — Ord. qui autorise la communauté des bénédictines de l'Adoration perpétuelle du Saint-Sacrement, Bull. n. 9688.

Ord. qui convoque le 3ᵉ collège électoral du Haut-Rhin, Bull. n. 9678.

Ord. qui prescrit la rectification de 2 routes royales et le classement de 3 routes départementales, Bull. n. 9747 et 9748.

18 nov. — Ord. qui autorise l'enregistrement au conseil d'État des statuts des religieuses de l'Adoration perpétuelle du Saint-Sacrement établies à Quimper, Bull. n. 9689.

Ord. qui autorise la congrégation des filles de la Providence ou Mères des pauvres, établies à Créhen, Bull. n. 9690.

Ord. qui autorise la formation à Parcieux d'un établissement de sœurs de Saint-Joseph, Bull. n. 9691.

19 nov. — Ord. qui convoque les Chambres des Pairs et des Députés, p. 593.

20 nov. — Ord. qui autorisent l'inscription au trésor de 184 pensions militaires et d'une de donataire, Bull. supp. n. 16127 et 16128.

21 nov. — Ord. qui ouvre au ministre des travaux publics un crédit supplémentaire pour des créances constatées sur des exercices clos, p. 610.

Ord. qui réduit les crédits alloués sur l'exercice 1840 pour les travaux de divers monuments et édifices publics et ouvre un crédit sur l'exercice 1841 pour les mêmes travaux, p. 611.

Ord. qui réduit les crédits alloués sur l'exercice 1841 pour les travaux de divers monuments et édifices publics, et ouvre un crédit sur l'exercice 1842 pour les mêmes travaux, p. 611.

Ord. portant que des cours d'instruction primaire supérieure seront annexés aux collèges communaux de certaines villes, p. 610.

22 nov. — Ord. qui règle la comptabilité des colonies de la Martinique, de la Guadeloupe, de la Guiane française et de Bourbon, p. 643.

Ord. qui reçoit le bref qui confère à M. d'Astros, archevêque de Toulouse, les titres d'évêque assistant au trône pontifical et de comte romain, p. 612.

Ord. qui convoque le conseil général du Bas-Rhin, Bull. n. 9695.

Ord. qui ouvre au ministre de la justice un crédit supplémentaire pour les créances constatées sur un exercice clos, p. 597.

Ord. qui ouvre au ministre de la justice un crédit extraordinaire pour des créances à solder sur des exercices périmés, p. 599.

Ord. qui ouvre au ministre des affaires étran-

FIN DE LA TABLE CHRONOLOGIQUE.

TABLE

ALPHABÉTIQUE ET RAISONNÉE

Des matières sur lesquelles disposent les Lois, Ordonnances et Règlements publiés en 1841.

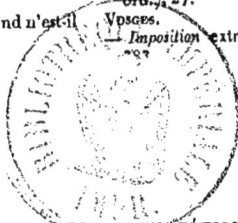

FIN DE LA TABLE ALPHABÉTIQUE.

TABLE
DE CONCORDANCE

Des Lois, Ordonnances, Règlements, etc., présentant, sous la date de chaque Loi ou Règlement antérieur à 1841, les Lois ou Règlements de 1841 qui s'y réfèrent.

FIN DU TOME QUARANTE-UNIÈME.